Eigentum des Neckar-Odenwald-Kreises
- Landkreisbibliothek -

Bücher-Kartei

Nr. 3170/4.02.04

Fr. Leonhardt

D1700099

Stöber
Forderungspfändung

Mit der weittragenden Neuregelung des Pfändungsschutzes, die Einführung eines sogen. Pfändungsschutzkontos zum 1. Juli 2010 an bringt, und mit der Verbesserung des Pfändungsschutzes für Einkommen selbstständig tätiger Personen sowie für sonstige Einkommen in dieser Neubearbeitung umfassende Gesetzesänderungen waren. Grundlegende weitere Veränderungen waren einzuarbeiten. Namentlich das Gesetz zum Pfändungsschutz der Altersvorsorge und das zur Änderung des Unterhaltsrechts gebracht, aber auch neu gefasste, inhaltlich geänderte Vorschriften in zahlreichen Einzelgesetzen bewirkt. Bisher lang umstrittene Rechtsfragen haben sich durch Rechtsbeschwerdeentscheidungen des Bundesgerichtshofs erledigt, sodass Erläuterungen neu zu fassen oder doch zu überarbeiten waren. Auch Rechtsprechung im Übrigen und Schrifttum waren wiederum in reichem Maße einzubringen. Berücksichtigt werden konnte das alles bis Ende November 2009. Darüber hinaus konnten die Änderungen des Kindergeldgesetzes und des Kinderfreibetrags durch das Wachstumsbeschleunigungsgesetz noch aufgenommen werden.

Zwangsvollstreckung hat dem Interesse des Gläubigers zu dienen, gleichermaßen aber auch Belange des Schuldners zu wahren und sozialen Auswirkungen Rechnung zu tragen. Wer damit in der Rechtspraxis befasst ist, trifft in diesem Spannungsfeld auf vielerlei Probleme und Einzelfragen. Darüber will das Handbuch für den praktischen Gebrauch nach seiner bereits im Vorwort zur 1. Auflage herausgestellten Bestimmung auch weiterhin umfassend, rasch und zuverlässig unterrichten.

Für alle Hinweise und Anregungen danke ich wiederum sehr.

Rothenburg ob der Tauber, im Januar 2010   Kurt Stöber

... der 1. Auflage (1964)

Dieses Erläuterungsbuch will als Nachschlagewerk ein Berater für alle sein, die sich mit der Zwangsvollstreckung in Forderungen und andere Vermögensrechte befassen müssen. Es will auf diesem wichtigen und vielgestaltigen Rechtsgebiet nicht nur schnell und zuverlässig, sondern auch vollständig unterrichten. Daher sind auch das Lohnpfändungsrecht und andere Sonderfälle der Forderungspfändung eingehend dargestellt.

Erfahrungsgemäß bereitet das Recht der Pfändung von Forderungen und anderen Vermögensrechten zahlreiche und oft eigenartige Schwierigkeiten. Vielfach können sie nicht leicht und schnell ausgeräumt werden. Ihre rasche und zuverlässige Klärung entscheidet aber oft über den Erfolg eines Vollstreckungszugriffs. Mit dieser Arbeit habe ich deshalb versucht, das vielseitige und komplizierte Rechtsgebiet vornehmlich für den praktischen Gebrauch erschöpfend und so zu veranschaulichen, daß auf das Werk gerade auch in nicht alltäglichen Fällen zurückgegriffen werden kann.

Die in den Text eingebauten Muster sollen nicht nur die Darstellung abrunden, sondern vor allem bei Abfassung der Pfändungsbeschlüsse und -anträge behilflich sein. Muster für Lohnpfändungsbeschlüsse sind nicht beigegeben; die eingeführten Formulare sind so allgemein bekannt und weit verbreitet, daß das Buch nicht mit ihrem Abdruck belastet werden mußte.

Inhaltsverzeichnis

	Seite
Vorwort	V
Verzeichnis der abgedruckten Gesetze und anderen Vorschriften	XVII
Abkürzungsverzeichnis	XIX
Einschlägiges Schrifttum	XXVII

Erstes Kapitel

Zwangsvollstreckung in Geldforderungen

A.	Die Zwangsvollstreckung	1
B.	Die Parteien und Beteiligten im Zwangsvollstreckungsverfahren	4
C.	Geldforderungen	6
D.	Die Pfändung von Geldforderungen	6
E.	Ausländische Drittschuldner, NATO-Truppenstatut	16
F.	Mehrheit von Drittschuldnern und Forderungen, die mehreren Personen gehören	25
G.	Einzelfälle	32
	1. Abtretung und Rückabtretung einer Geldforderung	32
	2. Akkreditiv	34
	3. Altersvorsorgevermögen, -beiträge und -zulage	35
	4. Altersrenten Selbstständiger und weiterer Personen	36
	5. Altlasten	41
	6. Anwaltsvergütung aus Bundes- oder Landeskasse	41
	7. Arbeitsgemeinschaft	42
	8. Aufstiegsfortbildungsförderung	43
	9. Aufwendungsausgleich des Arbeitgebers	43
	10. Baugeldforderungen	44
	11. Baukostenzuschuss	46
	12. Bausparkassen	46
	13. Befreiung von einer Schuld	48
	14. Bürgschaft	49
	15. Bundesentschädigungsgesetz	49
	16. Bundestagsmitglieder, Landtagsabgeordnete	52
	17. Conterganstiftung für behinderte Menschen	53
	18. Darlehen, Kreditzusage	54
	19. EG-Ausfuhrerstattung, Beihilfe, Erzeugerprämie usw.	59
	20. Ehebezogene (unbenannte) Zuwendung	60
	21. Entschädigung für Strafverfolgungsmaßnahmen	62
	22. Erbausgleich, Erbersatzanspruch	63

Inhaltsverzeichnis

		Seite
23.	Erlös, Versteigerungserlös	64
24.	Garantievertragsforderung	69
25.	Gefangenenbezüge, -gelder und -habe	70
26.	Gesamtschuldnerausgleich	79
27.	Häftlingshilfe	79
28.	Haftpflichtversicherung	80
29.	HIV-Hilfe-Stiftung	83
30.	Infektionsschutzgesetz-Entschädigung	83
31.	Kaufpreis bei Verkauf einer beweglichen Sache	84
32.	Kindergeld als Familienleistungsausgleich	85
33.	Kontoguthaben	92
34.	Kontokorrentforderung	117
35.	Kostenerstattung, Prozesskostenvorschuss	118
36.	Kostenrückzahlung	120
37.	Kreditkartenvertrag	121
38.	Landwirtschaftliche Erzeugnisse	122
39.	Lastenausgleich	124
40.	Leasingvertrag	126
41.	Lebensversicherung (Sterbegeldversicherung)	128
42.	Lotteriegewinn	139
43.	Miete und Pacht	139
44.	Stiftung „Mutter und Kind"	156
45.	Nichteheliche Lebensgemeinschaft	156
46.	Pflichtteil	158
47.	Postbank-Girokonto	163
48.	Prostituiertenforderung	166
49.	Rechtsanwalt und Rechtsbeistand	167
50.	Rechtsschutzversicherung	168
51.	Reisevertragsansprüche	169
52.	Rückabwicklungsanspruch	169
53.	Rückerstattungsanspruch	171
54.	Schadensausgleich nach dem Bundespolizeigesetz	172
55.	Schadensersatzforderungen, Enteignungsentschädigung	172
56.	Schadensersatz für Nichtvermögensschaden	176
57.	Schadensversicherung	177
58.	Schenker, Schenkung, Geschenk	182
59.	Sicherheitsleistung	183
60.	Sparguthaben	184
61.	Stammeinlage einer Gesellschaft m.b.H., Einlageforderung einer Aktiengesellschaft gegen Aktionäre, Anspruch einer Genossenschaft auf Zahlung des Geschäftsanteils	191
62.	Stationierungsschäden	194
63.	Steuerschuldverhältnis (Erstattungsanspruch daraus)	194
64.	Straftat; öffentliche Darstellung	215

Inhaltsverzeichnis

		Seite
65.	Subventionszahlung	215
66.	Treuhänder, Anderkonto, Sonderkonto, Fremdkonto, Sperrkonto	216
67.	Unfallversicherung	221
68.	Verlöbnis	225
69.	Vermächtnis	226
70.	Versorgungsausgleich	227
71.	Werkvertrag, Werklieferungsvertrag	227
72.	Wohnungsbauprämie	229
73.	Wohnungseigentümer-Gelder	230
74.	Zeugen- und Sachverständigenentschädigung	231
75.	Zugewinngemeinschaft, Zugewinnausgleich	231
76.	Zwangsverwaltung	232

Zweites Kapitel

Pfändungsverfahren und -wirkungen

A.	Zuständigkeit (§ 828 ZPO)	235
B.	Der Antrag auf Pfändung	244
C.	Die Entscheidung über den Antrag (§§ 829, 834 ZPO)	255
D.	Der Pfändungsbeschluss (§ 829 ZPO)	269
E.	Die Zustellung des Pfändungsbeschlusses (Wirksamwerden der Pfändung, § 829 Abs. 2 und 3 ZPO)	288
F.	Die Wirkungen der Pfändung	298
G.	Die Pfandverwertung (§§ 835, 839, 844 ZPO)	312
H.	Die Wirkungen der Überweisung (§§ 835, 836, 842 ZPO)	324
J.	Die Drittschuldnererklärung (§ 840 ZPO)	348
K.	Klage, Zwangsvollstreckung (§ 841 ZPO)	364
L.	Verzicht des Gläubigers (§ 843 ZPO)	373
M.	Vorratspfändung, Vorzugspfändung, Dauerpfändung (§ 751 Abs. 1, § 850 d Abs. 3 ZPO)	377
N.	Nebenansprüche und Nebenrechte (§ 838 ZPO)	382
O.	Hilfspfändung	386
P.	Die Rechtsbehelfe (§§ 766, 767, 771, 793 ZPO, § 11 RPflG)	388
Q.	Fehlerhafte Zwangsvollstreckungsakte und Verstoß gegen ein Pfändungsverbot	404
R.	Überpfändung (§ 803 Abs. 1 S. 2 ZPO), Teilpfändung	408
S.	Zusammentreffen von Pfändung mit Abtretung und Verpfändung	415
T.	Mehrfache Pfändung (Anschlusspfändung) (§ 804 Abs. 3, §§ 853, 856 ZPO)	422
U.	Vorpfändung (§ 845 ZPO)	428
V.	Arrest (§§ 916 ff., 928 ff. ZPO)	444
W.	Einstweilige Verfügung (§§ 935–945 ZPO)	450
X.	Die Kosten der Zwangsvollstreckung (§ 788 ZPO, Nr. 2111 GKG-KostVerz., §§ 18, 25 RVG und Nr. 3309 VergVerz.)	452

Inhaltsverzeichnis

Seite

Drittes Kapitel

Pfändung von Arbeitseinkommen

A.	Das Arbeitseinkommen und seine Pfändung (§§ 850, 829 ZPO)	479
B.	Pfandrecht an künftig fällig werdenden Beträgen und an Diensteinkommen in einem anderen Amt oder nach Gehaltserhöhung (§§ 832, 833 ZPO)	533
C.	Unpfändbare Einkommensteile (§ 850 a ZPO)	542
D.	Bedingt pfändbare Forderungen (§ 850 b ZPO)	553
E.	Pfändungsgrenze bei Pfändung des Arbeitseinkommens wegen gewöhnlicher Geldforderungen (§ 850 c ZPO)	582
F.	Pfändungsgrenzen bei Vollstreckung von Unterhaltsansprüchen (§ 850 d ZPO)	615
G.	Nettoeinkommen als Berechnungsgrundlage (§ 850 e Nr. 1 ZPO)	644
H.	Zusammentreffen mehrerer Arbeitseinkommen (§ 850 e Nr. 2 ZPO)	649
I.	Zusammenrechnung von Arbeitseinkommen mit laufenden Leistungen nach dem Sozialgesetzbuch (§ 850 e Nr. 2 a ZPO)	657
J.	Naturalleistungen und Arbeitseinkommen in Geld (§ 850 e Nr. 3 ZPO) ..	664
K.	Pfändungsschutz in Ausnahmefällen (§ 850 f Abs. 1 ZPO)	671
L.	Begünstigte Pfändung in Sonderfällen (§ 850 f Abs. 2 und 3 ZPO)	691
M.	Änderung der Unpfändbarkeitsvoraussetzungen (§ 850 g ZPO)	701
N.	Lohnschiebung und -verschleierung (§ 850 h ZPO)	706
O.	Einmalige Bezüge, Sachnutzung und Dienstleistung (§ 850 i Abs. 1 und 2 ZPO)	718
P.	Zusammentreffen von Pfändung mit Abtretung und Verpfändung sowie Aufrechnung (§ 850 e Nr. 4 ZPO)	726
Q.	Lohn-(Gehalts-)Vorschuss, Abschlagszahlungen	742
R.	Zusammentreffen mehrerer Pfändungen (§§ 804 Abs. 3, 850 e Nr. 4 ZPO)	746
S.	Kontoguthaben aus wiederkehrenden Einkünften (§ 850 k ZPO)	753
T.	Das Pfändungsschutzkonto (§ 850 k ZPO ab 1. Juli 2010)	773

Viertes Kapitel

Pfändung von Sozialleistungen

A.	Pfändung der Leistungsansprüche (§ 54 SGB I)		783
	I.	Gesetzliche Vorschriften	783
	II.	Die sozialen Rechte	789
	III.	Die einzelnen Sozialleistungen	791
	IV.	Unpfändbarkeit der Dienst- und Sachleistungen (§ 54 Abs. 1 SGB I)	803
	V.	Pfändung einmaliger Geldleistungen (§ 54 Abs. 2 SGB I)	803
	VI.	Pfändung „einmaliger" Leistungen an Arbeitgeber und Träger	809
	VII.	Unpfändbare Ansprüche (§ 54 Abs. 3 SGB I)	811
	VIII.	Pfändung laufender Geldleistungen (§ 54 Abs. 4 SGB I)	814
	IX.	Pfändung von Kindergeld (§ 54 Abs. 5 SGB I)	832

Inhaltsverzeichnis

		Seite
X.	Zusammenrechnung laufender Sozialleistungen mit Arbeitseinkommen	834
XI.	Vorpfändung	836
XII.	Zusammentreffen von Pfändung und anderen Rechtsänderungen	837
B.	Kontenpfändung, Pfändung von Bargeld (§ 55 SGB I)	842
C.	Kurzarbeitergeld, Wintergeld	856
D.	Insolvenzgeld	858
E.	Berufsständische Versorgungswerke	862

Fünftes Kapitel

Pfändung anderer Vermögensrechte

A.	Ihre Pfändung		865
B.	Einzelfälle		873
	1.	Alleinerbe	873
	2.	Altenteil	874
	3.	Anfechtungsrecht	874
	4.	Ankaufsrecht	874
	5.	Anwartschaftsrecht bei Eigentumsvorbehalt und Sicherungseigentum	876
	6.	Automatenaufsteller	887
	7.	Berichtigungsanspruch	888
	8.	Beschränkte persönliche Dienstbarkeit	889
	9.	Dauerwohnrecht, Dauernutzungsrecht	891
	10.	Erbbaurecht, Erbbauzins	892
	11.	Erbbeschränkung in guter Absicht (§ 863 ZPO)	894
	12.	Erbunwürdigkeitsanfechtung	895
	13.	Erwerbs- und Handelsgeschäft, gewerbliches Unternehmen	895
	14.	Gebrauchsmuster	895
	15.	Gemeinschaft nach Bruchteilen	896
	16.	Geschmacksmuster	901
	17.	Gesellschaftsanteile und -rechte	902
		A. Gesellschaft nach BGB	902
		B. Offene Handelsgesellschaft	913
		C. Kommanditgesellschaft	917
		D. Partnerschaft	918
		E. Europäische wirtschaftliche Interessenvereinigung	919
		F. Stille Gesellschaft	920
		G. Innengesellschaft	921
		H. Aktiengesellschaft	922
		I. Kommanditgesellschaft auf Aktien	924
		K. Gesellschaft mit beschränkter Haftung	924
		L. Genossenschaft	935

Inhaltsverzeichnis

	Seite
18. Grunddienstbarkeit	937
19. Gütergemeinschaft (§ 860 ZPO)	938
20. Hinterlegung	940
21. Internet-Domain	942
22. Jagdrecht, Jagdpachtrecht	945
23. Konzession, Zulassung	946
24. Kündigungsrecht	946
25. Landwirtschaftliche Betriebsprämien	946
26. Leibrente	946
27. Lizenzvertrag	947
28. Löschungsanspruch	948
29. Marken und Kennzeichen	948
30. Milchquote	951
31. Nacherbe	952
32. Nachlass-(Miterben-)Anteil	954
33. Nießbrauch	970
34. Patent	975
35. Prozessuale Rechte	979
36. Rangvorbehalt	979
37. Reallast (§ 857 Abs. 6 ZPO)	980
38. Rechnungslegung, Auskunft	981
39. Schiffspart	983
40. Stahlkammerfach, Schließfach, Schrankfach, Safe	985
41. Unterlassungsanspruch	987
42. Urheberrechte	987
43. Verein	992
44. Vermögens-Rückübertragung	993
45. Vertragsstrafe	995
46. Verwahrung und Ablieferung durch einen Notar	995
47. Vollmacht, Einziehungsermächtigung	1001
48. Vorkaufsrecht	1001
49. Vormerkung	1002
50. Wahlrecht	1003
51. Wertpapierverwahrung	1003
52. Widerspruch	1008
53. Wiederkaufsrecht	1008
54. Wohnungseigentum	1009
55. Zwangsversteigerung: Meistgebot	1012

Sechstes Kapitel

Pfändung der Hypothekenforderungen und Grundpfandrechte

A. Hypothekenpfändung (§§ 830, 837 a ZPO)	1015
I. Allgemeines zu § 830 ZPO	1015

Inhaltsverzeichnis

		Seite
	II. Pfändung bestimmter hypothekarischer Einzelansprüche in einfacher Form	1017
	III. Der Pfändungsbeschluss	1018
	IV. Die Briefhypothek	1020
	V. Die Buchhypothek	1030
	VI. Die Pfandverwertung	1032
	VII. Sonstige Einzelheiten	1036
	VIII. Bruchteilsgemeinschaft an einer Hypothek	1040
	IX. Anschlusspfändung (mehrfache Pfändung)	1041
	X. Vorpfändung	1044
	XI. Erlöschen der Hypothek mit dem Zuschlag in der Zwangsversteigerung (= der Erlösanspruch)	1045
	XII. Zwangsverwaltung	1046
B.	Pfändung einer Grundschuld (§ 857 Abs. 6 ZPO)	1046
	I. Die Pfändung nur der Grundschuld	1047
	II. Sicherungsgrundschuld	1047
	III. Die Pfändung der Grundschuld und der Forderung	1049
	IV. Pfändung des Anspruchs aus Schuldversprechen	1055
C.	Pfändung des Rückgewähranspruchs durch Gläubiger des Grundstückseigentümers	1056
	I. Ausgangsfall	1056
	II. Der Rückgewähranspruch	1056
	III. Pfändung des Rückgewähranspruchs	1060
	IV. Die Wirkungen der Pfändung	1062
	V. Verwertung des an der Grundschuld erlangten Pfandrechts	1067
	VI. Mehrfache Pfändung des Übertragungsanspruchs	1068
	VII. Rückgewähranspruch bei Gesamtgrundschuld	1068
	VIII. Rückgewähranspruch für Schuldner und weitere Berechtigte	1071
	IX. Löschungsvormerkung (§§ 1179, 1179 a BGB) und Pfändung des Übertragungsanspruchs	1073
	X. Rückgewähranspruch oder Eigentümergrundschuld kraft Gesetzes	1074
	XI. Die Wirkungen der Pfändung im Zwangsversteigerungsverfahren	1075
	XII. Die auflösend bedingte Grundschuld	1077
	XIII. Erlöschen des Rückgewähranspruchs	1078
D.	Pfändung der Eigentümergrundschuld (§ 857 Abs. 6 ZPO)	1078
	I. Allgemeines	1078
	II. Offene – verschleierte Eigentümergrundschuld	1079
	III. Pfändung trotz Löschungsvormerkung (-anspruch)	1081
	IV. Die Pfändung	1084
	V. Zum Inhalt des Pfändungsbeschlusses	1085
	VI. Pfändung der offenen Eigentümergrundschuld	1086
	VII. Pfändung der verschleierten Eigentümergrundschuld	1087
	VIII. Vorläufige und künftige Eigentümergrundschuld	1092
	IX. Eigentümergrundschuld aus Höchstbetragssicherungshypothek	1093

Inhaltsverzeichnis

			Seite
	X.	Die Rechtsstellung des Gläubigers	1095
	XI.	Eigentümergrundschuld eines Grundstücksmiteigentümers	1097
E.	Pfändung der Eigentümerhypothek		1100
	I.	Die Eigentümerhypothek	1100
	II.	Die Pfändung	1101
	III.	Drittschuldner	1101
F.	Pfändung der Rentenschuld (§ 857 Abs. 6 ZPO)		1102
G.	Der Erlösanspruch (Die durch den Zuschlag erloschene Hypothek, Grundschuld oder Eigentümergrundschuld)		1102
	I.	Der Erlösanspruch	1103
	II.	Ungenaue Fassung des Pfändungsbeschlusses	1105
	III.	Erlass des Pfändungsbeschlusses vor dem Zuschlag	1106
	IV.	Pfändung nach Erteilung, aber vor Rechtskraft des Zuschlags	1106
	V.	Der künftige Erlösanspruch	1107
	VI.	Erlösverteilung und unwirksame Pfändung	1108
	VII.	Der hinterlegte Erlös	1108
	VIII.	Erlösanspruch bei nicht berichtigtem Bargebot	1109
H.	Pfändung einer Schiffshypothek (§§ 830 a, 837 a ZPO)		1110
	I.	Pfändung als Buchrecht	1110
	II.	Pfändungswirkung gegen Drittschuldner	1110
	III.	Vereinfachte Pfändung von Nebenforderungen	1111
	IV.	Schiffshypothek für Inhaberschuldverschreibung usw.	1111
	V.	Höchstbetragssicherungshypothek	1111
	VI.	Eigentümer-Schiffshypothek	1111
J.	Registerpfandrecht an einem Luftfahrzeug		1112

Siebtes Kapitel

Pfändung des Anspruchs auf Herausgabe oder Leistung einer körperlichen Sache

A.	Herausgabe oder Leistung einer beweglichen körperlichen Sache (§§ 846, 847, 849, 854 ZPO)	1113
B.	Herausgabe eines Schiffs (§ 847 a ZPO) oder Luftfahrzeugs (§ 99 Luftfahrzeugrechtegesetz)	1119
C.	Anspruch auf eine unbewegliche Sache (§§ 846, 848, 849, 855 ZPO)	1120
D.	Das Anwartschaftsrecht aus Auflassung	1142

Achtes Kapitel

Zwangsvollstreckung in Forderungen aus Wechseln, anderen indossablen Papieren usw.

A.	Wechselforderungen und durch Orderpapiere verbriefte Forderungen ...	1151
B.	Andere Wertpapiere, Scheck	1155
C.	Anteilscheine (Investmentzertifikate)	1156

Inhaltsverzeichnis

Anhang | Seite
---

1. Zivilprozessordnung, §§ 766, 793, 828–863 1157
   Lohnpfändungs-Tabelle (§ 850 c Abs. 3 ZPO) 1183
2. Übergangsregelung (§ 21 EGZPO) 1196
3. Rechtspflegergesetz, §§ 11, 20 Nrn. 16 und 17 1196
4. Sozialgesetzbuch (SGB) – Zweites Buch (II) –
   Grundsicherung für Arbeitsuchende – (Auszug) 1197
5. Sozialgesetzbuch (SGB) – Zwölftes Buch (XII) –
   Sozialhilfe – (Auszug).. 1204
6. Einkommensteuergesetz (EStG) (auszugsweise) 1212
7. Bundeskindergeldgesetz (BKGG) (auszugsweise) 1217
8. Verwaltungsanordnung über die Vertretung des Bundes als
   Drittschuldner im Bereich des Bundesministeriums der Verteidigung 1220

Vertretung der Länder als Drittschuldner

9. Baden-Württemberg.....	1222	17. Niedersachsen	1229
10. Bayern.................	1222	18. Nordrhein-Westfalen	1229
11. Berlin.................	1224	19. Rheinland-Pfalz	1230
12. Brandenburg...........	1226	20. Saarland	1231
13. Bremen	1226	21. Sachsen	1232
14. Hamburg	1227	22. Sachsen-Anhalt	1233
15. Hessen.................	1227	23. Schleswig-Holstein	1233
16. Mecklenburg-Vorpommern	1228	24. Thüringen	1234

Sachverzeichnis 1235

Verzeichnis der abgedruckten Gesetze und anderen Vorschriften

Die Zahlen verweisen auf die Randnummern (auf die bezeichneten Buchseiten).

AbgG § 31	107
AO § 46	355
§ 320	792 a
ArbGG § 12 a Abs. 1	961
BeamtVG § 51	880
BEG §§ 4a, 14, 26, 39, 46, 50, 140, 141, 141 a, 163	97 ff.
BerRehaG § 9 Abs. 2	1333 e
BGB § 366 Abs. 2	1280
§ 367 Abs. 1	1280
§ 399	15
§ 1205 Abs. 2	1817
§ 1206	1817
§ 1274 Abs. 1	1817
§ 1609	1109
§ 1612 b	1101
BKGG (auszugsweise)	Seite 1217
BRüG § 8	294
BVG § 78	1325
BVM-Erl. über Bewertung der Sachbezüge der Soldaten	1171
ContStifG § 13 Abs. 5	109
Diätengesetz 1968 § 25 Satz 2	108
EGZPO § 21	Seite 1196
EStG § 19 Abs. 1	874
§ 31	Seite 1212
§ 62–76 a	Seiten 1212 ff.
§ 76	153 b
§ 76 a	153 b
§ 97	70
GenG § 66	1636
GeschmMG §§ 30, 32	1551
GewerbeStG § 18	364
GKG KostVerz. 2111	844
GrEStG § 14	365
GVGA § 156	706
HäftlingshilfeG § 25 b	144 c
HeimarbG § 27	898
HGB § 135	1589
§ 234	1600
§ 357	155 f
HIV-Hilfegesetz § 17 Abs. 2	152 c
HWG 1. DVO § 22 Abs. 1	1022
IfSG § 67	152 a
LAG §§ 244, 262, 294	182–184
Luftfahrzeuge: Gesetz über Rechte an Luftfahrzeugen § 99 Abs. 1	2008
MarkenG §§ 29, 31	1651
Miet- und Pachtzinsforderungen: Ges. über die Pfändung von Miet- und Pachtzinsforderungen wegen Ansprüchen aus öffentlichen Lasten	239
„Mutter und Kind – Schutz des ungeborenen Lebens" § 5 Abs. 1	267
NATO-Truppenstatut, Art. VIII	46
Gesetz zum NATO-Truppenstatut und zu den Zusatzvereinbarungen, Art. 5	52
Zusatzabkommen zum NATO-Truppenstatut Art. 34, 35	51
Nordatlantikvertrag, Protokoll über Rechtsstellung der internationalen militärischen Hauptquartiere, Art. 11	43
RPflG § 11	Seite 1196
§ 20 Nrn. 6 u. 17	Seiten 1196 f.
RVG § 18	857
§ 25	855
SGB I: § 37	1304
§ 48	1422
§§ 51, 52	1418
§§ 53–55	1301

Verzeichnis der Gesetze und Vorschriften

SGB II (auszugsweise)............Seite	1197
SGB III: § 181 Abs. 1 und 2.......	1441
§§ 188, 189.....................	1449
§ 215 Abs.2	1448
§ 334	1312
SGB IV: § 14 Abs. 1	874
SGB VI: § 297 Abs. 2 Satz 1..........	1322 b
SGB X: § 64 Abs. 3	852
§ 71 Abs. 1 S. 2	1306
SGB XII (auszugsweise)...........Seite	1204
StVollzG § 51.........................	138
§ 75 Abs. 3......................	143
SVG § 48	904
§ 85 Abs. 5 Satz 1	904
UrhRG §§ 112–119	1760 ff.
Vereinte Nationen, VO über Vorrechte und Befreiungen, §§ 2, 3.	44
5. VermBG § 2 Abs. 7......................	921
VermG § 3 Abs. 1 Satz 2	1777
Vertretung des Bundes als Drittschuldner im Bereich des Bundesministers der Verteidigung........................Seite	1220
Vertretung der Länder als Drittschuldner................Seiten	1222 ff.
VRG § 7 Abs. 3	884 a
VVG § 17	311
WoGG §§ 9, 10	1358
ZDG § 50 Abs. 5............................	914
ZPO § 73	661
§ 766............................Seite	1157
§ 793............................Seite	1157
§ 813 b	254
§§ 828–863................Seiten	1157 ff.

Abkürzungsverzeichnis

a.A.	anderer Ansicht
a.a.O.	am angeführten Ort
ABl	Amtsblatt
abl.	ablehnend (e, er)
Abs.	Absatz
Abschn.	Abschnitt
AcP	Archiv für civilistische Praxis
AEAO	Anwendungserlass zur Abgabenordnung
a.F.	alte Fassung
AFG	(vormaliges) Arbeitsförderungsgesetz
AG	Amtsgericht, Aktiengesellschaft
AGBGB	Ausführungsgesetz zum BGB
AHB	Allgemeine Versicherungsbedingungen für die Haftpflichtversicherung
AKB	Allgemeine Bedingungen für die Kraftfahrtversicherung
AktG	Gesetz über Aktiengesellschaften und Kommanditgesellschaften auf Aktien (Aktiengesetz)
ALB	Allgemeine Bedingungen für kapitalbildende Lebensversicherung (Stand: 31. 7. 2008)
ALG	Gesetz über die Alterssicherung der Landwirte
AltZertG	Altersvorsorgeverträge-Zertifizierungsgesetz
Amtsvormund	Der Amtsvormund
AnfG	Gesetz über die Anfechtung von Rechtshandlungen eines Schuldners außerhalb des Insolvenzverfahrens
Anm.	Anmerkung
AnwBl	Anwaltsblatt
AO	Abgabenordnung (1977)
AP	Arbeitsrechtliche Praxis, Nachschlagewerk des Bundesarbeitsgerichts
ArbG	Arbeitsgericht
ArbGG	Arbeitsgerichtsgesetz
AÜG	Arbeitnehmerüberlassungsgesetz
AV	Allgemeine Verfügung
BAföG	Bundesausbildungsförderungsgesetz
BAG	Entscheidungen des Bundesarbeitsgerichts
BAnz	Bundesanzeiger
BArbG	Bundesarbeitsgericht
BayBS	Bereinigte Sammlung des bayerischen Landesrechts

Abkürzungsverzeichnis

BayBSVJu	Bereinigte Sammlung der bayerischen Justizverwaltungsvorschriften
BayJMBl	Bayerisches Justizministerialblatt
BayObLG	Bayerisches Oberstes Landesgericht sowie: Entscheidungen des Bayerischen Obersten Landesgerichts in Zivilsachen
BayObLGSt	Entscheidungen des Bayerischen Obersten Landesgerichts in Strafsachen
BayRS	Bayerische Rechtssammlung (Stand 1. 1. 1983)
BayVerfGH	Bayerischer Verfassungsgerichtshof
BB	Der Betriebs-Berater
BBesG	Bundesbesoldungsgesetz
BBG	Bundesbeamtengesetz
BeamtVG	Beamtenversorgungsgesetz
BEEG	Bundeselterngeld- und Elternzeitgesetz
BEG	Bundesgesetz zur Entschädigung für Opfer der nationalsozialistischen Verfolgung (Bundesentschädigungsgesetz)
BetrAVG	Gesetz zur Verbesserung der betrieblichen Altersversorgung
Betrieb	Der Betrieb
BeurkG	Beurkundungsgesetz
BezG	Bezirksgericht
BFH	Bundesfinanzhof sowie: Entscheidungen des Bundesfinanzhofs
BGB	Bürgerliches Gesetzbuch
BGBl	Bundesgesetzblatt (Teil I, II oder III)
BGH	Bundesgerichtshof sowie: Entscheidungen des Bundesgerichtshofs in Zivilsachen
BGH-Rep.	BGH-Report
BJagdG	Bundesjagdgesetz
BJM	Bundesminister(ium) der Justiz
BKGG	Bundeskindergeldgesetz
BNotO	Bundesnotarordnung
BPolBG	Gesetz zur Regelung der Rechtsverhältnisse der Polizeivollzugsbeamten des Bundes (Bundespolizeibeamtengesetz)
BRRG	Beamtenrechtsrahmengesetz
BRüG	Bundesrückerstattungsgesetz
BSHG	(ehem.) Bundessozialhilfegesetz
BSozialG	Bundessozialgericht
BStBl	Bundessteuerblatt (Teil II, früher Teil III)
BT-Drucks.	Drucksache des Deutschen Bundestages
Büro	Siehe (ab 1956) „Das Juristische Büro"
BVerfG	Bundesverfassungsgericht sowie: Entscheidungen des Bundesverfassungsgerichts
BVerwG	Bundesverwaltungsgericht sowie: Entscheidungen des Bundesverwaltungsgerichts

Abkürzungsverzeichnis

BVG	Bundesversorgungsgesetz
BWNotZ	Zeitschrift für das Notariat in Baden-Württemberg
CR	Computer und Recht
DFG	Deutsche Freiwillige Gerichtsbarkeit (Ergänzungsband zur Deutschen Justiz) (bis 1943)
DGVZ	Deutsche Gerichtsvollzieher-Zeitung
Die AG	Die Aktiengesellschaft (Zeitschrift)
DJ	Deutsche Justiz (bis 1943)
DJAmtm	Zeitschrift des Bundes Deutscher Justizamtmänner (Erscheint nicht mehr)
DJZ	Deutsche Juristenzeitung (Erscheint nicht mehr)
DNotI-Report	Informationsdienst des Deutschen Notarinstituts
DNotV	Zeitschrift des Deutschen Notarvereins
DNotZ	Deutsche Notarzeitschrift
DR	Deutsches Recht (vereinigt mit Juristische Wochenschrift). Ausgabe A = Wochenausgabe (bis 1944)
DR B	Deutsches Recht. Monatsausgabe (Erscheint nicht mehr)
DRiZ	Deutsche Richterzeitung
DRpfl	Deutsche Rechtspflege mit Rechtsprechungsbeilage (Erscheint nicht mehr)
DRspr	Deutsche Rechtsprechung. Entscheidungsauszüge und Aufsatzhinweise für die juristische Praxis
DStZ	Deutsche Steuer-Zeitung
DtZ	Deutsch-Deutsche Rechts-Zeitschrift
DVO	Durchführungsverordnung
EFG	Entscheidungen der Finanzgerichte
EGAO 1977	Einführungsgesetz zur Abgabenordnung
EhfG	Entwicklungshelfergesetz
ErbbauRG	Gesetz über das Erbbaurecht
FamFG	Gesetz über das Verfahren in Familiensachen und in den Angelegenheiten der freiwilligen Gerichtsbarkeit
FamRZ	Zeitschrift für das gesamte Familienrecht (Ehe und Familie im privaten und öffentlichen Recht)
FG	Finanzgericht
FGB	Familiengesetzbuch der (ehem.) DDR
FGG	(ehem.) Gesetz über die Angelegenheiten der freiwilligen Gerichtsbarkeit
GBO	Grundbuchordnung
GebrMG	Gebrauchsmustergesetz
GenG	Gesetz, betreffend die Erwerbs- und Wirtschaftsgenossenschaften (Genossenschaftsgesetz)
GeschmMG	Gesetz über den rechtlichen Schutz von Mustern und Modellen (Geschmacksmustergesetz)

XXI

Abkürzungsverzeichnis

GKG	Gerichtskostengesetz
GmbH	Gesellschaft mit beschränkter Haftung
GmbHG	Gesetz, betreffend die Gesellschaften mit beschränkter Haftung
GmbHR (früher auch GmbH-Rdsch.)	Rundschau für GmbH
Gruchot	Beiträge zur Erläuterung des Deutschen Rechts (mit Beilageheft: Urteile des Reichsgerichts). Begründet von Gruchot (Erscheint nicht mehr)
GrundG	Grundgesetz
GRUR	Gewerblicher Rechtsschutz und Urheberrecht
GVG	Gerichtsverfassungsgesetz
GVGA	Geschäftsanweisung für Gerichtsvollzieher
HaftpflG	Haftpflichtgesetz
HeimarbG	Heimarbeitsgesetz
HGB	Handelsgesetzbuch
HRR	Höchstrichterliche Rechtsprechung (Ergänzungsblatt zur Deutschen Justiz) (bis 1942)
HWG	Gesetz über die Altersversorgung für das deutsche Handwerk
i.d.F.	In der Fassung
IfSG	Infektionsschutzgesetz
InsO	Insolvenzordnung
JBeitrO	Justizbeitreibungsordnung
JBl	Justizblatt
JFDG	Gesetz zur Förderung von Jugendfreiwilligendiensten (Jugendfreiwilligendienstegesetz)
JFG	Jahrbuch für Entscheidungen in Angelegenheiten der freiwilligen Gerichtsbarkeit und des Grundbuchrechts (Erscheint nicht mehr)
JMBlNRW	Justizministerialblatt für das Land Nordrhein-Westfalen
JR	Juristische Rundschau
JurBüro	Das Juristische Büro
JuS	Juristische Schulung
Justiz	Die Justiz, Amtsblatt des Justizministeriums Baden-Württemberg
JVBl	Justizverwaltungsblatt (Erscheint nicht mehr)
JVEG	Justizvergütungs- und -entschädigungsgesetz
JW	Juristische Wochenschrift (bis 1939)
JZ	Juristenzeitung
Kap.	Kapitel
KG	Kammergericht, auch Kommanditgesellschaft
KGJ	Jahrbuch für Entscheidungen des Kammergerichts (Er-

Abkürzungsverzeichnis

	scheint nicht mehr)
KKZ	Kommunal-Kassen-Zeitschrift
KO	(vormalige) Konkursordnung
KostO	Kostenordnung
KostRsp.	Kostenrechtsprechung. Nachschlagewerk wichtiger Kostenentscheidungen
KostVerz.	Kostenverzeichnis
KreisG	Kreisgericht
KTS	Konkurs, Treuhand, Sanierung
LAG	Lastenausgleichsgesetz
LArbG	Landesarbeitsgericht
Leits	abgedruckt ist nur der Leitsatz
LG	Landgericht
LM	Lindenmaier/Möhring, Nachschlagewerk des Bundesgerichtshofs
LohnpfVO	Lohnpfändungsverordnung vom 30. 10. 1940 (nach Eingliederung der Bestimmungen in die ZPO [§§ 850–850 i] aufgehoben)
LPartG	Lebenspartnerschaftsgesetz
LuftVG	Luftverkehrsgesetz
LZ	Leipziger Zeitschrift für Deutsches Recht (Erscheint nicht mehr)
MarkenG	Markengesetz
MDR	Monatsschrift für Deutsches Recht
MittBayNot	Mitteilungen des Bayer. Notarvereins, der Notarkasse und der Landesnotarkammer Bayern
MittRhNotK	Mitteilungen der Rheinischen Notarkammer (nun: RNotZ)
MMR	MultiMedia und Recht
N	Note, Randnote
NdsRpfl	Niedersächsische Rechtspflege
NJW	Neue Juristische Wochenschrift
NJW-CoR	NJW-Computer-Report
NJW-RR	NJW-Rechtsprechungs-Report (ab 1986)
NStZ	Neue Zeitschrift für Strafrecht
NVwZ	Neue Zeitschrift für Verwaltungsrecht
NZA	Neue Zeitschrift für Arbeits- und Sozialrecht
NZM	Neue Zeitschrift für Mietrecht
OG	Obergericht
OHG	Offene Handelsgesellschaft
OLG	Oberlandesgericht; außerdem: Die Rechtsprechung der Oberlandesgerichte auf dem Gebiete des Zivilrechts. Herausgegeben von Mugdan-Falkmann (Erscheint nicht mehr)

Abkürzungsverzeichnis

OLGR	OLG Report
OLGZ	Entscheidungen der Oberlandesgerichte in Zivilsachen (ab 1965; erscheint nicht mehr)
PartGG	Partnerschaftsgesellschaftsgesetz
PatG	Patentgesetz
P-Konto	Pfändungsschutzkonto
RArbG	Reichsarbeitsgericht; auch Entscheidungssammlung des Reichsarbeitsgerichts
RdA	Recht der Arbeit
RdL	Recht der Landwirtschaft
Rdn	Randnote
RdSchr	Rundschreiben
Recht	Das Recht. Rundschau für den Deutschen Juristenstand (Erscheint nicht mehr)
RepG	Reparationsschädengesetz
RG	Reichsgericht, sowie: Entscheidungen des Reichsgerichts in Zivilsachen
RGBl	Reichsgesetzblatt (Teil I)
RGSt	Entscheidungen des Reichsgerichts in Strafsachen
RHeimstG	(ehem.) Reichsheimstättengesetz
RJM	Reichsjustizminister, -ministerium
RNotZ	Rheinische Notar-Zeitschrift
Rpfleger	Der Deutsche Rechtspfleger
RPflG	Rechtspflegergesetz
RpfliB	Zeitschrift für Rechtspflege in Bayern (Erscheint nicht mehr)
RpflJB	Rechtspflegerjahrbuch (bis 1998; wird nicht mehr fortgeführt)
RVG	Gesetz über die Vergütung der Rechtanwältinnen und Rechtsanwälte (Rechtsanwaltsvergütungsgesetz)
RVO	Reichsversicherungsordnung
S.	Seite, Satz
ScheckG	Scheckgesetz
SchiRG	Gesetz über Rechte an eingetragenen Schiffen und Schiffsbauwerken
SchlHA	Schleswig-Holsteinische Anzeigen
SchlHolstOLG	Schleswig-Holsteinisches Oberlandesgericht
Seufferts Archiv	Seufferts Archiv für Entscheidungen der Obersten Gerichte (Erscheint nicht mehr)
SGB	Sozialgesetzbuch
StrEG	Gesetz über die Entschädigung für Strafverfolgungsmaßnahmen
StrVG	Straßenverkehrsgesetz
SVG	Soldatenversorgungsgesetz

Abkürzungsverzeichnis

UmwG	Umwandlungsgesetz
UnlWG	Gesetz gegen den unlauteren Wettbewerb
UrhRG	Urheberrechtsgesetz
UsG	Unterhaltssicherungsgesetz
VerbrKrG	Verbraucherkreditgesetz
VerglO	(vormalige) Vergleichsordnung
VermBG	Vermögensbildungsgesetz
VersR	Versicherungsrecht
VerwG	Verwaltungsgericht
VHG	Vertragshilfegesetz
VIZ	Zeitschrift für Vermögens- und Investitionsrecht
VMBl	Ministerialblatt des Bundesministeriums für Verteidigung
VO	Verordnung
VOB/B	Verdingungsordnung für Bauleistungen (Teil B)
VRG	Vorruhestandsgesetz
VwGO	Verwaltungsgerichtsordnung
VVG	Gesetz über den Versicherungsvertrag
WarnRspr.	Warneyer. Jahrbuch der Entscheidungen; mit Ergänzungsband: Rechtsprechung des Reichsgerichts
WEG	Wohnungseigentumsgesetz
WG	Wechselgesetz
WM	Wertpapier-Mitteilungen
WoGG	Wohngeldgesetz
WRP	Wettbewerb in Recht und Praxis
WSG	Wehrsoldgesetz
WuM	Wohnungswirtschaft und Mietrecht
ZAP	Zeitschrift für die Anwaltspraxis
z. B.	zum Beispiel
ZBR	Zeitschrift für Beamtenrecht
ZeitschrPrJAmtm	Zeitschrift des Verbandes Preußischer Justizamtmänner (Erscheint nicht mehr)
ZEV	Zeitschrift für Erbrecht und Vermögensnachfolge
ZGB	Zivilgesetzbuch der (ehem.) DDR
ZIP	Zeitschrift für Wirtschaftsrecht und Insolvenzpraxis
ZMR	Zeitschrift für Miet- und Raumrecht
ZPO	Zivilprozessordnung
ZRHO	Rechtshilfeordnung in Zivilsachen
ZRP	Zeitschrift für Rechtspolitik
ZS	Zivilsenat
ZSEG	Gesetz über die Entschädigung von Zeugen und Sachverständigen
ZVG	Gesetz über die Zwangsversteigerung und die Zwangsverwaltung
ZZP	Zeitschrift für Zivilprozessrecht

Einschlägiges Schrifttum

1. Zivilprozessrecht

Baumbach/Lauterbach/Albers/Hartmann, Zivilprozessordnung. 68. Aufl. 2010

MünchKomm/(Autor), Münchener Kommentar zur Zivilprozessordnung. 3. Aufl. 2007/2008

Musielak/(Autor), Zivilprozessordnung. 7. Aufl. 2009

Schuschke/Walker, Vollstreckung und Vorläufiger Rechtsschutz. Kommentar. 4. Aufl. 2008

Stein/Jonas/(Autor), Zivilprozessordnung. 22. Aufl. 2002 ff.

Thomas/Putzo/(Autor), Zivilprozessordnung. 30. Aufl. 2009

Wieczorek/Schütze/(Bearbeiter), Zivilprozessordnung. 3. Aufl. 1994 ff.

Zöller/(Autor), Zivilprozessordnung, 28. Aufl. 2010

2. Bürgerliches Recht und Handelsrecht

Baumbach/Hopt, Handelsgesetzbuch. 33. Aufl. 2008

Baumbach/Hueck, GmbH-Gesetz, 19. Aufl. 2009

Beuthien, Genossenschaftsgesetz. 14. Aufl. 2004; Aktualisierungsband 2007

BGB-RGRK/(Autor), Bürgerliches Gesetzbuch, Kommentar, hrsgg. von Reichsgerichtsräten und Bundesrichtern, 12. Aufl. 1974 ff.

Erman/(Autor), Bürgerliches Gesetzbuch, Handkommentar, 12. Aufl. 2008

MünchKomm/(Autor), Münchener Kommentar zum Bürgerlichen Gesetzbuch. 4. (oder 5.) Aufl. 2000 ff. und 2006 ff.

Palandt/(Autor), Bürgerliches Gesetzbuch. 69. Aufl. 2010

Planck, Bürgerliches Gesetzbuch. Kommentar. 4. Aufl. 1914

RGR.Komm.z.HGB, Kommentar zum Handelsgesetzbuch. Begründet von Staub, weitergeführt von Mitgliedern des Reichsgerichts: 3. Aufl. 1968 ff. (4. Aufl. 1983 ff.)

Soergel/(Autor), Bürgerliches Gesetzbuch. Kommentar. 13. Aufl. 1987 ff.

Staudinger/(Autor), Bürgerliches Gesetzbuch. Kommentar. 13. Aufl. 1995 ff.

3. Freiwillige Gerichtsbarkeit, Grundbuchrecht, Erbbaurecht, Wohnungseigentum

Bärmann/(Autor), Wohnungseigentumsgesetz. 10. Aufl. 2008

Bauer/von Oefele, Grundbuchordnung, 2. Aufl. 2006

Demharter, Grundbuchordnung. 26. Aufl. 2008 [27. Aufl. 2010]

Kuntze/Ertl/Herrmann/Eickmann, Grundbuchrecht. 6. Aufl. 2006

Meikel/(Bearbeiter), Grundbuchordnung. 10. Aufl. 2009

v. Oefele/Winkler, Handbuch des Erbbaurechts, 4. Aufl. 2008

Sauter/Schweyer/Waldner, Der eingetragene Verein. 18. Aufl. 2006

Einschlägiges Schrifttum

Schöner/Stöber, Grundbuchrecht, 14. Aufl. 2008

Stöber, Handbuch Vereinsrecht. 9. Aufl. 2004

Weitnauer, Wohnungseigentumsgesetz. 9. Aufl. 2005

Winkler, Der Testamentsvollstrecker, 19. Aufl. 2008

4. Zwangsversteigerungsgesetz

Dassler/(Autor), Gesetz über die Zwangsversteigerung und die Zwangsverwaltung. Kommentar. 13. Aufl. 2008

Jaeckel/Güthe, Kommentar zum Zwangsversteigerungsgesetz. 7. Aufl 1937

Korintenberg/Wenz, Gesetz über die Zwangsversteigerung und die Zwangsverwaltung. Kommentar. 6. Aufl. 1935

Steiner/(Autor), Zwangsversteigerung und Zwangsverwaltung. Kommentar. 9. Aufl. 1984–1986

Stöber, Zwangsversteigerungsgesetz. Kommentar. 19. Aufl. 2009

Stöber, Zwangsvollstreckung in das unbewegliche Vermögen (ZVG-Handbuch). 8. Aufl. 2007

5. Sonstiges

Baur/Stürner/Bruns, Zwangsvollstreckungsrecht. 13. Aufl. 2006

Bohn, Die Pfändung von Hypotheken, Grundschulden, Eigentümerhypotheken und Eigentümergrundschulden. 6. Aufl. 1964

Bohn/Berner, Pfändbare und unpfändbare Forderungen und andere Vermögensrechte. Hauptband, 1957 mit Nachtrag 1970. 2. Band: Pfändungsschutz für Lohn, Gehalt und sonstiges Arbeitseinkommen. 3. Aufl. 1970

Brox/Walker, Zwangsvollstreckungsrecht. 8. Aufl. 2008

Bülow/Schmidt, Hinterlegungsordnung. 4. Aufl. 2005

David, Über den Umgang mit Schuldnern. 18. Aufl. 2008

Dierck/Morvilius/Vollkommer, Handbuch des Zwangsvollstreckungsrechts, 2009

Falkmann/Hubernagel, Die Zwangsvollstreckung in das bewegliche Vermögen. Handkommentar. 3. Aufl. 1937–1939

Geimer, Internationales Zivilprozessrecht. 6. Aufl. 2009

Huber, Die Sicherungsgrundschuld. 1965

Jonas/Pohle, Zwangsvollstreckungsnotrecht. Erläuterungsbuch. 16. Aufl. 1954

Merten, Lohnpfändungsrecht. Kommentar. 1941

Vollkommer, Formenstrenge und prozessuale Billigkeit. 1973

ERSTES KAPITEL

ZWANGSVOLLSTRECKUNG IN GELDFORDERUNGEN

A. Die Zwangsvollstreckung

1. Allgemeines zur Zwangsvollstreckung

Zwangsvollstreckung[1] ist Verfahrensrecht zur Durchsetzung des materiellen Anspruchs eines Gläubigers mit staatlichem Zwang[2]. Als Inhaber des Zwangsmonopols[3] handelt der Staat durch seine Organe gegenüber Verfahrensbeteiligten hoheitlich. Zwangsvollstreckung ist als Staatstätigkeit daher öffentlich-rechtlicher Natur[4].

Die ZPO regelt in ihrem 8. Buch (§§ 704–945) die Zwangsvollstreckung der Ansprüche, die vor die ordentlichen Gerichte als bürgerliche Rechtsstreitigkeiten gehören (§ 3 Abs. 1 EGZPO, § 13 GVG). Die Vollstreckung in Ehesachen (§ 111 Nr. 1, § 121 FamFG) und Familienstreitsachen (§ 112 FamFG) erfolgt entsprechend den ZPO-Vorschriften über die Zwangsvollstreckung (§ 120 [mit § 113 Abs. 1 S. 1] FamFG). Auf die Vollstreckung wegen einer Geldforderung in anderen Familiensachen und Angelegenheiten der freiwilligen Gerichtsbarkeit sind die ZPO-Vorschriften über die Zwangsvollstreckung nach § 95 Abs. 1 Nr. 1 FamFG entsprechend anzuwenden. Es tritt an die Stelle des Urteils der Beschluss (§§ 38, 95 Abs. 2 FamFG).

Wegen einer *Geldforderung*[5] (Begriff Rdn. 9) kann der Gläubiger durch Zwangsvollstreckung Befriedigung suchen aus dem

- beweglichen Vermögen seines Schuldners (§§ 803–863 ZPO) und
- unbeweglichen Vermögen seines Schuldners (d. s. Grundstücke, den Grundstücken gleichstehende Berechtigungen, eingetragene Schiffe und Schiffsbauwerke, §§ 864–871 ZPO).

---

1   Zur Struktur der Zwangsvollstreckung *Gaul* Rpfleger 1971, 1, 41 und 81; Verfahrensgrundsätze der Zwangsvollstreckung: *Zöller/Stöber*, ZPO, Rdn. 19–33 vor § 704. Zu den Auswirkungen der Garantiefunktionen des Grundgesetzes auf Verfahrensrecht und Verfahrensgestaltung *Stöber*, ZVG, Einl. Rdn. 7 und 8 mit weit. Nachw. Zur Verfassungsmäßigkeit des Vollstreckungszugriffs *Vollkommer* Rpfleger 1982, 1.
2   *Zöller/Stöber*, ZPO, Rdn. 1 vor § 704.
3   *BVerfGE* 49, 252 (256) = NJW 1979, 538; *BVerfGE* 61, 126 (136) = NJW 1983, 559.
4   *Stein/Jonas/Münzberg*, ZPO, Rdn. 16; *Zöller/Stöber*, ZPO, Rdn. 1, je vor § 704.
5   Zwangsvollstreckung wegen anderer Ansprüche kann zur Erwirkung der Herausgabe von Sachen und zur Erwirkung von Handlungen oder Unterlassungen betrieben werden (§§ 883–898 ZPO).

1. Kapitel: ZwV in Geldforderungen

Der Zwangsvollstreckung *in das bewegliche Vermögen* unterliegen
- körperliche Sachen (§§ 808–827 ZPO) sowie
- die dem Schuldner zustehenden Forderungen gegen Dritte und seine anderen Vermögensrechte (§§ 828–863 ZPO).

Die Zwangsvollstreckung in das bewegliche Vermögen, damit auch die in diesem Buch dargestellte Zwangsvollstreckung in Forderungen und andere Vermögensrechte, erfolgt durch *Pfändung* (§ 803 Abs. 1 S. 1 ZPO). Durch sie erwirbt der Gläubiger ein Pfandrecht (sog. Pfändungspfandrecht) an der gepfändeten Forderung oder dem Vermögensrecht seines Schuldners (§ 804 Abs. 1 ZPO, siehe hierwegen Rdn. 554). Dieses bildet die Grundlage der Pfandverwertung (dazu Rdn. 578) zur Befriedigung des Vollstreckungsanspruchs des Gläubigers.

2. *Der Vollstreckungstitel*

2   a) Die Zwangsvollstreckung in Forderungen und andere Vermögensrechte setzt einen Vollstreckungstitel (auch Schuldtitel genannt) voraus. Dieser muss den Anspruch des Gläubigers gegen den Schuldner auf die beizutreibende Geldforderung ausweisen. Vollstreckungstitel sind

- nach der *ZPO* insbesondere rechtskräftige oder für vorläufig vollstreckbar erklärte Urteile (§ 704 ZPO), gerichtliche Vergleiche[6], Kostenfestsetzungsbeschlüsse, Vollstreckungsbescheide und gerichtliche oder notarielle Urkunden (§ 794 ZPO)
- nach dem *FamFG* gerichtliche Beschlüsse und weitere Vollstreckungstitel im Sinne des § 794 ZPO, soweit die Beteiligten über den Gegenstand des Verfahrens verfügen können (§ 86 Abs. 1 FamFG).

3   b) In *Euro* entsprechend dem Umrechnungskurs sind ab 1. Januar 2002 (Ende der Übergangszeit zur Währungsunion) Zahlungstitel zu vollstrecken, die auf Deutsche Mark lauten (Abs. 20 Verordnung [EG] Nr. 974/98, ABl L 139/1). Umrechnungskurs: 1,95583 DM = 1 Euro. Umschreibung des Schuldtitels zur Anpassung erfolgt nicht (gesetzliche Umstellung).

4   c) Vollstreckungstitel über eine Geldforderung ist auch ein *Haftungs-* oder *Duldungstitel* über eine persönliche, jedoch auf bestimmte Gegenstände beschränkte Haftung für eine Geldleistung[7]. Durch Pfändung (§§ 803, 829 ff. ZPO) erfolgt daher auch die Zwangsvollstreckung eines Schuldtitels über die Haftung mit einer Forderung gegen einen Dritten oder mit einem anderen Vermögensrecht (Rdn. 1) für eine Geldleistung als Duldungsschuldner. Beschränkung der Schuldnerhaftung auf bestimmte Vermögenswerte[8] ermöglicht Pfändung anderer Vermögensrechte des (Titel-)Schuld-

---

6   Mit der Verpflichtung (insbesondere eines Unterhaltsschuldners) in einem Prozessvergleich, über einen freiwillig gezahlten Betrag hinaus (Sockelbetrag) eine weitere Zahlung zu leisten, ist ein Vollstreckungstitel (in der Regel) nur in Höhe des Spitzenbetrags geschaffen (*BGH* FamRZ 1993, 945 = MDR 1993, 650 = NJW 1993, 1995).

7   *BGH* 103, 30 (32, 33) = MDR 1988, 395 = NJW 1988, 1026.

8   Dazu auch *Zöller/Stöber*, ZPO, Rdn. 18 vor § 704.

ners jedoch nicht. Ein Vollstreckungstitel über die Verpflichtung, die Zwangsvollstreckung in ein Grundstück zu dulden (wie z. B. über den – dinglichen – Anspruch aus einer Hypothek, Grundschuld oder Rentenschuld) ermöglicht Pfändung einer auf dem Grundstück lastenden Eigentümergrundschuld oder des Anspruchs auf Rückgewähr einer vom Grundstückseigentümer einem Dritten bestellten Grundschuld (Rdn. 1887) daher nicht. Eine nach dem Vollstreckungstitel zu duldende Zwangsvollstreckung in das haftende Grundstück hat als Immobiliarvollstreckung nach §§ 864 ff. ZPO zu erfolgen; die Eigentümergrundschuld ist als (echtes) Grundpfandrecht ein gegenüber dem Eigentum am Grundstück selbstständiges Recht; der Rückgewähranspruch ist selbstständiger (schuldrechtlicher) Anspruch (Rdn. 1887). Die Verpflichtung, die Zwangsvollstreckung in ein Grundstück zu dulden, begründet deshalb nicht auch die Verpflichtung zur Duldung der Zwangsvollstreckung in eine Eigentümergrundschuld, mit der das Grundstück belastet ist[9], oder in den Rückgewähranspruch des Grundstückseigentümers. Als Vollstreckungsanspruch über eine Geldforderung ist ebenso ein im Anfechtungsprozess erwirktes Urteil zu vollstrecken. Der Gläubiger kann daher auf Grund des im Anfechtungsprozess erwirkten Urteils auf Duldung der Zwangsvollstreckung (§ 11 AnfG) in eine Forderung oder ein anderes Vermögensrecht Pfändungs- (und Überweisungs-)Beschluss gegen den Anfechtungsgegner als Vollstreckungsschuldner erwirken[10].

d) Urteile (andere Vollstreckungstitel) der Gerichte der ehem. DDR aus der Zeit vor dem 3. Okt. 1990 bleiben wirksam und können nach den Vorschriften der ZPO vollstreckt werden (Art. 18 Abs. 1 Einigungsvertrag). Umrechnung des auf Mark der ehem. DDR lautenden Titels erfolgt durch das Vollstreckungsgericht. Umgestellt sind je 2 Mark „DDR" auf 1 DM (Art. 7 § 1 Abs. 1 Anlage 1 zum Staatsvertrag); Umstellung dann auf Euro Rdn. 2 a. Im Verhältnis 1 : 1 umgestellt sind Unterhaltsansprüche (als sonstige regelmäßig wiederkehrende Zahlungen), die nach dem 30. Juni 1990 fällig werden[11], und andere in Abs. 2 des Art. 7 § 1 Abs. 1 Anlage I zum Staatsvertrag bezeichnete wiederkehrende Zahlungen. Rechtsbehelf gegen die Berechnung des Vollstreckungsgerichts: § 766 ZPO. **4a**

3. *Sonstige Vollstreckungsvoraussetzungen*

Weitere Voraussetzungen der Zwangsvollstreckung (Bezeichnung von **5** Gläubiger und Schuldner in Vollstreckungstitel oder -klausel, vollstreckbare Ausfertigung, Zustellung, Ablauf der Wartefrist, Sicherheitsleistung usw.) bestimmt die ZPO in den allgemeinen Vorschriften der §§ 724 ff.

4. *Verwaltungszwangsverfahren*

Verwaltungsakte der Finanzbehörden, mit denen eine Geldleistung ge- **6** fordert wird (§§ 249 ff. AO), Geldstrafen, gerichtlich erkannte Geldbußen,

---

9   *BGH* 103, 30 (34) = a.a.O.
10 *BGH* 100, 36 (44) = JR 1987, 410 mit Anm. *Gerhardt* = MDR 1987, 494 = NJW 1987, 1703.
11 *Arnold* DGVZ 1992, 20 (22); *Brüggemann* FamRZ 1992, 280; *Vultejus* DGVZ 1991, 72; *LG Konstanz* Rpfleger 1992, 530; *BezG Gera* FamRZ 1992, 851. Die DDR-Verordnung vom 4. Juli 1990 (Umstellung auch rückständiger Unterhaltsbeträge im Verhältnis 1 : 1) ist nichtig, *LG Berlin* DGVZ 1992, 11; *LG Konstanz* und *BezG Gera* je a.a.O.; *Janke* DtZ 1994, 62; abw. nur *Hammermüller* DtZ 1993, 236.

1. Kapitel: ZwV in Geldforderungen

Ordnungs- und Zwangsgelder, Gerichtskosten, sonstige Justizverwaltungsabgaben sowie in gleicher Weise einzuziehende weitere Ansprüche (§§ 1 ff. JBeitrO) und andere öffentlich-rechtliche Geldforderungen (VwVG-Bund und VwVGe der Länder) werden im Verwaltungswege (Verwaltungszwangsverfahren) vollstreckt. In diesen Verfahren bedarf es keines vollstreckbaren Titels. Verwaltungsgerichtliche Vollstreckungstitel (§ 168 VwGO) vollstreckt das erstinstanzliche Verwaltungsgericht (§ 167 Abs. 1 S. 2 VwGO). Verwaltungsakte der Sozialverwaltungsbehörden werden nach dem VwVG-Bund sowie den landesrechtlichen Vorschriften über das Verwaltungsvollstreckungsverfahren vollstreckt (§ 66 Abs. 1–3 SGB X). Aus einem Verwaltungsakt kann Zwangsvollstreckung aber auch in entsprechender Anwendung der ZPO stattfinden (§ 66 Abs. 4 SGB X).

B. Die Parteien und Beteiligten im Zwangsvollstreckungsverfahren

I. *Parteien* im Vollstreckungsverfahren sind

7   1. Der **Gläubiger**, das ist derjenige, der nach dem vollstreckbaren Schuldtitel (der für Zwangsvollstreckung erforderlichen vollstreckbaren Ausfertigung, §§ 724 ff. ZPO) den beizutreibenden vollstreckbaren Geldanspruch zu fordern hat. Er wird vielfach auch *„Pfändungs"*gläubiger genannt, wenn er durch Pfändung (§ 803 Abs. 1 S. 1 ZPO) ein Pfandrecht an einem Vermögensgegenstand (Rdn. 1) erlangt hat (§ 804 Abs. 1 ZPO). Als *Verpfändungs*gläubiger (oder kurz auch nur als Pfandgläubiger) wird der Gläubiger bezeichnet, der durch Rechtsgeschäft ein Pfandrecht an einer Forderung oder einem Recht des Schuldners erlangt hat (§§ 1273 ff. BGB).

2. Der **Schuldner**, das ist derjenige, der die nach dem Vollstreckungstitel geschuldete Leistung zu erfüllen hat (= sie schuldet). Vielfach wird dieser Schuldner, gegen den Vollstreckung betrieben wird, als *„Pfändungs"*schuldner bezeichnet und damit vom *Verpfändungs-* oder *Pfand*schuldner unterschieden.

II. *Beteiligt* sind außerdem

8   1. Der **Drittschuldner**. Es ist dies derjenige, der dem Schuldner die Geldforderung (den Anspruch, das Recht) zu leisten hat, die durch Zwangsvollstreckung der Befriedigung oder Sicherung des Gläubigers zugeführt werden soll. Drittschuldner ist jeder Dritte, dessen Leistung zur Ausübung einer gepfändeten Forderung (oder eines gepfändeten Rechts) erforderlich ist oder dessen Rechtsstellung von der Pfändung sonstwie berührt wird[1]. Daher ist jede Person Drittschuldner, die an einem zu pfändenden Recht außer dem Schuldner – irgendwie – beteiligt ist.

Wer wirklicher Drittschuldner ist, lässt sich mitunter nicht leicht klären. Wegen der Einzelheiten wird auf die Erläuterungen in den einzelnen Abschnitten dieses Bandes verwiesen, wegen der Vertretung des Staates als Drittschuldner auch auf die im Anhang abgedruckten Vorschriften.

---

1   *RG* 49, 405 (407); auch *BGH* 49, 197 = MDR 1968, 313 = NJW 1968, 493.

Die Parteien und Beteiligten im Zwangsvollstreckungsverfahren

2. **Dritte**, das sind andere Personen, in deren Rechte die Pfändung eingreift oder die sich durch einen Antrag am Verfahren beteiligen.

Die Vorschriften über die Drittschuldner*vertretung* des *Bundes* und der *Länder* sind vielfach nicht leicht festzustellen; sie sind dem Praktiker nur schwer zugänglich und zudem vielfachen Änderungen unterworfen. Im Zweifelsfall empfiehlt es sich daher, Auskunft der mit dem Geschäftsvorfall befassten (oder der übergeordneten) Behörde, bei Einkommenspfändung auch der Beschäftigungsbehörde oder Zahlstelle, einzuholen. Der Staat wird als Fiskus für verpflichtet angesehen, Auskunft über die Vertretungsbehörde zu geben[2]. Es darf aber auch nicht verkannt werden, dass eine nicht genaue Drittschuldnerbezeichnung im Pfändungsbeschluss der Auslegung unterliegt (Rdn. 517, 518). Genügen muss stets, dass der Pfändungsbeschluss bei verständiger Auslegung erkennen lässt, an wen sich das Zahlungsverbot richtet (Rdn. 517). Bezeichnungen der Zahlstelle statt der Behörde, die die Leistung anzuordnen hat und daher als Drittschuldnervertreter bestimmt ist, muss stets genügen. Entsprechendes müsste für (unrichtige) Bezeichnung einer (anderen) Behörde des Geschäftsbereichs gelten, dem die vertretende Drittschuldnerstelle zugeordnet ist, wenn sich diese mit Bezeichnung der zu pfändenden Forderung eindeutig bestimmen lässt, wie z. B. bei Pfändung von Arbeitseinkommen des bei einer benannten Dienststelle angestellten Schuldners. Die Pfändung muss auch in einem solchen Fall mit Zustellung an die im Beschluss (nicht nach einer Drittschuldnervorschrift) bezeichneten Behörde wirksam werden (§ 829 Abs. 3 ZPO). Wenn dann Leistung an den Schuldner durch die zuständige Behörde oder deren Zahlstelle nicht mehr abgewendet werden kann, ist Drittschuldnerschutz gewährleistet (wie Rdn. 567). Wird nach Zustellung an eine nach Regelung durch Vorschriften über die Drittschuldnervertretung nicht zuständige Behörde der Pfändungsbeschluss an die zuständige Dienststelle weitergeleitet, dann wird die Pfändung jedenfalls spätestens damit wirksam (§ 189 ZPO). Dem kann die ungenaue (unrichtige) Bezeichnung der Drittschuldnerbehörde im Pfändungsbeschluss bei sonst hinreichend bestimmter Angabe der zu pfändenden Forderung, damit auch des Geschäftsbereichs des Fiskus, von dem sie zu leisten ist, nicht entgegenstehen. Mit der Verpflichtung zu rechtsstaatlichen Verwaltungshandeln kann es jedenfalls nicht zu vereinbaren sein, dass eine nach Verwaltungsbestimmung nicht zuständige Dienststelle aus dem Geschäftsbereich des Drittschuldners den ihr zugestellten Pfändungsbeschluss dem Gläubiger einfach mit dem Hinweis zurückreicht, der Drittschuldner sei nicht korrekt bezeichnet, die Pfändung damit nicht wirksam. Das sollte als schadenhaftungsbegründende Amtspflichtverletzung anzusehen sein. Der auf Sicherheit bedachte Gläubiger wird gleichwohl, wenn er Aufschluss über eine nicht genaue Drittschuldnerbezeichnung erlangt, Berichtigung des Pfändungsbeschlusses erwirken (Rdn. 523) und (nochmalige) Zustellung an die ermittelte Drittschuldnerstelle veranlassen.

8a

---

2 *Musilak/Heinrich*, ZPO, Rdn. 5; *Stein/Jonas/Roth*, ZPO, Rdn. 4; *Wieczorek/Schütze/Hausmann*, ZPO, Rdn. 4; *Zöller/Vollkommer*, ZPO, Rdn. 3; alle zu § 18.

C. Geldforderungen

9 1. *Geldforderung* ist ein schuldrechtlicher Anspruch, der auf Geldzahlung gerichtet, bei dem also der Gegenstand der geschuldeten Leistung in inländischer oder ausländischer Währung ausgedrückt ist[3]. Geldforderung und als solche (nach § 829 ZPO) zu pfänden ist auch die Fremdwährungsschuld (Valutaschuld), das ist die Forderung, die auf Geldleistung in fremder (ausländischer) Währung geht[4].

10 2. Zu unterscheiden von der Geldforderung sind

a) Die *Geldstück*schuld, bei der ein bestimmtes Geldstück, z. B. ein Jubiläumstaler, eine bestimmte Münze, ein genau bezeichnetes Goldstück, geschuldet ist; sie ist reine Sachschuld.

b) Die eigentliche (echte) *Geldsorten*schuld, bei der eine gewisse Menge bestimmter Geldsorten, z. B. 20 Jubiläumstaler, 20 bestimmte Münzen, geschuldet ist; sie ist ebenfalls reine Sachschuld.

Bei einer Geldstückschuld oder einer echten Geldsortenschuld ist eine Sachschuld Gegenstand der Leistung. Der Anspruch muss daher nach §§ 883, 884 ZPO vollstreckt werden. Wegen einer Geldforderung kann der Gläubiger, dessen Schuldner vom Drittschuldner eine Geldstück- oder Geldsortenschuld zu bekommen hat, in eine solche Sachschuld nach §§ 846 ff. ZPO vollstrecken (siehe 7. Kapitel).

11 3. Ein Anspruch auf *Befreiung von einer Verbindlichkeit*, die in einer Geldforderung besteht, ist nicht als Geldforderung nach §§ 803 ff., 829 ff. ZPO, sondern nach § 887 ZPO zu vollstrecken[5].

D. Die Pfändung von Geldforderungen

I. Grundsätzliches zur Pfändung und Pfändbarkeit einer Geldforderung

Schrifttum: *Diepold*, Sind Honorarforderungen von Anwälten, Ärzten und Zahnärzten pfändbar? MDR 1993, 835; *Diepold*, Hat § 49 b BRAO Auswirkungen auf die Pfändbarkeit von Vergütungsforderungen von Rechtsanwälten? MDR 1995, 23; *Hillebrand*, Zur Unpfändbarkeit zweckgebundener Forderungen, Rpfleger 1986, 464.

12 1. Gepfändet wird eine Geldforderung durch gerichtlichen *Pfändungsbeschluss* (§ 829 Abs. 1 ZPO). Bewirkt (wirksam) wird diese Pfändung mit der Zustellung des Pfändungsbeschlusses an den Drittschuldner (§ 829 Abs. 3 ZPO).

---

3 Siehe *RG* 168, 245.
4 Siehe *RG* 109, 62; auch *BGH* 104, 268 (274); *OLG Düsseldorf* NJW 1988, 2185.
5 *BGH* 25, 1 (7); *OLG Hamm* NJW 1960, 923, Rpfleger 1963, 248 und JMBlNW 1984, 45 = JurBüro 1984, 1107; KG OLGZ 1973, 54 = MDR 1970, 1018 = Rpfleger 1970, 360 mit zahlr. Nachw.; KG MDR 1999, 118 = NJW-RR 1999, 793; *OLG Frankfurt* Rpfleger 1975, 329 (= Freistellung von Unterhaltsansprüchen); *OLG Hamburg* FamRZ 1983, 212 (ebenso); *AG Hannover* DGVZ 1971, 158; *Bischof* ZIP 1984, 1444 (auch zu typischen Freistellungsfällen); *Zöller/Stöber*, ZPO, Rdn. 3 zu § 887.

2. *Besondere Vorschriften* gelten für Geldforderungen
- die durch Hypothek gesichert sind (§§ 830, 830 a ZPO; siehe 6. Kap.).
- aus Wechseln und anderen indossablen Papieren (§ 831 ZPO; siehe 8. Kap.).

3. a) Geldforderungen sind an sich grundsätzlich und ohne Rücksicht auf ihren Rechtsgrund pfändbar. Gesetzliche Vorschriften regeln jedoch vielfache Pfändungs*beschränkungen* und Pfändungs*verbote*. Solche können auch aus dem Wesen der Forderung folgen.

b) Pfändungsbeschränkungen oder -verbote sind vielfach zum Schutze des Schuldners, oft aber auch im öffentlichen Interesse erlassen. Vorwiegend beruhen sie auf der Erwägung, dass der Staat keine Hilfe zur Entziehung der notwendigsten Lebensbedürfnisse und zur Vernichtung der wirtschaftlichen Existenz des Schuldners leisten darf. Sie sollen deshalb vor allem auch vermeiden, dass der Schuldner infolge Zwangsvollstreckung der öffentlichen Fürsorge anheimfällt[1]. Mitunter sollen sie aber auch die Zweckbindung öffentlicher Mittel sicherstellen.

c) aa) Außerdem sind Forderungen unpfändbar, wenn sie *nicht übertragen werden* können (§ 851 Abs. 1 ZPO). Dass eine Forderung nicht übertragen (abgetreten) werden kann, kann

- durch gesetzliche Vorschrift ausdrücklich bestimmt sein (siehe z. B. §§ 717, 1300 Abs. 2 [aufgehoben] und § 1378 Abs. 3 BGB) oder
- aus der (dann meist höchstpersönlichen oder zweckgebundenen) Natur der Forderung folgen.

Ihr Verwendungs*zweck* begründet die Unpfändbarkeit einer Forderung[2], wenn die Leistung an einen anderen als den Schuldner nicht ohne Veränderung ihres Inhalts[3] erfolgen kann (§ 851 ZPO, § 399 BGB). Der Verwendungszweck einer Forderung kann gesetzlich bestimmt, aber auch bei Anspruchsbegründung von Anfang an durch Vereinbarung der zu erbringenden Leistung als Inhalt beigelegt sein[4]. In dieser Weise kann Zweckbindung bei treuhänderischer Bindung des Leistungsempfängers zur Sicherung schutzwürdiger Belange des Drittschuldners festgelegt werden. **Beispiele:** Vorschüsse zur Deckung von Bürounkosten eines Architekten, der mit der Fertigstellung eines begonnenen Baus betraut ist[5]; Zahlung des Kaufpreises auf ein debitorisches Konto des Verkäufers zur Ablösung von Rechten

---

1 Siehe dazu *RG* 106, 205 (206); *BGH* 4, 153 (154); *BGH* 125, 116 (122).
2 Besteht nach materiellem Recht eine Zweckbindung nicht, so bleibt eine Forderung auch insoweit pfändbar, als sie teilweise durch einstweilige Verfügung zu einem dringlichen Zweck zugebilligt ist, *OLG Düsseldorf* OLGZ 1966, 315 = JMBlNRW 1966, 63; *Stein/Jonas/Brehm*, ZPO, Rdn. 22 zu § 851.
3 Zu dieser Inhaltsänderung *BGH* 96, 146 (149) = NJW 1986, 713.
4 *BGH* MDR 1978, 747 = Rpfleger 1978, 248.
5 *BGH* a.a.O. (Fußn. 4); auch *RArbG* HRR 1931 Nr. 604: Vorschüsse zur Entlohnung eines Unterangestellten.

einer Bank an dem Kaufgegenstand[6]; Festgeldguthaben über Hypothekendarlehen, über das nur nach Baufortschritt verfügt werden darf[7]. Eine der getroffenen Bestimmung widersprechende Verwendung der zu erbringenden Leistung würde eine Veränderung des Leistungsinhalts i. S. des § 399 (erste Alternative) BGB darstellen[8]. Daraus folgt gem. § 851 Abs. 1 ZPO die Unpfändbarkeit der zweckgebundenen Forderung[9]. § 851 Abs. 2 ZPO erfasst solche Fälle nicht. Nur dann ist eine zweckgebundene Forderung ausnahmsweise pfändbar[10], wenn sie durch die Vollstreckungsmaßnahme ihrer Zweckbestimmung zugeführt wird (beschränkte Pfändbarkeit).

14a bb) Kein Pfändungsverbot nach § 851 Abs. 1 ZPO begründet es, wenn bestimmten Gläubigern Abtretung einer ihrem Inhalt und ihrer Zweckbestimmung nach übertragbaren Forderung verboten oder nur unter begrenzten Voraussetzungen gestattet ist[11]. Honorarforderungen schweigepflichtiger Personen sind daher pfändbar, so die Honorarforderung eines Arztes[12], Zahnarztes sowie Tierarztes (Schweigepflicht[13] nach § 203 Abs. 1 Nr. 1 StGB), eines Steuerberaters[14] (Abtretungsbeschränkung nach § 64 Abs. 2 S. 2 StBerG), Rechtsanwaltes[15] (Abtretungsbeschränkung nach § 49 b Abs. 4 BRAO) sowie verkammerten Rechtsbeistands (§ 209 Abs. 1 BRAO). Schutzwürdige persönliche Daten des Patienten oder Mandanten kann jedoch die Auskunftspflicht des Drittschuldners nach § 840 Abs. 1 ZPO und die Auskunfts- sowie Herausgabepflicht des zur Verschwiegenheit verpflichteten Schuldners nach § 836 Abs. 3 ZPO einschränken[16].

15 d) Nur von einer die *Abtretung ausschließenden Vereinbarung* mit dem Schuldner (§ 399 BGB[17]; Einschränkung § 354 a HGB, s. Rdn. 767) wird

---
6   *BGH* DNotZ 2000, 752 = MDR 2000, 427 = NJW 2000, 1270.
7   *OLG Düsseldorf* ZIP 1983, 668.
8   *BGH* a.a.O. (Fußn. 4).
9   *BGH* a.a.O. (Fußn. 4); *OLG Hamm* NJW-RR 1992, 22; *Zöller/Stöber*, ZPO, Rdn. 3 zu § 851.
10 *BGH* a.a.O. (Fußn. 4); *LG Frankenthal* FamRZ 1989, 1319 = NJW-RR 1989, 1352; *Zöller/Stöber*, ZPO, Rdn. 3 zu § 851.
11 *BGH* 141, 173 (176, 177) = MDR 1999, 826 = NJW 1999, 544; *BGH* 162, 187 (188, 191) = MDR 2005, 954 = NJW 2005, 1505 = Rpfleger 2005, 447; *OLG Stuttgart* NJW 1994, 2838; auch *Berger* NJW 1995, 1584; *Zöller/Stöber*, ZPO, Rdn. 33 „Arzt" zu § 829.
12 *BGH* 162, 187 (188) = a.a.O.
13 Nichtigkeit der Abtretung ohne Zustimmung des Patienten: *BGH* 115, 123 = MDR 1991, 1035 = NJW 1991, 2955; *BGH* MDR 1992, 848 = NJW 1992, 2348.
14 *BGH* 141, 173 = a.a.O. (Fußn. 11); *OLG Stuttgart* NJW 1994, 2838.
15 *BFH* FamRZ 2005, 980 = NJW 2005, 1308.
16 Dazu und zur Bedeutung der eingeschränkten Erkenntnisquellen des Pfändungsgläubigers für Verteilung der Substantiierungslast im Rechtsstreit siehe *BGH* 141, 173 (178) = a.a.O. (Fußn. 11); *OLG Stuttgart* NJW 1994, 2838.
17 **BGB** § 399 lautet: „Ausschluss der Abtretung bei Inhaltsänderung oder Vereinbarung – Eine Forderung kann nicht abgetreten werden, wenn die Leistung an einen anderen als den ursprünglichen Gläubiger nicht ohne Veränderung ihres Inhalts erfolgen kann oder wenn die Abtretung durch Vereinbarung mit dem Schuldner ausgeschlossen ist."

Die Pfändung von Geldforderungen

die Pfändbarkeit einer Forderung nicht berührt (§ 851 Abs. 2 ZPO). Das gilt gleichermaßen für die Vereinbarung eines abgeschwächten Abtretungsausschlusses (wie z. B. Bindung der Abtretung an die Zustimmung des [Dritt-]Schuldners)[18]. Dies beruht auf der Erwägung, dass der Schuldner sein Vermögen nicht durch Vereinbarung mit dem Drittschuldner dem Gläubigerzugriff entziehen kann[19]. Es kommt daher für die Pfändbarkeit solcher Forderungen auch nicht darauf an, ob der Ausschluss der Abtretung erst nach Entstehung der Schuld oder schon dadurch vereinbart worden ist, dass die Forderung von Anfang an mit der Maßgabe begründet wurde, ihre Abtretung sei unzulässig und unwirksam. Die kraft Parteieinbarung nicht übertragbare, nach § 851 Abs. 2 ZPO aber pfändbare Forderung kann auch nicht wegen überwiegender Interessen des Drittschuldners über diejenigen des pfändenden Gläubigers dessen Zugriff entzogen werden[20]. Nach Pfändung kann die nicht abtretbare Forderung jedoch nicht an Zahlungs statt, sondern nur zur Einziehung überwiesen werden (siehe hierwegen Rdn. 594). Ausschluss der Übertragbarkeit einer Forderung durch die Satzung einer (auf Bundes- oder Landesrecht beruhenden) Körperschaft des öffentlichen Rechts steht – wie die vereinbarte Unübertragbarkeit – der Pfändung nicht entgegen[21].

4. a) Ein unpfändbarer oder nur beschränkt pfändbarer Anspruch des Schuldners *erlischt mit der Leistung* des Drittschuldners an den Schuldner (§ 362 Abs. 1 BGB). Mit dieser Erfüllung endet die Unpfändbarkeit oder nur beschränkte Pfändbarkeit des Anspruchs; diese setzt sich an dem vom Schuldner mit Erfüllung erworbenen Gegenstand der Leistung nicht fort. Für das Schuldnervermögen nach Leistung, das auch in einer neuen, auf gesondertem Rechtsgrund beruhenden Forderung bestehen kann (z. B. als Anspruch auf Auszahlung eines Kontoguthabens an eine Bank oder Sparkasse), kann selbstständig jedoch wiederum Unpfändbarkeit oder eine Pfändungsbeschränkung bestehen (so z. B. nach § 811 Nr. 8, § 850 k ZPO, § 55 SGB I).

16

b) Ein unpfändbarer oder nur beschränkt pfändbarer Anspruch erlischt durch Erfüllung, wenn der Drittschuldner an einen *Vertreter* des Schuldners leistet (§ 362 Abs. 2, § 185 BGB), wie z. B. an den empfangsberechtigten Rechtsanwalt. Die Pfändung des Zahlungsanspruchs des Schuldners gegen seinen Vertreter ist daher nicht mehr durch die Vorschrift, die bisher

17

---

18 Abtretungsausschluss und -beschränkung können auch in einer Allgemeinen Geschäftsbedingung (*BGH* 102, 293 [300] = MDR 1988, 402 = NJW 1988, 1210; *BGH* MDR 1989, 985 = NJW-RR 1989, 1104) oder in einem Tarifvertrag vorgesehen sein.
19 Zum Vorrecht des Pfändungsgläubigers, wenn die abredewidrige Abtretung noch genehmigt wird, siehe Rdn. 767.
20 *BGH* JurBüro 1978, 1003 = MDR 1978, 839 = Rpfleger 1978, 247.
21 So für Ausschluss der Übertragbarkeit von Rentenansprüchen durch die Satzung einer Ärztekammer *LG Oldenburg* KKZ 1988, 234 = Rpfleger 1985, 449, und durch die Satzung der Versorgungsanstalt der Deutschen Bühnen *OLG München* MDR 1991, 453 = OLGZ 1991, 342 = Rpfleger 1991, 262.

Anspruchspfändung ausgeschlossen oder eingeschränkt hat, allenfalls aber durch § 811 Nr. 8 ZPO beschränkt[22].

18 c) Wenn der *Gerichtsvollzieher* eine unpfändbare Forderung (z. B. Unterhalt) beigetrieben oder auf sie Zahlung erlangt hat, steht dem Berechtigten das Geld erst mit der Ablieferung durch den Gerichtsvollzieher zur Verfügung[23]. Der Pfändungsschutz (z. B. des § 850 b Abs. 1 Nr. 2 ZPO) geht deshalb nicht schon dadurch verloren, dass der Gerichtsvollzieher den Anspruch beigetrieben hat[24] (oder dass dieser an den Gerichtsvollzieher freiwillig erfüllt worden ist). Ein vom Gerichtsvollzieher beigetriebener und hinterlegter Lohnbetrag kann von Gläubigern des Lohnberechtigten daher nur nach Maßgabe der Pfändungsbeschränkungen der §§ 850 ff. ZPO gepfändet werden[25].

19 d) Mit der *Hinterlegung* des geschuldeten Geldes bei der Hinterlegungsstelle ist zwar der Drittschuldner von seiner Leistungspflicht freigeworden (§ 378 BGB), das Geld dem Schuldner aber noch nicht zugegangen. Der Anspruch des Schuldners an die Hinterlegungsstelle untersteht daher weiter den für seine ursprüngliche Forderung gegen den Drittschuldner selbst geltenden Pfändungsbeschränkungen[26].

20 5. *Auflösend bedingt* (§ 158 Abs. 2 BGB) kann eine Forderung mit der Maßgabe begründet worden sein, dass sie mit Pfändung erlischt[27]. Dann kann eine Pfändung für den Schuldner einen Härtefall darstellen und auf Antrag Schutz nach § 765 a ZPO ermöglichen, wenn er mit Pfändung infolge solch auflösender Bedingung sein Recht verliert, ohne dass der Gläubiger befriedigt wird[28]. Die Vereinbarung, dass die Forderung mit Pfändung erlischt, kann auch nach den Umständen des Einzelfalles nach dem AnfG anfechtbar oder nichtig (s. z. B. § 138 Abs. 1 BGB) sein.

21 6. Pfändungsbeschränkungen und -verbote *wirken absolut*; sie sind daher im Pfändungsverfahren (nicht jedoch im Einziehungserkenntnisverfahren; siehe dazu Rdn. 752) von Amts wegen zu beachten[29]. Der Schuldner kann auf sie deshalb weder vertraglich noch durch einseitige Er-

---

22 *Stein/Jonas/Brehm*, ZPO, Rdn. 10 zu § 850; *Zöller/Stöber*, ZPO, Rdn. 3 zu § 850 b und Rdn. 33 „Rechtsanwalt" zu § 829; *LG Düsseldorf* MDR 1977, 586 = Rpfleger 1977, 183; a.A. (der Pfändungsschutz für Arbeitseinkommen oder andere Bezüge bleibt auch hinsichtlich des Auszahlungsanspruchs des Schuldners an seinen Prozessbevollmächtigten erhalten) *LG Koblenz* MDR 1955, 618; offen gelassen von *BGH* 113, 90 (95) = NJW 1991, 839.
23 Erst damit erlangt der Berechtigte Eigentum an dem Geld, dann erst ist die Zwangsvollstreckung beendet, siehe *Zöller/Stöber*, ZPO, Rdn. 2, 3 zu § 815 und Rdn. 1 zu § 819; für freiwillige Zahlung an den Gerichtsvollzieher *Zöller/Stöber*, ZPO, Rdn. 6 zu § 754.
24 *LG Berlin* DGVZ 1976, 154; auch *AG Berlin-Charlottenburg* DGVZ 1976, 77.
25 *KG* JW 1933, 231 mit Anm. *Nipperdey*.
26 *Stein/Jonas/Brehm*, ZPO, Rdn. 11 zu § 850; *LG Aachen* JurBüro 1982, 1424; *LG Düsseldorf* MDR 1977, 586 = Rpfleger 1977, 183; *LSozialG Mainz* BB 1978, 663.
27 *RG* HRR 1932 Nr. 562; *KGJ* 40 A 232; *OLG Frankfurt* JurBüro 1980, 1899; *Tiedtke* NJW 1980, 2496 (2497); siehe auch *BGH* MDR 1979, 1016 = NJW 1979, 2038.
28 *OLG Frankfurt* JurBüro 1980, 1899.
29 *RG* 106, 205 (206); 151, 279 (285).

Die Pfändung von Geldforderungen

klärung verzichten[30]. Gesetzliche Pfändungsbeschränkungen werden auch nicht verwirkt.

7. Wegen der einzelnen Pfändungsbeschränkungen und -verbote siehe Rdn. 65 ff.; wegen ihrer Geltendmachung durch Schuldner und Drittschuldner oder Dritte siehe Rdn. 750 ff.

II. Öffentlich-rechtliche Forderungen

1. Die Vorschriften über die Pfändung von Geldforderungen gelten nicht nur für die Zwangsvollstreckung in bürgerlich-rechtliche, sondern auch für die Pfändung öffentlich-rechtlicher Forderungen. Dass öffentlich-rechtliche Geldforderungen pfändbar sind, stellt die ZPO in § 850 Abs. 2 mit der Bestimmung über die Pfändung der Dienst- und Versorgungsbezüge der Beamten ausdrücklich heraus. Vielfach sind öffentlich-rechtliche Geldforderungen jedoch für unpfändbar oder nur beschränkt pfändbar erklärt; wegen der Einzelheiten siehe insbesondere 4. Kap. Haushaltsansätze begründen keine Forderung; eine angebliche Forderung eines Landes gegen den Bund „aus Haushaltsmitteln" kann daher nicht gepfändet werden[31]. 22

2. Keine Geldforderung gegen den Staat oder einen Beamten ist das Recht darauf, dass ein Staatsorgan mit einem nicht aus dem Staatsvermögen zu zahlenden Geldbetrag (z. B. der Versteigerungsrechtspfleger oder der Gerichtsvollzieher mit dem Versteigerungserlös) nach Verfahrensrecht in bestimmter Weise verfahre[32]. 23

III. Noch nicht fällige, bedingte, betagte oder von einer Gegenleistung abhängige Forderungen

1. Der Zeitpunkt der *Fälligkeit* der Geldforderung (von dem ab die Leistung gefordert werden kann) ist für die Frage ihrer Pfändbarkeit ohne Bedeutung. Geldforderungen unterliegen auch schon vor ihrer Fälligkeit der Pfändung[33]. 24

2. Gleichfalls pfändbar sind *aufschiebend* oder *auflösend bedingte* Forderungen, also Ansprüche, deren Entstehen oder Fortbestehen von einem zukünftigen ungewissen Ereignis abhängig gemacht ist (§ 158 BGB)[34]. Gleiches gilt für die Forderung aus einem unter *Zeitbestimmung* geschlossenen Rechtsgeschäft (§ 163 BGB). 25

3. Pfändbar sind außerdem Forderungen, die von einer noch nicht erbrachten *Gegenleistung* des Schuldners oder eines Dritten abhängig sind oder an denen der Drittschuldner sonst ein Zurückbehaltungsrecht hat. Wegen der Einzelheiten siehe Rdn. 1485 ff. 26

---

30 *RG* Gruchot 61, 301.
31 *LG Mainz* Rpfleger 1974, 166.
32 *Stein/Jonas/Brehm*, ZPO, Rdn. 2 zu § 829.
33 Siehe z. B. *RG* 74, 78 (82); *KG* OLG 14, 94; 20, 365 und 379.
34 *RG* 67, 425; *BGH* 53, 29 (32) = NJW 1970, 241 (242 li.Sp.); *BGH* 80, 172 (181) = JurBüro 1981, 1325 = MDR 1981, 130 = NJW 1981, 1611.

1. Kapitel: ZwV in Geldforderungen

IV. Zukünftige Forderungen

27 1. Eine noch nicht zur Entstehung gekommene, aber in Aussicht stehende – sogenannte *zukünftige* – Forderung kann gepfändet werden, wenn bereits eine rechtliche Grundlage vorhanden ist, die die Bestimmung der Forderung entsprechend ihrer Art (nach ihrem Inhalt) und nach der Person des Drittschuldners ermöglicht[35]. Bedeutungslos ist, dass etwa die Höhe der Forderung noch ungewiss oder unbestimmt ist, ob überhaupt eine Forderung der Höhe nach entsteht. Es muss also jedenfalls zur Zeit der Pfändung schon ein Rechtsverhältnis oder doch eine Rechtsgrundlage für die Möglichkeit des Entstehens der zukünftigen Forderung vorhanden sein[36]. Eine solche Rechtsgrundlage ist auch gegeben, wenn zwischen dem Schuldner und Drittschuldner schon seit geraumer Zeit in häufiger Wiederkehr durch jeweils besonderes Rechtsgeschäft selbstständige Forderungen begründet werden und keine Anhaltspunkte für die Beendigung dieses Zustandes ersichtlich sind. **Beispiel:** Künftige Forderung eines Lastkraftwagenbesitzers, der schon seit geraumer Zeit Lohnfuhren für den Drittschuldner bewirkt, aus demnächstigen Lohnfuhren[37].

28 Reine *Hoffnungen* und *Erwartungen* (erhoffte Rechte) können noch nicht gepfändet werden[38]. Um solche handelt es sich zum Beispiel, wenn beim möglichen Abschluss eines zukünftigen Kaufvertrages die Entstehung des Anspruchs noch völlig in die Zukunft gestellt ist[39] oder wenn nur tatsächliche Beziehungen vorhanden sind, die vielleicht in Zukunft zum Abschluss von Rechtsgeschäften führen können[40]. Es genügt also nicht etwa schon (wie für den Fall der Abtretung), dass die künftige Entstehung der Forderung überhaupt denkbar erscheint. Deshalb fehlt es an der notwendigen Grundlage für die Pfändung eines Anspruchs vor Erlass des ihn begründenden Gesetzes[41]. Ebenso ist als reine Erwartung eine künftige Mietforderung aus dem Vermieten einer bisher noch nicht oder anderweit vermieteten Wohnung unpfändbar[42], insbesondere wenn der Mieter noch gar nicht feststeht, dem der Pfändungsbeschluss als Drittschuldner zugestellt werden

---

35 *RG* 74, 78 (82); 82, 227; 134, 225 (227); 135, 140 (141); *RG* JW 1904, 365; *BGH* NJW 1955, 544 und *BGH* 20, 127 (131) = NJW 1956, 790; *BGH* a.a.O. (Fußn. 27 und 34); *BGH* LM ZPO § 857 Nr. 4 = Rpfleger 1959, 273; *BGH* NJW-RR 1989, 286 (290 li.Sp.); *BGH* MDR 2001, 1014 = NJW 2001, 1937 (1938) = WM 2001, 898; *OLG Köln* JMBlNW 1987, 5 = JurBüro 1987, 784 = MDR 1987, 66 = OLGZ 1987, 206 = Rpfleger 1987, 28; *Zöller/Stöber*, ZPO, Rdn. 2 zu § 829; *MünchKomm/Smid*, ZPO, Rdn. 12 zu § 829; *Wieczorek/Schütze/Lüke*, ZPO, Rdn. 13 zu § 829; *Schuschke/Walker*, Vollstreckung, Rdn. 7 zu § 829.
36 Siehe *RG* 134, 225 (227); *OLG Stettin* JW 1936, 2417.
37 Siehe *LG Altona* DRpfl 1937, 342 = Recht 1937 Nr. 5476 Leits.
38 *KG* DNotZ 1933, 284; auch *OLG Köln* a.a.O.; *Wieczorek/Schütze/Lüke*, ZPO, Rdn. 14 zu § 829; *Schuschke/Walker*, Vollstreckung, Rdn. 7 zu § 829.
39 *KG* DNotZ 1933, 284.
40 *OLG Stettin* JW 1936, 2417.
41 *RG* 134, 225; *BGH* NJW 1955, 544.
42 Aber abtretbar, siehe *RG* 135, 139 (141); *RG* Warn Rspr. 1912 Nr. 361.

könnte⁴³. Mietpfändung gegen den jetzigen Mieter als Drittschuldner *und* den Nachfolger im Mietverhältnis verbietet sich daher.

2. Diese Grundsätze gelten in gleicher Weise für eine schon bestehende, vom Schuldner aber erst noch zu *erwerbende* Forderung.

3. Wird eine *künftige Forderung abgetreten*, so wird diese Abtretung mit Entstehung der Forderung wirksam; die Forderung entsteht dann unmittelbar in der Person des Zessionars⁴⁴. Dieser Rechtserwerb des Zessionars kann nicht mehr durch spätere Pfändungen, d.h. Pfändungen zwischen Abtretung und Entstehung der Forderung, vereitelt werden⁴⁵.

Die *Pfändung einer künftigen Forderung* erlangt gleichfalls erst mit ihrem Entstehen Wirksamkeit⁴⁶. Das Pfändungspfandrecht an der Forderung kann aber ebenso nicht mehr durch zwischenzeitliche Verfügungen (unter Einschluss von Verfügungen im Wege der Zwangsvollstreckung, also weitere Pfändungen) beeinträchtigt werden. Bei Abtretung nach wirksamer Pfändung einer zukünftigen Forderung gebührt daher dem pfändenden Gläubiger⁴⁷ der Vorzug⁴⁸. Bei mehrfacher Pfändung einer künftigen Forderung geht damit das (später) mit Entstehung der Forderung begründete Pfandrecht des (erstpfändenden, d. i. des) Gläubigers, dessen Pfändung mit Zustellung des Beschlusses an den Drittschuldner zuerst vorgenommen wurde (§ 829 Abs. 3 ZPO), solchen Pfändungen im Rang vor, bei denen die Zustellung des Beschlusses an den Drittschuldner zu einem späteren Zeitpunkt erfolgt ist⁴⁹. Entsteht die künftige Forderung nicht, geht die Pfändung ins Leere⁵⁰.

4. Wegen der notwendigen ausdrücklichen Anordnung im Pfändungsbeschluss über die Ausdehnung einer Pfändung auf zukünftige Forderungen siehe Rdn. 500 und 507a.

5. Keine künftigen Geldforderungen sind Ansprüche, in die sich ein noch bestehendes hypothekarisches Recht durch den Zuschlag in der Zwangsversteigerung verwandeln wird. Es kann deshalb hier nur das Recht selbst in seiner gegenwärtigen Erscheinungsform, also nach §§ 830, 857 Abs. 6 ZPO, gepfändet werden⁵¹.

6. Rechtsprechung und Schrifttum haben Einzelfragen zur Pfändung zukünftiger Forderungen mehrfach erörtert. Wegen der Einzelheiten wird auf die in diesem Band dargestellten Einzelfälle verwiesen.

---

43 *RG* 135, 139 (141).
44 *OLG Hamburg* MDR 1956, 227; s. aber auch *BGB-RGRK/Weber*, Rdn. 72 zu § 398.
45 *RG* JW 1913, 132; *OLG Hamburg* a.a.O.; *MünchKomm/Roth*, BGB, Rdn. 79 zu § 398; s. auch *Münzberg* JZ 1989, 253.
46 *BFH* NZI 2005, 569 = Rpfleger 2005, 96.
47 So auch zum vergleichbaren Fall, dass nach Verpfändung einer künftigen Forderung diese noch vor Entstehen abgetreten wird, *OLG Köln* NJW-RR 1988, 239.
48 So auch *Stein/Jonas/Brehm*, ZPO, Rdn. 5 zu § 829 mit Nachw.
49 *BFH* NZI 2005, 569 = Rpfleger 2005, 96 (97).
50 *BFH* NZI 2005, 569 (570) = a.a.O.
51 *RG* 70, 278; s. auch *BGH* JurBüro 1964, 341 = MDR 1964, 308 = NJW 1964, 813 = Rpfleger 1964, 142 mit Anm. *Stöber* und im Übrigen Rdn. 1989.

V. Alternativansprüche

32 Ansprüche aus einem *Wahlschuldverhältnis* sind pfändbar. Die Pfändung muss jedoch in der für jede geschuldete Einzelleistung vorgeschriebenen Form erfolgen. **Beispiel:** Lieferung eines Mopeds oder Zahlung von 1200 Euro; die Pfändung muss, wenn sie beide Alternativansprüche erfassen soll, den Erfordernissen des § 847 ZPO (Lieferung des Mopeds) und des § 829 ZPO (Zahlung von 1200 Euro) genügen. Bei Pfändbarkeit und Pfändung aller wahlweise geschuldeten Leistungen kann der Gläubiger nach Überweisung zur Einziehung oder an Zahlungs statt eine dem Schuldner zustehende Wahl treffen[52]. Ist einer der wahlweise geschuldeten Ansprüche unpfändbar, so kann der Gläubiger den anderen Alternativanspruch zwar pfänden[53], für den Schuldner das Wahlrecht aber nicht ausüben, Befriedigung also nur erlangen, wenn der wahlberechtigte Schuldner oder Drittschuldner die gepfändete Forderung auswählt.

VI. Gläubiger als Drittschuldner

Schrifttum: *von Gerkan*, Zur Pfändbarkeit von Geldforderungen, die dem Vollstreckungsschuldner gegen den Vollstreckungsgläubiger zustehen, Rpfleger 1963, 369; *Rimmelspacher* u. *Spellenberg*, Pfändung einer Gegenforderung und Aufrechnung, JZ 1973, 271.

33 Gepfändet werden kann auch eine Forderung, die dem Schuldner gegen den pfändenden Gläubiger selbst zusteht[54]. Diese Pfändung erlangt nur dann größere praktische Bedeutung, wenn der Gläubiger prozessual (siehe z. B. § 767 Abs. 2 ZPO) oder materiell-rechtlich (siehe z. B. §§ 393, 395 BGB) die zu pfändende Forderung mit seiner eigenen Forderung an den Schuldner nicht oder nicht mehr aufrechnen kann. Aber auch wenn die Aufrechnung möglich ist, fehlt es für die Pfändung nicht am Rechtsschutzbedürfnis, weil die Pfändung dem Gläubiger eine größere Klarheit und Sicherheit bringt[55].

Die Pfändung wird, weil in der Person des Gläubigers ein Drittschuldner vorhanden ist, ebenfalls nur nach § 829 Abs. 3 ZPO wirksam. Der pfändende Gläubiger muss sich daher den Pfändungsbeschluss als Drittschuldner im Parteibetrieb (durch den Gerichtsvollzieher) selbst zustellen lassen (siehe Rdn. 526). Diese Zustellung wird nicht dadurch ersetzt, dass

---

52 *Falkmann/Hubernagel*, Die Zwangsvollstreckung, Anm. 24 zu § 829 ZPO.
53 *Stein/Jonas/Brehm*, ZPO, Rdn. 31 zu § 851.
54 *RG* 20, 365 (371); 33, 290; 57, 358 (363); *RG* JW 1938, 2399 = HRR 1938 Nr. 1168; *RG* Gruchot 57, 1087 = WarnRspr. 1913, 390; *OLG Köln* JurBüro 1989, 276 = NJW-RR 1989, 190; *OLG Stuttgart* Rpfleger 1983, 409; *LG Düsseldorf* MDR 1964, 332; *LArbG Berlin* AP Nr. 1 zu § 407 BGB = BB 1969, 1353 (Leits.) für Pfändung einer an den Gläubiger abgetretenen Forderung; *von Gerkan* Rpfleger 1963, 369 mit weit. Nachw.
55 *von Gerkan* Rpfleger 1963, 369 (370); *Rimmelspacher* und *Spellenberg* JZ 1973, 271 (nach diesen Überweisung nur an Zahlungs statt); **a.A.** *LG Düsseldorf* MDR 1964, 332.

das Vollstreckungsgericht den Pfändungsbeschluss dem Gläubiger aushändigt. Sie ist notwendig, weil der Gläubiger die Möglichkeit haben muss, die vom Gericht angeordnete Pfändung nach seinem Belieben nicht sofort wirksam werden zu lassen. Die Zustellung nur an den Schuldner (§ 857 Abs. 2 ZPO) bewirkt die Pfändung nicht.

VII. Verträge zugunsten Dritter

Aus einem Vertrag zugunsten eines Dritten (§§ 328 ff. BGB) hat der Dritte unmittelbar ein eigenes Recht auf Leistung erworben (§ 328 Abs. 1 BGB). Die Forderung kann daher nur von Gläubigern des berechtigten Dritten gepfändet werden, weil sie zu dessen Vermögen gehört, nicht aber von Gläubigern des vertragschließenden Versprechensempfängers. Der Rechtserwerb des Dritten kann jedoch aufgehoben oder widerrufen werden (§ 328 Abs. 2 BGB) oder mit Zurückweisung durch ihn selbst in Wegfall kommen (§ 333 BGB). Darf deshalb der Versprechensempfänger die Leistung für sich selbst fordern, so bietet sich auch für seine Gläubiger die Möglichkeit des Pfändungszugriffs. 34

VIII. Pfändung schon gepfändeter oder abgetretener Forderungen

Eine schon gepfändete Forderung kann *erneut gepfändet* werden. Wegen der Einzelheiten siehe Rdn. 774 ff. 35

Eine *abgetretene* Forderung kann von Gläubigern des Zedenten nicht mehr gepfändet werden, weil sie nicht mehr zu seinem Vermögen gehört. Dem Zedenten kann aber gegen den Neugläubiger ein Anspruch auf Rückgabe der abgetretenen Forderung zustehen. Dieser Anspruch unterliegt der Pfändung; siehe hierwegen Rdn. 66.

IX. Naturalobligationen

Die Durchsetzbarkeit einer Forderung ist nicht Voraussetzung für ihre Pfändbarkeit. Pfändbar sind auch Ansprüche, die zwar freiwillig erfüllt, nicht aber gegen den Willen des Schuldners mit Klage und Zwangsvollstreckung durchgesetzt werden können (Naturalobligationen), mithin auch Zahlungen, die aus Entgegenkommen zugesagt werden (Kulanzerstattung). Ihre Pfändung hat zur Folge, dass der Drittschuldner nicht mehr an den Schuldner, nach Überweisung aber an den Gläubiger leisten darf (somit kein rechtsgrundloser Erwerb), der jedoch die Erfüllung nicht erzwingen kann. 36

X. Rechtsverhältnisse

Auf das Rechtsverhältnis, das einer Forderung zugrunde liegt, kann eine Pfändung nicht ausgedehnt werden. Zulässig ist ein Vollstreckungszugriff nur in die aus einem Rechtsverhältnis entspringende Forderung. Die Pfän- 37 dung des Anspruchs verbietet dem Schuldner daher die Verfügung über das Rechtsverhältnis selbst nicht; er kann deshalb z. B. das Arbeitsverhältnis lösen, ein Mietverhältnis kündigen, eine Erbschaft ausschlagen usw. Daher ist auch eine Vereinbarung zwischen Vermieter (Schuldner) und Mieter über die Aufhebung des Mietvertrages nach Pfändung wirksam und nicht deshalb unzulässig, weil Anspruch auf künftige Mietsraten dann nicht mehr zur Entstehung gelangt. Rechtshandlungen, die nicht nur das Rechtsverhältnis, sondern unmittelbar den Bestand der gepfändeten Forderung betreffen (so die Abkürzung oder Aufhebung eines auf bestimmte Zeit geschlossenen Leasingvertrags, bei dem der Anspruch auf Zahlung sämtlicher Leasingraten als betagte Forderung bereits mit Vertragsschluss entstanden ist), schließt das Verfügungsverbot des § 829 Abs. 1 S. 2 ZPO (dazu Rdn. 559) jedoch aus[56].

E. Ausländische Drittschuldner[1], NATO-Truppenstatut

Schrifttum: *Bauer*, Drittschuldner im Ausland, Exterritoriale als Drittschuldner, JurBüro 1975, 1165; *Bleckmann*, Zwangsvollstreckung gegen einen fremden Staat, NJW 1978, 1092; *Gramlich*, Staatliche Immunität und Zugriff auf iranische Konten in der Bundesrepublik, NJW 1981, 2618; *Herzig*, Können die Bezüge eines deutschen Angestellten bei der Botschaft eines ausländischen Staates in der Bundesrepublik gepfändet werden? JurBüro 1964, 777; *Herzig*, Pfändungs- und Überweisungsbeschlüsse gegen Drittschuldner im Ausland, JurBüro 1967, 693; *Hök*, Der schnelle Vollstreckungszugriff in Europa (Abschn. IV: Die internationale Forderungspfändung) JurBüro 2001, 179; *Hök*, Die grenzüberschreitende Forderungs- und Kontopfändung, MDR 2005, 306; *Kaufmann*, Pfändung und Überweisung eines Anspruchs gegen einen ausländischen Drittschuldner, JW 1929, 416; *Marquordt*, Das Recht der internationalen Forderungspfändung, Dissertation, Köln, 1975; *Mümmler*, Pfändung der Invaliditätsrente eines früheren Fremdenlegionärs, JurBüro 1978, 1760; Ost, Die Zustellung von dinglichen Arresten und einstweiligen Verfügungen im Ausland im Wege der Rechtshilfe, Justiz 1975, 134; *Quardt*, Forderungspfändung gegen Ausländer, JurBüro 1955, 205; *Reichel*, Internationale Forderungspfändung, AcP 131 (1929) 293; *Schack*, Internationale Zwangsvollstreckung in Geldforderungen, Rpfleger 1980, 175; *Schack*, Zur Anerkennung ausländischer Forderungspfändungen, IPrax 1997, 318; *Schmidt*, Pfändung ausländischer Forderungen und die Zustellung von Pfändungsbeschlüssen, wenn der Drittschuldner im Ausland wohnt, MDR 1956, 204.

38 1. Die Pfändung ist *staatlicher Hoheitsakt*. Der Vollstreckungszugriff auf Schuldnerforderungen und andere Vermögensrechte ist daher (territorial) auf das Hoheitsgebiet des vollstreckenden Staates beschränkt[2]. Das

---

56 Siehe *BGH* 111, 84 = MDR 1990, 911 = NJW 1990, 1785 zur Frage, ob der Zessionar einen Aufhebungsvertrag als Eingriff in die abgetretene Forderung nach § 407 BGB nicht gegen sich gelten lassen muss. Dort auch zur auflösenden Bedingung, wenn das Recht, die Aufhebung des Vertrags zu verlangen, vor Abtretung (somit Pfändung) vereinbart war.

1 Dazu insbesondere *BVerfGE* 46, 342 = BGBl 1978 I 194 (Entscheidungsformel) = NJW 1978, 485.

2 *Geimer*, IZPR, Rdn. 3200; *Hök* JurBüro 2001, 179 (181); *Gottwald* IPrax 1991, 285 (288).

Vollstreckungsgericht (Zuständigkeit bei Schuldnerwohnsitz im Ausland Rdn. 451) muss zur wirksamen Beschlagnahme einer Forderung oder eines anderen Vermögensrechts dem Drittschuldner Befehle erteilen können[3]. Das ist der Fall, wenn der Drittschuldner der deutschen Gerichtsbarkeit unterstellt ist. Vollstreckungsmaßnahmen in Vermögenswerte im Hoheitsgebiet eines ausländischen Staates sind den Organen dieses Staates vorbehalten[4] (zur Frage, ob im Bundesgebiet die Forderungspfändung eines fremden Staates Wirksamkeit erlangen kann, siehe Rdn. 458). Pfändbar sind daher nur inländische Forderungen und andere Vermögensrechte[5]. Zulässig ist die Pfändung einer Forderung damit, wenn sie als inländische zu lokalisieren ist. Das ist bei Drittschuldner*wohnsitz* (-sitz) *im Inland* der Fall (Ausnahme: Exterritoriale Personen, §§ 18 ff GVG; dazu Rdn. 41). Bei Drittschuldnerwohnsitz (-sitz) im Ausland rechtfertigt sich die Wertung, die Forderung sei im Inland belegen[6], insbesondere bei Wohnsitz (Sitz) oder Zweigniederlassung des Vollstreckungsschuldners im Inland, bei Erfüllungsort im Inland, für eine deliktische Forderung bei Schadenseintritt im Inland und außerdem dann, wenn für die Forderung eine im Inland belegene Sache zur Sicherheit haftet (siehe § 23 S. 2 ZPO). Anerkennung des inländischen Vollstreckungsakts im Ausland ist dann Sache des dort geltenden Anerkennungsrechts[7]. Das Verbot bei Forderungspfändung, an den Schuldner zu bezahlen (§ 829 Abs. 1 S. 2 ZPO), ist Mitteilung, dass eine Leistung des Drittschuldners an den Schuldner im Inland nicht (mehr) als schuldbefreiend angesehen werde, nicht aber (unzulässiger) völkerrechtswidriger Befehl an den Drittschuldner[8]. Daher kann Erlass des Pfändungsbeschlusses nicht etwa schon im Hinblick auf die vielleicht nicht mögliche Zustellung im Ausland abgelehnt werden[9]. Ausländische öffentlich-rechtliche (Gebühren-)Ansprüche unterliegen nicht dem Vollstreckungszugriff deutscher Gerichte[10]. Als solche sind Zahlungsansprüche eines ausländischen Staates aus der Einräumung von Überflugrechten, Transit- und Einflugrechten daher durch ein deutsches Gericht nicht pfändbar[11].

2. Auch bei Drittschuldnerwohnsitz (-sitz) *im Ausland* kann die Pfändung einer Forderung (mit Inlandswirkung, Rdn. 38) nur mit Zustellung des Beschlusses an den Drittschuldner bewirkt werden (§ 829 Abs. 3 ZPO). **39**

---

3   Siehe *LG Tübingen* JZ 1961, 450.
4   *Hök* JurBüro 2001, 179 (181).
5   *BGH* MDR 2006, 414 = NJW-RR 2006, 198 (199) = Rpfleger 2006, 135 (136); *Geimer*, IZPR, Rdn. 3200.
6   Dazu *Geimer*, IZPR, Rdn. 3212.
7   *Geimer*, IZPR, Rdn. 408
8   *Geimer*, IZPR, Rdn. 408; *Hök* JurBüro 2001, 179 (181).
9   So zutreffend *OLG Frankfurt* MDR 1976, 321; *Heß* Rpfleger 1996, 89 (92); *Schmidt* MDR 1956, 204; *Wieczorek/Schütze/Lüke*, ZPO, Rdn. 13 zu § 828; auch *Gottwald* IPrax 1991, 285 (289); *Schack* Rpfleger 1980, 175 (176); ferner so schon *RG* 22, 404. **A.A.** vormals *LG Berlin* JW 1938, 1841, das ein Ersuchschreiben an den im Ausland wohnenden Drittschuldner nach § 199 ZPO (a.F.) abgelehnt hat.
10 *BGH* NJW-RR 2006, 198 (199, 200) = a.a.O.
11 *BGH* NJW-RR 2006, 198.

Für die Mitgliedstaaten der Europ. Union (ausgenommen Dänemark) trifft die Verordnung (EG) Nr. 1393/2007 des Europ. Parlaments und des Rates vom 13.11.2007 über die Zustellung gerichtlicher und außergerichtlicher Schriftstücke in Zivil- und Handelssachen in den Mitgliedstaaten („Zustellung von Schriftstücken" ... Abl. EU Nr. L 324 vom 10.12.2007, S. 79) Bestimmung über die Auslandszustellung (§ 183 Abs. 5 ZPO). An Personen, damit auch an einen Drittschuldner, mit Wohnsitz in einem anderen Mitgliedstaat ist unmittelbare Zustellung durch Postbedienstete per Einschreiben mit Rückschein[12] zugelassen (Art. 14 EG-VO; § 1068 ZPO). Die Pfändung ist mit dieser Zustellung an den Drittschuldner (§ 829 Abs. 3 ZPO) mit Inlandswirkung (Rdn. 38) bewirkt. Der Rückschein genügt zum Nachweis der Zustellung (§ 183 Abs. 5, § 1068 Abs. 1 ZPO). Zu völkerrechtlichen Vereinbarungen über eine (sonst) im Ausland vorzunehmende Zustellung (§ 183 Abs. 1 ZPO) siehe die ZPO-Kommentare. Wenn Zustellung auf Ersuchen[13] des Vorsitzenden des Prozessgerichts (des Vollstreckungsgerichts[14]) unmittelbar durch eine Behörde des fremden Staates zu erfolgen hat (§ 183 Abs. 1 ZPO), ist für den Erlass des Zustellungsersuchens die Möglichkeit der Zustellung nicht zu prüfen[15]. Die Landesjustizverwaltung kann Weiterleitung des Zustellungsersuchens nicht verweigern (Justizgewährungsanspruch des Gläubigers gebietet Zustellungsversuch; evtl. Ablehnung muss dem Zustellungsstaat überlassen bleiben)[16]. Dem ausländischen Staat steht es frei, dem Pfändungsbeschluss in seinem Hoheitsgebiet im Wege der Rechtshilfe Wirksamkeit zu verschaffen[17]. Wenn die ausländischen Staatsverwaltungen die Ausführung des Zustellungsersuchens[18] ablehnen[19], ist die Pfändung der von dem ausländi-

---

[12] Zustellung durch Aufgabe zur Post (§ 184 ZPO) an den Drittschuldner kann nicht erfolgen (ein Zustellungsbevollmächtigter war noch nicht zu benennen).

[13] In ihm ist auf Ausnahmetatbestände, die den ersuchten Staat zur Zustellung an den Drittschuldner veranlassen könnten, besonders hinzuweisen, wie z. B. auf einen ausschließlichen dinglichen Gerichtsstand im Inland oder bei Pfändung eines Erbteils, wenn der gesamte Nachlass sich im Inland befindet.

[14] Zuständigkeit des Rechtspflegers siehe *Zöller/Geimer,* ZPO, Rdn. 56 zu § 183; *Geimer,* IZPR, Rdn. 2100.

[15] *LG Bonn* MDR 1955, 617.

[16] Zutreffend *Geimer,* IZPR, Rdn. 1229, 1230. Dem trägt Rechnung die Aufhebung der Berichtspflicht für Zustellung von Pfändungs- und Überweisungsbeschlüssen wegen der Annahme, dass der fremde Staat den deutschen Gerichtsakt als Eingriff in seine Hoheitsrechte betrachten werde; Änderung des § 28 Abs. 2 ZRHO, z. B. BayJMBl 1999, 48.

[17] Siehe *BVerfGE* 63, 361.

[18] Dies auch, wenn der Pfändungsbeschluss mit einem Arrest oder einer einstweiligen Verfügung verbunden ist; siehe *Ost* Justiz 1976, 134.

[19] So die Schweiz (damals), siehe *KreisG Zürich* MDR 1961, 511; anders für Frankreich (damals) *Hök* JurBüro 2001, 179 (181); dazu siehe auch *Unterreitmayer* Rpfleger 1972, 123 (li.Sp.). Dies gilt nicht für die Zustellung des Pfändungsbeschlusses an den Schuldner (vom Fall des § 857 Abs. 2 ZPO abgesehen); in diesem Fall ist das Zustellungsersuchen nicht auf Vornahme der Zwangsvollstreckung im Ausland gerichtet.

Ausländische Drittschuldner

schen Drittschuldner geschuldeten Forderung nicht wirksam[20]. An den Drittschuldner kann die Zustellung nun jedoch durch öffentliche Bekanntmachung (öffentliche Zustellung) erfolgen (§ 185 mit § 191 ZPO; zu den Voraussetzungen dort). Sie ist Zustellung für Bekanntgabe eines Schriftstücks *an eine Person*, damit nicht mehr auf Zustellung an eine Partei beschränkt (so § 203 Abs. 1 ZPO a.F.; „Partei" ist der Drittschuldner nicht). Sie wird allerdings keine größere Bedeutung erlangen können, weil der Drittschuldner, dem diese Zustellung nicht zur Kenntnis gelangt, geschützt ist (Rdn. 566).

3. Durch eine Zustellung im Inland an den hier anwesenden ausländischen Drittschuldner oder seinen Vertreter wird die Pfändung durch Beschluss eines deutschen Vollstreckungsorgans mit Wirkung für das Bundesgebiet (wie Rdn. 38) bewirkt[21]. Bedarf es zum Wirksamwerden der Pfändung keiner Zustellung an den Drittschuldner (z. B. bei Pfändung einer Hypothekenforderung), so kann auch der Anspruch gegen den ausländischen Drittschuldner immer unbeschränkt beschlagnahmt werden[22].

4. a) Dass der Drittschuldner als exterritorialer Ausländer oder als ausländischer Staat (wie bei Vertretung durch seine Botschaft) der deutschen Gerichtsbarkeit nicht unterliegt (§§ 18 ff. GVG), schließt den Erlass eines Pfändungsbeschlusses über eine inländische Forderung nicht aus[23]. Denn der Pfändungsbeschluss für sich allein lässt die Rechtsstellung des Exterritorialen noch unberührt. Das Zahlungsverbot wird erst mit der Zustellung wirksam; eine Zustellung an Exterritoriale im Inland verbietet sich aber[24]. Damit fehlt es jedoch nicht an einem Rechtsschutzinteresse für den Erlass des Pfändungsbeschlusses. Dieses Interesse ist vielmehr gegeben, weil die Möglichkeit der Zustellung auf diplomatischem Weg denkbar ist oder der exterritoriale Drittschuldner sich freiwillig der deutschen Gerichtsbarkeit unterwerfen und insbesondere für eine einzelne Zwangsvollstreckungsmaßnahme auf die Exterritorialität verzichten kann[25].

40

41

---

20 *Herzig* JurBüro 1967, 693 verweist den Gläubiger in einem solchen Fall darauf, gegen den Schuldner einen im Ausland wirksamen Vollstreckungstitel zu erwirken und dort daraus die Zwangsvollstreckung zu betreiben.
21 Ebenso *Schmidt* MDR 1956, 206; *RG* 22, 404; *OLG Karlsruhe* JW 1932, 687; *LG Dresden* JW 1933, 1350; *Geimer*, IZPR, Rdn. 1231 und 2108. A.A. *RG* 140, 340 und *KG* JW 1936, 2760.
22 *Kaufmann* JW 1929, 417.
23 *LG Bonn* DGVZ 1967, 73 = MDR 1966, 935 (damit aufgehoben *AG Bonn* DGVZ 1965, 94 = MDR 1966, 597); *Geimer*, IZPR, Rdn. 611; *Schack* Rpfleger 1980, 175 (176). A.A. noch *AG Bonn* MDR 1961, 511 sowie *Herzig* JurBüro 1964, 77, der das Rechtsschutzinteresse verneint, bis die ausländische Botschaft erklärt, dass sie dem Zahlungsverbot nachkommen werde. Siehe dazu aber die bereits Fußn. 9 Genannten.
24 Das gilt gleichermaßen für eine Vorpfändung nach § 845 ZPO, siehe auch *Bauer* JurBüro 1975, 1165 (1168). *Schack* Rpfleger 1980, 175 lässt nachweisbaren tatsächlichen Zugang bei Übersendung durch die Post nach § 187 ZPO a.F. (nun § 189) genügen. Diese Lösung dürfte jedoch scheitern, weil bei nur formloser Mitteilung der (nach § 189 ZPO erforderliche) Wille zur Zustellung nicht gegeben ist.
25 Dazu siehe *Zöller/Lückemann*, ZPO, Vorbem. 5 zu §§ 18–20 GVG; auch *BVerfG* a.a.O.; *BGH* NJW-RR 2006, 198 (200) = Rpfleger 2006, 135 (137) und NJW-RR 2006, 425 (427) = Rpfleger 2006, 133 (135); *v. Schönfeld* NJW 1986, 2980 (2985).

42 b) In Gegenstände eines fremden Staates, die im Zeitpunkt des Beginns der Vollstreckungsmaßnahme hoheitlichen Zwecken dienen, kann ohne Zustimmung des fremden Staates aus einem Vollstreckungstitel, der über ein nichthoheitliches Verhalten ergangen ist, nicht vollstreckt werden[26]. Als genügend angesehen wird Glaubhaftmachung eines zuständigen Organs des fremden Staates[27]. Nicht gepfändet werden können somit Forderungen aus einem laufenden, allgemeinen Bankkonto der Botschaft eines fremden Staates, das zur Deckung der Ausgaben und Kosten der Botschaft bestimmt ist[28]. Wirtschaftliche Unternehmen eines ausländischen Staates, denen dieser die Stellung einer selbstständigen juristischen Person verliehen hat, genießen keine Immunität[29]. Es besteht auch keine allgemeine Regel des Völkerrechts, die es gebiete, einen fremden Staat als Inhaber von Forderungen aus Konten zu behandeln, die bei Banken im Gerichtsstaat unterhalten werden und auf den Namen eines rechtsfähigen Unternehmens des fremden Staates lauten[30]. Der Gerichtsstaat ist daher nicht gehindert, das betreffende Unternehmen als Forderungsberechtigten anzusehen und zur Sicherung eines gegen dieses Unternehmen titulierten Anspruchs die betreffenden Forderungen zu pfänden[31]. Das gilt unabhängig davon, ob die Guthaben auf den Konten zur freien Verfügung des Unternehmens stehen oder nach fremdem Recht zur Überweisung auf ein Konto des fremden Staates bei dessen Zentralbank bestimmt sind[32].

Die *Westeuropäische Union*, Sitz Paris, untersteht nicht der deutschen Gerichtsbarkeit. Der Erlass eines Pfändungsbeschlusses gegen die WEU als Drittschuldnerin ist daher nicht zulässig[33].

43 c) Das *Protokoll* vom 28. August 1952 über die *Rechtsstellung* der auf Grund des Nordatlantikvertrages errichteten *internationalen* militärischen *Hauptquartiere*[34] bestimmt in

Artikel 11
(2) Gegen ein Alliiertes Hauptquartier dürfen keine Vollstreckungsmaßnahmen oder auf die Pfändung oder Beschlagnahme seines Vermögens oder seiner Mittel gerichteten Maßnahmen ergriffen werden, es sei denn für die Zwecke der Artikel VII Absatz 6 a und XIII des Abkommens.

---

26 *BVerfGE* 46, 342 = a.a.O. (Fußn. 1); *BGH* NJW-RR 2006, 198 (200) = a.a.O.; *OLG Frankfurt* NJW 1981, 2650 = OLGZ 1981, 370; *v. Schönfeld* a.a.O.
27 *BGH* NJW-RR 2006, 425 (426) = a.a.O.
28 Dazu eingehend (und mit weiteren Einzelheiten) *BVerfG* a.a.O. (Fußn. 1); ebenso ist daher die Pfändung des hoheitlichen Zwecken dienenden Bankguthabens eines Konsulats unzulässig, *LG Stuttgart* Justiz 1971, 385.
29 *OLG Frankfurt* NJW 1981, 2650 = OLGZ 1981, 370; dieses OLG zur Pfändung der Konten der „National Iranian Oil Company" bei deutschen Banken (unterliegen weder der persönlichen noch der sachlichen Immunität; sind deshalb pfändbar); dazu kritisch *Gramlich* NJW 1981, 2618.
30 *BVerfGE* 64, 1 = NJW 1983, 2766 (für „National Iranian Oil Company"); auch *BGH* NJW-RR 2000, 198 (200) = a.a.O.
31 *BVerfGE* 64, 1 = a.a.O.
32 *BVerfGE* 64, 1 = a.a.O.
33 *AG Bonn* MDR 1962, 315.
34 BGBl 1969 II 2000. Für die Bundesrepublik Deutschland in Kraft getreten, siehe BGBl 1970 II S. 51.

d) In der Verordnung über die Gewährung von Vorrechten und Befreiungen an die Vereinten Nationen vom 16. Juni 1970[35] ist bestimmt: 44

§ 2
Die Vereinten Nationen, ihr Vermögen und ihre Guthaben, gleichviel wo und in wessen Besitz sie sich befinden, genießen Befreiung von der Gerichtsbarkeit, soweit nicht im Einzelfall die Vereinten Nationen ausdrücklich darauf verzichtet haben. Ein solcher Verzicht umfasst jedoch nicht Vollstreckungsmaßnahmen.

§ 3
Die Räumlichkeiten der Vereinten Nationen sind unverletzlich. Ihr Vermögen und ihre Guthaben, gleichviel wo und in wessen Besitz sie sich befinden, sind der Durchsuchung, Beschlagnahme, Einziehung, Enteignung und jeder sonstigen Form eines Eingriffs durch die vollziehende Gewalt oder die Justiz entzogen.

5. NATO-TRUPPENSTATUT[36]

a) Als Pfändungs- und Überweisungsersuchen: *Die ... wird ersucht, von* 45
der Summe der gepfändeten Forderung, die sie anerkennt, dem Vollstreckungsschuldner zu schulden, den Betrag in Höhe des Gesamtanspruchs des Gläubigers bei der Hinterlegungsstelle des Amtsgerichts ... zu hinterlegen oder an den Gläubiger auszuzahlen.

b) *Die ... (zuständige deutsche Behörde) wird ersucht, die gepfändete Forderung nicht mehr an den Schuldner, sondern an den Pfändungsgläubiger zu zahlen.*

Zu a) und b) je weiter:

Dem Schuldner wird geboten, sich jeder Verfügung über die Forderung, insbesondere ihrer Einziehung, zu enthalten.

Schrifttum: *Bauer*, Zwangsvollstreckungsverfahren gegen Mitglieder der in der BRD stationierten NATO-Truppen, JurBüro 1964, 247; *Kraatz*, Durchsetzbarkeit zivilrechtlicher Forderungen und Schuldtitel ... gegen Mitglieder der Stationierungsstreitkräfte, NJW 1987, 1126; *Schwenk*, Zustellung und Vollstreckung in nichtstrafrechtlichen Verfahren nach dem NATO-Truppenstatut, NJW 1964, 1000; *Schwenk*, Die zivilprozessualen Bestimmungen des NATO-Truppenstatuts und der Zusatzvereinbarungen, NJW 1976, 1562; *Sennekamp*, Die völkerrechtliche Stellung der ausländischen Streitkräfte in der Bundesrepublik Deutschland, NJW 1983, 2731.

a) *Mitglieder einer Truppe* oder des *zivilen Gefolges* unterstehen nach 46
Artikel VIII des NATO-Truppenstatuts der deutschen Gerichtsbarkeit. Die Vorschrift lautet – soweit hier einschlägig –:

Artikel VIII NATO-Truppenstatut:

(5) ... (g) Ein Mitglied einer Truppe oder eines zivilen Gefolges darf einem Verfahren zur Vollstreckung eines Urteils nicht unterworfen werden, das in dem Aufnahmestaat in einer aus der Ausübung des Dienstes herrührenden Angelegenheit gegen ihn ergangen ist.

---

35 BGBl 1970 II 669.
36 Abkommen zwischen den Parteien des Nordatlantikvertrags über die Rechtsstellung ihrer Truppen (NATO-Truppenstatut). Vom 19. Juni 1951. BGBl 1961 II 1183.

(9) Hinsichtlich der Zivilgerichtsbarkeit des Aufnahmestaates darf der Entsendestaat für Mitglieder einer Truppe oder eines zivilen Gefolges keine Befreiung von der Gerichtsbarkeit des Aufnahmestaates über Absatz (5) Buchstabe (g) hinaus beanspruchen.

Die Zwangsvollstreckung im Wege der Forderungspfändung gegen Mitglieder der im Bundesgebiet stationierten Truppen oder des zivilen Gefolges (Zivilpersonal) erfolgt nach den Bestimmungen der ZPO[37]. Pfändungs- und Überweisungsbeschlüsse gegen Mitglieder der Streitkräfte können daher in außerdienstlichen Angelegenheiten mit der auf das Bundesgebiet beschränkten Wirkung (siehe Rdn. 40) ohne weiteres erlassen werden.

47   b) Ist *Drittschuldner eine Dienststelle* oder Zahlstelle des *ausländischen Staates*, so verbieten sich wegen der Exemtion des Entsendestaates der Ausspruch eines Zahlungsverbotes an den Drittschuldner und damit auch die Überweisung einer gepfändeten Geldforderung sowie Zustellungen (Rdn. 41). Die Drittschuldnerstelle kann mit „Pfändungs- und Überweisungsersuchen" daher nur formlos ersucht (gebeten) werden, von der Summe, die sie anerkennt, dem Vollstreckungsschuldner zu schulden, den in dem Ersuchen genannten Betrag bei der zuständigen Stelle zu hinterlegen (siehe Art. 35 Buchst. (b) (i) des Zusatzabkommens, abgedr. Rdn. 51) oder gem. Art. 35 Buchst. (b) (ii) des Zusatzabkommens an den Gläubiger auszuzahlen (zu überweisen). Das mit dem Ersuchen begründete Gläubigerrecht setzt sich an einem hinterlegten Betrag als Pfändungspfandrecht fort; der Gläubiger kann sich daher nach Überweisung aus dem Hinterlegungsgeld befriedigen. Einzelheiten siehe Rdn. 51, 52.

48   c) Der von den Zahlstellen der Streitkräfte an die Mitglieder der Truppe oder des zivilen Gefolges zu zahlende *Sold* kann nur gepfändet werden, wenn das Recht der beteiligten Macht die Pfändung dieser Bezüge gestattet (Artikel 34 Abs. 3 des Zusatzabkommens). Das ist nach angelsächsischem Recht nicht der Fall[38]. Das Vollstreckungsgericht ist daher auch nicht gehalten, auf Antrag des Gläubigers ein „Hilfsgesuch" an die Behörde der Streitkräfte zu richten, wonach diese das Mitglied der Streitkräfte dazu anhalten soll, seine Schuld an den Gläubiger aus seinen Dienstbezügen zu zahlen[39].

---

37 So schon zum vormaligen NATO-Truppenvertrag *Maier* NJW 1955, 895 und *Bauer* JurBüro 1963, 190.
38 *Maier* NJW 1955, 895; *Schwenk* NJW 1964, 1002; *Bauer* JurBüro 1963, 190; *LG Dortmund* NJW 1962, 1519 für englisches Recht; *Auerbach* NJW 1969, 729 und *Schwenk* NJW 1976, 1565 (mit Nachw. in Fußn. 30) für das Recht der Vereinigten Staaten. Auf die Unpfändbarkeit des Wehrsoldes eines Soldaten nach amerikanischem Recht war auch in dem RdSchr.d.BMJ vom 16.7.1970 (AnwBl 1970, 256 = KKZ 1973, 54) hingewiesen. Nach amerikanischem Recht war ein Zugriff in Dienstbezüge der Soldaten nur möglich, wenn sie ausgezahlt oder auf ein Konto des Schuldners überwiesen waren, so auch *Schwenk* NJW 1976, 1565. Die Witwenrente, die von den USA an die Witwe eines amerikanischen Truppenangehörigen, die als deutsche Staatsangehörige in der Bundesrepublik Deutschland lebt, bezahlt wird, ist ebenfalls nicht pfändbar, *LG Stuttgart* NJW 1986, 1442.
39 *LG Dortmund* a.a.O.

Maier[40] empfiehlt, wenn außer Sold kein Vollstreckungsobjekt zur Verfügung steht, unmittelbare Fühlungnahme des Gläubigers mit den vorgesetzten Truppenbehörden, die schon vielfach zu gutem Erfolg geführt hat, und dem Sinn des Artikels 34 Abs. 1 des Zusatzabkommens (Rdn. 51) entspricht.

Gestattet ist die Forderungspfändung der Bezüge der zum militärischen Bereich gehörenden Mitglieder der Streitkräfte der Vereinigten Staaten für den Unterhalt eines Kindes und der Ehefrau[41]). Anerkennung des Pfändungsbeschlusses setzt Einhaltung der Vorschriften des Art. 32 Abs. 1 des Zusatzabkommens zum NATO-Truppenstatut voraus. Diese Bestimmung verlangt, dass das Schriftstück, welches das Verfahren einleitet, dem Pfändungsschuldner über die zuständige Verbindungsstelle der Streitkräfte zugestellt ist[42]. Beschränkt ist die Pfändung auf 50 % des „verfügbaren Gesamteinkommens" des Schuldners, sofern dieser Unterhaltszahlungen an einen weiteren Ehepartner oder ein weiteres unterhaltsberechtigtes Kind leistet, sonst auf 60 %; bei Rückstand von zwölf Wochen und mehr ist diese Grenze noch um 5 % erhöht. Ein gegen die Regierung der Vereinigten Staaten als Drittschuldner gerichteter Pfändungs- und Überweisungsbeschluss ist (zusammen mit einer beglaubigten, von dem den Beschluss erlassenden Gericht gefertigten Übersetzung[43]) der gleichen Verbindungsstelle zuzuleiten, der auch das das Verfahren einleitende Schriftstück übermittelt wurde.

Pfändungsbeschlüsse finden nur soweit und solange Anerkennung, als der Schuldner in der Bundesrepublik Deutschland stationiert ist.

d) Für die *Lohnpfändung* gegen die bei der Truppe eines Entsendestaates oder einem zivilen Gefolge beschäftigten *zivilen Arbeitskräfte* gilt das Rdn. 47 Gesagte, wenn die Zahlung unmittelbar durch eine Dienst- oder Zahlstelle der Streitkräfte geleistet wird. Der in dem Ersuchen zu nennende, abzuziehende Betrag darf nur nach Maßgabe der §§ 850 a-i ZPO berechnet werden, weil auch dieses Arbeitseinkommen dem Lohnpfändungsschutz unterliegt.

Erfolgt die Zahlung durch Vermittlung einer deutschen Behörde, so ist Pfändung des Lohnes aus einem Beschäftigungsverhältnis bei den zivilen Arbeitskräften oder Pfändung einer Forderung aus unmittelbaren Lieferungen oder sonstigen Leistungen an eine Truppe oder ein ziviles Gefolge nur durch Ersuchen des Vollstreckungsgerichts an die deutsche Behörde nach Artikel 35 Buchstabe (a) des Zusatzabkommens möglich (Zustellung von Amts wegen, s. Art. 5 Abs. 2 des Gesetzes zum Truppenstatut)[44]. Da die deutsche Behörde lediglich ersuchte Stelle ist, darf sie im Beschluss nicht als Drittschuldnerin bezeichnet werden[45]. Zur Abgabe der Erklärung des § 840 ZPO kann die deutsche Behörde nicht aufgefordert werden[46].

---

40 *Maier* NJW 1955, 895.
41 Dazu Schreiben des US-Hauptquartiers an das BJM, AnwBl 1977, 499.
42 Eine Zustellungsverzichtsklausel steht nicht in Übereinstimmung mit Art. 32 des Zusatzabkommens zum NATO-Truppenstatut, s. Schreiben des US-Hauptquartiers in Amtsvormund 1978, 583.
43 Bei Verwendung des empfohlenen Beschlussformulars (bzw. -wortlauts) bedarf es keiner Übersetzung; siehe Amtsvormund 1978, 82 (re.Sp. unten und Sp. 83).
44 Zustellung auf Betreiben der Partei durch den Gerichtsvollzieher (§§ 191 ff. ZPO) würde dem Pfändungsbeschluss nicht zur Wirksamkeit verhelfen; s. *Schmitz* BB 1966, 1352 (aber Heilung nach § 189 ZPO).
45 *Schwenk* NJW 1964, 1003; *Schmitz* BB 1966, 1352.
46 *Schmitz* BB 1966, 1352.

1. Kapitel: ZwV in Geldforderungen

51 e) Die einschlägigen Bestimmungen lauten:
Zusatzabkommen zu dem Abkommen zwischen den Parteien des Nordatlantikvertrages über die Rechtsstellung ihrer Truppen hinsichtlich der in der Bundesrepublik Deutschland stationierten ausländischen Truppen[47].

Artikel 34

(1) Die Militärbehörden gewähren bei der Durchsetzung vollstreckbarer Titel in nichtstrafrechtlichen Verfahren deutscher Gerichte und Behörden alle in ihrer Macht liegende Unterstützung.

(2) ... (3) Bezüge, die einem Mitglied einer Truppe oder eines zivilen Gefolges von seiner Regierung zustehen, unterliegen der Pfändung, dem Zahlungsverbot oder einer anderen Form der Zwangsvollstreckung auf Anordnung eines deutschen Gerichts oder einer deutschen Behörde, soweit das auf dem Gebiet des Entsendestaates anwendbare Recht die Zwangsvollstreckung gestattet ...

(4) ...

Artikel 35

Soll aus einem vollstreckbaren Titel deutscher Gerichte und Behörden gegen einen Schuldner vollstreckt werden, dem aus der Beschäftigung bei einer Truppe oder einem zivilen Gefolge gemäß Artikel 56 oder aus unmittelbaren Lieferungen oder sonstigen Leistungen an eine Truppe oder ein ziviles Gefolge ein Zahlungsanspruch zusteht, so gilt Folgendes:

(a) Erfolgt die Zahlung durch Vermittlung einer deutschen Behörde und wird diese von einem Vollstreckungsorgan ersucht, nicht an den Schuldner, sondern an den Pfändungsgläubiger zu zahlen, so ist die deutsche Behörde berechtigt, diesem Ersuchen im Rahmen der Vorschriften des deutschen Rechts zu entsprechen.

(b) (i) Erfolgt die Zahlung nicht durch Vermittlung einer deutschen Behörde, so hinterlegen die Behörden der Truppe oder des zivilen Gefolges, sofern das Recht des Entsendestaates dies nicht verbietet, auf Ersuchen eines Vollstreckungsorgans von der Summe, die sie anerkennen, dem Vollstreckungsschuldner zu schulden, den in dem Ersuchen genannten Betrag bei der zuständigen Stelle. Die Hinterlegung befreit die Truppe oder das zivile Gefolge in Höhe des hinterlegten Betrages von ihrer Schuld gegenüber dem Schuldner.

(ii) Soweit das Recht des betroffenen Entsendestaates die unter Ziffer (i) genannte Zahlung verbietet, treffen die Behörden der Truppe und des zivilen Gefolges alle geeigneten Maßnahmen, um das Vollstreckungsorgan bei der Durchsetzung des in Frage stehenden Vollstreckungstitels zu unterstützen.

52 Gesetz zum NATO-Truppenstatut und zu den Zusatzvereinbarungen[48].
Kapitel 2: Ausführungsbestimmungen zu Artikel 35 des Zusatzabkommens

Artikel 5

(1) Bei der Zwangsvollstreckung aus einem privatrechtlichen Vollstreckungstitel kann das Ersuchen in den Fällen des Artikels 35 des Zusatzabkommens nur von dem Vollstreckungsgericht ausgehen; Vollstreckungsgericht ist das Amtsgericht, bei dem der Schuldner seinen allgemeinen Gerichtsstand hat, und sonst das Amtsgericht, in dessen Bezirk die zu ersuchende Stelle sich befindet. Zugleich mit dem Ersuchen hat das Gericht an den Schuldner das Gebot zu erlassen, sich jeder Verfügung über die Forderung, insbesondere ihrer Einziehung, zu enthalten.

---

47 Vom 3. August 1959, BGBl 1961 II S. 1183.
48 Gesetz zu dem Abkommen zwischen den Parteien des Nordatlantikvertrags vom 19. Juni 1951 über die Rechtsstellung ihrer Truppen und zu den Zusatzvereinbarungen vom 3. August 1959 zu diesem Abkommen (Gesetz zum NATO-Truppenstatut und zu den Zusatzvereinbarungen). Vom 18. August 1961, BGBl II 1183.

(2) In den Fällen des Artikels 35 Buchstabe a des Zusatzabkommens ist das Ersuchen der deutschen Behörde von Amts wegen zuzustellen. Mit der Zustellung ist die Forderung gepfändet und dem Pfändungsgläubiger überwiesen. Die Vorschriften der Zivilprozessordnung über die Zwangsvollstreckung in Geldforderungen gelten im übrigen entsprechend. § 845 der Zivilprozessordnung ist nicht anzuwenden.

(3) Bei der Zwangsvollstreckung wegen öffentlich-rechtlicher Geldforderungen geht das Ersuchen in den Fällen des Artikels 35 des Zusatzabkommens von der zuständigen Vollstreckungsbehörde aus. Auf das weitere Verfahren finden in den Fällen des Artikels 35 Buchstabe (a) des Zusatzabkommens die Vorschriften des in Betracht kommenden Verwaltungszwangsverfahrens über die Pfändung von Forderungen entsprechende Anwendung.

F. Mehrheit von Drittschuldnern und Forderungen, die mehreren Personen gehören

Die zu pfändende Forderung kann von mehreren Drittschuldnern geschuldet werden oder mehreren Personen als Gläubiger zustehen. Letzterenfalls kann wiederum der Vollstreckungsschuldner nur einer der mehreren forderungsberechtigten Gläubiger sein oder die Zwangsvollstreckung gegen alle Gläubiger der Forderung betrieben werden. Im Einzelnen ist zu unterscheiden: 53

I. Mehrheit von Drittschuldnern

Schrifttum: *Ahrens*, Personengesellschaft und -gesellschafter als Drittschuldner des Pfändungs- und Überweisungsbeschlusses, ZZP 103 (1990) 34; *Paulus*, Die Gesellschaft bürgerlichen Rechts als Schuldner und Drittschuldner, DGVZ 1992, 65.

1. *Geteilte Schuld* (*Teilschuld*): Schulden mehrere Drittschuldner die zu pfändende Forderung, so ist im Zweifel, d.h. wenn sich aus dem zwischen den Beteiligten bestehenden Rechtsverhältnis nichts anderes ergibt, jeder Drittschuldner nur zu einem gleichen Anteil (Kopfteil) verpflichtet (§ 420 BGB). Die einzelnen Schulden bestehen hier unabhängig voneinander. Daher ist die von jedem einzelnen Drittschuldner zu zahlende (Teil-)Forderung selbstständig für sich pfändbar. Fälle der Teilschuld sind jedoch praktisch selten. 54

2. *Gesamtschuld*: Regelmäßig haften mehrere Personen *samtverbindlich*, d.h. in der Weise, dass jeder die ganze Leistung zu bewirken verpflichtet, der Gläubiger aber die Leistung nur einmal zu fordern berechtigt ist (Gesamtschuldner, § 421 BGB). Eine Gesamtschuld besteht insbesondere, wenn mehrere Personen aus Vertrag (§ 427 BGB), aus unerlaubter Handlung (§ 840 BGB) oder als Bürgen (§ 769 BGB) verpflichtet sind. 55

Soll die Pfändung der Forderung allen samtverbindlich haftenden Drittschuldnern gegenüber wirksam werden, so muss gegen alle Pfändungsbeschluss mit dem Zahlungsverbot des § 829 ZPO ergehen. Das kann durch gleichzeitig gegen alle Drittschuldner gerichteten Pfändungsbeschluss geschehen. Wirksam wird dann aber die Pfändung jedem einzelnen der samtverbindlich haftenden Drittschuldner gegenüber nur mit der Zustellung an ihn. Da das Zahlungsverbot gegen alle Drittschuldner nicht einheitlich erlassen werden muss¹, können auch gesonderte Pfändungsbeschlüsse ergehen.

Es kann aber auch Pfändungsbeschluss nur gegen einen einzelnen der Gesamtschuldner erlassen werden. Solange Pfändungsbeschluss nicht gegen alle Gesamtschuldner als Drittschuldner ergangen und wirksam geworden ist, kann nur der dem Zahlungsverbot unterliegende Drittschuldner nicht mehr mit schuldbefreiender Wirkung an den Schuldner leisten². Die anderen Gesamt(dritt)schuldner, gegen die ein wirksames Zahlungsverbot nicht³ oder noch nicht vorliegt, sind an der Erfüllung der Gesamtschuld durch Leistung an den Schuldner nicht gehindert⁴. Befriedigen sie den Schuldner zulässigerweise, so wird auch der dem Zahlungsverbot unterliegende Gesamt(dritt)schuldner befreit (§ 422 BGB)⁵, die Pfändung mit dem Erlöschen der Schuld also hinfällig. Volle Sicherheit gibt daher dem Gläubiger nur die wirksame Pfändung gegen alle Gesamt(dritt)schuldner.

56 3. Die *Gesamthandschuld* wird von mehreren Verpflichteten aus einem ihnen gemeinschaftlich gehörenden Sondervermögen geschuldet. Es gilt Folgendes:

a) Bei der Gesamthandschuld der *Miterben* (§ 2058 f. BGB) kann die Forderung nur gegen alle Miterben gemeinsam geltend gemacht werden (siehe § 747 ZPO). Die Pfändung einer von Miterben als Nachlassverbindlichkeit geschuldeten Forderung kann daher nur mit Zustellung des gegen alle Miterben gerichteten Pfändungsbeschlusses an sie, also mit der letzten Zustellung, wirksam werden⁶. Auch hier muss jedoch die Pfändung nicht notwendig in einem einheitlichen, gleichzeitig gegen alle Miterben gerichteten Beschluss ausgesprochen sein; vielmehr genügen getrennte Beschlüsse⁷.

---

1 Siehe *RG* 68, 221 (223) für den gleichliegenden Fall der Verurteilung, insbesondere aber auch *KG* JW 1936, 887.
2 Mit der Zustellung des Pfändungsbeschlusses an einen Gesamtschuldner wird nur die gegen diesen gerichtete Forderung gepfändet, *BGH* JZ 1999, 44 mit Anm. *Habersack* = MDR 1998, 1049 = NJW 1998, 2904.
3 Siehe *RG* 140, 340 (342); *BGH* JZ 1999, 44 = a.a.O.
4 *OLG Braunschweig* OLG 19, 26; *Stein/Jonas/Brehm*, ZPO, Rdn. 56 zu § 829. Wenn Eheleute Gesamtschuldner sind, muss daher beachtet werden, dass das Zahlungsverbot gegen beide Ehegatten erwirkt und beiden ordnungsgemäß zugestellt wird. Bei *Abtretung* ist dies z. T. anders. Hier kann, wenn nach dem *Willen* des Zedenten und des Zessionars anzunehmen ist, dass der erstere nicht berechtigt sein soll, die nicht mit abgetretenen Ansprüche an einzelne Gesamtschuldner ferner geltend zu machen, ein Erlöschen dieser Ansprüche anzunehmen sein; siehe *RG* JW 1905, 428.
5 *OLG Braunschweig* a.a.O. und *RG* Recht 1908 Nr. 1519. Er haftet auch nicht dafür, dass nun ein anderer Gesamtschuldner die Forderung gezahlt hat, und zwar auch dann nicht, wenn er diesem den Pfändungsbeschluss nicht mitgeteilt hat. Zu einer solchen Mitteilung ist er nicht verpflichtet. Ihr könnte auch keine Wirkung im Sinne eines Zahlungsverbotes für die übrigen Drittschuldner zukommen. Siehe dazu *OLG Braunschweig* a.a.O.
6 *RG* 75, 179 (180); *BGH* JZ 1999, 44 = a.a.O. (Fußn. 2).
7 *RG* 68, 221 (223).

b) Die Pfändung der von Ehegatten aus dem Gesamtgut der ehelichen   57
Gütergemeinschaft (§ 1416 BGB) geschuldeten Forderung wird bei Verwaltung des Gesamtguts durch den Mann oder die Frau allein mit Zustellung des Pfändungsbeschlusses an den verwaltenden Ehegatten (§§ 1422 ff. BGB, § 740 Abs. 1 ZPO), bei gemeinschaftlicher Verwaltung (§§ 1450 ff. BGB) durch Zustellung an beide Ehegatten bewirkt (siehe § 740 Abs. 2 ZPO); wegen einer selteneren Ausnahme siehe § 741 ZPO. Da jedoch auch der nicht verwaltende Ehegatte persönlich für die Gesamtgutsverbindlichkeiten als Gesamtschuldner haftet (§ 1459 Abs. 2 BGB), muss aber zur Abwendung seines Befriedigungsrechtes mit den Rdn. 55 dargestellten Folgen der Pfändungsbeschluss praktisch immer gegen beide Ehegatten erwirkt und beiden zugestellt werden.

c) Das Gesamtgut der *fortgesetzten Gütergemeinschaft* (§§ 1483 ff. BGB)   58
verwaltet der überlebende Ehegatte allein (§ 1487 Abs. 1 BGB). Eine persönliche Haftung der gemeinschaftlichen Abkömmlinge besteht nicht (§ 1489 Abs. 3 BGB). Daher genügen Pfändungsbeschluss und Zustellung an den überlebenden Ehegatten als Drittschuldner (§ 745 ZPO).

d) Die *Gesellschaft bürgerlichen Rechts* (§§ 705 ff. BGB) besitzt Rechts-   59
fähigkeit, soweit sie durch Teilnahme am Rechtsverkehr eigene Rechte und Pflichten begründet[8]. Eine von ihr geschuldete Forderung kann daher dadurch gepfändet werden, dass der rechtsfähigen Personengesellschaft (§ 14 Abs. 2 BGB) als Drittschuldnerin verboten wird, an den Schuldner zu zahlen[9]. Bezeichnung der Drittschuldnerin im Pfändungsbeschluss (dazu Rdn. 501) erfordert (wie bei Klage) identifizierbare (möglichst exakte) Beschreibung der BGB-Gesellschaft[10]. Zuzustellen ist der Pfändungsbeschluss dem vertretungsberechtigten (geschäftsführenden) Gesellschafter als Vertreter der BGB-Gesellschaft[11] (§ 714 BGB, § 170 Abs. 1 ZPO). Wenn ein solcher nicht bestellt ist, hat die Zustellung an einen der Gesellschafter zu erfolgen[12] (§ 709 BGB, § 170 Abs. 3 ZPO). Zumeist wird nicht sicher bekannt sein, wer Geschäftsführer der Gesellschaft ist, weil die Bestellung des Geschäftsführers und die Änderung der Geschäftsführung nicht durch ein öffentliches Register verlautbar wird; Sicherheit erlangt der Gläubiger dann jedenfalls mit Zustellung an sämtliche Gesellschafter als (gesetzliche) Vertreter der Gesellschaft. Dieser Pfändungsbeschluss wirkt aber nicht gegen die einzelnen persönlich mithaftenden[13] Gesellschafter. Zur Pfändung der

---

8   *BGH* 146, 341 = DNotZ 2001, 234 mit krit. Anm. *Schemann* = MDR 2001, 459 mit Anm. *Müther* = NJW 2001, 1056; *BGH* 154, 88 (94) = NJW 2003, 1445 (1446).
9   *BGH* JZ 1999, 44 mit Anm. *Habersack* = a.a.O. (Fußn. 2).
10 Beispiel für Klage siehe *BGH* 146, 341 (357) = NJW 2001, 1056 (1060 re.Sp.) = a.a.O. (Fußn. 8).
11 *BGH* DNotZ 2006, 777 = MDR 2006, 1254 = NJW 2006, 2191; *OLG Brandenburg* JurBüro 2003, 48 (49).
12 *BGH* NJW 2006, 2191 = a.a.O. (für Vollstreckungstitel); *BGH* DNotZ 2007, 214 = MDR 2007, 667 = NJW 2007, 995 (für Zwangsverwaltungs-Anordnungsbeschluss).
13 *BGH* 142, 315 = NJW 1999, 3483.

Forderung gegen den (jeden der) einzelnen, persönlich haftenden, Gesellschafter bedarf es eines Zahlungsverbotes auch gegen ihn und der Zustellung dieses Pfändungsbeschlusses an ihn[14]. Es gilt damit das gleiche wie bei der OHG (Rdn. 60). Wie bei der OHG ist es stets ratsam, Pfändungsbeschluss immer auch gegen alle persönlich haftenden Gesellschafter zu erwirken. Ob wegen der akzessorischen Haftung[15] der Gesellschafter für die Gesellschaftsverbindlichkeiten bereits die Pfändung der Forderung gegen die Gesellschaft auch die Forderung gegen die Gesellschafter umfasst, gesonderte Pfändung der Forderung gegen diese somit nicht mehr erforderlich ist[16], ist nicht geklärt; Zustellung des Pfändungsbeschlusses an persönlich haftende BGB-Gesellschafter wird zur Pfändung der Forderung auch gegen sie jedenfalls verlangt[17].

60   e) Die Pfändung der von einer *offenen Handelsgesellschaft* geschuldeten Forderung erfordert Pfändungsbeschluss gegen die Gesellschaft und Zustellung (hierzu § 171 ZPO) an diese (siehe § 124 HGB). Dieser Pfändungsbeschluss wirkt aber nur gegen die offene Handelsgesellschaft, nicht jedoch auch gegen die persönlich haftenden Gesellschafter (§ 128 HGB)[18]. Ebenso wirkt ein Pfändungsbeschluss, der nur gegen einen der persönlich haftenden Gesellschafter erwirkt wird, nicht gegen die anderen Gesellschafter oder die offene Handelsgesellschaft[19]. Zur Abwendung des Befriedigungsrechtes eines persönlich haftenden Gesellschafters (siehe Rdn. 55) sollte daher ein Pfändungsbeschluss nicht nur gegen die offene Handelsgesellschaft, sondern auch gegen alle persönlich haftenden Gesellschafter erwirkt und diesen zugestellt werden. Dies gilt auch für die Pfändung der von einer *Kommanditgesellschaft* geschuldeten Forderung (siehe § 161 Abs. 2 HGB).

f) Die Pfändung der von einer *Partnerschaft* (Gesellschaft von Angehörigen Freier Berufe) geschuldeten Forderung erfordert Pfändungsbeschluss gegen die Partnerschaft und Zustellung (§ 171 ZPO) an diese (siehe § 7 Abs. 2 PartGG mit § 124 HGB). Zur Abwendung des Befriedigungsrechts der persönlich haftenden Partner (§ 8 Abs. 1 S. 1 PartGG) sollte aber auch gegen diese Pfändungsbeschluss erwirkt werden.

---

14   *BGH* JZ 1999, 44 = a.a.O. (Fußn. 2); *OLG Brandenburg* JurBüro 2003, 48 (49).
15   *BGH* 146, 341 (358) = a.a.O. (Fußn. 8).
16   So *Habersack* JZ 1999, 46 (47).
17   *BGH* JZ 1999, 44 = a.a.O. (Fußn. 2); *Habersack* a.a.O. (Fußn. 2).
18   A.A. *RArbG* 19, 165 = JW 1938, 979, das meint, wenn Drittschuldner eine oHG oder KG ist, könne der Gläubiger die gepfändete Forderung auch gegen den im Pfändungsbeschluss selbst nicht genannten persönlich haftenden Gesellschafter einklagen (§§ 128, 161 Abs. 2 HGB). Abweichend auch *Ahrens* ZZP 103 (1990) 34: Zustellung des Pfändungsbeschlusses an die Gesellschaft genügt dem Publizitätsbedürfnis des § 829 Abs. 3 ZPO. Gesonderte Pfändung der (akzessorischen) Forderung gegen die Gesellschafter oder Zustellung des Pfändungsbeschlusses gegen die Gesellschaft als Drittschuldner auch noch an die Gesellschafter erübrigt sich. Bei Unkenntnis eines (zahlenden) Gesellschafters von der Pfändung greift zu seinem Schutz § 407 BGB ein.
19   *RG* 140, 340 (342).

g) Die Pfändung der von einer *Europäischen wirtschaftlichen Interessenvereinigung* (= EWIV)[20] geschuldeten Forderung erfordert Pfändungsbeschluss gegen die Gesellschaft und Zustellung an diese. Die EWIV hat keine eigene Rechtspersönlichkeit; ihre Rechtsstellung entspricht weitgehend der in § 124 Abs. 1 HGB für die offene Handelsgesellschaft bestimmten (Art. 1 Abs. 3 EWG-VO mit § 1 EWIV-AusfG[21]). Vertreten wird die Vereinigung ausschließlich durch den Geschäftsführer oder, wenn es mehrere sind, durch einen jeden Geschäftsführer (Art. 20 Abs. 1 EWG-VO; abweichende Regelung durch Gründungsvertrag ermöglicht Art. 20 Abs. 2 EWG-VO; Zustellung an einen Geschäftsführer genügt jedoch, § 171 Abs. 3 ZPO). Die Mitglieder der Vereinigung haften unbeschränkt und gesamtschuldnerisch für deren Verbindlichkeiten (Art. 24 Abs. 1 EWG-VO). Der gegen die EWIV als Drittschuldnerin erlassene Pfändungsbeschluss wirkt aber (wie bei der offenen Handelsgesellschaft, Rdn. 60) nicht auch gegen die Mitglieder. Der Pfändungsbeschluss sollte daher auch gegen alle haftenden Mitglieder erwirkt und diesen zugestellt werden (wie Rdn. 60).

60a

II. Pfändung von Forderungen, die mehreren Personen gemeinsam gehören

Schrifttum: *Tiedtke*, Gesamtgläubigerschaft und Aufrechnung in der Zwangsvollstreckung, NJW 1980, 2496.

1. Bei der *geteilten Forderung* ist jeder Forderungsteil selbstständig (§ 420 BGB). Die Pfändung des (Teil-)Anspruchs (meist Kopfteil) des Schuldners unterliegt daher keinen Besonderheiten. Solche Fälle werden indes selten sein[21] (siehe aber insbesondere die Ausführungen Rdn. 259, 260).

61

2. In *Bruchteilsgemeinschaft* (§§ 741 ff. BGB) kann eine Forderung (wie auch jedes Recht) mehreren Personen zustehen. Praktische Fälle: Kaufpreisforderung bei Grundstücksveräußerung durch Bruchteilsmiteigentümer, wenn abweichende vertragliche Regelung nicht getroffen ist[22]; Mietforderung mehrerer Bruchteilsmiteigentümer als Vermieter (Rdn. 259). Pfändung der Forderung (des Rechts) insgesamt erfordert dann Vollstreckungstitel gegen alle Teilhaber der Gemeinschaft. Wenn nur einer der Gemeinschafter Schuldner ist, kann er wie jeder weitere Teilhaber nicht anteilige Leistung an sich, sondern nach § 432 BGB nur Leistung an die Gemeinschaft fordern[23]. Der Gläubiger nur eines der Gemeinschafter kann daher nicht einen dem Beteiligungsverhältnis entsprechenden (betragsmäßigen) Anteil der Forderung gegenüber deren Schuldner (als Drittschuldner

62

---

20 Verordnung (EWG) über die Schaffung einer Europäischen wirtschaftlichen Interessenvereinigung (EWIV) vom 25. Juli 1985, ABl. EG Nr. L 199, Seite 1 (EWG-VO).
21 Gesetz zur Ausführung der EWG-Verordnung über die Europäische wirtschaftliche Interessenvereinigung (EWIV-Ausführungsgesetz) vom 14. April 1988, BGBl I 514.
22 *BGH* NJW 1998, 1482 (1483); *OLG Rostock* NotBZ 2005, 469.
23 *BGH* MDR 1983, 650 = NJW 1983, 2020.

des Vollstreckungszugriffs) pfänden[24]. Jedoch kann der Schuldneranteil an der Bruchteilsgemeinschaft gepfändet werden (Rdn. 1549). Es kann auch auf die Rechte des Schuldners als Bruchteilsgemeinschafter gegenüber den weiteren Bruchteilsgemeinschaftern mit Pfändung des Aufhebungs-, Erlöseilungs- und Erlösauszahlungsanspruchs Zugriff genommen werden (Rdn. 1549). Damit sichert sich der Gläubiger die Berechtigung, nach Überweisung das Recht des Schuldners auf Aufhebung der Gemeinschaft auszuüben und dessen Erlösanteil in Empfang zu nehmen.

63 3. Bei der Gesamtforderung braucht der Drittschuldner die Leistung an die mehreren Gläubiger (= Pfändungsschuldner), von denen jeder die ganze Leistung fordern kann, insgesamt nur einmal bewirken (§ 428 BGB). Daher kann der Anspruch nur eines der Gesamtgläubiger (als Pfändungsschuldner) auf die gesamte Leistung gepfändet werden. Eine Widerrufsbefugnis steht dem anderen Gesamtgläubiger aus seinem Außenverhältnis nicht zu. Der Drittschuldner kann im Rahmen seines Wahlrechts die Gesamtforderung unter Berücksichtigung des Pfandrechts als Anspruch des Vollstreckungsschuldners erfüllen[25]. Die Pfändung hindert den Drittschuldner aber nur daran, an den Schuldner selbst zu leisten. Die Erfüllung der vollen Leistung an einen anderen Gesamtgläubiger verbietet der Pfändungsbeschluss dem Drittschuldner hingegen nicht[26]. Mit solcher Erfüllung erlischt daher die gesamte Forderung, so dass auch die Pfändung hinfällig wird[27]. Jedoch kann der Vollstreckungsschuldner als Gesamtgläubiger gegen den anderen Gesamtgläubiger, der die Leistung empfangen hat, einen Ausgleichsanspruch haben (§ 430 BGB). Dieser Ausgleichsanspruch kann gepfändet werden; Drittschuldner ist der zum Ausgleich verpflichtete andere Gesamtgläubiger. Es empfiehlt sich, sogleich sowohl die Gesamtforderung als auch den Ausgleichsanspruch zu pfänden[28]. Bedeutung erlangt die Pfändung einer Gesamtforderung vornehmlich beim Oder-Konto (Rdn. 165) und beim gemeinschaftlichen Sparguthaben (Rdn. 339); siehe daher auch an diesen Stellen und die dort genannten Entscheidungen.

64 4. Für *Gesamt h a n d forderungen*, also für solche Forderungen, die an mehrere Gläubiger zum gemeinschaftlichen Sondervermögen geschuldet werden und daher nur an alle Gläubiger gemeinschaftlich geleistet werden können, ergeben sich keine wesentlichen Besonderheiten, wenn gegen alle Schuldner gemeinsam die Zwangsvollstreckung betrieben, somit die ganze Forderung gepfändet werden soll. Die Voraussetzungen einer solchen

---

24 *BGH* MDR 1969, 568 = NJW 1969, 839; *OLG Köln* JW 1932, 3013 mit Anm. *Rühl* (je für Mietforderung); *OLG Rostock* NotBZ 2005, 449.
25 *Tiedtke* NJW 1980, 2496.
26 *BGH* (6.6.2002, IX ZR 169/01) *BGH-Rep.* 2003, 50. Auch *OLG Bremen* OLGZ 1987, 29 dazu, dass durch die Pfändung des Rechts eines Gesamtgläubigers das Verfügungsrecht des anderen Gesamtgläubigers nicht berührt wird.
27 *BGH* MDR 1979, 1016 = NJW 1979, 2038; *Tiedtke* NJW 1980, 2496. Diese auch zur Frage, ob vereinbart sein kann, dass die Forderung für die Dauer der Pfändung nur an den anderen Gesamtgläubiger zu zahlen ist.
28 Dazu *Tiedtke* NJW 1980, 2496 (2497).

Mehrere Forderungsgläubiger

Zwangsvollstreckung regelt die ZPO in den § 736 (Urteil gegen alle Gesellschafter), §§ 740–745 (Zwangsvollstreckung in Gesamtgut), § 747 (Zwangsvollstreckung in Nachlass) sowie das HGB in §§ 124, 161 (Zwangsvollstreckung gegen eine offene Handelsgesellschaft und Kommanditgesellschaft) und § 7 Abs. 2 PartGG mit § 124 HGB (Zwangsvollstreckung gegen eine Partnerschaft). Die Pfändung des Bank- oder Postbankkontos einer Anwaltssozietät als BGB-Gesellschaft (Partnerschaft: § 7 Abs. 2 PartGG) ist daher nur mit einem gegen alle Rechtsanwälte (die Partnerschaft) lautenden Vollstreckungstitel zulässig, nicht aber mit dem gegen nur einen (nur einzelne) der Anwälte gerichteten Vollstreckungstitel (§ 736 ZPO)[29].

Etwas anderes gilt aber, wenn nur einer der mehreren Forderungsberechtigten Vollstreckungsschuldner ist und auf sein Recht an der Gemeinschaft zugegriffen werden soll. Hierwegen s. Rdn. 1552 ff. und 1664 ff.

5. Eine *Gründervereinigung* (die Gesellschaft m.b.H., Aktiengesellschaft oder Genossenschaft nach Errichtung, aber vor Eintragung in das Handels-/Genossenschaftsregister; sog. Vor-GmbH) ist als ein auf die künftige juristische Person hin angelegtes Rechtsgebilde bereits körperschaftlich strukturiert; daher kann sie nach außen durch ihre Geschäftsführer bereits geschlossen auftreten[30]. Sie ist passiv parteifähig (§ 50 Abs. 2 ZPO entspr.)[31]. Mit einem gegen sie lautenden Vollstreckungstitel kann daher auch die Forderung einer Gründervereinigung gegen einen Dritten gepfändet werden (§ 735 ZPO entspr.)[32]. Wenn die Vor-GmbH usw. die Registereintragung nicht mehr betreibt (aufgegeben hat) wie nach Antragsrücknahme, endgültige Ablehnung der Eintragung, hat sie sich in eine Vor-GmbH in Liquidation umgewandelt. Sie wird gem. §§ 60, 66 GmbHG (§ 265 AktG usw.) durch die Geschäftsführer (Vorstandsmitglieder) vertreten[33]. Wird die Vorgesellschaft fortgeführt, ohne dass die Registereintragung weiter betrieben wird, besteht sie als offene Handelsgesellschaft oder als BGB-Gesellschaft fort[34]. Die Zwangsvollstreckung kann dann gegen die Gesellschaft in Liquidation, die offene Handelsgesellschaft oder die BGB-Gesellschaft betrieben (Vollstreckungstitel gegen die OHG: § 124 Abs. 2 HGB; gegen die BGB-Gesellschaft: § 736 ZPO), eine dieser gegen einen Dritten zustehende Forderung somit gepfändet werden.

64a

---

29 *LG München* I Rpfleger 1987, 423.
30 *BGH* 80,129 = NJW 1981, 1373 mit Anm. *K. Schmidt* und (S. 1753) *Flume*.
31 *Zöller/Vollkommer*, ZPO, Rdn. 30 zu § 50.
32 Siehe auch *OLG Frankfurt* Rpfleger 1983, 322. Dort war aber die GmbH weder gegründet noch im Handelsregister eingetragen. Für diesen Fall wurde die Pfändung der Forderung der (nicht gegründeten) GmbH als unwirksam angesehen, und zwar auch gegenüber dem für die „GmbH" Handelnden.
33 *BGH* 169, 270 = DNotZ 2007, 142 (146) = NJW 2007, 589 (592).
34 *BGH* DNotZ 1998, 883 (884) = NJW 1998, 1079.

G. Einzelfälle

1. Abtretung und Rückabtretung einer Geldforderung

65 *Gepfändet wird der angebliche Anspruch des Schuldners an ... – Drittschuldner – auf Abtretung (Rückgewähr) der ihm (= dem Drittschuldner) abgetretenen ursprünglichen Forderung des Schuldners in Höhe von 3000 Euro an den Kaufmann ... in ... Straße Hs. Nr. ... aus den im Januar 2009 gelieferten und am 10. April 2009 in Rechnung gestellten Lebensmitteln,*

sowie außerdem der angebliche – auch künftige – Anspruch des Schuldners an diesen Drittschuldner auf Abrechnung und Auszahlung (Auskehrung) des überschießenden Betrages bei Einzug der Forderung oder freiwilliger Zahlung durch den Forderungsschuldner

und ebenso der bei nicht möglicher Leistung des Drittschuldners bestehende angebliche – auch künftige – Anspruch auf Wertersatz oder Schadensersatz.

Schrifttum: *Kolbenschlag*, Zur Pfändung des Anspruches auf Rückübertragung sicherungsweise abgetretener Forderungen, Betrieb 1959, 164; *Kolbenschlag*, Die Einzelrechtsnachfolge auf der Drittschuldnerseite, MDR 1969, 187.

66 Eine *Geldforderung* kann nur sicherungshalber oder an einen Treuhänder abgetreten[1] sein. Wenn nach Erledigung des Sicherungszwecks (Rdn. 1875, 1887) oder Beendigung des Treuhandverhältnisses die Geldforderung noch nicht erfüllt ist, ist der Sicherungsnehmer oder Treuhänder verpflichtet, die Forderung wieder an den Schuldner als ihren früheren Gläubiger (Zedent, Vorgläubiger) zu übertragen[2]. Ein Forderungsgläubiger kann auch aus einem anderen Rechtsgrund schuldrechtlich verpflichtet sein, eine ihm gehörende Forderung dem Vollstreckungsschuldner abzutreten. Vor der Abtretung oder Rückabtretung ist die Forderung Vermögensrecht des Sicherungsnehmers oder Treuhänders; von Gläubigern des Schuldners (Zedenten, Vorgläubigers) kann sie daher nicht gepfändet werden. Als selbstständiges Vermögensrecht unterliegt jedoch der schuldrechtliche Anspruch auf die Forderung, der (Rück-)Abtretungsanspruch, für sich der Pfändung[3]. Diese Pfändung muss nach § 829 Abs. 1 ZPO durchgeführt werden (s. Rdn. 1889). Dies gilt auch, wenn für die abzutretende Forderung eine Hypothek bestellt ist (§ 1113 BGB), weil nicht der hypothekarische Anspruch an den Grundstückseigentümer, sondern der Abtretungs- oder Rückabtretungsanspruch an den (treuhänderisch, obligatorisch usw.) verpflichteten Hypothekengläubiger gepfändet wird (s. Rdn. 1888, 1889).

---

1 Zur Verpfändung siehe Rdn. 770 Fußn. 21.
2 Abtretung kann auch nur unter auflösender Bedingung vorgenommen sein; Rückabtretung kann (wenn dafür die Umstände in hinreichendem Maße sprechen) auch bereits stillschweigend erfolgt sein; dazu *BGH* MDR 1986, 398 = NJW 1986, 977.
3 *BGH* MDR 1998, 303 Leits. = NJW 1998, 2969; *OLG Frankfurt* JurBüro 1984, 109 = MDR 1984, 228. Siehe dazu auch *BGH* NJW 1986, 2430 = WM 1986, 906 sowie 6. Kap. Abschn. C.

Für eine *Gehaltsforderung* sowie eine ähnliche in fortlaufenden Bezügen bestehende Forderung bestimmt § 832 ZPO eine andere rechtliche Bewertung[4]. Das durch Einkommenspfändung erlangte Pfandrecht erstreckt sich danach auf die nach der Pfändung fällig werdenden Beträge auch dann, wenn sie abgetreten waren, die Berechtigung des Zessionars aber vor Entstehen der Einkommensforderung mit Arbeitsleistung und Fälligkeit für den jeweiligen Lohnzahlungszeitraum wieder entfallen ist. Einzelheiten siehe Rdn. 1258–1258 n.

Die Pfändung des Rückgewähranspruchs berührt die Rechte des Drittschuldners als (nach Sicherungsabtretung oder treuhänderisch berechtigter) Gläubiger auf die Forderung nicht. Der Drittschuldner kann als Forderungsgläubiger daher auch nach Pfändung des (Rück-)Abtretungsanspruchs sein Einziehungsrecht weiterhin ungeschmälert ausüben[5]; ein Prozessführungsrecht des Schuldners (als Sicherungsgeber/Zedent) wird durch die Pfändung des (Rück-)Abtretungsanspruchs ebenso nicht berührt[6]. Zieht der Forderungsgläubiger (Drittschuldner in der Pfändung) die Forderung ein oder zahlt der Forderungsschuldner an ihn freiwillig, so besteht ein bisheriger Anspruch auf (Rück-)Abtretung der ganzen Forderung oder eines Forderungsteils als Anspruch auf Auskehrung eines dem Drittschuldner nicht gebührenden (ggf. überschießenden) Betrages (sog. Mehrerlös) weiter. Wenn die Forderung sicherungshalber oder treuhänderisch abgetreten war, ist dieser Anspruch auf volle oder teilweise Auskehrung des überschießenden Betrages kein neuer und selbstständiger Anspruch; er stellt vielmehr nur eine andere Form des ursprünglichen Anspruchs dar, so dass sich das am Rückübertragungsanspruch erlangte Pfandrecht auch dann fortsetzt, wenn der Anspruch in der Form der Auskehrung des überschießenden Betrages zu erfüllen ist[7]. Der *BGH*[8] hat (früher) den Anspruch auf den überschießenden eingezogenen Betrag allerdings als selbstständigen Anspruch behandelt und die Pfändung des Anspruchs auf Übertragung der vom Drittschuldner nicht in Anspruch genommenen Forderung im Wege der Auslegung auf den künftigen Anspruch auf Auskehrung des überschießenden eingezogenen Betrages erstreckt. Bis zur weiteren Klärung empfiehlt es sich daher, da die Auslegung Schwierigkeiten bereiten kann, den *Auskehranspruch* vorsorglich ausdrücklich mitzupfänden. Überdies ist, wenn ein Treuhänder Forderungsgläubiger (damit Drittschuldner) ist, auch Mitpfändung des möglichen Anspruchs auf Wertersatz oder Schadensersatz ratsam. Zum Wertersatz verpflichtet sein oder auf Schadensersatz haften kann der Treuhänder, wenn er gehindert ist, einen eingezogenen Forde-

---

[4] Zur unterschiedlichen rechtlichen Bewertung bei Pfändung einer einmaligen Geldforderung gegenüber Pfändung von laufendem Arbeitseinkommen siehe *BArbG* JurBüro 1994, 364 = NJW 1993, 2699 (2700).
[5] *OLG Frankfurt* a.a.O. (Fußn. 3). Siehe auch Rdn. 1891.
[6] *OLG Frankfurt* a.a.O. (Fußn. 3).
[7] *OLG Frankfurt* a.a.O. (Fußn. 3). Siehe auch Rdn. 1911.
[8] *BGH* JurBüro 1965, 615 = MDR 1965, 738 = Rpfleger 1965, 365 mit Anm. *Stöber*.

rungsbetrag „in Natur" zurückzugewähren[9]. Diese Ansprüche des Schuldners gegen den Treuhänder werden als Zugriffsobjekte nicht der ursprünglichen Forderung gleich geachtet[10], so dass nicht davon ausgegangen werden kann, auch auf sie erstrecke sich ohne weiteres das am Rückübertragungsanspruch erlangte Pfandrecht.

68 Nach Überweisung des gepfändeten Anspruchs auf Forderungsabtretung zur Einziehung kann der Gläubiger Erfüllung des Rückgewähranspruchs verlangen, sobald dieser fällig ist (s. Rdn. 1892), und die Abtretung der Forderung ohne Mitwirkung des Schuldners herbeiführen[11] (Rdn. 1896; siehe § 1282 BGB), somit die für den Abtretungsvertrag (§ 398 BGB) erforderliche Schuldnererklärung abgeben. Die Bestellung eines Sequesters entspr. §§ 847 ff. ZPO ist nicht erforderlich[12]. Vor Überweisung zur Einziehung müssen Gläubiger und Schuldner bei der Leistung (Abtretung) gemeinsam handeln (Rdn. 1897; siehe § 1281 BGB). Zu leisten ist stets durch Übertragung (= Abtretung) der Forderung an den Vollstreckungsschuldner[13]; dass die Forderung sogleich an den pfändenden Gläubiger abgetreten werde, kann von diesem nicht verlangt werden[14]. Mit der Leistung (Abtretung) der Forderung wird der Vollstreckungsschuldner deren Inhaber (Forderungsgläubiger); zugleich erlangt der Pfändungsgläubiger ein Pfandrecht an dieser Forderung[15]. Dieses Pfandrecht entsteht kraft Gesetzes, also ohne weiteres (§ 1287 BGB), mithin ohne Anzeige nach § 1280 BGB. Da aber der Forderungsschuldner befreit ist, wenn er, ohne von dem entstandenen Pfandrecht Kenntnis erlangt zu haben, an den Pfändungsschuldner (als Forderungsgläubiger) leistet (§§ 1275, 407 BGB), ist eine Pfändungsanzeige an den Forderungsschuldner jedenfalls anzustreben.

Befriedigung des Pfändungsgläubigers aus dem „Ersatz"pfand an der Forderung nach Überweisung: § 1282 ff. BGB (siehe auch Rdn. 1901).

2. Akkreditiv

69 (Dokumenten-)Akkreditiv ist ein Zahlungsversprechen, das ein Kreditinstitut auf Veranlassung seines Kunden als Auftraggeber dem Begünstigten gegenüber abgibt und in dem das Kreditinstitut sich verpflichtet, gegen Vorlage bestimmter Dokumente (Transportpapiere usw.) Zahlung zu leisten[1]. Dem Begünstigten haftet das Kreditinstitut nach eröffnetem Akkreditiv aus abstraktem Schuldversprechen auf den kreditierten

---

9 *BGH* 124, 298 = MDR 1996, 681 = NJW 1994, 726.
10 *BGH* 124, 298 (300) = a.a.O.
11 *BGH* MDR 1998, 1303 Leits. = NJW 1998, 2969 (2970).
12 *BGH* NJW 1998, 2969 (2970) = a.a.O. (Fußn. 11).
13 *BGH* NJW 1998, 2969 (2970) = a.a.O. (Fußn. 11).
14 *BGH* NJW 1998, 2969 (2970) = a.a.O. (Fußn. 11); *OLG Frankfurt* a.a.O. (Fußn. 3). Siehe auch Rdn. 1895 Fußn. 59.
15 *BGH* NJW 1998, 2969 = a.a.O. (Fußn. 11); *BGH* NJW 1986, 2430 = WM 1986, 906.
1 *BGH* 108, 348 (350); auch *BGH* 60, 262 (268); *MünchKomm/Hüffer*, BGB, Rdn. 96–107 zu § 783.

Betrag². Der (bestehende oder – vor Einreichung der Dokumente – künftige) Zahlungsanspruch des Begünstigten aus dem Akkreditiv ist als Geldforderung pfändbar³. Drittschuldner ist das zur Leistung verpflichtete Kreditinstitut. Die Pfändung des Zahlungsanspruchs gibt dem Gläubiger (auch) die Möglichkeit, die Dokumente des Begünstigten (Schuldners) einzureichen (Beschaffung nach § 836 Abs. 3 S. 1 u. 3 ZPO) und damit dessen gepfändeten Zahlungsanspruch auszulösen. Pfändung zusätzlich auch der Forderung aus dem zugrunde liegenden Vertrag (vielfach Kaufvertrag) ist stets ratsam. Der Auftraggeber (Kunde der Bank) kann als Vertragspartner zwar für die Laufzeit des Akkreditivs nicht auf die geschuldete vertragliche Leistung (z. B. Kaufpreiszahlung) in Anspruch genommen werden. Es kann aber die Laufzeit des Akkreditivs beendet sein (Ablauf des Verfalldatums), das Akkreditiv aus anderem Grund verfallen sein oder die Forderung aus dem zugrunde liegenden Geschäft von den Beteiligten außerhalb des Akkreditivs getilgt werden. Wenn damit der Zahlungsanspruch an das Kreditinstitut aus dem Akkreditiv entfällt, kann der Gläubiger aus dem gepfändeten schuldrechtlichen (vertraglichen) Anspruch (oft Kaufpreisforderung) Befriedigung erlangen. Das Akkreditivrecht selbst (auch Akkreditivbenutzungsrecht) als Recht, die vereinbarte Leistung zu erbringen und gegen Vorlage der (somit eigener) Dokumente das Akkreditiv in Anspruch zu nehmen, gilt (auch bei „übertragbarem" Akkreditiv) als nicht pfändbar⁴.

3. Altersvorsorgevermögen, -beiträge und -zulage
(§ 10 a und Abschnitt XI EStG)

Für Vermögenswerte, die der Sicherung der Altersvorsorge von Personen dienen, die als *Pflichtversicherte* in der gesetzlichen Rentenversicherung oder Gleichgestellte am Ende ihrer Verdienstfähigkeit Renten erhalten, schließt § 97 EStG die Übertragbarkeit aus. Die Bestimmung lautet: 70

§ 97 EStG Übertragbarkeit

Das nach § 10 a oder Abschnitt XI geförderte Altersvorsorgevermögen einschließlich seiner Erträge, die geförderten laufenden Altersvorsorgebeiträge und der Anspruch auf die Zulage sind nicht übertragbar. § 93 Abs. 1 a und § 4 des Betriebsrentengesetzes bleiben unberührt.

Gefördertes Altersvorsorgevermögen einschließlich seiner Erträge, die geförderten laufenden Altersvorsorgebeiträge und der Anspruch auf die Altersvorsorgezulage der nach § 10 a EStG begünstigten Personen (im Einzelnen dort) sind damit auch nicht pfändbar (§ 851 Abs. 1 ZPO). Altersvor-

---

2 *BGH* 60, 262 (264) = NJW 1973, 899; auch *BGH* 108, 348 (350) = NJW 1990, 255 und 132, 313 (716).
3 *Stein/Jonas/Brehm*, ZPO, Rdn. 34 zu § 851; auch *OLG Hamburg* BB 1978, 63 mit Anm. *Kremers* = WM 1978, 338; *Schütz* BB 1964, 332.
4 *Stein/Jonas/Brehm* a.a.O.; *Schütz* BB 1964, 332. Zum Akkreditiv auch *Liesecke* MW 1966 IV S. 463.

sorge*vermögen* sind das auf Grund eines Altersvorsorgevertrags zwischen dem Anbieter wie einem Lebensversicherungsunternehmen, Kreditinstitut, einer Bausparkasse, Kapitalanlagegesellschaft, Genossenschaft usw. und dem Vertragspartner gebildete Kapital, erlangte Fondsanteile, Guthaben, Genossenschaftsanteile usw. (Begriffsbestimmungen gibt § 1 AltZertG). Nicht pfändbar ist Altersvorsorgevermögen in der Anspar- und in der Auszahlungsphase. Auf Kapital, das durch nicht geförderte Beiträge erlangt ist, erstreckt sich der Pfändungsschutz nicht. Als geförderte Altersvorsorge*beiträge* bezeichnet § 82 Abs. 1 EStG Beiträge und Tilgungsleistungen des Zulageberechtigten (§ 97 EStG) im Rahmen der in § 10 a EStG genannten Grenzen; Abs. 2 und 3 nennen gleichgestellte Beiträge. Eine Altersvorsorge*zulage* wird zu den geleisteten Altersvorsorgebeiträgen nach §§ 83 ff. EStG geleistet; sie entsteht nach Ablauf eines Beitragsjahres (§ 88 EStG). Die Auszahlung veranlasst die Deutsche Rentenversicherung Bund (§ 81 EStG) an den Anbieter zur Gutschrift bei den begünstigten Verträgen (§ 90 Abs. 2 EStG). Zulagenberechtigter kann auch der Ehegatte sein (§ 79 EStG). Nach Beginn der Auszahlungsphase überwiesene Zulagenbeträge können ausgezahlt werden (§ 90 Abs. 2 S. 4 EStG). Ebenso können in der Auszahlungsphase anfallende Zinsen und sonstige Erträge gesondert auszuzahlen sein (§ 1 Abs. 1 Nr. 4 a AltZertG). Sie sollten auch dann unpfändbar sein; Gegenteiliges macht der Gesetzeswortlaut nicht erkennbar.

70a Die in der *Auszahlungsphase* auf Grund von steuerlich geförderten Altersvorsorgeverträgen als Leibrente oder Ratenzahlungen usw. zu leistenden Beträge sind nicht Altersvorsorgevermögen; sie unterliegen somit nicht dem Pfändungsschutz des § 97 EStG. Vorsorgerenten für Arbeitnehmer auf Grund von Versicherungsverträgen haben Pfändungsschutz jedoch nach § 850 Abs. 3 Buchst. b ZPO. Das gilt auch, wenn bis zu zwölf Monatsleistungen zu einer Auszahlung zusammengefasst sind (§ 1 Abs. 1 Nr. 4 a AltZertG) und sollte auch bei Auszahlung zur Abfindung einer Kleinbetragsrente zu Beginn der Auszahlungsphase (§ 93 Abs. 3 EStG) der Fall sein (monatliche Leistungen verlangt § 850 Abs. 3 Buchst. b ZPO im Gegensatz zu § 851 d ZPO nicht).

4. Altersrenten Selbstständiger und weiterer Personen
(§§ 851 c, d ZPO)

Schrifttum: *Hasse,* Der neue Pfändungsschutz der Altersvorsorge und Hinterbliebenenabsicherung, VersR 2007, 890; *Hasse,* Zum Entwurf eines Gesetzes zum Pfändungsschutz der Altersversorgung und zur Anpassung des Rechts der Insolvenzordnung, VersR 2006, 145; *Helwich,* Pfändungsschutz zur Alterssicherung Selbständiger, JurBüro 2007, 286; *Kogen,* Die Einführung der §§ 851 c ZPO, 173 VVG – teilweise ein gesetzgeberischer Fehlgriff?, FamRZ 2007, 870; *Stöber Michael,* Das Gesetz zum Pfändungsschutz der Altersvorsorge, NJW 2007, 1242; *Tavakoli,* Lohnpfändung und private Altersvorsorge, NJW 2008, 3259.

71 a) Pfändungsschutz für eine Lebensversicherung sowie private Rentenversicherung und Leistungen aus anderen Altersrentenverträgen (wie Bank-

und Fondssparplänen[1]) zur Altersvorsorge der Personen, die am Ende ihrer Verdienstfähigkeit keine oder keine ausreichende Rente aus der gesetzlichen Rentenversicherung oder Versorgungsbezüge erhalten, bestimmt § 851 c ZPO. Es ist damit der Gläubigerzugriff auf Vermögenswerte zur *Alterssicherung Selbstständiger*, freiberuflich Tätiger und nicht Erwerbstätiger in der Weise beschränkt, dass dem Schuldner aus seiner Versicherung (dem Vertrag) die gleiche Rente (oder Leistung) verbleibt wie dem Bezieher einer Rente aus der gesetzlichen Rentenversicherung. Dessen Rente ist nur wie Arbeitseinkommen pfändbar (§ 54 Abs. 4 SGB I). Ebenso unterliegen nach § 851 c Abs. 1 ZPO Leistungen auf Grund von Versicherungsverträgen usw. nur wie Arbeitseinkommen der Zwangsvollstreckung. Vorausgesetzt ist damit, dass dem Schuldner ermöglicht ist, Vorsorgekapital anzusparen, aus dem bei Eintritt des Versicherungsfalls fort laufende Leistungen gewährt werden können. Diesem Aufbau der Alterssicherung dient Abs. 2 des § 851 c ZPO.

b) aa) Ein *Vertrag*, der der finanziellen Absicherung des Schuldners im Alter dienen soll, muss, damit die Leistungen nach § 851 c ZPO geschützt sind, nach dessen Abs. 1 *folgende Voraussetzungen* erfüllen (kumulative Erfordernisse zur Wahrung der Altersvorsorgefunktion):

1. die Leistung aus dem angesammelten Deckungskapital muss in regelmäßigen Zeitabständen lebenslang zu erbringen sein und darf nicht vor Vollendung des 60. Lebensjahres oder nur bei Eintritt der Berufsunfähigkeit zu gewähren sein;

2. die Verfügung über die Ansprüche aus dem Vertrag (auch über das Deckungskapital), damit Abtretung, Verpfändung und Kündigung (zu dieser auch § 168 Abs. 3 VVG) muss unwiderruflich ausgeschlossen sein. Ermöglicht sein kann jedoch (entsprechend §§ 400, 1274 Abs. 2 BGB, § 851 Abs. 1 ZPO) die Verfügung über Rentenansprüche, welche die Pfändungsfreigrenzen für Arbeitseinkommen übersteigen[2];

3. die Bestimmung eines Dritten als Bezugsberechtigter muss ausgeschlossen sein (§ 159 VVG). Ausgenommen ist die Bestimmung von Hinterbliebenen. Als solche werden der Ehegatte, die Kinder und auch Pflegekinder angesehen[3]; auch der Lebenspartner dürfte dazu gehören[4];

4. die Zahlung einer Kapitalleistung, ausgenommen eine (dann pfändbare) Zahlung für den Todesfall, darf nicht vereinbart sein.

bb) Für eine bestehende Lebensversicherung, die diese Erfordernisse nicht erfüllt, bietet § 167 VVG dem Versicherungsnehmer die Möglichkeit, die Umwandlung zur Erwirkung des Pfändungsschutzes zu verlangen. Die Rechte eines Gläubigers, der Ansprüche aus dem Versicherungsvertrag

71a

71b

---

1   *M. Stöber* NJW 2007, 1242 (1244).
2   *Hasse* VersR 2006, 145 (151); *M. Stöber* NJW 2007, 1242 (1244); *Schuschke/Walker/Kessal-Wulf*, Vollstreckung, Rdn. 3 zu § 851 c.
3   Bericht des Rechtsausschusses, BT-Drucks. 16/3844, S. 12.
4   *M. Stöber* NJW 2007, 1242 (1245); *Musielak/Becker*, ZPO, Rdn. 2 zu § 851 c.

bereits gepfändet hat (§ 829 Abs. 3 ZPO), wenn die Umwandlung verlangt wird, dürfen durch diese jedoch nicht beeinträchtigt werden[5] (§ 829 Abs. 1 S. 2 ZPO). Pfändungsschutz begründet die Umwandlung aber auch, wenn sie in der laufenden Versicherungsperiode noch vor Wirksamwerden der Pfändung (unwiderruflich) verlangt worden ist[6].

71c c) aa) Gepfändet werden können geschützte Alters*renten* „nur wie Arbeitseinkommen" (gleiche Regelung in § 54 Abs. 4 SGB I). Wie dieses (§ 850 Abs. 1 ZPO) sind Renten somit nur nach §§ 850 a–g ZPO pfändbar. Bei Vollstreckung des Gläubigers einer gewöhnlichen Geldforderung bestimmen sich die Pfändungsgrenzen damit nach § 850 c ZPO; wegen gesetzlicher Unterhaltsansprüche usw. sind die Leistungen nach § 850 d ZPO pfändbar, wegen einer Forderung aus einer vorsätzlich begangenen unerlaubten Handlung nach § 850 f Abs. 2 ZPO. Wahrung der Sozialhilfebedürftigkeitsgrenze und besondere Einzelfallbedürfnisse können Belassung eines weitergehenden unpfändbaren Teils nach § 850 f Abs. 1 ZPO gebieten. Auf die nach der Pfändung fällig werden Beträge erstreckt sich das Pfandrecht nach § 832 ZPO. Pfändungsschutz für Kontoguthaben bestimmt § 850 k ZPO.

71d bb) Nicht richtig wird geltend gemacht, dass die in Abs. 3 des § 851 c ZPO auf § 850 e Nr. 2 und 2 a beschränkte Verweisung es nicht ermögliche, weitere Bestimmungen der §§ 850 ff. ZPO – insbesondere §§ 850 d, f und g – „heranzuziehen"[7], auch weil entsprechende Anwendung im Gesetzgebungsverfahren keine Berücksichtigung gefunden habe[8]. Das ist schon nach dem Wortlaut des § 850 Abs. 1 ZPO nicht zutreffend, verstößt zudem gegen den Gesetzeszweck[9], den Pfändungsschutz der Empfänger von Altersrenten aus Kapitallebens- und Rentenversicherungen unter dem Gesichtspunkt der Gleichbehandlung mit Empfängern öffentlich-rechtlicher Rentenleistungen zu regeln, „deren Renten wie Arbeitseinkommen dem Pfändungszugriff der Gläubiger entzogen sind" (§ 54 Abs. 4 SGB I mit §§ 850 c, d und f Abs. 2; dazu Rdn. 1380) und lässt auch noch unbeachtet, dass schon nach der Gesetzesbegründung[10] Abs. 1 bestimmt, dass „die Renten nur wie Arbeitseinkommen gemäß den §§ 850 bis 850 g ZPO gepfändet werden können." Belanglos ist daher, dass bei Beratung im Rechtsausschuss (von einer Fraktion) Verweisung in Abs. 3 auch auf §§ 850 f und g ZPO beantragt, mit Stimmenmehrheit aber abgelehnt wurde[11].

---

5   *BFH* FamRZ 2007, 2068 = JurBüro 2008, 44 (45) = Rpfleger 2007, 672 (673).
6   *M. Stöber* NJW 2007, 1242 (1247); *Hasse* VersR 2006, 145 (157); *Zöller/Stöber*, ZPO, Rdn. 10 zu § 851 c.
7   *Hasse* VersR 2006, 145 (148 Fußn. 112); *Schuschke/Walker/Kessal-Wulf*, Vollstreckung, Rdn. 5 zu § 851 c.
8   *Schuschke/Walker/Kessal-Wulf*, a.a.O.
9   Gesetzesbegründung, BT-Drucks. 16/886, S. 7.
10 Gesetzesbegründung, BT-Drucks. 16/886, S. 9.
11 Bericht des Rechtsausschusses, BT-Drucks. 16/3844, S. 9 und 10, auch bereits Stellungnahme des Bundesrats, BT-Drucks. 16/886, S. 16 (Bezugnahme auch auf § 850 d sowie § 850 e Nr. 2 bis 3 zur Klarstellung).

Einen Grund dafür nennt der Bericht des Rechtsausschusses nicht. Die zweifelsfreie Fassung und unmissverständliche Begründung des Gesetzesantrags deutet jedoch darauf hin, dass die Mehrheit des Ausschusses die zusätzliche Anführung von Pfändungsvorschriften für Arbeitseinkommen als überflüssig und verfehlt angesehen hat.

cc) Als zukünftige Forderungen sind Ansprüche auf *künftige Leistungen* bereits vor dem Zeitpunkt, von dem an sie gewährt werden, pfändbar (wie Rdn. 1368)[12].   71e

d) Die Pfändungsbeschränkung für Leistungen nach § 851 c Abs. 1 ZPO ist *von Amts wegen zu beachten*. Die Feststellung, ob der Vertrag den (allen) Anforderungen des Abs. 1 entspricht, kann nicht dem Drittschuldner überlassen werden. Der Gläubiger hat daher die für rechtliche Prüfung erheblichen Tatsachen vorzubringen. Schlüssig ist sein Tatsachenvortrag (Rdn. 485 a, b), wenn er Pfändung der Ansprüche auf die Leistungen aus dem Versicherungsvertrag als solche zur Altersvorsorge „wie Arbeitseinkommen" beantragt. Dass das Versicherungsverhältnis alle Anforderungen von § 851 c Abs. 1 Nrn. 1–4 ZPO erfüllt, (kann und) hat der Gläubiger, der die Verhältnisse des Schuldners nicht näher kennt, weitergehend nicht darzulegen. Im Pfändungsbeschluss sind die pfandfrei zu belassenden laufenden Leistungen – wie bei Pfändung von Arbeitseinkommen – zu bezeichnen. Bei Vollstreckung einer gewöhnlichen Geldforderung genügt nach § 850 c Abs. 3 ZPO Bezugnahme auf die Tabelle (Blankettbeschluss). Wenn der Gläubiger Pfändung wiederkehrender Leistungen aus einem Versicherungsvertrag ohne die für Arbeitseinkommen geltenden Beschränkungen beantragt, hat er durch Tatsachenvortrag schlüssig darzulegen, weshalb der Pfändungsschutz nicht besteht, wie z. B. weil über vertragliche Ansprüche verfügt werden darf, die Zahlung einer Kapitalleistung vereinbart ist oder Leistung bereits vor Vollendung des 60. Lebensjahres an den nicht berufsunfähigen Schuldner zu erbringen sind. Verstoß gegen die Pfändungsbeschränkung: wie Rdn. 750–754. Rechtsbehelf für den nicht angehörten Schuldner: Erinnerung (§ 766 ZPO).   71f

e) Leistungen der Altersvorsorge aus *mehreren Versicherungsverträgen* sowie laufende Leistungen zur Altersvorsorge und Arbeitseinkommen oder wie Arbeitseinkommen pfändbare andere Geldleistungen, insbesondere damit aus der gesetzlichen Rentenversicherung oder einer berufsständischen Versorgungseinrichtung[13], sind zur Bemessung nur eines pfandfreien Betrags nach den Gesamtbezügen auf Antrag nach § 850 e Nr. 2 oder 2 a ZPO zusammenzurechnen; das bestimmt § 851 c Abs. 3 klarstellend.   71g

f) Bestimmung eines Hinterbliebenen als Bezugsberechtigter (§ 851 c Abs. 1 Nr. 3 ZPO) begründet Pfändungsschutz auch für Verträge zur *Hinterbliebenenversorgung*. Rentenzahlungen an Hinterbliebene können nach Eintritt des Versicherungsfalls daher ebenfalls nur „wie Arbeitseinkom-   71h

---

12 *Zöller/Stöber*, ZPO, Rdn. 8 zu § 851 c.
13 *M. Stöber* NJW 2007, 1242 (1245).

men" gepfändet werden. Pfändungsschutz besteht damit auch für den Ehegatten, Kinder (auch Pflegekinder) und den Lebenspartner.

71i g) aa) Für das *Vorsorgevermögen* (das angesammelte Deckungskapital) bestimmt § 851 c Abs. 2 ZPO Pfändungsschutz. Der Deckungsstock wird so abgesichert, dass bei regelmäßiger Beitragszahlung mit Vollendung des 65. Lebensjahres eine Rente erwirtschaftet werden kann, deren Höhe in etwa der Pfändungsfreigrenze entspricht[14]. Auch ein über den Grundfreibetrag hinausgehender Anteil des Vorsorgekapitals ist vor Pfändung geschützt, um dem Versicherten einen Anreiz zu geben, für eine finanzielle Absicherung im Alter zu sorgen[15]. Es sind drei Zehntel des den unpfändbaren Betrag übersteigenden Rückkaufwertes der Alterssicherung nicht pfändbar; eine Erhöhung für Angehörige ist nicht bestimmt. Dieser weitergehende Schutz gilt jedoch nicht für den Teil des Rückkaufwerts, der den dreifachen Wert der in § 851 c Abs. 2 S. 1 ZPO bezeichneten Gesamtsumme von 238.000 Euro, somit 714.000 Euro, übersteigt (§ 851 c Abs. 2 S. 4 ZPO); er ist voll pfändbar.

71k bb) Lebensalter und (insbesondere) Rückkaufwert der Alterssicherung werden dem Gläubiger und dem Vollstreckungsgericht durchweg nicht bekannt sein. Feststellung kann durch den Drittschuldner erfolgen. Für Wahrung der Pfändungsbeschränkung muss abstrakte Bezeichnung im Pfändungsbeschluss (Blankettbeschluss) genügen. Erforderlichenfalls kann Feststellung mit klarstellendem Beschluss erfolgen.

71l cc) Bestimmung für Zusammenrechnung der Kapitalbeträge aus mehreren Altersvorsorgeverträgen trifft § 851 c Abs. 3 mit § 850 e Nrn. 2 und 2 a ZPO[16].

71m dd) Zur Berechnung des pfändbaren Einkommens eines *Arbeitnehmers*, der (auch) Vorsorgevermögen ansammelt, gewährt § 851 c Abs. 2 ZPO einen nicht mitzurechnenden (§ 850 e Nr. 1 ZPO), somit zusätzlichen pfandfreien Betrag für den Aufbau der Alterssicherung nicht[17].

71n h) *Renten Selbständiger* sowie freiberuflich tätiger und nicht erwerbstätiger Personen aus *steuerlich gefördertem* Altersvorsorgevermögen sind nicht bereits als Arbeitseinkommen nach § 850 Abs. 3 Buchst. b ZPO geschützt (Rdn. 892). Diese Lücke schließt *§ 851 d ZPO*[18]. Auch diese Renten dienen der Absicherung des Schuldners im Alter. Pfändbar sind sie daher ebenfalls nur „wie Arbeitseinkommen". Für Einmalzahlungen zu Beginn der Auszahlungsphase nach dem AltZertG sowie bei Abfindung von Kleinbetragsrenten besteht Pfändungsschutz unter Umständen nicht. Schutz auch des Vorsorgekapitals schließt § 851 d ZPO nicht ein; dessen Verwendung ist bereits durch § 97 EStG mit § 851 Abs. 1 ZPO und das AltZertG sichergestellt[19].

---

14 Begründung, BT-Drucks. 16/886, S. 10.
15 Begründung a.a.O.
16 BT-Drucks. 16/886, S. 19; *M. Stöber* NJW 2007, 1242 (1245).
17 *Tavakoli* NJW 2008, 3259.
18 Begründung, BT-Drucks. 16/886, S. 10.
19 Begründung, BT-Drucks. a.a.O.

5. Altlasten

Altlasten sind Bodenbelastungen (Verunreinigungen) durch Schadstoffe[1]. Aus der Verantwortlichkeit[2] für eine Bodenbelastung und der Verpflichtung zur Bodensanierung können sich Zahlungsverpflichtungen ergeben. Nach Veräußerung eines belasteten Grundstücks kann dem Erwerber gegen den Veräußerer Anspruch auf Schadensersatz (auch Aufwendungsersatz) zustehen. Schadensersatzanspruch kann auch gegen den für eine Altlast verantwortlichen früheren Mieter oder Pächter bestehen. Für Vermögensschaden wegen Amtspflichtverletzung bei Aufstellung eines Bebauungsplans kann die Gemeinde haften[3]. Der Zahlungsanspruch gegen den Verursacher einer Altlast oder den für eine Bodenbelastung sonst Verantwortlichen ist abtretbar[4]. Er ist daher auch pfändbar (§ 851 Abs. 1 ZPO). Für Bezeichnung des zu pfändenden Anspruchs muss genügen „Anspruch auf Schadensersatz, Aufwendungsersatz und sonstige Zahlung jeder Art aus der Bodenbelastung (Verunreinigung) des Grundstücks ... mit Schadstoffen (Altlasten)". Nähere Anspruchsbezeichnung unter Hinweis auf eine Anspruchsgrundlage oder die Art der Altlasten und sonstige Einzelheiten können angesichts der vielfältigen Haftungstatbestände, Bodenverunreinigungen und Sanierungsmaßnahmen sowie der nur unzulänglichen Informationsmöglichkeiten des Gläubigers nicht gefordert werden.

72

6. Anwaltsvergütung aus Bundes- oder Landeskasse

Gepfändet wird der angebliche Anspruch des Schuldners an den Freistaat Bayern, vertreten durch den Leiter der Landesjustizkasse Bamberg – Drittschuldner – auf Zahlung der gesetzlichen Vergütung infolge Beiordnung im Wege der Prozesskostenhilfe zur Vertretung des Klägers in dem Rechtsstreit ... / ..., Aktenz. 1 O ... /08 des Landgerichts Nürnberg-Fürth.

73

Schrifttum: *Gaedeke,* Die Pfändung von Armenanwaltsgebühren, JW 1935, 1657.

a) Die aus der Staatskasse zu zahlende Vergütung des im Wege der Prozesskostenhilfe (§ 121 ZPO), nach § 78 FamFG, § 11 a ArbGG oder den entsprechenden Bestimmungen anderer Verfahrensgesetze beigeordneten Rechtsanwaltes (s. § 45 RVG), die Vergütung des in Strafsachen gerichtlich bestellten Verteidigers oder beigeordneten Rechtsanwaltes und die Vergütung eines Rechtsanwaltes für Beratungshilfe (§ 44 RVG) ist als Geldforderung pfändbar. Drittschuldner ist die nach bundes- oder landesrechtlicher

74

---

1 Begriff „Altlasten" jetzt § 2 Abs. 5 Gesetz zum Schutz des Bodens. Vom 17. März 1998. BGBl I 502. Begriffsbestimmungen geben auch die Landesabfallgesetze.
2 Dazu näher *Grziwotz* MittBayNot 1990, 282; *Knopp* NJW 1992, 2657; *Schürmann* MittRhNotK 1994, 1; auch (zu Altlastenregelungen der Länder) *Pohl* NJW 1995, 1645.
3 Siehe *BGH* 106, 323 = NJW 1989, 976; *BGH* 108, 224 = NJW 1990, 381; *BGH* 109, 380 = NJW 1990, 1038.
4 *Schürmann* MittRhNotK 1994, 1 (21).

Vorschrift (Anhang) zur Vertretung des Fiskus bestimmte Behörde. Vor der Beiordnung und vor Inanspruchnahme der Beratungshilfe ist die Pfändung der aus künftigen Beiordnungen, Bestellungen oder Gewährung von Beratungshilfe später zu zahlenden Vergütungen unzulässig. Einer solchen Pfändung kommt, wenn sie gleichwohl erfolgt, keine Wirkung zu, weil vor der Bestellung zwischen dem Rechtsanwalt und der Staatskasse noch keine Rechtsgrundlage für die Möglichkeit des Entstehens einer künftigen Forderung besteht[1]. Zulässig ist jedoch die Pfändung des künftig zu zahlenden Betrages auf Grund bereits erfolgter Beiordnung[2]. Pfändungsschutz kann § 850 i ZPO begründen (Rdn. 1233).

75 b) Ob im Pfändungsbeschluss die einzelnen Rechtsstreitigkeiten oder Beratungshilfeangelegenheiten, aus denen die Ansprüche herrühren, bezeichnet werden müssen[3], oder ob die Angabe des Gerichts mit der Sammelbezeichnung „Ansprüche des beigeordneten Anwaltes an den Justizfiskus" genügt, bestimmt sich nach den Umständen des Einzelfalls. Bei örtlich übersichtlichen Verhältnissen ist die Bezeichnung der Rechtsstreitigkeiten oder Beratungsangelegenheiten nicht notwendig[4] (wegen der nicht ganz einheitlichen Meinung dennoch aber sehr ratsam). Bei örtlicher Konzentration von Gerichten mit zahlreichen Prozesskostenhilfesachen (z. B. in Berlin) kann aber für die ausreichend klare Benennung der Forderung, in die vollstreckt wird, auf die genaue Bezeichnung der einzelnen Armensache, aus der ein Anspruch auf Anwaltsgebühren entstanden sein soll, nicht verzichtet werden[5]. Angabe auch des Aktenzeichens der Rechtssache ist nicht notwendig[6], gleichwohl aber ratsam.

76 c) Der Pfändungsgläubiger kann Antrag auf Festsetzung und Erstattung der Vergütung stellen[7] (§ 55 RVG) und Rechtsmittel einlegen. Wenn nur gepfändet, aber nicht überwiesen ist, kann der Antrag nur auf Leistung an Gläubiger und Schuldner gemeinsam oder Hinterlegung für beide zielen (s. Rdn. 557).

7. Arbeitsgemeinschaft

77 Eine von mehreren Firmen gebildete (insbesondere bauwirtschaftliche) Arbeitsgemeinschaft stellt durchweg eine Gesellschaft nach §§ 705 ff. BGB

---

1 Allgemeine Ansicht, siehe *Musielak/Becker*, ZPO, Rdn. 6, *Stein/Jonas/Brehm*, ZPO, Rdn. 6, *Wieczorek/Schütze/Lüke*, ZPO, Rdn. 13, alle zu § 829; *Gaedeke* JW 1935, 1657.
2 *Stein/Jonas/Brehm* a.a.O.; *Gaedeke* a.a.O.; s. auch *LG Nürnberg-Fürth* Rpfleger 1998, 118 mit zust. Anm. *Zimmermann*.
3 So z. B. *KG* JW 1933, 863 und JR 1954, 63.
4 *OLG Dresden* JW 1934, 706; *OLG Köln* JW 1935, 1725; *AG Berlin-Schöneberg* JR 1951, 535; *Gaedeke* a.a.O. (dieser aber mit wesentlichen Einschränkungen).
5 *AG Berlin-Schöneberg* JR 1951, 535.
6 *LG Nürnberg-Fürth* und Anm. *Zimmermann* je a.a.O.
7 *OLG Hamm* Rpfleger 1957, 318; *KG* JW 1937, 1653.

dar[1]. Ansprüche an die Gesellschaft sind daher nach dem Rdn. 59, Ansprüche der einzelnen Gesellschafter untereinander nach dem Rdn. 1554 ff. Gesagten zu pfänden. Geschäftsführender Gesellschafter, der die übrigen Gesellschafter von der Geschäftsführung ausschließt (§ 710 BGB), ist die leitende Firma[2].

8. Aufstiegsfortbildungsförderung

Es besteht Anspruch auf einen Beitrag zu den Kosten der Lehrveranstaltung (Maßnahmebeitrag), einen Unterhaltsbeitrag und gegebenenfalls einen Kinderbetreuungszuschlag (§ 10 AFBG[3]) als Zuschuss oder darlehensweise nach Abschluss eines Darlehensvertrags mit der Kreditanstalt für Wiederaufbau (§§ 12, 13 AFBG). Zahlweise: je nach Forderungsart im Voraus, in einem Betrag oder vereinbarungsgemäß (§§ 13, 24 AFBG). Anwendung finden §§ 54 und 55 SGB I (§ 27 a AFBG). Die Pfändung einer einmaligen Geldleistung (dabei das Darlehen, auch wenn es in monatlichen Teilbeträgen ausbezahlt wird) wird § 54 Abs. 2 SGB I nur ermöglichen, wenn sie durch die Zwangsvollstreckung ihrer Zweckbestimmung zugeführt wird (siehe Rdn. 14); für Pfändung laufender Geldleistungen wie Arbeitseinkommen (§ 54 Abs. 4 SGB I) unter den Freigrenzen der §§ 850 c, d und f Abs. 2 ZPO besteht kein Rechtsschutzbedürfnis; die Pfändung dieser Leistungen dürfte überdies § 850 b Abs. 1 Nr. 2 ZPO (entspr. Anwendung) ausschließen. Kontenschutz nach Gutschrift der Geldleistungen: § 55 SGB I. 78

9. Aufwendungsausgleich des Arbeitgebers

Gepfändet wird die angebliche Forderung des Schuldners an die ...kasse – Drittschuldnerin – auf Erstattung der fälligen und künftigen Arbeitgeberaufwendungen für Entgeltfortzahlung (§ 1 Aufwendungsausgleichsgesetz). 79

Arbeitgebern, die in der Regel nicht mehr als 30 Arbeitnehmer und Arbeitnehmerinnen beschäftigen, erstatten die Krankenkassen (mit Ausnahme der landwirtschaftlichen Krankenkasse) nach § 1 des Gesetzes über den Ausgleich der Arbeitgeberaufwendungen für Entgeltfortzahlung (Aufwendungsausgleichsgesetz – AAG)[4] 80 vom Hundert 80

- des nach dem Entgeltfortzahlungsgesetz an Arbeitnehmer und Arbeitnehmerinnen fortgezahlten Arbeitsentgelts,
- der auf die Arbeitsentgelte entfallenden von den Arbeitgebern zu tragenden Beiträge zur Bundesagentur für Arbeit und der Arbeitgeberanteile

---

1 *RG* 97, 235; *BGH* MDR 1961, 408 = Rpfleger 1961, 363; *BGH* 146, 341 (342) = NJW 2001, 1056.
2 *RG* und *BGH* je a.a.O.
3 Aufstiegsfortbildungsgesetz i.d.F. vom 18. Juni 2009, BGBl I 1323.
4 AAG vom 22. Dez. 2005, BGBl I 3686 (mit Änderungen).

an Beiträgen zur gesetzlichen Kranken- und Rentenversicherung, zur sozialen Pflegeversicherung usw.

(U1-Verfahren). Die Kassen erstatten außerdem in vollem Umfang

- den vom Arbeitgeber nach § 14 Abs. 1 MuSchG gezahlten Zuschuss zum Mutterschaftsgeld,
- das vom Arbeitgeber nach § 11 MuSchG bei Beschäftigungsverboten gezahlte Arbeitsentgelt,
- die auf diese Arbeitsentgelte vom Arbeitgeber zu tragenden Beiträge zur Bundesagentur für Arbeit, Arbeitgeberanteile an Beiträgen zur gesetzlichen Kranken- und Rentenversicherung, zur sozialen Pflegeversicherung usw.

(U2-Verfahren). Ausgezahlt werden die zu gewährenden Beträge dem Arbeitgeber von der Krankenkasse, bei der der Arbeitnehmer oder die Arbeitnehmerin versichert ist. Einzelheiten: § 2 AAG.

Die Pfändbarkeit dieser Erstattungsbeiträge ist nicht ausdrücklich geregelt. Durch eine Zweckbestimmung wird Pfändungsschutz nicht gefordert. Es handelt sich um keine Leistung nach der RVO; § 54 SGB I kann daher keine Anwendung finden. § 10 AAG erklärt nur die für die gesetzliche Krankenversicherung geltenden Vorschriften für entsprechend anwendbar, damit Vorschriften des SGB V (Gesetzliche Krankenversicherung). Zum Bestandteil der RVO und mit dieser nach § 68 Nr. 3 SGB I besonderer Teil des Sozialgesetzbuchs wurde das Aufwendungsausgleichsgesetz damit nicht. Der Erstattungsanspruch kann daher von Gläubigern des Arbeitgebers m.E. unbeschränkt gepfändet werden. Drittschuldner ist die erstattende Krankenkasse. Ein freiwilliges Ausgleichsverfahren für Betriebe eines Wirtschaftszweigs ermöglicht § 12 AAG.

10. Baugeldforderungen

Schrifttum: *Bauer*, Die Zwangsvollstreckung in Baugelder, JurBüro 1963, 65.

81   a) Baugeldforderungen sind Ansprüche des Schuldners auf Zahlung der noch nicht abgerufenen Darlehnsvaluta aus bereits abgeschlossenen Kreditgeschäften für Bauzwecke[1]. Für Bauzwecke zweckgebunden werden Gelder[2] insbesondere gegeben, wenn die Beträge zur Bestreitung der Kosten eines Gebäudes, einer Eigentumswohnung, eines Schiffbaus oder eines ähnlichen Bauwerks gegen Sicherung durch Hypothek oder Grundschuld an dem zu errichtenden Bauwerk gewährt werden; solche Gelder werden

---

1   Kein Baugeld sind somit zur Tilgung eines Grundstückskaufkredits zur Verfügung gestellte Mittel, *BGH* MDR 1989, 440 = NJW-RR 1989, 788.
2   Zu den Kosten eines Baus und Baugeld auch *BGH* MDR 1988, 215 = NJW 1988, 263 und *BGH* NJW-RR 1989, 1045.

regelmäßig nach Maßgabe des Baufortschritts ratenweise ausgezahlt[3]. Sie bleiben Baugelder, auch wenn Empfänger nicht der Grundstückseigentümer oder Bauherr ist, sondern der zur schlüsselfertigen Herstellung des Bauwerks verpflichtete Generalübernehmer oder Generalunternehmer[4]. Der lediglich mit einem Teil des Baus beauftragte Unternehmer oder Subunternehmer ist jedoch hinsichtlich seines Werklohns nicht Empfänger von Baugeld[5].

b) Als *zweckgebundene* Forderungen[6] sind Baugelder unpfändbar, soweit sie nicht durch die Zwangsvollstreckung ihrer Zweckbestimmung zugeführt werden sollen[7] (siehe Rdn. 14). Baugelder können daher als Geldforderungen (siehe dazu wegen der Einzelheiten Rdn. 115 ff.) nur von Baugläubigern gepfändet werden. Es sind dies diejenigen Unternehmer, die an der Herstellung des Gebäudes auf Grund eines Werk- oder Dienstleistungsvertrages beteiligt sind, wegen der Ansprüche aus den in den Bau verwendeten Leistungen, und die Lieferanten von Baumaterialien[8].

c) Die Zweckbestimmung der Baugelder *erlischt*, wenn der Schuldner die Forderung eines Baugläubigers aus anderen Mitteln beglichen oder durch Eigenleistungen Ausgaben erspart hat. Der Schuldner kann dann nach dem Gesetz über die Sicherung von Bauforderungen bis zur Höhe des bezahlten Betrages bzw. der Hälfte des Wertes der auf den Bau verwendeten Eigenleistungen über das Baugeld anderweit verfügen. Mit diesem Wegfall der Zweckbindung wird auch die unbeschränkte Pfändung des freigewordenen Betrages möglich[9]. Die nach Baufertigstellung nicht verbrauchten Baugeldteile können ebenfalls unbeschränkt gepfändet werden.

d) Ohne Einschränkung kann der Gläubiger einer Mietvorauszahlung, die für den Bau verwendet worden ist, Baugelder pfänden, weil durch seine Leistung Baugelder freigeworden sind[10].

e) Die aus *öffentlichen Mitteln* gewährten Baugelder, die als Darlehen zweckgebunden und gegen dingliche Sicherung gewährt werden (öffentliche Baudarlehen) sind den gleichen Pfändungsbeschränkungen wie private Baudarlehen unterworfen. Kein Baugeld sind jedoch öffentliche Förderungsmittel, die als verlorener Zuschuss zur Finanzierung von Baukosten

---

3 Siehe dazu vor allem das Gesetz über die Sicherung der Bauforderungen vom 1. Juni 1909, RGBl 449 (mit Änderungen).
4 *BGH* MDR 1982, 478 = NJW 1982, 1037; *BGH* MDR 1991, 425 = NJW-RR 1991, 141 mit weit. Nachw. Zur Vergütung des Generalübernehmers als Baugeld auch *OLG Frankfurt* NJW-RR 1989, 789.
5 *BGH* 143, 201 = NJW 2000, 956.
6 Dazu siehe *RG* 84, 193.
7 *LG Aachen* Rpfleger 1962, 449; *OLG Dresden* Seufferts Archiv 57 B 43; *KG* JW 1937, 2232 und DR 1940, 814; *KG* OLG 13, 211 und *OLG* 16, 378; *OLG München* OLG 33, 117; *OLG Nürnberg* OLG 23, 217; *Stein/Jonas/Brehm*, ZPO, Rdn. 21 mit 23 zu § 851; *Schuschke/Walker/Kessal-Wulf*, Vollstreckung, Rdn. 5 zu § 851; *Zöller/Stöber*, ZPO, Rdn. 33 „Baugeldforderungen" zu § 829.
8 *Bauer* JurBüro 1963, 65.
9 S. dazu *Bauer* a.a.O. (Fußn. 8).
10 *LG Bremen* NJW 1953, 1397.

gewährt werden (sie vermehren das Vermögen des Bauherrn um [zweckgebundene] Eigenmittel), und zwar selbst dann nicht, wenn sie im Falle des Widerrufs der Subventionsbewilligung zurückgezahlt werden müssen[11].

86 f) Der Zahlungsanspruch eines Baugläubigers, an den Baugeldforderungen abgetreten worden sind, ist seinen eigenen Gläubigern gegenüber keiner Zweckbestimmung unterworfen. Von Gläubigern des Zessionars kann daher der abgetretene Zahlungsanspruch ohne Einschränkung gepfändet werden.

11. Baukostenzuschuss

87 Der Anspruch des Mieters gegen seinen Vermieter auf Rückzahlung eines nicht abgewohnten Baukostenzuschusses, Finanzierungsbeitrages, Mieterdarlehens (Mietvorauszahlung[1]), Instandsetzungsbeitrages usw. ist als Geldforderung pfändbar. Diese Pfändung ist auch dann zulässig, wenn das Geld mit einer kapitalisierten Rente (z. B. einer Rente nach dem Bundesversorgungsgesetz) gezahlt worden ist. Denn der Anspruch auf Rückzahlung des Baukostenzuschusses usw. ist bürgerlich-rechtlicher Natur und allein nach den Vorschriften über die Hingabe des Darlehens zu beurteilen, mit der Kapitalabfindung also nicht mehr identisch[2].

12. Bausparkassen

88 *Gepfändet werden alle Forderungen, Ansprüche und Rechte des Schuldners an die ... Bausparkasse – Drittschuldnerin – aus dem über eine Bausparsumme von ... Euro (mehr oder weniger) abgeschlossenen Bausparvertrag (Nr. ...), insbesondere der Anspruch auf*

- *Auszahlung der Bausparsumme (Bausparguthaben und Darlehensbetrag) nach Zuteilung*
- *Auszahlung der Sparbeträge nach Einzahlung der vollen Bausparsumme*
- *Rückzahlung des Spargutthabens nach Kündigung*
- *das Kündigungsrecht selbst und das Recht auf Änderung des Vertrags.*

89 a) Als Bausparer hat der Schuldner gegen seine Bausparkasse Anspruch auf
- Bereitstellung und Auszahlung der Bausparsumme nach Zuteilung des Bausparvertrags;
- Auszahlung der Sparbeträge (samt Zinsen) eines nicht zugeteilten Vertrages, sobald diese zur vollen Bausparsumme angewachsen sind;

---

11 *BGH* MDR 2000, 1243 = NJW-RR 2000, 1261; *OLG Dresden* OLGR 1999, 380 (als Vorinstanz).
1   Der Anspruch auf Rückzahlung einer Mietvorauszahlung ist abtretbar (und damit pfändbar, § 851 Abs. 1 ZPO), *LG Kassel* MDR 1965, 758.
2   *LG Kassel* NJW 1954, 1203.

- Rückzahlung des Sparguthabens (oft in Form einer Rente) im Falle der Kündigung des Vertrages;
- Änderung des Vertrages (insbes. Teilung des Bausparvertrages).

b) Die *Bausparsumme* besteht aus dem Sparguthaben (dem angesparten Eigenkapital), das zur Auszahlung bereitgestellt wird, und dem Darlehen in Höhe des dieses Sparguthaben übersteigenden Teiles der Bausparsumme. Das Bauspardarlehen wird als Baugeld gegeben, ist also zweckgebunden[1] und daher nur nach Maßgabe des Rdn. 81–86 Gesagten pfändbar. Der Anspruch auf das Sparguthaben (Eigenkapital) unterliegt dieser Zweckbindung nicht[2]. Zu pfänden ist der Anspruch auf die Bausparsumme (Sparguthaben und – soweit zulässig – Darlehen) als Geldforderung nach § 829 ZPO. Drittschuldner ist die Bausparkasse.

90

Anspruch auf das Bauspardarlehen kann der pfändende Gläubiger nur nach Abschluss des Darlehensvertrages durch den Schuldner erheben. Wenn der Schuldner das Bauspardarlehen nicht in Anspruch nimmt, kann der Gläubiger den Darlehensvertrag nicht schließen (dazu Rdn. 117). Dann kann der Gläubiger sich nur an den Rückzahlungsanspruch halten.

c) Der Anspruch auf Auszahlung der zur vollen Bausparsumme angewachsenen *Sparbeträge* ist als reine Geldforderung ohne Einschränkung nach § 829 ZPO pfändbar.

91

d) Die *Rückzahlung des Sparguthabens* setzt Kündigung des Bausparvertrages voraus. Das Kündigungsrecht kann, weil es kein höchstpersönliches Recht ist, auch vom pfändenden Gläubiger ausgeübt werden. Von der Pfändung des Anspruchs auf Rückzahlung des Sparguthabens wird das Kündigungsrecht als Nebenrecht (Gestaltungsrecht) ohne ausdrückliche Anordnung im Pfändungsbeschluss erfasst[3] (s. Rdn. 194). Das zurückzuzahlende Sparguthaben unterliegt keiner Zweckbestimmung, kann also von allen Gläubigern des Bausparers gepfändet werden[4]. Bei prämienschädlicher Rückzahlung des Sparguthabens wird das Kontoguthaben des Schuldners um die abzuführenden Beträge gekürzt.

92

e) Das Recht auf *Änderung des Vertrages* ist als Gestaltungsrecht ebenfalls kein höchstpersönliches Recht. Nach Pfändung kann es daher auch vom Gläubiger des Bausparers ausgeübt werden. Als Gestaltungsrecht ist es auch ohne ausdrückliche Anordnung im Pfändungsbeschluss von der Zwangsvollstreckung in alle Rechte aus dem Bausparvertrag erfasst (s. Rdn. 194). An der Änderung des Vertrages kann der Gläubiger bei Teilpfändung ein Interesse haben, wenn ihm eine Teilkündigung die Möglichkeit der Befriedigung verschafft. Eine Teilung des Bausparvertrages kann dem Gläu-

93

---

1 *OLG Stuttgart* BB 1956, 1012.
2 So *LG Bremen* NJW 1953, 1397.
3 Es kann mithin nach Überweisung des Rückzahlungsanspruchs geltend gemacht werden, *LG Naumburg* und *Rebsamen* JW 1935, 816.
4 *LG Naumburg* JW 1935, 816 mit zust. Anm. *Rebsamen*; *AG Wuppertal-Barmen* JW 1938, 2299.

biger aber auch Gelegenheit geben, einen Teilbetrag der Bausparsumme durch Zahlung einer für die Zuteilung fehlenden geringen Ansparsumme fällig zu stellen, um so unter Mitwirkung des Schuldners (s. Rdn. 88 Abs. 2) aus dem Bauspardarlehen und damit auch der vom Schuldner investierten Ansparsumme Befriedigung zu erlangen.

94   f) Wer *Gläubiger* der Bausparforderung ist und daher als Schuldner den Zwangsvollstreckungszugriff dulden muss, kann bei dem auf fremdem Namen angelegten Bausparvertrag zweifelhaft sein. Abzustellen ist (wie bei Anlage eines Sparbuchs; dazu Rdn. 339) auf den (erkennbaren) Willen des Einzahlenden, der den Bausparvertrag abgeschlossen hat. Als Bausparer ist das minderjährige Kind daher Gläubiger der Baugeldforderungen, wenn die Eltern bei Abschluss des Bausparvertrags als dessen gesetzliche Vertreter gehandelt haben[5]; unerheblich ist dann, wie z. B. bei Einzahlung der Sparraten durch Abzug vom Gehalt des Vaters, aus wessen Mittel die eingezahlten Gelder stammen[6]. Schließt ein Ehepaar den Bausparvertrag, so sind im Zweifel beide Ehegatten Gesamtgläubiger[7] (§ 428 BGB[8]) mit Einzelverfügungsbefugnis. Zur Pfändung einer Gesamtgläubigerforderung siehe Rdn. 63.

13. Befreiung von einer Schuld

95   Der Anspruch auf Befreiung von einer Schuld[1] ist nicht pfändbar, weil aus ihm in der Hand eines Gläubigers kein Zahlungsanspruch erwächst (s. Rdn. 148). Eine Ausnahme gilt nur für den Gläubiger, dessen Forderung durch die Leistung des Drittschuldners getilgt werden soll.[2] Mit Pfändung und Überweisung wegen der Forderung, für welche dem Schuldner der Befreiungsanspruch gegen den Drittschuldner zusteht, setzt sich in der Hand dieses Gläubigers der Schuldbefreiungsanspruch in einen echten Zahlungsanspruch gegen den Drittschuldner um[3] (s. Rdn. 148). Unpfändbar ist auch für den Geschädigten der arbeitsrechtliche Freistellungsanspruch, den ein Arbeitnehmer bei gefährdender Arbeit darauf hat, dass sein

---

5   *LG Koblenz* FamRZ 1991, 1292 = NJW 1991, 2026.
6   *LG Koblenz* a.a.O.
7   *OLG München* NJW-RR 1992, 498; *BGH* MDR 2009, 757 = NJW 2009, 2054 (für das von der Bausparkasse für Bausparer geführte Kontokorrentkonto).
8   „Oder-"Konto; zur vergleichbaren Gesamtgläubigerschaft bei gemeinschaftlichem Sparbuch siehe Rdn. 341.
1   Siehe insbesondere auch Rdn. 147. Zur Abtretbarkeit eines Befreiungsanspruchs *BGH* 12, 136 = NJW 1954, 795; *BGH* NJW 1993, 2232; *RG* 140, 373 (378); *RG* 158, 6 (12); *Ebel* JR 1981, 485. Pfändung des Freistellungsanspruchs des Komplementärs einer Kommanditgesellschaft gegen Kommanditisten s. Rdn. 1597; zur Rechtsschutzversicherung s. Rdn. 291.
2   *BGH* NJW 1994, 49 (50); *RG* 80, 183.
3   *BGH* NJW 1994, 49 (50); *OLG Frankfurt* JW 1936, 3490 mit Anm. *Titze*; *KG* MDR 1980, 676 = NJW 1980, 1341 = OLGZ 1980, 332; *Stein/Jonas/Brehm*, ZPO, Rdn. 38 zu § 851; siehe auch *RG* 128, 370 (Abtretung).

Arbeitgeber den Schaden trage und ihn, den Arbeitnehmer, von seiner Haftung gegenüber dem Geschädigten freistelle[4].

14. Bürgschaft

Rechte aus einer Bürgschaft sind Nebenrechte der Forderung; sie werden von deren Pfändung erfasst (s. Rdn. 699). Als Nebenrechte können Ansprüche aus der Bürgschaft nicht ohne die Hauptforderung abgetreten[1] und daher auch nicht selbstständig gepfändet werden. In einen selbstständigen Anspruch verwandelt sich die Forderung gegen den Bürgen infolge Aufhebung der Akzessorietät mit Beendigung (Untergang) einer zahlungsunfähigen Handelsgesellschaft. Diese verselbstständigte Bürgschaftsforderung ist als solche abtretbar[2] mithin auch selbstständig pfändbar.

96

15. Bundesentschädigungsgesetz

Schrifttum: *Fraenkel*, Die Genehmigung der Abtretung oder Pfändung nach § 14 Satz 2 BEG, NJW/RzW 1960, 245; *Steinbach*, § 14 BEG bei Arrest- und Pfändungsbeschlüssen, NJW/RzW 1962, 248; *Steinbach*, Verfahrensfragen bei Entscheidungen der Entschädigungsbehörden und -gerichte nach § 14 BEG in Körper- und Gesundheits- sowie Lebensschadensverfahren, NJW/RzW 1972, 121.

a) Opfer der nationalsozialistischen Verfolgung haben Anspruch auf Entschädigung nach dem Bundesgesetz zur Entschädigung für Opfer der nationalsozialistischen Verfolgung (Bundesentschädigungsgesetz – BEG –)[1*]. Die Pfändbarkeit dieser Entschädigungsansprüche ist im BEG abschließend geregelt; die allgemeinen Pfändungsschutzbestimmungen der §§ 850 ff. ZPO und des § 54 SGB sind daneben nicht anzuwenden[2*]. Das BEG bestimmt in

97

§ 14 BEG
Der Anspruch auf Entschädigung kann abgetreten, verpfändet oder gepfändet werden. Die Abtretung, Verpfändung oder Pfändung ist nur mit Genehmigung der Entschädigungsbehörde zulässig.

b) Es gelten jedoch mannigfache Sonderbestimmungen. Besonderheiten sind insbesondere für folgende Entschädigungsansprüche vorgesehen:

---

4   *LG Berlin* MDR 1972, 153; **a.A.** *Hardt* Betrieb 2000, 1814. Für Pfändung des Freistellungsanspruchs eines Arbeitnehmers gegen den Arbeitgeber durch eine Berufsgenossenschaft siehe *BArbG* AP BGB § 611 Haftung des Arbeitnehmers Nr. 45 (Anm. *Weitnauer*) = BB 1969, 493 = Betrieb 1969, 841 (843) = JR 1972, 147.
1   *RG* JW 1909, 685; *BGH* 95, 88 (93) = NJW 1985, 2528; *BGH* 115, 177 = MDR 1991, 1035 = NJW 1991, 3025; Besonderheiten: § 254 Abs. 2 S. 1, § 301 Abs. 2 S. 1 InsO.
2   *BGH* 82, 323 = MDR 1982, 483 = NJW 1982, 875.
1*   Vom 29. Juni 1956, BGBl I 562, i.d.F. des 2. Ges. zur Änderung des Bundesentschädigungsgesetzes (BEG-Schlussgesetz) vom 14. Sept. 1965, BGBl I 1315.
2*   *BGH* LM BEG 1956 § 14 Nr. 4 = MDR 1965, 282 (Leits.) = NJW/RzW 1965, 225; *LG Berlin* Rpfleger 1978, 150 = Rpfleger 1978, 151.

1. Kapitel: ZwV in Geldforderungen

98 aa) Für für *Schaden an Leben* erhalten die Hinterbliebenen Rente, die Witwe oder der Witwer bei Wiederverheiratung auch Kapitalabfindung. Insoweit gilt (auch für den Fall des § 41 BEG)

§ 26 BEG
(1) Der Anspruch auf die laufende Rente ist weder übertragbar noch vererblich; dies gilt auch für den Anspruch der Witwe oder des Witwers auf Abfindung im Falle der Wiederverheiratung.

Für den Anspruch der von der Verfolgung mitbetroffenen Witwe des vor dem 31. Dezember 1952 verstorbenen Verfolgten (dazu § 4 a Abs. 1 BEG) bestimmt

§ 4 a Abs. 2 Satz 2 BEG
(2) ... Der Anspruch ist weder übertragbar noch vererblich.

99 bb) Für *Schaden an Körper oder Gesundheit* erhält der Verfolgte selbst Entschädigung. Soweit diese Entschädigung als Rente geleistet wird, ist bestimmt in

§ 39 BEG
(1) Der Anspruch auf die laufende Rente ist weder übertragbar noch vererblich.

100 cc) Außerdem hat der Verfolgte Anspruch auf *Kapitalentschädigung wegen Freiheitsentziehung oder Freiheitsbeschränkung*. Insoweit gelten §§ 46 und 50 BEG, die wie folgt lauten:

§ 46 BEG
(1) Der Anspruch auf Entschädigung für Freiheitsentziehung ist vor Festsetzung oder vor rechtskräftiger gerichtlicher Entscheidung nicht übertragbar.

§ 50 BEG
Der Anspruch auf Entschädigung für Freiheitsbeschränkung ist nach Maßgabe des § 46 übertragbar und vererblich ...

101 dd) Erhält der Verfolgte eine Rente für *Schaden im beruflichen und im wirtschaftlichen Fortkommen*, so gilt § 140 BEG, der folgenden Wortlaut hat:

§ 140 BEG
(1) ... (2) Der Anspruch auf die laufende Rente ist weder übertragbar noch vererblich.
(5) Der Anspruch auf Darlehen und der Anspruch auf Beihilfe für Schaden in der Ausbildung sind weder übertragbar noch vererblich.

102 ee) Weiter bestimmen

§ 141 Abs. 7 BEG
(7) Der Anspruch auf die Soforthilfe ist vor Festsetzung oder vor rechtskräftiger gerichtlicher Entscheidung weder übertragbar noch vererblich.

sowie für den Anspruch auf Krankenversorgung für nicht verfolgungsbedingte Leiden (auch für Ehegatten und Kinder)

§ 141 a Abs. 4 BEG
(4) Der Anspruch nach den Absätzen 1 und 2 ist weder übertragbar noch vererblich.

außerdem für eine Entschädigung Staatenloser und Flüchtlinge

§ 163 Abs. 2 BEG

(2) Der Anspruch auf die laufende Rente ist weder übertragbar noch vererblich. Der Anspruch auf die Summe der rückständigen Rentenbeträge und auf die Kapitalentschädigung ist vor Festsetzung oder vor rechtskräftiger gerichtlicher Entscheidung weder übertragbar noch vererblich.

c) Der *BGH*[3] hält es für zulässig, dass der Pfändungsbeschluss sich allgemein auf alle Entschädigungsansprüche des Schuldners, soweit deren Pfändung nicht gesetzlich ausgeschlossen ist, bezieht, und dass die Entschädigungsbehörde eine derartige allgemeine Pfändung nach § 14 Satz 2 BEG genehmigt. Die Genehmigung kann in diesem Fall aber auch beschränkt derart erteilt werden, dass sie sich nur auf die Pfändung eines einzelnen – pfändbaren – Entschädigungsanspruchs oder auf mehrere bestimmte Ansprüche bezieht.

103

d) *Laufende Renten* sind die bei Wirksamwerden der Pfändung noch nicht fälligen künftigen Leistungen und die für den laufenden Monat geschuldete Rente[4]. Wird der Anspruch erst nach der Pfändung festgesetzt, so gelten als rückständig diejenigen Rentenbeträge, die sich nach der Festsetzung der laufenden Rente durch Bescheid oder rechtskräftige gerichtliche Entscheidung für die zurückliegende Zeit ergeben. Dazu gehören auch Beträge, die sich auf diese Weise für eine zurückliegende Zeit dadurch ergeben, dass die Rente durch einen späteren Bescheid oder durch ein späteres rechtskräftiges Urteil erhöht worden ist[5].

104

e) Pfändbar sind *Rentenrückstände* und sonstige Ansprüche *nur mit* Genehmigung der Entschädigungsbehörde (§ 14 BEG). Antragsberechtigt ist auch der Pfändungsgläubiger; er kann auch gegen einen ablehnenden Bescheid Klage nach § 210 BEG erheben[6]. Die Entschädigungsbehörde hat bei der Entscheidung über die Genehmigung nicht zu prüfen, ob dem Pfändungsbeschluss Mängel anhaften; nur wenn die Unwirksamkeit des Beschlusses offen zutage liegt, kann sie die Genehmigung versagen. Sonst hat sie sich ausschließlich von entschädigungsrechtlichen Erwägungen leiten zu lassen[7]. Vor allem wird sie zu prüfen haben, ob die Notlage des Verfolgten (seiner Familie) es unter Berücksichtigung der schutzwürdigen Belange des Gläubigers angezeigt erscheinen lässt, die Pfändung nicht zu genehmigen. Bei Abwägung der Interessen des Schuldners mit den schutzwürdigen Belangen des Gläubigers muss ein strenger Maßstab angelegt werden, wenn der Berechtigte sich böswillig der Befriedigung einer rechtskräftig festgestellten Schuld zu entziehen versucht[8]. Eine einmal erteilte Genehmigung kann nicht widerrufen werden. Für die Pfändung durch mehrere Gläubiger muss die Genehmigung von jedem der vollstreckenden Gläubiger erwirkt werden.

105

---

3   *BGH* LM BEG 1956 § 14 Nr. 5 = NJW/RzW 1966, 357 (358) Anm. *Brunn*.
4   *BGH* LM BEG 1956 § 39 Nr. 4 = MDR 1963, 572 = NJW/RzW 1963, 367.
5   *BGH* LM BEG 1956 § 39 Nr. 3 = MDR 1962, 468 = NJW/RzW 1962, 370 = Rpfleger 1962, 572.
6   *Blessin/Ehrig/Wilden*, BEG, Bem. 7 zu § 14.
7   *BGH* a.a.O. (Fußn. 3).
8   *Blessin/Ehrig/Wilden* a.a.O.

1. Kapitel: ZwV in Geldforderungen

Der gerichtliche *Pfändungsbeschluss* kann auch schon vor Genehmigung durch die Entschädigungsbehörde erlassen werden[9]. Eine solche Pfändung ohne Genehmigung ist nicht nichtig, sondern nur vernichtbar (s. Rdn. 750). Sie wird jedoch mit Versagung der Genehmigung unwirksam. Wenn der ablehnende Bescheid aufgehoben wird, muss daher erneut gepfändet werden. Für die erneute Pfändung kann eine früher verweigerte Genehmigung erteilt werden. Aufhebung dieser Pfändung können, wenn die Genehmigung versagt wird, mit Erinnerung sowohl der Schuldner als auch die Entschädigungsbehörde verlangen[10].

106 f) Der Anspruch auf Erstattung der durch ein Heilverfahren entstandenen Kosten ist nicht pfändbar (§ 30 Abs. 1 BEG, § 157 BBG[11] bzw. nun § 51 BeamtVG[11]). Wegen seiner höchstpersönlichen Natur ist der Anspruch auf Umschulungsbeihilfe (§ 40 BEG) unpfändbar.

16. Bundestagsmitglieder, Landtagsabgeordnete

107 Zur Übertragbarkeit und damit auch zur Pfändbarkeit (§ 851 Abs. 1 ZPO) der Leistungen bestimmt das Gesetz über die Rechtsverhältnisse der Mitglieder des Deutschen Bundestages (Abgeordnetengesetz – AbgG)[1] in

§ 31 Verzicht, Übertragbarkeit

Ein Verzicht auf die Abgeordnetenentschädigung nach § 11 und auf die Leistungen nach § 12 sowie nach dem Fünften Abschnitt mit Ausnahme des § 18 ist unzulässig. Die Ansprüche aus § 12 sind nicht übertragbar. Der Anspruch auf Abgeordnetenentschädigung nach § 11 ist nur bis zur Hälfte übertragbar. Im übrigen gelten die Vorschriften der §§ 850 ff. der Zivilprozessordnung.

Nicht übertragbar, somit auch nicht pfändbar (§ 851 Abs. 1 ZPO) ist der Anspruch nach § 12 AbgG auf Amtsausstattung und Kostenpauschale für Auslagen (Aufwandsentschädigung)[2]. Nur bis zur Hälfte übertragbar, somit auch nur bis zur Hälfte pfändbar (§ 851 Abs. 1 ZPO) ist die monatliche Abgeordnetenentschädigung, die nach § 11 AbgG gewährt wird. Im Übrigen gelten die Vorschriften der §§ 850 ff. ZPO[3]. Die Entschädigung eines Abgeordneten (§ 11 AbgG), das Übergangsgeld eines ausgeschiedenen Mitglieds des Bundestags (§ 18 AbgG), die Versorgung (Altersentschädigung), die Hinterbliebenenversorgung und das Waisengeld sind somit als fortlaufende Bezüge (wie Beamtenbezüge) wie Arbeitseinkommen in Geld nur nach Maßgabe der §§ 850 a–g ZPO pfändbar. Jedoch können die (nach der Gesamtentschädigung zu bemessenden) pfändbaren Beträge der Entschädigung eines Abgeordneten nach der ausdrücklichen Bestimmung in § 31

---

9 *LG Berlin* NJW/RzW 1959, 545 und Rpfleger 1978, 150 (151).
10 *Blessin/Ehrig/Wilden*, BEG, Bem. 8 zu § 14.
11 *Huken* KKZ 1971, 201.
1 I.d.F. vom 21. Febr. 1996, BGBl I S. 327 (mit Änderungen).
2 So auch *OLG Düsseldorf* MDR 1985, 242 = OLGZ 1985, 102.
3 Behandlung der Entschädigung des Abgeordneten (wie Beamtenbezüge) nach §§ 850 ff. ZPO bereits früher; siehe *OLG Düsseldorf* OLGZ 1985, 102 = a.a.O.

Satz 3 AbgG (mit § 851 Abs. 1 ZPO) die Hälfte der Entschädigung nicht übersteigen[4]. § 31 Sätze 3 und 4 AbgG legen nicht fest, dass der Anspruch auf Entschädigung zur Hälfte unübertragbar und damit nicht pfändbar ist, somit nach § 850 e Nr. 1 ZPO (entsprechende Anwendung) nicht mitgerechnet wird; denn dann müssten der (pfändbaren anderen Hälfte der) Entschädigung die Freibeträge des § 850 c (d oder f) ZPO entnommen werden, so dass eben gerade nicht Übertragbarkeit „... bis zur Hälfte" bestehen würde (§ 400 BGB), sondern darüber hinaus ausgeschlossen wäre. Übergangsgeld, das in einer Summe ausbezahlt wird, außerdem die Versorgungsabfindung nach § 23 AbgG, fallen unter § 850 i ZPO. Das Sterbegeld, das Hinterbliebene erhalten, ist unpfändbar (§ 26 AbgG mit § 51 Abs. 3 BeamtVG[5]).

Ein vor dem 1. Jan. 1968 oder danach, aber vor dem 1. April 1977 (Inkrafttreten des Neuregelungsges.) aus dem Bundestag ausgeschiedenes Mitglied oder einer seiner Hinterbliebenen kann Leistungen aus der Alters- und Hinterbliebenenversorgung nach dem Diätengesetz 1968 erhalten (§§ 37, 38 Ges.). Das Diätengesetz 1968[6] bestimmt in

§ 25 Satz 2
Die Ansprüche aus diesem Gesetz sind nicht übertragbar.

Da nicht übertragbare Ansprüche unpfändbar sind (§ 851 Abs. 1 ZPO), schließt § 25 Diätengesetz auch die Pfändung aus.

Für die Aufwandsentschädigungen der Landtagsabgeordneten bestehen ähnliche Regelungen. Soweit demnach für eine Abfindung, die ein Abgeordneter nach seinem Ausscheiden aus dem Parlament erhält, ein Pfändungsschutz nicht ausdrücklich bestimmt ist, gilt sie als pfändbar[7].

17. Conterganstiftung für behinderte Menschen

An behinderte Menschen werden wegen Fehlbildungen (näher § 12 Conterganstiftungsgesetz – ContStifG[1]) von der „Conterganstiftung für behinderte Menschen" Leistungen (Kapitalentschädigung und lebenslängliche Conterganrente sowie eine jährliche Sonderzahlung, § 13 ContStifG) gewährt. Vererbliche (bereits fällig gewordene) Ansprüche auf Kapitalentschädigung und Rentenleistungen werden Erbinnen und Erben gewährt, wenn sie nahe Angehörige sind (§§ 12, 13 Abs. 5 Satz 2 ContStifG). Die

---

4 *Anders* OLG *Düsseldorf* OLGZ 1985, 102 = a.a.O. (für Entschädigung eines Mitglieds des Landtags NW): Aus der wie Arbeitseinkommen pfändbaren Hälfte der Abgeordnetenentschädigung sind dem Schuldner Pfändungsfreibeträge nach §§ 850 c, d oder f ZPO zu belassen.
5 § 51 BeamtVG abgedruckt Rdn. 880.
6 Gesetz über die Entschädigung der Mitglieder des Bundestages (Diätengesetz 1968). Vom 3. Mai 1968, BGBl I 334 (mit Änderungen).
7 *AG Bremerhaven* MDR 1980, 504.
1 Gesetz über die Conterganstiftung für behinderte Menschen (Conterganstiftungsgesetz – ContStifG) i.d.F. vom 25. Juni 2009, BGBl I 1538.

1. Kapitel: ZwV in Geldforderungen

Ansprüche auf die Leistungen sind nicht pfändbar, die Conterganrente auch nicht, wenn sie (ganz oder teilweise) als Kapitalabfindung gewährt wird (§ 13 Abs. 3 ContStifG). Das bestimmt

§ 13 Abs. 5 ContStifG der lautet:
(5) Die Ansprüche auf die in Absatz 1 genannten Leistungen können nicht übertragen, verpfändet oder gepfändet werden. Vererblich sind lediglich Ansprüche auf Kapitalentschädigung, auf Conterganrente und jährliche Sonderzahlung, die im Zeitpunkt des Todes der leistungsberechtigten Person bereits fällig geworden sind, und zwar nur dann, wenn die Person von ihrem Ehegatten, ihrer Lebenspartnerin oder ihrem Lebenspartner, ihren Kindern oder ihren Eltern beerbt wird.

18. Darlehen, Kreditzusage

110 A. *Gepfändet wird die angebliche Forderung des Schuldners an ... – Drittschuldner – auf Rückzahlung eines in Höhe von (ggf. ungefähr) ... Euro gewährten Darlehens und auf Auszahlung der fortlaufenden Darlehenszinsen.*

111 B. *Gepfändet wird der angebliche Anspruch des Schuldners an ... – Drittschuldner – auf Auszahlung der bereitgestellten, noch nicht abgerufenen Darlehensvaluta aus dem Kreditgeschäft über ein Darlehen in Höhe von 20.000 Euro (mehr oder weniger).*

112 C. *Gepfändet wird die angebliche (gegenwärtige und künftige) Forderung des Schuldners an ... – Drittschuldner – auf Auszahlung des im Zusammenhang mit der in laufender Rechnung (Kontokorrent) bestehenden Geschäftsverbindung (insbesondere dem Girovertrag über das Konto Nr. ...) vereinbarten Dispositionskredits („offene Kreditlinie"), soweit der Schuldner als Kunde des Drittschuldners den Kredit in Anspruch nimmt.*

Schrifttum: *Bitter*, Pfändung des Dispositionskredits?, WM 2001, 889; *Bitter*, Neues zur Pfändbarkeit des Dispositionskredits, WM 2003, 1109; *Diesel*, Richtet sich die Zwangsvollstreckung gegen Bankkunden zweckmäßig in die nicht valutierten Kreditsicherheiten oder in den Kreditanspruch? JW 1933, 2503; *Erman*, Zur Pfändbarkeit der Ansprüche eines Kontokorrentkunden gegen seine Bank aus deren Kreditzusage, Gedächtnisschrift für Rud. Schmidt, 1966, S. 261 ff.; *Felke*, Die Pfändung der „offenen Kreditlinie" im System der Zwangsvollstreckung, WM 2002, 1632; *Gaul*, Die Zwangsvollstreckung in den Geldkredit, KTS 1989, 3; *Grunsky*, Zur Durchsetzung einer Geldforderung durch Kreditaufnahme des Schuldners in der Zwangsvollstreckung, ZZP 95 (1982) 264; *Klose*, Dispositionskredit – Zulässigkeit der Pfändung des Darlehensanspruchs, MDR 2002, 186; *Koch*, Pfändbarkeit des Kreditanspruchs, JW 1933, 2757; *Koch*, Pfändbarkeit einer Überziehungskreditforderung, JurBüro 1986, 1761; *Luther*, Die Pfändbarkeit von Kredit- und Darlehensansprüchen, BB 1985, 1886; *Lwowski* und *Weber*, Pfändung von Ansprüchen auf Kreditgewährung, ZIP 1980, 609; *Nasall*, Unterliegen Dispositionskredite der Pfändung? NJW 1986, 168; *Olzen*, Die Zwangsvollstreckung in Dispositionskredite, ZZP 97 (1984) 1; *Peckert*, Pfändbarkeit des Überziehungs- und Dispositionskredits, ZIP 1986, 1232; *Ploch*, Pfändbarkeit der Kreditlinie, Betrieb 1986, 1961; *Schmidt*, Darlehen, Darlehensversprechen und Darlehenskrediteröffnung im Konkurs, JZ 1976, 756; *Schuschke*, Die Pfändung der „offenen Kreditlinie", ZIP 2001, 1084; *Wagner*, Pfändung der Deckungsgrundlage – ungeklärte Fragen bei der Zwangsvollstreckung in Girokonten, ZIP 1985, 849; *Wagner*, Zur Pfändbarkeit nicht zweckgebundener Kontokorrentkreditforderungen, JZ 1985, 718; *Wagner*, Neue Argumente zur Pfändbarkeit des Kontokorrentkredits, WM 1998, 1657; *Weidner* und *Walter*, Pfändbarkeit von Ansprüchen aus einem Dispositionskredit, JurBüro 2005, 177; *Weimar*, Zur Pfändbarkeit des Anspruchs auf Auszahlung eines Darlehens, JurBüro 1976, 565.

a) Der Anspruch auf *Rückzahlung* eines vom Schuldner dem Drittschuldner gewährten Darlehens (§ 488 Abs. 1 BGB) ist als Geldforderung nach § 829 ZPO zu pfänden. Bei Sicherung durch eine Hypothek muss er nach Maßgabe des § 830 ZPO gepfändet werden (siehe 6. Kap.). Das Kündigungsrecht (§ 488 Abs. 3 BGB) kann nicht mitgepfändet werden. Es kann vor Überweisung durch den Gläubiger nicht ausgeübt werden (Rdn. 555); nach Überweisung folgt die Kündigungsbefugnis bereits aus der Einziehungsermächtigung des Gläubigers (Rdn. 602). **113**

b) Ein Darlehens-*Schuldschein* ist Beweisurkunde, die die Schuld bestätigte oder (als Schuldanerkenntnis) begründet[1]. Ihn kann der Gläubiger nach § 836 Abs. 3 ZPO heraus verlangen. **114**

c) Wenn *mehrere Personen* als Darlehensgeber Anspruch auf Rückerstattung haben, erfordert die Pfändung des Rückzahlungsanspruchs Vollstreckungstitel für Zwangsvollstreckung gegen alle Mitberechtigte als Vollstreckungsschuldner nach dem Rdn. 61–64 a Gesagten. Unteilbare Leistung ist der Rückzahlungsanspruch mehrerer Personen, die das Darlehen ohne vertragliche Begründung von Gesamtgläubigerschaft (§ 428 BGB) gewährt haben[2]. Der (Dritt-)Schuldner kann daher nur an alle Darlehensgeber gemeinschaftlich mit befreiender Wirkung leisten. Die Pfändung erfordert damit Vollstreckungstitel (Rdn. 62) gegen alle Mitberechtigte. **114a**

d) aa) Anspruch auf *Auszahlung eines Gelddarlehens* wird für den Schuldner als Darlehensnehmer mit Abschluss des Darlehensvertrags begründet (§ 488 Abs. 1 S. 1 BGB). Dieser Anspruch kann mit der Maßgabe abgetreten werden, dass mit Zahlung des bereitgestellten Betrags an den Zessionar der Zedent Darlehensschuldner wird[3]. Der Auszahlungsanspruch ist daher auch als Geldforderung pfändbar[4]. Drittschuldner ist der Darlehensgeber. Unpfändbarkeit kann sich aber aus der Zweckbindung des Darlehens[5] ergeben (Rdn. 14), so beim Baugeld (Rdn. 81 ff.) und Bauspardarlehen (Rdn. 88). **115**

bb) Der Anspruch auf Auszahlung eines Gelddarlehens ist auch im *bankmäßigen Kreditverkehr* pfändbar. Weil Pfändung Zahlung an den **115a**

---

1 *BGH* WM 1976, 974 (975), MDR 1978, 296 und NJW 1986, 2571; *MünchKomm/ Berger*, BGB, Rdn. 155 zu § 488.
2 *KG* MDR 2006, 560.
3 *BGB-RGRK/Weber*, Rdn. 26 zu § 399; *MünchKomm/Berger*, BGB Rdn. 149 zu § 488.
4 *RG* 51, 119; *BGH* JurBüro 1978, 1003 = MDR 1978, 839; *BGH* 147, 193 = MDR 2001, 1014 = NJW 2001, 1937 und (nach Zurückverweisung durch den *BGH*) OLG Hamm NJW-RR 2002, 1477; LG Düsseldorf JurBüro 1982, 1426; LG Münster DGVZ 2000, 187 = Rpfleger 2000, 506.
5 *Lwowski* und *Weber* ZIP 1980, 609; *Grunsky* ZZP 95 (1982) 264 (279); *Werner* und *Machunsky* BB 1982, 1581 (1583).

Schuldner verbietet (§ 829 Abs. 1 ZPO), kann einer Abrede über die Auszahlung durch Gutschrift auf ein Girokonto des Schuldners keine Bedeutung mehr zukommen.

115b   cc) Die *Pfändung* des *Darlehensanspruchs* (Auszahlungsanspruchs) nach Abschluss des Darlehensvertrags hat keine allzu große praktische Bedeutung. Sicherung des Darlehensgebers gewährleistet § 490 Abs. 1 BGB mit einem (einseitigen) Widerrufsrecht[6]. Der Widerruf beseitigt die zum Vertrag notwendige Willenserklärung des Darlehensgebers und damit den Darlehensvertrag; damit entfällt der gepfändete Auszahlungsanspruch. Banken (Sparkassen) behalten sich zudem durchweg das Recht vor (regelmäßig enthalten schon die allgemeinen Geschäftsbedingungen einen solchen Vorbehalt), jede Geschäftsverbindung nach eigenem Ermessen fristlos zu lösen. Da der Drittschuldner sonach die Erfüllung einer Leistung aus einem schon abgeschlossenen Kreditgeschäft jederzeit verweigern kann, wird eine Pfändung praktisch nur selten einmal zu einem Erfolg führen[7]. Wenn Bestellung einer Sicherheit für das auszuzahlende Darlehen vereinbart, durch den Schuldner (Kreditnehmer) aber noch nicht geleistet ist, kann auch Geltendmachung des Zurückbehaltungsrechts des Darlehensgebers (§§ 273, 305 BGB) die Verfolgung des Darlehensauszahlungsanspruchs durch den Pfandgläubiger einschränken.

115c   dd) Auch von einem Gläubiger des *Zessionars*, dem der Anspruch auf Auszahlung eines Gelddarlehens abgetreten worden ist (Rdn. 115), kann der Anspruch als Geldforderung gepfändet werden. Diese Pfändung wird aber nicht immer zum Ziele führen, weil die Bank die Erfüllung der Leistung nach dem Rdn. 115 b Gesagten verweigern kann.

115d   ee) Ist ein Darlehen (Kredit) durch *Gutschrift* auf dem Bankkonto (Girokonto) des Schuldners bereits gewährt, dann ist der mit der Gutschrift empfangene Betrag Kontoguthaben[8]; von einer Pfändung wird es nach dem Rdn. 154 ff. Gesagten erfasst. Zum Kreditanspruch gegen Bausparkassen siehe Rdn. 88 ff.

116   e) aa) **Gelddarlehen** gewähren Kreditinstitute bei Geschäftsverbindung in laufender Rechnung (Kontokorrent, Rdn. 155 c) auch als

- Dispositionskredit (vereinbarter Überziehungskredit),
- geduldeter Überziehungskredit.

Für den **Dispositionskredit** ist dem Schuldner als Kunde des Kreditinstituts (vertraglich) das Recht eingeräumt, sein laufendes Konto in bestimmter Höhe (sog. Kreditlinie) zu überziehen (s. § 493 Abs. 1 BGB für den [ver-

---

6   Zu diesem Widerrufsrecht und zu dem Aufhebungs- sowie Kündigungsrecht nach AGB-Banken/Sparkassen sowie zur Kreditzusage unter auflösender Bedingung s. *Gaul* KTS 1989, 3 (23).
7   *Koch* JW 1933, 2758; *Forgách* Betrieb 1974, 809; *Weimar* JurBüro 1976, 56; *Gaul* KTS 1989, 3; anders *Grunsky* ZZP 95 (1982) 264 (278).
8   Es unterliegt ohne weiteres der Pfändung, *Gaul* KTS 1989, 3 (16).

einbarten] Überziehungskredit des Verbrauchers als Darlehensnehmer). Grundlage des Anspruchs auf Kreditgewährung ist damit der Krediteröffnungsvertrag. Er stellt es in das Belieben (zur Disposition) des Schuldners, ob und in welchem Umfang er die ihm eingeräumte Kreditlinie in Anspruch nehmen will[9]. Einen Anspruch auf Darlehensauszahlung an das Kreditinstitut begründet der Krediteröffnungsvertrag allein damit noch nicht. Er begründet auch keine Pflicht des Schuldners (Kunde), den Kredit in Anspruch zu nehmen[10]. Ein Anspruch auf Auszahlung wird erst durch den Abruf des Kredits durch den Schuldner (Kunden) begründet[11].

bb) Für eine Pfändung ergibt sich damit: 117

- **Vor dem Abruf** des Kredits gibt es keinen Anspruch des Schuldners auf Darlehensauszahlung gegen das Kreditinstitut, der gepfändet werden und dem Gläubiger das Recht geben könnte, sich ohne Mitwirkung des Schuldners als Kontoinhaber Kreditmittel auszahlen zu lassen[12].
- Das Recht des Schuldners als Kunde des Kreditinstituts zum **Abruf des Kreditbetrags** ist einseitiges Gestaltungsrecht[13], durch dessen Ausübung der Krediteröffnungsvertrag erst konkretisiert und inhaltlich ausgestaltet wird[14]. Dieses Abrufrecht ist nicht pfändbar[15]. Es wird auch von einer Pfändung des Auszahlungsanspruchs nicht erfasst[16]. Als Recht zu rechtsgeschäftlichem Handel ist es höchstpersönlich; ein Gläubiger kann für seinen Schuldner durch Geschäftsabschluss Rechte und Pflichten nicht begründen.
- Der Krediteröffnungsvertrag begründet eine Rechtsbeziehung zwischen dem Schuldner und dem Kreditinstitut, aus der die spätere Forderung nach ihrem Inhalt und der Person des Drittschuldners bestimmt werden

---

9   *BGH* 157, 350 (355) = NJW 2004, 1444 (1445).
10 *BGH* 147, 193 (195) = a.a.O. (Fußn. 4).
11 *BGH* 83, 76 (81) = NJW 1982, 1810; *BGH* 147, 193 (194) = a.a.O. (Fußn. 4); *BGH* NJW 2001, 1859; *BGH* 157, 350 (355) = NJW 2004, 1444 (1445); *BGH* 170, 276 (282) = a.a.O. (nachf. Fußn. 26).
12 *BGH* 147, 193 (195) = a.a.O. (Fußn. 4); *BGH* 157, 350 (356) =NJW 2004, 1444 (1445)
13 *BGH* 157, 350 (355) = NJW 2004, 1444 (1445). „Inhaltsausfüllendes Gestaltungsrecht" nach *Gaul* KTS 1989, 3 (16).
14 *BGH* 157, 350 (355) = NJW 2004, 1444 (1445).
15 *BGH* 147, 193 = a.a.O. (und (nach Zurückverweisung durch den *BGH*) *OLG Hamm* NJW-RR 2002, 1477; *BGH* 157, 350 (356) = NJW 2004, 1444 (1445); *OLG Schleswig* NJW 1992, 579; *LG Dortmund* NJW 1986, 977 = Rpfleger 1985, 497 mit Anm. *Alisch*; *LG Essen* NJW-RR 2002, 553; *LG Hannover* JurBüro 1986, 303 und Rpfleger 1988, 372; *LG Hildesheim* JurBüro 1988, 548; *LG Landau* JurBüro 1985, 1742; *LG Lübeck* NJW 1986, 1115; *LG Münster* WM 1984, 1312 und MDR 1996, 1069 sowie Rpfleger 2002, 632 Leits.; *LG Wuppertal* JurBüro 1989, 1317 = WM 1990, 119; *Gaul* KTS 1989, 3 (7); *Bitter* WM 2001, 889 (897); *Schuschke* ZIP 2001, 1084 (1087); **a.A.** *LG Düsseldorf* JurBüro 1985, 470 mit zust. Anm. *Schroeder* und JurBüro 1987, 936; *LG Itzehoe* NJW-RR 1987, 819; *OLG Stuttgart* HRR 1928 Nr. 1523 (Kredit in laufender Rechnung pfändbar); wohl auch *OLG Köln* ZIP 1983, 810; offen gelassen in *BGH* 93, 315 = a.a.O. (Fußn. 26).
16 *BGH* 147, 193 = a.a.O. (Fußn. 4).

kann (s. Rdn. 27). Der Anspruch des Schuldners aus dem zu seiner Disposition stehenden **Kredit** („offene Kreditlinie") ist daher (als zukünftige Forderung) **pfändbar**[17]. Solange der Schuldner jedoch keine Verfügung über den ihm eingeräumten Kredit vornimmt, hat diese Pfändung für den Gläubiger keinen realisierbaren Wert[18]. Zum Abruf des Kredits durch den Gläubiger berechtigte die Pfändung nicht. Unterlässt der Schuldner den Abruf, steht dem Gläubiger ein wirtschaftlich verwertbares Recht damit nicht zur Verfügung[18].

- Sobald und soweit der Schuldner durch eine Verfügung über sein Konto (Verlangen nach Barauszahlung; Einreichung eines Überweisungsauftrags) in Höhe eines bestimmten Geldbetrags die **Kreditzusage in Anspruch nimmt**, besteht eine Pflicht des Kreditinstituts zur Auszahlung[19]. Diesen auszuzahlenden Darlehensbetrag **erfasst die Pfändung**[20]. Als zweckgebunden (wegen Verwendung des Geldes für einen anderen als den vom Schuldner mit dem Abruf bestimmten Zweck) und damit nach § 851 Abs. 1 ZPO unpfändbar angesehen wird der Auszahlungsanspruch nicht[21]. Er wird auch nicht durch das bankrechtliche Pfandrecht (Grundlage: AGB der Bank oder Sparkasse) berührt[22]. Das Kreditinstitut hat daher die Pfändung zu beachten[23], sofern es diese nicht zum Anlass nimmt, den Kredit zu kündigen[24] (hierzu Rdn. 115 b).

118   cc) Für Pfändung des *Anspruchs* auf Auszahlung eines Gelddarlehens nach Abschluss des Darlehensvertrags (Rdn. 115) oder Begründung des Anspruchs des Schuldners aus Krediteröffnungsvertrag mit Abruf (durch den Schuldner; Rdn. 117) muss der pfändbare Anspruch im Gläubigerantrag (Rdn. 461) und Pfändungsbeschluss (Rdn. 496) bestimmt bezeichnet[25] und durch den Sachvortrag des Gläubigers (Tatsachenvortrag) schlüssig

---

17   *BGH* 147, 193 (195, 196) = a.a.O. (Fußn. 4); *BGH* 157, 350 (356) = NJW 2004, 1444 (1445). Ähnlich *LG Essen* NJW-RR 2002, 553; *LG Hamburg* JurBüro 1986, 778 = MDR 1986, 327 = NJW 1986, 998 = Rpfleger 1986, 265 mit Anm. *Baßlsperger*, das allerdings bereits den Anspruch auf Zurverfügungstellung laufenden Kredites für pfändbar erachtet; *Felke* WM 2002, 1632 (1635); auch *Gaul* KTS 1989, 3 (18): Kreditgewährungsanspruch vor Abruf soll pfändbar sein, der Gläubiger den Abruf an Stelle des Schuldners nicht vornehmen können. Kritisch dazu *OLG Schleswig* NJW 1992, 579 = a.a.O.; abl. *LG Münster* MDR 1996, 1069 = a.a.O. Gegen Differenzierung zwischen Dispositions- und Überziehungskredit *Bitter* WM 2001, 889, der den Anspruch aus einem Kontokorrentkredit (damit auch den Auszahlungsanspruch nach Abruf des Dispositionskredits durch den Schuldner) als unpfändbar ansieht (eingehende Stellungnahme zu *BGH*), sowie *Bittner* WM 2004, 1109.
18   *BGH* 157, 350 (356) = NJW 2004, 1444 (1445).
19   *BGH* 147, 193 (195) = a.a.O. (Fußn. 4).
20   *BGH* 147, 193 (196) = a.a.O. (Fußn. 4); *BGH* 170, 276 (282) = a.a.O. (nachf. Fußn. 26); *BGH* NJW-RR 2008, 647 (648).
21   *BGH* 147, 193 (195) = a.a.O. (Fußn. 4).
22   *BGH* 147, 193 (198) = a.a.O. (Fußn. 4).
23   *BGH* 147, 193 (199) = a.a.O. (Fußn. 4).
24   *BGH* 147, 193 (200) = a.a.O. (Fußn. 4).
25   *LG Essen* NJW-RR 2002, 553 (für Gläubigerantrag).

dargestellt werden. Ein nur allgemein gehaltener Formblattantrag des Gläubigers, der keinen Tatsachenvortrag für das Bestehen eines konkreten Anspruchsverhältnisses enthält, entspricht den für Erlass des Pfändungsbeschlusses zu stellenden Anforderungen nicht (dazu Rdn. 485–485 d). Antrag und/oder Beschluss auf Pfändung nur des Anspruchs aus Krediteröffnungsvertrag („aus offener Kreditlinie") können nicht als Antrag und Beschluss auf Pfändung des mit Abruf des Kredits durch den Schuldner entstandenen Auszahlungsanspruchs ausgelegt werden[25].

f) Der **geduldeten Kontoüberziehung** (s. § 493 Abs. 2 BGB) liegt keine Vereinbarung eines Kreditrahmens zugrunde. Allein die Möglichkeit, ein Konto zu überziehen, begründet keinen pfändbaren (gegenwärtigen oder zukünftigen) Geldanspruch[26]. Ein Kreditanspruch des Schuldners kann auch nicht mit dem Ziel gepfändet werden, nach Überweisung das Recht für den Schuldner aufzugeben, um auf diese Weise die weitere Valutierung einer Höchstbetragssicherungshypothek, (Sicherungs-)Grundschuld oder sonstigen Kreditsicherheit zu verhindern und so diese Rechte dem Vollstreckungszugriff zugänglich zu machen. Eine Darlehensbeziehung zwischen der Bank und ihrem Kunden kommt dann mit der Darlehensgewährung durch die Überweisung oder Auszahlung (Einlösung eines Schecks[27]) jeweils erst zustande.

119

g) Nicht voll valutierte *Kreditsicherheiten* sind nach den für die Zwangsvollstreckung in diese einzelnen Vermögensrechte geltenden Bestimmungen pfändbar; siehe hierwegen z. B. Grundschuld (Rückgewähranspruch Rdn. 1886 ff.), Höchstbetragssicherungshypothek (Eigentümergrundschuld Rdn. 1953), Sicherungseigentum (Rdn. 1501 ff.) und abgetretene Forderungen (Rdn. 65 ff.).

120

19. EG-Ausfuhrerstattung, Beihilfe, Erzeugerprämie usw.

a) *Ausfuhrerstattungen*[1] (einschließlich der Berichtigungs- und Differenzbeträge), die nach oder auf Grund von Regelungen zur Schaffung und Durchführung der gemeinsamen Organisation der Agrarmärkte bei der Ausfuhr von Marktordnungswaren gewährt werden, sind als öffentlich-rechtliche Ansprüche pfändbar. Zuständig für die Gewährung der Erstattung ist

120a

---

25 *LG Essen* NJW-RR 2002, 553.
26 *BGH* 93, 315 (325) = JZ 1985, 487 mit krit. Anm. *Grunsky* = MDR 1985, 576 = NJW 1985, 1218; *BGH* 147, 193 = a.a.O. (Fußn. 4); *BGH* 170, 276 (281) = MDR 2007, 861 (862) = NJW 2007, 1357 (1359); *OLG Frankfurt* NJW-RR 1994, 878 (879) und OLGR 1997, 286; *OLG Schleswig* NJW 1992, 579; *Felke* WM 2002, 1632 (1634; Ausnahmefall möglich); *Schuschke* ZIP 2001, 1084 (1086); kritisch dazu *Münzberg* ZZP 102 (1989) 129 (Buchbespr.); *Gaul* KTS 1989, 3 (6).
27 *OLG Frankfurt* NJW-RR 1294, 878 (880) und OLGR 1997, 286 (287).
1   Zum Begriff § 5 des Gesetzes zur Durchführung der Gemeinsamen Marktorganisationen und der Direktzahlungen (MOG) i.d.F. vom 24. Juni 2005, BGBl I 1847; dazu auch Ausfuhrerstattungsverordnung vom 24. Mai 1996, BGBl I 766 (mit Änderungen).

das Hauptzollamt Hamburg-Jonas (§ 2 S. 3 AusfuhrerstattungsVO). Festgesetzt wird die Erstattung durch Bescheid dieses Hauptzollamts (§ 16 Abs. 1 S. 1 AusfuhrerstattungsVO). Der Anspruch ist daher als Steuererstattung zu werten; er kann deshalb nach § 46 Abs. 6 AO (Rdn. 355) erst gepfändet werden, wenn er entstanden ist; das dürfte mit dem Zeitpunkt der Ausfuhr oder Abfertigung der Waren oder deren Überführung in eine Erstattungslagerung der Fall sein.

120b b) Direktzahlungen, die nach Bestimmungen des EG-Vertrages und nach weiteren Regelungen zur Schaffung und Durchführung der *gemeinsamen Organisation der Agrarmärkte* hinsichtlich Marktordnungswaren nach einer Rechtsverordnung des Bundesministeriums für Verbraucherschutz, Ernährung und Landwirtschaft gewährt werden, sind als öffentlich-rechtliche Ansprüche pfändbar[2]. Der Förderungszweck begründet Unpfändbarkeit nicht (s. Rdn. 14 und 399). Als für die Durchführung zuständige Stelle (damit als Drittschuldner) kann durch Rechtsverordnung die Bundesanstalt für Landwirtschaft und Ernährung, Sitz Bonn, als Marktordnungsstelle oder Bundesfinanzverwaltung bestimmt sein (§ 31 Abs. 2 Gesetz zur Durchführung der Gem. Marktorganisationen). Die Drittschuldnervertretung kann für Forderungen, die von Behörden der Landwirtschaftsverwaltung bewilligt und von Bundeskassen ausgezahlt werden, durch landesrechtliche Bestimmung (siehe Anhang) gesondert geregelt sein.

20. Ehebezogene (unbenannte) Zuwendung

121 a) Die sog. *ehebezogene* (auch *unbenannte*) *Zuwendung* ist um der Ehe willen und als Beitrag zur Verwirklichung oder Ausgestaltung, Erhaltung oder Sicherung der ehelichen Lebensgemeinschaft erbracht[1]. Sie hat darin ihre Geschäftsgrundlage; Schenkung (§ 516 BGB) ist sie deshalb nicht[2*]. Nach Scheitern der Ehe erfolgt der Ausgleich nach güterrechtlichen Vorschriften, wenn die Ehegatten im Güterstand der Zugewinngemeinschaft gelebt haben somit nach den Vorschriften des ehelichen Güterrechts über den Ausgleich des Zugewinns[3] (Pfändung Rdn. 430). In einem extremen

---

2   Als pfändbar behandelt hat die Rechtsprechung
    a) den Anspruch eines Landwirts auf Ausgleichszahlung im Rahmen der Getreidepreisharmonisierung innerhalb der EWG-Länder; *SchlHOLG* RdL 1969, 240 mit abl. Anm. *Lange*.
    b) die Nichtvermarktungsprämie nach der EWG-VO Nr. 1078/77; *LG Oldenburg* AgrarR 1979, 152.
    Pfändungsschutz nach § 851 a ZPO auf Antrag s. Rdn. 177.
1   *BGH* DNotZ 1991, 492 = NJW-RR 1990, 386 mit weit. Nachw.; *BGH* FamRZ 1997, 933 = NJW 1997, 2747; *BGH* 142, 137 (148) = DNotZ 2000, 514 = FamRZ 1999, 518 = NJW 1999, 2962 (2965); *BGH* FamRZ 2006, 1022 mit Anm. *Never* = MDR 2007, 35 = NJW 2006, 2330.
2* *BGH* DNotZ 1991, 492; zur Abgrenzung von der Schenkung unter Ehegatten *BGH* DNotZ 1992, 439 = FamRZ 1992, 293 = NJW 1992, 238; auch *BGH* NJW 2006, 2330 = a.a.O.; *KG* NJW-RR 2009, 1301.
3   *BHG* 119, 392 (396) = FamRZ 1993, 289 = MDR 1993, 239 = NJW 1993, 385; *OLG München* MDR 2002, 97 = NJW-RR 2002, 3.

Ausnahmefall kann Rückforderung einer unbenannten Zuwendung nach den Regeln über den Wegfall der Geschäftsgrundlage (§ 313 BGB) in Betracht kommen; sie setzt voraus, dass die güterrechtliche Ausgleichsregelung nicht ausreicht um schlechthin unangemessene und untragbare Ergebnisse zu vermeiden[4]. Haben die Ehegatten in einem Güterstand gelebt, der keinen Ausgleich der während der Ehe einander gemachten Zuwendungen vorsieht, kann eine ehebezogene Zuwendung bei Scheitern der Ehe Ausgleichsanspruch nach den allgemeinen Regeln über den Wegfall der Geschäftsgrundlage zur Folge haben[5]. Er setzt voraus, dass dem zuwendenden Ehegatten die Beibehaltung der durch die Zuwendung herbeigeführten Vermögensverhältnisse nach den Umständen des Einzelfalls nicht zuzumuten ist[6].

b) Ein (pfändbarer) *Ausgleichsanspruch* besteht bei ungestörter Ehe nicht; ein Ausgleichsanspruch kann vor Scheitern der Ehe auch nicht als pfändbarer künftiger Anspruch angesehen werden. Der Zuwendung unter den Ehegatten liegt die Vorstellung oder Erwartung zugrunde, dass die eheliche Lebensgemeinschaft Bestand haben werde[7]; es fehlt daher an einer Rechtsgrundlage für die Möglichkeit des Entstehens einer Forderung; daher kann ein Ausgleichsanspruch nicht als in Aussicht stehende und damit nicht als zukünftige Forderung gewertet werden (vgl. Rdn. 27). Als reine Hoffnung oder Erwartung kann der Anspruch aber nicht gepfändet werden (vgl. Rdn. 28). Zudem ist die Vermögensentäußerung im Verhältnis zu Gläubigern (anfechtbare) unentgeltliche Zuwendung nach § 3 Abs. 1 Nr. 3 AnfG[8]. Die Sondervorschriften des AnfG regeln aber den Schutz gegen Rechtshandlungen, die Gläubiger benachteiligen, abschließend[9]. Damit schließen sie eine Zugriffsmöglichkeit in den mit Wegfall der Geschäftsgrundlage später entstehenden Anspruch aus.

121a

c) Nach Scheitern der Ehe kann der *Rückforderungsanspruch* als Sonderanspruch keinem weitergehenden Gläubigerzugriff unterliegen als der im Regelfall nach güterrechtlichen Vorschriften zu verwirklichende Ausgleich. Daher kann eine Ausgleichsforderung in entsprechender Anwendung von § 852 Abs. 2 ZPO (vgl. Rdn. 431) oder doch nach dem Rechtsgedanken dieser Regelung nur gepfändet werden, wenn sie durch Vertrag anerkannt oder rechtshängig geworden ist[10]. Dann ist der Ausgleichsanspruch auf

121b

---

4   *BGH* 119, 392 (390 f) mit weit. Nachw.; *OLG München* NJW-RR 2002, 3 = a.a.O.
5   *BGH* 119, 392 (395 f) mit weit. Nachw.; *BGH* NJW 1997, 2747 = a.a.O.; *BGH* 142, 137 (148) = a.a.O.
6   *BGH* 119, 392 (395 f).; *BGH* NJW 1997, 2747 (2748) = a.a.O.
7   *BGH* DNotZ 1991, 492 (493); *BGH* 142, 137 (148) = a.a.O.; *BGH* NJW 2006, 2330 = a.a.O. und (bei Versprechen einer unentgeltlichen Zuwendung mit Rücksicht auf ein Scheidungsverfahren) *OLG Schleswig* NJW-RR 2007, 508.
8   *BGH* 71, 61 = NJW 1978, 1326; *BGH* 116, 167 (173); *OLG Celle* NJW 1990, 720.
9   *BGH* NJW 1993, 2041 = ZIP 1993, 602 mit weit. Nachw.
10 *BGH* 154, 64 (69) = DNotZ 2004, 298 (300) = FamRZ 2003, 858 (859) = MDR 2003, 776 = NJW 2003, 1858 (1859) = Rpfleger 2003, 372 (383).

Geldzahlung als Geldforderung nach § 829 ZPO zu pfänden; ein Ausgleichsanspruch auf Grundstücksübereignung (auch Übertragung des Eigentums an dem Miteigentumsanteil an einem gemeinschaftlichen Grundstück der Ehegatten) ist als Sachleistungsanspruch nach §§ 846, 848 ZPO zu pfänden.

121c d) Ein (familienrechtlicher) Ausgleichsanspruch kann einem Ehegatten nach den Regeln über den Wegfall der Geschäftsgrundlage auch zustehen, wenn er (vornehmlich bei Gütertrennung) durch *Arbeitsleistung*en, z. B. zum Ausbau eines Hausgrundstücks des anderen Ehegatten als Familienwohnheim oder durch Mitarbeit im Betrieb des Ehegatten, dessen Vermögen vermehrt hat[11]. Auch für Pfändung dieses Anspruchs gilt das vorst. Rdn. 121 b Gesagte.

21. Entschädigung für Strafverfolgungsmaßnahmen

122 *Gepfändet wird die angebliche Forderung des Schuldners an den Freistaat Bayern, vertreten durch ... – Drittschuldner – auf Zahlung der Entschädigung für Strafverfolgungsmaßnahmen (strafgerichtliche Verurteilung – Anordnung einer Maßregel der Sicherung oder einer Nebenfolge – Vollzug von Untersuchungshaft – andere Strafverfolgungsmaßnahme), die nach der rechtskräftigen Entscheidung des ... aus der Staatskasse zu leisten ist.*

122a Der Anspruch auf Entschädigung für Strafverfolgungsmaßnahmen (§§ 1 ff. StrEG[1]), auch bei Verfolgungsmaßnahmen im Bußgeldverfahren, vgl. § 109 a OWiG) ist bis zur rechtskräftigen Entscheidung über den Antrag gegen die entschädigungspflichtige Staatskasse (§ 10 Abs. 1 StrEG) nicht übertragbar (§ 13 Abs. 2 StrEG) und daher auch nicht pfändbar[2] (§ 851 Abs. 1 ZPO). Dieser Ausschluss der Übertragbarkeit und damit Pfändbarkeit kennzeichnet den Ersatzanspruch bis zur rechtskräftigen Entscheidung im Betragsverfahren als persönlichkeitsgebunden. Erfolgt Pfändung gleichwohl vorzeitig, ist sie nicht unwirksam, sondern nur anfechtbar[3] (s. Rdn. 750); die Anfechtbarkeit entfällt mit Wegfall des Pfändungsverbots[4] (Rechtskraft der Entscheidung über den Antrag). Der rechtskräftigen Entscheidung steht die betragsmäßige Zuerkennung des Anspruchs im Justizverwaltungsverfahren gleich (siehe Teil I Abschn. B der bundeseinheitlichen Anordnung über die Entschädigung für Strafverfolgungsmaßnahmen; Bayern: vom 2. Aug. 1971, BayJMBl S. 119). Nach

---

11 *BGH* 84, 361 = FamRZ 1982, 910 = MDR 1982, 929 = NJW 1982, 2236 und *BGH* 127, 48 = DNotZ 1995, 668 mit Anm. *Jaeger* = FamRZ 1994, 1167 = MDR 1994, 1219 = NJW 1994, 2545.
1 Gesetz über die Entschädigung für Strafverfolgungsmaßnahmen (StrEG) vom 8. März 1971, BGBl I 157 (mit Änderungen).
2 *OLG Koblenz* NJW-RR 1999, 508; *LG Stuttgart* Justiz 1980, 276.
3 *OLG Koblenz* NJW-RR 1999, 508.
4 *OLG Koblenz* a.a.O.

Zuerkennung durch Entscheidung im Justizverwaltungsverfahren ist danach der Anspruch vor Auszahlung pfändbar[5]. Vor der rechtskräftigen Entscheidung (oder Zuerkennung im Justizverwaltungsverfahren) ist die Pfändung auch nicht für den späteren Fall der rechtskräftigen oder endgültigen Entscheidung möglich. Eine Vorschussanordnung steht nicht, wie die Zuerkennung im Verwaltungsverfahren, der rechtskräftigen Entscheidung gleich. Der Anspruch auf Auszahlung eines Vorschusses (Teil I Abschn. B II 8 der Anordnung) ist daher nicht pfändbar[6]. Drittschuldner ist regelmäßig der Leiter der Kasse, der die Auszahlung auf die Forderung obliegt (siehe Anhang).

22. Erbausgleich, Erbersatzanspruch

a) Anspruch des nichtehelichen Kindes zwischen dem 21. und 27. Lebensjahr an seinen Vater auf vorzeitigen Erbausgleich (§ 1934 d BGB a.F.) besteht, wenn vor dem 1. April 1998 der Vater gestorben ist oder über den Erbausgleich eine wirksame Vereinbarung getroffen oder er durch rechtskräftiges Urteil zuerkannt ist (Art. 227 Abs. 1 EGBGB). Der Anspruch ist nach Vereinbarung (§ 1934 d Abs. 4 BGB a.F.) oder nach rechtskräftiger Entscheidung als Zahlungsanspruch übertragbar und pfändbar[1]. Vor seiner Geltendmachung kann der Anspruch nicht als künftige – durch die Geltendmachung bedingte – Forderung gepfändet werden[2]. Das Ausgleichsverlangen des Kindes ist als subjektives (nicht pfändbares) Gestaltungsrecht höchstpersönlicher Natur. Es schafft Anspruch auf Abschluss einer notariell beurkundeten Vereinbarung über den Erbausgleich (§ 1934 d Abs. 1 mit 4 BGB a.F.), die den Zahlungsanspruch begründet. Vor Geltendmachung des Ausgleichsverlangens kann der (spätere) Erbausgleich nur als bloße Erwartung angesehen werden; Pfändung eines Erbausgleichs als in seiner zwangsweise Verwertung noch aufschiebend bedingter Anspruch (dazu Rdn. 271) ist damit ausgeschlossen. Nach Geltendmachung, aber vor rechtskräftiger Entscheidung dürfte der Zahlungsanspruch pfändbar sein[3]. Dies entspricht dem Grundgedanken des § 852 ZPO, der auch hier entsprechend anwendbar sein muss. Aus § 1934 d Abs. 4 S. 2 BGB a.F. folgt jedoch, dass das Kind durch Klagerücknahme nach Rechtshängigkeit die Pfändung beseitigen kann. Für einen weitergehenden Pfändungsschutz bis zur rechtskräftigen Entscheidung ergeben sich keine Anhaltspunkte. Dem Wesen des Anspruchs entsprechend kann einem Pfändungsverbot nur die

123

---

5   *OLG Hamm* MDR 1975, 938 = NJW 1975, 2075.
6   *OLG Hamm* a.a.O. (Fußn. 5).
1   *Damrau* FamRZ 1969, 589; *BGB-RGRK/Kregel*, Rdn. 6 zu § 1934 d; *Erman/Schlüter*, BGB (10. Aufl.), Rdn. 31 (mit Rdn. 29) zu § 1934 d; *MünchKomm/Leipold*, BGB (3. Aufl.), Rdn. 23 zu § 1934 d; *Bosch* FamRZ 1972, 169 (178, lfd. Nr. 10 „abtretbar").
2   *BGB-RGRK/Kregel*, Rdn. 6 zu § 1934 d; **a.A.** *Stein/Jonas/Brehm*, ZPO, Rdn. 4 zu § 852; wohl auch – für Abtretung – *Damrau* a.a.O.
3   *MünchKomm/Leipold*, BGB (3. Aufl.), Rdn. 22 zu § 1934 d.

Aufgabe zukommen zu verhindern, dass der Anspruch gegen den Willen des Berechtigten geltend gemacht wird. Der Pfändungszugriff muss daher mit der dargestellten Besonderheit – Klagerücknahmerecht des Kindes auch nach Pfändung – möglich sein, wenn der Anspruch vom Kind rechtshängig gemacht ist.

123a b) Der mit dem Erbfall (vor dem 1. April 1998, Art. 227 Abs. 1 EGBGB) entstandene *Erbersatzanspruch* des nichtehelichen Kindes, seiner Abkömmlinge, des nichtehelichen Vaters oder seiner Verwandten (§ 1934 a BGB a.F.) ist vererblich, übertragbar (§ 1934 b Abs. 2, a.F., § 2317 Abs. 2 BGB) und mithin pfändbar. § 852 ZPO ist nicht anwendbar[4].

23. Erlös, Versteigerungserlös

124 *Gepfändet wird der angebliche Erlösüberschuss, der dem Schuldner*

- *in der von dem Gläubiger ... betriebenen Zwangsvollstreckungssache aus der am ... vom Gerichtsvollzieher ... vorgenommenen Versteigerung seines Fernsehgerätes, Marke Grundig, verbleibt.*
- *nach Erteilung des Zuschlags in dem Verfahren zur Zwangsversteigerung seines Grundstücks Nürnberg, Wiesenstraße ... (Fl. St. ..., Gemarkung ...; Aktenz. K .../09 Amtsgericht Nürnberg) nach Wegfertigung aller gemäß § 10 ZVG zu befriedigenden Ansprüche gebührt und verbleibt.*

Schrifttum: *Densch*, Zur Frage der Pfändung des bei einem Gerichtsvollzieher befindlichen Versteigerungserlöses, DGVZ 1969, 81; *Flad*, Die Pfändung des Anspruchs des Schuldners auf Auszahlung des Übererlöses in der Zwangsvollstreckung, ZZP 54, 451; *Kabisch*, Zur Frage der Pfändbarkeit des Erlöses aus der Versteigerung von im Wege der Mobiliarvollstreckung durch den Gerichtsvollzieher gepfändeten Sachen, DGVZ 1961, 20; *Noack*, Der Erlös gepfändeter versteigerter körperlicher Sachen, MDR 1973, 988; *Stöber*, Pfändung eines Anspruchs auf die vom Zwangsverwalter zu verteilenden Nutzungen eines Grundstücks, Rpfleger 1962, 397.

125 a) aa) Eine Geldforderung ist durch Pfändungsbeschluss nach § 829 Abs. 1 ZPO, wenn für sie eine Hypothek besteht nach § 830 ZPO, auch zu pfänden (Rdn. 12), wenn ihr Gläubiger (somit der Vollstreckungsschuldner) einen Schuldtitel zur Zwangsvollstreckung gegen seinen Schuldner (den Drittschuldner) erwirkt hat (§§ 704, 794 ZPO) und selbst die Zwangsvollstreckung gegen seinen Schuldner betreibt. Als Schuldnervermögen ist die Schuldnerforderung auch dann Gegenstand der Zwangsvollstreckung und daher als Geldforderung nach §§ 829 ff. ZPO zu pfänden, wenn der Schuldner als vollstreckender Gläubiger ein Pfandrecht an einem gepfändeten Gegenstand seines Schuldners (des Dritten) erworben hat (§ 804 Abs. 1 ZPO).

---

[4] So auch *Stein/Jonas/Brehm*, ZPO, Rdn. 3 zu § 852; a.A. jedoch *Jansen*, FGG, 2. Aufl. 1970, Bem. 6 (a.E.) zu § 83 a; *BGB-RGRK/Kregel*, Rdn. 3 unter 5a zu § 1934 b; *Erman/Schlüter*, BGB (10. Aufl.), Rdn. 13 zu § 1934 b.

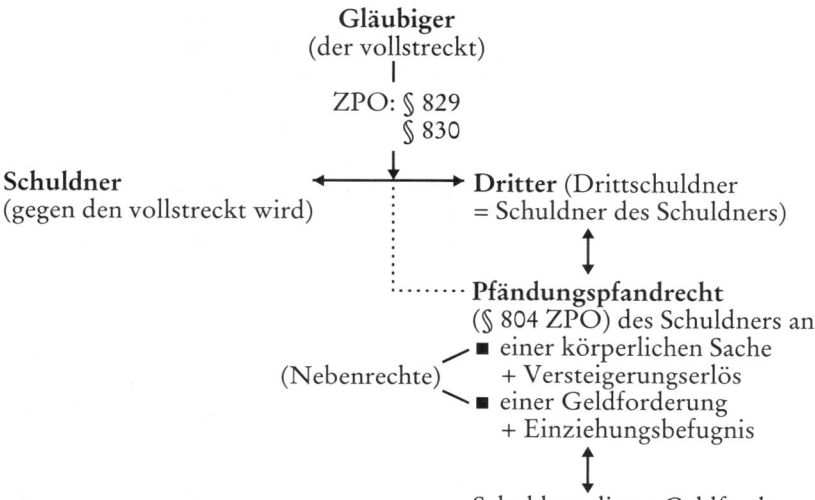

Dieses *Pfändungspfandrecht* kann *nicht* selbstständig *gepfändet* werden. Es ist Nebenrecht der vollstreckten „Schuldner"forderung an den Dritten, für die es erlangt ist. Die Pfändung der Geldforderung des Schuldners an den Drittschuldner erfasst von selbst auch das mit der Vollstreckung erlangte Pfandrecht als Nebenrecht (siehe Rdn. 699).

bb) Mit dem durch Pfändung einer *körperlichen Sache* des Dritten erlangten Pfändungspfandrecht ist auch der ihm entspringende Anspruch auf den *Versteigerungserlös* unpfändbar. Der Versteigerungserlös tritt an die Stelle des Pfandgegenstands; Verstrickung und das Pfandrecht des (vollstreckenden) Gläubigers bestehen ein ihm fort[1]. Eigentum am Versteigerungserlös erlangt als vollstreckender Gläubiger der „Schuldner" erst, wenn er ihm vom Gerichtsvollzieher abgeliefert wird. Das Recht darauf, dass dieser den nach Abzug der Kosten verbleibenden Erlös abliefere, ist keine pfändbare Geldforderung an den Gerichtsvollzieher (siehe Rdn. 23). Einen „Anspruch auf Auszahlung des Erlöses gegen den Gerichtsvollzieher" kann ein Gläubiger des selbst gegen einen seiner Schuldner (den Dritten) vollstreckenden Pfändungsgläubigers nicht pfänden[2]. Er kann diesen Erlösanspruch nur durch Pfändung der noch fortbestehenden „Haupt"forderung des „Schuldners" an den Dritten und Nachweis des mit dieser Pfändung entstandenen Anspruchs auf den Erlös vom Gerichtsvollzieher ausbezahlt erhalten. Gleiches gilt, wenn der Gerichtsvollzieher Geld gepfändet hat, das – ebenso wie ein Versteigerungserlös – an den Schuldner abzuliefern ist (§ 815 Abs. 1 ZPO) und dessen Eigentümer er erst mit Ablieferung wird.

126

---

1 *Zöller/Stöber*, ZPO, Rdn. 3 zu § 819.
2 *AG Essen* Rpfleger 1959, 67 mit zust. Anm. *Berner*; *AG Hannover* Rpfleger 1968, 362; *Stöber* Rpfleger 1962, 399; *Kabisch* DGVZ 1961, 20; *Densch* DGVZ 1969, 81; *Noack* MDR 1973, 988; *Wieczorek/Schütze/Lüke*, ZPO, Rdn. 8 zu § 819.

Ebenso besteht kein pfändbarer Anspruch gegen den Gerichtsvollzieher auf Auszahlung eines von ihm zur Forderungstilgung mit Einverständnis des als Gläubigers gegen seinen Schuldner vollstreckenden Schuldners eingezogenen Teilbetrags[3] (§ 806 b ZPO) sowie des von ihm sonst durch freiwillige Leistung des Schuldners empfangenen Geldes[4].

127 cc) Mit dem durch Pfändung einer Geldforderung des Schuldners an einen seiner Schuldner oder an einem anderen seiner Vermögensrechte erlangten Pfändungspfandrecht ist auch die durch Überweisung erlangte Einziehungsbefugnis des vollstreckenden „Schuldners" (selbstständig) nicht pfändbar[5]. Die durch Forderungspfändung begründeten Rechte des „Schuldners" kann dessen Gläubiger als Nebenrechte nach Pfändung und Überweisung der Forderung des Schuldners an den Drittschuldner geltend machen und einziehen[6]. Dass sich diese Pfändung kraft Gesetzes auf das vom Schuldner durch Zwangsvollstreckung erworbene Forderungspfändungspfandrecht erstreckt, kann im Pfändungsbeschluss ausgesprochen werden[7]. Durch Mitteilung dieses Beschlusses an den Dritten (den Drittschuldner im Vollstreckungsverfahren des Schuldners; Zustellung ist zulässig und empfehlenswert, aber nicht erforderlich) wird diesem die Möglichkeit genommen, an den Schuldner mit schuldbefreiender Wirkung zu leisten (s. § 407 BGB).

b) Pfändung des in einer Zwangsversteigerung auszuzahlenden Versteigerungserlöses siehe Rdn. 1977 ff.

128 c) In der *Zwangsverwaltung* ist das Recht des Schuldners als Gläubiger einer Hypothek, Grundschuld oder persönlichen Beschlagnahmeforderung auf Befriedigung aus den Nutzungen des Grundstücks (§§ 10, 155 ZVG) ebenfalls Nebenrecht. Als solches kann es nicht selbstständig für sich allein gepfädet werden. Gegenstand des Pfändungszugriffs kann vielmehr nur die Hypothek, Grundschuld oder persönliche Vollstreckungsforderung als Hauptrecht sein. Die wirksame Pfändung dieses Hauptrechts erfasst als Nebenrecht auch das Recht auf Befriedigung im Zwangsverwaltungsverfahren. Drittschuldner einer solchen Pfändung ist aber nicht der Zwangsverwalter, sondern der Schuldner des Hauptrechts, also meist allein der Grundstückseigentümer[8].

---

3 *LG Wiesbaden* DGVZ 2002, 73; *Zöller/Stöber*, ZPO, Rdn. 13 zu § 806 b mit weit. Nachw.

4 *LG Kiel* Rpfleger 1970, 71; *Noack* MDR 1973, 988; **a.A.** *Densch* DGVZ 1969, 85, der jedoch nicht zutreffend in der Zahlung eine außerhalb der Zwangsvollstreckung liegende Handlung erblickt, und *AG Rheine* DGVZ 1984, 122 = JurBüro 1983, 1416 sowie *AG Stockach* DGVZ 2005, 191, die (nicht zutreffend) für Pfändung durch den Gerichtsvollzieher nach § 809 ZPO sind.

5 *OLG Nürnberg* JurBüro 2001, 606 = MDR 2001, 1133; **A.A.** *Stein/Jonas/Brehm*, ZPO, Rdn. 26 zu § 835.

6 Siehe nun auch *LG Frankfurt* Rpfleger 1976, 26 sowie *OLG Stuttgart* Rpfleger 1983, 409.

7 *OLG Stuttgart* und *LG Frankfurt* je a.a.O. (Fußn. 6).

8 *Stöber* Rpfleger 1962, 399 mit eingehender Begründung; *Stöber*, ZVG, Rdn. 17.2 zu § 152; **a.A.** – unzutreffend – *Jaeckel/Güthe*, ZVG, Bem. 7 zu § 152; *Bohn*, Die Pfändung von Hypotheken, Grundschulden etc., Rdn. 235, alle unter Hinweis auf *RG* in Gruchot 31, 1163, bei dem sich aber keine Anhaltspunkte für die Richtigkeit dieser Meinung finden, s. *Stöber* a.a.O.

Hypothek oder Grundschuld können zudem auch während eines Zwangsverwaltungsverfahrens nur nach Maßgabe der §§ 830, 857 Abs. 6 ZPO gepfändet werden (siehe 6. Kap.). Ihre wirksame Pfändung darf auch der Zwangsverwalter nicht von sich aus berücksichtigen. Nach der Pfändung muss vielmehr das Vollstreckungsgericht seine Zahlungsanordnung (siehe § 157 ZVG) ändern und den Zwangsverwalter anweisen, die dem Schuldner zustehenden Ansprüche zu hinterlegen oder – nach Überweisung – an den Gläubiger auszuzahlen[9]. 129

d) Der Anspruch des Schuldners auf den ihm in der Mobiliarzwangsvollstreckung (siehe §§ 169, 170 GVGA) oder in der Zwangsversteigerung eines ihm gehörenden Grundstücks verbleibenden *Überschuss des Versteigerungserlöses* ist vom Zuschlag an pfändbar. Da der Gerichtsvollzieher, Richter oder Rechtspfleger den Erlös in amtlicher Eigenschaft verteilt, ist er nicht Drittschuldner (siehe Rdn. 23). Die Pfändung wird daher nach § 857 Abs. 2 ZPO mit der Zustellung des Pfändungsbeschlusses[10] an den Schuldner wirksam[11]. Die mit dieser Zustellung wirksam gewordene Pfändung muss dem Gerichtsvollzieher oder Vollstreckungsgericht zur Berücksichtigung bei der Abwicklung des dem Schuldner verbleibenden Überschusses oder im Verteilungsverfahren (§§ 105 ff. ZVG) bei Zahlung des Versteigerungserlöses an die Berechtigten (§ 117 ZVG) angezeigt und nachgewiesen werden. Für Geld im Besitz des Gerichtsvollziehers wird daneben auch noch (wahlweise) Sachpfändung mit Anschlusspfändung nach § 826 ZPO (damit möglich auch Pfändung nach § 808 ZPO) für zulässig erachtet[12], weil es bis zur Ablieferung an den Gläubiger Eigentum des Schuldners bleibt, dem der versteigerte Gegenstand bei Pfändung gehört hat. Diese Möglichkeit der Anschlusspfändung endet aber jedenfalls mit der Einzahlung des erlösten Geldes auf das Dienstkonto des Gerichtsvollziehers[13]. Ob sie bis dahin zulässig ist, erscheint aber doch zweifelhaft; m.E. stellt § 826 ZPO keine weitere Art der Pfändung zur Verfügung. Sie könnte ohnedies nur wenig Bedeutung erlangen, weil der Gerichtsvollzieher kaum einmal einen für den Schuldner abgeteilten Erlösbetrag als Übererlös einzeln pfändbar in Händen halten wird. Für den Gläubiger kann sich ein Zugriff mit Sach- oder Rechtspfändung nicht nach der ihm durchweg unbekannten Tatsache bestimmen, wie gerade der Gerichtsvollzieher den Verwertungserlös büromäßig (kassentechnisch) verwaltet. Es kann auch keinen Unterschied machen, ob ein Überschuss des Versteigerungserlöses in der Mobiliarvollstreckung oder bei Zwangsversteigerung eines Schuldnergrundstücks Gegenstand einer Pfändung sein soll. Ein in der Grundstückszwangsversteigerung ausgewiesener Erlösüberschuss des Schuldners müsste als Geld in Händen des Vollstreckungsgerichts[14] in Form der Erst- 130

---

9 *Stöber* Rpfleger 1962, 399.
10 **Anders** *LG Berlin* DGVZ 1983, 93: nur Pfändung nach § 826 ZPO.
11 **A.A.** – Drittschuldner ist der Gerichtsvollzieher – *Flad* ZZP 54, 451.
12 *Münzberg* ZZP 98 (1985) 357 (362); *Schuschke/Walker*, Rdn. 3 zu § 819.
13 *Stein/Jonas/Münzberg*, ZPO, Rdn. 2 zu § 826; *Münzberg* a.a.O.
14 Bei der bargeldlosen Erlösabwicklung nicht denkbar.

pfändung nach § 808 ZPO durch den Gerichtsvollzieher (und selbst ein Organ der Verwaltungsvollstreckung) gepfändet werden. Die Regelung des Verfahrens zur Erlösverteilung (§§ 105 ff. ZVG) bietet aber keinen Anhalt dafür, dass Erlöspfändung nach den Vorschriften über die Zwangsvollstreckung in körperliche Sachen zulässig sein könnte. Erfolgen könnte sie ohnedies nur bei Herausgabebereitschaft des Vollstreckungsgerichts (§ 809 ZPO). Diese aber ist vor möglicher Erlösabwicklung bei (zulässiger) Ausführung des Teilungsplans (§ 117 ZVG) nicht vorstellbar. Scheitert die Sachpfändung aber nur daran, dann müsste Zugriff auf den „Anspruch" des Schuldners auf Überlassung des Erlösüberschusses nach §§ 846, 847 ZPO erfolgen können. Solche Pfändung wiederum aber ist ausgeschlossen, weil das Vollstreckungsgericht den Erlös in amtlicher Eigenschaft verteilt und daher nicht Drittschuldner ist (dazu oben). Zutreffender (und allein richtig) erscheint es daher, die vermögensrechtliche Stellung des Schuldners auf den Erlösüberschuss nur den nach § 857 Abs. 1, 2 ZPO pfändbaren anderen Vermögensrechten zuzurechnen. Das muss auch gelten, wenn (ausnahmsweise) der Ersteher bare Zahlung nicht sogleich im Versteigerungstermin zu leisten hat. Auch wenn Stundung bewilligt ist, darf Ablieferung der zugeschlagenen Sache nur gegen bare Zahlung geschehen (§ 817 Abs. 2 ZPO). Weil diese an den Gerichtsvollzieher zu erfolgen hat, kann auch bis zur Zahlung Pfändung einer Schuldnerforderung gegen den Ersteher (mit diesem als Drittschuldner[15]) nicht erfolgen[16]. Vor Erteilung des Zuschlags kann der Erlösanspruch nicht, auch nicht als künftiges Vermögensrecht, gepfändet werden[17]. Vollstreckung zu dieser Zeit erfordert Anschlusspfändung des Gegenstandes durch den Gerichtsvollzieher (§ 826 ZPO) oder Zulassung des Beitritts (§ 26 ZVG).

130a e) Ein dem Schuldner bei *Austauschpfändung* überlassener Geldbetrag ist unpfändbar (§ 811 a Abs. 3 ZPO). Der Anspruch des Schuldners auf den zur Ersatzbeschaffung erforderlichen Geldbetrag durch den Gläubiger oder aus dem Vollstreckungserlös (§ 811 a Abs. 1 und 2 ZPO), ist daher ebenso nicht pfändbar.

130b f) Der Erlös aus dem *Verkauf von Räumungsgut* (§ 885 Abs. 4 ZPO) gebührt dem Schuldner. Er ist pfandfreier Vermögensgegenstand des Schuldners, damit selbst pfändbar. Weil der Schuldner das veräußerte Räumungsgut nicht abgefordert hat, kann der Verwertungserlös nicht unpfändbar sein, soweit er durch den Verkauf nicht pfändbarer Sachen (§ 811 ZPO) erzielt ist[18]. Der Anspruch auf den künftigen Verwertungs-

---

15 Dem Ersteher, der an den Gerichtsvollzieher zu zahlen hat, an den Schuldner somit überhaupt nicht leisten kann, kann nicht mit Pfändungsbeschluss verboten werden, „an den Schuldner zu zahlen" (§ 829 Abs. 1 ZPO). Wie sollte er ein solches Zahlungsverbot noch verstehen? Dazu, dass der Ersteher nicht Drittschuldner ist (wenn auch für andere Fallgestaltung) siehe *BGH* 58, 298 (301) = JurBüro 1972, 874 = MDR 1972, 601 = NJW 1972, 1135.
16 **Anders** *Münzberg* ZZP 98 (1985) 357 (363).
17 Siehe Rdn. 1989; **a.A.** *Flad* a.a.O.; *Münzberg* ZZP 98 (1985) 357 (362).
18 Zum Teil anders *Stein/Jonas/Brehm*, ZPO, Rdn. 45 zu § 885.

erlös unterliegt als Vermögenswert des Schuldners bereits vor dem Verkauf des Räumungsguts der Pfändung. Der Gerichtsvollzieher, der den Erlös in amtlicher Eigenschaft erlangt und abzuwickeln hat, kann jedoch nicht Drittschuldner sein (wie Rdn. 130). Die Pfändung kann daher nur nach § 857 Abs. 2 ZPO mit Beschlusszustellung an den Schuldner wirksam werden. Nach § 809 ZPO pfändbar muss der Erlös sein (insbesondere auch bei der Vollstreckung von Räumungskosten nach § 788 Abs. 1 ZPO), wenn er sich in Gewahrsam des Gerichtsvollziehers befindet[19]. Ist er bereits zugunsten des Räumungsschuldners hinterlegt, ist dessen Herausgabeanspruch an die Hinterlegungsstelle nach § 829 ZPO zu pfänden.

24. Garantievertragsforderung

Gepfändet wird die angebliche Forderung des Schuldners an ... – Drittschulder – auf Zahlung der Garantiesumme bis zur Höhe von ... Euro aus der durch Garantievertrag vom ... übernommenen Garantie zur Sicherstellung des Eingangs der Kaufpreisforderung aus den Exportgeschäften mit ... über die Lieferung von ... 131

(oder) *... Zahlung der Garantiesumme bis zur Höhe von ... Euro für die durch Kreditgarantievertrag vom ... gesicherte Rückzahlung eines dem ... gewährten Darlehens samt Zahlung der aufgelaufenen Zinsen sowie Kosten.*

a) Durch *Garantievertrag* verpflichtet sich der Garant, für das Eintreten eines bestimmten Erfolgs einzustehen[1]. Dieser Erfolg kann in der fristgerechten Erfüllung einer Vertragsverpflichtung[2], vornehmlich somit in der Vermeidung eines Verlustes (Schadens) durch Kreditgewährung an einen Dritten bei dessen Zahlungsunfähigkeit bestehen[3]. Begründet wird durch den Garantievertrag eine selbstständige, von der des ursprünglichen Schuldners unabhängige Verpflichtung des Garanten[4]. Sie verpflichtet zur Schadloshaltung des Garantienehmers, wenn der garantierte Erfolg nicht eintritt[5], wie bei Nichterfüllung eines Vertrags durch den Schuldner oder dessen sonst vertragswidriges Verhalten. Für Pfändung durch einen Gläubiger des Garantienehmers Bedeutung erlangen kann vornehmlich die Forderungsgarantie, insbesondere wenn sie als Zahlungsgarantie den (rechtzeitigen) Eingang einer Forderung sichert; vielfach besteht sie als Bankgarantie. 131a

b) Die Garantie ist *selbstständiges Sicherungsrecht* (Rdn. 701), nicht Nebenrecht nach § 401 Abs. 1 BGB. Die Garantieverpflichtung wird daher von der Pfändung der Forderung aus dem garantierten Geschäft nicht erfasst. Die (selbstständige) Verpflichtung des Garanten muss gesondert (selbstständig) gepfändet werden. Drittschuldner ist der Garant. 131b

---

19 *Stein/Jonas/Brehm*, ZPO, Rdn. 45 zu § 885.
1 *RG* 90, 415 (416).
2 *BGH* NJW 1985, 2941.
3 *RG* 90, 415 (417).
4 *RG* 90, 415 (417).
5 *BGH* NJW 1985, 2941.

1. Kapitel: ZwV in Geldforderungen

25. Gefangenenbezüge, -gelder und -habe

132 *Gepfändet wird die angebliche Forderung des in der Justizvollzugsanstalt ... untergebrachten Schuldners an das Land ..., vertreten durch ... – Drittschuldner – auf*

A. Bei Vollstreckung einer „gewöhnlichen" Gläubigerforderung:

- *Auszahlung des ihm als Eigengeld bereits gutgeschriebenen und künftig noch gutzuschreibenden Geldes mit Ausnahme des nach § 51 Abs. 4 StVollzG unpfändbaren Teils in Höhe des Unterschiedsbetrags zwischen dem nach § 51 Abs. 1 StVollzG zu bildenden und dem tatsächlich vorhandenen Überbrückungsgeld.*

B. Bei Vollstreckung eines gesetzlichen Unterhaltsanspruchs:

- *Auszahlung des gegenwärtigen und des künftig gutzuschreibenden Eigengeldes sowie Leistung des ihm bei der Entlassung in die Freiheit auszuzahlenden Überbrückungsgeldes. Pfandfrei verbleibt jedoch ein Betrag von ... Euro, der dem Schuldner für seinen notwendigen Unterhalt und zur Erfüllung seiner Unterhaltspflichten gegenüber ... für die Zeit bis zum Ablauf von vier Wochen seit der Entlassung belassen wird.*

Schrifttum: *Behr,* Pfändung von Inhaftiertengeldern, JurBüro 1996, 514; *Fluhr,* Die Pfändbarkeit der Forderungen eines zum Freigang zugelassenen Strafgefangenen, NStZ 1994, 115; *Hornung,* Pfändung der Bezüge und Gelder von Gefangenen, RpflJB 1985, 365; *Kenter,* Zur Pfändbarkeit von Geldforderungen Strafgefangener, Rpfleger 1991, 488; *Ricken,* Die Inanspruchnahme von Eigengeldern der Gefangenen zur Deckung der Gerichtskosten und Vermögensstrafen, JVBl 1965, 196, der auch Fragen der Aufrechnung behandelt (mit Inkrafttreten des StVollzG weitgehend überholt); *Stange* und *Rilinger,* Pfändbarkeit von Geldforderungen Strafgefangener, Rpfleger 2002, 610.

Bitte beachten: Das StVollzG ist Bundesrecht nur noch nach Art. 125 a Abs. 1 GrundG. Es kann durch Landesrecht ersetzt werden (Gesetzgebungskompetenz der Länder, Art. 70, 74 Abs. 1 Nr. 1 GrundG). Landesgesetze können ergänzende oder abweichende Vorschriften enthalten.

133 a) Den *Vollzug einer Freiheitsstrafe* in einer Justizvollzugsanstalt und einer freiheitsentziehenden Maßregel der Besserung und Sicherung regelt das Strafvollzugsgesetz[1] (zum Untersuchungsgefangenen Rdn. 144 a). In seinem 2. Abschnitt (§§ 2–126) sind die Rechte und Pflichten des Gefangenen sowie die Eingriffsbefugnisse und Pflichten der Vollzugsbehörde zur Ausgestaltung des Vollzugs im Einzelfall geregelt. Entsprechendes gilt (mit Besonderheiten) für die Sicherungsverwahrung (§ 130 StVollzG), für die Unterbringung in einem psychiatrischen Krankenhaus oder in einer Entziehungsanstalt (§ 138 Abs. 2 StVollzG), für den Vollzug des Strafarrestes in Justizvollzugsanstalten (§ 167 StVollzG) und für den Vollzug einer gericht-

---
1 Gesetz über den Vollzug der Freiheitsstrafe und der freiheitsentziehenden Maßregeln der Besserung und Sicherung – Strafvollzugsgesetz (StVollzG) –. Vom 16. März 1976, BGBl I 581 (mit Änderungen). Das Gesetz ist am 1. Jan. 1977 in Kraft getreten. § 198 Abs. 2 und 3 sieht jedoch Ausnahmen vor.

lich angeordneten Ordnungs-, Sicherungs-, Zwangs- und Erzwingungshaft (§ 171 StVollzG). Besonderheiten für das Arbeitsentgelt in Jugendstrafanstalten und im Vollzug der Untersuchungshaft s. §§ 176, 177 StVollzG.

134 b) aa) Als *Eigengeld* wird dem Gefangenen Geld gutgeschrieben, das er bei Aufnahme in den Vollzug mitbringt (§ 83 Abs. 2 StVollzG) oder das während des Vollzugs für ihn eingezahlt wird. Zum Eigengeld werden weiter Bezüge des Gefangenen genommen, die nicht als Hausgeld, Haftkostenbeitrag, Unterhaltsbeitrag oder Überbrückungsgeld in Anspruch genommen werden (§ 52 StVollzG; dazu Rdn. 140). Das Gefangeneneigengeld wird von der Anstaltszahlstelle oder einer für die Verwahrung des Gefangenengeldes eingerichteten Ein- und Auszahlungsstelle für die zuständige Kasse (Kasse der Justizvollzugsanstalt, Oberjustizkasse) gebucht (siehe z. B. Bayer.GeWeBek[2]). Es steht dem Zugriff der Gläubiger des Gefangenen offen. Der Anspruch des Gefangenen auf Rückzahlung seines Eigengeldes (§§ 700, 488 Abs. 1 S. 2 BGB analog) ist als Forderungsrecht pfändbar[3]. Drittschuldnervertreter ist die nach landesrechtlicher Regelung (s. Anhang) zuständige Stelle, nicht der Anstaltsleiter nach § 156 Abs. 2 StVollzG. Pfändungsbeschränkungen bestehen nicht[4] (auch nicht für das aus Arbeitsentgelt des Gefangenen gebildete Eigengeld[5]), wenn das Überbrückungsgeld (§ 51 StVollzG) den notwendigen (§ 51 Abs. 1 StVollzG) Lebensunterhalt des Gefangenen und seiner Unterhaltsberechtigten für die ersten vier Wochen nach der Entlassung sichert. Erreicht das Überbrückungsgeld nicht den dafür erforderlichen Betrag, dann ist der Anspruch auf Auszahlung des Eigengeldes in Höhe des Unterschiedsbetrages unpfändbar (§ 51 Abs. 4 S. 2 StVollzG, abgedr. Rdn. 138; Besonderheit bei Pfändung wegen eines Unterhaltsanspruchs nach § 51 Abs. 5 StVollzG). Der Betrag des Überbrückungsgeldes für den notwendigen Lebensunterhalt ist von der Landesjustizverwaltung festgesetzt; im Einzelfall kann der Anstaltsleiter einen höheren Betrag bestimmt haben (Nr. 1 Abs. 2 VVStVollzG[6] zu § 51). Die Vollzugsbehörde kann daher auch anhand des jeweils gebildeten Überbrückungsgeldes den fehlenden Unterschiedsbetrag und damit den unpfändbaren Teil des Eigengeldes feststellen. Der Pfändungsbeschluss braucht diesen unpfändbaren Teil des Eigengeldes deshalb nicht betragsmäßig zu bezeichnen. Er kann so gefasst werden, dass Eigen-

---

2   Bekanntmachung über die Einrichtung von Ein- und Auszahlungsstellen bei Justizvollzugsanstalten zur Verwaltung der Gelder und Wertsachen der Gefangenen (GeWeBek.). Vom 20. Okt. 1972, BayJMBl S. 265, i.d.F. der Änderungsbekanntmachung vom 11.12.1975, BayJMBl 1976 S. 2.
3   *BGH* 160, 112 FamRZ 2004, 1717 = JurBüro 2004, 671 = MDR 2005, 48 = NJW 2004, 3714 = Rpfleger 2004, 711.
4   *LG Berlin* Rpfleger 1981, 445 und Rpfleger 1992, 128; *LG Detmold* Rpfleger 1999, 34; *LG Kassel* JurBüro 2003, 217; *LG Lüneburg* NdsRpfl 2001, 20; *Hornung* RpflJB 1985, 365 (389).
5   *BGH* 160, 112 = a.a.O.; *BFH* 204, 25 = JurBüro 2004, 495 = NJW 2004, 1344 Leits; *LG Trier* JurBüro 2003, 550 (Begründung jedoch nicht zutreffend).
6   Bundeseinheitliche Verwaltungsvorschriften zum Strafvollzugsgesetz, vgl. z. B. BayJMBl 1976 S. 325.

geld in Höhe des Unterschiedsbetrags zwischen dem zu bildenden und dem tatsächlich vorhandenen Überbrückungsgeld von der Pfändung ausgenommen bleibt. Im Zweifelsfall können Gläubiger, Schuldner oder auch der Anstaltsleiter für den Drittschuldner (§ 156 Abs. 2 StVollzG) klarstellende Entscheidung des Vollstreckungsgerichts (dazu Rdn. 929) über den Betrag des unpfändbaren Eigengeldes verlangen.

135 bb) Zu dem sonach pfändbaren Eigengeld gehört auch ein Guthaben aus Zahlung einer Sozialrente, einer Leistung nach SGB III (Arbeitsförderung), einer Leistung nach dem BVersG[7] sowie das gutgeschriebene Arbeitsentgelt[8] (Rdn. 137). Die 7-Tage-Pfändungsschutzbestimmung des § 55 SGB I[9] und die Schutzvorschrift für Arbeitseinkommen auf Kontoguthaben[10] (§ 850 k ZPO) finden keine Anwendung. Eigengeld stellt kein Kontoguthaben bei einem Geldinstitut dar; auch dem Zweck des § 55 SGB I, den bargeldlosen Zahlungsverkehr zu fördern und zu schützen, kann infolge des hoheitlichen Gewaltenverhältnisses mit dem einem Gefangenen zugeflossenen Eigengeld nicht Rechnung getragen werden. Die Auffassung, dass bei der Pfändung eines aus Arbeitsentgelt gebildeten Eigengeldguthabens die Pfändungsfreigrenzen des § 850 c ZPO nicht zu beachten sind, verstößt nicht gegen das Grundgesetz[11].

136 cc) *Zweckgebundene* Gelder, die von einem Dritten für einen Gefangenen bei der Kasse der Haftanstalt einbezahlt sind (s. auch VVStVollzG Nr. 3 zu § 83) bleiben unpfändbar[12]. Um zweckgebundene, mithin unpfändbare Einzahlungen handelt es sich insbesondere auch bei den von einer Haftanstalt verwalteten, für den in Untersuchungshaft einsitzenden

---

7 *LG Berlin* Rpfleger 1970, 29.
8 *OLG Karlsruhe* Rpfleger 1994, 370; *SchlHOLG* Rpfleger 1995, 29; *LG Detmold* Rpfleger 1999, 34; *LG Hagen* Rpfleger 1993, 78; *LG Hannover* Rpfleger 1995, 264; *LG Kassel* JurBüro 2003, 217; *LG Münster* JurBüro 1996, 107; *Fluhr* NStZ 1994, 115 (117) für Freigänger mit freiem Beschäftigungsverhältnis; *Stein/Jonas/Brehm*, ZPO, Rdn. 28 zu § 850. A.A. *OLG Frankfurt* NStZ 1993, 559; *LG Arnsberg* Rpfleger 1991, 520; *LG Karlsruhe* NJW-RR 1989, 1536. Das *LG Berlin* Rpfleger 1981, 445 hat auf Antrag nach § 765 a ZPO für überwiesenes Arbeitseinkommen Schutz in Höhe der nach § 850 c ZPO pfandfreien Beträge gewährt.
9 So auch *Hornung* RpflJB 1985, 365 (390).
10 *SchlHOLG* Rpfleger 1995, 29; *LG Berlin* Rpfleger 1992, 128; *LG Detmold* Rpfleger 1999, 34; *LG Hannover* Rpfleger 1995, 264; *Fluhr* NStZ 1994, 115 (117); a.A. *LG Hagen* Rpfleger 1993, 78 (79; „analoge Anwendung des Rechtsgedankens aus § 850 k Abs. 1 und 2 ZPO"); *LG Kiel* SchlHA 1994, 89.
11 *BVerfG* (Vorprüfungsausschuss) NJW 1982, 1583.
12 Siehe *Berner* Rpfleger 1966, 311 für das Geld, das zur Wiederherstellung eines fehlerhaften Gebisses nach dem Kostenanschlag des Anstaltszahnarztes erforderlich und hierfür von einem Dritten für den Gefangenen bei der Anstaltskasse einbezahlt ist; a.A. *LG Berlin* Rpfleger 1966, 311; z. T. mit Einschränkungen (pfändbar, wenn das Geld von den Angehörigen des Schuldners für eine über das Maß des Einfachen und Notwendigen hinausgehende Zahnbehandlung vorgesehen ist; das hebe eine Zweckbindung aber nicht auf), auch *AG Köln* JurBüro 1965, 814, sowie *LG München I* KKZ 1983, 214 (zur Unterstützung des Schuldners von Angehörigen eingezahlte Gelder sind nach § 850 b Abs. 1 Nr. 3 ZPO [auch wegen ihrer Zweckbestimmung] unpfändbar).

Schuldner eingezahlten Selbstverpflegungskosten. Hat ein Dritter (z. B. die Mutter des Schuldners) die Selbstverpflegungskosten aufgebracht und einbezahlt, so folgt deren Unpfändbarkeit zudem aus der Tatsache, dass sie dem Schuldner auf Grund der Fürsorge und Freigebigkeit des Dritten zugeflossen sind[13] (§ 850 b Abs. 1 Nr. 3 ZPO). Der Anspruch auf Rückzahlung nicht verbrauchter Selbstverpflegungskosten, die der Schuldner selbst einbezahlt hat, kann als Eigengeldforderung gepfändet werden.

c) aa) Der Gefangene hat Anspruch auf *Arbeitsentgelt* (§ 43 StVollzG; zur Höhe § 43 Abs. 2 und 3, § 200 StVollzG). Aus diesem Arbeitsentgelt und allen anderen im StVollzG geregelten Bezügen (insbes. Ausbildungsbeihilfe nach § 44, Ausfallentschädigung nach § 45) wird ein Überbrückungsgeld gebildet (§ 51 Abs. 1 StVollzG). Es soll den notwendigen Lebensunterhalt des Gefangenen und seiner Unterhaltsberechtigten für die ersten vier Wochen (siehe z. B. auch § 811 Abs. 1 Nr. 2 ZPO) nach seiner Entlassung sichern (§ 51 Abs. 1 StVollzG). Damit wird gewährleistet, dass der Gefangene die nach der Entlassung für den Übergang in die Freiheit notwendigen wirtschaftlichen Mittel nach Möglichkeit von seinem Arbeitsentgelt und den anderen Bezügen selbst erspart[14]. Soweit ihm das nicht möglich ist, erhält er nach § 75 StVollzG Entlassungshilfe (dazu Rdn. 143). Die mit § 51 StVollzG bestimmte Zweckbindung des Arbeitsentgelts und der anderen Bezüge schränkt die Verfügungsbefugnis des Gefangenen ein, sie entzieht zugleich das Arbeitsentgelt ebenso wie die anderen Bezüge dem Pfändungszugriff seiner Gläubiger[15]. Die Pfändung des Anspruchs auf Arbeitsentgelt ist damit nach seiner Zweckbestimmung ausgeschlossen (§ 851 Abs. 1 ZPO).

137

bb) Arbeitsentgelt der Gefangenen ist aber auch nicht Arbeitseinkommen, das nach Maßgabe der §§ 850 ff. ZPO gepfändet werden könnte[16]. Der Rechtsanspruch des Gefangenen auf Gewährung von Arbeitsentgelt begründet sonach kein nach Maßgabe der §§ 850 ff. ZPO pfändbares

---

13 *Berner* Rpfleger 1961, 205 mit zutreffenden Gründen gegen *LG Düsseldorf* Rpfleger 1960, 304; hierzu kritisch *LG Frankfurt* Rpfleger 1989, 33.
14 Begründung des Gesetzentwurfs, BT-Drucks. 7/918, S. 70.
15 Gesetzesbegründung (Fußn. 14) Seite 71; *SchlHOLG* Rpfleger 1995, 29; *LG Hagen* Rpfleger 1993, 78 (79); *LG Itzehoe* JurBüro 1991, 872 = Rpfleger 1991, 521.
16 *BGH* 160, 112 = a.a.O.; *BFH* NJW 2004, 1344 (Leits) = a.a.O.; *OLG Karlsruhe* Rpfleger 1994, 370; *LG Itzehoe* a.a.O. (Fußn. 15); *LG Berlin* Rpfleger 1992, 128.
A.A. *OLG Frankfurt* JurBüro 1985, 469 = Rpfleger 1984, 425: Die Pfändungsschutzvorschriften der §§ 850 ff. ZPO gelten grundsätzlich auch für das Gefangenen-Arbeitsentgelt. Mit dem Arbeitsentgelt sind die Naturalleistung für den Lebensunterhalt des Gefangenen, deren Wert dem Haftkostenbeitrag entspricht, nach § 850 e Nr. 3 ZPO zusammenzurechnen, auch wenn ein Haftkostenbeitrag nicht erhoben wird. Der in Geld zahlbare Betrag ist insoweit pfändbar, als der nach § 850 c ZPO unpfändbare Teil des Gesamteinkommens durch den Wert der dem Gefangenen verbleibenden Naturalleistung gedeckt ist. So auch *Hornung* RpflJB 1985, 365 (360 f mit 383); *OLG Frankfurt* NStZ 1993, 559 und *LG Kiel* SchlHA 1994, 89. Aufnahme und Unterbringung in einer Haftanstalt können aber doch nicht wie Naturalleistungen als Entgelt für Arbeit (§ 850 e Nr. 3 ZPO) behandelt werden.

Arbeitseinkommen[17]. Der Gefangene leistet Arbeit auf Grund des gesetzlich zugelassenen und richterlich angeordneten hoheitlichen Eingriffs in seine Freiheit. Die Gefangenenarbeit regeln ausschließlich die öffentlich-rechtlichen Normen des StVollzG[18]. Angaben über den Arbeitseinsatz als Behandlungsmaßnahme enthält der Vollzugsplan (§ 7 Abs. 2 Nr. 4 StVollzG). Der Berufstätigkeit in einem freien Arbeitsverhältnis entsprechen die Arbeitspflicht des Strafgefangenen und das Arbeitsleben in der Anstalt nicht. Dienst- oder arbeitsvertragliche Beziehungen fehlen. Einnahmen aus Arbeit, die nach dem weit auszulegenden Wortlaut des § 850 ZPO der Pfändung und dem Pfändungsschutz unterliegen könnten, ist das Entgelt aus Gefangenenarbeit daher nicht. Weder Wortlaut noch Sinn und Zweck des § 850 ZPO erfassen das Entgelt für Gefangenenarbeit. Erfüllung der Arbeitspflicht des Gefangenen dient nicht, wie berufliche Tätigkeit in freier Arbeit, dem Zweck, Mittel für den eigenen Lebensunterhalt und zur Befriedigung der Lebensbedürfnisse der Familie zu erlangen; daher verbietet sich auch die entsprechende Anwendung der Pfändungsvorschriften für Arbeitseinkommen (§§ 850 ff. ZPO; zu deren Zweck Rdn. 872) auf das Entgelt für Gefangenenarbeit. Das ist schon von der Gesetzesbegründung[19] als selbstverständlich angenommen worden. Mit der Regelung, dass nicht in Anspruch genommene Bezüge zum Eigengeld gutzuschreiben sind (§ 52 StVollzG), ist auch klargestellt, dass sie mit Eigengeld sowohl der Verfügung des Gefangenen als auch dem Zugriff seiner Gläubiger offenstehen[19]. Hierfür aber gelten Pfändungsbeschränkungen nicht (s. Rdn. 134).

cc) Gutschrift von Gefangenenbezügen als Eigengeld (§ 52 StVollzG) ist hoheitliche Vollzugsmaßnahme; sie begründet keinen übertragbaren Anspruch. Eine Forderung auf Gutschrift von Arbeitsentgelt (sonstigen Bezügen des Gefangenen) zum Eigengeld ist daher nicht pfändbar (§ 851 Abs. 1 ZPO).

137a d) Eine *Ausgleichsentschädigung* für seine Tätigkeit erhält der Gefangene bei seiner Entlassung, wenn Anrechnung einer Freistellung auf den

---

17 A.A. *OLG Celle* KKZ 1981, 202 und KKZ 1981, 203; *LG Arnsberg* Rpfleger 1991, 520; *LG Karlsruhe* NJW-RR 1989, 1536; auch (engagiert) *Münzberg* ZZP 102 (1989) 129, der zwar einräumt, dass die für den Lebensunterhalt in der Anstalt aufgewandten Mittel nicht Naturalleistungen „als Entgelt für Arbeit" (§ 850 e Nr. 3 ZPO) sind, sie mit einem dem Haftkostenbeitrag entsprechenden Wert dennoch aber so behandelt sehen möchte, als wären die Naturalleistungen gem. § 850 e Nr. 3 ZPO erbracht. Die Unterbringung des Strafgefangenen, die Gewährung von Anstaltsverpflegung und Ausstattung mit Anstaltskleidung als Folgen der Grundrechtseinschränkung bei Strafvollzug sind der zur Abgeltung geleisteter Dienste eines Arbeitnehmers mit Sachbezügen gewährten Vergütung jedoch weder in ihrer Rechtsnatur ähnlich noch mit diesen nach dem Schutzzweck des § 850 e Nr. 3 ZPO irgendwie vergleichbar. A.A. auch *Kenter* Rpfleger 1991, 488, der wegen des in § 3 StVollzG formulierten gesetzlichen Auftrags wirksamen Vollstreckungsschutz für Strafgefangene fordert, überwiegend jedoch mit allgemein gehaltener Ablehnung der ihm nicht zusagenden Ansicht Nützliches zur Lösung der Frage nicht beiträgt und fehlende überzeugende Gründe für seinen Standpunkt durch unsachliche Schroffheit ersetzt.
18 *BArbG* BAG 53, 336.
19 Gesetzesbegründung (Fußn. 15) Seite 71.

Entlassungszeitpunkt ausgeschlossen war (§ 43 Abs. 11 StVollzG). Der Anspruch entsteht erst mit der Entlassung; er ist vor der Entlassung nicht abtretbar (§ 43 Abs. 11 S. 2 StVollzG), damit auch nicht pfändbar. Zum Eigengeld gutgeschrieben wird die Ausgleichszahlung nach Verbüßung von jeweils zehn Jahren einer lebenslangen Freiheitsstrafe oder Sicherungsverwahrung (§ 43 Abs. 11 S. 3 StVollzG). Als Eigengeld unterliegt der gutgeschriebene Betrag dann der Pfändung.

e) Das *Überbrückungsgeld* (Rdn. 137) wird dem Gefangenen bei der Entlassung in die Freiheit ausgezahlt (§ 51 Abs. 2 S. 1 StVollzG); nach Maßgabe des § 51 Abs. 2 S. 2 StVollzG kann es einem Bewährungshelfer oder einer mit der Entlassenenbetreuung befassten Stelle oder auch einem Unterhaltsberechtigten überwiesen werden. Pfändungsschutz regelt wie folgt: 138

§ 51 Abs. 4 und 5 StVollzG

(4) Der Anspruch auf Auszahlung des Überbrückungsgeldes ist unpfändbar. Erreicht es nicht die in Absatz 1 bestimmte Höhe, so ist in Höhe des Unterschiedsbetrages auch der Anspruch auf Auszahlung des Eigengeldes unpfändbar. Bargeld des entlassenen Gefangenen, an den wegen der nach Satz 1 oder Satz 2 unpfändbaren Ansprüche Geld ausgezahlt worden ist, ist für die Dauer von vier Wochen seit der Entlassung insoweit der Pfändung nicht unterworfen, als es dem Teil der Ansprüche für die Zeit von der Pfändung bis zum Ablauf der vier Wochen entspricht.

(5) Absatz 4 gilt nicht bei einer Pfändung wegen der in § 850 d Abs. 1 Satz 1 der Zivilprozessordnung bezeichneten Unterhaltsansprüche. Dem entlassenen Gefangenen ist jedoch so viel zu belassen, als er für seinen notwendigen Unterhalt und zur Erfüllung seiner sonstigen gesetzlichen Unterhaltspflichten für die Zeit von der Pfändung bis zum Ablauf von vier Wochen seit der Entlassung bedarf.

Dazu ist in der Gesetzesbegründung[20] ausgeführt:

„Da das Ansparen des Überbrückungsgeldes längere Zeit in Anspruch nehmen kann, soll auch das Eigengeld des Gefangenen in der jeweils für das Überbrückungsgeld in Betracht kommenden Höhe Pfändungsschutz genießen, solange die volle Höhe des Überbrückungsgeldes noch nicht erreicht ist. Diese Vorschrift dehnt den Vollstreckungsschutz der Zivilprozessordnung in einer den Bedürfnissen der Anstaltsunterbringung entsprechenden Weise aus. Während § 811 Nr. 2 und 8 der Zivilprozessordnung bereits einen Pfändungsschutz für Sachen vorsehen, die der Schuldner in seinem Besitz hat, fehlt eine entsprechende Vorschrift für den Schutz eines Anspruchs auf Rückgabe verwahrter Gelder oder Sachen, wie ihn vornehmlich der Gefangene und Untergebrachte hat. Die Einführung dieses Pfändungsschutzes ist notwendig, um eine zu Härten führende Lücke zu schließen."

Wegen der in § 850 d Abs. 1 S. 1 ZPO bezeichneten Unterhaltsansprüche, für die der Anspruch auf Auszahlung des Überbrückungsgeldes nach Maßgabe des § 51 Abs. 5 StVollzG gepfändet werden kann, siehe Rdn. 1076 ff. Unterhaltsrückstände, die länger als ein Jahr vor dem Antrag auf Erlass des Pfändungsbeschlusses fällig geworden sind, gehören nicht dazu, wenn nach Lage der Verhältnisse nicht anzunehmen ist, dass der Schuldner sich seiner Zahlungspflicht absichtlich entzogen hat (§ 850 d Abs. 1 S. 4 ZPO); sie haben somit kein Pfändungsrecht nach § 51 Abs. 5 StVollzG. Für Forderungen aus vorsätzlich begangenen unerlaubten Handlungen (§ 850 f Abs. 2 ZPO) 139

---

20 Gesetzesbegründung (Fußn. 15) Seite 71.

1. Kapitel: ZwV in Geldforderungen

ist Pfändung des Überbrückungsgeldes nach § 51 Abs. 4, 5 StVollzG nicht gestattet. Drittschuldnervertretung bei Pfändung s. im Anhang. Der nach § 51 Abs. 5 StVollzG dem Gefangenen bei Pfändung zu belassende Betrag ist vom Vollstreckungsgericht festzusetzen und im Pfändungsbeschluss zu bezeichnen. Er kann, da eine dem § 850 d Abs. 1 S. 3 ZPO entsprechende Regelung fehlt, auch den Betrag übersteigen, der dem Schuldner nach § 850 c ZPO bei Einkommenspfändung gegenüber nicht bevorrechtigten Gläubigern für den gleichen Zeitraum verbleiben würde. Dies rechtfertigt sich mit der Zweckbestimmung des Überbrückungsgeldes infolge der besonderen Bedürfnisse des Strafentlassenen. Nicht ausdrücklich vorgesehen ist, dass nach § 51 Abs. 5 StVollzG der Freibetrag so zu bemessen ist, dass er nur gleichmäßige Befriedigung der dem Gläubiger gleichstehenden Berechtigten ermöglicht. Jedoch folgt daraus, dass der Freibetrag nach allen „sonstigen gesetzlichen Unterhaltspflichten" zu bemessen ist, dass vorgehende Berechtigte mit ihrem vollen gesetzlichen Unterhaltsanspruch, gleichstehende Unterhaltsberechtigte jedoch nur anteilig berücksichtigt werden können. Einer zeitlichen Einschränkung unterliegt die nach § 51 Abs. 5 StVollzG mögliche Pfändung nicht. Sie ist vor der in Aussicht genommenen Entlassung daher auch schon dann zulässig, wenn der Entlassungszeitpunkt noch nicht feststeht. Da eine Vorratspfändung nicht vorgesehen ist (vgl. § 850 d Abs. 3 ZPO), kann ein Pfändungsbeschluss nur wegen fälliger Unterhaltsansprüche ergehen. Eine vorzeitige Fälligkeit des Überbrückungsgeldes begründet die Pfändung nicht. Soweit gepfändet ist, kann die Vollzugsbehörde das Überbrückungsgeld nicht mehr nach § 51 Abs. 2 StVollzG an einen Bewährungshelfer oder eine mit der Entlassenenbetreuung befasste Stelle überweisen. Wirksam, jedoch anfechtbar, ist auch eine gegen das Pfändungsverbot des § 51 Abs. 4 StVollzG verstoßende Pfändung sowie die Pfändung, die einen zu geringen Freibetrag nach § 51 Abs. 5 StVollzG festlegt. Einwendungen sind mit Erinnerung nach § 766 ZPO geltend zu machen. Sie können auch von der Vollstreckungsbehörde erhoben werden, die hier der Anstaltsleiter vertritt (§ 156 Abs. 2 StVollzG).

Überbrückungsgeld verliert diese Eigenschaft und damit den Schutz vor Pfändung nach § 51 Abs. 4 u. 5 StVollzG nicht dadurch, dass es auf Sparbuch (Postsparbuch) verzinslich angelegt wird. Die Postbank AG wird bei Anlegung auf die Unpfändbarkeit des Anspruchs auf Auszahlung des Geldes hingewiesen.

140 f) Soweit Bezüge des Gefangenen für Haftkostenbeitrag (§ 50 StVollzG) und Unterhaltsbeitrag (§ 49 StVollzG) verwendet werden, sind sie nicht pfändbar. *Hausgeld* (§ 47 StVollzG) darf der Gefangene für den Einkauf (§ 22 Abs. 1 StVollzG) oder anderweit verwenden (§ 47 Abs. 1 StVollzG). Von der Vollzugsbehörde darf es für Aufwendungsersatz (§ 93 Abs. 2 StVollzG) und für Kosten des Verfahrens (§ 121 Abs. 5 StVollzG) in Anspruch genommen werden. In Höhe eines geringen monatlichen Grundbetrages wird es in entsprechender Anwendung von § 811 Abs. 1 Nr. 8 ZPO als unpfändbar anzusehen sein. Pfändbar ist somit der Anspruch auf das weitergehende Hausgeld[21]. Dass es für den notwendigen Unterhalt zweckgebunden und daher unpfändbar sei, kann nicht angenommen werden; es ist weder Unpfändbarkeit bestimmt noch durch die Natur der Forderung (Rdn. 14) gegeben. *Taschengeld* (§ 46 StVollzG) wird einem bedürftigen Gefangenen gewährt, der unverschuldet kein Arbeitsentgelt und keine Ausbildungsbeihilfe bezieht. Es ist als zweckgebundene Leistung für persönliche Bedürfnisse unpfändbar[22].

g) Wird anderes Gefangenengeld (zum Überbrückungsgeld Rdn. 139 a.E.) auf einem *Bankkonto* verzinslich angelegt und bleiben diese Gelder im Verfügungsbereich der Anstalt – wie insbesondere bei Anlegung auf einem Anderkonto der Anstalt –, so wird dadurch kein Recht des Gefangenen gegenüber der Sparkasse oder Bank auf Leistung aus dem Guthaben begründet (s. Rdn. 404–407). Ihm bleibt unverändert der von seinen Gläubigern pfändbare Anspruch gegen die Haftanstalt auf Herausgabe des Eigengeldes. Nur wenn Geld auf ein eigenes – persönliches – Konto oder Spargutbaben des Gefangenen einbezahlt wird, befindet es sich nicht mehr im Verfügungsbereich der Vollzugsanstalt; diese hat das Gefangenengeld dann schon mit der Einzahlung auf das Konto oder Spargutbaben dem Gefangenen herausgegeben, so dass für diesen nunmehr unmittelbar ein pfändbarer Anspruch gegen die Bank oder Sparkasse besteht[23]. 141

h) *Eingebrachte Sachen* des Gefangenen werden für ihn aufbewahrt (§ 83 Abs. 2 StVollzG). Die Verwaltung von Wertsachen erfolgt durch die Anstaltszahlstelle oder eine dafür eingerichtete Ein- und Auszahlungsstelle für die zuständige Kasse (dazu Rdn. 134). Der Anspruch auf Herausgabe dieser Habe sowie von Wertsachen ist als Sachherausgabeanspruch pfändbar (dazu 7. Kap.). Drittschuldnervertretung siehe im Anhang. Ausgeschlossen ist die Anspruchspfändung, wenn der herauszugebende Gegenstand unpfändbar oder ohne eigenen Vermögenswert ist (Rdn. 2015). Das Land, bei dem die Gefängnisbehörde errichtet ist, kann als Gläubiger (insbesondere von Schadenersatzansprüchen, aber auch bei Beitreibung von Geldstrafen) in eingebrachte Gegenstände auch sogleich nach § 809 ZPO vollstrecken; es kann aufrechnen[24]. 142

i) Als *Entlassungsbeihilfe* erhält der Gefangene, soweit seine eigenen Mittel nicht ausreichen, von der Anstalt eine Beihilfe zu den Reisekosten sowie eine Überbrückungsbeihilfe und erforderlichenfalls ausreichende Kleidung. Dazu bestimmt 143

---

21 **Anders:** Hausgeld ist als Arbeitsentgelt nur nach §§ 850 ff. ZPO pfändbar: *OLG Hamm* NStZ 1984, 432 und MDR 2001, 1260 = OLGR 2001, 235 (unpfändbar); *OLG Karlsruhe* NStZ 1985, 430 mit Anm. *Volckart*; KG JR 1985, 218; *OLG Stuttgart* NJW 1986, 1056 Leits. = NStZ 1986, 47; außerdem *LG Münster* MDR 1992, 521 = Rpfleger 1992, 129 sowie Rpfleger 2000, 509 Leits. und *Hornung* RpflJB 1985, 365 (373): Hausgeld ist insgesamt unpfändbar.
22 So auch *Behr* JurBüro 1997, 514 (515); *Hornung* RpflJB 1985, 365 (387).
23 Siehe dazu *OLG Braunschweig* MDR 1968, 690 = NJW 1968, 1344.
24 Zur Aufrechnung siehe *LG Berlin* Rpfleger 1970, 29.

1. Kapitel: ZwV in Geldforderungen

§ 75 Abs. 3 StVollzG
(3) Der Anspruch auf Beihilfe zu den Reisekosten und die ausgezahlte Reisebeihilfe sind unpfändbar. Für den Anspruch auf Überbrückungsbeihilfe und für Bargeld nach Auszahlung einer Überbrückungsbeihilfe an den Gefangenen gilt § 51 Abs. 4 Satz 1 und 3, Abs. 5 entsprechend.

144 k) *Arbeitseinkommen* aus einem *freien Beschäftigungsverhältnis* außerhalb der Anstalt (§ 39 Abs. 1 StVollzG) unterliegt pfändungsrechtlich den §§ 850 ff. ZPO, sofern von der Ermächtigung des § 39 Abs. 3 StVollzG kein Gebrauch gemacht ist[25]. Damit das Arbeitsentgelt nach den Vorschriften des StVollzG verwendet werden kann, kann es sich die Vollzugsbehörde jedoch überweisen lassen (§ 39 Abs. 3 StVollzG). Sie führt dann das für den Gefangenen gutgeschriebene Entgelt der im StVollzG vorgesehenen Verwendung zu (dazu Rdn. 137). Es ist in diesem Falle der Einkommenspfändung entzogen[26] und ebenso zu behandeln wie Gefangenen-Arbeitsentgelt (dazu Rdn. 137). *Der Freigänger ohne Beschäftigungsverhältnis* geht einer durch die Anstalt vermittelten Tätigkeit nach; ein Vertragsverhältnis besteht nur zwischen der Vollzugsbehörde und dem Arbeitgeber. Der Freigänger erhält Arbeitsentgelt zur Gutschrift (Rdn. 137); ein pfändbarer Anspruch an den Arbeitgeber besteht somit nicht[27]. Als Geldforderung pfändbar ist der Anspruch auf Rückzahlung (gutgeschriebenen) Eigengeldes (wie Rdn. 137).

144a l) Dem *Untersuchungsgefangenen* werden als Eigengeld (wie Rdn. 134) die Geldbeträge gutgeschrieben, die er als Gefangener nicht in Gewahrsam haben darf. Es wird für ihn ein Hausgeldkonto nicht geführt und Überbrückungsgeld nicht gebildet. Der Anspruch des Untersuchungsgefangenen auf Auszahlung seines Eigengeldes[28] ist als Forderungsrecht pfändbar (Rdn. 134). Für ihn gilt die Pfändungsbeschränkung des § 51 StVollzG (Rdn. 138) nicht. Auch dem Untersuchungsgefangenen ist jedoch nach § 811 Abs. 1 Nr. 8 ZPO (entspr. Anwendung) zur Deckung persönlicher Bedürfnisse ein Taschengeldbetrag unpfändbar zu belassen[29] (vergleichbar dem Hausgeldfreibetrag des Strafgefangenen, s. Rdn. 140). Bei bevorstehender (in Aussicht stehender) Haftentlassung kann der unpfändbare Betrag nach § 811 Abs. 1 Nr. 8 ZPO auch in voller Höhe der nach § 850 c (oder d) ZPO einer Pfändung nicht unterworfenen Einkünfte bis zum nächsten Zahlungstermin nach Arbeitsaufnahme (ggf. auch nach den Grundsätzen des § 850 i Abs. 1 ZPO) zu bemessen sein. Für eingebrachte Sachen (Wertsachen und Kostbarkeiten) des Untersuchungsgefangenen gilt das Rdn. 142 Gesagte.

---

25 *Fluhr* NStZ 1994, 115 (116).
26 *Fluhr* NStZ 1994, 115; a.A. *Hornung* RpflJB 1985, 365 (380): Lohnpfändung bei dem Arbeitgeber bleibt möglich.
27 *Fluhr* NStZ 1994, 115 (117).
28 Nach *LG Frankfurt* Rpfleger 1989, 33: „... Anspruch aus dem öffentlich-rechtlichen verwahrungsähnlichen Verhältnis auf Auszahlung des auf seinem Konto stehenden Betrages an einen von ihm zu bestimmenden Dritten" (und natürlich an den Untersuchungsgefangenen selbst bei Entlassung).
29 *LG Frankfurt* a.a.O. und *LG Weiden* JurBüro 2000, 103: „... in Höhe von 20% des jeweiligen Sozialhilferegelsatzes"; *LG Koblenz* Rpfleger 1989, 54: „... wöchentlich 50 DM."

m) *Einwendungen* des Gefangenen gegen die Rechtmäßigkeit der Pfändung seiner Gelder sind mit Erinnerung (dann sofortige Beschwerde) nach § 766 (§ 793 Abs. 1) ZPO geltend zu machen. Antrag auf gerichtliche Entscheidung gegen die Einzelmaßnahme auf dem Gebiet des Strafvollzugs nach § 109 StVollzG kann gestellt werden, wenn nicht die Fehlerhaftigkeit des Pfändungs- und Überweisungsbeschlusses beanstandet, sondern geltend gemacht wird, die Vollzugsbehörde habe sich nicht an den Beschluss gehalten und vom Gefangenenguthaben Beträge abgebucht, die nicht gepfändet wurden[30].

26. Gesamtschuldnerausgleich

Der Ausgleichsanspruch eines Gesamtschuldners gegen den (die) übrigen Mitschuldner (§ 426 BGB) ist nach Befriedigung des Gläubigers Zahlungsanspruch. Er ist als Geldforderung pfändbar. Davon zu unterscheiden ist die Forderung des befriedigten Gläubigers gegen die samtverbindlichen Mitschuldner, die nach § 426 Abs. 2 BGB auf den befriedigenden Gesamtschuldner übergeht. Ihre Pfändbarkeit (oder Unpfändbarkeit) besteht in dem Umfang fort, in dem sie bis (= bei) Forderungsübergang als Geldforderung des befriedigten Gläubigers bestanden hat. Der Ausgleichsanspruch gegen einen Mitschuldner (§ 426 Abs. 1 BGB) und die (gesetzlich) übergegangene Forderung (§ 426 Abs. 2 BGB) bestehen als Ansprüche selbstständig nebeneinander. Pfändung erfordert daher (bestimmte) Bezeichnung des jeweiligen Anspruchs, bei gemeinsamer Pfändung somit Bezeichnung eines jeden dieser Ansprüche im Pfändungsbeschluss (Rdn. 496).

144b

27. Häftlingshilfe

Nach dem *Häftlingshilfegesetz*[1] werden u.a. Eingliederungshilfen (§ 9 a), zusätzliche Eingliederungshilfen (§ 9 b) und weitere Eingliederungshilfen (§ 9 c) gewährt. Darüber hinaus können Unterstützungen von der „Stiftung für ehemalige politische Häftlinge" gewährt werden (§ 18 Häftlingshilfegesetz). Die Unpfändbarkeit dieser Leistungen bestimmt

144c

§ 25 b Häftlingshilfegesetz[2] wie folgt:
Die Leistungen nach den §§ 9 a bis 9 c und § 18 unterliegen in der Person des unmittelbar Berechtigten nicht der Zwangsvollstreckung.

Nicht pfändbar sind damit die Entschädigungsleistungen, die von der zuständigen Behörde gewährt werden, und gleichermaßen die Unterstützung der Stiftung.

---

30 *BGH* MDR 1990, 1130 = NJW 1990, 3158.
1 Gesetz über Hilfsmaßnahmen für Personen, die aus politischen Gründen außerhalb der Bundesrepublik Deutschland in Gewahrsam genommen wurden (Häftlingshilfegesetz – HHG). I.d.F. vom 2. Juni 1993, BGBl I 839 (mit Änderungen).
2 Fassung seit ÄndG vom 19. Dez. 1986, BGBl I 2561.

28. Haftpflichtversicherung (§§ 100–124 VVG)

145 **A.** *Gepfändet wird die angebliche Forderung an den Versicherer ... – Drittschuldner – auf die infolge des Unfalls ... zu bewirkende Leistung, die dem Schuldner aus seinem Schuldbefreiungsanspruch mit der Befriedigung des Haftpflichtgläubigers als Zahlungsanspruch (in Höhe von ... Euro) erwachsen ist.*

146 **B.** *Gepfändet wird der angebliche (Freistellungs-)Anspruch des Schuldners an den Versicherer ... – Drittschuldner – aus Versicherungsschutz auf Schuldnerbefreiung mit Ersetzung der Leistung, die der Schuldner aufgrund seiner Verantwortlichkeit für den Unfall ... an den Gläubiger zu bewirken hat.*

146a **C.** *Gepfändet wird die angebliche Forderung an den Versicherer ... – Drittschuldner – auf Ersetzung der (gerichtlichen und außergerichtlichen) Kosten des Rechtsschutzes (Kosten der Verteidigung in einem Strafverfahren eingeschlossen), die infolge des Unfalls ... entstanden sind oder noch entstehen.*

Schrifttum: *Bergmann*, Rechtsbeziehungen zwischen Rechtsanwalt, Mandanten und Rechtsschutzversicherung, VersR 1981, 512; *Kurzka*, Der Zugriff Dritter auf den Rechtsschutzversicherungsanspruch, VersR 1980, 12; *Rex*, Rechtsschutzversicherung und Drittschuldnerklage, VersR 1995, 505.

a) Pfändung der Haftpflichtversicherung

147 aa) Die Haftpflichtversicherung (§§ 100–124 VVG) ist Schadensversicherung (§§ 74 ff. VVG; zu dieser Rdn. 310). Der Versicherer ist verpflichtet, den Versicherungsnehmer von Ansprüchen freizustellen, die von einem Dritten auf Grund der Verantwortlichkeit des Versicherungsnehmers für eine während der Versicherungszeit eingetretene Tatsache geltend gemacht werden, und unbegründete Ansprüche abzuwehren (§ 100 VVG). In einen Anspruch auf Zahlung an den Versicherten selbst wandelt sich der Schuldbefreiungsanspruch um[1], wenn der Haftpflichtgläubiger von dem Versicherungsnehmer mit bindender Wirkung für die Versicherung befriedigt worden ist (§ 106 S. 2 VVG).

147a bb) Der *Zahlungs*anspruch unterliegt als Geldforderung der Pfändung durch Gläubiger des Versicherten (Versicherungsnehmers); siehe hierwegen Muster A. Als künftiger Anspruch kann er auch schon vor Befriedigung des Dritten gepfändet werden.

148 cc) Der *Freistellungsanspruch* selbst ist für Gläubiger nicht pfändbar, weil aus ihm auch in der Hand eines Pfändungsgläubigers kein Zahlungsanspruch erwächst[2] (siehe auch § 103 Abs. 1 VVG). Nur der Verletzte (Haftpflichtgläubiger, -berechtigte)[3] kann als Gläubiger wegen seines auf

---

1 Siehe schon *RG* 70, 257 (259); *RG* 158, 6 ff.; *BGH* 15, 154 = NJW 1955, 101; *BGH* MDR 1968, 390 = NJW 1968, 836.
2 *RG* 158, 11; *BGH* 7, 244 = MDR 1952, 743 = NJW 1952, 1333; siehe auch Rdn. 92.
3 Oder sein Rechtsnachfolger, insbes. dann, wenn diesem der Haftpflichtanspruch des Geschädigten abgetreten ist, *BGH* 7, 244 (= a.a.O. Fußn. 2) und *BGH* VersR 1963, 421.

Zahlung einer Geldforderung gerichteten Schadenersatzanspruches den Freistellungsanspruch gegen den Versicherer pfänden[4] (§ 108 Abs. 2 VVG); siehe hierwegen Muster B. Mit dieser Pfändung und der Überweisung setzt sich in der Hand des Verletzten der Schuldbefreiungsanspruch in einen echten Anspruch auf Zahlung an ihn als Einziehungsberechtigten um[5]. Der Verletzte kann als Gläubiger nach der Pfändung und Überweisung daher gegen die Haftpflichtversicherungsgesellschaft seines Schuldners als Schädiger unmittelbar Zahlungsklage erheben.

dd) Die Haftpflichtversicherung umfasst weiter Kosten des Rechtsschutzes (§ 101 VVG). Soweit demnach dem Versicherungsnehmer Kosten zu ersetzen sind (Fälligkeit: § 106 S. 3 VVG), ist der Anspruch als Geldforderung pfändbar; siehe hierwegen Muster C. **148a**

b) Mehrere Versicherungsnehmer; mehrere Geschädigte

aa) Für *mehrere Personen* als Versicherungsnehmer (seltenerer Fall) bestimmen sich die Berechtigung und damit Zulässigkeit und Möglichkeit der Pfändung nach dem zwischen ihnen als Vertragspartner (gemeinsame Versicherungsnehmer) bestehenden Rechtsverhältnis. Dazu im Einzelnen Rdn. 61–64 a. **149**

bb) Sind *mehrere Geschädigte* vorhanden und übersteigen ihre Forderungen die Versicherungssumme, so bietet sich jedem von ihnen nur die Möglichkeit der Pfändung eines verhältnismäßigen Betrags (siehe § 109 VVG). **149a**

c) Die Fremdversicherung

Der Versicherungsnehmer kann den Versicherungsvertrag mit dem Versicherer im eigenen Namen für einen anderen (den Versicherten) geschlossen haben (§ 43 VVG; Einzelregelung §§ 44–48 VVG; zur Betriebshaftpflichtversicherung auch § 102 Abs. 1 VVG). Für die Versicherung für fremde Rechnung regeln §§ 44–47 VVG die Rechtsstellung des Versicherten, des Versicherungsnehmers und des Versicherers. Es stehen die Rechte aus dem Versicherungsvertrag (Schuldbefreiungsanspruch und „geldliche" Ansprüche) nicht dem Versicherungsnehmer, sondern (materiell) dem versicherten Dritten zu (§ 44 Abs. 1 VVG). Der Versicherungsnehmer kann jedoch über die Rechte, welche dem Versicherten aus dem Versicherungsvertrag zustehen, im eigenen Namen verfügen (§ 45 Abs. 1 VVG; die Verfügung ist dem Geschädigten gegenüber unwirksam, § 108 Abs. 1 VVG). Diese Besonderheiten der Schadensversicherung sind Rdn. 313 f. dargestellt. Das dort Gesagte gilt auch für die Haftpflichtversicherung. **150**

---

4 Siehe *BGH* a.a.O. (Fußn. 3); außerdem *RG* 81, 250; *OLG Hamburg* VersR 1972, 631. Außerdem *AG Düsseldorf* NJW-RR 1997, 922: Pfändung des Haftpflichtversicherungsanspruchs eines Steuerberaters nach dessen Tod wegen eines Schadensersatzanspruchs infolge steuerlicher Falschberatung.
5 *RG* 158, 6 ff.; *BGH* 7, 244 = a.a.O. (Fußn. 2).

d) Direktanspruch des Geschädigten

151 Bei der Haftpflichtversicherung zur Erfüllung einer nach dem Pflichtversicherungsgesetz bestehenden Versicherungspflicht, damit in der Kraftfahrzeughaftpflichtversicherung, und allgemein bei Insolvenz sowie bei unbekanntem Aufenthalt des Versicherungsnehmers kann der Geschädigte seinen Anspruch auf Schadensersatz auch gegen das Versicherungsunternehmen geltend machen (Direktanspruch, § 115 Abs. 1 VVG). Der Versicherer hat den Schadensersatzanspruch in Geld zu leisten (§ 115 Abs. 1 S. 3 VVG). Dieser Geldanspruch gegen den Versicherer ist in gleicher Weise pfändbar wie der Anspruch gegen den nach § 115 Abs. 1 S. 4 VVG samtverbindlich mithaftenden Versicherungsnehmer. Der Direktanspruch schließt nicht aus, dass der Geschädigte einen Zahlungstitel gegen den Schuldner erwirkt und sodann dessen Befreiungsanspruch gegen den Versicherer pfänden lässt[6].

e) Beitragsrückvergütung

151a Ein Anspruch auf *Beitragsrückvergütung* (Prämienrückvergütung) und auf Erstattung eines zuviel gezahlten Prämienbetrags ist als (insbesondere auch künftige) Geldforderung pfändbar (§ 829 ZPO)[7]. Diese Pfändung berechtigt den Gläubiger jedoch nicht, das Haftpflicht-Versicherungsverhältnis zu kündigen oder auch nur umzugestalten, um Prämienrückvergütung zu erlangen[8]. Es kann auch das Kündigungsrecht des Schuldners, desgleichen ein Recht auf Umwandlung der Versicherung, als Gestaltungsrecht nicht gepfändet oder mitgepfändet werden[9]. Die Haftpflichtversicherung begründet Versicherungsschutz bei einem Schadensereignis. Dem Versicherungsnehmer gewährt sie für den Versicherungsfall einen Befreiungsanspruch (Rdn. 147). Weil aus ihm in der Hand eines Gläubigers kein Zahlungsanspruch erwachsen kann, ist ein solcher auch nicht pfändbar[10] (Rdn. 95 und 148). Ein Anspruch aus Haftpflichtversicherung kann daher auch nicht mit dem Ziel gepfändet werden, ihn durch Kündigung des Versicherungsverhältnisses in einen Zahlungsanspruch umzuwandeln. Das Versicherungsverhältnis ist Rechtsverhältnis, das den Befreiungsanspruch im Schadensfall begründet. Auf dieses Rechtsverhältnis kann eine Pfändung

---

6 *Prölss* NJW 1967, 786 gegen *AG München* a.a.O., das unzutreffend ein Rechtsschutzbedürfnis verneint hat. So auch *OLG Hamburg* VersR 1972, 631. Siehe außerdem *OLG Düsseldorf* VersR 1969, 29 zur Pfändung des Freistellungsanspruchs des Schädigers durch seinem Haftpflichtversicherer durch den Kaskoversicherer eines niederländischen Geschädigten.
7 *AG Sinzig* NJW-RR 1986, 967.
8 **Anders** *AG Sinzig* NJW-RR 1986, 967. Dass dem Gläubiger ein Kündigungsrecht zusteht, soll sich als Annex aus der Pfändung und Überweisung zur Einziehung von Geldansprüchen aus dem Versicherungsvertrag ergeben. Dem ist nicht zu folgen.
9 So auch *AG Sinzig* NJW-RR 1986, 967; *Mümmler* JurBüro 1990, 965.
10 Darin unterscheidet sich die Haftpflichtversicherung von der Lebensversicherung (zu dieser Rdn. 191 ff.). Bei der Lebensversicherung unterliegt der Anspruch auf die vereinbarte Geldleistung dem Pfändrecht. Dessen Pfändung erstreckt sich daher auch auf das (abtretbare) Recht, über den Zahlungsanspruch durch Kündigung des Versicherungsverhältnisses zu verfügen.

nicht ausgedehnt werden (Rdn. 37). Daher kann auch durch Pfändung ein Recht auf Kündigung dieses (vertraglichen) Rechtsverhältnisses nicht erlangt werden.

29. HIV-Hilfe-Stiftung

Leistungen der Stiftung „Humanitäre Hilfe für durch Blutprodukte HIV-infizierte Personen" sind nicht pfändbar. Das bestimmt das HIV-Hilfegesetz – HIVHG[1] – in 151b

§ 17 Abs. 2 wie folgt:
(2) Die Ansprüche auf Leistungen der Stiftung können nicht übertragen, verpfändet oder gepfändet werden.

30. Infektionsschutzgesetz-Entschädigung

a) Eine *Entschädigung in Geld* erhält, wer nach dem Infektionsschutzgesetz (IfSG)[1*] als Ausscheider, Ansteckungs- oder Krankheitsverdächtiger oder sonst als Träger von Krankheitserregern Verboten in der Ausübung seiner Erwerbstätigkeit unterliegt oder unterworfen wird, desgleichen, wer als Ausscheider oder Ansteckungsverdächtiger abgesondert wurde oder wird, und dadurch einen Verdienstausfall erleidet (§ 56 Abs. 1 IfSG). Sie wird gewährt 152

- für die ersten sechs Wochen in Höhe des Verdienstausfalls (§ 56 Abs. 2 S. 2 IfSG),
- vom Beginn der siebenten Woche an in Höhe des Krankengeldes (§ 56 Abs. 2 S. 3 IfSG mit Einzelheiten).

Versorgung in entsprechender Anwendung der Vorschriften des BVG erhält, wer durch eine Schutzimpfung oder durch eine andere Maßnahme der spezifischen Prophylaxe eine gesundheitliche Schädigung erlitten hat (§ 60 IfSG). Der Geschädigte hat außerdem Anspruch auf Heilbehandlung (§ 62 IfSG). Hinterbliebene eines Geschädigten können ebenso Versorgung erhalten (§ 60 Abs. 4 IfSG). Bei Zusammentreffen von Ansprüchen für Impfschäden usw. mit Ansprüchen aus einer Schädigung im Sinne des § 1 BVG oder nach anderen Gesetzen wird eine einheitliche Rente gewährt (§ 63 Abs. 1 IfSG). Dazu bestimmt 152a

§ 67 IfSG:
Pfändung
(1) Die nach § 56 Abs. 2 Satz 2 und 3 zu zahlenden Entschädigungen können nach den für Arbeitseinkommen geltenden Vorschriften der Zivilprozessordnung gepfändet werden.

---

1   Gesetz über humanitäre Hilfe für durch Blutprodukte HIV-infizierte Personen (HIV-Hilfegesetz-HIVHG). Vom 24. Juli 1995, BGBl I 972 (mit Änderungen).
1* Vom 20. Juli 2000, BGBl I 1045 (mit Änderungen).

(2) Übertragung, Verpfändung und Pfändung der Ansprüche nach den §§ 60, 62 und 63 Abs. 1 richten sich nach den Vorschriften des Bundesversorgungsgesetzes.

Zahlungsverpflichtet, damit Drittschuldner, sind die Bundesländer (§ 66 Abs. 1 IfSG, auch zur örtlichen Zuständigkeit). Zuständige Behörden der Länder: § 54 IfSG. Bei Arbeitnehmern hat der Arbeitgeber für die Dauer des Arbeitsverhältnisses, längstens für 6 Wochen, die Entschädigung für die zuständige Behörde auszuzahlen (§ 56 Abs. 5 S. 1 IfSG); er ist mithin dann Drittschuldner (vergleichbarer Fall Rdn. 381). Die Pfändung der Ansprüche nach dem BVG regeln §§ 54, 55 SGB I (s. Rdn. 1325).

152b b) Bei Existenzgefährdung können dem Entschädigungsberechtigten *Mehraufwendungen* erstattet werden (§ 56 Abs. 4 S. 1 IfSG). Selbstständige, deren Betrieb oder Praxis ruht, können neben der Entschädigung Ersatz für weiterlaufende nicht gedeckte Betriebsausgaben erhalten (§ 56 Abs. 4 S. 2 IfSG). Im Einzelfall kann auch Anspruch auf Erstattung der Aufwendungen für soziale Sicherung bestehen (§ 58 S. 1 IfSG). Die Pfändbarkeit dieser Ansprüche ist nicht eingeschränkt; Pfändungsschutz kann auf Antrag jedoch nach § 765 a Abs. 1 ZPO gewährt werden.

152c c) Für vernichtete, beschädigte oder in sonstiger Weise in ihrem Wert geminderte *Gegenstände* sowie andere nicht nur unwesentliche *Vermögensnachteile* wird eine Entschädigung in Geld geleistet (§ 65 Abs. 1 IfSG). Dieser Zahlungsanspruch unterliegt keiner Pfändungsbeschränkung; er ist daher auch pfändbar, wenn Entgelt für eine unpfändbare Sache geleistet wird (s. Rdn. 297).

152d d) Einem Arbeitgeber, der einem Arbeitnehmer eine Entschädigung für die zuständige Behörde ausgezahlt hat (Rdn. 152 a), werden die Beträge auf Antrag erstattet (§ 56 Abs. 5 IfSG). Dieser Erstattungsanspruch ist nicht zweckgebunden; er ist unbeschränkt pfändbar.

31. Kaufpreis bei Verkauf einer beweglichen Sache

152e *Gepfändet wird die angebliche Forderung des Schuldners an ... – Drittschuldner – auf Zahlung des Kaufpreises für das im März dieses Jahres veräußerte gerahmte und vom Schuldner signierte Ölbild (Größe ca. 45 x 60 cm), das Schafe auf der Wiese (2 stehend, 3 liegend) mit ihrem Hirten darstellt, zusammen mit allen weiteren Forderungen des Schuldners aus dem Kaufvertrag über dieses Bild.*

152f a) *Kaufpreis* ist das vom Käufer (= Drittschuldner) dem Schuldner als Verkäufer in Geld zu zahlende vereinbarte Entgelt für den Kaufgegenstand (§ 433 Abs. 2 BGB). Als Geldforderung ist er nach § 829 ZPO zu pfänden. Die Kaufpreisforderung ist im Pfändungsbeschluss bestimmt zu bezeichnen (Rdn. 497). Angabe auch des (ungefähren) Betrags der Kaufpreisforderung kann geboten sein, ist aber nicht notwendig erforderlich (Rdn. 499). Allgemein gehaltene Bezeichnungen genügen nicht (s. Rdn. 497) oder können im Einzelfall[1] unzureichend sein. Als nicht ausreichend angesehen wird z. B. die Bezeichnung „Forderung aus Lieferungen und sonstigen Leistungen" sowie „aus laufender Geschäftsverbindung" (Rdn. 514). Es empfiehlt sich, im Hinblick auf die Rdn. 514 dargestellte Rechtsprechung – insbes. auch des *BGH* – dringend eine so ausreichende Bezeichnung, dass im Einzelfall feststeht, welche bestimmte Kaufpreisforderung Gegenstand des Pfändungszugriffs sein soll. Der Anspruch des Schuldners auf Schadensersatz wegen Nichterfüllung ([früher:] §§ 325, 326 BGB) wird von der Pfändung der Kaufpreisforderung nicht erfasst, ebenso der Kaufpreisanspruch nicht von der Pfändung des Anspruchs auf Schadensersatz wegen Nichterfüllung[2]. Daher ist es ratsam, mit der Forderungsbezeichnung die Pfändung nicht auf den Kaufpreisanspruch zu beschränken, sondern die Pfändung auf alle Forderungen aus dem zugrunde liegenden Rechtsverhältnis (dem zu bezeichnenden Kaufvertrag als Lebensvorgang) zu erstrecken.

b) Pfändungsschutz für Forderungen aus dem Verkauf landwirtschaftlicher Erzeugnisse Rdn. 175–182. Pfändung der Kaufpreisforderung aus der Veräußerung eines Grundstücks Rdn. 1780 ff. 152g

32. Kindergeld als Familienleistungsausgleich

Gepfändet wird wegen dieser gesetzlichen Unterhaltsansprüche des Gläubigers der angebliche Anspruch des Schuldners an die Agentur für Arbeit in ... als Familienkasse – Drittschuldner – auf fortlaufende Auszahlung des Kindergeldes in Höhe des nach § 76 EStG zu bemessenden pfändbaren Betrages. Die Pfändung umfasst die künftig fällig werdenden Kindergeldleistungen (anteilig) auch wegen der dann fällig gewordenen oder jeweils fällig werdenden Unterhaltsansprüche des Gläubigers. 153

Schrifttum: *Steder,* Pfändung und „Anrechnung" von Kindergeld, Amtsvorm. 1996, 350.

a) *Familienleistungsausgleich* 153a

Durch *Kindergeld* nach dem X. Abschnitt des EStG (§§ 62–78) oder auch durch Freibeträge nach § 32 Abs. 6 EStG wird die steuerliche Freistellung eines Einkommensbetrags in Höhe des Existenzminimums eines Kindes einschließlich des Bedarfs für Betreuung und Erziehung oder Ausbildung bewirkt (§ 31 S. 1 und 2 EStG). Anspruch auf dieses Kindergeld hat für zu berücksichtigende Kinder (zu diesen § 63 EStG), wer im Inland einen Wohnsitz oder seinen gewöhnlichen Aufenthalt hat oder ohne Wohnsitz oder gewöhnlichen Aufenthalt im Inland unbeschränkt einkommensteuerpflichtig ist oder als unbeschränkt einkommensteuerpflichtig behandelt wird (§ 62 Abs. 1 EStG mit Einschränkung für Ausländer in Abs. 2). Für

---

[1] Großzügige Auslegung der Forderungsbezeichnung („am ... geschlossene Transaktion") als Kaufpreisforderung (zur Unterscheidung von einer Provisionsforderung) *BGH* NJW 1983, 2773.
[2] *BGH* MDR 2000, 476 = MittBayNot 2000, 245 = NJW 2000, 1268.

jedes Kind wird Kindergeld nur einem (von mehreren) Berechtigten nach Bestimmung des § 64 EStG gezahlt. Das Kindergeld beträgt für das erste und zweite Kind jeweils 184 Euro, für das dritte Kind 190 Euro und für das vierte und jedes weitere Kind jeweils 215 Euro monatlich (§ 66 Abs. 1 EStG). Gezahlt wird Kindergeld im laufenden Kalenderjahr als Steuervergütung monatlich (§ 31 S. 3, § 66 Abs. 2 EStG). Nicht gezahlt wird Kindergeld für ein Kind, für das Kinderzulagen aus der gesetzlichen Unfallversicherung oder Kinderzuschüsse aus den gesetzlichen Rentenversicherungen oder dem Kindergeld vergleichbare Leistungen im Ausland oder von einer zwischen- oder überstaatlichen Einrichtung gewährt werden oder zu zahlen wären (§ 65 Abs. 1 EStG). Nur in Höhe des Unterschiedsbetrags wird Kindergeld bezahlt, wenn Kinderzulagen aus der gesetzlichen Unfallversicherung oder Kinderzuschüsse aus den gesetzlichen Rentenversicherungen niedriger als das Kindergeld sind (§ 65 Abs. 2 EStG).

b) Pfändbarkeit

153b aa) Die Pfändbarkeit des Kindergeldes regelt wie folgt:

§ 76 EStG
Pfändung

Der Anspruch auf Kindergeld kann nur wegen gesetzlicher Unterhaltsansprüche eines Kindes, das bei der Festsetzung des Kindergeldes berücksichtigt wird, gepfändet werden. Für die Höhe des pfändbaren Betrages gilt:

1. Gehört das unterhaltsberechtigte Kind zum Kreis der Kinder, für die dem Leistungsberechtigten Kindergeld gezahlt wird, so ist eine Pfändung bis zu dem Betrag möglich, der bei gleichmäßiger Verteilung des Kindergeldes auf jedes dieser Kinder entfällt. Ist das Kindergeld durch die Berücksichtigung eines weiteren Kindes erhöht, für das einer dritten Person Kindergeld oder dieser oder dem Leistungsberechtigten eine andere Geldleistung für Kinder zusteht, so bleibt der Erhöhungsbetrag bei der Bestimmung des pfändbaren Betrages des Kindergeldes nach Satz 1 außer Betracht.
2. Der Erhöhungsbetrag nach Nummer 1 Satz 2 ist zugunsten jedes bei der Festsetzung des Kindergeldes berücksichtigten unterhaltsberechtigten Kindes zu dem Anteil pfändbar, der sich bei gleichmäßiger Verteilung auf alle Kinder, die bei der Festsetzung des Kindergeldes zu Gunsten des Leistungsberechtigten berücksichtigt werden, ergibt.

153c bb) *Gesetzlicher Unterhaltsanspruch,* für den Kindergeld gepfändet werden kann, sind auch die länger als ein Jahr vor dem Pfändungsantrag fällig gewordenen Beträge (es besteht keine dem § 850 d Abs. 1 S. 4 ZPO vergleichbare Einschränkung[1]). Für rückständige gesetzliche Unterhaltsansprüche ist Kindergeld für Kinder aber dann nicht mehr pfändbar, wenn der Gläubiger bei Festsetzung des Kindergeldes zwar noch zur Zeit der Fälligkeit seines rückständig gewordenen Unterhaltsanspruchs berücksichtigt wurde, bei Pfändung und in dem Zeitraum, für den Kindergeld gezahlt wird, aber keine Berücksichtigung mehr findet. Prozesskosten des Unterhaltsrechtsstreits (Rdn. 1085) und Zinsen für Unterhalt (Rdn. 1087) sind

---

1 So auch *Stein/Jonas/Brehm,* ZPO, Rdn. 84 zu § 850 i.

keine Unterhaltsforderungen; auch für Zwangsvollstreckungskosten (Rdn. 1086) können jedoch bei Vollstreckung eines gesetzlichen Unterhaltsanspruchs Geldleistungen für Kinder gepfändet werden.

cc) Ausgeschlossen ist die Pfändung des Kindergeldes bei Vollstreckung einer gewöhnlichen Geldforderung (Rdn. 1036), damit auch wegen des Anspruchs der Gemeinde für Hortunterbringung des Kindes[2] sowie auch bei Vollstreckung einer Forderung aus vorsätzlich begangener unerlaubter Handlung (§ 850 f Abs. 2 ZPO). Ausgeschlossen ist die Pfändung des Kindergeldes aber auch bei Vollstreckung des gesetzlichen Unterhaltsanspruchs eines sonstigen Berechtigten, so des Ehegatten oder des früheren Ehegatten sowie eines Kindes, das für den Anspruch auf Kindergeld die Altersgrenze oder die Grenze für Bruttobezüge aus einem Ausbildungsverhältnis überschritten oder geheiratet hat[3]. Nach seiner Zweckbestimmung ermöglicht § 76 EStG als Sondervorschrift für Unterhaltsforderungen aber auch bei Forderungsübergang auf einen anderen Gläubiger (dazu Rdn. 1080–1082) diesem (somit auch dem Träger der Sozialhilfe) sowie dem Gläubiger eines Schadensersatzanspruchs (Rdn. 1079) keine Pfändung des Kindergeldes[4]. Anspruch auf Kindergeld, der wegen solcher Forderungen nicht gepfändet werden kann, ist auch der Anspruch auf rückwirkende Zahlung von Kindergeld.

153d

dd) Für die Höhe des pfändbaren Betrages treffen Nr. 1 und 2 des § 76 S. 2 EStG Bestimmung wie folgt:

153e

(a) *Zahlkind vollstreckt:* Wenn ein Kind, für das Kindergeld gezahlt wird (= Zahlkind) wegen seines gesetzlichen Unterhaltsanspruchs vollstreckt und *nur Zahlkinder vorhanden* sind, ist Kindergeld nach § 76 S. 2 Nr. 1 erster Satz EStG bis zu dem Betrag pfändbar, der bei gleichmäßiger Verteilung des Kindergeldes auf jedes dieser Kinder entfällt. Es sind bei der Teilung des Betrages auch die nicht unterhaltsberechtigten Kinder, für die Kindergeld erbracht wird (z. B. Stiefkinder, die der Berechtigte in seinen Haushalt aufgenommen hat, Pflegekinder) zu berücksichtigen.

Beispiele: I. Erstkindergeld 184 Euro; keine weiteren Kinder. Das Kind vollstreckt wegen seines gesetzlichen Unterhaltsanspruchs. Das Kindergeld ist voll pfändbar.

II. Kindergeld für 4 Kinder: 184 + 184 + 190 + 215 Euro. Eines dieser Kinder vollstreckt wegen seines gesetzlichen Unterhaltsanspruchs. Verteilung des Kindergeldes auf alle vier Kinder, somit 773 : 4 = 193,25 Euro. Pfändbar ist dieser Betrag.

(b) *Zahlkind vollstreckt – Zählkinder sind vorhanden*: Wenn ein Kind, für das Kindergeld gezahlt wird (= Zahlkind) vollstreckt und auch ein Zählkind (oder mehrere) vorhanden ist, d. i. ein Kind, für das der Schuldner selbst Kindergeld zwar nicht erhält, das aber bei Bestimmung der Höhe des

153f

---

2 *OVG Magdeburg* NVwZ-RR 2000, 326.
3 Wegen anderer Sonderfälle, in denen für den Anspruch auf Kindergeld ein Kind nicht berücksichtigt wird, s. die Einzelbestimmungen des EStG.
4 So (zum BKGG) auch *Hornung* Rpfleger 1988, 213 (217 li.Sp.); *Stein/Jonas/Brehm*, ZPO, Rdn. 85 zu § 850 i; *Zöller/Stöber*, ZPO, Rdn. 35 zu § 829; **a.A.** *LG Mönchengladbach* Rpfleger 2002, 471.

Kindergeldes des Schuldners für die anderen Kinder mitgezählt wird, ergibt sich der pfändbare Betrag aus Nrn. 1 und 2 des § 76 S. 2 EStG. Es bleibt nach § 76 S. 2 Nr. 1 zweiter Satz EStG zunächst der Erhöhungsbetrag infolge Berücksichtigung des Zählkindes bei der Bestimmung des nach Rdn. 153 e pfändbaren Kindergeldbetrags außer Betracht. Der Teil des pfändbaren Kindergeldbetrages wird also zunächst ohne diesen sog. „Zählkindervorteil" nach § 76 S. 2 Nr. 1 S. 1 EStG (vorst. Rdn. 153 e) berechnet, somit nach dem Kindergeld bestimmt, das an den unterhaltspflichtigen Leistungsberechtigten zu zahlen wäre, wenn das „Zählkind" bei dem Dritten nicht vorhanden wäre. Dazu kommt nach § 76 S. 2 Nr. 2 EStG als weiter pfändbarer Kindergeldbetragsteil der anteilige Zählkindervorteil (dazu Rdn. 153 g).

Beispiel: Kindergeld für 3 Zahlkinder infolge Berücksichtigung eines Zählkindes: 184 + 190 + 215 = 589 Euro. Es vollstreckt eines der Zahlkinder.

Kindergeld, wenn das Zählkind bei dem Dritten nicht vorhanden wäre 184 + 184 + 190 = 558 Euro. Verteilung dieses Kindergeldes auf alle Zahlkinder: 558 : 3 = 186 Euro.

Gleichmäßige Verteilung des Zählkindervorteils von 31 Euro nach § 76 S. 2 Nr. 2 EStG, somit 31 : 4 = 7,75 Euro.

186 + 7,75 = 193,75 Euro.

153g (c) *Zählkind vollstreckt:* Wenn wegen des gesetzlichen Unterhaltsanspruchs eines Zählkindes (Rdn. 153 f) vollstreckt wird, ist vom Kindergeld nach § 76 S. 2 Nr. 2 EStG der Erhöhungsbetrag (zu ihm Rdn. 153 f) anteilig pfändbar, der sich durch Berücksichtigung des weiteren Kindes ergibt, für das einer dritten Person Kindergeld zusteht. Es wird mit Teilung des Erhöhungsbetrags durch die Zahl sämtlicher beim Leistungsberechtigten berücksichtigten Kinder erreicht, dass der Zählkindervorteil auf diese Kinder gleichmäßig verteilt wird[5]. Gewährleistet ist damit gleichzeitig, dass dem Leistungsberechtigten ein Teil der Geldleistungen für diejenigen Kinder verbleibt, die bei der Festsetzung des Kindergeldes berücksichtigt und von ihm versorgt werden.

Beispiel: Das älteste Kind lebt bei der geschiedenen Mutter. Diese ist nach § 64 Abs. 2 EStG leistungsberechtigt. Die drei jüngeren Kinder leben beim Vater. Gegen diesen vollstreckt das älteste Kind.

Kindergeld: 184 + 190 + 215 = 589 Euro.

Zählkindervorteil: 589 − (184 + 184 + 190 =) 558 = 31 Euro.

Pfändbar nach § 76 S. 2 Nr. 2 EStG: 31 : 4 = 7,75 Euro.

c) *Drittschuldner*

153h Drittschuldner ist die örtlich zuständige Familienkasse (§ 70 Abs. 1 S. 1 EStG). Familienkassen sind die Dienststellen der Bundesagentur für Arbeit (§ 5 Nr. 11 Finanzverwaltungsgesetz[6]). Für Angehörige des öffentlichen Dienstes (genau § 72 Abs. 1 EStG), nicht aber, wenn Dienstherr oder Arbeitgeber eine Religionsgesellschaft des öffentlichen Rechts oder ein

---

5 Siehe auch *LG Mönchengladbach* Rpfleger 2002, 471 (jedoch keine Pfändung wegen eines „übergegangenen" Anspruchs, s. Rdn. 153 d).
6 Fassung: BGBl 2006 I 848.

Spitzenverband der Freien Wohlfahrtspflege usw. ist, sind die Körperschaften, Anstalten oder Stiftungen des öffentlichen Rechts Familienkasse und damit Drittschuldner (§ 72 Abs. 1 und 3 EStG mit Ausnahme für kurzfristig Tätige nach § 72 Abs. 4 EStG). Einrichtung von Bundes- und Landesfamilienkassen zur Wahrnehmung der Aufgaben nach § 72 Abs. 1 EStG ermöglicht § 5 Abs. 1 Nr. 11 S. 5 und 7 Finanzverwaltungsgesetz. Eine Familienkasse ist zur Wahrnehmung der Aufgaben einer Familienkasse im Sinne des § 72 Abs. 1 S. 2 EStG beim Bundesamt für zentrale Dienste und offene Vermögensfragen eingerichtet (Verordnung zur Errichtung einer Bundesfamilienkasse [Bundesfamilienkassenverordnung – BundFamkV] vom 13.12.2005, BGBl I 3694). Ihr obliegt die Festsetzung und Auszahlung von Kindergeld an die in § 72 Abs. 1 Nr. 1 bis 3 EStG bezeichneten Angehörigen der Bundesfinanzverwaltung. Für bundesunmittelbare Körperschaften, Anstalten und Stiftungen des öffentlichen Rechtes und für weitere Bundesbehörden können ihr die Aufgaben einer Familienkasse übertragen sein (§ 2 der Verordnung). Für Beamte und Versorgungsempfänger der Deutschen Post AG, der Deutschen Postbank AG und der Deutschen Telekom AG sind diese Körperschaften Familienkasse und damit Drittschuldner (§ 72 Abs. 2 EStG).

d) Pfändungsverfahren, -beschluss

aa) Das Vollstreckungsgericht hat für Pfändung von Kindergeld zu prüfen, ob ein Kind wegen seines gesetzlichen Unterhaltsanspruchs vollstreckt (dazu Rdn. 153 c, d). Das (an sich erforderliche) Gläubigervorbringen, dass das vollstreckende Kind bei der Festsetzung der Geldleistung berücksichtigt ist (Erfordernis nach § 76 EStG) versteht sich bereits mit dem Antrag, wegen des gesetzlichen Unterhaltsanspruchs die Geldleistung für Kinder zu pfänden. Nachzuweisen (oder auch nur glaubhaft zu machen) und damit vom Vollstreckungsgericht nachzuprüfen ist die Berücksichtigung des vollstreckenden Kindes bei der Festsetzung der Geldleistung nicht. 153i

bb) Bei Pfändung von Kindergeld ist der nach § 76 EStG pfändbare Betrag im Pfändungsbeschluss ziffernmäßig nicht zu bestimmen. Die Zahl der berücksichtigten Kinder und Angaben über Höhe und Zusammensetzung des Kindergeldes, somit Einzelheiten für Bemessung der Höhe des pfändbaren Kindergeldbetrags, braucht der Gläubiger im Pfändungsantrag daher nicht vorzutragen. Der Pfändungsbeschluss kann als *Blankettbeschluss*[7] (s. Rdn. 1054) für die Bestimmung der Höhe des pfändbaren Kindergeldbetrags auf die gesetzliche Regelung in § 76 EStG Bezug nehmen und damit die betragsmäßige Berechnung des gepfändeten Kindergeldanteils dem Drittschuldner überlassen (s. Fassungsvorschlag Rdn. 153). Davon ist auch der Gesetzgeber bei Regelung der nach Maßgabe von § 54 Abs. 5 SGB eingeschränkten Pfändung von Kindergeld ausgegangen; her- 153k

---

[7] Für Blankettbeschluss (zum BKGG) auch *Hornung* Rpfleger 1988, 213 (218 li.Sp.); *Stein/Jonas/Brehm*, ZPO, Rdn. 89 a zu § 850 i; *MünchKomm/Smid*, ZPO, Rdn. 44 zu § 850 i.

vorgehoben ist das für die Verteilung des Zählkindervorteils nach Abs. 5 Nr. 2 in der Begründung des Gesetzentwurfs[8] wie folgt:

„... Bei der Lösung wurde aus Verwaltungsgründen berücksichtigt, dass die notwendigen Entscheidungen über die Höhe des pfändbaren Teils der Leistungen für Kinder aufgrund der Unterlagen allein bei der Stelle durchgeführt werden, welche die Zahlungen (für die jüngeren Kinder) erbringt."

153l cc) Kindergeld ist eine „ähnliche in fortlaufenden Bezügen bestehende Forderung". Die Pfändung erfasst daher auch die nach ihrem Wirksamwerden fällig werdenden Beträge (§ 832 ZPO). Anordnung der Mitpfändung des künftig fällig werdenden Kindergeldes im Pfändungsbeschluss (wie Muster Rdn. 153) kann gleichwohl der Klarstellung dienen. Vorratspfändung (zu ihr Rdn. 687) ermöglicht § 850 d Abs. 3 ZPO. Mit Bestimmung der gepfändeten Leistungen (Rdn. 153 k) hat die Familienkasse als Drittschuldnerin auch jede Änderung einer Voraussetzung für Bemessung des nach § 76 EStG pfändbaren Kindergeldbetrages (z. B. Erhöhung des Kindergeldes, Berücksichtigung eines weiteren Kindes für Bemessung des Kindergeldes) von sich aus zu berücksichtigen; ein Änderungsbeschluss des Vollstreckungsgerichts (§ 850 g ZPO) ergeht daher nicht. Entfällt der vollstreckende Unterhaltsgläubiger als Kind, das bei der Kindergeldfestsetzung berücksichtigt wird, dann endet die Pfändungswirkung mit Blankettbeschluss. Auch das hat die Drittschuldnerin von sich aus zu berücksichtigen; Änderungsbeschluss (Aufhebungsbeschluss) des Vollstreckungsgerichts ergeht daher nicht.

153m dd) Ohne Wirkung ist die Pfändung mit Blankettbeschluss (sie geht somit ins Leere), wenn der vollstreckende Unterhaltsgläubiger nicht oder nicht mehr zu den Kindern gehört, die bei der Festsetzung der Geldleistungen berücksichtigt sind. Dass ein Kind wegen seines gesetzlichen Unterhaltsanspruchs vollstreckt hat, unterliegt dagegen nicht der Überprüfung durch den Drittschuldner; er ist an die mit Pfändung getroffene Entscheidung des Vollstreckungsgerichts gebunden; Einwendungen sind mit Erinnerung (§ 766 ZPO) zu erheben.

153n ee) *Zusammenrechnung* von Kindergeld mit Arbeitseinkommen zur Vergrößerung des pfändbaren Kindergeldanteils ist nicht vorgesehen. § 76 EStG regelt die Pfändbarkeit des Kindergeldes abschließend; Zusammenrechnung von Kindergeld mit Arbeitseinkommen schließt diese Regelung aus. Bei Pfändung von Arbeitseinkommen durch ein bei der Festsetzung des Kindergeldes berücksichtigte Kind wegen eines gesetzlichen Unterhaltsanspruchs würde § 850 e Nr. 2 a S. 3 ZPO Zusammenrechnung ermöglichen; praktische Bedeutung wird das aber nicht erlangen. Zusammenrechnung von (Teil-)Kindergeld, das nach dem EStG gewährt wird, mit anderen Geldleistungen für Kinder (Rdn. 1367) ist ebenfalls nicht vorgesehen; § 76 EStG ermöglicht Zusammenrechnung auch in einem solchen Fall nicht. Zum Kindergeld nach dem BKGG siehe Rdn. 1396.

---

8 BT-Drucks. 11/1004, S. 12.

Kindergeld

e) Vorpfändung

Pfändbarkeit des Kindergeldes wegen eines gesetzlichen Unterhaltsanspruchs eines bei der Festsetzung berücksichtigten Kindes ermöglicht auch Vorpfändung (§ 845 ZPO). Zulässig ist Vorpfändung nur in Höhe des nach § 76 EStGB für das Kind als Gläubiger pfändbaren Betrages. Ausgeschlossen ist Vorpfändung von Kindergeld damit wegen des gesetzlichen Unterhaltsanspruchs eines Kindes in Höhe des weitergehenden, auch von diesem Gläubiger nicht pfändbaren Betrags und in voller Höhe bei Vollstreckung anderer Unterhaltsansprüche sowie sonstiger (gewöhnlicher) Gläubigerforderungen. Eine unzulässig dennoch für eine nicht zur Vorpfändung ermächtigenden Gläubigerforderung ausgebrachte Vorpfändung wäre wirkungslos.

153o

f) 7-Tage-Schutz für Kontoguthaben

Wenn Kindergeld auf ein Konto bei einem Geldinstitut überwiesen wird, ist die durch Gutschrift entstandene Forderung zeitweilig unpfändbar. Das bestimmt § 76 a EStG (BGBl 2006, 2915 [2916]) wie folgt:

153p

**§ 76a EStG
Kontenpfändung und Pfändung von Bargeld**

(1) Wird Kindergeld auf das Konto des Berechtigten oder in den Fällen des § 74 Abs. 1 Satz 1 bis 3 bzw. § 76 auf das Konto des Kindes bei einem Geldinstitut überwiesen, ist die Forderung, die durch die Gutschrift entsteht, für die Dauer von sieben Tagen seit der Gutschrift der Überweisung unpfändbar. Eine Pfändung des Guthabens gilt als mit der Maßgabe ausgesprochen, dass sie das Guthaben in Höhe der in Satz 1 bezeichneten Forderung während der sieben Tage nicht erfasst.

(2) Das Geldinstitut ist dem Schuldner innerhalb der sieben Tage zur Leistung aus dem nach Absatz 1 Satz 2 von der Pfändung nicht erfassten Guthaben nur soweit verpflichtet, als der Schuldner nachweist oder als dem Geldinstitut sonst bekannt ist, dass das Guthaben von der Pfändung nicht erfasst ist. Soweit das Geldinstitut hiernach geleistet hat, gilt Absatz 1 Satz 2 nicht.

(3) Eine Leistung, die das Geldinstitut innerhalb der sieben Tage aus dem nach Absatz 1 Satz 2 von der Pfändung nicht erfassten Guthaben an den Gläubiger bewirkt, ist dem Schuldner gegenüber unwirksam. Das gilt auch für eine Hinterlegung.

(4) Bei Empfängern laufender Kindergeldleistungen sind die in Absatz 1 genannten Forderungen nach Ablauf von sieben Tagen seit der Gutschrift sowie Bargeld insoweit nicht der Pfändung unterworfen, als ihr Betrag dem unpfändbaren Teil der Leistungen für die Zeit von der Pfändung bis zum nächsten Zahlungstermin entspricht.

§ 76 a EStG ist vom 1. Juli 2010 an geändert (Verlängerung der Zeit auf 14 Tage und Ausnahme bei Vorhandensein eines P-Kontos). Vom 1. Jan. 2012 an ist § 76 a aufgehoben (Art. 5 und 7 Abs. 4 mit Art. 10 Abs. 2 des Gesetzes zur Reform des Kontopfändungsschutzes, BGBl 2009 I 1707).

g) Der Freibetrag

Der Freibetrag (§ 31 S. 1 mit § 32 Abs. 6 EStG) wird bei Veranlagung zur Einkommensteuer abgezogen, wenn die gebotene steuerliche Freistellung durch das Kindergeld nicht in vollem Umfang bewirkt wird (§ 31 S. 4 und

153q

5 EStG). Ein Steuererstattungsanspruch, der sich ergibt, ist nach § 46 AO pfändbar (Rdn. 355); hierfür erlangt § 76 EStG keine Bedeutung.

33. Kontoguthaben

a) Das Bankkonto

154   aa) Das *Bankkonto* dient der Abwicklung des bargeldlosen Zahlungsverkehrs. Die Verpflichtung des Kreditinstituts (Bank oder Sparkasse) zur Einrichtung und Führung eines Bankkontos für den Kunden beruht auf dem Girovertrag, der als Geschäftsbesorgungsvertrag eigener Art gilt; wesentliche Merkmale sind in § 676 f (auch § 676 g) BGB geregelt. Er verpflichtet das Kreditinstitut demnach auch dazu, eingehende Zahlungen auf dem Konto gutzuschreiben und Überweisungsverträge abzuwickeln (§ 676 f S. 1 BGB). Rechte und Pflichten aus dem Girovertrag ergeben sich sodann mit der Abwicklung sonstiger Bankgeschäfte wie insbesondere die bare Auszahlung eines Guthabens, die Einziehung von Schecks, die Abbuchung von Lastschriften auf Grund eines Abbuchungsauftrags oder einer Einziehungsermächtigung und die Teilnahme am EC-Kartenverfahren. Geführt wird das Girokonto durchweg als Kontokorrentkonto (Girovertrag mit Kontokorrentabrede nach § 355 HGB, vereinbart durch Allgemeine Geschäftsbedingungen). Den Zeitpunkt (die Zeitabstände) des Saldoabschlusses bestimmen die vertraglichen Abmachungen auch dann, wenn die täglichen Kontoauszüge einen „Saldo" ausweisen. Dieser täglich ermittelte „Saldo" ist in Wirklichkeit kein Abschlusssaldo im Sinne des § 155 Abs. 1 HGB; er gibt vielmehr als reiner Postensaldo nur eine tägliche Übersicht buchungstechnischen Charakters über den Stand der beiderseitigen Ansprüche[1], die die Zinsberechnung erleichtern und Auszahlungen verhindern soll, die nicht durch ein Guthaben gedeckt sind.

154a   bb) *Kontoinhaber*, gegen den als Schuldner (Rdn. 2, 7) Pfändung der Ansprüche aus dem Girovertrag erfolgen kann, ist als Kunde des Kreditinstituts derjenige, der bei Kontoerrichtung der Bank oder Sparkasse gegenüber als Forderungsberechtigter aufgetreten ist und (oder) bezeichnet wurde[2]. Maßgeblich ist damit der für die Bank oder Sparkasse erkennbare Wille des Kontoeröffners. Dem entspricht es, dass als Gläubiger der Bank oder Sparkasse der (formelle) Kontoinhaber angesehen wird, der sich aus der Kontobezeichnung ergibt[3]. Sollten (ganz) besondere Umstände eines (dann seltenen) Einzelfalls Auslegung gebieten und nach dem erkennbaren Willen des Einzahlenden ergeben, dass ein Dritter Gläubiger der Bank oder

---

1   *BGH* 50, 277 = MDR 1968, 821 = NJW 1968, 2100; *BGH* BB 1972, 1163; *BGH* 73, 207 (209 f.) = NJW 1979, 1164; *BGH* NJW 1985, 3010 = WM 1985, 936; *OLG München* JurBüro 1976, 968 = WM 1974, 957.
2   *BGH* NJW 1996, 840 = MDR 1996, 376 mit weit. Nachw.; *BGH* NJW 1988, 709 (re.Sp.) = NW 1987, 1418; *BGH* NJW-RR 1990, 178. Zum „Konto" des Erblassers bei Eintritt des Nacherbfalls s. *BGH* 131, 60 = FamRZ 1996, 103 = NJW 1996, 190.
3   *BGH* NJW 1996, 840 (841) = a.a.O.

Sparkasse werden sollte, müsste das bei Zwangsvollstreckung gegen den (formell) bezeichneten Kontoinhaber mit Klage nach § 771 ZPO geltend gemacht werden. Bei Auslegung ist dann aber zu berücksichtigen, dass der Giroverkehr auf eine rasche und unkomplizierte Abwicklung angelegt ist und damit „ein starkes praktisches Bedürfnis für einfache und klare Rechtsverhältnisse" besteht, so dass – anders als bei einem Sparkonto, Rdn. 337 – der Bezeichnung des Kontoinhabers in der Regel besonderes Gewicht und jedenfalls mehr als bloße Indizwirkung zukommt.[4]

cc) Zur bestimmten Bezeichnung der zu pfändenden Guthabenforderung[5] (Rdn. 496) ist Angabe der *Kontonummer(n)* zweckdienlich, aber für die Wirksamkeit der Pfändung nicht zu fordern[6] (s. Rdn. 279, 332), weil Kontokorrentkonten (Girokonten) bei Banken und Sparkassen als Namenskonten (nicht als Nummernkonten) geführt werden[7]. Ist der Schuldner Kunde einer Zweigniederlassung oder Zweigstelle mit eigener Kontoführung, dann kann bestimmte Bezeichnung der zu pfändenden Forderung nähere Bezeichnung dieser Geschäftsverbindung gebieten[8] (s. Rdn. 154 c). *Beispiel:* Geschäftsverbindung mit der D-Bank, Hauptniederlassung Berlin, unterhält der in Hamburg wohnhafte Schuldner durch Errichtung eines Kontos bei der Zweigniederlassung der Bank in München. Dafür genügt jede Angabe, die dem Drittschuldner zuverlässige Feststellung der gepfändeten Forderung aus dem Girovertrag ermöglicht (Rdn. 496) und diese auch Dritten mit der notwendigen Bestimmtheit bezeichnet (Rdn. 509). Die Ansprüche aus mehreren Girokonten, die der Schuldner bei der Drittschuldnerin unterhält, sind gepfändet, wenn Kontonummern nicht angegeben sind, der Beschluss aber ergibt, dass auf die (bestimmt bezeichneten) Ansprüche aus der Geschäftsverbindung insgesamt zugegriffen werden sollte, nicht aber nur auf Ansprüche, die buchungstechnisch unter einer bestimmten Bezeichnung (Kontonummer) abgerechnet werden[9]. Sollen

154b

---

4 *BGH* NJW 1996, 840 (841) = a.a.O.
5 Zur Frage, ob der Zwangsvollstreckung in ein Bankguthaben der Einwand des Rechtsmissbrauchs entgegengesetzt werden kann, wenn eine andere Bank unter Bruch des Bankgeheimnisses dem Gläubiger Kenntnis von dieser Vollstreckungsmöglichkeit verschafft hat, siehe *BGH* Betrieb 1973, 1987 = JurBüro 1973, 828 = MDR 1973, 926.
6 *BGH* NJW 1982, 2193 (2195 re.Sp.); *LG Frankenthal* Rpfleger 1981, 445; *LG Oldenburg* JurBüro 1982, 620 = Rpfleger 1982, 112; *LG Siegen* JurBüro 1998, 605; *Huken* KKZ 1986, 171.
7 Die Pfändung kann dann aber unwirksam sein, wenn der Drittschuldner (unverschuldet) nicht in der Lage ist, den Schuldner infolge falscher Adressen-Angabe zu identifizieren (siehe Rdn. 492 Fußn. 2).
8 Ob die Angabe einer kontoführenden Filiale (stets) notwendig ist, ist nicht geklärt. Bejaht wird dies z. B. von *Prost* LZ 1933, 1066 und NJW 1958, 486; *Liesecke* WM 1975, 318; das dürfte aber zu weit gehen, weil dem Gläubiger die Organisationsverhältnisse des Drittschuldners nicht bekannt sein können und die Bestimmtheit der zu pfändenden Forderung Darstellung und Bezeichnung der Aufgabenverteilung und Organisationsverhältnisse des Drittschuldners nicht fordert. Wie hier *Huken* KKZ 1986, 171 und *Rollertschke* DStZ 1997, 19. Siehe auch Rdn. 332.
9 *LG Oldenburg* Rpfleger 1982, 112 = a.a.O. (Fußn. 6); dazu kritisch *Ehlenz* JurBüro 1982, 1767.

nach der Angabe der zu pfändenden Ansprüche im Pfändungsbeschluss die Guthaben sämtlicher vom Drittschuldner geführten Konten des Schuldners der Pfändung unterworfen sein, so lässt auch die Nennung einer Kontonummer (insbesondere unter der Drittschuldnerbezeichnung) allein nicht den Schluss zu, es solle nur das auf diesem Konto ausgewiesene Guthaben gepfändet sein[10]. Wenn aber nur Forderungen aus einem (mit seiner Nummer angegebenen) Girokonto als gepfändet bezeichnet sind, kann die Pfändung nicht über das Rechtsverhältnis über das allein genannte Konto hinaus auch auf andere Rechtsbeziehungen (ein anderes Kontokorrentverhältnis) bezogen werden[11].

154c dd) *Drittschuldner* ist die Bank oder Sparkasse, die dem Schuldner die (zu pfändende) Forderung aus dem Girovertrag schuldet (der sonstige Kontokorrentpartner). Sie ist mit ihrer Firma (ihrem Namen) und ihrem Sitz (samt Anschrift) als Drittschuldnerin im Pfändungsbeschluss hinreichend bezeichnet. Daneben ist Angabe auch einer Zweigniederlassung (§ 13 HGB; zur Bezeichnung nur mit der Zweigniederlassung siehe Rdn. 501 a) oder einer unselbstständigen Niederlassung (Zweigstelle), deren Dienste sich der Schuldner als Kunde bedient, für Drittschuldnerbezeichnung nicht für erforderlich zu erachten[12]; für nähere Bezeichnung der zu pfändenden Forderung kann Hinweis auf die Geschäftsverbindung mit einer Zweigniederlassung oder -stelle jedoch geboten sein (s. Rdn. 154 b). Angabe auch der Mitglieder des Vorstands mit ihrem Namen als gesetzliche Vertreter ist weder erforderlich noch ratsam (s. Rdn. 279).

154d ee) *Zustellung* an die Bank (Aktiengesellschaft, eingetragene Genossenschaft) oder Sparkasse (Anstalt des öffentlichen Rechts) erfolgt an den gesetzlichen Vertreter (§ 170 Abs. 1 S. 1 ZPO; Vorstand). Zustellung an den „Leiter" genügt (§ 170 Abs. 2 ZPO). Zustellung an einen von mehreren Vertretern oder Leitern ist ausreichend (§ 170 Abs. 3 ZPO). Ersatzzustellung in Geschäftsräumen (auch in denen einer Zweigniederlassung oder Zweigstelle): § 178 Abs. 1 Nr. 2 ZPO. Drittschuldnerschutz, wenn nach Zustellung Auszahlung durch eine Zahlstelle nicht mehr verhindert werden kann: Rdn. 567 (auch Rdn. 935 a).

b) Neuregelung durch das Gesetz zur Reform des Kontopfändungsschutzes

154e Die Pfändung des Kontoguthabens bei einem Kreditinstitut wurde durch das Gesetz zur Reform des Kontopfändungsschutzes vom 7. Juli 2009 (BGBl I 1707) vielseitig *neu* geregelt. Das Gesetz tritt am **1. Juli 2010** in Kraft. Von da an gelten die Änderungen für die Pfändung von Kontoguthaben (§ 833 a Abs. 1 ZPO), Aufhebung der Pfändung eines Kontos das keine Befriedigungsaussicht bietet (§ 833 a Abs. 2 ZPO), Auszahlungssperre (§ 835 Abs. 3 S. 2 und Abs. 4 ZPO), Erweiterung des Umfanges der

---

10 *BGH* MDR 1988, 859 = NJW 1988, 2543.
11 *BGH* MDR 2001, 1133 = NJW 2001, 2976.
12 Weitergehende Anforderung bei Pfändung eines Postbank-Girokontos (Rdn. 279) rechtfertigt sich, weil die Postbank Girokonten nur bei den Zweigstellen und getrennt für sie unterhält.

Drittschuldnererklärung (§ 840 Abs. 3 Nr. 4 ZPO) und Pfändungsschutz für sonstige Einkünfte (§ 850 i und l ZPO). Übergangsvorschriften für diese Änderungen trifft das Gesetz zur Reform des Kontopfändungsschutzes nicht. Abgestellt werden muss demnach auf den Zeitpunkt der Zustellung des Pfändungsbeschlusses an den Drittschuldner, mit der die Pfändung bewirkt ist (§ 829 Abs. 3 ZPO).

Eingeführt wird ein sog. *Pfändungsschutzkonto* (P-Konto). Dem Schuldner soll es zur Existenzsicherung ermöglichen, im Rahmen der Pfändungsgrenzen die Geldgeschäfte des täglichen Lebens trotz der Pfändung des Kontoguthabens vorzunehmen. Für dieses neue P-Konto ist eine Übergangsregelung vorgesehen. Zu diesem P-Konto, der Übergangszeit mit dem Nebeneinander von herkömmlichem und neuem Pfändungsschutz vom 1.7.2010 bis 31.12.2011 und dem Außerkrafttreten des herkömmlichen Kontopfändungsschutzes von da an siehe Rdn. 1300 ff.

c) Pfändung des Kontoguthabens

I. Herkömmliche Pfändung des Kontoguthabens
(bis 30. Juni 2010)

Gepfändet werden die angeblichen Forderungen an ... – Drittschuldner – auf Zahlung des gegenwärtigen Überschusses und aller künftigen Überschüsse (Guthaben), die dem Schuldner bei Saldoziehung aus der in laufender Rechnung (Kontokorrent) bestehenden Geschäftsverbindung (insbesondere über das Konto Nr. ...) jeweils gebühren. 155

Weiter bei Pfändung der Ansprüche aus dem zugrunde liegenden Rechtsverhältnis (hier: für Bankkontokorrent aus Girovertrag):

... und die Ansprüche an diesen Drittschuldner aus dem Girovertrag (insbesondere über das Konto Nr. ...) auf

– *fortlaufende Auszahlung der sich zwischen den Rechnungsabschlüssen ergebenden Tagesguthaben unter Einschluss des Rechts, über diese Guthaben durch Überweisungsaufträge zu verfügen,*

– *Gutschrift der eingehenden Beträge.*

Bei Pfändung auch des Anspruchs aus einem Dispositionskredit („offene Kreditlinie") ist der Text von Rdn. 112 anzufügen.

Schrifttum: 14. Auflage vor Rdn. 156.

1. Zu unterscheiden sind nach herkömmlicher Rechtslage die 155a

■ Pfändung des gegenwärtigen Saldos,

■ Pfändung künftiger Saldoforderungen sowie

■ Pfändung der Ansprüche aus dem dem Kontokorrentverhältnis zugrunde liegenden Rechtsverhältnis

2. Die Pfändung des gegenwärtigen Saldos

aa) Zu pfänden ist der Anspruch auf *Zahlung des Überschusses* (Guthabens), der sich *bei einer Saldoziehung* (Verrechnung aller Debet- und 155b

Kreditposten) im Augenblick der Pfändung ergibt[13]. Gegenstand dieser Pfändung ist eine Geldforderung; die Pfändung erfolgt daher nach § 829 ZPO. Mit der Zustellung an den Drittschuldner (Rdn. 154 c) wird die Pfändung wirksam (§ 829 Abs. 3 ZPO).

155c   bb) Die zu pfändende Forderung ist mit dem Anspruch auf Zahlung des Überschusses bei Saldoziehung aus der in laufender Rechnung (Kontokorrent) bestehenden Geschäftsverbindung (siehe § 357 HGB) bestimmt bezeichnet[14]. Nicht ausreichend (weil unbestimmt) ist die Bezeichnung „alle Ansprüche des Bankkunden gegen die Bank, gleichviel auf welchen Rechtsgründen sie immer beruhen mögen"[15], „... aus Bankverbindung"[16], „Kontoverbindungen jeder Art"[17] sowie „... Ansprüche aus Geschäftsverbindung"[18].

155d   cc) Pfändbar ist nur die Saldenforderung, also nicht eine (oder mehrere) dem Kontokorrent unterstellte *Einzelforderung*[19]. Einzelne Kreditposten kann der Gläubiger während einer Rechnungsperiode nicht pfänden[20]. Das schließt die Pfändung der „Eingänge", der „eingehenden Beträge" oder „Gelder", der „jeweiligen Gutschriften", „der eingehenden und in das Kontokorrent einzustellenden Zahlungen (Habenposten)"[21], „des Anspruchs auf laufende Auszahlung zwischen den Rechnungsabschlüssen des Kontokorrents dem Konto gutgeschriebener Beträge"[22] usw. aus[23]. Eine Pfändung solcher Einzelansprüche kann aber in die Pfändung des Salden-

---

13 *Grigat* BB 1952, 335; siehe außerdem *Forgách* Betrieb 1974, 809 und *Herz* Betrieb 1974, 1851. Unzutreffend *Schupp* in BB 1952, 218, dass es überhaupt keinen pfändbaren gegenwärtigen Saldo gebe, vielmehr eine Pfändung sich nur auf den Saldo beziehen könne, der sich später, bei einem „regelmäßigen" Abschluss derjenigen Kontokorrentperiode ergibt, die während der Pfändung läuft.
14 Siehe auch *AG Groß-Gerau* MDR 1981, 1025: Ausreichend ist „alle Forderungen, insbesondere das Guthaben auf dem Konto Nr. ..." Ist sehr bedenklich und hat über den Zugriff auf den gegenwärtigen Saldo hinaus keine Pfändungswirkung.
15 *Gaul*, Zur Rechtsstellung der Kreditinstitute als Drittschuldner in der Zwangsvollstreckung, Festschrift „Sparkassenakademie" 1978, S. 92 unter Hinweis auf *KG* in BankArchiv 1940, 253. S. dazu auch *BGH* WM 1973, 892, der eine ähnliche Fassung für zulässig erachtete, weil sie mit dem Zusatz verbunden war „insbesondere von Ansprüchen aus der Gutschrift einer Überweisung der X-Bank zugunsten des Schuldners".
16 *OLG Frankfurt* JurBüro 1981, 458 = OLGZ 1981, 109.
17 Hierzu *Köndgen* NJW 1996, 558 (562 li.Sp.).
18 *LG Oldenburg* Rpfleger 1982, 112 = a.a.O. (Fußn. 6).
19 *BGH* 80, 172 = JurBüro 1981, 1325 = MDR 1981, 730 = NJW 1981, 1611; *BGH* JurBüro 1982, 853 = MDR 1982, 574 = NJW 1982, 1150 (Verwertungserlös als Kontokorrentposten).
20 *Grigat* BB 1952, 335 und MDR 1952, 412; *Sprengel* MDR 1952, 9; *OLG Oldenburg* MDR 1952, 550. Kontokorrentpflichtige Einzelposten sind ebenso nicht abtretbar; s. *BGH* 73, 239 (263) mit Nachw. Zur Ausdehnung der Pfändung auf künftige Eingänge siehe aber Rdn. 157.
21 *BFH* NJW 1984, 1919.
22 *BGH* 93, 315 (323) = a.a.O. (Rdn. 157 e Fußn. 81).
23 *Grigat* a.a.O. (Fußn. 20); *Quardt* JurBüro 1959, 343; **anders** noch *RG* 140, 219; *Klee* BB 1961, 686; siehe jedoch wegen der Ansprüche aus Girovertrag Rdn. 157, 157 a.

anspruchs aus Kontokorrent umzudeuten sein (s. dazu Rdn. 510, auch 512 ff.), insbesondere dann, wenn der Gläubiger nichts vom Kontokorrent wusste[24].

dd) Die Pfändung bewirkt *keine Kündigung* und damit auch bei Abhebung des fälligen Saldoguthabens durch den Gläubiger keine Beendigung des Kontokorrentverhältnisses[25]. Sie berechtigt auch den Gläubiger nicht zur förmlichen Kündigung des Kontokorrentverhältnisses zwischen Schuldner und Drittschuldner[26]. In die aus der Fortsetzung der Geschäftsverbindung sich ergebenden Schuldnerforderungen kann durch Pfändung der künftigen Guthaben (s. Rdn. 156 ff.) sowie der Ansprüche aus dem den Geschäftsbeziehungen zugrunde liegenden Rechtsverhältnis (s. Rdn. 157) vollstreckt werden. Von selbst (ohne Mitpfändung des künftigen Guthabens) erstreckt sich die Pfändung auch dann nicht auf den künftigen Saldo, wenn bei Wirksamwerden der Pfändung des gegenwärtigen Saldos überhaupt kein Guthaben vorhanden ist; der Beschluss ist dann vielmehr wirkungslos[27].

155e

ee) Von der Pfändung des *gegenwärtigen Saldos* wird die im Augenblick der Zustellung des Pfändungsbeschlusses (auch des vorläufigen Zahlungsverbots [§ 845 ZPO][28], nicht aber des Überweisungsbeschlusses)[29] an den

155f

---

24 RG HRR 1939 Nr. 909 (= Pfändung eines Guthabens, das einem Bankkunden auf seinem Konto bei einer Bank zustehen soll). Dazu aber auch *BGH* NJW 1982, 1150 = a.a.O. (Fußn. 19): kein Anhalt für Auslegung des Pfändungsbeschlusses.
25 *RG* 140, 219 (222).
26 *RG* 140, 219 (222).
27 *Sprengel* MDR 1952, 9; *Scherer* NJW 1952, 1397 (1398); *Forgách* Betrieb 1974, 809; **a.A.** *Klee* BB 1951, 686, der diese Pfändung bis zum nächsten Kontoabschluss in Kraft lassen will, dem aber aus den von *Sprengel* und *Scherer* zutreffend dargelegten Gründen nicht gefolgt werden kann.
28 *BGH* 93, 71 (75) = JurBüro 1985, 700 = MDR 1985, 404 = NJW 1985, 863.
29 *Grigat* BB 1952, 336 (337). Allerdings wurde auch angenommen, die besondere Bestimmung des § 357 HGB, nach der dem Gläubiger neue Schuldposten nicht in Rechnung gestellt werden können, greife nicht oder jedenfalls nicht vor Entstehung der Saldoforderung am Ende der regelmäßigen Kontokorrentperiode ein, wenn der Gläubiger nur eine Pfändung (insbesondere nur eine Arrestpfändung) erwirkt habe. Vielmehr könnte erst die spätere Überweisung bzw. das Ende der regelmäßigen Kontokorrentperiode diese Wirkung nach sich ziehen (*Schupp* BB 1952, 218). Dieser Ansicht möchte ich jedoch nicht folgen, weil die Pfändung die staatliche Verstrickung bewirkt, deren Wirkungen nicht bis zur späteren Überweisung zum Nachteil des Gläubigers ausgeschlossen sein können. Auch der Wortlaut des § 357 HGB steht dieser Pfändungswirkung nicht entgegen, wie insbesondere *Grigat* BB 1952, 337 zutreffend darlegt. Siehe auch *BGH* 80, 172 (176) = a.a.O. (Fußn. 19), der bei nachfolgender Pfändung und Überweisung auf den Zeitpunkt der Zustellung des vorläufigen Zahlungsverbots (§ 845 ZPO) abstellt.
Der Entwurf des Vierten Gesetzes zur Änderung der Pfändungsfreigrenzen (BT-Drucks. 8/693, S. 9), hatte Streichung der Worte „und Überweisung" in § 357 Satz 1 HGB in Aussicht genommen. Das sollte Klarstellung bewirken, dass bei der Zwangsvollstreckung in den Saldo eines Kontokorrents bereits die Pfändung als staatliche Verstrickung des Anspruchs die in § 357 Satz 1 HGB angeordnete Sperrwirkung hat (Begründung Seite 55). Diese Änderung war jedoch im Hinblick auf den in § 835 Abs. 3 ZPO aufgenommenen Satz 2 vorgesehen; nach veränderter Fassung dieses Satzes 2 ist es zur Änderung des § 357 Satz 1 HGB nicht mehr gekommen.

Drittschuldner zugunsten des Schuldners bestehende Saldoforderung erfasst (siehe § 357 HGB)[30]; sog. Zustellungssaldo. Zahlungseingänge und -ausgänge nach Zustellung verändern den Bestand des Zustellungssaldos nicht mehr (zu § 357 S. 2 HGB s. jedoch Rdn. 155 g); abweichende Daten der Wertstellung von Haben- und Sollposten sind für Bestimmung des Zustellungssaldos ohne Bedeutung[31]. Kontokorrentgebundene Einzelforderungen erfasst die Pfändung des Guthabens aus einem Kontokorrentverhältnis nicht[32]. Die Pfändung führt also zu einem Rechnungsabschluss für den Zeitpunkt ihres Wirksamwerdens; sie geht ins Leere, wenn bei diesem Rechnungsabschluss eine Saldoforderung des Schuldners nicht besteht[33]. Pfändung während einer laufenden Kontokorrentperiode bewirkt damit, dass das Konto im Verhältnis zwischen Gläubiger und Drittschuldner buchungstechnisch auf den Zeitpunkt der Pfändung vorläufig abgeschlossen wird[34]. Die erst nach der Pfändung des gegenwärtigen Saldos auf dem Konto gutgeschriebenen Beträge werden von ihr nicht erfasst; eine nachträgliche Erhöhung des Guthabens kommt sonach dem Gläubiger nicht zugute[35]. Der Schuldner kann über solche neue Guthabenbeträge daher zulasten seines Kontos frei verfügen[36]. Dies gilt für Verfügungen vor dem nächsten vertraglichen Kontoabschluss selbst dann, wenn das gegenwärtige und künftige Saldoguthaben gleichzeitig gepfändet sind[37]; durch Pfändung der Ansprüche aus den der Kontokorrentabrede zugrunde liegenden Geschäftsbeziehungen (Rdn. 157) wird der Schuldner jedoch auch an Verfügungen über eingehende Beträge zwischen den Rechnungsperioden gehindert.

Bei Pfändung des gegenwärtigen Saldos durch *mehrere Gläubiger* kommt es für diese Pfändungswirkung für jeden von ihnen auf den jeweiligen Zeitpunkt der Beschlusszustellung an den Drittschuldner an. Der Zeitpunkt der ersten Pfändung ist nicht etwa auch zugleich für die weiteren Pfändungen maßgebend.

155g ff) *Schuldposten* zulasten des Schuldners (Kontoinhabers), die nach der Pfändung durch *neue Geschäfte* entstehen, sind dem Gläubiger gegenüber

---

30 Die Vorschrift lautet: § 357 HGB – Hat der Gläubiger eines Beteiligten die Pfändung und Überweisung des Anspruchs auf dasjenige erwirkt, was seinem Schuldner als Überschuss aus der laufenden Rechnung zukommt, so können dem Gläubiger gegenüber Schuldposten, die nach der Pfändung durch neue Geschäfte entstehen, nicht in Rechnung gestellt werden. Geschäfte, die auf Grund eines schon vor der Pfändung bestehenden Rechtes oder einer schon vor diesem Zeitpunkte bestehenden Verpflichtung des Drittschuldners vorgenommen werden, gelten nicht als neue Geschäfte im Sinne dieser Vorschrift.
31 *OLG Frankfurt* NJW-RR 1994, 878; *Köndgen* NJW 1996, 558 (562 li.Sp.).
32 *BGH* 80, 172 = a.a.O. (Fußn. 19).
33 *BGH* 80, 172 = a.a.O. (Fußn. 19).
34 *BGH* 80, 172 = a.a.O. (Fußn. 19).
35 *BGH* 80, 172 (177) = a.a.O. (Fußn. 19).
36 *Grigat* BB 1952, 336; *Sprengel* MDR 1952, 9; *Klee* BB 1951, 687; *Berger* ZIP 1980, 946 (947).
37 *Grigat* BB 1952, 336.

für den im Augenblick des Wirksamwerdens der Pfändung bestehenden Saldo (nicht hinsichtlich der Neueingänge, siehe Rdn. 155 f) unwirksam (§ 829 ZPO). Sie können ihm daher nicht mehr in Rechnung gestellt werden (siehe § 357 HGB)[38]. Hat der Drittschuldner auf Veranlassung des Schuldners nach der Pfändung solche Schuldposten aus dem gepfändeten Saldoguthaben gedeckt (auch im Lastschriftverfahren auf Grund einer Einziehungsermächtigung oder eines Abbuchungsauftrags), so muss er an den Gläubiger nochmals zahlen (siehe Rdn. 565). Das gilt auch für Schuldposten, die durch Abhebung von Geldbeträgen an Geldautomaten und durch bargeldlose Bezahlung an automatisierten Kassen (POS-Kassen) (hierzu Rdn. 164 a) entstanden sind. Das Zahlungsverbot (§ 829 Abs. 1 ZPO) verpflichtet das kontoführende Kreditinstitut auch dazu, das Entstehen solcher Schuldposten zu verhindern und hierfür auch die Kundenkarten für den Einsatz an Geldautomaten und POS-Kassen sperren zu lassen. Nur für Schuldposten, deren Entstehen durch Verwendung einer Kundenkarte mit zumutbaren Maßnahmen nicht mehr abgewendet werden kann, wird dem kontoführenden Kreditinstitut noch Schutz zugestanden (vgl. Rdn. 567). Entsprechendes gilt bei Pfändung des künftigen Guthabens und der Guthaben zwischen den Rechnungsperioden.

Von diesem Grundsatz macht aber § 357 S. 2 HGB eine wichtige Ausnahme. Der Pfändungsgläubiger muss sich danach auf den Saldo zur Zeit der Pfändung alle nach ihr anfallenden Schuldposten in Rechnung stellen lassen, die auf Grund eines schon vor der Pfändung entstandenen Rechts oder einer schon vor diesem Zeitpunkt bestehenden Verpflichtung des Drittschuldners erwachsen. Dazu gehören insbesondere Kontoführungs- und Abschlussspesen, Stornoposten sowie Rückbelastungen von unter Vorbehalt des Eingangs gebuchten, aber nicht eingelösten Schecks und Wechseln[39], außerdem die Zahlung auf Grund eines vom Schuldner auf den Drittschuldner gezogenen und von diesem vor der Pfändung akzeptierten Wechsels. Nicht unter § 357 S. 2 HGB fallen aber Zahlungen der Bank (Drittschuldnerin) an den Schuldner selbst, mit denen nur ein schuldrechtlicher Anspruch des Schuldners (gegen die Bank) getilgt werden soll[40] (keine befreiende Zahlung des Drittschuldners an den Schuldner). Mit einer neuen (erst nach der Pfändung erworbenen) Forderung der Bank gegen den Schuldner kann sie auch nicht auf Grund des AGB-Pfandrechts mit Wirkung gegenüber dem vollstreckenden Gläubiger den Zustellungssaldo verringern[41] (§ 357 S. 1 HGB darf nicht durch vorherige Vereinbarung des Schuldners mit dem Drittschuldner über die Bevorrechtigung erst künftig entstehender Ansprüche unterlaufen werden).

---

38 Mit dieser Regelung des § 357 HGB wollte der Gesetzgeber dem begegnen, dass der Schuldner „seine Forderung an den Kontokorrentgegner dem Gläubiger durch beliebige Schaffung neuer Schuldposten entzieht"; siehe Denkschrift zu dem Entwurf eines HGB, II S. 215; *Grigat* BB 1952, 336.
39 *Grigat* BB 1952, 336; *Klee* BB 1951, 687.
40 *BGH* MDR 1997, 878 = NJW 1997, 2322.
41 *BGH* a.a.O. (Fußn. 40).

155h gg) Die Pfändung des gegenwärtigen Saldos gibt dem Gläubiger auch nach Überweisung zur Einziehung noch kein Recht auf sofortige *Zahlung* des von der Pfändung erfassten Saldoguthabens[42]. Vielmehr kann der Gläubiger Herausgabe des Saldoguthabens erst bei Fälligkeit, das ist mangels besonderer Abrede im Zeitpunkt des nächsten vertraglichen Rechnungsabschlusses, verlangen. Eine Vereinbarung der Kontokorrentparteien über die Vortragungspflicht der Saldoforderung in die nächste Rechnungsperiode wirkt nicht gegen den pfändenden Gläubiger[43]. Beim Bankkontokorrent kann Auszahlung des Guthabens vom Schuldner als Kontoinhaber und deshalb auch vom pfändenden Gläubiger in der Regel jederzeit begehrt werden. Siehe jedoch wegen der Sperre von 2 (künftig 4) Wochen für ein gepfändetes Guthaben bei einem Geldinstitut § 835 Abs. 3 S. 2 ZPO.

3. Die Pfändung des künftigen Guthabens

156 aa) Das künftige Saldenguthaben ist, wie jede künftige Forderung (siehe Rdn. 27) pfändbar[44]. Auf künftiges Guthaben erstreckt sich die Pfändung aber nur, wenn dies im Beschluss ausdrücklich angeordnet ist[45]. Spricht der Pfändungsbeschluss keine künftige, sondern nur eine gewöhnliche (gegenwärtige) Saldenpfändung aus, so bezieht sich seine Wirkung lediglich auf den Kontenstand im Augenblick des Wirksamwerdens der Pfändung (siehe Rdn. 155 f)[46].

156a bb) Die Pfändung des *künftigen Guthabens* erstreckt sich auf den nächsten Aktivsaldo und auf alle weiteren künftigen Aktivsalden bis zur vollen Befriedigung des Gläubigers[47]. Der zeitliche Abstand zwischen

---

42 So wohl auch nur zu verstehen *LG Göttingen* Rpfleger 1980, 237. **A.A.** *Sprengel* MDR 1952, 9.

43 Siehe dazu auch *Grigat* BB 1952, 335 Fußn. 10, der zu dem nicht zutreffenden Ergebnis kommt: „Die Salden werden im Augenblick ihrer Entstehung zu unpfändbaren Kreditposten der neuen Rechnungsperiode. In diesem Fall ... ist die Pfändung künftiger Salden also ohnedies illusorisch".

44 *BGH* 80, 172 (181) = a.a.O. (Fußn. 19); *BGH* 135, 140 (142) = NJW 1997, 1857 = ZZP 111 (1998) 77 mit Anm. *Häsemeyer* = JR 1998, 28 mit Anm. *Marotzke*; *RG* 135, 141; 140, 222; *LG Frankenthal* JurBüro 1979, 1325; *Sprengel* MDR 1952, 9; *Klee* MDR 1952, 203; *Berger* ZIP 1980, 946 (947); **a.a.** noch *KG* JW 1932, 184; siehe auch *BGH* BB 1956, 770: Der Anspruch auf das bei den regelmäßigen Abschlüssen ermittelte Saldoguthaben ist ein rechtlich selbständiger Anspruch. Er ist nach einhelliger Auffassung als künftiger Anspruch grundsätzlich abtretbar.

45 Ob der Pfändungsbeschluss dann auch ein erst nach seiner Zustellung neu errichtetes Bankkonto erfasst, ist streitig; bejahend *Klee* BB 1951, 688; **a.A.** *OLG Celle* JurBüro 1966, 348 = MDR 1966, 595 = OLGZ 1966, 313. Da zukünftige Forderungen jedenfalls gepfändet werden können (siehe Rdn. 27), kann von dieser Vollstreckungsmöglichkeit die Forderung aus dem erst künftig zu errichtenden Bankkonto nicht ausgenommen werden. Deshalb erscheint das Urteil des *OLG Celle* nicht überzeugend; Einwendungen gegen die Zulässigkeit der Pfändung sind mit Erinnerung gegen den Pfändungsbeschluss geltend zu machen. Bei unzureichender Bezeichnung des – künftigen – Kontos hat die Pfändung keine Wirkung, weil der Pfändungsbeschluss inhaltlich unbestimmt ist.

46 *Sprengel* MDR 1952, 9; *Scherer* NJW 1952, 1397; *Klee* BB 1951, 686.

47 *BGH* 80, 172 = a.a.O. (Fußn. 19).

Pfändungszeitpunkt und späterem Rechnungsabschluss hat (in aller Regel) keinen Einfluss auf die einmal begründete Bestimmbarkeit eines periodisch neu entstehenden Abschlusssaldos[48]. § 357 HGB ist nicht anzuwenden[49]. Vom *RG*[50], den *OLGen Oldenburg*[51] und *München*[52] sowie zahlreichen Autoren[53] wurde früher zwar die Ansicht vertreten, dass sich die Pfändung des künftigen Guthabens immer nur auf „den nächsten vertraglichen Abschluss, der ein Guthaben[54] für den Schuldner bei dem Drittschuldner ergibt", beziehe. Darüber hinaus sollte auch die ausdrückliche Pfändung späterer (fernerer) Saldenguthaben wegen mangelnder Bestimmbarkeit unzulässig sein[55]. Diese Einschränkung wurde bereits von der früher herrschenden Meinung nicht geteilt. Fernere Kontokorrentguthaben wurden als künftige Forderungen grundsätzlich ohne jede zeitliche Einschränkung als pfändbar angesehen, weil die notwendige Bestimmbarkeit in der fortlaufenden Geschäftsverbindung in hinreichender Weise gegeben ist. Deshalb war es bereits früher herrschende Meinung[56], dass die Pfändung künftiger Salden alle Saldoforderungen erfasst, die sich bis zur Befriedigung des Gläubigers jeweils zu den vertraglichen Rechnungsabschlüssen ergeben. Nun ist durch die Rechtsprechung des *BGH* der frühere Streit um die Wirkung der Pfändung des künftigen Guthabens ausgeräumt.

cc) Die Pfändung des künftigen Guthabens erstreckt sich nur auf den Saldo im Zeitpunkt eines Rechnungsabschlusses, nicht aber auf tägliche Neueingänge und Gutschriften. Der Schuldner ist demnach bis zum jeweiligen Rechnungsabschluss in der Verfügung über sein Kontokorrentkonto nicht beschränkt[57] (siehe auch Rdn. 155 f). Er kann in dieser Zeit daher

156b

---

48 *BGH* 80, 172 = a.a.O. (Fußn. 19).
49 *BGH* 80, 172 = a.a.O. (Fußn. 19).
50 *RG* 140, 219 (222).
51 *OLG Oldenburg* MDR 1952, 549 (s. aber auch Fußn. 56); so ferner *AG Traunstein* Amtsvormund 1970, 64.
52 *OLG München* JurBüro 1976, 968 = WM 1974, 957.
53 *Klee* BB 1951, 689; *Sprengel* MDR 1952, 11; *Scherer* NJW 1952, 1397 (1398); *Beitzke* in Festschrift für Gierke, 1950, S. 9 ff.
54 Wenn der nächste regelmäßige Abschluss noch kein Guthaben ausweist, sollte die Pfändungswirkung bis zu dem späteren Abschluss fortdauern, der als erster wieder ein Guthaben bringt.
55 Dem Gläubiger wurde geraten, sich von der Bank sofort Aufschluss über den Zeitpunkt des Rechnungsabschlusses geben zu lassen und danach eine neue Pfändung auszubringen. Ein Rechtsschutzbedürfnis für den Erlass eines neuen Pfändungsbeschlusses wurde bejaht, siehe *LG Berlin* JurBüro 1971, 977 = MDR 1971, 766 = Rpfleger 1971, 230. Das ist nicht mehr richtig.
56 *OLG Oldenburg* WM 1979, 591; *LG Hamburg* BB 1965, 221 = Betrieb 1965, 249 = MDR 1965, 391; *Grigat* BB 1952, 334, 335; *LG Berlin* MDR 1971, 766 = a.a.O. (Fußn. 55); *Berger* ZIP 1980, 946; *Forgách* Betrieb 1974, 809; *Herz* Betrieb 1974, 1851; *Liesecke* WM 1975, 321.
57 Das gilt auch für das Bankkontokorrentverhältnis, siehe *BGH* 84, 325 (332) = a.a.O. (Fußn. 67) und *BGH* 84, 371 (378) = a.a.O. (Fußn. 67); *Sprengel* MDR 1952, 10; *Scherer* NJW 1952, 1398; *Herz* Betrieb 1974, 1851; *Berger* ZIP 1980, 946 (947); **a.A.** aber *Klee* MDR 1952, 203; *Gleisberg* Betrieb 1980, 865; *Forgách* Betrieb 1974, 809 sowie *LG Hannover* NJW 1974, 1095 mit zust. Anm. *Schläger*, der jedoch weitere Anforderungen an die Fassung des Pfändungsbeschlusses stellt.

weiterhin Gelder auf sein Konto einzahlen oder überweisen lassen und über diese Gutschriften durch Barabhebungen, Überweisungen oder auf sonstige Weise verfügen[58], ohne dadurch gegen das Verfügungsverbot zu verstoßen[59]. Ob demnach zu den späteren Rechnungsabschlüssen überhaupt eine von der Pfändung erfasste Forderung des Schuldners an den Drittschuldner und in welcher Höhe sie besteht, hängt somit davon ab, welche Gelder auf dem Konto eingehen und welche Verfügungen der Schuldner jeweils zulasten seines Kontos trifft[60]. Der Schuldner kann damit durch rechtzeitige Verfügung über das Kontoguthaben, das heißt Abhebung jeweils vor Rechnungsabschluss, die Entstehung der gepfändeten künftigen Guthabenforderung jederzeit ebenso verhindern[61], wie er durch Anweisung an seine eigenen Schuldner, keine Zahlungen mehr auf das gepfändete Konto zu leisten, dafür Sorge tragen kann, dass sich überhaupt kein neues Guthaben mehr bildet[62]. Aus dieser Verfügungsbefugnis des Schuldners folgt auch sein Recht, das Konto durch Kündigung jederzeit aufzulösen[63].

156c dd) Wenn nach Pfändung des künftigen Saldenguthabens ein *weiterer Gläubiger* den gegenwärtigen Saldo pfändet (Rdn. 155 b), wird von dieser weiteren Pfändung wiederum der sog. Zustellungssaldo erfasst (Rdn. 155 f). Dadurch wird ein zusätzliches Recht des ersten Pfändungsgläubigers, dessen Pfändung auch auf das künftige Guthaben erstreckt ist (Rdn. 156 a), nicht begründet, sein Anspruch auf das nächste vertragliche Abschlussguthaben somit nicht erweitert. Ebenso wie die Pfändung des künftigen Guthabens für den ersten Gläubiger den Schuldner nicht in der Verfügung über sein Kontokorrentguthaben zwischen den Rechnungsabschlüssen beschränkt (Rdn. 156 b), behindert die Pfändung des künftigen Saldoguthabens auch weitere Gläubiger nicht an der Pfändung des Zustellungssaldos und Einziehung des damit beschlagnahmten Guthabens nach Überweisung an Stelle des Schuldners[64].

4. *Pfändung der Guthaben zwischen den Rechnungsperioden*

157 aa) Beim Girokonto kann außerdem auf die *Guthaben zwischen den Rechnungsperioden* zugegriffen werden, über die der Schuldner bei Pfändung nur der künftigen Saldenansprüche noch verfügen kann (Rdn. 156 b).

---

58 *Grigat* BB 1952, 334, 335; *Sprengel* MDR 1952, 10 und MDR 1952, 550; *Scherer* NJW 1952, 1398; *Ludewig* Betrieb, Beil. Nr. 10/52.
59 Dieses Recht des Schuldners, von der Bank oder dem sonstigen Geschäftspartner *zwischen* Rechnungsabschlüssen Barauszahlungen oder Ausführung von Überweisungen zu verlangen, kann aber selbstständig gepfändet werden; siehe Rdn. 157.
60 *RG* 135, 140.
61 *BGH* 84, 325 (332) = a.a.O. (Fußn. 67) und *BGH* 84, 371 (378) = a.a.O. (Fußn. 67); *Grigat* BB 1952, 334, 335.
62 Dazu siehe *Sprengel* MDR 1952, 10.
63 So auch *Klee* BB 1951, 688. Ebenso kann die Bank den Girovertrag kündigen, siehe *Klee* a.a.O.
64 A.A. *Gröger* BB 1984, 25, dem ich nicht folgen möchte. Bei Pfändung des Guthabens zwischen den Rechnungsperioden (Rdn. 157) durch den ersten vollstreckenden Gläubiger tritt diese Zweifelsfrage nicht auf.

Kontoguthaben

Anspruch auf Auszahlung des Guthabens auch zwischen den Rechnungsabschnitten gibt dem Schuldner der Girovertrag[65]. Aus diesem zwischen der Bank (Sparkasse) und dem Schuldner als Kunden bestehenden Geschäftsvertrag folgt (in aller Regel), dass der Schuldner den aus dem jeweiligen Kontoauszug sich ergebenden Tagessaldo (unter Vorbehalt der Verrechnung von Zinsen und Kosten) jederzeit fordern und durch Abhebung von Bargeld oder mit Überweisungsaufträgen in Anspruch nehmen kann[66]. Dieser Anspruch unterliegt nicht der Kontokorrentbindung; er ist pfändbar[67].

bb) Beim Bank-Kontokorrent sind pfändbare Ansprüche aus dem Girovertrag demnach der *Anspruch* des Bankkunden *auf fortlaufende Auszahlung der sich zwischen den Rechnungsabschlüssen ergebenden Tagesguthaben*[68] und das darin eingeschlossene Recht, über diese Guthaben[69] durch Überweisungsaufträge[70] zu verfügen[71]. Dass etwa der Schuldner nach dem Girovertrag nicht berechtigt ist, die Ansprüche abzutreten, steht der Pfändbarkeit nicht entgegen (§ 851 Abs. 2 ZPO)[72].

157a

cc) Es handelt sich bei dem Anspruch auf Auszahlung des Guthabens, das ein Girokonto aufweist (sog. Tagesguthaben), um eine Geldforderung (nicht um einen Dienstleistungsanspruch im Zusammenhang mit der

157b

---

65 *BGH* 84, 325 (328, 329) = a.a.O. (Fußn. 67).
66 *BGH* 50, 277 (282) = MDR 1968, 821 = NJW 1968, 2100.
67 *BGH* 84, 325 = JurBüro 1982, 1338 = MDR 1982, 928 = NJW 1982, 2192; *BGH* 84, 371 = MDR 1982, 903 = NJW 1982, 2193; *BFH* NJW 1984, 1919.
68 *BGH* 84, 325 = a.a.O. (Fußn. 67); *BGH* 84, 371 = a.a.O. (Fußn. 67); *BFH* NJW 1984, 1919; siehe auch *BGH* 86, 23 (25); offen gelassen noch von *BGH* 80, 172 (179) = a.a.O. (Fußn. 19). Pfändbarkeit außerdem bejaht von *OLG Celle* ZIP 1981, 496; *OLG Karlsruhe* Justiz 1980, 144; *SchlHOLG* JurBüro 1981, 622; *OLG Stuttgart* JurBüro 1982, 1423 = Rpfleger 1981, 445 = WM 1981, 1149; *LG Detmold* DGVZ 1978, 59 = Rpfleger 1978, 150; *LG Göttingen* NdsRpfl 1980, 152 = Rpfleger 1980, 237; *LG Hannover* NJW 1974, 1095; **a.**A. *OLG Köln* ZIP 1981, 964; *OLG München* JurBüro 1976, 968 = WM 1974, 957; *OLG Oldenburg* WM 1979, 591; *LG Stuttgart* Rpfleger 1981, 24; *Terpitz* WM 1979, 570 (572 ff.); *Berger* ZIP 1980, 946 und ZIP 1981, 583; *Beeser* AcP 155, 418. Zum früheren Meinungsstreit auch *Geisberg* Betrieb 1980, 865; *FG Rheinland-Pfalz* Betrieb 1981, 968 = EFG 1980, 533.
69 Der Anspruch auf Durchführung von Überweisungen ist nur eine neben dem Zahlungsanspruch des Kontoinhabers bestehende (Dienstleistungs-)Verpflichtung der Bank aus dem Girovertrag, die ohne Deckung nicht durchsetzbar ist. Daher kann die Pfändung des Anspruchs auf Durchführung von Überweisungen an Dritte nur dann rechtliche Bedeutung erlangen, wenn für die Überweisungsaufträge eine Deckungsgrundlage, sei es in Form eines Guthabens oder eines Kredits, vorhanden ist; *BGH* 93, 315 = a.a.O. (Fußn. 81).
70 Früher bezeichnet als Anspruch auf „Durchführung von Überweisungen an Dritte"; s. *OLG Karlsruhe* Justiz 1980, 143; *Schläger* NJW 1974, 1095.
71 *BGH* 84, 325 (329, 333) = a.a.O. (Fußn. 67); *BGH* 86, 23 (25); *BGH* 93, 315 (323, 324) = a.a.O. (Fußn. 81); abl. *Häuser* ZIP 1983, 891 (895), weil der Anspruch auf Durchführung einer Überweisung auf eine bankgeschäftliche Vermittlung bargeldloser Zahlungen, d.h. auf eine dienstvertragliche Geschäftsbesorgung gerichtet sei, und *Häuser* WM 1990, 129.
72 *BGH* 84, 325 (330) = a.a.O. (Fußn. 67).

Abwicklung des bargeldlosen Zahlungsverkehrs)[73]. Der Anspruch unterliegt daher der Pfändung nach § 829 Abs. 1 ZPO; wirksam wird diese Pfändung mit der Zustellung des Pfändungsbeschlusses an die Bank oder Sparkasse (§ 829 Abs. 3 ZPO). Dass Guthabensbeträge zur Einlösung von Lastschriften bestimmt sein können, begründet keine Zweckbindung, behindert somit die Pfändung und Verfügung über das Guthaben nach Überweisung nicht[74].

157c dd) Die Pfändung dieser Ansprüche aus dem Girovertrag muss besonders beantragt und ausgesprochen werden[75]. Von der Pfändung des gegenwärtigen Kontokorrentsaldos oder des künftigen Kontokorrentguthabens werden Ansprüche aus den Geschäftsbeziehungen nicht erfasst[76]. Die Ansprüche aus dem Girovertrag sind auch mit „... möglicherweise nicht in das Kontokorrent fallende gegenwärtige und künftige Einzelforderungen, falls die Kontokorrentkonten einen Debet-Saldo ausweisen und Verfügungen über zwischenzeitliche Eingänge zugelassen werden", als Gegenstand der Pfändung nicht hinreichend bestimmt bezeichnet, sonach nicht wirksam gepfändet[77].

157d ee) Wenn der Anspruch auf Auszahlung der sich zwischen den Rechnungsabschlüssen ergebenden Tagesguthaben auf dem vom Schuldner geführten Girokonto wirksam gepfändet ist, darf die Bank oder Sparkasse als Drittschuldnerin Barauszahlungen an den Schuldner nicht mehr vornehmen (s. Rdn. 565). Die Bank oder Sparkasse kann dem Schuldner daher auch keinen (weiteren Überziehungs-)Kredit gewähren, um diesen mit gegenwärtigen oder künftigen Eingängen zu verrechnen. Die Pfändung des Tagesguthabens bewirkt zugleich, dass die Drittschuldnerin daraus auch keine Überweisungsaufträge des Schuldners an Dritte mehr vornehmen darf (wird dennoch ausdrücklich mitgepfändet). Der Gläubiger erlangt mit Überweisung des gepfändeten Anspruchs auf Auszahlung des Guthabens das Recht, den Anspruch des Schuldners auf Guthabensauszahlung zu verlangen[78]. Durch die Pfändung des Anspruchs auf das Tagesguthaben wird das Kontokorrentverhältnis weder abgeändert noch beendet[79]. Zahlungen an den Gläubiger werden vielmehr als kontokorrentgebundene Leistungen der Bank oder Sparkasse genauso in das Kontokorrent eingestellt wie Barabhebungen oder sonstige Verfügungen des Schuldners über das Guthaben[80].

---

73 Siehe *BGH* 84, 325 (329, 331) = a.a.O. (Fußn. 67); auch *BGH* 84, 371 (374) = a.a.O. (Fußn. 67).
74 *BGH* 84, 371 (378) = a.a.O. (Fußn. 67).
75 *BGH* 80, 172 (180) = a.a.O. (Fußn. 19); *BGH* 84, 371 (378) = a.a.O.; *OLG Karlsruhe* Justiz 1980, 143; *Schläger* NJW 1974, 1095; anders *Forgách* Betrieb 1974, 809 (dagegen *Herz* Betrieb 1974, 1851); *Forgách* Betrieb 1974, 1852; *Klee* MDR 1952, 203; *LG Hannover* NJW 1974, 1095.
76 Insoweit unklar *LG Göttingen* Rpfleger 1980, 237.
77 *BGH* 80, 172 (179 ff.) = a.a.O. (Fußn. 19).
78 *BGH* 84, 325 (329) = a.a.O. (Fußn. 67).
79 *BGH* 84, 371 (377) = a.a.O. (Fußn. 67).
80 *BGH* 84, 371 (377) = a.a.O. (Fußn. 67).

ff) Der Anspruch des Schuldners als Kontoinhaber auf *Gutschrift der eingehenden Beträge* ist weiterer pfändbarer Anspruch aus dem Girovertrag[81]. Der Anspruch geht auf Herausgabe dessen, was die Bank oder Sparkasse als Beauftragte durch die Geschäftsbesorgung erlangt hat (§§ 667, 675 BGB) in der durch den Girovertrag vereinbarten Form (Gutschrift auf dem Girokonto)[82]. Die Pfändung des Anspruchs auf Gutschrift der eingehenden Beträge muss gesondert (beantragt und) angeordnet werden; die Pfändung (nur) der Ansprüche aus dem Kontoguthaben erfasst ihn nicht ohne weiteres (Auslegung ist aber möglich). Die Pfändung des Anspruchs auf Gutschrift der eingehenden Beträge hat nur zur Folge, dass diese dem Konto auch tatsächlich gutgeschrieben werden müssen, der Kontoinhaber also nicht vor Gutschrift über diese anderweitig verfügen kann[83]; sie hindert die Bank (Sparkasse) als Drittschuldnerin daran, Verfügungen des Schuldners über eingehende Beträge vor Einstellung in das Kontokorrent zu erfüllen[84]. Der Schuldner kann somit eingehende Beträge vor Einstellung in das Kontokorrent (und Nachweis ungepfändeten Tagesguthabens) sich nicht mehr auszahlen lassen und sie nicht mehr auf ein anderes Konto umleiten[85]. Die Verfügungsbefugnis des Schuldners als Kontoinhaber berührt diese Pfändung nicht[86]. Durch sie erlangt der Gläubiger noch keinen Anspruch auf unmittelbare Auszahlung an sich[87]. Die Bank oder Sparkasse ist auf Grund dieser Pfändung allein also weder verpflichtet noch berechtigt, eingehende Beträge an den Gläubiger auszuzahlen[88]. Die Pfändung des Anspruchs auf Gutschrift eingehender Beträge ist somit lediglich Hilfspfändung, die weitere Pfändung des Anspruchs auf Auszahlung des Geldbetrags erfordert[89]. Weil sonach die Pfändung (und Überweisung) des Anspruchs auf Gutschrift eingehender Beträge nicht zu einer Zahlung an den Gläubiger, mithin nicht zu dessen Befriedigung führt, ist sie für sich

157e

---

81 *BGH* 93, 315 = JurBüro 1985, 705 = JZ 1985, 487 mit krit. Anm. *Grunsky* = MDR 1985, 576 = NJW 1985, 1218; *BGH* WM 1973, 892 (893); *BFH* NJW 1984, 1919; *OLG Köln* ZIP 1983, 810; *Beeser* AcP 155 (1956) 430; *Forgách* Betrieb 1974, 809 und 1852; *Gleisberg* Betrieb 1980, 865; *Häuser* ZIP 1983, 891 (897); **a.A.** *Herz* Betrieb 1974, 1851. Ob eine Forderung (überhaupt) in das Kontokorrent einzustellen ist, richtet sich aber nach den den Geschäftsbeziehungen zugrunde liegenden Vereinbarungen der Vertragsparteien; siehe zu diesem Anspruch *BGH* 84, 371 (377) mit Nachw. und *BGH* 128, 135 (139).
82 *BGH* 93, 315 = a.a.O. (Fußn. 81); *BGH* MDR 1978, 389 = NJW 1978, 699; *BGH* NJW 1971, 830; *Häuser* ZIP 1983, 891 (897).
83 *BGH* 93, 315 (323) = a.a.O. (Fußn. 81).
84 *OLG Köln* ZIP 1983, 810.
85 *OLG Köln* ZIP 1983, 810. Siehe *Häuser* ZIP 1983, 891 (897); *Werner* und *Machunsky* BB 1982, 1581 (1583).
86 Anders *Canaris*, Bankvertragsrecht, Rdn. 189: Pfandrecht am Anspruch auf die Gutschrift verwandelt sich in ein Pfandrecht am Anspruch aus der Gutschrift und der entsprechenden Saldoforderung (Analogie zu § 1287 BGB).
87 *BGH* 93, 315 (323) = a.a.O. (Fußn. 81).
88 Pfändungswirkung ist offen geblieben in *BGH* 84, 325 (327) = a.a.O. (Fußn. 67).
89 *BGH* 93, 315 (323) = a.a.O. (Fußn. 81); *Werner* und *Machunsky* BB 1982, 1581 (1583) und die dort. Fußn. 15 Genannten; **anders** *Häuser* ZIP 1983, 891 (897).

allein nicht zulässig⁹⁰ (sie wäre kein auf Gläubigerbefriedigung zielender Zugriff auf Schuldnervermögen; s. Rdn. 1), sondern nur zur Unterstützung einer Kontokorrent- oder Guthabenpfändung zusammen mit dieser.

157f   gg) Auch Pfändung des Anspruchs auf Auszahlung der laufenden Eingänge (auf fortlaufende Auszahlung eingehender Beträge) wurde früher zwar für zulässig erachtet. Damit war jedoch nur ausgedrückt, dass der Anspruch auf Auszahlung des jeweiligen rechnerischen Guthabens (laufende Auszahlung von Tagesguthaben) gepfändet werden sollte; auf die dem Kontokorrent unterstellten, nicht pfändbaren Einzelforderungen (Rdn. 155 d) war eine so formulierte Pfändung schon bisher nicht zu beziehen. Weil aber der Anspruch aus dem Girovertrag mit der Rdn. 157 a bezeichneten Fassung der Pfändung unterliegt und damit zutreffender ausgedrückt ist, kann daneben Pfändung auch des Anspruchs auf Auszahlung der laufenden Eingänge nicht zulässig sein.

hh) Das debitorische Girokonto

157g   Die Pfändung des gegenwärtigen Saldos (Rdn. 155 b), des künftigen Guthabens (Rdn. 156) und des Guthabens zwischen den Rechnungsperioden (Rdn. 157) gehen ins Leere, wenn eine Saldoforderung bzw. ein Kontoguthaben des Schuldners nicht besteht. Das gilt nach Pfändung des Anspruchs auf Gutschrift aller laufend eingehenden Beträge (Rdn. 157 e) auch, wenn und solange trotz der Gutschrift das Girokonto des Schuldners wegen früherer Belastungen debitorisch bleibt, ein vorhandenes Debet sonach jeweils nur gemindert wird⁹¹. Eingehende gutzuschreibende Beträge (Habenposten) sind als reine Rechnungsposten kontokorrentgebunden, somit mit einem bestehenden Debet zu verrechnen⁹². Nach Pfändung auch des Guthabens zwischen den Rechnungsperioden (Rdn. 157; wegen Pfändung nur des künftigen Guthabens Rdn. 156 b) verstoßen Verfügungen des Schuldners, die zu weiterer Belastung des bereits debitorischen Kontos führen (insbesondere Barabhebungen und Überweisungen) jedoch gegen das Zahlungsverbot des § 829 Abs. 1 S. 1 ZPO. Wenn der Drittschuldner solche Verfügungen ausführt, sind sie dem Gläubiger gegenüber unwirksam (Rdn. 565). Schuldposten aus solchen Verfügungen können dem Gläubiger gegenüber daher nicht mehr in Rechnung gestellt werden. Daher kann die Bank oder Sparkasse auch Verfügungen zulasten des gepfändeten Kontoguthabens auf Grund eines bereits gewährten Kontokorrent- oder Überziehungskredits nicht mehr ausführen⁹³ (zum Anspruch auf Abruf und Aus-

---

90 Enger *Canaris*, Bankvertragsrecht, Rdn. 409 „... hat nur Sinn, wenn zugleich der (künftige) Anspruch aus der Gutschrift gepfändet wird."
91 Siehe dazu *Häuser* ZIP 1983, 891 (897).
92 BGH 93, 315 (323) = a.a.O. (Fußn. 81).
93 OLG *Köln* KKZ 1986, 217 = ZIP 1983, 810; anders *Häuser* ZIP 1983, 891 (900): es ist nicht rechtsmissbräuchlich, wenn ein Kreditinstitut einen Kontoinhaber wegen künftiger Eingänge im debitorischen Bereich verfügen lässt und deshalb die ausgebrachte Pfändung künftiger Tagesguthaben oder Tagessalden ins Leere geht, sowie *Häuser* WM 1990, 129 (130).

zahlung eines [Überziehungs- oder Dispositions-]Kredits s. Rdn. 116, 117). Die Bank oder Sparkasse kann dem Schuldner daher auch keinen (weiteren) (Überziehungs-)Kredit mehr gewähren, um diesen mit gegenwärtigen Guthaben oder künftigen Eingängen zu verrechnen[94].

II. Pfändung des Kontoguthabens nach Inkrafttreten des § 833 a ZPO
(vom 1. Juli 2010 an)

Gepfändet werden die angeblichen Forderungen des Schuldners an ... – Drittschuldner – aus den Guthaben seiner (sämtlichen) Girokonten (insbesondere seines Girokontos Nr. ...) bei diesem Kreditinstitut. Mitgepfändet werden der Anspruch an diesen Drittschuldner auf Gutschrift der eingehenden Beträge sowie die angebliche (gegenwärtige und künftige) Forderung des Schuldners an diesen Drittschuldner auf Auszahlung eines vereinbarten Dispositionskredits („offene Kreditlinie"), soweit der Schuldner den Kredit in Anspruch nimmt. 158

(Auf Antrag auch:) *Als Nebenanspruch wird der Auskunfts- und Rechnungslegungsanspruch zur Feststellung des Gegenstandes und Betrags des Anspruchs aus dem Guthaben des Girokontos mitgepfändet.*

Die Pfändung des Guthabens eines Kontos bei einem Kreditinstitut umfasst das am Tag der Zustellung des Pfändungsbeschlusses bestehende Guthaben sowie die Tagesguthaben der auf die Pfändung folgende Tage (§ 833 a Abs. 1 ZPO). Den Umfang der Pfändung des Guthabens eines Kontos regelt § 833 a Abs. 1 ZPO damit im Anschluss an die Bestimmungen über den Pfändungsumfang bei fortlaufenden Bezügen (§ 832 ZPO) und bei Arbeits- sowie Diensteinkommen (§ 833 ZPO)[95]. Mit dem ungenauen Wort „Tagesguthaben"[96] ist das (aktuelle) Kontoguthaben bei Wirksamwerden der Pfändung und an den folgenden Tagen bezeichnet, nicht ein täglich festgestellter „Schluss"saldo. Die Pfändung erstreckt sich damit auch auf künftige Guthabenbeträge sowie einen Rechnungsabschlusssaldo. Sprachlich schwerfällige Pfändungsbeschlüsse werden damit entbehrlich. Geregelt ist mit dem Wortlaut des § 833 a Abs. 1 ZPO nur die Pfändung des Guthabens eines Kontos. Sie erfordert bestimmte oder bestimmbare Bezeichnung der zu pfändenden Guthabenforderung im Pfändungsbe- 158a

---

94 *Forgách* Betrieb 1974, 809, dort auch zu dem Fall, dass die Bank (Sparkasse) dem Schuldner bereits vor der Pfändung eine Kontokorrent- oder Überziehungskreditzusage erteilt hat. A.A. *Werner* und *Machunsky* BB 1982, 1581 (1583): Bei einem debitorisch geführten Konto ist die Bank nicht daran gehindert, dem Schuldner weitere Verfügungen zu Lasten seines Kontos zu gestatten und das so entstandene Debet mit neuen Habenposten zu verrechnen. Dem ist nicht zu folgen. Mit Verfügungen zu Lasten des Kontos nimmt der Schuldner die gepfändete Geldforderung (Auszahlung; Überweisungen an Dritte) in Anspruch; damit verstößt er gegen das Zahlungsverbot.
95 Begründung, BT-Drucks. 16/7615, S. 16
96 *Bitter* WM 2008, 141 (143).

schluss (Rdn. 496), somit Angabe, dass das Guthaben eines Girokontos Gegenstand der Zwangsvollstreckung ist (zur Kontonummer Rdn. 154 b). Die nur allgemeine Pfändung „des Guthabens eines Kontos" ist daher (unverändert) ungenügend. Auf andere Rechte aus den zugrunde liegenden Vertragsverhältnissen erstreckt sich die Pfändung des Kontoguthabens nicht[97]. Diese müssen auch weiterhin gesondert gepfändet werden. Das gilt insbesondere für den Anspruch auf Gutschrift der eingehenden Beträge (Rdn. 157 e) sowie für den Anspruch aus einem Dispositionskredit (offene Kreditlinie). Der Bundesrat hatte Ergänzung dahin angeregt, in den Pfändungsumfang auch Rechte aus den jeweiligen zugrunde liegenden Vertragsverhältnissen einzubeziehen[98]. Davon wurde nach der Gegenäußerung der Bundesregierung abgesehen[99]. Die Auszahlung von Guthabenbeträgen ist Recht des Schuldners als Kunde aus dem Girovertrag (Rdn. 154). Verfügung über das (gegenwärtige und künftige) Guthaben seines Kontos, insbesondere die Einziehung, ist dem Schuldner jedoch mit Wirksamwerden der Guthabenpfändung verboten (§ 829 Abs. 1 S. 2 ZPO, zum P-Konto jedoch Rdn. 1300 ff.). Den Gläubiger ermächtigt die Überweisung zur Einziehung zur Geltendmachung dieses Schuldnerrechts im eigenen Namen. Mitpfändung auch des Rechts auf Ausführung von Auszahlungen an den Schuldner erfordert und ermöglicht die Guthabenpfändung deshalb nicht.

III. Die Pfändung des P-Kontos

158b Das Girokonto des Kunden (Schuldners), der eine natürliche Person ist, kann (vom 1.7.2010 an) als Pfändungsschutzkonto zu führen sein (§ 850 k Abs. 7 ZPO [n.F.]). Es ermöglicht mit einem „automatischen" Pfändungsschutz dem Schuldner, bei entsprechendem Kontoguthaben Geldgeschäfte des täglichen Lebens im Rahmen der Pfändungsfreigrenzen trotz der Pfändung vorzunehmen. Eingeschränkt sind damit die Pfändungswirkungen. Näheres regelt der neu gefasste § 850 k ZPO. Für die Pfändung des Kontoguthabens bestehen keine Besonderheiten. Dargestellt ist dieses P-Konto Rdn. 1300 ff.

d) Kreditbetrag als Guthaben

159 Auf einen von der Bank oder Sparkasse dem Schuldner als Kontoinhaber in Aussicht gestellten oder eingeräumten *Kredit* erstreckt sich die Pfändung eines Kontokorrentsaldos, des Anspruchs aus Girovertrag auf Auszahlung des Guthabens zwischen den Rechnungsperioden (Rdn. 157) oder des Guthabens eines Kontos (Rdn. 158 a) nicht. Als Kontoguthaben Schuldnervermögen ist ein Kreditbetrag nur, wenn er auf dem Schuldner-Girokonto als gutgeschriebener Betrag (Habenposten) auszuzahlendes Guthaben gewor-

---

97 Begründung, BT-Drucks. 16/7615, S. 17.
98 Stellungnahme des Bundesrates, BT-Drucks. 16/7615, S. 25.
99 Gegenäußerung der Bundesregierung, BT-Drucks. 16/7615, S. 30.

den, dem Vermögen des Schuldners als Darlehensnehmer mit Kontogutschrift somit zugeführt worden ist. Solange der Schuldner einen auszuzahlenden Darlehensbetrag noch nicht mit Kontogutschrift (im Sinne von § 488 Abs. 1 BGB) empfangen hat, erfordert Pfändung einer „auf dem Konto" verfügbaren Deckungsgrundlage einen dem Schuldner als Kontoinhaber eingeräumten Kredit und dessen Pfändbarkeit[100]. Hierzu siehe daher bei Darlehen (Rdn. 117 ff.).

e) Aufhebung der Pfändung des Kontoguthabens

aa) Bisheriger Schutz nach § 765 a Abs. 1 ZPO

Schutz nach § 765 a Abs. 1 ZPO kann die Pfändung des Giro-Kontoguthabens nach herkömmlichen Recht rechtfertigen, wenn sie in einem besonderen Ausnahmefall als Vollstreckungsmaßnahme eine mit den guten Sitten nicht zu vereinbarende Härte[101] bedeutet. Das wird für möglich erachtet wenn feststeht, dass auf dem Schuldnerkonto nur unpfändbare Beträge eingehen (so der unpfändbare Teil des Arbeitseinkommens, Arbeitslosenhilfe, Sozialhilfe), und auch, wenn für gutgeschriebene Beträge Schutz nach § 55 SGB I besteht[102] und wenn die Bank oder Sparkasse beabsichtigt, die Geschäftsverbindung wegen der Pfändung zu beenden[103]. Dann wird jedoch (regelmäßig) die einstweilige Einstellung der Zwangsvollstreckung (nicht die Aufhebung des Pfändungsbeschlusses[104]) anzuordnen sein; der Vollzug der Pfändung ruht damit. Eine sittenwidrige Härte kann aber nicht gegeben sein, wenn das Girokonto zwar die einzige Bankverbindung des Schuldners ist, auf ihm jedoch nur Einzelzahlungen (nicht jedoch wiederkehrende Leistungen) eingehen[105].

160

bb) Anordnung nach § 833 a Abs. 2 ZPO

Fortan (vom 1.7.2010 an) regelt § 833 a Abs. 2 ZPO (ausdrücklich) die Aufhebung der Pfändung eines Girokontoguthabens sowie die Anordnung,

160a

---

100 Siehe hierzu etwa *BGH* 93, 315 (324) = a.a.O. (Fußn. 81).
101 Härtefälle verneint bei 37-jähriger, im Arbeitsleben stehender Schuldnerin, auf deren Konto Sozialgelder und Arbeitseinkommen eingingen, weil künftig höheres Arbeitseinkommen nicht ausgeschlossen war, von *LG Frankfurt* JurBüro 2000, 439.
102 Für diesen Fall anders *LG Frankfurt* Rpfleger 2006, 209. Für Einstellung und teilweise Aufhebung *LG Koblenz* Rpfleger 2006, 420.
103 *OLG Frankfurt* OLGR 2000, 39; *OLG Nürnberg* MDR 2001, 835; *LG Berlin* Rpfleger 2006, 329; *LG Essen* NJW-RR 2002, 483 = Rpfleger 2002, 162 mit Anm. *Fischer*; *LG Mönchengladbach* JurBüro 2005, 499 = Rpfleger 2005, 614; *LG Osnabrück* DGVZ 1997, 171 = NJW-RR 1996, 1456 Leits.; *LG Rostock* JurBüro 2003, 46 = Rpfleger 2003, 37; *AG Bad Iburg* (als Vorinstanz) DGVZ 1997, 171 = NdsRpfl 1996, 126; *AG Stuttgart* DGVZ 1977, 189; *Zöller/Stöber*, ZPO, Rdn. 9 zu § 765 a; **a.A.** *LG Frankfurt a.M.* Rpfleger 2006, 209. Im Fortbestand der Pfändung allein soll nach dem *AG Düsseldorf* NJW-RR 1994, 1329 eine Härte aber nicht liegen, wenn anzunehmen ist, dass eine Pfändung (oder mehrere) die Girovertragskündigung gegenüber einem arbeitslosen Kontoinhaber nicht rechtfertigt.
104 *LG Mönchengladbach* a.a.O. (Fußn. 103).
105 *LG Rottweil* JurBüro 2005, 327.

dass das Guthaben für die Dauer von bis zu 12 Monaten für alle Gläubiger der Pfändung nicht unterworfen ist (befristete Unpfändbarkeit) für den Fall, dass der Gläubiger nicht mit einer Befriedigung rechnen oder nur eine geringfügige Befriedigung erwarten kann. Die Anordnung trifft auf Antrag des Schuldners das Vollstreckungsgericht (Rechtspfleger, § 20 Nr. 17 RPflG). Sie erfordert

- *Nachweis,* dass dem Konto in den letzten sechs Monaten vor Antragstellung (Eingang bei Gericht) ganz überwiegend nur unpfändbare Beträge gutgeschrieben worden sind. Ihn ermöglicht insbesondere Vorlage der Kontoauszüge, aber auch z. B. eine Bestätigung des Kreditinstituts mit Zusammenstellung der auf dem Konto in der zurückliegenden Zeit gutgebuchten Zahlungseingänge. Und weiter
- *Glaubhaftmachung* (§ 294 ZPO), dass auch innerhalb der nächsten zwölf Monate (ggf. in einer kürzeren Zeit der Einstellung) nur ganz überwiegend nicht pfändbare Beträge zu erwarten sind.

Dass gutgebuchte oder zu erwartenden Zahlungseingänge unpfändbar sind, kann sich aus Vorschriften der ZPO (für Arbeitseinkommen §§ 850 ff.), des SGB (§ 54) oder einem Leistungsgesetz, aber auch aus landesrechtlichen Bestimmungen ergeben.

Überwiegende Belange des Gläubiger dürfen der Anordnung nicht entgegenstehen (§ 833 a Abs. 2 S. 2 ZPO, Ablehnungsgrund). Überwiegen werden Gläubigerinteressen vorwiegend bei Vollstreckung einer gesetzlichen Unterhaltsforderung oder einer Rente wegen Verletzung des Körpers oder der Gesundheit sowie der Forderung aus vorsätzlicher unerlaubter Handlung (§ 850 f Abs. 2 ZPO).

Aufhebung der Anordnung befristeter Unpfändbarkeit: § 833 a Abs. 2 S. 3 ZPO. Auch einem nach Erlass der Anordnung der befristeten Unpfändbarkeit vollstreckendem (pfändendem) Gläubiger ist damit gewährleistet, dass auf seinen Antrag die Aufhebung der Anordnung wegen Wegfalls der Voraussetzungen oder wegen besonderer Belange möglich bleibt.

Neben § 833 a Abs. 2 ZPO ist weiterhin auch § 765 a ZPO anwendbar (wie z. B. in den Rdn. 1282 a mit Rdn. 1427 dargestellten Fällen). Jedoch kann ein Schutzbedürfnis danach nicht bestehen, wenn dem Schuldner bereits aus den Gründen des § 833 a Abs. 2 ZPO ausreichend geholfen werden kann.

f) Geldeingang, Konto pro Diverse

161 aa) Zahlungen, die für den Schuldner *nach Erlöschen* des Girovertrags unter Angabe der bisherigen Kontonummer noch eingehen, kann die Bank oder Sparkasse entgegennehmen[106]; dazu verpflichtet ist sie allerdings nicht. Ein für den früheren Kunden noch entgegengenommener Betrag ist auf dem bisherigen Konto entsprechend § 676 f S. 1 BGB zu verbuchen; er ist dem

---

[106] *BGH* 170, 121 = MDR 2007, 449 = NJW 2007, 914.

Begünstigten, dem er damit zur Verfügung gestellt ist, nach § 667 BGB herauszugben[107]. Der Auszahlungsanspruch ist pfändbar. Weil das Kreditinstitut die Zahlung für den früheren Kunden in Nachwirkung des erloschenen Girovertrags entgegengenommen und verbucht hat, muss aber auch eine frühere Pfändung des Kontoguthabens (noch) den Auszahlungsanspruch umfassen.

bb) *Geldeingang* für einen Zahlungsempfänger bei einer Bank oder Sparkasse, mit der er nicht auf Grund eines Girovertrags in Geschäftsverbindung steht oder stand, begründet für sich allein keinen Anspruch auf Auszahlung. Auch mit der Buchung des eingegangenen Geldbetrags auf „Konto pro Diverse" (Sammelkonto zur buchungsmäßigen Erfassung der Geschäftsvorgänge für Personen, die bei der Bank kein entsprechendes eigenes Konto unterhalten) wird für den Überweisungsempfänger noch kein Anspruch gegen die Bank begründet[108]. Es ist daher noch immer ein Widerruf der Überweisung möglich[109]. Eine Pfändung durch Gläubiger des Überweisungsbegünstigten geht in diesem Fall (als Pfändung des „gegenwärtigen" und damit auch des „zukünftigen" Guthabens) ins Leere[110]. Erst wenn besondere Umstände mit vertraglichen Beziehungen oder gesetzlich (z. B. §§ 681, 667 BGB) einen Herausgabeanspruch des Überweisungsbegünstigten begründen, kann diese Geldforderung gepfändet werden.

161a

g) *Gelder auf Konto eines Dritten*

Gelder des Schuldners auf dem *Konto eines Dritten* (Fremdkonto), vornehmlich des Ehepartners, Lebensgefährten oder eines Verwandten[111], sind nicht als Kontokorrentforderung des Schuldners an die Bank oder Sparkasse und damit ebenso nicht als Forderungen eines Guthabens des Schuldners pfändbar[112]. Das gilt auch, wenn der Schuldner Verfügungsbefugnis über das Konto (Vollmacht, Rdn. 1782) hat[113]. Vollstrecken kann und darf der Gläubiger nur in das Vermögen seines Schuldners[114]. Das Kontoguthaben eines Dritten ist als dessen Vermögen nicht Gegenstand der Zwangsvollstreckung. Dieses Zugriffshindernis besteht auch für „wirtschaftlich" dem Schuldner gehörende Werte, die einem Dritten zu vollem Recht übertragen[115], somit auf einem Anderkonto oder auch auf einem Kontokorrent-

162

---

107 *BGH* 170, 121 = a.a.O.
108 *BGH* 27, 241.
109 *BGH* 27, 241 (247).
110 *BGH* NJW 1987, 55; *OLG Celle* WM 1966, 331 (332).
111 Einziehung von Außenständen des Vaters über das Konto eines Kindes s. *BGH* 124, 298 = MDR 1994, 681 = NJW 1994, 726. Errichtung eines Kontos durch einen Elternteil auf den Namen eines minderjährigen Kindes unter Vorbehalt der Verfügungsbefugnis kann dafür sprechen, dass es sich um ein Eigenkonto des Elternteils handelt (vgl. Rdn. 337), zumal dann, wenn es von ihm als Gehaltskonto und für sonstigen eigenen Zahlungsverkehr genutzt wird.
112 *BGH* 124, 298 (301) = a.a.O.
113 *FinG Hessen* KKZ 1998, 186 und 1999, 213.
114 *BGH* 95, 10 (15) = NJW 1985, 1959 (1960); *Zöller/Stöber*, ZPO, Rdn. 18 vor § 704.
115 *BGH* NJW 1993, 2041 = ZIP 1993, 602 mit weit. Nachw.; *BGH* 124, 298 (301) = a.a.O.; siehe auch Rdn. 397 ff.

konto des Dritten angelegt sind. Für die Konto-Inhaberschaft des Dritten ist unerheblich, von wem und in wessen Interesse die Gutschrift der Gelder veranlasst wurde (vgl. Rdn. 337). Die Berechtigung des Dritten als Kontoinhaber wird auch nicht dadurch beeinträchtigt, dass er als Strohmann vorgeschoben ist und die Rechtsstellung als Kontoinhaber einnimmt, weil der Schuldner nicht als Gläubiger der Kontokorrentansprüche in Erscheinung treten will. Dass Gelder des Schuldners mit Anlegung auf dem fremden Konto vor dem Vollstreckungszugriff seiner Gläubiger in Sicherheit gebracht werden sollen, begründet keine Möglichkeit, Kontokorrentansprüche des Dritten aus seiner Geschäftsverbindung mit der Bank oder Sparkasse oder Girokontoguthaben des Dritten mit einem gegen den Schuldner lautenden Vollstreckungstitel zu pfänden. Schutz gegen Rechtshandlungen, die Gläubiger benachteiligen, regeln die Sondervorschriften des AnfG abschließend[116]. Nichtigkeit des Bankkontokorrentverhältnisses mit dem Dritten nach §§ 134, 138 BGB (Verstoß gegen ein gesetzliches Verbot oder gegen die guten Sitten) könnte nur auf Grund besonderer, über die Gläubigerbenachteiligung hinausgehender Umstände anzunehmen sein[117]. Solche werden im Einzelfall durchweg fehlen und zudem im einseitigen Pfändungsverfahren nicht nachprüfbar vorgetragen werden können. *Anspruch* des Schuldners besteht jedoch gegen den *Dritten als Kontoinhaber*. Ist diesem auf sein Konto Geld des Schuldners überwiesen, um es dem Zugriff der Gläubiger des Schuldners zu entziehen, so ist der Dritte Treuhänder „besonderer Art"[118]. Der Schuldner hat als Auftraggeber daher gegen den Dritten, über dessen Konto die Gelder laufen, einen schuldrechtlichen Rückzahlungsanspruch. Dieser Anspruch gegen den Kontoinhaber auf Rückgabe der vom Schuldner auf „fremdem Konto" angelegten oder für ihn dorthin einbezahlten Gelder mit Zahlung der ihnen entsprechenden Geldsumme ist pfändbar[119]. Wenn Arbeitseinkommen oder Sozialgeldleistungen auf das Konto eines Dritten überwiesen wurden, kann der Schuldner, dessen Auskehranspruch gegen den Kontoinhaber gepfändet ist, unter den Voraussetzungen des § 765 a ZPO Vollstreckungsschutz im Umfang von § 850 k ZPO oder § 55 SGB I erlangen[120]. Zum Vollstreckungsschutz des Kontoinhabers, dem Arbeitseinkommen oder Sozialleistungen eines Dritten überwiesen worden sind, siehe Rdn. 1282 a und Rdn. 1427. Beschlagnahme (Verstrickung) des Kontoguthabens und damit ein Zahlungsverbot gegen die Bank oder Sparkasse bewirkt die Pfändung des Aus-

---

116 *BGH* NJW 1993, 2041 = a.a.O.; auch *FinG Hessen* KKZ 1998, 186 (187) = a.a.O. **Anders** *Gerhardt* FS Lüke (1997) S. 121: „Strohmannverhältnis" rechtfertigt „materiell" Vollstreckung in das Strohgut, die jedoch nur mit einem Vollstreckungstitel gegen den vermögensrechtlich Zuständigen durchgesetzt und durch Pfändung des Anspruchs auf Rückgewähr des Treuguts gesichert werden kann.
117 *BGH* NJW 1993, 2041 a.a.O. mit weit. Nachw.
118 *MünchKomm/Schramm*, BGB Rdn. 27 vor § 164.
119 *BGH* 124, 298 (300) = a.a.O.; *LG Stuttgart* Rpfleger 1997, 175.
120 *BGH* FamRZ 2007, 1646 Leits. = JurBüro 2007, 547 = MDR 2007, 1271 = NJW 2007, 2703 = Rpfleger 2007, 555.

kehranspruchs nicht; Gläubigerbefriedigung aus dem Kontoguthaben des Dritten ist auf diesem Weg daher nicht erreichbar. Der Dritte als Kontoinhaber kann überdies auf Schadensersatz haften[121] und Gläubigern des Schuldners zur Auskunft verpflichtet sein[122].

Dass der Schuldner Vollmacht zur Verfügung über das Kontoguthaben hat, ändert daran nichts. Die Vollmacht ist nicht pfändbar (Rdn. 1782). Auch wenn man die Verfügungsbefugnis des Schuldners als Einziehungsermächtigung wertet, bietet sie als Handlungsbefugnis keine Pfändungsmöglichkeit (Rdn. 1782). Einziehungsermächtigung berechtigt zur Einforderung und Leistung der von der Bank oder Sparkasse dem Dritten als Kontoinhaber geschuldeten Guthabenforderung durch und an den ermächtigten Schuldner; Pfändungserfordernis wäre daher ein Vollstreckungstitel gegen den Kontoinhaber, auf dessen Guthabenforderung sich der Vollstreckungszugriff erstrecken würde. Denkbar und unter den Voraussetzungen der §§ 916, 917 ZPO möglich ist aber (dinglicher) Arrest zur Sicherung des durch anfechtbare Rechtshandlung begründeten Rückgewähranspruchs nach § 11 AnfG[123] gegen den Dritten als Kontoinhaber und Arrestvollziehung (§ 928 ZPO) mit Pfändung der Kontokorrentforderung des Dritten.

Angenommen wurde auch[124], Zahlungseingänge wirtschaftlich dem Schuldner gehörender Gelder auf dem Konto eines Dritten begründen pfändbaren Anspruch an diesen auf Abtretung der entsprechenden Guthabenforderung bei der Bank oder Sparkasse. Dessen Erfüllung soll nach Pfändung und Überweisung vom Gläubiger mit der Rdn. 68 dargestellten Folge herbeigeführt werden können[125], so dass der Schuldner Forderungsgläubiger werde, somit (anteilmäßig) den Auszahlungsanspruch an die Bank erlange, und der pfändende Gläubiger ein Pfandrecht an dieser Schuldnerforderung erwerbe. Dem jedoch steht entgegen, dass ein Herausgabeanspruch des Schuldners die im Kontokorrent bestehende Geschäftsverbindung des Dritten als Kontoinhaber mit seiner Bank oder Sparkasse nicht beendet und daher ein Anspruch des Schuldners gegen den Dritten als Kontoinhaber nicht als Individualforderung auf Abtretung einer anteiligen Kontokorrentforderung (§ 355 HGB) geht. Geschuldet ist vielmehr eine Geldsumme (Zahlung in Höhe der für den Schuldner auf dem Girokonto eingegangenen Geldbeträge, soweit über sie nicht schon verfügt ist). Diese ist als Zahlungsanspruch Gegenstand der Forderungspfändung. Nicht geschuldet wird indes die (oder ein Teil der) Kontokorrentforderung an die Bank, die als zu leistender „Gegenstand" Schuldnerforderung wäre und damit Grundlage des nach § 1287 BGB entstehenden Sorrugationspfandrechts werden könnte.

---

121 *BGH* 124, 298 (304) = a.a.O.
122 *BGH* 124, 298 (305) = a.a.O.
123 Zur Sicherung des Anspruchs nach § 11 AnfG durch Arrest siehe *Zöller/Vollkommer*, ZPO, Rdn. 5 zu § 916 und Rdn. 9 zu § 925; *Huber*, AnfG, Anm. VII zu § 2.
124 So *Carl* KKZ 1993, 232 (236).
125 Abtretung der Kontokorrentforderung würde für vertragliches Einvernehmen auch Erklärung des Kontoinhabers erfordern (§ 398 BGB); Abgabe einer Abtretungserklärung durch den (Vollstreckungs-)Gläubiger gegenüber dem Kontoinhaber als Drittschuldner des Übertragungsanspruchs könnte allein Forderungsübergang somit nicht (wie *Carl* a.a.O. anzunehmen scheint) bewirken (vgl. hierwegen Rdn. 68 mit Rdn. 1896).

h) Auskunft und Rechnungslegung

163 Unterschieden werden

- der (selbstständige) Anspruch des Schuldners als Bankkunde aus dem Girovertrag (§§ 666, 675 BGB) auf Erteilung von Kontoauszügen und Überlassung von Rechnungsabschlüssen[126];
- als Nebenanspruch ein Anspruch gem. §§ 666, 675 BGB auf Auskunftserteilung und Rechnungslegung, der der Feststellung des Gegenstands und des Betrags des (gepfändeten) Anspruchs aus dem Guthaben des Girokontos als Hauptanspruch dient[127];
- der Anspruch gegen den Schuldner nach § 836 Abs. 3 ZPO auf Erteilung der zur Geltendmachung der gepfändeten Forderung nötigen Auskunft und Herausgabe vorhandener Urkunden (dazu Rdn. 621 ff.).

Der (selbstständige) Anspruch des Schuldners aus dem Girovertrag ist nicht pfändbar[128]; er kann bei einer Kontopfändung auch nicht als Nebenanspruch mit der Hauptforderung mitgepfändet werden[129]. Auf den Pfändungsgläubiger geht der selbstständige Anspruch nicht über. Diesem steht daher ein (selbstständiger) Anspruch aus dem Girovertrag auf Erteilung von Rechnungsabschlüssen und Überlassung von Kontoauszügen nicht zu[130].

163a Auf den *Nebenanspruch* (der im Falle der Abtretung nach §§ 412, 401 BGB auf den Neugläubiger übergeht) erstreckt sich die mit Pfändung des Anspruchs aus dem Guthaben des Girokontos verbundene Beschlagnahme[131]. Als Nebenanspruch kann daher auch der Auskunfts- und Rechnungslegungsanspruch von dem Gläubiger gegen die Bank oder Sparkasse geltend gemacht werden (Rdn. 1741). Einer besonderen Neben- oder Hilfspfändung bedarf es nicht[132]. Das Vollstreckungsgericht kann jedoch auf Antrag des Gläubigers in dem das Hauptrecht pfändenden Beschluss die Mitpfändung aussprechen[133]. Selbstständig (allein) gepfändet werden kann dieser Nebenanspruch nicht[134]. Besteht der (gepfändete) Auszahlungsanspruch aus dem Guthaben des Girokontos nicht, weil kein Guthaben vorhanden ist, kann die Pfändung, die ins Leere geht, sich auch nicht auf den Auskunftsanspruch (Nebenanspruch) erstrecken[135]. Zu verfolgen ist der Anspruch ggf. mit Leistungsklage gegen den Drittschuldner.

---

126 *BGH* NJW 1985, 2699 = WM 1985, 1098 (1099) = ZIP 1985, 1315; *BGH* 165, 53 (56, 60) = NJW 2006, 217 = Rpfleger 2006, 140 (141).
127 *BGH* MDR 2004, 114 = NJW-RR 2003, 1555 = Rpfleger 2003, 669 = WM 2003, 1891 (1892).
128 *BGH* 165, 53 (60) = a.a.O. mit weit. Nachw.
129 *BGH* 165, 53 (57, 58) = a.a.O.
130 *BGH* 165, 53 = a.a.O.
131 *BGH* 165, 53 (56, 57) = a.a.O.; *BGH* NJW-RR 2003, 1555 = a.a.O.
132 *BGH* NJW-RR 2003, 1555 (1556) = a.a.O.
133 *BGH* NJW-RR 2003, 1555 (1556) = a.a.O.
134 *BGH* NJW-RR 2003, 1555 (1556) = a.a.O.; *LG Stuttgart* Rpfleger 1994, 47.
135 *BGH* 165, 53 (57) = a.a.O.

Kontoguthaben

i) „Scheck"karte

aa) Zur Herausgabe auch der *Scheckkarte* (Sparkassen-, Postbankcard usw.) an den Gläubiger kann § 836 Abs. 3 ZPO (Rdn. 623) den Schuldner nicht verpflichten[136]. Die Karte dient zur Abhebung von Geldbeträgen an Geldautomaten und zur bargeldlosen Bezahlung an automatisierten Kassen, die für den Service zugelassen sind (POS-Kassen) sowie zur Abfrage des Kontoauszugsdruckers. Zur Nutzung an Geldautomaten und an POS-Kassen dient außerdem als weiteres Berechtigungsmerkmal die persönliche Geheimzahl des Schuldners. Den Gläubiger ermächtigt nach Pfändung die Überweisung, die Schuldnerforderung im eigenen Namen (Überweisung zur Einziehung) oder als eigene Forderung (Überweisung an Zahlungs statt) geltend zu machen. Sie berechtigt jedoch nicht dazu, am Zahlungsverkehr an Stelle des Schuldners teilzunehmen, somit auch nicht dazu, den Karten-Service an Stelle des Schuldners zu nutzen. Daher ist der Schuldner auch nicht nach § 836 Abs. 3 ZPO verpflichtet, über seine persönliche Geheimzahl dem Gläubiger zur Geltendmachung der Forderung Auskunft zu erteilen. Über die Nutzung des Karten-Service hinaus hat die Karte „zur Geltendmachung der Forderung" keine Beweis- oder Ausweisfunktion; sie gehört daher nicht zu den „über die Forderung vorhandenen Urkunden", die der Geltendmachung der Forderung durch den Gläubiger dienlich sein können und daher nach § 836 Abs. 3 S. 1 ZPO herauszugeben sind.

164

bb) Unzulässige Schuldnerverfügungen nach Pfändung (vgl. Rdn. 155 g; auch im Wege der Arrestvollziehung oder bei Sicherungsvollstreckung) hat infolge des Zahlungsverbotes (§ 829 Abs. 1 ZPO) das *Kreditinstitut* zu unterbinden. Wenn es die Karte für den Einsatz an Geldautomaten und POS-Kassen nicht *sperren* lässt und nicht einzieht, können neue Schuldposten dem Gläubiger gegenüber nicht in Rechnung gestellt werden (§ 357 HGB). Dem Drittschuldner ist mit Zahlung an den Schuldner (§ 829 Abs. 1 ZPO) ebenso wie eigene Leistung und Zahlung durch einen Vertreter oder Erfüllungsgehilfen (s. Rdn. 565 a) auch verboten, Auszahlung an den Schuldner durch einen Geldautomaten vornehmen zu lassen oder bargeldlose Zahlung zulasten seines Kontos an POS-Kassen zu ermöglichen. Eine vom Schuldner gleichwohl getroffene Verfügung ist jedoch nicht schlechthin, sondern nur dem Pfändungsgläubiger gegenüber unwirksam (Rdn. 560). Sie ist dem Schuldner auch unter Verwendung der Karte gegenüber dem Gläubiger ebenso wie auf Grund des Geschäftsvertrags gegenüber der Bank oder Sparkasse erlaubt, wenn auch nach Wegfertigung der Gläubigerforderung noch ein ausreichendes Kontoguthaben vorhanden oder der Zahlungsvorgang durch eine entsprechende Kreditlinie (vgl. Rdn.

164a

---

[136] *BGH* DGVZ 2003, 120 = JurBüro 2003, 440 = MDR 2003, 595 = NJW 2003, 1256 = Rpfleger 2003, 308; *LG Münster* DGVZ 2000, 187 = Rpfleger 2000, 507; *LG Stuttgart* Rpfleger 1994, 471; überholte **Gegenansicht:** *LG Dortmund* DGVZ 1992, 188 mit krit. Anm. Schriftl. S. auch *Kerres* DGVZ 1992, 106 (115: zieht Wegnahme der Scheckformulare und der [Euro-]Scheckkarte wegen des Zurückbehaltungsrechts der Bank in Betracht).

116; einen durch Pfändung nicht eingeschränkten Verfügungsrahmen) gedeckt ist. Pfändung des Kontoguthabens bewirkt daher auch nicht über das (relative) Zahlungsverbot hinaus, dass die Berechtigung des Schuldners zur Nutzung des Karten-Service und Benutzung der Karte enden würde. Beweisfunktion für Geltendmachung der Gläubigerforderung hat die Karte daher nicht. Somit kann Pfändung auch eine Pflicht zur Herausgabe der Karte und die Möglichkeit, mit Wegnahme im Wege der Zwangsvollstreckung den Schuldner von der Teilnahme am ec-Service auszuschließen, nicht begründen.

k) Das „Oder-Konto" sowie das „Und-Konto"

165 aa) Über ein *Gemeinschaftskonto* mehrerer Konto-Inhaber (vielfach Ehegatten) mit Einzelberechtigung („Oder-Konto") sind die Kontoinhaber Gesamtgläubiger im Sinne des § 428 BGB. Es ist jeder Kontoinhaber hinsichtlich des ganzen Kontoguthabens selbstständig forderungsberechtigt; jeder kann die Auszahlung des gesamten Kontoguthabens verlangen. Es kann daher auch ein Gläubiger nur eines der Kontoinhaber (es können mithin Gläubiger jedes der Mitinhaber) voll das Kontoguthaben (den gegenwärtigen Saldo und die künftigen Guthaben sowie die Guthaben zwischen den Rechnungsperioden) pfänden[137]. Eine Widerspruchsbefugnis steht dem anderen Gesamtgläubiger aus dem Außenverhältnis zur Bank oder Sparkasse nicht zu[138]. Es gilt das Rdn. 39 für Pfändung eines gemeinschaftlichen Sparbuchs Gesagte.

165a bb) Beim *Gemeinschaftskonto* mit gemeinsamer Verfügungsberechtigung der Inhaber („Und-Konto"; praktisch seltener) bestimmt sich die Berechtigung der Inhaber und damit auch die Zulässigkeit der Pfändung nach dem zwischen den Kontoinhabern bestehenden Rechtsverhältnis (Rdn. 340).

165b l) Guthaben auf *Festgeldkonto* sind darlehnsweise angelegt. Der Einleger hat Anspruch auf Rückzahlung nach § 488 Abs. 1 BGB. Der Rückzahlungsanspruch ist somit als Geldforderung nach § 829 ZPO zu pfänden (Rdn. 113). Im Pfändungsbeschluss ist er so bestimmt zu bezeichnen, dass Feststellung seiner Identität gesichert ist (Rdn. 496); dass die Forderung aus dem Rechtsverhältnis des Schuldners und der Bank oder Sparkasse rechtlich richtig gekennzeichnet wird, gebietet das nicht. Andererseits kann nicht schon die Pfändung der (gegenwärtigen und künftigen) Saldenforderungen aus Girovertrag sowie der Ansprüche aus dem dem Kontokorrentverhältnis zugrunde liegenden Rechtsverhältnis auch auf die Ansprüche aus Festgeldguthaben bezogen werden[139]; für Auslegung bietet eine solche

---

[137] *BGH* 93, 315 = JurBüro 1985, 705 = JZ 1985, 487 mit Anm. *Grunsky* = MDR 1985, 576 = NJW 1985, 1218; *LG Deggendorf* JurBüro 2005, 275 = Rpfleger 2005, 372; *AG Bielefeld* JurBüro 1996, 440. Zur Gesamtforderung auch Rdn. 63.
[138] *BGH* (6.6.2002, IX ZR 169/01) BGH-Rep. 2003, 50; *OLG Nürnberg* JurBüro 2002, 497 = MDR 2002, 1090
[139] *OLG Karlsruhe* NJW-RR 1998, 990: Pfändung des Anspruchs aus laufender Geschäftsverbindung (Sparguthaben und Wertpapierkonten) erfasst den Anspruch aus Festgeldguthaben nicht.

Fassung des Pfändungsbeschlusses keine Handhabe, weil damit ein Rückzahlungsanspruch aus einem Rechtsverhältnis über eine Festgeldanlage als Gegenstand der Pfändung nicht erkennbar gemacht ist (zur Auslegung Rdn. 512). Nur allgemein gehaltene Umschreibungen wie „... aus Bankverbindung", „Kontoverbindungen jeder Art" oder „... Ansprüche aus Geschäftsverbindung", die für sich allein keine ausreichende Bezeichnung einer Forderung ausdrücken (Rdn. 155 c; s. auch Rdn. 514), sind auch dann unzureichend, wenn sie dem Wortlaut der Pfändung des Anspruchs aus der in laufender Rechnung bestehenden Geschäftsverbindung angefügt sind[140]. Als unzulänglicher Zusatz bringen sie auch dann nicht zum Ausdruck, welche Forderung (noch) gepfändet sein soll, lassen sie sich somit nicht auf die Forderung aus Festgeldguthaben beziehen.

m) Anspruch auf ein *Entgelt* für die Bearbeitung eines Pfändungs- und Überweisungsbeschlusses und die anschließende Überwachung der Pfändungsmaßnahme hat die Bank oder Sparkasse als Drittschuldnerin an den Schuldner als Kunden nicht[141], und zwar auch nicht bei Abgabe der Drittschuldnererklärung nach § 840 ZPO (Rdn. 647); Entgeltklauseln in Allgemeinen Geschäftsbedingungen verstoßen gegen § 307 BGB[142]. **165c**

n) Zum Kontoguthaben aus *wiederkehrenden Einkünften* (§ 850 k ZPO) siehe Rdn. 1281 ff. Pfändungsschutz für Kontoguthaben, die durch Gutschrift von Sozialleistungen entstanden sind (§ 55 SGB) siehe Rdn. 1423 ff. Wegen der Pfändung von Ander- und Sonderkonten siehe Rdn. 401 ff. Dispositions- und Überziehungskredit Rdn. 116, 119. Zum Anspruch auf Entschädigung, wenn die Bank (Sparkasse) nicht in der Lage ist, das Guthaben auszuzahlen (Entschädigungsanspruch) siehe Rdn. 342 b. **165d**

34. Kontokorrentforderung

Kontokorrent (laufende Rechnung) ist die Geschäftsverbindung mit einem Kaufmann derart, dass die aus der Verbindung entspringenden beiderseitigen Ansprüche und Leistungen in Rechnung gestellt und in regelmäßigen Zeitabschnitten durch Verrechnung und Feststellung des für den einen oder anderen Teil sich ergebenden Überschusses ausgeglichen werden (§ 355 Abs. 1 HGB). Pfändbar ist der Anspruch auf dasjenige, was dem Schuldner als Überschuss aus der laufenden Rechnung zusteht (§ 357 S. 1 HGB). Pfändbar sind somit nur Saldenforderungen, nicht damit kontokorrentgebundene Einzelforderungen (Rdn. 155 d). Mit dem Anspruch auf Zahlung des Überschusses bei Saldoziehung aus der in laufender Rechnung (Kontokorrent) bestehenden Geschäftsverbindung ist die zu pfändende **166**

---

140 **A.A.** *OLG Köln* JurBüro 1999, 493 = MDR 1999, 1221 = NJW-RR 1999, 1224, das (m. E. zu weitgehend) Pfändung „aller Guthaben aus Konten bzw. Salden, insbesondere aus der in laufender Rechnung (Kontokorrent) bestehenden Geschäftsverbindung ..." als hinreichend bestimmt ansieht und daher annimmt, dass sie auch das Guthaben aus einem bei der Drittschuldnerin bestehenden Festgeldkonto erfasse.
141 *BGH* 141, 380 = DGVZ 1999, 154 = JZ 2000, 56 mit Anm. *Brehm* und *Kleinheisterkamp* = NJW 1999, 2276; *BGH* MDR 2000, 286 = NJW 2000, 651.
142 *BGH* a.a.O. (Fußn. 141; beide Entscheidungen).

Forderung bestimmt bezeichnet. Erfasst wird damit von der Pfändung der gegenwärtige Saldo bei Zustellung des Pfändungsbeschlusses (Rdn. 155 f). Auf künftige Saldenguthaben erstreckt sich die Pfändung nur, wenn dies im Beschluss (ausdrücklich) angeordnet ist (Rdn. 156). Unpfändbarkeit einzelner Forderungen während einer Rechnungsperiode schließt die Pfändung der „Eingänge", der „eingehenden Beträge" oder „Gelder" usw. aus (Rdn. 155 d). Praktische Bedeutung hatte die Pfändung der Kontokorrentforderung (vor Inkrafttreten des § 833 a Abs. 1 ZPO) insbesondere beim Bankkontokorrent erlangt. Auf die Rdn. 155 ff. dargestellten Einzelfragen wird daher verwiesen.

35. Kostenerstattung, Prozesskostenvorschuss

167 *Gepfändet wird die angebliche Forderung des Schuldners an den Freistaat Bayern, vertreten durch ... – Drittschuldner – auf Zahlung der notwendigen Auslagen, die nach dem Urteil des Landgerichts ... vom ... Aktenz ... dem Schuldner als Angeschuldigten in dem wegen Betrugs anhängig gewesen Strafverfahren aus der Staatskasse zu entrichten sind;*

168 *oder: ... auf Zahlung der notwendigen Auslagen des Schuldners als Angeschuldigter in dem wegen Betrugs bei dem Landgericht ... unter Aktenz. ... noch anhängigen Strafverfahren, die der Staatskasse zulasten fallen und noch auferlegt werden.*

169 Der Anspruch der in einem gerichtlichen Verfahren obsiegenden Partei auf Kostenerstattung (§§ 91 ff. ZPO, §§ 464 ff. StPO, § 81 FamFG) entsteht bereits mit dem Eintritt der Rechtshängigkeit[1]. Er ist aufschiebend bedingt durch den Erlass eines die Gegenpartei (die Drittschuldnerin ist) in die Kosten verurteilenden Urteils oder Beschlusses[2]. Da der Kostenerstattungsanspruch bereits vor Erlass der Kostenentscheidung einen Vermögenswert der Prozesspartei darstellt, kann er von der Rechtshängigkeit des gerichtlichen Verfahrens an gepfändet werden[3]. Nach *Klageeinreichung* kann der Kostenerstattungsanspruch vor Rechtshängigkeit (= Zustellung der Klageschrift, § 253 Abs. 1 ZPO) als künftiger Anspruch (siehe Rdn. 27) gepfändet werden. Vor Klageeinreichung dürfte einem vermeintlichen Kostenerstattungsanspruch aus einem möglichen Rechtsstreit die für eine Pfändung notwendige Grundlage fehlen (siehe Rdn. 27, 28). Der Anspruch auf Erstattung von Zwangsvollstreckungskosten entsteht erst mit Erteilung des (jeweiligen) Vollstreckungsauftrags[4]. Er kann schon vor diesem Zeitpunkt, gleichfalls jedoch nicht vor Klageerhebung, als zukünftiger Anspruch gepfändet werden. Abtretbar[5] und damit – ebenfalls bereits vor Erlass der

---

1 *BGH* JurBüro 1975, 329 = MDR 1975, 306 = NJW 1975, 304; *RG* 145, 13.
2 *BGH* MDR 1988, 857 = NJW 1988, 3204.
3 *RG* 145, 13 (15); zur Abtretung des aufschiebend bedingten („also künftigen") Anspruchs vor gerichtlicher Kostengrundentscheidung *BGH* NJW 1988, 3204 = a.a.O.
4 *BGH* a.a.O. (Fußn. 1).
5 *OLG Koblenz* JurBüro 1974, 1556 = MDR 1974, 1038 (Leits.) = Rpfleger 1974, 403.

Kostenentscheidung – pfändbar ist auch der Anspruch eines Angeschuldigten auf Erstattung der notwendigen Auslagen eines Strafverfahrens aus der Staatskasse nach Freispruch, Verfahrenseinstellung usw. (§§ 467 ff. StPO). Drittschuldner: siehe Vertretungsvorschriften im Anhang. Nach Erlass der Kostenentscheidung ist der pfändende Gläubiger befugt, Kostenfestsetzung zu verlangen. Da Grundlage der Kostenfestsetzung jedoch ein vollstreckbarer Titel sein muss (§ 103 Abs. 1 ZPO), muss dieser auf den antragstellenden pfändenden Gläubiger umgeschrieben sein (§ 727 ZPO)[6]. Wenn Kostenfestsetzung auf den Namen des Schuldners bereits erfolgt ist, kann der zur Einziehung befugte Pfändungsgläubiger als Rechtsnachfolger Erteilung einer vollstreckbaren Ausfertigung nach Maßgabe des § 727 ZPO verlangen[7].

Betreibt nach Pfändung noch der Schuldner die Kostenfestsetzung, dann soll sich der Drittschuldner als Erstattungspflichtiger nicht darauf berufen können, dass dieser als Gläubiger des Erstattungsanspruchs sich der Einziehung zu enthalten hat (§ 829 Abs. 1 ZPO); die Pfändung soll im Kostenfestsetzungsverfahren erst nach Umschreibung des Vollstreckungstitels zu beachten sein[8]. Dem kann nicht gefolgt werden. Der Schuldner müsste seinen Antrag auf Kostenfestsetzung nach Pfändung und Überweisung auf Leistung an den pfändenden Gläubiger (vgl. Rdn. 667), nach Pfändung ohne Überweisung auf Leistung an den pfändenden Gläubiger und Schuldner gemeinsam (vgl. Rdn. 568) ändern. Der Erstattungspflichtige ist als Drittschuldner infolge des Zahlungsverbots gehalten, auch im Festsetzungsverfahren den Einwand der Pfändung zu erheben (vgl. Rdn. 667). Der gerichtliche Kostenausspruch (§ 308 Abs. 1 ZPO) trifft Bestimmung nur für die Kostenpflicht der Prozessparteien (§§ 91 ff. ZPO); eine Beschränkung der Vergütungsbefugnis des Erstattungsberechtigten mit Pfändung bringt er nicht zum Ausdruck. Umschreibung des Vollstreckungstitels (§ 727 ZPO) für den Rechtsnachfolger des Erstattungsberechtigten kann der Schuldner nicht herbeiführen. Dass der pfändende Gläubiger selbst den Erstattungsanspruch im Festsetzungsverfahren erst nach Umschreibung des Vollstreckungstitels verfolgen kann, schließt Berücksichtigung des Einwands der Pfändung durch den Schuldner im Festsetzungsverfahren nicht aus. Sonst könnte der Pfändungseinwand nur mit Vollstreckungsgegenklage gegen den Kostenfestsetzungsbeschluss geltend gemacht werden[9]. Für Verweisung bloß in die Vollstreckungsgegenklage findet sich aber kein rechtfertigender Grund. Dass der Kostenanspruch nur auf Grund eines Vollstreckungstitels geltend gemacht werden kann (§ 103 Abs. 1 ZPO) gebietet es nicht, Kosten ungeachtet des durch Pfändung begründeten Zahlungsverbots betragsmäßig noch für den Titelgläubiger vollstreckbar festzulegen, sondern ermöglicht auch Wahrung der Drittschuldnerbelange mit Prüfung

169a

---

6 Zöller/Herget, ZPO, Rdn. 3 zu §§ 103, 104.
7 Siehe *OLG Hamburg* JurBüro 1983, 291.
8 *OLG München* MDR 1993, 83 = Rpfleger 1993, 207.
9 Zu ihr *Zöller/Herget*, ZPO, Rdn. 21 „Vollstreckungsgegenklage" zu §§ 103, 104.

und Berücksichtigung seines Pfändungseinwands. Wenn schon eine Klage abgewiesen werden muss, wenn Änderung des Klageantrags unterbleibt und das Gericht von der Pfändung Kenntnis hat (Rdn. 667), kann nicht trotz Kenntnis des Gerichts von Pfändung mit dem Kostenfestsetzungsbeschluss ein Vollstreckungstitel zugunsten des Schuldners geschaffen werden, an den der Erstattungspflichtige infolge des Zahlungsverbots nicht mehr leisten darf.

169b Der vom Schuldner bereits erwirkte Kostenfestsetzungsbeschluss kann nach Pfändung des Erstattungsanspruchs nicht mehr nach § 126 ZPO auf den beigeordneten Rechtsanwalt umgeschrieben werden[10]. Der beigeordnete Anwalt muss eine vor der Umschreibung erfolgte Pfändung des Erstattungsanspruchs gegen sich gelten lassen[11].

170 Der Anspruch eines Ehegatten[12] auf Leistung eines Prozesskostenvorschusses (§ 1360 a Abs. 4 BGB) unterliegt „treuhandartiger Zweckgebundenheit"; er kann daher (außerhalb der Zweckbestimmung) nicht gepfändet werden (§ 851 Abs. 1 ZPO mit § 399 BGB)[13]. Die der Pfändung entgegenstehende Zweckbestimmung entfällt auch nicht mit Beendigung des Rechtsstreits, solange der Ehegatte gegenüber seinem Prozessbevollmächtigten und dem Gericht zur Zahlung von Kosten verpflichtet ist[14]. Nur für den Kostenanspruch des Prozessbevollmächtigten und des Gerichts ist der Anspruch auf Prozesskostenvorschuss pfändbar, weil er damit durch Zwangsvollstreckung seiner Bestimmung zugeführt wird[15]. Entsprechendes gilt für den Prozesskostenvorschuss, den Eltern ihrem minderjährigen unverheirateten oder auch volljährigen (noch unselbstständigen) Kind als Unterhalt schulden.[16]

36. Kostenrückzahlung

171 *Gepfändet wird die angebliche Forderung des Schuldners an den Freistaat Bayern, vertreten durch ... – Drittschuldner – auf Rückerstattung der von dem Schuldner als Kläger (Antragsteller) in dem Verfahren gegen ..., Aktenz... ... des ... gerichts ... vorausgezahlten Gerichtskosten infolge Verminderung (Wegfalls) der Kostenforderung.*

172 Der Anspruch einer Partei oder eines sonstigen Verfahrensbeteiligten auf *Rückerstattung* von vorschussweise oder nach Einforderung bezahlter Ge-

---

10 *OLG Hamburg* JurBüro 1983, 291; *OLG Hamm* JurBüro 1992, 346 = Rpfleger 1992, 257.
11 Dazu *OLG Hamburg* JurBüro 1983, 291, insoweit mit zust. Anm. *Mümmler.*
12 Nicht eines geschiedenen Ehegatten, *BGH* 89, 33.
13 *BGH* 94, 316 = FamRZ 1985, 802 = MDR 1985, 631 = NJW 1985, 2263; *LG Berlin* FamRZ 1971, 173 = Rpfleger 1971, 104; **a.A.** *Meyer* Rpfleger 1958, 301.
14 *BGH* a.a.O. (Fußn. 13).
15 *BGH* und *LG Berlin* je a.a.O. (Fußn. 13).
16 Zu diesem Prozesskostenvorschuss *BGH* FamRZ 2005, 883 = MDR 2005, 929 = NJW-RR 2009, 1722; *OLG Schleswig* FamRZ 2009, 897 = NJW-RR 2009, 727.

richtskosten entsteht mit Kostenzahlung[1]. Der Rückerstattungsanspruch kann sich auf Kostenzahlung ohne Rechtsgrund oder den späteren Fortfall des Rechtsgrundes gründen wie dann, wenn vorschussweise bezahlte Kosten nicht verbraucht sind, eine gerichtliche Wertfestsetzung Gebührenermäßigung bewirkt, einer Erinnerung (dann Beschwerde) gegen den Kostenansatz oder eine Vorauszahlung stattgegeben oder die Nichterhebung von Kosten wegen unrichtiger Sachbehandlung angeordnet wird. Der Rückzahlungsanspruch ist aufschiebend bedingt durch die nachträgliche Änderung der Kostenforderung. Gepfändet werden kann der Kostenrückerstattungsanspruch an die Staatskasse von der Kostenzahlung an, nicht erst nach Aufstellung der Kostenrechnung durch den Kostenbeamten nach Änderung der Kostenforderung. Drittschuldner: siehe Vertretungsvorschriften im Anhang. Wenn das gerichtliche Verfahren anhängig ist, in dem der Schuldner Kosten (vorschussweise oder nach Einforderung) zu zahlen hat, kann der Erstattungsanspruch als künftige Forderung (siehe Rdn. 27) gepfändet werden. Vor Einleitung eines gerichtlichen Verfahrens fehlt einem vermeintlichen Rückzahlungsanspruch aus Kostenzahlung zu einem möglichen (späteren) gerichtlichen Verfahren die für eine Pfändung notwendige Grundlage (siehe Rdn. 27, 28). Nach Pfändung kann der Gläubiger den Rückzahlungsanspruch mit Erinnerung gegen den Kostenansatz und mit Beschwerde gegen die Entscheidung über die Erinnerung (§ 66 GKG, § 14 KostO) geltend machen, sobald Kosten bezahlt und daher zu erstatten sind. Vor Kostenzahlung besteht für einen Rechtsbehelf des pfändenden Gläubigers kein Rechtsschutzinteresse, weil die Verminderung oder das Erlöschen einer Kostenschuld nur dazu führt, dass sie auf Anordnung des Kostenbeamten im Soll zu löschen ist.

37. Kreditkartenvertrag

a) Der Kunden-Kreditkartenvertrag zwischen einem Unternehmen (Verkäufer) und seinem Kunden ist Vertrag eigener Art[1*] (§ 311 Abs. 1 BGB). Als Rahmenvertrag verschafft er dem Kunden die Möglichkeit, bei dem Unternehmen Waren im Wege des Kreditkaufs zu erwerben (vorweggenommene Stundung der noch zu begründenden Kaufpreisforderung; aber kein Anspruch auf Vertragsschluss). Pfändbare Ansprüche begründet der Vertrag nicht. Die Möglichkeit zum Geschäftsabschluss mit Stundung des Kaufpreises begründet kein der Gläubigerbefriedigung zugängliches Vermögensrecht des Karteninhabers als Schuldner.

173

---

1   *BayObLG* 2000, 256. Unerheblich für den pfändbar bestehenden Rückerstattungsanspruch ist, ob er für Verjährung bereits mit Kostenzahlung (so *BayObLG* a.a.O.; *KG* JW 1933, 1071 = JVBl 1933, 128 und HRR 1938 Nr. 163; *OLG Düsseldorf* JurBüro 1988, 337 = MDR 1988, 507 = Rpfleger 1988, 337 und NJW-RR 1999, 296; *OLG Stuttgart* Rpfleger 2004, 380) oder erst mit Aufhebung des Kostenansatzes oder der Kostenrechnung (so *OLG Köln* NJW-RR 1992, 1086) entstanden ist.
1* Hierzu *BGH* 114, 238 (241) = NJW 1991, 1886.

174 b) Der Kreditkartenvertrag eines (besonderen) Kreditkartenunternehmens mit einem Karteninhaber (§ 311 Abs. 1 BGB) ermöglicht es diesem, bei Vertragsunternehmen bargeldlos einzukaufen, Dienstleistungen oder andere Vertragsleistungen bargeldlos in Anspruch zu nehmen. An das Vertragsunternehmen hat der Kreditkarteninhaber keinen Anspruch auf Vertragsabschluss. Die Möglichkeit des Geschäftsabschlusses ohne Barzahlung (Zahlung der Forderung des Vertragsunternehmens für den Karteninhaber erfüllungshalber durch das Kreditkartenunternehmen) begründet kein der Gläubigerbefriedigung zugängliches Vermögensrecht des Karteninhabers als Schuldner.

174a c) Das Vertragsunternehmen hat an das Kreditkartenunternehmen auf Grund der Zahlungszusage im Rahmenvertrag (§ 311 Abs. 1 BGB) Anspruch auf Bezahlung seiner Forderungen für den Karteninhaber aus abstraktem Schuldversprechen (§ 780 BGB)[2]. Als Geldforderung ist dieser Zahlungsanspruch für Gläubiger des Vertragsunternehmens pfändbar (§ 829 ZPO).

38. Landwirtschaftliche Erzeugnisse (§ 851 a ZPO)

Schrifttum: Funk, Landwirtschaft und Vollstreckung, RdL 1951, 109; *Weimar,* Insolvenzrecht – Schranken bei der Zwangsvollstreckung gegen Landwirte, MDR 1973, 197.

175 a) Forderungen des Schuldners, der im Haupt- oder Nebenberuf eine Landwirtschaft betreibt, aus dem *Verkauf* von landwirtschaftlichen Erzeugnissen sind grundsätzlich voll pfändbar. Auf Antrag werden diese Forderungen jedoch nach § 851 a ZPO durch das Vollstreckungsgericht ganz oder teilweise von der Pfändung ausgenommen, soweit die Einkünfte zum Unterhalt des Schuldners (auch wenn er als Nießbraucher oder Pächter die Landwirtschaft betreibt), seiner Familie und seiner Arbeitnehmer oder zur Aufrechterhaltung einer geordneten Wirtschaftsführung (sie kann auch Anschaffungen und Reparaturen umfassen) unentbehrlich sind. Diese Voraussetzungen für Schutz nach § 851 a ZPO müssen bei Entscheidungen über den Antrag vorliegen[1] (keine rückwirkende Aufhebung der Pfändung, wenn der Schuldner nicht mehr als Landwirt tätig ist). Sind die Voraussetzungen für die Aufhebung der Pfändung von vornherein offenkundig (§ 291 ZPO)[2*] (keine Anhörung des Schuldners, § 834 ZPO), so unterbleibt die Pfändung.

---

2   *BGH* 150, 286 = MDR 2002, 958 = NJW 2002, 2234; *BGH* 157, 256 = MDR 2004, 458 = NJW-RR 2004, 481.
1   *Zöller/Stöber,* ZPO, Rdn. 6 zu § 851 a. **Anders** *OLG Köln* JurBüro 1989, 878: Im Zeitpunkt der Antragstellung mit Ausnahme für den Fall, dass der Schuldner zu dem Pfändungsgesuch nicht gehört wurde und den Schutzantrag unverzüglich nachholt, sobald ihm die Pfändung bekannt wird.
2* Offenkundigkeit wird nur vorliegen, wenn dem Gericht auf Grund früherer Vorgänge (infolge eines in anderer Sache gestellten Antrages, Leistung der Offenbarungsversicherung durch den Schuldner, eines Zwangsverwaltungsverfahrens usw.) oder persönlicher Kenntnis der Verhältnisse bekannt ist, dass die Voraussetzungen gegeben sind; *Berner* Rpfleger 1953, 415.

b) Eine Landwirtschaft im Sinne von § 851 a ZPO betreibt auch ein Siedler, der nur 0,45 ha Land bewirtschaftet und zwei Kühe hält[3]. Hauptberufliche Ausübung der Landwirtschaft ist nicht Voraussetzung des Schutzes.

c) Der Pfändungsschutz beschränkt sich auf die Forderungen aus dem Verkauf von Erzeugnissen aus dem Betrieb des Schuldners (z. B. Milchgeld, Ansprüche aus Verkauf von Früchten oder Viehfutter); eine Forderung aus dem (Weiter-)Verkauf erworbener Erzeugnisse zählt nicht dazu. Bankguthaben oder Pachtzinsforderungen von Landwirten fallen daher nicht unter § 851 a ZPO. Forderungen, die den Kaufpreis ergänzen oder an dessen Stelle treten, werden zu den Forderungen aus dem Verkauf von Erzeugnissen gezählt[4], daher ist eine Ausgleichszahlung im Rahmen der EWG-Getreidepreisharmonisierung als Teil des Verkaufserlöses angesehen und nach § 851 a ZPO geschützt worden[5], ebenso eine den Erlös aus Verkauf ergänzende Schlachtprämie („Bullenprämie") nach der Rinder- und SchafprämienVO[6]. Nicht zu den Forderungen aus dem Verkauf landwirtschaftlicher Erzeugnisse gehören jedoch Beihilfen, die produktionsunabhängig als Einkommenshilfen (Betriebsprämie) geleistet werden[7]. Zu Zahlungsansprüchen nach der Verordnung (EG) Nr. 1782/2003 siehe Rdn. 1647.

d) Voraussetzung des Schutzes ist, dass die Ansprüche für die bezeichneten Zwecke *unentbehrlich* sind. Dass sie gebraucht werden, genügt also für sich allein noch nicht (s. Rdn. 250). Auf Vollstreckungsschutz gegen eine zeitlich frühere Pfändung eines Teils des Viehbestandes (soweit zulässig) kann der Schuldner nicht verwiesen werden; der Pfandverwertung, mit der sich die Einnahmen des Schuldners aus dem Wirtschaftsbetrieb mindern, muss daher bei Entscheidung über den Schutzantrag gegen die zeitlich spätere Forderungspfändung Rechnung getragen werden[8].

e) Aus der Zweckbindung der Gelder folgt, dass der Vollstreckungsschutz versagt werden muss, wenn Forderungen vollstreckt werden, die durch den Aufwand entstanden sind, den § 851 a ZPO schützen will[9]. Zu versagen ist der Schutz daher, wenn wegen laufender Pachtzinsforderungen gepfändet wird. Er ist dagegen zu gewähren, wenn größere Pachtzinsrückstände beigetrieben werden sollen[10]. Im Übrigen kommt der Natur des Vollstreckungsanspruchs keine Bedeutung zu. Es ist auch nicht vorgesehen, dass die Belange des Gläubigers zu würdigen sind; ob etwa überwiegende Belange des Gläubigers der Gewährung des Schutzes entgegenstehen, kann daher nicht geprüft werden.

---

3 *OLG Schleswig* SchlHA 1956, 356.
4 *BGH* MDR 2009, 106 Leits. = NJW-RR 2009, 411 (413) = Rpfleger 2009, 90 (92).
5 *SchlHOLG* RdL 1969, 240 mit Anm. *Lange*, der den Anspruch für unpfändbar hält.
6 *LG Koblenz* JurBüro 2003, 382.
7 *BGH* a.a.O. (Fußn. 4).
8 *LG Bonn* DGVZ 1983, 153 = KKZ 1984, 31.
9 *Zöller/Stöber*, ZPO, Rdn. 5 zu § 851 a; *Jonas/Pohle*, Zwangsvollstreckungsnotrecht, Anm. 2 e zu § 851 a ZPO (S. 144).
10 *OLG Hamm* RdL 1955, 53.

1. Kapitel: ZwV in Geldforderungen

180 f) Das *Verfahren* ist in ähnlicher Weise geregelt wie das Verfahren bei Pfändungsschutz für Miet- und Pachtzinsforderungen; siehe daher Rdn. 248 ff. Da jedoch § 813 b ZPO keine Anwendung findet, kann der nicht fristgebundene Antrag bis zur Beendigung der Zwangsvollstreckung gestellt werden.

Der Gläubiger ist vor Entscheidung über den nach Pfändung gestellten Antrag des Schuldners, den die Beweispflicht für die Voraussetzungen des Schutzes trifft, zu hören. Vor Entscheidung kann eine einstweilige Anordnung in entsprechender Anwendung von § 813 b Abs. 1. S. 2 ZPO erlassen werden.

181 g) Zuständig ist der Rechtspfleger. Er entscheidet sowohl bei Ablehnung der Pfändung als auch über den Antrag des Schuldners auf Aufhebung der Pfändung. Kosten: § 788 ZPO (siehe dort Abs. 4).

39. Lastenausgleich (LAG)[1]

Schrifttum: *Berner*, Zur Pfändbarkeit und Übertragbarkeit von Ansprüchen auf Lastenausgleichsentschädigungen, Rpfleger 1954, 21; siehe dazu auch Nrn. 67–74 des Sammelrundschreibens des Präs. des Bundesausgleichsamts zum Verfahren im Lastenausgleich i.d.F. vom 16.10.1967, Mtbl. BAA 1967, 338.

182 a) Für den Anspruch auf *Hauptentschädigung* (siehe § 243 LAG) bestimmt

§ 244 LAG – Übertragbarkeit
Der Anspruch auf Hauptentschädigung ist, vorbehaltlich der §§ 258, 278 a, 283 und 283 a, vererblich und übertragbar; er unterliegt jedoch in der Person des Geschädigten nicht der Zwangsvollstreckung. Ist der Geschädigte Vorerbe eines vor Schadenseintritt oder vor dem 1. April 1952 verstorbenen Erblassers, so geht der Anspruch auf Hauptentschädigung, soweit er auf Schäden an dem einer Nacherbfolge unterliegenden Vermögen beruht, bei Eintritt des Nacherbfalls auf den Nacherben oder dessen Erben über; beruht der Anspruch auf Hauptentschädigung nur teilweise auf Schäden an dem einer Nacherbfolge unterliegenden Vermögen, ist er im Verhältnis der Schadensbeträge zueinander aufzuteilen, die sich nach § 245 für die Schäden an den verschiedenen Vermögensteilen ergeben. Auf den Fiskus als gesetzlichen Erben geht der Anspruch nur insoweit über, als ohne seine Erfüllung Nachlassverbindlichkeiten nicht befriedigt werden könnten.

Zum Begriff des „Geschädigten" siehe § 229 LAG. Solange der unmittelbar Geschädigte lebt, ist der in seiner Person entstandene Anspruch auf Hauptentschädigung nicht pfändbar. Bei Erbfall vor dem 1.4.1952 ist Geschädigter derjenige, der am 1.4.1952 Erbe oder Erbeserbe war. Der Erbe (Erbeserbe) leitet in diesem Fall einen in seiner Person erwachsenen Anspruch aus dem Schaden eines Dritten (des Erblassers) her[2]. Eine Pfändung des Hauptanspruchs gegen solche Erben ist daher ausgeschlossen. Möglich

---

1 Gesetz über den Lastenausgleich (Lastenausgleichsgesetz-LAG) i.d.F. vom 2. Juni 1993, BGBl I 847 (berichtigt BGBl 1995 I 248), zuletzt geändert am 21. Juni 2006, BGBl I 1323.
2 *KG* Rpfleger 1970, 207.

ist die Pfändung gegen den Erben des Geschädigten somit nur bei Erbfall oder bei Eintritt eines Erbeserben nach dem 31.3.1952. Auch bei Erbfall nach dem 31.3.1952 gelten jedoch die Erben selbst als Geschädigte, wenn der Schaden am Vermögen eines nach Beginn der allgemeinen Vertreibungsmaßnahmen *im Vertreibungsgebiet verstorbenen* Deutschen entstanden ist (Fall des § 12 Abs. 7 LAG)[3]. Wenn der Erblasser seinen letzten ständigen Aufenthalt in der DDR (oder in Berlin-Ost) hatte und nach dem 31.3.1952 dort verstorben ist, ist der LAG-Anspruch in seiner Person entstanden[4], mithin gegen die Erben pfändbar. Zulässig ist die Pfändung auch bei Zwangsvollstreckung gegen Dritte, denen der Anspruch auf die Hauptentschädigung abgetreten ist[5]. Wegen des Falles der Nacherbfolge und der vorweggenommenen Erbfolge siehe § 229 Abs. 1 LAG. Unmittelbar Geschädigte bei Vermögensschäden: § 229 Abs. 2 LAG.

b) Für den Anspruch auf *Kriegsschadenrente* (siehe § 261 LAG) bestimmt **183**

§ 262 LAG – Übertragbarkeit
Der Anspruch auf Kriegsschadenrente kann, soweit in diesem Abschnitt nichts anderes bestimmt ist, nicht übertragen, nicht gepfändet und nicht verpfändet werden; dies gilt, vorbehaltlich der §§ 290 und 350 a, nicht für Beträge, die für einen in der Vergangenheit liegenden Zeitraum rechtskräftig bewilligt worden sind.

Die Kriegsschadenrente sichert den laufenden Lebensunterhalt des Geschädigten. Mit Rücksicht auf diesen höchstpersönlichen Charakter ist ihre Pfändung ausgeschlossen. Beträge für zurückliegende Zeit können erst nach rechtskräftiger Bewilligung gepfändet werden. Das schließt Pfändung eines künftigen Anspruchs auf die spätere, nach rechtskräftiger Bewilligung für die zurückliegende Zeit zu zahlende Rente aus. Durch die Erstattungspflicht des Geschädigten nach § 290 und § 350 a LAG ist die Pfändbarkeit der für zurückliegende Zeit rechtskräftig bewilligten Beträge eingeschränkt. Eine Pfändung ist insoweit dem Ausgleichsfond gegenüber auch dann nicht wirksam, wenn der Rückforderungsanspruch erst nach der Pfändung entstanden ist[6]. Eine gewisse Beschränkung kann sich auch in den Fällen der § 278 a Abs. 6 LAG und § 291 Abs. 1 S. 3 LAG ergeben.

c) Für den Anspruch auf *Hausratentschädigung* (siehe § 293 LAG) lautet **184**

§ 294 LAG – Übertragbarkeit
Der Anspruch auf Hausratentschädigung kann vererbt, übertragen und verpfändet, jedoch nicht gepfändet werden; § 244 Sätze 2 und 3 findet entsprechende Anwendung.

Die Pfändung ist auch bei Zwangsvollstreckung gegen den Erben immer (auch bei Erbfall nach dem 31.3.1952) ausgeschlossen[7].

---

3 Lastenausgleichsansprüche aus solchen Schäden entstehen unmittelbar in der Person des Erben; siehe *KG* Rpfleger 1969, 243 und *BayObLG* Rpfleger 1969, 429.
4 *KG* Rpfleger 1970, 207.
5 *Berner* Rpfleger 1954, 21 (23).
6 *Harmening*, Der Lastenausgleich, Anm. 3 zu § 262.
7 *Berner* a.a.O. (Fußn. 5) Sp. 23.

185 d) *Ausgleichsleistungen ohne Rechtsanspruch* (Eingliederungsdarlehen, das als Aufbau- oder Arbeitsplatzdarlehen gewährt wird, Wohnraumhilfe, Leistungen aus dem Härtefonds oder auf Grund sonstiger Förderungsmaßnahmen) sind wegen ihrer persönlichen Natur und Zweckgebundenheit unpfändbar[8]. Ebenso wie entsprechende Ausgleichsleistungen mit Rechtsanspruch und in den diesen gesetzten, vorst. a)–c) dargestellten Grenzen sind jedoch pfändbar die bereits unanfechtbar oder rechtskräftig zuerkannten sonstigen Nachzahlungsbeträge laufender Leistungen ohne Rechtsanspruch und Leistungen aus dem Härtefonds nach § 301 a LAG an Sowjetzonenflüchtlinge (Nr. 67 Abs. 4 des Sammelrundschreibens Verfahren).

186 e) *Ausgezahlte* LAG-Entschädigungen können gepfändet werden, weil ihr Verwendungszweck nicht vorgeschrieben ist[9]. Der Vollstreckungsschutz der §§ 244, 262 und 294 LAG erstreckt sich auf bereits ausgezahlte Beträge nicht.

187 f) *Drittschuldner ist*

- bei Pfändung von Ansprüchen nach dem LAG der Ausgleichsfond, vertreten durch das für die Erfüllung des Anspruchs zuständige Augleichsamt;
- bei Pfändung von Ansprüchen nach dem WAG gleichfalls der Ausgleichsfond, vertreten durch das zuständige Ausgleichsamt[10].

Dazu bestimmte das **Sammelrundschreiben Verfahren** in der Fassung vom 16.10.1967 in Nr. 73 Abs. 5:

(5) Pfändungs- und Überweisungsbeschlüsse müssen dem für die Erfüllung des Anspruchs zuständigen Ausgleichsamt zugestellt werden, da nur dieses Drittschuldner im Sinne von §§ 829, 835 ZPO ist. Ein Pfändungs- und Überweisungsbeschluss, der einem nicht zuständigen Ausgleichsamt zugestellt wurde, ist für das zuständige Ausgleichsamt bzw. den Ausgleichsfond nicht verbindlich. In diesem Falle ist dem Vollstreckungsgericht eine entsprechende Mitteilung zu geben ...

40. Leasingvertrag

Schrifttum: *Behr*, Vollstreckung in Leasingansprüche, JurBüro 1995, 457; *Borggräfe*, Die Zwangsvollstreckung in bewegliches Leasinggut, Dissertation, 1976; *Döllerer*, Leasing – wirtschaftliches Eigentum oder Nutzungsrecht, BB 1971, 535; *Teubner* und *Lelley*, Die Pfändbarkeit und Verwertung von leasingvertraglichen Nutzungsrechten und Kaufoptionen, ZMR 1999, 151; *Graf von Westphalen*, Der Leasingvertrag, 4. Auflage 1992 (Abschnitt I: Zwangsvollstreckung, Seiten 415–433).

---

8 *Berner* Rpfleger 1954, 21 (24); Sammelrundschreiben Verfahren Nr. 67 Abs 5.
9 *OLG Hamburg* Rpfleger 1957, 83 mit zust. Anm. *Berner*; *AG Flensburg* JurBüro 1953, 208, beide für die Hausratentschädigung.
10 Zum Übergang der Zuständigkeit auf die Ausgleichsämter ab 1. Juli 1971 siehe 8. WAGDV vom 17. Dez. 1971, BGBl I 121; frühere Zuständigkeit: Kreditinstitut oder Postscheckamt.

a) Der *Leasingvertrag* wird als ein besonders ausgestalteter Mietvertrag angesehen[1]. Leasingvertrag liegt vor, wenn eine Sache (auch Sachgesamtheit) vom sog. Leasinggeber („Vermieter") dem sog. Leasingnehmer („Mieter") zeitweilig gegen Entgelt unter besonderer Regelung der Gefahrentragung überlassen wird.

b) Gläubiger des *Leasinggebers* können als Forderungsrechte[2] die Ansprüche auf Zahlung der Leasingraten[3], der Schlussrate und der Entschädigung, wenn nach Vertragsbeendigung das Leasinggut nicht zurückgegeben wird (§ 546 a BGB) sowie als Sachherausgabeanspruch nach § 846 ZPO (Rdn. 2011 ff.) den dinglichen (§ 985 BGB) sowie vertraglichen Anspruch auf Herausgabe des Leasinggegenstandes[4] pfänden. Drittschuldner ist der Leasingnehmer. Anspruch auf Zahlung des sog. Restwertes (restlichen Kaufpreises) hat der Leasinggeber, wenn der Leasingnehmer eine ihm eingeräumte Kaufoption ausübt. Dieser Anspruch ist als Geldforderung gleichfalls pfändbar, und zwar als künftige Forderung bereits vor Ausübung der Option. Drittschuldner ist der Leasingnehmer. Bei vorzeitiger Beendigung des Leasingverhältnisses kann ein Ausgleichsanspruch (Anspruch auf volle Amortisation der Gesamtkosten samt Gewinn) des Leasinggebers an den Leasingnehmer bestehen[5]. Auch dieser Anspruch ist als Geldforderung pfändbar, und zwar als künftige Forderung schon vor Beendigung des Vertragsverhältnisses. Drittschuldner ist der Leasingnehmer. Die einzelnen Forderungen müssen im Pfändungsbeschluss bestimmt (konkret) bezeichnet werden (Rdn. 496), eine nur allgemein gehaltene Bezeichnung mit „alle Forderungen aus Leasingvertrag über … (Gegenstand)" dürfte hierfür nicht genügen (siehe Rdn. 514).

c) Für einen Gläubiger des Leasing*nehmers* ist der Anspruch auf Gebrauchsüberlassung, mithin Nutzung des Leasingobjekts, als unveräußerliches Recht pfändbar (ebenso wie übertragbar), wenn der Schuldner als Leasingnehmer nach dem Leasingvertrag oder einer nachträglichen Vereinbarung den Gebrauch des Leasingobjekts (die Ausübung der Nutzung)

188

189

190

---

1 *BGH* MDR 1976, 216 = NJW 1977, 195; *BGH* 68, 118 (123) = NJW 1977, 848; *BGH* 71, 189 (193) = MDR 1978, 660 = NJW 1978, 1383; *BGH* 82, 121 (125) = MDR 1982, 845 = NJW 1982, 870; *BGH* 96, 103 (106) = NJW 1986, 179; *BGH* 97, 65 (70); *BGH* NJW 1988, 198; *BGH* 106, 304 (309) = NJW 1989, 1279; *BGH* 109, 368 (370) = NJW 1990, 1113 (1114 re.Sp.); *OLG Frankfurt* NJW 1977, 200; *OLG Nürnberg* NJW 1977, 152.
2 Nach Pfändung keine Abkürzung des auf eine bestimmte Zeit geschlossenen Leasingvertrages, siehe Rdn. 37.
3 Vergleichbar der Pfändung des Anspruchs auf den Mietzins, Rdn. 216. Ist (wie nicht selten) Abtretung an den Refinanzierer erfolgt, geht die Pfändung wegen dieses Gläubigerrechts des Dritten ins Leere.
4 *Borggräfe* S. 154; *Döllerer* BB 1971, 535 (537), der auch darauf hinweist, dass der Leasinggeber alle Einreden aus dem Leasingvertrag hat und daher vorzeitig (während der Grundmietzeit) dem Gläubiger ebenso wenig zur Herausgabe verpflichtet ist, wie dem Leasinggeber selbst. Zum Rückgabeanspruch des Vermieters s. Rdn. 266.
5 Hierzu *BGH* 95, 39 und *BGH* 97, 65.

einem Dritten überlassen darf[6]. Pfändung ermöglicht dann § 857 Abs. 3 ZPO[7]; sie hat nach § 857 Abs. 1 mit §§ 829 ff. ZPO zu erfolgen[8]. Drittschuldner ist der Leasinggeber. Die Verwertung des gepfändeten Nutzungsrechts erfolgt nach § 857 Abs. 4 ZPO (dazu Rdn. 1478). Erfolgreich zu verwerten ist es somit, wenn das durch Dritte (oder den Pfändungsgläubiger) zu zahlende Nutzungsentgelt die Summe aus Vollstreckungskosten und der an den Leasinggeber zu zahlenden Leasingraten übersteigt[9]. Unpfändbar ist das Nutzungsrecht des Leasingnehmers, wenn ihm Überlassung des Gebrauchs an einen Dritten nicht erlaubt ist (s. Rdn. 262) oder wenn diese von der (nicht erteilten) Zustimmung des Leasinggebers abhängig ist. Pfändbar ist auch ein Anspruch des Leasingnehmers auf Restwertbeteiligung[10] (auf den Erlös aus Verwertung des Leasingobjekts) und auf Beteiligung am Verwertungserlös sowie sein Anspruch auf Herausgabe (Rückzahlung) gezahlter Leasingraten, wenn die vertragliche Geschäftsgrundlage mit Wandelung rückwirkend weggefallen ist[11], nicht jedoch dessen Recht, den Vertrag am Ende der Laufzeit zu verlängern[12]. Eine pfändbare Anwartschaft begründet der Leasingvertrag nicht[13].

41. Lebensversicherung (Sterbegeldversicherung)

191 *Gepfändet werden alle Ansprüche und Rechte des Schuldners einschließlich der Gestaltungsrechte an die ... Versicherungsgesellschaft – Drittschuldnerin –*

aus dem am ... (oder: vor ... Jahren) auf den Erlebens- oder Todesfall abgeschlossenen Versicherungsvertrag Nr. ... (oder: dessen Nr. nicht bekannt ist; wenn mehrere Einzelverträge bestehen, sind aus allen die Ansprüche und Rechte gepfändet),

---

6 *OLG Düsseldorf* NJW 1988, 1676; *AG Neuwied* DGVZ 1996, 142; auch *LG Düsseldorf* Rpfleger 1988, 75; *Borggräfe* S. 96 ff.; *Schuschke/Walker*, Rdn. 52 zu § 857; *Baur/Stürner/Bruns*, Zwangsvollstreckung, Rdn. 32.1.; a.A. *Döllerer* BB 1971, 535 (537); *Teubner* und *Lelley* ZMR 1999, 151; s. außerdem *Borggräfe* S. 124 ff.: pfändbar auch bei vertraglichem Ausschluss der Rechtsausübung durch Dritte; dem ist wegen § 549 Abs. 1 S. 1 BGB (entspr. Anwendung) nicht zu folgen.
7 *OLG Düsseldorf* a.a.O. Vergleichbar damit ist die Pfändung des Rechts auf Gebrauchsüberlassung einer gemieteten Sache, s. Rdn. 262. Wie beim Nießbrauch (Rdn. 1710) ist Gegenstand der Pfändung das Nutzungsrecht selbst (*Borggräfe* S. 119; *Stein/Jonas/Brehm*, ZPO, Rdn. 30 zu § 857).
8 *OLG Düsseldorf* a.a.O.
9 *Borggräfe* S. 134 ff.
10 Als eine auf Geldzahlung gerichtete Forderung, dazu *Borggräfe* S. 147 ff. (149).
11 Zu diesen Bereicherungsansprüchen s. *BGH* 109, 139.
12 *Borggräfe* S. 143 ff.; *Döllerer* BB 1971, 535 (537); *Stein/Jonas/Brehm*, ZPO, Rdn. 31 zu § 857.
13 *LG Berlin* MDR 1976, 409 = Rpfleger 1976, 145; *MünchKomm/Habersack*, BGB Leasing (nach § 515) Rdn. 113.

insbesondere der Anspruch auf Zahlung der Versicherungssumme oder des bei Aufhebung auf die Versicherung entfallenden Betrages der Prämienreserve, die Ansprüche auf die Überschussbeteiligungen, das Recht auf Kündigung und Umwandlung der Versicherung sowie auf Bestimmung, Änderung oder Widerruf der Bezugsberechtigung.
Zugleich wird angeordnet, dass der Schuldner den Versicherungsschein (die Versicherungspolice) an den Gläubiger herauszugeben hat.

Schrifttum: *Berner,* Die Pfändung, Abtretung und Verpfändung von Lebensversicherungsansprüchen, Rpfleger 1957, 193; *Bohn,* Die Zwangsvollstreckung in Rechte des Versicherungsnehmers aus dem Versicherungsvertrag und der Konkurs des Versicherungsnehmers, Festschr. f. Schiedermair, 1976, S. 33; *David,* Tips zur Pfändung von Lebensversicherungsansprüchen, MDR 1996, 24; *Gilbert,* Zur Zwangsvollstreckung in den Lebensversicherungsanspruch, DR 1941, 2356; *Haegele,* Lebensversicherung in Konkurs, Vergleich und Anfechtung außerhalb Konkursverfahrens, Rpfleger 1969, 156; *Haegele,* Zur Zwangsvollstreckung bei der Lebensversicherung, JurBüro 1969, 907; *Haegele,* Abtretung, Verpfändung und Pfändung einer Lebensversicherung, BWNotZ 1974, 141; *Hasse,* Zwangsvollstreckung in Kapitallebensversicherungen, VersR 2005, 15; *Hasse,* Zur gemischten Lebensversicherung zugunsten Dritter, VersR 2005, 1176; *Heilmann,* Die Zwangsvollstreckung in den Anspruch auf die Lebensversicherungssumme, NJW 1955, 135; *Hoffmann,* Auslegung der Bezugsberechtigung zugunsten eines Ehegatten in der Lebensversicherung bei späterer Scheidung der Ehe, FamRZ 1977, 222; *Huken,* Zahlung fälliger Lebensversicherungsprämien anstelle des Vollstreckungsschuldners durch den Vollstreckungsgläubiger bzw. die -behörden, KKZ 1979, 8; *Mohr,* Die Lebensversicherung als Familiengut, VersR 1955, 728; *Mohr,* Vorpfändung von Lebensversicherungsansprüchen, VersR 1955, 376; *Mümmler,* Herausgabe des Versicherungsscheins bei Pfändung einer Lebensversicherung, JurBüro 1977, 1327; *Mümmler,* Pfändung und Überweisung von Ansprüchen aus Lebensversicherungsverträgen, JurBüro 1983, 335; *Prahl,* Eintrittsrecht und Anfechtung bei der Kapitallebensversicherung, VersR 2005, 1036; *Sachs,* Pfändung von unwiderruflich bezugsberechtigten Versicherungspolicen, KKZ 1981, 82.

192 a) Ansprüche aus einer auf den Erlebens- oder Todesfall abgeschlossenen *Kapital- oder Rentenversicherung* sind vor und nach Eintritt des Versicherungsfalls pfändbar. Ausübung des Rentenwahlrechts nach Pfändung kann Schutz nach § 850 Abs. 2 Buchst. a ZPO nicht mehr begründen (siehe Rdn. 892). Der Kapitalanspruch aus einer Lebensversicherung ist auch dann pfändbar, wenn der Schuldner den Versicherungsvertrag mit Genehmigung der Bundesversicherungsanstalt für Angestellte zur Befreiung von seiner Rentenversicherungspflicht abgeschlossen hat[1]. Pfändungsbeschränkungen bestehen (siehe dazu Rdn. 892 und 1020) bei

- Renten, die auf Grund der zur Versorgung des Versicherungsnehmers oder seiner Angehörigen eingegangenen Verträge gewährt werden (§ 850 Abs. 3 ZPO);

---

1   LG Lübeck MDR 1984, 61; BFH 164, 399 = FamRZ 1992, 178 (Leits.) = JurBüro 1991, 1562 = MDR 1991, 1195 = NJW 1992, 527; siehe auch BFH FamRZ 2007, 2068 = JurBüro 2008, 44 = Rpfleger 2007, 672.

- Kleinlebensversicherungen mit Versicherungssummen bis 3.579 Euro [bis 31.3.1978: 1.500 DM, dann bis 31.3.1984: 3.000 DM, dann bis 30.6.1992: 3.600 DM und sodann bis 31.12.2001: 4.140 DM] (§ 850 b Abs. 1 Nr. 4 ZPO);
- Leistungen und Vermögen aus Verträgen zur Alterssicherung Selbstständiger (§§ 851 c, d ZPO, Rdn. 71);
- alten Lebensversicherungen von Handwerkern (§ 22 der 1. DVO HWG).

Nicht pfändbar sind Lebensversicherungen als *Altersvorsorgevermögen* (§ 97 EStG; Rdn. 70; wegen der Direktversicherung s. Rdn. 917).

193 b) Die Forderungen aus einem Lebensversicherungsvertrag gehen auf Geldzahlung. Die Pfändung erfolgt daher nach § 829 ZPO. *Drittschuldner* ist die Versicherungsgesellschaft. Die Angabe der Versicherungsnummer ist zweckdienlich, bei sonst bestimmter (bestimmbarer) Bezeichnung der Forderungen aus dem Versicherungsverhältnis für Wirksamkeit der Pfändung aber nicht zu fordern[2] (s. Rdn. 154 b). Bestehen mehrere selbstständige Versicherungsverhältnisse des Schuldners bei demselben Drittschuldner auf Grund einzelner Versicherungsverträge, dann wird angenommen, dass der Pfändungsbeschluss (der Versicherungsnummern nicht nennt) dem Bestimmtheitserfordernis nur zweifelsfrei entspricht, wenn nicht bloß Forderungen aus einem (nicht näher bestimmten) Lebensversicherungsvertrag (Singular) als gepfändet bezeichnet sind, sondern der Beschluss bei verständiger Auslegung ausweist, dass die Forderungen aus allen Versicherungsverhältnissen Gegenstand des Pfändungszugriffs sein sollen[3]. Zuzustellen ist der Pfändungsbeschluss der Hauptniederlassung oder einer Zweigniederlassung, bei der die Versicherung geführt wird[4]. Zustellung an eine Generalagentur oder Bezirksdirektion begründet kein Pfändungspfandrecht[5], kann aber wegen einer dort schon vorliegenden Auszahlungsanweisung zusätzlich ratsam sein.

194 c) Die Pfändung kann auf alle Forderungen und Rechte aus dem Versicherungsverhältnis erstreckt oder auf einzelne Forderungen des Schuldners (z. B. nur Auszahlung der Versicherungssumme oder der Prämienreserve, nur Recht auf den Rückkaufswert und Kündigung) beschränkt werden. Die

---

2 *LG Frankfurt* NJW-RR 1989, 1466.
3 *LG Frankfurt* NJW-RR 1989, 1466. Vgl. auch *BGH* Betrieb 1970, 1486 zur Einzelbezeichnung „... aus Werkvertrag ... in dem Bauvorhaben R." (s. Rdn. 514), demgegenüber aber auch *BGH* NJW 1983, 886 für Bezeichnung als „Forderungen aus Lieferungen und Leistungen (Bohrarbeiten)" (s. Rdn. 514), außerdem *BGH* NJW 1988, 2543 zu dem Fall, dass trotz Nennung nur einer Kontonummer nach der Angabe im Pfändungsbeschluss die Guthaben sämtlicher vom Drittschuldner geführten Konten der Pfändung unterworfen sein sollten.
4 *Berner* Rpfleger 1957, 193, 194; *Heilmann* NJW 1950, 135.
5 Siehe *Berner* a.a.O.; siehe aber wegen der Heilung nach § 187 (a.F.) ZPO, wenn der Beschluss der Haupt- oder Zweigniederlassung tatsächlich zugeht, Rdn. 543.

Bardividende (der bar auszuzahlende Überschussanteil) wird als Bestandteil des Versicherungsanspruchs von der Pfändung aller Forderungen aus dem Versicherungsverhältnis erfasst. Sie unterliegt einzeln dann jedoch nicht dem Zugriff des pfändenden Gläubigers, wenn sie vereinbarungsgemäß gegen die Prämie zu verrechnen oder der Versicherungssumme zuzuschlagen ist.

Gestaltungsrechte (Recht auf Kündigung, § 168 VVG, Umwandlung in eine prämienfreie Versicherung, § 165 VVG, Bestimmung, Änderung oder Widerruf einer Bezugsberechtigung, § 159 Abs. 1 VVG) sind Nebenrechte. Als solche können sie nicht selbstständig gepfändet werden[6]. Erfasst werden sie von der Pfändung aller Rechte aus dem Lebensversicherungsverhältnis[7], und zwar auch ohne ausdrückliche Anordnung im Pfändungsbeschluss. Dies wird indes vereinzelt angezweifelt[8]. Zur Klarstellung ist daher Anordnung der Mitpfändung dieser Nebenrechte zu empfehlen.

d) *Der Anspruchsberechtigte als Schuldner*

aa) Die Pfändung einer Lebensversicherung ermöglicht dem Gläubiger nur dann die erstrebte Befriedigung, wenn die Forderung zum Vermögen seines Schuldners gehört (siehe Rdn. 1). Die Pfändung einer dem Schuldner nicht gehörenden (auch einer abgetretenen[9]) Forderung ist wirkungslos. Bei Lebensversicherungsansprüchen gilt Folgendes:

bb) Zum Vermögen des *Versicherungsnehmers* selbst gehört die ohne Begünstigung eines Dritten abgeschlossene Lebensversicherung[10]. Sie kann von seinen Gläubigern oder, weil sie Bestandteil seines Nachlasses wird[11], nach seinem Tode von den Nachlassgläubigern, aber auch den Gläubigern des oder der Erben gepfändet werden. Dem Gläubiger nur eines Miterben bietet sich jedoch lediglich die Möglichkeit, den Miterbenanteil zu pfänden (siehe Rdn. 1664 ff.). Wegen des Falles, dass die Erben unmittelbar als Bezugsberechtigte bezeichnet sind, siehe Rdn. 199.

195

195a

---

6   *BGH* 45, 162 (165) = a.a.O. (nachf. Fußn. 14) und *BGH* NJW 2003, 2679 (2680) = a.a.O. (nachf. Fußn. 14) – je für das Kündigungsrecht –. So auch *Ehrenzweig* VersR 1951, 93; *Berner* Rpfleger 1957, 195; *Bohn* in Festschrift Schiedermair, S. 33 (36); S. 36.
7   *Stein/Jonas/Brehm*, ZPO, Rdn. 81 zu § 829; *Bohn* a.a.O. S. 36; *OLG Celle* JurBüro 2009, 380 (381); *OLG Dresden* OLGR 2007, 773.
8   So z. B. *Heilmann* NJW 1950, 135. Dem unwiderruflich Bezugsberechtigten sollen Gestaltungsrechte aus dem Versicherungsvertrag nicht zustehen; diese soll in jedem Fall nur der Versicherungsnehmer ausüben können; siehe *Bohn* a.a.O. S. 38.
9   *BGH* MDR 2002, 477 = NJW-RR 2002, 755 = Rpfleger 2002, 272 = VersR 2002, 272; *OLG Düsseldorf* NJW-RR 1999, 1406 = VersR 1999, 1009 (Abtretung an den Versicherer zur Sicherung eines Darlehens). Pfändung nach Abtretung wird auch nicht durch eine spätere Rückabtretung nachträglich wirksam (s. Rdn. 769), *BGH* und *OLG Düsseldorf* je a.a.O.; *OLG Frankfurt* OLGR 2001, 238.
10 *RG* 66, 158; *BGH* 32, 44 = MDR 1960, 381 = NJW 1960, 912.
11 *LG Berlin* JW 1939, 165; *BGH* a.a.O.

1. Kapitel: ZwV in Geldforderungen

cc) Vertrag zugunsten Dritter (unwiderrufliche Bezugsberechtigung)

196 (a) Die Bezeichnung eines Dritten als Bezugsberechtigter[12] ist Vertrag zugunsten eines Dritten[13] (siehe § 328 BGB). Ist der Bezugsberechtigte unwiderruflich bestimmt, so hat er als begünstigter Dritter sofort ein unmittelbares Bezugsrecht auf Zahlung der Versicherungsleistungen mit Eintritt des Versicherungsfalls erworben[14] (§ 155 Abs. 3 VVG). Daher können seine Gläubiger vor oder nach Eintritt des Versicherungsfalls die Ansprüche auf die Versicherungsleistungen pfänden[15].

196a (b) Für Gläubiger des Versicherungsnehmers selbst verbietet sich die Pfändung der Versicherungsansprüche mit unwiderruflicher Bezeichnung eines Dritten als Bezugsberechtigten an sich nicht. Diese Pfändung der Ansprüche des Versicherungsnehmers erlangt aber keine allzu große praktische Bedeutung, weil der pfändende Gläubiger ebenso wie der Schuldner selbst als Versicherungsnehmer über die Ansprüche ohne Mitwirkung des Bezugsberechtigten nicht verfügen kann[16]. Es ist jedoch denkbar, dass der Bezugsberechtigte in Verfügungen des Gläubigers einwilligt; auch kann ersterer nach § 333 BGB zurückweisen, so dass nicht er, sondern der Pfändungsschuldner das Recht auf Leistung erwirbt (§ 160 Abs. 3 VVG). Schließlich kann dem Versicherungsnehmer der Anspruch auf die Überschussbeteiligung verblieben sein und das Recht auf die Leistung deshalb zustehen, weil der Bezugsberechtigte vor dem Versicherungsfall verstorben oder weil die Zuwendung sittenwidrig oder sonst nichtig ist. In solchen Fällen kann der Gläubiger des Versicherungsnehmers, dem dann das Recht auf Leistung zusteht (§ 160 Abs. 3 VVG), durch Pfändung Befriedigung aus den Versicherungsansprüchen finden.

197 dd) Bei der sogenannten *gemischten Kapitalversicherung* (Versicherung auf den Todes- oder Erlebensfall) hat die Pfändung trotz unwiderruflicher Bezugsbestimmung für den Fall des Todes des Versicherungsnehmers außerdem Bedeutung für den Fall der Fälligkeit der Versicherungsleistungen zu Lebzeiten des Versicherungsnehmers. Mit dem Erlebensfall erlischt

---

12 Die Bestimmung des Bezugsberechtigten ist empfangsbedürftige, an die Versicherungsgesellschaft zu richtende Willenserklärung (*BGH* BB 1953, 339 = Betrieb 1953, 353 = LM Nr. 1 zu § 166 VVG = VersR 1953, 179), die nicht im Versicherungsschein wiedergegeben sein muss (*LG Karlsruhe* VersR 1956, 313). Zu den Anfechtungsmöglichkeiten bei einer Lebensversicherung außerhalb eines Insolvenz/Konkursverfahrens siehe *Haegele* Rpfleger 1969, 161.
13 Zur Bezeichnung der „Ehefrau" als Bezugsberechtigte siehe *BGH* NJW 1976, 290 = VersR 1975, 1020; *BGH* MDR 1981, 476 = NJW 1981, 984; *OLG Hamm* VersR 1981, 228; *LG Saarbrücken* NJW 1983, 180 (hier: „Ehefrau oder Kinder"). Zum unwiderruflichen Bezugsrecht des Ehegatten bei Scheitern der Ehe siehe *BGH* 118, 242 = FamRZ 1992, 1155 = MDR 1992, 878 = NJW 1992, 2154.
14 *BGH* 45, 162 = JurBüro 1966, 944 = MDR 1966, 483 = NJW 1966, 1071; *BGH* 118, 242 (247) = a.a.O.; *BGH* NJW 2003, 2679 = Rpfleger 2003, 515; *OLG Frankfurt* VersR 2002, 963 (als Vorinstanz); *LG Frankfurt* VersR 1957, 211 mit zust. Anm. *Welz*; *Haegele* Rpfleger 1969, 157.
15 Pfändung der Rechte sowohl des Versicherungsnehmers als auch des Bezugsberechtigten durch deren gemeinsamen Gläubiger s. *LG Darmstadt* NJW-RR 2000, 329.
16 *LG Frankfurt* a.a.O. (Fußn. 14).

das auflösend bedingte – unwiderrufliche – Bezugsrecht des Begünstigten[17], so dass der pfändende Gläubiger Anspruch auf die dem Schuldner als Versicherungsnehmer gebührenden Leistungen erheben kann. Bis zur auflösenden Bedingung des Erlebensfalls steht dem unwiderruflich Bezugsberechtigten der Todesfallversicherung der Rückkaufswert und Rückvergütungsanspruch zu; der *BGH*[17] hält diese Ansprüche daher während der Dauer der Todesfallversicherung durch Gläubiger des Versicherungsnehmers für unpfändbar. Aus den in vorstehendem Absatz dargestellten Gründen sind aber auch solche Ansprüche als pfändbar zu erachten, lediglich die Rechtsverfolgung nach Pfändung ist auf die dargestellten Sonderfälle beschränkt. Unpfändbar ist allerdings für sich allein das dem Versicherungsnehmer verbleibende Kündigungsrecht[17].

ee) Widerrufliche Bezugsberechtigung

(a) Bis zum Eintritt des Versicherungsfalls

Auch hier handelt es sich um einen Vertrag zugunsten des begünstigten Dritten. Dieser erwirbt das Recht auf die Leistung aber erst mit dem Eintritt des Versicherungsfalls (§ 159 Abs. 2 VVG). Daher können vor Eintritt des Versicherungsfalls nur die Gläubiger des Versicherungsnehmers die Versicherungsansprüche pfänden[18] (wegen der nach Pfändung weiter notwendigen Schritte siehe Rdn. 206), nicht aber auch die Gläubiger des bezugsberechtigten Dritten. Die Bezugsberechtigung des Dritten kommt durch Widerruf des Versicherungsnehmers bis zum Eintritt des Versicherungsfalls in Wegfall. Kann nach dem Versicherungsvertrag (den Vertragsbestandteil gewordenen Geschäftsbedingungen) der Widerruf erst wirksam werden, wenn er dem Versicherer angezeigt ist, dann bleibt ein Widerruf durch Testament, der dem Versicherer nicht angezeigt wurde, unwirksam[19]. Das Widerrufsrecht kann der Konkurs-/Insolvenzverwalter ausüben[20]. In der Abtretung der Rechte aus der Lebensversicherung (insbesondere an einen Sicherungsnehmer) liegt nicht bereits ein konkludenter Widerruf der Bezugsberechtigung des Dritten[21]. Der (formularmäßige) Widerruf eines Bezugsrechts bei einer Sicherungsabtretung „soweit es den Rechten des Zessionars entgegensteht" ist dahin zu verstehen, dass etwaige Bezugsrechte im Rang hinter den vereinbarten Sicherungszweck zurücktreten sollen[22] (eingeschränkter Widerruf, der die vom Sicherungsnehmer nicht benötigten Teile der Versicherungssumme nicht erfasst).

198

---

17 Siehe *BGH* a.a.O. (Fußn. 14).
18 *OLG München* OLG 32, 224; *Berner* Rpfleger 1957, 193 f.; *Heilmann* NJW 1950, 135; siehe auch *Haegele* Rpfleger 1969, 157 und JurBüro 1969, 916.
19 *BGH* 81, 95 = MDR 1981, 918 = NJW 1981, 2245; *BGH* DNotZ 1994, 377 = Mitt-BayNot 1993, 380 = VersR 1993, 1900.
20 *BGH* 156, 350 (357) = NJW 2004, 214 (215).
21 *BGH* 109, 67 = MDR 1990, 225 = NJW 1990, 256.
22 *BGH* 109, 67 = a.a.O.; *BGH* DNotZ 1997, 420 = NJW 1996, 2230; *BGH* NJW-RR 2001, 1105; *BGH* MDR 2002, 579 = NJW-RR 2002, 955 = VersR 2002, 218; *OLG Köln* VersR 1990, 1338.

1. Kapitel: ZwV in Geldforderungen

(b) Nach Eintritt des Versicherungsfalls

199 Es hat jetzt nur noch der begünstigte Dritte Anspruch auf die Forderungen aus dem Versicherungsvertrag. Die Ansprüche können daher nur noch von seinen Gläubigern gepfändet werden[23], nicht mehr von den Gläubigern des Versicherungsnehmers und – wenn er verstorben ist – auch nicht von den Nachlassgläubigern[24]. Selbst dann haben Nachlassgläubiger (bei Beschränkung der Haftung der Erben auf den Nachlass) keine Pfändungsmöglichkeit, wenn als bezugsberechtigte Dritte die „Erben" bezeichnet waren, weil dann diese einen eigenen, vom Erbgang unabhängigen, also nicht zum Nachlass gehörenden Anspruch auf Auszahlung der Versicherungsleistungen haben[25].

ff) Anfechtbares Bezugsrecht

200 Eine Anfechtung nach dem AnfG kann das Recht des bezugsberechtigten Dritten ausschließen, einen Versicherungsanspruch mithin nach Pfändung der Befriedigung des Gläubigers[26] des Versicherungsnehmers zuführen.

gg) Mehrere Berechtigte

200a Für mehrere als Versicherungsnehmer (deren Erben) oder bezugsberechtigte Dritte zusammen berechtigte Gläubiger der Forderungen aus der Lebensversicherung bestimmen sich die Berechtigung und damit Zulässigkeit und Möglichkeit der Pfändung nach dem zwischen ihnen als Vertragspartner (gemeinsame Versicherungsnehmer) oder Benannte bestehenden Rechtsverhältnis. Dazu im Einzelnen Rdn. 61–64 a.

e) *Rechtsstellung des Gläubigers nach Pfändung und Überweisung*

aa) Fällige Versicherungsforderungen

201 Die Pfändung verbietet dem Drittschuldner die Leistung fälliger Ansprüche an den Schuldner (siehe Rdn. 565); dem Gläubiger verschafft erst die Überweisung[27] die Berechtigung zur Einziehung der dem Schuldner zustehenden Ansprüche aus dem Versicherungsverhältnis. Versicherungsleistungen, die nicht dem Schuldner, sondern einem Dritten gehören, insbesondere dem bezugsberechtigten Dritten, erfasst die Pfändung nicht (siehe Rdn. 486).

---

23 Siehe auch *Berner* Rpfleger 1957, 194.
24 Wegen sittenwidriger Zuwendungen siehe Rdn. 196 (Fußn.). In den Nachlass fällt die Versicherungssumme allerdings, wenn dieser oder der Inhaber des Versicherungsscheins als Bezugsberechtigter bezeichnet ist (siehe *Haegele* Rpfleger 1969, 157 mit Nachw.).
25 *BGH* 32, 44 = a.a.O. (Fußn. 10); *OLG Stuttgart* NJW 1956, 1073; *OLG München* BB 1964, 1471; *Reinicke* NJW 1956, 1053; *Berner* Rpfleger 1957, 193.
26 Auch Anfechtung der später angeordneten unwiderruflichen Bezugsberechtigung eines Dritten, der bereits bei Abschluss des Versicherungsvertrags eine widerrufliche Bezugsberechtigung erhalten hatte, ermöglicht Gläubigerbefriedigung mit Pfändung, wenn das Bezugsrecht durch den Gläubiger vor Eintritt des Versicherungsfalls widerrufen wird (s. Rdn. 206); *FG Hamburg* NJW 1988, 2063.
27 Zur Einziehung oder an Zahlungs statt zum Nennwert, siehe *Berner* Rpfleger 1957, 195; wegen Überweisung an Zahlungs statt aber auch *Heilmann* NJW 1950, 135.

bb) Versicherungsschein

Bei Pfändung fälliger oder nicht fälliger Versicherungsansprüche ist für den Gläubiger der Besitz des Versicherungsscheines von wesentlicher Bedeutung. Er gibt den für das weitere Vorgehen notwendigen Aufschluss über Natur, Umfang und Bedingungen der Versicherung. Für Leistung aus dem Versicherungsverhältnis kann der Versicherer Vorlage des Versicherungsscheins verlangen (§ 11 Abs. 1 ALB). Legitimationspapiere i. S. des § 808 Abs. 1 BGB ist der Versicherungsschein[28] nach § 4 Abs. 1 VVG, weil die Gesellschaft nach § 12 ALB (soweit nichts anderes verabredet ist) den Inhaber als berechtigt ansehen darf, über alle Ansprüche aus dem Versicherungsvertrag zu verfügen. Gleichwohl sollte Leistung an den Schuldner als Inhaber des Versicherungsscheins nach Zustellung des Pfändungsbeschlusses nicht mit Befreiungswirkung erfolgen können, weil damit die Gesellschaft (positive) Kenntnis von dessen Nichtberechtigung hat. Sicherheit, dass Zahlung an den Schuldner ausgeschlossen ist, erlangt der Gläubiger aber auf jeden Fall mit dem Besitz des Versicherungsscheins[29].

202

Zur Herausgabe des Versicherungsscheines ist der Schuldner dem Gläubiger nach Überweisung gemäß § 836 Abs. 3 S. 1 ZPO verpflichtet; wegen der Einzelheiten siehe Rdn. 623. Bei Verlust des Versicherungsscheins kann der Gläubiger, wenn seine weitere Rechtsverfolgung von der Vorlage des Scheines abhängig ist (§ 11 Abs. 1 ALB), das Aufgebotsverfahren betreiben und zur Glaubhaftmachung des Verlustes gegen den Schuldner Antrag auf Leistung der Offenbarungsversicherung stellen[30]. Einer ausdrücklichen Mitpfändung des Aufgebotsrechts bedarf es nicht; es ist als Nebenrecht von der Pfändung der Ansprüche aus dem Versicherungsvertrag erfasst. Als Legitimationspapier ist der Versicherungsschein selbstständig nicht pfändbar (kein Fall des § 821 ZPO)[31].

Soweit Versicherungsschein und Prämienquittung von dem Drittschuldner nicht eingezogen werden, muss der Gläubiger nach seiner Befriedigung diese Unterlagen dem Schuldner wieder zurückgeben[32].

Zur Hilfspfändung des Versicherungsscheins Rdn. 706.

cc) Nicht fällige Versicherungen

(a) Mit der Verwertung (Einziehung) nicht fälliger Versicherungen kann der Gläubiger bis zum *Eintritt* des *Versicherungsfalls* zuwarten[33]. Lohnend

203

---

28 *OLG Hamm* NJW-RR 1995, 1434 = VersR 1996, 615.
29 Siehe auch *Berner* Rpfleger 1957, 195; *Heilmann* NJW 1950, 135.
30 *Oswald* VersR 1961, 197. Dazu jetzt auch § 836 Abs. 3 S. 2 ZPO.
31 *Zöller/Stöber*, ZPO, Rdn. 6 zu § 821.
32 *AG Recklinghausen* JurBüro 1959, 477.
33 *OLG Celle* JurBüro 2009, 380 (381). Die Frage, ob der Lebensvesicherer verpflichtet ist, den Pfändungsgläubiger davon zu unterrichten, wenn entweder der Versicherungsnehmer den Lebensversicherungsvertrag oder beitragsfrei stellt, wenn er wegen Prämienzahlungsverzugs gem. § 38 VVG gemahnt bzw. der Versicherungsvertrag vom Versicherer gekündigt wird, verneint *Frels* in VersR 1970, 984. Freiwillig kann der Versicherer in derartigen Fällen Mitteilungen natürlich machen.

ist diese Hinausschiebung der Einziehung insbesondere, wenn die Leistung bei Versicherungsfall eine wesentlich höhere Befriedigung als die sofortige Lösung des Versicherungsverhältnisses bringen wird. Für den Schuldner wird regelmäßig eine sofortige Geltendmachung der Rechte aus dem Versicherungsverhältnis bei einer in absehbarer Zeit fällig werdenden Versicherung eine unbillige Härte darstellen, die nach § 765 a ZPO durch zeitweilige Aussetzung der Einziehungsbefugnis des Gläubigers auf Antrag des Schuldners abgewendet werden kann.

204 Fällige *Prämien*, die der Gläubiger zur Aufrechterhaltung der gepfändeten Versicherung zahlt, kann der Versicherer nicht zurückweisen (§ 34 Abs. 1 VVG). Zahlungen des Gläubigers auf Prämien sind Kosten der Zwangsvollstreckung (§ 788 Abs. 1 ZPO)[34]. Das Pfandrecht kann an der Versicherungsforderung auch wegen dieser Beträge samt Zinsen in Anspruch genommen werden (§ 34 Abs. 2 VVG).

205 (b) Befriedigung bringt die gepfändete Versicherungsforderung mit Fälligkeit dem Gläubiger aber nur, wenn *kein Bezugsrecht* eines Dritten besteht. Auch bei widerruflicher Bezugsberechtigung liegt in der Pfändung und Überweisung der noch nicht fälligen Versicherung allein noch kein Erlöschen oder Widerruf des Bezugsrechts eines Dritten[35]. Unterlässt daher der Gläubiger den *Widerruf des Bezugsrechts*[36], so hat bei Eintritt des Versicherungsfalls nur noch der begünstigte Dritte einen durch das Pfandrecht nicht beschwerten Anspruch auf die Leistungen aus dem Versicherungsvertrag. Der pfändende Gläubiger hat dann das Nachsehen und geht leer aus[37], und zwar selbst dann, wenn er den Versicherungsvertrag oder die Höhe der Versicherungssumme durch eigene Prämienzahlungen aufrechterhalten hat.

206 Der Gläubiger *muss* daher vor Eintritt des Versicherungsfalls das Bezugsrecht Dritter ausdrücklich (ist am sichersten) oder durch ausreichend klar zum Ausdruck kommende Willensäußerung (z. B. Aufforderung zur Zahlung[38]) widerrufen. Als nicht genügend angesehen wird es, dass in den Pfändungsbeschluss die Aufforderung aufgenommen ist, die gepfändeten Beträge auf ein benanntes Konto zu überweisen (jedenfalls wenn der Versicherungsfall noch nicht eingetreten war)[39]. Ob der Gläubiger schon nach

---

34 *Heilmann* NJW 1950, 135; *Berner* Rpfleger 1957, 195; auch *Huken* KKZ 1979, 8; *Schuschke/Walker*, Rdn. 15 Anh. zu § 829.
35 *RG* 127, 269 (271); *OLG Dresden* OLGR 2007, 773; *Prölss* JW 1938, 1661; *OLG München* BB 1964, 990 (für den Fall der Verpfändung); **a.A.** für Einziehungsverfügung bei Verwaltungsvollstreckung *OLG Köln* VersR 2002, 1544.
36 Einen Widerruf der Bezugsberechtigung sollte der Gläubiger stets vorsorglich erklären, auch wenn der Versicherungsschein keinen Begünstigten ausweist, weil eine Begünstigung auch durch nachträgliche Erklärung oder letztwillige Verfügung ausgesprochen sein kann; so insbesondere *Haegele* Rpfleger 1969, 159.
37 *RG* 127, 269 (271); *Prölss* JW 1938, 1661; *Haegele* JurBüro 1969, 917.
38 *OLG Dresden* OLGR 2007, 773.
39 *OLG Dresden* a.a.O.

Pfändung⁴⁰ oder erst nach Überweisung⁴¹ widerrufen kann, ist streitig. Da der Widerruf aber nicht der Pfandverwertung, sondern der Sicherung des Pfandrechts dient, kann Überweisung für die Ausübung des Widerrufsrechts nicht verlangt werden. Wirksam wird ein Widerruf insoweit, als der auszuzahlende Rückkaufswert die Vollstreckungsforderung des Gläubigers deckt. In Höhe eines weitergehenden, von der Zwangsvollstreckung sonach nicht erfassten Betrages bleibt der Versicherungsvertrag bestehen⁴².

Der Schuldner selbst kann trotz Pfändung das schon bestehende Bezugsrecht widerrufen, weil er damit das Pfandrecht des Gläubigers nicht beeinträchtigt, sondern stärkt⁴³. Keine Wirkung hat aber dem Gläubiger gegenüber eine neue Bestimmung eines Bezugsrechts oder die Änderung der Bestimmung; solche Verfügungen erlangen erst bei etwaigem Wegfall des Pfandrechts Bedeutung⁴⁴. Eine bei der Pfändung schon bestimmte Bezugsberechtigung kann der Schuldner auch im Übrigen einseitig ändern, soweit dadurch der Gläubiger, der selbst noch nicht widerrufen hat, nicht schlechter gestellt wird. Als Schlechterstellung des Gläubigers ist zum Beispiel die Umwandlung eines widerruflichen Bezugsrechts in ein unwiderrufliches Bezugsrecht nicht mehr erlaubt.

207

(c) Die *Umwandlung* der Versicherung in eine *prämienfreie Versicherung* kann der Gläubiger verlangen (§ 165 Abs. 1 VVG mit Einzelheiten), wenn nach der Pfändung die Prämien weder vom Schuldner noch vom Gläubiger weitergezahlt werden. Auch in diesem Fall bleibt aber bei späterem Eintritt des Versicherungsfalls ein bezugsberechtigter Dritter empfangsberechtigt, wenn seine Bezugsberechtigung nicht rechtzeitig ausdrücklich widerrufen wird; insoweit gilt daher das Rdn. 205–207 Gesagte.

208

(d) Will der Gläubiger die Versicherung nicht bis zum Eintritt des Versicherungsfalls fortbestehen lassen, so kann er nach Überweisung das (von der Pfändung erfasste oder ausdrücklich mitgepfändete, siehe Rdn. 194) Recht des Schuldners der *Aufhebung der Versicherung* durch Rücktritt, Kündigung oder Anfechtung ausüben (§ 169 Abs. 1 VVG). Bei solcher Beendigung des Versicherungsverhältnisses hat der Versicherer den Betrag der auf den Versicherten entfallenden *Prämienreserve* (Rückkaufswert) zu erstatten. Auf diese Prämienreserve hat der Gläubiger Anspruch, und zwar auch dann, wenn sie im gerichtlichen Beschluss nicht ausdrücklich als mitgepfändet bezeichnet ist⁴⁵. Ist die Versicherungsforderung wesentlich größer als die Vollstreckungsforderung des Gläubigers, so berechtigt sein Pfandrecht nur zur Teilkündigung in Höhe der für die Befriedigung benötigten Beträge. Ein weitergehendes Kündigungsrecht ergibt sich aus dem Pfändungspfandrecht nicht; jede höhere Kündigung des Gläubigers wäre mithin unwirksam⁴⁶.

209

---

40 So *Heilmann* NJW 1950, 136; offengelassen von *RG* 127, 269 (271).
41 So z. B. *RG* 153, 220; *Mohr* VersR 1955, 576; *Oswald* JurBüro 1959, 146.
42 *Bohn* a.a.O. S. 37; siehe auch Rdn. 209.
43 *Berner* Rpfleger 1957, 196; *Haegele* JurBüro 1969, 917.
44 So auch *Haegele* JurBüro 1969, 917.
45 *Berner* Rpfleger 1957, 195; *Heilmann* NJW 1950, 135.
46 So auch *Berner* Rpfleger 1957, 196; siehe auch Rdn. 206.

f) *Verbundene Leben*

210 Beim Lebensversicherungsvertrag über verbundene Leben hat jeder Ehegatte eine Versicherung auf das Leben des anderen mit der Maßgabe genommen, dass der Versicherer die Leistung nur einmal, und zwar entweder an den Überlebenden beim Tode des Erstversterbenden oder an beide Ehegatten bei Fälligkeit zu zahlen hat[47]. Der Anspruch auf die Versicherungsleistungen steht hier den Ehegatten im Zweifel (§ 420 BGB) zu gleichen Teilen zu; eine Gesellschaft zwischen ihnen besteht nicht[48]. Daher sind die Rechte und Ansprüche auch nur eines Partners aus dem Versicherungsverhältnis gesondert pfändbar.

211 Da die Ehegatten sich durch den gemeinschaftlichen Vertragsabschluss für dessen Dauer zu gemeinschaftlichem Vorgehen verbunden haben, können sie selbst Gestaltungsrechte (siehe Rdn. 194) nur gemeinsam ausüben (§ 747 S. 2 BGB). Daher kann einer der Versicherungsnehmer auch die Aufhebung der Gemeinschaft nicht verlangen (siehe § 749 Abs. 2 BGB). Diesen Beschränkungen unterliegt ein pfändender Gläubiger jedoch nicht (§ 751 BGB). Er kann daher nach Pfändung der anteiligen Rechte aus dem Versicherungsverhältnis nur eines Ehegatten vom anderen Partner verlangen, dass er der Kündigung der Versicherung zustimmt und den damit fällig werdenden Anspruch auf die Prämienreserve nach Kopfteilen mit einzieht[49].

g) *Sicherung der Angehörigen*

aa) Eintrittsrecht Dritter

212 Der namentlich bezeichnete Bezugsberechtigte kann nach Pfändung[50] innerhalb eines Monats ab Kenntnis mit Zustimmung des Versicherungsnehmers an dessen Stelle in den Versicherungsvertrag eintreten (§ 170 Abs. 1 S. 1 VVG)[51]. Der Eintritt muss innerhalb dieser Frist der Versicherungsgesellschaft angezeigt sein[52]. Bei rechtzeitigem Eintritt hat der Berechtigte die Forderung des Gläubigers bis zur Höhe des Betrages zu befriedigen, dessen Zahlung der Versicherer im Falle der Kündigung des Versicherungsvertrags leisten muss (§ 170 Abs. 1 S. 2 VVG). Ist ein Bezugsberechtigter nicht namentlich bezeichnet, so steht das Eintrittsrecht dem Ehegatten oder

---

47 Siehe *OLG Dresden* JW 1938, 1660; *AG München* VersR 1956, 751 mit Anm. *Sasse*.
48 *Sasse* VersR 1956, 751 mit eingehender Begründung; a.A. *AG München* VersR 1956, 751, das eine Gesellschaft des bürgerlichen Rechts nach § 705 BGB annimmt, jedoch im Wesentlichen zu dem gleichen Ergebnis kommt. Siehe auch *LG Berlin* VersR 1963, 569.
49 Zu alledem siehe *Sasse* a.a.O.; *LG Berlin* VersR 1963, 569 und *OLG Dresden* JW 1938, 1660.
50 Streitig ist, ob schon die Vorpfändung zum Eintritt berechtigt. Dies bejaht z. B. *Mohr* VersR 1955, 376; a.A. ist *Heilmann* NJW 1950, 136. Letztgenanntem ist zu folgen, weil die nur kurzlebige Vorpfändung keine Grundlage für die Ausübung eines Gestaltungsrechtes gibt, das eine Änderung der Vertragsparteien zur Folge hat.
51 Eintritt müsste auch bei unwiderruflicher Bezugsberechtigung möglich sein (ist streitig; s. z. B. *Heilmann* NJW 1950, 136 Fußn. 11; *Prahl* VersR 2005, 1036 Fußn. 2).
52 *Heilmann* NJW 1950, 136.

Lebenspartner und den Kindern des Versicherungsnehmers zu (§ 170 Abs. 2 VVG). Dieses Eintrittsrecht soll aus sozialen Gründen die Versicherung der Familie unter Abfindung des pfändenden Gläubigers erhalten[53]. Daran kann die Familie trotz der mit dem Eintritt zu erbringenden Leistung ein sehr wesentliches Interesse haben, so z. B. dann, wenn der Schuldner für eine neue Versicherung nicht mehr versicherungsfähig ist oder höhere Beiträge zahlen müsste. Das Eintrittsrecht kann auch dann ausgeübt werden, wenn ein Rückkaufswert überhaupt noch nicht entstanden ist[54]. Mit dem Eintritt und der Zahlung des dem Rückkaufswert entsprechenden Betrages erlischt das Pfandrecht[55].

bb) Unwiderrufliche Bezugsberechtigung

Besseren Schutz der Familienangehörigen erreicht der Versicherungsnehmer, wenn er bei Abschluss der Versicherung, auf alle Fälle aber vor einer Verschlechterung seiner Vermögenslage, die unwiderrufliche Bezugsberechtigung der Angehörigen bestimmt. Diese feste Bindung nimmt dem Versicherungsnehmer freilich die Möglichkeit, die Versicherung als Kreditsicherungsmittel zu verwenden. 213

42. Lotteriegewinn

Ist Umwandlung des Gewinns einer Reise in einen Geldanspruch möglich und zulässig, so liegt kein höchstpersönlicher Anspruch vor. Die (= sämtliche) Ansprüche aus Lotteriegewinn, insbesondere die Ansprüche auf Umwandlung der Reise in einen Geldanspruch und Auszahlung des Geldbetrages sind daher pfändbar[1]. Bei Pfändung aller wahlweise geschuldeten Leistungen kann der Gläubiger die Wahl treffen (Rdn. 32) und nach Umwandlung der Reise in den Geldanspruch diesen (nach Überweisung) einziehen. Das Wahlrecht für sich allein ist nicht pfändbar (Rdn. 1786). Ist lediglich die Geldforderung gepfändet, so kann der Gläubiger die dem Schuldner zustehende Wahl nicht treffen, Befriedigung also nur erlangen, wenn der Lotteriegewinn vom Schuldner oder Drittschuldner in eine Geldleistung umgewandelt wird[2]. 214

43. Miete und Pacht

Gepfändet wird (ggfs. wegen des dinglichen Anspruchs des Gläubigers) die angebliche Forderung des Schuldners an ... – Drittschuldner – auf Zahlung der fälligen und künftig fällig werdenden Miete aus der Vermietung der Wohnung im 4. Stock rechts des Anwesens ... straße Hs.Nr. ... 215

---

53 *Berner* Rpfleger 1957, 194.
54 *AG München* VersR 1960, 362 mit zust. Anm. *Binder;* **a.A.** *Heilmann* NJW 1950, 136; *Haegele* Rpfleger 1969, 159.
55 *Heilmann* NJW 1950, 136.
1 *AG Werne/Lippe* JurBüro 1965, 1020.
2 Siehe Rdn. 32 den Fall, dass einer der wahlweise geschuldeten Ansprüche unpfändbar ist.

1. Kapitel: ZwV in Geldforderungen

Schrifttum: *Bosch*, Der Verzicht des Pfändungsgläubigers auf einzelne von ihm gepfändete Mietzinsansprüche des Schuldners, KKZ 1953, 158; *Ernst*, Pfändungsschutz für Miet-/Pachtzinsen und Untermietforderungen, JurBüro 2005, 231; *Huken*, Zur Pfändung in einen Mietzinsanspruch, wenn mehrere Mieter (Drittschuldner) gesamtschuldnerisch haften, KKZ 1989, 112; *Lauer*, Die Pfändung der dinglichen Miet- und Pachtzinsansprüche, MDR 1984, 977; *Noack*, Zur Pfändung von Miet- und Pachtzinsen sowie von Untermieten, ZMR 1973, 290.

a) *Die Mietpfändung*

216 aa) Der Anspruch eines Schuldners als Vermieter einer Sache gegen den Mieter auf Zahlung der vereinbarten Miete (§ 535 Abs. 2 BGB) unterliegt als Geldforderung der Pfändung; gleiches gilt für die Pacht (§ 581 BGB). Der Anspruch auf Entschädigung bei verspäteter Rückgabe der Mietsache nach Beendigung des Mietverhältnisses (§ 546 a Abs. 1 BGB; früher Nutzungsentgelt nach § 557 Abs. 1 S. 1 BGB a.F.) tritt an die Stelle der Miete[1]; als Nutzungsentgelt für die Abwicklungsphase ist auch er mit der „Miete" bezeichnet, sonach von der Mietpfändung erfasst[2]. Das gesetzliche Pfandrecht des Vermieters (Verpächters) (§§ 559 ff., 581 BGB) wird als Nebenrecht von einer Miet(Pacht-)pfändung erfasst, kann also auch vom Gläubiger geltend gemacht werden[3].

217 bb) Die *Zweckbestimmung* der Grundstücksmiete oder Pacht für die Bestreitung der Grundstückskosten gewährleistet § 851 b ZPO (siehe Rdn. 247). In weiterem Umfange sind Miete und Pacht nicht aus dem Gesichtspunkt der Zweckgebundenheit unpfändbar. Als zweckgebundene Leistungen nicht pfändbar sind aber umgelegte und deshalb als Mietnebenkosten gesondert ausgeworfene Bewirtschaftungskosten[4], insbesondere Beträge für Grundsteuererhöhung, Sammelheizung, Fahrstuhlunterhaltung, Hausmeistervergütung, Treppenhausreinigung, Wassergeld usw. Solche Leistungen werden daher von einer „Miet"-Pfändung nicht erfasst. Erstreckt sich jedoch der Pfändungsbeschluss seinem Wortlaut nach ausdrücklich auch auf diese Ansprüche, so kann insoweit seine Aufhebung verlangt werden (siehe dazu Rdn. 750).

218 cc) Wird bei mehreren *Mietparteien* eines Anwesens gepfändet, dann erfasst die Pfändung bei allen die fälligen (und ggfs. die künftig fällig werdenden) Mietraten. Da in der Pfändung mehrerer Mieten keine Überpfändung liegt[5], kann eine Verteilung der Vollstreckungsforderung des Gläubigers auf die einzelnen Mieter nicht gefordert werden[6].

---

1 *BGH* 104, 285 (290) = NJW 1988, 2665 (2666) mit weit. Nachw.
2 Siehe *BGH* 140, 175 (180) = NJW 1999, 715 (716) dazu, dass die nicht eingeschränkte Sicherungszession von Miete an eine Bank insbesondere auch etwaige Ansprüche auf Nutzungsentgelt nach § 557 Abs. 1 S. 1 BGB (a.F.) mit erfasst.
3 Siehe *Bosch* KKZ 1953, 159 und Rdn. 699.
4 *OLG Celle* NJW-RR 2000, 460; *LG Frankfurt* Rpfleger 1989, 294; zur Pfändbarkeit für den Verwendungszweck s. Rdn. 14.
5 Zur Frage der Überpfändung in diesem Fall siehe Rdn. 758.
6 *Voelkner* (Die Mietpfändung und die Zwangsvollstreckung in Grundstücke wegen Steuern) JW 1935, 258; **a.A.** z. B. *LG Berlin* JW 1934, 1869; dagegen aber *LG Berlin* JW 1937, 1443.

Miete und Pacht

Auch ist die Angabe der Fälligkeitszeiten im Pfändungsbeschluss nicht notwendig[7].

dd) (a) Mitunter wird noch immer angenommen, dass sich die Pfändung einer Mietforderung auch ohne ausdrückliche Anordnung im Pfändungsbeschluss nicht nur auf die bereits fälligen, sondern nach § 832 ZPO auch auf die erst nach der Pfändung fällig werdenden Beträge erstreckt[8]. Das erscheint bedenklich. Dass es sich bei Miete nach der Verkehrsanschauung um „ähnliche" in fortlaufenden Bezügen bestehende Forderungen handelt, kann die Anwendung des § 832 ZPO nicht rechtfertigen, weil damit die Erfordernisse der Zweckbestimmung und persönlichen Dienstleistung noch nicht erfüllt sind[9]. Man wird daher nur sagen können, dass bei verständiger Würdigung des Wortlauts die sinnforschende Auslegung des Pfändungsbeschlusses (siehe dazu Rdn. 510) immer zu der Annahme führen muss, die Pfändung der Miete soll sich verkehrsüblich nicht nur auf schon fällige Beträge, sondern auch auf die künftigen Leistungen erstrecken[10]. Diese Auslegung des Pfändungsbeschlusses rechtfertigt sich, weil Rückstände meist gar nicht bestehen, Aussicht auf Befriedigung also nur die künftigen Leistungen des Mieters bieten können. Daher wird man jedenfalls bei Pfändung von Miete und Pacht eines Nießbrauchers die Nennung der künftig fällig werdenden Leistungen im Pfändungsbeschluss für überflüssig halten können[11]. In allen sonstigen Fällen der Mietpfändung empfiehlt es sich aber, die Mitpfändung der künftigen Mietansprüche im Pfändungsbeschluss ausdrücklich auszusprechen.

219

Wegen der sogenannten Dauerpfändung in Mieten siehe Rdn. 690.

Zur künftigen „Grundstücks"miete bei Insolvenzverfahren über das Schuldnervermögen siehe Rdn. 577 e.

(b) Die Pfändung der künftig fällig werdenden Miete kann zeitlich beschränkt, insbesondere auf die fällig werdenden Leistungen begrenzt werden, die den Betrag der Vollstreckungsforderung decken (z. B. bei 600 Euro Vollstreckungsforderung Pfändung im Dezember der Monatsmieten Januar bis Juni zu je 100 Euro). Zu empfehlen ist eine solche Beschränkung der Pfändung nicht, weil dem Gläubiger bei teilweiser Uneinbringlichkeit der Forderung (Minderung der Miete, Freigabe der Miete für einen Fälligkeitstermin zur Abwendung eines Vollstreckungsschutzes nach § 851 b ZPO) an den später fällig werdenden Mietzahlungen kein Pfändungspfandrecht mehr zusteht. Wenn der Gläubiger sonach später fällig werdende Miete

220

---

7   *RG* 160, 37 (40).
8   *Musielak/Becker*, ZPO, Rdn. 2; *Stein/Jonas/Brehm*, ZPO, Rdn. 4; *Thomas/Putzo*, ZPO, Rdn. 1; *Wieczorek/Schütze/Lüke*, ZPO, Rdn. 9, je zu § 832; *Schuschke/Walker*, Rdn. 3 zu § 832; *Voelkner* JW 1935, 258; *KG* JW 1935, 1043; *Bosch* KKZ 1953, 158; ferner, aber nur für Pfändung des Mietanspruchs eines Nießbrauchers, *OLG Jena* OLG 7, 310; **a.A.** *KG* OLG 20, 356.
9   Siehe Rdn. 965 und die dort genannte *RG*-Entscheidung *RG* 138, 254.
10 So auch *Zöller/Stöber*, ZPO, Rdn. 33 „Miete" zu § 829.
11 *OLG Jena* OLG 7, 310; *KG* OLG 20, 365.

gleichwohl zu seiner Befriedigung benötigt, muss er daher diese neu pfänden; die neue Pfändung geht dann zwischenzeitlichen Abtretungen nach und hat Rang nach Gläubigern, die inzwischen diese später fällig werdenden Mietbeträge bereits gepfändet haben.

221 (c) Wird die Pfändung nicht in solcher Weise begrenzt, so erfasst sie bei Mitpfändung der künftigen Mietforderungen alle künftigen Mietzinsraten, bis der Gläubiger tatsächlich befriedigt ist. Die Pfändung beschränkt sich nicht auf die Einzelleistungen, mit deren Fälligkeit rechnerisch der Gesamtbetrag der Vollstreckungsforderungen gedeckt wäre[12]. Bei Minderung der Miete, Freistellung einzelner Mietfälligkeiten im Wege des Vollstreckungsschutzes nach § 851 b ZPO, Freigabe einzelner Raten durch den Gläubiger usw. erstreckt sich vielmehr das Pfand- und Einziehungsrecht des Gläubigers ohne weiteres bereits auf alle bis zu seiner vollen Befriedigung anfallenden weiteren künftigen Mietzahlungen. In dieser Pfändung aller künftig fällig werdenden Mietzahlungen liegt keine Überpfändung[13], weil die Summe der Nennbeträge der Mietraten noch nichts über deren Einbringlichkeit aussagt (siehe Rdn. 756).

222 ee) (a) An Stelle des Vermieters (Schuldners) tritt mit Veräußerung des vermieteten (und dem Mieter überlassenen) Wohnraums (§ 566 BGB) oder Grundstücks (auch anderer Räume, § 578 BGB) der *Erwerber* in die sich während der Dauer seines Eigentums aus dem Mietverhältnis ergebenden Rechte ein. Eine Mietforderung des Schuldners (Abgrenzung § 566 b BGB) besteht dann nicht mehr. Die Pfändung auch der künftig fällig werdenden Mietansprüche verliert damit ihre Wirksamkeit (sie setzt sich nicht an dem Mietanspruch des Erwerbers fort, gegen den Zwangsvollstreckung als Dritter nicht erfolgt ist).

223 (b) Eine *künftige* Mietforderung gegen einen Drittschuldner, dem die Mietsache noch nicht überlassen ist, kann nur gepfändet werden, wenn zwischen ihm und dem Schuldner schon ein Vertragsverhältnis besteht. Künftige Mietforderungen aus dem Vermieten einer noch nicht oder noch anderweit vermieteten Sache sind als reine Erwartungen unpfändbar (siehe Rdn. 28).

224 ff) (a) Die Wirkungen der Pfändung der Miete für *Wohnraum* zur *gewerblichen Weitervermietung*, den der Zwischen(ver)mieter (Drittschuldner) dem Vermieter (Schuldner) schuldet, enden mit Beendigung des Mietverhältnisses. Eintritt des Vermieters (Schuldners) in die Rechte und Pflichten

---

[12] So aber *Bosch* a.a.O. (Fußn. 3), der bloß so viele Einzelmietzinsansprüche für gepfändet hält, wie in ihrer Gesamtheit zur Deckung der Vollstreckungsforderung genügen würden (siehe auch den vorstehenden Absatz). Dabei geht *Bosch* davon aus, dass bei Vollstreckungsschutz für einzelne Fälligkeiten (wegen deren damit festgelegter Unpfändbarkeit), nicht aber bei Minderung durch freiwillige Freigabe des Gläubigers, der Pfändungsbeschluss sich automatisch auf entsprechende später fällig werdende Raten erstreckt.

[13] Auch als Überpfändung wäre der Zugriff auf spätere Mietraten bis zur Aufhebung nach Erinnerung voll wirksam; siehe Rdn. 757.

aus dem Mietverhältnis zwischen dem Zwischen(ver)mieter (Drittschuldner) und dem Dritten (Endmieter, § 565 Abs. 1 S. 1 BGB) bewirkt Beschlagnahme der vom Dritten (Endmieter) nun dem Schuldner als Vermieter geschuldeten Miete nicht (kein Zahlungsverbot an den Dritten). Als künftige Forderung kann bereits vor Eintritt des Schuldners dessen Mietanspruch an den Dritten als Mieter gepfändet werden.

(b) Eine Pfändung der Miete für Wohnraum zur gewerblichen Weitervermietung des Zwischen(ver)mieters als Schuldner an den Dritten (Endmieter) verliert gleichfalls mit Beendigung des Mietverhältnisses seine Wirksamkeit, weil mit Vertragseintritt des Vermieters kraft Gesetzes (§ 565 Abs. 1 S. 1 BGB) ein Anspruch des Zwischen(ver)mieters auf Mietzahlung nicht mehr besteht. 225

(c) Schließt der Vermieter erneut einen Mietvertrag zum Zwecke der gewerblichen Weitervermietung ab (§ 565 Abs. 1 S. 2 BGB), so erstreckt sich 226

- die frühere Pfändung des Mietzinsanspruchs des Vermieters als Schuldner nicht auf den Mietzinsanspruch, der vom neuen Zwischen(ver)mieter dem Vermieter geschuldet wird (kein Zahlungsverbot) an den neuen Zwischen[ver]mieter),
- und ebenso die frühere Pfändung des Mietzinsanspruchs des Zwischen(ver)mieters als Schuldner an den Dritten (Endmieter) nicht auf die nach Vertragseintritt dem neuen Mieter geschuldete Miete (ein Anspruch des Schuldners auf Mietzahlung besteht dann nicht mehr).

(d) *Abgrenzung* der Berechtigung des Mieters, des Zwischen(ver)mieters und des neuen Mieters auf den vom Dritten (Endmieter) geschuldeten Mietzins bei Eintritt in das Mietverhältnis: § 565 Abs. 2 mit §§ 566 a–e BGB. 226a

b) *Beschlagnahme eines Grundstücks und Miet- oder Pachtpfändung*

aa) Forderungen aus Vermietung oder Verpachtung eines Grundstücks unterliegen der hypothekarischen Haftung (§ 1123 BGB) und daher auch der Zwangsvollstreckung in das *unbewegliche* Vermögen (§ 865 Abs. 1 ZPO). Solange sie jedoch nicht im Wege der Zwangsvollstreckung in das unbewegliche Vermögen (Zwangsverwaltung) beschlagnahmt sind, können sie als Geldforderungen und auch von persönlichen Gläubigern des Vermieters gepfändet werden (§ 865 Abs. 2 ZPO). 227

bb) Dieser Pfändbarkeit steht eine Zwangsversteigerungsbeschlagnahme nicht entgegen[14], weil sie Miete und Pacht nicht erfasst (§ 21 Abs. 1 ZVG). Vom Zuschlag an (Teilung nach § 103 BGB) gebühren jedoch dem Ersteher die Grundstücksnutzungen (§ 56 S. 2 ZVG). Weil daher eine Miet- oder Pachtforderung des Schuldners nach dem Zuschlag nicht mehr besteht, verliert eine Pfändung mit Wirksamwerden des Zuschlags ihre Wirkung. Wenn der Zuschlag im Beschwerdeweg aufgehoben wird (§ 90 Abs. 1 ZVG) bestehen die Pfändungswirkungen fort. 228

---

14 *OLG Saarbrücken* Rpfleger 1993, 80.

229   cc) Die eine Mietpfändung ausschließende Immobiliarbeschlagnahme wird mithin nur durch Anordnung einer *Zwangsverwaltung* (§§ 146, 148 Abs. 1 ZVG) bewirkt. Wirksam wird diese Beschlagnahme mit der Zustellung des Anordnungsbeschlusses an den Grundstückseigentümer, dem Eingang des Eintragungsersuchens beim Grundbuchamt oder der Erlangung des Besitzes durch den Zwangsverwalter (§ 22 Abs. 1, § 151 Abs. 1 ZVG).

230   dd) (a) *Nach dieser Beschlagnahme* können als Forderungen nur noch die von der hypothekarischen Haftung freigestellten, das sind die länger als ein Jahr seit der Beschlagnahme fälligen Rückstände gepfändet werden (§ 1123 Abs. 2 BGB, § 865 Abs. 1 ZPO). Jede weitergehende Miet- oder Pachtpfändung verbietet sich; unzulässig ist damit auch die Miet- oder Pachtpfändung wegen eines dinglichen Anspruchs[15] (Rdn. 233). Eine gleichwohl ausgebrachte Pfändung ist unzulässig und absolut nichtig, also wirkungslos[16], und zwar auch bei Vorpfändung noch vor der Beschlagnahme[17]. Auch bedingt für den Fall der Wiederaufhebung der Beschlagnahme ist die Miet- oder Pachtpfändung nicht zulässig[18].

231   (b) Eine *vor der Immobiliarvollstreckung* ausgebrachte Miet- oder Pachtpfändung hat Wirkung nur für die Zeit bis zur Beschlagnahme. Diese Pfändungswirkungen erstrecken sich, gleichgültig, ob im Voraus oder im Nachhinein gezahlt wird, nur noch auf die Miete und Pacht, die für den zur Zeit der Beschlagnahme laufenden Monat zu zahlen ist, und bei Beschlagnahme erst nach dem fünfzehnten des Monats auch noch auf die Miete und Pacht für den folgenden Kalendermonat (§ 1124 Abs. 2 BGB). Auch ein die Zwangsverwaltung betreibender Hypothekengläubiger kann dieser Wirksamkeit der Pfändung nicht widersprechen[19]. Miete oder Pacht für eine spätere Zeit werden nach der Immobiliarbeschlagnahme von der Forderungspfändung frei; sie gebühren dem Zwangsverwalter für die Zwecke des vorrangigen Immobiliarvollstreckungsverfahrens[20] und werden nach Maßgabe der §§ 155 ff. ZVG ausgeschüttet. Die Mietpfändung wird jedoch nicht völlig gegenstandslos; sie ruht vielmehr nur für die Dauer des Zwangsverwaltungsverfahrens und erlangt daher mit dem Wegfall der Beschlagnahme wieder volle Wirksamkeit[21].

232   (c) Diese Rdn. 230 und 231 dargestellten Wirkungen kommen auch der auf Antrag eines *persönlichen* Gläubigers angeordneten Zwangsverwaltung zu[22], und zwar als der stärkeren Beschlagnahme auch gegenüber einer früheren Mietpfändung durch einen Hypothekengläubiger wegen seines dinglichen Anspruchs[23].

---

15 *OLG Saarbrücken* a.a.O.
16 *RG* 59, 87 (91); 135, 197 (206).
17 *RG* 59, 87 (92); *Schachtel* Gruchot 72, 170.
18 *OLG Hamburg* OLG 26, 408.
19 *OLG Dresden* OLG 10, 122; *LG Braunschweig*, ZIP 1996, 193.
20 Siehe *OLG Celle* JR 1955, 267 = Nds Rpfl. 1956, 16; *LG Braunschweig* ZIP 1996, 193.
21 *RG* 64, 415 (420).
22 *RG* JW 1933, 1658; *OLG Hamburg* JW 1932, 193.
23 *OLG Frankfurt* JW 1927, 861 mit Anm. *Stillschweig*.

(d) Eine *Beschlagnahme* mit den sich aus §§ 1123, 1124 BGB ergebenden Wirkungen (die somit auch Unwirksamkeit vorausgehender Abtretungen nach § 1124 Abs. 2 BGB zur Folge hat[24]) liegt auch in der *Miet- oder Pachtpfändung*, die ein Hypotheken- oder Grundschuldgläubiger *auf Grund dinglichen Titels*[25] erwirkt[26]. Das hat auch zur Folge, dass im Rahmen der durch §§ 1123, 1124 BGB gesetzten Grenzen (siehe Rdn. 230 u. 231) der dinglich pfändende Gläubiger Anspruch auf die Miete und Pacht vor einem persönlichen Gläubiger mit besserem Pfändungsrang (§ 804 Abs. 3 ZPO) hat. Beschlagnahmen mehrere dingliche Gläubiger durch Mietpfändung, so bestimmt sich ihr Rangverhältnis nicht nach der Reihenfolge des Wirksamwerdens der Pfändungen, sondern nach dem unter ihnen bestehenden Rangverhältnis (§§ 879 ff. BGB). Der später pfändende besserrangige dingliche Gläubiger hat also Pfändungsrang vor der älteren Beschlagnahme des schlechterrangigen Gläubigers[27].

233

ee) Ein *Entgelt*, das für die Bestellung und Ausübung (Belassung) eines Grundstücksrechts (einer beschränkten persönlichen Dienstbarkeit, insbes. eines Wohnungsrechts oder Nießbrauchs) nach dem schuldrechtlichen Verpflichtungsgeschäft geschuldet wird, steht einer Miet- oder Pachtforderung nicht gleich[28]. Es ist als Geldforderung pfändbar (§ 829 ZPO). Der hypothekarischen Haftung (§§ 1123, 1124 BGB) unterliegt es nicht; es unterliegt daher auch nicht der Zwangsvollstreckung in das unbewegliche Vermögen (§ 865 Abs. 1 ZPO). Anordnung einer Zwangsverwaltung bewirkt daher auch nicht Beschlagnahme dieses Entgelts[29].

233a

c) *Mietpfändung und Nießbrauch*

aa) Miet- und Pachtforderungen des mit einem Nießbrauch (§§ 1030 ff. BGB) belasteten Grundstücks gehören nicht mehr dem Grundstückseigentümer, sondern dem *Nießbraucher*[30]. Nur seine Gläubiger können daher durch Pfändung des Nießbrauchs oder der dem Nießbraucher zufallenden

234

---

24 Unwirksamkeit der Abtretung an einen bevorrechtigten Grundpfandrechtsgläubiger auch bei Beschlagnahme durch einen nachrangigen Grundpfandrechtsgläubiger: *BGH* NJW-RR 2008, 1599 = a.a.O. (nachf. Fußn. 27).
25 Dazu, dass Grundlage der Miet- oder Pachtpfändung ein dinglicher Titel sein kann, *OLG Saarbrücken* a.a.O. Pfändung aus einem persönlichen Titel begründet keine Beschlagnahmewirkung, auch wenn der Gläubiger zuvor die Eintragung einer Zwangshypothek bewirkt hat, *BGH* NJW 2008, 1599 = a.a.O. (nachf. Fußn. 27).
26 *BGH* 163, 201 (208) = MDR 2005, 1280 (1281) = NJW-RR 2005, 1466 (1468) = Rpfleger 2005, 684 (686); *BGH* JurBüro 2008, 380 (381) = NJW 2008, 1599 (1600) = Rpfleger 2008, 429. *RG* 81, 146; 86, 135 (138); 88, 99; 101, 5 (9); 103, 137; dazu auch *Lauer* MDR 1984, 977.
27 *RG* 103, 137; *KG OLG* 26, 143; *RG*-WarnRspr. 1915 Nr. 117; auch *Lauer* a.a.O.
28 Daher geht auch eine Gegenleistung für Bestellung eines Wohnungsrechts bei Veräußerung des Grundstücks nicht kraft Gesetzes (§§ 566, 578 BGB) auf den Grundstückserwerber über, *BGH* WM 1965, 649 und BB 1968, 767; *Schöner/Stöber*, Grundbuchrecht, Rdn. 1283.
29 *OLG München* Rpfleger 1991, 331; *Stöber*, ZVG, Rdn. 10.2 (b) zu § 146; **anders** *Puff* Rpfleger 1991, 331.
30 *RG* 93, 121 (123 f); 68, 10 (13).

Nutzungen Vollstreckungszugriff auf die Miet- oder Pachtforderungen nehmen (siehe Rdn. 1710 ff.). Gläubiger des Grundstückseigentümers sind von der Vollstreckung in die Miete oder Pacht ausgeschlossen (Ausnahme siehe Rdn. 236), weil diese Forderungen aus seinem Vermögen mit der Bestellung des Nießbrauchs ausgeschieden sind. Pfändet gleichwohl ein Gläubiger des Grundstückseigentümers solche Miet- oder Pachtforderungen, so kann der Nießbraucher nach § 771 ZPO widersprechen. Ein Mieter, der an einen solchen Pfändungsgläubiger zahlt, leistet nicht an den richtigen Berechtigten, bringt seine Schuld mithin nicht zum Erlöschen.

235 bb) Auch für die dem Nießbraucher im Range nachfolgenden Hypothekengläubiger gilt das soeben Gesagte, weil eine erst nach Eintragung des Nießbrauchs erworbene Hypothek den aus dem Vorhandensein des Nießbrauchs folgenden Beschränkungen unterworfen ist[31].

236 cc) Die Miet- und Pachtzinsforderungen haften jedoch dem dem Nießbraucher im Range *vorgehenden Hypothekengläubiger* nach §§ 1123, 1124 BGB. Er ist daher gegen den Nießbraucher zur Beschlagnahme der Miet- oder Pachtforderungen auf Grund dinglichen Titels befugt (siehe Rdn. 233)[32]. Auch für ihn verbietet sich aber die Mietpfändung wegen seines persönlichen Anspruchs, weil er mit der persönlichen Forderung im Range nachgeht; insoweit gilt daher das Rdn. 234 Gesagte.

237 Die zulässige dingliche Beschlagnahme zugunsten des vorrangigen Hypothekengläubigers erfordert außer dem dinglichen Schuldtitel gegen den Hypothekenschuldner (Grundstückseigentümer) einen zugestellten Duldungstitel gegen den Nießbraucher[33] (§§ 750, 737 ZPO) und eine gegen diesen (nicht den Eigentümer) gerichtete Pfändung[34]. Da die pfändbare Miet- oder Pachtforderung nicht mehr dem Eigentümer des Grundstücks, sondern dem Nießbraucher gehört, muss sie auch im Pfändungsbeschluss als solche des Nießbrauchers bezeichnet werden[35]. Eine falsche Bezeichnung wird aber für unschädlich erachtet, weil die Identität der Forderung nicht in Frage steht. Pfändet der vorrangige Hypothekengläubiger gleichwohl auf Grund eines nur gegen den Eigentümer gerichteten Titels und ohne Duldungstitel gegen den Nießbraucher, so kann diese Pfändung vom Nießbraucher mit Widerspruchsklage (§ 771 ZPO) nicht angefochten werden[36].

---

31 *Staudinger/Frank*, BGB, Vorbem. 97 zu § 1030 und *Staudinger/Wolfsteiner*, BGB, Rdn. 11 zu § 1124.
32 *RG* 93, 121. Wegen des Falles, dass der nacheingetragene Nießbrauch zur Sicherung einer älteren Hypothek bestellt worden ist, siehe *RG* 101, 5.
33 *RG* 93, 121 (124); auch (für Duldungstitel gegen den nachrangig eingetragenen Nießbraucher zur Anordnung der Zwangsverwaltung) *BGH* DNotZ 2003, 703 = MDR 2003, 773 = NJW 2003, 2164 = Rpfleger 2003, 378 und 523 (Leits.) mit Anm. *Alff*. Der Titel kann ohne Schwierigkeiten nach § 727 ZPO beschafft werden.
34 *RG* 93, 121 (124); *Staudinger/Frank*, BGB, Vorbem. 95 zu § 1030.
35 *RG* 93, 121 (124).
36 *RG* 81, 146; *Staudinger/Frank*, BGB, Vorbem. 96 zu § 1030.

dd) Dass der *dingliche Nießbraucher* selbst auf Grund eines gegen den Grundstückseigentümer als Schuldner erwirkten Vollstreckungstitels die Mieten pfändet, die ihm schon auf Grund seines Nießbrauchs zustehen, ist nicht ausgeschlossen[37].

238

d) *Miet- und Pachtpfändung wegen öffentlicher Lasten*

aa) Öffentliche Lasten eines Grundstücks genießen in der Immobiliarvollstreckung ein Recht auf vorrangige Befriedigung in Rangklasse 3 des § 10 Abs. 1 ZVG. Dieses *bevorzugte Befriedigungsrecht* ist durch Gesetz über die Pfändung von Miet- und Pachtforderungen wegen Ansprüchen aus öffentlichen Lasten vom 9. März 1934 (RGBl I 181)[38] in engen Grenzen ausdrücklich auch auf die Vollstreckung in Miet- und Pachtzinsen ausgedehnt.

239

Das Gesetz vom 9.3.1934 lautet:

Die öffentlichen Lasten eines Grundstücks, die in wiederkehrenden Leistungen bestehen, erstrecken sich nach Maßgabe der folgenden Bestimmungen auf die Miet- und Pachtforderungen.

Werden Miet- oder Pachtforderungen wegen des zuletzt fällig gewordenen Teilbetrages der öffentlichen Last gepfändet, so wird die Pfändung durch eine später von einem Hypotheken- oder Grundschuldgläubiger bewirkte Pfändung nicht berührt. Werden die wiederkehrenden Leistungen in monatlichen Beträgen fällig, so gilt dieses Vorrecht auch für den vorletzten Teilbetrag.

Ist vor der Pfändung die Miete oder Pacht eingezogen oder in anderer Weise über sie verfügt, so bleibt die Verfügung gegenüber dem aus der öffentlichen Last Berechtigten, soweit seine Pfändung das Vorrecht des Absatzes 2 genießt, nur für den zur Zeit der Pfändung laufenden Kalendermonat und, wenn die Pfändung nach dem fünfzehnten Tage des Monats bewirkt ist, auch für den folgenden Kalendermonat wirksam.

bb) Der *Begriff* „öffentliche Last des Grundstücks" ist in diesem Gesetz oder in anderen Bestimmungen (insbesondere im ZVG) nicht festgelegt. Ihr Entstehen richtet sich nach öffentlichem Recht. Sie ist im öffentlichen Recht (des Bundes oder eines Bundeslandes) kraft Gesetzes oder Satzung geschaffene Abgabeverpflichtung, die in Geld durch wiederkehrende (oder einmalige) Leistungen zu erfüllen ist und bei der die dingliche Haftung des Grundstücks besteht[39]. Ohne Bedeutung ist, ob die öffentliche Grundstückslast durch Gesetz als solche ausdrücklich bezeichnet oder durch die rechtliche Gestaltung und Beziehung zum Grundstück als solche zu werten ist[40]. Als wiederkehrende öffentliche Lasten, die den Vorzug bei der Mietpfändung genießen, kommen insbesondere in Betracht die Grundsteuer, der verrentete (nicht aber der einmalige) Erschließungsbeitrag[41] (samt Zinsen, § 135 Abs. 3 S. 4 BauGB), fortlaufende Kommunalabgaben und Schornsteinfegerkehrgebühren. Steuern, die für ein im Grundstück betrie-

240

---

37 *RG* 86, 135 und 64, 415; *BGB-RGRK/Mattern* Rdn. 16 zu § 1124.
38 Änderung vom 19. Juni 2001, BGBl I 1149 (1171). Siehe dazu auch die in DJ 1934, 338 abgedruckte Begründung.
39 *BGH* MDR 1981, 1002 = NJW 1981, 2127; *Fischer* NJW 1955, 1584 (1586); dazu näher *Stöber*, Handbuch zum ZVG, Rdn. 73–74 c; *Stöber*, ZVG, Rdn. 6.1 zu § 10.
40 *BGH* NJW 1981, 2127 = a.a.O.
41 Hierzu *Huken* KKZ 1990, 34.

benes Unternehmen geschuldet werden, gehören nicht zu den öffentlichen Lasten, insbesondere also nicht die sogenannten Betriebssteuern (Gewerbe-, Umsatz-, Verbrauch-, Tabaksteuer, Steuerabzüge vom Arbeitslohn, Kapitalertragssteuer, Versicherungs- und Beförderungssteuer).

241 Bei *Ablösung* von Ansprüchen der öffentlichen Last (§ 268 BGB) geht auch der Pfändungsvorrang auf den neuen Gläubiger über[42]. Der Neugläubiger kann jedoch nur auf Grund eines privatrechtlichen Duldungstitels Mietpfändung betreiben[43]. Das Pfändungsvorrecht geht aber unter, wenn Ansprüche aus der öffentlichen Last abgetreten werden[44].

242 cc) Von den *wiederkehrenden Leistungen* der öffentlichen Last schützt das Gesetz vom 9.3.1934 nur den vor der Pfändung zuletzt fällig gewordenen Teilbetrag. Bei monatlicher Fälligkeit genießt auch der vorletzte Teilbetrag noch das Pfändungsvorrecht. Eine öffentliche Last, die in einer einmaligen Geldleistung besteht (z. B. Kanalanschlussgebühr) genießt somit kein Pfändungsvorrecht.

243 dd) (a) Das *Pfändungsvorrecht* steht der öffentlichen Last nur zu, wenn sich die gesetzlichen Voraussetzungen mit der für einen staatlichen Hoheitsakt notwendigen Klarheit (siehe Rdn. 489) aus dem Pfändungsbeschluss ergeben. Der Beschluss muss also die Forderung des Gläubigers als öffentliche Last und ihren Fälligkeitszeitpunkt ausweisen. Angaben über die aus dem Gesetz vom 9.3.1934 sich ergebenden Rechtsfolgen braucht er nicht zu enthalten. Ein Hinweis auf diese wenig bekannte Rechtslage ist aber zulässig und im Interesse aller Beteiligten zu empfehlen.

244 (b) Der Schutz der bevorrechtigten Raten der öffentlichen Last bei Mietpfändung besteht darin, dass ihnen gegenüber ein dinglich pfändender Gläubiger den Anspruch aus §§ 1123, 1124 BGB auf die Miet- oder Pachtforderungen (siehe Rdn. 229, 230) ohne Rücksicht auf deren Fälligkeitszeiten nicht erheben kann. Trotz Beschlagnahme der Miete oder Pacht bewendet es daher bei dem durch das Wirksamwerden der Pfändungen bestimmten Pfändungsrang. Für die älteren Raten der öffentlichen Last treten jedoch die aus §§ 1123, 1124 BGB sich ergebenden Folgen ein.

245 ee) Eine *vor Pfändung* wegen bevorrechtigter wiederkehrender Leistungen aus einer öffentlichen Last über die Miete oder Pacht *getroffene Verfügung* muss der Gläubiger nur in den gleichen Grenzen wie jeder Beschlagnahmegläubiger gegen sich gelten lassen (Abs. 3 des Gesetzes vom 9.3.1934 und §§ 1123, 1124 BGB). Zu den unwirksamen Verfügungen gehören auch die Verfügungen im Wege der Zwangsvollstreckung. Zeitlich frühere Pfändungen verlieren also gegenüber den bevorzugten Raten der öffentlichen Last ihre Wirksamkeit. Das gilt selbst für Pfändungen, die von Hypothekengläubigern usw. auf Grund dinglichen Titels bewirkt werden, weil auch solche Vollstreckungsansprüche Rang nach der öffentlichen Last haben (siehe § 10 Abs. 1 Nrn. 3 und 4 ZVG).

---

42 Siehe *RG* 135, 25; 146, 317 (321); *Waldmann* DJ 1942, 404; *Fischer* NJW 1955, 1585.
43 *Fischer* NJW 1955, 1585.
44 *Fischer* NJW 1955, 1586; *Waldmann* DJ 1942, 406.

Miete und Pacht

ff) Werden Forderungen aus Vermietung oder Verpachtung der Immobiliarvollstreckung unterworfen, so enden auch die Wirkungen der für eine öffentliche Last ausgebrachten Pfändung (siehe Rdn. 231). 246

e) *Vollstreckungsschutz bei Miete oder Pacht (§ 851 b ZPO)*

aa) Die Miete und Pacht eines Grundstücks (Wohnungseigentums, Erbbaurechts, Dauerwohnrechts, Gebäudeeigentums)[45] sind in erster Linie für dessen Erhaltung und die Befriedigung der auf ihm ruhenden Lasten bestimmt. Dieser *Zweckbindung* der Grundstücksnutzung trägt § 851 b ZPO Rechnung. Die Vorschrift ermöglicht die *Beschränkung der Zwangsvollstreckung* in die Miete oder Pacht (gilt aber nicht für Untermiete[46]) und die aus Miet- oder Pachtzahlungen herrührenden Barmittel oder Guthaben[47] auf den nach den gesamten wirtschaftlichen Verhältnissen des Schuldners für die laufende Grundstücksunterhaltung nicht notwendigen Überschuss. Dieser Schutz steht nicht nur dem Grundstückseigentümer (Wohnungseigentümer usw.) persönlich zu (diesem auch, wenn er als Miteigentümer die Teilungsversteigerung betreibt[48]), sondern auch anderen Schuldnern, die die Grundstückslasten treffen, so insbesondere dem Nießbraucher oder Pächter, gegen den vollstreckt wird. Auch Hypothekengläubigern gegenüber, die wegen ihrer dinglichen Ansprüche in die Grundstückserträgnisse vollstrecken, findet die Schutzbestimmung Anwendung, weil diese Gläubiger durch Mietbeschlagnahme nicht besser wie in einer Zwangsverwaltung gestellt sein können (siehe hierwegen § 155 ZVG). Der Nießbraucher kann nur bei Pfändung der ihm zustehenden Mietforderungen durch den Grundstückseigentümer den Schutz des § 851 b ZPO nicht in Anspruch nehmen[49]. Der Schutz kann nur so lange in Anspruch genommen werden, wie der Schuldner als Eigentümer usw. die Aufwendungen zu tragen hat; der Schutz entfällt daher mit Grundstücksveräußerung[50]. 247

bb) Die Beschränkung erfolgt im Wege des Vollstreckungsschutzes auf *Antrag* des Schuldners. Sie führt zur Aufhebung der Pfändung in Höhe eines festen oder fortlaufenden Betrages. Sind mehrere Mieten gepfändet, so wird regelmäßig ein Teil von ihnen ganz von der Zwangsvollstreckung 248

---

45 Nicht aber nur vorübergehend mit Grund und Boden verbundene Gebäude (§ 95 BGB) oder bewegliche Sachen (z. B. Wohnwagen).
46 *OLG Hamm* NJW 1957, 68; *LG Berlin* NJW 1956, 309 (310); *John* MDR 1954, 724; *Noack* ZMR 1973, 290 (mit Einschränkung, dass § 851 b ZPO gilt, wenn zwischen Untermieter, Mieter und Vermieter ausdrücklich vereinbart ist, dass die Untermietforderung unmittelbar in der Person des Vermieters entsteht und diesem zufließen soll); *Stein/Jonas/Brehm*, ZPO, Rdn. 3 zu § 851 b und *Musielak/Becker*, ZPO, Rdn. 2 zu § 851 b (je mit Einschränkung); *Zöller/Stöber*, ZPO, Rdn. 2 zu § 851 b; *Schuschke/Walker/Kessal-Wulf*, Vollstreckung, Rdn. 1 zu § 851 b; a.A. *OLG München* MDR 1957, 103.
47 Zur Frage, wann ein Guthaben aus einer Miet- oder Pachtzahlung herrührt, siehe *OLG Oldenburg* Betrieb 1956, 940 = MDR 1956, 614.
48 *OLG Köln* FamRZ 1991, 1215 = JurBüro 1991, 1402 = OLGZ 1992, 81 = Rpfleger 1991, 427.
49 *OLG Hamburg* JurBüro 1960, 24.
50 *KG* MDR 1969, 852 = NJW 1969, 1860 = OLGZ 1970, 46.

auszunehmen sein. Wenn bereits bei Entscheidung über den Pfändungsantrag dem Vollstreckungsgericht die Voraussetzungen für die Aufhebung bekannt sind, soll die Pfändung unterbleiben oder von vornherein entsprechend beschränkt werden; eines Antrages des Schuldners bedarf es hierfür nicht.

249 cc) (a) *Freizustellen* von der Pfändung sind die Miet- oder Pachtanteile, die für den Schuldner zur laufenden Unterhaltung des Grundstücks, zur Vornahme notwendiger (auch künftig anstehender) Instandsetzungsarbeiten und zur Befriedigung solcher Ansprüche unentbehrlich sind, die nach § 10 ZVG Rang vor dem Anspruch des pfändenden Gläubigers haben. Kosten der Bewirtschaftung (laufenden Unterhaltung) sind alle Hausunkosten, insbesondere Versicherungsprämien für Feuer- und Haftpflichtversicherung, Strom- und Wassergeld, Straßenreinigung, Müllabfuhr- und Kanalbenützungsgebühren, Kosten für Sammelheizung, Fahrstuhlunterhaltung und Hausmeisterkosten (soweit nicht überhaupt unpfändbar, siehe Rdn. 221).

250 (b) *„Unentbehrlich"* sind Miete oder Pacht für die angeführten Zwecke, wenn dem Schuldner andere Mittel zur Bestreitung der Ausgaben nicht zur Verfügung stehen[51]. Durchwegs wird bei Prüfung dieser Voraussetzung des Schutzes ein strenger Maßstab anzulegen sein. Der Art der Gläubigerforderung und Belangen des Gläubigers kommt für Aufhebung der Pfändung keine Bedeutung zu (Abs. 1 des § 813 b ist in § 851 b Abs. 2 ZPO nicht für anwendbar erklärt[52]).

251 (c) Die laufende Grundstücksunterhaltung erfordert auch die Bezahlung rückständiger Handwerkerrechnungen, weil notwendige Instandsetzungsarbeiten häufig im Hinblick auf künftige Mieteingänge in Auftrag gegeben werden[53]. Jedoch müssen Rückstände, die der Schuldner in unwirtschaftlicher Weise hat anlaufen lassen, ausscheiden[54].

252 (d) Mieten sind auch insoweit von der Pfändung freizustellen, als sie zur Befriedigung von Ansprüchen unentbehrlich sind, die bei einer Zwangsvollstreckung in das Grundstück dem Gläubiger vorgehen würden. Mit dieser Regelung soll verhindert werden, dass der Gläubiger zulasten der ihm vorgehenden Berechtigten eine raschere Befriedigung als in einer Zwangsverwaltung erhält und durch seine Mietpfändung die besserrangigen Berechtigten zu der vermeidbaren Immobiliarvollstreckung zwingt.

Nach § 10 Abs. 1 mit § 155 Abs. 2 ZVG haben die Gläubiger folgende *Reihenfolge*:

---

51 Herrschende Ansicht, siehe *KG* a.a.O. (Fußn. 50); *OLG Köln* a.a.O. (Fußn. 48); *Zöller/Stöber*, ZPO, Rdn. 3; *Musielak/Becker*, ZPO, Rdn. 2; *Schuschke/Walker/Kessal-Wulf*, Vollstreckung, Rdn. 2, je zu § 851 b; *Noack* ZMR 1973, 290.
52 *OLG Köln* a.a.O. (Fußn. 48).
53 Siehe insbesondere *Jonas/Pohle*, Zwangsvollstreckungsnotrecht, Anm. 3a zu § 851 b ZPO (S. 147).
54 *Jonas/Pohle* a.a.O.; *Stein/Jonas/Brehm*, ZPO, Rdn. 5 Fußn. 14 zu § 851 b.

Miete und Pacht

1. *Rang*: bei Vollstreckung in ein Wohnungseigentum Hausgeld/Wohngeldforderungen (wie in § 10 Abs. 1 Nr. 2 ZVG bezeichnet).
2. *Rang*: Ansprüche auf Entrichtung der öffentlichen Lasten des Grundstücks, soweit laufende[55] wiederkehrende Leistungen geschuldet sind.
3. *Rang*: Laufende wiederkehrende Leistungen aus Rechten am Grundstück (Rangverhältnis untereinander: § 879 BGB), also Zinsen, Zuschläge zur allmählichen Tilgung der Schuld, Verwaltungskosten und Rentenleistungen. Die Mietpfändung auf Antrag eines nachrangigen Hypothekengläubigers ist sonach zur Wegfertigung der Zinsen und Tilgungsbeträge einer vorrangigen Hypothek (Grundschuld, Rentenschuld) nach Maßgabe des § 851 b ZPO aufzuheben. Für Ansprüche aus Grundpfandrechten, die erst nach Pfändung bestellt wurden, kann Aufhebung der Pfändung jedoch nicht erfolgen[56] (vergleichbar der in § 10 Abs. 1 Nr. 4 und 6 ZVG bezeichneten Unwirksamkeit gegenüber dem Gläubiger). Die Hauptsacheansprüche (§ 12 Nr. 3 ZVG) der Grundpfandrechte sind in der Zwangsverwaltung nicht vorrangig zu befriedigen (§ 155 Abs. 2 ZVG); Berücksichtigung finden sie nur bei Beschlagnahme (dann in Rangklasse 5). Zu den mit Miete und Pacht laufend wegzufertigenden Ansprüchen, die nach dem Zweck des § 851 b Abs. 1 ZPO pfandfrei zu stellen sind, gehören sie daher nicht.

dd) (a) Über den Antrag des Schuldners wird durch *Beschluss* entschieden[57]. Zuständig ist der Rechtspfleger[58]. Der Beschluss ist nach § 329 Abs. 3 ZPO von Amts wegen, und zwar auch dem Drittschuldner, zuzustellen. Einstweilige Anordnungen sind möglich.

(b) Das *Verfahren* folgt den Bestimmungen des § 813 b ZPO (§ 851 b Abs. 2 S. 1 ZPO), die, soweit sie Anwendung finden, lauten:

§ 813 b ZPO (auszugsweise)
Aussetzung der Verwertung

(1) ... (2) Wird der Antrag nicht binnen einer Frist von zwei Wochen gestellt, so ist er ohne sachliche Prüfung zurückzuweisen, wenn das Vollstreckungsgericht der Überzeugung ist, dass der Schuldner den Antrag in der Absicht der Verschleppung oder aus grober Nachlässigkeit nicht früher gestellt hat. Die Frist beginnt im Falle eines Verwertungsaufschubs nach § 813 a mit dessen Ende, im übrigen mit der Pfändung.

(3) Anordnungen nach Absatz 1 können mehrmals ergehen und, soweit es nach Lage der Verhältnisse, insbesondere wegen nicht ordnungsmäßiger Erfüllung der Zahlungsauflagen, geboten ist, auf Antrag aufgehoben oder abgeändert werden.

(4) ...

(5) Vor den in Absatz 1 und in Absatz 3 bezeichneten Entscheidungen ist, soweit dies ohne erhebliche Verzögerung möglich ist, der Gegner zu hören. Die für die Entscheidung wesentlichen tatsächlichen Verhältnisse sind glaubhaft zu machen ...

---

55 Keine Freistellung für (bis zu 2 Jahren) rückständige Beträge und für Hauptsachebeträge; a.A. – nicht zutreffend – *Schuschke/Walker/Kessal-Wulf*, Vollstreckung, Rdn. 4 zu § 851 b.
56 *LG Berlin* Rpfleger 1990, 377.
57 Wird die Pfändung aufgehoben, so ist die Wirksamkeit des Beschlusses von seiner Rechtskraft abhängig zu machen; siehe hierwegen Rdn. 741, 742.
58 *KG* NJW 1960, 1016.

Der Schuldner ist wegen § 834 ZPO nicht zu hören, wenn vor Wirksamwerden der Pfändung über das Vorliegen der Voraussetzungen des § 851 b ZPO zu entscheiden ist.

Nach Aufhebung einer Pfändung aus den Gründen des § 851 b ZPO kann auf neuen Antrag erneut gepfändet werden, wenn geltend gemacht ist, dass mit Änderung der Verhältnisse die Voraussetzungen des gewährten Schutzes weggefallen sind. Die Neupfändung wird mit Zustellung des Pfändungsbeschlusses an den Drittschuldner wirksam.

255 (c) Nach Beendigung der Zwangsvollstreckung (Zahlung der Forderung des Gläubigers aus den gepfändeten Mieten) kann Vollstreckungsschutz nach § 851 b ZPO nicht mehr gewährt werden. In der Hinterlegung durch den Drittschuldner liegt aber noch keine Beendigung der Zwangsvollstreckung; Hinterlegung steht daher dem Schutz nicht im Wege.

256 (d) Gegen die Entscheidung des Vollstreckungsgerichts findet sofortige Beschwerde nach § 793 ZPO statt. Rechtsbeschwerde: § 574 ZPO.

257 (e) Muss die Pfändung von vorneherein unterbleiben (siehe Rdn. 248), so ist der Pfändungsantrag ganz oder teilweise abzuweisen. Wegen des Rechtsbehelfs in diesem Falle siehe Rdn. 729.

257a ee) Weitergehenden Schutz nach § 765 a ZPO wegen sittenwidriger Härte der Mietpfändung im Einzelfall schließt § 851 b ZPO nicht aus. Allein der Umstand, dass der Schuldner wegen der Mietpfändung Sozialhilfe für seinen Lebensunterhalt in Anspruch nehmen muss, wird für Anwendbarkeit des § 765 a ZPO jedoch nicht als ausreichend angesehen[59].

f) *Mehrere Mieter*

258 Mehrere Mieter eines Mietverhältnisses (wegen der Pfändung bei mehreren Mietparteien siehe Rdn. 218) haften regelmäßig als Gesamtschuldner (siehe § 427 BGB). Soll die Mietpfändung allen samtverbindlich haftenden Drittschuldnern gegenüber wirksam werden, so muss gegen alle Pfändungsbeschluss mit Zahlungsverbot ergehen (siehe Rdn. 55); zur Pfändung des möglichen Gesamtschuldnerausgleichs s. Rdn. 144 b. Insbesondere empfiehlt es sich bei Ehegatten, beide als Drittschuldner zu behandeln und dadurch zu verhindern, dass einer der Gesamtschuldner durch Zahlung an den Schuldner die Mietforderung zum Erlöschen bringt[60] (siehe hierzu Rdn. 55).

g) *Mehrere Vermieter*

259 Die Miet- und Pachtforderungen mehrerer Vermieter sind zufolge ihrer Zweckgebundenheit auch im Falle einer Bruchteilsgemeinschaft auf im

---

59 *BGH* 161, 371 = FamRZ 2005, 436 mit krit. Anm. *Gottwald* = JurBüro 2005, 210 = MDR 2005, 650 = NJW 2005, 681 = Rpfleger 2005, 206; *LG Koblenz* (als Vorinstanz) JurBüro 2004, 158; **a.A.** *LG Heilbronn* Rpfleger 2003, 202 für Miete „mit Lohnersatzfunktion" auf Schuldnerkonto.
60 So auch *Huken* KKZ 1989, 112

Rechtssinne unteilbare Leistungen gerichtet[61], die von den Vermietern nur gemeinschaftlich eingezogen werden können (§ 743 BGB). Solche Mietforderungen können daher nur auf Grund eines gegen alle Vermieter lautenden Vollstreckungstitels gepfändet werden. Der einzelne Vermieter ist ohne Ermächtigung durch die anderen Teilhaber nicht berechtigt, einen seiner Beteiligung entsprechenden Anteil der Mietforderung einzuziehen[62]. Daher kann auf Grund des nur gegen einen Vermieter lautenden Vollstreckungstitels auch nicht sein (betragsmäßig) anteiliger Mietbetrag gepfändet werden[63]. Eine solche Pfändung wäre wirkungslos; sie könnte allenfalls in die Pfändung des Gemeinschaftsanteils an der Forderung umzudeuten sein. Den Gemeinschaftsanteil an der Forderung können Gläubiger eines einzelnen Teilhabers der Vermieter-Bruchteilsgemeinschaft pfänden (Rdn. 1549), desgleichen die gegen die anderen Teilhaber bestehenden Ansprüche auf den entsprechenden Teil der Erträgnisse aus dem Mietverhältnis. Diese Pfändung gibt den Anspruch auf den nach Abzug der auf dem Mietgegenstand ruhenden Lasten und Unterhaltungskosten vom Rohertrag der Mieten ermittelten Teil.

260 Nicht ausgeschlossen ist, dass die Teilhaber Abweichendes vereinbart haben. Bei entsprechender Vereinbarung kann auch jeder einzelne Vermieter gegen den Mieter einen Anspruch auf Zahlung des seinem Anteil entsprechenden Betrages der Mieten[64] oder jeweils alleinigen Anspruch gegen eine einzelne Mietpartei auf Zahlung ihrer vollen Miete[65] haben. Dann ist der dem Schuldner als Vermieter zugewiesene Forderungsteil selbstständig und als solcher pfändbar. Auch kann durch (schuldrechtliche) Vereinbarung ein Nutzungsrecht an einem in Miteigentum stehendem Grundstück den Teilhabern nicht gemeinsam zustehen; es können Sondernutzungsrechte einzelnen Teilhabern zugewiesen sein. Beispiel: Nutzung von Kfz-Stellplätzen auf einem in gemeinschaftlichem Eigentum stehenden Grundstück. Auch dann hat (nur) der Nutzungsberechtigte, der das Nutzungsrecht in eigenem wirtschaftlichen Interesse vermietet, Anspruch auf den erzielten Mietzins[66]. Der Gläubiger, der regelmäßig die wahren Rechtsbeziehungen und Verhältnisse seines Schuldners nicht genauer kennt, wird zu seiner Sicherheit sowohl den Gemeinschaftsanteil und den gegen die anderen Teilhaber bestehenden Anspruch auf den anteiligen Mietertrag als auch den dem Schuldner etwa zugewiesenen Forderungsteil oder die ihm als Vermieter gebührende Miete pfänden.

---

61 *BGH* MDR 1958, 686 = NJW 1958, 1723 mit zahlreichen Nachweisen; *BGH* MDR 1969, 568 = NJW 1969, 839 (für den Anspruch mehrerer Vermieter, die selbst die Mietsache gemietet haben, auf Zahlung der Untermiete); *BGH* MDR 1983, 650 = NJW 1983, 2020; *BGH* MDR 2001, 151 = NJW-RR 2001, 169 = NZM 2001, 45 (für Mietforderung gegen einen Teilhaber der Gemeinschaft); *KG* OLG 17, 1.
62 *BGH* a.a.O. (Fußn. 61).
63 *BGH* 1969 a.a.O. (auch zur Aufrechnung); *OLG Köln* JW 1932, 3013 mit Anm. *Rühl*.
64 Siehe *BGH* und *KG* je a.a.O. (Fußn. 61).
65 *BGH* 40, 327 = MDR 1964, 296 = NJW 1964, 648.
66 *BGH* NJW 2009, 1270.

261 Ist eine Erbengemeinschaft Vermieterin, so kann in den Schuldner- „anteil" nur durch Pfändung des Miterbenanteils vollstreckt werden; siehe hierwegen Rdn. 1664 ff.

h) *Recht auf Gebrauchsüberlassung*

262 Das Recht des Mieters oder Pächters auf Gebrauchsüberlassung ist nur abtretbar und damit auch nur pfändbar (§ 851 Abs. 1 ZPO), wenn der Schuldner als Mieter oder Pächter auf Grund des Miet- oder Pachtvertrages oder einer nachträglichen Vereinbarung den Gebrauch der gemieteten oder den Gebrauch und Fruchtgenuss der gepachteten Sache einem Dritten überlassen darf[67] (§ 540 Abs. 1, § 581 Abs. 2 BGB), weil nur damit dem Schuldner das Mietrecht zur freien Verfügung innerhalb des allgemeinen Rechtsverkehrs überlassen ist. Diese Erfordernisse liegen dann nicht vor, wenn der Vermieter nur im Einzelfall einer Untervermietung der Räume zugestimmt hat[68]. Ohne diese Erlaubnis des Vermieters ist das Nutzungsrecht grundsätzlich unpfändbar. Bei nicht erlaubter Gebrauchsüberlassung kann der Vermieter nachträglich nicht einseitig zum Zwecke der Pfändung die fehlende Erlaubnis erteilen. Die Gebrauchsüberlassung kann vielmehr auch nachträglich nur durch Vertrag zwischen Mieter und Vermieter gestattet werden[69].

Das zulässigerweise gepfändete Recht auf Gebrauchsüberlassung kann nach § 857 Abs. 4, § 844 ZPO durch entgeltliche Überlassung der Mietsache an den Gläubiger oder durch Vermietung oder Verpachtung verwertet werden[70]. Der Gläubiger wird aus den erzielten Nutzungen befriedigt.

263 i) Der Anspruch auf Zustimmung zur *Mieterhöhung* kann nicht abgetreten[71], mithin auch nicht gepfändet werden (§ 851 Abs. 1 ZPO). Der Anspruch auf *Mietaufhebung* ist unpfändbar[72].

k) *Untermiete*

Schrifttum: *Becker*, Sind Untermietzinsforderungen pfändbar? NJW 1954, 1595; *John*, Über die Pfändbarkeit von Untermietforderungen, MDR 1954, 725; *Noack*, Zur Pfändung von Miet- und Pachtzinsen sowie von Untermieten, ZMR 1973, 290.

264 Die Forderung des Mieters an den Untermieter auf Zahlung der Untermiete ist als Geldforderung pfändbar. Untermiete ist nicht zweckgebun-

---

67 *RG* 70, 226 (229); 134, 91 (96); *RG* HRR 1953 Nr. 1682; *KG* MDR 1968, 760 = NJW 1968, 1882 = OLGZ 1968, 295; *OLG Hamburg* MDR 1954, 685; *OLG Frankfurt* MDR 1964, 52; *KG* OLG 19, 22, das auch meint, eine vom Vermieter einseitig lediglich zum Zwecke der Pfändung erklärte, vom Schuldner als Mieter also weder erbetene noch angenommene Erlaubnis der Gebrauchsüberlassung sei ohne Bedeutung; *Schuschke/Walker*, Vollstreckung, Rdn. 43 zu § 857.
68 *OLG Hamburg* MDR 1954, 685.
69 *KG* a.a.O. (Fußn. 67).
70 Wegen der Beachtung der Vorschriften des Mieterschutzes siehe *LG Münster* JMBlNRW 1950, 259.
71 *LG Hamburg* WuM 1979, 260 und 1980, 59.
72 *LG Coburg* NJW 1949, 270; *Gwinner* NJW 1949, 616; *Lewald* NJW 1949, 628; *Roquette* DRiZ 1949, 481.

den[73]; ihre Unpfändbarkeit kann daher nicht aus § 851 Abs. 1 ZPO hergeleitet werden. Zweckgebundenheit der Untermiete liegt auch insoweit nicht vor, als sie der anteiligen Raummiete entspricht und der Untervermieter sonst nicht in der Lage ist, die Wohnungsmiete aufzubringen[74]. Sittenwidrige Härte im Einzelfall kann Schutz nach § 765 a ZPO gebieten. Allein der Umstand, dass der Schuldner wegen der Untermietpfändung Sozialhilfe für seinen Lebensunterhalt in Anspruch nehmen muss, wird für Anwendbarkeit des § 765 a ZPO jedoch nicht als ausreichend angesehen[75] (wie Rdn. 257 a). Auch dann ist die Untermietpfändung nicht aus dem Gesichtspunkt der Zweckgebundenheit, wohl aber infolge des Vertrages zugunsten eines Dritten oder – was regelmäßig zutreffen wird – wegen Abtretung ausgeschlossen, wenn zwischen dem Untermieter und Schuldner vereinbart ist, dass die Untermietforderung unmittelbar in der Person des Vermieters entstehen und diesem zufließen soll[76].

l) *Mietkaution*

Der Anspruch eines Mieters auf *Rückgabe einer Mietkaution*[77] ist wie jeder Anspruch auf eine Sicherheitsleistung pfändbar[78]. Die Rückzahlungspflicht ist spätestens bei Beendigung des Mietverhältnisses zu erfüllen. Einwendungen und Einreden des Vermieters als Drittschuldner (insbesondere die Sicherungseinrede) schmälern die Pfändung nicht[79] (Rdn. 571). Ist die Sicherheit durch Barzahlung an den Vermieter[80] geleistet, so ist der gegen diesen als Drittschuldner bestehende Rückzahlungsanspruch als Geldforderung nach § 829 ZPO zu pfänden. Ist für die Sicherheit ein Kautionskonto (Sparguthaben) auf den Namen des Mieters angelegt, der nur mit Zustimmung des Vermieters verfügen darf, so ist der Auszahlungsanspruch (die Forderung aus Sparguthaben, Rdn. 332) des Mieters an die Bank (Sparkasse) zu pfänden. Mehrere Personen als Mieter können die Mietkaution nur gemeinsam zurück-

265

---

73 *Becker* NJW 1954, 1595; *OLG Frankfurt* NJW 1953, 1597 und MDR 1956, 41; *OLG Hamm* JurBüro 1956, 308 = NJW 1957, 68; *LG Berlin* NJW 1955, 309.
74 A.A. *LG Frankfurt* NJW 1953, 1598 mit zust. Anm. *Bögner* und zum Teil auch *John* MDR 1954, 725.
75 **Anders** *LG Berlin* a.a.O. (Fußn. 73); *OLG Hamm* a.a.O. (Fußn. 73); kritisch bereits aber *Grund* NJW 1956, 127.
76 Zweckgebundenheit nimmt hier jedoch das *LG Berlin* a.a.O. (Fußn. 73) an.
77 Gläubiger des Vermieters können nicht mit Aussicht auf Befriedigung in eine auf Treuhand-Sonderkonto angelegte Mietkaution vollstrecken (für Mietverhältnis über Wohnraum siehe § 551 Abs. 3 BGB), siehe auch *Sternel* MDR 1983, 265 (269). Zur Rechtsnatur der Vereinbarung über die Gestellung einer Miet-Kaution mit der Abrede, dass der Mieter bei einer Bank/Sparkasse ein Sparkonto einrichtet und dieses mit einem Sperrvermerk zugunsten des Vermieters versehen lässt, siehe *BGH* NJW 1984, 1749 = MDR 1985, 48.
78 *BGH* NJW 2009, 1820 (1821 re.Sp.). Hierzu auch *Huken* KKZ 1990, 12; *Horst* MDR 2003, 1035 (1036).
79 *Horst* MDR 2003, 12036 (1036).
80 Drittschuldner ist der Erwerber des Grundstücks, wenn er nach § 566 S. 1 BGB zur Rückgewähr der Sicherheit verpflichtet ist. Zum gesetzlichen Kontoinhaberwechsel bei Anlegung der Sicherheit auf Sonderkonto mit Veräußerung des vermieteten Grundstücks s. *OLG Düsseldorf* MittRhNotK 1997, 261 = NJW-RR 1997, 1170.

fordern⁸¹. Pfändung, wenn sie gesamthänderisch Gläubiger des Rückzahlungsanspruchs sind: Rdn. 64. Zur Besonderheit, wenn Eheleute als Mieter der gemeinsamen Wohnung Gesamtgläubiger sind⁸², siehe Rdn. 63. Der Anspruch des Erwerbers des Grundstücks auf Auszahlung (Überlassung) der dem Veräußerer als Vermieter vom Mieter geleisteten Barkaution ist als zweckgebundene Forderung (außerhalb der Zweckbestimmung) nicht pfändbar⁸³.

266 m) Der Anspruch des Vermieters an den Mieter auf Rückgabe der gemieteten Sache nach Beendigung des Mietverhältnisses (§ 556 BGB) ist als Sachherausgabeanspruch pfändbar (Einzelheiten 7. Kap.), und zwar als künftiger Anspruch auch schon vor Beendigung des Mietverhältnisses⁸⁴.

44. Stiftung „Mutter und Kind"

267 Leistungen, die werdenden Müttern oder Müttern in der Zeit nach der Geburt aus Mitteln der Stiftung „Mutter und Kind – Schutz des ungeborenen Lebens" gewährt werden, sind nicht pfändbar. Das bestimmt das Gesetz zur Errichtung einer Stiftung „Mutter und Kind – Schutz des ungeborenen Lebens"¹ in

§ 5 Abs. 1 – Pfändungsfreiheit   wie folgt:
(1) Leistungen, die dem in § 2 Abs. 1 genannten Personenkreis aus Mitteln der Stiftung im Rahmen des Stiftungszweckes gewährt werden, sind nicht pfändbar. Das gleiche gilt für die Leistungen, die aus Mitteln anderer Stiftungen des öffentlichen Rechts oder aus Mitteln von Stiftungen, die von einer Körperschaft des öffentlichen Rechts errichtet wurden, zur Erreichung des in § 2 Abs. 1 genannten Zwecks gewährt werden. Wird eine Geldleistung auf das Konto der werdenden Mutter bei einem Geldinstitut überwiesen, gilt § 55 des Ersten Buches Sozialgesetzbuch entsprechend.

45. Nichteheliche Lebensgemeinschaft

267a a) *Gemeinschaftsbezogene Zuwendungen* an den Partner einer nichtehelichen Lebensgemeinschaft sind auf Grund der persönlichen Beziehungen und Bindungen zur Verwirklichung der Lebensgemeinschaft erbracht¹*. Schenkungen sind sie nicht². Nach Beendigung der Lebensgemeinschaft können, wenn mit wesentlichen Zuwendungen eines Partners ein Vermögenswert von erheblicher wirtschaftlicher Bedeutung im Alleineigentum

---

81 *OLG Düsseldorf* OLGR 2003, 23.
82 Siehe *AG Itzehoe* FamRZ 1991, 441.
83 *OLG Frankfurt* NJW-RR 1991, 1416.
84 *BGH* 53, 32; zur Abtretung des Räumungs- und Herausgabeanspruchs *BGH* MDR 1983, 306.
1   I.d.F. vom 19. März 1993, BGBl I 407, mit Änderungen.
1* *BGH* 177, 193 = FamRZ 2008, 1822 mit Anm. *Griwotz* S. 1829 = MittBayNot 2009, 137 mit Anm. *Bruch* = NJW 2008, 3227.
2   Zur Abgrenzung der gemeinschaftsbezogenen Zuwendungen von Schenkungen *BGH* 177, 193 (198) = a.a.O.

(auch im Miteigentum[3]) des anderen Partners geschaffen wurde, gesellschaftsrechtliche Auseinandersetzungsansprüche, Ansprüche aus ungerechtfertigter Bereicherung (§ 812 Abs. 1 S. 2 BGB) sowie nach den Grundsätzen über den Wegfall der Geschäftsgrundlage (§ 313 BGB) bestehen[4]. Für einen Ausgleich nach den Vorschriften über die bürgerlich-rechtliche Gesellschaft müssen die Partner ausdrücklich oder durch schlüssiges Verhalten einen entsprechenden Gesellschaftsvertrag geschlossen haben[5]. Gesellschaftsrechtliche Ausgleichsansprüche sind pfändbar[6] (§ 725 BGB; siehe Rdn. 1552 ff.). Ebenso sind Ansprüche aus ungerechtfertigter Bereicherung oder nach den Grundsätzen über den Wegfall der Geschäftsgrundlage pfändbar. Ein Ausgleichsanspruch auf Geldzahlung ist als Geldforderung nach § 829 ZPO zu pfänden; ein Ausgleichsanspruch auf Grundstücksübereignung (auch Übertragung des Eigentums an dem Miteigentumsanteil an einem gemeinschaftlichen Grundstück der Partner) ist als Sachleistungsanspruch nach §§ 846, 848 ZPO zu pfänden. Ob die Pfändbarkeit der Einschränkung des § 852 Abs. 2 ZPO unterliegt (entsprechende Anwendung[7]; zu dieser Vorschrift Rdn. 269) oder der Anspruch doch nach dem Rechtsgedanken dieser Regelung der Pfändung nur unterworfen ist, wenn er durch Vertrag anerkannt oder rechtshängig geworden ist, ist nicht geklärt. Die eigenverantwortliche Entscheidung der Partner, keine Ehe miteinander einzugehen, schließt familiäre Verbundenheit jedoch aus, die es rechtfertigen könnte, dass der Anspruch nur geltend gemacht werden kann, wenn der Berechtigte zu erkennen gegeben hat, dass er von seinem Recht Gebrauch machen will.

b) Während der auf Dauer angelegten nichtehelichen Lebensgemeinschaft werden Leistungen, die ein Partner im gemeinsamen Interesse erbracht hat – wenn nichts anderes geregelt ist – nicht ausgeglichen[8], wird sonach auch Anwendung gesellschaftsrechtlicher Auseinandersetzungsregelungen nicht angenommen werden können. Ein (pfändbarer) Ausgleichsanspruch besteht sonach nicht, solange die Lebensgemeinschaft fortbesteht. Ein Ausgleichsanspruch kann vor Auflösung der Lebensgemeinschaft auch nicht als pfändbarer künftiger Anspruch angesehen werden. Als reine Hoffnung oder Erwartung kann der (später mögliche) Ausgleichsanspruch nicht gepfändet werden. Im Verhältnis zu Gläubigern kann eine Vermögensentäußerung jedoch (anfechtbare) unentgeltliche Zuwendung nach § 4 Abs. 1 AnfG sein.

267b

---

3 *BGH* FamRZ 2008, 1828 = NJW 2008, 3282.
4 *BGH* a.a.O. (Fußn. 1* und 3).
5 *BGH* 177, 193 (199) = a.a.O.
6 *Schlögel* MittBayNot 2009, 100 (103).
7 Für Gleichbehandlung (bei rechtsgeschäftlichem Eerwerbsrecht) *Schlögel* MittBayNot 2009, 100 (102).
8 *BGH* FamRZ 2008, 247 = NJW 2008, 443 (444) mit Anm. v. *Proff*.

46. Pflichtteil (§ 852 Abs. 1 ZPO)

268 *Gepfändet wird der angebliche Anspruch des Schuldners an den (die) Erben ... – Drittschuldner – auf Zahlung des Pflichtteils nach dem am ... in ... verstorbenen Erblasser ...*

Schrifttum: *Behr,* Pfändung des Pflichtteils, JurBüro 1996, 65; *Greve,* Zur Pfändung des Pflichtteils nach § 852 ZPO, ZIP 1996, 699; *Klumpp,* Der Pflichtteilsanspruch als Gegenstand des Rechtsverkehrs und als Vollstreckungsobjekt, ZEV 1998, 123; *Kuchinke,* Der Pflichtteilsanspruch als Gegenstand des Gläubigerzugriffs, NJW 1994, 1769; *Zeranski,* Die „vertragliche Anerkennung" im Sinne des § 852 ZPO, NotBZ 2001, 19.

269 a) Der (übertragbare, § 2317 Abs. 2 BGB) *Pflichtteilsanspruch* eines durch Verfügung von Todes wegen von der Erbfolge ausgeschlossenen Abkömmlings, Ehegatten oder Elternteils des Erblassers (§§ 2303 ff. BGB) ist der Pfändung nur unterworfen, wenn er durch Vertrag anerkannt oder rechtshängig geworden ist (§ 852 Abs. 1 ZPO). Zweck dieser Regelung ist, dem Pflichtteilsberechtigten mit Rücksicht auf seine familiäre Verbundenheit mit dem Erblasser allein die Entscheidung zu überlassen, ob der Anspruch gegen den Erben durchgesetzt werden soll[1]. Pflichtteil stellen auch die Pflichtteilsergänzungsansprüche[2] (§§ 2305–2307, 2325 BGB), der Anspruch des Pflichtteilsberechtigten gegen den Beschenkten (§ 2329 BGB) sowie der Anspruch des von der fortgesetzten Gütergemeinschaft ausgeschlossenen Abkömmlings auf Zahlung des dem Pflichtteil entsprechenden Betrages (§ 1511 Abs. 2 BGB) dar. Keine Anwendung findet die Vorschrift auf sonstigen Erwerb von Todes wegen (Miterbeneinsetzung, Vermächtnis), auch wenn das Zugewendete nur dem Geldwert des Pflichtteils entspricht oder unter diesem liegt[3] (siehe §§ 2305–2307 BGB).

270 b) *Anerkennung durch Vertrag* erfordert weder Schriftform[4] noch abstraktes Schuldanerkenntnis nach § 781 BGB. Ausreichend ist vielmehr jede Einigung, die auf Feststellung des Pflichtteilsanspruchs zielt[5], also auch ein schuldbestätigendes (deklaratorisches)[6] Anerkenntnis, eine formlose oder in schlüssiger Handlung liegende Einigung des pflichtteilsberechtigten Schuldners (nicht seines Gläubigers[7]) mit dem verpflichteten Erben. Aner-

---

1 *BGH* 123, 183 (186) = DNotZ 1994, 780 = FamRZ 1993, 1307 = MDR 1994, 203 = NJW 1993, 2876 = ZAP Fach 14 S. 133 Leits. mit Anm. *Stöber.*
2 *BGH* 123, 183 (185) = a.a.O.
3 *BayObLGZ* n.F. 8,26; *Stein/Jonas/Brehm,* ZPO, Rdn. 1; *Zöller/Stöber,* ZPO, Rdn. 2; *Musielak/Becker,* ZPO, Rdn. 2, je zu § 852.
4 So die gesamte herrschende Meinung; siehe z. B. *OLG Düsseldorf* FamRZ 2000, 367; *OLG Karlsruhe* HRR 1930 Nr. 1164; *Stein/Jonas/Brehm,* ZPO, Rdn. 5 und Fußn. 12; *Zöller/Stöber,* ZPO, Rdn. 2; *Wieczorek/Schütze/Lüke,* ZPO, Rdn. 3, je zu § 852; **a.A.** (vertragliches Anerkenntnis nach § 781 BGB) *LG Köln* VersR 1973, 679; aber es ist mit dem Schutzzweck nicht vereinbar, dass der Schuldner nach mündlicher Anerkennung die Leistung des Erben verlangt und in Empfang nimmt, ohne dass dem Gläubiger die Möglichkeit der Pfändung geboten wäre.
5 *OLG Brandenburg* FamRZ 1999, 1436; *OLG Düsseldorf* FamRZ 2000, 367; *Zeranski* NotBZ 2001, 19.
6 Siehe *BGH* MDR 1973, 401 = NJW 1973, 620.
7 *OLG Düsseldorf* FamRZ 2000, 367.

kennung dem Grunde nach genügt[8]. *Rechtshängig* und damit pfändbar ist der Anspruch jedenfalls bei prozessualer Rechtshängigkeit der Streitsache (§ 261 Abs. 1 ZPO), also mit Zustellung der Klageschrift an den Beklagten (§ 253 Abs. 1 ZPO) oder mit Widerklage (§ 261 Abs. 2 ZPO). Feststellungsklage ist ausreichend[9]. Vor dieser Zustellung ist Rechtshängigkeit nicht schon mit Einreichung der Klageschrift bei Gericht gegeben[10]. Prozesskostenhilfegesuch[11], Mahnantrag[12] (zum Vollstreckungsbescheid siehe § 700 ZPO), Arrest oder einstweilige Verfügung machen den Anspruch nicht rechtshängig, ermöglichen mithin seine Pfändung nicht. Der im Mahnverfahren geltend gemachte Anspruch ist, wenn die Streitsache alsbald nach Widerspruch abgegeben wird, mit Zustellung des Mahnbescheids rechtshängig geworden (§ 696 Abs. 3 ZPO)[13]. Die Anmeldung zum Insolvenzverfahren wird wegen der Wirkung der nicht bestrittenen Eintragung in die Tabelle der Rechtshängigkeit gleichzustellen sein. Ist nur ein Teilanspruch eingeklagt, so unterliegt nur dieser Teil der Pfändung. Durch Klagerücknahme kann der Schuldner die wirksam ausgebrachte Pfändung nicht mehr beseitigen[14]. Eine erst nach Klagerücknahme erwirkte Pfändung ist aber wieder nur eingeschränkt zulässig, weil sie gegen den Willen des Berechtigten wieder zur Geltendmachung des Pflichtteils führen würde.

c) *Vor* vertraglicher *Anerkennung* oder Rechtshängigkeit wird Pfändung des Pflichtteilsanspruchs als in seiner zwangsweisen Verwertbarkeit aufschiebend bedingter Anspruch für zulässig erachtet[15]. Diese Pfändung wahrt die Entscheidungsfreiheit des Berechtigten; er kann nach wie vor allein entscheiden, ob der Anspruch gegen den Erben durchgesetzt werden soll. Ein Pfandrecht begründet diese als Staatsakt bedingungslose Pfändung nur für den Fall, dass die in § 852 Abs. 1 ZPO vorgeschriebenen Vorausset-

271

---

8 Siehe *BGH* a.a.O.
9 *BGH* a.a.O.
10 *BGH* MDR 1961, 588 = NJW 1961, 1575; *BGH* JR 1976, 504 mit Anm. *Bassenge* = MDR 1977, 42 = NJW 1976, 1890 = VersR 1977, 354 (Leits.) mit Anm. *Behr*; *BGH* VersR 1977, 452; *OLG Saarbrücken* NJW 1974, 1661; *OLG Karlsruhe* MDR 1975, 757; **a.A.** (Rechtshängigkeit bereits mit Einreichung der Klageschrift bei Gericht) *OLG Nürnberg* MDR 1968, 840 = NJW 1968, 1431; *SchlHOLG* SchlHA 1973, 153.
11 *Peters* VersR 1976, 1005 (1010).
12 Aber Zustellung des Zahlungsbefehls macht (für Schmerzensgeldanspruch) rechtshängig nach *OLG Stuttgart* NJW 1972, 1900 und 1975, 1468; *OLG Düsseldorf* MDR 1974, 403; *OLG Hamm* MDR 1976, 222; siehe außerdem *SchlHOLG* a.a.O. (Fußn. 10); siehe jetzt § 696 ZPO n.F.
13 Zum früheren Recht: *BGH* MDR 1971, 206 = NJW 1971, 461 (Leits.) = VersR 1971, 272.
14 *Falkmann/Hubernagel*, Die Zwangsvollstreckung, Anm. 2 zu § 852 ZPO; *Stein/Jonas/Brehm*, ZPO, Rdn. 5; *Zöller/Stöber*, ZPO, Rdn. 2; *Wieczorek/Schütze/Lüke*, ZPO, Rdn. 4, je zu § 852.
15 *BGH* 123, 183 = a.a.O. gegen vordem einhellige gegenteilige Ansicht, z. B. *KG* NJW 1935, 3486 (weitere Nachweise gibt *BGH* a.a.O.); wie nun *BGH* schon früher *OLG Naumburg* OLG 40, 154; *BGH* sodann weiter NJW 1997, 2384; FamRZ 2009, 502 (503) = NZI 2009, 191 (192) und FamRZ 2009, 869 = MDR 2009, 648 = NJW-RR 2009, 997 = Rpfleger 2009, 393; wie *BGH OLG Brandenburg* FamRZ 1999, 1436; *OLG Düsseldorf* FamRZ 2000, 367; *Stein/Jonas/Brehm*, ZPO, Rdn. 6 zu § 852.

zungen für einen umfassenden Zugriff erfüllt werden (eingeschränktes Pfandrecht[16]). Zum vollwertigen Pfandrecht wird es mit Anerkennung oder Rechtshängigkeit des Anspruchs; dessen Rang bestimmt sich nach dem Zeitpunkt der Pfändung[17]. Damit verhindert Pfändung bereits vor Anerkennung oder Rechtshängigkeit Abtretung (§ 2317 Abs. 2 BGB) und Verpfändung eines unbelasteten Anspruchs[18]; Abtretung nach Pfändung ist daher dem Gläubiger gegenüber unwirksam[19] (Rdn. 772); er hat Vorrang gegenüber einem zeitlich nachfolgenden (Vertrags-)Pfandgläubiger (Rdn. 773 a).

272 d) Mit der *Abtretung* verliert der Pflichtteilsanspruch den nur dem Berechtigten persönlich, nicht jedoch dem Neugläubiger zustehenden Pfändungsschutz des § 852 Abs. 1 ZPO. Gläubiger des Zessionars können daher den Pflichtteilsanspruch auch vor Rechtshängigkeit oder Anerkennung[20] pfänden und, ebenso wie dieser, geltend machen.

273 e) *Pfändungsverfahren*: aa) Der Pflichtteil ist Geldforderung (§ 2303 Abs. 1, § 1967 Abs. 1 BGB), also nach § 829 ZPO zu pfänden[21]. Drittschuldner ist der Erbe (sind die Erben), auch wenn ein Testamentsvollstrecker bestellt ist[22] (§ 2213 Abs. 1 S. 3 BGB; die Vorschrift erlaubt es jedoch, auch den Testamentsvollstrecker als weiteren Drittschuldner zuzuziehen).

273a bb) Anerkennung oder Rechtshängigkeit[23] braucht der Gläubiger in seinem Pfändungsantrag[24] als Pfändungsvoraussetzung nicht vorzutragen[25] und im Erinnerungsverfahren nicht nachzuweisen. Der Pfändungs*beschluss* braucht für bestimmte Bezeichnung des zu pfändenden Anspruchs (Rdn. 496) nicht hervorzuheben, ob auf einen bereits anerkannten oder rechtshängigen Anspruch zugegriffen wird oder auf einen durch den Eintritt dieser Voraussetzungen aufschiebend bedingt durchsetzbaren Anspruch[26].

---

16 So *BGH* 123, 183 (187) = a.a.O.
17 *BGH* 123, 183 (190) = a.a.O. und FamRZ 2009, 869 (870) = a.a.O.
18 *BGH* 123, 183 (189) = a.a.O.
19 *Stöber* ZAP Fach 14 Seite 133.
20 Dazu auch *Zeranski* NotBZ 2001, 19, der auch den Vertrag mit einem Dritten, aus dem der Wille zur Ausübung des Rechts folgt, damit auch die Abtretung, als vertragliche Anerkennung ansieht.
21 Nur der Herausgabeanspruch des § 2329 BGB an den Beschenkten ist als Sachanspruch nach §§ 846 ff. ZPO zu pfänden.
22 Siehe *OLG Hamburg* OLG 30, 237.
23 Weil eine „bedingte" Pfändung unzulässig ist, sollen Pfändungsantrag und -beschluss den Eindruck einer bedingten Pfändung vermeiden. Nicht ratsam ist daher z. B. „Pfändung für den Fall, dass der Schuldner den Pflichtteilsanspruch gerichtlich geltend macht oder dass der Anspruch vertraglich anerkannt wird"; siehe *Kuchinke* NJW 1994, 1769 (1770).
24 Anders *Kuchinke* NJW 1994, 1769 (1770): Dass die Verwertbarkeit in der Schwebe ist, solange die Voraussetzungen des § 852 Abs. 1 ZPO nicht erfüllt sind, muss im Antrag zum Ausdruck kommen und im Beschluss erkennbar gemacht werden. Was aber soll sein, wenn der Gläubiger von der Anerkennung oder Rechtshängigkeit noch keine Kenntnis hat?
25 *BGH* FamRZ 2009, 869 = a.a.O.; *Stöber* ZAP Fach 14 Seite 133.
26 *BGH* FamRZ 2009, 869 = a.a.O.; *Stöber* a.a.O. Bedingtheit der zu pfändenden Forderung braucht aus dem Pfändungsbeschluss nicht zu ergeben; nur dass sich die Pfändung auf eine zukünftige Forderung erstrecken soll (um eine solche handelt es sich hier jedoch nicht), hat der Pfändungsbeschluss auszuweisen (siehe Rdn. 500).

cc) *Überweisung* des gepfändeten Anspruchs zur Einziehung (§ 835 Abs. 1 ZPO) ist auch zulässig, wenn der Anspruch noch nicht gerichtlich geltend gemacht oder vertraglich anerkannt ist[27]. Die Überweisung zur Einziehung begründet für den Gläubiger Rechte nur im Umfang der Pfändung; er kann somit den Anspruch erst von seiner Verwertbarkeit an mit Eintritt einer der Voraussetzungen des § 852 Abs. 1 ZPO geltend machen[28]. Im Einziehungserkenntnisverfahren gegen den Erben hat der Gläubiger daher geltend zu machen und zu beweisen, dass zwangsweise Verwertbarkeit mit Anerkennung oder Rechtshängigkeit möglich ist[29]. Pfändung vor vertraglicher Anerkennung schließt die Möglichkeit nicht aus, dass sich Pflichtteilsberechtigter und Erbe über die Höhe des Anspruchs einigen; vertragliches Einvernehmen über die Höhe des Anspruchs begründet als Anerkennung nach § 852 Abs. 1 ZPO Pfändbarkeit im Umfang der Einigung; diese verstößt daher nicht gegen das (eingeschränkte, s. Rdn. 271) Verfügungsverbot. Nicht geklärt ist indes, ob auch nach Rechtshängigkeit (begründet Pfändbarkeit nach § 852 Abs. 1 ZPO) dem Schuldner ein Nachgeben mit vergleichsweiser Regelung noch möglich ist oder ob er damit gegen das Verfügungsverbot verstößt.

Demgegenüber vertritt der BGH[30] die Meinung, der Pflichtteilsanspruch dürfe dem Gläubiger erst zur Einziehung überwiesen werden, wenn die Voraussetzungen des § 852 Abs. 1 ZPO vorliegen. Schuldner und Drittschuldner können mit Erinnerung (§ 766 ZPO) geltend machen, dass das nicht der Fall ist. *Das überzeugt nicht.* Die Überweisung (zur Einziehung) ist als Maßnahme der Pfandverwertung Akt der Zwangsvollstreckung. Sie muss daher nach Vollstreckungsverfahrensrecht zulässig, nicht somit ausgeschlossen sein wie z. B. nach Arrestpfändung (§ 830 ZPO), Sicherungsvollstreckung (§ 720 a ZPO), Einstellung der Zwangsvollstreckung usw. Ein vollstreckungsrechtliches Hindernis für Anordnung der Überweisung des nur aufschiebend bedingt gepfändeten Anspruchs begründet der unglücklich gefasste § 852 Abs. 1 ZPO jedoch nicht. Die Bestimmung schließt mit Rücksicht auf die familiäre Verbundenheit von Erblasser und Pflichtteilsberechtigtem aus, dass der Pflichtteilsanspruch gegen den Willen des Berechtigten (Vollstreckungsschuldners) geltend gemacht werden kann (Rdn. 269). Zugelassen ist die „Pfändung" daher nur, wenn der Berechtigte durch gerichtliche oder außergerichtliche Geltendmachung des Anspruchs zu erkennen gegeben hat, dass er von seinem Recht Gebrauch machen

273b

---

27 *LG Münster* NJW-RR 2006, 1020; *Stöber* ZAP Fach 14 Seiten 133 (134); *Zöller/Stöber*, ZPO, Rdn. 3 zu § 852; *Greve* ZIP 1996, 699 (701); anders *Kuchinke* NJW 1994, 1769 (1770): Überweisung erst zulässig, wenn Gläubiger den Eintritt der Verwertbarkeit nachweist. Dem folgt *Behr* JurBüro 1996, 65.
28 *Stöber* a.a.O. Siehe zur Verwertungsbefugnis erst vom Eintritt der Voraussetzungen des § 852 Abs. 1 ZPO an auch *BGH* NJW 1997, 2384, der jedoch die Frage nicht erörtert hat, ob bereits vorher Überweisung zur Einziehung möglich ist.
29 *Greve* ZIP 1996, 699.
30 *BGH* FamRZ 2009, 869 = a.a.O. (Fußn. 15).

will[31]. Zu entscheiden, ob das der Fall ist, obliegt nicht dem Vollstreckungsgericht, ist somit von ihm auch nicht im Erinnerungsverfahren (§ 766 ZPO) und ebenso nicht vom Beschwerdegericht (§ 793 ZPO) zu entscheiden. Gepfändet und überwiesen ist stets nur die „angebliche" Forderung (Rdn. 486). Ob diese tatsächlich besteht, dem Pfändungsbeschluss somit rechtliche Wirkung zukommt, und ebenso, ob die Überweisung eine Berechtigung des Gläubigers zur Einziehung der Forderung (§ 836 Abs. 1 ZPO) begründet, ist eine Frage des materiellen Rechts; darüber kann nur im Klageverfahren entschieden werden[32] (Rdn. 487). Es gibt keinen Anhalt dafür, dass Angaben, die der Gläubiger in seinem Vollstreckungsantrag (nur) zu machen hätte, Feststellung der Voraussetzungen des § 852 Abs. 1 ZPO durch das Vollstreckungsgericht ermöglichen und der Pflichtteilsanspruch als „angebliche" Forderung auf schlüssiges Gesuch des Gläubigers gepfändet (Rdn. 486), aber erst nach Prüfung durch das Vollstreckungsgericht, dass dieser Vollstreckungszugriff die erstrebte rechtliche Wirkung hat, beim Prozessgericht geltend gemacht werden könnte.

Als Maßnahme der Zwangsvollstreckung begründet Überweisung zur Einziehung Wirkung (zunächst) nur für den durch den Eintritt der Voraussetzungen des § 852 Abs. 1 ZPO aufschiebend bedingt verwertbaren Pflichtteilsanspruches. Ebenso wie das eingeschränkte Pfandrecht an diesem Anspruch zum vollwertigen Pfandrecht wird, wenn die Voraussetzungen des § 852 Abs. 1 ZPO für einen umfassenden Zugriff erfüllt sind oder werden (Rdn. 271), erwirbt der Gläubiger erst damit die uneingeschränkte Einziehungsbefugnis. Vergleichbar damit ist die Pfändung und Überweisung eines aufschiebend bedingten Anspruchs. Sie ist zulässig (zur Pfändung Rdn. 25; zu Überweisung BGH 53, 29 [32]), obgleich der Anspruch vor Eintritt der Bedingung im Wege des Zwangszugriffs nicht verwertbar ist[33].

Der BGH meint schließlich, mit Aufnahme eines Hinweises in den Pfändungsbeschluss könne der denkbaren Gefahr vorgebeugt werden, dass allein die Zustellung des Pfändungsbeschlusses den Drittschuldner zu einer Zahlung an den Gläubiger veranlasst. Das ist missverständlich, weil Pfändung allein dem Gläubiger nicht berechtigt, die Forderung einzuziehen und es dem Drittschuldner nicht ermöglicht, an den Gläubiger zu leisten. Durchaus möglich und klarstellend geboten ist es jedoch, durch Fassung des Wortlauts des Überweisungsbeschlusses auf das zunächst nur eingeschränkte Pfandrecht und die unter der aufschiebenden Bedingung des § 852 Abs. 1 ZPO begründete Einziehungsbefugnis des Gläubigers hinzuweisen. *Beispiel:*
Die Pfändung begründet ein vollwertiges Pfandrecht (§ 804 Abs. 1 ZPO) nur für den Fall, dass der Pflichtteilsanspruch durch Vertrag anerkannt oder

---

31 Begründung des CPO-ÄndG, *Hahn/Mugdan*, 8. Band (1898) S. 159.
32 So zutreffend *Stein/Jonas/Brehm*, ZPO, Rdn. 4 zu § 852.
33 *BGH* 123, 183 (187).

rechtshängig geworden ist oder wird (§ 852 Abs. 1 ZPO). Erst damit erlangt der Gläubiger durch die Überweisung der gepfändeten Pflichtteilsforderung die uneingeschränkte Einziehungsbefugnis.

dd) Nach wirksamer Pfändung und Überweisung kann der Gläubiger die Erfüllung eines vertraglich anerkannten oder rechtshängigen Pflichtteilsanspruchs fordern und vom Erben Auskunft über den Bestand des Nachlasses verlangen (§ 2314 BGB). 273c

ee) *Verpfändung* (§ 1273 BGB) vor oder nach Pfändung begründet noch kein vollwertiges Pfandrecht, gibt dem pfändenden Gläubiger somit noch nicht die Befugnis, den Pflichtteilsanspruch geltend zu machen[34]. Auch nach Verpfändung muss der Anspruch geltend gemacht werden, und zwar vor Pfandreife vom Schuldner und Pfandgläubiger gemeinsam (§ 1281 S. 2 BGB); diese Entscheidung, ob der Anspruch geltend gemacht werden soll, kann daher nicht schon nach Verpfändung einem Dritten zufallen; der Anspruch bleibt vielmehr unverändert in seiner zwangsweisen Verwertbarkeit aufschiebend bedingt. Entsprechendes muss für Abtretung nach Pfändung (sonst Rdn. 272) gelten. 273d

ff) Solange noch nicht feststeht, ob der Schuldner Miterbe oder Pflichtteilsberechtigter ist, kann der Miterbenanteil und (alternativ) auch der Pflichtteilsanspruch gepfändet werden[35]. Damit ist frühzeitiger Vollstreckungszugriff für den Fall gewährleistet, dass der Schuldner nach Pfändung des Miterbenanteils die Erbschaft ausschlägt oder sonst als Miterbe ausscheidet, wie z. B. dann, wenn sich noch eine Verfügung von Todes wegen des Erblassers findet[36]. 273e

gg) Pfändbar ist der Anspruch auf den Pflichtteil *vom Erbfall an*, mit dem er entsteht (§ 2317 Abs. 1 BGB). Vor dem Erbfall besteht keine „Anwartschaft" oder „künftige Forderung" auf den Nachlass (vgl. Rdn. 1481) oder gegen den Erben. Vor dem Tod des Erblassers ist ein später möglicher Pflichtteilsanspruch nur eine nicht pfändbare Erwartung[37]. 274

f) *Zur Pflichtteilsbeschränkung in guter Absicht* (§ 2338 BGB) siehe § 863 ZPO. 275

47. Postbank-Girokonto

Muster für Pfändungsbeschluss: wie Rdn. 155 und 158. 276

Schrifttum: *Stöber*, Pfändung eines Postbank-Girokontos, Rpfleger 1995, 277.

a) Die Deutsche Postbank AG, Sitz Bonn, ist als Aktiengesellschaft Kreditinstitut im Sinne des Kreditwesengesetzes. Die Geschäftsverbindungen mit ihr bestehen daher als privatrechtliche Rechtsbeziehungen[1]. Der An- 277

---

34 Anders *Kuchinke* NJW 1994, 1769, der die Verpfändung der Übertragung gleich erachtet.
35 *Stöber* a.a.O.; **anders** *Behr* JurBüro 1996, 65 (66).
36 *Stöber* a.a.O.
37 *Stöber* a.a.O.
1 Zum früheren (öffentlich-rechtlichen) Postnutzungsverhältnis siehe noch 9. Aufl. 1990, Rdn. 277. Zum Übergang in privatrechliche Rechtsbeziehungen *Stöber* Rpfleger 1995, 277.

spruch des Postgiroteilnehmers auf Auszahlung seines Guthabens ist Geldforderung, kann somit gepfändet werden. Geführt werden die Postbank-Girokonten bei den Niederlassungen der Deutschen Postbank AG als Kontokorrent nach § 355 HGB (Konten in laufender Rechnung) mit (regelmäßig) vierteljährlichem Rechnungsabschluss.

278 b) *Zu pfänden* ist der Auszahlungsanspruch des Postbank-Girokontoinhabers nach *herkömmlicher Rechtslage* somit als *Kontokorrentanspruch*[2]. Es gelten damit die Grundsätze, nach denen Pfändung der Forderung eines Bank- oder Sparkassenkunden in laufender Rechnung zu erfolgen hat (hierzu Rdn. 154 ff.). Zu unterscheiden sind insbesondere

aa) die Pfändung des *gegenwärtigen Saldos*, d. i. der Anspruch auf Zahlung des Überschusses (Guthabens), der sich bei Saldoziehung im Augenblick der Pfändung ergibt. Erfasst wird von ihr der sog. Zustellungssaldo (Rdn. 155 b–155 g);

bb) die Pfändung des *künftigen Guthabens*; sie muss besonders beantragt und im Pfändungsbeschluss ausdrücklich angeordnet werden. Einzelheiten und Wirkungen Rdn. 156–156 c;

cc) die Pfändung des *Guthabens zwischen den Rechnungsperioden*. Diese Pfändung muss besonders beantragt und ausdrücklich ausgesprochen werden. Einzelheiten und Wirkungen Rdn. 157–157 c;

dd) die Pfändung des Anspruchs auf Gutschrift der eingehenden Gelder. Hierzu näher Rdn. 157 e.

Zum Dispositionskredit siehe Rdn. 116, 117, zur geduldeten Kontoüberziehung siehe Rdn. 119.

Nach Inkrafttreten des § 833 a Abs. 1 ZPO (am 1.7.2010) umfasst die Pfändung des Guthabens eines Kontos bei der Postbank das am Tag der Zustellung des Pfändungsbeschlusses bestehende Guthaben sowie die Tagesguthaben der auf die Pfändung folgenden Tage (Rdn. 158, 158 a). Pfändung des P-Kontos dann Rdn. 158 b.

279 c) aa) *Drittschuldner* ist die Deutsche Postbank AG, Sitz Bonn. Sie ist mit dieser Firma und ihrem Sitz (samt Anschrift) als Drittschuldner im Pfändungsbeschluss hinreichend bezeichnet. Angabe auch der Mitglieder des Vorstands mit ihrem Namen als gesetzliche Vertreter der Drittschuldner-AG (§ 78 Abs. 1 AktG) ist weder erforderlich noch ratsam[3]. Bei Drittschuldnerbezeichnung nur mit Firma und Sitz gebietet bestimmte Bezeichnung der zu pfändenden Forderung des Schuldners auf Auszahlung seines Guthabens auch Angabe der kontoführenden Postbank-Niederlassung[4]. Ohne Nennung der kontoführenden Niederlassung der Postbank AG für Bezeichnung der Schuldnerforderung würde ein Pfändungsbeschluss nicht mehr in dem erforderlichen Maße ersehen lassen, welche konkrete Forderung gepfändet sein soll. Dieser Pfändungsbeschluss wäre daher unwirk-

---

2 *Stöber* Rpfleger 1995, 277 (278).
3 *Stöber* Rpfleger 1995, 277 (279).
4 *Stöber* Rpfleger 1995, 277 (279).

sam[5]. Noch eingehendere Bezeichnung mit Angabe auch der Kontonummer, unter der das Girokonto bei der Niederlassung geführt wird, empfiehlt sich; notwendig ist diese Angabe jedoch (wie schon bisher) nicht[6], weil es der Postbank auch ohne Nennung der Kontonummer möglich ist, das gepfändete Guthaben des Schuldners zu ermitteln. Ein Pfändungsbeschluss, der die Postgirokontonummer nicht nennt, kann daher nicht als unwirksam angesehen werden[7]. Es haftet nur die Post nicht für Nachteile aus Verzögerungen, die sich trotz Bearbeitung der Pfändung mit der gebotenen Beschleunigung nicht vermeiden lassen, also insbesondere nicht für Auszahlungen unmittelbar nach Zustellung des Beschlusses, aber vor Feststellung des Kontos. Ob die vom Gläubiger angegebene Kontonummer richtig ist, muss das Vollstreckungsgericht bei Erlass des Pfändungsbeschlusses nicht prüfen[8].

bb) Die *kontoführende Niederlassung* ist als Zweigniederlassung (§§ 13, 13 a HGB) nicht rechtsfähiger Teil der Postbank AG. Eigene Rechtspersönlichkeit hat nur die juristische Person als solche (§ 1 Abs. 1 AktG). Doch unterhält die Postbank AG ihre Geschäftsverbindungen zu Kunden über die kontoführenden Niederlassungen. Bei dem Gericht des Orts, wo sich eine Niederlassung befindet, hat die Postbank AG einen besonderen Gerichtsstand (§ 21 Abs. 1 ZPO). Das ermöglicht es auch, die Postbank AG als Drittschuldnerin mit der Firma (Zweigniederlassungseigenschaft) ihrer kontoführenden Niederlassungen zu bezeichnen. Diese Drittschuldnerbezeichnung ist für den sicheren und zügigen Zugriff auf ein Postgiroguthaben naheliegend und ratsam.

280

d) *Zustellungen* an die Postbank AG erfolgen nach § 170 Abs. 1 und 3 ZPO an ein Mitglied des Vorstands als gesetzlicher Vertreter. Zustellung kann

281

---

5 *Stöber* Rpfleger 1995, 277 (280).
6 *Stöber* Rpfleger 1995, 277 (280) Vgl. dazu auch *BGH* Betrieb 1972, 721, der für die Ausführung von Überweisungsaufträgen durch die Bank in aller Regel die Bezeichnung des Empfängers und nicht die Kontonummer für maßgebend hält. Der *BGH* führt dazu aus: „Bei Überweisungsaufträgen hat die Bank allerdings, wie der erkennende Senat entschieden hat (*BGH* WM 1968, 368), in aller Regel von der angegebenen Bezeichnung des Empfängers, nicht dagegen von der Kontonummer auszugehen, weil die Nummernangabe in erster Linie der Geschäftserleichterung der Bank dient, Hilfsmittel für die Auffindung des Kontos des angegebenen Empfängers ist und die Bank in ihrem Geschäftsbetrieb berücksichtigen muss, dass Irrtümer ihrer Kunden bei der Angabe der oft vielstelligen Zahlen leicht entstehen können. Das schließt aber nicht aus, dass im Einzelfall der Kontonummer eine weitergehende Bedeutung zukommt." Siehe außerdem *BGH* MDR 1987, 737 = NJW 1987, 1825: Empfängerbezeichnung ist (trotz anders lautender AGB-Regelung) maßgebend, wenn das angegebene Konto des Zahlungsempfängers nicht existiert; *BGH* 108, 386 = MDR 1990, 242 = NJW 1990, 250 und *BGH* NJW 1991, 3208: Empfängerbezeichnung ist bei Divergenzen zwischen dem Namen des Empfängers und dem angegebenen Konto maßgebend; außerdem *BGH* MDR 1969, 121 = NJW 1969, 320; *OLG Frankfurt* MDR 1983, 844 = NJW 1983, 1681 = OLGZ 1983, 359; *OLG Hamm* NJW-RR 1991, 1455 und NJW-RR 1992, 1138; *LG Freiburg* BB 1978, 474 = NJW 1978, 1862 mit Anm. *Hintermeier*.
7 Siehe dazu Rdn. 332 und dort Fußn. 6; auch *Lieseke* WM 1975, 318.
8 *Stöber* ZeitschrPrJAmtm. 1932, 113.

zudem an den Leiter der kontoführenden Niederlassung als „Vorsteher" erfolgen (§ 170 Abs. 2 ZPO). Ebenso wie zur Drittschuldnerbezeichnung kann die Postbank AG auch als Zustellungsadressat in der Zustellungsurkunde und (oder) Anschrift der Postsendung mit der Firma der Aktiengesellschaft oder der Anschrift der kontoführenden Niederlassung genannt werden. Ersatzzustellung ermöglicht § 178 Abs. 1 Nr. 2 ZPO auch in den Räumen der kontoführenden Postbank-Niederlassung. Der Zustellung an den Leiter einer anderen Niederlassung der Postbank AG als der bei Drittschuldnerbezeichnung benannten kontoführenden Niederlassung kann jedoch keine Wirksamkeit zukommen.

282 e) Führt die vom Wirksamwerden der Pfändung mit Zustellung des Pfändungsbeschlusses unter der Anschrift des Sitzes der Postbank AG in Bonn nicht unterrichtete kontoführende Postbankniederlassung noch einen Schuldnerauftrag über das Guthaben aus, ist die Drittschuldnerin geschützt[9] (vgl. Rdn. 566, 567). Drittschuldnerpflicht ist jedoch insbesondere auch sofortige fernmündliche oder fernschriftliche Verständigung der kontoführenden Niederlassung. Die technischen Möglichkeiten des Fernmeldewesens schränken den Drittschuldnerschutz auf eine kurze Zeitspanne ein. Schutz gegen organisatorische Versäumnisse im Geschäftsbetrieb der Bundespost als Drittschuldnerin begründet das nicht[10].

283 f) Dass die Geschäftsverbindungen der Postbank AG zu Girokontoinhabern als privatrechtliche Rechtsbeziehungen unter Einbeziehung Allgemeiner Geschäftsbedingungen bestehen, konnte in der Vollstreckungspraxis nicht sogleich Aufmerksamkeit finden. Pfändung des Anspruchs des Postgiroteilnehmers ist daher früher noch unverändert als Pfändung der Forderung „auf Auszahlung des gegenwärtigen Guthabens und der mit künftigen Gutschriften entstehenden weiteren Guthaben" erfolgt[11]. Auslegung des Pfändungsbeschlusses ermöglicht und gebietet es, diese Vollstreckung als Pfändung der sämtlichen Kontokorrentansprüche anzusehen[12].

283a g) Für die Pfändung der Ansprüche aus Geschäftsbeziehung über andere Finanzdienstleistungen der Postbank AG (Postbank-Karte; Scheckverkehr usw.) gilt Gleiches wie für Pfändung der Ansprüche aus Dienstleistungen einer Bank oder Sparkasse.

h) Wegen der Pfändung von Postgirokontoguthaben nach Gutschrift unpfändbarer Bezüge siehe Rdn. 1281 ff. und 1423 ff.; zum Anderkonto siehe Rdn. 400.

i) Zur *Erklärungspflicht* der Postbank AG nach § 840 ZPO siehe Rdn. 627.

48. Prostituiertenforderung

284 Die Forderung auf Zahlung des (vorher vereinbarten) Entgelts für Vornahme sexueller Handlungen (genau § 1 Ges.) kann nicht abgetreten (§ 2 Gesetz zur Regelung der Rechtsverhältnisse der Prostituierten vom 20.12.2001, BGBl I 3983) und daher auch nicht gepfändet werden (§ 851 Abs. 1 ZPO).

---

9 *Stöber* Rpfleger 1995, 277 (280).
10 *Stöber* Rpfleger 1995, 277 (280).
11 Zu dieser früheren Fassung des Pfändungsbeschlusses siehe 10. Aufl. 1993, Rdn. 276.
12 Dazu *Stöber* Rpfleger 1995, 277 (280).

49. Rechtsanwalt und Rechtsbeistand

a) *Mandantengelder*

Gefändet wird die angebliche Forderung des Schuldners an Rechtsanwalt ... – Drittschuldner – auf Herausgabe (Auszahlung) der für den Schuldner in der Rechtssache gegen ... wegen Zahlung des Entgelts für Verputzarbeiten an dem Wohnhaus ... straße Nr. ... (oder z. B. „für den Schuldner als Miterbe nach seinem am ... verstorbenen Vater ... bei Nachlassauseinandersetzung") eingezogenen (beigetriebenen) Gelder unter Einschluss der künftig noch eingehenden Beträge. **285**

Schrifttum: *Schalhorn*, Ist die Pfändung eines Guthabens, das der Auftraggeber bei seinem Rechtsbeistand (Rechtsanwalt) hat, durch einen Gläubiger zulässig? JurBüro 1975, 1315; *Mümmler*, Zur Pfändung von Einziehungsforderungen, JurBüro 1977, 311.

aa) Die von einem Rechtsanwalt (Rechtsbeistand) für seinen Auftraggeber eingezogenen (beigetriebenen) Gelder sind dem Mandanten nach §§ 675, 667 BGB herauszugeben. Der Anspruch des Auftraggebers an seinen Rechtsanwalt (Rechtsbeistand) auf Auszahlung eingezogener (beigetriebener) Geldbeträge ist als Geldforderung nach § 829 ZPO pfändbar[1]. Pfändungsbeschränkungen bestehen nicht; der Anspruch kann jedoch u.U. dem allgemeinen Pfändungsschutz des § 811 Abs. 1 Nr. 8 ZPO unterliegen. Das gilt auch, wenn der an den Vertreter des Schuldners geleistete Anspruch unpfändbar war, weil der unpfändbare Anspruch mit Erfüllung durch Leistung an den Rechtsanwalt (-beistand) erloschen ist (dazu Rdn. 17). **286**

bb) Für konkrete Bezeichnung der Forderung im Pfändungsbeschluss (Rdn. 496) kann eine nur allgemein gehaltene Umschreibung (etwa „Auszahlung eingezogener Gelder") nicht genügen. Die Rechtssache, in der die auszuzahlenden Gelder erlangt sein sollen (oder eine fortwährende Inkassotätigkeit; siehe nachf.) muss jedenfalls in groben Zügen gekennzeichnet sein. Ob Bezeichnung nur noch allgemein mit „Auszahlungsansprüche aus Verwahrung, Verwaltung, Geschäftsbesorgung, Mandatsverhältnis, insbes. aus der Erbschaftsangelegenheit"[2] genügt, erscheint zweifelhaft. Weitergehende, somit nähere Bezeichnung ist jedenfalls anzustreben. Was noch als ausreichend angesehen werden kann, wird sich vielfach nach den Besonderheiten des Einzelfalls bestimmen (vgl. Rdn. 514). Rechtlich richtige Benennung kann so wenig gefordert werden wie übermäßige Anforderungen im Hinblick darauf nicht gestellt werden können, dass der Gläubiger die Verhältnisse des Schuldners nicht näher kennt. Auf zukünftige Forderungen ist die Pfändung ausdrücklich zu erstrecken (Rdn. 500). **287**

cc) Periodische Rechnungslegung mit entsprechender Auszahlungspflicht kann vereinbart sein, wenn der Rechtsanwalt (-beistand) für seinen Auftraggeber in vielen Angelegenheiten über einen längeren Zeitraum hin- **288**

---

1   *Schalhorn* JurBüro 1975, 1315; allgemein zur Pfändbarkeit des Anspruchs aus § 667 BGB: *Staudinger/Wittmann*, BGB, Rdn. 3 zu § 667.
2   Hat *LG Berlin* Rpfleger 1993, 168 für genügend erachtet.

weg Einziehungsaufträge besorgt[3] (Inkassotätigkeit). Auch wenn der Auftraggeber Kaufmann ist, wird dann eine Kontokorrentabrede regelmäßig nicht vorliegen[4]. Die Pfändung erfasst dann die Forderung auf Auszahlung künftig eingehender Mandantengelder nur, wenn das im Pfändungsbeschluss angeordnet ist[5]; das kann sich auch durch Auslegung ergeben (dazu Rdn. 509).

289 dd) Mit Kosten als Geldanspruch aus dem Auftragsverhältnis kann der Rechtsanwalt (-beistand) nach Maßgabe des Rdn. 572 Gesagten aufrechnen.

ee) Zur Pfändung, wenn der Rechtsanwalt (-beistand) über Mandantengeld als Treuhänder verfügt, und zur Abgrenzung der Treuhandtätigkeit von der Berufstätigkeit des Prozessbevollmächtigten im Zwangsvollstreckungsverfahren Rdn. 402.

b) *Regressanspruch*

290 Ein Regressanspruch (Ersatzanspruch) des Schuldners gegen seinen Rechtsanwalt ist pfändbar[6], und zwar auch dann, wenn er darauf beruht, dass der Schuldner den Rechtsstreit gegen den Gläubiger zu Unrecht verloren hat, er sich somit daraus ergibt, dass der Rechtsstreit, in dem der Titel erwirkt wurde, falsch entschieden worden ist[7]. Die Pfändung des Regressanspruchs erstreckt sich (ohne besonderen Ausspruch im Pfändungsbeschluss) auch auf einen (selbstständig nicht pfändbaren) sekundären Ersatzanspruch[8], der durch neue, schuldhafte Verletzung der Pflichten aus dem Anwaltsvertrag verursacht ist[9], und zwar auch dann, wenn dieser erst später entsteht[10].

50. Rechtsschutzversicherung

291 Die Rechtsschutzversicherung ist Schadensversicherung (zu dieser Rdn. 310). Es gelten daher deren allgemeine Vorschriften (§§ 74–87 VVG). Der Anspruch aus einer Rechtsschutzversicherung geht auf Schuldbefreiung. Als solcher ist der Rechtsschutzversicherungsanspruch nicht pfändbar[1] (Rdn. 95). Das gilt nur nicht für den Gläubiger, von dessen Forderung der Versicherte freigestellt werden soll (so z. B. für den Rechtsanwalt wegen seiner Gebührenforderung, für die Justizkasse wegen Gerichtskos-

---

3 *BGB-RGRK/Steffen*, Rdn. 8 zu § 666.
4 Abweichend offenbar *Mümmler* JurBüro 1977, 311.
5 Dazu Rdn. 500; dazu auch *Mümmler* JurBüro 1977, 311, in dem dort besprochenen Fall waren aber die Ansprüche „aus den laufenden Einziehungssachen" gepfändet, was im Grunde auf die Mitpfändung auch der künftigen Auszahlungsforderungen hinweist.
6 *BGH* MDR 1996, 206 (Leits.) = NJW 1996, 48 (49); *OLG Köln* OLGR 2002, 241 = VersR 2002, 1106.
7 *BGH* NJW 1996, 48 (49) = a.a.O.
8 *BGH* NJW 1996, 48 (51) = a.a.O.
9 Zu diesem Sekundäranspruch s. *BGH* 94, 380 (385, 386).
10 *BGH* a.a.O. (Fußn. 8).
1 *OLG Hamm* Betrieb 1984, 1345 = JurBüro 1984, 789; *Bergmann* VersR 1981, 512 (515); *Mümmler* JurBüro 1984, 1601 (1613).

ten); er kann den wegen seiner Forderung (nicht wegen anderer Ansprüche) bestehenden Schuldbefreiungsanspruch pfänden[2]. Als Geldanspruch des Versicherungsnehmers an den Versicherer besteht ein Zahlungsanspruch, wenn der Versicherungsnehmer den Kostengläubiger (erlaubt) unmittelbar befriedigt hat (§ 106 S. 2 VVG). Dieser Zahlungsanspruch unterliegt keiner Pfändungsbeschränkung. Als Geldforderung kann er von allen Gläubigern der Versicherten gepfändet werden[3]. Die Angabe der Versicherungsnummer des Rechtsschutzversicherungsvertrags ist neben sonst bestimmter Bezeichnung des gepfändeten Anspruchs nicht notwendig[4].

51. Reisevertragsansprüche

Schrifttum: *Müller*, Die Pfändbarkeit des Anspruchs aus § 651 f Abs. 2 BGB, Jur-Büro 1986, 1459.

Ansprüche des Schuldners (als Reisender) an einen Reiseveranstalter auf Aufwendungsersatz nach Selbstabhilfe bei mangelhafter Leistung (§ 651 c Abs. 3 BGB), auf Rückzahlung eines Teils des Reisepreises nach Minderung (s. § 651 d BGB), nach Rücktritt vor Reisebeginn (s. § 651 i BGB) sowie nach Kündigung (s. § 651 e, j BGB)[5] oder auf Schadensersatz (§ 651 f BGB), auch soweit der Anspruch auf Geldersatz für nutzlos aufgewendete Urlaubszeit geht[6] (§ 651 f Abs. 2 BGB), sind als Geldforderungen pfändbar. Der Pfandgläubiger ist berechtigt, einen zur Minderung führenden Mangel für den Schuldner anzuzeigen; er kann für den Schuldner (Reisenden) aber nicht die Kündigung des Reisevertrags oder den Rücktritt vom Reisevertrag erklären und auch Teilnahme eines Dritten an der Reise nicht verlangen (§ 651 b BGB) (vgl. Rdn. 37).

Die von einem Reiseveranstalter zu erbringende Sicherstellung für den Isolvenzfall (§ 651 k BGB) begründet einen unmittelbaren Anspruch des Reisenden gegen den Versicherer oder das Kreditinstitut (§ 651 k Abs. 3 BGB). Als solcher ist die Sicherheit nach den für ihre Art im Einzelfall geltenden Bestimmungen pfändbar. Bei Pfändung der Sicherheit für notwendige Aufwendungen der Rückreise kann Schutz nach § 765 a ZPO in Betracht kommen.

292

52. Rückabwicklungsanspruch

Gepfändet werden die angeblichen (auch künftigen) Forderungen des Schuldners an ... – Drittschuldner – auf

293

---

2   *Kurzka* VersR 1980, 12; *Bergmann* und *Mümmler* je a.a.O. Die Pfändung bewirkt keinen Verlust der Prozeßführungsbefugnis, *OLG Hamm* VersR 1982, 749 (Leits.).
3   *Kurzka* a.a.O.
4   *OLG Hamm* a.a.O.
5   Kündigung nach § 651 e BGB begründet ein beiderseitiges Rückgewährschuldverhältnis, *BGH* 85, 50 = NJW 1983, 33.
6   So auch *Müller* JurBüro 1986, 1459; *OLG Hamm* VersR 1989, 1121.

- *Rückzahlung der Kaufpreisrate(n) oder des gesamten Kaufpreises, die bzw. der auf Grund des von Notar ... am ... Urk.R.Nr. ... beurkundeten Kaufvertrags über das Grundstück ... gezahlt wurde(n) (oder noch gezahlt wird) und nach Rücktritt vom Vertrag zurückzugewähren oder wegen Unwirksamkeit (Nichtigkeit) des Vertrags zu erstatten ist sind);*
- *Zahlung etwaiger Rückgewährkosten sowie auf Herausgabe oder Vergütung von Nutzungen und Ersatz von Verwendungen.*

293a a) Ein Vertragsverhältnis kann durch vorbehaltenen oder gesetzlich möglichen *Rücktritt* (bei Eigentumsvorbehalt z. B. nach § 323 BGB) in ein Abwicklungsverhältnis umgewandelt werden. Die Parteien sind, wenn der Rücktritt erfolgt (für Schuldner nach Pfändung siehe Rdn. 562 a) verpflichtet, einander die empfangenen Leistungen rückzugewähren (§ 346 Abs. 1 BGB); für nicht zurückgewährbare Leistungen und Nutzungen ist Wertersatz zu leisten (§ 346 Abs. 2 BGB).

293b b) Die Forderung auf *Rückgewähr* nach Rücktritt von einem Vertrag sowie in sonstigen Fällen ist *pfändbar*. Die Pfändung bestimmt sich nach den für die zu erbringende Leistung im Einzelfall geltenden Vorschriften. Pfändung eines Zahlungsanspruchs (einer Geldforderung) erfolgt somit nach § 829 ZPO (bei hypothekarischer Sicherung nach § 830 ZPO), Pfändung auf Herausgabe oder Leistung einer körperlichen Sache nach §§ 846, 847 ZPO usw. Als zukünftige – abtretbare[1] – Forderung oder zukünftiger Anspruch gepfändet werden können bereits vor Erklärung des Rücktritts die Geldforderung und ebenso ein Anspruch auf Rückgewährung (Übertragung) eines Rechts oder Leistung einer körperlichen Sache, die geschuldet sind, wenn der Rücktritt erfolgt.

293c c) Die Pfändung der Leistung, die der Schuldner nach dem durch Rücktritt in ein Abwicklungsverhältnis umgewandelten Vertrag zu erhalten (zu fordern) hatte, erstreckt sich nicht auf den Anspruch aus dem Abwicklungsverhältnis. Die Pfändung des Anspruchs auf Verschaffung des Eigentums an einer verkauften Sache (§ 433 Abs. 1 BGB) als Sachleistungsanspruch (§§ 846–848 ZPO) erfasst daher nicht auch den Anspruch aus dem Abwicklungsschuldverhältnis auf Rückzahlung des Kaufpreises (keine Forderungsauswechslung). Das ist allerdings nicht geklärt und wegen des Meinungsstreits über die Rechtsnatur des Abwicklungsverhältnisses[2] nicht sicher bestimmbar. Es sollte jedoch nicht von Belang sein, ob das Abwicklungsverhältnis als gesondertes Schuldverhältnis (Rücktritt als Erlöschenstatbestand des ursprünglichen Schuldverhältnisses) zu sehen ist oder ob von der Umwandlung (Umgestaltung) des ursprünglichen Vertragsverhältnisses auszugehen ist. Denn der Pfändung als Maßnahme der Zwangsvollstreckung in das bewegliche Vermögen unterliegen Forderungen und andere Vermögensrechte des Schuldners (§§ 828–863 ZPO); auf dessen

---

1 *BGH* MDR 1973, 1012 = NJW 1973, 1793.
2 Dazu *BGH* 88, 46 (48, 49) = MDR 1983, 1009 = NJW 1984, 42; *BGH* NJW 1990, 2068; *MünchKomm/Janßen*, BGB, Rdn. 45, 46 vor § 346.

Rechtsstellung als Partner eines schuldrechtlichen Vertrags oder eines (gesetzlichen) Schuldverhältnisses und damit auf die durch Gestaltung des Schuldverhältnisses entspringenden Forderungen und sonstigen Rechte erstreckt sich die Pfändung nicht (vgl. Rdn. 562). Vermögenswerte, die dem Schuldner auf solche Weise für Gläubigerbefriedigung erwachsen, müssen selbstständig gepfändet werden. Das erfordert Pfändungsbeschluss, der eine solche zu pfändende Forderung des Schuldners an den zur Rückgewähr verpflichteten Drittschuldner (bzw. den zu pfändenden sonstigen Anspruch) als Gegenstand der Vollstreckungsmaßnahme bestimmt zu bezeichnen (Rdn. 496) und wegen dieser Forderung (dieses Anspruchs) dem Drittschuldner Zahlung (Leistung) zu verbieten hat (§ 829 Abs. 1 ZPO). Rücktritt beseitigt den Erfüllungsanspruch aus dem Vertragsverhältnis[3]. Dieser setzt sich daher nicht in dem Rückgewähranspruch fort; der Rückgewähranspruch ist mit dem (gepfändeten) vertraglichen Leistungsanspruch nicht identisch[4]. Surrogation kann daher nicht angenommen werden; Fortwirkung des am Erfüllungsanspruch begründeten Pfandrechts scheidet mithin aus. Es lässt sich auch kein Anhalt für Auslegung finden, dass in der Pfändung des Leistungsanspruchs auch eine Pfändung des künftigen Rückgewähranspruchs liegen könnte, zumal Mitpfändung einer künftigen Forderung im Pfändungsbeschluss bezeichnet sein müsste (Rdn. 500).

53. Rückerstattungsanspruch

Schrifttum: *Weißstein,* Sind in der amerikanischen und britischen Zone die Pfändung und Überweisung von Rückerstattungsansprüchen zulässig? BB 1951, 292.

a) Ansprüche auf Rückerstattung der Opfern des Nationalsozialismus entzogenen Vermögenswerte sind in der ehem. amerikanischen und britischen Zone (im Gegensatz zur französischen Zone) schlechthin und ohne weitere Genehmigung pfändbar[1]. Die Pfändung muss in der für den zu leistenden Anspruch bestimmten Form durchgeführt werden, beim Zugriff auf eine Geldforderung sohin nach § 829 ZPO, bei Vollstreckung in den Anspruch auf Rückgabe eines Grundstücks nach §§ 846 ff. ZPO. Drittschuldner ist der zur Rückerstattung verpflichtete Dritte.

294

b) Rückerstattungsrechtliche Ansprüche *gegen das ehemalige Deutsche Reich* und gleichgestellte Rechtsträger werden nur als Geldforderungen geschuldet. Diese Forderungen sind pfändbar. Dies bestimmt

§ 8 BRüG[2]
Rückerstattungsrechtliche Ansprüche (§§ 1, 3) können abgetreten, verpfändet oder gepfändet werden.

---

3   *MünchKomm/Gaier,* BGB, Rdn. 41 vor § 346.
4   *BGB-RGRK/Ballhaus,* Rdn. 16 zu § 346.
1   *AG München* NJW 1953, 1922; *Weißstein* BB 1951, 292.
2   Bundesgesetz zur Regelung der rückerstattungsrechtlichen Geldverbindlichkeiten des Deutschen Reichs und gleichgestellter Rechtsträger (Bundesrückerstattungsgesetz, BRüG). Vom 19. Juli 1957, BGBl S. 734.

Drittschuldner ist die Bundesrepublik Deutschland, vertreten durch die zuständige Oberfinanzdirektion[3].

54. Schadensausgleich nach dem Bundespolizeigesetz[1]

295 Der Schadensausgleich, der für Vermögensschaden oder weitergehend bei einer Verletzung des Körpers, der Gesundheit, oder bei einer Freiheitsentziehung nach §§ 51 ff. BPolG in Geld oder als Kapitalabfindung geleistet wird, ist übertragbar und damit pfändbar (§ 851 ZPO).

Der Ausgleich durch Entrichtung einer Rente für Schmälerung der Erwerbsfähigkeit, Vermehrung der Bedürfnisse oder Unterhaltsschaden ist als Rente nach § 850 b Abs. 1 Nr. 1 oder 2 ZPO anzusehen; er ist daher nur unter den besonderen Voraussetzungen des § 850 b Abs. 2 ZPO pfändbar. Der Ausgleich für entzogenen Unterhalt im Falle der Tötung (§ 53 Abs. 2 BPolG) unterliegt ebenso wie eine andere für die wegen Entziehung einer gesetzlichen Unterhaltsforderung zu entrichtende Rente dem Pfändungsschutz des § 850 b Abs. 1 Nr. 2 ZPO.

55. Schadensersatzforderungen, Enteignungsentschädigung

a) *Schadensersatzforderungen*

Schrifttum: *Bauer*, Umfang und Begrenzung der Zwangsvollstreckung in verkehrsunfallbedingte Schadensersatzforderungen, JurBüro 1962, 655; *Krebs*, Zur Pfändbarkeit von Schadensersatzforderungen, VersR 1962, 389.

296 Für die Pfändung von Schadensersatzforderungen des Schuldners als Geschädigter gegenüber dem Schädiger ist dieser Drittschuldner. Die Haftpflichtversicherungsgesellschaft des Schädigers ist Drittschuldnerin, wenn der Schuldner gegen sie einen unmittelbaren Zahlungsanspruch hat (siehe Rdn. 147, 151 und § 115 Abs. 1 VVG). Der Gläubiger, der die materielle Rechtslage bei Beginn der Zwangsvollstreckung meist noch nicht näher kennt, wird zu seiner Sicherheit die Pfändung sowohl gegen den Schädiger als auch dessen Haftpflichtversicherungsgesellschaft als Drittschuldner ausbringen. Zur Bezeichnung der Schadensforderung im Pfändungsbeschluss s. Rdn. 496 ff.

Die Pfändbarkeit der Forderungen ist wie folgt geregelt:

297 aa) *Renten* wegen einer Verletzung des Körpers oder der Gesundheit sowie Unterhaltsrenten sind nach § 850 b Abs. 1 Nr. 1 u. 2 ZPO nur beschränkt pfändbar; hierzu siehe Rdn. 1006–1014, dort auch zur Pfändbarkeit der wegen entgangener Dienstleistung zu zahlenden Rente.

---

3 *Quardt* MDR 1959, 173.
1 Gesetz über die Bundespolizei (Bundespolizeigesetz – BPolG). Vom 19. Okt. 1994, BGBl I 2978 (mit Änderungen).

bb) Schadensersatz wegen *Verdienstausfalls* ist Arbeitseinkommen; siehe daher Rdn. 895.

cc) Wegen des Anspruchs auf *Schmerzensgeld* siehe Rdn. 326.

dd) Ersatzforderungen für *Sachschaden* sind ohne Einschränkung pfändbar. Sie unterliegen selbst dann unbeschränkt der Pfändung, wenn Ersatz für unpfändbare Sachen geschuldet wird (§ 811 ZPO)[1]. Der schon ausbezahlte Geldbetrag unterliegt nur in den Fällen des § 811 Abs. 1 Nr. 2 und 3 ZPO nicht der Pfändung.

ee) Ersatzforderungen für *Beerdigungskosten* sind unbeschränkt pfändbar[2].

ff) Der als Schaden geschuldete *Unterhaltsaufwand* für ein ungewolltes Kind[3] müsste ebenso wie die Unterhaltsrenten des § 850 b Abs. 1 Nr. 2 ZPO unpfändbar sein[4].

b) *Staatshaftung*

Staatshaftung für Amtspflichtverletzung in Ausübung hoheitlicher Tätigkeit (§ 839 BGB, Art. 34 GG) und für Tätigkeiten eines Bediensteten im bürgerlich-rechtlichen Rechtskreis als verfassungsmäßig berufener Vertreter (§§ 89, 31 BGB) oder als Verrichtungs- oder Erfüllungsgehilfe (§§ 831, 278 BGB) begründet keine Besonderheiten. Schadensersatzforderungen sind daher auch in solchen Fällen nach dem Rdn. 296, 297 Gesagten pfändbar. **298**

c) *Sachverständigenhaftung*

Der Anspruch gegen einen gerichtlich ernannten Sachverständigen auf Ersatz des Schadens, der durch gerichtliche Entscheidung infolge eines vorsätzlich oder grob fahrlässig unrichtig erstatteten Gutachtens entstanden ist (§ 839 a BGB), ist unbeschränkt pfändbar. **298a**

d) *Gefährdungshaftung*

Für Ersatzansprüche aus Gefährdungshaftung gilt das zur Pfändung von Schadensersatzforderungen (Rdn. 296, 297) Gesagte entsprechend. Renten wegen Verletzung des Körpers oder der Gesundheit und Unterhaltsrenten sind mithin nach § 850 b Abs. 1 Nrn. 1 u. 2 ZPO nur bedingt pfändbar. Ersatzansprüche wegen Verdienstausfalls sind nur wie Arbeitseinkommen, Ersatzforderungen für Sachschaden sind uneingeschränkt pfändbar. Schmerzensgeld Rdn. 309. **299**

---

1 *Krebs* VersR 1962, 389; a.A. *Bauer* JurBüro 1962, 655 (658 f.).
2 *Krebs* VersR 1962, 390; **a.A.** *Bauer* a.a.O. (Fußn. 1, Sp. 659), der Unpfändbarkeit annimmt, soweit der notwendige Betrag nicht aus einer Sterbegeld- oder Sozialversicherung gezahlt wird.
3 Dazu *BGH* 124, 128 = MDR 1994, 556 = NJW 1994, 788; *BGH* NJW 1995, 2407; *BGH* 143, 389 = FamRZ 2000, 734 = NJW 2000, 1782, je mit weit. Nachw.; *OLG Düsseldorf* NJW-RR 1995, 788; *Roth* NJW 1995, 2399.
4 **Anders** *Fleischmann* und *Rupp* Rpfleger 1983, 377 (379, zu III 1).

In Betracht kommen z. B.
- Ersatzansprüche nach dem *Haftpflichtgesetz* i.d.F. vom 4.1.1978, BGBl I 145 (mit Änderungen),
- Ersatzansprüche nach dem *Luftverkehrsgesetz* (§§ 33 ff.) und nach dem *Straßenverkehrsgesetz* (§§ 7 ff.),
- Ersatzansprüche nach dem *Atomgesetz* (§§ 25 ff.),
- Ersatzansprüche nach §§ 84 ff. des Gesetzes über den Verkehr mit *Arzneimitteln* i.d.F. vom 12. Dez. 2005, BGBl I 3394 (mit Änderungen),
- Schadensersatzansprüche nach dem *Produkthaftungsgesetz* vom 15. Dez. 1989, BGBl I 2198 (mit Änderungen),
- Schadensersatzansprüche aus Anlagenhaftung bei Umwelteinwirkungen nach dem Gesetz über die *Umwelthaftung* vom 10. Dez. 1990, BGBl I 2634 (mit Änderungen),
- Schadensersatzansprüche, die auf gentechnischen Arbeiten beruhen (§ 32 Gesetz zur Regelung der *Gentechnik* vom 16. Dez. 1993, BGBl I 2067).

e) *Entschädigungsleistungen*

300 Für Entschädigungsleistungen gilt gleiches, soweit keine gesetzlichen Einzelregelungen bestehen[5]. Entschädigungsleistungen für Verdienstausfall sind mithin wie Arbeitseinkommen, Entschädigungsleistungen für unbewegliches Vermögen und bewegliche Gegenstände als Geldforderungen unbeschränkt pfändbar. In Betracht kommen

- Ersatzansprüche für Wild- und Jagdschäden nach §§ 29–33 Bundesjagdgesetz,
- Abgeltungen nach § 20 Bundesleistungsgesetz,
- Entschädigung für Vermögensnachteile nach § 19 Luftverkehrsgesetz (LuftVG, BGBl 2007 I 698),
- Geldentschädigung nach § 32 Pflanzenschutzgesetz (PflSchG, BGBl 1998 I 972),
- Geldausgleich, den der Grundstückseigentümer für Einwirkungen vom Betreiber einer Telekommunikationslinie nach § 76 Abs. 2 Telekommunikationsgesetz (TKG, BGBl 2004 I 1190) verlangen kann,
- Geldentschädigung für Tierverluste nach §§ 66 ff. des Tierseuchengesetzes (TierSG, BGBl 2004 I 1261).

f) *Schadensersatzforderung nach § 717 Abs. 2 ZPO sowie nach Hinterlegung einer Sicherheit*

301 *Gepfändet wird der angebliche Anspruch des Schuldners an ... – Drittschuldner – auf Ersatz des Schadens, der ihm als Beklagter durch die Vollstreckung des Urteils des Landgerichts Nürnberg-Fürth vom ..., Aktenz. ... oder durch eine zur Abwendung der Vollstreckung gemachte Leistung entstanden ist.*

302 Wird ein für vorläufig vollstreckbar erklärtes Urteil aufgehoben oder abgeändert, so ist der Kläger zum *Ersatz des Schadens* verpflichtet, der dem Beklagten durch die Vollstreckung des Urteils oder durch eine zur Abwendung der Vollstreckung gemachte Leistung entstanden ist (§ 717 Abs. 2 ZPO). Dieser Anspruch ist zunächst durch die Klageabweisung aufschiebend be-

---

5 Siehe z. B. § 67 IfSG, Rdn. 152 e, oder Entschädigung für Strafverfolgungsmaßnahmen, Rdn. 122.

dingt. Er ist pfändbar, und zwar als künftiger Anspruch auch schon vor der Klageabweisung⁶.

An der Forderung gegen den Fiskus auf *Rückerstattung des durch den Kläger hinterlegten Geldes* oder der hinterlegten Wertpapiere (§ 233 BGB) hat der *ersatzberechtigte Schuldner* ein Pfandrecht erlangt, wenn die Vollstreckung erst nach Sicherheitsleistung erfolgen konnte. Dieses Pfandrecht ist ein Nebenrecht der gesicherten (eventuell noch bedingten) Schadensersatzforderung des § 717 Abs. 2 ZPO. Als solches kann es nicht selbstständig ohne die Schadensersatzforderungen übertragen (§ 1250 Abs. 1 S. 2, § 1273 Abs. 2 BGB) und auch nicht selbstständig gepfändet werden. Es wird als Nebenrecht vielmehr von der Pfändung der Schadensersatzforderung stillschweigend mitergriffen, ohne dass es seiner förmlichen Erwähnung im Pfändungsbeschluss bedarf⁷. Die Hinterlegungsstelle muss dieses Pfandrecht des vollstreckenden Gläubigers berücksichtigen, sobald ihr die wirksame Pfändung bekanntgeworden ist.

303

Die Pfändung der Schadensersatzforderung samt Pfandrecht am Anspruch auf Rückerstattung der Hinterlegungsmasse hindert aber die Prozessparteien nicht, sich unter Ausschluss des Pfändungsgläubigers über die streitbefangene Forderung mit der Wirkung zu vergleichen, dass der Schadensersatzanspruch des § 717 Abs. 2 ZPO wegfällt und damit von selbst das daran erwirkte Pfändungspfandrecht hinfällig wird⁸.

304

Bei Pfändung des Schadensersatzanspruchs wird man eine nähere Bezeichnung der den Schadensersatz begründenden konkreten Ereignisse (z. B. Rückzahlung eingezogener Mietbeträge, Rückzahlung der zur Abwendung der Vollstreckung gezahlten 500 Euro; Erstattung aufgewendeter Zinsen) nicht fordern können. Denn die Verpflichtung zum Schadensersatz des § 717 ZPO ist ein eigener, selbstständiger Rechtsgrund, dessen Benennung eine ausreichend bestimmte Bezeichnung der zu pfändenden Forderung darstellt. Dadurch wird auch gewährleistet, dass die Schadensersatzforderung schon vor dem Schadenseintritt gepfändet und durch diese Pfändung sofort nach Hinterlegung der Sicherheit auf sie Zugriff genommen werden kann.

305

Hat der *Schuldner* Geld als *Sicherheitsleistung* zur Abwendung der Zwangsvollstreckung aus einem nur vorläufig vollstreckbaren Urteil oder nach Einstellung der Zwangsvollstreckung hinterlegt, so hat der Gläubiger an dem Anspruch auf Rückerstattung des hinterlegten Geldes ein Pfandrecht erlangt (§ 233 BGB). Wenn die Forderung des Gläubigers, für die ihm Sicherheit geleistet ist, fällig wird, kann er sich aus ihr durch Einziehung befriedigen (§§ 1282, 1228 Abs. 2 BGB)⁹. Er braucht der Hinterlegungsstelle zu seinem Herausgabeantrag lediglich nachzuweisen, dass die Forderung,

306

---

6 *RG* 145, 328 (331).
7 *RG* a.a.O.
8 *RG* 145, 328.
9 Das gilt auch, wenn die Sicherheit von einem Dritten geleistet ist, siehe *Bülow/Schmidt*, HinterlO, 4. Aufl. 2005, Rdn. 34 und 43 ff. in Anh. zu § 13.

für die die Sicherheit haftet, fällig geworden ist. Dieser Nachweis kann nur durch Vorlage eines rechtskräftigen Urteils (auch Vorbehaltsurteils nach § 599 ZPO) oder eines rechtskräftigen Kostenfestsetzungsbeschlusses, nicht aber auf Grund eines nur vorläufig vollstreckbaren Titels erbracht werden[10]. Infolge dieser vereinfachten Möglichkeit der Befriedigung aus der hinterlegten Sicherheit hat der Gläubiger kein Rechtsschutzbedürfnis für eine Pfändung des Anspruchs des Schuldners auf Herausgabe des hinterlegten Geldes[11]. Der Gläubiger kann den Anspruch des Hinterlegers auf Herausgabe des als Sicherheit hinterlegten Geldes jedoch pfänden, wenn sein Vollstreckungstitel nur vorläufig vollstreckbar ist. Nach Pfändung und Überweisung kann der Gläubiger den Herausgabeanspruch des Hinterlegers geltend machen, mithin die zur Herausgabe des Geldes erforderliche Erklärung des Schuldners (als Hinterleger, § 13 HinterlO) abgeben. Auch bei Vorlage eines rechtskräftigen obsiegenden Urteils kann der Gläubiger den Anspruch als Hinterleger auf Herausgabe der Sicherheit pfänden, wenn nicht durch Geldhinterlegung, sondern auf andere Weise Sicherheit geleistet worden ist.

g) *Enteignungsentschädigung und Rechte Dritter*

307 Die *Forderung auf Enteignungsentschädigung* ist als Wertersatzforderung, soweit nicht Besonderheiten vorgesehen sind, unbeschränkt pfändbar.

308 Der an einer enteigneten Sache *berechtigt gewesene Dritte* bleibt, wenn ihm keine besondere Entschädigung gewährt wird, nach Maßgabe der Art. 52, 53 EGBGB an dem Entschädigungsanspruch weiter berechtigt. Der Anspruch des Drittberechtigten auf besondere Entschädigung ist selbstständig pfändbar. Das Recht eines Dritten am Entschädigungsanspruch des Eigentümers ist Recht am Erlös, der an die Stelle eines Pfandes (§ 1247 S. 2 BGB) oder Grundpfandrechts (§§ 1128, 1287 BGB, Art. 53 EGBGB) getreten ist. Das Recht am Erlösanspruch ist wie ein Forderungsrecht zu pfänden (Rdn. 1981), und zwar wegen der fortbestehenden Akzessorietät zusammen mit der gesicherten persönlichen Forderung des berechtigten Schuldners.

308a Sonderregelungen, nach denen zumeist Entsprechendes gilt, z. B. § 97 Abs. 4 BauGB (Entschädigungsfälle auch §§ 18, 28 Abs. 6, 39–44, 93 ff. BauGB); ferner Härteausgleich nach § 181 BauGB; § 72 FlurberG.

56. Schadensersatz für Nichtvermögensschaden

309 *Gepfändet wird die angebliche Forderung des Schuldners an ... – Drittschuldner – auf Zahlung einer Entschädigung in Geld, die als Nichtvermögensschaden („Schmerzensgeld") für die bei dem Unfall am ... in ... verursachte Körperverletzung und Gesundheitsschädigung geschuldet wird.*

---

10 *Bülow/Schmidt*, a.a.O.; vgl. auch *KG* KGJ 43A12.
11 So zutreffend *AG Wedding* Rechtspflegerblatt 1967, 28.

Schadensversicherung

Eine (billige) Entschädigung in Geld kann als Schadenersatz bei Verletzung des Körpers, der Gesundheit, der Freiheit oder der sexuellen Selbstbestimmung wegen des Schadens zu leisten sein, der nicht Vermögensschaden ist (§ 257 Abs. 1 BGB). Verallgemeinernd wird dieser Anspruch auf Ersatz des immateriellen Schadens vielfach (enger) als „Schmerzensgeldanspruch" bezeichnet. Pfändbar ist der Anspruch als Geldforderung nach § 829 ZPO. Die frühere Einschränkung, dass der Anspruch nur bei vertraglicher Anerkennung oder nach Rechtshängigkeit pfändbar war (§ 851 Abs. 1 ZPO), ist mit Aufhebung des § 847 Abs. 1 S. 2 BGB (ab 1. Juli 1990, BGBl 1990 I 478) entfallen. Zur Bezeichnung des Anspruchs im Pfändungsbeschluss s. Rdn. 498.

309a

57. Schadensversicherung (§§ 74–99 VVG)

Schrifttum: *Bauer,* Die Zwangsvollstreckung in Versicherungsleistungen, JurBüro 1961, 98; *Bohn,* Die Zwangsvollstreckung in Rechte des Versicherungsnehmers aus dem Versicherungsvertrag und der Konkurs des Versicherungsnehmers, Festschr. f. Schiedermair, 1976, Seite 33; *Kurzka,* Der Zugriff Dritter auf den Rechtsschutzversicherungsanspruch, VersR 1980, 12.

a) *Pfändung der Schadensversicherung*

aa) Als Schadensversicherung regelt das VVG die

310

– Gebäudefeuerversicherung (§§ 142–149 VVG),
– Haftpflichtversicherung (§§ 100–112 VVG), die Rdn. 145–151 a gesondert dargestellt ist.

Sonderregelungen für die Hagelversicherung und die Tierversicherung trifft es nicht mehr.

Den Versicherer verpflichtet diese Versicherung, nach dem Eintritt des Versicherungsfalls den Vermögensschaden in Höhe der Versicherungssumme zu ersetzen (§ 1 S. 1 VVG). Pfändung des Anspruchs als Geldforderung erfolgt nach § 829 ZPO. Drittschuldner ist die Versicherungsgesellschaft. Angabe der Versicherungsnummer: wie Rdn. 193.

bb) Soweit sich die Versicherung auf eine unpfändbare Sache (§ 811 ZPO) bezieht, schränkt § 17 VVG[1] die Übertragbarkeit und damit auch (§ 851 Abs. 1 ZPO) die Pfändbarkeit ganz wesentlich ein. Die Forderung kann dann nur an solche Gläubiger übertragen und deshalb nur von solchen Gläubigern gepfändet werden, die dem anspruchsberechtigten Schuldner zum Ersatz der zerstörten oder beschädigten Sache eine andere Sache geliefert haben. Dabei ist der Lieferant wegen der Höhe seiner Vollstreckungsforderung nicht auf den Wert der zerstörten Sache beschränkt; hat er

311

---

1 § 17 VVG lautet: Soweit sich die Versicherung auf unpfändbare Sachen bezieht, kann eine Forderung aus der Versicherung nur auf solche Gläubiger des Versicherungsnehmers übertragen werden, die diesem zum Ersatz der zerstörten oder beschädigten Sachen andere Sachen geliefert haben.

eine wertvollere als die untergegangene Sache geliefert, so kann er mithin wegen seiner ganzen Forderung den Versicherungsanspruch pfänden². Dem Lieferanten gleichgestellt ist, wer Geld zur bereits erfolgten Ersatzlieferung gegeben hat. Die Pfändungsbeschränkung des § 17 VVG (mit § 851 Abs. 1 ZPO) soll dem Schuldner die Wiederbeschaffung der (unpfändbaren) Gegenstände ermöglichen. Bei der Neuwertversicherung (jedenfalls für Hausrat) ist unpfändbar daher auch der Anspruch auf den Differenzbetrag zwischen Zeitwert und Neuwert³. Versicherungsleistungen für Reparatur- und Reinigungsarbeiten sind für Wiederherstellung (Wiederverwendung) beschädigter Sachen bestimmt, nach dem Zweck des § 17 VVG (mit § 851 Abs. 1 ZPO) sonach unpfändbar⁴. Dem unbeschränkten Vollstreckungszugriff aller Gläubiger steht die Ersatzforderung oder ihr Spitzenbetrag offen⁵, wenn der Schuldner den unpfändbaren Gegenstand schon aus eigenen Mitteln beschafft hat oder die Neubeschaffung des Gegenstandes überhaupt nicht beabsichtigt oder soweit die Versicherungsforderung den für die Neubeschaffung der unpfändbaren Sache notwendigen Betrag übersteigt. Da bei Erlass des Pfändungsbeschlusses der Schuldner nicht gehört werden kann (§ 834 ZPO), kann im Einzelfall die Frage der Unpfändbarkeit nur im Erinnerungsverfahren geprüft werden. Der Pfändungsbeschluss muss daher auf Antrag immer erlassen werden, wenn der Gläubiger schlüssig vorträgt, die zu pfändende Versicherungsforderung beziehe sich nicht oder nicht mehr auf eine unpfändbare Sache. Zinsen und Kosten(Aufwendungs)ersatz unterliegen der Pfändungsbeschränkung des § 17 VVG nicht.

312 cc) Für *mehrere Personen* als Versicherungsnehmer (seltenerer Fall) bestimmen sich die Berechtigung und damit auch Zulässigkeit und Möglichkeit der Pfändung nach dem zwischen ihnen als Vertragspartner (gemeinsame Versicherungsnehmer) bestehenden Rechtsverhältnis. Bruchteilsmiteigentümer eines Vermögensgegenstandes als Versicherungsnehmer werden in der Sachversicherung daher als Mitgläubiger nach § 432 BGB angesehen⁶. Zur Pfändung im Einzelnen Rdn. 61–64 a.

b) *Eigen- und Fremdversicherung*

313 aa) Genommen sein kann die Schadensversicherung (§ 43 VVG)

- im eigenen Namen (Eigenversicherung),
- für fremde Rechnung (Einzelregelung §§ 43–48 VVG).

314 bb) Bei der *Versicherung für fremde Rechnung* stehen die Rechte aus dem Versicherungsvertrag (die „geldlichen" Ansprüche) nicht dem Versicherungsnehmer, sondern (materiell) dem versicherten Dritten zu (§ 44 Abs. 1 S. 1 VVG). Jedoch kann die Übermittlung des Versicherungsscheins nur der

---

2 *Bohn* a.a.O. (Schrifttum) Seite 44.
3 *LG Dortmund* Rpfleger 1988, 154.
4 *LG Dortmund* a.a.O.
5 Siehe auch *Bauer* JurBüro 1961, 98 (99).
6 *OLG Saarbrücken* OLGR 2004, 316.

Versicherungsnehmer verlangen (§ 44 Abs. 1 S. 2 VVG). Soweit nicht Vertragsinhalt gewordene Versicherungsbedingungen (oder Einzelvereinbarungen) Abweichendes vorsehen, gilt sodann:

cc) Der *versicherte Dritte* kann über seine Rechte nur mit Zustimmung des Versicherungsnehmers oder dann verfügen, wenn er im Besitz des Versicherungsscheins ist (§ 44 Abs. 2 VVG). Der *Versicherungsnehmer* kann über die Rechte, die dem Versicherten aus dem Versicherungsvertrag zustehen, im eigenen Namen verfügen (§ 45 Abs. 1 VVG; formelles Verfügungsrecht). Jedoch ist, wenn ein Versicherungsschein ausgestellt ist, der Versicherungsnehmer zur Annahme der Zahlung nur mit Zustimmung des Versicherten oder dann befugt, wenn er im Besitz des Scheins ist (§ 45 Abs. 2 VVG). Mit Zahlung der Versicherungssumme an den Versicherungsnehmer erlischt die Versicherungsforderung[7]. Die *Versicherung* ist zur Zahlung an den Versicherungsnehmer nur verpflichtet, wenn dieser ihr gegenüber nachweist, dass der Versicherte seine Zustimmung zu der Versicherung erteilt hat (§ 45 Abs. 3 VVG).

315

dd) Für das *Innenverhältnis* zwischen Versicherungsnehmer und versichertem Dritten bestimmt § 46 VVG, dass der Versicherungsnehmer nicht verpflichtet ist, dem Versicherten den Versicherungsschein auszuliefern, bevor er wegen der ihm gegen diesen in Bezug auf die versicherte Sache zustehenden Ansprüche befriedigt ist, und dass er sich für diese Ansprüche aus der Entschädigungsforderung sowie nach Einziehung aus der Entschädigungssumme vor dem Versicherten und dessen Gläubigern befriedigen kann. Ob und wann der Versicherungsnehmer als (formell) Einziehungsberechtigter die (eingezogene) Versicherungssumme an den versicherten Dritten auszukehren hat, bestimmt sich nach den Rechtsbeziehungen, die im Innenverhältnis zwischen ihm und dem versicherten Dritten bestehen[8]. Auch dann vielfach, ebenso aber, wenn keine vertragliche Abmachung über die Verwendung der Versicherungssumme besteht, überlässt § 46 VVG dem Versicherungsnehmer das Verfügungsrecht über die Rechte des Versicherten aus dem Versicherungsvertrag nur zu treuen Händen[9]; die gesetzliche Treustellung des Versicherungsnehmers begründet aber jedenfalls einen Auskehranspruch des versicherten Dritten[10].

316

ee) (a) Als pfändbare Ansprüche des *versicherten Dritten* bestehen bei Zwangsvollstreckung gegen ihn als Schuldner somit

317

- seine *Entschädigungsforderung* gegen den Versicherer (die Versicherungsgesellschaft), deren (materiell) Berechtigter er als versicherter Dritter ist (§ 44 Abs. 1 S. 1 VVG),

- sein *Auskehranspruch* an den (formell) im eigenen Namen verfügungsberechtigten Versicherungsnehmer (s. § 45 Abs. 1 S. 1 VVG) auf (vgl. § 44

---

7   *BGH* 32, 44 (51) = MDR 1960, 381 = NJW 1960, 912.
8   *BGH* 32, 44 (51) = a.a.O.; *BGH* 64, 260 (262) = MDR 1975, 742 = NJW 1975, 1273.
9   *BGH* 64, 260 = a.a.O.; *BGH* 113, 151 (154) = MDR 1991, 519 = NJW 1991, 1055; zu früher abweichender Beurteilung siehe *BGH* 32, 44 (51).
10 *BGH* 113, 151 (155, 156) = a.a.O.

Abs. 2 VVG) Auslieferung des Versicherungsscheins und Zustimmung in die Auszahlung der Entschädigungsforderung[11] oder
- nach Einziehung der Forderung – auf Herausgabe (Zahlung) der Entschädigungssumme (je gekürzt um die nach § 46 VVG zu befriedigenden Ansprüche).

Pfändung hat nach § 829 ZPO zu erfolgen. Drittschuldner ist für die Entschädigungsforderung der Versicherer (die Versicherungsgesellschaft), für den Auskehranspruch der Versicherungsnehmer.

318 (b) Mit Pfändung der *Entschädigungsforderung* erlangt der vollstreckende Gläubiger ein Pfandrecht (§ 804 Abs. 1 ZPO; Einziehungsbefugnis nach Überweisung, § 835 ZPO) nur an dem Anspruch des versicherten Dritten (seines Schuldners), nicht aber weitergehende Befugnisse als aus dessen Rechtsstellung folgen[12]. Dem Versicherungsnehmer bleibt daher weiterhin das (formelle) Verfügungsrecht nach § 45 VVG; der Pfandgläubiger hat (auch nach Überweisung) – wie der versicherte Dritte – nicht die Befugnis, die Rechte aus dem Versicherungsvertrag auszuüben[13]. Erst Zustimmung des Versicherungsnehmers oder Besitz des Versicherungsscheins kann es dem vollstreckenden Gläubiger daher ermöglichen, als Pfandgläubiger den Anspruch des versicherten Schuldners auf die Entschädigungsforderung gegen den Versicherer (§ 44 Abs. 2 VVG) geltend zu machen[14]. Als Auskehranspruch sind der Anspruch auf Auslieferung des Versicherungsscheins und Zustimmung in die Auskehrung der Entschädigungsforderung (hilfsweise) pfändbar. Soll Verfügung des Versicherungsnehmers verhindert werden (sofern er dazu im Innenverhältnis nicht mehr befugt ist), muss dem Pfändungsgläubiger daran gelegen sein, rasch in den Besitz des Versicherungsscheins zu gelangen (§ 45 Abs. 2 VVG). Wegnahmevollstreckung beim Versicherungsnehmer durch den Gerichtsvollzieher (§ 883 Abs. 1 ZPO) erfordert Herausgabetitel (Urteil, einstw. Verfügung); § 836 Abs. 3 ZPO ermöglicht Herausgabevollstreckung beim Drittschuldner nicht. Eine Zustimmung des Versicherten (Schuldners) zur Annahme der Zahlung an den Versicherungsnehmer (§ 45 Abs. 2 VVG) kann allein keine Bedeu-

---

11 Dazu auch *OLG Düsseldorf* NJW-RR 1997, 1051.
12 So auch *OLG Düsseldorf* NJW-RR 1997, 1051 = OLGR 1997, 209 (nur Leitsatz). Der Fall betraf die Mitversicherung des Schuldners in der Haftpflichtversicherung seiner Ehefrau; *OLG Hamburg* NJW 1952, 388.
13 *OLG Düsseldorf* a.a.O.; *OLG Hamburg* NJW 1952, 388, das überdies annimmt, die (zulässig) gepfändete Entschädigungsforderung könne dem versicherten Dritten, der nicht im Besitz des Versicherungsscheins ist, ohne Zustimmung des Versicherungsnehmers nicht zur Einziehung überwiesen werden. Doch ist Überweisung als Pfandverwertung für zulässig zu erachten; sie ermächtigt den Gläubiger, das gepfändete Forderungsrecht seines Schuldners wie dieser „im eigenen Namen", somit nach Zustimmung des Gläubigers oder Erlangung des Besitzes am Versicherungsschein geltend zu machen. Das *OLG Düsseldorf* nimmt hingegen an, dass die Überweisung „ins Leere gehe", wenn der versicherte Dritte selbst zur Einziehung noch nicht befugt ist.
14 Siehe auch *OLG Düsseldorf* a.a.O.

tung mehr erlangen, wenn dem Versicherer die Pfändung (die Mitberechtigung des pfändenden Gläubigers) zur Kenntnis gebracht wird.

ff) Ob ein Gläubiger des Versicherungs*nehmers* (dieser ist nicht Gläubiger des Versicherungsanspruchs, siehe Rdn. 314) dessen aus dem Recht zur Verfügung im eigenen Namen (§ 45 Abs. 1 VVG) entspringenden Zahlungsanspruch pfänden kann, ist nicht geklärt. Als Treuhänderforderung wäre für Gläubiger des Versicherungsnehmers dessen Anspruch gegen den Versicherer pfändbar (Rdn. 402). Der Versicherte als Berechtigter der Entschädigungssumme könnte einem solchen Pfändungszugriff jedoch mit Widerspruchsklage (§ 771 ZPO) begegnen (Rdn. 402). Man wird aber weitergehend davon ausgehen können, dass dem formellen Verfügungsrecht des Versicherungsnehmers über die Rechte des Versicherten (§ 45 Abs. 1 VVG) zugleich eine Zweckbindung (Rdn. 14) entspringt, die Pfändung durch Gläubiger des (herausgabepflichtigen) Versicherungsnehmers hindert. Sie ermöglicht aber Pfändung durch einen Gläubiger des Versicherungsnehmers, soweit dieser sich nach § 46 VVG vorrangig befriedigen, die Versicherungsleistung somit im eigenen Namen für eigene Rechnung erheben (oder auch, soweit er sie nach dem Innenverhältnis einbehalten) kann. 319

gg) Ein *Direktanspruch* auf Schadensersatz gegen den Versicherer (der früher nur in der Kraftfahrtversicherung bestand) begründet § 115 Abs. 1 VVG für die Haftpflichtversicherung zur Erfüllung einer Versicherungspflicht, wenn über das Vermögen des Versicherungsnehmers das Insolvenzverfahren eröffnet worden ist (usw.) oder wenn der Aufenthalt des Versicherungsnehmers unbekannt ist. § 45 VVG über das (formelle) Verfügungsrecht des Versicherungsnehmers gilt damit als ausgeschlossen. 320

Die Randnummern 321 und 322 sind entfallen. 321, 322

c) *Hypothekarische Haftung*

Versicherungsforderungen für Gegenstände, die der *Hypothek*, damit auch einer Grundschuld oder Rentenschuld, unterliegen, also für Grundstücke, Gebäude, sonstige Bestandteile und Zubehör, unterliegen der hypothekarischen Haftung (wegen der Einzelheiten siehe §§ 1127–1129 BGB). Als Geldforderungen können sie durch Pfändungsbeschluss daher nur gepfändet werden, wenn eine Beschlagnahme im Wege der Zwangsvollstreckung in das unbewegliche Vermögen nicht erfolgt ist (§ 865 Abs. 2 ZPO). Diese Beschlagnahme durch Immobiliarvollstreckung erfolgt durch Zwangsversteigerung und Zwangsverwaltung (§ 20 ZVG), bei Forderungen aus der Versicherung land- und forstwirtschaftlicher Erzeugnisse durch Zwangsversteigerung aber nur, soweit die Erzeugnisse mit dem Boden noch verbunden oder Zubehör des Grundstücks waren (§ 21 Abs. 1 ZVG; anders bei Zwangsverwaltung, die immer beschlagnahmt, siehe § 148 Abs. 1 ZVG). Nach § 1127 Abs. 2 BGB wird die Beschlagnahme dadurch unwirksam, die Forderung also wieder pfändbar, dass der Versicherungsgegenstand wieder hergestellt oder Ersatz für ihn beschafft ist. Zahlung der Forderung durch den Versicherer an den (nach Überweisung einziehungsbefugten) Pfändungsgläubiger 323 muss der Gläubiger der Forderung (Vollstreckungsschuldner als Versicherter) gegen sich gelten lassen, auch wenn die Pfändung dem Hypothekengläubiger gegenüber (nach den §§ 1128, 135 BGB) relativ unwirksam ist[15].

d) Havarie eines Schiffes

324 Die Versicherungsforderung aus einer Havarie eines *Schiffes* kann nicht gepfändet werden, wenn nach dem Vollstreckungstitel der Schiffseigner nicht persönlich, sondern gem. § 4 BinnSchG[16] nur mit Schiff und Fracht haftet[17].

58. Schenker, Schenkung, Geschenk

325 a) Der durch *Schenkungsversprechen* (§ 518 BGB) entstandene Anspruch des beschenkten Schuldners ist pfändbar. Eine Ausnahme ergibt sich bei fortlaufenden Einkünften aus Freigebigkeit des Schenkers (§ 850 b Abs. 1 Nr. 3 ZPO). Pfändung des Anspruchs auf Leistung einer körperlichen Sache hat nach §§ 846 ff. ZPO zu erfolgen (7. Kapitel).

326 b) aa) *Rückforderung wegen Verarmung*: Ein Schenker kann von dem Beschenkten die Herausgabe des Geschenks nach den Vorschriften über die Herausgabe einer ungerechtfertigten Bereicherung fordern, soweit er nach der Vollziehung der Schenkung außerstande ist, seinen angemessenen Unterhalt zu bestreiten und die ihm seinen Angehörigen gegenüber obliegende gesetzliche Unterhaltspflicht zu erfüllen (§ 528 Abs. 1 S. 1 BGB). Dieser Anspruch auf Herausgabe des Geschenks (gleichgültig, ob es sich um eine Geldforderung, § 829 ZPO, oder um einen Anspruch auf Rückgabe einer Sache, §§ 846 ff. ZPO, handelt) ist der Pfändung nur unterworfen, wenn er durch Vertrag anerkannt oder rechtshängig geworden ist[1] (§ 852 Abs. 2 ZPO). Diese Regelung verhindert, dass der Anspruch gegen den Willen des Berechtigten geltend gemacht wird. Sie wahrt damit die Interessen des Schenkers für sein höchstpersönliches Recht auf Rückforderung wegen Notbedarfs. Infolge dieser gegenüber § 851 ZPO (Pfändung erfordert abtretbare Forderung) speziellen (abweichenden[2]) Regelung erlangt für Pfändung ab vertraglicher Anerkennung oder Rechtshängigkeit keine Bedeutung mehr, dass Abtretung des Anspruchs nur an den in § 528 Abs. 1 S. 1 BGB genannten Personenkreis für zulässig gehalten wird[3]. Wegen Einzelheiten siehe Rdn. 270 ff., dort auch zur voraus möglichen Pfändung mit eingeschränktem Pfandrecht.

---

15 *BGH* MDR 1985, 301 = VersR 1984, 1137.
16 Gesetz betr. die privatrechtlichen Verhältnisse der Binnenschiffahrt. Vom 15. Juni 1895, BGBl III 4103–1.
17 *LG Berlin* Rpfleger 1976, 438.
1 *BGH* 169, 320 (327) = DNotZ 2007, 283 = FamRZ 2007, 277 = MDR 2007, 387 = NJW 2007, 60.
2 *BGH* 169, 320 (328) = a.a.O.
3 *OLG München* NJW-RR 1993, 250; zu weitergehender Möglichkeit der Abtretung siehe *BGH* 127, 354 = FamRZ 1995, 160 = NJW 1995, 323.

bb) Bei regelmäßig wiederkehrendem Unterhaltsbedarf des Schenkers wird angenommen, dass sich der Anspruch aus § 528 Abs. 1 S. 1 BGB auf wiederkehrende Leistungen des Beschenkten in einer dem angemessenen Unterhaltsbedarf entsprechenden Höhe richtet, bis der Wert des Schenkungsgegenstands erschöpft ist[4]. Ist der Rückforderungsanspruch nicht von vornherein in dieser Weise begrenzt, dann kann der Beschenkte durch Zahlung des für den Unterhalt erforderlichen Betrages in Form einer Rente (§ 760 BGB) die Herausgabe abwenden (§ 528 Abs. 1 S. 2 BGB). Die dem Schuldner demnach zufließenden einzelnen Raten sind weder nach § 852 Abs. 2 ZPO noch nach § 850 b Abs. 1 Nr. 2 ZPO unpfändbar (Gegenstand der Pfändung ist der Rückforderungsanspruch wegen Notbedarf nach § 528 BGB, dessen Pfändbarkeit § 852 Abs. 2 ZPO regelt, nicht somit eine nach § 850 b Abs. 1 ZPO unpfändbare gesetzliche Unterhaltsrente). Pfändungsschutz kann jedoch nach § 765 a ZPO zu gewähren sein. Die pfändbare Rente bei ersetzender Leistung des Beschenkten nach § 528 Abs. 1 S. 2 BGB kann überdies auch nach Überweisung vom Gläubiger nicht eingeklagt werden.

327

c) Das *Rückforderungsrecht* des Schenkers *bei Nichterfüllung* einer Auflage (§ 527 BGB) ist ein höchstpersönliches Recht. Als solches kann es nicht gepfändet[5] und vom Gläubiger ausgeübt werden. Pfändbar ist jedoch die nach Geltendmachung des Rückforderungsrechts durch den Schuldner selbst vom Beschenkten zu erbringende Leistung. Diese Pfändung erfolgt nach § 829 ZPO (Geldforderung) oder nach §§ 846 ff. ZPO (Anspruch auf Rückgabe einer Sache).

328

d) Für das *Widerrufsrecht* des Schenkers wegen *groben Undanks*[6] (§ 530 BGB) und die nach Erklärung des Widerrufs durch den Beschenkten geschuldete Leistung (§ 531 Abs. 2 BGB) gilt das Rdn. 328 Gesagte entsprechend.

329

Zur vertraglich vereinbarten Rückübertragungsverpflichtung bei Schenkung (Übergabe, sonstige Zuwendung) von Grundbesitz Rdn. 2054.

59. Sicherheitsleistung

In *Strafsachen* kann zur *Haftverschonung* Sicherheit durch Hinterlegung in barem Geld oder in Wertpapieren geleistet sein (§ 116 a Abs. 1, auch §§ 127 a, 132 Abs. 1 StPO). Mit Aufhebung der Maßnahme, die der Aussetzung des Haftvollzugs dient, wird die nicht verfallene Sicherheit frei[1] (§ 123 Abs. 2 StPO). Wer für den Beschuldigten[2] Sicherheit geleistet hat, kann

330

---

4 *BGH* MDR 1996, 348 = MittBayNot 1996, 192 = MittRhNotK 1997, 75 = NJW 1996, 987.
5 *Ellenbeck* MittRhNotK 1997, 41 (53).
6 Unpfändbar nach *OLG Hamm* KKZ 1996, 56 (58).
1 Dazu *OLG Frankfurt* MDR 1983, 153 = NJW 1983, 295; *OLG Celle* NdsRpfl 1987, 136.
2 Keine der Pfändung gegenüber vorrangige Abtretung einer nach dem Außervollziehungsbeschluss von dem Beschuldigten als Eigenhinterleger zu leistenden Sicherheit vor der Freigabe (würde die Sicherheit des Eigenhinterlegers in die eines Dritten umwandeln), *OLG München* NJW-RR 1998, 1372.

deren Freigabe auch auf andere Weise erlangen (§ 123 Abs. 3 StPO). Anspruch auf Rückerstattung des hinterlegten Betrages hat dann (mangels einer abweichenden Bestimmung des Hinterlegers) nur der Hinterleger[3], d. i. derjenige, der als Hinterleger aufgetreten und damit das öffentlich-rechtliche Hinterlegungsverhältnis begründet hat (und zwar auch dann, wenn das Geld aus Mitteln eines anderen stammt oder die Hinterlegung im wirtschaftlichen Interesse eines anderen erfolgt ist[4]). Dessen Anspruch auf Rückzahlung oder Rückgabe der Sicherheit ist pfändbar[5], und zwar bereits vor dem Zeitpunkt des Freiwerdens[6]. Drittschuldner: Die in den landesrechtlichen Bestimmungen (Anhang) bestimmte Stelle, nicht jedoch die Staatsanwaltschaft oder das Gericht, bei dem das Strafverfahren anhängig ist.

60. Sparguthaben

331   *Es wird gepfändet die angebliche gegenwärtige und künftige Forderung des Schuldners an ... – Drittschuldner – aus Spareinlage auf seinem Sparkonto, dessen Nr. (soweit bekannt) ... ist, insbesondere die Forderung auf Rückzahlung der Einlagen und Auszahlung von Zinsen.*

Zugleich wird angeordnet, dass der Schuldner das über das Sparguthaben ausgestellte Sparbuch an den Gläubiger herauszugeben hat[1].

Schrifttum: *Algner*, Die Sicherungskarte des Sparers bei der Vollstreckung nach § 836 Abs. 3 ZPO, DGVZ 1978, 8; *Canaris*, Inhaberschaft und Verfügungsbefugnis bei Bankkonten, NJW 1973, 825; *Eichel*, Vom Einzel- zum Anderkonto, MittRhNotK 1975, 613; *Noack*, Pfändung von Sparguthaben, Giro- und Postscheckkonten, Ander- und Gemeinschaftskonten, KKZ 1972, 47.

332   a) Die Forderung aus der Spareinlage ist Geldforderung und als solche nach § 829 ZPO pfändbar. Drittschuldner ist die Bank oder Sparkasse, die dem Schuldner die (zu pfändende) Forderung aus der Spareinlage schuldet. Zu deren Bezeichnung[2] Rdn. 154 c. Die Angabe der Sparbuch-Nr. im Pfändungsbeschluss ist zweckdienlich; auch ohne ihre Nennung ist aber der Anspruch hinreichend bezeichnet[3*]. Nach § 833 a Abs. 1 ZPO (die Vor-

---

3   *BGH* NJW-RR 1988, 1408.
4   *BGH* a.a.O.
5   *OLG Frankfurt* NJW 1983, 295. Aufrechnungsverbot für den Staat: *BGH* 95, 109 = NJW 1985, 2820. Zur Pflicht des Rechtsanwalts des Beschuldigten, seinen Mandanten über das Risiko eines Pfändungszugriffs zu belehren und über die Möglichkeiten von Sicherungsmaßnahmen (z. B. Abtretung des Rückzahlungsanspruchs an den Geldgeber) zu beraten, s. *BGH* NJW 2004, 3630.
6   Nach *BGH* 95, 109 (115) = NJW 1985, 2820 als zukünftiger Anspruch; nach *BGH* NJW-RR 1988, 1408 begründet das mit Einzahlung entstandene Hinterlegungsverhältnis ein durch den Wegfall des Hinterlegungsgrundes „bedingtes" Recht auf Rückerstattung des hinterlegten Betrags. A.A. wohl *OLG Frankfurt* NJW 1983, 295.
1   Entfällt, wenn Überweisung unterbleibt (s. jedoch Rdn. 333 a.E.).
2   Zur Bezeichnung der kontoführenden Filiale **anders** *Prost* NJW 1958, 486 mit weit. Nachw.; auch *Lieseke* WM 1975, 316 u. 318.
3* *LG Berlin* Rpfleger 1971, 262 und 1978, 65; AG Bremen JurBüro 1998, 605 (606); *Quardt* JurBüro 1959, 390; *Wünnenberg* JurBüro 1960, 293; *Noack* KKZ 1972, 47; *Lieseke* WM 1975, 316 (für Kontonummer); siehe auch Rdn. 154 b und 279.

schrift tritt am 1. Juli 2010 in Kraft, Rdn. 158) umfasst die Pfändung des Guthabens eines Kontos bei einem Kreditinstitut das am Tag der Zustellung des Pfändungsbeschlusses bei dem Kreditinstitut bestehende Guthaben sowie die Tagesguthaben der auf die Pfändung folgenden Tage (dazu Rdn. 158 a). Guthaben eines Kontos ist auch das Sparbuch-Guthaben[4]. Dass sich die Pfändung auch auf künftige Kontoguthaben und spätere Guthabenzinsen erstreckt, braucht dann im Wortlaut des Pfändungsbeschlusses nicht mehr ausdrücklich hervorgehoben zu werden. Mit der Zustellung des Beschlusses an die Bank oder Sparkasse als Drittschuldnerin (dazu Rdn. 154 d) wird die Pfändung wirksam. Nach diesem Zeitpunkt (nicht nach der späteren Wegnahme des Sparbuchs) bestimmt sich der Pfändungsrang[5] (§ 804 Abs. 3 ZPO). Drittschuldnerschutz, wenn nach Zustellung Auszahlung durch eine Zahlstelle nicht mehr verhindert werden kann, s. Rdn. 567 (auch Rdn. 935 a). Da die Bank oder Sparkasse als Drittschuldnerin nicht für die Nachteile aus unverschuldeten Verzögerungen bei Feststellung der Filiale und des Kontos haftet (siehe auch noch Rdn. 282), muss dem Gläubiger die rechtzeitige und ausreichende Feststellung dieser Angaben angeraten werden. Das Gericht kann die Beibringung dieser Angaben nach § 139 ZPO anregen, den Pfändungsantrag aber nicht ablehnen, wenn die Ergänzung unterbleibt[6].

b) Das *Sparbuch* selbst kann nicht Gegenstand eines Pfandrechts sein, weil es nicht selbstständig Träger eines Rechts aus der Spareinlage, sondern nur (qualifiziertes, hinkendes) Legitimationspapier ist[7]. Die Spareinlage kann daher nicht dadurch gepfändet werden, dass der Gerichtsvollzieher das Sparbuch als körperliche Sache pfändet. Doch kann der Gerichtsvollzieher das Sparbuch zur Abwendung einer Vereitelung der Forderungspfändung im Wege der Hilfspfändung vorläufig in Besitz nehmen (siehe Rdn. 706). Nach Wirksamwerden der Pfändung mit Beschlusszustellung wird der Gläubiger auf rasche Herausgabe des Sparbuchs (Rdn. 623) hinwirken, weil noch immer die Gefahr besteht, dass das Sparguthaben bei anderen Kreditinstituten im freizügigen Sparverkehr ausgezahlt wird. **333**

c) Ein mit der Bank oder Sparkasse vereinbartes Kennwort schützt vor unrechtmäßiger Abhebung, hindert also die Pfändung nicht. Als der rechtmäßige Verfügungsbefugte kann der Gläubiger nach Überweisung auch ohne Kenntnis des Kennwortes über das Sparguthaben verfügen. Entsprechendes gilt für die sog. Sicherungskarte[8]. **334**

d) Zur Pfändung eines als *Mündelvermögen* gesperrten Sparguthabens (siehe § 1809 BGB) und zur Einziehung der Einlage durch den Gläubiger ist eine Genehmigung des Familiengerichts nicht notwendig. Das Sparguthaben ist vielmehr für Gläubiger des Mündels ein bereites und für die nicht **335**

---

4 Begründung BT-Drucks. 76/7615 S. 16.
5 *AG Berlin-Charlottenburg* DGVZ 1992, 62.
6 **A.A.** *Prost* NJW 1958, 486.
7 RG 68, 277 (282); *BGH* 28, 368 = MDR 1959, 294 = NJW 1959, 622.
8 Siehe *Algner* DGVZ 1978, 8.

genehmigungspflichtige Zwangsvollstreckung geeignetes Vermögensstück[9].

336 e) Das über das Sparguthaben ausgestellte *Sparbuch* muss der Schuldner nach Überweisung der gepfändeten Forderung zu ihrer Geltendmachung dem Gläubiger herausgeben (§ 836 Abs. 3 ZPO; siehe Rdn. 623 a). Diese Herausgabe kann im Wege der Zwangsvollstreckung verwirklicht werden, wenn das Sparbuch im Überweisungsbeschluss bezeichnet ist (siehe Rdn. 625). Wenn der Gläubiger keine Möglichkeit hat, dem Schuldner das Sparbuch wegnehmen zu lassen, insbesondere wenn der Aufenthaltsort des Schuldners unbekannt ist und daher von ihm keine Auskunft über den Verbleib des Sparbuchs erlangt werden kann, wird dem Gläubiger das Recht zugestanden, die Kraftloserklärung des „abhanden gekommenen" (Art. 90 Wechselgesetz analog) Sparbuchs zu betreiben.

337 f) Wer *Gläubiger des Sparguthabens* ist und daher als Schuldner den Zwangsvollstreckungszugriff dulden muss, kann zweifelhaft sein. Es ist dies nicht notwendigerweise der im Sparbuch benannte Berechtigte[10]. Vielmehr kann möglicherweise auch der Einzahlende selbst Gläubiger sein, wenn aus den Gesamtumständen zu ermittelnder Wille Anhaltspunkte dafür bietet[11]. So wird aus den Umständen des Falles oft folgen, dass bei Anlage von Sparbüchern durch nahe Angehörige zugunsten eines im kindlichen (jugendlichen) Alter stehenden Verwandten (Eltern zugunsten ihrer minderjährigen Kinder[12], Großvater oder -mutter für Enkelkind[13]) der Einzahlende (= Sparer) selbst Gläubiger blei-

---

9 *KG OLG* 27, 132.
10 Auch durch ein Urteil, das einer Partei den Besitz des Sparbuchs zuspricht, wird nicht ohne weiteres über die Gläubigerschaft an der Sparguthabenforderung entschieden, *BGH* NJW 1972, 2268.
11 Siehe *BGH* a.a.O. (Fußn. 10); *OLG Hamm* MDR 1987, 496; *LG Stuttgart* BB 1968, 1218 und *Haegele* JurBüro 1968, 949. Siehe außerdem *BGH* BB 1965, 1007 = Sparkasse 1965, 483 mit Anm. *Pikart* (auch zur Frage der Abtretung im Falle der Übergabe des Sparbuchs), *Canaris* NJW 1973, 825 sowie *OLG Koblenz* NJW 1989, 2545.
12 *KG* MDR 1956, 105; *LG Mainz* FamRZ 2009, 228; **anders** *OLG Hamm* FamRZ 2001, 158 Leits.: Das Kind, wenn ein Vater ein Sparkonto (einen Sparkassenbrief), das auf seinen Namen lautet, umschreiben lässt, und in keiner Weise zum Ausdruck bringt, dass das Kind nicht voll berechtigter Inhaber, sondern bloßer Treuhänder sein soll; *OLG Zweibrücken* FamRZ 1990, 440: Wenn ein Elternteil bei Eröffnung eines auf den Namen des Kindes lautenden Sparbuchs als gesetzlicher Vertreter auftgetreten ist, wird das Kind Sparkonto-Inhaber, auch wenn der Elternteil im Besitz des Sparbuchs ist und die Bankgeschäfte erledigt; *SchlOLG* SchlHA 1970, 113: Wenn der Vater als Vormund für seine entmündigte Tochter auf deren Namen ein Sparkonto angelegt hat, wird die Tochter Vertragspartei der Bank; *LG Mainz* NJW-RR 1994, 1075: Kind ist Sparkonto-Inhaber, wenn es nach dem für das Kreditinstitut erkennbaren (geäußerten) Willen des Einzahlenden Gläubiger der Bank werden sollte.
13 *BGH* 46, 199 = JurBüro 1967, 47 = MDR 1967, 39 = NJW 1967, 101; *BGH* MDR 2005, 855; *OLG Düsseldorf* FamRZ 1992, 51 = NJW-RR 1992, 625; *OLG Köln* MDR 1995, 1027 = NJW-RR 1996, 236.

ben soll[14]. Sollte nach dem (erkennbaren) Willen des die Kontoeröffnung beantragenden Kunden dieser als Gläubiger der Bank oder Sparkasse Inhaber des Sparkontos werden, so ist unerheblich, von wem die Gutschrift veranlasst wurde[15] und ob der Kunde auch im Besitz des Sparbuchs ist. Ehegatten können als Forderungsberechtigte in Bruchteilsgemeinschaft anzusehen sein, wenn sie für den gemeinsamen Haushalt Geld nur aus dem Einkommen eines Ehegatten auf ein für diesen angelegtes Sparkonto einzahlen, während das Einkommen des anderen Ehegatten restlos im Haushalt verbraucht wird[16]. Erteilung einer unwiderruflichen Verfügungsvollmacht, die einem Beschenkten eingeräumt wird, bewirkt allein keine Änderung in der rechtlichen Zuordnung des Sparguthabens, ist sonach nicht Vollzug der Schenkung[17]. Wird das Sparguthaben demnach als Forderung des nicht tatsächlichen Berechtigten gepfändet, so kann der wirklich Berechtigte sein der Vollstreckung entgegenstehendes Recht mit Drittwiderspruchsklage (§ 771 ZPO) geltend machen.

g) Einem Dritten kann ein Sparguthaben in der Weise zugewendet sein, dass er das Recht auf die Leistung mit dem Tod des Versprechensempfängers erwirbt (§ 331 BGB)[18]. Wenn eine solche *Begünstigungsklausel* getroffen wird, lauten Sparbuch und Sparkonto vielfach auf den Namen des Einzahlers selbst. Aber auch bei einem auf fremdem Namen angelegten Sparbuch kann ein Fall des § 331 BGB gegeben sein, wenn Gläubiger des Sparguthabens der Einzahler geblieben ist (siehe Rdn. 339), der sich die Verfügung bis zu seinem Tod vorbehalten wollte. Eine Begünstigungserklärung nach § 331 BGB erzeugt zu Lebzeiten des Sparers noch keine Rechtswirkungen zugunsten des Dritten[19]. Daher können bis zu diesem Zeitpunkt die Forderung aus der Spareinlage nur Gläubiger des Sparers, nicht aber auch Gläubiger des bezugsberechtigten Dritten pfänden[20]. Der pfän-

338

---

14 **Anders** *OLG Frankfurt* NJW 1986, 64 für den Fall, dass das Kind als Kontoinhaber nach dem bei Errichtung des Kontos für die Bank erkennbaren Willen des Einzahlenden Berechtigter des Guthabens sein soll; auch *OLG Zweibrücken* FamRZ 1990, 440 = NJW 1989, 2546. Auch *BGH* MDR 1970, 756 = NJW 1970, 1181: Der Einzahlende wird meist selbst Gläubiger sein, wenn er das auf den Namen eines Dritten lautende Sparbuch weiterhin in seiner Verfügungsgewalt hält. Siehe auch *BGH* FamRZ 1972, 559.
15 *BGH* MDR 2005, 1179 = NJW 2005, 2222; *OLG Saarbrücken* MDR 2003, 1003; *OLG Stuttgart* OLGR 2003, 30.
16 *BGH* FamRZ 1966, 442; *BGH* FamRZ 2000, 1969 = MDR 2003, 88 = NJW 2002, 3702 (im Zweifel gleiche Anteile „im Innenverhältnis").
17 *BGH* 87, 19 = MDR 1983, 472 = NJW 1983, 1487; dazu *Kuchinke* FamRZ 1984, 109.
18 Dazu siehe *BGH* a.a.O. (Fußn. 13), auch *BGH* DNotZ 1975, 361 = JR 1975, 241 mit Anm. *Bökelmann* = MDR 1975, 301 = NJW 1975, 382; *BGH* 66, 8 = MDR 1976, 475 = NJW 1976, 749; *BGH* MDR 1984, 296 = NJW 1984, 480; *KG* VersR 1979, 648; ferner *Haegele*, Spareinlage auf den Namen eines Dritten oder mit Bezugsberechtigung für einen Dritten, JurBüro 1968, 950, mit weit. Nachw.; *Harder*, Das Valutaverhältnis beim Vertrag zugunsten Dritter auf den Todesfall, FamRZ 1976, 418; *KG* NJW 1971, 1808 und 2311 mit Anm. *Walter* und 1972, 497 mit Anm. *Finger*; Erwerb durch einen minderj. Begünstigten auch, wenn das Sparbuch mit einem Sperrvermerk (z. B. bis Volljährigkeit) versehen ist, *BGH* MDR 1977, 123. Zur Leistung eines schenkungsweise zugewendeten Guthabens siehe *BGH* 87, 19 = MDR 1983, 472.
19 *Haegele* JurBüro 1968, 950.
20 Siehe zum gleichgelagerten Fall der widerruflichen Bezugsberechtigung bei einer Lebensversicherung Rdn. 198 ff.

dende Gläubiger muss jedoch das Bezugsrecht des Dritten sogleich widerrufen; ist ein Widerruf bis zum Tode des Sparers (= Schuldners) nicht erfolgt, so hat nach § 331 BGB nur noch der Begünstigte einen durch das Pfandrecht nicht beschwerten Anspruch auf die Leistung der Spareinlage[21]. Einzahlungen eines Betreuers des Kontoinhabers brauchen den Dritten nicht zu begünstigen[22].

339   h) Bei der Errichtung eines *gemeinschaftlichen Sparbuchs* (vielfach bei Ehegatten üblich) mit Einzelverfügungsbefugnis (Oder-Konto) sind die Kontoinhaber Gesamtgläubiger im Sinne des § 428 BGB[23]. Da mithin jeder der Sparer die Auszahlung der gesamten Spareinlage verlangen kann, kann von seinen Einzelgläubigern auch sein Anspruch auf die volle Spareinlage gepfändet werden[24]. Dem anderen Gesamtgläubiger steht ein Widerspruchsrecht aus dem Außenverhältnis zur Bank oder Sparkasse nicht zu[25]. Diese umfassende Zugriffsmöglichkeit besteht jedoch nur im Außenverhältnis. Im Innenverhältnis, somit gegenüber dem anderen Gesamtgläubiger, kann der pfändende Gläubiger Rechte nur an der Gesamtforderung „belastet" mit der Ausgleichspflicht zugunsten des anderen Gesamtgläubigers[26] (§ 430 BGB) erwerben, Befriedigung somit nur unter Beachtung dieser Ausgleichspflicht beanspruchen. Die Pfändung nur der Forderung eines der Kontoinhaber hindert (im Außenverhältnis) den anderen als Kontoinhaber berechtigten Gesamtgläubiger nicht an der Verfügung über die Einlagenforderung[27]. Ange-

---

21 Siehe dazu des Weiteren zur Lebensversicherung mit Bezugsberechtigung Rdn. 205.
22 *KG* VersR 1979, 648.
23 *BGH* 95, 185 (187) = MDR 1985, 999 = NJW 1985, 2688 (zu Gemeinschafts„girokonto"); *BGH* MDR 1991, 435 = NJW 1991, 420; *BGH* NJW 2000, 2367 (2368); *OLG Koblenz* NJW-RR 1990, 1385 (Festgeldkonto); *OLG Nürnberg* NJW 1961, 510; *KG* Betrieb 1976, 239 = MDR 1976, 490; *OLG Köln* FamRZ 1987, 1139; *OLG Zweibrücken* FamRZ 1987, 1138; *Canaris* NJW 1973, 825 (828). Anders *OLG Karlsruhe* NJW 1986, 93: Oder-Konto begründet gegenseitige Ermächtigung, einzeln durch Einziehung über die gemeinschaftliche Forderung zu verfügen. Die Einräumung dieser Verfügungsbefugnis kann von jedem Teilhaber durch Erklärung gegenüber der Bank widerrufen werden mit der Folge, dass die Guthabenforderung nurmehr der gemeinschaftlichen Verfügungsmacht der Teilhaber unterliegt.
24 *BGH* 93, 315 = JurBüro 1985, 705 = JZ 1985, 487 mit Anm. *Grunsky* = MDR 1985, 576 = NJW 1985, 1218 (für Kontokorrent-Girokonto); *OLG Koblenz* NJW-RR 1990, 1385 (1386 für Festgeldkonto); *OLG Köln* ZIP 1980, 979 (981); *OLG Nürnberg* a.a.O.; *OLG Stuttgart* OLGR 2002, 77 (78); *LG Nürnberg-Fürth* NJW 2000, 973; *Lieseke* WM 1975, 317. Ferner Rdn. 63.
25 *BGH* (6.6.2002), IX ZR 169/01) BGH-Rep. 2003, 50; *OLG Nürnberg* JurBüro 2002, 497 = MDR 2002, 1090; *OLG Stuttgart* OLGR 2002, 77; *Wagner* WM 1991, 1145; anders *OLG Koblenz* NJW-RR 1990, 1385.
26 Zur Ausgleichspflicht nach § 430 BGB unter Ehegatten *BGH* FamRZ 1990, 370 = NJW 1990, 705 und NJW 2000, 2347 (2348); *OLG Düsseldorf* NJW-RR 1999, 1090.
27 Siehe Rdn. 63; ebenso *Lieseke* WM 1975, 317; *Wagner* WM 1991, 1145 (1146). Außerdem *OLG Dresden* MDR 2001, 580: Vorpfändung hindert (bis zur Zustellung des Pfändungs- und Überweisungsbeschlusses) die Bank nicht, das Guthaben auf Verlangen des weiteren Berechtigten mit befreiender Wirkung an diesen auszuzahlen. **Anders** *OLG Stuttgart* OLGR 1998, 378 Leits.: Mit Pfändung (auch nur Vorpfändung) nur der Forderung eines der Kontoinhaber entfällt auch die Verfügungsbefugnis des anderen Kontoinhabers.

nommen wird jedoch auch, dass bei Oder-Konto die Bank oder Sparkasse als Drittschuldnerin (entgegen § 428 S. 1 BGB) kein Wahlrecht habe, sondern an denjenigen Kontomitinhaber leisten müsse, welcher die Leistung zuerst verlangt[28], und ein solches Leistungsverlangen des Gläubigers bereits in der Zustellung des Pfändungs- *und* Überweisungsbeschlusses[29] zu sehen sei[30]. Folglich wäre es der Bank oder Sparkasse nicht mehr möglich, eine Verfügung des anderen, von der Pfändung nicht betroffenen Kontomitinhabers noch zu beachten[31]. Im Verhältnis zueinander sind die Gesamtgläubiger im Zweifel nach § 430 BGB zu gleichen Anteilen berechtigt, so dass dann, wenn ein Gesamtgläubiger die volle Leistung erhält, für den anderen ein Ausgleichsanspruch besteht[32]. Der Pfändungsgläubiger, der infolge Pfändung gegen nur einen der Gesamtgläubiger die volle Spareinlage in Empfang genommen hat, muss deshalb einen entsprechenden Teil herausgeben[33]. Hat der andere Gesamtgläubiger die volle Einlageforderung empfangen, dann hat gegen ihn der Schuldner als anderer Gesamtgläubiger einen – wiederum pfändbaren – Anspruch auf Erstattung seines Anteils (s. Rdn. 63).

i) Bei Errichtung eines gemeinschaftlichen Kontos mit gemeinsamer Verfügungsmacht der mehreren Einleger (sog. „Und-Konto") bestimmt sich die Berechtigung nach dem zwischen den Kontoinhabern bestehenden Ver- **340**

---

28 *OLG Stuttgart* OLGR 2002, 77 (78); *LG Frankfurt* NJW-RR 2004, 775 (mit Besonderheit, wenn ordnungsgemäße Bearbeitung Erfüllung nicht sogleich ermöglicht); *AG Bonn* JurBüro 2006, 161; *Wagner* WM 1991, 1145 (1146, 1147 und 1148); offengelassen von *BGH* 93, 315 (321) = a.a.O. (Fußn. 24); siehe auch *KG* NJW 1976, 807.
29 Warum nicht auch Pfändung allein (vor Überweisung) als Leistungsverlangen (Leistung an Gläubiger und Schuldner gemeinsam) anzusehen sein soll (ablehnend z. B. *Wagner* WM 1991, 1145 [1146]), ist schwerlich nachvollziehbar. Kein konkludentes Zahlungsverlangen sieht auch *OLG Dresden* MDR 2001, 580 in der lediglich der Sicherung dienenden (Vor-)Pfändung; vorauszusetzen sein soll für eine Beschränkung der Verfügungsbefugnisse jedenfalls ein ausdrückliches Verlangen des pfändenden Gläubigers, die Forderung an ihn und den Schuldner gemeinsam zu leisten oder für beide zu hinterlegen.
30 *AG Bonn* JurBüro 2006, 161; *Wagner* a.a.O.; *Behr* JurBüro 1995, 182.
31 *Wagner* WM 1991, 1145 (1147); anders *MünchKomm/K.Schmidt*, BGB, Rdn. 51 zu § 741.
32 *BGH* NJW 1990, 705 (keine Ausgleichspflicht in der Regel während intakter Ehe; einschränkend dazu *OLG Zweibrücken* MDR 1991, 644 = NJW 1991, 1835 bei Verfügung über hohe Geldbeträge); *KG* a.a.O. (Fußn. 23); *OLG Düsseldorf* BB 1987, 2329; *OLG Köln* FamRZ 1987, 1139; *OLG Zweibrücken* FamRZ 1987, 1138 und MDR 1991, 644 = NJW 1991, 644. Zu diesem Ausgleichsanspruch siehe auch *OLG Düsseldorf* FamRZ 1982, 607 (Ausgleichung wegen der während der Ehe getätigten Verfügungen findet nicht statt); *OLG Naumburg* NJW-RR 2007, 1158 (Vermutungswirkung des § 430 BGB für getrennte [geschiedene] Eheleute nicht ohne Weiteres entkräftet); *OLG Köln* FamRZ 1982, 944 (Ausgleichung findet vom Zeitpunkt des endgültigen Getrenntlebens an statt); außerdem *OLG Celle* FamRZ 1982, 63 (Ausgleichung des Partners einer eheähnlichen Lebensgemeinschaft mit den Erben des anderen Partners).
33 **Anders** *OLG Stuttgart* OLG 2002, 77 (79): Der Ausgleichsanspruch richtet sich gegen den Schuldner als Kontomitinhaber.

hältnis. Die Einlageforderung kann einer Gesamthandsgemeinschaft (z. B. Erbengemeinschaft, u.U. Gesellschaft nach § 705 BGB) zustehen oder den Einlegern in Bruchteilsgemeinschaft gebühren[34]. Zur Zwangsvollstreckung in die Einlageforderung einer Gesamthandsgemeinschaft (siehe hierwegen Rdn. 64) ist daher beim „Und-Konto" in der Regel ein Vollstreckungstitel gegen alle Gemeinschafter erforderlich. Der Gläubiger nur eines Kontoinhabers kann in das Recht seines Schuldners an der Gemeinschaft vollstrecken. Bei Bruchteilsgemeinschaft können die anteilige Einlageforderung und die Ansprüche an die Gemeinschaft gepfändet werden[35].

341 k) Für die *Postspareinlage* gilt keine Besonderheit mehr. Die Forderung aus Spareinlage ist (nun) ebenso als Geldforderung nach § 829 ZPO zu pfänden (Rdn. 332). Die vordem abweichende Regelung in § 23 Abs. 4 PostG (dazu 11. Aufl. Rdn. 2093) ist mit dem PostG mit Ablauf des 31. Dez. 1997 außer Kraft getreten (§ 31 PostG i.d.F. von Art. 6 Postneuordnungsgesetz vom 14. Sept. 1994, BGBl I 2325 [2371]).

l) Wegen der Frage, ob die Spareinlage pfändbar ist, wenn auf sie unpfändbare Forderungen des Schuldners einbezahlt worden sind, siehe Rdn. 1281 ff. und 1423 ff. Wegen der Pfändung eines Sonderkontos siehe Rdn. 404.

342 m) Einen *Entschädigungsanspruch* gegen die Entschädigungseinrichtung, der die Bank zugeordnet ist, hat der Sparer, wenn das Institut nach Feststellung der Bundesanstalt für Finanzdienstleistungsaufsicht nicht in der Lage ist, die Einlage zurückzuzahlen (§ 3 Abs. 1 Gesetz zur Umsetzung der EG-Einlagensicherungsrichtlinie und der EG-Anlegerentschädigungsrichtlinie[36]). Der Entschädigungsanspruch ist nach dem Entschädigungsfall als Geldforderung pfändbar. Als selbstständiger gesetzlicher Anspruch[37] wird der Entschädigungsanspruch von der Verpfändung eines Sparguthabens weder entsprechend § 401 BGB noch kraft dinglicher Surrogation erfasst[38]. Ebenso kann Sicherung der Einlage durch den Entschädigungsanspruch auch Sicherung der durch Pfändung vor Eintritt des Entschädigungsfalls am Gläubigerrecht auf die Spareinlage erlangten Pfandberechtigung nicht einschließen. Die Pfändung des Anspruchs auf die Spareinlage kann daher als Pfandrecht an dem sie sichernden Entschädigungsanspruch nicht fortbestehen[39]. Entsprechendes muss gelten für die Entschädigung durch eine institutssichernde Einrichtung der Sparkassen sowie Volks- und Raiffeisenbanken (zu diesen Sicherungseinrichtungen § 12 Ges.).

---

34 *BGH* MDR 1991, 435 = NJW 1991, 420; *LG Oldenburg* Rpfleger 1983, 79 = ZIP 1982, 1433.
35 Jeder Mitgläubiger (damit auch Einschränkung seines Pfändungsgläubigers nach Überweisung) kann nur über den Anteil an der gemeinschaftlichen Einlageforderung, nicht aber über das Kontoguthaben verfügen (§ 747 BGB).
36 Vom 16. Juli 1998, BGBl I 1842, mit Änderungen.
37 *BGH* 176, 67 (70) = NJW 2008, 1732.
38 *BGH* 176, 67.
39 Anders hier in der 14. Aufl. 2005.

61. Stammeinlage einer Gesellschaft m.b.H.
Einlageforderung einer Aktiengesellschaft gegen Aktionäre
Anspruch einer Genossenschaft auf Zahlung des Geschäftsanteils

a) *Stammeinlage einer Gesellschaft m.b.H.*

Gepfändet werden die angeblichen Forderungen der Schuldnerin (GmbH) an ... – Drittschuldner – auf Zahlung der von ihnen auf das Stammkapital zu leistenden Einlagen (Stammeinlagen). 343

Schrifttum: *Bayer,* Abtretung und Pfändung der GmbH-Stammeinlageforderung, ZIP 1989, 8.; *Berger,* Das „Vollwertigkeitsprinzip" als Voraussetzung der Pfändung von Einlageforderungen bei Kapitalgesellschaften ZZP 107 (1994) 29; *Volmer,* Die Pfändbarkeit der Stammeinlageforderung eines GmbH-Gesellschafters, GmbHR 1998, 579.

aa) Der Anspruch einer Gesellschaft m.b.H. gegen ihre Gesellschafter auf *Leistung der Stammeinlagen* ist auf Zahlung einer bestimmten Geldsumme gerichtet. Von den Gläubigern der Gesellschaft können die Stammeinlagenforderungen nach § 829 ZPO gepfändet werden[1], und zwar auch dann, wenn die Gesellschaft nach durchgeführter Liquidation beendet und bereits im Handelsregister gelöscht ist[2] oder wenn Löschung wegen Vermögenslosigkeit nach § 394 FamFG (früher § 141 a FGG) erfolgt ist[3]. Drittschuldner ist jeweils der zur Einzahlung verpflichtete Gesellschafter. Für die Einforderung der gepfändeten und überwiesenen Einlagenforderungen bedarf es keines Beschlusses der Gesellschaft auf deren Einziehung[4]. Bei Pfändung der Forderung gegen nur einen Gesellschafter kann dem Gläubiger nicht entgegengehalten werden, die Einziehung dieser Einlagenforderung verstoße gegen den Grundsatz der gleichmäßigen Behandlung der Gesellschafter (siehe § 19 Abs. 1 GmbHG)[5]. Ein demnach über seine Quote hinaus in Anspruch genommener Gesellschafter kann im Innenverhältnis (von den übrigen Gesellschaftern) Ausgleich verlangen[6]. Dieser Ausgleichsanspruch kann von Gläubigern des anspruchsberechtigten Gesellschafters gepfändet werden. 344

bb) Zu berücksichtigen ist jedoch, dass die Forderung auf die Stammeinlage zweckbestimmt ist (siehe § 19 Abs. 2 S. 1 GmbHG); sie dient der *Erhaltung der Kapitalgrundlage* der Gesellschaft zur Wahrung ihrer und der Gläubiger gemeinsamen Belange. Die Pfändung ist daher nur möglich, wenn der Gesellschaft der Geldwert der Stammeinlageforderung nicht ver- 345

---

1 *RG* 36, 108 (113); 76, 434; 85, 351; 133, 81; 149, 293; *BGH* MDR 1963, 111 = NJW 1963, 102; *OLG Frankfurt* GmbH-Rdsch. 1977, 249; *OLG Köln* GmbHR 1989, 293 = NJW-RR 1989, 354.
2 *BGH* Betrieb 1980, 1885; *KG* GmbHR 1991, 64.
3 *OLG Hamm* Betrieb 1991, 1925 = GmbHR 1992, 111.
4 *RG* 131, 346; 149, 293 (301). **Anders** *LG Köln* NJW-RR 1989, 1436 für den Sonderfall, dass aus einer notariellen Urkunde vollstreckt wird, mit der ersichtlich der Zweck einer Abtretung verfolgt wurde; dem ist nicht zu folgen.
5 *BGH* GmbH-Rdsch. 1981, 141 = MDR 1980, 826 = NJW 1980, 2253; anders früher *RG* 76, 434 (437); 133, 81; 149, 293.
6 *BGH* a.a.O. (Fußn. 5).

lorengeht. Voraussetzung ist daher, dass durch die Pfändung der Vermögensstand der Gesellschaft nicht verringert wird, weil ihr in Form der Gegenleistung des Gläubigers ein vollwertiges Entgelt zugeflossen ist[7]. Die Vollwertigkeit der Gegenleistung muss im Pfändungsantrag schlüssig vorgetragen sein und für die Wirksamkeit der Pfändung im Zeitpunkt der Zustellung des Pfändungsbeschlusses vorgelegen haben[8].

346 cc) Nur dann, wenn es aus besonderen Gründen der Erhaltung der Kapitalgrundlage zugunsten der Gesellschaft oder der Gesellschaftsgläubiger nicht mehr bedarf, kann die Einlagenforderung auch für eine *nicht vollwertige* Vollstreckungsforderung gepfändet werden. Daher ist die Einlagenforderung unbeschränkt pfändbar, wenn die Gesellschaft ihren Geschäftsbetrieb vollständig eingestellt hat, außer der zu pfändenden Einlagenforderung keinerlei Vermögensstücke vorhanden sind und der vollstreckende Gläubiger der einzige[9] noch nicht befriedigte GmbH-Gläubiger ist[10]. Auch wenn der Vollstreckungsgläubiger nicht der einzige Gesellschaftsgläubiger und seine Vollstreckungsforderung nicht vollwertig ist, kann eine Einlagenforderung gepfändet werden, wenn die Gesellschaft im Einzelfall aus anderen Gründen keines Schutzes mehr bedarf, so z. B. wenn sie nach Einstellung des Insolvenzverfahrens oder Abweisung des Insolvenzantrags mangels Masse keine Mittel mehr besitzt und keine Vorschüsse mehr aufbringen kann, um eine streitige Einlagenforderung selbst geltend zu machen[11], oder wenn andere Gläubiger ihre Ansprüche nicht weiter verfolgen und die Gesellschaft Mittel für einen Prozess gegen den Einlagenschuldner weder selbst besitzt noch vorgeschossen erhält[12].

347 dd) Wenn die Einlagenforderung wirksam durch einen Gesellschaftsgläubiger gepfändet ist, kann der Einlage(= Dritt)schuldner nicht mehr mit

---

7 *RG* 133, 81 (83); *BGH* GmbHR 1992, 522 = MDR 1992, 754 = NJW 1992, 2229 mit weit. Nachw.; *OLG Celle* GmbHR 1994, 246; dagegen *Berger* ZZP 107 (1994) 29; *Volmer* GmbHR 1998, 579.
8 *RG* 133, 81; 149, 293; *OLG Köln* NJW-RR 1996, 939 (940). Heilung des Vollstreckungsmangels, wenn die Pfändungsvoraussetzung mit Abweisung des Insolvenzantrags mangels Masse erst später eintritt siehe *BGH* NJW 1992, 2229 (2230) = a.a.O.
9 Beziehungsweise wenn sich alle anderen Gesellschaftsgläubiger mit der Pfändung einverstanden erklärt haben; *RG* 156, 23 (27).
10 *RG* 149, 293; *BGH* a.a.O. (Fußn. 1); *BGH* Betrieb 1968, 165 = GmbH-Rdsch. 1968, 162 (Gesellschaft war wegen Vermögenslosigkeit gelöscht, es waren nur noch zwei Gläubiger vorhanden, von denen einer seine Forderung nicht mehr weiter verfolgte); *BGH* BB 1976, 852 = GmbH-Rdsch. 1976, 205 = MDR 1976, 912; *BGH* a.a.O. (Fußn. 5); *BGH* MDR 1986, 28 = NJW 1985, 1768; *BGH* NJW 1992, 2229 = a.a.O. (Fußn. 7); *OLG Celle* GmbHR 2000, 240; *OLG Hamm* Betrieb 1992, 1082 = GmbHR 1992, 370; *OLG Köln* Rpfleger 1991, 466 und NJW-RR 1996, 939; *OLG München* BB 1954, 758; *LG Osnabrück* Betrieb 1976, 286 = GmbH-Rdsch. 1976, 136.
11 *BGH* a.a.O. (Fußn. 1); *OLG Köln* NJW-RR 1996, 939 (940); *LG Köln* a.a.O. (Fußn. 4); *LG Augsburg* Rpfleger 1987, 116.
12 *BGH* NJW 1985, 1768 = a.a.O. (Fußn. 10); *BGH* NJW 1992, 2229 = a.a.O. (Fußn. 7); *OLG Celle* GmbHR 1992, 371; *OLG Köln* NJW-RR 1996, 939 (940).

einem Anspruch gegen die Gesellschaft aufrechnen[13]; aufrechnen kann er dann jedoch mit einer ihm unmittelbar gegen den Gläubiger zustehenden Forderung[14].

ee) Der *Ausfallanspruch gegen Mitgesellschafter* auf einen nach dem Verhältnis der Geschäftsanteile aufzubringenden Fehlbetrag (§ 24 GmbHG) ist pfändbar.   348

ff) *Erstattungsansprüche* der Gesellschaft m.b.H. an Gesellschafter und Geschäftsführer wegen Verstoß gegen § 30 GmbHG (unerlaubte Auszahlung von Gesellschaftsvermögen) sind pfändbar[15]. Der Anspruch sichert die Erhaltung der Kapitalgrundlage; Pfändung dürfte daher wiederum nur bei Vollwertigkeit der Gegenleistung möglich sein.   349

gg) Der *Ersatzanspruch* der Gesellschaft an Geschäftsführer für Zahlungen, die nach Eintritt der Zahlungsunfähigkeit oder nach Feststellung der Überschuldung geleistet wurden (§ 64 GmbHG) kann von einem Gesellschaftsgläubiger im Falle der masselosen Insolvenz (Ablehnung mangels Masse) gepfändet werden[16].   349a

hh) Gesellschafter einer GmbH i.Gr. (Vorgesellschaft) können bei Scheitern der Registereintragung verpflichtet sein, die bei der Gesellschaft entstandenen, nicht vom Gesellschaftsvermögen gedeckten Anfangsverluste auszugleichen[17]. Dieser *Verlustdeckungsanspruch* gegen haftende Gesellschafter kann von Gläubigern der Vor-GmbH als Geldforderung gepfändet werden[18].   349b

ii) Im Pfändungsbeschluss hat eine zu pfändende Forderung der Gesellschaft m.b.H. an einen ihrer Gesellschafter oder den Geschäftsführer bestimmt (konkret) genug bezeichnet zu sein (Rdn. 496). Die nur allgemeine Bezeichnung mit „alle Ansprüche der Gesellschaft aus Gesellschaftsvertrag" oder „alle Ansprüche gegen den Geschäftsführer der G.m.b.H" entspricht dem nicht[19].   349c

b) *Einlagenforderung einer Aktiengesellschaft gegen Aktionäre*

Schrifttum: *Müller,* Zur Pfändung der Einlageforderung der AG, Die AG 1971, 1.

Zweckbestimmt ist ebenso der Anspruch einer Aktiengesellschaft gegen einen (die) Aktionär(e) auf Leistung der Einlagenforderung (§ 54 AktG). Auch diese Gebundenheit dient dem Schutz der Gläubiger, aber auch dem der Gesellschaft und der Aktionäre in ihrer Gesamtheit. Das Wesentliche dieses Schut-   350

---

13 Siehe jedoch wegen des Sonderfalls, dass die Gegenforderung nicht für einen Fremdgläubiger durch eigene unmittelbare Rechtsbeziehungen zur Gesellschaft begründet worden ist, sondern Forderung eines Gesellschafters ist bzw. (bis zur Abtretung) war *BGH* MDR 1976, 912 = a.a.O. (Fußn. 10).
14 *BGH* 53, 71 = MDR 1970, 399 = NJW 1970, 469; auch *BGH* a.a.O. (Fußn. 13).
15 *BGH* 68, 312 (319); *RG* 92, 77 (81).
16 *BGH* NJW 2001, 304.
17 *BGH* 134, 333 = DNotZ 1997, 142 = GmbHR 1997, 405 = NJW 1997, 1507 mit abl. Anm. *Altmeppen.*
18 *BGH* 134, 333 = a.a.O.; *Wieczorek/Schütze/Lüke,* ZPO, Rdn. 45 zu § 857.
19 *OLG Koblenz* OLGR 2003, 118.

zes besteht wiederum darin, dass der Gesellschaft die Leistung oder ein vollwertiges Entgelt zufließen muss. Die Pfändung ist daher nur unter den gleichen Voraussetzungen möglich wie die Pfändung des Anspruchs der Gesellschaft m.b.H. auf eine Stammeinlage[20]; siehe daher das Rdn. 344–347 Gesagte.

c) *Anspruch einer Genossenschaft auf Zahlung des Geschäftsanteils*

351 Einzahlungsansprüche auf den Geschäftsanteil, die einer Genossenschaft gegen Genossen zustehen (§ 7 Nr. 1 GenG), und der Anspruch auf anteilige Fehlbeträge (§ 73 Abs. 2 GenG) sind unpfändbar[21]. Gepfändet werden kann jedoch als Geldforderung der Anspruch auf ein eigenes Beitritts-(Eintritts-, Aufnahme-)Geld, das die Genossenschaft neben der Einzahlung auf den Geschäftsanteil erhebt[22]. Besonderheit im Liquidationsstadium: § 88 a GenG.

62. Stationierungsschäden

352 Dienstliche Schäden (Art. VIII Abs. 5 NATO-Truppenstatut mit Art. 41 des Zusatzabkommens) sind die von Mitgliedern einer Truppe oder eines zivilen Gefolges in Ausübung des Dienstes usw. durch Handlungen oder Unterlassungen verursachten Schadensfälle; sie werden von den deutschen Behörden abgewickelt. Entschädigungsforderungen aus dienstlichen Schäden werden in analoger Anwendung des Art. 35(a) des Zusatzabkommens (abgedruckt Rdn. 51) für pfändbar gehalten[1]. Für außerdienstliche Stationierungsschäden (Art. VIII Abs. 6 NATO-Truppenstatut) bietet die Behörde des Entsendestaates eine Abfindung ohne Anerkennung einer Rechtspflicht an. Wenn dieses Angebot angenommen wird, nimmt die Behörde des Entsendestaates die Zahlung selbst vor (ex-gratia-Zahlung). Da kein Rechtsanspruch auf diese Zahlung besteht und wegen der Exemtion des Entsendestaates stellt die zu erwartende oder angebotene Abfindung keinen pfändbaren Anspruch gegen den Entsendestaat dar[2].

63. Steuerschuldverhältnis (Erstattungsanspruch daraus)

353 *Gepfändet wird der angebliche Anspruch des Schuldners an das Finanzamt ... – Drittschuldner – auf Auszahlung des Überschusses, der sich als Erstattungsanspruch bei Abrechnung der auf die Einkommensteuer* (samt Solidaritätszuschlag als Ergänzungsabgabe) anzurechnenden Leistungen (Vorauszahlungen, Abschlusszahlung, durch Abzug vom Arbeitslohn erhobene Lohnsteuer, durch Steuerabzug erhobene sonstige Beträge) für das Kalenderjahr 2009 und alle früheren Kalenderjahre ergibt.*

---

20 *RG* 156, 23; 124, 380.
21 *RG* 135, 55.
22 *RG* 135, 55.
1 *Schwenk* NJW 1964, 1004.
2 *Schwenk* a.a.O.
* Bei Verwaltung auch der Kircheneinkommensteuer durch die Finanzbehörde Rdn. 394 beachten.

Schrifttum: *Alisch* und *Voigt*, Ausgewählte Probleme zur Pfändung von Steuererstattungsansprüchen, Rpfleger 1980, 10; *Behr* und *Spring*, Pfändung und Durchsetzung von Lohnsteuererstattungsansprüchen, NJW 1994, 3257; *Buciek*, Die Vorpfändung von Steuererstattungsansprüchen, Betrieb 1985, 1428; *David*, Tips zur Pfändung von Steuererstattungsansprüchen, MDR 1993, 412; *Forgách*, Die Bezeichnung des zuständigen Finanzamts bei Pfändung des Erstattungsanspruchs ... aus der Einkommensteuerveranlagung, BB 1976, 266; *Globig*, Die Pfändung von ... Einkommensteuererstattungsansprüchen, NJW 1982, 915; *Halaczinsky*, Wirksamkeit von Pfändung und Abtretung im Steuerrecht, BB 1981, 1270; *Halaczinsky*, Abtretung, Verpfändung und Pfändung von Steuererstattungs- und Steuervergütungsansprüchen, ZIP 1985, 1442; *Hein*, Die Abtretung, Verpfändung und Pfändung von Steuererstattungs- und Steuervergütungsansprüchen nach § 46 der Abgabenordnung 1977, BB 1977, 991; *Lenke* und *Widera*, Zur Abtretbarkeit von Steuererstattungs- und Vergütungsansprüchen nach § 46 Abs. 4 AO, Betrieb 1985, 1367; *Mümmler*, Pfändung von Erstattungsansprüchen aus Einkommen- oder Lohnsteuer, JurBüro 1979, 1599; *Noack*, Abtretung, Verpfändung und Pfändung von Ansprüchen auf Erstattung und Vergütung von Steuern nach § 46 AO (1977) vom 16. März 1976, BGBl 76 I S. 677 ..., DGVZ 1979, 21; *Noack*, Die Vorpfändung von Steuererstattungs- und Steuervergütungsansprüchen nach § 46 Abgabenordnung, KKZ 1979, 67; *Riedel*, Pfändung von Steuererstattungsansprüchen, Rpfleger 1996, 275; *Urban*, Die Wegnahme der Lohnsteuerkarte beim Vollstreckungsschuldner gemäß § 836 III ZPO, DGVZ 1994, 101; *Wilke*, Pfändung und Vorpfändung von Steuererstattungsansprüchen, NJW 1978, 2380.

a) *Der Erstattungsanspruch*

354 Aus einem Steuerschuldverhältnis kann dem Steuerpflichtigen (§ 33 AO[1]) ein *öffentlich-rechtlicher Erstattungsanspruch* zustehen (§ 37 Abs. 1 AO). Erstattungsberechtigt ist derjenige, auf dessen Rechnung die Zahlung bewirkt worden ist (§ 37 Abs. 2 S. 1 AO), auch wenn ein Dritter die Zahlung tatsächlich geleistet hat, bei durch Steuerabzug entrichteten Steuern mithin der Steuerschuldner, für dessen Rechnung der Steuerabzug erfolgt ist[2]. Hat einer von mehreren Gesamtschuldnern (§ 44 AO) die Zahlung geleistet, so wird auch an diesen erstattet; ist für gemeinsame Rechnung von Gesamtschuldnern geleistet worden, so haben diese als Gesamtgläubiger Anspruch auf Erstattung. Zu leisten ist der Erstattungsanspruch von dem Leistungsempfänger (Steuergläubiger) des gezahlten Betrages (§ 37 Abs. 2 S. 1 AO); zur Drittschuldnerbezeichnung siehe jedoch Rdn. 368. Das Steuerschuldverhältnis, aus dem ein Erstattungsanspruch entstehen kann, kann Steuern nach Bundesrecht oder nach dem Recht der Europ. Gemeinschaften, die durch Bundes- oder Landesfinanzbehörden verwaltet werden, zum Gegenstand haben (§ 1 Abs. 1 AO); es kann die Grunderwerb- und die Feuerschutzsteuer betreffen (Art. 97 § 3 EGAO 1977) oder sich auf Realsteuern beziehen, deren Verwaltung Gemeinden übertragen ist (§ 1 Abs. 2 AO). Entsprechendes gilt durchweg auf Grund landesrechtlicher Vorschriften auch für landesrechtlich geregelte Steuern. Als bundesgesetzlich geregelte Steuern kommen insbesondere in Betracht

---

1   Abgabenordnung (AO 1977). Vom 16. März 1976, BGBl I 613. Neufassung vom 1. Oktober 2002, BGBl I 3869 (mit Änderungen).
2   Begründung der Bundesregierung zu dem Entwurf einer Abgabenordnung (AO 1974), BT-Drucks. VI/1982, Seite 115.

1. Kapitel: ZwV in Geldforderungen

aa) Zölle und Abschöpfungen,

bb) Ertragssteuern wie Einkommen- (auch Lohn-), Kapitalertrag- und Körperschaftsteuer,

cc) Besitzsteuern wie Erbschaft- und Schenkungsteuer,

dd) Verkehrsteuern wie Umsatz-, Beförderungs- und Kraftfahrzeugsteuer, Versicherungs- und Wechselsteuer sowie Kapitalverkehrsteuer,

ee) Verbrauchsteuern wie Tabak-[3], Kaffee-[4], Tee-, Zucker-, Bier-[5], Schaumwein-, Spielkarten- und Mineralölsteuer[6], Branntweinmonopolabgabe,

ff) Realsteuern, nämlich die Grund- und Gewerbesteuer (§ 3 Abs. 2 AO).

b) *Pfändung des Erstattungsanspruchs*

355 *Gepfändet* werden kann die Forderung auf Zahlung des infolge eines öffentlich-rechtlichen Erstattungsanspruchs aus dem Steuerschuldverhältnis zu leistenden Betrages erst, wenn der Anspruch entstanden ist. Diese Pfändung sowie die Abtretung und Verpfändung des Erstattungsanspruchs regelt

§ 46 AO wie folgt:
Abtretung, Verpfändung, Pfändung

(1) Ansprüche auf Erstattung von Steuern, Haftungsbeträgen, steuerlichen Nebenleistungen und auf Steuervergütungen können abgetreten, verpfändet und gepfändet werden.

(2) Die Abtretung wird jedoch erst wirksam, wenn sie der Gläubiger in der nach Absatz 3 vorgeschriebenen Form der zuständigen Finanzbehörde nach Entstehung des Anspruchs anzeigt.

(3) Die Abtretung ist der zuständigen Finanzbehörde unter Angabe des Abtretenden, des Abtretungsempfängers sowie der Art und Höhe des abgetretenen Anspruchs und des Abtretungsgrundes auf einem amtlich vorgeschriebenen Vordruck anzuzeigen. Die Anzeige ist vom Abtretenden und vom Abtretungsempfänger zu unterschreiben.

(4) Der geschäftsmäßige Erwerb von Erstattungs- oder Vergütungsansprüchen zum Zwecke der Einziehung oder sonstigen Verwertung auf eigene Rechnung ist nicht zulässig. Dies gilt nicht für die Fälle der Sicherungsabtretung. Zum geschäftsmäßigen Erwerb und zur geschäftsmäßigen Einziehung der zur Sicherung abgetretenen Ansprüche sind nur Unternehmen befugt, denen das Betreiben von Bankgeschäften erlaubt ist.

(5) Wird der Finanzbehörde die Abtretung angezeigt, so müssen Abtretender und Abtretungsempfänger der Finanzbehörde gegenüber die angezeigte Abtretung gegen sich gelten lassen, auch wenn sie nicht erfolgt oder nicht wirksam oder wegen Verstoßes gegen Absatz 4 nichtig ist.

(6) Ein Pfändungs- und Überweisungsbeschluss oder eine Pfändungs- und Einziehungsverfügung dürfen nicht erlassen werden, bevor der Anspruch entstanden

---

[3] Tabaksteuergesetz (TabStG) i.d.F. vom 15. Juli 2009, BGBl I 1870. Entstehung der Steuer: §§ 15 und 21.

[4] Kaffeesteuergesetz i.d.F. vom 15. Juli 2009, BGBl I 1919. Entstehung der Steuer: §§ 11 und 15.

[5] Biersteuergesetz (BierStG) i.d.F. vom 15. Juli 2009, BGBl I 1908. Entstehung der Steuer: §§ 14 und 18.

[6] Mineralölsteuergesetz (MinöStG) i.d.F. vom 21. Febr. 2000, BGBl I 147. Entstehung der Steuer: § 9.

ist. Ein entgegen diesem Verbot erwirkter Pfändungs- und Überweisungsbeschluss oder erwirkte Pfändungs- und Einziehungsverfügung sind nichtig. Die Vorschriften der Absätze 2 bis 5 sind auf die Verpfändung sinngemäß anzuwenden.
(7) Bei Pfändung eines Erstattungs- oder Vergütungsanspruchs gilt die Finanzbehörde, die über den Anspruch entschieden oder zu entscheiden hat, als Drittschuldner im Sinne der §§ 829, 845 der Zivilprozessordnung.

Da nur Pfändung eines bereits entstandenen Erstattungsanspruchs zulässig ist (§ 46 Abs. 6 S. 1 AO)[7], verbietet sich vor diesem Zeitpunkt der Erlass[8] des Pfändungsbeschlusses (s. jetzt § 46 Abs. 6 S. 1 u. 2 AO). Der noch nicht entstandene Erstattungsanspruch kann auch nicht als künftiger Anspruch gepfändet werden. Das schließt zugleich die Vorpfändung aus, wenn der Erstattungsanspruch noch nicht entstanden ist (s. Rdn. 371). Der Pfändungsbeschluss, der (unzulässig) vor dem Entstehen des Anspruchs erlassen wurde, ist nichtig (§ 46 Abs. 6 S. 2 AO) (siehe Rdn. 370). Nach Zustellung dieses Pfändungsbeschlusses wird die Pfändung auch nicht mit späterem Entstehen des Anspruchs wirksam. 356

c) *„Entstehung" des Anspruchs als Pfändungsvoraussetzung*

Entstanden und damit pfändbar ist ein Erstattungsanspruch aus einem Steuerschuldverhältnis (§ 37 Abs. 1 AO), sobald der Tatbestand verwirklicht ist, an den das Gesetz die Leistungspflicht knüpft (§ 38 AO). Pfändbar ist bereits der zugleich mit Verwirklichung des Steuertatbestandes abstrakt entstandene Erstattungsanspruch; dieser wird erst mit der durch Steueranmeldung oder -festsetzung eintretenden Konkretisierung realisierbar und fällig, wenn er geltend gemacht werden kann (s. § 220 AO). Der sonach entstandene Erstattungsanspruch kann daher bereits gepfändet werden, wenn eine Steuererklärung noch nicht abgegeben und Festsetzung mit Steuerbescheid noch nicht erfolgt ist. Ein Erstattungsanspruch kann ebenso gepfändet werden, wenn er sich nicht (nur) aus der Summe der Vorauszahlungen im Erhebungszeitraum ergibt, sondern aus einer späteren Zahlung (Abschlusszahlung), weil danach die Steuerschuld (z. B. im Einspruchsverfahren) herabgesetzt worden ist[9]. Auch dann ist der Erstattungsanspruch mit Verwirklichung des Steuertatbestandes (abstrakt, damit pfändbar) entstanden, nicht somit erst im Zeitpunkt der Abschlusszahlung. 357

Bei *Zahlung ohne rechtlichen Grund* entsteht der Erstattungsanspruch (§ 37 Abs. 2 AO) in dem Zeitpunkt, in dem die zu erstattende Leistung erbracht oder der rechtliche Grund für die Zahlung entfallen ist. 358

---

7   Verfassungsrechtliche Bedenken dagegen, dass nach § 46 Abs. 6 AO auf einen Steuererstattungsanspruch erst zugegriffen werden kann, wenn er entstanden ist, sind nicht begründet; siehe *OLG Frankfurt* JurBüro 1978, 931 = MDR 1978, 763 = NJW 1978, 2397 = OLGZ 1978, 363; *OLG Hamm* JurBüro 1979, 279 = MDR 1979, 149 = Rpfleger 1978, 456; *SchlHolstOLG* JurBüro 1978, 120 = Rpfleger 1978, 387. Auch § 46 Abs. 2 und 3 AO ist mit dem Grundgesetz vereinbar; *BVerfG (Vorprüfungsausschuss)* MDR 1983, 907 = NJW 1983, 2435.
8   Zeitpunkt dieses Erlasses Rdn. 370.
9   *NiedersFG* KKZ 1995, 13.

1. Kapitel: ZwV in Geldforderungen

359 Mit der Regelung, dass die Pfändung – wie die Anzeige einer Abtretung (§ 46 Abs. 2 AO) – erst zulässig ist, wenn der Anspruch entstanden ist, soll verhindert werden, dass Finanzbehörden sich bereits zu einer Zeit mit Pfändungen oder Abtretungen befassen müssen, zu der noch kein zur Auszahlung führendes Verfahren beantragt sein kann[10].

Besondere Vorschriften über die Entstehung der verschiedenen Steueransprüche und damit zugleich für einen Erstattungsanspruch aus dem jeweiligen Steuerschuldverhältnis enthält die AO nicht; maßgebend sind die Einzelsteuergesetze. Demnach gilt z. B. für die

360 aa) *Einkommensteuer*: Sie ist eine Jahressteuer. Veranlagungszeitraum ist das Kalenderjahr (§ 25 Abs. 1 EStG[11]). Mit Ablauf des Veranlagungszeitraums, also des Kalenderjahres, *entsteht* die Einkommensteuer (§ 36 Abs. 1 EStG). Ein Erstattungsanspruch kann erst von da an[12] gepfändet werden, nicht schon früher jeweils mit Beginn eines Kalendervierteljahres, wenn die Einkommensteuer-Vorauszahlung entsteht (§ 37 Abs. 1 EStG), und nicht bereits mit Erhebung der Einkommensteuer durch Abzug vom Arbeitslohn (Lohnsteuer, § 38 Abs. 1 EStG). Gepfändet werden kann sonach jeweils nur der Erstattungsanspruch für ein abgelaufenes Kalenderjahr und für weiter zurückliegende Zeit.

361 bb) *Körperschaftsteuer*: Sie ist eine Jahressteuer (§ 7 Abs. 3 S. 1 KStG 1999[13]), die mit Ablauf des Veranlagungszeitraums entsteht (§ 30 Nr. 3 KStG). Veranlagungszeitraum ist das Kalenderjahr (§ 31 KStG i.V.m. § 25 Abs. 1 EStG). Für Steuerabzugsbeträge (z. B. Kapitalertragsteuer für Dividende) entsteht die Körperschaftsteuer in dem Zeitpunkt, in dem die steuerpflichtigen Einkünfte zufließen (§ 30 Nr. 1 KStG). Auf Veranlagung und Entrichtung sind entsprechend die Vorschriften anzuwenden, die für die Einkommensteuer gelten (§ 31 KStG); siehe daher Rdn. 360.

361a cc) *Solidaritätszuschlag*: Er wird als Ergänzungsabgabe zur Einkommensteuer und zur Körperschaftsteuer erhoben (§ 1 Gesetz v. 15. Okt. 2002, BGBl I 4130). Es gelten demnach die in den Gesetzen für diese Steuern getroffenen Regelungen.

362 dd) Die *Erbschaftsteuer* entsteht mit dem Tode des Erblassers (§ 9 Abs. 1 ErbStG, dort auch zahlreiche Besonderheiten), die *Schenkungsteuer* entsteht in der Regel mit dem Zeitpunkt der Ausführung der Zuwendung (§ 9 Abs. 1 ErbStG).

363 ee) *Umsatzsteuer*: Siehe die in § 13 Abs. 1 UStG enthaltene differenzierte Regelung[14]. Der Vorsteuerabzugsanspruch des Unternehmers (§ 15 UStG)

---

10 Begründung a.a.O. (Fußn. 2).
11 Einkommensteuergesetz 2002. I.d.F. vom 8. Okt. 2009, BGBl I S. 3369.
12 *BFH* 160, 108 (110) = BB 1990, 1404 (auch zur Absetzbarkeit ab Ablauf des Veranlagungszeitraums).
13 Körperschaftsteuergesetz. I.d.F. vom 15. Okt. 2002, BGBl I S. 4145.
14 Zum Entstehen der Umsatzsteuer auch BMF 16. 5. 1980, BB 1980, 768.

geht in die Steuerberechnung ein und ist deshalb kein eigenständig abtretbarer Anspruch[15]; er ist mithin auch nicht pfändbar.

ff) *Gewerbesteuer*: Dazu   364

§ 18 Gewerbesteuergesetz[16]   der lautet:
Die Gewerbesteuer entsteht, soweit es sich nicht um Vorauszahlungen (§ 21) handelt, mit Ablauf des Erhebungszeitraums, für den die Festsetzung vorgenommen wird.

gg) Die *Grunderwerbsteuer* entsteht mit dem ihr unterliegenden Rechtsvorgang (Kaufvertrag usw.; § 1 GrEStG). Eine Besonderheit regelt   365

§ 14 GrEStG[17]   der lautet:
Entstehung der Steuer in besonderen Fällen:
Die Steuer entsteht
1. wenn die Wirksamkeit eines Erwerbsvorgangs von dem Eintritt einer Bedingung abhängig ist, mit dem Eintritt der Bedingung,
2. wenn ein Erwerbsvorgang einer Genehmigung bedarf, mit der Genehmigung.

Zu den Erwerbsvorgängen, die der Grunderwerbsteuer unterliegen, siehe § 1 GrdEStG, zur Steuererstattung, wenn ein Erwerbsvorgang rückgängig gemacht wird, siehe § 16 GrdEStG.

hh) Die *Kraftfahrzeugsteuer* entsteht mit Beginn der Steuerpflicht, bei fortlaufenden Entrichtungszeiträumen mit Beginn des jeweiligen Entrichtungszeitraums (§ 6 KraftStG[18]). Zu entrichten ist die Steuer jeweils für die Dauer eines Jahres im voraus (§ 11 Abs. 1 KraftStG). Sie kann bei bestimmtem Steuersatz auch für die Dauer eines Halbjahres oder auch eines Vierteljahres entrichtet werden (§ 11 Abs. 2 KraftStG; Besonderheiten für gebietsfremde Fahrzeuge dort Abs. 3; Steuerentrichtung nach Tagen dort Abs. 4). Endet die Kfz-Steuerentrichtungspflicht (z. B. mit Veräußerung des Fahrzeugs; sonst zur Dauer der Steuerpflicht § 5 KfzStG), dann ist zuviel gezahlte Kfz-Steuer zu erstatten (§ 37 Abs. 1 AO). Der Erstattungsanspruch ist pfändbar, und zwar vom Zeitpunkt der Leistungspflicht (Entrichtungszeitraum) an[19] (siehe Rdn. 357). Kennzeichnung des Erstattungsanspruchs (Rdn. 367) nach Steuerart und Erstattungsgrund schließt Nennung des amtlichen Kennzeichens des Kraftfahrzeugs ein[20]. Drittschuldner ist das nach § 1 KraftStDV[21] örtlich zuständige Finanzamt.   365a

---

15 *BFH* BStBl II 612 = NJW 1983, 2904.
16 I.d.F. vom 15. Okt. 2002, BGBl I S. 4168. Zu diesem Erstattungsanspruch auch *OVG Münster* NJW 1980, 1068.
17 Vom 26. Febr. 1997, BGBl I 418.
18 Kraftfahrzeugsteuergesetz (KraftStG 2002) i.d.F. vom 26. Sept. 2002, BGBl I 3819.
19 Anders *App* KKZ 1991, 8: Ab Beendigung der Kfz-Steuerpflicht; entspricht nicht dem § 46 Abs. 6 AO.
20 *App* KKZ 1991, 8.
21 Kraftfahrzeugsteuer-Durchführungsverordnung (KraftStDV 2002) vom 26. Sept. 2002, BGBl I 3857.

d) *Pfändungsantrag und -beschluss*

366 aa) Das Vorbringen des Gläubigers im *Pfändungsantrag* muss den Erstattungsanspruch als pfändbar ausweisen (Rdn. 485 a). Im Pfändungsantrag hat der Gläubiger daher Tatsachen vorzutragen, aus denen folgt, dass der Anspruch bereits entstanden ist (§ 46 Abs. 6 AO; dazu auch Rdn. 355, 356). Dieser Anforderung entspricht das Pfändungsgesuch nicht, wenn es nur formelhaft behauptet, der Anspruch „sei entstanden und deshalb nach § 46 AO pfändbar". Jedoch erübrigt sich ein weiteres Vorbringen, wenn sich bereits aus der Bezeichnung der zu pfändenden Forderung ergibt, dass sie pfändbar entstanden ist, so wenn beantragt ist, den Erstattungsanspruch aus Einkommensteuer für das zurückliegende Kalenderjahr zu pfänden.

367 bb) Im *Pfändungsbeschluss* müssen Steuerart und Erstattungsgrund bezeichnet werden[22]. Unzureichend sind nur allgemein gehaltene Angaben wie „Steuererstattungsansprüche"[23], „Erstattungsanspruch für das Jahr 20.." (auch wenn die Steuernummer des Schuldners angegeben ist[24]), „Anspruch auf bereits beantragte und künftige Steuererstattung", „Forderungen aus bereits geltend gemachten oder noch zu erwartenden Steuererstattungsansprüchen" oder „Zahlung von Steuererstattungsbeträgen"[25]. Die Angabe der Steuernummer des Schuldners ist nicht erforderlich (vergleiche das Rdn. 332 Gesagte, das entsprechend gilt). In die Pfändung des Erstattungsanspruchs aus einer anderen als der bezeichneten Steuerart kann der Pfändungsbeschluss nicht umgedeutet werden.

Einen Erstattungs*zeitraum* (Kalenderjahr usw.) braucht der Pfändungsbeschluss nicht gesondert zu nennen. Eine Pfändung erfasst alle bereits entstandenen, noch nicht geleisteten Erstattungsansprüche aus der in Anspruch genommenen Steuerarten[26], damit auch den Erstattungsanspruch infolge zu hoher Abschlusszahlung nach Herabsetzung der Steuerschuld (z. B. im Einspruchsverfahren, s. Rdn. 357). Dies kommt, da infolge des § 46 Abs. 6 AO nur rückständige Erstattungsansprüche gepfändet werden können, im Pfändungsbeschluss auch dann hinreichend zum Ausdruck, wenn ein Kalenderjahr oder sonstiger Erstattungszeitraum nicht bezeichnet ist.

---

22 *Stöber* Rpfleger 1973, 116 (117).
23 *Alisch* und *Voigt* Rpfleger 1980, 10 (11).
24 *BFH* 157, 32 = BB 1990, 125 = NJW 1990, 2645 (erfasst nicht einen Umsatzsteuerüberschuss).
25 A.A. *OLG Stuttgart* JurBüro 1979, 284 = MDR 1979, 324 (dazu aber *BFH* a.a.O. [Fußn. 24]).
26 *BFH* 195, 516 = GmbHR 2001, 927 = Rpfleger 2001, 603 (Umsatzsteuer). Ausreichend bestimmt ist daher „Steuererstattungsansprüche auf Grund der Einkommensteuerveranlagungen für das abgelaufene Kalenderjahr und für alle früheren Kalenderjahre", *BFH* 188, 137 = BStBl. 1999 II 439 = Rpfleger 1999, 501 Leits.; *OLG Stuttgart* JurBüro 1979, 284 = MDR 1979, 324. Hierzu siehe auch *LG Itzehoe* MDR 1988,1064: Bezeichnung des Erstattungsanspruchs aus Lohnsteuer-Jahresausgleich für ein bestimmtes Kalenderjahr und die davor liegenden Veranlagungszeiträume nannte die zu pfändende Forderung (alle in dem genannten Kalenderjahr und davor noch nicht geleistete Erstattungsansprüche aus der bezeichneten Steuerart) jedenfalls hinreichend bestimmt.

Erstattungszinsen (§ 233 a AO) werden von der Pfändung des Steuererstattungsanspruchs erfasst (vgl. Rdn. 694); sie können gleichwohl als mitgepfändet bezeichnet werden (Rdn. 696). Da sie Nebenanspruch der gepfändeten Erstattungsforderung sind, kommt es auf deren Entstehen für die Zulässigkeit der Pfändung auch der Erstattungszinsen an[27] (§ 46 Abs. 6 AO); unerheblich ist daher, dass für Entstehung von Erstattungszinsen auf den Zeitpunkt der Steuerfestsetzung abgestellt wird, die zu einer Steuererstattung führt.

cc) *Drittschuldner* ist die Finanzbehörde (dazu § 6 AO), die über den Anspruch entschieden oder zu entscheiden hat (§ 46 Abs. 7 AO). Die örtliche Zuständigkeit richtet sich, soweit nicht einzelne Steuergesetze anderes bestimmen, nach §§ 18–29 AO. Im Pfändungsbeschluss muss das örtlich zuständige Finanzamt so genau bezeichnet werden, dass eine Verwechslungsgefahr ausgeschlossen ist[28]. Unzureichend ist die allgemeine Bezeichnung „Finanzamt in X", wenn es an dem genannten Ort mehrere Finanzämter gibt[29]; unzulässig ist die inhaltslose Formulierung „… das für den Schuldnerwohnsitz zuständige Finanzamt". Bei Zustellung an eine sachlich oder örtlich nicht zuständige Finanzbehörde geht die Pfändung ins Leere. Sie kann dann nicht durch Weitergabe des Pfändungsbeschlusses an das zuständige Finanzamt wirksam werden. Auch Zustellung des Pfändungsbeschlusses, der eine nicht zuständige Finanzbehörde als Drittschuldner bezeichnet, an die tatsächlich zuständige Finanzbehörde, die Drittschuldner ist, bewirkt die Pfändung nicht[30]. Jedoch sind die Außenstellen (Nebenstellen) eines Finanzamts und das Stammfinanzamt mit seinen übrigen Außenstellen als eine Behörde anzusehen, so dass mit einer dieser Stellen dieses Finanzamt richtig bezeichnet ist.

368

Dass sich nach Wirksamwerden der Pfändung die Zuständigkeit ändert, berührt die Beschlagnahmewirkungen nicht[31]. Die Pfändung des Erstat-

369

---

27 Anders zu § 46 Abs. 1 S. 6 AEAO: Der Anspruch auf Erstattungszinsen … entsteht erst, wenn eine Steuerfestsetzung zu einer Erstattung führt und die übrigen Voraussetzungen des § 233 a in diesem Zeitpunkt erfüllt sind. Damit ist zum Ausdruck gebracht, dass ein Pfändungs- und Überweisungsbeschluss vor Bekanntgabe des dem jeweiligen Zinsanspruch zugrunde liegenden Steuerfestsetzungsbescheides nach § 46 Abs. 6 AO nichtig ist; s. *OFD Düsseldorf,* Verfügung vom 13. Aug. 1992, mitgeteilt Betrieb 1992, 2114. Dem kann ich nicht folgen. Auf der Grundlage dieser Ansicht wäre auch eine Pfändung von Erstattungszinsen praktisch nicht möglich, weil sie schon sogleich mit Bekanntgabe des Steuerbescheids geleistet werden. Sie vom pfändbaren Steuerguthaben zu trennen und unpfändbar zu stellen, widerspricht aber dem Wesen der Zinsen als hauptsacheabhängige Nebenforderung.
28 *BGH* NJW-RR 2006, 425 = Rpfleger 2006, 133.
29 *OLG Hamm* MDR 1975, 852 = Rpfleger 1975, 443; *Forgách* BB 1976, 266; s. auch *Borggreve* JurBüro 1979, 1585 (1587) und *Halaczinsky* ZIP 1985, 1442 (1445); **a.A.** (das nach dem allgemeinen Schuldnerwohnsitz, bei Ehegatten auch das zuerst angegangene Finanzamt trifft die Ermittlungspflicht) *Alisch* und *Voigt* Rpfleger 1980, 10 (11).
30 Vgl. Rdn. 502 und *OLG Hamm* a.a.O. (Fußn. 29); aber auch *FG Düsseldorf* EFG 1982, 576 = KKZ 1983, 78 (Leits.).
31 Mit dem Zuständigkeitswechsel geht die Verwaltungskompetenz mit allen Rechten und Pflichten über; siehe *OFD Köln* (5.9.1984) BB 1984, 2116 = Betrieb 1984, 2071.

tungsanspruchs ist auch nicht deshalb unwirksam, weil der Schuldner bei Zustellung des Pfändungsbeschlusses an das zuständige Finanzamt als Drittschuldner bei diesem als Steuerpflichtiger noch nicht geführt wird. Den wirksamen Pfändungsbeschluss muss die Finanzbehörde bei Eingang des Antrags auf Steuererstattung beachten und erfüllen. Sie kann nicht mit der Einwendung gehört werden, dass es für die Behörde unzumutbar sei, die Pfändung zu überwachen[32]. Jedoch dürfen die Anforderungen an die Überwachungs- und Sorgfaltspflicht der Behörde nicht überspannt werden. Kann mit der verkehrsüblichen Sorgfalt (Vormerkung im Veranlagungsreferat, in der Kasse usw.) nicht verhindert werden, dass die Pfändung bei Bearbeitung eines späteren Erstattungsantrags des Schuldners unbeachtet bleibt, so gebietet die Notwendigkeit des Drittschuldnerschutzes, dass der Pfändungsgläubiger die Erfüllung an den Schuldner gegen sich gelten lässt (siehe Rdn. 566, 567 und auch Rdn. 935); die Beweislast trifft in diesem Fall jedoch die Finanzbehörde als Drittschuldnerin.

370 dd) Der Pfändungs*beschluss*, der (unzulässig) *vor dem Entstehen des Erstattungsanspruchs* erlassen wird und damit gegen § 46 Abs. 6 S. 1 AO verstößt, ist nichtig[33] (§ 46 Abs. 6 S. 2 AO). Die Sätze 1 und 2 des § 46 Abs. 6 AO gehen auf die Stellungnahme des Bundesrates zu dem Entwurf des Änderungsgesetzes 1980 zurück, dessen Begründung lautet[34]:

„Nach § 46 Abs. 6 Satz 1 ist eine Pfändung erst zulässig, wenn der Anspruch entstanden ist. Aus dem Wortlaut ergibt sich jedoch nicht, welche Rechtsfolge ein Verstoß gegen diese Bestimmung hat. Dies hat zu divergierenden Entscheidungen zur Frage geführt, ob ein Pfändungs- und Überweisungsbeschluss, der vor dem Entstehen des Steueranspruchs erwirkt war, nach diesem Zeitpunkt durch Zeitablauf oder (erneute) Zustellung wirksam wird ... Mit der Neuregelung soll diese Rechtsunsicherheit beseitigt und klargestellt werden, dass vor Entstehen des Steueranspruchs ein Pfändungs- und Überweisungsbeschluss nicht erlassen werden darf und eine entgegen diesem Verbot ausgebrachte Pfändung nichtig ist. Dieses Ergebnis entspricht dem mit dieser Vorschrift verfolgten Sinn und Zweck (BT-Drucksache VI/1982 zu § 215)."

Der Finanzausschuss des Bundestages hat seine Beschlussempfehlung[35] für diese Änderung wie folgt begründet:

„Mit der Neufassung des § 46 Abs. 6 AO wird klargestellt, dass vor Entstehen eines Steueranspruchs ein Pfändungs- und Überweisungsbeschluss nicht erlassen werden darf. Um mit dieser Vorschrift nicht nur gerichtliche Beschlüsse zu erfassen, sondern

---

32 *LG Koblenz* JurBüro 1967, 928 = Rpfleger 1968, 59.
33 Die Rechtsprechung ging früher (für den Anspruch auf Lohnsteuer-Jahresausgleich) davon aus, eine vorzeitige Pfändung sei nur mangelhaft (und anfechtbar), bis zur Aufhebung aber doch wirksam mit der Folge, dass der Mangel mit Heilung und Zeitablauf entfalle. Die Pfändung sollte daher mit dem 1. Januar des Folgejahres rechtmäßig geworden sein. In diesem auf das Ausgleichsjahr folgenden Kalenderjahr sollte daher der Pfändungsbeschluss nicht mehr aufgehoben werden können. So *OLG Düsseldorf* JurBüro 1979, 286 = MDR 1979, 150 = NJW 1978, 2603 mit weit. Nachw.; *OLG Hamm* JurBüro 1979, 930 = MDR 1979, 767 = OLGZ 1979, 244 = NJW 1979, 1663 eingehend und mit weit. Nachw.; so wohl auch *OLG Bamberg* JurBüro 1979, 287; offen gelassen von *OLG Hamm* JurBüro 1979, 279 = MDR 1979, 149 = Rpfleger 1978, 456. S. dazu aber *Tiedtke* NJW 1979, 1640.
34 BT-Drucksache 8/3648 vom 8.2.1980, Seite 34.
35 BT-Drucksache 8/4157 vom 10.6.1980, Seite 7.

auch die von der Verwaltung erlassenen Pfändungs- und Einziehungsverfügungen einzubeziehen, hat der Finanzausschuss eine entsprechende Änderungsanregung zum Bundesratsvorschlag aufgenommen."

Erlass des Pfändungsbeschlusses ist Vollstreckungsmaßnahme. Entscheidend muss daher die Vollstreckungstätigkeit des Vollstreckungsorgans sein. *Erlassen* ist der Pfändungsbeschluss deshalb mit Unterzeichnung durch den Rechtspfleger[36]. Auf den Zeitpunkt der Hinausgabe als Ausführungshandlung der Geschäftsstelle kann es nicht ankommen[37]. Ebenso kann nicht von Bedeutung sein, dass der Beschluss erst mit seiner Absendung „als beschwerdefähige Entscheidung existent" wird[38].

Die unzulässig (vorzeitig) erwirkte Pfändung eines Steuererstattungsanspruchs wird auch nicht mit dem Zeitpunkt wirksam, in dem der Anspruch mit Verwirklichung des Steuertatbestandes (Rdn. 357) entsteht[39]. Die Pfändung erlangt somit keine Wirksamkeit, wenn der vor dem Entstehen des Anspruchs unzulässig erlassene Pfändungsbeschluss dem Finanzamt erst nach dem Entstehen des Anspruchs zugestellt (oder neu nochmals zugestellt) wird[40]. Der für die Pfändung entscheidende Akt der Zustellung an den Drittschuldner (§ 829 Abs. 3 ZPO) hat in diesem Fall keine Bedeutung, weil

---

[36] Anders *BFH* 161, 412 = DGVZ 1991, 54 = NJW 1991, 1975: Erlassen, wenn er nicht nur unterzeichnet, sondern auch bereits zum Zwecke der Beförderung der Post oder dem Gerichtswachtmeister übergeben worden ist. Das jedoch besorgt die Geschäftsstelle, die den Pfändungsbeschluss nicht „erlassen" kann. Zudem müssen die Vollstreckungsvoraussetzungen bei Beginn der Zwangsvollstreckung, somit bei Unterzeichnung des Pfändungsbeschlusses erfüllt sein und geprüft werden (siehe § 750 ZPO), nicht erst danach bei Absendung durch die Geschäftsstelle (dazu *Stöber*, ZVG, Einl. Rdn. 20). Der *BFH* nimmt auf der Grundlage seiner Ansicht weiter an:
„Im Verwaltungszwangsverfahren kann die Pfändung eines Steuererstattungsanspruchs durch den zuständigen Beamten bereits vor der Entstehung des Anspruchs (Ablauf des Veranlagungszeitraums oder Ausgleichsjahres) – einschließlich der Schlusszeichnung der Pfändungs- und Einziehungsverfügung – vorbereitet werden.
Die Pfändungs- und Einziehungsverfügung wird erst zu dem Zeitpunkt erlassen (erwirkt), in dem die Verfügung den internen Bereich der Vollstreckungsbehörde verlassen hat, indem sie zum Zwecke der Zustellung an den Drittschuldner (Finanzamt) der Post oder dem Zustellungsdienst der Behörde übergeben worden ist."
Anders auch *Stein/Jonas/Brehm*, ZPO, Rdn. 9 zu § 829 (vorzeitige Unterzeichnung zulässig) und *Schlesw-HolstFG* KKZ 1991, 234 (erlassen mit Bekanntgabe an den Drittschuldner).
[37] Anders *Schuschke/Walker*, Vollstreckung, Rdn. 32 Anh. zu § 829, die nur sichergestellt wissen wollen, dass Zustellung des Beschlusses erst nach dem Stichtag erfolgt; so auch *Musielak/Becker*, ZPO, Rdn. 27 zu § 829; *Wieczorek/Schütze/Lüke*, ZPO, Rdn. 36 zu § 829. Dem aber steht bereits der Wortlaut von § 46 Abs. 6 AO eindeutig entgegen.
[38] Zu allem mit Einzelheiten und Nachweisen *Stöber*, ZVG, Einl. Rdn. 20.
[39] *BFH* 161, 412 = a.a.O. So bereits vordem *OLG Frankfurt* JurBüro 1978, 931 = MDR 1978, 763 = NJW 1978, 2397 = OLGZ 1978, 363; *OLG Köln* NJW 1979, 1665; *SchlHolst OLG* JurBüro 1978, 1720 = Rpfleger 1978, 387; *OLG Bamberg* (Fußn. 33); *Tiedtke* NJW 1978, 1640 (1642); *Borggreve* JurBüro 1979, 145; *Wilke* NJW 1978, 2381.
[40] **A.A.** früher *LG Zweibrücken* MDR 1979, 325; *OLG Bamberg* a.a.O. (Fußn. 33); *Wilke* NJW 1978, 2380; s. demgegenüber aber bereits *SchlHolstOLG* a.a.O. (Fußn. 33); *Tiedtke* NJW 1979, 1640 (1645).

auch mit ihm ein nichtiger Pfändungsbeschluss (§ 46 Abs. 6 S. 2 AO) nicht wirksam werden kann. Der nach § 46 Abs. 6 S. 2 AO nichtige Pfändungsbeschluss ist auf Erinnerung oder Beschwerde aufzuheben. Der Erstattungsanspruch kann nur durch erneute Vollstreckung nach Entstehung des Anspruchs gepfändet werden[41]. Wenn nach Abweisung des Pfändungsgesuchs oder Aufhebung des unzulässig ergangenen Pfändungsbeschlusses über die Erinnerung oder Beschwerde erst nach Entstehung des Anspruchs entschieden wird, muss dem Pfändungsantrag nun entsprochen werden. Denn bei Entscheidung über den Rechtsbehelf ist der Erstattungsanspruch bereits pfändbar entstanden (§ 46 Abs. 6 AO)[42]. Jedoch kann der aufgehobene Pfändungsbeschluss dann nicht mehr rückwirkend wieder hergestellt werden[43].

371 ee) Auch eine *Vorpfändung* ist nach § 46 Abs. 6 AO erst zulässig, wenn der Anspruch entstanden ist, mithin nicht schon vor diesem Zeitpunkt (Rdn. 356). Eine vor Entstehen des Anspruchs dem Finanzamt als (vermeintlicher) Drittschuldner zugestellte Vorpfändung hat keine Wirkungen[44]. Sie erlangt insbesondere keine Arrestwirkung (§ 845 Abs. 2, § 930 ZPO) für die nach Entstehung des Anspruchs innerhalb der Monatsfrist folgende Pfändung. Bedeutungslos ist jedoch, wann die Vorpfändung abgefasst und dem Gerichtsvollzieher Zustellungsauftrag erteilt wurde[45]. Denn die Vorpfändung erfolgt dadurch, dass der Gläubiger dem Drittschuldner die Benachrichtigung zustellen lässt (s. Rdn. 799), weshalb ihre Voraussetzungen bei Zustellung (nicht aber bei Datierung) der Vorpfändung gegeben sein müssen (Rdn. 798). Bei Zustellung nach Entstehung des Anspruchs erlangt somit die noch davor abgefasste und zur Zustellung gegebene Vorpfändung Arrestwirkung gem. § 845 Abs. 2, § 930 ZPO.

e) *Der Gläubiger im Besteuerungsverfahren*

372 aa) Wie der Gläubiger nach wirksamer Pfändung seine Rechte in dem jeweiligen Besteuerungsverfahren wahrnehmen kann, regelt die AO nicht. Nach der Gesetzesbegründung[46] soll diese Frage durch die Rechtsprechung im Rahmen des § 78 AO (Beteiligte) geklärt werden. Der Bundesfinanzhof stellt entscheidend darauf ab, dass Steuerfestsetzung (§ 155 ff. AO) und Erhebungsverfahren (§§ 218 ff. AO) grundlegend voneinander zu unterscheiden sind.

---

41 So schon für frühere Rechtslage *OLG Frankfurt*, *OLG Köln*, *SchlHolstOLG* je a.a.O. (Fußn. 39).
42 *OLG Hamm* a.a.O. (Fußn. 33).
43 *OLG Hamm* a.a.O. (Fußn. 33).
44 So auch *Alisch* und *Voigt* Rpfleger 1980, 10; *Wilke* NJW 1978, 2380 (2381); *Noack* DGVZ 1979, 21 (24); *Buciek* Betrieb 1985, 1428.
45 *Buciek* Betrieb 1985, 1428 (eingehend zu dieser Frage); auch *Mümmler* JurBüro 1984, 1777 (1779); *Musielak/Becker*, ZPO, Rdn. 28 zu § 829.
46 Begründung (Fußn. 2), Seite 171.

bb) Am *Steuerfestsetzungsverfahren* ist der Pfändungsgläubiger *nicht* beteiligt[47]. Pfändungspfandrecht (§ 829 mit § 804 Abs. 1 ZPO) und Einziehungsbefugnis (§ 835 Abs. 1 ZPO) erstrecken sich lediglich auf den Zahlungsanspruch, den der Schuldner als Steuerpflichtiger auf Erstattung überzahlter Steuern gegen die Finanzbehörde hat[48]. Auf die *Rechtsstellung* des erstattungsberechtigten Schuldners in seiner Eigenschaft als Steuerpflichtiger i. S. des § 33 AO erstreckt sich die Pfändung nicht[49]. Rechte, die der Schuldner als Steuerpflichtiger nach dem öffentlich-rechtlichen Steuerschuldverhältnis hat, erlangt der Gläubiger durch die Pfändung daher nicht. Deshalb erhält den Steuerbescheid nur der steuerpflichtige Schuldner[50]. Der Pfändungsgläubiger kann gegen den Steuerbescheid daher Einspruch nicht einlegen und Klage nicht erheben; er kann sonst prozessuale Rechte des steuerpflichtigen Schuldners nicht wahrnehmen[51]. Er wird daher auch nicht zum Rechtsbehelfsverfahren des steuerpflichtigen Schuldners zugezogen[52]. Er kann auch Änderung oder Berichtigung eines wirksam ergangenen Steuerbescheids nicht beantragen[53].

372a

cc) Im nachfolgenden (vom Festsetzungsverfahren getrennten[54]) *Erhebungsverfahren* (§§ 218 ff. AO) wird nach Konkretisierung mit Steuerbescheid im Festsetzungsverfahren der gepfändete Zahlungsanspruch auf Steuererstattung verwirklicht. In diesem Verfahren kann daher der pfändende Gläubiger (§ 829 Abs. 1 ZPO) nach Überweisung (§ 835 ZPO) Zahlung verlangen, damit den Erstattungsanspruch des Schuldners als Steuerpflichtiger an die Finanzbehörde geltend machen. Ob und ggfs. in welcher Höhe sich aus der Veranlagung ein Erstattungsanspruch ergeben hat und auf Grund der Pfändung zu leisten ist, wird dem Pfändungsgläubiger von der Finanzbehörde mitgeteilt (Anwendungserlass zur Abgabenordnung [AEAO], zu § 46 Nr. 4 S. 5). Über Streitigkeiten bei Verwirklichung des gepfändeten Erstattungsanspruchs entscheidet die Finanzbehörde durch Verwaltungsakt (§ 218 Abs. 2 AO). Auch über die Wirksamkeit des Pfändungsbeschlusses als Streitigkeit über den Erstattungsanspruch kann das Finanzamt durch Verwaltungsakt nach § 218 Abs. 2 AO entscheiden[55]. Gegen einen ablehnenden Bescheid der Finanzbehörde kann der Gläubiger Rechtsmittel einlegen[56]. Für seine Klage gegen die Finanzbehörde als

372b

---

47 *BFH* 187, 1 = BStBl 1999 II 84 = NJW 1999, 1056 Leits. = Rpfleger 1999, 339 Leits. mit Anm. Riedel.
48 *BFH* 187, 1 = a.a.O.
49 *BFH* 187, 1 = a.a.O.; *BFH* 125, 138 = BStBl 1978 II 464; *BFH*/NV 1993, 350.
50 *BFH* 155, 40 = BStBl 1989, 223; *BFH* 187, 1 = a.a.O.
51 *BFH* 187, 1 = a.a.O.; *BGH* 176, 79 (84) = MDR 2008, 765 = NJW 2008, 1675 mit Anm. *Timme* = Rpfleger 2008, 372 unter Aufgabe von *BGH* 157, 195 (202) = FamRZ 2004, 532 = JurBüro 2004, 209 = MDR 2004, 535 = NJW 2004, 954 (956) = Rpfleger 2004, 228.
52 *BFH* 187, 1 = a.a.O.; **a.A.** *BGH* 157, 195 (203) = a.a.O. (Fußn. 51).
53 *BFH* 72, 465 = BStBl 1961 III 170; *BFH* 187, 1 = a.a.O.
54 *BFH* 187, 1 = a.a.O.
55 *BFH* NJW 1988, 1998.
56 *FG Düsseldorf* BB 1975, 1334.

Drittschuldner auf Auszahlung eines gepfändeten Steuererstattungsanspruchs ist der Finanzrechtsweg gegeben[57] (s. Rdn. 657).

373 dd) Bei *rechtsgrundloser Zahlung* eines Steuererstattungsanspruchs an den pfändenden Gläubiger hat gegen diesen als Leistungsempfänger die Finanzbehörde einen Rückforderungsanspruch[58] (Erstattungsanspruch) (§ 37 Abs. 2 AO). Als selbstständiger Anspruch aus dem Steuerschuldverhältnis besteht dieser Anspruch auch dann, wenn auf Grund unwirksamer Pfändung oder an einen nachrangig pfändenden Gläubiger gezahlt worden ist[59] (hierzu Rdn. 612 a).

374 ee) *Auskunft* darüber, ob ein Erstattungsanspruch des Schuldners besteht (oder noch besteht), kann das Finanzamt vor (wirksamer) Pfändung einem Gläubiger nicht erteilen (Schutz des Steuerpflichtigen durch das Steuergeheimnis, § 30 AO mit Einschränkung insbesondere bei Zustimmung des Betroffenen). Mit Zustellung des Pfändungsbeschlusses wird die Drittschuldnererklärungspflicht begründet, die jedoch nur in dem durch § 840 ZPO bestimmten Umfang besteht (Rdn. 627 ff.). Der Schuldner ist nach § 836 Abs. 3 S. 1 ZPO auskunftspflichtig. Angaben hat er nach § 836 Abs. 3 S. 3 ZPO zu Protokoll zu geben und an Eides Statt zu versichern (Rdn. 621 ff.).

375 ff) Kosten eines Steuerberaters, den der Gläubiger mit der Geltendmachung des Steuererstattungsanspruchs beauftragt hat, sind als Aufwendungen aus Anlass der Zwangsvollstreckung nach § 788 Abs. 1 ZPO Zwangsvollstreckungskosten[60]. Sie sind aber nicht ohne weiteres, sondern nur bei Notwendigkeit (§ 91 Abs. 1 ZPO) erstattungsfähig; aus dem gepfändeten Steuererstattungsanspruch können sie mit der Vollstreckungsforderung des Gläubigers nur dann eingezogen werden, wenn nach dem Pfändungsbeschluss (Rdn. 495) auch für sie der Gläubiger ein Pfandrecht an dem gepfändeten Anspruch erlangt hat. Für Tätigkeit des Steuerberaters im Steuerfestsetzungsverfahren kann Notwendigkeit und damit Erstattungsfähigkeit nicht angenommen werden, weil der Gläubiger an diesem Verfahren nicht beteiligt ist[61] (Rdn. 372 a); Kosten des Steuerberaters für Tätigkeit im

---

57 *BFH* NJW 1988, 1407 (für Umsatzsteuererstattungsanspruch); die Pfändung führt nicht zu einer Änderung des Schuldverhältnisses, aus dem sich der Erstattungsanspruch ergibt; *BFH* BStBl 2000 II 574 (575).
58 *BFH* 180, 1 = BStBl 1996 II 436 = FamRZ 1996, 1471 Leits. = NJW-RR 1996, 1217; *FG Niedersachsen* NJW 2000, 2607. Für (ernstlich) zweifelhaft hielt es noch *BFH* BB 1994, 1695, ob im Falle der Verpfändung der Rückforderungsanspruch gegenüber dem Pfandgläubiger besteht.
59 Hierzu (für Erstattungsanspruch nach rechtsgrundloser Leistung an einen Zessionar) *BFH* 155, 40 = BB 1989, 550 und *BFH* 160, 197 = BB 1990, 1406 = BStBl 1990 II 671 sowie BB 1994, 1279, und (Erstattungsanspruch an Steuerpflichtigen nach Pfändung) BFHE 160, 128 = BB 1990, 1407.
60 A.A. *LG Berlin* DGVZ 1985, 43; nicht richtig.
61 So auch *Zöller/Stöber*, ZPO Rdn. 43 zu § 788 „Steuerberaterkosten". Allgemeiner noch *Baumbach/Lauterbach/Hartmann*, ZPO, Rdn. 43 zu § 788; *Musielak/Becker*, ZPO, Rdn. 14 zu § 788 „Steuerberatungskosten"; *Stein/Jonas/Münzberg*, ZPO, Rdn. 12 zu § 788; frühere Rechtsprechung (zuletzt 13. Aufl. Rdn. 375) aber überholt.

Erhebungsverfahren (Rdn. 372 b) sind zumeist nicht notwendig und daher nicht erstattungsfähig.

f) *Pfändung und Abtretung oder Verpfändung*

Wenn der Erstattungsanspruch bereits abgetreten[62] ist, hat eine Pfändung keine Wirkungen (Rdn. 769). Wirksam wird eine Abtretung[63] jedoch erst, wenn sie der Gläubiger in vorgeschriebener Form (§ 46 Abs. 3 AO) der zuständigen Finanzbehörde nach Entstehen des Anspruchs (Rdn. 357 ff.) anzeigt (§ 46 Abs. 2 AO). Zwar kann der Abtretungsvertrag[64] auch schon vor Entstehen des Anspruchs, mithin auch über einen künftigen Erstattungsanspruch geschlossen werden. Der Eingang der Abtretungsanzeige bei der zuständigen Finanzbehörde ist jedoch materielle Wirksamkeitsvoraussetzung[65]; die Abtretung wirkt nicht auf den Zeitpunkt des Abtretungsvertrages zurück. Auch einer Abtretung, die schon vor Entstehen des Erstattungsanspruchs vereinbart ist, geht eine Pfändung daher vor, die nach Entstehung des Anspruchs mit Drittschuldnerzustellung (§ 829 Abs. 3 ZPO) vor zeitgemäßer und formgerechter Anzeige der Abtretung wirksam geworden ist. Eine vor Entstehen des Anspruchs der Finanzbehörde formgerecht angezeigte Abtretung ist wirkungslos; sie wird auch nicht mit Entstehen des Anspruchs wirksam. Da nur Abtretender und Abtretungsempfänger der Finanzbehörde gegenüber eine angezeigte Abtretung gegen sich gelten lassen müssen, auch wenn sie nicht wirksam erfolgt oder wegen Verstoß gegen das geschäftsmäßige Erwerbsverbot nichtig ist (§ 46 Abs. 5 AO), wirkt eine vor Pfändung formgerecht angezeigte, aber nichtige Abtretung nicht gegenüber dem pfändenden Gläubiger. Von der Abtretung der (pfändbaren) Bezüge aus einem Dienstverhältnis an den Treuhänder für Restschuldbefreiung (§ 287 Abs. 2 Satz 1 InsO) wird der Anspruch auf Erstattung von Einkommen- (damit auch Lohn-)Steuerzahlungen nicht erfasst[66] (er ist nicht Einkommen auf Grund eines Arbeits- oder Dienstverhältnisses).

376

Entsprechendes gilt bei *Verpfändung* (§ 46 Abs. 1 und 6 AO).

---

62 Zur Übertragung von Steuererstattungsansprüchen an Dritte *Harder* Betrieb 1988, 1189.
63 Auslegung der Abtretungsanzeige (Abtretung eines ESt-Erstattungsanspruchs, wenn er als LStJA bezeichnet ist) *BFH* Betrieb 1982, 2019 (Leits.). Zur Wirksamkeit bei unvollständig ausgefüllter Abtretungsanzeige *BFH* NJW 1992, 198.
64 Zur Auslegung einer allgemeinen Gehaltsabtretung auch als Vorausabtretung zu erwartender Lohnsteuererstattungsansprüche *BFH* BB 1980, 1411 = Betrieb 1980, 1676.
65 Ohne Anzeige an die Finanzbehörde ist die Abtretung allgemein unwirksam, *BGH* MDR 1978, 485 = NJW 1978, 642; *BFH* NJW-RR 1996, 799.
66 *BGH* 163, 391 = MDR 2005, 49 = NJW 2005, 2988 = NZI 2005, 565 = Rpfleger 2005, 690; *BGH* MDR 2006, 891 = NJW 2006, 1127 = NZI 2006, 246 = Rpfleger 2006, 218, auch zur Frage, wann der Erstattungsanspruch zur Insolvenzmasse gehört.

g) *Lohnsteuer-Jahresausgleich; Einkommensteuererstattung*

377 *Gepfändet wird der angebliche Anspruch des Schuldners an seinen Arbeitgeber ... – Drittschuldner – auf Durchführung des Lohnsteuer-Jahresausgleichs sowie des Kirchenlohnsteuer-Jahresausgleichs für das Kalenderjahr 2010 und alle folgenden Kalenderjahre und auf Auszahlung des als Überzahlung jeweils auszugleichenden Erstattungsbetrages.*

aa) *Erhebung der Lohnsteuer*

378 *Lohnsteuer* wird bei Einkünften aus nichtselbstständiger Arbeit als Einkommensteuer durch Abzug vom Arbeitslohn unter den weiteren Voraussetzungen des § 38 EStG erhoben (§ 38 Abs. 1 S. 1 EStG).

bb) *Lohnsteuer-Jahresausgleich durch den Arbeitgeber*

379 (a) Der *Arbeitgeber* ist berechtigt (verpflichtet, wenn er mindestens 10 Arbeitnehmer beschäftigt), seinen unbeschränkt einkommensteuerpflichtigen Arbeitnehmern, die während des abgelaufenen Kalenderjahres (Ausgleichsjahr) ständig in einem Dienstverhältnis gestanden haben, einen *Lohnsteuer-Jahresausgleich* (auch für den Solidaritätszuschlag § 51 a Abs. 1 EStG) *durchzuführen* (§ 42 b Abs. 1 S. 1 und 2 EStG). Im Lohnsteuer-Jahresausgleich wird die für das abgelaufene Kalenderjahr (Ausgleichsjahr) einbehaltene Lohnsteuer insoweit erstattet, als sie die auf den Jahresarbeitslohn entfallende Jahreslohnsteuer übersteigt. Nicht durchführen darf der Arbeitgeber den Lohnsteuer-Jahresausgleich in bestimmten, in § 42 b Abs. 1 S. 4 EStG bezeichneten Fällen.

380 (b) Wenn der *Arbeitgeber* den Lohnsteuer-Jahresausgleich durchführt (§ 42 b EStG), erfüllt er den Erstattungsanspruch aus dem Steuerschuldverhältnis (§ 37 Abs. 1 AO; Rdn. 354). Die Erstattungsleistung ist mithin kein Teil des Arbeitseinkommens[67]. Ihr kommt daher auch der für Arbeitseinkommen geltende Pfändungsschutz (§§ 850 ff. ZPO) nicht zu[68]. Als öffentlich-rechtliche Geldforderung ist der Erstattungsanspruch ohne Einschränkung pfändbar.

381 (c) *Drittschuldner* ist der Arbeitgeber, der den Jahresausgleich berechnet und erstattet[69]. Ein dem Finanzamt zugestellter Pfändungsbeschluss erfasst den Erstattungsbetrag nicht, den der Arbeitgeber feststellt und leistet. Ebenso erfasst die dem Arbeitgeber zugestellte Pfändung nicht den bei Veranlagung zur Einkommensteuer vom Finanzamt zu leistenden Erstattungsbetrag. Zur Anrechnung von Lohnsteuer auf Einkommensteuer und Er-

---

67 Zur Rechtsnatur des Erstattungsanspruchs *BGH* 163, 391 (393) = a.a.O. (Fußn. 66). Überholt damit *LArbG Frankfurt* BB 1989, 295; *LArbG Hamm* BB 1989, 634 (Leits.) = Betrieb 1989, 488 (Leits.) = NZA 1989, 529.
68 *LG Aachen* Rpfleger 1988, 418; *LG Braunschweig* NJW 1972, 2315; *Musielak/ Becker*, ZPO, Rdn. 28 zu § 829; *Tappert* NJW 1962, 239; *Wais* BB 1969, 1441; *Hansen* Rpfleger 1969, 234; *Stöber* Rpfleger 1973, 116; **a.A.** *LG Köln* BB 1964, 175; *Quardt* NJW 1959, 518 (Pfändungsschutz nach §§ 850 c, d ZPO); *Schall* NJW 1959, 520 (Pfändungsschutz nach § 850 i ZPO).
69 Allgemeine Ansicht, siehe *Stöber* Rpfleger 1973, 116 (117); *Schüler* Betrieb 1973, 182; *Wais* BB 1969, 1441; *Lübbing* NJW 1968, 879.

Steuerschuldverhältnis

stattung einer Überzahlung erfolgt auf Antrag eine Veranlagung auch, wenn der Arbeitgeber einen Lohnsteuer-Jahresausgleich durchgeführt hat. Ratsam ist es deshalb, den vom Arbeitgeber und gesondert (sobald nach § 46 Abs. 6 AO zulässig, siehe Rdn. 385) auch den vom Finanzamt bei Veranlagung zur Einkommensteuer (§ 46 Abs. 2 Nr. 8 EStG) zu leistenden Erstattungsbetrag zu pfänden[70].

(d) Im *Pfändungsbeschluss* muss der Erstattungsanspruch aus Lohnsteuer-Jahresausgleich als solcher bestimmt bezeichnet werden[71]. Von einer Pfändung des Arbeitseinkommens wird der Erstattungsanspruch aus Lohnsteuer-Jahresausgleich nicht erfasst[72]; er muss gesondert gepfändet werden[73]. Die Pfändung des Arbeitseinkommens und eines Lohnsteuer-Erstattungsanspruchs kann jedoch in einem Beschluss zusammengefasst werden (Rdn. 475). 382

(e) Die *Pfändung* des Erstattungsanspruchs an den Arbeitgeber unterliegt nicht den Beschränkungen des § 46 Abs. 6 AO[74]. Der Anspruch kann daher schon vor Entstehung gegenüber der Finanzbehörde und demzufolge auch als künftiger Anspruch für kommende Jahre gepfändet werden. Zulässig ist die Pfändung des Erstattungsanspruchs für kommende Ausgleichsjahre, weil sich bereits aus dem fortlaufenden Steuerabzug vom Arbeitseinkommen des unbeschränkt Lohnsteuerpflichtigen eine für die Pfändbarkeit ausreichende Rechtsgrundlage ergibt. Dass sich die Pfändung auf den Erstattungsanspruch für kommende Ausgleichsjahre erstrecken soll, muss sich aus dem Pfändungsbeschluss ergeben[75]. Fehlt die Angabe im Pfändungsbeschluss, für welchen Erstattungszeitraum der Ausgleichsan- 383

---

70 Früher wurde es für ratsam gehalten, sowohl das Finanzamt als auch den Arbeitgeber als Drittschuldner zu behandeln und beiden den Pfändungsbeschluss zuzustellen, wenn ausnahmsweise noch nicht abzusehen war, wer den Jahresausgleich durchführt (so *Wais* BB 1969, 1441; *Stöber* Rpfleger 1973, 116 [117]; *Schüler* Betrieb 1973, 182). Diese Erwägung hat keine Bedeutung mehr.
71 *Stöber* Rpfleger 1973, 116 (117). Angabe des Berechnungszeitraums wird hierfür nicht zu fordern sein; *AG Simmern* Büro 1982, 306 mit Anm. *Mümmler* (s. auch Rdn. 385).
72 So zutreffend *Schall* NJW 1959, 520; *Jonas* JW 1936, 3348 und 1937, 123; *Hansen* Rpfleger 1969, 234; *Wais* BB 1969, 1441; *Stöber* Rpfleger 1973, 116 (117); a.A. *LG Köln* BB 1964, 175; *Quardt* NJW 1959, 519; *LArbG Hamm* BB 1965, 669 = Betrieb 1965, 39 (das den Anspruch keinen Pfändungsbeschränkungen unterwirft); *Bauer* Betrieb 1974, 2479.
73 A.A. *LArbG Saarland* Betrieb 1976, 1870; siehe außerdem die Fußn. 72 Genannten.
74 Zustimmend *LG Bielefeld* JurBüro 1990, 1361; *LG Landau* Rpfleger 1982, 31; *Borggreve* JurBüro 1979, 1585 (1592); *Alisch* und *Voigt* Rpfleger 1980, 10 (12); *Stein/Jonas/Brehm*, ZPO, Rdn. 9 zu § 829; **anders** *LG Aachen* Rpfleger 1988, 418, sowie *LG Hagen* JurBüro 1994, 371 mit abl. Anm. *Behr*, die jedoch § 46 Abs. 6 AO gegen seinen Zweck (zu diesem Rdn. 359) auch auf den Arbeitgeber ausdehnen und damit ohne jede rechtfertigende Begründung hinnehmen, dass Leistung an den Schuldner bereits im Ausgleichsjahr Pfändung erst nach Ablauf des Kalenderjahres ausschließt, somit den Erstattungsanspruch als Vermögenswert des Schuldners seinen Gläubigern praktisch entzieht.
75 *Stöber* Rpfleger 1973, 116 (122).

spruch gepfändet werden soll, so erfasst die Pfändung nur den etwa noch nicht erstatteten Ausgleichsanspruch für zurückliegende Zeit und den Anspruch für das laufende Ausgleichsjahr. Gegenstandslos wird die künftige Anspruchspfändung, wenn das Arbeitsverhältnis des Schuldners bei dem Drittschuldner endet, dieser mithin nicht mehr der nach § 42 b EStG für die Erstattung zuständige Arbeitgeber ist[76].

cc) *Erstattung bei Anrechnung der Lohnsteuer auf Einkommensteuer*

384 (a) Das *Finanzamt erstattet* die bei Einkünften aus nichtselbstständiger Arbeit durch Abzug vom Arbeitslohn zuviel erhobene Lohnsteuer (§ 38 Abs. 1 S. 1 EStG) nach Anrechnung als Einkommensteuer im Veranlagungsverfahren (§ 25 Abs. 1 EStG). Festsetzung erfolgt mit Steuerbescheid (§ 155 Abs. 1 S. 1 AO). Die Veranlagung wird bei Einkünften aus nichtselbstständiger Arbeit, die dem Lohnsteuerabzug unterliegen, auch stets durchgeführt, wenn sie beantragt wird, insbesondere zur Anrechnung von Lohnsteuer auf Einkommensteuer (§ 46 Abs. 2 Nr. 8 EStG; *Antragsveranlagung*). Bei Veranlagung zur Einkommensteuer können alle Steuerersparnismöglichkeiten geltend gemacht werden.

385 (b) Die *Pfändung* des Anspruchs auf Erstattung der Einkommensteuer, auch soweit Veranlagung auf Antrag erfolgt, bestimmt sich nach § 46 Abs. 6 und 7 AO. Für kommende Ausgleichsjahre kann der Erstattungsanspruch als zukünftige Forderung nicht gepfändet werden (§ 46 Abs. 6 AO). Auch während des laufenden Kalenderjahres (Veranlagungszeitraum, in dem Lohnsteuerabzug erfolgt) kann der Erstattungsanspruch nicht gepfändet werden: er entsteht pfändbar erst mit Ablauf des Erstattungsjahres[77] (§ 46 Abs. 6 AO). Zur Pfändung des Erstattungsanspruchs für das laufende Kalenderjahr oder dessen Ablauf ein Pfändungsbeschluss auch dann nicht erlassen (hierzu Rdn. 370) werden, wenn mit der (wirksamen) Zustellung noch bis zum 1. Januar des folgenden Jahres gewartet werden soll. Einem Antrag auf Pfändung des Erstattungsbetrags für zurückliegende Kalenderjahre ist nicht zu entsprechen, wenn dem Vollstreckungsgericht bekannt ist, dass Festsetzung mit Steuerbescheid bereits erfolgt und der Erstattungsbetrag schon ausbezahlt ist[78] (siehe Rdn. 488) oder das Antragsrecht endgültig ausgeschlossen und damit ein Erstattungsanspruch sicher nicht mehr gegeben ist[79].

386 (c) *Ehegatten* können zwischen getrennter Veranlagung und Zusammenveranlagung wählen; für den Veranlagungszeitraum der Eheschließung können sie auch die besondere Veranlagung wählen (§ 26 EStG mit Einzelheiten). Bei Zusammenveranlagung werden die Einkünfte, die die Ehegatten erzielt haben, zusammengerechnet, den Ehegatten gemeinsam zugerechnet

---

[76] Zustimmend *Borggreve* JurBüro 1979, 1585 (1592).
[77] *BFH* 161, 412 = NJW 1991, 1975 = a.a.O. (Fußn. 36).
[78] So auch *OLG Frankfurt* JurBüro 1979, 931 = MDR 1978, 763 = NJW 1978, 2397 = OLGZ 1978, 363.
[79] *OLG Frankfurt* a.a.O. (Fußn. 78).

und die Ehegatten sodann (soweit nichts anderes vorgeschrieben ist) gemeinsam als Steuerpflichtiger behandelt (§ 26 b EStG). Ein Gläubiger nur des Ehemannes oder nur der Ehefrau kann den Anspruch seines Schuldners auf den (anteiligen) Erstattungsbetrag pfänden. Erstattungsberechtigt ist (nach § 37 Abs. 2 AO) der Ehegatte, auf dessen Rechnung die Zahlung nach dem Willen des Zahlenden bewirkt worden ist[80]. Gesamtgläubiger des Erstattungsanspruchs sind die Ehegatten (als zahlungspflichtig gewesene Gesamtschuldner der Steuer) somit nicht[81]. Erstattungsberechtigter ist der Ehegatte, auf dessen Rechnung die Zahlung erkennbar erfolgt ist[82]. Regelmäßig wird davon ausgegangen, dass jeder Ehegatte nur seine eigene Schuld tilgt, Zahlung somit auf seine Rechnung leistet. Dann kann bei Leistung durch beide Eheleute Teilgläubigerschaft[83] nach Maßgabe des Verhältnisses der entrichteten Steuerbeträge bestehen. Hat ein Ehegatte keiner Steuerbeträge abgeführt, steht ihm dann bei gemeinsamer Veranlagung kein Anteil an den Erstattungsanspruch zu[84]. Ist erkennbar für gemeinsame Rechnung der Ehegatten als Gesamtschuldner geleistet worden (kann auch bei Leistung ohne ausdrückliche Bestimmung anzunehmen sein[85]), so werden diese nach Köpfen als erstattungsberechtigt angesehen[86]. Gleichwohl kann das Finanzamt die Erstattung nicht beliebig an einen Ehegatten (damit auch nicht hälftig an jeden von ihnen) mit schuldbefreiender Wirkung erbringen, wenn der andere Ehegatte erkennbar damit nicht einverstanden ist. Dann kann das Finanzamt mit schuldbefreiender Wirkung nur an den materiell erstattungsberechtigten Ehegatten auszahlen[87]. Den anteiligen Betrag des Schuldners hat das Finanzamt festzustellen und nach Überweisung (§ 835 ZPO) an den Gläubiger hinauszuzahlen[88]. Bei Gläubigerungewissheit (§ 372 BGB) kann das Finanzamt hinterlegen. Aus § 36 Abs. 4 S. 3 EStG folgt nicht, dass das Finanzamt bei Auszahlung den empfangsberechtigten Ehegatten anders auswählen könnte.

Ein Anspruch des Schuldners gegen seinen Ehegatten auf Wahl der Zusammenveranlagung durch Abgabe der erforderlichen Erklärung beim Finanzamt und Unterzeichnung der Steuererklärung kann als höchstpersönliches Recht nicht gepfändet werden.

---

80 AEAO zu § 37 Nr. 2 Abs. 2 mit Nachw.; *BFH* NJW 2006, 942.
81 AEAO zu § 37 Nr. 3 mit Nachw.
82 *BFH* NJW 2006, 942.
83 *BFH* 160, 128 = BB 1990, 1407 (Aufteilung im Verhältnis der bei beiden Ehegatten einbehaltenen Lohnsteuerabzugsbeträge); *LG Stuttgart* FamRZ 1992, 680 = NJW-RR 1992, 646.
84 *LG Göttingen* NJW-RR 2009, 73.
85 *BFH* FamRZ 2008, 2277 Leits.
86 *BFH* NJW 2006, 942; AEAO zu § 37 Nr. 3 Abs. 3.
87 AEAO zu § 37 Nr. 4 mit Nachw.
88 Siehe *Pfaff* JurBüro 1960, 119; *Stöber* Rpfleger 1973, 123 f. mit weit. Nachw.; a.A. *Schüler* Betrieb 1973, 184. Leisten kann das Finanzamt mit schuldbefreiender Wirkung nur an den materiell erstattungsberechtigten Ehegatten (damit dessen Pfändungsgläubiger).

dd) *Abgabe der Steuererklärung*

387 (a) Die *Einkommensteuererklärung* für den Veranlagungszeitraum hat der Schuldner als Steuerpflichtiger abzugeben. Im Falle der Zusammenveranlagung (§§ 26, 26 b EStG) ist vom Schuldner und seinem Ehegatten eine gemeinsame Einkommensteuererklärung abzugeben (§ 25 Abs. 3 S. 2 EStG mit Einzelheiten und Einschränkung für getrennte und besondere Veranlagung). Diese steuerliche (mithin öffentlich-rechtliche) Erklärungspflicht des Schuldners entfällt mit Pfändung des Anspruchs auf Einkommensteuererstattung nicht. Der Gläubiger hat steuerliche Pflichten des Schuldners nicht zu erfüllen. Er *hat* daher für den Schuldner eine Steuererklärung (sie ist Wissens- und Willenserklärung) nicht abzugeben und *kann* ebenso für den steuerpflichtigen Schuldner dessen Steuererklärung nicht abgeben[89], mit Abgabe einer Steuererklärung die Verpflichtung des Schuldners zur Abgabe seiner Steuererklärung (§ 149 Abs. 1 S. 1 AO) sonach nicht erfüllen. Er kann daher auch bei eigenhändiger Unterschrift (§ 25 Abs. 3 S. 4 EStG) für den steuerpflichtigen Schuldner (an Stelle des Schuldners) nicht handeln.

388 (b) Die *Pflicht* des Schuldners zur Abgabe einer ESt-Erklärung *entfällt*, wenn das Einkommen ganz oder teilweise aus Einkünften aus nichtselbstständiger Arbeit besteht, von denen ein Steuerabzug vorgenommen worden ist, und eine Veranlagung auch nicht aus den besonderen Gründen des § 46 Abs. 2 und 2 a EStG durchgeführt wird (§ 25 Abs. 1 EStG). Stets durchgeführt wird nach § 46 Abs. 2 Nr. 8 EStG eine Veranlagung, wenn sie vom Steuerpflichtigen beantragt wird, insbesondere zur Anrechnung von Lohnsteuer auf die Einkommensteuer (Antragsveranlagung). Der Gläubiger kann nach Pfändung des Erstattungsanspruchs für den Schuldner Veranlagung zur Anrechnung der Lohnsteuer nicht beantragen[90]. Der Gläubiger ist auch nicht berechtigt, an Stelle des Schuldners und seines Ehegatten oder zusammen mit diesem Antrag auf Durchführung einer Ehegattenzusammenveranlagung zu stellen[91]. Diese Antragsrechte sind höchstpersönlich auszuübende steuerrechtliche Gestaltungsrechte des steuerpflichtigen Schuldners; daher können sie von einem Dritten, damit auch von dem Pfändungsgläubiger, nicht wahrgenommen werden. Dieser kann auf Grund des Pfändungs- und Überweisungsbeschlusses auch einen Anspruch auf Vornahme von Verfahrenshandlungen im Steuerfestsetzungsverfahren gem. § 888 ZPO durch Haftantrag gegen den Schuldner nicht vollstrecken und nicht nach § 887 ZPO ermächtigt werden, Verfahrenshandlungen des Schuldners im Steuerfestsetzungsverfahren selbst vorzunehmen[92]. Das Recht des Schuldners, Antrag auf Veranlagung zur Anrechnung von Lohn-

---

89 *BGH* 176, 79 (83) = a.a.O. (Fußn. 51).
90 *BFH* 187, 1 = a.a.O. (Fußn. 47); auch *BFH* BStBl 2000, 573 (574) = a.a.O. (Fußn. 91).
91 *BFH* 191, 311 = BStBl 2000 II 573 = FamRZ 2001, 418 Leits. = NJW 2001, 462 = Rpfleger 2000, 402 Leits.; auch *BFH* 187, 1 = a.a.O. und *BFH*/NV 1996, 453.
92 *BGH* 176, 79 = a.a.O. (Fußn. 51) unter Aufgabe von *BGH* 157, 195 = a.a.O. (Fußn. 51).

steuer auf die Einkommensteuer zu stellen und das Recht, Ehegatten-Zusammenveranlagung zu wählen, können auch selbstständig nicht gepfändet werden; die Rechte stellen keinen als Vermögensrecht pfändbaren Vermögenswert und keine hilfsweise pfändbare Berechtigung dar.

ee) *Lohnsteuerkarte und Steuerbelege*

(a) Die *Lohnsteuerkarte* mit Lohnsteuerbescheinigung, bei Datenfernübertragung der Ausdruck der elektronischen Lohnsteuerbescheinigung (§ 41 b EStG), ist Beweismittel für das Steuerfestsetzungsverfahren. Dem Arbeitnehmer (Schuldner) hat der Arbeitgeber sie auszuhändigen, wenn das Dienstverhältnis vor Ablauf des Kalenderjahres beendet oder der Arbeitnehmer zur Einkommensteuer veranlagt wird (§ 41 b Abs. 1 S. 5 EStG). Der Schuldner hat die Lohnsteuerkarte der Einkommensteuererklärung beizufügen. Die dem Arbeitnehmer nicht ausgehändigte Lohnsteuerkarte mit Lohnsteuerbescheinigung hat der Arbeitgeber dem Betriebsstättenfinanzamt einzureichen (§ 41 b Abs. 1 S. 6 EStG). Am Steuerfestsetzungsverfahren ist der Gläubiger, der den Erstattungsanspruch gepfändet hat, nicht beteiligt (Rdn. 372 a); er kann Antrag auf Steuerfestsetzung für den Schuldner nicht stellen (Rdn. 388). Daher kann er auch für den Schuldner den Anspruch an den Arbeitgeber auf Aushändigung der Lohnsteuerkarte mit Lohnsteuerbescheinigung oder des Ausdrucks der elektronischen Lohnsteuerbescheinigung nicht geltend machen. Dieser Herausgabeanspruch ist daher nicht (auch nicht hilfsweise) pfändbar. Ebenso kann der Gläubiger Aushändigung der Lohnsteuerkarte nicht verlangen, wenn sie bereits vom Arbeitgeber oder Schuldner mit der Steuererklärung beim Finanzamt eingereicht ist. Auch ein pfändbarer Herausgabeanspruch an das Finanzamt auf Aushändigung oder Überlassung der Lohnsteuerkarte besteht nicht. Lohnsteuerkarte (mit Lohnsteuerbescheinigung) sowie der Ausdruck der elektronischen Lohnsteuerbescheinigung und ebenso steuerlich erhebliche Belege gehören nicht zu den Urkunden über den gepfändeten Erstattungsanspruch, der im Erhebungsverfahren verwirklicht wird (Rdn. 372 b); der Gläubiger kann daher auch vom Schuldner nicht nach § 836 Abs. 3 ZPO Herausgabe dieser Beweismittel des Steuerfestsetzungsverfahrens verlangen[93].

389

(b) *Auskunft* nach § 836 Abs. 3 ZPO kann der Gläubiger vom Schuldner zur Geltendmachung des gepfändeten Erstattungsanspruchs verlangen, der als Zahlungsanspruch im Erhebungsverfahren verwirklicht wird (Rdn. 372 b). Das verpflichtet den Schuldner auch zur Auskunft über eine mit Steuerbescheid bereits erfolgte Steuerfestsetzung. Konkretisierung des Anspruchs mit Steuerbescheid im Festsetzungsverfahren ist von diesem Erhebungsverfahren getrennt; auf die Rechtsstellung des Schuldners im Festsetzungsverfahren erstreckt sich die Pfändung des Erstattungsanspruchs nicht

390

---

93 *Zöller/Stöber*, ZPO, Rdn. 13; *Baumbach/Lauterbach/Albers/Hartmann*, ZPO, Rdn. 10, je zu § 836; *LG Augsburg* Rpfleger 2000, 341 Leits.; *LG Dortmund* Jur-Büro 2000, 492; *LG Frankenthal* Rpfleger 2000, 462; *LG Münster* Rpfleger 2002, 632 Leits.; *LG Potsdam* Rpfleger 2002, 530; *Riedel* Rpfleger 1999, 339.

(Rdn. 372 a). Auskunft über Besteuerungsgrundlagen (Arbeitnehmereinkünfte, Werbungskosten, Sonderausgaben, außergewöhnliche Belastungen usw.), damit auch über den Inhalt der Lohnsteuerkarte (mit Lohnsteuerbescheinigung) oder des Ausdrucks der elektronischen Lohnsteuerbescheinigung und die Angaben in der Steuererklärung, kann vom Schuldner nach § 836 Abs. 3 ZPO daher nicht verlangt werden.

h) *Kircheneinkommen- und Kirchenlohnsteuer*

391 aa) Kirchen und Religionsgemeinschaften sowie weltanschauliche Gemeinschaften, die Körperschaften des öffentlichen Rechts sind, sind nach landesrechtlichen Kirchensteuergesetzen berechtigt, Steuern (Kirchensteuern) zu erheben. *Kircheneinkommensteuer* wird durchweg für den gleichen Zeitraum wie die (staatliche) Einkommensteuer erhoben. *Kirchenlohnsteuer* wird durch Abzug vom Arbeitslohn erhoben; bei Arbeitnehmern, die zur Kircheneinkommensteuer veranlagt werden, wird sie auf die Kircheneinkommensteuer angerechnet. Für Pfändung eines Erstattungsanspruchs ergeben sich damit keine Besonderheiten. § 46 Abs. 6 AO, der Pfändung vor Entstehung des Anspruchs ausschließt, findet (nach landesrechtlichen Kirchensteuergesetzen) mit den Vorschriften der Abgabenordnung sinngemäße Anwendung. Drittschuldner ist die Kirche, Religionsgemeinschaft oder Körperschaft des öffentlichen Rechts oder der die Steuer verwaltende gemeinschaftliche Steuerverband. Ist den Finanzämtern (nach landesrechtlichen Kirchensteuergesetzen) die Verwaltung der Kircheneinkommensteuer einer umlageerhebenden Gemeinschaft übertragen, dann ist (in entspr. Anwendung des § 46 Abs. 7 AO) die Finanzbehörde Drittschuldner. Verwaltet die Kirche, Religionsgemeinschaft oder Körperschaft bzw. der gemeinschaftliche Steuerverband selbst die Kirchensteuer, so erfordert Pfändung eines Erstattungsanspruchs Pfändungsbeschluss mit Zahlungsverbot gegen diesen Drittschuldner (§ 829 Abs. 1 ZPO). Dann erfasst Pfändung des von der Steuerbehörde geschuldeten Einkommensteuer-Erstattungsanspruchs (§ 46 AO) nicht zugleich auch den vom kirchlichen oder gemeinschaftlichen Rechtsträger geschuldeten Kirchensteuererstattungsanspruch. Wenn dem Finanzamt die Verwaltung der Kircheneinkommensteuer übertragen ist, gebietet bei Pfändung des Erstattungsanspruchs hinreichend bestimmte Bezeichnung im Pfändungsbeschluss (Rdn. 496) Angabe, dass Zugriff auch auf die zu erstattende Kircheneinkommensteuer erfolgt.

392 bb) Für die durch Abzug vom Arbeitslohn zu erhebende *Kirchenlohnsteuer* gelten (nach landesrechtlichen Kirchensteuergesetzen) die Vorschriften über den Lohnsteuer-Jahresausgleich entsprechend. Durch den Arbeitgeber erfolgt daher mit dem Lohnsteuer-Jahresausgleich (Rdn. 379) auch ein Kirchenlohnsteuer-Jahresausgleich. Der Erstattungsanspruch ist gleichfalls pfändbar. Dass sich auch darauf die Pfändung eines Erstattungsanspruchs aus Lohnsteuer-Jahresausgleich erstreckt, hat der Pfändungsbeschluss auszuweisen. Enthält er dazu keine Angabe, so wird er wegen der Anwendung der Vorschriften über den Lohnsteuer-Jahresausgleich so aus-

gelegt werden müssen, dass mit allgemein gehaltener Bezeichnung der zu pfändenden Erstattungsforderung zugleich der Erstattungsanspruch im Kirchenlohnsteuer-Jahresausgleich erfasst ist.

i) *Investitionszulagen*

Schrifttum: *Domann*, Investitionszulage – Abtretung, Stundung, Aufrechnung, BB 1975, 1010 (teilw. überholt durch Änderung der AO); siehe außerdem Hinweis Betrieb 1975, 863.

Eine Investitionszulage nach dem Investitionszulagengesetz 2010 (InvZulG 2010)[94] wird durch das für die Besteuerung oder Feststellung der Einkünfte zuständige Finanzamt aus den Einnahmen an Einkommen- oder Körperschaftsteuer ausgezahlt (§§ 7, 10 InvZulG). Die Zulage kann wie eine Steuererstattung gepfändet werden. Das InvZulG sieht ein Abtretungsverbot oder eine Pfändungsbeschränkung nicht vor. Entsprechend anzuwenden sind die für Steuervergütungen geltenden Vorschriften der Abgabenordnung (§ 10 InvZulG); es findet somit § 46 AO Anwendung (dazu Rdn. 355 ff.). Zulässig ist die Pfändung daher erst, wenn der Anspruch entstanden ist (§ 46 Abs. 6 AO). Entstanden ist der Anspruch mit Tatbestandsverwirklichung (§ 38 AO, siehe Rdn. 357), das ist der Ablauf des Kalender- oder Wirtschaftsjahres an das die Leistungspflicht anknüpft (s. § 10 InvZulG; unbeachtlich ist es, dass der Anspruch erst später realisierbar wird. Drittschuldner ist das Finanzamt, das über den Anspruch entschieden oder zu entscheiden hat (§ 46 Abs. 7 AO).

393

64. Straftat; öffentliche Darstellung

Die Forderung eines Täters oder Teilnehmers einer rechtswidrigen Tat gegen einen Dritten aus öffentlicher Darstellung der Tat kann vor ihrem Entstehen nicht abgetreten (§ 1 Abs. 2 Opferanspruchssicherungsgesetz [= OASG] vom 8. Mai 1998, BGBl I 905), damit auch nicht gepfändet werden[1]. Dem (gesetzlichen) Pfandrecht des Verletzten (§ 1 OASG) ist damit der Vorrang gewahrt.

394

65. Subventionszahlung

Subventionen sind öffentlich-rechtliche Geldleistungen des Staates, die zur Erreichung eines bestimmten, im öffentlichen Interesse liegenden Zweckes an Angehörige eines zu fördernden Wirtschaftszweiges, wegen des Standorts eines Betriebs oder aus sonstigen Gründen gewährt werden[1*]. Ein Subventionsanspruch kann auch ohne gesetzliche Grundlage begründet sein[2]. Der Förderungszweck der Subventionsvergabe allein begründet

395

---

94 Investitionszulagengesetz 2010 (InvZulG 2010). I.d.F. vom 7. Dez. 2008, BGBl I S. 2350.
1 *Nowotsch* NJW 1998, 1831 (1833).
1* *BVerwG* NJW 1959, 1098.
2 *BVerwG* a.a.O. (Fußn. 1*) und BVerwGE 6, 282 = NJW 1958, 1153.

für die Forderung auf Subventionszahlung noch keinen Verwendungszweck, der ihre Unpfändbarkeit nach § 851 Abs. 1 ZPO begründen würde. Dass der Schuldner verpflichtet ist, zugewendete Mittel zweckentsprechend zu verwenden und Verstoß gegen die Bindung den Subventionsgeber zum Widerruf der Leistung berechtigt, begründet daher Unpfändbarkeit nicht. Keine Zweckbindung besteht insbesondere, wenn die Subventionszahlung der allgemeinen Einkommensverbesserung dient, mithin unabhängig von der wirtschaftlichen Lage des Empfängers oder seines Betriebes geleistet wird und nach Belieben verwendet werden kann. Unpfändbar ist eine Forderung auf Subventionszahlung (nach § 851 Abs. 1 ZPO) jedoch, wenn mit treuhänderischer Bindung des Anspruchsberechtigten (Leistungsempfängers) der Verwendungszweck zum Leistungsinhalt bestimmt ist[3]. Zulässig ist Pfändung dann ausnahmsweise nur, wenn die Subventionsleistung durch die Vollstreckungsmaßnahme ihrer Zweckbestimmung zugeführt werden soll. Eine Zweckbindung und damit die Unpfändbarkeit besteht auch fort, wenn die Leistung wegen Gläubigerungewissheit nach § 372 BGB hinterlegt ist[4].

Die Rechtsprechung hat behandelt:

a) als *pfändbar* den Anspruch eines Landwirts auf Gasölbetriebsbeihilfe nach dem (damaligen) Gesetz über die Verwendung von Gasöl durch Betriebe der Landwirtschaft vom 22. 2. 1967 (BGBl I 1339)[5],

b) als *unpfändbar* die Flutschadenbeihilfe[6], das Aufbauhilfedarlehen aus Mitteln des (vormaligen) Soforthilfefonds[7], die Subventionszahlung an Bäckereien zur Herstellung von verbilligtem Konsumbrot[8].

66. Treuhänder, Anderkonto, Sonderkonto, Fremdkonto, Sperrkonto

a) *Treuhänder*

396 *Gepfändet wird der angebliche gegenwärtige und künftige Anspruch des Schuldners gegen den Treuhänder ... – Drittschuldner – auf Abtretung der diesem treuhänderisch übertragenen früheren Forderung des Schuldners an ... wegen ... in Höhe von ... Euro (mehr oder weniger) oder auf Herausgabe der zur Befriedigung dieser Forderung gezahlten Gelder, je in Erfüllung des Anspruchs auf Rückgabe des Treugutes nach Beendigung des Treuhandverhältnisses.*

Aus dem **Schrifttum:** *Bork*, Die Einrichtung von Konten- und Depotsperren, NJW 1983, 905; *Breuer*, Treuhandverhältnisse im Gesellschaftsrecht, MittRhNotK 1988, 79

---
3 Dazu *Zöller/Stöber*, ZPO, Rdn. 3 zu § 851.
4 *BGH* MDR 1970, 210.
5 *LG Kiel* Amtsvorm. 1969, 374.
6 *BGH* Betrieb 1970, 485 = MDR 1970, 210 = WM 1970, 253.
7 *BGH* NJW 1957, 1759 (Aufrechnungsfall).
8 *LG Würzburg* MDR 1952, 172.

(Abschn. II 7: Zwangsvollstreckung in das Treugut); *Canaris*, Inhaberschaft und Verfügungsbefugnis bei Bankkonten, NJW 1973, 825; *Coing*, Publizität und Außenwirkung bei der Treuhand – zu BGHZ 61, 72 –, in Festschr. Bärmann, 1975, S. 203; *Eichel*, Vom Einzel- zum Anderkonto, MittRhNotK 1975, 613; *Lieseke*, Das Bankguthaben in Gesetzgebung und Rechtsprechung, WM 1975, 214, 238, 286 und 314.

aa) Treuhänder ist eine (natürliche oder juristische) Person, die von einem anderen (oder für ihn von einem Dritten) Vermögensrechte zu eigenem Recht erworben hat, die er (nach Maßgabe der Treuhandvereinbarung) in fremden Interesse ausüben soll[1]. Der Treuhänder ist somit im *Außenverhältnis* (im Verhältnis zu Dritten) alleiniger Gläubiger (Berechtigter) der von ihm zum Treuhandvermögen erworbenen Forderungen (anderen Vermögensrechte); sie werden ausschließlich ihm geschuldet[2]. An ihnen steht dem Treugeber (demjenigen, in dessen Interesse der Treuhänder tätig wird) keine Rechte zu. Dem Treugeber ist der Treuhänder schuldrechtlich verpflichtet (siehe § 137 BGB), seine Rechte über das ihm anvertraute Treugut nur in der mit dem Treugeber abgestimmten Art und Weise auszuüben[3] und es nach Beendigung der Treuhandverhältnisse gem. §§ 667, 675 BGB zurückzugeben[4].

397

bb) *Vollstreckung* in eine zum *Treuhandvermögen* gehörende Forderung erfordert einen Vollstreckungstitel, in dem der Treuhänder als Vollstreckungsschuldner bezeichnet ist. Denn nur er ist dem Dritten (Drittschuldner) gegenüber, gegen den sich das Recht (die Forderung) richtet, als Gläubiger legitimiert und Gegenstand einer Zwangsvollstreckung kann nur das Vermögen des aus dem Schuldtitel sich ergebenden Vollstreckungsschuldners sein (siehe Rdn. 2, 7). Zum Treugut gehörende Forderungen und Rechte können daher nicht auf Grund eines Vollstreckungstitels gegen den Treugeber gepfändet werden[5]. Werden sie von Gläubigern des Treuhänders gepfändet, so kann der Treugeber aber dem Pfändungszugriff auf das wirtschaftlich ihm gehörende Vermögen mit Widerspruchsklage (§ 771 ZPO) begegnen[6]. Bei einem Sonderkonto kommt es hierfür auf die sog. Publizität des besonderen Treuhandkontos, d.h. Offenlegung des Treuhandverhältnisses gegenüber Dritten, nicht an; nicht entscheidend kann daher sein,

398

---

1   *BGH* 155, 227 (232) = NJW 2003, 3414 (3415).
2   Auch die dem Treuhänder ohne rechtlichen Grund zugewendeten Leistungen bereichern ihn regelmäßig unmittelbar, nicht den Treugeber (*BGH* MDR 1961, 765 = NJW 1961, 1461), so dass bei Pfändung des Bereicherungsanspruchs der Treuhänder Drittschuldner ist.
3   *BGH* 155, 227 (232, 233) = a.a.O.
4   *BGH* 11, 37 = JR 1954, 218 mit Anm. *Schütz* = JZ 1954, 438 mit Anm. *Raiser* = NJW 1954, 190.
5   *BGH* a.a.O. (Fußn. 4); *OLG Hamm* Rpfleger 1965, 174, das auch einen Fall der Aufrechnung gegenüber einem Anspruch, der dem uneigennützigen Treuhänder des Schuldners abgetreten worden ist, erörtert.
6   *BGH* MDR 1959, 659 = NJW 1959, 1123; *BGH* MDR 1996, 630 = NJW 1996, 1543; *RG* 79, 121; 84, 214; 153, 369. Der Drittschuldner kann als Beklagter im Einziehungsrechtsstreit nicht einwenden, ein Dritter (der Treuhänder) habe an der gepfändeten Forderung (dem gepfändeten Recht) ein die Veräußerung hinderndes Recht, *BGH* MDR 2007, 420 = NJW-RR 2007, 927 = Rpfleger 2007, 88.

ob tatsächlich das Sonderkonto nur für Fremdgelder eingerichtet ist und benutzt wird[7]. Auch für das Fremdkonto wird angenommen, dass seine Publizität als Treuhandkonto und damit für das Widerspruchsrecht des Treugebers nicht zwingend erforderlich ist[8]. Maßgebend ist sonach nur, dass die Vermögenswerte eindeutig als Treugut identifizierbar sind[9] (zur Rechtslage bei Sicherungseigentum Rdn. 1508; bei Einziehung von Geld auf das Konto eines Dritten Rdn. 162). Um kein Treugut in diesem Sinne handelt es sich bei Geld, das ein *Beauftragter* eingezogen und seinem *eigenen* Bank- oder Postbankguthaben (also nicht einem Ander- oder Sonderkonto) zugeführt hat. Die Guthabenforderung steht in einem solchen Fall nicht nur rechtlich allein dem Beauftragten zu, sie gehört auch wirtschaftlich zu seinem Vermögen. Der Auftraggeber hat nur einen schuldrechtlichen Zahlungsanspruch (§ 667 BGB), der für sich allein kein Treuhandverhältnis begründet. Zieht ein Rechtsanwalt gemäß einem Mandantenauftrag eine Forderung ein, so bildet der Einziehungsbetrag daher, wenn er von dem Dritten auf ein als Geschäftskonto benutztes Postbankkonto oder sonst ein Privatkonto des Rechtsanwalts überwiesen wird, kein Treugut zugunsten des Auftraggebers. Dem Auftraggeber steht bei der Zwangsvollstreckung in das Konto durch Gläubiger des Rechtsanwalts daher kein Widerspruchsrecht nach § 771 ZPO zu[10]. Jedoch setzt sich Zweckgebundenheit einer auf einen Elternteil als Prozessstandschafter (§ 1629 Abs. 3 BGB) titulierten Unterhaltsforderung des Kindes mit ihrem erfüllungsbedingten Erlöschen durch Überweisung auf das Konto dieses Elternteils[11] oder Zahlung an einen bevollmächtigten Empfänger (Rechtsanwalt)[12] an dem Auszahlungsanspruch fort; das schließt Pfändung des Auszahlungsanspruchs durch einen Gläubiger des Elternteils, der als Prozessstandschafter vollstreckt hat, aus.

399   cc) *Gläubiger des Treugebers* sind jedoch nicht rechtlos. Sie haben die Möglichkeit, den gegenwärtigen oder künftigen schuldrechtlichen Anspruch gegen den Treuhänder auf Rückgabe des Treugutes nach Beendigung des Treuhandverhältnisses zu pfänden[13]. Drittschuldner bei Pfändung solcher Ansprüche des Treugebers ist der Treuhänder[14]. Zur Pfändung als Rückübertragungsanspruch auf eine Geldforderung siehe Rdn. 66, auch 770.

---

7   *BGH* MDR 1993, 1119 = NJW 1993, 2622 mit Nachw. (für Postgirokonto).
8   *BGH* 61, 72 (weitere Nachweise Fußn. 25); dazu *Coing* a.a.O. (Schrifttum) S. 207f. (212 f.).
9   *Coing* a.a.O. S. 213; auch *BVerfG* NJW 1983, 2766 (2767 re.Sp.).
10 *BGH* MDR 1971, 398 = NJW 1971, 559; *BGH* 71, 380 (382) = JurBüro 1978, 1478 = MDR 1978, 822 = NJW 1978, 1807; *BGH* NJW 1996, 1453 = a.a.O.; s. auch *Canaris* NJW 1973, 825 (831 f.); auch *BGH* 113, 90 (95) = NJW 1991, 839.
11 *BGH* MDR 2006, 1128 = NJW 2006, 2040 = Rpfleger 2006, 480.
12 *BGH* 113, 90 (95) = a.a.O.
13 *BGH* 124, 298 (300) = MDR 1994, 681 = NJW 1994, 726.
14 *BGH* a.a.O. (Fußn. 2); s. auch *Canaris* NJW 1973, 825 (832).

b) *Anderkonto*

Schrifttum: *Aengenheister*, Die Anderkonten der Rechtsanwälte und Notare, JW 1934, 3245; *Capeller*, Die Pfändung von Fremdkonten, MDR 1954, 708; *Dumoulin*, Die neuen Geschäftsbedingungen für Anderkonten von Notaren, DNotZ 1963, 103; *Göttlich*, Pfändung von Forderungen aus dem Notar-Anderkonto, JurBüro 1960, 463; *Mümmler*, Pfändung von Forderungen aus einem Notar-Anderkonto, JurBüro 1984, 1472; *Quardt*, Die Konten-Guthabenpfändung in der Zwangsvollstreckung, JurBüro 1959, 341; *Steuer*, Die neuen Anderkontenbedingungen, DNotZ 1979, 2081. Siehe außerdem die Geschäftsbedingungen für Anderkonten und Anderdepots von Rechtsanwälten und Notaren, abgedruckt AnwBl 1979, 141 (nur Rechtsanwälte) = JurBüro 1979, 1633 = DNotZ 1979, 193 (nur Notare) = NJW 1979, 1441.

aa) Banken (auch die Postbank AG), Sparkassen und andere Kreditinstitute führen als *Anderkonten* für Notare[15], Rechtsanwälte[16], Patentanwälte, Wirtschaftsprüfer und andere treuhänderisch tätige Personen[17] Konten, die nicht eigenen Zwecken des Kontoinhabers dienen sollen, bei denen er aber gleichwohl dem Bank- oder Kreditinstitut gegenüber allein berechtigt und verpflichtet ist. Anderkonten werden neben Konten und Depots für eigene Zwecke des Kontoinhabers (Eigenkonten[18]) geführt. Mehrere Anderkonten für denselben Kontoinhaber werden getrennt geführt. Die Bank, Sparkasse oder das sonstige Kreditinstitut nimmt bei Führung eines Anderkontos keine Kenntnis davon, wer Rechte gegen den Kontoinhaber geltend zu machen befugt ist. Rechte Dritter auf Leistung aus einem Anderkonto bestehen der Bank, Sparkasse oder dem Kreditinstitut gegenüber nicht[19]. 400

Ansprüche aus Anderkonten sind (nach den Geschäftsbedingungen der Banken usw.) nicht abtretbar und nicht verpfändbar; sie können aber gepfändet werden (§ 851 Abs. 2 ZPO). Anderkonten sind (offene) *Treuhandkonten*. Siehe deshalb das Rdn. 397–399 Gesagte. Forderungen aus Anderkonten können daher nur auf Grund eines Vollstreckungstitels gepfändet werden, in dem der Treuhänder (Kontoinhaber) als Vollstreckungsschuldner bezeichnet ist. Der Treugeber kann einem solchen Pfändungszugriff mit Vollstreckungsgegenklage begegnen. 401

bb) Angenommen wird, dass bei einer *Pfändung der Ansprüche des Treuhänders* gegen die Bank oder Sparkasse, insbesondere bei Pfändung „aller angeblichen Ansprüche aus Bankguthaben bei der X-Bank", seine Anderkonten nur dann von diesem Vollstreckungszugriff betroffen sind, wenn dies aus dem Pfändungsbeschluss ausdrücklich hervorgeht, das Anderkonto in ihm also als Vollstreckungsobjekt bezeichnet ist. Die Rechtmäßigkeit dieses Verfahrens ergibt sich aus der Notwendigkeit der ausrei- 402

---

15 Diese sind DNotZ 2000, 563 und 2004, 402 abgedruckt.
16 Anderkonto des Rechtsanwalts auch, wenn ihm der Treugeber im Einzelfall gestattet hat, auf dem Konto eingegangene Gelder in Höhe ihm zustehender Honorarforderungen zur Tilgung eigener Schulden zu verwenden, *BGH* NJW 1996, 1543 = a.a.O.
17 Steuerberater, Steuerbevollmächtigte, aber auch Wirtschaftsprüfungs-, Buchprüfungs- und Steuerberatungsgesellschaften.
18 Bei denen das auf ihnen verbuchte Guthaben dem Kontoinhaber selbst gehört.
19 *BayObLG* DNotZ 2000, 376 = NJW-RR 2000, 945.

chenden Bezeichnung des Vollstreckungsobjekts im Pfändungsbeschluss[20]. Ist das Anderkonto nicht ausdrücklich als gepfändet bezeichnet, so wird das Kreditinstitut das Vorhandensein dieses Kontos des Pfändungsschuldners in einer Auskunft an den Gläubiger ohne Angabe des Kontostandes und sonstiger Einzelheiten unter Hinweis auf die Eigenschaft als Anderkonto vermerken. Dem Gläubiger bleibt es dann überlassen, eine ausdrückliche Pfändung des Anderkontoguthabens herbeizuführen. Da die Bank eine allgemeine Pfändung der Bankguthaben des Notars, Rechtsanwaltes usw. durch seine Gläubiger auf das Anderkonto nicht bezieht, kann der Schuldner als Kontoinhaber nach wie vor über das Anderkontoguthaben verfügen[21].

403 cc) *Gläubigern des Treugebers* ist die Pfändung des Guthabens auf Anderkonto des Rechtsanwalts, Notars usw. versagt. Die Bank darf als Drittschuldnerin auf Grund einer gegen den Treugeber gerichteten Pfändung das Anderkontoguthaben nicht auszahlen, weil sie dem Treugeber keine Leistung schuldet[22]. Den Gläubigern des Treugebers bietet sich nur die Möglichkeit, den Rückgabeanspruch an den Treuhänder zu pfänden; diese Pfändung wird mit Zustellung des Pfändungsbeschlusses an den Rechtsanwalt, Notar usw. als Drittschuldner wirksam (siehe auch Rdn. 1780). In die Pfändung dieses Anspruchs kann auch die Pfändung des „Anspruchs aus dem Anderkonto ..." oder „Anspruchs auf den hinterlegten Betrag" umzudeuten sein[23], wenn sich das Zahlungsverbot gegen den richtigen Drittschuldner richtet.

c) *Sonderkonto*

404 aa) Ein Sonderkonto (auch als Unterkonto, das zu einem Hauptkonto errichtet ist) kann als *Eigenkonto* zur Nutzung für eigene Zwecke des Kontoinhabers errichtet sein (z. B. als Hausverwaltungskonto, als Baukonto). Die Kontobezeichnung begründet dann keine Zweckbestimmung. Die Forderungen des Kontoinhabers sind daher pfändbar.

405 bb) Als Inhaber eines Sonderkontos kann auch der es eröffnende Bankkunde in der Weise bezeichnet sein, dass der *Name eines Dritten* angefügt ist. Wer Forderungsberechtigter ist, beurteilt sich in einem solchen Fall nach dem für die Bank oder Sparkasse erkennbaren Willen des Kontoeröffners (Rdn. 154 a). Demnach ist Forderungsgläubiger regelmäßig derjenige, der das Konto eröffnet hat[24]. In der auch den Dritten benennenden Kontobezeichnung kommt dann nur zum Ausdruck, dass das Konto für Rechnung eines Dritten angelegt wurde und diesem wirtschaftlich zustehen soll. Als Treugeber müsste daher der Dritte, dem das Kontoguthaben „wirtschaftlich" gehört, bei Guthabenpfändung durch Gläubiger des Kunden der

---

20 *Capeller* MDR 1954, 709 und Rdn. 496.
21 *Dumoulin* DNotZ 1963, 103.
22 *Capeller* MDR 1954, 709; *Göttlich* JurBüro 1960, 465.
23 *Göttlich* JurBüro 1960, 466.
24 *BGH* 21, 148 = NJW 1956, 1953; *BGH* 61, 72 = MDR 1973, 837 = NJW 1973, 1754.

Bank, der (formell) Kontoinhaber ist, seine Berechtigung mit Widerspruchsklage (§ 771 ZPO) verfolgen (s. auch Rdn. 398). Es können jedoch (besondere) Umstände auch ergeben, dass ein (offenes) Treuhandkonto für die benannte weitere Person oder ein gemeinschaftliches Konto der genannten Personen errichtet werden sollte[25]. Zu berücksichtigen ist aber, dass der Giroverkehr auf eine rasche und unkomplizierte Abwicklung angelegt ist (Rdn. 154 a); ein nachrangig mitbezeichneter Dritter wird daher nur in Sonderfällen als Forderungsberechtigter angesehen werden können. Er müsste bei Zwangsvollstreckung gegen den Bankkunden, der das Konto unter seinem Namen eröffnet hat, als (materieller) Kontoinhaber sein entgegenstehendes Recht mit Klage nach § 771 ZPO geltend machen.

d) *Fremdkonto*

Beim *verdeckten Fremdkonto* stehen die verbuchten Vermögenswerte im Innenverhältnis zwischen Kontoinhaber und einem Dritten letzterem zu, ohne dass das für das Kreditinstitut aus der Kontobezeichnung in Verbindung mit dem Kontoeröffnungsantrag oder sonst irgendwie ersichtlich wäre[26]. Das Konto kann daher von Gläubigern des Kontoinhabers, nicht aber von Gläubigern des Dritten gepfändet werden. Der Dritte kann jedoch gegen eine solche Pfändung seiner Vermögenswerte Drittwiderspruchsklage erheben (siehe Rdn. 392). Seinen Gläubigern bietet sich die Möglichkeit der Pfändung des schuldrechtlichen Anspruchs auf Rückgabe des Kontoguthabens (siehe Rdn. 403).

406

e) *Sperrkonto*

Einzahlungen, die auf ein bestimmtes Sperrkonto des Schuldners geleistet werden, können zweckgebunden sein[27]. Dieses Kontoguthaben kann dann nur im Rahmen seiner Zweckbestimmung, d.h. nur von demjenigen gepfändet werden, für den die gebuchten Beträge bestimmt sind[28]. Sobald oder soweit die Gelder für diesen Zweck nicht mehr benötigt werden, unterliegen sie dem unbeschränkten Pfändungszugriff. Als bedingter Anspruch kann die Forderung auf Herausgabe des freiwerdenden Guthabens auch schon vor Wegfall der Zweckbestimmung gepfändet werden. Diese Pfändung schließt Verfügungen des Kontoinhabers im Rahmen der Zweckbestimmung nicht aus; solche Verfügungen sind auch dem pfändbaren Gläubiger gegenüber wirksam.

407

67. Unfallversicherung (§§ 178–191 VVG)

A. Eigenversicherung

Gepfändet werden alle angeblichen Ansprüche und Rechte des Schuldners einschließlich der Gestaltungsrechte an die ... Versicherungsgesellschaft

408

---

[25] *BGH* 61, 72 = a.a.O.
[26] *Capeller* MDR 1954, 709.
[27] Ausnahme: Das als Mündelvermögen gesperrte Sparguthaben, siehe Rdn. 337.
[28] *Balkhausen* JW 1935, 21 f.; *Stein/Jonas/Brehm*, ZPO, Rdn. 21 zu § 851.

– Drittschuldnerin – aus der Versicherung gegen Unfälle, die dem Schuldner als Versicherungsnehmer selbst zustoßen (Nr. des Versicherungsvertrags ... [oder: nicht bekannt]), insbesondere der Anspruch auf Zahlung des vereinbarten Betrags an Kapital (oder Rente) und Bewirkung der sonst vereinbarten Leistungen infolge des Unfalls, den der Schuldner am ... in ... erlitten hat,
sowie die Ansprüche bei künftigem Eintritt weiterer Versicherungsfälle.

Zugleich wird angeordnet, dass der Schuldner den Versicherungsschein (die Versicherungspolice) an den Gläubiger herauszugeben hat.

B. Fremdversicherung; Schuldner als Gefahrperson Versicherter

408a *Gepfändet werden alle angeblichen Ansprüche und Rechte des Schuldners einschließlich der Gestaltungsrechte an die ... Versicherungsgesellschaft – Drittschuldnerin – aus der von ... als Versicherungsnehmer zugunsten des Schuldners als Gefahrperson abgeschlossenen Versicherung gegen Unfälle, die dem Schuldner zustoßen (Nr. des Versicherungsvertrags ... [oder: nicht bekannt]).*
insbesondere der Anspruch auf Zahlung des vereinbarten Betrags an Kapital (oder Rente) und Bewirkung der sonst vereinbarten Leistungen infolge des Unfalls, den der Schuldner am ... in ... erlitten hat,
sowie die Ansprüche bei künftigem Eintritt weiterer Versicherungsfälle.
Zugleich wird angeordnet ... [wie bei A.] ... herauszugeben hat.
Pfändung des Auskehranspruchs (Rdn. 408) anfügen.

C. Bezugsberechtigung des Schuldners

408b *Gepfändet wird der angebliche Anspruch des Schuldners an die ... Versicherungsgesellschaft – Drittschuldnerin – auf die ihm als Bezugsberechtigter mit Kapitalzahlung zu bewirkende Versicherungsleistung aus der Unfallversicherung des ... (Nr. des Versicherungsvertrags ... [oder: nicht bekannt]), die infolge des Unfalls zu leisten ist, den der Versicherungsnehmer (oder ... als Gefahrperson) am ... in ... erlitten hat. Zugleich wird angeordnet ... [wie bei A.] ... herauszugeben hat.*

D. Auskehranspruch des Schuldners als versicherter Dritter an Versicherungsnehmer

408c *Gepfändet werden die angeblichen Ansprüche des Schuldners (künftige Ansprüche eingeschlossen) an ... – Drittschuldner – auf Herausgabe des Versicherungsscheins über die zugunsten des Schuldners als Gefahrperson bei der ... Versicherungsgesellschaft abgeschlossene Unfallversicherung (Nr. des Versicherungsvertrags ... [oder: nicht bekannt]), Zustimmung in die Auszahlung der Entschädigungsforderung aus dieser Versicherung infolge des Unfalls des Schuldners am ... in ... oder – nach Einziehung der Forderung – Herausgabe (Zahlung) der dem Schuldner als versicherter Dritter zustehenden Entschädigungsforderung (Versicherungssumme sowie sonstige Leistungen).*

E. Fassung, wenn der Gläubiger den Anspruch aus der Unfallversicherung, nicht aber die Rechtsverhältnisse näher kennt

Gepfändet werden alle angeblichen Ansprüche und Rechte des Schuldners einschließlich der Gestaltungsrechte an die ... Versicherungsgesellschaft – Drittschuldnerin – aus der Versicherung gegen Unfälle, die dem Schuldner als Versicherungsnehmer oder Gefahrperson oder einem Dritten als Gefahrperson zustoßen (Nr. des Versicherungsvertrags ... [oder: nicht bekannt]), insbesondere 408d

- *der Anspruch des Schuldners als Versicherungsnehmer oder Gefahrperson auf Zahlung des vereinbarten Betrags an Kapital (oder Rente) und Bewirkung der sonst vereinbarten Leistungen,*
- *die dem Schuldner als Bezugsberechtigter mit Kapitalzahlung zu bewirkende Versicherungsleistung*

die infolge des Unfalls zu erbringen sind, den ... am ... in ... erlitten hat, sowie die Ansprüche bei künftigem Eintritt weiterer Versicherungsfälle.

Zugleich wird angeordnet ... [wie bei A] ... herauszugeben hat.

Pfändung des Auskehranspruchs (Rdn. 408) bei Fremdversicherung anfügen.

a) Zur Unfallversicherung

Die Unfallversicherung ist Personenversicherung. Sie kann genommen sein (§ 179 Abs. 1 VVG) 409

- gegen Unfälle, die dem *Versicherungsnehmer* zustoßen (Eigenversicherung),
- gegen Unfälle, die *einem anderen* zustoßen (Fremdversicherung).

Der Versicherer ist verpflichtet, nach dem Eintritt des Versicherungsfalls die vereinbarten Leistungen (Kapital oder Rente) zu erbringen (§ 1 S. 1, § 178 Abs. 1 VVG). Der Versicherungsfall tritt mit dem Unfall selbst (nicht erst mit dem Tod, der Arbeitsunfähigkeit oder sonstigen Unfallfolge) ein[1]. Wenn als Leistung des Versicherers die Zahlung eines Kapitals vereinbart ist, gelten die lebensversicherungsrechtlichen Vorschriften über die Bezugsberechtigung (§§ 159–160 VVG) entsprechend (§ 185 VVG). Die Forderungen aus der Unfallversicherung gehen auf Geldzahlung. Die Pfändung erfolgt daher nach § 829 ZPO. Drittschuldner ist die Versicherungsgesellschaft (zum Auskehranspruch s. jedoch Rdn. 411 a mit 317). Angabe der Versicherungsnummer: wie Rdn. 193. Als Rente kann die Versicherungsleistung dem Pfändungsschutz für Arbeitseinkommen unterliegen (§ 850 Abs. 3 b ZPO, Rdn. 892–893) oder nach § 850 b Abs. 1 Nr. 1, Abs. 2 ZPO nur bedingt pfändbar sein (Rdn. 1007).

---

1 *BGH* 16, 37 (42); 32, 44 (48).

b) *Die Eigenversicherung*

410 aa) Eigenversicherung ist die Unfallversicherung, die gegen Unfälle genommen ist, die dem Versicherungsnehmer zustoßen (§ 179 Abs. 1 VVG). Bei der in Kapital zu bewirkenden Versicherungsleistung ist für Pfändung infolge der anzuwendenden lebensversicherungsrechtlichen Vorschriften über die Bezugsberechtigung (Rdn. 409) bedeutsam, dass die Versicherungsforderung zum Vermögen des Schuldners gehört.

410a bb) *Zum Vermögen des Versicherungsnehmers* gehört (ebenso wie bei der Lebensversicherung) die im Versicherungsfall ohne Begünstigung eines Dritten bestehende Unfallversicherung[2]. Die Versicherungsforderung, für die ein Bezugsrecht eines Dritten nicht besteht, fällt daher bei Tod des Versicherungsnehmers in seinen Nachlass[3]. Hierzu Rdn. 195 a.

410b cc) Hat der Versicherungsnehmer einen *Bezugsberechtigten* bezeichnet, dann hat dieser (wie bei der Lebensversicherung) einen eigenen Anspruch auf Auszahlung der Versicherungsleistung. Angehörige oder Erben (als Bezugsberechtigte) haben damit einen vom Erbgang unabhängigen Anspruch auf die Versicherungssumme[4]. Die Bezugsberechtigung kann – wie bei der Lebensversicherung – unwiderruflich oder widerruflich bestimmt sein. Pfändungsmöglichkeiten und Rechtsverhältnisse infolge Anwendung lebensversicherungsrechtlicher Vorschriften: Rdn. 196–200. Die Bezeichnung eines Bezugsberechtigten gilt als nicht erfolgt, wenn der Dritte vorsätzlich durch eine widerrechtliche Handlung den Unfall herbeigeführt hat (§ 183 Abs. 2 VVG).

c) *Die Fremdversicherung*

411 aa) Die Versicherung gegen Unfälle, die *einem anderen* zustoßen (Gefahrperson), kann von dem Versicherungsnehmer für *eigene Rechnung* genommen sein (§ 179 Abs. 2 VVG). Die Leistung der Versicherung gehört zum Vermögen des berechtigten Versicherungsnehmers (zum Bezugsberechtigten Rdn. 410 b).

411a bb) Die Versicherung gegen Unfälle, die *einem anderen* zustoßen, kann von dem Versicherungsnehmer auch für *Rechnung des anderen* (zugunsten der Gefahrperson) genommen sein. Auf diese Versicherung sind (als Vorschriften für alle Versicherungszweige) §§ 44–47 VVG über die Versicherung für fremde Rechnung anzuwenden. Die Gefahrperson hat somit dieselbe Rechtsstellung wie der Versicherte nach den §§ 44–47 VVG[5]. Bei der ohne (schriftliche) Einwilligung der Gefahrperson genommenen Unfallversicherung kann nur diese Versicherter im Sinne der §§ 44 ff. VVG sein[6]. Dann stehen somit ihr nach § 44 VVG die Rechte aus dem Versiche-

---

2 *BGH* 32, 44 (48).
3 *BGH* 32, 44 (48).
4 *BGH* 32, 44 (48).
5 *BGH* 32, 44 (49).
6 *BGH* 32, 44 (49, 50).

rungsvertrag zu[7]. Verfügung des Versicherungsnehmers über den Versicherungsanspruch (§ 45 Abs. 1 VVG) und Auskehrung der eingezogenen Versicherungssumme durch diesen sowie sonst zu §§ 44–47 VVG[8] s. Rdn. 314–319.

cc) Bei der *Fremd-Kapital-Unfallversicherung* kann – wie bei der Lebensversicherung (Rdn. 196 ff.) – Bestimmung eines *Bezugsberechtigten* erfolgt sein (§ 185 mit §§ 159–160 VVG). Zur Begründung einer Bezugsberechtigung ist bei der Unfallversicherung auf fremdes Leben die schriftliche Einwilligung der Gefahrperson erforderlich (§ 179 Abs. 2 VVG)[9]. Bei der Fremdversicherung hat für Anwendung der §§ 44–47 VVG der Bezugsberechtigte dann die Stellung des Versicherungsnehmers. **411b**

dd) Die *Kfz-Insassen-Unfallversicherung* (§ 16 AKB) ist Fremdversicherung im Sinne von § 179 Abs. 2 VVG für die Personen, die sich zur Zeit des Unfalls (außer dem Versicherungsnehmer selbst) in dem Fahrzeug befinden[10]. Haben sie nicht (schriftlich) in den Abschluss der Unfallversicherung eingewilligt (Regelfall), sind somit sie Versicherte im Sinne von § 44 VVG. **411c**

d) *Pfändung ohne Einzelangabe*

Sind dem Gläubiger die Einzelheiten der Rechtsbeziehungen des Schuldners bei der Pfändung noch nicht näher bekannt, wird (und kann) er zu seiner Sicherheit sowohl **412**

- den Anspruch aus Eigenversicherung (Rdn. 410) als auch
- die Ansprüche aus Fremdversicherung (Rdn. 411)

je an die Versicherungsgesellschaft auf Zahlung der Versicherungsleistungen und bei Fremdversicherung auch den Auskehranspruch an den Versicherungsnehmer pfänden.

68. Verlöbnis (§ 851 Abs. 1 ZPO)

a) *Schadensersatzansprüche*, die ein Rücktritt vom Verlöbnis auslöst (§§ 1298, 1299 BGB), sind unbeschränkt pfändbar. **413**

b) Der Anspruch auf *Herausgabe der Verlobungsgeschenke* nach Lösung des Verlöbnisses (§ 1301 BGB) ist höchstpersönlicher Natur. Er kann daher nicht gepfändet und vom Gläubiger geltend gemacht werden. Pfändbar ist jedoch die nach Geltendmachung des Rückforderungsrechts durch den Schuldner selbst vom früheren Verlobten zu erbringende Leistung. **413a**

---

7 *BGH* 32, 44 (50).
8 Zu den Rechtsbeziehungen, auf die bei der *Insassenunfallversicherung* (im Innenverhältnis) sich der Auskehranspruch des verunglückten Insassen an den verfügenden Versicherungsnehmer stützt, s. *BGH* 32, 40 (51–53).
9 *BGH* 32, 44 (50).
10 *BGH* 32, 44 (50).

Zur Pfändung eines Sachherausgabeanspruchs in diesem Fall s. Rdn. 2010 ff.

69. Vermächtnis

414 *Gepfändet wird die angebliche Forderung des Schuldners an ... – Drittschuldner – auf Zahlung des ihm von dem am ... in ... verstorbenen ... durch Testament vom ... als Vermächtnis zugewendeten Geldbetrages in Höhe von ... Euro (mehr oder weniger)*

415 *– oder – ... der angebliche Anspruch des Schuldners an ... – Drittschuldner – auf Leistung, nämlich Übergabe und Übertragung des Eigentums an dem ihm von dem am ... in ... verstorbenen ... durch Testament vom ... zugewendeten Kraftfahrzeug Marke ..., Baujahr 2000, Fabrik-Nr. ... (hier dann weiter wie Muster Rdn. 2011).*

416 a) Das Vermächtnis (§§ 1939, 2147 ff. BGB) begründet einen schuldrechtlichen Anspruch (ein Forderungsrecht) auf Zahlung des zugewendeten Geldbetrages (§ 2147 BGB) oder Leistung des vermachten Gegenstandes. Es entsteht mit dem Erbfall (§ 2176 BGB; wegen des späteren Anfalls siehe §§ 2177, 2178 BGB und nachf. c) und ist von diesem Zeitpunkt an – nicht schon vorher – pfändbar[1]. Der Pfändung unterliegt das Vermächtnis auch, wenn sein Wert nur dem Betrag des Pflichtteils entspricht (siehe § 2307 BGB; dazu siehe Rdn. 269). Eine Pfändung des vermeintlichen Pflichtteils kann in die Pfändung des dem Schuldner tatsächlich zugewendeten Vermächtnisses umzudeuten sein, wenn dem Schuldner die ihm als Pflichtteil gebührende Summe vermächtnisweise zugewendet ist und er dieses Vermächtnis nicht ausschlägt[2]. Durch die Pfändung wird das Recht des Schuldners, das Vermächtnis auszuschlagen (§§ 2176, 2180 BGB), nicht beeinträchtigt[3].

417 b) Die *Pfändung des Vermächtnisses* auf Zahlung einer Geldsumme erfolgt nach § 829 ZPO. Der Anspruch auf Leistung eines vermachten Gegenstandes wird nach §§ 846 ff. ZPO (siehe 7. Kap.) gepfändet. Drittschuldner ist der verpflichtete Beschwerte. Das kann der Erbe (können die Erben) oder ein Vermächtnisnehmer (beim sog. Untervermächtnis) sein (§ 2147 BGB). Der Erbe ist auch dann Drittschuldner, wenn ihm ein Testamentsvollstrecker bestellt ist (§ 2213 Abs. 1 S. 3 BGB; die Vorschrift erlaubt es jedoch, auch den Testamentsvollstrecker als weiteren Drittschuldner zuzuziehen).

418 c) Das unter einer *aufschiebenden Bedingung* oder unter Bestimmung eines Anfangstermins angeordnete Vermächtnis fällt erst mit dem Eintritt der Bedingung oder des Termins an (§ 2177 BGB). Der Vermächtnisnehmer erlangt jedoch schon mit dem Eintritt des Erbfalls eine rechtlich geschütz-

---

1 *RG* 67, 425.
2 *BayObLG* n.F. 8, 261.
3 *OLG Bamberg* OLG 1, 20.

te Anwartschaft; schon von diesem Zeitpunkt an ist das Vermächtnis daher pfändbar[4].

d) *Fortlaufende Einkünfte* (insbesondere Zinsansprüche) auf Grund eines Vermächtnisses können als Leistungen auf Grund der Fürsorge und Freigebigkeit eines Dritten dem besonderen Pfändungsschutz des § 850 b Abs. 1 Nr. 3 ZPO unterliegen[5]. 419

70. Versorgungsausgleich

Bei Versorgungsausgleich zwischen geschiedenen Ehegatten (§§ 1587 ff. BGB) durch Übertragung einer gesetzlichen *Rentenanwartschaft* (§ 1587 b BGB) geht diese auf den ausgleichsberechtigten Ehegatten über. Pfändbare Ansprüche aus Versorgungsausgleich bestehen nicht. Rente wird dem ausgleichsberechtigten Ehegatten nach Eintritt des Versicherungsfalls aus eigener Rentenversicherung geleistet; diese kann von seinen Gläubigern nach Maßgabe des § 54 SGB I (Rdn. 1301 ff.) gepfändet werden (Pfändung als künftiger Rentenanspruch Rdn. 1368). Entsprechendes gilt bei Begründung einer Rentenanwartschaft für den von einem Beamten oder einer gleichgestellten Person geschiedenen Ehegatten nach § 1587 b Abs. 2 BGB. 420

Beiträge, die nach § 1587 l BGB zur Abfindung künftiger Ausgleichsansprüche zu zahlen sind, können als zweckgebundene Leistungen von Gläubigern des ausgleichsberechtigten Ehegatten nicht gepfändet werden. 421

Der *schuldrechtliche Versorgungsausgleich* (§ 1587 f BGB, auch im Falle des § 1587 b Abs. 4 BGB) durch Zahlung einer Geldrente (Ausgleichsrente) nach § 1587 g BGB begründet einen unterhaltsähnlichen Rentenanspruch (siehe auch § 1587 k BGB). Der Anspruch ist daher nach § 850 b Abs. 1 Nr. 2 ZPO nur bedingt pfändbar. *Rentenzusagen* in Ausgleichsvereinbarungen (§ 1587 o BGB) begründen ebenso einen nach § 850 b Abs. 1 Nr. 2 ZPO nur bedingt pfändbaren Unterhaltsanspruch[6]. Das hat gleichermaßen für die Rente (damit auch für den Anspruch auf künftige Rente) aus einem zur anderweitigen Regelung des Versorgungsausgleichs abgeschlossenen Lebensversicherungsvertrag (§ 1587 o BGB) zu gelten[7]. 422

71. Werkvertrag, Werklieferungsvertrag

Gepfändet wird die angebliche Forderung des Schuldners an ... – Drittschuldner – auf Zahlung der gesamten (auch der noch nicht fälligen und einer künftigen) Vergütung aus dem Vertragsverhältnis über Lieferung, Einbau und Anschluss aller im Neubau des Drittschuldners in ..., ...straße 423

---

4   *RG* 67, 425 (429); *BGH* LM Nr. 28 zu § 1 VHG = MDR 1963, 824 – und abtretbar, siehe *RG* 8, 189.
5   *RG* 106, 205; siehe auch Rdn. 1017.
6   Nicht entschieden von *BGH* FamRZ 2005, 1564 (1566) = Rpfleger 2005, 676 (678).
7   *LG Freiburg* DGVZ 1987, 88.

1. Kapitel: ZwV in Geldforderungen

Nr. ... im Herbst 2009 bereits eingerichteten oder erst noch anzuliefernden und anzuschließenden Elektroanlagen und -geräte (einschl. Küchenherd).

424 a) Forderungen aus Werk- oder Werklieferungsverträgen werden in Pfändungsanträgen vielfach ungenügend bezeichnet. Allgemein gehaltene Bezeichnungen genügen nicht oder können doch jedenfalls im Einzelfall unzureichend sein. Insbesondere dürften die Bezeichnungen „Werklohn", „aus Arbeitsaufträgen", „für Lieferungen und Leistungen"[1] nicht ausreichend sein und die Unwirksamkeit der Pfändung zur Folge haben (siehe Rdn. 514). Im Hinblick auf die Rdn. 514 dargestellte Rechtsprechung – insbes. auch des *BGH* – empfiehlt sich daher dringend eine so ausreichende Bezeichnung, dass im Einzelfall feststeht, welche bestimmte Forderung Gegenstand des Pfändungszugriffs sein soll.

424a b) Bei Ausführung von *Bauleistungen* werden durch den vereinbarten Preis alle zu vertraglichen Leistungen gehörenden Arbeiten abgegolten (§ 2 Nr. 1 VOB/B); Anspruch auf besondere Vergütung hat der Auftragnehmer, wenn nicht vereinbarte weitere Leistungen gefordert und erbracht wurden (§ 1 Nr. 4, § 2 Nr. 6 Abs. 1 VOB/B). Ihre Einzelbezeichnung im Pfändungsbeschluss kann nicht gefordert werden; für Bestimmtheit ist es als ausreichend anzusehen, wenn der Bauauftrag unter Angabe der Baustelle und der Bauleistungen (z. B. Spenglerarbeiten, Fliesenarbeiten, Elektroinstallation oder Einbau der Heizungsanlage) und des Bauwerks („für Neubau des Eigenheims ... straße ... Nr. ... in ...) bezeichnet ist. Die Pfändung erfasst die als Abschlagszahlungen oder Vorauszahlungen geschuldeten Forderungen ebenso wie die Forderung, die sich bei Schlussrechnung ergibt; sie erstreckt sich auch auf das als Sicherheit einbehaltene Geld. Einzelne Aktivposten der Schlussrechnung über Bauleistungen nach VOB/B sind (als unselbständige Rechnungsposten) gesondert nicht abtretbar[2], damit auch nicht selbständig pfändbar (§ 851 Abs. 1 ZPO).

424b c) Ist die Forderung des Unternehmers eines Bauwerks durch *Sicherungshypothek* gesichert (Anspruch auf Bestellung: § 648 BGB), dann ist nach § 830 Abs. 1 ZPO Pfändungsbeschluss und Eintragung der Pfändung in das Grundbuch erforderlich (Rdn. 1834). Ist nur eine Vormerkung zur Sicherung des Anspruchs auf Eintragung einer Bauunternehmer-Sicherungshypothek eingetragen (§ 885 mit § 648 BGB), dann muss die Werklohnforderung des Bauunternehmers als Geldforderung nach § 829 ZPO gepfändet werden (Rdn. 1801).

424c d) *Sicherheiten* des Unternehmers eines Bauwerks usw. für zu erbringende Vorleistungen (§ 648 a BGB) sind nach den für die jeweilige Art der Sicherheit (§§ 232, 239 BGB usw.) geltenden Vorschriften zu pfänden. Bürgschaft: Rdn. 96; Anspruch aus Garantievertrag: Rdn. 131 a.

---

[1] Siehe hierwegen einerseits *OLG Köln*, andererseits *BGH* und *KG*, alle Rdn. 514 angeführt.
[2] *BGH* NJW 1999, 417; *OLG Brandenburg* NJW-RR 2003, 1525.

72. Wohnungsbauprämie

Prämien für Aufwendungen zur Förderung des Wohnungsbaus können unbeschränkt einkommensteuerpflichtige Personen (§ 1 WoPG) nach dem Wohnungsbau-Prämiengesetz (WoPG 1996)[1] erhalten. Die Prämie ist bei dem Unternehmen zu beantragen, an das die prämienbegünstigten Aufwendungen geleistet worden sind (§ 4 Abs. 2 S. 1 WoPG, auch zur Form und Frist). Der Anspruch auf die Prämie entsteht mit Ablauf des Sparjahres, das ist das Kalenderjahr, in dem die prämienbegünstigten Aufwendungen geleistet worden sind (§ 4 Abs. 1 WoPG). Die für Steuererstattung geltenden Vorschriften der Abgabenordnung sind auf die Wohnungsbauprämie entsprechend anzuwenden (§ 8 Abs. 1 S. 1 WoPG). Ob der Anspruch auf die Prämie, wenn er entstanden ist, damit gesondert nach § 46 Abs. 1 und 6 AO gepfändet werden kann (dazu Rdn. 355 ff.), ist nicht geklärt. Das jedoch kann nicht angenommen werden; das ergibt sich aus den Vorschriften, die die Auszahlung der Prämie regeln. Prämien für Beiträge zu Bausparkassen (§ 2 Abs. 1 Nr. 1 WoPG) werden auf Veranlassung des Finanzamts durch die zuständige Bundeskasse an die Bausparkasse zugunsten des Prämienberechtigten ausbezahlt (§ 4 a Abs. 2 S. 6 WoPG). Die Bausparkasse hat die erhaltenen Prämien dem Prämienbegünstigten gutzuschreiben oder auszuzahlen (§ 4 a Abs. 2 S. 7 WoPG). Prämien für andere Aufwendungen werden auf Veranlassung des Finanzamts durch die zuständige Bundeskasse an das Unternehmen zugunsten des Prämienberechtigten ausbezahlt (§ 4 b Abs. 2 S. 1 WoPG). Prämien sind zusammen mit den prämienbegünstigten Aufwendungen zu dem vertragsgemäßen Zweck zu verwenden (§ 5 Abs. 2 S. 1 WoPG mit Besonderheit); über Prämien, die für Aufwendungen zum ersten Erwerb von Anteilen an Bau- und Wohnungsgenossenschaften geleistet werden, kann verfügt werden, wenn das Geschäftsguthaben beim Ausscheiden des Prämienberechtigten aus der Genossenschaft ausgezahlt wird (§ 5 Abs. 3 WoPG). Anspruchspfändung könnte diese zweckbestimmte Verwendung der Prämien nicht berühren. Der Prämienanspruch an das Finanzamt erlischt jedoch bereits mit Gutschrift bei der Bausparkasse oder dem sonstigen Unternehmen; damit würde auch eine Pfändung gegenstandslos werden. Eine Pfändung des Prämienanspruchs an das Finanzamt könnte für das Guthaben bei der Bausparkasse oder dem anderen Unternehmen nicht fortdauern. Gegen die Bausparkasse oder das Unternehmen ist mit Prämiengutschrift ein neuer, auf einem selbständigen Rechtsgrund beruhender Anspruch auf Verwendung oder Auszahlung der gutgeschriebenen Beträge zusammen mit den prämienbegünstigten Aufwendungen zu dem vertragsgemäßen Zweck oder nach Wegfall der Zweckbindung entstanden. Es ist daher der Anspruch aus der Anlageform (Anspruch an Bausparkasse, Rdn. 88; Sparguthaben, Rdn. 331, usw.) zu pfänden; ebenso erstreckt sich eine bereits erfolgte Pfändung des (auch künftigen) Anspruchs aus der Anlageform

424d

---

[1] Vom 30. Okt. 1997, BGBl I 2679.

auch auf die zu dem vertragsgemäßen Zweck verwendeten Prämienbeträge. Wegen der Ungewissheit kann jedoch vorsorgliche Pfändung sowohl des Anspruchs aus der Anlageform als auch des Anspruchs an das Finanzamt auf Steuervergütung nicht verwehrt werden. In jedem Fall ist die Pfändung dem Gläubiger jedoch nur nützlich, wenn eine Verfügung nicht als vorzeitig prämienschädlich ist (Unschädlichkeit: § 2 Abs. 2 S. 2 und § 5 Abs. 3 WoPG).

73. Wohnungseigentümer-Gelder

Schrifttum: *Drasdo*, Die Zwangsvollstreckung gegen die Wohnungseigentümergemeinschaft, JurBüro 2008, 119.

425 a) Die Gemeinschaft der Wohnungseigentümer ist (teil-)rechtsfähig (§ 10 Abs. 6–8 WEG). Sie ist Inhaberin der als Gemeinschaft rechtsgeschäftlich erworbenen und gesetzlich begründeten Rechte und Pflichten (§ 18 Abs. 6 S. 2 WEG). Ihr gehört das Verwaltungsvermögen (§ 10 Abs. 7 S. 1 WEG). Dazu gehören Guthaben auf Konten der WE-Gemeinschaft, Beitragsschulden der Wohnungseigentümer zu Lasten und Kosten, die nach den Beschlüssen der Wohnungseigentümer (§ 28 Abs. 5 WEG) als Hausgeld (Wohngeld), Abrechnungsfehlbeträge oder Sonderumlage zu leisten sind, Forderungen aus Vermietung gemeinschaftlichen Eigentums, Schadensersatzansprüche usw. Pfändung von Forderungen des Verwaltungsvermögens und anderer zu ihm gehörenden Vermögensrechte erfordert Vollstreckungstitel gegen die (teilrechtsfähige) Gemeinschaft der Wohnungseigentümer (§ 750 Abs. 1 ZPO). Von Gläubigern einzelner Wohnungseigentümer können Gemeinschaftsforderungen und -gelder nicht gepfändet werden.

426 b) Jedem Wohnungseigentümer gebührt ein seinem Anteil entsprechender Bruchteil der Nutzungen des gemeinschaftlichen Eigentums (§ 16 Abs. 1 S. 1 WEG). Anspruch auf Auszahlung besteht, wenn die genehmigte Jahresabrechnung (§ 28 Abs. 3, 5 WEG) einen Überschuss für den einzelnen Wohnungseigentümer ausweist und dieser Überschuss nach dem Beschluss der Wohnungseigentümer (§ 21 Abs. 7 WEG) nicht mit künftigen Vorauszahlungen zu verrechnen, somit als Abrechnungsguthaben auszuzahlen ist. Der Auszahlungsanspruch richtet sich gegen die (teil-)rechtsfähige Gemeinschaft der Wohnungseigentümer, der das Verwaltungsvermögen gehört. Der Anspruch auf Auszahlung des Überschusses, der durch Beschluss der Wohnungseigentümer zur Entstehung gelangt ist (§ 28 Abs. 5 WEG), ist (selbstständig) pfändbar[1]. Drittschuldner ist die Gemeinschaft der Wohnungseigentümer, vertreten durch den Verwalter. Als zukünftige Forderung (Rdn. 27) kann der anstehende Auszahlungsanspruch auch bereits vor Beschlussfassung gepfändet werden. Nicht gepfändet werden kann der dem Wohnungseigentümer nach § 16 Abs. 1 WEG gebührende

---

1 *Bärmann/Becker*, WEG, Rdn. 18 zu § 16; früher so bereits *KG* NJW-RR 1993, 338 = OLGZ 1993, 301.

Anteil der Nutzungen des gemeinschaftlichen Eigentums; er ist untrennbar mit dem Wohnungseigentum verbunden[2].

c) Ein gemeinsamer *Gläubiger aller Wohnungseigentümer* (z. B. ein Gesamthypothekar) kann wegen der den Wohnungseigentümern obliegenden Lasten- und Kostenpflicht gemeinsame Nutzungen (Bruttomieten) nicht pfänden. Für ihn kann nur gepfändet werden, was nach Beschluss der Wohnungseigentümer (unter Mitwirkung des Pfändungsgläubigers) als freier Betrag nach Abzug der Kosten und Lasten verbleibt. 427

d) Der Pfändung gemeinschaftlicher Gelder oder Forderungen durch *Gläubiger des Verwalters* können die Wohnungseigentümer nach § 771 ZPO widersprechen[3] (dazu Rdn. 398). 428

74. Zeugen- und Sachverständigenentschädigung

Der Anspruch eines Zeugen oder Sachverständigen auf Zahlung eines Vorschusses für Fahrtkosten und sonstige Aufwendungen (§ 3 JVEG) ist als zweckgebunden unpfändbar[1]. Pfändbar ist jedoch der Anspruch auf bereits verdiente Entschädigung von Zeugen für Zeitversäumnisse und Verdienstausfall sowie des Sachverständigen als Honorar[2*]; Letzteres kann als Berufseinkommen den Pfändungsbeschränkungen des § 850 i ZPO unterliegen. Eine Sachverständigenvergütung ist auch dann bereits verdient und pfändbar, wenn ein Leistungsabschnitt vorschussweise entschädigt wird (§ 3 JVEG). Vor Ladung des Zeugen oder Sachverständigen kann der Anspruch als künftige Forderung nicht gepfändet werden[3*]. 429

75. Zugewinngemeinschaft, Zugewinnausgleich
(§ 852 Abs. 2 ZPO)

Gepfändet wird der durch Vertrag vom ... anerkannte (oder der seit ... rechtshängige) angebliche Anspruch der Schuldnerin gegen ihren geschiedenen Ehemann ... – Drittschuldner – auf Zahlung der Ausgleichsforderung, die mit der durch Ehescheidung eingetretenen Beendigung des Güterstandes der Zugewinngemeinschaft entstanden ist. 430

---

2   *Bärmann/Becker*, WEG, Rdn. 18 zu § 16.
3   Wegen eines Einzelfalls siehe *LG Köln* NJW-RR 1987, 1365, wie folgt: Unterhält die Verwalter-GmbH einer Wohnungseigentümergemeinschaft bei einer Bank ein Eigen-Girokonto, das als Wohngeldkonto dient, und pfändet eine Gläubigerin der Verwalterin wegen ihrer titulierten Forderung gegen die Verwalterin deren Anspruch gegen die Bank auf Auszahlung aus dem Guthaben, so muss die Bank in Höhe der titulierten Forderung trotz Widerspruchs der Wohnungseigentümer aus dem Wohngeldkonto an die Gläubigerin auszahlen, wenn die Wohnungseigentümer es versäumt haben, den Zugriff durch rechtzeitige Erhebung der Drittwiderspruchsklage abzuwenden.
1   *LG Stuttgart* LZ 1929, 684; *Zöller/Stöber*, ZPO, Rdn. 3 zu § 851; *Corves* JVBl 1964, 95.
2* *BayObLG* JVBl 1933, 279 = Rpfleger 1933, 506; *Corves* a.a.O.
3* *Corves* a.a.O.

431 a) Die einem Ehegatten nach Beendigung der *Zugewinngemeinschaft* zustehende Ausgleichsforderung ist von der Beendigung des Güterstandes an vererblich und übertragbar (§ 1378 Abs. 3 BGB). Der Pfändung[1] ist der Anspruch aber nur unterworfen, wenn er durch Vertrag anerkannt oder rechtshängig geworden ist (§ 852 Abs. 2 ZPO). Diese Regelung soll verhindern, dass die Ausgleichsforderung Gegenstand des Rechtsverkehrs wird, bevor feststeht, ob sie zur Entstehung gelangt ist, und dass der Anspruch gegen den Willen des Berechtigten geltend gemacht wird. Da gleiches für den Pflichtteilsanspruch gilt, wird auf das Rdn. 270 Gesagte verwiesen; dort siehe auch zur voraus möglichen Pfändung mit eingeschränktem Pfandrecht.

Vor Beendigung des Güterstandes ist die Abtretung des Zugewinnausgleichsanspruchs nichtig[2]. Ebenso ist daher vor Beendigung des Güterstandes auch die Pfändung des Ausgleichsanspruchs nicht zulässig (sie wäre nichtig). Das schließt vor Beendigung des Güterstandes auch Pfändung des Ausgleichsanspruchs als in seiner zwangsweisen Verwertbarkeit aufschiebend bedingten Anspruchs (Rdn. 271) aus.

432 b) Vor *Beendigung des Güterstandes* kann sich kein Ehegatte zur Verfügung über die Ausgleichsforderung verpflichten[3]. Das schließt vor diesem Zeitpunkt auch die Pfändung des künftigen Anspruchs aus. Eine „Anwartschaft" oder „künftige Forderung" auf den Ausgleich des Zugewinns besteht vor diesem Zeitpunkt pfändbar nicht (vgl. Rdn. 274); erst mit der Beendigung des Güterstandes entsteht die Ausgleichsforderung (§ 1378 Abs. 3 BGB). Eine Ausgleichsforderung ist daher auch dann noch nicht pfändbar, wenn die Ehegatten untereinander – insbesondere in einem anhängigen Ehescheidungsverfahren – bereits Absprachen über den Ausgleich des Zugewinns für den Fall einer bevorstehenden Beendigung des Güterstands getroffen haben.

c) Das Zustimmungsrecht der Ehegatten nach § 1365 BGB ist ein höchstpersönliches, unvererbliches Recht. Als solches kann es nicht gepfändet werden[4].

76. Zwangsverwaltung

433 *Gepfändet wird die angebliche Forderung des Schuldners an den Rechtsbeistand ... als Zwangsverwalter des Grundstücks ... straße Hs.-Nr. ... – Drittschuldner – auf Zahlung der Vergütung für die auf Bestellung des Zwangsverwalters an dem beschlagnahmten Anwesen im Herbst 2009 ausgeführten Dachreparaturen.*

Schrifttum: *Stöber,* Pfändung eines Anspruchs auf die vom Zwangsverwalter zu verteilenden Nutzungen eines Grundstücks, Rpfleger 1962, 397.

---
1 Zur Einsicht in die Scheidungsakten durch den Pfändungsgläubiger s. *SchlHOLG* JurBüro 1989, 860.
2 *BGH* FamRZ 2008, 1435.
3 *BGH* DNotZ 1983, 490 = FamRZ 1983, 160 = MDR 1983, 310.
4 *BGH* FamRZ 1982, 249 = MDR 1982, 470 = NJW 1982, 1099.

Zwangsverwaltung

Die in einer Zwangsverwaltung anfallenden Nutzungen des beschlagnahmten Grundstücks zahlt der Zwangsverwalter an die Berechtigten aus (§§ 155 ff. ZVG). Grundstücksnutzungen sind auch Forderungen aus Rechtsgeschäften, die der Zwangsverwalter im Rahmen eines von ihm fortgesetzten Gewerbebetriebs abgeschlossen hat[1].

434

Gläubiger der aus Rechtshandlungen des Zwangsverwalters herrührenden Forderungen und sonstige Gläubiger des Grundstückseigentümers können während eines Zwangsverwaltungsverfahrens die gegen Dritte bestehenden Ansprüche, auf die sich die Zwangsverwaltungsbeschlagnahme erstreckt, unter Einschluss der aus Rechtshandlungen des Zwangsverwalters herrührenden, nicht pfänden[2]. Forderungspfändungen in die Zwangsverwaltungsmasse, die dennoch ausgebracht werden, sind absolut nichtig[3].

Für den Gläubiger eines Berechtigten, dem durch den Zwangsverwalter Grundstücksnutzungen aus der Zwangsverwaltungsmasse zu leisten sind, sind zu unterscheiden:

435

a) *Ausgaben der Verwaltung*, die vom Zwangsverwalter vorweg befriedigt werden (§ 155 Abs. 1 ZVG). Es sind dies Verbindlichkeiten, die der Zwangsverwaltungsmasse durch die Geschäftsführung des Zwangsverwalters erwachsen. Dazu gehören neben der Verwaltervergütung die Ausgaben für die Bewirtschaftung des Anwesens unter Einschluss der Kosten von Prozessen. Hierher rechnen insbesondere die Ansprüche auf das Entgelt für die vom Zwangsverwalter in Auftrag gegebenen Arbeits- und Dienstleistungen sowie die Ansprüche auf Lohn, Kostgeld und andere Bezüge der vom Zwangsverwalter bei Fortsetzung des Betriebs des Grundstückseigentümers übernommenen Angestellten und Arbeiter.

Für die Verbindlichkeiten, die Ausgaben der Verwaltung sind, haftet der Zwangsverwalter mit dem von ihm verwalteten Vermögen. Dem jeweils Berechtigten steht somit gegen den mit der Masse verpflichteten Zwangsverwalter ein Anspruch auf Zahlung seiner zu den Verwaltungsausgaben gehörenden Forderungen zu. Beim Vollstreckungszugriff seiner Gläubiger ist daher Gegenstand der Pfändung solcher Ansprüche kein Nebenrecht, sondern unmittelbar die vom Zwangsverwalter mit dem verwalteten Vermögen geschuldete Forderung. Der Zwangsverwalter ist daher bei Pfändung eines zu den Ausgaben der Verwaltung gehörenden Anspruchs Drittschuldner[4]. Die Pfändung erfolgt nach § 829 ZPO; Arbeitseinkommen unterliegt dem Pfändungsschutz nach §§ 850 ff. ZPO.

436

1 *RG* 135, 197 (203).
2 *RG* a.a.O.
3 *RG* 135, 197 (204, 206); siehe dazu für Mietpfändungen auch Rdn. 230. Die Gläubiger müssen dem Zwangsverwaltungsverfahren beitreten (*RG* a.a.O.). Für Gläubiger, deren Forderungen aus Rechtshandlungen des Zwangsverwalters herrühren, die also zu den Ausgaben der Verwaltung gehören (§ 155 Abs. 1 ZVG), besteht ggfs. außerdem die Möglichkeit, durch Antrag an das Vollstreckungsgericht, den Zwangsverwalter gemäß § 153 ZVG zur Leistung anzuweisen, Befriedigung zu erlangen.
4 *Stöber* a.a.O., *Stöber*, ZVG, Rdn. 14.2 zu § 152.

437 b) Der Anspruch auf die laufenden wiederkehrenden *Leistungen* der *Hypotheken- und Grundschuldgläubiger* (§ 10 Abs. 1 Nr. 4, § 155 Abs. 2 ZVG), auf die Kapitalforderung des das Zwangsverwaltungsverfahren betreibenden dinglichen Gläubigers und die Vollstreckungsforderung des dinglich nicht gesicherten Beschlagnahmegläubigers (§ 10 Abs. 1 Nrn. 4, 5, § 155 Abs. 2 ZVG). Diese Ansprüche auf Befriedigung aus den Nutzungen des Grundstücks sind Nebenrechte. Wegen ihrer Pfändung Rdn. 128.

438 c) Der Anspruch des Grundstückseigentümers auf den Kassenbestand nach Aufhebung des Zwangsverwaltungsverfahrens. Dieser pfändbare[5] Anspruch steht dem Grundstückseigentümer als unmittelbares Forderungsrecht gegen den Zwangsverwalter zu[6]. Zu pfänden ist dieser Anspruch als Geldforderung[7] nach § 829 ZPO. Drittschuldner ist der Zwangsverwalter[8].

439 Der *Rang mehrerer Gläubiger*, die den Anspruch auf den Kassenbestand pfänden, bestimmt sich nicht einfach nach dem Zeitpunkt der Pfändungen; § 804 Abs. 3 ZPO findet keine Anwendung. Vielmehr haben die dinglich pfändenden Gläubiger Vorrecht vor den persönlich vollstreckenden Gläubigern und untereinander Rang nach Maßgabe des Grundbuchranges ihrer Rechte. Dieser Vorrang der dinglichen Ansprüche folgt aus der Tatsache, dass die Grundstücksnutzungen, solange sich das Geld in der Hand des Zwangsverwalters befindet, noch mit den dinglichen Rechten behaftet sind[9].

---

5 *OLG Köln* VersR 1994, 113 (114).
6 *OLG Köln* a.a.O.
7 *OLG Köln* VersR 1994, 113 (114); *LG Freiburg* Rpfleger 1988, 422.
8 *Stöber* a.a.O. S. 400; *Zöller/Stöber*, ZPO, Rdn. 33 „Zwangsverwaltung" zu § 829; *Stöber*, ZVG, Rdn. 14.1 zu § 152; *Steiner/Hagemann*, ZVG, Rdn. 185 zu § 152.
9 *LG Freiburg* Rpfleger 1988, 422; *Jaeckel/Güthe*, ZVG, Bem. 8 zu § 155; *Stöber*, ZVG, Rdn. 14.1 zu § 152.

ZWEITES KAPITEL

PFÄNDUNGSVERFAHREN UND -WIRKUNGEN

A. Zuständigkeit (§ 828 ZPO)

I. Vollstreckungsgericht

Schrifttum: *Gaul,* Die Mitwirkung des Zivilgerichts an der Vollstreckung von Verwaltungsakten und verwaltungsgerichtlichen Entscheidungen, JZ 1979, 496; *Hornung,* Gerichtliche Vollstreckung im Verwaltungszwangsverfahren, Rpfleger 1981, 86; *Polzius,* Aufgaben des Gerichtsvollziehers im Verwaltungszwangsverfahren, DGVZ 1981, 129; *Schulz,* Die vollstreckbare Ausfertigung bei der Vollstreckung nach § 66 IV SGB X, DGVZ 1983, 133; *Sommer,* Zum Rechtsweg für die Vollstreckung und Haftanordnung bei verwaltungsgerichtlichen Zahlungstiteln, Rpfleger 1978, 406.

1. Für die Zwangsvollstreckung in Forderungen und in andere Vermögensrechte sind grundsätzlich[1] – auch bei Zwangsvollstreckung aus dem bei einem Familiengericht[2] (künftig § 95 Abs. 1, § 120 Abs. 1 FamFG, s. Rdn. 1), Arbeits- oder Sozialgericht erwirkten Vollstreckungstitel – die *Amtsgerichte* als *Vollstreckungsgerichte* zuständig (§§ 828, 764 ZPO). Das Beschwerdegericht (Landgericht) kann den Pfändungsbeschluss erlassen, wenn sich der abgewiesene Antrag des Gläubigers in der Beschwerde als begründet erweist (siehe dazu Rdn. 735). Pfändung durch den Bundesgerichtshof als Rechtsbeschwerdegericht: § 577 Abs. 5 ZPO (dazu Rdn. 737).

440

2. Die Arrestvollziehung durch Forderungspfändung[3] erfolgt durch das *Arrestgericht*[4] (§ 930 Abs. 1 ZPO), das ist das Gericht, das den Arrest angeordnet hat (§ 919 ZPO), das Beschwerdegericht somit, wenn es den Arrest anordnet und mit dem Arrestantrag der Pfändungsantrag verbunden ist[5]. Diese Besonderheit gilt jedoch bei Vollstreckung einer einstweiligen

441

---

1 Wegen der Ausnahmefälle, in denen der Gerichtsvollzieher pfändet, siehe 8. Kap. Der Gesetzgeber ging bei Zuweisung der Forderungspfändung an das Vollstreckungsgericht von der Überlegung aus, dass diese angesichts ihrer schwierigen Handhabung und ihrer einschneidenden Wirkung auf den Drittschuldner nur vom Gericht und nicht vom Gerichtsvollzieher angeordnet werden könne; s. dazu *Gaul* Rpfleger 1971, 82.
2 *BGH* MDR 1979, 564 = NJW 1979, 1048; *OLG Düsseldorf* FamRZ 1977, 725 und FamRZ 1978, 524 = NJW 1978, 1012; *OLG Celle* FamRZ 1979, 57 = NdsRpfl 1979, 13; *SchlHolstOLG* SchlHA 1978, 173 und 1979, 130.
3 Nicht auch die nachfolgende Überweisung; siehe hierwegen Rdn. 820.
4 Wegen der Zuständigkeit für die Erinnerung gegen eine vom Arrestgericht angeordnete Forderungspfändung siehe Rdn. 818.
5 *OLG München* MDR 2004, 1383; a.A. *LArBG Frankfurt* Betrieb 1965, 188; *Stein/Jonas/Grunsky,* ZPO, Rdn. 2 zu § 930.

Verfügung nicht; bei ihrer Vollstreckung erfolgt die Forderungspfändung durch das Vollstreckungsgericht, nicht durch das Gericht der einstweiligen Verfügung[6]. Ist das Arbeitsgericht Arrestgericht, dann wird es bei Forderungspfändung als Vollstreckungsgericht tätig[7] (s. § 62 Abs. 2 S. 1 ArbGG).

442 3. Für die Vollstreckung *verwaltungsgerichtlicher* Entscheidungen (§ 168 VwGO) ist Vollstreckungsgericht das Verwaltungsgericht des ersten Rechtszugs[8] (§ 167 Abs. 1 S. 2 VwGO; Einheit von Erkenntnis- und Vollstreckungsverfahren). In solchen Fällen ist daher das Verwaltungsgericht für die Zwangsvollstreckung in Forderungen und in andere Vermögensrechte als Vollstreckungsgericht zuständig[9]. Diese Zuständigkeit besteht auch für den Erlass eines Pfändungs- und Überweisungsbeschlusses auf Grund eines Vergütungsfestsetzungsbeschlusses des Verwaltungsgerichts nach § 11 RVG[10]. Die Vollstreckung einer verwaltungsgerichtlichen Entscheidung zugunsten des Bundes, eines Landes, eines Gemeindeverbandes, einer Gemeinde oder einer Körperschaft, Anstalt oder Stiftung des öffentlichen Rechts richtet sich nach dem Verwaltungsvollstreckungsgesetz; Vollstreckungsbehörde ist der Vorsitzende des Gerichts des ersten Rechtszuges (§ 169 Abs. 1 VwGO). Die Vollstreckung gegen die öffentliche Hand wegen einer Geldforderung regelt § 170 VwGO; Forderungspfändung erfolgt in diesem Fall durch das Verwaltungsgericht des ersten Rechtszuges als Vollstreckungsgericht (§§ 170, 167 Abs. 1 S. 2 VwGO).

443 4. Im *Verwaltungswege* vollstreckt werden *öffentlich-rechtliche* Geldforderungen. Das Verfahren richtet sich nach dem Verwaltungs-Vollstreckungsgesetz (VwVG) des Bundes (vom 27.4.1953, BGBl I 157, mit Änderungen) oder nach den Verwaltungsvollstreckungsgesetzen der Länder. Gesonderte Vorschriften (vgl. § 1 Abs. 3 VwVG des Bundes) enthalten für die Finanzbehörden die AO 1977 (6. Teil, §§ 249 ff.)[11] und für Gerichte und Justizbehörden die Justizbeitreibungsordnung.

---

6 *Quardt* JurBüro 1958, 378; *Stein/Jonas/Brehm*, ZPO, Rdn. 3 zu § 828; *Schuschke/Walker*, Vollstreckung, Rdn. 1 zu § 828.
7 *LArbG Frankfurt* a.a.O.
8 *VGH München* NJW 1984, 2482 bestimmt die örtliche Zuständigkeit auch des Verwaltungsgerichts nach § 828 ZPO. Zur örtlichen Zuständigkeit auch *VerwG Köln* MDR 1975, 1052 = NJW 1975, 2224.
9 *Schuschke/Walker*, Vollstreckung, Rdn. 2 zu § 828; *Gaul* JZ 1979, 496; *Sommer* Rpfleger 1978, 406.
10 *LG Bonn* NJW 1977, 814; *LG Meiningen* NJW-RR 1999, 152; *OVG Münster* NJW 1980, 2373, NJW 1984, 2484 = JurBüro 1984, 1426, NJW 1986, 1190 und Rpfleger 2004, 320; *LG Bochum* Rpfleger 1978, 426 (für eidesstattliche Versicherung); a.A. *OVG Koblenz* NJW 1980, 1541 (Leits.); *OVG Lüneburg* NJW 1984, 2485; *OVG NW* (*Münster*) NJW 1987, 396 = Rpfleger 1986, 152 mit zust. Anm. *Lappe*; *OVG NW* NJW 2001, 3141; *LG Berlin* MDR 1982, 679; *LG Heilbronn* NJW-RR 1993, 575; *VerwG Berlin* NJW 1981, 884 und wohl auch *VerwG Berlin* NJW 1976, 1420 (zumeist für eidesstattl. Versicherung).
11 Hierzu auch Allgemeine Verwaltungsvorschrift über die Durchführung der Vollstreckung nach der Abgabenordnung (Vollstreckungsanweisung – VollstrA) vom 13.3.1980, BStBl I S. 112 (mit Änderungen).

Zuständigkeit

5. Für die Vollstreckung zugunsten der Behörden, Körperschaften, Anstalten und Stiftungen des öffentlichen Rechts aller *Sozialleistungsbereiche* des Sozialgesetzbuchs gilt das Bundes- oder das einschlägige Landesverwaltungsvollstreckungsgesetz (§ 66 Abs. 1–3 SGB, X. Buch, Verwaltungsverfahren). Wenn ein Leistungsträger im Verwaltungswege vollstreckt (Vollstreckungstitel mit -klausel dann nicht nötig) sind Inanspruchnahme und Mitwirkung des Vollstreckungsgerichtes ausgeschlossen[12]. Der Leistungsträger kann aus einem Verwaltungsakt aber auch die Zwangsvollstreckung in entsprechender Anwendung der Zivilprozessordnung durchführen (§ 66 Abs. 4 S. 1 SGB X). Dann ist für die Zwangsvollstreckung in Forderungen und andere Vermögensrechte nach § 828 ZPO das Amtsgericht als Vollstreckungsgericht (Rdn. 440), im Falle des § 831 ZPO der Gerichtsvollzieher, zuständig. Diese Wahlmöglichkeit soll dem Versicherungsträger die Vollstreckung erleichtern[13]. Das Vollstreckungsgericht darf den Antrag eines Leistungsträgers daher nicht wegen der alternativen Möglichkeit der Verwaltungsvollstreckung ablehnen[14]. Kosten der Zwangsvollstreckung nach der Zivilprozessordnung entstehen durch Beitreibung auf dem gesetzlich dafür vorgesehenen Rechtsweg, sind somit als notwendig auch erstattungsfähig, wenn sie bei Verwaltungsvollstreckung nicht entstanden wären[15]. Als Vollstreckungstitel ist der Verwaltungsakt (Leistungsbescheid)[16] des Leistungsträgers[17] urkundliche Grundlage der Zwangsvollstreckung nach der Zivilprozessordnung; durchgeführt wird diese Zwangsvollstreckung nur auf Grund einer vollstreckbaren Ausfertigung des Verwaltungsakts (Leistungsbescheids, § 724 Abs. 1 ZPO)[18], wenn Zustellung erfolgt ist (§ 750 Abs. 1 ZPO). Die vollstreckbare Ausfertigung erteilt der Behördenleiter, sein allgemeiner Vertreter oder ein ermächtigter Angehöriger des öffentlichen Dienstes (§ 66 Abs. 4 S. 3 SGB X). Für Zwangsvollstreckung hat die vollstreckbare Ausfertigung als Papierurkunde vorzuliegen (nicht als elektronische Ausfertigung)[19]. Es muss sich bei der Ausfertigung um eine richtig wiedergegebene Abschrift des Leistungsbescheids handeln, die mit der Vollstreckungsklausel nach § 725 ZPO versehen ist. Eine abgekürzte oder nur auszugsweise Wiedergabe des Verwaltungsakts genügt nicht[20] (ist

444

---

12 *LG Bonn* JurBüro 1982, 1586.
13 Gesetzesbegründung, BT-Drucks. 8/2034, S. 37; auch *AG Bonn* Rpfleger 1981, 315.
14 *LG Duisburg* Rpfleger 1981, 192; *AG Bonn* Rpfleger 1981, 315.
15 A.A. *AG Germersheim* Rpfleger 1982, 159, dem nicht beizupflichten ist.
16 *LG Ravensburg* NJW 1981, 2424 (Leits.); *LG Bielefeld* JurBüro 1982, 1584 (1585) mit zust. Anm. *Mümmler*; *LG Kassel* DGVZ 1984, 40; *AG Augsburg* DGVZ 2004, 77.
17 Nach § 28 f Abs. 3 S. 3 SGB IV gilt der Beitragsnachweis des Arbeitgebers für die Vollstreckung als Leistungsbescheid der Einzugsstelle. Weil ihn der Arbeitgeber der Einzugsstelle durch Datenübertragung zu übermitteln hat (§ 28 f Abs. 3 S. 1 SGB IV), hat die Behörde eine Ausfertigung in Papierform herzustellen, *BGH* DGVZ 2009, 111 = JurBüro 2008, 382.
18 *LG Aurich* NdsRpfl 1986, 276.
19 *BGH* JurBüro 2008, 382 = a.a.O. (Fußn. 17)
20 *BGH* a.a.O.

nicht Ausfertigung); sie stellt überdies dann keine Ausfertigung des Vollstreckungstitels dar, wenn das Dienstsiegel der Gläubigerin nicht nach dem Ausfüllen des Formulars aufgedruckt worden ist, sondern bereits zuvor eingedruckt war[21]. Es genügt ebenso nicht, dass die Vollstreckungsklausel auf ein Ausstandsverzeichnis, somit eine Zusammenfassung früher durch Leistungsbescheide oder sonst geltend gemachter Ansprüche gesetzt wird[22]. Mahnung des Vollstreckungsschuldners vor Beginn der Zwangsvollstreckung mit einer Zahlungsfrist von einer Woche (§ 66 Abs. 4 S. 2 SGB X) ist vom Vollstreckungsgericht nicht zu prüfen. Wenn Zwangsvollstreckung in entsprechender Anwendung der Zivilprozessordnung stattfindet, bestimmen sich nach ihr auch die Rechtsbehelfe; es finden somit Erinnerung (§ 766 ZPO) und sofortige Beschwerde (§ 793 ZPO) statt. Die Abänderung eines (gerichtlichen) Pfändungsbeschlusses (§ 850 g ZPO) und Entscheidungen, die seine Wirkungen ändern (z. B. nach § 850 c Abs. 4, § 850 e Nr. 2, 2 a ZPO), sind gerichtliche Handlungen, für die das Vollstreckungsgericht zuständig bleibt (§ 828 Abs. 1, auch § 802 ZPO); solche Maßnahmen können nach Pfändung im Verfahren nach der Zivilprozessordnung daher nicht durch die im Verwaltungszwangsverfahren zuständige Behörde getroffen werden (bei Verstoß ist die Maßnahme nichtig).

II. Richter, Rechtspfleger

445 Dem *Rechtspfleger* sind alle Entscheidungen im Forderungspfändungsverfahren übertragen (§ 20 Nr. 17 RPflG). Der Rechtspfleger des Arrestgerichts ist für die Pfändung von Forderungen zuständig, wenn nicht schon der Arrestbefehl den Pfändungsbeschluss enthält (§ 20 Nr. 16 RPflG). Verlangt der Gläubiger eine andere (klarere) Fassung (also die Berichtigung) des vom Arrestgericht (dessen Richter) erlassenen Pfändungsbeschlusses oder in dessen Ergänzung die Bezeichnung eines weiteren Drittschuldners der mit diesem gepfändeten Schuldnerforderung, dann verbleibt es bei der Richterzuständigkeit[23]. Der Rechtspfleger des Arrestgerichts ist jedoch für die Entscheidung über einen neuen Antrag auf Pfändung einer weiteren Forderung zuständig[24]. Entsprechendes gilt, wenn der vom Richter im Erinnerungsverfahren oder von einem Beschwerdegericht (Rdn. 440) erlassene Pfändungsbeschluss berichtigt oder ergänzt werden soll. Zuständig ist der Rechtspfleger des Vollstreckungsgerichts auch für die Entscheidung über den Vollstreckungsschutzantrag nach § 765 a ZPO (§ 20 Nr. 17 RPflG).

---

21 *LG Aachen* JurBüro 1983, 621; auch *LG Aurich* NdsRpfl 1986, 215 (Klausel auf Auszug des Beitragsbescheides ungenügend).
22 *LG Ravensburg* NJW 1981, 2524; *LG Bielefeld* JurBüro 1982, 1584 (1585) mit zust. Anm. *Mümmler*; *AG Augsburg* DGVZ 2004, 77.
23 *OLG München* Rpfleger 1975, 34; **a.A.** *LG München I* Rpfleger 1989, 400: Das weitere Verfahren fällt in die Zuständigkeit des Rechtspflegers, der auch für Klarstellungen, Änderungen und Aufhebung des Pfändungsbeschlusses zuständig ist.
24 *OLG München* a.a.O. (Fußn. 23).

Zuständigkeit

Trifft der Richter im Forderungspfändungsverfahren eine dem Rechtspfleger übertragene Entscheidung, so wird die Wirksamkeit des Geschäfts hierdurch nicht berührt (§ 8 Abs. 1 RPflG).

Dem Richter ist die Entscheidung über die Erinnerung (§ 766 ZPO) vorbehalten (§ 20 Nr. 17 RPflG).

III. Die örtliche Zuständigkeit

1. *Wohnsitzgericht*: Örtlich zuständig ist das Amtsgericht, bei dem der Schuldner[25] im Bundesgebiet seinen allgemeinen Gerichtsstand (§ 828 Abs. 2 ZPO), also seinen Wohnsitz hat (§ 13 ZPO, §§ 7–11 BGB). Bei Doppelwohnsitz (§ 7 Abs. 2 BGB) hat der Gläubiger die Wahl (§§ 13, 35 ZPO). Die (mit Antragstellung bei einem der zuständigen Gerichte) getroffene Wahl ist endgültig und unwiderruflich (schließt spätere Abgabe nach § 828 Abs. 3 ZPO aus)[26]. Eine Ausnahme sieht § 858 Abs. 2 ZPO für die Zwangsvollstreckung in einen Schiffspart vor; zuständig ist hier als Vollstreckungsgericht das Amtsgericht, bei dem das Register für das Schiff geführt wird.

446

2. *Aufenthalt usw.*: Nur wenn der Schuldner keinen Wohnsitz[27] hat, wird die Zuständigkeit des Vollstreckungsgerichts durch den Gerichtsstand des Aufenthalts im Inland (so auch bei Grenzgängern[28]) und, wenn ein solcher nicht bekannt ist, durch den letzten Wohnsitz[29] bestimmt (§ 16 ZPO). Ein Häftling hat – insbesondere bei langer Strafhaft – seinen gewöhnlichen Aufenthalt am Ort der Haftanstalt[30].

447

Das Wohnsitzgericht, nicht das Gericht des Aufenthaltsorts ist mithin Vollstreckungsgericht, wenn der Schuldner, der einen Wohnsitz hat, sich regelmäßig woanders aufhält (Artist, Hausierer, Monteur, Musiker, Seemann, Gefangener). In solchen Fällen bedarf vor Einreichung des Pfändungsantrages die Frage, ob und wo der Schuldner einen Wohnsitz hat, der sorgsamen Prüfung, weil die Pfändung durch ein unzuständiges Gericht zur unabwendbaren Aufhebung des Zwangsvollstreckungsaktes und damit zu erheblichen Nachteilen führen kann (siehe hierwegen Rdn. 456).

Unbekannter Aufenthalt ist durch schlüssigen Tatsachenvortrag darzutun, nicht aber nachzuweisen[31]. Angabe im Vollstreckungstitel genügt, wenn eine zwischenzeitliche Änderung nicht bekannt ist; aktuelle Auskunft des für den letzten bekannten Wohnort zuständigen Einwohnermelde- und Postamts genügen ebenso[32].

---

25 Nicht sein gesetzlicher Vertreter oder der Drittschuldner; siehe *OLG Hamm* JMBlNRW 1952, 6.
26 *OLG Zweibrücken* JurBüro 1999, 553 = NJW-RR 2000, 929.
27 Bloßer Antritt einer Strafhaft hat noch keine Aufgabe des Wohnsitzes zur Folge, *BGH* NJW-RR 1996, 1217; allein mit dem Aufenthalt in einer Justizvollzugsanstalt wird dort auch kein Wohnsitz begründet (*BGH* a.a.O.).
28 Zuständig für Einkommenspfändung ist daher das Vollstreckungsgericht des Beschäftigungsorts.
29 Dass der Schuldner jetzt im Ausland wohnt, ist für die Wirksamkeit der Pfändung im Inland ohne Bedeutung.
30 *OLG Düsseldorf* MDR 1969, 143; siehe auch *OLG Stuttgart* MDR 1964, 768.
31 *Zöller/Stöber*, ZPO, Rdn. 2 zu § 828.
32 *BGH* JurBüro 2003, 442 = MDR 2003, 708 = NJW 2003, 1530 = Rpfleger 2003, 307.

2. Kapitel: Pfändungsverfahren und -wirkungen

448 3. Volljährige *Berufssoldaten* und *Soldaten auf Zeit*, nicht aber *Beamte der Bundeswehr*, haben den Wohnsitz am Standort[33] ihres[34] Truppenteils (Garnisonsort, § 9 BGB)[35]. Für minderjährige Soldaten und für *Wehrdienstpflichtige* (§ 9 Abs. 2 BGB) besteht der Wohnsitz fort, den sie bei Einberufung hatten. Das Amtsgericht des Standorts ist deshalb nur für die Forderungspfändung gegen volljährige Berufssoldaten und Soldaten auf Zeit, nicht aber gegen minderjährige Soldaten und Wehrdienstpflichtige zuständig[36]. Möglich ist jedoch, dass ein Minderjähriger mit dem Willen seines gesetzlichen Vertreters oder ein Wehrdienstpflichtiger den Standort zu seinem Wohnsitz gewählt hat (§§ 7, 8 BGB); solche Fälle indes werden selten sein.

449 4. *Andere Sonderfälle*: Wegen des Gerichtsstandes der exterritorialen Personen siehe § 15 ZPO, der juristischen Personen siehe § 17 ZPO und des Fiskus siehe § 18 ZPO.

450 Ist eine *Partei kraft Amtes* (Insolvenzverwalter[37], Zwangsverwalter, Testamentsvollstrecker oder Nachlassverwalter) Vollstreckungsschuldner, dann ist das Amtsgericht ihres Wohnsitzes örtlich zuständig. Ebenso wird auch bei Vollstreckung gegen einen Nachlasspfleger die örtliche Zuständigkeit sich nach seinem Wohnsitz bestimmen, obgleich dieser nicht Partei kraft Amtes, sondern gesetzlicher Vertreter der unbekannten Erben ist[38].

451 5. *Kein Gerichtsstand im Bundesgebiet*: Hat der Schuldner im Bundesgebiet keinen allgemeinen Gerichtsstand (keinen Wohnsitz, Aufenthalt usw.), so ist das Vollstreckungsgericht örtlich zuständig, in dessen Bezirk sich der Wohnsitz des Drittschuldners befindet (§ 828 Abs. 2, § 23 ZPO)[39]. Außerdem besteht dann, wenn für die Forderung, die gepfändet werden soll, eine Sache zur Sicherheit haftet (z. B. das mit der Hypothekenforderung belastete Grundstück, der der Forderung verpfändete Gegenstand), die Zuständigkeit des Gerichts, in dessen Bezirk der Ort liegt, an dem sich die Sache befindet (siehe § 23 ZPO). Unter mehreren hiernach zuständigen Gerichten hat der Gläubiger die Wahl (§ 35 ZPO).

---

33 Am letzten inländischen Standort, wenn sie im Ausland Dienst leisten, § 9 Abs. 1 S. 2 BGB.
34 Bei längerer Abordnung (Abkommandierung) zu einer anderen Einheit gilt deren Standort als Wohnsitz; siehe *Nuppeney* Rpfleger 1963, 304.
35 Siehe dazu *LG Münster* Rpfleger 1963, 303 mit zust. Anm. *Nuppeney*.
36 A.A. für Wehrdienstpflichtige noch *Nuppeney* Rpfleger 1962, 164, der aber übersieht, dass § 20 ZPO einen besonderen Gerichtsstand begründet, während sich die Zuständigkeit des Vollstreckungsgerichts nach dem allgemeinen Gerichtsstand bestimmt. Richtig *Nuppeney* Rpfleger 1963, 304.
37 Siehe hierwegen *BGH* 88, 331 = MDR 1984, 739: Zuständigkeit des allgemeinen Gerichtsstands am Wohnsitz des „Konkurs"verwalters für Klagen.
38 So zutreffend auch *Stein/Jonas/Brehm*, ZPO, Rdn. 4; *Zöller/Stöber*, ZPO, Rdn. 2; *Schuschke/Walker*, Vollstreckung, Rdn. 6, je zu § 828; a.A. aber *LG Berlin* JR 1954, 464, das die Zuständigkeit des Drittschuldnerwohnsitzgerichtes oder des für den Erblasser zuständig gewesenen Gerichts annimmt.
39 Siehe *BArbG* BAG 82, 243 = a.a.O. (Fußn. 52); *OLG Hamm* a.a.O. (Fußn. 25); siehe auch Art. 5 Abs. 1 des Gesetzes zum NATO-Truppenstatut, abgedruckt Rdn. 52.

Zuständigkeit

6. *Mehrere Schuldner*: Wenn einheitlich gegen mehrere Schuldner vollstreckt werden soll, denen eine zu pfändende Forderung gemeinschaftlich (sei es nach Bruchteilen oder in einem Gesamthandsverhältnis) zusteht und für die verschiedene Vollstreckungsgerichte örtlich zuständig sind, muss das zuständige Gericht durch das im Rechtszug zunächst höhere Gericht bestimmt werden (§ 36 Abs. 1 Nr. 3 ZPO, der sinngemäß anzuwenden ist)[40]. Anhörung des Schuldners erfolgt im Bestimmungsverfahren nicht[41]. An Stelle einer einheitlichen Pfändung kann der Gläubiger aber auch mehrere Beschlüsse durch die verschiedenen Vollstreckungsgerichte erwirken[42]; die Wirksamkeit einer solchen Pfändung ist eingetreten, wenn alle Beschlüsse dem Drittschuldner zugestellt sind. Keine Bestimmung des zuständigen Gerichts ermöglicht § 36 Abs. 1 Nr. 3 ZPO, wenn verschiedene Forderungen mehrerer Schuldner gepfändet werden sollen.

452

7. Die Zuständigkeit bestimmt sich nach dem Zeitpunkt des Beginns der Zwangsvollstreckung (siehe Rdn. 712). Ändern sich danach die für die Zuständigkeit maßgeblich gewesenen Voraussetzungen (Wohnsitzverlegung, Änderung des Aufenthaltsorts), so berührt das die Zuständigkeit für die in dem gleichen Verfahren notwendigen weiteren Handlungen des Vollstreckungsgerichts (Erinnerung) nicht mehr. Für neue Maßnahmen des Vollstreckungsgerichts (Antrag nach § 844 ZPO) und neue Pfändungsanträge ist dagegen das Vollstreckungsgericht des neuen Wohnsitzes, Aufenthalts usw. zuständig.

453

IV. Bestimmung der Zuständigkeit

Das zuständige Gericht wird, wenn verschiedene Vollstreckungsgerichte, von denen eines zuständig ist, sich für unzuständig erklärt haben, durch das im Rechtszug zunächst höhere Gericht bestimmt (§ 36 Abs. 1 Nr. 6 ZPO; die Vorschrift ist auch im Vollstreckungsverfahren anwendbar[43]). Weil der Schuldner vor der Pfändung nicht über das Pfändungsgesuch zu hören ist (§ 834 ZPO), ist auch die Anwendung des § 36 Abs. 1 Nr. 6 ZPO nicht von der vorherigen Anhörung des Schuldners abhängig[44].

453a

---

40 *RG* DR 1940, 741 unter Aufgabe der früher gegenteiligen Ansicht; *BayObLG* 1959, 270 = MDR 1960, 57; *BayObLG* Rpfleger 1983, 288 und KTS 1999, 128 = Rpfleger 1999, 31; *OLG Karlsruhe* JurBüro 2005, 104 = MDR 2004, 1262; *Zöller/Stöber*, ZPO, Rdn. 2 zu § 828.
41 *BayObLG* KTS 1999, 128 = a.a.O. (Fußn. 40); *OLG Karlsruhe* MDR 2004, 1262; siehe auch Rdn. 453 a.
42 *OLG Rostock* OLG 35, 131; *Stein/Jonas/Brehm*, ZPO, Rdn. 5, und *Wieczorek/Schütze/Lüke*, ZPO, Rdn. 15, je zu § 828.
43 *RG* 139, 351; *BGH* FamRZ 1983, 578 = NJW 1983, 1859; *BayObLG* 1985, 397 = MDR 1986, 326 = NJW-RR 1986, 421; *BayObLG* 1990, 255 (257, für Forderungspfändung); *OLG Karlsruhe* JurBüro 2005, 553, für Überweisung.
44 *BGH* NJW 1983, 1859 = a.a.O. (Fußn. 43); *BayObLG* 1990, 255 (259); *OLG Zweibrücken* NJW-RR 2000, 929 = a.a.O. (Fußn. 26); s. auch Rdn. 452.

V. Abgabe, Verstoß gegen die Zuständigkeitsbestimmungen

454 Die sachliche und örtliche Zuständigkeit des Vollstreckungsgerichts ist eine *ausschließliche* (§ 802 ZPO). Eine ausdrückliche oder stillschweigende Vereinbarung des Gläubigers mit dem Schuldner über die Zuständigkeit hat keine rechtliche Wirkung (§ 40 Abs. 2 ZPO).

455 Die Zuständigkeit muss vom Vollstreckungsgericht bei Entscheidung über den Pfändungsantrag von *Amts wegen geprüft* werden (Rdn. 484).

Der bei einem unzuständigen Gericht gestellte Antrag ist, solange über ihn noch nicht entschieden ist, auf Antrag des Gläubigers (nicht von Amts wegen) an das zuständige Gericht abzugeben (§ 828 Abs. 3 S. 1 ZPO). Der Antrag kann auch schon sogleich mit dem Pfändungsantrag für den Fall gestellt werden, dass das Gericht, bei dem dieser eingereicht ist, nicht zuständig sein sollte. Anhörung des Schuldners erfolgt nicht (§ 834 ZPO). Der Gläubiger (sein Vertreter) ist von der Abgabe (formlos) zu benachrichtigen. Förmliche Verweisung (§ 281 ZPO) ist damit ausgeschlossen. Die Abgabe bewirkt, dass das Verfahren von dem neuen Gericht fortgeführt wird, der Antrag somit bei ihm wirksam gestellt ist. Bindend ist die Abgabe nicht[45] (§ 828 Abs. 3 S. 2 ZPO). Das Vollstreckungsgericht, an das Abgabe erfolgt ist, hat daher über seine Zuständigkeit selbst zu entscheiden. Es kann die Übernahme ablehnen[46] oder auch auf Antrag des Gläubigers die Sache an ein anderes zuständiges Gericht abgeben. Verstoß gegen die örtliche Zuständigkeit führt bei Anfechtung zur Aufhebung des Pfändungsbeschlusses (Rdn. 456). Mit Erinnerung gegen den Pfändungsbeschluss kann daher dessen Aufhebung vom Schuldner auch wegen Unzuständigkeit des Gerichts, an das abgegeben wurde, betrieben werden.

456 Ein *Verstoß* gegen die Zuständigkeit macht die Forderungspfändung nicht ohne weiteres unwirksam. Denn grundsätzlich sind fehlerhafte Staatsakte – von den ganz seltenen und hier nicht gegebenen Ausnahmefällen des grundlegenden Verstoßes gegen wesentliche Formvorschriften oder bei Fehlen jeglicher Voraussetzungen abgesehen – nicht nichtig, sondern nur vernichtbar[47]. Der von einem sachlich oder örtlich unzuständigen Gericht erlassene Pfändungsbeschluss lässt deshalb eine wirksame Pfändung entstehen; er ist aber mit Erinnerung (sodann mit Beschwerde, § 793 ZPO[48]) anfechtbar, die zwingend zu seiner Aufhebung führen muss.

---

45 *BayObLG* 1985, 397 = a.a.O. (Fußn. 43) war schon vordem unzutreffend und ist nun durch Gesetzesänderung überholt.
46 *OLG Zweibrücken* NJW-RR 2000, 929 = a.a.O. (Fußn. 26).
47 Siehe *Stöber* Rpfleger 1962, 9, mit weiteren Nachweisen. Zu den Folgen der Verletzung der Zuständigkeitsgrenzen siehe auch *Gaul* Rpfleger 1971, 87 ff.
48 Nach *OLG München* JurBüro 1985, 945 soll die Prüfung der vom Vollstreckungsgericht bejahten örtlichen Zuständigkeit auf die Erinnerung beschränkt und in der anschließenden Beschwerde ausgeschlossen sein. Dem ist nicht zu folgen. Zu entscheiden ist über die Wirksamkeit der Pfändung als Vollstreckungsmaßnahme des Vollstreckungsgerichts; für Prüfung der Rechtmäßigkeit der Zwangsvollstreckung ist der Rechtsweg jedoch nicht beschränkt. Als Vollstreckungsorgan ist das Vollstreckungsgericht nicht Gericht des ersten Rechtszuges (§ 513 Abs. 2; früher § 512 a ZPO); für entsprechende Anwendung dieser Vorschrift ist daher kein Raum, besteht aber auch nach deren Zweck kein Anlass.

Das ist für den Verstoß gegen die örtliche Zuständigkeit einhellige Meinung[49]. Aber auch bei Verstoß gegen die sachliche Zuständigkeit kann nichts anderes gelten[50]. Denn auch dem von einem sachlich unzuständigen Gericht erlassenen Pfändungsbeschluss kommt der staatlichen Akten gebührende Vertrauensschutz zu. Ein solcher Beschluss verstößt weder gegen wesentliche Formvorschriften noch fehlen ihm jegliche Voraussetzungen für die Ausübung staatlicher Tätigkeit durch das Gericht. Zudem kann den Beteiligten (Gläubiger, Schuldner und insbesondere Drittschuldner) nicht zugemutet werden, den Mangel der Zuständigkeit und eine daraus folgende Nichtigkeit des Pfändungsbeschlusses zu erkennen, wenn ein Gericht seine Zuständigkeit angenommen hat. Das gilt schon allein deshalb, weil Forderungspfändungen durch Prozessgerichte (Arrestgericht, auch bei Arrest im arbeitsgerichtlichen Verfahren) und Landgerichte (bei Beschwerden) sowie Verwaltungsgerichte durchaus möglich sind. Als völlig unwirksam (nichtig) können deshalb nur Vollstreckungsakte durch Behörden oder Beamte angesehen werden, die mit Forderungspfändungen überhaupt nicht befasst sind (so ein Pfändungsbeschluss des Gerichtsvollziehers[51], des Beamten einer ausländischen Behörde o. Ä.).

457

VI. Ausländische Forderungspfändungen

Schrifttum: *Schack,* Zur Anerkennung ausländischer Forderungspfändungen, IPRax 1997, 318.

Die Forderungspfändung der Vollstreckungsbehörde eines fremden Staates, die auch im Ausland dem Drittschuldner zugestellt ist, wird als ausländischer Vollstreckungsakt durch Gerichte der Bundesrepublik im Bundesgebiet nicht anerkannt[52]. Daher wird durch Zustellung des Zahlungsverbots eines fremden Staates an den ausländischen Drittschuldner (Arbeitgeber) an dessen Hauptsitz im Ausland nicht die Pfändung des Arbeitsentgelts eines Arbeitnehmers im Bundesgebiet bewirkt, der in einem inländischen Betrieb des Drittschuldners beschäftigt ist und entlohnt wird[53]. Im Bundesgebiet wurde Rechtshilfe für Zustellung ausländischer

458

---

49 Siehe *Stein/Jonas/Brehm,* Rdn. 10; *Wieczorek/Schütze/Lüke,* Rdn. 19; *Thomas/Putzo,* Rdn. 5; *Zöller/Stöber,* Rdn. 4; *Schuschke/Walker,* Vollstreckung, Rdn. 10, je zu § 828 ZPO; *RG* Gruchot 48, 1153 (1156); *Prost* NJW 1958, 487.
50 Dazu siehe insbesondere *Gaul* Rpfleger 1971, 81 (89); auch *Thomas/Putzo,* ZPO, Rdn. 5; *Zöller/Stöber,* ZPO, Rdn. 4; *Wieczorek/Schütze/Lüke,* ZPO, Rdn. 20; *Schuschke/Walker,* Vollstreckung, Rdn. 10, alle zu § 828. *BGH* 121, 98 (101) lässt die Frage offen; enger *Stein/Jonas/Brehm,* ZPO Rdn. 10 zu § 829 (nur wenn der Beschluss vom Richter stammt oder bestätigt ist).
51 So auch *Gaul* Rpfleger 1971, 88.
52 BArbG BAG 82, 243 = MDR 1997, 71 = NZA 1997, 334 = VersR 1997, 769 Leits. Ablehnend Schack IPrax 1997, 318 wie folgt: „Ausländische Forderungspfändungen sind de lege lata anzuerkennen, wenn sie im Sitzstaat des Drittschuldners oder des Vollstreckungsschuldners ergangen sind und nicht gegen den deutschen ordre public verstoßen, zu dem insbesondere die nachgewiesene Kenntnis des Drittschuldners von der erfolgten Pfändung gehört."
53 *BArbG* BAG 82, 243 = a.a.O.

2. Kapitel: Pfändungsverfahren und -wirkungen

Pfändungsverfügungen (-beschlüsse) früher kaum gewährt[54]. Wird die Pfändungsverfügung einer ausländischen Vollstreckungsbehörde im Inland dem Drittschuldner im Rechtshilfeweg unter Mitwirkung eines deutschen Zustellungsorgans zugestellt, dann müsste sie ebenso Wirksamkeit erlangen[55], wie Mitwirkung eines ausländischen Staates dem Pfändungsbeschluss eines deutschen Vollstreckungsorgans Wirksamkeit verschafft (dazu Rdn. 38). Gleiches müsste bei Zustellung der Pfändungsverfügung eines Mitgliedstaates der Europ. Union unmittelbar durch die Post nach der Verordnung (EG) Nr. 1393/2007 über Zustellungen gelten (siehe Rdn. 39).

B. Der Antrag auf Pfändung

I. Antragstellung

459 1. Zwangsvollstreckung erfolgt nur auf Antrag des Gläubigers[1]. Der Antrag auf Forderungspfändung kann bei dem zuständigen Gericht schriftlich eingereicht oder mündlich zu Protokoll der Geschäftsstelle erklärt werden (siehe § 496 ZPO). Anwaltszwang besteht nicht (§ 78 Abs. 3 ZPO). Ein Vertreter des Gläubigers muss als Bevollmächtigter nach § 79 Abs. 2 ZPO vertretungsbefugt sein. Da der Antrag nicht zugestellt wird, braucht eine Abschrift nicht beigefügt zu werden (siehe aber Rdn. 468). Einreichung des Antrags in elektronischer Form: § 130 a ZPO.

460 2. *Zurückgenommen* werden kann der Antrag bis zum Erlass des Pfändungsbeschlusses, das heißt bis zu dem Zeitpunkt, in dem das Gericht den Beschluss aus seinem internen Bereich hinausgibt. Nach diesem Zeitpunkt kann der Gläubiger die Zustellung unterlassen oder einen bereits laufenden Zustellungsauftrag zurückrufen.

Wegen der Verbindung des Antrags auf Überweisung (meist zur Einziehung) mit dem Pfändungsantrag siehe Rdn. 583.

II. Antragsinhalt

461 1. An den *Inhalt* des Pfändungsantrages sind die gleichen *Anforderungen* wie an den Inhalt des gerichtlichen Pfändungsbeschlusses selbst zu stellen (siehe hierwegen Rdn. 490 ff.). Der Gläubiger muss daher in seinem Antrag insbesondere das angerufene Gericht benennen sowie die Parteien (Gläubiger

---

54 *Unterreitmayer* Rpfleger 1972, 117 (122 f.). *Geimer,* IZPR, Rdn. 2165, stellt dar, dass ausländische Ersuchen um Zustellung an in Deutschland domizilierte Drittschuldner von der zuständigen Justizverwaltung nicht mehr abgelehnt werden.
55 Zur (umstrittenen) Frage, ob sowie ggfs. unter welchen Voraussetzungen ein ausländischer Vollstreckungsakt im Inland anzuerkennen ist, siehe auch *RG* 36, 355 (365); *BGH* 118, 151 (162); *Stein/Jonas/Brehm,* ZPO, Rdn. 103 zu § 829; *Baur/Stürner/Bruns,* ZwV, Rdn. 55.30; *Schack* Rpfleger 1980, 175 (176).
1 Vertretung des (ehelichen) Kindes durch seine Mutter bei Vollstreckung von Unterhaltsansprüchen gegen den geschiedenen Vater, wenn über die elterliche Sorge noch nicht entschieden ist, siehe § 1629 Abs. 2 BGB; dazu *KG* OLGZ 1980, 165 = Rpfleger 1980, 102; bisher *LG Berlin* Rpfleger 1973, 134.

und Schuldner), seine Vollstreckungsforderung (nach Höhe und Schuldtitel), den Gegenstand des Pfändungszugriffs (die zu pfändende Forderung nach Schuldgrund usw.), den Drittschuldner und erbetene oder notwendige Anordnungen des Vollstreckungsgerichts so genau bezeichnen, dass die Angaben in den Pfändungsbeschluss aufgenommen werden können. Die Vollstreckungsforderung muss bestimmt oder bestimmbar bezeichnet sein[2]. Anzuführen sind daher je gesondert Hauptsache nebst Hauptsachezinsen, Prozesskosten (Kosten des Mahnverfahrens) und deren Zinsen sowie Vollstreckungskosten. Zwangsvollstreckungskosten sind glaubhaft zu machen (siehe Rdn. 834). Die zu pfändende Forderung muss bestimmt (identifiziert) bezeichnet sein (siehe Rdn. 496). Dafür kann Angabe nur des Lebenssachverhalts (zumeist) nicht genügen[3]. Es muss konkret angegeben sein, welche (bestimmte) Forderung (welches sonstige Vermögensrecht) gepfändet werden soll. Wenn Forderungen (Vermögensrechte) auf unterschiedlichen Sachverhaltsgrundlagen beruhen können, hat somit der (jeder) einzelne Anspruch konkret bezeichnet zu sein (ungenügend z. B. „Anspruch aus Kaufvertrag"; erforderlich: Kaufpreisforderung, Schadensersatzanspruch, Kaufpreisrückzahlung nach Wandlung, je mit identifizierbarer Benennung; ungenügend „Bankverbindung", erforderlich: Spareinlage [Rdn. 331]; Überschuss aus der in laufender Rechnung bestehenden Geschäftsverbindung [Rdn. 154 ff.] usw.). Nicht bestimmt bezeichnet ist die zu pfändende Forderung, wenn der Antrag formblattmäßig ohne Rücksicht auf den Einzelfall eine Vielzahl von Formeln für die Pfändung aller nach Vorstellung des Gläubigers denkbarer Forderungen nennt, zumal dann, wenn der Zusatz angefügt ist, dass der Antrag für nicht einschlägige einzelne Punkte des Formulars gegenstandslos sei[4]. Durch (ausreichenden) Tatsachenvortrag muss der Gläubiger in dem Antrag darstellen, dass die Forderung des Schuldners an den Drittschuldner, die gepfändet werden soll (das zu pfändende sonstige Vermögensrecht), besteht und pfändbar ist (dazu Rdn. 485 a ff.).

2. Hat der Gläubiger seine Vollstreckungsforderung nicht gesondert dargestellt, so kann das Vollstreckungsgericht den Antrag auf den *vollen*, durch den Schuldtitel ausgewiesenen Anspruch beziehen, diesen also der Pfändung zugrunde legen. An bisherigen Zwangsvollstreckungskosten sind dann die durch vorgelegte urkundliche Nachweise belegten Kosten (meist nur Zustellungskosten) zu berücksichtigen. **462**

3. *Wiederkehrende Leistungen*, die nach dem Schuldtitel geschuldet und gefordert werden (Unterhaltsansprüche usw.), müssen durch Angabe der Zeit, für die sie geltend gemacht sind, bezeichnet sein (z. B. 500,– Euro Unterhalt für die Zeit vom 1.1. bis 31.5.2010). Wenn für einen Unterhaltsgläubiger nur ein Teil des titulierten Hauptanspruchs beigetrieben werden soll, genügt die Angabe der Gesamtsumme und des Berechnungszeitraums[5] **463**

---
2 *BGH* JurBüro 2008, 606.
3 Allgemeiner *BGH* MittBayNot 2000, 245 = NJW 2000, 1268 (1269): Eindeutige Bezeichnung des Lebenssachverhalts mag zur Angabe der gepfändeten Forderung genügen.
4 *LG Düsseldorf* JurBüro 1981, 1260 mit Anm. *Mümmler*.
5 *LG Berlin* DGVZ 1969, 125.

2. Kapitel: Pfändungsverfahren und -wirkungen

(z. B. rückständiger Unterhalt von 1.000,– Euro für die Zeit vom 1.1. bis 31.12.2009). Eine genaue Berechnung der Forderung muss darüber hinaus nicht vorgelegt werden, die Höhe des Unterhaltsrückstandes braucht also nicht im Einzelnen spezifiziert zu werden[6]. Es genügt, wenn der geltend gemachte Anspruch den nach dem Schuldtitel für die angegebene Zeit insgesamt geschuldeten Unterhalt nicht übersteigt[7].

464 4. Wenn nur ein *Rest-* oder *Teilbetrag* der durch den Schuldtitel ausgewiesenen (höheren) Gesamtforderung des Gläubigers geltend gemacht (Pfändung z. B. nur wegen eines Hauptsacherestbetrags nebst Zinsen daraus verlangt) wird, kann das Vollstreckungsgericht nicht prüfen, ob Teilzahlungen des Schuldners vollständig und richtig verrechnet sind. Das Pfändungsgesuch ist daher zutreffend gefasst, wenn es nur die noch zu vollstreckende Rest- oder Teilforderung bezeichnet. Eine Gesamtabrechnung der Gläubigerforderung einschließlich aller einmal entstandenen Nebenkosten und die Glaubhaftmachung der Vollstreckungskosten sowie die Darstellung aller Ratenzahlungen des Schuldners kann dann vom Gläubiger nicht verlangt werden[8]. Das gilt grundsätzlich deshalb, weil Vollstre-

---

6 *LG Hannover* Amtsvormund 1976, 657; *LG Bochum* Amtsvormund 1985, 809; *LG Darmstadt* Amtsvormund 1990, 478.

7 Vollstreckung der durch den Vollstreckungstitel ausgewiesenen Rest-Hauptsacheforderung daher auch, wenn der Gläubiger Zahlungen des Schuldners auf nicht titulierte Zinsen verrechnet hat, *LG Kiel* DGVZ 1994, 60.

8 *SchlHolstOLG* DGVZ 1976, 135 mit abl. Anm. *Zeiss* = Rpfleger 1976, 224 (dieses für Durchführung eines Verhaftungsauftrags durch den Gerichtsvollzieher zur Abgabe einer eidesstattlichen Versicherung); *LG Amberg* DGVZ 1992, 157 = JurBüro 1993, 369 mit Anm. *Mümmler* (wenn noch keine Teilzahlungen geleistet sind); *LG Berlin* DGVZ 1971, 137 und Rpfleger 1971, 261; *LG Bielefeld* DGVZ 1984, 87 und 121; *LG Bonn* DGVZ 1978, 116 (117); *LG Braunschweig* Rpfleger 1978, 461; *LG Düsseldorf* Rpfleger 1981, 30 (Leits.) und MDR 1986, 505 (Leits.); *LG Frankfurt* DGVZ 1988, 95; *LG Hanau* DGVZ 1993, 112; *LG Kaiserslautern* DGVZ 1982, 157 (wenn keine Anhaltspunkte für Rechtsmissbrauch vorliegen); *LG Oldenburg* DGVZ 1980, 88 = Rpfleger 1980, 236 und Rpfleger 1980, 353 mit Anm. *Damerau/Meyer-Stolte*; *LG Stade* JurBüro 1991, 721; *LG Stendal* JurBüro 2000, 491; *LG Stuttgart* DGVZ 1993, 156. **Anderer Ansicht** (die abzulehnen ist): Auch wenn Vollstreckung (zumeist durch Gerichtsvollzieher) nur wegen eines Teil-/Restbetrages erfolgen soll, muss der Vollstreckungsauftrag eine überprüfbare, mithin spezifizierte Berechnung der Gesamtforderung enthalten, ggfs. sind Belege über Vollstreckungskosten vorzulegen, *LG Aachen* JurBüro 1982, 1413 und 1984, 297 mit Anm. *Mümmler*; *LG Aurich* DGVZ 2004, 15; *LG Berlin* Rpfleger 1992, 30; *LG Darmstadt* DGVZ 1984, 88 und Rpfleger 1985, 119 (Vollstreckungsgericht ist berechtigt, Gesamtabrechnung zu verlangen); *LG Deggendorf* DGVZ 2006, 116; *LG Dortmund* DGVZ 1977, 169; *LG Essen* MDR 1975, 1026 = Rpfleger 1975, 373; *LG Frankfurt* DGVZ 1976, 27 und 1988, 42; *LG Gießen* DGVZ 1977, 91 und Rpfleger 1985, 245; *LG Hagen* DGVZ 1994, 91; *LG Hannover* NdsRpfl. 1972, 243; *LG Kassel* DGVZ 1971, 23; *LG Lübeck* DGVZ 1978, 76 = SchlHA 1978, 118 und JurBüro 1978, 1410 mit zust. Anm. *Mümmler* sowie DGVZ 1992, 158; *LG Lüneburg* DGVZ 1987, 45 = JurBüro 1987, 932; *LG München I* DGVZ 1978, 170 = JurBüro 1979, 274; *LG Münster* DGVZ 1995, 168; *LG Nürnberg-Fürth* DGVZ 1977, 93; *LG Paderborn* JurBüro 1988, 254 = Rpfleger 1987, 318; *LG Ravensburg* DGVZ 1989, 173; *LG Tübingen* DGVZ 1990, 43; *LG Wuppertal* DGVZ 1987, 189; *AG Hoyerswerda/LG Bautzen* JurBüro 2008, 102; *AG/LG Siegen* DGVZ 1991, 27; *Schneider* DGVZ 1982, 149 (wenn anders rechtliche Zweifel nicht behoben werden können).

ckungsgrundlage die (vollstreckbare) Ausfertigung des Schuldtitels ist und der so vollstreckbar ausgewiesene Anspruch des Gläubigers ebenso wie Einwendungen gegen ihn nicht im Vollstreckungsverfahren durch das Vollstreckungsorgan zu prüfen sind. Selbst wenn der Schuldner Zahlungsnachweise vorlegt (§ 775 Nr. 4, 5 ZPO), der Gläubiger jedoch die Befriedigung bestreitet und Fortsetzung der Vollstreckung verlangt, darf Prüfung des vollstreckbar ausgewiesenen Anspruchs im Vollstreckungsverfahren nicht erfolgen, sondern muss die Zwangsvollstreckung fortgesetzt werden[9] (Rdn. 609). Gleiches gilt, wenn der Gläubiger seinen Anspruch sogleich in dem Vollstreckungsantrag auf einen durch den weitergehenden Vollstreckungstitel ausgewiesenen Rest- oder Teilbetrag beschränkt. Die (abzulehnende) Gegenansicht räumt dem Vollstreckungsorgan eine Prüfungszuständigkeit ein, die rundweg den Grundsatz des Vollstreckungsverfahrens missachtet, dass Einwendungen gegen den vollstreckbaren Anspruch mit Vollstreckungsgegenklage (§ 767 ZPO) zu verfolgen[10] und durch das Prozessgericht, nicht aber im Vollstreckungsverfahren zu prüfen sind. Im Gesetz fehlt jeglicher Anhalt dafür, dass im Vollstreckungsverfahren wegen eines *restigen* Hauptsacheanspruchs etwa die Berechtigung des Gläubigers auf bereits früher getilgte Zwangsvollstreckungskosten (§ 788 ZPO) noch nachträglich überprüft werden müsste und könnte, und zwar auch dann noch, wenn der Schuldner Zahlung außerhalb eines gerichtlichen Verfahrens geleistet hat. Gesetzeswidrig ist es ebenso, wenn der Vollstreckungsanspruch des Gläubigers darauf, dass der Staat als Träger der Vollstreckungsgewalt durch sein Vollstreckungsorgan eine Vollstreckungsmaßnahme vornehme, deren gesetzliche Voraussetzung mit Vorlage des Schuldtitels ausgewiesen ist[11], nur deshalb mit einer nicht in das Zwangsvollstreckungsverfahren gehörenden Anspruchsprüfung unterlaufen wird, weil bereits der Gläubiger seinen Vollstreckungsantrag berechtigt auf einen *Teil* seines vollstreckbaren Anspruchs beschränkt hat. Mit der widersprüchlichen und letztlich vordergründigen Erwägung, der Schuldner müsse gegen (bereits erfolgte) Einhebung von Kosten früherer Zwangsvollstreckungsverfahren geschützt werden, wenn sie (nachträglich) nicht abgerechnet werden und daher ausdrücklich nach § 788 ZPO als erstattungsfähig ausgewiesen sind, lässt sich gegen feststehende Grundsätze des Vollstreckungsrechts eine Prüfungszuständigkeit des Vollstreckungsorgans ebenso wenig rechtfertigen wie die Gewährung von Rechtsschutz ohne Antrag des Schuldners in einem

---

9 Nicht richtig daher *LG Nürnberg-Fürth* JurBüro 1982, 139 mit Anm. *Mümmler.*
10 Zutreffend daher *LG Rottweil* DGVZ 1995, 169; *LG Stade* JurBüro 1991, 721 sowie *LG Ravensburg* DGVZ 1988, 44; auch *LG Essen* DGVZ 1992, 172 = JurBüro 1993, 436: Keine Prüfung durch das Vollstreckungsorgan, wenn der Gläubiger dartut, dass Vollstreckungskosten nach § 367 Abs. 1 BGB verrechnet worden sind; *AG Stuttgart-Bad Cannstatt* JurBüro 1992, 264 dahin, dass der Schuldner seine Einwendungen gegen die Vollstreckung der höheren Restforderung im Wege der Vollstreckungsgegenklage geltend machen muss, wenn der Gläubiger Zahlungen auf umstrittene Kosten (z. B. für Teilzahlungsvergleich) verrechnet hat.
11 Dazu *Zöller/Stöber*, ZPO, Rdn. 1, 2 vor § 704.

gesetzlichen dafür nicht bestimmten Verfahren. Wenn jedoch der Gläubiger zur Begründung seiner Restforderung eine Aufstellung seines Gesamtanspruchs und der Zahlungen des Schuldners einreicht, dann darf diese Abrechnung nicht widersprüchlich oder unbestimmt sein; sie hat rechnerisch nachprüfbar zu sein (dazu Rdn. 465) und den Vollstreckungsanspruch sachlich richtig auszuweisen[12]. Ist das nicht der Fall oder enthält die Aufstellung nicht erstattungsfähige Vollstreckungskosten, so muss der Antrag insoweit beanstandet werden[13]. Dann kann zur Ausräumung von Zweifeln auch Glaubhaftmachung der Vollstreckungskosten verlangt werden[14]. Das hat zu gelten, obgleich ein Restanspruch an sich nicht abzurechnen ist, weil das Vollstreckungsgericht als Vollstreckungsorgan nicht bei Vollstreckung eines erkennbar unrichtig festgestellten und nicht mehr bestehenden Gläubigeranspruchs mitwirken darf. Einwendungen gegen die nach seinen Feststellungen zu hohe Vollstreckungsforderung, die als Restanspruch mit dem Pfändungsantrag verlangt ist, kann der Schuldner nicht im Vollstreckungsverfahren geltend machen. Rechtsweg für solche Einwendungen: Vollstreckungsabwehrklage nach § 767 ZPO (Rdn. 744).

465 5. Eine *Forderungsaufstellung*, die zur Bezeichnung oder Erläuterung des Vollstreckungsanspruchs des Gläubigers dem Antrag angefügt wird, muss die Gläubigerforderung nach Hauptsache, Zinsen, Prozess- und Vollstreckungskosten bestimmt oder bestimmbar darstellen. Ausreichend bestimmt ist die maschinell ausgedruckte Forderungsaufstellung, wenn sie Einzelpositionen ausweist, die im Klartext dargestellt, klar unterschieden und leicht nachprüfbar sind[15]. Nicht hinreichend bestimmbar ist jedoch ein als Forderungsaufstellung vorgelegter Spezialauszug mit Schlüsselzahlen[16], dessen Inhalt erst durch erhebliche zusätzliche Mehrarbeit[17] bei nahezu unzumutbarer Anstrengung ermittelt werden kann und der Gläubiger selbst sich Irrtum vorbehält[18]. Rationalisierungsmaßnahmen in der Kontoführung des Gläubigers dürfen nicht dazu führen, dass die Arbeit

---

12 Vgl. z. B. *LG Hamburg* DGVZ 1975, 91; *LG Saarbrücken* DGVZ 1995, 43.
13 Vgl. z. B. *LG Essen* JurBüro 1976, 1383; *LG Saarbrücken* DGVZ 1995, 43; *AG Unna/LG Dortmund* DGVZ 2000, 188; *AG St. Wendel* DGVZ 2000, 46 (47); anders wohl *LG Düsseldorf* Rpfleger 1981, 30 Leits.
14 *AG St. Wendel* a.a.O. Das dürfte in dem vom *OLG Stuttgart* DGVZ 1987, 139 = JurBüro 1987, 1813 mit zust. Anm. *Mümmler* = NJW-RR 1987, 1405 (mit unklarem Leitsatz) entschiedenen Fall bedeutsam gewesen sein, der im übrigen davon ausgeht, dass der Gläubiger Zwangsvollstreckungskosten noch verlangt hat. Dann aber hat es sich nicht um den hier besprochenen Fall gehandelt, dass Kosten mit Zahlungen des Schuldners verrechnet waren und eine titulierte Resthauptsacheforderung des Gläubigers vollstreckt wurde.
15 *LG Paderborn* DGVZ 1989, 63 = JurBüro 1988, 249; *AG Kassel* Rpfleger 1979, 272.
16 Eine Forderungsaufstellung genügt den Anforderungen nicht, wenn sie erst mittels Schlüsselzahlen umgesetzt oder sonst entziffert werden muss, *LG Kaiserslautern* Rpfleger 1993, 29.
17 *LG Tübingen* DGVZ 1990, 43; *AG Gelsenkirchen* DGVZ 1976, 138; anders, wenn der Spezialkontoauszug ohne Schwierigkeiten verständlich ist, *AG Frankfurt* DGVZ 1971, 25.
18 *LG Tübingen* a.a.O.; *AG Burg* a.F. DGVZ 1969, 76.

des Vollstreckungsorgans erheblich erschwert wird. Für das Vollstreckungsgericht gilt deshalb – gleichermaßen wie für den Gerichtsvollzieher –, dass die Durchführung eines Vollstreckungsauftrags abgelehnt werden kann, wenn ihm vom Gläubiger zugemutet wird, die beizutreibende Forderung mit großem Zeitaufwand an Hand von Spezialkontoauszügen, die nur mit umfangreichen Erläuterungen zu entschlüsseln sind, zu berechnen[19] oder wenn es wegen zahlreicher Posten mit verschiedenem Zinsenlauf und mit Abschlagszahlungen einer umfangreichen Berechnung bedarf[20]. Es ist so wenig Aufgabe des Vollstreckungsgerichts wie es Sache des Gerichtsvollziehers ist, umfangreiche Zinsberechnungen vorzunehmen, wenn der Schuldner mehrere Abschlagszahlungen geleistet hat[21]. An der zur Vollstreckung erforderlichen Bestimmtheit des Anspruchs fehlt es auch, wenn sich Umfang und genauer Inhalt des zu vollstreckenden Anspruchs nur unter Zuziehung eines Kontoabschlusses eines Kreditinstituts ergeben[22].

6. Hat nach dem Antrag des Gläubigers der Schuldner Ratenzahlungen auf die nach dem Schuldtitel vollstreckbare Forderung geleistet, so muss sich der zu vollstreckende restige Anspruch nach Hauptsache, Zinsen und Kosten aus dem Antrag genau ergeben. Diese notwendige Bezeichnung der Restforderung erfordert es, dass der Gläubiger die gezahlten Raten auf Kosten, Zinsen oder Hauptsache (siehe § 367 BGB) verrechnet und seinen verbleibenden Anspruch genau angibt. Unzureichend (und daher nach § 139 ZPO aufklärungsbedürftig) ist die Nennung der durch den Schuldtitel ausgewiesenen Gesamtforderung mit dem Hinweis auf die geleisteten Teilzahlungen[23], weil das Vollstreckungsgericht die Reihenfolge der Schuldentilgung nicht bestimmen kann[24].

466

---

19 Siehe *AG Reutlingen* und *LG Tübingen* je DGVZ 1968, 150 und DGVZ 1971, 156.
20 *LG Darmstadt* DGVZ 1995, 45 (46); *LG Kassel* DGVZ 1970, 89.
21 Siehe *LG Kassel* DGVZ 1963, 189.
22 *LG Köln* JurBüro 1976, 256 mit abl. Anm. *Mümmler*.
23 *Stöber* Rpfleger 1967, 114 (Berichtigung S. 156); *Berner* Rpfleger 1966, 146; *Burkhardt* JurBüro 1965, 673; *LG Berlin* DGVZ 1974, 11 = Rpfleger 1974, 30 und Rpfleger 1992, 30; *LG Braunschweig* NdsRpfl 1973, 261 = Rpfleger 1974, 29.
24 Kritisch dazu *Münzberg* ZZP 102 (1989) 129 [131], der, sofern (telefonische) Aufklärung nicht möglich oder nicht ausreichend ist, die Forderung zugrunde legt, die dem Gläubiger mindestens noch zusteht, somit als dem Schuldner günstigste Tilgungsart Anrechnung sämtlicher Teilzahlungen nur auf die Hauptforderung statt (vielleicht) auf fällige Zinsen und Kosten annimmt. Dem ist, wenn die Gläubigerforderung in diesem Mindestumfang bestimmbar ist (und rasch mögliche Klarstellung durch den Gläubiger unterbleibt), zu folgen.
Erweist sich ein *mindestens* noch geschuldeter Forderungsbetrag aber nicht als bestimmbar, etwa deshalb, weil Zahlungszeiten für demnach auf eine verzinsliche Hauptforderung anzurechnende Teilleistungen nicht angegeben sind (nach *Münzberg* soll dann die Restforderung ab Pfändung mit dem im Titel angegebenen Zinssatz weiter zu verzinsen sein; so aber ist der Antrag, der eine frühere Teilzahlung behauptet, nicht auszulegen) oder weil Abschlagszahlungen die Hauptforderung tilgen und verbleibende Zinsen sowie Kosten (wenn überhaupt) nur zeitaufwendig berechenbar sind (s. Rdn. 465), dann ist der Pfändungsantrag jedoch abzulehnen. Sofortige Zurückweisung des Antrags insgesamt verbietet schon § 139 ZPO; der Versuch telefonischer Klärung ist in jedem Fall möglich und geboten.

Der gegenteiligen Ansicht der *LGe Wuppertal*[25], *Bochum*[26] und *Essen*[27] kann nicht gefolgt werden. Sie würde zu einem Verstoß gegen den Grundsatz der Bestimmtheit und Bestimmbarkeit des Inhaltes des Pfändungsbeschlusses führen. Denn der Umfang des Pfändungspfandrechtes bestimmt sich nach der genauen Höhe der Vollstreckungsforderung. Für ihre Höhe ist es aber nicht gleichgültig, ob Teilzahlungen zunächst auf Kosten und Zinsen oder gleich voll auf die Hauptsache verrechnet werden. Diese Verrechnung der Ratenzahlungen muss daher bei Antragstellung getroffen sein; sie kann nicht dem Vollstreckungsgericht überlassen oder bei Pfändung offen gelassen und der späteren Schlussabrechnung durch die Beteiligten vorbehalten werden.[28]

III. Ungenauer Antrag

467   Unzureichende Angaben können in dem gleichen Maße unschädlich sein wie ungenaue Formulierungen im Pfändungsbeschluss. Jedoch hat das Vollstreckungsgericht bei erkennbarer Unvollständigkeit oder Ungenauigkeit des Antrages auf seine Ergänzung hinzuwirken (siehe Rdn. 479). Das kann zu einem wesentlichen Zeitverlust führen. Dem vollständigen und richtigen Inhalt des Antrages sollte deshalb – was leider in der Praxis oft nicht hinreichend beachtet wird – besondere Sorgfalt gewidmet werden.

IV. Fassung des Antrages

Schrifttum: *Dempewolf*, Zum Erfordernis der eigenhändigen Unterschrift bei Anträgen im Zwangsvollstreckungsverfahren, MDR 1977, 801; *Riecke*, Entbehrlichkeit der handschriftlichen Unterzeichnung bei Vollstreckungsaufträgen an Gerichtsvollzieher, DGVZ 2002, 49; *Vollkommer*, Zur Form des Offenbarungsantrags gemäß § 900 ZPO, Rpfleger 1975, 419.

468   1. Als sachdienliche Antragstellung hat sich in der Praxis *die Vorlage eines Entwurfes* des verlangten Pfändungsbeschlusses (mit der für die Zustellung an den Schuldner und Drittschuldner erforderlichen Anzahl Durchschriften) erwiesen, auf dem als Antrag die Bitte um Erlass eines Forderungspfändungsbeschlusses nach dem Entwurf vermerkt ist. Das Gesuch, „den nachstehend entworfenen Beschluss zu erlassen", wird am zweckmäßigsten am Kopf des Vordrucks angebracht. Formulare für Forderungspfändungsbeschlüsse erleichtern diese Antragstellung wesentlich. Sie liegt nicht nur deshalb im Interesse des Gläubigers, weil sie der Beschleunigung des Pfändungsverfahrens bei Gericht dient. Vielmehr gewinnt der Gläubiger mit dieser Antragstellung auch einen gewissen Einfluss auf den Inhalt des Pfändungsbeschlusses, vor allem aber die Gewähr, dass nichts missverständlich formuliert, vergessen oder übersehen wird. Das Gericht ist zwar an den vom Gläubiger gewählten Wortlaut des Pfändungsbeschlus-

---

25 *LG Wuppertal* JurBüro 1954, 187.
26 *LG Bochum* Rpfleger 1966, 146.
27 *LG Essen* JurBüro 1966, 970 = Rpfleger 1967, 113.
28 *LG Berlin* Rpfleger 1992, 30.

ses nicht gebunden. Doch schaltet die Antragstellung nach Formular nicht nur Übertragungsfehler aus, sondern gibt erfahrungsgemäß auch Sicherheit dafür, dass der Gläubiger selbst bei der Antragsformulierung sich so unmissverständlich klar wie geboten ausdrückt und nichts übersieht.

Die vorteilhafte Antragstellung durch Aufnahme des Antrages in ein Formular für den Pfändungsbeschluss überwiegt in der Praxis weitaus. Die in diesem Buch dargestellten Muster geben deshalb unter Verzicht auf eine eigene Formulierung von Anträgen auch nur Beispiele für Pfändungsbeschlüsse. Diese Beispiele können ohne wesentliche Umstellung auch in einen durch Schriftsatz formlos abzufassenden Antrag übernommen werden.

Die Möglichkeit, Formulare für den Antrag einzuführen (ihrer muss sich der Gläubiger bedienen) eröffnet § 829 Abs. 4 ZPO.

2. Der Pfändungsantrag ist vom Antragsteller oder dessen Vertreter zu *unterschreiben*[29]. Die Unterschrift hat handschriftlich zu erfolgen; Faksimilestempel ersetzt sie nicht[30]. Sie kann auch nicht durch die Unterschrift eines beauftragten, durch Vollmacht aber nicht ausgewiesenen Dritten[31] ersetzt werden. Abzeichnung nur mit dem ersten Buchstaben des Namens ist keine Unterschrift[32]. Es genügt bereits, wenn ein beigefügtes Begleitschreiben ordnungsgemäß unterschrieben ist. Ausreichend ist ebenso Übermittlung des Antrags (nicht jedoch der urschriftlich vorzulegenden vollstreckbaren Ausfertigung des Schuldtitels) durch Telekopie mit eingescannter Unterschrift[33]. Der Antrag einer Behörde sowie einer Körperschaft oder Anstalt des öffentlichen Rechts kann im Anschluss an den in Maschinenschrift wiedergegebenen Namen des bearbeitenden Beamten mit einem Beglaubigungsvermerk versehen sein[34]. Auch der nicht handschriftlich und eigenhändig unterschriebene Antrag kann jedoch wirksam sein[35], weil eine Form nicht ausdrücklich vorgeschrieben ist (anders jetzt für das Mahngesuch, § 690 Abs. 2 ZPO), der Antrag mithin grundsätzlich formbe-

469

---

29 *LG München* DGVZ 1983, 57; *AG/LG Coburg* DGVZ 1994, 62; *LG Ingolstadt* DGVZ 1994, 92 = JurBüro 1995, 51 (alle für Vollstreckungsauftrag an Gerichtsvollzieher); a.A. *Dempewolf* MDR 1977, 801 (Antrag erfordert keine Unterschrift); *MünchKomm/Smid*, ZPO, Rdn. 16 zu § 829. Mündlicher Auftrag, wie für den Gerichtsvollzieher in § 754 ZPO geregelt, ist jedoch nicht vorgesehen.
30 *LG Aurich* Rpfleger 1984, 323; *LG München* DGVZ 1983, 57; *AG Aachen* DGVZ 1984, 61; *AG/LG Coburg* und *LG Ingolstadt* je a.a.O.
31 Die Unterschrift eines Büroangestellten des Prozessbevollmächtigten („im Auftrag") genügt nicht, *AG Seligenstadt* DGVZ 1995, 12.
32 Zur Abgrenzung eines Handzeichens von der Unterschrift siehe *BGH* JurBüro 1982, 851 = MDR 1982, 735 = NJW 1982, 1467.
33 *Riecke* DGVZ 2002, 49; *AG Melsungen* DGVZ 2002, 140.
34 *Gemeinsamer Senat der Obersten Gerichtshöfe des Bundes* MDR 1980, 199 = NJW 1980, 172.
35 *Vollkommer* Rpfleger 1975, 419; *AG Groß-Gerau* AnwBl 1975, 240; a.A. – eigenhändige Unterschrift erforderlich – *LG Berlin* MDR 1976, 148 = Rpfleger 1975, 440; *LG Aurich* a.a.O., alle für den Offenbarungsantrag; *LG Augsburg* DGVZ 1989, 75 (für Vollstreckungsauftrag); siehe auch *OLG Frankfurt* Rpfleger 1975, 306 (Erstbeschwerde nach damaligem FGG auch bei fehlender Unterschrift wirksam); *AG Limburg* AnwBl 1975, 441 (Mahngesuch ohne Unterschrift damals wirksam); *LG Berlin* MDR 1976, 407 (Erinnerung muss unterschrieben sein).

liebig gestellt werden kann[36]. Jedoch ist bei fehlender Unterschrift frei zu würdigen, ob der Antrag vom Gläubiger ernstlich gewollt[37] oder gegebenenfalls nur als Entwurf gedacht war, der versehentlich zu Gericht gelangt ist[38]. Ersteres kann aus der Vorlage der Vollstreckungsunterlagen, aber auch aus dem Aufdruck einer Faksimileunterschrift folgen[39]. Zweifel sind stets durch Rückfrage beim Gläubiger (seinem Vertreter) auszuräumen. Förmliche Nachholung der Unterschrift ist dann nicht erforderlich[40], so dass die (aktenkundig zu machende) fernmündliche oder auch eine telegrafische Bestätigung des Gläubigers genügt. Verweigert der Gläubiger auf Rückfrage die Bestätigung, so ist dies als Antragsrücknahme zu werten[41]. Wenn jedoch der Antrag zurückgewiesen wurde, wird der vermeintliche Formmangel auch durch Einreichung einer unterzeichneten Beschwerdeschrift geheilt.

469a Der schriftliche Antrag einer *Vollstreckungsbehörde*, die öffentlich-rechtliche Geldforderungen im Verwaltungsweg beitreibt, tritt zugleich an die Stelle des (sonst erforderlichen) vollstreckbaren Schuldtitels. Dieser Antrag muss daher von dem zuständigen Bediensteten handschriftlich unterzeichnet sein[42]; der Beifügung des Dienstsiegels bedarf es nicht[43]. Ein im Wege der Datenverarbeitung maschinell erstelltes Vollstreckungsersuchen genügt ohne Unterschrift dem Schriftformerfordernis nicht. Das Erfordernis der Schriftlichkeit ist jedoch auch erfüllt, wenn im Antrag der in Maschinenschrift wiedergegebene Name des Verfassers mit einem Beglaubigungsvermerk versehen ist, unabhängig davon, ob diesem Beglaubigungsvermerk ein Dienstsiegel zugefügt ist[44].

---

36 *Vollkommer* Rpfleger 1975, 419 (420). Siehe nun zum Erfordernis der Schriftlichkeit auch *Gemeinsamer Senat der Obersten Gerichtshöfe des Bundes* a.a.O. (Fußn. 34). Demnach soll die Schriftlichkeit gewährleisten, dass aus dem Schriftstück der Inhalt der Erklärung und die Person, von der sie ausgeht, hinreichend zuverlässig entnommen werden können. Außerdem muss feststehen, dass es sich bei dem Schriftstück nicht nur um einen Entwurf handelt, sondern dass es mit Wissen und Wollen des Berechtigten dem Gericht zugeleitet worden ist. So auch *BGH* 92, 251 (254).
37 Zweifel sollen bei einem im Wege der Datenverarbeitung hergestellten Antrag nicht aufkommen können, *Dempewolf* MDR 1977, 801 (803); nicht uneingeschränkt zu billigen.
38 *Vollkommer* a.a.O. (Fußn. 36); siehe außerdem *BVerwG* NJW 1979, 120; *OVG Münster* NJW 1963, 2044; *OLG Koblenz* Rpfleger 1976, 127; *Vollkommer* NJW 1970, 1051 und JZ 1970, 655, aber auch *Brandenburg* NJW 1970, 1052.
39 *Vollkommer* a.a.O. (Fußn. 36); weitergehend (Antrag ist wirksam, wenn Unterschrift lediglich faksimiliert ist) *Dempewolf* MDR 1977, 803; demgegenüber aber *LG München* a.a.O. (Fußn. 30).
40 *Vollkommer* a.a.O. (Fußn. 36). Nachholung der Unterschrift ist aber stets zulässig, vgl. *LG Berlin* MDR 1976, 148 = Rpfleger 1975, 440.
41 *Vollkommer* a.a.O. (Fußn. 35) S. 421 und in Formenstrenge und prozessuale Billigkeit, 1973, Seite 456.
42 *LG Hechingen* Justiz 1980, 274; *LG Mannheim* Justiz 1980, 275; *LG Stuttgart* Justiz 1980, 411 (Leits.) mit Anm. der Schriftleitung, je mit weit. Nachw. (alle für Vollstreckungsauftrag des Südwestfunks bzw. Süddeutschen Rundfunks).
43 *LG Hechingen* a.a.O.; a.A. *LG Stuttgart* a.a.O.
44 Siehe hierwegen *Gemeinsamer Senat der Obersten Gerichtshöfe des Bundes* NJW 1980, 172 = a.a.O. (Fußn. 34); *LG Köln* JurBüro 1991, 1410.

Antrag auf Pfändung

V. Die vorzulegenden Urkunden

Schrifttum: *Bank,* Nachweis der Bevollmächtigung zur Zwangsvollstreckung, JurBüro 1980, 1620.

Mit dem Antrag sind dem Vollstreckungsgericht die *für den Beginn der Zwangsvollstreckung erforderlichen Urkunden* (Vollstreckungstitel mit -klausel[45], Zustellungsnachweis, Nachweis über die Hinterlegung einer Sicherheit usw.) vorzulegen. Ein Vertreter[46] des Gläubigers (siehe Rdn. 459) hat seine Bevollmächtigung durch eine *schriftliche Vollmacht* nachzuweisen[47], die (in Urschrift[48]) zu den Gerichtsakten abzugeben ist (§ 80 Abs. 1 ZPO). Von Amts wegen wird der Mangel der Vollmacht jedoch nur geprüft, wenn als Bevollmächtigter kein Rechtsanwalt[49] oder Rechtsbeistand, der Mitglied der RA-Kammer ist (§ 3 Abs. 1 RDEG), auftritt (§ 88 Abs. 2 ZPO); wenn ein Rechtsanwalt oder Rechtsbeistand, der Kammermitglied ist, vertritt, wird der Mangel der Vollmacht nur auf Rüge des Gegners beachtet (§ 88 Abs. 1, 2 ZPO), so dass sich dann im einseitigen Pfändungsverfahren (§ 834, Ausnahme § 850 b Abs. 3 ZPO) Vorlage praktisch erübrigt. Entbehrlich ist Vollmachtsvorlage (sie kann daher auch nicht von Amts wegen verlangt werden), wenn der Antragstellervertreter im Vollstreckungstitel als Prozessbevollmächtigter bezeichnet ist. Das gilt auch bei Vollstreckung aus Titeln von Landgerichten[50], nicht aber bei Bezeichnung eines Nichtanwalts als Vetreter in einem Vollstreckungsbescheid, weil er ohne Vollmachtsnachweis erwirkt sein kann (§ 703 ZPO)[51]. 470

Wenn der Schuldner gegen *Aushändigung eines Wechsels* (Schecks, Hypotheken- oder Grundschuldbriefes, einer Schuldverschreibung, § 797 BGB) oder einer sonstigen Urkunde zu leisten hat, muss dem Vollstreckungsgericht für den Erlass des Pfändungsbeschlusses mit dem Vollstreckungstitel auch der Wechsel (Scheck, Brief) oder die Urkunde vorgelegt sein[52]. Das gilt beim 470a

---

45 Vorzulegen ist die Urschrift. Übermittlung mit Fax schließt das aus; *OLG Köln* NJW-RR 2000, 1580; *Zöller/Stöber,* ZPO, Rdn. 1 zu § 724 und Rdn. 10 zu § 753.
46 Fehlende Vertretungsmacht eines Bevollmächtigten, der als Vertreter des Gläubigers Antrag gestellt hat, bewirkt keine Nichtigkeit des Pfändungs- und Überweisungsbeschlusses, *OLG Saarbrücken* Rpfleger 1991, 513. Hierzu auch Rdn. 748.
47 Zu den Kostenfolgen bei vollmachtloser Vertretung siehe *Emde* MDR 1997, 1003; *Schneider* Rpfleger 1976, 229; *Vollkommer* MDR 1997, 1004; *BGH* MDR 1983, 292 = NJW 1983, 883 und MDR 1997, 1065; auch (für freiwillige Gerichtsbarkeit) *OLG Frankfurt* JurBüro 1980, 1389 = Rpfleger 1980, 315; *OLG Hamm* FamRZ 1998, 37; *OLG Köln* MDR 1982, 239 = OLGZ 1982, 187; außerdem *VGH Mannheim* NJW 1982, 842.
48 *BGH* 166, 278 (280); Fotokopie, andere Vervielfältigung oder Fax-Ausdruck genügen nicht, *BGH* 126, 266 = MDR 1994, 938 = NJW 1994, 2298; für Telegramm abweichend *BFH* BB 1996, 837 = NJW 1996, 2184 Leits.
49 Eine Anwaltssozietät, die unter der Bezeichnung „und Partner" bevollmächtigt ist, kann durch jeden soziierten Anwalt Anträge stellen lassen, *LSozialG Saarbrücken* NJW 1981, 1232.
50 *LG Hamburg* AnwBl 1961, 23; *Stöber,* Handbuch zum ZVG, Rdn. 17.
51 *Bank* JurBüro 1980, 1620.
52 *BGH* 177, 178 = MDR 2008, 1182 = NJW 2008, 3144 = Rpfleger 2008, 648.

Wechsel- oder Scheckurteil (auch beim Vollstreckungsbescheid im Wechsel- oder Scheckverfahren) auch, wenn der Titel die Aushändigungsklausel nicht enthält[53]. Vollstreckung eines (selbstständigen) Kostenfestsetzungsbeschlusses (auch aus einem Wechselprozess)[54] und (früherer) Zwangsvollstreckungskosten (§ 788 ZPO)[55] erfordert Vorlage des Wechsels (Schecks oder Briefes) nicht. Ist ausdrücklich (irrtümlich) zu einer Leistung Zug um Zug gegen Herausgabe des Wechsels (Schecks, der Urkunde) verurteilt, so hat die Vollstreckung in Anwendung von §§ 756, 765 ZPO zu erfolgen[56] (maßgeblich ist allein der Inhalt des Titels; erforderlichenfalls kommt dessen Berichtigung nach § 319 ZPO in Betracht).

471 *Kosten* früherer Zwangsvollstreckungsmaßnahmen (§ 788 ZPO), die im Pfändungsantrag geltend gemacht werden, müssen glaubhaft gemacht und ggfs. spezifiziert werden (siehe Rdn. 834).

VI. Rechtsanwälte

Schrifttum: *Kümmelmann*, Die Vertretung mehrerer Gläubiger durch denselben Anwalt in der Zwangsvollstreckung, AnwBl 1981, 175.

472 Ein Rechtsanwalt muss grundsätzlich sowohl die Anhörung und Befragung des Mandanten als auch die eigentliche juristische Beratungstätigkeit persönlich ausüben; er darf diese nicht dem Bürovorsteher überlassen[57]. Zu den Pflichten des Rechtsanwalts und des Mandanten aus dem Anwaltsvertrag siehe *BGH* (Urt. 8. 10. 1981)[58]; zu den Sorgfaltspflichten des Rechtsanwalts bei Vollstreckungsaufträgen allgemein siehe *BGH* (Urt. 21. 11. 1960)[59]. Pflicht des mit Forderungspfändung beauftragten Rechtsanwalts ist auch rechtzeitige Ermittlung des richtigen Drittschuldners[60] und nach Vorpfändung Wahrung der Vollzugsfrist des § 845 Abs. 2 ZPO (Fristenkontrolle; auch Abwendung möglicher Verzögerungen durch das Vollstreckungsgericht mit Hinweis auf die Eilbedürftigkeit und das Datum des Fristablaufs)[61]. Die Sorgfaltspflicht des Rechtsanwalts des Gläubigers gebietet es, die Verjährung eines gepfändeten Anspruchs rechtzeitig zu unterbrechen[62]. Zur Haftung

---

53 *RG* 37, 1 (5); *AG/LG Hannover* DGVZ 1991, 142; *AG Aschaffenburg* DGVZ 1992, 175.
54 *OLG Frankfurt* OLGZ 1981, 261 = a.a.O.; *Zöller/Stöber*, ZPO Rdn. 4 zu § 756.
55 *LG Aachen* DGVZ 1983, 75 = JurBüro 1982, 1414.
56 *BGH* 177, 178 = a.a.O. (Fußn. 52) gegen langjährige herrschende Meinung.
57 *BGH* MDR 1982, 131 = NJW 1981, 2741.
58 *BGH* Betrieb 1982, 327 = MDR 1982, 386.
59 *BGH* JurBüro 1961, 54 = MDR 1961, 54 = NJW 1961, 601.
60 *OLG Frankfurt* NJW-RR 1992, 1411 (auch dargestellt von *Hansens* JurBüro 1993, 567) für Anspruch aus öffentlich-rechtlichem Rechtsverhältnis, für das sich die Verpflichtungsgrundlage (mit Drittschuldner) aus dem Gesetz ergibt (zuständige Landesversicherungsanstalt bei Vollstreckung in den Anspruch auf Rückerstattung der zur gesetzlichen Rentenversicherung geleisteten Beiträge an einen portugiesischen Staatsangehörigen).
61 *OLG Hamm* OLGR 1998, 70.
62 *BGH* NJW 1996, 48 (49, 51).

eines Rechtsanwalts, der die im Gläubigerauftrag eingeleitete Zwangsvollstreckung nach Tilgung der Schuld weiter betrieben hat, für daraus dem Schuldner entstandene Schäden, siehe *BGH* (Urt. 13.3.1979)[63]. Eine umfassende Sorgfaltspflicht in Bezug auf die Prüfung einer Kollision hat der Anwalt, wenn er mehrere Gläubiger in der Zwangsvollstreckung vertreten will[64]. Dadurch, dass ein Rechtsanwalt den Schuldner gegen den Gläubiger vertreten hat, ist er im Allgemeinen nicht gehindert, die Forderung gegen den Schuldner namens eines anderen Mandanten zu pfänden. Zu der dem Rechtsanwalt in einem solchen Fall obliegenden Verpflichtung und zum Parteiverrat, wenn er nach der Pfändung untätig bleibt, siehe *BayObLG* (Urt. 15.5.1959)[65]. Allein dadurch, dass er die angebliche Forderung eines Dritten gegen einen Kollegen pfänden und sich überweisen lässt, handelt ein Rechtsanwalt nicht standeswidrig[66]. Kostenträchtige Beitreibung eines ganz geringen Honoraranspruchs kann jedoch standeswidrig sein[67]. Eine Partei, der das Gebrauchmachen von einem aus nachträglicher Sicht zu Unrecht erlangten Urteil nicht zum rechtlichen Vorwurf gereicht, ist nicht gehindert, zu ihrer Befriedigung den Ersatzanspruch des unterlegenen Gegners gegen dessen Anwalt, der ein Rechtsmittel versäumt hat, zu pfänden und geltend zu machen[68].

C. Die Entscheidung über den Antrag (§§ 829, 834 ZPO)

I. Entscheidung durch Beschluss

1. *Der Beschluss*

Über den Pfändungsantrag entscheidet das Vollstreckungsgericht (Rechtspfleger) durch Beschluss.

Die Entscheidung ist mit größter Sorgfalt und Beschleunigung zu treffen. Das ist zwar nirgends ausdrücklich angeordnet[1], folgt aber aus der selbstverständlichen Amtspflicht des Gerichts, alles zur Abwendung von Rechtsnachteilen für den Gläubiger Notwendige zu tun. Allerdings sind mitunter schwierige Fragen zu entscheiden, die nicht immer eine sofortige Beschlussfassung ermöglichen[2]. Doch darf auch dann jedenfalls keine unnötige Zurückstellung erfolgen[3].

---

63 *BGH* 74, 9 = MDR 1979, 659 = NJW 1979, 1351.
64 *Kümmelmann* AnwBl 1981, 175 mit Einzelheiten.
65 *BayObLGSt* 1959, 219 = BayJMBl 1959, 184.
66 *BGH* 65, 147 (Leits.) = BGHSt 26, 131 = AnwBl 1975, 368.
67 Siehe *Schneider* DGVZ 1983, 132.
68 *BGH* MDR 1983, 43.
1 Siehe aber § 173 Nr. 1 S. 3 GVGA, der den Gerichtsvollzieher ausdrücklich anweist, die Zustellung zu beschleunigen.
2 Siehe *Stöber*, ZVG, Rdn. 3.3 zu § 15; *Stöber*, ZVG-Handbuch, Rdn. 110 für den gleichliegenden Fall der Entscheidung über einen Zwangsversteigerungsantrag.
3 Die Verpflichtung des Gerichts, Anträge mit der gebotenen Beschleunigung zu prüfen und nach Abschluss der Prüfung ungesäumt zu bescheiden, folgt auch aus dem Rechtsstaatgrundsatz; vgl. *BGH* VersR 1965, 1080 (1082) und MDR 1964, 300. Allgemein auch *BVerfGE* 49, 220 = NJW 1979, 534.

474 Die Entscheidung ergeht als Forderungspfändungsbeschluss (Rdn. 489 ff.), wenn dem Antrag ganz oder soweit ihm teilweise entsprochen werden kann. Kann dem Antrag nicht stattgegeben werden, so wird er durch Beschluss (§ 764 Abs. 3 ZPO) abgewiesen. Kann dem Antrag teilweise nicht entsprochen werden, so ist er insoweit durch gesonderten Beschluss zurückzuweisen.

Auf dem Schuldtitel wird der Erlass des Forderungspfändungsbeschlusses nicht vermerkt.

2. Mehrere Forderungen oder andere Vermögensrechte

475 a) Die Pfändung *mehrerer Geldforderungen* oder (auch: und) anderer Vermögensrechte eines Schuldners gegen den *gleichen Drittschuldner* kann nach dem Ermessen[4] des Vollstreckungsgerichts in einem Beschluss zusammengefasst werden oder mit gesonderten Beschlüssen erfolgen. Es kann in einem solchen Fall getrennt gestellte Anträge zur Entscheidung in einem Beschluss verbinden (§ 147 ZPO entsprechend) und ebenso zusammengefasste Anträge zum Erlass mehrerer Pfändungsbeschlüsse trennen[5] (§ 145 Abs. 1 ZPO entsprechend). Geboten sein wird Antragsverbindung oder Antragstrennung nur dann, wenn sie besondere Gründe erforderlich machen. Das kann der Fall sein, wenn mit der Teilung das Verfahren übersichtlicher oder einer Verschleppung teilweise entgegengewirkt wird[6]. Einheitlichkeit der Pfändungsvorschriften geben bei geringer Zahl der zu pfändenden Ansprüche keine sachliche Notwendigkeit für eine Verfahrenstrennung[7]. Die Verbindung oder Trennung kann stillschweigend wie insbesondere dadurch erfolgen, dass die Anträge in demselben oder in selbstständigen Verfahren bearbeitet und verbeschieden werden. Entsprechendes gilt, wenn Pfändung der gleichen Forderung des Schuldners an denselben Drittschuldner (z. B. Arbeitseinkommen) wegen mehrerer Vollstreckungsforderungen des gleichen Gläubigers aus verschiedenen Urteilen (anderen Vollstreckungstiteln) beantragt ist[8]. Wenn sich eine Pfändung auf mehrere Forderungen oder Ansprüche erstreckt, zieht die Unwirksamkeit der Pfändung des einen Objekts nicht die Unwirksamkeit der Pfändung der anderen Forderung oder des anderen Anspruchs nach sich[9].

475a b) Die Pfändung *mehrerer Geldforderungen* oder (auch: und) anderer Vermögensrechte eines Schuldners gegen *verschiedene Drittschuldner* soll nur auf *Antrag* des Gläubigers durch einheitlichen Beschluss ausgesprochen werden, wenn außerdem dies für Zwecke der Vollstreckung geboten erscheint und kein Grund zu der Annahme besteht, dass schutzwürdige

---

[4] *LG Aschaffenburg* Rpfleger 1974, 204.
[5] *LG Berlin* Rpfleger 1993, 167.
[6] *LG Berlin* Rpfleger 1993, 167 für Pfändung eines Postgiroguthabens und einer laufenden Sozialleistung, die damals Schuldneranhörung erfordert hat (§ 54 Abs. 6 SGB I a.F.); in diesem Fall waren somit *mehrere* Drittschuldner vorhanden.
[7] *KG* Rpfleger 1976, 327.
[8] *LG Detmold* Rpfleger 1991, 427.
[9] *BGH* MDR 1972, 414 = NJW 1972, 259; *KG* a.a.O. (Fußn. 7).

Interessen der Drittschuldner entgegenstehen (§ 829 Abs. 1 S. 2 ZPO). Zu beurteilen ist das vom Vollstreckungsgericht nach pflichtgemäßem Ermessen. Der Antrag kann auch durch Vorlage eines Entwurfs für die Pfändung der Forderungen nur in einem Beschluss gestellt werden. Geboten sein für Zwecke der Vollstreckung kann die Zusammenfassung[10] der Pfändung mehrerer zusammenzurechnender Arbeitseinkommen (§ 850 e Nr. 2 ZPO) oder von Arbeitseinkommen und laufenden Sozialgeldleistungen (§ 850 e Nr. 2 a ZPO), die Pfändung von Arbeitseinkommen und des Gehaltskontos (§ 850 k ZPO), sonst mehrerer Forderungen, die zusammen höher als der Vollstreckungsanspruch des Gläubigers sind (zur Vermeidung einer Überzahlung infolge möglicher Überpfändung, vgl. Rdn. 758) oder wenn sonst die Unterrichtung der Drittschuldner von der weiteren gepfändeten Forderung sinnvoll oder geboten erscheint. Nicht geboten ist die Pfändung durch einheitlichen Beschluss, wenn der Schuldner zum Gesuch um Pfändung einer der Forderungen zu hören ist (§ 850 b Abs. 3 ZPO), wenn die Zustellung mit der Aufforderung nach § 840 ZPO an Drittschuldner in verschiedenen GV-Bezirken Erschwernisse bereitet (Rdn. 536, 536 a) und wenn der Pfändung einer der Forderungen ein (behebbares) Antragshindernis entgegensteht, dessen Behebung (Rdn. 479) die Pfändung der weiteren Forderung verzögern würde; Pfändung der weiteren Forderung durch Einzelbeschluss muss dann vielmehr sogleich erfolgen (wie Rdn. 480). Schutzwürdige Interessen der Drittschuldner können entgegenstehen, wenn im Einzelfall besondere Diskretion angebracht, damit dem Persönlichkeitsrecht Vorrang einzuräumen ist[11]. Das kann auch schon dann der Fall sein, wenn nur allgemein nicht zu rechtfertigen ist, dass jeder der Drittschuldner Kenntnis erlangt, welcher weitere Drittschuldner aus welchem Grund (angeblich) vom Schuldner in Anspruch genommen werden kann[12]. Entgegenstehende schutzwürdige Belange auch nur eines der Drittschuldner (z. B. Pfändung einer ärztlichen Honorarforderung) rechtfertigen zusammengefasste Pfändung in einem Beschluss nicht.

c) Wenn dem Antrag auf Pfändung durch einheitlichen Beschluss *nicht entsprochen* werden kann, erlässt das Vollstreckungsgericht gesonderte (selbstständige) Pfändungsbeschlüsse. (Förmliche) Ablehnung des Antrages, damit auch Benachrichtigung des Antragstellers erfordert das nicht. Ohne Gläubigerantrag erfolgt Pfändung mehrerer Geldforderungen gegen verschiedene Drittschuldner nicht durch einheitlichen Beschluss, auch wenn das geboten erschiene (keine Verbindung getrennter Anträge von Amts wegen[13]). **475b**

d) *Verstoß* berührt die Wirksamkeit der Pfändung nicht („Soll"-vorschrift). Unschädlich ist damit sowohl Pfändung durch einheitlichen Beschluss ohne Antrag oder wenn die weiteren Voraussetzungen des § 829 Abs. 1 S. 2 ZPO nicht vorgelegen haben als auch die Pfändung durch geson- **475c**

---
10 Siehe Begründung, BT-Drucks. 13/341, Seiten 32, 33.
11 Begründung BT-Drucks. 13/341, Seite 33.
12 Begründung BT-Drucks. 13/341, Seite 32.
13 *Zöller/Stöber*, ZPO, Rdn. 6 a zu § 829; **a.A.** *Musielak/Becker*, ZPO, Rdn. 12 zu § 829 (gegen den Gesetzeswortlaut).

derte Beschlüsse, wenn nach § 829 Abs. 1 S. 2 ZPO einheitlicher Beschluss zu erlassen gewesen wäre. Nach Wirksamwerden der Pfändung kann mit Erinnerung (§ 766 ZPO) Aufhebung eines einheitlichen Beschlusses oder Verbindung der in getrennten Beschlüssen erfolgten Pfändung nicht mehr verlangt werden.

475d e) Wenn *nur eine* der mehreren Geldforderungen *gepfändet* werden kann, der Antrag auf Pfändung der weiteren Geldforderung(en) dagegen zurückgewiesen werden muss, haben auch bei Antrag auf Pfändung durch einheitlichen Beschluss Pfändungs- und Zurückweisungsbeschluss gesondert zu ergehen. Einheitlichen Beschluss sieht § 829 Abs. 1 S. 2 ZPO nur für Pfändung mehrerer Geldforderungen vor; nicht verbunden werden kann damit die Pfändung mit einem Zurückweisungsbeschluss. Überdies ist einheitlicher Beschluss in einem solchen Fall für Zwecke der Vollstreckung nicht geboten. Pfändungs- und Zurückweisungsbeschluss können dagegen in einem Beschluss zusammengefasst werden, wenn Pfändung nur einer Geldforderung gegen einen Drittschuldner (nicht somit Pfändung mehrerer Geldforderungen gegen verschiedene Drittschuldner) beantragt ist, dem Antrag aber teilweise nicht entsprochen werden kann. Auch Zurückweisung des (gesamten) Antrags auf einheitliche Pfändung mehrerer Forderungen kann durch gemeinsamen Beschluss erfolgen.

475e f) Nur eine Forderung wird bei *samtverbindlicher Haftung* der mehreren Drittschuldner sowie bei gesamthänderischer Verpflichtung der Drittschuldner (z. B. für die Forderung einer Erbengemeinschaft) gepfändet. Einheitlicher Beschluss erfordert in solchen Fällen daher weder (gesonderten) Antrag des Gläubigers noch Vorliegen der sonstigen Voraussetzungen des § 829 Abs. 1 S. 2 ZPO. Gleiches gilt für Pfändung eines anderen Vermögensrechts, wenn mehrere Drittschuldner (z. B. Erben, OHG-Gesellschafter) vorhanden sind.

475f g) In einem einheitlichen Beschluss ist die Pfändung mehrerer Geldforderungen oder (auch: und) anderer Vermögensrechte eines Schuldners gegen verschiedene Drittschuldner nur äußerlich zusammengefasst. Rechtlich verbunden sind die Pfändungen nicht. Die Unwirksamkeit der Pfändung des einen Objekts hat daher nicht auch die Unwirksamkeit der Pfändung der anderen Forderung oder des anderen Vermögensrechts zur Folge (wie Rdn. 475).

3. *Begründung des Beschlusses, Zustellung*

476 Der *Pfändungsbeschluss* bedarf über seinen notwendigen Inhalt hinaus regelmäßig keiner gesonderten Begründung[14]. In besonderen Einzelfällen kann jedoch eine ergänzende Begründung geboten sein, so insbesondere dann, wenn eine streitige Rechtsfrage zu klären oder wenn zu entscheiden war, dass die Pfändung der Billigkeit entspricht (§ 850 b Abs. 2 ZPO, § 54 Abs. 2 SGB I).

---

14 Zur Begründung gerichtlicher Beschlüsse näher *Stöber*, ZVG, Einl. Rdn. 28.

Entscheidung über den Antrag

Dem Gläubiger wird eine *Ausfertigung*[15] des Pfändungsbeschlusses formlos ausgehändigt (diese wird, wenn die Zustellung zu vermitteln ist, sofort dem Gerichtsvollzieher zugeleitet; siehe Rdn. 533). Förmliche Zustellung an den Gläubiger (§ 329 ZPO) erfolgt nicht. Ausfertigung ist eine in gesetzlicher Form gefertigte Abschrift, die dem Zweck dient, die bei den Akten verbleibende Urschrift nach außen zu vertreten[16]. Die Ausfertigung muss die Urschrift daher wortgetreu und richtig wiedergeben[17].

4. Zurückweisung des Antrags

Form und Inhalt des Ablehnungsbeschlusses regelt das Gesetz nicht. Als gerichtliche Entscheidung muss dieser Beschluss jedoch die Bezeichnung der Parteien, ihrer gesetzlichen Vertreter und Verfahrensbevollmächtigten, die Entscheidungsformel und von ihr äußerlich abgesetzt Tatbestand und Entscheidungsgründe enthalten. Eine Kostenentscheidung (nach § 91, nicht § 788 ZPO) ist (nur) zu treffen, wenn der Schuldner am Verfahren beteiligt war (z. B. im Falle des § 850 b ZPO) und ihm Kosten erwachsen sind. Die Begründung hat eine kurze Zusammenfassung der Erwägungen zu enthalten, auf denen die Entscheidung in tatsächlicher und rechtlicher Hinsicht beruht (vgl. § 313 Abs. 3 ZPO). Sie hat damit dem Antragsteller und Rechtsmittelgericht eine Grundlage für die Nachprüfung der Entscheidung zu geben.

Eine Ausfertigung des Ablehnungsbeschlusses wird dem Gläubiger (seinem Bevollmächtigten, § 172 Abs. 1 ZPO) von Amts wegen zugestellt (§ 329 ZPO); dem am Antragsverfahren nicht beteiligten Schuldner wird der Ablehnungsbeschluss nicht bekannt gemacht (§ 834 ZPO). Wegen der Rechtsbehelfe siehe Rdn. 729 ff.

II. Antragshindernisse

1. Auf sachdienliche Antragstellung ist mit *Aufklärung* nach § 139 ZPO hinzuwirken[18], auch wenn der Gläubiger durch einen Rechtsanwalt vertreten ist[19]. Hat der Gläubiger bei Antragstellung einen rechtlichen Ge-

---

15 Zur Fassung des Ausfertigungsvermerks siehe *BGH* Rpfleger 1970, 294 und VersR 1994, 1495; *LG Berlin* Rpfleger 1979, 111. Die Ausfertigung muss vom Urkundsbeamten ordnungsgemäß unterzeichnet sein. Ein Schriftzug, der wie ein waagerecht liegender Fleischerhaken aussieht, lässt jeden individuellen Charakter vermissen, erfüllt somit nicht die an eine Unterschrift zu stellenden Anforderungen (dazu Rdn. 469); so *AG Bremen* DGVZ 1981, 61 für Unterzeichnung einer Rechtsnachfolgeklausel. Siehe auch *BGH* MDR 1988, 218 = NJW 1988, 713 dazu, dass an die Unterschrift des Urkundsbeamten prinzipiell dieselben Anforderungen zu stellen sind wie an die Unterzeichnung bestimmender Schriftsätze durch Rechtsanwälte.
16 *BGH* NJW 1981, 2345 (2346) und VersR 1994, 1495 (1496).
17 *BGH* NJW 1981, 2345 (2346).
18 Zur gerichtlichen Aufklärungspflicht und Unparteilichkeit des Rechtspflegers siehe *BVerfGE* 42, 64 = NJW 1976, 1391 = Rpfleger 1976, 389 mit Anm. *Stöber* und *Vollkommer*.
19 Siehe *OLG Schleswig* SchlHA 1982, 59; *Schneider* MDR 1968, 721 (722); *Schiffhauer* Rpfleger 1978, 397 (VI 2).

sichtspunkt übersehen oder für unerheblich gehalten, so ist ihm vor Entscheidung *Gelegenheit zur Äußerung* zu geben (§ 139 Abs. 2 ZPO). Dem Gläubiger eines unvollständigen oder sonst mangelhaften Antrags ist daher stets die Behebung eines nicht wesentlichen Vollstreckungshindernisses, das alsbald ausgeräumt werden kann, zu ermöglichen. Wenn ein wesentliches Hindernis vorliegt, das voraussichtlich nicht innerhalb angemessener Frist behoben werden kann, oder wenn nach Auffassung des Vollstreckungsgerichts der Pfändung ein nicht behebbarer Mangel entgegensteht (z. B. die Unpfändbarkeit der Forderung), müsste dem Gläubiger stets Gelegenheit zur Äußerung gegeben werden. Daher verbietet sich durchweg auch in solchen Fällen eine sofortige Entscheidung über den Antrag. Dem Gläubiger, dem offenbar die Eröffnung des Insolvenzverfahrens (verbietet Einzelvollstreckung, § 89 InsO) noch nicht bekannt war, ist daher mit Hinweis darauf Gelegenheit zur Rücknahme des Vollstreckungsantrags zu geben[20]. Anspruch auf rechtliches Gehör nach Art. 103 Abs. 1 GG hat der Antragsteller eines mangelhaften Antrages nicht. Diese Bestimmung findet keine Anwendung, weil das Gericht der Entscheidung über einen mangelhaften Antrag nur die vom Antragsteller selbst vorgetragenen, also keine ihm unbekannten Tatsachen zugrunde legt.

Gelegenheit zur Ausräumung eines Vollstreckungshindernisses, zur Behebung eines Mangels oder zur Äußerung ist dem Antragsteller mit *Zwischenverfügung* unter Fristsetzung zu geben[21]. Kleinere Mängel können durch fernmündliche Rückfrage behoben werden (dann Aktenvermerk nach § 139 Abs. 4 ZPO). Längere Zurückstellung eines Antrages rechtfertigt § 139 ZPO nicht. Die gerichtliche Aufklärungs- oder Anhörungspflicht darf insbesondere nicht zu längerer Ungewissheit über das Schicksal eines mit Mängeln behafteten Forderungspfändungsantrages führen[22]. Vielmehr ist über den Antrag zu entscheiden, wenn der Gläubiger ein Vollstreckungshindernis in angemessener Frist nicht ausgeräumt hat.

480 2. Ergeben sich nur *einzelne Beanstandungen*, dann kann nicht der Erlass des ganzen Beschlusses abgelehnt[23] oder zurückgestellt werden. Soweit dem Pfändungsgesuch entsprochen werden kann[24], muss vielmehr sofort Pfändungsbeschluss ergehen, weil sich bei Verzögerung der Entscheidung für den Gläubiger Nachteile ergeben können. Ganz geringfügige Mängel (z. B. fehlende Glaubhaftmachung von Zwangsvollstreckungs-

---

20 *LG Oldenburg* ZIP 1981, 1011.
21 Siehe auch *AG Saarbrücken* MDR 1972, 1040.
22 Es gilt hier jedenfalls nichts anderes wie im Zwangsversteigerungsverfahren. Dort aber ist allgemein anerkannt, dass nur kleinere Mängel eines Versteigerungsantrages, die der Antragsteller bald beheben kann, eine Zurückstellung der Entscheidung ermöglichen; siehe *Stöber*, ZVG-Handbuch, Rdn. 113.
23 *LG Duisburg* JurBüro 1961, 508; auch *OLG Köln* ZIP 1980, 578 (579).
24 Zum Beispiel dann, wenn Forderungen aus zwei verschiedenen Schuldtiteln vollstreckt werden sollen und nur hinsichtlich des einen Titels die Zwangsvollstreckung noch nicht beginnen kann, oder wenn die Pfändung von zwei verschiedenen Forderungen des Schuldners verlangt und nur einer der beiden Drittschuldner bezeichnet ist.

kosten) lassen sich bei fernmündlicher Verständigung des Gläubigers und Gewährung einer nur ganz kurzen Frist (24 Stunden müssen meist genügen) durchweg mit der gebotenen Beschleunigung ausräumen.

III. Keine Anhörung des Schuldners (§ 834 ZPO)

Schrifttum: *Schneider*, Weitere Beschwerde wegen Verletzung des § 834 ZPO (OLG Celle MDR 1972, 958), MDR 1972, 912; *Vogel*, Schutzschriften auch im Zwangsvollstreckungsverfahren? NJW 1997, 554.

1. Zum Pfändungsgesuch darf der Schuldner vor der Pfändung nicht gehört werden[25] (§ 834 ZPO); Ausnahme: § 850 b Abs. 3 ZPO. Dadurch soll verhindert werden, dass er vor der Beschlagnahme durch rasche Verfügung über die Forderung den vom Gläubiger erstrebten Pfändungszugriff vereitelt. Bei dieser besonderen Interessenlage kann auch der Anspruch auf rechtliches Gehör (Art. 103 Abs. 1 GG) das Recht des Gläubigers auf wirksamen Rechtsschutz in der Zwangsvollstreckung nicht schmälern[26]. Wenn der Gläubiger die Anhörung des Schuldners beantragt, ist dem Antrag stattzugeben[27]. 481

2. Vorbeugendes Vorbringen des Schuldners in einer sog. *Schutzschrift* ist bei der Entscheidung über den Pfändungsantrag zu würdigen[28]. Dem Gläubiger ist Gelegenheit zur Stellungnahme zu geben, wenn das Schuldnervorbringen im Einzelfall Zurückweisung des Pfändungsantrags gebieten würde oder Ergänzung des Pfändungsantrags erfordert. Benachrichtigung des Schuldners vom Eingang des Pfändungsantrags, Hinweis auf die Ergänzungsbedürftigkeit unvollständigen oder sonst unzulänglichen Vorbringens und Mitteilung des Ergebnisses der Prüfung an den Schuldner schließt § 834 ZPO aus. Prüfung des Schuldnervorbringens kann jedoch Begründung des Pfändungsbeschlusses gebieten (Rdn. 476). 481a

3. § 834 ZPO schließt bis zur Pfändung auch die Anhörung des Schuldners über einen zugleich gestellten Überweisungsantrag aus (siehe Rdn. 583). Auch im Arrestverfahren verbietet sich Anhörung des Schuldners über den Pfändungsantrag; dieser wird deshalb zweckmäßigerweise getrennt vom Arrestgesuch eingereicht. 482

4. Das Verbot des § 834 ZPO gilt nicht nur für das Verfahren beim Vollstreckungsgericht, sondern auch für alle Rechtsmittelverfahren, wenn der Gläubiger seinen abgelehnten Antrag mit Beschwerde weiter verfolgt (siehe hierwegen Rdn. 734). Es gilt somit auch im Verfahren der Rechtsbeschwerde vor Anordnung der Pfändung, wenn das Landgericht auf Erstbeschwerde den Pfändungsbeschluss aufgehoben hat[29]. Vor Pfändung erfolgt An- 483

---

25 Das verbietet auch die Schuldneranhörung zu dem Antrag des Gläubigers, ihm für das Forderungspfändungsverfahren Prozesskostenhilfe zu bewilligen.
26 Siehe *BVerfGE* 57, 346 (348) = DGVZ 1981, 149 = NJW 1981, 2111.
27 *OLG Celle* MDR 1972, 958; *Schneider* MDR 1972, 912.
28 *Vogel* NJW 1997, 554.
29 *KG* FamRZ 1995, 311 = OLGZ 1994, 593 = Rpfleger 1994, 425.

hörung des Schuldners auch für Bestimmung des zuständigen Gerichts (§ 36 ZPO) nicht (Rdn. 452, 453 a).

IV. Prüfung des Vollstreckungsgerichts

1. Prüfung des Gesuchs und der allgemeinen Voraussetzungen der Zwangsvollstreckung

484 Das Vollstreckungsgericht muss bei Entscheidung über den Pfändungsantrag seine Zuständigkeit und die allgemeinen Voraussetzungen der Zwangsvollstreckung (Vollstreckungstitel mit -klausel und Zustellung, Fälligkeit der Vollstreckungsforderung, Vollmacht des vertretenden Nichtanwalts usw.) von Amts wegen prüfen. Es darf dem Gesuch nur entsprechen, wenn es alle für den Inhalt des Pfändungsbeschlusses notwendigen Angaben (siehe Rdn. 461 ff.) vollständig enthält und der Zwangsvollstreckung kein Vollstreckungshindernis wie die Einstellung der Zwangsvollstreckung, Eröffnung des Insolvenzverfahrens (siehe § 89 InsO) entgegensteht.

2. Keine Prüfung der zu pfändenden Forderung

485 a) Das Vollstreckungsgericht prüft den Antrag des Gläubigers daraufhin, ob nach seinem *Sachvortrag* die Forderung, deren Pfändung beantragt ist (das sonstige Vermögensrecht), dem Schuldner gegen den Drittschuldner zustehen kann und pfändbar ist[30] (*rechtliche Prüfung*).

485a b) Der Gläubiger hat für Forderungspfändung (Rechtspfändung) die *Tatsachen vorzubringen*, die seinen Antrag rechtfertigen. Forderungspfändung ist Zwangsvollstreckung, die als Teil der ordentlichen Zivilgerichtsbarkeit (Rechtspflege)[31] von den allgemeinen Grundsätzen des ZPO-Verfahrens beherrscht wird. Der Gläubiger muss nur seinen Tatsachenvortrag beweisen oder glaubhaft machen, weil der Schuldner vor der Pfändung über das Pfändungsgesuch nicht zu hören ist (§ 834 ZPO; Ausnahme § 850 b Abs. 3 ZPO). Der Gläubiger muss somit nicht nachweisen, dass die zu pfändende Forderung (das sonstige Vermögensrecht) tatsächlich besteht. Daher prüft das Vollstreckungsgericht auch nicht, ob und in welcher Höhe die Forderung, deren Pfändung erfolgen soll, besteht und dem Schuldner zusteht. Der Gläubiger hat durch seinen Sachvortrag jedoch die Tatsachen geltend zu machen, die Bestehen der zu pfändenden Schuldnerforderung (seines sonstigen Vermögensrechts) und deren Pfändbarkeit[32] ergeben[33]. Das Gericht un-

---

30 *BGH* FamRZ 2003, 1652 = MDR 2003, 1378 = NJW-RR 2003, 1650 = Rpfleger 2003, 595; *BGH* FamRZ 2008, 877 (878) = MDR 2008, 530 = NJW-RR 2008, 733 = Rpfleger 2008, 318.
31 *Zöller/Stöber*, ZPO, Rdn. 4 vor § 704.
32 Auf die tatsächliche Richtigkeit der Behauptungen des Gläubigers stellt auch *KG* FamRZ 1980, 614 = JurBüro 1980, 1093 = Rpfleger 1980, 197, ab, so dass seiner allgemeinen Aussage, es genüge „die Behauptung des Gläubigers, dass die zu pfändende Forderung besteht", nichts Gegenteiliges entnommen werden kann.
33 Ebenso *OLG München* Betrieb 1990, 1916 = OLGZ 1991, 322 = ZIP 1990, 1128.

terstellt bei der Entscheidung über den Antrag dieses tatsächliche Vorbringen als richtig. Es hat zu prüfen, ob das tatsächliche Vorbringen des Gläubigers (sein Sachvortrag) schlüssig ist[34] (rechtliche Prüfung). Aus ihm muss deshalb folgen, dass die behauptete Forderung, die gepfändet werden soll (das zu pfändende sonstige Vermögensrecht), im Vermögen des Vollstreckungsschuldners steht, diesem vom angegebenen Drittschuldner geschuldet wird und pfändbar (der Pfändung unterworfen) ist. Es muss genügen, wenn dem Schuldner die Forderung (das Vermögensrecht) nach irgendeiner vertretbaren Rechtsansicht gegen den bezeichneten Drittschuldner zustehen kann[35]. Ist mit einem unzulänglichen Sachvortrag des Gläubigers diese Schlüssigkeit nicht dargetan, so muss das Gesuch (wenn der Mangel nicht behoben werden kann) zurückgewiesen werden[36]. Wenn sich der Anspruch gegen mehrere Personen richten kann und (rechtlich) nicht geklärt ist, wer Drittschuldner ist, muss es dem Gläubiger jedoch möglich sein, einen Anspruch gegen sämtliche in Betracht kommende Drittschuldner zu pfänden (gegenüber keinem von ihnen ist die Pfändung als rechtlich unvertretbar zu erachten)[37]. Die Frage, gegen welchen von mehreren in Betracht kommenden Drittschuldnern sich der zu pfändende Anspruch richtet, ist nicht Gegenstand des Vollstreckungsverfahrens; sie kann nur im Einziehungserkenntnisverfahren entschieden werden[38] (siehe hierzu auch Rdn. 507).

c) aa) Besondere Anforderungen werden an den Tatsachenvortrag des Gläubigers allgemein nicht gestellt. Antrag erfolgt durchwegs mit Beschlussentwurf (Rdn. 468). Dieser weist den erforderlichen Tatsachenvortrag zwar nicht gesondert, regelmäßig aber doch mittelbar als Inhalt des Entscheidungsentwurfs hinreichend aus. Das genügt den Anforderungen an das Gläubigervorbringen in aller Regel; weil der Gläubiger die Verhältnisse seines Schuldners nicht näher kennen kann, werden zudem allzu strenge Anforderungen an sein Vorbringen nicht gestellt. Wer etwa als Pfändungsantrag ein ausgefülltes Formular zur Pfändung des Arbeitsein-

485b

---

34 *BGH* FamRZ 2003, 1652 = MDR 2003, 1378 = NJW-RR 2003, 1650 = Rpfleger 2003, 595; *BGH* FamRZ 2004, 872 = JurBüro 2004, 391 = MDR 2004, 834 = NJW 2004, 2096 = Rpfleger 2004, 427; *OLG Jena* OLG 25, 214; *OLG Rostock* OLG 35, 131; *OLG Hamm* Rpfleger 1956, 197 und JurBüro 1978, 279 = MDR 1979, 149 = Rpfleger 1978, 456; *LG Berlin* JW 1915, 732; *OLG Hamburg* MDR 1952, 368; *OLG Celle* NdsRpfl 1953, 103; *OLG Frankfurt* JurBüro 1978, 931 = MDR 1978, 763 = OLGZ 1978, 363 = Rpfleger 1978, 229; *Schneider* JurBüro 1979, 27.
35 *BGH* NJW-RR 2008, 733 = a.a.O. (Fußn. 30); *KG* a.a.O. (Fußn. 32); *OLG Köln* JMBlNW 1987, 5 = MittRhNotK 1987, 31 = OLGZ 1987, 206; *LG Düsseldorf* JurBüro 2004, 215; *Stein/Jonas/Brehm*, ZPO, Rdn. 37; *MünchKomm/Smid*, ZPO, Rdn. 18 je zu § 829; *H. Schneider* MDR 1988, 828 (829).
36 Zum Beispiel dann, wenn sich aus dem Vorbringen des Gläubigers ergibt, dass die Forderung des Schuldners überhaupt nicht besteht oder aus Rechtsgründen nicht bestehen kann; siehe *LG Kempten* Rpfleger 1968, 291 mit Anm. *Mes*, kritisch dazu *Blomeyer* Rpfleger 1969, 281; außerdem insbesondere *OLG Frankfurt* a.a.O. (Fußn. 34).
37 *BGH* NJW-RR 2008, 733 = a.a.O. (Fußn. 30).
38 *BGH* NJW-RR 2008, 733 = a.a.O.

kommens des Schuldners bei einem richtig bezeichneten Drittschuldner nach Maßgabe des § 850 c ZPO einreicht, trägt damit zugleich die für rechtliche Prüfung des Pfändungsgesuchs nötigen Tatsachen vor (Schuldnerforderung als Arbeitseinkommen der in § 850 ZPO genannten Art gegen den angegebenen Drittschuldner und Pfändbarkeit nach § 850 c ZPO).

485c bb) Unvollständig ist der Sachvortrag des Gläubigers jedoch, wenn das Bestehen einer zu pfändenden Forderung nur rechtlich behauptet wird, im Einzelfall erhebliche Tatsachen aber nicht geltend gemacht (nicht vorgetragen) werden. Das ist z. B. der Fall, wenn der Gläubiger volle Pfändung einer Vergütung für Dienstleistung verlangt ohne darzustellen, welche Tatsachen ergeben, dass sie nicht dem Pfändungsschutz für Arbeitseinkommen (§§ 850 ff. ZPO) unterliegen kann.

485d cc) Formblattanträge bereiten Schwierigkeiten, wenn die Würdigung des damit verbundenen Tatsachenvortrags zeigt, dass der Sachvortrag des Gläubigers sich in *unsubstantiierten Behauptungen* und Vermutungen erschöpft[39]. Der Sachvortrag des Gläubigers muss sich in einem solchen Fall an der gebotenen Abgrenzung des substantiierten Tatsachenvortrags einerseits und der „aus der Luft gegriffenen Behauptung" andererseits messen lassen[40]. Letztere zielt auf Erschließung von Erkenntnisquellen, somit auf Ausforschung von Tatsachen. Bis zur Grenze einer Ausforschungspfändung wird eine Forderungspfändung „auf Verdacht" zwar nicht als rechtsmissbräuchlich angesehen[41]. Unzulänglicher Sachvortrag liegt jedoch z. B. in einem Formblattantrag (oder einer entsprechenden Vielzahl zugleich gestellter Einzelanträge) auf gleichzeitige Pfändung der Kontokorrent-Forderungen aus Giroverträgen des Schuldners (Rdn. 154 ff.) mit zahlreichen Kreditinstituten am Ort (im Einzelfall waren es 20[42] bzw. 264 Kreditinstitute[43]). Ein Formularantrag für Pfändung der Ansprüche gegen nicht mehr als 3 Geldinstitute am Wohnort des Schuldners wird nicht als rechtsmissbräuchlich angesehen[44]; mit bis zu 3 örtlichen Bankverbindungen wird aber auch (im Allgemeinen) die Obergrenze der auf Formularantrag möglichen Pfändung bei einem nicht gewerblich tätigen Schuldner bezeichnet[44] (zu näherer Berücksichtigung der Umstände des Einzelfalls jedoch[45]; **a.A.**[46]: in größeren Städten zumindest bis zu 10 parallele Pfändungen; ist

39 Kosten einer auf Verdacht ausgebrachten Pfändung sind keine notwendigen Zwangsvollstreckungskosten, siehe Rdn. 829 Fußn. 15.
40 Für Unzulässigkeit reiner Ausforschungs- und Verdachtspfändungen auch *Schuschke/Walker*, Vollstreckung, Rdn. 35 zu § 829.
41 *BGH* NJW 2004, 2096 (2098) = a.a.O. (Fußn. 34).
42 Zutreffend wurde daher die Pfändung in einem solchen Fall für unzulässig erachtet von *LG Hannover* DGVZ 1985, 43 = JurBüro 1985, 789. Zustimmung *Alisch* DGVZ 1985, 107; auch *Musielak/Becker*, ZPO, Rdn. 8 zu § 829. *Münzberg* ZZP 102 (1989) 129 (132) würdigt diesen Fall unter dem Gesichtspunkt des Rechtsmissbrauchs; unzutreffend jedenfalls die ablehnende Stellungnahme von *Schulz* DGVZ 1985, 105.
43 *OLG München* OLGZ 1991, 322 = a.a.O. (Fußn. 33).
44 *BGH* NJW 2004, 2096 = a.a.O. (Fußn. 34).
45 *Lürken* Rpfleger 2004, 572 (Anmerkung zu *BGH*).
46 *Hess* NJW 2004, 2350.

nicht zu rechtfertigen). Unzureichend ist der Sachvortrag des Gläubigers als bloße Vermutung aber z. B. auch, wenn mit Formblattantrag Pfändung eines Anspruchs aus Krediteröffnungsvertrag beantragt wird, Tatsachen für ein konkretes Vertragsverhältnis jedoch nicht vorgebracht sind (siehe Rdn. 118), desgleichen, wenn mit Formblattantrag ohne substantiierten Sachvortrag als „umfassende" Pfändung allgemein die Pfändung aller rechtlich nur irgendwie denkbaren Forderungen und Ansprüche aus zulässiger und rechtlich möglicher Geschäftsbeziehung mit einer Bank oder Sparkasse verlangt ist[47] (vom Anspruch aus „bestehender Geschäftsverbindung" über Kreditlinie, Sparverträge, Stahlkammerfach, Wertpapierherausgabe aus Depot, Übererlös aus Verwertung von Sicherheiten und vieles andere mehr). Für einen solchen Antrag kann auch Bedeutung erlangen, dass bei Aneinanderreihen der verschiedenartigsten Schuldgründe keine hinreichende Bezeichnung der Forderung mehr gegeben sein kann (hierzu Rdn. 513).

d) Unzulänglich ist ein Sachvortrag des Gläubigers, wenn Antrag mit einem *Vordruck* gestellt ist, in dem die verschiedenartigsten Forderungen aus den unterschiedlichsten Rechtsgründen mit zahlreichen Nebenansprüchen *checklistenartig* vorformuliert sind. Tatsachen, die das Bestehen einer pfändbaren Forderung oder mehrerer Forderungen des Schuldners nach den Verhältnissen des Einzelfalls ausweisen könnten, sind mit einem solchen Allgemeinantrag nicht geltend gemacht. Der Gläubiger hat ein solches Antragsformular durchzusehen und den Antrag nach den Verhältnissen des konkreten Einzelfalls zu gestalten, nur allgemein zusammengestellte Ansprüche somit zu streichen, soweit sie dem Schuldner gegen den oder die Drittschuldner nicht zustehen[48]. Ist das Gläubigervorbringen nicht in solcher Weise schlüssig (sind z. B. widersprüchlich mit dem vorformulierten Antragsvordruck auch Lohn- oder Gehaltsansprüche gegen das Finanzamt oder gegen das Kreditinstitut des Schuldners bezeichnet), dann ist das Gesuch (wenn der Mangel nicht behoben wird) zurückzuweisen. Dem Vollstreckungsgericht obliegt es (im Zweifel) nicht, aus einem ungeprüft verwendeten checklistenartigen Antragsformular die Ansprüche herauszusuchen, die im Einzelfall bestehen könnten, und die im Antragsformular aufgereihten Ansprüche zu streichen (den Antrag insoweit zurückzuweisen), die im Formblattantrag ohne jede Einzelfallprüfung wiedergegeben sein könnten[49]. 485e

e) Ist das Pfändungsgesuch schlüssig, so pfändet das Vollstreckungsgericht nur die *„angebliche"* Forderung, die der Schuldner gegen den 486

---

[47] Hierzu *AG/LG Aurich* Rpfleger 1993, 357, die den Formblattantrag (ohne Tatsachenvortrag) als Vollstreckungsmaßnahme „ins Blaue hinein" auch mit dem zutreffenden Hinweis ablehnen, dass es gerade nicht der Lebenserfahrung entspricht, dass der Schuldner, der es wegen einer nicht hohen Hauptforderung zu Vollstreckungsmaßnahmen kommen lässt, über Sparkonten, Wertpapierdepots, Kreditzusagen oder Bankstahlfächer verfügt.
[48] *LG Aurich* Rpfleger 1997, 394; *LG Aurich* DGVZ 2003, 90 = JurBüro 2002, 661.
[49] So auch *LG Aurich* Rpfleger 1997, 394.

Drittschuldner hat (haben soll). Die Wirksamkeit dieser Pfändung bleibt deshalb zunächst in der Schwebe. Der ordnungsgemäß zugestellte Pfändungsbeschluss äußert nur dann die mit ihm erstrebte rechtliche Wirkung, wenn die gepfändete Forderung wirklich besteht und dem Schuldner gegen den Drittschuldner zusteht. Ist das nicht der Fall, so entfaltet die Pfändung keine Wirkungen[50] (sie geht ins Leere); der Pfändungsbeschluss ist gegenstandslos[51]. Durch die Pfändung einer dem Schuldner nicht zustehenden Forderung wird insbesondere auch das Verhältnis des wahren Gläubigers zu seinem Schuldner (dem Drittschuldner) nicht berührt[52].

487 f) Ob diese angebliche Forderung *tatsächlich besteht* und dem Pfändungsbeschluss somit die mit ihm erstrebte rechtliche Wirkung zukommt, ist ein Streit über einen materiellrechtlichen Anspruch. Darüber kann deshalb nicht im Forderungspfändungsverfahren und auch nicht im Erinnerungsverfahren[53], sondern nur im Klageverfahren entschieden werden (siehe hierwegen Rdn. 655 ff.). Wegen des Falles, dass die Forderung zwar besteht, dem Schuldner aber nicht oder nicht mehr zusteht, siehe Rdn. 764 ff.

Wenn die gepfändete Forderung auf den Erwerber eines Handelsgeschäfts übergegangen gilt (§ 25 Abs. 1 S. 2 HGB), kann die Schutzbestimmung des § 15 Abs. 1 HGB Bedeutung erlangen. Von dieser dem Geschäftsverkehr dienenden Schutzvorschrift wird auch die Pfändung als prozessuales Vorgehen erfasst. Der pfändende Gläubiger braucht sich daher vom Rechtsnachfolger des Schuldners, dessen Forderung gepfändet wurde, den Forderungsübergang nach § 25 Abs. 1 S. 2 HGB nicht entgegenhalten zu lassen, wenn Eintragung in das Handelsregister noch nicht erfolgt und bekanntgemacht war und der Vollstreckungsgläubiger auch keine Kenntnis hatte[54].

3. *Fehlendes Rechtsschutzbedürfnis*

488 Der Erlass eines Forderungspfändungsbeschlusses setzt, wie jede Rechtsverfolgung, ein Rechtsschutzbedürfnis voraus. Fehlt es, dann kann dem Antrag des Gläubigers nicht stattgegeben werden. Daher ist der Antrag

---

50 *BArbG* JurBüro 1994, 364 = NJW 1993, 2699 = Rpfleger 1993, 456.
51 *BGH* MDR 1987, 1021 = NJW 1988, 495 mit weit. Nachw.; *Blomeyer* Rpfleger 1969, 281.
52 *KG* MDR 1973, 233 = OLGZ 1973, 49.
53 *OLG Hamm* Rpfleger 1962, 451; *OLG Frankfurt* a.a.O. (Fußn. 34). Auch bei Erlöschen der gepfändeten Forderung ist der Pfändungsbeschluss daher nicht aufzuheben. Wenn dem Schuldner die Forderung durch rechtskräftiges Urteil aberkannt worden ist, wird jedoch ein Rechtsschutzbedürfnis für Aufhebung des Pfändungsbeschlusses bejaht, *LG Münster* MDR 1990, 932. Dem kann, wenn das Urteil auch gegen den Pfändungsgläubiger wirksam ist, zugestimmt werden, weil bei sicherer Kenntnis des Vollstreckungsgerichts, dass die Forderung nicht besteht, auch dem Pfändungsantrag nicht stattzugeben ist (siehe Rdn. 488).
54 *BGH* MDR 1979, 308 = NJW 1979, 42 (entschieden für Steuerbehörde und Einwendung einer Kommanditgesellschaft, die als Rechtsnachfolgerin des Steuerschuldners die gepfändete Forderung für sich in Anspruch nahm). Dazu aber kritisch *Dittmar*, Gutgläubiger Forderungserwerb und Geschäftsveräußerung, MDR 1980, 23.

zurückzuweisen[55], wenn dem Vollstreckungsgericht positiv bekannt ist, dass die nach dem Sachvortrag des Gläubigers (Rdn. 485 a) zu pfändende Forderung tatsächlich nicht besteht[56], nicht dem Schuldner zusteht oder unpfändbar ist. Bei Beurteilung der Frage, ob die zu pfändende Schuldnerforderung besteht, ist allerdings ein strenger Maßstab anzulegen. Zurückgewiesen werden kann der Antrag daher nur, wenn das Nichtbestehen offenkundig oder unbestritten ist[57]. Wenn Zweifel bestehen, ob die Forderung nicht doch besteht oder dem Schuldner zustehen kann, muss dem Antrag entsprochen werden, weil das Vollstreckungsgericht den Tatsachenvortrag des Gläubigers im Pfändungsverfahren nicht prüfen, somit die materiellrechtliche Frage, ob die Forderung geschuldet wird, auch nicht entscheiden kann[58]. Kenntnis des Vollstreckungsgerichts davon, dass die zu pfändende Forderung bereits abgetreten wurde, kann Zurückweisung des Pfändungsantrags aber nur ermöglichen, wenn sicher feststeht, dass sie dem Schuldner nicht mehr zustehen, die Pfändung sonach rechtlich Wirkung nicht äußern kann (Rdn. 486). Wenn die Abtretung sicherungshalber erfolgt ist, kann der Schuldner die Forderung wieder erlangt haben; insbesondere kann ein Anspruch auf künftige Leistung mit Fortfall des Sicherungszwecks wieder an den Schuldner zurückgefallen sein. Daher besteht auch ein Rechtsschutzbedürfnis für Erlass des Pfändungsbeschlusses[59]. Kein Rechtsschutzbedürfnis besteht für Pfändung von Arbeitseinkommen wegen eines Unterhaltsanspruchs, wenn dem Gläubiger das Schuldnereinkommen bereits in Höhe dieses Unterhaltsanspruchs abgetreten ist und der Arbeitgeber Zahlungen leistet[60].

Auch der Gläubiger einer nur *geringen Forderung* (Bagatellforderung)[61] hat das Recht auf Zwangsvollstreckung (Vollstreckungsanspruch)[62]. Das

488a

---

55 Desgleichen der Pfändungs- und Überweisungsbeschluss im Erinnerungs- oder Beschwerdeverfahren nicht aufrecht zu erhalten, *OLG Köln* JMBlNW 1988, 17 = OLGZ 1988, 214.
56 *OLG Naumburg* JW 1936, 401; *OLG Hamburg* MDR 1952, 368; *OLG Hamm* Rpfleger 1956, 197 mit zust. Anm. *Berner*; *OLG Köln* ZIP 1980, 578 (579); *LG Aurich* JurBüo 2002, 661 = a.a.O. (Fußn. 48); *LG Köln* JurBüro 1986, 781; *Thomas/Putzo*, ZPO, Rdn. 9; *Stein/Jonas/Brehm*, ZPO, Rdn. 38 je zu § 829; siehe dazu aber *Mes* Rpfleger 1968, 292.
57 *OLG Frankfurt* a.a.O. (Fußn. 34).
58 *OLG Hamm* a.a.O. (Fußn. 56); *LG Aurich* JurBüro 2002, 661 = a.a.O. (Fußn. 48); *LG Köln* JurBüro 1986, 781.
59 *OLG Köln* OLGZ 1994, 471.
60 *LG Bremen* Rpfleger 1956, 199.
61 **Schrifttum:** *Buß*, De minimis non curat lex, NJW 1998, 337 (Abschn. II 3, S. 339); *Kerfak*, Zur gerichtlichen Durchsetzung von Minimalforderungen, JR 1991, 133; *Morgenstern*, Verhältnismäßigkeitsgrundsatz und Erzwingungshaft zur Abgabe einer eidesstattlichen Versicherung, NJW 1979, 2277; *Schiffhauer*, Die Geltendmachung von Bagatellforderungen in der Zwangsversteigerung, ZIP 1981, 832; *Schneider*, Vollstreckungsmissbrauch bei Minimalforderungen, DGVZ 1978, 166; *Schneider*, Bemerkungen zur kostenträchtigen Beitreibung von Minimalforderungen, DGVZ 1983, 132; *Schneider*, Minima non curat praetor, MDR 1990, 893; *Skibben*, Die Vollstreckung von Minimalforderungen, DGVZ 1988, 180.
62 *Stöber*, ZVG, Einl. Rdn. 48.4; *Zöller/Stöber*, ZPO, Rdn. 8 zu § 753, je mit Nachweisen.

2. Kapitel: Pfändungsverfahren und -wirkungen

Rechtsschutzbedürfnis fehlt daher auch dem Antrag auf Forderungspfändung wegen einer Bagatellforderung nicht[63]. Ein Schuldner, der in bedrängten Verhältnissen lebt, kann eine geringe Vollstreckungsforderung aufbringen und die mit der Zwangsvollstreckung verbundenen Härten verhindern[64]. Grundsätzlich muss daher auch gegen ihn die zwangsweise Durchsetzung des materiellen Anspruchs des Gläubigers möglich sein[65]. Ein Rechtsschutzbedürfnis folgt in dem formal gestalteten Vollstreckungsverfahren bereits aus dem Gläubigerinteresse auf Befriedigung der durch den Vollstreckungstitel begründet ausgewiesenen Forderung[66]. Allein der Umstand, dass der Gläubiger lediglich wegen einer nur geringen restlichen Forderung (insbesondere Zinsen oder Kosten) vollstrecken will und durch diese Vollstreckung Kosten entstehen (oder solche durch bisherige Vollstreckungen bereits entstanden sind[67]), die die Restforderung (mehrfach) übersteigen, rechtfertigt es daher noch nicht, die Vollstreckung als rechtsmissbräuchlich anzusehen[68]. Rechtsmissbräuchlich und daher abzulehnen ist die Vollstreckung einer Minimalforderung nur, wenn aus besonderen Gründen berechtigte Schutzinteressen des Schuldners eindeutig überwiegen[69]. Das kann der Fall sein, wenn der Vollstreckungsantrag wegen einer ganz unbedeutenden Rest- oder Nebenforderung gestellt ist[70] (etwa wegen geringfügiger Restzinsen, die bis zur Gutschrift des überwiesenen Betrags noch aufgelaufen sind, oder wegen Kosten, die dem Schuldner bei Leistung nicht bekannt waren) und dem Schuldner durch die Vollstreckungsmaßnahme unverhältnismäßig hohe Kosten entstehen würden. Wenn der Schuldner böswillig nicht zahlt oder wenn er Zahlung einer geringen Restforderung (insbesondere restiger Zinsen oder Kosten) ausdrücklich verweigert, ist die Vollstreckung durchweg nicht missbräuchlich[71].

---

63 Siehe *Buß* NJW 1998, 337 (II 3, S. 339); *Schiffhauer* ZIP 1981, 832; *Stöber* a.a.O.; auch *LG Bochum* Rpfleger 1994, 117; *LG Oldenburg* KTS 1982, 146 = Rpfleger 1981, 492
64 *OLG Düsseldorf* NJW 1980, 1171.
65 *OLG Düsseldorf* NJW 1980, 1171.
66 *Stöber* a.a.O.; *LG Dortmund* JurBüro 2007, 219; *AG Karlsruhe* DGVZ 1986, 92 = NJW-RR 1986, 1256 (Versäumnisurteil über 4,20 DM).
67 *LG Bochum* Rpfleger 1994, 117.
68 *LG Aachen* DGVZ 1987, 139 = JurBüro 1987, 924; *LG Wuppertal* NJW 1980, 297.
69 *OLG Düsseldorf* NJW 1980, 1171.
70 Siehe z. B. *AG Dortmund* DGVZ 1978, 121 (Zinsbetrag von 1,23 DM); *AG Staufen* DGVZ 1978, 189 (Restbetrag von 0,71 DM); *AG Kamen* DGVZ 1983, 190 (Rest von 2,16 DM); auch *AG Tostedt* und *LG Stade* DGVZ 1978, 171 mit Anm. *Schneider*. Weitere Entscheidungen führt *Schneider* DGVZ 1978, 166 und MDR 1990, 893 an. Siehe aber auch *LG Wuppertal* NJW 1980, 297 (Zinsen im Betrag von 2,37 DM); *LG Konstanz* NJW 1980, 297 und *LG Berlin* DGVZ 1979, 168; außerdem auch *LG Lübeck* DGVZ 1979, 73 (Restzinsen von 0,56 DM; kein Rechtsmissbrauch); *AG Braunschweig* DGVZ 1981, 186 (Restforderung von 0,83 DM kein Rechtsmissbrauch); *LG Hannover* DGVZ 1991, 190 (Zinsen von –,18 DM; nötig vorherige Zahlungsaufforderung des Schuldners).
71 *AG Dinslaken* DGVZ 1982, 159 = JurBüro 1982, 783.

D. Der Pfändungsbeschluss (§ 829 ZPO)

I. Der Pfändungsbeschluss als Staatsakt

Der Erlass des Pfändungsbeschlusses (siehe Rdn. 473) ist *Staatsakt* (hoheitlicher Gerichtsakt). Als solcher muss der Pfändungsbeschluss die nötige *Klarheit* und *Bestimmtheit* so in sich tragen, dass Anordnung und Umfang der Pfändung mit Sicherheit zu ersehen und zu erkennen sind. 489

II. Der Inhalt des Pfändungsbeschlusses

Schrifttum: *Derleder*, Zur Unwirksamkeit einer Forderungspfändung wegen mangelhafter Schuldnerbezeichnung und ihre Heilung, JurBüro 1995, 11.

Mit der im Interesse der allgemeinen Rechts- und Verkehrssicherheit gebotenen Zuverlässigkeit (Auslegung bei ungenauer Bezeichnung siehe Rdn. 509 ff.) muss der Pfändungsbeschluss bezeichnen: 490

1. Das *Vollstreckungsgericht* sowie Ort und Zeit seines Erlasses und das gerichtliche Aktenzeichen (§ 4 Abs. 1 AktO).

2. Die *Parteien*, also Gläubiger und Schuldner (siehe Rdn. 7) mit ihren gesetzlichen Vertretern[1] und Prozessbevollmächtigten. 491

Die Parteibezeichnung muss unzweifelhaft erkennen lassen, für wen die Vollstreckung erfolgt und gegen wen (in wessen Vermögen) sie sich richtet[2]. Wie diese Bezeichnung erfolgen soll, ist nicht ausdrücklich vorgeschrieben. In Anlehnung[3] an § 313 Abs. 1 Nr. 1 ZPO ist aber Bezeichnung mit Vor- und Familienname, Stand oder Gewerbe, Wohnort[4] und Parteistellung so geboten, dass an der Identität keine Zweifel bestehen können. 492

Fraglich ist, ob der im Schuldtitel genannte *Prozessbevollmächtigte* des Schuldners im Pfändungsbeschluss auch dann bezeichnet werden muss, wenn ihn der Gläubiger in seinem Antrag nicht angeführt hat. Die Frage ist wegen der Zustellung des Pfändungsbeschlusses von Bedeutung (siehe § 172 Abs. 1 ZPO). 493

Dass der Gläubiger mit der Nichtbenennung des Prozessbevollmächtigten im Pfändungsantrag davon Nachricht geben wollte, die Vollmacht des Gegenanwaltes sei gekündigt und ihr Erlöschen dem Gläubiger angezeigt, ihm gegenüber also wirksam geworden (§ 87 ZPO), lässt sich erfahrungs-

---

1 *KG* FamRZ 1995, 311 = MDR 1994, 513 = OLGZ 1994, 593 = Rpfleger 1994, 425.
2 *RG* 160, 37 (39); *KG* OLGZ 1994, 593 = a.a.O. und *Derleder* JurBüro 1995, 11: „Die Identität der Parteien (auch die des Gläubigers) muss sichergestellt sein"; *OLG Stuttgart* NJW-RR 1994, 1023: „... Ist der Drittschuldner (unverschuldet) nicht in der Lage, den Schuldner infolge falscher Adressenangabe zu identifizieren, dann ist die Pfändung unwirksam."
3 Gegen unmittelbare Anwendung der für das Erkenntnisverfahren vorgesehenen Vorschriften *KG* a.a.O.
4 Bezeichnung des Gläubigers auch mit seiner Anschrift ist in jedem Fall empfehlenswert, nur dann aber notwendig, wenn die Anschrift für Feststellung der Identität des Gläubigers oder zur Wahrung schutzwürdiger Belange des Schuldners von Bedeutung ist, *KG* a.a.O.

2. Kapitel: Pfändungsverfahren und -wirkungen

gemäß nicht ohne weiteres unterstellen. Wenn die Unklarheit nicht sofort ausgeräumt werden kann, ist daher der Prozessbevollmächtigte des Schuldners im Pfändungsbeschluss noch anzuführen, bei Vermittlung der Zustellung aber der Gerichtsvollzieher zu ersuchen, den Beschluss nicht nur dem Prozessbevollmächtigten, sondern vorsorglich auch sofort dem Schuldner persönlich zuzustellen. Eine Zustellung an den Schuldner persönlich und zugleich auch an seinen Prozessbevollmächtigten entspricht gerichtlicher Praxis in allen Fällen, in denen die Bevollmächtigung oder das Erlöschen einer Vollmacht nicht zweifelsfrei feststehen. Lässt der Gläubiger selbst zustellen, so muss es ihm überlassen bleiben, dem Gerichtsvollzieher richtigen Zustellungsauftrag zu erteilen.

494 Ein Hinweis auf die *Geldempfangsvollmacht* des Prozessbevollmächtigten des Gläubigers, die Aufforderung zur „Zahlung an den Prozessbevollmächtigten des Gläubigers" oder die Aufforderung, „das Geld postgebührenfrei zu überweisen", gehören nicht zum Inhalt des Pfändungs- (und Überweisungs-)beschlusses[5]. Es bestehen aber keine Bedenken dagegen, dass das Vollstreckungsgericht den Zahlungsverkehr zwischen den Beteiligten erleichtert und deshalb den Wunsch des Gläubigers auf Bezeichnung seines Kontos dem Drittschuldner mitteilt. Die Aufnahme der Bezeichnung des Kontos des Gläubigers und Hinweise im Pfändungsbeschluss wie „Der Gläubiger hat um Überweisung auf sein Postbankgirokonto Nr. ... Niederlassung ... gebeten" oder „... auf das Konto ... des ... gebeten" sind daher zwar nicht notwendig, aber zulässig. Diese Hinweise müssen jedoch so deutlich vom amtlichen Teil des Pfändungsbeschlusses getrennt sein, dass sie für den Drittschuldner sicher als Mitteilungen des Gläubigers erkennbar sind, die nicht zum Inhalt des Pfändungsbeschlusses gehören[6]. Verlangt der Gläubigervertreter Hinweis darauf, dass Zahlung an ihn (auf ein Konto, dessen Inhaber er – nicht der Gläubiger – ist) erfolgen soll, darf der Vermerk nicht den Eindruck erwecken, die Geldempfangsbevollmächtigung sei nachgewiesen oder geprüft. Deshalb empfiehlt sich in diesem Fall

---

5 *LG Essen* Rpfleger 1959, 166 mit zust. Anm. *Petermann* und JurBüro 1959, 517; *Berner* Rpfleger 1964, 366; *Quardt* JurBüro 1959, 498; *Bauer* JurBüro 1976, 1297; siehe auch *Pentz* Rpfleger 1958, 147; *Zöller/Stöber,* ZPO, Rdn. 5; *Musielak/Becker,* ZPO, Rdn. 5; *MünchKomm/Smid,* ZPO, Rdn. 10, je zu § 835; a.A. *Schopp* Rpfleger 1966, 327; *LG Berlin* Betrieb 1968, 1065 = DGVZ 1968, 187 = Rpfleger 1968, 291; *LG Nürnberg-Fürth* JurBüro 1964, 614 = Rpfleger 1964, 380; *Jokeit* JurBüro 1953, 85. Da der Hinweis auf die Geldempfangsvollmacht nicht zum Inhalt des Pfändungsbeschlusses gehört, darf sein Erlass auch nicht verzögert werden, wenn der Gläubigervertreter Angabe der Geldempfangsvollmacht wünscht, den Nachweis seiner Bevollmächtigung aber nicht führt. Daher ist es auch nicht notwendig, dass das Vollstreckungsgericht die Bevollmächtigung aus seinen Prozessakten feststellt; irrig mithin *LG Flensburg* JurBüro 1962, 173. *Schopp* begründet die Verpflichtung des Vollstreckungsgerichts zur Aufnahme eines deutlich als privater Vermerk über die Zahlungsweise gekennzeichneten Hinweises damit, dass das Gericht dem Gläubiger nicht die Geltendmachung der materiellen Rechte verweigern darf, die sich aus der Überweisung ergeben. Dem steht aber entgegen, dass das Gesetz einen Pfändungs- und Überweisungsbeschluss nicht als *Weg* zur Geltendmachung materieller Rechte zur Verfügung stellt.

6 Dazu siehe auch *Schopp* a.a.O. (Fußn. 5).

der Zusatz, dass „eine Geldempfangsvollmacht des Gläubigervertreters (Kontoinhabers) vom Vollstreckungsgericht nicht nachgeprüft ist". Lässt der Gläubiger auf solche Weise eine Geldempfangsvollmacht seines Vertreters dem Drittschuldner mitteilen, so muss er selbst das spätere Erlöschen dieser Vollmacht dem Drittschuldner anzeigen.

Wird der Antrag auf Aufnahme eines solchen Vermerks von einem Prozessbevollmächtigten gestellt, so kann der Hinweis nur lauten: „Es ist um Überweisung auf das Konto Nr. ... des Prozessbevollmächtigten gebeten. Das Vollstreckungsgericht hat die Geldempfangsvollmacht nicht geprüft. Ob eine ordnungsgemäße Geldempfangsvollmacht vorliegt, muss daher vom Drittschuldner bei Überweisung an den Bevollmächtigten in eigener Verantwortung geprüft werden"[7].

3. Den *vollstreckbaren* Anspruch des Gläubigers[8] nach Hauptsache[9], Zinsen und anderen Nebenleistungen, Prozesskosten, bisherigen Zwangsvollstreckungskosten und Kosten des Pfändungsbeschlusses sowie außerdem nach dem vollstreckbaren Schuldtitel[10]. Diese Angaben sind notwendig, weil sich nach ihnen Umfang der Pfändung und des Pfandrechts bestimmen. Wenn ein Teilbetrag aus einem Titel über mehrere Forderungen oder der Forderungen aus mehreren Titeln vollstreckt wird, muss angegeben sein, wie er sich zusammensetzt, damit erkennbar sein, welcher der Forderungen der Teilbetrag zuzuordnen ist[11], somit, ob nur ein Hauptsacheteilanspruch (und aus welcher Hauptforderung von mehreren) vollstreckt wird, und welche Zinsen sowie Kosten der Teilbetrag einschließt[12]. Bezugnahme auf die dem Beschluss beigefügten Forderungsaufstellung genügt[13] (siehe Rdn. 508).

495

Der *Zins*anspruch des Gläubigers muss nicht bis zum Tage des Erlasses des Pfändungsbeschlusses ausgerechnet werden. Die Pfändung kann vielmehr auch wegen der bis zur späteren Befriedigung der Vollstreckungsforderung fortlaufenden Zinsen angeordnet werden. § 751 Abs. 1 ZPO steht

---

7   Vgl. dazu *Schopp* a.a.O. (Fußn. 5), auch wegen der Besonderheit für die Kostenerstattungsforderung.
8   Siehe *BGH* MDR 1980, 569 = NJW 1980, 1754; *BGH* NJW-RR 2003, 1437 und die Fußn. 11–13 Genannten.
9   Beigetriebene Ansprüche tilgen (nur) die im Pfändungsbeschluss bezeichnete Vollstreckungsforderung des Gläubigers. Hat der Gläubiger nur wegen der Hauptcheforderung vollstreckt, dann kommt somit eine Anrechnung der beigetriebenen Beträge gem. § 367 BGB auf die Kosten des Verfahrens nicht in Betracht; *LG Hamburg* NJW-RR 1986, 1445.
10 *Stein/Jonas/Brehm*, ZPO, Rdn. 40, *Musielak/Becker*, ZPO, Rdn. 9, *MünchKomm/Smid*, ZPO, Rdn. 26, je zu § 829; s. auch *BGH* 121, 98 (103). Fehlerhafte Bezeichnung berührt die Wirksamkeit der Pfändung nicht, wenn die Unrichtigkeit durch die bekannten tatsächlichen Umstände widerlegt wird, *OLG Köln* JurBüro 1989, 276 = NJW-RR 1989, 190; weitergehend (Angabe des Vollstreckungstitels ist nicht Wirksamkeitsvoraussetzung) *Schuschke/Walker*, Vollstreckung, Rdn. 42 zu § 829.
11 *BGH* DGVZ 2008, 184 = JurBüro 2008, 609 = MDR 2008, 1183 = NJW 2008, 3147 mit Anm. *Würdinger* = Rpfleger 2008, 851.
12 *BGH* 177, 178 (180) = NJW 2008, 3144 (3145) = Rpfleger 2008, 648 (649).
13 *BGH* JurBüro 2008, 606.

2. Kapitel: Pfändungsverfahren und -wirkungen

dem nicht entgegen; vielmehr kann die Zwangsvollstreckung in eine Forderung wegen der Zinsen so angeordnet werden, dass der Gläubiger das erhält, was ihm an Haupt- und Zinsforderung im Augenblick der Drittschuldnerzahlung zusteht[14].

Bei unterschiedlicher Bezeichnung der vollstreckbaren Forderung in Zahlen und in Buchstaben („61195 DM"; „einundneunzigtausendeinhundertfünfundneunzig DM") hat das *OLG Frankfurt*[15] Nichtigkeit des Pfändungsbeschlusses angenommen. Nach seiner Meinung war kein wirksames Pfandrecht entstanden, weil der Widerspruch zwischen der Angabe in der Zahl und in Buchstaben nicht aufzulösen war. Dem möchte ich nicht folgen. Nach den Auslegungsgrundsätzen (Rdn. 510) hätte der niedrigere Betrag als unzweifelhafte Pfändungsbeschlagnahme gelten können.

495a Im Verwaltungsvollstreckungsverfahren nach dem Verwaltungsvollstreckungsgesetz des Bundes (VwVG; dort § 5 Abs. 1 i.V.m. § 260 AO) und den entsprechenden Verwaltungsvollstreckungsgesetzen der Länder sowie nach der AO (dort § 260) muss die Pfändungsverfügung der Vollstreckungsbehörde selbst die beizutreibende Forderung nach Betrag und Schuldgrund bezeichnen[16], wenn wegen laufender Zahlungsansprüche vollstreckt wird auch die Zeiträume, für welche die Zahlungen (Raten) geltend gemacht sind[17]. Bezugnahme auf ein beigefügtes Schreiben, das diese Bezeichnung enthält, genügt dafür nicht[18], so dass die Pfändungsverfügung unwirksam ist. Die an den Drittschuldner zuzustellende Pfändungsverfügung soll jedoch den beizutreibenden Geldbetrag nur in einer Summe, ohne Angabe der Steuerarten und der Zeiträume, für die er geschuldet wird, bezeichnen (§ 309 Abs. 2 S. 2 AO [dies auch mit § 5 Abs. 1 VwVG-Bund])[19].

496 4. Die zu *pfändende Forderung* des Schuldners an den Drittschuldner (bzw. den zu pfändenden sonstigen Anspruch oder das Vermögensrecht)[20].

---

14 *Jonas* JW 1937, 2135 li.Sp.; siehe auch § 1210 Abs. 1 S. 1 BGB.
15 *OLG Frankfurt* JurBüro 1977, 1147 = MDR 1977, 676; **a.A.** aber *Stein/Jonas/Brehm*, ZPO, Rdn. 40 (Fußn. 214) zu § 829.
16 Die Angabe der vollstreckten Forderung gehört zum notwendigen Inhalt der Pfändungsverfügung, *BFH* 192, 232 = KKZ 2001. 38. Zur Angabe des Schuldgrundes *BFH* 137, 557 = BStBl 1983 II 435 = KKZ 1983, 192.
17 *VGH Baden-Württemberg* KKZ 1990, 97.
18 *BGH* a.a.O (Fußn. 8).
19 Dazu *Huken*, Zur Angabe des Schuldgrundes in einem Vollstreckungsauftrag und in einer Pfändungsverfügung, KKZ 1986, 121 (der auch herausstellt, dass diese Neuregelung auf Gründen des Datenschutzes beruht und zu ihr [kritisch] Stellung nimmt) sowie nochmals KKZ 1987, 10 (hier zum Anwendungsbereich des § 309 AO und zu Besonderheiten nach landesrechtlichen VwVGen); hierzu *Ramelsberger*, Zum Datenschutz in der Forderungspfändung, KKZ 1988,225.
20 Siehe dazu *RG* 108, 318; 139, 97; 140, 340 (342); 157, 321; 160, 37; *BGH* 13, 42 = JurBüro 1954, 304 = LM Nr. 2 zu § 829 ZPO mit Anm. *Ascher* = NJW 1954, 881; *BGH* MDR 1961, 408 (weitere Fundstellen siehe unten Fußn. 116); *BGH* JurBüro 1965, 617 = Rpfleger 1965, 365; *BGH* JurBüro 1975, 751 = MDR 1975, 567 = NJW 1975, 980; *BGH* (26.4.1978) JurBüro 1978, 1003 = MDR 1978, 839 = Rpfleger 1978, 247; *BGH* (22.11.1979) MDR 1980, 303 = NJW 1980, 584; *BGH* (13.3.1981) BGH 80, 172 = JurBüro 1981, 1325 = MDR 1981, 730 = NJW 1981, 1611; *BGH* JurBüro 1983, 543 = MDR 1983, 486 = NJW 1983, 1984, 886 (insoweit nicht in *BGH* 86, 337); *BGH* 93, 82 (83) = NJW 1985, 1031; *BArbG* BB 1962, 615 = Rpfleger 1963, 44 mit Anm. *Berner*; *KG* JurBüro 1981, 784 = OLGZ 1982, 75 = Rpfleger 1981, 240; *BGH* MDR NJW 1988, 859 = NJW 1988, 2543; *BGH* MDR 1991, 1201 = NJW-RR 1991, 1197 (1198).

Pfändungsbeschluss

a) Diese den Gegenstand der Vollstreckungsmaßnahme bildende Forderung (der Anspruch, das Recht) ist so bestimmt zu bezeichnen, dass sie von anderen unterschieden werden kann und die Feststellung ihrer Identität gesichert ist[21], dass mithin unzweifelhaft feststeht, welche konkrete Forderung (Anspruch, Recht) Gegenstand des Pfändungszugriffs sein soll. Das kann in der verschiedensten Weise geschehen[22] und erfordert nicht, dass die Forderung rechtlich richtig und in allen ihren Einzelheiten gekennzeichnet wird[23].

b) Am zuverlässigsten wird dem Erfordernis nach ausreichender Beschreibung der Forderung (des Anspruchs oder Rechts) bei Kennzeichnung des Gegenstandes und Rechtsgrundes genügt[24], also z. B. dann, wenn angegeben wird „Miete aus Vermieten der Wohnung …" oder „Kaufpreisforderung aus dem Kaufvertrag über einen gebrauchten Pkw, Marke Opel" (siehe Rdn. 152 e, f). Allgemein gehaltene Angaben genügen aber regelmäßig nicht[25] (siehe hierwegen Rdn. 514). Bezeichnung nur des Lebenssachverhalts (z. B. Kaufvertrag) statt der konkreten Forderung (des Vermögensrechts), die gepfändet werden soll (Kaufpreiszahlung, Schadensersatz, Kaufpreisrückzahlung nach Wandlung) ist durchweg unzulänglich (siehe Rdn. 461).

497

c) Nur in ganz besonderen Fällen wird Spezifizierung der so beschriebenen Forderung durch Angabe der Entstehungszeit, der Zahlungszeit[26] oder auf ähnliche Weise notwendig sein, so z. B. dann, wenn dem Schuldner gegen den Drittschuldner mehrere gleichartige Forderungen zustehen oder wenn der Drittschuldner ein Großunternehmen oder eine Körperschaft mit dezentralisierter Organisation ist[27].

498

---

21 *BGH* LM Nr. 8 zu § 857 ZPO = Rpfleger 1965, 365 und (26. 4. 1978) a.a.O (Fußn. 20); *BGH* MDR 2001, 1133 = NJW 2001, 2976; *BGH* 172, 16 = MDR 2007, 908 = NJW 2007, 3132 = Rpfleger 2007, 405 (406); *BGH* JurBüro 2008, 211 (212) = MDR 2008, 338 = NJW-RR 2008, 494 (495) = Rpfleger 2008, 266 (267); *BGH* MDR 2008, 826 = NJW-RR 2008, 1164 = NZI 2008, 512; *BayObLG* DNotZ 2000, 376 = NJW-RR 2000, 945; *OLG Frankfurt* JurBüro 1981, 458 = KKZ 1980, 106 = OLGZ 1981, 109; *OLG Karlsruhe* MDR 1997, 975.
22 *RG* 139, 97 (99); *Stöber* Rpfleger 1961, 208.
23 *RG* 108, 318 f.; *BArbG* AP Nr. 8 zu § 850 ZPO = JurBüro 1975, 904 = Rpfleger 1975, 220. Als ausreichend angesehen hat deshalb *OLG Frankfurt* OLGR 1998, 53 die Bezeichnung der Forderung aus der Tätigkeit des Schuldners für den Drittschuldner, deren genaue rechtliche Einordnung dem Gläubiger nicht möglich war, als Forderung auf Zahlung von … Entgelt aus Arbeitsvertrag, Werkvertrag und/oder selbständiger Tätigkeit.
24 Bezeichnung einer Pacht„forderung" als Pacht„summe" genügt, siehe *RG* 160, 37 (40).
25 Als ausreichend erachtet hat jedoch der *BGH* in MDR 1961, 408 (weitere Fundstellen siehe unten Fußn. 116) die Bezeichnung „aus Forderungen aus der Arbeitsgemeinschaft Internat K", und zwar für alle Forderungen auf dasjenige, was aus der Arbeitsgemeinschaft noch zu erwarten ist, insbesondere auch für künftig erwachsende Forderungen. Dem kann in dieser Verallgemeinerung nicht gefolgt werden.
26 Angabe der Fälligkeitszeit ist durchwegs entbehrlich; *RG* 160, 37 (40).
27 Vgl. *OLG Köln* MDR 1970, 150 (151).

2. Kapitel: Pfändungsverfahren und -wirkungen

Schadensersatz wegen unerlaubter Handlung (§ 823 BGB) kann u.a. als Geldersatz (§§ 249, 251 BGB), Geldrente (§ 843 BGB) und Schmerzensgeld (§ 257 Abs. 2 BGB, s. Rdn. 309 a), Unterhaltsersatz (§ 844 BGB) oder Rente für entgangene Dienste (§ 845 BGB) zu leisten sein. Die Pfändbarkeit der einzelnen Ersatzansprüche ist unterschiedlich geregelt (s. Rdn. 297). Daher wird bei Pfändung der Ersatzanspruch, auf den Zugriff genommen werden soll, näher zu bezeichnen sein. Pfändung nur der angeblichen Schadensersatzforderung aus einem (unter Angabe des Tages, Orts und der Unfallbeteiligten) bezeichneten Schadensfall (Verkehrsunfall) wird daher nur genügen, wenn sich daraus nach den Umständen des Einzelfalls auch die Ersatzforderung hinreichend bestimmen lässt, so z. B. deshalb, weil nur eine Ersatzforderung für Sachschaden in Betracht kommen kann.

499 d) Der Bezeichnung der zu pfändenden Forderung dient auch die Benennung ihrer genauen oder ungefähren *Höhe*. Notwendig ist die Angabe des Betrages der Forderung aber nur im Falle der Teilpfändung (siehe Rdn. 507 a und 761); in sonstigen Fällen kann die ziffernmäßige Benennung zur Konkretisierung des Gegenstandes des Pfändungszugriffs ausnahmsweise geboten sein. Von solchen ganz seltenen Sonderfällen abgesehen ist aber die Benennung des geschuldeten Betrages der zu pfändenden Forderung nicht zwingend erforderlich[28]. Das gilt schon deshalb, weil der Gläubiger die Verhältnisse seines Schuldners oft nicht genau kennt und auch nicht in jeder Einzelheit mit der bei Forderungspfändung regelmäßig gebotenen Eile in Erfahrung bringen kann. Ihm kann daher nicht zugemutet werden, neben einer dem Rechtsverkehr genügenden zuverlässigen und Zweifel ausschließenden Forderungsbezeichnung auch noch ihre Höhe zu benennen[29]. Durch Angabe des Betrages allein (ohne Anführung des Rechtsgrundes der Forderung) kann aber die zu pfändende Forderung nicht ausreichend beschrieben werden, weil mit einer solchen Bezeichnung Ansprüche mit den verschiedensten Entstehungsgründen und -zeiten gemeint sein könnten[30]. Die Angabe des Forderungsbetrags kann jedoch bei ungenauer Bezeichnung des Forderungsgrunds Auslegungshilfe sein[31].

500 e) Dass sich die Pfändung auf *zukünftige* Forderungen erstrecken soll, muss sich aus dem Pfändungsbeschluss ergeben[32]. Fehlt eine solche Angabe, so erstreckt sich die Pfändung nur auf die bei ihrem Wirksamwerden (Zustellung) dem Schuldner zustehenden Ansprüche[33]. Nur in den Fällen des § 832 (§ 833 a) ZPO werden die erst nach Wirksamwerden der Pfändung fällig gewordenen Beträge auch ohne ausdrückliche Anordnung von der Pfändung erfasst (siehe dazu Rdn. 964 ff.).

---

28 Ebenso für Pfändung von Untermiete *LG Berlin* JW 1937, 1443 Leits.
29 Siehe *Stöber* Rpfleger 1961, 208.
30 *RG* 139, 97 (101).
31 Siehe den Fall *BGH* (26. 4. 1978) a.a.O. (Fußn. 20).
32 Vgl. *BGH* 80, 172 (178, 181) = a.a.O. (Fußn. 20); *OLG Düsseldorf* NJW-RR 1999, 1406 (1407); *OLG Karlsruhe* NJW-RR 1993, 242.
33 *OLG Karlsruhe* NJW-RR 1993, 242.

f) Wenn Forderungen gegen einen Drittschuldner aus *verschiedenen* Rechtsverhältnissen durch einheitlichen Beschluss gepfändet werden sollen, muss der Beschluss die einzelnen Forderungen (bestimmt) kennzeichnen; Bezeichnung bloß als Forderung aus einem (nicht näher bestimmten) Vertrags- oder Rechtsverhältnis wird als nicht genügend angesehen (s. Rdn. 193: mehrere Versicherungsverhältnisse bei demselben Drittschuldner, sowie Rdn. 514 [bei Fußn. 96]: mehrere Bauvorhaben). Auch wenn mehrere Geldforderungen mit jeweils gleichem Rechtsgrund (z. B. aus Werkverträgen) gegen verschiedene Drittschuldner durch einheitlichen Beschluss (Rdn. 475 a) gepfändet werden sollen, muss jede Einzelforderung mit ihrem Drittschuldner ausreichend bestimmbar bezeichnet werden; Bezeichnung der Forderungen als „angeblicher Anspruch" (Singular) aus Werkvertrag über (näher genannte) Bauvorhaben mit zusammengefasster Angabe aller Drittschuldner kann als Pfändung nur einer von den Drittschuldnern als Gesellschafter einer (nicht bestehenden) Gesellschaft bürgerlichen Rechts geschuldeten Forderung verstanden werden und daher unwirksam sein[34].

500a

5. *Den Drittschuldner*

a) Wie die Drittschuldnerbezeichnung erfolgen soll, sieht die ZPO nicht vor. Nach dem Rdn. 492 Gesagten dürfte Bezeichnung nach Familien- und Vornamen, Stand oder Gewerbe und Wohnort aber geboten sein. Jedenfalls muss jedoch bei sachgemäßer Auslegung immer erkennbar sein, wer in Wahrheit gemeint ist (siehe Rdn. 517). Für die Zustellung kann auch die Angabe des gesetzlichen Vertreters des Drittschuldners geboten sein.

501

b) Mit der Firma und dem Ort einer *Zweigniederlassung* ist der Drittschuldner, insbesondere eine juristische Person oder eine rechtsfähige Personengesellschaft des Handelsrechts, zutreffend bezeichnet. Die Zweigniederlassung ist als Unternehmensteil zwar selbstständig nicht rechtsfähig. Jedoch nimmt der Drittschuldner mit seiner Zweigniederlassung am Rechtsverkehr für die von ihr aus betriebenen Geschäfte unter deren Firma teil (vgl. § 15 Abs. 4 HGB). Das ermöglicht für das Zahlungsverbot auch Bezeichnung des Drittschuldners mit der Firma der Zweigniederlassung (siehe z. B. für Postbank AG Rdn. 280). Das Zahlungsverbot richtet sich auch bei solcher Fassung gegen den Drittschuldner als Rechtspersönlichkeit (insbesondere juristische Person oder rechtsfähige Personengesellschaft), dessen Unternehmensteil mit der Firma der Zweigniederlassung genannt ist. Jedoch kann Zustellung an den Leiter einer anderen Zweigniederlassung (§ 170 Abs. 2 ZPO) oder Ersatzzustellung in den Geschäftsräumen (§ 178 Abs. 1 Nr. 2 ZPO) einer anderen Zweigniederlassung als der bei der Drittschuldnerbezeichnung benannten, keine Wirksamkeit zukommen (so auch Rdn. 281 a.E.). Verstanden werden kann die Drittschuldnerbezeichnung mit der Firma einer Zweigniederlassung, wenn nicht mit Angabe der zu pfändenden Forderung (Rdn. 496) etwas anderes zum Ausdruck gebracht

501a

---

34 *OLG Brandenburg* JurBüro 2003, 48.

ist[35], nur so, dass die Forderung im Geschäftsbetrieb der Zweigniederlassung entstanden und von ihr zu erfüllen ist, die Pfändung sich somit nicht auch auf Forderungen aus anderen Unternehmensbereichen bezieht.

502 c) Das im Pfändungsbeschluss enthaltene Zahlungsverbot wirkt nur gegen den Drittschuldner, an den es gerichtet ist, nicht jedoch gegen einen anderen Drittschuldner, auch nicht, wenn dies ein Gesamtschuldner ist[36] (siehe Rdn. 55). Daher muss der Gläubiger einen neuen Pfändungsbeschluss erwirken, wenn der Schuldner nach Lohnpfändung seine Arbeitsstelle wechselt. Wechsel des Unternehmensbereichs, auch Beschäftigung in einer anderen Zweigniederlassung des Drittschuldners, begründet jedoch keine Tätigkeit bei einem anderen Drittschuldner. Wirkungslos ist das Zahlungsverbot und damit die Pfändung, wenn die Person, die es angeht, im Pfändungsbeschluss überhaupt nicht angegeben ist[37], insbesondere also, wenn die Drittschuldnerbezeichnung völlig fehlt. Auch die Zustellung des Pfändungsbeschlusses an den tatsächlichen, aber nicht genannten Drittschuldner kann den Mangel seiner ungenügenden Bezeichnung nicht ersetzen[38].

6. *Zum Inhalt des Pfändungsbeschlusses gehören außerdem*

503 a) Das *Verbot an den Drittschuldner*, an den Schuldner zu zahlen (§ 829 Abs. 1 S. 1 ZPO). Der Gebrauch der Gesetzesworte ist nicht ausdrücklich verlangt. Bei besonderen Pfändungen kann von einem Zahlungsverbot auch nicht die Rede sein. Das Verbot ist dann z. B. in dem Sinn zu erlassen, „die Sache nicht an den Schuldner herauszugeben", „das Grundstück nicht dem Schuldner aufzulassen" usw.[39].

504 b) Das *Gebot an den Schuldner*, sich jeder Verfügung über die Forderung, insbesondere ihrer Einziehung zu enthalten (§ 829 Abs. 1 S. 2 ZPO). Wegen der nur relativen Wirkung des Gebots an den Schuldner (vgl. Rdn. 559) schlägt *Berner*[40] im Interesse der Klarstellung folgende Fassung vor: „Der Schuldner hat sich jeder Verfügung über die Forderung *zum Nachteil des Gläubigers*, insbesondere durch ihre Einziehung, zu enthalten". Besteht keine Möglichkeit einer Einziehung des Pfandobjekts, dann ist das Schuldnerverbot anders zu formulieren. Bei Pfändung einer Eigentümergrundschuld heißt es z. B. besser „… sich jeder Verfügung über die Eigentümergrundschuld, insbesondere ihrer Aufhebung durch Bewirkung der Löschung oder Abtretung an einen Dritten zu enthalten"[41].

---

35 Im Falle des *AG Leipzig* NJW-RR 1998, 1345 war auch das Kontoguthaben bei einer anderen Filiale der Bank als gepfändet bezeichnet, war nach der hier dargestellten Ansicht die Pfändung sonach wirksam erfolgt. Drittschuldnerschutz, wenn nach Zustellung Auszahlung durch die andere Niederlassung nicht mehr verhindert werden kann, Rdn. 567 (auch Rdn. 935 a).
36 *RG* 140, 342.
37 *RG* 42, 325 (327, 330).
38 *RG* 42, 325 (331).
39 *RG* Gruchot 57, 1087 = WarnRspr. 1913 Nr. 390.
40 *Berner* Rpfleger 1966, 75.
41 *Stöber* Rpfleger 1958, 252; *Schmidt-Ernsthausen* JW 1933, 668; *RG* 52, 257 (259).

Das Drittschuldnerverbot (Rdn. 503) ist für die Pfändung *wesentlich*. Fehlt 505
es, so ist die Pfändung unwirksam[42]. In der Erklärung allein, dass ein bestimmter Anspruch gepfändet werde, liegt das Drittschuldnerverbot noch nicht[43].

Unwesentlich für die Wirksamkeit der Pfändung ist dagegen das an den 506
Schuldner zu richtende Gebot, sich Verfügungen zu enthalten (Rdn. 504)[44].

Das Zahlungsverbot an den Drittschuldner entfällt bei der Pfändung 507
drittschuldnerloser Rechte (§ 857 Abs. 2 ZPO). Dann aber ist das Gebot an
den Schuldner, sich Verfügungen zu enthalten, für die Pfändung wesentlich.
Beim Fehlen dieses Gebotes ist daher die Pfändung eines drittschuldnerlosen Vermögensrechtes unwirksam[45].

Mitunter ist streitig, ob ein Drittschuldner vorhanden ist. In einem solchen Fall wird der Gläubiger vorsorglich Erlass des Zahlungsverbotes an den *möglichen Drittschuldner* beantragen. Das Vollstreckungsgericht darf in einem Zweifelsfall den Antrag nicht ablehnen, muss also den vermeintlichen Drittschuldner im Pfändungsbeschluss nennen und so dem Gläubiger Gelegenheit geben, den Beschluss auch diesem zustellen zu lassen. Denn über die Wirksamkeit einer Pfändung entscheidet letztlich nicht das Vollstreckungsgericht, sondern das mit dem Streit befasste Prozessgericht. Das Vollstreckungsgericht kann daher nicht schon bei Erlass des Pfändungsbeschlusses dem Gläubiger die Möglichkeit nehmen, alle seine vermeintlichen Rechte zu wahren[46] (siehe hierzu auch Rdn. 485 a).

7. Außerdem muss der Pfändungsbeschluss gegebenenfalls noch ent- 507a
halten die Bezeichnung des Teils und seines Vorrangs vor dem Rest, wenn
nur ein *Teil der Forderung* gepfändet werden soll[47], die Anordnung, dass
die Sache an den Gerichtsvollzieher *herauszugeben* ist (siehe z. B. § 847
Abs. 1 ZPO), die Anordnung, dass die Pfändung sich auf die nach der Pfändung *fällig werdenden Raten* der zu pfändenden Forderung erstrecken soll
und dass sie wegen künftiger Raten der vollstreckbaren Forderung erst mit
dem auf ihre Fälligkeit folgenden Werktage wirksam wird (siehe Rdn. 691).

8. Der Pfändungsbeschluss ist von dem Rechtspfleger, der ihn erlassen 507b
hat, zu *unterschreiben*[48] (vgl. § 315 Abs. 1 S. 1 ZPO für Urteil). Abzeichnung nur mit Handzeichen (Paraphe) genügt als Unterschrift nicht[49].
Solange der Rechtspfleger den Beschluss nicht unterschrieben hat, stellt das
Schriftstück lediglich einen (unverbindlichen) Entwurf dar[50]. Ersetzung

---

42 *RG* a.a.O. (Fußn. 39).
43 *RG* a.a.O. (Fußn. 39); *RG* Gruchot 72, 225.
44 *RG* 112, 348 (351); *KG* JW 1936, 3335.
45 *KG* JW 1936, 3335.
46 So zutreffend insbesondere *Schuler* NJW 1960 1423.
47 Teilpfändung setzt Antrag des Gläubigers voraus. Das Vollstreckungsgericht kann den auf Pfändung der ganzen Forderung zielenden Antrag des Gläubigers nicht einschränken; siehe hierwegen auch Rdn. 755 ff.
48 *BGH* NJW-RR 2008, 1164 = a.a.O. (Fußn. 21).
49 So für Beschlüsse *OLG Brandenburg* JurBüro 1998, 369 = NJW-RR 1998, 862 = Rpfleger 1998, 207; *OLG Karlsruhe* NJW-RR 2004, 1507; *OLG Köln* NJW 1988, 2805 = OLGZ 1988, 459, Rpfleger 1991, 198 und JurBüro 1992, 262; *Zöller/Vollkommer*, ZPO, Rdn. 36 zu § 329; auch *OLG Düsseldorf* JurBüro 1989, 1153 = Rpfleger 1989, 276.
50 *BGH* 137, 49 (51) = MDR 1998, 298 = NJW 1998, 609.

der handschriftlichen Unterzeichnung bei Erstellung des Beschlusses als elektronisches Dokument durch Namensangabe und qualifizierte elektronische Signatur: § 130 b ZPO.

III. Die Anlage zum Pfändungsbeschluss

508 Der Pfändungsbeschluss (das Beschlussformular) kann durch eine Anlage ergänzt werden, „die angeheftet ist"[51]. Das ermöglicht Bezeichnung der zu pfändenden Forderung (des Rechts) oder der Forderungsaufstellung des Gläubigers[52] auch, wenn sie mehr Raum erfordert, als das Beschlussformular zur Verfügung stellt[53]. Bestandteil des Beschlusses ist der Inhalt der Anlage (jedenfalls[54]) dann, wenn sie in ihm als solche bezeichnet (auf sie ausdrücklich verwiesen) ist. Kennzeichnung der Anlage des Beschlusses auch in dem ihm beigefügten Schriftstück ist nicht notwendig, empfiehlt sich aber gleichwohl. Unterzeichnung auch der Anlage durch den Rechtspfleger ist nicht Wirksamkeitserfordernis[55]. Auch (feste) Verbindung der Anlage mit dem Beschluss, dem der Einschalttext als Bestandteil zugeordnet ist, erfordert die Beifügung nicht[56]. Als Bestandteil des Pfändungsbeschlusses muss die Anlage jedoch mit dem Schriftstück des Beschlusses ausgefertigt werden. Es muss der Ausfertigungsvermerk eindeutig erkennbar machen, dass er alle Seiten des einheitlichen (verbundenen) Schriftstücks abdeckt[57]. Auf den Ausfertigungsvermerk hat sich dann auch der Beglaubigungsvermerk für die bei Zustellung zu übergebende beglaubigte Abschrift der Ausfertigung (§ 192 Abs. 2 ZPO) zu erstrecken.

IV. Auslegung des Pfändungsbeschlusses

Schrifttum: *Bauer*, Unwesentliche Unrichtigkeiten in der Bezeichnung des Drittschuldners und des Schuldners, JurBüro 1966, 907.

509 1. Als hoheitlicher Gerichtsakt muss der Pfändungsbeschluss die für seinen Inhalt notwendigen Angaben (siehe Rdn. 490 ff.) mit solcher Eindeutigkeit benennen, dass Anordnung und Umfang der Pfändung mit Sicherheit zu ersehen sind (siehe Rdn. 489). Diese *Bestimmtheit* (Klarheit) muss der Pfändungsbeschluss nicht nur für die unmittelbar Beteiligten (Gläubiger, Schuldner und Drittschuldner), sondern der allgemeinen

---

51 *BGH* NJW-RR 2008, 1164 = a.a.O. (Fußn. 21).
52 Zu einem solchen Fall *BGH* JurBüro 2008, 606. Demgegenüber aber *BGH* MDR 1980, 569 = NJW 1980, 1754: In der Pfändungsverfügung (nach dem Verwaltungsvollstreckungsgesetz NRW) selbst muss die beizutreibende Forderung nach Grund und Betrag bezeichnet sein. Die Bezugnahme auf ein beigefügtes Schreiben, das diese Bezeichnung enthält, genügt dafür nicht.
53 *BGH* NJW-RR 2008, 1164 = a.a.O.
54 *BGH* NJW-RR 2008, 1164 = a.a.O.
55 *BGH* NJW-RR 2008, 1164 = a.a.O.
56 *BGH* NJW-RR 2008, 1164 = a.a.O.
57 *Zöller/Stöber*, ZPO, Rdn. 8 und 15 zu § 169.

Rechts- und Verkehrssicherheit wegen auch für andere Personen, insbesondere für weitere Gläubiger, die selbst pfänden wollen, in sich tragen[58]. Fehlt es hieran, so ist der Pfändungsbeschluss unwirksam und nicht geeignet, ein Pfändungspfandrecht zu begründen[59]. Insbesondere kommt dann auch einer Einigung der unmittelbar Beteiligten über die Auslegung des Pfändungsbeschlusses keine Bedeutung zu[60].

2. *Ungenaue und unklare Angaben* im Pfändungsbeschluss sind ausreichend, wenn bei verständiger *Auslegung* Anordnung und Umfang der Pfändung und die von ihr betroffenen Personen unzweifelhaft feststehen. Das wird bei Ungenauigkeit im Wortlaut und Ausdruck immer der Fall sein. Allzu strenge Anforderungen an die Genauigkeit der Bezeichnung hat die Rechtsprechung nicht gestellt[61]. Doch sind der Auslegung insofern Grenzen gesetzt, als nicht nach der für private Willenserklärungen in § 133 BGB vorgeschriebenen Methode der subjektiven Willensforschung verfahren werden kann[62]. Für die Auslegung kommt es vielmehr nur auf den objektiven[63] Sinn des Wortlautes des Pfändungsbeschlusses an[64]. Über den erkennbaren Wortsinn hinaus darf in freier Weise nicht ausgelegt werden[65]. Der Beschluss kann allenfalls nur durch ganz offenkundige Tatsachen, nicht aber durch Angaben ergänzt werden, die außerhalb seiner Fassung liegen[66], sich also z. B. nur aus dem Pfändungsantrag oder aus anderen Unterlagen oder Umständen ergeben[67]. Der Inhalt der Vorpfändung kann jedoch unter Umständen zur Auslegung des Pfändungsbeschlusses herangezogen werden[68]. Keinen Einfluss auf die Wirksamkeit des Pfän-

510

---

58   *RG* 140, 340 (342); 160, 37 (40); *BGH* 13, 42 (weitere Fundstellen Fußn. 20); *BGH* MDR 1961, 408 (weitere Fundstellen unten Fußn. 106); *BGH* a.a.O. (Fußn. 21); *BGH* NJW 1983, 886 (weitere Fundstellen Fußn. 20); *BGH* NJW 1985, 1031; *BGH* NJW 2008, 266 (267) = a.a.O. (Fußn. 21); *BGH* NJW 1988, 2543 = a.a.O. (Fußn. 20); *BGH* NJW-RR 1991, 1197 (1198) = a.a.O. (Fußn. 20); *BGH* MDR 2000, 476 = MittBayNot 2000, 245 = NJW 2000, 1268 (1269); *BGH* MDR 2000, 1273 = NJW 2000, 3218 = Rpfleger 2000, 505 (506); *Bay ObLG* DNotZ 2000, 376 = a.a.O. (Fußn. 21).
59   *RG* 139, 97 (99); 140, 340 (342).
60   *RG* HRR 1939 Nr. 909.
61   *RG* 157, 324; 160, 37 (40); *BGH* MDR 1961, 408 (weitere Fundstellen siehe unten Fußn. 116); *BGH* NJW 1975, 980 und NJW 1983, 886 (weitere Fundstellen Fußn. 20); *BGH* (26.4.1978) a.a.O. (Fußn. 20); *BGH* (22.11.1979) a.a.O. (Fußn. 20); *BGH* (13.4.1983) NJW 1983, 2773 (2774); *BGH* NJW 1988, 2543 = a.a.O. (Fußn. 20); *BGH* MDR 2001, 1133 = NJW 2001, 2976.
62   *BGH* NJW 1975, 980 (weitere Fundstellen Fußn. 20); *BArbG* AP Nr. 1 zu § 850 ZPO = Rpfleger 1960, 247; *BArbG* BB 1962, 615 = Rpfleger 1963, 44; *BArbG* AP Nr. 4 zu § 850 ZPO = NJW 1962, 1933; *LArbG Hamm* BB 1965, 1189.
63   Am buchstäblichen Sinn des Ausdrucks darf die Auslegung also nicht haften; siehe *BGH* MDR 1961, 408 (weitere Fundstellen siehe unten Fußn. 116); *BGH* NJW 1988, 2543 = a.a.O.
64   *BArbG* in AP Nr. 4 zu § 850 ZPO mit Anm. *Pohle* = NJW 1962, 1933; *BGH* (26.4.1978) a.a.O. (Fußn. 20); *BGH* NJW 2000, 1268 (1269) = a.a.O. (Fußn. 58).
65   *RG* 95, 235 (237).
66   *BGH* NJW 1988, 2543 = a.a.O. (Fußn. 20); *BArbG* a.a.O. (Rdn. 496 Fußn. 20).
67   *RG* 139, 97 (100); 140, 340; 160, 37; *BArbG* a.a.O. (Fußn. 64); *BGH* a.a.O. (Fußn. 21); *LArbG Bremen* Betrieb 1964, 192 (Leits.); *LArbG Hamm* a.a.O. (Fußn. 62).
68   *RG* Gruchot 48, 1157.

2. Kapitel: Pfändungsverfahren und -wirkungen

dungsbeschlusses hat die fehlende Angabe des Datums und des Aktenzeichens des Vollstreckungstitels in dem sonst ordnungsgemäß erlassenen Beschluss[69].

3. Auslegung der Parteibezeichnung (Rdn. 492)

511 Nach diesen Grundsätzen wird eine unwesentlich ungenaue Bezeichnung des *Gläubigers* fast immer unschädlich sein. Selbst eine falsche Bezeichnung des Gläubigers kann aber unschädlich sein, wenn sie keine Zweifel darüber entstehen lässt, wer gemeint ist. Das kann ebenso gelten, wenn der Gläubiger die Angabe seiner derzeitigen Anschrift überhaupt verweigert hat[70]. Ein nicht richtig geschriebener Familienname des Schuldners (z. B. mit „oe" statt „ö" bei Bearbeitung des Beschlussentwurfs mit EDV-Anlage[71]) schadet nicht, wenn auch die geänderte Schreibweise die Identifizierung des Schuldners ermöglicht[72]. Unschädlich wird regelmäßig auch eine prozessual nicht genaue Bezeichnung des *Schuldners*[73] sein[74] (Bezeichnung eines Nichtkaufmanns mit „seiner" Firma, unter der er unzulässigerweise auftritt, Geschäfte betreibt und bekannt ist; Bezeichnung mit abgekürztem Vornamen, Bezeichnung eines verheirateten Schuldners mit seinem Geburts- oder einem früheren Familiennamen, insbesondere dann, wenn er unter diesem Namen allgemein bekannt ist, Bezeichnung mit einem Künstlernamen usw.). Auch die Bezeichnung mit einem unwesentlich falschen Vornamen wird oft unschädlich sein. Existiert allerdings der in der falschen Bezeichnung Benannte tatsächlich und muss der Pfändungsbeschluss objektiv als gegen ihn gerichtet verstanden werden, dann ist für eine Auslegung freilich kein Raum mehr[75]. Die Angabe einer unrichtigen (auch einer nicht mehr zutreffenden) Anschrift des Schuldners ist unschädlich, wenn erkennbar ist, wer gemeint ist[76]. Bei Lohnpfändung wird die Be-

---

69 *LArbG Düsseldorf* Betrieb 1968, 1456.
70 *KG* MDR 1994, 513 = OLGZ 1994, 593 = Rpfleger 1994, 425: „... sofern dem Schuldner im Zwangsvollstreckungsverfahren daraus kein Nachteil erwachsen kann".
71 Keine Identitätszweifel durch Familienname „Hoode" statt richtig „Moode" bei richtigem Vornamen und zutreffender Anschrift; siehe *LG Marburg* KKZ 1983, 189.
72 *LG Hannover* JurBüro 1980, 774. Siehe auch *LG Hannover* JurBüro 1992, 57: In der Regel keine Verwechslungsgefahr, wenn (im Mahnbescheid) mittels EDV-Anlage der Nachname (Lothar) und dann der Vorname (Herrmann) des Schuldners ohne Komma geschrieben wird. S. auch Rdn. 517.
73 Der Schuldner muss – auch bei Lohnpfändung – mit einer solchen Eindeutigkeit angegeben sein, dass zweifelsfrei erkennbar ist, wessen Forderung gepfändet ist; *LArbG Hamm* BB 1965, 1189.
74 Die Angabe eines falschen Schuldners (= Gläubiger der zu pfändenden Forderung), z. B. eines Miterben an Stelle der Erbengemeinschaft, hat *RG* 140,40 deshalb für unschädlich erachtet, weil die Identität der Forderung nicht in Frage gestellt war.
75 *BArbG* a.a.O. (Fußn. 64) für den Fall der Pfändung des Arbeitseinkommens gegen *Gustav* T. (der zudem nach dem Urteil samtverbindlich mithaftender Schuldner war) statt gegen den allein bei dem Drittschuldner arbeitenden *Günther* T.
76 *KG* OLGZ 1994, 593 = a.a.O.; *LArbG Rheinland-Pfalz* BB 1968, 709. Siehe aber auch *OLG Stuttgart* NJW-RR 1994, 1023.

zeichnung mit einem unrichtigen Vornamen[77] oder einer falschen Anschrift immer unschädlich sein, wenn der Drittschuldner als Arbeitgeber nur wenige, ihm persönlich bekannte Arbeitnehmer beschäftigt und daher zweifelsfrei erkennbar ist, wer gemeint ist. Dem Lohnbüro eines Großbetriebs kann dagegen im Zweifelsfall nicht zugemutet werden, umständliche Ermittlungen anzustellen, um herauszufinden, wer tatsächlich Schuldner sein soll[78].

4. Auslegung der Bezeichnung der zu pfändenden Forderung (Rdn. 496 ff.)

a) Es sind Ungenauigkeiten unschädlich, die sonst keinen Zweifel setzen, welche bestimmte Forderung gemeint ist, so dass bei verständiger Auslegung des Beschlusses unzweifelhaft feststeht, welche Forderung Gegenstand des Pfändungszugriffs sein soll[79]. Das *Rechtsverhältnis*, aus dem diese Forderung hergeleitet wird, muss aber wenigstens in allgemeinen Umrissen angegeben sein[80]. Nicht ausreichend ist daher die Bezeichnung nur dem Betrage nach, die Angabe „... aus jedem Rechtsgrunde"[81], „... aus Verträgen oder sonstigen Rechtsgründen"[82], oder „... angeblich zustehende Schadensersatzforderung wegen Nichterfüllung eines Kaufvertrages", zumal dann, wenn zwischen Schuldner und Drittschuldner mehrfache Rechtsbeziehungen aus selbstständigen Geschäften bestehen[83]. Solche ungenügenden Bezeichnungen haben die Unwirksamkeit der Pfändung zur Folge. In Zweifelsfällen und zu seiner eigenen Sicherheit wird der Drittschuldner diese Unwirksamkeit mit Erinnerung gegen den Pfändungsbeschluss geltend machen.

512

b) Ist die Forderung selbst ausreichend bezeichnet und dieser Bezeichnung ein *ungenügender Zusatz* angefügt („... und aus jedem sonstigen Rechtsgrund", „usw.", „pp." o. Ä.), so kann nicht die ganze Pfändung als

513

---

77 Bei Bezeichnung des beim Drittschuldner beschäftigten „Eberhard" X mit „Paul" X hat das *LArbG Hamm* BB 1965, 1189 Unwirksamkeit der Pfändung angenommen. Diese Ansicht wird nach den Umständen des Einzelfalls aber vielfach als zu eng angesehen werden müssen.
78 *LArbG Rheinland-Pfalz* a.a.O. (Fußn. 76).
79 *RG* HRR 1930 Nr. 1870; *RG* 75, 313 (317); 93, 121 (124); 108, 318 (319); 139, 97 (99); 160, 37 (40); *BGH* NJW 1983, 886 = a.a.O. (Fußn. 20); *BGH* NJW-RR 1991, 1197 (1198); *BGH* NJW 2000, 1268 (1269) = a.a.O. (Fußn. 58).
80 *BGH* 13, 42 (weitere Fundstellen Fußn. 20); *BGH* NJW 1975, 980, NJW 1983, 886 (weitere Fundstellen Fußn. 20) und NJW 1986, 977 (978); *BGH* MDR 2005, 1135 = NJW-RR 2005, 1361 (1362) = Rpfleger 2005, 450; *BArbG* BB 1962, 615 = Rpfleger 1963, 44 und a.a.O. (Rdn. 496 Fußn. 23); *RG* 108, 318; 139, 97; 157, 324; *BGH* a.a.O. (Fußn. 21); *BGH* (22.11.1979) a.a.O. (Fußn. 20); *BGH* NJW 1988, 2543 = a.a.O. (Fußn. 20); *BGH* NJW-RR 1991, 1197 (1198) = a.a.O. (Fußn. 20); *OLG Frankfurt* OLGZ 1981, 109 = a.a.O. (Fußn. 21).
81 *BGH* a.a.O. (Fußn. 21) und NJW-RR 2005, 1361 (1362) = a.a.O. (Fußn. 80); *OLG Frankfurt* a.a.O. (Fußn. 80); *KG* OLGZ 1982, 75 = a.a.O. (Fußn. 20); *OLG Karlsruhe* MDR 1975, 975.
82 *RG* 157, 321 (324); *OLG Frankfurt* a.a.O. (Fußn. 80); *KG* OLGZ 1982, 75 = a.a.O. (Fußn. 20); *OLG Karlsruhe* MDR 1975, 975.
83 *RG* JW 1920, 558; *Oertmann* JW 1920, 558.

wirkungslos angesehen werden. Doch wird bei einem Aneinanderreihen der verschiedenartigsten Schuldgründe[84] oft keine hinreichende Bezeichnung der Forderung mehr vorliegen. Als unwirksam wurde deshalb z. B. angesehen die Bezeichnung „aus Darlehen, Abrechnung oder irgendwelchem anderen Rechtsgrund"[85] sowie „aus Darlehen, Vorschüssen und ungerechtfertigter Bereicherung".

514 c) Allgemein gehaltene Bezeichnungen können nicht genügen, wenn sie nicht hinreichend klar ersehen lassen, welche konkrete Forderung gemeint ist. So sind ungenügend die Bezeichnung „Rückgewähr (oder Rückübertragung) von (oder aller) Sicherheiten"[86] (hierzu auch Rdn. 2016; ungenügend auch wenn Rückgewähransprüche pauschal [ohne Konkretisierung] nur abstrakt nach ihrem rechtlichen Schuldgrund aufgelistet sind wie Rückübertragung des sicherungsübereigneten Warenlagers, etwa abgetretener Rückgewähransprüche, übertragener Lohn- und Gehaltsansprüche, übertragener Ansprüche aus Lebensversicherungen und dergleichen[87]), „aus Bankverbindung"[88], „aus laufender Geschäftsverbindung" (vgl. Rdn. 155 c; erfasst zumindest nicht den Anspruch auf den Übererlös aus der Verwertung von Sicherungsgut nach dem Ende der Geschäftsverbindung[89]), „aus sämtlichen den Schuldner betreffenden Hinterlegungsgeschäften" (Rdn. 1644 a), „Werklohn", „aus Arbeitsaufträgen", evtl. auch „für geleistete

---

84 Formblattmäßige und ohne Rücksicht auf den Einzelfall erfolgte Anführung einer Vielzahl von Formeln für die Pfändung aller denkbaren Forderungen aus Rechtsverhältnissen verschiedenster Art enthält (zumal wenn sie nur alternativ, nicht aber nebeneinander bestehen können) keine hinreichend bestimmte Bezeichnung einer konkret zu pfändenden Forderung, *LG Münster* MDR 1989, 464.
85 *OLG Kassel* OLG 14, 179.
86 *OLG Koblenz* Rpfleger 1988, 72; *LG Aachen* Rpfleger 1990, 215 und JurBüro 1991, 873 = Rpfleger 1991, 326 (hier auch zu ausreichend konkreter Bezeichnung im Einzelfall); *LG Köln* ZIP 1980, 114; *LG Bochum* NJW 1986, 3149; *LG Koblenz* Rpfleger 1989, 512; *LG Landshut* JurBüro 1994, 307 mit zust. Anm. *Mümmler*; *LG Limburg* NJW 1986, 3148; *LG Saarbrücken* JurBüro 1988, 1581 mit zust. Anm. *Mümmler*; *LG Trier* Rpfleger 1989, 418; *Hein* Rpfleger 1987, 491. **A.A.** *LG Berlin* MDR 1977, 59 = Rpfleger 1976, 223 und Rpfleger 1991, 28; *LG Bielefeld* Rpfleger 1987, 116, sowie (verallgemeinernd) *Mümmler* JurBüro 1994, 205, denen jedoch nicht gefolgt werden kann. Es können Sicherheiten verschiedenster Art zurückzugeben sein. Die (zurück)abzutretende Forderung, eine zurückzugewährende Grundschuld (dazu Rdn. 1889) oder eine herauszugebende Sache (dazu Rdn. 2016) müssen also solche konkret bezeichnet sein. Wenn schon Bezeichnung der Grundschuld, auf die sich ein Rückgewähranspruch bezieht, nicht genügt, sondern daneben auch noch Grundstücksbezeichnung erforderlich ist (dazu Rdn. 1889), ist die nichtssagende Sammelbezeichnung „Rückgewähr von Sicherheiten" ebenso unzulänglich. Siehe auch *OLG Frankfurt* Rpfleger 1987, 511, das Bezeichnung des Anspruchs auf „Auskehrung des überschießenden Betrages bei Einzug von Forderungen" mit Hinweis auf den geschäftlichen Verkehr durch den Zusatz „z. B. im Rahmen einer Mantelzession abgetretenen Forderungen" für Pfändung des Anspruchs auf den Überschuss aus Verwertung einer (privaten) Lebensversicherung als ungenügend ansieht.
87 *AG Kerpen* WM 1996, 888.
88 *OLG Frankfurt* a.a.O. (Fußn. 80).
89 *OLG Stuttgart* WM 1994, 1140.

Zimmerarbeiten"[90], außerdem „Forderungen aus Lieferungen und sonstigen Leistungen" für ein Entgelt für Entwicklung und Pflege von Computersoftware[91]. Der *BGH*[92] hat dagegen Bezeichnung des Anspruchs „auf Auszahlung des Überschusses aus der Verwertung von Sicherheiten" als hinreichend bestimmt gelten lassen. Als ausreichende Bezeichnung hat das *OLG Köln*[93] bei der Zwangsvollstreckung gegen einen Bauunternehmer die Pfändung der Ansprüche auf „Unternehmerlohn aus Lieferungen und Leistungen" angesehen, weil die Auslegung zeigte, dass Ansprüche aus Werk- oder Werklieferungsvertrag erfasst waren. Die Pfändung des Werklohnanspruchs eines Schreiners für Arbeiten im Wohnhaus des Drittschuldners als Forderung für „erbrachte Arbeitsleistungen gemäß erteilter Abrechnung" hat der *BGH*[94] als hinreichend bestimmt angesehen. Als „insgesamt hinreichend bestimmt" dargestellt hat der *BGH*[95] die Bezeichnung der Forderung eines Bauunternehmers für Werkleistungen bei der Errichtung eines Wohnhauses und Baustofflieferungen wie folgt: „... aus bestehenden und künftigen Werk-, Werklieferungs- und Kaufverträgen, insbesondere aus der Ausführung von Bauarbeiten, Verputzarbeiten einschließlich Materiallieferungen". Wenn es mehrere Bauvorhaben an einem Ort gibt, ist die Bezeichnung „... aus Werkvertrag, Installationsarbeiten des Schuldners in dem Bauvorhaben R ... (= Ort) des Drittschuldners" nach Ansicht des *BGH*[96] jedoch ungenügend, weil dann unklar bleibt, welches Bauvorhaben gemeint ist oder ob etwa die Ansprüche auf Vergütung für alle Bauvorhaben gepfändet sein sollen. Bezeichnung mit „Forderungen aus Lieferungen und Leistungen (Bohrarbeiten)" hat der *BGH*[97] dagegen genügen lassen, weil sie die gepfändete Forderung identifizierbar gemacht hat. Dazu hat der *BGH* auch ausgeführt, dass selbst dann, wenn die Schuldnerin häufiger als Subunternehmerin für die Drittschuldnerin tätig geworden sein sollte, immer noch klar war, dass alle Forderungen aus Werkverträgen mit dem Inhalt „Bohrarbeiten" gepfändet waren. Mit der Bezeichnung „Forderung aus Lieferung von Waren (Garagentoren)" hat

---

[90] *KG OLG* 13, 207. Die Angaben müssten die Bauten bezeichnen, für welche die Forderung entstanden sein soll, und evtl. auch die annähernde Zeit der Entstehung, weil sonst die Pfändung auf irgendwelche beliebige Werkspreisforderungen des Schuldners für beliebige Bauten bezogen werden könnte, auch wenn der Gläubiger hiervon bei Pfändung noch keine Kenntnis gehabt hatte; siehe *KG* a.a.O.
[91] *OLG Karlsruhe* MDR 1997, 975 = NJW 1998, 549.
[92] *BGH* NJW 1981, 1505.
[93] *OLG Köln* MDR 1970, 150.
[94] *BGH* NJW 1986, 977 (978).
[95] *BGH*, Urt. v. 22.1.1975, VIII ZR 119/73, insoweit – soweit ersichtlich – nicht veröffentlicht. Dort stand die Frage allerdings nicht zur Entscheidung. In dem Urteil heißt es lediglich: „Von diesen in Übereinstimmung mit der Rechtsprechung getroffenen (*BGH*, Urt. 18.3.1954, IV ZR 160/53 = *BGH* 13, 42 [43]; *RG* 108, 318 [319]; 157, 321 [324]; 160, 37 [39]; *OLG Köln* MDR 1970, 150), ihr günstigen Feststellungen (des Berufungsgerichts) geht auch die Revision aus."
[96] *BGH* Betrieb 1970, 1486; in dem entschiedenen Fall gab es 3 Bauvorhaben des Drittschuldners im Ort R...
[97] *BGH* NJW 1983, 886 = a.a.O. (Fußn. 20).

das *OLG Hamburg*[98] eine Werklohnforderung aus einem Vertrag über die Aufstellung von Fertiggaragen aus vom Schuldner gelieferten Einzelteilen nicht als gepfändet angesehen, weil eine Werklohnforderung und keine Kaufpreisforderung geschuldet war und die Forderung nicht die Bezahlung von Garagentoren, sondern der angelieferten und aufgestellten, also kompletten Fertiggaragen zum Gegenstand hatte. Für die Pfändung der Ansprüche des Schuldners auf fortlaufenden Werklohn aus einem Werkvertrag hat das *BArbG*[99] die Bezeichnung als Ansprüche auf Zahlung von Lohn, Gehalt oder sonstigem Arbeitseinkommen i.S. des § 850 ZPO auch dann als ausreichend angesehen, wenn die Forderung nicht unter den Begriff des Arbeitseinkommens i. S. des § 850 Abs. 2 ZPO (dazu Rdn. 886) eingeordnet werden kann. Der *BGH*[100] hat Bezeichnung einer Forderung „gegen das Staatliche Hochbauamt X" „aus *neuem* Werkvertrag" als ausreichend erachtet, weil (in diesem Fall) auch für Dritte allgemein zweifelsfrei erkennbar war, dass nur ein ganz bestimmter Bauvertrag in Betracht kam. Auf die Pfändung von Eigentümergrundschulden hat der *BGH*[101] die Formulierung bezogen „Eigentümergrundschulden, abgetreten an die X-Bank, Filiale S". Pfändung der angeblichen Forderungen „aus Bankverbindung" genügt den Anforderungen an die Bestimmbarkeit nicht[102].

515 d) Außerhalb des Pfändungsbeschlusses liegende Umstände können die Unwirksamkeit der Pfändung wegen allgemein gehaltener Bezeichnung der Forderung nicht abwenden.

516 e) Dem Erfordernis der bestimmten Bezeichnung der zu pfändenden Forderung (des Rechts oder Anspruchs) ist nicht genügt, wenn bei unzureichenden Angaben im Pfändungsbeschluss Gläubiger, Schuldner und Drittschuldner als die unmittelbar Beteiligten erkennen können, welche Forderung gemeint ist. Insbesondere genügt es auch nicht, wenn diese unmittelbar Beteiligten wissen, dass der Schuldner nur eine einzige Forderung an den Drittschuldner hat, und sich darüber einig sind, dass die Forderung gemeint ist. Vielmehr muss der allgemeinen Rechts- und Verkehrssicherheit wegen auch für andere Personen, insbesondere für weitere Gläubiger, die selbst pfänden wollen, ausreichend erkennbar sein, welche bestimmte Forderung gemeint ist[103].

5. Ungenaue Drittschuldnerbezeichnung (Rdn. 501)

517 a) Wer als Drittschuldner gemeint ist, muss immer ausreichend und zuverlässig erkennbar sein[104]; Verwechslungen müssen ausgeschlossen

---

98 *OLG Hamburg* MDR 1971, 141.
99 *BArbG* AP Nr. 8 zu § 850 ZPO = JurBüro 1975, 904 = Rpfleger 1975, 220.
100 *BGH* (22.11.1979) a.a.O. (Fußn. 20).
101 *BGH* (6.4.1979) JurBüro 1979, 1500 = MDR 1979, 922 = NJW 1979, 2045.
102 *OLG Frankfurt* JurBüro 1981, 458 = NJW 1981, 468.
103 Zu alledem siehe *BGH* 13, 42 = a.a.O. (Fußn. 20); *BGH* 93, 83 = NJW 1985, 1031; *BGH* NJW-RR 2005, 1361 (1362) = a.a.O. (Fußn. 80); *RG* JW 1920, 558.
104 *RG* HRR 1930 Nr. 1870; *RG* 42, 325 (330); 64, 212 (216 f.); 75, 313 (317); 93, 121 (124); 108, 318 (319). Siehe auch *LArbG Köln* BB 1994, 944 Leits. = KKZ 1994, 244 = NZA 1994, 912 Leits. Der Drittschuldner muss nicht fehlerfrei bezeichnet sein, sondern nur so, dass seine Identität im konkreten Fall zweifelsfrei feststeht.

sein[105]. Was noch genügt und bei verständiger Auslegung des Beschlusses erkennen lässt, gegen wen sich das Zahlungsverbot richtet, lässt sich letztlich nur im Einzelfall konkret sagen[106]. Ungenaue, insbesondere fehlerhafte Schreibweise des Namens des Drittschuldners ist unschädlich, wenn sie die Feststellung der Identität nicht beeinträchtigt („Müller" statt „Mueller"; „Maier" für „Mayer" usw.)[107]. Ebenso kann Bezeichnung eines Gewerbetreibenden mit einer (nicht bestehenden) Firma[108] und mit Gesellschafterzusatz unschädlich sein[109]. Die fehlende oder unzutreffende Angabe, ob die im Pfändungsbeschluss namentlich genannten Drittschuldner eine Gesellschaft des bürgerlichen Rechts oder eine offene Handelsgesellschaft gegründet haben, lässt keine Zweifel darüber aufkommen, wessen Forderung gepfändet sein soll, ist mithin unschädlich[110]. Auch sonst ungenaue Bezeichnung kann unschädlich sein[111]. Im Wege der Auslegung kann aber der Pfändungsbeschluss bei falscher Bezeichnung des Drittschuldners keine Wirksamkeit gegen den wirklichen Drittschuldner erlangen, auch wenn es sich bei der anderen Person um die Ehefrau handelt[112].

b) Einer sachgemäßen Auslegung kann in Ausnahmefällen auch ein Pfändungsbeschluss zugänglich sein, wenn der *Drittschuldner namentlich nicht bezeichnet* ist. Das gilt aber nicht schon dann, wenn die Forderung ihrer Art und Höhe nach beschrieben ist. Doch kann in Einzelfällen der nicht mit dem Namen bezeichnete Drittschuldner auf sonstige Weise im Pfändungsbeschluss deutlich erkennbar gemacht, insbesondere durch Bezugnahme auf Verträge oder sonstige Urkunden oder auf andere Art so genau bezeichnet sein, dass er und alle dritten Personen das Zahlungsverbot als gegen ihn gerichtet erkennen können[113]. Solche Fälle werden freilich ganz selten sein. 518

c) Für ausreichend wurde u.a. angesehen 519

- die Bezeichnung des Stadtbauamtes als Drittschuldner an Stelle der Stadtgemeinde[114]

---

105 *BayObLG* DNotZ 2000, 376 = a.a.O. (Fußn. 21).
106 *BGH* MDR 1967, 487 = NJW 1967, 821.
107 So auch *Bauer* JurBüro 1966, 908; s. auch bereits Rdn. 511.
108 *LG Leipzig* DGVZ 1998, 91 mit Anm. *B. Schmidt*: Firma X, Gerüstbau, mit genauer Anschrift, erfordert keine Inhaberangabe.
109 *LArbG Köln* BB 1994, 944 (Leits.). = a.a.O. für Bezeichnung des Inhabers einer Glas- und Gebäudereinigung bei Lohnpfändung unrichtig als „Firma J. Glasreinigungs KG".
110 Siehe auch *BArbG* AP Nr. 7 zu § 850 ZPO = BB 1973, 247 (Leits.): Bei Offenkundigkeit des wahren Sachverhalts ist unrichtige Drittschuldnerbezeichnung unschädlich, wenn jedenfalls Schuldner und Art der gepfändeten Forderung zweifelsfrei bezeichnet sind.
111 **Beispiel:** „Nordwestdeutsche Klassenlotterie" statt richtig „Nordwestdeutsche Lotteriegesellschaft mbH", *AG Moers* MDR 1976, 410.
112 *LArbG Bremen* Betrieb 1964, 192 Leits.
113 *RG* 42, 325 (330).
114 *RG* HRR 1930 Nr. 1870.

- die Bezeichnung einer Theaterintendanz als Drittschuldnerin für die Stadtgemeinde (das Land, die eigene rechtsfähige Theatergemeinschaft) bei Pfändung einer Gehaltsforderung[115]
- die Bezeichnung der zur alleinigen Vertretung befugten federführenden Firma für die von ihr und anderen Unternehmen gebildete Arbeitsgemeinschaft[116]
- die Bezeichnung des „Instituts für ... der Universität in ..." für das Land NW, vertreten durch das Landesamt für Besoldung und Versorgung[117].

520 d) Nach diesen Grundsätzen sind auch *Geschäfts- und Betriebsbezeichnungen* ohne Inhaberangabe, wie z. B. „Hotel zur Post", „Marienapotheke", „Café am Hauptmarkt" usw. auszulegen[118]. Von der Verwendung solcher nur allgemeinen Angaben ist zwar abzuraten; sie verbieten sich aber nicht schlechthin, sondern werden, vornehmlich bei Pfändung von Arbeitseinkommen, für eine ausreichende Drittschuldnerbezeichnung genügen. Sind sie im Einzelfall unzureichend, so muss der Gläubiger die Folgen des Mangels tragen. Das Vollstreckungsgericht muss nur bei offenkundiger Unrichtigkeit der Bezeichnung auf Ergänzung des Antrages hinwirken. In allen sonstigen Fällen, insbesondere aber in Eilfällen, kann von ihm eine Nachprüfung und Richtigstellung der Angaben des Gläubigers nicht verlangt werden. Es ist dem Gläubiger daher anzuraten, den Drittschuldner vor Einreichung des Pfändungsantrages möglichst genau festzustellen. Die erforderlichen Angaben können durch Einsicht von Adressbüchern, Fernsprechverzeichnissen, des Handelsregisters, Nachfrage beim Gewerbeaufsichtsamt, Anschriftenprüfung durch die Post usw. leicht beschafft werden.

521 e) Ist als Drittschuldner der Gesellschafter einer offenen Handelsgesellschaft bezeichnet, so wirkt das Zahlungsverbot nicht auch zugleich gegen die Gesellschaft selbst. Das gilt selbst dann, wenn der Gesellschafter mit dem Zusatz „als Mitinhaber der Firma ..." benannt ist[119].

V. Prüfung durch Prozessgericht

522 *Im Rechtsstreit* unterliegt der Pfändungsbeschluss der selbstständigen Auslegung durch das Prozessgericht, insbesondere auch durch das Revisionsgericht. Die von einem Berufungsgericht getroffene Auslegung ist daher im Revisionsverfahren frei nachprüfbar[120].

---

115 *OLG Bamberg* JW 1930, 1753.
116 *BGH* JurBüro 1961, 365 = MDR 1961, 408 = Rpfleger 1961, 363; zur Frage der Identität des Arbeitsverhältnisses beim Stammbetrieb und bei einer Firmen-Arbeitsgemeinschaft siehe Rdn. 969.
117 *LArbG Düsseldorf* JurBüro 1979, 1087 mit zust. Anm. *Mümmler*; kritisch dazu *Reich* BayVBl 1981, 621.
118 Übereinstimmend damit *LG München II* Rpfleger 2006, 664.
119 *RG* 140, 340 (343); siehe auch Rdn. 60.
120 *RG* 153, 252, (254) (für Zuschlagsbeschluss als richterlicher Hoheitsakt); *BGH* a.a.O. (Fußn. 116); *BGH* a.a.O. (Fußn. 21); *BGH* NJW 1983, 886 = a.a.O. (Fußn. 20); *BGH* (13.4.1983) NJW 1983, 2773 (2774); *BGH* NJW-RR 1991, 1197 (1198) = a.a.O. (Fußn. 20); *BGH* MDR 2000, 476 = NJW 2000, 1268 (1269).

Die aus einem unzureichenden Inhalt folgende Unwirksamkeit des Pfändungsbeschlusses muss in jedem gerichtlichen Verfahren, insbesondere also auch im Einziehungserkenntnisverfahren zwischen Gläubiger und Drittschuldner, von Amts wegen geprüft werden[121].

VI. Berichtigung des Pfändungsbeschlusses

Offenbare Unrichtigkeiten, insbesondere Schreibfehler[122] und Rechenfehler, die in dem Pfändungsbeschluss vorkommen, sind nach § 319 ZPO von dem Vollstreckungsgericht (Rechtspfleger) jederzeit auf Antrag oder auch von Amts wegen zu berichtigen. Damit kann auch die Bezeichnung von Gläubiger, Schuldner (auch der Schuldneranschrift[123]) oder Drittschuldner[124] richtiggestellt werden; jedoch muss die Identität gewahrt bleiben. Jede Änderung der Person des Gläubigers oder Schuldners (Parteiwechsel) oder die Bezeichnung einer anderen Person als Drittschuldner ist als Berichtigung nach § 319 ZPO nicht zulässig. Ebenso kann bei offenbarer Unrichtigkeit[125] zwar die Bezeichnung der zu pfändenden Forderung (Rdn. 496 ff.) berichtigt, nicht aber berichtigend eine andere oder weitere Forderung als neu gepfändet bezeichnet werden[126], auch nicht eine weitere Forderung aus gleichem Rechtsgrund[127]. In allen Fällen, in denen nicht sicher ist, dass die Berichtigung nur identitätswahrend wirkt, wird sie abzulehnen sein (dann liegt keine offenbare Unrichtigkeit vor). Da der berichtigte Text als der von Anfang an gültige Wortlaut des Pfändungsbeschlusses erscheint, dürfte nach Wirksamwerden der Pfändung (§ 829 Abs. 3 ZPO) eine Beschlussberichtigung weder zur Heilung der Nichtigkeit der Pfändung noch zur Klärung (Abwendung) von Auslegungsstreitigkeiten zulässig sein[128]. Die versehentlich unterlassene Bezeichnung der zu pfändenden Forderung (Rdn. 496) kann unter den Voraussetzungen des § 319 ZPO daher nur vor Wirksamwerden der Pfändung nachgetragen werden. Ausgelegt werden muss der Pfändungsbeschluss nach dem objektiven Sinn seines Wortlauts (Rdn. 510) bei Wirksamwerden der Pfändung; dieser kann nachträglich nicht verändert werden. In solchen Fällen ist Neupfändung erforderlich.

523

Zu einem Berichtigungsantrag ist der Schuldner nicht zu hören, wenn die Pfändung noch nicht wirksam geworden ist (§ 834 ZPO analog). Bei Ablehnung des Berichtigungsantrags ist der Beschluss des Rechtspflegers

524

---
121 *RG* 157, 321 (324).
122 Siehe den Rdn. 495 (zu Fußn. 15) mitgeteilten Fall.
123 *Derleder* JurBüro 1995, 11 (14)
124 **Beispiel** s. *AG Moers* MDR 1976, 410.
125 **Beispiel:** Die Briefgrundschuld ist irrig als Buchgrundschuld bezeichnet, bei Pfändung einer Eigentümergrundschuld ist zwar das belastete Grundstück richtig bezeichnet, die im Pfändungsbeschluss angegebene Grundbuchstelle infolge Schreibversehens aber unzutreffend benannt.
126 Siehe *OLG Frankfurt* JurBüro 1981, 458 = OLGZ 1981, 109 (112).
127 Nicht somit z. B. Forderungen aus einem weiteren (zweiten) Lebensversicherungsvertrag, *LG Frankfurt* NJW-RR 1989, 1466.
128 **A.A.** *Derleder* JurBüro 1995, 11 (15).

2. Kapitel: Pfändungsverfahren und -wirkungen

dem Antragsteller zuzustellen (§ 329 Abs. 3 ZPO), weil befristete Erinnerung stattfindet (§ 11 Abs. 2 RPflG mit § 319 Abs. 3 S. 1 ZPO). Ein Ablehnungsbeschluss des Richters wird formlos mitgeteilt (§ 329 Abs. 3 ZPO). Ein Berichtigungsbeschluss ist vor Wirksamwerden der Pfändung nur dem Antragsteller zuzustellen (Mitteilung genügt, wenn dem Antrag voll entsprochen ist), nach Wirksamwerden der Pfändung (wegen § 834 ZPO nicht vorher) auch dem Schuldner und dem Drittschuldner. Der Berichtigungsbeschluss wird auf dem Pfändungsbeschluss und seinen Ausfertigungen vermerkt (§ 319 Abs. 2 ZPO). Auch auf Grund eines Berichtigungsbeschlusses wird die Pfändung erst mit Zustellung an den Drittschuldner im Parteibetrieb wirksam (§ 829 Abs. 3, auch §§ 830, 857 Abs. 2 ZPO).

E. Die Zustellung des Pfändungsbeschlusses
(Wirksamwerden der Pfändung, § 829 Abs. 2 und 3 ZPO)

I. Wirksamwerden der Pfändung

525 1. *Bewirkt* (wirksam) wird die Forderungspfändung mit der *Zustellung* des Pfändungsbeschlusses *an den Drittschuldner* (§ 829 Abs. 3 ZPO). Diese Regelung findet ihre Erklärung in der Berücksichtigung der über die Person des Schuldners hinausgehenden Wirkung dieser Zwangsvollstreckung[1]. Da der entscheidende Akt der Pfändung in der Zustellung des Zahlungsverbotes an den Drittschuldner liegt, erfolgt zur Verhütung nachteiliger Verfügungen des Schuldners über die Forderung diese Zustellung vor derjenigen an den Schuldner. Eine Zustellung an den Schuldner ersetzt die fehlende oder heilt die unwirksame Zustellung an den Drittschuldner nicht[2].

526 2. Die Zustellung erfolgt auf *Betreiben des Gläubigers*, damit im Parteibetrieb (§§ 191 ff. ZPO; nicht von Amts wegen[3]). Mit dieser Regelung gibt das Gesetz die Herbeiführung der Pfändungswirkungen auch nach Erlass des Pfändungsbeschlusses noch in die Hand des Gläubigers[4]. Deshalb wird auch dann die Pfändung erst durch Zustellung wirksam, wenn der Gläubiger selbst Drittschuldner ist; er muss sich in diesem Falle den Pfändungsbeschluss selbst zustellen lassen[5].

527 3. Die Zustellung besteht in der *Übergabe* einer beglaubigten Abschrift der dem Gläubiger vom Vollstreckungsgericht erteilten Ausfertigung des

---

1 Begründung des ZPO-Entwurfs, *Hahn*, Materialien zu den Reichsjustizgesetzen, Band II 1, S. 457.
2 *RG* Gruchot 34, 1172.
3 Auch an den angehörten Schuldner (Drittschuldner) erfolgt Zustellung von Amts wegen nicht, *Zöller/Stöber*, ZPO, Rdn. 31 zu § 829; *LG Düsseldorf* JurBüro 1990, 1345 = Rpfleger 1990, 376 (Aufgabe von JurBüro 1983, 1575 = Rpfleger 1983, 255) und Rpfleger 1990, 469 (Leits.) mit abl. Anm. *Schauf*; *OLG Köln* DGVZ 1991, 154 = JurBüro 1991, 1400 = MDR 1991, 1091 = NJW-RR 1992, 894; *Dressel* Rpfleger 1993, 100.
4 *RG*-WarnRspr. 1920 Nr. 164.
5 *RG* Gruchot 57, 1090; siehe auch Rdn. 33.

Pfändungsbeschlusses. Die *Beglaubigung* besorgt der Gerichtsvollzieher[6] oder der Rechtsanwalt des Gläubigers (§ 169 Abs. 2 §§ 191, 192 Abs. 2 ZPO). Eine besondere Form der Beglaubigung ist nicht vorgeschrieben. Es genügt, wenn der Beglaubigungsvermerk unzweideutig erkennen lässt, dass er sich auf den ganzen Inhalt der Abschrift erstreckt, auch wenn er nicht genau unter ihr steht[7]. Die Auslassung des Ausfertigungsvermerks (wegen dieser Ausfertigung des Pfändungsbeschlusses siehe Rdn. 477) ist jedoch keine nebensächliche Unrichtigkeit, sondern macht die Zustellung ungültig[8]. Es genügt aber schon, wenn die beglaubigte Abschrift ersehen lässt, dass der Ausfertigungsvermerk vorhanden und von einem Urkundsbeamten der Geschäftsstelle unterschrieben ist; das ist der Fall, wenn an Stelle des Namens des Urkundsbeamten die Worte „gez. Unterschrift" gesetzt worden sind[9]. Kein wesentliches Erfordernis der beglaubigten Abschrift ist ein Hinweis auf das der Ausfertigung beigedrückte Gerichtssiegel; die Zustellung der einen solchen Hinweis nicht enthaltenden beglaubigten Abschrift ist daher nicht unwirksam[10]. Den Namen des Rechtspflegers, der den Pfändungsbeschluss erlassen hat (s. Rdn. 507 b), muss die dem Zustellungsempfänger (somit insbesondere dem Drittschuldner) übergebene beglaubigte Abschrift wiedergeben. Unschädlich ist es zwar, wenn sich in der beglaubigten Abschrift (ebenso wie in der Ausfertigung) lediglich der Vermerk „gez. Unterschrift" befindet. Zustellung der beglaubigten Abschrift eines Pfändungsbeschlusses, die anstelle der Unterschrift des Rechtspflegers ein Fragezeichen aufweist, ist jedoch mangelhaft; sie bewirkt beim Drittschuldner keine Pfändung der Forderung[11]. Ein solcher Zustellungsmangel kann auch nicht nach § 189 ZPO geheilt werden[12]. Auch Zustellung einer beglaubigten Abschrift, in der der Name des Rechtspflegers lediglich in Klammern maschinengeschrieben wiedergegeben ist, genügt nicht; sie lässt nicht erkennen, dass der Rechtspfleger den Beschluss handschriftlich unterschrieben hat[13].

---

6   Er ist verpflichtet, Abschriften selbst herzustellen (*AG Berlin-Wedding* DGVZ 1981, 88) und ihm unvollständig übergebene Abschriften zu ergänzen (*AG Berlin-Tiergarten* DGVZ 1983, 78).
7   *RG* 164, 52.
8   *RG* 159, 25 und a.a.O. (Fußn. 7); *BGH* BB 1962, 613 = VersR 1962, 218; *OLG Hamm* JurBüro 1978, 755 = DGVZ 1978, 74 = NJW 1978, 830 (für einstweilige Verfügung) und MDR 1981, 59.
9   *RG* a.a.O. (Fußn. 7). Die unrichtige Wiedergabe der Dienstbezeichnung des ausfertigenden Beamten in der Abschrift macht die Zustellung ebenfalls nicht unwirksam; dazu siehe *OLG Koblenz* MDR 1967, 52.
10 *BGH* JurBüro 1965, 289 = MDR 1965, 113 = Rpfleger 1965, 42; *KG* NJW 1962, 2161; s. auch *OLG Frankfurt* MDR 1981, 150 = Rpfleger 1981, 68.
11 *BGH* JurBüro 1981, 1329 = MDR 1982, 138 = NJW 1981, 2256. Siehe auch *LG Braunschweig* DGVZ 1982, 75.
12 *BGH* a.a.O. (Fußn. 11); auch *LG Braunschweig* a.a.O. (Fußn. 11).
13 So *BGH* FamRZ 1982, 482 = VersR 1982, 971 und *BGH* NJW-RR 1987, 377 für Zustellung eines Urteils mit maschinengeschriebener Wiedergabe der Namen der Richter in Klammern. Für den Pfändungsbeschluss des Rechtspflegers gilt nichts anderes.

2. Kapitel: Pfändungsverfahren und -wirkungen

527a 4. Bei sonst *wesentlicher Abweichung* (Nichtübereinstimmung) der zugestellten beglaubigten Abschrift mit der Urschrift des Pfändungsbeschlusses (gleich, ob bereits die dem Gläubiger erteilte Ausfertigung mit dem Pfändungsbeschluss nicht übereinstimmt oder ob die beglaubigte Abschrift von der richtig erteilten Ausfertigung abweicht) ist die Zustellung formunwirksam[14] (der Drittschuldner erlangt vom Pfändungsbeschluss keine sichere Kenntnis). Unwirksam ist daher die Zustellung, wenn der Erblasser und damit der gepfändete Miterbenanteil zwar in der Urschrift des Pfändungsbeschlusses richtig bezeichnet ist, nicht jedoch in der Ausfertigung und (oder) der (zugestellten) beglaubigten Abschrift, so dass für den Drittschuldner nicht erkennbar ist, welcher Nachlassanteil, auf den die Angabe in der zugestellten Abschrift nach mehreren Erbfällen zutreffen könnte, gepfändet sein soll (Miterbenanteil an Erbengemeinschaft M, wenn es eine Erbengemeinschaft nach E. M. sowie nach E. A. M gibt). Vorsicht daher bei Ausfertigung oder Beglaubigung eines nur in der Urschrift oder Ausfertigung noch ergänzten Pfändungsbeschlusses nach dem Formblattantrag des Gläubigers. Zur Unwirksamkeit bei fehlender Angabe des Freibetrags bei Pfändung von Arbeitseinkommen s. Rdn. 1125. Die formunwirksame Zustellung kann nicht nach § 189 ZPO als geheilt angesehen werden. Der Mangel der Ausfertigung oder Beglaubigung wird insbesondere nicht dadurch geheilt, dass der Drittschuldner als Empfänger Gelegenheit hatte, sich durch Vergleich mit der Urschrift (oder Ausfertigung) vom Gleichlaut zu überzeugen[15].

528 5. Mit der Zustellung an den Drittschuldner erwirbt der Gläubiger das *Pfändungspfandrecht* an der gepfändeten Forderung (§ 804 Abs. 1 ZPO). Es macht das im Pfändungsbeschluss enthaltene Drittschuldnerzahlungsverbot wirksam (Rdn. 554 ff.) und bestimmt den „Rang" des pfändenden Gläubigers (siehe hierwegen Rdn. 778 ff.). Erfolgt keine Zustellung, so bleibt der Pfändungsbeschluss ohne Wirkung. Durch eine vorläufige (einstweilige) Einstellung der Zwangsvollstreckung wird die Zustellung des Beschlusses an den Drittschuldner ausgeschlossen (siehe Rdn. 610).

529 6. Wenn ein *Drittschuldner nicht vorhanden* ist, wird die Pfändung mit der Zustellung des im Pfändungsbeschluss enthaltenen Verfügungsverbotes an den Schuldner wirksam (§ 857 Abs. 2 ZPO).

II. Zustellung an den Drittschuldner und Schuldner

1. *Zustellung im Parteibetrieb*

Schrifttum: *Dressel*, Zustellung des Pfändungsbeschlusses, Rpfleger 1993, 100; *Hornung*, Die Zustellung an den Schuldner (im Ausland) bei Forderungspfändung, DGVZ 2004, 298; *Müller*, Zustellungsort und unternehmensinterne Zuständigkeit beim Drittschuldner im Rahmen der Forderungspfändung, DGVZ 1996, 70; *Noack*, Zustellung

---

14 BGH NJW 1995, 2230 (2231); *Zöller/Stöber*, ZPO, Rdn. 12 zu § 169.
15 BGH 24, 116 = NJW 1957, 951; *Zöller/Stöber*, ZPO, Rdn. 12 zu § 169. **A.A.** *LG Heilbronn* JurBüro 1996, 665 mit - zu Recht - abl. Anm. *B. Schmidt*.

und Ersatzzustellung eines Pfändungs- und Überweisungsbeschlusses an Drittschuldner und Schuldner. Folgen einer fehlerhaften Ersatzzustellung für das Entstehen eines Pfändungspfandrechts an der gepfändeten Forderung, DGVZ 1981, 33; *Zimmermann*, Mehrere Drittschuldner in einem Beschluss und Zustellung abweichend von § 173 GVGA?, DGVZ 1997, 85.

a) Die Zustellung erfolgt im *Parteibetrieb* (auf Betreiben des Gläubigers, § 829 Abs. 2 S. 1 ZPO), also durch den Gerichtsvollzieher[16] nach den Vorschriften der §§ 191–194 ZPO. Sie kann nur an den im Pfändungsbeschluss bezeichneten Drittschuldner erfolgen, bei Lohnpfändung nach Wechsel der Arbeitsstelle mithin nicht an den neuen Arbeitgeber[17]. Für einen nicht prozessfähigen Drittschuldner, insbesondere eine juristische Person (Aktiengesellschaft, GmbH, eingetragene Genossenschaft, eingetragener Verein usw.) oder rechtsfähige Personengesellschaft (Offene Handelsgesellschaft, Kommanditgesellschaft, auch GmbH & Co KG) erfolgt die Zustellung an ihren gesetzlichen Vertreter (§ 170 Abs. 1 ZPO; genügend ist Zustellung an den „Leiter", § 170 Abs. 3 ZPO); bei mehreren gesetzlichen Vertretern genügt Zustellung an einen von ihnen (§ 170 Abs. 3 ZPO). Bewirkt werden muss die Zustellung nicht an den Drittschuldner persönlich, sie kann unter den besonderen Voraussetzungen auch als Ersatzzustellung erfolgen[18]. Soll an den gesetzlichen Vertreter einer Aktiengesellschaft in deren Geschäftslokal zugestellt werden, so genügt, dass die Gesellschaft in der Zustellungsurkunde (§ 182 Abs. 2 Nr. 1 ZPO) bezeichnet wird; die gesetzlichen Vertreter brauchen nicht angeführt zu werden[19]. Gleiches gilt für die Zustellung an eine GmbH, eingetragene Genossenschaft usw. Für die Zustellung an den Drittschuldner kann auch der Schuldner selbst Zustellungsempfänger (Ersatzperson) sein[20]. Wegen der Rechtsstellung des Drittschuldners bei Ersatzzustellung, insbesondere wenn ihm diese unbekannt geblieben ist, siehe Rdn. 566, 567.

b) Eine *öffentliche Zustellung* an den Drittschuldner[21] ist in den (seltenen) Fällen des § 185 (mit § 191) ZPO (nun) möglich. Zustellung ist Bekanntgabe

530

531

---

16 Zustellung einer mit so erheblichen äußeren Mängeln behafteten Ausfertigung (Veränderung durch zahlreiche Striche, durchgeschriebene Worte und Zahlen), dass ihr Inhalt nicht mehr klar erkennbar ist, kann der Gerichtsvollzieher ablehnen, *AG Itzehoe* DGVZ 1985, 122.
17 *AG Stuttgart* DGVZ 1973, 61, siehe Rdn. 964.
18 *OLG Hamburg* OLG 11, 185.
19 *BGH* 108, 296 (299) = NJW 1989, 2689.
20 *RG* 87, 412 (413); *KG* JW 1936, 200; *BayObLG* OLG 7, 427; *LG Bonn* DGVZ 1998, 12; *LG Kassel* DGVZ 1967, 186; *Stein/Jonas/Brehm*, ZPO, Rdn. 56; *Zöller/Stöber* ZPO, Rdn. 14, je zu § 829; a.A. (schließt § 178 Abs. 2 ZPO aus) *BArbG* AP Nr. 7 zu § 829 ZPO mit zust. Anm. *Walchshöfer* = DGVZ 1981, 7 = JurBüro 1981, 1170 mit krit. Anm. *Mümmler* = MDR 1981, 346 = NJW 1981, 1399 (siehe dazu aber *Noack* DGVZ 1981, 33); *OLG Celle* DGVZ 2003, 8 (schuldhafte Amtspflichtverletzung des Gerichtsvollziehers); *OLG Köln* DGVZ 2002, 42; *ArbG Hamburg* BB 1969, 405; *Hamme* NJW 1994, 1035; *Schuschke/Walker*, Vollstreckung, Rdn. 45 zu § 829; *Musielak/Becker*, ZPO, Rdn. 14; *Wieczorek/Schütze/Lüke*, ZPO, Rdn. 68; *MünchKomm/Smid*, ZPO, Rdn. 37, je zu § 829.
21 Bestellung eines Abwesenheitspflegers für den Drittschuldner für Zustellung des Pfändungs- und Überweisungsbeschlusses wird nicht für zulässig erachtet, *OLG Zweibrücken* MDR 1987, 586 = NJW-RR 1987, 584.

eines Schriftstücks „an eine Person" in der im Titel 2 (des 3. Abschnitts des Ersten Buchs) der ZPO bestimmten Form (§ 166 Abs. 1 ZPO), mithin auch die öffentliche Bekanntmachung an den Drittschuldner (§ 185 ZPO). Es ist nicht mehr (wie früher § 203 Abs. 1 ZPO a.F.[22]) darauf abgestellt, dass der Aufenthalt „einer Partei" (ist der Drittschuldner nicht) unbekannt ist; erheblich ist nur mehr, dass der Aufenthalt *einer Person* unbekannt ist (§ 185 Nr. 1 ZPO), der das Schriftstück zuzustellen ist (§ 166 Abs. 1 ZPO) oder eine Zustellung an sie sonst nicht erfolgen kann (§ 185 Nrn. 2 und 3 ZPO). Damit gehört nun auch der Drittschuldner zu den Zustellungsadressaten, an die öffentliche Zustellung erfolgen kann. Unerheblich dafür ist, dass die öffentliche Zustellung keine Bedeutung[23] erlangen kann, weil der Drittschuldner, dem die Zustellung durch öffentliche Bekanntmachung unbekannt bleibt, bei Verstoß gegen das Zahlungsverbot geschützt ist (Rdn. 566). Die Pfändung ist auch in einem solchen Fall stets mit öffentlicher Zustellung an den Drittschuldner wirksam geworden (§ 829 Abs. 3 ZPO); der Gläubiger hat damit ein Pfändungspfandrecht (§ 804 Abs. 1 ZPO) mit Rang vor späteren Pfändungen anderer Gläubiger (§ 804 Abs. 3 ZPO) erlangt.

532 Auch bei drittschuldnerlosen Rechten ist öffentliche Zustellung nicht ausgeschlossen. Es kann die für die Pfändung wesentliche Zustellung hier an den Schuldner durch öffentliche Bekanntmachung besorgt werden[24].

533 c) Eine *Zustellung von Amts wegen* durch die Geschäftsstelle (§§ 168 ff. ZPO) wäre wirkungslos. Die Geschäftsstelle kann jedoch um Vermittlung der Zustellung durch den Gerichtsvollzieher ersucht werden (§ 192 Abs. 3 S. 1 ZPO); der Vermittlungsauftrag kann auch mündlich oder durch schlüssiges Verhalten erteilt werden. Wenn um Vermittlung der Zustellung ersucht ist, gibt das Vollstreckungsgericht die Beschlussausfertigung unmittelbar an einen Gerichtsvollzieher mit dem Auftrag, die erforderlichen Zustellungen zu besorgen, § 192 Abs. 3 S. 2 ZPO). Das gilt auch dann, wenn der Gläubiger bei Gericht Zustellung mit der Aufforderung des § 840 ZPO verlangt hat. Wenn der Gläubiger Vermittlung der Zustellung nicht verlangt hat, übersendet ihm das Vollstreckungsgericht nach Erlass des Pfändungsbeschlusses eine Ausfertigung zur Zustellung im Parteibetrieb. Eine gesetzliche Ermächtigung der Geschäftsstelle für Vermittlung der Zustellung ohne Auftrag sieht § 192 ZPO nicht (mehr) vor. § 168 a.F. ist entfallen; dass ein Auftrag fingiert werde, bringt Abs. 3 S. 2 des § 192 ZPO nicht zum Ausdruck[25]. Amtliche Fürsorge zur Beschleunigung und Vereinfachung des Zustellungsverfahrens gebietet Parteibetrieb nicht. Das indes ist noch nicht (abschließend) geklärt; es ist daher ratsam, Vermittlung

---

22 *RG* 22, 404 (410); *Stein/Jonas/Brehm*, ZPO, Rdn. 57 zu § 829; *Falkmann/Hubernagel*, Die Zwangsvollstreckung, Anm. 17a zu § 829 ZPO; *Schack* Rpfleger 1980, 176; s. auch *AG Flensburg* JurBüro 1981, 464.
23 Praktische Bedeutung kann öffentliche Zustellung an den Drittschuldner z. B. bei Pfändung eines Miterbenanteils oder eines im Versteigerungsverfahren abzuwickelnden Erlösanteils erlangen.
24 S. auch *AG Flensburg* JurBüro 1981, 464.
25 *Zöller/Stöber*, ZPO, Rdn. 8 zu § 198.

der Zustellung durch die Geschäftsstelle stets ausdrücklich zu verlangen oder anzumerken: „Ich stelle selbst zu".

d) Unmittelbares Ersuchen der Geschäftsstelle an die Post um Bewirkung der Zustellung (statt Vermittlung der Zustellung durch Gerichtsvollzieher) kann nicht (mehr) erfolgen; § 196 ZPO a.F. ist entfallen (hatte ohnedies keine praktische Bedeutung). 534

Von Amts wegen ist nur das Ersuchen bei Vollstreckung nach dem Zusatzabkommen zum NATO-Truppenstatut zuzustellen; hierwegen siehe Art. 5 des Gesetzes zum NATO-Truppenstatut, abgedruckt Rdn. 52.

2. *Verfahren des Gerichtsvollziehers bei der Zustellung*

Der Gerichtsvollzieher muss den Zustellungsauftrag beschleunigt[26] erledigen (§ 173 Nr. 1 S. 3 GVGA) und in der Zustellungsurkunde den für den Rang und die anderen Wirkungen der Pfändung wesentlichen Zeitpunkt der Zustellung nach Stunde und Minute anführen (GVGA a.a.O.). Bei Zustellung durch die Post ist für Zustellung durch den Postbediensteten mit Zeitangabe Sorge zu tragen (§ 173 Nr. 1 S. 4, § 41 GVGA). Bei Pfändung der Forderung des Schuldners gegen den Gläubiger wird der Pfändungsbeschluss dem Gläubiger wie einem Drittschuldner zugestellt (§ 173 Nr. 1 S. 6 GVGA). Die Zustellung eines einheitlichen Pfändungsbeschlusses für mehrere Geldforderungen gegen verschiedene Drittschuldner oder (auch: und) für andere Vermögensrechte (Rdn. 475 f) kann einem Gerichtsvollzieher aufgetragen werden (Zustellung an einen Drittschuldner in einem anderen Bezirk dann durch die Post nach § 192 Abs. 1, § 194 ZPO). Es kann nach Bestimmung des Gläubigers (nicht zweckmäßig) aber auch jedem für den Bezirk eines Drittschuldners zuständigen Gerichtsvollzieher Zustellungsauftrag erteilt werden[27]. Geboten ist das bei Zustellung mit der Aufforderung zur Erklärung nach § 840 Abs. 2 ZPO an Drittschuldner in verschiedenen GV-Bezirken (die Zustellung muss durch den Gerichtsvollzieher persönlich vorgenommen werden; Postzustellung würde die Auskunftspflicht nicht auslösen; siehe Rdn. 633). Zur abweichenden Regelung in § 173 Nr. 2 GVGA siehe Rdn. 536 a. Mehrere Pfändungsbeschlüsse, die an denselben Drittschuldner zugestellt werden müssen, stellt der Gerichtsvollzieher zum gleichen Zeitpunkt zu (§ 173 Nr. 1 S. 5 GVGA); die Pfändungen werden damit gleichzeitig wirksam. 535

3. *Anschließende Zustellung an den Schuldner*

a) aa) Nach der Zustellung an den Drittschuldner stellt der Gerichtsvollzieher ohne weiteren Antrag[28] den Pfändungsbeschluss mit einer Abschrift der Drittschuldnerzustellungsurkunde sofort an den Schuldner zu (§ 829 536

---

26 Zu den Pflichten des Gerichtsvollziehers bei eiligen Zustellungsaufträgen siehe *RG* 91, 179.
27 *Zöller/Stöber*, ZPO, Rdn. 14 zu § 829.
28 Und auch dann, wenn der Gläubiger sich ausdrücklich dagegen ausgesprochen hat. Der Gerichtsvollzieher darf auch nicht auf Wunsch des Gläubigers die Zustellung an den Schuldner aufschieben oder dem Gläubiger selbst überlassen; *KG* DGVZ 1966, 152 = OLGZ 1967, 41.

Abs. 2 S. 2 ZPO). Diese Zustellung dient der Wahrung der Rechte des Schuldners; er erhält durch sie rechtzeitig von der Pfändung und ihrem Wirksamwerden mit Zustellung an den Drittschuldner urkundlich Kenntnis. Dadurch wird er in Stand gesetzt, seine etwaigen formellen und materiellen Einwendungen gegen die Zwangsvollstreckung geltend zu machen. Der Fiskus ist dem Schuldner für den ihm erwachsenden Schaden ersatzpflichtig, wenn der Gerichtsvollzieher versehentlich oder absichtlich die Zustellung an den Schuldner unterlässt[29].

536a   bb) Zustellung eines *einheitlichen Pfändungsbeschlusses* für mehrere Geldforderungen gegen verschiedene Drittschuldner (siehe Rdn. 535) hat durch den damit beauftragten Gerichtsvollzieher *an den Schuldner* nach Zustellung an alle Drittschuldner zu erfolgen[30]. Ist mehreren (jedem für den Bezirk eines Drittschuldners zuständigen) Gerichtsvollziehern Zustellungsauftrag erteilt (siehe Rdn. 535), hat durch jeden von ihnen die Zustellung an den Schuldner nach § 829 Abs. 2 S. 2 ZPO sogleich nach Zustellung an den Drittschuldner zu erfolgen (gebietet Wahrung der Schuldnerbelange)[31]. Abweichend sieht § 173 Nr. 2 GVGA vor, dass bei Zustellung eines einheitlichen Pfändungsbeschlusses an mehrere Drittschuldner mit der Aufforderung zur Abgabe der Erklärung nach § 840 ZPO wie folgt zu verfahren ist: Zunächst soll der für den zuerst genannten Drittschuldner zuständige Gerichtsvollzieher die Zustellung an die (damit alle) in seinem Bezirk wohnenden Drittschuldner ausführen; er soll hiernach den Pfändungsbeschluss an den Gerichtsvollzieher abgeben, der für die Zustellung an die im nächsten Bezirk wohnenden Drittschuldner zuständig ist; dieser soll ebenso verfahren, bis an sämtliche Drittschuldner zugestellt ist. Die Zustellung an den Schuldner soll dann erst der zuletzt tätig gewesene Gerichtsvollzieher vornehmen. Dem kann nicht gefolgt werden, weil das nicht sofortige Zustellung an den Schuldner ist (§ 829 Abs. 2 S. 2 ZPO) und Rechte des Schuldners (Rdn. 536) damit nachhaltig verletzt werden können. Besser ist es in einem solchen Fall, wenn der Gläubiger den Pfändungsbeschluss mit der Aufforderung nur an den oder die Drittschuldner im Bezirk eines Gerichtsvollziehers zustellen lässt (dann Postzustellung durch diesen Gerichtsvollzieher auch an die anderen Drittschuldner) und Zustellung der Aufforderung nach § 840 ZPO an diese weiteren Drittschuldner in einem anderen GV-Bezirk gesondert veranlasst (Rdn. 634).

---

29   *RG* JW 1900, 426.
30   *Zöller/Stöber*, ZPO, Rdn. 14 zu § 829.
31   *Zöller/Stöber*, ZPO, Rdn. 14 zu § 829. Anders *Zimmermann* DGVZ 1997, 85: Der Gläubiger soll Zustellungsauftrag erteilen, dass nur einer der angegangenen (mehreren) Gerichtsvollzieher die Zustellung an den Schuldner vorzunehmen habe, nachdem er seine Drittschuldnerzustellung ausgeführt hat, und ihm die je mit Zustellungsurkunden versehenen weiteren Ausfertigungen des Pfändungsbeschlusses zugegangen sind. Dem kann man nicht folgen. Die Drittschuldnerzustellung durch den mit der Schuldnerzustellung beauftragten Gerichtsvollzieher kann scheitern oder sich verzögern; Schuldnerrechte (Rdn. 536) werden dann verletzt. Die übrigen Gerichtsvollzieher dürfen überdies nicht auf Wunsch des Gläubigers die Zustellung an den Schuldner unterlassen (vgl. Fußn. 28).

b) Die Zustellung an den Schuldner unterbleibt, wenn sie durch öffent- **537**
liche Bekanntmachung (§§ 185 ff. ZPO) erfolgen müsste (§ 829 Abs. 2 S. 2
ZPO); zum unbekannten Aufenthalt s. bereits Rdn. 447). Wenn nicht schon
der Pfändungsbeschluss den unbekannten Aufenthalt des Schuldners als
Erfordernis der öffentlichen Zustellung ausweist, hat der mit der Zustellung beauftragte Gerichtsvollzieher Aufenthaltsermittlung vorzunehmen und die erforderliche Feststellung zu treffen[32]. Muss die
Schuldnerzustellung im Ausland bewirkt werden, so erfolgt sie durch
Aufgabe zur Post (§ 829 Abs. 2 S. 4, § 184 Abs. 1 S. 2 ZPO). Ersatzweise
Zustellung an den Drittschuldner für den nicht angetroffenen Schuldner
(§ 178 Abs. 1 ZPO) wird für zulässig erachtet; § 178 Abs. 2 ZPO verbietet
sie nicht.[33]

c) Für die Wirksamkeit der Pfändung ist die Zustellung an den Schuld- **538**
ner ohne Bedeutung[34] (anders bei den drittschuldnerlosen Rechten; siehe
Rdn. 529). Der Gläubiger braucht daher hier um Zustellungsmängel nicht
besorgt zu sein.

d) Nur auf ausdrückliches Verlangen des Gläubigers stellt der Gerichts- **539**
vollzieher den Pfändungsbeschluss dem Schuldner schon vor der Zustellung an den Drittschuldner zu[35] (siehe § 173 Nr. 1 und 3 GVGA). Die
Pfändung wird dann aber nicht durch diese Zustellung, sondern erst durch
die ihr folgende an den Drittschuldner wirksam. Die Abschrift der Urkunde über die Zustellung des Pfändungsbeschlusses an den Drittschuldner
wird dann dem Schuldner nachträglich zugestellt. Ebenso ist zu verfahren,
wenn der Gläubiger verlangt, dass die Zustellung an den Drittschuldner
und Schuldner gleichzeitig zur Post gegeben wird.

e) War der Schuldner im Rechtsstreit durch einen *Prozessbevollmächtig-* **540**
ten vertreten, so muss die Zustellung an diesen – nicht an den Schuldner
persönlich – erfolgen, § 172 Abs. 1 ZPO. Das gilt nur dann nicht, wenn dem
Vollstreckungsgericht oder Gerichtsvollzieher zweifelsfrei bekannt ist, dass
die Vollmacht erloschen ist. Zustellung an den Rechtsanwalt hat daher nicht
mehr zu erfolgen, wenn er dem Gericht die Beendigung seines Mandats
mitgeteilt hat[36]. Im Verfahren nach §§ 23 ff. EGGVG kann die Rechtmäßigkeit der vom Gerichtsvollzieher ausgeführten Zustellung nicht überprüft werden[37].

f) Lehnt der Gerichtsvollzieher die Zustellung ab, so kann der Gläubiger **541**
mit Erinnerung (§ 766 Abs. 2 ZPO) Anweisung des Gerichtsvollziehers

---

32 *Hornung* DGVZ 2004, 85 (86).
33 *LG Siegen* JurBüro 1995, 161.
34 *BGH* NJW 2000, 730. Sie schmälert, wenn sie unterblieben ist, die mit der Dritt-
    schuldnerzustellung wirksam gewordene Pfändung nicht (*RG* a.a.O. Fußn. 29) und
    führt bei unterbliebener oder mangelhafter Drittschuldnerzustellung auch keine
    Heilung des Mangels herbei.
35 *LG Bonn* DGVZ 1998, 12.
36 *BGH* FamRZ 1991, 51 = MDR 1991, 342 = NJW 1991, 295.
37 *OLG Frankfurt* Rpfleger 1976, 367.

durch das Vollstreckungsgericht beantragen[38]. Der Gerichtsvollzieher kann sich gegen die Erinnerungsentscheidung nicht beschweren[39].

III. Haftung für fehlerhafte Zustellung

542 Für die richtige Durchführung der Zustellung an den Drittschuldner ist der Gerichtsvollzieher verantwortlich. Er muss bei Zustellung durch die Post insbesondere die Zustellungsurkunde daraufhin überprüfen, ob die Zustellung richtig durchgeführt und mit genauer Zeitangabe ordnungsgemäß beurkundet ist (§ 173 Nr. 5 GVGA). Wenn die Postzustellung fehlerhaft ist, muss der Gerichtsvollzieher erneut zustellen, und, sofern es die Umstände erfordern, diese Zustellung selbst vornehmen (§ 173 Nr. 5 GVGA). Nicht fehlerhaft ist die Zustellung, wenn auf der Zustellungsurkunde die Unterschrift des Zustellers (§ 182 Abs. 2 Nr. 8 ZPO) fehlt[40]. Das ist auch der Fall, wenn die Urkunde nur mit einer Paraphe abgezeichnet ist; sie reicht als Unterschrift nach § 182 Abs. 2 Nr. 8 ZPO nicht aus[41]. Die Unterschrift kann zwar nachgeholt werden. Eine ergänzte Zustellungsurkunde hat jedoch nicht die Beweiskraft des § 418 ZPO, sondern ist nach § 419 ZPO frei zu würdigen[42]. Gewährleistet die Urkunde demnach sicheren Nachweis der Zustellung nicht, dann muss der Gerichtsvollzieher gleichfalls neu zustellen. Dass nach Zustellung die Zustellungsurkunde nicht mehr auffindbar ist, steht der Wirksamkeit der Zustellung nicht entgegen; der Nachweis der Zustellung kann auch mit anderen Beweismitteln erbracht werden[43].

IV. Heilung von Zustellungsmängeln

543 Bei mangelhafter Zustellung an den Drittschuldner ist die Pfändung nicht wirksam. Nach § 189 ZPO[44] kann aber Heilung des Zustellungsmangels angenommen werden[45], wenn sich nachweisen lässt, dass der Pfändungsbeschluss dem Drittschuldner *tatsächlich zugegangen* ist. Das wird regelmäßig der Fall sein, wenn der Pfändungsbeschluss dem Drittschuldner nach Zustellung an den falschen Empfänger weitergeleitet[46] oder nur durch eingeschriebenen Brief mitgeteilt worden ist; für den Rang der Pfändung ist

---

38 *KG* DGVZ 1966, 152 = OLGZ 1967, 41; *Midderhoff* DGVZ 1982, 23; **a.A.** – Gerichtsvollzieher ist nur Zustellungsorgan, daher Dienstaufsichtsbeschwerde – noch *LG Berlin* DGVZ 1966, 155.
39 *OLG Düsseldorf* DGVZ 1980, 139 = NJW 1980, 111; *Zöller/Stöber*, ZPO, Rdn. 37 zu § 766.
40 *BGH* DGVZ 2008, 84 = MDR 2008, 161 = NJW-RR 2008, 218.
41 *BGH* NJW 2008, 218 = a.a.O.
42 *BGH* NJW 2008, 218 = a.a.O.
43 *BGH* NJW 1981, 1613.
44 Nicht aber nach § 295 ZPO oder durch Verzicht auf den Zustellungsmangel.
45 *BGH* MDR 1980, 569 = NJW 1980, 1754.
46 Vgl. *OLG Zweibrücken* OLGZ 1978, 108 (Zustellung und Weiterleitung der Klageschrift); *Reich* BayVBl 1981, 621.

Zustellung des Pfändungsbeschlusses

dann der Zeitpunkt des Empfangs des Beschlusses (Briefes) maßgebend[47]. Auch bei Übergabe einer unbeglaubigten Abschrift (oder Ablichtung) kann die Zustellung nach § 189 ZPO als bewirkt angesehen werden[48]. Geheilt werden können auch Zustellungsmängel in Bezug auf behördliche Pfändungsverfügungen (§ 9 VwZG)[49].

Allerdings empfiehlt es sich, bei fehlerhafter Zustellung nicht auf die Heilungsmöglichkeit zu vertrauen. Da im Streitfall der Gläubiger den Zugang des Schriftstücks an den Drittschuldner und auch den meist bedeutsamen genauen Empfangszeitpunkt oft nur schwerlich wird darlegen und nachweisen können, muss er erwarten, dass ihm die Regelung des § 189 ZPO keinen Gewinn bringt. Deshalb empfiehlt es sich, bei fehlerhafter Zustellung vorsorglich sofort eine erneute Zustellung durch den Gerichtsvollzieher zu betreiben. Die dadurch entstehenden Mehrkosten müssen bei berechtigtem Zweifel an der Wirksamkeit der ersten Zustellung als notwendige Zwangsvollstreckungskosten angesehen werden. **544**

Bei Zustellung an einen unrichtigen Drittschuldner (oder eine ihn nicht vertretende Stelle) wird der Mangel durch Weiterleitung des Beschlusses an den richtigen Drittschuldner oder die richtige Stelle mit Eingang nach § 189 ZPO geheilt. Das setzt allerdings voraus, dass sich das Zahlungsverbot auch tatsächlich gegen diesen richtigen Drittschuldner richtet. **545**

Ausgeschlossen ist die Heilung des Zustellungsmangels nach § 189 ZPO, wenn der Drittschuldner nicht auf Betreiben des pfändenden Gläubigers, sondern auf andere Weise (z. B. von der Geschäftsstelle des Gerichts) Kenntnis vom Erlass des Pfändungsbeschlusses und seinem Inhalt erlangt hat. Denn das Gesetz knüpft die Wirkung der Pfändung an die Zustellung, weil es die Herbeiführung dieser Wirkung auch nach Erlass des Beschlusses noch in die Hand des Gläubigers geben wollte (siehe Rdn. 526). Das schließt ein Wirksamwerden der Pfändung ohne Mitwirkung des Gläubigers aus. **546**

V. Zustellung in besonderen Fällen

Sind *mehrere* Personen Drittschuldner, so gilt das Rdn. 54 ff. Gesagte. Muss allen zugestellt werden, so hat der Gerichtsvollzieher diese Zustellungen zu gleicher Zeit zu besorgen, wenn nicht besondere Gründe (persönliche Zustellung an verschiedenen Orten) etwas anderes gebieten. **547**

Bei Pfändung einer *Gesamtgutsverbindlichkeit* muss die Zustellung an den das Gesamtgut der Gütergemeinschaft verwaltenden bzw. den überlebenden Ehegatten vorgenommen werden; siehe hierwegen aber auch Rdn. 57. **548**

Wegen der Zustellung an die *Erben* bei Vorhandensein eines Testamentsvollstreckers, wenn eine aus dem Nachlass geschuldete Forderung gepfän- **549**

---
47 *LG Hamburg* MDR 1954, 425.
48 *BGH* LM ZPO § 170 Nr. 12 = Rpfleger 1965, 44 und a.a.O. (Fußn. 45).
49 *BGH* a.a.O. (Fußn. 45)

det wird, siehe § 2213 BGB (Zustellung an den Testamentsvollstrecker ist nicht notwendig, aber zulässig und ratsam).

550 Für *minderjährige* Drittschuldner erfolgt die Zustellung an den gesetzlichen Vertreter (Vater, Mutter, Vormund, Pfleger), auch wenn dieser im Pfändungsbeschluss nicht namentlich genannt ist (§ 170 ZPO). Zustellung an einen von mehreren gesetzlichen Vertretern genügt (§ 170 Abs. 3 ZPO).

551 Die Bestellung eines *Betreuers* für einen Volljährigen (§ 1896 BGB) berührt dessen Geschäftsfähigkeit (vorbehaltlich § 104 Nr. 2 BGB) nicht. Daher erfolgt auch Zustellung an den Betreuten als Drittschuldner. Wenn Einwilligungsvorbehalt angeordnet ist (§ 1903 Abs. 1 BGB), ist der Betreute im Aufgabenbereich des Betreuers nicht prozessfähig (§ 52 ZPO); Zustellung für den Betreuten erfolgt daher an den Betreuer als gesetzlicher Vertreter (§ 170 ZPO).

552 Beim nicht rechtsfähigen *Verein* genügt die Zustellung an einen Vorsteher (§ 50 Abs. 2, § 170 Abs. 3 ZPO).

553 Eine *Gesellschaft* des bürgerlichen Rechts wird als Drittschuldnerin (s. Rdn. 59) bei Zustellung des Pfändungsbeschlusses von dem geschäftsführenden Gesellschafter (§ 714 BGB) vertreten[50]. Zuzustellen ist an den (einen der) geschäftsführenden Gesellschafter, wenn ein solcher nicht bestellt ist, an einen der Gesellschafter[51].

Verbindung der Aufforderung des § 840 ZPO mit der Zustellung an den Drittschuldner siehe Rdn. 632.

F. Die Wirkungen der Pfändung

I. Die Rechtsstellung des Gläubigers

554 1. Das *Pfändungspfandrecht*: Die Pfändung bewirkt Beschlagnahme (Verstrickung); sie begründet für den Gläubiger ein Pfändungspfandrecht an der gepfändeten Forderung (§ 804 Abs. 1 ZPO). Beschlagnahme (Verstrickung) bewirkt Sicherstellung der Forderung für die Gläubigerbefriedigung. Die Forderung wird damit der Verfügungsbefugnis des Schuldners entzogen. Die Befriedigung des Gläubigers erfolgt durch Pfandverwertung (siehe Rdn. 578 ff.).

Rechtsnatur und Wesen des Pfändungspfandrechts sind streitig[1]. Dieser Streit hat indes hier keine praktische Bedeutung. Die ZPO regelt die weitere Wirkung des Pfändungspfandrechts an Forderungen nur vereinzelt[2].

---

50 *BGH* MDR 1961, 408 (weitere Fundstellen Rdn. 519 Fußn. 116); *BGH* JZ 1999, 44 mit Anm. *Habersack* = MDR 1998, 1049 = NJW 1998, 2904; *Paulus* DGVZ 1992, 65 (71).
51 *BGH* MDR 2006, 1254 = NJW 2006, 2191 = Rpfleger 2006, 478; *BGH* MDR 2007, 667 = NJW 2007, 995 = Rpfleger 2007, 216.
1 Siehe dazu *Gaul* Rpfleger 1971, 4; auch *Säcker* JZ 1971, 156 und *Werner* JR 1971, 278; Zöller/Stöber, ZPO, Rdn. 2 zu § 804 mit weit. Nachw.
2 So zum **Beispiel** in § 844 ZPO den Pfandverkauf.

Im Übrigen müssen daher nach allgemeiner Ansicht[3] die Vorschriften des BGB über das Vertragspfandrecht an Rechten (§§ 1273 ff. BGB) insoweit entsprechend Anwendung finden, als nicht die öffentlich-rechtliche Natur sowie Wesen und Wirkung des Pfändungspfandrechts entgegenstehen.

2. Die Pfändung allein[4] verschafft dem *Gläubiger* im Wesentlichen die *Rechtsstellung* eines Rechtspfandgläubigers nach dem BGB vor Pfandreife. Bei bloßer Pfändung (also vor der Überweisung) kann der Gläubiger daher nur die Sicherung der gepfändeten Forderung betreiben, nicht aber seine Befriedigung aus dieser suchen. Er darf somit allein, d.h. ohne Mitwirkung des Schuldners, weder Einziehungshandlungen ausüben noch irgendwelche sonstige Maßnahmen treffen, die selbst nach Überweisung zur Einziehung nicht erlaubt sind (siehe deswegen Rdn. 604). Insbesondere darf der Gläubiger nicht Leistung des Drittschuldners an sich allein verlangen oder über die Forderung verfügen, also auf sie verzichten, sie abtreten oder mit ihr aufrechnen. Das Verbot der Einziehung schließt auch die Kündigung einer noch nicht fälligen Forderung durch den Gläubiger aus[5].

555

3. Der Gläubiger kann aber verlangen, dass eine fällige Forderung an ihn und den Schuldner *gemeinsam geleistet* oder für beide *hinterlegt* werde (siehe § 1281 BGB)[6]. Demgemäß können Zahlungen des Insolvenzverwalters und ein Erlös in der Zwangsversteigerung oder Zwangsverwaltung nur noch von beiden in Empfang genommen oder für sie hinterlegt werden. Beide sind bei Fälligkeit der Forderung einander verpflichtet, zur Einziehung mitzuwirken (§ 1285 Abs. 1 BGB). Haben sie gemeinsam eingezogen, so hat der Pfandgläubiger ein Pfandrecht am Erlös erworben (§ 1287 BGB), der deshalb nach Maßgabe des § 1288 BGB mündelsicher anzulegen ist. Wegen der sich bei solcher gemeinsamer Einziehung ergebenden praktischen Schwierigkeiten wird fast immer dem Verlangen auf Hinterlegung der Vorzug gegeben.

556

4. *Sicherungsmaßnahmen* kann der Gläubiger zur Erhaltung seines Pfandrechtes allein betreiben[7]. So kann er einen Arrest gegen den Drittschuldner beantragen, die Forderung zu dessen Insolvenzverfahren oder in einem Zwangsversteigerungs- oder Zwangsverwaltungsverfahren als Beteiligter (§ 9 ZVG) anmelden, Wechsel zu Protest geben, den Erwerb der Forderung durch Dritte anfechten[8], gegen Dritte, die die Forderung beanspru-

557

---

3   *RG* 87, 412 (416) mit weiteren Nachweisen; *RG* 97, 34 (41); 104, 300 (301); 108, 318 (320); 156, 395 (397); *BGH* Rpfleger 1968, 318; *BGH* 108, 237 (242) = DNotZ 1990, 581 = NJW 1989, 2536 (2537 re.Sp.); *OLG Stuttgart* OLG 16, 303 (305).
4   Auf die Pfändung allein ist die Rechtsstellung des Gläubigers vornehmlich bei Arrestvollziehung, Sicherungsvollstreckung (§ 720a ZPO) und bei Einstellung der Zwangsvollstreckung, wenn die bereits wirksam gewordene Pfändung bestehen bleibt, beschränkt. Sonst wird es nur selten vorkommen, dass der Gläubiger die gleichzeitige Überweisung oder eine andere Pfandverwertung nicht beantragt.
5   Siehe *RG* 153, 220 (224); *MünchKomm/Smid*, ZPO, Rdn. 46 zu § 829.
6   *RG* 104, 34 (35); 108, 318 (320); *RG* JW 1912, 753.
7   *OLG Hamburg* JurBüro 1983, 291.
8   *RG* 61, 150.

chen, negative Feststellungsklage erheben⁹ und gegen den Drittschuldner auf Feststellung¹⁰ oder Leistung an Gläubiger und Schuldner gemeinsam bzw. Hinterlegung für beide (siehe § 1281 BGB) klagen. Auch Nebenrechte, die der Sicherung der Forderung dienen, kann der Gläubiger allein geltend machen, so z. B. das Vermieterpfandrecht nach § 805 ZPO mit dem Ziel der Hinterlegung des anteiligen Erlöses.

558   5. Im Insolvenzverfahren des Drittschuldners kann das *Stimmrecht* von Gläubiger und Schuldner nur gemeinsam ausgeübt werden. Beide müssen entsprechend ihrer Verpflichtung zur gemeinsamen Einziehung bei der Ausübung des Stimmrechts mitwirken.

6. Wegen der Stellung gegenüber Dritten, die die Forderung vor- oder nachgepfändet haben, siehe Rdn. 774 ff.

II. Die Rechtsstellung des Schuldners

559   1. Dem Schuldner als Inhaber der Forderung (siehe Rdn. 589) ist mit Wirksamwerden der Pfändung *jede Verfügung* über sie, insbesondere die Einziehung, *verboten* (§ 829 Abs. 1 S. 2 ZPO). Gemeint sind, weil das Verfügungsverbot nur dem Schutz des Gläubigers dient, nur solche Verfügungen des Schuldners, die das Pfändungspfandrecht und die mit ihm erlangte Rechtsstellung des Gläubigers beeinträchtigen würden (siehe §§ 135, 136 BGB)¹¹. Allein kann daher der Schuldner nicht einziehen, auf die Forderung nicht verzichten, sie nicht erlassen, sonst aufheben oder stunden, eine Kündigung nicht rückgängig machen, nicht abtreten, verpfänden oder die Zahlungsbestimmungen ändern, mit der Forderung nicht aufrechnen und über ein von der Pfändung erfasstes Nebenrecht nicht verfügen.

560   2. Trifft der Schuldner gleichwohl eine ihm verbotene Verfügung, so ist diese nicht schlechthin, sondern *nur dem Pfändungsgläubiger* gegenüber unwirksam (siehe §§ 135, 136 BGB und Rdn. 772, 773). Bei Abtretung wird daher der Zessionar bis zum Erlöschen der Pfändung zunächst noch nicht Gläubiger; er kann in dieser Zeit irgendwelche Rechte aus der Abtretung nicht geltend machen, insbesondere weder Leistung an sich noch an den Pfändungsgläubiger oder Hinterlegung verlangen und auch nicht auf Feststellung klagen¹². Nach Aufhebung oder sonstigem Erlöschen der Pfändung kann sich der Drittschuldner dem Schuldner oder Dritten gegenüber nicht mehr auf die nur relativ gewesene „Unwirksamkeit" einer Verfügung berufen.

Mit Einwilligung des Gläubigers ist auch im Verhältnis zwischen ihm und dem Schuldner jede Verfügung erlaubt und daher wirksam. Mit

---

9   *RG* 73, 276 (277 f.).
10 Das Feststellungsurteil schafft aber gegen den Schuldner keine Rechtskraft, wirkt also nicht gegen ihn; *RG* 83, 116.
11 *RG* JW 1935, 3541 und *RG* 158, 40 (42); *BGH* Rpfleger 1968, 318; *Berner* Rpfleger 1966, 75.
12 *RG* HRR 1933 Nr. 10.

Genehmigung einer gegen das Verbot verstoßenden Verfügung durch den Gläubiger wird diese (voll) wirksam.

3. *Nicht verboten* sind dem Schuldner Verfügungen und Maßnahmen, die die Rechte des Gläubigers nicht beeinträchtigen. Daher darf er insbesondere Sicherungsmaßnahmen betreiben, die auch dem Gläubiger erlaubt sind (Arrest, Anmeldung zum Insolvenz- und Zwangsversteigerungsverfahren, Wechselprotest usw.; siehe Rdn. 557). Ferner ist dem Schuldner vor Überweisung die Kündigung der noch nicht fälligen Forderung nicht verboten[13]. Wegen seines Anspruchs auf gemeinsame Einziehung siehe Rdn. 556. **561**

4. Die Rechtsstellung des Schuldners aus seinem *Rechtsverhältnis* zum Drittschuldner erfasst die Forderungspfändung nicht. Da die Zwangsvollstreckung nur in die Forderung, nicht aber auch in das Rechtsverhältnis zum Drittschuldner erfolgen kann, schließt die Forderungspfändung auch solche Verfügungen des Schuldners über das Rechtsverhältnis nicht aus, die sich auf die gepfändete Forderung auswirken. Bei Pfändung von Miete oder Pacht, Lohn- und Gehaltsansprüchen sowie ähnlichen fortlaufenden Bezügen kann daher der Schuldner das Rechtsverhältnis (das Miet-, Pacht-, Dienst- oder Arbeitsverhältnis[14] usw.) jederzeit kündigen und beenden oder abändern (hierzu Rdn. 37). Wegen der Fortsetzung eines beendeten Arbeitsverhältnisses nach kurzer Zeit beim gleichen Drittschuldner siehe Rdn. 969, 970; das dort Gesagte gilt entsprechend, wenn ein anderes Dauerschuldverhältnis nur scheinbar gelöst wird (z. B. bei Fortsetzung eines Untermietverhältnisses nach kurzer Unterbrechung durch Strafhaft oder infolge der Pfändung). **562**

5. a) Ein (gesetzliches oder vertragliches) *Rücktrittsrecht* kann nach der Pfändung einer Geldforderung oder eines Anspruchs auf eine andere vertragliche Leistung vom Schuldner nur noch mit Zustimmung des (Pfändungs-)Gläubigers geltend gemacht werden. Das Rücktrittsrecht ist Gestaltungsrecht, seine Ausübung bewirkt Rückgängigmachung des Vertrags. Die Rücktrittserklärung beseitigt somit die Leistungspflichten; das bisherige Vertragsverhältnis wird in ein Abwicklungsverhältnis umgewandelt; damit erlöschen die Leistungspflichten. Rücktritt bewirkt somit Aufhebung der gepfändeten Forderung; daher kann er nach § 1276 BGB (entsprechende Anwendung) vom Schuldner als Vertragspartner nur mit Zustimmung des Gläubigers erklärt werden. Mit der Rechtsstellung des Schuldners aus seinem Rechtsverhältnis zum Drittschuldner (Rdn. 562) ist das Rücktrittsrecht als Gestaltungsrecht nicht verbunden. Zulässig ist daher Abtretung des Rücktrittsrechts – verbunden mit der Abtretung der Forderung – mit der Folge, dass jedenfalls der Zedent nicht mehr ohne Mitwirkung des Zessionars vom Vertrag zurücktreten kann[15]. Folglich erstreckt sich mit Pfändung der Forderung das Verfügungsverbot gleichermaßen auf das Rück- **562a**

---

13 *OLG Dresden* OLG 12, 142; *OLG Hamburg* OLG 14, 175.
14 *BArbG* JurBüro 1994, 364 = NJW 1993, 2699 (2700 re.Sp.).
15 *BGH* MDR 1973, 1012 = NJW 1973, 1793; *BGH* Betrieb 1985, 2243.

trittsrecht (vertraglicher Abtretungsausschluss, § 399 BGB, wäre nicht hinderlich; § 851 Abs. 2 ZPO). (Ausdrückliche) Mitpfändung des Rücktrittsrechts ist für zulässig zu erachten, weil es – jedenfalls zusammen mit der Forderung – abtretbar ist (§ 851 Abs. 1 ZPO). Dann wird jedoch auch der Gläubiger als Pfandberechtigter das Rücktrittsrecht nur mit Zustimmung des Schuldners geltend machen können.

562b b) Die Pfändung der Forderung (eines anderen vertraglichen Anspruchs) erstreckt sich nach Ausübung eines Rücktrittsrechts nicht auf den damit durch das Abwicklungsverhältnis entstehenden *Rückgewähranspruch* (§ 346 BGB); hierzu Rdn. 293 c.

563 6. Mit einer prozessual zulässigen Rechtsverfolgung vereitelt, beeinträchtigt oder erschwert der Schuldner die Rechtsstellung des Gläubigers nicht unzulässigerweise[17]. Das wirksam gewordene Verfügungsverbot schließt daher nicht aus, dass der Schuldner Erinnerung gegen den Pfändungsbeschluss und Beschwerde gegen die Entscheidung über die Erinnerung erhebt oder Antrag auf Vollstreckungsschutz (§ 765 a ZPO usw.) stellt.

564 7. Auf *Feststellung* kann der Schuldner gegen Dritte oder den Drittschuldner nach Pfändung ebenso wie der Gläubiger *klagen* (siehe Rdn. 557)[18]. Gegen den Drittschuldner kann der Schuldner auch auf Leistung an Gläubiger und Schuldner gemeinsam oder Hinterlegung für beide[19] klagen (§ 1281 BGB). Mit diesem Ziel kann der Schuldner auch ein bereits vorliegendes Urteil vollstrecken.

8. Wegen der Rechtslage, wenn der Schuldner nur einer von mehreren Gesamtgläubigern der gepfändeten Forderung ist, siehe Rdn. 55.

III. Die Rechtsstellung des Drittschuldners

Schrifttum: *Denck*, Einwendungsverlust bei pfändungswidriger Zahlung des Drittschuldners an den Schuldner? NJW 1979, 2375; *Joost*, Risikoträchtige Zahlungen des Drittschuldners bei der Forderungspfändung, WM 1981, 82; *Reinicke*, Die zweckentfremdete Aufrechnung, NJW 1972, 793 und NJW 1972, 1698; *Werner*, Zweckentfremdete Aufrechnung? NJW 1972, 1697.

565 1. Dem Drittschuldner ist *verboten*, an den Schuldner zu zahlen (§ 829 Abs. 1 S. 1 ZPO). Das verbietet auch die Zahlung im Ausland[20]. Zahlt der Drittschuldner gleichwohl an den Schuldner, so hat diese Erfüllung dem

---

16 Diese Fußnote ist entfallen.
17 *Stöber* Rpfleger 1963, 340.
18 Der Prozess des Schuldners gegen den Drittschuldner schafft aber keine Rechtskraft gegen den Pfändungsgläubiger, das Urteil wirkt also nicht gegen ihn; *RG* 83, 116 (120).
19 *RG* Seufferts Archiv 44 Nr. 69. Aber keine Klage des Schuldners auf Hinterlegung mehr nach Überweisung, siehe Rdn. 671 Fußn. 48.
20 *RG* 140, 340 (342); siehe aber wegen der Zahlung im Ausland im Wege oder zur Abwendung des dort geübten Vollstreckungszwangs *Stein/Jonas/Brehm*, ZPO, Rdn. 103 zu § 829.

Gläubiger gegenüber keine Wirkung[21]. Der Gläubiger kann nach Überweisung daher nochmalige Zahlung[22] und bis zur Überweisung Hinterlegung für sich allein (nicht mehr für sich und den Schuldner gemeinsam[23]) verlangen.

Das Zahlungsverbot wird dahin verstanden, dass *keine Erfüllungshandlung* mehr vorgenommen werden darf. Die Verpflichtung, auch eine bereits in die Wege geleitete Zahlung (nach Möglichkeit) wieder rückgängig zu machen, soll das Zahlungsverbot nicht begründen. Wenn der Drittschuldner noch vor Zustellung des Pfändungsbeschlusses (damit in Unkenntnis der Pfändung) die zur Erfüllung notwendige Leistungshandlung bereits vorgenommen hat, wird er demnach nicht für verpflichtet gehalten, den Eintritt des Leistungserfolgs durch aktives Handeln zu verhindern[24]. Einen (für einmalige Zahlung) der Bank oder Sparkasse bereits erteilten Überweisungsauftrag soll der Drittschuldner daher nicht zu widerrufen haben, wenn ihm danach ein Pfändungsbeschluss zugestellt wird[25]. Für (weitere) Zahlungen mit Dauerauftrag kann das jedoch nicht gelten[26].

565a

Dem kann ich nicht folgen[27]. Vollstreckungsrechtliche Durchsetzung der Gläubigerforderung gebietet Beachtung des Zahlungsverbots durch den Drittschuldner mit gleicher Sorgfalt, welche er in eigenen Angelegenheiten anzuwenden pflegt. Das erfordert mögliche und zumutbare Abwendung der Schuldtilgung mit Erfüllung auch, wenn das Zahlungsverbot erst nach

---

21 *BGH* 86, 337 (339) = a.a.O. (nachf. Fußn. 32). Wenn dem Verkäufer eines Grundstücks die Verpflichtung zur Lastenfreistellung obliegt und der Käufer entgegen den Vereinbarungen im Kaufvertrag die den Grundpfandrechten zugrunde liegenden Darlehen ablöst, kann sich nach Pfändung der Kaufpreisforderung der Gläubiger nicht mit der Begründung auf die Unwirksamkeit der Zahlung ihm gegenüber berufen, dass durch die erfolgte Lastenfreistellung die Voraussetzungen für die uneingeschränkte Verfügungsbefugnis des Verkäufers über den Restkaufpreis geschaffen wurde; *BGH* (19.12.1980) MittBayNot 1981, 120.
22 *RG* 77, 250 (254). Der Drittschuldner kann sich bei Zahlung nach Pfändung gegen die Leistungsklage des Gläubigers auch nicht damit verteidigen, er habe vor Zustellung des Pfändungsbeschlusses Wechsel über die bezahlte Forderung ausgestellt; *OLG Köln* OLGZ 1966, 559. Der Bund, der als Drittschuldner eines entlassenen Soldaten einen Pfändungsgläubiger versehentlich nicht befriedigt und dann an ihn aus eigenen Mitteln geleistet hat, hat keinen mit Leistungsbescheid verfolgbaren Anspruch gegen den Schuldner; siehe *VerwG Stuttgart* MDR 1970, 956. Einwendungen gegen die gepfändete Forderung bleiben dem Drittschuldner auch bei verbotswidriger Zahlung erhalten; siehe Rdn. 571 a.E., 573.
23 *RG* JW 1912, 753.
24 *BGH* 105, 358 (360, 361) = JZ 1989, 299 mit Anm. *Brehm* = MDR 1989, 155 = NJW 1989, 905; *Musielak/Becker*, ZPO, Rdn. 20; *Schuschke/Walker*, Vollstreckung, Rdn. 51, je zu § 829.
25 *BGH* 105, 358 = a.a.O.; zustimmend *Brehm* JZ 1989, 300 (Anmerkung).
26 So auch *Brehm* JZ 1989, 300 (301) und *Stein/Jonas/Brehm*, ZPO, Rdn. 101 zu § 829; offen gelassen von *BGH* 105, 358 (361).
27 § 407 BGB (entsprechende Anwendung) begründet einen so weitgehenden Drittschuldnerschutz nicht; die Vorschrift schützt bei Leistung nach Wirksamwerden der Pfändung, wenn der Drittschuldner diese nicht kennt. Aussage für die vor Pfändung vorgenommene Leistungshandlung gibt die Bestimmung nicht. S. auch noch *VerwG Neustadt* JurBüro 1989, 668, das bei zumutbarem Bankrückruf schuldbefreiende Drittschuldnerzahlung ablehnt.

Vornahme der Leistungshandlung zugestellt wird. Auf die für Bereiche des Schuldrechts erhebliche Leistungshandlung kann für die vollstreckungsrechtliche Verpflichtung des zur Gläubigerbefriedigung zwangsläufig von den Wirkungen des Pfändungszugriffs auf eine (noch) geschuldete Forderung betroffenen Drittschuldners nicht abgestellt werden.

Verboten ist dem Drittschuldner nicht nur, die geschuldete Leistung selbst zu bewirken; er darf sie an seinen Gläubiger (den Schuldner in der Vollstreckung) auch nicht mehr durch einen Vertreter oder Erfüllungsgehilfen bewirken lassen. Ebenso verbietet es sich, Leistung mit Abbuchung einer bereits in die Wege geleiteten Zahlung durch die Bank (Sparkasse) bewirken zu lassen, wenn sie bei Aufwendung erforderlicher Sorgfalt noch unterbunden werden kann. Wenn Widerruf als (Gegen-)Weisung an die beauftragte Bank (Sparkasse), den (noch nicht ausgeführten) Überweisungsauftrag nicht durchzuführen[28], noch rechtzeitig möglich ist, dann ist Unterlassung (weil mit Erteilung des Überweisungsauftrags das Geld noch nicht aus der Verfügungsgewalt des Drittschuldners entlassen ist) als Verstoß des Drittschuldners gegen das Zahlungsverbot zu werten. Der Überweisungsauftrag allein kann den Drittschuldner jedenfalls dann nicht schützen, wenn erst nach Pfändung die zur Ausführung des Auftrags erforderliche Deckung des Kontos erfolgt[29]. Es kann zudem nicht rundweg angenommen werden, das Zahlungsverbot lege dem Drittschuldner keine Handlungspflichten auf[30]. Bei Zahlungen mit Dauerauftrag, im Abbuchungsverfahren oder im Einziehungsermächtigungsverfahren kann der Drittschuldner nach Zustellung des Pfändungsbeschlusses seiner durch das Zahlungsverbot begründeten Verpflichtung jedenfalls nur mit Widerruf der Einzelanweisung oder Widerspruch gegen das (weitere) Lastschriftverfahren Rechnung tragen.

Der Schuldner erlangt mit der nur für den Drittschuldnerschutz erheblichen Einschränkung, dass Pfändung nach Leistungshandlung nicht mehr erfordere, die Zahlung noch aufzuhalten, keine Rechte. Der Schuldner kann daher vom Drittschuldner nicht verlangen, dass er es unterlasse, die bereits in die Wege geleitete Zahlung wieder rückgängig zu machen.

566 2. Gegen die mit einer *Ersatzzustellung* (siehe Rdn. 530) verbundenen Gefahren ist der Drittschuldner geschützt. Zahlungen, die er in Unkenntnis der durch die Ersatzzustellung wirksam gewordenen Pfändung an den Schuldner leistet, muss der Gläubiger gegen sich gelten lassen[31]. Das ist zwar nirgends ausdrücklich bestimmt, folgt aber aus der Notwendigkeit des Schutzes des unbeteiligten Drittschuldners und seiner gebotenen Gleichstellung mit dem Schuldner bei Abtretung oder Verpfändung (siehe §§ 407, 412, 1275 BGB)[32]. Die Beweislast dafür, dass die Pfändung und ihre

---

28 *BGH* 103, 143 (145).
29 Wäre im Fall *BGH* 105, 358 zu erwägen gewesen. Der Überweisungsauftrag wurde am 5.11. erteilt und (nach Pfändung am 13.11.) erst am 15.11. (telefonisch durch Blitzgiro) ausgeführt, nachdem eine weitere finanzierende Bank die erforderlichen Geldmittel zur Verfügung gestellt hatte.
30 So aber *BGH* 105, 358 (361) = a.a.O.
31 So auch *ArbG Hamburg* BB 1969, 406; *ArbG Wuppertal* BB 1965, 605.
32 *BGH* 86, 337 (338) = JurBüro 1983, 543 = MDR 1983, 486 = NJW 1983, 886; *RG* 87, 412 (415); *OLG Stuttgart* OLG 16, 303; *KG* JW 1936, 2000; *RG*-WarnRspr. 1921, 92; *LArbG Berlin* AP Nr. 1 zu § 407 BGB = BB 1969, 1353; *Stein/Jonas/Brehm*, ZPO, Rdn. 101; *Zöller/Stöber*, ZPO, Rdn. 19; *MünchKomm/Smid*, ZPO, Rdn. 37; *Schuschke/Walker*, Vollstreckung, Rdn. 51, alle zu § 829; auch *BGH* 105, 358 (360) = a.a.O.; **a.A.** noch *OLG Hamburg* OLG 11, 185.

Ersatzzustellung bei Zahlung nicht bekannt waren, trifft den Drittschuldner[33]. Beweis kann auch durch Parteivernehmung geführt werden[34]. Ist der Drittschuldner Inhaber eines Betriebs, so wird seiner eigenen Kenntnis die Kenntnis eines Angestellten von der Ersatzzustellung gleichgestellt, wenn dieser als der zuständige Vertreter des Betriebsinhabers zur Leistung auf die gepfändete Forderung befugt war, auch wenn ein anderer Vertreter oder der Betriebsinhaber selbst die Zahlung in Unkenntnis geleistet hat[35].

Dieser Schutz wird auch dem Drittschuldner zugestanden, der nach Zustellung des Pfändungsbeschlusses zeitlich nicht mehr die Möglichkeit hat, die Leistung an den Schuldner (Vornahme einer Erfüllungshandlung) durch eine seiner verschiedenen Zahlstellen zu verhindern[36] (zur Zahlung, die bei Wirksamwerden der Pfändung bereits in die Wege geleitet ist, siehe Rdn. 565 a). Das gilt insbesondere für Zahlungen durch Bankfilialen unmittelbar nach der Zustellung des Pfändungsbeschlusses an die Hauptstelle, durch die Generalagentur oder Bezirksdirektion einer Versicherungsgesellschaft nach Zustellung des Zahlungsverbots an die Hauptniederlassung, die Kasse einer Firma nach Zustellung des Pfändungsbeschlusses an die Hauptverwaltung oder durch die Gerichtskasse nach Zustellung an die Hinterlegungsstelle. Jedoch kann sich hier der Drittschuldner nur dann auf einen solchen Schutz berufen, wenn er alles zur Abwendung von Nachteilen für den Gläubiger Mögliche unternommen, also sofort fernmündliche, fernschriftliche, telegrafische oder eine ähnliche beschleunigte Verständigung der Zahlstelle versucht hat.

567

3. Leisten kann der Drittschuldner nur mehr an den Schuldner und Gläubiger *gemeinsam* (siehe § 1281 BGB und Rdn. 555, 556). Durch Hinterlegung kann er erfüllen, wenn beide bei der Einziehung einer fälligen Forderung nicht mitwirken (§ 372 BGB). Von seiner Schuld wird er bei Hinterlegung unter Verzicht auf Rücknahme befreit (§ 378 BGB).

568

4. Eine *Kündigung* der noch nicht fälligen Forderung wird nur wirksam, wenn sie der Drittschuldner sowohl dem Gläubiger als auch dem Schuldner gegenüber erklärt (siehe § 1283 BGB).

569

5. Über dieses Leistungsverbot hinaus wird die Position des Drittschuldners von der Pfändung grundsätzlich nicht berührt. Seine *Rechtsstellung* erfährt somit sonst keine Veränderung; sie wird nicht verbessert und nicht verschlechtert. Die Pfändung berührt daher auch einen Verzug des Drittschuldners nicht[37] und gibt ihm nicht das Recht zur Klage auf Einstellung einer Zwangsvollstreckung, die wegen der schon vollstreckbar ausgeklagten Forderung im Gange ist[38].

570

---

33 So auch *LArbG Berlin* AP Nr. 1 zu § 407 BGB = BB 1969, 1353 Leits.
34 *LG Hannover* JurBüro 1984, 1259.
35 *ArbG Wuppertal* BB 1965, 605.
36 *OLG Kiel* SchlHA 1914, 219 f.
37 RG 49, 201.
38 *Jecht* MDR 1962, 182; siehe aber wegen der Verpflichtung des Drittschuldners, die gegen das Zahlungsverbot verstoßende Befriedigung des Schuldners mit der Einrede der Forderungspfändung abzuwenden, Rdn. 667.

571 6. Da die Pfändung die Rechtsstellung des Drittschuldners nicht verschlechtert, kann er auch dem Gläubiger alle gegen den Schuldner zur Zeit der Pfändung begründeten *Einwendungen* und *Einreden* entgegenhalten[39]. Der Drittschuldner kann also auch gegen den Gläubiger geltend machen, dass der gepfändete Anspruch überhaupt nicht entstanden (rechtshindernde Einwendungen, z. B. §§ 117, 118, 134, 138 BGB, Geschäftsunfähigkeit usw.) oder bereits wieder erloschen sei (rechtsvernichtende Einwendungen, z. B. Erlass, Erfüllung, Hinterlegung, Verwirkung, Arglist), dass sie einem anderen zustehe (Abtretung vor Pfändung)[40] oder dass wegen eines Gegenrechts die geschuldete Leistung verweigert werden könne (Einrede der Verjährung, der Stundung, des Zurückbehaltungsrechts aus nicht erfülltem Vertrag)[41]. Ein Zurückbehaltungsrecht, das der Schuldner gegenüber einer Klage des Drittschuldners geltend macht, hat gemäß § 274 BGB, § 836 ZPO die Wirkung, dass der Schuldner zur Leistung nur Zug um Zug dafür zu verurteilen ist, dass der Drittschuldner die bisher dem Schuldner gebührende Leistung an den pfändenden Gläubiger bewirkt[42]. Eine vertragliche Frist wird durch die Pfändung nicht gehemmt; der Drittschuldner kann sich auf den Fristablauf daher auch dann berufen, wenn die Frist infolge der Pfändungen versäumt wurde[43]. Durch eine verbotswidrige Zahlung an den Schuldner verliert der Drittschuldner gegenüber dem Gläubiger seine Einwendungen und Einreden gegen die gepfändete Forderung nicht[44].

572 7. *Aufrechnen* kann der Drittschuldner mit einer Forderung gegen den Schuldner auch nach der Pfändung noch, wenn schon bei ihrem Wirksamwerden die Voraussetzungen der Aufrechnung vorlagen (§ 392 BGB). Das ist der Fall, wenn der Drittschuldner seine Forderung nicht nach Wirksamwerden der Pfändung erworben hat. Für den „Erwerb" der Aufrechnungsforderung genügt, wenn diese zu dem maßgebenden Zeitpunkt lediglich nach ihrem Rechtsgrund entstanden war[45]. Nur wenn die Forderung des

---

39 *BGH* JurBüro 1985, 708 = JZ 1985, 629 mit Anm. *Brehm* = NJW 1985, 1155 (1157).
40 Wegen der Beweislast siehe Rdn. 663.
41 Dass der frühere Inhaber des vollstreckten Anspruchs verpflichtet ist, ihn von der gepfändeten Forderung freizustellen, kann der Drittschuldner dem Gläubiger, der Befriedigung wegen eines an ihn abgetretenen Anspruchs sucht, entgegenhalten, *BGH* MDR 1986, 28 = NJW 1985, 1768.
42 *OLG Braunschweig* JR 1955, 342 mit zust. Anm. *Blomeyer*.
43 *BGH* BB 1968, 397.
44 *BGH* 58, 25 = JurBüro 1972, 219 = MDR 1972, 319 = NJW 1972, 428; dazu (zust.) *Werner* NJW 1972, 1697 sowie *Denck* NJW 1979, 2375 und (abl.) *Reinicke* NJW 1972, 793 und 1697; *BGH* 86, 337 (338) = JurBüro 1983, 543 = MDR 1983, 486 = NJW 1983 ,886; *LG Aachen* ZIP 1981, 784; **a.A.** *Thomas/Putzo*, ZPO, Rdn. 39 zu § 829; siehe auch für den Fall der Aufrechnung Rdn. 573.
45 *BGH* MDR 1980, 303 = NJW 1980, 584; *LG Aachen* ZIP 1981, 784. Siehe auch *OLG Celle* ZIP 1983, 467: Wirksamkeit der Aufrechnung gegenüber dem Gläubiger eines Bauunternehmers, der eine Werklohnforderung gepfändet hat, mit einem Schadensersatzanspruch aus positiver Vertragsverletzung, der als Gegenforderung enstanden ist, weil der Bauherr anstelle des sich im Zahlungsverzug befindlichen Unternehmers an dessen Arbeitnehmer (nach der Pfändung) Zahlungen geleistet hat.

Drittschuldners erst nach Wirksamwerden der Pfändung fällig geworden ist, ist weitere Voraussetzung der Aufrechnungsbefugnis, dass bei Pfändung auch die gepfändete Forderung des Schuldners an den Drittschuldner nicht fällig war und nicht vor der eigenen Forderung des Drittschuldners fällig wurde (siehe § 392 BGB). Nicht ausgeschlossen wird die Aufrechnung gegen die gepfändete Forderung durch § 392 Alt. 2 BGB, solange deren Durchsetzung ein Leistungsverweigerungsrecht entgegensteht[46]. Zur Aufrechnungslage bei Aufrechnung eines an die Stelle des Erfüllungsanspruchs getretenen Schadensersatzanspruchs mit einer (gepfändeten) Werklohnforderung siehe *BGH*[47]. Nach der Beschlagnahme erworben ist auch die erst nach Wirksamwerden der Pfändung an den Drittschuldner abgetretene Forderung. Mit einer Forderung des Schuldners gegen den Gläubiger kann der Drittschuldner gegenüber dem Gläubiger nicht aufrechnen[48].

Diese Möglichkeit der Aufrechnung endet mit einer gegen das Zahlungsverbot verstoßenden Leistung des Drittschuldners an den Schuldner nicht. Denn diese Zahlung hat gegenüber dem Gläubiger keine Wirkung. Sie bringt somit die Forderung im Verhältnis zwischen Gläubiger und Drittschuldner nicht zum Erlöschen. Ist aber eine verbotswidrig bereits an den Schuldner geleistete Forderung noch nicht erloschen, so kann sie durch Aufrechnung mit Gegenansprüchen auch dem Gläubiger gegenüber noch getilgt werden[49]. **573**

Wird eine Aufrechnung erklärt, obwohl die besonderen Voraussetzungen des § 392 BGB nicht vorlagen, so ist sie, wie jede gegen das Zahlungsverbot verstoßende Verfügung nicht absolut, sondern nur dem pfändenden Gläubiger gegenüber unwirksam. **574**

Auf Aufrechnungs*verträge* (Aufrechnungsvereinbarungen), die schon vor der Beschlagnahme (Wirksamwerden der Pfändung) geschlossen wurden, wird § 392 BGB nicht angewendet; sie sind dem Pfandgläubiger gegenüber wirksam, auch wenn die für das Erlöschen der Forderung vereinbarte Bedingung (Fälligkeit) erst nach der Beschlagnahme eintritt[50]. Siehe aber dazu für das Arbeitsrecht (Handelsvertreter mit Inkasso, Kellner usw.) Rdn. 899, 900. **575**

---

46 *BGH* MDR 2004, 564 = NJW-RR 2004, 525.
47 *BGH* a.a.O. (Fußn. 45).
48 *AG Langen* MDR 1981, 237.
49 *BGH* a.a.O. (Fußn. 44); dazu *Werner, Reinicke* und *Denck* je a.a.O. (Fußn. 44); *LG Kaiserslautern* NJW 1955, 1761; *OLG Hamm* OLG 24, 253; einschränkend (Aufrechnung nur, wenn verbotene Zahlung durch Zwangslage veranlasst war) *LArbG Saarbrücken* NJW 1978, 2055. **A.A.** noch *RG* Gruchot 56, 1066 = WarnRspr. 1912 Nr. 294; *OLG Düsseldorf* NJW 1962, 1920; *OLG Hamburg* MDR 1959, 432.
50 *RG* 138, 258; *BGH* MDR 1968, 488 = NJW 1968, 835; *LArbG Hamm* BB 1993, 1740 (Leits.) = Betrieb 1993, 1247 (Leits.) = KKZ 1994, 224 (225); nicht so weitgehend – eine vor Lohnpfändung getroffene Aufrechnungsvereinbarung kann dem Pfändungsgläubiger jedenfalls entgegengesetzt werden, wenn die Voraussetzungen einer einseitigen Aufrechnung gem. § 392 BGB gegeben sind – *BArbG* BB 1967, 35 mit Anm. *Trinkner* = Betrieb 1967, 459 = NJW 1967, 459 Leits.

576 8. Eine Werklohnforderung kann der Drittschuldner nach Pfändung durch Gläubiger des Unternehmers durch Zahlung an Subunternehmer auch dann noch tilgen, wenn er sich als Besteller das Recht vorbehalten hat, für Rechnung des Unternehmers Zahlungen an die von diesem nicht befriedigten Subunternehmer zu leisten[51].

577 9. Verwehrt sind dem Drittschuldner Einwendungen gegen die Richtigkeit der der Vollstreckung zugrunde liegenden Forderung des Gläubigers an den Schuldner (s. auch Rdn. 664) und alle sonstigen Einwendungen, die der Schuldner im Wege der Vollstreckungsgegenklage geltend machen muss[52]. Der Drittschuldner kann sich daher nicht darauf berufen, dass der Schuldtitel, auf den sich Forderung und Vollstreckung gründen, unwirksam sei[53]. Wenn also der Pfändungsbeschluss auf Grund eines formell nicht zu beanstandenden Schuldtitels erlassen ist, hat der Drittschuldner nicht die Möglichkeit, sich mit der Begründung gegen den Beschluss zur Wehr zu setzen, dass dem Gläubiger in Wirklichkeit kein Anspruch gegen den Schuldner zustehe[54]. Im Einziehungserkenntnisverfahren vor dem Arbeitsgericht kann der Drittschuldner daher nicht einwenden, dass der Vollstreckungstitel (auch ein Prozessvergleich) wegen Verstoßes gegen die guten Sitten nichtig sei und deshalb wegen Fehlens eines gültigen Vollstreckungstitels keine wirksame Pfändung vorliege[55].

577a 10. Gibt der Drittschuldner gegenüber dem Pfändungsgläubiger, dem die Forderung zur Einziehung überwiesen ist, ein Anerkenntnis gem. § 212, Abs. 1 Nr. 1 BGB ab, so wird dadurch die Verjährung unterbrochen[56]. Durch eine zwischen Drittschuldner und Pfändungsgläubiger vereinbarte Stundung wird die Verjährung im Verhältnis zwischen diesen gehemmt[57] (nun § 205 BGB n.F.).

577b 11. Wegen der Einwendungen des Drittschuldners gegen die Gültigkeit und Wirksamkeit der Pfändung siehe Rdn. 664 und 752. Wegen seiner Stellung bei mehrfacher Pfändung der Forderung siehe Rdn. 783 ff.

---

51 *OLG Stuttgart* NJW 1960, 204 und 684 mit Anm. *Kubisch*; *Bartsch*, Zahlung nach § 16 Nr. 6 VOB/B an den Subunternehmer trotz Abtretung oder Pfändung des Werklohns? BB 1989, 510 mit weit. Nachw.
52 *BArbG* FamRZ 1964, 364 = NJW 1964, 687; *BArbG* MDR 1989, 571 = NJW 1989, 1053; *BGH* JurBüro 1985, 708 = JZ 1985, 629 mit Anm. *Brehm* = NJW 1985, 1155 (1156); *LArbG Frankfurt* Amtsvormund 1974, 130; *Denck* ZZP 92 (1979) 71, der jedoch im Falle der Lohnpfändung aus der Fürsorgepflicht des Arbeitgebers Besonderheiten ableitet.
53 *BGH* NJW 1975, 1768; *BArbG* NJW 1989, 1053 = a.a.O. (Fußn. 52).
54 *BGH* BB 1969, 776; *OLG Köln* NJW-RR 1996, 939 (940).
55 *BArbG* NJW 1989, 1053 = a.a.O., das (für den Vollstreckungstitel auf Grund eines sittenwidrigen Ratenkreditvertrags) die abweichende Ansicht des *LArbG Baden-Württemberg* NJW 1986, 1709 ablehnt. Der Ansicht, Pfändung ohne wirksamen Titel sei unwirksam, kann zudem nicht gefolgt werden (siehe *Zöller/Stöber*, ZPO, Rdn. 34 vor § 704). Zum Einwand der Arglist in einem besonderen Fall s. *BArbG* AP Nr. 1 zu § 776 ZPO = Betrieb 1963, 420.
56 *BGH* JurBüro 1978, 1157 = JR 1978, 50 mit Anm. *Schubert* = MDR 1978, 743 = NJW 1978, 1914.
57 *BGH* a.a.O. (Fußn. 56).

IV. Insolvenzverfahren über das Schuldnervermögen

Schrifttum: *Dörndorfer,* Insolvenzverfahren und Lohnpfändung, NZI 2000, 292; *Grote,* Wohnraummiete und Arbeitseinkommen während des eröffneten Verbraucherinsolvenzverfahrens, NZI 2000, 66; *Helwich,* Das Zusammentreffen von Lohnpfändung und Verbraucherinsolvenz, NZI 2000, 460.

1. Der *Antrag* auf Eröffnung eines Insolvenzverfahrens berührt eine Pfändung (zunächst) nicht. Jedoch hat das Insolvenzgericht die zur Vermeidung nachteiliger Veränderungen in der Vermögenslage des Schuldners erforderlichen Maßnahmen zu treffen (§ 21 Abs. 1 InsO). Es kann insbesondere Maßnahmen der *Zwangsvollstreckung* gegen den Schuldner, damit auch der Pfändung einer Forderung oder eines anderen Vermögensrechts, *untersagen* oder *einstweilen einstellen* (§ 21 Abs. 2 Nr. 3 InsO). Mit einer solchen Maßnahme wird die Wirkung des Vollstreckungsverbots, das mit der Verfahrenseröffnung eintritt (§ 89 InsO), in das Eröffnungsverfahren vorgezogen[58]. Eingestellt oder untersagt werden kann somit auch die „dingliche" Miet- oder Pachtpfändung eines absonderungsberechtigten Gläubigers, der auf den Weg der Zwangsverwaltung verwiesen ist (Rdn. 577 d). Vollzug des Einstellungsbeschlusses durch das Vollstreckungsgericht: § 775 Nr. 2 ZPO. Der Drittschuldner muss den Einstellungsbeschluss des Insolvenzgerichts jedoch bereits beachten und gegen sich gelten lassen, wenn er ihm zur Kenntnis gelangt ist (s. Rdn. 609).

577c

2. Für *Insolvenzgläubiger* (§ 38 InsO) ist eine *Zwangsvollstreckung* während der Dauer des Insolvenzverfahrens *nicht zulässig* (§ 89 Abs. 1 InsO). Zur abgesonderten Befriedigung aus Grundstücken (anderen Objekten der Immobiliarvollstreckung) sind Gläubiger berechtigt, denen ein Recht auf Befriedigung im Wege der Zwangsvollstreckung (§ 10 ZVG) zusteht[59] (§ 49 InsO). Pfändung mithaftender Mieten oder Pachten durch absonderungsberechtigte Grundpfandgläubiger wird nach Eröffnung des Insolvenzverfahrens über das Vermögen des Schuldners jedoch nicht mehr für zulässig erachtet[60]. Grund: § 49 InsO verweist den absonderungsberechtigten Gläubiger auf den Weg der Zwangsverwaltung.

577d

3. a) Mit *Eröffnung des Insolvenzverfahrens* über das Vermögen des Schuldners wird eine Pfändung, auch wenn sie im Wege der Arrestvollziehung[61] oder Vollstreckung einer einstweiligen Verfügung erfolgt ist, *unwirksam,* durch die ein Insolvenzgläubiger (§ 38 InsO) im letzten Monat vor dem Antrag[62] auf Eröffnung des Insolvenzverfahrens (§ 13 InsO; Ein-

577e

---

58 Begründung BT-Drucks. 12/2443, S. 116.
59 Näher dazu *Stöber,* ZVG, Rdn. 23.4 zu § 15.
60 *BGH* 168, 339 = MDR 2007, 300 = NJW 2006, 3356 = NZI 2006, 577 mit Anm. *Stapper* und *Schädlich* = Rpfleger 2006, 549; *BGH* JurBüro 2009, 162; *AG Kaiserslautern* NZI 2005, 636.
61 Eine Arrestpfändung außerhalb der Frist des § 88 (§ 312 Abs. 1 S. 3) InsO bleibt weiterhin bestehen, *KG* NZI 2008, 691.
62 Maßgebend ist auch ein zunächst mangelhafter oder bei einem unzuständigen Gericht gestellter Antrag, der zur Eröffnung des Insolvenzverfahrens geführt hat, *BayObLG* 2000, 176 = NJW-RR 2001, 47 = NZI 2000, 427.

gang bei Gericht) oder nach diesem Antrag mit einem Pfändungspfandrecht eine Sicherung an einer zur Insolvenzmasse gehörenden Forderung (einem sonstigen Vermögensrecht) des Schuldners erlangt hat (§ 88 InsO; Unwirksamkeit der Zwangsvollstreckung in der kritischen Phase vor Verfahrenseröffnung; sogen. Rückschlagsperre). Fristberechnung: § 139 InsO. *Drei Monate* beträgt diese Frist, wenn auf Antrag des Schuldners als Verbraucher (§ 304 InsO) das vereinfachte Insolvenzverfahren eröffnet ist (§ 312 Abs. 1 S. 3 mit § 88 InsO). Die Unwirksamkeit der Pfändung tritt rückwirkend ein; die Abgrenzung des § 110 InsO erlangt damit keine Bedeutung. Auswirkungen auf die künftig fällig werdenden Bezüge: Rdn. 972 c. Insolvenzgläubiger ist ein absonderungsberechtigt vollstreckender Gläubiger nicht; die dingliche Pfändung der Miet- oder Pachtzinsen wird jedoch durch die Eröffnung des Insolvenzverfahrens unwirksam (wie Rdn. 577 d). Nicht erfasst von der Regelung des § 88 InsO ist die Zwangsvollstreckung in einen Gegenstand, der nicht zur Insolvenzmasse gehört; **Beispiel:** Weitergehende Vollstreckung eines Unterhalts- oder Deliktsgläubigers (dazu Rdn. 972 b).

577f b) Bei Pfändung einer *künftigen Forderung* entsteht das Pfändungspfandrecht erst mit der (späteren) Entstehung der Forderung, nicht bereits mit der Zustellung des Pfändungsbeschlusses an den Drittschuldner. Als Sicherung i.S. des § 88 InsO ist das Pfändungspfandrecht daher erst erlangt, wenn die Forderung entsteht. Liegt dieser Zeitpunkt im letzten Monat (nach § 312 Abs. 1 S. 3 InsO in den letzten drei Monaten) vor dem Antrag auf Eröffnung des Insolvenzverfahrens, dann ist die Sicherung nicht insolvenzfest; sie wird mit Eröffnung des Insolvenzverfahrens unwirksam[63].

577g 4. Die Pfändung von *Miete* oder *Pacht* aus einem Vertrag über einen unbeweglichen Gegenstand oder von Räumen ist darüber hinaus eingeschränkt; als Verfügung im Wege der Zwangsvollstreckung ist sie bei Eröffnung des Insolvenzverfahrens *nur noch* für den zur Zeit der Verfahrenseröffnung laufenden Kalendermonat, bei Verfahrenseröffnung nach dem 15. Tag des Monats auch noch für den folgenden Monat, wirksam (§ 110 Abs. 1, Abs. 2 S. 2 InsO). Das gilt auch bei Arrestpfändung und bei Vollstreckung einer einstweiligen Verfügung sowie für die dingliche Pfändung eines absonderungsberechtigten Gläubigers (Rdn. 577 d). Unerheblich ist, ob der Gegenstand dem Mieter oder Pächter vor der Eröffnung des Verfahrens bereits oder noch nicht überlassen war. Damit ist die Wirksamkeit einer Pfändung eingeschränkt, die über einen Monat vor dem Eröffnungsantrag zurückliegt und daher nicht schon nach § 88 InsO (rückwirkend) unwirksam ist; sie hat nur noch für den Kalendermonat der Verfahrenseröffnung oder den folgenden Kalendermonat Bestand. Dann stehen Miet- und Pachtforderungen dem Insolvenzverwalter zur Verfügung. Entsprechendes gilt für die Pfändung künftiger Bezüge aus einem Dienstverhältnis (§ 114 Abs. 3 InsO; dazu Rdn. 972 c).

---

63 *BFH* JurBüro 2006, 43 = NZI 2005, 569 = Rpfleger 2006, 96.

Wirkungen der Pfändung

5. Das durch Pfändung an einer Forderung (einem sonstigen Vermögensrecht) erlangte Pfandrecht, das nicht mit Eröffnung des Insolvenzverfahrens unwirksam geworden ist, begründet für den pfändenden Gläubiger ein *Recht zur abgesonderten Befriedigung*[64] (§ 50 Abs. 1, § 173 Abs. 1 InsO). 577h

6. Ein zeitlich beschränktes Vollstreckungsverbot gilt nach § 90 InsO für Gläubiger bestimmter Masseverbindlichkeiten. Nach Anzeige der Masseunzulänglichkeit (§ 208 InsO) ist die Vollstreckung wegen einer Masseverbindlichkeit im Sinne des § 209 Abs. 1 Nr. 3 InsO unzulässig (§ 210 InsO). Zuständig für die Entscheidung über eine auf Massearmut gestützte Erinnerung ist das Insolvenzgericht[65] (siehe zu Rdn. 577 m). 577i

7. Im *Verbraucherinsolvenzverfahren* einer natürlichen Person (§§ 304–314 InsO) ruht das Verfahren über den Eröffnungsantrag bis zur Entscheidung über den Schuldenbereinigungsplan (§ 306 Abs. 1 InsO). Eine Sicherungsmaßnahme kann das Insolvenzgericht auch hier anordnen (§ 306 Abs. 2 InsO). Insbesondere kann es somit die Zwangsvollstreckung gegen den Schuldner untersagen oder einstweilen einstellen (§ 306 Abs. 2 mit § 21 Abs. 2 Nr. 3 InsO). Wirkung: wie Rdn. 577 c. Wenn der Schuldenbereinigungsplan angenommen ist, gilt der Antrag auf Eröffnung des Insolvenzverfahrens als zurückgenommen (§ 308 Abs. 2 InsO). Der Schuldenbereinigungsplan hat dann die Wirkung eines Vergleichs im Sinne des § 794 Abs. 1 Nr. 1 ZPO (§ 308 Abs. 1 S. 2 InsO). Forderungspfändungen entfallen damit (verlieren ihre Wirksamkeit), wenn der Schuldenbereinigungsplan das vorsieht (vgl. § 305 Abs. 1 Nr. 4 InsO). Der Drittschuldner muss die Wirkung des Vergleichs bei Kenntnis beachten (wie Rdn. 577 c). Trifft der Schuldenbereinigungsplan keine Bestimmung, verliert mit (vergleichsweiser) Minderung der Gläubigerforderung (Restschuldbefreiung) das durch Zwangsvollstreckung erlangte Pfandrecht nicht von selbst seine Wirksamkeit. Die Zwangsvollstreckung kann wegen der herabgesetzten Gläubigerforderungen daher im erlangten Rang (mit dem als Prozessvergleich wirkenden Schuldenbereinigungsplan) fortgesetzt werden. Wegen des mit Ermäßigung der Gläubigerforderung herabgesetzten vormaligen Vollstreckungsanspruchs muss der Gläubiger auf seine durch Pfändung und Überweisung (zur Einziehung) erlangten Rechte verzichten (§ 843 ZPO) oder der Schuldner Einwendungen mit Vollstreckungsgegenklage erheben (§ 767 ZPO). 577k

8. Die *Unwirksamkeit* einer Pfändung tritt mit Eröffnung des Insolvenzverfahrens (Rdn. 577 e–g) gesetzlich ein. Der Pfändungs- und Überweisungsbeschluss verliert damit seine Wirksamkeit (Drittschuldnerschutz nur noch nach § 836 Abs. 2 ZPO). Vom Vollstreckungsgericht ist das Erlöschen der Pfändungswirkungen von Amts wegen zu beachten[66]. Gelangt ihm die Unwirksamkeit einer noch fortdauernden Pfändung mit Eröffnung des 577l

---

64 *BGH* MDR 2000, 783 = NJW-RR 2000, 1215 = NZI 2000, 310; *BGH* NJW-RR 2008, 647 (648).
65 *BGH* FamRZ 2006, 1667 Leits.
66 *BGH* NJW 1960, 435 (436) und Rpfleger 1980, 58.

2. Kapitel: Pfändungsverfahren und -wirkungen

Insolvenzverfahrens zur Kenntnis (Ermittlungspflichten bestehen nicht), hat es daher die Pfändung von Amts wegen aufzuheben[67]; eine Mitwirkung des Gläubigers hierzu ist nicht erforderlich.

577m 9. Wenn mit Erinnerung (§ 766 ZPO) gegen die Zulässigkeit der Zwangsvollstreckung geltend gemacht wird, dass ein Insolvenzgläubiger unzulässig vollstreckt hat (§ 89 Abs. 1 InsO, Rdn. 577d) oder die Vollstreckung in eine künftige Forderung auf Bezüge aus einem Dienstverhältnis des Schuldners unzulässig erfolgt ist (§ 89 Abs. 2 InsO), entscheidet nicht das Vollstreckungsgericht, sondern das Insolvenzgericht[68] (§ 89 Abs. 3 S. 1 InsO), das auch eine einstweilige Anordnung erlassen kann (§ 89 Abs. 3 S. 2 InsO). Es kann die Pfändung jedoch nicht aufheben, sondern nur die Zwangsvollstreckung für unzulässig erklären oder einstellen (§ 775 Nr. 1 [entspr.] und Nr. 2 ZPO); Aufhebung oder Einstellung der Pfändung hat dann durch das Vollstreckungsgericht nach § 776 ZPO zu erfolgen. Erinnerung an das Insolvenzgericht findet für Gläubiger und Schuldner (nach rechtlichem Gehör wie im Falle des § 850 b ZPO) aber dann nicht statt, wenn nach allgemeinem Vollsteckungsrecht die sofortige Beschwerde gegeben ist[69] (dazu Rdn. 729). Sofortige Beschwerde ist daher Rechtsbehelf des Gläubigers gegen die Zurückweisung des Pfändungsantrags, wenn er geltend macht, das Vollstreckungsverbot sei zu Unrecht angenommen worden.

G. Die Pfandverwertung (§§ 835, 839, 844 ZPO)

I. Allgemeines

Schrifttum: *Hoeren* und (nochmals) *Kahlke*, Der Pfändungs- und Überweisungsbeschluss: Praktikabilität vor Verfassungsrecht; NJW 1991, 410 und 2688; *Münzberg*, Anhörung vor Überweisung an Zahlungs statt, Rpfleger 1982, 329.

578 1. Durch Forderungspfändung allein erlangt der Gläubiger nur ein Pfandrecht (siehe Rdn. 554), nicht jedoch die Befugnis, sich aus der beschlagnahmten Forderung durch Einziehung, Verkauf oder auf andere Weise zu befriedigen. Diese *Möglichkeit* der *Befriedigung* verschafft erst die Pfandverwertung.

Diese strenge Unterscheidung von Pfändung und Pfandverwertung hat der Gesetzgeber getroffen, weil so einerseits die nur der Sicherung, nicht aber der Befriedigung dienende Arrestvollziehung auf die Pfändung beschränkt (§ 930 Abs. 1 ZPO) und andererseits die für eine Pfandverwertung von Wechselforderungen und Forderungen aus anderen indossablen Papieren notwendige Pfändung durch Inbesitznahme des Papiers dem Gerichtsvollzieher übertragen werden konnte (§ 831 ZPO und 8. Kap.). Auch die Sicherungsvollstreckung (§ 720 a ZPO; Rdn. 581 a) ist auf die Pfändung beschränkt.

---

67 *BGH* a.a.O. (Fußn. 66).
68 *BGH* NZI 2004, 477; *OLG Jena* NJW-RR 2002, 626 = NZI 2002, 156. Die Entscheidung ist nach § 20 Nr. 17 S. 2 RPflG dem Richter vorbehalten.
69 *BGH* NJW-RR 2005, 1299.

2. Die Pfandverwertung von Geldforderungen erfolgt durch *Überwei-* 579
sung (§ 835 ZPO) oder Anordnung und Durchführung einer *anderen Art der Verwertung* (§ 844 ZPO).

3. Die Zwangsvollstreckung beschränkt sich nicht nur auf die Sicherung 580
durch Erlangung eines Pfandrechts, wenn nach dem Vollstreckungstitel die Geldforderung nicht an den Gläubiger zu zahlen, sondern vom Schuldner zu hinterlegen ist (vgl. z. B. § 1615 o BGB: Hinterlegung von Unterhalt vor Geburt des Kindes, von Entbindungskosten usw.). Auch in diesem Fall ist Ziel der Zwangsvollstreckung die Gläubigerbefriedigung aus der gepfändeten Forderung durch die nach dem Vollstreckungstitel angeordnete Hinterlegung. Der Gläubiger kann nur die gepfändete Forderung des Schuldners an den Drittschuldner nicht selbst ausbezahlt erhalten, weil die Pfandverwertung sich in der durch den Vollstreckungstitel als Grundlage der Zwangsvollstreckung bestimmten Grenze halten muss. Es ist daher auch Überweisung zur Einziehung nur in der Weise zulässig, dass der Drittschuldner die gepfändete Forderung nach Maßgabe des Vollstreckungstitels zu hinterlegen hat. Die Überweisung an Zahlungs Statt verbietet sich wegen ihrer weitergehenden Wirkungen, eine andere Art der Verwertung ist nur möglich, soweit die Maßnahme die Hinterlegung des Verwertungserlöses ermöglicht.

4. Vollstreckt der Gläubiger einen *Anspruch*, der nach dem Schuldtitel 581
nicht ihm, sondern *an einen Dritten zu leisten* ist, dann ist dem Drittschuldner in dem Überweisungsbeschluss die Zahlung an den Dritten aufzugeben. Bei Vollstreckung eines nach § 888 ZPO zur Erzwingung einer unvertretbaren Handlung verhängten Zwangsgeldes ist daher im Überweisungsbeschluss Zahlung durch den Drittschuldner an die Gerichtskasse anzuordnen[1]. Ebenso war bei Vollstreckung des Anspruchs auf Entrichtung von Beiträgen zur Begründung von Anwartschaften auf eine Rente in einer gesetzlichen Rentenversicherung (§ 1587 b Abs. 3 BGB durch den begünstigten Ehegatten) im Überweisungsbeschluss Zahlung durch den Drittschuldner an den Sozialversicherungsträger (zur Gutschrift für den vollstreckenden Gläubiger auf dessen Rentenkonto) anzuordnen.

5. Pfandverwertung ist ausgeschlossen, wenn der Vollstreckungstitel nur 581a
Sicherungsvollstreckung ermöglicht. Überweisung oder andere Verwertung darf daher nicht erfolgen, wenn das Urteil (der sonstige Vollstreckungstitel, § 795 S. 2 ZPO) nur gegen Sicherheit vorläufig vollstreckbar ist, der Gläubiger Sicherheit (s. § 751 Abs. 2 ZPO) aber nicht geleistet hat. Ohne Sicherheitsleistung darf der Gläubiger dann Zwangsvollstreckung durch Pfändung betreiben (§ 720 a Abs. 1 ZPO). Sicherungsvollstreckung mit Pfändung darf jedoch nur erfolgen, wenn die allgemeinen Vollstreckungs-

---

[1] *LG Essen* JurBüro 1973, 651 = Rpfleger 1973, 185. Beizutreiben ist das Zwangsgeld nach § 888 Abs. 1 ZPO vom Gläubiger zugunsten der Staatskasse, *BGH* JurBüro 1983, 1029 = MDR 1983, 739 = NJW 1983, 1859; *KG* DGVZ 1980, 85 = NJW 1980, 2363 (Leits.); *OLG Frankfurt* JurBüro 1986, 1259; *OLG Hamm* FamRZ 1982, 185; *LG Berlin* Rpfleger 1979, 225; *LG Düsseldorf* JurBüro 1984, 1261.

2. Kapitel: Pfändungsverfahren und -wirkungen

voraussetzungen erfüllt sind, das Urteil (der Vollstreckungstitel) sowie die Vollstreckungsklausel, in den besonderen Fällen des § 750 Abs. 2 ZPO mit zugehörigen öffentlichen oder öffentlich beglaubigten Urkunden (keine Zustellung der „einfachen Klausel"[2]), mindestens zwei Wochen vorher zugestellt wurden (§ 750 Abs. 3 ZPO) und der Schuldner nicht durch Sicherheitsleistung nach § 720 a ZPO die Sicherungsvollstreckung abgewendet hat (bei späterer Sicherheitsleistung durch den Schuldner: § 775 Nr. 3, § 776 ZPO). Rechtsstellung der Beteiligten nach Pfändung vor Überweisung: Rdn. 554 ff. Die Pfändung wahrt mithin dem Gläubiger den Rang vor späteren Pfändungen (§ 804 Abs. 3 ZPO), auch wenn erst danach Überweisung erfolgen kann. Wegen der Überweisung bei Hilfspfändung s. Rdn. 708.

6. Nach Pfändung im Wege der Sicherungsvollstreckung kann der Gläubiger Befriedigung aus der beschlagnahmten Forderung erst betreiben, wenn er die Sicherheit leistet (§ 720 a Abs. 1 S. 2 ZPO) und nach § 751 Abs. 2 ZPO nachweist oder wenn das Urteil rechtskräftig oder sonst unbedingt vollstreckbar ist und alle weiteren Voraussetzungen der Zwangsvollstreckung aus dem damit ohne Sicherheitsleistung vollstreckbaren Titel vorliegen. Die für den Fortgang der Zwangsvollstreckung erforderlichen urkundlichen Nachweise sind dem Vollstreckungsgericht vorzulegen. Die damit möglich gewordene Überweisung der Forderung zur Einziehung oder an Zahlungs statt (§ 835 ZPO) erfolgt durch (gesonderten) Beschluss des Vollstreckungsgerichts (vgl. Rdn. 584, 585). **Beispiel** für einen gesonderten Überweisungsbeschluss Rdn. 819.

581b 7. Die (stets zulässige) Pfändung einer Nachlassforderung bei Zwangsvollstreckung gegen den *Vorerben* ist bei Eintritt der Nacherbfolge insoweit unwirksam, als sie das Recht des Nacherben vereiteln oder beeinträchtigen würde (§ 2115 BGB mit Einzelheiten). Diesem Nacherbenschutz (keine Befreiung durch den Erblasser, § 2136 BGB) trägt bei Vollstreckung des Anspruchs eines Gläubigers des Vorerben (gilt somit insbesondere nicht bei Vollstreckung einer Erblasserverbindlichkeit) § 773 ZPO mit einem vorgezogenen Verwertungsverbot Rechnung. Bei Geldvollstreckung durch Eigengläubiger des Vorerben *soll* eine gepfändete Forderung demnach *nicht überwiesen* (und nicht nach § 844 ZPO anderweit veräußert) werden (§ 773 ZPO bewirkt damit gesetzlichen Stillstand des Verfahrens nach Pfändung). Als Sollvorschrift (Ordnungsvorschrift) des Verfahrensrechts ist § 773 ZPO vom Vollstreckungsgericht zu beachten, wenn ihm die Voraussetzungen des Nacherbenschutzes bekannt sind[3]; sonst hat der Nacherbe nach § 771 ZPO Widerspruch zu erheben (mit Einstellungsmöglichkeit nach § 769 ZPO). Mit Eintritt des Nacherbfalls verliert die Pfändung als dem Nacherben gegenüber unwirksame Zwangsmaßnahme ihre Wirksamkeit (§ 2115 S. 1 BGB); der Nacherbe kann daher ihre Beseitigung

---
2 *BGH* MDR 2005, 138 = Rpfleger 2005, 547 gegen früher überwiegende andere Ansicht.
3 *RG* 80, 30 (35).

Pfandverwertung

verlangen (Rechtsweg § 771 ZPO). Nacherbenschutz mit Eintritt der Nacherbfolge gewährleistet § 2115 BGB auch für den Fall, dass der zunächst Bedachte nur aufschiebend bedingter Vorerbe (und damit zugleich auflösend bedingter Vollerbe) war[4]; auch dann soll Überweisung nach § 773 ZPO somit unterbleiben.

II. Der Überweisungsbeschluss

1. Die Überweisung wird auf *Antrag* des Gläubigers angeordnet; wegen der Antragstellung siehe das Rdn. 459 ff. Gesagte.

582

Nach Wahl des Gläubigers erfolgt die Überweisung zur Einziehung (Rdn. 589) oder an Zahlungs statt (Rdn. 596).

Zuständig für die Überweisung ist das Vollstreckungsgericht (Rechtspfleger), das durch Beschluss entscheidet. Im Beschluss ist die Art der Überweisung (zur Einziehung oder an Zahlungs statt) zu benennen.

Wirksam wird der Überweisungsbeschluss mit Zustellung an den Drittschuldner (§ 835 Abs. 3, § 829 Abs. 3 ZPO). Die Zustellung erfolgt im Parteibetrieb in entsprechender Anwendung des § 829 Abs. 2 ZPO (§ 835 Abs. 3 ZPO); siehe daher das Rdn. 526 ff. Gesagte. Wenn der Gläubiger selbst Drittschuldner ist, wird der Überweisungsbeschluss mit Aushändigung der Ausfertigung an ihn wirksam.

2. Regelmäßig wird der Überweisungsbeschluss *gleichzeitig* mit dem Pfändungsbeschluss beantragt und erlassen; eine vorherige Anhörung des Schuldners verbietet sich dann (siehe Rdn. 482). Erlass des Überweisungsbeschlusses zugleich mit dem Pfändungsbeschluss ist als einheitliches Vollstreckungshandeln zulässig[5]. Als sachgemäßes Verfahren ist Verbindung des Überweisungsbeschlusses mit dem Pfändungsbeschluss schon in der Gesetzesbegründung vorgestellt[6]; § 314 Abs. 2 AO sieht das auch aus-

583

---

4 Hierzu *BGH* 96, 198 = DNotZ 1986, 541 mit Anm. *Zawar* = MDR 1986, 295 = NJW-RR 1986, 493.
5 Nach (nicht überzeugender und nicht zutreffender, s. Rdn. 1837 a) Anschauung des *BGH* 127, 146 = DNotZ 1995, 139 = LM ZPO § 130 Nr. 3 mit Anm. *Walker* = MDR 1995, 454 mit Anm. *Diepold* = NJW 1994, 3225 = Rpfleger 1995, 119 mit abl. Anm. *Riedel* = ZZP 108 (1995) 250 mit Anm. *Henckel* soll Erlass des Überweisungsbeschlusses zusammen mit dem Pfändungsbeschluss (nur) dann unzulässig sein, wenn eine durch Hypothek gesicherte Forderung gepfändet wird. Dafür, dass der *BGH* auch die seit jeher übliche, sachdienliche und verfahrensrechtlich sinnvolle Verbindung der Beschlüsse bei Pfändung einer gewöhnlichen (nicht hypothekengesicherten) Forderung als nicht zulässig ansehen wollte, lässt sich der Entscheidung kein Anhalt entnehmen. Dafür, dass die Entscheidung konsequenterweise auch auf die Pfändung sonstiger Forderungen angewandt werden müsse, wenn ihr zu folgen wäre (so *Riedel* Rpfleger 1995, 121), bieten weder die Urteilsgründe noch die rechtlich ganz unterschiedlichen Bestimmungen über den Zeitpunkt des Wirksamwerdens der Pfändung Anhalt.
6 Begründung des CPO-Entwurfs, abgedr. bei *Hahn*, Materialien zur CPO, Erste Abteilung, 1880, Seite 458 und neuerlich Begründung der sogen. BGB-Novelle 1898, abgedr. bei *Hahn/Mugdan*, Materialien, 8. Band 1898, Seite 155; dazu *Stöber* NJW 1996, 1180.

drücklich vor. Wirksam kann die Überweisung, die zusammen mit der Pfändung angeordnet wird, nur gleichzeitig mit dieser durch Zustellung des einheitlichen Beschlusses an den Drittschuldner werden. Die Überweisung dient damit der Verwertung des gleichzeitig mit Zustellung an den Drittschuldner wirksam werdenden Pfandrechts; sie schafft kein eigenes Zahlungsverbot und auch kein vorzeitiges Verwertungsrecht. Daher ist auch ein Vorbehalt mit Hinweis im Überweisungsbeschluss auf die bei Erlass (nicht Wirksamwerden) noch ausstehende Zustellung des Pfändungsbeschlusses nicht sachgerecht[7]; er wäre infolge der gleichzeitigen Zustellung des gemeinsamen Beschlusses als nicht verständlich überflüssig, hat somit zu unterbleiben (zu Besonderheit bei Pfändung einer Hypothekenforderung Rdn. 1837 c). Verfassungsrecht (rechtliches Gehör nach Art. 103 Abs. 1 GG) gebietet und rechtfertigt (unpraktikable und kostspielige) Trennung zur Anhörung des Schuldners vor Überweisung nicht[8]. Wenn Überweisung an Zahlungs statt erfolgen soll, kann es zweckmäßig sein, über den Überweisungsantrag erst nach Wirksamwerden der Pfändung zu entscheiden und dem Schuldner nach wirksamer Pfändung, aber vor Überweisung noch Gelegenheit zur Stellungnahme zu geben[9]. Notwendig ist das nicht, weil der Schuldner auch in diesem Fall Gelegenheit hat, sich mit Erinnerung (§ 766 ZPO) rechtliches Gehör zu verschaffen (siehe Rdn. 598). Da die Pfändung von der Überweisung unabhängig ist, berührt die Unwirksamkeit nur der Überweisung die Wirksamkeit der ordnungsgemäß zustande gekommenen Pfändung nicht[10]. Auch die Überweisung, die wegen eines Betrages erfolgt, der geringer ist als die Vollstreckungsforderung, die der Pfändung zugrunde gelegen hat, lässt daher die weitergehende Pfändung fortbestehen, bis der Gläubiger auf sie ausdrücklich verzichtet (§ 843 ZPO).

584   3. Die erst nach der Pfändung beantragte Überweisung wird in einem *gesonderten Beschluss* ausgesprochen; in vereinzelten Fällen (siehe Rdn. 820 und 8. Kap.) kann die Überweisung immer nur getrennt von der Pfändung erfolgen. Zuständig für die nach der Pfändung gesondert beantragte Überweisung ist das Vollstreckungsgericht bei Antrag auf Überweisung, bei Wohnungswechsel des Schuldners also nicht das Vollstreckungsgericht der Pfändung, sondern das des neuen Wohnsitzes[11].

585   4. Auch die getrennt von der Pfändung auszusprechende Überweisung ist ein *Akt der Zwangsvollstreckung*. Sie darf daher nur angeordnet werden,

---

[7] Abweichend *Riedel* Rpfleger 1995, 121; *Hintzen* und *Wolf* Rpfleger 1995, 94, denen nicht gefolgt werden kann; hierzu *Stöber* NJW 1996, 1180.
[8] Zutreffend *Kahlke* NJW 1991, 2688 gegen *Hoeren* NJW 1991, 410; wie hier *Zöller/Stöber*, ZPO, Rdn. 3 zu § 835; auch *MünchKomm/Smid*, ZPO, Rdn. 7 zu § 835 (anders für Überweisung an Zahlung statt Rdn. 26); enger *Stein/Jonas/Brehm*, ZPO, Rdn. 2 zu § 835: Wirkung des Überweisungsbeschlusses ist aufzuschieben, damit der Schuldner Erinnerung einlegen kann.
[9] Siehe *Münzberg* Rpfleger 1982, 329 (332); enger *MünchKomm/Smid*, ZPO, Rdn. 26 und *Musielak/Becker*, ZPO, Rdn. 4, je zu § 835: Überweisungsbeschluss ist nicht gleichzeitig mit dem Pfändungsbeschluss zu erlassen.
[10] *OLG Breslau* HRR 1939 Nr. 1343.
[11] *OLG Karlsruhe* JurBüro 2005, 553.

wenn Pfändungsbeschluss ordnungsgemäß und zulässigerweise ergangen ist oder der Gerichtsvollzieher wirksam gepfändet hat (hierwegen siehe 8. Kap.) und bei Erlass des Überweisungsbeschlusses alle Voraussetzungen der Zwangsvollstreckung noch vorliegen. Hieran fehlt es z. B., wenn der Vollstreckungstitel nach der Pfändung aufgehoben oder die Zwangsvollstreckung für unzulässig erklärt oder eingestellt[12] worden ist. Dass die Pfändung bereits wirksam geworden ist, muss (abgesehen von der Pfändung durch den Gerichtsvollzieher) nicht dargetan und vom Vollstreckungsgericht nicht nachgeprüft werden (Besonderheit bei Hypothekenforderung Rdn. 1837 c). Der Schuldner darf aber – wenn dies notwendig wird – zu dem gesonderten Überweisungsantrag des Gläubigers nur gehört werden, wenn die Pfändung bereits wirksam geworden ist, Verfügungen des Schuldners über die Forderung also ausgeschlossen sind (§ 834 ZPO).

5. Bei Zwangsvollstreckung aus einem nur *vorläufig vollstreckbaren* Schuldtitel (§§ 708 ff. ZPO) kann die gepfändete Forderung gleichfalls zur Einziehung oder an Zahlungs statt überwiesen werden. Wird der nur vorläufig vollstreckbare Titel aufgehoben, so hat der Schuldner Anspruch auf Wiederherstellung des früheren Zustandes nach § 717 Abs. 2 und 3 ZPO, also auf Herausgabe des vom Drittschuldner Gezahlten oder Rückzedierung der Forderung. **586**

6. Eine Überweisung „zu Händen des Prozessbevollmächtigten" o. Ä. verbietet sich; siehe Rdn. 494. **587**

7. Überweisung zur Einziehung oder an Zahlungs statt eines bei einem *Geldinstitut* gepfändeten *Guthabens* einer natürlichen Person (§ 850 k ZPO, Rdn. 1286) ermöglicht Leistung an den Gläubiger oder Hinterlegung erst zwei Wochen nach Zustellung an den Drittschuldner (§ 835 Abs. 3 S. 2 ZPO; Änderung ab 1. 7. 2010: vier Wochen; s. Rdn. 588 d). Damit ist sichergestellt, dass der Schuldner nach Wirksamwerden der Pfändung Zeit hat, Antrag auf Pfändungsschutz für sein Konto nach § 850 k ZPO zu stellen. Der zeitweilige Aufschub gilt für alle Guthaben natürlicher Personen bei einem Geldinstitut. Im Interesse der einheitlichen Behandlung aller Konten ist das Geldinstitut von der Prüfung freigestellt, ob das Konto zur Überweisung wiederkehrender Leistungen im Sinne des § 850 k ZPO dient. Gleichgültig ist, ob die Überweisung zugleich mit der Pfändung oder in einem gesonderten Beschluss ausgesprochen ist. Der zeitliche Aufschub der Überweisungswirkung nach § 835 Abs. 3 S. 2 ZPO besteht kraft Gesetzes. Darauf braucht daher im Überweisungsbeschluss nicht hingewiesen zu werden[13]. Bezeichnung der Überweisungswirkung im Beschluss ist jedoch zulässig. **588**

---

12 *OLG Königsberg* OLG 4, 149; mit Einstellung der Zwangsvollstreckung scheidet der Schuldtitel als Vollstreckungsgrundlage aus, siehe *OLG Frankfurt* Rpfleger 1974, 443.
13 So auch *Stein/Jonas/Brehm*, ZPO, Rdn. 48; *MünchKomm/Smid*, ZPO, Rdn. 33; *Zöller/Stöber*, ZPO, Rdn. 10, je zu § 835.

2. Kapitel: Pfändungsverfahren und -wirkungen

588a 8. Der Überweisungsbeschluss muss als hoheitlicher Gerichtsakt die gleiche hinreichende Bestimmtheit aufweisen wie ein Pfändungsbeschluss[14]; siehe hierzu Rdn. 509. *Auslegung* des Überweisungsbeschlusses ist ebenso zulässig wie Auslegung des Pfändungsbeschlusses; siehe daher Rdn. 510. Daher ist z. B. Überweisung einer (vor)„bezeichneten Forderung", insbesondere in einem nicht abgeänderten Formularvordruck, als Überweisung der tatsächlich (allein) gepfändeten Grundschuld anzusehen. Wenn allerdings Forderung und Grundschuld (zusammen) gepfändet sind (Rdn. 1885) und nur die Forderung, nicht aber auch die Grundschuld überwiesen ist, kann der Überweisungsbeschluss nicht über die Forderung hinaus auch auf die Grundschuld (die weiterer selbstständiger Gegenstand der Zwangsmaßnahme ist) erstreckt werden[15].

588b 9. Bestimmtheit der *Überweisung an Zahlungs statt* einer gepfändeten Forderung, deren Nennwert (an Hauptsache, Zinsen und anderen Nebenleistungen sowie gegebenenfalls Kosten) höher als die Vollstreckungsforderung des Gläubigers ist, erfordert auch betragsmäßig Festlegung des Umfangs der Überweisung[16]. Dass der Umfang der Überweisung betragsmäßig genügend bestimmt oder doch ausreichend bestimmbar festgelegt sein muss, gebietet die betragsmäßig begrenzte Abtretungswirkung (Rdn. 615). Deshalb hat der Überweisungsbeschluss auch klarzustellen, ob nur die Hauptsache der gepfändeten Forderung oder auch deren Zinsen und anderen Nebenleistungen sowie etwaige Kosten (insbesondere wegen der Zinsen, Nebenleistungen und etwaigen Kosten der Vollstreckungsforderung) überwiesen, somit auch, aus welchem Teil der gepfändeten Forderung die bis zum Wirksamwerden der Überweisung weiterlaufenden Zinsen der Vollstreckungsforderung zu decken sind. Es muss durch Bestimmung im Überweisungsbeschluss klargestellt sein, welcher Teil der gepfändeten Forderung auf den Vollstreckungsgläubiger übergeht (Rdn. 613) und welcher Forderungsteil noch dem Schuldner (als Forderungsgläubiger) bleibt.

588c 10. *Berichtigung* des Überweisungsbeschlusses (§ 319 ZPO) ist ebenso zulässig wie Berichtigung des Pfändungsbeschlusses; siehe daher Rdn. 523. Berichtigung erlaubt jedoch nur Richtigstellung einer offenbaren Unrichtigkeit, die in dem Überweisungsbeschluss vorkommt. Anordnung neuer Überweisung, somit auch „Ergänzung" des Überweisungsbeschlusses durch Erstreckung der auf nur eine von mehreren gepfändeten Forderungen (Ansprüchen oder Rechten) beschränkten Überweisung auf mitgepfändete weitere Forderungen (Ansprüche oder Rechte; z. B. nach Überweisung nur der Forderung auch Überweisung der mitgepfändeten Grundschuld) ist berichtigend nicht

---

14 *Münzberg* in Anmerkung zu *KG* ZZP 96 (1983) 372.
15 Anders *Münzberg* a.a.O., der annimmt, Überweisung nur der Forderung (nicht auch der Grundschuld) müsse im Formularwortlaut des Überweisungsbeschlusses durch Einfügung des Wortes „nur" klargestellt sein. Siehe auch *KG* JurBüro 1983, 463 = OLGZ 1983, 205 = ZZP 96 (1983) 368.
16 Dazu auch *Stein/Jonas/Brehm* ZPO, Rdn. 40 zu § 835.

zulässig. Solche weitergehende Überweisung kann vielmehr nur durch (weiteren) selbstständigen Überweisungsbeschluss angeordnet werden[17].

III. Aufschub der Leistung der überwiesenen Forderung nach Änderung des § 835 Abs. 3 S. 2 und § 835 Abs. 4 neu ZPO (vom 1. Juli 2010 an)

1. Der Aufschub für die Leistung der überwiesenen Forderung durch den Drittschuldner bei der Pfändung des Kontoguthabens einer natürlichen Person (Rdn. 588) ist *ab 1. Juli 2010* auf *vier Wochen* ab Zustellung des Überweisungsbeschlusses an den Drittschuldner verlängert (§ 835 Abs. 3 S. 2 Hs. 1 [n. F.] ZPO). Grund: Die bis dahin geltende Zwei-Wochen-Frist hat sich in der Praxis als zu kurz herausgestellt. Umwandlung des gepfändeten Girokontos in ein P-Konto für Schuldnerschutz nach § 850 k [n. F.] ZPO (Rdn. 1300 a) muss überdies vier Wochen von der Zustellung des Überweisungsbeschlusses an möglich sein (§ 850 k Abs. 1 S. 3 [n. F.] ZPO).

588d

2. Diese gesetzliche Auszahlungssperre gilt *einmalig* für Guthaben bei Zustellung des Überweisungsbeschlusses. Grund: Es soll unverhältnismäßig hoher Aufwand bei den Kreditinstituten vermieden werden. Die Überweisungssperre gilt aber auch für die gepfändeten Tagesguthaben der auf die Pfändung folgenden Tage (§ 833 a Abs. 1 ZPO) bis zum Ablauf der Vier-Wochen-Frist. Auch für diese der Pfändung folgenden Tagesguthaben endet die Frist somit vier Wochen nach der Zustellung des Überweisungsbeschlusses an den Drittschuldner. Mit Kontogutschrift der Einkünfte in der Zeit des Zahlungsaufschubs von vier Wochen beginnt somit keine neue Frist. Das bringt § 835 Abs. 3 S. 2 [n. F.] ZPO zwar nicht deutlich zum Ausdruck, entspricht aber Sinn und Zweck der Vorschrift; darauf beruht überdies deren Hs. 2.

588e

3. Wenn künftiges Guthaben gepfändet (§ 833 a Abs. 1 ZPO) und überwiesen worden ist, kann das Vollstreckungsgericht auf *Antrag* jedoch *anordnen*, dass erst vier Wochen nach der Gutschrift von eingehenden Zahlungen an den Gläubiger geleistet oder der Betrag hinterlegt werden darf (§ 835 Abs. 3 S. 2 Hs. 2 [n. F.] ZPO. Damit soll vorwiegend das Schutzbedürfnis von Schuldnern mit unregelmäßigen oder saisonalen Zahlungseingängen gewahrt werden. Es soll der Schuldner wegen der Erschwernisse bei neuen Zahlungseingängen (Rdn. 1297 a) zeitnah für den konkreten Zahlungseingang Schutz nach § 850 k ZPO herbeiführen können. Als künftiges Guthaben, das solche Anordnung ermöglicht, können nicht nur die Guthaben angesehen werden, die durch Gutschrift nach Ablauf der Vier-Wochen-Frist eingehender Zahlungen entstehen; nach dem Schutzzweck der Bestimmung müssen darunter auch die Tagesguthaben der auf die Pfändung folgenden Tage in der Vier-Wochen-Frist verstanden werden (zu diesem bereits Rdn. 588 e). Antragsberechtigt kann nur der Schuldner sein, dessen Interesse der Zahlungsauf-

588f

---

17 So *Münzberg* a.a.O. (Seite 373); nicht klar *KG* a.a.O.

schub für künftige eingehende Zahlungen wahrt. Für regelmäßige künftige Geldeingänge kann der Schutzantrag nach § 850 k ZPO sogleich nach Pfändung (damit in der mit Zustellung des Überweisungsbeschlusses beginnenden Frist) gestellt werden und die Entscheidung darüber ergehen (Rdn. 1297 a). Es wird in einem solchen Fall für eine Anordnung, dass erst vier Wochen nach der (späteren) Gutschrift der künftig eingehenden Zahlung an den Gläubiger geleistet werden darf, daher vielfach kein Rechtsschutzbedürfnis bestehen.

588g 4. Der *Aufschub* für Leistung der dem Gläubiger nach Pfändung überwiesenen Forderung (§ 835 Abs. 1 ZPO) durch den Drittschuldner ist (neu) auch auf *nicht wiederkehrend zahlbare* Vergütungen eines Schuldners, der eine natürliche Person ist, für persönlich geleistete Arbeiten oder Dienste oder sonstige Einkünfte, die kein Arbeitseinkommen sind, bestimmt (§ 835 Abs. 4 [n. F.] ZPO). Grund: Der Schuldner soll Pfändungsschutz bei Pfändung dieser Einkünfte an der Quelle nach § 850 i [n. F.] ZPO (Rdn. 1247 ff.) rechtzeitig stellen können, bevor der Drittschuldner an den Gläubiger geleistet hat und Pfändungsschutz dann nicht mehr gewährt werden kann. Diese gesetzliche Auszahlungssperre hat der Drittschuldner der gepfändeten Vergütung oder sonstigen Einkünfte zu wahren, auch wenn sie der Überweisungsbeschluss nicht zum Ausdruck bringt. Gleichwohl sollte im Drittschuldnerinteresse Aufnahme dieser (jedenfalls zunächst) unbekannten Auszahlungssperre in den Überweisungsbeschluss geboten sein.

IV. Die Überweisung zur Einziehung

589 1. Die Überweisung zur Einziehung nimmt – im Gegensatz zur Überweisung an Zahlungs statt, siehe Rdn. 596 – die gepfändete Forderung nicht aus dem Vermögen des Schuldners heraus. Sie bewirkt *keinen Forderungsübergang*, steht somit nicht der Forderungsabtretung gleich. Der Schuldner bleibt also auch noch nach dieser Überweisung Gläubiger der gepfändeten Forderung[18].

Den *Gläubiger* ermächtigt die Überweisung zur Einziehung, die gepfändete Forderung des Schuldners *im eigenen Namen* geltend zu machen und vom Drittschuldner die Erfüllung der geschuldeten Leistung anzunehmen.

590 Die *Einziehungsbefugnis* ist ein selbstständiges Recht des Gläubigers[19]. Sie kann aber nicht gepfändet werden[20] (s. Rdn. 699). Sie dient der Verwertung des Pfandrechts; daher verleiht sie auch ohne ausdrückliche einschrän-

---

18 *BGH* 24, 329 = *NJW* 1957, 1438; *BGH NJW* 1978, 1914 (weitere Fundstellen Rdn. 577 a Fußn. 56); *BGH* 114, 138 (141); *BGH NJW* 2008, 2560 (2561); *RG* 18, 399; 20, 422; 27, 294; 63, 218; 83, 118; 128, 84 f.
19 *RG* 164, 348 (349); s. auch Rdn. 699.
20 Siehe z. B. *BGH* 108, 237 (242), der § 1250 Abs. 1 S. 1 BGB auf das Pfandrecht anwendet und folglich auch zum Ausdruck bringt, dass es nicht ohne die Forderung übertragen (damit auch nicht gepfändet) werden kann, § 1250 Abs. 1 S. 2 BGB. Für Gegenansicht *BArbG* AP ZPO § 829 Nr. 6 = Betrieb 1980, 835 = MDR 1980, 522 mit Nachw.

kende Anordnung im Beschluss dem Gläubiger das Recht zur Einziehung nur in Höhe der wirksam gewordenen Pfändung. Die Einziehungsbefugnis ist daher der Höhe nach durch den Betrag der Vollstreckungsforderung des Gläubigers an den Schuldner begrenzt, wenn diese (oder ihr zur Zwangvollstreckung gestellter Teil) geringer als die gepfändete Forderung des Schuldners an den Drittschuldner ist. Die Überweisung für einen nicht gepfändeten Mehrbetrag der Forderung des Schuldners ist unwirksam.

2. Die Vollstreckungsforderung des Gläubigers wird mit Überweisung zur Einziehung *noch nicht befriedigt*. Sie erlischt vielmehr nur, wenn und soweit an den Gläubiger die gepfändete Forderung als geschuldete Leistung bewirkt (bezahlt) wird. Daher beendet die Überweisung zur Einziehung die Zwangsvollstreckung auch nicht; nach ihrem Wirksamwerden sind deshalb bis zur Befriedigung des Gläubigers noch alle Rechtsbehelfe zulässig. Auch unterliegt die gepfändete Forderung weiterhin dem Vollstreckungszugriff, weil sie bei Überweisung zur Einziehung im Vermögen des Schuldners bleibt (siehe Rdn. 774). 591

3. Die Überweisung zur Einziehung bildet die Regel, weil sie dem Gläubiger nicht das Risiko bringt, mit dem die Überweisung an Zahlungs statt behaftet ist (siehe deswegen Rdn. 596). Deshalb ist anzunehmen, dass der Gläubiger die Überweisung zur Einziehung wünscht, wenn er nur Antrag auf Forderungsüberweisung stellt, die Art der erbetenen Überweisung aber nicht nennt. 592

4. Nach Überweisung zur Einziehung kann der Gläubiger noch die weitergehende Überweisung an Zahlungs statt erwirken. Umgekehrt kann sich an eine Überweisung an Zahlungs statt – soweit diese reicht – aber keine Überweisung zur Einziehung mehr anschließen, weil erstere, wenn sie wirksam geworden ist, die Forderung bereits aus dem Schuldnervermögen herausgenommen hat. 593

5. *Nur zur Einziehung*, nicht auch an Zahlungs statt, können überwiesen werden: 594

- eine infolge Parteivereinbarung oder wegen Inhaltsänderung nach § 399 BGB nicht übertragbare, nach § 851 Abs. 2 ZPO aber gleichwohl pfändbare Forderung (siehe § 851 Abs. 2 ZPO);
- die von einer Gegenleistung abhängige Forderung, weil sie keinen Nennwert hat[21];
- Ansprüche auf Herausgabe oder Leistung körperlicher Sachen (§ 849 ZPO; siehe 7. Kap.);
- andere Ansprüche ohne Nennwert (insbes. bei Hilfspfändung).

Überweisung an Zahlungs statt kann außerdem nicht erfolgen, wenn der vollstreckte Anspruch nicht an den Gläubiger, sondern an einen anderen Zahlungsempfänger zu leisten oder zu hinterlegen ist (Rdn. 580, 581).

---

21 *Stein/Jonas/Brehm*, ZPO, Rdn. 37 zu § 835.

2. Kapitel: Pfändungsverfahren und -wirkungen

595 Nur Überweisung zur Einziehung und diese nur mit der Wirkung, dass der Drittschuldner den *Schuldbetrag zu hinterlegen* hat, darf nach § 839 ZPO erfolgen, wenn aus einem Schuldtitel vollstreckt wird, in dem ausgesprochen ist, dass der Schuldner die Vollstreckung durch Sicherheitsleistung oder Hinterlegung abwenden darf (Fälle der § 711 S. 1, § 712 Abs. 1 S. 1 ZPO). Im Überweisungsbeschluss ist dies zum Ausdruck zu bringen. Die Forderung gegen die Hinterlegungsstelle erwirbt der Schuldner; der Gläubiger erlangt ein Pfandrecht daran. In dieser Weise hat der Hinterlegungsantrag den Berechtigten auszuweisen. Dann wird der Drittschuldner durch die Hinterlegung befreit. Verfügung über den Hinterlegungsbetrag durch Gläubiger[22] und Schuldner gemeinsam oder durch den Gläubiger allein, wenn er Vollstreckbarkeit des Urteils ohne die Einschränkungen der §§ 711, 712 ZPO nachweist. Wegen Einstellung der Zwangsvollstreckung gegen Sicherheitsleistung s. Rdn. 609 a.

V. Die Überweisung an Zahlungs statt

596 1. Mit dieser Überweisung wird die gepfändete Forderung zum Nennwert auf den *Gläubiger übertragen*; auf ihn geht sie wie bei Abtretung mit allen etwaigen Nebenrechten über (§ 398 BGB). Der Übergang tritt mit dem Wirksamwerden der Überweisung (Zustellung an den Drittschuldner) ein. Er bewirkt, soweit die gepfändete Forderung besteht, die sofortige Befriedigung des Gläubigers (§ 835 Abs. 2 ZPO); seine Vollstreckungsforderung an den Schuldner erlischt damit. Diese Wirkung der Überweisung an Zahlungs statt tritt ohne Rücksicht darauf ein, ob die überwiesene Forderung gegen den Drittschuldner beitreibbar oder uneinbringlich ist. Für ihre Uneinbringlichkeit haftet der Schuldner nicht (§ 365 BGB findet keine Anwendung); der Verlust ist vielmehr nur vom pfändenden Gläubiger zu tragen, weil er alleiniger Inhaber der nicht realisierbaren Forderung geworden ist. Wegen dieser großen Gefährdung der Interessen des Gläubigers ist die Überweisung an Zahlungs statt nicht beliebt und für den Regelfall auch nicht zu empfehlen. Diese Art der Überweisung wird der Gläubiger deshalb nur wählen, wenn die Einbringlichkeit der Forderung außer Zweifel steht.

597 2. Nur wenn die gepfändete und überwiesene Forderung *nicht besteht* oder durch vor Wirksamwerden der Pfändung (nicht erst gegen den Gläubiger) begründete Einwendung des Drittschuldners (§§ 404 ff. BGB) vernichtet oder durch Einrede entkräftet wird (Verjährung, auch Stundung[23]),

---

22 Hierzu *OLG Düsseldorf* FamRZ 1988, 298: Um eine Familiensache handelt es sich bei Klage eines Unterhaltsgläubigers, der die Zwangsvollstreckung betrieben hat, gegen den Unterhaltsschuldner auf Einwilligung, dass der vom Drittschuldner nach § 839 ZPO hinterlegte Betrag ausgezahlt werde. Auszahlungsklage ist jedoch nicht erforderlich, weil Nachweis der nicht eingeschränkten Vollstreckbarkeit des Urteils Auszahlung gebietet.
23 *Wieczorek/Schütze/Lüke*, ZPO, Rdn. 36 zu § 835; auch *Stein/Jonas/Brehm*, ZPO, Rdn. 45 zu § 835.

treten die Wirkungen der Überweisung an Zahlungs statt nicht ein. Dann bleibt die Forderung des Gläubigers an den Schuldner weiterhin bestehen und vollstreckbar. Diese Vollstreckbarkeit muss aber das Vollstreckungsgericht, wenn der Gläubiger neuerlich eine Zwangsvollstreckung betreibt, nicht prüfen. Vielmehr muss der Schuldner das mit Überweisung an Zahlungs statt erfolgte Erlöschen der Vollstreckungsforderung mit Vollstreckungsgegenklage (§ 767 ZPO) geltend machen.

3. Mit Befriedigung des Gläubigers durch Wirksamwerden der Überweisung an Zahlungs statt ist die *Zwangsvollstreckung beendet*. Die *Rechtsbehelfe* des Zwangsvollstreckungsrechts (Vollstreckungsgegenklage, Drittwiderspruchsklage) sind daher von da an nicht mehr zulässig. Das kann jedoch nicht für die Rechtsbehelfe gegen den Pfändungs- und Überweisungsbeschluss selbst gelten (§§ 766, 793 ZPO). Denn gegenüber einer Zwangsvollstreckungsmaßnahme, die wirksam wird, bevor der Schuldner von ihrer Anordnung Kenntnis erlangt, kann nicht jeder Rechtsschutz ausgeschlossen sein. Man muss vielmehr nach Sinn und Wesen der durch §§ 766, 793 ZPO ermöglichten Rechtsbehelfe davon ausgehen, dass dem Schuldner die Möglichkeit, den Pfändungs- und Überweisungsbeschluss anzufechten, so lange bleibt, bis die Überweisung als Staatsakt über das interne Verhältnis Gläubiger – Schuldner hinauswirkt, bis also der Drittschuldner die an Zahlungs statt überwiesene Forderung an den Gläubiger zahlt[24].

598

---

24 So auch *OLG Düsseldorf* Rpfleger 1982, 192 = ZIP 1982, 366 (jedenfalls wenn der Schuldner zum Überweisungsantrag nicht gehört worden ist); *Kahlke* NJW 1991, 2688 (2690); *Schuschke/Walker,* Vollstreckung, Rdn. 15 zu § 835; a.A. noch *LG Düsseldorf* JurBüro 1982, 305 = Rpfleger 1982, 112; *Stein/Jonas/Brehm*, ZPO, Rdn. 43 zu § 835, sowie insbesondere *Münzberg* Rpfleger 1982, 329, der Beseitigung der Überweisungsfolgen nur im ordentlichen Prozess für möglich hält. Dass der Gläubiger Inhaber der gepfändeten Forderung geworden ist und als befriedigt anzusehen ist, schließt jedoch Aufhebung der Gestaltungswirkungen des Überweisungsbeschlusses als Staatsakt im Rechtsbehelfsverfahren nicht aus. Ebenso wie das Pfandrecht des Gläubigers im Rechtsbehelfsverfahren aufgehoben werden kann, können auch weitergehende Überweisungswirkungen rückgängig gemacht werden. Dass es gerade im Zwangsvollstreckungsverfahren keinen Vertrauensschutz auf Gestaltungswirkungen des Staatsaktes gibt, stellen § 90 Abs. 1 und § 91 Abs. 1 ZVG ausdrücklich heraus (Eigentumserwerb des Erstehers mit Zuschlag und Erlöschen von Grundstücksrechten nur, sofern nicht der Beschluss im Beschwerdeweg aufgehoben wird). Für die Anfechtung der Überweisung an Zahlungs statt kann nichts anderes gelten. Die Änderung der Überweisungswirkungen im Rechtsbehelfsverfahren (§§ 766, 793 ZPO) setzen nicht die Gestaltungswirkungen des anfechtbaren Überweisungsbeschlusses Grenzen, sondern die Beschränkungen, die für die Rechtsbehelfe des Zwangsvollstreckungsverfahrens mit Beendigung der Zwangsvollstreckung durch Drittschuldnerzahlung an den Gläubiger gelten (Rdn. 712). In der Anhörung des Schuldners nach wirksamer Pfändung, aber vor Überweisung an Zahlungs statt, sieht *Münzberg* Rpfleger 1982, 329 (332) die Möglichkeit einer verfassungskonformen Auslegung. Indes verleiht die dem Schuldner gewährte Gelegenheit zur Stellungnahme dem Überweisungsbeschluss keine Richtigkeitsgewähr, die es rechtfertigen könnte, die gegen eine Zwangsvollstreckungsmaßnahme zulässigen Rechtsbehelfe (§§ 766, 793 ZPO) auszuschließen. Verfassungskonforme Auslegung erfordert vielmehr gerade Zulassung dieser Rechtsbehelfe gegen den Überweisungsbeschluss als Maßnahme der öffentlichen Gewalt (Art. 19 Abs. 4 GG). Dazu nochmals (kritisch) *Münzberg* ZZP 102 (1989) 129 (133).

2. Kapitel: Pfändungsverfahren und -wirkungen

599 4. Da die gepfändete Forderung nach Wirksamwerden der Überweisung an Zahlungs statt nicht mehr im Schuldnervermögen steht, verbieten sich weitere (Anschluss-)Pfändungen. Pfändungsbeschlüsse, die gleichwohl ergehen, stoßen ins Leere (siehe Rdn. 764, 769).

VI. Mehrere Überweisungen

600 Die Überweisung verschafft dem Gläubiger keinen eigenen Rang. Mehrere Gläubiger haben daher untereinander den Rang ihrer Pfändungen, auf den die Reihenfolge des Wirksamwerdens der Überweisungen ohne Einfluss ist[25].

Der Leistungsklage eines nachrangigen Gläubigers, dem die Forderung überwiesen ist, kann und muss der Drittschuldner mit der Einrede einer vorrangigen Pfändung begegnen.

Die Überweisung an Zahlungs statt kann auch auf Antrag eines nachrangigen Gläubigers ausgesprochen werden. Diese Überweisung wirkt jedoch nur vorbehaltlich der Rechte des besserrangigen Gläubigers.

VII. Andere Art der Verwertung

601 Ist die gepfändete Forderung bedingt oder betagt oder ist ihre Einziehung wegen der Abhängigkeit von einer Gegenleistung oder aus anderen Gründen[26] mit Schwierigkeiten verbunden, so kann das Vollstreckungsgericht (Rechtspfleger) auf Antrag an Stelle der Überweisung eine andere Art der Verwertung anordnen (§ 844 ZPO). Eine solche Verwertung kann durch Anordnung des freihändigen Verkaufs oder einer Versteigerung der Forderung oder durch Überweisung an Zahlungs statt zu einem unter dem Nennwert liegenden Betrag (zum Schätzwert) herbeigeführt werden. Bei Pfändung von Geldforderungen hat diese Art der Verwertung keine große Bedeutung erlangt. Sie ist daher im 5. Kap. (Rdn. 1466 ff.) besprochen.

H. Die Wirkungen der Überweisung
(§§ 835, 836, 842 ZPO)

I. Überweisung zur Einziehung

1. Die Rechtsstellung des Gläubigers

Schrifttum: *Buciek*, Drittschuldnerzahlung und Bereicherungsausgleich, ZIP 1986, 890; *Lieb*, Bereicherungsrechtliche Fragen bei Forderungspfändungen, ZIP 1982, 1153.

602 a) Die mit Überweisung zur Einziehung erlangte *Einziehungsbefugnis* (siehe Rdn. 578, 589) berechtigt den Gläubiger, die gepfändete Forderung

---

25 RG 164, 162 (169).
26 Z. B. weil der Drittschuldner zahlungsunfähig ist oder weil über sein Vermögen das Insolvenzverfahren eröffnet wurde.

des Schuldners an den Drittschuldner mit ihren Nebenrechten *im eigenen Namen* geltend zu machen und einzuziehen (siehe § 836 Abs. 1 ZPO). Der Gläubiger kann die geschuldete Leistung annehmen und alle Rechtsgeschäfte vornehmen, die dem Zweck dienen, die Leistung des Drittschuldners herbeizuführen oder zu ersetzen[1]. Allein kann er namentlich auch die nicht fällige Forderung kündigen[2], eine Leistung an Zahlungs statt mit dem Drittschuldner vereinbaren[3] oder mit einer eigenen Forderung gegen ihn aufrechnen[4] und den Drittschuldner durch Mahnung in Verzug setzen. Weiter schließt das Einziehungsrecht die Befugnis ein, vom Drittschuldner infolge der Pfändung hinterlegte Gelder von der Hinterlegungsstelle[5], Zahlungen des Insolvenzverwalters sowie einen Erlös in der Immobiliarvollstreckung in Empfang zu nehmen. Eine mit der gepfändeten Forderung verbundene Versicherung (die Versicherung dieser Forderung) geht nach Pfändung und Überweisung der Forderung nicht auf den Vollstreckungsgläubiger über[6]. Wegen der Geltendmachung der Forderung durch Klage siehe Rdn. 655 ff.

b) Wenn die gepfändete Forderung den der Pfändung zugrunde liegenden eigenen Vollstreckungsanspruch des Gläubigers übersteigt, kann dieser – auch ohne ausdrückliche einschränkende Anordnung im Beschluss – die durch Einziehung erlangten Rechte *nur in Höhe des seiner eigenen Forderung* entsprechenden Betrages geltend machen (siehe Rdn. 590). Verboten ist dem Gläubiger auch die Einziehung des *Mehrbetrages* unter Vorbehalt seiner Erstattung an den Schuldner. Der Drittschuldner bringt daher mit der Zahlung des Mehrbetrages an den Gläubiger sein Schuldverhältnis nicht zum Erlöschen; trotz dieser Zahlung kann daher der Schuldner nochmalige Zahlung des Mehrbetrages verlangen.

603

c) Maßnahmen, die *keine* Einziehungshandlungen darstellen, sind dem Gläubiger auch nach Überweisung zur Einziehung nicht erlaubt. Der Gläubiger kann daher dem Drittschuldner nicht mit Wirkung gegen den Schuldner Stundung[7], Nachlass oder Erlass der Forderung gewähren, keinen Vergleich darüber schließen und die gepfändete Forderung nicht abtreten[8]. Nur dann darf der Gläubiger ausnahmsweise auch eine solche Verfügung treffen, wenn sie zur vollen Befreiung des Schuldners führt, weil der Gläubiger die gepfändete nachgelassene, verglichene oder abgetretene Forderung in voller Höhe ihres überwiesenen Betrages auf die Vollstreckungs-

604

---

1 *RG* 169, 54 (56).
2 *RG* 76, 276 (282); 169, 54 (56); *BGH* NJW 1978, 1914 (weitere Fundstellen Fußn. 7); *BGH* 82, 28 (weitere Fundstellen Rdn. 612 a Fußn. 39).
3 *RG* 169, 54 (56).
4 *RG* a.a.O. (Fußn. 3); *BGH* NJW 1978, 1914 = a.a.O. (Fußn. 7) und *BGH* 82, 28 = a.a.O. (weitere Fundstellen Rdn. 612 a Fußn. 39).
5 *RG* JW 1900, 424; *OLG Oldenburg* Rpfleger 1994, 265 (siehe auch Rdn. 1644 b).
6 Keine Analogie von § 69 VVG; *Sieg* BB 1969, 1014.
7 *BGH* JurBüro 1978, 1157 = JR 1978, 504 mit Anm. *Schubert* = MDR 1978, 743 = NJW 1978, 1914; s. auch Rdn. 577 a.
8 *RG* 169, 54 (56).

forderung gegen seinen Schuldner anrechnen[9]. Das Stimmrecht im Insolvenzverfahren kann der Gläubiger auch nach Überweisung nur zusammen mit dem Schuldner ausüben.

605 d) Die zur Einziehung überwiesene Forderung muss der Gläubiger *alsbald* außergerichtlich und *gerichtlich geltend* machen. Verzögert er die Beitreibung schuldhaft[10], so haftet er dem Schuldner für den daraus entstandenen Schaden (§ 842 ZPO). Mitwirkendes Verschulden des Schuldners, der selbst klagen konnte, kann nach § 254 BGB ins Gewicht fallen[11]. Schaden kann z. B. entstehen, wenn über das Drittschuldnervermögen das Insolvenzverfahren eröffnet wird, wenn die Forderung verjährt[12] oder wenn eine Lohnforderung nach Ablauf einer tariflichen Verfallfrist nicht mehr geltend gemacht werden kann.

605a e) Wenn der Gläubiger Unternehmer (§ 2 UStG) ist, kann Einziehung der gepfändeten Forderung mit einer in ihr enthaltenen Umsatzsteuer Haftung für diese begründeten (§ 13 c Abs. 3 mit Abs. 1 und 2 UStG).

2. Die Rechtsstellung des Schuldners

606 Der Schuldner kann Leistung an sich oder Hinterlegung nicht mehr verlangen[13]. Er kann aber Zahlung eines die vollstreckte Gläubigerforderung übersteigenden Mehrbetrags der gepfändeten größeren Forderung an den Drittschuldner „nach Befriedigung des pfändenden Gläubigers" verlangen (s. Rdn. 671). Zur Anmeldung im Insolvenzverfahren, zur Feststellungsklage und zur Klage auf Leistung an den Gläubiger ist der Schuldner auch weiterhin berechtigt (siehe Rdn. 671). Ein Offenbarungsverfahren (§§ 900 ff. ZPO) kann der Schuldner gegen den Drittschuldner einleiten oder fortsetzen, ohne dass letzterer nach § 900 Abs. 4 ZPO widersprechen könnte[14]. Das Zahlungsverbot schließt jedoch auch in diesem Verfahren Drittschuldnerzahlungen an den Schuldner aus (siehe Rdn. 565). Die Möglichkeit des Schuldners, das Offenbarungsverfahren zu betreiben, endet mit dem Wegfall eines Vollstreckungstitels (der auch Leistung an den pfändenden Gläubiger bestimmen kann), wenn der Drittschuldner mit Vollstreckungsabwehrklage vorgeht (siehe Rdn. 744). Wegen des Falles, dass ein Rechtsstreit bei Überweisung bereits anhängig ist, siehe Rdn. 666. Eine Anfechtung nach dem AnfG ist nur noch dem Gläubiger erlaubt; der Schuldner ist zur Anfechtung nicht mehr befugt, hat jedoch gegen den untätigen Gläubiger unter Umständen Schadensersatzansprüche nach § 842 ZPO.

---

9 *RG* 169, 54; *KG* ZZP 59, 185; *OLG Karlsruhe* OLG 15, 394; *OLG München* LZ 1917, 85.
10 Hierzu *LArbG Hamm* Betrieb 1988, 1703.
11 *LArbG Hamm* a.a.O.
12 Hierzu *LArbG Hamm* a.a.O.
13 *RG* 77, 141 (144); *BGH* NJW 2001, 2178 (2179) mit weit. Nachw.
14 *OLG Oldenburg* JurBüro 1998, 103 = MDR 1998, 61; *LG Augsburg* JurBüro 1997, 212 = Rpfleger 1997, 120 (mit anderer Ansicht für Überweisung an Zahlungs statt); *Schneider* JurBüro 1976, 146.

3. Die Rechtsstellung des Drittschuldners

a) Der Drittschuldner ist nur noch zur Leistung an den Gläubiger berechtigt und verpflichtet. Soweit er durch Leistung an den Gläubiger erfüllen kann, hat er kein Recht mehr zur Hinterlegung. Wegen der Hinterlegung bei mehrfacher Pfändung siehe Rdn. 783.

607

b) Ob der Drittschuldner die *Kosten für die Überweisung von Geld* an den Gläubiger zu tragen hat, bestimmt sich nach § 270 Abs. 1 und 3 BGB[15]. Der Leistungsort ändert sich durch die Pfändung und Überweisung nicht. Die Kosten der Überweisung an den Gläubiger können den Drittschuldner daher nur in der Höhe belasten, in der er sie auch bei Leistung an den Schuldner hätte tragen müssen. Etwaige Mehrkosten (unter Einschluss der Kosten des mit der Überweisung zusammenhängenden besonderen Schriftverkehrs) bei auswärtigem Wohnsitz des Gläubigers oder bei Überweisung einer Holschuld (z. B. des Arbeitslohnes) gehen daher zunächst zulasten des Gläubigers[16]; der Drittschuldner kann diese Kosten sonach zunächst von dem überweisenden Betrag absetzen. Da der Gläubiger diese Mehrkosten aber wiederum als Kosten der Zwangsvollstreckung (§ 788 ZPO) gegen den Schuldner liquidieren kann, sind sie ihm mit der letzten Lohnabzugsrate zu erstatten. Hat der Drittschuldner Geld auf seine Gefahr und Kosten seinem Gläubiger (dem Vollstreckungsschuldner) zu überweisen (so z. B. Arbeitseinkommen bei bargeldloser Lohnzahlung[17]), dann gehen nur die durch Überweisung des gepfändeten Betrags zusätzlich entstehenden Kosten (Mehrkosten) als wieder einziehbare Vollstreckungskosten zulasten des Pfändungsgläubigers. Wegen der Frage, ob der Drittschuldner andere Kosten (Bearbeitungskosten, insbesondere im Falle des § 840 ZPO) erstattet verlangen kann, siehe Rdn. 647 und Rdn. 942.

608

c) aa) Mit der *Einstellung der Zwangsvollstreckung* verliert der Drittschuldner das Recht, an den Gläubiger zu leisten. Diese Wirkung hat der Einstellungsbeschluss des Prozessgerichts (siehe §§ 707, 718, 769 ZPO) schon von dem Zeitpunkt an, in welchem er mit der ersten Hinausgabe durch die Geschäftsstelle existent wird[18] (zum Drittschuldnerschutz siehe Rdn. 618), ohne dass der Überweisungsbeschluss vom Vollstreckungsgericht förmlich ausgesetzt sein müsste[19]. Der Drittschuldner muss den Einstellungsbeschluss des Prozessgerichts daher beachten und gegen sich gelten lassen, wenn er ihm zur Kenntnis gelangt ist[20]. Einen ihm vorgelegten Einstellungsbeschluss des Prozessgerichts[21] hat das Vollstreckungsgericht

609

---
15 *Stein/Jonas/Brehm*, ZPO, Rdn. 36 zu § 835.
16 Siehe *Brecht* BB 1954, 414 und *Andresen* NJW 1960, 231; **a.A.** noch *LArbG Düsseldorf* BB 1953, 947; in der Begründung auch *Gutzmann* BB 1976, 700.
17 S. *LArbG Düsseldorf* Betrieb 1980, 933.
18 *BGH* 25, 60 = NJW 1957, 1480; *OLG Bremen* NJW 1961, 1824.
19 *RG* 128, 81.
20 *Zöller/Stöber*, ZPO, Rdn. 8 zu § 836; *Fink* und *Ellefret* MDR 1998, 1272; so auch (für Einstellung nach § 2 Abs. 4 GesO) *BGH* 140, 253 = MDR 1999, 317 = NJW 1999, 953 = NZI 1999, 110.
21 Zum Zeitpunkt, in dem dieser wirksam wird und vom Vollstreckungsgericht zu beachten ist, siehe insbesondere *Kirberger* Rpfleger 1976, 8.

als Vollstreckungsorgan noch nach § 775 Nr. 2 ZPO zu vollziehen; das geschieht durch Einstellungsbeschluss des (Rechtspflegers des) Vollstreckungsgerichts, der den Einstellungsgrund anzugeben hat; die Vollstreckungsmaßregel bleibt bestehen, wenn nicht durch die gerichtliche Entscheidung auch die Aufhebung angordnet ist[22] (§ 776 S. 2 ZPO). Einstellung der Zwangsvollstreckung bewirkt Verfahrensstillstand; die Pfändung bleibt bestehen, der Drittschuldner darf daher nicht mehr an den Gläubiger allein, sondern nur noch an den Gläubiger und den Schuldner gemeinsam leisten oder zugunsten beider hinterlegen[23].

609a bb) Einzustellen hat das Vollstreckungsgericht die Zwangsvollstreckung außerdem in den Fällen des § 775 Nr. 1, 3–5 ZPO (Vorlage einer vollstreckbaren Entscheidung über den Wegfall des Titels oder seiner Vollstreckbarkeit, einer öffentlichen Urkunde über eine erforderliche Sicherheitsleistung, einer öffentlichen Urkunde oder einer Privaturkunde über die Befriedigung des Gläubigers[24] oder Stundung durch diesen, eines Einzahlungs- oder Überweisungsnachweises einer Bank oder Sparkasse über die Einzahlung oder Überweisung der Vollstreckungssumme), ferner u.a. nach § 769 Abs. 2 ZPO (dringender Fall) sowie § 765 a ZPO (Vollstreckungsschutz). Wenn die Zwangsvollstreckung gegen Sicherheitsleistung des Schuldners eingestellt ist, treten – anders als beim Vollstreckungsnachlass gegen Sicherheitsleistung, s. Rdn. 595 – die Einstellungswirkungen nicht bereits mit der Einstellung, sondern erst mit der Sicherheitsleistung ein. § 839 ZPO findet keine entsprechende Anwendung[25]. Die Vorlage unbeglaubigter Fotokopien von Zahlungsbelegen führt nicht zur Einstellung der Zwangsvollstreckung nach § 775 Nr. 4 ZPO[26]. Nach § 775 Nr. 4 und 5 ZPO darf das Vollstreckungsgericht als Vollstreckungsorgan nicht einstellen, wenn der Gläubiger die Befriedigung (Stundung) bestreitet und Fortsetzung der Vollstreckung verlangt[27]. In bestimmten Fällen (siehe § 776 ZPO) ist durch das Vollstreckungsgericht zugleich die Pfändung als Vollstreckungsmaßnahme aufzuheben[28]. Einzustellen nach § 775 Nr. 2 ZPO (auch nach Nr. 1 und 3, wohl auch nach Nr. 4 und 5) ist nicht nur, wenn der Schuldner die maßgebliche Ausfertigung vorlegt, sondern stets auch dann,

---

22 Siehe die Fälle *LArbG Düsseldorf* Rpfleger 2005, 613 und JurBüro 2006, 383 Leits. = Rpfleger 2006, 420.
23 *BGH* 140, 253 = a.a.O. (Fußn. 20).
24 Zur Quittung eines Dritten, an der der Schuldner nach Anspruchsüberleitung gezahlt hat, siehe *LG Braunschweig* DGVZ 1982, 42.
25 *BGH* 49, 117 = NJW 1968, 398; *Stein/Jonas/Brehm*, ZPO, Rdn. 2; *Zöller/Stöber*, ZPO, Rdn. 1, je zu § 839; **a.A.** *OLG Hamburg* FamRZ 1980, 904.
26 *AG Berlin-Wedding* DGVZ 1976, 93.
27 *OLG Hamm* OLGZ 1973, 488 = MDR 1973, 857 = Rpfleger 1973, 324; *OLG Frankfurt* MDR 1980, 63 (Leits.); *LG Berlin* DGVZ 1975, 165 = MDR 1976, 149; s. auch *OLG Hamm* DGVZ 1980, 153; außerdem *LG Frankfurt* DGVZ 1989, 42: Die Zwangsvollstreckung ist auf Verlangen des Gläubigers auch dann fortzusetzen, wenn er die auf die Titelforderung geleistete Zahlung teilweise auf andere Forderungen verrechnet hat.
28 Die Aufhebung wird sofort wirksam; dazu Rdn. 741.

Überweisungswirkungen

wenn das Vollstreckungsgericht auf andere Weise von der Anordnung der einstweiligen Einstellung der Vollstreckung durch das Prozessgericht (oder einem sonstigen Einstellungsgrund) und damit von der Unzulässigkeit der Vollstreckungsmaßnahme erfährt[29]. Jede zuverlässige Kenntnis von der gerichtlichen Einstellung (dem anderen Einstellungsgrund), die das Vollstreckungsgericht erlangt, ist als ausreichend anzusehen, um dieses auch schon vor der Vorlage einer Ausfertigung der einstellenden Entscheidung durch den Schuldner zur Einstellung der Pfändung als Vollstreckungsmaßregel zu berechtigen und zu verpflichten[30]. Eine Amtsermittlungspflicht (z. B. durch Beiziehung von Prozessakten) besteht für das Vollstreckungsgericht jedoch nicht[31].

cc) Werden bei Einstellung der Zwangsvollstreckung die bereits getroffenen Vollstreckungsmaßregeln aufgehoben (§ 776 ZPO), so hat der Pfändungsbeschluss endgültig seine Wirkung verloren; der Schuldner kann dann wieder unbeschränkt allein einziehen. In allen sonstigen Fällen der Einstellung bleibt die Pfändung bestehen. Da der Gläubiger dann aber Rechte aus der Überweisung zur Einziehung nicht geltend machen kann, darf der Drittschuldner wie bei bloßer Pfändung (siehe Rdn. 565 u. 568) nur an Gläubiger und Schuldner gemeinsam leisten (siehe bereits Rdn. 609). **609b**

dd) Nach Einstellung der Zwangsvollstreckung durch das Prozessgericht (Fall des § 775 Nr. 2 ZPO) verbietet sich jede Vollstreckungstätigkeit; eine Zwangsvollstreckung darf nicht beginnen[32], eine Forderungspfändung mithin nicht mehr erfolgen. Ein Pfändungsbeschluss, der bei Einstellung der Zwangsvollstreckung bereits erlassen (und selbst bereits hinausgegeben) ist, darf nicht mehr zugestellt werden[33], weil der Einstellungsbeschluss auch die laufende, noch nicht beendete Vollstreckung erfasst mit der Folge, dass eine weitere zum Wirksamwerden der Vollstreckungshandlung erforderliche Maßnahme nicht mehr in zulässiger Weise vorgenommen werden kann. Wird gleichwohl der vor Einstellung erlassene Pfändungsbeschluss nach diesem Zeitpunkt noch zugestellt, so ist die damit unzulässig (wie Rdn. 611) bewirkte Pfändung anfechtbar. Auf Erinnerung des Schuldners (oder Drittschuldners) ist der Pfändungsbeschluss daher aufzuheben[34]. **610**

---

29 *Kirberger* Rpfleger 1976, 8 (9); anders noch *RG* LZ 1918, 1276; siehe aber schon RGZ 128, 81 (84).
30 *Kirberger* Rpfleger 1976, 8 (9).
31 *Kirberger* a.a.O. (Fußn. 30).
32 *BGH* a.a.O. (Fußn. 18); *LG Berlin* Rpfleger 1973, 63.
33 *OLG Stuttgart* JurBüro 1975, 1378 = Rpfleger 1975, 407; *LG Hannover* MDR 1954, 368.
34 So richtig *Münzberg* in Festschrift W. Zöllner (1999) 1203. Nach *OLG Stuttgart* a.a.O. (Fußn. 33) soll auf Erinnerung die Zustellung des Pfändungsbeschlusses für unzulässig zu erklären sein mit der Folge, dass die Pfändung nicht mehr wirksam werden konnte. Für Beseitigung der Wirkung der Zustellung (nach Konkurseröffnung) auch *OLG Frankfurt* ZIP 1995, 1689. Mit Zustellung ist aber beurkundete „Bekanntgabe" des Pfändungsbeschlusses erfolgt. Diese Tatsache kann nicht als „ungeschehen" angesehen, somit nicht beseitigt, damit nicht für unzulässig erklärt und nicht sozusagen aufgehoben werden.

2. Kapitel: Pfändungsverfahren und -wirkungen

611   ee) Ein Pfändungsbeschluss, den das Vollstreckungsgericht nach einstweiliger Einstellung der Zwangsvollstreckung durch das Prozessgericht in Unkenntnis dieser Entscheidung noch erlassen hat, ist zwar nicht unwirksam, als unzulässig aber anfechtbar. Er ist auf Erinnerung aufzuheben[35]. Nach § 776 Satz 2, 2. Halbs. ZPO bestehen bleiben nur solche Vollstreckungsmaßregeln, die bereits vor dem Wirksamwerden des Einstellungsbeschlusses (wirksam) vorgenommen wurden.

612   ff) Keinen Schutz genießt der Drittschuldner, wenn er zwischen Aufhebung des Pfändungs- und Überweisungsbeschlusses im Wege des Vollstreckungsschutzes nach § 765 a ZPO vor Rechtskraft des Aufhebungsbeschlusses und seiner Wiederaufhebung durch das Beschwerdegericht an den Schuldner zahlt[36]. Dieser Aufhebungsbeschluss wird vielmehr erst mit Rechtskraft wirksam (§ 765 a Abs. 5 ZPO). Auch wenn er nicht ausdrücklich ausspricht, dass die Aufhebung erst mit Eintritt der Rechtskraft Wirksamkeit erlangt, ist der Gläubiger gegen Verfügungen des Schuldners oder Drittschuldners bis zur Rechtskraft voll geschützt.

Drittschuldnerschutz gegen unrechtmäßige Überweisung siehe Rdn. 618.

612a   d) Rechtsgrundlos zahlt der Drittschuldner, wenn er eine gepfändete vermeintliche, tatsächlich aber nicht bestehende (auch rückwirkend weggefallene) Forderung an den pfändenden Gläubiger leistet oder wenn mit Leistung an diesen die Verbindlichkeit nicht erlischt (§ 362 Abs. 1 BGB), weil die gepfändete Forderung nicht dem Schuldner, sondern einem Dritten zusteht[37] (Erlöschen der Forderung des Dritten aber mit Genehmigung, s. Rdn. 612 b). Damit erlangt der Drittschuldner einen *Bereicherungsanspruch* (§ 812 Abs. 1 BGB). Zurückverlangen kann er die Zahlung von dem (Vollstreckungs-)Gläubiger, an den gezahlt wurde, nicht aber von dem (Vollstreckungs-)Schuldner[38] (hierzu auch Rdn. 373). Weil der Gläubiger

---

35 *OLG Bremen* NJW 1961, 1284; *OLG Marienwerder* HRR 1936 Nr. 1341; *LG Berlin* MDR 1975, 672 = Rpfleger 1976, 26; *Kirberger* a.a.O. (Fußn. 30); siehe auch *LG Saarbrücken* Rpfleger 1975, 328.
36 *Schuler* NJW 1961, 719; **a.A.** *OLG Stuttgart* NJW 1961, 34 mit zust. Anm. *Riedel*.
37 Irrtümliche Zahlung an Pfändungsgläubiger trotz vorgelegter Abtretungsanzeige, *LG Bremen* NJW 1971, 1366. Zur stillen Zession siehe Rdn. 1253 und zum Drittschuldnerschutz § 407 BGB.
38 *BGH* 151,127 = FamRZ 2002, 1325 = MDR 2002, 1149 = NJW 2002, 2871 = Rpfleger 2002, 574; *OLG Düsseldorf* OLGR 2002, 123 (als Vorinstanz); *LG Bremen* NJW 1971, 1366 mit zust. Anm. *Medicus*; *LG Wiesbaden* NJW 1956, 186; *LG Hamburg* MDR 1957, 491; *Schlosser*, Forderungspfändung und Bereicherung, ZZP 76 (1963) 73; s. auch *BGH* JR 1981,197 mit Anm. *Schubert* = MDR 1981, 122 = NJW 1981, 48 und *BGH* 82, 28 = a.a.O. (Fußn. 39); **a.A.** *OLG Karlsruhe* JW 1932, 668; *Buciek*, Drittschuldnerzahlung und Bereicherungsausgleich, ZIP 1986, 890 (mit Einschränkung für den Fall, dass der Vollstreckungsgläubiger bei Zahlung vom Nichtbestehen der Forderung wusste). S. auch *BGH* NJW 1989, 161 und *KG* OLGR 1997, 127: Bereicherungsanspruch des Schuldners einer abgetretenen Forderung, auf die er zuviel gezahlt hat, an den Abtretungsempfänger (Zessionar) und *BGH* 113, 62 = NJW 1991, 919 sowie *BGH* MDR 2006, 1095 = NJW 2006, 1731: Bereicherungsanspruch gegen Zahlungsempfänger nach Leistung in der irrigen Annahme, eine Forderung sei auf ihn durch Abtretung oder in anderer Weise übergegangen.

zur Rückzahlung des Empfangenen verpflichtet ist, kann er seine Vollstreckungsforderung weiterhin gegen den Schuldner geltend machen. Ein Bereicherungsanspruch des Drittschuldners besteht ebenso an einen zweitpfändenden Gläubiger, wenn an diesen die gepfändete Forderung gezahlt worden ist, der Drittschuldner aber von dem Gläubiger des unbeachtet gelassenen besserrangigen Pfandrechts nochmals in Anspruch genommen wird[39]. Denn auch der zweitpfändende Gläubiger hat dann mit der Leistung durch den Drittschuldner das Empfangene rechtsgrundlos erhalten. Ein rechtfertigender Grund liegt nicht darin[40], dass die Verfügung (Einziehung) nur relativ (§ 829 Abs. 1 ZPO, §§ 135, 136 BGB; Rdn. 559), also nur dem Gläubiger mit besserrangigem Pfandrecht gegenüber, unwirksam ist. Rechtsgrunderfordernis ist vielmehr die durch Pfändung und Überweisung erlangte Einziehungsbefugnis des Gläubigers (Rdn. 602). Ist sie nachrangig (§ 804 Abs. 3 ZPO), dann leistet der Drittschuldner nicht an den zur Einziehung Berechtigten, wenn damit das Schuldverhältnis nicht erlischt (§ 362 Abs. 1 BGB), die geschuldete Leistung mithin nochmals zu bewirken ist. Schuldet der Drittschuldner deshalb dem rangbesseren Gläubiger die Leistung erneut (Rdn. 783), dann fehlt der Leistung an den zur Einziehung nicht berechtigten rangschlechteren Gläubiger der Rechtsgrund. Die nur relative Unwirksamkeit der Leistung an den rangschlechteren Gläubiger (§ 829 Abs. 1 ZPO, §§ 135, 136 BGB, Rdn. 559) dient der Wahrung der Rechte des rangbesseren (Pfand-)Gläubigers, begünstigt aber nicht darüber hinaus den Gläubiger des nachrangigen Pfandrechts. Daher kann nur der erstpfändende Gläubiger die ihm gegenüber verbotswidrige Verfügung (§§ 135, 136 BGB) geltend machen und seinen Leistungsanspruch an den Drittschuldner weiter verfolgen. Endet diese Möglichkeit mit dem Wegfall des Pfandrechts des vorrangigen Gläubigers (oder mit dessen Genehmigung), dann hat der nachrangige Gläubiger die Leistung infolge seiner nun ungeschmälerten Einziehungsbefugnis berechtigt erlangt. Hat der Drittschuldner hingegen an den erstpfändenden Gläubiger nochmals zu leisten, weil die frühere Verfügung diesem gegenüber unwirksam ist, dann ist an den nachrangigen Gläubiger nicht wirksam geleistet. Dieser hatte dann ebenso keine Einziehungsbefugnis, wie bei einer gegen das Zahlungsverbot verstoßenden Abtretung der Zessionar Rechte nicht geltend machen kann (Rdn. 560). Für diesen Fall hat der nachrangig pfändende Gläubiger sohin unwirksam empfangen und nach § 812 Abs. 1 BGB die rechtsgrundlose Leistung herauszugeben.

e) Ein *Dritter*, dem die gepfändete Forderung zugestanden hat, kann gegen den (vollstreckenden) Gläubiger einen Bereicherungsanspruch nach § 816 Abs. 2 BGB haben. Das setzt voraus, dass bei Zwangsvollstreckung gegen einen Schuldner, dem die gepfändete Forderung nicht zustand, der Dritte als Berechtigter die ihm gegenüber unwirksame Leistung seiner zu

612b

---

39 BGH 82, 28 = JurBüro 1982, 63 = JR 1982, 285 mit Anm. *Schubert* = MDR 1982, 221 = NJW 1982, 173. A.A. *OLG München* NJW 1978, 1438.
40 So aber *OLG München* a.a.O. (Fußn. 39).

Unrecht gepfändeten und überwiesenen Forderung durch den Drittschuldner an den (nichtberechtigt) vollstreckenden Gläubiger genehmigt hat und damit die Leistung wirksam geworden ist[41].

II. Überweisung an Zahlungs statt

613 1. Mit Wirksamwerden der Überweisung an Zahlungs statt zum Nennbetrag (siehe Rdn. 596) ist die Forderung wie bei Abtretung *auf den Gläubiger übergegangen*. Der Schuldner ist damit (als bisheriger Gläubiger der Forderung) aus dem Schuldverhältnis ausgeschieden. Eine Versicherung der Forderung ist mit der Überweisung an Zahlungs statt auf den Vollstreckungsgläubiger übergegangen[42].

614 Der Drittschuldner kann auch nach Überweisung an Zahlungs statt dem Gläubiger alle Einwendungen entgegensetzen, die zur Zeit des Wirksamwerdens des Überweisungsbeschlusses gegen den bisherigen Gläubiger (den Vollstreckungsschuldner) begründet waren (§ 404 BGB); wegen der Einzelheiten siehe Rdn. 571, 572.

615 2. Ist die gepfändete Forderung des Schuldners an den Drittschuldner höher als die der Pfändung zugrunde liegende eigene Vollstreckungsforderung des Gläubigers, so geht erstere auf den Gläubiger *nur in Höhe der Vollstreckungsforderung* im Augenblick des Wirksamwerdens der Überweisung an Zahlungs statt über (zur Bezeichnung im Überweisungsbeschluss Rdn. 588 b). Abweichungen, die sich nach Wirksamwerden des Überweisungsbeschlusses bis zur späteren Abrechnung nach Forderungseinziehung ergeben, gehen zugunsten oder zulasten des Gläubigers. Solche Abweichungen können sich vor allem aus der Zinsberechnung oder im Hinblick auf die Einziehungskosten ergeben.

616 a) *Zinsberechnung*: Mit dem Gläubigerrecht an der gepfändeten Forderung erlangt der pfändende Gläubiger auch den Anspruch auf die Zinsen dieser Forderung. Seine eigene Vollstreckungsforderung ist mit der Befriedigung mit allen Nebenansprüchen erloschen (Rdn. 596); sie wird daher nicht mehr weiter verzinst. Ist die überwiesene Forderung unverzinslich oder mit einem geringeren Satz als die eigene erloschene Forderung verzinslich, dann entgehen dem Gläubiger bis zur Zahlung der überwiesenen Forderung Zinsbeträge, die nicht unerheblich sein können. Andererseits gebührt ihm aber auch der Zinsgewinn, wenn die überwiesene Forderung bis zur Zahlung höhere Zinsen bringt.

617 b) *Kosten der Einziehung*: Gegen den Drittschuldner macht der Gläubiger nach Überweisung an Zahlungs statt die gepfändete Forderung als eigenen Anspruch geltend. Kosten, die für ein Klageverfahren und durch Zwangsvollstreckungsmaßnahmen gegen den Drittschuldner entstehen,

---

41 Zu diesem Fall *BGH* LM Nr. 29 zu § 829 ZPO = MDR 1987, 1021 = NJW 1988, 495.
42 *Sieg* BB 1959, 1015.

sind daher nicht mehr Zwangsvollstreckungskosten, für die der Schuldner haften würde (§ 788 ZPO), sondern eigene Kosten des Gläubigers. Sie können nur noch vom Drittschuldner eingefordert werden. Ist dieser aber ganz oder teilweise zahlungsunfähig, so trägt der Gläubiger diese Kosten allein.

III. Drittschuldnerschutz gegen unrechtmäßigen Überweisungsbeschluss

Schrifttum: *Becker,* Schutz des Drittschuldners vor ungerechtfertigter Inanspruchnahme durch Vollstreckungsgläubiger und Vollstreckungsschuldner, Festschr. *Musielak,* 2004, S. 51; *Denck,* Drittschuldnerschutz nach § 836 II ZPO, JuS 1979, 408; *Derleder,* Zur Reduzierung des Vertrauensschutzes für den Drittschuldner nach § 836 Abs. 2 ZPO, JurBüro 1995, 122; *Hintzen* und *Wolf,* Pfändung von Hypothekenforderungen und Drittschuldnerschutz, Rpfleger 1995, 94; *Spickhoff,* Nichtige Überweisungsbeschlüsse und Drittschuldnerschutz, Festschr. *Schumann,* 2001, S. 443; *Stöber,* Überweisung und Überweisungswirkungen bei Pfändung einer Hypothekenforderung, NJW 1996, 1180.

1. a) Durch einen *nicht wirksamen* (weil dem Drittschuldner nicht zugestellten, Rdn. 582; Besonderheit bei Hypothekenpfändung Rdn. 1838–1840) Überweisungsbeschluss hat der Gläubiger keine Rechte erlangt (keine Einziehungsbefugnis und bei Überweisung an Zahlung statt kein Rechtsübergang). Grundlage für einen Schutz des Drittschuldners gibt es nicht. **618**

b) Der Überweisungsbeschluss kann *unrechtmäßig* erlassen sein, z. B. weil es an einer Voraussetzung der Pfändung oder Überweisung gefehlt hat oder die Forderung der Pfändung überhaupt nicht unterworfen ist. Er ist dann mit Erinnerung (§ 766 ZPO), in Sonderfällen mit sofortiger Beschwerde (§ 793 ZPO) anfechtbar. Der *Drittschuldner* ist in einem solchen Fall *in seinem Vertrauen* auf die Wirksamkeit des Überweisungsbeschlusses als staatlicher Hoheitsakt *geschützt* (§ 836 Abs. 2 ZPO; eine ähnliche Bestimmung enthält § 409 BGB), wenn er an den pfändenden Gläubiger zahlt oder zwischen ihm und dem Gläubiger ein Rechtsgeschäft vorgenommen wird. Ein solches Rechtsgeschäft oder die Zahlung an den Pfändungsgläubiger muss der Schuldner gegen sich gelten lassen, wenn der Beschluss nicht aufgehoben und die Aufhebung nicht zur Kenntnis des Drittschuldners gelangt war. Seinem Wortlaut nach bezieht sich § 836 Abs. 2 ZPO zwar nur auf das Rechtsverhältnis zwischen dem Drittschuldner und dem Pfändungsschuldner[43]. Der Schutz des § 836 Abs. 2 ZPO tritt zugunsten des Drittschuldners jedoch auch gegenüber einem anderen Pfändungsgläubiger des Schuldners ein[44]. Er umfasst auch den durch den Zeitpunkt der Pfändung bestimmten „Rang" einer Forderungsüberweisung[45] und schützt auch vor unbekannter Rangänderung der Pfändungsgläubiger[46]. Voraussetzung **618a**

---

43 *BGH* NJW 1988, 495 = a.a.O. (Fußn. 56).
44 *BGH* 66, 394 = JR 1976, 421 mit Anm. *Berg* = MDR 1976, 1014 = NJW 1976, 1453; *BGH* NJW 1988, 495 = a.a.O.; *BArbG* NJW 1990, 2641 (2643) = a.a.O. (Fußn. 46).
45 *BGH* 66, 394 = a.a.O. (Fußn. 44).
46 *BArbG* BAG 65, 147 = NJW 1990, 2641 (2643) sowie Rdn. 1208.

des Schutzes ist, dass der Überweisungsbeschluss nach § 835 Abs. 3 ZPO wirksam geworden, also dem Drittschuldner zugestellt worden ist (vgl. oben); ein Zustellungsmangel kann aber hier nach § 189 ZPO geheilt sein[47]. Da § 836 Abs. 2 ZPO den guten Glauben des Drittschuldners schützen soll, endet der Schutz bereits mit dem Zeitpunkt, in dem dieser von der Aufhebung des Überweisungsbeschlusses oder einer Einstellung der Zwangsvollstreckung auf irgendeine Weise Kenntnis erlangt (siehe Rdn. 609). Nach Bekanntwerden der Aufhebung der Überweisung (oder einer Rangänderung unter mehreren Pfändungsgläubigern) kann sich der Drittschuldner, der noch keine Zahlung geleistet hat, gegenüber dem wahren Berechtigten (dem Schuldner als Forderungsgläubiger oder einem vorrangigen Gläubiger) nicht mehr auf § 836 Abs. 2 ZPO berufen, somit Zahlungen für die Zeit vor Bekanntwerden des Aufhebungsbeschlusses oder der Rangänderung nicht verweigern[48].

618b   c) Auf einen *nichtigen Überweisungsbeschluss* (vgl. Rdn. 748) findet § 836 Abs. 2 ZPO keine Anwendung[49]. Nichtigkeit in diesem Sinne soll aber nicht bei „Mangel im Tatbestand" bestehen, somit nicht, wenn der Tatbestand des Überweisungsbeschlusses zwar vollständig, aber fehlerhaft verwirklicht wurde[50]. Wirksamkeit der Pfändung wird als Tatbestandserfordernis der Überweisung angesehen[51]. Überweisung einer nicht gepfändeten Forderung (einer hypothekengesicherten Forderung, deren Pfändung noch nicht mit Briefübergabe oder Grundbucheintragung bewirkt wurde, § 830 Abs. 1 ZPO; zur Wirksamkeit der Überweisung § 837 Abs. 1 ZPO) soll daher Fehlerhaftigkeit begründen[52]. Für diesen Fall soll der Drittschuldner Vertrauensschutz nach § 836 Abs. 2 ZPO in Anspruch nehmen können[53]. Er soll so lange geschützt sein, bis er Kenntnis davon erlangt, dass zu dem (ihm zugestellten) Überweisungsbeschluss noch ein Tatbestandserfordernis („noch etwas") hinzukommen muss, damit die Überweisung wirksam wird. Das soll gelten, solange der Drittschuldner nicht weiß, dass eine gepfändete Forderung durch Hypothek gesichert wird, oder die rechtliche Verknüpfung zwischen Forderung und Hypothek sowie die gesetzlichen Erfordernisse bei der Pfändung und Überweisung hypothekengesicherter Forderungen nicht kennt[54]. Dem ist nicht zu folgen. Der (zulässig, Rdn. 583) zugleich mit dem Pfändungsbeschluss erlassene Überweisungsbeschluss wird nur gleichzeitig mit der Pfändung wirksam. Vor wirksamer

---

47   *Wieczorek/Schütze/Lüke*, ZPO, Rdn. 8 zu § 836.
48   *BArbG* BAG 65, 147 = NJW 1990, 2641 (2643) = a.a.O.
49   *BGH* 121, 98 = MDR 1993, 578 = NJW 1993, 735 = ZZP 107 (1994) 98 mit krit. Anm. *Walker*; kritisch dazu auch *Derleder* JurBüro 1995, 122; *Spickhoff* in Festschr. *Schumann* (2001) 443 ff.
50   *BGH* 127, 146 = DNotZ 1995, 139 = LM ZPO § 830 Nr. 3 mit Anm. *Walker* = MDR 1995, 454 mit Anm. *Diepold* = NJW 1994, 3225 = Rpfleger 1995, 119 mit abl. Anm. *Riedel*.
51   *BGH* 127, 146 = a.a.O.
52   *BGH* 127, 146 = a.a.O.
53   *BGH* 127, 146 = a.a.O.
54   *BGH* 127, 146 = a.a.O.

Pfändung (bei Hypothekenforderung mit Briefübergabe oder Grundbucheintragung) hat der Gläubiger keine Rechte aus der Überweisung erlangt. Für einen Schutz des Drittschuldners bietet daher § 836 Abs. 2 ZPO keine Grundlage. Wahrung der Drittschuldnerbelange gewährleistet ausschließlich § 893 (mit § 1155 BGB)[55]. Der Überweisungsbeschluss allein gewährleistet dem Drittschuldner Schutz so wenig, wie nach bürgerlichem Recht allein Legitimation durch Abtretungs- oder Verpfändungserklärung keine Grundlage für Schutz des Eigentümer-Schuldners bietet.

2. Dem *Gläubiger* erwachsen aus der Schutzbestimmung des § 836 Abs. 2 ZPO zugunsten des Drittschuldners *keinerlei Rechte*. Er kann deshalb nicht verlangen, dass der Drittschuldner von einer Anfechtung des unrechtmäßigen Pfändungsbeschlusses absieht oder sich im Rechtsstreit nicht auf die Unwirksamkeit der Pfändung und Überweisung beruft.

3. Einen Schutz des Drittschuldners in das Vertrauen auf das Bestehen der gepfändeten Forderung sieht § 836 Abs. 2 ZPO nicht vor. Wenn die gepfändete Forderung tatsächlich nicht dem Schuldner, sondern einem Dritten zusteht, wird der Drittschuldner daher bei Zahlung an den Gläubiger nicht von seiner tatsächlichen Schuld gegenüber dem Dritten frei[56] (zu seinem Bereicherungsanspruch Rdn. 612 a). Wenn zweifelhaft ist, ob der Schuldner Inhaber der gepfändeten und überwiesenen Forderung ist, leistet der Drittschuldner somit an den Gläubiger auf eigene Gefahr[57]. Der Drittschuldner wird nicht frei, wenn der Anspruch dem Schuldner nie zugestanden hat, von diesem mithin der pfändende Gläubiger auch keine Rechte erlangt haben konnte[58]. Dem damit verbundenen Risiko kann bei begründeten Zweifeln durch Hinterlegung (§ 372 BGB) begegnet werden[59] (hierzu auch Rdn. 768).

IV. Auskunftspflicht des Schuldners (§ 836 Abs. 3 ZPO)

Schrifttum: *Behr*, Änderungen bei der Forderungspfändung und anderen Vollstreckungsverfahren (Abschn. IV. 4: Auskunftsoffenbarung gem. § 836 Abs. 3 S. 2 n.F. ZPO), JurBüro 2000, 230 (231); *Hornung*, Die 2. Zwangsvollstreckungsnovelle (Abschn. B. IV. 5: Schuldnerauskunft durch eV-Verfahren), Rpfleger 1998, 383 (399); *Steder*, Auskunftsoffenbarung im Rahmen der Forderungspfändung, MDR 2000, 438; *Stöber*, Auskunftspflicht des Schuldners – Verfahren nach Forderungspfändung, MDR 2001, 301; *Wertenbruch*, Die Auskunftspflicht des Schuldners bei der Forderungs- und Rechtspfändung, DGVZ 2001, 65.

---

55 Hierzu näher *Stöber* NJW 1996, 1180. Schutz nach § 893 (mit § 1155) BGB und die Bedeutung dieser Vorschriften des Hypothekenrechts für die Rechtsstellung des Drittschuldners vor Wirksamwerden des Überweisungsbeschlusses hat der *BGH* nicht erwogen.
56 *BGH* MDR 1987, 1021 = NJW 1988, 495; *BGH* MDR 2002, 477 (478) = NJW 2002, 755 (757) = Rpfleger 2002, 272.
57 *BGH* NJW 1988, 495 = a.a.O.
58 *BGH* NJW 1988, 495 = a.a.O.
59 *BGH* NJW 1988, 495 = a.a.O.

2. Kapitel: Pfändungsverfahren und -wirkungen

1. Verpflichtung zur Auskunft

621 Der Schuldner ist verpflichtet, dem Gläubiger die zur Geltendmachung der Forderung nötige Auskunft zu erteilen (§ 836 Abs. 3 S. 1 ZPO; gesetzliche Nebenpflicht). Grenzen sind der Auskunftspflicht gesetzt, wenn der Schuldner einer beruflichen Schweigepflicht unterliegt, wie ein Arzt, Zahnarzt, Rechtsanwalt (dazu Rdn. 14 a). Voraussetzung dieser Auskunftspflicht ist Wirksamkeit[60] der Pfändung und Überweisung (zur Einziehung oder an Zahlungs statt) mit Zustellung des Pfändungs- und Überweisungsbeschlusses an den Drittschuldner (§ 829 Abs. 3, § 835 Abs. 3 ZPO) oder in der sonst vorgesehenen Weise (bei Grundpfandrechten nach § 830 Abs. 1, §§ 837, 837 a ZPO). Keine Auskunftspflicht des Schuldners begründet Pfändung allein (ohne Überweisung), so bei Sicherungsvollstreckung (§ 720 a ZPO), Arrestvollziehung (§ 930 ZPO) oder Vorpfändung (§ 845 ZPO). Einstellung der Zwangsvollstreckung bewirkt Verfahrensstillstand (Rdn. 609); es bleibt zwar die Pfändung bestehen, die durch Überweisung begründete Berechtigung des Gläubigers zur Einziehung der Forderung (§ 836 Abs. 1 ZPO) dauert jedoch nicht an. Für die Zeit der Einstellung der Zwangsvollstreckung bleibt der Schuldner daher auch nicht verpflichtet, Auskunft zur Geltendmachung der Forderung zu erteilen; mit Offenbarungsantrag kann ein Auskunftsanspruch nach Einstellung überdies nicht verfolgt werden, weil sich jede Vollstreckungstätigkeit verbietet (Rdn. 610). Wirksame Pfändung als Erfordernis des Auskunftsanspruchs des Gläubigers erfordert auch, dass der Pfändungsbeschluss rechtliche Wirkung hat, die gepfändete Forderung damit besteht und dem Schuldner gegen den Drittschuldner zusteht[61] (Rdn. 486). Pfändung einer nur angeblichen Forderung, die keine rechtliche Wirkung entfaltet, ein gegenstandsloser Pfändungsbeschluss somit (Rdn. 486), begründet keine Auskunftsverpflichtung. Nachweispflichtig für diese Voraussetzung ist der Gläubiger, der den Auskunftsanspruch geltend macht. Pfändung von Wertpapieren durch den Gerichtsvollzieher (Rdn. 2092) begründet keine Auskunftsverpflichtung[62] (Überweisungsbeschluss ergeht nicht). Verletzung der Auskunftspflicht kann Schadensersatzpflicht des Schuldners begründen.

2. Umfang der Auskunft

621a a) Die Auskunft des Schuldners hat dem Gläubiger die für Geltendmachung der gepfändeten und überwiesenen Forderung (nicht aber für die

---

60 Anders im Falle der Drittschuldnerauskunft nach § 840 ZPO. Die Drittschuldnerauskunft soll dem Gläubiger Klarheit auch über seine Befriedigungsaussichten verschaffen (Rdn. 627). Die Auskunftspflicht des Drittschuldners wird daher bereits durch die Zustellung des Pfändungsbeschlusses begründet (Rdn. 628). Die Schuldnerauskunft nach § 836 Abs. 3 S. 1 ZPO soll dem Gläubiger „Geltendmachung der Forderung" ermöglichen (Rdn. 621 a), die wirksame Pfändung und Überweisung erfordert.
61 So auch *Steder* MDR 2000, 438 (439).
62 So auch im Falle des § 840 ZPO, siehe Rdn. 628. Unrichtig daher *Wertenbruch* DGVZ 2001, 65 (69, IV. 2. d); Veräußerung von Inhaberaktien erfolgt überdies nicht nach § 844 ZPO, sondern nach § 821 ZPO (siehe Rdn. 2092).

Ermittlung einer nur angeblichen Forderung) nötige Kenntnis zu geben, damit die (außergerichtliche oder gerichtliche) Geltendmachung der Forderung zu ermöglichen. Sie muss dem Gläubiger daher alle für (umgehende, § 842 ZPO) Beitreibung der Forderung und Verfolgung ihrer Nebenrechte (insbesondere eines Sicherungsrechtes) erheblichen Einzelheiten bezeichnen. Dazu gehören Grund und Umfang (Betrag) der Forderung, Zeit und Ort der Leistung, Beweismittel, Verteidigungsmittel gegen Einwendungen des Drittschuldners usw. Eine (nachrangige) Pfändung erfasst eine bereits früher (damit vorrangig) gepfändete Forderung auch dann, wenn sie zur Einziehung überwiesen ist (Rdn. 774). Kenntnis der vorausgehenden Pfändung gehört daher zu dem für (alsbaldige oder nach Aufschub möglicherweise spätere) Geltendmachung der Forderung nötigen Wissen. Auskunft ist daher auch über eine vorausgehende Pfändung (und eine noch wirksame Vorpfändung, § 845 Abs. 2 ZPO) zu erteilen[63], somit über deren Gläubiger, dessen Vollstreckungsforderung, Gericht oder Behörde und Zeit der Zustellung an den Drittschuldner. Wie genau die Auskunft zu sein hat, kann sich angesichts der Vielzahl und Vielfalt der Schuldnerforderungen an Dritte (und anderen Vermögensrechten) nur jeweils nach den Umständen des konkreten Einzelfalls bestimmen.

b) Die Verpflichtung erstreckt sich auch auf die Bekanntgabe von Einzelheiten, die dem Schuldner erst *nach* der Pfändung bekannt werden. Ergeben sich Umstände, über die Auskunft zu erteilen ist, erst nach Pfändung oder *ändern* sich bei Pfändung künftig (fortlaufend) fällig werdender Bezüge (z. B. von Mietansprüchen) die zur Geltendmachung der Forderung mitgeteilten Angaben, so ist der Schuldner daher zur Ergänzung (nicht Wiederholung) seiner Auskunft verpflichtet. 621b

c) Über Gründe, warum eine gepfändete *angebliche Forderung nicht besteht*, hat der Schuldner keine Auskunft zu erteilen, damit auch nicht bei Pfändung erst nach Forderungsübergang über eine frühere Abtretung[64], einen vorausgehenden gesetzlichen Forderungsübergang oder eine Pfändung und Überweisung an Zahlungs statt. Wirksame Pfändung und Überweisung als Voraussetzung der Auskunftspflicht (Rdn. 621) sind in diesem Fall nicht erfolgt; die Pfändung der nur angeblichen Forderung entfaltet keine Wirkungen (Rdn. 486), sie geht ins Leere. Forderungsübertragung, Forderungsübergang kraft Gesetzes sowie (wirksame) Pfändung und Überweisung an Zahlungs statt ermöglichen anschließende Pfändung der dem Schuldner bereits nicht mehr zustehenden Forderung nicht; zur Auskunft darüber verpflichtet auch § 836 Abs. 3 S. 1 ZPO daher nicht. Ist die Forderung jedoch *nur teilweise* auf einen Dritten mit Abtretung, gesetzlich oder durch Pfändung und Überweisung an Zahlungs statt übergegangen, dann erfordert Auskunft über den Umfang (Betrag) der danach gepfändeten und zur Einziehung überwiesenen restigen Schuldnerforderung für deren Gel- 621c

---

63 So (für Nachbesserung eines Vermögensverzeichnisses) *LG Berlin* JurBüro 2005, 605.
64 **Anders** *Wertenbruch* DGVZ 2001, 65 (Abschn. III. 3).

tendmachung auch Auskunft über den teilweisen Rechtsübergang auf den Dritten; das kann auch bei Pfändung von Arbeitseinkommen Bedeutung erlangen (siehe daher Rdn. 945 c).

621d d) aa) Auskunft bei Pfändung von Arbeitseinkommen siehe Rdn. 945 a.

bb) Die Pfändung des Anspruchs auf *Steuererstattung* erstreckt sich lediglich auf den Zahlungsanspruch an die Finanzbehörde (Rdn. 372 a). Am Steuerfestsetzungsverfahren ist der Gläubiger nicht beteiligt, er kann Veranlagungsantrag zur Anrechnung von Lohnsteuer auf die Einkommensteuer nicht stellen. Daher kann der Gläubiger auch Auskunft über steuererhebliche Tatsachen, die im Veranlagungsverfahren mit Steuererklärung vorzubringen sind (Zeit der Beschäftigung, Einkommen, Werbungskosten usw.), nicht verlangen, ebenso nicht über Vorgänge des Erhebungsverfahrens (so nicht darüber, ob eine Veranlagung [ohnedies] durchgeführt wird [§ 46 Abs. 2 Nr. 1–7 EStG], ob eine Steuererklärung abgegeben ist, welche Anträge im Besteuerungsverfahren gestellt sind und ob mit einem Erstattungsbetrag zu rechnen ist). Entsprechendes gilt für den Erstattungsanspruch bei Lohnsteuerjahresausgleich durch den Arbeitgeber (Rdn. 380). Auskunft zu erteilen hat der Schuldner nur darüber, ob Lohnsteuerjahresausgleich durch den Arbeitgeber erfolgen wird und (nach Durchführung) über den (noch nicht erfüllten) Zahlungsanspruch (Betrag), nicht aber über die für den Ausgleich steuererheblichen Tatsachen[65] (Änderungen auf der Lohnsteuerkarte, Lohnschwankungen und Beschäftigungszeiten).

cc) Pfändung eines Lebens- oder Unfall*versicherungsanspruchs* verpflichtet zur Auskunft auch über das Bezugsrecht eines Dritten (zu diesem Rdn. 196, 198 und 411).

621e e) Die Auskunft muss zur Geltendmachung der Forderung *nötig* sein (§ 836 Abs. 3 S. 1 ZPO). Verfolgung des Auskunftsanspruchs erfordert daher (wie jede Rechtsverfolgung) Rechtsschutzinteresse. Eine Verpflichtung des Schuldners zur Erteilung einer Auskunft besteht somit nicht für Tatsachen und Umstände, die dem Gläubiger bereits sicher bekannt sind, insbesondere deshalb, weil sie urkundlich ausgewiesen sind oder – wie die Änderung des Arbeitseinkommens – der Drittschuldner verlässlich mitgeteilt hat und auch nicht für Besonderheiten, die dem Gläubiger für Geltendmachung der Forderung nicht dienlich sein können.

3. *Erteilung der Auskunft*

621f Auskunft zu erteilen hat der Schuldner dem Gläubiger, wenn dieser sie *verlangt*, damit nicht unaufgefordert. Der Gläubiger kann Auskunft sogleich bei (oder kurz nach) Zustellung des Pfändungs- und Überweisungs-

---

65 **Anders** *Wertenbruch* DGVZ 2001, 65 (68, Abschn. III. f), der jedoch (unrichtig) davon ausgeht, der Rückerstattungsbetrag gehöre zum Nettoarbeitslohn und werde von einer „Gehalts-"Pfändung erfasst. Pfändung des Arbeitseinkommens begründet überhaupt keine Verpflichtung zur Auskunft über den vom Arbeitgeber zu leistenden öffentlich-rechtlichen Erstattungsanspruch aus dem Steuerschuldverhältnis.

beschlusses an den Schuldner (§ 829 Abs. 2 ZPO), damit nach Wirksamwerden der Überweisung, aber auch erst zeitlich später verlangen. Das Auskunftsbegehren des Gläubigers braucht nur allgemein gehalten zu sein[66]; es ist mit Bezeichnung der gepfändeten Forderung gegenständlich begrenzt und damit bestimmt. Einzelne Tatsachen oder Verhältnisse, die in Erfahrung gebracht werden sollen, kann und hat der Gläubiger dem Schuldner nicht zu bezeichnen. Für ihn ist nach Pfändung ungewiss, welche Angaben für Geltendmachung der Forderung nötig sind; er will von ihnen ja erst Kenntnis erlangen. Doch kann der Gläubiger einzelne Fragen anführen, deren Beantwortung er nach seinem Kenntnisstand vornehmlich zu erlangen versucht. Dann jedoch ist darauf zu achten, dass Einzelfragen stets nur im Rahmen der insgesamt verlangten Auskunft über alle nötigen Angaben gestellt werden. Wird hingegen die vom Schuldner verlangte Auskunft sogleich nur auf die Beantwortung der gestellten Fragen beschränkt, dann ist er auch nur zur Auskunft über diese verpflichtet[67]. Folge ist, dass dann auch das Offenbarungsverfahren (§ 836 Abs. 3 S. 2 ZPO) nur zur Erteilung der auf die konkreten Fragen beschränkten Einzelauskunft betrieben werden kann. Die Aufforderung, Auskunft zu erteilen, kann, muss aber nicht an den Prozessbevollmächtigten des Schuldners (Prozessvollmacht ermächtigt zur Entgegennahme, § 81 ZPO; aber kein Fall des § 172 Abs. 1 ZPO), damit ebenso an den Schuldner selbst gerichtet werden[68]. Auf Nachweis ist zu achten, weil die Aufforderung für Einleitung des Offenbarungsverfahrens darzutun und bei Widerspruch des Schuldners nachzuweisen ist (Rdn. 622).

Zu erteilen hat der Schuldner die Auskunft sogleich (ohne Verzug) somit innerhalb der vom Gläubiger gesetzten Frist; diese muss angemessen sein. Erteilt werden kann die Auskunft mündlich oder (für Nachweis geboten) schriftlich. Zu richten ist sie an den Gläubiger (seinen Prozessbevollmächtigten), nicht an den Gerichtsvollzieher. Für diesen besteht somit auch keine Verpflichtung, die Auskunft bei (persönlicher) Zustellung des Pfändungs- und Überweisungsbeschlusses zu Protokoll zu nehmen oder eine fernmündliche Auskunft entgegenzunehmen. Amtspflicht des Gerichtsvollziehers ist es jedoch, eine ihm (schriftlich) zugeleitete Auskunft an den Gläubiger (seinen Prozessbevollmächtigten) weiterzuleiten.

4. *Offenbarungspflicht*

Der Schuldner, der die Auskunft nicht erteilt, ist auf Antrag des Gläubigers verpflichtet, sie *zu Protokoll* des Gerichtsvollziehers zu geben und seine Angaben *an Eides statt zu versichern* (§ 836 Abs. 3 S. 2 ZPO). Für die Abnahme dieser eidesstattlichen Versicherung ist der Gerichtsvollzieher beim Amtsgericht zuständig (§ 899 Abs. 1 ZPO). Das Verfahren beginnt mit dem Auftrag des Gläubigers an den (zuständigen) Gerichtsvollzieher zur Bestimmung eines Termins zur Abgabe der eidesstattlichen Versiche-

622

---

66 *Stöber* MDR 2001, 301 (IV. 2. a).
67 *Stöber* MDR 2001, 301 (IV. 2. b).
68 *Stöber* MDR 2001, 301 (IV. 4).

rung nach § 836 Abs. 3 S. 2 ZPO (§ 900 Abs. 1 S. 1 ZPO). Der Auftrag kann (wie auch das Auskunftsbegehren, Rdn. 621 f) allgemein gehalten sein[69]; einzelne Tatsachen oder Verhältnisse, die für Geltendmachung der gepfändeten Forderung in Erfahrung gebracht werden sollen, kann und hat der Gläubiger nicht anzugeben. Er stellt mit Bezeichnung der gepfändeten Forderung die im Offenbarungsverfahren zu erfüllende Auskunftspflicht bestimmt dar; noch weitere inhaltliche Konkretisierung des Auskunftsbegehrens hat nicht zu erfolgen. Der Gläubiger hat somit nicht im Einzelnen darzulegen, welche Angaben er für die Geltendmachung der Forderung benötigt[70]; er will von ihnen ja erst Kenntnis erlangen (wie Rdn. 621 f) Die Auskunftspflicht des Schuldners ist dem Gerichtsvollzieher durch Vorlage des Pfändungs- und Überweisungsbeschlusses mit dem ihm zugrunde liegenden Vollstreckungstitel und der weiteren Unterlagen, die die Wirksamkeit der Pfändung ausweisen, darzutun. Dass der Schuldner die Auskunft (freiwillig) nicht erteilt hat, ist Voraussetzung der Offenbarungspflicht, damit dem Gerichtsvollzieher ebenfalls darzutun. Vorlage einer Abschrift des Aufforderungsschreibens an den Schuldner und Glaubhaftmachung der Versendung (Versicherung des Prozessbevollmächtigten des Gläubigers oder Postbeleg für Einlieferung der Sendung muss genügen) wird als erforderlich, zugleich aber auch als ausreichend angesehen[71].

Zum Inhalt des Pfändungs- und Überweisungsbeschlusses gehört Feststellung (ausdrückliche Anordnung) der Offenbarungspflicht des Schuldners nach § 836 Abs. 3 S. 2 ZPO nicht; auch für Einleitung des Offenbarungsverfahrens kann daher nicht verlangt werden, dass der Pfändungs- und Überweisungsbeschluss diese Offenbarungspflicht noch gesondert (vollstreckbar) wiedergibt[72]. Ein Antrag des Gläubigers, im Pfändungs- und Überweisungsbeschluss eine Feststellung zu treffen, ist daher zurückzuweisen[73]. Die Verpflichtung des Schuldners, die Auskunft zu erteilen, ist ebenso gesetzliche Folge der Pfändung und Überweisung wie bei erfolgloser Geldvollstreckung (§§ 803 ff. ZPO) die Schuldnerpflicht zur Vermögensoffenbarung[74] (§ 807 ZPO) und bei gescheiterter Herausgabevollstreckung die Schuldnerpflicht, den Verbleib der Sache eidesstattlich zu

---

69 *Stöber* MDR 2001, 301 (IV. 3).
70 A.A. *Musielak/Voit*, ZPO, Rdn. 6 zu § 900; *Schuschke/Walker*, Vollstreckung, Rdn. 16 zu § 836; auch *Stein/Jonas/Brehm/Münzberg*, ZPO, Rdn. 12 zu § 836 und Rdn. 17 zu § 900.
71 *Stöber* MDR 2001, 301 (IV. 4); Begründung BT-Drucks. 13/341, S. 35 re.Sp.
72 *Stöber* MDR 2001, 301; *Wertenbruch* DGVZ 2001, 65; *Zöller/Stöber*, ZPO, Rdn. 15 zu § 836; *Stein/Jonas/Brehm*, ZPO, Rdn. 12 zu § 836; *David* MDR 2000, 195 (197); a.A. *Behr* JurBüro 2004 (231) und JurBüro 2004, 499 (501); *Hornung* Rpfleger 1998, 381 (400); *Steder* MDR 2000, 438 (440).
73 *Stöber* MDR 2001, 301 (V. 2).
74 Auch *Behr*, der unverdrossen geltend macht, im Pfändungs- und Überweisungsbeschluss müssten Auskunftspflicht und ihr Umfang (wenigstens) allgemein formuliert sein (zuletzt JurBüro 2004, 499 [501]), bringt nicht vor, dass er schon einmal einen Zahlungstitel gesehen habe, in dem für den Fall erfolglos versuchter Pfändung als „Grundlage des Offenbarungsverfahrens im Rahmen der §§ 899 ff." die Offenbarungspflicht nach § 807 ZPO (gar noch detailliert) bestimmt gewesen sei.

versichern (§ 883 Abs. 2 ZPO). Demzufolge knüpft § 836 Abs. 3 S. 2 ZPO auch „regelungstechnisch ... an den Text des § 883 Abs. 2 ZPO an ..., wo sich bereits eine Verweisung auf die e. V. findet, die in § 899 ZPO aufgegriffen wird"[75]. Damit ist nicht nur „die Einheitlichkeit des Gesetzwortlauts gewahrt"[76]; es sind, weil es „an der Pflicht des Schuldners zur Auskunft ... nach der Pfändung keine Zweifel geben" kann[77], auch gleiche Voraussetzungen für alle Fälle des Offenbarungsverfahrens bedungen[78]. Als ganz selbstverständlich regelt das § 899 Abs. 1 ZPO mit Erweiterung um den Fall des § 836 ZPO, in dessen Abs. 3 als „Voraussetzungen für das Verlangen zur Abgabe der e. V. ... das Vorliegen eines Pfändungsbeschlusses und die Weigerung des Schuldners ..., die Auskunft (außergerichtlich) freiwillig zu erteilen"[79], bestimmt sind. Das einseitige Pfändungs- und Überweisungsverfahren wäre überdies nicht geeignet, die Auskunftspflicht mit ihrem Umfang[80] festzustellen und dies noch dazu vorweg für den zunächst noch völlig ungewissen (späteren) Fall, dass der Schuldner eine Auskunft nicht erteilt. Eine (verfehlt) gleichwohl in dem Beschluss getroffene Anordnung über die Auskunftsverpflichtung verdrängt § 836 Abs. 3 S. 2 ZPO als Verfahrensgrundlage für Durchsetzung der gesetzlichen Auskunftsverpflichtung nicht, kann somit keine Wirkung äußern und damit auch den Umfang der Auskunftsverpflichtung des Schuldners nicht beschränken[81].

Bestreitet der Schuldner im Termin die Verpflichtung zur Auskunftserteilung und Abgabe der Versicherung (z. B. deshalb, weil die gepfändete „angebliche" Forderung nicht besteht, Rdn. 621 c, oder weil er die Auskunft dem Gläubiger bereits erteilt hat), so hat das Vollstreckungsgericht (nicht der Gerichtsvollzieher) darüber durch Beschluss zu entscheiden[82] (§ 900 Abs. 4 S. 1 ZPO). Die Entscheidung ist dem Rechtspfleger übertragen (§ 20 Nr. 17 RPflG). Zum Verfahren über die Offenbarungsverpflichtung sonst siehe die ZPO-Kommentare zu §§ 900 ff.

5. Nachbesserung

Zu *nochmaliger* Auskunft ist der Schuldner nicht verpflichtet (§ 836 Abs. 3 S. 1 ZPO begründet keine Dauerverpflichtung des Schuldners). Zur Besonderheit bei einer fortlaufend fällig werdenden Forderung s. bereits Rdn. 621 b. Zur Nachbesserung (Ergänzung) einer Auskunft ist der Schuldner jedoch verpflichtet, wenn die dem Gläubiger unmittelbar erteilte oder zu Protokoll gegebene und versicherte Auskunft nicht vollständig ist, insbesondere somit, wenn lückenhafte oder unklare Angaben gemacht

622a

---

[75] Begründung BT-Drucks. 13/341, S. 35 re.Sp.; *Stöber* MDR 2001, 301 (303).
[76] Begründung a.a.O.
[77] Begründung a.a.O.
[78] *Stöber* MDR 2001, 301 (303).
[79] Begründung a.a.O.
[80] *Stein/Jonas/Brehm*, ZPO, Rdn. 12 zu § 836.
[81] **A.A.** *AG Korbach* DGVZ 2003, 45 unter Hinweis auf § 185 1 S. 3 GVGA; nicht zutreffend.
[82] *Stöber* MDR 2001, 301 (Abschn. VI.).

sind. Das Nachbesserungs- oder Ergänzungsverfahren ist dann Fortsetzung des alten, wegen des Mangels nicht gesetzesgemäß abgeschlossenen Verfahrens.

V. Verpflichtung zur Urkundenherausgabe (§ 836 Abs. 3 ZPO)

Schrifttum: *Behr*, Die Urkundenherausgabe gem. § 836 Abs. 3 ZPO, JurBüro 1994, 327.

1. *Urkunden-Herausgabepflicht des Schuldners*

623 Der Schuldner ist dem Gläubiger weiter verpflichtet, die über die Forderung vorhandenen Urkunden herauszugeben (§ 836 Abs. 3 S. 1 ZPO). Die Urkundenherausgabe soll es dem Gläubiger ermöglichen, die gepfändete Forderung einzuziehen. Voraussetzung auch dieser Verpflichtung ist Wirksamkeit der Pfändung und Überweisung (wie Rdn. 621); Pfändung allein (ohne Überweisung) begründet Herausgabepflicht des Schuldners nicht[83]. Urkunden, die ausweisen, dass die angebliche Forderung nicht besteht, sind nicht herauszugeben (wie Rdn. 621 c). Herauszugeben hat der Schuldner dem Gläubiger Urkunden, wenn dieser sie verlangt (wie Rdn. 621 f). Herauszugebende Urkunden sind daher vom Gläubiger zu bezeichnen, nicht vom Schuldner zusammenzusuchen. Die Herausgabepflicht des Schuldners besteht als primäre Verpflichtung selbstständig neben der Auskunftspflicht des Drittschuldners nach § 840 ZPO[84]. Sie kann daher auch geltend gemacht werden, wenn Drittschuldnerauskunft erteilt ist. Das Rechtsschutzinteresse (dazu Rdn. 621 e) erschöpft sich jedoch in der Herausgabe der zur Feststellung und (wenn auch nur erleichterten[85]) Geltendmachung der Forderung nötigen Urkunden. Urkunden, an deren Erhalt der Gläubiger kein schutzwürdiges Interesse hat, sind nicht herauszugeben. Keine Verpflichtung zur Herausgabe von Urkunden besteht daher, wenn die Forderung unbestritten und der Drittschuldner zahlungsbereit ist. Ein Arbeitsvertrag ist daher nicht herauszugeben, wenn die Lohnabrechnung die (zudem tarifliche) Forderung eindeutig belegt, ein Mietvertrag nicht, wenn die fortlaufende Verpflichtung zur Mietzahlung (eingeschlossen der Umfang der Nebenleistungen) sicher feststeht, eine Beweisurkunde nicht, wenn die Forderung bereits tituliert und der Schuldtitel herauszugeben ist. Dass sich bei Abtretung die Herausgabepflicht nach § 402 BGB bloß aus der Existenz der Urkunde ergibt und nicht auch einen konkreten Bedarf erfordert, rechtfertigt keine großzügigere Auslegung, weil Pfändung und Überweisung (zur Einziehung) keinen Gläubigerwechsel bewirkt, sondern nur zur Forderungseinziehung ermächtigt (§ 836 Abs. 1 ZPO).

---

83 Zum Teil anders *Behr* JurBüro 1994, 327: Hier Herausgabe an den Gerichtsvollzieher zur Verwahrung bis zur Überweisung bei Gefährdung des Anspruchs.
84 *OLG Dresden* DR B 1941 Rspr. 8.
85 *Schuschke/Walker*, Vollstreckung, Rdn. 9 zu § 836.

2. Die herauszugebenden Urkunden

a) Herauszugeben sind Urkunden[86]

623a

- die den Schuldner als Gläubiger der Forderung als zur Entgegennahme der Leistung berechtigt legitimieren (**Beispiel:** § 808 Abs. 2 S. 1 BGB),
- die den Bestand der (gepfändeten) Schuldnerforderung beweisen oder sonst der Ermittlung oder dem Nachweis ihrer Höhe, Fälligkeit und Einredefreiheit dienen.

Herauszugeben als Urkunden über die Forderung sind damit insbesondere Schuldscheine (siehe § 952 Abs. 1 BGB), Legitimationspapiere (Sparbücher)[87], Versicherungspolicen[88], Mietverträge, Pfandscheine, Vollstreckungstitel, eine löschungsfähige Quittung und die zum Beweis dienenden sonstigen Urkunden (so z. B. ein Leistungsbescheid der Agentur für Arbeit[89]), damit u.U. auch Schriftwechsel, nicht aber Belege über Ratenzahlungen[90] und nicht Beschlüsse (Verfügungen bei Verwaltungsvollstreckung) über *vorrangige Pfändungen*[91] (anders bei Pfändung von Arbeitseinkommen, Rdn. 945 d) sowie zugehörige Pfändungsankündigungen (§ 845 ZPO, Rdn. 621 a). Nachweise über eine der Pfändung vorausgehende *Abtretung* der (gesamten) Forderung (zur Pfändung von Arbeitseinkommen aber Rdn. 945 d), über deren gesetzlichen Rechtsübergang oder deren (volle) Pfändung und Überweisung an Zahlungs statt gehören nicht zu den über eine erst danach gepfändete Forderung vorhandenen Urkunden (siehe Rdn. 621 c), sind somit auch nicht als Urkunden über diese Forderung herauszugeben. Ist die Forderung jedoch in solcher Weise nur *teilweise* auf einen Dritten übergegangen (so bei Abtretung von Arbeitseinkommen nicht später fällig werdende Beträge, § 832 ZPO; dazu Rdn. 945 e), dann sind Urkunden für Geltendmachung der (gepfändeten und überwiesenen) restigen Forderung auch die Urkunden, die den (nur) teilweisen Forderungsübergang auf den Dritten ausweisen (wie Rdn.

---

86 Siehe *BGH* DGVZ 2003, 120 = JurBüro 2003, 440 = MDR 2003, 595 = NJW 2003, 1256 = Rpfleger 2003, 308; *BGH* DGVZ 2006, 134 = FamRZ 2006, 1272 = JurBüro 2006, 547 = MDR 2007, 50 = NJW-RR 2006, 1576.
87 *AG Bremen* JurBüro 1998, 605 (606). Nicht aber eine zum Sparbuch gehörende Sicherungskarte, Algner DGVZ 1978, 8.
88 *OLG Frankfurt* JurBüro 1977, 855 = Rpfleger 1977, 221; *LG Darmstadt* DGVZ 1991, 9 = JurBüro 1991, 730.
89 *LG Essen* JurBüro 2001, 153; *LG Regensburg* Rpfleger 2002, 468; *AG Dortmund* JurBüro 2008, 100. Das *LG Hannover* JurBüro 1986, 302 = Rpfleger 1986, 413 hat für Ergänzung des Pfändungsbeschlusses zur Herausgabevollstreckung hinsichtlich der Leistungsbescheide des (damaligen) Arbeitsamts über Unterhaltsgeld bzw. Arbeitslosengeld oder Arbeitslosenhilfe das Rechtsschutzbedürfnis verneint (Einzelfallentscheidung).
90 *LG Hof* DGVZ 1991, 138.
91 *LG Münster* JurBüro 2002, 494 = Rpfleger 2002, 321; *Zöller/Stöber*, ZPO, Rdn. 13 zu § 836; **a.A.** *LG Bielefeld* JurBüro 1995, 384; *LG Mühlhausen* JurBüro 2004, 449; *LG Stuttgart* Rfleger 1998, 166; *AG Ludwigshafen* DGVZ 1996, 439.

621 c); auch sie sind dem Gläubiger damit nach § 836 Abs. 3 S. 1 ZPO herauszugeben.

623b b) Bei Pfändung des Guthabens eines Kontos bei einem Kreditinstitut kann als Beweisurkunde zur Bezifferung des Auszahlungsanspruchs (Rdn. 154, 163), somit bei positivem Guthaben, auch ein *Kontoauszug* herauszugeben sein[92]. Zur Verfolgung des selbstständigen Anspruchs auf Überlassung von Kontoauszügen (Rdn. 163) und zur Erlangung von Informationen über die Geschäftstätigkeit und den Zahlungsverkehr des Schuldners, die keine Beziehung zu dem gepfändeten Hauptanspruch auf Auszahlung des positiven Saldos haben, kann die Herausgabe nicht verlangt werden[93]. Es müsste daher durchweg Herausgabe des Auszugs genügen, der den (positiven) Kontostand bei Wirksamwerden der Pfändung mit Zustellung des Beschlusses an den Drittschuldner (§ 829 Abs. 3 ZPO) ausweist[94]; auch dafür kann ein Rechtsschutzbedürfnis nur bestehen, wenn die Auskunft, die der Drittschuldner nach § 840 ZPO erteilt hat oder die der Gläubiger auf Grund des unselbstständigen Nebenanspruchs bereits erlangt hat, nicht genügen[95]. Das schließt Aufnahme herauszugebender Kontoauszüge bereits in den Pfändungs- und Überweisungsbeschluss durchweg (jedenfalls aber in de Regel) ebenso aus[96] wie ergänzende Bezeichnung (Rdn. 625) anderer Kontoauszüge als den für den Tag des Wirksamwerdens der Pfändung, sofern er einen positiven Saldo ausweist. Für Anordnung fortlaufender Herausgabe aller weiteren (folgenden) Kontoauszüge kann ein Rechtsschutzbedürfnis nicht bestehen, wenn auf Grund des mitgepfändeten unselbstständigen Nebenanspruchs (Rdn. 163 a) Auskunft der Bank oder Sparkasse über fortlaufend von der Pfändung erfassten Tagesguthaben (§ 833 a ZPO) bereits erlangt oder zu erlangen ist.

623c c) Der Umfang der Herausgabepflicht bestimmt sich nach dem Zeitpunkt des Herausgabeverlangens, nicht nach dem Wirksamwerden der Überweisung. „Vorhandene" und herauszugebende Urkunden sind daher nicht nur die bei Wirksamwerden der Pfändung (insbes. § 829 Abs. 3 ZPO) bereits vorhandenen Urkunden; auch eine Urkunde, die erst danach angefertigt wird (z. B. eine Rechnung, eine andere Beweisurkunde), gehört nach dem Zweck des § 836 Abs. 3 ZPO zu den herauszugebenden Urkunden. Jedoch verpflichtet § 836 Abs. 3 S. 1 ZPO den Schuldner nicht, eine Urkun-

---

[92] *BGH* 165, 53 (59) = NJW 2006, 217 (218) = Rpfleger 2006, 140 (141); *Stein/Jonas/Brehm*, ZPO Rdn. 14 (Fußn. 43) zu § 836; *Musielak/Becker*, ZPO, Rdn. 7 zu § 836; auch *Schuschke/Walker*, Vollstreckung, Rdn. 12 zu § 836.
[93] Siehe *BGH* 165, 53 (58) = a.a.O.; auch *LG Stuttgart* Rpfleger 2008, 211.
[94] Weitergehend *LG Stendal* Rpfleger 2009, 397.
[95] *BGH* 165, 53 (59) = a.a.O.
[96] Als nicht zutreffend abzulehnen ist somit *LG Landshut* JurBüro 2009, 112, das sich für Anordnung im Pfändungsbeschluss ausspricht, dass „sämtliche Kontoauszüge aus der gesamten Geschäftsbeziehung mit dem Drittschuldner der letzten sechs Monate ab Zustellung" herauszugeben seien und den Schuldner auf Erinnerung (§ 766 ZPO) verweist, die zur „Abwägung zwischen den Gläubiger- und Schuldnerinteressen" für Entscheidung führen soll, „ob die Aufrechterhaltung dieser Anordnung tatsächlich nötig ist".

de über die Forderung (z. B. eine Forderungsaufstellung[97]) erst noch anzufertigen. Zu Lohn- und Gehaltsabrechnungen sowie Verdienstbescheinigungen s. Rdn. 945 d; zu Urkunden über einen Steuererstattungsanspruch s. Rdn. 389.

3. *Urschrift, Abschrift, Rückgabe bei Teilpfändung*

a) Urkunden über die Forderung sind in *Urschrift* (Original) herauszugeben. Die Herausgabe eines qualifizierten (hinkenden) Legitimationspapiers (§ 808 BGB, **Beispiel:** Sparbuch, Rdn. 333) kann nicht durch Übergabe einer beglaubigten Abschrift (Ablichtung) ersetzt werden. Die Herausgabe einer bloßen Beweisurkunde (z. B. eines Schuldscheins oder Mietvertrags, einer Rechnung) kann durch Übergabe einer (beglaubigten) Abschrift (Ablichtung) ersetzt werden[98], wenn nicht der Gläubiger für Rechtsverfolgung ein Interesse an der Erlangung des Originals hat (vgl. §§ 420, 435, 439, 440 ZPO). Jedoch ist bei Herausgabevollstreckung (Rdn. 625) das Original der Urkunde wegzunehmen, wenn nicht der Überweisungsbeschluss als Vollstreckungstitel für die Herausgabevollstreckung auch (oder nur) Wegnahme einer (beglaubigten) Abschrift vorsieht und damit ermöglicht.

624

b) Wenn lediglich ein *Teil der Forderung* gepfändet und überwiesen ist, kann der Gläubiger Herausgabe der in Urschrift (Original) zu übergebenden Urkunde nur mit der Maßgabe beanspruchen, dass die Urkunde nach Gebrauch dem Schuldner zurückzugeben ist[99]. Diese Rückgabeverpflichtung muss in dem Überweisungsbeschluss ausgesprochen werden[100]; er ist für den Rückgabeanspruch des Schuldners Vollstreckungstitel gegen den Gläubiger[101]. Fehlt dieser Ausspruch der Rückgabeverpflichtung, so kann der Überweisungsbeschluss auf Antrag des Schuldners ergänzt werden. Die Herausgabe einer bloßen Beweisurkunde wird bei Pfändung nur einer Teilforderung vielfach durch Übergabe einer (beglaubigten) Abschrift (Ablichtung) ersetzt werden können (s. Rdn. 624).

624a

4. *Zwangsvollstreckung zur Urkundenherausgabe*

a) Die Urkundenherausgabe kann vom Gläubiger im Wege der Zwangsvollstreckung *durchgesetzt* werden (§ 836 Abs. 3 S. 3 ZPO). Vollstreckungstitel für diese Individualvollstreckung ist der Überweisungsbeschluss[102], in ihm müssen die herauszugebenden Urkunden so genau[103] bezeichnet sein, dass der Gerichtsvollzieher sie nach dieser Bezeichnung

625

---

97 *LG Hof* DGVZ 1991, 138.
98 *Stein/Jonas/Brehm*, ZPO, Rdn. 16 zu § 836.
99 *RG* 21, 360 (369); *AG Bremen* JurBüro 1998, 605 (606; Sparbuch); a.A. *Wieczorek/ Schütze/Lüke*, ZPO, Rdn. 20 zu § 836, der dem Gläubiger nur den Anspruch auf Einräumung des Mitbesitzes an den Urkunden gibt, was aber praktisch nur schwer durchführbar ist.
100 *LG Hannover* Rpfleger 1994, 221; *AG Bremen* JurBüro 1998, 605 (606).
101 *Stein/Jonas/Brehm*, ZPO, Rdn. 16 zu § 836.
102 *RG* 21, 360 (364); *OLG Frankfurt* JurBüro 1977, 855 = Rpfleger 1977, 221.
103 Dazu *LG Hannover* Rpfleger 1994, 221; *AG Dortmund* DGVZ 1980, 29; auch *AG Köln* DGVZ 1994, 157.

beim Schuldner aufsuchen und wegnehmen kann. Einer besonderen Herausgabeanordnung bedarf es nicht[104]. Ohne ausreichende Bezeichnung der herauszugebenden Urkunden kann der mit der Wegnahme beauftragte Gerichtsvollzieher nicht beliebige Urkunden vorläufig in Besitz nehmen[105]. Fehlt die Bezeichnung im Überweisungsbeschluss oder ist sie unvollständig, so kann beim Vollstreckungsgericht seine Vervollständigung oder Ergänzung beantragt werden[106] (siehe § 174 Nr. 3 GVGA). Bei Pfändung fortlaufender Bezüge (§ 832 ZPO) kann für Urkundenbezeichnung auch wiederholte Ergänzung des Überweisungsbeschlusses erfolgen. Auch Bezeichnung der bei Pfändung fortlaufender Bezüge herauszugebenden Urkunden, die später erst anzufertigen sind, schon sogleich im Überweisungsbeschluss muss aber nach dem Zweck des § 832 ZPO für zulässig erachtet werden, soweit diese Urkunden bereits bestimmt angegeben werden können, wie insbesondere spätere Lohn/Gehalts/Verdienstabrechnungen[107]. Die Anordnung, dass „die nächste Lohnabrechnung" herauszugeben ist, ist ausreichend bestimmt; gemeint ist damit die nächste nach Zustellung des Überweisungsbeschlusses anfallende Lohnabrechnung[108]. Einer Vollstreckungsklausel bedarf der Überweisungsbeschluss nicht, somit auch nicht für die erst später anzufertigenden Urkunden (kein Fall des § 726 Abs. 1 ZPO). Er muss aber vor Beginn der Wegnahmevollstreckungstätigkeit des Gerichtsvollziehers dem Schuldner zugestellt werden (§ 750 Abs. 1 ZPO). Außerdem müssen dem Gerichtsvollzieher der Pfändungsbeschluss und Nachweis, dass er wirksam geworden ist (s. Rdn. 623), sowie die vollstreckbare Ausfertigung des der Pfändung und Überweisung zugrunde liegenden Schuldtitels vorliegen[109]. Die Wegnahme durch den Gerichtsvollzieher erfolgt nach § 883 ZPO. Wird die herauszugebende Urkunde nicht vorgefunden, so ist der Schuldner zur Versicherung an Eides statt nach § 883 Abs. 2 ZPO verpflichtet[110].

b) *Rechtsbehelfe*: Gegen Bezeichnung der Urkunden im Überweisungsbeschluss: Erinnerung (§ 766 ZPO) oder sofortige Beschwerde (Rdn. 710 ff.); gegen Ablehnung des Antrags auf Bezeichnung einer Urkunde: sofortige Beschwerde (§ 793 ZPO). Gegen Herausgabevollstreckung: Erinnerung nach § 766 ZPO. Für Schuldner Widerspruch im Offenbarungsverfahren, wenn er die Verpflichtung zur Abgabe der eidesstattlichen Versicherung bestreitet (§ 900 Abs. 4 ZPO).

---

104 *LG Darmstadt* a.a.O. (Fußn. 88); *Stein/Jonas/Brehm*, ZPO, Rdn. 15 zu § 836.
105 *AG* und *LG Limburg* DGVZ 1975, 10.
106 *LG Hannover* Rpfleger 1994, 221.
107 Anordnung der Herausgabe der „laufenden" Lohn- und Gehaltsabrechnungen s. *AG Rosenheim* JurBüro 2002, 493.
108 *OLG Hamm* DVGZ 1994, 188 = JurBüro 1995, 163
109 So auch Schriftleitung DGVZ 1981, 63 zutreffend gegen *AG Bad Schwartau*; zur Wegnahme des Grundschuldbriefes im übrigen Rdn. 1813.
110 *OLG Frankfurt* a.a.O. (Fußn. 102). Siehe dazu auch *Herzig*, Hilfspfändung und Offenbarungseid, JurBüro 1966, 909.

c) Einem herausgabebereiten *Dritten* kann eine Urkunde, die er in Besitz hat, vom Gerichtsvollzieher in analoger Anwendung des § 809 ZPO im Wege der Zwangsvollstreckung weggenommen werden. 625a

d) Ist ein die Urkunden besitzender *Dritter* als Gewahrsamsinhaber nicht zur Herausgabe bereit, dann kann der Gläubiger sich den Herausgabeanspruch des Schuldners nach § 886 ZPO zur Einziehung überweisen lassen[111]. Ist eine Gehaltsforderung oder sind ähnliche fortlaufende Bezüge gepfändet (§ 832 ZPO), so kann diese Überweisung nach dem Zweck des § 836 Abs. 3 mit § 832 ZPO auch auf Urkunden für nach der Pfändung fällig werdende Beträge erstreckt werden, sofern sie im Überweisungsbeschluss (bestimmt) bezeichnet sind (Rdn. 625), insbesondere somit auf künftige Lohn/Gehalts/Verdienstabrechnungen[112]. Diese Überweisung ist Maßnahme im Dienste der Herausgabevollstreckung gegen den Schuldner (§ 883 ZPO); wie für diese (Rdn. 625) ist Vollstreckungstitel für Überweisung nach § 886 ZPO daher der Überweisungsbeschluss, der den Gläubiger zur Einziehung der gepfändeten Forderung berechtigt und nach § 836 Abs. 3 ZPO den Schuldner zur Urkundenherausgabe verpflichtet; er muss für Überweisung nach § 886 ZPO zugestellt sein; Pfändungsbeschluss und zugrunde liegender Schuldtitel müssen ergänzend vorliegen. Nach Überweisung (§ 886 ZPO) kann der Gläubiger den Herausgabeanspruch mit Klage gegen den Gewahrsamsinhaber geltend machen; Vollstreckung des Herausgabetitels erfolgt dann nach § 883 ZPO. 625b

e) Einen schuldrechtlichen Herausgabeanspruch (z. B. nach §§ 952, 985 BGB) des Schuldners an den Dritten (Gewahrsamsinhaber) kann der Gläubiger auch hilfsweise pfänden und sich zur Einziehung überweisen lassen (Rdn. 705–708); Vollstreckungstitel hierfür ist der auf Geldleistung lautende Schuldtitel (s. das Rdn. 1822 Gesagte). Diese (hilfsweise) Pfändung des Herausgabeanspruchs kann daher auch sogleich mit dem Beschluss verbunden werden, mit dem die Geldforderung gepfändet wird. Den (hilfsweise) gepfändeten schuldrechtlichen Anspruch auf Urkundenherausgabe kann der Gläubiger mit Klage geltend machen. Hierfür wird auch angenommen, dass der Herausgabeanspruch sogleich jedenfalls stillschweigend als mitgepfändet und überwiesen gilt[113]. 626

f) Vom Herausgabeanspruch gegen einen Dritten zu unterscheiden ist der Anspruch auf Auskunft und Rechnungslegung an den Drittschuldner. Ihn erfasst die Forderungspfändung als Nebenrecht (dazu Rdn. 163 a, 699 und 1741). 626a

---

111 Pfändung des Anspruchs gegen den Arbeitgeber als Drittschuldner auf Aushändigung der nächsten Lohnabrechnung ist nach (mit) Pfändung des Arbeitseinkommens zulässig nach *LG Marburg* Rpfleger 1994, 309. Einen pfändbaren Anspruch gegen den Arbeitgeber auf Herausgabe einer kompletten Lohnabrechnung verneint dagegen (m.E. nicht zutreffend; s. Rdn. 940) das *LG Mainz* Rpfleger 1994, 309.
112 *OLG Hamm* DGVZ 1994, 189; *LG Verden* DGVZ 1994, 189; *LG Bochum* DGVZ 1994, 189 (mit Anordnung, dass der Gläubiger die Abrechnung nach Einsichtnahme an den Schuldner weiterzuleiten hat); *LG Münster* DGVZ 1994, 155.
113 *RG* JW 1904, 92.

J. Die Drittschuldnererklärung (§ 840 ZPO)

I. Wesen der Drittschuldnererklärung

Schrifttum: *App*, Drittschuldnererklärung bei Gesamtgläubigerschaft, JurBüro 1990, 935; *Bauer*, Der Umfang der Auskunftspflicht der Banken nach § 840 ZPO, JurBüro 1973, 697; *Bauer*, Umfang der Auskunftspflicht des Drittschuldners in der Lohnpfändung, JurBüro 1975, 437; *Behr*, Zum Umfang der Drittschuldnerauskunft gem. § 840 ZPO, JurBüro 1994, 132; *Behr*, Auskunftsverpflichtung des Kreditinstitutes als Drittschuldner, JurBüro 1998, 62; *Benöhr*, Einredeverzicht des Drittschuldners, NJW 1976, 174; *Cebulka*, Erstattung von Anwaltskosten des Drittschuldners, AnwBl 1979, 409; *Eckert*, Die Kostenerstattung bei der Drittschuldnererklärung nach § 840 I ZPO, MDR 1986, 799; *Feiber*, Zur Auskunftsklage gegen den Drittschuldner bei Sicherungspfändung, Betrieb 1978, 477; *Flieger*, Die Behauptungslast bei Abgabe der Erklärung des Drittschuldners nach § 840 Abs. 1 ZPO, MDR 1978, 797; *Foerste*, Die Pflichten zur Begründung der Drittschuldnererklärung, NJW 1999, 904; *Hansens*, Kosten der Drittschuldnererklärung nach § 840 ZPO als notwendige Kosten der Zwangsvollstreckung, JurBüro 1987, 1764; *Henneke*, Erzwingbarkeit der Drittschuldnerauskunft aufgrund der Verwaltungsvollstreckungsgesetze der Länder, JZ 1987, 746; *Horbach*, Voraussetzung des Anspruchs auf Ersatz der Prozesskosten nach § 840 ZPO, SchlHAnz 1962, 136; *Jakobs*, Kann die Aufforderung nach § 840 ZPO auch durch die Post zugestellt werden? DGVZ 1971, 1; *Linke*, Die Erklärungspflicht des Drittschuldners und die Folgen ihrer Verletzung, ZZP 87 (1974) 284; *Malitz*, Die Erklärungspflicht des Drittschuldners gegenüber der Vollstreckungsbehörde nach § 316 AO, BB 1986, 572; *Marburger*, Das Anerkenntnis des Drittschuldners nach § 840 Abs. 1 Ziff. 1 ZPO, JR 1972, 7; *Marly*, Kostenerstattung und Tätigkeitsvergütung für Auskünfte des Drittschuldners bei Pfändungs- und Überweisungsbeschlüssen, BB 1999, 1990; *Mümmler*, Nochmals: Erledigung besonderer Aufträge der Gerichtskasse durch den Gerichtsvollzieher, DGVZ 1972, 183; *Mümmler*, Vergütung für die Tätigkeit bei Erledigung eines Pfändungsbeschlusses bei dem Drittschuldner, JurBüro 1984, 829; *Mümmler*, Betrachtungen zur Drittschuldnererklärung, JurBüro 1986, 333; *Noack*, Die Auskunftspflicht des Drittschuldners nach § 840 ZPO, KKZ 1979, 140; *Olschewski*, Drittschuldnererklärung durch Rechtsanwalt – Gebührenanspruch und Kostenersatz –, MDR 1974, 714; *Quardt*, Auskunftspflicht des Drittschuldners bei Forderungspfändung, BB 1956, 648; *Schalhorn*, Sind dem Drittschuldner die Kosten der Zuziehung eines Rechtsanwalts zur Abgabe der Drittschuldner-Erklärung nach § 840 ZPO vom pfändenden Gläubiger oder vom Schuldner zu ersetzen? JurBüro 1973, 189; *Schalhorn*, In welchem Umfang ist der Drittschuldner nach § 840 ZPO zu Erklärungen gegenüber dem Gläubiger verpflichtet? JurBüro 1973, 788; *Sühr*, Die Bearbeitung von Pfändungsbeschluss und Drittschuldnererklärung (Sparkassenheft) 1985; *Traulsen*, Probleme der Auskunftspflicht des Drittschuldners in der Verwaltungsvollstreckung, DVBl 1974, 458; *Wirges*, Das Verhältnis zwischen § 840 I Nr. 1 ZPO und § 43 a BRAO, JurBüro 1997, 295; siehe außerdem die vor Rdn. 648 Genannten.

627 Dem Gläubiger gibt § 840 ZPO gegen den Drittschuldner ein *Recht auf Auskunft* über Bestand und Wert der gepfändeten Forderung. Diese Auskunft soll dem Gläubiger die Unterlagen für sein weiteres Vorgehen und Klarheit über seine Befriedigungsaussichten verschaffen. Verfassungsrechtlichen Bedenken begegnet die zur Gewährleistung einer im Interesse der Allgemeinheit liegenden funktionsfähigen Forderungsvollstreckung liegende Auskunftspflicht des Drittschuldners nicht[1]. Mit dieser Auskunftspflicht wird das Bankgeheimnis durchbrochen, weshalb auch Banken (auch die Postbank AG) oder Sparkassen zur Auskunft für Beantwortung der

---

1 *BGH* MDR 2000, 286 = NJW 2000, 651.

Fragen des § 840 ZPO (nicht jedoch weitergehend) verpflichtet sind[2]. Gleiches gilt für die Drittschuldnerauskunft eines sonst zur Verschwiegenheit Verpflichteten, so eines Rechtsanwalts[3] (§ 43 a Abs. 2 BRAO), eines Arztes oder Zahnarztes, eines verkammerten Rechtsbeistandes sowie eines Steuerberaters (vgl. auch Rdn. 14 a).

II. Anwendungsbereich

Die Auskunftspflicht wird nur durch Forderungspfändung mit Pfändungsbeschluss begründet[4]. Keine Verpflichtung des Drittschuldners zur Auskunft besteht daher bei Vorpfändung[5] oder bei Pfändung von Forderungen aus Wertpapieren durch den Gerichtsvollzieher (§ 831 ZPO). Anspruch auf Drittschuldnerauskunft begründet § 840 Abs. 1 ZPO eigenständig; der Auskunftsanspruch besteht daher unabhängig von – somit neben – dem Auskunfts- und Herausgabeanspruch gegen den Schuldner nach § 836 Abs. 3 ZPO[6].

628

Begründet wird die Auskunftspflicht des Drittschuldners durch wirksame Zustellung des Forderungspfändungsbeschlusses; Überweisung[7] ist nicht notwendig[8]; auch bei Sicherungsvollstreckung (§ 720 a ZPO) kann daher Drittschuldnerauskunft verlangt werden. Über die Wirksamkeit des zugestellten Pfändungsbeschlusses hinaus erfordert die Auskunftspflicht Bestand der gepfändeten (angeblichen) Forderung nicht[9]. Ebenso ist nicht erforderlich, dass die für das Wirksamwerden der Pfändung etwa notwendigen weiteren Rechtsakte (Grundbucheintragung, Briefübergabe usw., siehe § 830 ZPO) bereits vorliegen[10]. Die Auskunftspflicht endet mit einer Überweisung an Zahlungs statt nicht, weil mit dem Erwerb der gepfändeten Forderung das Interesse des Gläubigers an der Erlangung der für sein weiteres Vorgehen notwendigen Angaben nicht aufhört.

---

2 *Mohrbutter* Rpfleger 1954, 621 (623); *Sichtermann* MDR 1952, 146; *Wolff* Betrieb 1968, 695 (697); a.A. – unzutreffend – *Nebelung* BB 1953, 781.
3 *Wirges* JurBüro 1997, 295.
4 Bei Forderungspfändung durch einen Gerichtsvollzieher besteht keine Auskunftspflicht. Erteilt der Drittschuldner gleichwohl auch hier Auskunft, so kann er sich dem Schuldner gegenüber schadensersatzpflichtig machen; siehe *Heidecker* BB 1960, 506.
5 BGH 68, 289 (291) = JurBüro 1977, 1073 = JR 1977, 462 mit Anm. *Schreiber* = MDR 1977, 746 = NJW 1977, 1199; BGH WM 1962, 525; RG-WarnRspr. 1933, 148 (150); AG Göppingen DGVZ 1963, 45; *Mohrbutter* Rpfleger 1954, 621 (623); *Wolff* Betrieb 1968, 695, 697; *Noack* Rpfleger 1967, 138.
6 LArbG Baden-Württemberg JurBüro 1994, 135.
7 Spätere Überweisung ohne wirksame Pfändung begründet die Auskunftspflicht nicht, OLG Köln DGVZ 2002, 42 = OLGR 2001, 390.
8 RG 27, 345 (346); BGH 68, 289 = a.a.O. (Fußn. 5); BGH MDR 2006, 1370 = NJW-RR 2006, 1566 = Rpfleger 2006, 480. Die Einstellung der Zwangsvollstreckung (unter Aufrechterhaltung der Pfändung) hebt daher die Auskunftspflicht nicht auf.
9 OLG Schleswig NJW-RR 1990, 448.
10 So auch *Stein/Jonas/Brehm*, ZPO, Rdn. 3 zu § 840.

629 Richtet sich der Pfändungsbeschluss gegen *mehrere* Schuldner der Forderung (Gesamtschuldner, dinglicher und persönlicher Drittschuldner), so kann von jedem dieser Drittschuldner die Auskunft gesondert verlangt werden. Jeder der Drittschuldner haftet für den aus der Nichterfüllung seiner Verpflichtung entstehenden Schaden allein; samtverbindliche Haftung besteht für den gemeinsam zu vertretenden Schaden.

630 Ein Anspruch auf Rechnungslegung ergibt sich aus § 840 Abs. 1 ZPO nicht[11].

III. Das Verlangen des Gläubigers auf Erteilung der Auskunft

631 1. Auskunft hat der Drittschuldner nur auf *Verlangen* des Gläubigers zu erteilen. Dieser kann sein Begehren auf einzelne Punkte des § 840 ZPO beschränken, nicht aber durch weitergehende Aufforderung die Auskunftspflicht über die Fragen des § 840 ZPO hinaus ausdehnen.

632 2. Die Aufforderung des Gläubigers muss in die *Zustellungsurkunde* aufgenommen sein (§ 840 Abs. 2 ZPO). Die Aufnahme in die Zustellungsurkunde und die somit erforderliche Mitwirkung des Gerichtsvollziehers ist wesentliche Voraussetzung für das Bestehen der Auskunftspflicht und gegebenenfalls Entstehen der Schadensersatzpflicht[12]. Aufforderung im Pfändungsbeschluss selbst genügt daher nicht. Doch ist persönliche Zustellung an den Schuldner nicht notwendig; auch die Ersatzzustellung löst daher die Auskunftspflicht aus[13]. Wegen des Drittschuldnerschutzes bei Ersatzzustellung siehe Rdn. 566.

633 3. Ob die Auskunftspflicht bei Zustellung des Pfändungsbeschlusses zusammen mit der *Aufforderung durch die Post*[14] oder nur bei Ausführung der Zustellung durch den Gerichtsvollzieher persönlich besteht, ist streitig. Beizutreten ist nach meinem Dafürhalten der Ansicht[15], dass Postzustellung die Auskunftspflicht *nicht* auslöst. Denn § 840 Abs. 3 S. 1 ZPO räumt dem Drittschuldner das Recht ein, die Auskunft bei Zustellung dem Gerichtsvollzieher mündlich zu erklären. Die Möglichkeit mündlicher Erklärung wäre dem Drittschuldner bei Postzustellung versagt; der Postbeamte müsste die Aufforderung in dem verschlossenen Umschlag übergeben, eine Erklärung könnte er weder entgegennehmen noch beurkunden. Die für das Entstehen der Auskunftsverpflichtung notwendige Mitwirkung des Ge-

---

11 *LArbG Frankfurt* BB 1956, 530.
12 *RG* 60, 330; *Quardt* BB 1956, 648.
13 Allgemein herrschende Meinung, siehe z. B. *AG Itzehoe* DGVZ 1994, 126 (Niederlegung); *Stein/Jonas/Brehm*, ZPO, Rdn. 4 zu § 840; *Zöller/Stöber*, ZPO, Rdn. 3 zu § 840.
14 Die Pfändung selbst wird selbstverständlich mit der Postzustellung wirksam.
15 *Stein/Jonas/Brehm*, ZPO, Rdn. 4; *Zöller/Stöber*, ZPO, Rdn. 3; *MünchKomm/Smid*, ZPO, Rdn. 7; *Schuschke/Walker*, Vollstreckung, Rdn. 4; *Wieczorek/Schütze/Lüke*, ZPO, Rdn. 5, je zu § 840; *LG Tübingen* MDR 1974, 677; *ArbG Rendsburg* BB 1961, 1322 (Leits.) = Betrieb 1961, 1587 (Leits.); *Prost* NJW 1958, 487; **a.A.** *Quardt* JurBüro 1960, 287; *LG Schweinfurt* BayJMBl 1956, 41 = DGVZ 1956, 71; *Sebode* DGVZ 1958, 49.

richtsvollziehers[16] findet deshalb bei Postzustellung nicht statt. Vom Gerichtsvollzieher kann der Gläubiger Postzustellung mit der Aufforderung nach § 840 ZPO aber auch wegen des Verbots des § 21 Nr. 4 a GVGA nicht verlangen.

4. Das Verlangen nach Auskunft kann der Gläubiger auch erst nach Zustellung des Pfändungsbeschlusses oder nach Beantwortung der zunächst eingeschränkten Anfrage stellen. Die Aufforderung wird dann nachträglich gesondert zugestellt. Sie muss auf den bereits zugestellten Pfändungsbeschluss Bezug nehmen; nochmaliger Zustellung des Pfändungsbeschlusses bedarf es nicht[17]. Die durch nachträgliche Aufforderung entstehenden Mehrkosten kann der Gläubiger nicht erstattet verlangen (§ 788 ZPO). 634

5. Hat der Drittschuldner die ihm nach § 840 ZPO gestellten Fragen beantwortet und damit Auskunft erteilt, kann der Gläubiger keine Ergänzung fordern[18]. Wenn das Auskunftsverlangen nur auf einzelne Erklärungen des § 840 Abs. 1 ZPO beschränkt war, kann der Gläubiger jedoch sein Verlangen nachträglich auf die weiteren Angaben erstrecken[19]. Wenn einzelne für das weitere Vorgehen des Gläubigers bedeutsame Umstände erst nach Abgabe der Drittschuldnererklärung eingetreten sind, muss dem Gläubiger hierfür Wiederholung des Auskunftsverlangens zugestanden werden. Insbesondere muss daher bei Pfändung künftiger Forderungen Wiederholung des Auskunftsverlangens nach entsprechender Zeit[20] für solche künftige Umstände für zulässig gehalten werden, die für Richtigkeit und Vollständigkeit der Erklärung Bedeutung erlangen[21]. 635

6. Im *Verwaltungszwangsverfahren nach der JBeitrO* ist die Aufforderung zur Abgabe der Erklärung des § 840 Abs. 1 ZPO in den von der Vollstreckungsbehörde zu erlassenden Pfändungsbeschluss aufzunehmen (§ 6 Abs. 2 S. 3 JBeitrO)[22]. Die Zustellung erfolgt von Amts wegen (§ 3 JBeitrO). Eine Mitwirkung des Gerichtsvollziehers (Vollziehungsbeamten) (siehe Rdn. 632) findet nicht statt. Er hat jedoch im Auftrag der Vollstreckungsbehörde die Drittschuldnererklärung des § 840 Abs. 1 ZPO entgegenzunehmen (§ 6 Abs. 3 S. 4 JBeitrO). Da § 840 Abs. 1 ZPO sinngemäß gilt (§ 6 Abs. 1 Nr. 1 JBeitrO), kann auch in diesem Fall nach Ablauf 636

---

16 Siehe *RG* a.a.O. (Fußn. 12).
17 *ArbG Rendsburg* a.a.O. (Fußn. 15); *Stein/Jonas/Brehm*, ZPO, Rdn. 5, *Zöller/Stöber*, ZPO, Rdn. 3, *Wieczorek/Schütze/Lüke*, ZPO, Rdn. 5, je zu § 840.
18 *BGH* 86, 23 = JurBüro 1983, 1025 = MDR 1983, 298 = NJW 1983, 687. Nach *AG Gelsenkirchen-Buer* DGVZ 1969, 61 soll daher auch vom Gerichtsvollzieher Zustellung einer nochmaligen Aufforderung zur Erteilung der Auskunft nicht verlangt werden können (zu weitgehend, weil der Gerichtsvollzieher nicht zu prüfen hat, ob mit Auskunftserteilung der Drittschuldner seine Verpflichtung erfüllt hat).
19 *Wieczorek/Schütze/Lüke*, ZPO, Rdn. 7 zu § 840.
20 *Stein/Jonas/Brehm*, ZPO, Rdn. 13 zu § 840.
21 Aber hier kein Auskunftsanspruch gegen eine Bank, über alle Eingänge auf dem Girokonto des Schuldners auf dem laufenden gehalten zu werden, *OLG Köln* ZIP 1981, 964.
22 Hierzu auch *Mümmler* DGVZ 1972, 184.

der Erklärungsfrist von 2 Wochen die Erklärung abgewiesen und der Drittschuldner unmittelbar an die Vollstreckungsbehörde verwiesen werden (s. Rdn. 639). Der Gerichtsvollzieher (Vollziehungsbeamte) übermittelt die Erklärung unverzüglich der Vollstreckungsbehörde; er stellt sie zu diesem Zweck bei mündlicher Abgabe durch ein Protokoll fest (siehe Rdn. 639). Auch nachträglich kann der Gerichtsvollzieher bei Forderungspfändung nach der JBeitrO den Drittschuldner nicht zur Abgabe der Erklärung nach § 840 ZPO auffordern[23]. Er ist daher nicht verpflichtet, im Auftrag der Vollstreckungsbehörde den Drittschuldner aufzusuchen und von ihm die Erklärung nach § 840 ZPO einzuholen[24]. Das Verlangen nach Auskunft kann zwar auch im Verfahren nach der JBeitrO nachträglich gestellt werden (siehe Rdn. 634); diese nachträgliche Aufforderung ist jedoch gleichfalls von Amts wegen – nicht durch den Gerichtsvollzieher – zuzustellen.

IV. Die Erklärung des Drittschuldners

1. Frist

637 Abzugeben hat der Drittschuldner seine Erklärung persönlich oder durch einen dazu ermächtigten Vertreter[25] binnen zwei Wochen ab Zustellung (auch bei Ersatzzustellung und bei Einstellung der Zwangsvollstreckung) der Aufforderung. Die Frist kann vom Gläubiger, nicht aber durch das Vollstreckungsgericht oder den Gerichtsvollzieher, verlängert werden; sie wird nach §§ 186 ff. BGB berechnet, der Zustellungstag wird also nicht gezählt (§ 187 Abs. 1 BGB). Ist der letzte Tag ein Sonn- oder allgemeiner Feiertag oder ein Sonnabend, so tritt an seine Stelle der nächstfolgende Werktag (§ 193 BGB). Für die Fristwahrung wird Zugang der Erklärung innerhalb der Frist an den Gläubiger (oder Gerichtsvollzieher) gefordert[26]. Dem kann m.E. nicht gefolgt werden[27]. Denn die Frist von zwei Wochen ist Überlegungsfrist für den Drittschuldner; sie muss ihm daher voll zur

---

23 *AG Erding* DGVZ 1964, 158; *AG Melsungen* DGVZ 1968, 25; **a.A.** *AG Aachen* DGVZ 1965, 200 mit abl. Anm. der Schriftl. = JMBlNRW 1965, 210. *Lappe/Steinbild*, JBeitrO, S. 125, gehen davon aus, dass der *Vollziehungsbeamte* mit der Zustellung nicht beauftragt werden kann, dass es aber trotzdem zweckmäßig erscheint, die Erklärung durch den Vollziehungsbeamten einzuholen, wenn der Drittschuldner keine Auskunft erteilt.
24 *OLG Hamm* JurBüro 1978, 768 = DGVZ 1977, 188; *LG Arnsberg* DGVZ 1977, 155 (bestätigt von *OLG Hamm* a.a.O.); *LG Darmstadt* und *OLG Frankfurt* je DGVZ 1978, 156; *LG München II* DGVZ 1976, 187; *LG München* DGVZ 1995, 122; *AG Arolsen* DGVZ 1978, 94; *AG Bayreuth* DGVZ 1995, 78; *AG Darmstadt* DGVZ 1978, 156; *AG Wolfratshausen* DGVZ 1976, 175; *AG Würzburg* DGVZ 1977, 78; *Seip* DGVZ 1995, 112.
25 Auftrag zur Abgabe der Erklärung kann einem Rechtsanwalt erteilt werden, *Olschewski* MDR 1974, 714.
26 *Wieczorek/Schütze/Lüke*, ZPO, Rdn. 4 zu § 840 ZPO; *OLG Düsseldorf* WM 1980, 202; so wohl auch *BGH* 79, 275 = JurBüro 1981, 1501 = JR 1981, 245 mit Anm. *Olzen* = MDR 1981, 493 = NJW 1981, 990 (verlangt aber Verschulden des Drittschuldners).
27 So auch *Zöller/Stöber*, ZPO, Rdn. 9; *MünchKomm/Smid*, ZPO, Rdn. 10, je zu § 840.

Verfügung stehen und kann nicht zu seinen Lasten um die nicht genau bekannte Zeit für die Übermittlung der Erklärung eingeschränkt werden. Daher muss Absendung der Erklärung für Fristwahrung genügen, die der Drittschuldner jedoch zu beweisen hat.

2. Abgabe der Erklärung

Die Erklärung kann sofort bei Zustellung des Pfändungsbeschlusses dem Gerichtsvollzieher gegenüber abgegeben werden. In diesem Fall muss sie in die Zustellungsurkunde aufgenommen und vom Drittschuldner nach Durchsicht oder Vorlesung unterschrieben werden (§ 840 Abs. 3 S. 2 ZPO). In der Zustellungsurkunde wird auch vermerkt, wenn der Drittschuldner keine Erklärung abgibt oder die Unterschrift verweigert (§ 173 Nr. 2 Abs. 2 GVGA). 638

Die Erklärung, die der Drittschuldner später abgibt, kann unmittelbar an den Gläubiger (Nachweis) oder innerhalb der Frist von zwei Wochen an den Gerichtsvollzieher, nicht aber an das Vollstreckungsgericht gerichtet werden; diesem ist auch keine Durchschrift zu übersenden. Der Gerichtsvollzieher übermittelt die Erklärung unverzüglich dem Gläubiger; er stellt sie zu diesem Zweck durch ein Protokoll fest, wenn sie mündlich abgegeben wird (§ 173 Nr. 2 Abs. 2 GVGA). Nach Ablauf der Erklärungsfrist von zwei Wochen kann der Gerichtsvollzieher die Erklärung abweisen; nimmt er aber die Äußerung des Drittschuldners auch dann noch an, so muss er sie dem Gläubiger weiterleiten. 639

Der Drittschuldner kann seine Erklärung später jederzeit ergänzen[28]. Eine wahre spätere Erklärung beschränkt die Haftung auf den bis zur nachträglichen Äußerung entstandenen Schaden. 640

3. Inhalt der Erklärung

Der Drittschuldner muss sich darüber erklären, 641

a) *ob und inwieweit er die Forderung als begründet anerkenne und Zahlung zu leisten bereit sei.*

Die Abgabe einer Erklärung bestimmten Inhalts ist nicht vorgeschrieben. Es ist daher zweifelhaft, ob die bloße Erklärung des Drittschuldners, er erkenne die Forderung nicht an, allein genügt oder ob er – evtl. nach besonderer Lage des Falles – verpflichtet ist, seine Erklärung näher zu begründen[29]. Die Erklärung, dass die Forderung nicht anerkannt werde, kann an sich einen mehrdeutigen Inhalt haben; damit kann gesagt sein, dass die Forderung überhaupt nicht bestanden habe, dass sie nicht mehr bestehe oder dass sie noch nicht bestehe oder nicht fällig sei.

Dem Wortlaut des § 840 ZPO kann nach meinem Dafürhalten nur die Verpflichtung des Drittschuldners zur Auskunft entnommen werden, ob er meine, zur Zahlung in einer bestimmten Höhe verpflichtet zu sein oder 642

---
28 *RG* 149, 251 (256).
29 Offen gelassen *RG* 149, 251 (254 f).

nicht[30]. Jedenfalls kann vom Drittschuldner nicht verlangt werden, dass er sich sofort bei der ihn fast immer überraschenden Zustellung dem Gerichtsvollzieher gegenüber bereits über Bestand, Fälligkeit und alle sonstigen für das weitere Vorgehen des Gläubigers wesentlichen Tatsachen (Einreden, Rücktritt, Wandlung, Verjährung usw.) erklärt. Zudem verpflichten aber Sinn und Zweck des § 840 ZPO den Drittschuldner nicht, dem Gläubiger die für seine Rechtsverfolgung notwendigen Angaben oder Unterlagen zugänglich zu machen. Denn die Vorschrift begründet nur eine Schadensersatzpflicht des Drittschuldners, weil er unnötige Prozesse oder überflüssige andere weitere Schritte des Gläubigers durch seine klarstellende Erklärung mit Leichtigkeit abwenden kann. Der Gläubiger muss aber bei Klage die Kostenfolge des § 93 ZPO (die § 840 ZPO aufhebt) nicht mehr besorgen, wenn der Drittschuldner erklärt, nicht zur Zahlung verpflichtet zu sein. Das allgemeine Prozesskostenrisiko kann jedoch § 840 ZPO dem Gläubiger nicht abnehmen oder einschränken, wenn dieser klagt, obwohl der Drittschuldner nicht zahlen will. Da zudem der Schuldner zu der für die Geltendmachung der Forderung nötigen Auskunft verpflichtet ist (§ 836 Abs. 3 ZPO), kann nur angenommen werden, dass der Drittschuldner einen Grund für seine Weigerung, die Forderung anzuerkennen, nicht anzugeben braucht[31].

642a   Eine *Aufrechnung* (§ 389 mit § 392 BGB) bringt die gepfändete Forderung mit Erklärung (§ 388 BGB) zum Erlöschen. Eine Aufrechnungslage allein (dass einander gegenüberstehende Forderungen aufgerechnet werden können) hebt die gepfändete Forderung und die Verpflichtung zur Zahlung noch nicht auf, erfordert somit auch nicht Erklärung, dass die Forderung nicht als begründet anerkannt werde. Die Auskunftpflicht nach § 840 Abs. 1 Nr. 1 ZPO beschränkt sich aber nicht auf die Frage, ob die Forderung als begründet anerkannt werde, sondern erfordert auch Äußerung des Drittschuldners, ob er „Zahlung zu leisten bereit sei". Ist das wegen zulässiger und möglicher Aufrechnung nicht der Fall, dann hat sich die Äußerung auch auf die Aufrechnungsmöglichkeit zu erstrecken, mithin zum Ausdruck zu bringen, dass Zahlungsbereitschaft nicht besteht. Dafür kann Äußerung genügen, dass „Aufrechnung vorbehalten bleibt"[32]. Die Auskunft, dass die gepfändete Forderung als begründet anerkannt werde, schließt den Einwand späterer Aufrechnung nicht aus[33]; ob dann der Drittschuldner nach § 840 Abs. 2 S. 2 ZPO schadensersatzpflichtig ist, bemisst sich nach seinem Verschulden (Rdn. 648) für die unterbliebene Äußerung

---

30 *LG Braunschweig* NJW 1962, 2308; *Jonas* JW 1937, 210; *Liesecke* WM 1975, 319; *MünchKomm/Smid*, ZPO, Rdn. 12 zu § 840.
31 So auch *OLG München* NJW 1975, 174 (175); *Zöller/Stöber*, ZPO, Rdn. 5; *Musielak/Becker*, Rdn. 5; *Stein/Jonas/Brehm*, ZPO, Rdn. 9, je zu § 840; **a.A.** *Foerste* NJW 1999, 904, jedoch ohne praktische Bedeutung, weil gegen den Drittschuldner ein einklagbarer Anspruch auf Auskunft (Rdn. 652) und damit auch auf Begründung nicht besteht.
32 Siehe den von *Mümmler* JurBüro 1994, 9 dargestellten Fall.
33 *LG Aachen* ZIP 1981, 784 (787).

über Einschränkung der Zahlungsbereitschaft. Die Anforderungen dürfen bei Erklärung in der kurzen Frist nach überraschender Zustellung des Pfändungsbeschlusses mit der Aufforderung des § 840 ZPO nicht hoch angesetzt werden.

Eine tatsächlich abgegebene Erklärung muss aber jedenfalls wahrhaftig sein; sie darf keinesfalls geeignet sein, den Gläubiger irrezuführen. Wer vorsätzlich oder fahrlässig eine inhaltlich falsche Erklärung abgibt (wer z. B. über den Grund, warum er die Forderung nicht anerkenne, eine unrichtige Angabe macht), verletzt seine Auskunftspflicht ebenso wie ein Drittschuldner, der überhaupt keine Erklärung abgibt[34]. 643

Gesamtgläubigerschaft des Schuldners zusammen mit einem Dritten (Rdn. 63; bedeutsam z. B. beim „Oder-Konto", Rdn. 339) verpflichtet den Drittschuldner nur zu einmaliger Leistung (§ 428 BGB). Die Frage, ob und inwieweit er zur Zahlung bereit sei (§ 840 Abs. 1 Nr. 1 ZPO), kann vom Drittschuldner daher nicht losgelöst von einer bereits mit Leistung an den anderen Gesamtgläubiger eintretenden Tilgungswirkung bejaht werden. In der die Frage Nr. 1 bejahenden Drittschuldnererklärung (nicht jedoch sonst) ist daher auch das Forderungsrecht des anderen Gesamtgläubigers zu nennen[35].

b) *ob und welche Ansprüche andere Personen an die Forderung machen.*

Solche Rechte können sich auf Abtretung, Verpfändung, Übergang kraft Gesetzes, Überleitung, einen gesetzlichen Ersatzanspruch oder gesetzliche Pfandrechte stützen. Rechte anderer Personen sind auch mitzuteilen, wenn sie nicht zweifelsfrei festliegen oder streitig sind. Abtretungen (auch Verpfändungen usw.) zwischen Pfändung und Auskunftserteilung müssen m. E. bezeichnet werden; das folgt daraus, dass nur Nummer 3, nicht aber auch Nummer 2 des § 840 Abs. 1 ZPO die Auskunft auf bereits bestehende Ansprüche Dritter beschränkt. Da nach den Ansprüchen anderer Personen gefragt ist („ob und welche"), genügt der Drittschuldner seiner Auskunftspflicht nicht, wenn er die Frage nur bejaht. Er ist vielmehr verpflichtet, die anderen Personen namentlich und mit ihren Anschriften zu benennen (bei Behörden usw. ist der Vorgang, soweit bekannt auch deren Geschäftsnummer, zu bezeichnen), ihre Ansprüche zu beziffern und die Art ihrer Ansprüche (z. B. Abtretung vom …) zu bezeichnen[36]. 644

---

34 Siehe *RG* 149, 251 (255).
35 So auch *App* JurBüro 1990, 935. Die Verpflichtung folgt jedoch nicht aus Nr. 2 des § 840 Abs. 1 ZPO, weil Gesamtgläubigerschaft keinen Anspruch des Mitgläubigers an die Forderung des Schuldners begründet. Jeder Gesamtgläubiger ist vielmehr hinsichtlich der ganzen Leistung selbstständig forderungsberechtigt, sein Forderungsrecht ist von dem Recht des anderen Gesamtgläubigers unabhängig; jeder Gesamtgläubiger kann daher auch selbstständig über sein Forderungsrecht verfügen (siehe *BGH* 29, 363 [364]).
36 *LArbG Hannover* NJW 1974, 768.

c) *ob und wegen welcher Ansprüche die Forderung bereits für andere Gläubiger gepfändet ist.*

645 Zu nennen sind auch Vorpfändungen, die noch nicht wirkungslos sind. Die Frage nach Pfändungen für andere Personen schließt die Auskunftsverpflichtung zur Bezeichnung dieser Personen mit Namen und Anschrift und der Pfändungsmaßnahmen ein. Anzugeben sind daher auch Gericht oder Behörde (bei Pfändung im Wege der Verwaltungsvollstreckung) sowie Datum und Aktenzeichen des Pfändungsbeschlusses oder der Pfändungsverfügung, außerdem der Tag der Zustellung, mit dem die Pfändung wirksam geworden ist (§ 829 Abs. 3 ZPO). Erst diese Angaben verschaffen dem Gläubiger den für sein weiteres Vorgehen erforderlichen Aufschluss (Rdn. 627); daher erstreckt sich die Auskunftsverpflichtung nach dem Zweck des § 840 ZPO auch auf sie. Zur Urkundenvorlage (Überlassung von Abschriften der vorgehenden Pfändungsbeschlüsse) verpflichtet § 840 Abs. 1 Nr. 3 ZPO nicht (Gläubiger kann sie nach § 299 Abs. 2 ZPO erlangen). Da nur Angabe der „bereits" erfolgten Pfändungen verlangt ist, brauchen nachrangige Einkommenspfändungen nicht bezeichnet zu werden.

645a Dann weiter ab **1. Juli 2010**[37]

d) *ob innerhalb der letzten zwölf Monate im Hinblick auf das Konto, dessen Guthaben gepfändet worden ist, eine Pfändung nach § 833 a Abs. 2 ZPO aufgehoben oder die Unpfändbarkeit des Guthabens angeordnet worden ist.*

Durch diese Auskunft des Kreditinstituts nach Pfändung eines Kontoguthabens soll der Gläubiger auf einfachem Wege über die Erfolglosigkeit des Vollstreckungsversuchs informiert werden[38]. Die Auskunft ist auch bei Aufhebung der Pfändung eines Kontos durch die Vollstreckungsbehörde im Verwaltungsvollstreckungsverfahren und Anordnung der Unpfändbarkeit anlässlich einer Verwaltungsvollstreckung zu erteilen (§ 309 Abs. 3 AO).

e) *ob es sich bei dem Konto, dessen Guthaben gepfändet worden ist, um ein Pfändungsschutzkonto im Sinne von § 850 k Abs. 7 ZPO handelt.*

Der Gläubiger soll damit schnell eine Information darüber erlangen, dass er von einem dem Schuldner automatisch gewährten Pfändungsschutz auszugehen hat[39].

646 Ob dann, wenn der Drittschuldner in seiner Erklärung zu a (Rdn. 641) die Forderung als *begründet anerkennt,* nur eine Auskunft tatsächlicher Art oder ein ihn verpflichtendes abstraktes Schuldanerkenntnis nach bür-

---

37 Änderung des § 840 Abs. 1 ZPO mit Anfügung der Nummern 3 und 4 durch das Gesetz zur Reform des Kontopfändungsschutzes, BGBl 2009 I 1707 (1708).
38 Bericht des Rechtsausschusses, BT-Drucks. 16/12714, S. 19.
39 Begründung des Gesetzentwurfs, BT-Drucks. 16/7615, S. 18.

gerlichem Recht vorliegt, war früher umstritten[40]. Dass ein Schuldanerkenntnis regelmäßig nicht gewollt sein wird, kann jetzt jedoch nicht mehr zweifelhaft sein[41]. Der Drittschuldner kann aber jede Unklarheit und ein Risiko ausräumen, wenn er sich klar darüber äußert, dass in seiner Erklärung kein selbstständiges Schuldanerkenntnis, sondern nur eine Auskunft tatsächlicher Art liegen soll. Zur Unterbrechung der Verjährung durch Drittschuldneranerkenntnis s. Rdn. 577 a.

Ein Schuldanerkenntnis, das man im Einzelfall in der Auskunft tatsächlich erblicken könnte, erstreckt sich aber jedenfalls nur auf die Verbindlichkeit dem Schuldner gegenüber, nicht auch auf die Wirksamkeit der Pfändung[42]. Der Drittschuldner kann das in seiner Erklärung unter Umständen zu erblickende Schuldanerkenntnis in besonderen Fällen nach §§ 119 ff. BGB anfechten[43].

4. Belege

Zur *Vorlage von Belegen* (Unterlagen usw.) ist der Drittschuldner nicht verpflichtet. § 840 Abs. 1 ZPO verpflichtet den Drittschuldner nur zur Abgabe der Erklärungen, nicht aber zum Nachweis ihrer Richtigkeit[44]. **646a**

5. *Kosten*

Gegen den Vollstreckungsgläubiger hat der *Drittschuldner* keinen Vergütungsanspruch für Abgabe der Drittschuldnererklärung[45] (siehe auch Rdn. 942). Er kann vom Gläubiger auch Erstattung der (im Einzelfall durchweg geringen) tatsächlichen Aufwendungen (Portokosten, andere Auslagen, u.U. auch Rechtsanwaltskosten) für Abgabe der Drittschuldnererklärung nicht verlangen[46]. Die Auskunftspflicht ist dem Drittschuldner **647**

---

40 Offen gelassen in *RG* 149, 251 (254); für nur rein tatsächliche Auskunft *BGH* 69, 328 = MDR 1978, 222 = NJW 1978, 44; auch *BGH* NJW 1978, 1914 (weitere Fundstellen Rdn. 577 a Fußn. 55); *Marburger* JR 1972, 7; *Benöhr* NJW 1976, 174; *Zöller/Stöber*, ZPO, Rdn. 16, je zu § 840.
41 So auch *BGH* a.a.O. (Fußn. 40); *OLG Düsseldorf* VersR 1997, 705 (706); *OLG Hamm* OLGR 1996, 260; *LArbG Hamm* BB 1965, 1189; *LG Aachen* ZIP 1981, 784; **a.A.** *RG* 41, 419; *Riedel* JurBüro 1963, 260; siehe auch *RG* 83, 184 (185) und *OLG Köln* Betrieb 1964, 1441 = MDR 1965, 384, das zur Annahme des Vorliegens eines Anerkenntnisses für erforderlich und genügend erachtet, dass in der Erklärung die Bereitwilligkeit zum Ausdruck kommt, die als bestehend bezeichnete Schuld an den neuen Gläubiger zahlen zu wollen. **Anders** auch *OLG München* NJW 1975, 174 (deklaratorisches Schuldanerkenntnis, zumindest wenn von einem Kaufmann abgegeben) und *OLG Braunschweig* NJW 1977, 1888 (Leits.); dazu aber *Benöhr* a.a.O. (Schrifttum). Siehe schließlich auch § 316 Abs. 1 letzter Satz AO: „Die Erklärung des Drittschuldners zu Nummer 1 gilt nicht als Schuldanerkenntnis".
42 *BArbG* AP Nr. 4 zu § 850 ZPO = NJW 1962, 1933; *Stein/Jonas/Brehm*, ZPO, Rdn. 16 zu § 840.
43 Siehe *RG* 41, 423.
44 *BGH* 86, 23 (26) = a.a.O. (Fußn. 18).
45 *BGH* MDR 2000, 286 = NJW 2000, 651 (652); *BGH* 141, 380 = DGVZ 1999, 154 = JZ 2000, 56 mit Anm. *Brehm* und *Kleinheisterkamp* = NJW 1999, 2276; *BArbG* NJW 2007, 1302.
46 *BArbG* BB 1986, 188 mit Anm. *Petersen* = MDR 1985, 523 = NJW 1985, 1181 (für Lohnpfändungsgläubiger); *BVerwG* Rpfleger 1995, 261; *LG München* I AnwBl 1963, 341 = MDR 1963, 757 = NJW 1963, 1509; *AG Münster* JurBüro 1991, 276; *Stein/Jonas/Brehm*, ZPO, Rdn. 34 zu § 840; *Zöller/Stöber*, ZPO, Rdn. 11 zu § 840; *Marly* BB 1999, 1990.

als prozessuale Verpflichtung zur Gewährleistung einer im Interesse der Allgemeinheit liegenden Forderungsvollstreckung auferlegt[47]. Für eine Verpflichtung zur Kostenerstattung müsste daher das Verfahrensrecht eine Erstattungsgrundlage vorsehen; eine solche besteht jedoch nicht. Die Erfüllung der in § 840 ZPO begründeten prozessualen Obliegenheit des Drittschuldners dient zudem auch seinen Interessen, somit nicht nur Gläubigerinteressen. Mit der ihm leicht möglichen Information des Gläubigers kann der Drittschuldner verhindern, dass dieser von der Beitreibbarkeit des gepfändeten Anspruchs ausgeht, eine nicht bestehende oder nicht durchsetzbare gepfändete Forderung geltend macht und bei Erfolglosigkeit nach erst späterer Einlassung des Drittschuldners auf Schadensersatzklage übergeht. Normen des materiellen Rechts (die zudem Sonderfälle regeln) geben keine Grundlage für Ersatz der bei Erfüllung der prozessualen Obliegenheit des § 840 ZPO entstehenden (zumeist unwesentlichen) Kosten; für entsprechende Anwendung ist nach dem Zweck der (abschließenden) Regelung der Auskunftspflicht im Verfahrensrecht und der nur auf eine prozessuale Verpflichtung angelegten Auskunftspflicht kein Raum. Der Drittschuldner, der (gleichwohl) einen Erstattungsanspruch geltend macht, muss ihn bei Streit gegen den Gläubiger einklagen. Die Arbeitsgerichte sind dafür nach Lohnpfändung nicht zuständig[48]. Die Auskunftserteilung darf der Drittschuldner nicht bis zur Kostenzahlung zurückstellen. Vom Gläubiger bezahlte Kosten der Auskunft können auch nicht als Kosten der Zwangsvollstreckung nach § 788 ZPO gegen den Schuldner geltend gemacht werden. Gegen den Schuldner steht dem Drittschuldner kein Erstattungsanspruch zu (siehe auch Rdn. 942); § 788 ZPO regelt die Kostenlast nur im Verhältnis zwischen Gläubiger und Schuldner.

V. Nichterfüllung der Auskunftspflicht

Schrifttum: *Behr*, Kosten des erfolglos geführten Drittschuldnerprozesses, JurBüro 1994, 257; *Heers*, Klage auf Auskunft gemäß § 840 Abs. 1 ZPO im Verfahren vor dem Arbeitsgericht, Betrieb 1971, 1525; *Schalhorn*, Kann der Anspruch des Pfändungsgläubigers auf Abgabe der in § 840 ZPO vorgesehenen Erklärungen im Klagewege gegen den Drittschuldner durchgesetzt werden? JurBüro 1970, 564; *Schmidt*, Der schweigsame Drittschuldner, JR 1951, 558; *Schneider*, Ist die Klage auf Erzwingung der Erklärungspflicht des Drittschuldners gemäß § 840 ZPO zulässig? JurBüro 1967, 265; *Schneider*, Maßnahmen des Gläubigers bei verweigerter Auskunftspflicht des Drittschuldners (§ 840 ZPO), JurBüro 1967, 347.

1. *Haftung für Schaden*

648 Der *Drittschuldner haftet* dem Gläubiger für den aus der Nichterfüllung seiner Verpflichtung zur Auskunftserteilung nach § 840 ZPO entstehenden *Schaden* (§ 840 Abs. 2 S. 2 ZPO; gesetzliches Schuldverhältnis). Schadensersatzpflicht kann vollständige Nichterfüllung der Auskunftsverpflichtung begründen, ebenso aber auch eine zu spät, unvollständig oder (vorsätzlich

---

47 *BGH* NJW 2000, 651 (652) = a.a.O. (Fußn. 45); *BArbG* NJW 2007, 1302.
48 *BArbG* a.a.O. (Fußn. 46).

oder fahrlässig) falsch[49] abgegebene Erklärung. Diese Haftung setzt Verschulden voraus[50]. Verschulden des Drittschuldners für die unrichtige Auskunft ist auch gegeben, wenn er die Frage, wem die gepfändete Forderung zusteht, nicht mit der gebotenen Sorgfalt geprüft hat[51]. Dass ihn an der Nichterfüllung kein Verschulden trifft, hat der Drittschuldner zu beweisen[52].

2. *Schaden*

a) Schaden aus der Nichterfüllung der Verpflichtung des Drittschuldners **649** kann durch den Entschluss des Gläubigers verursacht werden, die gepfändete Forderung gegen den Drittschuldner geltend zu machen oder davon abzusehen[53]. Die Schadensersatzpflicht des Drittschuldners umfasst damit nicht rundweg den Schaden, der dem Gläubiger dadurch erwächst, dass er keine Zahlung erlangt, weil die gepfändete Forderung nicht besteht oder mit Einreden oder Einwendungen behaftet ist[54]. Schaden besteht in unnötigerweise aufgewandten Prozesskosten (Gerichts- und RA-Kosten; zum Arbeitsgerichtsverfahren siehe auch Rdn. 962). Der Gläubiger kann demnach, wenn der Drittschuldner die geforderten Angaben unterlässt, von der Beitreibbarkeit der gepfändeten Forderung ausgehen, diese mithin ohne Kostenrisiko einklagen[55]. Es bedarf weder weiterer – vorprozessualer – Aufforderungshandlungen noch einer gesonderten Auskunftsklage, auch nicht im Wege der Stufenklage; Anwaltskosten für ein weiteres Aufforderungsschreiben sind daher nicht zu erstatten[56] (auch nicht, wenn die Zahlungsaufforderung, würde die Forderung bestehen, Verzug [§ 286 Abs. 1 BGB] erst begründen würde[57]). Ergibt die Einlassung des Drittschuldners, dass die geltend gemachte Forderung nicht besteht oder nicht durchsetzbar ist, so kann der Gläubiger auf Schadensersatzklage übergehen und erreichen, dass der Drittschuldner verurteilt wird, die bisher entstandenen Kosten (die bei rechtzeitiger Auskunft nicht erwachsen wären) in vollem Umfang zu erstatten[58] (siehe Rdn. 650). Setzt der Gläubiger nach Erklärung des Drittschuldners den Rechtsstreit fort, so ist ihm durch die unterbliebene Auskunftserteilung ein Schaden nicht entstanden, weil die Pro-

---

49 *LArbG Köln* KKZ 1997, 33.
50 *BGH* 79, 275 = a.a.O. (Fußn. 26); *BGH* MDR 1983, 308; *Zöller/Stöber*, ZPO, Rdn. 12, je zu § 840.
51 *BGH* MDR 1983, 308.
52 *BGH* 79, 275 = a.a.O. (Fußn. 26).
53 *BGH* 98, 291 = JR 1987, 195 mit Anm. *Smid* = JurBüro 1987, 371 = JZ 1987, 46 mit Anm. *Brehm* = MDR 1987, 138 = NJW 1987, 64.
54 *BGH* 69, 328 (333) = a.a.O. (Fußn. 40); *BGH* MDR 1983, 308.
55 *BGH* 91, 126 (129) = DGVZ 1984, 137 = JurBüro 1984, 1351 = JZ 1984, 673 mit Anm. *Brehm* = MDR 1984, 752 = NJW 1984, 1901; *OLG Stuttgart* Rpfleger 1990, 265; *LG Stuttgart* Rpfleger 1990, 265; *ArbG Berlin* JurBüro 1994, 404.
56 *BGH* NJW-RR 2006, 1566 = a.a.O. (Fußn. 8); anders noch *AG Düsseldorf* JurBüro 2000, 601 (anwaltliches Aufforderungsschreiben); *AG Köln* JurBüro 2002, 326; *AG Meißen* JurBüro 2005, 216.
57 Auskunft über die nicht bestehende Zahlungsbereitschaft wäre nach § 840 Abs. 1 Nr. 1 ZPO zu erteilen gewesen.
58 *BGH* 91,126 (129) = a.a.O. (Fußn. 55).

zesskosten auch durch die Auskunft nicht verhütet worden wären[59]; die Prozesskostenpflicht bestimmt sich dann nach den allgemeinen Vorschriften der §§ 91 ff. ZPO. Entsprechendes gilt, wenn der Gläubiger nach Erklärung des Drittschuldners, es bestünden keine pfändbaren Ansprüche, klagt, dann aber die Auskunft schließlich doch als richtig hinnimmt[60].

b) Schaden kann dem Gläubiger aber auch dadurch entstehen, dass er infolge der nicht erteilten oder einer falschen Drittschuldnererklärung andere Vollstreckungsmöglichkeiten gegen den Schuldner versäumt[61]. Wenn Schaden ganz oder weit überwiegend von dem Gläubiger selbst verursacht worden ist, muss er sich eigenes Verschulden nach Maßgabe des § 254 BGB anrechnen lassen[62]. So hat der geschäftlich erfahrene und rechtlich beratene Gläubiger, der die schlechte wirtschaftliche Lage des Schuldners kennt, Schaden selbst zu verantworten, wenn er sich auf die nur unsichere Forderungspfändung beschränkt und andere aussichtsreiche Vollstreckungsversuche unterlässt[62].

649a c) Eine Verpflichtung auf Ersatz auch *anderer Schäden* als der durch den Entschluss des Gläubigers verursachten, die gepfändete Forderung gegen den Drittschuldner geltend zu machen oder davon abzusehen, begründet § 840 Abs. 2 Satz 2 ZPO nicht[62]. Die Haftung bezieht sich daher auch nicht auf einen Schaden, der durch Unterlassen einer Pfändung aus weiteren Titeln des Gläubigers entstanden ist[63]. Auch Vermögensschaden, den der Gläubiger nicht bei Vollstreckung seiner Forderung, sondern deshalb erleidet, weil er bei anderen wirtschaftlichen Dispositionen auf die Richtigkeit der Drittschuldnererklärung vertraut hat (z. B. deshalb, weil er im Vertrauen auf eine vorrangige Pfändung und damit Sicherung seiner Vollstreckungsforderung dem Schuldner weiteren Kredit gewährt hat), kann nicht nach § 840 Abs. 2 ZPO ersetzt verlangt werden[64].

3. *Prozesskosten*

650 Prozesskosten treffen den Drittschuldner, wenn der Gläubiger gegen den schweigsamen Drittschuldner Leistungsklage erhoben hat[65], der Drittschuldner später, z. B. durch Einlassung im Prozess, die verlangte Auskunft gibt und der Gläubiger dann seine Klage zurücknimmt[66]. Die Kosten des

---

59 *OLG Köln* Rpfleger 2003, 670.
60 *OLG Hamm* MDR 1987, 770.
61 *BGH* 69, 328 = a.a.O. (Fußn. 40); *OLG Düsseldorf* KKZ 2000, 234 = VersR 1997, 705 (706).
62 *BGH* MDR 1983, 308.
63 *BGH* 98, 291 = a.a.O. (Fußn. 53); *LG Detmold* ZIP 1980, 1080.
64 *LG Detmold* ZIP 1980, 1080.
65 Zur Darlegungslast einer als Drittschuldner verklagten Bank, wenn der auf Zahlung klagende Gläubiger Anhaltspunkte für die Unrichtigkeit der Auskunft vorgetragen hat, siehe *BGH* 86, 23 = a.a.O. (Fußn. 18).
66 Siehe *BGH* 79, 275 (277) = a.a.O. (Fußn. 26) und 91, 126 (129) = a.a.O. (Fußn. 55); *OLG Köln* JurBüro 1980, 465; *Jonas* JW 1937, 210; *Schmidt* JR 1951, 558, der allerdings dem Gläubiger das Recht der Klagerücknahme noch bis zur letzten mündlichen Verhandlung einräumen will.

nach verspäteter Auskunftserteilung beendeten Prozesses können dem Drittschuldner *vom Prozessgericht* (auch vom Sozial-[67] oder Arbeitsgericht; zu diesem Rdn. 962) *auferlegt* werden. Einer neuen Klage gegen den Drittschuldner (zu dieser bei Einkommenspfändung Rdn. 962) bedarf es nicht[68]. Der Schadenersatzanspruch kann vielmehr im Wege der Klageänderung in den Drittschuldnerprozess eingeführt werden[69]. Das erfordert nach § 253 Abs. 2 Nr. 2 ZPO bezifferten Klageantrag[70]. Der Gläubiger kann auch zur Klage auf Feststellung der Haftung des Drittschuldners für den aus der Nichterfüllung der Auskunftsverpflichtung entstandenen Schaden übergehen[71]. Erklärt der Gläubiger die Hauptsache einseitig für erledigt, nachdem die Erklärung des Drittschuldners ergeben hat, dass die angebliche Forderung von Anfang an nicht bestanden hat, hält jedoch der Beklagte an seinem Abweisungsantrag fest, dann ist über den aufrechterhaltenen Klageabweisungsantrag in der Sache zu entscheiden. Für eine Kostenentscheidung entsprechend § 91 a ZPO unter Berücksichtigung eines Anspruchs nach § 840 Abs. 2 S. 2 ZPO auf Ersatz der Prozesskosten des Klägers ist in diesem Fall kein Raum[72]. Erhebt der Gläubiger isolierte (neue) Klage gegen den Drittschuldner auf Kostenerstattung als Schadensersatz, so sind die ordentlichen Gerichte, nicht die Sozial-[73] oder Arbeitsgerichte (zu diesen Rdn. 962) zuständig. War noch kein Rechtsstreit

---

67 *BSozialG* MDR 1998, 1304 = NJW 1999, 895.
68 *BGH* 79, 275 (281) = NJW 1981, 990; *BArbG* BAG 65, 139 = a.a.O. (Rdn. 962 Fußn. 256); *BSozialG* NJW 1999, 895 = a.a.O. *OLG Hamburg* HRR 1930 Nr. 1166 und Nr. 1652; *OLG Celle* NdsRpfl 1958, 155; *OLG Köln* JurBüro 1971, 548 und JurBüro 1980, 465; *LArbG Frankfurt* BB 1964, 533 und 1971, 709; *ArbG Siegburg* BB 1964, 1172; *Brüne* und *Liebscher* BB 1976, 743 (745; insbesondere zur fortdauernden Zuständigkeit der Arbeitsgerichtsbarkeit); *Schmidt* JR 1951, 558; *Wenzel* MDR 1966, 974; **a.A.** (gesonderte Klage zulässig) noch *LArbG Frankfurt* NJW 1956, 1334; *LG Saarbrücken* NJW 1989, 63 und *ArbG Herne* BB 1965, 670 (= *keine* Zuständigkeit des Arbeitsgerichts; zur Geltendmachung des Schadens, der dem Gläubiger mit einem vergeblichen Prozess gegen den Drittschuldner entstanden ist, siehe auch *Linke* ZZP 87 (1974) 284 (298–307).
69 *BGH* 79, 275 (281) = a.a.O.; *BGH* NJW-RR 2006, 1566 = a.a.O. (Fußn. 8); *BSozialG* NJW 1999, 895 = a.a.O.; *OLG Düsseldorf* NJW-RR 1988, 574; *Behr* JurBüro 1994, 257; Erkennt der Drittschuldner den Feststellungsantrag an, hat er die gesamten Kosten des Rechtsstreits zu tragen, *OLG Düsseldorf* a.a.O. Der Ersatzanspruch kann nicht dadurch geltend gemacht werden, dass die Hauptsache für erledigt erklärt und Kostenentscheidung nach § 91 a ZPO verlangt wird, siehe *Wenzel* MDR 1966, 974; auch *LArbG Hamm* MDR 1982, 695 (keine Berücksichtigung bei Kostenentscheidung nach § 91 a ZPO, wenn es zur Feststellung des Anspruchs einer Beweisaufnahme bedarf); **anders** noch *OLG Köln* JurBüro 1980, 465; siehe auch *LArbG Hannover* NJW 1974, 768: Gläubiger kann Hauptsache der Drittschuldnerklage für erledigt erklären und beantragen, dem Drittschuldner analog § 93 ZPO die Kosten aufzuerlegen.
70 *BGH* JurBüro 1979, 1640 = MDR 1979, 1000; auch *BGH* 91, 126 (128) = a.a.O. (Fußn. 55).
71 *BGH* 79, 275 (281) = NJW 1981, 990; *LArbG Baden-Württemberg* JurBüro 1994, 135.
72 *BGH* MDR 1979, 1000 = a.a.O. (Fußn. 70) und *BGH* 79, 275 = a.a.O. (Fußn. 71).
73 *BSozialG* NJW 1999, 895 = a.a.O. (Fußn. 67).

anhängig, so kann dem Drittschuldner die Schadensersatzklage nicht ersatzweise an den Schuldner als erwachsenen Hausgenossen zugestellt werden[74].

4. *Arrestverfahren*

651 Nach Arrestpfändung sind die Kosten des Hauptsacheverfahrens des Gläubigers gegen den Schuldner nicht Teil des Schadens, den ein Drittschuldner deswegen ersetzen muss (§ 840 Abs. 2 ZPO), weil er es unterlassen hat, die von ihm verlangte Drittschuldnererklärung abzugeben[75]. Die Kosten des Hauptsacheverfahrens sind als Kosten der Rechtsverfolgung gegen den Schuldner selbst dadurch bedingt, dass der Gläubiger zunächst nur eine Sicherung seiner Ansprüche erwirkt hat, die der Bestätigung im Hauptsacheverfahren bedarf. Damit sind diese Kosten kein aus der Nichtabgabe der Drittschuldnererklärung entstehender Schaden.

5. *Ergänzung*

651a Zur *Ergänzung* der bei Abgabe richtigen Erklärung ist der Drittschuldner nicht verpflichtet. Er ist nach (richtiger) Ansicht daher auch nicht gehalten, dem Gläubiger ergänzende Mitteilung zu geben, wenn sich später die Verhältnisse (z. B. mit Erkrankung des Arbeitnehmers, Auslaufen der Lohnfortzahlung, Beendigung des Arbeitsverhältnisses) geändert haben[76] (siehe jedoch zur Wiederholung des Auskunftsverlangens Rdn. 635). Zum Ersatz eines Schadens, der nicht durch Nichterfüllung der Auskunftsverpflichtung entstanden, sondern durch ein nachträgliches Ereignis verursacht ist, verpflichtet § 840 Abs. 2 S. 2 ZPO nicht[77].

6. *Erweiterte Haftung*

651b Erfüllt der Drittschuldner durch die Verletzung seiner Erklärungspflicht zugleich den Tatbestand des § 826 BGB, bestimmt sich der Umfang seiner Haftung nach dieser Vorschrift[78].

7. *Kein einklagbarer Anspruch*

652 Einen einklagbaren Anspruch auf die Drittschuldnererklärung hat der Gläubiger *nicht*[79]. An die Nichterfüllung des § 840 ZPO knüpft dessen Abs. 2 Satz 2 ausdrücklich eine Schadensersatzpflicht des Drittschuldners; eine einklagbare Handlungspflicht (die der Drittschuldner bereits mit der für den Gläubiger wertlosen Verneinung der Fragen des § 840 ZPO erfül-

---

74 *AG Hannover* JurBüro 1967, 836 = MDR 1967, 847.
75 *BGH* 68, 289 = JurBüro 1977, 1073 = JR 1977, 462 mit Anm. *Schreiber* = LM ZPO § 840 Nr. 1 (Leits.) mit Anm. *Merz* = MDR 1977, 746 = NJW 1977, 1199.
76 *Stein/Jonas/Brehm*, ZPO, Rdn. 13 zu § 840.
77 *LArbG Hamm* Betrieb 1990, 2228 = JurBüro 1991, 131 (hier AG Bielefeld) = MDR 1991, 88.
78 *BGH* 98, 291 = a.a.O. (Fußn. 53).
79 *BGH* 91, 126 = a.a.O. (Fußn. 55); auch *BGH* 98, 291 = a.a.O. (Fußn. 53); *BGH* NJW-RR 2006, 1566 = a.a.O. (Fußn. 8).

len könnte), begründet § 840 ZPO darüber hinaus nicht[80]. Das schließt auch einen Zwang nach § 888 ZPO aus. Die von einer Pfändung etwa erfassten Nebenrechte auf Abrechnung (Lohnabrechnung, Provisionsabrechnung, § 87 c HGB) und Auskunft (vgl. Rdn. 699) können durch den pfändenden Gläubiger unabhängig von der Auskunftsverpflichtung des Drittschuldners nach § 840 ZPO verfolgt werden; für ihre Geltendmachung stellt das Gesetz den Weg des § 840 ZPO nicht zur Verfügung.

VI. Die freiwillige Auskunft

Eine formlose Aufforderung des Gläubigers an den Drittschuldner begründet keine Auskunftspflicht und daher auch keine Schadensersatzpflicht aus § 840 ZPO[81]. Äußert sich der Drittschuldner aber ohne rechtliche Verpflichtung[82], so müssen seine Angaben der Wahrheit entsprechen. Eine falsche oder unvollständige Erklärung begründet die Haftung[83]. Das wurde auch für den Fall angenommen, dass die Auskunft nachträglich unrichtig wird, der Drittschuldner aber den Gläubiger nicht benachrichtigt[84]. Zum Schaden, den der Gläubiger nach freiwilliger Auskunft bei Vorpfändung erleidet, gehört auch der Nachteil, der entsteht, weil er nicht rechtzeitig pfändet[85].

653

---

80 So bereits *Jonas* JW 1937, 210; *Schmidt* JR 1951, 558; *Mohrbutter* Rpfleger 1954, 623; *Sichtermann* MDR 1952, 146; *Horbach* SchlHAnz 1962, 136; *Wenzel* MDR 1966, 971; *LG Braunschweig* MDR 1955, 490; *LArbG Frankfurt* BB 1956, 530 = Betrieb 1956, 24 = JurBüro 1956, 232; *ArbG Wesel* BB 1968, 753; *LG Mainz* NJW 1973, 1134; *LG Nürnberg-Fürth* ZZP 96 (1983) 118 mit Anm. *Waldner*; *Prost* NJW 1958, 485; **a.A.** *OLG Köln* JurBüro 1979, 291 = MDR 1978, 941 = OLGZ 1979, 114; *LArbG Baden-Württemberg* BB 1968, 1383 = Betrieb 1968, 2134; *LG München I* NJW 1965, 1185; *Meyer* JW 1937, 209; *Schneider* JurBüro 1967, 265; *Schalhorn* JurBüro 1970, 564; *Heyers* Betrieb 1971, 1525; *Linke* ZZP 87 (1974) 284 (293); *Schreiber* JR 1977, 464. Offen gelassen von *BGH* Betrieb 1980, 830 (der auch darauf hinweist, dass für den Fall, dass ein einklagbarer Auskunftsanspruch bejaht wird, der Umfang der Auskunft durch § 840 Abs. 1 ZPO begrenzt wäre) sowie von *BGH* 86, 23 (27) = a.a.O. (Fußn. 18). Der Gläubiger einer auf Grund eines *Arrests* gepfändeten Forderung kann die Abgabe einer Drittschuldnererklärung jedenfalls schon deshalb nicht durch eine Auskunftsklage erzwingen, weil er auf Grund der Arrestpfändung keine Möglichkeit zur Verwertung der gepfändeten Forderung und damit auch kein Rechtsschutzinteresse an klageweiser Verfolgung des Auskunftsanspruchs hat (*BGH* a.a.O. Fußn. 75). Entsprechendes muss dann bei Sicherungsvollstreckung (§ 720 a ZPO) gelten; dagegen *Feiber* Betrieb 1978, 477.
81 *RG* 60, 330.
82 Die anlässlich einer rechtsunwirksamen Zustellung von einem nicht vertretungsberechtigten, in der Arbeitsvorbereitung beschäftigten Angestellten für den Drittschuldner abgegebene schriftliche Erklärung soll vom Drittschuldner nach Ansicht des *LArbG Baden-Württemberg* Betrieb 1958, 576 = AP Nr. 3 zu § 183 ZPO nicht zu vertreten sein. Dem wird man nicht folgen können, weil der Drittschuldner jedenfalls verpflichtet ist, die unrichtige Auskunft sofort richtigzustellen.
83 *OLG Hamm* DR 1939, 1920; *Schuschke/Walker*, Vollstreckung, Rdn. 16 zu § 840; **a.A.** *OLG Düsseldorf* KKZ 2000, 234 = VersR 1997, 705 (reine Gefälligkeit ohne rechtsgeschäftlichen Charakter); *LG Tübingen* MDR 1974, 677.
84 *OLG Hamm* a.a.O.
85 *OLG Hamm* a.a.O.

654 Eine Bank haftet für die Richtigkeit der freiwilligen Auskunft auch aus Auskunftvertrag[86].

VII. Verwaltungsvollstreckung

654a Im Verwaltungsvollstreckungsverfahren nach der AO (und den darauf verweisenden Verwaltungs-Vollstreckungsgesetzen) kann die Aufforderung der Vollstreckungsbehörde zur Abgabe der Drittschuldnererklärung (hier nach § 316 Abs. 1 AO) in die Pfändungsverfügung aufgenommen, damit mit dieser zugestellt werden (§ 316 Abs. 2 S. 1 AO). Zur Abgabe der Erklärung kann der Drittschuldner auch durch ein Zwangsgeld angehalten werden[87] (§ 316 Abs. 2 S. 3 AO), jedoch kann Ersatzzwangshaft (§ 334 AO) nicht angeordnet werden.

Zur Feststellung eines für die Vollstreckung erheblichen Sachverhalts kann die Vollstreckungsbehörde auch andere Personen als die Verfahrensbeteiligten um Auskunft ersuchen[88] (§ 93 AO), jedoch erst dann, wenn die Sachverhaltsaufklärung durch die Beteiligten nicht zum Ziele geführt hat oder keinen Erfolg verspricht.

Nach § 6 Abs. 2 S. 3 JBeitrO ist die Aufforderung zur Abgabe der in § 840 Abs. 1 ZPO genannten Erklärungen in den Pfändungsbeschluss aufzunehmen.

K. Klage, Zwangsvollstreckung (§ 841 ZPO)

I. Nach der Überweisung

1. *Klage des Gläubigers gegen den Drittschuldner*

Schrifttum: *Behr,* Die Drittschuldnerklage (= Einziehungserkenntnisverfahren), JurBüro 1994, 647; *Christmann,* Arrestatorium und Inhibitorium (§ 829 Abs. 1 ZPO) bei der Vollstreckung gepfändeter Urteilsforderungen, DGVZ 1985, 81; *Hau,* Eigennützige und gläubigernützige Leistungsklagen des Vollstreckungsschuldners, JZ 2002, 325; *Münzberg,* Zur Pfändung titulierter Ansprüche, DGVZ 1985, 145; *Scheld,* Vollstreckung übergeleiteter Urteilsforderungen (§§ 775, 776 ZPO), DGVZ 1984, 49; *Schmidt-von Rhein,* Zur analogen Anwendung der §§ 775, 815 ZPO bei der Pfändung titulierter Ansprüche, DGVZ 1988, 65; *Schneider,* Zur Prozessführungsbefugnis des Schuldners nach Pfändung und Überweisung einer Forderung zur Einziehung, JurBüro 1966, 191.

655 a) Der Gläubiger kann die ihm zur Einziehung überwiesene Forderung des Schuldners gegen den Drittschuldner im Prozesswege und durch Zwangsvollstreckung geltend machen. Im Mahnverfahren und Urkunden- oder Wechselprozess kann die Forderung geltend gemacht werden, wenn die be-

---

86 *OLG Stuttgart* NJW 1959, 581 und 1229 mit abl. Anm. *Zunft.*
87 Zwang zur Erteilung der Auskunft darf jedoch nicht ermessensfehlerhaft ausgeübt werden; dazu *FG Baden-Württemberg* ZIP 1981, 273 mit Anm. *Terpitz.*
88 Zulässigkeit des Auskunftsersuchens im Vollstreckungsverfahren: *BFH* 191, 211 = NJW 2001, 245 mit Einzelheiten; Verfassungsmäßigkeit: *BVerfG* (Kammerbeschluss) NJW 2001, 811.

sonderen Voraussetzungen dieser Verfahren gegeben sind. Eine vor der Pfändung geschlossene Schiedsvereinbarung (§§ 1029 ff. ZPO) bindet auch den Gläubiger, weil der Drittschuldner sich ihm in gleicher Weise wie dem Schuldner gegenüber auf die Schiedsvereinbarung berufen kann (§ 1032 ZPO) (siehe Rdn. 571). Nach der Pfändung kann weder der Gläubiger noch der Schuldner allein mit dem Drittschuldner eine Schiedsvereinbarung treffen. Die Überweisung an Zahlungs statt bewirkt wie die Abtretung einen Forderungsübergang, so dass der Gläubiger die ihm an Zahlungs statt überwiesene Forderung als seine eigene gegen den Drittschuldner geltend zu machen hat.

b) Die zur Einziehung überwiesene Forderung muss der Gläubiger *unverzüglich* beitreiben (§ 842 ZPO; siehe Rdn. 605). 656

c) Für die *Klage* des Gläubigers gegen den Drittschuldner bleibt das Gericht sachlich und örtlich zuständig[1], bei dem der Schuldner seine Forderung gegen den Drittschuldner nach den gesetzlichen Bestimmungen über Rechtsweg und Zuständigkeit geltend machen müsste[2]. Gegebenenfalls muss also der Gläubiger das Arbeits-[3], Familien-[4], Verwaltungs- (siehe Rdn. 951), Sozial-[5] oder Finanzgericht anrufen. 657

d) Bei Klage und Vollstreckung gegen den Drittschuldner tritt der Gläubiger selbstständig und nicht etwa als Vertreter des Schuldners auf[6] (die Einziehungsbefugnis ist selbstständiges Recht, s. Rdn. 590). Klage gegen den Drittschuldner muss der *Gläubiger* daher als *Partei* im eigenen Namen erheben[7]. Im Klageantrag kann er nach Überweisung nur noch Leistung an sich fordern, nicht mehr Leistung an sich und den Schuldner gemeinsam oder Hinterlegung für beide[8]. 658

Auf künftige Lohnzahlung kann gegen den Arbeitgeber als Drittschuldner geklagt werden, wenn die Besorgnis gerechtfertigt ist, er werde sich der rechtzeitigen Leistung entziehen (§ 259 ZPO)[9].

---

1   Für Zuständigkeit der Kammer für Handelssachen bei Klage des Gläubigers aus einer gepfändeten Gehaltsforderung des Geschäftsführers gegenüber einer GmbH nach § 95 Abs. 1 Nr. 4a GVG *OLG Hamm* Betrieb 1990, 161.
2   Vereinbarung des Gerichtsstandes zwischen Schuldner und Drittschuldner vor Pfändung wirkt also auch zugunsten des Gläubigers.
3   Das Arbeitsgericht ist auch für die gegen den Arbeitgeber erhobene Klage desjenigen, der den Lohnanspruch eines Arbeitnehmers teilweise gepfändet hat, zuständig, *ArbG Wilhelmshaven* BB 1965, 743.
4   *OLG Hamm* FamRZ 1978, 602.
5   Für Krankengeldforderungen aus der Sozialversicherung siehe *BSozialG* Rpfleger 1964, 313; für Streit über die Honorarforderung eines Vertragsarztes gegen seine kassenärztliche Vereinigung siehe *BSozialG* MDR 1998, 1304 = NJW 1999, 895. Für Klage auf Auszahlung gepfändeten Arbeitslosengeldes *LSozialG Rheinland-Pfalz* JurBüro 1991, 1379 (1380), auf Auszahlung gepfändeter Arbeitslosenhilfe *BSozialG* ZIP 1982, 1124 und *SozialG Düsseldorf* MDR 1978, 963.
6   *RG* 164, 348 (349).
7   *Stein/Jonas/Brehm*, ZPO, Rdn. 22 und 25 zu § 835.
8   *RG* 77, 141.
9   *BArbG* AP Nr. 1 zu § 259 ZPO = BB 1959, 815; *LArbG Hamm* Betrieb 1992, 748 (Leits.) = KKZ 1992, 214 (Besorgnis kann schon bei Nichterfüllung der Erklärungspflicht nach § 840 ZPO begründet sein); a.A. *ArbG Essen* BB 1966, 368.

2. Kapitel: Pfändungsverfahren und -wirkungen

e) Streitverkündung, § 841 ZPO

659 *In dem Rechtsstreit .../... wegen Forderung, Aktenz. ... des Amtsgerichts ... verkünde ich hiermit dem Pfändungsschuldner ... gerichtlich den Streit (§§ 841, 73 ZPO).*

In diesem Rechtsstreit mache ich die mit Beschluss des Amtsgerichts ... vom ... Aktenz. ... gepfändete und mir zur Einziehung überwiesene Forderung des Schuldners an den Beklagten aus ... (Schuldgrund) geltend. Eingeklagt sind ... Euro Hauptsache nebst ...% Zinsen seit dem ... Termin zur ersten mündlichen Verhandlung findet vor dem Amtsgericht ..., Zimmer Nr. ... am ... statt.

660 aa) Bei der Einziehung der gepfändeten Forderung hat der Gläubiger Sorgfalt und Rücksicht auf die Interessen des Schuldners zu nehmen. Daraus folgt seine Verpflichtung, den Schuldner bei der gegen den Drittschuldner anzustrengenden Klage zuzuziehen, wenn dies ohne erhebliche Schwierigkeiten geschehen kann. Deshalb verpflichtet § 841 ZPO den Gläubiger, der die Forderung mit Feststellungs- und Leistungsklage geltend macht, dem Schuldner gerichtlich den *Streit zu verkünden*, sofern nicht eine Zustellung im Ausland oder eine öffentliche Zustellung erforderlich wäre. Diese Streitverkündung muss auch bei Überweisung an Zahlungs statt erfolgen; denn auch bei ihr hat der Schuldner ein Interesse daran, nicht erst in dem etwaigen Regressprozess dem Gläubiger gegenüber die Existenz der gepfändeten Forderung nachweisen zu müssen.

661 bb) Die Form der Streitverkündung richtet sich nach § 73 ZPO[10]. Ihre Wirkungen bestimmen sich nach §§ 68, 74 Abs. 3 ZPO. Zugestellt wird der die Streitverkündung enthaltende Schriftsatz durch das Gericht von Amts wegen.

662 cc) Streitverkündung schließt nicht aus, dass der Schuldner dem Rechtsstreit auf Seiten des beklagten Drittschuldners beitritt[11]. Eine solche Streithilfe ist zulässig, wenn der Schuldner kein Interesse am Obsiegen des Gläubigers hat, sondern ein Interesse am Obsiegen des Drittschuldners wie insbesondere bei Streitigkeiten aus § 850 h ZPO.

663 f) *Begründet ist die Klage* des Gläubigers gegen den Drittschuldner, wenn der gepfändete Anspruch des Schuldners an den Drittschuldner besteht und wirksam gepfändet ist. Der *Gläubiger* muss, da er die Forderung seines Schuldners geltend macht, deshalb *beweisen*, dass der Anspruch für diesen einmal entstanden und wirksam gepfändet worden ist. Der *Drittschuldner* kann der Klage mit dem Einwand begegnen, der Pfändungs- und/oder Überweisungsbeschluss sei

- *ohne Wirkung*, weil Zustellung an den Drittschuldner nicht (oder nicht wirksam) erfolgt ist (§ 829 Abs. 3 ZPO) oder weil die gepfändete Forde-

---

10 § 73 ZPO lautet: Form der Streitverkündung – Zum Zwecke der Streitverkündung hat die Partei einen Schriftsatz einzureichen, in dem der Grund der Streitverkündung und die Lage des Rechtsstreits anzugeben ist. Der Schriftsatz ist dem Dritten vzuzustellen und dem Gegner des Streitverkünders in Abschrift mitzuteilen. Die Streitverkündung wird erst mit der Zustellung an den Dritten wirksam.

11 *LArbG Baden-Württemberg* AP Nr. 3 zu § 850 h ZPO.

rung nicht besteht oder nicht dem Schuldner zusteht, die Pfändung somit ins Leere geht (s. Rdn. 486),

- *unwirksam*, weil die Vollstreckungsmaßnahme nichtig ist[12] (s. Rdn. 748), z. B. deshalb, weil die gepfändete Forderung oder deren Drittschuldner nicht bestimmt genug bezeichnet ist (Rdn. 502, 509) oder das Drittschuldnerverbot fehlt (s. Rdn. 505);

er kann dem klagenden Gläubiger alle gegen den Schuldner zur Zeit der Pfändung der Forderung begründeten Einwendungen und Einreden entgegenhalten (dazu Rdn. 571). Auf Verfahrensverstöße im Vollstreckungsverfahren des Vollstreckungsgerichts und damit die Fehlerhaftigkeit der Pfändung und/oder Überweisung, die Anfechtbarkeit begründet, bis zu einer Aufhebung im Rechtsbehelfsverfahren die Wirksamkeit der Pfändung und/oder Überweisung aber nicht berührt (dazu Rdn. 748), kann der Drittschuldner sich im Klageverfahren vor dem Prozessgericht nicht berufen. Wenn der beklagte Drittschuldner einwendet, dass der Anspruch entweder überhaupt (z. B. durch Verzicht oder Zahlung) oder doch für den Schuldner (z. B. durch Abtretung vor Pfändung) erloschen sei, trifft ihn die Beweislast für diese das Recht des Schuldners vernichtenden Tatsachen[13]. Ebenso trifft den Drittschuldner die Beweislast, wenn er einwendet, der gepfändete Anspruch sei infolge früherer Pfändung nicht an den Kläger zu leisten[14]. Die Wirksamkeit der Zustellung des Pfändungs- und Überweisungsbeschlusses ist im Drittschuldnerprozess unabhängig davon zu prüfen, ob ein Mangel vorher mit Erinnerung nach § 766 ZPO geltend gemacht worden ist[15]. Wenn allerdings die auf Unwirksamkeit der Ersatzzustellung gestützte Erinnerung des Drittschuldners zurückgewiesen worden ist, ist damit die Wirksamkeit der Zustellung rechtskräftig festgestellt und auch im Drittschuldnerprozess bindend[16].

g) Den *Einwand*, dass die Vollstreckungsforderung des Gläubigers an den Schuldner nicht bestehe, kann der Drittschuldner dem klagenden Gläubiger nicht entgegenhalten[17] (siehe bereits Rdn. 577). Denn gegen die Richtigkeit der zur Vollstreckung stehenden Forderung, also gegen die Gültigkeit des der Pfändung zugrunde liegenden Vollstreckungstitels, sind dem Drittschuldner Einwendungen nicht gestattet (siehe § 771 ZPO). Er kann sich im Einziehungserkenntnisverfahren dem Gläubiger gegenüber nicht auf Einwendungen berufen, die der Schuldner im Wege der Vollstreckungsabwehr-

664

---

12 *BArbG* BAG 60, 263 = AP Nr. 8 zu § 850 ZPO mit Anm. *Stöber* = MDR 1989, 852 = NJW 1989, 2148; *BArbG* BAG 61, 109 = MDR 1989, 852 = NJW 1989, 2148 (das hier Nichtigkeit allerdings unzutreffend annimmt [siehe Rdn. 750 Fußn. 13]); im übrigen siehe an den angegebenen Stellen des Handbuchs.
13 *BGH* NJW 1956, 912; *OLG Darmstadt* OLG 4, 144; *OLG Nürnberg* JurBüro 2001, 552 = MDR 2001, 1372 = OLGR 2001, 274.
14 *LArbG Düsseldorf* BB 1966, 34
15 *BArbG* AP Nr. 3 zu § 829 ZPO mit Anm. *Grunsky* = BB 1972, 1141 = Rpfleger 1972, 438.
16 *Grunsky* Anm. AP Nr. 3 zu § 829 ZPO.
17 *RG* 93, 74 (77).

klage (§ 767 ZPO) geltend machen muss (und zudem noch erfolglos geltend gemacht hat) (siehe bereits Rdn. 577). Auch Einwendungen, die darauf hinausgehen[18], dass die prozessualen Voraussetzungen der Vollstreckung nicht gegeben seien, z. B. eine vollstreckbare Ausfertigung nicht erteilt oder der Vollstreckungstitel dem Schuldner nicht zugestellt sei[19], oder der Einwand, dass die Pfändung sonst nicht in der gesetzlichen Weise bewirkt worden sei[20], kann der Drittschuldner dem klagenden Gläubiger im Rechtsstreit nicht entgegenhalten. Derartige Einwendungen kann zwar auch der Drittschuldner geltend machen; er muss sie aber mit Erinnerung nach § 766 ZPO beim Vollstreckungsgericht verfolgen[21]. Auch im Einziehungserkenntnisverfahren kann sich der Drittschuldner nach Ansicht des *BArbG*[22] jedoch darauf berufen, dass mit Aufhebung eines Prozessvergleichs auch das auf ihm beruhende Pfändungspfandrecht und damit das Einziehungsrecht des Gläubigers an der gepfändeten Forderung ohne weiteres erloschen ist.

665 h) *Gegen den Schuldner* schafft das im Prozess zwischen Gläubiger und Drittschuldner ergehende Urteil keine Rechtskraft; es wirkt also nicht gegen ihn[23]. Auch durch Streitverkündung wird die Rechtskraft des Urteils nicht auf den Schuldner ausgedehnt, der nicht beitritt.

2. Der bereits anhängige Rechtsstreit

666 a) Der Gläubiger kann die Forderung nicht erneut gesondert einklagen, wenn bei Wirksamwerden der Pfändung und Überweisung schon zwischen Schuldner und Drittschuldner ein *Rechtsstreit anhängig*, die Forderung also bereits rechtshängig ist[24] (§ 261 Abs. 3 ZPO). Auf den bereits anhängigen Prozess hat die Pfändung keinen Einfluss (§ 265 Abs. 2 Satz 1 ZPO)[25]. Den Rechtsstreit kann der Gläubiger als Rechtsnachfolger nicht ohne weiteres, sondern nur mit Zustimmung des Drittschuldners, als Hauptpartei an Stelle des klagenden Schuldners übernehmen (siehe § 265 Abs. 2 ZPO).

667 b) Der Rechtsstreit, der vom Gläubiger *nicht übernommen* wird, nimmt zwischen Schuldner und Drittschuldner als Prozessparteien unverändert seinen Fortgang (§ 265 Abs. 2 ZPO). Der Schuldner muss aber, da er nach Pfändung und Überweisung nicht mehr Leistung an sich verlangen kann, seinen *Klageantrag* auf Leistung an den pfändenden Gläubiger (Hinterle-

---

18 *BArbG* AP Nr. 2 zu § 829 ZPO mit zust. Anm. *Pohle* = NJW 1964, 687.
19 *BGH* 66, 79 = JurBüro 1976, 605 = MDR 1976, 648 = NJW 1976, 851.
20 Somit die Fehlerhaftigkeit des Pfändungs- und Überweisungsbeschlusses, *BArbG* BAG 60, 263 = a.a.O. (Fußn. 12).
21 *RG* Gruchot 51, 203.
22 *BArbG* AP Nr. 1 zu § 776 ZPO = Betrieb 1963, 420.
23 *RG* 83, 116.
24 Einer neuen Leistungsklage des Gläubigers fehlt das Rechtsschutzinteresse, wenn bereits der Schuldner Klage auf Leistung an den Gläubiger erhoben hat, *OLG Hamburg* MDR 1967, 849. Auch *OLG Karlsruhe* FamRZ 2002, 1500: Zahlungsklage ist auch unzulässig, wenn dem Gläubiger unbekannt ist, dass bereits ein Vollstreckungstitel (Vergleich) besteht.
25 *BGH* MDR 1986, 750 = NJW 1986, 3206.

gung, wenn Überweisung nicht erfolgt ist) *ändern*[26], und zwar auch dann, wenn der beklagte Drittschuldner die fehlende Sachbefugnis des klagenden Schuldners nicht beanstandet. Das Gericht muss diese Klageänderung anregen (§ 139 ZPO). Sie besteht bei Teilpfändung darin, dass der Schuldner Leistung des gepfändeten und überwiesenen Teils an den Gläubiger und nur noch Leistung des ungepfändeten Restes an sich selbst verlangen muss. Unterbleibt die Änderung des Klageantrages, so muss – wenn das Gericht von der Pfändung Kenntnis hat – die Klage abgewiesen werden[27]. Der *Drittschuldner* ist infolge des zugestellten Zahlungsverbotes gehalten, der Leistungsklage des Schuldners mit dem *Einwand der Pfändung* entgegenzutreten[28]. Dieser Einwand kann nur bis zum Schluss der letzten mündlichen Verhandlung oder mit Einspruch, nicht aber mit Vollstreckungsabwehrklage geltend gemacht werden, wenn die Pfändung bis zu diesem Zeitpunkt bewirkt ist (siehe § 767 Abs. 2 ZPO)[29]. Unterlässt der Drittschuldner diesen Einwand, bleibt ihm nur der Weg der Hinterlegung zugunsten des Schuldners und (Pfändungs-)Gläubigers[30]. Wenn er gleichwohl an den Schuldner leistet, zu dessen Gunsten ein Urteil ergangen ist, kann sich der Drittschuldner dem Gläubiger gegenüber nicht auf die Erfüllung der Schuld berufen[31], sondern muss an ihn nochmals leisten (siehe Rdn. 565).

c) Das in dem bei Pfändung schon anhängigen Rechtsstreit zwischen Schuldner und Drittschuldner ergehende *Urteil*[32] wirkt auch für und gegen den Gläubiger (§§ 325, 265 ZPO)[33]. Der Schuldner kann gegen ein klageabweisendes Urteil Berufung einlegen, sie durchführen und zurücknehmen[34]. Der Schuldner ist als Kläger daher auch nicht gehindert, sich gegenüber dem beklagten Drittschuldner zu verpflichten, seine Berufung gegen das klageabweisende Urteil zurückzunehmen[35]. Wenn der Gläubiger auf den Prozess Einfluss nehmen will, kann er als Rechtsnachfolger Nebenintervention erheben (§ 265 Abs. 2, § 66 ZPO). Als streitgenössischer Streithelfer (§§ 69, 61 ZPO) oder Hauptintervenient (§ 64 ZPO) kann der Gläubiger in den Rechtsstreit nicht eintreten (§ 265 Abs. 2 ZPO)[36].

668

---

26 *BGH* NJW 1986, 3206 = a.a.O. (Fußn. 25); *LG Berlin* MDR 1986, 327.
27 *BGH* NJW 1986, 3206 = a.a.O. (Fußn. 25).
28 *BGH* 86, 337 = JurBüro 1983, 543 = MDR 1983, 486 = NJW 1983, 886; *BGH* NJW 1983, 2773 (2774), hier auch zur Berücksichtigung einer inländischen Forderungspfändung im Anerkennungsverfahren nach dem AusfG zum Europ. Übereinkommen über die Zuständigkeit und Vollstreckung gerichtlicher Entscheidungen in Zivil- und Handelssachen.
29 *RG* 25, 426 (428).
30 *BGH* 86, 337 (340) = a.a.O. (Fußn. 28).
31 *BGH* 86, 337 (340) = a.a.O. (Fußn. 28).
32 Auch bei Klageabweisung, es sei denn, die Klage wird nur deshalb abgewiesen, weil die notwendige Klageänderung unterblieben ist.
33 *BGH* 86, 337 (339) = a.a.O. (Fußn. 28); *BGH* NJW 1989, 39 (40).
34 *BGH* NJW 1989, 39.
35 *BGH* NJW 1989, 39 = MDR 1988, 1053.
36 *RG* 20, 420.

669 d) Aus dem im Prozess zwischen Schuldner und Drittschuldner ergangenen Urteil (gleichgültig, ob es auf Leistung an den Gläubiger oder noch an den klagenden Schuldner lautet) kann der *Gläubiger die Zwangsvollstreckung* mit dem Ziel seiner Befriedigung betreiben. Die Vollstreckungsklausel für diese Zwangsvollstreckung ist nach § 727 ZPO auf den Namen des Gläubigers umzuschreiben[37]; der Gläubiger ist hierfür Rechtsnachfolger[38]. Wenn die voll gepfändete (Rdn. 756) vollstreckbare Urteilsforderung des Schuldners an den Drittschuldner höher ist als die vollstreckbare Gläubigerforderung, kann dem Gläubiger (auf Antrag) wegen seines umfassenderen Pfandrechts Vollstreckungsklausel zur Zwangsvollstreckung der voll gepfändeten (insgesamt haftenden) Urteilsforderung[39] nur unter Beschränkung der Einziehungsbefugnis auf einen seiner eigenen Forderung entsprechenden Betrag erteilt werden. Diese Begrenzung der Einziehungsbefugnis (siehe Rdn. 590 und 603) ist in der Vollstreckungsklausel zum Ausdruck zu bringen. Weil der Gläubiger bei Vollstreckung der voll gepfändeten Forderung nur zur Einziehung eines seiner eigenen Forderung entsprechenden Betrages befugt ist, kann die (zunächst) weitergehende Vollstreckungsbefugnis des Pfändungsgläubigers nur mit dem Ziel der Hinterlegung (Rdn. 673) möglich sein.

670 e) An den Schuldner darf der Drittschuldner auch dann nicht mehr zahlen, wenn der Gläubiger die *Pfändung erst nach Erlass des Leistungsurteils* erwirkt. Der Schuldner kann, solange er durch eine vollstreckbare Ausfertigung des auf ihn lautenden Urteils als Titelgläubiger legitimiert ist, gegen den Drittschuldner jedoch vollstrecken[40] (§§ 704, 750 Abs. 1 ZPO). Er kann daher weiterhin die Zwangsvollstreckung in das bewegliche Vermögen des Drittschuldners sowie gegen diesen das Offenbarungsverfahren (Rdn. 606) betreiben[41]. § 775 ZPO findet keine Anwendung[42]. Der Gerichtsvollzieher kann daher die Zwangsvollstreckung nicht einstellen, wenn ihm der Drittschuldner die Ausfertigung des Pfändungsbeschlusses vorlegt[43]. Eine Zahlung des Drittschuldners hat der Gerichtsvollzieher anzunehmen, jedoch nicht an den (vollstreckenden) Schuldner auszuzahlen, sondern nach § 815 Abs. 2 ZPO (analoge Anwendung) zu hinterlegen[44]. Den

---

37 *BGH* 86, 337 (339) = a.a.O. (Fußn. 28); *KG* JurBüro 1983, 463 = OLGZ 1983, 205 = ZZP 96 (1983) 368 mit Anm. *Münzberg*; *OLG Karlsruhe* FamRZ 2002, 1500 (Umschreibung eines gerichtlichen Vergleichs).
38 *OLG Frankfurt* VersR 1983, 1040 (Leits.); *OLG Hamburg* JurBüro 1983, 291; *KG* OLGZ 1983, 205 = a.a.O.
39 So *Sächs.LArbG* JurBüro 1996, 105, jedoch – nicht zutreffend – für Erteilung einer unbeschränkten vollstreckbaren Ausfertigung und damit ohne Hinweis auf die Beschränkung der Einziehungsbefugnis.
40 Siehe *Zöller/Stöber*, ZPO, Rdn. 30 zu § 727 (auch zu Rechtsbehelfen)
41 OLG Oldenburg MDR 1986, 61.
42 *Münzberg* DGVZ 1985, 145; *OLG Frankfurt* DGVZ 1993, 91; *Zöller/Stöber*, ZPO, Rdn. 3 zu § 775.
43 Siehe auch *AG München* DGVZ 1984, 76 (Vollstreckung eines nach Pfändung geschlossenen Vergleichs); außerdem *LG Limburg* DGVZ 1984, 121; *AG/LG Karlsruhe* DGVZ 1984, 155; *AG Bad Segeberg* DGVZ 1989, 121.
44 *Schmidt-von Rhein* DGVZ 1988, 65.

Drittschuldner verpflichtet das gegen ihn ergangene Zahlungsverbot jedoch, der Zwangsvollstreckung des Schuldners mit der Einrede der Forderungspfändung zu begegnen (siehe auch Rdn. 667). Diese Einrede betrifft den durch das Urteil festgestellten Anspruch des Schuldners, muss also mit Vollstreckungsgegenklage (§ 767 ZPO) geltend gemacht werden[45] (einstweilige Anordnung ermöglicht § 769 ZPO).

f) Zahlung an den Schuldner verbietet dem Drittschuldner die Pfändung auch, wenn über den (gepfändeten) Anspruch sonst ein Vollstreckungstitel bereits erstellt ist, insbesondere ein Vergleich oder eine notarielle Urkunde (§ 794 Abs. 1 Nrn. 1 und 5 ZPO). Auch dann verpflichtet das Zahlungsverbot den Drittschuldner, der Zwangsvollstreckung mit dem Einwand der Forderungspfändung mit Vollstreckungsabwehrklage zu begegnen[46] (wie Rdn. 670).

670a

3. Klage des Schuldners gegen den Drittschuldner nach Pfändung und Überweisung

Der Schuldner kann gegen den Drittschuldner auch nach Pfändung und Überweisung zur Einziehung bei Vorhandensein der Voraussetzungen des § 256 ZPO noch Feststellungsklage über das Bestehen der Forderung erheben[47], weil diese noch im Vermögen des Schuldners steht (siehe Rdn. 589). Wegen seines eigenen Interesses und Rechts an dem Bestehen der Forderung und an der Befriedigung des Gläubigers kann der Schuldner aber auch gegen den Drittschuldner auf Zahlung[48] an den pfändenden Gläubiger klagen[49]. Bei dieser Klagebefugnis handelt es sich um eigene Rechte des Schuldners[50], die mit dem selbstständigen Klagerecht des Gläubigers konkurrieren.

671

---

45 *RG* 25, 426; *RG* JW 1897, 169 = Seufferts Archiv 52, 212; *Münzberg* DGVZ 1985, 145; *LG Wiesbaden/OLG Frankfurt* DGVZ 1993, 91. **Anders** *Christmann* DGVZ 1985, 81, der das Einziehungsverbot (auch) als Beitreibungsverbot und damit als Vollstreckungshindernis verstanden wissen will; nicht zutreffend.
46 *BArbG* NJW 1997, 1868 = NZA 1997, 563: Vollstreckungsgegenklage gegen die Vollstreckung eines durch Prozessvergleich titulierten arbeitsrechtlichen Abfindungsanspruchs.
47 *RG* 83, 116 (118); *RG* JW 1935, 3541; *BGH* 114, 138 (141) = NJW 1991, 3148; *BGH* NJW 2001, 2178 = a.a.O. (Fußn. 49).
48 Nicht aber auf Hinterlegung (*RG* 77, 141) und auch nicht auf Leistung an den Schuldner unbeschadet der Rechte des Gläubigers (*RG* 77, 141 [144]).
49 *RG* 83, 116 (118); 49, 201 (204); 77, 141 (145); *RG* JW 1935, 3541 und JW 1938, 2399; *BGH* MDR 1968, 913 = NJW 1968, 2059; *BGH* 114, 138 (141) = NJW 1991, 3148; *BGH* 147, 225 = JZ 2002, 44 mit Anm. *Berger* = MDR 2001, 1075 = BGH-Rep. 2001, 526 mit Anm. *Stöber* = NJW 2001, 2178 (auch zur Klage bei mehrfacher Pfändung). In dieser Weise kann der Schuldner auch Arbeitslohn vor dem Arbeitsgericht einklagen (*LArbG Baden-Württemberg* BB 1964, 390). Der Vorschrift des § 253 Abs. 2 Nr. 2 ZPO ist in solchem Falle aber nur dann genügt, wenn im Klageantrag der pfändende Gläubiger namentlich benannt ist (*LArbG Baden-Württemberg* a.a.O.).
50 **Anders** *Kleinheisterkamp*, Prozessführung über gepfändete Geldforderungen (2001) D II 1 (S. 89 ff.) und L 2 a (S. 154): Mit Überweisung verliert der Schuldner die Prozessführungsbefugnis; vermittelnd *Hau* JZ 2002, 325: Klage des Schuldners auf Leistung an den Gläubiger nur bei unzureichenden Einziehungsbemühungen des Gläubigers.

Ihr kann die Wirkung der Rechtshängigkeit (§ 261 Abs. 3 ZPO) daher nicht entgegenstehen und der Drittschuldner auch nicht mit dem Hinweis begegnen, durch Häufung der gegen ihn anzustrengenden Prozesse werde seine Lage verschlechtert[51]. Klagen Gläubiger und Schuldner gemeinsam, so liegt keine notwendige Streitgenossenschaft vor; eine einheitliche Entscheidung muss daher auch nicht ergehen. Wenn die gepfändete Forderung größer als die Vollstreckungsforderung des Gläubigers ist (über dessen Anspruch somit hinausgeht), kann der Schuldner auch den Restanspruch zur Zahlung an sich geltend machen[52]. Dann muss aber sichergestellt sein, dass der Schuldner die Restforderung (auf die sich das Pfandrecht erstreckt; s. Rdn. 756), nicht ausbezahlt erhält, bevor die Forderung des pfändenden Gläubigers getilgt ist[53]. Ermöglicht ist dem Schuldner daher (unter der Voraussetzung des § 259 ZPO) nur Klage auf künftige Leistung nach Befriedigung des Pfändungsgläubigers[54]. Die Verjährung unterbricht die Klage des Schuldners (= Forderungsgläubigers) auch, wenn er bei Geltendmachung seiner Forderung die Pfändung (und Überweisung) unberücksichtigt lässt[55].

II. Vor der Überweisung

1. *Klage des Gläubigers oder Schuldners gegen den Drittschuldner*

672 Siehe hierwegen Rdn. 557 und Rdn. 564. Klagt der Gläubiger, so ist er zur Streitverkündung verpflichtet (§ 841 ZPO und Rdn. 659 ff.).

2. *Der bereits anhängige Rechtsstreit*

673 Ist die Forderung nur gepfändet, dem Gläubiger aber noch nicht zur Einziehung (oder an Zahlungs statt) überwiesen, so gilt für den zwischen Schuldner und Drittschuldner bereits anhängigen Rechtsstreit das Rdn. 666–668 Gesagte entsprechend. Da der Gläubiger dann aber allein die streitige Forderung nicht einziehen kann, muss der Klageantrag auf Leistung an den Gläubiger und Schuldner gemeinsam oder auf Hinterlegung für beide geändert werden (siehe § 1281 BGB). Deshalb kann auch der Gläubiger aus dem im Prozess ergangenen Urteil nur die Zwangsvollstreckung mit dem Ziel der Hinterlegung des Erlöses betreiben. Die Umstellung der Vollstreckungsklausel (§ 727 ZPO) kann daher nur mit der Maßgabe erfolgen, dass dem Gläubiger die Zwangsvollstreckung nur mit dem Ziel der Hinterlegung für Gläubiger und Schuldner gemeinsam erlaubt ist. Erst nach Überweisung der Forderung kann dem Gläubiger erneut Rechtsnachfolgeklausel (§ 727 ZPO) zur Zwangsvollstreckung des nunmehr an ihn allein zu leistenden Anspruchs erteilt werden.

---

51 *RG* 83, 116 (121); *BGH* 114, 138 (141) = a.a.O.
52 *BGH* 147, 225 = a.a.O.
53 *BGH* 147, 225 = a.a.O.
54 *BGH* 147, 225 = a.a.O., auch zum Klageantrag.
55 *BGH* MDR 1986, 203 = NJW 1986, 423; *BGH* NJW 1986, 977 (978); *RG* Recht 1915 Nr. 287.

3. Ist ein Rechtsstreit bei Pfändung *noch nicht anhängig* und konkurrieren deshalb das Klagerecht des Gläubigers oder Schuldners miteinander, so gilt das Rdn. 671 Gesagte entsprechend.

III. Feststellungsklage des Drittschuldners

Der Drittschuldner kann mit negativer Feststellungsklage gegen den Gläubiger geltend machen, dass der Pfändungsbeschluss unwirksam ist[56]. Voraussetzung ist jedoch, dass dem Drittschuldner kein einfacherer und billigerer Weg zur Verfügung steht, um sein Ziel zu erreichen[57]. Der Drittschuldner kann auch negative Feststellungsklage auf Nichtbestehen der gepfändeten Forderung erheben[58]; auch diese Klage erfordert jedoch ein Rechtsschutzinteresse.

674

IV. Klage eines Zessionars

Der Zessionar, an den die Forderung erst nach ihrer Pfändung abgetreten ist, kann diese, solange die Pfändung wirksam besteht, nicht gegen den Drittschuldner einklagen[59]. Für die Behauptung, die Forderung sei schon vor Pfändung abgetreten worden, trifft den Zessionar die Beweislast[60].

675

L. Verzicht des Gläubigers (§ 843 ZPO)

Schreiben des Gläubigers an den Schuldner (zustellen):

676

Im Zwangsvollstreckungsverfahren gegen Sie verzichte ich hiermit auf meine durch den Pfändungs- und Überweisungsbeschluss des Amtsgerichts ... vom ... Aktenz. ... an Ihrer Forderung gegen ... (Drittschuldner) erworbenen Rechte unbeschadet meines Vollstreckungsanspruchs (§ 843 ZPO).

1. Auf die durch Pfändung und Überweisung zur Einziehung erworbenen Rechte kann der Gläubiger ganz oder teilweise *verzichten* (§ 843 ZPO). Der Verzicht erfolgt unbeschadet des Anspruchs des Gläubigers, führt also nicht zum Erlöschen seiner Vollstreckungsforderung. Aus seinem Schuldtitel kann der Gläubiger daher jederzeit weiter vollstrecken; auch dieselbe Forderung kann er wieder pfänden.

677

Der Verzicht kann auf die durch Überweisung zur Einziehung erworbenen Rechte beschränkt werden[1]. Ein Verzicht auf die Pfändung umfasst

---

56 *BGH* 69, 144 = MDR 1978, 135 = NJW 1977, 1881 und 1978, 272 (Leits.) mit Anm. *Reinel.*
57 *BGH* a.a.O. (Fußn. 56).
58 Hierzu *BGH* a.a.O. (Fußn. 56) mit weiteren Nachweisen.
59 *RG* HRR 1933 Nr. 10; siehe auch Rdn. 559.
60 *BGH* a.a.O. (Fußn. 13).
1 Ebenso *Stein/Jonas/Brehm*, ZPO, Rdn. 1, *Zöller/Stöber*, ZPO, Rdn. 2; *Münch-Komm/Smid*, ZPO, Rdn. 2 und 3; *Musielak/Becker*, Rdn. 2; *Schuschke/Walker*, Vollstreckung, Rdn. 4, alle zu § 843.

auch die Überweisung. Der Verzicht auf die Überweisung allein schließt einen Verzicht auch auf die Pfändung aber nicht ein.

Nach (wirksamer) Überweisung an Zahlungs statt ist ein Verzicht auf die durch Pfändung und Überweisung erworbenen Rechte ausgeschlossen, weil diese Überweisung den Übergang der Forderung und damit die Befriedigung des Gläubigers bewirkt hat. Dem Drittschuldner kann der Gläubiger freilich seine nunmehr eigene Forderung durch Vertrag erlassen (§ 397 BGB); ein solcher Erlassvertrag berührt aber die Wirkungen der Pfändung und Überweisung an Zahlungs statt nicht mehr.

678   2. Die *Verzichtsleistung* erfolgt durch eine dem Schuldner zuzustellende Erklärung (§ 843 S. 2 ZPO). Die Erklärung ist auch dem Drittschuldner zuzustellen (§ 843 S. 3 ZPO). Diese Zustellungen erfolgen auf Betreiben des Gläubigers, also durch den Gerichtsvollzieher nach den Vorschriften der §§ 192 ff. ZPO (siehe Rdn. 526, 527).

Der Verzicht kann unter einer aufschiebenden (nicht jedoch unter einer auflösenden) Bedingung erklärt[2] und bis zum Wirksamwerden der Erklärung widerrufen werden[3]; seine Anfechtung nach §§ 119 ff. BGB ist ausgeschlossen[4].

Noch kein Verzicht liegt in der dem Schuldner oder einem Dritten gegenüber übernommenen Verpflichtung, bei Eintritt eines bestimmten Ereignisses (z. B. nach Eingang einer Gegenleistung) die Rechte aus dem Pfändungs- und Überweisungsbeschluss aufzugeben. Nach Eintritt der Bedingung kann aber der Schuldner die Erfüllung der Verpflichtung mit Vollstreckungsgegenklage (§ 767 ZPO), der Dritte mit Klage auf Abgabe der Willenserklärung (§ 894 ZPO) verfolgen. Einen Verzicht auf das Pfändungspfandrecht bedeutet es auch nicht, wenn der Gläubiger das Pfandrecht nicht in vollem Umfang verfolgt wie z. B. bei Abschluss eines Ratenzahlungsvergleichs mit dem Drittschuldner[5]. Als Verzicht sollte auch die an das Gericht gerichtete Erklärung nicht angesehen werden, den Antrag auf Erlass des Pfändungs- und Überweisungsbeschlusses zurückzunehmen[6]. Abgesehen davon, dass darin kein dem Schuldner zugestellter Verzicht liegt (§ 843 S. 2 ZPO), bringt die Erklärung nur zum Ausdruck, dass der Pfändungsantrag nicht weiter verfolgt wird, nicht jedoch weitergehend, dass Rechte aus einer bereits wirksam doch schon erlangten Pfändung aufgege-

---

2 *Zöller/Stöber*, ZPO, Rdn. 2 zu § 843; *Falkmann/Hubernagel*, Die Zwangsvollstreckung, Anm. 7 zu § 843 ZPO; *OLG München* OLGR 1999, 277 (kein Verzicht unter auflösender Bedingung).
3 *Wieczorek/Schütze/Lüke*, ZPO, Rdn. 3 zu § 843.
4 *Falkmann/Hubernagel* a.a.O. (Fußn. 2).
5 *ArbG Kiel* SchlHA 1966, 225.
6 **Anders** *OLG Köln* JurBüro 1995, 387 = Rpfleger 1995, 370 für Zurücknahme des Antrags erst im Verfahren über eine weitere Beschwerde. Der Pfändungsbeschluss hätte indes auf Schuldnerbeschwerde aufgehoben werden müssen, weil er nach Zurücknahme ohne Antrag erlassen und diese neue Tatsache zu berücksichtigen war (§ 570 ZPO). Dem tragen *Schuschke/Walker*, Vollstreckung, Rdn. 3, und *Wieczorek/Schütze/Lüke*, ZPO, Rdn. 1 (Fußn. 1), je zu § 843 nicht Rechnung.

ben werden sollen. Klarstellung ist daher auf jeden Fall geboten. Wenn Zustellung noch nicht erfolgt ist, kann in der Erklärung auch die Zurücknahme des Zustellungsauftrags zu erblicken sein; davon ist, wenn Zustellung durch den Gerichtsvollzieher noch nicht erfolgt ist, diesem daher (unverzüglich) Kenntnis zu geben.

3. Das Pfändungspfandrecht und (oder) die Rechte aus dem Überweisungsbeschluss erlöschen mit der Zustellung des Verzichts an den Schuldner[7], ohne dass es einer ausdrücklichen Aufhebung des Pfändungsbeschlusses bedarf. Die Zustellung an den Drittschuldner ist für die Wirksamkeit des Verzichts nicht wesentlich[8]; sie hat nur die Bedeutung einer Benachrichtigung. Doch wird der Drittschuldner nach § 409 BGB geschützt, wenn er an den Schuldner leistet, nachdem ihm der Gläubiger einen tatsächlich noch nicht wirksam gewordenen Verzicht angezeigt hat[9]. Gleiches gilt, wenn der Verzicht nur dem Drittschuldner, nicht aber dem Schuldner selbst zugestellt worden ist, sei es auch nur aus Versehen des Gerichtsvollziehers. 679

Mit der Zustellung an den Schuldner tritt die Wirkung des Verzichts auch ein, wenn die Zustellung an den Drittschuldner sich verzögert oder überhaupt unterbleibt. Der Schuldner muss dann aber eine Zahlung, die der Drittschuldner in Unkenntnis des Verzichts[10] an den Gläubiger leistet, gegen sich gelten lassen (§§ 407, 408 BGB). Durch eine solche Zahlung wird daher der Drittschuldner von seiner Schuld befreit. Der Gläubiger haftet dann dem Schuldner für den Schaden, den dieser durch die unterlassene Benachrichtigung des Drittschuldners und unrechtmäßige Annahme der Zahlung erleidet. 680

4. Die *Formvorschrift* des § 843 S. 2 ZPO über die Zustellung des Verzichts an den Schuldner ist nicht von so wesentlicher Bedeutung, dass der Verzicht nicht auch in anderer Form, z. B. durch privatrechtliche Willenserklärung[11], wirksam erklärt werden könnte[12]. Insbesondere kann daher der Schuldner dem Gläubiger gegenüber auf die Zustellung der Verzichtserklärung formlos verzichten[13]. Dann erlischt das Pfändungspfandrecht mit der tatsächlichen Verzichtsleistung des Gläubigers oder der ihr nachfolgenden Erklärung des Schuldners über den Zustellungsverzicht[14]. 681

---

7 *RG* 15, 409; 139, 172; *BGH* JurBüro 1983, 543 = MDR 1983, 486 = NJW 1983, 886 (insoweit *BGH* 86, 337 nicht abgedruckt).
8 *RG* und *BGH* je a.a.O. (Fußn. 7).
9 *Falkmann/Hubernagel*, Die Zwangsvollstreckung, Anm. 2 zu § 843.
10 D. h., wenn er vom Verzicht noch nicht auf irgendeine Weise Kenntnis erlangt hat; die fehlende Zustellung des Verzichts allein entscheidet also nicht.
11 *OLG Celle* NdsRpfl 1956, 109. Dieser Verzicht ist formlos möglich; ein Vertrag ist nicht erforderlich; *RG* JW 1935, 3541.
12 *BGH* NJW 1983, 886 = a.a.O. (Fußn. 7); *BGH* NJW 1986, 977 (978); *BGH* MDR 2002, 967 (968) Leits. = NJW 2002, 1788; *OLG München* BayJMBl 1954, 159; *BArbG* AP Nr. 1 zu § 776 ZPO mit Anm. *Pohle* = Betrieb 1963, 420; *Zöller/Stöber*, ZPO, Rdn. 2 zu § 843; *MünchKomm/Smid*, ZPO, Rdn. 3; *Musielak/Becker*, ZPO, Rdn. 2, je zu § 843; s. auch Rdn. 686.
13 *RG* 139, 172; *BGH* NJW 1983, 886 = a.a.O. (Fußn. 7).
14 *OLG München* a.a.O.

682 5. Wenn der Gläubiger (auch ohne Einhaltung der in § 834 S. 2 und 3 ZPO vorgeschriebenen Form) auf die Rechte aus dem Pfändungs- und Überweisungsbeschluss verzichtet hat, kann der Gläubiger, Schuldner oder Drittschuldner dessen Aufhebung beim Vollstreckungsgericht beantragen[15]. Die Aufhebung des Beschlusses durch das Vollstreckungsgericht dient der Sicherheit des Rechtsverkehrs und dem berechtigten Interesse der Beteiligten, Rechtsklarheit herbeizuführen[16]. Dem Vollstreckungsgericht ist für Aufhebung des Beschlusses der (mit Zugang an den Schuldner wirksam gewordene) Verzicht nachzuweisen. Auf Antrag des Gläubigers, der einen wirksamen Verzicht nicht nachzuweisen vermag, kann Aufhebung des Pfändungsbeschlusses nicht erfolgen.

683 6. Wer die *Kosten* der durch den Verzicht erloschenen Vollstreckungsmaßnahme zu tragen hat, bestimmt sich nach § 788 ZPO[17]. Sie treffen den Schuldner nur in den selteneren Ausnahmefällen, in denen auch im Hinblick auf den Verzicht die Pfändung sachlich als notwendig angesehen werden muss.

684 7. Nach *Klageerhebung* kann bei Verzicht nur auf die Rechte aus der Überweisung, die Klage auf Hinterlegung oder Leistung an Gläubiger und Schuldner gemeinsam weiterverfolgt werden. Bei Verzicht auf die durch Pfändung erworbenen Rechte kann der Gläubiger eine Klage nicht mehr, auch nicht auf Leistung an den Schuldner allein weiterverfolgen. Der Schuldner, der mit dem Verzicht seine volle Verfügungsbefugnis über seinen Anspruch wiedererlangt hat, ist gem. §§ 265, 325 ZPO als Rechtsnachfolger anzusehen[18].

685 8. Kein Verzicht ist der *Rücktritt* eines Pfändungsgläubigers hinter einen ihm *im Rang* nachfolgenden Gläubiger[19]. Diese Rangänderung erfolgt vielmehr ohne Mitwirkung des Schuldners durch Einigung des vor- und zurücktretenden Gläubigers[20]. Hat der zurücktretende Gläubiger dem Drittschuldner den Rangwechsel erklärt, so wird dieser bei Leistung an den anderen Gläubiger nach § 409 BGB geschützt[21].

686 9. Abgesehen von § 843 ZPO kann der Gläubiger durch Abschluss eines Erlassvertrages (§ 397 BGB) mit dem Drittschuldner auf die Einziehung der gepfändeten Beträge verzichten. Ein solcher Vertrag braucht dem Schuldner nicht zugestellt zu werden[22]. Auch wenn der Gläubiger nur eine einseitige Verzichtserklärung auf Einziehung der gepfändeten Beträge

---

15 *BGH* MDR 2002, 967 (968) Leits. = NJW 2002, 1788; *OLG Köln* Rpfleger 1995, 370 = a.a.O.; *verneint* mangels Rechtsschutzbedürfnisses (früher) von *OLG München* BayJMBl 1954, 159; *OLG Hamburg* OLG 14, 180.
16 *BGH* NJW 2002, 1788.
17 So auch *OLG Köln* Rpfleger 1995, 370 = a.a.O.
18 *Falkmann/Hubernagel*, Die Zwangsvollstreckung, Anm. 3 zu § 843 ZPO.
19 *RG* JW 1913, 885; *Wieczorek/Schütze/Lüke*, ZPO, Rdn. 4 zu § 843.
20 Siehe hierzu *BArbG* NJW 1990, 2641 (2642); *MünchKomm/Smid*, ZPO, Rdn. 8 zu § 843.
21 *RG* a.a.O. (Fußn. 19).
22 *LArbG Berlin* AP Nr. 1 zu § 843 ZPO.

abgibt, wenn also weder eine Erklärung nach § 843 ZPO noch ein Erlassvertrag vorliegt, wird seine spätere Zahlungsklage gegen den Drittschuldner gegen die Grundsätze von Treu und Glauben verstoßen[23].

M. Vorratspfändung, Vorzugspfändung, Dauerpfändung (§ 751 Abs. 1, § 850 d Abs. 3 ZPO)

I. Vorratspfändung, Vorzugspfändung

Schrifttum: *Baer,* Die Rechtsgrundlage der Vorratspfändung, NJW 1962, 574; *Berner,* Dauerpfändung keine Ermessensfrage, DR B 1941, 247; *Berner,* Dauerpfändungen und Vorzugs(Vorrats-)pfändungen, Rpfleger 1962, 237; *Mümmler,* Vorratspfändung und Pfändungsankündigung, JurBüro 1993, 204; *Quardt,* Die Vorratspfändung, JurBüro 1961, 520.

1. Zwangsvollstreckung mit Forderungspfändung erfordert, dass der beizutreibende vollstreckbare Anspruch des Gläubigers *fällig* ist (§ 751 Abs. 1 ZPO). Eine Ausnahme macht § 850 d Abs. 3 ZPO. Diese Bestimmung ermöglicht die sog. *Vorratspfändung* (Vorzugspfändung[1]), wenn *Arbeitseinkommen des Schuldners* wegen der *Unterhaltsansprüche* (s. hierwegen Rdn. 1076), die Verwandten, dem Ehegatten oder einem früheren Ehegatten, dem Lebenspartner oder einem früheren Lebenspartner kraft Gesetzes zustehen, oder wegen der aus Anlass der Verletzung des Körpers oder der Gesundheit zu zahlenden Renten[2] gepfändet werden soll[3]. Mit der Vollstreckung wegen fälliger Ansprüche des Gläubigers (*Fälligkeit* bestimmt sich nach dem Vollstreckungstitel) kann in diesen Fällen auch künftig fällig werdendes Arbeitseinkommen wegen der dann künftig jeweils fällig werdenden Ansprüche gepfändet werden. Dass der Anspruch mit Vorrang nach § 850 d ZPO vollstreckt wird, ist nicht verlangt; Vorratspfändung kann daher auch erfolgen, wenn dem Schuldner bei Vollstreckung des Unterhalts- oder Rentenanspruchs auf Gläubigerantrag Einkommensbeträge in erweitertem Umfang nach § 850 c ZPO pfandfrei verbleiben[4]. Rückstände über ein Jahr gehören zu den Ansprüchen, die Vorratspfändung ermöglichen, jedoch nur, wenn sich der Schuldner seiner Zahlungspflicht absichtlich entzogen hat[5]. Der Vorratspfändung unterliegen auch die be-

687

---

23 *LArbG Berlin* a.a.O.; s. auch Rdn. 681.
1 So bezeichnet *Berner* Rpfleger 1962, 237 (238) diese Pfändung; er kommt damit zu einer konkreteren Unterscheidung von der Rdn. 690–692 dargestellten Dauerpfändung.
2 Wegen anderer Rentenansprüche, wegen regelmäßiger Kaufpreisraten, laufender Miete usw. und wegen Kapitalforderungen ist eine Vorratspfändung von Arbeitseinkommen nicht zulässig (so zutreffend *Stein/Jonas/Brehm,* ZPO, Rdn. 50 zu § 850 d; *Baur* Betrieb 1968, 252). Das schließt jedoch die Dauerpfändung (siehe Rdn. 690) nicht aus.
3 Wegen der Frage, ob und in welcher Weise sich diese Rechtsnatur des Anspruchs aus dem Schuldtitel ergeben muss, siehe Rdn. 1193.
4 *Zöller/Stöber,* ZPO, Rdn. 23; *Musielak/Becker,* ZPO, Rdn. 19, je zu § 850 d.
5 *Zöller/Stöber,* ZPO, a.a.O.

dingt pfändbaren Bezüge des § 850 b ZPO, da sie nach den für Arbeitseinkommen geltenden Vorschriften, mithin auch nach Maßgabe des § 850 d Abs. 3 ZPO zu pfänden sind (§ 850 b Abs. 2 ZPO). Die Vornahme der Vorratspfändung ist nicht in das Ermessen des Vollstreckungsgerichts gestellt. Mit dem Wort „kann" in § 850 d Abs. 3 ZPO ist nur die Zulässigkeit dieser Pfändungsmöglichkeit ausgedrückt, so dass das Vollstreckungsgericht verpflichtet ist, auf Antrag die Vorratspfändung auszusprechen, wenn die Voraussetzungen vorliegen[6].

688   2. Nur das *künftig fällig werdende Arbeitseinkommen* kann wegen der künftig fällig werdenden Ansprüche nicht gepfändet werden, wenn wegen bereits fälliger Beträge nicht vollstreckt wird, Rückstände also nicht vorliegen[7] (keine isolierte Vorratspfändung). Gleiches gilt für nur künftig fällig werdende Unterhaltsraten, wenn rückständige Unterhaltsbeträge zwar vorhanden sind, deswegen aber schon früher gesondert ein Pfändungsbeschluss erwirkt wurde[8]. Es kommt für die Zulässigkeit der Vorzugspfändung auf das Vorhandensein und die gleichzeitige Beitreibung fälliger Ansprüche im Zeitpunkt des Erlasses des Pfändungsbeschlusses an[9], nicht erst im Zeitpunkt der Zustellung[10]. Die zulässige Vorratspfändung kann daher auch dann noch wirksam gemacht werden, wenn der Schuldner zwischen Erlass des Pfändungsbeschlusses und Zustellung die Rückstände bezahlt hat[11]. Wenn der Schuldner eine rückständige Gläubigerforderung schon nach Zustellung der Vorpfändung (§ 845 Abs. 1 ZPO) getilgt hat, fällige Ansprüche bei Entscheidung über den Pfändungsantrag somit nicht mehr mit beigetrieben werden, kann nur wegen künftig fällig werdender Gläubigerforderungen künftig fällig werdendes Arbeitseinkommen nicht gepfändet werden[12]. Die Tilgung aller Rückstände nach zulässiger Vorratspfändung rechtfertigt ihre Aufhebung nicht[13]. Jedoch kann unter bestimmten weiteren Voraussetzungen die weitere Ausnutzung der Vorratspfändung rechtsmissbräuchlich sein, wenn der Schuldner die Unterhaltsrückstände getilgt hat und zu erwarten ist, dass er künftig seine Unterhaltspflicht pünktlich erfüllen wird. Dann ist ausnahmsweise die

---

6   *Berner* DR B 1941, 247; *Stein/Jonas/Brehm*, ZPO, Rdn. 54 zu § 850 d.
7   *OLG Frankfurt* NJW 1954, 1774 und Amtsvormund 1984, 709; *KG* MDR 1960, 931 = Rpfleger 1961, 126; *LG Stuttgart* ZZP 71, 288; *LG Berlin* MDR 1966, 596; *Baur* Betrieb 1968, 252.
8   *LG Münster* FamRZ 1971, 667 = Rpfleger 1971, 324; *Wieczorek/Schütze/Lüke*, ZPO, Rdn. 54 zu § 850 d.
9   *LG Berlin* a.a.O. (Fußn. 7); *LG Göttingen* NdsRpfl 1967, 225. Wegen dieses Zeitpunktes siehe auch *Quardt* JurBüro 1961, 520 und *Büttner* FamRZ 1994, 1433 (1437).
10 *KG* MDR 1960, 931 = Rpfleger 1961, 126; *OLG Hamm* JurBüro 1957, 40 = JMBlNRW 1956, 234. Die Vorratspfändung bleibt also auch bestehen, wenn fällige Beträge nach diesem Zeitpunkt fortlaufend gezahlt werden. Auch der Zeitpunkt der Antragstellung ist bedeutungslos.
11 *Quardt* JurBüro 1961, 520; *Wieczorek/Schütze/Lüke*, ZPO, Rdn. 57 zu § 850 d.
12 So auch *Mümmler* JurBüro 1993, 204.
13 *OLG Hamm* und *KG* je a.a.O. (Fußn. 10) ; *OLG Düsseldorf* Betrieb 1976, 2156 = MDR 1977, 147 = Rpfleger 1976, 373.

Vorratspfändung

Aufhebung der in zulässiger Weise ausgesprochenen Vorratspfändung geboten[14]. Hat der Schuldner die Rückstände vor der Pfändung gezahlt, so muss mit der unzulässigen Pfändung wegen der Rückstände die Vorratspfändung auch dann aufgehoben werden, wenn im Zeitpunkt der Pfändung die Zahlung dem Gläubiger noch nicht bekannt war[15].

3. Bei der Vorratspfändung (Vorzugspfändung) nach § 850 d Abs. 3 ZPO entsteht für die fälligen und für die erst später fällig werdenden Unterhalts- oder bevorzugten Rentenansprüche ein *einheitlicher Pfändungsrang*[16]. Die Wirkungen der Pfändung bestimmen sich daher auch für die künftig fällig werdenden Raten des Gläubigeranspruchs wegen des dann fälligen Arbeitseinkommens nach dem Zeitpunkt der Zustellung des Pfändungsbeschlusses an den Drittschuldner (§ 829 Abs. 3 ZPO). Verfügungen des Schuldners oder Pfändungen anderer Gläubiger, die in der Zwischenzeit erfolgen, d.h. nach Wirksamwerden der Vorratspfändung aber vor Fälligkeit der künftigen Unterhaltsansprüche und des dann fälligen Arbeitseinkommens, beeinträchtigen daher die Stellung des nach § 850 d Abs. 3 ZPO pfändenden Gläubigers, also auch seinen Pfändungsrang, nicht mehr; sie sind ihm gegenüber unwirksam.

689

II. Dauerpfändung

1. Als *Dauerpfändung* (auch Vorauspfändung genannt) ist bei Vollstreckung einer fälligen (§ 751 Abs. 1 ZPO) wiederkehrenden Gläubigerforderung zugleich auch Pfändung wegen der künftig erst fällig werdenden Leistungen aufschiebend bedingt zulässig[17]. Diese Vorauspfändung zur Meidung steter neuer Pfändungen bei jeder Fälligkeit mit Mehrkosten hat die vollstreckungsrechtliche Praxis als Besonderheit zu § 751 Abs. 1 ZPO entwickelt[18]; sie gründet sich nicht auf analoge Anwendung von § 850 d

690

---

14 *OLG Düsseldorf* a.a.O. (Fußn. 13). So dürfte auch *OLG Naumburg* DGVZ 1995, 57 = OLG-NL 1995, 34 = OLGR 1995, 34, zu verstehen sein, obgleich es – unzutreffend – annimmt, die Vorratspfändung sei auf Fälle beschränkt, in denen wegen bereits vorhandener Säumnis des Schuldners die durch Tatsachen begründete Gefahr künftigen Schuldnerverzugs bestehe. Wegen der Besonderheiten, die ausnahmsweise die Aufhebung rechtfertigen können, siehe den Sachverhalt dieser Entscheidung; *OLG Bamberg* FamRZ 1994, 1540 (minimaler Unterhaltsrückstand infolge eines Informationsfehlers des Prozessbevollmächtigten); hierzu auch *Büttner* FamRZ 1994, 1433 (1438).
15 *OLG Frankfurt* NJW 1954, 1774.
16 *Berner* Rpfleger 1962, 237; *Stein/Jonas/Brehm*, ZPO, Rdn. 57; *Zöller/Stöber*, ZPO, Rdn. 25 a; *Wieczorek/Schütze/Lüke*, ZPO, Rdn. 57, je zu § 850 d; zum Teil kritisch *Baur* Betrieb 1968, 252, der aber nicht herausstellt, dass der einheitliche Pfändungsrang auch für die künftig jeweils fällig werdenden Ansprüche des Vollstreckungsgläubigers entsteht, mithin weiter geht als im Falle des § 832 ZPO.
17 *BGH* FamRZ 2004, 183 = MDR 2004, 413 = NJW 2004, 369 = Rpfleger 2004, 169. Zur Vorauspfändung auch *MK/Heßler/Smid*, ZPO, Rdn. 7 zu § 751 und Rdn. 33 zu § 850 d; *Musielak/Lackmann/Becker*, ZPO, Rdn. 2 zu § 751 und Rdn. 20 zu § 850 d; *Schuschke/Walker*, Vollstreckung, Rdn. 6 zu § 751 (auch Rdn. 18 zu § 850 d); *Stein/Jonas/Münzberg*, Rdn. 4 zu § 751.
18 Z. B. *Baer* und *Berner* (Schrifttum vor Rdn. 687).

2. Kapitel: Pfändungsverfahren und -wirkungen

Abs. 3 ZPO[19]. Daher kann Vorauspfändung auch nicht auf künftig fällig werdendes Arbeitseinkommen und ähnliche fortlaufende Bezüge beschränkt sein; sie muss vielmehr auch (aufschiebend bedingt) Zugriff auf nicht wiederkehrende (und auch künftige) Forderungen und Rechte ermöglichen. Als Zwangsvollstreckung mit Wirksamkeit erst bei Fälligkeit des (jeweiligen) Gläubigeranspruchs ist Vorauspfändung somit zulässig

- *bei Vollstreckung* wegen gesetzlicher Unterhaltsansprüche sowie wegen der aus einer Verletzung des Körpers oder der Gesundheit zu zahlenden Renten, ebenso aber auch bei Vollstreckung anderer wiederkehrender Gläubigeransprüche wie z. B. künftiger Miete oder Pacht, Kaufpreisraten, Reallastleistungen,
- *durch Pfändung* auch des künftig fällig werdenden Arbeitseinkommens und ähnlicher fortlaufender Bezüge, ebenso aber auch durch Pfändung anderer (damit auch zukünftiger, Rdn. 27) Schuldnerforderungen wie z. B. späterer Kontoguthaben[20] und anderer (gegenwärtiger oder künftiger) Vermögensrechte des Schuldners wie Miete[21] und Pacht[22], Kaufpreisraten[23], Vermächtnisrenten oder Raten von Kapitalforderungen, einmaliger Hauptsachbeträge (Kapitalforderungen[24]) wie den Erlös aus Hausverkauf[25], einen Erbanteil[26], und selbst eine Hypothekenforderung[27], Grundschuld sowie den Anspruch auf Rückgewähr einer Grundschuld[28].

Vollstreckungserfordernis ist auch bei Vorauspfändung, dass die Zwangsvollstreckung wegen der wiederkehrenden Leistungen überhaupt beginnen darf (§ 751 Abs. 1 ZPO). Bei Erlass des Pfändungsbeschlusses muss daher (wenigstens) eine der wiederkehrenden Leistungen bereits fällig sein und mitvollstreckt werden[29]; isolierte Vorauspfändung ohne Mitvollstreckung eines bereits fälligen Anspruchsteils ist damit ausgeschlossen (wie Rdn. 688).

---

19 *BGH* NJW 2004, 369 (370) = a.a.O.
20 *BGH* NJW 2004, 369 = a.a.O.; *LG Flensburg* FamRZ 2004, 1224; *AG Hamburg-Harburg* NJW-RR 2003, 149; *AG Norden* NJW 2004, 1692. Frühere Gegenansicht damit überholt.
21 *LG Bremen* Rpfleger 1950, 276; *LG Hamburg* Rpfleger 1962, 281; *LG Mannheim* NJW 1949, 869.
22 *LG Würzburg* NJW 1956, 1160; **a.A.** (früher) SchlHolstOLG Rpfleger 1965, 181 mit abl. Anm. *Berner* = SchlHAnz 1964, 149 (überholt).
23 **A.A.** (früher) *OLG Hamm* JurBüro 1963, 52 = MDR 1963, 226 = Rpfleger 1963, 19 mit abl. Anm. *Berner* (überholt).
24 *Berner* Rpfleger 1962, 237 (239); **a.A.** (früher) *OLG Celle* NdsRpfl 1952, 152 (überholt).
25 *LG Saarbrücken* FamRZ 1976, 110 (Leits.) = Rpfleger 1973, 373.
26 *Berner* a.a.O. (Fußn. 24); *OLG Hamm* FamRZ 1994, 453 = NJW-RR 1994, 895 = Rpfleger 1994, 222; *LG Düsseldorf* Rpfleger 1985, 119; *LG Karlsruhe* FamRZ 1986, 378; *LG Saarbrücken* Rpfleger 1973, 373 = a.a.O.; **a.A.** (früher) *LG Stuttgart* ZZP 71, 287 (überholt).
27 *Berner* a.a.O. (Fußn. 24).
28 **A.A.** (früher) *LG Berlin* Rpfleger 1978, 331 (überholt).
29 *LG Flensburg* FamRZ 2004, 1224; *Zöller/Stöber*, ZPO, Rdn. 27 zu § 850 d.

2. Der Pfändungs*beschluss* hat Bestimmung zu treffen **691**
- über die *aufschiebend bedingte Wirkung* der Pfändung wegen der erst künftig fällig werdenden Leistungen,
- dass die Vorauspfändung die Forderung oder das Vermögensrecht des Schuldners bei ihrem Wirksamwerden erfasst, somit sich auch auf zunächst noch zukünftige Schuldnerforderungen oder das zukünftige Vermögensrecht des Schuldners erstrecken soll (s. Rdn. 500).

Beispiel:

Gepfändet werden

– *wegen der am ... und am ... bereits fällig gewesenen (damit rückständigen) wiederkehrenden Gläubigeransprüche im Betrag von zusammen ... € und ... € anteiliger Vollstreckungskosten*

– *und aufschiebend bedingt wegen der künftig erst fällig werdenden wiederkehrenden Gläubigeransprüche mit den anteiligen (restigen) Vollstreckungskosten*

die angeblichen Forderungen an ... – Drittschuldner – auf Zahlung des gegenwärtigen Überschusses und aller künftigen Überschüsse (Guthaben) ... [weiter wie Rdn. 155 unter Einschluss der Ansprüche aus dem zugrunde liegenden Rechtsverhältnis].

Die aufschiebend bedingte Pfändung wegen der künftig ab ... fällig werdenden Vollstreckungsansprüche des Gläubigers wird erst wirksam, wenn der jeweilige Kalendertag der Fälligkeit abgelaufen ist.

3. *Wirksam* wird die Vorauspfändung erst mit Beginn des Tages nach der **692**
Fälligkeit der (jeweils) wiederkehrenden Gläubigerforderung[30] (der Fälligkeitstag muss abgelaufen sein, § 751 Abs. 1 ZPO; zu Sonn- und Feiertagen sowie Sonnabend s. Zöller/Stöber ZPO, Rdn. 2 zu § 751). Vorauspfändung hat somit (anders als Vorratspfändung) wegen der erst künftig fällig werdenden Gläubigeransprüche keine rangwahrende Wirkung; sie begründet keinen einheitlichen Pfändungsrang. Der Schuldner kann vielmehr auch nach Erlass und Zustellung des Pfändungsbeschlusses und vor Wirksamwerden der Pfändung wegen der künftig fällig werdenden Gläubigeransprüche noch über seine (nur bedingt) gepfändete Geldforderung oder das (bedingt) gepfändete Vermögensrecht verfügen; ebenso hindert Vorauspfändung zwischenzeitliche (rangwahrende) Pfändungen anderer Gläubiger für fällige Vollstreckungsforderungen (bei Vollstreckung eines Unterhalts- oder Rentenanspruchs damit auch Vorratspfändung nach § 850 d Abs. 3 ZPO) nicht. Zwischenzeitliche Verfügungen des Schuldners sind damit auch dem Gläubiger gegenüber wirksam, soweit er schon voraus, aber nur bedingt wirksam gepfändet hat; ebenso wirken dem nur bedingt pfändenden Gläubiger gegenüber solche zwischenzeitliche Verfügungen anderer Gläubiger, die wegen schon fälliger Vollstreckungsforderungen (§ 751 Abs. 1 ZPO) in der

---

30 *BGH* NJW 2004, 369 (370) = a.a.O.

2. Kapitel: Pfändungsverfahren und -wirkungen

Zwischenzeit unbedingt (wirksam) erfolgt sind. Solche Pfändungen haben daher Rang vor der zeitlich früher ausgebrachten, aber erst am Tage nach der Fälligkeit der jeweiligen Rate der vollstreckbaren Forderung wirksam werdenden Vorauspfändung. Bei der Vorauspfändung wird damit lediglich fortlaufend, im Voraus und durch einen einzigen Beschluss gepfändet, aber rangmäßig und in Bezug auf die anderen Pfändungswirkungen nicht anders, als wenn stückweise nach Fälligkeitsabschnitten gepfändet worden wäre[31].

N. Nebenansprüche und Nebenrechte (§ 838 ZPO)

I. Erstreckung der Pfändung auf Nebenrechte

693   Das Pfandrecht erfasst die gepfändete Forderung des Schuldners an den Drittschuldner in *vollem* Umfang, erstreckt sich also auch auf die *Nebenansprüche* sowie auf *Neben- und Vorzugsrechte* der Forderung.

II. Zinsen

694   1. Gesetzliche oder vertragliche Zinsen sind Nebenansprüche (Nebenschuld) der gepfändeten Forderung. Bei rechtsgeschäftlicher Verpfändung einer Forderung erstreckt sich das Pfandrecht daher ohne weiteres auch auf die Zinsen (§ 1289 BGB). Aus der entsprechenden Anwendung dieser Vorschrift auf das Pfändungspfandrecht (siehe Rdn. 554) folgt, dass es auch ohne weiteres den Anspruch auf Zahlung von Zinsen erfasst[1]. Diese Wirkung der Pfändung tritt kraft Gesetzes, also auch dann ein, wenn im Pfändungsbeschluss nicht gesondert zum Ausdruck gebracht ist, dass die Zinsen mitgepfändet sein sollen.

695   2. Es ist aber nicht geklärt, ob sich die Pfändung nur auf die künftig fällig werdenden oder auch auf die bereits fälligen und noch nicht beglichenen, also *rückständigen Zinsen* erstreckt. Man wird aber hinsichtlich der bei Pfändung rückständigen Zinsen die in § 1289 BGB getroffene Regelung und zeitliche Einschränkung nicht analog anwenden können[2]. Denn diese Vorschrift knüpft die pfandrechtliche Haftung der Zinsen an eine Anzeige des Pfandgläubigers an den (Dritt-)Schuldner darüber, dass er von seinem Einziehungsrecht in Ansehung der Zinsen Gebrauch mache. Die Pfändung wird aber als Staatsakt schon mit der Zustellung des Beschlusses in ihrem vollen Ausmaße bewirkt. Das Wesen des Pfändungsbeschlusses als staatlicher Hoheitsakt und die Vorschriften über sein Wirksamwerden durch Zustellung verbieten es, Beginn und Umfang der pfandrechtlichen Haftung von einer zusätzlichen privaten Anzeige abhängig zu machen. Es muss deshalb davon

---

31   *Berner* Rpfleger 1962, 237 (238); *OLG Hamm* FamRZ 1994, 453 = a.a.O. (Fußn. 26); *LG Münster* DGVZ 2000, 187 = Rpfleger 2000, 506.
1   *RG* HRR 1931 Nr. 144; *OLG Düsseldorf* Rpfleger 1984, 473; *Jonas* JW 1937, 2135.
2   **Anders:** *OLG Düsseldorf* Rpfleger 1984, 473 = a.a.O.; *Schuschke/Walker*, Vollstreckung, Rdn. 59 zu § 829; *Musielak/Becker*, ZPO, Rdn. 21 zu § 829.

ausgegangen werden, dass sich die Pfändung ohne weiteres auf alle rückständigen und künftigen Zinsen erstreckt. Eine Besonderheit besteht nur bei Pfändung hypothekarischer Ansprüche; siehe hierwegen Rdn. 1807.

3. Solche Unklarheiten über die Frage, ob und für welche Zeit rückständige Zinsen mitgepfändet sein sollen, treten aber nicht auf, wenn im Pfändungsbeschluss *ausdrücklich* die rückständigen Zinsen *als mitgepfändet bezeichnet* werden[3]. Da der Gläubiger meist nicht wissen wird, für welche zurückliegende Zeit Zinsen geschuldet werden, wird empfohlen[4], Antrag dahin zu stellen, dass außer den künftig fällig werdenden Zinsen auch sämtliche rückständigen Zinsen mitgepfändet werden sollen. 696

4. Ebenso wie bei der Verpfändung einer Forderung mit dinglicher Wirkung ausgeschlossen werden kann, dass sich das Pfandrecht auf die Zinsen erstreckt, kann auch bei Forderungspfändung der Zinsanspruch als Nebenrecht vom Pfändungszugriff *ausgenommen* werden. Diese Beschränkung der vollen Pfändungswirkung ist *Teil*pfändung. Als solche muss sie ausdrücklich angeordnet, im Pfändungsbeschluss also bestimmt sein, dass sich die Pfändung auf die Hauptforderung beschränken und die Zinsen nicht erfassen soll. Soll dann das Recht auf den Zinsbezug nachträglich auch der Pfändung unterworfen werden, so ist hierfür ein neuer Pfändungsbeschluss notwendig, der wiederum erst mit Zustellung wirksam wird. 697

5. Bereits fällige und ebenso noch nicht fällige Zinsen können aber auch *selbstständig* abgetreten oder verpfändet und deshalb ebenso auch selbstständig, d.h. ohne die Hauptforderung, gepfändet werden[5]. Dass sich die Pfändung nur auf die Zinsen erstrecken soll, ist im Pfändungsbeschluss zum Ausdruck zu bringen. Die alleinige Pfändung der Zinsen wird sich freilich nur in Ausnahmefällen lohnen, so z. B. dann, wenn die Vollstreckungsforderung des Gläubigers klein und in Kürze die Zahlung einer ausreichend hohen Zinsfälligkeit mit Sicherheit zu erwarten ist. 698

III. Nebenrechte etc.

1. Nebenrechte einer Forderung sind rechtlich unselbstständig, können also für sich nicht übertragen oder verpfändet werden (§ 401, auch § 1250 Abs. 1 BGB). Ebenso können sie auch nicht selbstständig, d.h. nicht allein, gepfändet werden (wegen der u.U. möglichen Hilfspfändung siehe Rdn. 705 ff.). Pfändbar ist vielmehr nur die Forderung selbst als das Hauptrecht. Ihre Pfändungsbeschlagnahme *erstreckt* sich ohne weiteres auch *auf alle unselbstständigen Nebenrechte*[6], d. s. alle Nebenrechte, die im Falle der 699

---
3 So auch *OLG Düsseldorf* Rpfleger 1984, 473 = a.a.O.; *Schuschke/Walker*, a.a.O.; *Musielak/Becker* a.a.O.; *Stein/Jonas/Brehm*, ZPO, Rdn. 80 zu § 829.
4 *Bohn/Berner*, Pfändbare Forderungen etc., N. 130.
5 RG 74, 78.
6 *BGH* MDR 2004, 114 = NJW-RR 2003, 1555 = Rpfleger 2003, 669; *BGH* 165, 53 (56, 57) = NJW 2006, 217 = Rpfleger 2006, 140; *RG* HRR 1931 Nr. 144; *OLG Hamburg* OLG 12, 141.

Abtretung nach § 401 BGB auf den neuen Gläubiger übergehen. Solche Nebenrechte sind insbesondere

- *Pfandrechte*, insbesondere die gesetzlichen Pfandrechte (auch das gesetzliche Vermieterpfandrecht bei Mietpfändung)[7] und die durch Verpfändung oder Pfändung entstandenen Pfandrechte[8] unter Einschluss des durch Pfändung und Überweisung erlangten Pfändungspfand- und Einziehungsrechts an einer Forderung oder einem anderen Vermögensrecht[9]
- *Ansprüche gegen den Bürgen* (§§ 765 ff. BGB)
- die für die Forderung nach der Pfändung eingetragene *Hypothek* (siehe hierwegen Rdn. 1845).
- *Vormerkungen*, insbesondere Hypothekenvormerkungen[10], und der gesetzliche Anspruch auf Einräumung einer Vormerkung[11] (z. B. §§ 885, 648 BGB)
- Rechte aus einem sichernden *Schuldbeitritt*[12]
- der Anspruch auf *Rechnungslegung* und Auskunft (s. Rdn. 163 a und 1741).

700   2. *Vorzugsrechte* (§ 401 Abs. 2 BGB) sind ebenfalls unselbstständig. Auch sie können daher nicht für sich gepfändet werden, sondern werden ohne weiteres von einem Forderungspfandrecht mitergriffen. Zu diesen Vorzugsrechten gehören

- das durch Zwangsvollstreckung erworbene Pfändungspfandrecht (§ 804 ZPO; siehe schon Rdn. 699)
- das Beschlagnahmerecht in einer Zwangsversteigerung oder Zwangsverwaltung (§§ 20, 148 ZVG)
- Vorzugsrechte im Insolvenzverfahren (siehe z. B. §§ 39, 49 ff., 209, 372 InsO).

701   3. Selbstständige, *abstrakte Sicherungsrechte* sind keine Neben- oder Vorzugsrechte. Auf sie erstreckt sich die Pfändung daher nicht; sie unterliegen vielmehr selbstständig dem Pfändungszugriff. Das gilt für Grundschulden, die eine Forderung sichern, Sicherungsübereignung, Eigentumsvorbehalt, Sicherungszessionen und Ansprüche aus Garantievertrag.

---

7   *Bosch* KKZ 1953, 159.
8   *OLG Hamburg* a.a.O. (Fußn. 6); siehe auch *BGH* 108, 237 (242); *OLG Nürnberg* JurBüro 2001, 606 = MDR 2001, 1133; *LG Leipzig* Rpfleger 2000, 401.
9   *RG* Seufferts Archiv 65, 68; *Fleischmann* NJW 1956, 1076; *OLG Nürnberg* a.a.O.; *OLG Stuttgart* Justiz 1983, 302 = Rpfleger 1983, 409; *LG Leipzig* Rpfleger 2000, 401; **a.A.** – irrig – *LG Osnabrück* NJW 1956, 1076. Das Forderungspfändungspfandrecht und das aus der Überweisung folgende Einziehungsrecht können daher nicht selbstständig gepfändet werden; s. auch Rdn. 590.
10 *RG* 83, 434; 142, 331 (333) sowie – für Auflassungsvormerkung – *KG* JFG 8, 321.
11 *Falkmann/Hubernagel*, Die Zwangsvollstreckung, Anm. 14 zu § 829 ZPO.
12 Vgl. hierzu *BGH* NJW 1972, 437 (438 f.).

4. Als *andere Nebenansprüche* werden von der Pfändung aber noch Ersatzansprüche erfasst, insbesondere

- ein Schadensersatzanspruch wegen Nichterfüllung[13] (§§ 280 ff, § 437 Nr. 3, § 634 Nr. 2 BGB), jedoch nur dann, wenn er nach dem Wirksamwerden der Beschlagnahme entstanden ist
- Ansprüche aus Sachmängeln (§§ 280 ff, § 634 Nr. 2 BGB)
- Ersatzansprüche bei Unmöglichkeit aus § 285 BGB
- Anspruch auf Verzugschaden (§ 286 Abs. 1 BGB).

Nicht ohne weiteres, sondern nur bei ausdrücklicher *Mitpfändung* sind hingegen beschlagnahmt Prozesskosten der in Streit befangenen Beschlagnahmeforderung[14] und Ansprüche aus Verschulden bei Vertragsabschluss[15].

5. Zum (gesetzlichen und vertraglichen) Rücktrittsrecht siehe Rdn. 562 a.

IV. Herausgabe eines Faustpfandes (§ 838 ZPO)

a) Das Pfandrecht an einer vom Drittschuldner dem Schuldner *verpfändeten beweglichen* Sache wird als Nebenrecht von der Forderungspfändung ergriffen (siehe Rdn. 699). Mit Überweisung erlangt deshalb der pfändende Gläubiger auch die Befugnis, die Rechte aus dem Faustpfandrecht geltend zu machen. Daraus ergibt sich für ihn ein Anspruch gegen den Schuldner auf Herausgabe des Pfandes (§ 1251 Abs. 1 BGB). Diesen Herausgabeanspruch schränkt § 838 ZPO ein. Die Regelung berücksichtigt, dass der Schuldner dem Drittschuldner auch nach Herausgabe der beweglichen Sache für den Schaden haftet, der entsteht, wenn der pfändende Gläubiger als (neuer) Besitzer die mit dem Pfandrecht verbundenen Verpflichtungen (siehe §§ 1214, 1215, 1217, 1218, 1223, 1243 BGB), also z. B. die Verwahrungspflicht, verletzt (§ 1251 Abs. 2 S. 2 BGB). § 838 ZPO gibt dem Schuldner für diese fortbestehende Haftung einen *Anspruch auf Sicherheitsleistung*. Die Herausgabe des Pfandes an den Gläubiger kann der Schuldner so lange verweigern, bis dieser für seine mit dem Pfandrecht verbundenen Verpflichtungen Sicherheit leistet.

b) Seinen Herausgabeanspruch gegen den Schuldner, der das Pfand nicht freiwillig übergibt, muss der Gläubiger mit Klage geltend machen[16]; Herausgabevollstreckung nach § 836 Abs. 3 ZPO kann nicht erfolgen[17]. Die

---

13 So auch *Stein/Jonas/Brehm*, ZPO, Rdn. 73 Fußn. 368 zu § 829; vgl. auch § 1210 Abs. 1 BGB.
14 RG HRR 1931 Nr. 144.
15 *Falkmann/Hubernagel*, Die Zwangsvollstreckung, Anm. 13 zu § 829 ZPO.
16 *Stein/Jonas/Brehm*, ZPO, Rdn. 1; *Musielak/Becker*, Rdn. 3; *Thomas/Putzo*, ZPO, Rdn. 1; *Zöller/Stöber*, ZPO, Rdn. 2; *Schuschke/Walker*, Vollstreckung, Rdn. 2, alle zu § 838; *Falkmann/Hubernagel*, Die Zwangsvollstreckung, Anm. 4 zu § 838 ZPO.
17 **A.A.** allerdings – Herausgabevollstreckung nach § 836 Abs. 3 ZPO; Höhe der Sicherheitsleistung bestimmt das Vollstreckungsgericht – *Bbach/Lbach/Hartmann*, ZPO, Rdn. 3 zu § 838.

Höhe der Sicherheit bestimmt das Prozessgericht; das Urteil ergeht auf Herausgabe Zug um Zug gegen die Sicherheitsleistung; Vollstreckung: §§ 726, 756 ZPO. Die Sicherheitsleistung[18] und ihre Rückgabe bestimmen sich nach §§ 232 ff. BGB; §§ 108, 109 ZPO finden keine Anwendung. Die Rückgabe kann weder das Vollstreckungsgericht noch das Prozessgericht des Herausgabestreits anordnen.

O. Hilfspfändung

Schrifttum: *Dohmen*, Die Hilfspfändung. Begriff, Verfahren und Kostenvorschriften, DGVZ 1961, 26; *Paschold*, Das Wesen der Hilfspfändung (§ 156 GVGA) ..., DGVZ 2002, 131.

705   1. Gegenstand der Zwangsvollstreckung ist das Vermögen des Schuldners (siehe Rdn. 1). Dem Vollstreckungszugriff durch Pfändung ist daher jeder Vermögensbestandteil des Schuldners unterworfen, der als selbstständiges Vermögensrecht der Gläubigerbefriedigung dienlich gemacht werden kann.

705a   2. a) Die Geltendmachung eines selbstständigen Vermögensrechts kann aber davon abhängig sein, dass sich der Gläubiger durch ein *Legitimationspapier* ausweisen kann. Legitimationspapiere sind nicht selbst Träger eines Rechts, sondern Urkunden, die eine Forderung dergestalt beweisen, dass sich der Schuldner durch Leistung an den Inhaber befreien kann. Bei dieser Bedeutung des Legitimationspapiers für den Rechtsverkehr kann dem Gläubiger nicht zugemutet werden, mit dem Zugriff auf das Papier bis zur wirksamen Pfändung der Forderung selbst zu warten (siehe § 836 Abs. 3 ZPO). Zur Abwendung einer Vollstreckungsvereitelung ist vielmehr schon vor der Forderungspfändung selbst ein überraschender (sofortiger) Vollstreckungszugriff auf das Papier geboten. Die ZPO regelt einen solchen Vollstreckungszugriff nicht. Die Rechtslehre und ihr folgend die GVGA halten jedoch einen solchen Zugriff als *Hilfspfändung* (vereinzelt auch *Neben*pfändung genannt) für zulässig.

705b   b) Auch kann für den wirksamen Pfändungszugriff auf die durch ein Papier, das nicht selbst Träger eines Rechts ist, ausgewiesene Forderung notwendig sein, dass der Gläubiger in den Besitz des Papiers gelangt (siehe z. B. §§ 830, 857 Abs. 6 ZPO). Dann muss ebenfalls, und zwar zur Vorbereitung und Sicherstellung der Pfändung selbst, ein Vollstreckungszugriff in das Papier möglich sein. Auch in solchen Fällen ist der vorzeitige Zugriff auf das Papier in Form der Hilfspfändung zugelassen worden. Dieser Hilfspfändung zur *Vorbereitung oder Unterstützung der Vollstreckungsmaßnahme* können auch noch andere Ansprüche unterliegen, die selbst nicht Träger eines Rechtes sind, so z. B. der Grundbuchberichtigungsanspruch, der Anspruch auf Herausgabe eines Hypotheken- und Grundschuldbriefes

---

18   **A.A.** (Abweisung der Herausgabeklage, wenn Sicherheit bei Entscheidung nicht geleistet ist) *Stein/Jonas/Brehm*, ZPO, Rdn. 2 zu § 838.

oder auf Bildung eines Teilbriefs, das Miteigentum an einem Hypotheken- oder Grundschuldbrief usw.

3. Die Hilfspfändung in Papiere *und andere körperliche Sachen* erfolgt durch den *Gerichtsvollzieher*. Sein Verfahren regelt § 156 GVGA; die Vorschrift lautet: 706

> § 156 GVGA
> Hilfspfändung
> Papiere, die nur eine Forderung beweisen, aber nicht Träger des Rechts sind (z. B. Sparbücher, Pfandscheine, Versicherungsscheine und Depotscheine, ferner Hypotheken- und solche Grundschuld- und Rentenschuldbriefe, die nicht auf den Inhaber lauten), sind nicht Wertpapiere im Sinne des § 154. Sie können deshalb auch nicht nach den Vorschriften über die Zwangsvollstreckung in bewegliche körperliche Sachen gepfändet werden. Der Gerichtsvollzieher kann aber diese Papiere vorläufig in Besitz nehmen (Hilfspfändung). Er teilt dem Gläubiger die vorläufige Wegnahme unverzüglich mit und bezeichnet die Forderungen, auf die sich die Legitimationspapiere beziehen. Die Papiere sind jedoch dem Schuldner zurückzugeben, wenn der Gläubiger nicht alsbald, spätestens innerhalb eines Monats, den Pfändungsbeschluss über die Forderung vorlegt, die dem Papier zugrunde liegt. Die in Besitz genommenen Papiere sind im Pfändungsprotokoll genau zu bezeichnen.
>
> Grund- und Rentenschuldbriefe, die auf den Inhaber lauten, werden nach § 154 gepfändet.

4. *Ansprüche* werden vom Vollstreckungsgericht durch *Pfändungsbeschluss* hilfsweise gepfändet. Der Pfändungsbeschluss wird nach § 829 Abs. 3 ZPO mit Zustellung an den Schuldner des hilfsweise gepfändeten Anspruchs als Drittschuldner dieser Hilfspfändung wirksam. Dieser Drittschuldner kann – muss aber nicht – mit dem Schuldner der Forderung (oder des Rechts), die (das) als Vermögensteil des Schuldners dem eigentlichen Pfändungszugriff unterworfen werden soll, identisch sein, darf mit diesem aber nicht verwechselt werden. Ist in der Zwangsvollstreckung selbst ein Drittschuldner nicht vorhanden, wie z. B. bei Pfändung einer Eigentümergrundschuld, so ist gleichwohl Drittschuldner der Hilfspfändung der Schuldner des Nebenanspruchs, z. B. des Grundbuchberichtigungs- oder Briefherausgabeanspruchs[1] oder des Anspruchs auf Erteilung einer löschungsfähigen Quittung. Mit der Zwangsvollstreckung in das Vermögen des Schuldners, der auf Befriedigung zielenden eigentlichen Forderungspfändung, kann die Hilfspfändung in einem Beschluss verbunden werden. 707

Die Hilfspfändung eines Papiers oder Anspruchs wahrt *keinen Pfändungsrang*. Der Rang eines Pfändungspfandrecht (§ 804 ZPO) bestimmt sich nur nach dem Zeitpunkt, in dem Pfändung des selbstständigen Vermögensrechts, das allein Gegenstand der Zwangsvollstreckung ist, wirksam wird.

5. Zeitlich *schränkt* § 156 GVGA die Hilfspfändung mit Zugriff auf Papiere, die nur eine Forderung beweisen, grundlegend *ein*. Der Gerichtsvollzieher kann die Papiere nur vorläufig in Besitz nehmen; sie sind dem 707a

---

1 *Stöber* Rpfleger 1958, 252.

Schuldner zurückzugeben, wenn nicht alsbald (begrenzt auf einen Monat) ein Pfändungsbeschluss über die Forderung vorgelegt wird, die dem Papier zugrunde liegt. Der Hilfspfändung eines Herausgabeanspruchs oder eines anderen Anspruchs sind durch das Ziel des Zwangszugriffs, der Vorbereitung oder Unterstützung der Vollstreckungsmaßnahme zu dienen, gleichermaßen Grenzen gesetzt. Sie kann nicht losgelöst von der Vollstreckungsmaßnahme, die sie vorbereiten oder unterstützen soll, als selbstständige Maßnahme rechtlichen Zwangs vorgenommen werden, sondern nur zusammen mit dem Vollstreckungszugriff auf Schuldnervermögen oder im Anschluss an diesen zu seiner Unterstützung. Daher verbietet sich Pfändung des Anspruchs auf Herausgabe eines Hypotheken- oder Grundschuldbriefes vor Erlass des Beschlusses, mit dem die Hypothekenforderung (§§ 830, 830 a ZPO) oder Grundschuld (§ 857 Abs. 6 ZPO) gepfändet wird. Wenn die Forderung (das Recht) und für diese Vollstreckungsmaßnahme hilfsweise auch der Anspruch nicht sogleich zusammen gepfändet werden, erfordert Erlass des Pfändungsbeschlusses nur zur Hilfspfändung daher Prüfung, dass diese nicht als selbstständige Zwangsmaßnahme erfolgt, sondern zur Vorbereitung oder Unterstützung der Zwangsvollstreckung in die Forderung (das Recht). Der Gläubiger hat daher in diesem Fall darzutun, dass Beschluss über Pfändung der Forderung bereits erlassen ist; darauf, dass er mit Zustellung auch bereits wirksam geworden ist (§ 829 Abs. 3 ZPO), braucht sich der Nachweis des Gläubigers nicht zu erstrecken.

708 6. Bei *Arrest*vollziehung und Sicherungsvollstreckung (§ 720 a ZPO; Rdn. 581 a) kann ein hilfsweise gepfändeter Anspruch zur Einziehung überwiesen werden. Denn die Einziehung, also Geltendmachung des Hilfsanspruchs, führt noch nicht zur Befriedigung des Gläubigers, sondern verschafft erst die für die eigentliche Arrest- oder Sicherungspfändung benötigten Unterlagen, ermöglicht es also erst, die eigentliche Arrest- oder Sicherungspfändung überhaupt wirksam zu machen[2]. Da die Überweisung des Hilfsanspruchs „im Dienste der Arrestpfändung" steht, ist für ihre Anordnung auch das Arrestgericht zuständig[3]; das Vollstreckungsgericht wird für diese Überweisung erst zuständig, wenn sich das Arrestpfandrecht in ein Vollstreckungspfandrecht verwandelt (siehe Rdn. 820). Bei Sicherungsvollstreckung erfolgt die Überweisung durch das pfändende Vollstreckungsgericht.

P. Die Rechtsbehelfe
(§§ 766, 767, 771, 793 ZPO, § 11 RPflG)

709 Es sind zu unterscheiden

- Einwendungen gegen die *prozessuale Zulässigkeit* und das *Verfahren* der Vollstreckung (Erinnerung und Beschwerde),

---

2 *RG* JW 1934, 2764.
3 *Stein/Jonas/Grunsky*, ZPO, Rdn. 9 zu § 930.

Erinnerung

■ Einwendungen gegen die Richtigkeit der zur Vollstreckung stehenden *Forderung* und die *Zugehörigkeit* der gepfändeten Forderung zum Schuldnervermögen.

A. Erinnerung und Beschwerde

I. Allgemeines

Schrifttum: J. *Blomeyer*, Der Anwendungsbereich der Vollstreckungserinnerung, Rpfleger 1969, 279; J. *Blomeyer*, Die Rechtsbehelfe von Arbeitnehmer und Arbeitgeber im Fall der Arbeitslohnpfändung, RdA 1974, 1; *Brox* und *Walker*, Die Vollstreckungserinnerung, JA 1986, 57; *Bürck*, Erinnerung oder Klage bei Nichtbeachtung von Vollstreckungsvereinbarungen durch die Vollstreckungsorgane, ZZP 85 (1972) 391; *Christmann*, Der Rechtsschutz bei der Pfändung des Arbeitseinkommens, Rpfleger 1988, 458; *Gaul*, Das Rechtsbehelfssystem der Zwangsvollstreckung, Möglichkeiten und Grenzen einer Vereinfachung, ZZP 85 (1972) 251; *Säcker*, Zum Streitgegenstand der Vollstreckungserinnerung, NJW 1966, 2345; *Scheld*, Art. 103 Abs. 1 GG und das Verfahrensrecht zur Gewährung des rechtlichen Gehörs, Rpfleger 1974, 212; *Schmeken*, Rechtsmittel bei der Pfändung von Sozialleistungen, ZIP 1982, 1295; *K. Schmidt*, Die Vollstreckungserinnerung im Rechtssystem, JuS 1992, 90; *E. Schneider*, Fehlerhafte Aufhebungsentscheidungen im Zwangsvollstreckungsverfahren, MDR 1984, 371; *Wieser*, Sofortige Beschwerde gegen den Pfändungs- und Überweisungsbeschluss, ZZP 115 (2002) 157.

1. Mit Erinnerung und sofortiger Beschwerde sind Einwendungen gegen die *prozessuale Zulässigkeit*[1] der Vollstreckung geltend zu machen. Es sind dies Einwendungen, die darauf beruhen, dass die prozessualen Voraussetzungen der erfolgten Vollstreckung nicht gegeben seien[2] (z. B. eine vollstreckbare Ausfertigung nicht erteilt, der Vollstreckungstitel nicht zugestellt sei). Mit Erinnerung sind außerdem Einwendungen gegen das *Pfändungsverfahren* geltend zu machen[3], das sind Einwendungen, die sich darauf stützen, dass die Pfändung nicht in der gesetzlichen Weise bewirkt

---

1 Zum Verhältnis von § 766 ZPO zum materiellen Recht siehe *J. Blomeyer* Rpfleger 1969, 280; zur Geltendmachung vollstreckungsbeschränkender Vereinbarungen siehe *BGH* MDR 1991, 668; *OLG Frankfurt* JurBüro 1981, 461 = OLGZ 1981, 112; *OLG Hamm* MDR 1977, 675 = Rpfleger 1977, 178; *OLG Karlsruhe* MDR 1975, 234 = NJW 1974, 2242; *OLG München* Rpfleger 1979, 466; *Zöller/Stöber*, ZPO, Rdn. 25 vor § 704.
2 *Blomeyer* a.a.O. spricht zutreffend von „Kontrolle, ob die Voraussetzungen für die Vornahme der Zwangsvollstreckung als solche im Einzelfall vorliegen".
3 Rechtsbehelf gegen Pfändungsverfügung nach § 309 AO: Einspruch gem. § 347 AO. Der Pfändungsbeschluss eines Verwaltungsgerichts ist gem. § 167 Abs. 1 VwGO mit Erinnerung (§ 766 ZPO, *OVG Berlin* NJW 1984, 1370), bei Entscheidungscharakter mit sofortiger Beschwerde (§ 793 ZPO) anfechtbar (*OVG Münster* = NJW 1980, 1709). Das gilt auch für die Vollstreckung zugunsten der öffentlichen Hand durch den Vorsitzenden des Gerichts des ersten Rechtszugs (§ 169 VwGO) (*OVG Münster* a.a.O. mit Nachw.; *VGH Baden-Württemberg* KKZ 1990, 93). Die Pfändungsverfügung einer Verwaltungsbehörde (nach VwVG des Bundes oder eines Landes) ist anfechtbarer Verwaltungsakt (*BVerwG* DÖV 1959, 949; *Hess. VerwG* KKZ 1969, 16); Rechtsbehelfe daher §§ 68–80 VwGO. Auf die Vollstreckung nach der JBeitrO finden nach deren § 6 Abs. 1 die §§ 766, 793 ZPO Anwendung.

wurde. Wegen des Verstoßes gegen Pfändungsverbote und Pfändungsbeschränkungen siehe Rdn. 750 ff.

Einwendungen und Einreden gegen die vom Gläubiger schlüssig behauptete Forderung des Schuldners an den Drittschuldner berühren die materielle Rechtsstellung des Schuldners; sie können daher im Erinnerungsverfahren nicht berücksichtigt werden[4], sondern sind im Klageverfahren zu erheben. Auf das Nichtbestehen der gepfändeten Forderung kann jedoch mit Erinnerung das Fehlen des für den Erlass des Pfändungsbeschlusses erforderlichen Rechtsschutzbedürfnisses gestützt werden[5] (vgl. Rdn. 488).

711 2. Es findet statt

- gegen Maßnahmen des Richters oder Rechtspflegers des Vollstreckungsgerichts, die *Vollstreckungsakte* sind (Vollstreckungshandlungen), die *Erinnerung* (§ 766 ZPO),
- gegen *Entscheidungen* des Richters oder Rechtspflegers (§ 11 Abs. 1 RPflG) des Vollstreckungsgerichts die *sofortige Beschwerde* (§ 793 ZPO),
- befristete *Erinnerung* nach § 11 Abs. 2 RPflG, wenn eine *Entscheidung des Rechtspflegers* angefochten werden soll, gegen die nach den allgemeinen verfahrensrechtlichen Vorschriften ein Rechtsmittel nicht gegeben ist (Ausnahmefall); **Beispiele:** Zwischenverfügung; Ablehnung der Pfändung wegen Zwangsvollstreckungskosten von weniger als 200 Euro[6] (s. Rdn. 731 und 836).

Eine unrichtige Bezeichnung des Rechtsbehelfs oder Rechtsmittels ist unschädlich. Ausschlaggebend ist allein, dass nach dem Inhalt der Eingabe erkennbar eine Nachprüfung der angefochtenen Maßnahme oder Entscheidung durch die dafür zuständige Stelle in dem dafür vorgeschriebenen Verfahren erstrebt wird.

712 3. Als Rechtsbehelfe im Zwangsvollstreckungsverfahren sind Erinnerung und Beschwerde erst *nach Beginn*[7] der Vollstreckungsmaßregel, die Gegenstand der Verfahrensrüge ist, und nur so lange zulässig, als diese Maßregel noch *nicht beendet*[8] ist. Bei Forderungspfändung beginnt die Zwangsvollstreckung mit Erlass (Unterzeichnung) der Entscheidung über den Pfändungsantrag durch das Vollstreckungsgericht. Beendet wird die Vollstreckungsmaßregel mit Zahlung der gepfändeten Forderung durch den Drittschuldner an den Gläubiger[9]. Bei Hinterlegung tritt als Gegen-

---

4 *OLG Hamburg* MDR 1953, 369; siehe auch Rdn. 716.
5 *OLG Frankfurt* JurBüro 1978, 931 = MDR 1978, 763 = OLGZ 1978, 363 = Rpfleger 1978, 229.
6 *LG Düsseldorf* JurBüro 1987, 1260.
7 *OLG Köln* JurBüro 1989, 870.
8 *OLG Köln*, JurBüro 2001, 213; *AG Köln* DGVZ 1978, 130; *Zöller/Stöber*, ZPO, Rdn. 13 zu § 766.
9 BGH 128, 365 (368) = NJW 1995, 1159; BGH 140, 253 (257) = MDR 1999, 317 = NJW 1999, 953 = NZI 1999, 110; *OLG Jena* OLG 7, 310; *LG Aachen* Rpfleger 1962, 449; *AG Köln* JurBüro 1965, 814. Bei ratenweiser Zahlung (z. B. Miete) endet die Zwangsvollstreckung bezüglich jedes fälligen Teils mit seiner Tilgung; siehe *OLG Jena* a.a.O.

stand der Zwangsvollstreckung der hinterlegte Betrag an die Stelle der gepfändeten Forderung. Die Zwangsvollstreckung wird daher, auch wenn der Drittschuldner bei der Hinterlegung auf das Rücknahmerecht verzichtet hat, nicht schon durch die Hinterlegung, sondern erst mit der Befriedigung des Gläubigers aus dem hinterlegten Betrag beendet[10]. Wegen der Überweisung an Zahlungs statt siehe Rdn. 598. Die (formularmäßige) Äußerung im Pfändungsantrag, zur Beschleunigung werde im Voraus das Einverständnis mit Absetzungen erklärt, wird nicht als wirksame Vorauserklärung eines Rechtsmittelverzichts gewertet[11].

4. Eine Erinnerung oder Beschwerde, die nach Beendigung der Vollstreckungsmaßregel eingelegt oder aufrechterhalten wird, ist gegenstandslos. Sie muss daher, wenn sie nicht zurückgenommen wird, ohne Sachprüfung als unzulässig verworfen werden[12].

5. Über die Beendigung der Zwangsvollstreckung hinaus können *privatrechtliche Ansprüche*, die sich aus einer unrechtmäßigen Vollstreckungsmaßregel ergeben, fortbestehen. Der Gläubiger, der unter Verstoß gegen ein Vollstreckungs- oder Pfändungsverbot etwas erlangt hat, hat demnach das Erlangte dem Vollstreckungsschuldner herauszugeben (§ 812 BGB); denn andernfalls könnte das Verbot keinerlei Schutzwirkung für den Schuldner entfalten[13]. Solche Ansprüche sind im Klageweg zu verfolgen[14]. Das Vollstreckungsgericht kann über sie nicht entscheiden; es kann auch nicht die Rückzahlung (Rückgewähr) der an den Gläubiger zur Auszahlung gelangten Beträge anordnen[15].

713

714

II. Die Erinnerung
(§ 766 ZPO)

1. Die dem Vollstreckungsgericht zugewiesenen *Vollstreckungsmaßnahmen* sind mit Erinnerung anfechtbar (§ 766 ZPO). Sie ergehen auf einseitigen Antrag des Gläubigers ohne Gehör des Schuldners[16]; das Vollstreckungsgericht hat daher zunächst einmal selbst nach Anhörung der Beteiligten die Zulässigkeit seiner Vollstreckungshandlung und/oder das Verfahren zu prüfen und über die Rechtmäßigkeit der Maßnahme zu entscheiden[17]. Erinne-

715

---

10 *RG* 67, 310 (311); s. auch *BGH* JurBüro 1979, 364 = JR 1979, 283 mit Anm. *Olzen* = MDR 1979, 309 = NJW 1979, 373.
11 *OLG Köln* JurBüro 1979, 1642.
12 *LG Aachen* Rpfleger 1962, 449.
13 *BFH* 194, 338 (343).
14 *OLG Dresden* Seufferts Archiv 46, 77.
15 Siehe *OLG Hamburg* OLG 14, 163 und *OLG Naumburg* OLG 15, 152.
16 „Ohne Anhörung des Schuldners" ist eine Vollstreckungsmaßnahme auch getroffen, wenn sie vor Ablauf einer dem Schuldner gesetzten Äußerungsfrist vorgenommen worden ist, *LG Frankfurt* Rpfleger 1984, 472.
17 Anders nur *Wieser* ZZP 115 (2002) 157: Der Pfändungs- und Überweisungsbeschluss unterliegt (stets) der sofortigen Beschwerde, gleichgültig, ob der Beschwerdeführer vorher gehört oder nicht gehört worden war. Nicht zutreffend, s. z. B. *BGH* NZI 2004, 447.

2. Kapitel: Pfändungsverfahren und -wirkungen

rung ist ein an das Vollstreckungsgericht gerichtetes Gesuch um Nachprüfung der Vollstreckungsmaßnahme.

716 2. Mit Vollstreckungserinnerung (§ 766 ZPO) anfechtbare Vollstreckungshandlungen sind

- der Erlass eines Pfändungsbeschlusses ohne Schuldneranhörung (§ 834 ZPO)[18]. Gleiches gilt für Einwendungen des vor der Pfändung nicht gehörten Drittschuldners oder eines Dritten[19];
- die Festlegung des nach § 850 d ZPO pfandfreien Betrags bei Erlass des Pfändungsbeschlusses (ohne Schuldneranhörung). Dies gilt auch für Einwendungen des Gläubigers gegen die Höhe des pfandfreien Betrags[20].

Verlangt jedoch der Gläubiger im Einzelfall bereits in seinem Pfändungsantrag Festsetzung eines bestimmten Freibetrags und gewährt das Vollstreckungsgericht dem Schuldner dann höheres pfandfreies Einkommen, so hat es den weitergehenden Antrag des Gläubigers zurückgewiesen. Rechtsbehelf des Gläubigers (nicht des Schuldners[21]) gegen diese Teilzurückweisung (auch wenn sie nicht gesondert ausgesprochen ist) ist dann die Beschwerde (§ 11 Abs. 1 RPflG, § 793 ZPO)[22];

- die Festlegung des pfandfreien Betrags bei Pfändung wegen einer Forderung aus einer vorsätzlich begangenen unerlaubten Handlung nach § 850 f Abs. 2 ZPO ohne Schuldneranhörung[23].

717 3. Erinnerung können der Schuldner und der Drittschuldner[24] als Verfahrensbeteiligte erheben. Der Drittschuldner kann mit Erinnerung jedoch nicht die Aufhebung des Pfändungsbeschlusses begehren, weil die gepfändete (angebliche) Forderung nicht bestehe[25] (wird im Pfändungsverfahren nicht geprüft, Rdn. 487). Erinnerungsbefugt ist auch ein *nachrangig pfändender Gläubiger*; er wird durch eine ihm im Rang vorgehende Pfändung in seiner Rechtsstellung beeinträchtigt und hat daher ein Interesse daran,

---

18 *BGH* NZI 2004, 447; *OLG Hamm* Rpfleger 1973, 222; *OLG Köln* NJW-RR 2001, 69; *Stöber* Rpfleger 1974, 52 (S. 53 Abschn. II 2).
19 *Stöber* a.a.O. (Fußn. 18).
20 *Stöber* a.a.O. (Fußn. 18, Abschn. III 2); *OLG Koblenz* JurBüro 1978, 763 = Rpfleger 1978, 226.
21 Für ihn – da nicht gehört – Erinnerung nach § 766 ZPO; siehe *Stöber* Rpfleger 1974, 52 (S. 54 Abschn. III 3).
22 *OLG Hamm* Rpfleger 1974, 30 und *Stöber* Rpfleger 1974, 52 (S. 53 Abschn. III 2); *OLG Koblenz* a.a.O. (Fußn. 20); **anders** für Teilrückweisung im Fall des § 850 f Abs. 2 ZPO: *LG Koblenz* MDR 1979, 944.
23 *OLG Düsseldorf* Rpfleger 1973, 186; *Stöber* Rpfleger 1974, 52 (S. 55 Abschn. VI); **anders** *OLG Hamm* Rpfleger 1973, 259. Sofortige Beschwerde aber, wenn der Schuldner bereits gehört wurde, *Stöber* a.a.O.
24 *BGH* 69, 144 = MDR 1978, 135 = NJW 1977, 1881; *BGH* NJW-RR 2004, 643 = Rpfleger 2004, 232 (233; hier Beschwerdebefugnis); *KG* Rpfleger 1976, 144; *OLG Frankfurt* JurBüro 1981, 458 = OLGZ 1981, 109; *OLG Köln* Rpfleger 1995, 76; *OLG München* JurBüro 1982, 1417.
25 *OLG Celle* Rpfleger 1999, 283 für SGB-Leistungsträger nach Pfändung einer Altersrente.

deren Rechtmäßigkeit überprüfen zu lassen[26]. Mit Erinnerung kann der nachpfändende Gläubiger alle Einwendungen gegen die Art und Weise der Zwangsvollstreckung verfolgen, somit auch Aufhebung der von einem örtlich unzuständigen Gericht angeordneten früheren Pfändung erstreben. Ein sonst interessierter *Dritter* kann Erinnerung nur einlegen, wenn er einen Verfahrensverstoß rügt, durch den er in Mitleidenschaft gezogen ist[27]. Ein Dritter kann jedoch sein Gläubigerrecht an der gepfändeten (angeblichen) Forderung des Schuldners an den Drittschuldner nicht mit Erinnerung verfolgen[28] (s. auch Rdn. 710; zu § 771 ZPO Rdn. 745). Ob eine nach dem Sachvortrag des Gläubigers vorhandene „angebliche" Forderung des Schuldners besteht, wird im Pfändungsverfahren nicht geprüft (Rdn. 487). Diese Prüfung kann daher auch nicht durch einen Dritten als Forderungsgläubiger verlangt werden, dessen Rechte die Pfändung nicht berührt (Rdn. 486). Wegen des Rechts des Drittschuldners, mit Erinnerung die Unpfändbarkeit der Forderung geltend zu machen, siehe Rdn. 751.

4. Die Erinnerung gegen eine Vollstreckungsmaßregel ist an keine Frist gebunden. Zulässig ist sie jedoch nur bis zur Beendigung der Vollstreckungsmaßregel. **718**

5. Die Erinnerung kann auf *neue Tatsachen* und Beweise gestützt werden. Maßgebend für die Beurteilung der Rechtmäßigkeit der Pfändung ist daher die Sach- und Rechtslage zum Zeitpunkt der Entscheidung über die Erinnerung[29]. Zurückgenommen werden kann die Erinnerung bis zur Entscheidung. **719**

6. Das Erinnerungsverfahren folgt den allgemeinen Grundsätzen des ZPO-Verfahrens. Es ist daher vom Beibringungsgrundsatz beherrscht mit Darlegungs- und Beweislast der Parteien des Zwangsvollstreckungsverfahrens. **720**

7. a) Den *Gegner* des Erinnerungsführers muss das Vollstreckungsgericht vor der Entscheidung über die Erinnerung hören. Die Anhörung kann schriftlich dadurch erfolgen, dass eine Frist für eine etwaige Stellungnahme **721**

---

26 *BGH* MDR 1989, 633 = NJW-RR 1989, 636. Pfändung einer Briefhypothek/ -grundschuld und des Anspruchs des Schuldners gegen den vorrangigen Gläubiger auf Herausgabe des Hypotheken/Grundschuldbriefes begründet auch vor Wirksamwerden mit Briefübergabe (§§ 830, 857 Abs. 6 ZPO) eine Rechtsstellung, die dem nachpfändenden Gläubiger das Recht verleiht, die vorrangige Pfändung mit Erinnerung (§ 766 ZPO) auf ihre Wirksamkeit hin überprüfen zu lassen, *BGH* a.a.O. Die Erinnerungsbefugnis des nachpfändenden Gläubigers kann aber nicht auf diesen engen Fall beschränkt sein; mit seinem Interesse, die Pfändung vorrangig wirksam zu erlangen (§§ 830, 857 Abs. 6 ZPO), ist sie durchweg anzunehmen, wenn für Pfändung einer Briefhypothek/-grundschuld Pfändungsbeschluss ergangen ist.
27 *LG Kiel* Rpfleger 1970, 71. Die Wohnsitzgemeinde kann Erinnerung nicht einlegen, wenn der Schuldner infolge Pfändung sozialhilfebedürftig wird; *LG Koblenz* MDR 1982, 503.
28 Ganz allgemeine Meinung, z. B. *Stein/Jonas/Münzberg*, ZPO, Rdn. 37 zu § 766; *Schuschke/Walker*, Vollstreckung, Rdn. 66 zu § 829; anders nur *OLG Jena* OLGR 1997, 155 = OLG-NL 1996, 263.
29 *BGH* JurBüro 2009, 105 = MDR 2009, 105 = NJW-RR 2009, 211 = Rpfleger 2009, 94.

gesetzt wird[30]. Es gilt der Verfassungsgrundsatz des „*rechtlichen Gehörs*" (Art. 103 Abs. 1 GrundG). Er verpflichtet das Gericht, seiner Entscheidung nur solche Tatsachen und Beweisergebnisse zugrunde zu legen, zu denen Stellung zu nehmen den Beteiligten Gelegenheit gegeben war[31]. Stellungnahme muss auch zu offenkundigen oder amtsbekannten Tatsachen ermöglicht werden. Dem Beschwerdeführer, der sich eine weitere Begründung seiner Beschwerde vorbehält, muss aus dem Gesichtspunkt des rechtlichen Gehörs zum Nachreichen der Begründung genügend Zeit gelassen oder eine angemessene Frist gesetzt werden[32].

722   b) *Ausführungen der Parteien müssen* vom Gericht zur Kenntnis genommen und in Erwägung gezogen werden[33]. Sie müssen bei der Entscheidung *berücksichtigt werden*, wenn sie bei Gericht vor Hinausgabe des Beschlusses eingegangen sind. Dass jedes Vorbringen ausdrücklich verbeschieden und gewürdigt werde, das Gericht mithin sich in der Begründung des Beschlusses ausdrücklich damit befassen müsse, folgt aus Art. 103 Abs. 1 GrundG aber nicht[34]. Jedoch müssen die wesentlichen der Rechtsverfolgung oder -verteidigung dienenden Tatsachenbehauptungen in den Entscheidungsgründen verarbeitet werden[35]. Ein Beschluss, der Parteierklärungen nicht berücksichtigt, d.h. bei dessen Erlass Erklärungen vom Gericht nicht zur Kenntnis genommen und in Erwägung gezogen waren[36], die erst nach seinem Absetzen (und Unterzeichnung[37]), aber noch vor seinem Hinausgehen aus dem internen Verfügungsbereich des Gerichts eingegangen sind, verletzt den Grundsatz des rechtlichen Gehörs[38]; er muss auf Beschwerde aufgehoben werden. Dabei ist es ohne Bedeutung, ob die Nichtberücksichtigung auf einem Versehen des Richters oder darauf beruht, dass die Parteierklärung nicht rechtzeitig vorgelegt worden ist[39].

723   c) Der Anspruch auf rechtliches Gehör schließt auch die Befugnis ein, dem Gericht *rechtliche Ausführungen* zu unterbreiten[40]. Das Gericht muss aber Rechtsansichten, die es seiner Entscheidung zugrunde legen will, den Beteiligten vorher nicht zur Äußerung mitteilen. Es ist weder verpflichtet, selbst ein „Rechtsgespräch" mit den Parteien zu führen, noch muss es ein

---

30   *BVerfG* 7, 98 = Rpfleger 1957, 294. Näher dazu *BVerfG* MDR 1974, 133 = NJW 1974, 133; hierzu zutreffend kritisch *Scheld* Rpfleger 1974, 212.
31   *BVerfG* 1, 418; 6, 12 (14); 7, 340 (341); 9, 261 (267); 9, 304; 10, 281; 13, 144 und ständig.
32   *BVerfG* 8, 91.
33   *BVerfG* in ständiger Rechtsprechung, z. B. 5.10.1976, 2 BvR 558/75, Rpfleger 1977, 13 mit weiteren Nachweisen.
34   *BVerfG* 5, 24; 13, 132 (149); 42, 364 (368).
35   *BVerfG* 47, 182 = Rpfleger 1978, 127.
36   *BVerfG* 10, 182 f.
37   *BayObLG* NJW-RR 1999, 1685.
38   *BayObLG* Rpfleger 1981, 144; zur möglichen Nichtberücksichtigung eines verspätet eingegangenen Schriftsatzes (§ 283 S. 2 ZPO entspr.) siehe aber *OLG Köln* ZIP 1981, 92.
39   *BayObLG* NJW-RR 1999, 1685; *OLG Frankfurt* Rpfleger 1962, 340.
40   *BVerfG* 9, 235; 9, 266; *BayVerfGH* 15, 39.

solches Gespräch zwischen den Parteien dadurch ermöglichen, dass es zu allen Rechtsausführungen der einen Partei der anderen nochmals Gelegenheit zur Gegenäußerung zu geben hätte[40]. Dann aber muss der Richter den Parteien seine Rechtsmeinung darlegen, wenn er früher mündlich oder schriftlich eine andere Rechtsauffassung geäußert hat, an der er nicht mehr festhalten will.

8. a) Der Vollstreckungserinnerung kann der Rechtspfleger *abhelfen*. Er kann daher einen von ihm erlassenen Pfändungs- und Überweisungsbeschluss *aufheben* (Wirksamkeit bis zur Rechtskraft hinausschieben, s. Rdn. 742), wenn er die Erinnerung für begründet hält[41]. Vor Aufhebung des Pfändungsbeschlusses auf Erinnerung des Schuldners im Wege der Abhilfe muss jedoch der Gläubiger, dem die Vollstreckungsmaßregel bereits mitgeteilt war, gehört werden[42]. Ob die Erinnerung begründet ist, hat der Rechtspfleger zu prüfen; erweist sich die Erinnerung als gerechtfertigt, so muss er abhelfen. Zu dieser Abhilfeentscheidung ist der Rechtspfleger verpflichtet; sie ist nicht in sein Belieben oder Ermessen gestellt[43]. Hält der Rechtspfleger die Erinnerung nur *teilweise* für begründet, so darf und muss er insoweit abhelfen[44]. Soweit aber keine Abhilfe erfolgt, muss die Erinnerung dem Richter zur Entscheidung vorgelegt werden[45]; ein Recht zur Zurückweisung der Erinnerung in dem Umfang, in dem der Rechtspfleger sie nicht für begründet hält, hat er nicht[46]. Ist anzunehmen, dass mit der teilweisen Abhilfe die Erinnerung praktisch erledigt ist, weil sich der Erinnerungsführer mit dieser Entscheidung zufriedengibt, dann ist es zweckmäßig, bei ihm anzufragen, ob auf der Erinnerung im Übrigen bestanden wird. Antwortet der Erinnerungsführer nicht, so darf aber die durch Abhilfe nicht erledigte Erinnerung nicht stillschweigend übergangen werden.

724

b) Aus dem Abhilferecht des Rechtspflegers folgt seine Befugnis zum Erlass *einstweiliger Anordnungen* nach § 766 Abs. 1 S. 2, § 732 Abs. 2 ZPO[47]. Er kann insbesondere die einstweilige Einstellung der Zwangsvollstreckung gegen oder ohne Sicherheitsleistung anordnen oder verfügen, dass die Zwangsvollstreckung nur gegen Sicherheitsleistung fortzusetzen sei. Rechtsbehelf gegen diese Anordnung: Befristete Rechtspflegererinnerung,

725

---

40 *BVerfG* 9, 235; 9, 266; *BayVerfGH* 15, 39.
41 *OLG Celle* NdsRpfl 1963, 154; *OLG Düsseldorf* JMBlNRW 1960, 59 = Rpfleger 1960, 19; *OLG Frankfurt* Rpfleger 1979, 111; *OLG Hamm* Rpfleger 1963, 19 mit zust. Anm. *Berner* und Rpfleger 1957, 413; *OLG Koblenz* Rpfleger 1972, 220 und 1973, 65; *OLG Koblenz* JurBüro 1978, 763 = Rpfleger 1978, 226 und MDR 1983, 413 (414); *LG Bochum* Rpfleger 1971, 409; *LG Essen* Rpfleger 1960, 248 mit zust. Anm. *Berner*; *Weber* Rpfleger 1957, 256; *Blomeyer* Rpfleger 1969, 279 Fußn. 2; *Stöber* Rpfleger 1974, 54; **a.A.** nur *LG Berlin* Rpfleger 1965, 59 mit abl. Anm. *Biede*.
42 *OLG Frankfurt* Rpfleger 1979, 111.
43 *OLG Köln* Rpfleger 1975, 140; *LG Frankenthal* Rpfleger 1984, 424.
44 **a.A.** *LG Lüneburg* NdsRpfl 1981, 122.
45 *OLG Köln* JurBüro 2006, 610.
46 *Berner* Rpfleger 1960, 249; irrig *LG Essen* a.a.O (Fußn. 41).
47 *OLG Köln* Rpfleger 1996, 324; *LG Frankenthal* Rpfleger 1984, 424.

2. Kapitel: Pfändungsverfahren und -wirkungen

über die der Richter des Amtsgerichts abschließend zu entscheiden hat[48] (§ 11 Abs. 2 RPflG), nicht sofortige Beschwerde.

726   9. Über die Erinnerung *entscheidet* das Vollstreckungsgericht (Richter, § 20 Nr. 17 RPflG) durch *Beschluss* (§ 764 Abs. 3 ZPO). Das Insolvenzgericht entscheidet im Falle des § 89 Abs. 3 InsO (Rdn. 577 l). Der Beschluss ist zu begründen. Er muss den Parteien zugestellt werden (§ 329 Abs. 3 ZPO). Ordnet der Beschluss eine Pfändung an, so muss er den an einen Pfändungsbeschluss zu stellenden Anforderungen genügen (siehe Rdn. 489 ff.). Dieser Pfändungsbeschluss und die Entscheidung, die eine schon ausgebrachte Pfändung erweitert, werden als Vollstreckungsmaßregeln erst mit der Zustellung an den Drittschuldner, die im Parteibetrieb zu bewirken ist, wirksam (§ 829 Abs. 2, 3 ZPO; wegen Einzelheiten siehe Rdn. 525 ff.). Die Entscheidung, die den Pfändungsbeschluss über die Pfändung wiederkehrender Bezüge (Arbeitseinkommen, Miete u.a.) ändert, muss klären, ob und inwieweit dem Änderungsbeschluss rückwirkende Kraft zukommt. Bleibt die Frage der Rückwirkung gleichwohl offen, so kann es Auslegungssache sein, ob sie nicht trotzdem gewollt war (siehe dazu Rdn. 1208). Mit Aufhebung eines wegen Verstoß gegen ein Pfändungsverbot fehlerhaften Pfändungsbeschlusses sind (wenn der Aufhebungsbeschluss keine Einschränkung anordnet) alle Pfändungswirkungen entfallen; der Gläubiger kann daher auch nicht mehr Zahlung von Rentenbeträgen verlangen, die vor Aufhebung fällig geworden sind[49]. Wegen des Wirksamwerdens der Entscheidung bei Aufhebung des Pfändungsbeschlusses siehe Rdn. 741.

727   10. Der auf Erinnerung ergehende Beschluss über die Pfändbarkeit oder Unpfändbarkeit eines bestimmten Gegenstandes ist der materiellen Rechtskraft fähig[50].

728   11. Der Richter (nicht der Rechtspfleger) des Vollstreckungsgerichts ist auch für eine im Erinnerungsverfahren selbstständig zu treffende (isolierte) Kostenentscheidung zuständig, hat mithin auch zu entscheiden, wenn nach Erledigung der Hauptsache Kostenbeschluss nach § 91 a ZPO beantragt ist[51].

III. Die sofortige Beschwerde (§ 793 ZPO)

729   1. Sofortige Beschwerde findet gegen die *Entscheidung* (auch des Rechtspflegers, § 10 Abs. 1 RPflG) im Zwangsvollstreckungsverfahren statt (§ 793 ZPO). Eine Entscheidung ergeht nach Anhörung der Parteien und beruht auf einer tatsächlichen oder rechtlichen Würdigung des beiderseitigen Vorbringens. Sofortige Beschwerde findet daher insbesondere statt gegen den über eine Erinnerung nach § 766 ZPO entscheidenden Beschluss des Vollstreckungsgerichts sowie

---

48 *OLG Köln* NJW-RR 2001, 69.
49 *BSozG* KKZ 1984, 231 = MDR 1984, 701.
50 *LG Stuttgart* ZZP 69, 451.
51 *LG Frankenthal* Rpfleger 1984, 361 mit zust. Anm. *Meyer-Stolte*.

Sofortige Beschwerde

- gegen die Zurückweisung eines Pfändungsantrags (§ 567 Abs. 1 Nr. 2 ZPO; auch gegen nur teilweise Ablehnung des Antrags[52]). Hier ist ein nur einseitiges Verfahren mit tatsächlicher oder rechtlicher Würdigung des Vorbringens des Gläubigers gegeben;
- gegen eine teilweise Antragszurückweisung infolge Festsetzung eines vom Antrag abweichenden, höheren pfandfreien Betrags (Rdn. 716) oder gewöhnliche Pfändung nur nach § 850 c ZPO an Stelle der beantragten Pfändung mit Vorrang nach § 850 d oder § 850 f Abs. 2 ZPO;
- gegen eine Aufhebung des Pfändungsbeschlusses durch den Rechtspfleger, der einer Erinnerung (§ 766 ZPO) abhilft[53]; Entsprechendes gilt bei nur teilweiser Abhilfe wie insbesondere dann, wenn auf Erinnerung des Schuldners der nach § 850 d (oder f Abs. 2) ZPO zu bestimmende pfandfreie Betrag erhöht wurde[54];
- bei Pfändung einer Rente oder rentenähnlichen Leistung (§ 850 b Abs. 2 ZPO) nach Anhörung des Schuldners bzw. Drittschuldners[55];
- gegen den Erlass[56] eines Pfändungsbeschlusses in sonstigen Fällen nach Anhörung des Schuldners[57], ohne Rücksicht darauf, ob diese Anhörung verfahrensrechtlich zulässig oder notwendig war[58]. Fristbeginn: Mit Zustellung des Pfändungsbeschlusses im Parteibetrieb nach § 829 Abs. 2 ZPO[59]) Rechtsbehelf des Drittschuldners, der vor Erlass des Pfändungsbeschlusses gehört worden ist, ist gleichfalls die sofortige Beschwerde (§ 11 Abs. 1 RPflG, § 793 ZPO, nicht aber die Vollstreckungserinnerung nach § 766 ZPO[60]).

2. Vom *Schuldner* kann der Pfändungsbeschluss (die sonstige Entscheidung des Vollstreckungsgerichts) auch dann nur mit sofortiger Beschwerde (§ 793 ZPO) angefochten werden, wenn nur er, nicht aber auch der Drittschuldner angehört wurde. Dem vor Erlass des Beschlusses *nicht gehörten*

730

---

52 *OLG Koblenz* NJW-RR 1986, 679 und JurBüro 1989, 1179 = Rpfleger 1989, 276. **A.A.** *LG Koblenz* MDR 1990, 1123; für nur einheitlichen Rechtsbehelf (keine Rechtsweg„spaltung" mit Erinnerung für Schuldner und sofortige Beschwerde für Gläubiger) lassen sich aber überzeugende Erwägungen nicht geltend machen (siehe den Rdn. 730 genannten Fall); gegen die Zusammenfassung der Rechtsbehelfe in einem Verfahren spricht zudem, dass der Schuldner zu dem Pfändungsgesuch, soweit ihm nicht stattgegeben wurde, nicht zu hören ist (§ 834 ZPO).
53 *OLG Koblenz* Rpfleger 1973, 65 und MDR 1983, 413; *Stöber* a.a.O. (S. 54 Abschn. V 1, 2). **A.A.** *LG Koblenz* BB 1977, 1070.
54 *Stöber* Rpfleger 1974, 52 (S. 54 Abschn. V3) zutr. gegen *LG Lübeck* Rpfleger 1974, 76.
55 *Stöber* Rpfleger 1974, 52 (S. 54 Abschn. IV).
56 Für den angehörten Schuldner sofortige Beschwerde auch gegen den ihn belastenden Kostenausspruch bei Ablehnung des Pfändungsantrags, *LG Bad Kreuznach* JurBüro 1990, 654.
57 *OLG Bamberg* JurBüro 1978, 605 = NJW 1978, 1389; *OLG Köln* DGVZ 1991, 154 = JurBüro 1991, 1400 = MDR 1991, 1091 = Rpfleger 1991, 360 und NJW-RR 2001, 69; *LG Nürnberg-Fürth* Rpfleger 1977, 32; *LG Berlin* Rpfleger 1977, 222; *OVG Münster* NJW 1980, 1709.
58 *KG* JurBüro 1978, 1415 = *OLGZ* 1978, 491 = Rpfleger 1978, 334.
59 *OLG Köln* MDR 1991, 1091 = a.a.O.
60 *OLG München* JurBüro 1982, 1417; *LG Bochum* Rpfleger 1977, 178.

2. Kapitel: Pfändungsverfahren und -wirkungen

Drittschuldner steht dann (ebenso wie einem Dritten, Rdn. 716) nur die Vollstreckungserinnerung (§ 766 ZPO) zu[61]. Denn die Entscheidung in dem Zwangsvollstreckungsverfahren, in dem nur Gläubiger und Schuldner Verfahrensbeteiligte waren, kann nur zwischen diesen wirken. Auf den am Verfahren noch nicht beteiligten Drittschuldner kann sich die Entscheidungswirkung nicht erstrecken. Für ihn ist der Pfändungsbeschluss daher Vollstreckungsmaßnahme, so dass nach dem Grundsatz des § 766 ZPO *seine* Einwendungen zur Prüfung der Rechtmäßigkeit des Vollstreckungszugriffs, dem er nun unterworfen wird, durch das Vollstreckungsgericht selbst führen müssen (Rdn. 715). Darauf, ob der Drittschuldner auf irgendeine Art von der Anhörung des Schuldners Kenntnis erlangt, kann es für die Art seines Rechtsbehelfs so wenig ankommen wie auf die Kenntnis davon, dass in dem Verfahren allein zwischen anderen Beteiligten diesen Gehör gewährt worden ist. Dem kann daher auch nicht entgegenstehen, dass damit für Schuldner und Drittschuldner verschiedene Rechtswege gegeben sind. Für den Drittschuldner kann vielmehr der Instanzenzug zum Vollstreckungsgericht nicht allein deshalb entfallen, weil der Pfändungszugriff für den Schuldner schon Entscheidungscharakter hat. Dem Vollstreckungsverfahren ist auch sonst nicht fremd, dass Rechtsbehelfe keine Einheitlichkeit (Zusammengehörigkeit) des Verfahrens wahren. So kann ein nachpfändender Gläubiger auch dann noch Erinnerung erheben (s. Rdn. 716), wenn der Schuldner den Pfändungsbeschluss (aus anderen Gründen) bereits mit Rechtsbeschwerde angefochten oder die Beschwerdefrist versäumt hat. Bei teilweiser Antragsablehnung hat der Gläubiger gegen den Zurückweisungsbeschluss sofortige Beschwerde zu erheben, während der nicht gehörte Schuldner Einwendungen gegen den Pfändungsbeschluss mit Vollstreckungserinnerung (§ 766 ZPO) vorbringen muss. Die Festsetzung eines pfandfreien Betrags nach § 850 d ZPO kann daher für den Gläubiger mit sofortiger Beschwerde, für den Schuldner jedoch mit Vollstreckungserinnerung anzufechten sein (Rdn. 729). Mit Einwendungen gegen einen von einem Beschwerdegericht erlassenen Pfändungsbeschluss wird der nicht gehörte Schuldner auch deshalb auf die Erinnerung an das Vollstreckungsgericht verwiesen, weil in diesem Verfahren eine gegen ihn wirkende Entscheidung nicht erlassen ist. Daraus ergibt sich für den an

---

61 So bereits *Stöber* Rpfleger 1974, 52 (s. 53 Abschn. II 2); auch *Christmann* Rpfleger 1988, 458; außerdem *LG Dresden* Rpfleger 1999, 501 Leits. **Anders**: Auch der Drittschuldner, dem die Anhörung des Schuldners im begründeten Pfändungsbeschluss ausdrücklich mitgeteilt wird, kann den Beschluss als Entscheidung nur mit befristeter Durchgriffserinnerung anfechten, *OLG Bamberg* JurBüro 1978, 605 = NJW 1978, 1389; ebenso, wenn dem Drittschuldner die Anhörung des Schuldners bekannt oder erkennbar war, *LG Bonn* Betrieb 1979, 84; außerdem *LG Bochum* Rpfleger 1984, 278 und *LG Frankfurt* Rpfleger 1989, 400 (für den Fall des § 850 c Abs. 4 ZPO). Siehe hierzu auch *KG* DGVZ 1986, 14 = MDR 1986, 680 = NJW-RR 1986, 1000, wonach für einen am Verfahren bisher nicht beteiligten Dritten, der geltend macht, (durch eine richterliche Durchsuchungsanordnung) in seinen Rechten betroffen zu sein, auch dann die Vollstreckungserinnerung (§ 766 ZPO) und nicht die sofortige Beschwerde (§ 793 ZPO) gegeben ist, wenn der Vollstreckungsschuldner zuvor angehört worden ist.

einem Beschwerdeverfahren nicht beteiligten Schuldner das unentziehbare Recht, mit Erinnerung gegen einen im Verfahren über eine Beschwerde erlassenen Pfändungsbeschluss Einwendungen geltend zu machen, die bei einheitlichem Entscheidungscharakter des Beschlusses des Rechtsmittelgerichts ausgeschlossen wären. Gleichermaßen kann ein Pfändungsbeschluss für den Rechtsweg des am Verfahren noch nicht beteiligten Drittschuldners nur als Vollstreckungsmaßnahme zu werten sein, so dass er Vollstreckungserinnerung zu erheben hat.

3. Gegen die Entscheidung über die Beitreibung von Zwangsvollstreckungskosten (§ 788 ZPO) ist Beschwerde nur zulässig, wenn der Wert des Beschwerdegegenstandes 200 Euro übersteigt (§ 567 Abs. 2 ZPO; siehe Rdn. 836). Darunter sind nur Entscheidungen zu verstehen, bei denen es um Fragen der Entstehung oder Erstattung von Kosten geht, wie z. B. dann, wenn vom Gläubiger geltend gemachte Kosten nicht nach § 788 ZPO als Zwangsvollstreckungskosten mit beigetrieben werden. Daher ist die Beschwerde nicht nach § 567 Abs. 2 ZPO ausgeschlossen, wenn bei Vollstreckung einer unstreitigen Kostenforderung unter 200 Euro eine rein vollstreckungsrechtliche Frage streitig ist wie z. B. die Frage, ob die beantragte Anspruchpfändung zulässig ist. 731

4. *Beschwerdeberechtigt* ist der durch die Entscheidung des Vollstreckungsgerichts beschwerte Gläubiger, Schuldner oder Drittschuldner[62], letzterer auch dann, wenn er den Pfändungsbeschluss nicht mit Erinnerung angegriffen hatte, das Vollstreckungsgericht aber eine ihn sachlich beschwerende Entscheidung auf die Erinnerung des Gläubigers oder Schuldners erlassen hat[63]. Beschwerdeberechtigt ist auch ein mit Erinnerung erfolglos gebliebener nachpfändender Gläubiger und sonstiger Dritter (Rdn. 717). 732

5. Die sofortige Beschwerde ist binnen einer mit Zustellung der anzufechtenden Entscheidung beginnenden *Notfrist von zwei Wochen* (§ 569 Abs. 1 ZPO) bei dem Gericht, von dem die angefochtene Entscheidung erlassen ist, oder beim Beschwerdegericht einzulegen (§ 569 Abs. 1 ZPO). Anwaltszwang besteht nicht. Die Beschwerde soll (§ 571 Abs. 1 ZPO), muss gesetzlich aber nicht begründet werden; zur sachgemäßen Erledigung ist eine Begründung feilich unerlässlich. Einer begründeten Beschwerde hat das Vollstreckungsgericht (bei Zuständigkeit des Rechtspflegers dieser, § 4 Abs. 1 RPflG) abzuhelfen (§ 572 Abs. 1 ZPO). Über die Beschwerde entscheidet das dem Vollstreckungsgericht übergeordnete Landgericht (§ 72 GVG; Einzelrichter; § 568 ZPO ermöglicht Übertragung an die Kammer). 733

6. Das Beschwerdegericht muss vor der Entscheidung dem Gegner des Beschwerdeführers *rechtliches Gehör* gewähren (siehe hierwegen Rdn. 721 f.). Den Schuldner darf es jedoch vor Entscheidung über eine Beschwerde gegen einen den Pfändungsantrag ablehnenden Beschluss nicht hören (§ 834 ZPO)[64]. Die Beschwerde kann auf neue Angriffs- und Verteidi- 734

---

62 *BGH* NJW-RR 2004, 643 = a.a.O. (Fußn. 24); s. auch Rdn. 717.
63 *OLG Hamburg* MDR 1954, 85.
64 *KG* JurBüro 1980, 1093 = NJW 1980, 1341; *LG Aurich* Rpfleger 1962, 413.

gungsmittel gestützt werden (§ 571 Abs. 1 ZPO). Maßgebend für die Beurteilung der Rechtmäßigkeit der angefochtenen Entscheidung ist daher die Sach- und Rechtslage zum Zeitpunkt der Entscheidung über die Beschwerde (wie Rdn. 719).

735   7. Wenn sich der abgewiesene Antrag des Gläubigers auf Erlass eines Pfändungs- und Überweisungsbeschlusses als *begründet erweist*, kann das Beschwerdegericht selbst Pfändungs- und Überweisungsbeschluss erlassen[65]. Es kann aber auch das Verfahren an das Vollstreckungsgericht zurückverweisen und dem Rechtspfleger den Erlass des Pfändungsbeschlusses übertragen (§ 572 Abs. 3 ZPO). Der eine Pfändung anordnende Beschluss des Beschwerdegerichts muss den an einen Pfändungsbeschluss zu stellenden Anforderungen genügen (siehe Rdn. 489 ff.); er wird mit Zustellung an den Drittschuldner, die im Parteibetrieb zu bewirken ist, wirksam (siehe Rdn. 726). Angefochten werden kann der Pfändungsbeschluss des Beschwerdegerichts vom Schuldner, der nicht gehört wurde (§ 834 ZPO), mit Erinnerung; über sie entscheidet das Vollstreckungsgericht. Erweist sich die Beschwerde des Schuldners gegen einen Pfändungsbeschluss nur teilweise als begründet, dann ist die Beschwerde, soweit sie sachlich unbegründet ist, zurückzuweisen; es darf nicht der Pfändungsbeschluss insoweit aufgehoben (damit würde das Pfandrecht erlöschen, Rdn. 741) und das Verfahren an das Vollstreckungsgericht zur erneuten Entscheidung zurückverwiesen werden (§ 572 Abs. 3 ZPO)[66].

736   8. Wenn die Beschwerdeentscheidung einen Antrag oder den Kostenpunkt ganz oder teilweise übergeht, ist § 321 ZPO anwendbar[67].

737   9. *Rechtsbeschwerde*: § 574 ZPO. Statthaft ist die Rechtsbeschwerde in Zwangsvollstreckungssachen, wenn das Beschwerdegericht[68] sie in dem Beschluss zugelassen hat (§ 574 Abs. 1 Nr. 2 ZPO). Einzulegen ist sie binnen einer Notfrist von einem Monat nach Zustellung des Beschlusses des Beschwerdegerichts durch Einreichen einer Beschwerdeschrift beim Bundesgerichtshof (§ 133 GVG) als Beschwerdegericht (§ 575 Abs. 1 S. 1 ZPO). Eingelegt werden muss sie durch einen beim Bundesgerichtshof zugelassenen Rechtsanwalt[69]. Als Beschwerdegericht (Rdn. 440) kann bei begründeter Beschwerde der Bundesgerichtshof den Pfändungs- und Überweisungsbeschluss erlassen (§ 577 Abs. 5 ZPO); das erfordert auch, dass ihm alle Vollstreckungsunterlagen vorliegen.[70]

738–740   Diese Randnummern sind entfallen.

---

65 *LG Aurich* a.a.O.
66 *OLG Köln* ZIP 1980, 578.
67 *OLG Frankfurt* JurBüro 1980, 778.
68 Keine Zulassung durch das Amtsgericht; das gilt auch, wenn es nach § 11 Abs. 2 RPflG über eine Erinnerung gegen eine Entscheidung des Rechtspflegers entscheidet, *BGH* NJW-RR 2007, 285 = Rpfleger 2007, 22.
69 *BGH* MDR 2002, 962 (963) = NJW 2002, 1958; *BGH* MDR 2002, 962 = NJW 2002, 2181 = Rpfleger 2002, 368; *BGH* NJW-RR 2002, 1721.
70 *David* MDR 2003, 793 (794).

IV. Die Aufhebung des Pfändungsbeschlusses wird sofort wirksam

Die Aufhebung eines Pfändungsbeschlusses wird sofort mit Bekanntgabe der Entscheidung wirksam[71], auch wenn der Drittschuldner hiervon keine Kenntnis hat (zum Drittschuldnerschutz siehe Rdn. 618 a). Damit *erlischt das Pfändungspfandrecht*; die gepfändete Forderung wird anderweitigen Verfügungen des Schuldners und anderen Pfändungen zugänglich, frühere Verfügungen des Schuldners werden damit wirksam. Es ist hierfür gleich, ob der Beschluss durch den Rechtspfleger, der einer Erinnerung oder Beschwerde abhilft, durch den Richter, der über eine Erinnerung entscheidet, oder durch das Beschwerdegericht aufgehoben wird. Wenn die aufhebende Entscheidung vom Beschwerdegericht wieder aufgehoben wird, lebt der angefochtene und schon wirksam aufgehobene Pfändungsbeschluss nicht wieder rückwirkend auf. Mit der Aufhebung des Pfändungsbeschlusses wurde vielmehr die Vollstreckungsmaßregel bereits unwiderruflich vernichtet. Der Rang der aufgehobenen Pfändung ist damit unwiderruflich verloren. Er kann durch neuerliche Pfändung nicht wieder hergestellt werden.

741

Diese für den Gläubiger sich ergebenden Gefahren können dadurch abgewendet werden, dass die *Wirksamkeit* der Entscheidung, die den Pfändungs- und Überweisungsbeschluss aufhebt, bis zu ihrer *Rechtskraft hinausgeschoben* wird. Diese Anordnung ist Ermessensentscheidung[72]. Sie ist

742

---

71 *BGH* 66, 394 = MDR 1976, 1014 = NJW 1976, 1453; *OLG Celle* Rpfleger 1962, 282 und 1961, 56 mit zust. Anm. *Berner*; *OLG Dresden* Rpfleger 1999, 283; *OLG Hamburg* Rpfleger 1962, 383 mit zust. Anm. *Berner*; *OLG Hamm* JurBüro 1963, 52 = Rpfleger 1963, 20 mit zust. Anm. *Berner* und Rpfleger 1957, 354 sowie 1959, 283; *OLG Koblenz* Rpfleger 1972, 220 und JurBüro 1986, 1733 = Rpfleger 1986, 229; *OLG Köln* ZIP 1980, 578 (579), NJW-RR 1987, 380 = Rpfleger 1986, 488 und JurBüro 2000, 217 = Rpfleger 2000, 223; *OLG Nürnberg* Rpfleger 1961, 52 mit zust. Anm. *Berner*; *OLG Saarbrücken* Rpfleger 1991, 513; und 1993, 80; *SchlHOLG* SchlHA 1993, 91; *OLG Stuttgart* Rpfleger 1961, 21; *LG Bremen* Rpfleger 1953, 584 mit zust. Anm. *Berner*.

72 Dafür *Schneider* MDR 1984, 371, der sich aber (zu weitgehend) für eine richterliche Pflicht ausspricht, anfechtbare Aufhebungsbeschlüsse mit aufschiebender Wirkung bis zum Eintritt der Rechtskraft zu versehen. Auch *SchlHOLG* SchlHA 1993, 91, das zwingend Ausübung des Ermessens dahin fordert, den Aufhebungsbeschluss mit einer Aussetzungsanordnung zu verbinden, wenn die Erfolgsaussichten für Anfechtung des Aufhebungsbeschlusses von vorneherein gegeben sind. Dieses Gericht auch zur Haftung bei schuldhafter Verletzung der Amtspflicht, die Möglichkeit eines Hinausschiebens der Rechtswirkungen des Aufhebungsbeschlusses zu prüfen und von dieser Möglichkeit zur Abwendung von Rechtsnachteilen für den Gläubiger Gebrauch zu machen. Es darf jedoch auch nicht verkannt werden, dass bei Aufhebung eines als nicht gerechtfertigt anzusehenden Pfändungsbeschlusses Interessen des Schuldners an der nicht eingeschränkten Verfügung über seine Forderung (z. B. Auszahlung seines für den Lebensbedarf benötigten Arbeitslohns; Verfügung des Handwerkers über sein Geschäfts-Girokonto) gleichermaßen zu wahren sind, so dass Anordnung nicht rundweg „in der Regel" geboten ist (so aber *MünchKomm/Braun*, ZPO, Rdn. 5 zu § 572), sondern stets den Umständen und Besonderheiten des Einzelfalls Rechnung zu tragen ist.

von Amts wegen zu treffen (Antrag hat nur die Bedeutung einer Anregung), wenn nach den Umständen und Besonderheiten des Einzelfalls Schutz des Gläubigers zur Abwendung eines möglichen Rechtsverlustes angezeigt ist. Diese können auch Anordnung unter Bestimmung einer Frist, innerhalb der eine weitergehende einstweilige Anordnung des Beschwerdegerichts (des für Entscheidung über eine Erinnerung zuständigen Gerichts) beizubringen ist (§ 570 Abs. 3 ZPO), angezeigt erscheinen lassen. Wegen der Rechtslage bei Aufhebung im Wege des Vollstreckungsschutzes (§ 765 a Abs. 5 ZPO) siehe Rdn. 612.

743 Gegen einen die Pfändung mit sofortiger Wirkung aufhebenden Beschluss des Vollstreckungsgerichts ist sofortige Beschwerde mit dem Ziel zulässig, eine neue Anordnung der Vollstreckung mit neuem Rang herbeizuführen[73]. Ein Rechtsschutzinteresse des Gläubigers an der Wiederherstellung der (zu Unrecht) aufgehobenen Vollstreckungsmaßnahme fehlt jedoch, wenn der Drittschuldner bereits Zahlungen in ausreichender Höhe an den Gläubiger geleistet hat[74].

B. Vollstreckungsabwehr- und Drittwiderspruchsklage

I. Vollstreckungsabwehrklage

Schrifttum: *Geißler,* Die Vollstreckungsgegenklage im Rechtshelfssystem der Zwangsvollstreckung, NJW 1985, 1865.

744 Einwendungen gegen die *Richtigkeit* der zur Vollstreckung stehenden Forderung, also gegen die Gültigkeit des der Pfändung zugrunde liegenden Vollstreckungstitels, kann nur der Schuldner im Wege der Vollstreckungsabwehrklage nach § 767 ZPO geltend machen. Zulässig sind lediglich die nach Schluss der letzten mündlichen Verhandlung (genau siehe § 767 Abs. 2 ZPO) entstandenen Einwendungen. Hierher gehören insbesondere der Einwand, dass die Vollstreckungsforderung durch Erfüllung, Hinterlegung oder Aufrechnung erloschen ist sowie der Einwand der Stundung und Verjährung.

Der Pfändungs- und Überweisungsbeschluss ist nach §§ 775 Nr. 1, 776 ZPO aufzuheben, wenn die Zwangsvollstreckung aus dem Schuldtitel auf die Vollstreckungsabwehrklage hin für unzulässig erklärt wird[75].

Der Drittschuldner kann Einwendungen gegen den durch das Urteil festgestellten Anspruch nicht geltend machen (siehe Rdn. 664).

---

73 *KG* OLGZ 1982, 75; *OLG Koblenz* Rpfleger 1986, 229 = a.a.O. (Fußn. 70); *OLG Köln* NJW-RR 1987, 380 = a.a.O.
74 *OLG Köln* Rpfleger 1984, 29.
75 *BGH* FamRZ 2005, 1832 = Rpfleger 2005, 675 (676).

II. Drittwiderspruchsklage (Intervention)

Behauptet ein *Dritter*, ihm stehe das *Gläubigerrecht an der gepfändeten Forderung* zu, so kann er sein die Pfandverwertung hinderndes Recht an der Forderung als Gegenstand der Zwangsvollstreckung im Wege der Klage gegen den Gläubiger geltend machen[76]. Zweck dieser Klage ist die Beseitigung der Forderungspfändung. Es handelt sich somit um eine Drittwiderspruchsklage nach § 771 ZPO[77]. Der Klageantrag muss daher verlangen, dass die im Wege der Zwangsvollstreckung erwirkte Pfändung für unzulässig erklärt wird. Zur Klage berechtigt die Pfändung der Forderung eines Dritten (obwohl sie von der Pfändung nicht erfasst wird, Rdn. 486), solange die Frage der Unwirksamkeit der Pfändung zwischen den Beteiligten streitig ist[78]. Nach § 771 ZPO widersprechen kann z. B. ein Treugeber, wenn Gläubiger des Treuhänders das auf einem Anderkonto oder Eigenkonto angelegte Geld pfänden[79], oder der Nießbraucher, wenn ein Gläubiger des Grundstückseigentümers die Miete oder Pacht gepfändet hat. Da durch Pfändung einer dem Schuldner nicht zustehenden Forderung das Verhältnis des wahren Gläubigers zu seinem Schuldner nicht berührt wird, ist die Erhebung der Drittwiderspruchsklage gegen den Pfändungsgläubiger jedoch nicht Voraussetzung für die Zahlungsklage gegen den (Dritt-)Schuldner[80]. Der (Pfändungs-)Gläubiger kann einer Drittwiderspruchsklage den Einwand der Vermögensübernahme entgegenhalten; hierzu bedarf es eines Titels gegen den Kläger nicht[81].

745

Die Widerspruchsklage des § 771 ZPO kann nur (ausschließliche Zuständigkeit, § 802 ZPO) bei dem Gericht erhoben werden, in dessen Bezirk die Zwangsvollstreckung erfolgt. Es ist dies das Gericht, von dem (beim Landgericht: in dessen Bezirk) der Pfändungsbeschluss erlassen worden ist[82]. Zur Haftung für den Verzugschaden des Dritten ohne Entlastungsmöglichkeit, wenn der mit der Zwangsvollstreckung beauftragte Rechtsanwalt die Freigabe des Pfandobjekts verzögert, nachdem ein die Verwertung hinderndes Recht glaubhaft gemacht ist, siehe *BGH*, Urt. v. 7.3.1972[83]; zur möglichen Haftung wegen Eigentumsverletzung, wenn nach Pfändung des angeblichen Anspruchs auf Herausgabe eines Gegenstandes der Gläubiger nach Prüfung des Widerspruchs des wahren Eigentümers auf sein Pfandrecht nicht rechtzeitig verzichtet, siehe *BGH*, Urt. v. 8.12.1976[84].

746

---

76 Siehe *BFH* BB 1981, 899 = KKZ 1981, 184 (versehentliche Pfändung des falschen Bankguthabens durch das Finanzamt). Zur Frage, ob Drittwiderspruchsklage auch dann zulässig ist, wenn die Pfändung unwirksam ist, weil die Forderung dem Schuldner schon nicht mehr zustand, siehe *BGH* JuS 1981, 773 = WM 1981, 648.
77 *RG* 67, 310 (312).
78 *BGH* NJW-RR 1988, 1408.
79 *BGH* LM Nr. 3 zu § 771 ZPO = MDR 1959, 659 = NJW 1959, 1123.
80 *KG* OLGZ 1973, 49 = MDR 1973, 233; siehe auch *BFH* BB 1981, 899 = a.a.O.
81 *BGH* MDR 1981, 840 = NJW 1981, 1835.
82 *RG* 67, 311; 65, 377; *RG* JW 1901, 330; *Geißler* NJW 1985, 1865 (1870 li.Sp. ob.).
83 *BGH* 58, 207 = JurBüro 1972, 597 = MDR 1972, 684 = NJW 1972, 1048.
84 *BGH* 67, 378 = JurBüro 1977, 942 = MDR 1977, 394 = NJW 1977, 384.

2. Kapitel: Pfändungsverfahren und -wirkungen

Wegen der Aufhebung der Vollstreckungsmaßregel bei Erfolg der Widerspruchsklage siehe Rdn. 744.

Q. Fehlerhafte Zwangsvollstreckungsakte und Verstoß gegen ein Pfändungsverbot

I. Fehlerhafte Zwangsvollstreckungsakte

Schrifttum: *Stöber*, Fehlerhafte Zwangsvollstreckungsakte, Heilung ex nunc oder ex tunc, Rpfleger 1962, 9; *Bähr*, Die Heilung fehlerhafter Zwangsvollstreckungsakte, KTS 1969, 1; *Berner*, Erörterung der gewandelten Rechtsanschauung über die Wirkung von Verstößen gegen formelle Vollstreckungsvorschriften, DGVZ 1961, 17; *Furtner*, Heilung von fehlerhaften Vollstreckungshandlungen, MDR 1964, 460; *Naendrup*, Gläubigerkonkurrenz bei fehlerhaften Zwangsvollstreckungsakten, ZZP 85 (1972) 311; siehe auch *Borggreve* JurBüro 1979, 145.

747 1. Fehlerhaft ist ein Zwangsvollstreckungsakt, der eigentlich hätte abgelehnt werden müssen, der also unter Verletzung der für die Zwangsvollstreckung und ihren Beginn vorgeschriebenen Erfordernisse vorgenommen wurde.

748 Als Staatsakte sind fehlerhafte Pfändungsbeschlüsse grundsätzlich nicht wirkungslos und nichtig[1]. Sie sind vielmehr nur *vernichtbar*, d.h. mit dem zulässigen Rechtsbehelf anfechtbar, bis zu einer Aufhebung aber voll wirksam. Daher macht z. B. die fehlende Zustellung des Vollstreckungstitels den Pfändungs- und Überweisungsbeschluss nicht nichtig, sondern nur anfechtbar[2]. Auf die Fehlerhaftigkeit können sich mit Erinnerung der Schuldner und Drittschuldner, aber auch ein nachrangig pfändender Gläubiger berufen[3]. Nur in ganz seltenen Sonderfällen, nämlich bei grundsätzlichem Verstoß gegen wesentliche Formvorschriften (so bei Fehlen des Drittschuldnerverbots, Rdn. 505) oder bei Fehlen jeglicher Voraussetzungen[4] für die Vollstreckungsmaßnahme (z. B. bei Forderungspfändung durch den Gerichtsvollzieher, Rdn. 457) ist der fehlerhafte Vollstreckungsakt ohne jede Wirkung.

749 2. Ob die *Behebung des Mangels* (z. B. die nachträgliche Zustellung des Schuldtitels) eine fehlerhaft gewesene Forderungspfändung „ex nunc"[5]

---

1 *BGH* 30, 173 = MDR 1959, 473 = NJW 1959, 1873; *BGH* JurBüro 2009, 105 = MDR 2009, 105 = NJW-RR 2009, 211 = Rpfleger 2009, 94; *Stöber* a.a.O. (Schrifttum) mit Nachw. und NJW 1963, 769 sowie *BGH* (21.5.1980) Betrieb 1980, 1937; *LG Koblenz* MDR 1976, 232; *Bähr* a.a.O. (Schrifttum); siehe auch *BGH* Rpfleger 1971, 427 und *BGH* JurBüro 1979, 1500 = MDR 1979, 922 = NJW 1979, 2045; *BFH* (27.3.1979) BB 1979, 1443 = BStBl 1979 II 589 = KKZ 1980, 16; **a.A.** noch *RG* 83, 336 (339) und 125, 286 (288) sowie *Furtner* MDR 1964, 460.
2 *BGH* 66, 274 = JurBüro 1976, 605 = MDR 1976, 648 = NJW 1976, 851; *BGH* Betrieb 1980, 1937; *KG* NJW-RR 1988, 1406 (1407); siehe auch Rdn. 664. Gleiches gilt für die fehlende Bevollmächtigung des Gläubigervertreters, *OLG Saarbrücken* Rpfleger 1991, 513.
3 *Stöber* a.a.O. S. 8.
4 Zur Pfändung, der kein wirksamer Titel zugrunde liegt, siehe *Zöller/Stöber*, ZPO, Rdn. 34 vor § 704 mit Nachw.
5 Siehe *Stöber* a.a.O. mit Nachweisen. **Gegenansicht:** *LG München* NJW 1962, 2306 und 1963, 769 mit abl. Anm. *Stöber*; *Bähr* a.a.O.

oder „ex tunc" *heilt,* ist streitig. Das ist für die Frage bedeutsam, ob dem erstpfändenden Gläubiger nach Behebung des seiner Pfändung anhaftenden Mangels oder einem zweitpfändenden Gläubiger, der vor dieser Mängelheilung ein fehlerfreies Pfändungspfandrecht erlangt hat, der Vorrang gebührt (§ 804 Abs. 3 ZPO). Zu erwägen ist, dass Anfechtungsbefugnis des zweitpfändenden Gläubigers und Aufhebungsrecht (= -pflicht) des Gerichts mit der Mängelheilung nicht wegfallen, weil auch durch Nachholung des Fehlenden die Tatsache nicht ausgeräumt wird, dass der Mangel bei der Pfändung und bis zur Heilung vorgelegen hat. Die Nachholung des Mangels heilt daher nur „ex nunc", nimmt also nur dem Schuldner[6] und Dritten, wenn sie erst nach der Heilung Pfändungspfandrechte an der Forderung erworben haben, die Möglichkeit der Anfechtung[7]. Vor der Behebung des Mangels wirksam gewordene weitere Pfändungspfandrechte berechtigen jedoch den zweitpfändenden Gläubiger auch nach diesem Zeitpunkt noch zur Erinnerung mit dem Ziel der Ausschaltung des fehlerhaft gewesenen besseren Pfandrechts. Die auf diese Erinnerung hin ergehende Entscheidung darf den Schuldner und Dritte, die ihr Pfandrecht erst nach Heilung des Mangels erlangt haben, nicht begünstigen; sie führt daher zu einem Rangtausch des Erinnerungsführers mit dem erstpfändenden Gläubiger[8]. Die Pfändungsverfügung der Vollstreckungsbehörde nach AO (§ 309 AO), die unter Verletzung der Wochenfrist ab Bekanntgabe des Leistungsgebots an den Schuldner (§ 254 Abs. 1 AO) ergangen ist, ist gleichfalls nicht nichtig, sondern nur anfechtbar[9]. Sie erlangt daher, wenn sie nicht angefochten ist, als zunächst rechtsfehlerhafte Vollstreckungsmaßnahme nach Ablauf der Anfechtungsfrist (§ 349 Abs. 1 AO) Rechtswirksamkeit. Weil jedoch die Pfändungsverfügung nach AO nicht mit unbefristeter Erinnerung (§ 766 ZPO), sondern mit befristeter Beschwerde anzufechten ist, hat der *BFH*[10] entschieden, dass die rechtsfehlerhafte Vollstreckungsmaßnahme nicht mit Ablauf der Schonfrist Rechtswirksamkeit ex nunc erlangt, sondern bei Anfechtung stets aufzuheben ist.

---

6   Mit der Heilung des Mangels hört die Möglichkeit auf, den Pfändungsbeschluss auf eine bereits anhängige Erinnerung des Schuldners hin aufzuheben. Die Folge einer Aufhebung wäre nur, dass der Gläubiger erneut pfänden müsste. Ein solches Verfahren würde jedoch auf eine leere Formalität hinauslaufen; siehe *RG* 125, 286 (288); *OLG Hamm* OLGZ 1974, 314 = JurBüro 1974, 760 = MDR 1974, 676 = NJW 1974, 1516 (Verstoß gegen § 798 ZPO); *KG* a.a.O. (Fußn. 2); *LG Bielefeld* DGVZ 1987, 9 (Vollstreckung eines Titels, dessen Klausel auf die Erben nicht umgeschrieben war).
7   Daher kann auf Erinnerung des Schuldners ein Pfändungsbeschluss nicht mehr aufgehoben werden, wenn er ohne die notwendige vorherige Sicherheitsleistung ergangen, der bisherige Titel aber bereits durch einen ohne Sicherheitsleistung vollstreckbaren Schuldtitel ersetzt ist, *OLG Hamburg* MDR 1974, 321.
8   Siehe zu alledem *Stöber* a.a.O. mit Nachweisen.
9   *BFH* (27.3.1979) a.a.O. (Fußn. 1).
10 *BFH* (27.3.1979) a.a.O. (Fußn. 1).

2. Kapitel: Pfändungsverfahren und -wirkungen

II. Verstoß gegen ein Pfändungsverbot

Schrifttum: *Pohle*, Kann der Drittschuldner der Klage aus einem Pfändungsbeschluss die Pfändungsverbote der §§ 850 ff. ZPO entgegenhalten? JZ 1962, 344; siehe auch *Stöber* a.a.O. (vor Rdn. 747).

750   1. Auch bei Verstoß gegen ein Pfändungsverbot oder eine Pfändungsbeschränkung ist der Pfändungsbeschluss nicht wirkungslos[11] und nichtig[12], sondern nur vernichtbar[13] (siehe Rdn. 748). Nach Beendigung der Zwangsvollstreckung muss daher der Gläubiger das empfangene Geld dem Drittschuldner nicht zurückzahlen (zum Schuldner aber Rdn. 714). Den Drittschuldner schützt zudem § 836 Abs. 2 ZPO; zu seinen Gunsten gilt auch der zu Unrecht erlassene Überweisungsbeschluss bis zu seiner Aufhebung als rechtsgültig[14].

751   2. Der *Einwand der Unpfändbarkeit* infolge eines Pfändungsverbotes oder einer Pfändungsbeschränkung ist eine Einwendung gegen die Zulässigkeit der Pfändung und daher mit Erinnerung gegen die Art und Weise der Zwangsvollstreckung (§ 766 ZPO) zu verfolgen. Die Unpfändbarkeit oder sonstige Unzulässigkeit der Pfändung können mit Erinnerung und bei deren Ablehnung mit Beschwerde (§ 793 ZPO) sowohl der Schuldner als auch der Drittschuldner[15] geltend machen. Dritte können mit Erinnerung die Aufhebung der gegen ein Verbot verstoßenden Pfändung betreiben, wenn die Unpfändbarkeitsbestimmung ihren Interessen dient[16]. Die Unpfändbarkeitsvoraussetzungen bestimmen sich nach dem Zeitpunkt der Entscheidung über die Erinnerung (siehe Rdn. 719). Der Schuldner muss sich jedoch den Einwand der Arglist entgegenhalten lassen, wenn er die

---

11   **A.A.** noch *RG* 106, 205 und 151, 279, das jedoch in der Begründung die Nichtigkeit nicht klar herausstellt, sondern nur das Entstehen eines Pfändungspfandrechtes verneint.

12   *BGH* NJW-RR 2009, 211 = a.a.O. (Fußn. 1); *Pohle* a.a.O. (Schrifttum); *Stöber* a.a.O.; *OLG Koblenz* NJW-RR 1999, 508; *LG Dortmund* VersR 1956, 458; *LG Koblenz* MDR 1976, 232.

13   Festsetzung eines zusätzlich pfändbaren Betrags ohne Rechtsgrundlage (**Beispiel:** Verstoß gegen § 850 f Abs. 2 ZPO mit fehlerhafter Annahme einer Forderung aus vorsätzlicher unerlaubter Handlung) bewirkt daher keine Nichtigkeit; **a.A.** *BArbG* BAG 61, 109 = MDR 1989, 852 = NJW 1989, 2148, dem zu widersprechen ist.

14   § 836 Abs. 2 ZPO schützt den Drittschuldner bei Zahlung an den Gläubiger aber nicht, wenn die Forderung nicht dem Schuldner, sondern einem Dritten zusteht.

15   *RG* JW 1900, 839 und JW 1903, 50; *KG* MDR 1963, 853; *LG Frankfurt* JurBüro 1954, 303; *LG Hagen* Rpfleger 1962, 315; *LArbG Hamm* BB 1952, 576; siehe auch *RG* 146, 295; *LG Kiel* Rpfleger 1970, 71 (für den unzulässig als Drittschuldner in Anspruch genommenen Gerichtsvollzieher); *OLG Düsseldorf* VersR 1967, 750.

16   So kann z. B. die Ehefrau des Schuldners geltend machen, der für ihren Unterhalt nach § 850 d ZPO notwendige Freibetrag sei nicht ordnungsgemäß berücksichtigt; siehe *LG Essen* Rpfleger 1969, 94. Die Lebensgefährtin des Schuldners kann (nur) geltend machen, für sie sei ein Freibetrag nach § 850 d ZPO nicht ordnungsgemäß berücksichtigt, wenn ihr als nichteheliche Mutter nach § 1615 l BGB gegen den Schuldner ein Unterhaltsanspruch zusteht, *LG München II* FamRZ 2002, 894.

Voraussetzungen der Unpfändbarkeit nach Erlass des Pfändungsbeschlusses schuldhaft herbeigeführt hat[17].

3. Für den Drittschuldner erhebt sich die Frage, ob er darüber hinaus auch im *Prozessverfahren* die Unpfändbarkeit der vom Gläubiger eingeklagten Forderung einwenden kann. Allgemein wird angenommen[18], dass der Drittschuldner gegenüber der Klage nur dann den Einwand der Unpfändbarkeit erheben kann, wenn diese nicht allein auf eine prozessuale Bestimmung gestützt, sondern in dem materiellen Schuldverhältnis, in der „eigenen materiellen Rechtsstellung des Schuldners" ihren Grund hat[19]. Letzteres ist der Fall, wenn die Forderung nach sachlichem Recht nicht abtretbar (siehe § 851 Abs. 1 ZPO)[20] oder aus sonstigen sachlich-rechtlichen Gründen absolut unpfändbar ist[21].

Dieser Ansicht ist zu folgen[22]. Denn für die Entscheidung über ein nur prozessuales Pfändungsverbot begründet § 802 ZPO eine ausschließliche Zuständigkeit des Vollstreckungsgerichts. Im Rechtsstreit ist der Pfändungsbeschluss vom Prozessgericht daher zu beachten. Im Einziehungserkenntnisverfahren zwischen Gläubiger und Drittschuldner kann deshalb nicht geprüft werden, ob prozessuale Voraussetzungen der Pfändung gegeben sind, so z. B., ob bei Pfändung der Provision eines (selbstständigen) Vertreters die Pfändungsbeschränkungen des § 850 c ZPO zu beachten gewesen wären, weil die Dienstleistungsvergütung nach § 850 Abs. 2 ZPO als Arbeitseinkommen anzusehen ist[23], oder ob das Vollstreckungsgericht die pfändungsfreien Beträge des § 850 d ZPO richtig festgesetzt hat[24]. Selbstverständlich ist dem Prozessgericht auch die Nachprüfung richterlichen Vollstreckungsschutzes in den Fällen der § 850 f Abs. 2 und 3 sowie

752

---

17 *Säcker* NJW 1966, 2345; siehe dazu auch *AG Wuppertal* DR B 1941 Rspr. 44: „Die Folgen mutwilliger Arbeitszeitverkürzungen hat der Schuldner selbst, nicht aber der Unterhaltsgläubiger zu tragen. Es ist daher bei Unterhaltsvollstreckung in Arbeitseinkommen von dem Lohn auszugehen, den der Schuldner bei Ausnützung der vollen Arbeitsmöglichkeit verdienen kann, nicht von einem mutwillig verkürzten Lohn."
18 A.A. *Pohle* JZ 1962, 344 (346), der den Einwand der Unpfändbarkeit vor dem Prozessgericht schlechthin ausschließen und den Drittschuldner für alle Fälle auf die Erinnerung beschränken will.
19 *RG* 66, 233; 93, 74 (78); *OLG Hamm* Betrieb 1992, 1082 = GmbHR 1992, 370 (Einwand, die Stammeinlageforderung einer GmbH sei unpfändbar); siehe auch *RG* 146, 295; *LG Koblenz* MDR 1976, 232.
20 Hierzu *BGH* MDR 1978, 747 = Rpfleger 1978, 248.
21 *OLG Celle* NJW 1962, 1731.
22 Siehe auch *Pohle* JZ 1962, 344 (345); siehe außerdem *BArbG* BB 1976, 1464 = Betrieb 1976, 2116 = Rpfleger 1977, 18, das die Pfändbarkeit der Arbeitnehmersparzulage im Drittschuldnerprozess geprüft hat, weil über die nach materiellem Recht zu beurteilende Übertragbarkeit der Forderung zu entscheiden war. Zum Teil anders *Stein/Jonas/Brehm*, ZPO, Rdn. 111 zu § 829.
23 *LG Hamburg* JurBüro 2008, 667.
24 *BArbG* AP Nr. 4 zu § 850 d ZPO mit Anm. *Pohle* = BB 1961, 533 mit Anm. *Marienhagen* = MDR 1961, 799 mit zust. Anm. *Böttcher* = NJW 1961, 1180 = Rpfleger 1961, 287 mit zust. Anm. *Berner*; *BArbG* AP Nr. 8 zu § 850 d ZPO = MDR 1962, 339 = NJW 1962, 510 = Rpfleger 1962, 170 mit zust. Anm. *Berner*.

§ 850 i ZPO versagt[25]. Dass ein Taschengeldanspruch als Teil des (materiellen) Unterhaltsanspruchs gesondert nicht bestehen kann, hat in dem materiellen Schuldverhältnis seine Grundlage, kann somit im Drittschuldnerprozess eingewendet werden. Allein nach Verfahrensrecht bestimmt sich hingegen, ob eine Pfändung unter den Voraussetzungen des § 850 b Abs. 2 ZPO möglich ist, insbesondere damit, ob sie der Billigkeit entspricht; das kann daher im Einziehungserkenntnisverfahren nicht geprüft werden.

753 4. Beschränkt man den Drittschuldner mit seiner Einwendung auf den Weg der Erinnerung, so steht ihm der Einwand der Unpfändbarkeit auch noch nach rechtskräftiger Verurteilung durch das Prozessgericht offen. Nach Entscheidung des Vollstreckungsgerichts kann der Drittschuldner daher mit Vollstreckungsabwehrklage (§ 767 ZPO) gegen das Urteil vorgehen[26]. Das Prozessgericht wird aber sein Verfahren bis zur Entscheidung über die Erinnerung auszusetzen haben (siehe § 148 ZPO), wenn beim Vollstreckungsgericht bereits ein Verfahren anhängig ist. Diese Aussetzung kann der Drittschuldner durch Erwirkung der einstweiligen Einstellung der Vollstreckung aus dem Pfändungsbeschluss (§ 766 Abs. 1 S. 2, § 732 Abs. 2 ZPO) erzwingen[27].

754 5. Der trotz Verstoß gegen ein Pfändungsverbot nicht nichtige Pfändungsbeschluss muss auch in einem Rechtsstreit beachtet werden, an dem der Gläubiger nicht beteiligt ist. Das verbietet vor Aufhebung dieses Pfändungsbeschlusses die Beachtung von Pfändungsbeschränkungen in einem solchen Rechtsstreit[28].

R. Überpfändung (§ 803 Abs. 1 S. 2 ZPO), Teilpfändung

I. Verbot der Überpfändung

Schrifttum: *Bosch*, Die Reichweite des Pfändungs- und Überweisungsbeschlusses, KKZ 1953, 158; *Hanke*, Die Pfändung einer Forderung „auf Höhe" eines bestimmten Betrages zuzüglich Zinsen, JW 1937, 3204; *Paulus*, Umfang der Beschlagnahme bei der Vorpfändung und Pfändung von Geldforderungen, DGVZ 1993, 129; *Schilken*, Zum Umfang der Pfändung und Überweisung von Geldforderungen, Festschrift Lüke (1997) S. 701; *Weigelin*, Die Pfändung überschießender Geldforderungen, JW 1934, 677; *Zunft*, Teilweise Verpfändung und Pfändung von Forderungen, NJW 1955, 441.

755 Grundsätzlich darf eine Pfändung nicht weiter ausgedehnt werden, als es zur Befriedigung des Gläubigers und zur Deckung der Kosten der Zwangsvollstreckung erforderlich ist (§ 803 Abs. 1 S. 2 ZPO). Dieses *Verbot der Überpfändung* ist durch die Rücksicht auf Schonung des Schuldners geboten. Da das Verbot der Überpfändung bei den allgemeinen Vorschriften über die Zwangsvollstreckung in das bewegliche Vermögen geregelt ist,

---

25 Siehe *Pohle* JZ 1962, 345 (346).
26 Dazu auch *Gaul* Rpfleger 1971, 89 (bei Fußn. 379).
27 Siehe zu alledem *Pohle* JZ 1962, 344 (345).
28 A.A. noch *RG* 151, 279, das noch davon ausgeht, der Pfändungsgläubiger habe ein wirksames Pfandrecht nicht erlangt.

besteht es an sich auch bei der Pfändung von Forderungen und sonstigen Vermögensrechten[1]. Aus der Eigenart des Forderungspfändungsverfahrens ergeben sich aber Besonderheiten, die der Anwendung des § 803 Abs. 1 S. 2 ZPO erhebliche Schranken setzen. Zu unterscheiden ist dabei zwischen

- der vollen Pfändung nur *einer* Forderung, die höher als der Vollstreckungsanspruch des Gläubigers ist
- der Pfändung *mehrerer* Forderungen, die zusammen höher als der Vollstreckungsanspruch des Gläubigers sind
- der Forderungspfändung, die gleichzeitig *neben* einer anderen Zwangsvollstreckungsmaßnahme betrieben wird.

II. Pfändung einer Forderung mit höherem Nennbetrag

1. Eine *Überpfändung* liegt *nicht schon dann vor*, wenn der Gläubiger eine Forderung des Schuldners an den Drittschuldner voll pfänden lässt, deren Nennbetrag *höher als die eigene Vollstreckungsforderung* ist. **Beispiele:** Pfändung einer Forderung von 2000 Euro wegen eines Anspruchs von nur 500 Euro; Pfändung künftig fällig werdender Mietforderungen, soweit diese die Vollstreckungsforderung übersteigen. Denn der Nennbetrag einer Forderung sagt noch nichts über ihre Einbringlichkeit aus, bestimmt also ihren *Wert* für die Befriedigung des vollstreckenden Gläubigers noch nicht. Der Wert einer Forderung ist vielmehr im Gegensatz zum Wert einer körperlichen Sache von zahlreichen Umständen abhängig[2]. Denn die Einbringlichkeit der Forderung kann sowohl aus rechtlichen als auch aus tatsächlichen Gründen zweifelhaft sein[3]. So kann sich bei Kaufpreis-, Miet- und Werklohnansprüchen die Forderung durch Minderung ermäßigen[3]. Auch kann sich der Betrag der Forderung dadurch erheblich vermindern, dass der Drittschuldner aufrechnet. Schließlich kann die Forderung deshalb nicht ihren vollen Nennbetrag wert sein, weil der Drittschuldner zahlungsunfähig ist oder wird oder ein Insolvenzverfahren über sein Vermögen eröffnet wird. Ist die Forderung voll gepfändet, so erfasst das Pfändungspfandrecht die *ganze* Forderung. Es haftet dem Gläubiger dann – bis zur Höhe seines Anspruchs – jeder Teil der Forderung. Der Gläubiger kann daher den einbringlichen Teil[4] für sich voll vor dem uneinbringlichen Rest der Forderung in Anspruch nehmen. Dem Vollstreckungsgericht fehlt vor der Pfändung jede Möglichkeit, sich über solche für den wirklichen Wert der Forderung und den Erfolg des Pfändungszugriffs bedeutungsvolle Tat-

756

---

[1] *BGH* BB 1956, 254; *OLG Köln* MDR 1970, 150; *Gaul* Rpfleger 1971, 87 (bei Fußn. 333); *Zunft* NJW 1955, 441 (443); *Weigelin* JW 1934, 677; *Zöller/Stöber*, ZPO, Rdn. 5 zu § 803.
[2] Siehe *Weigelin* JW 1934, 677; *Zunft* NJW 1955, 441 (443).
[3] Dazu siehe *Zunft* NJW 1955, 443.
[4] Im Insolvenzverfahren gilt die volle Quote, so dass ein nachpfändender Gläubiger auf den ursprünglich frei gewesenen Forderungsteil keine Leistungen für sich beanspruchen könnte; siehe *OLG Stettin* OLG 19, 148 (150).

sachen Gewissheit zu verschaffen schon deshalb, weil die Schuldneranhörung verboten (§ 834 ZPO) und eine Anhörung des Drittschuldners nicht angezeigt ist. Deshalb scheidet eine Schätzung des Pfandwertes der Forderung durch das Vollstreckungsgericht völlig aus[5]. Daher muss grundsätzlich die *Vollpfändung* einer Forderung des Schuldners an den Drittschuldner auch dann *für zulässig erachtet* werden, wenn deren Nennbetrag höher als die Vollstreckungsforderung ist[6].

757   2. Stellt die zulässige Vollpfändung einer den Vollstreckungsanspruch übersteigenden Forderung im *Einzelfall* tatsächlich einmal eine *Überpfändung* dar, so wird die Wirksamkeit der Pfändung dadurch nicht berührt[7]; insbesondere ist deswegen der Pfändungsbeschluss nicht nichtig (siehe Rdn. 750). Vielmehr kann der Schuldner dann nur mit Erinnerung nach § 766 ZPO eine Beschränkung der Pfändung erreichen. Er muss dann aber dartun, dass das Recht des Gläubigers auf Befriedigung durch Beschränkung der Pfändung auf einen Teil der Forderung nicht im geringsten beeinträchtigt wird. Das wird im Hinblick auf die zahlreichen nicht übersehbaren Umstände, die den Wert einer Forderung schmälern können, nur in Ausnahmefällen gelingen. Jedenfalls genügt es für die Annahme einer Überpfändung noch nicht, dass der Drittschuldner zweifellos zahlungsfähig ist. Vielmehr muss auch Gewissheit bestehen, dass der Wert eines Teilbetrages der Forderung und damit die Befriedigungsaussichten des pfändenden Gläubigers aus anderen Gründen keine Schmälerung erleiden werden, dass also der Drittschuldner keinerlei Einwendungen gegen die Forderung erheben, mit ihr nicht aufrechnen, keine Minderung geltend machen wird usw. Wegen der an sich nicht großen praktischen Auswirkung der Überpfändung (siehe deswegen Rdn. 760) ist aber das Interesse des Schuldners an der Abwendung einer vermeintlichen Überpfändung auch tatsächlich unbedeutend.

III. Pfändung mehrerer Forderungen

758   Eine Überpfändung kann auch in der Pfändung mehrerer Forderungen liegen, wenn ihr zusammengerechneter Nennbetrag die Vollstreckungsforderung des Gläubigers übersteigt. Der Gläubiger soll daher, wenn der Nennbetrag einer Forderung bereits zu seiner Befriedigung ausreicht, darzutun haben, warum er mehrere Forderungen pfänden lassen will[8]. Dem kann nach meinem Dafürhalten nicht gefolgt werden. Denn auch hier sagt der Nennwert der einzelnen Forderung nichts über ihre Einbringlichkeit und damit die Wahrscheinlichkeit der Befriedigung des Gläubigers aus. Dem

---

5   *Zunft* NJW 1955, 441; *Weigelin* JW 1934, 677; *OLG Bamberg* Seufferts Archiv 72, 244.
6   *RG* JW 1914, 1041; *OLG Hamm* JW 1937, 2133; *Schilken* FS Lüke (1997) 701 (707); *Tempel* JuS 1967, 79; *Zunft* NJW 1955, 441 (444); *Stein/Jonas/Brehm*, ZPO, Rdn. 74 zu § 829.
7   *BGH* JurBüro 1985, 708 = JZ 1985, 629 mit Anm. *Brehm* = NJW 1985, 1155 (1157).
8   *Zunft* NJW 1955, 441, 444; offengelassen von *BGH* a.a.O. (nachf. Fußn. 13).

Vollstreckungsgericht fehlt auch in solchen Fällen jede Möglichkeit, sich über den wirklichen Wert der Forderung hinreichend Gewissheit zu verschaffen; auch dem Gläubiger bieten sich keine ausreichenden Gelegenheiten, sich über Höhe und Einbringlichkeit jeder der Forderungen zu informieren. Es ist daher auch hier dem Verlangen des Gläubigers auf *volle Beschlagnahme* mehrerer Forderungen *grundsätzlich* zu entsprechen[9] und eine tatsächliche Überpfändung vom Schuldner mit Erinnerung geltend zu machen. Dieser Grundsatz sollte auch bei Mietpfändung nicht durchbrochen werden, so dass z. B. dem Antrag, wegen einer Forderung von 500 Euro die Mietansprüche des Schuldners gegen mehrere Mieter mit größeren Wohnungen zu pfänden, stattzugeben ist[10]. Denn bei Beschränkung der Pfändung auf die Mietforderung gegen nur einen der Mieter wäre die Gefahr nicht ausgeschlossen, dass der Pfändungszugriff erfolglos bleibt. Verzögert z. B. gerade dieser Mieter die Mietzahlung, so kann bei plötzlicher Zwangsvollstreckungsbeschlagnahme oder Eröffnung des Insolvenzverfahrens (s. § 110 InsO) der Gläubiger mit seiner Befriedigung nicht mehr rechnen. Die gegen Überpfändung schützende Bestimmung des § 803 Abs. 1 S. 2 ZPO darf aber das Recht des Gläubigers auf Befriedigung durch Zwangsvollstreckung in solcher Weise nicht beeinträchtigen. Diese Schmälerung der Rechte des Gläubigers verbietet sich auch deshalb, weil sich der Interessenkonflikt zwischen Gläubiger und dem Recht des Schuldners auf Schonung in der Zwangsvollstreckung durch Beschränkung der Überweisung auf zunächst nur eine der gepfändeten mehreren Mietforderungen lösen lässt.

IV. Forderungspfändung neben anderen Zwangsvollstreckungsmaßnahmen

Die Frage der Überpfändung tritt auch auf, wenn der Gläubiger die Forderungspfändung zugleich mit einer anderen Zwangsvollstreckungsmaßnahme (Sachpfändung, Zwangsversteigerung oder -verwaltung) betreibt. Auch hier lässt sich das Verbot der Überpfändung praktisch zumeist nur auf Erinnerung hin beachten. Denn dem Vollstreckungsgericht fehlt jede Möglichkeit, im Forderungspfändungsverfahren die Befriedigungsaussichten des Gläubigers in den anderen Zwangsvollstreckungsverfahren sicher zu beurteilen. Vom Gläubiger kann zudem nicht erwartet werden, dass er auf die Möglichkeit einer sofortigen Befriedigung durch Forderungspfändung im Hinblick auf eine zu späterer Zeit denkbare, aber noch nicht sicher abzusehende Zahlung seiner Forderung in der Zwangsversteigerung oder -verwaltung verzichtet. Es muss deshalb auch grundsätzlich die Forderungspfändung neben anderen Zwangsvollstreckungsmaßnahmen für zulässig erachtet werden[11].

759

---

9 Siehe *Falkmann/Hubernagel*, Die Zwangsvollstr., Anm. 4 b zu § 803 ZPO.
10 *Zunft* NJW 1955, 441 (444), der meint, einem solchen Antrag könne nicht ohne weiteres stattgegeben werden, kann daher nicht gefolgt werden.
11 *LG Bad Kreuznach* Rpfleger 1957, 353; auch *OLG Dresden* JurBüro 2007, 100 (101).

2. Kapitel: Pfändungsverfahren und -wirkungen

V. Wirkung der Überpfändung

760 Die *praktische Bedeutung* des Verbots der Überpfändung ist im Forderungspfändungsverfahren an sich nicht groß[12]. Zwar ist eine Überpfändung voll wirksam. Wenn mehrere Forderungen des Schuldners gepfändet sind, unterfallen sie demnach alle bis zu ihrer vollen Höhe dem Pfändungspfandrecht[13]. Entsprechendes gilt, wenn mehrere Forderungen des Schuldners nur teilweise je bis zur Höhe der zu vollstreckenden Schuld gepfändet sind; dann erfasst die Pfändung jede der mehreren Forderungen des Schuldners (z. B. eine Werklohn- und eine Kaufpreisforderung) bis zur Höhe der Schuld, deretwegen die Pfändung erfolgt ist. Jede der gepfändeten Forderungen unterliegt der Pfandverstrickung in Höhe der Schuld[14]. Auch bei Überpfändung ist aber die Einziehungsbefugnis des Gläubigers immer auf den jeweiligen Betrag seines Vollstreckungsanspruchs samt Zinsen und Kosten beschränkt, so dass er den mehrgepfändeten Betrag zum Nachteil des Schuldners nicht einfordern und in Empfang nehmen kann. Das Verfügungsverbot gegen den Schuldner wirkt zudem nicht absolut; es verbietet vielmehr nur solche Verfügungen, die die Rechtsstellung des Gläubigers beeinträchtigen (siehe Rdn. 559). Trotz Pfändung der ganzen Forderung sind daher Verfügungen und Maßnahmen des Schuldners erlaubt, die die Rechte des Gläubigers nicht schmälern. Daher hindert auch eine wirkliche Überpfändung den Drittschuldner nicht, an den Gläubiger in Höhe seines Anspruchs und schon vor dieser Zahlung oder zugleich mit ihr an einen nachrangigen Zessionar oder weiteren Pfändungsgläubiger oder an den Schuldner den übrig bleibenden Teil der Forderung zu zahlen[15]. Die „Über"pfändung eines Girokonto- oder Sparguthabens kann die Bank oder Sparkasse daher nicht berechtigen, das Guthaben vollständig zu sperren, somit auch die Auszahlung des die Gläubigerforderung übersteigenden Guthabenbetrags an den Schuldner zu verweigern[16]. Die Überpfändung beeinträchtigt daher regelmäßig weder die Interessen des Schuldners noch die eines Zessionars. Unklarheiten im Einzelfall lassen sich oft durch rechtzeitige und ausreichende Verständigung der Beteiligten lösen. Wo sie auf solche Weise nicht sofort ausgeräumt werden können, so z. B. bei Arrestpfändung oder in Fällen, in denen die Einziehung sich aus besonderen Gründen ganz wesentlich verzögert, muss aber im Interesse einer möglichst

---

12 Siehe dazu aber auch *BGH* BB 1956, 254: „Die Regelung des § 803 Abs. 1 S. 2 ZPO enthält eine Schutzbestimmung, deren Verletzung eine Schadensersatzpflicht des Gläubigers nach § 823 Abs. 2 BGB nach sich ziehen kann." Zum Verbot der Überpfändung als Schutzgesetz für den Schuldner siehe auch *BGH* NJW 1985, 1155 (1157) = a.a.O. (Fußn. 7).
13 *BGH* MDR 1975, 399 = NJW 1975, 738; anders *Paulus* DGVZ 1993, 129.
14 *BGH* a.a.O. (Fußn. 13).
15 A.A. *OLG Köln* NJW-RR 1994, 1517 (1519 re.Sp.).
16 Das OLG Rostock MDR 2002, 960 Leits. sieht es als Pflichtverletzung gegenüber dem Kontoinhaber an, wenn das Konto über den Schuldbetrag hinaus gesperrt und auch die Auszahlung des den vollstreckten Betrag übersteigenden Guthabens verweigert wird.

ausreichenden Sicherung des Gläubigers eine gewisse Beschränkung des Schuldners hingenommen werden[17].

VI. Wortlaut des Pfändungsbeschlusses bei Voll- und Teilpfändung

M u s t e r für eine T e i l pfändung siehe Rdn. 1848

1. Das Pfändungspfandrecht umfasst die *ganze* Forderung an den Drittschuldner, wenn der Pfändungsbeschluss nicht ausdrücklich[18] anordnet, dass sich die Beschlagnahme nur auf einen bestimmten Forderungsteil erstrecken soll (Teilpfändung). Bei solcher *Teil*pfändung bleibt der Forderungsrest von der Beschlagnahme frei. Pfändet ein weiterer Gläubiger diesen nicht beschlagnahmten Rest oder tritt ihn der Eigentümer nach der Pfändung ab, so kann der Drittschuldner nach Belieben zunächst an den einen oder anderen Pfändungsgläubiger bzw. an den Pfändungsgläubiger oder Zessionar leisten[19]. Soll ein gepfändeter Teil der Forderung *Vorrang vor dem ungepfändeten Rest* erhalten, so muss dieser Vorrang im Pfändungsbeschluss (auf Antrag des Gläubigers) ausdrücklich angeordnet werden.

761

2. Streitig ist, ob mit dem üblichen *Wortlaut* eines Pfändungsbeschlusses, dass die Pfändung „*wegen und in Höhe*" oder „*bis zur Höhe*" oder „*auf Höhe*" des Anspruchs des Gläubigers oder „*bis zur Höhe der Schuld*"[20] erfolgt, eine Teilpfändung ausgesprochen ist. Eine noch vielfach vertretene Meinung erblickt in einem solchen Vollstreckungszugriff eine Teilpfändung, weil mit den Worten „in Höhe" der Umfang der Pfändung bezeichnet sei[21]. Dem ist m.E. nicht zu folgen[22]. Der Gläubiger selbst wird nur selten die für ihn mit Risiko verbundene Teilpfändung erstreben. Wo sie gleichwohl ausreicht und daher gewollt ist, wird er regelmäßig für den von ihm gepfändeten Forderungsteil den Vorrang vor dem pfandfreien Rest begehren. Bei diesem Bestreben kann dem routinemäßigen Pfändungsausspruch „wegen und in Höhe" o. Ä. eine Teilpfändung nicht entnommen werden. Vielmehr muss die selten erwünschte Teilpfändung im Pfändungsbeschluss ausdrücklich und zweifelsfrei angeordnet sein. Das ist erforderlich, weil der Pfändungsbeschluss als Staatsakt die notwendige Klarheit und Bestimmtheit in sich tragen, Anordnung und *Umfang* der Pfändung also

762

---

17 Siehe *OLG Hamm* JW 1937, 2133.
18 *BGH* a.a.O. (Fußn. 13) mit weit. Nachw.; auch *BGH* NJW 1986, 977 (978 li.Sp.).
19 *Falkmann/Hubernagel*, Die Zwangsvollstreckung, Anm. 19 zu § 829 ZPO; *Seuffert/Walsmann*, ZPO, Anm. 4b zu § 829.
20 *BGH* a.a.O. (Fußn. 13).
21 *Zunft* NJW 1955, 441 (444); *BGH* a.a.O. (Fußn. 13); *KG* HRR 1930 Nr. 1165; *Hauke* JW 1937, 3204; *Jaeger* LZ 1909, 194; *OLG Oldenburg* NdsRpfl 1970, 114 = Rpfleger 1970, 100; *Schilken* FS Lüke (1997) 703 (705); siehe auch *Stein/Jonas/Brehm*, ZPO, Rdn. 78 zu § 829.
22 Wie hier *RG* 151, 279 (285); *OLG Bamberg* Seufferts Archiv 72, 243; siehe ferner die in nachst. Fußn. 24 Genannten.

mit Sicherheit ersehen und erkennen lassen muss (siehe Rdn. 489). Diese Klarheit liegt in der Anordnung der Pfändung „wegen und bis zur Höhe" o. Ä. aber noch keineswegs, zumal routinemäßig mit diesen Worten durchwegs auch Rechte gepfändet werden, die nicht teilbar, einer Teilpfändung also nicht zugänglich sind (z. B. Miterbenanteil). Eine sinnforschende Auslegung des Wortlautes solcher Pfändungsbeschlüsse kann daher nur zu der Annahme führen, dass die Pfändung „wegen und in Höhe" o. Ä. in Höhe des Vollstreckungsanspruchs des Gläubigers die ganze (volle) Forderung des Schuldners an den Drittschuldner erfasst[23]. Insgesamt (voll) ist eine Forderung stets auch dann gepfändet, wenn „wegen und bis zur Höhe" der Gläubigerforderung (o. Ä.) vollstreckt ist, der Pfändungsbeschluss zugleich aber zum Ausdruck bringt, dass „alle" Forderungen und Rechte des Schuldners aus dem bezeichneten Rechtsverhältnis (z. B. Darlehen vom ...) gepfändet werden.

763   3. Erblickt man in der Pfändung „wegen und bis zur Höhe" o. Ä. gleichwohl eine Teilpfändung, so ist zu klären, welchen Umfang eine solche Pfändung haben soll, wenn der Vollstreckungsanspruch des Gläubigers nicht nur aus einem ziffernmäßig bestimmten Kapitalbetrag und Kosten, sondern auch aus *ständig fortlaufenden Zinsen* besteht. Da der Gläubiger so gestellt sein muss, dass er das erhält, was ihm an Haupt- und Zinsforderung im Augenblick der Zahlung des Drittschuldners gebührt, muss der Ansicht gefolgt werden, dass sich das Pfandrecht des Gläubigers auf den Zinsbetrag, der jeweils aufgelaufen ist, erstreckt. Demnach wächst der Umfang des Pfandrechts täglich um den Betrag aller bis zur Gläubigerbefriedigung hinzukommenden Zinsteile[24]. Praktische Schwierigkeiten, die sich ergeben können, lassen sich vermeiden, wenn ein höchstens dem Pfändungszugriff unterliegender Forderungsteil im Pfändungsbeschluss ziffernmäßig bestimmt bezeichnet wird[25]. Fehlt diese Angabe des Höchstbetrags, so wird der Pfändungsbeschluss vielfach auch dahin ausgelegt, dass wegen des Kapitalanspruchs des Gläubigers nebst Zinsen und Kosten die ganze Forderung des Schuldners an den Drittschuldner gepfändet ist[26].

---

23   *RG* 151, 279 (285); siehe dazu auch Rdn. 1849, 1850.
24   *Jonas* JW 1937, 2134; *Hauke* NJW 1937, 3205; *Ernst* JW 1938, 644; *Bohn/Berner*, Pfändbare Forderungen etc., N. 139. Siehe außerdem *OLG Dresden* JW 1938, 57; die von ihm angenommene Begrenzung dieses stets weiter anwachsenden Zinsanspruchs bei Hinzukommen eines nächsten Pfändungs- oder Abtretungsgläubigers kann sich auf keine Gesetzesbestimmung stützen, siehe *Ernst* a.a.O. Bei fehlendem Höchstbetrag deckt die Pfändung daher m.E. auch bei Konkurrenz mit einem späteren Pfändungs- oder Abtretungsgläubiger alle bis zur vollen Gläubigerbefriedigung anwachsenden Zinsen. *Schilken* FS Lüke (1997) 701 (706) nimmt bei Pfändung auch für Zinsen mit offenem Endtermin an, dass die Höhe nicht beziffert bestimmt und daher die Forderung ohne konkrete Einschränkung, damit in vollem Umfang gepfändet sei.
25   Siehe *Hauke* JW 1937, 3205.
26   *OLG Hamm* JW 1937, 2133; *KG* JW 1931, 2576.

S. Zusammentreffen von Pfändung mit Abtretung und Verpfändung

I. Pfändung einer abgetretenen Forderung

Schrifttum: *Behr*, Zusammentreffen von Abtretung und Pfändung, Rpfleger 1990, 243; *Henrichs*, Konkurrenz von Gläubigern aus Abtretung und Gläubigern aus Pfändungspfandrecht bei hinterlegter Schuldsumme, Rpfleger 1954, 491; *Marotzke*, Rechtsprobleme des Gläubigerzugriffs auf anfechtbar zedierte Forderungen des Schuldners, KTS 1988, 569; *Schmidt*, Zur Anwendung des § 185 BGB in der Mobiliarvollstreckung, ZZP 87 (1974) 316; *Tiedtke*, Pfändungspfandrecht an einer nach Pfändung wiedererworbenen Forderung? NJW 1972, 746 (auch KKZ 1973, 8).

1. Mit Abtretung einer Forderung des Schuldners ist der *Zessionar neuer Gläubiger* des Drittschuldners geworden (§ 398 BGB). Damit gehört die Forderung nicht mehr zum Vermögen des Schuldners. Seine Gläubiger[1] können die Forderung daher nicht mehr pfänden. Nur bei *Teil*abtretung bleibt die dem Schuldner noch zustehende Restforderung für seine Gläubiger weiterhin pfändbar.

2. a) Ist dem Vollstreckungsgericht zuverlässig bekannt, dass der Schuldner die Forderung, deren Pfändung erfolgen soll, bereits wirksam[2] abgetreten hat, so ist dem Pfändungsantrag nicht zu entsprechen (dazu Rdn. 488). Im Übrigen prüft das Vollstreckungsgericht nicht, ob die pfändende Forderung dem Schuldner tatsächlich zusteht. Pfändet es deshalb die Forderung, die der Schuldner vor Wirksamwerden der Pfändung *bereits abgetreten* hat, so erfasst diese Pfändung die Forderung nicht mehr; eine solche Pfändung hat keinerlei Wirkungen, sie geht ins Leere[3] (s. bereits Rdn. 486). Diese wirkungslose Pfändung hindert weder den neuen Gläubiger daran, anderweitige Verfügungen über die ihm abgetretene Forderung zu treffen, noch den Drittschuldner, mit befreiender Wirkung an den neuen Gläubiger als den wirklichen Berechtigten zu leisten[4]. Wegen der Beweislast des Drittschuldners für die Abtretung vor der Pfändung siehe Rdn. 663. Klagt der Zessionar die Forderung ein, trägt er die Beweislast für die Abtretung vor Pfändung[5].

b) Dies gilt auch, wenn die Abtretung schon vor der Pfändung erfolgt, dem Drittschuldner aber erst nach ihr bekannt geworden ist (sog. *stille Zession*). Denn der Neugläubiger hat auch hier mit dem Abschluss des formlosen Abtretungsvertrages sofort die vollen Gläubigerrechte erworben, von denen nur nach außen hin zunächst kein Gebrauch gemacht wurde[6] (§ 398 BGB). Anzeige an den Drittschuldner ist für diesen Rechtsübergang

---

1 Wohl aber nun die Gläubiger des Zessionars, zu dessen Vermögen die Forderung jetzt gehört.
2 Zur Nichtigkeit einer Abtretung s. Rdn. 1248 Fußn. 5.
3 *BGH* 100, 36 = JR 1987, 410 mit Anm. *Gerhardt* = MDR 1987, 494 = NJW 1987, 1703.
4 *BGH* 100, 36 = a.a.O.
5 *LG Hanau* MDR 1999, 628.
6 *BGH* 26, 186 (193) = MDR 1958, 231 = NJW 1958, 457.

nicht notwendig. Der Drittschuldner darf daher an den Gläubiger auch dann nicht mehr zahlen, wenn die stille Zession erst bekannt geworden war, nachdem bereits ein Urteil für den pfändenden Gläubiger ergangen ist; der Drittschuldner muss in einem solchen Fall mit Einwendungen gegen den durch das Urteil festgestellten Anspruch (§ 767 ZPO) geltend machen, dass die Pfändung gegenstandslos ist[7]. Schutz des Drittschuldners, der bei Zahlung an den pfändenden Gläubiger oder Vornahme eines Rechtsgeschäfts mit ihm (nach Überweisung) die (frühere) Abtretung nicht gekannt hat: § 408 Abs. 2 mit § 407 BGB. Wegen des Herausgabeanspruchs des aus einer stillen Zession Berechtigten, wenn der pfändende Gläubiger Beträge (dort: Arbeitseinkommen) eingezogen hat, siehe Rdn. 1253.

767 c) Eine abredegemäß nicht oder nur mit Zustimmung des Drittschuldners abtretbare (§ 399 BGB), aber pfändbare (§ 851 Abs. 2 ZPO, Rdn. 15) Forderung scheidet bei gleichwohl erfolgter Abtretung nicht aus dem Vermögen ihres Gläubigers (des Vollstreckungsschuldners) aus. Eine Pfändung nach solch unzulässiger Abtretung hat daher volle Wirksamkeit. Auch wenn der Forderungsschuldner (Drittschuldner) eine abredewidrig vorgenommene Abtretung genehmigt, wirkt das nicht auf den Zeitpunkt der Abtretung zurück. Die zwischen der Abtretung und der „Genehmigung" ausgebrachte Pfändung bleibt daher wirksam[8]. Wirksam ist jedoch die Abtretung einer vereinbarungsgemäß nicht oder nur mit Drittschuldnerzustimmung[9] übertragbaren Geldforderung (§ 399 BGB), wenn sie durch Rechtsgeschäft begründet wurde und dieses Rechtsgeschäft für beide Teile ein Handelsgeschäft war oder der Drittschuldner eine juristische Person des öffentlichen Rechts oder ein öffentlich-rechtliches Sondervermögen ist (§ 354 a Abs. 1 S. 1 [mit Ausnahme in Abs. 2] HGB). Forderungsgläubiger ist dann somit der Zessionar. Jedoch kann der Drittschuldner dann noch immer mit befreiender Wirkung an den bisherigen Gläubiger (= Vollstreckungsschuldner) leisten (§ 354 a Abs. 1 S. 2 HGB). Ob deswegen die Pfändung der Geldforderung bei Vollstreckung gegen den Zedenten noch für zulässig zu erachten ist, ist nicht geklärt. Das ist m. E. zu verneinen[10], weil § 354 a Abs. 1 S. 2 HGB als Vorschrift zum Schutz des Vertrauens des Drittschuldners an den Bestand des Abtretungsverbots (Ausnahmetatbestand des § 354 a Abs. 1 S. 1 HGB hat er nicht verantwortlich zu prüfen) und damit klaren Vertragsabwicklung zu sehen ist. Eine gleichwohl erfolgte Pfändung ist dennoch wirksam (Wirkungen Rdn. 554 ff.) Wenn dann der Drittschuldner (nach Überweisung) an den Gläubiger schuldbefreiend leistet (§ 354 a Abs. 1 S. 2 HGB), hat gegen ihn der Zessionar (Neugläubiger) Anspruch auf Herausgabe (insbesondere nach § 816 Abs. 2 BGB).

---

7   *RG* 84, 286 (292).
8   *BGH* 70, 299 = BB 1978, 782 und 1086 mit abl. Anm. *Denck* = JurBüro 1978, 688 = MDR 1978, 486 = NJW 1978, 813 und (für die vereinbarungsgemäß nur mit Zustimmung des Drittschuldners abtretbare Forderung) *BGH* 108, 172 = MDR 1989, 1092 = NJW 1990, 109.
9   *OLG Celle* NJW-RR 1999, 618.
10 So auch *Wagner* NJW 1995, 180.

Die vertragliche (nur obligatorische), jedoch noch nicht erfüllte *Verpflichtung* des Schuldners *zur Abtretung* der Forderung an einen anderen steht ihrer Pfändung nicht entgegen[11]. Die spätere Abtretung in Erfüllung des vertraglichen Anspruchs ist dem pfändenden Gläubiger gegenüber unwirksam.

d) Abtretung durch einen *Schuldner-Vertreter ohne Vertretungsmacht* begründet kein Gläubigerrecht des Zessionars. Von Gläubigern des abtretenden Schuldners kann dessen Forderung daher weiterhin gepfändet werden. Genehmigt danach der vertretene Schuldner (als Forderungsgläubiger) diese Abtretung (§ 177 BGB), dann berührt das die bereits wirksam gewordene Pfändung nicht (§ 184 Abs. 2 BGB; der genehmigende Schuldner hat hierfür infolge des durch Pfändung begründeten Verfügungsverbots keine Verfügungsbefugnis mehr). Hat bei Abtretung für den Zessionar ein Vertreter ohne Vertretungsmacht gehandelt und genehmigt danach (nach wirksamer Pfändung) der Zessionar die Abtretung (§ 177 BGB), dann hat dies Rückwirkung (§ 184 Abs. 1 BGB); die Pfändung als Zwischenverfügung verliert damit ihre Wirkung[12]. Genehmigung der Abtretung durch einen Nichtberechtigten ohne Einwilligung des (genehmigenden) berechtigten Schuldners (§ 185 BGB) berührt eine inzwischen wirksam gewordene Pfändung nicht mehr (§ 184 Abs. 2 BGB).

767a

3. Besteht Unklarheit oder Streit[13] über die Wirksamkeit oder den Zeitpunkt einer Abtretung und damit für den Drittschuldner *Ungewissheit* darüber, ob der Zessionar Anspruch auf Zahlung hat oder ob die Forderung als dem Schuldner gehörend wirksam gepfändet und überwiesen ist (s. bereits Rdn. 620), so kann der Drittschuldner nach § 372 BGB[14] – nicht jedoch nach § 853 ZPO – *hinterlegen*[15].

768

Nach Hinterlegung bei Konkurrenz von Abtretungs- und Pfändungsgläubiger kann der Berechtigte nicht in einem Verteilungsverfahren (§§ 872 ff. ZPO) festgestellt werden; Einleitung eines *Verteilungsverfahrens* ist dann *unzulässig*[16]. Ist allerdings die Frage der Zession von der Hinterlegungsstel-

---

11 *RG* 64, 308 (315).
12 *OLG Stuttgart* NJW 1954, 36 (für Genehmigung nach Sachpfändung); *MünchKomm/Schramm*, BGB, Rdn. 38 zu § 184; *BGB-RGRK/Steffen*, Rdn. 9 zu § 184; s. auch *BGH* 70, 299 (302) = a.a.O. (Fußn. 8) mit weit. Nachw.
13 Nicht aber sonst (*OLG Nürnberg* JurBüro 2002, 603 = OLGR 2002, 463), also insbesondere nicht, wenn dies ein Pfändungsgläubiger verlangt, obwohl der Drittschuldner die Berechtigungsfolge einwandfrei klären kann. Bei der Entscheidung über den Hinterlegungsantrag muss die Hinterlegungsstelle prüfen, ob der Drittschuldner sich über die Frage der Priorität der Zession hinreichend Gedanken gemacht hat; siehe dazu *Henrichs* Rpfleger 1954, 491 mit Nachweisen. Hat der Drittschuldner überhaupt keine Erkundungen angestellt, die zur Beseitigung aufgetretener Zweifel führen könnten, so ist er nicht zur Hinterlegung aus § 372 BGB befugt, siehe *AG Köln* MDR 1966, 931.
14 *BGH* MDR 2005, 652 = NJW-RR 2005, 712 = Rpfleger 2005, 320; *LG Berlin* Rpfleger 1981, 492; *LG Münster* Rpfleger 1995, 78.
15 Anspruch auf Zustimmung zur Auszahlung des hinterlegten Betrags siehe *BGH* 112, 356 (358) = a.a.O. (Rdn. 814 Fußn. 6).
16 *RG* 144, 391; *OLG Kiel* Seufferts Archiv 73, 382; *Henrichs* Rpfleger 1954, 491; *LG Gießen* NJW 1967, 1138; *LG Münster* Rpfleger 1995, 78; *AG Köln* MDR 1966, 931; *Hothorn* NJW 1967, 1138; *Zöller/Stöber*, ZPO, Rdn. 2 zu § 872; **a.A.** z. B. noch *OLG München* OLG 26, 407.

le geklärt und bleibt nach Wegzahlung der Ansprüche des Zessionars noch ein Hinterlegungsbetrag, an dem mehrere Gläubiger Pfändungspfandrechte geltend machen, so muss für sie das Verfahren nach §§ 872 ff. ZPO durchgeführt werden[17]. Dies gilt ebenso für den Teil der Hinterlegungssumme, der den Betrag der Abtretung übersteigt[18] wie deshalb, weil (mehrere) Pfandgläubiger weitergehende Rechte am Hinterlegungsbetrag als Zessionare erlangt haben, z. B. infolge Nichtberücksichtigung eines Angehörigen nach § 850 c Abs. 4 ZPO nur bei den Pfändungen.

769 4. a) Durch *Pfändung einer bereits abgetretenen Forderung* wird ein Pfändungspfandrecht nicht, auch nicht für den Fall der *Rückzession*, bewirkt[19]. Der Gläubiger kann daher eine vom Schuldner bereits vor der Pfändung abgetretene Forderung im Falle der Rückabtretung nur durch erneute Vollstreckung erfassen. Nachträglich wird die Pfändung einer bereits abgetretenen Forderung auch nicht dadurch wirksam, dass der vollstreckende Gläubiger die Abtretung erfolgreich wegen Gläubigerbenachteiligung anficht; es bedarf einer neuen Pfändung der Forderung[20].

770 b) Ist allerdings die Forderung nur sicherungshalber[21] oder an einen *Treuhänder* abgetreten, so bietet sich für Gläubiger des Schuldners gleichwohl vielfach noch die Möglichkeit der Zwangsvollstreckung. Denn Sicherungsnehmer oder Treuhänder sind schuldrechtlich verpflichtet, die Forderung dem Schuldner nach Erledigung des Sicherungszwecks oder Beendigung des Treuhandverhältnisses zurückzugeben, wenn sie in diesem Zeitpunkt noch nicht erloschen, vom Drittschuldner also noch nicht an den Sicherungsnehmer oder Treuhänder bezahlt ist. Dieser schuldrechtliche Anspruch gegen den Sicherungsnehmer oder Treuhänder oder ein sonstiger obligatorischer *Anspruch auf (Rück-)Übertragung* der Forderung stellt ein selbstständiges Vermögensrecht des Schuldners dar und unterliegt als solches dem Pfändungszugriff seiner Gläubiger[22]. Siehe dazu Rdn. 65–68.

---

17 *Henrichs* Rpfleger 1954, 491.
18 *LG Gießen* NJW 1967, 1138 mit zust. Anm. *Hothorn*; *Zöller/Stöber* a.a.O.
19 *BGH* 56, 339 = MDR 1971, 910 = NJW 1971, 1939; *BGH* MDR 2002, 477 = NJW 2002, 755 = Rpfleger 2002, 272 = VersR 2002, 334; *OLG Düsseldorf* NJW-RR 1999, 1406 = VersR 1999, 1009 (Lebensversicherung); *OLG Frankfurt* OLGR 2001, 238 (Lebensversicherung). **A.A.** *Tiedtke* NJW 1972, 746; *OLG München* BayJMBl 1954, 35 = NJW 1954, 1124, dem jedoch aus den von *Merz* NJW 1955, 347 zutreffend dargelegten Gründen nicht beigetreten werden kann und dessen Ansicht auch sonst allgemein abgelehnt wird; siehe z. B. *Stein/Jonas/Brehm*, ZPO, Rdn. 68, *Wieczorek/Schütze/Lüke*, ZPO, Rdn. 17; *Zöller/Stöber*, ZPO, Rdn. 4, je zu § 829. Siehe dazu auch (Anwendung des § 185 BGB?) *Schmidt* ZZP 87 (1974) 316 (S. 326–331).
20 *BGH* 100, 36 = a.a.O. (Fußn. 3); *BArbG* BAG 72, 238 = JurBüro 1994, 364 = NJW 1993, 2699 (als Vorinstanz anders *LArbG Hamm* BB 1992, 928 Leits. = MDR 1992, 786 Leits. = NZA 1992, 855 = ZIP 1992, 1168); **a.A.** *Tiedtke* ZIP 1993, 1452; dazu auch *Marotzke* KTS 1988, 569.
21 Die Verpfändung eines Rechts lässt die Rechtsinhaberschaft des Verpfänders bestehen. Ein Rückgewähranspruch des Verpfänders besteht daher nicht; Pfändung eines Rückgewähranspruchs des Verpfänders kann daher nicht erfolgen; *LG Arnsberg* JurBüro 1969, 896.
22 Siehe *BGH* MDR 1998, 1303 Leits. = NJW 1998, 2969.

c) Ist die Sicherungsabtretung, die Abtretung an den Treuhänder oder eine sonstige Abtretung nicht als Vollabtretung, sondern unter einer *auflösenden Bedingung* erfolgt, so fällt die Forderung mit dem Eintritt der Bedingung (Befriedigung des Sicherungsnehmers, sonstiger Wegfall des Sicherungszwecks usw.) dem Schuldner von selbst zu (§ 158 Abs. 2 BGB). Eine solche bedingte Forderung kann unmittelbar gepfändet werden (siehe Rdn. 25). Da für den Gläubiger fast nie feststellbar sein wird, ob eine solche bedingte Abtretung oder eine Vollabtretung vorliegt, sollte die Pfändung des Rückübertragungsanspruchs auch in die Pfändung der bedingten Geldforderung umgedeutet werden können. 771

II. Abtretung einer gepfändeten Forderung

1. Mit der Abtretung einer gepfändeten Forderung *verstößt* der Schuldner gegen das *Verfügungsverbot* des § 829 Abs. 1 S. 2 ZPO. Diese Abtretung ist daher dem Gläubiger gegenüber unwirksam. Der Drittschuldner, der sich über das ihm zugestellte Zahlungsverbot hinwegsetzt und an den Zessionar zahlt, bringt deshalb im Verhältnis zum Gläubiger das Schuldverhältnis nicht zum Erlöschen. Der Gläubiger kann daher vom Drittschuldner, der bereits an den Zessionar bezahlt hat, dessen Rechtserwerb der wirksamen Pfändung nachgefolgt ist, *nochmalige Zahlung* verlangen (siehe Rdn. 565). Ergeben sich für den Drittschuldner Zweifel an der Wirksamkeit der Pfändung und besteht deshalb *Ungewissheit*, ob der Pfändungsgläubiger oder der Zessionar Berechtigter des Anspruchs auf Zahlung der Forderung ist, so kann nach § 372 BGB hinterlegt werden. Ein Verteilungsverfahren findet dann nicht statt (siehe Rdn. 768). Schutz des Drittschuldners, wenn er bei Leistung an den Zessionar (oder bei Vornahme eines Rechtsgeschäfts mit ihm) die (mit Ersatzzustellung) vor Abtretung bereits wirksam gewordene Pfändung nicht kennt: § 408 mit § 407 BGB (entspr. Anwendung[23]; s. das Rdn. 566 Gesagte). 772

2. Unwirksam ist die Abtretung einer gepfändeten Forderung dem Gläubiger gegenüber auch, wenn die *Abtretungserklärung* (-urkunde) auf einen Zeitpunkt zurückdatiert wird, der vor der Pfändung liegt. Wird dem Drittschuldner nach wirksamer Pfändung eine solche Abtretungsurkunde vorgelegt, so wird er gegenüber dem pfändenden Gläubiger von der Leistungspflicht nicht frei, wenn er im Vertrauen auf die Urkunde und in Unkenntnis des zeitlichen Vorrangs der Pfändung an den in der Urkunde bezeichneten Neugläubiger leistet oder mit ihm ein Rechtsgeschäft über die Forderung vornimmt[24]. Wenn jedoch bereits vor Pfändung der Schuldner (als Gläubiger der Forderung) eine Urkunde über die (nicht erfolgte oder nicht wirksame) Abtretung dem in der Urkunde bezeichneten neuen Gläubiger ausgestellt hat und dieser sie dem Forderungsschuldner vorlegt, kann nach Pfändung der 772a

---

23 *BGH* 100, 36 (47) = a.a.O. (Fußn. 3).
24 *BGH* 100, 36 = a.a.O.

Drittschuldner (als Schuldner der gepfändeten Forderung) auch dem pfändenden Gläubiger den Einwand aus § 409 BGB entgegenhalten[25].

773 3. Die gegen das Verfügungsverbot verstoßende Abtretung nach Pfändung ist nicht absolut, sondern nur dem pfändenden Gläubiger gegenüber unwirksam (§§ 135, 136 BGB und Rdn. 560). Für *weitere Gläubiger* des Schuldners, die die bereits abgetretene Forderung später noch pfänden möchten, gehört sie deshalb nicht mehr zum Schuldnervermögen. Für diese weiteren Gläubiger gilt deshalb das vorstehend in I Gesagte.

III. Pfändung und Verpfändung

773a 1. Eine Forderung kann verpfändet werden, wenn sie übertragbar und damit pfändbar ist (§ 1273 Abs. 1, § 1274 Abs. 2, § 1279 BGB). Wirksam ist die Verpfändung (§ 1274 Abs. 1 BGB) der Forderung, zu deren Übertragung ein Abtretungsvertrag genügt (§ 398 BGB), jedoch nur, wenn der Forderungsgläubiger (= Schuldner der Zwangsvollstreckung) sie dem Forderungsschuldner (= Drittschuldner in der Zwangsvollstreckung) anzeigt (§ 1280 BGB). Für das *Rangverhältnis* (Rdn. 778) zwischen Vertragspfandrecht und Pfändungspfandrecht ist allein die zeitliche Priorität der Entstehung maßgebend[26]. Ein durch zeitlich frühere (rechtsgeschäftliche) Verpfändung (wirksam) begründetes Pfandrecht hat somit Rang vor einem durch zeitlich spätere Pfändung (§ 829 Abs. 3 ZPO) erlangten Pfandrecht. Mit Verpfändung einer bereits gepfändeten Forderung verstößt der Schuldner gegen das Verfügungsverbot des § 829 Abs. 1 S. 2 ZPO; diese Verpfändung ist dem Gläubiger gegenüber daher unwirksam. Das Pfändungspfandrecht hat daher Rang vor dem erst danach erlangten Vertragspfandrecht. Nach der Zeit der (wirksamen) Bestellung bestimmt sich der Rang des Vertragspfandrechts auch dann, wenn es für eine künftige Forderung bestellt ist; der Zeitpunkt des Entstehens der gesicherten Forderung ist hier nicht entscheidend[27].

773b 2. a) Die Einziehungsbefugnis des *besserrangigen Vollstreckungsgläubigers* nach Überweisung (Rdn. 602) wird durch eine nachrangige Verpfändung nicht berührt. Der Drittschuldner bleibt damit zur Leistung an den (pfändenden) Gläubiger berechtigt und verpflichtet (Rdn. 607).

773c b) Die Einziehungsbefugnis des *Vertragspfandgläubigers* nach Fälligkeit seiner (gesicherten) Forderung (§ 1282 Abs. 1 mit § 1228 Abs. 2 BGB) kann durch eine nachfolgende Pfändung gleichfalls nicht beeinträchtigt werden. Der dem Vertragspfandgläubiger in Höhe seiner gesicherten Forderung bei Einziehung der verpfändeten Geldforderung geleistete Betrag gebührt diesem; er ist damit befriedigt (§ 1288 Abs. 2, auch § 1247 BGB), die verpfändete (und gepfändete) Forderung ist damit erloschen

---

25 *BGH* 100, 36 (47) = a.a.O.
26 *BGH* 52, 99 (107, 108); 93, 71 (76) = NJW 1985, 863.
27 *BGH* 93, 71 = a.a.O.; *BGH* 86, 340 (347).

(§ 362 Abs. 1 BGB)[28]. § 1290 BGB findet bei Zusammentreffen eines Vertrags- mit einem Pfändungspfandrecht insofern keine Anwendung, als die Einziehungsbefugnis nur für den besserrangigen Pfandgläubiger vorgesehen ist. Der nachpfändende Gläubiger kann nach Überweisung zur Einziehung stets Pfandverwertung unter Wahrung der Rechte des besserrangigen Gläubigers betreiben, somit Anordnung einer anderweitigen Verwertung beantragen (Rdn. 1467) oder Leistung mit Hinterlegung zugunsten des vorrangigen Vertragspfandgläubigers und sich selbst verlangen.

c) Der nachrangige Vertragspfandgläubiger kann (wie der Schuldner nach Pfändung, von dem er seine Rechte ableitet, dazu Rdn. 559, auch Rdn. 564) Leistung nach Maßgabe der §§ 1281, 1282 BGB allein nicht verlangen. 773d

3. a) Dem *Drittschuldner* ist mit vorrangiger Pfändung Zahlung an den Schuldner (Rdn. 565) und damit auch Leistung an ihn und seinen (nachrangigen) Vertragspfandgläubiger oder an diesen allein verboten. Wenn an den besserrangigen Vollstreckungsgläubiger allein (vor Überweisung) nicht gezahlt werden kann, kann die gepfändete Forderung daher nur durch Leistung an den Gläubiger und den Schuldner unter Mitwirkung seines nachrangigen Vertragspfandgläubigers (§ 1281 BGB) zusammen oder Hinterlegung für diese gemeinsam Berechtigten erfüllt werden (siehe Rdn. 556). 773e

b) Vorrangige Verpfändung ermöglicht dem Drittschuldner vor Pfandreife nur Zahlung an den Vertragspfandgläubiger und den durch die nachfolgende Pfändung in seiner Berechtigung nach § 829 Abs. 1 S. 1 ZPO 773f

---

28 Ganz **anders** *MünchKomm/Damrau*, BGB, Rdn. 5 zu § 1290: Der Vertragspfandgläubiger soll trotz seines vorgehenden Pfandrechts kein Einziehungsrecht mehr haben; dieses soll nach Überweisung der gepfändeten Forderung (§ 835 ZPO) dem Pfändungspfandgläubiger zustehen. Der (besserrangige) Vertragspfandgläubiger soll von dem pfändenden nachrangigen Gläubiger nach § 805 ZPO die vorzugsweise Befriedigung aus dem vom Schuldner geleisteten Geldbetrag verlangen können. Dem ist jedoch nicht zu folgen. Die Pfändung der *angeblichen* Forderung des Schuldners an den Drittschuldner begründet Rechte des vollstreckenden Gläubigers nur, wenn (und soweit) die gepfändete Forderung besteht und dem Schuldner zusteht (Rdn. 486). Einwendungen und Einreden gegen die Forderung wirken auch gegen den pfändenden Gläubiger (Rdn. 571). Pfändungspfandrecht und (nach Überweisung) Einziehungsbefugnis des vollstreckenden Gläubigers berechtigten nur zur Geltendmachung der gepfändeten (fremden) Forderung (des Vollstreckungsschuldners) im eigenen Namen, begründen somit nicht mehr Rechte, als dem Schuldner selbst zustehen. Die dem Schuldner (als Forderungsgläubiger) mit der Berechtigung des Vertragspfandgläubigers verwehrte Einziehungsbefugnis lebt daher mit nachrangiger Pfändung der Forderung für den vollstreckenden Gläubiger nicht wieder auf. Mit Zahlung an den vorrangig einziehungsbefugten Vertragspfandgläubiger leistet der Drittschuldner an den Berechtigten; mit dem Schuldverhältnis (§ 362 Abs. 1 BGB) erlischt daher auch das nachrangige Forderungspfandrecht. § 805 ZPO als Bestimmung für Sachpfändung erlangt keine Bedeutung, weil dort für das Widerspruchsrecht des nicht besitzenden Dritten vorausgesetzt ist, dass der Gegenstand „körperlich" dadurch beschlagnahmt ist, dass ihn der Gerichtsvollzieher in Besitz genommen hat (§ 803 Abs. 1 mit § 808 ZPO), während es bei Pfändung einer nur angeblichen Forderung durch gerichtlichen Beschluss gerade am Besitz des Vollstreckungsorgans als Grundlage der Pfandverwertung nach Vollstreckungsrecht fehlt.

beschränkten Schuldner (als Forderungsgläubiger) oder Hinterlegung (§ 1281 BGB). Wenn der vorrangige Vertragspfandgläubiger vor Fälligkeit seiner (gesicherten) Forderung allein noch nicht einziehungsberechtigt ist, kann somit vom Forderungsschuldner die verpfändete Forderung nur durch Leistung an diesen und den Schuldner unter Mitwirkung des nachrangigen Vollstreckungsgläubigers zusammen oder Hinterlegung für diese gemeinsam Berechtigten erfüllt werden (§ 1281 BGB mit § 829 Abs. 1 ZPO).

773g 4. Hinterlegung bei Gläubigerungewissheit: § 372 S. 2 BGB. Nach § 853 ZPO (mit der Folge, dass ein gerichtliches Verteilungsverfahren eintritt, § 872 ZPO) kann bei Zusammentreffen eines Vertrags- mit einem Pfändungspfandrecht (gleich in welcher Rangfolge) nicht hinterlegt werden.

T. Mehrfache Pfändung (Anschlusspfändung)
(§ 804 Abs. 3, §§ 853, 856 ZPO)

I. Zulässigkeit

Schrifttum: *Dörndorfer,* Fehlerhafter Zwangsvollstreckungsakt und Verteilungsverfahren, Rpfleger 1989, 317; *Martin,* Pfändungspfandrecht und Widerspruchsklage im Verteilungsverfahren, Bielefeld, 1963; *Münzberg,* Verteilungsverfahren und Erinnerung nach § 766 ZPO, Rpfleger 1986, 252; *Schneider,* Das zivilprozessuale Verteilungsverfahren (§§ 872 ff. ZPO) sowie das Verfahren nach § 13 der Hinterlegungsordnung, Amtsvormund 1982, 517.

774 1. Eine bereits gepfändete und zur Einziehung überwiesene, aber noch nicht eingezogene Forderung steht weiterhin im Schuldnervermögen (siehe Rdn. 589); sie kann deshalb *jederzeit erneut gepfändet* werden. Die Möglichkeit der neuerlichen Pfändung hört aber mit Wirksamwerden der Überweisung an Zahlungs statt auf, weil diese Pfandverwertung den Übergang der Forderung auf den Gläubiger bewirkt (siehe Rdn. 596).

Die *nochmalige Pfändung* der bereits gepfändeten Forderung kann auf Antrag des ersten Pfändungsgläubigers wegen weiterer ihm gegen den Schuldner zustehender Ansprüche, aber ebenso auch auf Betreiben anderer Gläubiger des Schuldners angeordnet werden.

775 2. Zur Gläubigerbefriedigung kann die Pfändung einer bereits gepfändeten Forderung nur führen, wenn das durch den früheren Pfändungszugriff begründete Pfändungspfandrecht in Wegfall kommt. Das ist meist der Fall, wenn der Vollstreckungsanspruch des vorgehenden Pfändungsgläubigers geringer als die voll gepfändete Forderung ist (siehe hierwegen Rdn. 755), wenn Arbeitseinkommen oder andere fortlaufend zahlbare Ansprüche des Schuldners Gegenstand der Pfändung sind, wenn der erstpfändende Gläubiger aus einer gleichzeitig betriebenen Mobiliarvollstreckung gegen den Schuldner Befriedigung erwarten kann oder wenn sogar Aussicht besteht, dass der Schuldner die Forderung des ersten Gläubigers freiwillig wegzahlen wird.

776 3. Keine Anschlusspfändung liegt vor, wenn der erstpfändende Gläubiger wegen seines niedrigen Vollstreckungsanspruchs nur einen Teil der höheren Forderung des Schuldners an den Drittschuldner gepfändet hat

Mehrfache Pfändung

(Teilpfändung; siehe Rdn. 761) und auf neuerlichen Antrag der *andere Teil* dieser Forderung gepfändet werden soll. Wegen des Verhältnisses solcher Teilpfändungen (Gleichrang, Vor- und Nachrang) siehe Rdn. 761.

II. Durchführung

Die Anschlusspfändung von Forderungen (und anderen Vermögensrechten) ist gesetzlich nicht gesondert geregelt. Sie erfolgt deshalb wie jede Erstpfändung, also durch *Pfändungsbeschluss*, der mit Zustellung an den Drittschuldner wirksam wird (§ 829 ZPO).   777

Wegen der Anschlusspfändung bei hypothekarischen Rechten siehe Rdn. 1857 ff.
Zur Anschlusspfändung bei Wechseln sowie anderen indossablen Papieren siehe 8. Kap.
Wegen der Zustellung mehrerer dem Gerichtsvollzieher gleichzeitig vorliegender Pfändungsbeschlüsse im gleichen Zeitpunkt siehe Rdn. 535.

III. Pfändungsrang

1. *Pfändungsrang* ist das Verhältnis des Gläubigers, für welchen die Pfändung erfolgt ist, zu anderen Gläubigern desselben Schuldners in Bezug auf die gepfändete Forderung.   778

2. Das Verhältnis mehrerer Pfändungsgläubiger zueinander regelt die ZPO in § 804 Abs. 3 nach dem *Prioritätsgrundsatz*. Es geht das durch die *frühere Pfändung* wirksam begründete Pfandrecht dem später erworbenen Pfandrecht vor. Auf Grund eines durch wirksame Erstpfändung begründeten Pfandrechts kann somit der Gläubiger seine volle Befriedigung aus der gepfändeten Forderung vor allen Gläubigern, die eine Anschlusspfändung bewirkt haben, suchen. Das frühere Pfandrecht erstreckt sich bei Gehaltsforderungen oder ähnlichen in fortlaufenden Bezügen bestehenden Forderungen sofort auch auf die erst nach der Pfändung fällig werdenden Beträge (§ 832 ZPO). An diesen Ansprüchen besteht der Vorrang des erstpfändenden Gläubigers deshalb auch gegenüber solchen Anschlusspfändungen, die vor der Fälligkeit späterer Raten der fortlaufenden Bezüge wirksam geworden sind. Zur Sicherung des Vorrangs des erstpfändenden Gläubigers ist außerdem bestimmt, dass von der Pfändung sofort alle späteren Veränderungen eines Diensteinkommens in der Person des gleichen Drittschuldners betroffen werden (§ 833 ZPO). Zum Pfändungsrang bei mehrfacher Pfändung einer zukünftigen Forderung siehe Rdn. 30. Zum Rangrücktritt (-tausch) siehe Rdn. 685.   779

3. *Gleichrang* haben mehrere Pfändungsgläubiger, deren Beschlüsse gleichzeitig wirksam geworden, also in dem gleichen Zeitpunkt zugestellt worden sind. Zustellung am gleichen Tag, aber (nachweisbar) zu verschiedenen Zeiten, ist keine gleichzeitige Zustellung. Bei gleichem Rang haben die Gläubiger ein Recht auf Befriedigung nach dem Verhältnis der Beträge (siehe z. B. § 10 Abs. 1 ZVG); sie können also nicht verlangen, dass die Forderung nach Kopfteilen ausgezahlt wird.   780

2. Kapitel: Pfändungsverfahren und -wirkungen

Beispiel: A und B haben mit Gleichrang eine Forderung des C an D in Höhe von 900 Euro gepfändet. Die Vollstreckungsforderung des A beträgt 1.000 Euro, die des B 2.000 Euro. Bei Befriedigung nach dem Verhältnis der Beträge erhält A 300 Euro, B 600 Euro der gepfändeten Forderung.

781   4. Eine Überweisung verschafft dem Gläubiger keinen eigenen Rang (siehe Rdn. 600).

782   5. Beruht ein Pfändungsrang auf einem rechtsmissbräuchlichen Verhalten, so kann dem der Einwand der unzulässigen Rechtsausübung (§ 242 BGB) entgegengesetzt werden. Von einem Gläubiger, dem durch rasche Pfändung der bessere Rang nur deshalb zukommt, weil er die Bewilligung der öffentlichen Zustellung des Titels an den Schuldner erschlichen hat, kann ein nachgehender Pfändungsgläubiger daher verlangen, dass zunächst er befriedigt werde[1]. Der mit dem Einwand des Rechtsmissbrauchs verlangte Vorrang kann im Verteilungsverfahren (§§ 872 ff. ZPO) mit Widerspruch (Hinterlegungsverlangen an Drittschuldner nach §§ 853, 854 ZPO), sonst mit Widerspruchsklage (§ 771 ZPO) geltend gemacht werden. Einen mit Erinnerung (§ 766 ZPO) rügbaren vollstreckungsrechtlichen Mangel der Pfändung stellt das Erschleichen der öffentlichen Zustellung des Vollstreckungstitels nicht dar[2]. Die Erinnerung (§ 766 ZPO) ist bei Rangstreitigkeiten zwischen mehreren Pfändungsgläubigern unzulässig, sobald die Voraussetzungen für die Einleitung des Verteilungsverfahrens (§§ 872 ff. ZPO) vorliegen (s. Rdn. 792).

IV. Rechtsstellung des Drittschuldners

1. *Berechtigung zur Hinterlegung*

783   a) Mit jeder Zahlung an einen der mehreren Gläubiger, die eine Forderung des gleichen Schuldners gepfändet und zur Einziehung überwiesen erhalten haben, würde der Drittschuldner die Gefahr übernehmen, dass der Empfänger der Bestberechtigte ist. Bei Zahlung an einen in Wirklichkeit nachrangig Berechtigten müsste der Drittschuldner an den rangbesseren Gläubiger erneut leisten. Die Übernahme dieser mit Feststellung des wirklich Berechtigten verbundenen Gefahr (damit auch Feststellung, ob die Forderungspfändung wirksam ist[3]) wird dem Drittschuldner nicht zugemutet. Vielmehr berechtigt § 853 ZPO den Drittschuldner einer für mehrere gepfändeten Geldforderung zur *Hinterlegung* des Schuldbetrages. Auch Arrestpfändung und Sicherungsvollstreckung (§ 720 a ZPO) zählen für Hinterlegungsberechtigung mit. Diese Berechtigung zur Hinterlegung ist nicht auf den Fall beschränkt, dass die gepfändete Schuld nicht zur Deckung aller Ansprüche der pfändenden Gläubiger ausreicht. Dem Drittschuldner ist auch die oft schwierige Berechnung der beteiligten mehreren

---

1   *BGH* MDR 1972, 44 = JurBüro 1972, 42 = NJW 1971, 2226.
2   *BGH* NJW 1971, 2226 = a.a.O.
3   *Zöller/Stöber*, ZPO, Rdn. 2 zu § 853. **A.A.** *OLG Frankfurt* OLGR 2004, 250: Bei Unklarheit über die Wirksamkeit der Erstpfändung Hinterlegung nach § 372 S. 2 BGB; Bestimmung über Hinterlegung bei mehrfacher Pfändung trifft aber § 853 ZPO.

Forderungen nicht aufgebürdet; er ist deshalb zur Hinterlegung selbst dann berechtigt, wenn seine Schuld größer als die Summe der Ansprüche aller pfändenden Gläubiger ist, mithin für deren volle Befriedigung ausreicht[4]. Nur nach § 372 BGB (nicht nach § 853 ZPO) kann Hinterlegung erfolgen, wenn Gläubiger bei Zwangsvollstreckung gegen verschiedene Schuldner die Forderung in Anspruch nehmen, somit ungewiss ist, welcher der mehreren Vollstreckungsschuldner Forderungsgläubiger und welche Pfändung damit (allein) wirksam ist[5].

b) Der Drittschuldner muss nicht hinterlegen. Die Vorschrift des § 853 ZPO dient allein seinem Interesse. Er kann daher bei mehrfacher Pfändung die Gläubiger auch nach ihrem *Rang befriedigen*. Dann trägt er aber das Risiko, dass der unter den mehreren Gläubigern ausgewählte Empfänger mit Sicherheit als Bestberechtigter wirklich Anspruch auf den gezahlten Betrag hat[6]. Den Schutz des § 836 Abs. 2 ZPO für sein Vertrauen auf die Rechtmäßigkeit des Überweisungsbeschlusses des bestberechtigten Gläubigers und dessen durch den Zeitpunkt der Pfändung bestimmten Rang verliert der Drittschuldner, der Zahlung der nach § 853 ZPO möglichen Hinterlegung vorzieht, nicht[7]. Dieser Vertrauensschutz besteht nicht, wenn der Drittschuldner dem Hinterlegungsverlangen eines Gläubigers (§ 853 ZPO, Rdn. 786) nicht nachgekommen ist.

784

c) Die freiwillige oder durch Klage und Zwangsvollstreckung erzwungene Hinterlegung hat für den Drittschuldner *schuldbefreiende Wirkung*[8], wenn er zur Leistung berechtigt, insbesondere also seine Forderung fällig war, und er seine Anzeigepflicht erfüllt (siehe Rdn. 789). Eine Rücknahme des hinterlegten Geldes ist nicht möglich; auf das Rücknahmerecht braucht daher nicht ausdrücklich verzichtet zu werden.

785

2. *Verpflichtung zur Hinterlegung*

a) Auf *Verlangen* eines der mehreren Gläubiger, dem die Forderung zur Einziehung oder an Zahlungs statt überwiesen ist, ist der Drittschuldner zur Hinterlegung *verpflichtet*. Voraussetzung dieser Hinterlegungsverpflichtung ist freilich, dass der Drittschuldner überhaupt zur Leistung verpflichtet ist, dass also die Forderung fällig, eine etwaige Gegenleistung erbracht oder ausreichend angeboten ist usw.

786

Durch Zahlung an den bestberechtigten Gläubiger kann der Drittschuldner seine Hinterlegungspflicht abwenden[9]. Er trägt dann aber das mit der Zahlung verbundene Risiko, muss also im Streitfall die erstrangige Berechtigung des Zahlungsempfängers beweisen.

---

4 *Zöller/Stöber*, ZPO, Rdn. 2 zu § 853.
5 *OLG Köln* OLGR 1998, 302; *Zöller/Stöber*, ZPO, Rdn. 2 zu § 853.
6 Siehe *RArbG* JW 1936, 2666; *OLG Braunschweig* OLG 19, 26; *Zöller/Stöber*, ZPO, Rdn. 2 zu § 853.
7 *BGH* 66, 394 = NJW 1976, 1453.
8 *RG* 49, 357; *RG* JW 1901, 515; *OLG Dresden* OLG 4, 372; *Zöller/Stöber*, ZPO, Rdn. 5 zu § 853.
9 *RArbG* JW 1936, 2666.

2. Kapitel: Pfändungsverfahren und -wirkungen

787 b) Das *Verlangen nach Hinterlegung* kann von dem berechtigten Gläubiger formlos gestellt werden. Zur Sicherung des Nachweises wird aber Zustellung regelmäßig geboten sein. Kommt ein Drittschuldner seiner Hinterlegungsverpflichtung nicht nach, so kann jeder Gläubiger, dem der Anspruch überwiesen ist – also nicht nur der Gläubiger, der Hinterlegung verlangt hat –, Klage auf Hinterlegung gegen den Drittschuldner erheben (§ 856 ZPO). Der klagende Gläubiger muss dem Schuldner (§ 841 ZPO), nicht jedoch den übrigen Gläubigern den Streit verkünden. Im Übrigen siehe § 856 ZPO[10].
Wegen der Hinterlegungswirkungen siehe das Rdn. 785 Gesagte.

788 3. Die Hinterlegung erfolgt bei der *Hinterlegungsstelle* eines Amtsgerichts (§ 1 HinterlO). Eine örtliche Zuständigkeit bestimmt § 853 ZPO nicht; auch die HinterlO enthält keine Vorschriften über die örtliche Zuständigkeit[11]. Hinterlegung bei dem Amtsgericht, dessen Beschluss zuerst zugestellt wurde, oder bei der Hinterlegungsstelle des Leistungsorts (§ 374 Abs. 1 BGB) liegt jedoch nahe.

4. *Anzeige der Hinterlegung*

789 Der Drittschuldner ist bei Hinterlegung verpflichtet, dem *Amtsgericht*, dessen Beschluss ihm zuerst zugestellt wurde, die *Sachlage anzuzeigen* und die ihm zugestellten Beschlüsse auszuhändigen (§ 853 ZPO). Dieses Gericht ist für die Anzeige auch dann zuständig, wenn es für den Erlass des Pfändungsbeschlusses örtlich unzuständig war[12]. Hat ein höheres Gericht (Landgericht oder Oberlandesgericht als Arrest- oder Beschwerdegericht) den ersten Pfändungsbeschluss erlassen, so ist ihm die Anzeige zu erstatten. Das höhere Gericht muss diese Anzeige mit den Schriftstücken an das Amtsgericht abgeben, das für die Erstpfändung örtlich zuständig gewesen wäre, wenn Amtsgerichte die höhere sachliche Zuständigkeit der Landgerichte oder Oberlandesgerichte besäßen, also nicht an das Amtsgericht, in dessen Bezirk das höhere Gericht seinen Sitz hat[13]. Bei gleichzeitiger Zustellung von Pfändungsbeschlüssen verschiedener Amtsgerichte (wird praktisch kaum vorkommen) hat der Drittschuldner zwischen diesen Amtsgerichten die Wahl (§ 35 ZPO entspr.).

790 Wenn das zuständige Gericht die Annahme der Anzeige und der Beschlüsse verweigert, steht dem Drittschuldner und allen Gläubigern das Beschwerderecht nach § 793 ZPO zu.

---

10 Ein an der Drittschuldnerklage nach § 856 ZPO nicht beteiligter Pfändungsgläubiger kann in entsprechender Anwendung der Bestimmung des § 727 ZPO die Umschreibung des Titels zum Zwecke der Zwangsvollstreckung gegen den Drittschuldner verlangen. Dass er schon bei Rechtshängigkeit der Drittschuldnerklage Pfändungsgläubiger des Schuldners war, steht dem nicht entgegen, *OLG Saarbrücken* NJW-RR 1990, 1472.
11 *Bülow/Schmidt*, HinterlO, Rdn. 8 zu § 1.
12 *RG* 36, 360.
13 *OLG Jena* OLG 22, 389; *Zöller/Stöber*, ZPO, Rdn. 4 zu § 853; **a.A.** (Amtsgericht des Sitzes) *OLG Kiel* SchlHA 1906, 122, siehe auch *KG* OLG 14, 184.

Schuldbefreiende Wirkung (siehe Rdn. 785) hat die Hinterlegung nur, wenn der Schuldner seine Anzeigepflicht erfüllt[14]. Auch bei unvollständiger Anzeige oder Anzeige an ein unzuständiges Gericht treten die Hinterlegungswirkungen nicht ein, damit nicht gegenüber einem in der Anzeige nicht aufgeführten Gläubiger, dessen Beschluss nicht ausgehändigt ist[15].

791

Über die Anzeigepflicht des § 853 ZPO hinaus hat der Drittschuldner keine Verpflichtung zur Benachrichtigung der Beteiligten; eine Anzeige nach § 374 Abs. 2 BGB hat er nicht zu erstatten.

Der Hinterlegungsbetrag wird im Verteilungsverfahren nach §§ 872 ff. ZPO abgewickelt, es ist dem Rechtspfleger übertragen (§ 20 Nr. 17 RPflG). Das Verteilungsverfahren tritt nur ein, wenn der Drittschuldner die nach § 853 ZPO erforderliche Anzeige erstattet hat[16]. Sobald die Voraussetzungen für die Einleitung eines Verteilungsverfahrens vorliegen, ist bei Rangstreitigkeiten zwischen mehreren Pfändungsgläubigern eine Erinnerung (§ 766 ZPO) unzulässig[17].

792

V. Mehrfachpfändung für Vollstreckungsbehörde

Zur Hinterlegung berechtigt und verpflichtet ist der Drittschuldner auch, wenn die Forderung durch ein Vollstreckungsgericht und durch eine Vollstreckungsbehörde im Verwaltungszwangsverfahren nach der Abgabenordnung oder nur durch mehrere Vollstreckungsbehörden gepfändet ist. Dies bestimmt

792a

§ 320 AO wie folgt:

(1) Ist eine Forderung durch mehrere Vollstreckungsbehörden oder durch eine Vollstreckungsbehörde und ein Gericht gepfändet, so sind die §§ 853 bis 856 der Zivilprozessordnung und § 99 Abs. 1 Satz 1 des Gesetzes über Rechte an Luftfahrzeugen entsprechend anzuwenden.

(2) Fehlt es an einem Amtsgericht, das nach den §§ 853 und 854 der Zivilprozessordnung zuständig wäre, so ist bei dem Amtsgericht zu hinterlegen, in dessen Bezirk die Vollstreckungsbehörde ihren Sitz hat, deren Pfändungsverfügung dem Drittschuldner zuerst zugestellt worden ist.

Zuständig für die Entgegennahme der Anzeige ist das Amtsgericht, dessen Pfändungsbeschluss zuerst zugestellt worden ist, auch wenn davor die Pfändungsverfügung der Vollstreckungsbehörde zugestellt wurde. Wenn nur Pfändungsverfügungen von Vollstreckungsbehörden zugestellt sind, ist nach § 320 Abs. 2 AO das Amtsgericht zuständig, in dessen Bezirk die Vollstreckungsbehörde ihren Sitz hat, deren Pfändungsverfügung zuerst zugestellt worden ist.

---

14 *KG* OLG 14, 184; *OLG Köln* OLGR 1998, 38; siehe auch *LG Berlin* Rpfleger 1981, 453.
15 *OLG Köln* OLGR 1998, 38.
16 *LG Berlin* Rpfleger 1981, 453.
17 *OLG Koblenz* DGVZ 1984, 58; dazu aber auch *Münzberg* Rpfleger 1986, 252: keine neue Erinnerung mehr erst vom Verteilungstermin an; anhängige Erinnerung kann zu Ende geführt werden.

Entsprechendes gilt für Pfändungsverfügungen im Verwaltungszwangsverfahren nach dem Verwaltungsvollstreckungsgesetz (VwVG) des Bundes (Rdn. 443), dessen § 5 Abs. 1 die Bestimmung des § 320 AO für anwendbar erklärt, und nach den entsprechenden Verwaltungsvollstreckungsgesetzen der Länder (z. B. § 49 VwVG NW).

VI. Freigabe eines für mehrere Gläubiger auf Sonderkonto eingezahlten oder hinterlegten Betrages

793 1. Die Einzahlung des gepfändeten Forderungsbetrages auf ein für mehrere Gläubiger, deren Pfändungsrang nicht geklärt ist, gemeinsam angelegtes (Sonder-)Konto wird der Hinterlegung mitunter vorgezogen. Die Beteiligten kommen – zulässigerweise – auf diesem Weg vielfach deshalb überein, weil Hinterlegungsgeld nur gering verzinst wird, und vor allem dann, wenn eine (Groß-)Bank oder Sparkasse Drittschuldnerin ist. Der Gläubiger, dessen Pfandrecht den schlechteren Rang hat, ist dann gegenüber dem Gläubiger mit dem besseren Rang verpflichtet, diesem die Forderung aus dem gemeinsamen Bankguthaben freizugeben[18]. Die Freigabepflicht ergibt sich aus § 812 BGB, weil der nachrangige Gläubiger die Rechtsstellung, dass ohne seine Zustimmung nicht über das gemeinsame Konto verfügt werden kann, ohne rechtlichen Grund erlangt hat. Kommt der nachrangige Gläubiger mit der Freigabeerklärung, die gegenüber dem besserrangigen Gläubiger oder der Bank abzugeben ist, in Verzug, so ist er schadensersatzpflichtig (§ 280 Abs. 1 BGB). Bei verwickeltem Sachverhalt und schwierigen Rechtsfragen kann aber ein zum Schadensersatz verpflichtender Verzug nach § 280 Abs. 1 S. 2 BGB auch dann ausgeschlossen sein, wenn der die Freigabe ablehnende nachrangige Gläubiger die Frage des Vorrangs im Prozesswege klären lässt und im Rechtsstreit unterliegt[19].

794 2. Auch wenn hinterlegt ist, weil ein Vertragspfandgläubiger und ein zeitlich nachfolgender Pfändungsgläubiger den vollen Betrag beanspruchen, ist der nachrangige Pfändungsgläubiger zur Freigabe verpflichtet[20]. Verzögert er die Erfüllung dieser Verpflichtung aus einem von ihm zu vertretenden Grund, so haftet er auf Schadensersatz[21].

U. Vorpfändung (§ 845 ZPO)

795 *An ... (volle Drittschuldneranschrift)*
Nach dem vollstreckbaren Endurteil des Amtsgerichts ... vom ..., Aktenz... . und dem Kostenfestsetzungsbeschluss dieses Gerichtes vom ... steht mir gegen den Schuldner ... (Name und volle Anschrift) ein Anspruch

---

18 *BGH* MDR 1970, 409 = NJW 1970, 463; s. auch *BGH* NJW-RR 1994, 847 mit weit. Nachw.
19 *BGH* a.a.O. (Fußn. 18).
20 *BGH* a.a.O. (Fußn. 18); *BGH* JurBüro 1972, 602 = MDR 1972, 593 = NJW 1972, 1045.
21 *BGH* NJW 1972, 1045 = a.a.O. (Fußn. 20).

Vorpfändung

zu auf Zahlung von ... Euro Hauptsache nebst ...% Zinsen seit ... und ... Euro festgesetzte Kosten nebst ...% Zinsen seit ... Wegen dieses Anspruchs und ... Euro Kosten des Pfändungsverfahrens steht die Pfändung der angeblichen Forderung des Schuldners an ... – Drittschuldner – auf Zahlung der fälligen und künftig fällig werdenden Miete aus der Vermietung der Wohnung im Erdgeschoss des Anwesens ... straße Hs. Nr. ... bevor.

Hiervon benachrichtige ich den Drittschuldner mit der Aufforderung, nicht mehr an den Schuldner zu zahlen.

Zugleich verständige ich hiervon den Schuldner mit der Aufforderung, sich jeder Verfügung über die Forderung, insbesondere der Einziehung derselben, zu enthalten.

I. Zweck der Vorpfändung

Schrifttum: *Arnold*, Die Vollstreckungsnovelle vom 1. Februar 1979, MDR 1979, 358; *Behr*, Vorpfändung gem. § 845 ZPO, JurBüro 1997, 623; *Braun*, Wartefrist gem. § 798 ZPO und Vorpfändung, DGVZ 1976, 145; *Gilleßen* und *Jakobs*, Die Übertragung der Vorpfändung auf den Gerichtsvollzieher, DGVZ 1979, 103; *Hascher* und *Lammers*, Bestandsschutz und Wirksamkeit der Vorpfändung nach § 845 ZPO, DGVZ 2009, 92; *Hornung*, Die Zwangsvollstreckungsnovelle 1979, Rpfleger 1979, 284; *Meyer-Reim*, Vorpfändung schlägt Konkurseröffnung und allgemeines Veräußerungsverbot, NJW 1993, 3041; *Müller*, Das Gesetz zur Änderung zwangsvollstreckungsrechtlicher Vorschriften, NJW 1979, 905; *Müller*, Kann dem Gerichtsvollzieher die zuzustellende Benachrichtigung nach § 845 ZPO per Telefax übermittelt werden? DGVZ 1996, 85; *Mümmler*, Betrachtungen zur Vorpfändung (§ 845 ZPO), JurBüro 1975, 1413; *Mümmler*, Wirkungen der Aufhebung einer Vorpfändung durch das Vollstreckungsgericht, JurBüro 1982, 1772; *Münzberg*, Die Vorpfändung des Gerichtsvollziehers, DGVZ 1979, 161; *Noack*, Die Bedeutung der Vorpfändung (§ 845 ZPO), Rpfleger 1967, 136; *Noack*, Die Vorpfändung als Vollstreckungsmittel und ihre Bedeutung für die Praxis, DGVZ 1974, 161; *Schneider*, Die Wiederholung der Vorpfändung, JurBüro 1969, 1027; *Schneider*, Heilung einer „Privat-Zustellung" des Gläubigers über § 187 ZPO? DGVZ 1983, 33; *Schöler*, Rechtsschutz gegen übermäßige Vorpfändung, MDR 2009, 184; *Schütz*, Vorpfändung und endgültige Pfändung, NJW 1965, 1009; *Weimar*, Pfändungsankündigung und Vorpfändung, MDR 1968, 297.

Erlass und Zustellung des Pfändungsbeschlusses können sich verzögern. Für den Gläubiger verbindet sich damit die Gefahr, dass sein bevorstehender Pfändungszugriff durch zwischenzeitliche Verfügungen des Schuldners über die Forderung oder durch frühere Pfändungen anderer Gläubiger vereitelt wird. Vor diesen Folgen einer Verzögerung schützt die durch *Pfändungsankündigung* (Vorpfändung, § 845 ZPO) mögliche umgehende Sicherung der Zwangsvollstreckung. Der wesentliche praktische Wert dieser Vorpfändung besteht darin, dass sie sofort nach Verkündung eines vorläufig vollstreckbaren Urteils erfolgen kann, ohne dass auf die Urteilsausfertigung gewartet werden muss. 796

II. Vorpfändung in Sonderfällen

Bei *drittschuldnerlosen Rechten* ist die Pfändungsankündigung ebenfalls möglich, da § 857 Abs. 1 ZPO mit den vorausgehenden Vorschriften auch 797

2. Kapitel: Pfändungsverfahren und -wirkungen

§ 845 ZPO für anwendbar erklärt. Wirksam wird die Vorpfändung eines drittschuldnerlosen Rechtes in dem Zeitpunkt, in dem dem Schuldner das Verfügungsverbot zugestellt wird[1]. Zulässig ist die Pfändungsankündigung auch bei Vollstreckung in *Eigentümergrundschulden* oder -hypotheken und dem sich aus solchen Rechten ergebenden Anspruch auf den *Versteigerungserlös*[2]. Unzulässig[3] (zudem ohne praktische Bedeutung) ist die Vorpfändung von *Wechseln* und anderen indossablen Papieren, da sie nicht wie Forderungen durch Pfändungsbeschluss, sondern wie bewegliche Sachen durch den Gerichtsvollzieher gepfändet werden, eine vorläufige Sicherung des Gläubigers also durch Hilfspfändung (Rdn. 705) erfolgen kann. In den Fällen, in denen Ansprüche vom Vollstreckungsgericht hilfsweise gepfändet werden (Rdn. 707), ist wiederum auch Vorpfändung zulässig.

III. Voraussetzungen

798   Bei Zustellung (nicht Datierung) der Vorpfändung muss über die zu vollstreckende Geldforderung ein vollstreckbarer *Titel* vorliegen, für Prozesskosten mithin ein Kostenfestsetzungsbeschluss[4]. Noch nicht vollstreckbare Urteile sind zur Zwangsvollstreckung nicht geeignet; sie können daher auch nicht Grundlage einer Vorpfändung sein. Der Titel muss vollstreckungsfähig sein; es muss also eine Bedingung eingetreten (§ 726 ZPO) oder der für die Leistung bestimmte Kalendertag vergangen (§ 751 Abs. 1 ZPO)[5] und die Voraussetzung für die Vollstreckung eines Zug-um-Zug-Anspruchs (§ 765 ZPO) gegeben sein[6]. Eine Sicherheit braucht wegen der nach § 720 a ZPO möglichen Sicherungsvollstreckung nicht (mehr) geleistet zu sein[7]. Bei Vorpfändung mit einem nur gegen Sicherheit vorläufig vollstreckbaren Schuldtitel müssen auch Urteil und Vollstreckungsklausel nicht zugestellt, somit auch die Frist des § 750 Abs. 3 ZPO nicht abgelaufen sein[8]; vollstreckbare Urteilsausfertigung braucht auch in diesem Fall nicht erteilt zu sein[9].

---

1   *RG* 71, 179 (183).
2   *RG* 71, 179 (183); *OLG Celle* NdsRpfl 1958, 93.
3   *Stein/Jonas/Brehm*, ZPO, Rdn. 26; *Thomas/Putzo*, ZPO, Rdn. 1a; *Zöller/Stöber*, ZPO, Rdn. 1, je zu § 845; *Noack* Rpfleger 1967, 137.
4   Also keine Vorpfändung allein auf Grund des Kostenausspruchs im Urteil.
5   Ebenso *Stein/Jonas/Brehm*, ZPO, Rdn. 2; *Zöller/Stöber*, ZPO, Rdn. 2, je zu § 845; *Noack* Rpfleger 1967, 137. Wegen künftig fällig werdender Ansprüche ist Vorpfändung nur in den Grenzen des § 850 d Abs. 3 ZPO möglich; siehe Rdn. 688 ff.
6   Nachweis durch Zustellung der Urkunden ist nicht erforderlich, *Noack* Rpfleger 1967, 137. Dieser Nachweis ist aber ggfs. im Erinnerungsverfahren zu führen.
7   *KG* JurBüro 1981, 620 = MDR 1981, 412 = Rpfleger 1981, 240.
8   *Münzberg* DGVZ 1979, 164 m.E. zutreffend gegen *Gilleßen* und *Jakobs* DGVZ 1979, 103 (106); so auch *Thomas/Putzo*, ZPO, Rdn. 2; *Zöller/Stöber*, ZPO, Rdn. 2, je zu § 845; *KG* MDR 1981, 412 = a.a.O. (Fußn. 7); *LG Frankfurt* JurBüro 1983, 623 = Rpfleger 1983, 32; *AG München* DGVZ 1986, 47.
9   *LG Hannover* JurBüro 1981, 1417 = Rpfleger 1981, 363 Leits.; *LG Frankfurt* JurBüro 1983, 623 = a.a.O. (Fußn. 8).

Vorpfändung

Dass eine *vollstreckbare* (eine mit der Vollstreckungsklausel versehene) *Ausfertigung* des Titels bereits erteilt und der Vollstreckungstitel zugestellt (§ 845 Abs. 1 S. 3 ZPO) ist, ist nicht erforderlich[10]. Die Vorpfändung ist daher auch möglich und zulässig, wenn der vorliegende Vollstreckungstitel noch den Rechtsvorgänger des Gläubigers oder Schuldners benennt und eine Vollstreckungsklausel für oder gegen den Rechtsnachfolger noch nicht erteilt ist[11]. Bei Rechtsnachfolge müssen auch die Beweisurkunden für oder gegen den Rechtsnachfolger (Erbschein, Abtretungserklärung und dgl.) noch nicht vorliegen und nicht nach § 750 Abs. 2 ZPO zugestellt sein[12]. Weil es der Zustellung des Schuldtitels nicht bedarf, entfällt auch die Einhaltung der Wartefrist des § 798 ZPO[13].

IV. Durchführung

1. Die Vorpfändung erfolgt dadurch, dass der Gläubiger (oder sein Vertreter[14]) dem Drittschuldner und Schuldner[15] eine *private schriftliche*[16] (damit ordnungsgemäß unterzeichnete) *Benachrichtigung* darüber, dass die Pfändung bevorstehe, mit der Aufforderung *zustellen lässt*, an den Drittschuldner, nicht an den Schuldner zu zahlen, und mit der Aufforderung an den Schuldner, sich jeder Verfügung über die Forderung, insbesondere ihrer Einziehung, zu enthalten (§ 845 Abs. 1 ZPO). Die Benachrichtigung muss im Wesentlichen den Anforderungen entsprechen, die an den Inhalt eines Pfändungsbeschlusses zu stellen sind (siehe dazu Rdn. 489 ff.). Sie muss also insbesondere Gläubiger, Schuldner und Drittschuldner sowie den Schuldtitel und die Vollstreckungsforderung benennen sowie die For- 799

---

10   *RG* 71, 179 (181).
11   Ebenso *Noack* Rpfleger 1967, 137; *Zöller/Stöber*, ZPO, Rdn. 2 zu § 845.
12   *RG* 71, 179 (182); *Stein/Jonas/Brehm*, ZPO, Rdn. 3 zu § 845.
13   *BGH* NJW 1982, 1150; *OLG Düsseldorf* DGVZ 1976, 24 = NJW 1975, 2210; *Braun* DGVZ 1976, 145; *Noack* Rpfleger 1967, 137; *Gilleßen* und *Jakobs* DGVZ 1979, 103 (105); *Münzberg* DGVZ 1979, 165; *Zöller/Stöber*, ZPO, Rdn. 2; *Musielak/Becker*, ZPO, Rdn. 2; *Stein/Jonas/Brehm*, ZPO, Rdn. 4; *Thomas/Putzo*, ZPO, Rdn. 2; *Wieczorek/Schütze/Lüke*, ZPO, Rdn. 5; *Schuschke/Walker*, Vollstreckung, Rdn. 1 und 3, je zu § 845; a.A. *Mümmler* JurBüro 1975, 1415; s. auch *OLG Hamburg* MDR 1961, 329: Im Verhältnis zwischen Gläubiger und Schuldner verwandelt sich eine vor Ablauf einer Frist des § 798 ZPO erfolgte Vorpfändung mit Fristablauf in eine wirksame Pfändungsankündigung. Dritten gegenüber, die erst nach Ablauf der Frist des § 798 ZPO gepfändet haben, ist somit die vorzeitige Vorpfändung immer wirksam (*Stöber* Rpfleger 1962, 9).
14   Siehe *RG* 64, 211 (217), insbesondere auch wegen des Falles, dass für die Vorpfändung nur mündliche Vollmacht erteilt war und schriftliche Vollmacht erst nach Pfändung durch andere Gläubiger erteilt wurde.
15   Der Gläubiger kann die Zustellung an den Schuldner nicht ausschließen. Die Interessenlage des Schuldners (siehe deswegen Rdn. 536) verbietet es, ihm die Benachrichtigung über die mit Zustellung an den Drittschuldner wirksam gewordene Beschlagnahme der Forderung vorzuenthalten und damit die Möglichkeit zu nehmen, bereits gegen die Pfändungsankündigung Erinnerung einzulegen.
16   *Müller* DGVZ 1996, 85. Mündliche Mitteilung der Aufforderung durch den Gerichtsvollzieher wäre wirkungslos.

derung, deren Pfändung angezeigt wird, bezeichnen[17] und ggfs. angeben, ob sie sich auf zukünftige Forderungen erstrecken soll. Die Bezeichnung der zu pfändenden Forderung muss so hinreichend sein, dass über die Identität der Vorpfändung mit der Pfändung selbst später keine Zweifel aufkommen können[18]. Die Pfändungsbeschränkungen der §§ 850 c–d ZPO hat die Benachrichtigung zu berücksichtigen (Rdn. 948). Die Vorpfändung mehrerer Geldforderungen (auch anderer Rechte) eines Schuldners gegen verschiedene Drittschuldner soll durch einheitliche Benachrichtigung nur ausgesprochen werden, soweit dies für Zwecke der Vollstreckung geboten erscheint und kein Grund zu der Annahme besteht, dass schutzwürdige Interessen der Drittschuldner entgegenstehen (§ 829 Abs. 1 S. 3 ZPO entspr.; dazu Rdn. 475 a).

799a Ob Zustellung einer dem Gerichtsvollzieher mittels *Telekopie* (Telefax) übermittelten schriftlichen Benachrichtigung des Gläubigers Wirksamkeit erlangen kann, ist nicht geklärt[19]. Übergabe der Urschrift des zuzustellenden Schriftstücks wird in der Übermittlung der Benachrichtigung mittels Telekopie (Telefax) indes so wenig gesehen werden können, wie Zuleitung einer Ausfertigung des zuzustellenden Pfändungsbeschlusses durch fernmeldetechnische Übertragungsmittel nicht genügt[20]. Überdies kann ein auf diesem Weg zur Zustellung gebrachtes Schriftstück für Wirksamkeit des vorläufigen Zahlungsverbots zuverlässige Feststellung der Person des Erklärenden später nicht ermöglichen. Auf die Rechtsprechung zur vollen Ausnutzung von Rechtsmittel- und Begründungsfristen durch Einsatz fernmeldetechnischer Übertragungsmittel kann nicht zurückgegriffen werden, weil vornehmlich der Rechtssicherheit und dem Drittschuldnerschutz Bedeutung zukommt und wesentlich ist nicht der Eingang beim zustellenden Gerichtsvollzieher, sondern die Übergabe einer beglaubigten Abschrift des dem Gerichtsvollzieher vorliegenden Schriftstücks. In der Übermittlung der schriftlichen Benachrichtigung an den Gerichtsvollzieher mittels Telekopie (Telefax) kann aber jedenfalls ein Auftrag des Gläubigers (zur Form Rdn. 801 b) zur Anfertigung der Vorpfändung gesehen werden.

799b Der spätere Pfändungsbeschluss braucht auf die Vorpfändung nicht Bezug zu nehmen oder zu verweisen.

---

17 *RG* 64, 212 (216).
18 *BGH* MDR 2001, 1133 = NJW 2001, 2976; *BGH* MDR 2005, 1135 = NJW-RR 2005, 1361 = Rpfleger 2005, 450; *OLG Düsseldorf* MDR 1974, 409. Eine Auslegung der Vorpfändung ist wie beim Pfändungsbeschluss möglich (siehe Rdn. 509 ff.). Eine Auslegung aus außerhalb der Urkunde liegenden Umständen kann daher nicht erfolgen. Nicht gedeckt ist deshalb die Vorpfändung einer Forderung aus „Lebensversicherungsvertrag" durch die spätere Pfändung einer Forderung aus „Arbeitseinkommen"; *OLG Düsseldorf* a.a.O.
19 Wird bejaht von *Müller* DGVZ 1996, 85, wenn der Absender die für bestimmte prozessuale Schriftsätze geltenden Grundsätze berücksichtigt. Zustimmung *Musielak/Becker*, ZPO, Rdn. 3; *Stein/Jonas/Brehm*, ZPO, Rdn. 6, je zu § 845.
20 *Zöller/Stöber*, ZPO, Rdn. 3 zu § 845.

2. *Zugestellt* wird die Benachrichtigung auf Betreiben des Gläubigers, also **800**
durch den Gerichtsvollzieher nach den Bestimmungen der §§ 191 ff. ZPO
(siehe Rdn. 525 ff.). Es sind somit dem Gerichtsvollzieher die Urschrift der
zuzustellenden Benachrichtigung und die erforderlichen Abschriften zu
übergeben. Die Zustellung besteht in der Übergabe einer beglaubigten Abschrift der zuzustellenden Benachrichtigung. Beglaubigung: § 192 Abs. 2
S. 2, § 169 Abs. 2 S. 2 ZPO. Die öffentliche Zustellung an den Drittschuldner ist, wie bei der Pfändung selbst, möglich (s. Rdn. 531). Auch an den
Schuldner kann bei Vorpfändung eines drittschuldnerlosen Rechts öffentlich zugestellt werden[21].

Die Zustellung an den Drittschuldner ist vor der Zustellung an den
Schuldner durchzuführen; das ist zwar nicht (wie in § 829 Abs. 2 ZPO) ausdrücklich bestimmt, folgt aber nach dem Grundgedanken des § 834 ZPO
daraus, dass der Schuldner durch Kenntnis vor Wirksamkeit der Benachrichtigung mit Zustellung an den Drittschuldner keine Gelegenheit finden darf, durch rasche Verfügung die vorläufige Beschlagnahmewirkung zu
vereiteln. Ausnahme: wie Rdn. 539. Dem Schuldner wird Abschrift der
Urkunde über die Zustellung der Benachrichtigung an den Drittschuldner
nicht mit zugestellt; § 829 Abs. 2 S. 2 ZPO ist auf die kurzlebige Vorpfändung (die keine Einziehungsbefugnis des Gläubigers begründet) nicht entsprechend anwendbar[22]. War der Schuldner im Rechtsstreit durch einen
Prozessbevollmächtigten vertreten, so muss die Zustellung an diesen (nicht
an den Schuldner persönlich) erfolgen (§ 172 ZPO; wird vielfach übersehen).

Der Gerichtsvollzieher muss den Zustellungsantrag als „Eilsache" behandeln, auch
wenn er einen Eilvermerk nicht trägt[23], und in der Zustellungsurkunde den Zeitpunkt
der Zustellung an den Drittschuldner nach Stunde und Minute bezeichnen oder veranlassen, dass dies durch den Postbediensteten erfolgt (§ 178 Nr. 2 S. 1 GVGA). Ob der
Gläubiger einen vollstreckbaren Schuldtitel erwirkt hat, ob ihm eine vollstreckbare
Ausfertigung erteilt ist und der Schuldtitel bereits zugestellt ist, hat der Gerichtsvollzieher nicht zu prüfen (§ 178 Nr. 2 S. 3 GVGA). Da der Gerichtsvollzieher bei der
Vorpfändung nur als Zustellungsorgan mitwirkt, hat er auch die Ordnungsmäßigkeit
der vom Gläubiger selbst angefertigten Benachrichtigung nicht zu prüfen (s. § 178
Nr. 4 GVGA).

3. *Wirksam* wird die Vorpfändung mit der Zustellung der Benachrich- **800a**
tigung an den Drittschuldner. Für diese Wirksamkeit ist die Zustellung
an den Schuldner nicht wesentlich (vgl. wegen der gleichen Rechtslage bei
der Pfändung selbst Rdn. 538). Heilung eines Zustellungsmangels: § 189
ZPO[24].

4. Eine dem Drittschuldner ohne Mitwirkung des Gerichtsvollziehers **800b**
zugegangene Pfändungsankündigung (z. B. mit Übermittlung durch einen

---
21 *AG Flensburg* JurBüro 1981, 464.
22 *Zöller/Stöber*, ZPO, Rdn. 3 zu § 845; **a.A.** *AG Stuttgart-Bad Cannstatt/LG Stuttgart* DGVZ 1990, 15; *Hornung* DGVZ 2004, 85 (88); *Stein/Jonas/Brehm*, ZPO, Rdn. 8; *Musielak/Becker*, ZPO, Rdn. 5, je zu § 845.
23 *RG* JW 1938, 1452; siehe auch § 178 Nr. 2 GVGA.
24 *BGH* 93, 71 (75) = JurBüro 1985, 700 = MDR 1985, 404 = NJW 1985, 863.

Boten, durch Einwurf in den Briefkasten) ist unwirksam (s. Rdn. 543)[25]. Heilung nach § 189 ZPO ist in einem solchen Fall ausgeschlossen, weil kein Zustellungs*mangel* vorliegt, sondern die Vorpfändung dem Drittschuldner ohne Zustellung mitgeteilt worden ist (s. Rdn. 546)[26].

V. Anfertigung der Benachrichtigung durch den Gerichtsvollzieher

801   1. Der *Gerichtsvollzieher* hat die Vorpfändung (= schriftliche Benachrichtigung von der bevorstehenden Pfändung mit Aufforderung an Drittschuldner und Schuldner) anzufertigen (= abzufassen und zu unterzeichnen), wenn er von dem Gläubiger hierzu ausdrücklich beauftragt worden ist (§ 845 Abs. 1 S. 2 ZPO). Nicht zuständig ist er nach § 857 Abs. 7 ZPO zur Anfertigung einer Vorpfändung bei Zwangsvollstreckung in andere Vermögensrechte (auch drittschuldnerlose und veräußerliche Rechte, § 857 ZPO) unter Einschluss der Reallast und Grundschuld[27] (auch Eigentümergrundschuld) sowie Rentenschuld, außerdem bei Zwangsvollstreckung in die Schiffspart (§ 858 ZPO), Gesamthands- (§ 859 ZPO)[28] und Gesamtgutsanteile (§ 860 ZPO). Dem Gerichtsvollzieher kann die Anfertigung der Vorpfändung sonach aufgetragen werden für alle Geldforderungen (§ 829 ZPO) unter Einschluss der Hypothekenforderungen (§§ 830, 830 a ZPO), weiter für Sachansprüche[29] (§§ 846–848 ZPO) und für Arbeitseinkommen (§§ 850 ff. ZPO), nicht aber für bedingt pfändbare Bezüge nach § 850 b ZPO (s. Rdn. 1034). Ihm kann die Vorpfändung von Sozialleistungen (§ 54 SGB I), auch von Geldleistungen für Kinder, aufgetragen werden (s. Rdn. 1414, 1415). In seine Zuständigkeit fällt auch die Vorpfändung der bei Zwangsvollstreckung in solche Forderungen hilfsweise zu pfändenden Ansprüche (z. B. zur Vorpfändung des Anspruchs auf Herausgabe des Hypothekenbriefs bei Pfändung einer Hypothekenforderung, s. Rdn. 1822).

Ob der Drittschuldner im Bezirk des Gerichtsvollziehers wohnt, ist für seine Zuständigkeit zur Anfertigung der Vorpfändung bedeutungslos. Eine örtliche Zuständigkeit des Gerichtsvollziehers ist auch nicht nach dem Schuldnerwohnsitz festgelegt. Daher kann der Gläubiger außerhalb eines Vollstreckungsantrags Auftrag zur Anfertigung der Pfändungsbenachrich-

---

25 *OLG Koblenz* DGVZ 1984, 58; *LG Hechingen* DGVZ 1986, 188; *LG Marburg* DGVZ 1983, 119 = JurBüro 1983, 1573; *LG Koblenz* MDR 1983, 587; *Schneider* DGVZ 1983, 33; *Zöller/Stöber*, ZPO, Rdn. 3 zu § 845.
26 *LG Marburg* DGVZ 1983, 119 = a.a.O.; *Schneider* a.a.O.; *Musielak/Becker*, ZPO, Rdn. 4 zu § 845; **a.A.** *AG Biedenkopf* DGVZ 1983, 25 mit abl. Anm. Schriftl. = MDR 1983, 588; *AG Kassel* JurBüro 1985, 1738.
27 Vorpfändung allein der durch eine Grundschuld wirtschaftlich gesicherten Forderung (Rdn. 1878) ist erlaubt.
28 Insbesondere Anteil an Gesellschaftsvermögen einer Gesellschaft nach §§ 705 ff. BGB, einer offenen Handelsgesellschaft oder Kommanditgesellschaft (s. Rdn. 1552 ff.) und Nachlassanteil (s. Rdn. 1664 ff.).
29 Nicht aber für Anwartschaftsrechte (s. z. B. Rdn. 1484 ff., 2055 ff.), die unter § 857 ZPO fallen.

tigung jedem Gerichtsvollzieher erteilen. Gerichtsvollzieherbezirke erlangen für die (örtliche) Zuständigkeit m.E. keine Bedeutung[30] (s. auch § 22 S. 2 GVO), berühren aber jedenfalls die Wirksamkeit der Benachrichtigung nicht (§ 20 Nr. 2 GVO).

2. Mit der Regelung, dass der Gerichtsvollzieher im Gläubigerauftrag die Benachrichtigung des § 845 ZPO anzufertigen hat, ist einem praktischen Bedürfnis Rechnung getragen worden. Die Begründung[31] führt dazu aus: 801a

„Es empfiehlt sich, dem Gerichtsvollzieher die Befugnis zur Anfertigung der für die Vorpfändung erforderlichen Erklärungen zu übertragen, da der Gerichtsvollzieher aus Anlass der Vollstreckung in die bewegliche Habe des Schuldners oftmals Kenntnis von dem Schuldner zustehenden pfändbaren Forderungen erlangt und durch einen schnelleren Zugriff auf derartige Forderungen die Zwangsvollstreckung wirksamer gestaltet werden kann. Der neue Satz 2 des § 845 Abs. 1 ZPO sieht daher eine entsprechende Übertragung an den Gerichtsvollzieher vor. Der neue Satz 2 soll hierbei klarstellen, dass der Gerichtsvollzieher nur im ausdrücklichen Auftrag des Gläubigers tätig zu werden hat. Die Übertragung der Vorpfändung soll allerdings nicht uneingeschränkt gelten."

Die damit bezeichnete Einschränkung des § 857 Abs. 7 ZPO ist in der Begründung[32] wie folgt erläutert:

„§ 857 ZPO regelt die Zwangsvollstreckung in diejenigen Vermögensrechte, die nicht Gegenstand der Zwangsvollstreckung in das unbewegliche Vermögen sind und nicht von den vorhergehenden Bestimmungen erfasst werden. Da die Vorpfändung derartiger Vermögensrechte mit erheblichen rechtlichen Schwierigkeiten verbunden sein kann, ist in dem neuen Absatz 7 vorgesehen, dass der … vorgeschlagene neue Satz 2 des § 845 Abs. 1 ZPO nicht anwendbar sein soll."

3. Der *Auftrag* des Gläubigers kann dem Gerichtsvollzieher schriftlich oder mündlich (auch fernmündlich; dann aber ist Nachweis mit schriftlicher Bestätigung ratsam) erteilt werden. Er muss ausdrücklich erklärt werden, liegt mithin nicht stillschweigend bereits in einem Mobiliarvollstreckungsantrag. Einreichung des Auftrags in elektronischer Form: § 130 a ZPO. Anfertigung der Vorpfändung durch den Gerichtsvollzieher setzt nicht voraus, dass dieser infolge eines Zwangsvollstreckungsauftrags (§ 753 Abs. 1 ZPO) mit dem Vollstreckungsverfahren des Gläubigers befasst ist. Der Gerichtsvollzieher kann daher auch bloß mit Anfertigung der Benachrichtigung beauftragt werden oder den Auftrag zusammen mit einem anderen Gerichtsvollziehergeschäft (z. B. anlässlich eines Offenbarungsverfahrens, eines Verhaftungsauftrags in einem Offenbarungsverfahren, eines Zustellungsauftrags) erhalten. Ebenso ist nicht Voraussetzung, dass sich der Auftrag auf eine vom Gerichtsvollzieher festzustellende Forderung bezieht; ihm obliegt es vielmehr auch, die Vorpfändung für eine vom Gläubiger benannte Forderung anzufertigen. 801b

Allein mit der Feststellung einer Forderung zur Anfertigung der Benachrichtigung kann der Gläubiger den Gerichtsvollzieher, dem kein

---

30 So auch *Wieczorek/Schütze/Lüke*, ZPO, Rdn. 16 zu § 845.
31 Begründung des Entwurfs eines Gesetzes zur Änderung zwangsvollstreckungsrechtlicher Vorschriften, BT-Drucks. 7/3838, S. 9 (10); in Übereinstimmung damit die Begründung des Vierten Gesetzes zur Änderung der Pfändungsfreigrenzen, BT-Drucks. 8/693, S. 47 und 50.
32 BT-Drucks. 7/3838, S. 10, 11.

Zwangsvollstreckungsauftrag erteilt ist, nicht beauftragen (die Voraussetzungen, unter denen es dem Gerichtsvollzieher obliegt, den Gläubiger über Geldforderungen des Schuldners zu unterrichten, regelt § 806 a ZPO). § 845 Abs. 1 S. 2 ZPO überträgt dem Gerichtsvollzieher nur die Befugnis, die Aufforderung anzufertigen. Bloße Ermittlung von Forderungen des Schuldners an Dritte ist damit nicht Geschäftsaufgabe des Gerichtsvollziehers. Dem Gerichtsvollzieher obliegt es damit nur, die Benachrichtigung für bekannte oder nach § 806 a ZPO festgestellte Schuldnerforderungen zu fertigen. Gleichgültig ist es damit, ob die Forderung vom Gläubiger bereits mitgeteilt wird oder ob sie dem Gerichtsvollzieher aus Anlass der Vollstreckung in bewegliche Habe zur Kenntnis gelangt (§ 806 a ZPO). Das berechtigt und verpflichtet nicht zur selbstständigen Forderungsermittlung durch den Gerichtsvollzieher. Kommt es jedoch gleichwohl auf solchem Weg zur Vorpfändung, so ist diese wirksam, weil zwar die Forderung auf unzulässigem Weg festgestellt wurde, die Benachrichtigung jedoch von dem dafür zuständigen Gerichtsvollzieher gefertigt ist.

801c 4. Der mit einem *Vollstreckungsantrag verbundene Auftrag* zur Anfertigung der Vorpfändung braucht nicht für eine bestimmte (konkret unter Angabe des Drittschuldners bezeichnete) Forderung erteilt zu werden. Es genügt bereits, dass Auftrag *allgemein* erteilt wird, wie z. B.

„*Auftrag zur Anfertigung der Benachrichtigung mit den Aufforderungen des § 845 ZPO wird erteilt, sofern aus Anlass der Vollstreckung eine dem Schuldner zustehende Forderung bekannt wird und die Vollstreckung in die bewegliche Habe eine zur vollständigen Befriedigung des Gläubigers führende Pfändung voraussichtlich nicht ermöglicht.*"

Das folgt aus der Erwägung, dass die Zuständigkeit des Gerichtsvollziehers begründet wurde, weil die Zwangsvollstreckung durch einen schnellen Zugriff auf Forderungen, von denen er erst nach Erteilung des Auftrags aus Anlass der Vollstreckung in die bewegliche Schuldnerhabe Kenntnis erlangt, wirksamer gestaltet werden sollte. Da mithin dem Gerichtsvollzieher gerade die Aufgabe übertragen ist, die Vorpfändung auf erst bekannt werdende Forderungen auszubringen, brauchen (und können) diese im Auftrag noch nicht, auch nicht annähernd, bezeichnet zu werden. Doch kann der Gläubiger seinen Auftrag beschränken, z. B. in der Weise, dass nur Vorpfändung bestimmter Forderungen erbeten wird, so

„*... nur des Arbeitseinkommens des Schuldners, sofern dem Gerichtsvollzieher aus Anlass der Mobiliarvollstreckung der Arbeitgeber bekannt wird.*"

Ebenso kann der Gläubiger Vorpfändung bestimmter Forderungen ausschließen, mithin z. B. festlegen

„*... keine Vorpfändung des Arbeitseinkommens bei der Firma Müller & Meier*".

801d Der dem Gerichtsvollzieher außerhalb eines laufenden Vollstreckungsantrags oder einer sonstigen Amtstätigkeit (isoliert) erteilte Auftrag zur Anfertigung der Vorpfändung muss die Anforderungen erfüllen, die an den

Vorpfändung

Inhalt der Benachrichtigung zu stellen sind (s. Rdn. 799)[33]. Es sind daher insbesondere Forderung und Drittschuldner zu bezeichnen. Ein summarischer Antrag, alle dem Gerichtsvollzieher bekannten Forderungen des Schuldners vorläufig zu beschlagnahmen, genügt in diesem Fall nicht[33].

5. Der *Gerichtsvollzieher handelt* bei Anfertigung der Vorpfändung selbstständig. Ob er als Vertreter des Gläubigers[34] oder als staatliches Vollstreckungsorgan[35] tätig wird, ist streitig. Richtig wird anzunehmen sein, dass dem Gerichtsvollzieher in amtlicher Eigenschaft eine Befugnis des Gläubigers obliegt, er mithin nicht als vollstreckendes Organ tätig wird[36]. Da demnach aber der Gerichtsvollzieher auch nicht nur als reines Zustellungsorgan tätig wird[37], hat er die Voraussetzungen für die ihm in amtlicher Eigenschaft übertragene Aufgabe zu prüfen, mithin insbesondere festzustellen, ob der Gläubiger einen vollstreckbaren Schuldtitel erwirkt hat und die sonstigen Voraussetzungen der Vorpfändung vorliegen[38]. Diese Voraussetzungen hat der Gläubiger dem Gerichtsvollzieher daher zu belegen. Pfändungsverbote und Pfändungsbeschränkungen hat der Gerichtsvollzieher zu beachten. Er hat Weisungen des Gläubigers ebenso wie bei Sachpfändung insoweit zu berücksichtigen, als sie mit den Gesetzen und der Geschäftsanweisung nicht in Widerspruch stehen (§ 58 Nr. 2 GVGA). In diesem Rahmen würdigt der Gerichtsvollzieher, dem Auftrag allgemein erteilt ist (Rdn. 801 c), auch selbstständig, ob die Vorpfändung zweifelhafter oder ungewisser Forderungen ausgebracht werden soll. Dabei hat er analog § 803 Abs. 2 ZPO darauf abzustellen, dass die Benachrichtigung zu unterbleiben hat, wenn sich eine Gläubigerbefriedigung nicht erwarten lässt.

801e

6. Die vom Gerichtsvollzieher anzufertigende *Benachrichtigung* muss allen *Anforderungen* entsprechen, die an den Inhalt eines Pfändungsbeschlusses zu stellen sind und deshalb auch bereits für die schriftliche Gläubigererklärung gelten (Rdn. 799). Zur Bezeichnung der zu pfändenden Forderung s. auch § 178 Nr. 3 Abs. 2 GVGA.

801f

7. In dem Auftrag an den Gerichtsvollzieher, die Vorpfändung anzufertigen, liegt zugleich der *Zustellungsauftrag*. Zugestellt wird die vom Gerichtsvollzieher anzufertigende Benachrichtigung von ihm im Parteibetrieb (Rdn. 800). Wirksam wird sie mit der Zustellung an den Drittschuldner (Rdn. 800).

801g

8. Wenn der Gerichtsvollzieher von *mehreren Gläubigern* mit der Anfertigung einer Vorpfändung derselben Forderung beauftragt worden ist,

801h

---
33 *Hornung* Rpfleger 1979, 284 (288).
34 So *Münzberg* DGVZ 1979, 161; *Schuschke/Walker,* Vollstreckung, Rdn. 4 zu § 845.
35 So *Arnold* MDR 1979, 358 (360 Fußn. 28); *Hornung* Rpfleger 1979, 284; *Gilleßen* und *Jakobs* DGVZ 1979, 103 (104); *Musielak/Becker,* ZPO, Rdn. 3 zu § 845.
36 So *Münzberg* a.a.O. (Fußn. 34).
37 So aber *Münzberg* a.a.O.
38 Siehe § 178 Nr. 3 GVGA; auch *Gilleßen* und *Jakobs* a.a.O.; *Zöller/Stöber,* ZPO, Rdn. 4; *Musielak/Becker,* ZPO, Rdn. 3, je zu § 845; **a.A.** *Münzberg* DGVZ 1979, 161 (163); *Münzberg* ZZP 98 (1985) 357 (360); *Stein/Jonas/Brehm,* ZPO, Rdn. 9 zu § 845.

hat er die Aufträge als gleichzeitige zu behandeln und deshalb die Vorpfändungen für alle beteiligten Gläubiger zugleich zu bewirken. Auf den Zeitpunkt des Antragseingangs kommt es dabei nicht an; gleichzeitig liegen die Aufträge vor, wenn bei Eingang des weiteren Antrags der zeitlich früher erteilte Auftrag noch nicht erledigt ist. Gleichzeitige Erledigung der Vorpfändung gebietet gleichzeitige Zustellung (Folge: Gleichrang); hierfür kann auch Zusammenfassung der Vorpfändungen in einer Pfändungsbenachrichtigung zweckmäßig sein[39].

801i 9. Wenn der Gerichtsvollzieher von einer dem Schuldner zustehenden pfändbaren Forderung nicht sogleich bei einem Vollstreckungsversuch in die bewegliche Habe, sondern erst *nach Abwicklung eines Auftrags* mit Nachricht an den Gläubiger Kenntnis erlangt, hat er eine Benachrichtigung (Vorpfändung) nicht mehr anzufertigen. Es ist davon auszugehen, dass Auftrag zur Anfertigung der Benachrichtigung dem Gerichtsvollzieher nur zusammen mit dem Zwangsvollstreckungsauftrag (§ 753 Abs. 1 ZPO) und im Hinblick auf die „aus Anlass der Vollstreckung in die bewegliche Habe" bekannt werdenden pfändbaren Schuldnerforderungen erteilt ist[40]. Der Auftrag zur Anfertigung der Pfändungsbenachrichtigung endet daher auch mit der Erledigung (Abwicklung) des Zwangsvollstreckungsauftrags. Wenn sonach mit der Nachricht über das Ergebnis der auf den Zwangsvollstreckungsauftrag bewirkten Amtshandlung, insbesondere also auch mit Rücksendung des Schuldtitels gegen einen vermögenslosen Schuldner (§ 63 GVGA), das Amtsgeschäft des Gerichtsvollziehers abgeschlossen ist, besteht für ihn auch der Auftrag zur Anfertigung der Vorpfändung nicht mehr. Das schließt Vorpfändung später dem Gerichtsvollzieher etwa noch bekannt werdender Schuldnerforderungen aus. Die Vollstreckungstätigkeit des Gerichtsvollziehers ist Einzelgeschäft; Dauerauftrag zur Anfertigung der Benachrichtigung mit den Aufforderungen für alle künftig etwa bekannt werdenden Schuldnerforderungen an Dritte kann daher nicht erteilt werden.

VI. Die Wirkungen der Vorpfändung

802 1. Die Vorpfändung hat die *Wirkung eines Arrestes*, d.h. einer Forderungspfändung auf Grund eines Arrestbefehls (siehe dazu Rdn. 816), wenn die Pfändung der Forderung innerhalb eines Monats bewirkt (damit wirksam, § 829 Abs. 3 ZPO) wird (§ 845 Abs. 2 ZPO). Das gilt auch, wenn es sich bei der Pfändung, von deren Bevorstehen der Gläubiger den Schuldner benachrichtigt hat, um eine Sicherungsvollstreckung nach § 720 a ZPO handelt[41]. Die Monatsfrist beginnt mit der Zustellung an den Drittschuldner. Sie wird nach § 222 ZPO, § 187 Abs. 1 BGB berechnet; der Tag der

---

39 *Hantke* KKZ 1985, 52.0
40 Siehe Begründung, BT-Drucks. 7/3838, S. 9 (10).
41 *BGH* 93, 71 = a.a.O. (Fußn. 24).

Vorpfändung

Zustellung wird also nicht mitgerechnet. Folgt die Pfändung nicht, nicht rechtzeitig oder nicht ordnungsgemäß, so verliert die Vorpfändung ihre Wirkung[42]. Sie verliert auch mit der Aufhebung eines rechtzeitig erlassenen Pfändungsbeschlusses ihre Wirkung. Durch eine andere Entscheidung des Beschwerdegerichts leben der Pfändungsbeschluss und damit die Wirkungen der Vorpfändung nicht wieder rückwirkend auf (Rdn. 741). Die Wirkungen der Vorpfändung bleiben aber erhalten, wenn die Wirksamkeit des Aufhebungsbeschlusses bis zu seiner Rechtskraft hinausgeschoben wurde und das Beschwerdegericht den Aufhebungsbeschluss nicht bestätigt (Rdn. 742).

2. Die Vorpfändung hat die Wirkung der Beschlagnahme im Wege der Zwangsvollstreckung[43]. Sie begründet ein Pfandrecht (Rdn. 554), jedoch keine Einziehungsbefugnis (Rdn. 555)[44]. Es sind daher bei rechtzeitiger wirksamer Pfändung alle vom Schuldner nach der Vorpfändung getroffenen Verfügungen über die Forderung und jede Leistung des Drittschuldners an den Schuldner dem Gläubiger gegenüber unwirksam (siehe Rdn. 554 ff.). Bei Pfändung der Forderung durch einen weiteren Gläubiger des Schuldners oder bei Verpfändung der Forderung zwischen Zustellung der Vorpfändung und der rechtzeitig nachfolgenden wirksamen Pfändung hat der vorpfändende Gläubiger das Vorrecht (§ 804 Abs. 3 ZPO und Rdn. 779).

803

Die Vorpfändung des Gläubigers ist *unwirksam*, wenn eine ihrer Voraussetzungen fehlt[45] oder wenn der Gerichtsvollzieher für Anfertigung der Benachrichtigung nach § 857 Abs. 7 ZPO nicht zuständig war[46]. Ebenso ist die fehlerhafte[47], nicht aber die ohne Auftrag[48] gefertigte Pfändungsbenachrichtigung des Gerichtsvollziehers unwirksam. Weil der Gerichtsvollzieher nicht als Vollstreckungsorgan tätig wird (Rdn. 801 e), kann die von ihm wahrgenommene Gläubigerbefugnis keine anderen Wirkungen äußern als die vom Gläubiger selbst betriebene Vorpfändung.

---

42 Eine vorgepfändet gewesene Forderung kann dann mit befreiender Wirkung an den Schuldner bezahlt werden. Eine bis zur Auszahlung vorgenommene endgültige Pfändung ist aber auch nach Ablauf der Monatsfrist zu beachten. Die nach der Monatsfrist vorgenommene Pfändung ist *als solche* voll wirksam; ihr kommt lediglich die rangwahrende Wirkung der Vorpfändung nicht mehr zu, weil diese mit Fristablauf gegenstandslos geworden ist.
43 *BGH* 87, 166 (168).
44 Daher kein Schutz des Drittschuldners nach § 408 Abs. 2 BGB, wenn er in Unkenntnis einer (früheren) Forderungsabtretung bereits nach Vorpfändung an den Gläubiger zahlt, *LG Hildesheim* NJW 1988, 1916.
45 *Stein/Jonas/Brehm*, ZPO, Rdn. 2; *Zöller/Stöber*, ZPO, Rdn. 7, je zu § 845; *Münzberg* DGVZ 1979, 161 (164); *Hornung* Rpfleger 1979, 284 (288).
46 **Anders** *Schuschke/Walker*, Vollstreckung, Rdn. 5 zu § 845.
47 A.A. *Hornung* Rpfleger 1979, 284 (288), der die für fehlerhafte staatliche Hoheitsakte geltenden Grundsätze anwendet, die mangelhafte Vorpfändung des Gerichtsvollziehers mithin nicht als wirkungslos, sondern nur als anfechtbar ansieht.
48 Dazu eingehend *Münzberg* ZZP 98 (1985) 357 (360); auch *Stein/Jonas/Brehm*, ZPO, Rdn. 6 zu § 845.

804   3. Die innerhalb eines Monats nachfolgende Pfändung muss im Zeitpunkt ihrer Vornahme (nicht nach den Verhältnissen zur Zeit der Vorpfändung) wirksam sein[49]. Bei zwischenzeitlicher Bestellung einer Hypothek muss die Pfändung daher nach den Formvorschriften des § 830 ZPO bewirkt werden[50], bei Hinterlegung des geschuldeten Geldes muss sie den Anspruch auf das Hinterlegungsgeld beschlagnahmen, bei Umwandlung einer Hypothekenforderung durch Zuschlag in der Zwangsversteigerung den Anspruch auf den anteiligen Versteigerungserlös erfassen[51]. Stirbt der Schuldner nach Zustellung der Vorpfändung, so kann die Zwangsvollstreckung in die Forderung ohne Umschreibung des Vollstreckungstitels fortgesetzt werden (§ 779 ZPO)[52].

805   4. Die nachfolgende Pfändung verbietet sich, wenn die Zwangsvollstreckung aus dem Schuldtitel nach Zustellung der Pfändungsbenachrichtigung endgültig eingestellt worden ist. Auch einstweilige Einstellung schließt jede weitere zum Wirksamwerden einer Vollstreckungshandlung erforderliche Maßnahme aus (Rdn. 610), ermöglicht mithin die Pfändung nicht mehr[53]. Nicht mehr zulässig ist die Pfändung auch, wenn die Forderung zwischenzeitlich durch Zwangsverwaltung beschlagnahmt wurde. Wird nach Vorpfändung einer Miete oder Pacht das Grundstück veräußert, so kann die Pfändung die nach § 566 b BGB dem Erwerber nicht gebührenden Ansprüche erfassen[54]. Erhalten bleibt die Wirksamkeit der Benachrichtigung, wenn die rechtzeitige Pfändung nach Zahlungseinstellung, aber im vorletzten Monat vor der Eröffnung des Insolvenzverfahrens oder früher erfolgt (siehe § 88 Abs. 1 InsO; längere Frist im vereinfachten Insolvenzverfahren s. § 312 Abs. 1 S. 3 InsO). Wenn die Pfändung selbst ungültig ist, z. B. wegen eines ihr innewohnenden Mangels oder weil der Pfändungsbeschluss im letzten Monat vor dem Antrag auf Eröffnung des Insolvenzverfahrens (§ 88 InsO[55]; 3 Monate im Falle des § 312 Abs. 1 S. 3 InsO) oder nach Untersagung von Zwangsvollstreckungsmaßnahmen (§ 21 Abs. 1 Nr. 3 InsO) erging, kann sie die endgültige Wirksamkeit der Vorpfändung nicht mehr herbeiführen. Die Insolvenzanfechtung richtet sich insgesamt nach § 131 InsO, auch wenn nur die Hauptpfändung in den von dieser Vorschrift erfassten Bereich fällt, die Vorpfändung jedoch früher als 3 Monate vor Eingang des Insolvenzantrags ausgebracht wurde[56].

---

49 *Stein/Jonas/Brehm*, ZPO, Rdn. 16 zu § 845.
50 *Zöller/Stöber*, ZPO, Rdn. 5 zu § 845.
51 *RG* JW 1898, 49.
52 *Noack* Rpfleger 1967, 138.
53 *OLG Darmstadt* JW 1933, 1539; *Stein/Jonas/Brehm*, ZPO, Rdn. 17 zu § 845. Pfändung nach einstweiliger Einstellung kann nur dann noch zulässig sein, wenn sie nach dem Einstellungsbeschluss ausnahmsweise erlaubt ist.
54 *Zöller/Stöber*, ZPO, Rdn. 5 zu § 845; Falkmann/Hubernagel, Die Zwangsvollstreckung, Anm. 9 i zu § 845 ZPO.
55 **Anders** *Meyer-Reim* NJW 1993, 3041: Vorpfändung wird durch die nachfolgende (damalige) Konkurseröffnung (auch wenn ihr ein allgemeines Veräußerungsverbot vorgegangen ist) nicht berührt.
56 *BGH* 167, 11 = MDR 2006, 1129 = NJW 2006, 1870 = NZI 2006, 397 = Rpfleger 2006, 427 abweichend von *RG* 83, 332 und 151, 265 (266).

Vorpfändung

5. Eine nach Vorpfändung bewirkte Pfändung wird selbstständig wirksam. Die Pfändungswirkungen treten vom Wirksamwerden der Pfändung an (dann aber nicht ab Vorpfändung) mithin als solche auch dann voll ein, wenn die Vorpfändung unwirksam war oder wenn von ihr keine Forderung erfasst wurde, weil diese erst nach Zustellung der Vorpfändung, aber noch vor Wirksamwerden der Pfändung entstanden ist[57].

806

6. Die Wirkungen der Vorpfändung bestehen, soweit die rechtzeitig wirksam gewordene Pfändung sich mit der Vorpfändung deckt[58]. Ist der Umfang der endgültigen Pfändung gegenüber der Vorpfändung eingeschränkt, so hat diese nur im Umfang der Pfändung die Wirkungen eines Arrestes; ihre weiterreichenden Wirkungen sind mit Fristablauf erloschen. Greift die endgültige Pfändung über das Ausmaß der Vorpfändung hinaus, so wird sie wegen des weitergehenden Pfändungszugriffs selbstständig wirksam[59].

807

Beispiel 1: Die Vorpfändung der Forderung von 1.000 Euro des Schuldners an den Drittschuldner ist wegen eines vollstreckbaren Anspruchs von 1.200 Euro zugestellt. Weil ein Teilanspruch alsbald nach Vorpfändung erloschen ist, wird nur noch wegen 700 Euro Vollstreckungsforderung endgültig wirksam gepfändet. Nach Ablauf der Monatsfrist äußert die Vorpfändung Arrestwirkungen nur noch wegen der Vollstreckungsforderung von 700 Euro.

Beispiel 2: Die Vorpfändung der Forderung von 1.000 Euro des Schuldners an den Drittschuldner ist wegen eines vollstreckbaren Anspruchs von 800 Euro zugestellt. Pfändungsbeschluss wird wegen einer Vollstreckungsforderung von 1.200 Euro erlassen und wirksam. Auf den Zeitpunkt der Vorpfändung ist ein Pfandrecht in Höhe eines vollstreckbaren Anspruchs von 800 Euro entstanden. Wegen des weitergehenden Vollstreckungsanspruchs ist das Pfandrecht erst durch das spätere Wirksamwerden der endgültigen Pfändung entstanden. Bei Pfändung der Forderung durch einen weiteren Gläubiger des Schuldners zwischen Wirksamwerden der Vorpfändung und der endgültigen Pfändung hat der vorpfändende Gläubiger daher nur wegen seines Anspruchs von 800 Euro das Vorrecht, nicht aber wegen seines später geltend gemachten weitergehenden Anspruchs.

VII. Nochmalige Vorpfändung

Die *Wiederholung der Vorpfändung* ist zulässig. Mit ihrer Zustellung löst die neuerliche Vorpfändung die Wirkungen des § 845 ZPO von neuem aus. Sie kann aber die Wirksamkeit der ersten Pfändung nicht verlängern; die erste Vorpfändung erlischt mit dem Ablauf der Monatsfrist[60]. Damit muss der Gläubiger auch Verfügungen des Schuldners oder Drittschuldners gegen sich gelten und sich Pfändungen vorgehen lassen, die zwar nach der ersten, aber schon vor der neuen Vorpfändung erfolgt sind.

808

---

57 *Schütz* NJW 1965, 1009.
58 Bei weitergehender (endgültiger) Pfändung hat die Vorpfändung für weitere Forderungen keine Arrestwirkung, *BGH* NJW 2001, 2976 = a.a.O. (Fußn. 18).
59 *Schütz* a.a.O.
60 Die neue Vorpfändung erfasst aber wieder alle Gelder, die im Zeitpunkt ihres Wirksamwerdens an den Schuldner noch nicht abgeführt sind, auch wenn infolge der gegenstandslos gewordenen Vorpfändung einbehalten wurde. Wiederholte Vorpfändungen in Arbeitseinkommen erfassen daher den jeweils noch ausstehenden Lohn; insoweit nicht zutreffend m.E. *Schneider* JurBüro 1969, 1027.

VIII. Verzicht auf Vorpfändung

809 *Verzichten* kann der Gläubiger auch auf die durch Vorpfändung erlangten Rechte (§ 843 ZPO); siehe hierwegen Rdn. 676 ff.

IX. Drittschuldnerauskunft

810 Eine *Auskunftspflicht* des Drittschuldners nach § 840 ZPO und gegebenenfalls eine Schadensersatzpflicht nach § 840 Abs. 2 ZPO begründet die Vorpfändung nicht (siehe Rdn. 628). Zustellung der vom Gläubiger oder Gerichtsvollzieher gefertigten Benachrichtigung mit der Aufforderung des § 840 Abs. 1 ZPO und Aufnahme in die Zustellungsurkunde verbieten sich somit. Der Gerichtsvollzieher darf die Zustellung des Zahlungsverbots aber nicht deshalb ablehnen, weil in diesem in einem Zusatz der Drittschuldner „aufgefordert" wird, dem Anwalt des Gläubigers Auskünfte über die Forderung des Schuldners zu erteilen[61]. Wegen der Haftung des Drittschuldners für freiwillige Auskunft siehe Rdn. 653, 654.

X. Rechtsbehelfe

811 Die Vorpfändung ist Zwangsvollstreckungsmaßnahme, kann somit vom Schuldner und Drittschuldner mit *Erinnerung* nach § 766 ZPO angefochten werden[62]. Wenn keine rechtzeitige Pfändung folgt, besteht nach Ablauf der Monatsfrist kein Rechtsschutzinteresse mehr für das Erinnerungsverfahren[63]. Ist die Pfändung bewirkt worden, so ist ein Rechtsbehelf gegen die Vorpfändung nicht mehr gegeben. Der Schuldner muss sich nun gegen den Pfändungsbeschluss wenden. Eine Ausnahme gilt nur für den Fall, dass ein berechtigtes Interesse an der Aufhebung oder Abänderung der Vorpfändung allein besteht[64], z. B. wenn nur die Vorpfändung Mängel aufweist, die der Pfändungsbeschluss nicht hat, und gerade die Beseitigung der rangsichernden Wirkung der Vorpfändung erstrebt wird. Das gilt auch, wenn die Forderungspfändung der Erinnerung gegen die Vorpfändung zeitlich nachfolgt[65]. Zuständig für die Entscheidung über die Erinnerung ist das Vollstreckungsgericht des Schuldnerwohnsitzes[66] (§ 828 Abs. 2 ZPO, auch für

---

61 *AG Nienburg* DGVZ 1965, 45 = NdsRpfl 1964, 43; teilw. abw. *AG Göppingen* DGVZ 1965, 45; auch *Mümmler* JurBüro 1976, 1416 (unverbindliche Bitte um Auskunft zulässig); **a.A.** *Noack* Rpfleger 1967, 139.
62 *OLG Hamm* Rpfleger 1957, 354 mit zust. Anm. *Berner.*
63 *KG* JW 1933, 1270; *OLG Köln* Rpfleger 1991, 261.
64 *OLG Köln* Rpfleger 1991, 261; ein Interesse nur am Wegfall der Kostenbelastung reicht jedoch nicht aus (§ 99 Abs. 1 ZPO entspr., *OLG Köln* a.a.O.).
65 *OLG Hamm* JurBüro 1971, 175 = Rpfleger 1971, 113.
66 Für Prüfung der Zuständigkeit ist der Schuldner darlegungs- und beweispflichtig. Kann die Zuständigkeit nicht geprüft werden, weil der Schuldner seine Anschrift verschweigt oder falsch angibt, ist die Erinnerung daher zurückzuweisen, *LG Düsseldorf* JurBüro 1997, 103.

örtliche Zuständigkeit sonst, dazu Rdn. 447–453). Ist die Erinnerung begründet, so wird die Vorpfändung aufgehoben (nicht nur für unzulässig erklärt) oder entsprechend beschränkt. Die Aufhebung wird sofort mit Bekanntgabe wirksam, wenn die Aufhebungswirkungen nicht aufgeschoben sind (Rdn. 741, 742)[67]. Gegen den Aufhebungsbeschluss steht dem Gläubiger, gegen den Ablehnungsbeschluss dem Erinnerungsführer sofortige Beschwerde zu (§ 793 Abs. 1 ZPO). Das Landgericht kann aber die aufgehobene Vorpfändung nicht wiederherstellen (siehe Rdn. 743) und auch nicht neu aussprechen[68], sondern nur anordnen, dass sie zulässig war und der Gläubiger sie wiederholen kann[69].

Erinnerung nach § 766 ZPO findet auch gegen die Weigerung des Gerichtsvollziehers statt, eine Vorpfändung auf Antrag anzufertigen (§ 845 Abs. 1 S. 2 ZPO) oder zuzustellen[70].

XI. Kosten

Der Gerichtsvollzieher erhält für die Durchführung des Auftrags, eine Vorpfändung nach § 845 Abs. 1 S. 2 ZPO anzufertigen, eine Gebühr von 12,50 Euro (Nr. 200 KostVerz zum GvKostG). Diese Gebühr wird unabhängig von der Zahl der Benachrichtigungen und Aufforderungen nur einmal erhoben[71]. Dazu kommen Schreibauslagen für Abschriften und Zustellungsauslagen. Bei gleichzeitiger Vorpfändung derselben Forderung für mehrere Gläubiger (Rdn. 801 h) erhält der Gerichtsvollzieher die Gebühr für die Durchführung eines jeden Auftrags gesondert, mehrfach somit auch, wenn Zusammenfassung in einer Pfändungsbenachrichtigung erfolgt[72].

812

Die *Kosten der Vorpfändung* sind Kosten der Zwangsvollstreckung (§ 788 ZPO). Sie sind bei Notwendigkeit der Vorpfändung, die sich nach den Umständen des Einzelfalls richtet, erstattungsfähig. Diese Voraussetzung der Erstattbarkeit ist gegeben, wenn der Gläubiger berechtigten Anlass hatte, die Vorpfändung auszubringen[73]. Regelmäßig ist die Notwendigkeit zu bejahen, wenn der Gläubiger begründeten Anlass zur Be-

---

67 So auch *Mümmler* JurBüro 1982, 1772.
68 *OLG Köln* DGVZ 1989, 39 = MDR 1989, 464 = NJW-RR 1989, 1406.
69 *OLG Hamm* Rpfleger 1957, 354. Erfordert Rechtsschutzinteresse, s. *OLG Köln* a.a.O.
70 *Zöller/Stöber*, ZPO, Rdn. 8 zu § 845; *Noack* Rpfleger 1967, 138.
71 Begründung BT-Drucks. 7/3838, S. 19 und 20; *Arnold* MDR 1979, 361; *Hornung* Rpfleger 1979, 288.
72 Anders *Hantke* KKZ 1985, 52: Nur eine Amtshandlung, daher nur eine Gebühr. Die Gebühr wird jedoch für die Durchführung des (somit eines jeden) Auftrags erhoben.
73 *OLG München* JurBüro 1973, 872 = DGVZ 1973, 188 mit Anmerkung Schriftleitung = MDR 1973, 943 = NJW 1973, 2070; *Mümmler* JurBüro 1979, 973; *KG* JurBüro 1987, 715 = MDR 1987, 595 = Rpfleger 1987, 216 mit weit. Nachw. und Rpfleger 2001, 149 (151); *OLG Hamburg* JurBüro 1990, 533 = MDR 1990, 344; zu weitgehend (für Notwendigkeit reicht aus, dass Schuldner das Urteilsgebot nicht erfüllt hat) *KG* AnwBl 1974, 187.

2. Kapitel: Pfändungsverfahren und -wirkungen

sorgnis hatte[74], ohne Vorpfändung sei seine Vollstreckungsforderung nicht zu realisieren[75]. Das gilt auch dann, wenn eine Pfändung nicht nachgefolgt[76] ist, insbesondere deshalb, weil der Gläubiger erfahren hat, dass die Forderung nicht mehr besteht[77] oder bereits für einen anderen Gläubiger gepfändet[77] oder weil er nach Vorpfändung befriedigt worden ist, die Vorpfändung aber objektiv gerechtfertigt war[78]. In besonderen Einzelfällen können auch die Kosten einer wiederholten Vorpfändung[79] und (Anwalts-) Kosten einer Pfändungsbenachrichtigung neben einem gleichzeitigen Auftrag auf Mobiliarpfändung[80] erstattungsfähig sein. Zu den Kosten mehrerer Vorpfändungen siehe Rdn. 859.

V. Arrest (§§ 916 ff., 928 ff. ZPO)

I. Arrestpfändung

Schrifttum: *Addicks,* Welche Anforderungen gibt es bei der Zustellung und Vollziehung einstweiliger Verfügungen? MDR 1994, 225; *Christmann,* Arrestvollziehung gegen Sicherheitsleistung, DGVZ 1993, 109; *Grunsky,* Die Vollziehungsfrist des § 929 Abs. 2 ZPO nach Durchführung eines Widerspruchs- oder Berufungsverfahrens, ZZP 104 (1991) 1; *Noack,* Arrestvollziehung und Wahrung der Fristen nach § 929 Abs. 2 und 3 ZPO (Einzelfragen), JurBüro 1975, 725; *Pohlmann,* Die Wahrung der Vollziehungsfrist des § 929 II ZPO bei Arrest und einstweiliger Verfügung, KTS 1994, 49; *Schaffer,* Die Gefahren des § 929 Abs. 2 ZPO, NJW 1972, 1176; *E. Schneider,* Die Wahrung der Arrestvollziehungsfrist, MDR 1985, 113.

813   Die *Vollziehung eines Arrestes* (§§ 916 ff. ZPO) in das bewegliche Vermögen des Schuldners wird durch Pfändung bewirkt (§ 930 Abs. 1 S. 1 ZPO). Für diese Pfändung ist das Arrestgericht als Vollstreckungsgericht zuständig (§ 930 Abs. 1 S. 3 ZPO; hierzu Rdn. 441).

---

74 Nach (viel zu enger) Ansicht des *OLG Frankfurt* MDR 1994, 843 soll das in der Regel nur der Fall sein, wenn eine Konkurrenz mit anderen Gläubigern drohte oder der Schuldner im Begriff war, vollstreckungsfähige Rechte dem Zugriff zu entziehen.
75 *OLG Frankfurt* MDR 1994, 834 = a.a.O. Keine Notwendigkeit daher u.U. bei überdurchschnittlich günstigen finanziellen Verhältnissen des Schuldners, siehe *OLG München* a.a.O. (Fußn. 73), wenn Vorpfändung nur eingesetzt wird, um den Schuldner zur schnelleren Leistung zu veranlasssen (*LArbG Köln* MDR 1995, 423), aber auch dann, wenn der Schuldneranwalt vor Ablauf einer Zahlungsfrist begründet darlegt, dass sich die Zahlung um wenige Tage verzögern wird (so bei urlaubsbedingt verspäteter Benachrichtigung des zahlungsfähigen Schuldners durch seinen Prozessbevollmächtigten), *OLG Zweibrücken* JurBüro 1988, 929.
76 Nur daraus, dass der Gläubiger die Vollstreckung nicht weiter betreibt, weil der Schuldner Einspruch gegen den Vollstreckungsbescheid eingelegt hat, ergibt sich kein Anhalt für die Notwendigkeit der Vorpfändung, *LG Ravensburg* DGVZ 1998, 171.
77 KG Rpfleger 2001, 149 (151).
78 *KG* DR 1939, 1190; *Göttlich* JurBüro 1959, 232; so wohl auch *LArbG Köln* JurBüro 1993, 622 = MDR 1993, 915; enger *AG Köln* JurBüro 1966, 55, das Kosten nur dann für erstattungsfähig hält, wenn die Pfändung fristgemäß bewirkt wird oder wenn die Tatsachen, die das Zahlungsverbot ursprünglich gerechtfertigt haben, innerhalb der Dreiwochenfrist auf Veranlassung des Schuldners weggefallen sind.
79 So auch *Mümmler* JurBüro 1975, 1418.
80 *LG Aachen* JurBüro 1985, 942.

Arrestpfändung

Zulässig ist die Arrestpfändung[1] nur *innerhalb eines Monats* ab Verkündung des Urteils (Zustellung eines nicht verkündeten Urteils) oder[3] Zustellung des Arrestbeschlusses an den Gläubiger[4] (§ 929 Abs. 2 ZPO)[5]. Gewahrt ist die Vollziehungsfrist, wenn der Gläubiger die Pfändung (einer ausreichend umschriebenen, siehe Rdn. 496 ff.) Forderung innerhalb der Monatsfrist bei dem zuständigen Gericht (Rdn. 441) beantragt, also vom Arrest Gebrauch gemacht, und danach ohne vom Arrestgläubiger zu verantwortende Verzögerung das Arrestgericht den dann zugestellten Pfändungsbeschluss erlassen hat[6]. Auch die Zustellung muss ohne Verzug betrieben worden sein[7]. Zur Wahrung dieser Frist genügt rechtzeitige Vorpfändung (§ 845 ZPO)[8]; die eigentliche Arrestpfändung

814

---

[1] Nachweis einer zur Arrestvollziehung erforderlichen Sicherheitsleistung muss vor Vollziehung erbracht werden (*Zöller/Vollkommer*, ZPO, Rdn. 24 zu § 929). Sicherheitsleistung und Zustellung einer Abschrift der sie ausweisenden Urkunde (§ 751 Abs. 2 ZPO) müssen in der Vollziehungsfrist (Monatsfrist) des § 929 Abs. 2 ZPO erfolgt sein (keine analoge Anwendung des § 720a ZPO; *OLG München* NJW-RR 1988, 1466; *Christmann* DGVZ 1993, 109). In dieser Frist ist Vollziehung auch möglich, wenn die Sicherheit nachgewiesen, die Abschrift der die Sicherheitsleistung ausweisenden Urkunde aber noch nicht zugestellt ist (*Zöller/Vollkommer* a.a.O.; *Christmann* DGVZ 1993, 109 [110]); dann jedoch muss Zustellung dieser Urkunde in der Frist des § 929 Abs. 3 ZPO erfolgen (*Zöller/Vollkommer* a.a.O.; *Christmann* DGVZ 1993, 109).

[2] Fußnote 2 ist entfallen.

[3] Bei Verkündung des Urteils beginnt die Frist in jedem Fall mit diesem Zeitpunkt, nicht nach Wahl des Gläubigers alternativ mit Zustellung, *LArbG Bremen* Rpfleger 1982, 481. Zur Vollzugsfrist, wenn das den Arrestbefehl bestätigende Arresturteil wesentliche inhaltliche Veränderungen enthält, *OLG Frankfurt* MDR 1985, 681 = OLGZ 1985, 383 = Rpfleger 1985, 310; *OLG Schleswig* NJW-RR 1986, 1128 und (für einstw. Verfügung) *OLG Celle* NJW-RR 1987, 64; wenn der nach Widerspruch des Schuldners aufgehobene Arrest im Berufungsverfahren ganz oder teilweise bestätigt wird, *KG* Rpfleger 1981, 119; *OLG Düsseldorf* NJW-RR 2000, 68; wenn ein unrichtiger Arrestbefehl später berichtigt wird, *OLG Düsseldorf* Betrieb 1981, 1926 = ZIP 1981, 540. S. aber auch *OLG Zweibrücken* NJW-RR 2002, 1657 = Rpfleger 2003, 36: immer neue Vollziehungsfrist, wenn der Arrestbefehl auf Widerspruch hin durch Urteil bestätigt wird. Zu Problemfällen auch *Treffer* MDR 1998, 951.

[4] Mit Übergabe an den Gläubiger, wenn der Beschluss ihm formlos ausgehändigt wird; *Stein/Jonas/Grunsky*, ZPO, Rdn. 3 zu § 929; *Zöller/Vollkommer*, ZPO, Rdn. 5 zu § 929; *OLG Jena* OLG 39, 88; **a.A.** *KG* OLG 13, 231 (234).

[5] Das Schutzziel des § 929 Abs. 2 ZPO ist verfassungsrechtlich unbedenklich, *BVerfG* (Kammerbeschluss) NJW 1988, 3141.

[6] *BGH* 112, 356 (359) = DGVZ 1991, 37 = JZ 1991, 404 mit Anm. *Stürner* = MDR 1991, 242 = NJW 1991, 496 mit Nachweisen; damit ist die ältere Ansicht überholt, dass in der Vollziehungsfrist Zustellung des Pfändungsbeschlusses an den Drittschuldner erforderlich sei (hierzu bereits 9. Auflage Rdn. 814); ebenso *OLG Frankfurt* DGVZ 1999, 171 = NJW-RR 1999, 1446; *OLG Hamm* NJW-RR 1990, 536; *OLG Koblenz* NJW-RR 1987, 760; *Stein/Jonas/Grunsky*, ZPO, Rdn. 12 und 15 zu § 929 mit Nachw.; *Zöller/Vollkommer*, ZPO, Rdn. 10 zu § 929; *Pohlmann* KTS 1994, 49 (50, 55).

[7] Bei Vollzug durch eine Zwangsvollstreckungsmaßnahme wird die von Amts wegen erfolgte rechtzeitige Zustellung als ausreichend angesehen (*OLG Hamm* NJW-RR 1994, 521).

[8] Ebenso *Noack* Rpfleger 1967, 138; *Stein/Jonas/Grunsky*, ZPO, Rdn. 15 zu § 929; *Zöller/Vollkommer*, ZPO, Rdn. 11 zu § 929; *Schaffer* NJW 1972, 1176 (1177).

2. Kapitel: Pfändungsverfahren und -wirkungen

kann innerhalb der Monatsfrist des § 845 ZPO auch noch nach Ablauf der für die Arrestvollziehung in § 929 Abs. 2 ZPO[9] gesetzten Frist nachgeholt werden[10]. Bei Pfändung von *Briefrechten* (Hypotheken, Grundschulden, siehe 6. Kap.) soll die notwendige Briefübergabe (§ 830 Abs. 1 ZPO) innerhalb der Monatsfrist erfolgen müssen[11]. Streitig ist, ob auch die Briefwegnahme durch den Gerichtsvollzieher (§ 830 Abs. 1 S. 2 ZPO) innerhalb dieser Monatsfrist vollzogen sein muss. Nach meinem Dafürhalten ist dies zu verneinen[12]. Da der Gläubiger die Wegnahmezwangsvollstreckung nicht beschleunigen kann, hat er bei Erteilung des Zwangsvollstreckungsauftrags, der noch rechtzeitigen Beginn der Wegnahmevollstreckung ermöglicht, den ihm möglichen Beitrag zur Fristwahrung geleistet. Die Vollziehungsfrist ist daher auch dann gewahrt, wenn die noch rechtzeitig begonnene und unverzüglich fortgesetzte[13] Zwangsvollstreckungsmaßnahme erst nach Fristablauf durch Briefwegnahme beendet werden kann[14]. Bei Pfändung einer Buchhypothek werden Erlass des Pfändungsbeschlusses (genügen muss jedoch bereits rechtzeitiger Antrag) und Stellung des Eintragungsantrags beim Grundbuchamt in der Vollziehungsfrist für ausreichend erachtet[15], jedoch muss Antragstellung beim Grundbuchamt ohne Verzug erfolgen. Auch bei rechtzeitiger Arrestvollziehung ist jedoch nach Ablauf der Vollziehungsfrist die Vornahme einer neuen Vollstreckungsmaßnahme – die Vollstreckung in einen anderen Gegenstand – unstatthaft[16]. Eine neue – weitere – Vollstreckungsmaßnahme kann nicht als Fortsetzung der rechtzeitig beantragten (begonnenen), aber nicht wirksamen Arrestvollziehung angesehen werden und daher nicht mit dieser durch die Frist des § 929 Abs. 2 ZPO gedeckt sein. Erweist sich, dass ein rechtzeitig gepfändeter

---

9 Nicht mehr aber nach Ablauf dieser Frist des § 845 Abs. 2 ZPO, *AG Charlottenburg* NJW-RR 1988, 639.
10 *KG* OLG 2, 358; 3, 445; *OLG Karlsruhe* JW 1927, 2159; *Stein/Jonas/Brehm*, ZPO, Rdn. 19 zu § 845; **a.A.** aber *RG* Gruchot 52, 149; *OLG München* JW 1934, 2638 mit zust. Anm. *Armstroff*.
11 **A.A.** *Stein/Jonas/Grunsky*, ZPO, Rdn. 15; *Zöller/Vollkommer*, ZPO, Rdn. 11, je zu § 929; wenn Gläubiger Briefübergabe nicht betreibt, kann aber Fristwahrung nicht gegeben sein.
12 Ebenso *LG Berlin* Rpfleger 1974, 231; *Stein/Jonas/Grunsky*, ZPO, Rdn. 15 zu § 929; **a.A.** *KG* OLG 14, 201.
13 Bei erfolglosem Wegnahmeversuch durch Offenbarungsantrag und anschließendem erneuten Wegnahmeversuch; siehe *LG Berlin* MDR 1963, 935.
14 So die heute herrschende Meinung, siehe z. B. *KG* NJW 1950, 707 und MDR 1954, 687; *OLG Düsseldorf* JMBlNRW 1960, 59f. und MDR 1983, 239; *OLG München* MDR 1952, 498; *OLG Koblenz* NJW 1958, 387; *LG Berlin* MDR 1963, 935 und Rpfleger 1974, 231; noch weitergehender *OLG Celle* NJW 1968, 1682: Eine innerhalb der Frist vorgenommene Vollstreckungsmaßnahme – mag sie auch vergeblich sein – wahrt bereits die Vollziehungsfrist. **A.A.** *KG* KGJ 41, 241; *OLG Dresden* JW 1933, 1342.
15 *Stein/Jonas/Grunsky*, ZPO, Rdn. 15; *Zöller/Vollkommer*, ZPO, Rdn. 11, je zu § 829; **a.A.** *KG* OLG 19, 160.
16 *BGH* 112, 356 (359, 360) = a.a.O.; *OLG Düsseldorf* MDR 1983, 239; *BFH* BStBl 1974 II 119 = NJW 1974, 1216; *Zöller/Vollkommer*, ZPO, Rdn. 11 zu § 929; *Pohlmann* KTS 1994, 49 (53–55); **anders** jedoch *Schaffer* NJW 1972, 1176 (1177).

Anspruch nicht mehr besteht, so kann daher nach Ablauf der Vollziehungsfrist auf Grund des Arrestbefehls nicht ein anderer Anspruch gepfändet werden. Arrestvollziehung erst nach Ablauf der Frist des § 929 Abs. 2 ZPO und die damit bewirkte Vollstreckungsmaßnahme werden als unwirksam angesehen[17].

II. Durchführung

Die *Arrestpfändung* erfolgt nach denselben Grundsätzen wie jede Pfändung im Wege der Zwangsvollstreckung (§ 930 Abs. 1 S. 2 ZPO). Auch die Zustellung des Arrestpfändungsbeschlusses erfolgt auf Betreiben des Gläubigers. Der Arrestbefehl bedarf der Vollstreckungsklausel nur im Falle einer Rechtsnachfolge auf Gläubiger- oder Schuldnerseite (§ 929 Abs. 1 ZPO). Auch kann der Arrestbefehl schon vor der Zustellung an den Schuldner vollzogen werden (§ 929 Abs. 3 ZPO). Dann muss aber die Zustellung innerhalb einer Woche nach Vollziehung[18] *und* vor Ablauf der Vollziehungsfrist (Rdn. 814) nachgeholt werden[19]. Die Wochenfrist des § 929 Abs. 3 S. 2 ZPO beginnt nach nun verbreiteter (gegen vordem herrschende) Meinung nicht schon mit Antragseingang (Rdn. 814), sondern erst mit Zustellung des Pfändungsbeschlusses an den Drittschuldner[20] (§ 829 Abs. 3 ZPO). Unwirksam ist die Vollstreckungsmaßnahme, wenn der Antragsteller die Zustellungsfrist des § 929 Abs. 3 ZPO versäumt hat[21]. Wegen des Verbots der Schuldneranhörung, auch bei Verbindung des Arrest- und Pfändungsantrages in einem Schriftsatz, siehe Rdn. 481–483.

815

III. Wirkungen

Die Arrestpfändung begründet ein Pfandrecht mit den in § 804 ZPO bestimmten Wirkungen (§ 930 Abs. 1 S. 2 ZPO). Sie hat somit die gleiche *Wirkung* wie jede Forderungspfändung vor der Überweisung oder Anordnung einer anderen Art der Verwertung; siehe daher Rdn. 554 ff. Damit wahrt sie den Rang für eine vom Gläubiger später nach durchgeführtem Hauptsacheverfahren erwirkte Überweisung der Forderung[22].

816

---

17 *BGH* 112, 356 (360) = a.a.O.
18 Auf Einhaltung der Frist des § 929 Abs. 3 S. 2 ZPO kann der Schuldner nicht wirksam verzichten, *OLG Frankfurt* OLGZ 1982, 103 = Rpfleger 1982, 329 mit Nachw. Zur Frage des Verzichts auf die Einhaltung der Frist siehe auch *RG* 151, 155.
19 Zur wirksamen Zustellung im Ausland für Wahrung dieser Frist siehe *LG Frankfurt* NJW 1990, 652.
20 *OLG Frankfurt* NJW-RR 1999, 1446 = a.a.O. (Fußn. 6); *Musielak/Huber*, ZPO, Rdn. 10; *Thomas/Putzo*, ZPO, Rdn. 7; *Zöller/Vollkommer*, ZPO, Rdn. 24, je zu § 929.
21 *BGH* DGVZ 2000, 14 = NJW 1999, 3494 (für einstweilige Verfügung).
22 *BGH* 66, 394 (397).

IV. Keine Pfandverwertung

817 Die *Überweisung* (§ 835 ZPO) oder eine anderweitige Pfandverwertung (§ 844 ZPO) verbieten sich auf Grund eines Arrestbefehls, weil der Arrest nur der Sicherung der Zwangsvollstreckung des Gläubigers dient (siehe § 916 ZPO)[23]. Ein dennoch auf einen Arrest gestützter Überweisungsbeschluss ist nichtig[24]. Wegen der Überweisung bei Hilfspfändung siehe jedoch Rdn. 708.

V. Rechtsbehelf

818 Gegen den Pfändungsbeschluss als Vollstreckungsakt des Arrestgerichts findet *Erinnerung* nach § 766 ZPO statt[25]. Mit Erinnerung ist auch geltend zu machen, dass infolge unwirksamer Zustellung des Arrestbefehls die Frist des § 929 Abs. 3 S. 2 ZPO nicht gewahrt sei[26]. Über die Erinnerung entscheidet das Arrestgericht selbst, nicht das Vollstreckungsgericht[27]. Die im ersten Rechtszug ergangene Entscheidung (siehe § 567 Abs. 1 ZPO) ist mit sofortiger Beschwerde anfechtbar (§ 793 ZPO).

VI. Überweisung

819 *Die vom Landgericht ... als Arrestgericht mit Beschluss vom ..., Aktenz.: ... gepfändete angebliche Forderung an ... – Drittschuldner – auf Zahlung des gegenwärtigen Überschusses (Guthabens), der dem Schuldner bei Saldoziehung aus der in laufender Rechnung (Kontokorrent) bestehenden Geschäftsverbindung gebührt,*

wird auf Grund des vollstreckbaren Urteils des Oberlandesgerichts ... vom ..., Aktenz. ... in Höhe von ... Euro Hauptsache nebst ... % Zinsen hieraus seit ... und ... Euro bisherige Zwangsvollstreckungskosten sowie ... Euro Kosten dieses Beschlusses und der Kosten seiner Zustellung dem Gläubiger zur Einziehung überwiesen.

820 1. Die durch Arrest und Arrestvollziehung *gesicherte Zwangsvollstreckung* kann erst *durchgeführt* werden, wenn der Gläubiger einen Vollstreckungstitel erworben hat und alle weiteren Voraussetzungen der Zwangs-

---

23 *BGH* 68, 289 (weitere Fundstellen Rdn. 628 Fußn. 5); *BGH* 121, 98 (101) = a.a.O. (Fußn. 24).
24 *BGH* 121, 98 = MDR 1993, 578 = NJW 1993, 735 = ZZP 107 (1994) 98 mit zust. Anm. *Walker*.
25 *OLG München* NJW 1954, 1772; *OLG Frankfurt* JurBüro 1980, 1737 = Rpfleger 1980, 485; *OLG Düsseldorf* NJW 1993, 831.
26 *BGH* MDR 1989, 633 = NJW-RR 1989, 636.
27 *OLG Frankfurt* JurBüro 1980, 1737 = Rpfleger 1980, 485; *OLG Köln* MDR 1972, 333 = Rpfleger 1972, 65; *OLG München* NJW 1954, 1772; *OLG Stuttgart* Rpfleger 1975, 407; *LG Berlin* MDR 1975, 765 = Rpfleger 1975, 229; *Stein/Jonas/Grunsky*, ZPO, Rdn. 6 zu § 930; *Zöller/Vollkommer*, ZPO, Rdn. 3 zu § 930; **a.A.** *OLG Bremen* JR 1951, 604.

vollstreckung vorliegen[28]. Für diese Zwangsvollstreckung verwandelt sich das Arrestpfandrecht in ein *Vollstreckungspfandrecht*[29], somit in ein Pfandrecht, dessen Pfandverwertung mit dem durch die Arrestpfändung begründeten Rang nunmehr zulässig ist. Die damit möglich gewordene Überweisung der Forderung zur Einziehung oder an Zahlungs statt (§ 835 ZPO) erfolgt durch Beschluss des Vollstreckungsgerichts (nicht des Arrestgerichts). Zuständig ist das Vollstreckungsgericht (dessen Rechtspfleger, § 20 Nr. 17 RPflG), in dessen Bezirk der Schuldner bei Anordnung der Überweisung (nicht bei Arrestantrag oder Arrestanordnung) seinen allgemeinen Gerichtsstand hat (siehe hierwegen Rdn. 446 ff.).

2. Mit dem Überweisungs*antrag* sind dem Vollstreckungsgericht alle für den Beginn der Zwangsvollstreckung erforderlichen Urkunden vorzulegen (siehe Rdn. 470). Außerdem ist nachzuweisen, dass die Arrestpfändung ordnungsgemäß angeordnet ist, nicht aber, dass sie wirksam geworden ist (siehe Rdn. 585). Steht dem Gläubiger nach dem erwirkten Vollstreckungstitel eine Forderung zu, die höher als der Arrestanspruch ist, so beschränkt sich die Überweisung auf den Betrag des Arrestanspruchs, der das Arrestpfandrecht begrenzt. Wegen seiner weiteren Forderung muss der Gläubiger neu pfänden. Beschränkt der Gläubiger seinen Überweisungsantrag auf einen Teil des durch Arrestvollziehung erlangten Pfandrechts, so besteht das weitergehende Arrestpfandrecht fort, bis der Gläubiger ausdrücklich darauf verzichtet (§ 843 ZPO). Zur Klageabweisung wegen des Mehrbetrages siehe Rdn. 824.

821

VII. Zwangsvollstreckungskosten

Die *Kostenpauschsumme* im Arrestbefehl sichert nur die Kosten des Hauptsacheprozesses[30] und des Arrestverfahrens[31], nicht aber die Kosten der Arrestvollziehung. Letztere sind Kosten der Zwangsvollstreckung (§ 788 ZPO). Als solche werden sie mit dem zur Zwangsvollstreckung stehenden Anspruch, also neben der Kostenpauschsumme im Arrestbefehl beigetrieben[32]. Die Pfändung und die spätere Überweisung sind daher wegen der für diese Zwangsvollstreckungsmaßnahmen entstehenden Kosten über die im Arrestbefehl aufgenommene Pauschsumme oder die an ihre Stelle tretende spätere tatsächliche Kostenschuld hinaus gesondert anzuordnen. Die Vollstreckung kann für Zwangsvollstreckungskosten nicht weiter als die Zwangsvollstreckung wegen des Hauptsacheanspruchs ausge-

822

---

28 Auch die bereits vor Erlass des Arrestbefehls errichtete notarielle Urkunde, deren Vollstreckbarkeit mit Ablauf der Wartefrist (§ 798 ZPO) erst nach Arrestpfändung eingetreten ist, ermöglicht die Pfandverwertung, *LG Köln* Rpfleger 1974, 121.
29 *OLG Dresden* JurBüro 2007, 100.
30 *Stein/Jonas/Grunsky*, ZPO, Rdn. 16; *Wieczorek/Schütze/Thümmel*, Rdn. 6, je zu § 922.
31 Streitig, siehe *OLG Frankfurt* JurBüro 1983, 943 = OLGZ 1983, 104 = Rpfleger 1982, 479; **a.A.** *Zöller/Vollkommer*, ZPO, Rdn. 2 zu § 922.
32 *LG Aachen* JMBlNRW 1959, 217.

dehnt werden. Denn nach § 788 Abs. 1 ZPO sind Kosten der Zwangsvollstreckung „zugleich" mit dem Vollstreckungs-Hauptsacheanspruch beizutreiben, so dass sie nicht weiter als dieser, sondern nur zusammen mit ihm geltend gemacht werden können. Die Beschränkung der Arrestvollziehung als Pfändung schließt daher auch eine weitergehende Einziehung der Kosten der Arrestvollziehung so lange aus, bis sich das Arrestpfandrecht in ein verwertbares Vollstreckungspfandrecht umgewandelt hat (s. Rdn. 820).

VIII. Aufhebung des Arrests

823   Hebt das Arrestgericht in seinem im Arrestprozess verkündeten Urteil nicht nur den Arrestbefehl, sondern auch die in Vollzug desselben vorgenommene Forderungspfändung auf, dann wird die Pfändungswirkung mit Verkündung der Entscheidung beseitigt[33]. Schutz des Drittschuldners vor Kenntnis: Rdn. 618. Die spätere, auf Grund des Obsiegens in der Hauptsache zusammen mit einer erneuten Pfändung verfügte Überweisung der Forderung an den vormaligen Arrestpfandgläubiger kann deshalb nicht mehr in den Rang der Arrestpfändung eintreten[34].

824   Wenn nach Arrestpfändung in dem Verfahren über die *Hauptsache* die Forderung des Gläubigers gegen den Schuldner *rechtskräftig abgewiesen* wird, ist die Entscheidung auch für den Drittschuldner im Verhältnis sowohl zum Arrestgläubiger als zum Arrestschuldner maßgebend. Der Anspruch des Arrestgläubigers gegen den Drittschuldner besteht für den abgewiesenen Betrag materiell dann nicht mehr, auch wenn die Arrestpfändung selbst nicht aufgehoben ist und formell weiterbesteht. Deshalb ist der Drittschuldner nach Mitteilung des rechtskräftig gewordenen klageabweisenden Urteils dann jedenfalls berechtigt, den arrestweise gepfändeten Betrag an später pfändende Gläubiger oder Zessionare des Schuldners oder an diesen selbst mit schuldbefreiender Wirkung auszuzahlen. Dabei braucht der Drittschuldner mit der Möglichkeit, dass das rechtskräftige Urteil mit der Restitutionsklage mit Erfolg angefochten werde, nicht zu rechnen[35].

Die förmliche *Aufhebung* der Arrestpfändung ist nach rechtskräftiger Abweisung des Anspruchs des Gläubigers gem. § 775 Nr. 1, § 776 ZPO anzuordnen. Es entscheidet das Arrestgericht. Wegen der Aufhebung nach Hinterlegung des im Arrestbefehl festgestellten Geldbetrages (Lösungssumme) siehe § 934 ZPO.

W. Einstweilige Verfügung (§§ 935–945 ZPO)

825   Eine auf Geldzahlung lautende einstweilige Verfügung ist Vollstreckungstitel (Rdn. 2). Sie ermöglicht Vollstreckung zur Gläubigerbefriedigung, mithin auch Überweisung; § 930 ZPO findet (gem. § 936 ZPO) keine Anwen-

---

33 *BGH* 66, 394 = JR 1976, 421 mit Anm. *Berg* = MDR 1976, 1014 = NJW 1976, 1453.
34 *BGH* 66, 394 = a.a.O. (Fußn. 33).
35 *RG* 71, 309.

dung. Zuständig für den Erlass des Pfändungsbeschlusses und sonstige Vollstreckungsmaßnahmen ist daher das Vollstreckungsgericht (§ 828 ZPO; Rdn. 441), nicht das Gericht der einstweiligen Verfügung.

Die einstweilige Verfügung bedarf der Vollstreckungsklausel nur im Falle einer Rechtsnachfolge auf Gläubiger- oder Schuldnerseite (§§ 936, 929 Abs. 1 ZPO). Sie kann auch schon vor der Zustellung an den Schuldner vollstreckt werden (§§ 936, 929 Abs. 3 S. 1 ZPO). Dann muss aber die Zustellung innerhalb einer Woche nach Vollstreckung und vor Ablauf der Vollziehungsfrist nachgeholt werden (§§ 936, 929 Abs. 3 S. 2 ZPO). Wenn der Gläubiger die Zustellungsfrist versäumt, ist die Vollstreckungsmaßnahme unwirksam[1]. Wegen des Drittschuldnerschutzes bei unrechtmäßiger Überweisung (§ 836 Abs. 2 ZPO; Rdn. 618) ist dem Schuldner nur dringend anzuraten, den Drittschuldner sogleich (gegen Nachweis) zu verständigen und Aufhebung des Pfändungs- und Überweisungsbeschlusses zu betreiben (§§ 766, 775, 776 ZPO).

Auch die Vollstreckung der einstweiligen Verfügung ist *nur innerhalb eines Monats* ab Verkündung des Urteils oder Zustellung eines nicht verkündeten Urteils oder Beschlusses an den Antragsteller (Gläubiger; zur Aushändigung Rdn. 814 Fußn. 4) möglich[2] (§§ 936, 929 Abs. 2 ZPO; siehe Rdn. 814). Dies gilt für die einstweilige Verfügung, die zu einer einmaligen Geldzahlung verpflichtet. Sind nach der einstweiligen Verfügung wiederkehrende Geldzahlungen zu leisten (z. B. monatlicher Unterhalt), so rechnet die Vollziehungsfrist von einem Monat für die bei Erlass fälligen Leistungen von der Verkündung oder Zustellung an und sodann für jede weiterlaufende einzelne Zahlung von ihrem Fälligkeitszeitpunkt ab[3]. Wird demnach (z. B. wegen freiwilliger Leistung des Schuldners) die Vollzie- 825a

---

1 *BGH* NJW 1999, 3494 = Rpfleger 1999, 485.
2 *OLG Schleswig* FamRZ 1981, 456; *OLG Köln* FamRZ 1986, 1064; *Pohlmann* KTS 1994, 49 (63); *Stein/Jonas/Grunsky*, ZPO, Rdn. 38 zu § 938.
3 *OLG Bamberg* FamRZ 1985, 509; *OLG Bremen* FamRZ 1980, 1146; *OLG Hamm* FamRZ 1980, 1144 und 1991, 583; *OLG Hamm* FamRZ 1981, 583 mit weit. Nachw. und *OLG Hamm* FamRZ 1983, 1254; *OLG Hamm* (6. FamS) FamRZ 1983, 1256; *OLG Koblenz* FamRZ 1979, 324, FamRZ 1980, 909 und FamRZ 1991, 589; *OLG Schleswig* FamRZ 1981, 456; *AG Sinzig* NJW-RR 1986, 744; *Stein/Jonas/Grunsky*, ZPO, Rdn. 38 zu § 938 (verlangt aber Parteizustellung); *Zöller/Vollkommer*, ZPO, Rdn. 19 zu § 929. Nach **a.A.** ist bei Versäumung der ersten (oder der für nachfolgende Rate laufenden) Vollziehungsfrist die auf wiederkehrende Leistungen gerichtete einstweilige Verfügung ihrem gesamten Inhalt nach nicht mehr vollzugsfähig (und deshalb aufzuheben), auch soweit später fällig werdende Leistungen betroffen werden; so *OLG Brandenburg* FamRZ 1997, 624; *OLG Celle* FamRZ 1984, 1248; *OLG Hamm* FamRZ 1997, 1496; *OLG Köln* FamRZ 1985, 508, 1062 und 1063; *OLG Zweibrücken* OLGZ 1983, 466 (469) und JurBüro 1986, 626, je mit weit. Nachw.; *Pohlmann* KTS 1994, 49 (64). Demnach könnte der Schuldner mit Zahlung nur der ersten (oder nur einer späteren) Unterhaltsrente die Vollziehung der einstweiligen Verfügung insgesamt unterlaufen. Für diesen Fall wird jedoch auch angenommen, die freiwillige Leistung des Unterhaltsschuldners mache die Vollziehung zunächst entbehrlich, so dass die Vollziehung fristgerecht erfolgt, wenn sie nach Einstellung der freiwilligen Leistung innerhalb Monatsfrist beginnt; so *OLG Köln* FamRZ 1985, 508.

hungsfrist für die zunächst fälligen Ansprüche auf Geldzahlung nicht gewahrt, so wird der Vollstreckungstitel für die später fällig werdenden Leistungen nicht gegenstandslos; der Gläubiger kann jedoch nach Eintritt der Fälligkeit einer weiteren Leistung auch diese nur innerhalb der für sie geltenden Vollziehungsfrist vollstrecken[4]. Für die Fristwahrung gilt das Rdn. 814 Gesagte. Mit Vorratspfändung in Arbeitseinkommen (§ 850 d Abs. 3 ZPO) ist die Verfügung vollzogen[5]. Die Amtszustellung des Verfügungsurteils auf Unterhaltszahlung ist jedenfalls keine Vollziehung[6]; auch Zustellung im Parteibetrieb stellt keine Vollziehung dar[7].

X. Die Kosten der Zwangsvollstreckung
(§ 788 ZPO, Nr. 2111 GKG-KostVerz., §§ 18, 25 RVG und Nr. 3309 VergVerz.)

Schrifttum: *Bauer,* Notwendige und nicht notwendige Kosten der Zwangsvollstreckung, JurBüro 1966, 989; *Biede,* Die Beitreibung der Vollstreckungskosten, DGVZ 1975, 19; *Christmann,* Sinn und Zweck des § 788 ZPO, DGVZ 1985, 147; *Göttlich,* Kosten der Pfändung und Überweisung, JurBüro 1959, 231; *Lappe,* Ist die Kosten-Vollstreckung gemäß § 788 I ZPO mit dem Grundgesetz vereinbar? MDR 1979, 795; *Lappe,* Die Kostenerstattung bei der Forderungspfändung, Rpfleger 1983, 248; *Mümmler,* Kosten der Zustellung eines Vollstreckungsbescheids, JurBüro 1979, 1607; *Mümmler,* Wohnungswechsel des Vollstreckungsschuldners, JurBüro 1980, 830; *Mümmler,* Ersatz der Kosten einer Drittschuldnerklage durch den Schuldner, JurBüro 1995, 21; *Mümmler* und *Noack,* Die Erstattungsfähigkeit von Vollstreckungskosten und ihre Beitreibung durch den Gerichtsvollzieher, aktuelle Fragen zur Auslegung des § 788 ZPO, DGVZ 1971, 177 und DGVZ 1971, 129; *Noack,* Die Kosten der Zwangsvollstreckung und ihrer Vorbereitung, ihre Beitreibung ohne besonderen Titel und andere Einzelfragen aus § 788 ZPO, DGVZ 1975, 145; *Noack,* Wer trägt das Risiko für die entstehenden Vollstreckungskosten? DGVZ 1976, 65; *Noack,* Aktuelle Fragen zur Erstattungsfähigkeit der Kosten der Zwangsvollstreckung nach § 788 ZPO und zu ihrer Beitreibung, DGVZ 1983, 17; *Weinert,* Neujustierung der Kostenerstattung in der Zwangsvollstreckung, Rpfleger 2005, 1.

826 Dem Gläubiger, der seinen Anspruch gerichtlich geltend macht, erwachsen bei dieser Rechtsverfolgung verschiedenartige Kosten. Zu unterscheiden sind

- vorgerichtliche Kosten
- Kosten des Rechtsstreits

---

4 Insoweit nicht eindeutig: *OLG Hamm* JurBüro 1979, 1728 (Zustellung spätestens einen Monat nach Fälligkeit und Nichtzahlung der ersten Rate, die rückständig bleibt).
5 *OLG Hamm* FamRZ 1980, 1144.
6 *OLG Brandenburg* FamRZ 1997, 624; *OLG Hamm* JurBüro 1979, 1728; *OLG Koblenz* FamRZ 1979, 324; *OLG Hamm* FamRZ 1980, 1144 und 1981, 583 (584) sowie 1983, 1256 (hier auch: Zustellung im Parteibetrieb allein reicht nicht aus); s. auch *OLG Frankfurt* JurBüro 1982, 1265 = OLGZ 1982, 346 = Rpfleger 1982, 76; außerdem *BGH* 120, 73 (79).
7 *OLG Hamm* FamRZ 1983, 1256; *OLG Oldenburg* FamRZ 1983, 1256; *OLG München* FamRZ 1993, 1001 (jedenfalls dann nicht, wenn nicht in unmittelbarem zeitlichen Zusammenhang eine Vollstreckungsmaßnahme beantragt und eingereicht wurde); **a.A.** *OLG Celle* OLGZ 1992, 354; *OLG Köln* FamRZ 1992, 75.

Kosten der Zwangsvollstreckung

- Kosten früherer (anderer) Zwangsvollstreckungen
- die Kosten der Pfändung selbst sowie
- aus Anlass der Zwangsvollstreckung entstehende sonstige Kosten.

I. Vorgerichtliche Kosten

Vorgerichtliche Kosten sind insbesondere vorgerichtliche Mahnauslagen, Wechselkosten und Wechselprovision. Diese Kosten können in der Zwangsvollstreckung ebenso wie die Hauptforderung des Gläubigers nur auf Grund eines vollstreckbaren Schuldtitels geltend gemacht werden (siehe dazu Rdn. 2).

827

II. Kosten des Rechtsstreits

Wegen der *Kosten des Rechtsstreits* (oder des Mahnverfahrens) selbst (sog. Prozesskosten) kann die Zwangsvollstreckung ebenfalls nur auf Grund eines vollstreckbaren Titels betrieben werden. Vollstreckungstitel ist in diesen Fällen meist ein Kostenfestsetzungsbeschluss (§ 794 Abs. 1 Nr. 2 ZPO).

828

III. Zwangsvollstreckungskosten

1. Die notwendigen Kosten der *Zwangsvollstreckung* fallen dem Schuldner zur Last (§ 788 Abs. 1 S. 1, § 91 ZPO). Zwangsvollstreckungskosten sind auch die Kosten der Ausfertigung und Zustellung des Urteils[1] (§ 788 Abs. 1 S. 2 ZPO) oder des Vollstreckungsbescheids[2], die Kosten für Ermittlung der Anschrift des unbekannt verzogenen Schuldners[3] sowie seines Arbeitgebers[4], für die Tätigkeit eines Sequesters, für eine notwendige oder zulässige Grundbucheintragung und die Kosten einer Vorpfändung, nicht aber Kosten des Rechtsanwalts des Gläubigers für seine Tätigkeit zur Vermeidung einer drohenden Drittwiderspruchsklage[5]. Kosten ausländischer Betreibungsmaßnahmen gehören bei Vollstreckung eines ausländischen

829

---

1 Notwendigkeit der Kosten einer Zustellung durch den Gerichtsvollzieher trotz Möglichkeit einer Zustellung von Anwalt zu Anwalt siehe *KG* DGVZ 1981, 59 = JurBüro 1981, 438 = Rpfleger 1981, 121.
  Wegen der Frage, ob der vom Gläubiger abgelöste Restkaufpreis oder eine von ihm bezahlte Grunderwerbsteuer zu den Zwangsvollstreckungskosten gehört, siehe Rdn. 1500 und 2052.
2 Notwendig sind an Stelle der bei Zustellung von Amts wegen (§ 699 Abs. 4 S. 1 ZPO) anfallenden Kosten auch die höheren Kosten der vom Gläubiger nach § 699 Abs. 4 S. 2 ZPO gewählten Zustellung im Parteibetrieb, *Mümmler* JurBüro 1979, 1607.
3 *LG Berlin* JurBüro 1985, 628 und Rpfleger 1986, 107 (je Detektivkosten); *LG Köln* JurBüro 1983, 1571; *AG Bad Hersfeld* DGVZ 1993, 116.
4 *LG Bochum* JurBüro 1988, 256 (Detektivkosten); *LG Köln* a.a.O.; zu nicht notwendigen Detekteikosten s. den Fall *LG Berlin* Rpfleger 1990, 37.
5 *OLG Koblenz* Rpfleger 1977, 66.

2. Kapitel: Pfändungsverfahren und -wirkungen

Urteils (anderen Titels) im Inland (s. § 722 ZPO)[6] nicht zu den Kosten der Zwangsvollstreckung[7], desgleichen nicht die Kosten der Vollstreckbarerklärung und Vollstreckung eines ZPO-Titels im Ausland[8]. Notwendig sind Kosten einer Zwangsvollstreckungsmaßregel, wenn der Gläubiger diese im Zeitpunkt der Entstehung der Kosten objektiv für notwendig halten konnte[9], auch wenn die Vollstreckungsmaßregel später nicht zum erstrebten Erfolg geführt hat[10], ein Antrag zurückgenommen[11] oder für erledigt erklärt wurde[12]. Nicht notwendige Zwangsvollstreckungskosten, insbesondere Kosten unzulässiger[13], verfrühter[14], offenbar aussichtsloser[15],

6   Auf die Kosten des landgerichtlichen Klauselverfahrens nach dem Anerkennungs- und Vollstreckungsausführungsgesetz – AVAG (vom 19.2.2001, BGBl I 288) ist nach dessen § 8 Abs. 1 S. 4 ZPO § 788 entsprechend anzuwenden.
7   So zutreffend *Ilg* gegen *LG Passau* Rpfleger 1989, 342; *Zöller/Stöber*, ZPO, Rdn. 3a zu § 788; **a.A.** *Stein/Jonas/Münzberg*, ZPO, Rdn. 12 zu § 788.
8   *Zöller/Stöber*, ZPO, Rdn. 3a zu § 788 mit weit. Nachw.
9   *BGH* DNotZ 2004, 24; *OLG Brandenburg* JurBüro 2007, 548 (549); *Münzberg* JurBüro 1990, 780 (Anmerkung, auch dazu, dass die Beweislast dafür dem Schuldner obliegt, dass dem Gläubiger zur Zeit der Entstehung der Kostenvollstreckung Umstände bekannt waren, die gegen die Notwendigkeit der Kosten sprechen); *AG Frankfurt* JurBüro 1994, 127. Zur Frage der Erstattungsfähigkeit von Zwangsvollstreckungskosten unter dem Gesichtspunkt der Rechtzeitigkeit der schuldnerischen Leistung siehe *Mümmler* JurBüro 1982, 1314; auch *Zöller/Stöber*, ZPO, Rdn. 9a zu § 788.
10 Siehe *OLG Hamburg* NJW 1963, 1015; *OLG Karlsruhe* Justiz 1980, 199. So sind die Kosten einer fehlgeschlagenen Lohnpfändung notwendig, wenn der Gläubiger auf Grund der Angaben des Gerichtsvollziehers über den Arbeitsplatz vollstreckt (*Bauer* JurBüro 1966, 993) und insbesondere sich zuvor erkundigt hat, ob der Schuldner tatsächlich dort beschäftigt ist (*LG Köln* JurBüro 1966, 527 mit Anm. *Herzig*). Gleiches gilt, wenn der Gläubiger durch das versicherte Vermögensverzeichnis, eine Auskunft oder auf andere zuverlässige Weise von der Arbeitsstelle Kenntnis erlangt, der Schuldner diese Arbeitsstelle bei Pfändung aber schon wieder verlassen hat (*Bauer* JurBüro 1966, 994).
11 *OLG München* Rpfleger 1968, 402; *LG Hannover* JurBüro 1990, 1679 = NdsRpfl 1990, 224.
12 Kostenentscheidung (§ 91 a Abs. 1, auch § 788 Abs. 4 ZPO) ergeht daher nicht, wenn notwendige Kosten der Schuldner nach § 788 Abs. 1 ZPO zu tragen hat (anders *LG Fulda* FamRZ 1993, 455 = Rpfleger 1993, 172; wie hier *Zöller/Stöber*, ZPO, Rdn. 20 zu § 788). Wenn dem Schuldner durch einen Antrag Kosten entstanden sind (wegen § 834 ZPO Ausnahme; möglich z. B. im Fall des § 850 b ZPO), die als „nicht notwendige Zwangsvollstreckungskosten" der Gläubiger tragen muss, hat nach Erledigterklärung Kostenentscheidung als Grundlage für Geltendmachung der Kosten mit Festsetzungsantrag zu ergehen; siehe *Zöller/Stöber*, ZPO, Rdn. 21 zu § 788.
13 Z. B. Kosten vergeblicher Vollstreckungsversuche oder aufgehobener Vollstreckungsmaßnahmen, die mit einem nicht zugestellten Vollstreckungstitel (*OLG München* Rpfleger 1968, 403) oder einem vorläufig vollstreckbaren Urteil vor der erforderlichen Sicherheitsleistung durchgeführt wurden; *KG* Rpfleger 1968, 229 (s. jetzt aber § 720a ZPO).
14 Dem Schuldner muss Gelegenheit gegeben worden sein, die Zwangsvollstreckung durch freiwillige Leistung abzuwenden; *BVerfG* NJW 1999, 778; Einzelheiten *Zöller/Stöber*, ZPO, Rdn. 9 b zu § 788.
15 Dazu gehören vor allem Vollstreckungsmaßregeln, die erkennbar nicht zum Erfolg führen konnten (*LG Aachen* JurBüro 1990, 778), von denen somit eine – wenn auch nur teilweise – Befriedigung des Gläubigers von vornherein nicht erwartet werden

mutwilliger[16] oder vom Gläubiger zu vertretender verfehlter[17] Zwangsvollstreckungsmaßnahmen trägt der Gläubiger selbst. Wenn eine Forderungspfändung dem Gläubiger nur ratenweise Befriedigung bringt, sind Kosten weiterer, zu schnellerer Befriedigung führender Vollstreckungsmaßregeln notwendig im Sinne des § 788 ZPO[18]. Mehrkosten, die durch getrennte Pfändung mehrerer Forderungen des Schuldners entstanden sind, sind nicht erstattungsfähig, wenn keine sachliche Notwendigkeit für getrennte Anträge bestand, sondern einheitliche Antragstellung und Pfändung durch einen Beschluss möglich gewesen wäre[19]. Wenn der Gläubiger gegen denselben Schuldner aus mehreren Vollstreckungstiteln (insbesondere Hauptsache- und Kostentitel) gleichzeitig vollstrecken kann, sind bei getrennter Antragstellung nur die Kosten eines Vollstreckungsauftrags nach den zusammengerechneten Forderungen notwendig und erstattungsfähig[20].

2. Mehrere Schuldner, die als *Gesamtschuldner* verurteilt sind (nach dem anderen Vollstreckungstitel samtverbindlich haften), haften auch für die Kosten der Zwangsvollstreckung als Gesamtschuldner (§ 788 Abs. 1 S. 3 ZPO mit Besonderheit insbesondere für Rechtsmittelkosten nach § 100 Abs. 3 und 4 ZPO). Das gilt für Kosten der Zwangsvollstreckung gegen nur einen der Gesamtschuldner (z. B. Einkommenspfändung) ebenso wie für Kosten der gegen die Gesamtschuldner gemeinsam betriebenen Zwangsvollstreckungsmaßnahmen. Grund:[21] Samtverbindliche Haftung auch für Verzugsfolgen. Es soll nicht zulasten des Gläubigers gehen, wenn sein Vollstreckungsversuch gegen einen der samtverbindlich haftenden Schuldner erfolglos geblieben ist, weil auch die Mitschuldner die Pflicht gehabt hätten, die Forderung zu erfüllen. Kosten eines Verfahrens nach § 829 ZPO kann das Gericht (der Rechtspfleger, § 20 Nr. 17 RPflG) jedoch dem Gläubiger ganz oder teilweise auferlegen, wenn dies aus besonderen, in dem Verhalten des Gläubigers liegenden Gründen der Billigkeit entspricht (§ 788 Abs. 4 ZPO). Das ermöglicht es auch, aus solchem Grund (so bei mutwilligem Vollstreckungsversuch zunächst gegen den mithaftenden vermögenslosen Gesamtschuldner) dem Gläubiger Kosten aufzuerlegen, soweit sie einen samtverbindlich mithaftenden Schuldner treffen würden, gegen den nicht vollstreckt wurde.

830

---

konnte (*Göttlich* JurBüro 1959, 231). Nicht notwendig sind auch Kosten der (unzulässig, siehe Rdn. 485 d) gegenüber mehreren Banken auf Verdacht (mithin ohne konkrete Anhaltspunkte) ausgebrachten Pfändungen, *AG Hochheim* DGVZ 1993, 31.
16 **Beispiel:** Vollstreckungsauftrag wegen eines geringfügigen Restbetrags, den der Schuldner offensichtlich aus Versehen nicht bezahlt hat, ohne vorherige Zahlungsaufforderung, *AG Bergheim* DGVZ 1983, 29; *AG Hamburg* DGVZ 2003, 94.
17 **Beispiel:** Der Pfändungsbeschluss kann wegen unzureichender Drittschuldnerbezeichnung nicht zugestellt werden; *OLG Bamberg* JurBüro 1978, 243. Zur Notwendigkeit von Kosten, wenn Zustellung des Pfändungsbeschlusses nicht erfolgen konnte, weil der Drittschuldner unter der angegebenen Anschrift nicht mehr wohnte und der Gläubiger das nicht erkennen konnte, *AG Frankfurt* JurBüro 1994, 127.
18 *OLG Neustadt* JurBüro 1963, 118.
19 *Stöber* JVBl 1965, 152; *LG Aschaffenburg* Rpfleger 1974, 204.
20 *Bauer* JurBüro 1966, 989; *AG Oldenburg/Holst.* DGVZ 1981, 30.
21 Begründung BT-Drucks. 13/341, Seite 19.

831 3. a) Notwendige Zwangsvollstreckungskosten werden zugleich mit dem zur Zwangsvollstreckung stehenden Anspruch *beigetrieben* (§ 788 Abs. 1 S. 1 Halbs. 2 ZPO). „Zugleich" heißt, dass die Beitreibung einen besonderen Vollstreckungstitel nicht erfordert. § 788 Abs. 1 ZPO ermöglicht die Beitreibung bereits entstandener Vollstreckungskosten, nicht jedoch die Einziehung von Vorschüssen zur Durchführung der Vollstreckung[22]. Auf Grund des Hauptsachetitels können die Kosten der Zwangsvollstreckung auch dann beigetrieben werden, wenn der Hauptsacheanspruch aus dem Schuldtitel selbst nicht mehr vollstreckt wird, insbesondere deshalb, weil alle anderen Ansprüche aus dem dem Schuldner noch nicht ausgehändigten Schuldtitel bereits getilgt sind[23] (siehe § 109 Abs. 1 GVGA). Die Möglichkeit der Kostenbeitreibung nach § 788 Abs. 1 ZPO endet mit der Aufhebung des Hauptsacheurteils, z. B. eines noch nicht rechtskräftigen Urteils, durch das Berufungsgericht oder einen Vergleich der Parteien[24].

831a b) Mit der gleichzeitigen Beitreibung der Zwangsvollstreckungskosten (der Kosten früherer Vollstreckungsmaßnahmen[25] ebenso wie der Kosten

---

22 *AG München* DGVZ 1980, 142.
23 *OLG Brandenburg* JurBüro 2007, 548.
24 *KG* JurBüro 1963, 622 und JurBüro 1979, 767 = MDR 1979, 408; *OLG Hamm* JurBüro 1976, 676 = Rpfleger 1976, 260; *OLG Koblenz* JurBüro 1976, 518 = NJW 1976, 719 (Leits.) = Rpfleger 1976, 142; zur Teilaufhebung *BGH* DGVZ 2004, 13 = MDR 2004, 352 = NJW-RR 2004, 503; *OLG Bremen* MDR 1987, 854 = NJW-RR 1987, 1208; *OLG Hamburg* JurBüro 1981, 1397 = MDR 1981, 763; *OLG München* JurBüro 1983, 938 = MDR 1983, 676; *SchlHOLG* JurBüro 1992, 500; Zöller/Stöber, ZPO, Rdn. 14 zu § 788 mit weit. Nachw.
25 *Lappe* MDR 1979, 795 (auch Rpfleger 1983, 248) trägt vor, § 788 Abs. 1 ZPO beziehe sich bei *verfassungskonformer* Auslegung nicht auf die Kosten früherer Vollstreckungsverfahren; sie sollen daher in jedem Fall der Kostenfestsetzung (§§ 103 ff. ZPO) nach Gewährung rechtlichen Gehörs (Art. 103 Abs. 1 GG) bedürfen. Demnach könnte z. B. ein Gläubiger, der in einem Offenbarungsverfahren den Arbeitgeber des Schuldners in Erfahrung gebracht hat, sogleich zwar wegen seines vollstreckbaren Anspruchs dessen Arbeitseinkommen pfänden lassen, nicht aber auch wegen der Kosten des Offenbarungsverfahrens, das gerade dem Ziel gedient hat, dem Gläubiger Kenntnis von dem seinem Zugriff unterliegenden Vermögenswerten des Schuldners zu verschaffen (s. *BVerfG* 61, 126 = NJW 1983, 559). Diese Kosten müsste der Gläubiger erst festsetzen lassen, um dann mit neuem Kostenaufwand und auf die Gefahr des Ausfalls hin infolge zwischenzeitlicher weiterer Pfändungen (§ 804 Abs. 3 ZPO) oder Lohnabtretungen später nochmals Pfändung des Arbeitseinkommens zu erwirken. Gleiches würde sich für Kosten einer Einkommenspfändung ergeben, wenn der Schuldner sogleich nach Zustellung des Pfändungsbeschlusses den Arbeitgeber wechselt und der Gläubiger sofort wieder das Arbeitseinkommen bei dem neuen Dienstherrn pfänden lässt. Dass in solchen (und zahlreichen ähnlich liegenden) Fällen verfassungskonforme Auslegung Mitvollstreckung von Zwangsvollstreckungskosten nicht ermöglichen soll, ist unverständlich. Rechtsstaatliche Verfahrensgestaltung muss auch den Gläubigerinteressen Rechnung tragen (der Gläubiger muss eine reale Verwirklichungschance haben; s. *Quack* Rpfleger 1978, 197), Schonung der Schuldnerbelange gewährleisten (nicht gebotener, unvertretbarer Kostenaufwand durch mehrfache Vollstreckungsmaßnahmen zulasten des Schuldners muss ausgeschlossen bleiben) und den Grundsatz der Verhältnismäßigkeit wahren. Verfassungskonforme Auslegung ergibt daher, dass der Gesetzgeber in § 788 Abs. 1 ZPO die Mitvollstreckung der Nebenkosten verfahrensrechtlich sinnvoll und verfassungsrechtlich einwandfrei geregelt hat.

des Pfändungsverfahrens) ermöglicht § 788 Abs. 1 ZPO ihre verfahrensrechtlich zweckmäßige, kostensparende Mitvollstreckung. Für diese ist der Hauptsachetitel Beitreibungsgrundlage. Diese Regelung gewährleistet, dass Kosten, die als Nebenanspruch den durch Zwangsvollstreckung erlösten Betrag vorweg belasten, vor dessen Befriedigung aus einem Vollstreckungserlös gedeckt werden. Mitvollstreckung der vom Schuldner zu ersetzenden Kosten der zur Durchsetzung des Gläubigeranspruchs notwendigen Maßnahmen erfordert sofortigen Zugriff ebenso wie die Hauptsachevollstreckung. Wie bei Vollstreckung des Hauptsacheanspruchs (§ 834 ZPO) ist daher auch für Mitvollstreckung des Nebenanspruchs zur vollständigen Gläubigerbefriedigung Verweisung des Schuldners auf Wahrnehmung seiner Rechte mit Rechtsbehelf sachgerecht. Der damit gewährleistete Rechtsschutz genügt den Anforderungen der Art. 19 Abs. 4, 103 Abs. 1 GG. Daher begegnet die durch § 788 Abs. 1 ZPO ermöglichte Mitvollstreckung von Zwangsvollstreckungskosten auch keinen verfassungsrechtlichen Bedenken[26]. Mit der Begründung, dass § 788 Abs. 1 S. 1 ZPO insoweit mit dem GrundG nicht vereinbar ist, als er eine Mitvollstreckung wegen der Kosten der gegenwärtigen Rechtsverfolgung vorsieht[27], könnte der Pfändungsantrag des Gläubigers zudem auch wegen Art. 100 Abs. 1 GG nicht zurückgewiesen werden.

c) Festgesetzt[28] werden Zwangsvollstreckungskosten auf Antrag durch das Vollstreckungsgericht (§ 788 Abs. 2 S. 1 ZPO). Diese (gesonderte) Festsetzung erfordert wegen der auch möglichen gleichzeitigen Beitreibung der Kosten (Rdn. 831) kein besonderes Rechtsschutzinteresse. Grundlage der Festsetzung ist unabhängig von einer Kostenentscheidung im Hauptsacheverfahren der Schuldtitel über den Anspruch, dessen Vollstreckung die Kosten verursacht hat[29]; mit seiner Aufhebung endet ebenso wie die Möglichkeit der Kostenbeitreibung (vorst. bei Fußn. 24) auch die Zulässigkeit ihrer Festsetzung. Verzinsung (§ 104 Abs. 1 S. 2 mit § 788 Abs. 2 S. 1 ZPO) ist auf Antrag auch bei Festsetzung von Zwangsvollstreckungskosten auszusprechen. **832**

d) Zuständig für die Festsetzung von Zwangsvollstreckungskosten ist das Vollstreckungsgericht (nicht somit das Prozessgericht) (§ 788 Abs. 2 S. 1 ZPO). Grund: Sachnähe. Zur örtlichen Zuständigkeit siehe die ZPO-Kommentare. Die Festsetzung ist dem Rechtspfleger nach § 21 Nr. 1 RPflG übertragen. Das Festsetzungsverfahren regeln § 103 Abs. 2, §§ 104, **833**

---

26 So zutreffend *LG Göttingen* JurBüro 1984, 141 mit zust. Anm. *Mümmler* = Rpfleger 1983, 498 mit zust. Anm. *Giebel* gegen *Lappe* Rpfleger 1983, 248 und MDR 1979, 795; *Christmann* DGVZ 1985, 147.
27 So *Lappe* MDR 1979, 795.
28 Zulässig war die Festsetzung auch bereits vor Einfügung des Abs. 2 in § 788 ZPO ab 1. Jan. 1999 durch die 2. Zwangsvollstreckungsnovelle (BGBl 1997 I 3039 [3040]). Dazu z. B. *BVerfG* 84, 6 (7) = NJW 1991, 2758 (2759); *BGH* 90, 207 (210) = MDR 1984, 485 = NJW 1984, 1968.
29 *OLG Koblenz* JurBüro 1975, 954 = Rpfleger 1975, 324; *SchlHolstOLG* JurBüro 1980, 1040 = SchlHA 1980, 120.

107 ZPO (Verweisung in § 788 Abs. 2 S. 1 ZPO). Rechtsmittel gegen die Entscheidung über den Festsetzungsantrag: Sofortige Beschwerde (§ 104 Abs. 3 S. 1 ZPO), wenn der Beschwerdewert (200 Euro, § 567 Abs. 2 ZPO; s. Rdn. 731) nicht erreicht ist, befristete Erinnerung nach § 11 Abs. 2 RPflG. Der sofortigen Beschwerde kann der Rechtspfleger abhelfen (§ 572 Abs. 1 ZPO).

833a Der Kostenfestsetzungsbeschluss ist Vollstreckungstitel nach § 794 Abs. 1 Nr. 2 ZPO. Das schließt nicht aus, dass die Kosten weiterhin nach § 788 Abs. 1 ZPO mit beigetrieben werden, der Festsetzungsbeschluss sonach nicht verwendet wird[30].

834 4. Kosten *früherer* Vollstreckungsmaßnahmen (z. B. Kosten des Gerichtsvollziehers, eines Offenbarungsverfahrens), deren Beitreibung der Gläubiger verlangt, müssen (wenn sie nicht festgesetzt sind) im Pfändungsantrag nach Grund und Höhe[31] bezeichnet und glaubhaft gemacht[32] werden (§ 104 Abs. 2 ZPO). *Glaubhaft* zu machen ist auch die Notwendigkeit dieser Kosten, wenn sie nicht ohne weiteres erhellt. Nach Ansicht des *LG Duisburg*[33] muss der Gläubiger mit seinem Antrag Belege für Kosten der beim gleichen Gericht anhängig gewesenen Vollstreckungsverfahren oder für die die Dienstregister-Nr. des Gerichtsvollziehers angegeben ist, nicht vorlegen. Dem kann nur für solche Fälle gefolgt werden, in denen die Vorakten leicht greifbar sind; für Akten des Gerichtsvollziehers mit eigenem Geschäftslokal wird das nie zutreffen (siehe § 294 Abs. 2 ZPO). Keine Glaubhaftmachung liegt in der Darlegung, dass bereits ein anderes Vollstreckungsorgan die Kosten bei einer früheren Zwangsvollstreckungsmaßnahme als notwendig anerkannt habe[34]. In einem früheren Vollstreckungsverfahren entstandene RAnw.-Gebühren können durch Vorlage von Zweitschriften (auch Kopien) der Aufträge, aber auch der Pfändungsprotokolle oder Mitteilungen des Gerichtsvollziehers an den Rechtsanwalt glaubhaft gemacht werden[35]. Für Auslagen eines Rechtsanwalts in früheren Vollstreckungsverfahren für Post- und Telekommunikationsdienstleistungen

---

30 *OLG Brandenburg* JurBüro 2007, 548 (549); *Zöller/Stöber*, ZPO, Rdn. 18 zu § 788; **a.A.** *LG Bad Kreuznach* Rpfleger 1990, 313; *Stein/Jonas/Münzberg*, ZPO, Rdn. 32 zu § 788.
31 Die Kosten sind im Einzelnen zu bezeichnen, also zu spezifizieren. Angabe nur eines zusammengefassten Betrages ist ungenügend; *LG Köln* JurBüro 1966, 619; *AG Bruchhausen-Vilsen* und *LG Verden* DGVZ 1972, 13 und 14; *LG Berlin* DGVZ 1975, 24.
32 *Zöller/Stöber*, ZPO, Rdn. 15 zu § 788; *LG Darmstadt* JurBüro 1988, 1087 = Rpfleger 1988, 332. Zur Glaubhaftmachung des Betrages und der Notwendigkeit umfangreicher bisheriger Vollstreckungskosten, wenn sich die die Entstehung dieser Kosten auslösenden zahlreichen Einzelvorgänge über mehrere Jahre hin erstrecken, siehe *LG Berlin* Rpfleger 1971, 113. Wenn Zwangsvollstreckungskosten nicht hoch sind, kann es genügen, dass sie aufgeschlüsselt sind und ihre Entstehung versichert ist (*AG Hannover* AnwBl 1973, 47; eidesstattliche Versicherung braucht jedoch nicht zu erfolgen).
33 *LG Duisburg* JurBüro 1961, 356.
34 *AG Karlsruhe-Durlach* und *LG Karlsruhe* je DGVZ 1979, 173; *Herzig* JurBüro 1966, 619.
35 *LG Essen* und *LG Hagen* Rpfleger 1982, 202; *AG Neukölln* JurBüro 1991, 1705.

(nicht aber für sonstige Kosten früherer Zwangsvollstreckungsmaßnahmen) genügt zur Glaubhaftmachung die Versicherung des Rechtsanwalts, dass die Auslagen entstanden sind[36] (§ 104 Abs. 2 ZPO). Für andere Kosten früherer Vollstreckungsmaßnahmen kann Glaubhaftmachung durch Vorlage der Belege[37] oder durch eidesstattliche Versicherung (§ 294 Abs. 1 ZPO) erfolgen[38]. Berücksichtigung von Umsatzsteuerbeträgen erfordert Erklärung des Antragstellers (seines Prozessbevollmächtigten), dass er die Beträge nicht als Vorsteuer abziehen kann (§ 104 Abs. 2 S. 3 ZPO); bei Offenkundigkeit bedarf es dieser Erklärung nicht (§ 291 ZPO, entspr. Anwendung).

Zwangsvollstreckungskosten sind nicht abzurechnen und nicht glaubhaft zu machen, wenn im Pfändungsgesuch nur noch eine Resthauptsacheforderung oder nur ein Teil des Hauptsacheanspruchs geltend gemacht ist (siehe Rdn. 464). 835

5. Ob die Kosten *notwendig* waren und in der verlangten Höhe entstanden sind, *prüft* das Vollstreckungsgericht[39]. Hält es einzelne Kostenbeträge nicht für erstattungsfähig oder sind sie nicht hinreichend glaubhaft gemacht, so muss es den Antrag des Gläubigers insoweit zurückweisen und den Gläubiger verständigen. Gegen die Entscheidung findet *sofortige Beschwerde* (siehe Rdn. 729) statt. Der Schuldner kann Einwendungen gegen die Beitreibung von Zwangsvollstreckungskosten mit Erinnerung gegen den Pfändungsbeschluss geltend machen (§ 766 ZPO). Einwendungen gegen die Notwendigkeit von Zwangsvollstreckungskosten können jedoch nur dann im Erinnerungsverfahren geprüft werden, wenn die maßgeblichen Umstände unstreitig oder offensichtlich sind; müsste über sie Beweis erhoben werden, so ist der Schuldner auf die Vollstreckungsgegenklage zu verweisen[40]. Beschwerde (nicht Erinnerung) ist jedoch nur zulässig, wenn der Beschwerdewert 200 Euro übersteigt[41] (§ 567 Abs. 2 ZPO). Wenn der Beschwerde stattgegeben wird, muss der den Pfändungsbeschluss ergänzende Beschluss erneut auf Betreiben des Gläubigers dem Drittschuldner zugestellt werden (siehe Rdn. 720, 727). Erst mit dieser Zustellung an den Drittschuldner wird die Pfändung wegen der weiteren Kostenbeträge wirksam; sie teilt also nicht ohne weiteres den Rang der Hauptpfändung. 836

6. Von den Kosten des *Pfändungsbeschlusses* selbst müssen dem Vollstreckungsgericht nur die außergerichtlichen Kosten des Gläubigers (insbeson- 837

---

36 *LG München* I AnwBl 1970, 106; *Zöller/Stöber*, ZPO, Rdn. 15 zu § 788.
37 *LG Darmstadt* JurBüro 1988, 1087 = a.a.O.
38 *LG München* I a.a.O.; Antragsdurchschriften belegen, dass ein Antrag gestellt, nicht aber, wie er erledigt ist, *LG Berlin* Rpfleger 1977, 220.
39 *Zöller/Stöber*, ZPO, Rdn. 15 zu § 788; *OLG Köln* JurBüro 1983, 871 mit Anm. *Mümmler* = DGVZ 1983, 9 = MDR 1982, 943 (für Prüfung durch Gerichtsvollzieher), das jedoch zu weitgehend (s. Rdn. 464) auch Anforderung einer Gesamtabrechnung für zulässig erachtet, damit auch Verrechnung von Teilzahlungen erfolgen kann.
40 *OLG Stuttgart* JurBüro 1982, 1420 (für Festsetzung von Zwangsvollstreckungskosten).
41 *OLG Köln* JurBüro 1993, 243 = Rpfleger 1993, 146; *LG Berlin* DGVZ 1972, 70; *LG Düsseldorf* JurBüro 1987, 1260; *LG Frankenthal/Pfalz* Rpfleger 1976, 367; *LG Heilbronn* DGVZ 1993, 155 = JurBüro 1993, 747 = Rpfleger 1993, 455.

dere die Kosten des Rechtsanwaltes oder sonstigen Vertreters und etwaige Auslagen) berechnet und mitgeteilt werden[42]. Nicht dienlich ist es, die Feststellung der Höhe dieser Kosten dem Vollstreckungsgericht anheimzugeben. Einem Antrag, der solche Kosten nur dem Grunde, nicht aber der Höhe nach nennt, muss das Vollstreckungsgericht aber gleichwohl entsprechen, wenn er bestimmt oder hinreichend bestimmbar ist. Das ist insbesondere der Fall, wenn der Gläubigervertreter „eine Gebühr für diesen Antrag" verlangt, weil der ziffernmäßige Betrag der Gebühr von RVG-VergVerz Nr. 3309 (siehe Rdn. 854) gemeint ist, der ohne weiteres festgestellt werden kann. Berücksichtigung von Umsatzsteuer erfordert die Erklärung des § 104 Abs. 2 S. 3 ZPO (wie Rdn. 834 a.E.).

Die Pfändung auch wegen der gerichtlichen Kosten des Pfändungsbeschlusses und wegen der Kosten des Gerichtsvollziehers für Zustellung braucht der Gläubiger nicht ausdrücklich zu beantragen.

838 7. a) Die Kosten eines Vollstreckungs*schutzverfahrens* nach §§ 765 a, 850 k (ab 1.7.2010 auch § 833 a Abs. 2, § 850 l), 851 a, 851 b ZPO treffen als Zwangsvollstreckungskosten den Schuldner. Das Gericht kann sie jedoch in der den Verfahrensabschnitt abschließenden Entscheidung ganz oder teilweise dem Gläubiger auferlegen, wenn dies aus besonderen, in seinem Verhalten liegenden Gründen der Billigkeit entspricht (§ 788 Abs. 4 ZPO). Ein Kostenausspruch darüber, dass der Schuldner die notwendigen Kosten eines Schutzverfahrens zu tragen hat (§ 788 Abs. 1 ZPO) ergeht nicht (Klarstellung in der Begründung ist jedoch geboten). Ergänzung der Entscheidung bei Übergehen des Kostenpunktes (unterbliebene Prüfung der Kostenpflicht des Gläubigers aus Billigkeitsgründen) kann auf Antrag (nicht aber von Amts wegen[43]) nach § 321 ZPO erfolgen. Bei Hauptsacheerledigung können Kosten dem Gläubiger durch gesonderten Beschluss nach § 91 a ZPO auferlegt werden.

838a b) Kosten des Verfahrens über einen Forderungspfändungsantrag (§ 829 ZPO, auch in den Fällen, in denen auf diese Bestimmung verwiesen ist, insbes. §§ 846, 857, 858 ZPO) können gleichfalls dem *Gläubiger* ganz oder teilweise *auferlegt* werden (zur Entscheidung siehe Rdn. 838), wenn dies aus besonderen, in seinem Verhalten liegenden Gründen der Billigkeit entspricht (§ 788 Abs. 4 ZPO; dazu bereits Rdn. 830). Damit soll einem Bedürfnis der vollstreckungsgerichtlichen Praxis Rechnung getragen sein[44].

---

[42] Bedenken gegen ihre Mitvollstreckung erhebt *Lappe* Rpfleger 1983, 248. Sie berücksichtigen indes nicht, dass die Anforderungen für die Mitvollstreckung der Kosten nicht losgelöst von den Erfordernissen der Hauptsachevollstreckung beurteilt und erschwert werden können. § 788 Abs. 1 ZPO findet seine Rechtfertigung in dem Recht des Gläubigers auf wirksamen Rechtsschutz in der Zwangsvollstreckung und dem Erfordernis, Nebenkosten auf einem prozessual zweckmäßigen Weg einzuheben, der keine Verzögerung bewirkt sowie Rangverlust (§ 804 Abs. 3 ZPO) und das Entstehen wieder neuer Vollstreckungskosten ausschließt.
[43] *OLG Celle* OLGR 1998, 59.
[44] Beschlussempfehlung und Bericht des Rechtsausschusses, BT–Drucks. 13/9088 Seite 23.

Demnach sollte die Bestimmung nicht nur Anwendung finden können, wenn es der Billigkeit entspricht, dass notwendige Kosten der Zwangsvollstreckung (die den Schuldner treffen würden) vom Gläubiger zu tragen sind, sondern auch dann, wenn Kosten nicht notwendig waren, somit den Gläubiger treffen; Bestimmung über die Kostenpflicht des Gläubigers ist damit insbesondere auch dann für zulässig zu erachten, wenn die Notwendigkeit der Kosten zweifelhaft oder nicht hinreichend bestimmbar ist (bei Zurücknahme des Antrags möglich), es aber im Einzelfall jedenfalls der Billigkeit entspricht, dass der Gläubiger die Kosten trägt.

8. Die zur Vollstreckung gebrachten, nicht festgesetzten Kosten der Zwangsvollstreckung sind bei Vollstreckungsabwehrklage im ordentlichen Verfahren nach § 767 ZPO nachzuprüfen[45]. **839**

IV. Andere Kosten

Aus *Anlass der Zwangsvollstreckung* können dem Gläubiger noch weitere Kosten erwachsen, so **840**

1. Kosten des Verfahrens über eine *Erinnerung* (§ 766 ZPO). Sie gelten nicht als Zwangsvollstreckungskosten[46]. Über sie entscheidet daher das Vollstreckungsgericht nach §§ 91 ff. ZPO. Beigetrieben werden können sie nur mit einem auf Grund dieser Kostenentscheidung erwirkten Kostenfestsetzungsbeschluss (§ 794 Abs. 1 Nr. 2 ZPO).

2. Kosten eines *Beschwerdeverfahrens*. Über sie entscheidet gleichfalls das Beschwerdegericht nach §§ 91 ff. ZPO; s. daher Rdn. 840. **841**

3. Kosten eines gegnerlosen Erinnerungs- und Beschwerdeverfahrens (siehe § 834 ZPO); für sie hat m.E. etwas anderes zu gelten. Der Schuldner wird in diesen Verfahren nicht gehört. Da er als Partei nicht zugezogen wird, kann gegen ihn keine Kostenentscheidung ergehen[47]. Dem Gläubiger erwachsen die Kosten auch in diesen Fällen aus Anlass des Zwangsvollstreckungsverfahrens; sie sind daher Zwangsvollstreckungskosten (§ 788 ZPO)[48] und können – soweit notwendig – mit diesen geltend gemacht werden. **842**

4. Kosten der *Drittschuldnerklage*[49]; über sie entscheidet im Verhältnis zwischen Gläubiger und Drittschuldner das Prozessgericht nach **843**

---

45 *OLG Düsseldorf* JurBüro 1975, 1380 = MDR 1975, 1026 = Rpfleger 1975, 365.
46 *BGH* MDR 1989, 142 = NJW-RR 1989, 145; *OLG Braunschweig* OLG 25, 155; *Zöller/Stöber*, ZPO, Rdn. 34 zu § 766.
47 So auch *LG Amberg* DGVZ 1992, 157 (158); *LG Stuttgart* Rpfleger 2005, 38.
48 *OLG Zweibrücken* JurBüro 1990, 534; *LG Düsseldorf* JurBüro 1987, 467; *LG Stuttgart* Rpfleger 2005, 38; a.A. *LG Amberg* DGVZ 1992, 157 (158).
49 Streitwert im Prozess des Gläubigers gegen den Drittschuldner s. *Schneider* MDR 1990, 20; *OLG Köln* Rpfleger 1974, 164 und JurBüro 1990, 986 = MDR 1991, 899; *OLG Koblenz* JurBüro 1992, 267; *LArbG Saarland* JurBüro 1988, 725; *LArbG Schleswig-Holstein* JurBüro 2001, 196; außerdem (für Klage gegen den Arbeitgeber, wenn die wegen einer Unterhaltsforderung gepfändete Lohnforderung eingeklagt ist) *LArbG Düsseldorf* JurBüro 1992, 91 = MDR 1992, 59; *LArbG Hamm* AnwBl 1983, 38 = MDR 1983, 170 und *OLG München* JurBüro 1985, 1522 mit Anm. *Mümmler*, aber auch *Lappe* NJW 1984, 1212 (1213).

2. Kapitel: Pfändungsverfahren und -wirkungen

§§ 91 ff. ZPO[50]. Bleiben aber die vom Drittschuldner zu tragenden Kosten wegen dessen Zahlungsunfähigkeit uneinbringlich, so kann der Gläubiger sie bei Überweisung zur Einziehung (wegen der Überweisung an Zahlungs statt siehe Rdn. 617) vom Schuldner als Zwangsvollstreckungskosten (§ 788 ZPO) erstattet verlangen[51] (gerichtliche Inanspruchnahme des Drittschuldners wird als Fortführung der mit Erlass des Pfändungsbeschlusses eingeleiteten Zwangsvollstreckung angesehen[52]), wenn sie notwendig (§ 788 Abs. 1 mit § 91 ZPO) entstanden sind, die Drittschuldnerklage somit notwendig war[53] (zum Arbeitsgerichtsverfahren siehe Rdn. 963; dort weitere Nachweise). Gleiches gilt, wenn der Rechtsstreit nicht durchgeführt wird, für die (notwendigen) Kosten der Vorbereitung der Drittschuldnerklage[54]. Die vom Gläubiger selbst zu tragenden Kosten des verlorenen Rechtsstreites gegen den Drittschuldner können im Verhältnis zum Schuldner nur dann als notwendige Zwangsvollstreckungskosten angesehen werden, wenn das Vorgehen im Zeitpunkt der Kostenaufwendung Aussicht auf Erfolg hatte[55]. Aus der gepfändeten Forderung können Kosten der Drittschuldnerklage jedoch nur gedeckt werden, wenn schon der Pfändungsbeschluss zum Ausdruck bringt, dass und in welchem Umfange (Pauschalbetrag) das Pfändungspfandrecht auch für solche Zwangsvollstreckungskosten entstehen soll. Ist wegen dieser Kosten nicht gepfändet, so kann nur neu vollstreckt werden.

V. Kosten des Schuldners

843a   Kosten des *Schuldners*, die ihm durch *nicht notwendige* Zwangsvollstreckungsmaßnahmen des Gläubigers entstanden sind, hat der Gläubiger zu tragen[56] (folgt aus § 788 Abs. 1 S. 1 ZPO), soweit diese Kosten zur Rechtsverteidigung (-wahrung) notwendig entstanden sind (§ 91 ZPO)[57]. Diese

---

50   Auch die in einem Vergleich vereinbarte Kostenregelung (Kostenaufhebung) gilt nur für die Parteien des Drittschuldnerprozesses, *OLG Koblenz* JurBüro 1991, 602.
51   *OLG Karlsruhe* JurBüro 1994, 614 = MDR 1994, 95 = Rpfleger 1994, 118; *OLG Köln* Rpfleger 1974, 164; *KG* JurBüro 1977, 259 = DGVZ 1977, 20 = Rpfleger 1977, 178; *LG Duisburg* JurBüro 1999, 102. A.A. *OLG Bamberg* JurBüro 1994, 612; *Süsse* BB 1970, 675.
52   *BGH* 140, 253 (257) = MDR 1999, 317 = NJW 1999, 953 = NZI 1999, 110 für § 7 Abs. 3 GesO.
53   Zur Notwendigkeit der Kosten einer Drittschuldnerklage siehe *LG Berlin* JurBüro 1985, 1898; für Drittschuldnerklage gegen den Arbeitgeber nach Lohnpfändung siehe *OLG Karlsruhe* Rpfleger 1994, 118 = a.a.O.; *OLG Koblenz* JurBüro 1991, 602; *LG Ulm* AnwBl 1975, 239.
54   *LG Duisburg* JurBüro 1999, 102.
55   *LArbG Bremen* NJW 1961, 2324; *Stein/Jonas/Brehm*, ZPO, Rdn. 29 zu § 835; *LG Berlin* JurBüro 1985, 898; allgemein auch *LG Leipzig* JurBüro 2003, 662.
56   *Zöller/Stöber*, ZPO, Rdn. 11; *Stein/Jonas/Münzberg*, ZPO, Rdn. 31, je zu § 788.
57   Erstattung der Rechtsanwaltskosten, die dem Schuldner durch notwendige Einwendungen gegen einen Pfändungsantrag entstanden sind, siehe *LG Saarbrücken* JurBüro 1984, 1731.

Kosten können jedoch nicht nach § 788 Abs. 1 ZPO beigetrieben werden[58]. Sie müssen im Festsetzungsverfahren geltend gemacht werden, für das ein Kostenausspruch als Festsetzungsgrundlage erforderlich ist[59]. Bei Zurückweisung oder Zurücknahme eines Antrags oder bei Erledigung der Zwangsvollstreckungs-Hauptsache vor der Entscheidung muss daher eine Kostenentscheidung ergehen, wenn der Schuldner bereits am Antragsverfahren beteiligt war und ihm Kosten entstanden sind, die den Gläubiger treffen[60].

VI. Kosten des Drittschuldners

Der Drittschuldner ist am Vollstreckungsverfahren als Partei nicht beteiligt. Für ihn entstehende Kosten regelt § 788 ZPO die Erstattungspflicht daher nicht; diese Vorschrift betrifft nur das Verhältnis von Gläubiger und Schuldner[61]. Ein Erstattungsanspruch des Drittschuldners an den Gläubiger besteht daher nur, wenn ein besonderer Verpflichtungsgrund für einen sachlich-rechtlichen Kostenerstattungsanspruch vorliegt[62] (Kostenübernahme, Aufwendungs- oder Schadensersatz usw.). Allein daraus, dass der Drittschuldner als Beteiligter des von der Pfändung betroffenen Rechtsverhältnisses zur Wahrung seiner eigenen Interessen Einwendungen oder Einreden gegen die gepfändete Forderung erhebt oder sich auf Gegenansprüche beruft, ergibt sich für ihn kein Kostenerstattungsanspruch gegen den Gläubiger[63]. Der Drittschuldner steht damit nicht anders da als ein Schuldner, der sich nach einer Forderungsabtretung mit dem neuen Gläubiger oder nach einer Forderungsverpfändung mit dem Pfandgläubiger auseinandersetzen muss[64]. Zu den Kosten, die durch Drittschuldnererklärung entstehen, siehe Rdn. 647.

843b

VII. Gerichtskosten

Schrifttum: *Stöber,* Gerichtsgebühren bei Forderungspfändung, JVBl 1965, 148; *Schmidt,* Zur Pfändung mehrerer Forderungen in einem Beschluss, JurBüro 1961, 423; *Schneider,* Das neue Streitwertrecht, MDR 1975, 881; *Mümmler,* Gerichts- und Anwaltsgebühren bei gleichzeitigem Erlass eines Pfändungs- und Überweisungsbeschlusses hinsichtlich desselben Schuldners wegen Forderungen gegen mehrere Drittschuldner, JurBüro 1977, 174.

---

58 *Zöller/Stöber,* ZPO, Rdn. 21 zu § 788.
59 *OLG Hamm* JurBüro 1973, 553; *Zöller/Stöber,* ZPO, Rdn. 21 zu § 788 mit weit. Nachw.; *Stein/Jonas/Münzberg,* ZPO, Rdn. 31 zu § 788.
60 *Zöller/Stöber,* ZPO, Rdn. 21 zu § 788 mit weit. Nachw.
61 *BGH* JurBüro 1985, 708 = JZ 1985, 629 mit Anm. *Brehm* = MDR 1985, 404 = NJW 1985, 1155 (1156).
62 *BGH* NJW 1985, 1155 = a.a.O.
63 *BGH* NJW 1985, 1155 (1156) = a.a.O. Siehe außerdem *BGH* VersR 1983, 981; danach hat ein Rechtsanwalt, der in eigener Sache nach Erwirkung von Arrestpfändungen Gespräche mit dem Drittschuldner führt, um seine Zugriffsmöglichkeiten gegenüber dem Arrestschuldner zu klären, gegen den Drittschuldner grundsätzlich keinen Anspruch auf Erstattung der aus Anlass solcher Besprechungen entstandenen Kosten.
64 *BGH* NJW 1985, 1155 (1156).

2. Kapitel: Pfändungsverfahren und -wirkungen

844   1. Als *Gerichtsgebühr* wird ein vom Streitwert unabhängiger fester Gebührenbetrag erhoben. Er bestimmt sich nach Nr. 2111 des Kostenverzeichnisses der Anlage 1 (§ 3 Abs. 2) GKG; die Vorschrift lautet:

Kostenverzeichnis
Anlage 1 zu § 3 Abs. 2 GKG)
2111 Verfahren über Anträge auf gerichtliche Handlungen der Zwangsvollstreckung gemäß § 829 Abs. 1, §§ 835, 839, 846 bis 848, 857, 858, § 886 bis 888 oder § 890 ZPO .... 15,00 EUR.
Mehrere Verfahren innerhalb eines Rechtszugs gelten als ein Verfahren, sofern sie denselben Anspruch und denselben Gegenstand betreffen.

845   2. Pfändung[65] *und* Überweisung derselben Forderung (desselben Anspruchs oder Rechts) wegen der gleichen Vollstreckungsforderung des Gläubigers betreffen denselben Anspruch und Gegenstand im Sinne der Nr. 2111 KostVerz. Für die Pfändung und Überweisung wird der Gebührenbetrag von 15 Euro daher auch dann nur einmal erhoben, wenn die Beschlüsse infolge getrennter Antragstellung zu verschiedenen Zeiten und auch durch verschiedene Gerichte ergehen. Daher entsteht auch für die Forderungspfändung durch das Arrestgericht und die spätere Überweisung durch das Vollstreckungsgericht dieser Gebührenbetrag nur einmal. Derselbe Gegenstand ist auch betroffen, wenn die gepfändete Forderung nach Überweisung zur Einziehung später auf neuen Antrag an Zahlungs statt überwiesen wird; eine weitere Gebühr entsteht daher für die spätere Überweisung nicht mehr. Neben der Arrestanordnung stellt die Arrestvollziehung ein getrenntes, selbstständiges Verfahren dar; auch dann, wenn Arrest- und Pfändungsbeschluss miteinander verbunden sind, entstehen daher die Gebühren für das Arrestverfahren (KostVerz Nr. 1410–1412) und die Zwangsvollstreckungsmaßnahme (KostVerz Nr. 2111) nebeneinander.

846   3. Nur eine Gebühr entsteht, wenn wegen eines (desselben) Anspruchs (der auch aus mehreren Forderungen verschiedener Schuldtitel bestehen kann) auf Grund eines einheitlichen Antrages die Pfändung und Überweisung mehrerer Forderungen des Schuldners gegen verschiedene Drittschuldner *in einem Beschluss* erfolgt[66]. Erlässt das Gericht jedoch mehrere Pfändungs- und Überweisungsbeschlüsse (siehe § 829 Abs. 1 S. 3 ZPO), so sind mehrere Gebühren entstanden[67]. Nur wenn diese Trennung einen

---

65 Durch das Vollstreckungsgericht. Neben der Pfändung durch den Gerichtsvollzieher (8. Kap.) wird für die Überweisung durch das Vollstreckungsgericht immer die Gebühr der Nr. 2111 GKG-KostVerz gesondert erhoben.
66 *LG Berlin* JurBüro 1964, 70 = Rpfleger 1964, 322; *LG Lübeck* SchlHA 1964, 149; *OLG Frankfurt* JurBüro 1964, 277 = NJW 1964, 1080; *OLG Köln* JurBüro 1986, 1371; bereits zu GKG-KostVerz. Nr. 1109 (dann Nr. 1149) *LG Zweibrücken* JurBüro 1977, 1110 mit zust. Anm. *Mümmler* = Rpfleger 1977, 76; *Stöber* JVBl 1965, 151; *Schmidt* JurBüro 1961, 423; *Mümmler* JurBüro 1977, 174; **a.A.** *LG Verden* NdsRpfl 1970, 209.
67 *Stöber* JVBl 1965, 151; **anders** wohl *OLG Köln* JurBüro 1986, 1371: nur eine Festgebühr, da nach Zielsetzung des Antrags nur ein Verfahren.

Ermessensmissbrauch darstellt, müssen die Mehrkosten nach § 21 GKG unerhoben bleiben[68].

4. In der Pfändung *verschiedener* Forderungen von *Gesamtschuldnern* (z. B. der Lohnforderungen an verschiedene Arbeitgeber, der Einkommen-[früher: Lohnsteuer-]Erstattungsansprüche von Eheleuten[69], Rdn. 386) durch einen einheitlichen Beschluss liegen gesonderte Vollstreckungsmaßnahmen. Die Gebühr KostVerz Nr. 2111 entsteht daher mehrfach, also für die Pfändung gegen jeden der Gesamtschuldner gesondert[70]. Die Pfändung eines gemeinsamen Anspruchs der Gesamtschuldner durch einheitlichen Beschluss betrifft denselben Anspruch und Gegenstand im Sinne der Nr. 2111 KostVerz, löst also die Festgebühr von 15 Euro nur einmal aus. 847

5. Für *Zurückweisung* des Antrags auf Pfändung oder Überweisung wird nach Nr. 2111 KostVerz die gleiche Gebühr wie für den Erlass des Pfändungsbeschlusses erhoben. Durch *Zurücknahme* des das Verfahren einleitenden Antrags vor einer gerichtlichen Verfügung (Zwischenverfügung, Erlass des Pfändungsbeschlusses usw.) kommt die mit Eingang des Antrags bei Gericht angefallene Gebühr KostVerz Nr. 2111 nicht in Wegfall (anders früher nach § 42 Abs. 2 GKG; siehe 4. Aufl. S. 298). 848

Erneut entsteht die Gebühr, wenn der zurückgenommene oder zurückgewiesene Antrag später neu gestellt wird (neuer Rechtszug). Keine weitere, eigene Gebühr entsteht aber, wenn auf Erinnerung der Zurückweisungsbeschluss aufgehoben und die Pfändung angeordnet wird. Erhoben wird dann nur eine Festgebühr.

6. *Kostenschuldner* sind der Gläubiger als Antragsteller (§ 22 Abs. 1 GKG) und der Vollstreckungsschuldner (§ 29 Nr. 4 GKG). Wegen weiterer Kostenschuldner siehe § 29 GKG. 849

7. *Fällig* wird die Gebühr mit Antragstellung (§ 6 Abs. 1 GKG). Vorschusspflicht besteht nach § 12 Abs. 6 ZPO; der Pfändungsbeschluss soll erst nach Zahlung der Gebühr und – bei Zustellung von Amts wegen; siehe Rdn. 52 – der Auslagen für förmliche Zustellung (5,60 Euro für die Zustellung an den „Dritt"schuldner und ebenso für jede Schuldnerzustellung) erlassen werden[71]. Keine Vorschusspflicht besteht bei Zwangsvollstreckung aus Titeln der Arbeitsgerichte (§ 11 GKG). 850

---

68 Nach Meinung des *KG* Rpfleger 1976, 327 entsteht überhaupt nur eine Gebühr, wenn die Trennung ermessensfehlerhaft war; das *AG Memmingen* Rpfleger 1989, 302 lehnt Erstattungsfähigkeit der Mehrkosten für (antragsgemäß) erlassene getrennte Pfändungsbeschlüsse ab.
69 Für mehrfache Gebühr in diesem Fall auch *Mümmler* JurBüro 1988, 1465.
70 *LG Braunschweig* JurBüro 1980, 107 mit zust. Anm. *Mümmler*; *AG Hagen* JurBüro 1986, 587 = Rpfleger 1986, 109; *AG Schwerte* DGVZ 1961, 60 = JVBl 1960, 95; *Stöber* JVBl 1965, 152; **a.A.** *OLG Frankfurt* JurBüro 1964, 277 = NJW 1964, 1080; zu dieser abw. Ansicht siehe aber *Stöber* a.a.O.
71 Jedoch keine Zurückweisung des Pfändungsantrags, sondern nur (nach § 67 GKG anfechtbare) Anordnung des Kostenvorschusses, wenn Vorauszahlung nicht erfolgt ist, *LG Stade* JurBüro 1991, 721.

2. Kapitel: Pfändungsverfahren und -wirkungen

851   8. Die *Erinnerung* nach § 766 ZPO oder § 11 Abs. 2 RPflG ist gebühren-, nicht aber auslagenfrei; siehe § 1 GKG, § 11 Abs. 4 RPflG. Für das *Beschwerdeverfahren* wird, soweit die Beschwerde verworfen oder zurückgewiesen wird, nach KostVerz Nr. 2121 eine Festgebühr von 25 Euro erhoben, für das Rechtsbeschwerdeverfahren nach KostVerz 2124 in diesem Fall eine Festgebühr von 50 Euro. Wenn die Beschwerde oder die Rechtsbeschwerde nur teilweise verworfen oder zurückgewiesen wird, kann das Gericht diese Gebühr nach billigem Ermessen auf die Hälfte ermäßigen oder bestimmen, dass eine Gebühr nicht zu erheben ist. In sonstigen Fällen entsteht für das Beschwerdeverfahren keine Gebühr. Wegen der Auslagen im Beschwerdeverfahren siehe KostVerz Teil 9 Vorbem. (1).

852   9. *Kostenfreiheit* des Bundes, der Länder usw.: § 2 Abs. 1 GKG. Träger der Sozialhilfe, der Jugendhilfe und der Kriegsopferfürsorge haben bei Vollstreckung eines Verwaltungsaktes nach den Vorschriften der ZPO (§ 66 Abs. 4 SGB X, Rdn. 443) Kostenfreiheit[72] im Rahmen des

§ 64 Abs. 3 S. 2 SGB X   der lautet:

(3) ... Im Verfahren nach der Zivilprozessordnung sowie im Verfahren vor Gerichten der Sozial- und Finanzgerichtsbarkeit sind die Träger der Sozialhilfe, der Jugendhilfe und der Kriegsopferfürsorge von den Gerichtskosten befreit.

853   Die Kostenfreiheit erstreckt sich auch auf das Beschwerdeverfahren. Sie besteht auch für Verfolgung eines Anspruchs, der gem. § 93 SGB XII übergeleitet wurde[72a]. Kostenfreiheit besteht jedoch nicht für die demnach nicht freigestellten Leistungsträger[73], für Vollstreckung eines Urteils (anderen ZPO-Schuldtitels) über einen übergegangenen bürgerlich-rechtlichen Schadensersatzanspruch und für den Vollstreckungsschuldner, gegen den ein Ersatzanspruch geltend gemacht wird. Für solche Leistungsträger ergibt sich Kostenfreiheit auch nicht aus § 7 SGB X über Kosten der Amtshilfe, weil gerichtliche Pfändungsbeschlüsse nicht von Behörden (§ 1 Abs. 1 SGB X), mithin nicht im Wege der Amtshilfe (§ 3 SGB X) erlassen werden. § 118 BSHG und §§ 115, 117 RVO (siehe 5. Aufl. Rdn. 852, 853) sind aufgehoben (Art. II § 27 und § 4 Nr. 1 SGB X).

VIII. Rechtsanwaltskosten

Schrifttum (vor Inkrafttreten des RVG): *Bauer*, Die Rechtsanwaltsgebühren in der Zwangsvollstreckung gegen Gesamtschuldner, JurBüro 1966, 717; *Mümmler*, Zur Entstehung und Erstattungsfähigkeit von Anwaltsgebühren in der Zwangsvollstreckung, JurBüro 1972, 935; *Mümmler*, Gebühren des Rechtsanwalts im Forderungspfändungsverfahren und für Verhandlungen mit dem Drittschuldner, JurBüro 1976, 1020; *Mümm-*

---

72 Dazu näher *BGH* MDR 2006, 715.
72a *OLG Zweibrücken* MDR 1996, 208 (für den Zivilprozess).
73 *LG Braunschweig* NdsRpfl 1982, 13. Einer Berufsgenossenschaft als Träger der gesetzlichen Unfallversicherung steht Kostenfreiheit daher nicht zu; *OLG Düsseldorf* Rpfleger 1981, 456; *LG Lüneburg* Rpfleger 1982, 200; *LG Schweinfurt* JurBüro 1981, 1707 mit Anm. *Mümmler*; *AG Dorsten* Rpfleger 1982, 240; *AG Hamburg* Rpfleger 1982, 240; *AG Memmingen* Rpfleger 1983, 127; desgleichen nicht einem Sozialversicherungsträger (Ersatzkasse); *AG Bayreuth* JurBüro 1984, 188.

ler, Gerichts- und Anwaltsgebühren bei gleichzeitigem Erlass eines Pfändungs- und Überweisungsbeschlusses hinsichtlich desselben Schuldners wegen Forderungen gegen mehrere Drittschuldner, JurBüro 1977, 174; *Mümmler*, Anwaltsgebühr für Drittschuldnererklärung, JurBüro 1977, 1520; *Mümmler*, Mehrheit von Schuldnern im Zwangsvollstreckungsverfahren, JurBüro 1978, 819; *Mümmler*, Anwaltsgebühren bei der Pfändung des Lohnsteuererstattungsanspruchs, JurBüro 1980, 31; *Mümmler*, Zwangsvollstreckung für mehrere Gläubiger gegen mehrere Schuldner, JurBüro 1981, 1147; *Mümmler*, Gebührenrechtliche Einheit von Vollstreckungsmaßnahmen, JurBüro 1983, 824; *Mümmler*, Vergütung für die Tätigkeit bei Erledigung eines Pfändungsbeschlusses für den Drittschuldner, JurBüro 1984, 829; *Mümmler*, Freigabeaufforderung hinsichtlich einer von mehreren Gläubigern gepfändeten Forderung, JurBüro 1986, 990; *Mümmler*, Rechtsanwaltsgebühr bei Verhandlungen mit Drittschuldner, JurBüro 1987, 509; *Mümmler*, Zum Streitwert der anwaltlichen Gebühren im Zwangsvollstreckungsverfahren, JurBüro 1998, 297; *Schneider*, Die Abgeltung des Wegnahmeauftrags gem. § 836 Abs. 3 ZPO, JurBüro 1966, 731; *Tschischgale*, Die Gebühren für Anwaltstätigkeit gegenüber dem Drittschuldner, JurBüro 1965, 937.

1. Der Rechtsanwalt des Gläubigers und des Schuldners erhält für seine Tätigkeit in der Zwangsvollstreckung nach VerVerz Nr. 3309 eine *Verfahrensgebühr* von 0,3 des Gebührensatzes; die Mindestgebühr beträgt 10 Euro (§ 13 RVG). Zusätzlich zu dieser Verfahrensgebühr erhält er nach VerVerz Nr. 3310 eine (nochmalige) Gebühr von 0,3 des Gebührensatzes, wenn er an einem gerichtlichen Termin teilnimmt (Terminsgebühr; bei Forderungspfändung selten). Die Gebühren fallen in derselben Angelegenheit nur einmal an (§ 15 Abs. 2 S. 1 RVG; dazu Rdn. 856). Die Verfahrensgebühr entsteht bereits von Einreichung des Pfändungsantrags durch vorbereitende Tätigkeit nach Erteilung des Auftrags, wie Entgegennahme der Information[74], Zahlungsaufforderung mit Vollstreckungsandrohung, oder dadurch, dass der Rechtsanwalt für die bevorstehende Zwangsvollstreckung auf die Sicherstellung von Vermögenswerten beim Drittschuldner hinwirkt[75], und auch dann, wenn er vor Zustellung des Schuldtitels tätig wird. Unerheblich ist es, wenn sich die Angelegenheit vorzeitig erledigt wie z. B., wenn der Schuldner zahlt oder der Auftrag endigt, bevor die Angelegenheit erledigt ist (§ 15 Abs. 4 RVG). 854

2. a) Die Gebühren bestimmen sich nach dem *Gegenstandswert* (Wertgebühren). Dieser bemisst sich nach § 25 RVG, der lautet: 855

§ 25 RVG
Gegenstandsart in der Zwangsvollstreckung

(1) In der Zwangsvollstreckung bestimmt sich der Gegenstandswert
1. nach dem Betrag der zu vollstreckenden Geldforderung einschließlich der Nebenforderungen; soll ein bestimmter Gegenstand gepfändet werden und hat dieser einen geringeren Wert, ist der geringere Wert maßgebend; wird künftig fällig werdendes Arbeitseinkommen nach § 850 d Abs. 3 der Zivilprozessordnung gepfändet, sind die noch nicht fälligen Ansprüche nach § 42 Abs. 1 und 2 des Gerichtskostengesetzes zu bewerten; im Verteilungsverfahren (§ 858 Abs. 5, §§ 872 bis 877 und § 882 der Zivilprozessordnung) ist höchstens der zu verteilende Geldbetrag maßgebend;
2. ... 3. ... 4. ...

---

74 *OLG Hamburg* JurBüro 1975, 1346.
75 *OLG Köln* Rpfleger 1969, 216.

2. Kapitel: Pfändungsverfahren und -wirkungen

(2) In Verfahren über Anträge des Schuldners ist der Wert nach dem Interesse des Antragstellers nach billigem Ermessen zu bestimmen.

855a b) Die Werte *mehrerer Gegenstände* in derselben Angelegenheit werden zusammengerechnet (§ 22 Abs. 1 RVG). Gegenstandswert ist damit der Gesamtbetrag der zu vollstreckenden Forderungen (auch wenn mehrere Schuldtitel vollstreckt werden, Rdn. 858) oder der beizutreibende Forderungsteil und der zu vollstreckenden Zinsen[76] bis zum Zeitpunkt der Antragstellung sowie der Kosten. Kosten früherer Zwangsvollstreckungsmaßnahmen rechnen mit, nicht aber die (Anwalts-, Gerichts- und Gerichtsvollzieher-)Kosten des beantragten Pfändungsverfahrens. Außer Betracht bleibt ein durch den Vollstreckungstitel ausgewiesener höherer Betrag, der nicht vollstreckt wird. Wenn künftig fällig werdendes Arbeitseinkommens auch wegen künftig jeweils fällig werdender Unterhaltsansprüche gepfändet wird (Vorratspfändung nach § 850 d Abs. 3 ZPO), wird den Unterhaltsrückständen der nach § 42 Abs. 1 GKG festzustellende Wert der noch nicht fälligen Ansprüche hinzugerechnet[77] (§ 25 Abs. 1 Nr. 1 Hs. 2 RVG). Das ist nach § 42 Abs. 1 GKG der Jahresbetrag der wiederkehrenden Leistungen oder deren geringerer Gesamtbetrag (bei Unterhalt, der mit einstweiliger Anordnung vollstreckt wird, dafür der Wert des sechsmonatigen Bezugs[78], § 53 Abs. 2 S. 1 GKG), nach § 42 Abs. 2 GKG für die dort genannten Schadensersatz-Geldrenten der 5fache Jahresbetrag oder der geringere Gesamtbetrag. Entsprechendes gilt in anderen Fällen der Vorratspfändung nach Maßgabe des § 850 d Abs. 3 ZPO (Fälle des § 850 b; Pfändung laufender Geldleistungen nach § 54 SGB I). Bei Vorauspfändung (Rdn. 690) müssen die künftig fällig werdenden Leistungen in gleicher Weise Berücksichtigung finden; andere Forderungen als Rentenansprüche sollten nach § 3 ZPO zu bestimmen sein; wenn andere Anhaltspunkte fehlen, wird der einjährige Betrag anzunehmen sein (s. z. B. § 41 Abs. 1 GKG).

855b c) *Begrenzt wird der* Wert[79] bei höherem Vollstreckungsanspruch durch den geringeren Wert der Forderung[80] (des Anspruchs oder des Rechts), die gepfändet werden soll[81] (§ 25 Abs. 1 Nr. 1 Hs. 2 RVG; dies entspricht § 6 S. 2 ZPO). Diesen Wert der Forderung bestimmt bei Pfändung fortlaufender Bezüge (§ 832 ZPO), insbesondere damit Arbeitseinkommen, nur der (z. B. nach §§ 850 ff. ZPO) pfändbare Teil für die Zeit der voraussichtlichen Dauer der Zwangsvollstreckung; dieser Wert kann nur nach § 3 ZPO bestimmt werden. Bei Pfändung künftig fällig werdenden Arbeitseinkom-

---

76 *Schneider* MDR 1975, 883; *Mümmler* JurBüro 1996, 395.
77 *OLG Köln* Rpfleger 1972, 419.
78 *LG Bielefeld* JurBüro 1990, 1361 (1363) und *Mümmler* JurBüro 1995, 395 (396) mit weit. Nachw.
79 Auch der Gebühr für die Vorpfändung, *KG* Rpfleger 2001, 149 (152).
80 **Beispiele:** *LG Bochum* Rpfleger 1993, 39 und *AG Donaueschingen* Rpfleger 1990, 389 (Pfändung von Steuererstattungsansprüchen). Auch wenn der Gläubiger den Betrag der zu pfändenden Forderung bei Antragstellung nicht angegeben hat, ist der (geringere) Betrag der zu pfändenden Forderung maßgebend, *KG* Rpfleger 1962, 156 (Leits).
81 *KG* Rpfleger 2001, 149 (152); *LG Hamburg* JurBüro 2005, 326.

mens (§ 832 ZPO) oder ihm gleicher Ansprüche kann damit eine hohe Vollstreckungsforderung des Gläubigers durch das nach § 3 ZPO zu bewertende künftig fällig werdende Einkommen als Wert des Pfandgegenstands begrenzt sein[82] (§ 25 Abs. 1 Nr. 1 RVG und § 6 ZPO in entspr. Anwendung). Unerheblich ist, ob die zu pfändende angebliche Forderung (der Anspruch oder das Recht) besteht; die Gläubigerforderung oder der geringere Wert der zu pfändenden Schuldnerforderung bestimmen daher den Geschäftswert auch dann, wenn diese nicht besteht oder nicht dem Schuldner zusteht, die Pfändung somit ins Leere geht[83]. Wenn kein pfändbares Arbeitseinkommen vorhanden und zu erwarten ist, führt diese Wertbegrenzung dazu, dass Gebühren nur nach der niedrigsten Wertstufe entstehen[84]; gleiches gilt, wenn das Entstehen der gepfändeten angeblichen zukünftigen Forderung völlig unwahrscheinlich ist[85]. Wenn der Schuldner nur unpfändbare Sozialleistungen erhält, führt die Wertbegrenzung gleichfalls zur Gebührenberechnung nach der niedrigsten Wertstufe. Bei Arrestvollziehung kann der Wert nicht höher sein als der sich aus § 53 Abs. 1 GKG, § 3 ZPO ergebende Wert für die Arrestanordnung; der Wert der Arrestpfändung ist daher durch den Wert des Anordnungsverfahrens begrenzt[86]. Gleiches gilt für Vollziehung einer einstweiligen Verfügung[87].

d) Wenn der Rechtsanwalt den Schuldner oder Gläubiger nur in einem Verfahren über einen *Antrag des Schuldners* in einem Zwangsvollstreckungsverfahren vertritt oder wenn das Verfahren über einen solchen Antrag als besondere Angelegenheit (§ 18 RVG) eine (weitere) Verfahrensgebühr nach VerVerz Nr. 3309 auslöst wie z. B. ein Antrag nach §§ 765 a, 851 a oder § 851 b ZPO, ist der Geschäftswert nach dem Interesse des antragstellenden Schuldners nach billigem Ermessen zu bestimmen (§ 25 Abs. 2 RVG). **Beispiel:** Für Guthabenschutz der künftigen Zahlungseingänge nach § 850 k ZPO kann der Geschäftswert (höchstens) mit dem 3fachen

855c

---

82   Siehe den Fall des *AG Freyung* MDR 1985, 858: Gläubigerforderung über (damals) 147.000 DM (zuzüglich Zinsen), zu deren Befriedigung die Pfändung des Arbeitseinkommens des Schuldners 75 Jahre andauern müsste. Das *AG Freyung* hat in Anlehnung an § 12 Abs. 7 ArbGG, § 17 Abs. 3 GKG a.F. den Pfandwert mit dem 3fachen Jahresarbeitseinkommen angenommen. Diese enge Eingrenzung dürfte „freiem Ermessen" nach § 3 ZPO nicht gerecht werden. Siehe hierzu auch *Schneider* MDR 1986, 265 (268).
83   *KG* Rpfleger 2001, 149; *Mümmler* JurBüro 1998, 297.
84   *OLG Köln* JurBüro 1979, 1903 (1904); *LG Kiel* SchlHA 1990, 12 (Arbeitsverhältnis war bereits erloschen); aufgegeben JurBüro 1991, 1198 mit zust. Anm. *Mümmler*; a.A. auch *Mümmler* JurBüro 1995, 395 (396).
85   *OLG Köln* JurBüro 1987, 1048 = MDR 1987, 61 = VersR 1987, 472 (Leits.).
86   *OLG Hamm* JurBüro 1969, 163 = Rpfleger 1969, 21; *OLG Karlsruhe* Rpfleger 1999, 509; *OLG Koblenz* JurBüro 1981, 572; *KG* JurBüro 1991, 229 = MDR 1991, 66 = Rpfleger 1991, 126; *OLG Köln* JurBüro 1994, 113 = Rpfleger 1993, 508; *Schneider* MDR 1982, 265 (271). **A.A.** *LG Kiel* JurBüro 1991, 1198: Wert richtet sich auch dann nach dem vollen Anspruch, wenn sich das gepfändete künftige Arbeitseinkommen später geringer als vom Gläubiger erwartet erweist.
87   *OLG Köln* Rpfleger 1993, 508.

2. Kapitel: Pfändungsverfahren und -wirkungen

Jahresbetrag des freizustellenden Einkommens nach § 42 Abs. 3 GKG anzunehmen sein[88].

856   3. a) Als *eine Angelegenheit* im Sinne des § 15 Abs. 2 S. 1 RVG, für die nur eine 0,3 Verfahrensgebühr (VergVerz Nr. 3309) entsteht (Rdn. 854; zusätzlich u.U. eine 0,3-Terminsgebühr) gelten alle Tätigkeiten des Rechtsanwalts vom Auftrag bis zur Erledigung der Angelegenheit (§ 15 Abs. 1 und 2 RVG), somit

- Androhung der Zwangsvollstreckung (Zahlungsaufforderung) und der anschließende Vollstreckungsantrag[89]
- Anfrage beim Einwohnermeldeamt nach der Anschrift des Schuldners zur Vorbereitung und Erledigung des Vollstreckungsauftrags und des Pfändungsverfahrens[90]
- Vorpfändung[91] und Pfändungsantrag[92]
- Getrennter Antrag auf Pfändung und Überweisung
- Getrennter Antrag auf Pfändung und anderweitige Verwertung nach § 844 ZPO[93]
- Pfändungsverfahren (-antrag) und Erinnerung[94]
- Pfändung und Verzicht auf die Rechte aus dem Pfändungs- und Überweisungsbeschluss (§ 843 ZPO)

---

88 *OLG Frankfurt* OLGR 2004, 241.
89 *AG Melsungen/LG Kassel* DGVZ 1983, 141; *AG Herborn* DGVZ 1993, 118.
90 *BGH* DGVZ 2004, 60 = FamRZ 2004, 191 = JurBüro 2004, 191 = MDR 2004, 776 = NJW 2004, 1101 = Rpfleger 2004, 250 mit weit. Nachw.; auch *BGH* Rpfleger 2004, 249.
91 Für die 3/10-Rechtsanwaltsgebühr, die bereits mit Vorpfändung entsteht, gelten daher keine Besonderheiten; siehe mithin wegen Vorpfändung mehrerer Forderungen Rdn. 857, gegen mehrere Schuldner Rdn. 858 usw.
92 *OLG Bamberg* JurBüro 1978, 243; *OLG Köln* Rpfleger 2001, 149 (150); *LG Stuttgart* JurBüro 1979, 1507 mit zust. Anm. *Mümmler*; *Göttlich* JurBüro 1959, 234. Durch zeitlich auseinanderliegende Vorpfändungen bei verschiedenen Drittschuldnern erwächst jedoch für jede Pfändungsankündigung eine gesonderte Gebühr, deren Summe sich auch durch einen späteren gemeinsamen Pfändungsantrag nicht ermäßigt; siehe *OLG Köln* HRR 1936 Nr. 1375; *Göttlich* JurBüro 1959, 234. Ob diese Kosten allerdings als notwendig vom Schuldner zu erstatten (§ 788 ZPO) oder vom Gläubiger als Auftraggeber dem Rechtsanwalt zu zahlen sind, ist davon abhängig, ob für die getrennten Vorpfändungen ein sachlicher Anlass bestand, z. B. weil sie deshalb nicht zusammengefasst werden konnten, weil der Gläubiger erst nach der ersten Vorpfändung vom Vorhandensein eines weiteren Anspruchs erfahren hat.
93 *LG Berlin* JurBüro 1989, 1684 = Rpfleger 1990, 92 = VersR 1991, 834 (Leits.); *Göttlich* JurBüro 1959, 234.
94 *BGH* JurBüro 2005, 36 = NJW-RR 2005, 78 (79) = Rpfleger 2005, 53; *LG Berlin* JurBüro 1986, 885; *LG Mönchengladbach* JurBüro 2006, 76 = NJW-RR 2006, 1150 = Rpfleger 2006, 210. Das gilt auch, wenn der Drittschuldner die Erinnerung eingelegt hat, *LG Bremen* JurBüro 1999, 495; *LG Frankfurt* JurBüro 1985, 412 = Rpfleger 1984, 478. Sind ihm Kosten des Erinnerungsverfahrens auferlegt, hat er nur die durch das Erinnerungsverfahren entstandenen Reisekosten zu erstatten, *LG Mönchengladbach* a.a.O.

- Pfändung und Aufforderung nach § 840 ZPO[95]
- Pfändung und die ihrer Vorbereitung oder Unterstützung dienende Hilfspfändung (z. B. des Brief-Herausgabeanspruchs, Rdn. 1822). Geltendmachung des Herausgabeanspruchs mit Herausgabeklage ist nicht Angelegenheit der Zwangsvollstreckung; als Prozessbevollmächtigter erhält der Rechtsanwalt die Gebühren des Rechtsstreits daher gesondert.
- Pfändung und Antrag auf Briefwegnahmevollstreckung
- Pfändung und Antrag auf Grundbucheintragung
- Pfändung und Antrag auf Herausgabevollstreckung nach § 836 Abs. 3 ZPO[96]
- Pfändung und Einforderung (Einholung) der Schuldnerauskunft nach § 836 Abs. 3 ZPO (eine besondere Angelegenheit ist hingegen das Offenbarungsverfahren nach § 836 Abs. 3 S. 2 ZPO nach § 18 Nr. 18 RVG).
- Pfändung und Erweiterung des Pfändungszugriffs nach § 850 f Abs. 3 ZPO[97] oder Antrag und Verfahren auf Anordnung, dass ein Angehöriger bei Bestimmung des unpfändbaren Teils des Arbeitseinkommens nach § 850 c Abs. 4 ZPO unberücksichtigt bleibt[98]
- Pfändung und Änderung des Pfändungsbeschlusses nach § 850 g ZPO infolge Änderung der Unpfändbarkeitsvoraussetzungen[99]
- mehrfache Vollstreckungsaufträge, wenn der frühere Auftrag wegen Wohnsitzwechsels[100] oder deshalb nicht ausgeführt werden konnte, weil der Schuldner unbekannt verzogen war[101].

b) *Besondere* (selbstständige) *Angelegenheiten* bezeichnet § 18 RVG; die Vorschrift lautet:

857

---

95 *Schmidt* JurBüro 1962, 75; *Tschischgale* JurBüro 1965, 937. Auch allein die schriftliche Erinnerung an die Verpflichtung zur Abgabe der Erklärung nach § 840 Abs. 1 ZPO löst noch keinen neuen Gebührentatbestand aus (*LG Hannover* JurBüro 2002, 585; es besteht kein einklagbarer Auskunftsanspruch, Rdn. 652). Die weitere gegen den Drittschuldner gerichtete Tätigkeit des Rechtsanwalts des Gläubigers wie Zahlungsaufforderung, Klageandrohung wird jedoch nicht (mehr) durch die Vollstreckungsgebühr abgegolten; *LG Hannover* a.a.O.; *Tschischgale* a.a.O.
96 So auch *Mümmler* JurBüro 1976, 1168 für Pfändung und Vollstreckungsantrag zur Wegnahme eines Lebensversicherungsscheins bei der herausgabebereiten Ehefrau des Schuldners sowie bei diesem. Zur – gesonderten – Anwaltsgebühr für Kündigung der Lebensversicherung und Geltendmachung des Rückkaufswerts gegenüber dem Drittschuldner siehe *Mümmler* a.a.O.
97 *AG Hanau* Rpfleger 1967, 426.
98 *Mümmler* JurBüro 1987, 1328 und JurBüro 1990, 13.
99 *LG Konstanz* Rpfleger 2000, 463.
100 *BGH* NJW-RR 2005, 706.
101 *OLG Köln* DGVZ 1983, 9 = JurBüro 1983, 871 mit Anm. *Mümmler*; *LG Berlin* DGVZ 1969, 44. Siehe ferner *LG München* I NJW 1975, 2109 (neue gebührenpflichtige Angelegenheit, wenn ein innerer sachlicher und zeitlicher Zusammenhang zu einer abgeschlossenen Vollstreckungsmaßnahme nicht mehr zu erkennen ist).

2. Kapitel: Pfändungsverfahren und -wirkungen

§ 18 RVG
Besondere Angelegenheiten

Besondere Angelegenheiten sind
1. ... 2. ...
3. jede Vollstreckungsmaßnahme zusammen mit den durch diese vorbereiteten weiteren Vollstreckungshandlungen bis zur Befriedigung des Gläubigers; dies gilt entsprechend im Verwaltungszwangsverfahren (Verwaltungsvollstreckungsverfahren) und ...;
4. jede Vollziehungsmaßnahme bei der Vollziehung eines Arrests oder einer einstweiligen Verfügung (§§ 928 bis 934 und 936 der Zivilprozessordnung), die sich nicht auf die Zustellung beschränkt;
5. jedes Beschwerdeverfahren und jedes Verfahren über eine Erinnerung gegen eine Entscheidung des Rechtspflegers in Angelegenheiten, in denen sich die Gebühren nach Teil 3 des Vergütungsverzeichnisses richten, soweit sich aus § 16 Nr. 12 nichts anderes ergibt;
6. ... 7. ...
8. jedes Verfahren über Anträge nach den §§ 765 a, 813 b, 851 a oder § 851 b der Zivilprozessordnung und jedes Verfahren über Anträge auf Änderung der getroffenen Anordnungen ...;
9. ... 10. ...
11. die Ausführung der Zwangsvollstreckung in ein gepfändetes Vermögensrecht durch Verwaltung (§ 857 Abs. 4 der Zivilprozessordnung);
12. das Verteilungsverfahren (§ 858 Abs. 5, §§ 872 bis 877, 882 der Zivilprozessordnung);
13. das Verfahren auf Eintragung einer Zwangshypothek (§§ 867, 870 a der Zivilprozessordnung);
14.–22. ...

858 4. Der von *einem* Gläubiger dem Rechtsanwalt (einheitlich) erteilte Auftrag zur Durchführung der Zwangsvollstreckung wegen der Gläubigeransprüche aus *mehreren* (auch aus verschiedenen) *Vollstreckungstiteln* (z. B. Urteil, Vergleich und vollstreckbare Urkunde) begründet nur *eine Angelegenheit* (Rdn. 854), für die eine 0,3-Verfahrensgebühr nach den zusammengerechneten Gegenständen (Rdn. 855 a) entsteht. *Mehrere* Aufträge liegen hingegen vor, wenn die Zwangsvollstreckung aus mehreren Vollstreckungstiteln zeitlich getrennt betrieben, die Tätigkeit des Rechtsanwalts dafür somit jeweils gesondert in Anspruch genommen wird. Mehrkosten für selbstständige Vollstreckungsaufträge bei möglicher Zusammenfassung der Zwangsvollstreckungsangelegenheiten erweisen sich jedoch nicht als notwendig, können somit nicht dem Schuldner nach § 788 Abs. 1 ZPO zur Last fallen[102].

859 5. Für die Pfändung *mehrerer Forderungen* des gleichen Schuldners *gegen verschiedene Drittschuldner* kann der Gläubiger nur eine 0,3-Gebühr nach VergVerz Nr. 3309 aus seiner Vollstreckungsforderung (oder der geringeren Summe der Werte der Pfänder) beanspruchen[103]. In solchen Fäl-

---

[102] *Zöller/Stöber*, ZPO, Rdn. 9a zu § 788.
[103] So auch *KG* AnwBl 1974, 187 = JurBüro 1974, 1386 = Rpfleger 1974, 409 und Rpfleger 2001, 149 (150); *OLG Düsseldorf* JurBüro 1994, 351 = MDR 1993, 701 =

len ist der Gläubiger im Schuldnerinteresse verpflichtet, die Pfändung in einen Antrag zusammenzufassen, wenn nicht besondere Gründe (§ 829 Abs. 1 S. 3 ZPO) eine Trennung erforderlich machen. Weitere Rechtsanwaltsgebühren, die durch unnötige Trennung der Anträge entstehen, sind daher nicht notwendig im Sinne des § 788 ZPO[104]. Gleiches gilt, wenn auf gleichzeitigen Antrag mehrere Vorpfändungen verschiedenen Drittschuldnern zugestellt werden[105]. Für den Rechtsanwalt des Drittschuldners gilt jede von mehreren Vorpfändungen als besondere Angelegenheit, wenn sie ohne vollstreckbaren Titel durchgeführt sind[106].

6. Die Zwangsvollstreckung gegen *mehrere* gesamthänderisch verpflichtete *Schuldner* (wie Pfändung der Forderung einer Erbengemeinschaft) ist eine Angelegenheit[107]. Wenn gegen mehrere (insbesondere samtverbindlich haftende) Schuldner vollstreckt wird, bildet das Vollstreckungsverfahren gegen jeden einzelnen Schuldner eine besondere Angelegenheit, so dass die Gebühr für jede einzelne Angelegenheit gesondert entsteht[108]. Das gilt auch, wenn im gleichen Gesuch Pfändung verschiedener Forderungen von Gesamtschuldnern (z. B. von Lohnforderungen an verschiedene Arbeitgeber) beantragt wird[109]. Für den Antrag auf Pfändung von Einkommensteuererstattungsansprüchen gesamtschuldnerisch haftender Eheleute (Rdn. 386) entsteht die 0,3-Gebühr nach VergVerz Nr. 3309 daher zwei- 859a

---

Rpfleger 1993, 208; *LG Stuttgart* JurBüro 1979, 1507 mit zust. Anm. *Mümmler*; *Mümmler* JurBüro 1976, 1020, 1977, 174 (175) und 1990, 17; außerdem *OLG Zweibrücken* Rpfleger 1992, 272: Rechtsanwalt kann nur eine Gebühr fordern.

104 *KG* JW 1930, 192 und Rpfleger 2001, 149 (150); *OLG München* NJW 1958, 1687 = AnwBl 1958, 76; *OLG Hamburg* Rpfleger 1962, 297 (Leits.); *LG Nürnberg-Fürth* Rpfleger 1972, 109; *AG Memmingen* Rpfleger 1989, 302 (für Gerichtskosten); *Bauer* JurBüro 1966, 989; *Mümmler* JurBüro 1976, 1020 und 1990, 17; auch *OLG Düsseldorf* a.a.O. (Fußn. 105).

105 *KG* AnwBl 1974, 187 = Rpfleger 1974, 409; *LG Kempten* JurBüro 1990, 1050 mit Anm. *Mümmler*; **a.A.**: Jeweils gesonderte Gebühren (die mit später einheitlich beantragter Pfändung nicht wieder wegfallen), wenn die Zahlungsverbote gegen verschiedene Drittschuldner gerichtet sind, die an jeweils verschiedenen Orten ihren Sitz haben und somit auch jeweils andere Gerichtsvollzieher mit der Zustellung beauftragt werden müssen, *KG* Rpfleger 2001, 149; außerdem: Gläubiger ist nicht verpflichtet, Vorpfändungen zusammenzufassen; *AG Darmstadt* AnwBl 1976, 300. Noch weitergehend: Es kann sich um eine einzige Angelegenheit im Sinne von § 58 BRAGO bereits handeln, auch wenn der Anwalt auf Grund eines Arrestes mehrere vorläufige Zahlungsverbote und dem folgend mehrere Pfändungsbeschlüsse gegen verschiedene Drittschuldner erwirkt, *OLG Köln* JurBüro 1986, 1341.

106 *LG Essen* Büro 1975, 483.

107 So auch *SchlHOLG* JurBüro 1996, 89 (90).

108 *LG Frankfurt* Rpfleger 2003, 473. Ebenso für das Aufforderungsschreiben, das einer Zwangsvollstreckung vorausgeht; *OLG Düsseldorf* JurBüro 1983, 1048 = MDR 1983, 764 = Rpfleger 1983, 330, und für jeden gegen einen einzelnen von mehreren Schuldnern gerichteten Antrag nach § 887 Abs. 1 und 2 ZPO, *BGH* NJW-RR 2006, 1150 = Rpfleger 2006, 210.

109 *LG Berlin* (82. ZK) JurBüro 1979, 1025 = MDR 1979, 855 = Rpfleger 1979, 437 und JurBüro 1988, 604 (unter Aufgabe von MDR 1978, 414 = Rpfleger 1978, 187 mit weit. Nachw. für Gegenansicht); *Mümmler* JurBüro 1980, 107 (Anmerkung); **a.A.** *LG München* II NJW 1967, 1574 mit abl. Anm. *Schmidt*.

mal[110]; jedoch kann der Wert nach dem geringeren Betrag des jeweils (einzeln) zu pfändenden Erstattungsanspruchs begrenzt sein.

860 7. Für Zwangsvollstreckung im Auftrag *mehrerer Gläubiger* selbstständiger Geldforderungen gebührt dem Rechtanwalt für jeden Pfändungsantrag (z. B. für A auf Pfändung von Arbeitseinkommen, für B auf Pfändung eines Miterbenanteils) nach seinem Wert die Vollstreckungsgebühr (VergVerz Nr. 3309) gesondert, auch wenn die Anträge zusammengefasst in einem Schriftsatz gestellt sind. Wenn der Rechtsanwalt mehrere Gläubiger in *derselben Angelegenheit* vertritt, erhält er für den Pfändungsantrag die Gebühr nur einmal (§ 15 Abs. 2 S. 1 RVG) nach den zusammengerechneten Einzelwerten (§ 7 Abs. 1 BRAGO; daher keine Erhöhung der Gebühr). Um dieselbe Angelegenheit handelt es sich, wenn die Anträge der Beteiligten das gleiche Zwangsvollstreckungsverfahren betreffen und sie in diesem mit dem gleichen Ziel vertreten werden. Nur einmal aus den zusammengerechneten Einzelwerten erwächst daher die Vollstreckungsgebühr, wenn der Rechtsanwalt Unterhaltsansprüche für Ehefrau und Kind (sonst für mehrere Gläubiger) in demselben Verfahren (denselben zu pfändenden Vermögenswert) vollstreckt[111]. Wenn der Rechtsanwalt in derselben Angelegenheit für mehrere Gläubiger einer Gesamtforderung (auch Ehegatten[112]) tätig wird, erhält er die Vollstreckungsgebühr (VergVerz Nr. 3309) nur einmal; sie erhöht sich bei gleichem Gegenstand der anwaltlichen Tätigkeit (Pfändung einer Forderung gegen einen Drittschuldner für alle Gläubiger) für jeden weiteren Auftraggeber[113], auch wenn die Aufträge gleichzeitig erteilt sind[114], nach VergVerz Nr. 1008 um 0,3, höchstens[115] um einen Gebührensatz von 2,0. Der Erhöhungsfaktor von 0,3 ist vom Gebührensatz im konkreten Fall unabhängig[116]; die bei einem zweiten Auftraggeber um 0,3 erhöhte Verfahrensgebühr von VergVerz Nr. 3309 beträgt damit 0,6 (dann weiter 0,9, 1,2 usw.). Ist für jeden Auftraggeber eine andere Forderung zu pfänden, dann entstehen infolge des verschiedenen Gegenstandes der anwaltlichen Tätigkeit gesonderte Gebühren.

---

110 **A.A.** *LG Alfeld* JurBüro 1978, 1829 mit abl. Anmerkung *Mümmler*.
111 *OLG Celle* JurBüro 1982, 1360; s. auch *OLG Hamburg* JurBüro 1982, 1179; *OLG Stuttgart* JurBüro 1979, 104 (Leits.); *OLG Bamberg* JurBüro 1983, 129.
112 *LG Aachen* JurBüro 1982, 392 mit Anm. *Mümmler*.
113 Jedoch keine Erhöhung bei Vollstreckung der Forderung einer Anwaltssozietät durch diese selbst oder einen ihr angehörenden Rechtsanwalt; *Mümmler* JurBüro 1977, 1517; siehe auch *OLG Hamm* Rpfleger 1977, 375; *OLG München* Rpfleger 1977, 418; *OLG Stuttgart* JurBüro 1980, 701 = Justiz 1980, 272 = Rpfleger 1980, 194; *OLG Köln* JurBüro 1980, 613.
114 *Lappe* NJW 1976, 165 (166); **a.A.** – Aufträge müssen in zeitlichen Abständen erteilt sein – *AG Münster* JurBüro 1976, 1341.
115 Wie hier *LG Köln* MDR 2005, 1318; *N. Schneider* (zu *AG Offenbach*) DGVZ 2005, 91; anders (um 2 x 0,3 auf höchstens 0,9); *AG Offenbach* DGVZ 2005, 47 (nicht zutreffend).
116 Begründung BT-Drucks. 15/1971, S. 205. Anders früher nach § 6 Abs. 1 S. 2 BRAGO; gegenstandslos damit *BGH* MDR 1981, 569 (Leits.) mit Anm. Schriftl. = Rpfleger 1981, 94.

8. Für ein *Arrestgesuch* und einen gleichzeitigen Pfändungsantrag erhält der Rechtsanwalt neben den im Arrestverfahren anfallenden Gebühren für das Pfändungsgesuch die Gebühr von VergVerz Nr. 3309. (Wert: § 25 RVG; s. Rdn. 855). Eine Verhandlungsgebühr entsteht aber nicht, selbst wenn über den Arrest verhandelt worden ist, weil der Pfändungsantrag, zu dem der Schuldner auch im Arrestverfahren nicht gehört werden darf (§ 834 ZPO), nicht Gegenstand dieser Verhandlung ist. Die Zwangsvollstreckungsgebühr entsteht auch, wenn der Arrestbefehl erlassen, aber der Pfändungsantrag zurückgewiesen wird, nicht jedoch, wenn der Arrestbefehl überhaupt nicht erlassen wird (z. B. weil der Antrag zurückgewiesen oder zurückgenommen wird)[117]. 861

9. Die Pauschale für Post- und Telekommunikationsdienstleistungen (VergVerz Nr. 7002) kann in der Zwangsvollstreckungsinstanz gesondert – neben dem Pauschalbetrag für den Rechtsstreit – gefordert werden, weil die Zwangsvollstreckung eine neue Instanz darstellt. Da der Pauschalbetrag in jeder Angelegenheit gefordert werden kann, entsteht er für jeden neuen Antrag auf Erlass eines Pfändungs- und Überweisungsbeschlusses neu[118]. 862

10. Für die Tätigkeit des Rechtsanwalts für den Gläubiger oder Schuldner in dem Verfahren über eine *Beschwerde* (§ 793 ZPO) oder *Erinnerung* (§ 766 ZPO, § 11 Abs. 2 RPflG), nicht aber eine Gegenvorstellung, bestimmt VerVerz Nr. 3500 eine Verfahrensgebühr von **0,5** und VergVerz Nr. 3513 eine Terminsgebühr von ebenfalls 0,5 (bei Forderungspfändung selten). Die Verfahrensgebühr entsteht auch, wenn das Gericht (auch der Rechtspfleger) der Beschwerde abhilft (§ 572 Abs. 1 ZPO), sie somit nicht dem Rechtsmittelgericht vorgelegt wird. Sie entsteht nur einmal, wenn die Erinnerung wiederholt eingelegt wird, aber eine einheitliche Vollstreckungsmaßnahme zum Gegenstand hat[119] (Erinnerung bei wiederholter Vorpfändung gegen denselben Drittschuldner); mehrfach fällt sie an, wenn der für den Schuldner eingelegte Rechtsbehelf eine anderweitige Vollstreckungsmaßnahme des Gläubigers betrifft[120]. Geschäftswert: § 23 Abs. 2 RVG. Wenn Anfechtung nur wegen Ablehnung der Verzinsung erfolgt ist, bemisst sich der Beschwerdewert nach der Zinsforderung, die nach § 3 ZPO zu schätzen ist[121]. 863

11. Tätigkeiten in der Zwangsvollstreckung nimmt auch der Rechtsanwalt wahr, der einen *Dritten*, damit auch den *Drittschuldner*, als Verfahrensbeteiligten in einem Zwangsvollstreckungsverfahren vertritt. Seine Vergütung bestimmt sich damit gleichfalls nach VergVerz Nr. 3309 (**0,3**-Verfahrensgebühr) und ggf. nach Nr. 3310 (Terminsgebühr) sowie 864

---

117 Zu alledem siehe *Schmidt* JurBüro 1962, 614. Bei Zurückweisung des Arrestgesuchs kann auch der Arrestbeklagte eine Arrestvollziehungsgebühr nicht geltend machen (keine Vollziehungsgebühr des Rechtsanwalts), *OLG Düsseldorf* JurBüro 1984, 709 = Rpfleger 1984, 161.
118 S. *Schumann* MDR 1966, 986 und NJW 1966, 97.
119 *BGH* NJW-RR 2005, 78 = a.a.O. (Fußn. 94).
120 *BGH* a.a.O.
121 *OLG Hamm* Rpfleger 1989, 523.

Nr. 3500 (Beschwerde- und Erinnerungsverfahren). Das ist nicht der Fall, wenn der Rechtsanwalt für einen Dritten tätig wird, der zwar von einer Maßnahme der Zwangsvollstreckung betroffen ist (wie der Drittschuldner vom Zahlungsverbot des § 829 Abs. 1 ZPO), der aber nicht Beteiligter des (gerichtlichen) Zwangsvollstreckungsverfahrens ist. Der vom Drittschuldner mit der Abgabe der Erklärung nach § 840 ZPO beauftragte Rechtsanwalt erhält daher keine Verfahrensgebühr nach VergVerz Nr. 3309. Für Schreiben einfacher Art fällt eine Gebühr[122] nach VergVerz Nr. 2300 an, bei Tätigkeit für den zur Abgabe der Erklärung verpflichteten Drittschuldner sonst eine Geschäftsgebühr nach VergVerz Nr. 2400. Dem Rechtsanwalt, den der Gläubiger nicht nur damit beauftragt hat, den Drittschuldner an die Abgabe der Erklärung nach § 840 ZPO zu erinnern, sondern auch damit, erforderlichenfalls Klage einzureichen, erwächst für Vorbereitungsmaßnahmen bereits die Verfahrensgebühr[123] nach VergVerz Nr. 3101. Diese Gebühr gehört zu den Kosten der Zwangsvollstreckung (§ 788 Abs. 1 ZPO), die der Schuldner (Zug um Zug gegen Abtretung des Schadensersatzanspruchs gegen den Drittschuldner) nach § 840 Abs. 2 S. 2 ZPO zu erstatten hat[124]. Gesondert Gebühren erhält der Rechtsanwalt des Gläubigers auch, wenn er mit einem widersprechenden Dritten Verhandlungen führt[125].

865 Randnummer 865 ist entfallen.

IX. Prozesskostenhilfe

1. *Prozesskostenhilfe für die Zwangsvollstreckung*

866 a) Auf die Zwangsvollstreckung erstreckt sich die Bewilligung der Prozesskostenhilfe durch das Prozessgericht (§§ 114 ff. ZPO) für einen Rechtszug (§ 119 Abs. 1 ZPO) nicht. Vom Vollstreckungsgericht kann Prozesskostenhilfe gesondert aber auch für die Zwangsvollstreckung bewilligt werden. Zuständig ist der Rechtspfleger (§ 20 Nr. 5 RPflG) des Vollstreckungsgerichts (§ 117 Abs. 1 S. 3 ZPO), und zwar auch dann, wenn die Zwangsvollstreckung aus dem in einer Familiensache erwirkten Vollstreckungstitel[126] oder aus einem Titel eines Arbeitsgerichts erfolgen soll. Über den Antrag auf Prozesskostenhilfe für ein Beschwerdeverfahren entscheidet das Beschwerdegericht. Bewilligt wird auf Antrag die Prozesskostenhilfe für die Zwangsvollstreckung in das bewegliche Vermögen (§§ 803–863 ZPO), nicht (mehr) für jede einzelne Vollstreckungsmaßnahme. Sie

---

122 S. zur vormaligen BRAGO *Olschewski* MDR 1974, 714; *Mümmler* JurBüro 1977, 1520; **a.A.** *AG Düsseldorf* JurBüro 1985, 723 (Gebühr nach § 57 BRAGO).
123 *OLG Koblenz* JurBüro 1992, 267; *LG Berlin* JurBüro 1981, 1528 = Rpfleger 1981, 396 (Leits.).
124 *OLG Koblenz* JurBüro 1992, 267.
125 Dazu *Mümmler* JurBüro 1976, 1020.
126 Siehe *BGH* MDR 1979, 564 = NJW 1979, 1048; *SchlHolstOLG* SchlHA 1979, 130 (für das frühere Armenrecht).

umfasst dann alle Vollstreckungshandlungen im Bezirk des (bewilligenden) Vollstreckungsgerichts einschließlich des Verfahrens auf Abgabe der eidesstattlichen Versicherung (§ 119 Abs. 2 ZPO; eingeschränkte Pauschalbewilligung). Jedoch bezieht sich die für (mit) Erlass eines Pfändungsbeschlusses bewilligte Prozesskostenhilfe (ohne besonderen Ausspruch) nicht auch auf die zuvor erfolgte Vorpfändung[127]. Erinnerungsverfahren zählen zur Zwangsvollstreckungsinstanz; für Beschwerdeverfahren (besonderer Rechtszug) ist Prozesskostenhilfe gesondert zu beantragen und zu bewilligen (§ 119 Abs. 1 S. 1 ZPO). In der Verweigerung der Prozesskostenhilfe für die Zwangsvollstreckung aus grundsätzlichen Erwägungen, die einer sachlichen Rechtfertigung entbehren, kann, wenn die Voraussetzungen des § 114 ZPO nicht geprüft worden sind, ein Verstoß gegen den Gleichheitsgrundsatz des Art. 3 Abs. 1 GG liegen[128].

b) Bewilligung der Prozesskostenhilfe für die Zwangsvollstreckung befreit von der Zahlung der Gerichts- und Gerichtsvollzieherkosten (sie können nur nach den vom Gericht getroffenen Bestimmungen geltend gemacht werden, § 122 Abs. 1 Nr. 1 ZPO). Das hat zur Folge, dass auch vor Entscheidung über den Pfändungsantrag kein Vorschuss zu zahlen ist (§ 14 Nr. 1 GKG). Beiordnung eines Rechtsanwalts[129] zur Vertretung in der Zwangsvollstreckung[130]: § 121 Abs. 2 ZPO. Der beigeordnete Rechtsanwalt kann gegen die Partei einen Anspruch auf Vergütung nicht geltend machen (§ 122 Abs. 1 Nr. 3 ZPO)[131]. Auf die Verpflichtung, die dem Gegner entstandenen Kosten zu erstatten, hat Bewilligung der Prozesskostenhilfe keinen Einfluss (§ 123 ZPO). Gerichts- und Gerichtsvollzieherkosten können vom Gegner erst eingezogen werden, wenn er rechtskräftig verurteilt oder der Rechtsstreit ohne Urteil über die Kosten beendet ist (§ 125 ZPO).

867

c) Die Bewilligung der Prozesskostenhilfe auch für die Zwangsvollstreckung ist dem Vollstreckungsgericht und Gerichtsvollzieher nachzuweisen.

868

d) Prozesskostenhilfe, die vor dem 1. Januar 1999 vom Prozess- oder Vollstreckungsgericht auch für die Zwangsvollstreckung bewilligt wurde, ist mit Inkrafttreten der Änderungen von §§ 117, 119 ZPO nicht entfallen; sie besteht in dem gewährten Umfang fort. Wurde Prozesskostenhilfe nur beschränkt für einzelne selbstständige Vollstreckungsmaßnahmen bewilligt, kann sie weitergehend noch für die Zwangsvollstreckung in das bewegliche Vermögen im Bezirk des Vollstreckungsgerichts insgesamt gewährt werden.

869

---

127 *AG Essen* DGVZ 1997, 46.
128 *BVerfG* 56, 139 = Rpfleger 1981, 184 zu § 114 ZPO a.F.
129 Eines Rechtsbeistands (und Prozessagenten) nur, wenn er nach § 209 BRAO in die Rechtsanwaltskammer aufgenommen worden ist (§ 25 EGZPO), *BGH* MDR 2003, 949 = NJW 2003, 244 = Rpfleger 2003, 513; *OLG Düsseldorf* MDR 1989, 1108.
130 Jetzt nicht nur für einen bestimmten Einzelfall, sondern für alle Vollstreckungshandlungen im Bezirk des bewilligenden Vollstreckungsgerichts; **a.A.** *LG Rostock* Rpfleger 2003, 304, und früher *LG Bielefeld* JurBüro 1985, 1105 mit Anm. *Mümmler* = Rpfleger 1985, 39.
131 Auswirkungen auf Verrechnung von Zahlungen des Drittschuldners (Abweichung von § 367 BGB) siehe *LG Berlin* Rpfleger 1983, 119.

870 *2. Rechtsanwaltsvergütung*

Der für einen Rechtszug nach Bewilligung der Prozesskostenhilfe für das Verfahren erster Instanz beigeordnete Rechtsanwalt hat Anspruch auf Vergütung aus der Staatskasse für seine Tätigkeit im Zwangsvollstreckungsverfahren nur, wenn er ausdrücklich auch hierfür beigeordnet ist (§ 48 Abs. 4 RVG; dort Abs. 2 Besonderheit).

DRITTES KAPITEL

PFÄNDUNG VON ARBEITSEINKOMMEN

A. Das Arbeitseinkommen und seine Pfändung
(§§ 850, 829 ZPO)

I. Pfändung des Arbeitseinkommens

Das *in Geld zahlbare* Arbeitseinkommen wird nach § 829 ZPO (siehe 2. Kap.) durch Zustellung des Pfändungsbeschlusses an den Arbeitgeber als Drittschuldner gepfändet. Die Pfandverwertung geschieht, wie bei gewöhnlichen Geldforderungen, durch Überweisung. Wegen des Pfändungsverfahrens siehe Rdn. 925 ff.

871

II. Pfändungsschutz bei Arbeitseinkommen[1]

Arbeitseinkommen ist regelmäßig die einzige Einnahmequelle des Schuldners. Es dient zunächst der Existenzsicherung des Erwerbstätigen und seiner Familie. Ihm müssen daher angemessene Teile des Arbeitseinkommens für seinen Lebensbedarf und zur Deckung des Lebensunterhalts seiner Familienangehörigen zur Verfügung stehen. Deshalb muss er vor vollem Zugriff seiner Gläubiger auf diesen Vermögenswert geschützt sein. Nach dem Schutzgedanken des Sozialstaatsprinzips (Art. 20 Abs. 1 GG)[2] muss dem Schuldner, in dessen Arbeitseinkommen vollstreckt wird, mindestens ein Betrag verbleiben, der ihm und seiner Familie die Führung eines menschenwürdigen Lebens ermöglicht[3]. Diesen Schuldnerschutz regeln die §§ 850–850 k ZPO. *Wiederkehrendes* Arbeitseinkommen genießt Pfändungsschutz nach §§ 850–850 h ZPO; für *einmaliges* Arbeitseinkommen sieht § 850 i ZPO einen Schuldnerschutz vor. Das im bargeldlosen Zahlungsverkehr auf ein Schuldnerkonto überwiesene Arbeitseinkommen ist

872

---

[1] Zu Ursprung und geschichtlicher Entwicklung des Einkommensschutzes (beginnend mit dem Lohnbeschlagnahmegesetz 1869) siehe *Arnold* BB 1978, 1314 (1315), der auch die Rechtslage vor dem Lohnbeschlagnahmegesetz darstellt; *Brehm* in Festschrift für W. Henckel (1995) S. 41 ff., und *Boewer* in Der öffentliche Dienst 1972, 126.

[2] Hierzu und auch zum Zusammenhang zwischen pfändungsrechtlichem Schutz und sozialrechtlicher Fürsorge sowie zur Abweichung der Pfändungsfreigrenzen von den Sozialhilfesätzen: *Arnold* BB 1978, 1314 (1315, 1316).

[3] So Begründung des Entwurfs eines Vierten Gesetzes zur Änderung der Pfändungsfreigrenzen, BT-Drucks. 8/693, Seite 45.

nach § 850 k ZPO noch zeitweilig vor Pfändung geschützt. Diese Bestimmungen des Vollstreckungsrechts dienen dem Schutz des Schuldners aus sozialen Gründen im öffentlichen Interesse[4]; sie schaffen einen gerechten Ausgleich zwischen den widerstreitenden berechtigten Interessen des Gläubigers und des Schuldners. Zu beachten sind sie von Amts wegen[5]. Sie stehen nicht zur Disposition des Schuldners[5].

III. Begriff des Arbeitseinkommens

873 1. *Jede Vergütung* in Geld aus einem gegenwärtigen oder früheren *Dienst- oder Arbeitsverhältnis* ist Arbeitseinkommen, das dem besonderen Pfändungsschutz der §§ 850 ff. ZPO unterliegt. Gleichgültig ist, ob die Tätigkeit die Arbeitskraft des Schuldners vollständig, überwiegend oder nur teilweise in Anspruch nimmt (Ausnahme siehe Rdn. 887), ferner, ob bei Bemessung der Vergütung der Gesichtspunkt des Entgelts oder der Alimentierung vorherrscht und ob die Gegenleistung in einem angemessenen Verhältnis oder Missverhältnis zum Wert der Arbeitsleistung steht.

874 Arbeitseinkommen sind *ohne Rücksicht auf ihre Benennung oder Berechnungsart* alle in Geld zahlbaren Vergütungen, die dem Schuldner aus seiner Arbeits- oder Dienstleistung zustehen (§ 850 Abs. 4 ZPO). Daher ist Arbeitseinkommen nicht nur das für die geleistete Arbeit unmittelbar gezahlte Entgelt (der reine Arbeitslohn), sondern jeder sich aus dem Arbeitsverhältnis ergebende Anspruch des Arbeitnehmers[6]. Insbesondere sind Arbeitseinkommen im Sinne des § 850 ZPO die Einkünfte aus nichtselbstständiger Arbeit, die dargestellt sind in

§ 19 Abs. 1 EStG   wie folgt:

(1) Zu den Einkünften aus nichtselbständiger Arbeit gehören
1. Gehälter, Löhne, Gratifikationen, Tantiemen und andere Bezüge und Vorteile für eine Beschäftigung im öffentlichen oder privaten Dienst;
2. Wartegelder, Ruhegelder, Witwen- und Waisengelder und andere Bezüge und Vorteile aus früheren Dienstleistungen; ...
3. ...

Es ist gleichgültig, ob es sich um laufende oder um einmalige Bezüge handelt und ob ein Rechtsanspruch auf sie besteht.

und die bezeichnet sind in

§ 14 Abs. 1 SGB IV (Viertes Buch)   wie folgt:

(1) Arbeitsentgelt sind alle laufenden oder einmaligen Einnahmen aus einer Beschäftigung, gleichgültig, ob ein Rechtsanspruch auf die Einnahmen besteht, unter

---

4 *BGH* 137, 193 (197) = NJW 1998, 1058.
5 *BGH* 137, 193 (197) = a.a.O.
6 *BArbG* AP Nr. 1 zu § 850 ZPO mit Anm. *Förster* = BB 1961, 1053 mit Anm. *Güntner* = Betrieb 1959, 1007 = Rpfleger 1960, 247 mit Anm. *Berner*; *BArbG* BAG 32, 96 = MDR 1980, 346 = NJW 1980, 800; *OLG Düsseldorf* BB 1980, 44 = NJW 1979, 2520; *OLG Köln* OLGZ 1990, 236. Lizenzgebühren siehe Rdn. 1649 a.

welcher Bezeichnung oder in welcher Form sie geleistet werden und ob sie unmittelbar aus der Beschäftigung oder im Zusammenhang mit ihr erzielt werden ...
Durch Verzicht des Schuldners oder Vereinbarung mit diesem kann weder Einkommen aus einem tarifgebundenen[7] noch aus einem tarifungebundenen Arbeitsverhältnis der Pfändung entzogen werden (siehe auch § 850 h ZPO und § 3 Abs. 3 BeamtVG[8]); eine Verwirkung des Pfändungsschutzes für Arbeitseinkommen ist ausgeschlossen.

2. Der Kreis der dem Pfändungsschutz unterliegenden Einnahmen des Schuldners aus Arbeit ist nach dem Gesetzeswortlaut weit gefasst, der Begriff „Arbeitseinkommen" also *weit auszulegen*. Das zeigt § 850 Abs. 2 ZPO, die Aufzählung der Arbeitseinkommen ist danach nicht erschöpfend; sondern nur beispielhaft. 875

3. Als Arbeitseinkommen nennt § 850 Abs. 2 ZPO

a) *Dienst- und Versorgungsbezüge der Beamten*

aa) Pfändungsschutz genießen die Dienst- und Versorgungsbezüge der *Beamten* des Bundes, eines Landes, einer Gemeinde oder einer öffentlich-rechtlichen Körperschaft, Anstalt oder Stiftung. Arbeitseinkommen sind ferner die Bezüge der Beamten einer öffentlich-rechtlichen Religionsgemeinschaft[9]. Ohne Bedeutung ist, ob der Schuldner Beamter auf Lebenszeit, auf Zeit, auf Probe oder auf Widerruf ist. 876

Die Dienst- und Versorgungsbezüge der Richter sind vollstreckungsrechtlich wie Beamtenbezüge Arbeitseinkommen, das dem Lohnpfändungsschutz unterliegt. Ebenso unterliegen die Bezüge der Mitglieder der *Bundesregierung* (einschließlich der Parlamentarischen Staatssekretäre) oder einer Landesregierung dem Pfändungsschutz für Arbeitseinkommen. *Referendare* und andere *Beamtenanwärter* sind Beamte auf Widerruf; ihr Unterhaltszuschuss und ihre Vergütungen bei Beschäftigungsaufträgen sind deshalb Arbeitseinkommen[10]. Als Beamtenbezüge gelten ferner die gegen die Notarkammer in München begründeten Ansprüche auf Zahlung von Dienst- und Versorgungsbezügen der *Notare* und ihrer Hinterbliebenen, der Notariatsbeamten und ihrer Hinterbliebenen sowie der Notarassessoren und ihrer Hinterbliebenen aus Bayern und dem Regierungsbezirk Pfalz des Landes Rheinland-Pfalz (siehe § 113 Abs. 3 u. 6 BNotO). Der Anspruch eines amtlich bestellten Notarvertreters gegen den Notar auf Zahlung einer angemessenen Vergütung (§ 43 BNotO) wird für Dienst-

---

7 *LArbG Düsseldorf* BB 1955, 1140; *ArbG Herford* BB 1959, 232; *Romberg* JR 1951, 264.
8 Gesetz über die Versorgung der Beamten und Richter des Bundes (Beamtenversorgungsgesetz – BeamtVG). I.d.F. vom 16. März 1999, BGBl I 323 (mit Änderungen).
9 Die nicht als Beamte besoldeten Personen einer Religionsgemeinschaft genießen als Angestellte Lohnpfändungsschutz.
10 Für den Unterhaltszuschuss eines Rechtsreferendars: *OLG Bamberg* FamRZ 1976, 110 (Leits.) = JurBüro 1974, 239 = Rpfleger 1974, 30. So schon früher *OLG Braunschweig* JZ 1956, 378 mit abl. Anm. *Schwab* = MDR 1956, 44 = NJW 1955, 1599.

leistungen geschuldet; er unterliegt daher ebenfalls dem Lohnpfändungsschutz. Wegen der Soldaten siehe Rdn. 904.

877 bb) „Arbeits"einkommen eines Beamten oder früheren Beamten (wegen der Hinterbliebenen siehe Rdn. 885) sind *alle Dienst- oder Versorgungsbezüge*, die nach den Beamten-, Besoldungs- und Versorgungsgesetzen geleistet werden, insbesondere also das Grundgehalt, die Amts- und unwiderrufliche oder widerrufliche Stellenzulage, Leistungsbezüge, eine Ausgleichszulage, Sonderzuschläge, eine örtliche Prämie, der Familienzuschlag (früher auch die Kinderzuschläge[11]), eine Erschwerniszulage, Diäten, Übergangs- und Wartegelder usw. sowie alle Versorgungsbezüge, nicht aber Kindergeld, das mit den Bezügen (dem Arbeitsentgelt) an Angehörige des öffentlichen Dienstes gezahlt wird. Gebührenanteile (z. B. der Gerichtsvollzieher, Bezirksnotare, nebenamtlichen Rechnungsbeamten) werden dem Beamten für eine mit seinem Amt verbundene Tätigkeit gewährt, stellen mithin ebenfalls Arbeitseinkommen dar. Wegen der Aufwandsentschädigungen und Jubiläumszuwendungen siehe Rdn. 990 und 989.

878 cc) Ein *Unterhaltsbeitrag*, den der Beamte oder ein Hinterbliebener nach Entfernung aus dem Dienst oder Aberkennung des Ruhegehaltes erhält (siehe § 10 Abs. 3, § 12 Abs. 2 Bundesdisziplinargesetz), ist ein dem Ruhegehalt ähnlicher Versorgungsbezug; er ist daher wie Dienst- und Versorgungsbezüge nach §§ 850 ff. ZPO pfändbar[12]. Nur bedingt pfändbar sind aber nach § 850 b Abs. 1 Nr. 3 ZPO Bezüge, die dem infolge straf- oder dienststrafrechtlicher Verurteilung aus dem Beamtenverhältnis entfernten Beamten oder seinen Hinterbliebenen im Gnadenweg gewährt werden.

879 dd) *Abfindungen*, die verheirateten Beamtinnen bei Entlassung auf Antrag oder Polizeivollzugsbeamten bei Eintritt in den Ruhestand gewährt werden, unterliegen als nicht wiederkehrend zahlbare Vergütungen dem Pfändungsschutz nach § 850 i ZPO. Abfindungsraten, die dem Beamten statt der einmaligen Abfindung geleistet werden, werden als fortlaufende Einkünfte nach dem Ausscheiden aus dem Dienstverhältnis gezahlt; sie unterliegen daher wie Versorgungsbezüge dem Lohnpfändungsschutz.

880 ee) Zweckgebundene Ansprüche eines Beamten unterliegen einem absoluten Pfändungsverbot. Hierzu:

§ 51 BeamtVG
Abtretung, Verpfändung, Aufrechnungs- und Zurückbehaltungsrecht
(1) Ansprüche auf Versorgungsbezüge können, wenn gesetzlich nichts anderes bestimmt ist, nur insoweit abgetreten oder verpfändet werden, als sie der Pfändung unterliegen.

---

11 Sie wurden dem Arbeitseinkommen hinzugerechnet; ihre Zweckbindung wurde durch Berücksichtigung des Unterhaltsberechtigten bei Bemessung des pfändungsfreien Betrages beachtet. Siehe aber wegen der Behandlung der Kinderzuschläge für nichteheliche Kinder bei Vollstreckung gleichrangiger Unterhaltsgläubiger Abschn. F V 4 der 4. Auflage.
12 *Wittland* DR 1941, 29; *Middel* DR 1943, 606.

(2) Betrifft Aufrechnungs- oder Zurückbehaltungsrecht

(3) **Ansprüche auf Sterbegeld (§ 18), auf Erstattung der Kosten des Heilverfahrens (§ 33) und der Pflege (§ 34), auf Unfallausgleich (§ 35) sowie auf eine einmalige Unfallentschädigung (§ 43) und auf Schadensausgleich**[13] **in besonderen Fällen (§ 43 a) können weder gepfändet noch abgetreten noch verpfändet werden.** Forderungen des Dienstherrn gegen den Verstorbenen aus Vorschuss- oder Darlehensgewährungen sowie aus Überzahlungen von Dienst- oder Versorgungsbezügen können auf das Sterbegeld angerechnet werden.

ff) *Heirats- und Geburtsbeihilfen* eines Beamten (anderen Angehörigen des öffentlichen Dienstes) sind in den Grenzen von § 850 a Nr. 5 ZPO (Rdn. 1001) unpfändbar. Für den Anspruch auf andere *Beihilfe*[14], die im Krankheitsfall und in weiteren Beihilfefällen gewährt wird, sagt § 1 Abs. 3 S. 2 der Beihilfevorschriften (BhV-Bund), dass er gleichfalls nicht gepfändet werden kann. Diese Unpfändbarkeit entspricht der Zweckbindung der Beihilfe[15]; sie schließt als Vollstreckungshindernis die Pfändung aus[16]. Zulässig ist die Pfändung jedoch im Rahmen der Zweckbindung, somit dann, wenn die Gläubigerforderung anlässlich der Krankheit oder des sonstigen Beihilfefalls als beihilfefähige Aufwendung entstanden ist[17]. Als künftige Forderung ist der Beihilfeanspruch dann auch pfändbar, wenn der Schuldner Beihilfeantrag noch nicht gestellt hat[18].

880a

b) *Arbeits- und Dienstlöhne*

Das sind alle Bezüge aus *unselbstständiger Arbeit*, somit alle Vergütungen für Dienstleistungen des Schuldners in einem persönlichen oder wirtschaftlichen Abhängigkeitsverhältnis. Dazu gehört auch die Arbeitsvergütung ohne Dienstleistung bei Verzug des Arbeitgebers (§ 615 BGB)[19], insbesondere damit der Lohnanspruch während eines Kündigungsrechtsstreits bei Weiterbeschäftigungsurteil, außerdem Übergangsgeld. Dieses Arbeitsentgelt kann als Vergütung aus gelernter oder ungelernter, höherer oder niederer, körperlicher oder geistiger Arbeit zu zahlen sein. Es macht keinen Unterschied, ob ein Arbeits-, Angestellten-, Berufsausbildungs- (Lehr-) oder Volontärverhältnis besteht, ob der Arbeitnehmer vollzeit- oder teilzeitbeschäftigt ist, ob die Arbeit in einem festen, für kürzere oder längere Zeit (Saisonbetrieb) oder dauernd eingegangenen, in einem befristeten, nur pro-

881

---

13 Im Gegensatz dazu gehört Unfallruhegehalt (§ 36 BemVG) zu den (nach § 850 Abs. 2 ZPO) pfändbaren Versorgungsbezügen, OVG Saarlouis NJW 2006, 2873.
14 Zur Pfändung auf dem Gebiet der Beihilfe siehe *Faber* ZBR 1957, 41.
15 *BGH* JurBüro 2005, 159 = NJW 2005, 720 = Rpfleger 2005, 148.
16 *BGH* a.a.O. Auch *BVerwG* NJW 1997, 3256 (als Anspruch höchstpersönlicher Natur unpfändbar); *LG Münster* Rpfleger 1994, 473; *Faber* ZBR 1957, 41. Damit ergibt sich zugleich eine (weitgehende) Gleichstellung mit (einmaligen) Bezügen aus Krankenkassen, die nach § 850 b Abs. 1 Nr. 4 ZPO nicht pfändbar sind (vgl. Rdn. 1019; für diese Abweichung nach § 850 b Abs. 2 ZPO möglich).
17 *BGH* a.a.O.; auch *BGH* NJW 2008, 360 = Rpfleger 2008, 152; *LG Münster* und *Faber* je a.a.O. Die Pfändung der Beihilfeansprüche für (zugleich beantragte) andere oder künftige krankheitsbedingte Aufwendungen schließt diese Zweckbindung aus.
18 *LG Münster* a.a.O.
19 *Schaub* ZIP 1981, 347 (350).

3. Kapitel: Pfändung von Arbeitseinkommen

beweise begründeten oder zur Aushilfe vereinbarten Arbeitsverhältnis geleistet und ob das Entgelt gleichmäßig oder in unregelmäßigen Raten ausbezahlt wird. Arbeitseinkommen ist auch die Vergütung für höherwertige oder andere außerordentliche Dienste, die ein Arbeitnehmer über den Rahmen des Arbeitsvertrags hinaus verrichtet, und Entgelt für Arbeitsleistungen, das freiwillig gewährt wird[20]. Ohne Bedeutung ist, ob das Arbeitsverhältnis auf dem Privatrecht oder im öffentlichen Recht beruht. Bedeutungslos ist weiter, wie die Vergütung festgestellt (Zeit-, Stück- oder Akkordlohn, Tariflohn[21] oder übertarifliche Vergütung) und bezeichnet wird: Lohn, Honorar, Gehalt, Gage, Gewinnanteil, Ergebnisbeteiligung, Umsatzprozente, leistungsbezogene Prämie[22], Anwesenheits- und Pünktlichkeitsprämie, Inkassoprämie[23], Entgelt für Bereitschaftsdienst, Nachteilausgleich nach § 113 BetrVG, Erfolgsbeteiligung[24], Prämie für Verbesserungsvorschläge[25], Vergütung für eine (gebundene) Erfindung (Diensterfindung), die als Patent oder Gebrauchsmuster schutzfähig ist[26], Unfallverhütungsprämie, Metergeld im Möbeltransportgewerbe, Mietkostenzuschüsse des Arbeitgebers, Kindergartenzuschuss (vgl. § 3 Nr. 33 EStG), Barzuschuss für arbeitstägliche Mahlzeiten (Essens- oder Kantinenzuschuss), Vermittlungsprovision für Vermittlungen im Rahmen des Arbeitsverhältnisses, Tantieme, Familien-, Kinder-[27] oder Teuerungszulage[28], Zulagen anderer Art, Wohnungsgeld, Ortszuschlag, Erziehungsbeihilfen, Vergütungsanspruch des Auszubildenden (Lehrlingsvergütung, dazu Rdn. 1002), Provision des festangestellten Provisionsvertreters oder Reisenden (wegen des selbstständigen Vertreters siehe Rdn. 886). Wegen des Bedienungszuschlages siehe Rdn. 900; zur Abgangsentschädigung siehe Rdn. 890. Schließlich kommt es auch nicht darauf an, ob der Schuldner ständig oder nur bei Bedarf beim Drittschuldner arbeitet[29]. Auch wenn das Dienst- oder Arbeitsverhältnis die Arbeitskraft des Schuldners nicht voll in Anspruch nimmt, ist die Vergütung Arbeitseinkommen (siehe Rdn. 873). Bei halbtags- oder stundenweiser Beschäftigung unterliegt daher jedes einzelne von mehreren Arbeitsverhältnissen dem Pfändungsschutz der §§ 850 ff. ZPO[30]; doch werden die verschiedenen Arbeitseinkommen vom Vollstreckungsgericht zusammengerechnet (siehe § 850 e Nr. 2 ZPO und Rdn. 1138 ff.). Nebenberuflich tätige Musiker sind nach widerlegbarem Anschein Arbeitnehmer des Gastwirts, sofern nicht die Kapelle gegenüber

---

20 *BArbG* Betrieb 1978, 942.
21 Eine dem Tarifvertrag widersprechende ungünstige Vereinbarung muss der Gläubiger nicht gegen sich gelten lassen, siehe *LArbG Düsseldorf* BB 1955, 1140.
22 **Schrifttum:** *Skibben*, Die Zulässigkeit der Pfändung von Prämien, DGVZ 1988, 4.
23 *BArbG* Betrieb 1978, 942.
24 *LG Berlin* Rpfleger 1959, 132.
25 *Stein/Jonas/Brehm*, ZPO, Rdn. 27 zu § 850.
26 *Wieczorek/Schütze/Lüke*, ZPO, Rdn. 62 zu § 850.
27 Wegen der Behandlung der Kinderzuschläge siehe vorstehend Fußn. 11.
28 *OLG Düsseldorf* OLG 37, 182.
29 Siehe *RArbG* JW 1933, 2930.
30 Siehe aber wegen der Nebenbeschäftigung Rdn. 982.

Dritten als selbstständige Gesellschaft oder der Kapellmeister als Arbeitgeber der Musiker auftritt. Selbstständigkeit der Kapelle gegenüber dem Gastwirt wird angenommen, wenn sie nur gelegentlich (etwa nur für einen Abend oder nur an einem Wochenende) bei ihm spielt[31]. Die Pfändungsschutzbestimmungen der §§ 850 ff. ZPO setzen kein rechtswirksames Arbeitsverhältnis voraus, sondern finden auch auf jedes sog. faktische Arbeits- oder Beschäftigungsverhältnis Anwendung. Das Arbeitseinkommen eines ausländischen Arbeitnehmers, der ohne Arbeitserlaubnis tätig ist, unterliegt den Pfändungsschutzbestimmungen[32] schon deshalb, weil dessen Arbeitsverhältnis nicht allein wegen der fehlenden Arbeitserlaubnis nichtig ist[33]. Ebenso unterliegt Arbeitseinkommen Staatenloser dem Pfändungsschutz.

Das *Altersteilzeit-Arbeitsverhältnis*[34] ist ein Teilzeitarbeitsverhältnis. **881a** Das vom Arbeitgeber für die Altersteilzeitarbeit zu zahlende Entgelt („Altersentgelt"), zu dem auch der vom Arbeitgeber zu leistende Aufstockungsbetrag gehört, ist daher Arbeitseinkommen. Das „Altersentgelt" kann als Arbeitseinkommen somit nur nach Maßgabe der §§ 850 a–i ZPO gepfändet werden (§ 850 Abs. 1 ZPO). Die als „Arbeitseinkommen" im Pfändungsbeschluss bezeichnete Forderung an den Arbeitgeber erfasst „Altersentgelt" als Arbeitseinkommen (Rdn. 925), und zwar auch mit den künftig fällig werdenden Beträgen (§ 832 ZPO). Ebenso erfasst eine Pfändung des Arbeitseinkommens nach späterer Begründung eines Altersteilzeit-Arbeitsverhältnisses bei dem bisherigen Arbeitgeber ohne weiteres auch das „Altersentgelt" (§ 832 ZPO). Leistet eine Ausgleichskasse oder eine gemeinsame Einrichtung der Tarifvertragsparteien den Aufstockungsbetrag (§ 9 Abs. 1 Altersteilzeitgesetz), ist diese dafür Drittschuldnerin. Zusammenrechnung des Arbeitsentgelts für die Altersteilzeitarbeit (Drittschuldner: Arbeitgeber) und des Aufstockungsbetrags kann nach § 850 e Nr. 2 ZPO erfolgen.

Die Bundesagentur für Arbeit gewährt dem Arbeitnehmer den Aufstockungsbetrag für Altersteilzeitarbeit, wenn von ihr der Teilzeit-Arbeitnehmer Krankengeld, Versorgungskrankengeld, Verletztengeld oder Übergangsgeld erhält (§ 10 Abs. 2 Altersteilzeitgesetz). Damit erhält der Arbeitnehmer auch diese Beträge als laufende Geldleistungen nach dem Sozialgesetzbuch; deren Pfändbarkeit bestimmt sich daher nach § 54 Abs. 4 SGB I (4. Kapitel).

---

31 Dazu *BFH* BB 1977, 176 (Leits.) mit Anm. *Bornhaupt*.
32 *LArbG Düsseldorf* Betrieb 1969, 931.
33 *BArbG* AP Nr. 4 zu § 19 AFG = NJW 1977, 1608 mit Nachw.; *Fenn* ZZP 93 (1980) 228 (Buchbesprechung).
34 Altersteilzeitgesetz vom 23. Juli 1996, BGBl I 1078 (Änderung zuletzt BGBl 2009 I 634 (641).

3. Kapitel: Pfändung von Arbeitseinkommen

882 Für Arbeitszeit, die infolge eines gesetzlichen Feiertages ausfällt, sowie bis zur Dauer von 6 Wochen bei *Arbeitsunfähigkeit infolge unverschuldeter Krankheit* wird einem Arbeitnehmer sein Arbeitsentgelt vom Arbeitgeber fortgezahlt (§ 1–3 EntgeltfortzahlungsG[35]). Gleiches gilt bei Arbeitsverhinderung infolge einer Maßnahme der medizinischen Vorsorge oder Rehabilitation (§ 9 EntgeltfortzahlungsG mit Einzelheiten). Dieses fortzuzahlende Arbeitsentgelt bleibt als Arbeitseinkommen nach Maßgabe der §§ 850 ff. ZPO gepfändet; es kann bei Vollstreckung während einer Erkrankung nur in den Grenzen der §§ 850 ff. ZPO gepfändet werden.

883 Streik- und die Aussperrungsunterstützung, die während eines Arbeitskampfes von einer Gewerkschaft gezahlt werden, sind kein Arbeitsentgelt (keine „Gegenleistung" für das Zurverfügungstellen der Arbeitskraft des Arbeitnehmers")[36]. Sie sind aber als (teilweise) Entschädigung für ausfallende Arbeitseinnahmen wie diese für Deckung des Lebensunterhalts des Schuldners und seiner Angehörigen bestimmt. Damit sind sie nach dem Schutzgedanken der §§ 850 ff. ZPO pfändungsrechtlich als Arbeitseinkommen anzusehen und wie dieses vor Gläubigerzugriff geschützt, somit nur nach Maßgabe der §§ 850 a–k ZPO pfändbar[37]. Sie können bei der nach dem Schutzzweck gebotenen (nicht engen) Auslegung des § 850 Abs. 2 ZPO ohne weiteres zu den ähnlichen fortlaufenden Einkünften gerechnet werden, die nach einstweiligem „Ausscheiden" aus dem Arbeitsverhältnis gewährt werden. Unerheblich ist damit, dass diese Leistungen ihre Rechtsgrundlage in der Mitgliedschaft des Arbeitnehmers bei der Gewerkschaft haben.

c) *Ruhegelder und ähnliche nach dem einstweiligen oder dauernden Ausscheiden aus dem Dienst- oder Arbeitsverhältnis gewährte fortlaufende Einkünfte*

884 Es sind dies wiederkehrende Bezüge, die einem privaten Arbeitnehmer nach seinem *Ausscheiden aus dem Betrieb* mit Rücksicht auf das frühere Arbeitsverhältnis gezahlt werden. Die Zahlung kann vom früheren Arbeitgeber[38] selbst oder aus einer Pensionskasse[39] (s. Rdn. 920), von einer Un-

---

35 Gesetz über die Zahlung des Arbeitsentgelts an Feiertagen und im Krankheitsfall. Vom 26. Mai 1994, BGBl I 1014 (Art. 53, Seite 1065), mit Änderungen.
36 Steuerrechtlich ist Streikunterstützung (damit auch Aussperrungsvergütung) weder Arbeitslohn noch Entschädigung in Form des Ersatzes entgangener Einnahmen. Sie unterliegt daher nicht der Einkommensteuer, *BFH* 162, 329 = NJW 1991, 1007.
37 So auch *Schuschke/Walker,* Vollstreckung, Rdn. 11; *Stein/Jonas/Brehm,* Rdn. 51, je zu § 850 ZPO.
38 Dem Pfändungsschutz unterliegen auch Versorgungsbezüge von Vorstandsmitgliedern einer Aktiengesellschaft (Geschäftsführern einer GmbH), siehe *BGH* NJW 1978, 756 = a.a.O. (Fußn. 49).
39 *BArbG* (14. 8. 1990) NZA 1991, 147. Zur Pfändung des Aufwendungserstattungsanspruchs des Unterstützungsvereins gegen den Arbeiger als Trägerunternehmen durch den Pensions-Sicherungsverein *ArbG München* Betrieb 1983, 2204.

terstützungskasse, einem Gemeinschaftsfond usw.[40] (s. Rdn. 920) geleistet werden. Gleichgültig ist, ob die Leistung als Entgelt für vorzeitiges Ausscheiden oder als Altersversorgung (auch als Firmen„zuschuss" zur betrieblichen Altersversorgung) gewährt wird, sowie außerdem, ob die Leistung auf Grund eines Rechtsanspruchs (Abrede im Dienstvertrag, Tarifvertrag oder in einer Betriebsvereinbarung, ggf. durch bindende betriebliche Übung) oder freiwillig geleistet wird. Auf Ruhegelder, die der Arbeitgeber selbst nach Eintritt in den Ruhestand weiterbezahlt, erstreckt sich eine Pfändung gem. § 832 ZPO. Ruhegeld, das von einem anderen Drittschuldner, insbesondere von einer Pensionskasse mit eigener Rechtspersönlichkeit, geleistet wird, ist von einer gegen den bisherigen Arbeitgeber ausgebrachten Pfändung nicht erfasst, sondern ist neu zu pfänden. Wegen der Versorgungsleistungen siehe Rdn. 885; wegen der Versorgungsrenten nach den Sozialversicherungsgesetzen siehe 4. Kap.

Vorruhestandsgeld eines Arbeitnehmers, der das 58. Lebensjahr vollendet und seine Erwerbstätigkeit beendet hat, wird vom Arbeitgeber gezahlt[41]. Der Anspruch kann auf Grund eines Tarifvertrags[42] oder einer entsprechenden Einzelvereinbarung bestehen (Einzelheiten: § 2 VRG). Auf Grund eines Tarifvertrags können die Vorruhestandsleistungen auch von einer Ausgleichskasse der Arbeitgeber zu erbringen sein (§ 8 VRG). Die Pfändbarkeit regelt das Gesetz zur Förderung von Vorruhestandsleistungen (Vorruhestandsgesetz – VRG) in

884a

§ **7 Abs. 3** wie folgt:
(3) Der Anspruch auf Vorruhestandsgeld kann wie der Anspruch auf Arbeitseinkommen gepfändet, verpfändet oder übertragen werden.

Drittschuldner bei Pfändung ist der Arbeitgeber, bei Zahlung durch eine Ausgleichskasse diese. Vorruhestandsleistungen, die der Arbeitgeber selbst bezahlt, sind im Pfändungsbeschluss mit der Benennung als „Arbeitseinkommen" bestimmt genug bezeichnet[43]; auf sie erstreckt sich eine Pfändung des Arbeitseinkommens gem. § 832 ZPO. Dessen Pfändung setzt sich somit nach Eintritt in den Vorruhestand an diesen Vorruhestandsleistungen fort (s. Rdn. 973). Vorruhestandsleistungen, die von einer Ausgleichskasse (mit eigener Rechtspersönlichkeit) geleistet werden, sind von einer gegen den bisherigen Arbeitgeber ausgebrachten Pfändung nicht erfasst (siehe das in Rdn. 884 Gesagte). Gewährt die Bundesagentur für Arbeit Vorruhestandsgeld wie ein Arbeitgeber, dann gelten die §§ 140 k und 141 l AFG

---

40 Auch dem Träger der Insolvenzversicherung, s. Ges. zur Verbesserung der betrieblichen Altersversorgung (Betriebsrentengesetz), vom 19. Dez. 1974, BGBl I 3610, mit Änderungen.
41 Gesetz zur Förderung von Vorruhestandsleistungen (Vorruhestandsgesetz –VRG) vom 13. April 1984, BGBl I 601 (mit Änderungen).
42 Auch auf Grund einer Regelung der Kirchen und der öffentlich-rechtlichen Religionsgesellschaften.
43 *LArbG Frankfurt* BB 1988, 1465 (Leits.) = Betrieb 1988, 1456. Bei Einmalzahlung der Vorruhestandsleistung (in Form einer Abfindung) bestimmt sich der Pfändungsschutz nach § 850 i ZPO, *LArbG Frankfurt* a.a.O.

(jetzt §§ 188, 189 SGB III) entsprechend (§ 9 Abs. 4 VRG; siehe daher Rdn. 1449). Pfändung der Zuschüsse an Arbeitgeber zu den Aufwendungen für Vorruhestandsleistungen s. Rdn. 1317.

d) *Hinterbliebenenbezüge*

885 Hinterbliebenenbezüge[44] sind Witwen- und Waisengeld sowie alle sonstigen Leistungen, die nach dem Tode des früheren Arbeitnehmers seinen *Hinterbliebenen* (Witwe, Kinder, evtl. auch einem Verwandten aufsteigender Linie) auf Grund Beamten-, Angestellten- oder Arbeitsverhältnisses fortlaufend gewährt werden. Unterhaltsbeiträge, die der geschiedenen Ehefrau oder den Kindern eines Beamten, die keinen Anspruch auf Waisengeld haben, im Gnadenweg zugebilligt wurden, sind nach § 850 b Abs. 1 Nr. 3 ZPO nur bedingt pfändbar (siehe auch Rdn. 878). Sterbe- und andere Gnadenbezüge sind (auch für Unterhaltsgläubiger) voll unpfändbar (§ 850 a Nr. 7 ZPO).

e) *Sonstige Vergütungen für Dienstleistungen aller Art, die die Erwerbstätigkeit des Schuldners vollständig oder zu einem wesentlichen Teil in Anspruch nehmen*

886 aa) Es sind dies Bezüge, die rechtlich nicht Arbeitseinkommen im engeren Sinne sind, ihm aber wirtschaftlich gleichstehen, insbesondere Bezüge aus *unabhängigen Dienstverträgen*, also auch die Ansprüche eines *selbstständigen* (freien) *Handels-*[45] *oder Versicherungsvertreters* (Agenten) auf Fixum und Provision[46] (samt Umsatzsteuer). Denn es ist nicht darauf abgestellt, ob die Entgelte auf Grund eines freien oder eines abhängigen Dienstverhältnisses gewährt werden. Wesentlich ist vielmehr, dass es sich um wiederkehrend zahlbare Vergütungen aus Dienstleistungen handelt[47], dass mithin das Vertragsverhältnis auf fortlaufenden Austausch von Dienstleistungen und -vergütungen gerichtet ist. Arbeitseinkommen ist deshalb auch die einem Versicherungsvertreter für die Zeit der Ausbildung und des Aufbaues einer Agentur gezahlte monatliche Garantiesumme[48]. Ebenso unterliegen die Bezüge des Vorstandsmitglieds einer Aktiengesellschaft[49]

---

44 Pfändung der – nicht übertragbaren – Witwenrente, die eine Ärztekammer (Körperschaft des öffentlichen Rechts) zahlt, siehe Rdn. 15.
45 **Schrifttum:** *Treffer,* Pfändung von Provisionsansprüchen, MDR 1998, 384.
46 *BArbG* AP Nr. 3 zu § 850 ZPO mit zust. Anm. *Pohle* = NJW 1962, 1221 = Rpfleger 1963, 44 mit Anm. *Berner; BayOLG* NJW 2003, 2181; *OLG Hamm* BB 1972, 855; siehe auch *Roellecke* BB 1957, 1158; *LG Berlin* Rpfleger 1962, 217 = VersR 1962, 217; *KG* Rpfleger 1962, 219; *OLG Braunschweig* BB 1951, 894; *LArbG Saarbrücken* KKZ 1979, 14. **A.A.** *LG Bochum* BB 1957, 1158 und *LG Stuttgart* Rpfleger 1950, 250, denen aber nicht gefolgt werden kann, weil es nicht auf die Selbstständigkeit des Handelsvertreters, sondern auf die Zahlungsweise der Vergütung aus Dienstleistungen für den Unternehmer ankommt. Selbstständige Agenten, die Einkünfte aus verschiedenartigen Quellen als nicht wiederkehrende Bezüge haben, unterliegen gegebenenfalls dem Pfändungsschutz des § 850 i Abs. 1 ZPO.
47 *BArbG, OLG Hamm* und *LArbG Saarbrücken* je a.a.O. (Fußn. 46).
48 *LG Berlin* Rpfleger 1962, 217.
49 *BGH* JurBüro 1978, 519 = MDR 1978, 387 = NJW 1978, 756. Ebenso *Stein/Jonas/Brehm*, ZPO, Rdn. 38 zu § 850; **a.A.** *BGH* 41, 288 (weitgehend aufgegeben jedoch mit *BGH* 1978 a.a.O.).

(damit auch dessen betriebliches Ruhegeld[50]) oder einer Genossenschaft sowie des Geschäftsführers einer Gesellschaft m.b.H.[51] (auch wenn er als Gesellschafter der GmbH seine Arbeitsleistung auf Grund des Gesellschaftsvertrags erbringt[52]) als Arbeitseinkommen den Pfändungsbeschränkungen der §§ 850 ff. ZPO. Gleiches hat für die nach einem (schuldrechtlichen) Anstellungsvertrag zu leistende Vergütung[53] des Vorstandsmitglieds eines Vereins zu gelten. Arbeitsrechtliche Aufwandsentschädigung des angestellten Vorstands ist damit im Rahmen des Üblichen nach § 850 a Nr. 3 ZPO unpfändbar[54]. Der Aufwendungsersatz des nur organschaftlich (ohne Anstellungsvertrag), somit „unentgeltlich" tätigen Vorstands (§ 27 Abs. 3, § 670 BGB) ist hingegen pfändbar (kein Arbeitseinkommen; keine Zweckbindung nach § 851 Abs. 1 ZPO). Entsprechendes gilt für die Vergütung und den Aufwendungsersatz anderer Organe des Vereins[55]. Auch Forderungen auf fortlaufenden Werklohn aus einem Werkvertrag können als Dienstleistungsvergütungen im Sinne des § 850 Abs. 2 ZPO Arbeitseinkommen sein (z. B. wenn der Schuldner persönlich in einem ständigen Auftragsverhältnis Reinigungsarbeiten[56] oder Transporte[57] für den Drittschuldner durchführt).

Eine Besonderheit gegenüber Arbeits- und Dienstlöhnen ist bei sonstigen Vergütungen für Dienstleistungen aller Art aber insofern gegeben, als Pfändungsschutz nur dann besteht, wenn die Dienstleistungen die Erwerbstätigkeit des Schuldners *ganz oder zu einem wesentlichen* (nicht notwendig überwiegenden) *Teil* in Anspruch nehmen. Es kommt dabei nicht auf die objektive Erwerbsmöglichkeit, sondern auf die tatsächlich ausgeüb-

887

---

50 Siehe *BGH* NJW-RR 1989, 286 (290).
51 Hierzu auch *Timm*, Der Gesellschafter-Geschäftsführer im Pfändungs- und Insolvenzrecht, ZIP 1981, 10. Ein (generelles) Abtretungsverbot (vergleichbar dem für Honorarforderungen von Ärzten und Rechtsanwälten) besteht für die Vergütungsforderung des GmbH-Geschäftsführers nicht (*BGH* MDR 1996, 918 = NJW 1996, 2576). Die Pfändung würde es überdies nicht hindern (siehe Rdn. 14 a).
52 Bestehen neben den gesellschaftsvertraglichen Rechtsbeziehungen weitere vertragliche Beziehungen und wird die Dienstleistung des Gesellschafters als Geschäftsführer in persönlicher Abhängigkeit auf Grund eines Dienstvertrags erbracht (dazu *BArbG* BB 1991, 479 = Betrieb 1991, 659), dann ist die Vergütung als Dienstlohn Arbeitseinkommen nach § 850 Abs. 2 ZPO. Wenn der Geschäftsführer infolge seiner Kapitalbeteiligung an der GmbH und seiner Leitungsbefugnis dem Unternehmer oder Mitunternehmer gleich steht, sollte aber auch ein Anstellungsvertrag vollstreckungsrechtlichen Schutz seiner Vergütung (des „Entgelts" für die Tätigkeit) nicht begründen können.
53 Zu dieser Vergütung *Stöber*, Vereinsrecht, Rdn. 309–311. Eine Pfändung des Einkommens des Arbeitnehmers des Vereins erstreckt sich nach § 833 Abs. 1 ZPO auch auf die Vorstandsvergütung, wenn der Arbeitnehmer des Vereins zum Vorstandsmitglied bestellt und im Hinblick darauf ein Dienstvertrag mit höheren Bezügen abgeschlossen wird. Dass damit im Zweifel das bisherige Arbeitsverhältnis aufgehoben wird (*BArbG* BB 1996, 114), ist unerheblich.
54 *Stöber*, Vereinsrecht, Rdn. 313 a.
55 *Stöber*, Vereinsrecht, Rdn. 313.
56 *BArbG* AP Nr. 8 zu § 850 ZPO (weitere Fundstellen Rdn. 496 Fußn. 23).
57 *LG Hannover* JurBüro 1992, 265.

te Tätigkeit an[58]. Daher ist, wenn der Schuldner aus Erwerbstätigkeit nur eine Einnahmequelle hat, mehrere vergleichbare Tätigkeiten also überhaupt nicht vorhanden sind, nicht abzuwägen, ob die Arbeitskraft vollständig oder wesentlich in Anspruch genommen ist[59]; die Vergütung für die einzige sonstige Dienstleistung unterliegt stets den Pfändungsschutzbestimmungen der §§ 850 ff. ZPO. Nur neben anderem Einkommen aus Erwerbstätigkeit sind daher sonstige Vergütungen für nur gelegentliche Dienstleistungen (*Nebeneinkommen*[60] aus vereinzelter, unregelmäßiger Arbeitsverrichtung) als gewöhnliche Geldforderungen unbeschränkt pfändbar. Die einem *Gelegenheitsarbeiter* zu zahlende Vergütung wird daher, auch soweit die verschiedenen Dienstleistungen seine Erwerbstätigkeit nicht vollständig oder zu einem wesentlichen Teil in Anspruch nehmen, stets ohne Ausnahme als Arbeitseinkommen zu behandeln sein.

888   bb) Als Vergütung für sonstige Dienstleistungen ist auch der Vergütungsanspruch[61] eines *Kassenarztes* oder -zahnarztes[62] anzusehen, wenn der Arzt durch die kassenärztliche Tätigkeit zu einem wesentlichen (nicht überwiegenden) Teil in Anspruch genommen ist[63]. Zur Besonderheit bei Eröffnung des Insolvenzverfahrens siehe jedoch Rdn. 972 c. Die Gebührenansprüche des beigeordneten Rechtsanwaltes gegen die Staatskasse werden nicht wiederkehrend gezahlt; sie sind daher nicht als sonstige Vergütungen Arbeitseinkommen[64].

889   cc) *Lizenzfußballspieler* der Bundesliga[65] erhalten Bezüge als Angestellte ihres Vereins[66]. Diese Bezüge sind daher Arbeitseinkommen im Sinne der §§ 850 ff. ZPO; wegen ihrer Zusammenrechnung mit anderem Arbeits-

---

58   *OLG Dresden* OLG 27, 134; *OLG Düsseldorf* MDR 1953, 559.
59   KG JW 1937, 2232; *OLG Düsseldorf* a.a.O. (Fußn. 58).
60   Wegen des Nebenverdienstes im übrigen siehe Rdn. 982.
61   Die Gesamtvergütung für Versorgung der Versicherten ist einer Aufspaltung in Entgelt und Aufwandsentschädigung nicht zugänglich; § 850 a Nr. 3 ZPO erfasst solche Ansprüche nicht, analoge Anwendung ist ausgeschlossen; es greift § 850 f Abs. 1 ZPO ein (*BGH* 96, 324 = a.a.O. [Fußn. 63]; dazu Rdn. 992).
62   Auch das Entgelt des Urlaubsvertreters eines Kassenarztes (siehe *OLG Stuttgart* NJW 1986, 2374) ist pfändungsrechtlich als Arbeitseinkommen anzusehen.
63   *BGH* 96, 324 = JurBüro 1986, 551 = JZ 1986, 498 mit Anm. *Brehm* = MDR 1986, 404 = NJW 1986, 2362; *OLG Hamburg* JW 1936, 2940; *KG* JW 1938, 1918; *OLG Nürnberg* JW 1926, 2471 mit Anm. *Baum* und JurBüro 2002, 603 = OLGR 2003, 463; *OLG Hamm* Rpfleger 1958, 280 mit zust. Anm. *Berner*; *BFH* NJW 1952, 376 = BStBl III 1951, 58; *v. Glasow* Rpfleger 1987, 289. Da die Einnahmen aus der Privatpraxis an sich unbeschränkt pfändbar sind, werden sie bei Ermittlung des pfändungsfreien Betrages aus der Kassenpraxis nicht berücksichtigt (*Berner* Rpfleger 1958, 280). Siehe aber wegen der Zusammenrechnung dieser Bezüge und der aus der Privatpraxis erzielten Einnahmen bei Pfändungsschutz nach § 850 i ZPO Rdn. 1242, wegen des Unkostenanteils siehe Rdn. 1178.
64   Siehe aber *Stein/Jonas/Brehm*, ZPO, Rdn. 40 zu § 850: fallen in der Regel unter § 850 i ZPO.
65   **Schrifttum:** *Buchner*, Die Rechtsstellung der Lizenzspieler, NJW 1976, 2242.
66   *BArbG* NJW 1980, 470 mit Nachweisen. Zur Arbeitnehmereigenschaft des Vertragsamateur-Fußballspielers bei einem Oberligaverein siehe *LArbG Hamm* BB 1989, 2331 (Leits.). = Betrieb 1990, 739 (Leits.).

einkommen siehe § 850 e Nr. 2 ZPO. Leistungsprämien für die Mitwirkung an bestimmten Spielen sind Leistungslohn für die laufenden Dienstleistungen[67]; als zeitgebundener Arbeitslohn sind sie pfändungsrechtlich daher bei dem Auszahlungszeitraum zu berücksichtigen, für den sie geleistet werden. Erfolgsprämien (z. B. am Ende einer Saison für Erringung einer Meisterschaft) dienen der teilweisen Abgeltung der Dienstleistungen im Spielzeitraum; sie sind daher bei Anfall wie Nachzahlungen zu berücksichtigen (Rdn. 1042). Einmalige Zahlungen (Handgeld usw.) unterliegen ggf. nach § 850 i ZPO dem Pfändungsschutz. Andere *Vertragsspieler* der Sportvereine erhalten ihre Bezüge nicht unmittelbar als Arbeitseinkommen, sondern als „sonstige Vergütungen für Dienstleistungen"[68]. Wenn der Schuldner weiteres Einkommen hat und die Tätigkeit als Spieler ihn nicht zu einem wesentlichen Teil in Anspruch nimmt, sind die Einkünfte aus der sportlichen Tätigkeit daher unbeschränkt pfändbar (§ 850 Abs. 2 letzter Satzteil ZPO). Die Einkünfte des sonst erwerbslosen Vertragsspielers unterliegen dagegen mangels anderer Einnahmequellen (siehe Rdn. 887) stets dem Lohnpfändungsschutz[69].

IV. Sonstige Bezüge, die Arbeitseinkommen sind oder diesem gleichgestellt sind (§ 850 Abs. 3 ZPO)

1. *Karenz-Entschädigung*

Entschädigungen, die einem *früheren* Arbeitnehmer[70] (auch dem Geschäftsführer einer GmbH[71]) für die Beschränkung seiner Tätigkeit nach Beendigung des Dienstverhältnisses gewährt werden (Entschädigung für Wettbewerbsverbote, Karenzentschädigungen, Wartegelder, siehe § 74 HGB, § 133 GewO u.a.), haben ihren Ursprung (auch bei vertraglicher Regelung) in dem Dienst- oder Arbeitsverhältnis. Sie sind daher dem Arbeitseinkommen ausdrücklich gleichgestellt (§ 850 Abs. 3 a ZPO). Die einmalige Abfindung für eine solche Entschädigung genießt im Rahmen des § 850 i ZPO Pfändungsschutz[72].

890

Auch die Provision des Handelsvertreters aus Bezirks- und Kundenschutz (§ 87 Abs. 2, 3 HGB) sowie der Ausgleichsanspruch des ausgeschiedenen Handelsvertreters (§ 89 b HGB) beruhen auf seinem Dienstverhältnis, genießen daher gleichfalls den Pfändungsschutz für Arbeitseinkommen. Gleiches gilt für die Entschädigung, die ein Handelsvertreter nach Beendi-

891

---

67 *BArbG* Betrieb 1972, 832.
68 *OLG Düsseldorf* a.a.O. (Fußn. 58).
69 *OLG Düsseldorf* a.a.O. (Fußn. 58).
70 Zur Pfändung von Abfindungen anlässlich der Beendigung des Arbeitsverhältnisses siehe auch *Hohn* BB 1963, 1100. Wettbewerbsentschädigungen, die von einem selbstständig Tätigen mit Konkurrenzunternehmen usw. vereinbart werden, unterliegen nicht dem Pfändungsschutz für Arbeitseinkommen, sondern sind unbeschränkt pfändbar.
71 *OLG Rostock* NJW-RR 1995, 173.
72 So auch *Stein/Jonas/Brehm*, ZPO, Rdn. 45 zu § 850.

gung des Vertragsverhältnisses für die Dauer der Wettbewerbsbeschränkung erhält (§ 90 a HGB)[73].

2. *Versicherungsrenten*

892   Versicherungsleistungen in Rentenform auf Grund von Verträgen zur Versorgung des Versicherungsnehmers oder seiner unterhaltsberechtigten Angehörigen ersetzen ganz oder teilweise Ruhegelder oder Hinterbliebenenbezüge. Sie sind deshalb ebenfalls ausdrücklich dem Arbeitseinkommen gleichgestellt (§ 850 Abs. 3 b ZPO). Die Versicherungsrente muss zur Versorgung nach dem Ausscheiden aus einem Dienst- oder Arbeitsverhältnis oder auch zur Ergänzung der Versorgung oder unzureichender Versorgungsbezüge erworben, der Bezugsberechtigte somit früher Bezieher von „Arbeitseinkommen" i.S. des § 850 ZPO gewesen oder dessen unterhaltsberechtigter Angehöriger sein[74]. Das folgt aus dem Schutzzweck der Vorschrift[75]. Der Arbeitnehmer, der mit versicherungsrechtlicher Vorsorge für sich oder seine Angehörigen den angemessenen Lebensunterhalt für das Alter sichergestellt hat, soll in gleicher Weise vor Gläubigerzugriff geschützt sein wie der Schuldner mit (ausreichenden) beamten- oder arbeitsrechtlichen Versorgungsbezügen. Fortlaufende Einkünfte freiberuflich tätiger oder überhaupt nicht berufstätiger Personen sind kein Arbeitseinkommen im Sinne des § 850 ZPO; gleichermaßen unterstellt § 850 Abs. 3 b ZPO die für den Lebensunterhalt dieser Personen im Alter bestimmten Versicherungsbezüge nicht den Pfändungsvorschriften für Arbeitseinkommen[76]. Dass die Versicherung von vornherein auf die Versorgung gerichtet ist, kann nicht gefordert werden[77]. Ruhegelder oder Hinterbliebenenbezüge ersetzen Renten auch, wenn sie nachträglich einem unterhaltsberechtigten Angehörigen durch Benennung als Bezugsberechtigter zugewendet werden. Es kann zudem von einem Schuldner, der bei Eheschließung schon eine Rentenversicherung eingegangen ist, nicht verlangt werden, dass er diese Versicherung mit Verlust löst und das erlöste Geld für den Abschluss einer Neuversicherung zugunsten seiner Angehörigen verwendet. Eine Kapitallebensversicherung fällt auch nicht deshalb unter die Pfändungsbeschränkung des § 850 Abs. 2 a ZPO, weil dem Versicherungsnehmer das Recht eingeräumt ist, statt einer fälligen Kapitalleistung eine Versorgungsrente zu wählen[78] (gemischte Kapitalversicherung, Rdn. 197). Nach Pfändung der Kapitallebensversicherung kann der Schuldner Pfändungsschutz

---

73 *Stein/Jonas/Brehm*, ZPO, Rdn. 51 z § 850.
74 *OLG Frankfurt* VersR 1996, 614; *LG Braunschweig* NJW-RR 1998, 1960 = Rpfleger 1998, 78 (möglich aber Schutz nach § 765 a ZPO); *LG Frankfurt/Oder* Rpfleger 2002, 322 (möglich aber § 765a ZPO); *Musielak/Becker*, ZPO, Rdn. 13 zu § 850. **Anders** *Stein/Jonas/Brehm*, ZPO Rdn. 48; *Wieczorek/Schütze/Lüke*, ZPO, Rdn. 71, je zu § 850.
75 Siehe *Merten*, Lohnpfändungsrecht (1941), Anm. 3 zu § 2.
76 *BGH* FamRZ 2008, 404 = MDR 2008, 288 = NJW-RR 2008, 496 = NZI 2008, 93 = Rpfleger 2008, 150; *BGH* FamRZ 2008, 358 = Rpfleger 2008, 152; *LG Braunschweig* NJW-RR 1998, 1690 = a.a.O.; *LG Frankfurt/Oder* Rpfleger 2002, 322.
77 **A.A.** *Berner* Rpfleger 1957, 197.
78 *BFH* FamRZ 2007, 2068 = JurBüro 2008, 44 = Rpfleger 2007, 672.

nach § 850 Abs. 2 a ZPO nicht mehr durch Ausübung des Rentenwahlrechts zum Nachteil des Gläubigers herbeiführen[79]. Zur vertraglichen Berufsunfähigkeits(zusatz)rente siehe Rdn. 1007.

Die Rente kann auch durch eine *Direktversicherung* begründet worden sein. Die Direktversicherung ist Form der betrieblichen Altersversorgung (§ 1 Abs. 2 Gesetz zur Verbesserung der betrieblichen Altersversorgung [Betriebsrentengesetz – BetrAVG] vom 19. Dez. 1974, BGBl I 3610; s. Rdn. 917). Als Leistungen aus Rentenversicherung (auch Unfallzusatz-, Berufsunfähigkeits- oder Berufsunfähigkeitszusatzversicherung) sind Bezüge aus Direktversicherung Arbeitseinkommen nach § 850 Abs. 3 Buchst. b ZPO; handelt es sich um eine Kapitalversicherung, ist die Leistung nicht wiederkehrend zahlbare Vergütung (Schutz dann ggf. nach § 850 i Abs. 1 ZPO). Pfändbar sind die Ansprüche aus der Direktversicherung als Lebensversicherungsansprüche (Rdn. 191 ff.), als Arbeitseinkommen jedoch unter Wahrung der für dieses geltenden Beschränkungen. Nicht pfändbar (da nicht abtretbar, § 2 Abs. 2 S. 4 BetrAVG mit § 851 Abs. 1 ZPO) ist der Anspruch des ausgeschiedenen Arbeitnehmers aus einem Versicherungsvertrag in Höhe des durch Beitragszahlung des Arbeitgebers gebildeten geschäftsplanmäßigen Deckungskapitals[80] oder des nach § 169 Abs. 3 VVG berechneten Zeitwerts. § 2 Abs. 2 S. 4 BetrAVG gilt jedoch dann nicht mehr, wenn die Versorgungsanwartschaft zum Vollrecht erstarkt ist[81]. **892a**

Versicherungsrenten im Sinne des § 850 Abs. 3 b ZPO können auch Tagegelder aus *Krankenversicherungen* sein[82]. Die an Stelle einer Rente gewährte Kapitalzahlung genießt aber keinen Vollstreckungsschutz; sie fällt auch nicht unter § 850 i ZPO[83]. Eine Kapitallebensversicherung ist nicht durch § 850 Abs. 3 ZPO geschützt[84]. **893**

Die Versorgungsanstalt des Bundes und der Länder in Karlsruhe gewährt Arbeitnehmern des öffentlichen Dienstes im Wege privat-rechtlicher Versicherung eine zusätzliche Alters- und Hinterbliebenenversorgung (§ 2 der Satzung). Die Anstaltsleistungen können nicht abgetreten oder verpfändet werden (§ 69 der Satzung); nach § 850 Abs. 3 b ZPO sind sie aber für die Zwangsvollstreckung Arbeitseinkommen, mithin nach Maßgabe der §§ 850 a ff. ZPO pfändbar[85]. **894**

---

79 *BFH* FamRZ 2007, 2968 = a.a.O.
80 *OLG Köln* OLGR 2003, 54; *OLG Stuttgart* OLGR 2000, 319 = VersR 2001, 619 lässt die Pfändung wegen des gesetzlichen Anspruches der (geschiedenen) Ehefrau auf Unterhalt und Zugewinnausgleich zu; (erhebliche) Zweifel dagegen äußert *OLG Köln* a.a.O. (S. 56).
81 *BGH* JurBüro 2009, 105 (106) = MDR 2009, 105 (106) = NJW-RR 2009, 211 (212) = Rpfleger 2009, 94.
82 Ebenso *Berner* Rpfleger 1957, 197 (siehe auch Rdn. 1019).
83 So auch *Musielak/Becker*, ZPO, Rdn. 13; *Stein/Jonas/Brehm*, ZPO, Rdn. 48, je zu § 850.
84 *BFH* 164, 399 = FamRZ 1992, 178 Leits. = JurBüro 1991, 1562 = MDR 1991, 1195 = NJW 1992, 527.
85 *Pfändbarkeit* der (einzelnen) Rentenzahlungen hat auch der *BGH* angenommen, siehe *BGH* 111, 248 (253).

3. Ersatzansprüche

895 *Schadensersatzansprüche*, die dem Ausgleich einer entgangenen oder zu Unrecht vorenthaltenen Arbeitsvergütung dienen, genießen den gleichen Pfändungsschutz wie das Arbeitseinkommen selbst[86]. Der bei vorzeitiger Entlassung oder fristloser Kündigung durch den Schuldner zum Schadensausgleich fortgezahlte Lohn (siehe § 628 Abs. 2 BGB) kann deshalb nur als Arbeitseinkommen gepfändet werden. Bei Zahlung einer Abfindungssumme (z. B. nach §§ 9, 10 KSchG, § 113 BetrVG, dazu Rdn. 1234), auch wenn sie für freiwilliges Ausscheiden (z. B. zur Rationalisierung oder in Zeiten des Personalabbaus) gezahlt wird, gilt deshalb § 850 i ZPO. Schadensersatzleistungen, die der Arbeitgeber wegen Verletzung arbeitsvertraglicher Pflichten für Ersatz eines Schadens im Privatvermögen gewährt, können, obgleich sie zum steuerpflichtigen Arbeitslohn rechnen[87], vollstreckungsrechtlich nicht als Arbeitseinkommen angesehen werden; sie unterliegen daher nicht dem Pfändungsschutz der §§ 850 ff. ZPO.

896 Auch Schadensersatzforderungen wegen *unfallbedingten Verdienstausfalls* des geschädigten Schuldners, der Einkünfte aus einem Arbeits- oder Dienstverhältnis bezieht, genießen den Pfändungsschutz der §§ 850 ff. ZPO[88], und zwar auch dann, wenn die Rente rückständig ist. Kapitalabfindungen, die zur Abgeltung der Ersatzforderung für künftige Arbeitseinkommen geleistet werden, sind jedoch voll pfändbar[89]. Schadensersatzforderungen freiberuflich Tätiger wegen Erwerbseinbuße oder entgangenen Gewinns und die zu ihrer Abfindung gewährte Kapitalzahlung unterliegen als nicht wiederkehrend zahlbare Vergütungen dem Schutz des § 850 i ZPO[90]. Wird der Schadensersatz als Rente wegen Verletzung des Körpers oder der Gesundheit oder wegen entgangener Dienstleistung gewährt, so folgt seine nur beschränkte Pfändbarkeit aus § 850 b Abs. 1 Nrn. 1 und 2, Abs. 2 ZPO; siehe dazu Rdn. 1005 ff.

Mit dem Übergang eines Schadensersatzanspruchs gegen einen Dritten auf den Arbeitgeber (s. z. B. § 6 des Entgeltfortzahlungsgesetzes vom 26. Mai 1994, BGBl I 1014 [1065]) entfällt der soziale Schutzzweck; der Schadensersatzanspruch genießt daher als Forderung des Arbeitgebers den für Arbeitseinkommen geltenden Pfändungsschutz nicht.

4. Gemischte Ansprüche

897 Der Pfändungsschutz für Arbeitseinkommen geht nicht dadurch verloren, dass sich der Anspruch des Schuldners gegen den Drittschuldner aus Arbeits- oder Dienstleistungen mit *unausgeschiedenem Entgelt für sonstige Leistungen* verbindet (Überlassung von Geld, Betriebseinrichtungen,

---

86 *Stein/Jonas/Brehm*, ZPO, Rdn. 50; *Zöller/Stöber*, ZPO, Rdn. 15, je zu § 850. Auch BArbG NJW 2009, 2324 (Schadensersatz, wenn Vergütung nach einer tariflichen Ausschlussfrist verfallen ist).
87 *BFH* BStBl 1975 II 520 = NJW 1975, 1911.
88 *Krebs* VersR 1962, 390.
89 *RG* JW 1936, 2403.
90 *Krebs* VersR 1962, 393.

Sonstige Arbeitseinkommen

Urheberrechten, Beschaffung der Stoffe beim Werkvertrag usw.). Dieses das echte Arbeitseinkommen übersteigende Entgelt genießt aber auch nicht deshalb Lohnpfändungsschutz, weil es mit Arbeitseinkommen gemeinsam geschuldet und gezahlt wird. Vielmehr muss, notfalls durch Schätzung, festgestellt werden, welcher Anteil der ganzen Leistung als Arbeitseinkommen zu betrachten ist und als solcher dem Lohnpfändungsschutz unterliegt und welcher Teil aus anderem Rechtsgrund geschuldet wird und deshalb unbeschränkt pfändbar ist. Wenn sich Gläubiger, Schuldner und Drittschuldner über die Höhe der Beträge nicht einigen können, nimmt nicht das Vollstreckungsgericht eine Schätzung vor, sondern trifft das Prozessgericht im Erkenntnisverfahren Bestimmung.

5. *Heimarbeit* (§ 850 i Abs. 3 ZPO)

Entgelt für Heimarbeit ist durch § 27 des HeimarbeitsG[91] ausdrücklich dem Arbeitseinkommen gleichgestellt. Die Vorschrift lautet

898

> **§ 27 HeimarbG**
> Für das Entgelt, das den in Heimarbeit Beschäftigten oder den Gleichgestellten gewährt wird, gelten die Vorschriften über den Pfändungsschutz für Vergütungen, die auf Grund eines Arbeits- oder Dienstverhältnisses geschuldet werden, entsprechend.

Da Entgelt für Heimarbeit regelmäßig als Stückentgelt bei der Ablieferung der Arbeit, nicht aber in gleichmäßigen Zeitabständen, ausbezahlt wird, muss es für die Anwendung der Lohnpfändungsvorschriften auf Zeitbasis umgerechnet werden. Die Umrechnung erfolgt, wenn bei Ablieferung der Arbeit ausbezahlt wird, in der Weise, dass der Zeitraum von der Ausgabe der Heimarbeit bis zu ihrer Ablieferung auf die für den Pfändungsschutz maßgebende Zeiteinheit umgewandelt wird.

Beispiel: Entgelt für Arbeitsstücke, die in 43 Tagen hergestellt wurden.

Umrechnung

$$\frac{\text{Gesamtentgelt}}{43} \times \text{Arbeitstage pro Woche oder Monat (6 oder 22–26)}$$

Entgelt für selbstgestelltes Arbeitsmaterial, das in der Vergütung des Heimarbeiters enthalten ist, ist unpfändbar (§ 850 a Nr. 3 ZPO, siehe hierwegen Rdn. 995). Bei Feststellung des pfändbaren Arbeitseinkommens ist vom Nettoentgelt (§ 850 e Nr. 1 ZPO) auszugehen; Lohn- und Kirchensteuer, Sozialabgaben usw. sind mithin nicht mitzurechnen.

Das Feiertagsentgelt eines in Heimarbeit Beschäftigten oder Gleichgestellten (§ 1 Abs. 1, § 11 EntgeltfortzahlungsG; s. Rdn. 882) gilt als Entgelt im Sinne des § 27 HeimarbG (§ 11 Abs. 5 EntgeltfortzahlungsG). Auf Zuschläge zum Arbeitsentgelt für wirtschaftliche Sicherung im Krankeitsfall (§ 1 Abs. 1, § 10 EntgeltfortzahlungsG) der in Heimarbeit Beschäftigten und Gleichgestellten ist § 27 HeimarbG entsprechend anzuwenden (§ 10 Abs. 5 EntgeltfortzahlungsG).

---

[91] Heimarbeitsgesetz vom 14. März 1951, BGBl I S. 191 (mehrfach geändert).

3. Kapitel: Pfändung von Arbeitseinkommen

V. Besondere Fälle

1. *Handelsvertreter mit Inkasso*

   Schrifttum: *Grunau*, Forderungspfändung und Kürzungsvertrag, JurBüro 1962, 433.

899 Das Arbeitseinkommen eines Handelsvertreters (siehe Rdn. 886) wird von einer Lohnpfändung auch dann erfasst, wenn der Schuldner sein Einkommen in Form des ihm zustehenden Provisionsanteils selbst bei den Kunden des Drittschuldners kassiert (sog. *Inkassovollmacht*). Diese (Teil-) Inkassobevollmächtigung des Schuldners kann regelmäßig nicht als Aufrechnungsvertrag, bedingter Aufrechnungsvertrag oder Aufrechnungsvorvertrag angesehen werden[92], sondern nur als eine vom Unternehmer jederzeit abänderbare Aufrechnungsvereinbarung. Als solche geht sie aber einer Pfändung nicht vor. Daher muss der Drittschuldner auf Grund des ihm zugestellten Zahlungsverbots für die *Abführung der gepfändeten Einkommensteile* an den Gläubiger Sorge tragen, wenn er nicht seine Verurteilung auf Zahlungsklage des Gläubigers hin riskieren will[93]. Aus der Verpflichtung des Arbeitgebers, bei Durchführung der Pfändung mitzuwirken, folgt, dass er durch entsprechende Maßnahmen für die korrekte Ablieferung von Geldern zu sorgen hat, die er durch den Schuldner einkassieren lässt und die diesem infolge der Pfändung nicht mehr zur Anrechnung auf sein Arbeitsentgelt zustehen[94]. Diese Verpflichtung kann der Drittschuldner dadurch erfüllen, dass er die vom Schuldner kassierten Gelder in vollem Umfange *herausverlangt*. Bis zur Ablieferung der Gelder oder wenigstens des gepfändeten Lohnteils durch den Schuldner kann dann der Drittschuldner jede Leistung an den Gläubiger verweigern[95]. Der Drittschuldner muss aber im Interesse des Gemeinwohls, um die ordnungsgemäße Durchführung der Pfändung zu sichern, auch Nachteile hinnehmen, wenn er Arbeitnehmer beschäftigt, die sich dem Zugriff ihrer Gläubiger zu entziehen suchen[96]. Er muss daher einer beharrlichen Weigerung des Schuldners, die

---

92 Nach Ansicht des *LG Dortmund* MDR 1957, 750 = VersR 1958, 58 würde die Inkassovollmacht auch als Aufrechnungsklausel mit der Pfändung ihre Wirkung verlieren. **A.A.** aber *LG Bochum* a.a.O. (nachf. Fußn. 93) und *Grunau* JurBüro 1962, 433, der meint, es müsse immer einwandfrei geklärt werden, ob Drittschuldner und Schuldner eine sofort oder bedingt oder befristet wirkende Aufrechnung vereinbart haben oder ob sie sich vorbehalten haben, später eine solche Aufrechnungserklärung abzugeben. Da aber Arbeitsentgelt durch Parteivereinbarung der Pfändung nicht entzogen werden kann, dürfte der Ansicht des *LG Dortmund* zu folgen sein. Nur wenn ausnahmsweise die Grundsätze von Treu und Glauben das Erlöschen der Aufrechnungsklausel, insbesondere im Hinblick auf die schutzwürdige Situation des Drittschuldners, verbieten, wird sie auch über die Pfändung hinauswirken. Bei Dienstverhältnissen des täglichen Kleinverkehrs wird ein solcher Ausnahmefall jedoch kaum einmal gegeben sein.
93 *LG Hamburg* MDR 1961, 856; *LG Dortmund*, a.a.O. (Fußn. 89); *LG Köln* VersR 1952, 321; *ArbG Villingen* BB 1957, 511. **A.A.** *LG Bochum* BB 1957, 1158 mit zust. Anm. *Roellecke*.
94 *BArbG* AP Nr. 4 zu § 611 BGB – Kellner = MDR 1965, 944 = NJW 1966, 469 = Rpfleger 1966, 255 mit Anm. *Berner*.
95 *RArbG* 6, 204 = JW 1931, 1293; *ArbG Landau/Pfalz* BB 1963, 1177.
96 *BArbG* a.a.O. (Fußn. 94).

eingenommenen Gelder abzuführen, mit Entzug der Inkassovollmacht und nötigenfalls auch Kündigung des Vertreterverhältnisses aus wichtigem Grunde begegnen[97]. Zu einer mit erheblicher Geschäftsschädigung verbundenen fristlosen Entlassung ist der Drittschuldner zwar nicht verpflichtet[98]. In einer ständigen Fortbeschäftigung des Schuldners, der die Herausgabe der gepfändeten Beträge beharrlich verweigert, liegt aber nach § 242 BGB ein Verzicht des Drittschuldners dem Gläubiger gegenüber auf die Einrede, der Schuldner sei seiner Ablieferungspflicht nicht nachgekommen[99]. Das führt bei Leistungsklage des Gläubigers zur Verurteilung des Drittschuldners auf Zahlung der gepfändeten Beträge, auch wenn er sie selbst vom Schuldner nicht ausgehändigt erhalten hat.

2. *Arbeitseinkommen der Kellner, Friseure, Taxichauffeure usw.; freiwilliges Trinkgeld*

a) Der *Kellner* erhebt *Bedienungs-*(Trink-)*Gelder*, die als Teil des Kaufpreises für die dem Gast verabreichten Speisen und Getränke oder als Aufschlag (10%, 15%) zum Kaufpreis berechnet werden, für den Wirt. Das Geld wird also Eigentum des Wirts[100]. Gegen diesen hat der Kellner nur eine Forderung auf Aushändigung des Bedienungsgeldes. Dieses ist daher Arbeitsvergütung, die der Dienstherr schuldet, und als solches Arbeitseinkommen nach §§ 850 ff. ZPO[101]. Das gilt ohne Rücksicht darauf, ob der Kellner nach dem sog. „*Tronc*"-System[102] oder nach dem *Serviersystem*[103] entlohnt wird[104]. Bei letzterem System gilt dies insbesondere auch dann, wenn der Kellner auf Grund ausdrücklicher oder stillschweigender Vereinbarung mit dem Wirt das vereinbarte Bedienungsgeld nicht abrechnet und abliefert, sondern zur Befriedigung des ihm gegen den Wirt zustehenden Lohnanspruchs einbehält[105]. Diese Abrechnungsvereinbarung verliert, auch wenn sie tarifvertraglich festgelegt ist, mit der Pfändung ihre Wirksamkeit[106]. Der Wirt ist daher berechtigt und infolge des Zahlungsverbotes

900

---

97 *RArbG* 20, 128 = JW 1938, 3316; *LG Dortmund* a.a.O. (Fußn. 92); **a.A.** *LG Bochum* a.a.O. (Fußn. 90) und *Hueck* in AP Nr. 1 zu § 611 BGB „Kellner".
98 *ArbG Landau/Pfalz* a.a.O. (Fußn. 95), das allerdings zu weitgehend meint, die Verpflichtung des Drittschuldners erschöpfe sich in der Drohung mit einer fristlosen Entlassung.
99 *RArbG* a.a.O. (Fußn. 95).
100 *RArbG* 20, 126 = JW 1938, 3316; 6, 205 = JW 1931, 1293; 5, 205 = JW 1930, 2242; 2, 193.
101 *RArbG* 20, 126 = JW 1938, 3318; 6, 204 = JW 1931, 1293; 5, 205 = JW 1930, 2242; *LArbG Hannover* BB 1955, 608; *ArbG Göttingen* AP Nr. 1 zu § 611 BGB mit zust. Anm. *Hueck*; *ArbG Landau/Pfalz* a.a.O. (Fußn. 92); *LG Hildesheim* BB 1963, 1177 = JurBüro 1963, 715 = Rpfleger 1963, 247; *BArbG* a.a.O. (Fußn. 94).
102 Zahlung aus gemeinsamer Prozentkasse. Beim Tronc-System werden die Bedienungsgelder in eine gemeinsame Kasse (Tronc) eingeworfen und periodisch nach einem bestimmten Schlüssel an alle Kellner verteilt.
103 Bei dem jedem Kellner das von ihm selbst vereinnahmte Trinkgeld zukommt.
104 *LG Hildesheim* a.a.O. (Fußn. 101); für Tronc-System: *ArbG Bochum* BB 1963, 1177.
105 Siehe Fußn. 101.
106 *RArbG* 20, 129; *BArbG* a.a.O. (Fußn. 94).

verpflichtet, den gepfändeten Betrag vom Lohn des Kellners einzufordern und an den Gläubiger abzuliefern[107]. Kommt er dieser Verpflichtung nicht nach, sondern duldet er weiter die vom Kellner vorzunehmende Aufrechnung, so bleibt er dem Gläubiger weiterhin haftbar[108] (siehe hierwegen Rdn. 899).

900a Mehrbeträge, die der Gast freiwillig gibt (sog. *freiwilliges Trinkgeld*), sind dem Kellner als rein persönliches Geschenk zugewendet und deshalb nicht Arbeitseinkommen[109]. Solche Mehreinnahmen des Kellners können nur im Wege der Taschenpfändung durch den Gerichtsvollzieher gepfändet werden. Auch Trinkgelder, die der Gasthausdiener erhält, der ohne Barlohn nur gegen Kost und Wohnung und mit dem Recht, die ihm von den Gästen zugewendeten Trinkgelder zu behalten, angestellt ist, sind nicht als Geldforderungen gegen den Arbeitgeber pfändbar[110]. Das gilt selbst dann, wenn ein rechtlicher Anspruch auf solche Trinkgelder besteht, z. B. infolge eines Anschlags, dass für das Einstellen von Fahrzeugen ein Trinkgeld an den Hausdiener zu zahlen ist.

900b b) Für das Trinkgeld und das durch Einbehaltung eines Teils der vereinnahmten Beträge zu deckende Einkommen des Hotelpersonals, des Friseurs und anderer *Schuldner mit Inkasso*, z. B. eines Taxichauffeurs[111], Tankstellenverwalters usw. gilt das Rdn. 900, 900 a Gesagte entsprechend. Es gilt entsprechend auch für Aufrechnungsvereinbarungen bei anderen Rechtsverhältnissen zwischen Schuldner und Arbeitgeber, wenn Verrechnungsmodus und folglich Interessenlagen die gleichen sind (z. B. bei Getränkeverkauf durch den Schuldner in der Gaststätte des Drittschuldners für dessen Rechnung auf Umsatzprovisionsbasis)[112].

3. Abstellung zu einer Arbeitsgemeinschaft

Schrifttum: *Knigge*, Die Abstellung von Arbeitnehmern an eine baugewerbliche Arbeitsgemeinschaft, Betrieb 1982, Beilage Nr. 4.

901 Abstellung eines Arbeitnehmers zu einer (insbesondere baugewerblichen) *Arbeitsgemeinschaft* kann als Abordnung oder mit Freistellung beim bisherigen Arbeitgeber und Begründung eines neuen Arbeitsverhältnisses zwischen der Arbeitsgemeinschaft (= Arge) und dem (freigestellten) Arbeitnehmer erfolgt sein. *Abordnung* begründet keine arbeitsvertraglichen Beziehungen des Schuldners als Arbeitnehmer zur Arge; der (bisherige) Vertrags-Arbeitgeber ist daher (wie bei erlaubter Arbeitnehmerüberlassung,

---

107 *BArbG* a.a.O. (Fußn. 94).
108 *RArbG* 20, 129; 5, 208 = JW 1930, 2242; 6, 204 = JW 1931, 1293. Es genügt insbesondere nicht, dass der Arbeitgeber den Kellner auffordert, den Betrag selbst abzuführen, *LArbG Hannover* BB 1955, 608.
109 *RArbG* 17, 194 = JW 1937, 58; 11, 357 (359); *BArbG* BAGE 80, 230 = MDR 1996, 394 = NJW 1996, 1012 = NZA 1996, 252; *OLG Stuttgart* FamRZ 2002, 184 = JurBüro 2001, 656 = MDR 2002, 294 = Rpfleger 2001, 608. Siehe auch *LG Hildesheim* Rpfleger 1963, 247.
110 *RArbG* 11, 357.
111 *LArbG Düsseldorf* Betrieb 1972, 1540.
112 *BArbG* a.a.O. (Fußn. 94).

Besondere Fälle

Rdn. 902) in arbeitsrechtlicher Hinsicht unverändert Arbeitgeber, somit auch Drittschuldner. Eine mit Zustellung an ihn wirksam gewordene Einkommenspfändung (§ 829 Abs. 3 ZPO) wird durch Abordnung an eine Arge daher nicht berührt. Bei *Abstellung* zur Arge durch Begründung eines (neuen) Arbeitsverhältnisses mit dieser stehen dem Schuldner als Arbeitnehmer Lohnzahlungsansprüche nur gegen die Arge als Arbeitgeberin zu. Das Arbeitsverhältnis zum Stammbetrieb ruht in der Zeit dieser Beschäftigung bei der Arge, begründet somit auch keinen Anspruch auf Zahlung von Arbeitsentgelt; es lebt mit Beendigung des Arbeitsverhältnisses bei der Arge wieder auf. Für Pfändung des Arbeitseinkommens aus dem bei der Arge begründeten Arbeitsverhältnis ist diese Drittschuldnerin. Arbeitseinkommen aus dem bei der Arge neu begründeten Arbeitsverhältnis wird von der Einkommenspfändung beim bisherigen Arbeitgeber nicht erfasst; es gilt das zum Arbeitgeberwechsel Rdn. 964 Gesagte. Wenn das Arbeitsverhältnis zum Stammbetrieb mit Beendigung der Abstellung zur Arge wieder auflebt, wirkt jedoch eine früher bei diesem Arbeitgeber ausgebrachte Einkommenspfändung nach § 832 (Rdn. 964), jedenfalls aber nach § 833 Abs. 2 ZPO fort (Rdn. 970). Die Pfändung des Einkommens aus dem bei der Arge begründeten Arbeitsverhältnis gegen diese als Drittschuldnerin erfasst hingegen das Arbeitseinkommen aus dem bei dem Stammbetrieb wieder aufgelebten Arbeitsverhältnis nicht; auch das beim Stammbetrieb (nach Beendigung der Beschäftigung bei der Arge) wieder auflebende Arbeitsverhältnis ist gegenüber dem zur Zeit der Pfändung bestehenden Arbeitsverhältnis bei der Arge ein neues Arbeitsverhältnis; auch für diesen Fall gilt somit das Rdn. 964 zum Arbeitgeberwechsel Gesagte.

4. *Leiharbeitnehmer*

Schrifttum: *Becker*, Der arbeits- und sozialrechtliche Status der Leiharbeitnehmer, ZIP 1984, 782.

Für einen Leiharbeitnehmer ist bei erlaubter gewerbsmäßiger Arbeitnehmerüberlassung[113] lediglich der Verleiher (als Vertragsarbeitgeber) in arbeitsrechtlicher Hinsicht Arbeitgeber[114] und damit Drittschuldner, nicht somit das jeweilige Beschäftigungsunternehmen (= Entleiher). Bei unerlaubter Überlassung von Arbeitnehmern (Verleiher ist nicht im Besitz einer Erlaubnis[115] der Bundesagentur für Arbeit) ist der Vertrag zwischen Verleiher und Leiharbeitnehmer unwirksam (§ 9 Nr. 1 AÜG); ein Arbeitsverhältnis gilt zwischen Entleiher und Leiharbeitnehmer als zustande gekommen (§ 10 Abs. 1 AÜG). Drittschuldner ist somit der Entleiher. Das schließt jedoch nicht aus, dass auch der Verleiher den Leiharbeitnehmer für die geleistete Arbeit entlohnt[116] (siehe § 10 Abs. 3 S. 1 AÜG). Leistet der

902

---

[113] Gesetz zur Regelung der gewerbsmäßigen Arbeitnehmerüberlassung (Arbeitnehmerüberlassungsgesetz – AÜG). Vom 3. Febr. 1995, BGBl I 159 (mehrfach geändert.)
[114] *BGH* NJW 1982, 1952 (1953).
[115] Ausnahme für Arbeitgeber mit weniger als 20 Beschäftigten zur Vermeidung von Kurzarbeit oder Entlassungen siehe § 1 a AÜG.
[116] *BGH* 75, 299 (306) = NJW 1980, 452.

3. Kapitel: Pfändung von Arbeitseinkommen

Verleiher auf Grund des faktischen (fingierten) Arbeitsverhältnisses[117] (Anwendung der Pfändungsvorschriften auf dieses Rdn. 881) Arbeitsentgelt, dann wird durch diese Zahlung auch der Entleiher entlastet; in Höhe des gezahlten Arbeitsentgelts erlischt jeweils auch die Schuld des Entleihers[118]. Für Zahlungen auf Grund des faktischen Arbeitsverhältnisses ist daher der Verleiher auch Drittschuldner. Dem vollstreckenden Gläubiger wird vielfach nicht bekannt sein, ob erlaubte oder unerlaubte gewerbsmäßige Arbeitnehmerüberlassung vorliegt und wer Zahlungen leistet; für die bisweilen schwierige rechtliche Abgrenzung zwischen Arbeitnehmerüberlassung und Werk- oder Dienstvertrag[119] wird ihm zudem erforderliche Kenntnis der Vertragsbeziehungen der Beteiligten fehlen. Für einen Pfändungszugriff empfiehlt es sich daher, sowohl den Verleiher als auch den Entleiher als Drittschuldner zu behandeln. Der Schadensersatzanspruch des Leiharbeitnehmers gegen den Verleiher (§ 10 Abs. 2 AÜG) unterliegt dem Pfändungsschutz wie Arbeitseinkommen (Rdn. 895). Er dürfte mit der Bezeichnung der zu pfändenden Forderung als Arbeitseinkommen auch von der Pfändung erfasst sein (Auslegung); ausdrückliche Mitpfändung ist jedoch ratsam.

5. *Entwicklungshelfer*

903 Der Entwicklungshelfer (§ 1 EhfG[120]) steht im Dienst des Trägers des Entwicklungsdienstes (§ 2 EhfG; vgl. aber auch § 5 EhfG, wonach Leistungen in bestimmten Fällen auch vom ausländischen Projektträger zu erbringen sein können) und erhält von diesem Unterhaltsgeld und Sachleistungen zur Sicherung des Lebensbedarfs (Unterhaltsleistungen), außerdem eine Wiedereingliederungshilfe sowie Reisekostenerstattung (§ 4 EhfG). Der Entwicklungshelfer ist zwar nicht Arbeitnehmer oder arbeitnehmerähnliche Person im Sinne des Arbeitsrechts; sein Dienst ist aber Berufsausübung, die ihm vom Träger (= Drittschuldner) zu erbringenden Leistungen sind mithin pfändungsrechtlich Arbeitseinkommen (siehe auch § 19 Abs. 1 EhfG über die Zuständigkeit der Arbeitsgerichte). Als solches sind die Leistungen nur nach Maßgabe des §§ 850 ff. ZPO pfändbar. Die Wiedereingliederungshilfe ist einmalige Leistung, die auf Antrag nach § 850 i ZPO pfandfrei gestellt werden kann. Für die Entscheidung über einen Antrag nach § 850 i ZPO ist wesentlich, dass die Wiedereingliederungshilfe nicht nur der Erleichterung des Übergangs in einen anderen Beruf oder der Erlangung eines der bisherigen Ausbildung entsprechenden Arbeitsplatzes dienen soll, sondern auch berücksichtigt, dass nach einem entbehrungsreichen Dienst in Entwicklungsländern ein unabweisbarer Nachholbedarf (z. B. an Kleidung und Ausstattung) besteht, der durch eine angemessene Geldzahlung befriedigt werden soll[121].

---

117 *Becker* ZIP 1984, 782 (782, 788); auch *BGH* 75, 299 und NJW 1982, 1952 (1953).
118 *BGH* 75, 299 (304).
119 Dazu *Becker* ZIP 1984, 782 (785); *BGH* 75, 299.
120 Entwicklungshelfer-Gesetz (EhfG). Vom 18. Juni 1969, BGBl I 549 (mehrfach geändert).
121 Begründung des Gesetzesentwurfs, BT-Drucks. V/2696, S. 10.

Der Anspruch auf die Leistung des Bundes zu Krankheitskosten (§ 7 Abs. 3 EhfG) ist als zweckgebundene Forderung außerhalb der Zweckbestimmung unpfändbar. Die Reisekostenerstattung fällt unter § 850 a Nr. 3 ZPO.

Der Tagegeldanspruch an den Bund (§ 9 EhfG) ist Ersatzleistung für das Verletztengeld nach der gesetzlichen Unfallversicherung. Demgemäß erscheint eine Pfändung nur im Rahmen des § 54 SGB zulässig. Entsprechendes gilt bei Gesundheitsstörungen oder Tod für die Leistungen, die der Bund an Stelle der Leistungen aus der gesetzlichen Unfall- oder Rentenversicherung erbringt (§ 10 EhfG).

VI. Wehrsold und Bezüge der Berufssoldaten

Schrifttum: Bauer, Die Zwangsvollstreckung gegen Soldaten der Bundeswehr, JurBüro 1964, 15; *Bruness*, Die Pfändbarkeit des Wehrsolds, MDR 1962, 14; *Franke*, Pfändung von Bezügen eines Soldaten, NJW 1968, 830; *Grunau*, Pfändbarkeit der Einkommen des Soldaten, JurBüro 1961, 569; *Kreuzer*, Rechtliche Zuständigkeiten in der Bundeswehr und Wehrverwaltung, AnwBl 1974, 171; *Kreuzer*, Rechtliche Zuständigkeiten im Geschäftsbereich des Bundesverteidigungsministers, DöD 1975, 220; *Mümmler*, Drittschuldner bei Pfändung des Wehrsolds eines Soldaten, JurBüro 1988, 1123; *Nuppeney*, Die Pfändung von Wehrsold, Rpfleger 1962, 162 und 199; *Rocke*, Ist Wehrsold pfändbar? NJW 1961, 2197; *Rohr*, Pfändung von Wehrsold und Entlassungsgeld, JurBüro 1963, 387; *Stehle*, Ist Wehrsold wirklich pfändbar? NJW 1962, 854.

1. *Soldaten* der Bundeswehr und ihre Hinterbliebenen erhalten Dienst- und Versorgungsbezüge nach den für Bundesbeamte geltenden Grundsätzen; diese Bezüge sind als Beamtengehalt Arbeitseinkommen (siehe oben Rdn. 876). Dienstbekleidung und unentgeltliche Gemeinschaftsunterkunft (§ 69 BBesG) sind als Sachbezüge nach § 850 e Abs. 1 Nr. 3 ZPO mit dem Arbeitseinkommen in Geld zusammenzurechnen. Zur Versorgung bestimmt das Soldatenversorgungsgesetz[122] in

§ 48 (SVG)

(1) Ansprüche auf Versorgungsbezüge können, wenn bundesgesetzlich nichts anderes bestimmt ist, nur insoweit abgetreten oder verpfändet werden, als sie der Pfändung unterliegen.

(2) Ansprüche auf Übergangsbeihilfe, Sterbegeld, einmalige Unfallentschädigung, einmalige Entschädigung und auf Schadensausgleich in besonderen Fällen können weder gepfändet noch abgetreten noch verpfändet werden. Ansprüche auf einen Ausbildungszuschuss, auf Übergangsgebührnisse und auf Grund einer Bewilligung einer Unterstützung nach § 42 können weder abgetreten noch verpfändet werden. Forderungen des Dienstherrn gegen den Verstorbenen aus Vorschuss- oder Darlehnsgewährungen sowie aus Überzahlungen von Dienst- oder Versorgungsbezügen können auf das Sterbegeld angerechnet werden.

Wegen der Folgen einer Wehrdienstbeschädigung während ihrer Dienstzeit erhalten Soldaten einen Ausgleich in Höhe der Grundrente und der Schwerstbeschädigtenzulage nach BVG. Dazu bestimmt Satz 1 des

---

[122] Gesetz über die Versorgung für die ehemaligen Soldaten der Bundeswehr und ihre Hinterbliebenen (Soldatenversorgungsgesetz – SVG). I.d.F. vom 16. Sept. 2009, BGBl I 3055.

3. Kapitel: Pfändung von Arbeitseinkommen

§ 85 Abs. 5 (SVG)
(5) Der Anspruch auf Ausgleich kann weder abgetreten noch verpfändet noch gepfändet werden. ...

Entsprechendes gilt nach § 86 Abs. 1 SVG für die Erstattung von Sachschäden und für besondere Aufwendungen.

905   2. *Soldaten*, die auf Grund der Wehrpflicht *Wehrdienst* leisten, beziehen nach dem SoldatenG[123] und dem WehrsoldG (WSG)[124] Wehrsold, Dienstgeld (u.U. auch eine besondere Zuwendung und einen Leistungszuschlag) sowie Sachbezüge. Über die Pfändbarkeit des *Wehrsoldes* und *Dienstgeldes* fehlen ausdrückliche Vorschriften. Solche erübrigen sich aber, weil Wehrsold und Dienstgeld pfändungsrechtlich als Arbeitseinkommen im Sinne der §§ 850 ff. ZPO angesehen werden müssen und daher den Pfändungsbeschränkungen nach §§ 850 c bis g ZPO unterliegen[125].

906   3. *Wehrsold, Dienstgeld* und *Sachbezüge* (Verpflegung, Unterkunft, Dienstkleidung), die der Wehrpflichtige für die Dauer seiner Dienstzeit erhält, sind für die Berechnung des pfändungsfreien Teiles der Geldleistungen nach § 850 e Abs. 1 Nr. 3 ZPO *zusammenzurechnen*[126]. Außer Betracht bleibt jedoch (§ 850 e Nr. 1 ZPO analog) der Wert der dem Wehrpflichtigen gewährten Heilfürsorge[127]. Der Wehrsold oder das Dienstgeld ist pfändbar, soweit nach Zusammenrechnung der unpfändbare Teil des Gesamteinkommens durch den Wert der dem Schuldner verbleibenden Naturalleistungen gedeckt ist (siehe dazu das Beispiel Rdn. 1166).

Leistungen nach dem UnterhaltssicherungsG (USG), die an unterhaltsberechtigte Angehörige gezahlt werden, sind dem Einkommen des Wehrpflichtigen nicht hinzuzurechnen[128]; jeder Soldat ist in diesem Fall wie ein Lediger ohne Unterhaltsverpflichtungen zu behandeln[129].

---

123 I.d.F. vom 30. Mai 2005, BGBl I 1483 (mit Änderungen).
124 Gesetz über die Geld- und Sachbezüge der Soldaten, die auf Grund der Wehrpflicht Wehrdienst leisten, i.d.F. vom 13. Aug. 2008, BGBl I 1719.
125 So mit eingehender Begründung *Nuppeney* a.a.O. [= Schrifttum]; ebenso *Bruness* MDR 1962, 14 und *Bauer* JurBüro 1964, 15; *OLG Neustadt/Weinstr.* BB 1962, 1344 = MDR 1962, 996 = Rpfleger 1962, 384; *LG Aachen* JurBüro 1962, 643 = NJW 1962, 2357; *LG Aurich* JurBüro 1962, 646 = MDR 1962, 611; *LG Essen* MDR 1962, 911; *LG Flensburg* JurBüro 1962, 232 mit Anm. *Rohr* = SchlHA 1962, 87; *LG Freiburg* JurBüro 1962, 232 mit Anm. *Rohr*; *LG Hagen* Rpfleger 1962, 215; *LG Zweibrücken* Rpfleger 1962, 385; *Kreutzer* AnwBl 1974, 171 (172) und DöD 1975, 217 (220); **a.A.** *LG Wuppertal* MDR 1961, 696, das Wehrsold nicht als Arbeitseinkommen, sondern als Handgeld ansieht und unbeschränkt für pfändbar hält; *Rocke* NJW 1961, 2197, der Wehrsold als nach § 850 b Abs. 1 Nr. 3 ZPO bedingt pfändbar behandelt; *Stehle* NJW 1962, 854, der Wehrsold als Vergütung besonderer Art für unpfändbar hält; *Rewolle* Betrieb 1962, 936, der Wehrsold für unpfändbar hält.
126 Wegen ihrer Bewertung siehe Rdn. 117 1.
127 *LG Zweibrücken* Rpfleger 1962, 385; siehe auch *OLG Neustadt* BB 1962, 1344 = MDR 1962, 996 = Rpfleger 1962, 384.
128 *Franke* NJW 1968, 830.
129 *Franke* a.a.O.

4. *Übergangsgebührnisse* werden den Soldaten auf Zeit, deren Dienstverhältnis endet, nach § 11 SVG unter bestimmten Voraussetzungen geleistet. Gezahlt werden sie in Monatsbeträgen wie Dienstbezüge. Sie sind laufendes Einkommen für eine Übergangszeit aus dem früheren Dienstverhältnis (und daher auch als Arbeitslohn zu versteuern)[130]. Als solches dienen sie für eine bestimmte Zeit nach dem Ausscheiden aus dem Dienst dem Lebensunterhalt des Soldaten. Daher unterliegen die Übergangsgebührnisse den Pfändungsvorschriften für Arbeitseinkommen. Entsprechendes gilt für die *Ausgleichsbezüge*, die Inhaber eines Eingliederungsscheins nach Beendigung des Dienstverhältnisses erhalten (§ 11 a SVG); wegen ihrer Zusammenrechnung mit den Anwärter- bzw. Beamtendienstbezügen siehe § 850 e Nr. 2 ZPO. Das Übergangsgeld eines Berufssoldaten (§ 37 SVG), das in Monatsbeträgen wie Dienstbezüge gezahlt wird, unterliegt gleichfalls den Pfändungsvorschriften für fortlaufendes Arbeitseinkommen[131].

907

5. *Übergangsbeihilfe* wird den Soldaten auf Zeit, deren Dienstverhältnis endet, nach § 12 SVG unter bestimmten Voraussetzungen gewährt. Diese Beihilfe wird bei Beendigung des Dienstverhältnisses in einer Summe bezahlt; sie soll den Übergang vom Soldatenberuf in den Zivilberuf erleichtern. Die Leistung ist nicht pfändbar (§ 48 Abs. 2 SVG, abgedr. Rdn. 904).

908

Der *einmalige Ausgleich* des vorzeitig in den Ruhestand getretenen Berufssoldaten (§ 38 SVG) gleicht den durch die frühere Beendigung des Dienstverhältnisses bedingten Verlust an Einkommen aus[132], fällt mithin unter § 850 i ZPO.

6. *Entlassungsgeld*[133], das ein Soldat bei der Entlassung nach Ableistung eines Grundwehrdienstes von mindestens einem Monat oder einer unmittelbar anschließenden Wehrübung erhält (§ 9 WSG), wird zur Überbrückung der Zeit zwischen dem letzten Wehrsoldempfang und der Zahlung von Arbeitsentgelt aus einem neuen oder wieder aufgenommenen Beschäftigungsverhältnis bezahlt[134]. Das Entlassungsgeld gehört zu den Bezügen des Soldaten und damit pfändungsrechtlich zu dessen Arbeitseinkommen im Sinne der §§ 850 ff. ZPO[135]. Es wird daher von einer Pfändung des Wehrsolds, d.i. des Arbeitseinkommens des Soldaten er-

909

---

130 *BGH* MDR 1980, 128 = NJW 1980, 229.
131 *AG Krefeld* MDR 1979, 853.
132 *BGH* FamRZ 1982, 684 = MDR 1982, 930.
133 **Schrifttum:** *Schmidt*, Erfasst die Pfändung des Wehrsoldes auch das Entlassungsgeld? JurBüro 1965, 887; *Herzig*, Entlassungsgeld eines Wehrpflichtigen als „Vergütung" im Sinne des § 850 i ZPO? JurBüro 1968, 272; *Riecker*, Ist das Entlassungsgeld wehrpflichtiger Soldaten pfändbar? JurBüro 1981, 321; *Riecker*, Pfändbarkeit des Entlassungsgeldes eines wehrpflichtigen Soldaten, JurBüro 1985, 1772.
134 *LG Koblenz* MDR 1969, 769 mit Nachw.; *Kreutzer* AnwBl 1974, 171 (173); *Riecker* JurBüro 1981, 321 (323).
135 *OLG Hamm* JurBüro 1985, 631 = OLGZ 1984, 457; *LG Detmold* Rpfleger 1997, 448.

fasst¹³⁶. Entlassungsgeld wird aber nicht für einen fest umrissenen Zeitraum gezahlt; es fällt deshalb, ebenso wie eine Abgangsentschädigung oder Abfindungssumme (dazu Rdn. 1234) unter § 850 i ZPO. Es ist somit grundsätzlich unbeschränkt pfändbar¹³⁷; auf Antrag wird dem Schuldner jedoch ein pfändungsfreier Betrag für den notwendigen Unterhalt belassen¹³⁸.

910 7. Die *Verdienstausfallentschädigung* bei Wehrübungen (§ 13 USG) ist pfändungsrechtlich gleichfalls Arbeitseinkommen des Wehrpflichtigen. Die Entschädigung wird für jeden Werktag gewährt; die Pfändungsfreibeträge sind mithin nach Tagen festzusetzen.

911 8. *Sterbegeld*, das den Hinterbliebenen eines Soldaten auf Zeit gewährt wird, kann nicht gepfändet werden (§ 48 Abs. 2 SVG).

9. Wegen der Vertretung des Bundes als Drittschuldner bei der Pfändung von Wehrsold siehe Anhang 8.

VII. Sicherung des Unterhalts der zum Wehrdienst einberufenen Wehrpflichtigen und ihrer Angehörigen

Schrifttum: *Huken*, Pfändungsschutz für Ansprüche nach dem Unterhaltssicherungsgesetz, KKZ 1968, 74; 1965, 56 und 1971, 12 sowie 81; *Huken*, Welche Einzelansprüche nach dem Unterhaltssicherungsgesetz sind pfändbar? KKZ 1984, 168; *Wagner*, Abtretung, Verpfändung und Pfändung von Leistungen nach dem Unterhaltssicherungsgesetz, Rpfleger 1973, 206.

912 Zur Sicherung des Lebensbedarfs (Unterhalts) erhalten der zur Erfüllung der Wehrpflicht einberufene Wehrpflichtige und seine Familienangehörigen Leistungen nach dem USG¹³⁹. Gewährt werden:

---

136 So auch *Schmidt* JurBüro 1965, 887, der noch empfiehlt, das Entlassungsgeld im Pfändungsbeschluss ausdrücklich als gepfändet zu benennen; ebenso *Schmidt* Rpfleger 1999, 283 (Anm. zu *OLG Dresden*); *AG Neunkirchen* JurBüro 1968, 313 und *Kreutzer* DöD 1975, 217 (221). **A.A.** *Herzig* JurBüro 1968, 272, der das Entlassungsgeld als eine „Art" Prämie (Abgangsgeld) wertet und als Kapitalzuwendung überhaupt nicht den Vorschriften der §§ 850 ff. ZPO unterstellt. Es soll daher keinerlei Pfändungsschutz genießen und dem Zugriff der Gläubiger unbeschränkt unterworfen sein. Dem kann im Hinblick auf die Aufgabe des Entlassungsgeldes als Leistung für die Überbrückungszeit und die Rechtslage bei Zahlung sonstiger Abgangsentschädigung oder -summe jedoch nicht zugestimmt werden. Anders auch *Riecker* JurBüro 1981, 321 und 1985, 1772, der Entlassungsgeld als besonders geartete Form von Sozialhilfe, für die der Gesetzgeber eine Pfändungsverbotsvorschrift vergessen hat, ansieht und daher für unpfändbar hält. Dem steht entgegen, dass Entlassungsgeld pfändungsrechtlich (§ 850 ZPO) in Geld zahlbares Arbeitseinkommen ist, Pfändungsschutz mithin allein „nach Maßgabe der §§ 850 a–850 i" ZPO bestehen kann.
137 *LG Detmold* a.a.O. (Fußn. 135); *LG Rostock* Rpfleger 2001, 439.
138 *OLG Hamm* OLGZ 1984, 457 = a.a.O. (Fußn. 135); *OLG Dresden* Rpfleger 1999, 283 mit Anm. *Schmidt*; *LG Detmold* Rpfleger 1997, 448; *LG Koblenz* MDR 1969, 769; *LG Rostock* a.a.O.; *AG Neunkirchen* JurBüro 1968, 313; *Kreutzer* a.a.O. (Fußn. 134).
139 Unterhaltssicherungsgesetz – USG. I.d.F. vom 26. Aug. 2009, BGBl I 1775.

a) Dem Wehrpflichtigen oder einem Familienangehörigen *Sonderleistungen* gem. § 7 USG (Krankenhilfe, Beitrags- und Aufwendungsersatz u.a.), Miet- und Wirtschaftsbeihilfe gem. §§ 7 a, b USG. Empfangsberechtigter: § 9 USG. Sonderleistungen sowie Beihilfen sind zweckgebunden und daher weder pfändbar noch abtretbar[140].

b) Dem Wehrpflichtigen *Verdienstausfallentschädigung* (§§ 13, 13 a und b USG). Als Ersatz für Arbeitseinkommen ist der die Pfändungsgrenze der §§ 850 ff. ZPO übersteigende Teil der Verdienstausfallentschädigung pfändbar und abtretbar[141]. Aufwendungen für Ersatzkräfte sowie für Miete und Betriebsausgaben (§ 13 a Abs. 2, 3 USG) sind als zweckgebundene Leistungen weder abtretbar noch pfändbar.

c) Den Familienangehörigen *allgemeine Leistungen* zur Unterhaltssicherung (§ 5 USG), ein Überbrückungsgeld (§ 5 a USG), eine besondere Zuwendung (§ 5 b USG), eine einmalige Beihilfe bei Geburt (§ 5 c USG) und Einzelleistungen zur Unterhaltsdeckung (§ 6 USG). Empfangsberechtigter: § 9 Abs. 1 USG. Der Anspruch auf diese Leistungen kann weder vom Wehrpflichtigen noch vom empfangsberechtigten Familienangehörigen abgetreten und daher auch von deren Gläubigern nicht gepfändet werden[142].

d) Einem grundwehrdienstleistenden Sanitätsoffizier *Leistungen* gem. § 12 a USG. Sie erhält der als Sanitätsoffizier militärfachlich verwendete Wehrpflichtige, der Grundwehrdienst leistet (§ 2 Nr. 2 USG). Die Leistungen sind als Beitrag zur Unterhaltssicherung gleich einer Verdienstausfallentschädigung und wie Wehrsold pfändungsrechtlich als Arbeitseinkommen anzusehen, mithin nach Maßgabe der §§ 850 ff. ZPO pfändbar.

Für Einzelleistungen sowie allgemeine Leistungen (vorst. c) und Sonderleistungen (vorst. a) bestimmt § 9 USG den jeweiligen Empfangsberechtigten. Auch daraus folgt für diese Leistungen, dass es sich um zweckgebundene und daher nicht pfändbare Ansprüche handelt[143].

VIII. Zivildienstpflichtige, Jugendfreiwilligendienst

1. *Zivildienstpflichtige*

Schrifttum: *Huken,* Zur Pfändung von Ansprüchen nach dem Zivildienstgesetz, KKZ 1976, 15.

Auf den Dienstpflichtigen, der als anerkannter Kriegsdienstverweigerer Zivildienst leistet, finden (mit Besonderheiten) in Fragen der Geld- und Sachbezüge, der Fürsorge und der Reisekosten die Bestimmungen entsprechende Anwendung, die für einen Soldaten gelten, der auf Grund der

---
140 *Wagner* Rpfleger 1973, 206; *Huken* KKZ 1984, 168.
141 *Wagner* a.a.O. (Fußn. 140); *Huken* KKZ 1984, 168.
142 *Wagner* a.a.O. (Fußn. 140); *Huken* KKZ 1984, 168.
143 So auch *Huken* a.a.O. (Fußn. 140), der die Leistungen zur Unterhaltssicherung als Sozialleistungen eigener Art wertet und deshalb ihre Pfändbarkeit verneint.

Wehrpflicht Wehrdienst leistet (§ 35 Abs. 1 ZDG[144]). Seine Bezüge sind daher wie Wehrsold pfändungsrechtlich Arbeitseinkommen im Sinne der §§ 850 ff. ZPO[145]. Leistet der Dienstpflichtige den Zivildienst in einer dafür anerkannten Beschäftigungsstelle (§ 3 ZDG), dann zahlt diese nach den Weisungen des Bundesamts für den Zivildienst als Dienststelle des Bundes für diesen die dem Dienstleistenden zustehenden Geldbezüge (§ 6 Abs. 2 S. 1 ZDG). Schuldner der Bezüge und damit Drittschuldner, an den sich das Zahlungsverbot zu richten hat, ist somit die Bundesrepublik, vertreten durch das Bundesamt für den Zivildienst in (50969) Köln. Für die Zusammenrechnung mit Geldleistungen (§ 850 e Nr. 3 ZPO) kann der Geldwert der Sachbezüge nach den für die Bundeswehr (für das Vollstreckungsgericht nicht bindend) festgelegten Beträgen bestimmt werden (Rdn. 1171). Entlassungsgeld wird von der Pfändung der Bezüge erfasst; als nicht wiederkehrend zahlbar kann Pfändungsschutz dafür nur nach § 850 i ZPO erlangt werden (wie Rdn. 909). Der Ausgleich, der einem Dienstleistenden wegen der Folgen einer Zivildienstbeschädigung gewährt wird (§ 50 ZDG), kann vor Auszahlung nicht gepfändet werden. Dies bestimmt

§ 50 Abs. 5 ZDG wie folgt:
(5) Der Anspruch auf Ausgleich kann weder abgetreten noch verpfändet noch gepfändet werden. Die Aufrechnung einer Forderung auf Rückerstattung zuviel gezahlten Ausgleichs ist zulässig.

Auf das *Sterbegeld*, das Eltern eines Dienstverpflichteten nach § 35 Abs. 8 ZDG erhalten, findet § 50 Abs. 5 ZDG nach § 35 Abs. 8 S. 2 ZDG entsprechende Anwendung. Auf die Versorgung nach Beendigung des Dienstverhältnisses infolge Schädigung finden die Vorschriften des BVG entsprechende Anwendung (§ 47 Abs. 1 ZDG). Daher gilt § 54 SGB.

2. Jugendfreiwilligendienst

915 Jugendfreiwilligendienst sind das freiwillige soziale Jahr und das freiwillige ökologische Jahr (§ 1 Abs. 2 JFDG[146]). Der freiwillige Dienst wird ohne Erwerbsabsicht geleistet (§ 2 Abs. 1 Nr. 1 JFDG). Für den Dienst erhalten Freiwillige vom Träger (§ 10 JFDG) ein angemessenes Taschengeld und als Sachleistungen unentgeltliche Unterkunft, Verpflegung sowie Arbeitskleidung oder entsprechende Geldersatzleistungen (§ 2 Abs. 1 Nr. 3 JFDG). Das Taschengeld und die Sachleistungen sind Entgelt für ganztägige Dienstleistungen, pfändungsrechtlich somit Arbeitseinkommen (§ 850 ZPO). Pfändbare Beträge ergeben sich bei dem Umfang der Leistungen jedoch nicht. Kontopfändungsschutz besteht nach § 850 k ZPO.

---

144 Gesetz über den Zivildienst der Kriegsdienstverweigerer (Zivildienstgesetz – ZDG –). I.d.F. vom 17. Mai 2005, BGBl I 1347.
145 So auch *Kreutzer* AnwBl 1974, 171 (172); *Huken* KKZ 1976, 15.
146 Gesetz zur Förderung von Jugendfreiwilligendiensten (Jugendfreiwilligendienstgesetz – JFDG) vom 16.5.2008, BGBl I 842.

IX. Betriebliche Altersversorgung

a) Zur *betrieblichen Altersversorgung* (sog. zweite Säule der Alterssicherung) können einem Arbeitnehmer (§ 17 Abs. 1 BetrAVG; auch einem arbeitnehmerähnlichen Selbstständigen) vom Arbeitgeber aus Anlass des Arbeitsverhältnisses Leistungen der Alters-, Invaliditäts- oder Hinterbliebenenversorgung zugesagt sein (§ 1 Abs. 1 S. 1 BetrAVG). Betriebliche Altersversorung liegt ebenso vor

- wenn der Arbeitgeber sich verpflichtet, bestimmte Beiträge in eine Anwartschaft auf Alters-, Invaliditäts- oder Hinterbliebenenversorgung umzuwandeln (beitragsorientierte Leistungszusage; § 1 Abs. 2 Nr. 1 BetrAVG);
- wenn der Arbeitgeber sich verpflichtet, Beiträge zur Finanzierung von Leistungen der Altersversorgung an einen Pensionsfond, eine Pensionskasse oder eine Direktversicherung zu zahlen (Beitragszusage mit Mindestleistung, § 1 Abs. 2 Nr. 2 BetrAVG);
- bei Umwandlung künftiger Entgeltansprüche in eine wertgleiche Anwartschaft auf Versorgungsleistungen (Entgeltumwandlung, § 1 Abs. 2 Nr. 3 BetrAVG);
- wenn der Arbeitnehmer Beiträge aus seinem Arbeitsentgelt zur Finanzierung von Leistungen der betrieblichen Altersversorgung an einen Pensionsfonds usw. leistet und die Zusage des Arbeitgebers auch die Leistungen aus diesen Beiträgen umfasst (§ 1 Abs. 2 Nr. 4 BetrAVG).

Anspruch auf Verwendung künftiger Entgeltansprüche für betriebliche Altersversorgung begründet § 1 a BetrAVG; der Arbeitnehmer kann danach vom Arbeitgeber (einseitig) Entgeltumwandlung für betriebliche Altersversorgung (bis zu einem Höchstbetrag) verlangen.

b) Die Durchführung der betrieblichen Altersversorgung kann erfolgen

- mit *Direktzusage* unmittelbar über den Arbeitgeber,
- durch *Direktversicherung*, d.i. Abschluss einer Lebensversicherung durch den Arbeitgeber auf das Leben des Arbeitnehmers, bei der der Arbeitnehmer oder seine Hinterbliebenen hinsichtlich der Leistungen des Versicherers ganz oder teilweise bezugsberechtigt sind (§ 1 b Abs. 2 BetrAVG),
- über eine *Pensionskasse*, d.i. eine rechtsfähige Versorgungseinrichtung, auf deren Leistungen ein Rechtsanspruch des Arbeitnehmers oder seiner Hinterbliebenen besteht (§ 1 b Abs. 3 BetrAVG),
- über eine *Unterstützungskasse*, d.i. eine rechtsfähige Versorgungseinrichtung, die auf ihre Leistungen keinen Rechtsanspruch gewährt (§ 1 b Abs. 4 BetrAVG),
- über einen *Pensionsfond*, d.i. eine rechtsfähige Versorgungseinrichtung, die Altersversorgungsleistungen mit eigenem Anspruch des Arbeitnehmers erbringt (§ 1 b Abs. 3 BetrAVG; 112 VAG mit Einzelheiten).

918   c) Die steuerliche und sozialversicherungsrechtliche Behandlung der betrieblichen Altersversorgung in der Anspar- und Auszahlungsphase zeichnen sich durch vielerlei Besonderheiten aus. *Vollstreckungsrechtlich* sind Arbeitgeberleistungen (Beiträge) zur betrieblichen Altersversorgung, auch wenn sie auf Entgeltumwandlung beruhen[147], *nicht Arbeitseinkommen* im Sinne des § 850 ZPO. Arbeits- oder Dienstlohn, der dem Arbeitnehmer in Geld zahlbar ist, stellen sich nicht dar. Bei der Direktzusage behält der Arbeitgeber die Entgeltteile für Pensionsrücklagen ein, bei Durchführung über eine Pensionskasse, einen Pensionsfond oder eine Unterstützungskasse leistet der Arbeitgeber diesen Versorgungsträgern Beiträge zur Finanzierung der Mittel für die späteren Leistungen. Bei der Direktversicherung schuldet der Arbeitgeber die Beitragsleistungen nach dem Versicherungsvertrag der Versicherungsgesellschaft, nicht aber dem Arbeitnehmer. Dessen für Arbeits- oder Dienstleistung vereinbarte Vergütung ist auf Grund der Versorgungszusage die als betriebliche Altersversorgung bestimmte (widerrufliche, Rdn. 198) oder unwiderrufliche (Rdn. 196) Bezugsberechtigung auf die Versicherungsleistungen. Daher erlangen auch die Versicherungsbeiträge als Kürzungsbeiträge nach § 850 e Nr. 1 ZPO keine Bedeutung.

919   d) Ob das Zahlungsverbot (§ 829 Abs. 3 ZPO) ausschließt, dass der Schuldner als Arbeitnehmer auch nach Pfändung seines Arbeitseinkommens noch Entgeltumwandlung (Rdn. 916) zur Aufbringung der Leistungen für betriebliche Altersversorgung verlangt und damit das (bare) Arbeitseinkommen um die Arbeitgeberleistungen für betriebliche Altersversorgung gemindert wird, ist nicht geklärt. Das wurde früher angenommen (12. Aufl. Rdn. 892 a). Daran kann nicht festgehalten werden. Entgeltumwandlung ist keine Verfügung über das gepfändete (künftige) Arbeitseinkommen. Die Vereinbarung über die Entgeltumwandlung ist Bestandteil des Arbeitsvertrags; sie bewirkt, dass in Zukunft in Höhe der Arbeitgeberleistungen für betriebliche Altersversorgung kein Anspruch auf Barlohn entsteht[148]. Änderung des Arbeitsvertrags zur Gestaltung des Rechtsverhältnisses, aus dem sich das gepfändete Arbeitseinkommen ergibt, schließt der Vollstreckungszugriff aber nicht aus (Rdn. 37).

920   e) *Leistungen* der betrieblichen Altersversorgung *nach Eintritt des Versorgungsfalls* (in der Auszahlungsphase) sind als Arbeitseinkommen in Geld nur nach Maßgabe der §§ 850 a–i ZPO pfändbar (§ 850 ZPO). Versorgungsleistungen (auch an Hinterbliebene) aus Direktzusage des Arbeitgebers und Leistungen einer Pensionskasse, einer Unterstützungskasse oder eines Pensionsfonds sind Arbeitseinkommen als fortlaufende Einkünfte nach dem Ausscheiden aus dem Dienst- oder Arbeitsverhältnis oder als Hinterbliebenenbezüge (§ 850 Abs. 2 ZPO; s. Rdn. 884); die durch eine Direktversicherung begründete Rente ist Arbeitseinkommen nach § 850 Abs. 3 Buchst. b ZPO (s. Rdn. 892 a).

---

147 *BArbG* BAG 88, 28 = MDR 1998, 721 = NZA 1998, 707 = VersR 1999, 80.
148 *BArbG* a.a.O.

X. Vermögenswirksame Leistungen

Schrifttum: *Borrmann*, Zur Pfändbarkeit vermögenswirksamer Leistungen, Betrieb 1974, 382 und 2057; *Brych*, Zur Pfändbarkeit vermögenswirksamer Leistungen, Betrieb 1974, 2054; *Hauger*, Auswirkung der Pfändung vermögenswirksamer Leistungen auf Wohnungsbauprämie und Arbeitnehmer-Sparzulage, Betrieb 1975, 1147; *Huken*, Vermögenswirksame Leistungen sind unpfändbar, KKZ 1971, 104; *Mümmler*, Abtretung und Pfändung der Arbeitnehmer-Sparzulage, JurBüro 1994, 78; *Muth*, Zur Pfändbarkeit vermögenswirksamer Leistungen nach dem Dritten Vermögensbildungsgesetz, Betrieb 1979, 1118; *Oswald*, Zwangsvollstreckung im Bereich des Vermögensbildungsgesetzes, AnwBl 1974, 365; *Ottersbach*, Pfändung der Arbeitnehmer-Sparzulage, Rpfleger 1990, 57; *Rewolle*, Die Pfändung von Einkommen aus vermögenswirksamen Leistungen nach dem zweiten Vermögensbildungsgesetz, Betrieb 1966, 150 (durch Gesetzesänderung teilweise überholt).

Arbeitseinkommen kann nach dem 5. VermBG[149] vermögenswirksam angelegt werden[150]. Dazu bestimmt das 5. VermBG in

§ 2 Abs. 7

(7) Vermögenswirksame Leistungen sind arbeitsrechtlich Bestandteil des Lohns oder Gehalts. Der Anspruch auf die vermögenswirksame Leistung ist nicht übertragbar.

Diese Bestimmung ist im Gesetzesentwurf[151] wie folgt begründet:

Absatz ... Satz 1 stellt klar, dass vermögenswirksame Leistungen (anders als die Arbeitnehmer-Sparzulage) arbeitsrechtlich Bestandteil des Lohns oder Gehalts sind. Satz 2 stellt klar, dass vermögenswirksame Leistungen nicht übertragbar und damit nicht pfändbar sind. Durch diese Vorschrift soll im Interesse der Rechtssicherheit die für etwa 90 v. H. der Fälle (Anlagen nach dem Spar-Prämiengesetz oder dem Wohnungsbau-Prämiengesetz) überwiegend in der Literatur schon vertretene Ansicht in das Gesetz übernommen werden. Um die verwaltungsmäßige Abwicklung zu erleichtern, wird davon abgesehen, für die restlichen 10 v. H. der Fälle (Anlage nach § 2 Abs. 1 Buchstabe c bis e) abweichende Regelungen für die Übertragbarkeit und Pfändbarkeit vorzusehen.

921

Bei Vermögensbildung nach dem 5. VermBG ist zu unterscheiden:

922

a) *Vereinbarte vermögenswirksame Leistungen des Arbeitgebers* (§ 10 des 5. VermBG) sind Leistungen, die der Arbeitgeber zur Vermögensbildung durch den Arbeitnehmer *zusätzlich* zu dem sonstigen Arbeitseinkommen zur zwecksentsprechenden Verwendung erbringt. Solche Leistungen können in Verträgen mit Arbeitnehmern, in Betriebsvereinbarungen, Tarifverträgen oder in bindenden Festsetzungen (§ 19 HeimarbG) vereinbart sein. Diese vermögenswirksamen Leistungen sind arbeitsrechtlich Bestandteil des Lohns oder Gehalts (§ 2 Abs. 7 S. 1 des 5. VermBG). Der Anspruch auf diese Leistungen ist aber nicht übertragbar (§ 2 Abs. 7 S. 2 des 5. VermBG) und daher auch nicht pfändbar (§ 851 Abs. 1 ZPO)[152]. Der Anspruch auf

---

149 Fünftes Gesetz zur Förderung der Vermögensbildung der Arbeitnehmer (Fünftes Vermögensbildungsgesetz – 5. VermBG). I.d.F. vom 4. März 1994, BGBl I 407 (mit Änderungen).
150 Der Anspruch des Arbeitnehmers auf Abschluss eines Anlagevertrags ist als Gestaltungsrecht nicht pfändbar, siehe *Borrmann* Betrieb 1974, 382 Fußn. 4.
151 BT-Drucks. VI/601, S. 7.
152 *ArbG Berlin* Betrieb 1972, 735 = KKZ 1972, 226.

die Leistungen kann daher weder selbstständig gepfändet noch als Lohnbestandteil von einer Einkommenspfändung erfasst werden. Die bei Wirksamwerden einer Pfändung bereits vereinbarten vermögenswirksamen Leistungen sind daher für die Berechnung des pfändbaren Arbeitseinkommens nicht mitzurechnen (vgl. § 850 e Nr. 1 ZPO). Vermögenswirksame Leistungen können auch vereinbart werden, wenn eine Pfändung bereits besteht; die nachträgliche Vereinbarung berührt die bereits laufende Pfändung nicht.

923 b) Die vermögenswirksame *Anlage von Teilen des Arbeitseinkommens* nach § 11 des 5. VermBG. In diesem Fall erhält der Arbeitnehmer bei Vermögensbildung keine zusätzliche Leistung des Arbeitgebers. Die vermögenswirksame Anlage wird hier vielmehr aus dem (unveränderten) Arbeitseinkommen des Arbeitnehmers aufgebracht. Auch solche vermögenswirksam angelegte Teile des Arbeitseinkommens sind vermögenswirksame Leistungen i.S. des 5. VermBG (§ 11 Abs. 2 des 5. VermBG). Der zur vermögenswirksamen Anlage bestimmte Teil des (noch nicht zugeflossenen) Arbeitseinkommens ist daher gleichfalls nach § 2 Abs. 7 S. 2 des 5. VermBG unpfändbar[153]. Diese Unpfändbarkeit ist nicht auf den Betrag begrenzt, für den noch Anspruch auf Arbeitnehmer-Sparzulage besteht[154]; denn die Unübertragbarkeit ist für die vermögenswirksame Einkommensanlage nicht auf einen solchen Begünstigungsrahmen beschränkt. Ist bei Wirksamwerden einer Pfändung das schriftliche Verlangen des Arbeitnehmers auf Abschluss eines Vertrags über die vermögenswirksame Anlage von Teilen des Arbeitslohns dem Arbeitgeber bereits zugegangen, so ist mithin der vermögenswirksame Leistung gewordene Einkommensteil bei der Pfändung gleichfalls für die Berechnung des pfändbaren Betrages des Arbeitseinkommens nicht mitzurechnen (§ 850 e Nr. 1 ZPO).

924 Wenn Arbeitseinkommen gepfändet ist, ermöglicht das Verfügungsverbot des § 829 Abs. 1 S. 2 ZPO dem Schuldner keine den Pfändungsgläubiger schmälernde Erklärung nach § 11 Abs. 1 des 5. VermBG auf vermögenswirksame Anlage von Einkommensteilen mehr. Eine gleichwohl nach der Pfändung abgegebene Erklärung bleibt dem pfändenden Gläubiger gegenüber und damit für die Berechnung des gepfändeten Einkommensteils unwirksam. Der Arbeitgeber hat sie im Anschluss an die Pfändung jedoch zu berücksichtigen (siehe Rdn. 560).

c) Der Anspruch auf *Arbeitnehmer-Sparzulage* nach § 13 des 5. VermBG für vermögenswirksame Leistungen, ist nicht übertragbar (§ 13 Abs. 3 S. 2 des 5. VermBG i.d.F. vom 21.7.1994, BGBl I 1630 [1666]) und daher auch nicht pfändbar (§ 851 Abs. 1 ZPO).

---

[153] Ebenso *Borrmann* Betrieb 1974, 382; *Oswald* AnwBl 1974, 365; *Muth* Betrieb 1979, 1118 (1119); **anders** *Pröbsting* RdA 1972, 217 (221) und *Brych* Betrieb 1974, 2054 (2055); dazu *Borrmann* Betrieb 1974, 2057.
[154] Insoweit anders *Borrmann* und *Brych* je a.a.O., die als Grenze der Unpfändbarkeit in jedem Fall (damals) 624 DM im Jahr annehmen.

XI. Das Pfändungsverfahren

1. *Bezeichnung des Arbeitseinkommens im Pfändungsbeschluss*

a) Die Forderung des Schuldners[155] an den Arbeitgeber als Drittschuldner ist im Pfändungsbeschluss mit der Benennung als „Arbeitseinkommen" bestimmt genug bezeichnet[156]. Angabe des besonderen Rechtsgrundes (z. B. Pension, Provision, Gehalt) braucht nicht zu erfolgen. Mit der Bezeichnung als Arbeitseinkommen ist alles gepfändet, was die ZPO in §§ 850 ff. unter Arbeitseinkommen versteht[157], mithin alle in Geld zahlbaren Arbeitsvergütungen des Schuldners ohne Rücksicht auf ihre Benennungs- oder Berechnungsart[158]. Von der Pfändung wird das Arbeitseinkommen auch dann erfasst, wenn der Anspruch auf Arbeitsentgelt und seine Höhe in einem Rechtsstreit zwischen Arbeitnehmer (= Schuldner) und Arbeitgeber (= Drittschuldner) vergleichsweise festgelegt sind[159]. Die Pfändung erstreckt sich ohne weiteres auch auf „*mehrere*" Arbeitsvergütungen, die derselbe Drittschuldner leistet[160]. Der Drittschuldner muss daher der Berechnung des unpfändbaren Teiles des Arbeitseinkommens die Summe aller von ihm zu leistenden Bezüge zugrunde legen. Einer ausdrücklichen Anordnung dieser Zusammenrechnung durch das Vollstreckungsgericht bedarf es nicht[161]. Wegen der Zusammenrechnung des von

925

---

155 Der Anspruch auf den Arbeitslohn ist auch dann Alleinvermögen des Ehegatten (nicht gemeinschaftliches Vermögen nach § 13 Abs. 1 S. 1 FGB), wenn er (noch) im Güterstand der Eigentums- und Vermögensgemeinschaft lebt (Art. 234 § 4 Abs. 2 EGBGB); siehe *Arnold* DtZ 1991, 80 (82).
156 In Übereinstimmung mit dem Gesetzeswortlaut (§ 850 Abs. 1 ZPO) bezeichnen deshalb die Pfändungsbeschlüsse nur „alle Bezüge des Schuldners an Arbeitseinkommen" als gepfändet.
157 *BArbG* AP Nr. 1 zu § 850 ZPO mit Anm. *Förster* = BB 1961, 1053 = Rpfleger 1960, 247; *BArbG* BAG 32, 96 = MDR 1980, 346 = NJW 1980, 800; *OLG Düsseldorf* BB 1980, 44 = NJW 1979, 2520. Gepfändet sind somit auch Abfindungen anlässlich der Beendigung des Arbeitsverhältnisses, siehe *Hohn* BB 1963, 1101 und Rdn. 1234.
158 Zur Beschlussauslegung, wenn die Dienstleistungsvergütung richtig Werklohn für fortlaufende Leistungen aus einem Werkvertrag darstellt, Rdn. 514 und die dort Fußn. 99 angeführte Entscheidung des *BArbG*.
159 *Schneider* JurBüro 1965, 448.
160 **Beispiel:** Der pensionierte Lehrer wird als Angestellter weiterbeschäftigt, erhält also Versorgungsbezüge und Einkommen als Angestellter; oder: Der ausgeschiedene Arbeitnehmer erhält vom Drittschuldner Ruhegelder und Bezüge für seine Tätigkeit als Nachtwächter.
161 So auch *Grunsky* ZIP 1983, 908 (910); *Wieczorek/Schütze/Lüke*, ZPO, Rdn. 27 zu § 850 e; Im Ergebnis ebenso *Stein/Jonas/Brehm*, ZPO, Rdn. 26 zu § 850 e. Diese gehen noch davon aus, dass die mehreren Bezüge (einzeln) von mehreren Pfändungsbeschlüssen erfasst werden könnten. Das indes wäre nur denkbar, wenn der erste Beschluss seinem Wortlaut als gepfändet bezeichnen oder zunächst Einkommensteile von der Pfändung ausdrücklich ausnehmen würde (siehe auch *Grunsky* a.a.O.). Dann gilt freilich § 850 e Nr. 2 ZPO. Der Fall wird aber kaum einmal praktische Bedeutung erlangen.

mehreren Drittschuldnern[162] zu leistenden Arbeitseinkommens siehe aber Rdn. 1138 ff.

Dass auch eine nicht wiederkehrend zahlbare Vergütung für persönlich geleistete Dienste unterschiedlichster Art (z. B. der Vergütungsanspruch des Arztes, Rechtsanwalts oder Kunstmalers [dazu Rdn. 1233]; das Entgelt aus Lizenzvertrag [Rdn. 1649 a]) nur mit „Arbeitseinkommen" stets hinreichend bestimmt bezeichnet sein soll (wie ein sonstiger Anspruch, der sich gegen den Arbeitgeber neben dem unmittelbar für die Arbeit zu leistenden Entgelt [Lohn] aus dem Arbeitsverhältnis ergibt), ist nicht unbedingt naheliegend. Es ist daher auf jeden Fall ratsam, eine solche Vergütung unter Nennung der Art der Tätigkeit oder des Entgelts näher zu bezeichnen. Beispiel: Lizenzgebühren als Entgelt für die Überlassung des (zu bezeichnenden) urheberrechtlichen Nutzungsrechts.

926 b) Der Gläubiger muss nicht notwendig alle Vergütungen aus Arbeits- oder Dienstleistung pfänden, sondern kann einzelne oder einen bestimmten Kreis von Bezügen von der Pfändung *ausnehmen*, weil er den Umfang jeder Zwangsvollstreckung bestimmen kann. Die Einschränkung der Pfändung ist im Beschluss ausdrücklich herauszustellen. Dann werden die freigegebenen Bezüge aber auf die unpfändbaren Einkommensteile (§§ 850 c, d ZPO) nicht angerechnet. Nach Wirksamwerden der Pfändung kann der Gläubiger durch Verzicht (§ 843 ZPO; siehe Rdn. 676 ff.) einzelne Bezüge oder Teile des Einkommens freigeben.

2. *Bezeichnung des pfändungsfreien Betrages*

927 Die dem Schuldner nach §§ 850 c, d oder f Abs. 2 ZPO pfandfrei verbleibenden Teile seines Arbeitseinkommens muss der Pfändungsbeschluss bezeichnen. Wegen der Formulierung siehe Rdn. 1054 und 1121, 1122. Bei der Pfändung des Arbeitseinkommens wegen gewöhnlicher Geldforderungen sind die Angaben im Pfändungsbeschluss auch dann hinreichend bestimmbar, wenn die Freigrenze nicht absolut festgelegt ist, sondern nach allgemein gehaltenen Angaben über den für jedes Familienmitglied zu berücksichtigenden Freibetrag vom Drittschuldner ermittelt werden kann (siehe Rdn. 1054).

3. *Entscheidung des Vollstreckungsgerichts in Zweifelsfällen*

928 Allgemein gefasste Angaben im Pfändungsbeschluss können im Einzelfall zu Unklarheit führen. So kann zweifelhaft werden, ob eine bestimmte Einnahme des Schuldners (z. B. eine als Aufwandsentschädigung oder Überstundenvergütung bezeichnete Einnahme) zum Arbeitseinkommen zählt oder ob sie gegebenenfalls als unpfändbarer Bezug (§ 850 a ZPO) ab-

---

[162] Bei Beteiligung mehrerer rechtlich selbstständiger Personen auf Arbeitgeberseite an *einem* Arbeitsverhältnis besteht nach *BGH* Betrieb 1982, 1569 = ZIP 1982, 984 ein einheitliches Arbeitsverhältnis, bei dem die Arbeitgeber die Vergütung in aller Regel als Gesamtschuldner schulden (s. dagegen aber *Schwerdtner* ZIP 1982, 900). Besonderheiten für Pfändung dann wie Rdn. 55.

gesetzt werden muss. Es kann auch Streit oder Ungewissheit darüber entstehen, ob für einen bestimmten Angehörigen des Schuldners (z. B. die selbst verdienende Ehefrau, ein heranwachsendes Kind, das schon eigenes Einkommen hat) der Freibetrag nach § 850 c ZPO zu berücksichtigen ist oder außer Betracht bleiben muss.

In solchen Fällen hat das Vollstreckungsgericht eine *klarstellende Entscheidung* zu treffen. Diese ergeht auf Antrag des Gläubigers, Schuldners oder Drittschuldners. Sie ist (ergänzende) Maßnahme der Zwangsvollstreckung[163], nicht Entscheidung über eine Erinnerung (§ 766 ZPO). Über den Klarstellungsantrag entscheidet daher der Rechtspfleger[164]. Der Antrag kann eine bestimmte Entscheidung verlangen oder allgemein darauf zielen, durch Entscheidung der streitig gewordenen Frage dem Pfändungsbeschluss als Staatsakt die notwendige Bestimmtheit zu geben.

929

4. Die Rechtsstellung des Drittschuldners

Schrifttum: *Bauer*, Verpflichtung des Drittschuldners zur Benachrichtigung des Gläubigers von der Beendigung des Arbeitsverhältnisses in der Lohnpfändung? JurBüro 1963, 251; *Bauer*, Umfang der Auskunftspflicht des Drittschuldners in der Lohnpfändung, JurBüro 1975, 437; *Brill*, Lohnpfändungen als Kündigungsgrund, Betrieb 1976, 1816; *Brüne* und *Liebscher*, Die fehlende oder falsche Drittschuldnerauskunft durch den Arbeitgeber, BB 1996, 743; *Grunau*, Der Gläubiger und der Drittschuldner im heutigen Lohnpfändungsrecht, JurBüro 1961, 267; *Grunau*, Lohnpfändung und Schadensersatz aus § 840 ZPO, JurBüro 1962, 242; *Heers*, Klage auf Auskunft gemäß § 840 Abs. 1 ZPO im Verfahren vor dem Arbeitsgericht, Betrieb 1971, 1525; *Quardt*, Umfang der Auskunftspflicht in der Lohnpfändung, BB 1959, 350; *Sachse*, Schulden des Arbeitnehmers und Verweigerung einer Schuldenerklärung als Entlassungsgrund im öffentlichen Dienst, Betrieb 1970, 2221; *Spix*, Kündigung bei laufenden Lohnpfändungen, BB 1981, 1151.

a) *Erinnerung gegen den Pfändungsbeschluss*: Der Drittschuldner kann mit Erinnerung auch zugunsten des Schuldners den Verstoß gegen eine Pfändungsbeschränkung oder ein Pfändungsverbot geltend machen (siehe Rdn. 751). Die Erinnerung kann der Drittschuldner nicht nur auf die Verletzung formellen Vollstreckungsrechts, sondern auch darauf stützen, dass durch Entzug des Freibetrages für den notwendigen Unterhalt die Arbeitskraft seines Arbeitnehmers gefährdet werde[165].

930

b) *Fürsorgepflicht*: Eine Verpflichtung, zugunsten des Schuldners Erinnerung gegen den Pfändungsbeschluss einzulegen, kann aus der allgemeinen Fürsorgepflicht[166] des Arbeitgebers seinem Arbeitnehmer gegenüber nur in besonders gelagerten Ausnahmefällen hergeleitet werden[167]. Man wird aber den Arbeitgeber als Drittschuldner weitergehend für verpflichtet halten müssen, den unkundigen Schuldner über seine Rechte und sein Ver-

931

---

163 *BGH* 166, 48 (52) = NJW 2006, 777 = Rpfleger 2006, 202.
164 *BGH* 166, 48 = a.a.O.
165 *LArbG Hamm* BB 1952, 576; *Brecht* BB 1963, 859.
166 Zu dieser *BArbG* AP Nr. 8 zu § 829 ZPO mit Anm. *Stöber* = MDR 1989, 571 = NJW 1989, 1053.
167 *Brecht* BB 1963, 859; siehe auch *LArbG Hamm* BB 1963, 859.

3. Kapitel: Pfändung von Arbeitseinkommen

halten gegen den Lohnpfändungsbeschluss zu beraten[168]. Dieser Verpflichtung kommt der Drittschuldner nicht nach, wenn er den Schuldner ohne äußeren Anlass an einen Rechtsanwalt verweist und ihm dadurch zusätzliche Kosten verursacht[169]. Nicht verlangt werden kann vom Arbeitgeber, dass er die Berechtigung der Vollstreckungsforderung des Gläubigers und darüber hinaus die Möglichkeit prüft, ob hiergegen Einwendungen erhoben werden können[170]. Der Arbeitgeber hat daher auch nicht das (Fürsorge-)Recht, für den Schuldner dessen Einwendungen im Drittschuldnerprozess zu erheben[171].

932 Wenn zweifelhaft ist, ob ein bestimmter Betrag von der Pfändung erfasst ist, kann der Drittschuldner *hinterlegen* (§ 372 BGB). Aber auch dann genügt der Drittschuldner seiner Fürsorgepflicht, wenn er den streitigen Betrag bis zur Klärung, wer anspruchsberechtigt ist, in Verwahrung behält. Wären mit einer Hinterlegung für den Schuldner Kosten verbunden, so muss der Arbeitgeber aus dem Gesichtspunkt der Fürsorgepflicht diese Verwahrung unter Umständen der Hinterlegung vorziehen[172].

933 Die Fürsorgepflicht seinem Arbeitnehmer gegenüber gibt dem Drittschuldner nicht das Recht, die Leistung der gepfändeten und überwiesenen Einkommensteile an den Gläubiger zu *verweigern*, weil der Schuldner Vollstreckungsgegenklage erhoben hat[173]. Vielmehr wird der Arbeitgeber seiner Leistungspflicht erst dann enthoben, wenn der Schuldner einen Einstellungsbeschluss erwirkt hat (§§ 775, 776 ZPO).

933a Mitteilung des gegen einen Beamten ergangenen Pfändungs- und Überweisungsbeschlusses durch die Drittschuldner-Vertretungsbehörde an den unmittelbaren Dienstvorgesetzten verbietet sich. Die Fürsorgepflicht des Dienstherrn gebietet es vielmehr, den Kreis der mit Personalakten (damit auch mit zugehörigen Besoldungsakten) befassten Bediensteten möglichst eng zu halten[174], somit auf die mit Abwicklung der Pfändung und Überweisung befassten Beschäftigten zu beschränken. Die Fürsorgepflicht des Dienstherrn oder Arbeitgebers eines Angestellten und eines Arbeiters verpflichtet gleichermaßen zur Wahrung der Vertraulichkeit.

934 *Kündigen* kann der Arbeitgeber dem Arbeitnehmer wegen einer Lohnpfändung grundsätzlich nicht, auch wenn dieser die Pfändung schuldhaft

---

168 *Brecht* a.a.O. (Fußn. 167); **a.A.** BArbG BAG 62, 29 = AP Nr. 13 zu § 850 ZPO = MDR 1992, 590 = NJW 1992, 1646 (Leits.) = Rpfleger 1992, 442: Keine Fürsorgepflicht für das Rechtsverhältnis des Schuldners zu seinem Gläubiger, daher keine Fürsorgeverpflichtung, den Arbeitnehmer über die Möglichkeit eines Vollstreckungsschutzantrages nach § 850 i ZPO zu belehren.
169 *Brecht* a.a.O. (Fußn. 167).
170 *BArbG* a.a.O.
171 *BArbG* a.a.O.; hierzu auch Rdn. 577.
172 *Brecht* a.a.O. (Fußn. 167).
173 *LArbG Baden-Württemberg* BB 1962, 597.
174 *BVerwG* NJW 1978, 1214. Wenn hinreichende dienstliche Gründe es rechtfertigen, so wenn eine dienstliche Erheblichkeit des Vorgangs (Sicherheitsrisiken) im konkreten Fall jedenfalls (wenigstens) im Bereich des praktisch Möglichen liegt, kann Mitteilung erlaubt sein.

ausgelöst hat[175]. Etwas anderes kann ausnahmsweise gelten, wenn das Vorhandensein oder die Nichtbezahlung der Schuld mit der Tätigkeit des Arbeitnehmers in einer herausgehobenen Stellung oder Vertrauensstellung unvereinbar ist[176]. Ob bei mehreren, insbesondere bei einer Vielzahl von Lohnpfändungen der Arbeitgeber dem Schuldner ordentlich kündigen kann, hat sich nach den Umständen des Einzelfalls zu bestimmen. Regelmäßig wird der Arbeitgeber zur Entlassung des Schuldners nicht befugt sein. Für sich allein rechtfertigt das Vorliegen mehrerer Lohnpfändungen noch keine ordentliche Kündigung[177]. Sozial gerechtfertigt i.S. des § 1 Abs. 2 KSchG kann eine ordentliche Kündigung aber dann sein, wenn im Einzelfall zahlreiche Lohnpfändungen oder -abtretungen einen derartigen Arbeitsaufwand des Arbeitgebers verursachen, dass dies – nach objektiver Beurteilung – zu wesentlichen Störungen im Arbeitsablauf (etwa in der Lohnbuchhaltung oder in der Rechtsabteilung) oder in der betrieblichen Organisation führt[178]. Auch bei Vorliegen solcher wesentlichen Störungen bedarf es aber im Einzelfall einer umfassenden Abwägung der Interessen beider Arbeitsvertragsparteien[179]. Auch kann bei Hinzutreten weiterer Umstände eine ordentliche (fristgemäße) Kündigung zulässig und sozial gerechtfertigt sein. So kann die Art der Verschuldung und die Besonderheit der Tätigkeit des Schuldners den Ausschlag geben; es kann auch darauf ankommen, ob der Arbeitnehmer nach Abmahnung durch den Arbeitgeber erneut schuldhaft Lohnpfändungen veranlasst hat[180]. Bei unverschuldeter Zwangslage des Schuldners können auch wiederholte Pfändungen in kurzen Zeitabständen eine Kündigung nicht rechtfertigen. Nur unter besonders ungewöhnlichen Umständen dürften Lohnpfändungen einen wichtigen Grund im Sinne des § 626 Abs. 1 BGB für eine außerordentliche (fristlose) Kündigung des Arbeitsverhältnisses durch den Arbeitgeber abgeben[181].

c) Bei *Großunternehmen* mit dezentralisierten Lohnstellen und Kassen kann der Pfändungsbeschluss sowohl in der *Hauptverwaltung* als auch in der *Lohnstelle* oder *Kasse* zugestellt werden, da auch diese Geschäftsraum

935

---

175 *LArbG Hamm* BB 1978, 1363 = Betrieb 1977, 2237; *LArbG Berlin* BB 1979, 272 = Betrieb 1979, 605; *Brill* Betrieb 1976, 1816.
176 *Brill* a.a.O. (Fußn. 175).
177 *BArbG* BAG 37, 65 = NJW 1982, 1062; *LArbG Berlin* a.a.O. (Fußn. 175); *LArbG Düsseldorf* BB 1956, 434 mit Anm. *Oehmann; LArbG Rheinland-Pfalz* BB 1979, 375; *Wieczorek/Schütze/Lüke*, ZPO, Rdn. 4 zu § 850; siehe hierwegen im einzelnen auch *Schäcker* BB 1964, 391; dazu außerdem *ArbG Köln* BB 1981, 977.
178 *BArbG* BAG 37, 65 = a.a.O. (Fußn. 175); *LArbG Berlin* NJW 1976, 263. **A.A.** *LArbG Berlin* a.a.O. (Fußn. 175) und *LArbG Rheinland-Pfalz* a.a.O.
179 *BArbG* BAG 37, 65 = a.a.O. (Fußn. 177).
180 *Brill* a.a.O. (Fußn. 175); *LArbG Hamm* a.a.O. (Fußn. 175).
181 *Brill* a.a.O. (Fußn. 175) nennt: Der Arbeitnehmer hat schuldhaft innerhalb kurzer Zeit zahlreiche Lohnpfändungen mit sehr erheblichem Arbeitsaufwand für den Arbeitgeber verursacht, diese Pfändungsmaßnahmen sind eine Folge besonders leichtfertigen, liederlichen und rücksichtslosen Verhaltens des Arbeitnehmers gegenüber den Gläubigern und auch dem Arbeitgeber.

im Sinne des § 178 Abs. 1 Nr. 2 ZPO ist[182]. Wegen der Frage, wie sich die Stelle des Großbetriebs, der zugestellt wurde, aber nicht sofort bekannt ist, ob und wo der Schuldner im Betrieb, auf einer Außen- oder Nebenstelle beschäftigt ist, verhalten muss, um sich nicht der Gefahr auszusetzen, den Betrag doppelt zahlen zu müssen, siehe *Dohmen* BB 1962, 486 und Rdn. 566, 567. Ein Unternehmer, der mehrere Betriebe führt, wird, wenn der Pfändungsbeschluss nur auf Pfändung des Lohnes in einem bestimmten Betrieb lautet, nicht nachzuprüfen haben, ob der Schuldner eventuell in einem anderen seiner Betriebe beschäftigt wird[183]. Der Unternehmer wird aber haften müssen, wenn er die Arbeitsstelle des Schuldners im andern Betrieb kennt und dennoch die Pfändung unberücksichtigt lässt. Der Geschäftsführer einer Gesellschaft m.b.H., die als Arbeitgeberin Drittschuldnerin war, kann nach deren Löschung im Handelsregister für einbehaltene, dem Gläubiger aber nicht abgeführte Lohnteile des Schuldners persönlich haften[184].

935a d) *Geschützt ist der Drittschuldner*, wenn er Lohnzahlung (Leistung) nach Wirksamwerden der Pfändung mit Zustellung des Pfändungsbeschlusses (§ 829 Abs. 3 ZPO) in Unkenntnis der wirksam gewordenen Pfändung noch vornimmt (s. bereits Rdn. 566; dort auch zur Beweislast). Für den Gutglaubensschutz des Drittschuldners in entsprechender Anwendung des § 407 (§ 1275) BGB ist nicht auf die (förmliche) Zustellung, sondern auf dessen tatsächliche Kenntnis abzustellen[185]. Bei einer großen Behörde (Landesamt für Besoldung), ebenso bei Großunternehmen, ist hierfür auf die Kenntnis des zuständigen Sachbearbeiters abzustellen, d.h. auf den Zugang des zugestellten Pfändungsbeschlusses an ihn im Rahmen der verwaltungsmäßigen Abwicklung des Posteingangs[186] (aber auch unter Beachtung der Verpflichtung zur beschleunigten Zuleitung des mit Zustellung wirksam gewordenen Pfändungsbeschlusses an den Sachbearbeiter).

936 e) Bei *bargeldloser Lohnzahlung* wird die Lohnforderung bis zur Gutschrift auf dem Schuldnerkonto vom Pfändungsbeschluss erfasst. Einen (für einmalige Zahlung) der Bank oder Sparkasse bereits erteilten Überweisungsauftrag soll der Drittschuldner aber nicht zu widerrufen haben, wenn ihm danach ein Pfändungsbeschluss zugestellt wird. Dem kann jedoch nicht gefolgt werden (dazu Rdn. 565 a; dort auch zum Dauerauftrag)[187].

Eine Pfändung nach Gutschrift auf dem Schuldnerkonto erfasst den überwiesenen Lohnanspruch nicht mehr; zum Schutz des Schuldnerkontos siehe § 850 k ZPO.

---

182 *Dohmen* BB 1962, 486; Zustellung an Zweigniederlassung siehe Rdn. 501 a.
183 Siehe dazu *LArbG Baden-Württemberg* AP Nr. 3 zu § 183 ZPO = Betrieb 1958, 576.
184 *ArbG Berlin* MDR 1971, 427.
185 *LArbG Berlin* AP Nr. 1 zu § 407 BGB = BB 1969, 1353.
186 *LArbG Hamm* MDR 1983, 964.
187 Für Widerruf des Bankauftrages auch *Rothe* BB 1961, 291. Dem pfändenden Gläubiger wird nicht entgegengehalten werden können, wegen faktischer Rückrufsperre (zu dieser *LG Kiel* KTS 1981, 454 mit Anm. *Wessel* = ZIP 1981, 501) sei der bargeldlose Zahlungsverkehr abzuwickeln gewesen.

Bei *elektronischer Datenverarbeitung* hat der Drittschuldner eine recht- 937
zeitige Pfändung ebenso wie bei bargeldloser Lohnzahlung zu beachten.
Eine Einkommensfälligkeit darf dem Schuldner daher nicht mehr voll ausbezahlt werden, wenn bei Zustellung des Pfändungsbeschlusses nach dem maschinellen Abschluss der Lohnberechnung das noch nicht ausbezahlte Einkommen für alle Betriebsangehörigen bereits vollständig berechnet ist. Der Drittschuldner muss vielmehr infolge des Zahlungsverbots die maschinell bereits abgeschlossene Lohnberechnung für den Schuldner handschriftlich überarbeiten oder durch Aufteilung in den gepfändeten und den pfändungsfreien Teil maschinell richtigstellen[188]. Die Verpflichtung des Drittschuldners, den der Bank oder Sparkasse bereits erteilten Überweisungsauftrag rückgängig zu machen (dazu Rdn. 936), ist auch beim maschinellen und EDV-Buchungsverfahren zu bejahen.

f) Zur Lohnpfändung gegen die bei einer Truppe der im Bundesgebiet 938
stationierten *ausländischen Streitkräfte* oder einem zivilen Gefolge beschäftigten Arbeitskräfte siehe Rdn. 49.

g) Ob die *Drittschuldnererklärung* des § 840 ZPO Angaben über die 939
Bruttoeinkünfte und darüber enthalten muss, welche Abzüge das für die Berechnung des pfändbaren Lohnteils maßgebliche Nettoeinkommen ergeben sowie außerdem, welcher Familienstand der Berechnung des nach § 850 c ZPO durch Blankettbeschluss gepfändeten Einkommens zugrunde gelegt wird, ist streitig. Vielfach angenommen wird eine so umfassende Auskunftspflicht des Drittschuldners[189]. Dem ist nach meinem Dafürhalten nicht zu folgen[190]. Denn § 840 ZPO verpflichtet den Drittschuldner nur zur Äußerung, ob er meine, zur Zahlung verpflichtet zu sein, nicht aber zu weiterer Auskunft (siehe Rdn. 642). Ebensowenig wie der Drittschuldner einen Grund für seine Weigerung, eine Forderung anzuerkennen, angeben muss, kann er auch nicht verpflichtet sein, seine Zahlungsbereitschaft für einen Teil der Forderung zu begründen. Dann aber kann eine (schuldhafte) Verletzung der Erklärungspflicht auch nicht vorliegen, wenn der Arbeitgeber als Drittschuldner nach § 840 Abs. 1 Nr. 1 ZPO seine Zahlungsbereitschaft und außerdem erklärt, Pfändungsbeträge künftig abzuführen, sich dann aber für spätere Zahlungszeiträume herausstellt, dass keine pfändbaren Einkommensbeträge vorhanden sind[191]. Überdies wäre für den Gläubiger nichts gewonnen, wenn man die umfassende Auskunftspflicht bejaht. Denn auch dann könnte er nicht auf Auskunft klagen (siehe Rdn. 652). Der Drittschuldner würde vielmehr mit einem Schweigen nur

---

188 S. *LArbG Düsseldorf* JurBüro 1979, 1087 mit Anm. *Mümmler*; *VerwG Neustadt* JurBüro 1989, 668 = KKZ 1989, 15; dazu auch *Schalhorn* JurBüro 1970, 933.
189 *AG Bonn* Rpfleger 1963, 126; *VerwG Frankfurt* NJW 1971, 1479; *Behr* JurBüro 1994, 132 (133); *Grunau* JurBüro 1961, 270 und 1962, 242; *Merten* DR 1941, 1132; *Quardt* BB 1958, 484 und 1959, 350; *Bauer* JurBüro 1975, 437.
190 Ebenso *LArbG Düsseldorf* DGVZ 1995, 115 = JurBüro 1995, 478 (479) = MDR 1995, 1044; *Stein/Jonas/Brehm*, ZPO, Rdn. 9; *Wieczorek/Schütze/Lüke*, ZPO, Rdn. 11, je zu § 840; *Scherer* Rpfleger 1995, 446 (447).
191 *LArbG Düsseldorf* MDR 1995, 1044 = a.a.O. (Fußn. 190).

3. Kapitel: Pfändung von Arbeitseinkommen

das Prozessrisiko eingehen (siehe Rdn. 649). Dieses Kostenrisiko trifft ihn aber dann nicht mehr, wenn er erklärt, zur Zahlung nicht – oder nur in einer bestimmten Höhe – verpflichtet zu sein. Im Anschluss an das schon Rdn. 642 Ausgeführte erscheint daher die Ansicht zutreffend, dass der Gläubiger die für Berechnung des pfändbaren Lohnteils notwendigen Unterlagen nicht durch eine Auskunft des Drittschuldners nach § 840 ZPO, sondern nur über die Auskunfts- und Herausgabeverpflichtung des Schuldners nach § 836 Abs. 3 ZPO erhalten kann.

Praktisch wird freilich der Drittschuldner dem Gläubiger die erbetenen Angaben regelmäßig mitteilen. Diese Mitteilung liegt bei Pfändung wegen gewöhnlicher Forderungen in erster Linie auch im eigenen Interesse des Arbeitgebers (siehe Rdn. 1055). Die Auskunft ist dann aber freiwillig im Sinne des Rdn. 653 Gesagten.

940 Wenn das Arbeitsverhältnis einen Anspruch auf Lohnabrechnung oder Provisionsabrechnung (siehe § 87 c HGB) gewährt, ist dieser Abrechnungs- und Auskunftsanspruch als Nebenrecht von der Pfändung erfasst[192] (s. Rdn. 626 a, 699 und 1741). Diesen Anspruch kann daher auch der pfändende Gläubiger gegen den Drittschuldner geltend machen. Im Pfändungsbeschluss kann die Erstreckung der Einkommenspfändung auf den Abrechnungs- und Auskunftsanspruch (deklaratorisch) mit ausgesprochen werden[193] (Rdn. 1741). Selbstständig gepfändet werden kann dieser Anspruch weder nach §§ 846, 847 ZPO[194] noch im Wege der Hilfspfändung[195].

941 h) Der Drittschuldner ist nach meinem Dafürhalten auch nicht verpflichtet, den Gläubiger von der *Beendigung des Arbeitsverhältnisses* zu benachrichtigen[196], und zwar auch dann nicht, wenn zur Auskunftserteilung nach § 840 ZPO ordnungsgemäß aufgefordert war (siehe Rdn. 651 a; zur abweichenden Ansicht bei freiwillig erteilter Auskunft siehe Rdn. 653). Denn mit der Beendigung des Arbeitsverhältnisses wird die Auskunft nicht nachträglich unrichtig. Sie bleibt vielmehr, bezogen auf den Zeitpunkt der Auskunftserteilung, auch weiterhin richtig. Eine Verpflichtung zur Dauerauskunft kann dem § 840 ZPO aber schon im Hinblick auf die Erklärungsfrist von zwei Wochen nicht entnommen werden.

---

192 So auch *Treffer* MDR 1998, 384 (Abschn. 3; für Provisionsanspruch des Handelsvertreters); auch *BGH* MDR 2004, 114 = NJW-RR 2003, 1555 = Rpfleger 2003, 669.
193 *OLG Hamm* DGVZ 1994, 188 = JurBüro 1995, 163; *LG Koblenz* JurBüro 1996, 664; *LG Köln* JurBüro 1996, 439; *LG Marburg* Rpfleger 1997, 309; *Behr* JurBüro 1995, 626; *Scherer* Rpfleger 1995, 446; **a.A.** *OLG Zweibrücken* DGVZ 1995, 148 = a.a.O. (Fußn. 194).
194 *OLG Zweibrücken* DGVZ 1995, 148 = JurBüro 1995, 600 = Rpfleger 1996, 36 (Leits.); *LG Mainz* Rpfleger 1994, 309; **anders** (aber unklar) *LG Stuttgart* Rpfleger 1998, 166 (167).
195 *OLG Zweibrücken* DGVZ 1995, 148 = a.a.O.; *LG Mainz* Rpfleger 1994, 309.
196 Ebenso *AG Nürnberg* MDR 1962, 745; *Huken* KKZ 1972, 144; **a.A.** *Bauer* JurBüro 1963, 251.

Pfändungsverfahren

i) Kosten des Arbeitgebers

aa) Der Arbeitgeber hat als Drittschuldner gegen den Schuldner (Arbeitnehmer) *keinen Anspruch* auf Erstattung der mit der Bearbeitung von Lohn- und Gehaltspfändungen verbundenen Kosten[197]. Diese Kosten fallen dem Arbeitgeber selbst zur Last. Der Schuldner hat Kosten des Arbeitgebers als Drittschuldner weder nach § 670 BGB noch nach § 683 mit § 670 BGB zu erstatten, auch eine andere gesetzliche Anspruchsgrundlage besteht nicht[198]. Ein Erstattungsanspruch gegen den Schuldner als Arbeitnehmer kann auch durch (freiwillige) Betriebsvereinbarung nicht begründet werden[199].

942

bb) Auch gegen den Gläubiger hat der Arbeitgeber als Drittschuldner keinen Anspruch auf Erstattung von Kosten für die Bearbeitung des Pfändungs- und Überweisungsbeschlusses.

cc) Anspruch auf Erstattung von Kosten für Abgabe der Drittschuldnererklärung (§ 840 ZPO) hat der Arbeitgeber als Drittschuldner damit gleichfalls gegen den Gläubiger und den Schuldner nicht (siehe bereits Rdn. 647).

Erfüllungsort bei Lohnzahlung ist die Arbeitsstätte. Bei bargeldloser Lohnzahlung trägt der Arbeitgeber Gefahr und Kosten der Überweisung (§ 270 Abs. 1 BGB). Überweist der Drittschuldner den gepfändeten Lohnteil an den Gläubiger, so kann er Erstattung der Überweisungskosten verlangen, die bei Lohnzahlung an den Arbeitnehmer nicht entstanden wären. Siehe hierwegen Rdn. 608.

943

k) *Hafenarbeiterlohn:* Der Lohnanspruch eines unständigen Hafen(*aushilfs*)arbeiters im *Hamburger Hafen* richtet sich gegen den ihn beschäftigenden Hafeneinzelbetrieb, nicht gegen die für den Gesamthafenbetrieb Hamburg errichtete Gesamthafenbetriebs-Gesellschaft m.b.H. Der jeweilige Beschäftigungsbetrieb ist deshalb allein als Arbeitgeber Drittschuldner[200]. Ein Gesamthafenarbeiter steht während seines Einsatzes in einem Hafeneinzelbetrieb auch in arbeitsvertraglichen Beziehungen (in einem Arbeitsverhältnis) zu dem Inhaber dieses Hafeneinzelbetriebs. Der Beschäftigungsbetrieb ist somit als Arbeitgeber lohnzahlungspflichtig und daher Drittschuldner.

944

l) Nichteinbehaltung des gepfändeten Lohns kann in besonderen Fällen eine über die nicht abgeführten Beträge hinausgehende Schadensersatzpflicht des Drittschuldners begründen. Erforderlich ist, dass zwischen einem weitergehenden Schaden des Gläubigers und dem haftungsbegründenden Verhalten des Drittschuldners ein ursächlicher Zusammenhang besteht[201].

945

---

197 *BArbG* BAG 119, 122 = NJW 2007, 1302.
198 *BArbG* BAG 119, 122 = a.a.O.
199 *BArbG* BAG 119, 122 = a.a.O.
200 *BArbG* BB 1961, 640 = Betrieb 1961, 779; *BArbG* BAG 72, 12 = MDR 1993, 1213.
201 Siehe *ArbG Villingen* BB 1957, 511. Zur persönlichen Haftung des Geschäftsführers einer inzwischen gelöschten Gesellschaft m.b.H. für einbehaltene, an den Gläubiger aber nicht abgeführte gepfändete Lohnteile siehe *ArbG Berlin* GmbHRdsch. 1971, 138 = MDR 1971, 427.

5. *Auskunfts- und Urkunden-Herausgabepflicht des Schuldners*
(§ 836 Abs. 3 ZPO)

Schrifttum: *Behr,* Herausgabe der Lohnabrechnung bei der Einkommenspfändung, JurBüro 1995, 626; *David,* Die drei eidesstattlichen Versicherungen vor dem Gerichtsvollzieher, MDR 2000, 195; *Scherer,* Herausgabe der Lohnabrechnung und Auskunft bei Lohnpfändungen, Rpfleger 1995, 446; *Wertenbruch,* Die Auskunftspflicht des Schuldners bei der Forderungs- und Rechtspfändung, DGVZ 2001, 65.

945a a) aa) *Auskunft,* die zur (außergerichtlichen oder gerichtlichen) Geltendmachung des gepfändeten und zur Einziehung oder an Zahlungs statt überwiesenen Arbeitseinkommens nötig ist, hat der *Schuldner* dem Gläubiger *zu erteilen*[202] (dazu Rdn. 621–622 a). Auskunft über Umfang (Betrag, Rdn. 621 a) der Forderung erfordert auch Bekanntgabe der für Berechnung der gepfändeten Einkommensbeträge maßgeblichen Einzelheiten, damit des Bruttoeinkommens im Abrechnungszeitraum, der nach § 850 e Nr. 1 ZPO nicht mitzurechnenden (abzuziehenden) Bezüge sowie der Unterhaltspflichten für Berechnung der unpfändbaren und damit der gepfändeten Beträge (§§ 850 c, d, f Abs. 2 ZPO). Dazu zu rechnen ist auch die Angabe des Einkommens der gesetzlich unterhaltsberechtigten Personen[203] für Bestimmung nach § 850 c Abs. 4 ZPO, dass sie ganz oder teilweise unberücksichtigt zu bleiben haben. Bei Pfändung verschleierten Arbeitseinkommens nach § 850 h Abs. 2 ZPO (nicht aber bei Haushaltführung in nichtehelicher Lebensgemeinschaft, Rdn. 1222 a) sind auch die für Bemessung der geschuldeten Vergütung erforderlichen Angaben über Art und Umfang der Tätigkeit auskunftspflichtig[204]. Nicht nötig zur Geltendmachung der Forderung ist eine Auskunft des Schuldners, wenn der Gläubiger die Angaben bereits sicher kennt wie dann, wenn der Drittschuldner nach Pfändung eine Lohnabrechnung erteilt hat; dann besteht überdies kein Rechtsschutzinteresse (Rdn. 621 e). Ändern sich das Arbeitseinkommen oder die für Berechnung der pfändbaren Einkommensteile maßgeblichen Umstände, dann ist der Schuldner zur Ergänzung seiner Auskunft (Rdn. 621 b) verpflichtet.

945b bb) Auskunft ist auch über frühere (damit vorrangige) *Einkommenspfändungen* zu erteilen (Rdn. 621 a; wegen Überweisung an Zahlungs statt Rdn. 945 c).

945c cc) Auf *künftiges* Arbeitseinkommen, das *abgetreten* ist, erstrecken kann sich eine Pfändung (§ 832 ZPO) bei Wegfall des Sicherungszwecks (Rdn. 1258 c) oder nach Deckung der Gläubigerforderung bei Abtretung sicherungshalber (Rdn. 1258 a) oder erfüllungshalber (Rdn. 1258 b). Auf künftiges Arbeitseinkommen, das gesetzlich oder mit Pfändung und Über-

---

202 Zu einem umfangreichen Fragenkatalog des Gläubigers siehe *David* MDR 2000, 195 (197); *AG Sigmaringen* DGVZ 2000, 190; kritisch dazu *Wertenbruch* DGVZ 2001, 65 (67); Anmerkung *Schriftleitung* DGVZ 2000, 191. Zur (nicht gebotenen) Eingrenzung des Auskunftsanspruchs durch (unbedachte) Einzelfragen an den Schuldner s. Rdn. 621 f.
203 Ähnlich *Wertenbruch* DGVZ 2000, 65 (67); hierzu auch *LG Hildesheim* DGVZ 2001, 87 und *AG Rosenheim* JurBüro 2002, 493.
204 *LG Köln* DGVZ 2002, 186.

weisung an Zahlungs statt auf einen Dritten übergegangen ist, erstreckt sich die Pfändung, sobald die Berechtigung des vorgehenden Gläubigers mit Befriedigung oder sonst entfällt. Der Schuldner hat mit Auskunft über den Umfang (Betrag) dieser gepfändeten künftigen Schuldnerforderung für deren Geltendmachung daher auch Auskunft über die Berechtigung des Dritten (Name des berechtigten Dritten, Grund, Umfang und damit Betrag der Gläubigerforderung) zu erteilen[205].

b) aa) *Herauszugeben* hat der Schuldner dem Gläubiger auch bei Pfändung von Arbeitseinkommen die zur (außergerichtlichen und gerichtlichen) Geltendmachung der gepfändeten Einkommensteile erforderlichen *Urkunden* (§ 836 Abs. 3 S. 1 ZPO, Rdn. 623). Lohn- oder Gehaltsabrechnungen[206] oder Verdienstbescheinigungen sind Beweisurkunden (Rdn. 623 a), die demnach herauszugeben sind. Auch Lohnabrechnungen aus der Zeit vor der Beschlagnahme gehören nach Sinn und Zweck des § 836 Abs. 3 S. 1 ZPO (Urkundenherausgabe dient Beweis- und Überprüfungszwecken) zu den „über die Forderung vorhandenen Urkunden", die herauszugeben sind[207]. Als ausreichend für eine verlässliche Überprüfung der Einkommensentwicklung beim Schuldner wird (außer den laufenden Lohnabrechnungen) „regelmäßig" auch Herausgabe der drei Lohnabrechnungen aus der Zeit vor Zustellung des Pfändungs- und Überweisungsbeschlusses angesehen[208]. Eine darüber hinausgehende Herausgabepflicht kann in Ausnahmefällen in Betracht kommen, deren Voraussetzungen der Gläubiger darzulegen hat[209]. Es kann aber auch der Einzelfal gebieten, die Herausgabepflicht weiter einzugrenzen wie z. B. bei Beamten und festbesoldeten Angestellten, deren Bezüge gesetzlich oder tariflich festgelegt sind und daher über oft viele Abrechnungsmonate unverändert bleiben, die daher Mitteilungen nur in größeren Abständen bei Änderung der Bezüg erhalten, so dass zeitlich weit zurückliegende Mitteilungen oder Lohnabrechnungen („die letzten drei") als Beweismittel wertlos sind. Erzielt der Schuldner zweifelsfrei nur geringes Arbeitseinkommen, das nach §§ 850 c, d oder f

945d

---

205 So auch *LG Hildesheim* DGVZ 2001, 87.
206 *OLG Braunschweig* Rpfleger 2005, 150; *OLG Hamm* DGVZ 1994, 188 = JurBüro 1995, 163; *LG Augsburg* JurBüro 1996, 386; *LG Berlin* Rpfleger 1993, 294 mit zust. Anm. *Hintzen; LG Bochum* DGVZ 1994, 189 und JurBüro 2000, 437; *LG Heidelberg* JurBüro 1995, 383; *LG Hof* DGVZ 1994, 138; *LG Karlsruhe* JurBüro 1995, 382; *LG Kassel* JurBüro 1997, 216; *LG Koblenz* JurBüro 1996, 664 und DGVZ 1997, 126 (hier zu weitgehend für die Abrechnungen der letzten 3 Monate); *LG Münster* DGVZ 1994, 155; *LG Oldenburg* Rpfleger 1996, 36 (Leits.); *LG Paderborn* JurBüro 1995, 382; *LG Ravensburg* Rpfleger 1990, 266; *LG Stuttgart* Rpfleger 1998, 166 (167); *LG Verden* DGVZ 1994, 189; *AG Köln* DGVZ 1995, 155; *Behr* JurBüro 1995, 626; *Scherer* Rpfleger 1995, 446 (448). **A.A.** *LG Hildesheim* DGVZ 1994, 156. Für Ergänzung des Pfändungsbeschlusses zur Herausgabevollstreckung hinsichtlich der Lohnabrechnungsausdrucke hat das *LG Hannover* DGVZ 1989, 26 das Rechtsschutzbedürfnis verneint (Einzelfallentscheidung).
207 *BGH* FamRZ 2007, 462 = DGVZ 2007, 26 = MDR 2007, 607 = NJW 2007, 606 = Rpfleger 2007, 209.
208 *BGH* NJW 2007, 606 = a.a.O.
209 *BGH* NJW 2007, 606 = a.a.O.

Abs. 1 und 2 ZPO unpfändbar ist, kann der Gläubiger Einkommensbeträge nicht gegen den Drittschuldner geltend machen, dafür somit auch Urkunden vom Schuldner nicht herausverlangen (keine Urkundenherausgabe nur noch zur Information). Dass auch Beweisurkunden, die sich auf die nach der Pfändung fällig werdenden Beträge beziehen, herauszugeben sind, somit auch spätere Lohn-/Gehalts-/Verdienstbescheinigungen über künftiges Arbeitseinkommen, folgt aus § 832 ZPO. In diesem Fall ist somit die Herausgabepflicht wiederkehrend zu erfüllen[210].

945e bb) Auf *künftiges Arbeitseinkommen* (§ 832 ZPO) kann sich die Pfändung auch erstrecken, wenn laufendes Einkommen bereits abgetreten, gesetzlich oder nach Pfändung und Überweisung an Zahlungs statt auf einen Dritten übergegangen ist (Rdn. 945 c). Mit den zur Geltendmachung dieses gepfändeten Einkommens herauszugebenden Urkunden hat der Schuldner daher auch Urkunden herauszugeben, die über eine vorausgehende Abtretung[211], gesetzlichen Rechtsübergang oder Pfändung[212] des Arbeitseinkommens vorhanden sind.

945f cc) Zwangsvollstreckung zur Erlangung der herauszugebenden Urkunden (auch für spätere Lohn-/Gehalts-/Verdienstabrechnungen) s. Rdn. 625; dort auch zur Bezeichnung der Urkunden im Überweisungsbeschluss. Überweisung des Herausgabeanspruchs gegen Dritte s. Rdn. 626. Abrechnungsanspruch an Arbeitgeber s. Rdn. 940.

6. Die Vorpfändung

Schrifttum: *Lipschitz*, Vorpfändung und Pfändungsschutz für Arbeitseinkommen, DRiZ 1954, 50.

946 a) Muster für Vorpfändung durch einen gewöhnlichen Gläubiger (Fall des § 850 c ZPO):

"... (wie Muster Rdn. 795) steht die Pfändung der angeblichen Forderung des Schuldners an ... – Drittschuldner – auf Zahlung aller Bezüge an Arbeitseinkommen (ohne Rücksicht auf ihre Benennung oder Berechnungsart) bevor.

Grundlage der Berechnung der pfändbaren Teile des Arbeitseinkommens wird das nach Maßgabe des § 850 e Nr. 1 ZPO zu bestimmende Nettoeinkommen des Schuldners sein.

Der pfändbare Teil des Arbeitseinkommens wird sich mit der Maßgabe, dass der kinderlos verheiratete Schuldner seiner Ehefrau Unterhalt gewährt, nach der dem § 850 c ZPO als Anlage beigefügten Tabelle bestimmen; auf diese Tabelle wird Bezug genommen.

---

210 *BGH* NJW-RR 2006, 1576 (1577); *OLG Dresden* DR B 1941 Rspr. 8.
211 So auch (mit anderer Begründung) *LG Ansbach* DGVZ 1995, 122 = Rpfleger 1995, 511; *LG Detmold* Rpfleger 2001, 608; *LG Kassel* JurBüro 1997, 660; *LG München II* JurBüro 1998, 604 und 2000, 490; *LG Paderborn* JurBüro 2002, 1259; *LG Stuttgart* Rpfleger 1998, 166; *AG Weiden* Rpfleger 1996, 255 mit zust. Anm. *B. Schmidt* (für Abtretung der Rente); a.A. *LG Hof* DGVZ 1991, 138; *LG Münster* JurBüro 2002, 494; *AG Fulda* JurBüro 1998, 605.
212 *BGH* NJW-RR 2006, 1576.

Hiervon benachrichtige ich den Drittschuldner mit der Aufforderung, die zu pfändenden Einkommensteile nicht mehr an den Schuldner zu zahlen. Zugleich verständige ich hiervon den Schuldner mit der Aufforderung, sich jeder Verfügung über die zu pfändende Forderung, insbesondere der Einziehung derselben zu enthalten."

b) Muster für Vorpfändung wegen eines Unterhaltsanspruchs (Fall des § 850 d ZPO):

947

"... (wie Muster Rdn. 795) steht die Pfändung der angeblichen Forderung des Schuldners an ... – Drittschuldner – auf Zahlung aller Bezüge an Arbeitseinkommen (ohne Rücksicht auf ihre Benennung oder Berechnungsart) bevor. Zugleich mit der Pfändung wegen der fälligen Ansprüche des Gläubigers wird auch das künftig fällig werdende Arbeitseinkommen wegen der dann jeweils fällig werdenden Ansprüche, nämlich ... gepfändet werden. Dem Schuldner, der laufende gesetzliche Unterhaltspflichten anderen Personen gegenüber nicht zu erfüllen hat, werden von seinem Nettoeinkommen für seinen notwendigen Unterhalt monatlich ... Euro (wöchentlich ... Euro) pfandfrei belassen werden.

Grundlage der Berechnung der sonach pfändbaren Teile des Arbeitseinkommens wird das nach Maßgabe des § 850 e Nr. 1 ZPO zu bestimmende Nettoeinkommen des Schuldners sein. Von den in § 850 a Nrn. 1, 2 und 4 ZPO genannten Bezügen (halbe Mehrarbeitsstundenvergütung, Urlaubszuschuss und übliche Jubiläumszuwendungen sowie Treuegelder, Weihnachtsvergütung) wird dem Schuldner lediglich die Hälfte des nach § 850 a ZPO unpfändbaren Betrags verbleiben.

Hiervon benachrichtige ich den Drittschuldner ... (weiter wie Rdn. 946).

1. Eine Vorpfändung (Rdn. 796 ff.) ist auch bei Vollstreckung in Arbeitseinkommen[213] – nicht jedoch bei Vollstreckung in die nur bedingt pfändbaren Bezüge des § 850 b ZPO; siehe Abschn. D – möglich. Die Pfändungsankündigung muss aber die *Pfändungsbeschränkungen*[214] der §§ 850 a, 850 c–d und f Abs. 2 ZPO berücksichtigen. Verstöße gegen diese Pfändungsbeschränkungen können mit Erinnerung gegen die Vorpfändung geltend

948

---

213 Zur Bedeutung der vom Arbeitnehmer bei seinem Ausscheiden unterzeichneten Austrittsbescheinigung (Ausgleichsquittung), wenn noch eine Vorpfändung läuft, *ArbG Bremen* BB 1969, 916.
214 Vorpfändung durch einen Unterhaltsgläubiger nur in den Pfändungsgrenzen des § 850 c ZPO hält das *LArbG Frankfurt* Betrieb 1989, 1732 für zulässig. Es geht von der Erwägung aus, dass eine Durchbrechung der im § 850 c festgelegten Pfändungsgrenzen zugunsten eines unterhaltsberechtigten Gläubigers nach § 850 d ZPO allein dem Vollstreckungsgericht zusteht (und von einem Antrag des Gläubigers abhängig ist). Dem ist nicht zu folgen. Auch bei Vorpfändung durch den Unterhaltsgläubiger bestimmt sich das pfändbare Arbeitseinkommen des Schuldners nach § 850 d ZPO. Für die nur kurzlebige Vorpfändung ist daher dem Schuldner für seinen Unterhalt und weitergehende Unterhaltspflichten zu belassende Betrag durch den Gläubiger in der Pfändungsbenachrichtigung zu bestimmen. Den Interessen des Schuldners ist mit sofortiger Erinnerungsentscheidung Rechnung getragen.

gemacht werden (siehe Rdn. 751 und 811). Bei völlig klarer Sachlage kann der Übergriff des Gläubigers durch sofortige Entscheidung über die Erinnerung korrigiert werden; diese Entscheidung ohne Anhörung des Gläubigers verstößt nicht gegen Art. 103 Abs. 1 GG[215]. Regelmäßig wird aber nicht angenommen werden können, dass der Gläubiger sich über die für Arbeitseinkommen geltenden Pfändungsgrenzen hinwegsetzen wollte, wenn er in der Pfändungsankündigung die Pfändungsbeschränkungen nicht herausgestellt hat. Erfahrungsgemäß widmet der Gläubiger dieser Fassung der Pfändungsankündigung mitunter wenig Beachtung, insbesondere dann, wenn er ein allgemeines Formblatt für ein Zahlungsverbot verwendet. Eine verständige Auslegung solcher Pfändungsankündigungen muss daher – wenn nicht besondere Umstände in Erscheinung treten – Begrenzung der Wirkung dieser Vorpfändung auf die nach den §§ 850 a, 850 c–d und f Abs. 2 ZPO der Pfändung unterliegenden Einkommensteile bewirken. Das ermöglicht dem Drittschuldner bereits vor der klarstellenden Entscheidung des Vollstreckungsgerichts Auszahlung der pfandfreien Einkommensteile an den Schuldner. Im Falle des § 850 d ZPO muss es dabei genügen, wenn der Arbeitgeber den allgemeinen Freibetrag bei Gericht erfragt.

2. Schutz nach § 850 f Abs. 1 ZPO nach Vorpfändung s. Rdn. 1187 a; Kontoguthabenschutz nach § 850 k s. Rdn. 1291 b.

XII. Einkommenspfändung vor Zustandekommen des Arbeitsverhältnisses

Schrifttum: *Baur*, Einige Bemerkungen zur Pfändung künftiger Lohnforderungen, Betrieb 1968, 251.

949 1. Vor Beginn eines Arbeitsverhältnisses kann das bei dem späteren Arbeitgeber zu erwartende Arbeitseinkommen unter den Voraussetzungen gepfändet werden, unter denen Pfändung einer zukünftigen Forderung möglich ist[216] (siehe Rdn. 27). Eine Pfändung ist demnach zulässig, wenn die Anstellung des Schuldners bei einem bestimmten Arbeitgeber schon als möglich in Aussicht genommen, der Abschluss des Arbeitsvertrags (die bindende Zusage des Arbeitgebers oder Schuldners) aber noch aufgeschoben ist[217]. Dann muss jedoch im Pfändungsbeschluss die zu pfändende Forderung aus dem späteren Arbeitsverhältnis als solche auch bestimmt bezeichnet werden (Rdn. 500). Ebenso ist die Pfändung zulässig, wenn der Arbeitsvertrag bereits abgeschlossen, die Arbeit aber noch nicht aufgenommen ist. Wenn die Voraussetzungen des Vollstreckungszugriffs auf Arbeitseinkommen als künftige Forderung gegeben sind, erlangt die Pfändung des zukünftigen Einkommens mit dem Zustandekommen des Arbeitsverhältnisses (mit der Arbeitsaufnahme) Wirksamkeit (Rdn. 30). Der Drittschuld-

---

215 So zutreffend *Noack* Rpfleger 1967, 137.
216 Entsprechendes gilt für arbeitsrechtliche Ruhegehaltsansprüche vor Eintritt des Versorgungsfalls, *BGH* NJW-RR 1989, 286 (290 li.Sp.).
217 Konkrete Vorverhandlungen genügen als vorvertragliches Rechtsverhältnis, *Baur* Betrieb 1968, 253.

ner muss dann den Pfändungsbeschluss beachten und erfüllen. Er darf ihn daher nach Zustellung nicht zurückgeben, weil Arbeitsaufnahme noch nicht erfolgt ist. Bei Rückgabe kann er sich später nicht darauf berufen, er erinnere sich nicht mehr an die Pfändung.

2. Eine rechtliche Grundlage für die Bestimmung zukünftigen Arbeitseinkommens wird aber oft nicht gegeben sein. Vielfach wird bei möglichem Abschluss eines zukünftigen Arbeitsverhältnisses dessen Zustandekommen und damit das Entstehen eines Anspruchs auf Arbeitseinkommen bei einem bestimmten Arbeitgeber noch völlig ungewiss sein. Das ist insbesondere der Fall, wenn der Schuldner nur hat verlauten lassen, er wolle sich demnächst bei einem bestimmten Arbeitgeber, insbesondere einem Großbetrieb, um Arbeit bewerben[218]. Erhofftes Arbeitseinkommen kann dann noch nicht gepfändet werden (Rdn. 28). Ein gleichwohl zugestellter Pfändungsbeschluss besitzt keine Wirksamkeit. Im Zweifel kann der Drittschuldner später wegen Gläubigerungewissheit (§ 372 BGB) hinterlegen. Gibt der im Beschluss bezeichnete Drittschuldner einen ihm zugestellten Beschluss zurück, weil der Schuldner bei ihm in keinem Arbeitsverhältnis und seine Einstellung auch nicht in Aussicht steht (siehe Rdn. 949), so braucht bei späterer Einstellung des Schuldners der Drittschuldner als Arbeitgeber von sich aus nicht auf diesen Pfändungsbeschluss zurückgreifen. Das gilt schon deshalb, weil der Arbeitgeber mit der Rückgabe des Pfändungsbeschlusses jegliche Kontrolle verloren hat und es als ein unbilliges Verlangen erscheint, dass er sich eine Zeit später noch daran erinnern sollte, dass eine Lohnpfändung vorlag[219]. Das gilt insbesondere aber auch deshalb, weil die Pfändung des nur erhofften Arbeitseinkommens sich nicht auf die später doch entstandenen Lohnansprüche erstreckt.

950

XIII. Zum Einziehungserkenntnisverfahren

Schrifttum: *Denck*, Einwendungen des Arbeitgebers gegen die titulierte Forderung bei Lohnpfändung, ZZP 92 (1979) 71; *Hansens*, Zur Erstattungsfähigkeit von Anwaltskosten für die Durchführung eines Arbeitsgerichtsprozesses gegen den Drittschuldner als Kosten der Zwangsvollstreckung gegen den Schuldner, JurBüro 1983, 1; *Müller-Glöge*, Pfändung und Abtretung von Arbeitnehmerbezügen im Prozess, Betrieb 1987 Beil. Nr. 22; *Rewolle*, Abreden zwischen Schuldner, Drittschuldner und Gläubiger über den pfändbaren Teil des Arbeitseinkommens des Schuldners, BB 1967, 338; *Schaub*, Die Berücksichtigung tariflicher Verfallfristen im Rahmen der Drittschuldnerklage, NJW 1965, 2329; *Schaub*, Die Erstattung außergerichtlicher Kosten bei den Arbeitsgerichten erster Instanz, NJW 1968, 480; *Staab*, Die Drittschuldnerklage vor dem Arbeitsgericht, NZA 1993, 49; *Süsse*, Die Drittschuldnerklage bei der Lohnpfändung, BB 1970, 671;

---

[218] Auch wenn zwischen Schuldner und Drittschuldner lediglich ein Umschulungsverhältnis besteht, wird vom *LG Kleve* MDR 1970, 770 die Pfändung der möglicherweise später entstehenden Lohnforderung noch nicht für möglich gehalten. Diese Ansicht ist jedoch zu eng; denn dass ein Arbeitsverhältnis bereits besteht, ist nicht Voraussetzung für eine Pfändung der künftigen Lohnforderung. Das Umschulungsverhältnis bringt bereits die rechtliche Grundlage für die notwendige Bestimmbarkeit der Forderung aus späterem Arbeitsverhältnis.

[219] So *ArbG Ulm* BB 1953, 831.

3. Kapitel: Pfändung von Arbeitseinkommen

Tappermann, Gerichtsstand bei Klagen wegen Lohn, Gehalt und anderen Dienstbezügen gegen den Fiskus, NJW 1973, 2095; *Wenzel*, Die Drittschuldnerklage vor dem Arbeitsgericht, Hinweise für die anwaltliche Praxis, MDR 1966, 971.

951 1. Zur klageweisen Geltendmachung einer gepfändeten Forderung allgemein siehe Rdn. 655 ff.

Durch eine Pfändung wird die sachliche und örtliche *Zuständigkeit* des Gerichts, bei dem die Forderung geltend zu machen ist, nicht berührt. Für die in § 2 ArbGG aufgeführten Rechtsstreitigkeiten sind die Arbeitsgerichte daher bei Klage gegen den Drittschuldner ausschließlich zuständig (siehe auch § 3 ArbGG sowie Rdn. 657); die Verwaltungsgerichte sind zuständig für die Klage auf Zahlung des gepfändeten Teils der Bezüge eines Beamten, Ruhestandsbeamten, früheren Beamten oder Hinterbliebenen[220]. Zuständig sind die Arbeitsgerichte auch, wenn fingiertes Arbeitseinkommen (§ 850 h Abs. 2 ZPO) geltend gemacht wird[221], jedenfalls für den Fall, dass der Schuldner Arbeit oder Dienste für den Drittschuldner in persönlicher Abhängigkeit wie ein Arbeitnehmer oder in wirtschaftlicher Abhängigkeit und entsprechender sozialer Stellung wie eine arbeitnehmerähnliche Person leistet[222]. Wenn sonach der Schuldner als Arbeitnehmer oder arbeitnehmerähnliche Person anzusehen ist, sind die Arbeitsgerichte für die Entscheidung über den Anspruch aus § 850 h Abs. 2 ZPO auch zuständig, wenn ein sog. familienhaftes Beschäftigungsverhältnis besteht[223]. Ob das auch gilt, wenn die Tätigkeit eines Familienangehörigen auf einer gesetzlichen Verpflichtung wie beispielsweise § 1619 BGB beruht, ist nicht geklärt[224]. Beim Arbeitsgericht kann auch Erlass eines Mahnbescheids beantragt werden.

952 2. a) Für das Urteilsverfahren vor dem Arbeitsgericht gelten die Vorschriften der ZPO entsprechend (§ 46 Abs. 2 ArbGG). Die *Klageschrift* muss daher einen bestimmten Antrag enthalten (§ 253 Abs. 2 ZPO). In ihm muss die Klageforderung, d.i. das gepfändete Arbeitseinkommen des Schuldners an den Drittschuldner als Arbeitgeber, das der pfändende Gläubiger geltend macht, beziffert und der Klaggrund substantiiert unter Angabe der anspruchsbegründenden Tatsachen dargelegt sein[225]. Der Kläger muss also die gepfändeten Lohnteile nach Maßgabe des angenommenen Erfolgs der Lohnpfändung berechnen und betragsmäßig im Klageantrag geltend machen[226]. Dabei kann er vom Tariflohn ausgehen[227]. Zum schlüs-

---

220 *VerwG Neustadt* JurBüro 1988, 668; *VGH* Kassel NJW 1992, 1253.
221 *Wenzel* MDR 1966, 971; *Süsse* BB 1970, 672; *Stein/Jonas/Brehm*, ZPO, Rdn. 44 zu § 850 h.
222 *BGH* 68, 127 = MDR 1977, 573 = NJW 1977, 853.
223 *BGH* a.a.O. (Fußn. 222); **a.M.** *Menken* Betrieb 1993, 161 (164).
224 Bei fingiertem Entgelt aus familienhaften Beschäftigungsverhältnissen für die Zuständigkeit der Zivilgerichte: *Fenn* FamRZ 1968, 302 und 1973, 630; siehe ferner *Fenn* AcP 167 (1967) 186.
225 *LArbG Hamburg* NJW-RR 1986, 743; *Staab* NZA 1993, 439.
226 *Wenzel* MDR 1966, 971; *Staab* NZA 1993, 439; *LArbG Hamburg* a.a.O.
227 Dazu eingehend *Wenzel* a.a.O. (Fußn. 221); auch *LArbG Hamburg* a.a.O.

sigen Vortrag gehört (regelmäßig[228]) Darlegung der vom Schuldner ausgeübten Berufstätigkeit. Unrichtig ist der Antrag, den Drittschuldner „zur Abführung der gepfändeten Beträge zu verurteilen".

b) Auf *künftige Lohnzahlung* kann gegen den Arbeitgeber als Drittschuldner geklagt werden, wenn die Besorgnis gerechtfertigt ist, er werde sich der rechtzeitigen Leistung entziehen (§ 259 ZPO)[229]. Für die Annahme dieser Besorgnis genügt es, dass der Arbeitgeber den Anspruch ernstlich (wenn auch gutgläubig) bestreitet[230]. Einwendungen des Arbeitgebers aus künftiger Nichtleistung von Diensten des Arbeitnehmers sind durch Vollstreckungsgegenklage (§ 767 ZPO) geltend zu machen[231]. Der Einwand, dass dem Gläubiger bei geringerem Gehalt des Arbeitnehmers und nach Tilgung der Vollstreckungsforderung nicht mehr der eingeklagte monatlich pfändbare Betrag zusteht, ist gleichfalls mit Vollstreckungsgegenklage (§ 767 ZPO; Einstellung der Zwangsvollstreckung nach § 769 ZPO) geltend zu machen; er kann (vorläufig) auch mit Urkundenvorlage nach § 775 Nr. 4 oder 5 ZPO vorgebracht werden[232]. 953

c) Nach § 841 ZPO ist dem Schuldner auch im Verfahren vor dem Arbeitsgericht der *Streit zu verkünden* (§ 46 Abs. 2 ArbGG). 954

d) Vor den Arbeitsgerichten können die Parteien den Rechtsstreit selbst führen oder sich vertreten lassen (§ 11 ArbGG, dort auch zu den vertretungsbefugten Bevollmächtigten). 955

e) Ein *Kostenvorschuss* wird in arbeitsgerichtlichen Verfahren nicht erhoben (§ 11 GKG). 956

f) Das im Rechtsstreit zwischen Schuldner und Drittschuldner bereits ergangene Urteil (der sonstige Vollstreckungstitel) auf Einkommenszahlung ist in Höhe gepfändeter (und zur Einziehung überwiesener) Beträge dem Vollstreckungsgläubiger als *Rechtsnachfolger* nach § 727 ZPO vollstreckbar auszufertigen (Rdn. 669). Für die Einziehungsbefugnis und damit Rechtsnachfolge des pfändenden Gläubigers hat hierfür offenkundig oder nachgewiesen zu sein, in welcher Höhe das nach dem Urteil (sonstigen Vollstreckungstitel) geschuldete Arbeitseinkommen nach §§ 850 a, c, d oder f ZPO gepfändet ist. Erteilung einer Vollstreckungsklausel an den Gläubiger ist somit nicht möglich, wenn nicht feststeht, dass Einkommensbeträge 956a

---

228 Die Umstände können aber auch bewirken, dass der klagende Gläubiger von der Beitreibbarkeit des gepfändeten (im Klageantrag bezifferten) Anspruchs ausgehen kann und seinen Vortrag erst nach entsprechender Klageerwiderung weiter substantiieren muss; dazu *LArbG Hamburg* a.a.O.
229 *BArbG* AP Nr. 1 zu § 259 ZPO = BB 1959, 815; *BArbG* AP Nr. 2 zu § 259 ZPO = Betrieb 1960, 1072; *BArbG* MDR 1983, 788 = a.a.O. (Fußn. 230); *Wenzel* MDR 1966, 972, der auch auf die u.U. hohen Kosten einer Klage auf künftige Leistung aufmerksam macht; *Staab* NZA 1993, 439; *Süsse* BB 1970, 672; **a.A.** – mit sehr wesentlichen Bedenken – *ArbG Essen* BB 1966, 368.
230 *BArbG* Betrieb 1983, 1263 = FamRZ 1983, 899 = MDR 1983, 788.
231 *RArbG* ARS 29, 68 (71); *BArbG* MDR 1983, 788 = a.a.O. (Fußn. 223).
232 *BArbG* MDR 1983, 788 = a.a.O. (Fußn. 230), dieses auch zur betragsmäßigen Begrenzung des Klageantrags.

von der Pfändung erfasst sind[233]. Dem Arbeitgeber als Drittschuldner ist Zahlung gepfändeter Einkommensbeträge an den Schuldner (nicht aber Erfüllung der nach § 850 c usw. ZPO pfandfreien Einkommensteile) auch bei Zwangsvollstreckung auf Betreiben des Schuldners verboten (siehe Rdn. 670). Der Drittschuldner ist verpflichtet, der Zwangsvollstreckung des Schuldners mit der Einrede der Forderungspfändung zu begegnen (Rdn. 670).

957 3. Ob der Lohnabzug vom Drittschuldner rechnerisch richtig durchgeführt ist, kann vom Arbeitsgericht im Rechtsstreit zwischen Gläubiger und Drittschuldner nachgeprüft werden[234]. Das Arbeitsgericht ist jedoch an die Entscheidung des Vollstreckungsgerichts über die Berücksichtigung oder Nichtberücksichtigung eines bestimmten Angehörigen gebunden (siehe auch Rdn. 1131).

958 4. Zu den Einwendungen[235], die der Drittschuldner gegenüber seinem Arbeitnehmer hat und daher auch dem Gläubiger entgegenhalten kann (siehe Rdn. 571), gehört auch der Verfall einer gepfändeten Forderung über Arbeitseinkommen durch *Ablauf einer tariflichen Verfallfrist*[236]. Zur Frage, ob eine noch laufende Verfallfrist bereits durch Zustellung des Pfändungsbeschlusses unterbrochen wird oder ob noch weitere Maßnahmen zur Wahrnehmung der Gläubigerrechte vorgenommen werden müssen (Einhaltung einer Klagefrist usw.), siehe *Schaub* NJW 1965, 2329.

959 5. Vergleichsweise kann zwischen Gläubiger, Schuldner und Drittschuldner – auch außerhalb eines gerichtlichen Verfahrens – vereinbart werden, dass an den Gläubiger ein geringerer Betrag als der nach § 850 c, d oder f Abs. 2 ZPO gepfändete Teil des Arbeitseinkommens[237] abzuführen ist. § 850 c, d und f Abs. 2 ZPO sind nur zwingend, soweit sie den unpfändbaren Teil des Arbeitseinkommens festlegen, lassen mithin eine Vereinbarung über die Erhöhung der Pfändungsgrenzen zu. Eine solche Abrede über die Begrenzung des gepfändeten Teils des Arbeitseinkommens wirkt aber nicht gegen einen später pfändenden Gläubiger[238]. Der nachpfändende Gläubiger braucht sich die Stundungsvereinbarung nur entgegenhalten lassen, wenn er ihr zugestimmt hat[239]. Macht dieser seine Forderung in voller Höhe der pfändbaren Einkommensteile geltend, so wird die Erklärung des ersten Pfändungsgläubigers regelmäßig dahin auszulegen sein, dass sein Einvernehmen unter der auflösenden Bedingung erklärt war, dass bei Hin-

---

233 *LArbG Düsseldorf* Rpfleger 1997, 119.
234 Siehe *Berner* Rpfleger 1962, 171.
235 Zu den Einwendungen des Arbeitgebers im Drittschuldnerprozess siehe *Staab* NZA 1993, 439 (445).
236 *Schaub* NJW 1965, 2329. Der Gläubiger, der die Verfallfrist versäumt hat, kann wegen verzögerter Beitreibung nach § 842 ZPO schadensersatzpflichtig sein.
237 Zur Begrenzung der Pfändung bereits bei Erlass des Pfändungsbeschlusses siehe Rdn. 1119.
238 *Rewolle* BB 1967, 338; BArbG AP ZPO § 829 Nr. 5 mit Anm. *Grunsky* = JurBüro 1975, 1065 = NJW 1975, 1575 u. 2311 (Leits.) mit Anm. *Heiseke*. Dazu auch *Denck*, Die nicht ausgeschöpfte Lohnabtretung, Betrieb 1980, 1396.
239 *BArbG* a.a.O. (Fußn. 238).

zukommen eines voll pfändenden weiteren Gläubigers die Vereinbarung nicht mehr gelten soll. Der Drittschuldner muss dann den gepfändeten Lohnteil an den erstpfändenden Gläubiger in voller Höhe abführen[240]. Nach Ansicht des *BArbG*[241] soll, wenn der nachpfändende Gläubiger der Stundungsvereinbarung nicht zugestimmt hat, sein Pfändungspfandrecht von dem Zeitpunkt an durchgreifen, zu dem der vorrangige Gläubiger (rechnerisch) voll befriedigt gewesen wäre, wenn er seit Zustellung seines Pfändungs- und Überweisungsbeschlusses die pfändbaren Beträge bis zur Höchstgrenze ausgeschöpft hätte. Von diesem Zeitpunkt an soll demnach der pfändbare Lohnteil dem nachpfändenden Gläubiger zustehen; der Verzicht des besserrangigen Gläubigers auf die Einziehung soll nicht zulasten nachrangig pfändender Gläubiger gehen. Dies erscheint indes doch bedenklich[242]. Rechtsbeziehungen in der vom *BArbG* dargestellten Weise bestehen nicht. Für die Zeit vor Wirksamwerden seiner Pfändung hat ein nachrangiger Gläubiger kein Anrecht darauf, dass der Erstgläubiger gepfändete Lohnteile voll einzieht und damit folgenden Vollstreckungsmaßnahmen sogleich einen Pfanderfolg gewährleistet. Danach erfasst die anschließende Pfändung die vom Erstgläubiger nicht in Anspruch genommenen Lohnteile. Greift der Erstgläubiger infolge der auflösenden Wirkung der Vereinbarung voll darauf zu, so erlangt der Nachpfändende Befriedigung in der ihm zeitlich gebührenden Rangfolge. Das Pfandrecht des Erstgläubigers muss demnach fortbestehen, solange seine Vollstreckungsforderung nicht getilgt ist. Im Zweifel kann – und wird – der Drittschuldner wegen Gläubigerungewissheit (§ 372 BGB) hinterlegen.

Die Frage, ob der vorrangige Gläubiger durch Vereinbarung mit dem Schuldner sein Pfändungspfandrecht dahin umwandeln kann, dass es auf einen bestimmten fortlaufend einzubehaltenden Betrag beschränkt wird, dafür aber erst mit der vollen Befriedigung des Gläubigers erlischt, hat das *BArbG* offen gelassen. Sie wird zu bejahen sein.

Weitere Sicherheit erlangt der vorrangige Gläubiger, wenn er die Abrede über die Begrenzung des gepfändeten Teils des Arbeitseinkommens (auch als Umwandlung des Pfandrechts in der hier dargestellten Weise) nur gegen eine Abtretung des künftigen Arbeitseinkommens trifft. Diese geht einem später pfändenden Gläubiger vor (siehe Rdn. 1251 b).

Wenn der Drittschuldner einer – bestehenden oder nach § 850 h ZPO fingierten – Lohnforderung sich in einem Prozessvergleich im Drittschuldnerprozess zu bestimmten wiederkehrenden Leistungen an den Pfändungsgläubiger verpflichtet hat, ist im Zweifel anzunehmen, dass diese Verpflichtung nicht über den Zeitpunkt hinaus bestehen soll, zu dem das Arbeitsverhältnis bzw. in § 850 h ZPO bezeichnete Verhältnis mit dem Arbeitnehmer, dessen Lohnanspruch gepfändet wurde, endet[243]. 960

---

240 Dazu siehe *Rewolle* BB 1967, 338.
241 *BArbG* a.a.O. (Fußn. 238).
242 Bedenken gegen das Urteil des *BArbG* erhebt auch *Heiseke* a.a.O. (Fußn. 238).
243 *BArbG* BB 1968, 833.

3. Kapitel: Pfändung von Arbeitseinkommen

961   6. Im Urteilsverfahren des ersten Rechtszugs besteht vor dem Arbeitsgericht kein Anspruch der obsiegenden Partei auf Entschädigung wegen Zeitversäumnis[244] und auf *Erstattung der Kosten* für die Zuziehung eines Prozessbevollmächtigten[245] oder Beistands (§ 12 a Abs. 1 S. 1 ArbGG; früher § 61 Abs. 1 S. 2 ArbGG)[246].

§ 12 a Abs. 1 ArbGG   lautet:

(1) In Urteilsverfahren des ersten Rechtszugs besteht kein Anspruch der obsiegenden Partei auf Entschädigung wegen Zeitversäumnis und auf Erstattung der Kosten für die Zuziehung eines Prozessbevollmächtigten oder Beistandes. Vor Abschluss der Vereinbarung über die Vertretung ist auf den Ausschluss der Kostenerstattung nach Satz 1 hinzuweisen. Satz 1 gilt nicht für Kosten, die dem Beklagten dadurch entstanden sind, dass der Kläger ein Gericht der ordentlichen Gerichtsbarkeit, der allgemeinen Verwaltungsgerichtsbarkeit, der Finanz- und Sozialgerichtsbarkeit angerufen und dieses den Rechtsstreit an das Arbeitsgericht verwiesen hat.

Diese Einschränkung der Kostenerstattung gilt nur für das Erkenntnisverfahren, nicht aber für die spätere Zwangsvollstreckung[247]. Anwaltskosten und Parteikosten infolge Zeitversäumnis sind in der Zwangsvollstreckung daher auch dann erstattungsfähig, wenn das Arbeitsgericht selbst Vollstreckungsgericht ist[248]. Vergleichsweise kann sich eine Partei auch vor dem Arbeitsgericht zu einer über § 12 a Abs.1 ArbGG hinausgehenden Kostenerstattung verpflichten[249]. Die vergleichsweise übernommenen Mehrkosten können aber im Kostenfestsetzungsverfahren nicht festgesetzt werden[250]. Die nach § 12 a Abs. 1 S. 1 ArbGG nicht erstattungsfähigen Aufwendungen können auch nicht Gegenstand eines materiellrechtlichen Kostenerstattungsanspruchs sein[251] und daher auch nicht als Verzugsschaden geltend gemacht werden. Damit ist auch die Erstattung von Kosten für die außergerichtliche (vorprozessuale) Tätigkeit eines Prozessbevollmächtigten ausgeschlossen[252]. Vertraglich (durch Schuldversprechen) kann jedoch die Verpflichtung übernommen werden, außergerichtliche Anwaltskosten zu ersetzen[253]. Anspruch auf Erstattung der Kosten, die

---

244 Reisekosten der Partei zur Information oder Terminswahrnehmung sind – soweit notwendig – erstattungsfähig; siehe *Schaub* NJW 1968, 481. Die Einschränkung, dass Reisekosten für Terminswahrnehmung nur in Höhe einer Vertretung erstattungsfähig sind, gilt im Arbeitsgerichtsverfahren nicht, *Schaub* a.a.O.
245 Unter Umständen sind Vertreterkosten in Höhe ersparter Reisekosten der Partei erstattungsfähig; siehe *Schaub* a.a.O.
246 Die Regelung ist mit dem GrundG vereinbar, *BVerfG* 31, 306 = MDR 1972, 27 = NJW 1971, 2302; *BArbG* 70, 191 (196); siehe auch *LArbG Baden-Württemberg* BB 1966, 249.
247 *AG Saarbrücken* AnwBl 1972, 26; *ArbG Lörrach* JurBüro 2004, 560.
248 *LArbG Frankfurt* BB 1968, 630 und *Schaub* a.a.O. mit Nachw.
249 *Schaub* a.a.O.
250 *Schaub* NJW 1968, 4831; *Tschischgale* NJW 1967, 2393 (2394); *LArbG Hamm* NJW 1954, 1504; **a.A.** *LArbG Stuttgart* NJW 1959, 65; *LArbG Frankfurt* NJW 1958, 1415; *LArbG München* NJW 1954, 656.
251 *BArbG* BAG 70, 191; anders Ostermeier NJW 2008, 551.
252 *BArbG* AnwBl 1978, 310.
253 *LArbG Hamm* MDR 1992, 62.

dem im arbeitsgerichtlichen Verfahren obsiegenden Beklagten für das Verfahren vor dem zunächst angerufenen ordentlichen Gericht bis zur Verweisung des Rechtsstreits an das Arbeitsgericht entstanden sind, wahrt § 12 a Abs. 1 S. 3 ArbGG. Auf „Mehrkosten", somit die Differenz zwischen den Kosten, die im Rechtsstreit tatsächlich entstanden sind und denen, die bei sofortiger Anrufung des zuständigen Gerichts entstanden wären, ist dieser Erstattungsanspruch nicht beschränkt[254]. Im Verfahren vor dem ordentlichen Gericht entstandene RA-Kosten gehören zu den zu erstattenden Kosten daher auch dann, wenn sich der Beklagte nach der Verweisung weiter von demselben Rechtsanwalt vertreten lässt[255].

7. Der Anspruch des Pfändungsgläubigers an den Arbeitgeber als Drittschuldner auf Ersatz des für Nichterfüllung der Auskunftspflicht nach § 840 Abs. 1 ZPO entstandenen Schadens (§ 840 Abs. 2 S. 2 ZPO, Rdn. 648) umfasst auch die Kosten der Zeitversäumnis und für Zuziehung eines Prozessbevollmächtigten oder Beistands zur Geltendmachung der gepfändeten Forderung im arbeitsgerichtlichen Verfahren. § 12 a Abs. 1 S. 1 ArbGG schließt diesen Anspruch des Pfändungsgläubigers auf Ersatz seiner Anwaltskosten, die im arbeitsgerichtlichen Verfahren auf Zahlung des gepfändeten Arbeitseinkommens entstanden sind, nicht aus[256]. Zweck des § 12 a Abs. 1 S. 1 ArbGG ist es, den sonst nach prozessualen Vorschriften bestehenden Kostenerstattungsanspruch der obsiegenden Partei (§ 91 ZPO) einzuschränken. Der Schadensersatzanspruch nach § 840 Abs. 2 S. 2 ZPO als Erstattungsanspruch der „unterliegenden" Partei beruht jedoch darauf, dass der Drittschuldner durch schuldhaftes Verhalten den Gläubiger von einer nicht bestehenden Zahlungspflicht nicht unterrichtet und dadurch den aussichtslosen Einziehungsrechtsstreit verursacht hat. Diesen materiellrechtlichen Ersatzanspruch schränkt § 12 a Abs. 1 S. 1 ArbGG weder nach seinem Wortlaut noch nach dem Gesetzeszweck ein. Der Erstattungsanspruch wird auf Klageantrag (Schadensersatzklage) zugesprochen (Rdn. 650), nicht jedoch als prozessualer Kostenerstattungsanspruch mit Kostenausspruch festgestellt. Er kann daher nicht als Anspruch auf Erstattung von Prozesskosten im Kostenfestsetzungsverfahren (§ 103 Abs. 1 ZPO) verfolgt werden[257]. Erhebt der Gläubiger isolierte (neue) Klage[258] gegen den

962

---

254 *BArbG* BAG 112, 293 = NJW 2005, 1301.
255 *BArbG* a.a.O.
256 *BArbG* BAG 65, 139 = MDR 1990, 1043 = NJW 1990, 2643, unter Aufgabe früherer Rechtsprechung des *BArbG*, zuletzt BAG 24, 486 = MDR 1073, 617 (Leits.) = NJW 1973, 1061; *BArbG* NJW 2006, 717 (718); *LArbG Düsseldorf* BB 1995, 1248 (Leits.) = JurBüro 1995, 478 = MDR 1995, 1044; *LArbG Köln* KKZ 1997, 33; *AG Geilenkirchen* JurBüro 2003, 661; *AG Wipperfürth* JurBüro 1999, 102 und JurBüro 2002, 439. Zur früher anderen Ansicht des *BArbG* und zu weiterer Rechtsprechung für die hier dargestellte Meinung siehe 9. Auflage Rdn. 962 Fußn. 191.
257 *BArbG* NJW 2006, 717; *LArbG Köln* MDR 2001, 775.
258 Die früher abweichende Meinung, dass Rechtsanwaltskosten auch nicht in einem neuen Rechtsstreit gegen den Drittschuldner geltend gemacht werden könnten, beruhte auf der überholten Rechtsprechung, dass der Schadensersatzanspruch des Gläubigers nicht die Kosten für Zuziehung eines Prozessbevollmächtigten im Drittschuldnerprozess vor dem Arbeitsgericht einschließt.

3. Kapitel: Pfändung von Arbeitseinkommen

Drittschuldner auf Kostenerstattung als Schadensersatz, so sind die ordentlichen Gerichte, nicht die Arbeitsgerichte, zuständig[259].

963   8. Uneinbringliche Kosten einer Drittschuldnerklage kann der Gläubiger bei Überweisung zur Einziehung vom Schuldner – Arbeitnehmer – als Zwangsvollstreckungskosten (§ 788 ZPO) erstattet verlangen, wenn sie notwendig[260] (§ 788 Abs. 1 mit § 91 ZPO) entstanden sind (siehe Rdn. 843)[261]. Zu diesen Zwangsvollstreckungskosten gehören auch die nach § 12 a Abs. 1 S. 1 ArbGG vom Drittschuldner nicht zu erstattenden Partei- und Anwaltskosten[262]. Als Zwangsvollstreckungskosten kann der Gläubiger die uneinbringlichen Kosten der Drittschuldnerklage „mit dem zur Zwangsvollstreckung stehenden Anspruch" beitreiben (§ 788 Abs. 1

---

259 *BArbG* BAG 47, 138 = MDR 1985, 523 = NJW 1985, 1181 = NZA 1985, 289; *LG Saarbrücken* NJW-RR 1989, 63; *AG Geilenkirchen* JurBüro a.a.O.; *ArbG Passau* JurBüro 2006, 552; *Stein/Jonas/Brehm*, ZPO, Rdn. 32 zu § 840; *Börker* AnwBl 1972, 145 (147); *Brüne* und *Liebscher* BB 1996, 743 (746); *Linke* ZZP 87 (1974) 284 (308 ff.); a.A. *LArbG Frankfurt* a.a.O.; *Quardt* JurBüro 1958, 75 sowie *Meyer* BB 1964, 559 und (wahlweise Zivil- oder Arbeitsgericht) *AG Saarbrücken* AnwBl 1973, 120.

260 *LG Köln* JurBüro 2000, 663 (für anwaltliche Vergleichsgebühr im Drittschuldnerprozess); *LG Köln* JurBüro 2003, 160 (für Kosten bei Klagerücknahme nach Vorlage eines Attestes über die Arbeitsunfähigkeit). Ist nach – enger – Ansicht des *OLG Stuttgart* Rpfleger 1996, 117 bei verlorenem (zutreffender: von Beginn an aussichtslosem) Arbeitsgerichtsprozess nicht der Fall.

261 *BGH* DGVZ 2006, 131 = MDR 2006, 831 = NJW 2006, 1141 = Rpfleger 2006, 204; *OLG Karlsruhe* JurBüro 1994, 614 = MDR 1994, 95 = Rpfleger 1994, 118; *OLG Koblenz* JurBüro 1991, 602; *OLG Düsseldorf* (10. ZS) JurBüro 1990, 1014 mit zust. Anm. *Mümmler* = MDR 1990, 730 = Rpfleger 1990, 527; *LG Saarbrücken* JurBüro 1995, 271. A.A., Kosten der arbeitsgerichtlichen Drittschuldnerklage sind vom Schuldner nicht als Kosten der Zwangsvollstreckung zu erstatten, *LArbG Frankfurt* AnwBl 1979, 28; *OLG München* [11. ZS] JurBüro 1990, 1355 = MDR 1990, 931 = Rpfleger 1990, 528; *SchlHOLG* JurBüro 1992, 500 = SchlHA 1993, 27; *LG Berlin* DGVZ 1990, 138 = JurBüro 1990, 1678; *LG Traunstein* Rpfleger 2005, 551.

262 *BGH* NJW 2006, 1141 = a.a.O. (Fußn. 261); *OLG Köln* Rpfleger 1974, 164; *KG* MDR 1989, 745 = Rpfleger 1989, 382 unter Aufgabe von *KG* JurBüro 1977, 259 = DGVZ 1977, 20 = Rpfleger 1977, 178; *OLG Koblenz* JurBüro 1987, 1257 mit Anm. *Mümmler* = Rpfleger 1987, 385 mit Anm. *Kreppel*; *LG Aachen* JurBüro 1982, 1419 = Rpfleger 1982, 310; *LG Berlin* JurBüro 1981, 462; *LG Bielefeld* MDR 1970, 1021; *LG Bochum* Rpfleger 1984, 286; *LG Krefeld* MDR 1972, 788; *LG Mainz* NJW 1973, 1143; *LG Mannheim* JurBüro 1989, 1255 = MDR 1989, 746 = Rpfleger 1989, 382; *LG München* DGVZ 1966, 88 = MDR 1966, 338; *LG Oldenburg* JurBüro 1982, 935 = Rpfleger 1982, 198; *LG Tübingen* Justiz 1983, 46 (Leits.) = MDR 1982, 944 = NJW 1982, 1890 und Justiz 1983, 370 (Leits.); *LG Ulm* AnwBl 1975, 239; *LG Saarbrücken* JurBüro 1995, 271; *AG Sulzbach* JurBüro 1984, 942 mit zust. Anm. *Mümmler*; *Hansens* JurBüro 1983, 1; einschränkend *LG Oldenburg* JurBüro 1982, 935 = Rpfleger 1982, 198 (mit Ausnahmen, wenn ein fiktiver Lohnanspruch nach § 850 h ZPO eingeklagt war). Wie hier außerdem für den Fall, dass sich der Gläubiger im Prozess mit dem Drittschuldner unter Kostenteilung verglichen hat: *LG Herborn* AnwBl 1966, 365 und *AG Herborn* MDR 1966, 849; s. auch *LArbG Düsseldorf* MDR 1978, 962; *ArbG Würzburg* AnwBl. 1978, 238. **Gegenansicht:** Nach § 12 a Abs. 1 S. 1 ArbGG nicht erstattungsfähige Kosten einer Drittschuldnerklage können auch nicht als Zwangsvollstreckungskosten geltend gemacht und festgesetzt werden, *LArbG Baden-Württemberg* Betrieb 1986, 1184 (Leits.) = Rpfleger 1986, 28.

ZPO; Rdn. 831). Er kann sie auch gegen den Schuldner festsetzen lassen[263] (Rdn. 832). Zuständig für die Festsetzung ist der Rechtspfleger des Vollstreckungsgerichts (§ 788 Abs. 2 ZPO). Vom Rechtspfleger des Arbeitsgerichts können die Kosten der Drittschuldnerklage als Zwangsvollstreckungskosten gegen den (Vollstreckungs-) Schuldner nicht festgesetzt werden[264].

B. Pfandrecht an künftig fällig werdenden Beträgen und an Diensteinkommen in einem anderen Amt oder nach Gehaltserhöhung (§§ 832, 833 ZPO)

I. Pfandrecht an künftig fällig werdenden Beträgen

Schrifttum: *Baur*, Einige Bemerkungen zur Pfändung künftiger Lohnforderungen, Betrieb 1968, 251; *Leiminger*, Lohnpfändung bei Unterbrechung des Arbeitsverhältnisses, BB 1958, 122; *Osthold*, Der Umfang der Lohnpfändung, Betrieb 1957, 357; *Quardt*, Lohnpfändung und Unterbrechung des Arbeitsverhältnisses, JurBüro 1958, 146; *Riedel*, Vom Fortwirken der Forderungspfändungen bei suspendierten Arbeitsverhältnissen, MDR 1958, 897; *Schneider*, Erstreckung des Pfandrechts des Arbeitsverhältnisses, JurBüro 1965, 354.

1. Die Einkommenspfändung erfasst nur das Arbeitsentgelt aus dem *Arbeitsverhältnis, das zur Zeit der Pfändung* besteht. Wird dieses Arbeitsverhältnis beendet und später ein neues Arbeitsverhältnis begründet, so ist für die Zeit nach der Neubegründung ein neuer Pfändungsbeschluss notwendig (Besonderheit für den gleichen Arbeitgeber siehe Rdn. 970). Ein neuer Pfändungs- (und Überweisungs-)beschluss muss somit stets erwirkt werden, wenn der Schuldner die Arbeitsstelle wechselt und der Gläubiger die Lohnpfändung fortsetzen will[1]. Für das zur Zeit der Pfändung bestehende Arbeitsverhältnis erstreckt sich die Vollstreckung in Gehalts- oder Lohnforderungen und ähnliche Bezüge ohne ausdrückliche Anordnung im Pfändungsbeschluss[2] auf die erst nach Wirksamwerden der Pfändung fällig gewordenen Beträge (§ 832 ZPO)[3]. Diese Regelung vermeidet eine Vielheit von Pfändungen der einzelnen, jeweils nach einem bestimmten Zeitraum neu entstehenden Forderungen an Arbeitslohn und ähnlichen wiederkehrenden Bezügen[4]. Nach der Pfändung fällig werdende Beträge, auf die sich die Pfändung nach § 832 ZPO erstreckt, sind auch die Arbeitseinkünfte und Dienstleistungsvergütungen nach Wechsel nur in einen anderen Unternehmensbereich des gleichen Drittschuldners, auch bei Weiterbeschäftigung in einer anderen Zweigniederlassung dieses Drittschuldners (selbst wenn er im Pfändungsbeschluss mit der Firma der bisherigen Zweigniederlassung

964

---

263 *BGH* NJW 2006, 1141 = a.a.O. (Fußn. 261).
264 Siehe dazu *LG Aachen* JurBüro 1982, 1419 = a.a.O. (Fußn. 262); *LArbG Hamm* MDR 1979, 347 und JurBüro 1988, 550.
1   *AG Stuttgart* DGVZ 1973, 61.
2   *BArbG* JurBüro 1994, 364 = NJW 1993, 2699 (2700 re.Sp.).
3   Das gilt auch für arbeitsrechtliche Ruhegehaltsansprüche, *BGH* NJW-RR 1989, 286 (290 li.Sp.).
4   *BArbG* AP Nr. 1 zu § 832 ZPO mit Anm. *Pohle* = NJW 1957, 439; *BArbG* NJW 1993, 2699 (2700 re.Sp.) = a.a.O.

bezeichnet ist). Arbeitsplatzwechsel begründet auch in diesem Fall keine Tätigkeit bei einem anderen Drittschuldner (vgl. Rdn. 501 a).

965 2. a) Eine *„ähnliche in fortlaufenden Bezügen* bestehende Forderung" liegt nicht bei allen Forderungen aus einheitlichem Schuldgrund vor. Der Gesetzeswortlaut stellt vielmehr mit dem Begriff „Bezüge" und dem Erfordernis der Gehaltsähnlichkeit klar, dass § 832 ZPO nur solche Forderungen aus einheitlichem Schuldgrund betrifft, die aus persönlicher Dienstleistung herrühren, wenigstens teilweise für den Unterhalt zweckbestimmt und von Dauer sowie Stetigkeit sind[5]. Ähnliche fortlaufende Bezüge sind daher nur alle Ansprüche, die pfändungsrechtlich Arbeitseinkommen (siehe Rdn. 871 ff.) oder ihm gleichgestellt (s. Rdn. 1005 ff.) sind[6]. Unselbstständigkeit des Schuldners wird nicht gefordert; auch Ansprüche aus unabhängigen Dienstverträgen, also selbstständiger Gewerbetreibender (Provisionsforderungen eines Agenten)[7] fallen daher unter § 832 ZPO, wenn ihnen die Merkmale des einheitlichen Schuldgrunds, der Zweckbestimmung für den Unterhalt sowie der Dauer und Stetigkeit eigen sind.

966 b) Eine *weitere Ausdehnung* des § 832 ZPO verbietet sich. Die Belange des Gläubigers erfordern die Ausdehnung der Bestimmung auf andere Forderungen nicht, weil es ihm ein leichtes ist, zukünftige Forderungen im Pfändungsbeschluss erwähnen zu lassen[8]. Daher werden Bezüge aus Reallasten[9] sowie Miet- und Pachtforderungen (siehe dazu Rdn. 219) dem § 832 ZPO nicht unterstellt werden können. Zinsen sind Nebenansprüche, auf die sich die Pfändung ohne weiteres erstreckt[10] (ohne die Hauptforderung können sie als künftige Ansprüche „fortlaufend" gepfändet werden).

967 3. *Künftig fällig werdende* Bezüge aus Arbeitseinkommen, die im Pfändungsbeschluss weder ausdrücklich ein- noch ausgeschlossen sind, erfasst die Pfändung ohne Rücksicht darauf, ob ihre Benennung und Berechnungsart gleich bleibt oder sich ändert, ob sie für erst zu leistende Arbeit in gleicher oder veränderter[11] Höhe geschuldet werden und ob sie für bereits geleistete Arbeit schon entstanden sind oder erst später in gleichen oder ungleichen Raten fällig werden. Bedeutungslos ist auch, ob bei Wirksamwerden der Pfändung überhaupt fällige Leistungen von ihr erfasst werden[12] oder ob sie

---

5 *RG* 138, 252 (254).
6 Hierher gehört deshalb auch der Vergütungsanspruch des Kassenarztes (siehe Rdn. 888); ebenso *OLG Nürnberg* JW 1926, 2471 und JurBüro 2002, 603 = OLGR 2002, 463 sowie *Stein/Jonas/Brehm*, ZPO, Rdn. 5 (mit Fußn. 20) zu § 832, jedoch nicht aber die Einkünfte des Arztes aus seiner Privatpraxis und auch nicht die Gebührenansprüche des Prozesskostenhilfeanwalts gegen die Staatskasse.
7 *RG* 138, 252.
8 *RG* 138, 252 (254); **a.A.** *Wieczorek/Schütze/Lüke*, ZPO, Rdn. 9 zu § 832.
9 Es sei denn, sie fallen unter § 850 b ZPO; *Zöller/Stöber*, ZPO, Rdn. 2 zu § 832; **a.A.** – Reallasten fallen immer unter § 832 ZPO – *Stein/Jonas/Brehm*, ZPO, Rdn. 4; *Wieczorek/Schütze/Lüke*, ZPO, Rdn. 9, je zu § 832.
10 Siehe dazu Rdn. 694; **a.A.** – Zinsen fallen unter § 832 ZPO – *Stein/Jonas/Brehm*, ZPO, Rdn. 4; *Schuschke/Walker*, Vollstreckung, Rdn. 3, je zu § 832.
11 Bei Erhöhung des Arbeitseinkommens unterliegen die Mehrbeträge daher ohne weiteres der Pfändung mit dem ursprünglichen Pfändungsrang.
12 *BArbG* NJW 1993, 2699 (2700) = a.a.O.

sich nur auf die künftig fällig werdenden Ansprüche erstreckt. Dem Antrag auf Pfändung von Arbeitseinkommen muss daher auch dann entsprochen werden, wenn es zur Zeit der Pfändung die Freigrenze (§§ 850 c, d oder f Abs. 2 ZPO) noch nicht übersteigt[13]. Diese Pfändung ist zunächst gegenstandslos, wird aber ohne weiteres und mit Rang nach dem Zeitpunkt der Zustellung des Beschlusses wirksam, sobald das Arbeitseinkommen die Pfändungsfreigrenze zukünftig übersteigt[14]. Nur in Ausnahmefällen, nämlich wenn mit Sicherheit in absehbarer Zeit mit der Erhöhung des Arbeitseinkommens tatsächlich nicht gerechnet werden kann, kann einem solchen Antrag mangels Rechtsschutzinteresses nicht entsprochen werden[15].

4. § 832 ZPO schließt nicht aus, dass die Pfändung auf Antrag des Gläubigers ausdrücklich auf einen bestimmten Zeitraum *beschränkt* wird[16]. 968

5. Voraussetzung der Mitpfändung der erst nach Wirksamwerden der Pfändung fällig werdenden Beträge ist, dass diese künftig wiederkehrenden Ansprüche einem *einheitlichen Dienst- oder Arbeitsverhältnis* entspringen. Diese Einheitlichkeit eines privaten Dienst-, Angestellten- oder Arbeitsverhältnisses ist nach wirtschaftlichen Gesichtspunkten, d.h. nach der im Arbeitsleben üblichen Verkehrsauffassung, nicht nach formalrechtlichen Überlegungen zu beurteilen[17]. Erforderlich ist daher nicht, dass es sich um ein- und denselben Arbeitsvertrag handelt[18]. Auch ein rechtlich aus mehreren Arbeitsverträgen zusammengesetztes Arbeitsverhältnis ist selbst bei unterschiedlicher Beschäftigung (Beispiel: Angestellter wird Provisionsvertreter) noch ein einheitliches, wenn im Sinne des Arbeitslebens zwischen den einzelnen Dienstleistungen ein innerer Zusammenhang[19] und damit erkennbar[20] eine tatsächliche Einheit besteht[21]. Die Pfändung des Arbeitseinkommens aus einem zunächst nur auf bestimmte Zeit geschlossenen Beschäftigungsverhältnis erfasst daher das fortlaufende Einkommen aus dem hernach durch erneuten Vertrag fortgesetzten Dienstverhältnis[22]. Kurze Unterbrechungen des Arbeitsverhältnisses berühren daher die Einheitlich- 969

---

13 Dazu allgemein *BGH* FamRZ 2003, 1652 = MDR 2003, 1378 = NJW-RR 2003, 1650 = Rpfleger 2003, 595.
14 *OLG Celle* NdsRpfl 1953, 108.
15 *OLG Celle* a.a.O. (Fußn. 14). Gegen Verallgemeinerung *BGH* NJW-RR 2003, 1650 = a.a.O. Es kann aber jedenfalls das Rechtsschutzbedürfnis nicht mit Rücksicht auf eine gerichtsbekannte eidesstattliche Versicherung des Schuldners und das ihr zugrunde liegende Vermögensverzeichnis verneint werden, *BGH* a.a.O.
16 *LArbG Bremen* Rpfleger 1957, 302.
17 Siehe *BArbG* AP Nr. 2 zu § 832 ZPO mit zust. Anm. *Baumgärtel* = Rpfleger 1958, 82; *OLG Düsseldorf* Betrieb 1985, 1336; *LG Lübeck* NJW 1954, 1125; *LArbG Bremen* a.a.O.
18 *BArbG* NJW 1993, 2699 (2700) = a.a.O.; *LG Wiesbaden* MDR 1988, 63.
19 *BArbG* BB 1994, 721 = MDR 1993, 1122 = NJW 1993, 2701.
20 *LG Köln* Amtsvorstand 1991, 421.
21 *BArbG* a.a.O. (Fußn. 4 und 17); *OLG Düsseldorf* a.a.O.; *LG Essen* MDR 1963, 226.
22 Jedenfalls dann, wenn sich das neue Dienstverhältnis im Wesentlichen als Fortsetzung des alten Dienstverhältnisses darstellt; *OLG Breslau* JW 1930, 1087; *Wieczorek/Schütze/Lüke*, ZPO, Rdn. 4 zu § 832.

keit nicht, so nicht das Ruhen des Arbeitsverhältnisses im Stammbetrieb für die Dauer der Tätigkeit in einer Arbeitsgemeinschaft, an der der bisherige Arbeitgeber beteiligt ist[23] (dazu auch Rdn. 901), sowie die Unterbrechung des Arbeitsverhältnisses zur Verbüßung einer Freiheitsstrafe[24]. Einheitlichkeit des Arbeitsverhältnisses liegt auch bei Wiedereinstellung des im Verlauf eines Streiks ausgesperrten Arbeitnehmers sowie bei Beschäftigung in einer anderen Stellung vor. Auf das Einkommen aus der Arbeitsleistung in einer Arbeitsgemeinschaft, an der der bisherige Arbeitgeber beteiligt ist, erstreckt sich die Pfändung des beim bisherigen Arbeitgeber verdienten Einkommens nicht. Vielmehr tritt der Schuldner mit seiner Arbeitsaufnahme in ein neues Arbeitsverhältnis zur Arbeitsgemeinschaft[25].

970 6. a) Auf die Forderungen aus einem *neuen Dienst- oder Arbeitsverhältnis* bei dem *gleichen Arbeitgeber* (Drittschuldner) erstreckt sich die Pfändung auch, wenn nach ihrem Wirksamwerden das Arbeits- oder Dienstverhältnis (mit Kündigung und Ablauf der Kündigungsfrist, Aufhebungsvertrag, Zeitablauf usw.) geendet hat und innerhalb von *neun Monaten* Schuldner und Drittschuldner ein Dienst- oder Arbeitsverhältnis neu begründet haben (§ 833 Abs. 2 ZPO). Grund: Pfändungsfortwirkung im Gläubigerinteresse, die dem Drittschuldner bei nur zeitlicher Unterbrechung zumutbar ist. Diese Fortgeltung der Pfändung erlangt Bedeutung insbes. auch für nur saisonbedingte Unterbrechungen von Arbeitsverhältnissen, wie sie im Baugewerbe oder in Gaststätten- und Fremdenverkehrsbetrieben üblich sind. Das gilt auch, wenn nach Wiederaufnahme des Arbeitsverhältnisses der Schuldner bei dem früheren Arbeitgeber Einkommen in einem anderen (neuen) Amt bezieht (§ 833 Abs. 1 S. 1 ZPO). Für die Pfändungsfortwirkung erlangt keine Bedeutung, aus welchem Grund das Arbeitsverhältnis beendet und später wieder neu begründet wurde. Die Pfändung wirkt daher auch fort, wenn bei Beendigung des Arbeitsverhältnisses die spätere Fortsetzung der Beschäftigung (eine Wiedereinstellung) nicht in Aussicht genommen war (wie z. B. bei fristloser Kündigung) und ebenso, wenn der Schuldner zwischenzeitlich bei einem anderen Arbeitgeber beschäftigt war. Pfändungsfortwirkung besteht mit dem früheren Rang (§ 804 Abs. 3 ZPO) und im vormaligen Umfang; Anordnungen nach § 850 c Abs. 4, § 850 e Nrn. 2, 2 a, § 850 f ZPO usw. bestehen somit fort (müssen daher nicht neu erwirkt werden). Pfändungsfortwirkung besteht auch bei Lohnschiebung und -verschleierung (§ 850 h ZPO). Jedoch wirkt die Pfändung nicht fort, wenn der Schuldner ein Arbeits- oder Dienstverhältnis neu mit einem *anderen* Dienstherrn begründet (§ 833 Abs. 1 S. 2 ZPO). Wird beim bisherigen Diensherrn ein Arbeits- oder Dienstverhältnis erst *nach neun Monaten* neu begründet, dann erstreckt sich die Pfändung ebenfalls nicht auf die Forderungen aus diesem neuen Beschäftigungsverhältnis. In

---

23 Siehe *LArbG Baden-Württemberg* a.a.O. (Fußn. 25).
24 *LG Essen* a.a.O. (Fußn. 21).
25 *LArbG Baden-Württemberg* AP Nr. 3 zu § 832 ZPO = BB 1967, 80 = Betrieb 1967, 166.

oder der Rechtsformwechsel berühit daher die Einkommenspfändung gleichfalls nicht.

8. a) Das während eines *Insolvenzverfahrens* fortlaufend fällig werdende Arbeitseinkommen gehört als Neuerwerb des Schuldners zur Insolvenzmasse (§ 35 InsO), soweit es nach § 850 c ZPO allgemein pfändbar ist. Nicht zur Insolvenzmasse gehört demnach Arbeitseinkommen, das nicht der Zwangsvollstreckung unterliegt (§ 36 Abs. 1 S. 1 InsO). Insoweit gelten die §§ 850, 850 a, 850 c, 850 e, 850 f Abs. 1 und §§ 850 g bis 850 i ZPO entsprechend (§ 36 Abs. 1 S. 2 InsO); zuständig für eine erforderliche Entscheidung ist das Insolvenzgericht (§ 36 Abs. 4 InsO). Die Zwangsvollstreckung in das zur Insolvenzmasse gehörende, somit nach § 850 c ZPO allgemein pfändbare, fortlaufende Arbeitseinkommen („künftige Forderungen auf Bezüge aus einem Dienstverhältnis") ist sowohl für Insolvenzgläubiger (§§ 38 InsO) als auch für Gläubiger unzulässig, die keine Insolvenzgläubiger sind (§§ 87, 89 Abs. 1, Abs. 2 S 1 InsO), somit insbesondere auch für neue Gläubiger des Schuldners.

972a

Für einen Gläubiger, der kein Insolvenzgläubiger ist, ist

- wegen eines (gesetzlichen) Unterhaltsanspruchs (§ 850 d ZPO, Rdn. 1076),
- wegen einer Forderung aus einer vorsätzlichen unerlaubten Handlung (§ 850 f Abs. 2 ZPO; Deliktsanspruch, zum Nachweis Rdn. 1193)

der nicht zur Insolvenzmasse gehörende Teil des Arbeitseinkommens jedoch pfändbar, der für andere Gläubigr nach § 850 c ZPO nicht pfändbar, somit nur für den privilegierten Gläubiger nach § 850 d oder § 850 f Abs. 2 ZPO weitergehend pfändbar ist (§ 89 Abs. 2 S. 2 InsO[28]; privilegierte Neugläubiger).

Familienrechtliche Unterhaltsansprüche sind Insolvenzforderungen, wenn sie vor Eröffnung des Verfahrens entstanden sind (§ 38 mit § 40 InsO). Für den (Insolvenz-)Gläubiger eines „rückständigen" Unterhaltsanspruchs ist die Pfändung des Arbeitseinkommens somit nach § 89 Abs. 1 InsO unzulässig[29]. *Keine* Insolvenforderungen sind familienrechtliche Unterhaltsansprüche für die Zeit nach der Eröffnung des Insolvenzverfahrens (Ausnahme für den Sonderfall, dass der Schuldner für Unterhaltsbeträge als Erbe haftet, § 40 S. 1 InsO). Dem Gläubiger einer solchen Unterhaltsforderung ist damit die Zwangsvollstreckung in künftiges Arbeitseinkommen im Umfang des § 89 Abs. 2 S. 2 InsO möglich.

Der Gläubiger einer Forderung aus einer vorsätzlichen unerlaubten Handlung ist Insolvenzgläubiger, wenn der Anspruch zur Zeit der Eröff-

---

28 Gläubiger von Schadensersatzansprüchen nach § 844 Abs. 2 BGB gehören nicht zu den Gläubigern im Sinne von § 89 Abs. 2 S. 2 InsO; *BGH* JurBüro 2007, 98 = MDR 2007, 177 = NZI 2006, 593 = Rpfleger 2006, 617; siehe auch Rdn. 1079.
29 *BGH* DGVZ 2008, 24 = FamRZ 2008, 142 = MDR 2008, 108 = NJW-RR 2008, 294 = NZI 2008, 50; *BGH* FamRZ 2008, 257, JurBüro 2008, 158 und FamRZ 2008, 684.

nung des Insolvenzverfahrens begründet war[30] (§ 38 InsO). Für den (Insolvenz-)Gläubiger einer solchen Forderung ist die Pfändung von Arbeitseinkommen somit nach § 89 Abs. 1 InsO unzulässig[31]. *Kein* Insolvenzgläubiger ist der Neugläubiger einer Forderung aus vorsätzlicher unerlaubter Handlung. Dem Neugläubiger ist damit die Zwangsvollstreckung in künftiges Arbeitseinkommen im Umfang des § 89 Abs. 2 S. 2 InsO ermöglicht.

972b b) Wenn mit Eröffnung des *Insolvenzverfahrens* die (bereits erfolgte) Zwangsvollstreckung eines Insolvenzgläubigers *unwirksam* wird (§ 88 mit § 114 Abs. 3 S. 3 InsO; Rdn. 577 e), entfällt das Pfandrecht auch für die erst nach der Pfändung fällig werdenden Bezüge des § 832 ZPO. § 88 InsO, der diese Unwirksamkeit regelt, erfasst jedoch nur Zwangsvollstreckungsmaßnahmen, die Gegenstände der Insolvenzmasse betreffen („... an dem zur Insolvenzmasse gehörenden Vermögen des Schuldners"). Nicht zur Insolvenzmasse gehören unpfändbare Gegenstände (§ 36 Abs. 1 InsO) und damit auch Arbeitseinkommen nach Verfahrenseröffnung, soweit es nicht allgemein, sondern nur in erweitertem Umfang für Unterhaltsansprüche (§ 850 d ZPO) oder eine Forderung aus vorsätzlicher unerlaubter Handlung (§ 850 f Abs. 2 ZPO) pfändbar ist. Hinsichtlich dieser erweitert auch während des Insolvenzverfahrens pfändbaren Bezüge (Rdn. 972 a) wird auch die mit einem Pfändungspfandrecht erlangte Sicherung eines Insolvenzgläubigers nicht nach § 88 Abs. 1 InsO unwirksam.

972c c) Die Pfändung der *fortlaufenden* Bezüge aus einem Arbeits- oder Dienstverhältnis des Schuldners (von Arbeitseinkommen) ist darüber hinaus eingeschränkt; sie ist bei Eröffnung des Insolvenzverfahrens *nur noch* wirksam, soweit sie sich auf die Bezüge für den zur Zeit der Eröffnung des Verfahrens laufenden Kalendermonat bezieht, bei Eröffnung nach dem 15. Tag des Monats auch noch für den folgenden Monat (§ 114 Abs. 3 S. 1 und 3 InsO mit Ausnahme für die Fälle der § 89 Abs. 2 S. 2 InsO; zu diesen Rdn. 972 a). Das gilt auch bei Arrestpfändung und bei Vollstreckung einer einstweiligen Verfügung. Damit ist die Wirksamkeit einer Pfändung eingeschränkt, die über einen Monat (drei Monate im Fall von § 312 Abs. 1 Satz 3 InsO) vor dem Eröffnungsantrag zurückliegt und daher nicht schon nach § 88 InsO (rückwirkend) unwirksam ist; sie hat nur noch für den Kalendermonat der Verfahrenseröffnung oder den folgenden Kalendermonat Bestand. Zur vergleichbaren Rechtslage bei Pfändung von Miete oder Pacht siehe Rdn. 577 e. Die Vergütungen des Kassenarztes (-zahnarztes) gegen die kassenärztliche Vereinigung (Rdn. 888) werden nicht als Bezüge aus einem Dienstverhältnis

---

30 Für Deliktsgläubiger, die Insolvenzgläubiger sind (deren Vermögensanspruch zurzeit der Eröffnung des Verfahrens begründet war, § 38 InsO), verbleibt es bei dem Vollstreckungsverbot des § 89 Abs. 1 InsO (*LG Heilbronn* Rpfleger 2005, 98); das gilt auch für den Fall, dass dieser Deliktsgläubiger auf eine Beteiligung am Insolvenzverfahren verzichtet; *OLG Zweibrücken* DGVZ 2002, 119 = JurBüro 2001, 551 = NZI 2001, 423 = Rpfleger 2001, 449.
31 *BGH* a.a.O. (Fußn. 29).

angesehen, für welche § 114 InsO Bestimmung über die Wirksamkeit einer Verfügung bei Eröffnung des Insolvenzverfahrens trifft[32]. Unwirksam ist die Abtretung der Forderungen auf solche Vergütung, soweit sie sich auf Ansprüche bezieht, die auf nach Eröffnung des Insolvenzverfahrens erbrachte ärztliche Leistungn beruhen[33]. Entsprechendes muss für die Pfändung gelten, für die sonach § 114 Abs. 3 InsO Bestimmung über die noch kurzzeitige Wirksamkeit nicht trifft.

II. Diensteinkommen in einem anderen Amt und nach Gehaltserhöhung

Diensteinkommen der Beamten und Angestellten im öffentlichen Dienst entspringt auch bei *Versetzung* in ein anderes Amt oder *Übertragung* eines neuen Amtes desselben Dienstherrn, bei Gehaltserhöhung, Pensionierung[34] oder Wiederanstellung des pensionierten Beamten demselben Dienstverhältnis (§ 833 Abs. 1 S. 1 ZPO). Die Pfändung eines Diensteinkommens erfasst daher auch das Diensteinkommen, das der Schuldner nach einer solchen *Veränderung* seines Amtes bezieht. Dies gilt auch bei Beendigung des Angestelltenverhältnisses mit Übernahme in das Beamtenverhältnis (oder umgekehrt). Ebenso erstreckt sich die Pfändung auf Bezüge (auch Vorruhestandsleistungen s. Rdn. 884 a), die der Schuldner von einem privaten Arbeitgeber nach Versetzung in den Ruhestand weiterbezieht.   973

Bei *Wechsel des Dienstherrn* erstreckt sich die Pfändung des bisherigen Diensteinkommens dagegen nicht auf das vom neuen Dienstherrn zu zahlende Einkommen (§ 833 Abs. 1 S. 2 ZPO). Dieses muss vielmehr neu gepfändet werden; daher ist auch der frühere Pfändungsrang mit dem Erlöschen des Diensteinkommens beim bisherigen Dienstherrn gegenstandslos geworden.   974

Wechsel des Dienstherrn ist Übertritt vom Landes- in den Bundesdienst oder umgekehrt, in den Dienst einer Gemeinde, einer öffentlich-rechtlichen Körperschaft usw.

Beamte treten mit *Umbildung* einer Körperschaft (vollständige Eingliederung in eine andere Körperschaft) kraft Gesetzes in den Dienst der aufnehmenden Körperschaft über (§ 16 Abs. 1 BeamtSTG[35]); zu ähnlichen Fällen dort Abs. 2–4). Das Beamtenverhältnis wird mti dem neuen Dienstherrn fortgesetzt (§ 17 Abs. 1 BeamtStG). Um die Änderung (einen Wechsel) des Dienstherrn handelt es sich sonach nicht. Die Pfändung des Diensteinkommens erfasst daher auch das Einkommen aus dem mit dem neuen Dienstherrn fortgesetzten Dienstverhältnis.   975

---

32 *BGH* 167, 363 = NJW 2006, 2485.
33 *BGH* a.a.O.
34 *RG* Gruchot 51, 1078.
35 Gesetz zur Regelung des Statusrechts der Beamtinnen und Beamten in den Ländern (Beamtenstatusgesetz – BeamtStG vom 17. Juni 2008, BGBl I 1010).

C. Unpfändbare Einkommensteile (§ 850 a ZPO)

I. Der besondere Pfändungsschutz

976   1. Besondere Einkommensteile entzieht § 850 a ZPO aus sozialen Gründen oder mit Rücksicht auf ihre *Zweckgebundenheit* überhaupt der Pfändung. Diese Einkommensteile werden daher von der Pfändung des (gesamten) Arbeitseinkommens nicht erfasst; sie können auch selbstständig (allein) nicht gepfändet werden. Die (ganz oder teilweise) unpfändbaren Bezüge bleiben deshalb bei Berechnung des pfändbaren Arbeitseinkommens (§§ 850 c–g ZPO) unberücksichtigt; nach § 850 e Nr. 1 ZPO sind sie nicht mitzurechnen. Die Regelung des § 850 a ZPO ist für den Bereich der Einkommenspfändung erschöpfend, für anderes Arbeitseinkommen kann daher eine Unpfändbarkeit auch nicht aus dem Gesichtspunkt der Zweckgebundenheit und nicht nach § 851 ZPO angenommen werden[1].

977   2. *Unterhaltsgläubigern* und Gläubigern gleichgestellter Forderungen gegenüber besteht für die in § 850 a Nrn. 1, 2 und 4 genannten Bezüge der besondere Pfändungsschutz nicht in vollem Umfang (siehe § 850 d Abs. 1 S. 1 und 2 letzter Satzteil ZPO). Die übrigen in § 850 a ZPO angeführten Ansprüche sind auch dem Vollstreckungszugriff der Unterhaltsgläubiger voll entzogen.

978   3. Der *Arbeitgeber* muss als Drittschuldner die nach § 850 a ZPO unpfändbaren Bezüge vom Arbeitseinkommen *absetzen* (§ 850 e Nr. 1 ZPO). Das gilt nur dann nicht, wenn – unter Verstoß gegen § 850 a ZPO – einzelne der unpfändbaren Bezüge ausdrücklich als gepfändet bezeichnet sind[2]. Wenn der Pfändungsbeschluss auf Pfändung des Arbeitseinkommens schlechthin lautet, kann der Drittschuldner in Zweifelsfällen eine klarstellende Entscheidung des Vollstreckungsgerichts darüber verlangen, ob bestimmte Leistungen der Pfändung nach § 850 a ZPO entzogen sind; siehe hierwegen Rdn. 929.

979   4. Die der Pfändung unterliegenden Teile der in § 850 a ZPO angeführten Bezüge (zweite Hälfte der Mehrarbeitsstundenvergütung, Weihnachtsgeld über 500 Euro [dazu Rdn. 999 Fußn. 51], Beträge, die den Rahmen des Üblichen übersteigen usw.) müssen der bei Auszahlung laufenden Lohnrate *hinzugerechnet* werden.

II. Unpfändbar sind nach § 850 a ZPO

1. *Die Hälfte der für die Leistung von Mehrarbeitsstunden gezahlten Teile des Arbeitseinkommens (sog. Überstundenvergütung)*

980   a) Unpfändbar ist die Hälfte der *Gesamtvergütung für Mehrarbeitsstunden* (Überstunden, Überschichten usw.), nicht nur der für die Mehrarbeit

---

1   *Berner* Rpfleger 1960, 7 (re.Sp.).
2   Wegen der Geltendmachung der Unpfändbarkeit in einem solchen Fall siehe Rdn. 751; dazu auch *Christmann* Rpfleger 1988, 458.

gezahlten Zuschläge (Mehrarbeits- oder Überstundenzuschlag). Ein zusätzlicher Pfändungsschutz besteht für den Schuldner dann aber nicht, wenn für die Mehrarbeit keine besondere Vergütung gezahlt wird; insbesondere bleibt dann nicht etwa ein der Mehrarbeitszeit entsprechender anteiliger Betrag des normalen Diensteinkommens unpfändbar. Keine teilweise unpfändbare Vergütung für Mehrarbeit erhält der Schuldner, wenn ihm Mehrarbeit durch Freizeit ausgeglichen wird.

b) *Mehrarbeitsstunden* ergeben sich aus einer Tätigkeit, die über die für das Unternehmen bestimmte normale (gewöhnliche) Arbeitszeit hinaus geleistet wird. Als „gewöhnliche" Arbeitszeit gilt die im Tarifrecht oder in der Betriebs- oder Dienstordnung für Zeiten der Vollbeschäftigung festgelegte Zeit. Bedeutungslos ist, ob die Mehrarbeitsstunden im Anschluss an die normale Arbeitszeit, zur Nachtzeit oder an Sonn- und Feiertagen geleistet werden und ob die Vergütung für echte Arbeitsleistung oder nur für einen Bereitschaftsdienst bezahlt wird. Zuschläge für Sonntags-, Feiertags- oder Nachtarbeit sind daher nur dann Mehrarbeitsstundenvergütung, wenn die Mehrarbeit an diesen Tagen geleistet wird; sie bleiben als gewöhnliches Arbeitseinkommen pfändbar, wenn die normale Arbeitszeit auf solche Tage fällt. Ausgleichsarbeit (Einholung ausgefallener oder ausfallender Arbeitszeit durch Verlängerung der Arbeit an anderen Tagen) führt nicht zu Mehrarbeitsstunden im Sinne des § 850 a Nr. 1 ZPO.

981

c) Ein *Nebenverdienst* aus einer Nebenbeschäftigung (Beispiel: Tätigkeit als Pförtner nach Arbeitsschluss) oder einem Nebenamt bei demselben Arbeitgeber entspringt einer außerhalb der üblichen Arbeitsstunden geleisteten Tätigkeit, genießt also den Pfändungsschutz für Überstunden. Gleiches gilt für den Nebenverdienst, der durch regelmäßige Tätigkeit[3] nach Arbeitsschluss bei einem Dritten erzielt wird, wenn der Schuldner mit dieser Tätigkeit die üblicherweise zu leistende Arbeitszeit überschreitet[4]. Den für Mehrarbeitsstunden vorgesehenen Pfändungsschutz kann der Schuldner auch nicht dadurch verlieren, dass die mehreren Arbeitseinkommen zusammengerechnet und wie ein Arbeitseinkommen behandelt werden (§ 850 e Nr. 2 ZPO).

982

d) Keine Mehrarbeitsstundenvergütung ist der *Mehrverdienst* für Mehrarbeitsleistung in der *normalen Arbeitszeit*, also z. B. der Akkordlohn[5], Leistungszulagen[6], Prämienlohn[7] usw.

983

---

3   Nebeneinkommen aus nur gelegentlicher Dienstleistung ist unbeschränkt pfändbar; siehe Rdn. 887.
4   *OLG Hamm* AP Nr. 3 zu § 850 a ZPO mit zust. Anm. *Pohle* = BB 1956, 209 = Jur-Büro 1956, 29; *Musielak/Becker*, ZPO, Rdn. 2; *Wieczorek/Schütze/Lüke*, ZPO, Rdn. 9, je zu § 850 a.
5   *Stein/Jonas/Brehm*, ZPO, Rdn. 6 zu § 850 a; *Skibben* DGVZ 1988, 4.; *Wieczorek/Schütze/Lüke*, ZPO Rdn. 10 zu § 850 a; **a.A.** *LG Berlin* DR 1941, 1563.
6   Ebenso *Schuschke/Walker*, Vollstreckung, Rdn. 2 zu § 850 a; *Stein/Jonas/Brehm*, ZPO, Rdn. 6 zu § 850 a.
7   Dazu *Skibben* DGVZ 1988, 4.

984 e) Die unpfändbare Hälfte des Mehrarbeitsverdienstes wird nach dem für die Mehrarbeit bezahlten *Bruttoeinkommen*[8] festgestellt. Da dem Schuldner die Hälfte der Mehrarbeitsstundenvergütung verbleiben soll, können anteilige Steuern und Soziallasten von seinem halben Mehrarbeitsverdienstanteil nicht abgezogen werden; sie sind vielmehr dem übrigen, d.h. dem um den unpfändbaren Mehrarbeitsverdienst gekürzten Bruttoeinkommen abzurechnen (siehe § 850 e Nr. 1 ZPO, Rdn. 1133). Wenn Mehrarbeitsvergütung pauschal zusammen mit dem übrigen Arbeitseinkommen bezahlt wird, muss die anteilige Vergütung für die Mehrarbeit durch Vergleich mit dem Tariflohn (üblichen Lohn) ausgeschieden werden[9].

2. Urlaubszulagen, Jubiläumszuwendungen und Treuegeld

Schrifttum: *Berner,* Die Pfändbarkeit des Urlaubsentgelts, Rpfleger 1960, 5; *Faecks,* Die Ansprüche des Arbeitnehmers auf Urlaubsentgelt und Urlaubsabgeltung in der Zwangsvollstreckung, NJW 1972, 1448; *Hohmeister,* Ist die Pfändbarkeit des Urlaubsentgelts pfändbar? BB 1995, 2110; *Hohn,* Pfändung, Aufrechnung und Abtretung bei Urlaubsansprüchen, BB 1965, 751; *Hohn,* Pfändung von Urlaubsgeld und Gratifikation, BB 1966, 1272; *Köst,* Ausgewählte Fragen des Urlaubsrechts, BB 1956, 564; *Peters,* Zur Pfändbarkeit von Urlaubsentgelt, Betrieb 1966, 1133; *Pfeifer,* Pfändung urlaubsrechtlicher Ansprüche, NZA 1996, 738; *Quardt,* Ist Urlaubsgeld oder Urlaubsentgelt pfändbar? JurBüro 1958, 402; *Rauscher,* Die Pfändbarkeit von Urlaubsvergütung und Urlaubsabgeltung, MDR 1963, 11; *Schweer,* Die Pfändbarkeit von Urlaubsabgeltung und Urlaubsvergütung, BB 1961, 680; *Stehle,* Pfändbarkeit des Urlaubsentgelts, Betrieb 1964, 334; *Tschöpe,* Die Aufrechnung gegen Urlaubsabgeltungsansprüche, BB 1981, 1902; *Weber,* Unpfändbarkeit der Urlaubsvergütung? BB 1961, 608 – Wegen der Urlaubsmarkenregelung in der Zwangsvollstreckung siehe *Quardt* BB 1958, 1212.

985 a) Unpfändbar sind – soweit sie den Rahmen des Üblichen nicht übersteigen – die für die Dauer eines Urlaubs über das Arbeitseinkommen hinaus gewährten Bezüge, Zuwendungen aus Anlass eines besonderen Betriebsereignisses und Treuegelder. Diese Unpfändbarkeit folgt aus der Zweckgebundenheit der Leistungen; sie werden aus besonderem Anlass gewährt, daher sollen sie auch dem Arbeitnehmer zukommen.

986 b) Was *üblich*[10] ist, richtet sich danach, was gleichartige Unternehmen regelmäßig gewähren, nicht etwa nach den bei dem Unternehmen des Drittschuldners eingeführten höheren Sätzen. Ein den Rahmen des Üblichen übersteigender Anspruch auf Zahlung von Urlaubsgeld ist Arbeitseinkommen[11] und von der Pfändung erfasst.

---

8   Herrschende Meinung; **a.A.** *Wieczorek/Schütze/Lücke,* ZPO, Rdn. 11 zu § 850 a ZPO, der vom Nettoverdienst ausgeht.
9   So auch *Musielak/Becker,* ZPO, Rdn. 2 zu § 850 a.
10 *Henze* Rpfleger 1980, 456 nimmt in Anlehnung an § 850 a Nr. 4 ZPO an, Urlaubsgeld über 390,– DM (somit nun 500 Euro) sei pfändbares Einkommen. Eine so starre Grenze lässt sich jedoch schon deshalb nicht setzen, weil das Gesetz in § 850 a ZPO einen Höchstbetrag eben nur für die Weihnachtsvergütung und gerade nicht für das Urlaubsgeld bestimmt. So auch *Musielak/Becker,* ZPO, Rdn. 3; *Stein/Jonas/Brehm,* ZPO, Rdn. 13; *Wieczorek/Schütze/Lüke,* ZPO, Rdn. 13, je zu § 850 a; *Pfeifer* NZA 1996, 738 (739).
11 *Hohn* BB 1965, 670, siehe dort auch zum Urlaubsgeld, das ohne Rechtsanspruch freiwillig geleistet wird.

c) Anteilige Steuern und Sozialasten werden nicht von den für die Dauer des Urlaubs gewährten Mehrbezügen abgezogen; sie sind von dem übrigen, d.h. dem um die für die Dauer des Urlaubs weitergehend gewährten pfandfreien Bezügen gekürzten Bruttoeinkommen abzurechnen[12] (siehe § 850 e Nr. 1 ZPO, dazu Rdn. 1133).

986a

d) Für Ansprüche aus Urlaubsaufwendungen schließt § 850 a Nr. 2 ZPO die Pfändung der Urlaubszuwendungen nicht aus[13]; sie ist in voller Höhe (keine Pfändungsbeschränkung nach § 850 c ZPO) erlaubt (beschränkte Pfändbarkeit im Rahmen der Zweckbindung; dazu Rdn. 14 a.E., auch Rdn. 1001). Zweckbestimmung besteht jedoch nur für Urlaubsaufwendungen im Urlaubszeitraum; Pfändung ist damit auch ausgeschlossen z. B. für die Forderung eines Reisebüros, die anlässlich eines zurückliegenden (früheren) Urlaubs entstanden ist[14].

986b

e) Unpfändbarer Bezug aus Anlass des Urlaubs ist nur der sogenannte *Urlaubszuschuss (Urlaubsgeld)*, das ist eine zusätzliche Zuwendung zur Bestreitung der erhöhten Urlaubsausgaben (einschließlich der Barzuschüsse zu Ferien- oder Erholungsaufenthalten). Das während des Urlaubs fortgezahlte Arbeitsentgelt (*Urlaubsentgelt* oder *-vergütung*) – bei Beamten die während des Urlaubs fortgewährten Dienstbezüge[15] – wird als Arbeitseinkommen, nicht jedoch darüber hinaus bezahlt, bleibt also als solches der Pfändung unterworfen[16]. Dieses als Arbeitslohn bezahlte Urlaubsentgelt ist als Arbeitseinkommen mit einem vom Vollstreckungsgericht nach §§ 850 ff. ZPO formularmäßig erlassenen Pfändungsbeschluss gepfändet[17].

987

f) Der eigentliche *Urlaubsanspruch* (der Anspruch auf Beseitigung der [persönlichen, § 613 BGB] Arbeitspflicht, somit bezahlte Freizeit) ist höchstpersönlicher Natur und demgemäß nicht pfändbar[18].

988

Der *Urlaubsabgeltungsanspruch* ist Ersatz für die wegen Beendigung des Arbeitsverhältnisses nicht mehr mögliche Befreiung von der Arbeitspflicht[19], die Urlaubsabgeltung somit fortzuzahlendes Arbeitsentgelt.

---

12 Anders (sind von dem pfandfreien Urlaubsgeld abzuziehen) *ArbG Aachen* FamRZ 2007, 63.
13 *Pfeifer* NZA 1996, 738 (739); *Peters* Betrieb 1966, 1133; *Zöller/Stöber*, ZPO, Rdn. 3 zu § 850 a.
14 *Pfeifer* NZA 1996, 738 (739).
15 *BGH* MDR 1972, 940 = NJW 1972, 1705.
16 *BArbG* BAG 95, 104 = MDR 2001, 35 = NJW 2001; 460 = NZA 2001, 100. *BArbG* AP Nr. 5 zu § 850 ZPO mit zust. Anm. *Pohle* = NJW 1966, 222; *Berner* Rpfleger 1960, 5 mit weit. Nachw. und Hinweisen auf die Gegenansicht; *ArbG Bremen* AP Nr. 2 zu § 850 a ZPO mit zust. Anm. *Pohle* = JurBüro 1956, 342 = Rpfleger 1956, 283 mit zust. Anm. *Berner*; *LArbG Düsseldorf* BB 1966, 1454; *Pfeifer* NZA 1996, 738 (739); *Rauscher* MDR 1963, 12; *Hohn* BB 1965, 751; *Faecks* NJW 1972, 1448; siehe auch *BGH* 59, 109 = NJW 1972, 1703; **a.A.** *Hohmeister* BB 1995, 2110.
17 *BArbG* NJW 1966, 222 = a.a.O. (Fußn. 16); **anders:** Für Dritte nicht, aber durch den Arbeitgeber pfändbar, *Pfeifer* NZA 1996, 738 (ist abzulehnen).
18 *Berner* Rpfleger 1960, 6.
19 *BArbG* BAG 99, 5 = BB 2001, 2378 = JurBüro 2003, 214 = MDR 2002, 280 = ZIP 2001, 2100.

Als solches ist die Abgeltung ebenso wie das während des Urlaubs fortgezahlte Arbeitsentgelt (Urlaubsentgelt, Rdn. 987) pfändbar[20]. Als Arbeitseinkommen ist sie bereits mit einem formularmäßig erlassenen Pfändungsbeschluss gepfändet[21] (§§ 832, 850 Abs. 4 ZPO); sie kann aber auch (insbesondere nach Beendigung des Arbeitsverhältnisses) gesondert gepfändet werden. Für Berechnung nach §§ 850 c, d oder f Abs. 2 ZPO ist der Abgeltungsanspruch (netto, § 850 e Nr. 1 ZPO) dem Zeitraum zuzurechnen, für den (nicht in dem) er gezahlt wird, somit dem Zeitraum, für den der Urlaub abgegolten wird[22]. Das ist nicht die Zeit bis zur Beendigung des Arbeitsverhältnisses, in der der Urlaub nicht angetreten wurde; als Entgelt für den nach Beendigung des Arbeitsverhältnisses möglichen Urlaubsantritt ist der Abgeltungsbetrag vielmehr dem Folgezeitraum zuzurechnen.

989   g) Zuwendungen aus Anlass eines besonderen *Betriebs- oder Geschäftsereignisses* sind vor allem die Jubiläumszuwendungen usw. (Sonderleistungen), nicht aber Erfolgsbeteiligungen, die jährlich ausgeschüttet werden[23], oder Abschlussprämien, auch wenn sie erst nach einer gewissen Betriebszugehörigkeit bezahlt werden[24]. *Treuegeld* ist die Zuwendung bei einem Dienst-[25] oder Arbeitsjubiläum des Beschäftigten.

3. *Aufwandsentschädigungen usw.*

Schrifttum: *Hohn,* Unpfändbarkeit von Auswärtszulagen, BB 1968, 548; *Hohn,* Auswärtszulagen und Reisekostenvergütung für Arbeitnehmer, Betrieb 1981, Beilage 10; *Huken,* Sind Aufwandsentschädigungen pfändbar? KKZ 1971, 103; *Huken,* Zur Pfändung, Abtretung und Aufrechnung von Aufwands- und Verdienstausfallentschädigungen für Tätigkeiten in kommunalen Bereichen, KKZ 1976, 75; *Huken,* Verdienstausfall i.S. des § 25 Abs. 1 GO NW nun pfändbar, KKZ 1979, 146; *Huken,* Zur Pfändbarkeit von Ansprüchen auf Verdienstausfall, Aufwandsentschädigung/Sitzungsgeld und Auslagenersatz im kommunalen Bereich, KKZ 1985, 69; *Kohls,* Bezüge aus der Wahrnehmung von Mitgliedschaften in kommunalen Vertretungskörperschaften und ihre Behandlung in der Zwangsvollstreckung, NVwZ 1984, 294.

20 BArbG BAG 99, 5 = a.a.O.; *LG Leipzig* JurBüro 2003, 215. Die Frage, ob der Urlaubsabgeltungsanspruch (aufrechenbar und) pfändbar ist, war lange Zeit sehr umstritten. Siehe hierwegen 13. Aufl. 2002, Rdn. 988, mit zahlr. Nachweisen in Fußn. 20 und 21 sowie auch die Textstelle bei Fußn. 22.
    Pfändbar ist ebenso der gegen die Urlaubs- und Lohnausgleichskasse der *Bauwirtschaft* gerichtete Entschädigungsanspruch für verfallenen Urlaub, *LG Düsseldorf* JurBüro 2003, 328.
21 Das *BArbG* a.a.O. hält den Abgelungsanspruch nicht vor Feststellung der Erfüllbarkeit (Geltendmachung durch den Arbeitnehmer und Feststellung durch den Arbeitgeber) für abtretbar; das könnte Pfändbarkeit bis dahin ausschließen (§ 851 Abs. 1 ZPO). Stets erstreckt sich die Pfändung jedoch auch auf die danach fällig werdenden Beträge (§ 832 ZPO). Der Aussage des *BArbG* ist daher zu widersprechen, zumal Pfändung ohnedies als künftige Forderung zulässig wäre.
22 BArbG BAG 99, 5 = a.a.O.
23 *LG Berlin* Rpfleger 1959, 132.
24 *LG Berlin* DR 1941, 1563.
25 Für Beamte siehe die Verordnung über die Gewährung von Jubiläumszuwendungen an Beamte und Richter des Bundes. I.d.F. vom 13. März 1990, BGBl I 487; für Soldaten: Verordnung über die Gewährung von Jubiläumszuwendungen an Soldatinnen und Soldaten. Vom 24. Juli 2002, BGBl I 2806.

Aufwandsentschädigungen, Auslösungsgelder und sonstige soziale Zulagen für auswärtige Beschäftigung, das Entgelt für selbstgestelltes Arbeitsmaterial, Gefahrenzulagen sowie Schmutz- und Erschwerniszulagen sind unpfändbar, soweit sie den Rahmen des Üblichen nicht übersteigen. Mit der Einschränkung auf den Rahmen des Üblichen soll auch verhindert werden, daß zum Schutze gegen Gläubigerzugriffe ein niedriges festes Einkommen und übermäßig hohe Reisespesen gewährt werden. Was üblich ist, bestimmt sich nach den Gepflogenheiten des Berufszweigs und des Bezirks[26]. In diesen Grenzen bewegen sich die Leistungen vornehmlich, wenn sie durch Tarifvertrag, Betriebs- oder Dienstordnung[27] oder (insbesondere bei Beamten) gesetzliche Regelung bestimmt sind oder die in dieser Weise bei gleichartiger Tätigkeit in anderen Unternehmen eingeführten Beträge nicht überschreiten. Soweit Aufwandsentschädigungen die von Finanzbehörden als steuerfrei anerkannten Sätze nicht übersteigen, sind sie auch nach Maßgabe des § 850 a Nr. 3 ZPO als üblich anzusehen[28]. Dies gilt nur dann nicht, wenn offensichtlich ist, dass durch Pauschsätze für Aufwandsentschädigungen Arbeitseinkommen verschleiert werden soll (so, wenn neben der Aufwandsentschädigung ein unverhältnismäßig niedriges Arbeitseinkommen gezahlt wird). Reisespesen, die nicht als lohnsteuerfreies Einkommen anerkannt werden[29], liegen jedenfalls über dem Rahmen des Üblichen. Die steuerlich anerkannten Sätze sind u.U. noch zu kürzen (Kürzung im Falle des *LG Essen* um 20%), wenn sich durch die mit den Reisekosten gedeckte Verpflegung usw. eine häusliche Ersparnis ergibt. Wenn Leistungen den Rahmen des Üblichen übersteigen, ist der Mehrbetrag Arbeitseinkommen und von dessen Pfändung erfasst.

Mit den zweckgebundenen oder zur Abgeltung erschwerter Arbeitsbedingungen gewährten Zuwendungen soll dem Schuldner die Deckung der *Mehraufwendungen* aus Anlass der Arbeit oder ihrer Erschwernisse gesichert, die Erzielung eines Gewinns aber nicht ermöglicht werden. Gleichgültig ist, ob die Zuwendungen für den Einzelfall konkret festgestellt oder pauschal für eine bestimmte Zeit gewährt werden, sowie auch, ob sie nachträglich, also für bereits angefallene Aufwendungen erstattet oder vorschussweise gezahlt werden.

Als unpfändbare Aufwandsentschädigung oder andere in § 850 a Nr. 3 ZPO genannte Zulagen und Gelder können nur Einkommensteile gelten, die infolge ihrer Zweckbestimmung *getrennt vom Arbeitsverdienst berechnet* und geleistet werden[30], nicht aber Teile des Gesamteinkommens, aus dem

---

26 So *Hohn* BB 1966, 1273.
27 *Stein/Jonas/Brehm*, ZPO, Rdn. 16; *Wieczorek/Schütze/Lüke*, ZPO, Rdn. 20, je zu § 850 a.
28 *BArbG* AP § 850 a ZPO Nr. 4 mit zust. Anm. *Herschel* = BB 1971, 1197 = Betrieb 1971, 1923; *BGH* 96, 324 = JZ 1986, 498 mit Anm. *Brehm* = NJW 1986, 2362.
29 Siehe dazu *LG Essen* JurBüro 1970, 537 = MDR 1970, 516 = Rpfleger 1970, 179.
30 So auch *LArbG Baden-Württemberg* BB 1958, 1057; *OLG Frankfurt* JW 1936, 347; *Zöller/Stöber*, ZPO, Rdn. 7; *Musielak/Becker*, ZPO, Rdn. 4, je zu § 850 a; siehe auch *OLG Hamm* BB 1972, 855.

der Arbeitnehmer – wie meist bei Provisionseinnahmen – seine beruflichen Aufwendungen selbst trägt[31]. Für den Fall, dass aus (erhöhtem) Gesamtarbeitseinkommen berufsbedingte Aufwendungen gedeckt werden müssen, sieht nämlich § 850 f Abs. 1 Buchst. b ZPO eine gesonderte Regelung zur Festlegung der für berufsbedingte Zwecke pfändungsfreien Einkommensteile vor. Diese Auslegung gebieten auch die berechtigten Interessen der Beteiligten nach Klarheit und Bestimmtheit des Umfangs und Ausmaßes der Pfändungswirkungen. Den Beteiligten kann eine Ungewissheit über das Ausmaß der Pfändung bis zur Entscheidung des Arbeitsgerichts im Einziehungserkenntnisverfahren nicht zugemutet werden[32]. Bei der Frage, welcher Einkommensteil Spesen abgilt und daher unpfändbar ist, handelt es sich aber aus der Sicht der Gegenmeinung um eine materiellrechtliche Frage, die nur die Prozessgerichte entscheiden können. Das würde dem Vollstreckungsgericht eine Entscheidung über den Umfang der Pfändungswirkung, also darüber, welche Teile des Gesamteinkommens unter § 850 a ZPO fallen, verwehren. Die im Interesse einer raschen und verbindlichen Klärung sowie aller Beteiligten notwendige, auch für das Einziehungserkenntnisverfahren verbindliche Entscheidung des Vollstreckungsgerichts lässt sich daher nur im Verfahren nach § 850 f Abs. 1 ZPO treffen.

Im Einzelnen nennt § 850 a Nr. 3 ZPO

993 a) *Aufwandsentschädigungen*[33], das sind insbesondere Reisekosten (auch Kilometergeld[34]), Zehrgelder[35], Auslagen für Dienstreisen und Dienstgänge einschließlich Wegstrecken- und Mitnahmeentschädigung sowie Auslagen für Reisevorbereitungen, Repräsentationskosten, Bürogelder, Umzugskosten, Fehlgeldentschädigungen (Mankogelder, Kassenverlustentschädigung, Zählgeld) und alle sonstigen Spesen[36]. Darunter fallen auch Kostenerstattungen an einen Stellenbewerber, selbst wenn ein Arbeitsverhältnis nicht begründet wird[37].

994 b) *Auslösungsgelder* und sonstige soziale *Zulagen für auswärtige Beschäftigung*. Dazu gehören Ersatzleistungen für Aufwendungen, die durch

---

31 **A.A.** *OLG Hamburg* BB 1971, 132; *OLG Hamm* BB 1956, 668; *KG* JW 1936, 519 und 890 mit zust. Anm. *Jonas.*
32 Der Drittschuldner soll (auch hinsichtlich strittiger notwendiger Aufwendungen des Schuldners) beweispflichtig dafür sein, in welcher Höhe Einkommensteile zum Ausgleich für Aufwendungen nicht der Pfändung unterliegen, vgl. *LArbG Hamburg* BB 1971, 132.
33 Dazu gehören auch Kosten, die nach § 40 Abs. 1 BetrVG für die Tätigkeit im Betriebsrat erstattet werden, *ArbG Kiel* BB 1973, 1394, und die Aufwandsentschädigung der von ihrer dienstlichen Tätigkeit freigestellten Personalratsmitglieder (§ 46 Abs. 5 BPersVG).
34 Insbesondere für die betriebliche Verwendung eines privaten Personenkraftwagens; *LArbG Düsseldorf* Betrieb 1970, 256.
35 Auch Zehrgeld, das für Nachtwachen im Werksfeuerwehrdienst gewährt wird.
36 Unkostenersatz eines Provisionsvertreters für Benutzung eines eigenen PKW, auswärtige Übernachtungen sowie Mehraufwendungen für Beköstigung und Kleidung, *OLG Hamm* a.a.O. (Fußn. 30).
37 *Hohn* BB 1968, 549 li.Sp.

Unpfändbare Einkommensteile (§ 850 a ZPO)

Arbeit an einem (oder auch ständig wechselndem) vom Betriebssitz verschiedenen Beschäftigungsort entstehen, ebenso aber Entschädigungen für Beschäftigung an einer vom Wohnort (von der Wohnung) entfernten Arbeitsstelle (Ersatz der Kosten für den Weg zur Betriebsstätte). Unpfändbar sind also insbesondere Tagegelder, Übernachtungsgelder und Trennungsentschädigung, Beschäftigungsvergütung, Fahrtkostenvergütung oder -zuschuss, Wegegelder, Verpflegungskostenzuschüsse und Zuschüsse zu Familienheimfahrten (Wochenendheimfahrten) sowie Umzugskostenentschädigung[38]. Der Auslandsverwendungszuschlag (§ 58 a BBesG, Verordnung i.d.F. vom 8.4.2009, BGBl I 809) gilt Mehraufwendungen und Belastungen ab, ist damit ebenso als nach Nr. 3 unpfändbar anzusehen.[39]

c) *Entgelt für selbstgestelltes Arbeitsmaterial*. Das sind insbesondere Werkzeuggelder. Dazu gehört aber auch die Vergütung für Unterhaltung und die Entschädigung für Abnutzung eines beruflich genutzten Kraftwagens. **995**

d) *Gefahrenzulagen*, z. B. der Arbeiter bei Spreng- oder Munitionskommandos, dann Giftzulagen usw. **996**

e) *Schmutz- und Erschwerniszulagen*. Erschwerniszulagen sind nur Leistungen für die in der Arbeit selbst liegende Erschwernis. Zulagen für ungünstige Arbeitszeit, so für Arbeit an Sonn- und Feiertagen oder zur Nachtzeit[40] gehören nicht dazu. Der Bundesminister der Justiz[41] hat im Einvernehmen mit dem Bundesminister für Arbeit den Begriff der unpfändbaren Schmutz- und Erschwerniszulagen in gleicher Weise erläutert und als Lohnzuschläge, die zur Abgeltung einer durch die Eigentümlichkeit der Arbeit verursachten Erschwernis dienen, insbesondere gerechnet: Zuschläge für Hitze-, Wasser-, Säure-, Staub-, Schacht- und Tunnel-, Druckluft- und Taucher- sowie Stacheldrahtarbeiten. Keine Anwendung findet § 850 a Nr. 3 ZPO, wenn Arbeitserschwernisse nicht mit gesonderten Zulagen entschädigt, sondern durch höhere tarifliche Eingruppierung abgegolten werden; Schuldnerschutz kann dann jedoch nach § 850 f Abs. 1b ZPO beantragt werden. **997**

Aufwandsentschädigung (Sitzungsgelder, Fahrtkostenerstattung, anderer Auslagenersatz), die nicht neben Arbeitseinkommen vom Arbeitgeber, sondern selbstständig *für eine ehrenamtliche Tätigkeit* gewährt wird, ist gleichfalls nach § 850 a Nr. 3 ZPO unpfändbar[42]. Der Pfändung entzogen sind daher auch die Aufwandsentschädigungen usw. der Schöffen, Ge- **998**

---

38 Dazu siehe näher *Hohn* BB 1968, 549.
39 Siehe *BGB* MDR 1980, 385.
40 *LArbG Frankfurt* Betrieb 1989, 1732. Siehe hierwegen aber auch Rdn. 981.
41 Bescheid des Bundesministers der Justiz vom 13. 8. 1952, BB 1952, 859.
42 *Huken* KKZ 1985, 69 (71); *Musielak/Becker*, ZPO, Rdn. 4; *Stein/Jonas/Brehm*, ZPO, Rdn. 18; *Wieczorek/Schütze/Lüke*, ZPO, Rdn. 22, je zu § 850 a. **Anders** *Kohls* NVwZ 1984, 294; § 850 a Nr. 3 ZPO soll danach nur für Aufwandsentschädigung gelten, die im Zusammenhang mit Arbeitseinkommen gewährt wird. Aufwandsentschädigung bleibt aber auch infolge ihrer Zweckgebundenheit unübertragbar und damit nach § 851 ZPO nicht pfändbar; dazu *Kohls* a.a.O.

schworenen und anderen ehrenamtlichen Richter, der ehrenamtlichen Mitglieder[43] von Gemeindeorganen[44], Körperschaften und Ausschüssen der Wirtschaft. Für Bemessung dessen, was den Rahmen des Üblichen übersteigt, sind mehrere Aufwandsentschädigungen mit gleicher Zweckbestimmung (z. B. Aufwandsentschädigung als Stadtverordneter und als Kreistagsabgeordneter) zusammenzurechnen[45]. Als „Aufwandsentschädigung" gewährtes Entgelt für (ehrenamtliche) Erwerbstätigkeit (als Vollzeitkraft) ist nicht unpfändbare (pauschale) Entschädigung für (tatsächlichen) Aufwand, sondern als Vergütung für Dienstleistungen pfändbares Arbeitseinkommen[46] (§ 850 Abs. 2 ZPO).

Verdienstausfallentschädigung, die für ehrenamtliche Tätigkeit gewährt wird, ersetzt Arbeitseinkommen, ist als Ersatzanspruch (vgl. die Fallgruppen Rdn. 895, 896) somit nur wie Arbeitseinkommen pfändbar[47]. Verdienstausfallentschädigung für Arbeitseinkommen unterliegt daher wie dieses dem Pfändungsschutz nach §§ 850 ff. (insbesondere §§ 850 c, d) ZPO, Entschädigung für Vergütung persönlicher Arbeiten oder Dienste fällt damit unter § 850 i Abs. 1 ZPO, und bei Entschädigung für Verdienstausfall anderer Selbstständiger, deren Erwerbseinkommen nicht Arbeitseinkommen ist, gilt auch § 850 i Abs. 1 ZPO nicht[48]. Entschädigung für Hausfrauen-/Hausmannstätigkeit ist nur wie Arbeitseinkommen nach § 850 Abs. 2 ZPO pfändbar; Pfändungsschutz besteht somit insbesondere nach §§ 850 c, d ZPO[49].

4. Weihnachtsvergütungen

Schrifttum: *Bink*, Die Weihnachtsgratifikation in der Lohnpfändung, JurBüro 1967, 945; *Hohn*, Pfändung von Urlaubsgeld und Gratifikation, BB 1966, 1272; *Huken*, Ist die freiwillig gezahlte Weihnachtsvergütung pfändbar? KKZ 1973, 75; *Huken*, Pfändungs-

---

43   Auch des *Bürgermeisters*, der nicht hauptamtlich tätig ist, sondern als Ehrenbeamter nur eine angemessene Aufwandsentschädigung erhält, also insbesondere der Bürgermeister einer Landgemeinde, siehe *Quardt* JurBüro 1958, 417; *Huken* KKZ 1971, 103 (auch ehrenamtliche Gemeindedirektoren, Kassenverwalter und ggfs. Beigeordnete).
44   So *OLG Hamm* FamRZ 1980, 997 und für Sitzungsgeld eines Ratsmitglieds *OLG Düsseldorf* Rpfleger 1978, 461 sowie *LG Aachen* JurBüro 1982, 1424; *BezG Frankfurt/Oder* Rpfleger 1993, 457.
45   *BezG Frankfurt/Oder* Rpfleger 1993, 457.
46   *BayVG Ansbach* Rpfleger 2006, 419 für „ehrenamtlichen" Bürgermeister
47   So auch *Kohls* NVwZ 1984, 294; *Huken* KKZ 1985, 69; *Schuschke/Walker*, Vollstreckung, Rdn. 8 zu § 850 a; siehe außerdem *Huken* KKZ 1976, 75 (für Aufwands- und Verdienstausfallentschädigungen für Tätigkeiten im kommunalen Bereich NW) und die von diesem Verf. wiedergegebene Mitteilung des NW Städte- und Gemeindebundes vom 5. 2. 1976; nach dieser soll Verdienstausfallentschädigung als Teil des Arbeitseinkommens anzusehen, mithin nach Maßgabe der §§ 850 c ff. ZPO pfändbar sein; danach wären unpfändbar insbesondere die Aufwandsentschädigung und ein Sitzungsgeld; dazu auch *Huken* KKZ 1979, 146.
48   Dazu *Kohls* NVwZ 1984, 294.
49   So auch *Kohls* NVwZ 1984, 294. **Anders** *Huken* KKZ 1985, 69 (70): Ist als einmalige oder nur von Fall zu Fall zu leistende Vergütung pfändungsrechtlich nach § 850 i ZPO zu behandeln.

schutz bei vorzeitig ausgezahlten Weihnachtsvergütungen? KKZ 1984, 49; *Schäcker*, Zur Pfändbarkeit einer freiwilligen Weihnachtsgratifikation, BB 1963, 517.

a) Unpfändbar sind Weihnachtsvergütungen, auch wenn sie Ruhestandsbeamten gewährt werden, jedoch nur bis zum Betrage der Hälfte des monatlichen Bruttoarbeitseinkommens[50] (ohne Aufwendungsersatz wie Reisekosten usw.) des Monats, in dem die Vergütung bezahlt wird[51], höchstens aber bis zum Betrage von 500 Euro. **999**

Als Weihnachtsvergütungen können alle zwischen[52] dem 15.11. und 15.1. aus Anlass des Weihnachtsfestes gezahlten Zuwendungen angesehen werden, unter Umständen daher auch das 13. Monatsgehalt (wenn es nicht aufgelaufenes Leistungsentgelt darstellt[53]) und eine Neujahrszuwendung, nicht aber eine Jahrestantieme. Bei Arbeitsplatzwechsel und Zahlung eines Weihnachtsgeldes durch beide Arbeitgeber im gleichen Jahr bleibt die Weihnachtsvergütung nur einmal bis zu dem Betrag von 500 Euro (begrenzt durch die Hälfte des monatlichen Einkommens) unpfändbar. Maigratifikationen sind nicht geschützt. **999a**

b) Die aus der pfandfreien Weihnachtsvergütung zu zahlenden Steuern und Soziallasten sind nicht von ihr abzurechnen, sondern von dem übrigen Bruttoeinkommen des Schuldners zu decken[54] (siehe Rdn. 1133). **999b**

c) Ein pfändbarer vertraglicher Anspruch des Schuldners auf Weihnachtsvergütung ist auch bei Ankündigung durch Betriebsbekanntmachung zu bejahen, wenn die freiwillige Gewährung der für das eine Jahr verbindlich zugesagten Weihnachtsvergütung mit dem Bemerken in Aussicht gestellt wird, dass aus der Zahlung für die Zukunft kein Rechtsanspruch hergeleitet werden könne[55]. Durch Parteivereinbarung zwischen Arbeitgeber und Schuldner oder durch Vereinbarung eines Abtretungsver- **1000**

---

50 *Musielak/Becker*, ZPO, Rdn. 6; *Stein/Jonas/Brehm*, ZPO, Rdn. 27; *Zöller/Stöber*, ZPO, Rdn. 11, je zu § 850 a; **anders** (halbes Nettoeinkommen) *Hohn* BB 1966, 1725; *Wieczorek/Schütze/Lüke*, ZPO, Rdn. 28 zu § 850 a.
51 Der pfändbare Mehrbetrag der Weihnachtsvergütung ist für Berechnung des nach § 850 c (d oder f) ZPO pfändbaren Arbeitseinkommens mit dem Nettoeinkommen zusammenzurechnen, mit dem sie geleistet wird, ggfs. also auch mit dem November- oder Januareinkommen; BArbG BAG 55, 44 = AP Nr. 11 zu § 850 ZPO mit (insoweit) zust. Anm. *Stöber* = BB 1987, 1743 = Betrieb 1987, 1306 = MDR 1987, 611; s. auch Rdn. 979; **anders** (Verrechnung auf den Monatslohn im Dezember) *Stein/Jonas/Brehm*, ZPO, Rdn. 28, *Bbach/Lbach/Hartmann*, ZPO, Rdn. 12, *Musielak/Becker*, ZPO, Rdn. 6, je zu § 850 a ZPO.
52 Zahlungen vor dem 15.11. können geschützt sein, wenn sich bei so früher Zahlung die Zuwendung noch als Weihnachtsvergütung bestimmen lässt. Vorschüsse auf Weihnachtsgratifikation, die schon im Sommer oder Herbst entrichtet werden, genießen den Pfändungsschutz nicht.
53 Für die Behandlung des 13. Monatsgehalts kommt es darauf an, was die Parteien (Arbeitgeber und -nehmer) vereinbart bzw. gewollt haben. Es kann eine Erhöhung des monatlichen Gehalts oder eine Gratifikation in Aussicht genommen sein; LArbG Düsseldorf BB 1965, 165.
54 LG Mönchengladbach JurBüro 2007, 218 = NZI 2006, 49.
55 *BArbG* AP § 611 BGB „Gratifikationen" Nr. 21 mit Anm. *Hueck* = BB 1961, 531 = Betrieb 1961, 712 = Rpfleger 1962, 168 und *BArbG* NJW 1964, 1640 = MDR 1964, 708 (Leits.); *Schäcker* BB 1963, 517.

botes kann der Weihnachtsgratifikationsanspruch der Pfändung nicht entzogen werden[56].

1001   5. *Heirats- und Geburtsbeihilfen*, gleichgültig, ob die Leistung üblich und wie hoch sie ist und ob sie vor oder nach der Heirat bzw. Geburt geleistet wird. Erlaubt ist jedoch die volle Pfändung (auch ein Pfändungsschutz nach § 850 c ZPO besteht dann nicht) dieser Ansprüche, wenn die Vollstreckung wegen der aus Anlass der Heirat oder der Geburt entstandenen Forderungen erfolgt. Forderungen aus Anlass der Heirat oder Geburt sind z. B. die Kaufpreisansprüche für die bei Heirat angeschafften Möbel, für Säuglingserstausstattung, die Kosten für Arzt und Hebamme usw. Für mehrere sonach zugriffsberechtigte Gläubiger besteht keine Rangfolge; es gilt § 804 Abs. 3 ZPO. Der Anspruch der Mutter an den Vater auf Leistung der Entbindungskosten (§ 1615 l Abs. 1 BGB) ist als Unterhaltsanspruch nach § 850 b Abs. 1 Nr. 2 ZPO geschützt.

1002   6. *Erziehungsgelder*, Studienbeihilfen und ähnliche Bezüge, gleichgültig, ob die Bezüge als Einkommensteile bezahlt werden oder ob es sich um private Zuwendungen oder Leistungen der öffentlichen Hand oder einer Stiftung handelt und ob Empfänger der Auszubildende (Studierende) selbst oder sein unterhaltspflichtiger Elternteil ist. Unpfändbar nach § 850 a Nr. 6 ZPO ist damit ein vom Träger der Jugendhilfe als Teil des Pflegegeldes (neben diesem) an die Pflegeeltern für ein in deren Haushalt aufgenommenes Kind ausgezahlter „Anerkennungsbetrag" (Erziehungbeitrag als Aufwandsentschädigung)[57]. Hierher gehören aber nicht die Unterhaltszuschüsse der Referendare und Beamtenanwärter, die echtes Einkommen sind (siehe Rdn. 876), und auch nicht Kinderzuschläge, soweit sie noch als Bestandteile des Arbeitseinkommens geleistet werden (finden als soziale Zulagen bei Berechnung des pfändbaren Einkommensteils Berücksichtigung), desgleichen nicht ein Kindergartenzuschuss (Rdn. 881), ferner nicht das Kindergeld als Familienleistungsausgleich (Rdn. 153 a) oder nach dem BKGG und der Vergütungsanspruch eines Auszubildenden (die Lehrlingsvergütung, vom Lehrherrn zu zahlende Ausbildungsbeihilfe[58] usw.), weil er Arbeitseinkommen ist (siehe Rdn. 881). § 850 a Nr. 6 ZPO erfasst außerdem nicht die nur nach § 54 SGB I pfändbaren Ansprüche auf Ausbildungsförderung nach dem Bundesausbildungsförderungsgesetz.

1003   7. *Sterbe- und Gnadenbezüge*, die den Hinterbliebenen (Witwen, Kindern, Angehörigen) von Beamten, Angestellten oder Arbeitern nach dem

---

56 *BArbG* a.a.O. (Fußn. 55).
57 *BGH* JurBüro 2006, 99 = MDR 2006, 355 = NJW-RR 2006, 5 = Rpfleger 2006, 24; *LG Hannover* JurBüro 1979, 1393.
58 Die einem Auszubildenden (nach Vereinbarung im Berufsausbildungsvertrag, §§ 10, 11 Abs. 1 Berufsbildungsgesetz) zu zahlende Vergütung (§ 17 Berufsbildungsgesetz) wird für die Dienstleistung gewährt, ist pfändungsrechtlich somit Arbeitseinkommen nach § 850 ZPO (Rdn. 881); so auch *Musielak/Becker*, ZPO, Rdn. 8; *Wieczorek/ Schütze/Lüke*, ZPO, Rdn. 35; *Zöller/Stöber*, ZPO, Rdn. 13, je zu § 850 a; **a.A.** *Stein/Jonas/Brehm*, ZPO, Rdn. 31 zu § 850 a; *Hoffmann* BB 1959, 852, der die Erziehungs- und Ausbildungsbeihilfe nach § 850 a Nr. 6 ZPO als unpfändbar behandelt. Dem ist nicht zu folgen.

Tod des Arbeitnehmers auf Grund des Dienst- oder Arbeitsverhältnisses einmalig oder wiederholt gezahlt werden, und zwar auch dann, wenn sie nicht Erbe sind (siehe auch § 51 BeamtVG, abgedruckt Rdn. 880).

8. *Blindenzulagen* jeder Art und Höhe, auch als Pflegegeld. Vielfach bestimmen landesrechtliche Blindengesetze[59] jedoch, dass das Sozialgesetzbuch I Anwendung findet. Die Unpfändbarkeit von Blindengeld folgt dann aus § 54 I SGB I mit § 850 a Nr. 8 ZPO.

1004

D. Bedingt pfändbare Forderungen (§ 850 b ZPO)

I. Allgemeines

Schrifttum: *Bauer,* Ungenutzte Rechte des Gläubigers in der Lohnpfändung, JurBüro 1966, 179 (hier: Abschn. II, Zwangsvollstreckung in unpfändbare Bezüge).

Die nach § 850 b ZPO nur bedingt pfändbaren Ansprüche sind kein Arbeitseinkommen. Als Renten und rentenähnliche Bezüge sind sie aber wie Arbeitseinkommen für den Lebensunterhalt des Schuldners bestimmt; sie müssen daher, wenn sie ausnahmsweise pfändbar sind, nach den für die Zwangsvollstreckung in Arbeitseinkommen geltenden Vorschriften gepfändet werden. Da dann der Pfändungsschutz für Arbeitseinkommen Anwendung findet, ist die Pfändung dieser Renten und Bezüge im Rahmen des Lohnpfändungsrechts geregelt und hier darzustellen.

1005

II. Die einzelnen Ansprüche

Im Einzelnen handelt es sich um folgende Ansprüche:

1. Renten, die wegen einer Verletzung des Körpers oder der Gesundheit zu entrichten sind

Schrifttum: *Bauer,* Umfang und Begrenzung der Zwangsvollstreckung in verkehrsunfallbedingten Schadensersatzforderungen, JurBüro 1962, 655; *Hülsmann,* Berufsunfähigkeitszusatzversicherung: Unpfändbarkeit gemäß § 850 b I Nr. 1 ZPO, MDR 1994, 257; *Hülsmann,* Zur Unstatthaftigkeit eines Blankettbeschlusses bei Pfändung gem. § 850 b ZPO, NJW 1995, 1521; *Hülsmann,* Zur Abtretung aller Ansprüche aus einer Lebensversicherung mit eingeschlossener Berufsunfähigkeitszusatzversicherung, VersR 1996, 308; *Krebs,* Zur Pfändbarkeit von Schadensersatzforderungen, VersR 1962, 389.

a) Dazu gehören ohne Rücksicht auf ihre Höhe[1] vor allem Geldrenten, die nach § 843 (auch auf Grund des § 618) BGB[2], § 8 HaftpflG, § 13 StrVG, § 38 LuftVG, § 30 AtomG, § 62 Abs. 3 HGB geschuldet werden, nicht aber Renten nach den Sozialversicherungsgesetzen und dem BVersG[3]. Die ge-

1006

---

59 So Art. 7 Bayer. Blindengeldgesetz.
1 *OLG Düsseldorf* MDR 1955, 674 = VersR 1955, 735.
2 Auch die vom Arbeitgeber an die Witwe des Unfallgetöteten gezahlte Pension gehört hierher; *OLG Hamm* NJW 1947/48, 626 mit Anm. *Rosenberg,* siehe zu § 845 BGB auch Rdn. 1010.
3 Ihre Pfändbarkeit bestimmt sich allein nach § 54 SGB I; siehe *OLG Hamm* JMBlNRW 1951, 216 und *OLG Celle* Rpfleger 1952, 597 und 4. Kap.

schützten Renten werden als Ersatz dafür gewährt, dass infolge der Verletzung des Körpers oder der Gesundheit die Erwerbsfähigkeit des Schuldners aufgehoben oder gemindert ist oder seine Bedürfnisse vermehrt sind[4]. Diese Renten sind daher ihrer Zweckbestimmung nach einem Unterhaltsanspruch ähnlich. Weil dem geschädigten Schuldner zunächst einmal das Recht der freien Verfügung selbst zustehen soll, sind die Renten nur beschränkt pfändbar[5].

1007 b) Auf vertraglicher Grundlage gewährte Renten sind gleichfalls nach § 850 b Abs. 1 Nr. 1 ZPO nur bedingt pfändbar[6]. Entsprechendes muss für die durch letztwillige Verfügung zugewendeten Renten gelten. Eine vertragliche *Berufsunfähigkeits*(zusatz)*rente* eines früheren Arbeitnehmers oder unterhaltsberechtigten Angehörigen (Rdn. 892) wird bei beruflicher Erwerbsunfähigkeit infolge Krankheit, eines anderen Gebrechens oder Kräfteverfalls gewährt, erfordert somit Gesundheitsverletzung (vgl. z. B. § 823 BGB). Sie wird daher gleichfalls als nach § 850 b Abs. 1 Nr. 1 ZPO nur bedingt pfändbar angesehen[7]. Pfändung einer Berufsunfähigkeitsrente mit Blankettbeschluss (Rdn. 1054) wurde oft als unzulässig, die Ermittlung und Bezeichnung der Unterhaltsberechtigten für Bestimmung des gepfändeten und damit des pfandfreien Betrags sonach als Aufgabe des Vollstreckungsgerichts angesehen[8]. Das war nicht zutreffend; diese Ansicht ist überholt. Der BGH[9] hält infolge der Gleichstellung mit dem Arbeitseinkommen, der uneingeschränkten Verweisung des § 850 b Abs. 2 ZPO auf § 850 c ZPO und des Schutzes des Schuldners durch die in § 850 b Abs. 3 ZPO vorgesehene Anhörung es jedenfalls für gerechtfertigt, im Pfändungsbeschluss auf die Tabelle des § 850 c ZPO zu verweisen, wenn der Schuld-

---

4 Auch Geldleistungen in Rentenform zum Ausgleich blindheitsbedingter Mehraufwendungen, die von der Haftpflichtversicherung eines Unfallgegners zu leisten sind, gehören zu den nach § 850 b Abs. 1 Nr. 1 ZPO unpfändbaren Renten, *BGH* JurBüro 1988, 1588 = MDR 1988, 125 = NJW 1988, 819.

5 Unpfändbare Unfallrentenansprüche können an den Arbeitgeber des Verletzten abgetreten werden, der auf Grund des Arbeitsvertrages dem Verletzten oder seinen Hinterbliebenen laufend Versorgungsbezüge in Höhe der Schadensrente zahlt. Dazu und wegen Einzelheiten siehe *BGH* 13, 360 = NJW 1954, 1153. In den damit gezogenen Grenzen ist auch Pfändung möglich; siehe § 851 ZPO.

6 *BGH* 70, 206 = JurBüro 1978, 677 = MDR 1978, 835 = NJW 1978, 950. Bisher einschränkend: Genießen Pfändungsschutz in der Höhe, in der sie sich mit dem gesetzlichen Anspruch decken; soweit sie diesen übersteigen, sind sie voll pfändbar; *RG* 164, 68; *BGH* 31, 210 (218) = FamRZ 1960, 110 = MDR 1960, 292 = NJW 1960, 572.

7 *OLG München* VersR 1997, 1520 (Leits., unter Aufgabe von VersR 1996, 318); *OLG Karlsruhe* OLGR 2002, 114; *OLG Oldenburg* MDR 1994, 257 = NJW-RR 1994, 479 mit weit. Nachw.; *OLG Saarbrücken* VersR 1995, 1227 (1228); *OLG Jena* OLGR 2001, 51; *LG Düsseldorf* JurBüro 2003, 655; *LG Karlsruhe* JurBüro 2003, 656; *AG Köln* JurBüro 2002, 326.

8 *LG Düsseldorf* JurBüro 2003, 655; *LG Karlsruhe* JurBüro 2003, 656; *Hülsmann* MDR 1994, 537, NJW 1995, 1521 und VersR 1996, 308; auch *LG Augsburg* Rpfleger 1999, 404; *anders* (wie hier) aber bereits *Musielak/Becker*, ZPO, Rdn. 12; *Schuschke/Walker/Kessal-Wulf*, Vollstreckung, Rdn. 6; *Zöller/Stöber*, ZPO, Rdn. 16, je zu § 850 b.

9 *BGH* JurBüro 2005, 381 = MDR 2005, 1015 = NJW-RR 2005, 869 = Rpfleger 2005, 446.

ner sich im Anhörungsverfahren nicht erklärt hat. Erst wenn der Schuldner sich substantiiert erklärt hat, obliegt es demnach dem Gläubiger, die Unterhaltsberechtigten zahlenmäßig bestimmt zu bezeichnen sowie darzulegen und zu beweisen, dass die vom Schuldner behaupteten Unterhaltsverpflichtungen nicht bestehen. Sonst kann im Zweifelsfall (nach wirksamer Pfändung mit Zustellung des Beschlusses an den Drittschuldner) klarstellende Entscheidung des Vollstreckungsgerichts erwirkt werden (Rdn. 1057). Unwirksamkeit kann Blankettbeschluss jedenfalls nicht bewirken.[10]

c) Seinen Rentencharakter und damit den Pfändungsschutz verliert der Anspruch dann nicht, wenn er sich gegen einen *Dritten* richtet, so z. B. gegen den Bürgen oder Schuldübernehmer. Kein Rentenanspruch ist aber die an seine Stelle getretene *Kapitalabfindung*; sie ist daher unbeschränkt pfändbar[11] und auch nicht dem Schutz des § 850 i ZPO unterworfen. Nicht um Kapitalabfindung, sondern um den Rentenanspruch selbst handelt es sich aber bei Rückständen; aufgelaufene (und daher kapitalisierte) Rentenrückstände genießen deshalb weiterhin den Pfändungsschutz des § 850 b ZPO[12].

1008

d) Ein in Rentenform zu zahlendes *Schmerzensgeld* genießt den Pfändungsschutz des § 850 b ZPO nicht.

1009

2. Unterhaltsrenten, die auf gesetzlicher Vorschrift beruhen

Schrifttum: *Büttner*, Unterhalt und Zwangsvollstreckung, FamRZ 1994, 1433 (Abschn. C); *Huken*, Ist ein dem Gemeinschuldner aus der Konkursmasse gewährter Unterhaltsanspruch pfändbar? KKZ 1985, 186; *Rupp* und *Fleischmann*, Zum Pfändungsschutz für Schadensersatzansprüche wegen Unterhaltsverpflichtungen, Rpfleger 1983, 377; *Schneider*, Ausländisches Recht bei Forderungspfändungen, JurBüro 1979, 27; *Stöber*, Ehegatte und Lebensgefährte als Drittschuldner, Festschr. E. Schneider (1997) S. 213.

a) Wegen der auf gesetzlicher Vorschrift[13] beruhenden Unterhaltsansprüche[14] siehe die Ausführungen Rdn. 1076 ff. Weiter gehören dazu[15] die Unterhaltsansprüche der werdenden Mutter eines Erben (§ 1963 BGB) oder Nacherben (§ 2141 BGB) und der Familienangehörigen des Erblassers (§ 1969 BGB), nicht aber der nicht auf Geldzahlung gerichtete familienrechtliche Unterhaltsanspruch des in Ehegemeinschaft lebenden Ehe-

1010

---

10 Nicht zutreffend *LG Karlsruhe* JurBüro 2003, 656; *Hülsmann* NJW 1995, 1521.
11 *Berner* Rpfleger 1954, 48; *Bohn* in Festschr. f. Schiedermair, 1976, S. 43.
12 *RG* JW 1936, 2403; *OLG Düsseldorf* MDR 1955, 674 = VersR 1955, 735; *Krebs* VersR 1962, 390 (392).
13 Zu den unpfändbaren Unterhaltsrenten gehört auch der Unterhalt der Mutter gegen den Vater (§ 1615 l BGB); siehe *Brüggemann* FamRZ 1971, 140 (145).
14 § 850 b Abs. 1 Nr. 2 ZPO erfasst (entgegen dem Wortlaut Unterhalts-„Renten") generell Unterhalts-„Forderungen" und damit auch einmalig zu zahlende Unterhaltsbeträge, *BGH* FamRZ 1997, 544 (545) = NJW 1997, 1441; *BGH* NJW-RR 2002, 1513 (1514 re.Sp.).
15 Zu dem als Schaden geschuldeten Unterhaltsaufwand für ein ungewolltes Kind s. Rdn. 297.

gatten[16] (§ 1360 BGB). Der Anspruch auf Unterhaltsrückstände unterliegt in gleicher Weise wie der Anspruch auf die *laufende Unterhaltsrente* dem Pfändungsschutz des § 850 b Abs. 1 Nr. 2 ZPO[17]. Ebenso besteht dieser Pfändungsschutz für die wegen *Entziehung* solcher *gesetzlicher Unterhaltsforderungen* zu entrichtenden Renten, insbesondere also für Schadensersatzansprüche (Rdn. 1079) der Angehörigen nach § 844 Abs. 2 BGB[18], § 5 Abs. 2 mit § 8 HaftpflG, § 10 Abs. 1 mit § 13 StrVG, § 35 Abs. 2 mit § 38 LuftVG[19], § 28 Abs. 2 AtomG, § 62 Abs. 3 HGB. Renten wegen entgangener Dienstleistung, die nicht dem unmittelbar Geschädigten, sondern einem Dritten zu leisten sind (§ 845 BGB),[20] gleichen eine im Wegfall oder der Minderung der Dienstleistung liegende Pflicht zu erhöhter Unterhaltsleistung des Dritten an den Geschädigten aus; sie sind daher gleichfalls nach § 850 b Abs. 1 Nr. 2 ZPO nur beschränkt pfändbar[21]. Der an Stelle eines Unterhaltsanspruchs bestehende Schadensersatzanspruch (aus § 826 BGB) gegen den Unterhaltsschuldner ist (wie der Unterhaltsanspruch selbst) unpfändbar (§ 850 b Abs. 1 Nr. 2 ZPO, 1. Alternative, entspr. Anwendung)[22]. Der Anspruch des Unterhaltsschuldners auf Rückzahlung zuviel (auch doppelt) geleisteten Unterhalts ist Bereicherungsanspruch (§ 812 BGB); als solcher gehört er nicht zu den nach § 850 b Abs. 1 Nr. 2 ZPO unpfändbaren „Unterhaltsrenten"; er ist somit pfändbar[23].

1011 Der auf einen Zweitverpflichteten durch Unterhaltsgewährung übergegangene Anspruch gegen den vorweg verpflichteten Verwandten (§§ 1607 Abs. 2, 1608, 1615 b BGB) ist Erstattungsanspruch. Als solcher unterliegt er nicht dem sozialen Schutzzweck des § 850 b ZPO. Von Gläubigern des Zweitverpflichteten, der mit Unterhaltszahlung den Erstattungsanspruch erworben hat, kann dieser daher unbeschränkt gepfändet werden[24]. Der Ausgleichsanspruch eines Elternteils oder eines Dritten an den verpflichteten (anderen) Elternteil auf Erstattung der diesem obliegenden gesetzlichen Unterhaltsleistungen, die für ein gemeinschaftliches Kind bzw. dessen Kind erbracht sind (Ersatz der Aufwendungen für den Unterhalt des Kindes), ist

---

16 *LG Mannheim* Rpfleger 1980, 237; *LG Frankenthal* Rpfleger 1983, 256.
17 *RG* JW 1936, 2403; *BGH* 31, 210 (218) = a.a.O. (Fußn. 6); *BGH* NJW-RR 2002, 1513 (1514 re.Sp.); *OLG Bamberg* FamRZ 1996, 1487 (für die in einer Summe zu zahlenden Unterhaltsrückstände); siehe auch *BGH* FamRZ 1982, 50 = NJW 1982, 515 (516).
18 Siehe auch *Rupp* und *Fleischmann* Rpfleger 1983, 377 (II 3, S. 379).
19 *Krebs* VersR 1962, 392.
20 Ersatzansprüche für Dienstleistungen eines Ehegatten nicht mehr nach § 845 BGB, sondern nur noch nach § 844 Abs. 2 BGB; siehe *BGH* 77, 157 = MDR 1980, 924 = NJW 1980, 2196.
21 *Krebs* VersR 1962, 392; *Zöller/Stöber*, ZPO, Rdn. 6 zu § 850 b; siehe auch *OLG Hamm* a.a.O. (Fußn. 2); **a.A.** – unbeschränkt pfändbar – *OLG Neustadt* VersR 1958, 774.
22 *Rupp* und *Fleischmann* Rpfleger 1983, 377 (II 3, S. 379).
23 *OLG Bamberg* JurBüro 1987, 1817.
24 Siehe *Kropholler* FamRZ 1965, 416; zur Abtretung (des nach § 1615 b BGB übergegangenen Anspruchs) siehe *BGH* FamRZ 1982, 50 = MDR 1982, 225 = NJW 1982, 515.

als Erstattungsanspruch unbeschränkt pfändbar. Ebenso handelt es sich bei dem Rückgewähranspruch, den der Scheinvater nach Ehelichkeitsanfechtung wegen des geleisteten Unterhalts für das während der Ehe geborene Kind an dieses (oder die – geschiedene – Ehefrau) geltend macht[25], um keinen Unterhaltsanspruch nach § 850 b ZPO; auch dieser Rückgewähranspruch ist somit uneingeschränkt pfändbar.

b) Der Pfändungsschutz für Unterhaltsrenten beruht auf dem Gedanken, dass der Berechtigte zunächst einmal über die Unterhaltsbeträge frei soll verfügen können und die Möglichkeit haben soll, die Unterhaltsgelder ihrem *Zweck* zuzuführen[26]. Bedeutungslos ist daher, ob der Unterhaltsanspruch gerichtlich festgestellt, vertraglich anerkannt (vereinbart)[27] oder eventuell durch letztwillige Verfügung zugewendet ist. Die den gesetzlichen Anspruch übersteigenden Beträge aus vertraglicher Regelung oder letztwilliger Verfügung bleiben dagegen voll pfändbar. *Rückständige* Unterhaltsansprüche haben den Charakter von Unterhaltsrenten nicht verloren, genießen also weiterhin Pfändungsschutz[28] (siehe auch Rdn. 1008). Der (vereinbarte) Anspruch eines unterhaltsberechtigten geschiedenen Ehegatten auf Erstattung der ihm als Folge des begrenzten steuerlichen Realsplittings (§ 10 Abs. 1 Nr. 1 EStG) erwachsenden steuerlichen Nachteile hat unterhaltsrechtlichen Charakter (vertragliche Ausgestaltung der nachehelichen Unterhaltsverpflichtung); auch für ihn besteht daher Unpfändbarkeit nach § 850 b Abs. 1 Nr. 2 ZPO[29]. Der *Prozesskostenvorschuss* des § 1360 a Abs. 4 BGB nimmt zwar nicht am Pfändungsschutz des § 850 b Abs. 1 Nr. 2 ZPO teil[30]; der Anspruch auf den Prozesskostenvorschuss ist aber als zweckgebundener Anspruch nur im Rahmen der Zweckbestimmung (für den Kostenanspruch des Prozessbevollmächtigten und des Gerichts) pfändbar (Rdn. 170). Ebenso kann die Forderung einer Schuldnerin an ihren Ehemann auf Befreiung von dem Vergütungsanspruch des Gläubigers (eines Arztes) für ärztliche Beratung als Schuldbefreiungsanspruch (Rdn. 92) gepfändet werden[31]. Der einem Unterhaltsgläubiger (sonst) als Sonder- 1012

---

25 Hierwegen und dazu, dass dieser Anspruch keine Familiensache ist, *BayObLG* 1979, 44 = NJW 1979, 1050.
26 *OLG Celle* JurBüro 1960, 359 = MDR 1960, 603 = NJW 1960, 1015 = Rpfleger 1961, 55 mit Anm. *Berner.* Zu Entstehungsgeschichte und Zweck des § 850 b Abs. 1 Nr. 2 ZPO mit Erwägung zu verfassungsrechtlichen Grenzen dieses Pfändungsschutzes *Foerste* NJW 2006, 2945.
27 *BGH* FamRZ 1997, 544 (545) = NJW 1997, 1441; *BGH* NJW-RR 2002, 1513 (1514 re.Sp.).
28 *BGH* 31, 210 = FamRZ 1960, 110 (113) = NJW 1960, 572 (573); *BGH* NJW-RR 2002, 1513 (1514); **a.A.** *Kropholler* FamRZ 1965, 414.
29 *BGH* FamRZ 1997, 544 = NJW 1997, 1441; auch *BGH* NJW-RR 2002, 1513 (1514 re.Sp.).
30 **A.A.** *OLG Karlsruhe* FamRZ 1984, 1090: Nach § 850 b Abs. 1 Nr. 2 ZPO unpfändbar und daher auch für den Kostenerstattungsanspruch des verpflichteten Ehegatten nicht aufrechenbar.
31 *KG* JurBüro 1980, 1093 = MDR 1980, 676 = NJW 1980, 1341 = OLGZ 1980, 332; *LG Essen* FamRZ 1995, 382 (Leits.) = MDR 1965, 485; *LG Münster* Rpfleger 2005, 270.

3. Kapitel: Pfändung von Arbeitseinkommen

bedarf für unvorhersehbare, außergewöhnlich hohe Aufwendungen einmalig zu leistende Unterhaltszuschlag ist als (zweckgebundener) Unterhaltsanspruch unpfändbar (Rdn. 14). Die Zweckbestimmung ermöglicht jedoch (ausnahmsweise) Pfändung des wahlweise[32] auf Zahlung des Betrags in Höhe der durch den Sonderbedarf erwachsenen Auslagen oder Freistellung von der Zahlungsverpflichtung (dazu Rdn. 92) gerichteten Unterhaltsanspruchs durch den Gläubiger der Forderung, wegen der dem Schuldner der Sonderbedarf erwachsen ist[33] (Rdn. 14). Wegen des Pfändungsschutzes bei Zahlung des Unterhalts an einen Prozessbevollmächtigten oder Hinterlegung siehe Rdn. 17–19.

1013 c) Die *Abfindungssumme* (Kapitalabfindung), durch die ein Unterhaltsanspruch abgelöst wird (§ 1585 Abs. 2 BGB, früher §§ 72, 62 Abs. 2 EheG), stellt keine Unterhaltsrente mehr dar[34], sie ist daher unbeschränkt pfändbar, und zwar auch dann, wenn die Beträge mündelsicher angelegt sind[35] oder in Raten gezahlt werden. Das Recht, Kapitalabfindung zu verlangen (§ 1585 Abs. 2 BGB), kann als höchstpersönliches Recht nicht gepfändet, somit auch von einem Gläubiger, der (ausnahmsweise) Unterhaltspfändung erwirkt hat, nicht geltend gemacht werden.

1014 d) Eine zur Erfüllung der Unterhaltspflicht vom Unterhaltspflichtigen an den Schuldner *abgetretene Forderung* ist unbeschränkt pfändbar[36]. Der Lohn/Gehaltszahlungsanspruch gegen den Arbeitgeber des Unterhaltsschuldners, den der Unterhaltsgläubiger nach Abtretung[37] oder nach Pfändung und Überweisung geltend macht, kann jedoch von Gläubigern des letzteren nicht gepfändet werden, und zwar auch dann nicht, wenn vergleichsweise die Zahlung eines festen Betrages ausgemacht ist.

1015 e) *Wirtschaftsgeld* (Haushaltsgeld) wird dem haushaltführenden Ehegatten zur Deckung der Kosten des Haushalts unter Einschluss des Lebensbedarfs der unterhaltsberechtigten Kinder überlassen (§ 1360 a Abs. 2 S. 1 BGB). Der unterhaltsrechtliche Anspruch auf Überlassung des für den Familienunterhalt zweckgebundenen Wirtschaftsgeldes ist nicht pfändbar[38].

---

32 Bezeichnung in Pfändungsantrag und -beschluss s. *LG Frankenthal* FamRZ 1989, 1319 = NJW-RR 1989, 1352.
33 *LG Frankenthal* NJW-RR 1989, 1352 = a.a.O. für den Gläubiger der Werklohnforderung für Anfertigung orthopädischer Spezialschuhe für den minderjährigen Schuldner; *LG Frankenthal* FamRZ 2001, 842 = MDR 2000, 1017 = NJW-RR 2001, 1012 für ärztliche Behandlung.
34 *OLG Celle* a.a.O. (Fußn. 26); *OLG Bremen* Rpfleger 1954, 48; *LG Bremen* Rpfleger 1953, 584 mit zust. Anm. *Berner;* **a.A.** *OLG Bamberg* FamRZ 1996, 1487. Anders u. U. auch für den durch einen Einmalbetrag abzufindenden Unterhaltsanspruch *BGH* NJW-RR 2002, 1513 (1514 re.Sp.).
35 *OLG Celle* a.a.O. (Fußn. 26) *Wieczorek/Schütze/Lüke,* ZPO, Rdn. 19 zu § 850 b.
36 *OLG Celle* OLG 37, 180; *OLG Stuttgart* OLGZ 1985, 338 (341) = Rpfleger 1985, 407; *Zöller/Stöber,* ZPO, Rdn. 3 zu § 850 b.
37 *LG Mannheim* Rpfleger 1987, 465.
38 *OLG Köln* FamRZ 1991, 587; *MünchKomm/Wacke,* BGB, Rdn. 18 zu § 1360 a; *Musielak/Becker,* ZPO, Rdn. 3; *Zöller/Stöber,* ZPO, Rdn. 4; je zu § 850 b; *Mayer* Rpfleger 1990, 281 (282); *Smid* JurBüro 1988, 1105 (1107).

Bedingt pfändbare Forderungen (§ 850 b ZPO)

f) Der dem (bedürftigen) *Insolvenzschuldner* aus der Insolvenzmasse von der Gläubigerversammlung oder (vorläufig) vom Insolvenzverwalter bewilligte Unterhalt (§ 100 InsO) ist (jedenfalls nach dem Zweck der Schutzvorschrift) gleichfalls als Unterhalt im Sinne des § 850 b Abs. 1 Nr. 2 ZPO anzusehen[39]. Auch diese Unterhaltsleistung ist daher unpfändbar; Billigkeit, die Pfändung nach § 850 b Abs. 2 ZPO unter den dort genannten weiteren Voraussetzungen ermöglichen würde (jedoch keine Einzelvollstreckung durch Insolvenzgläubiger, § 87 InsO) wird kaum einmal angenommen werden können. Eine Entschädigung, die der Insolvenzschuldner für Tätigkeit im Rahmen der Verwaltung (als vom Verwalter angestellter Mitarbeiter oder beschäftigte Hilfskraft für bestimmte Aufgaben) im Rahmen der Verwaltung erhält, ist Entgelt für Arbeitsleistung, somit pfändbar nach §§ 850 ff. (einmalige nach § 850 i Abs. 1 ZPO).

1015a

g) *Unterhaltsvorschuss* oder -ausfallleistung nach dem Unterhaltsvorschussgesetz[40] sind laufende SGB-Geldleistungen (§ 68 Nr. 14 SGB I); deren Pfändbarkeit regelt daher § 54 SGB I.

1015b

3. Fortlaufende Einkünfte des Schuldners aus Stiftungen, auf Grund der Fürsorge und Freigebigkeit eines Dritten oder auf Grund eines Altenteils oder Auszugsvertrags

a) Pfändungsschutz genießen diese Ansprüche ohne Rücksicht auf ihre Höhe, aber nur dann, wenn es sich um (nicht notwendig regelmäßig) fortlaufende (nicht einmalige) Einkünfte handelt.

1016

b) Auf Grund Fürsorge *und* (nicht „oder"[41]) Freigebigkeit wird geleistet, wenn die Zuwendung durch den Dritten in der Absicht erfolgt, die Lebenshaltung des Schuldners zu verbessern und zu erleichtern. Diese Zuwendung kann vertraglich[42] oder letztwillig[43] in Form eines Vermächtnisses erfolgen. Dem vergleichbar ist der Fall, dass der Schuldner als Vorerbe fortlaufende Einkünfte aus dem Nachlass nicht unmittelbar erzielt, sondern nach dem Willen des Erblassers für Verbesserung seiner Lebenshaltung (subjektive Motivation des Zuwendenden) nur auf ihre Auskehr (Herausgabe oder Auszahlung) Anspruch gegen einen Dritten (Testamentsvollstre-

1017

---

[39] Hierzu auch *Huken* KKZ 1985, 186, der bei Arbeitsleistung des Gemeinschuldners für die (vormalige) Konkursmasse die Unterstützung als nach den Vorschriften über Arbeitseinkommen (§§ 850 ff. ZPO) pfändbar ansieht. Dem kann man nicht folgen, sofern die Unterhaltsleistung aus der Konkursmasse nach gesetzlicher Vorschrift (§ 129 Abs. 1, § 132 Abs. 1 KO) und nicht als Entgelt für Arbeitsleistung gezahlt wurde.

[40] Gesetz zur Sicherung des Unterhalts von Kindern alleinstehender Mütter und Väter durch Unterhaltsvorschüsse oder -ausfallleistungen (Unterhaltsvorschussgesetz) i.d.F. vom 17. Juli 2007, BGBl I 1446.

[41] *OLG Breslau* OLG 19, 19.

[42] Aber nicht *als* Gegenleistung aus einem gegenseitig verpflichtenden Vertrag, z. B. einem Übernahmevertrag, siehe *OLG Breslau* OLG 19, 19.

[43] *RG* 106, 205; *OLG Frankfurt* NJW-RR 2000, 367; *LG Gießen* Rpfleger 2000, 169 (als Vorinstanz).

cker) hat⁴⁴. Der Nießbraucher erzielt Einkünfte unmittelbar auf Grund eigener Rechtsstellung; er bezieht (nach § 850 b Abs. 1 Nr. 3 ZPO) unpfändbare Einkünfte daher auch dann nicht, wenn ihm ein Dritter den Nießbrauch aus Fürsorge und Freigebigkeit bestellt hat⁴⁵.

1018 c) Als *Altenteil* oder Auszug, auch *Leibgeding* oder Leibzucht, sind Ansprüche unpfändbar, die im Wesentlichen Geld-, Sach- und (bereits nach § 851 Abs. 1 ZPO unpfändbare) Dienstleistungen zum Gegenstand haben, aus und auf einem Grundstück zu gewähren sind, der allgemeinen und persönlichen (zumindest teilweisen) Versorgung des Berechtigten (und vereinzelt weiter seiner Angehörigen) dienen und dessen – regelmäßig lebenslängliche – Verknüpfung mit einem (zumeist damit belasteten) Grundstück bezwecken⁴⁶. Diesem Begriff des Altenteils (Art 96 EGBGB) entspricht auch derjenige in § 850 b Abs. 1 Nr. 3 ZPO⁴⁷. Der Pfändung sind die Ansprüche wegen ihres durch den Versorgungszweck bedingten Inhalts wie Unterhalt entzogen. Zumeist sind die Ansprüche in einem Grundstücksübergabevertrag oder durch letztwillige Verfügung zugewendet (Begriff nach Art. 96 EGBGB); Erfordernis dafür, dass Versorgungsleistungen als Altenteil unpfändbar sind, ist das jedoch nicht⁴⁸. Daher muss ein Altenteil auch nicht notwendig aus einem Vertrag über landwirtschaftlichen Grundbesitz und zwischen Eltern und Abkömmlingen herrühren. Ebenso wenig sind die Zweckbestimmung eines bei Begründung des Altenteils überlassenen Grundstücks und seine Eignung zur Sicherung wenigstens eines Teils der wirtschaftlichen Existenz des Übernehmers Voraussetzung des Altenteils⁴⁹. Unpfändbar sind fortlaufende Einkünfte sowohl aus einem dinglich gesicherten als auch aus einem schuldrechtlich vereinbarten Altenteil⁵⁰. Die Unpfändbarkeit ergreift auch Rentenrückstände aus einem Altenteil⁵⁰. Das typischerweise Versorgungszwecken dienende unpfändbare Altenteil kann bei Vereinbarung ausreichenden Unterhalts auch als Belastung eines städtischen Grundstücks⁵¹, sonst eines reinen Wohngrundstücks⁵² oder nur eines Miteigentumsanteils eingetragen sein und einer Person zustehen, die mit dem Verpflichteten (zumeist Übernehmer des

---

44 *OLG Frankfurt* NJW-RR 2001, 367; **a.A.** (als Vorinstanz) *LG Gießen* Rpfleger 2000, 169.
45 *LG Gießen* Rpfleger 2000, 169.
46 Zu diesem Begriff *BGH* 125, 69 (72) = DNotZ 1994, 881 = NJW 1994, 1158 sowie *RG* 162, 52 (57); auch *Schöner/Stöber*, Grundbuchrecht, Rdn. 1323.
47 *BGH* DNotZ 2008, 124 = FamRZ 2007, 1646 = JurBüro 2007, 607 = MDR 2007, 1218 = NJW-RR 2007, 1390 = Rpfleger 2007, 614.
48 So auch *BGH* 125, 69 (72) = a.a.O. und *RG* 162, 52 (57): Der Rechtsgrund, dem das Altenteil (nach § 49 GBO) seine Entstehung verdankt, ist für seine Begriffsbestimmung nicht wesentlich. Auch *BayObLG* 1975, 132 (135).
49 *BGH* 125, 69 (73) = a.a.O.
50 *BGH* 53, 41 = MDR 1970, 128 = NJW 1970, 282.
51 *BGH* a.a.O. (Fußn. 50) und FamRZ 1964, 506 = MDR 1964, 741; *BayObLG* 1964, 344 = BayJMBl 1965, 42; *BayObLG* Rpfleger 1975, 314. Siehe auch *RG* 152, 104; *LG Lübeck* SchlHA 1956, 117; *KG* DNotZ 1958, 206 und MDR 1960, 234.
52 *OLG Hamm* Rpfleger 1993, 488 (Leits.).

Grundstücks) nicht verwandt ist[53]. Die Grundzüge des einen Altenteil begründenden Versorgungsvertrags weist aber ein gegenseitiger Vertrag mit beiderseitigen, etwa gleichwertig gedachten Leistungen, bei dem also nicht das Nachrücken einer folgenden Generation in eine Wirtschaftseinheit unter Abwägung der Interessen des Scheidenden und des nachfolgenden Angehörigen der nächsten Generation im Vordergrund steht, nicht auf[54]. Der Umstand allein, dass eine bei Kauf ausbedungene Geldrente auf die Lebenszeit des Berechtigten beschränkt und für den Lebensunterhalt bestimmt ist (also Verrentung des Grundstückskaufpreises, Vereinbarung einer Leibrente), erfüllt die Merkmale eines Altenteils nicht[55]. Denn wo nur wirtschaftliche Interessen die Beteiligten zusammengeführt haben, engere persönliche Beziehungen, die einen Altenteils- oder Auszugsvertrag kennzeichnen, aber nicht bestehen und es an einer engen Verknüpfung des Berechtigten mit dem Grundstück fehlt, kann ein Vertrag auch dann nur als Kaufvertrag angesehen werden, wenn der Kaufpreis ratenweise zu entrichten ist[56]. Der uneingeschränkte Nießbrauch (Totalnießbrauch), den sich der Übergeber eines Grundstücks an diesem vorbehält, hat nicht Leibgedingscharakter[57]. Den Pfändungsschutz des § 850 b Abs. 1 Nr. 3 ZPO genießen die wiederkehrenden Leistungen aus Altenteil jedoch auch dann, wenn der Vertrag zwar als Kaufvertrag bezeichnet, seinem Inhalt und seiner Zweckbestimmung nach aber als Altenteilsvertrag anzusehen ist[58].

Wegen der Form der Pfändung von Altenteilsansprüchen siehe Rdn. 1030 a.

4. *Bezüge aus Witwen-, Waisen-, Hilfs- und Krankenkassen und gewisse Lebensversicherungsansprüche*

Schrifttum: *Berner,* Sind die Versicherungssummen mehrerer Kleinlebensversicherungen bei der Ermittlung der Pfändungsfreigrenze von 1.500 DM wirklich zusammenzurechnen? Rpfleger 1964, 68; *Bohn,* Die Zwangsvollstreckung in Rechte des Versicherungsnehmers aus dem Versicherungsvertrag und der Konkurs des Versicherungsnehmers, in Festschrift für Schiedermair, 1976, S. 33; *Kellner,* Der in § 850 b Abs. 1 Ziff. 4 ZPO normierte Pfändungsschutz von Lebensversicherungen, VersR 1979, 177.

---

53 *OLG Düsseldorf* JMBlNRW 1961, 237; *LG Lübeck* a.a.O. (Fußn. 51).
54 *BGH* a.a.O. (Fußn. 51).
55 *KG* MDR 1960, 234; *LG Göttingen* JurBüro 1960, 357 und Rpfleger 1960, 341; *OLG München* MDR 1953, 434; *OLG Hamm* OLGZ 1970, 46 = Rpfleger 1969, 397; *AG Hannover* WuM 1966, 212; siehe außerdem *BGH* a.a.O. (Fußn. 50) mit Nachw.
56 *LG Göttingen* a.a.O. (Fußn. 55).
57 *BayObLG* 1975, 132 = DNotZ 1975, 622 = Rpfleger 1975, 314; *Staudinger/Amann,* BGB, Rdn. 36 vor § 1105; *Schöner/Stöber,* Grundbuchrecht, Rdn. 1328. Zur Frage, ob der Nießbrauch an einem übergebenen Hausgrundstück als Altenteil qualifiziert werden kann, s. auch *LG Oldenburg* Rpfleger 1982, 298 und *Hornung* in krit. Anm. dazu.
58 *OLG Düsseldorf* a.a.O. (Fußn. 53); *Wieczorek/Schütze/Lüke,* ZPO, Rdn. 31 zu § 850 b.

1019   a) **Bezüge aus Witwen-, Waisen-, Hilfs-**[59] **und Krankenkassen**[60] unterliegen dem Pfändungsschutz, wenn sie ausschließlich oder zu einem wesentlichen Teil zu *Unterstützungszwecken* gewährt werden. Zu den Bezügen aus einer Krankenkasse gehören auch einmalige Ansprüche gegen einen privaten Krankenversicherungsträger, die auf Erstattung von Kosten für ärztliche Behandlungsmaßnahmen im Krankheitsfall gerichtet sind[61]; künftige Erstattungsforderungen werden (anders als Ansprüche auf Ersatz der Kosten für bereits erbrachte ärztliche Leistungen) jedoch nicht als nach Abs. 2 pfändbar angesehen[62]. Unerheblich ist die Höhe der Leistungen und, ob die Mittel für Unterstützungszwecke auch tatsächlich benötigt werden[63] sowie, ob die Leistung von einer privaten oder öffentlichen Kasse erbracht wird. Krankengeld und andere Bezüge von einem Leistungsträger der gesetzlichen Krankenversicherung sind jedoch als Sozialleistungen (nur) nach § 54 SGB I pfändbar[64] (dazu Rdn. 1319). Krankentagegeld für Verdienstausfall dient Unterstützungszwecken, soweit es den Verdienstausfall bis zur Pfändungsfreigrenze (§ 850 c und § 850 d ZPO) abdeckt[65]; weitergehendes Krankentagegeld unterliegt daher nicht dem Schutz des § 850 b Abs. 1 Nr. 4 ZPO. Kranken*haus*tagegeld, das die Deckungslücke zwischen Erstattungsleistungen der Krankenversicherung und sonstigen Ersatzleistungen (z. B. Beihilfe) füllen soll, wird zu Unterstützungszwecken gewährt, ist somit nach § 850 b Abs. 1 Nr. 4 ZPO vor Pfändung geschützt[66]. Nach dem Tod des Bezugsberechtigten noch ausstehende Versicherungsleistungen werden nicht mehr zu Unterstützungszwecken gewährt; bei Zwangsvollstreckung gegen den Erben besteht für die Nachlassforderungen Pfändungsschutz daher nicht mehr[67]. Voll-

---

59 Das sind insbesondere Kassen, die bei Krankheit, Arbeitsunfähigkeit oder bei einem Todesfall zusätzliche Hilfe leisten.
60 Z. B. Versicherungsleistungen für Ersatz (Erstattung der Aufwendungen, insbesondere auch in Form eines bestimmten Hundertsatzes) von Kranken- und Heilbehandlungskosten, Auslagen für Medikamente, ärztliche Hilfsmittel, Krankenhausaufenthalt, *AG Starnberg* VersR 1956, 612 und *LG Lübeck* JW 1937, 2611; siehe auch *Surminski* VersR 1971, 1109 sowie *Bohn* in Festschrift Schiedermair, 1976, S. 33, 39. Versicherungsleistungen in Geburts- und Sterbefällen, Kassenleistungen, die über den reinen Unterstützungszweck hinausgehen, sind unbeschränkt pfändbar, so insbesondere Forderungen auf Beitragsrückgewähr, *AG Starnberg* a.a.O.
61 *BGH* DGVZ 2007, 137 = MDR 2007, 1219 = NJW-RR 2007, 1510 = Rpfleger 2007, 557; *KG* OLGZ 1985, 86 = Rpfleger 1985, 73; *LG Hannover* Rpfleger 1995, 511 (Leistungen aus einer privaten Zusatzversicherung für privatärztliche Behandlungen und Wahlleistungen); *LG Lübeck* Rpfleger 1993, 207; *LG Oldenburg* JurBüro 1983, 778 = Rpfleger 1983, 33 zu b).
62 *BGH* NJW-RR 2007, 1510 = a.a.O.; *LG Lübeck* Rpfleger 1993, 207 mit missverständlichem Leitsatz.
63 Ob also etwa die von der Krankenkasse erstattete Arztrechnung noch offen oder schon aus anderen Mitteln des Schuldners beglichen ist.
64 *OLG Köln* NJW 1989, 2956 = Rpfleger 1990, 130.
65 So auch *LG Oldenburg* Rpfleger 1983, 33 zu b = a.a.O. (Fußn. 61); ebenso *Bohn* a.a.O. S. 40.
66 *LG Lübeck* Rpfleger 1993, 207, das nach der Lebenserfahrung von solcher Zweckbestimmung des Krankenhaustagegeldes ausgeht.
67 *KG* OLGZ 1985, 86 = a.a.O. (Fußn. 61).

streckungsschutz für Leistungen nach den Sozialversicherungsgesetzen siehe 4. Kap.

b) Ansprüche aus *Lebensversicherungen*, die *nur* auf den *Todesfall* des Versicherungsnehmers abgeschlossen sind, unterliegen dem Vollstreckungsschutz, wenn die Versicherungssumme 3.579 Euro[68] nicht übersteigt. Diese Leistungen sollen die Kosten aus Anlass des Todesfalles decken; eine Versicherung, mit der der Schuldner für seine angemessene Bestattung vorsorgt, wird damit als besonders schutzwürdig behandelt[69]; mit den Bestattungskosten sollen weder die Angehörigen noch der Staat belastet werden. Voraussetzung der Unpfändbarkeit ist, dass die Versicherungssumme ausschließlich für den Todesfall des Schuldners als Versicherungsnehmer abgeschlossen ist (Versicherungsnehmer und Versicherter müssen identisch sein). Eine Sterbegeldversicherung, welche die eigenen Beerdigungskosten des Versicherten abdecken soll, ist auch unpfändbar wenn sie zugunsten eines Angehörigen (als Bezugsberechtigter) abgeschlossen ist[70]. *Fremdsterbegeld*versicherungen genießen keinen Pfändungsschutz. Pfändbar sind Versicherungsansprüche auch, wenn die Versicherung für den Todesfall und zugleich für den Fall abgeschlossen ist, dass der Schuldner den vereinbarten Zeitpunkt der Fälligkeit der Versicherungssumme erlebt[71] (sog. *gemischte* Versicherung), und zwar selbst dann, wenn der Erlebensfall unwahrscheinlich ist[72]. Mit der Unpfändbarkeit der Versicherung selbst verbietet sich auch die Pfändung des Rechts auf Kündigung[73]. Zulässig ist aber die Pfändung des Anspruchs auf Auszahlung des Rückkaufswertes für den Fall der Kündigung durch den Schuldner selbst oder die Versicherungsgesellschaft[74].

1020

Wenn die Versicherungsumme 3.579 Euro übersteigt, sind die Ansprüche aus der Todesfallversicherung insoweit unpfändbar, als sie sich auf der Grundlage einer diesen Betrag nicht übersteigenden Versicherungssumme ergeben[75]. Grund: Wahrung der Zweckbestimmung mit Deckung der Kosten aus Anlass des Todesfalles in angemessener Höhe. Wenn der Schuldner *mehrere Versicherungen* abgeschlossen hat, sind sie (zusammen)

1021

---

68 Von früher 1.500 DM auf 3000 DM erhöht durch das Vierte Gesetz zur Änderung der Pfändungsfreigrenzen mit Wirkung ab 1. April 1978. Auf 3.600 DM erhöht durch das Fünfte Gesetz zur Änderung der Pfändungsfreigrenzen mit Wirkung ab 1. April 1984. Auf 4.140 DM erhöht durch das Sechste Gesetz zur Änderung der Pfändungsfreigrenzen mit Wirkung ab 1. Juli 1992. Auf 3.579 Euro festgelegt durch das Siebte Gesetz zur Änderung der Pfändungsfreigrenzen.
69 *BGH* NJW-RR 2008, 412 = a.a.O. (nachf. Fußn. 75); *LG Mainz* VersR 1972, 142; auch *BVerfG* FamRZ 2004, 1542 = NJW 2004, 2585.
70 *BGH* FamRZ 2009, 972 = JurBüro 2009, 383.
71 *BVerfG* NJW 2004, 2585 = a.a.O. (Fußn. 69); auch *BGH* 35, 261 = MDR 1961, 748 = NJW 1961, 1720 = Rpfleger 1962, 54 mit Anm. *Berner*; *KG* VersR 1964, 326; *LG Berlin* VersR 1964, 473; *AG Köln* VersR 1967, 948.
72 Siehe *OLG München* NJW 1953, 107; *Berner* Rpfleger 1953, 415.
73 *Berner* Rpfleger 1964, 69; *OLG Düsseldorf* VersR 1961, 111.
74 *Berner* a.a.O. (Fußn. 73).
75 *BGH* FamRZ 2008, 605 und 1247 Leitsatz mit Anm. *Floeth* = JurBüro 2008, 212 = MDR 2008, 337 = NJW-RR 2008, 412 = Rpfleger 2008, 267.

bis zur Versicherungssumme von 3.579 Euro unpfändbar[76] (abgestellt ist auf das Schutzbedürfnis des Schuldners). Wenn die Versicherungssummen diesen Betrag übersteigen, kann die zeitliche Reihenfolge, in der die Versicherungen abgeschlossen wurden, eine klare und zuverlässige Abgrenzung ergeben. Unpfändbar ist dann die jeweils ältere Lebensversicherung, bis der pfandfreie Betrag erreicht ist, bei der Versicherung, die dann den Betrag von zusammen 3.579 Euro übersteigt, damit noch ein diese Versicherungssumme nicht übersteigender Teilbetrag[77].

1022 c) Eine *weitere Pfändungsbeschränkung für Lebensversicherungsansprüche* regelte § 22 Abs. 1 der Verordnung zur Durchführung und Ergänzung des Gesetzes über die Altersversorgung für das deutsche Handwerk (1. DVO HWG)[78]. Die Vorschrift lautete

§ 22 Abs. 1 der 1. DVO HWG:
(1) Wenn auf Grund eines Lebensversicherungsvertrags Versicherungsfreiheit oder Halbversicherung geltend gemacht wird, so ist der Anspruch auf Leistung eines Kapitals bis zum Höchstbetrag von 10.000 DM, der Anspruch auf Zahlung einer Rente in dem gleichen Umfang wie Ansprüche auf Arbeitsvergütung der Pfändung entzogen.

Die Vorschrift ist mit dem Inkrafttreten des HandwerkerversicherungsG[79] am 1.1.1962 außer Kraft getreten. Seitdem sind die Handwerker in der Rentenversicherung versicherungspflichtig; die Pfändung der Ansprüche aus Lebensversicherungen von Handwerkern ist daher jetzt nicht mehr beschränkt. Für die vor dem 1.1.1962 nach altem Recht zur Befreiung von der Versicherungspflicht[80] abgeschlossenen Handwerkerlebensversicherungen wirkt jedoch der Pfändungsschutz des § 22 der 1. DVO HWG fort[81]. Diese Unpfändbarkeit kann nicht nur der Schuldner, sondern auch der Drittschuldner geltend machen[82]. Für die diesem Pfändungsschutz unterliegenden Ansprüche gilt Folgendes:

1023 Der Pfändungsschutz besteht auch gegenüber Unterhaltsforderungen[83]. Für die Kapitalversicherung gilt der Höchstbetrag von (bisher) 10.000 DM auch dann, wenn die Lebensversicherung die nach § 4 Abs. 2 HWG für eine Befreiung von der Versicherungspflicht vorgesehene Höhe übersteigt[84];

---

76 *BGH* NJW-RR 2008, 412 (413) = a.a.O.
77 AG Fürth/Odw VersR 1982, 59. Dazu auch Schuschke/Walker/Kessal-Wulf, Vollstreckung, Rdn. 17 zu § 850 b, die nach Abs. 2 prüfen (der aber Billigkeit nur für Pfändung der Versicherungssumme einer 3.579 Euro nicht übersteigenden Versicherung vorsieht).
78 Vom 13. Juli 1939, RGBl I S. 1255; siehe dazu *Berner* Rpfleger 1957, 196.
79 Vom 8. Sept. 1960, BGBl I 737; § 14.
80 Diese Handwerker bleiben weiterhin versicherungsfrei, siehe § 6 Abs. 3 HwVG; § 230 Abs. 1 SGB VI.
81 *BGH* 44, 192 = MDR 1966, 43 = NJW 1966, 155 = Rpfleger 1966, 254 mit Anm. *Berner*; *BGH* a.a.O. (Fußn. 70); *LG Berlin* und *KG*, zitiert Rpfleger 1964, 216; *AG Worms* Rpfleger 1964, 216 mit zust. Anm. *Berner*; *Keltenich* VersR 1963, 401; *OLG Düsseldorf* VersR 1967, 750.
82 *OLG Düsseldorf* VersR 1967, 750.
83 *AG Viersen* VersR 1954, 217; *Wieczorek/Schütze/Lüke*, ZPO, Rdn. 38 zu § 850 b.
84 *BGH* a.a.O. (Fußn. 71); *LG Berlin* Rpfleger 1973, 223.

der übersteigende Mehrbetrag kann daher gepfändet werden. Wenn mehrere Versicherungen abgeschlossen sind, wird der Freibetrag von (bisher) 10.000 DM nur einmal gewährt[85]. Diese Regelung gilt aber auch für den Fall der Halbversicherung (§ 5 HWG), und zwar ungeachtet dessen, dass bei ihr auch pfändungsfreie Renten aus der Angestelltenversicherung gewährt werden[86].

Der Pfändungsschutz ist von der Fortdauer der Versicherungsfreiheit nicht abhängig. Das Privileg der Unpfändbarkeit nach § 22 der 1. DVO HWG verlieren die Ansprüche des Schuldners aus der Lebensversicherung daher auch dann nicht, wenn Versicherungsfreiheit mit der Umwandlung in eine prämienfreie Versicherung, die gem. § 1665 VVG nach Einstellung der Prämienzahlung durch Kündigung bewirkt wird, endet. Die Unpfändbarkeit besteht vielmehr unabhängig davon fort, ob der Schuldner auch noch unpfändbare Leistungen aus der Angestelltenversicherung erhält oder zu erwarten hat[87].

1023a

III. Die Pfändung dieser Bezüge

1. Die vorstehend in II 1–4 b bezeichneten Rentenansprüche und rentenähnliche Bezüge sind grundsätzlich voll *unpfändbar*. Dieses Pfändungsverbot gilt auch gegenüber Unterhaltsansprüchen[88] und auch dann, wenn die Vollstreckungsforderung eine für den Unterhalt des Rentenberechtigten gewährte Leistung darstellt[89].

1024

2. Nur *ausnahmsweise* ist die *Pfändung möglich*[90], nämlich dann, wenn (§ 850 b Abs. 2 ZPO)

1025

- die Vollstreckung in das sonstige bewegliche Vermögen des Schuldners, zu dem nicht nur körperliche Sachen (§§ 808 ff. ZPO), sondern auch Forderungen und andere Vermögensrechte gehören, zu einer vollständigen Befriedigung des Gläubigers nicht geführt hat[91] (das ist nicht schon der Fall, wenn der Schuldner die Durchsuchung seiner Wohnung oder Geschäftsräume ohne richterliche Anordnung verweigert hat oder vom Gerichtsvollzieher in seiner Wohnung wiederholt nicht angetroffen wurde) oder voraussichtlich nicht führen wird, und außerdem
- nach den Umständen des Falles, insbesondere nach der Art des beizutreibenden Anspruchs des Gläubigers einerseits und der Höhe der

---

85 *LG Berlin* Rpfleger 1973, 223.
86 *BGH* a.a.O. (Fußn. 71) mit weit. Nachw.
87 *BGH* a.a.O. (Fußn. 71); *Haaß/Glanzmann*, HVG, Anm. 51 zu § 3.
88 *RG* 106, 205.
89 Siehe *BGH* BB 1962, 934 = MDR 1962, 977 (für einen Fall der Aufrechnung).
90 Zum Verfahren bei Pfändung eines Unterhaltsanspruchs nach ausländischem Recht s. *Schneider* JurBüro 1979, 27.
91 Ein Vollstreckungsversuch, der erfolglos geblieben ist, weil der Schuldner verzogen ist, reicht nicht aus. Abgabe der eidesstattlichen Versicherung nach erfolglosem Vollstreckungsversuch gehört nicht zu den Voraussetzungen des § 850 b ZPO.

Bezüge des Schuldners andererseits die Pfändung der Billigkeit entspricht[92].

Mit dieser Ausnahmeregelung hat der Gesetzgeber die Möglichkeit gegeben, den Gläubiger treffende Härten zu mildern, wenn es sich einerseits um größere Bezüge des Schuldners, andererseits um eine besondere Notlage des Gläubigers handelt[93]. Art und Umstände der Entstehung der beizutreibenden Forderung können von Bedeutung sein[94]. Auch eine nach § 850 b Abs. 1 ZPO unpfändbare Forderung, die dem Schuldner eines anderen Anspruchs, damit auch in einem anderen Vollstreckungsverfahren, gegen den Gläubiger (des anderen Anspruchs) zusteht, wie z. B. eine Unterhaltsrente, kann, wenn es der Billigkeit entspricht, bei erfolgloser Vollstreckung oder unvollständiger Befriedigung gepfändet werden[95] (wie Rdn. 33).

1026 3. In seinem *Antrag* hat der Gläubiger die Tatsachen geltend zu machen, die nach § 850 b Abs. 2 ZPO ausnahmsweise Pfändung der Bezüge rechtfertigen (zu ihnen Rdn. 1025). Für die an den Gläubigerantrag zu stellenden Anforderungen gelten zunächst die allgemeinen Grundsätze des Pfändungsverfahrens (Rdn. 461 ff., auch 484). Da Pfändungsbeschränkungen von Amtswegen zu beachten sind (Rdn. 21), muss aus dem Gläubigervorbringen sonach folgen (s. Rdn. 485 a), dass die Bezüge aus den Gründen des § 850 b Abs. 2 ZPO der Pfändung unterworfen werden können. Der Gläubiger hat daher substantiiert die konkreten Tatsachen darzulegen[96], aus denen sich dies zur Überzeugung des Vollstreckungsgerichts schlüssig ergibt. In dieser Weise ist sowohl darzustellen, dass (mithin auch warum) die Vollstreckung in das sonstige bewegliche Vermögen des Schuldners zu einer vollständigen Befriedigung des Gläubigers nicht geführt hat oder voraussichtlich nicht führen wird und welche Umstände des Falles eine Pfändung billig erscheinen lassen. Nur allgemein gehaltene Angaben oder eine inhaltslose Wiederholung des Gesetzeswortlauts sind unzureichend; anzuführen sind die Tatsachen, die nach den konkreten Umständen des Falles

---

92 Dazu für den Fall, dass wegen einer Rechtsanwaltgebührenforderung Pfändung einer Unterhaltsrente verlangt ist, *OLG Köln* JurBüro 1975, 1381 = JMBlNRW 1975, 281, oder Pfändung einer Witwenrente betrieben wird, *OLG Celle* MDR 1999, 1087; sowie für den Fall, dass wegen eines Kostenerstattungsanspruchs aus einem Rechtsstreit, in dem eine zu hohe Unterhaltsforderung geltend gemacht war, ein Unterhaltsanspruch gepfändet werden soll, *LG Berlin* JurBüro 1975, 1510 = Rpfleger 1975, 374.
93 *BGH* a.a.O. (Fußn. 50), dieser Teil der Gründe jedoch *BGH* 53, 41 nicht abgedruckt; *BGH* NJW-RR 2008, 412 (414) = a.a.O. (Fußn.75); *OLG Celle* MDR 1999, 1087 (1088).
94 *BGH* NJW-RR 2008, 412 (414) = a.a.O. (Fußn. 75).
95 *LG Kassel* JurBüro 2005, 439. Keine Zulassung einer Aufrechnung bereits im Unterhaltsprozeß nach den Regeln über die Pfändbarkeit gem. § 850 b ZPO, *OLG Hamm* FamRZ 2005, 995.
96 So zutreffend *OLG Stuttgart* FamRZ 1983, 940 = JurBüro 1983, 347 = MDR 1983, 762 = OLGZ 1983, 347 = Rpfleger 1983, 288 mit Einzelheiten zur Darlegungslast für Taschengeldpfändung; siehe auch *LG Aachen* MDR 1981, 854, *Zöller/Stöber*, ZPO, Rdn. 13 und *Wieczorek/Schütze/Lüke*, ZPO, Rdn. 12, je zu § 850 b.

die Pfändung ermöglichen[97]. Weitergehende Anforderungen können daraus folgen, dass die Pfändung im Falle des § 850 b Abs. 2 ZPO nach Anhörung der Beteiligten (§ 850 b Abs. 3 ZPO) nicht Vollstreckungsmaßnahme, sondern Entscheidung des Vollstreckungsgerichts ist. Denn deshalb folgt das Verfahren den für die fakultative mündliche Verhandlung maßgeblichen Grundsätzen. Als Entscheidungsgrundlage kann das schlüssige Gläubigervorbringen als solches daher nur dann verwertet werden, wenn und soweit es nicht bestritten wird, der Schuldner oder auch der Drittschuldner sich mithin nicht äußert oder dem Vorbringen nicht entgegentritt. Für bestrittenes tatsächliches Vorbringen des Gläubigers genügt Glaubhaftmachung (§ 294 ZPO) nicht, weil sie nicht vorgesehen ist; es muss daher Beweis geliefert[98] und erhoben werden. Zu entscheiden ist somit nach dem Grundsatz des § 286 ZPO nach freier Überzeugung. Nur wenn damit positiv feststeht, dass die besonderen Voraussetzungen des Abs. 2 für die Pfändung vorliegen, darf diese zugelassen werden[99] (Rdn. 1032 b). Daraus folgt zugleich, dass der Pfändungsbeschluss zu begründen ist[100]; in ihm sind die für die Entscheidung maßgeblichen Gründe anzugeben (§ 286 Abs. 1 S. 2 ZPO).

4. Vor der Entscheidung muss (kein Ermessen[101]) das Vollstreckungsgericht die Beteiligten, also Schuldner und Drittschuldner[102], *hören* (§ 850 b Abs. 3 ZPO). § 834 ZPO findet keine Anwendung; die Anhörung des Schuldners gereicht dem Gläubiger nicht zum Nachteil, weil die Rentenansprüche nicht abtretbar sind. Die Anhörung des Schuldners kann unterbleiben, wenn sie untunlich ist.

Die Anhörung kann schriftlich oder mündlich erfolgen. Die mündliche Erörterung bietet insbesondere die Möglichkeit, eine vergleichsweise Rege-

---

97 Ähnlich *OLG Hamm* JurBüro 1979, 917 = NJW 1979, 1369 (Leits.) = OLGZ 1979, 240 (ihm folgend *LG Düsseldorf* JurBüro 1983, 1575; *Thomas/Putzo*, ZPO, Rdn. 4 zu § 850 b), das im Anschluss an seine (frühere) Rechtsprechung zur Pfändung laufender Sozialleistungen annimmt, der Gläubiger brauche nur so viel an Tatsachen für die Billigkeit vorzutragen, wie ihm unter Berücksichtigung der Umstände zumutbar ist, und im Übrigen von einer prozessualen Mitwirkungsobliegenheit des Schuldners ausgeht. Wenn der Schuldner von der ihm gegebenen Möglichkeit, sich zu äußern, keinen Gebrauch macht, soll daher, soweit der Vortrag des Gläubigers nicht entgegensteht, von der Billigkeit der Pfändung auszugehen sein. Auch das *OLG Hamm* betont indes, dass die Anhörung des Schuldners nicht den Sinn hat, einen unvollständigen Sachvortrag des Gläubigers schlüssig zu machen, sondern Umstände geltend zu machen, die gegen eine Billigkeit der Pfändung sprechen. Dem entspricht es, wenn hier Vortrag von Tatsachen verlangt ist, aus denen Billigkeit und damit Pfändbarkeit schlüssig folgen. Gegen die vom *OLG Hamm* angenommene weitere prozessuale Mitwirkungsobliegenheit des Schuldners zutreffend *OLG Stuttgart* FamRZ 1983, 940 = a.a.O.
98 Zutreffend sonach *Wieczorek/Schütze/Lüke*, ZPO, Rdn. 12 zu § 850 b; so auch *Zöller/Stöber*, ZPO, Rdn. 15; *Stein/Jonas/Brehm*, ZPO, Rdn. 26, je zu § 850 b.
99 *BGH* NJW 2004, 2450 (2452) = a.a.O. (Fußn. 110) und NJW-RR 2008, 412 (413) = a.a.O. (Fußn. 75).
100 So auch *LG Düsseldorf* JurBüro 1983, 1575 = Rpfleger 1983, 255; *Wieczorek/Schütze/Lüke*, ZPO, Rdn. 8 zu § 850 b.
101 *AG Cloppenburg* JurBüro 2007, 382.
102 Ebenso – für Taschengeldanspruchspfändung – *LG Verden* Rpfleger 1986, 100.

lung zu vermitteln. Das stets erwünschte gütliche Einvernehmen lässt auch die Teilnahme des Drittschuldners an dem Anhörungstermin geboten erscheinen[103]. Zum Erscheinen oder zu einer schriftlichen Äußerung sind die Beteiligten allerdings nicht verpflichtet. Äußern sich Schuldner und Drittschuldner nicht, so ist nach dem tatsächlichen Vorbringen des Gläubigers zu entscheiden. Dann ist das Vollstreckungsgericht zu selbstständigen Ermittlungen der für oder gegen die Pfändbarkeit sprechenden Umstände nicht verpflichtet. Eine etwa erforderliche Beweisaufnahme ist vom Vollstreckungsgericht nach den allgemeinen Vorschriften zu erheben.

1028　5. Die konstitutive Entscheidung, ob ein Fall des § 850 b Abs. 2 ZPO vorliegt, die Pfändung der Rentenbezüge mithin zulässig ist, trifft das Vollstreckungsgericht[104]. Zuständig ist der Rechtspfleger (§ 20 Nr. 17 RPflG). Durch Begründung des Pfändungsbeschlusses (Zurückweisungsbeschlusses) ist darzustellen, dass die erfolglose Vollstreckung geprüft wurde und aus welchen Erwägungen das Vollstreckungsgericht die Billigkeit der Pfändung bejaht (bei Ablehnung: verneint) hat[105]. Diese Begründung hat eine kurze Zusammenfassung der Erwägungen zu enthalten, auf denen die Entscheidung in tatsächlicher und rechtlicher Hinsicht beruht (§ 313 Abs. 1 ZPO entsprechend). Die formularmäßige Wendung, die Pfändung erfolgte gem. § 850 b Abs. 2 ZPO und entspreche nach dem Vortrag des Gläubigers der Billigkeit, lässt ein Abwägen der Gläubiger- und Schuldnerinteressen vermissen, gibt somit keine ausreichende Begründung für Prüfung der Billigkeit[106].

1029　6. Bei Beurteilung der Umstände des Falles[107] und Abwägung der Interessenlagen sind insbesondere auch Bedürftigkeit und Notlage des einen oder anderen Teiles zu berücksichtigen. Deshalb kann die Interessenabwägung auch dazu führen, dass einem Gläubiger die Pfändung ermöglicht, einem anderen aber versagt wird. Ermöglicht das bewegliche Vermögen des Schuldners nur eine Teilbefriedigung des Gläubigers, so ist wegen der ungedeckten Restforderung die Pfändung der Rentenbezüge nach Lage des Falles zulässig. Für die Zulassung der Pfändung einer für Körperverletzung

---

103　Siehe den Hinweis von *Berner* in Rpfleger 1965, 240 auf *Merten*, Lohnpfändungsrecht, Anm. IV zu § 4.
104　*BGH* a.a.O. (Fußn. 50).
105　Diese Begründung dürfte auch das *OLG Köln* FamRZ 1995, 309 = Rpfleger 1995, 76 = VersR 1995, 1377 mit der Aussage im Auge haben, der Pfändungsbeschluss müsse „auch bei einer Blankettpfändung die Quote der Inanspruchnahme des Taschengeldes, die Berechnungsgrundlagen und die Billigkeitsprüfung erkennen lassen". Zur Notwendigkeit der Begründung bei Billigkeitsentscheidung siehe im übrigen (alle zur vormaligen Pfändung laufender Sozialleistungen) 10. Auflage Rdn. 1397 Fußn. 42.
106　*KG* JurBüro 1982, 462 = MDR 1982, 417 = OLGZ 1982, 443 (446) = Rpfleger 1982, 74.
107　Als Härte für den Schuldner, die eine Pfändung nicht ermöglicht, wird es anzusehen sein, wenn er wegen einer geringen Forderung des Gläubigers seine Rechte aus dem Versicherungsvertrag über eine für den Todesfall abgeschlossene Lebensversicherung verlieren würde (hierzu *LG Mainz* VersR 1972, 142).

gewährten Rente kann sprechen, dass der Schuldner nicht nachprüfbaren Gelegenheitsarbeiten nachgeht und die Annahme eines festen, seine Verletzung berücksichtigenden Arbeitsplatzes verweigert[108].

7. Wird die Pfändbarkeit der Rentenansprüche und rentenähnlichen Bezüge des § 850 b ZPO bejaht, so ermöglicht das keine unbeschränkte Pfändung. Vielmehr ist *Pfändung* nur nach den für das Arbeitseinkommen geltenden Vorschriften (§§ 850 c, d, f Abs. 2 ZPO) möglich. Bei der Vollstreckung gewöhnlicher Forderungen müssen daher dem Schuldner (auch für Rückstände) die pfändungsfreien Beträge des § 850 c ZPO belassen werden (Vollstreckung einer Forderung aus vorsätzlich begangener unerlaubter Handlung erfolgt auf Antrag nach § 850 f Abs. 2 ZPO), während ihm bei Vollstreckung von Unterhaltsansprüchen und ihnen gleichgestellter Forderungen Freibeträge im Rahmen des § 850 d ZPO verbleiben müssen. Im Pfändungsbeschluss kann bei Vollstreckung durch den Gläubiger einer gewöhnlichen Geldforderung für Bezeichnung der nach § 850 c ZPO pfandfreien Bezüge (wie bei Pfändung einer laufenden SGB-Geldleistung, Rdn. 1381) auf die Tabelle zu § 850 c ZPO Bezug genommen werden[109] (Blankettbeschluss, Rdn. 1054). Etwaige zusätzliche Bedürfnisse des Schuldners können nach § 850 f Abs. 1 ZPO berücksichtigt werden. Zu den für Arbeitseinkommen geltenden Vorschriften gehört auch § 850 e Nr. 2, 2 a und 3 ZPO; zur Feststellung der Freibeträge sind daher Rentenansprüche und rentenähnliche Bezüge miteinander und mit einem etwaigen Arbeitseinkommen oder mit Naturalleistungen sowie nach den Umständen des Falles auch mit Geldleistungen nach dem SGB zusammenzurechnen. Auf die nach der Pfändung fällig werdenden fortlaufenden Bezüge erstreckt sich das Pfandrecht nach § 832 ZPO; Vorratspfändung ermöglicht § 850 d Abs. 3 ZPO.

1030

8. Bei Pfändung der Ansprüche aus *Altenteil* ist zu beachten, dass die aus einem Grundstück zu entrichtenden Leistungen als *Reallast* (§ 1105 BGB) geschuldet werden (z. B. das Taschengeld des Altenteiles). Ihre Pfändung muss daher in der für die Hypothekenpfändung vorgeschriebenen Form durchgeführt werden (§ 857 Abs. 6, § 830 ZPO; siehe Rdn. 1734). Diese Regelung ist durch die Vorschrift des § 850 b Abs. 2 ZPO nicht aufgehoben. Mit der Bestimmung, dass die Bezüge nach den für Arbeitseinkommen geltenden Vorschriften gepfändet werden können, ist nur gesagt, dass die für Arbeitseinkommen geltenden Pfändungsbeschränkungen der §§ 850 c, d sowie f Abs. 2 ZPO zu beachten sind, nicht aber, dass die Pfändung wirksam in der Form des § 829 ZPO erfolgen könne.

1030a

IV. Der Taschengeldanspruch und seine Pfändung

Schrifttum: *Balthasar*, Die Pfändung des Taschengeldanspruchs des vermögenslosen Ehegatten, FamRZ 2005, 85; *Neugebauer*, Die Pfändung von Taschengeldansprüchen, MDR 2005, 376.

---

108 *LG Mannheim* FamRZ 1965, 459 (Leits.) = MDR 1965, 144.
109 *BGH* FamRZ 2005, 1083 = JurBüro 2005, 381 = MDR 2005, 1015 = NJW-RR 2005, 869 = Rpfleger 2005, 446.

3. Kapitel: Pfändung von Arbeitseinkommen

1. Anspruch auf Taschengeld

1031 a) Unterhaltsrechtlichen Anspruch auf Zahlung eines *Taschengeldes* zur freien Verwendung für persönliche Zwecke hat der in häuslicher Gemeinschaft lebende, haushaltführende Ehegatte, der nicht mit Einkünften aus Arbeit oder Vermögen unterhaltspflichtig ist[110]. Er hat Anspruch auf Taschengeld jedoch nicht, wenn das Familieneinkommen schon durch den notwendigen Grundbedarf der Familienmitglieder restlos aufgezehrt wird[111]. Der Taschengeldanspruch ist Bestandteil des Familienunterhalts nach §§ 1360, 1360 a BGB. Als solcher ist er auf gesetzlicher Vorschrift beruhende *unpfändbare* Unterhaltsrente nach § 850 b Abs. 1 Nr. 2 ZPO[112]. Pfändung dieses auf Geld gerichteten Zahlungsanspruchs kann daher nur Abs. 2 des § 850 b ZPO *ausnahmsweise* ermöglichen.

1031a b) Für den *mitverdienenden Ehegatten* besteht ein Zahlungsanspruch auf Unterhalt für Taschengeld (durchweg) nicht. Bei Leistung seines Geldbeitrags zum Familienunterhalt (§ 1360 S. 1 BGB) behält er sein Taschengeld aus seinem Berufseinkommen ein[113]. Einen Zahlungsanspruch auf Leistung von Taschengeld gegen den Ehegatten, der Familienunterhalt schuldet (§ 1360 S. 1 BGB), schließt das aus[114]. Das gilt für Nebenerwerbstätigkeit des haushaltführenden Ehegatten ebenso wie für den ohne unterhaltsrechtliche Verpflichtung freiwillig erwerbstätigen Ehegatten; auch er ist unterhaltspflichtig, muss somit mit einem Teil seines Hinzuverdienstes zum Familienunterhalt beitragen.

1031b c) Einem *getrennt lebenden Ehegatten* (Unterhaltsanspruch: § 1361 Abs. 1–3 BGB) ist der laufende Unterhalt durch Zahlung einer Geldrente zu gewähren (§ 1361 Abs. 4 BGB). Sie schließt den Unterhaltsbedarf für persönliche Zwecke, somit Taschengeld, ein. Ein pfändbarer Taschengeldanspruch besteht daher als ausscheidbarer, selbstständiger Unterhaltsanspruch *nicht*. Das gilt gleichermaßen, wenn Einkünfte des anspruchsberechtigten Ehegatten aus zumutbarer Erwerbstätigkeit oder Vermögenseinkünfte auf seinen Unterhaltsanspruch angerechnet sind und ebenso für den restigen Unterhaltsanspruch auf Zahlung einer Geldrente, wenn ein Teil des laufenden Unterhalts vereinbarungsgemäß durch Sachleistungen (z. B. unentgeltliche Wohnungsüberlassung) zu erfüllen ist. Pfändbar ist (unter den weiteren Voraussetzungen des § 850 b Abs. 2 ZPO) in diesen Fällen nur die in Geld zu zahlende gesetzliche Unterhaltsrente; mit Anwendung

---

110 *BGH* in ständiger Rechtsprechung, insbes. *BGH* FamRZ 1986, 668 (669); *BGH* FamRZ 2004, 1784 = JurBüro 2004, 669 = JZ 2004, 1132 mit Anm. *Smid* = MDR 2004, 1144 = NJW 2004, 2450 = Rpfleger 2004, 503; *BGH* FamRZ 2004, 1279 = DGVZ 2004, 135 = JurBüro 2004, 494 = NJW 2004, 2452 (2453) = Rpfleger 2004, 575.
111 *BGH* FamRZ 1998, 608 = MDR 1998, 472 = NJW 1998, 1553 (1554); *BGH* NJW 2004, 2452 (2453) = a.a.O. (Fußn. 110); *OLG Hamm* FamRZ 1989, 617 = NJW-RR 1989, 516 = Rpfleger 1989, 207 mit Anm. *Otto*; *OLG Köln* Rpfleger 2003, 670 (671). Dass in einfachen Verhältnissen ein Taschengeldanspruch nicht besteht, lässt die Vollstreckungspraxis (unverständlich) oft unbeachtet.
112 *BGH* NJW 2004, 2450 = a.a.O. (Fußn. 110); *OLG Nürnberg* FamRZ 1999, 505 = JurBüro 1998, 661 = Rpfleger 1998, 294.
113 *BGH* NJW 1998, 1553 = a.a.O. (Fußn. 111); *KG* NJW-RR 1992, 707; *Sauer* und *Meiendresch* FamRZ 1994, 1441.
114 *BGH* NJW 1998, 1553 = a.a.O. (Fußn. 106); *KG* NJW-RR 1992, 707. Bei geringen Einkünften des mitverdienenden Ehegatten kann ein *Aufstockungsanspruch* bestehen, *BGH* NJW 1998, 1553 = a.a.O.

Bedingt pfändbare Forderungen (§ 850 b ZPO)

der für Arbeitseinkommen geltenden Vorschriften sind dabei angerechnete eigene Erwerbseinkünfte nach § 850 e Nr. 2 ZPO (entsprechende Anwendung auf Grund des § 850 b Abs. 2 ZPO) vom Vollstreckungsgericht zusammenzurechnen; Naturalunterhalt wäre mit dem durch Zahlung einer Geldrente zu leistenden Unterhalt (für deren Pfändung) nach § 850 e Nr. 3 ZPO zusammenzurechnen.

d) Der Unterhaltsanspruch eines *geschiedenen Ehegatten* (§§ 1569 ff. BGB) ist durch Zahlung einer Geldrente zu erfüllen (§ 1585 Abs. 1 S. 1 BGB). Sie umfasst mit dem gesamten Lebensbedarf auch den Unterhaltsbedarf für persönliche Zwecke (somit Taschengeld). Ein pfändbarer Taschengeldanspruch besteht daher als ausscheidbarer, selbstständig pfändbarer Unterhaltsanspruch eines geschiedenen Ehegatten nicht. Es gilt auch für diesen Unterhaltsanspruch das Rdn. 1031 b Gesagte.

1031c

e) Einem *Verwandten* (§ 1601 BGB) ist Unterhalt regelmäßig durch Entrichtung einer Geldrente zu gewähren (§ 1612 Abs. 1 S. 1 BGB mit Ausnahme für minderjährige Kinder in Abs. 2). Er umfasst den gesamten Lebensbedarf (§ 1610 Abs. 2 BGB), somit auch den Unterhaltsbedarf für persönliche Zwecke (Taschengeld). Auch für diesen Unterhaltsanspruch gilt daher das Rdn. 1031 b Gesagte. Entsprechendes gilt für den einem Kind als Regelunterhalt (§ 1615 f BGB) zu zahlenden Geldbetrag. Taschengeld, das einem im Haushalt der Eltern (oder eines Elternteils) lebenden Kind zu überlassen ist, erlangt wegen seines geringen Umfangs für Pfändung keine Bedeutung.

1031d

2. Pfändbarkeit des Taschengeldanspruchs

a) Als Bestandteil des Familienunterhalts wird der Taschengeldanspruch (Rdn. 1031) nach § 850 b Abs. 2 ZPO als *bedingt pfändbar* angesehen. Dieser (nicht unbedenklichen) Auffassung des *BGH*[115] wird die vollstreckungsrechtliche Praxis folgen. Von (völliger) Unpfändbarkeit des Taschengeldanspruchs kann somit nicht mehr ausgegangen werden; das vielfache Schrifttum und die umfassende Rechtsprechung aus zurückliegender Zeit sind damit überholt[116]. Verfassungsrechtlich wird die bedingte Pfändbarkeit des Taschengeldanspruchs als unbedenklich angesehen[117].

1031e

b) Als *Ausnahme* zu der nach § 850 b Abs. 1 Nr. 2 ZPO „grundsätzlichen" Unpfändbarkeit der gesetzlichen Unterhaltsrente und damit des Taschengeldanspruchs ermöglicht *Abs. 2* dieser Vorschrift die Pfändung, wenn die folgenden besonderen Voraussetzungen vorliegen (dazu bereits Rdn. 1025):

1031f

- die Vollstreckung in das sonstige bewegliche Vermögen des Schuldners (§§ 803 ff. ZPO) darf zu einer vollständigen Befriedigung des Gläubigers nicht geführt haben oder voraussichtlich nicht führen[118] **und** (nicht oder)
- nach den Umständen des Falles, insbesondere nach der Art des beizutreibenden Anspruchs und der Höhe der Bezüge, muss die Pfändung der Billigkeit entsprechen.

---

115 *BGH* NJW 2004, 2450 = a.a.O. und NJW 2004, 2452 = a.a.O. (je Fußn. 110); *OLG Frankfurt* FamRZ 2009, 703.
116 Nachweise zuletzt in der 13. Aufl., Rdn. 1015 e, f.
117 *BVerfG* (Kammerbeschluss) FamRZ 1986, 773 (Nichtannahmeentscheidung); *BGH* NJW 2004, 2450 = a.a.O. (Fußn. 105). Vgl. auch *BVerfG* BVerfGE 68, 256 = FamRZ 1985, 143 (146) = NJW 1985, 1211 (1212 re.Sp.).
118 Hierwegen siehe die ZPO-Kommentare zu § 807 Abs. 1 Nr. 1 und 2; z. B. *Zöller/Stöber*, ZPO, Rdn. 13 ff. zu § 807.

3. Kapitel: Pfändung von Arbeitseinkommen

Unter diesen Voraussetzungen ist sodann Pfändung des Taschengeldanspruchs
- nur nach den *für Arbeitseinkommen geltenden Vorschriften* möglich; vollständige Pfändung (Kahlpfändung) schließt das aus (s. Rdn. 872).

1031g c) Abs. 2 des § 850 b ZPO soll es als *Ausnahmeregelung*[119] ermöglichen, den Gläubiger treffende *Härten zu mildern*, wenn es sich einerseits um größere Bezüge des Schuldners, andererseits um eine besondere Notlage des Gläubigers handelt (s. bereits Rdn. 1025). Allein das (grundsätzlich) schutzwürdige Vollstreckungsinteresse des Gläubigers rechtfertigt mithin noch keine Ausnahme von der (allgemeinen) Unpfändbarkeit des Taschengeldanspruchs als Bestandteil der Unterhaltsrente[120]. Weitergehendes Erfordernis ist schon nach dem Wortlaut von Abs. 2 des § 850 b ZPO („... und ..."), dass die Pfändung nach den Umständen des Falles der Billigkeit entspricht. Pfändung des Taschengeldanspruchs müssen besondere Umstände daher im Vergleich zu durchschnittlichen Fällen rechtfertigen[121]. Bei kleinem Einkommen und damit geringem Unterhaltsanspruch ist Pfändung ohnedies schon nach den für Arbeitseinkommen geltenden Vorschriften ausgeschlossen (dazu Rdn. 1031 h); somit kann Pfändung eines bescheidenen Taschengeldanspruchs nicht schon der Billigkeit entsprechen, wenn der Unterhaltsanspruch den damit gesetzten Grundbetrag übersteigt[122]. Aber auch bei jedenfalls durchschnittlichen oder schon guten Einkommensverhältnissen kann Pfändung des Taschengeldanspruchs mangels „Billigkeit" nicht zugelassen werden[123]. Selbst „überdurchschnittliche" Einkommensverhältnisse und damit ein „größerer" Taschengeldanspruch allein begründen Billigkeit der Pfändung nicht schon ohne weiteres; nach den Umständen des Falles hat die Pfändung der Billigkeit nicht nur infolge der Höhe der Bezüge, sondern ebenso („... und ...") nach der Art des beizutreibenden Anspruchs zu entsprechen. Das gebietet Würdigung aller Umstände des Einzelfalls[124], für die neben (nicht aber alternativ „statt") der

---

119 Abwegig Balthasar FamRZ 2005, 85 (86): Billigkeit keine Ausnahme; der Schuldner hat es in der Hand, die Pfändung des Taschengeldanspruchs zu vermeiden, indem er eine Nebentätigkeit mit pfändungsfreiem Einkommen aufnimmt (zu diesem Fall Rdn. 1031 a).
120 *OLG Schleswig* Rpfleger 2002, 87 = OLGR 2002, 59.
121 *OLG Nürnberg* FamRZ 1995, 505 (506) = a.a.O. (Fußn. 112) [Verfassungskonforme Auslegung des § 850 b Abs. 2 ZPO ergibt, dass die Pfändung eines Taschengeldanspruchs auf besondere Fälle beschränkt bleiben muss]; *OLG Brandenburg* JurBüro 2002, 160 = MDR 2002, 356.
122 Vgl. *OLG Hamm* JurBüro 1965, 245 = Rpfleger 1965, 239 mit zust. Anm. *Berner* für den Taschengeldanspruch einer in einfachsten Verhältnissen lebenden Schuldnerin, von dem bei Zulassung der Pfändung nur ein geringer Betrag erfasst worden wäre; *LG Dortmund* Rpfleger 1989, 467 (Pfändung nicht billig, wenn ein etwaiger nur geringer Taschengeldanspruch der Schuldnerin für außerordentlich lange Zeit entzogen würde); schließlich *OLG Karlsruhe* MDR 1991, 1095 (keine Pfändung wenn das Einkommen des samtverbindlich mithaftenden Ehemannes bereits bis zur Freigrenze des § 850 c ZPO gepfändet ist).
123 *OLG Brandenburg* MDR 2002, 356 = a.a.O. (Fußn. 121); *OLG Nürnberg* FamRZ 1999, 505 (506) = a.a.O. (Fußn. 112).
124 *BGH* NJW 2004, 2450 (2452) = a.a.O. (Fußn. 110).

Höhe der Bezüge und damit des dem Schuldner bei Pfändung verbleibenden Betrags das Gläubigerinteresse und damit die Art und Umstände der Entstehung des beizutreibenden Anspruchs bedeutsam sind[125]. Billig sein kann die Pfändung bei hinreichender Höhe des Taschengeldanspruchs bei Vollstreckung rückständigen Unterhalts[126] (§ 850 d Abs. 1 ZPO) oder einer Forderung aus vorsätzlicher unerlaubter Handlung[127] (§ 850 f Abs. 2 ZPO) und auch bei besonderer Notlage des Gläubigers[128]; eine solche kann aber nicht schon angenommen werden, wenn dem Gläubiger mit Zurückstellung der Befriedigung seiner Forderung Nachteil droht (das ist Folge der grundsätzlichen Unpfändbarkeit des Anspruchs). Je nach Lage des Einzelfalls können ferner von Bedeutung sein[129] die wirtschaftliche Situation und der Lebensstil des Schuldners, das Verhalten der Beteiligten (nicht nur des Schuldners) bei der Entstehung oder der Beitreibung[130] der Forderung sowie mögliche Belastungen, die für die Ehe des Schuldners bei Pfändung entstehen könnten[131]; überdies können auch die Höhe der zu vollstreckenden Forderung und die voraussichtliche Dauer der Pfändung in die Bewertung einfließen.

d) Bei *kleinem Einkommen* des erwerbstätigen Ehegatten (Drittschuldners) ist der geringe Taschengeldanspruch überdies nach den für Arbeitseinkommen geltenden Vorschriften (§ 850 b Abs. 2 ZPO) unpfändbar. Nicht pfändbar ist eine Unterhaltsrente, deren Bestandteil der Taschengeldanspruch ist, wenn sie monatlich nicht mehr als 989,99 € beträgt (985,15 € nach § 850 c Abs. 1 ZPO mit Abrundung nach Abs. 3). Dieser Grundbetrag erfordert ein Nettoeinkommen des allein verdienenden Ehegatten (Drittschuldners) von (zumindest[132]) 1.979,99 €, wenn unterhaltsrechtlich von gleichmäßiger Teilhabe (Halbierung) der Ehegatten am verfügbaren Nettoeinkommen auszugehen ist. Der Betrag erhöht sich, wenn vom Einkommen auch der Lebensbedarf unterhaltsberechtigter Kinder zu bestreiten ist; er kann sich in den Fällen der § 850 d und § 850 f Abs. 2 ZPO mindern. Für Pfändung eines Taschengeldanspruchs bei einem Nettoeinkommen bis zu einem solchen Grundbetrag besteht damit schon kein Rechtsschutzbedürfnis, das Erfordernis jeder Vollstreckungsmaßnahme

1031h

---

125 *BGH* NJW 2004, 2450 (2452) = a.a.O. (Fußn. 110).
126 *BGH* a.a.O. (Fußn. 110); *OLG Nürnberg* a.a.O. (Fußn. 112).
127 *BGH* und *OLG Nürnberg* je a.a.O. (wie Fußn. 126).
128 *BGH* und *OLG Nürnberg* je a.a.O. (wie Fußn. 126).
129 Dies nach *BGH* NJW 2004, 2450 (2452) = a.a.O. (Fußn. 110).
130 Bejaht werden kann die Billigkeit der Pfändung nicht schon deshalb, weil der Schuldner den Gläubiger jahrelang hingehalten hat, *OLG Stuttgart* Justiz 1987, 462 = Rpfleger 1987, 466.
131 Dazu auch *OLG Nürnberg* FamRZ 1999, 505 (507) = a.a.O. (Fußn. 112): Lange Dauer des Zugriffs (Dauer der Taschengeldpfändung mindestens 25 Jahre) und damit viele Jahre anhaltende Einflussnahme auf die ehelichen „Finanzverhältnisse" kann (ohne Vorliegen besonderer Umstände) nicht der Billigkeit entsprechen.
132 Der Einfachheit halber soll hier unbeachtet bleiben, dass der fiktive Unterhaltsanspruch des nicht berufstätigen Ehegatten üblicherweise mit $3/7$ des bereinigten Nettoeinkommens bemessen wird, der unpfändbare Betrag von 989,99 € (= $3/7$) sonach von einem Nettoeinkommen von rd. 2.310,00 € abzuleiten wäre.

3. Kapitel: Pfändung von Arbeitseinkommen

ist[133], wenn auch weiterhin nicht damit gerechnet werden kann, dass das Einkommen sich grundlegend ändern und dann die Pfändungsfreigrenze übersteigen wird. Im Hinblick auf diesen Grundbetrag werden (auch wenn immer die Besonderheiten des Einzelfalls zu würdigen sind) durchschnittliche Einkommensverhältnisse (zu diesen Rdn. 1031 g) für Bemessung des Unterhaltsanspruchs eines kinderlos verheirateten Schuldners durchaus mit etwa 2.500–3.000 € netto angenommen werden können[134].

3. *Unpfändbarer Grundbetrag – pfändbarer Mehrbetrag*

1031i a) Nach den für Arbeitseinkommen geltenden Vorschriften ist der Schuldner vor vollem Pfändungszugriff geschützt (Rdn. 1031 f). Angemessene Teile der für Taschengeld bestimmten Unterhaltsleistungen müssen ihm damit zur Bestreitung des Lebensbedarfs verbleiben, für den Taschengeld als Unterhaltsleistung bestimmt ist (zur Zweckbestimmung bei Einkommenspfändung s. Rdn. 872).

Bei Pfändung unmittelbar nach dem Wortlaut der Pfändungsvorschriften für Arbeitseinkommen (§ 850 b Abs. 2 ZPO) müssten daher dem Schuldner bei Vollstreckung einer gewöhnlichen Geldforderung die nach § 850 c ZPO zu bemessenden Teile des Taschengeldanspruchs pfandfrei verbleiben. Die demnach pfandfrei zu belassenden Beträge erreicht der Taschengeldanspruch allein praktisch jedoch nicht. Zum Erfolg kann die Pfändung daher nur führen, wenn (dem Grundsatz nach) der Taschengeldanspruch zusammen mit dem übrigen Unterhaltsanspruch die Pfändungsfreigrenze übersteigt; deshalb wurde zeitweilig ein in Natur zu leistender Unterhalt nach § 850 e Nr. 3 ZPO mit dem Taschengeldanspruch zusammengerechnet[135]. Das bewirkte jedoch, dass Pfändung den Taschengeldanspruch voll erfasst und damit gegen den Grundsatz des § 850 c Abs. 2 ZPO verstößt, dass „Mehreinkommen" über die Grundbeträge des § 850 c Abs. 1 ZPO hinaus dem Schuldner anteilig pfandfrei zu verbleiben hat[136].

Beispiel: Unpfändbarer Unterhalt in Natur
(angenommen bei einem Nettoeinkommen von 3.000 Euro mit)   1.500,00 Euro
Taschengeldanspruch (mit 5 % des Nettoeinkommens)   150,00 Euro
Zusammengerechnete Einkünfte nach § 850 e Nr. 3 ZPO   1.650,00 Euro
Nach § 850 c ZPO pfändbarer Betrag   465,40 Euro
(keine Unterhaltspflichten)
Unpfändbarer Teil durch Naturalunterhalt gedeckt.
Gepfändet wäre somit der volle Taschengeldanspruch mit 150,00 Euro.

---

133 *Zöller/Stöber*, ZPO, Rdn. 17 vor § 704; auch *OLG Stuttgart* JurBüro 2001, 656 = Rpfleger 2001, 557. Auch *LG Koblenz* FamRZ 2005, 468: Keine Pfändung des Taschengeldanspruchs, wenn die in einen Zahlungsanspruch umgerechnete Unterhaltsforderung der Schuldnerin der Pfändung nicht unterliegt (so bei Nettoeinkommen des Drittschuldners von 2.500 € und Unterhaltspflicht der Schuldnerin für eine Person).

134 Das *OLG Nürnberg* FamRZ 1999, 505 = a.a.O. (Fußn. 112) hat (im Januar 1998) Pfändung des Taschengeldanspruchs mit (damals) ca. 180 DM bei einem seiner Berechung zugrunde liegenden Einkommen von ca. 3.576 DM nicht zugelassen, weil sie der Billigkeit nicht entsprochen hat.

135 *OLG Bamberg* JurBüro 1988, 542 = Rpfleger 1988, 154; *OLG München* FamRZ 1988, 1161 = JurBüro 1988, 1582 = NJW-RR 1988, 894; *OLG Stuttgart* Justiz 1987, 462 = Rpfleger 1987, 466.

136 Das übersieht *Balthasar* FamRZ 2005, 85 mit dem S. 88 (auch mit Verweisung auf die Tabelle nur wegen des Barunterhalts unklar) formulierten Beispiel für den Antrag.

Bedingt pfändbare Forderungen (§ 850 b ZPO)

Diese Behandlung schließt zudem auch § 1360 BGB aus. Danach ist nicht dem Schuldner einzeln Unterhalt in Natur zu leisten; die Eheleute sind einander vielmehr gegenseitig verpflichtet, ihre Familie angemessen zu unterhalten. Diese wechselseitige Unterhaltspflicht der Ehegatten zur Leistung des Familienunterhalts weist einen dem Schuldner als Ehepartner geschuldeten Einzelunterhalt und damit für diesen Naturalleistungen als zusammenrechenbare Unterhaltseinkünfte nicht aus; das vom berufstätigen Ehegatten zu leistende unpfändbare Wirtschaftsgeld (Rdn. 1015) entspricht zudem nicht den für Zusammenrechnung nach § 850 e Nr. 3 ZPO erforderten „Naturalleistungen". Bemessung eines fiktiven[137] betragsmäßigen Unterhaltsanteils des Schuldners am Familienunterhalt nur für Zusammenrechnung verbietet sich. Erfordern würde das Ermittlung des Lebensbedarfs der Mitglieder der Familie als Unterhaltsempfänger, somit Berechnung des Unterhaltsbedarfs des berufstätigen Ehegatten und des Kindesbedarfs mit „Aufteilung" der Kosten des gemeinsamen Haushalts. Ein solcher Eingriff in die Rechts- und Privatsphäre der am Zwangsvollstreckungsverfahren nicht beteiligten Familienangehörigen verbietet sich nach dem Persönlichkeits- und Eheschutz ebenso wie nach der Ausgestaltung des Familienunterhalts als Ausprägung der ehelichen Grundpflicht zur Lebensgemeinschaft; als Verstoß gegen die im formalisierten Vollstreckungsverfahren[138] geltenden Grundsätze der Rechtsklarheit und Praktikabilität wäre er zudem versagt.

b) Dem Wesen des Anspruchs auf Familienunterhalt nach der Ausgestaltung durch das 1. EheRG (vom 14. Juni 1976) trägt der Wortlaut der veralteten und unzulänglichen Verfahrensbestimmung von § 850 b Abs. 2 ZPO (ihre Fassung geht auf die LohnpfändungsVO vom 30. Okt. 1940 zurück) nicht Rechnung. Sie ist für Pfändung des Taschengeldanspruchs daher mit Blick auf das (materielle) Unterhaltsrecht nach Sinn und Zweck des Einkommenspfändungsschutzes auszulegen. Für Zwangsvollstreckung durch einen *gewöhnlichen Gläubiger* (Rdn. 1036) erlangt dabei mit der in § 850 c ZPO vorgesehenen Aufteilung des Einkommens in pfändbare und unpfändbare Teile (dazu Rdn. 1043, 1044) Bedeutung, dass dem Schuldner

1031k

- ein unpfändbarer Grundbetrag zu verbleiben hat (§ 850 c Abs. 1 ZPO),
- von dem darüber hinausgehenden Einkommen ein weiterer pfändungsfreier Eigenanteil nach den Bemessungsmerkmalen des § 850 c Abs. 2 ZPO gebührt.

Dabei fällt für Pfändung nur des Taschengeldanspruchs ins Gewicht, dass Taschengeld zur freien Verwendung für persönliche Zwecke bestimmt ist. Weil es somit nicht Einkommen auch für Erfüllung gesetzlicher Unterhaltspflichten ist, können unterhaltsberechtigte Angehörige (auch Kinder, denen der Ehegatte [Drittschuldner] gleichermaßen unterhaltspflichtig ist[139]) für Bestimmung des nach § 850 c Abs. 1 und 2 ZPO unpfändbaren

---

137 Für fiktiv rechnerische Aufteilung des Familieneinkommens nach Quoten *OLG Bamberg* = a.a.O. (Fußn. 135); *OLG München* FamRZ 1988, 1161 = a.a.O. (Fußn. 135).
138 Dazu *Zöller/Stöber*, ZPO, Rdn. 22 vor § 704.
139 Anders ist es zu beurteilen, wenn einem Kind aus früherer Ehe oder einem nichtehelichen Kind Unterhalt zu leisten und hierfür auch der Taschengeldanspruch einzusetzen ist, vgl. deswegen *BVerfG* FamRZ 1985, 143 (146) = NJW 1985, 1211; *BGH* FamRZ 1986, 668 = NJW 1986, 1869 = Rpfleger 1986, 301; *OLG Köln* FamRZ 1994, 1272 = Rpfleger 1994, 426. Zum Einsatz des Taschengeldes für Elternunterhalt s. *BGH* NJW 2004, 674.

Grund- und Mehrbetrags keine Berücksichtigung finden[140]. Weiter erlangt Bedeutung, dass der notwendige Lebensbedarf des Schuldners mit dem nicht pfändbaren Familienunterhalt in Natur und als Wirtschaftsgeld bereits voll gedeckt ist. Daher ist bei Pfändung des Taschengeldanspruchs aus dieser weitergehenden Unterhaltsleistung weder ein unpfändbarer Grundbetrag (§ 850 c Abs. 1 ZPO) noch ein durch Zusammenrechnung des Taschengelds mit anderen Unterhaltsleistungen (§ 850 e Nr. 3 ZPO) zu bestimmender pfändbarer oder unpfändbarer Mehrbetrag zu bemessen. Das hat zur Folge, dass § 850 c Abs. 2 ZPO das als Mehreinkommen insgesamt über dem unpfändbaren Grundbetrag liegende Einkommen an Taschengeld in Höhe von drei Zehnteln für den Schuldner unpfändbar stellt[141], somit in Höhe von *sieben Zehnteln* dem Gläubigerzugriff verfügbar macht[142].

In der Praxis wird nun auch durchweg so verfahren, dass Pfändung und Überweisung von 7/10 des (angeblichen) Taschengeldanspruchs[143] erfolgt.

1031l c) Dem Gläubiger eines bevorrechtigten *Unterhaltsanspruchs* (§ 850 d ZPO) und dem Gläubiger einer Forderung aus einer vorsätzlich begangenen unerlaubten Handlung (§ 850 f Abs. 2 ZPO) ist die Pfändung in weiterem Maße ermöglicht. Dem Schuldner ist bei Vollstreckung durch solche Gläubiger jedoch stets auch ein Betrag für „notwendigen Unterhalt" zu belassen (§ 850 d Abs. 1 S. 2, § 850 f Abs. 2 ZPO), der bei Vollstreckung eines Unterhaltsgläubigers den nach § 850 c ZPO zu bemessenden Freibetrag nicht übersteigen darf (§ 850 d Abs. 1 S. 2 ZPO). Damit ist der dem Schuldner pfandfrei zu belassende Taschengeldanteil auf den zur Deckung der notwendigen Bedürfnisse erforderlichen Betrag begrenzt. Dieser Frei-

---

140 *BGH* NJW 2004, 2450 (2451) = a.a.O. (Fußn. 110). Siehe auch *Büttner* FamRZ 1994, 1433 (1440): Jedenfalls dann nicht, wenn nicht ergänzend Bar- oder Naturalunterhaltsleistungen zu erbringen sind; auch *LG Konstanz* Rpfleger 2008, 37 (38 re.Sp.).
141 So auch *OLG Frankfurt* FamRZ 1991, 727 (729). Vgl. auch *OLG Celle* FamRZ 1991, 726 = NJW 1991, 1960 das einen bestimmten Betrag (damals 50,– DM) pfandfrei lässt und die (volle) Pfändung des darüber hinausgehenden Taschengeldes als billig ansieht, damit jedoch den Schuldner am „Mehrbetrag" nicht beteiligt; auch *LG Konstanz* Rpfleger 2008, 37.
142 So auch *OLG Frankfurt* Rpfleger 1996, 77 (Leits.); *LG Stuttgart* JurBüro 1996, 104 (belässt dem Schuldner „ein gewisses Minimum"; mindestens [damals] 60,– DM monatlich); *OLG Stuttgart* Rpfleger 1997, 447: unentziehbarer Mindestbehalt von (damals) 70,– DM monatlich für persönliche Bedürfnisse und Verrechnung abzuführender Beträge zunächst auf Hauptschuld, nicht auf hohe Zinsen); *LG Ulm* JurBüro 1998, 379; *AG Lemgo* JurBüro 1996, 385 (als Freiraum für die persönliche Lebensgestaltung müssen monatlich [damals] 150,– DM belassen werden).
143 So auch *BGH* NJW 2004, 2450 (2451) = a.a.O. (Fußn. 110), der davon ausgeht, dass die Pfändungsfreigrenze des § 850 c Abs. 1 ZPO einer Pfändung von 7/10 des Taschengeldanspruchs nicht entgegensteht. Außerdem z. B. *BGH* NJW 2004, 2452 (2453) = a.a.O. (Fußn. 110); *OLG Nürnberg* FamRZ 1999, 505 (506) = a.a.O. (Fußn. 112); *OLG Frankfurt* Rpfleger 1996, 77 (Leits.); *OLG Karlsruhe* JurBüro 1992, 570.

betrag ist im Pfändungsbeschluss bestimmt zu bezeichnen (Rdn. 1121). Bemessen werden kann er mit einem Bruchteil des Regelsatzes (§ 28 SGB XII und § 20 Abs. 2 SGB II; dazu Rdn. 1176 d), der auch persönliche Bedürfnisse des täglichen Lebens einschließt (§ 27 Abs. 1 SGB XII und § 20 Abs. 1 SGB II).

4. Das Pfändungsverfahren

a) Der Gläubiger hat die Tatsachen geltend zu machen, die das Bestehen der zu pfändenden Schuldnerforderung als Teil seines Unterhaltsanspruchs ergeben (Rdn. 485 a) und ausnahmsweise deren Pfändung nach § 850 b Abs. 2 ZPO rechtfertigen (Rdn. 1027). Er ist für die Tatsachen, aus denen sich ergibt, dass Pfändung des Taschengeldanspruchs der Billigkeit entspricht, darlegungs- und beweispflichtig[144]. Der Sachvortrag des Gläubigers dazu, dass der Schuldner Anspruch auf Zahlung eines Taschengeldes als Unterhaltsleistung hat, muss schlüssig sein[145] (Rdn. 485 a); dass die Bezüge nach § 850 b Abs. 2 ZPO der Pfändung unterworfen werden können, muss sich aus dem unbestrittenen Tatsachenvortrag des Gläubigers schlüssig ergeben, sonst muss hierüber Beweis geliefert und erhoben werden (Rdn. 1027). **1032**

b) Anhörung des Schuldners und des Drittschuldners: § 850 b Abs. 3 ZPO (Rdn. 1027). **1032a**

c) *Zugelassen* werden darf die Pfändung des nach § 850 b Abs. 1 Nr. 2 ZPO (grundsätzlich) unpfändbaren Taschengeldanspruchs nur, wenn positiv feststeht, dass die besonderen Voraussetzungen des Abs. 2 dieser Vorschrift vorliegen (Rdn. 1026 a.E.). Durch Begründung des Pfändungsbeschlusses (oder des Zurückweisungsbeschlusses) sind die wesentlichen Erwägungen für Zulassung (oder Ablehnung) der Pfändung darzustellen (Rdn. 1028). **1032b**

5. Der Pfändungsbeschluss

a) Das Vollstreckungsgericht kann nur die angebliche Forderung (Rdn. 486) des Schuldners an den Drittschuldner auf Zahlung von Taschengeld pfänden, Bestimmung über deren Höhe somit nicht treffen[146]. Damit verbietet sich Pfändung eines zahlenmäßig bestimmten Betrags des **1032c**

---

144 *BGH* NJW 2004, 2450 (2452) und NJW 2004, 2452 (2453) = a.a.O. (Fußn. 110). Dazu *Balthasar* FamRZ 2005, 85 (87): Für Umstände, die („ausnahmsweise") der Billigkeit entgegenstehen können, trifft die Beweislast den Schuldner. Das bedingt bereits die ihm im Erinnerungsverfahren obliegende Nachweispflicht (s. Rdn. 720 und die ZPO-Kommentare).
145 So auch *OLG Köln* FamRZ 1991, 587; *Mayer* Rpfleger 1990, 281 (282).
146 *OLG Frankfurt* FamRZ 1991, 727. Nicht zulässig ist daher die Anordnung (so nach dem Sachverhalt von *OLG Hamm* FamRZ 1989, 617 = NJW-RR 1989 516 = Rpfleger 1989, 207 mit Anm. *Otto*), dass „die Höhe des Taschengeldes aus Billigkeitsgründen mit monatlich 5 % des Einkommens des Drittschuldners bewertet wird". Nicht überzeugend auch *OLG Karlsruhe* JurBüro 1992, 570, das ebenso die Frage der Bezifferung des gepfändeten Taschengeldes stellt.

3. Kapitel: Pfändung von Arbeitseinkommen

Taschengeldanspruchs (z. B. „... gepfändet in Höhe von 60,– Euro monatlich")[147].

1032d Der Pfändungsbeschluss hat daher den (angeblichen) Taschengeldanspruch als Teil des Unterhalts in Höhe von $7/10$ als gepfändet zu bezeichnen. Er kann hinweisend vermerken, nicht jedoch verbindlich Bestimmung treffen, dass sich die Höhe des Taschengeldanspruchs nach den im Einzelfall gegebenen Vermögensverhältnissen, dem Lebensstil und der Zukunftsplanung der Ehegatten richtet und in der Rechtsprechung üblicherweise mit einer Quote von 5 % bis 7 % des zur Verfügung stehenden Nettoeinkommens bemessen wird[148]. Feststellung des Taschengeldanspruchs des Schuldners und damit ziffernmäßige Bestimmung des gepfändeten und des pfandfrei verbleibenden Anteils an dem als Taschengeld zu leistenden Geldbetrag obliegt (wie bei Pfändung von Arbeitseinkommen) dem Drittschuldner[149]. Diesem wird daran gelegen sein, zu seiner Sicherheit Einvernehmen mit dem Gläubiger und auch dem Schuldner zu erzielen. Aussage zu geben hat der Pfändungsbeschluss sodann auch, dass die Pfändung zugelassen wurde, weil sie nach den Umständen des Falles, auch nach der angenommenen Höhe des Anspruchs, damit eines ihm zugrunde liegenden (zu bezeichnenden) Mindestbetrags des Nettoeinkommens, der Billigkeit entspricht. Damit ist zu gewährleisten, dass die Pfändung keine Wirkung äußert, wenn die Bezüge tatsächlich unter dem für ihre Zulassung maßgeblichen Mindestbetrag liegen oder in einem künftigen Zahlungszeitraum diesen nicht erreichen. Weiter muss der Pfändungsbeschluss der Pfändungsgrenze des § 850 c Abs. 1 ZPO Rechnung tragen, damit Bestimmung treffen, dass der Taschengeldanspruch unpfändbar bleibt, wenn der seiner Berechnung zugrunde liegende (gesamte) Unterhaltsanspruch den Grundbetrag von monatlich ... € nicht erreicht.

1032e b) Der *Pfändungsbeschluss* kann damit lauten:

„*Gepfändet wird der angebliche Anspruch des Schuldners (der Schuldnerin) an ... – Drittschuldner – auf fortlaufende Zahlung des als Teil des ehelichen Unterhalts zu leistenden Taschengeldes in Höhe von sieben Zehnteilen des monatlich fortlaufend geschuldeten Betrags.*

---

147 Nicht richtig *OLG Hamm* FamRZ 1990, 547, dass nähere Bezifferung des Umfangs der Pfändung erforderlich sei (somit eine Taschengeldpfändung ohne nähere Bezifferung des Umfangs der Pfändung unwirksam sei). Unzutreffend auch *OLG Köln* FamRZ 1991, 587 (auch Rpfleger 1995, 76), dass die Höhe der Unterhaltsrente, deren Teil der Taschengeldanspruch ist, aus dem Pfändungsbeschluss zu entnehmen sein müsse (Bezeichnung soll auch mit einem Teil des Nettoeinkommens [etwa $3/7$ oder $2/5$] möglich sein). Nicht zutreffend auch *Büttner* FamRZ 1994, 1433 (1440) sowie *Neugebauer* MDR 2005, 376 (379), dass konkret (auch) angegeben werden müsse, welchen Betrag der Drittschuldner an den Gläubiger abzuführen hat (das zu entscheiden ist Sache des Prozessgerichts).
148 Diese Aussage nach der Darstellung in den Gründen von *BGH* NJW 2004, 2450 (2451) = a.a.O. (Fußn. 110); auch *BGH* NJW 1998, 1553 (1554) = a.a.O. (Fußn. 111) *BGH* NJW 2004, 674 (677).
149 *OLG Frankfurt* Rpfleger 1996, 77 Leits.; auch *LG Stuttgart* JurBüro 2001, 45 (46).

Bedingt pfändbare Forderungen (§ 850 b ZPO)

Unpfändbar bleibt der Taschengeldanspruch jedoch nach § 850 c Abs. 1 (mit § 850 b Abs. 2) ZPO, wenn und soweit der nach dem Nettoeinkommen des Drittschuldners bemessene gesamte Unterhaltsanspruch des Schuldners monatlich 989,99 € nicht übersteigt.

Weitergehend von der Pfändung ausgenommen ist der Taschengeldanspruch, wenn er sich von einem zur Verfügung stehenden (gesamten) Nettoeinkommen bis zur Höhe von monatlich ... € bemisst, weil die Pfändung in einem solchen Fall nicht der Billigkeit entspricht und daher nicht zuzulassen war; die Bezüge bleiben dann nach § 850 b Abs. 1 Nr. 2 ZPO unpfändbar.

Hinweisend wird für Feststellung des gepfändeten Anteils des als Taschengeld zu leistenden Geldbetrags, die dem Drittschuldner obliegt, vermerkt, dass sich die Höhe des Taschengeldanspruchs nach den im Einzelfall gegebenen Vermögensverhältnissen, dem Lebensstil und der Zukunftsplanung der Ehegatten richtet und in der Rechtsprechung üblicherweise mit einer Quote von 5 % bis 7 % des zur Verfügung stehenden Nettoeinkommens bemessen wird.

Gründe: ..."

c) Bei Pfändung durch einen Unterhaltsgläubiger (entsprechend bei Vollstreckung des Anspruchs wegen einer vorsätzlich begangenen unerlaubten Handlung) kann der Pfändungsbeschluss lauten: | 1032f

„Gepfändet wird der angebliche Anspruch des Schuldners (der Schuldnerin) an ... – Drittschuldner – auf fortlaufende Zahlung des als Teil des ehelichen Unterhalts zu leistenden Taschengeldes, soweit er ... Euro monatlich übersteigt.

Die künftig fällig werdenden Zahlungsansprüche des Schuldners werden in dieser Weise zugleich auch wegen der dann jeweils fällig werdenden Gläubigeransprüche gepfändet (§ 850 d Abs. 3 ZPO).

Hinweisend wird für Feststellung ..." (wie Rdn. 1032 e).

6. Pfändungswirkungen

a) Die Pfändung des Taschengeldanspruchs erlangt keine rechtliche Wirkung (sie geht ins Leere), wenn die Forderung nicht besteht (Rdn. 486). Das ist auch der Fall, wenn der berufstätige Schuldner sein Taschengeld aus seinem Berufseinkommen einbehält (Rdn. 1031 a). Das bewirkt, dass ein Ehegatte mit geringem (damit pfandfreiem) Berufseinkommen aus diesem Taschengeld zur freien Verfügung für seine persönlichen Bedürfnisse voll einbehalten kann, während ein aus persönlichen oder familiären Gründen (z. B. Krankheit oder Kindererziehung) an der Aufnahme einer auch nur geringen Erwerbstätigkeit gehinderter Ehegatte ungeachtet seiner persönlichen oder familiären Mehrbelastung mangels eigener Mittel bei Pfändung des Taschengeldanspruchs auf Befriedigung persönlicher Bedürfnisse zu einem (vielfach) überwiegenden Teil verzichten muss. Das wird (zutreffend) als so offenkundig grob unbillig angesehen, dass die Billigkeitsprü- | 1032g

3. Kapitel: Pfändung von Arbeitseinkommen

fung (Abs. 2 des § 850 b ZPO) stets zu einer Unpfändbarkeit des Taschengeldanspruchs führen müsste[150].

1032h b) Auf die nach der Pfändung fällig werdenden Beträge des Taschengeldanspruchs erstreckt sich das Pfandrecht nach § 832 ZPO. Das gilt auch, wenn der Zahlungsanspruch auf Taschengeld endet, weil der Schuldner Berufseinkommen erzielt oder sonst eigenes Einkommen erlangt (Rdn. 1031 a) und später diese Einkünfte entfallen, der dann wieder haushaltführende (einkommenslose) Ehegatte somit weitergehend Zahlungsanspruch auf Taschengeld hat[151]. Dafür erlangt § 833 Abs. 2 ZPO (Fortwirkung der Pfändung auf die Dauer von 9 Monaten) keine Bedeutung, weil wechselnde Leistungsfähigkeit und schwankender Unterhaltsbedarf für die Deckung des Familienunterhalts während bestehender Ehe der Beendigung und Neubegründung eines Arbeitsverhältnisses nicht gleich sind.

1032i c) Bei Streit zwischen Gläubiger und Drittschuldner ist der gepfändete Taschengeldanspruch[152] im Prozessweg[153] geltend zu machen[154] (Rdn. 655 ff). Zu bemessen ist der Betrag des Taschengeldanspruchs und damit der dem Gläubiger nach Pfändung (und Überweisung) gebührende anteilige Betrag im Einziehungserkenntnisverfahren vom Prozessgericht nach den Verhältnissen der Eheleute (Rdn. 1032 d). Der in Anspruch genommene Ehegatte kann nach Zulassung der Pfändung als Drittschuldner im Rechtsstreit alle Einwendungen gegen die verlangte Höhe des Taschengeldanspruchs erheben. Er kann sich nur nicht darauf berufen, die Pfändung sei nach § 850 b Abs. 2 ZPO unzulässig zugelassen worden[155], z. B. deshalb, weil sie nicht der Billigkeit entspreche. Solche Einwendungen gegen die Pfändbarkeit gründet sich auf diese prozessuale Bestimmung, ist somit dem Drittschuldner verwehrt (Rdn. 752).

V. Rechtsbehelf, Vorpfändung, Unübertragbarkeit

1. *Rechtsbehelf*

1033 Nach Anhörung des Schuldners ist die Pfändung Entscheidung im Zwangsvollstreckungsverfahren. Es findet daher gegen den Pfändungsbe-

---

150 So (wenn der Anspruch die Pfändungsfreigrenze des § 850 c ZPO nicht übersteigt) *Wax* in *Göppinger/Wax*, Unterhaltsrecht, 9. Aufl. 2008, Rdn. 2614; auch *Zöller/Stöber*, ZPO, Rdn. 19 zu § 850 b.
151 *LG Münster* JurBüro 2000, 49.
152 Im Rechtsstreit ist für das Bestehen des Taschengeldanspruchs der pfändende Gläubiger (als Kläger) darlegungs- und beweispflichtig; dazu *OLG Hamm* FamRZ 1989, 617 = NJW-RR 1989, 516 = Rpfleger 1989, 207 mit Anm. *Otto*.
153 Der Rechtsstreit ist Familiensache, § 111 Nr. 8, § 231 Abs. 1 Nr. 2 FamFG; zum früheren Recht: *OLG Celle* FamRZ 1986, 196; *OLG Hamm* FamRZ 1985, 407.
154 Dazu z. B. *OLG Stuttgart* FamRZ 1988, 166.
155 *OLG Bamberg* FamRZ 1988, 948; *OLG Celle* NJW 1962, 1731 und FamRZ 1986, 196; *OLG Hamm* FamRZ 1978, 602 und FamRZ 1995, 407; *OLG Köln* Rpfleger 2003, 670; *OLG München* FamRZ 1981, 449 (450); *OLG Zweibrücken* FamRZ 1980, 445 (446).

schluss sofortige *Beschwerde* (§ 793 ZPO) statt[156] und nicht Erinnerung (§ 766 ZPO). Mit diesem Rechtsbehelf[157] kann auch geltend gemacht werden, die Pfändung sei nach § 850 b Abs. 2 ZPO zu Unrecht zugelassen worden. Die Beschwerdefrist beginnt mit Zustellung des Pfändungsbeschlusses im Parteibetrieb; Zustellung von Amts wegen erfolgt nicht[158]. Wenn Anhörung des Schuldners (entgegen § 850 b Abs. 3 ZPO) unterblieben ist, findet gegen den Pfändungsbeschluss Erinnerung (§ 766 ZPO) statt (Rdn. 715). Die Schuldneranhörung ist im Erinnerungsverfahren nachzuholen. Die Entscheidung über die Erinnerung hat sich auch darauf zu erstrecken, ob die Pfändung nach § 850 b Abs. 2 ZPO zuzulassen war. Aufhebung des Pfändungsbeschlusses und Zurückweisung des Gläubigerantrags wegen des Verstoßes gegen das Anhörungsgebot verbietet sich damit[159].

2. Vorpfändung

Die Bezüge des § 850 b ZPO sind vor einer die Pfändung bejahenden Entscheidung des Vollstreckungsgerichts unpfändbar (siehe § 850 b Abs. 1 ZPO). Das verbietet auch eine Vorpfändung. Wird sie gleichwohl ausgebracht, so ist sie unwirksam[160]. Für eine Vorpfändung besteht auch keine Notwendigkeit, weil der Schuldner vor der Entscheidung des Gerichts keine Möglichkeit hat, die (unpfändbaren) Ansprüche an Dritte abzutreten.

1034

3. Unübertragbarkeit

Die nach § 850 b ZPO nicht pfändbaren Forderungen können nicht abgetreten (§ 400 BGB) und nicht aufgerechnet (§ 394 BGB)[161] werden. Das Vollstreckungsgericht kann einen solchen Anspruch nach § 850 b Abs. 2 ZPO nur pfänden, nicht aber durch gesonderten Beschluss selbstständig für pfändbar, aufrechenbar oder abtretbar erklären[162]. Um mit

1035

---

156 So auch *OLG Frankfurt* FamRZ 1976, 154 = Rpfleger 1975, 263.
157 Auch der Ehegatte als Drittschuldner kann sich gegen die Pfändung wenden, *OLG Köln* FamRZ 1995, 309 = Rpfleger 1995, 76; *FG Berlin* NJW 1992, 528 (für Verwaltungsvollstreckung der Finanzbehörde); s. hierwegen Rdn. 716.
158 Das *LG Düsseldorf* hat an seiner früher abweichenden Ansicht JurBüro 1983, 1575 = Rpfleger 1983, 255 (ist von Amts wegen zuzustellen; das widersprach aber § 829 Abs. 2 ZPO) nicht festgehalten, s. Rdn. 526 Fußn. 3.
159 *LG Lübeck* Rpfleger 1993, 207.
160 *Wieczorek/Schütze/Lüke*, ZPO, Rdn. 3; *Zöller/Stöber*, ZPO, Rdn. 11, je zu § 850 b; **a.A.** (= nur anfechtbar) *Stein/Jonas/Brehm*, ZPO, Rdn. 33 zu § 850 b i.V.m. Rdn. 5 zu § 845; auch *Schuschke/Walker/Kessal-Wulf*, Vollstreckung, Rdn. 7 zu § 850 b (rechtzeitig nachfolgende Pfändung bewirkt Verstrickung der Forderung ab Zustellung der Vorpfändung).
161 *OLG Düsseldorf* FamRZ 1981, 970 mit Nachw.; dieses Gericht auch zur Ausnahme unter Anwendung des Grundsatzes von Treu und Glauben. Siehe außerdem *OLG Düsseldorf* FamRZ 1982, 498 (einmalige Unterhaltsforderungen [Sonderbedarf] nicht aufrechenbar). Zum Arglisteinwand gegenüber dem Aufrechnungsverbot des § 394 BGB bei unpfändbaren Unterhaltsansprüchen unter Wahrung des Existenzminimums siehe *BGH* 30, 36 (38); *BGH* 123, 49 = FamRZ 1993, 1186 = MDR 1993, 762 = NJW 1993, 2105 mit weit. Nachw.; dazu auch Rdn. 1260.
162 *LG Hamburg* JurBüro 1985, 310 = MDR 1984, 1035; **a.A.** *Denck* MDR 1979, 450 (452).

einer Kostenforderung aus dem Unterhaltsprozess aufrechnen zu können, muss daher der Unterhaltsverpflichtete wegen seiner Kostenforderung den Unterhaltsanspruch (nach Maßgabe des § 850 b Abs. 2 ZPO) pfänden und sich zur Einziehung überweisen lassen[163].

E. Pfändungsgrenze bei Pfändung des Arbeitseinkommens wegen gewöhnlicher Geldforderungen
(§ 850 c ZPO)

I. Anwendungsbereich

Aus dem **Schrifttum:** *Arnold,* Der neue Pfändungsschutz für Arbeitseinkommen und für Gehaltskonten, BB 1978, 1314; *Behr,* Erweiterter Pfändungszugriff durch Wegfall unterhaltsberechtigter Personen, JurBüro 1994, 705; *Bengelsdorf,* Probleme bei der Ermittlung des pfändbaren Teils des Arbeitseinkommens, NZA 1996, 176; *Grunau,* Der Gläubiger und Drittschuldner im heutigen Lohnpfändungsrecht, JurBüro 1961, 267; *Henze,* Unterhaltsberechtigte mit eigenen Einkünften, Rpfleger 1981, 32; *Hintzen,* Nichtberücksichtigung eines Unterhaltsberechtigten, NJW 1995, 1861; *Hornung,* Viertes Gesetz zur Änderung der Pfändungsfreigrenzen, Rpfleger 1978, 353; *Hornung,* Fünftes Gesetz zur Änderung der Pfändungsfreigrenzen, Rpfleger 1984, 125; *Hornung,* Änderung der Pfändungsfreigrenzen, Rpfleger 1992, 331; *Hornung,* Siebtes Gesetz zur Änderung der Pfändungsfreigrenzen, Rpfleger 2002, 125; *Hornung,* „Privilegien" bei der Forderungspfändung (Abschn. IV: § 850 c Abs. 4 ZPO), KKZ 1990, 141 (145) und 1991, 148; *Liese,* Feststellung von Unterhaltspflichten des Arbeitnehmers bei der Lohnpfändung, Betrieb 1990, 2064; *Mümmler,* Berücksichtigung von Freibeträgen für Unterhaltsberechtigte im Rahmen einer Lohnpfändung, JurBüro 1981, 177; *Mümmler,* Berücksichtigung des eigenen Einkommens von unterhaltsberechtigten Personen bei der Pfändung von Arbeitseinkommen, JurBüro 1982, 833; *Nörling,* Möglichkeiten zur Festsetzung des pfändungsfreien Betrags durch die Vollstreckungsbehörde bei der Lohnpfändung, KKZ 1984, 8; *Quardt,* Wem obliegt in der Lohnpfändung die Feststellung der Unterhaltsverpflichtungen des Schuldners? BB 1967, 251; *Rewolle,* Muss der Drittschuldner in der Lohnpfändung die Unterhaltsverpflichtungen des Schuldners feststellen? BB 1968, 1387; *Rixecker,* Der Irrtum des Drittschuldners über den Umfang der Lohnpfändung, JurBüro 1982, 1761; *Weimar,* Wann ist bei berufstätigen Eltern bei Pfändung von Arbeitseinkommen der Kinderfreibetrag gem. § 850 c ZPO zu berücksichtigen? MDR 1960, 733.

1036 Den bei Pfändung wegen *gewöhnlicher* Geldforderungen *zugriffsfreien* Teil des Arbeitseinkommens bestimmt § 850 c ZPO. Gewöhnliche Geldforderungen sind alle Vollstreckungsansprüche, die nicht als Unterhaltsansprüche oder sonst privilegierte Geldforderungen der in § 850 d oder § 850 f Abs. 2 ZPO getroffenen besonderen Regelung unterliegen.

II. Nettoeinkommen

1037 Die pfändbaren und unpfändbaren Teile des Arbeitseinkommens werden vom Nettoeinkommen berechnet; wegen der Einzelheiten siehe § 850 e Nr. 1 ZPO und Rdn. 1132 ff.

---

163 *OLG Stuttgart* Rpfleger 1983, 409; *LG Berlin* JurBüro 1975, 1510 = Rpfleger 1975, 374.

III. Auszahlungszeitraum

1. Der dem Schuldner verbleibende unpfändbare Lohnteil ist entsprechend der Auszahlungsweise nach dem *Auszahlungszeitraum* festzustellen, für den die Lohnzahlung erfolgt. Bei Auszahlung für Monate oder Wochen wird der pfändungsfreie Teil nach einem solchen Zeitraum auch dann berechnet, wenn im Einzelfall in einer Periode nicht voll gearbeitet wurde (z. B. infolge Krankheit, unerlaubter Arbeitsversäumnis oder anderer Fehltage, Beginn oder Beendigung[1] der Arbeit in der Mitte des Berechnungszeitraums, Einbringung von unbezahltem Urlaub usw.) und deshalb nur ein geringer Lohn verdient worden ist. Bei *wechselnder Beschäftigung* oder bei Arbeitseinkommen in wechselnder Höhe aus anderen Gründen richtet sich der unpfändbare Lohnteil für jeden Lohnzahlungszeitraum nach dem jeweils zur Auszahlung kommenden Verdienst[2]. Eine Ausgleichsberechnung über mehrere Perioden sieht das Gesetz nicht vor[3]. Nach Tagen ist das Arbeitseinkommen, das täglich abgerechnet und ausbezahlt wird, daher auch dann zu behandeln, wenn der Schuldner weniger als 5 oder 6 Tage (z. B. nur 3 Tage) in der Woche arbeitet[4]. Ebenso kann keine Ausgleichsberechnung erfolgen, wenn Lohnzahlung in *wechselnden Auszahlungszeiträumen* erfolgt. Auch bei ihnen richtet sich der unpfändbare Lohnteil daher jeweils nach den für jeden der verschiedenen Auszahlungsperioden geltenden Grundsätzen (wöchentliche Abrechnungen wechseln mit monatlichen Zahlungszeiten ab usw.).

1038

2. Der *Zeitraum*, für den Arbeitseinkommen gezahlt wird und daher die unpfändbaren Beträge nach § 850 c (und der der ZPO als Anlage beigefügten Tabelle) festzustellen sind, bestimmt sich nach den dienst- oder arbeitsvertraglichen Rechtsbeziehungen, die den Anspruch des Schuldners auf Einkommenszahlung begründen. Das Vollstreckungsgericht kann diesen Auszahlungszeitraum nicht festlegen, bei Pfändung somit nur das für monatliche, wöchentliche oder tägliche Einkommenszahlung gesetzlich unpfändbare (damit das übersteigende pfändbare) Arbeitseinkommen bezeichnen (Bezugnahme auf die Tabelle des § 850 c ZPO genügt; § 850 c Abs. 3 S. 2 ZPO); es

1039

---

1 So auch *Stein/Jonas/Brehm*, ZPO, Rdn. 13; *Schuschke/Walker/Kessal-Wulf*, Vollstreckung, Rdn. 3; *Wieczorek/Schütze/Lüke*, ZPO, Rdn. 5, je zu 850 c; *ArbG Frankfurt* JurBüro 1999, 101 = NJW-RR 1999, 723; *ArbG Münster* BB 1990, 1708 (Leits.) **A.A.** *ArbG Hameln* BB 1958, 450, das meint, bei Beendigung der Arbeit könne nur wöchentlich oder täglich abgerechnet werden; dem kann nach meinem Dafürhalten nicht gefolgt werden. Denn wenn der Schuldner im laufenden Monat keine Arbeit mehr aufnimmt, muss ihm ein für den ganzen Monat als Lohnzahlungszeitraum bemessener Freibetrag auch dann verbleiben, wenn er in diesem Lohnzahlungszeitraum nicht voll gearbeitet hat. Tritt dagegen der Schuldner sofort eine neue Arbeitsstelle an, so ergibt sich der Ausgleich durch die notwendige Zusammenrechnung der mehreren Einkommen (§ 850 e Nr. 2 ZPO).
2 *OLG Dresden* JW 1936, 3489; *OLG Köln* NJW 1957, 879; *Zöller/Stöber*, ZPO, Rdn. 3 zu § 850 c.
3 So zutreffend *Zöller/Stöber*, ZPO, Rdn. 3 zu 850 c; **a.A.** aber *Jonas* JW 1936, 3489; *LG Essen* und *Stehle* NJW 1956, 930.
4 *OLG Köln* a.a.O. (Fußn. 2).

kann jedoch weder im Pfändungsbeschluss noch nachträglich mit klarstellender Entscheidung anordnen, dass die pfändbaren Beträge konkret nach der Tabelle für monatliche (oder im Einzelfall nur nach der Tabelle für wöchentliche bzw. tägliche) Lohnzahlung berechnet werden müssen[5].

1040   3. Bei Auszahlung für *Bruchteile von Monaten* richtet sich der pfändungsfreie Teil nach dem entsprechenden Teil der Monatssätze (halbmonatliche Zahlung = 1/2 der Monatssätze usw.). Sind die Auszahlungsperioden *länger als ein Monat* (z. B. vierteljährlich), so ist das Gesamteinkommen einer Auszahlungsperiode so zu teilen, dass sich monatliche Abschnitte ergeben.

1041   4. *Abschlagszahlungen* sind Vorschusszahlungen (siehe dazu Rdn. 1268); sie grenzen daher den Auszahlungszeitraum nicht ab. Dieser bestimmt sich vielmehr nach der durch die Abschlusszahlung bestimmten Lohnperiode. Der dem Gläubiger infolge Pfändung zustehende Lohnanspruch wird bei Abschlagszahlungen auch erst mit der jeweiligen Endabrechnung fällig. Der Gläubiger hat keinen Anspruch darauf, dass ihm schon bei Abschlagszahlung ein Teilbetrag des gepfändeten Lohns ausbezahlt wird[6]. Denn erst die Endabrechnung zeigt, ob und welcher Lohnteil von der Pfändung erfasst wird. Der Drittschuldner, der schon bei Abschlagszahlung an den Gläubiger leistet, trägt das Risiko, an den Schuldner nochmals zahlen zu müssen, wenn sich bei Abrechnung für den ganzen Lohnzahlungszeitraum ein so geringes Einkommen ergibt, dass kein oder kein ausreichend hoher pfändbarer Betrag für den Gläubiger verbleibt (z. B. infolge Erkrankung, Arbeitslosigkeit, Kurzarbeit nach Teilauszahlung). Doch hat deshalb der Schuldner keinen Anspruch auf Auszahlung der vollen Abschlagszahlung. Der Drittschuldner kann (und muss) vielmehr schon bei Abschlagszahlung einen anteiligen Betrag des gepfändeten Arbeitseinkommens einbehalten. Wegen Behandlung der bei Wirksamwerden der Pfändung schon geleisteten Abschlagszahlungen siehe Rdn. 1268.

1042   5. *Nachzahlungen*[7] *und Rückstände* werden bei dem Abrechnungszeitraum berücksichtigt, für den (nicht: in dem) sie geleistet werden. Bei zu niedriger Berechnung bereits gepfändeten Lohnes oder unrichtiger Zahlung bereits gepfändeten Einkommens infolge Vergütung nach einer unzutreffenden Lohn- oder Gehaltsgruppe müssen das Gesamteinkommen für den zurückliegenden Auszahlungszeitraum und der gepfändete Einkommensanteil sowie der unpfändbare Lohnteil des Schuldners daher neu festgestellt werden. Mehr- bzw. Differenzbeträge, die sich so ergeben, müssen aus der Nachzahlung gedeckt werden. Wurde die Pfändung erst nach Zahlung des Lohnes für einen zurückliegenden Zeitraum bewirkt, dann werden

---

5   *LG Bochum* Rpfleger 1985, 370.
6   *Bischoff* BB 1952, 436.
7   Eine Lohnnachzahlung für einen oder mehrere Monate in einem Betrag ist als wiederkehrend zahlbare Vergütung nur im Umfang des § 850 c (oder f) ZPO pfändbar bzw. unpfändbar, somit *nicht* als einmaliges Einkommen nach § 850 i Abs. 1 ZPO der Pfändung unterworfen, *ArbG Wetzlar* BB 1988, 2320 (Leits.) = Betrieb 1988, 2520 (Leits.) = KKZ 1989, 239.

die nachzuzahlenden oder rückständigen Beträge von der zwischenzeitlich wirksam gewordenen Pfändung erfasst. Auch sie müssen für den Zeitraum abgerechnet werden, für den sie nachträglich geleistet werden[8]; von einer zwischenzeitlichen Pfändung werden sie mithin erfasst, soweit sie nach Zusammenrechnung mit den bereits ausbezahlten Beträgen den für das nunmehrige Gesamteinkommen maßgeblichen Freibetrag übersteigen. Gleiches gilt für Nachzahlungen infolge einer rückwirkenden tariflichen Lohnerhöhung sowie einer rückwirkenden Beförderung oder Höhergruppierung. Erfolgen Nachzahlungen aus solchem Grund für einen Zeitraum nach der Pfändung, so werden sie von ihr nach § 833 ZPO erfasst; sie sind daher wie ein Lohnrückstand abzurechnen. Wenn erst nach Wirksamwerden der Pfändung mit tariflicher Lohnerhöhung, Beförderung oder Höhergruppierung rückwirkend für eine vor der Pfändung liegende Zeit Nachzahlungsansprüche entstehen, werden auch sie von der zwischenzeitlichen Pfändung erfasst. Sie müssen somit ebenfalls für den Zeitraum abgerechnet werden, für den sie nachträglich geleistet werden[9]. Auch bei sonstiger nachträglicher Änderung des bereits ausbezahlten Arbeitseinkommens, so z. B. bei Zahlung einer Jahrestantieme, ist der pfändbare Teil des Arbeitseinkommens für den Zeitraum, für den es sich durch spätere Zahlung erhöht, erneut zu berechnen. Wird zu dem monatlichen Arbeitseinkommen in bestimmten Zeitabschnitten ein weiterer Arbeitslohn in Höhe ganzer oder teilweiser Monatsvergütungen bezahlt (13., 14. usw. Monatslohn), so ist dieses zusätzliche Einkommen (soweit es sich nicht um Weihnachtsvergütung oder Urlaubsgeld handelt, dazu § 850 a ZPO) wie eine Nachzahlung für den zurückliegenden Abrechnungszeitraum der Pfändung unterworfen. Lässt sich ein Lohnzahlungszeitraum für die zusätzliche Monatsvergütung nicht feststellen, so wird nach dem Kalenderjahr, in dem die Zahlung geleistet wird, abzurechnen sein. Eine Einmalzahlung, die nach Gesetzesänderung oder Tarifabschluss als erhöhtes Einkommen mit einem festen Betrag (nicht als Nachzahlung für einen bestimmten Zeitraum) geleistet wird, ist bei dem Abrechnungszeitraum zu berücksichtigen, in dem sie gezahlt wird.

Nur wenn vereinbart ist, dass Arbeitseinkommen, das bei Fälligkeit nicht gezahlt worden ist, als *Darlehen* geschuldet sein soll (§ 311 Abs. 1, § 488 Abs. 2 BGB), entfällt der Pfändungsschutz der §§ 850 ff. ZPO. Dann muss die Schuld aber auch gesondert gepfändet werden; von einer nach der Umwandlung der Schuld in ein Darlehen ausgebrachten Pfändung des Arbeitseinkommens wird sie nicht mehr erfasst. Bereits gepfändetes Arbeitseinkommen kann durch Abrede zwischen dem Schuldner und seinem Arbeitgeber nicht mehr mit Wirksamkeit gegen den Gläubiger in ein Darlehen umgewandelt werden.

1042a

---

[8] So auch *Stein/Jonas/Brehm*, ZPO, Rdn. 9; *Wieczorek/Schütze/Lüke*, ZPO, Rdn. 7, je zu § 850 c.
[9] So auch *Stein/Jonas/Brehm*, ZPO, Rdn. 9; *Wieczorek/Schütze/Lüke*, ZPO, Rdn. 7, je zu § 850 c.

IV. Pfändungsfreigrenzen

1043 1. § 850 c Abs. 1 ZPO bestimmt *pfändungsfreie Grundbeträge* für den Schuldner selbst und zusätzliche unpfändbare Grundbeträge, wenn der Schuldner gesetzliche Unterhaltspflichten – einschließlich der Unterhaltspflicht gegenüber der Mutter seines Kindes, §§ 1615 l, n BGB, nach § 1615 l auch gegenüber dem Vater – erfüllt. Diese zusätzlichen Grundbeträge sollen es dem Schuldner ermöglichen, seinen Unterhaltsverpflichtungen ordnungsgemäß nachzukommen. Der Freibetrag für die erste Person, welcher der Schuldner Unterhalt gewährt, übersteigt die Freibeträge wegen der anderen Unterhaltsberechtigten, weil es sich bei der ersten unterhaltsberechtigten Person im allgemeinen um den Ehegatten des Schuldners handeln und der Schuldner daher einen eigenen Hausstand führen wird[10]. Wenn einem Ehegatten Unterhalt nicht zu gewähren ist, kann „erste" Person, für die der höhere Freibetrag bemessen ist, jedoch auch ein Kind oder sonst ein Unterhaltsberechtigter sein[11]. Auch für das Kind (den Unterhaltsberechtigten) ist dann der erhöhte Freibetrag der ersten Stufe und nicht lediglich der verminderte Freibetrag der zweiten Stufe maßgeblich[12]. Auf den verminderten Freibetrag der zweiten Stufe kann der Schuldner für das Kind als erste unterhaltsberechtigte Person auch nicht auf Antrag des Gläubigers durch das Vollstreckungsgericht verwiesen werden.[13] Die prozentual höheren pfändungsfreien Grundbeträge bei täglich zahlbarem Arbeitseinkommen berücksichtigen, dass der Schuldner, dessen Arbeitseinkommen für Tage gezahlt wird, im allgemeinen nicht in einem ständigen Beschäftigungsverhältnis steht und daher aus der täglichen Vergütung auch den Lebensunterhalt für beschäftigungsfreie Tage bestreiten muss. Den Freibeträgen sind Leistungen des Schuldners auf Grund gesetzlicher Unterhaltspflicht an bis zu fünf Personen zugrunde gelegt. Soweit der Schuldner mehr als fünf Personen gegenüber gesetzliche Unterhaltspflichten erfüllt und die Regelung des § 850 c ZPO nicht zu einer angemessenen Berücksichtigung seiner Belange führt, besteht nach § 850 f Abs. 1 Buchst. c ZPO die Möglichkeit, eine dem Einzelfall entsprechende Regelung zu treffen.

1044 2. Übersteigt das Arbeitseinkommen des Schuldners die unpfändbaren Grundbeträge des § 850 c Abs. 1 ZPO, so ergeben sich aus dem überschießenden Einkommensteil weitere pfändungsfreie Beträge nach den Berechnungsmerkmalen des § 850 c Abs. 2 ZPO. Mit diesem pfändungsfreien Teil des Mehreinkommens soll dem Schuldner ein Anreiz zur Erhaltung seiner

---

10 Begründung BT-Drucks. 8/693, Seite 40 und 10/229, Seite 41.
11 *BGH* JurBüro 2004, 614 = MDR 2004, 1382 = NJW-RR 2004, 1370 = Rpfleger 2004, 574; *BGH* FamRZ 2004, 1281 und NJW-RR 2007, 938 (939) = a.a.O. (nachf. Fußn. 22); *LG Heilbronn* Rpfleger 2004, 301; *Arnold* BB 1978, 1314 (1319); s. auch Rdn. 1068.
12 Vormalige gegenteilige land- und amtsgerichtliche Rechtsprechung überholt, z. B. *LG Augsburg* JurBüro 2004, 155; *LG Bremen* JurBüro 2003, 378; *LG Verden* JurBüro 2002, 660 mit Anm. *Buschmann*.
13 *BGH* NJW-RR 2004, 1370 = a.a.O. (Fußn. 11).

Pfändungsgrenze (§ 850 c ZPO)

Arbeitswilligkeit und Erhöhung seines Einkommens gegeben werden. Mindestfreibeträge, in deren Höhe das Mehreinkommen wegen der Unterhaltsempfänger unpfändbar bleibt, sind nicht mehr vorgesehen.

3. Zur Vereinfachung der Berechnung des pfändbaren Teils des Arbeitseinkommens nach den Merkmalen des § 850 c Abs. 2 ZPO ist das Nettoeinkommen des Schuldners (dazu Rdn. 1132) nach Maßgabe des § 850 c Abs. 3 ZPO nach unten abzurunden. Nicht nach unten abzurunden, mithin von einer Pfändung *voll* erfasst, ist der Teil des Arbeitseinkommens, der die Pfändungsschutzgrenzen des § 850 c Abs. 2 S. 2 ZPO (= 3.020,06 Euro monatlich, 695,03 Euro wöchentlich, 139,01 Euro täglich) übersteigt. Das drückt Abs. 3 S. 1 des § 850 c ZPO mit den Worten aus, dass das Arbeitseinkommen „nach Abzug des nach Abs. 2 S. 2 pfändbaren Betrages" nach unten abzurunden ist.

1045

Beispiel: Monatseinkommen netto	3.280,00 Euro
Pfändbar nach § 850 c Abs. 2 S. 2 ZPO	
der Einkommensteil über 3.020,06 Euro =	259,94 Euro
Pfändbarer Betrag nach Tabelle (Nettolohn 3.020,06 Euro)	
bei unverheiratetem, kinderlosem Schuldner	1.424,40 Euro
Unpfändbar mithin	1.595,66 Euro

4. Der nach den Berechnungsmerkmalen des § 850 c ZPO pfändbare Teil des Arbeitseinkommens bis 3.020,06 Euro monatlich (695,03 Euro wöchentlich, 139,01 Euro täglich) ergibt sich aus der Tabelle, die der ZPO **als Anlage** beigefügt ist (§ 850 c Abs. 3 ZPO). Sie ist in der Fassung der Pfändungsfreigrenzenbekanntmachung vom 25. Febr. 2005 (BGBl I S. 493 ff.)[14] S. 1183–1195 abgedruckt. Seitdem sind die unpfändbaren Beträge für den Zeitraum bis 30. Juni 2011 unverändert geblieben; hierzu

1045a

- Pfändungsfreigrenzenbekanntmachung 2007 vom 22.1.2007, BGBl I 64;
- Pfändungsfreigrenzenbekanntmachung 2009 vom 15.5.2009, BGBl I 1141.

Im Pfändungsbeschluss genügt die Bezugnahme auf die Tabelle (§ 850 c Abs. 3 S. 2 ZPO); die einzelnen gesetzlichen Berechnungsmerkmale brauchen dann im Pfändungsbeschluss nicht aufgeführt zu werden. Anhand der Tabelle hat der Drittschuldner unter Berücksichtigung der Unterhaltspflichten des Schuldners (s. Rdn. 1047) den gepfändeten Betrag festzustellen. Zulässig und ausreichend ist aber – statt Bezugnahme auf die Tabelle – auch Anführung der gesetzlichen Berechnungsmerkmale, also des Wortlauts des § 850 c ZPO im Pfändungsbeschluss. Dann ist der Pfändungsbeschluss auch ohne Bezugnahme auf die Tabelle klar und bestimmt, der Drittschuldner mithin verpflichtet, den gepfändeten Betrag festzustellen. Pfändungstabellen bis 30. Juni 2005 siehe 13. Auflage S. 1197–1208.

---

14 Vereinzelt wird zunächst (unbegründet) angenommen, dass die Erhöhung des pfandfreien Betrags zum 1.7.2005 nicht eingetreten sei. Diese Ansicht hat sich durch die Entscheidung des *BGH* BGHZ 166, 48 = FamRZ 2006, 483 = JurBüro 2006, 267 = MDR 2006, 1069 = NJW 2006, 777 = Rpfleger 2006, 202, dass die Pfändungsfreigrenzenbekanntmachung 2005 rechtswirksam ist, erledigt.

3. Kapitel: Pfändung von Arbeitseinkommen

1045b 5. **Änderung** der unpfändbaren Beträge jeweils zum 1. Juli eines jeden zweiten Jahres ab 1. Juli 2003 sieht § 850 c Abs. 2 a ZPO[15] vor (*Dynamisierung* der Pfändungsfreigrenzen). Das soll Anpassung der Pfändungsfreigrenzen an die Steigerung (würde aber auch bei Minderung Maß geben) der bedarfsabhängigen Lebenshaltungskosten gewährleisten. Bekanntmachung der jeweils neuen Pfändungsfreibeträge durch das Bundesministerium der Justiz soll einfache Feststellung der gepfändeten Einkommensteile ermöglichen, gebietet aber auch Bezugnahme im Pfändungsbeschluss auf die Tabelle (§ 850 c Abs. 3 S. 2 ZPO). Mit Bezugnahme auf die Tabelle im Pfändungsbeschluss sind die für den jeweiligen Zeitraum geltenden pfändbaren/unpfändbaren Beträge bezeichnet, auch wenn das nicht noch ausdrücklich hervorgehoben ist[16]. Die Änderung der Beträge nach § 850 c Abs. 2 ZPO erfordert daher keinen Änderungsbeschluss[17]. Gleichwohl enpfiehlt es sich, im Pfändungsbeschluss (auch in einem Änderungsbeschluss nach § 21 EGZPO) die Bezugnahme auf die Tabelle so zu fassen, dass Änderungen nach § 850 c Abs. 2 a ZPO eingeschlossen sind, somit auf die Tabelle in der jeweils vom Bundesministerium der Justiz im Bundesgesetzblatt bekannt gemachten Fassung Bezug genommen ist.

Drittschuldnerschutz für die Erhöhung der Freibeträge war zunächst nicht vorgesehen (hier 14. Aufl.). § 21 (nicht § 20) Abs. 3 EGZPO (BGBl 2009 I 1709, tritt am 1. Juli 2010 in Kraft) bestimmt nun, dass die Übergangsvorschrift auch auf die Fälle der Anpassung der Pfändungsfreibeträge nach § 850 c Abs. 2 a ZPO zu den dort jeweils vorgesehenen Zeitpunkten anzuwenden ist. Der Pfändungsbeschluss ist daher auf Antrag nach § 21 Abs. 1 S. 2 EGZPO zu berichtigen. Befreiende Leistung des Drittschuldners bis zur Zustellung des Berichtigungsbeschlusses: § 21 Abs. 1 S. 3 EGZPO.

1046 6. Bei relativ hohem Einkommen (= Arbeitseinkommen über 3.020,06 Euro monatlich, 695,03 Euro wöchentlich, 139,01 Euro täglich) steigen die Freibeträge nicht mehr weiter an. Diese Begrenzung trägt der erheblichen Erhöhung der Freigrenzen durch das ÄndG und den bei steigendem Einkommen bereits wesentlich wachsenden Freibeträgen Rechnung; sie geht davon aus, dass der dem Schuldner bei so hohen Einkünften verblei-

---

15 Der ungenaue Gesetzeswortlaut zum Vergleich mit dem jeweiligen „Vorjahres"zeitraum hat sich durch die Veränderung des Anpassungszeitraums durch den Rechtsausschuss (BT-Drucks. 14/2478) ergeben. Der Regierungsentwurf hatte Änderung zum 1. Januar eines (jeden) Jahres vorgesehen, der Rechtsausschuss hat bei Verlängerung des Abstandes auf 2 Jahre Anpassung auch des Vergleichszeitraums unterlassen.
Für den Zeitraum vom 1. Juli 2003 bis zum 30. Juni 2005 sind die unpfändbaren Beträge unverändert geblieben, Pfändungsfreigrenzenbekanntmachung 2003 vom 25. Febr. 2003, BGBl I 276.
16 *LG Heilbronn* Rpfleger 2005, 679
17 *LG Heilbronn* a.a.O.; *LGe Bamberg* und *Leipzig* Rpfleger 2006, 87 je Leitsatz. Zur Zuständigkeit des Rechtspflegers für die Entscheidung über den Antrag auf Klarstellung *BGH* 146, 48 = a.a.O.

Pfändungsgrenze (§ 850 c ZPO)

bende Freibetrag insgesamt ausreichend ist. Bei Einkommen über 2.985,00 Euro monatlich (678,70 Euro wöchentlich, 131,25 Euro täglich) kann gem. § 850 f Abs. 3 ZPO über die nach § 850 c ZPO pfändbaren Beträge hinaus die Pfändbarkeit weiterer Einkommensteile festgelegt werden; s. dazu Rdn. 1198.

7. Herabsetzung des pauschalen pfandfreien Einkommensteils, der für Existenzsicherung des Schuldners im Einzelfall aus besonderen persönlichen oder beruflichen Gründen nicht erforderlich ist oder beständig nicht verwendet wird, kann mangels gesetzlicher Grundlage nicht erfolgen. Der nach § 850 c ZPO pfandfreie Einkommensbetrag kann daher auch dann nicht gemindert werden, wenn der Schuldner Einkommen nicht zur Deckung seines Lebensunterhalts verwendet wie dann, wenn er dem Gläubiger geschuldete Miete, Energiekosten usw. nicht bezahlt[18] (hierzu auch Rdn. 1074 d). Der Gläubiger kann Herabsetzung der Pfändungsfreigrenze ebenso nicht verlangen, wenn der Schuldner im Ausland lebt und dort seine Lebenshaltungskosten deutlich unter den Lebenshaltungskosten im Bundesgebiet liegen[19].

1046a

V. Freibeträge für Angehörige

1. Die pfändungsfreien Teile des Arbeitseinkommens richten sich nach den *Unterhaltspflichten* des Schuldners. Zu berücksichtigen sind nur Personen, denen der Schuldner in Erfüllung einer gesetzlichen Unterhaltspflicht in Geld oder Natur *Unterhalt tatsächlich leistet*[20]. Dies gilt auch dann, wenn die gesetzliche Unterhaltspflicht vertraglich geregelt ist oder für den Unterhalt nicht der volle insoweit pfändungsfreie Betrag aufgewendet werden muss[21]. Eine Minderung des (pauschalen) Freibetrages für einen Angehörigen auf den Betrag, mit dem der Schuldner Unterhaltsleistungen tatsächlich erbringt, ist nicht vorgesehen, kommt damit (grundsätzlich) auch dann

1047

---

18 *LG Kassel* JurBüro 2007, 665.
19 *AG/LG Heilbronn* Rpfleger 2006, 330.
20 *BArbG* AP Nr. 2 zu § 850 c ZPO mit Anm. *Gernhuber* = NJW 1966, 903; *LG Augsburg* JurBüro 1998, 490 und 2000, 329; *LG Bremen* JurBüro 1998, 211; *LG Chemnitz* JurBüro 2004, 447; *LG Erfurt* JurBüro 2001, 111; *LG Göttingen* JurBüro 1999, 271; *LG Heilbronn* JurBüro 2001, 326; *LG Kassel* JurBüro 2004, 558; *LG Krefeld* JurBüro 2002, 661 (auch zum Nachweis im Beschwerdeverfahren); *LG Ravensburg* JurBüro 2000, 329; *LG Stuttgart* JurBüro 2003, 156; *LSozG* NW Amtsvormund 1985, 609 = Rpfleger 1984, 278 mit Anm. *Schultz; Grunau* JurBüro 1961, 268.
21 BArbG FamRZ 1975, 488 (weitere Fundstellen nachf. Fußn. 31); *Stein/Jonas/Brehm*, ZPO, Rdn. 16 zu § 850 c ZPO; **a.A.** *LG Deggendorf* JurBüro 2003, 384 und *LG Ellwangen* JurBüro 2002, 47; § 850 c Abs. 4 ZPO ermöglicht aber Anordnung nicht, dass nur bei teilweiser Erfüllung der Unterhaltspflicht der Berechtigte nur teilweise zu berücksichtigen ist. Unterhaltspflichten einer Schuldnerin gegenüber ihren ehelichen oder nichtehelichen Kindern sind daher auch dann zu berücksichtigen, wenn der Ehemann oder nichteheliche Vater zum Unterhalt beiträgt; *LArbG Hamm* BB 1964, 1488 = FamRZ 1965, 279 = MDR 1965, 165.

nicht in Betracht, wenn der Schuldner seiner gesetzlichen Unterhaltspflicht nicht in vollem Umfang nachkommt[22]. Erfüllung einer vertraglich übernommenen Unterhaltspflicht, der keine gesetzliche Unterhaltsverpflichtung zugrunde liegt, begründet keinen pfandfreien Einkommensbetrag (s. auch Rdn. 1077). Dass der Schuldner seiner Unterhaltspflicht freiwillig nachkommt, ist nicht vorausgesetzt. Eine unterhaltsberechtigte Person ist daher auch dann zu berücksichtigen, wenn für ihren Unterhalt vom Arbeitseinkommen des Schuldners Beträge einbehalten werden; denn auch dann gewährt ihr der Schuldner, wenn auch erzwungenermaßen, tatsächlich Unterhalt[23]. Gesetzliche Unterhaltsberechtigte können der Ehegatte (§ 1360 BGB; auch bei Getrenntleben, § 1361 BGB), ein früherer Ehegatte (§§ 1569 ff. BGB, soweit sich der Unterhalt noch nach früherem Recht bestimmt: §§ 58–61, 26, 37, 39 EheG a.F.), der Lebenspartner (§§ 5, 12 LPartG) sowie ein früherer Lebenspartner (§ 16 LPartG) und Verwandte in gerader Linie (Kinder, Enkelkinder, Eltern, Großeltern, § 1601 BGB) sein, nicht jedoch ein nichtehelicher Lebensgefährte[24], Stiefkinder[25], Pflegekinder, Geschwister, Schwiegereltern oder sonstige Verwandte und Verschwägerte, auch wenn sie im Haushalt des Schuldners leben. Ein Verwandter, der sich selbst unterhalten kann, hat keinen Unterhaltsanspruch (§ 1602 Abs. 1 BGB); Kinder des Schuldners, die bereits über ein ausreichendes Einkommen verfügen, bleiben daher unberücksichtigt. Gegenüber einem bedürftigen volljährigen Kind erfüllt der Schuldner eine gesetzliche Unterhaltspflicht auch dann, wenn er leistet und sich nicht auf die Gefährdung seines angemessenen Unterhalts (§ 1603 Abs. 1 BGB) beruft; das Kind ist dann für Bemessung des Freibetrags zu berücksichtigen. § 850 c ZPO gebietet dem Schuldner nicht, sich im Gläubigerinteresse zum Nachteil seines Kindes auf die Leistungsfreiheit nach § 1603 Abs. 1 BGB zu berufen[26]; der Gläubiger kann zu seiner Begünstigung (für einen weitergehenden Pfändungszugriff) für den Schuldner diese Leistungsfreiheit nicht geltend machen. Der Anspruch eines Abkömmlings an den überlebenden Ehegatten auf Unterhalt zur Ausbildung ist aus dem zusätzlichen Viertel der Erbschaft zu gewähren (§ 1371 Abs. 4 BGB), mit dem Dreißigsten (§ 1969 BGB) ist der Erbe als solcher beschwert, der Unterhalt der Eltern und Geschwister nach § 1649 Abs. 2 BGB wird aus den Einkünften des verwalteten Vermögens gedeckt. Die Erfüllung solcher Ansprüche begründet bei Einkommens-

---

22 *BGH* FamRZ 2007, 1008 = JurBüro 2007, 443 = MDR 2007, 973 = NJW-RR 2007, 938 = Rpfleger 2007, 403.
23 *OLG Düsseldorf* Amtsvormund 1981, 483 (487); *LG Münster* Rpfleger 2001, 608; *LSozG* NW a.a.O. (Fußn. 20); siehe auch Rdn. 1274.
24 *LG Osnabrück* FamRZ 1999, 526 = JurBüro 1999, 45 = Rpfleger 1999, 34 (auch nach § 765 a ZPO kann Berücksichtigung nicht erfolgen).
25 *OLG Köln* FamRZ 2009, 1697 = MDR 2009, 953 = Rpfleger 2009, 517.
26 Zutreffend *Stephan* in Anm. AP Nr. 8 zu § 850 c ZPO gegen *BArbG* dort = BAG 53, 359 = MDR 1987, 524 = NJW 1987, 1573; **A.A.** auch *LG Frankfurt* Rpfleger 1994, 473 wegen des hohen Einkommens der Mutter (hier aber Bestimmung nach § 850 c Abs. 4 ZPO möglich) sowie *Wieczorek/Schütze/Lüke*, ZPO, Rdn. 17 zu § 850 c. Wie hier *Zöller/Stöber*, ZPO, Rdn. 5 zu § 850 c.

pfändung keinen zusätzlichen Pfandfreibetrag für den Ehegatten, Erben oder das vermögende Kind.

Für die Bemessung des pfändungsfreien Arbeitseinkommens des Schuldners gehören zu den gesetzlichen Unterhaltspflichten auch der Unterhaltsanspruch der *Mutter eines Kindes* und die Unterhaltsleistungen an diese (§§ 1615 l, n BGB). Unter den besonderen Voraussetzungen des § 1615 l Abs. 2 BGB muss diese Unterhaltspflicht für die Zeit von 4 Monaten vor der Entbindung bis spätestens drei Jahre nach der Entbindung (ggf. länger) Berücksichtigung finden. Sie ist stets dann zu berücksichtigen, wenn der Schuldner der Mutter gesetzlich geschuldeten Unterhalt ganz oder teilweise leistet, also auch dann, wenn die Verpflichtung zur Leistung oder Hinterlegung durch einstweilige Verfügung festgestellt ist (§ 1615 o Abs. 2 BGB). Wenn dem Vater, der das Kind betreut, gegen die Mutter ein Anspruch zusteht (§ 1615 l Abs. 5 ZPO), gehört bei Vollstreckung gegen die Mutter auch dieser Anspruch zu den Unterhaltspflichten.

1048

2. a) Ein *Angehöriger* des Schuldners mit *eigenem Einkommen* wird bei Berechnung des unpfändbaren Schuldnereinkommens als Unterhaltsberechtigter berücksichtigt, wenn ihm der Schuldner noch unterhaltspflichtig ist und Unterhalt tatsächlich leistet (Rdn. 1047). Dabei kommt es nicht darauf an, dass der Schuldner für den Unterhalt des Angehörigen noch den vollen, insoweit pfändungsfreien Betrag aufwenden muss (Rdn. 1047). Unberücksichtigt bleibt ein unterhaltsberechtigter Angehöriger des Schuldners mit eigenen Einkünften jedoch ganz oder teilweise, wenn und soweit dies vom Vollstreckungsgericht auf Antrag nach § 850 c Abs. 4 ZPO bestimmt ist (dazu Rdn. 1058 ff.).

1049

b) Für den *nicht* getrennt lebenden *Ehegatten* des Schuldners ist, wenn eine Bestimmung des Vollstreckungsgerichts nach § 850 c Abs. 4 ZPO nicht getroffen ist, vom Drittschuldner ein Freibetrag auch zu berücksichtigen, wenn dieser aus Arbeit *eigenes Einkommen* hat, dadurch ihm gegenüber der Schuldner aber von seiner Unterhaltspflicht nicht völlig freigestellt ist[27]. Berücksichtigung des Ehegatten bei der Berechnung der Pfändungsfreigrenze hat immer zu erfolgen, wenn auch der Schuldner zum Unterhalt der Familie beiträgt (zur Unterhaltspflicht der Ehegatten §§ 1360, 1360 a BGB). Denn auch durch den Beitrag zum Familienunterhalt erfüllt der Schuldner die gesetzliche Unterhaltspflicht gegenüber seinem Ehegatten[28]. Diese Erfüllung der gesetzlichen Unterhaltspflicht gegenüber dem Ehegatten bedeutet, dass der Schuldner damit seinem Ehegatten Unterhalt i.S. von § 850 c Abs. 1, 2 ZPO gewährt[29]. Wenn die Ehefrau aus den Erträgnissen

---

27 Bei etwa gleich hohem Einkommen (Renten, Pensionen, Krankengeld) soll nach *LArbG Berlin* Betrieb 1976, 1114 = FamRZ 1978, 242 (Leits.) ein Ehegattenfreibetrag nach § 850 c ZPO nicht zu berücksichtigen sein; s. nun aber *BArbG* a.a.O. (Fußn. 28).
28 *BArbG* BAG 42, 54 = FamRZ 1983, 899 = MDR 1983, 788 = ZIP 1983, 1247 mit abl. Anm. *Fenn*; *Zöller/Stöber*, ZPO, Rdn. 6 zu § 850 c.
29 *BArbG* MDR 1983, 788 = a.a.O. (Fußn. 28).

einer eigenen Erwerbstätigkeit zum Familienunterhalt beiträgt, bleibt der Ehemann ihr gegenüber verpflichtet, sich an den gesamten Kosten des Familienunterhalts angemessen zu beteiligen[30]. Ob das der Fall ist, richtet sich nach den Verhältnissen der Ehegatten[31]. Jedoch hängt die Beitragspflicht eines Ehegatten zum Familienunterhalt (§§ 1360, 1360 a BGB) nicht von der Bedürftigkeit des anderen Ehegatten ab. Für die Annahme einer nach § 850 c ZPO zu berücksichtigenden Unterhaltspflicht genügt es daher, dass der Schuldner als unterhaltspflichtiger Ehegatte sich neben der mitverdienenden Ehefrau auf Grund einer beiderseitigen (auch stillschweigenden) Verständigung angemessen an den Kosten des Familienunterhalts beteiligt[32]. Ein weit hinter den Einkünften des Ehemannes zurückbleibender, aus eigener Erwerbstätigkeit geleisteter finanzieller Beitrag der Ehefrau zum Familienunterhalt, der lediglich die Lebensgrundlage der Familie erweitert, nicht aber zu einer Vermögensbildung ausreicht, ist jedenfalls nicht geeignet, den Ehemann von den ihn sonst treffenden Lasten für den Familienunterhalt zu befreien, insbesondere den hiervon auf die Ehefrau entfallenden Anteil zu mindern. Es muss dann, weil es auf die Höhe des der Ehefrau zu leistenden Unterhalts nicht ankommt, auch für die mitverdienende Ehefrau immer der volle Freibetrag berücksichtigt werden[33] (anders bei § 850 d ZPO). Die Ehefrau ist als unterhaltsberechtigte Person auch nicht etwa schon deshalb unberücksichtigt zu lassen, weil sie aus ihrer Erwerbstätigkeit Einkünfte hat, die den pfändungsfreien Grundbetrag nach § 850 c Abs. 1 S. 2 ZPO übersteigen[34]. Sie entfällt als unterhaltsberechtigte Person erst recht nicht deshalb, weil sie zum Familienunterhalt nicht nur durch Arbeitsverdienst, sondern auch durch Haushaltsführung beiträgt, denn dies hebt die geldliche Unterhaltspflicht des Ehemannes nicht auf[34]. Wenn ein Ehegatte zum Familienunterhalt beiträgt, ist bei der Berechnung der Pfändungsfreigrenze der andere Ehegatte aber auch dann als Unterhaltsberechtigter zu berücksichtigen, wenn dessen eigenes Einkommen sehr viel höher liegt[35]. Ein solcher Schuldner, der zum Familienunterhalt beiträgt, erweitert damit die Lebensgrundlage der Familie und steuert auf diese Weise auch zum Unterhalt seines Ehegatten bei. Das gilt auch, wenn der Schuldner für seinen eigenen Unterhalt mehr benötigt, als er selbst für den Unterhalt der Familie aufbringen kann[36]. Ein Ausgleich ist durch Bestimmung des Vollstreckungsgerichts nach § 850 c Abs. 4 ZPO mög-

---

30 *BArbG* AP Nr. 2 zu § 850 c ZPO mit krit. Anm. *Gernhuber* = FamRZ 1966, 233 = NJW 1966, 903.
31 *BArbG* BAG 27, 4 = AP Nr. 3 zu § 850 c ZPO mit krit. Anm. *Beitzke* = FamRZ 1975, 488 mit Anm. *Fenn* = JurBüro 1975, 1193 = MDR 1975, 695 = NJW 1975, 1296 (Leits. mit Anm. Schriftl.) = Rpfleger 1975, 298.
32 *BArbG* a.a.O. (Fußn. 30).
33 Ebenso *Grunau* JurBüro 1961, 269, der noch darauf hinweist, dass auch dann, wenn die Unterhaltsleistung an die Frau ganz gering ist, eine Unterhaltspflicht nicht erfüllt wird, ein Freibetrag für die Ehefrau also nicht zu berücksichtigen ist.
34 *BArbG* a.a.O. (Fußn. 31).
35 *BArbG* MDR 1983, 788 = a.a.O. (Fußn. 28).
36 *BArbG* MDR 1983, 788 = a.a.O. (Fußn. 28).

lich[37]. Das entspricht auch den Grundsätzen der Rechtsklarheit und Praktikabilität; sämtliche Beteiligte, insbesondere Gläubiger und Drittschuldner, müssen demnach leicht und zuverlässig feststellen können, welcher Teil des Arbeitseinkommens des Schuldners gepfändet ist[38]. Materielle Fragen des Unterhaltsrechts hat daher nicht der Drittschuldner nachzuprüfen und verantwortlich zu klären; sie hat das Vollstreckungsgericht unter Berücksichtigung der Umstände des Einzelfalls nach der flexiblen Regelung des § 850 c Abs. 4 ZPO zu würdigen (s. Rdn. 1062). Dem Arbeitgeber als Drittschuldner kann ein Blankettbeschluss die Aufklärungslast (und das damit verbundene Risiko) für ihm nicht zugängliche Tatsachen zu differenzierter Beurteilung materieller Unterhaltsfragen nicht übertragen[39]. Für ihn (wie grundsätzlich; s. Rdn. 489) hat der Pfändungsbeschluss klar und bestimmt zu sein. Das ist bei Erlass eines Blankett-Pfändungsbeschlusses nur der Fall, wenn der Arbeitgeber als Drittschuldner die zu berücksichtigenden Familienangehörigen leicht und sicher feststellen kann. Dem Bestimmtheitsgrundsatz wäre gewiss nicht mehr genügt, wenn dem Arbeitgeber als Drittschuldner eine Aufklärungslast zur Feststellung solcher Tatsachen obliegen würde, deren Feststellung (wie insbesondere die Ermittlung der Einkünfte des Ehegatten des Schuldners) schon ein „aufwendiges Verfahren" des Vollstreckungsgerichts erfordert[40]. Dem Drittschuldner wäre zudem die Feststellung, ob der Schuldner-Ehegatte mehr für den Familienunterhalt aufwendet, als er für seinen eigenen Unterhalt benötigt[41], schon deshalb nicht sicher möglich, weil die Ehegatten den Familienunterhalt durch ihre Arbeit und mit ihrem Vermögen aufbringen müssen (§ 1360 BGB); denn ermitteltes geringes Arbeitseinkommen eines Ehegatten würde bei entsprechendem Vermögen dem Drittschuldner noch keineswegs die Feststellung ermöglichen, ob der Schuldner-Ehegatte zum Familienunterhalt mehr als seinen Unterhaltsanteil beisteuert. Der Drittschuldner könnte zudem stets mit Antrag auf Klarstellung des Pfändungsumfangs (Rdn. 929, 1057) wieder auf eine Entscheidung des Vollstreckungsgerichts hinwirken, so dass auch in keinem Fall[42] eine Belastung des Vollstreckungsgerichts abgewendet wäre. Da zudem nach der Begründung zu § 850 c Abs. 4 ZPO (s. Rdn. 1059) Einkünfte eines Unterhaltsberechtigten nur auf Antrag des Gläubigers nach dieser Bestimmung berücksichtigt werden sollen, hat der Drittschuldner in Übereinstimmung mit dem Wortlaut des § 850 c Abs. 1 und 2 ZPO gesetz-

---

37 *BArbG* MDR 1983, 788 = a.a.O. (Fußn. 28).
38 *BArbG* MDR 1983, 788 = a.a.O. (Fußn. 28).
39 Für Aufklärungslast des Arbeitgebers aber insbesondere *Fenn* ZIP 1983, 1250 (Anmerkung zu BArbG).
40 So *Fenn* ZIP 1983, 1250 für den Fall des § 850 c Abs. 4 ZPO. Für Ermittlung zur Berücksichtigung bzw. Nichtberücksichtigung des Ehegatten kann jedoch nichts anderes gelten.
41 Allein diese Feststellung soll er nach *Fenn* ZIP 1983, 1250 (1252) für Bestimmung des Pfändungsfreibetrags, ggfs. somit für Anhebung um eine Person, zu treffen haben.
42 Wie *Fenn* (a.a.O., Fußn. 40) für seinen Vorschlag geltend macht.

3. Kapitel: Pfändung von Arbeitseinkommen

liche Unterhaltspflichten des Schuldners gegenüber seinem Ehegatten somit stets zu berücksichtigen. Nur wenn der Schuldner ausnahmsweise durch hohen eigenen Verdienst oder erhebliche Vermögenseinkünfte der Ehefrau erkennbar von seiner Unterhaltspflicht völlig freigestellt ist (so, wenn das Einkommen beider mitverdienender Ehegatten erheblich über das hinausgeht, was für den Familienunterhalt benötigt wird), kann für diese kein Freibetrag angesetzt werden.

1050 c) Wenn für den Gläubigeranspruch gegen *samtverbindlich haftende Schuldner* Einkommen sowohl des Mannes als auch der Frau gepfändet wird, steht der höhere Freibetrag jedem der Ehegatten zu, sofern er zum Familienunterhalt beiträgt[43]. Denn auch in diesem Fall erfolgt trotz samtverbindlicher Haftung für den Anspruch des Gläubigers Einzelvollstreckung in das Arbeitseinkommen des jeweiligen Arbeitnehmers. Die für die Einzelvollstreckung gegen jeden Schuldner im Interesse der Praktikabilität formalisierten Schutzbestimmungen für Arbeitseinkommen mit den in § 850 c Abs. 1 und 2 ZPO starr festgelegten Freibeträgen werden durch die Interessenlage des Gläubigers nicht geschmälert. Dem Gläubigerinteresse am Zugriff auf Arbeitseinkommen, das von Freibeträgen für unterhaltsberechtigte Angehörige mit eigenem Einkommen entlastet ist, trägt vielmehr § 850 c Abs. 4 ZPO Rechnung. Danach bestimmt das Vollstreckungsgericht nach billigem Ermessen, inwieweit ein Angehöriger mit eigenen Einkünften unberücksichtigt bleibt. Diese flexible prozessuale Regelung zur Abwendung der Unbilligkeiten, die sich aus der formalisierten Berücksichtigung eines Angehörigen mit eigenen Einkünften bei Berechnung des unpfändbaren Arbeitseinkommens des Schuldners ergeben (Rdn. 1058), zeigt, dass auch bei Vollstreckung gegen samtverbindlich haftende Eheleute Gläubigerinteressen nicht bereits bei Feststellung des Freibetrags nach § 850 c Abs. 1 und 2 ZPO Bedeutung erlangen können.

1051 d) Der *getrennt lebende Ehegatte*[44] findet bei Bemessung des unpfändbaren Einkommens des Schuldners stets dann Berücksichtigung, wenn dieser dem getrennt Lebenden Individualunterhalt nach § 1361 BGB schuldet und leistet. Schließt eigenes Einkommen des getrennt lebenden Ehegatten aus Berufstätigkeit oder Vermögen die gesetzliche Unterhaltspflicht des Schuldners nicht ganz aus, dann erhöht sich sein unpfändbares Arbeitseinkommen um den Ehegattenfreibetrag, weil es für dessen Berücksichtigung auf das Maß der Unterhaltsleistung nicht ankommt.

1052 e) Für den *früheren* (insbesondere geschiedenen) *Ehegatten* bleibt dem Schuldner ein voller Unterhaltsfreibetrag auch dann, wenn als Unterhalt ein Unterschiedsbetrag nach § 1573 BGB zu leisten ist, außerdem, wenn der Schuldner Unterhalt aus Billigkeitsgründen (§ 1576 BGB) erfüllt oder wenn er einen wiederaufgelebten Unterhalt (§ 1586 a BGB) leistet.

---

[43] *Zöller/Stöber*, ZPO, Rdn. 7 zu § 850 c.
[44] Nicht bei nur vorübergehender Trennung aus zwingenden Gründen (berufliche Abwesenheit, Wohnungsnot), bei der § 1360 BGB gilt.

3. Den um den *Kinderfreibetrag* erhöhten pfändungsfreien Einkommensbetrag können beide Ehegatten in Anspruch nehmen, und zwar insbesondere auch bei einer gegen beide (einzeln oder samtverbindlich haftende) Ehegatten gerichteten Zwangsvollstreckung, wenn beide gemeinschaftlichen ehelichen Kindern unterhaltspflichtig sind und Unterhalt gewähren[45]. Eine Unterhaltsverpflichtung ihrem minderjährigen, unverheirateten Kind gegenüber erfüllt die Mutter auch durch Pflege und Erziehung des Kindes (§ 1606 Abs. 3 S. 2 BGB). Daher ist auch bei solcher Versorgung der Kinder im Haushalt aus gepfändetem Arbeitseinkommen der mitarbeitenden Mutter der Freibetrag für Kinder anzusetzen[46]. Wenn die erwerbstätige Frau durch Pflege und Erziehung des Kindes (§ 1606 Abs. 3 S. 2 BGB) allein ihrer Unterhaltspflicht noch nicht nachkommt, sondern auch noch in Geld zum Unterhalt der Kinder beizusteuern hat, wurde auch ihr stets, somit dann jedem Elternteil, der volle Kinderfreibetrag zugestanden[47]. Das ist der Fall, wenn die Haushaltsführung einen geringen Umfang hat und daher die Mutter wenig belastet[48], insbesondere aber auch dann, wenn die Mutter wegen des geringen Einkommens des Ehemannes mitverdienen muss. Verdient die Frau allein und kommt der Ehemann seiner gesetzlichen Unterhaltspflicht durch Haushaltsführung nach, so steht der Frau der Freibetrag für die Kinder zu. Wenn ein Kind von keinem Elternteil betreut wird (Heimunterbringung, Anstaltsaufenthalt, Erziehung durch Hauspersonal), trifft die Unterhaltspflicht beide Elternteile gleichrangig. Wenn jeder Elternteil dieser Unterhaltspflicht nachkommt, wird ein Kinderfreibetrag sowohl bei dem Vater wie auch bei der Mutter berücksichtigt. In Zweifelsfällen kann eine klarstellende Entscheidung des Vollstreckungsgerichts verlangt werden (siehe Rdn. 1057). Unbilligkeiten (insbesondere bei Zwangsvollstreckung gegen samtverbindlich haftende Eheleute) kann mit Anrechnung der dem Kind zufließenden Unterhaltsleistungen als „eigenes Einkommen" Rechnung getragen werden (Rdn. 1058).

1053

4. a) Im *Pfändungsbeschluss* müssen die zu berücksichtigenden Unterhaltslasten des Schuldners nicht konkret bezeichnet (absolut festgelegt) sein. Der Pfändungsbeschluss kann, weil Gläubiger und Vollstreckungsgericht die Verhältnisse des Schuldners nicht kennen und ermitteln können, vielmehr so gefasst werden, dass er nur Angaben über den für jedes erst noch zu ermittelnde Familienmitglied verbleibenden Freibetrag enthält

1054

---

45 *BArbG* a.a.O. (Fußn. 31); *LG Bayreuth* MDR 1994, 621; *LG Oldenburg* Rpfleger 1980, 353; *Zöller/Stöber*, ZPO, Rdn. 7 zu § 850 c.
46 **A.A.** *Weimar* MDR 1960, 733; unklar *LG Oldenburg* Rpfleger 1980, 353. Gegenansicht noch in 5. Auflage, an der nach dem Hinweis von *Fenn* ZZP 93 (1980) 229 wegen der Gleichartigkeit von Bar- und Naturalunterhalt nicht festgehalten wird.
47 *BArbG* a.a.O. (Fußn. 31); *Weimar* MDR 1960, 733; so wohl auch *LG Oldenburg* Rpfleger 1980, 353; **a.A.** – unzutreffend – *AG St. Ingbert* MDR 1963, 604, das den Kinderfreibetrag grundsätzlich nur bei einem samtverbindlich haftenden Ehegatten berücksichtigen will.
48 *Weimar* a.a.O. (Fußn. 47).

(sog. *Blankettbeschluss*)[49]. Die Ermittlung und Berücksichtigung der unterhaltsberechtigten Angehörigen des Schuldners muss in solchen Fällen der Drittschuldner besorgen. Ihm obliegt die Berechnung und Auszahlung des Arbeitseinkommens und damit auch die ziffernmäßige Feststellung der gepfändeten Einkommensteile.

1054a b) Für Berücksichtigung bei Berechnung der unpfändbaren und damit der gepfändeten Einkommensteile nach § 850 c ZPO (samt Tabelle) hat der Drittschuldner die *Angehörigen*, denen der Schuldner kraft Gesetzes Unterhalt leistet, *festzustellen*[50]. Er kann dabei auf die Lohnsteuerkarte und die Personalunterlagen zurückgreifen, kann sich an sie aber nur halten, wenn im Einzelfall keine Zweifel bestehen können, dass sie die tatsächlichen gesetzlichen Unterhaltpflichten zuverlässig ausweisen. Zur Aufklärung kann Schuldner und Gläubiger Gelegenheit zur Äußerung zu geben sein. Für Berücksichtigung des Ehegatten nach § 850 c ZPO erlangt es (anders als für Durchführung des Lohnsteuerabzugs) keine Bedeutung, dass

---

49 Blankettbeschluss wird allgemein für zulässig erachtet; siehe *LArbG Düsseldorf* Betrieb 1986, 649 = Rpfleger 1986, 100; *LG Kassel* JurBüro 2004, 558; *Grunau* JurBüro 1961, 267; *Rewolle* BB 1968, 1387; *Stöber* Rpfleger 1974, 77; *J. Blomeyer* RdA 1974, 1 (13 f.); *Arnold* BB 1978, 1314 (1317 Fußn. 33); *Hornung* Rpfleger 1978, 353 (354); *Rixecker* JurBüro 1982, 1761; *Stein/Jonas/Brehm*, ZPO, Rdn. 21; *Zöller/ Stöber*, ZPO, Rdn. 9; *Schuschke/Walker/Kessal-Wulf*, Vollstreckung, Rdn. 9, je zu § 850 c; *Wieczorek/Schütze/ Lüke*, ZPO, Rdn. 22 zu § 850 c und Rdn. 21 zu § 850 d; **a.A.** nur *Quardt* BB 1967, 251; die Praxis erweist aber, dass mit dem Blankettverfahren keineswegs – wovon *Quardt* ausgeht – ein hohes Maß an Unsicherheit in die Lohnpfändung hineingetragen wird und dass dem Drittschuldner keine Aufgabe zufällt, die ihn überfordern und ihm unnütze Risiken auferlegen würde. Vielmehr würde gerade der Weg, den *Quardt* weist, nämlich den Schuldner bei fehlenden Angaben über den Familienstand im Pfändungsantrag des Gläubigers einfach als ledig und kinderlos zu behandeln, den Grundsätzen des Lohnpfändungsschutzes widersprechen und nicht praktikabel sein; wegen der früheren Meinungsverschiedenheiten siehe *Schmid* JW 1937, 2751 und *Rühling* JW 1937, 3136.

50 Das *BArbG* AP Nr. 8 zu § 850 c ZPO = a.a.O. (Fußn. 26) umreißt (beiläufig) die Drittschuldneraufgabe großzügiger wie folgt: „Der Arbeitgeber, dem von seinem Arbeitnehmer mitgeteilt wird, dass er verheiratet ist und eine bestimmte Zahl minderjähriger Kinder zu unterhalten hat, kann ... bei der Berechnung des pfändbaren Teils des Arbeitseinkommens von einer entsprechenden Zahl unterhaltsberechtigter Personen ausgehen, ohne irgendwelche Nachforschungen anstellen zu müssen. Nur wenn der Arbeitnehmer volljährige oder verheiratete Kinder oder sonstige Angehörige als unterhaltsberechtigte Personen berücksichtigt wissen will, muss der Arbeitgeber nachprüfen, ob entsprechende Unterhaltsansprüche bestehen, d.h. nach dem Arbeitseinkommen der betreffenden Personen fragen ..."
Dem kann nicht gefolgt werden. Auch der Blankettbeschluss bezeichnet den Umfang der Pfändung mit der erforderlichen Bestimmbarkeit. Den Drittschuldner verpflichtet das Zahlungsverbot daher, die ihm möglichen und zumutbaren Feststellungen zu treffen (so [mit Einschränkung] auch *Schuschke/Walker/Kessal-Wulf*, Vollstreckung, Rdn. 9 zu § 850 c). Dadurch wird der Drittschuldner nicht unzumutbar belastet. Mit Lohnabzug unter Zugrundelegung falscher Angaben des Schuldners, die zumutbar hätten überprüft und durch Berücksichtigung der feststellbaren richtigen Zahl der Unterhaltpflichten des Schuldners ersetzt werden können, kommt der Drittschuldner seiner durch das Zahlungsverbot des Pfändungsbeschlusses begründeten Verpflichtung nicht nach.

Pfändungsgrenze (§ 850 c ZPO)

auf der *Lohnsteuerkarte* des Schuldners die (ungünstigere) Steuerklasse IV oder V eingetragen ist[51] oder auch I (weil die Ehegatten dauernd getrennt leben oder weil der unterhaltsberechtigte Angehörige [bei Wohnsitz im Ausland] nicht unbeschränkt einkommensteuerpflichtig ist). Für Kinder enthält die Lohnsteuerkarte nur noch die Eintragung der Zahl der Kinderfreibeträge. Eingetragen ist für jedes Kind der Zähler „0,5", wenn für den Schuldner der (anteilige) Kinderfreibetrag berücksichtigt ist, der Zähler „1" jedoch, wenn auch der Kinderfreibetrag des anderen Elternteils auf den Schuldner übertragen ist oder ihm sonst zusteht. Die Zahl „1" kann daher Kinderfreibeträge für zwei Kinder, aber auch den gesamten Kinderfreibetrag für nur ein Kind ausweisen. Diese Eintragungen erfolgen nach den steuerrechtlichen Vorschriften über die Ausstellung der Lohnsteuerkarte (§ 39 EStG); die Angaben dienen allein der familienbezogenen Zielsetzung des Steuerabzugs; sie wirken sich (nur) noch auf die Höhe des Solidaritätszuschlags und der Kirchensteuer aus. Die nach § 850 c ZPO zu berücksichtigenden Angehörigen sind damit „amtlich" nicht festgelegt. Abweichungen können sich ergeben, weil auf die Lohnsteuerkarte ein Kinderfreibetrag auch für ein Kind unter 18 Jahren (mit bereits eigenem Einkommen) eingetragen wird, durch das Finanzamt außerdem für Kinder zwischen dem 18. und 25. Lebensjahr (und darüber hinaus) und ein Pflegekind, denen Unterhalt gesetzlich nicht mehr zu leisten sein kann bzw. nicht zu leisten ist (die damit nach § 850 c ZPO nicht zählen). Kinder im Ausland (damit insbesondere Kinder ausländischer Arbeitnehmer, die in ihrer Heimat leben), sind (wenn Unterhalt tatsächlich geleistet wird) nach § 850 c ZPO zu berücksichtigen. Für ein Kind geschiedener Eltern oder getrennt lebender Eltern und für ein nichteheliches Kind kann der Kinderfreibetrag nur auf der Lohnsteuerkarte eines Elternteils eingetragen sein, es ist nach § 850 c ZPO aber auch bei dem anderen Elternteil zu berücksichtigen. Der (nicht geänderten) Lohnsteuerkarte liegen zudem die Verhältnisse zu Beginn des Kalenderjahres (sonst zur Zeit der Änderung) zugrunde, auf Antrag können abweichende (ungünstigere) Eintragungen erfolgt sein, während für den Lohnabzug die tatsächlichen Unterhaltspflichten in dem Zeitraum maßgebend sind, für den das gepfändete Arbeitseinkommen gezahlt wird. Daher kann sich der Drittschuldner nicht mehr schon in der Regel nach den Angaben in der Lohnsteuerkarte richten[52], sondern sich an sie nur halten, wenn im Einzelfall keine Zweifel bestehen können, dass die tatsächlichen gesetzlichen Unterhaltspflichten zuverlässig ausgewiesen sind[53]. Erforder-

---

51 Siehe auch *Mümmler*, Einfluss der Lohnsteuerklasse auf die Pfändung wegen einer nicht privilegierten Forderung, JurBüro 1986, 511.
52 Dies wurde für die früheren Eintragungen in der Lohnsteuerkarte angenommen, jedenfalls soweit es auf die Unterhaltspflicht gegenüber Kindern ankommt; vgl. BArbG Rpfleger 1975, 298 (S. 300 unter II 2); (weitere Nachweise Fußn. 31). Dazu hier 7. Auflage Rdn. 1054.
53 So auch *Zöller/Stöber*, ZPO, Rdn. 9; *Stein/Jonas/Brehm*, ZPO, Rdn. 21, je zu § 850 c; *Liese* Betrieb 1990, 2065.

3. Kapitel: Pfändung von Arbeitseinkommen

liche Feststellungen hat der Drittschuldner andernfalls zu treffen[54]. Für Aufklärung hat er auch besorgt zu sein, wenn der Schuldner keine Lohnsteuerkarte vorgelegt hat[55]; der Schuldner kann dann bei Lohnabzug nicht einfach als ledig und kinderlos behandelt werden. Nachforschungen darüber, ob der Schuldner den nach der Lohnsteuerkarte unterhaltsberechtigten Personen auch tatsächlich Unterhalt leistet, werden vom Drittschuldner nicht verlangt[56]. Begründeten Anhaltspunkten oder Hinweisen des Gläubigers, dass der Schuldner eine Unterhaltspflicht tatsächlich nicht erfüllt, muss der Drittschuldner jedoch nachgehen[57]. Ermittlungen sind aber nicht schon allein deshalb veranlasst, weil der Schuldner geschieden ist; vielmehr kann davon ausgegangen werden, dass der Schuldner der nach der Lohnsteuerkarte unterhaltsberechtigten geschiedenen Ehefrau Unterhalt auch tatsächlich leistet[57]. Über die Eintragungen in der Lohnsteuerkarte hinaus sind auch sonstige vom Schuldner beigebrachte zuverlässige Nachweise zu berücksichtigen.

1055   c) Seinen Pflichten gegenüber Gläubiger und Schuldner genügt der *Drittschuldner*, wenn er den Schuldner vor Lohnabzug zur Berechnung hört[58]. Die Angabe des Schuldners kann der Arbeitgeber der Lohnabrechnung jedoch nicht zugrunde legen, wenn er deren Unrichtigkeit kennt[59]. Verweigert der Arbeitnehmer eine Auskunft und verfügt der Arbeitgeber auch über keine andere Informationsquelle (insbesondere Personal- und Lohnunterlagen), so kann er den Schuldner als ledig und kinderlos behandeln[60]. In Zweifelsfällen (z. B. der Schuldner verlangt einen Freibetrag, weil er seiner Mutter Unterhalt leistet) wird der Drittschuldner sich auch immer der Zustimmung des Gläubigers vergewissern. Teilt der Drittschuldner dem Gläubiger die Einzelheiten der Berechnung (Brutto- und Nettolohn, Familienstand des Schuldners, pfändungsfreie Teile und gepfändeter Betrag) mit und widerspricht der Gläubiger dieser Berechnung nicht, so kann er später den Drittschuldner nicht deshalb haftbar machen, weil er der Berechnung falsche Tatsachen zugrunde gelegt und deshalb dem Schuldner zuviel ausbezahlt habe[61].

1056   d) *Änderungen* während einer laufenden Pfändung, z. B. die Geburt eines weiteren Kindes oder das Erlöschen der Unterhaltspflicht gegenüber dem Ehegatten mit der Scheidung, muss der Drittschuldner gleichfalls von sich aus berücksichtigen. Zur laufenden Nachprüfung, ob der Schuldner

---

54 *Zöller/Stöber*, ZPO, Rdn. 9 zu § 850 c.
55 Dies zutreffend *Liese* Betrieb 1990, 2065 (2066).
56 *LG Stuttgart* JurBüro 2003, 156 (157); *ArbG Ludwigshafen* BB 1965, 333; *LArbG Rheinland-Pfalz* BB 1966, 741.
57 *LG Stuttgart* JurBüro 2003, 156 (157); *LArbG Rheinland-Pfalz* a.a.O.
58 *LG Stuttgart* a.a.O. (Fußn. 57); *Grunau* JurBüro 1961, 267. Zur Befragung des Schuldners als Obliegenheit des Arbeitgebers *Liese* Betrieb 1990, 2065 (2068). Zum Schutz des Drittschuldners, der zulasten des Gläubigers oder des Schuldners gepfändetes Einkommen nicht richtig berechnet, s. *Rixecker* JurBüro 1982, 1761.
59 *LG Stuttgart* a.a.O. (Fußn. 57); *Liese* Betrieb 1990, 2065 (2069).
60 *LG Stuttgart* a.a.O. (Fußn. 57); ähnlich *Liese* Betrieb 1990, 2065 (2068).
61 *Grunau* JurBüro 1961, 270 und JurBüro 1962, 242; *Liese* Betrieb 1990, 2065 (2070) mit der Einschränkung, dass das nicht gilt, wenn der Arbeitgeber die Unrichtigkeit einer solchen Tatsache (positiv) kennt.

seiner einmal nachgewiesenen Unterhaltspflicht nachkommt, ist der Arbeitgeber aber nicht verpflichtet[62]. Solange dem Arbeitgeber die eine Änderung herbeiführenden Tatsachen nicht bekanntgeworden sind (aber nicht mehr später), wird er von seiner Leistungspflicht auch dann frei, wenn er den bisherigen Lohnabzug unverändert fortsetzt, den dazugekommenen oder weggefallenen Angehörigen also nicht berücksichtigt. Es ist Sache des Schuldners oder Gläubigers, dem Drittschuldner die ihm unbekannte Änderung der Verhältnisse anzuzeigen[63]. Zuverlässige Nachweise hat der Drittschuldner zu berücksichtigen, begründeten Anhaltspunkten oder Hinweisen hat er nachzugehen.[64]

5. Im *Zweifelsfall* kann der Drittschuldner einen streitigen Betrag hinterlegen (§ 372 BGB und Rdn. 932). Gläubiger und Schuldner können dann selbst und im Rechtsweg klären, wem der hinterlegte Betrag zusteht. Drittschuldner[65], Gläubiger oder Schuldner können aber auch Klarstellung durch Entscheidung des Vollstreckungsgerichts über die Zahl der zu berücksichtigenden unterhaltsberechtigten Personen oder darüber begehren, ob ein bestimmter Angehöriger (z. B. ein heranwachsender Sohn, die mitverdienende Ehefrau) zu berücksichtigen ist (siehe Rdn. 929). In diesem Verfahren trifft die Beweislast den Schuldner, wenn er eine ihm günstige Berechnung des unpfändbaren Betrages verlangt, sonst den Gläubiger (z. B. dann, wenn er Nichtberücksichtigung eines bisher unterhaltsberechtigten Kindes anstrebt).

1057

VI. Der Unterhaltsberechtigte mit eigenen Einkünften (§ 850 c Abs. 4 ZPO)

1. Die Berücksichtigung eines *Angehörigen* des Schuldners mit *eigenen Einkünften* bei Berechnung des unpfändbaren Teils des Arbeitseinkommens (Rdn. 1047 ff.) kann zu unbilligen Ergebnissen führen. § 850 c Abs. 4 ZPO ermöglicht daher auf Gläubigerantrag die Bestimmung, dass der Unterhaltsberechtigte mit eigenen Einkünften bei der Berechnung des unpfändbaren Teils des Schuldnereinkommens ganz oder teilweise unberücksichtigt bleibt. Die Begründung[66] führt dazu aus:

1058

„... [Es] war angeregt worden, den Unterhaltsberechtigten dann außer Betracht zu lassen, wenn seine Einkünfte höher als die Grundfreibeträge für den alleinstehenden Schuldner nach Abs. 1 Satz 1 ([damals] 559 DM monatlich) liegen. Auch wenn für diese Beträge als Richtschnur gewisse Gründe sprechen, so wären sie doch, ..., für eine feste Grenze zu starr. Der vorgeschlagene Abs. 4 gestaltet die Berücksichtigung des Berechtigten, der eigene Einkünfte bezieht, flexibel. Er lässt dem Gericht bei seiner Ermessensentscheidung genügend Raum, um den Umständen des Einzelfalles Rechnung zu tragen. Um den Erlass eines Pfändungs- und Überweisungsbeschlusses nicht zu erschweren, sollen

1059

---

62 *LG Stuttgart* a.a.O. (Fußn. 57); *Grunau* JurBüro 1961, 268.
63 *LG Stuttgart* a.a.O. (Fußn. 57).
64 *LG Stuttgart* a.a.O. (Fußn. 57).
65 Ebenso *Stein/Jonas/Brehm*, ZPO, Rdn. 26; *Zöller/Stöber*, ZPO, Rdn. 9; *Wieczorek/Schütze/Lüke*, ZPO, Rdn. 25, je zu § 850 c.
66 Begründung, BT-Drucks. 8/693, Seite 49.

3. Kapitel: Pfändung von Arbeitseinkommen

Einkünfte eines Unterhaltsberechtigten nur auf Antrag des Gläubigers berücksichtigt werden. Für die Entscheidung des Gerichts wird die Höhe der eigenen Einkünfte des Unterhaltsberechtigten von maßgeblicher Bedeutung sein. In seine Erwägung wird das Gericht auch den Lebensbedarf einbeziehen, der aus dem Arbeitseinkommen des Schuldners zu bestreiten ist. An die Prüfung sollen allerdings keine überspannten Anforderungen gestellt werden, um das Vollstreckungsverfahren praktikabel zu gestalten.

Bei einer entsprechenden Höhe der eigenen Einkünfte des Unterhaltsberechtigten kann das Vollstreckungsgericht zu dem Ergebnis kommen, dass der Unterhaltsberechtigte ganz unberücksichtigt bleiben soll. In diesem Falle vermindert sich bei der Berechnung des pfändbaren Arbeitseinkommens die Zahl der unterhaltsberechtigten Personen um eine.

Andererseits können die Einkünfte des Unterhaltsberechtigten so unbedeutend sein, dass der Antrag des Gläubigers abzuweisen ist. Ergibt die Prüfung der Umstände des Einzelfalles, dass der Unterhaltsberechtigte nur teilweise zu berücksichtigen ist, so soll das Vollstreckungsgericht den unpfändbaren Teil des Arbeitseinkommens des Schuldners selbst bestimmen. Eine Bezugnahme auf die Tabelle unter Bezeichnung eines Betrages, der dem nach der Tabelle pfändbaren Teil des Arbeitseinkommens des Schuldners hinzuzurechnen ist, könnte zu unbilligen Ergebnissen und zu praktischen Schwierigkeiten führen."

1060 2. a) *Eigene Einkünfte*, die eine Anordnung nach Abs. 4 des § 850 c ZPO ermöglichen, können dem Angehörigen aus eigener Erwerbstätigkeit (als Lohn, Gehalt, Ausbildungsvergütung[67], Einkommen aus selbstständiger oder freier Berufstätigkeit, aber auch z. B. Krankengeld), aus früherer Erwerbstätigkeit (Rente) oder aus seinem Vermögen (Zinsen, Mieteinnahmen[68]), als Nutzungen eines Nießbrauchers, Leibrente, Versicherungsrente usw. zufließen. Dazu gehören auch Abfindungen und regelmäßige Zuwendungen Dritter wie überhaupt alle sonstigen Bezüge, die zur Bestreitung des Unterhalts dienen und verwendet werden können[69], mithin auch Sozialgeldleistungen für den Lebensunterhalt (z. B. Mutterschaftsgeld, Elterngeld[70],

---

67   Das *LG Saarbrücken* JurBüro 1988, 671 hat Anrechnung einer Ausbildungsvergütung, die unter dem Sozialhilfesatz lag, abgelehnt, weil Berücksichtigung dieses aus Anlass der Berufsausbildung benötigten Einkommensbetrags und damit Anordnung, dass das Kind nach § 850 c Abs. 4 ZPO auch nur teilweise unberücksichtigt zu bleiben habe, nicht billigem Ermessen entsprochen hätte. Zustimmend *OLG Oldenburg* JurBüro 1995, 48. Berücksichtigung einer Ausbildungsvergütung über dem Sozialhilfebedarf: *AG Fulda* JurBüro 1998, 605.

68   Soweit sie dem Lebensunterhalt dienen, nicht also, wenn sie zur Erhaltung des Vermögens benötigt werden.

69   So auch *Arnold* BB 1978, 1314 (1318 Fußn. 46).

70   So (zum vormaligen Erziehungsgeld) *LG Heilbronn* JurBüro 2003, 660; *LG Kassel* JurBüro 1998, 664; *LG Konstanz* Rpfleger 2000, 507. **A.A.** *LG Frankfurt* Rpfleger 1996, 298; *LG Hagen* Rpfleger 1993, 30 wegen der Unpfändbarkeit des Erziehungsgeldes (jetzt § 54 Abs. 3 Nr. 1 SGB I); *Stein/Jonas/Brehm*, ZPO, Rdn. 28 zu § 850 c. Auch die Zweckbestimmung des (vormaligen) Erziehungsgeldes hat seine Eigenschaft als Einkommen, das zur Bestreitung des Unterhalts dient oder verwendet werden kann, jedoch nicht aufgehoben, so dass auch seiner Unpfändbarkeit keine Bedeutung zukommt (auch unpfändbares Arbeitseinkommen bis zu den Pfändungsfreigrenzen des § 850 c Abs. 1–3 ZPO zählt zu den „eigenen Einkünften"). Besondere persönliche Bedürfnisse in der Zeit der Betreuung und Erziehung des Kindes bewirken keine Freistellung der eigenen Einkünfte von der Anrechnung; ihnen ist im Einzelfall bei der Bestimmung nach billigem Ermessen Rechnung zu tragen. Gegenteiliger Ansicht auch *Hintzen* NJW 1995, 1861 (1862) und *Wieczorek/Schütze/Lüke*, ZPO, Rdn. 30 zu § 850 c.

Kurzarbeitergeld), nicht aber[71] Sozialhilfe, Leistungen nach dem BAföG und die Grundrente sowie Schwerstbeschädigtenzulage nach dem BVersG (sollen neben einem ideellen Ausgleich den durch den Körper- oder Gesundheitsschaden bedingten Mehrbedarf decken), desgleichen nicht andere von § 54 Abs. 3 Nr. 3 SGB I erfasste Geldleistungen, die dafür bestimmt sind, einen Mehrbedarf zu decken und nicht Kindergeld[72] (Leistungsberechtigter ist nicht das Kind, s. Rdn. 153 a und 1397). Auch der von einem anderen Unterhaltsverpflichteten gezahlte *Barunterhalt* gehört zu den „eigenen Einkünften" des Unterhaltsberechtigten, die dessen Berücksichtigung bei der Berechnung des unpfändbaren Teils des Arbeitseinkommens einschränken oder ausschließen können[73]. Leistungen nach dem Unterhaltsvorschussgesetz (Rdn. 1327 a) sind bei Zwangsvollstreckung gegen die (alleinerziehende) Mutter (u.U. auch den Vater) wie die sie ersetzende Unterhaltsleistungen als „eigene Einkünfte" anzusehen.[74]

b) Einmalige oder befristete Einkünfte können zu einer nur zeitlich begrenzten Nichtberücksichtigung des Angehörigen führen[75]. Einkünfte, die nicht in Geld bestehen (Naturalleistungen), und Vergünstigungen, die dem Lebensunterhalt dienen und die Unterhaltsverpflichtung des Schuldners mindern (unentgeltliches Wohnen, freie Kost usw.), können eine Anordnung nach § 850 c Abs. 4 ZPO gleichfalls rechtfertigen[76]. **1060a**

3. Anrechnung mit Ermessensanordnung nach § 850 c Abs. 4 ZPO erfordert, dass der Schuldner dem Angehörigen trotz seiner eigenen Einkünfte noch *zur Unterhaltsleistung* gesetzlich *verpflichtet* ist und Unterhalt auch tatsächlich leistet[77] (Rdn. 1047). Wenn keine Unterhaltsverpflichtung besteht, weil sich der Angehörige infolge seiner Einkünfte voll selbst unterhalten kann (§ 1602 Abs. 1 BGB), bleibt er bei Feststellung des unpfändbaren Schuldnereinkommens unberücksichtigt. Das ist bereits vom Drittschuldner bei ziffernmäßiger Berechnung des pfändbaren Einkommens (Rdn. 1054) zu berücksichtigen. Wenn die sichere Feststellung jedoch Schwierigkeiten bereitet, z. B. weil die Verhältnisse nicht klar sind oder weil ein Grenzfall gegeben ist, kann einem Antrag auf Bestimmung des Vollstreckungsgerichts nach Maßgabe des § 850 c Abs. 4 ZPO das Rechts- **1061**

---

71 Dazu *Hornung* Rpfleger 1978, 353 (356).
72 *BGH* FamRZ 2006, 203 = MDR 2006, 536 = NJW-RR 2006, 568 = Rpfleger 2006, 142; *LG Marburg* Rpfleger 2002, 470 (471); **a.A.** *LG Traunstein* FamRZ 2004, 128 = JurBüro 2003, 548.
73 *BGH* FamRZ 2009, 1137 = MDR 2009, 1004 = NJW-RR 2009, 1279 = NZI 2009, 443 = Rpfleger 2009, 526; *OLG München* JurBüro 2000, 47 (48); dazu *Ahrens* NZI 2009, 423.
74 *LG München II* JurBüro 2001, 657; auch *LG Traunstein* FamRZ 2004, 128 = a.a.O. (Fußn. 72).
75 *LG München II* JurBüro 2001, 657; *Hornung* Rpfleger 1978, 353 (356); *Stein/Jonas/Brehm*, ZPO, Rdn. 28 zu § 850 c.
76 *Hornung* Rpfleger 1978, 353 (356).
77 So auch *Arnold* BB 1978, 1314 (1318 Fußn. 51); *LG Göttingen* JurBüro 1999, 271; **a.A.** *Hornung* Rpfleger 1978, 453 (455).

schutzinteresse aber nicht versagt werden[78]. Mit Bestimmung nach billigem Ermessen vereinfacht und erleichtert § 850 c Abs. 4 ZPO Berücksichtigung der für den Unterhaltsbedarf ausreichenden Einkünfte des Angehörigen nach den Umständen des Einzelfalls. Diese Bestimmung gibt den Beteiligten, damit insbesondere dem Drittschuldner, Klarheit und Sicherheit. Sie verhindert Streit über die richtige Berechnung der gepfändeten Beträge im Drittschuldnerprozess und schließt ein formalisiertes Klarstellungsverfahren vor dem Vollstreckungsgericht aus (zu diesem Rdn. 1057). Ein Rechtsschutzinteresse für Bestimmung nach § 850 c Abs. 4 ZPO ist in nicht eindeutigen Fällen daher stets gegeben.

1062 4. a) Das Vollstreckungsgericht bestimmt *nach billigem Ermessen,* ob und inwieweit der Angehörige mit eigenen Einkünften ganz oder teilweise unberücksichtigt bleibt. Überspannte Anforderungen dürfen im Vollstreckungsverfahren an die Überprüfung nicht gestellt werden[79]. Die flexible Regelung lässt genügend Raum, um den Umständen des Einzelfalls Rechnung zu tragen[80]. Zu berücksichtigen ist, dass Einkünfte des Angehörigen nicht, auch nicht mittelbar, zur Tilgung von Verbindlichkeiten des Schuldners herangezogen werden dürfen[81]. Deshalb ist auch zu erwägen, dass der Wegfall eines zusätzlichen Freibetrags beim Schuldnereinkommen als Beitrag zum Familienunterhalt dem Unterhaltsberechtigten trotz seiner eigenen Einkünfte keine Einschränkung in seiner Lebensführung bringen darf, die unangemessen wäre[82]. Dass ein vom Schuldner abhängiger unterhaltsberechtigter Angehöriger gewisse Abstriche in seiner Lebensführung hinnehmen muss, wenn Schulden zu tilgen sind, hat bei der Ermessensentscheidung nach den Umständen des Einzelfalls aber ebenso Bedeutung zu erlangen[83].

1062a b) Zu würdigen hat Bestimmung nach billigem Ermessen, dass Arbeitseinkommen des Schuldners bei Wegfall oder Minderung seiner Unterhaltspflicht wegen der eigenen Einkünfte des formal zu berücksichtigenden Angehörigen nicht mehr zur Deckung des Lebensbedarfs dieses Familienangehörigen zur Verfügung stehen muss und daher auch nicht mehr vor Gläubigerzugriff geschützt zu sein hat (Rdn. 872). Berücksichtigung des Angehörigen sieht § 850 c ZPO (zunächst) nach formalen Anhaltspunkten vor, um den Erlass des Pfändungsbeschlusses nicht zu erschweren (Rdn. 1059); Einkünfte des Berücksichtigten bleiben dabei im Interesse der Rechtsklarheit und Praktikabilität (Rdn. 1049), aber auch zur Sicherung

---

78 Ebenso *Behr* JurBüro 1994, 706. So im Grunde wohl auch *LG Kiel* JurBüro 1995, 384; nicht überzeugend hingegen *LG Verden* JurBüro 1995, 385 (Schuldner hatte keinen Unterhalt gewährt).
79 *BGH* FamRZ 2005, 1085 (1086) = JurBüro 2005, 438 (439) = MDR 2005, 1013 (1014) = NJW-RR 2005, 1239 (1240) = Rpfleger 2005, 371.
80 Begründung (Fußn. 66) Seite 49, abgedr. Rdn. 1059.
81 *BGH* NJW-RR 2005, 1239 (1240) = a.a.O.; *LG Frankfurt* Rpfleger 1988, 73.
82 *Arnold* BB 1978, 1314 (1318); *LG Frankfurt* Rpfleger 1988, 73.
83 *BGH* NJW-RR 2005, 1239 (1240) = a,a,O.; *Arnold* a.a.O. (Fußn. 82); *LG Frankfurt* a.a.O.; *LG Kiel* JurBüro 1995, 384.

des mit der Berechnung belasteten Arbeitgebers in dem formalisierten Vollstreckungsverfahren, außer Betracht. Im Einzelfall soll jedoch auf Antrag des Gläubigers nach Bestimmung des Vollstreckungsgerichts ein Angehöriger keine Berücksichtigung mehr finden, wenn oder soweit sein Unterhalt aus eigenen Einkünften aufzubringen ist (Rdn. 1059). Das soll nach billigem Ermessen bestimmt werden, weil es genügend Raum für Berücksichtigung der Umstände des Einzelfalls gewährleistet, zugleich aber ein praktikables Vollstreckungsverfahren sichert. In dem formalisierten Vollstreckungsverfahren hat umfassende Beweiserhebung zur Klärung vielfach schwieriger Fragen des materiellen Unterhaltsrechts und abschließende Beweiswürdigung für Entscheidung insbesondere über Ausmaß eines etwa noch bestehenden Unterhaltsanspruchs daher nicht zu erfolgen. Es soll aber ebenso der Schuldner nicht begünstigt werden, wenn ihn eigenes Einkommen des Angehörigen erkennbar von seiner Unterhaltspflicht ganz oder teilweise freistellt (Rdn. 1049).

c) aa) Bestimmung nach billigem Ermessen stellt einen Gestaltungsraum für *individuelle Abwägung* der Interessenlagen der Beteiligten zur Verfügung. Es hat daher Beurteilung nach den besonderen Umständen des einzelnen Falles zu erfolgen[84], in welchem Umfang der Schuldner infolge der eigenen Einkünfte des zunächst voll berücksichtigten Angehörigen 1063

- diesem *noch* immer *Unterhalt zu leisten,* dafür nach § 850 c Abs. 1 und 2 ZPO weitergehend unpfändbares Arbeitseinkommen somit aufzuwenden hat,
- von *seiner Unterhaltspflicht entlastet* ist und daher den Betrag für Unterhaltsleistung nicht benötigt, der ihm infolge Berücksichtigung der Unterhaltspflicht gegenüber dem Angehörigen nach § 850 c Abs. 1 und 2 ZPO belassen wird.

Dem Schuldner hat daher kein unpfändbarer Mehrbetrag seines Arbeitseinkommens zu verbleiben, wenn er für den Unterhaltsbedarf des Angehörigen mit eigenen Einkünften ersichtlich nichts aufzuwenden hat. Hingegen muss ihm bei unzulänglichen eigenen Einkünften des unterhaltsberechtigten Angehörigen Arbeitseinkommen zur Deckung des noch offenen Unterhaltsbedarfs (Differenzunterhalt[85]) verbleiben. Das gebietet im Einzelfall

- Feststellung des *angemessenen Lebensbedarfs*[86] des Unterhaltsberechtigten mit eigenem Einkommen. Es ist daher dem Lebensalter und Gesundheitszustand des Angehörigen ebenso Rechnung zu tragen wie Be-

---

84 *BGH* BGH-Rep. 2005, 538 mit Anm. *Schürmann* = FamRZ 2005, 438 = MDR 2005, 774 = Rpfleger 2005, 201 mit (nicht sachdienlicher) Anm. *B. Schmidt* = NJW-RR 2005, 795. Neuerdings auch *BGH* NJW-RR 2005, 1239 = a.a.O. (Fußn. 79); *BGH* NJW-RR 2006, 568 = a.a.O (Fußn. 72).
85 Diese Differenzmethode wendet das *LG Nürnberg-Fürth* JurBüro 1996, 603 an (allerdings mit unzulänglichem Ausgangswert); ähnlich *LG Rostock* JurBüro 2003, 326 = Rpfleger 2003, 449.
86 Damit für ein volljähriges Kind nicht bloß des am Sozialhilfebedarf orientierten Lebensbedarfs; so aber *LG Nürnberg-Fürth* a.a.O.; *LG Rottweil* JurBüro 2000, 47.

3. Kapitel: Pfändung von Arbeitseinkommen

dürfnissen infolge Abwesenheit und Unterkunft bei auswärtiger Erwerbstätigkeit oder Ausbildung und anderen bedarfsbestimmenden Faktoren. Damit ist auch zu würdigen, ob der Unterhaltsberechtigte mit dem Schuldner in einem Haushalt lebt oder Wohungsmiete und andere Grundkosten eines eigenen Haushalts zu tragen hat[87];

- Festlegung des durch das eigene Einkommen bereits *gedeckten Unterhaltsbedarfs* des Angehörigen. Die Höhe der eigenen Einkünfte des Unterhaltsberechtigten soll deshalb auch nach der Gesetzesbegründung von maßgebender Bedeutung sein (Rdn. 1059);

- Bestimmung des *Differenzbetrags* als vom Schuldner noch *zu deckender Unterhaltsbedarf* des Angehörigen mit eigenen Einkünften. Daher ist auch in der Gesetzesbegründung herausgestellt, dass der aus dem Arbeitseinkommen des Schuldners noch zu bestreitende Lebensbedarf des Unterhaltsberechtigten in die Erwägung einzubeziehen ist (Rdn. 1059).

1063a bb) Für Prüfung, ob die *Ehefrau* oder (bei Vollstreckung gegen diese) der Ehemann mit eigenen Einkünften ganz oder teilweise unberücksichtigt zu bleiben hat, ergibt sich keine Besonderheit deshalb, weil Ehegatten einander zum Familienunterhalt verpflichtet sind (§ 1360 BGB). Denn als Beitrag zum Familienunterhalt muss dem Schuldner Einkommen für Existenzsicherung auch seines Ehegatten nach billigem Ermessen nicht verfügbar bleiben, soweit dessen Unterhaltsbedarf durch eigene Einkünfte gedeckt ist.

1063b cc) Ist Person mit eigenen Einkünften ein *Kind* des Schuldners, dann ist der Differenzbetrag schließlich noch um *Kindergeld* zu kürzen, das der Schuldner für dieses berücksichtigte Kind erhält (zur Höhe des Kürzungsbetrags Rdn. 1101 ff.). Dafür ist unerheblich, dass *Kindergeld* für (gewöhnliche) Forderungsgläubiger unpfändbar ist (§ 76 EStG). Denn es dient der (steuerlichen) Freistellung eines Einkommensbetrags in Höhe des Existenzminimums des Kindes (§ 31 EStG). Aus Arbeitseinkommen hat der Schuldner daher nur den um das Kindergeld geminderten Unterhaltsbedarf aufzubringen. Kindergeld wird damit nicht (auch nicht mittelbar) entgegen § 76 EStG für Gläubigerbefriedigung herangezogen, sondern nach seiner Zweckbestimmung für den Unterhaltsbedarf des Kindes verwendet. Es mindert die Belastung, die dem Schuldner erwächst, weil einem Kind Unterhalt zu leisten ist, ist somit mindernd ebenso anzurechnen, wie bei Bemessung der Höhe der Pfändungsfreibeträge des § 850 c ZPO berücksichtigt ist, dass zu den unterhaltsberechtigten Familienmitgliedern regelmäßig Kinder gehören, für die dem Haushaltsvorstand Anspruch auf Kindergeld zusteht[88].

1063c dd) Selbst *größere eigene Einkünfte* des Angehörigen können eine Bestimmung nach § 850 c Abs. 4 ZPO ausschließen, wenn sie zur Bestreitung

---

87 *BGH* NJW-RR 2005, 1239 (1240) = a.a.O. (Fuß. 79).
88 Dazu Begründung BT-Drucks. 8/693, Seite 48 re.Sp.; auch Begründung in BT-Drucks. 11/1004, S. 12 (re.Sp.).

Pfändungsgrenze (§ 850 c ZPO)

besonderer persönlicher oder beruflicher Bedürfnisse (z. B. aus Anlass einer Erkrankung oder einer Berufsausbildung) benötigt werden[89] oder als zweckgebunden dem Angehörigen sonst nicht zur Verfügung stehen[90]. Unbedeutende Einkünfte des Unterhaltsberechtigten können die Anordnung nach billigem Ermessen hingegen nicht rechtfertigen[91].

d) **Beispiele:** 1063d

Nettoeinkommen des Schuldners monatlich	2.650,00 Euro
Pfandfreier Einkommensteil	
– bei Unterhaltspflicht für Frau und ein Kind	
= 2.650,00 Euro – 435,01 Euro	= 2.214,99 Euro
– bei Unterhaltspflicht nur für Ehefrau	
= 2.650,00 Euro – 647,05 Euro	= 2.002,95 Euro
Unterschiedsbetrag damit	= 212,04 Euro
aa) Lebensbedarf des Angehörigen (Kindes) mit eigenen Einkünften (infolge auswärtiger Berufstätigkeit, hoher Miete usw.)	1000,00 Euro
Eigene Einkünfte zur Deckung dieses Bedarfs und Kindergeld	1000,00 Euro

Somit volle Minderung der Unterhaltspflicht des Schuldners. Einkommen zur Deckung des Lebensbedarfs des Angehörigen hat dem Schuldner nicht mehr zur Verfügung zu stehen. Es ist daher Bestimmung zu treffen, dass der Angehörige ganz unberücksichtigt bleibt.

Pfändbarer weiterer Betrag damit	212,04 Euro
bb) Lebensbedarf des Angehörigen (Kindes)	350,00 Euro
Eigene Einkünfte zur Deckung dieses Bedarfs und Kindergeld	250,00 Euro
Minderung der Unterhaltspflicht damit bis auf den Differenzunterhalt von	100,00 Euro
Pfändbarer weiterer Betrag damit (212,04 Euro – 100,00 Euro)	= 112,04 Euro

e) Eine starre Handhabung[92] (schematisierende Betrachtungsweise[93]) nach festen Beträgen und abstrakten Sätzen, damit auch nach Bruchteilen 1063e

---

89 So auch *OLG Oldenburg* JurBüro 1995, 48 = Rpfleger 1995, 262; *LG Marburg* Rpfleger 1992, 167 (168).
90 *Hornung* Rpfleger 1978, 353 (356); auch *LG Frankfurt* a.a.O. Siehe auch *LG Hannover* JurBüro 1984, 788 wie folgt: Leistet der Angehörige mit eigenem Einkommen freiwillige Zahlungen an seine eigenen Gläubiger, so kann dies im Rahmen des § 850 c Abs. 4 ZPO nicht einseitig zulasten der gegen den Schuldner vollstreckenden Gläubiger gehen. Solche Leistungen können jedoch teilweise berücksichtigt werden, wenn sie als Ratenzahlungen im Rahmen eines Moratoriums erbracht werden.
91 *OLG Oldenburg* Rpfleger 1995, 262 = a.a.O.
92 Gegen feste Regeln, denen strikt zu folgen wäre, *Wieczorek/Schütze/Lüke*, ZPO, Rdn. 29 zu § 850 c; gegen schematische Anwendung *OLG München* JurBüro 2000, 47 (48); gegen Anwendung starrer Sätze *LG Heilbronn* JurBüro 2000, 597; *LG Kassel* JurBüro 2001, 154 = Rpfleger 2001, 34; *LG Rostock* JurBüro 2003, 326 = a.a.O. (Fußn. 85).
93 Gegen diese *BGH* NJW-RR 2005, 795 (797) = a.a.O. (Fußn. 84) *BGH* NJW-RR 2005, 1239 = a.a.O. (Fußn. 79); *BGH* NJW-RR 2006, 568 = a.a.O. (Fußn. 72); *LG Koblenz* Rpfleger 2008, 513.

3. Kapitel: Pfändung von Arbeitseinkommen

einer Tabellenstufe des § 850 c ZPO[94], oder auch bloß nach dem jeweiligen Unterhaltsbedarfssatz der Tabelle des örtlichen Oberlandesgerichts[95] gewährleistet Feststellung nicht, dass Arbeitseinkommen des Schuldners für den Unterhalt einens Familienangehörigen nicht mehr zu verwenden und daher nicht mehr zu belassen ist. Dass sich als Richtschnur für Nichtberücksichtigung eines Angehörigen im Rahmen der nach dem Einzelfall zu treffenden Bestimmung ohne weiteres schon höhere eigene Einkünfte als die Grundfreibeträge des § 850 c Abs. 1 S. 1 ZPO für den alleinstehenden Schuldner anbieten[96] (jetzt 985,15 Euro monatlich) kann ebenso nicht angenommen werden. Berechnungsmodelle können zwar als Orientierungshilfe (Basis) für die nach § 850 c Abs. 4 ZPO erforderliche Einzelfallprüfung und Ermessensentscheidung herangezogen werden[97]. Ermessensfehlerhaft ist es jedoch, wenn dieselbe Berechnungsformel unterschiedslos (abstrakt) auf verschiedenartige Fallgestaltungen angewendet wird[98].

1064   5. a) Die *Bestimmung*, dass der unterhaltsberechtigte Angehörige ganz oder teilweise unberücksichtigt bleibt, trifft *das Vollstreckungsgericht* auf *Antrag*[99] des Gläubigers; Schuldner und Drittschuldner sind nicht antragsberechtigt. Zuständig ist der Rechtspfleger (§ 20 Nr. 17 RPflG). Der Antrag ist an keine Frist gebunden. Er kann bereits mit dem Pfändungsgesuch gestellt oder erst nach Wirksamwerden der Pfändung ausgebracht werden; nach Beendigung der Zwangsvollstreckung (für bereits ausgezahltes Arbeitseinkommen) kann Bestimmung nicht getroffen, Antrag daher nicht mehr gestellt werden. Der Antrag kann bestimmt gefasst sein, braucht aber nicht notwendig konkret auf völlige Nichtberücksichtigung oder auf die nur teilweise Berücksichtigung der zu benennenden („Ehefrau" ohne Namensan-

---

94 Wie z. B. *LG Koblenz* JurBüro 2003, 377 = Rpfleger 2003, 450: Differenz in der höchsten Einkommensstufe der Tabelle bei Unterhaltspflicht für null Personen und eine Person.
95 So *LG Konstanz* JurBüro 1996, 666; *LG München II* JurBüro 2001, 657 (658). Auch *LG Kiel* JurBüro 1995, 384 legt die von der Rechtsprechung entwickelten Unterhaltstabellen zugrunde, die jedoch für Unterhalts*bemessung* auch der Leistungsfähigkeit des Verpflichteten Rechnung tragen und keinen sicheren Aufschluss über den aus eigenen Einkünften zu deckenden Unterhalts*bedarf* des Berechtigten geben.
96 Begründung (Fußn. 66) S. 48/49; *OLG Oldenburg* JurBüro 1995, 48 = a.a.O. (Fußn. 89); *LG Braunschweig* JurBüro 1995, 217; *LG Darmstadt* Rpfleger 2002, 370; *LG Detmold* Rpfleger 1998, 256; *LG Erfurt* JurBüro 1996, 553 = Rpfleger 1996, 469 mit krit. Anm. *Hintzen; LG Konstanz* JurBüro 1997, 666; *LG Marburg* Rpfleger 1992, 167 und JurBüro 1999, 662; *LG Saarbrücken* JurBüro 1995, 492 (493); *Behr* JurBüro 1994, 705 (706). Zur Einkommenshöhe s. auch *Henze* Rpfleger 1981, 52 (53); zur Berechnung unter Zugrundelegung eines Unterhaltsbedarfs in Höhe der Sozialhilfesätze *LG Traunstein* JurBüro 2003, 155; in Höhe des Sozialhilfebedarfs + 20 v. H. s. *LG Bielefeld* DGVZ 2000, 87 und Rpfleger 2000, 402; *LG Frankfurt* a.a.O.; *LG Leipzig* JurBüro 2002, 97 und 211; *LG Münster* JurBüro 1990, 1363 und *AG Hamm* JurBüro 1990, 1366.
97 *BGH* NJW-RR 2005, 1239 (1240) = a.a.O. (Fußn. 79) mit Beispielen; *BGH* NJW-RR 2006, 568 (569).
98 *BGH* NJW-RR 2005, 1239 = a.a.O.
99 Als Antrag auf Bestimmung nach § 850 c Abs. 4 ZPO kann es anzusehen sein, wenn der Gläubiger (unzulässig) Zusammenrechnung der Rente des Schuldners und seines Ehegatten verlangt, *LG Marburg* Rpfleger 1992, 167.

gabe genügt[100]) unterhaltsberechtigten Person gerichtet sein[101], sondern kann diese Entscheidung ebenso wie den Umfang der nur teilweisen Berücksichtigung der gerichtlichen Ermessensentscheidung überlassen. Über einen ausdrücklich gestellten (insbesondere betragsmäßig bestimmten) Antrag darf das Vollstreckungsgericht nicht hinausgehen (siehe § 308 Abs. 1 ZPO). Der Drittschuldner darf einen (noch) unterhaltsberechtigten Angehörigen mit eigenen Einkünften nicht von sich aus ganz oder teilweise außer Betracht lassen.

b) Zu dem mit dem Pfändungsgesuch verbundenen Antrag ist der *Schuldner* nicht zu *hören*[102] (§ 834 ZPO); sonst ist über den Antrag nach Schuldneranhörung zu entscheiden. Der Familienangehörige, der unberücksichtigt bleiben soll, ist nicht zu hören[103]. 1065

6. a) Über den *mit dem Pfändungsgesuch* verbundenen Antrag ist bei[104] Erlass des Pfändungsbeschlusses zu entscheiden. Auf begründeten Antrag hat bereits der Pfändungsbeschluss die Bestimmung zu treffen, dass der Angehörige ganz oder inwieweit er teilweise unberücksichtigt bleibt. Das Gläubigervorbringen unterliegt in diesem Fall den allgemeinen Anforderungen, die an den Pfändungsantrag zu stellen sind. Es bedarf daher keines Beweises und keiner Glaubhaftmachung der tatsächlichen Angaben[105]. Der Gläubiger hat jedoch substantiiert die konkreten Tatsachen schlüssig vorzutragen, die dem Vollstreckungsgericht Feststellung ermöglichen, dass und inwieweit der Angehörige mit eigenen Einkünften bei der Berechnung des unpfändbaren Teiles des Arbeitseinkommens unberücksichtigt zu bleiben hat[106]. Dazu gehören namentliche Bezeichnung des Angehörigen („Ehefrau" genügt, Rdn. 1064) sowie Benennung der Art und Höhe seiner (jedenfalls ungefähren) (Brutto- oder Netto-) Einkünfte. Allgemein gehaltene Angaben oder inhaltslose Behauptungen („... der Sohn Fritz hat dem Vernehmen nach ausreichendes eigenes Einkommen"; oder „... dürfte bei seinem Lebensalter – nach Abschluss der Berufsausbildung – eigenes Ein- 1066

---

100 *LG Kassel* JurBüro 2001, 154 = Rpfleger 2001, 143.
101 So aber *Hornung* Rpfleger 1978, 353 (357).
102 So auch *LG Stade* JurBüro 2000, 378 (379); *Hintzen* NJW 1995, 1861 (1866); *Schuschke/Walker/Kessal-Wulf,* Vollstreckung, Rdn. 12 zu § 850 c; **anders** Stein/Jonas/Brehm, ZPO, Rdn. 30 zu § 850 c (notwendige Anhörung schließt regelmäßig Entscheidung schon im Pfändungsbeschluss aus); *Wieczorek/Schütze/Lüke,* ZPO, Rdn. 28 zu § 850 c; *LG Saarbrücken* JurBüro 1995, 492 (stets Anhörung des Schuldners).
103 *Henze* Rpfleger 1981, 52; *Hintzen* NJW 1995, 1861 (1866); *Schuschke/Walker/Kessal-Wulf* a.a.O.; *Wieczorek/Schütze/Lüke,* ZPO, Rdn. 28 zu § 850 c.
104 Nicht jedoch vor Erlass des Pfändungsbeschlusses, *LG Hannover* JurBüro 1992, 265.
105 So auch *Hornung* Rpfleger 1978, 353 (357); ähnlich *Behr* JurBüro 1978, 305 (309 f.); **a.A.** *Arnold* BB 1978, 1314 (1319): Nur in Ausnahmefällen wird der Gläubiger zugleich mit seinem Antrag ... den erforderlichen Nachweis bringen können. Im Regelfall wird es sich für den Gläubiger empfehlen, zunächst im einseitigen Verfahren (§ 834 ZPO) einen Pfändungs- und Überweisungsbeschluss zu beantragen und nach dessen Erlass den Antrag nach § 850 c Abs. 4 ZPO zu stellen.
106 *LG Stade* JurBüro 2000, 378.

kommen haben") sind unzureichend. Es gelten somit die gleichen Grundsätze wie für das Pfändungsverfahren im Falle des § 850 d ZPO. Dort werden die für den Unterhaltsbedarf des Schuldners und seiner Angehörigen maßgeblichen Tatsachen nach dem schlüssigen Gläubigervortrag festgestellt (Rdn. 1116). Insbesondere werden Pfändungsfreibeträge für unterhaltsberechtigte vorgehende oder gleichstehende Angehörige nach dem Gläubigervortrag festgelegt (Rdn. 1114). Weitergehende Anforderungen können auch im Falle des § 850 c Abs. 4 ZPO an die bei Pfändung nach billigem Ermessen zu treffende Anordnung, dass ein Angehöriger mit eigenem Einkommen als Unterhaltsberechtigter ganz oder teilweise unberücksichtigt zu bleiben hat, nicht gestellt werden.

1067　　b) Über den *nach Pfändung* gestellten Antrag entscheidet das Vollstreckungsgericht (Rechtspfleger) nach Schuldneranhörung durch gesonderten Beschluss. Das *Verfahren* über diesen Antrag kann den allgemeinen Grundsätzen des ZPO-Verfahrens jedoch nur eingeschränkt folgen. Es ist im Grunde zwar vom Beibringungsgrundsatz beherrscht mit Darlegungs- und Beweislast der Parteien des Zwangsvollstreckungsverfahrens. Der Gläubiger hat daher mit dem Antrag die konkreten Tatsachen schlüssig darzulegen, die Nichtberücksichtigung des zu bezeichnenden Angehörigen (Rdn. 1064) erfordern[107]. Ein nur allgemein gehaltener Antrag, zu prüfen, ob der Schuldner einem bestimmten Angehörigen, der eigenes Einkommen haben soll, noch Unterhalt leistet, ist nicht zulässig. Als Entscheidungsgrundlage kann das schlüssige Gläubigervorbringen verwertet werden, wenn und soweit es nicht bestritten ist, der Schuldner sich also nicht äußert oder dem Vorbringen nicht entgegentritt[108]. Für bestrittenes tatsächliches Vorbringen des Gläubigers genügt Glaubhaftmachung (§ 294 ZPO) nicht, weil sie nicht vorgesehen ist; es muss Beweis geliefert und erhoben werden. Besonderheiten ergeben sich jedoch mit der Eigenart des Freistellungsverfahrens nach § 850 c Abs. 4 ZPO, das dem Gericht zudem Raum für eine Ermessensentscheidung gibt. Dem haben insbesondere Beweislast und Würdigung des Vorbringens der Beteiligten Rechnung zu tragen. An die Prüfung sollen überdies keine überspannten Anforderungen gestellt werden (Rdn. 1059). Beweisbedürftigkeit, Beweisführung und Beweiswürdigung (§ 286 ZPO) können sich daher nicht rundweg nach den strengen Anforderungen des ZPO-Verfahrens bestimmen. Für den dem Gläubiger zumeist nicht näher bekannten Lebensbedarf des Angehörigen und auch zur Höhe seines Einkommens muss es daher vornehmlich dem kundigen Schuldner obliegen, sich zu äußern (§ 138 Abs. 2 ZPO) und erhebliche Tatsachen erforderlichenfalls nachzuweisen. Kommt der Schuldner dieser Verpflichtung zur Sachverhaltsaufklärung nicht nach, so kann für Abwägung nach billigem Ermessen das schlüssige Vorbringen des Gläubigers als zuge-

---

107 Dazu auch *Hornung* Rpfleger 1978, 353 (357); *Zöller/Stöber*, ZPO, Rdn. 14 zu § 850 c. Angabe, dass die Ehefrau ein Einkommen von (damals) 630 DM aus geringfügiger Beschäftigung hat, hat *LG Kassel* JurBüro 2001, 154 = a.a.O (Fußn. 100) genügen lassen.
108 Ebenso *LG Detmold* JurBüro 2001, 604; *LG Münster* JurBüro 1990, 1364.

standen gelten[109], somit von einem bei dem Vorbringen des Gläubigers („der Sohn steht im 3. Lehrjahr" usw.) nach der Lebenserfahrung zu bemessenden eigenen Einkommen ausgegangen und der (für ein Kind: durch Kindergeld nicht gedeckte) Unterhaltsbedarf mit dem Unterschiedsbetrag zwischen der nach den (= allen) Unterhaltspflichten des Schuldners letzten und der vorhergehenden Tabellenstufe der Anlage zu § 850 c ZPO angenommen werden. Über zugestandenes oder bewiesenes Vorbringen des Gläubigers ist nach freier Überzeugung zu entscheiden (§ 287 ZPO). Überspannte Anforderungen sind, weil das Vollstreckungsverfahren praktikabel bleiben soll, an die Prüfung nicht zu stellen[110]; kleinliche Berechnungen müssen daher unterbleiben.

c) Die Entscheidung ist (jedenfalls kurz) zu begründen.

7. a) Wenn der Angehörige *ganz unberücksichtigt* zu bleiben und der Schuldner weiteren Personen Unterhalt nicht zu gewähren hat, erhöht sich der Betrag, bis zu dessen Höhe Arbeitseinkommen für den Lebensbedarf des Schuldners unpfändbar ist, nicht nach § 850 c Abs. 1 S. 2 und Abs. 2 ZPO. Der pfändbare Betrag bestimmt sich nach Spalte 0 (keine Unterhaltspflicht) der Anlage zu § 850 c ZPO. Sind noch weitere unterhaltsberechtigte Angehörige des Schuldners vorhanden, vermindert sich die Zahl der nach § 850 c ZPO zu berücksichtigenden Personen um eine. Wenn z. B. die Ehefrau wegfällt, gilt der verbleibende oder einer der verbleibenden Berechtigten (ein Kind) als „erste" Person, für die nach § 850 c ZPO höhere Sätze anzusetzen sind[111]. Die Bestimmung des Vollstreckungsgerichts kann lauten[112]:

1068

„Bestimmt wird gem. § 850 c Abs. 4 ZPO, dass der Sohn Fritz, geb. am ..., bei der Berechnung des unpfändbaren Teils des Arbeitseinkommens ganz unberücksichtigt bleibt."

b) Wenn ein Angehöriger nach der Bestimmung des Vollstreckungsgerichts *nur teilweise* berücksichtigt werden soll, ist Abs. 3 Satz 2 des § 850 c ZPO *nicht* anzuwenden (§ 850 c Abs. 4 letzter Satzteil ZPO). „Bezugnahme auf die Tabelle" (Anhang zu § 850 c ZPO) genügt dann nicht. Das Vollstreckungsgericht soll in diesem Fall „den unpfändbaren Teil des Arbeitseinkommens des Schuldners selbst bestimmen"[113]. Auch „eine Bezugnahme auf die Tabelle unter Bezeichnung eines Betrages, der dem nach der Tabelle unpfändbaren Teil des Arbeitseinkommens des Schuldners hinzuzurechnen ist, soll zu unbilligen Ergebnissen und zu praktischen Schwierigkeiten führen"[114]. Diese Erwägungen der Gesetzesbegründung sind nur schwer verständlich; praktisch ist zudem mit Festlegung eines zahlenmäßig bestimmten gepfändeten Betrages durch das Vollstreckungsgericht nicht

1069

---

109 In diesem Sinne auch *LG Detmold* a.a.O.; *LG Leipzig* JurBüro 2003, 324.
110 Begründung a.a.O. (Fußn. 66).
111 *BGH* FamRZ 2004, 1281; *Arnold* BB 1978, 1314 (1319); s. auch Rdn. 1043.
112 Vgl. auch den Fassungsvorschlag, den *Hornung* Rpfleger 1978, 353 (358) gibt.
113 Begründung a.a.O. (Fußn. 66).
114 Begründung a.a.O. (Fußn. 66).

auszukommen. Die Bestimmung, dass bei bloß teilweiser Berücksichtigung eines Angehörigen Abs. 3 Satz 2 nicht anzuwenden ist, kann nach Gesetzeszweck und Sinnzusammenhang auch nur so verstanden werden, dass sich *für diesen* Unterhaltsberechtigten die Bezugnahme auf die Tabelle verbietet[115]. Denn jedenfalls muss dem Schuldner stets mindestens so viel von seinem Arbeitseinkommen pfandfrei belassen werden, wie er für seinen eigenen Lebensbedarf und nach der Zahl der übrigen Personen, denen er Unterhalt gewährt (der unterhaltsberechtigten Angehörigen ohne den Unterhaltsberechtigten mit eigenem Einkommen), gem. § 850 c Abs. 2 ZPO unpfändbar verdient[116]. Dazu muss ein weiterer, wenn vielleicht auch nur geringer Einkommensteil kommen, weil der Angehörige mit eigenem Einkommen noch immer teilweise zu berücksichtigen ist[117]. Das schließt Bestimmung eines starren unpfändbaren Teils des gesamten Arbeitseinkommens aus[118]. Dies könnte nur dazu führen, dass bei wechselndem Schuldnereinkommen der nach § 850 c ZPO stets pfändbare Teil des Schuldnereinkommens nicht mehr gewährleistet ist. Die Berechnung des Arbeitseinkommens nach der Tabelle und ebenso die Bezugnahme im Pfändungsbeschluss auf die Tabelle erleichtern und vereinfachen die Berechnung des nach § 850 c Abs. 2 ZPO unpfändbaren Einkommensteiles und gewährleisten auch bei wechselndem Einkommen die dann schwankenden Freibeträge. Für das sonst unpfändbare Arbeitseinkommen genügt daher auch weiterhin Bezugnahme auf die Tabelle[119]. Dem danach unpfändbaren Schuldnereinkommen hat für teilweise Berücksichtigung des Angehörigen

---

115 Dem zustimmend *Hornung* Rpfleger 1978, 353 (358); *LG Frankfurt* Rpfleger 1988, 73 (75).
116 So auch *LG Frankfurt* a.a.O.
117 So auch *LG Frankfurt* a.a.O.
118 So auch *LG Frankfurt* a.a.O.
119 Berechnungs- und Anschauungsbeispiele gibt *Hornung* Rpfleger 1978, 353 (358). Das *OLG Oldenburg* JurBüro 1995, 48 = a.a.O. setzt das anzurechnende Einkommen zum Grundfreibetrag ins Verhältnis und rechnet den entsprechenden Anteil des Differenzbetrags zwischen der Tabellenstufe für alle Unterhaltsberechtigte und der vorgehenden Tabellenstufe dem nach der Tabellenstufe für alle Unterhaltsberechtigte pfändbaren Betrag hinzu. **Beispiel:** (DM-Beträge und vormalige Tabellenstufen sind belassen): Nettoeinkommen 1.900 DM; 2 Unterhaltsberechtigte, davon einer mit eigenem Einkommen von 402 DM monatlich. Verhältnis 1.209 : 402 = ein Drittel. Pfändbar von 1.900 DM nach Tabellenstufe 2: nichts; nach Tabellenstufe 1 DM 111,50. Ein Drittel der Differenz von 111,50 DM = 37,16; dies hinzugerechnet dem pfändbaren Betrag bei 2 Unterhaltsberechtigten (0 DM) ergibt als pfändbar 37,16 DM (sollte auf 37 DM abgerundet werden).
Behr Rpfleger 1981, 381 (385) und, diesem folgend, *Boewer/Bommermann*, Lohnpfändung, Rdn. 549, geben folgenden Fassungsvorschlag:
„... bei der Berechnung des pfändbaren Betrages nach der Tabelle zu § 850 c ZPO ist wie folgt zu verfahren: 50 % des zwischen der für alle Unterhaltsberechtigten geltenden und der vorgehenden Tabellenstufe zu errechnenden Differenzbetrags sind dem pfändbaren Betrag nach der für alle Unterhaltsberechtigten geltenden Tabellenstufe hinzuzurechnen ..."
Teil-Blankettbeschlüssen nach diesem Vorschlag steht jedoch entgegen, dass sich für den nur teilweise zu berücksichtigenden Unterhaltsberechtigten die Bezugnahme auf die Tabelle verbietet. Die Vorschläge tragen auch der unterschiedlichen

Pfändungsgrenze (§ 850 c ZPO)

mit eigenen Einkünften dessen noch offener Unterhaltsbedarf (Differenzunterhalt) bis zur nächsten Tabellenstufe hinzugerechnet zu werden. Die Bestimmung, dass Abs. 3 S. 2 nicht anzuwenden ist, kann damit nur so verstanden werden, dass der Angehörige nicht bei Ermittlung des nach der Tabelle unpfändbaren Einkommensteils zunächst ganz angerechnet werden und sodann die nur teilweise Berücksichtigung durch Abzug eines Festbetrags (abzüglich eines Betrags von monatlich ... Euro) verwirklicht werden kann (würde den dem Schuldner zu belassenden Differenzunterhalt des Angehörigen nicht sicherstellen). Der Beschluss kann daher wie folgt gefasst werden:

„Der pfändbare Betrag bestimmt sich nach der Tabelle, die gem. § 850 c Abs. 3 der Zivilprozessordnung als Anlage beigefügt ist. Bei Feststellung des nach der Tabelle pfändbaren Betrages bleibt die Unterhaltspflicht des Schuldners gegenüber seinem Sohn Fritz, geb. am ..., jedoch außer Betracht. Der pfändbare Betrag ist mithin unter Berücksichtigung der Unterhaltsleistungen des Schuldners gegenüber seinen folgenden Angehörigen ... (auch: nur der übrigen Unterhaltsleistungen des Schuldners) festzustellen.

1070

Gem. § 850 c Abs. 4 ZPO wird bestimmt, dass der Sohn Fritz nur teilweise zu berücksichtigen ist. Der nach der Tabelle unpfändbare Teil des Arbeitseinkommens des Schuldners ist infolge seiner teilweise zu berücksichtigenden gesetzlichen Unterhaltspflicht diesem Sohn gegenüber um weitere ... Euro monatlich (... Euro wöchentlich, ... Euro täglich) zu erhöhen. Der dem Schuldner demnach zu belassende weitere Teil seines Arbeitseinkommens darf jedoch den Betrag nicht übersteigen, der ihm nach der Tabelle des § 850 c Abs. 3 ZPO mit Anlage bei voller Berücksichtigung des Sohnes Fritz als weitere unterhaltsberechtigte Person zu verbleiben hätte.

8. Die nachträgliche Bestimmung, dass ein Angehöriger des Schuldners nach Maßgabe des § 850 c Abs. 4 ZPO ganz oder teilweise unberücksichtigt bleibt, erfordert keine Neuanordnung der Pfändung des damit dem Gläubigerzugriff unterliegenden weiteren Einkommens. Das für die Pfän-

1071

Höhe der Freibeträge nicht Rechnung, die sich ergeben, wenn der nur teilweise zu berücksichtigende Angehörige als erster oder als weiterer Unterhaltsberechtigter zu zählen ist. Der Vorschlag *Behr* berücksichtigt außerdem nicht, dass er gerade bei schwankendem Einkommen nicht den aus dem Arbeitseinkommen des Schuldners noch zu bestreitenden Lebensbedarf des Unterhaltsberechtigten gewährleistet (s. Rdn. 1066; Freibetrag verringert sich mit dem Einkommen, so dass die Höhe der eigenen Einkünfte des Unterhaltsberechtigten ein doch anderes Gewicht erlangen kann). Den Bedenken *Behrs* gegen die wiedergegebene Beschlussformel (Rpfleger 1981, 382, 385) trägt die Begrenzung des nach den Umständen des Einzelfalls bemessenen Freibetrags (Gesetzeszweck; s. Rdn. 1059) auf den Tabellenbetrag Rechnung (dies in Anlehnung an § 850 d Abs. 1 S. 3 ZPO).

Auf keinen Fall sollte die Anrechnung nach diesen Vorschlägen auf kleinliche Berechnung hinauslaufen, sondern billigem Ermessen mit einzelfallbezogener Anrechnung noch großzügig Raum lassen. Bei einem Einkommen von monatlich 2.385 DM und 4 Unterhaltsberechtigten (pfändbar 0) hätte die Differenz zur vorhergehenden Tabellenstufe –,30 DM betragen; Berechnung eines (pfändbaren) Betrags (1/3 davon = –,10 DM; 50% = –,15 DM) hätte sich sicher nicht als einzelfallgerecht erwiesen.

dung freigewordene Arbeitseinkommen ist vom Pfändungsbeschluss ohne weiteres mit dem ursprünglichen Rang erfasst[120].

1071a   9. Wenn *mehrere Pfändungsgläubiger* eine Anordnung nach § 850 c Abs. 4 ZPO erwirkt haben, bestimmt sich ihr Rang nach dem Wirksamwerden ihrer Pfändungen (§ 829 Abs. 3 mit § 804 Abs. 3 ZPO), und zwar, soweit der Änderungsbeschluss rückwirkende Kraft hat (Rdn. 1073) auch für noch nicht ausbezahlte Arbeitseinkommen[121]; die zeitliche Reihenfolge, in der die Beschlüsse nach § 850 c Abs. 4 ZPO erwirkt wurden, erlangt für das Rangverhältnis der mehreren Pfändungsgläubiger keine Bedeutung[122]. Ein im Rang nachfolgender Pfändungsgläubiger, auf dessen Antrag die Anordnung sogleich im Pfändungsbeschluss (oder durch zeitlich früher nachfolgenden Beschluss) getroffen wird, erlangt daher hinsichtlich des der Pfändung unterworfenen weiteren Betrages keinen Vorrang gegenüber dem vorrangigen Pfändungsgläubiger, auf dessen Antrag die Bestimmung nach § 850 c Abs. 4 ZPO zeitlich später getroffen wird. Wenn nach mehrfacher Einkommenspfändung nur einer der Gläubiger eine Bestimmung des Vollstreckungsgerichts nach § 850 c Abs. 4 ZPO beantragt, wirkt die Anordnung nur für die für seinen Pfändungszugriff vorzunehmende Einkommensberechnung[123] (Grundsatz der Einzelvollstreckung), nicht auch zugleich zugunsten anderer Pfändungsgläubiger (siehe auch Rdn. 1140 a). Einem nachpfändenden Gläubiger gebühren damit die mit dem Wegfall eines auf seinen Antrag nicht anzurechnenden Angehörigen freiwerdenden Einkommensteile, wenn der vorrangig pfändende Gläubiger einen Antrag nach § 850 c Abs. 4 ZPO nicht stellt[124]; für das im Übrigen von den Pfändungen erfasste Schuldnereinkommen verbleibt es jedoch bei den durch die Pfändungsbeschlüsse begründeten Rangfolgen.

1072   10. *Abzuweisen* ist der Antrag des Gläubigers, wenn die Voraussetzungen des § 850 c Abs. 4 ZPO nicht erfüllt sind oder wenn das Vollstreckungsgericht nach billigem Ermessen die Bestimmung, dass ein Angehöriger mit (dann nur geringen) eigenen Einkünften unberücksichtigt zu bleiben hat, nicht trifft. Wenn der Gläubiger verlangt hat, einen Angehörigen unberücksichtigt zu lassen, das Vollstreckungsgericht jedoch bestimmt, dass er teilweise zu berücksichtigen ist, ist der Antrag abzuweisen, soweit ihm demnach nicht entsprochen werden kann. Gleiches gilt, wenn das Vollstreckungsgericht sonst dem Antrag nicht ganz entspricht, so wenn es

---

[120] *LArbG Hamm* Betrieb 1982, 1676; *Zöller/Stöber*, ZPO, Rdn. 17 zu § 850 c; *Stein/Jonas/Brehm*, ZPO, Rdn. 35 zu § 850 c.
[121] *LG Mönchengladbach* JurBüro 2003, 490 = Rpfleger 2003, 517.
[122] *LArbG Hamm* Betrieb 1982, 1676; *LG Mönchengladbach* JurBüro 2003, 490 = a.a.O. **a.A.** *Behr* JurBüro 1994, 704 (707).
[123] *BArbG* BAG 46, 148 = Betrieb 1984, 2466 = MDR 1985, 82; *LG Mönchengladbach* JurBüro 2003, 490 = a.a.O. (Fußn. 108); *LArbG Hamm* Betrieb 1982, 1676; *ArbG Kempten* JurBüro 1996, 105; *ArbG Nienburg* JurBüro 1989, 1316 mit zust. Anm. *Mümmler*. So auch *Hornung* Rpfleger 1978, 353 (359); *Musielak/Becker*, Rdn. 13; *Wieczorek/Schütze/Lüke*, ZPO, Rdn. 32, beide zu § 850 c; Bedenken äußerte nur *Behr* JurBüro 1994, 705 (708).
[124] *BArbG* a.a.O.; *LArbG Hamm* Betrieb 1982, 1676.

Pfändungsgrenze (§ 850 c ZPO)

bestimmt, dass ein Angehöriger weitergehend als vom Gläubiger ausdrücklich verlangt zu berücksichtigen ist. Keine gesonderte Zurückweisung hat zu erfolgen, wenn der Gläubiger den Umfang der teilweisen Berücksichtigung in das Ermessen des Vollstreckungsgerichts stellt und dieses bei der Entscheidung die Berücksichtigung zahlen- oder anteilsmäßig festlegt.

11. Die in den Pfändungsbeschluss aufgenommene Bestimmung wird mit diesem ausgefertigt (Rdn. 477); gesonderte Zustellung von Amts wegen erfolgt nicht. Die Pfändung wird mit Zustellung des Beschlusses nach der in ihm enthaltenen Bestimmung bewirkt. Bei nachträglicher Bestimmung wird die Entscheidung nach Maßgabe des § 329 Abs. 3 ZPO an Gläubiger, Schuldner und Drittschuldner (nicht aber an den unberücksichtigt zu lassenden Familienangehörigen) zugestellt; dem Gläubiger wird die Entscheidung formlos mitgeteilt, wenn seinem konkret gestellten Antrag voll entsprochen worden ist. Der Drittschuldner ist bis zur Zustellung des Änderungsbeschlusses nach § 850 g S. 3 ZPO geschützt[125]. Für noch nicht ausbezahltes Arbeitseinkommen (sonst Rdn. 1064) kann der Beschluss Rückwirkung auf den Zeitpunkt anordnen, von dem an die (ganz oder teilweise) nicht zu berücksichtigende Person eigene Einkünfte erzielt hat. Enthält der Beschluss hierüber keine Angabe, so hat er nicht schon ohne weiteres rückwirkende Kraft; Anhaltspunkte dafür, dass rückwirkende Bestimmung erfolgen konnte und geboten war, werden sich dann (anders als im Fall von § 850 g ZPO; dazu Rdn. 1208 a) oft nicht finden lassen. Bei Ablehnung des Antrags wird der Beschluss dem Gläubiger zugestellt und dem angehörten (sonst § 834 ZPO) Schuldner mitgeteilt; der Drittschuldner erhält in diesem Fall nicht Bescheid.

1073

12. *Rechtsbehelf*: Gegen Berücksichtigung im Pfändungsbeschluss (ohne Schuldneranhörung) für Schuldner Erinnerung nach § 766 ZPO, für Gläubiger, soweit Zurückweisung erfolgt ist, sofortige Beschwerde, sonst ebenfalls Erinnerung. Bei Entscheidung über den nachträglichen Antrag: Für Gläubiger und Schuldner sofortige Beschwerde[126]. Der nicht mehr zu berücksichtigende Unterhaltsberechtigte ist nicht Verfahrensbeteiligter, er kann daher Erinnerung oder Beschwerde nicht einlegen[127], desgleichen nicht der Drittschuldner[128].

1073a

13. *Änderung* der nach § 850 c Abs. 4 ZPO getroffenen Ermessensentscheidung ist nach § 850 g ZPO möglich[129]. Erforderlich ist Änderung der Voraussetzungen, auf denen die Entscheidung beruht (z. B. Wegfall des

1074

---

125 *LG Mönchengladbach* JurBüro 2003, 490 = a.a.O)
126 *BArbG* BAG 46, 148 (152) = a.a.O. (Fußn. 123).
127 *Henze* Rpfleger 1981, 52; **a.A.** *OLG Stuttgart* Justiz 1987, 147 = Rpfleger 1987, 255; *OLG Oldenburg* JurBüro 1991, 871 = Rpfleger 1991, 261; *Musielak/Becker*, ZPO, Rdn. 15; *Stein/Jonas/Brehm*, ZPO, Rdn. 41; *Wieczorek/Schütze/Lüke*, ZPO, Rdn. 33, je zu § 850 c; *Hornung* KKZ 1991, 148 (149); *Hintzen* NJW 1995, 1861 (1866).
128 **A.A.** *LG Frankfurt* Rpfleger 1989, 400; für Drittschuldner nach Anhörung des Schuldners damals (befristete) Durchgriffserinnerung (§ 11 Abs. 1 S. 2 RpflG mit § 793 ZPO); s. dazu aber auch bereits Rdn. 730.
129 So auch *Hornung* Rpfleger 1978, 353 (359).

3. Kapitel: Pfändung von Arbeitseinkommen

eigenen Einkommens des Angehörigen, Erhöhung des Einkommens). Andere Beurteilung der fortbestehenden Verhältnisse ermöglicht eine Änderung nicht; sie ist mit Rechtsbehelf (Rdn. 1073 a) zu beantragen.

1074a 14. Bei Vorpfändung (§ 845 ZPO) kann eine Bestimmung nach § 850 c Abs. 4 ZPO nicht getroffen werden[130]. Die Bestimmung ist (konstitutiv) dem Gericht aufgetragen, so dass – ebenso wie im Fall des § 850 b ZPO (dazu Rdn. 1034) – vor einer Entscheidung des Vollstreckungsgerichts Arbeitseinkommen nicht über die Grenzen des § 850 c Abs. 1–3 ZPO hinaus pfändbar ist, mithin auf den für den Angehörigen zu belassenden Freibetrag nicht zugegriffen werden kann. Es bedarf auch zur Rangwahrung keiner Bestimmung in der Vorpfändung. Das mit nachträglicher Bestimmung für die Pfändung freiwerdende Arbeitseinkommen ist vielmehr vom Pfändungsbeschluss ohne weiteres mit dem ursprünglichen Rang und damit auch mit dem Rang einer Vorpfändung erfasst (Rdn. 1071). Der Gläubiger ist sonach auch ohne Vorpfändung, die ihm wegen ihrer nur kurzzeitigen Wirksamkeit (Monats-Frist des § 845 ZPO) für eine nicht in den Pfändungsbeschluss aufgenommene Bestimmung nach § 850 c Abs. 4 ZPO nur schwerlich einen Rang wahren könnte, gegen die Konkurrenz der weiter pfändenden Gläubiger hinreichend geschützt.

1074b 15. Das Vollstreckungsgericht kann Bestimmung nach § 850 c Abs. 4 ZPO nur für die Berechnung des unpfändbaren Teils des Arbeitseinkommens treffen, *nicht* aber für erweiterte *Übertragbarkeit* des Arbeitseinkommens[131] (§ 400 BGB) oder für Zulässigkeit weiterer Aufrechnung (§ 394 BGB; vgl. das Rdn. 1035 und 1149 Gesagte). Eine vom Vollstreckungsgericht in einem Zwangsvollstreckungsverfahren getroffene Anordnung wirkt daher auch nur für den Vollstreckungszugriff des Gläubigers, auf dessen Antrag sie ergangen ist (s. Rdn. 1071 a); sie begründet keine weitere Abtretbarkeit des Arbeitseinkommens, auf die sich ein vorrangiger Abtretungsgläubiger berufen könnte[132], und bewirkt keine weitergehende Aufrechenbarkeit (Grundsatz der Einzelvollstreckung).

1074c 16. Bei *Verwaltungsvollstreckung* hat die Vollstreckungsbehörde in ihrer Pfändungsverfügung (§ 309 AO) oder nachträglich durch gesonderte Verfügung selbst Bestimmung zu treffen, dass ein Angehöriger des Schuldners mit eigenen Einkünften nach § 850 c Abs. 4 ZPO bei der Berechnung des unpfändbaren Teils des Arbeitseinkommens ganz oder teilweise unberücksichtigt bleibt. Die Bestimmung ist (jedenfalls kurz) zu begründen. Das mit Verwaltungsvollstreckung nicht befasste (§ 249 Abs. 1 AO; § 5 Abs. 1 VwVG-Bund) Vollstreckungsgericht kann selbstständig Bestimmung für eine Pfändungsverfügung der Vollstreckungsbehörde nicht treffen (vergleichbare Zuständigkeit s. Rdn. 1199 a).

---

130 Ebenso *Stein/Jonas/Brehm*, ZPO, Rdn. 35 zu § 850 c. **A.A.** *Hornung* Rpfleger 1978, 353 (359).
131 *LG Münster* Rpfleger 1998, 481.
132 *BArbG BAG* 46, 148 = a.a.O. (Fußn. 110); *BArbG BAG* 53, 359 = a.a.O. (Rdn. 1047 Fußn. 26); *LArbG Hamm* Betrieb 1982, 1676; *LArbG Nürnberg* KKZ 1984, 236.

VII. Keine beschränkte Pfändbarkeit für eine „zweckbestimmte" Gläubigerforderung

Zweckbestimmung (siehe Rdn. 14, auch 1012) begründet (beschränkte) Pfändbarkeit eines für die Lebenshaltung des Schuldners durch § 850 c ZPO freigestellten Einkommensbetrags, so z. B. eines in § 850 c ZPO enthaltenen Wohnraumkostenanteils, durch den Gläubiger einer Forderung nicht, die für eine zur Deckung des notwendigen Lebensbedarfs (z. B. Wohnraumüberlassung) bestimmt gewesene Leistung geschuldet ist[133]. § 850 c ZPO stellt Einkommensteile zur Existenzsicherung des Erwerbstätigen und seiner Familie pfandfrei (Rdn. 872). Gewährleistet ist damit Deckung des laufenden (gegenwärtigen) Lebensbedarfs. Zugriff wegen eines Anspruchs, der für rückständige Kosten (früherer) Lebenshaltung entstanden ist, schließt das aus. Für Feststellung eines auf einzelne Ausgaben der Lebenshaltung treffenden Teils der nach § 850 c ZPO pauschalierten unpfändbaren Bezüge durch das Vollstreckungsgericht (oder ein Prozessgericht) gibt es zudem keine Rechtsgrundlage. Daher sind nach § 850 c ZPO pfändungsfreie Teile des Arbeitseinkommens zur Wegfertigung einzelner bestimmter Lebenshaltungskosten (wie laufender Mietkosten) nicht abtretbar (Rdn. 1254 a). Das Vollstreckungsgericht kann auch nicht Bestimmung treffen, dass infolge einer Vereinbarung mit dem Arbeitgeber über die Mietzahlung oder Abtretung von Arbeitseinkommen an den Vermieter einbehaltene Beträge bei nachfolgender Pfändung auf Einkommensteile anzurechnen sind, die nach der Tabelle des § 850 c ZPO nicht gepfändet werden können (Rdn. 1254). Ebenso ausgeschlossen ist die Bestimmung, dass der Pfandfreibetrag zur Pfändung von Einkommensteilen durch den Gläubiger einer Vollstreckungsforderung gemindert wird, die durch eine für Lebenshaltungskosten erbrachte Leistung, somit auch durch Wohnraumgewährung, entstanden ist § 850 e Abs. 3 ZPO ermöglicht Herabsetzung des Pfändungsfreibetrags zur Vollstreckung wegen einer solchen Gläubigerforderung nicht.

1074d

F. Pfändungsgrenzen bei Vollstreckung von Unterhaltsansprüchen (§ 850 d ZPO)

I. Allgemeines

Schrifttum: *Behr*, Probleme der Unterhaltsvollstreckung in Arbeitseinkommen, Rpfleger 1982, 382; *Bethke*, Privilegierte Pfändung nach § 850 d ZPO wegen übergeleiteter Unterhaltsansprüche, FamRZ 1991, 397; *Büttner*, Unterhalt und Zwangsvollstreckung, FamRZ 1994, 1433 (ergänzender Hinweis S. 1580); *Kabath*, Pfändung wegen älterer Unterhaltsrückstände, Rpfleger 1991, 292; *Kreutzkam*, Die Pfändung von Arbeitseinkommen unter Berücksichtigung der zum 1.1.2008 in Kraft getretenen Änderungen bei der Pfändung wegen Unterhaltsforderungen, JurBüro 2009, 60; *Landmann*, Die Pfändung wegen überjähriger Unterhaltsrückstände, Rpfleger 2005, 75; *Mümmler*,

---

[133] *OVG Münster* KKZ 1999, 113 mit Anm. *Hagemann* = NZM 1999, 773 (Verwaltungsvollstreckung ermöglicht Anordnung nicht, dass für Wohnraumkosten unpfändbare Einkommensteile gepfändet sind).

3. Kapitel: Pfändung von Arbeitseinkommen

Abrechnung der anwaltlichen Vollstreckungskosten bei Pfändung von Unterhaltsansprüchen, JurBüro 1982, 512; *Rudolph*, Zur Höhe des „notwendigen Unterhalts" bei der Pfändung, Rpfleger 1996, 490; *Rupp* und *Fleischmann*, Zum Pfändungsschutz für Schadensersatzansprüche wegen Unterhaltsverpflichtungen, Rpfleger 1983, 377; *Steder*, Pfändung und Anrechnung von Kindergeld, Amtsvormund 1996, 349; *Wolf* und *Hintzen*, Probleme mit der Pfändung wegen Unterhaltsansprüchen ab 1.1.2008, Rpfleger 2008, 337.

1075 Gläubiger *bevorrechtigter Unterhaltsansprüche* sind in besonderem Maße bedürftig und vom Schuldner abhängig. Ihre Forderungen sind daher bei Vollstreckung in Arbeitseinkommen begünstigt: der Pfändungszugriff in das Arbeitseinkommen ist ihnen in weiterem Maße wie gewöhnlichen Gläubigern ermöglicht (wird auch als „strenge" Lohnpfändung[1] bezeichnet).

II. Bevorrechtigte Unterhaltsansprüche

1076 1. *Bevorrechtigte Unterhaltsansprüche* sind die Verwandten in gerader Linie (§§ 1601, 1589 S. 1 BGB, auch nach Adoption, § 1754 BGB), dem Ehegatten (§§ 1360, 1361 BGB) oder einem früheren Ehegatten (§§ 1569 ff. BGB) sowie dem Lebenspartner und einem früheren Lebenspartner (wie Rdn. 1047) kraft Gesetzes zustehenden Unterhaltsansprüche – auch als Sonderbedarf, z. B. § 1613 Abs. 2, BGB –, die über ein Jahr alten Rückstände jedoch nur unter bestimmten Voraussetzungen (siehe Rdn. 1089). Der gesetzliche Unterhaltsanspruch eines Kindes ist auch dann bevorrechtigt, wenn er von einem Elternteil im eigenen Namen (als Prozessstandschafter) gegen den anderen Elternteil geltend gemacht ist (§ 1629 Abs. 3 S. 1 BGB). Zu den auf Verwandtschaft beruhenden und somit bevorrechtigten Ansprüchen gehört der Unterhaltsanspruch des Kindes (auch schon vor der Geburt, § 1615 o BGB, und noch nach Vollendung des 18. Lebensjahres) gegen seinen Vater und ggf. seine Großeltern. Bevorrechtigter Unterhaltsanspruch eines Ehegatten ist auch sein Anspruch auf Zahlung eines Wirtschaftsgeldes (§ 1360 a Abs. 4 BGB)[2]. Bevorrechtigt ist auch der nach §§ 1615 l, 1615 n BGB einem Elternteil aus Anlass der Geburt zustehende Unterhalt für die Zeit vor und nach der Entbindung mit den Kosten der Schwangerschaft oder der Entbindung (nicht aber Beerdigungskosten nach § 1615 m BGB) Das Vorrecht eines Unterhaltsanspruchs besteht auch, wenn Hinterlegung eines angemessenen Betrages angeordnet ist (§ 1615 o BGB).

1077 2. a) Nur die *kraft Gesetzes* diesen Personen zustehenden Unterhaltsansprüche sind nach § 850 d Abs. 1 ZPO bevorzugt. Gesetzliche Unterhaltsansprüche verlieren ihr Pfändungsvorrecht aber durch vertragliche Regelung nicht. Vertraglich festgelegte Unterhaltsforderungen, z. B. Unterhaltsansprüche aus gerichtlichen Vergleichen und aus gerichtlichen oder notariellen Urkunden (§ 794 Abs. 1 Nr. 1, 5 ZPO) sowie insbesondere auch

---
1 Zum Begriff s. *Henze* Rpfleger 1980, 456.
2 *LG Essen* FamRZ 1964, 366 = MDR 1964, 416.

aus Unterhaltsvereinbarung von Ehegatten (§ 1585c BGB), können daher bevorzugt pfänden, wenn sie mit der gesetzlichen Unterhaltspflicht identisch sind[3], diese mithin vertraglich regeln und damit in ihrem Wesen nicht verändern, und zwar selbst dann, wenn es sich um Billigkeitsunterhalt nach § 60 EheG a.F. handelt[4]. Nur in der Höhe besteht daher für einen vertraglich geregelten Unterhalt kein Pfändungsvorrecht, in der er den gesetzlichen Anspruch übersteigt. Wenn besondere Anhaltspunkte ergeben, dass der Vollstreckungstitel (Vergleich oder notarielle Urkunde) nur noch den auf vertragliche Grundlage gestellten Unterhaltsanspruch ausweist, mithin nicht mehr zur Regelung der gesetzlichen Unterhaltspflicht, sondern nur noch als Vertrag zur selbstständigen Unterhaltsverpflichtung geschaffen ist, ermöglicht er bevorzugte Pfändung nicht[5]. Kein Pfändungsvorrecht genießen die ohne gesetzliche Verpflichtung begründeten anderen vertraglichen Unterhaltsansprüche, so z. B. der vertraglich festgelegte Unterhalt einer nach früherem Recht schuldig geschiedenen Frau[6]. Auch eine Kapitalabfindung für Unterhalt (z. B. nach § 62 Abs. 2 EheG a.F.) ist nicht bevorrechtigt, und zwar selbst dann nicht, wenn sie in Raten zu zahlen ist. Vertragliche Unterhaltsansprüche anderer Personen, z. B. eines Stiefkindes, einer Lebensgefährtin, genießen ebenfalls kein Vorrecht. Die Lebensgefährtin kann aber als Mutter eines gemeinschaftlichen Kindes nach § 1615 l BGB gesetzlich unterhaltsberechtigt sein (s. Rdn. 1076).

1078 b) Unterhaltsansprüche, die gegen einen *Bürgen* oder *Schuldübernehmer* des Unterhaltsschuldners geltend gemacht werden, beruhen auf Vertrag, nicht auf Gesetz. Bei Vollstreckung gegen den Bürgen oder Schuldübernehmer besteht daher das Vorrecht des § 850 d ZPO in keinem Fall. Es besteht auch nicht, wenn der Anspruch gegen den Erben des Unterhaltspflichtigen vollstreckt wird[7].

1079 3. Der *Schadensersatzanspruch* eines Unterhaltsberechtigten, dem das Recht auf den Unterhalt durch einen Todesfall entzogen worden ist (§ 844 Abs. 2 BGB), ist kein Unterhaltsanspruch[8]. Er kann nicht nach § 850 d Abs. 1 ZPO bevorrechtigt vollstreckt werden[9]. Das muss ebenso für andere Schadensersatzansprüche gelten, die wegen Entziehung eines gesetzli-

---

3 *RG* 164, 78; *BGH* 13, 210 = MDR 1960, 292 = NJW 1960, 572; *OLG Frankfurt* JurBüro 1980, 778 = Rpfleger 1980, 198; *LG Göttingen* MDR 1948, 480; *Berner* Rpfleger 1965, 279; s. auch *BSozialG* FamRZ 1972, 457 = MDR 1972, 1065.
4 *LG Göttingen* MDR 1948, 480.
5 *OLG Frankfurt* a.a.O. (Fußn. 3).
6 *AG Hamburg* Rpfleger 1965, 279 mit zust. Anm. *Berner*. Siehe aber wegen des Billigkeitsunterhalts vorstehend bei Fußn. 4.
7 *LG Berlin* JW 1938, 608, für den Fall des § 1712 BGB a.F.
8 *BGH* JurBüro 2007, 98 = MDR 2007, 177 = NZI 2006, 593 = Rpfleger 2006, 617; *Wieczorek/Schütze/Lüke*, ZPO, Rdn. 5 zu § 850 d; **a.A.**; *OLG Karlsruhe* HRR 1935 Nr. 1713; *KG* NJW 1955, 1112 (letzteres nur, soweit die Berufung des Schuldners auf § 850 c ZPO Treu und Glauben widersprechen würde); *Musielak/Becker*, ZPO, Rdn. 2, zu § 850 d.
9 *BGH* a.a.O. (Fußn. 8).

chen Unterhaltsanspruchs sowie wegen Aufhebung oder Minderung der Erwerbsfähigkeit geschuldet sind, wie z. B. nach § 5 Abs. 2, § 8 HaftpflichtG, § 10 Abs. 1, 13 StrVG, § 35 Abs. 2, § 38 LuftVG und § 28 Abs. 2, § 29 Abs. 1 AtomG. Wenn der Ersatzanspruch durch eine vorsätzliche unerlaubte Handlung entstanden ist, ermöglicht § 850 f Abs. 2 ZPO begünstigte Pfändung.

1080   4. Durch den *Übergang auf einen Dritten*, z. B. den Erben des Berechtigten[10] oder einen sonstigen Rechtsnachfolger (z. B. auf den Bürgen, § 774 BGB) büßt der Unterhaltsanspruch seinen Charakter als Unterhaltsforderung ein. Dem neuen Gläubiger steht das Pfändungsvorrecht daher nicht zu[11]; er ist auf die Pfändung im Rahmen des § 850 c ZPO beschränkt.

1081   5. Nur wenn der Übergang auf den Dritten deshalb erfolgt ist, weil dieser als weiterer *Unterhaltsverpflichteter* an Stelle des vor ihm haftenden Schuldners geleistet hat (Fälle der § 1584 S. 3, § 1607 Abs. 3, § 1608 BGB, § 63 Abs. 2 EheG a.F. und außerdem § 683 S. 2, § 679 BGB), kommt das Vorrecht auch dem Ersatzanspruch des Dritten (= Forderung auf „Unterhalt für die Vergangenheit")[12] gegen den Schuldner zu[13]. Dieses Vorrecht des Dritten kann aber nicht zum Nachteil des Unterhaltsberechtigten selbst geltend gemacht werden. Bei Konkurrenz mit dem Unterhaltsberechtigten steht daher der Dritte insoweit im Rang nach, als § 850 d ZPO gegenüber der Pfändung nach § 850 c ZPO einen erhöhten Vollstreckungszugriff ermöglicht[14].

1082   Ebenso sind bevorrechtigt der auf den *Träger der Sozialhilfe*[15] übergegangene Unterhaltsanspruch eines Hilfeempfängers (§ 94 Abs. 1 S. 1 SGB XII [früher § 91 Abs. 1 S. 1 BSHG]), der auf das Land nach § 37 BAföG übergegangene Unterhaltsanspruch des Auszubildenden gegen seine Eltern[16], der auf das Land nach § 7 Unterhaltsvorschussgesetz (Rdn. 1015 b) übergegangene Unterhaltsanspruch eines Berechtigten gegen einen Elternteil sowie der auf den Träger der öffentlichen Jugendhilfe nach § 95 KJHG

---

10 *OLG Breslau* OLG 17, 340; *OLG Hamburg* JW 1937, 51; *LG Würzburg* MDR 1961, 1024.
11 Siehe auch *BGH* 103, 160 (164) (allgemein) dazu, dass Sondervorschriften, die für Unterhaltsforderungen gelten, im Falle des Übergangs dieser Forderungen auf einen anderen Gläubiger nicht ohne weiteres anwendbar bleiben.
12 *Kropholler* FamRZ 1965, 416.
13 So insbes. auch *Kropholler* FamRZ 1965, 416; *Büttner* FamRZ 1994, 1433 (1434); *Zöller/Stöber*, ZPO, Rdn. 4 zu § 850 d; a.A. *Behr* Rpfleger 1981, 382 (385).
14 So (allgemein) auch *LG Aachen* FamRZ 2001, 177.
15 (Früher des Fürsorgeverbandes nach § 21 a der FürsorgepflichtVO und sodann Ersatzanspruch des Trägers der Sozialhilfe) *BArbG* AP Nr. 9 zu § 850 d ZPO mit zust. Anm. *Biederbick* = MDR 1971, 696 = NJW 1971, 2094 und 1972, 75 (abl. Anm. *Frisinger*); *BGH* FamRZ 1986, 568; *OLG Celle* JurBüro 1968, 145 = NJW 1968, 456; *LG Aachen* JurBüro 1983, 1732 = Rpfleger 1983, 360 mit zust. Anm. *Helwich*; *LG Berlin* MDR 1962, 745 = Rpfleger 1961, 364 mit zust. Anm. *Berner*; *LG Braunschweig* NJW 1966, 457; *LG Duisburg* Rpfleger 1957, 51; *LG Waldshut* FamRZ 1966, 48; a.A. *OLG Hamburg* JW 1937, 51; *LG Hanau* FamRZ 1965, 459 = NJW 1965, 767 und 1283 mit abl. Anm. *Otto*; *LG Traunstein* MDR 1963, 319; *AG Köln* JMBlNRW 1955, 184; *Bethke* FamRZ 1991, 397; *Horn* MDR 1967, 170; *OVerwG Lüneburg* NJW 1967, 2221; *Behr* Rpfleger 1981, 382 (386).
16 *LG Stuttgart* Rpfleger 1996, 119.

(Kinder- und Jugendhilfegesetz) übergeleitete Anspruch gegen den nach bürgerlichem Recht Unterhaltspflichtigen[17]. Bei Konkurrenz mit dem Unterhaltsberechtigten hat jedoch dieser in den Grenzen des durch § 850 d ZPO ermöglichten erhöhten Pfändungszugriffs Vorrang.

6. Keinen Vorzug genießen der Anspruch auf die Beerdigungskosten (§ 1615 Abs. 2, § 1615 m BGB), Aussteuer- und Ausstattungsansprüche sowie Ansprüche aus Altenteil, Leibgeding oder Leibrente. 1083

7. a) Die *Prozesskostenvorschusspflicht* des § 1360 a Abs. 4 BGB ist Ausfluss der durch die Ehe begründeten Unterhaltspflicht[18]. Als Beitrag zum Unterhalt genießt daher auch der Anspruch auf den Prozesskostenvorschuss das Vorrecht des § 850 d ZPO[19]. Das gilt nicht nur für den für Unterhaltsrechtsstreite zu leistenden Vorschuss, sondern allgemein, also auch für den Anspruch auf Vorschusszahlung für die Ehescheidungsklage[20], für ein Verfahren gegen einen Dritten, für ein Strafverfahren oder ein Verfahren der freiwilligen Gerichtsbarkeit. Denn zwischen dem eigentlichen Unterhalt im engeren und einem ihm nicht gleichzustellenden Unterhalt im weiteren oder weitesten Sinne kann nicht unterschieden werden; § 850 d ZPO räumt vielmehr dem Unterhaltsanspruch ohne Ausnahme das Pfändungsprivileg ein. Dass der Gesetzgeber nach Festlegung des Begriffs des Familienunterhalts in § 1360 a BGB eine pfändungsrechtlich unterschiedliche Behandlung der einzelnen Elemente dieses Unterhalts gelten lassen wollte, ist nicht anzunehmen, weil er mit dem GleichberG auch die Vorschriften der ZPO geändert, § 850 d ZPO aber dennoch nicht neu gefasst hat. Praktisch benötigt der Gläubiger den Prozesskostenvorschuss auch oft ebenso lebensnotwendig wie sonstige Unterhaltsleistungen. Wegen dieser Bedürftigkeit und Abhängigkeit des Gläubigers vom Schuldner kann der Prozesskostenvorschuss daher jedenfalls gewöhnlichen Forderungen „fremder" Gläubiger nicht gleichgestellt werden. Daher kann nach meinem Dafürhalten der Gegenansicht, die dem Vorschussanspruch das Pfändungsvorrecht nach § 850 d ZPO versagt, heute nicht mehr beigetreten werden. Gleiches gilt für den Anspruch eines Kindes gegen unterhaltspflichtige Eltern (auch eines Elternteils gegen das Kind[21]) auf Zahlung eines Prozesskostenvorschusses; 1084

---

17 *LG Erfurt* FamRZ 1997, 510 mit Anm. *Schmidt* = JurBüro 1997, 46 = Rpfleger 1997, 74 unter Aufgabe von FamRZ 1996, 1488 = JurBüro 1996, 494 = Rpfleger 1996, 415.
18 *BGH* 56, 92 = JurBüro 1971, 931 = MDR 1971, 654 = NJW 1971, 1262.
19 *BGH* FamRZ 2009, 1483 (1484) = (9.7.2009, VII ZB 65/08) Tz 12; *LG Aachen* FamRZ 1963, 48; *Musielak/Becker*, ZPO, Rdn. 2; *Stein/Jonas/Brehm*, ZPO, Rdn. 9; *Wieczorek/Schütze/Lüke*, ZPO, Rdn. 3, je zu § 850 d; **a.A.** – Vorrecht genießt nur der Vorschuss zur Durchführung des Unterhaltsprozesses – *Weimar* NJW 1959, 2102; *AG Köln* MDR 1959, 848; ferner – überhaupt kein Vorrecht – *LG Essen* Rpfleger 1960, 250 mit zust. Anm. *Berner* und MDR 1965, 662; *LG Bremen* FamRZ 1970, 407 = Rpfleger 1970, 214; *AG Bochum* JurBüro 1966, 530; *OG Böhmen-Mähren* DR 1943, 44.
20 **A.A.** *LG Essen* Rpfleger 1960, 250 mit zust. Anm. *Berner* und insoweit auch *LG Aachen* FamRZ 1963, 48.
21 Ob Vorschusspflicht gegenüber Eltern besteht ist streitig, siehe *Göppinger/Wax/Vogel*, Unterhaltsrecht, Rdn. 2626.

er ist seinem Wesen nach Unterhaltsanspruch[22]; als solcher hat er das Vorrecht des § 850 d ZPO unabhängig vom Gegenstand des Prozesses.

1085   b) Die *Prozesskosten des Unterhaltsrechtsstreites* sind keine gesetzlichen Unterhaltsansprüche; der Anspruch auf ihre Erstattung genießt daher das Vorrecht des § 850 d ZPO nicht[23]. Sie müssen nach § 850 c ZPO vollstreckt werden.

1086   c) *Zwangsvollstreckungskosten* teilen das Schicksal der Hauptforderung (siehe auch § 788 ZPO). Die Kosten einer wegen des Unterhalts betriebenen früheren Zwangsvollstreckung und die Vollstreckungskosten der Einkommenspfändung selbst nehmen daher am Pfändungsprivileg des Unterhaltsanspruchs teil[24].

1087   d) *Zinsen* für Unterhalt werden als Verzugsfolgen geschuldet (siehe § 288 BGB); sie sind kein Unterhalt und deshalb nicht bevorrechtigt[25].

1088   8. Der Gläubiger einer gewöhnlichen, an sich also unter § 850 c ZPO fallenden Vollstreckungsforderung kann nur in dem besonderen Ausnahmefall des § 850 f Abs. 2 ZPO ein dem § 850 d ZPO gleiches Pfändungsvorrecht in Anspruch nehmen. Siehe deswegen Rdn. 1190 ff.

III. Ältere Rückstände

1089   Für die nach dem Vollstreckungstitel – nicht nach anderer gesetzlicher Regelung – *länger als ein Jahr* vor dem Antrag[26] auf Erlass des Pfändungsbeschlusses fällig gewordenen Unterhalts*rückstände* (sog. überjährige Rückstände) gilt das Pfändungsvorrecht nur, wenn nach Lage der Verhältnisse anzunehmen ist, dass der Schuldner sich seiner Zahlungspflicht absichtlich entzogen hat (§ 850 d Abs. 1 S. 4 ZPO). Wenn dies nur wegen eines Teiles der Rückstände der Fall ist, besteht das Vorrecht nur für diesen Teilrückstand. „Absichtlich" bedeutet, dass der Schuldner der Zahlungspflicht aus dem Schuldtitel trotz Zahlungsmöglichkeit nicht nachgekommen sein darf[27], somit durch ein zweckgerichtetes Verhalten (auch Unter-

---

22   *OLG Düsseldorf* FamRZ 1968, 209.
23   *BGH* FamRZ 2009, 1483 = MDR 2009, 1190 = NJW-RR 2009, 1441 = Rpfleger 2009, 629; *LG Berlin* MDR 1963, 320 und MDR 1966, 932 = Rpfleger 1967, 223 mit zust. Anm. *Berner*; *LG Essen* MDR 1960, 680 mit weit. Nachw.; *LG Offenburg* JR 1964, 347 mit abl. Anm. *Taeger*; *Wieczorek/Schütze/Lüke*, ZPO, Rdn. 5; *Zöller/ Stöber*, ZPO, Rdn. 3, je zu § 850 d; ältere Gegenansicht überholt.
24   *OLG Hamm* Rpfleger 1977, 109; *LG Berlin* JurBüro 1958, 301; *Musielak/Becker*, ZPO, Rdn. 2; *Stein/Jonas/Brehm*, ZPO, Rdn. 9; *Wieczorek/Schütze/Lüke*, ZPO, Rdn. 5; *Zöller/Stöber*, ZPO, Rdn. 3; *Schuschke/Walker/Kessal-Wulf*, Vollstreckung, Rdn. 2, je zu § 850 d; *LG Offenburg* a.a.O. (Fußn. 23); *Mümmler* JurBüro 1982, 512 (dieser auch zur Abrechnung des Rechtsanwaltes bei Teilerfolg der Pfändung); nicht entschieden von *BGH* FamRZ 2009, 1483 = a.a.O.; **a.A.** *Büttner* FamRZ 1994, 1433 (1434); *Bbach/Lbach/Hartmann*, ZPO, Rdn. 3 zu § 850 d.
25   Ebenso *Wieczorek/Schütze/Lüke*, ZPO, Rdn. 5; *Schuschke/Walker/Kessal-Wulf*, Vollstreckung, Rdn. 2, je zu § 850 d; **a.A.** *Göppinger/Wax*, Unterhaltsrecht, Rdn. 2589.
26   Eingang bei Gericht, *Recke* JW 1935, 326; *Zöller/Stöber*, ZPO, Rdn. 5; *Wieczorek/ Schütze/Lüke*, ZPO, Rdn. 17, je zu § 850 d. Nicht richtig (… ein Jahr vor Erlass des Beschlusses) *KG* Rpfleger 1986, 394.
27   So auch *KG* MDR 1986, 767 = Rpfleger 1986, 394; *LG Hanau* JurBüro 2004, 619 (620). Dazu (nun) auch *BGH* FamRZ 2005, 440 = Rpfleger 2005, 204 = a.a.O. (Fußn. 28).

lassen) die Realisierung der Unterhaltsschuld verhindert oder zumindest wesentlich erschwert hat[28]. Dass er in der subjektiven Absicht gehandelt hat, durch Ausnutzung der Jahresfrist das Pfändungsvorrecht auszuschließen, kann nicht verlangt werden[29]. Seiner Zahlungspflicht ist der Schuldner absichtlich auch dann nicht nachgekommen, wenn er seiner – gegenüber minderjährigen Kindern gesteigerten – unterhaltsrechtlichen Verpflichtung, seine Arbeitskraft voll einzusetzen, trotz bestehender Möglichkeit, auf diese Weise Einkünfte zu erzielen, nicht nachgekommen ist[30]. Wenn der Schuldner gemeint hat, aus Rechtsgründen nicht zahlungspflichtig zu sein, ist „absichtliches" Entziehen zu verneinen[31]. Zulässig ist bevorrechtigte Pfändung bei absichtlichem Zahlungsrückstand nach § 850 d Abs. 1 S. 4 ZPO auch wegen der überjährigen Unterhaltsrückstände, die vor Erlass des Urteils, durch das der Unterhalt erst der Höhe nach bestimmt worden ist, fällig geworden sind[32].

Auch überjährige Unterhaltsrückstände sind grundsätzlich nach § 850 d Abs. 1 ZPO privilegiert. Das gilt nur dann nicht, wenn nach Lage der Verhältnisse nicht anzunehmen ist, dass der Schuldner sich seiner Zahlungspflicht absichtlich entzogen hat wie z. B. dann, wenn er infolge Krankheit oder Arbeitslosigkeit nicht zahlungsfähig war. Nur in den Grenzen von § 850 c ZPO kann das Vollstreckungsgericht daher wegen überjähriger Rückstände pfänden, wenn bereits aus dem Pfändungsantrag oder sonstigen dem Gericht bekannten Umständen hervorgeht, dass sich der Unterhaltsschuldner seiner Zahlungspflicht nicht absichtlich entzogen hat. Sonst trägt der Schuldner die Darlegungs- und Beweislast dafür, dass er sich seiner Zahlungspflicht nicht absichtlich entzogen hat[33]. Der Gläubiger hat daher im Pfändungsantrag keine Tatsachen für das Vorrecht der überjährigen Rückstände vorzubringen, das Vollstreckungsgericht hat für den Erlass des Pfändungsbeschlusses nicht zu prüfen, ob der Schuldner sich seiner Zahlungspflicht absichtlich entzogen hat. Es hat der Schuldner (oder ein unterhaltsberechtigter Angehöriger) Einwendungen gegen die privilegierte Pfändung auch für überjährige Rückstände mit Erinnerung nach § 766 ZPO geltend zu machen und die Tatsachen vorzutragen, die die

1090

---

28 *BGH* 105, 250 (257) = NJW 1989, 526; *BGH* FamRZ 2005, 440 = JurBüro 2005, 272 = MDR 2005, 649 = NJW-RR 2005, 718 (719) = Rpfleger 2005, 204 (205).
29 *BGH* NJW-RR 2005, 718 (719) = a.a.O.; *KG* MDR 1986, 767 = a.a.O.; *Recke* JW 1935, 326; weitergehend *Landmann* Rpfleger 2005, 75 (76, 77; verlangt Benachteiligungsabsicht).
30 *BGH* NJW-RR 2005, 718 (719) = a.a.O.
31 *LG Braunschweig* JurBüro 1986, 1422; *OLG Frankfurt* FamRZ 2000, 614 = NJW-RR 2000, 220 (221; „... dass der Schuldner auf Grund besonderer Umstände mit vertretbarer Argumentation die Unterhaltspflicht in Zweifel ziehen konnte").
32 *KG* MDR 1986, 767 = a.a.O.; *OLG Frankfurt* a.a.O. Dazu auch *Landmann* Rpfleger 2005, 75.
33 *BGH* NJW-RR 2005, 718 = a.a.O. gegen früher überwiegende Ansicht; *Kabath* Rpfleger 1991, 292; anders *Landmann* Rpfleger 2005, 75.

IV. Pfändungsgrenzen

1. Freibetrag nur für Unterhalt

1091 a) Bevorrechtigten Unterhaltsansprüchen sind die *Pfändungsgrenzen* des § 850 c ZPO und die in § 850 a Nrn. 1, 2 und 4 ZPO genannten Pfändungsverbote nicht gesetzt. Dem Schuldner muss bei Vollstreckung einer Unterhaltsforderung von seinem (Netto-)Arbeitseinkommen (§ 850 e Nr. 1 ZPO) aber soviel belassen werden, als er

- für *seinen* notwendigen Unterhalt und
- zur Erfüllung seiner laufenden gesetzlichen Unterhaltspflichten gegenüber den dem Gläubiger *vorgehenden Berechtigten* oder (bzw. sowie)
- zur gleichmäßigen Befriedigung der dem Gläubiger *gleichstehenden Berechtigten*

benötigt[34] (§ 850 d Abs. 1 S. 2 ZPO). Zu berücksichtigen sind Unterhaltspflichten gegenüber Personen, denen der Schuldner gesetzlich Unterhalt schuldet und in Natur (Sachleistungen) oder in Geld tatsächlich leistet (Rdn. 1098). Von den nach § 850 a Nrn. 1, 2 und 4 ZPO unpfändbaren Bezügen hat ihm mindestens die Hälfte zu verbleiben; das Gericht kann in besonderen Fällen (so z. B. wenn der Schuldner zur Erhaltung seiner Arbeitskraft der Erholung in besonderem Maße bedarf) auch mehr pfandfrei belassen („mindestens" die Hälfte), die Unpfändbarkeit aber nicht über den durch § 850 a ZPO gesetzten Rahmen hinaus erstrecken.

1092 b) Soweit die Bezüge des § 850 a Nrn. 1, 2 und 4 ZPO unpfändbar sind, sind sie *vom Bruttoeinkommen vorweg* abzusetzen (§ 850 e Nr. 1 ZPO). Als unpfändbare Bezüge können diese Beträge auf den pfandfrei zu belassenden notwendigen Unterhalt nicht mindernd angerechnet werden[35]. Gleiches gilt für Aufwandsentschädigung, Auslösungsgelder[36], Gefahrenzulage usw. (§ 850 a Nr. 3 ZPO), Heirats- und Geburtsbeihilfen (§ 850 a Nr. 5 ZPO) sowie die in § 850 a Nr. 6–8 ZPO genannten Bezüge[37].

---

34 Weitergehenden Schutz, insbesondere weitere Pfändungsfreibeträge aus einem über die Freigrenze des § 850 d Abs. 1 S. 2 ZPO hinausgehenden Mehreinkommen (eine Unpfändbarkeit von Mehreinkommen) als Anreiz für die Arbeitswilligkeit des Schuldners (vgl. Rdn. 1044) nach dem System des § 850 c Abs. 2 ZPO rechtfertigt § 850 d Abs. 1 S. 2 ZPO nicht; *OLG Köln* FamRZ 1994, 53 = NJW-RR 1993, 1156; auch *OLG Frankfurt* Rpfleger 1998, 165.

35 Ebenso *Falkmann/Hubernagel*, Die Zwangsvollstreckung, Anm. IIa zu § 6 LohnpfVO, S. 779; *Bock/Speck*, Einkommenspfändung, C VI 3c.

36 Für diese ebenso *LG Detmold* Rpfleger 1993, 357.

37 Anrechnung würde im Ergebnis Zugriff des Unterhaltsgläubigers auf die der Pfändung durch ihn entzogenen Beträge (vgl. Rdn. 977) bewirken.

2. Bemessung (Höhe) des Freibetrages

Aus dem **Schrifttum:** *Berner*, Nochmals: Die völlig unzulänglichen Freigrenzen bei der Lohnpfändung wegen Unterhaltsforderungen (§ 850 d ZPO), Rpfleger 1958, 303; siehe ferner *Berner* Rpfleger 1958, 68 und 1956, 123; *Büttner*, Vielerlei Maß, FamRZ 1990, 459; *Grund*, Der notwendige Unterhalt nach § 850 d Abs. 1 ZPO, JR 1958, 256; *Stehle*, Lebensnahe und gerechte Lohnpfändungen bei Unterhaltsschuldnern, NJW 1956, 167.

a) *Der notwendige Unterhalt des Schuldners*

aa) Der *notwendige Unterhalt* des Schuldners umfasst den *gesamten Lebensbedarf*. Er umfasst insbesondere Ernährung, Unterkunft, Kleidung, Körperpflege, Hausrat, Heizung und persönliche Bedürfnisse des täglichen Lebens, zu denen in vertretbarem Umfange auch ein kleines Taschengeld sowie Ausgaben zur Aufrechterhaltung der Beziehung zur Umwelt und zur Teilnahme am kulturellen Leben gehören (siehe § 27 Abs. 1 SGB XII). 1093

bb) Der *Betrag* des notwendigen Unterhalts entspricht in der Regel („grundsätzlich") dem des notwendigen Lebensbedarfs im Sinne des Dritten und Elften Kapitels des Zwölften Buches Sozialgesetzbuch (BGBl 2003 I 3023; ab 1. Jan. 2005; bis dahin Abschnitte 2 und 4 des BSHG)[38]. Den Regelungen des 2. Abschnitts des 3. Kapitels von SGB II (§§ 19–35) kommt (auch im Hinblick auf die Änderung des § 850 f Abs. 1 a ZPO) keine Bedeutung zu[39]. Die Unterhaltsrichtlinien der Oberlandesgerichte für den notwendigen Selbstbehalt (mit in der Regel etwas oberhalb der Sozialhilfesätze liegenden Beträgen) können als Richtsätze für Bemessung des notwendigen Unterhalts nicht herangezogen werden[40]. Auch die Verdoppelung der nach SGB XII (früher § 22 Abs. 2 BSHG) festgesetzten Regelsätze für die laufenden Leistungen zum Lebensunterhalt bietet keine geeignete Richtgröße[41]. Zur Bemessung des notwendigen Lebensunterhalts (Drittes und Elftes Kapitel von SGB XII) siehe Rdn. 1176 b. Nach Sozialhilferecht einzusetzendes Vermögen (§ 90 SGB XII) erlangt für die betragsmäßige Bestimmung des Pfandfreibetrags nach den Bestimmungen über Hilfe zum Lebensunterhalt keine Bedeutung (Rdn. 1176 i). 1094

cc) Hat das *Prozessgericht* im Schuldtitel bei Bemessung des eingeklagten Unterhalts bereits den Unterhaltsbedarf des Schuldners ermittelt (siehe § 1603 BGB), so sind die *Feststellungen* im Urteil für das Vollstreckungsgericht nicht bindend. Das Vollstreckungsgericht kann bei Vollstreckung des 1095

---

38 *BGH* 156, 30 = BGH-Rep. 2003, 1237 mit Anm. *Schuschke* = FamRZ 2003, 1466 und 1743 (Leits.) mit Anm. *Wax* = MDR 2004, 53 = NJW 2003, 2918 = Rpfleger 2003, 593; auch *BGH* FamRZ 2004, 620 = NJW-RR 2004, 506 = Rpfleger 2004, 297 und *BGH* 162, 234 (245, 246). Ältere Rechtsprechung (s. noch 13. Aufl. Rdn. 1094 mit Fußn. 48) und Literatur ist damit überholt.
39 *BGH* FamRZ 2008, 877 (878) = JurBüro 2008, 549 (550) = MDR 2008, 530 (531) = NJW-RR 2008, 733 (734); *LG Detmold* FamRZ 2009, 1083 (1084); anders noch *LG Aschaffenburg* FamRZ 2007, 1664 mit Nachw. für die streitig gewesene Abgrenzung.
40 *BGH* 156, 30 = a.a.O.; auch *BGH* FamRZ 2004, 185 = NJW-RR 2004, 362 = Rpfleger 2004, 111 (112).
41 *BGH* 156, 30 = a.a.O.

ausgeklagten Unterhalts daher auch von den Feststellungen des Prozessgerichts abweichen und dem Schuldner einen anderen (höheren oder geringeren) Freibetrag belassen. Regelmäßig wird von den Feststellungen des Prozessgerichts aber nur abzuweichen sein, wenn neue, vom Prozessgericht noch nicht gewürdigte Umstände vorgetragen und zu entscheiden sind[42].

1096 dd) Die Berücksichtigung *fiktiver Einkünfte* des Unterhaltspflichtigen durch das Prozessgericht bei Bemessung des Unterhaltsanspruchs des Gläubigers kann keine Minderung des dem Schuldner für Unterhalt nach § 850 d Abs. 1 S. 2 ZPO zu belassenden Freibetrags bewirken[43]. Berücksichtigung eines (jedenfalls teilweise) nicht tatsächlich erzielten Einkommens durch das Prozessgericht erfolgt zur Bestimmung der Höhe des Gläubigeranspruchs; für die Bemessung des Unterhaltsanspruchs muss sich der Unterhaltspflichtige so behandeln lassen, als wenn er erreichbares Einkommen tatsächlich erzielt hätte[44]. Mit dem Freibetrag des § 850 d Abs. 1 S. 2 ZPO ist der Schuldner vor vollem Zugriff der Gläubiger auf Arbeitseinkommen bei der Zwangsvollstreckung in diesen einzelnen Vermögenswert geschützt. Nach dem Schutzgedanken des Sozialstaatsprinzips wird mit dieser Unpfändbarkeit des Arbeitseinkommens dem Schuldner und seiner Familie die Führung eines menschenwürdigen Lebens ermöglicht (Rdn. 872). Diesen Schutzzweck erfüllen fingierte Einnahmen nicht. Deshalb wird bei Zwangsvollstreckung in das reale Einkommen aus Erwerbstätigkeit die mit dem Freibetrag des § 850 d Abs. 1 ZPO gewährleistete Unpfändbarkeit auch nicht durch die unterhaltsrechtliche Obliegenheit zur Aufnahme und Fortsetzung einer (umfangreicheren) Erwerbstätigkeit geschmälert.

b) Unterhaltspflichten gegenüber vorgehenden Berechtigten

1097 aa) Ein Freibetrag zur Erfüllung seiner laufenden gesetzlichen Unterhaltspflichten gegenüber den dem Gläubiger *vorgehenden Berechtigten* (siehe Rdn. 1109) muss dem Schuldner belassen werden, wenn er solchen Personen in Natur oder durch Zahlung einer Geldrente freiwillig oder im Wege der Zwangsvollstreckung *tatsächlich Unterhalt leistet*[45]. Personen, denen der Schuldner zwar unterhaltspflichtig ist, tatsächlich aber keinen Unterhalt leistet[46], und freiwillig übernommene Unterhaltskosten, so z. B. Unterhalt, der Stiefkindern geleistet wird[47], bleiben außer Betracht. Eben-

---

42 Siehe dazu *LG Essen* MDR 1958, 433; *LG Kassel* Rpfleger 1974, 77; *Büttner* FamRZ 1994, 1433 (1435 f.). Nicht richtig aber *LG Saarbrücken* JurBüro 1985, 1742: Dem Schuldner ist in der Regel nur so viel zu belassen, dass durch die Vollstreckung wenigstens der laufende Unterhalt erbracht wird. Zu belassen ist dem Schuldner vielmehr stets sein notwendiger Unterhalt; nur für dessen Bemessung können die Feststellungen des Prozessgerichts Anhalt geben.
43 So (nun) auch *LG Hanau* JurBüro 2004, 619.
44 Vgl. *BGH* 75, 272 (274 f.) = FamRZ 1980, 43; *BGH* FamRZ 1984, 374 (377); *BGH* FamRZ 1996, 345 = MDR 1996, 281 = NJW 1996, 517.
45 *OLG Karlsruhe* FamRZ 2000, 365 (367).
46 *LG Göttingen* NdsRpfl 1957, 135; *LG Berlin* Amtsvormund 1976, 661.
47 *OLG Hamm* Rpfleger 1954, 631 mit zust. Anm. *Berner* und *Berner* Rpfleger 1961, 290 li.Sp. oben mit weit. Nachw.

Freibetrag des Unterhaltsschuldners (§ 850 d ZPO)

so unberücksichtigt hat „Unterhalt" zu bleiben, der einem Lebensgefährten bei eheähnlicher Lebensgemeinschaft geleistet wird[48]. Laufender Unterhalt ist der letzte vor Erlass des Pfändungsbeschlusses fällig gewordene und der weiterlaufende Unterhalt[49]; die älteren Unterhaltsansprüche sind Rückstände, die keine Berücksichtigung mehr finden können. Wird wegen solcher Rückstände vollstreckt, so gilt gegenüber anderen Gläubigern allein der Grundsatz der Priorität (§ 804 Abs. 3 ZPO; siehe Rdn. 1269 ff.).

bb) Der Freibetrag zur Erfüllung laufender gesetzlicher Unterhaltspflichten gegenüber einem *vorgehenden* Berechtigten bemisst sich nach dem (gesetzlichen) Unterhaltsanspruch dieses Angehörigen. Das ist der diesem Berechtigten nach Unterhaltsrecht zustehende (volle) Unterhaltsbetrag, somit der nach der Lebensstellung des (vorrangigen) Berechtigten zu bemessende *angemessene Unterhalt*[50] (§ 1610 Abs. 1 BGB). Zu decken ist aus dem Einkommen des Schuldners über seinem notwendigen Unterhalt nach § 850 d Abs. 1 S. 2 ZPO der *volle Bedarf* des Berechtigten der vorgehenden Rangstufe; der vollstreckende Gläubiger der nachfolgenden Rangstufe kommt nur zum Zuge, wenn dann noch ein Einkommensteil übrig ist. Dass ein nachrangiger Unterhaltsberechtigter vorhanden ist und vollstreckt, hat Minderung des angemessenen Unterhalts des Berechtigten der besseren Rangstufe nicht zur Folge. Das schließt es zugleich aus, den Freibetrag für den Unterhalt vorrangig berechtigter Angehöriger in Anlehnung an die Sätze des Sozialhilferechts zu bemessen. Diese Sätze bestimmen „notwendigen" Unterhalt (Rdn. 1094). Sie sind nicht etwa aus der Erwägung zugrunde zu legen, dass sich dann, wenn der Schuldner selbst nur den notwendigen Unterhalt behält, sich von selbst auch eine entsprechende Beschränkung der Familie ergeben würde[51]. Soweit Einkommen des Ver-

1098

---

48 Kann aber als Mutter eines gemeinschaftlichen Kindes nach § 1615 l BGB gesetzlich unterhaltsberechtigt sein (siehe Rdn. 1076); praktischer Fall: *OLG Frankfurt* FamRZ 2000, 614 = NJW-RR 2000, 220.
49 *Stein/Jonas/Brehm*, ZPO, Rdn. 23 zu § 850 d.
50 *OLG Frankfurt* NJW-RR 2000, 220 = a.a.O. (Fußn. 48); *LG Detmold* Rpfleger 2000, 340. Nicht klar und möglicherweise anders *BGH* FamRZ 2004, 620 = NJW-RR 2004, 506 (507 re.Sp. unten) = Rpfleger 2004, 297: Beurteilung nach (damals) BSHG „gilt für den Schuldner der Zwangsvollstreckung ebenso wie für die Personen, denen er Unterhalt zu gewähren hat". Dem widerspricht aber bereits der Wortlaut des § 850 d Abs. 1 S. 2 ZPO, der einen unpfändbaren Betrag für den „notwendigen Unterhalt" des Schuldners und „zur Erfüllung seiner laufenden gesetzlichen Unterhaltspflichten" gebietet. Es ist überdies nicht hinnehmbar, dass der Gläubiger seinen laufenden (gesamten) gesetzlichen Unterhaltsanspruch vollstrecken, zur Erfüllung ebensolcher Unterhaltspflichten gegenüber vorgehenden und gleichstehenden Berechtigten aber nur der mindere sozialhiferechtliche Bedarf verbleiben darf. Folge wäre z. B. gleichmäßige Befriedigung des gesamten laufenden gesetzlichen Unterhaltsanspruchs des Gläubigers und des nur sozialhilferechtlichen Bedarfs jedes gleichstehenden Unterhaltsberechtigten.
51 So aber *Berner* Rpfleger 1958, 308; anders wohl *Büttner* FamRZ 1994, 1433 (1436).

pflichteten (oder auch beider Ehegatten) für die Lebensstellung des (vorrangig) Bedürftigen (§ 1610 Abs. 1 BGB) und damit für Bemessung seines angemessenen Unterhalts erheblich ist, ist es vielmehr ungekürzt zu berücksichtigen; dass ein nachrangig Berechtigter vorhanden ist und vollstreckt, hat somit nicht einkommensmindernde und damit die Lebensstellung des (vorrangigen) Unterhaltsberechtigten beschränkende Wirkung.

1099 cc) Der Einkommensbetrag, der zur Erfüllung einer gesetzlichen Unterhaltspflicht gegenüber Kindern, denen Naturalunterhalt geleistet wird, sowie gegenüber dem in häuslicher Gemeinschaft lebenden (einkommenslosen) Ehegatten (auch Lebenspartner) und sonstigen Berechtigten, deren Unterhaltsanspruch nicht durch gerichtliche Entscheidung ausgewiesen ist, pfandfrei zu belassen ist, ist vom Vollstreckungsgericht festzustellen. Anhalt für Bemessung dieses pfandfreien Betrags bieten

- für ein *minderjähriges unverheiratetes Kind* der Mindestunterhalt des § 1612 a BGB (der als Bezugsgröße für den Unterhalt an die Stelle des Regelbetrags nach der früheren Regelbetragsverordnung getreten ist) oder der nach den persönlichen Verhältnissen bemessene Unterhalt. Kindergeld ist nach Maßgabe des § 1612 b BGB vorweg bedarfsmindernd abzuziehen. Ein durch das Wachstum oder eine Berufsausbildung bedingter besonderer Aufwand ist bei Kindern oder Jugendlichen bei Bemessung des bedarfdeckenden Unterhalts berücksichtigt; weitergehend, damit nochmals, ist er für Bestimmung des pfandfreien Betrags nicht zu ermitteln und anzusetzen;
- für einen Elternteil und den *Ehegatten* (auch einen geschiedenen Ehegatten) dessen (voller) angemessener Unterhalt, der von der Unterhaltsrechtsprechung nach (regional festgestellten) Richtsätzen und Leitlinien („Düsseldorfer Tabelle") bemessen wird, soweit nicht im Einzelfall besondere Umstände eine Abweichung bedingen;
- für den *Lebenspartner* oder einen früheren Lebenspartner ebenso;
- für eine *andere* vorrangig berechtigte *Person* deren im Einzelfall festzustellendem Unterhalt.

1100 dd) Der *Kinderfreibetrag,* nach dem sich der Mindestunterhalt eines minderjährigen Kindes nach § 1612 a BGB richtet, beträgt ab Veranlagungszeitraum 2010 gemäß § 32 Abs. 6 S. 1 EStG   2.184 €.
Doppelter Kinderfreibetrag somit   4.368 €.
Mindestunterhalt monatlich ein Zwölftel des doppelten Kinderfreibetrages (aufgerundet nach § 1612 a Abs. 2 BGB) somit

- für die Zeit bis zur Vollendung des 6. Lebensjahres (erste Altersstufe) 87 Prozent   317,- €
- für die Zeit vom siebten bis zur Vollendung des 12. Lebensjahres (zweite Altersstufe) 100 Prozent   364,- €
- für die Zeit v. 13. Lebensjahr an (dritte Altersstufe) 117 Prozent   426,- €

Freibetrag des Unterhaltsschuldners (§ 850 d ZPO)

Das auf ein Kind entfallende *Kindergeld*, das einem Elternteil (§ 64 Abs. 1 EStG) oder einem Dritten (§ 74 EStG) ausbezahlt wird, ist als zweckgebundene, existenzsichernde Leistung für dieses zu verwenden; es mindert damit den Unterhaltsbedarf des Kindes. Wenn Kindergeld für mehrere Kinder gezahlt wird und nur Zahlkinder (Begriff Rdn. 153 e) vorhanden sind, ergibt sich der auf jedes Kind entfallende Betrag durch gleichmäßige Verteilung des Kindergeldes auf jedes dieser Kinder (siehe § 76 Nr. 1 EStG, Rdn. 153 b). Verwendung erfolgt in der Weise, dass das Kindergeld von dem Unterhaltsbedarf des jeweiligen Kindes in dem durch § 1612 b BGB bestimmten Umfang abgesetzt wird (bedarfsmindernder Vorwegabzug). Die Bestimmung lautet

1101

§ 1612 b BGB
Deckung des Barbedarfs durch Kindergeld

(1) Das auf das Kind entfallende Kindergeld ist zur Deckung seines Barbedarfs zu verwenden:
1. zur Hälfte, wenn ein Elternteil seine Unterhaltspflicht durch Betreuung des Kindes erfüllt (§ 1606 Abs. 3 Satz 2);
2. in allen anderen Fällen in voller Höhe.

In diesem Umfang mindert es den Barbedarf des Kindes.

(2) Ist das Kindergeld wegen der Berücksichtigung eines nicht gemeinschaftlichen Kindes erhöht, ist es im Umfang der Erhöhung nicht bedarfsmindernd zu berücksichtigen.

Nicht bedarfsmindernd zu berücksichtigen ist somit Kindergeld, soweit es wegen der Berücksichtigung eines nicht gemeinschaftlichen Kindes (Zählkind) erhöht ist (§ 1612 b Abs. 2 BGB). Der Zählkindervorteil verbleibt damit dem bezugsberechtigten Elternteil.

Gleiches gilt für (andere) regelmäßig wiederkehrende kindbezogene Leistungen, die den Anspruch auf Kindergeld ausschließen oder mindern (§ 1612 c BGB). Es handelt sich nach § 65 EStG um

1101a

- Kinderzulagen aus der gesetzlichen Unfallversicherung oder Kinderzuschüsse aus der gesetzlichen Rentenversicherung,
- vergleichbare Leistungen, die im Ausland gewährt werden
- vergleichbare Leistungen für Kinder, die von einer zwischen- oder überstaatlichen Einrichtung gewährt werden.

c) *Unterhaltspflichten gegenüber gleichstehenden Berechtigten*

Gleichmäßige Befriedigung der dem Gläubiger gleichstehenden Berechtigten (Rdn. 1109) gebietet Berücksichtigung des Gläubigers und des oder der gleichstehend Berechtigten nach dem *Verhältnis der Beträge* ihrer laufenden gesetzlichen Unterhaltsansprüche. Das sind gleichfalls die jedem Berechtigten gebührenden (vollen) Unterhaltsbeträge, somit der jedem der Berechtigten nach seiner Lebensstellung geschuldete Unterhalt. Gewährleistet muss sein, dass die verschiedenen Unterhaltsberechtigten nach Maßgabe ihres (unterschiedlich hohen) Unterhaltsbedarfs gleichmäßig befrie-

1102

627

3. Kapitel: Pfändung von Arbeitseinkommen

digt werden[52]. Das den notwendigen Unterhalt des Schuldners selbst *übersteigende Einkommen* ist damit für Bestimmung des nach § 850 d Abs. 1 S. 2 ZPO pfandfreien Betrags nach der Höhe der gesetzlichen Unterhaltsansprüche der Berechtigten in der gleichen Rangstufe zu *quoteln*[53]. Aufteilung des Einkommens über dem notwendigen Unterhalt für den Schuldner selbst nach Kopfteilen schließt das ebenso aus wie Bemessung des Freibetrags in Anlehnung an Sätze des Sozialhilferechts. Für Aufteilung nach dem Verhältnis der Unterhaltsansprüche zu berücksichtigen sind demnach (s. bereits Rdn. 1099)

- ein *minderjähriges unverheiratetes Kind* mit dem Mindestunterhalt des § 1612 a BGB oder dem nach den persönlichen Verhältnissen bemessenen Unterhalt. Kindergeld ist nach Maßgabe des § 1612 b BGB vorweg bedarfsmindernd abzuziehen,
- ein Elternteil und der *Ehegatte* (auch ein geschiedener Ehegatte) mit seinem (vollen) angemessenen Unterhalt, der von der Unterhaltsrechtsprechung nach (regional festgelegten) Richtsätzen und Leitlinien („Düsseldorfer Tabelle") bemessen wird, soweit nicht im Einzelfall besondere Umstände eine Abweichung bedingen,
- der Lebenspartner sowie ein früherer Lebenspartner ebenso mit seinem (vollen) angemessenen Unterhalt.

1103 **Beispiel:** Es vollstreckt ein minderjähriges unverheiratetes Kind der dritten Altersstufe monatlichen Unterhalt von 242 Euro (426 € abzüglich 184 € Kindergeld). Der Schuldner leistet einem in seinem Haushalt lebenden 3jährigen Kind Naturalunterhalt. Dessen nach § 1612 a BGB festzustellender Unterhalt beträgt

317 € abzüglich 184 € Kindergeld = 133 €.

---

52 *OLG Dresden* DJ 1936, 977; *OLG Frankfurt* MDR 1957, 750 und NJW-RR 2000, 220 (222) = a.a.O. (Fußn. 53); *OLG Köln* FamRZ 1994, 53 = NJW-RR 1993, 1156; *OLG Schleswig* JurBüro 1959, 134 = SchlHA 1958, 338; *LG Berlin* MDR 1961, 512; *LG Bremen* Rpfleger 1961, 126; *LG Darmstadt* MDR 1958, 245; *LG Konstanz* FamRZ 1998, 1448; *LG Ravensburg* und *LG Koblenz* Amtsvormund 1972, 312 (313); *Berner* Rpfleger 1956, 126 und 1958, 308 unter a.

53 *OLG Frankfurt* NJW-RR 2000, 220 (222) = a.a.O. (Fußn. 48); **a.A.** *Behr* Rpfleger 1981, 182, der auch für gleichrangige Unterhaltsberechtigte nur einen festen Richtsatz als Pfändungsfreibetrag einsetzen will (widerspricht dem Gesetz) und mit einer Gleitsicherungsklausel gewährleisten möchte, dass der pfändende Gläubiger zumindest bezüglich seines laufenden Unterhalts gleichmäßig mit den gleichrangigen Angehörigen befriedigt wird. Die von *Behr* erstrebte Begrenzung des für gleichmäßige Befriedigung gleichstehender Berechtigter verbleibenden Freibetrags zugunsten weiterer Pfändungsmöglichkeit für die mit beizutreibenden Unterhaltsrückstände des Gläubigers wird aber, soweit sie sich nicht bereits nach § 850 d Abs. 1 S. 3 ZPO mit den Sätzen des § 850 c ZPO ergibt, auch durch die hier dargestellte Praxis vorgenommen (s. Rdn. 1123). Darüber hinaus bietet das Gesetz für die etwas komplizierte Bedarfsbegrenzung der im Gleichrang stehenden Berechtigten mit festen Sätzen auf den ziffernmäßig feststehenden laufenden Unterhaltsanspruch des Gläubigers, mindestens jedoch auf SGB-Richtsätze, keinen Anhalt.

Freibetrag des Unterhaltsschuldners (§ 850 d ZPO)

Erforderlich und aus Arbeitseinkommen nach § 850 d Abs. 1 S. 2 ZPO zu belassen zur gleichmäßigen Befriedigung des dem Gläubiger gleichstehenden Berechtigten sind von dem Arbeitseinkommen über dem notwendigen Unterhalt des Schuldners hinaus $^{133}/_{375}$ Anteile
(Unterhalt beider Kinder 242 € + 133 € = 375 €;
quotenmäßer Anteil des 3jährigen Kindes = 133 Teile).
Für jeden Zeitraum, für den das Arbeitseinkommen gezahlt wird, ist gleichmäßige Befriedigung mit voller Wegfertigung des jeweils laufenden gesamten gesetzlichen Unterhaltsanspruchs erfolgt. Beträge aus dem den notwendigen Unterhalt des Schuldners übersteigenden Einkommen, die dann noch verbleiben, sind bis zur Höhe der Gläubigerforderung ebenso gepfändet wie der bei Quotelung für laufenden gesetzlichen Unterhalt auf den Gläubiger selbst entfallende Einkommensteil. Rückständige Unterhaltsbeträge und Kosten, die der Gläubiger vollstreckt, können damit praktisch nur zum Zuge kommen, wenn Mehrbeträge über laufenden gesetzlichen Unterhalt hinaus verbleiben.

§ 850 d Abs. 2 ZPO über die Reihenfolge mehrerer Berechtigter sowie § 1609 BGB über deren Rangfolge, § 1612 a BGB über den Mindestunterhalt minderjähriger Kinder und § 1612 b BGB über die Deckung des Bedarfs durch Kindergeld sind in der dargestellten Fassung am 1. Januar 2008 in Kraft getreten (Gesetz zur Änderung des Unterhaltsrechts vom 21. Dez. 2007, BGBl I 3189). Übergangsvorschriften bestimmt § 36 EGZPO.

1103a

3. Berücksichtigung entlastender Einnahmen und geldwerter Vorteile

a) Andere beständige Einnahmen und Vorteile

Folge der Pfändbarkeit des Arbeitseinkommens wegen eines Unterhaltsanspruchs ohne die in § 850 c ZPO bezeichneten Beschränkungen (§ 850 d Abs. 1 S. 1 ZPO) ist auch, dass dem Schuldner nur ein für den notwendigen *Lebensbedarf erforderlicher* Teil des Arbeitseinkommens für eigenen Unterhalt nach § 850 d Abs. 1 S. 2 ZPO zu belassen ist. Daher *mindern* andere Einnahmen und geldwerte Vorteile, die dem Schuldner für seinen Lebensunterhalt sicher zur Verfügung stehen, den aus Arbeitseinkommen zu deckenden notwendigen Unterhaltsbedarf. Zu diesem anzurechnenden Einkommen gehören (nach dem für Bestimmung des notwendigen Lebensbedarfs anwendbaren Elften Kapitel des SGB XII, Rdn. 1094; Berücksichtigung gebietet aber auch bereits § 28 Abs. 1 S. 2 SGB XII) alle Einkünfte in Geld oder Geldeswert (§ 82 Abs. 1 S. 1 SGB XII), damit insbesondere

1104

- *weiteres Arbeitseinkommen* bei einem anderen Drittschuldner, das nicht gepfändet und nicht abgetreten ist, somit zur Bestreitung des Lebensunterhalts zur Verfügung steht.

Von diesem Einkommen *abzusetzen* sind jedoch nach § 82 Abs. 2 und 3 SGB XII insbesondere

– auf das Einkommen zu entrichtende Steuern (so auch bereits § 850 e Nr. 1 ZPO);

3. Kapitel: Pfändung von Arbeitseinkommen

- von dem oder infolge dieses Einkommens zu entrichtende Pflichtbeiträge zur Sozialversicherung einschließlich der Beiträge zur Arbeitsförderung (so auch bereits § 850 e Nr. 1 ZPO),
- ebenso Beiträge zu sonstigen (öffentlichen oder privaten) Versicherungen sowie geförderte Altersversorgungsbeiträge,
- die mit der Erzielung dieses Einkommens verbundenen notwendigen Ausgaben wie Fahrtkosten zur Arbeitsstelle (s. auch Rdn. 1178),
- ein Beitrag bis zu 30 v. H. für Hilfe zum Lebensunterhalt;
- freiwilliges Trinkgeld[54], das der Schuldner beständig einnimmt,
- andere fortlaufende Nebeneinnahmen und Erträgnisse eines Vermögens (Zinsen aus Sparguthaben, Pfandbriefe usw.),
- Renten nach den Sozialversicherungsgesetzen,
- Zuwendungen Dritter, die zur Deckung des Lebensbedarfs gewährt werden, jedenfalls dann, wenn der Schuldner dem vollstreckenden Gläubiger als seinem minderjährigen, unverheirateten Kind nach § 1603 Abs. 2 BGB erweitert unterhalspflichtig ist[55].

Nicht zu diesen mindernden Einnahmen gehören jedoch (§ 82 Abs. 1 SGB XII)

- die Grundrente nach dem Bundesversorgungsgesetz und nach anderen Gesetzen, die eine entsprechende Anwendung des BVersG vorsehen (zu diesen Gesetzen Rdn. 1325),
- die Rente oder Beihilfe nach dem Bundesentschädigungsgesetz für Schaden an Leben sowie an Körper oder Gesundheit, bis zur Höhe der vergleichbaren Geldrente nach dem BVersG,
- Leistungen, die auf Grund öffentlich-rechtlicher Vorschriften zu einem ausdrücklich genannten Zweck erbracht werden. Ausnahme: Soweit im Einzelfall Sozialhilfe demselben Zweck dient (§ 83 Abs. 1 SGB XII),
- eine Entschädigung, die wegen eines Schadens, der nicht Vermögensschaden ist, nach § 253 Abs. 2 BGB geleistet wird (§ 83 Abs. 2 SGB XII).

Wenn der Schuldner *mietefrei wohnt*, so bei Eltern, Verwandten, einer nichtehelichen Lebensgefährtin, entstehen ihm Aufwendungen für Unterkunft und für Heizung nicht, sind solche somit als Bedarf für den Lebensunterhalt (§ 29 SGB XII) auch nicht pfandfrei zu berücksichtigen[56].
Wohngeld als Minderung des Lebensbedarfs (Rdn. 1328) für angemessenes Wohnen steht zur Deckung des Lebensbedarfs zur Verfügung; soweit es Kosten für Unterkunft (in angemessener Höhe, § 29 SGB XII) deckt, sind solche als Bedarf pfandfrei daher gleichfalls nicht zu berücksichtigen.

---

54 Z. B. Trinkgeld eines Taxichauffeurs, *LG Bremen* Rpfleger 1957, 84; *LG Osnabrück* JurBüro 1999, 214; siehe dazu Rdn. 900 a, b.
55 Siehe (zu § 1603 Abs. 2 BGB) *BGH* Rpfleger 1980, 181.
56 Hierzu auch *LG Kleve* FamRZ 1999, 109 = JurBüro 1999, 45.

b) *Einkommen des Ehegatten*

aa) Einkommen, insbesondere Arbeitsverdienst, des Ehegatten ist nach unterhaltsrechtlichen Grundsätzen bei Feststellung zu berücksichtigen, ob und in welchem Umfang der Schuldner seinem gleichstehenden oder vorgehenden (Rdn. 1109 ff.) Ehegatten als Teil des Familienunterhalts (§ 1360 BGB), bei Getrenntlebenden (§ 1361 BGB) oder nach Scheidung (§§ 1569 ff. BGB) noch eine laufende gesetzliche Unterhaltspflicht zu erfüllen hat. Nochmalige Anrechnung des Ehegatteneinkommens auf den bereits nach diesem geminderten Unterhaltsanspruch bemessenen Freibetrag erfolgt daher nicht. Dass ein minderer Freibetrag zu berücksichtigen und Schuldnereinkommen weitergehend pfändbar ist, ist Folge der verminderten gesetzlichen Unterhaltspflicht des Schuldners; es wird daher in einem solchen Fall nicht Einkommen des Ehegatten (unzulässig) zur Erfüllung der persönlichen Verpflichtungen des Schuldners herangezogen. Geringes oder nur vorübergehendes (nur kurzzeitiges) Erwerbseinkommen des Ehegatten kann für besondere Ausgaben voll zweckbestimmt sein (notwendige Anschaffungen, Bestreiten der Kosten einer Krankheit); die laufende gesetzliche Unterhaltspflicht des Schuldners mindert sich dann nicht[57]. Der Schuldner kann aber in Einzelfällen auch seinem Ehegatten mit hohem Einkommen nicht mehr unterhaltspflichtig sein; ein Freibetrag für Unterhalt des erwerbstätigen Ehegatten ist dann auch im Pfändungsbeschluss nicht zu berücksichtigen[58]. Von einem entsprechend hohen Einkommen des Ehegatten kann meist ausgegangen werden, wenn der Schuldner es (im Erinnerungsverfahren) ablehnt, Angaben über die Höhe der Einkünfte seines Ehegatten zu machen[59].

1105

bb) Die Unterhaltspflicht des Schuldners gegenüber einem *Kind* wird Erwerbseinkommen des Ehegatten nur in besonderen Fällen mindern. Keine Bedeutung erlangt zumeist Einkommen des Elternteils, der ein minderjähriges unverheiratetes Kind betreut; er erfüllt seine Verpflichtung, zum Unterhalt des Kindes beizutragen, in der Regel durch die Pflege und die Erziehung des Kindes (§ 1606 Abs. 3 S. 2 BGB). Sein Einkommen mindert daher die Unterhaltsbelastung des Schuldners als Elternteil nicht, der aus Arbeitseinkünften Familienunterhalt zu leisten hat oder einem Kind barunterhaltspflichtig ist. Auch in einem solchen Fall hat Ehegatteneinkommen Auswirkung auf die Bemessung des Freibetrags für Unterhaltsleistung an ein Kind somit nicht. Trägt der mitverdienende Ehegatte des Schuldners gleichwohl zum Unterhalt des im Haushalt lebenden Kindes bei, dann kann sich damit die Unterhaltsbelastung des Schuldners mindern. Bedeutung wird auch das bei Bemessung des Freibetrags nach § 850 d Abs. 1 S. 2 ZPO aber nur erlangen, wenn er nicht nach dem Mindestunterhalt (§ 1612 a BGB) bemessen ist. Wenn beide Elternteile dem nicht im Haushalt lebenden Kind barunterhaltspflichtig sind, kann für die Unterhaltsverpflichtung des Schuldners Einkommen des ebenso barunterhaltspflichtigen Ehegatten keine Bedeutung erlangen.

1106

---

57 *LG Bielefeld* Rpfleger 1955, 136; *Hetzel* MDR 1959, 353.
58 *OLG Celle* FamRZ 1966, 203 = a.a.O.
59 *OLG Celle* FamRZ 1966, 203 = a.a.O.

4. Freiwillige Unterhaltsleistung

1107 *Laufender Unterhalt,* den der Schuldner während der Pfändung aus seinem Arbeitseinkommen *freiwillig* an den Gläubiger leistet, ist nicht dem Freibetrag zu entnehmen, der für den Lebensbedarf des Schuldners und seiner nächsten Angehörigen festgelegt ist. Der Drittschuldner hat vielmehr die nachgewiesenen freiwilligen Unterhaltsleistungen dem Schuldner aus dem den Freibetrag übersteigenden, also gepfändeten Arbeitseinkommen zu überlassen. Auf diese Kürzung des Einkommens kann sich der Drittschuldner im Einziehungserkenntnisverfahren dem Gläubiger gegenüber berufen[60].

5. Begrenzung des unpfändbaren Lohnteils

1108 Der dem Schuldner für seinen und seiner Angehörigen Unterhalt zu belassende unpfändbare Teil des Arbeitseinkommens (siehe Rdn. 1093 ff.) darf den Betrag nicht übersteigen, der ihm nach den Vorschriften des § 850 c ZPO gegenüber nicht bevorrechtigten Gläubigern zu verbleiben hätte (§ 850 d Abs. 1 S. 3 ZPO). Dieser Höchstbetrag muss im Pfändungsbeschluss nicht ziffernmäßig, sondern nur für den Drittschuldner allgemein (als Blankettbeschluss) nach Maßgabe des Rdn. 1054 Gesagten bezeichnet sein. Seine genaue Höhe muss der Drittschuldner nach Maßgabe des Rdn. 1054–1056 Gesagten feststellen. Für die Feststellung dieses unpfändbaren Einkommensbetrags ist natürlich der vollstreckende Gläubiger nicht als Person zu berücksichtigen, der der Schuldner (erzwungenermaßen; Rdn. 1047) Unterhalt gewährt. Wenn der Schuldner einem Angehörigen mit eigenen Einkünften Unterhalt (noch) gewährt, kann das Vollstreckungsgericht auch für die mit § 850 d Abs. 1 S. 3 ZPO bestimmte Begrenzung des dem Schuldner verbleibenden Teils seines Arbeitseinkommens auf Antrag des Gläubigers Bestimmung nach § 850 c Abs. 4 ZPO treffen, dass dieser Angehörige ganz oder teilweise unberücksichtigt bleibt (Rdn. 1058 ff.).

Auf Antrag des Schuldners kann ihm von dem damit nach § 850 c ZPO pfändbaren Einkommensteil noch ein zusätzlicher Teil nach § 850 f Abs. 1 ZPO belassen werden[61], wenn die dort genannten Voraussetzungen vorliegen (siehe hierwegen Rdn. 1175).

V. Reihenfolge mehrerer Unterhaltsberechtigter

1109 a) *Mehrere Unterhaltsberechtigte* (siehe Rdn. 1076 ff.) werden mit ihren Ansprüchen bei Vollstreckung von Unterhaltsansprüchen nach § 850 d Abs. 2 ZPO in der Reihenfolge nach § 1609 BGB und (für nachpartnerschaftlichen Unterhalt) § 16 LpartG berücksichtigt (§ 850 d Abs. 2 ZPO). Mehrere gleichnahe Berechtigte haben untereinander gleichen Rang. § 850 d Abs. 2 ZPO schafft damit Übereinstimmung des Zwangsvollstreckungsrechts mit der Reihenfolge mehrerer Unterhaltsberechtigter nach materiellem Recht. Bedeutung erlangt diese Reihenfolge für

---
60 *LArbG Bremen* Betrieb 1962, 476.
61 *LG Essen* MDR 1955, 428.

die Bestimmung des dem Schuldner pfandfrei verbleibenden Arbeitseinkommens (§ 850 d Abs. 1 S. 2 ZPO) und für die Reihenfolge, wenn mehrere Unterhaltsberechtigte pfänden. **§ 1609 BGB** lautet:

Rangfolge mehrerer Unterhaltsberechtigter

Sind mehrere Unterhaltsberechtigte vorhanden und ist der Unterhaltspflichtige außerstande, allen Unterhalt zu gewähren, gilt folgende Rangfolge:

1. minderjährige unverheiratete Kinder und Kinder im Sinne des § 1603 Abs. 2 Satz 2,
2. Elternteile, die wegen der Betreuung eines Kindes unterhaltsberechtigt sind oder im Fall einer Scheidung wären, sowie Ehegatten und geschiedene Ehegatten bei einer Ehe von langer Dauer; bei der Feststellung einer Ehe von langer Dauer sind auch Nachteile im Sinne des § 1578 b Abs. 1 Satz 2 und 3 zu berücksichtigen,
3. Ehegatten und geschiedene Ehegatten, die nicht unter Nummer 2 fallen,
4. Kinder, die nicht unter Nummer 1 fallen,
5. Enkelkinder und weitere Abkömmlinge,
6. Eltern,
7. weitere Verwandte der aufsteigenden Linie; unter ihnen gehen die Näheren den Entfernteren vor.

Zu dieser Ranfolge mehrerer Unterhaltsberechtigter im Einzelnen siehe die BGB-Kommentare[62].

b) Als Kinder finden in der ersten Rangstufe auch Kinder aus einer nichtigen Ehe, legitimierte Kinder (§§ 1719, 1736 BGB a.F.) und an Kindes statt angenommene Kinder im Verhältnis zum Annehmenden (§ 1754 BGB) Berücksichtigung. Minderjährige Kinder, die schon eigenes Einkommen haben, gehören dazu, wenn eine Unterhaltspflicht des Schuldners noch besteht. Ebenso stehen in Rangstufe 1 volljährige unverheiratete Kinder bis zur Vollendung des 21. Lebensjahres[63], solange sie (ggfs. wieder) im Haushalt der Eltern oder eines Elternteils leben und sich in der allgemeinen Schulausbildung befinden (Abs. 2 mit § 1609 Nr. 1 und § 1603 Abs. 2 S. 2 BGB). Die Kinder der Rangstufe 1 haben absoluten Vorrang vor allen anderen Unterhaltsberechtigten. Bei Vollstreckung des Unterhaltsanspruchs eines Kindes ist sonach dem Schuldner nur so viel zu belassen, als er für seinen notwendigen Unterhalt und zur gleichmäßigen Befriedigung weiterer unterhaltsberechtigter Kinder der Rangstufe 1 bedarf. Festsetzung des Rangverhältnisses von Kindern untereinander auf Antrag durch das Vollstreckungsgericht nach billigem Ermessen (früher § 850 d Abs. 2 Buchst. a ZPO) ist nicht mehr vorgesehen, damit ausgeschlossen[64]. Bei gesetzlichem Forderungsübergang kann die Bevorrechtigung des § 850 d ZPO bestehen bleiben, privilegierte Vollstreckung somit auch durch den

1110

---

62 Außerdem *Schürmann* FamRZ 2008, 313.
63 Unterhaltsrechtlich sind (andere) volljährige Kinder, die infolge einer körperlichen oder geistigen Behinderung nicht erwerbstätig sind, nicht den minderjährigen (unverheirateten) Kindern gleichgestellt, siehe *BGH* FamRZ 1984, 1813 = MDR 1984, 1012.
64 *Musielak/Becker* und *Schuschke/Walker/Kessal-Wulf*, Vollstreckung, je Rdn. 13 zu § 850 d.

Neugläubiger erfolgen (Rdn. 1081, 1082). Die Rangfolge des § 850 d Abs. 2 mit § 1609 BGB ändert sich mit Übergang des Unterhaltsanspruchs dann nicht. Zum Nachteil des Unterhaltsberechtigten selbst kann der Übergang des Unterhaltsanspruchs jedoch (durchwegs) nicht geltend gemacht werden. Diesem gebührt nach Übergang des Unterhaltsanspruchs daher bei gleicher Rangfolge nach § 1609 BGB Vorrang vor dem Anspruch des Neugläubigers (siehe Rdn. 1081). Wenn ein weiteres minderjähriges unverheiratetes Kind vorhanden ist, hat dessen Unterhaltsanspruch Gleichrang mit dem anderen Unterhaltsberechtigten und dem an seine Stelle getretenen Neugläubiger (zusammen); es hat nicht auch Vorrang vor dem Neugläubiger, auf den Unterhalt des anderen Kindes übergegangen ist[65].

1110a c) Die Rangfolge des *Ehegatten* und eines (mehrerer) geschiedener Ehegatten bestimmt sich nach Abs. 2 mit § 1609 Nrn. 2 und 3 BGB. § 1582 BGB, der (früher) eine differenzierte Regelung des Rangverhältnisses zwischen den Unterhaltsansprüchen eines früheren und des neuen Ehegatten regelte, ist neu gefasst. Festsetzung des Rangverhältnisses der Ehegatten untereinander oder im Verhältnis zu den Kindern auf Antrag durch das Vollstreckungsgericht nach billigem Ermessen kann nicht mehr erfolgen. Der *Lebenspartner* mit seinem Unterhaltsanspruch nach § 5 LpartG und der frühere Lebenspartner sind in der Rangfolge 3 einzuordnen[66] (entsprechende Anwendung von § 1609 BGB nach §§ 12, 16 LpartG).

1111 d) Die Rangfolge des § 850 d Abs. 2 ZPO mit § 1609 BGB gilt für den laufenden und den rückständigen Unterhalt des vollstreckenden Gläubigers[67], damit unter den Voraussetzungen des § 850 d Abs. 1 S. 4 ZPO auch bei Pfändung wegen der über ein Jahr rückständigen Beträge. Der gesamte laufende und rückständige Unterhalt eines vollstreckenden Gläubigers der Rangstufe 1 hat damit Rang vor Gläubigern der nachfolgenden Rangstufen 2–7. Rückständige Ansprüche eines vor- oder gleichrangigen Unterhaltsgläubigers erlangen deswegen aber keine Bedeutung bei Bemessung des nach § 850 d Abs. 1 S. 2 ZPO zu belassenden pfandfreien Einkommensteils. Freizustellen ist Arbeitseinkommen vielmehr nur zur Erfüllung *laufender* gesetzlicher Unterhaltspflichten gegenüber vorgehenden Berechtigten und ebenso zur gleichmäßigen Befriedigung gleichstehender Berechtigter. Demzufolge erweitert Satz 4 des § 850 d Abs. 1 ZPO auch nur das Pfändungsprivileg für den mehr als einjährigen Rückstand des vollstreckenden Kindes („Für die Pfändung ...").

VI. Das Pfändungsverfahren

1. *Pfändungsantrag*

1112 a) Erweiterte Einkommenspfändung für einen Unterhaltsgläubiger nach § 850 d ZPO erfolgt nur auf (ausdrücklichen oder konkludenten) Antrag.

---

65 Anders *AG Karlsruhe* FamRZ 2008, 2225.
66 *Musielak/Becker*, ZPO, Rdn. 15; *Schuschke/Walker/Kessal-Wulf*, Vollstreckung, Rdn. 14, je zu § 850 d ZPO.
67 *LG Berlin* Rpfleger 1995, 222.

Freibetrag des Unterhaltsschuldners (§ 850 d ZPO)

Wenn der Gläubiger ausdrücklich Pfändung nach § 850 c ZPO verlangt oder auch nur sein Vorzugsrecht nicht geltend macht, sind die Pfändungsgrenzen nach den für gewöhnliche Forderungen geltenden Vorschriften (Rdn. 1036 ff.) festzulegen.

b) Dass der Gläubiger gesetzliche Unterhaltsansprüche vollstreckt, die nach § 850 d ZPO umfassendere Einkommenspfändung ermöglichen, wird zumeist der Vollstreckungstitel – zumindest im Wege der Auslegung – ausweisen. Ist im Vollstreckungstitel (wie selten in deinem Vergleich, einer vollstreckbaren Urkunde) keine oder (vielleicht) nur eine vertragliche Anspruchsgrundlage genannt, hat Prüfung durch das Vollstreckungsgericht zu erfolgen[68] (anders[69]: Der Gläubiger bleibt auf die Feststellungsklage [späteres Urteil] angewiesen). Dafür hat der Gläubiger durch schlüssigen Vortrag die Tatsachen (glaubhaft) darzulegen, die ausweisen, dass die zu vollstreckende Forderung als Unterhaltsanspruch nach § 850 d ZPO privilegiert vollstreckbar ist[70] (siehe das Rdn. 1193, 1193 a Gesagte, das entsprechend gilt). Die Prüfung obliegt dem Vollstreckungsgericht, weil von ihm die Vollstreckungsschutzvorschriften von Amts wegen zu beachten und zu wahren sind, damit zu entscheiden ist, ob Arbeitseinkommen nach § 850 d Abs. 1 S. 1 ZPO ohne die in § 850 c ZPO bezeichneten Beschränkungen pfändbar ist[71]. Ob es sich bei der Gläubigerforderung um einen privilegierten Unterhaltsanspruch handelt, hat das Vollstreckungsgericht in gleicher Weise zu prüfen wie für Bemessung des dem Schuldner pfandfrei zu belassenden Einkommensteils den Rang des Gläubigers, wenn mehrere Unterhaltsberechtigte vorhanden sind (§ 850 d Abs. 2 ZPO mit § 1609 BGB). Dass auch noch der Range des Gläubigers sich aus dem Vollstreckungstitel zu ergeben habe und im Vollstreckungsverfahren nicht mehr nachgewiesen sowie geprüft werden könne, wird vernünftigerweise auch nirgends gefordert. Die Vollstreckbarkeit des Schuldtitels (§§ 704, 794 ZPO) schmälern die Vollstreckungsbeschränkungen des Verfahrensrechts zum Schutz des Schuldners nicht; beim Prozessgericht sind Voraussetzungen für erweiterte (privilegierte) Pfändung von Arbeitseinkommen daher nicht geltend zu machen.

c) Die für Bestimmung des dem Schuldner nach § 850 d Abs. 1 S. 2 ZPO pfandfrei zu belassenden Teils seines Einkommens erheblichen Tatsachen hat der Gläubiger im *Pfändungsantrag* (schlüssig) dazulegen[72]. Dazu gehört vor allem Angabe, ob der Schuldner alleinstehend ist oder ob und welchen vorausgehenden und gleichstehenden (nicht auch nachrangigen) Berechtig-

1113

1114

---

68 *Zöller/Stöber*, ZPO, Rdn. 12 zu § 850 d; *Baumbach/Hartmann*, ZPO, Rdn. 18 zu § 850 d; *OLG Frankfurt* JurBüro 1980, 778 = Rpfleger 1980, 198.
69 *Stein/Jonas/Brehm*, ZPO, Rdn. 4 zu § 850 d (unter Hinweis auf § 850 f Rdn. 13), wohl auch *Wieczorek/Schütze/Lüke*, ZPO, § 850 d Rdn. 4.
70 Ähnlich *Musielak/Becker*, ZPO, Rdn. 21 zu § 850 d (muss/kann „in anderer Form nachgewiesen werden"); *Schuschke/Walter/Kessal-Wulf*, Vollstreckung, Rdn. 19 zu § 850 d.
71 Dazu eingehend *Stöber*, Festgabe für Vollkommer, 2006, S. 363.
72 Die für die Festlegung des Freibetrages notwendigen Angaben müssen vorgetragen sein. Glaubhaftmachung oder Beweis wird insoweit nicht gefordert.

ten er gesetzlich Unterhaltspflichten zu erfüllen hat. Für Feststellung des Mindestunterhalts von Kindern kann dazu auch Angabe des Alters der Kinder gehören (Rdn. 1128 a). Dem Gläubiger obliegt es jedoch nicht, diese Tatsachen rechtlich zu würdigen, gesetzliche Unterhaltspflichten und notwendigen Unterhalt somit betragsmäßig zu bezeichnen. Ihm kann im Einzelfall auch Vortrag von Tatsachen nicht abverlangt werden, die sich seiner Kenntnis entziehen und nur der kundige Schuldner geltend machen kann wie den dem Gläubiger zumeist nicht näher bekannten individuellen Lebensbedarf Angehöriger, den Inhalt eines am Mindestunterhalt orientierten Unterhaltstitels oder eines Titels über Individualunterhalt und detaillierte Einzelheiten über Familienangehörige. Andere entlastende Einnahmen oder geldwerte Vorteile (Rdn. 1104), die bei Feststellung des pfandfreien Betrags berücksichtigt werden sollen, hat der Gläubiger jedoch (schlüssig) darzutun. Das Vollstreckungsgericht ermittelt und berücksichtigt sie nicht von Amts wegen.

1115   bb) Fehlen Angaben über vor- und gleichrangige Unterhaltsberechtigte, kann dem Pfändungsantrag nicht durch bevorrechtigte Pfändung entsprochen werden, bei der der Schuldner als alleinstehend (ledig) behandelt wird[73], und ihm anheimgegeben werden, seine laufenden gesetzlichen Unterhaltspflichten mit Erinnerung einzuwenden. Es ist dann Pfändung nur nach § 850 c ZPO möglich, privilegierte Pfändung nach § 850 d ZPO somit ausgeschlossen.

1116   cc) Wenn dem Vollstreckungsgericht bekannt ist, dass die Angaben des Gläubigers unzutreffend sind, liegt ein *Rechtsschutzinteresse* für den Erlass des Pfändungsbeschlusses in dem beantragten Ausmaß nicht vor (siehe Rdn. 488). **Beispiel:** Der Gläubiger hat einen unterhaltsberechtigten Angehörigen nicht genannt, dessen Vorhandensein das Vollstreckungsgericht aus einem Erinnerungsverfahren kennt. Dem zu erlassenden Beschluss sind dann unter Zurückweisung des weitergehenden Antrages die tatsächlichen Verhältnisse des Schuldners zugrunde zu legen. Über den Antrag des Gläubigers darf das Vollstreckungsgericht jedoch nicht hinausgehen. Nennt der Gläubiger unrichtig zuviel unterhaltsberechtigte Angehörige, führt er z. B. noch einen Sohn auf, der nach Kenntnis des Vollstreckungsgerichts bereits ausreichendes eigenes Einkommen hat und vom Schuldner tatsächlich nicht mehr unterhalten wird, so müssen dem Pfändungsbeschluss die Angaben des Gläubigers zugrunde gelegt werden, wenn nicht in kurzer Frist eine Richtigstellung erfolgt (siehe Rdn. 479).

1117   dd) Die vom Gläubiger bezeichneten Voraussetzungen für die Feststellung des Unterhaltsbedarfs des Schuldners und seines pfändbaren Einkommenteils *kann* das Vollstreckungsgericht überprüfen, wenn dadurch die Entscheidung über den Pfändungsantrag nicht verzögert wird. Unzulässig ist nach § 834 ZPO lediglich die Schuldneranhörung[74]. Diese Regelung

---

[73] Daher nicht zutreffend *Wimmer* JW 1938, 14, dem auch schon deshalb nicht gefolgt werden kann, weil fehlende Angaben dem Schuldner nicht nachteilig werden dürfen.

[74] Für Anhörung des Schuldners vor erweitertem Zugriff nach § 850 d ZPO und für Pfändung nach § 850 c ZPO vor Anhörung zur Rangwahrung *Stein/Jonas/Brehm*, ZPO, Rdn. 42 zu § 850 d (unpraktikabel und gegen § 834 ZPO).

Freibetrag des Unterhaltsschuldners (§ 850 d ZPO)

schließt aber Ermittlungen und Feststellungen des Vollstreckungsgerichts nicht aus, die sofort durchgeführt werden können und gewährleisten, dass der Pfändungsantrag dem Schuldner nicht zur Kenntnis gelangt. Das Vollstreckungsgericht kann deshalb vor Erlass des Pfändungsbeschlusses insbesondere durch fernmündliche Rückfrage beim Arbeitgeber (= Drittschuldner), wenn dadurch, wie insbesondere bei Behörden und Großbetrieben, die notwendige Vertraulichkeit gewahrt bleibt, durch Anfrage beim Einwohnermeldeamt, Arbeitsamt und sonstigen Behörden die für Bemessung des Freibetrages notwendigen Einzelheiten (Familienstand des Schuldners, Zahl der Unterhaltsberechtigten, Vorhandensein anzurechnender anderer Einnahmen wie Rente, besondere Bedürfnisse des Schuldners infolge Krankheit usw.) feststellen. Solche Ermittlungen können aber nur geboten sein, wenn eine den Gläubigerantrag ergänzende Aufklärung durch konkrete Anhaltspunkte veranlasst ist, insbesondere wenn die Angaben des Gläubigers (Rdn. 1114) ungenau sind oder nicht zuverlässig erscheinen, also zu Bedenken Anlass geben. Erkundungen des Vollstreckungsgerichts rechtfertigen sich dann unter dem Gesichtspunkt, dass der Schuldner auch in dem zunächst einseitigen Verfahren nicht mit einer vermeidbar unrichtigen Zwangsvollstreckungsmaßnahme überzogen werden darf, sondern der Pfändungsbeschluss als staatlicher Hoheitsakt möglichst sogleich mit richtigem Inhalt ergehen soll, der offensichtlich begründete Einwendungen ausschließt. Ergeben Ermittlungen des Vollstreckungsgerichts, dass der Antrag des Gläubigers nicht zutreffende Angaben enthält, so hat es der Entscheidung über den Antrag seine Kenntnis über die tatsächlichen Verhältnisse des Schuldners zugrunde zu legen. Fehlende Angaben des Gläubigers sind vom Vollstreckungsgericht aber nicht durch eigene Ermittlungen zu ersetzen. Denn das Vollstreckungsgericht kann den Antrag des Gläubigers nicht durch eigene Feststellungen ergänzen und daher fehlende Angaben im Antrag des Gläubigers nicht nachtragen. Ermittlungen des Vollstreckungsgerichts lassen sich nur unter dem Gesichtspunkt rechtfertigen, dass jede Unpfändbarkeit von Amts wegen zu beachten ist; deshalb sind Ermittlungen zulässig, wenn sie gewährleisten sollen, dass von der nach dem Gläubigerantrag möglichen Zwangsvollstreckungsmaßnahme ein unpfändbarer Einkommensteil des Schuldners zuverlässig nicht betroffen wird.

d) Infolge der auch im Zwangsvollstreckungsverfahren geltenden Parteiherrschaft kann der Gläubiger die Pfändung auf einen bestimmten *Höchstbetrag*, z. B. „höchstens 250 Euro monatlich" beschränken. Diese Begrenzung der Pfändung ist im Pfändungsbeschluss auszusprechen; sie ist vom Drittschuldner zu beachten. Auch bei höheren Unterhaltsrückständen hat sich eine solche Begrenzung der Pfändung oft als zweckdienlich erwiesen, weil der Schuldner mit dem ihm jeweils verbleibenden Mehrbetrag die Freude an der Arbeit sowie das Interesse an der Erhaltung seiner Arbeitskraft und seines Arbeitsplatzes nicht verliert. Zur nachträglichen Begrenzung der Pfändung durch Abrede zwischen den Beteiligten siehe Rdn. 959.

1118

3. Kapitel: Pfändung von Arbeitseinkommen

2. Der Pfändungsbeschluss

1119 a) Über den Pfändungsantrag entscheidet der *Rechtspfleger*; er bestimmt daher auch den nach § 850 d Abs. 1 S. 2 ZPO pfändungsfreien Betrag. Die Erwägungen, die für Bemessung dieses Betrags maßgeblich waren, sind durch (wenn auch nur gedrängte) Begründung des Beschlusses offenzulegen. Diese Begründung hat die Höhe des unpfändbaren Betrags nachvollziehbar darzustellen.

1120 b) Der Betrag, der nach § 850 d Abs. 1 ZPO pfandfrei zu bleiben hat, muss vom Vollstreckungsgericht nach den Umständen des Einzelfalls bestimmt und *im Pfändungsbeschluss bezeichnet* werden[75]. Weil das Vollstreckungsgericht prüfen und festlegen muss, welchen Betrag oder Einkommensteil der Schuldner für sich und seine Angehörigen als Unterhalt benötigt, verbietet sich bei bevorrechtigter Pfändung ein sog. Blankettbeschluss (siehe Rdn. 1054).

1121 c) Der dem Schuldner für seinen *eigenen Unterhalt* pfandfrei zu belassende Einkommensteil ist ziffernmäßig zu benennen. Ebenso ist der dem Schuldner zur Erfüllung seiner laufenden Unterhaltspflichten gegenüber *vorgehenden Berechtigten* zu belassende Einkommensteil im Pfändungsbeschluss betragsmäßig anzugeben. Wenn dem Schuldner über seinen eigenen notwendigen Unterhalt hinaus zur *gleichmäßigen Befriedigung* gleichstehender Berechtigter (siehe Rdn. 1109 ff.) ein weiterer Einkommensteil pfandfrei zu belassen ist, kann im Pfändungsbeschluss für die Gleichberechtigten kein ziffernmäßig bestimmter pfändungsfreier Betrag bezeichnet werden, weil sonst bei unzureichendem Arbeitseinkommen der – gleichberechtigt – pfändende Gläubiger das Nachsehen hätte[76]. Das nach Deckung des eigenen notwendigen Unterhalts des Schuldners verbleibende Arbeitseinkommen ist vielmehr auf alle gleichrangigen Unterhaltsberechtigten gleichmäßig (nicht aber kopfteilmäßig, s. Rdn. 1102) zu verteilen.

1122 d) Stets darf der dem Schuldner verbleibende Teil seines Arbeitseinkommens den *Betrag nicht übersteigen,* der ihm nach § 850 c ZPO gegenüber nicht bevorrechtigten Gläubigern verbleiben würde (§ 850 d Abs. 1 S. 3 ZPO). Damit ist aber nicht schon ohne weiteres immer gewährleistet, dass bei hohem Einkommen der für gleichrangig Berechtigte mit einem Anteil (Bruchteil) festgelegte Freibetrag zahlenmäßig deren laufende gesetzliche Unterhaltsansprüche (siehe § 1610 BGB) nicht übersteigt. Bei hohem Schuldnereinkommen kann sich vielmehr eine ausdrückliche ziffernmäßige

---

75 Siehe auch *LG Berlin* Rpfleger 1965, 82 mit zust. Anm. *Stöber* und *Stöber* Rpfleger 1974, 77. Ein eindeutig bestimmbarer gleitender Freibetrag kann zwar in einem Änderungsbeschluss (Rdn. 1200), nicht jedoch bereits im Pfändungsbeschluss festgelegt werden (siehe *Stöber* a.a.O.).

76 **Beispiel:** Für den Schuldner werden monatlich 1.000,– Euro, für Ehefrau und 3 eheliche Kinder zusammen monatlich 1.200,– Euro, insgesamt mithin 2.200,– Euro als pfandfrei festgelegt. Bei einem Schuldnereinkommen von monatlich 2.200,– Euro erhält das pfändende (weitere) Kind nichts. Da es Gleichrang hat, müsste es aber einen Teil des 1.000,– Euro übersteigenden Einkommens in Anspruch nehmen können.

Freibetrag des Unterhaltsschuldners (§ 850 d ZPO)

Begrenzung des für den gleichrangig Unterhaltsberechtigten bezeichneten anteiligen Freibetrags auf den Betrag des tatsächlich angemessenen Unterhalts als notwendig erweisen. Das gewährleistet dem vollstreckenden Gläubiger, der hohe Unterhaltsrückstände beizutreiben hat, dass er nicht den gesamten hohen Einkommensmehrbetrag mit dem (oder den) gleichrangigen Angehörigen teilen muss, sondern ihm (ihnen) gegenüber einen weitergehenden Anteil zur Abdeckung der Rückstände erhält.

e) Hat der Gläubiger Festsetzung eines bestimmten Freibetrages ausdrücklich verlangt, so muss der weitergehende Antrag mit Begründung zurückgewiesen werden, wenn ein höherer Freibetrag gewährt wird[77]. Aber auch ohne förmliche Zurückweisung erhält der Pfändungsbeschluss bei Einsetzung eines höheren Freibetrages eine Teilzurückweisung[78]. **1123**

f) Die Bestimmung des pfändungsfreien Betrages können Gläubiger, Schuldner und Drittschuldner[79] mit *Erinnerung* anfechten (siehe Rdn. 715 ff.). Ihr kann der Rechtspfleger durch Festlegung eines anderen Freibetrages abhelfen[80]. Macht der Schuldner nicht geltend, nach den Umständen seines Einzelfalles sei der nach § 850 d Abs. 1 S. 2 ZPO pfandfrei zu belassende Einkommensbetrag unzutreffend festgestellt (dazu Rdn. 1093 ff. und Rdn. 1121), sondern infolge seiner besonderen Verhältnisse sei ihm von dem nach § 850 d ZPO an sich pfändbaren Arbeitseinkommen ausnahmsweise noch ein Teil zu belassen, so ist nicht Erinnerung nach § 766 ZPO erhoben, sondern Antrag auf Pfändungsschutz nach § 850 f Abs. 1 ZPO gestellt (Rdn. 1186); über ihn entscheidet der Rechtspfleger[81]. Nur sofortige Beschwerde kann der Gläubiger erheben, wenn die Bestimmung bereits eine teilweise Antragszurückweisung darstellt. **1124**

g) Unwirksam ist ein Pfändungsbeschluss, wenn in ihm die Höhe des gepfändeten Arbeitseinkommens nicht angegeben, für den Drittschuldner daher nicht erkennbar ist, welcher Teil der Bezüge dem Schuldner zu belassen ist[82]. Enthalten zwar das Original und die dem Gläubiger übermittelte Ausfertigung des Pfändungsbeschlusses den monatlichen Freibetrag des Schuldners, fehlt aber dieser Freibetrag in der dem Drittschuldner zu- **1125**

---

77 *Wimmer* JW 1938, 15; *Stöber* Rpfleger 1974, 52 (53 re.Sp.).
78 *Wimmer* JW 1938, 15; *LG Frankenthal* Rpfleger 1984, 425.
79 Für das Antragsrecht des Drittschuldners siehe *BArbG* MDR 1961, 799; **a.A.** *LG Essen* MDR 1969, 225 = NJW 1969, 668, das aber nicht beachtet, dass § 850 d ZPO die unpfändbaren Bezüge abgrenzt, so dass der Drittschuldner mit Einwendungen gegen die Höhe des Freibetrages keine rein persönliche Angelegenheit des Schuldners betreibt, sondern zulässigerweise (siehe Rdn. 751) den Einwand der (teilweisen) Unpfändbarkeit erhebt. Damit unterscheidet sich die Einwendung gegen die Feststellung des unpfändbaren Lohnteils von § 850 f Abs. 1 ZPO, der als Härteklausel Festlegung eines zusätzlichen Freibetrags ermöglicht.
80 Ist nach Erlass des Pfändungs- und Überweisungsbeschlusses später der pfandfreie Betrag durch Beschluss erhöht worden, so ist eine nachfolgende Erinnerung des Schuldners, mit der Aufhebung der Pfändung verlangt wird, interessengerecht in der Weise auszulegen, dass sie sich gegen den Pfändungs- und Überweisungsbeschluss richtet und somit unbefristet ist; *OLG Düsseldorf* FamRZ 1984, 727.
81 *LG Bayreuth* Amtsvormund 1976, 356.
82 *LArbG Saarbrücken* FamRZ 1967, 690.

3. Kapitel: Pfändung von Arbeitseinkommen

gestellten beglaubigten Abschrift der Ausfertigung[83], so hat das die Unwirksamkeit der Zustellung und damit der Pfändung zur Folge[84]. (Zu wesentlicher Abweichung der zugestellten Abschrift von der Urschrift des Pfändungsbeschlusses siehe auch Rdn. 527 a).

h) Wegen der nachträglichen Änderung der festgelegten Pfändungsgrenze, insbesondere bei Änderungen der Unpfändbarkeitsvoraussetzungen, siehe § 850 g ZPO und Rdn. 1200 ff. Wegen des Zusammentreffens mehrerer Pfändungen, insbesondere auch von bevorrechtigten und nicht bevorrechtigten Gläubigern, siehe Rdn. 1269 ff.

3. *Festlegung des pfändungsfreien Betrags*

1126 a) Die Festlegung des im Pfändungsbeschluss zu bezeichnenden pfändungsfreien Einkommensbetrags kann Erschwernisse bereiten, weil dem Gläubiger Einzelangaben zu oft differenzierten unterhaltsrechtlichen Sachverhalten nicht abverlangt werden, dem Vollstreckungsgericht die im Einzelfall für Bestimmung des notwendigen Unterhalts des Schuldners (Rdn. 1093) und der Unterhaltsansprüche zu berücksichtigender Angehöriger (§ 850 d Abs. 1 S. 2 ZPO) erheblichen Besonderheiten somit nicht sicher bekannt sein können und überdies die maßgeblichen unterhaltsrechtlichen Regelungen nicht einfach sind. Das Zugriffsverfahren muss zudem Grundsätzen der Rechtsklarheit und Praktikabilität Rechnung tragen. Der Schuldner wird zu dem Pfändungsgesuch nicht gehört (§ 834 ZPO). Zugrunde zu legen ist der Entscheidung über den Pfändungsantrag daher der überschaubare Sachverhalt, der vom Gläubiger geltend gemacht, somit schlüssig vorgetragen werden kann. Für dem Gläubiger nicht näher bekannte bedarfssteigernde Verhältnisse des Einzelfalls muss es daher dem kundigen Schuldner obliegen, sich zu äußern (§ 138 Abs. 2 ZPO), erforderliche Tatsachen somit darzulegen und ggf. zu beweisen[85]. Deren Prüfung und damit Feststellung und Würdigung des gesamten für Bemessung des nach § 850 d Abs. 1 S. 2 ZPO pfandfreien Betrags erheblichen unterhaltsrechtlichen Sachverhalts ist damit in das Erinnerungsverfahren (§ 766 ZPO) verwiesen. Im Pfändungsbeschluss hat Bestimmung des pfandfreien Betrags auf Grund des Gläubigervorbringens über Zahl, Familienstand (damit unterhaltsrechtliche Anspruchsgrundlage) und ggf. Alter der Unterhaltsberechtigten nach dem gesetzlichen Regelfall und der Lebenserfahrung zu erfolgen. Demnach ist, wenn nicht weitere Tatsachen im Einzelfall berücksichtigungsfähig vorgetragen sind, wie folgt zu verfahren:

1127 b) aa) Der gesamte Bedarf des notwendigen *Lebensunterhalts des Schuldners* mit Ausnahme von Unterkunft und Heizung sowie Sonderbedarfe ist für Bestimmung des nach § 850 d Abs. 1 S. 2 ZPO unpfändbaren Teils des Arbeitseinkommens nach den Regelsätzen für Sozialhilfe (§ 28

---

83 Ist in dem Formular die für Angabe des pfändungsfreien Betrages vorgesehene Stelle nicht ausgefüllt.
84 *ArbG Saarbrücken* FamRZ 1967, 689 und *LArbG Saarbrücken* FamRZ 1967, 690, beide mit Anm. *Bosch*; *Wieczorek/Schütze/Lüke*, ZPO, Rdn. 53 zu § 850 d. **A.A.** *LArbG Schleswig-Holstein* BB 1969, 137; *ArbG Siegen* NZA-RR 1997, 493.
85 *BGH* NJW 2003, 2918 (2919) = a.a.O. (Fußn. 38).

SGB XII) zu bemessen[86]. Für Unterkunft und Heizung ist zusätzlich pauschal ein Betrag nach den tatsächlichen Gegebenheiten des örtlichen Wohnungsmarkts zu berücksichtigen (dies in Anlehnung an § 29 Abs. 2, 3 SGB XII). Der Mehrbedarf zum Lebensunterhalt infolge Berufstätigkeit (§ 82 Abs. 3 SGB XII) ist zur Feststellung durch den Drittschuldner mit (bis zu) 30 v. H. des jeweiligen Einkommens zu nennen. Ein anderer Mehrbedarf (§ 30 SGB XII; zu diesem Rdn. 1176 d) ist (nur) zu berücksichtigen, wenn die jeweiligen Voraussetzungen schlüssig vorgetragen sind und er der Höhe nach (pauschal) bestimmbar ist. Für Berücksichtigung auch einmaliger Bedarfe und der Sonderbedarfe (§§ 31–34 SGB XII) sowie notwendiger Ausgaben infolge der Erzielung von Einkommen (§ 82 Abs. 2 Nr. 4 SGB XII) wird der ohne Schuldneranhörung (§ 834 ZPO) zu beurteilende Sachverhalt durchweg keinen Anhalt bieten.

bb) Für Bestimmung des Freibetrags, der zur Erfüllung laufender gesetzlicher Unterhaltspflichten gegenüber *vorgehenden Berechtigten* zu belassen ist, kann vom Mindestunterhalt minderjähriger Kinder (§ 1612 a BGB), sonst von feststehenden Richtsätzen (Erfahrungssätzen) ausgegangen werden. Grundlage bieten kann auch für den Unterhaltsbedarf eines Elternteils oder des in häuslicher Gemeinschaft oder getrennt lebenden Ehegatten der Mindestselbstbehalt (kleine Selbstbehalt), der im Unterhaltsrecht als Mindestversorgung belassen wird. 1128

cc) Für Bestimmung des Unterhaltsbedarfs zur gleichmäßigen Befriedigung der dem Gläubiger *gleichstehenden Berechtigten* ist in gleicher Weise zu verfahren. Aufteilung rundweg nach Kopfteilen (= gleich hohen Quoten) schließt gleichmäßige Befriedigung nach dem Verhältnis der Beträge der laufenden gesetzlichen Unterhaltsansprüche aus (Rdn. 1100). Es ist vielmehr schon bei Pfändung ohne Schuldneranhörung gleichmäßige Befriedigung der oft sehr unterschiedlich hohen Unterhaltsansprüche vorzusehen. Der immer wieder vertretenen Ansicht, dass bei Erlass des Pfändungsbeschlusses, wenn dem Vollstreckungsgericht die Verhältnisse nicht näher bekannt sind, praktisch zunächst nur eine kopfteilmäßige Berücksichtigung der im gleichen Rang stehenden Personen vorgenommen werden kann[87], ist nicht zu folgen. Der notwendige Unterhalt für gleichmäßige Berücksichtigung des Ehegatten kann auch hier nach dem Mindestselbstbehalt (kleinen Selbstbehalt) bemessen werden (wie Rdn. 1128). Der Unterhaltsbedarf eines in häuslicher Gemeinschaft lebenden oder barunterhaltsberechtigten Kindes kann nach dem Mindestunterhalt minderjähriger Kinder (§ 1612 a BGB) bemessen werden. Sind nähere Angaben (über Unterhaltsanspruch oder das Alter der Kinder) nicht vorgetragen, so hat zugunsten des Schuldners der Regelbetrag der 3. Altersstufe zugrunde gelegt zu werden; für eine weitergehende Pfändung fehlt im einseitigen Pfändungsverfahren (§ 834 ZPO) dann eine Sachverhaltsgrundlage. Kindergeld kann nach der Zahl der berücksichtigten Kinder (wenn ein Kind vollstreckt, dieses mitgezählt) in 1128a

---

86 *BGH* NJW 2003, 2918 (2919) = a.a.O. (Fußn. 38).
87 So noch *LG Konstanz* FamRZ 1998, 1448.

3. Kapitel: Pfändung von Arbeitseinkommen

Höhe der Beträge des § 66 EStG (Rdn. 153 a) festgestellt werden (Regelfall; keine Sachverhaltsgrundlage für weitergehende Pfändung).

4. Fassung des Pfändungsbeschlusses

1129 Der Pfändungsbeschluss kann damit zur Festlegung des nach § 850 d Abs. 1 S. 2 ZPO pfandfreien Betrags wie folgt gefasst werden.

a) Wenn der Schuldner *Unterhaltspflichten nicht* zu erfüllen hat:

Pfandfreier Betrag

Dem Schuldner, der nach Angabe des Gläubigers nicht verheiratet ist und keine (weiteren) unterhaltsberechtigten Kinder und auch sonst keine Unterhaltspflichten zu erfüllen hat, dürfen bis zur Deckung des Gläubigeranspruchs von dem nach § 850 e Nr. 1 ZPO zu errechnenden Nettoeinkommen nur bleiben
bei Auszahlung für Monate ... Euro.
Der dem Schuldner hiernach verbleibende Teil seines Arbeitseinkommens darf jedoch den Betrag nicht übersteigen, der ihm nach den Vorschriften des § 850 c ZPO gegenüber nicht bevorrechtigten Gläubiger zu verbleiben hätte. Wegen des in diesem Fall nach § 850 c ZPO pfändbaren Arbeitseinkommens wird auf die Tabelle Bezug genommen, die der Zivilprozessordnung als Anlage beigefügt ist.

b) Wenn Unterhaltspflichten gegenüber dem Gläubiger gleichstehenden Berechtigten in gleichem Umfang (sonst Rdn. 1103) zu erfüllen sind:

Pfandfreier Betrag

Dem Schuldner, der nach Angabe des Gläubigers laufende gesetzliche Unterhaltspflichten gegenüber einem (weiteren) minderjährigen unverheirateten Kind im Alter von ... Jahren zu erfüllen hat, dürfen nur bleiben bei Auszahlung für Monate
– *für seinen eigenen notwendigen Unterhalt   ... Euro*
– *sowie weiter zur gleichmäßigen Befriedigung des dem Gläubiger gleichstehenden Berechtigten die Hälfte des diesen Betrag übersteigenden Nettoeinkommens bis zur Deckung der gesamten Unterhaltsansprüche dieser Personen von zusammen monatlich ... Euro*
Gepfändet sind demzufolge die Hälfte des ... Euro übersteigenden Nettoeinkommens und das nach Deckung der vorbezeichneten Unterhaltsansprüche von zusammen monatlich ... Euro verbleibende Mehreinkommen.
Der dem Schuldner hiernach verbleibende Teil ... (wie vorstehend).

c) Wenn der Schuldner eine Unterhaltspflicht gegenüber einem dem Gläubiger vorgehenden Berechtigten zu erfüllen hat:

Pfandfreier Betrag

Dem Schuldner, der nach Angabe des Gläubigers verheiratet ist, jedoch außer seiner laufenden gesetzlichen Unterhaltspflicht gegenüber den dem Gläubiger vorgehenden Ehegatten keine Unterhaltspflichten zu erfüllen

Freibetrag des Unterhaltsschuldners (§ 850 d ZPO)

hat, dürfen bis zur Deckung des Gläubigeranspruchs von dem nach § 850 e Nr. 1 ZPO zu errechnenden Nettoeinkommen nur bleiben bei Auszahlung für Monate ... Euro.
Der dem Schuldner hiernach verbleibende Teil ... (wie vorstehend).

VII. Vorpfändung

Die zulässige Vorpfändung muss den Betrag ziffernmäßig bezeichnen, den der Gläubiger als unpfändbar nach § 850 d ZPO von der Pfändung ausnehmen will (siehe Rdn. 947). Wenn das Vollstreckungsgericht der nachfolgenden Pfändung einen höheren Freibetrag zugrunde legt, wird die weitergehende Vorpfändung mit Ablauf der Monatsfrist hinfällig. Nimmt das Vollstreckungsgericht einen geringeren Freibetrag an, so wird die Pfändung wegen des Differenzbetrages erst mit der Zustellung des Pfändungsbeschlusses wirksam. 1130

VIII. Einziehungserkenntnisverfahren

Ob das Vollstreckungsgericht die besonderen Pfändungsgrenzen des § 850 d ZPO richtig festgesetzt hat, kann von den Arbeitsgerichten im Einziehungserkenntnisverfahren zwischen Gläubiger und Drittschuldner nicht nachgeprüft werden[88]. Eine Änderung des Freibetrags kann daher auch nicht vom Arbeitsgericht angeordnet, sondern nur im Wege der Erinnerung (und dann Beschwerde) oder im Verfahren nach § 850 g ZPO durch Entscheidung des Vollstreckungsgerichts erreicht werden. Im Einziehungserkenntnisverfahren ist grundsätzlich von den Pfändungsgrenzen (und damit von der Rangfolge mehrerer Unterhaltsberechtigter, § 850 d Abs. 2 ZPO)[89] auszugehen, die das Vollstreckungsgericht nach § 850 d ZPO festgelegt hat[90]. Das Arbeitsgericht ist auch an den Zeitpunkt gebunden, von dem an das Vollstreckungsgericht durch einen Änderungsbeschluss die Freigrenzen neu festgelegt hat[91]. Folgt dieser Zeitpunkt aus dem Inhalt des Änderungsbeschlusses nicht einwandfrei, so muss das Arbeitsgericht klären und entscheiden, ob der Beschluss rückwirkende Kraft hat oder nicht. 1131

IX. Wegen der *Vorratspfändung* (§ 850 d Abs. 3 ZPO) siehe Rdn. 687.

---

88 Zu den Konsequenzen, wenn das Prozessgericht gleichwohl im Einziehungsprozess den Einwand der Unpfändbarkeit berücksichtigt, s. *Gaul* Rpfleger 1971, 89.
89 *LArbG Frankfurt* Betrieb 1990, 639.
90 *BArbG* AP Nr. 4 zu § 850 d ZPO mit Anm. *Pohle* = BB 1961, 533 mit Anm. *Marienhagen* = MDR 1961, 799 mit zust. Anm. *Böttcher* = NJW 1961, 1180 = Rpfleger 1961, 287 mit zust. Anm. *Berner*; *BArbG* AP Nr. 8 zu § 850 d ZPO mit Anm. *Böttcher* = MDR 1962, 339 = NJW 1962, 510 = Rpfleger 1962, 170 mit zust. Anm. *Berner*; *LArbG* Düsseldorf, MDR 2001, 836 = Rpfleger 2001, 440; *LArbG Frankfurt* Betrieb 1990, 639; *LArbG Köln* NZA 1998, 280 (Leits.); *LArbG Niedersachsen* Amtsvormund 1977, 518; *LArbG Saarland* JurBüro 1990, 115; siehe dazu die Abhandlungen von *Pohle* JZ 1962, 344; *Berner* Rpfleger 1964, 329 und *Gaul* Rpfleger 1971, 89; siehe ferner *LArbG Hamburg* BB 1971, 132 und *Zöller/Stöber*, ZPO, Rdn. 13 zu § 850 d.
91 *BArbG* in der in Fußn. 90 genannten ersten Entscheidung sowie *LArbG Niedersachsen* a.a.O. (Fußn. 90); zur rückwirkenden Änderung der Pfändungsgrenze siehe weiter Rdn. 1207, 1208.

3. Kapitel: Pfändung von Arbeitseinkommen

X. Reihenfolge der Tilgung

1131a Wird Unterhalt durch Pfändung beigetrieben und kommen (bei Quotierung) gleichmäßig mit anderen Unterhaltsgläubigern zu befriedigende laufende gesetzliche Unterhaltsansprüche zum Zuge, dann sind diese getilgt (Rdn. 1100). Verrechnung auf Kosten und rückständige Unterhaltsansprüche des Gläubigers schließt das aus. Im Übrigen bestimmt sich, wenn der erlangte Geldbetrag nicht zur Tilgung der gesamten Gläubigerforderung ausreicht, die nach dem Pfändungsbeschluss vollstreckt wurde, die Tilgungsreihenfolge nach § 366 und § 367 BGB (entsprechende Anwendung). Mit den über die Pfändungsfreigrenze des § 850 c ZPO hinaus erlangten Beträgen sind vollstreckte Kosten, dann (etwaige) Zinsen (§ 367 Abs. 1 BGB) und schließlich die Unterhaltsbeträge nach ihrem Alter (die älteren Unterhaltsansprüche vor den jüngeren) getilgt (§ 366 Abs. 2 BGB); eine andere Tilgungsreihenfolge kann sich aus § 366 Abs. 2 BGB ergeben, wenn für Ansprüche Sicherheit vorhanden oder Lästigkeit feststellbar ist; für abweichende Bestimmung des Schuldners nach § 366 Abs. 1 BGB ist jedoch im Vollstreckungsverfahren kein Raum[92]. Mit den durch bevorrechtigte Pfändung nach § 850 d ZPO weiter (über das der Pfändung nach § 850 c ZPO unterworfene Arbeitseinkommen hinaus) erlangten Beträgen können nur die nach dem Pfändungsbeschluss bevorrechtigt vollstreckten Unterhaltsansprüche getilgt werden[93] (nicht auch ältere Rückstände oder Ansprüche, die auf Antrag nur in den Grenzen des § 850 c ZPO vollstreckt wurden). Bei Zahlungseingang noch nicht fällige Beträge, die im Wege der Vorratspfändung (§ 850 d Abs. 3 ZPO) mit vollstreckt wurden, finden keine Berücksichtigung; unberücksichtigt müssen ebenso Unterhaltsansprüche bleiben, die nach dem Pfändungsbeschluss nicht mit vollstreckt wurden.

Haben mehrere Unterhaltsgläubiger Ansprüche in gleicher Reihenfoge (§ 850 d Abs. 2 ZPO) mit gleichem Rang (§ 804 Abs. 2 ZPO) vollstreckt und reicht ein eingezogener Geldbetrag nicht zur Befriedigung aller Gläubigeransprüche aus, dann ist er zur gleichmäßigen Befriedigung der gleichstehenden Berechtigten nach vorstehenden Tilgungsregeln zu verwenden.

G. Nettoeinkommen als Berechnungsgrundlage
(§ 850 e Nr. 1 ZPO)

1132 Die pfändbaren Teile des Arbeitseinkommens bestimmen sich bei der gewöhnlichen (§ 850 c ZPO) und bei der bevorrechtigten (§ 850 d ZPO) Lohnpfändung nach dem *Nettoeinkommen* des Schuldners (§ 850 e Nr. 1 ZPO). Das Nettoeinkommen (reine Einkommen) ist vom Drittschuldner festzustellen, ohne dass es einer besonderen Anordnung im Pfändungsbeschluss bedarf. Es ergibt sich, wenn vom Bruttoeinkommen vorweg abgezogen werden:

---

[92] *BGH* 140, 391 = NJW 1999, 1704.
[93] So auch *Wieczorek/Schütze/Lüke*, ZPO, Rdn. 51 zu § 850 d.

Nettoeinkommen (§ 850 e Nr. 1 ZPO)

1. Die *nach § 850 a ZPO der Pfändung entzogenen Beträge* (siehe deswegen Rdn. 976 ff.). Sie werden voll (mit dem Bruttobetrag) abgezogen (s. bereits Rdn. 984, 986 a, 999 b), somit nicht um anteilige Steuern gekürzt[1]. Nicht auszuscheiden sind die auch nach § 850 a ZPO pfändbaren Einkommensteile, so die pfändbare Hälfte der Mehrarbeitsvergütung, der den Rahmen des Üblichen übersteigende Urlaubszuschuss, Weihnachtsgeld über 500 Euro usw.

1133

2. a) Leistungen, die unmittelbar auf Grund *steuerrechtlicher* (Lohn- und Kirchensteuer) oder *sozialrechtlicher* Vorschriften zur Erfüllung gesetzlicher Verpflichtungen des Schuldners abzuführen sind. *Lohnsteuerbeträge* (mit Solidaritätszuschlag und ggf. die Kirchenlohnsteuer) sind nicht mitzurechnen, die der Arbeitgeber bei jeder Lohnzahlung vom Arbeitslohn nach § 38 Abs. 3 EStG einbehält. Lohnsteuer wird in voller Höhe auch dann nicht mitgerechnet, wenn der Schuldner die Eintragung ihm zustehender Freibeträge auf der Lohnsteuerkarte nicht herbeigeführt hat[2]. Wenn die Lohnsteuerkarte nicht vorgelegt ist, kann nicht mitzurechnende Steuer auch die nach Steuerklasse VI ermittelte Lohnsteuer sein. Ändert sich der Lohnsteuerabzug, weil der Schuldner die Lohnsteuerkarte mit einer ändernden Eintragung zu seinen Gunsten vorgelegt hat (§ 41 c Abs. 1 EStG) oder weil zeitweilig höhere Lohnsteuer ohne Lohnsteuerkarte einbehalten wurde (§ 39 c Abs. 2 EStG), dann ist von der nachfolgenden Lohnzahlung an das Arbeitseinkommen nur noch um den neu bemessenen (verminderten) Lohnsteuerbetrag zu kürzen. Führt die Änderung des Lohnsteuerabzugs zu einer Erstattung bisher erhobener Lohnsteuer, so ist nur der bei Lohnzahlung verbleibende (noch einzubehaltende) Restbetrag nicht mitzurechnen; ergibt sich ein auszuzahlender Überschuss, so ist er nach dem Grundgedanken des § 850 e Nr. 1 ZPO dem Einkommen des Lohnzahlungsabschnitts zuzurechnen (= mitzurechnen als Gegensatz zu dem sonst erforderlichen „nicht mitzurechnen"). Lohnsteuerabzug nach einer ungünstigeren Steuerklasse erfolgt, wenn deren Eintragung von dem dazu nach § 39 Abs. 4 EStG verpflichteten Schuldner beantragt war, weil er bei Ausstellung der Lohnsteuerkarte von der Gemeinde in eine nicht zutreffende Steuerklasse eingetragen wurde. Ermäßigt sich die Lohnsteuer durch (nachträgliche) Eintragung eines Freibetrags für Werbungskosten, Sonderausgaben oder außergewöhnliche Belastungen usw., so ist nur die verminderte Lohnsteuer nicht mitzurechnen; die steuerlich mit Eintragung des Freibetrags berücksichtigten Sonderbelastungen des Schuldners können im Vollstreckungsverfahren nur mit Antrag nach § 850 f Abs. 1 ZPO geltend gemacht werden.

1134

---

1 **Anders** *Napierala* Rpfleger 1992, 49, der in einem weiteren Rechenschritt anteilige Steuern als überschießende Beträge (soweit sie über die Bruttobeträge hinausgehen) dem zugrunde zu legenden Einkommen wieder hinzurechnen will. Für diese (nicht nachvollziehbare) Ansicht bietet jedoch das Gesetz keinerlei Anhalt.
2 *LG Detmold* Rpfleger 2002, 630 (kein Rechtsmissbrauch); auf zuviel einbehaltene Lohnsteuer kann der Gläubiger durch Pfändung des Steuererstattungsanspruchs (Rdn. 354 ff.) zugreifen.

1134a b) aa) Die *Steuerklasse* für Lohnsteuerabzug ist nach der Eintragung auf der Lohnsteuerkarte nach den Verhältnissen zu Beginn des Kalenderjahres maßgebend, für das die Lohnsteuerkarte gilt (§ 39 Abs. 3 b EStG; zur Berichtigung bereits Rdn. 1134). Auf Antrag des Schuldners wird auch eine für ihn ungünstigere Steuerklasse eingetragen (§ 39 Abs. 3 b S. 2 EStG). Insbesondere können der Schuldner und sein Ehegatte, wenn auch dieser in einem Dienstverhältnis steht, die Steuerklasse ändern lassen (§ 39 Abs. 5 S. 3 EStG; Steuerklassenwahl). Wurde demnach bereits *vor Wirksamwerden der Pfändung* auf Antrag eine für den Schuldner ungünstigere Steuerklasse eingetragen, dann wird bei Lohnsteuerabzug die danach bemessene Lohnsteuer einbehalten[3]; Lohnsteuer ist mit diesem Betrag daher auch nach § 850e Nr. 1 ZPO nicht mitzurechnen. Wirksamkeit hat diese Eintragung jedoch nur für den Lohnsteuerabzug des Kalenderjahres, für das die Lohnsteuerkarte gilt[4]. Eine erst *nach der Pfändung* auf Antrag des Schuldners eingetragene ungünstigere Steuerklasse (z. B. Einreihung in Steuerklasse V; daher Einordnung des Ehegatten in Steuerklasse III) erlangt für Lohnsteuerabzug zur Berechnung des (bereits) gepfändeten Arbeitseinkommens *keine Bedeutung* mehr. Nicht mitzurechnen nach § 850 e Nr. 1 ZPO ist Lohnsteuer daher stets nach der Steuerklasse, die bei Wirksamwerden der Pfändung eingetragen (maßgeblich) war. Das gilt auch, wenn für das der Pfändung folgende Kalenderjahr die ungünstigere Steuerklasse (erneut) auf der (neuen) Lohnsteuerkarte eingetragen wird, die bereits auf der Lohnsteuerkarte des (oder der) vorangegangenen Jahres eingetragen war. Steuerklassenwahl mit Wechsel des Schuldners in eine ungünstigere Steuerklasse würde mit höherem Steuerabzug (damit geringerem pfändbaren Arbeitseinkommen) den Gläubiger benachteiligen. Sie ist damit Verfügung jedenfalls im Sinne von § 829 Abs. 1 S. 2 ZPO, weil sie das pfändbare Einkommen zum Nachteil des Gläubigers ändert. Als solche ist sie dem Gläubiger gegenüber unwirksam, und zwar auch, wenn sie für ein weiteres Kalenderjahr erneut vorgenommen wird.

1134b bb) Wenn der Schuldner *vor der Pfändung* eine für ihn ungünstige Lohnsteuerklasse (V anstatt IV) in Gläubigerbenachteiligungsabsicht („ohne sachlichen Grund") gewählt hat (Eintrag auf der Lohnsteuerkarte, § 38 b S. 2 Nr. 3, § 39 b EStG), damit sein Ehegatte geringerem Lohnsteuerabzug nach Steuerklasse III unterliegt, soll er nach verbreiteter abweichender Ansicht, der auch der BGH[5] gefolgt ist, bei der Berechnung des pfändungs-

---

[3] So auch *LG Osnabrück* DGVZ 1998, 190 = FamRZ 1999, 1003 = JurBüro 1999, 1558 = NJW-RR 2000, 1216.

[4] So auch *OLG Köln* FamRZ 2000, 1590 mit Anm. *Ernst* = JurBüro 2000, 217 = MDR 2000, 1032 = Rpfleger 2000, 223 und *LG Münster* Rpfleger 2003, 254, die jedoch Anordnung des Vollstreckungsgerichts für erforderlich erachten, dass sich der Schuldner dann bei der Berechnung des pfändbaren Teils seines Einkommens so behandeln lassen muss, als werde er nach Steuerklasse IV besteuert. Diese Einschränkung ist indes nicht zu rechtfertigen.

[5] *BGH* FamRZ 2006, 37 = JurBüro 2006, 97 = MDR 2006, 352 = NJW-RR 2006, 569 = Rpfleger 2006, 25; *BGH* FamRZ 2009, 871 = MDR 2009, 711 = Rpfleger 2009, 412; *OLG Zweibrücken* FamRZ 1989, 529 = NJW-RR 1989, 517 (für § 850 d ZPO); auch *BarbG* JurBüro 2008, 492 (495) = NJW 2008, 2606 (2608). Weitere Nachweise 14. Aufl. Rdn. 1134 b Fußn. 5.

freien Arbeitseinkommens nach § 850 e Nr. 1 ZPO schon im Jahr der Pfändung so behandelt werden können, als sei sein Arbeitseinkommen gemäß der „günstigeren" Lohnsteuerklasse (IV) zu versteuern. In entsprechender Anwendung von § 850 h ZPO soll in einem solchen Fall eine Anordnung des Vollstreckungsgerichts dahingehend getroffen werden können, dass bei der Berechnung des pfändungsfreien Teils des Arbeitsentgelts das Nettoeinkommen zugrunde zu legen ist, das sich unter Berücksichtigung der „günstigeren" Steuerklasse ergibt. Fehlt es an einem Nachweis der Gläubigerbenachteiligungsabsicht, so soll der Gläubiger für das Kalenderjahr der Pfändung die Wahl der Steuerklasse hinzunehmen haben[6]. Wählt der Schuldner erst *nach der Pfändung* eine ungünstigere Steuerklasse oder behält er diese für das folgende Kalenderjahr bei, so soll dies auch ohne Gläubigerbenachteiligungsabsicht schon dann gelten, wenn für diese Wahl objektiv kein sachlich rechtfertigender Grund gegeben ist, eine Anordnung entsprechend § 850 h ZPO somit auch ohne Nachweis einer Gläubigerbenachteiligungsabsicht ergehen können[7]. Dem kann ich nicht folgen. Steuerklassenwahl *nach Pfändung* ist unwirksam; für abändernde Bestimmung durch das Vollstreckungsgericht fehlt daher jede Grundlage. Die *vor Pfändung* bereits auf der Lohnsteuerkarte eingetragene Steuerkombination hat der Gläubiger in der Zeit, für die die Lohnsteuerkarte gilt, ebenso hinzunehmen[8] wie die Abtretung von Arbeitseinkommen vor Pfändung. Es besteht keine Rechtspflicht des Schuldners, Einkommen für den Zugriff des Gläubigers verfügbar zu halten. Es gibt ebenso keinen Anhalt dafür, dass Wahrnehmung steuerlicher Gestaltungsmöglichkeit ein sachlicher Grund fehle, Benachteiligung des Gläubigers damit beabsichtigt sei. Die Steuerklassenwahl unterliegt überdies nicht allein der Disposition des Schuldners; sie erfordert Antrag beider Ehegatten (§ 38 b S. 2 Nr. 5 EStG). Sie ist Form der Steuererhebung der bei gemeinsamer Veranlagung von Eheleuten samtverbindlich geschuldeten Einkommensteuer durch Abzug vom Arbeitslohn (§ 38 Abs. 1 EStG). Das schließt Korrektur der vor Pfändung erfolgten Steuerklassenwahl der Ehegatten durch das Vollstreckungsgericht nur für Berücksichtigung anderer Steuerabzugsbeträge bei Berechnung des pfändbaren Einkommens nach § 850 e Nr. 1 ZPO aus. § 850 h ZPO sieht überdies dafür, ob durch „unlautere Manipulation" Schuldnereinkommen dem Gläubigerzugriff entzogen wird, keine Entscheidung (Anordnung) des Vollstreckungsgerichts vor. Darüber, ob und in welchem Umfang der Pfändung rechtliche Wirkung zukommt, wird im Pfändungsverfahren nicht entschieden. Ob und in welchem Umfang die Pfändung „der angeblichen Schuldnerforderung" rechtliche Wirkung äußert, ist im Einziehungserkenntnisverfahren vom Prozessgericht zu entscheiden. Dies gilt gleichermaßen für die Frage, welche Beträge für

---

[6] *BGH* NJW-RR 2006, 569 (570) = a.a.O.
[7] *BGH* NJW-RR 2006, 569 = a.a.O.; *LG Lüneburg* JurBüro 2009, 211.
[8] *OLG Köln* JurBüro 2000, 217 = a.a.O. (Fußn. 4).

3. Kapitel: Pfändung von Arbeitseinkommen

die Berechnung des pfändbaren Einkommens nach § 850 e Nr. 1 ZPO nicht mitzurechnen sind. Entsprechende Anwendung des § 850 h ZPO rechtfertigt sich daher nicht[9].

1134c c) *Steuer*zahlungen, die der Schuldner sonst zu leisten hat, weil auch seine Einkünfte aus nichtselbstständiger Arbeit der Einkommensteuer unterliegen, erlangen keine Bedeutung; unberücksichtigt bleiben somit die nach Jahresablauf vom Gesamteinkommen zu entrichtende Abschlusszahlung auf Einkommensteuer[10] und eine laufende Einkommensteuervorauszahlung. Einer unverhältnismäßig hohen Steuerabschluss- oder -vorauszahlung könnte nach § 850 f Abs. 1 ZPO Rechnung getragen werden. Steuern, die nicht vom Arbeitgeber einbehalten werden, weil sie der Arbeitnehmer wegen seines Wohnsitzes im Ausland unmittelbar entrichten muss, aber auch z. B. eine Umsatzsteuer, bleiben bei der Berechnung des pfändungsfreien Arbeitseinkommens nach § 850 e Nr. 1 ZPO außer Ansatz, werden vom Bruttoeinkommen somit nicht abgezogen[11]. Solche Belastungen können jedoch eine Erhöhung des pfändungsfreien Betrages durch das Vollstreckungsgericht nach § 850 f Abs. 1 ZPO rechtfertigen[12].

1135 d) aa) Als Soziallasten sind vornehmlich die durch Lohnabzug zu zahlenden Beiträge des versicherten Schuldners zur gesetzlichen Krankenversicherung, Unfallversicherung, Rentenversicherung der Arbeiter oder Angestellten sowie Arbeitslosenversicherung zu berücksichtigen. Der Arbeitgeberanteil bleibt selbstverständlich außer Betracht. Die für das *Gesamt*arbeitseinkommen des Schuldners zu zahlenden Steuern und Sozialleistungen sind dem Bruttoeinkommen *voll* abzurechnen; zwischen Abzügen, die rechnerisch auf den dem Schuldner unpfändbar verbleibenden Betrag treffen könnten, und den Lasten, die aus den dem Gläubiger zufließenden Lohnteil zu zahlen wären, wird nicht unterschieden.

1135a bb) Als Soziallasten sind auch die auf den Auszahlungszeitraum entfallenden Beträge abzuziehen, die der Schuldner nachweislich oder der Arbeitgeber für den Schuldner leistet

- nach den Vorschriften der Sozialversicherungsgesetze zur *Weiter-* (nicht *Höher-*)*Versicherung* (siehe § 9 SGB V u. a.)
- an eine *Ersatzkasse* oder an ein Unternehmen der *privaten Krankenversicherung* (auch zur Versicherung für Krankenhausaufenthalt und Kran-

---

9 Dazu *Zöller/Stöber*, ZPO, Rdn. 1 b zu § 850 e.
10 *BArG* BAG 32, 159 (169) = AP Nr. 6 zu § 829 ZPO = Betrieb 1980, 835 (dort offen gelassen für Einkommensteuervorauszahlungen).
11 Es können keine fiktiven Beträge abgezogen werden, die in ihrer Höhe dem entsprechen, was der Schuldner als Lohn- und Kirchensteuer hätte zahlen müssen, wäre er im Inland steuerpflichtig gewesen. Dazu (für Steuern, die der Schuldner dem belgischen Fiskus schuldete) *BArbG* NJW 1986, 2208.
12 *BArbG* a.a.O. (Fußn. 11).

kenhaustagegeld[13]), soweit sie den Rahmen des Üblichen nicht übersteigen[14].

cc) Nicht abgezogen werden können soziale Zulagen (soweit sie nicht nach § 850 a ZPO unpfändbar sind) wie Kindergartenzuschuss (siehe Rdn. 881 und 1002) und Barzuschuss für arbeitstägliche Mahlzeiten (siehe Rdn. 881), Beiträge zu Berufsorganisationen, Spenden, Abtretungen (siehe jedoch deswegen Rdn. 1248) und ähnliche Leistungen. In Zweifelsfällen kann durch klarstellende Entscheidung des Vollstreckungsgerichts festgestellt werden, ob und in welchem Ausmaße Abzüge zulässig sind. Über den Antrag entscheidet der Rechtspfleger[15] (siehe Rdn. 929).

1136

Zur Behandlung vermögenswirksamer Leistungen bei der Einkommenspfändung siehe Rdn. 921 ff.

H. Zusammentreffen mehrerer Arbeitseinkommen (§ 850 e Nr. 2 ZPO)

Beschluss: *Zur Berechnung des nach § 850 c ZPO pfändbaren Teiles des Gesamteinkommens sind die gepfändeten, in Geld zahlbaren (Netto-) Arbeitseinkommen des Schuldners aus seinen Arbeitsverhältnissen bei den Drittschuldnern A ... und N ... gem. § 850 e Nr. 2 ZPO zusammenzurechnen.*

1137

Die nach dem so festgestellten Gesamteinkommen gem. § 850 c ZPO unpfändbaren (Grund- und Mehr-)Beträge sind in erster Linie dem Arbeitseinkommen zu entnehmen, das der Schuldner bei dem Drittschuldner A ... bezieht.

I. Möglichkeit der Zusammenrechnung

Schrifttum: *Grunsky*, Probleme des Pfändungsschutzes bei mehreren Arbeitseinkommen des Schuldners, ZIP 1983, 908; *Mertes*, Zusammenrechnung bei Pfändung mehrerer Arbeitseinkommen, Rpfleger 1984, 453.

---

13 *LG Berlin* Rpfleger 1962, 217.
14 Das kann Begrenzung auf die Versicherungsbeitragssätze der gesetzlichen Krankenversicherung gebieten (*LG Berlin* Rpfleger 1964, 426), ist aber auch noch der Fall, wenn diese Beitragssätze nicht wesentlich überstiegen werden (*LG Berlin* Rpfleger 1962, 217). Im Rahmen des Üblichen liegen Beiträge eines Beamten für eine private Krankenversicherung zur Abdeckung der nicht von der Beihilfe gedeckten Arztkosten, *LG Hannover* JurBüro 1983, 1423; darüber hinaus aber auch übliche weitergehende Krankenversicherungskosten eines Beamten, somit auch übliche Beiträge des Beamten für freiwillige Versicherung bei einer Ersatzkasse, *LG Hannover* JurBüro 1987, 464. Zum „Üblichen" bei privater Krankenversicherung s. auch *KG* Rpfleger 1985, 154.
15 *Berner* Rpfleger 1962, 218; *Weber* Rpfleger 1967, 256; **a.A.** *LG Berlin* a.a.O. (Fußn. 13), das jedoch irrigerweise Erinnerung nach § 766 ZPO annimmt und § 10 RpflG (a.F.) übersieht.

3. Kapitel: Pfändung von Arbeitseinkommen

1138 Die Schutzbestimmung des § 850 c ZPO geht von *einem* Arbeitseinkommen des Schuldners aus, würde also in den vorgesehenen Grenzen jeden Arbeitsverdienst pfandfrei stellen, wenn der Schuldner *mehrere Arbeitseinkommen* von verschiedenen[1] Drittschuldnern bezieht. Ein solcher mehrmaliger Pfändungsschutz ist sachlich nicht geboten und mit den berechtigten Belangen des Gläubigers nicht zu vereinbaren. Den notwendigen gerechten Ausgleich sieht § 850 e Nr. 2 ZPO durch *Zusammenrechnung* der mehreren Arbeitseinkommen mit dem Ergebnis vor, dass auch dem Schuldner, der mehrere Einkommen hat, nur ein einmaliger Freibetrag bleibt.

In den Fällen des § 850 d und § 850 f Abs. 2 ZPO wird der pfandfreie Betrag nach den individuellen Bedürfnissen des Schuldners festgestellt. Es muss daher berücksichtigt werden, dass der Schuldner weiteres Arbeitseinkommen bei einem anderen Drittschuldner bezieht, das bereits seinen und seiner Angehörigen Unterhalt deckt (siehe Rdn. 1102), so dass das Einkommen unter Umständen voll gepfändet werden kann. Eine Zusammenrechnung nach § 850 e Nr. 2 ZPO erlangt daher bei Unterhaltspfändung nur Bedeutung, wenn im Hinblick auf § 850 d Abs. 1 S. 3 (ebenso im Fall des § 850 f Abs. 2) ZPO die Bestimmung des § 850 c ZPO den unpfändbaren Lohnteil begrenzt[2] (siehe Rdn. 1106).

II. Verfahren

1139 1. Die Zusammenrechnung mehrerer Arbeitseinkommen kann nur das Vollstreckungsgericht anordnen. *Zuständig* ist sowohl für die schon in einem Pfändungsbeschluss als auch für die später gesondert zu treffende Anordnung der *Rechtspfleger*. Die Arbeitgeber (Drittschuldner) können sich über eine Zusammenrechnung nicht selbst verständigen, mithin nicht von sich aus mehrere Arbeitseinkommen in Höhe eines einmaligen Freibetrags nach § 850 c ZPO als unpfändbar behandeln, selbst wenn die Pfän-

---

[1] Wegen der Behandlung „mehrerer" Arbeitsvergütungen, die bei einem Drittschuldner verdient werden, siehe Rdn. 925. Einschränkend meint *Grunsky* ZIP 1983, 908 (910), eine Zusammenrechnung komme in Betracht, wenn nur eine der „mehreren" Arbeitsvergütungen gepfändet ist, die derselbe Drittschuldner leistet (siehe Rdn. 925 Fußn. 156). Dem möchte ich nicht folgen. Der Gläubiger kann nicht durch Einschränkung seines Pfändungszugriffs die Zusammenrechnungsvoraussetzungen schaffen. § 850 e Nr. 2 ZPO will Zugriff auf mehrere, mit Pfändung einzeln nicht fassbare Einkommensteile ermöglichen, nicht aber mögliche Pfändung des Gesamteinkommens durch Zusammenrechnung ersetzen. Sonstige regelmäßige Einkünfte (Mieteinnahmen, Zinsen) können mit Arbeitseinkommen nicht zusammengerechnet werden (*Grunsky* ZIP 1983, 908). Sie müssen selbstständig gepfändet werden.

[2] So auch *Stein/Jonas/Brehm*, ZPO, Rdn. 43; *Wieczorek/Schütze/Lüke*, ZPO, Rdn. 28, je zu § 850 e. Für Zusammenrechnung dagegen *Mertes* Rpfleger 1984, 453. Zur Zusammenrechnung mehrerer Einkommen, wenn der Gläubiger wegen derselben Forderung neben der Pfändung des einen Arbeitseinkommens mit Vorrecht (§ 850 d ZPO) die Pfändung des weiteren Arbeitseinkommens ohne Vorrecht (§ 850 c ZPO) erwirkt hat, siehe *LG Frankfurt* Rpfleger 1983, 449.

Mehrere Arbeitseinkommen (§ 850 e Nr. 2 ZPO)

dung der Einkommen in einem (dann nur äußerlich zusammengefassten) Beschluss angeordnet worden ist[3].

2. Das Vollstreckungsgericht entscheidet nur auf *Antrag*[4] des Gläubigers oder Schuldners. Der Antrag ist an keine Frist gebunden. Lohnzahlungen, die bereits an den Schuldner erfolgt sind, kann eine Zusammenrechnung jedoch nicht mehr erfassen[5]. Die gesetzlichen Erfordernisse der Zusammenrechnung (Vorhandensein mehrerer Arbeitseinkommen, deren ungefähre Höhe usw.) hat der Antragsteller nachzuweisen[6]. An den Antrag ist das Vollstreckungsgericht gebunden (§ 308 Abs. 1 S. 1 ZPO); es darf daher ein nicht aufgeführtes Arbeitseinkommen nicht in die Zusammenrechnung einbeziehen, auch wenn es von diesem weiteren Arbeitseinkommen Kenntnis hat[7]. Der Schuldner ist zu dem Antrag, die Zusammenrechnung sogleich im Pfändungsbeschluss anzuordnen, nicht zu hören (§ 834 ZPO). Zu dem nach wirksamer Pfändung gestellten Zusammenrechnungsantrag ist dem Schuldner Gehör zu gewähren[8].

1140

3. Wenn mehrere Gläubiger gepfändet haben, muss jeder Antrag stellen, der für den durch seine Pfändung notwendigen Lohnabzug die Zusammenrechnung der mehreren Arbeitseinkommen anstrebt. Ist die Zusammenrechnung mehrerer Arbeitseinkommen durch das Vollstreckungsgericht auf Antrag mehrerer Gläubiger angeordnet, dann gebührt der danach pfändbare Einkommensteil dem Gläubiger mit dem besten Rang[9]. Erwirkt nur ein Gläubiger den Zusammenrechnungsbeschluss, so wird für ihn der Lohnabzug unter Zugrundelegung der mehreren Arbeitseinkommen berechnet. Für die übrigen Gläubiger bleibt es beim Lohnabzug aus den Einzeleinkommen[10] (siehe Rdn. 1164, auch 1071 a). Rangverschiebungen treten, soweit Arbeitseinkommen demnach von mehreren Pfändungen erfasst sind, nicht ein; vielmehr wirkt der Zusammenrechnungsbeschluss auch nicht zugunsten der übrigen Gläubiger, die selbst Antrag auf Zusammenrechnung nicht gestellt haben. Der Zusammenrechnungsbeschluss kann nur dem Gläubiger, auf dessen Antrag (in dessen Vollstreckungsverfahren) er erlassen ist, einen weitergehenden Pfändungszugriff an seiner Rangstelle (§ 804 Abs. 3 ZPO) ermöglichen, nicht aber einen früheren Pfändungszu-

1140a

---

3   *Zöller/Stöber*, ZPO, Rdn. 3 zu § 850 e.
4   War früher streitig (s. 1. Aufl. S. 294), ist nun durch Gesetzesänderung klargestellt. Auch der Schuldner ist antragsberechtigt (s. BT-Drucks. VI/2870, S. 2); dies dürfte indes ohne praktische Bedeutung sein.
5   *Grunsky* ZIP 1983, 908 (913).
6   *Musielak/Becker*, ZPO, Rdn. 10; *Stein/Jonas/Brehm*, ZPO, Rdn. 46; *Wieczorek/Schütze/Lüke*, ZPO, Rdn. 34; *Zöller/Stöber*, ZPO, Rdn. 4 je zu § 850 e.
7   *Grunsky* ZIP 1983, 908 (914).
8   So auch *Zöller/Stöber*, ZPO, Rdn. 4 zu § 850 e. **A.A.** *LG Frankenthal* Rpfleger 1982, 231: Schuldner ist zu dem nachträglich gestellten Antrag (auf Zusammenrechnung von Arbeitseinkommen und Kindergeld) nicht zu hören; auch *Schuschke/Walker/Kessal-Wulf*, Vollstreckung, Rdn. 5 zu § 850 e.
9   *BArbG* NJW 1997, 479 = NZA 1997, 63.
10 *BArbG* NJW 1997, 479 = a.a.O.; *Grunsky* ZIP 1983, 908 (913); *Stein/Jonas/Brehm*, ZPO, Rdn. 38 zu § 850 e.

3. Kapitel: Pfändung von Arbeitseinkommen

griff schmälern und damit den Rang der vollstreckenden mehreren Gläubiger ändern. Hat ein Gläubiger das Haupteinkommen gepfändet, so bleibt ihm der aus diesem Einkommen der Pfändung unterliegende Betrag unverändert auch, wenn ein anderer Gläubiger später Nebeneinkommen pfändet und Zusammenrechnungsbeschluss mit der Maßgabe erwirkt, dass der Freibetrag in voller Höhe dem Haupteinkommen zu entnehmen ist[11]. Dieser Zusammenrechnungsbeschluss erlangt Bedeutung nur für die Berechnung der von dem zweiten Gläubiger gepfändeten Beträge. Hat zunächst ein nachrangiger Gläubiger Zusammenrechnungsbeschluss erwirkt und ergeht erst später auf Antrag eines besserrangigen Gläubigers Zusammenrechnungsbeschluss mit gleichem Inhalt, dann hat von dem Zeitpunkt an, in dem der Beschluss dem Drittschuldner zugestellt ist (§ 850 g S. 3 ZPO), der Gläubiger mit dem besseren Rang Anspruch auf den damit vollen pfändbaren Einkommensteil[12].

1141 4. Der *Beschluss* kann sich auf die Anordnung der Zusammenrechnung und Bezeichnung des Einkommens, dem der unpfändbare Grundbetrag zu entnehmen ist, beschränken[13], muss also regelmäßig keine summenmäßige Berechnung treffen. Es ist dann Sache der Drittschuldner, die Höhe des Gesamteinkommens festzustellen und den dem Schuldner verbleibenden pfandfreien Betrag zu berechnen. Das muss auch gelten, wenn eines oder mehrere von der Zusammenrechnung erfasste Einkommen in ihrer Höhe schwanken[14].

---

11 **Anders** *Grunsky* ZIP 1983, 908 (912, 913), dem ich nicht folgen kann (siehe auch Rdn. 1071). Es ist nicht damit getan, dass die Einkommenspfändung nicht „zusammenrechnungsfest" macht. Vielmehr gilt nach dem Grundsatz der Einzelvollstreckung, dass die in einem anderen Vollstreckungsverfahren angeordnete Zusammenrechnung keine Wirkung für den Pfändungszugriff des erstrangigen Gläubigers äußern, mithin auch dessen Rang (§ 804 Abs. 3 ZPO) nicht schmälern kann.
12 *BArbG* NJW 1997, 479 = a.a.O.
13 So auch *Schuschke/Walker/Kessal-Wulf*, Vollstreckung, Rdn. 6 zu § 850 e. Bedenken dagegen mit kritischer Stellungnahme *LArbG Düsseldorf* Betrieb 1986, 649 = Rpfleger 1986, 100; dazu siehe jedoch Rdn. 1162.
14 So auch *Musielak/Becker*, ZPO, Rdn. 11; *Wieczorek/Schütze/Lüke*, ZPO, Rdn. 35, je zu § 850 e. **Anders** *Grunsky* ZIP 1983, 908 (914): Allgemeine Zusammenrechnungsanordnung reicht bei ein- und demselben Drittschuldner aus (hier Zusammenrechnung aber nicht zulässig; s. Rdn. 925 und oben Fußn. 1). Wenn mehrere Drittschuldner betroffen sind, muss das hinzuzurechnende Einkommen mit einem festen Betrag angegeben werden. „Schwankt die Höhe des Nebeneinkommens, so kann dies zwar im Rahmen einer Abänderung des Zusammenrechnungsbeschlusses berücksichtigt werden, die jedoch nur für die Zukunft wirkt." Das ist praktisch nicht durchführbar. Bei wöchentlich oder monatlich schwankendem Einkommen müsste ständig Änderungsbeschluss beantragt werden. Weil er nur für die Zukunft wirkt, aber erst beantragt werden könnte, wenn der interessierte Gläubiger oder Schuldner von der veränderten Höhe des Nebeneinkommens (des anderen Einkommens) Kenntnis hat, wäre bei Erlass des Änderungsbeschlusses das Arbeitseinkommen praktisch schon wieder ausbezahlt, die Anordnung sonach wertlos. Daher ist dem Blankett-Zusammenrechnungsbeschluss der Vorzug zu geben. Die Belastung des Drittschuldners darf hier so wenig überschätzt werden wie allgemein bei Einkommenspfändung. Bei beständigem Einkommen ist ohnedies Zusammenrechnung unter Bezeichnung der Einkommensbeträge zulässig.

Mehrere Arbeitseinkommen (§ 850 e Nr. 2 ZPO)

Demgegenüber wird geltend gemacht[15], das Vollstreckungsgericht müsse bei Einkommen in wechselnder Höhe die durchschnittliche Höhe im Wege freier Schätzung ermitteln und seiner Anordnung zugrunde legen. Dem jedoch ist nicht zu folgen. Denn es ist davon auszugehen, dass dem Gläubiger der volle pfändbare Betrag zusteht und dem Schuldner immer der konkret pfandfreie Einkommensteil zu bleiben hat, der sich für jeden Auszahlungszeitraum tatsächlich ergibt. Das erfordert, dass die Drittschuldner, die den jeweils gepfändeten Einkommensteil ziffernmäßig festzustellen haben, sich zur Ausführung des Zusammenrechnungsbeschlusses über die Einkommenshöhe nach jedem Abrechnungszeitraum verständigen müssen. Ergeben sich dennoch Schwierigkeiten, so kann eine klarstellende Anordnung des Vollstreckungsgerichts beantragt werden (siehe Rdn. 929).

5. *Zuzustellen* ist der nach einer Pfändung selbstständig ergehende Beschluss über die Anordnung der Zusammenrechnung von Amts wegen (§ 329 Abs. 3 ZPO) dem Gläubiger, Schuldner und dem (oder den) Drittschuldner(n) (bei Pfändung mehrerer Einkommen). Bis zu dieser Zustellung oder sonstiger Kenntnis kann jeder Drittschuldner ohne Rücksicht auf das vorhandene weitere Arbeitseinkommen nach Maßgabe des ihm zugestellten einzelnen Pfändungsbeschlusses mit befreiender Wirkung an den Schuldner leisten. Wenn die Zusammenrechnung sogleich in einem Pfändungsbeschluss angeordnet wird, hat den Beschluss der Gläubiger an den oder die Drittschuldner (bei Pfändung mehrerer Arbeitseinkommen) zustellen zu lassen und der Gerichtsvollzieher ihn sodann dem Schuldner zuzustellen (§ 829 Abs. 2 ZPO). Zahlungsverbot und Zusammenrechnung wirken nicht gegen den anderen Arbeitgeber, wenn nur eines der in die Zusammenrechnung einzubeziehenden mehreren Arbeitseinkommen gepfändet wird (siehe Rdn. 1147); der (selbstständige oder in den Pfändungsbeschluss aufgenommene) Zusammenrechnungsbeschluss wird daher auch dem anderen Arbeitgeber nicht zugestellt.

1142

6. Der Zusammenrechnungsbeschluss äußert nur Wirkungen, soweit Lohnabzug noch nicht erfolgt ist. Mit Zahlung ungepfändeter Einkommensteile an den Schuldner ist die Zwangsvollstreckung beendet, eine nachträgliche Änderung der Berechnung sonach nicht mehr möglich (Rdn. 1140). Auf rückständiges Einkommen, das noch nicht ausbezahlt ist, erstreckt sich ein Zusammenrechnungsbeschluss ebenso wie es von einem Pfändungsbeschluss erfasst wird. Nach Wirksamwerden des Zusammenrechnungsbeschlusses ist rückständiges Arbeitseinkommen daher nach der angeordneten Zusammenrechnung gepfändet und abzurechnen. Antragstellung (Rdn. 1140) berührt bis zur Zusammenrechnung (Wirksamwerden, Rdn. 1142) das Recht des Schuldners auf Zahlung des aus jedem gepfändeten Einkommen einzeln unpfändbaren Betrags nicht. Leistung des Arbeitgebers (Drittschuldners) vor Wirksamwerden des Zusammenrechnungsbeschlusses hat befreiende Wirkung (Rdn. 1142). Dem Vollstreckungsgericht

1142a

---

15 *Stein/Jonas/Brehm*, ZPO, Rdn. 42 zu § 850 e.

3. Kapitel: Pfändung von Arbeitseinkommen

muss es jedoch möglich sein, Drittschuldnerzahlungen bis zur Entscheidung über den Antrag auszusetzen, soweit Einkommensbeträge nach Zusammenrechnung pfändbar werden. Das folgt aus dem allgemeinen Grundsatz, dass mit einstweiliger Anordnung das Verfahrensergebnis vorläufig sichergestellt werden kann. Daher ist auch Anordnung in entsprechender Anwendung von § 732 Abs. 2 ZPO (auch § 766 Abs. 1 S. 2 ZPO) für zulässig zu erachten; sie ist von Amts wegen auch dem (oder den) Drittschuldner(n) zuzustellen.

1142b 7. Geänderte Umstände ermöglichen Änderungsbeschluss nach § 850 g ZPO (Rdn. 1200).

1142c 8. *Rechtsbehelf:* Bei Zusammenrechnung sogleich im Pfändungsbeschluss für den nicht gehörten Schuldner und Drittschuldner[16] Erinnerung (§ 766 ZPO, Rdn. 715 ff.), für den Gläubiger, soweit seinem Antrag nicht entsprochen wird, sofortige Beschwerde (§ 793 ZPO, Rdn. 729 ff.). Bei Zusammenrechnung nach Wirksamkeit der Pfändung und nach Anhörung des Schuldners auch für diesen nur sofortige Beschwerde[17].

1143 9. Die Zusammenrechnung hebt die Pfändungsbeschränkungen des § 850 a Nr. 1 ZPO nicht auf; ein Zweiteinkommen, das als *Mehrarbeitsstunden*vergütung gelten muss (siehe Rdn. 982) kann daher nur mit der pfändbaren Hälfte (ggf. drei Viertel) mit dem Haupteinkommen zusammengerechnet werden. Im Zusammenrechnungsbeschluss des Vollstreckungsgerichts ist diese Einschränkung der Zusammenrechnung für das unpfändbare halbe Einkommen für Mehrarbeitsstunden anzugeben.

III. Pfandfreier Betrag nach Zusammenrechnung

1144 1. Durch die Zusammenrechnung wird der Schuldner einem Arbeitnehmer mit nur einem Arbeitseinkommen gleichgestellt, also bewirkt, dass ihm nur *ein* nach § 850 c ZPO *pfandfreier Betrag* aus dem Gesamteinkommen belassen wird. Das Einzeleinkommen, dem dieser unpfändbare Teil zu entnehmen ist, muss das Vollstreckungsgericht bei der Zusammenrechnung bezeichnen.

1145 2. Zu unterscheiden ist dabei zwischen dem nach § 850 c Abs. 1 ZPO unpfändbaren *Grund*betrag von 985,15 Euro monatlich, 226,72 Euro wöchentlich oder 45,34 Euro täglich (zuzüglich Beträge für unterhaltsberechtigte Angehörige) und dem nach § 850 c Abs. 2 ZPO unpfändbaren Teil des *Mehr*betrags. Der unpfändbare Grundbetrag ist in erster Linie dem Einkommen zu entnehmen, das die wesentliche Grundlage der Lebenshaltung des Schuldners bildet, also dem *Haupteinkommen*. Das ist nicht immer das höhere, sondern das nach seiner Sicherheit und Beständigkeit dieser

---

[16] Zum Erinnerungs- und Beschwerderecht des Drittschuldners *OLG Hamm* JurBüro 1981, 288 = JMBlNW 1980, 283.
[17] Wenn Schuldneranhörung nicht erfolgt ist, auch hier nur Erinnerung (§ 766 ZPO); *LG Frankenthal* Rpfleger 1982, 231.

Mehrere Arbeitseinkommen (§ 850 e Nr. 2 ZPO)

Zweckbestimmung dienende Schuldnereinkommen. **Beispiel:** Ruhestandsbezüge eines Beamten, auch wenn Nebeneinkommen aus zeitweiliger Berufstätigkeit vorübergehend höher ist. Welches Einkommen wesentliche Grundlage der Lebenshaltung bildet, ist unter Würdigung aller Umstände (Höhe der Bezüge sowie ihre Sicherheit und Stetigkeit) zu entscheiden. Nur wenn ausnahmsweise kein Einkommen überwiegt, rechtfertigt sich eine rechnerische Verteilung des Grundbetrages[18]; in anderen Fällen kann das Vollstreckungsgericht den Grundbetrag nicht nach freiem Ermessen verteilen. Deckt das Haupteinkommen den Grundbetrag nicht, so ist der Rest dem anderen Einkommen zu entnehmen.

Beispiel: Der kinderlos verheiratete Schuldner verdient monatlich bei A (Haupteinkommen) 1.800,00 Euro und bei B (Nebeneinkommen) 400,00 Euro.

Gesamteinkommen	2.200,00 Euro
Der unpfändbare Grundbetrag beträgt	1.355,91 Euro
Er ist dem Arbeitsverdienst bei A zu entnehmen.	
Der unpfändbare Mehrbetrag beläuft sich auf (2.200,00 Euro – 422,05 Euro [pfändbar laut Tabelle] = 1.777,95 Euro – 1.355,91 Euro [Grundbetrag])	422,04 Euro
Unpfändbar daher zusammen	1.777,95 Euro
Pfändbar	422,05 Euro
Wird auch der unpfändbare Mehrbetrag dem Haupteinkommen entnommen, so bleiben pfändbar:	
Das Nebeneinkommen in voller Höhe mit	400,00 Euro
vom Haupteinkommen	22,05 Euro
Der Rest des Haupteinkommens (1.800,00 Euro – 22,05 Euro =) 1.777,95 Euro ist unpfändbar.	

3. Den unpfändbaren *Mehrbetrag* kann das Vollstreckungsgericht nach billigem Ermessen dem Haupt- oder Nebeneinkommen entnehmen lassen[19]. Wenn nicht besondere Gründe eine andere Regelung erfordern, wird aber anzuordnen sein, dass auch der weitergehende Freibetrag dem Haupteinkommen zu entnehmen ist, weil nach dem Sinn des § 850 e Nr. 2 ZPO der Pfändungszugriff vornehmlich auf das Nebeneinkommen zugelassen werden soll.

IV. Nur teilweise Einkommenspfändung

Streitig ist, ob Zusammenrechnung auch möglich ist, wenn nur das von *einem* Drittschuldner zu leistende Arbeitseinkommen gepfändet wurde, dem weiteren Drittschuldner ein Pfändungsbeschluss jedoch nicht zuge-

---

18 Ebenso *Grunsky* ZIP 1983, 908 (912).
19 A.A. *Mertes* Rpfleger 1984, 453: Die pfändungsfreien Zehntel des Mehrverdienstes sind bei den einzelnen Einkommen fest plaziert, daher nicht verschiebbar. Nicht richtig; die mehreren Einkommen werden durch die Zusammenrechnung für Berechnung des pfandfreien Betrags zu einem Arbeitseinkommen zusammengefasst und selbst der unpfändbare Grundbetrag ist nur „in erster Linie" dem wesentlichen Einkommen zu entnehmen.

stellt ist[20]. Nach meinem Dafürhalten ist hier zu berücksichtigen, dass der Gläubiger nicht die Wahl hat, welches Einkommen er pfandfrei lassen will. Hat er das Haupteinkommen gepfändet, dem der unpfändbare Grundbetrag und meist auch der weitergehende Freibetrag zu entnehmen ist, so kann er daher nicht verlangen, dass jetzt die unpfändbaren Lohnteile dem anderen (Neben-)Einkommen entnommen werden. Das ist bei Zusammenrechnung klarzustellen. Ist das andere, mindere Einkommen gepfändet, so kann nicht gefordert werden, dass der Gläubiger auch das Haupteinkommen pfändet, um es dann nach der Zusammenrechnung doch dem Schuldner wieder pfandfrei zu belassen. Das würde auf eine unnötige, durch nichts gerechtfertigte Förmelei hinauslaufen. Zusammenrechnung muss daher in diesem Falle für zulässig erachtet werden. Auch dann, wenn das Haupteinkommen nicht gepfändet ist, ist ihm jedoch der unpfändbare Grundbetrag zu entnehmen[21]. Die Zusammenrechnung bewirkt daher nur, dass bei Berechnung des gepfändeten Teiles des Nebeneinkommens dieses rechnerisch mit dem Haupteinkommen zusammengefasst wird; Pfändungswirkungen für Teile des Haupteinkommens treten dadurch nicht ein; dieses bleibt stets in ganzer Höhe auch weiterhin ungepfändet.

V. Keine Zusammenrechnung in Vorpfändung

1148   *Vor* einer die Zusammenrechnung anordnenden Entscheidung des Vollstreckungsgerichts ist jedes Arbeitseinkommen nur für sich in den Grenzen des § 850 c ZPO pfändbar. Das verbietet Anordnung der Zusammenrechnung in einer Vorpfändung (siehe auch Rdn. 1035).

VI. Bedingt pfändbare Bezüge und andere Leistungen bei Zusammenrechnung

1148a   Zusammenrechnung von Arbeitseinkommen mit den nach § 850 b Abs. 1 ZPO unpfändbaren Bezügen kann nicht erfolgen. Nur unter den besonderen Voraussetzungen, unter denen diese Bezüge wie Arbeitseinkommen gepfändet (für pfändbar erklärt) werden können (§ 850 b Abs. 2 ZPO); kann nach den für Arbeitseinkommen geltenden Vorschriften verfahren werden, ist somit auch Zusammenrechnung möglich[22]. Zusammentreffen mit einmaligen Bezügen (§ 850 i Abs. 1 ZPO) siehe Rdn. 1242. Zusammenrechnung von Arbeitseinkommen mit fortlaufenden (regelmäßigen) anderen Einnahmen ohne Pfändungsschutz, z. B. Vermögenserträgnissen aus Mieteinnahmen, Zinsen, ermöglicht § 850 e Nr. 2 ZPO nicht[23], desgleichen

---

20   Pfändung beider Einkommen ist für die Zusammenrechnung nicht erforderlich nach *LG Itzehoe* SchlHA 1978, 215; so auch *Grunsky* ZIP 1983, 908 (909); *Stein/Jonas/Brehm*, ZPO, Rdn. 22; *Wieczorek/Schütze/Lüke*, ZPO, Rdn. 26, je zu § 850 e.
21   Siehe *LG Itzehoe* a.a.O. (Fußn. 20); *Stein/Jonas/Brehm*, ZPO, Rdn. 23 zu § 850 e.
22   *OLG Köln* FamRZ 1990, 190; *Zöller/Stöber*, ZPO, Rdn. 14 zu § 850 e.
23   *OLG Frankfurt* JurBüro 1991, 723; *Zöller/Stöber*, ZPO, Rdn. 14 zu § 850 e.

Arbeitseinkommen und Sozialleistungen (§ 850 e Nr. 2 a ZPO)

nicht eine Zusammenrechnung mit Trinkgeldern[24] (sind nicht Arbeitseinkommen, s. Rdn. 900 a).

VII. Abtretung

Außerhalb eines Vollstreckungsverfahrens kann das Vollstreckungsgericht eine Zusammenrechnung nach § 850 e Nr. 2 ZPO nicht vornehmen. Durch einen Zusammenrechnungsbeschluss des Vollstreckungsgerichts kann daher nicht lediglich festgestellt werden, wie weit eine Abtretung des pfändbaren Teils des Arbeitseinkommens reicht[25]. Die Abtretung eines der Arbeitseinkommen steht einer Zusammenrechnung nach Pfändung nicht entgegen[26]. Zusammenrechnung auf Antrag eines Gläubigers, der erst nach Abtretung (wirksam) gepfändet hat, hat keine Wirkung im Verhältnis zwischen Abtretungsgläubiger und Schuldner[27] (bewirkt damit keine Erhöhung der abgetretenen Einkommensteile), berührt aber auch den Anspruch des Zessionars auf das ihm vor der Pfändung übertragene einzelne Arbeitseinkommen nicht (Rdn. 1248). Lohnabzug unter Zugrundelegung der mehreren Arbeitseinkommen nach Maßgabe des Zusammenrechnungsbeschlusses kann daher nur unter Wahrung des besseren Rechts des Zessionars auf das ihm übertragene Arbeitseinkommen erfolgen.

1149

I. Zusammenrechnung von Arbeitseinkommen mit laufenden Leistungen nach dem Sozialgesetzbuch
(§ 850 e Nr. 2 a ZPO)

Beschluss: *Zur Berechnung des nach § 850 c ZPO pfändbaren Teiles des Gesamteinkommens sind gem. § 850 e Nr. 2 a ZPO zusammenzurechnen*

1150

- *das als Forderung gegen ... – Drittschuldner – (mit Beschluss vom ...) gepfändete, in Geld zahlbare Arbeitseinkommen der Schuldnerin,*
- *die Witwenrente, die die Schuldnerin von der Deutschen Rentenversicherung Bund in Berlin in Höhe von derzeit (Monat ... 2010) ... Euro erhält.*

Die nach dem so festgestellten Gesamteinkommen gemäß § 850 c ZPO unpfändbaren (Grund- und Mehr-) Beträge sind in erster Linie der Witwenrente zu entnehmen, die die Schuldnerin von der Bundesversicherungsanstalt für Angestellte erhält. Dem Arbeitseinkommen ist nur ein durch die Witwenrente nicht gedeckter restiger Teil der unpfändbaren Beträge zu entnehmen.

---

24 *LG Regensburg* JurBüro 1995, 218.
25 *BGH* MDR 2004, 323 = NJW-RR 2004, 494 = Rpfleger 2004, 170; *LG Flensburg*, mitgeteilt MDR 1968, 58 gegen *AG Leck* MDR 1968, 57; *Zöller/Stöber* ZPO, Rdn. 14 zu § 850 e; siehe außerdem *BGH* MDR 1997, 877 = NJW 1997, 2823 *BArbG* BAGE 101, 130 = MDR 2002, 1321 = NJW 2002, 3121, sowie Rdn. 1074 b; **a.A.** *Grunsky* ZIP 1983, 908 (910): § 850 e Nr. 2 ZPO entsprechend anwendbar.
26 *Grunsky* ZIP 1983, 908 (909).
27 *BArbG* NJW 1997, 479 = a.a.O. (Fußn. 9).

3. Kapitel: Pfändung von Arbeitseinkommen

Änderungen der monatlichen Rentenzahlungen sind für Feststellung des Gesamteinkommens zur Berechnung der nach § 850 c ZPO gepfändeten Teile des Arbeitseinkommens vom Arbeitgeber als Drittschuldner ab Monat ... 2010 zu berücksichtigen.

I. Möglichkeit der Zusammenrechnung

Schrifttum: Behr, Zusammenrechnung von Arbeitseinkommen und/oder Sozialleistungen, JurBüro 1996, 234.

1151   1. Die Gesetzesbegründung[1] führt zu Nr. 2 a des § 850 e ZPO aus:

„Die Vorschrift enthält eine Ergänzung zu Artikel I § 54. Sie stellt klar, in welchem Umfang bei der Ermittlung der Pfändungsfreigrenzen nach §§ 850 c und 850 d Zivilprozessordnung Sozialleistungen mit Arbeitseinkommen zusammengerechnet werden können ..."

Zur Neufassung des § 850 e Nr. 2 a durch das ÄndG 1994 sagt die Gesetzesbegründung[2]:

„Anpassung des § 850 e Nr. 2 a an die Änderung des § 54 SGB I. Soweit die Zweckbestimmung einer Sozialleistung ihre Pfändbarkeit gemäß § 851 einschränkt, steht dies auch ihrer Zusammenrechnung mit Arbeitseinkommen entgegen."

1152   2. a) Bei *Pfändung von Arbeitseinkommen* durch den Gläubiger einer gewöhnlichen Geldforderung (Rdn. 1036) ist mit dem Schuldnereinkommen eine nach § 54 Abs. 4 SGB I der Pfändung unterworfene Geldleistung nach dem Sozialgesetzbuch auf Antrag nach § 850 e Nr. 2 a S. 1 ZPO zusammenzurechnen. Mehrmaliger Pfändungsschutz ist (in gleicher Weise wie bei mehreren Arbeitseinkommen; dazu Rdn. 1138) auch dann sachlich nicht geboten und mit den berechtigten Belangen des Gläubigers nicht zu vereinbaren, wenn der Schuldner neben Arbeitseinkommen (pfändbare) laufende Geldleistungen nach dem SGB bezieht. Den notwendigen gerechten Ausgleich bei Einkommenspfändung sieht § 850 e Nr. 2 a ZPO mit Zusammenrechnung mit pfändbaren laufenden Geldleistungen nach dem SGB mit dem Ergebnis vor, dass dem Schuldner auch in einem solchen Fall nur ein einmaliger Freibetrag bleibt. Laufende Geldleistungen nach dem SGB, die nach § 54 Abs. 4 SGB I der Pfändung unterworfen und daher auf Antrag mit Arbeitseinkommen zusammenzurechnen sind, siehe Rdn. 1361 ff.

1153   b) Zusammenrechnung hat auf Antrag zu erfolgen („sind ... zusammenzurechnen"), wenn die Vorraussetzungen nach § 850 e Nr. 2 a ZPO gegeben sind. Ein Ermessen des Vollstreckungsgerichts besteht nicht. § 850 f Abs. 1 ZPO ist bei Zusammenrechnung nicht (von Amts wegen) zu prüfen. Wenn der Schuldner bereits Antrag gestellt hat, ihm nach § 850 f Abs. 1 ZPO einen weiteren pfändbaren Teil seines Gesamteinkommens zu belassen, ist über diesen Freistellungsantrag (soweit möglich) sogleich bei Zusammenrechnung zu entscheiden.

---

1 Begründung des Gesetzentwurfs, BT-Drucks. 7/868, S. 37.
2 Begründung des Gesetzentwurfs, BT-Drucks. 12/5187, S. 47.

Arbeitseinkommen und Sozialleistungen (§ 850 e Nr. 2 a ZPO)

3. Wenn Arbeitseinkommen von einem *Unterhaltsgläubiger* (§ 850 d ZPO) oder einem nach § 850 f Abs. 2 ZPO bevorrechtigten Gläubiger gepfändet wird, sind laufende Geldleistungen nach dem Sozialgesetzbuch (auch Geldleistungen für Kinder) auf den Freibetrag des § 850 d Abs. 1 S. 2 bzw. § 850 f Abs. 2 ZPO anzurechnen (siehe Rdn. 1104). Einer Zusammenrechnung des Arbeitseinkommens und der laufenden Geldleistungen nach dem Sozialgesetzbuch bedarf es hierfür nicht[3] (für § 850 d ZPO entgegen der Rdn. 1151 wiedergegebenen Begründung). Der Zweckbindung der Sozialleistungen ist hier bei Bemessung der Höhe des dem Schuldner zu belassenden Einkommensfreibetrages Rechnung zu tragen. Eine Zusammenrechnung nach § 850 e Nr. 2 a ZPO erlangt daher bei Unterhaltsvollstreckung und bei Pfändung eines nach § 850 f Abs. 2 ZPO bevorrechtigten Gläubigers nur dann Bedeutung, wenn im Hinblick auf § 850 d Abs. 1 S. 3, § 850 f Abs. 2 ZPO (dazu Rdn. 1196 a) die Bestimmung des § 850 c ZPO den unpfändbaren Lohnteil begrenzt (siehe Rdn. 1138).

1154

4. Bei Zwangsvollstreckung durch einen *gewöhnlichen Gläubiger* bestehen die Pfändungsverbote des § 54 Abs. 3 SGB I auch dann, wenn mit Arbeitseinkommen eine laufende Geldleistung nach dem Sozialgesetzbuch zusammentrifft. Eine unpfändbare Geldleistung kann daher auch nicht mit Arbeitseinkommen zusammengerechnet werden[4] (§ 850 e Nr. 2 a S. 1 ZPO). Unpfändbare, für den Gläubiger mithin nicht fassbare Geldleistungen, können den für den Lebensunterhalt bestimmten Schuldnerfreibetrag des § 850 c ZPO aus Arbeitseinkommen nicht schmälern, sonach nicht mittelbar durch Anrechnung auf den Freibetrag der Gläubigerbefriedigung dienlich gemacht werden. Eine Zusammenrechnung von Arbeitseinkommen mit dem unpfändbaren Anspruch auf Sozialhilfe nach SGB XII verbietet sich[5].

1155

5. a) „Soweit die *Zweckbestimmung* einer Sozialleistung ihre Pfändbarkeit gemäß § 851 ZPO einschränkt, steht dies auch ihrer Zusammenrechnung mit Arbeitseinkommen entgegen", hebt die Begründung[6] des ÄndG 1994 noch gesondert hervor. Diese Einschränkung verdeutlicht die Regelung des § 54 Abs. 4 SGB I, dass „im Übrigen (soweit sie nicht nach § 54 Abs. 3 SGB I oder als Kindergeld unpfändbar sind) Ansprüche auf laufende Geldleistungen *wie Arbeitseinkommen* gepfändet werden" können. Daher können, wie bei Pfändung von Arbeitseinkommen, nach § 850 a ZPO der Pfändung entzogene Bezüge, auf Grund gesetzlicher Verpflichtung abzuführende Beträge und Krankenkassenbeiträge im Rahmen des Üblichen (§ 850 e Nr. 1 ZPO) nicht in eine Pfändung laufender Sozialleis-

1156

---

3 So auch *Behr* JurBüro 1996, 234 (235). Für Zusammenrechnung auch bei Pfändung durch einen Unterhaltsgläubiger *LG Hamburg* Amtsvormund 1979, 512 sowie *LG Hannover*, JurBüro 1985, 950.
4 *BGH* FamRZ 2005, 1244 = JurBüro 2005, 495 = MDR 2005, 1136 = NJW-RR 2005, 1010 = Rpfleger 2005, 451.
5 *BGH* NJW-RR 2005, 1010 = a.a.O.; *OLG Köln* FamRZ 1990, 190 (191); *LG Berlin* MDR 1978, 323 = Rpfleger 1978, 67; *LG Hannover* JurBüro 1979, 292.
6 BT-Drucks. 12/5187, Seite 47 (wiedergegeben auch Rdn. 1151).

3. Kapitel: Pfändung von Arbeitseinkommen

tungen einbezogen werden (Rdn. 1366). Ebenso können solche Bezüge und Beträge nicht durch Zusammenrechnung mit gepfändetem Arbeitseinkommen mittelbar für den Vollstreckungszugriff des Gläubigers herangezogen werden. Zu den entsprechend § 850 a ZPO der Pfändung entzogenen Bezügen siehe Rdn. 1366.

1157 b) *Wohngeld* ist nicht pfändbar (§ 54 Abs. 3 Nr. 2 a SGB I). Es kann daher auch nicht mit Arbeitseinkommen zusammengerechnet werden (§ 850 e Nr. 2 a S. 1 ZPO). Nicht ausgeschlossen ist die Pfändung nur für Ansprüche, die Gegenstand der §§ 9 und 10 WoGG sind (zu diesen Rdn. 1358). Für diese Ansprüche ist Wohngeld voll pfändbar (Rdn. 1358); das ermöglicht eine Zusammenrechnung mit Arbeitseinkommen nicht. § 54 Abs. 3 Nr. 2 a SGB I ist am 1. Jan. 2005 in Kraft getreten. Bis dahin wurde die Zusammenrechnung von Arbeitseinkommen und Wohngeld von der Rechtsprechung (nicht überzeugend, s. 13. Aufl. Rdn. 1157) zumeist zugelassen. Eine solche Zusammenrechnung ist (nun) auf Erinnerung (§ 766 ZPO) aufzuheben.

1158 6. Bei Pfändung von *Arbeitseinkommen* durch den Gläubiger einer gewöhnlichen Geldforderung (Rdn. 1036) dürfen mit diesem *Kindergeld* nach §§ 31, 62 ff. EStG oder dem BKGG *und andere Geldleistungen für Kinder* (Rdn. 1367) *nicht zusammengerechnet* werden (§ 850 e Nr. 2 a S. 3 ZPO). Sie bleiben dem Schuldner somit zusätzlich zu den Erhöhungsbeträgen des § 850 c ZPO pfandfrei. Grund[7]: Die Erhöhungsbeträge decken den tatsächlichen Unterhaltsbedarf von Kindern nicht ab, sondern beruhen auf der Erwägung, dass zu diesen Freibeträgen noch Kindergeld zur Deckung des Unterhaltsbedarfs kommt. Dass die Anordnung einer Zusammenrechnung (Rdn. 1150) sich nicht auf Geldleistungen für Kinder erstreckt, Kinderzuschlag nach dem Recht der sozialen Entschädigung, Kinderzuschuss in der Rentenversicherung und die Kinderzulage in der Unfallversicherung als unpfändbarer und bei Vollstreckung durch den Gläubiger einer gewöhnlichen Geldforderung nicht zusammenrechenbarer Teil der laufenden sozialen Geldleistung somit nicht erfasst, ist in dem Zusammenrechnungsbeschluss auszusprechen[8]. Das kann allgemein durch Bestimmung erfolgen, dass

„ausgenommen ist von der Zusammenrechnung mit dem Arbeitseinkommen der als Rentenbestandteil gewährte Kinderzuschlag (Kinderzuschuss oder -zulage)".

Der Betrag der von der Zusammenrechnung ausgeschlossenen Geldleistung für Kinder braucht ziffernmäßig nicht angegeben zu werden[9] (s. aber Rdn. 1162). Die Geldleistung für Kinder ist für Berechnung des nach § 850 c ZPO gepfändeten Arbeitseinkommens mit diesem neben der laufenden Sozialgeldleistung aber auch dann nicht zusammenzurechnen, wenn das im gerichtlichen Beschluss nicht ausdrücklich bestimmt ist (Folge von § 850 e Nr. 2 a S. 3 ZPO, vergleichbar dem Rdn. 1379 Gesagten).

---

7 S. auch BT-Drucks. 11/1004, S. 12 re.Sp.
8 So auch *Hornung* Rpfleger 1988, 213 (221 li.Sp.).
9 Insoweit enger *Hornung* Rpfleger 1988, 213 (221).

Arbeitseinkommen und Sozialleistungen (§ 850 e Nr. 2 a ZPO)

7. Zusammenrechnung kann nicht erfolgen mit Leistungen ähnlicher Art auf Grund von Einzelgesetzen (Rdn. 1333), die nicht zum Bestandteil des Sozialgesetzbuchs erklärt sind. Solche Einkünfte sind keine „laufenden Geldleistungen nach dem SGB". Berücksichtigung einer (unpfändbaren) Kriegsschadenrente (auch in Form der Unterhaltsbeihilfe nach dem LAG) ist daher ausgeschlossen. Desgleichen kann Zusammenrechnung mit ausländischen Sozialleistungen nicht erfolgen.[10]   **1159**

8. Bei Pfändung einer laufenden Geldleistung nach dem SGB ist diese nach § 850 e Nr. 2 a ZPO in gleicher Weise mit Arbeitseinkommen zusammenzurechnen. Hierwegen siehe Rdn. 1410.

II. Verfahren

1. Die Zusammenrechnung von Arbeitseinkommen und laufenden Geldleistungen nach dem Sozialgesetzbuch kann nur das Vollstreckungsgericht anordnen. *Zuständig* ist sowohl für die schon in einem Pfändungsbeschluss als auch für die später gesondert zu treffende Anordnung der *Rechtspfleger*. Der Arbeitgeber kann als Drittschuldner nicht von sich aus die Zusammenrechnung vornehmen.   **1160**

2. a) Das Vollstreckungsgericht entscheidet nur auf *Antrag* des Gläubigers oder Schuldners. Der Antrag ist an keine Frist gebunden; Lohnzahlungen, die bereits an den Schuldner erfolgt sind, kann eine Zusammenrechnung jedoch nicht mehr erfassen. Die gesetzlichen Erfordernisse der Zusammenrechnung (Zahlung einer pfändbaren laufenden Geldleistung nach dem SGB als Schuldnereinkommen und deren Höhe) hat der Antragsteller darzustellen und nachzuweisen (Rdn. 1140). An den Antrag ist das Vollstreckungsgericht gebunden (§ 308 Abs. 1 S. 1 ZPO, s. Rdn. 1140); eine andere Geldleistung als die im Antrag bezeichnete darf es nicht in die Zusammenrechnung einbeziehen. Der Schuldner ist zu dem Antrag, die Zusammenrechnung sogleich im Pfändungsbeschluss anzuordnen, nicht zu hören (§ 834 ZPO). Zu dem nach wirksamer Pfändung gestellten Zusammenrechnungsantrag ist dem Schuldner Gehör zu gewähren (wie Rdn. 1140).   **1161**

b) Wenn mehrere Gläubiger gepfändet haben, muss jeder Antrag stellen, der für den durch seine Pfändung notwendigen Lohnabzug die Zusammenrechnung des Arbeitseinkommens mit den Sozialleistungen anstrebt (s. Rdn. 1140 a). Sonst wirkt die Zusammenrechnung nur für den Gläubiger, zu dessen Gunsten eine Anordnung ergangen ist (s. Rdn. 1164 a). Sie hat keine Wirkung im Verhältnis zwischen Abtretungsgläubiger und Schuldner (siehe Rdn. 1164).   **1161a**

3. Der *Beschluss* hat die Zusammenrechnung unter Bezeichnung des laufenden Arbeitseinkommens (damit auch des Arbeitgebers als Drittschuldner) und der laufenden Geldleistung nach dem Sozialgesetzbuch (nach   **1162**

---

10 *LG Aachen* MDR 1992, 521; *AG Nienburg* (ZSt. Hoya) JurBüro 2004, 559.

3. Kapitel: Pfändung von Arbeitseinkommen

Leistungsart und Drittschuldner; z. B. Hinterbliebenenrente aus der Unfallversicherung, die von der Berufsgenossenschaft ... geleistet wird) anzuordnen und Bestimmung zu treffen, dass auf den unpfändbaren Betrag, der nach dem Gesamteinkommen nach § 850 c ZPO festzustellen ist, die zugriffsfreie laufende Sozialgeldleistung anzurechnen ist (§ 850 e Nr. 2 a S. 2 ZPO; zur Zusammenrechnung bei Pfändung von Geldleistungen nach dem Sozialgesetzbuch siehe Rdn. 1409). Die ziffernmäßige Feststellung des damit gepfändeten Teils des Arbeitseinkommens unter Berücksichtigung der zu ermittelnden unterhaltsberechtigten Angehörigen obliegt dem Drittschuldner wie beim einfachen Blankettbeschluss (siehe Rdn. 1054 a). Es wird aber auch verlangt, dass der Zusammenrechnungsbeschluss den Betrag der hinzuzurechnenden Geldleistung nach dem Sozialgesetzbuch ziffernmäßig anzugeben hat[11]. Das empfiehlt sich jedenfalls. Damit sind zugleich Schwierigkeiten ausgeräumt, die dem Arbeitgeber als Drittschuldner bei einer ihm aufgetragenen Ermittlung des Betrags der Sozialgeldleistung begegnen können. Unwirksamkeit des Zusammenrechnungsbeschlusses[12] kann jedoch nicht ohne weiteres angenommen werden, wenn er den Betrag der Geldleistung nach dem Sozialgesetzbuch nicht bezeichnet, sonach keine summenmäßige Berechnung trifft. Es ist dann Sache des Arbeitgebers als Drittschuldner, die Höhe der laufenden Sozialgeldleistung und damit das Gesamteinkommen des Schuldners festzustellen und den dem Schuldner verbleibenden pfandfreien Betrag des Arbeitseinkommens zu berechnen. Anordnung und Umfang der Wirkungen des Zusammenrechnungsbeschlusses stehen auch dann jedenfalls unzweifelhaft fest, wenn dem Arbeitgeber als Drittschuldner der Betrag der Geldleistung nach dem Sozialgesetzbuch bekannt ist oder wenn von ihm dieser Betrag ziffernmäßig festgestellt werden kann. Damit ist auch die für einen Zusammenrechnungsbeschluss zu fordernde Bestimmtheit (Klarheit) des hoheitlichen Gerichtsaktes (dazu Rdn. 489; zur Auslegung Rdn. 509) gegeben. Die Aufgaben und Pflichten des Arbeitgebers als Drittschuldner überschreiten dann nicht das Maß der ihm auch sonst für Ermittlung und Berechnung des gepfändeten Arbeitseinkommens obliegenden Verpflichtungen (zum Blankettbeschluss Rdn. 1054; zum Blankettzusammenrechnungsbeschluss siehe bereits Rdn. 1141). Ergeben sich für den Arbeitgeber als Drittschuldner bei Feststellung der Geldleistung nach dem Sozialgesetzbuch Schwierigkeiten, dann kann Bezeichnung des in die Zusammenrechnung einzubeziehenden Betrags mit klarstellender Anordnung des Vollstreckungsgerichts erwirkt werden (siehe Rdn. 929).

1162a 4. *Zuzustellen* ist der nach einer Einkommenspfändung selbstständig ergehende Beschluss über die Anordnung der Zusammenrechnung von Amts wegen dem Gläubiger, Schuldner und dem Arbeitgeber als Dritt-

---

11 *LArbG Düsseldorf* Betrieb 1986, 649 = Rpfleger 1986, 100; *Wieczorek/Schütze/Lüke*, ZPO, Rdn. 43 zu § 850 e.
12 Unwirksamkeit des Beschlusses nimmt jedoch das *LArbG Düsseldorf* Betrieb 1986, 649 = a.a.O. an.

Arbeitseinkommen und Sozialleistungen (§ 850 e Nr. 2 a ZPO)

schuldner, nicht jedoch dem Leistungsträger nach dem Sozialgesetzbuch. Bis zu dieser Zustellung oder sonstiger Kenntnis kann der Drittschuldner ohne Rücksicht auf die laufenden Geldleistungen nach dem Sozialgesetzbuch nach Maßgabe des ihm zugestellten Einkommenspfändungsbeschlusses mit befreiender Wirkung an den Schuldner leisten. Rechtsbehelf: s. Rdn. 1142 c.

5. Wirkungen äußert der Zusammenrechnungsbeschluss nur, soweit Lohnabzug noch nicht erfolgt ist. Er erstreckt sich auf rückständiges Einkommen, das noch nicht ausbezahlt ist. Hierzu näher Rdn. 1142 a. Geänderte Umstände ermöglichen Änderungsbeschluss nach § 850 g (Rdn. 1200). **1162b**

III. Pfandfreier Betrag nach Zusammenrechnung

1. Durch die Zusammenrechnung wird der Schuldner für den Lohnabzug einem Arbeitnehmer mit nur einem Einkommen in Höhe des Gesamtbetrages seines Arbeits-Nettoeinkommens und der laufenden Geldleistungen nach dem Sozialgesetzbuch gleichgestellt. Damit wird bewirkt, dass für die Berechnung des nach § 850 c ZPO pfändbaren Teiles des *Arbeitseinkommens* von dem durch Zusammenrechnung ermittelten Gesamteinkommen ausgegangen und dem Schuldner *ein* nach § 850 c ZPO pfandfreier Betrag aus dem Gesamteinkommen belassen wird. **1163**

Beispiel: Mit gepfändetem Arbeitseinkommen der kinderlosen, nicht verheirateten Schuldnerin, das monatlich 1.260,00 Euro beträgt, ist eine Witwenrente in Höhe von 480,00 Euro zusammenzurechnen. Gesamteinkommen 1.740,00 Euro.

Pfändbarer Betrag sonach	528,40 Euro
Der Schuldnerin verbleiben pfandfrei:	
a) die Witwenrente mit	480,00 Euro
b) vom Arbeitseinkommen noch ein Teilbetrag zu	731,60 Euro
Der Gläubiger erhält den gepfändeten Einkommensteil von	528,40 Euro

2. Der Zusammenrechnungsbeschluss wirkt nur für den Vollstreckungszugriff des Gläubigers, auf dessen Antrag er ergangen ist[13] (Grundsatz der Einzelvollstreckung), nicht auch zugleich zugunsten anderer Pfändungsgläubiger (wie Rdn. 1140 a). Wenn nach mehrfacher Einkommenspfändung nur einer der Gläubiger einen Zusammenrechnungsbeschluss des Vollstreckungsgerichts nach § 850 e Nr. 2 a S. 1 ZPO erwirkt, kommt er daher nur ihm zugute[14]; für vorrangige Pfandgläubiger begründet er keine erweiternden Rechte. Er begründet auch keine weitere Abtretbarkeit des Arbeitseinkommens, auf die sich ein vorrangiger Abtretungsgläubiger berufen könnte[15], und bewirkt keine weitergehende Aufrechenbarkeit. Siehe hierwegen das Rdn. 1140 a mit 1071 a und 1074 b Gesagte, das entsprechend gilt (siehe auch Rdn. 1149). **1164**

---

13 *BArbG* NJW 1997, 479 = NZA 1997, 63.
14 *LArbG Düsseldorf* Betrieb 1986, 649 = Rpfleger 1986, 100.
15 *BArbG* NJW 1997, 479 = a.a.O.

3. Kapitel: Pfändung von Arbeitseinkommen

1164a 3. Die Zusammenrechnung bewirkt keine Pfändung der laufenden Geldleistungen nach dem Sozialgesetzbuch (vgl. Rdn. 1147 a.E.). Daher kann sie auch nicht bestimmen, dass der unpfändbare Grundbetrag dem Arbeitseinkommen, der unpfändbare Mehrbetrag hingegen den Sozialleistungen zu entnehmen ist (s. auch Rdn. 1411). Der unpfändbare Grundbetrag ist grundsätzlich der Sozialleistung (Unfallrente) zu entnehmen (§ 850 e Nr. 2 a S. 2 ZPO)[16]. Bei Zusammenrechnung kann somit auch nicht bestimmt werden, dass eine anrechenbare nicht gepfändete Sozialleistung an den Gläubiger abzuführen ist. Pfändung der Sozialgeldleistung müsste selbstständig – gesondert – erfolgen. Erreicht nach der angeordneten Zusammenrechnung das Arbeitseinkommen den nach § 850 c ZPO pfändbaren Betrag nicht, so ist mithin das Arbeitseinkommen voll von der Pfändung erfasst, nicht jedoch die laufende Sozialgeldleistung.

Beispiel: Mit dem Arbeitseinkommen der kinderlosen, nicht verheirateten Schuldnerin, das monatlich 450,00 Euro netto beträgt, ist eine Witwenrente in Höhe von 1.230,00 Euro zusammenzurechnen. Gesamteinkommen 1.680,00 Euro. Pfändbarer Betrag sonach 486,40 Euro. Das Arbeitseinkommen beträgt jedoch nur 450,00 Euro. Es ist voll einzubehalten. Die Einkommenspfändung erstreckt sich nicht auf die Witwenrente. Diese müsste daher (teilweise) nach Maßgabe des § 54 SGB I gesondert gepfändet werden.

1164b 4. Vor einer die Zusammenrechnung anordnenden Entscheidung des Vollstreckungsgerichts ist das Arbeitseinkommen nur in Höhe der allein aus dem Nettoeinkommen nach § 850 c ZPO zu berechnenden Beträge pfändbar. Das verbietet Anordnung der Zusammenrechnung in einer Vorpfändung (siehe auch Rdn. 1148).

IV. Abtretung

1164c Außerhalb eines Vollstreckungsverfahrens kann das Vollstreckungsgericht eine Zusammenrechnung nach § 850 e Nr. 2 a ZPO nicht vornehmen (siehe Rdn. 1149). Eine Abtretung steht aber einer Zusammenrechnung nach § 850 e Nr. 2 a ZPO nicht entgegen (auch hierzu Rdn. 1149).

J. Naturalleistungen und Arbeitseinkommen in Geld
(§ 850 e Nr. 3 ZPO)

I. Das Einkommen

1165 Zur Abwendung eines dem Gläubiger nachteiligen mehrmaligen Pfändungsschutzes (siehe Rdn. 1138) wird mehrfacher Arbeitsverdienst auch dann zusammengerechnet, wenn der Schuldner vom gleichen oder von verschiedenen Arbeitgebern (Drittschuldnern) als Dienstleistungsvergütung (Arbeitseinkommen) *Geld und Sachbezüge* (Naturalleistungen) erhält. Sachbezüge sind als Leistungen, die der Arbeitgeber auf Grund des Dienst-

---

[16] *BArbG* NJW 1997, 479. So bereits bisher *OLG Hamm* JurBüro 1983, 1576; siehe hierzu auch Rdn. 1409.

verhältnisses gewährt[1], Arbeitseinkommen (§ 850 Abs. 2 ZPO). Solche gemischten Einnahmen haben insbesondere landwirtschaftliche Arbeiter, Hausangestellte, Hotelpersonal, aber auch Soldaten (siehe Rdn. 1171). Naturalleistungen werden meist gewährt durch

- Naturalverpflegung, vor allem bei freier Kost und Wohnung (Logis, Unterkunft),
- Stellung einer Hausmeister- oder Dienstwohnung,
- Stellung von Dienst- oder Arbeitskleidung,
- unentgeltliche (oder verbilligte) Warenabgabe einschließlich Haus- und Freitrunk im Braugewerbe, Freitabak, Deputatkohle der Bergleute usw.

Naturalleistungen sind mit Arbeitseinkommen in Geld auch dann zusammenzurechnen, wenn sie infolge des Arbeitsverhältnisses gegen eine besonders geringe Vergütung (zu einem besonderen Vorzugspreis) gewährt werden[2]. Zu erfassen ist dann der mit dem Vorzugspreis dem Schuldner gewährte Vermögensvorteil.

Zusammenrechnung der Dienstleistungsvergütung in Geld und Naturalien soll ausschließen, dass der Schuldner mit Arbeitseinkommen solcher Art Einkommensschutz vor Gläubigerzugriff mehrfach, somit für Arbeitseinkommen in Geld einen überhöhten Freibetrag erlangt. Sie bewirkt damit, dass dem Schuldner aus Arbeitseinkommen zusammen nur einmal der nach dem Schutzgedanken des Sozialstaatsprinzips (Rdn. 872) für den Lebensbedarf benötigte Einkommensteil verbleibt (zum Zusammenrechnungsgrundsatz Rdn. 1138). Zusammenrechnung für Einkommensschutz nach §§ 850 ff. ZPO setzt daher voraus, dass der Schuldner Naturalleistungen neben seinem in Geld zahlbaren Einkommen erhält, dass somit die Naturalleistungen als Dienstleistungsvergütung erbracht werden[3]. Andere Sachbezüge des Schuldners (etwa als Versorgungsleistung auf Grund eines Übergabevertrags, als Reallast, als Wohnungsrecht usw.) können daher nicht nach § 850 e Nr. 3 ZPO mit Arbeitseinkommen in Geld zusammengerechnet werden[3].

II. Zusammenrechnung

Bei Einkommenspfändung nach § 850 c ZPO erfolgt diese Zusammenrechnung in der Weise, dass die Naturalleistungen wertmäßig auf die dem Schuldner pfandfrei verbleibenden Teile des Arbeitseinkommens angerechnet werden.

Beispiel: Wert der freien Dienstwohnung
monatlich 300,00 Euro
Nettoarbeitseinkommen in Geld monatlich 1.900,00 Euro 2.200,00 Euro

1166

---

1 *BArbG* MDR 1996, 394 = NJW 1996, 1012 = NZA 1996, 252.
2 *OLG Saarbrücken* BB 1958, 271 = NJW 1958, 227.
3 *OLG Frankfurt* JurBüro 1991, 723 = OLGZ 1991, 461.

3. Kapitel: Pfändung von Arbeitseinkommen

Davon pfändbarer Betrag bei nicht verheiratetem Schuldner ohne Unterhaltspflichten monatlich		850,40 Euro
Pfandfrei verbleiben in Geld	1.049,60 Euro	
und als Wert der Wohnung	300,00 Euro	1.349,60 Euro

Das in Geld zahlbare Einkommen wird auch bei dieser Zusammenrechnung nur mit den Nettobezügen berücksichtigt (§ 850 e Nr. 1 ZPO).

1167 Wenn der Wert der Naturalbezüge den Betrag des dem Schuldner an sich pfandfrei zustehenden Teiles seines Arbeitseinkommens übersteigt, wird der Mehrbetrag der Naturalbezüge von der Pfändung nicht erfasst. Denn Naturalbezüge unterliegen nicht der Zwangsvollstreckung in Forderungen und andere Vermögensrechte, sind also nicht Arbeitseinkommen, auf das sich der Pfändungsbeschluss erstreckt.

III. Geldwert der Naturalbezüge

1168 1. Bei der Zusammenrechnung muss der *tatsächliche Geldwert* der Naturalbezüge berücksichtigt werden. Maßgebend ist der nach wirtschaftlichen Gesichtspunkten zu bestimmende ortsübliche Wert, damit der übliche Mittelwert am Verbraucherort. Anzusetzen ist der Wert, den die Sachleistung für den Empfänger (= Schuldner) hat. Unberücksichtigt bleibt, ob der Arbeitgeber die Sachleistung mit einem geringeren Aufwand zur Verfügung stellen kann, etwa deshalb, weil er als Großbetrieb besonders günstig wirtschaftet oder Verbrauchsgüter an seine Arbeitnehmer zu Vorzugspreisen abgeben kann[4]. Das Gesetz gibt Grundsätze für die Bewertung der Naturalleistungen wegen der örtlichen Verschiedenheiten der in Betracht kommenden Werte nicht. Der Geldwert der Naturalbezüge ist daher unter Berücksichtigung aller Umstände des Einzelfalls zu ermitteln. Dabei kann auf den durch Rechtsverordnung der Bundesregierung (Grundlage: § 17 Abs. 1 S. 1 Nr. 4 SGB IV, Gemeinsame Vorschriften) für das Sozialversicherungsrecht nach dem tatsächlichen Verkehrswert im Voraus für jedes Kalenderjahr bestimmten Wert der Sachbezüge[5] zurückgegriffen werden[6], wenn (und soweit) sich seit der Festsetzung keine Änderungen ergeben haben.

1168a 2. Sachleistungen können im geschäftlichen Verkehr von größerem Wert, für den Lebensbedarf des durch die Pfändung beschränkten Schuldners aber von nachrangiger Bedeutung sein. Bei Zusammenrechnung mit ihnen ist zu berücksichtigen, dass der höhere wirtschaftliche Wert der Sachleistung nicht zur Schmälerung des für den notwendigen Lebensunterhalt

---

4 Zu Letzterem siehe *Berner* Rpfleger 1968, 54.
5 Die Werte sind nach § 8 Abs. 2 S. 6 EStG auch im Einkommensteuerrecht maßgebend.
6 Auf die damit geänderte Rechtslage weist *Fenn* ZZP 93 (1980) 229 bei Besprechung der 5. Auflage dieses Handbuchs hin. Die frühere Ansicht, dass versicherungstechnische Bewertungsrichtlinien nicht unmittelbar gelten, aber Anhaltspunkte bieten können (so u.a. *OLG Saarbrücken* a.a.O., Fußn. 2; *LG Verden* NdsRpfl 1954, 225) ist daher überholt.

des Schuldners erforderlichen Arbeitseinkommens, das in Geld zahlbar ist, führen kann. Für Zusammenrechnung anzusetzen ist daher nur der Wert, den die Sachleistung für den Schuldner hat, dessen Lebensbedarf mit dem durch die Pfändung geminderten Arbeitseinkommen Einschränkungen unterworfen ist. Das gilt insbesondere für Zusammenrechnung des in Geld zahlbaren Arbeitseinkommens mit dem geldwerten Vorteil der Privatnutzung eines vom Arbeitgeber unentgeltlich zur Verfügung gestellten *Firmenfahrzeugs*[7] oder der Nutzung von Sportstätten[8] sowie mit ähnlichen Sachleistungen (wie z. B. Überlassung einer Jahresnetzkarte). Der geldwerte Vorteil der Sachleistung für den Schuldner kann in solchen Fällen nicht hoch angesetzt werden.[9] Er ist nicht identisch mit dem objektiven Nutzungswert oder dem steuerlichen Gehaltsanteil[10]. Angenommen werden kann er nur so, dass der verbleibende unpfändbare Teil des in Geld zahlbaren Arbeitseinkommens nach der Zweckbestimmung des § 850 c ZPO Deckung des Lebensbedarfs des Schuldners gewährleistet. Im Mangelfall kann er unberücksichtigt bleiben oder nur den Betrag ausmachen, den der Schuldner für Privatfahrten mit öffentlichen Verkehrsmitteln erspart[11]. Sonst müsste wegen des erhöhten Zugriffs auf das auszuzahlende Arbeitseinkommen dem Schuldner auf Antrag nach § 850 f Abs. 1 ZPO wiederum ein weiterer Teil des pfändbaren Teils seines Arbeitseinkommens belassen werden. Das würde im Ergebnis dazu führen, dass Einvernehmen des Schuldners und seines Arbeitgebers über eine Sachleistung (insbesondere Überlassung eines Firmenfahrzeugs zur privaten Nutzung) in einem der Verschuldung nicht angemessenen Umfang wegen des dann höheren Sachwerts Maß für Sonderbedarf geben würde, für den nach § 850 f Abs. 1 ZPO Arbeitseinkommen zusätzlich pfandfrei zu stellen wäre. Das wiederum

---

[7] Zur Zusammenrechnung mit dem geldwerten Vorteil der Privatnutzung des vom Arbeitgeber unentgeltlich zur Verfügung gestellten Firmenfahrzeugs *LArbG Hamm* BB 1991, 1496 (Leits.) = KKZ 1991, 236.

[8] Zum Zufluss von Arbeitslohn bei (unentgeltlicher) Nutzung von Sportstätten (Tennis- und Squashplätzen) *BFH* NJW 1997, 1392.

[9] *OLG Karlsruhe* NJW-RR 2006, 1585 nimmt den (unterhaltsrechtlich als Einkommensbestandteil anzusetzenden) Wert der Privatnutzung eines Firmenfahrzeuges mit dem Betrag an, den der Nutzer erspart, weil er von der Anschaffung und Unterhaltung eines eigenen, seinen beengten Verhältnissen entsprechenden Fahrzeugs absehen kann. Zu hoch angesetzt erscheint jedenfalls ein Geldwert von monatlich (damals) 930,00 DM für private Nutzung eines unentgeltlich zur Verfügung gestellten Pkws (wie vom *LG Tübingen* JurBüro 1995, 325 festgelegt), aber auch ein geldwerter Bruttovorteil für Privatfahrten im Regelfall von monatlich 1 v.H. des Verkaufslistenpreises und (zuzüglich) pauschal –,84 DM pro Entfernungskilometer für Fahrten zwischen Wohnung und Arbeitsstätte (wie vom *LArbG Hamm* a.a.O. angenommen). Für (zu hohe) Einprozentpauschale auch *LArbG Hessen*, JurBüro 2009, 210 = NZI 2009, 526 und *LArbG Rheinland-Pfalz* JurBüro 2009, 268, sowie *Lattka* NZI 2009, 510 (dieser auch für Bewertung alternativ mit den durch Fahrtenbuch tatsächlich ermittelten Kosten). Zu den Kosten für den Weg zur Betriebsstätte s. überdies § 850 a Nr. 3 ZPO (dazu Rdn. 994).

[10] *OLG Karlsruhe* NJW-RR 2006, 1585; auch (für geldwerten Vorteil im Unterhaltsrecht) *Langheim* FamRZ 2009, 665.

[11] *OLG Karlsruhe* a.a.O.

kann aber nicht Zweck der Zusammenrechnung der Sachleistung mit dem in Geld zahlbaren Arbeitseinkommen sein.

IV. Zusammenrechnung durch Arbeitgeber

1169 1. Die Zusammenrechnung muss, wenn der Schuldner nur von *einem Arbeitgeber* Arbeitseinkommen in Geld und Naturalleistungen bezieht, ohne Anordnung des Vollstreckungsgerichts erfolgen. Die Festlegung des Wertes der Naturalbezüge und die Berechnung des nach ihrer Berücksichtigung pfandfrei bleibenden Teiles des in Geld zahlbaren Arbeitseinkommens erfolgen durch den Drittschuldner. Dieser wird freilich diese Zusammenrechnung nur dann in eigener Verantwortung besorgen, wenn Gläubiger und Schuldner mit der beabsichtigten Berechnung einverstanden sind und so den Arbeitgeber von einem möglichen Risiko freistellen.

1170 2. a) Erforderlichenfalls kann eine klarstellende Entscheidung des Vollstreckungsgerichts (siehe dazu Rdn. 929), also *Bewertung* der *Sachleistungen* durch das Vollstreckungsgericht verlangt werden[12]. Über den Antrag entscheidet der Rechtspfleger (siehe Rdn. 929). Das Prozessgericht ist an diese Entscheidung des Vollstreckungsgerichts gebunden. Nur wenn das Vollstreckungsgericht nicht entschieden hat, kann das Prozessgericht über die Zusammenrechnung der Naturalleistungen und des Arbeitseinkommens in Geld und daher auch über den für erstere anzusetzenden Wert entscheiden.

1170a b) Darüber, ob der Schuldner *Naturalleistungen* als Arbeitsentgelt neben seinem in Geld zahlbaren Arbeitseinkommen *erhält*, kann das Vollstreckungsgericht keine klarstellende Entscheidung treffen. Ob und inwieweit ein Anspruch auf Naturalleistungen rechtlich besteht, ist Frage der materiellen Berechtigung des Arbeitnehmers. Entscheidung über diesen arbeitsrechtlichen Anspruch und damit auch darüber, ob der Schuldner deshalb mit seinem Arbeitseinkommen in Geld zusammenrechenbare Naturalleistungen erhält, kann nicht im Pfändungsverfahren und damit auch nicht durch klarstellenden Beschluss, sondern nur im Klageverfahren vom Prozessgericht getroffen werden. Ebenso kann vom Vollstreckungsgericht nicht geprüft und nicht entschieden werden, ob der bei einem Angehörigen beschäftigte Schuldner mit Naturalleistungen Arbeitsentgelt bezieht oder Naturalunterhalt erhält[13].

1171 3. Der Bundesminister für Verteidigung hat, um eine einheitliche Bewertung der Sachbezüge innerhalb der *Bundeswehr* sicherzustellen, ihren Geldwert durch Erlass vom 11. Jan. 2006[14] festgelegt. Dieser Erlass bindet die

---

12 *OLG Hamm* JurBüro 1962, 700 = MDR 1963, 227 für die einem Soldaten von der Bundeswehr gewährten Sachbezüge.
13 *LG Hannover* JurBüro 1991, 1405.
14 VMBl 2006, 13, zuletzt geändert am 28.1.2009, VMBl 2009, 41.

Naturalleistungen (§ 850 e Nr. 3 ZPO)

Vollstreckungsgerichte nicht. Sie haben daher die Möglichkeit, die Sachbezüge im Einzelfall auch anders zu bewerten[15]. Der Erlass lautet:

Bewertung der Sachbezüge bei der Errechnung des pfändbaren Einkommens von Soldatinnen und Soldaten

I.

Arbeitseinkommen kann gemäß § 850 Abs. 1 der Zivilprozessordnung (ZPO) nur nach Maßgabe der §§ 850 a bis 850 i ZPO gepfändet werden. Zum Arbeitseinkommen zählen neben den Geldleistungen (Geldbezüge) auch die Naturalleistungen (Sachbezüge). Bei der Berechnung des pfändbaren Betrages des Arbeitseinkommens sind deshalb die Geld- und Naturalleistungen zusammenzurechnen (§ 850 e Nr. 3 ZPO).

Naturalleistungen im Sinne des § 850 e Nr. 3 ZPO sind die vom Dienstherrn aus dem Dienstverhältnis unentgeltlich zu leistenden Sachbezüge. Dies sind:
- Verpflegung
- Unterkunft und
- Dienstbekleidung

Die vom Dienstherrn gewährte Heilfürsorge (unentgeltliche truppenärztliche Versorgung) ist keine Naturalleistung in diesem Sinne.

II.

Anspruch auf unentgeltliche Bereitstellung von Verpflegung, Unterkunft und Dienstbekleidung haben Soldaten, die auf Grund der Wehrpflicht Wehrdienst leisten (§ 1 Abs. 1 Satz 1, §§ 3, 4 und 5 des Wehrsoldgesetzes – WSG), sowie Soldatinnen und Soldaten, die zu Wehrdienst nach dem Vierten und Fünften Abschnitt des Soldatengesetzes herangezogen werden (§ 1 Abs. 2 und 6 WSG).

Anspruch auf unentgeltliche Bereitstellung von Unterkunft haben auch Soldatinnen und Soldaten, die auf Grund dienstlicher Verpflichtung in Gemeinschaftsunterkünften wohnen (§ 69 Abs. 3 des Bundesbesoldungsgesetzes – BBesG).

Anspruch auf unentgeltliche Bereitstellung von Dienstbekleidung haben ferner Soldatinnen auf Zeit und Soldaten auf Zeit sowie Berufssoldatinnen und Berufssoldaten. Offiziere haben allerdings nur dann Anspruch auf unentgeltliche Bereitstellung von Dienstbekleidung, wenn ihre Restdienstzeit am Tage ihrer Ernennung zum Offizier nicht mehr als zwölf Monate beträgt. Offiziere, deren Restdienstzeit am Tage ihrer Ernennung zum Offizier mehr als zwölf Monate beträgt, haben nur Anspruch auf unentgeltliche Bereitstellung der Dienstbekleidung, die zur Einsatz- und Arbeitsausstattung gehört (§ 69 Abs. 1 Satz 1 und 2 BBesG).

III

Sachbezüge, die Soldatinnen oder Soldaten gewährt werden, sind wie folgt zu bewerten:
1. Verpflegung: 210,00 Euro
2. Unterkunft
    a) für Soldatinnen und Soldaten in Besoldungsgruppe A 3 und A 4   51,00 Euro
    b) für Soldatinnen und Soldaten in Besoldungsgruppe A 5 und A 6   91,80 Euro
    c) für Soldatinnen und Soldaten in Besoldungsgruppe A 7 und höher   173,40 Euro
3. Dienstbekleidung   32,27 Euro

---

15 Siehe dazu *Nuppeney* Rpfleger 1962, 199 (gegen *Stehle* NJW 1962, 854); *OLG Neustadt/Weinstr.* MDR 1962, 996 = Rpfleger 1962, 383; *OLG Hamm* a.a.O. (Fußn. 12). Gegen die Höhe der Richtsätze wurden früher Vorbehalte vorgebracht (siehe z. B. *Bauer* JurBüro 1964, 26; *LG Essen* und *Berner* Rpfleger 1967, 52 ff.; *Kryczun* JurBüro 1971, 721). Zumindest die jetzt bestimmten Sätze lehnen sich jedoch an die Sachbezugsverordnung an; auf diese Sätze kann daher ebenso wie auf die Werte nach der Sachbezugsverordnung zurückgegriffen werden (siehe Rdn. 1168).

3. Kapitel: Pfändung von Arbeitseinkommen

Die angegebenen Werte sind Monatsbeträge. Für kürzere Zeiträume als einen Monat ist für jeden Tag ein Dreißigstel des Monatsbetrages zugrunde zu legen.

Die angegebenen Beträge sind auf Sachbezüge anzuwenden, die nach dem 31. Dezember 2008 fällig werden.

IV.

Die in Abschnitt III genannten Werte werden jährlich entsprechend den amtlichen Sachbezugswerten der Sozialversicherungsentgeltverordnung neu festgesetzt. Diese Erlassregelung bindet die Gerichte allerdings nicht. Bewertet ein Gericht bei der Zwangsvollstreckung im Einzelfall auf Antrag des Gläubigers oder des Schuldners die Naturalleistungen anders, so sind die vom Gericht festgesetzten Werte für den Bund als Drittschuldner maßgebend.

V.

Die Bewertung nach Abschnitt III dient zur Errechnung des pfändbaren Betrages der Bezüge der Soldatinnen und Soldaten. Die angegebenen Werte haben darüber hinaus überall dort Bedeutung, wo es auf den pfändbaren Teil der Bezüge ankommt, insbesondere bei der Forderungsabtretung durch die Soldatin oder den Soldaten oder bei der Aufrechnung durch den Dienstherrn.

V. Verschiedene Arbeitgeber

1172 Bezieht der Schuldner Arbeitseinkommen in Geld und Naturalien von *verschiedenen Arbeitgebern*, so kann jeder Drittschuldner ohne gerichtliche Anordnung nur das von ihm zu leistende Einkommen nach dem Rdn. 1169 Gesagten zusammenrechnen. Die von den mehreren Drittschuldnern zu leistenden Bezüge unterliegen der Vorschrift des § 850 e Nr. 2 ZPO, können mithin nur vom Vollstreckungsgericht zusammengerechnet werden. Das gilt auch, wenn ein Drittschuldner Arbeitseinkommen nur in Geld leistet, während der Schuldner beim anderen Arbeitgeber nur Naturalleistungen bezieht. Doch ist hier der unpfändbare Teil des Arbeitseinkommens immer auf das gesamte Naturaleinkommen zu verrechnen; das Einkommen in Geld ist daher pfändbar, soweit die Naturalleistungen den unpfändbaren Teil des Gesamteinkommens decken (§ 850 e Nr. 3 Satz 2 ZPO).

Werden Geld und Naturalien in unterschiedlichen Perioden geleistet (z. B. A zahlt Geld monatlich, B leistet Naturalien täglich), so muss das den minderen Wert bildende Einkommen auf die Lohnzahlungsperioden des Haupteinkommens umgestellt werden.

Zusammenrechnung von Arbeitseinkommen in Geld mit Naturalleistungen, die nicht Arbeitseinkommen sind, ermöglicht § 850 e Nr. 2 und 3 ZPO nicht (vgl. Rdn. 1148 a). Zusammenrechnung kann daher nicht erfolgen mit Naturalleistungen (freie Kost und Wohnung), die der Lebensgefährte trägt[16].

VI. Unterhaltspfändung

1173 Bei *bevorzugter Unterhaltspfändung* nach § 850 d ZPO findet die Bestimmung des § 850 e Nr. 3 ZPO über die Zusammenrechnung von Geld-

---
16 *LG Regensburg* JurBüro 1995, 218.

und Naturalleistungen unmittelbar keine Anwendung. Es muss vielmehr schon bei Feststellung des dem Schuldner verbleibenden Freibetrages festgelegt werden, inwieweit die Naturalleistungen den notwendigen Unterhalt (mengenmäßig, nicht nur wertmäßig[17]) bereits decken[18]. Es wird daher nur noch der für den restigen notwendigen Unterhalt erforderliche Geldbetrag pfandfrei belassen; das übrige Arbeitseinkommen in Geld kann gepfändet werden, ohne dass es im Pfändungsbeschluss oder durch den Drittschuldner einer förmlichen Zusammenrechnung bedarf. Der geringe pfandfreie Betrag des Gesamteinkommens wird jedoch im Pfändungsbeschluss durch Angabe zu begründen sein, inwieweit der Unterhalt durch die Naturalleistungen als gedeckt betrachtet wird. Der pfandfreie bare Einkommensteil darf zusammen mit dem durch Naturalleistungen gedeckten Unterhalt jedoch den Betrag nicht übersteigen, der dem Schuldner nach § 850 c ZPO gegenüber einem nicht bevorrechtigten Gläubiger zu verbleiben hätte (§ 850 d Abs. 1 S. 3 ZPO; dazu Rdn. 1106). Für die Bestimmung dieses pfandfreien Höchstbetrags hat der Drittschuldner Geld- und Naturalleistungen nach § 850 e Nr. 3 ZPO zusammenzurechnen.

VII.

Der Geldanspruch, in den sich eine *nicht gewährte Naturalleistung* umgewandelt hat, ist Arbeitseinkommen und als solches von der Pfändung ohne weiteres erfasst[19]. 1174

K. Pfändungsschutz in Ausnahmefällen (§ 850 f Abs. 1 ZPO)

I. Anwendungsbereich

Schrifttum: *Buciek*, Vollstreckung von Steuerforderungen und § 850 f ZPO, Betrieb 1988, 882; *Christmann*, Neue Probleme beim Pfändungsschutz, Rpfleger 1995, 99; *Hornung*, Änderung der Pfändungsfreigrenzen (Abschn. II: Härteklausel zugunsten des Schuldners), Rpfleger 1992, 331.

Die individuelle Lage des Schuldners kann einen *zusätzlichen Schutz* gegen Einkommenspfändung notwendig machen. Diesem Schutzbedürfnis trägt die Härteklausel des § 850 f Abs. 1 ZPO Rechnung. Sie wurde durch das 2. und dann durch das 6. Gesetz zur Änderung der Pfändungsfreigrenzen vom 9. Aug. 1965 (BGBl I 729) und 1. April 1992 (BGBl I 745) neu gefasst. Die Änderungen sind in der Begründung zum Gesetzesentwurf wie folgt erläutert: 1175

a) **BT-Drucks.** IV/3303 vom 14. 4. 1965: „III. Die vorgesehene neue Fassung des § 850 c ZPO dürfte in aller Regel bereits dazu führen, dass der nach dieser Bestimmung nunmehr pfändungsfreie Teil des Arbeitseinkommens eines Schuldners den Betrag übersteigt, der ihm bei vergleichbaren Verhältnissen nach den Bestimmungen des Bun-

---

17 *Merten*, Lohnpfändungsrecht, 1941, Anm. III zu § 7 LohnpfändungsVO.
18 *ArbG Saarland* JurBüro 1990, 115.
19 *Stein/Jonas/Brehm*, ZPO, Rdn. 59 zu § 850.

3. Kapitel: Pfändung von Arbeitseinkommen

dessozialhilfegesetzes zustehen würde. Nur in wenigen Fällen wird der nach § 850 c ZPO pfändungsfreie Betrag hinter diesen Sätzen zurückbleiben. Eine Regelung, bei der die Pfändungsbeträge in jedem Falle höher liegen würden als unter entsprechenden Verhältnissen die nach dem Bundessozialhilfegesetz zu gewährende Unterhaltshilfe, wird sich kaum erreichen lassen. Die Regelsätze nach dem Bundessozialhilfegesetz werden von den Ländern festgesetzt. Sie unterscheiden sich nicht nur von Land zu Land, sondern sind auch innerhalb der einzelnen Länder unter Berücksichtigung der örtlichen Verhältnisse unterschiedlich festgesetzt. Im Gegensatz hierzu müssen die Pfändungsgrenzen aus allgemein wirtschaftlichen Erwägungen und nicht zuletzt im Interesse der Arbeitnehmer selbst einheitlich für die Bundesrepublik bestimmt werden.

Sollten im Einzelfall die Bestimmungen des § 850 c ZPO nicht zu einer befriedigenden Lösung führen, so gibt auch hier § 850 f Abs. 1 ZPO die Möglichkeit zu einer den besonderen Verhältnissen angepassten Einzelregelung. Diese Vorschrift ist neu gefasst. Gestrichen ist im ersten Satz das Wort „ausnahmsweise". Dadurch wird zum Ausdruck gebracht, dass die Bestimmung ausnahmslos zur Anwendung kommen muss, wenn die gesetzlichen Voraussetzungen vorliegen.

§ 850 f Abs. 1 ZPO ermöglicht es auch, Unterhaltspflichten des Schuldners, die nach § 850 c Abs. 1 Satz 2 ZPO nicht mehr zu einer Erhöhung des pfändungsfreien Grundbetrages führen, bei der Bestimmung des pfändbaren Teils der Schuldnerbezüge zu berücksichtigen. Um dies klarzustellen, ist in § 850 f Abs. 1 Buchstabe b nunmehr ausdrücklich gesagt, dass ein außergewöhnlicher Umfang gesetzlicher Unterhaltspflichten insbesondere durch die Zahl der Unterhaltsberechtigten bedingt sein kann."

b) **BT-Drucks. 12/1754** vom 5.12.1991: „§ 850 f Abs. 1 soll durch die im neuen Buchstaben a vorgeschlagene Regelung dem Schuldner die Möglichkeit geben, durch einen eigenen Antrag beim Vollstreckungsgericht zu verhindern, dass das nach der Pfändung verbleibende Resteinkommen unter den Sozialhilfebedarf des Schuldners absinkt. Dabei wird davon ausgegangen, dass der Schuldner regelmäßig diesen Nachweis durch Vorlage einer Bescheinigung des örtlich zuständigen Sozialamtes erbringen kann, weil die örtlichen Sozialbehörden die regional unterschiedlichen Bedarfssätze am besten ermitteln können. Damit würde die Unsicherheit beseitigt, die nach der jetzigen Rechtslage besteht; ... Durch die beabsichtigte gesetzliche Festschreibung wäre für die Vollstreckungsgerichte eine ausdrückliche Entscheidungsgrundlage geschaffen, mit deren Hilfe grundsätzlich im Einzelfall ein Absinken der Pfändungsfreigrenzen unter die Sozialhilfebedürftigkeitsschwelle verhindert werden könnte. Auf diese Weise würde ein Eintreten der Sozialhilfeträger vermieden und die staatliche indirekte Finanzierung von privaten Schulden beseitigt werden. Außerdem trägt diese Regelung, die sofort auch in den neuen Bundesländern Anwendung findet, den Notwendigkeiten, die sich im Rahmen der dort zu erwartenden besonderen wirtschaftlichen Entwicklung ergeben werden, in flexibler Weise Rechnung."

II. Freibetrag für besondere Fälle

1175a 1. § 850 f Abs. 1 ZPO bietet die Möglichkeit zu einer den besonderen Verhältnissen angepassten Einzelregelung, wenn

- der Schuldner nachweist, dass bei Anwendung der Pfändungsfreigrenzen (§ 850 c ZPO) der notwendige Lebensunterhalt im Sinne des Dritten und Elften Kapitels des Zwölften Buches Sozialgesetzbuch oder nach Kapitel 3 Abschnitt 2 des Zwölften Buches Sozialgesetzbuch für ihn und für die Personen, denen er Unterhalt zu gewähren hat, nicht gedeckt ist,
- dies erfordern
  - besondere Bedürfnisse des Schuldners aus persönlichen oder beruflichen Gründen oder

Individueller Schutz (§ 850 f Abs. 1 ZPO)

– der besondere Umfang der gesetzlichen (nicht der weitergehenden vertraglichen[1]) Unterhaltspflichten des Schuldners, insbesondere die Zahl der Unterhaltsberechtigten

und – in allen Fällen – überwiegende Belange des Gläubigers nicht entgegenstehen.

2. Pfändungsschutz nach § 850 f Abs. 1 ZPO ist immer zu gewähren, wenn Wahrung des Sozialhilfebedarfs oder besondere Bedürfnisse des Schuldners einen weiteren Freibetrag erfordern und nicht überwiegende Belange des Gläubigers entgegenstehen[2]. Ihren früheren Ausnahmecharakter hat die Bestimmung mit Streichung des Wortes „ausnahmsweise" verloren. Bedürfnisse, die bereits bei der Bemessung der Freibeträge nach den allgemeinen Vorschriften (§§ 850 c, d ZPO) berücksichtigt sind, können über § 850 f Abs. 1 ZPO zu keiner Erhöhung der Pfändungsfreigrenze führen[3].

III. Sozialhilfebedürftigkeitsgrenze

1. Die Pfändungs*freigrenzen* des § 850 c ZPO sind bundeseinheitlich *pauschaliert*. Sie wurden zuletzt mit Wirkung vom 1. Juli 2005 neu bekannt gemacht. Den wirtschaftlichen Verhältnissen sind sie so angepasst, dass das Absinken des dem Schuldner verbleibenden Resteinkommens unter das Existenzminimum verhindert wird.[4] In besonders gelagerten Einzelfällen können sie gleichwohl hinter den Leistungen zurückbleiben, die nach dem Dritten und Elften Kapitel von SGB XII (Sozialhilfe; ab 1. Jan. 2005; bis dahin 2. und 4. Abschnitt des Bundessozialhilfegesetzes) oder nach Kapitel 3 Abschnitt 2 SGB II (Grundsicherung für Arbeitsuchende) für Hilfe zum Lebensunterhalt geleistet werden. Diese Sozialhilfeleistungen werden nach dem *Lebensbedarf im Einzelfall* ermittelt; sie tragen damit regional unterschiedliche Lebensverhältnisse ebenso Rechnung wie den Besonderheiten der Lebensverhältnisse (Wohnbedarf, Lebensalter, Erkrankung usw.). Mit Schutz im Einzelfall auf Antrag nach § 850 f Abs. 1 Buchst. a ZPO ist sichergestellt, dass das dem Schuldner nach Pfändung verbleibende Resteinkommen seinen individuellen Sozialhilfebedarf deckt.

1176

2. Nicht unter die Sozialhilfebedürftigkeitsschwelle sinkt das gepfändete Schuldnereinkommen, wenn sein Existenzminimum nur wegen besonderer

1176a

---

1 Rein tatsächliche Unterhaltsleistungen, die auf keinem Rechtsgrund beruhen (z. B. Unterhalt, der einer „Lebensgefährtin" geleistet wird), ermöglichen keine Erhöhung des pfändungsfreien Betrags (*LG Schweinfurt* NJW 1984, 374; für Leistungen an Sohn *LG Koblenz* NJW-RR 1986, 680; für Leistungen an volljährige, damit nachrangige Tochter *LG Braunschweig* JurBüro 1986, 1422; für Leistungen an [im Haushalt lebende] Stiefkinder; *OLG Köln* FamRZ 2009, 1697 = MDR 2009, 953 = Rpfleger 2009, 517). Im Einzelfall kann aber Schutz nach § 765 a ZPO zu gewähren sein.
2 *BGH* FamRZ 2004, 621 (622 re.Sp.); *KG* MDR 1966, 423 (Leits.); siehe ferner *Berner* Rpfleger 1965, 292 und *Weber* NJW 1965, 1699.
3 *LG Aurich* JurBüro 1988, 787; *LG Berlin* JurBüro 1977, 861 = Rpfleger 1977, 224.
4 BT-Drucks. 14/6812, S. 9.

persönlicher oder beruflicher Bedürfnisse oder dem besonderen Umfang gesetzlicher Unterhaltspflichten nicht mehr gewährleistet ist. Einem aus solchem Grund bestehenden Sonderbedarf ist mit Erhöhung der unpfändbaren Teile des Arbeitseinkommens nach Buchst. b oder c des § 850 f Abs. 1 ZPO Rechnung zu tragen. Wenn dann der notwendige Lebensunterhalt gedeckt bleibt, hat der Schuldner keinen Anspruch auf Sozialhilfe. In einem solchen Fall liegen daher die besonderen Voraussetzungen für Pfändungsschutz nach Buchst. a des § 850 f Abs. 1 ZPO nicht vor; der Antrag des Schuldners kann dann nur nach Buchst. b oder c des § 850 f Abs. 1 ZPO begründet sein.

1176b 3. Bestimmung über den *notwendigen Lebensunterhalt* trifft SGB XII – Sozialhilfe – insbesondere im 3. Kapitel (§§ 27–40). Dass der notwendige Lebensunterhalt auch nach Kapitel 3 Abschnitt 2 (§§ 19–35) von SGB II zu bemessen ist, versteht sich als Folgeänderung zur Einführung der Grundsicherung für Arbeitsuchende[5] (zur Abgrenzung bereits Rdn. 1094). Dafür erhalten erwerbsfähige Hilfebedürftige *Arbeitslosengeld II*, das umfasst (§ 19 SGB II).

- Leistungen zur *Sicherung des Lebensunterhalts* einschließlich der (angemessenen) Kosten für Unterkunft und Heizung.
- einen befristeten Zuschlag nach Bezug von Arbeitslosengeld (§ 24 SGB II).

Dieser Zuschlag soll zeitweilig finanzielle Härten abmildern, hat somit Lohnersatzfunktion[6], nicht aber Sozialhilfecharakter für Bemessung des „notwendigen Lebensbedarfs". Für Pfandfreistellung eines Einkommensteils erlang er keine Bedeutung; § 850 f Abs. 1 Buchst. a ZPO stellt auf ihn nicht ab. Die Leistungen zur Sicherung des Lebensunterhalts ohne diesen Zuschlag sind am Niveau der sozialrechtlichen Hilfe zum Lebensunterhalt außerhalb von Einrichtungen ausgerichtet[7]. Von diesem kann daher für den Vergleich mit den Pfändungsfreigrenzen ausgegangen werden. Keine Bedeutung erlangen können damit § 31 SGB II über Absenkung und Wegfall des Arbeitslosengeldes II und § 19 S. 3 mit § 12 SGB II über die Minderung von Geldleistungen bei zu berücksichtigendem Vermögen.

1176c 4. a) Der notwendige Lebensunterhalt umfasst besonders Ernährung, Unterkunft, Kleidung, Körperpflege, Hausrat, Heizung und persönliche Bedürfnisse des täglichen Lebens (§ 27 Abs. 1 S 1 SGB XII; auch § 20 Abs. 1 SGB II). Zu den persönlichen Bedürfnissen gehören in vertretbarem Umfang auch Beziehungen zur Umwelt und eine Teilnahme am kulturellen Leben (§ 27 Abs. 1 S. 2 SGB XII; auch § 20 Abs. 1 SGB II).

1176d b) Der gesamte laufende Bedarf des notwendigen Lebensunterhalts (außerhalb von Einrichtungen) wird nach *Regelsätzen* bemessen (§ 28 Abs. 1 S. 1 SGB XII). Zur Höhe dieser Regelsätze § 28 Abs. 2 SGB XII und die

---

5   Begründung des Gesetzentwurfs, BT-Drucks. 15/1516, S. 75.
6   *OLG München* FamRZ 2006, 1125 = NJW-RR 2006, 439; *LG Münster* Rpfleger 2005, 550.
7   Begründung des Gesetzentwurfs, a.a.O., S. 56.

landesrechtlichen Rechtsverordnungen; zu (gleichen) Regelleistungen § 20 Abs. 2 SGB II. Die Leistungen für Anschaffungen (Haushaltsgeräte, Bekleidung, Wäsche, Schuhe, Hausrat usw.) sind (nach der Neukonzeption des § 28 SGB XII) in die Regelsätze einbezogen[8]. Gesondert zu den Regelsätzen erbracht (oder pauschal abgegolten) werden nur noch Kosten der Unterkunft (Miete) und Heizung in Höhe der tatsächlichen Aufwendungen (soweit sie nicht unangemessen hoch sind[9]) (§ 29 Abs. 1–3 SGB XII; auch § 22 SGB II) und Mehrbedarfe (§ 30 SGB XII bzw. § 21 SGB II), so für Personen, die die Altersgrenze erreicht haben (Vollendung des 65. Lebensjahrs für Personen, die vor dem 1. Jan. 1947 geboren sind, dann schrittweise Anhebung, § 41 Abs. 2 SGB XII), für erwerbsgeminderte Personen, für werdende Mütter, für allein erziehende Schuldner, für Behinderte, Kranke und Genesende, und überdies ein Mehrbetrag für bestimmten Einmalbedarf nach §§ 31–34 SGB XII. Zum Mehrbedarf (außerhalb des Regelsatzes) können eine KFZ-Steuer[10] und Prämien für Unfallversicherung[11], aber auch die Verpflichtung zu ratenweiser Tilgung einer Geldstrafe[12], Zahlungsverpflichtungen aus einer Bewährungsauflage[13] und Teilzahlungen für Steuerschulden[14] jedoch nicht gehören. Eine früher höhere Lebensstellung des Schuldners bleibt unberücksichtigt[15]. Es werden jedoch Bedarfe ganz oder teilweise abweichend festgelegt, wenn im Einzelfall ein Bedarf unabweisbar seiner Höhe nach erheblich von einem durchschnittlichen Bedarf abweicht oder ganz oder teilweise anderweitig gedeckt ist (§ 28 Abs. 1 S. 2 SGB XII). Notwendige Ausgaben zur Erzielung des Einkommens (Fahrtkosten[16], ggf. auch Verpflegungsmehrkosten) sind nach § 82 Abs. 2 Nr. 4 SGB XII (übereinstimmend damit § 11 Abs. 2 Nr. 5 SGB II) vom Einkommen abzusetzen, gebühren dem Schuldner damit zusätzlich pfandfrei. Als gesonderte berufsbedingte Ausgaben sollten oder können jedoch nicht angesehen werden Beiträge zu einem Berufsverband (Gewerkschaftsbeitrag[17]), Leistungen an einen Sozialfond des Arbeitgebers[18], Zahlungen an eine Jubiläumskasse[19] und Gaben bei Sammlung für verstorbene Arbeitskollegen[20].

---

8   Begründung zu § 29 (RegE) SGB XII, BT-Drucks. 15/1514, S. 59.
9   Bemessung nach dem konkreten Bedarf (vorrangig nach dem ortsüblichen Mietpreisniveau) (nun) *BGH* MDR 2009, 1189 = NJW-RR 2009, 1459 = NZI 2009, 655. Zumutbare Anmietung keiner kleineren (preiswerten) Wohnung in angemessener Zeit s. *OLG Frankfurt* Rpfleger 1998, 165.
10 *OLG Celle* FamRZ 2007, 1020 Leits.
11 *OLG Celle* a.a.O.
12 *LG Frankenthal* JurBüro 1995, 664; früher anders *LG Frankfurt* NJW 1960, 2249.
13 *AG Backnang* JurBüro 2008, 552.
14 *OLG Karlsruhe* FamRZ 2000, 365 = MDR 1999, 1403.
15 *KG* JW 1936, 3080.
16 *OLG Stuttgart* NZI 2002, 52.
17 *LG Frankfurt* NJW 1960, 2249. *OLG Celle* FamRZ 2007, 1020 Leits. berücksichtigt ihn als berufsbedingte Ausgabe (zumindest) bei Trennungsunterhalt einkommensmindernd.
18 Anders *LG Essen* Rpfleger 1960, 248.
19 *LG Essen* Rpfleger 1960, 248.
20 *LG Essen* Rpfleger 1960, 248.

3. Kapitel: Pfändung von Arbeitseinkommen

1176e c) Zum Ausgleich für die vom Schuldner ausgeübte *Erwerbstätigkeit* ist – über die mit der Erzielung des Einkommens verbundenen notwendigen Ausgaben hinaus – ein Einkommensbetrag dem Regelsatz zuzuschlagen (folgt aus § 82 Abs. 3 SGB XII; dort für Absetzung vom Einkommen bei der Hilfe zum Lebensunterhalt bestimmt), dem Schuldner somit pfandfrei zum Ausgleich des Mehrbedarfs wegen Erwerbstätigkeit zu belassen[21]. Der Einkommensanteil von 30 v. H. nach § 82 Abs. 3 S. 1 SGB XII soll eine einfache und praktikable Anrechnung im Hinblick darauf ermöglichen, dass nach Einführung der neuen Leistung Arbeitslosengeld II im Rahmen der Hilfe zum Lebensunterhalt eine Einkommensanrechnung nach SGB XII im Wesentlichen nur noch für Tätigkeiten von weniger als drei Stunden täglich in Betracht kommt[22]. Für Anrechnung von Arbeitseinkommen zum Ausgleich für Erwerbstätigkeit kann die Bestimmung daher nicht zugrunde gelegt werden; Grundlage für Absetzungsbeträge aus Erwerbseinkommen kann vielmehr nur § 30 SGB II bieten. Abzusetzen als (weitergehender) Freibetrag für Erwerbstätigkeit ist daher von dem um die Absetzungsbeträge nach § 11 Abs. 2 Nr. 1 bis 5 SGB II bereinigten monatlichen Einkommen ein Betrag

- in Höhe von 20 vom Hundert für den Teil des monatlichen Einkommens, das 100 Euro übersteigt und nicht mehr als 800 Euro beträgt, *und*
- zusätzlich in Höhe von 10 vom Hundert für den Teil des monatlichen Einkommens, das 800 Euro übersteigt und nicht mehr als 1200 Euro beträgt (bei Vorhandensein mindestens eines minderjährigen Kindes 1500 Euro).

1176f **d) Beispiel:**

Erwerbseinkommen (netto, § 850 e Nr. 1 ZPO)			1.200,00 €
Pfändbar nach § 850 c ZPO (keine Unterhaltspflichten)			150,40 €
Unpfändbar somit			1.049,60 €
Notwendiger Lebensunterhalt nach SGB XII oder II:			
– Regelsatz (Regelleistung)			359,00 €
– Unterkunft und Heizung		bis zu	510,60 €
– Notwendige Ausgaben zur Erzielung des Einkommens und sonst abzusetzende Beträge			
– Absetzungsbeträge nach § 30 SGB II			
20 v. H. aus	700,00 €	140,00 €	
+ 10 v. H. aus	400,00 €	40,00 €	180,00 €
Hilfebedürftigkeit damit erst bei mehr als 510,60 € Unterkunft, Heizung und notwendige Ausgaben.			1.049,60 €

e) Nach anderer Ansicht soll ein Mehrbedarfszuschlag für Erwerbstätigkeit (Zuschlag für Erwerbsanreiz) mit 30 % des Regelsatzes (des § 28 SGB XII) zuzüglich 20 % Pauschale für berufsbedingte Aufwendungen erhöht

---

21 *LG Detmaold* FamRZ 2009, 1083; *LG Mönchengladbach* JurBüro 2006, 40 = Rpfleger 2006, 28. Zur früheren Bestimmung in § 76 BSHG siehe *BGH* NJW-RR 2004, 506 = a.a.O. (Fußn. 19).
22 Begründung zu § 77 (RegE) SGB XII, BT-Drucks. 15/1514, S. 65.

um die vom Schuldner dargelegten tatsächlichen berufsbedingten Aufwendungen über diese Pauschale hinaus, belassen werden[23]. Offenlegung der berufsbedingten Aufwendungen kann dem Schuldner aber durchaus stets abverlangt werden, so dass Pauschalierung mangels konkreter Angaben nicht angebracht ist. Dem entspricht auch Pauschalierung des Zuschlags unter Einbeziehung berufsbedingter Aufwendungen, wenn sich die Arbeitsstelle in einem Umkreis von 50 km vom Wohnort des Schuldners aus befindet, mit 40 v. H. des Regelsatzes[24] nicht.

5. Auch für den Schuldner besteht die Verpflichtung, seine *Arbeitskraft* zur Beschaffung des Lebensunterhalts einzusetzen (§ 2 Abs. 1 SGB XII). Weigert er sich, zumutbare Arbeit zu leisten, vermindert sich der Regelsatz für den notwendigen Lebensunterhalt (§ 39 Abs. 1 SGB XII). Wenn der Schuldner um zumutbare Arbeit mit ausreichendem Einkommen sich erst gar nicht bemüht, kann er daher auch für gepfändete Einkünfte aus Arbeit mit geringer Entlohnung Schutz nach § 850 f Abs. 1 a ZPO nur nach dem geringen Regelsatz erlangen[25].

1176g

6. Hilfe zum Lebensunterhalt wird nach dem Dritten Kapitel von SGB XII auch zur Deckung des Bedarfs in *Einrichtungen* erbracht. Einzelheiten regelt § 35 SGB XII. Ein besonderer Freibetrag nach Buchst. a des § 850 f Abs. 1 ZPO ist daher auch zu belassen, wenn der Schuldner hohe Kosten für seinen notwendigen Lebensunterhalt in einer Einrichtung, damit einem Senioren-[26] oder Altersheim, nicht selbst beschaffen kann[27] oder sonst auch nach Erhöhung der Pfändungsfreigrenze noch immer (wenn auch in geringem Umfang) Sozialhilfe zu erhalten hat[28] (erlangt bei Pfändung lau-

1176h

---

23 *LG Mönchengladbach* Rpfleger 2006, 28 = a.a.O. und Rpfleger 2006, 271.
24 So *LG Detmold* FamRZ 2009, 1083.
25 **Ablehnend** (m.E. aber nicht zutreffend) *Brehm* in Festschrift W. Henckel (1995) S. 41 (48); auch *Stein/Jonas/Brehm*, ZPO, Rdn. 3 zu § 850 f. Es geht nicht um eine Zwangskommerzialisierung der Arbeitskraft des Schuldners (er ist nicht verpflichtet, für den Gläubiger zu arbeiten). Vielmehr hat dem Schuldner in seiner besonderen Lage nach dem Schutzgedanken des Sozialstaatsprinzips der Staat Sozialleistungen nicht zur Verfügung zu stellen (Rdn. 1309) und der Gläubiger einen über § 850 c ZPO hinausgehenden Einkommensschutz zur Lebensführung (Rdn. 872) nicht zu belassen. Auch auf § 295 Abs. 1 Nr. 1 InsO ist zu verweisen; danach wird es dem Schuldner während der Laufzeit der Abtretungserklärung obliegen, eine angemessene Erwerbstätigkeit auszuüben und, wenn er ohne Beschäftigung ist, sich um eine solche zu bemühen und keine zumutbare Tätigkeit abzulehnen.
26 *BGH* FamRZ 2004, 621.
27 *BGH* FamRZ 2004, 621 (622); *OLG Zweibrücken* JurBüro 2002, 384 = MDR 2002, 720 = NJW-RR 2002, 1664 (1665) = Rpleger 2002, 465. Dass Kosten der Unterbringung eines pflegebedürftigen Schuldners in einem Pflegeheim auch nach Erhöhung des pfändungsfreien Betrags nicht voll abgedeckt sind, er somit weiter (wenn auch in geringerem Umfang) Hilfe zum Lebensunterhalt zu erhalten hat, schließt Pfändungsschutz nach § 850 f Abs. 1 Buchst. a ZPO nicht aus. Gegen Heraufsetzung des pfandfreien Betrags in einem solchen Fall früher *AG Hechingen* Rpfleger 1989, 294, weil die Erhöhung nicht dem Schuldner persönlich, sondern dem Sozialhilfe gewährenden Sozialamt zugute kommt.
28 *OLG Zweibrücken* a.a.O.; *LG Detmold* Rpfleger 2000, 341 (gegen *AG Hechingen* Rpfleger 1989, 294 = a.a.O.).

fender sozialrechtlicher Geldleistungen, wie z. B. einer Altersrente, Bedeutung, § 54 Abs. 4 SGB I). Für den Gläubiger wird in solchen Sonderfällen zumeist kein pfändbarer Betrag mehr bleiben.

1176i 7. Mit Deckung des notwendigen Lebensunterhalts nach SGB XII stellt § 850 f Abs. 1 Buchst. a ZPO auf die Beschaffung des Lebensunterhalts durch *Einsatz der Arbeitskraft*, somit auf die Höhe des Arbeitseinkommens ab. Anderes Einkommen oder Vermögen des Schuldners ist daher nicht anzurechnen. Zwar besteht Anspruch auf Sozialhilfe nicht für den, der sich selbst helfen kann, und auch nicht für den, der erforderliche Hilfe von anderen, besonders von Angehörigen oder von Trägern anderer Sozialleistungen, erhält (§ 2 Abs. 1 SGB XII; Nachrang der Sozialhilfe). Doch erfordert Schutz nach Buchst. a des § 850 f Abs. 1 ZPO keine umfassende Prüfung der gesamten Vermögens- und Einkommensverhältnisse des Schuldners daraufhin, ob Sozialhilfe einzusetzen hätte[29]. Vielmehr gewährleistet die Bestimmung, dass das nach Pfändung verbleibende *Resteinkommen* nicht unter den Sozialhilfebedarf des Schuldners absinkt. Dem Schuldner hat (allein) von seinem Arbeitseinkommen so viel zu verbleiben, dass die Pfändungsgrenze seinem Existenzminimum nach den Bestimmungen über die Hilfe zum Lebensunterhalt entspricht. Dem Gläubiger ist damit weitergehender Zugriff auf Arbeitseinkommen verwehrt, nicht aber Vollstreckung in anderes Einkommen oder Vermögen des Schuldners.

1176k 8. a) Bei Pfändung des Arbeitseinkommens wegen eines *gesetzlichen Unterhaltsanspruchs* (§ 850 d ZPO) ist dem Schuldner schon nach § 850 d Abs. 1 S. 2 ZPO so viel zu belassen, dass sein notwendiger sozialrechtlicher Lebensunterhalt gedeckt ist (Rdn. 1094). Dann ist aber der unpfändbare Einkommensteil durch den Betrag begrenzt, der dem Schuldner nach § 850 c ZPO gegenüber einem nicht bevorrechtigten Gläubiger zu verbleiben hätte (§ 850 d Abs. 1 S. 3 ZPO). Dieser kann unter der Sozialhilfebedürftigkeitsschwelle liegen. Auch von diesem nach § 850 d Abs. 1 S. 3 mit § 850 c ZPO pfändbaren Einkommensteil ist daher auf Antrag des Schuldners nach § 850 f Abs. 1 Buchst. a ZPO ein weiterer Betrag pfandfrei zu belassen[30].

1176l b) Wenn eine *nicht wiederkehrend zahlbare Vergütung* für Arbeiten oder Dienste gepfändet ist (§ 850 i Abs. 1 ZPO), wird dem Schuldner auf Antrag ein Freibetrag belassen, dessen Grenze in Anlehnung an §§ 850 c, d ZPO bemessen wird (Rdn. 1238). Auch dieser Freibetrag ist auf Antrag nach § 850 f Abs. 1 Buchst. a ZPO auf den sozialrechtlichen Satz für Hilfe zum Lebensunterhalt anzuheben.

---

29 So auch *Stein/Jonas/Brehm*, ZPO, Rdn. 3; *Wieczorek/Schütze/Lüke*, ZPO, Rdn. 6, je zu § 850 f. **Anders** *Hornung* Rpfleger 1992, 331 (335), dem nicht zu folgen ist.
30 *BGH* FamRZ 2004, 620 = MDR 2004, 711 = NJW-RR 2004, 506 (507 re.Sp.) = Rpfleger 2004, 297; *OLG Frankfurt* FamRZ 2000, 614 = NJW-RR 2000, 220. Nicht richtig *LG Berlin* Rpfleger 1993, 120, dass § 850 f Abs. 1 Buchst. a ZPO bei Unterhaltsvollstreckung keine Anwendung finde.

Individueller Schutz (§ 850 f Abs. 1 ZPO)

c) Zur Pfändungsgrenze bei Vollstreckung einer Forderung aus unerlaubter Handlung s. Rdn. 1196.

9. a) Auch für Personen, denen der Schuldner *Unterhalt zu gewähren* hat, hat der sozialhilferechtliche Mindestbedarf gedeckt zu sein. Daher ist dem Schuldner auf Antrag nach § 850 f Abs. 1 Buchst. a ZPO ein weiterer Einkommensbetrag auch zur Deckung seines individuellen Sozialhilfebedarfs (ggf. auch ein Zuschlag zur Pauschalierung einmaliger Leistungen zum Regelsatz unterhaltsberechtigter Angehöriger[31]) für Unterhaltspflichten zu belassen. Die zu berücksichtigenden Unterhaltspflichten des Schuldners bestimmen sich nach § 850 c ZPO; erforderlich ist daher, dass der Schuldner einer dort angeführten Person Unterhalt auf Grund gesetzlicher Vorschrift schuldet und auch tatsächlich leistet. Um Kindergeld, das der Schuldner bezieht, ist der Sozialhilfebedarf für Kinder (ggf. anteilig, s. Rdn. 1101 ff.) gemindert[32]. Ein nach § 850 c ZPO zu berücksichtigender Unterhaltsberechtigter, dem der Schuldner Unterhalt zu gewähren hat, kann nicht nach den Erfordernissen des Sozialrechts auf die Aufnahme einer eigenen Erwerbstätigkeit verwiesen werden[33]. Andere als gesetzliche Unterhaltspflichten des Schuldners nach § 850 c ZPO können keine Berücksichtigung finden[34]. § 850 f Abs. 1 Buchst. a ZPO erweitert nicht den nach den gesetzlichen Unterhaltspflichten des § 850 c ZPO zu bemessenden Umfang des unpfändbaren Arbeitseinkommens, schränkt diesen aber auch nicht ein, sondern stellt nur sicher, dass für den Schuldner und Personen, denen er Unterhalt zu gewähren hat, der individuelle Sozialhilfebedarf gedeckt ist.

1176m

b) *Gleichrangige Unterhaltsberechtigte* (§ 850 d Abs. 2 ZPO) dürfen als Gläubiger keinen Rangverlust dadurch erleiden, dass dem Schuldner für Personen, denen er Unterhalt zu gewähren hat, ein Mehrbetrag zur Deckung seines wegen dieser Unterhaltspflichten erhöhten individuellen Sozialhilfebedarfs belassen wird. Die Befriedigungsreihenfolge des § 850 d ZPO wird durch § 850 f Abs. 1 ZPO nicht außer Kraft gesetzt. Für den Betrag, der dem Schuldner zur gleichmäßigen Befriedigung der dem Gläubiger gleichstehenden Berechtigten nach § 850 d Abs. 1 S. 2 ZPO zu belassen ist, sieht daher schon der Wortlaut des Buchst. a von § 850 f Abs. 1 ZPO keine Erweiterung des unpfändbaren Einkommensteils vor. Für die Begrenzung dieses Unterhaltsfreibetrages durch den unpfändbaren Einkommensteil, der nach § 850 c ZPO gegenüber nicht bevorrechtigten Gläubigern verbleiben würde (§ 850 d Abs. 1 S. 3 ZPO), ist Erhöhung des pfändbaren Einkom-

1176n

---

31 *OLG Köln* FamRZ 1996, 811 = JurBüro 1996, 493 = Rpfleger 1996, 118 (Zuschlag von 20 v. H. auch zum Regelsatz für die Ehefrau).
32 *OLG Stuttgart* FamRZ 2002, 186 = OLGR 2001, 374 = Rpfleger 2001, 438.
33 *OLG Köln* FamRZ 1993, 584 = NJW 1992, 2836 = OLGZ 1993, 371; Stein/Jonas/Brehm, ZPO, Rdn. 2 a zu § 850 f.
34 **Anders** *LG Limburg a.d. Lahn* FamRZ 2003, 1946 = NJW-RR 2003, 365 = Rpfleger 2003, 141; nicht richtig. Eine Unterhaltsverpflichtung gegenüber dem Ausländeramt im Interesse der Familienzusammenführung kann nur unter dem Gesichtspunkt von § 765 a ZPO zu prüfen sein.

menssteils ausgeschlossen, weil sie unzulässig ungleichmäßige Befriedigung der Unterhaltsberechtigten bewirken würde (würde Sozialhilfebedürftigkeit des Gläubigers herbeiführen).

1176o 10. Wenn der Schuldner in *Haushaltsgemeinschaft mit Verwandten*, Verschwägerten oder sonst anderen Personen (damit auch in Wohngemeinschaften) lebt, wird vermutet, dass er von ihnen Leistungen zum Lebensunterhalt erhält (§ 36 S. 1 SGB XII mit Einzelheiten). Anspruch auf Sozialhilfe zum Lebensunterhalt hat er daher nur, wenn er von den Mitgliedern der Haushaltsgemeinschaft Leistungen nicht erhält (§ 36 S. 2 SGB XII) und in den Sonderfällen von § 36 S. 3 SGB XII. In einem solchen Fall ist Voraussetzung für Freistellung eines weiteren Einkommensteils nach § 850 f Abs. 1 a ZPO daher nicht nur, dass das nach § 850 c ZPO unpfändbare Arbeitseinkommen den Sozialhilfebedarf (betragsmäßig) nicht deckt, sondern weiter Nachweis, dass (oder soweit teilweise) der Schuldner in Haushaltsgemeinschaft von anderen Personen keine Leistungen erhält.

IV. Besondere Einzelfallbedürfnisse

1177 1. Besondere *persönliche* Bedürfnisse (§ 850 f Abs. 1 Buchst. b ZPO) können insbesondere bei Erkrankung des Schuldners unabweisbar hervortreten. So kann der Schuldner Aufwendungen für eine besondere Ernährung[35], zur Wiederherstellung seiner Gesundheit oder für Beschaffung eines besonderen Hilfsmittels (Fahrstuhl[36] usw.), für eine notwendige Pflegekraft (Betreuung eines Blinden oder Gelähmten) oder für eine Badekur bestreiten müssen. Kosten für medizinische Behandlungsmethoden, die von der gesetzlichen Krankenkasse nicht übernommen werden, rechtfertigen in der Regel jedoch keine Erhöhung des unpfändbaren Teils des Arbeitseinkommens[37]. Für eine teurere Wohnung kann ein besonderer Freibetrag nach § 850 f Abs. 1 b ZPO nicht in Anspruch genommen werden, wenn für die erhöhte Ausgabe Wohngeld beantragt[38] oder dem Schuldner zugemutet werden kann durch Wohnungswechsel, Vermieten oder auf sonstige Weise die Aufwendungen zu senken[39] (s. bereits Rdn. 1176 d). Freiwillige Leistungen zur Auffüllung des Rentenbetragskontos

---

35 Bei Zuckererkrankung bedingen Mehraufwendungen für Ernährung u.U. keine wesentlich höheren Kosten, die einen zusätzlichen Freibetrag rechtfertigen könnten, *LG Krefeld* KKZ 1972, 70 = MDR 1972, 152. Zu weiteren Beispielen für Mehrbedarf anlässlich ärztlich verordneter Diätverpflegung siehe *LGe Essen, Frankenthal* und *Mainz* Rpfleger 1990, 470.
36 Siehe wegen der Kosten für die Haltung und Benutzung eines Pkw durch den zu Unterhaltsleistungen verpflichteten doppelseitig beinamputierten Schwerbeschädigten *BGH* MDR 1982, 831 = NJW 1982, 1594.
37 *BGH* MDR 2009, 951 = Rpfleger 2009, 470.
38 *LG Frankenthal/Pfalz* Amtsvormund 1968, 207; *AG Kassel* JurBüro 1997, 442; zur Wohnungsmiete auch (nur allgemein) *LG Koblenz* NJW-RR 1986, 680.
39 *LG Berlin* Rpfleger 1996, 76; *LG Heidelberg* JurBüro 1998, 45 (46).

nach Scheidung (nach Rentensplitting) können als besondere persönliche Bedürfnisse keine Berücksichtigung finden[40], desgleichen in der Regel auch nicht Aufwendungen für übliche Kommunikationsmittel[41].

2. *Berufliche* Gründe (§ 850 f Abs. 1 Buchst. b ZPO) erfordern einen weitergehenden Schutz, wenn dem Schuldner ein besonderer Aufwand entsteht, für den keine oder keine vom Einkommen getrennt berechnete (siehe Rdn. 992) Aufwandsentschädigung bezahlt wird. Als besonderer Aufwand können angesehen werden notwendige Telefongebühren[42], eine anteilige Büromiete für ein in der Wohnung eingerichtetes Büro[43], die Anschaffung notwendiger Kleidung (auch auf Abzahlung), insbesondere bei Antritt einer neuen Stelle[44], Ausgaben für einen Kraftwagen[45], insbesondere Betriebsstoff und Öl, Reparaturen und Abnützung[46], allgemeine Praxiskosten eines Arztes[47], Aufwendungen des Zahnarztes[48] für Materialkosten und sonstige Auslagen, die mit dem von der kassenärztlichen Vereinigung geschuldeten Honorar abgegolten werden[49]. Für sich allein noch keine besonderen Belastungen sind tägliche Aufwendungen für Mittagessen und Kaffee[50]. Fahrtkosten zur Arbeitsstelle sind im Rahmen des Üblichen keine berufsbedingten Mehraufwendungen[51], können somit nur zusätzliche Berücksichtigung finden, soweit sie die von einem Arbeitnehmer üblicherweise aufzubringenden Kosten für den Weg zur Arbeitsstelle über-

1178

---

40 *LG Fulda* JurBüro 1984, 466.
41 *LG Fulda* a.a.O.
42 *LG Berlin* Rpfleger 1962, 217.
43 *KG* Rpfleger 1962, 219.
44 *OLG Oldenburg* MDR 1959, 134.
45 *LG Braunschweig* JurBüro 1986, 1422. Erhöhung des unpfändbaren Betrags um Kosten für Anschaffung und Unterhaltung eines Kraftfahrzeugs soll nach *OLG Zweibrücken* JurBüro 1988, 933 erfordern, dass das Fahrzeug selbst Pfändungsschutz genießt; das dürfte für besondere persönliche oder berufliche Bedürfnisse so allgemein nicht zu fordern sein.
46 *KG* JW 1936, 519 und 890.
47 Siehe dazu § 4 Abs. 3 (auch § 7 und § 10) der Gebührenordnung für Ärzte (GOÄ) i.d.F. vom 9. Febr. 1996, BGBl I 211.
48 Die Pfändbarkeit von Ansprüchen eines Kassenzahnarztes gegen die Kassenzahnärztliche Vereinigung wird durch § 850 a Nr. 3 ZPO nicht eingeschränkt (siehe Rdn. 888 und 992); vielmehr greift § 850 f Abs. 1 Buchst. b ZPO ein: mit Bestimmung des pfändungsfreien Betrages hat das Vollstreckungsgericht den zur Sicherstellung der kassenärztlichen Versorgung erforderlichen Aufwand aus der (pfändbaren) Gesamtvergütung festzusetzen, dazu *BGH* 96, 324 = JurBüro 1986, 551 = JZ 1986, 498 mit Anm. *Brehm* = MDR 1986, 404 = NJW 1986, 2362. Dazu auch *von Glasow*, Zum Pfändungsschutz des kassenärztlichen Honorars, Rpfleger 1987, 289.
49 *KG* HRR 1937 Nr. 1613, das 55% der Bezüge vorweg für solche Sachauslagen freigestellt hat. Dieses Entgelt für Materialaufwendungen ist Arbeitseinkommen (siehe Rdn. 990) und daher *nicht* pfändbar; **a.A.** (pfändbar) *OLG Dresden* HRR 1937 Nr. 1038 und *OLG Hamburg* JW 1937, 51.
50 *OLG Schleswig* JurBüro 1957, 511.
51 Sind bei Zubilligung eines Mehrbedarfs für den erwerbstätigen Schuldner (Rdn. 1176 e) regelmäßig auch nicht mehr gesondert ausweisbar; s. *LG Hamburg* Rpfleger 2000, 169.

steigen[52] (Mehrkosten für weite Anfahrt usw.). Pkw-Kosten sind dann aber nur berücksichtigungsfähig, wenn die Benutzung eines öffentlichen Verkehrsmittels nicht zumutbar ist[53].

1179   3. Die Härteklausel dient jedoch nur dem Schutz der *gegenwärtigen* Bedürfnisse. Verbindlichkeiten, deren Entstehungsgrund längere Zeit zurückliegt, scheiden deshalb regelmäßig aus[54]. Sie können allenfalls dann berücksichtigt werden, wenn die Verbindlichkeit zur Befriedigung persönlicher Bedürfnisse eingegangen wurde und das Bedürfnis in der Gegenwart noch fortbesteht[55]. Daher müssen auch Aufwendungen zur Tilgung von Schulden (zurückliegende Ratenzahlungsverpflichtungen) unberücksichtigt bleiben, zumal in den Fällen, in denen die Leistungen nicht der Befriedigung persönlicher Bedürfnisse dienten[56]. Ungewöhnlich hohe Energiekosten können ggf. dann berücksichtigt werden, wenn ihre Notwendigkeit nachgewiesen ist[57].

1180   4. a) Der *besondere Umfang der gesetzlichen Unterhaltspflichten* (§ 850 f Abs. 1 Buchst. c ZPO) kann durch die Zahl der Unterhaltsberechtigten oder bei Vorhandensein von nur wenigen Unterhaltsberechtigten durch deren besondere Bedürfnisse bedingt sein[58]. Die frühere Streitfrage, ob ein zusätzlicher Schutz schon dann gewährt werden kann, wenn der Schuldner vielen Personen Unterhalt leisten muss, ist mit der Neufassung des § 850 f Abs. 1 ZPO gegenstandslos geworden. Durch die Gesetzesfassung ist (nun) klargestellt, dass ein den Schutz rechtfertigender außergewöhnlicher Umfang gesetzlicher Unterhaltspflichten insbesondere durch die Zahl der Unterhaltsberechtigten bedingt sein kann (siehe Begründung, abgedr. Rdn.

---

52 *LG Halle* Rpfleger 2000, 285; großzügiger *OLG Köln* FamRZ 1989, 996: Berücksichtigung berufsbedingter Fahrtkosten ist nicht auf Fälle außergewöhnlich hoher Fahrtkosten beschränkt; Fahrtkosten (die nicht ersetzt werden) sind stets pfandfrei zu lassen, soweit sie nicht „als unerheblich anzusehen sind" (so auch *LG Marburg* JurBüro 1999, 662). Damit ist im Grunde aber nichts anderes gesagt. „Übliche" Fahrtkosten lässt keineswegs nur für Freistellung außergewöhnlich hoher Fahrtkosten Raum, sondern schließt aus, dass selbst für geringfügige Berufsaufwendungen ein Freibetrag in Anspruch genommen wird (der auch in einfachen Lebens- und Erwerbsverhältnissen als selbstverständlich angesehen wird). Im Übrigen bestimmt § 850 c ZPO den Freibetrag nach den Lebensbedürfnissen des erwerbstätigen Schuldners, so dass die vom *OLG Köln* ins Auge gefasste absolute Gleichstellung mit einem nicht erwerbstätigen Schuldner unangebracht ist.
53 *LG Bochum* Rpfleger 1998, 531; *LG Marburg* JurBüro 1999, 661; auch *OLG Hamm* NJW-RR 1998, 724 (unterhaltsrechtliche Berücksichtigung der Pkw-Kosten).
54 *OLG Oldenburg* a.a.O. (Fußn. 44); *OLG Frankfurt* Rpfleger 1978, 265.
55 *OLG Hamm* JurBüro 1977, 411 = Rpfleger 1977, 110.
56 Z. B. bei ratenweiser Tilgung alter Mietschulden, *OLG Oldenburg* a.a.O. (Fußn. 44) oder sonstigen laufenden Zahlungen an andere Gläubiger, *OLG Schleswig* JurBüro 1957, 511; s. auch *LG Aurich* JurBüro 1988, 787.
57 *OLG Hamm* a.a.O. (Fußn. 55).
58 **A.A.** *KG* DR 1941, 1162 sowie JW 1938, 2494, das schon beim Vorhandensein von 3 Kindern besonders umfangreiche gesetzliche Unterhaltspflichten annimmt. Für diese Auslegung gibt jedoch das Gesetz keine Anhaltspunkte.

Individueller Schutz (§ 850 f Abs. 1 ZPO)

1175). Damit ermöglicht § 850 f Abs. 1 ZPO es auch, weitere als 5 Unterhaltspflichten, die nach § 850 c Abs. 1 S. 2 ZPO nicht mehr zu einer Erhöhung des pfändungsfreien Grundbetrages führen, bei der Bestimmung des pfändbaren Teils der Schuldnerbezüge zu berücksichtigen[59]. Auch bei Vorhandensein von mehr als 5 Unterhaltspflichten muss aber nach den persönlichen Verhältnissen des Schuldners die Pfandfreistellung eines weiteren Teils des Arbeitseinkommens erforderlich und nicht durch überwiegende Belange des Gläubigers ausgeschlossen sein. Die zusätzlichen Unterhaltspflichten des Schuldners können dann nach § 850 f Abs. 1 c ZPO in einer den individuellen Verhältnissen angepassten Einzelregelung berücksichtigt werden.

b) Besondere Verhältnisse können auch einzelne Unterhaltspflichten des Schuldners besonders umfangreich gestalten. Insbesondere können in der Person des unterhaltsberechtigten Angehörigen Gründe vorliegen, die besondere oder außerordentliche Aufwendungen erfordern. Das ist der Fall bei fortgeschrittener Ausbildung eines Kindes, die nicht ohne Nachteile abgebrochen werden kann, bei Krankheit eines Kindes[60] usw.[61] Solche die Unterhaltspflicht des Schuldners belastende außerordentliche Aufwendungen berücksichtigt der für den Unterhaltsberechtigten nach § 850 c ZPO bemessene Freibetrag nicht; den notwendigen Ausgleich erlaubt daher § 850 f Abs. 1 ZPO. Die Regelung darf bei Vollstreckung vorrangiger Unterhaltsberechtigter aber nicht zu einer Bevorzugung der nachrangigen Berechtigten führen (s. § 850 d Abs. 2 ZPO). **1181**

V. Belange des Gläubigers

Überwiegende Belange des Gläubigers dürfen weiterem Pfändungsschutz des Schuldners im Einzelfall nicht entgegenstehen. Das erfordert eine Abwägung der Interessen und Belange von Schuldner und Gläubiger. Dabei ist die persönliche Situation des Gläubigers (sein Gesundheitszustand, Unterhaltslasten usw.) ebenso wie seine wirtschaftliche Lage[62] angemessen zu würdigen; zu würdigen ist somit auch, ob bei Anwendung des § 850 f Abs. 1 ZPO der Gläubiger selbst in Notlage gerät[63]. Nur selten werden Gläubigerbelange dem Pfändungsschutz zur Sicherstellung des sozialhilferechtlichen Lebensbedarfs (Buchst. a des § 850 f **1182**

---

59 So insbesondere auch die Begründung des 3. ÄndG, BT-Drucks. VI/2203, S. 30 und 31.
60 Siehe wegen der Kosten einer kieferorthopädischen Behandlung als (unterhaltsrechtlicher) Sonderbedarf *OLG Düsseldorf* FamRZ 1981, 76.
61 Kosten für Konfirmation und Kommunion sollten regelmäßig als einmaliger Sonderbedarf angesehen werden, siehe z. B. (für Unterhaltsrecht) *OLG Karlsruhe* FamRZ 1991, 1349; differenzierter *OLG Koblenz* NJW-RR 1991, 1348; **a.A.** (für Unterhaltsanspruch) *OLG Hamm* FamRZ 1991, 1352 (Leits.); *OLG Karlsruhe* FamRZ 1995, 1009; *OLG Stuttgart* FamRZ 1982, 1114 und FamRZ 1991, 1351.
62 *KG* a.a.O. (Fußn. 43).
63 *BGH* FamRZ 2004, 621 (622 re.Sp.).

3. Kapitel: Pfändung von Arbeitseinkommen

Abs. 1 ZPO) entgegenstehen[64]. Wenn überwiegende Belange des Gläubigers jedoch der Belassung eines weiteren Teils des (pfändbaren) Arbeitseinkommens des Schuldners entgegenstehen, muss er sich auf die Deckung seines besonderen Bedürfnisses durch Leistungen der Sozialhilfe verweisen lassen[65].

VI. Bemessung des zusätzlichen Freibetrags

1183 1. Die Härteklausel ermöglicht die Festlegung eines *zusätzlichen Freibetrages*. Bei gewöhnlichen Pfändungen sind mithin von dem nach § 850 c ZPO pfändbaren Arbeitseinkommen zusätzliche Teile pfandfrei zu stellen. Je nach der Situation des Schuldners kann der zusätzlich pfandfreie Betrag für die ganze Laufzeit der Pfändung (dauernde Krankheit, Pflegebedürftigkeit usw.) oder nur für eine bestimmte Zeit, bis zur Erreichung eines bestimmten Kapitalbetrages (z. B. des ratenweise zu zahlenden Kaufpreises für einen Krankenfahrstuhl) oder einmalig belassen werden. Feststellungen des Prozessgerichts binden das Vollstreckungsgericht nicht (siehe auch Rdn. 1097); hatte jedoch schon das Prozessgericht zur Ermittlung der Leistungspflicht die Belange von Gläubiger und Schuldner abzuwägen, so wird von seinen Feststellungen nur abzuweichen sein, wenn das Vollstreckungsgericht über neue Umstände zu entscheiden hat[66].

1184 2. Bei Vollstreckung einer *Unterhaltsforderung* muss bereits der nach § 850 d ZPO bestimmte Freibetrag alle individuellen Bedürfnisse des Schuldners berücksichtigen. Die Härteklausel erlangt daher nur für den Fall Bedeutung, dass dieser Freibetrag durch die Sätze des § 850 c ZPO begrenzt wird (siehe Rdn. 1108). Dann ergibt sich die Möglichkeit, diese Begrenzung durch § 850 c ZPO einzuschränken, dem Schuldner also von den nach § 850 c ZPO pfändbaren Sätzen weitere Freibeträge zu belassen (siehe aber auch Rdn. 1176 n).

3. a) Zur Deckung des *individuellen Sozialhilfebedarfs* (Fall des § 850 f Abs. 1 Buchst. a ZPO) ist dem Schuldner von dem sonst pfändbaren Teil seines Arbeitseinkommens der Betrag zu belassen, der für den notwendigen Lebensunterhalt nach den Vorschriften des Dritten und Elften Kapitels des Zwölften Buches Sozialgesetzbuch noch nötig ist. Erforderlichenfalls muss

---

[64] **Beispiel** dazu *OLG Celle* Rpfleger 1990, 376: Gläubiger hatte das 70. Lebensjahr vollendet, war zu 70% schwerbehindert, konnte nach Pfändung über 10 Jahre nichts erhalten, weil Einkünfte des Schuldners zunächst zur Rückzahlung eines Darlehens verwendet wurden, und hätte bei weiterem Schuldnerschutz praktisch sein Urteil überhaupt nicht mehr vollstrecken können. Dagegen (m.E. nicht überzeugend) *Stein/Jonas/Brehm*, ZPO, Rdn. 5 zu § 850 f.
[65] *BGH* (30.1.2004, IX a ZR 299/03) BGH-Rep. 2004, 853 für Kosten von Fahrten des umgangsberechtigten Schuldners zum Wohnort seines Kindes als Sonderbedarf nach § 850 f Abs. 1 Buchst. b ZPO.
[66] *OLG Bremen* OLGZ 1972, 485; hierzu auch *Stein/Jonas/Brehm*, ZPO, Rdn. 7 zu § 850 f.

dem Schuldner daher der pfändbare Einkommensteil auch ganz belassen werden[67]. Könnte von diesem pfändbaren Einkommensteil dem Schuldner wieder nur „ein Teil" belassen werden, wäre Deckung des Existenzminimums aus dem Schuldnereinkommen nicht immer gewährleistet. Das rechtfertigt die Schutzbestimmung nicht. Dass ihr Wortlaut gleichwohl gegen volle Freistellung des pfändbaren Einkommensteils zu sprechen scheint, kann demgegenüber keine Bedeutung erlangen.

b) In den Fällen seiner Buchst. b und c ermöglicht § 850 f Abs. 1 ZPO dagegen die Freistellung des ganzen Arbeitseinkommens von der Pfändung nicht. Vielmehr ist, da nur Belassung eines „weiteren Teiles" des Arbeitseinkommens vorgesehen ist, ausgedrückt, dass ein Rest der nach §§ 850 c, d ZPO pfändbaren Einkommensteile immer dem Gläubiger verbleiben muss[68]. Die Höhe dieses Restes, der von der Pfändung erfasst bleiben muss, bestimmt das Vollstreckungsgericht. An die Mindestsätze des § 850 c ZPO ist es dabei nicht gebunden. Bei Vorliegen ganz besonderer Umstände ist eine zeitweilige völlige Freistellung des Arbeitseinkommens von der Pfändung nur nach § 765 a ZPO denkbar.

1185

VII. Verfahren

1. Der besondere Pfändungsschutz des § 850 f Abs. 1 ZPO wird nur auf *Antrag*[69] gewährt. Antragsberechtigt sind der Schuldner und der Unterhaltsberechtigte, dem der zusätzliche Freibetrag zugute kommen soll, nicht aber der Drittschuldner[70]. Der Antrag unterliegt keinem Anwaltszwang (§ 78 Abs. 3 ZPO). Ein Vertreter muss als Bevollmächtigter nach § 79 Abs. 2 ZPO vertretungsbefugt sein. Der an keine Frist gebundene Antrag ist keine auf Überprüfung des bisherigen Pfändungsschutzes gerichtete Erinnerung[71] (§ 766 ZPO), sondern erstrebt auf Grund neu geltend gemachter Tatsachen

1186

---

67 *LG Duisburg* Rpfleger 1998, 355; *LG Gießen* Rpfleger 1996, 118; *LG Köln* JurBüro 1995, 103 (104); *Stein/Jonas/Brehm*, ZPO, Rdn. 8 zu § 850 f. **A.A.** (auch hier keine völlige Freistellung) *Hornung* Rpfleger 1992, 331 (334).
68 *OLG Düsseldorf* JMBlNRW 1952, 60; *OLG Koblenz* JurBüro 1987, 306; *LG Aachen* JurBüro 1990, 122; *LG Essen* MDR 1955, 428.
69 Das Antragserfordernis ist verfassungsrechtlich unbedenklich, siehe *Hornung* Rpfleger 1992, 331 (332).
70 *LG Essen* MDR 1969, 225 = NJW 1969, 668; *LG Wuppertal* MDR 1952, 237; *MünchKomm/Smid*, ZPO, Rdn. 2 zu § 850 f; *Hornung* Rpfleger 1992, 331 (334); **a.A.** *Stein/Jonas/Brehm*, ZPO, Rdn. 20; *Schuschke/Walker/Kessal-Wulf*, Vollstreckung, Rdn. 2, je zu § 850 f. Der Arbeitgeber hat aber kein eigenes Antragsrecht, weil mit dem Einwand der Unpfändbarkeit erhoben, sondern auf Grund der Härteklausel ein rein persönlicher Schuldnerschutz in Anspruch genommen wird.
71 *Zöller/Stöber*, ZPO, Rdn. 13 zu § 850 f. **A.A.** (m. E. nicht zutreffend) *LG Stuttgart* Rpfleger 1994, 175: Erhöhung des unpfändbaren Betrags nach § 850 f Abs. 1 ZPO kann der Schuldner auch mit Erinnerung beantragen, die von dem über die Abhilfe entscheidenden Richter (§ 11 Abs. 2 S. 3 und 4 RPflG) zu berücksichtigen ist.

3. Kapitel: Pfändung von Arbeitseinkommen

seine Ersetzung durch eine Neuregelung[72]. Die Rechtskraft eines zu § 850 d ZPO ergangenen Beschlusses steht daher der Prüfung der Voraussetzungen des § 850 f Abs. 1 ZPO nicht entgegen[73]. Für bereits ausgezahlte Einkommensbeträge kann nachträglich Schutz nach § 850 f Abs. 1 ZPO nicht mehr gewährt werden.

1186a 2. Die Darlegungs- und Beweislast für die Voraussetzungen zur Erhöhung des unpfändbaren Betrags[74] trifft den Antragsteller[75]; seine dem weitergehenden Schutz entgegenstehenden überwiegenden Belange hat der Gläubiger darzulegen und zu beweisen. Den Nachweis dafür, dass das Einkommen durch Pfändung unter den Sozialhilfebedarf absinkt, soll der Schuldner regelmäßig durch Vorlage einer Bescheinigung der örtlich zuständigen Sozialbehörde erbringen können[76]. Die Bescheinigung bindet das Vollstreckungsgericht jedoch nicht[77]. Ihre Beweiskraft ist nach freier Überzeugung zu würdigen[78] (§ 286 ZPO). Bindung besteht auch nicht für einen bescheinigten Mehrbedarf (§ 30 SGB XII); er ist nicht maßgebend, wenn im Einzelfall von einem abweichenden (geringeren) Bedarf auszugehen oder ein Mehrbedarf in angemessener Höhe anzuerkennen ist, z. B. für Kranke, Genesende, Behinderte. Ebenso besteht Bindung nicht, soweit es um die Möglichkeit oder Zumutbarkeit geht, überhöhte Aufwendungen für die Unterkunft zu senken. Die Regelung, dass der Schuldner nachzuweisen hat, dass der notwendige Lebensunterhalt im Sinne des Dritten und Elften Kapitels des Zwölften Buches Sozialgesetzbuch nicht gedeckt ist, ist ohnedies atypisch. Die Regelsätze für laufende Leistungen zum Lebensunterhalt haben normativen Charakter (landesrechtliche Normen). Das Vollstreckungsgericht hat sie daher ohne Schuldner „nachweis" zu würdigen (s. § 293 ZPO), der Schuldner hat die Entscheidungsgrundlage hierfür nicht zu liefern, somit weder den durch die Regelsätze bemessenen Bedarf darzulegen noch

---

72 *OLG Köln* JurBüro 1989, 266 = NJW-RR 1989, 189; *OLG Hamm* JurBüro 1977, 861 = Rpfleger 1977, 224. Eine Erinnerung gegen den Pfändungsbeschluss wird daher nicht zugleich auch als Antrag auf Änderung des unpfändbaren Betrages gem. § 850 f Abs. 1 ZPO angesehen (*OLG Köln* a.a.O.; Auslegung des Antrags ist bei entsprechendem Vorbringen des Schuldners aber denkbar).
73 *OLG Hamm* JurBüro 1977, 861 = Rpfleger 1977, 224.
74 Ein nur allgemein gehaltenes ärztliches Attest bietet keine Grundlage für Zubilligung eines Mehraufwandes für Diätkost; *LG Koblenz* NJW-RR 1986, 680.
75 *LG München II* JurBüro 1998, 377. An den Nachweis krankheitsbedingter Aufwendungen, die sich beständig aus zahlreichen kleineren Einzelposten zusammensetzen, können keine übertriebenen Anforderungen gestellt werden; *OLG Köln* Rpfleger 1996, 118 = a.a.O. (Fußn. 31).
76 Siehe Begründung des Regierungsentwurfs, BT-Drucks. 12/1754, S. 17 (abgedr. Rdn. 1175).
77 So auch *OLG Frankfurt* JurBüro 1992, 59 = Rpfleger 1991, 378; *OLG Köln* FamRZ 1993, 584 = NJW 1992, 2836 = OLGZ 1993, 371 und JurBüro 1999, 606 = Rpfleger 1999, 548; *OLG Stuttgart* OLGR 2001, 374 = Rpfleger 2001, 438; *LG Essen* JurBüro 1999, 325 (326); *LG München II* JurBüro 1998, 377; *LG Stuttgart* Justiz 1990, 52 (53) = Rpfleger 1990, 173 und Rpfleger 1993, 357; *LG Wiesbaden* JurBüro 2000, 379 (380; Bescheinigung der Schuldnerberatungsstelle).
78 Hierzu auch *Schilken* FamRZ 1993, 1228 zum abzulehnenden Beschluss des *LG Arnsberg* FamRZ 1993, 1227.

Individueller Schutz (§ 850 f Abs. 1 ZPO)

die Beträge der Regelsätze dem Vollstreckungsgericht beizubringen. Anderen Bedarf (z. B. Höhe der Wohnungsmiete, der Mietnebenkosten, kann das Sozialamt dem Vollstreckungsgericht zudem nicht „bescheinigen"; ihn hat der Schuldner darzulegen und erforderlichenfalls nachzuweisen.

3. Über den Antrag entscheidet der *Rechtspfleger*[79] des Vollstreckungsgerichts, das den Pfändungsbeschluss erlassen hat (auch nach Wohnsitzwechsel des Schuldners)[80], durch von Amts wegen (§ 329 Abs. 3 ZPO) an den Gläubiger, Schuldner und Drittschuldner zuzustellenden *Beschluss*. Dem Gläubiger als Antragsgegner muss vor Entscheidung rechtliches Gehör gewährt werden. Die Entscheidung hat in Abänderung des Pfändungsbeschlusses anzuordnen, dass dem Schuldner von seinem nach § 850 c ZPO pfändbaren Arbeitseinkommen ein betragsmäßig zu bezeichnender zusätzlicher Betrag pfandfrei zu belassen ist. Es darf, auch wenn danach bei dem gegenwärtigen Einkommen des Schuldners ein pfändbarer Einkommensbetrag nicht mehr verbleibt, nicht angeordnet werden, dass der Pfändungsbeschluss (teilweise oder ganz) aufgehoben wird. Die Kosten des Verfahrens sind Zwangsvollstreckungskosten nach § 788 ZPO, so dass der Beschluss keiner Kostenentscheidung bedarf[81]. 1187

Einstweilige Einstellung der Zwangsvollstreckung durch das Vollstreckungsgericht (Rechtspfleger) muss nach Antragstellung für die Dauer des Verfahrens zum Schutz des Schuldners für zulässig erachtet werden[82] (§ 766 Abs. 1 S. 2 ZPO, entspr. Anwendung). Das entspricht dem allgemeinen Grundsatz, dass das Vollstreckungsgericht vor Entscheidung über einen Antrag des Schuldners, der selbst keine aufschiebende Wirkung hat, mit einstweiliger Einstellung bis zur Entscheidung vorläufigen Schutz gewähren kann, wenn sonst (mit Auszahlung des gepfändeten Einkommens; s. Rdn. 1186 a.E.) der vom Schuldner mit dem Antrag begehrte Schutz hinfällig werden könnte.

4. Mit Festlegung eines nach § 850 f Abs. 1 ZPO weitergehenden Freibetrags wird die Bestimmung des Pfändungsbeschlusses über den dem Schuldner pfandfrei verbleibenden Teil seines Arbeitseinkommens (Rdn. 927) abgeändert, nicht aber der Pfändungsbeschluss hinsichtlich des weiter belassenen Betrags aufgehoben[83]. Die Einkommenspfändung, die sich 1187a

---

79 *Thomas/Putzo*, ZPO, Rdn. 1 zu § 850 f; *Wieczorek/Schütze/Lüke*, ZPO, Rdn. 30, je zu § 850 f; *Danzer* MDR 1960, 553; *Berner* Rpfleger 1965, 293.
80 *OLG Karlsruhe* JurBüro 2005, 553 (554); *OLG München* JurBüro 1985, 945 = Rpfleger 1985, 154; *Zöller/Stöber*, ZPO, Rdn. 2 zu § 828; *Hornung* Rpfleger 1992, 331 (336).
81 *AG Hannover* Rpfleger 1969, 396.
82 **A.A.** *LG Köln* Rpfleger 2001, 252; allgemein auch *OLG Köln* OLGR 1998, 204.
83 **Anders** *OLG Köln* FamRZ 1992, 845 = JurBüro 1992, 635 = MDR 1992, 1001 = NJW-RR 1993, 393 und FamRZ 1993, 584 = NJW 1992, 2836; auch *Büttner* FamRZ 1994, 1433 (1438). Diese Ansicht ist nicht richtig. Abänderung eines Pfändungsbeschlusses nach § 850 g ZPO auf Antrag des Gläubigers mit der Bestimmung, dass ein Unterhaltsberechtigter zu entfallen hat und die pfändbaren Beträge sich dementsprechend erhöhen, könnte sonst „rangwahrend" so wenig getroffen werden wie die nachträgliche Bestimmung nach § 850 c Abs. 4 ZPO, dass eine Person bei Berechnung des unpfändbaren Arbeitseinkommens unberücksichtigt zu bleiben hat.

3. Kapitel: Pfändung von Arbeitseinkommen

auch auf künftig fällig werdende Beträge erstreckt (§ 832 ZPO), besteht daher mit ihrem Rang auch fort, wenn der Änderungsbeschluss über die Pfandfreistellung eines weitergehenden Betrags nach § 850 f Abs. 1 ZPO auf Beschwerde aufgehoben oder durch Festlegung eines geringeren weitergehenden Freibetrags abgeändert wird. Der über den Antrag entscheidende Änderungsbeschluss braucht daher auch nicht mit der Anordnung versehen zu werden, dass seine Wirksamkeit bis zur Rechtskraft hinausgeschoben wird (zu dieser Anordnung Rdn. 742). Die Aussage, dass die Pfändung teilweise aufgehoben werde, hat bei Fassung des Beschlusses zu unterbleiben.

5. *Vorpfändung* (§ 845 ZPO) hat die Wirkung einer Forderungspfändung auf Grund eines Arrestbefehls (Rdn. 802). Nach § 850 f Abs. 1 ZPO ist auf Antrag dem Schuldner daher auch nach Vorpfändung ein weiterer Einkommensteil unpfändbar zu belassen. Beantragt und angeordnet werden kann die Freistellung eines weiteren Einkommensteils von der Pfändung bereits, wenn mit Zustellung der Pfändungsankündigung (§ 845 Abs. 2 ZPO) dem Schuldner das für den Lebensunterhalt erforderliche Arbeitseinkommen nicht mehr zur Verfügung steht (vgl. das Rdn. 1291 b Ausgeführte).

1188 6. Gegen die Entscheidung, die dem Antrag stattgibt oder ihn ganz oder teilweise zurückweist, findet sofortige Beschwerde statt (§ 793 ZPO).

1189 7. Eine *Änderung* der rechtskräftigen Anordnung nach § 850 f Abs. 1 ZPO ist nur unter veränderten Voraussetzungen (§ 850 g ZPO) zulässig. Wird die Anordnung auf Beschwerde oder nach § 850 g ZPO abgeändert oder aufgehoben, so ist das für die Pfändung wieder freigewordene Arbeitseinkommen vom Pfändungsbeschluss ohne weiteres mit dem *ursprünglichen Rang* erfasst (siehe Rdn. 1187 a). Ein nachfolgender Pfändungsgläubiger, dem gegenüber eine Anordnung nach § 850 f Abs. 1 ZPO nicht ergangen war, hat daher keinen Vorrang vor dem erstpfändenden Gläubiger, der von der Anordnung betroffen war.

VIII. Mehrfache Pfändung[84]

1189a 1. Wirkung hat eine Bestimmung des Vollstreckungsgerichts, dass dem Schuldner im Einzelfall nach § 850 f Abs. 1 ZPO als zusätzlicher Freibetrag ein weiterer Teil seines Arbeitseinkommens belassen wird, nur *in dem Vollstreckungsverfahren* des Gläubigers, in dem Antrag gestellt war und in Abänderung des Pfändungsbeschlusses die Erhöhung des unpfändbaren Einkommensteils angeordnet wurde (Grundsatz der Einzelvollstreckung; s. bereits Rdn. 1071). Wenn nach mehrfacher Einkommenspfändung Erhöhung des unpfändbaren Teils des Arbeitseinkommens mit Bestimmung nach § 850 f Abs. 1 ZPO nur in dem Vollstreckungsverfahren *eines* der Gläubiger erfolgt ist, wirkt die Anordnung daher nur für die Einkommensberech-

---

84 Zu den Rdn. 1189 a–d dargestellten Fragen liegen nähere praktische Erfahrungen und Rechtsprechung weiterhin nicht vor.

Individueller Schutz (§ 850 f Abs. 1 ZPO)

nung, die auf Grund des Pfändungsbeschlusses dieses Gläubigers vorzunehmen ist. Für den anderen (oder für mehrere weitere) Gläubiger bleibt gesondert das Arbeitseinkommen in dem durch dessen (deren) jeweiligen Pfändungsbeschluss bestimmten Umfang des § 850 c (d oder f Abs. 2) ZPO gepfändet.

2. a) Hat der Gläubiger *Nachrang*, in dessen Vollstreckungsverfahren Bestimmung getroffen ist, dass dem Schuldner nach § 850 f Abs. 1 ZPO ein weiterer pfandfreier Betrag belassen wird, dann bestimmt sich für den besserrangigen Gläubiger der Betrag des gepfändeten Arbeitseinkommens unverändert nach § 850 c (ggf. d oder f Abs. 2) ZPO. Zulasten dieses von der erweiternden Bestimmung nach § 850 f Abs. 1 ZPO nicht betroffenen vorrangigen Pfändungsgläubigers kann dem Schuldner ein zusätzlicher Einkommensfreibetrag daher nicht ausgezahlt werden.   **1189b**

b) Hat hingegen der Gläubiger als *erstpfändender Vorrang*, in dessen Pfändungsverfahren Bestimmung getroffen ist, dass dem Schuldner nach § 850 f Abs. 1 ZPO ein weiterer pfandfreier Betrag belassen wird, dann kann dieser Mehrbetrag nicht dem nachpfändenden (somit nachrangigen) Gläubiger wegen eines nach § 850 c (ggf. d oder f Abs. 2) weitergehenden Pfandrechts gebühren. Sein Pfandrecht im Umfang des § 850 c (ggf. d oder f Abs. 2) ZPO bleibt nachrangig (§ 804 Abs. 3 ZPO), begründet somit ein Recht auf Befriedigung aus dem Arbeitseinkommen des Schuldners erst nach Deckung des Gläubigers des durch die frühere Pfändung begründeten Pfandrechts[85]. Der zusätzliche Freibetrag, der sich mit Einzelfallbestimmung nach § 850 f Abs. 1 ZPO ergibt, *gebührt daher dem Schuldner* zur Deckung des sozialrechtlichen Lebensbedarfs oder des durch die besonderen Bedürfnisse erhöhten Lebensunterhalts. Das entspricht auch Sinn und Zweck der Schutzbestimmung des § 850 f Abs. 1 ZPO. Dann jedoch äußert die nach § 850 f Abs. 1 ZPO getroffene Einzelfallbestimmung keine Wirkung mehr, wenn der Gläubiger des durch die erste Pfändung begründeten vorrangigen Pfandrechts (mit Befriedigung, Aufhebung des Pfändungsbeschlusses, Verzicht auf die Pfändung) wegfällt. Dann ist das Arbeitseinkommen nur noch für den bisher nachrangig gewesenen Gläubiger im Umfang des § 850 c (ggf. d oder f Abs. 2) ZPO gepfändet. Daher ist in der Vollstreckungssache des (bisher) zweitpfändenden Gläubigers dem Schuldner ein weiterer Teil seines Arbeitseinkommens nur dann pfandfrei zu belassen, wenn das Vollstreckungsgericht auch in dessen Vollstreckungsverfahren auf Antrag in Abänderung des Pfändungsbeschlusses die Erhöhung des unpfändbaren Teils des Arbeitseinkommens nach § 850 f Abs. 1 ZPO angeordnet hat.   **1189c**

---

[85] **Anders** *Siegel* BB 1997, 103: Erhöhung der Freigrenze beim erstrangigen Gläubiger wirkt sich nicht auf die nachrangigen Gläubiger aus (überzeugt nicht). Als **abweichend** bezeichnet sich auch *LG Duisburg* Rpfleger 1998, 355, das aber nicht die hier dargestellte Frage behandelt. Ein in dem Verfahren des nachpfändenden (damit nachrangigen) Gläubigers festgelegter *geringerer* pfandfreier Betrag begründet für den Differenzbetrag (Unterschiedsbetrag zum pfandfreien Betrag in dem Verfahren des Erstgläubigers) ein weitergehendes Pfandrecht.

3. Kapitel: Pfändung von Arbeitseinkommen

1189d 3. Für eine Pfändungsverfügung der *Verwaltungs-Vollstreckungsbehörde* (§ 309 AO) kann das mit der Verwaltungsvollstreckung nicht befasste (§ 249 Abs. 1 AO, § 5 Abs. 1 VwVG-Bund usw.) Vollstreckungsgericht Bestimmung nicht treffen, dass der unpfändbare Betrag des Arbeitseinkommens des Schuldners wegen eines individuellen Mehrbedarfs nach § 850 f Abs. 1 ZPO erhöht wird (vergleichbarer Fall Rdn. 1199 a). Über den Antrag nach § 850 f Abs. 1 ZPO hat vielmehr die Vollstreckungsbehörde zu entscheiden; Einwendungen sind mit den Rechtsbehelfen des jeweiligen Verwaltungs-Vollstreckungsverfahrens geltend zu machen. Wenn Arbeitseinkommen mehrfach sowohl durch das Vollstreckungsgericht als auch durch eine Verwaltungs-Vollstreckungsbehörde oder auch durch verschiedene Verwaltungs-Vollstreckungsbehörden gepfändet ist, gilt das Rdn. 1189 a–c Gesagte entsprechend.

IX. Pfändung und Abtretung[86]

1189e 1. Bei Zusammentreffen von Abtretung und Pfändung kann das Vollstreckungsgericht Erhöhung des nicht übertragbaren (weil unpfändbaren, § 400 BGB) Arbeitseinkommens nicht nach § 850 f Abs. 1 ZPO anordnen (Rdn. 1250 a). Hat der Schuldner fälliges und künftig fällig werdendes Arbeitseinkommen bei Pfändung (Zustellung an Arbeitgeber, § 829 Abs. 3 ZPO) wirksam abgetreten, dann gebührt dem Zessionar das der Pfändung im Umfang des § 850 c (oder d) ZPO unterliegende Arbeitseinkommen. Soweit für einen künftigen Lohnzahlungszeitraum Arbeitseinkommen nach Erledigung der Abtretung (Rdn. 1258 ff.) wieder dem Arbeitnehmer (Schuldner) zusteht und dann das Pfandrecht seines Gläubigers sich darauf erstreckt (§ 832 ZPO), kann auf Antrag dem Schuldner ein Mehrbetrag nach § 850 f Abs. 1 ZPO belassen werden. Diese Bestimmung kann auch bereits vor Erledigung oder Abtretung beantragt und getroffen werden. Überwiegende Belange des Gläubigers werden einer vorzeitigen Anordnung jedoch entgegenstehen, wenn die Erledigung der Abtretung erst nach längerer Zeit zu erwarten ist.

1189f 2. *Abtretung* von Arbeitseinkommen erst *nach Pfändung* ist dem pfändenden Gläubiger gegenüber unwirksam (Rdn. 1248). Wird dem Schuldner in dem Pfändungsverfahren nach § 850 f Abs. 1 ZPO ein weiterer Teil seines pfändbaren Arbeitseinkommens (ein weiterer Pfandfreibetrag) belassen, so kann dieser Mehrbetrag nicht dem „nachfolgenden" Zessionar zugute kommen (gleiche Lage bei mehrfacher Pfändung, s. Rdn. 1189 c). Dessen dem pfändenden Gläubiger gegenüber unwirksame Berechtigung als Neugläubiger im Umfang des § 850 c (oder d) ZPO mit § 400 BGB begründet ein Recht auf Einkommenszahlung erst nach Deckung des Gläubigers des durch die frühere Pfändung begründeten Pfandrechts. Der zusätz-

---

[86] Zu den Rdn. 1189 e–f dargestellten Fragen liegen praktische Erfahrungen, Stellungnahmen im Schrifttum und Rechtsprechung weiterhin nicht vor.

liche Freibetrag, der sich mit Einzelfallbestimmung nach § 850 f Abs. 1 ZPO ergibt, gebührt daher dem Schuldner zur Deckung des sozialrechtlichen Lebensbedarfs oder des durch die besonderen Bedürfnisse erhöhten Lebensunterhalts. Dann jedoch äußert die nach § 850 f Abs. 1 ZPO getroffene Einzelfallbestimmung keine Wirkung mehr, wenn der Pfändungsgläubiger (mit Befriedigung, Aufhebung des Pfändungsbeschlusses, Verzicht auf die Pfändung) wegfällt. Dann ist auf Grund der Einkommensabtretung der Zessionar im Umfang des § 850 c (oder d) ZPO berechtigt (siehe aber dazu Rdn. 1250 b).

L. Begünstigte Pfändung in Sonderfällen (§ 850 f Abs. 2 und 3 ZPO)

I. Begünstigte Forderungen

Schrifttum: *Ahrens,* Anforderungen an den Vollstreckungstitel für eine privilegierte Pfändung nach § 850 f II ZPO, NJW 2003, 1371; *Ahrens,* Privilegierte Pfändung aus Vollstreckungsbescheiden und Verwaltungsakten, JurBüro 2003, 401; *Bauer,* Ungenützte Rechte des Gläubigers in der Lohnpfändung (hier Abschn. III S. 187), JurBüro 1966, 187; *Behr,* Durchsetzung von Deliktsforderungen bei der Forderungspfändung, Rpfleger 2003, 389; *Berner,* Die Novelle zum Pfändungsschutz für Arbeitseinkommen, Rpfleger 1959, 77; *Bull,* Verfahren und Urteil bei Klage aus vorsätzlicher unerlaubter Handlung, SchlHA 1962, 230; *Gaul,* Die privilegierte Zwangsvollstreckung wegen einer Forderung aus vorsätzlich begangener unerlaubter Handlung als Problem der Funktionsverteilung zwischen Prozessgericht und Vollstreckungsgericht, Festschr. *Gerhardt* (2004) S. 259; *Gaul,* Zwangsvollstreckungserweiterung nach vorsätzlich begangener unerlaubter Handlung, NJW 2005, 2894; *Hoffmann,* Die materiellrechtliche Qualifikation des titulierten Anspruchs bei der privilegierten Vollstreckung nach § 850 d und § 850 f Abs. 2 ZPO, NJW 1973, 1111; *Hornung,* „Privilegien" bei der Forderungspfändung, KKZ 1990, 141; *Künzl,* Feststellungsklage über den Rechtsgrund eines titulierten Anspruchs, JR 1991, 91; *Neugebauer,* Privilegierte Zwangsvollstreckung gem. § 850 f Abs. 2 ZPO, MDR 2004, 1223; *Peters,* Die Forderung aus einer vorsätzlich begangenen unerlaubten Handlung in der Einzelzwangsvollstreckung und in der Insolvenz, KTS 2006, 127; *Smid,* Die Privilegierung der Vollstreckung aus Forderungen wegen vorsätzlicher unerlaubter Handlung, ZZP 102 (1989) 22; *Smid,* Zur Feststellung der Voraussetzung von Privilegien in der Zwangsvollstreckung, JZ 2006, 393; Stöber, Forderungsnachweis für „privilegierte" Zwangsvollstreckung, Festgabe Vollkommer, 2006, S. 363.

Wegen einer Forderung aus einer vorsätzlich (nicht fahrlässig oder grob fahrlässig) begangenen *unerlaubten Handlung*[1] (§§ 823 ff. BGB) kann Pfändung nach § 850 f Abs. 2 ZPO in weiterem Maße, d.h. ohne Rücksicht auf die Pfändungsbeschränkungen des § 850 c ZPO, zugelassen werden. Vorsätzlich begangene unerlaubte Handlungen[2] können sein Diebstahl, 1190

---

1 Dazu gehört auch der Schmerzensgeldanspruch des § 847 BGB. Die prozessualen Schadensforderungen (§ 302 Abs. 4 S. 3, § 600 Abs. 2, § 717 Abs. 2 und 3, § 840 Abs. 2 ZPO) sind unabhängig von einem Verschulden gegeben und daher nicht nach § 850 f ZPO begünstigt; *Frisinger,* Privilegierte Forderungen in der Zwangsvollstreckung, S. 108.

2 Steuerforderungen sind keine Forderungen aus vorsätzlicher unerlaubter Handlung, Rdn. 1199a Fußn. 43.

3. Kapitel: Pfändung von Arbeitseinkommen

Betrug, Untreue, Unterschlagung, Körperverletzung usw. (siehe insbes. §§ 823 ff. BGB); gleich ist, ob sich die Handlung gegen die Person oder gegen das Vermögen des Gläubigers gerichtet hat. Rückständige wiederkehrende Leistungen (Renten) nehmen ohne zeitliche Einschränkung an der Pfändungsbegünstigung des § 850 f Abs. 2 ZPO teil[3]. Die Pfändungsbegünstigung des Gläubigers beruht auf der Erwägung, dass der Schuldner für ein vorsätzliches unerlaubtes Handeln bis zur Grenze seiner Leistungsfähigkeit einstehen muss. Nur die in § 850 a Nrn. 1, 2 und 4 ZPO genannten Bezüge sind auch diesem erweiterten Vollstreckungszugriff nicht zugänglich, bleiben also (anders als im Falle des § 850 d ZPO) unverändert unpfändbar.

1191 *Prozesskosten*, die bei Geltendmachung eines Anspruchs aus vorsätzlich begangener unerlaubter Handlung entstanden sind, teilen als prozessualer Anspruch nicht die Rechtsnatur des Hauptanspruchs. Sie können daher nicht in dem erweiterten Umfang des § 850 f Abs. 2 ZPO vollstreckt werden[4]. Nicht bevorrechtigt nach § 850 f Abs. 2 ZPO sind Kosten, die durch Inanspruchnahme eines Rechtsanwalts im Strafverfahren gegen den Schädiger entstanden sind[5].

Zwangsvollstreckungskosten teilen das Schicksal der Hauptforderung; sie nehmen am Pfändungsprivileg des § 850 f Abs. 2 ZPO teil[6].

Zinsen werden als Verzugsfolgen geschuldet; sie nehmen deshalb am Vorrecht des § 850 f Abs. 2 ZPO nicht teil[7].

1192 Da die Forderung aus vorsätzlicher unerlaubter Handlung privilegiert ist, besteht die Pfändungsbegünstigung des § 850 f Abs. 2 ZPO auch für einen *Rechtsnachfolger* auf der Gläubigerseite[8] (Zessionar, Erbe). Sie besteht auch gegen den Erben des Schuldners (soweit nicht durch Haftungsbeschränkung auf den Nachlass eine Vollstreckung in das Arbeitseinkommen des Erben ausgeschlossen ist) und gegen den Übernehmer der Schuld (§§ 414 ff. BGB) fort[9].

---

3 So auch *Stein/Jonas/Brehm*, ZPO, Rdn. 10 zu § 850 f.
4 *LG München I* Rpfleger 1965, 278; *Zöller/Stöber*, ZPO, Rdn. 8; *Wieczorek/Schütze/Lüke*, ZPO, Rdn. 26, je zu § 850 f; **anders** *KG* Rpfleger 1972, 67; *LG Dortmund* Rpfleger 1989, 75; *LG Ellwangen* JurBüro 2003, 660; *AG Karlsruhe* JurBüro 2008, 667; *Behr* JurBüro 1995, 8 (9); siehe für den vergleichbaren Fall des Pfändungsvorrechts nach § 850 d ZPO Rdn. 1085.
5 *LG Hannover* Rpfleger 1982, 232.
6 *KG* Rpfleger 1972, 67; *Wieczorek/Schütze/Lüke*, ZPO, Rdn. 28 zu § 850 f. Für den Fall des § 850 d ZPO siehe Rdn. 1086.
7 *LG Ellwangen* JurBüro 2003, 660; *Stein/Jonas/Brehm*, ZPO, Rdn. 10; *Wieczorek/Schütze/Lüke*, ZPO, Rdn. 26, je zu § 850 f. **Anders** *LG Stuttgart* Rpfleger 2005, 38; *AG Karlsruhe* JurBüro 2008, 667; *Behr* JurBüro 1995, 8 (9).
8 So auch *Frisinger*, a.a.O. (Fußn. 1) S. 111 f.
9 Siehe *Frisinger*, a.a.O. (Fußn. 1) S. 112 f. Dagegen keine Privilegierung bei gesetzlichem oder vertraglichem Schuldbeitritt, siehe *Frisinger*, a.a.O.

Weitergehende Pfändung (§ 850 f Abs. 2 u. 3 ZPO)

II. Forderungsnachweis

1. Privilegiert nach § 850 f Abs. 2 ZPO pfänden kann der Gläubiger – nach dem *BGH*[10] – nur dann, wenn sich der *Anspurchsgrund* der vorsätzlich begangenen unerlaubten Handlung *aus dem Vollstreckungstitel* – zumindest im Wege der Auslegung – ergibt. Wenn das Prozessgericht einen Anspuch aus vorsätzlich begangener unerlaubter Handlung bejaht oder verneint hat, ist das Vollstreckungsgericht bei Prüfung der Frage, ob dem Gläubiger das Pfändungsprivileg des § 850 f Abs. 2 ZPO zu gewähren ist, an diese Entscheidung gebunden.[11] Ist im Vollstreckungstitel keine oder nur eine vertragliche Anspruchsgrundlage genannt, soll der Gläubiger im Vollstreckungsverfahren ohne Zustimmung des Schuldners nicht mehr nachweisen können, dass der titulierte Anspruch auch auf einer vorsätzlich begangenen unerlaubten Handlung beruht[12]. Es wird dann Klage auf Feststellung für zulässig erachtet, dass der Gläubigeranspruch auch aus dem Gesichtspunkt der vorsätzlich begangenen unerlaubten Handlung gerechtfertigt ist[13]. Das muss gleichermaßen bei Vollstreckung eines Vergleichs[14] und einer vollstreckbaren Urkunde[14] gelten. Durch Vorlage eines Vollstreckungsbescheids[15] soll der Nachweis nicht geführt werden können[16], ebenso nicht durch Vorlage eines Anerkenntnis- oder Versäumnisurteils[17]. Die (vollstreckbare) notarielle Urkunde über ein abstraktes Schuldversprechen (§ 780 BGB) begründet die Leistungsverpflichtung des Schuldners unabhängig von einem (anderen) Schuldgrund; sie weist somit keine Forderung aus unerlaubter Handlung aus[18].

1193

---

10 *BGH* 152, 166 = JurBüro 2003, 436 = MDR 2003, 290 = NJW 2003, 515 = Rpfleger 2003, 91; *BGH* FamRZ 2005, 974 = JurBüro 2005, 437 = MDR 2005, 1014 = NJW 2005, 1663 = Rpfleger 2005, 370. Frühere Ansichten in Rechtsprechung und Schrifttum zu dieser Frage siehe 13. Aufl. Rdn. 1193. Für Prüfung durch das Vollstreckungsgericht zuletzt *LG Münster* Rpfleger 2002, 470.
11 *BGH* 152, 166 = a.a.O.; *BGH* 109, 275 (277) = JZ 1990, 392 mit Anm. *Brehm* = MDR 1990, 317 = NJW 1990, 834 = Rpfleger 1990, 246 mit Anm. *Münch* = ZZP 103 (1990) 355 mit Anm. *Smid*; *BGH* NJW 2005, 1663 = a.a.O.; *OLG Düsseldorf* NJW 1973, 1139. Die durch den Vollstreckungstitel als Anspruch aus vorsätzlicher unerlaubter Handlung ausgewiesene Vollstreckungsforderung kann daher vom Vollstreckungsgericht (auch auf Einwendungen des Schuldners) nicht auf ihren Forderungsgrund überprüft werden, *LG Aachen* JurBüro 1980, 468.
12 *BGH* 152, 166 = a.a.O.; dazu *Ahrens* NJW 2003, 1371; *Gaul* in Festschr. *Gerhardt* (2004) S. 259; auch *LG Frankenthal* Rpfleger 2006, 29.
13 *BGH* 152, 166 = a.a.O.; *BGH* 109, 275 = a.a.O.; *BGH* NJW 2005, 1663 = a.a.O.
14 *Musielak/Becker*, ZPO, Rdn. 10; *Stein/Jonas/Brehm*, ZPO, Rdn. 13, je zu § 850 f. S. auch *Ahrens* NJW 2003, 1371 (1372); *Gaul* in Festschr. *Gerhardt* (2004) 259.
15 Frühere Rechtsprechung zur Prüfung des Deliktscharakters durch das Vollstreckungsgericht bei Pfändung auf Grund eines Vollstreckungsbescheids s. 13. Aufl. Rdn. 1193.
16 *BGH* FamRZ 2005, 974 = NJW 2005, 1663 = a.a.O. (Fußn. 10).
17 *LG Frankenthal* Rpfleger 2006, 29 und 210 Leits. mit abl. Anm. *Lehmann*.
18 Daher auch kein Gläubigernachweis über einen anderen Anspruchsgrund und keine Klage auf Feststellung, *LG Bonn* JurBüro 1998, 607 = MDR 1998, 1247.

3. Kapitel: Pfändung von Arbeitseinkommen

1193a 2. Diese Ansicht des *BGH* ist weder folgerichtig noch überzeugend[19]. Nach der Aufgabenverteilung zwischen Erkenntnis- und Vollstreckungsverfahren muss die Beurteilung des geltend gemachten Anspruchs dem Prozessgericht keineswegs obliegen. Ob weitergehende Pfändung nach § 850 f Abs. 2 ZPO zulässig ist, ist eine *vollstreckungsrechtliche Frage*. Grundlage der Zwangsvollstreckung ist der Vollstreckungstitel (§§ 704, 794 ZPO), der die Geldforderung des Gläubigers für Pfändung (§ 803 ZPO) urkundlich auszuweisen hat. Wie diese Zwangsvollstreckung erfolgt, regelt das Vollstreckungsverfahrensrecht. Vollstreckungsschutzvorschriften, damit § 850 c und f Abs. 2 ZPO über die Vollstreckungsbeschränkungen bei Pfändung von Arbeitseinkommen sind von Amts wegen zu beachten[20], damit nach Vollstreckungsverfahrensrecht zu prüfen. Das ist in allen Fällen selbstverständlich, in denen es für Zulässigkeit der Pfändung auf den Schuldgrund oder Besonderheiten (Eigenarten) der Gläubigerforderung ankommt. Dass sich der Zweck (die Rechtsnatur) der Gläubigerforderung als Voraussetzung der Pfändung schon aus dem Vollstreckungstitel ergeben müsse, ist nirgends bestimmt. Das kann auch für die privilegierte Einkommenspfändung nach § 850 f Abs. 2 ZPO weder gefordert noch angenommen werden. *Beispiele:*

- § 850 a Nr. 5 ZPO: Unpfändbare Heirats- und Geburtsbeihilfen sind bei Vollstreckung eines aus Anlass der Heirat oder Geburt entstandenen Anspruchs pfändbar;
- § 850 b Abs. 2 ZPO: Unpfändbare Renten und rentenähnliche Bezüge können gepfändet werden, wenn u. a. auch nach der Art des beizutreibenden Anspruchs die Pfändung der Billigkeit entspricht;
- § 54 Abs. 3 Nr. 2 SGB I: Wohngeld ist (nur) pfändbar, wegen eines Gläubigeranspruchs, der Gegenstand der §§ 9 und 10 des Wohngeldgesetzes ist;
- § 76 EStG und § 54 Abs. 5 SGB I: Kindergeld kann (nur) wegen gesetzlicher Unterhaltsansprüche eines Kindes, das bei der Feststellung des Kindergeldes berücksichtigt ist, gepfändet werden;
- eine wegen ihres Verwendungszwecks unpfändbare Forderung kann nur gepfändet werden, wenn sie durch die Vollstreckungsmaßnahme ihrem Verwendungszweck zugeführt wird, wie
  - die Forderung aus der Versicherung einer unpfändbaren Sache durch den Gläubiger, der dem Schuldner (Versicherungsnehmer) andere Sachen zum Ersatz der zerstörten oder beschädigten Sache geliefert hat (§ 17 VVG),
  - der Beihilfeanspruch eines Beamten (nur) für eine Gläubigerforderung, die anlässlich der Krankheit oder des sonstigen Beihilfefalls als beihilfefähige Aufwendung entstanden ist (Rdn. 880 a),
  - der Prozesskostenvorschuss (§ 1360 a BGB) nur für Kostenanspruch des Prozessbevollmächtigten und des Gerichts (Rdn. 1012).

Gesetzlich bestimmt ist die Prüfung des privilegierten Anspruchsgrundes der Gläubigerforderung überdies in § 811 Abs. 2 ZPO. Eine nach § 811 Abs. 1 Nr. 1, 4, 5–7 ZPO nicht pfändbare Sache kann demnach gepfändet werden, wenn der Verkäufer eine durch Eigentumsvorbehalt gesicherte Geldforderung aus ihrem Verkauf vollstreckt. Dass die Gläubigerforderung

---

[19] Umfassend dazu *Stöber* in Festgabe Vollkommer, 2006, S. 363.
[20] *BGH* 137, 193 (197).

durch den Gerichtsvollzieher zu prüfen ist, war für den Gesetzgeber selbstverständlich; darauf beruht § 811 Abs. 2 S. 2 ZPO über ihren Nachweis. Für die Zwangsversteigerung eines Wohnungseigentums mit dem (Vor-) Rang nach § 10 Abs. 1 Nr. 2 ZVG genügt Glaubhaftmachung „in sonst geeigneter Weise", wenn aus dem Titel die Art und der Bezugszeitraum des Anspruchs sowie seine Fälligkeit nicht zu erkennen sind[21] (§ 10 Abs. 3 ZVG). Dass der Gläubiger jedenfalls mit Zustimmung des Schuldners im Vollstreckungsverfahren (noch) nachweisen könne, dass der titulierte Anspruch auch auf einer vorsätzlich begangenen unerlaubten Handlung beruht oder dass Klage auf Feststellung hilfreich sei, der Gläubigeranspruch sei auch aus dem Gesichtspunkt der vorsätzlich begangenen unerlaubten Handlung gerechtfertigt, ist überdies nicht zutreffend. Der Schuldner kann auf die Schutzbestimmungen für Arbeitseinkommen (§ 850 c ZPO für Erweiterung nach § 850 f Abs. 2 ZPO) nicht verzichten. Aus einem Feststellungsurteil kann die Zwangsvollstreckung nicht stattfinden[21a]. Das Prozessgericht ist im Erkenntnisverfahren mit dem Schuldnerschutz bei Zwangsvollstreckung (Wahrung der Pfändungsfreigrenzen für Arbeitseinkommen) nicht befasst. Wahrung des (vollstreckungsrechtlichen) Schuldnerschutzes bei Einkommenspfändung ist dem Vollstreckungsgericht aufgetragen. Ihm obliegt daher auch Prüfung des Nachweises, dass Pfändung des Arbeitseinkommens nach der Art der beizutreibenden Forderung gem. § 850 f Abs. 2 ZPO privilegiert zulässig ist. Das Pfändungsprivileg besteht daher auch bei vertraglicher Regelung des Anspruchs (in Urkunden nach § 794 Abs. 1 Nr. 5 ZPO oder in Prozessvergleichen), wenn der eigentliche Schuldgrund nachgewiesen werden kann[22] und der Anspruch seinen Charakter nicht schon durch Umwandlung in ein Darlehen o.ä. verloren hat.

III. Antrag, Entscheidung

1. Das Pfändungsprivileg des § 850 f Abs. 2 ZPO wird nur auf *Antrag* des Gläubigers gewährt; der Drittschuldner ist nicht antragsberechtigt. Der Antrag ist an keine Frist gebunden. Der Pfändungsantrag, der sogleich erweiterte Pfändung nach § 850 f Abs. 2 ZPO verlangt, muss die für Bemessung des Freibetrags (Rdn. 1196) erforderlichen Angaben enthalten[23] (siehe Rdn. 1116). Wird der Antrag erst nach der Pfändung gestellt, so ist die bereits nach § 850 c ZPO ausgebrachte Pfändung zu erweitern, also wegen des weiter erfassbaren Arbeitseinkommens neu zu pfänden. 1194

2. Das Vollstreckungsgericht „*kann*", muss aber nicht den Pfändungszugriff nach § 850 f Abs. 2 ZPO weiter ausdehnen; die Entscheidung liegt also 1195

---

21 Dazu *Stöber*, ZVG, Rdn. 16.7 zu § 10.
21a *Zöller/Stöber*, ZPO, Rdn. 2 zu § 704.
22 Nachweis ist nicht auf einen Urkundenbeweis beschränkt, *OLG Hamm* JurBüro 1973, 646 = OLGZ 1973, 379 = NJW 1973, 1332; einschränkend *Schneider* MDR 1970, 769. Beweiserhebung durch das Vollstreckungsgericht selbst kommt jedoch nicht in Betracht, *OLG Zweibrücken* JurBüro 2000, 267.
23 Zum Antrag (mit Muster) *Neugebauer* MDR 2004, 1223 (1226).

in seinem pflichtgemäßen Ermessen[24]. Bei der Entscheidung sind daher die Interessen und Belange des Gläubigers und des Schuldners gegeneinander abzuwägen[25]. Nach Lage des Einzelfalls kann die Möglichkeit einer begünstigten Pfändung insbesondere zu versagen sein, wenn der Gläubiger wegen hoher Rückstände vollstreckt, die der Schuldner nicht zu vertreten hat (wie bei langer Prozessdauer), oder wenn ein weiterer Gläubiger eines Anspruchs aus unerlaubter Handlung vorhanden ist, der noch nicht vollstreckt hat, insbesondere deshalb, weil der Schuldner seiner Zahlungspflicht freiwillig nachgekommen ist. Vor der Pfändung verbietet sich aber die Schuldneranhörung (§ 834 ZPO)[26]. Über den Pfändungsantrag muss daher nach dem schlüssigen Vorbringen des Gläubigers entschieden werden, der die notwendigen Angaben zu machen hat[27]. Der Schuldner muss seine dabei nicht berücksichtigten Belange mit Erinnerung (§ 766 ZPO) geltend machen[28].

3. Erinnerung (§ 766 ZPO) findet statt, wenn der (nicht angehörte, § 834 ZPO) Schuldner die Zulässigkeit der erweiterten Pfändung nach § 850 f Abs. 2 ZPO bestreitet oder wenn er Einwendungen gegen die Feststellung des nach § 850 f Abs. 2 ZPO pfandfreien Betrags bei Erlass des Pfändungsbeschlusses erhebt (hierzu Rdn. 716). Ob das Vollstreckungsgericht die Voraussetzungen des § 850 f Abs. 2 ZPO zutreffend bejaht und die besonderen Pfändungsgrenzen dieser Bestimmung richtig festgesetzt hat, kann vom Prozessgericht im Einziehungserkenntnisverfahren zwi-

---

24 *Stein/Jonas/Brehm*, ZPO, Rdn. 16; *Wieczorek/Schütze/Lüke*, ZPO, Rdn. 30; *Zöller/Stöber*, ZPO, Rdn. 10; *MünchKomm/Smid*, ZPO, Rdn. 24, je zu § 850 f; **a.A.** *Berner* Rpfleger 1959, 79 (dem auch *Danzer* MDR 1959, 552 folgt); seinen Gründen steht aber entgegen, dass die nach § 850 f ZPO möglichen Billigkeitsentscheidungen (zugunsten des Gläubigers oder Schuldners) gerade von der starren Regelung des § 850 c ZPO abgehen, um das Ausmaß der Pfändung den Erfordernissen des Einzelfalls anpassen zu können. Wenn auch § 850 d ZPO als Vorbild für die neue Regelung gedient haben wird, so ergibt sich aber gerade aus ihrer Einordnung in das Gesetz, dass der erweiterte Pfändungszugriff nicht schon schlechthin bei Vorliegen der objektiven Voraussetzungen, sondern nur dann möglich sein soll, wenn der Einzelfall den erweiterten Pfändungsschutz des § 850 c ZPO verbietet. S. dazu auch *LG Essen* Rpfleger 1971, 325.
25 *Schuschke/Walker/Kessal-Wulf*, Vollstreckung, Rdn. 13; *Stein/Jonas/Brehm*, ZPO, Rdn. 16, je zu § 850 f.
26 *OLG Düsseldorf* JurBüro 1973, 881 = MDR 1973, 593 (Leits.) = NJW 1973, 1133; *OLG Koblenz* MDR 1975, 939; *LG Bochum* Rpfleger 1997, 395; *Stöber* Rpfleger 1974, 52 (S. 55 Abschn. VI); **a.A.** *OLG Hamm* JurBüro 1973, 646 = OLGZ 1973, 379 = NJW 1973, 1332, das jedoch irrig davon ausgeht, die Festsetzung des niedrigen pfandfreien Betrags sei Entscheidung des Vollstreckungsgerichts. Siehe auch *LG Mannheim* JurBüro 1984, 299: Anhörung des Schuldners zumindest dann, wenn dies der Gläubiger beantragt hat; dazu bereits Rdn. 481; auch *Stein/Jonas/Brehm*, ZPO, Rdn. 24 zu § 850 f: Schuldner kann nicht verfügen (gilt aber nur hier über § 850 c ZPO hinaus nach § 850 f Abs. 2 und 3 ZPO pfändbare Einkommen); daher für Schuldner rechtliches Gehör. Für bereits nach § 850 c ZPO pfändbare Beträge aber Gläubigergefährdung bei Anhörung des Schuldners. Anhörung unter Übergehung von § 834 ZPO rechtfertigt sich daher nicht.
27 *LG Aachen* JurBüro 1980, 468.
28 *OLG Düsseldorf* a.a.O.; *OLG Koblenz* a.a.O. (je Fußn. 26).

schen Gläubiger und Drittschuldner nicht nachgeprüft werden[29] (hierzu Rdn. 1131).

IV. Pfändungsumfang

1. Schränkt das Vollstreckungsgericht den Pfändungsschutz des Schuldners nach § 850 f Abs. 2 ZPO ein, so muss dem Schuldner so *viel belassen* werden, wie er für seinen notwendigen Unterhalt und zur Erfüllung seiner laufenden gesetzlichen Unterhaltspflichten bedarf. Dem Gläubiger des Anspruchs aus unerlaubter Handlung gehen also alle Unterhaltsgläubiger mit ihren vollen laufenden gesetzlichen Unterhaltsansprüchen (nicht nur mit dem Anspruch auf den notwendigen Unterhalt) vor[30]. Wegen der Bemessung dieses Freibetrages siehe Rdn. 1093 ff. Im Pfändungsbeschluss muss der Betrag, der nach § 850 f Abs. 2 ZPO pfandfrei bleiben muss, bezeichnet werden (siehe Rdn. 1121). Bestimmung nur eines gepfändeten Einkommensbetrages wäre somit nicht richtig. Der Freibetrag zur Erfüllung laufender gesetzlicher Unterhaltspflichten muss dem Schuldner auch dann belassen werden, wenn die Unterhaltsgläubiger bereits vorrangig in sein Arbeitseinkommen vollstrecken. Die an vollstreckende Gläubiger vom Drittschuldner abzuführenden Beträge sind dann diesem Freibetrag zu entnehmen, so dass dem Schuldner selbst nur der zu seinem eigenen notwendigen Unterhalt erforderliche Betrag verbleibt[31]. Andere Einnahmen, die dem Schuldner für seinen Unterhalt und zur Erfüllung seiner Unterhaltspflichten zur Verfügung stehen, mindern den Freibetrag aus Arbeitseinkommen, sind also anzurechnen[32] (siehe auch Rdn. 1104). Da § 850 d ZPO die unterste Grenze des Sozialschutzes bildet, darf sie auch bei Vorrangpfändung aus unerlaubter Handlung nicht unterschritten werden, und zwar auch dann nicht, wenn der (frühere) Arbeitgeber seine Forderung aus der im Rahmen des Arbeitsverhältnisses begangenen vorsätzlichen Nachteilszufügung vollstreckt.

1196

2. Dass der dem Schuldner verbleibende Teil seines Arbeitseinkommens den Betrag nicht übersteigen darf, der ihm nach den Vorschriften des § 850 c ZPO gegenüber nicht bevorrechtigten Gläubigern zu verbleiben hätte, bestimmt § 850 f Abs. 2 (anders als § 850 d Abs. 1 S. 3 ZPO) nicht ausdrücklich. Das jedoch ist selbstverständlich[33]. § 850 f Abs. 2 ZPO will

1196a

---

29 *SozG Düsseldorf* MDR 1992, 786.
30 Siehe auch *AG Groß-Gerau* FamRZ 1983, 1264 = MDR 1984, 61 = Rpfleger 1983, 450: Keine Herabsetzung des pfändungsfreien Betrags zulasten Unterhaltsberechtigter.
31 *LG Krefeld* JurBüro 1979, 1084.
32 **Anders** früher *LG Mannheim* Rpfleger 1971, 114: ein Anspruch auf Kindergeld ist nicht anzurechnen (durch Gesetzesänderung überholt); für Anrechnung von Kindergeld früher richtig; *OLG Düsseldorf* OLGZ 1972, 310 = MDR 1972, 152 sowie MDR 1976, 410; *LG Essen* JurBüro 1971, 465 = Rpfleger 1971, 325; *LG Krefeld* MDR 1976, 410.
33 Ebenso *Berner* Rpfleger 1959, 77 (80); *LG Berlin* JurBüro 1974, 375 = Rpfleger 1974, 167; *LG Bochum* Rpfleger 1997, 395.

den Pfändungszugriff in weiterem Maße ermöglichen (Rdn. 1190), nicht aber die Möglichkeit der Befriedigung einer begünstigten Gläubigerforderung einschränken. Daher „kann" (auch nach dem Wortlaut des § 850 f Abs. 2 ZPO) das Vollstreckungsgericht den Pfändungsschutz des Schuldners (gegenüber § 850 c ZPO) einschränken und damit den Vollstreckungszugriff auf Arbeitseinkommen weiter ausdehnen, nicht aber Arbeitseinkommen in größerem Umfang als nach § 850 c ZPO pfandfrei stellen. Das ermöglicht nur individueller Schutz nach § 850 f Abs. 1 ZPO. Die Begrenzung des dem Schuldner verbleibenden Freibetrags auf den nach § 850 c ZPO unpfändbaren Einkommensteil ist im Pfändungsbeschluss festzulegen (siehe Rdn. 1106). Auch für diese Begrenzung des Schuldnereinkommens kann auf Antrag des Gläubigers das Vollstreckungsgericht Bestimmung nach § 850 c Abs. 4 ZPO treffen, dass ein Angehöriger mit eigenen Einkünften ganz oder teilweise unberücksichtigt bleibt (wie Rdn. 1108). Auf Antrag des Schuldners kann ihm von dem nach § 850 c ZPO zu bestimmenden Teil seines pfändbaren Arbeitseinkommens noch ein zusätzlicher Teil nach § 850 f Abs. 1 ZPO pfandfrei belassen werden, wenn die dort genannten Voraussetzungen vorliegen.

1196b 3. Auf Antrag des Gläubigers ist der nach § 850 f Abs. 2 ZPO in erweitertem Umfang mögliche Pfändungszugriff zu begrenzen (vgl. bereits Rdn. 1118). Die Pfändung des den Unterhaltsbedarf des Schuldners und seiner Angehörigen übersteigenden Arbeitseinkommens ist daher auch dann zu begrenzen, wenn der Gläubiger verlangt hat, ihm über das nach § 850 c ZPO pfändbare Einkommen hinaus einen weiteren *bestimmten* Zusatzbetrag zur Pfändung freizugeben[34].

1197 4. Die nach § 850 f Abs. 2 ZPO erweiterte Pfändung erfolgt nur zugunsten des Gläubigers der Forderung aus einer unerlaubten Handlung, auf dessen Antrag der weitergehende Pfändungszugriff zugelassen wird. Sie lässt eine zeitliche *frühere Einkommenspfändung* des Gläubigers einer gewöhnlichen Vollstreckungsforderung für die nach § 850 c ZPO von ihr erfassten Einkommensteile *unberührt* (§ 804 Abs. 3 ZPO). Dem nach § 850 f Abs. 2 ZPO begünstigten zweitpfändenden Gläubiger gebührt sogleich mithin nur die Einkommensdifferenz zwischen dem nach § 850 c ZPO anderweit bereits vorrangig (§ 804 Abs. 3 ZPO) und dem nun nach § 850 f Abs. 2 ZPO erweitert gepfändeten Einkommen. Es gilt das Rdn. 1273, 1274 Gesagte entsprechend. Zahlt der Arbeitgeber auch Beträge, die die Pfändungsgrenze des § 850 c ZPO überschreiten, an den vorrangig pfändenden Gläubiger der gewöhnlichen Vollstreckungsforderung aus, so bleibt er dem nach § 850 f Abs. 2 ZPO erweitert pfändenden Gläubiger gegenüber mit dem nur für diesen von der Pfändung erweitert erfassten Einkommensteil verpflichtet[35]. Wenn der nach § 850 f Abs. 2 ZPO begünstigte Gläubiger zuerst erweitert gepfändet hat, geht sein Pfandrecht nach § 804 Abs. 3 ZPO einem später

---

34 Siehe dazu *OLG Karlsruhe* MDR 1971, 401.
35 *ArbG Koblenz* KKZ 1981, 66 = MDR 1979, 611 (Leits.).

Weitergehende Pfändung (§ 850 f Abs. 2 u. 3 ZPO)

nur in den Grenzen des § 850 c ZPO erlangten Pfandrecht des Gläubigers einer gewöhnlichen Vollstreckungsforderung vor.

5. Einer *Unterhaltspfändung* (§ 850 d ZPO) gebührt wegen der laufenden Leistungen Vorrang vor einer mit ihr zusammentreffenden Pfändung nach § 850 f Abs. 2 ZPO[36]. Das folgt aus der Bestimmung, dass dem Schuldner ein zur Erfüllung seiner laufenden gesetzlichen Unterhaltspflichten notwendiger Einkommensteil bleiben muss. Die nach § 850 f Abs. 2 ZPO zuerst ausgebrachte Pfändung, die den Vorrang des Unterhaltsgläubigers schmälert, ist auf Antrag nach § 850 g ZPO zu ändern.

V. Sonstige erhöhte Pfändbarkeit

1. *Erweiterte Vollstreckung* kann das Vollstreckungsgericht in anderen Fällen, wenn es sich bei dem Gläubigeranspruch also nicht um eine Unterhaltsforderung (Rdn. 1076 ff.) oder einen Anspruch aus unerlaubter Handlung (Rdn. 1190 ff.) handelt, nach § 850 f Abs. 3 ZPO in das (ab 1.7.2005) *monatlich* 2.985,00 Euro (wöchentlich 678,70 Euro, täglich 131,25 Euro) *übersteigende Arbeitseinkommen* anordnen. Diese Regelung beruht auf der Erwägung, dass sich nach § 850 c Abs. 3 ZPO bei hohem Einkommen Pfändungsfreigrenzen ergeben können, die durch die Verhältnisse nicht mehr gerechtfertigt sind. Unter Berücksichtigung der Belange des Gläubigers und des Schuldners muss diese weitergehende Pfändung bei hohem Einkommen angemessen sein[37]. Dass die Gläubigerforderung wegen des Pfändungsschutzes nach § 850 c ZPO nicht oder nur in geringerem Umfang durchsetzbar ist, ermöglicht für sich allein Anordnung nach Abs. 3 nicht (ergibt sich aus dem System des Pfändungsschutzes[38]). Es müssen besondere Gründe des Einzelfalls für eine Besserstellung des Gläubigers sprechen[39]. Das kann z. B. der Fall sein, wenn der Schuldner einem Angehörigen Unterhalt oder einen Unterhaltsbeitrag durch Zahlung einer Geldrente gewährt und diese geringer als der Betrag ist, um den sich im Hinblick auf diesen Angehörigen nach § 850 c Abs. 3 ZPO der unpfändbare Teil des Arbeitseinkommens erhöht. Diese Erhöhung kann dann nach § 850 f Abs. 3 ZPO auf den Betrag begrenzt werden, der als Unterhalt oder Unterhaltsbeitrag tatsächlich geleistet wird. Bedeutung kann auch erlangen, dass der Gläubiger bei Ausfall seiner Forderung selbst in Schwierigkeiten (in Not) geraten würde oder eine Forderung beizutreiben hat, die einen besonders schutzwürdigen Bedarf decken soll[40]. Stets müssen dem Schuldner jedoch bestimmte Einkommensteile verbleiben (siehe § 850 f Abs. 3 ZPO).

2. Die erweiternde Anordnung ergeht nur auf Antrag des Gläubigers (siehe daher Rdn. 1194, 1195). Über ihn entscheidet das Vollstreckungsge-

1198

---

36 *Berner* a.a.O. (Fußn. 33)
37 *OLG Köln* FamRZ 1991, 1462 = JurBüro 1992, 270.
38 *OLG Köln* FamRZ 1991, 1462 = a.a.O.
39 *Zöller/Stöber*, ZPO, Rdn. 11; *Wieczorek/Schütze/Lüke*, ZPO, Rdn. 33, je zu § 850 f.
40 *OLG Köln* und *Zöller/Stöber* je a.a.O.

richt. Bestimmung über den Umfang der erweitert pfändbaren Einkommensbeträge trifft es nach billigem Ermessen. Praktische Bedeutung hat diese erhöhte Pfändbarkeit derzeit kaum. Möglich ist eine Anordnung nur für Arbeitseinkommen über 2.985,00 Euro monatlich; Einkommen über 3.020,60 Euro ist jedoch ohnedies der Pfändung voll unterworfen (§ 850 c Abs. 2 S. 2 ZPO). Erweiterte Pfändbarkeit nach § 850 f Abs. 3 ZPO kann daher nur für den geringen Einkommensbetrag zwischen diesen beiden Werten angeordnet werden (für Wochen- und Tagesbeträge ergibt sich ein gleichermaßen geringer Anwendungsbereich).

3. Dynamisierung der Beträge nach den Sätzen 1 und 2 des § 850 f Abs. 3 ZPO sieht dessen Satz 3 vor.

VI. Rechtspflegerentscheidung, Rechtsbehelfe

Schrifttum: *Berner,* Die Zuständigkeit des Rechtspflegers bei der begünstigten Pfändung von Arbeitseinkommen wegen einer Forderung aus einer vorsätzlich begangenen unerlaubten Handlung, Rpfleger 1962, 299.

1199 Zuständig für die Ermessensentscheidung des Vollstreckungsgerichts nach § 850 f Abs. 2 oder 3 ZPO ist der *Rechtspfleger;* ein Richtervorbehalt besteht nicht[41] (siehe § 20 Nr. 17 RPflG). Rechtsbehelfe: Rdn. 716, 729, 730. Nur anfechtbar (nicht jedoch nichtig) ist der Pfändungsbeschluss auch, wenn mit fehlerhafter Annahme einer Forderung aus vorsätzlicher unerlaubter Handlung in dem weitergehenden Umfang des § 850 f Abs. 2 ZPO gepfändet, somit ein zusätzlich pfändbarer Betrag festgesetzt wurde (siehe Rdn. 750 Fußn. 13).

VII. Verwaltungsvollstreckung[42]

1199a Das mit Verwaltungsvollstreckung nicht befasste (§ 249 Abs. 1 AO, § 5 Abs. 1 VwVG-Bund) Vollstreckungsgericht kann (selbstständig) Bestimmung für eine Pfändungsverfügung der Vollstreckungsbehörde (§ 309 AO) nicht treffen, dass der unpfändbare Betrag des Arbeitseinkommens des Schuldners wegen Vollstreckung einer Forderung aus unerlaubter Handlung[43] herabsetzt (§ 850 f Abs. 2 ZPO) oder hohes Einkommen des Schuldners erweitert gepfändet wird (§ 850 f Abs. 3 ZPO). Die Vollstreckungsbe-

---

41 *OLG Düsseldorf* a.a.O. (Fußn. 26); *KG* Rpfleger 1960, 126; *Berner* Rpfleger 1962, 300 und 1959, 79 (80); *Bauer* JurBüro 1960, 142 (nur für den Fall des Abs. 2; für Abs. 3 Gegenansicht); *Weber* Rpfleger 1967, 256; **a.A.** *AG Essen* Rpfleger 1962, 348.

42 **Schrifttum** dazu: *App,* Pfändung wegen vorsätzlich begangener unerlaubter Handlung durch Finanzbehörden, ZIP 1990, 910; *App,* Die erleichterte Pfändung von Arbeitslohn nach § 850 f Abs. 3 ZPO in und bei der Verwaltungsvollstreckung, KKZ 1990, 33.

43 Eine Steuerforderung ist keine Forderung aus vorsätzlich unerlaubter Handlung, auch nicht der Nachzahlungsbetrag (mit Hinterziehungszinsen) bei strafbarer Steuerhinterziehung, *BFH* 181, 552 = NJW 1997, 1725 und NJW 2008, 3807 = NZI 2008, 764; *BArbG* BAG 61, 109 (weitere Nachweise Rdn. 750 Fußn. 13); *FG Hamburg* NZI 2007, 738 mir Anm. *Farr* (für Hinterziehungszinsen nicht entschieden).

hörde[44] hat in ihrer Pfändungsverfügung (§ 309 AO) den pfandfreien Teil des Arbeitseinkommens nach § 850 f Abs. 2 oder Abs. 3 ZPO (mit § 319 AO) selbst zu bemessen, sonach den Betrag zu bestimmen, der nach § 850 f Abs. 2 ZPO pfandfrei zu bleiben hat, oder Bestimmung der Pfändung im erweiterten Umfang des § 850 f Abs. 3 ZPO anzuordnen.

M. Änderung der Unpfändbarkeitsvoraussetzungen (§ 850 g ZPO)

I. Anwendungsbereich

1. Die Zwangsvollstreckung in Arbeitseinkommen erstreckt sich auch auf die nach der Pfändung fällig werdenden Bezüge (§ 832 ZPO und Abschn. B sowie § 850 d Abs. 3 ZPO und Rdn. 687). Während der ganzen Laufzeit der Pfändung bestimmt sich ihr Umfang aber nach dem Inhalt des Pfändungsbeschlusses. *Änderungen* während der laufenden Pfändung muss und kann der Drittschuldner von sich aus nur berücksichtigen, wenn ihm der (sog. Blankett-)Pfändungsbeschluss im Falle des § 850 c ZPO die Ermittlung des von der Pfändung erfassten Lohnteils und Berücksichtigung der unterhaltsberechtigten Angehörigen überlässt (s. Rdn. 1054). Hat das Vollstreckungsgericht im Pfändungsbeschluss (insbesondere im Falle des § 850 d oder f Abs. 2 ZPO) oder in einem Ergänzungsbeschluss (insbesondere auch in den Fällen der § 850 e Nr. 2, 2 a und 3 ZPO) den unpfändbaren Teil des Arbeitseinkommens oder die für seine Feststellung maßgeblichen einzelnen Tatsachen selbst festgelegt, dann bleibt diese Anordnung auch bei Änderung der Verhältnisse wirksam. Das Vollstreckungsgericht muss dann aber nach Änderung der Voraussetzungen, die für die Bemessung des unpfändbaren Teils des Arbeitseinkommens maßgebend waren, den Pfändungsbeschluss auf Antrag entsprechend ändern (§ 850 g S. 1 ZPO). Da eine Änderung des Pfändungsbeschlusses an sich jederzeit mit Erinnerung erstrebt werden könnte, liegt die Bedeutung des § 850 g ZPO vor allem darin, dass die Bestimmung unter den angeführten Voraussetzungen auch die Änderung eines bereits in einem Erinnerungs- oder Beschwerdeverfahren überprüften Pfändungsbeschlusses ermöglicht[1]. Abgeändert werden kann daher auch ein vom Landgericht oder Bundesgerichtshof als Beschwerdegericht erlassener, bestätigter oder geänderter Pfändungsbeschluss. Zur Vermeidung wiederholter Änderungsverfahren kann in einem Änderungsbeschluss von einer betragsmäßigen Festlegung der nach § 850 d ZPO (auch § 850 f Abs. 2 ZPO) zu bestimmenden Pfändungsfreigrenze abgesehen werden, wenn der jeweils pfändungsfreie Betrag auf andere Weise als gleitender Freibetrag eindeutig bestimmt werden kann[2]. 1200

---

44 Ebenso *BFH* 181, 552 = NJW 1997, 1725; *App* ZIP 1990, 910 und KKZ 1990, 33. Deren Zuständigkeit hat das *BArbG* a.a.O. offen gelassen.
1 *BGH* 161, 73 = FamRZ 2005, 198 = JurBüro 2005, 161 = MDR 2005, 413 = NJW-RR 2005, 222 = Rpfleger 2005, 149; *OLG Köln* FamRZ 1994.
2 *LG Kassel* FamRZ 1976, 111 = Rpfleger 1974, 77 mit zust. Anm. *Stöber*.

3. Kapitel: Pfändung von Arbeitseinkommen

1201 2. Eine *Änderung der Verhältnisse* bringt z. B. die Geburt oder der Tod eines Unterhaltsberechtigten oder das sonstige Erlöschen einer Unterhaltspflicht (Wegfall der Unterhaltsbedürftigkeit eines Anspruchsberechtigten), der Wegfall oder eine wertmäßige Veränderung der Naturalbezüge oder des eingerechneten Nebeneinkommens, die Änderung der für Zusammenrechnung (§ 850 e Nr. 2 ZPO) maßgeblich gewesenen Umstände[3] (z. B. Wegfall eines der Einkommen), ferner der Pfändungszugriff eines vorrangigen Unterhaltsberechtigten. Als Änderung der Verhältnisse ist aber auch die Änderung der Bemessungsgrundlage für den nach § 850 d ZPO festgestellten pfandfreien Betrag infolge der durch Preissteigerung bedingten Erhöhung der Lebenshaltungskosten anzusehen[4], ebenso die Erhöhung der Lebenshaltungskosten mit Verlegung des Wohnsitzes durch den Unterhaltsschuldner vom „flachen Land" in eine Großstadt, in der Deckung des notwendigen Lebensunterhalts höhere Kosten verursacht[5]. Bei der Unterhaltsvollstreckung ermöglichen auch geänderte Maßstäbe für Berechnung des nach § 850 d Abs. 1 S. 2 ZPO unpfändbaren Einkommensteils auf Grund einer erstmaligen höchstrichterlichen Grundsatzentscheidung Änderung des Pfändungsbeschlusses[6].

II. Antrag

1202 *Antrag* auf Änderung des Pfändungsbeschlusses können der Schuldner und Gläubiger stellen, nicht aber der Drittschuldner[7]. Antragsberechtigt ist auch ein Dritter, dem der Schuldner kraft Gesetzes Unterhalt leisten muss (§ 850 g S. 2 ZPO), wenn ihm die Änderung zugute kommen soll. Nach Wiederverheiratung des Schuldners kann also seine jetzige Ehefrau Änderung durch Berücksichtigung ihres Freibetrages beantragen. Der Antrag (und Änderung) ist auch zulässig, wenn die für Bemessung des Freibetrages maßgeblichen Verhältnisse von vornherein unrichtig angenommen worden waren[8]. Er ist an keine Frist gebunden.

---

3 *Grunsky* ZIP 1983, 908 (913).
4 Siehe *Grund* NJW 1955, 1587.
5 *LG Hamburg* MDR 1988, 154 und 241 (Leits.) mit Anm. *Schultz*.
6 BGH 161, 73 = a.a.O. (Fußn. 1).
7 Ihn nennt § 850 g ZPO nicht als antragsberechtigt; *Zöller/Stöber*, ZPO, Rdn. 3; *Wieczorek/Schütze/Lüke*, ZPO, Rdn. 7; *Schuschke/Walker/Kessal-Wulf*, Vollstreckung, Rdn. 2, je zu § 850 g; **a.A.** *Stein/Jonas/Brehm*, ZPO, Rdn. 4 zu § 850 g ZPO mit weit. Nachw.; *LArbG Frankfurt* Betrieb 1990, 639.
8 *OLG Schleswig* JurBüro 1959, 134 = SchlHA 1958, 338; **a.A.** *LG Düsseldorf* JurBüro 1982, 938 = Rpfleger 1982, 300 sowie – Änderung muss nach Rechtskraft eingetreten sein – *LG Essen* MDR 1955, 113, und – Änderung muss nach Erlass des Pfändungsbeschlusses eingetreten sein – *Stein/Jonas/Brehm*, ZPO, Rdn. 1; *Wieczorek/Schütze/Lüke*, ZPO, Rdn. 1, je zu § 850 g. Der Wortlaut des § 850 g ZPO spricht nicht zwingend für die Gegenmeinung. Wenn der Schuldner eine „Unrichtigkeit" des Pfändungsbeschlusses nicht sogleich rügt, sondern eine zu umfassende Pfändung hinnimmt, später jedoch andere Berechnung des unpfändbaren fortlaufenden Arbeitseinkommens geltend macht, ist auch das als Änderung der Unpfändbarkeitsvoraussetzungen anzusehen. Unanfechtbarkeit eines Pfändungsbeschlusses

Änderung der Unpfändbarkeitsvoraussetzungen (§ 850 g ZPO)

III. Zuständigkeit

Über den Änderungsantrag *entscheidet* das Vollstreckungsgericht durch *Beschluss*. Örtlich zuständig ist nicht ohne weiteres das Vollstreckungsgericht, das den Pfändungsbeschluss erlassen hat, sondern das Wohnsitzgericht des Schuldners bei Antragstellung (siehe Rdn. 453), bei Wohnsitzwechsel zwischen Pfändung und Antragstellung also das neue Vollstreckungsgericht[9]. Es entscheidet der *Rechtspfleger* (§ 20 Nr. 17 RPflG), und zwar auch dann, wenn der zu ändernde Beschluss vom Richter oder Beschwerdegericht erlassen ist, weil der Antrag nicht auf Überprüfung dieser Entscheidung, sondern Berücksichtigung neuer Tatsachen zielt. Wenn nicht eine Änderung der Verhältnisse geltend gemacht, sondern vorgebracht wird, der Pfändungsbeschluss sei unrichtig erlassen worden, weil er auf unzutreffend angenommenen tatsächlichen Voraussetzungen für den Umfang der Pfändung beruht (wenn somit Umstände, die schon bei Erlass des Pfändungsbeschlusses vorgelegen haben, vom Schuldner danach mit Einwendungen gegen die Pfändung geltend gemacht werden)[10], handelt es sich um eine Erinnerung (§ 766 ZPO), über die der Richter zu entscheiden hat (§ 20 Nr. 17 RPflG)[11]. Der Richter ist auch zuständig, wenn (insbesondere im Falle des § 850 d ZPO) mit dem Änderungsantrag zugleich eine Erinnerung gegen den früheren Beschluss verbunden ist, wenn also nicht nur neue Verhältnisse vorgebracht werden, sondern zugleich auch eine falsche Beurteilung der früher schon vorgetragenen Verhältnisse geltend gemacht ist. Der Erinnerung kann jedoch der Rechtspfleger abhelfen.

1203

---

kann das Recht des Schuldners, Unpfändbarkeit nach den fortbestehenden Verhältnissen für künftigen Lohnabzug geltend zu machen, mithin das Antragsrecht nach § 850 g ZPO, nicht ausschließen. Streit darüber, ob überhaupt die für Bemessung des pfändungsfreien Betrags maßgebenden Verhältnisse von vornherein unrichtig angenommen worden sind oder sich geändert haben (**Beispiel:** Unterhaltsbedarf der berücksichtigten Unterhaltsberechtigten), wird mit Änderungsantrag nach § 850 g ZPO vermieden. Der Abänderungsantrag nach § 850 g ZPO leitet ein selbstständiges Verfahren zur vereinfachten Angleichung des Pfändungsbeschlusses während der fortlaufenden Pfändung ein. Er ist nicht durch eine daneben zulässige Erinnerung (s. Rdn. 1200) ausgeschlossen. Eine Beschränkung bringt nur das Verbot, nach Entscheidung über einen Rechtsbehelf die gleichen Verhältnisse neu zu würdigen (Innenbindung, siehe § 318 ZPO; *OLG Köln* FamRZ 1994, 1272 = a.a.O.).

9   So auch *Zöller/Stöber*, ZPO, Rdn. 4 zu § 850 g. **A.A.** *BGH* Rpfleger 1990, 308; *OLG Karlsruhe* JurBüro 2005, 553 (554) sowie *OLG München* JurBüro 1985, 945 = Rpfleger 1985, 154, die auch den Änderungsbeschluss zu dem mit Pfändung begonnenen Vollstreckungsverfahren rechnen und Wohnsitzverlegung daher für die fortdauernde örtliche Zuständigkeit des Vollstreckungsgerichts als unwesentlich erachten. **A.A.** ebenso *Wieczorek/Schütze/ Lüke*, ZPO, Rdn. 8 zu § 850 g.
10 Auch insoweit wird Abänderungsantrag für zulässig gehalten von *OLG Köln* FamRZ 1994, 1272 = a.a.O.
11 *LG Hannover* JurBüro 1986, 622.

IV. Verfahren

1204 1. Vor der Entscheidung ist dem Antragsgegner *rechtliches Gehör* zu gewähren[12]. In ganz dringenden und zweifelsfreien Fällen (wenn der Schuldner z. B. eine Geburtsurkunde über die Geburt eines weiteren unterhaltsberechtigten Kindes vorlegt) wird von einer Anhörung des Gegners abgesehen, ihm rechtliches Gehör also erst in einem etwaigen Erinnerungsverfahren gewährt werden können.

1205 2. Der *Änderungsbeschluss* ist dem Gläubiger, Schuldner und Drittschuldner, bei Antragstellung durch einen unterhaltsberechtigten Angehörigen auch diesem, von Amts wegen zuzustellen (§ 329 Abs. 3 ZPO). Von Amts wegen – nicht auf Betreiben des Gläubigers – erfolgt die Zustellung auch, wenn der Änderungsbeschluss den Betrag, der dem Schuldner pfandfrei verbleibt, herabsetzt, mithin weiteres Arbeitseinkommen der Pfändung unterwirft. Denn eine Zustellung im Parteibetrieb sieht § 829 Abs. 2 ZPO nur für die Herbeiführung der Pfändungswirkungen, nicht aber § 850 g ZPO für deren Änderung durch andere Bemessung des unpfändbaren Arbeitseinkommens vor[13]. An Stelle der Zustellung an den Antragsteller genügt formlose Mitteilung, wenn seinem Gesuch voll entsprochen wurde (§ 329 Abs. 3 ZPO).

3. Kosten des Verfahrens: § 788 ZPO (siehe Rdn. 1187).

V. Rechtsmittel

1206 Gegen den Beschluss findet *sofortige Beschwerde* nach § 793 ZPO statt, wenn die Beteiligten gehört worden sind; ein nicht gehörter Beteiligter hat die Erinnerung nach § 766 ZPO[14]. Beschwert ist bei Zurückweisung eines Antrages des Schuldners auch der Unterhaltsberechtigte und bei Zurückweisung eines Antrages des Angehörigen auch der Schuldner, der deshalb auch dann, wenn er selbst keinen Antrag gestellt hat, Beschwerde oder Erinnerung erheben kann; das eigene Antragsrecht geht aber nicht verloren, wenn von diesem beschwerten Beteiligten kein Rechtsmittel eingelegt wird.

---

12 So auch *Wieczorek/Schütze/Lüke*, ZPO, Rdn. 9 zu § 850 g. **Enger** *Schuschke/Walker/Kessal-Wulf*, Vollstreckung, Rdn. 4 zu § 850 g; Betreibt der Gläubiger das Verfahren nach § 850 g ZPO, verbietet sich eine Anhörung des Schuldners (§ 834 ZPO); nicht zutreffend, Änderung ist keine neue Pfändung (Rdn. 1207).
13 Wie hier *Zöller/Stöber*, ZPO, Rdn. 7 zu § 850 g und *Stein/Jonas/Brehm*, ZPO, Rdn. 8 (nicht richtig Rdn. 11) zu § 850 g (Wirksamkeit gegenüber Drittschuldner aber auch bei Parteizustellung), **anders** – Zustellung des Beschlusses, der eine „erweiterte" Pfändung ausspricht, wie beim Pfändungsbeschluss an Drittschuldner, also im Parteibetrieb – *Schuschke/Walker/Kessal-Wulf*, Vollstreckung, Rdn. 4; *Wieczorek/Schütze/Lüke*, ZPO, Rdn. 11, je zu § 850 g.
14 So auch *Wieczorek/Schütze/Lüke*, ZPO, Rdn. 11 zu § 850 g. **A.A.** *LG Hagen* Jur-Büro 1985, 945: Der Änderungsbeschluss ist immer Entscheidung, Anfechtung daher stets nur mit sofortiger Beschwerde.

Änderung der Unpfändbarkeitsvoraussetzungen (§ 850 g ZPO)

VI. Wirkung der Änderung

Schrifttum: *Berner,* Zur Frage der Rückwirkung von Änderungsbeschlüssen in Lohnpfändungssachen, Rpfleger 1964, 329.

1. Der Änderungsbeschluss bestimmt den unpfändbaren Teil des Arbeitseinkommens von seinem Wirksamwerden an an Stelle des Pfändungsbeschlusses. Arbeitseinkommen ist damit nach Bestimmung des Änderungsbeschlusses unpfändbar (dem Schuldner für Unterhalt zu belassen) und damit nun wegen des weitergehenden Teils durch den Pfändungsbeschluss gepfändet, der mit Zustellung an den Drittschuldner wirksam geworden ist (§ 829 Abs. 3 ZPO). Erhöht sich nach dem Änderungsbeschluss der gepfändete Teil des Arbeitseinkommens, dann bewirkt (und erfordert) das keine Neuanordnung[15] des damit gepfändeten weiteren Einkommensteils. Das durch den Pfändungsbeschluss erlangte Pfandrecht erstreckt sich (mit seinem Rang) nun auch auf die fortlaufend fällig werdenden Beträge (§ 832 ZPO) im Umfang des Änderungsbeschlusses (wie Rdn. 1071 und 1187 a).

1207

2. Der *Drittschuldner* kann nach dem Inhalt des Pfändungsbeschlusses mit befreiender Wirkung leisten, bis ihm der Änderungsbeschluss zugestellt ist (§ 850 g S. 3 ZPO). Grund: Schutz des Vertrauens des Drittschuldners auf den Fortbestand des Pfändungsbeschlusses (vergleichbar mit § 836 Abs. 2 ZPO). Dieser Drittschuldnerschutz endet nicht schon ohne weiteres mit dem Zeitpunkt, in dem der Drittschuldner vom Änderungsbeschluss auf sonstige Weise Kenntnis erlangt; § 850 g S. 3 ZPO schließt (anders als § 836 Abs. 2 ZPO) diesen Fall nicht ein. Nach Wortlaut („kann") und Zweck des § 850 g S. 3 ZPO kann der Drittschuldner nach dem Inhalt des Änderungsbeschlusses (mit befreiender Wirkung) bereits dann leisten, wenn er von diesem auf sonstige Weise Kenntnis erlangt.

1207a

3. Die Änderung des Pfändungsbeschlusses kann *rückwirkend* auf den Zeitpunkt der Änderung der maßgeblichen Verhältnisse angeordnet werden[16]. Rückwirkend auf den Zeitpunkt der Beschlagnahme kann die Höhe der Pfändungsfreigrenze nachträglich abgeändert werden, wenn schon bei Erlass des Beschlusses wesentliche Umstände nicht berücksichtigt worden sind. Die rückwirkende Änderung des Beschlusses hat aber nur Bedeutung, soweit der Lohnabzug noch nicht erfolgt ist. Soweit Zahlung noch nicht geleistet ist, hat der Drittschuldner der rückwirkenden Änderung nachzukommen[17]. Mit Zahlung gepfändeter Lohnteile an den Gläubiger[18] ist die

1208

---

15 Die abzulehnende Ansicht, der Schuldner könne vor Entscheidung über einen Änderungsantrag des Gläubigers (wegen § 834 ZPO) nicht gehört werden (Rdn. 1204) und der Änderungsbeschluss sei dem Drittschuldner auf Betreiben des Gläubigers zuzustellen (Rdn. 1205), gründet sich auf die irrige Ansicht, eine Änderung zugunsten des Gläubigers sei neue Pfändung des zusätzlichen Einkommensteils.
16 Siehe *Berner* Rpfleger 1964, 329 mit weit. Nachw.; *LG Wuppertal* JurBüro 2002, 95; **a.A.** – unzutreffend – *LG Frankenthal* Rpfleger 1964, 346.
17 *BArbG* NJW 1991, 1774.
18 Für schuldbefreiende Leistung ist nach § 836 Abs. 2 ZPO maßgeblich, ob der Drittschuldner von dem Änderungsbeschluss bei Leistung noch keine Kenntnis hatte, *BArbG* a.a.O. und Rdn. 618 a.

Zwangsvollstreckung insoweit beendet, eine nachträgliche Änderung also nicht mehr möglich[19]. Eine Neuberechnung der schon abgeführten Lohnteile und ein Ausgleich des „zuviel" abgezogenen mit dem künftigen Einkommen verbietet sich.

1208a Enthält der Änderungsbeschluss keine näheren Angaben, so hat er nicht grundsätzlich und ohne weiteres rückwirkende Kraft[20]. Seine rückwirkende Kraft muss vielmehr ausdrücklich ausgesprochen sein oder doch zweifelsfrei aus den gesamten Umständen entnommen werden können. Auch bei Fehlen einer ausdrücklichen Anordnung der Rückwirkung kann in einer Reihe von typischen Fällen eine Rückwirkung erkennbar gemeint sein[21], so bei Bestimmung, dass Unterhaltsgläubiger gleichrangig zu berücksichtigen sind[22]. Doch ist ein Beschluss des Vollstreckungsgerichts, der die Frage der Rückwirkung offenlässt und damit der Auslegung zugänglich macht, mit einem Unsicherheitsfaktor belastet, der die Parteien berechtigt, beim Vollstreckungsgericht auf Klärung hinzuwirken und gegebenenfalls eine solche durch Rechtsmittel herbeizuführen[23].

N. Lohnschiebung und -verschleierung
(§ 850 h ZPO)

I. Vollstreckung bei Lohnhinterziehung

Schrifttum: *Behr,* Verschleiertes Arbeitseinkommen, JurBüro 1990, 1237; *Bobrowski,* Mitarbeitspflicht des Ehemannes und Arbeitseinkommen, Rpfleger 1959, 12; *Brommann,* Die Konkurrenz mehrerer Lohnpfändungsgläubiger im Rahmen der Pfändung fiktiven Einkommens, SchlHA 1986, 49 und 65; *Fenn,* Die juristische Qualifikation der Mitarbeit bei Angehörigen und ihre Bedeutung für die Vergütung, FamRZ 1968, 291; *Fenn,* Die Bedeutung verwandtschaftlicher Beziehungen für die Pfändung des „Arbeitseinkommens" nach § 850 h II ZPO, AcP 167 (1967) 148; *Geißler,* Fragen zur Zwangsvollstreckung bei verschleiertem Arbeitseinkommen, JurBüro 1986, 1295; *Geißler,* Zur Pfändung in Lohnrückstände bei verschleierten Arbeitsverhältnis, Rpfleger 1987, 5; *Göttlich,* Pfändung bei Lohnschiebungen und verschleierten Arbeitsverhältnissen, JurBüro 1956, 233; *Grunsky,* Gedanken zum Anwendungsbereich von § 850 h Abs. 2 ZPO, Festschrift für Baur (1981) 403; *Menken,* Arbeitsrechtliche Probleme des Ehegattenarbeitsverhältnisses, Betrieb 1993, 161.

1209 Den Interessen des Vollstreckungsgläubigers an der Durchsetzung seiner Forderung gegen einen Schuldner auch bei Lohnhinterziehung trägt § 850 h ZPO Rechnung[1]. Die Vorschrift erfasst

---

19 *OLG Köln* JurBüro 1988, 933 = Rpfleger 1988, 419.
20 *LG Wuppertal* JurBüro 2002, 95. Mit der Beschlussformel, dass „nunmehr" das einen bestimmten Betrag übersteigende Einkommen gepfändet ist, ist Bestimmung nur für die Folgezeit getroffen, *OLG Köln* a.a.O.
21 *BArbG* AP Nr. 8 zu § 850 d ZPO mit Anm. *Bötticher* = MDR 1962, 339 = NJW 1962, 510 = Rpfleger 1962, 170 mit zust. Anm. *Berner*; *Berner* Rpfleger 1964, 329.
22 *BArbG* NJW 1991, 1774 = a.a.O.
23 *Berner* Rpfleger 1962, 170.
1 Zu den Unterhaltsklagen bei verschleiertem Arbeitseinkommen siehe *Prelinger* JR 1961, 454; *OLG Schleswig* SchlHA 1957, 30.

- die *Lohnschiebung*, die in der Vereinbarung des Schuldners mit seinem Arbeitgeber liegt, dass die Vergütung für Arbeiten oder Dienste des Schuldners ganz oder teilweise an einen Dritten bewirkt werden soll, bei der also der Lohnanspruch in der Person des Dritten begründet wird;
- die *Lohnverschleierung*, die in einer unentgeltlichen oder unverhältnismäßig gering vergüteten Arbeitsleistung zu erblicken ist.

II. Lohnschiebung

1. Bei *Lohnschiebung* ermöglicht § 850 h Abs. 1 ZPO die Pfändung der Vergütung für vom Schuldner geleistete Arbeiten oder Dienste. Ein ständiges Arbeitsverhältnis wird nicht gefordert; betroffen ist daher auch die Vergütung für nur gelegentliche oder einmalige Arbeits- oder Dienstleistung irgendwelcher Art (siehe § 850 i Abs. 1 ZPO). **Beispiele:** Anfertigung eines Schrankes durch den Schuldner als Schreiner für Rechnung der Ehefrau. 1210

2. a) § 850 h Abs. 1 ZPO erfordert, dass ein Rechtsverhältnis zwischen dem Schuldner und dem Empfänger der Arbeits- oder Dienstleistungen besteht[2] (kann auch ein Werkvertrag sein[3]) und dass der Arbeitgeber (Drittschuldner) als Empfänger der Arbeits- oder Dienstleistungen sich verpflichtet hat, die *Vergütung* für die Leistung des Schuldners *an einen* Dritten (den sog. Drittberechtigten) *zu bewirken* (siehe § 328 BGB). *Drittberechtigter* ist meist ein naher Angehöriger des Schuldners (die Ehefrau, ein Kind, der Vater, die Braut usw.). Oft ist auch dem Schuldner der unpfändbare Lohnteil vorbehalten und dem Dritten nur der Mehrbetrag zugewendet. Lohnschiebung ist aber auch gegeben, wenn der Schuldner und sein Angehöriger (oder der sonstige Drittberechtigte) beim Drittschuldner arbeiten, der Schuldner aber nur eine geringe, der Angehörige dafür jedoch eine nicht gerechtfertigte übermäßig hohe Vergütung erhält. Ferner liegt Lohnschiebung vor, wenn der Angehörige des arbeitenden Schuldners für ein Darlehen unverhältnismäßig hohe Zinsen oder eine sehr hohe Gewinnbeteiligung (Prämie o.ä.) bezieht[4]. Nicht in Betracht kommt § 850 h Abs. 1 ZPO hingegen, wenn der Schuldner vertragliche Verpflichtungen seines Arbeitgebers gegenüber einem Dritten (als Vertragspartner des Arbeitgebers) erfüllt, selbst aber mit diesem Dritten kein Dienstverhältnis (keine vertraglichen Rechtsbeziehungen) eingegangen ist[5]. 1211

b) Ob Schuldner und Drittschuldner subjektiv eine Benachteiligung des Gläubigers beabsichtigt oder nicht gewollt haben, ist ohne Bedeutung. Auch auf die *Bezeichnung* der Vergütung kommt es nicht an, desgleichen nicht darauf, ob der Charakter der Vergütung äußerlich verschleiert ist. Erfasst sind alle Fälle, in denen die Leistung des Drittschuldners ausdrück- 1212

---

2 *BArbG* BAG 83, 33 = MDR 1996, 1155 = ZIP 1996, 1567.
3 *BArbG* BAG 83, 33 = a.a.O.
4 *Göttlich* JurBüro 1956, 233.
5 *BArbG* BAG 83, 33 = a.a.O.; **anders** vordem *LG Mannheim* MDR 1954, 178; auch *LArbG Mainz* BB 1960, 171.

lich als Vergütung für die Dienste des Schuldners bezeichnet ist oder sich nach Lage der Verhältnisse ganz oder teilweise als Vergütung für die Dienstleistung des Schuldners darstellt.

1213 c) Die Verpflichtung zur Leistung an den Dritten kann schon bei Vereinbarung des Arbeits- oder Dienstleistungsverhältnisses oder erst später festgelegt worden sein. Jedoch fällt die *Abtretung* des Vergütungsanspruchs des Schuldners nicht unter § 850 h Abs. 1 ZPO[6]. Denn bei Abtretung hat sich nicht der Drittschuldner als Empfänger der Dienstleistungen zur Zahlung an den Dritten verpflichtet, sondern der Dritte durch Vertrag mit dem Schuldner (ohne Mitwirkung des Arbeitgebers) Anspruch auf die Vergütung erworben (§ 398 BGB). Die Abtretung kann daher nur eine Gläubigeranfechtung nach dem AnfG begründen.

1214 d) Die Pfändung des Vergütungsanspruchs nach § 850 h Abs. 1 ZPO ist aber ungeschmälert möglich, wenn der *Drittberechtigte* selbst „seinen" Anspruch *abgetreten* hat. Denn der Zessionar kann nur in die Rechtsstellung des Zedenten eintreten, weitergehende Rechte von diesem jedoch nicht erwerben, muss also ebenso wie der Drittberechtigte die Pfändung nach § 850 h Abs. 1 ZPO dulden. Nach Pfändung darf daher der Drittschuldner nicht mehr an den Zessionar, sondern nur noch an den pfändenden Gläubiger leisten. Dies gilt ebenso, wenn der Anspruch von einem Gläubiger des Drittberechtigten gepfändet wurde, weil auch der pfändende Gläubiger des Drittberechtigten nicht mehr Rechte als dieser selbst haben kann.

3. *Die Pfändung*

1215 a) Die an den Dritten zu zahlende Vergütung gehört nach der Fiktion des § 850 h Abs. 1 ZPO für die Pfändung zum *Schuldnervermögen*. Der Anspruch des Drittberechtigten wird daher ohne weiteres von der Pfändung des Vergütungsanspruchs des Schuldners erfasst (siehe § 850 h Abs. 1 S. 2 ZPO). Bei Pfändung des Arbeitseinkommens des Schuldners verbietet sich deshalb für den Drittschuldner ohne weiteres und ohne Rücksicht darauf, ob das (Schiebungs-)Verhältnis im Pfändungsbeschluss bezeichnet ist oder nicht, auch jede Leistung an den Drittberechtigten. Leistet der Drittschuldner gleichwohl an den Drittberechtigten, so ist diese Leistung dem Gläubiger gegenüber unwirksam, der Drittschuldner daher zur nochmaligen Leistung an den Gläubiger verpflichtet. Um einheitliches Einkommen des Schuldners handelt es sich auch dann, wenn ein Teil der Vergütung dem Schuldner vorbehalten und nur der Rest dem Drittberechtigten zugewendet ist (siehe Rdn. 1211). Daher muss der Drittschuldner auch von sich aus (ohne gerichtliche Anordnung) in solchen Fällen den pfändbaren Betrag aus dem gesamten Vergütungsanspruch feststellen, die einzelnen Vergütungsteile also zusammenrechnen.

---

6 Ebenso *Stein/Jonas/Brehm*, ZPO, Rdn. 3; *Zöller/Stöber*, ZPO, Rdn. 2 a.E.; *Wieczorek/Schütze/Lüke*, ZPO, Rdn. 4, je zu § 850 h; *Göttlich* JurBüro 1956, 233; *Schuschke/Walker/Kessal-Wulf*, Vollstreckung, Rdn. 2 zu § 850 h; *Geißler* JurBüro 1986, 1295 (II 1); **a.A.** *Mohrbutter* JurBüro 1956, 78; *Sprey* DJ 1940, 1291.

b) Die dem *Drittberechtigten geschuldete Vergütung* kann vom Gläubiger des Schuldners aber auch unmittelbar, also ausdrücklich (allein oder zusammen mit dem Schuldner selbst etwa noch zustehenden Restanspruch) *gepfändet* werden. Diese Pfändung erfolgt auf Grund des gegen den Schuldner lautenden Vollstreckungstitels. Weder erforderlich noch ausreichend ist ein gegen den Drittberechtigten lautender Schuld- oder Duldungstitel, die Umschreibung der Vollstreckungsklausel auf ihn oder die Zustellung des gegen den Schuldner erwirkten Titels an den Drittberechtigten. Da der Anspruch als zum Schuldnervermögen gehörend behandelt wird, müssen vielmehr alle Voraussetzungen für den Beginn der Zwangsvollstreckung gegen den Schuldner selbst vorliegen. Auch der Pfändungsbeschluss kann nur gegen den Schuldner, nicht aber gegen den Drittberechtigten (auch dessen Anhörung verbietet § 834 ZPO) oder beide erwirkt werden, da letzterer nicht Partei im Zwangsvollstreckungsverfahren ist[7].

1216

c) Als *Arbeitseinkommen* kann die Vergütung nur in den Grenzen der §§ 850 a, c, d oder f Abs. 2 ZPO gepfändet werden; die *Pfändungsbeschränkungen* muss der Pfändungsbeschluss zum Ausdruck bringen. Das Vorliegen der Voraussetzungen des § 850 h Abs. 1 ZPO wird bei Erlass des Pfändungsbeschlusses materiell nicht geprüft. Vielmehr legt das Vollstreckungsgericht dem Beschluss die schlüssig vorgetragenen Angaben des Gläubigers zugrunde und pfändet den angeblichen Anspruch des Schuldners oder Drittberechtigten[8]. Ob tatsächlich ein Fall der Lohnschiebung vorliegt, der Pfändungsbeschluss somit auch den Anspruch des Drittberechtigten auf Leistung erfasst, muss, wie jeder Streit über Wirksamkeit und Umfang einer Pfändung, vom Prozessgericht – meist im Einziehungserkenntnisverfahren – entschieden werden.

1217

d) *Zuzustellen* ist der Pfändungsbeschluss, der den Vergütungsanspruch des Drittberechtigten ausdrücklich als gepfändet oder mitgepfändet bezeichnet, dem Schuldner und dem Drittberechtigten (§ 850 h Abs. 1 S. 3 ZPO). Die Zustellung an den Drittberechtigten kann auch später jederzeit nachgeholt werden. Sie ist für die Wirksamkeit der Pfändung ebenso wie die Zustellung an den Schuldner selbst ohne Bedeutung; wirksam wird die Pfändung immer nur durch die Zustellung an den Drittschuldner (§ 829 Abs. 3 ZPO).

1218

e) Die *Kosten* der ausdrücklichen Pfändung des Anspruchs des Drittberechtigten (Rdn. 1216) fallen dem Schuldner auch dann als notwendige Zwangsvollstreckungskosten (§ 788 ZPO) zur Last, wenn der Gläubiger (in Unkenntnis der Leistungsvereinbarung an den Dritten) bereits vorher eine Pfändung der Ansprüche des Schuldners erwirkt hatte[9].

1219

---

7 Irrig daher *Göttlich* JurBüro 1956, 234.
8 So auch *Geißler* JurBüro 1986, 1295 (II 3).
9 *Recke* JW 1935, 328.

3. Kapitel: Pfändung von Arbeitseinkommen

III. Lohnverschleierung

1220 1. Das für die *Lohnverschleierung* (siehe Rdn. 1209) erforderliche selbstständige Arbeits- oder Dienstverhältnis kann auf Grund vertraglicher Verpflichtung bestehen oder ohne solche nach den tatsächlichen Verhältnissen[10] gegeben sein; die Mitarbeit kann auch auf familienrechtlichen Bindungen[11] oder auf einer Innengesellschaft beruhen. Typische Beispiele sind die Tätigkeit des Ehemannes im Geschäft[12] der Ehefrau[13], die Arbeitsleistung des Sohnes im elterlichen Betrieb oder die Beschäftigung der verschuldeten Eltern im Unternehmen der Kinder je nur gegen Kost, Wohnung sowie ein kleines Taschengeld, und die Tätigkeit als GmbH-Geschäftsführer unter zeitweiligem Verzicht auf Gehaltszahlung[14] wegen (angeblich) schlechter Geschäftslage[15]. Dem steht es gleich, wenn Eheleute ein Erwerbsgeschäft in Form einer BGB-Gesellschaft betreiben, der den Betrieb hauptsächlich führende Schuldner für seine Tätigkeit jedoch nur mit einem unverhältnismäßig geringen Gewinnanteil belohnt wird[16]. Auch bei Teilzeitbeschäftigung (von gewisser Dauer und Regelmäßigkeit) kann ein Fall des § 850 h Abs. 2 ZPO vorliegen[17]. Die Absicht der Gläubigerbenachteiligung[18] muss nicht gegeben sein[19]. Unverhältnismäßig gering im Sinne des

---

10 S. *LArbG Hamm* JurBüro 1997, 273. Für die Mitarbeit des Ehemannes im Geschäft der Ehefrau kann im Einzelfall eine tatsächliche Vermutung bestehen, so dass die als Drittschuldnerin in Anspruch genommene Ehefrau beweispflichtig dafür ist, dass ihr Ehemann tatsächlich nicht mitarbeitet; siehe dazu *ArbG Kaiserslautern* AP Nr. 2 zu § 850 h ZPO = Betrieb 1958, 1332. Demgegenüber aber *LArbG Hamm* BB 1988, 1754 mit Anm. *Smid* gegen Anscheinsbeweis für Vollzeitbeschäftigung bei Kleinbetrieb und sonst beruflich oder gewerblich nicht tätigem Schuldner.
11 Zum fiktiven Arbeitsentgelt des Alleingeschäftsführers einer Familien-GmbH *OLG Frankfurt* GmbHR 1994, 708. Zur Lohnverschleierung bei verwandtschaftlichen Beziehungen zwischen dem Geschäftsführer und Gesellschaftern einer Gesellschaft m.b.H. siehe *OLG Schleswig* SchlHA 1968, 71.
12 Also nicht, wenn der Ehemann das rechtlich der Ehefrau gehörende landwirtschaftliche Anwesen im eigenen Namen und für eigene Rechnung bewirtschaftet (siehe *RArbG* JW 1936, 686 mit Anm. *Jonas*), weil er hier der Frau keine Dienste leistet, sondern für sich selbst arbeitet. Die Gläubiger sind in einem solchen Fall berechtigt, in die Erträgnisse des vom Ehemann betriebenen Betriebes unmittelbar zu vollstrecken. So auch *OLG Düsseldorf* OLGZ 1979, 223 (224).
13 § 850 h Abs. 2 ZPO ermöglicht die Pfändung der fingierten Forderung an die Ehefrau, § 850 h Abs. 1 ZPO die Pfändung etwaiger Ansprüche gegen Dritte. Beide Ansprüche können auch gleichzeitig nebeneinander gepfändet werden.
14 Unentgeltliche Tätigkeit für eine GmbH durch den fremdnützigen Treuhänder von GmbH-Anteilen siehe *OLG Hamm* NJW-RR 1998, 1567.
15 *OLG Düsseldorf* NJW-RR 1989, 390.
16 *OLG Düsseldorf* OLGZ 1979, 223.
17 *LArbG Hamm* BB 1988, 1754 mit Anm. *Smid*.
18 Zur Frage der Schadensersatzpflicht (§ 826 BGB) des Dritten gegenüber einem Unterhaltsberechtigten, wenn sich ein Unterhaltspflichtiger in einverständlichem Zusammenwirken mit dem Dritten zu dessen Gunsten vermögens- und über einen unpfändbaren Verdienst hinaus einkommenslos gemacht hat, um den Unterhaltsberechtigten um seine Unterhaltsansprüche zu bringen, siehe *BGH* FamRZ 1964, 360 (Leits.) = VersR 1964, 642.
19 *BGH* AP Nr. 12 zu § 850 h ZPO = WM 1968, 1254; *BGH* NJW 1979, 1600 (1602); *OLG Düsseldorf* NJW-RR 1989, 390.

Lohnverschleierung (§ 850 h ZPO)

§ 850 h Abs. 2 ZPO ist eine Vergütung, wenn sie erheblich unter der Vergütung liegt, die der Drittschuldner einem fremden Arbeitnehmer für eine entsprechende Dienstleistung gewähren müsste[20]. Untertarifliche Entlohnung kann daher die Fiktion tarifgemäßer Entlohnung rechtfertigen[21].

2. a) Lohnverschleierung bekämpft § 850 h Abs. 2 ZPO nur bei *ständigem* Arbeits- oder Dienstverhältnis. Einmalige Dienstleistungen werden von der Regelung nicht betroffen. Um ein ständiges Verhältnis handelt es sich, wenn die Dienstleistung des Schuldners eine gewisse Regelmäßigkeit, Stetigkeit und Dauer aufweist.

1221

b) Weitere Voraussetzung ist, dass die Arbeiten oder Dienste nach Art und Umfang *üblicherweise vergütet* werden[22]. Auszugehen ist dabei von den örtlichen und beruflichen Verhältnissen (siehe außerdem Rdn. 1225). Neben diesen objektiven Voraussetzungen müssen aber auch die *Umstände des Einzelfalles* die Dienstleistung tatsächlich als Lohnverschleierung erkennen lassen (siehe Rdn. 1225 und 1226). Darüber hinaus kommt den subjektiven Wünschen oder Vorstellungen der Beteiligten keine Bedeutung zu. Ob die von Eltern einem volljährigen Sohn im Hausstand gewährte Wohnung und Verpflegung Teil der Arbeitsvergütung für Dienstleistungen im Geschäft der Eltern sind oder nicht, bestimmt sich daher vorbehaltlich der Rdn. 1226 dargestellten Besonderheiten allein nach objektiven wirtschaftlichen Merkmalen[23].

1222

c) Haushaltführung durch den (insbesondere nicht berufstätigen) *Partner einer nichtehelichen Lebensgemeinschaft* gehört (auch bei Betreuung des pflegebedürftigen Partners) nicht zu den Arbeiten oder Diensten, die üblicherweise vergütet werden[24], begründet somit keinen nach § 850 h Abs. 2 ZPO pfändbaren Anspruch[25]. Persönliche Leistungen werden, ebenso wie wirtschaftliche Leistungen, bei nichtehelicher Lebensgemeinschaft nicht miteinander abgerechnet, sondern von demjenigen Partner erbracht, der dazu in der Lage ist[26]. Arbeiten oder Dienste in einem ständigen, üblicherweise nach arbeitsrechtlichen Regelungen entlohnten Arbeits- oder Dienstverhältnis leistet der haushaltführende Partner überdies nicht. Einer Erwerbstätigkeit auf dem Arbeitsmarkt ist diese Haushaltsführung

1222a

---

20 *LArbG Bremen* Betrieb 1962, 476.
21 *ArbG Herford* BB 1959, 232; siehe auch Rdn. 1225.
22 Arbeiten und Dienste Ordensangehöriger werden (üblicherweise) nicht vergütet, s. *BVerfG* (1. Kammer des Ersten Senats) FamRZ 1992, 531 = NJW 1992, 2471.
23 *KG* AP Nr. 1 zu § 850 d ZPO mit Anm. *Pohle* = FamRZ 1958, 342.
24 *Stöber* FS Egon Schneider (1997) S. 213 (220). **A.A.** *LG Ellwangen* JurBüro 1997, 274; *LG Memminger* Rpfleger 1997, 175; *LG München* MDR 1989, 764; *LG Münster* Rpfleger 1994, 33; dazu kritisch *Brehm* in Festschrift W. Henckel (1995) S. 41 (49). Zur Angabe im Offenbarungs-Vermögensverzeichnis wegen des (möglichen) Zugriffs auf Einkommen für Haushaltführung in nichtehelicher Lebensgemeinschaft siehe *LG Frankenthal* JurBüro 1994, 409; *LG Hannover* DGVZ 1997, 152 = Rpfleger 1998, 33; *LG München I* MDR 1984, 764; *LG Münster* Rpfleger 1994, 33 und JurBüro 1995, 328; *AG Leipzig* JurBüro 1995, 329.
25 So auch *Ernst* JurBüro 2004, 407 (410).
26 *OLG Düsseldorf* FamRZ 1997, 1110; auch *OLG Köln* FamRZ 1997, 1113.

nicht gleichzustellen[27]. Die Haushaltführung beruht, soweit nicht ohnedies eigene Hausangelegenheiten erledigt werden, auf der Übereinstimmung zur Wohn- und Wirtschaftsgemeinschaft. Der erwerbstätige Partner, der Kosten der gemeinsamen Lebensführung leistet, trägt mit laufendem Unterhalt (überwiegend in Natur) zweckfördernde Aufwendungen; sie sind arbeitsrechtlichem Entgelt nicht vergleichbar, bieten somit auch keinen Anhalt für Bemessung und Behandlung eines Entgelts für Haushaltführung nach arbeits- oder dienstvertraglichen Regelungen. Dienste, die nach Art und Umfang Beschäftigung einer (normal) bezahlten Arbeitskraft erfordern würden (vgl. Rdn. 1225), erbringt der haushaltführende Partner nicht. Als Arbeitsleistung gegen unentgeltliche oder geringe Vergütung, die Gläubigerschutz nach dem Grundgedanken des § 850 h Abs. 2 ZPO gebieten könnte, kann die Haushaltführung daher nicht gewertet werden.

1223   3. Bei *Lohnverschleierung* wird nach der Fiktion des § 850 h Abs. 2 ZPO für den *Pfändungszugriff*[28] eine angemessene Vergütung geschuldet. Ob die Voraussetzungen des § 850 h Abs. 2 ZPO sachlich (materiell) vorliegen, prüft das Vollstreckungsgericht bei der Pfändung nicht[29]. Es pfändet vielmehr nur die „angebliche" angemessene Vergütung und setzt nach §§ 850 c, d oder f Abs. 2 ZPO die Pfändungsgrenze fest. Ob und in welcher Höhe ein Anspruch für den Pfändungszugriff im Verhältnis des Gläubigers zum Drittschuldner als Empfänger der Arbeits- oder Dienstleistung *tatsächlich* anzunehmen ist, muss im Streitfall das Prozessgericht[30] (Rdn. 951 ff.) entscheiden. Im Prozess trifft die Beweislast den Gläubiger[31] (siehe aber Fußn. 10). Da die verschleierte „Vergütung" Arbeitseinkommen ist, wird sie von seiner Pfändung ohne Rücksicht darauf erfasst, ob die verschleierte Vergütung ausdrücklich im Beschluss bezeichnet ist oder dieser nur allgemein das Arbeitseinkommen als gepfändet bezeichnet[32]. Hat das Vollstreckungsgericht im Pfändungsbeschluss unzulässigerweise auch die Höhe der vermeintlich geschuldeten Vergütung festgesetzt, so ist das Arbeitsgericht hieran nicht gebunden[33].

1224   4. Die *Pfändungsbeschränkungen* (§§ 850 c, d und f Abs. 2 ZPO) müssen auch bei Pfändung „verschleierten" Arbeitseinkommens beachtet wer-

---

27 *OLG Hamm* FamRZ 2006, 1538 = NJW-RR 2006, 1514.
28 Der Schuldner hat keine Verfügungsrechte über einen fingierten Vergütungsanspruch (*LArbG Düsseldorf* Betrieb 1972, 1028; *LArbG Frankfurt* Betrieb 1991, 1388 Leits.), er kann gegen seinen Arbeitgeber also aus den Gründen des § 850 h Abs. 2 ZPO auf Zahlung einer angemessenen Vergütung nicht klagen; siehe dazu auch *LArbG Baden-Württemberg* FamRZ 1970, 316.
29 *LG Berlin* MDR 1961, 510. Voraussetzungen für das Bestehen eines Anspruchs nach § 850 h Abs. 2 ZPO müssen im Pfändungsantrag daher nicht dargelegt werden, *LG Bielefeld* JurBüro 2003, 215.
30 Leistungsklage des Gläubigers oder Feststellungsklage des Drittschuldners.
31 Zu den Anforderungen an die Beweislast des Gläubigers siehe *BArbG* Betrieb 1977, 1855; *LArbG Hamm* BB 1988, 1754 mit Anm. *Smid*; *OLG Oldenburg* MDR 1995, 344 mit Anm. Sitz; *LArbG Düsseldorf* MDR 1994, 1020 = NZA 1994, 1056 (Leits.).
32 *LG Bremen* JurBüro 2003, 215.
33 *Berner* Rpfleger 1962, 171 mit weit. Nachw.

den. Ein Unterhaltsberechtigter mit eigenen Einkünften ist somit nach § 850 c Abs. 4 ZPO nur dann nicht zu berücksichtigen, wenn dies das Vollstreckungsgericht bestimmt hat[34]. Im Pfändungsbeschluss muss der unpfändbare Betrag ohne Rücksicht auf die vom Arbeitsgericht festzustellende Höhe der nach § 850 h Abs. 2 ZPO geschuldeten Leistung bezeichnet werden[35]. Der im Erwerbsgeschäft seiner Ehefrau tätige Schuldner kann aber für seine Frau und die Kinder einen Freibetrag nicht verlangen[36]. Naturalleistungen sind nach § 850 e Nr. 3 ZPO mit der angemessenen Vergütung zusammenzurechnen[37] und auf deren unpfändbaren Teil zu verrechnen. An die Entscheidung, mit der das Vollstreckungsgericht den Freibetrag (insbesondere im Falle des § 850 d ZPO) festgelegt hat, ist im Einziehungserkenntnisverfahren das Arbeitsgericht gebunden (siehe auch Rdn. 1131). Die Beteiligten können eine *Änderung* daher nicht durch Einwendungen im Prozess, sondern nur durch Antrag an das Vollstreckungsgericht herbeiführen. Wenn das Vollstreckungsgericht den unpfändbaren Freibetrag nicht bestimmt hat, muss ihn das Prozessgericht von sich aus absetzen. Nach §§ 850 g und f ZPO kann es dabei ohne Mitwirkung des Vollstreckungsgerichts verfahren.

5. Bei der Prüfung des *Prozessgerichts* (Zuständigkeit des Arbeitsgerichts s. Rdn. 951), ob die Voraussetzungen des § 850 h Abs. 2 ZPO vorliegen, sowie insbesondere bei der Bemessung *der Höhe der Vergütung* ist auf alle Umstände des Einzelfalls abzustellen[38]. Die Frage, ob Lohnverschleierung vorliegt, kann vielfach bereits danach beurteilt werden, ob nach Art und Umfang der vom Schuldner geleisteten Dienste eine andere, normal bezahlte Arbeitskraft beschäftigt werden müsste, wenn die Dienstleistungen des Schuldners in Fortfall kämen[39]. Im Übrigen ist zunächst an Hand des einschlägigen Tarifvertrags[40], wenn ein solcher nicht existiert an Hand anderer Vorgaben[41], die für die Dienste, wie sie der Schuldner leistet, „übliche" Vergütung zu ermitteln[42]. Sodann muss das zwischen Arbeitgeber und Schuldner vereinbarte Arbeitsentgelt damit verglichen und festgestellt werden, ob der Schuldner gegen eine „unverhältnismäßig geringe" Vergütung arbeitet. Erst wenn diese Voraussetzungen erfüllt sind, kann das Ge-

1225

---

34 *BArbG* JurBüro 2008, 492 = NJW 2008, 2606.
35 *OLG Schleswig* JurBüro 1956, 431 = SchlHA 1956, 294; *LG Berlin* MDR 1961, 510; *LG Frankenthal* MDR 1984, 856 = Rpfleger 1984, 425.
36 *LArbG Frankfurt* AP Nr. 1 zu § 850 c ZPO mit Anm. *Pohle* = Betrieb 1956, 1236; *LArbG Hamm* BB 1993, 795 (Leits.) = ZIP 1993, 610 (612) und Betrieb 1993, 1428 (Leits). **a.A.** *Fenn* ZZP 93 (1980) 229 (230) (Besprechung der 5. Auflage dieses Handbuchs) mit Nachweisen; *Menken* Betrieb 1993, 161 (165).
37 *LG Halle* JurBüro 2006, 382; **anders** *BArbG* NJW 2008, 2606 = a.a.O.
38 *BArbG* MDR 2009, 228 = NJW 2009, 1294 Leits.; *LArbG Hamm* JurBüro 1997, 273 (Geschäftsführer einer GmbH).
39 *BLArbG Baden-Württemberg* Betrieb 1965, 1599.
40 Prüfung, ob ein (Ehegatten-) Arbeitsverhältnis von einem Tarifvertrag erfasst wird, durch das Arbeitsgericht von Amts wegen, *LArbG Hamm* ZIP 1993, 610 = a.a.O.
41 Zur Bestimmung der angemessenen Vergütung eines Kfz-Meisters siehe *OLG Oldenburg* JurBüro 1995, 104, 1272 = Rpfleger 1994, 426.
42 *BArbG* NJW 2008, 2606 = a.a.O.

richt eine „angemessene" Vergütung festsetzen[43]. Abzuwägen sind dabei insbesondere auch die Art der Arbeits- oder Dienstleistung (Vertrauensstellung, einfache Tätigkeit), die verwandtschaftlichen[44] oder sonstigen Beziehungen zwischen dem Dienstberechtigten und dem Dienstverpflichteten sowie die wirtschaftliche Leistungsfähigkeit des Dienstberechtigten, die auch Würdigung der Natur der Vollstreckungsforderung des Gläubigers notwendig machen kann[45]. Zu berücksichtigen kann auch sein, ob der Ehegatte oder Vater Zahlungen auf Schulden des unentgeltlich oder gegen geringes Entgelt arbeitenden Angehörigen leistet[46] oder geleistet hat[47]. Die persönlichen Beziehungen des Dienstverpflichteten zum Drittschuldner und vor allem dessen nur beschränkte Leistungsfähigkeit[48] können es unter Umständen angezeigt erscheinen lassen, vom Tariflohn abzuweichen[49]. Besondere Umstände des Einzelfalles können ein Dienstverhältnis, das sich objektiv als Lohnschiebung darstellen würde, vom § 850 h Abs. 2 ZPO auch ganz freistellen[50]. Die Höchstgrenze der anzunehmenden Vergütung bietet regelmäßig der Tariflohn. Von ihm kann regelmäßig kein Abschlag gemacht werden, wenn der Schuldner kraft Tarifbindung oder Allgemeinverbindlichkeitserklärung einen unabdingbaren Anspruch auf das tarifliche Mindestentgelt hat[51].

1226 6. Dienste des dem *elterlichen Hausstand angehörenden Kindes* im Hauswesen und Geschäft der Eltern (§ 1619 BGB)[52] und Arbeiten, die sonst im Rahmen einer sittlichen Pflicht geleistet werden[53], können dem § 850 h Abs. 2 ZPO unterliegen[54]. Im Hinblick auf die Veränderung der tatsächlichen Verhältnisse ist auch für landwirtschaftliche Betriebe heute in weiterem Umfang als früher das Bestehen eines Arbeitsverhältnisses zwischen

---

43 *BArbG* AP Nr. 10 zu § 850 h ZPO mit zust. Anm. *Pohle* = BB 1965, 1027 = Betrieb 1965, 1406 = MDR 1965, 944; *LArbG Hamm* ZIP 1993, 610 (611) = a.a.O.
44 *LArbG Mainz* AP Nr. 6 zu § 850 h ZPO = BB 1960, 171 = Betrieb 1959, 1348. Hier kann von Bedeutung sein, ob der Sohn als Hofübernehmer arbeitet, Übergabe demnächst zu erwarten ist, außerdem ob durch die Beschäftigung des Schuldners eine andere Arbeitskraft erspart wird oder nicht (*LArbG Baden* SJZ 1950, 594; *RArbG* JW 1938, 256) sowie weiter, ob der Betrieb eine besondere Arbeitskraft tragen, also existenzfähig bleiben würde, wenn der Familienangehörige nicht mitarbeiten würde.
45 **Beispiel:** Es vollstreckt ein Kind gegen den Sohn eines Landwirts, der im überschuldeten elterlichen Betrieb arbeitet.
46 *LArbG Mainz* a.a.O. (Fußn. 44).
47 *LArbG Hamm* ZIP 1993, 610 (611) = a.a.O.; *ArbG Dortmund* Betrieb 1991, 2600.
48 *LArbG Hamm* ZIP 1993, 610 (612) = a.a.O.
49 Für Abschlag von (bis zu) 30% von der üblichen Vergütung *LArbG Hamm* ZIP 1993, 610 (612) = a.a.O.
50 Gegen völlige Freistellung *LArbG Hamm* ZIP 1993, 610 (612) = a.a.O.
51 *BArbG* a.a.O. (Fußn. 43); *Wenzel* MDR 1966, 973.
52 *BGH* NJW 1979, 1600 (1602); *KG* AP Nr. 1 zu § 850 d ZPO mit zust. Anm. *Pohle* = FamRZ 1958, 342.
53 **Beispiel:** Schuldner kann aus moralischen Gründen gehalten sein, seinen nicht mehr voll arbeitsfähigen Eltern ihre Existenzgrundlage zu erhalten, siehe *LArbG Bremen* Betrieb 1962, 476.
54 *Stein/Jonas/Brehm*, ZPO, Rdn. 23 zu § 850 h mit weit. Nachw.

Lohnverschleierung (§ 850 h ZPO)

Eltern und Kindern anzunehmen[55], jedoch auch die Annahme familienrechtlicher Dienstleistungen bei einem erwachsenen Haussohn, der den elterlichen Hof selbstständig bewirtschaftet, nicht ausgeschlossen[56]. Leistungen im Rahmen der dem Schuldner obliegenden gesetzlichen Unterhaltspflicht (siehe § 1601 BGB) fallen jedoch nicht unter § 850 h Abs. 2 ZPO[57]. Bei Ehegatten kann die Mitarbeit im Beruf oder Geschäft des anderen Ehegatten Lohnverschleierung sein[58]. Es kommt insbesondere darauf an, ob aus der Sicht eines Dritten eine ständige und üblicherweise zu vergütende Mitarbeit anzunehmen ist[59]. Dienste des Ehemannes, der seiner Ehefrau als Geschäftsinhaberin nicht nur gelegentlich mit Rat und Tat zur Seite steht[60], sondern ständig im Geschäft tätig ist (z. B. wenn er Arbeitsstellen überwacht, sich um Aufträge bemüht, die Schlussabnahmen erledigt, die Lehrlingsausbildung übernimmt)[61], überschreiten jedenfalls immer, und zwar auch bei kleineren Handwerksbetrieben, den Umfang einer zwischen Ehegatten üblichen familiengebundenen Mitarbeit, verpflichten also zur Leistung einer angemessenen Vergütung[62], insbesondere dann, wenn die Ehefrau ohne Fachkenntnisse das Geschäft des Mannes nach dessen wirtschaftlichem Zusammenbruch auf eigene Rechnung fortführt[63]. Für alle Arbeitsleistungen, die bei Angehörigen erbracht werden, wird grundsätzlich auch entscheidend sein, ob eine gleiche Dienstleistung durch eine fremde Person nach den Gepflogenheiten des Wirtschaftslebens regelmäßig bezahlt oder sonst vergütet zu werden pflegt[64].

---

55 *BFH* NJW 1955, 1615; *LArbG Frankfurt* AP Nr. 11 zu § 850 h ZPO = BB 1965, 1109 = Betrieb 1965, 1635 = MDR 1965, 1026.
56 *BGH* FamRZ 1972, 87 mit Nachw.; s. auch *OLG Oldenburg* NdsRpfl 1983, 138.
57 *BArbG* Betrieb 1977, 1855; *RArbG* DR 1941, 1806; **Beispiel:** Hilfe des Sohnes in einem kleinen landwirtschaftlichen Betrieb mit geringem Ertrag, wenn die Eltern selbst nur noch in geringem Maße arbeitsfähig sind. Ein Ehegatte handelt im allgemeinen auch nicht sittenwidrig im Sinne des § 826 BGB gegenüber (nicht bevorrechtigten) Gläubigern seines Ehepartners, wenn er es unterlässt, diesen in seinem Betrieb zu beschäftigen. Das gilt auch, wenn er dem Ehepartner vollen Unterhalt gewährt; *BArbG* AP Nr. 14 zu § 850 h mit zust. Anm. *Mes* = FamRZ 1973, 626 mit Anm. *Fenn.*
58 *BArbG* a.a.O. (Fußn. 59); *LArbG Frankfurt* a.a.O. (Fußn. 55). Zu der als Beitrag zur gemeinschaftlichen Lebensführung geschuldeten Mitarbeitpflicht der Ehegatten grundsätzlich *BGH* NJW 1980, 2196. Ansprüche aus § 850 h ZPO können nicht mehr geltend gemacht werden, wenn nach Ehescheidung ein Zugewinnausgleich stattgefunden hat, *ArbG Heilbronn* BB 1968, 1159.
59 *BArbG* AP Nr. 16 zu § 850 h ZPO = FamRZ 1977, 707 = NJW 1978, 343.
60 Für nur gelegentliche Mithilfe des Ehemannes in geringem Umfang, insbesondere für unregelmäßige familiäre Mithilfe wird keine Vergütung geschuldet, *LArbG Frankfurt* BB 1953, 146.
61 *LArbG Bremen* AP Nr. 9 zu § 850 h ZPO = BB 1963, 768 (für Malermeister und kleines Geschäft mit 5 Gesellen).
62 *ArbG Kaiserslautern* AP Nr. 2 zu § 850 h ZPO = Betrieb 1958, 1332; *LArbG Mainz* a.a.O. (Fußn. 44).
63 *LArbG Bremen* BB 1963, 398.
64 *Fenn* FamRZ 1968, 291 (300). Ob das auch für Dienstleistungen gelten kann, die nur vorübergehend und gefälligkeitshalber durch Familienangehörige geleistet werden, wird sich nach den Umständen des Einzelfalls bestimmen.

3. Kapitel: Pfändung von Arbeitseinkommen

1227 7. Als pfändbar angesehen wird nach § 850 h Abs. 2 ZPO die angemessene Nettovergütung[65]; zu beachten sind daher §§ 850 a, c, d und f ZPO als Pfändungsschutzvorschriften. Dem Gläubiger steht somit nur der pfändbare Teil der fiktiven Nettovergütung zu[66]. Wenn der nach § 850 h Abs. 2 ZPO geschuldete gepfändete Lohnanspruch höher als die Vollstreckungsforderung des Gläubigers ist, braucht bei Entscheidung im *Einziehungserkenntnisverfahren* jedoch nicht im Einzelnen festgestellt zu werden, welche Brutto- oder Nettobezüge dem Schuldner zustehen. Das Prozessgericht muss aber diese Feststellungen treffen, mithin das Bruttoeinkommen und die der Berechnung nach §§ 850 a–e ZPO zugrunde zu legende angemessene Vergütung festlegen[67], wenn die Vollstreckungsforderung den geschuldeten Lohnanspruch übersteigt und auch künftiges Arbeitseinkommen (§ 832 ZPO) gepfändet ist. Ist die Klage auf das künftige Arbeitseinkommen ausgedehnt, so muss das Prozessgericht auch die Fälligkeitszeitpunkte und Lohnzahlungsperioden nach den Umständen des Einzelfalls festlegen.

1228 8. Anspruch auf *rückständige* Vergütung aus einem nicht oder nur gering vergüteten Dienst- oder Arbeitsverhältnis (d.h. Beträge, die für eine vor Zustellung des Pfändungsbeschlusses liegende Zeit gefordert werden) kann dem Gläubiger aus Pfändung (nach § 850 h Abs. 2 ZPO) nicht erwachsen[68]. Nach abweichender Ansicht soll Pfändung möglich, Begrenzung nur in den Verjährungsvorschriften zu sehen und eine Minderung des Geschuldeten dann notwendig sein, wenn der als Endbetrag aus einer größeren Zeitspanne anfallende Vergütungsbetrag so groß ist, dass er die Leistungsfähigkeit des Arbeitgebers übersteigt. Dem jedoch ist nicht zu folgen. Umstände des Einzelfalles (s. § 850 h Abs. 2 S. 2 ZPO) gebieten die Annahme, dass der Drittschuldner eine etwa geschuldete Vergütung fortlaufend auszahlen würde, Rückstände also nicht aufkommen ließe[69]. Er kann daher auch durch Lohnpfändung mit rückständigen Leistungen nicht belastet werden.

1229 Der Erlass eines Rückstände pfändenden Beschlusses ist daher abzulehnen[70].

---

65 *BArbG* NJW 2008, 2606 = a.a.O.
66 *BArbG* a.a.O.
67 Es darf sich also nicht darauf beschränken, nur den gepfändeten Betrag nach den Umständen des Einzelfalles festzulegen; **a.A.** jedoch *LArbG Düsseldorf* Betrieb 1962, 207.
68 *BArbG* NJW 2008, 2602 = a.a.O. und MDR 2008, 886 Leits.; *LArbG Hamm* BB 1990, 710 = Betrieb 1990, 1339; *Musielak/Becker*, ZPO, Rdn. 18; *Wieczorek/Schütze/Lüke*, ZPO, Rdn. 22, je zu § 850 h; *Geißler* JurBüro 1986, 1295 (III 2); *Geißler* Rpfleger 1987, 5. **A.A.** *Stein/Jonas/ Brehm*, ZPO, Rdn. 35 zu § 850 h.
69 Nur wenn ganz besondere Anhaltspunkte im Einzelfall entgegenstehen, mag ausnahmsweise etwas anderes gelten.
70 *Zöller/Stöber*, ZPO, Rdn. 9 zu § 850 h; *LArbG Hamm* BB 1990, 710 = a.a.O. (Pfändung rückständiger Ansprüche ist aus Rechtsgründen nicht möglich).

9. Zum Rang bei mehrfacher Pfändung verschleierten Arbeitseinkommens siehe Rdn. 1279. **1229a**

10. *Aufrechnung, Abarbeitung von Verpflichtungen, Abtretung und Verpfändung*

Gegenüber einer Pfändung nach § 850 h Abs. 2 ZPO kann der Drittschuldner mit einer eigenen Forderung an den Schuldner[71] *nicht aufrechnen*, weil die Vergütung nur im Verhältnis zwischen Gläubiger und Drittschuldner als Empfänger der Dienstleistung, nicht aber zwischen letzterem und Schuldner als geschuldet gilt[72]. Das Recht des Drittschuldners auf Befriedigung seiner Gegenforderung muss aber gegebenenfalls mit allen sonstigen Umständen des Einzelfalles (siehe Rdn. 1225) berücksichtigt werden. Die Verschuldung des Schuldners beim Dienstberechtigten zur Zeit der Zustellung des Pfändungsbeschlusses kann daher dazu führen, dass das Dienstverhältnis für die Zeit des *Abarbeitens seiner Verschuldung* ganz oder teilweise vom § 850 h Abs. 2 ZPO freigestellt werden muss[73]. **1230**

Da dem Schuldner selbst vom Drittschuldner als Dienstberechtigtem ein Vergütungsanspruch tatsächlich nicht geschuldet wird, kann der Drittschuldner der Klage des pfändenden Gläubigers den Einwand nicht entgegenhalten, der Schuldner habe den Anspruch *verpfändet* oder *abgetreten*. Ein Gläubiger, der lediglich Rechte aus einer Lohnabtretung herleitet, kann nicht nach § 850 h Abs. 2 ZPO verschleiertes Arbeitseinkommen in Anspruch nehmen[74]. **1231**

11. Kein Fall des § 850 h Abs. 2 ZPO liegt vor, wenn der Schuldner vom Dritten seinen notwendigen Unterhalt erhält, *ohne dass er Dienste leistet*. In einem solchen Fall kann selbst dann eine Pfändung nach § 850 h Abs. 2 ZPO nicht zum Ziele führen, wenn der Dritte den Schuldner beschäftigen könnte, weil ein Arbeits- oder Dienstleistungsverhältnis nicht fingiert werden kann. **1232**

IV. Verwaltungsvollstreckung

§ 850 h Abs. 1 ZPO über die Pfändung der Vergütung bei Lohnschiebung und § 850 h Abs. 2 ZPO über eine geschuldete angemessene Vergütung bei Lohnverschleierung finden nach § 319 AO auch bei Verwaltungsvollstreckung (§§ 249 ff. AO usw.) Anwendung[75]. **1232a**

---

71 Wohl aber mit einer Forderung gegen den Gläubiger.
72 *RArbG* 20, 255; *LArbG Bremen* BB 1963, 768; *LArbG Mainz* a.a.O. (Fußn. 44).
73 So auch *RArbG* 20, 260.
74 *ArbG Münster* AP Nr. 7 zu § 850 h ZPO; *LArbG Schleswig-Holstein* AP Nr. 13 zu § 850 h ZPO mit abl. Anm. *Schneider* = Betrieb 1971, 2414; *LArbG Frankfurt* Betrieb 1991, 1388; *LArbG Hamm* ZIP 1993, 610 (612), jedoch gegen völlige Freistellung des Drittschuldners; *Zöller/Stöber*, ZPO, Rdn. 9 zu § 850 h.
75 *Strunk* BB 1992, 1907 mit weit. Nachw.

3. Kapitel: Pfändung von Arbeitseinkommen

O. Einmalige Bezüge, Sachnutzung und Dienstleistung
(§ 850 i Abs. 1 und 2 ZPO)

I. Einmalige Bezüge
Neufassung des § 850 i Abs. 1 ZPO ab 1. Juli 2010 siehe Rdn. 1247.

1233 1. a) *„Einmaliges" Einkommen* aus Dienst- oder Arbeitsleistung, das dem Unterhalt des Schuldners und seiner Angehörigen dient, muss gleichfalls vor vollem Pfändungszugriff der Gläubiger geschützt sein. Diesen Pfändungsschutz regelt § 850 i Abs. 1 ZPO. Es wird „eine nicht wiederkehrend zahlbare Vergütung" dann als Arbeitseinkommen geschützt, wenn sie *„für persönlich*[1] *geleistete Arbeiten oder Dienste"* geschuldet ist. Diesem Schutz unterliegt daher vor allem das Einkommen der freiberuflich Tätigen, so der Schriftsteller, Architekten, Ärzte[2], Zahnärzte, Hebammen, Tierärzte, Rechtsanwälte, Notare, Wirtschaftsprüfer, Steuerbevollmächtigten, Unternehmensberater, Diplom-Psychologen[3] (bei selbstständiger Tätigkeit, z. B. mit Einkünften aus der Erstellung von Gutachten, Erteilung von Unterricht u.ä.), Künstler, Kunstmaler, Makler, Zwangsverwalter, (Vergleichsverwalter), Insolvenzverwalter, Testamentsvollstrecker[4], Vormünder, Pfleger und Betreuer (Schutz für Aufwendungsersatz [§§ 1835, 1835 a BGB] nach § 850 a Nr. 3 ZPO), unter Umständen auch der Gläubigerausschussmitglieder. Bedeutungslos sind die Rechtsnatur des Arbeits- oder Dienstverhältnisses[5] und der Rechtsgrund der Vergütung (Dienstvertrag, Werkvertrag, Werklieferungsvertrag, Geschäftsbesorgungsvertrag usw.). Pfändungsschutz nach § 850 i Abs. 1 ZPO genießt daher auch die GEMA-Vergütung eines Komponisten[6], damit auch der Vergütungsanspruch an die Verwertungsgesellschaft Wort der Autoren[7], Übersetzer und Journalisten. Lizenzgebühren: Rdn. 1649 a. Arbeiten oder Dienste, für die das Entgelt gezahlt wird, müssen die Arbeitskraft des Schuldners vollständig oder zu einem wesentlichen Teil (also nicht überwiegend; wegen der Begriffe siehe Rdn. 887) in Anspruch genommen haben. Hierher zählt daher zwar jeder Teilanspruch aus einer umfassenderen Arbeits- oder Dienstleistung, nicht aber ein einmaliges Entgelt für nur gelegentliche Tätigkeit.

1234 b) Eine nicht wiederkehrend zahlbare *Vergütung* kann auch – *neben den laufenden Bezügen* – für Dienst- oder Arbeitsleistungen des Schuldners in unselbstständiger Arbeit geschuldet sein. Unter § 850 i Abs. 1 ZPO fallen

---

1 Vergütungen für Leistungen der Angestellten des Schuldners oder sonst für ihn tätiger Personen scheiden sonach aus; sie unterliegen vollem Pfändungszugriff.
2 Wegen der kassenärztlichen Tätigkeit siehe Rdn. 888; wegen der „Zusammenrechnung" siehe Rdn. 1242.
3 *BGH* NZI 2003, 389 (392) = Rpfleger 2003, 458 (461).
4 Der Vergütungsanspruch des Testamentsvollstreckers ist übertragbar (*KG* MDR 1974, 318 = NJW 1974, 752) und damit (§ 851 ZPO) auch pfändbar.
5 *BGH* FamRZ 2004, 790 = MDR 2004, 713 = NJW-RR 2004, 644 (645) = Rpfleger 2004, 361.
6 *KG* Rpfleger 1957, 86; s. auch *BGH* NJW-RR 2004, 644 (645 = a.a.O.)
7 S. *BGH* NJW-RR 2004, 644 (645) = a.a.O.

Einmalige Bezüge (§ 850 i ZPO)

daher auch alle Arbeitseinkommen, die nicht für einen fest umrissenen Zeitraum gezahlt werden, so die nach dem Beamtenrecht zu leistenden Abfindungen (siehe Rdn. 879), die Abgangsentschädigung (Kündigungsabfindung) nach §§ 9, 10 KSchG[8], die Sozialplanabfindung nach §§ 112, 113 BetrVerfG[9] oder § 11 KSchG[10] und ebenso eine anlässlich der Auflösung des Arbeitsverhältnisses zwischen Arbeitgeber und Arbeitnehmer einvernehmlich (vertraglich) festgelegte Abfindung[11], der Ausgleichsanspruch des Handelsvertreters nach § 89 b HGB, Karenzentschädigungen (siehe Rdn. 890), die Abfindungssumme bei vorzeitiger Entlassung oder freiwilligem Ausscheiden (siehe Rdn. 895), das nach Beendigung des Arbeitsverhältnisses verdiente und in einer Summe fällige Stornoreserveguthaben eines Außendienstmitarbeiters[12], aber auch Entschädigungen für Verbesserungsvorschläge sowie Unfallverhütungsprämien (Prämien für unfallfreies Arbeiten). Solche einmalige Leistungen aus dem Arbeitsverhältnis sind Arbeitseinkommen und daher mitgepfändet, wenn der Pfändungsbeschluss alle Bezüge an Arbeitseinkommen als gepfändet bezeichnet (Rdn. 925). Sie genießen als einmalige Bezüge (auch wenn sie in mehreren Raten ausgezahlt werden) aber den besonderen Pfändungsschutz des Lohnanspruchs selbst (§§ 850 a, c, d, f ZPO) nicht, sind daher bei Lohnpfändung bis zu einer etwaigen Entscheidung nach § 850 i ZPO in voller Höhe einzubehalten und abzuführen[13].

2. Pfändungsschutz wird für alle einmaligen Bezüge *nur auf Antrag* gewährt (§ 850 i Abs. 1 S. 1 ZPO). Das Einkommen wird daher, sofern nicht der Gläubiger seinen Antrag von vornherein beschränkt, zunächst in voller Höhe gepfändet. **1235**

3. a) Der *Antrag* ist an keine Frist gebunden; er muss nur vor Beendigung der Zwangsvollstreckung gestellt und entschieden sein[14]. Antragsbe- **1236**

---

8 *BArbG* AP Nr. 1 zu § 850 ZPO mit zust. Anm. *Förster* = BB 1961, 1053 = Betrieb 1959, 1007 = Rpfleger 1960, 247 mit zust. Anm. *Berner*; *BArbG* BAG 32, 96 = AP ZPO § 850 Nr. 10 = MDR 1980, 346 = NJW 1980, 800; *BArbG* NJW 1997, 1868 (1869) = NZA 1997, 563; *LArbG Niedersachsen* MDR 2004, 714; *LG Aachen* JurBüro 1984, 468; *LG Düsseldorf* Rpfleger 1977, 183.
9 *BArbG* 69, 29 = AP Nr. 13 zu § 850 ZPO = MDR 1992, 590 = NJW 1992, 1646 (Leits.) = Rpfleger 1992, 442; *BArbG* NJW 1997, 1868 (1869) = a.a.O.; *OLG Düsseldorf* NJW 1979, 2520; *LG Aachen* JurBüro 1984, 468 = a.a.O.; *AG Krefeld* MDR 1979, 853.
10 *Hohn* BB 1963, 1100.
11 *BArbG* NJW 1997, 1868 (1869) = a.a.O.; *OLG Köln* OLGZ 1990, 236; s. auch *LG Essen* Rpfleger 1998, 297; *LG Mainz* JurBüro 2000, 157; *AG Bochum* DGVZ 1991, 174.
12 *LArbG Hamm* BB 1992, 2224 (Leits.).
13 *BArbG* Rpfleger 1960, 247 und BAG 32, 96 = je a.a.O. (Fußn. 8) für die Abgangsentschädigung; siehe außerdem *Hohn* BB 1963, 1100.
14 Kein Schutz mehr nach § 850 i Abs. 1 ZPO, wenn der Drittschuldner nach Pfändung und Überweisung an den Gläubiger gezahlt hat, *OLG Köln* OLGZ 1990, 236 = a.a.O. (verneint Rechtsschutzinteresse). Ausnahme: Wenn sich der Gläubiger gegenüber dem Drittschuldner für den Fall einer dem Schuldner günstigen Entscheidung vertraglich zur Rückzahlung des erlangten Betrages verpflichtet hat, *OLG Köln* a.a.O.

3. Kapitel: Pfändung von Arbeitseinkommen

rechtigt sind der Schuldner und seine Angehörigen, die im Rahmen des Pfändungsschutzes zu berücksichtigen sind, nicht aber der Drittschuldner[15]. Der Gläubiger muss vor der Entscheidung gehört werden, und zwar sowohl im Hinblick auf Art. 103 Abs. 1 GrundG als auch deshalb, weil seine Belange gewürdigt werden müssen (siehe Rdn. 1241). Eine einstweilige Anordnung nach § 732 Abs. 2 ZPO (entspr. Anwendung) kann vor der Entscheidung erlassen werden.

1237 b) Über den Antrag entscheidet der *Rechtspfleger*[16] durch von Amts wegen zuzustellenden Beschluss. Gegen den (dem Antrag entsprechenden oder den zurückweisenden) Beschluss findet sofortige Beschwerde statt (§ 793 ZPO).

1238 4. a) *Zu belassen* ist dem Schuldner auf Antrag so viel, als er während eines angemessenen Zeitraums für seinen und seiner bevorrechtigten (siehe § 850 i Abs. 1 S. 1 ZPO in Verbindung mit § 850 d Abs. 2 ZPO) Angehörigen Unterhalt benötigt[17]. Berücksichtigung findet auf Antrag auch der Unterhalt, der dem Elternteil eines Kindes nach §§ 1615 l, n BGB zu leisten ist. Einmaliges Arbeitseinkommen, insbesondere Einkommen eines freiberuflich Tätigen, soll auf diese Weise pfändungsrechtlich den wiederkehrenden Bezügen der in einem festen Dienst- und Arbeitsverhältnis stehenden Personen gleichgestellt werden.

1239 b) Bei der Entscheidung sind vor allem die *wirtschaftlichen Verhältnisse* des Schuldners, insbesondere seine sonstigen Verdienstmöglichkeiten, frei zu würdigen (§ 850 i Abs. 1 S. 2 ZPO). Dabei sind der Zeitaufwand für die Arbeitsleistung und die künftigen Verdienstmöglichkeiten ebenso

---

15 *Stein/Jonas/Brehm*, ZPO, Rdn. 15; *Wieczorek/Schütze/Lüke*, ZPO, Rdn. 11, je zu § 850 i.
16 *OLG Hamm* JMBlNRW 1957, 283 = Rpfleger 1957, 411; *LG Berlin* Rpfleger 1995, 170; *Weber* Rpfleger 1967, 256.
17 Zur Berechnung in einem Einzelfall (für Abfindungsanspruch gem. §§ 9, 10 KSchG) siehe *OLG Düsseldorf* Rpfleger 1979, 469. Das *OLG Hamm* JurBüro 1985, 631 = OLGZ 1984, 457 und *OLG Köln* OLGZ 1990, 236 (240) = a.a.O. sowie das *LG Rostock* Rpfleger 2001, 439, bemessen den notwendigen Unterhalt des Schuldners, der nicht verheiratet ist und keine unterhaltsberechtigten Kinder hat (doch wohl zu eng) nach dem Regelsatz der laufenden Hilfe zum Lebensunterhalt nach dem (vormaligen) BSHG. Weil Gleichstellung mit dem in einem festen Dienst- und Arbeitsverhältnis stehenden Schuldner erreicht werden soll, muss der Pfandfreibetrag jedoch nach den Grundsätzen bemessen werden, auf denen § 850 c (auch § 850 d oder § 850 f) ZPO beruht (*LG Halle* Rpfleger 2001, 439; *LG Münster* Rpfleger 2002, 579). Entsprechendes gilt für den Betrag, der für den notwendigen Unterhalt des Ehegatten, von Kindern und sonst zu berücksichtigenden Personen zu belassen ist; zu eng somit *LG Berlin* Rpfleger 1995, 170 (Orientierung an den Regelsätzen der laufenden Hilfe zum Lebensunterhalt). Siehe auch *LG Aachen* Rpfleger 1983, 288; es hat dem Antrag eines 57jährigen verheirateten Arbeitnehmers mit 4 Kindern, eine ihm bei vorzeitigem Ausscheiden aus dem Arbeitsverhältnis gezahlte einmalige Abfindung in voller Höhe dem Gläubigerzugriff zu entziehen, nicht entsprochen (der veröffentlichte Leitsatz ist zu weitgehend gefasst).

wie sonstige Einnahmequellen[18] und andere verfügbare Mittel zu berücksichtigen. Höchstens darf aber dem Schuldner soviel belassen werden, als ihm nach freier Schätzung des Gerichts verbleiben würde, wenn sein Arbeitseinkommen aus laufendem Dienst- oder Arbeitslohn bestünde (§ 850 i Abs. 1 S. 3 ZPO). Der Freibetrag ist daher in Anlehnung an §§ 850 a, c, d, e und f ZPO[19] zu bemessen; er wird durch die nach diesen Vorschriften unpfändbaren Lohnteile begrenzt, kann aber im Hinblick auf die sonst zu berücksichtigenden Verhältnisse auch geringer sein. Da auch § 850 a ZPO entsprechende Anwendung findet, sind die durch die Berufstätigkeit des Schuldners verursachten Kosten (Werbungskosten) bei der Bemessung des pfandfrei zu stellenden Betrags angemessen zu berücksichtigen;[20] auch eine zeitliche Mehrarbeitsleistung muss gebührend gewürdigt werden. Beiträge zu einem berufsständischen Versorgungswerk können bei Ermittlung der pfändbaren Einkünfte in der Höhe abzugsfähig sein, in der für einen Arbeitnehmer mit entsprechendem Einkommen Beiträge zur gesetzlichen Rentenversicherung abzuführen wären[21].

c) Den *Zeitraum*, für den ein unpfändbarer Betrag zu belassen ist und nach dem daher die Höchstsätze aus §§ 850 c, d ZPO festzulegen sind, bestimmt das Vollstreckungsgericht unter Würdigung aller Umstände des Einzelfalles nach freiem Ermessen. Aus einer Abfindung[22], durch die auch der in zurückliegender Zeit erfolgte Einbehalt des Arbeitsentgelts abgegolten wird (so bei vergleichsweiser Erledigung eines Rechtsstreits mit Beendigung des Arbeitsverhältnisses unter Zahlung einer Abfindung durch den Arbeitgeber), kann dem Schuldner ein Freibetrag auch für seinen vor der Antragstellung liegenden Unterhaltsbedarf belassen werden[23].

Da dem Gericht bei seiner Entscheidung ein weiter Spielraum gelassen ist, liegt eine kleinliche Ermittlung der Verhältnisse des Schuldners regelmäßig nicht im Sinne der gesetzlichen Regelung[24].

d) Abzulehnen ist ein objektiv begründeter Antrag des Schuldners insoweit, als *überwiegende Belange des Gläubigers* entgegenstehen (§ 850 i Abs. 1 S. 4 ZPO).

1240

1241

---

18 Zur Bemessung des Freibetrags bei Pfändung einer Abfindung als Ausgleichszahlung zum Arbeitslosengeld (zur Arbeitslosenhilfe) für 5 Jahre *LG Essen* Rpfleger 1998, 297, das allerdings für die pfändungsfreien Beträge des § 850 c ZPO auf den fiktiven Sozialhilfebedarf abstellt. Sozialhilfeleistungen bleiben bei der Bemessung des Unterhaltsbedarfs des Schuldners außer Betracht (Nachrang der Sozialhilfe), *OLG Köln* OLGZ 1990, 236 = a.a.O.
19 Zur Anwendbarkeit des § 850 f siehe *LG Kiel* SchlHA 1958, 85.
20 *BGH* NZI 2003, 389 (392).
21 *BGH* JurBüro 2008, 663 = MDR 2008, 1357 = NJW-RR 2009, 410 = Rpfleger 2008, 651.
22 Zur Bestimmung des „angemessenen Zeitraums" bei Pfändung eines arbeitsrechtlichen Abfindungsanspruchs siehe *LG Essen* Rpfleger 1998, 297; *LG Mainz* JurBüro 2000, 157.
23 *OLG Stuttgart* MDR 1984, 947 = OLGZ 1985, 69 = Rpfleger 1985, 159.
24 So zutreffend vor allem *Stein/Jonas/Brehm*, ZPO, Rdn. 12 zu § 850 i.

3. Kapitel: Pfändung von Arbeitseinkommen

1242 5. Eine *Zusammenrechnung* wiederkehrenden Arbeitseinkommens (§§ 850 ff. ZPO) und einmaliger Bezüge (§ 850 i Abs. 1 ZPO) nach § 850 e Nr. 2 ZPO verbietet sich[25], weil der Freibetrag wegen der rechtlichen Verschiedenheit der §§ 850 c, d und f Abs. 2 ZPO sowie des § 850 i Abs. 1 ZPO nicht einheitlich festgestellt werden kann. Bei *Zusammentreffen* fortlaufenden Arbeitseinkommens mit Einkommen aus freiberuflicher Tätigkeit (wie z. B. bei Einkünften des Arztes oder Zahnarztes aus Kassen- und Privatpraxis) oder einmaligen Bezügen anderer Art bestimmt sich daher nur die Pfändbarkeit des Arbeitseinkommens – ungeachtet der weiteren Bezüge – nach §§ 850 a, c oder d und f Abs. 2 ZPO. Soweit der dabei sich ergebende Freibetrag den Unterhalt des Schuldners und seiner Angehörigen nicht sichert, ist ihm auf Antrag für das Einkommen aus der freiberuflichen Tätigkeit angemessener weiterer Schutz nach § 850 i Abs. 1 ZPO zu gewähren. Deckt das Arbeitseinkommen bereits den Unterhalt, so ist für einen Schutz nach § 850 i Abs. 1 ZPO überhaupt kein Raum mehr[26].

1242a 6. Auch wenn (nur) *Vorpfändung* (§ 845 ZPO) wirksam erfolgt ist und sich deshalb Zahlung an den Schuldner verbietet, kann Bestimmung über Freistellung notwendigen Unterhalts aus „einmaligen" Arbeitseinkünften getroffen werden. Das gebietet der Zweck des § 850 i Abs. 1 ZPO, dem Schuldner Einkommensbeträge für notwendigen Unterhalt sicherzustellen. Als angemessener Zeitraum, für den der freizustellende Unterhalt zu bestimmen ist, kann dann aber nur die Dauer der Wirksamkeit der Vorpfändung gelten. Nach nachfolgender Pfändung ist Bestimmung auf Antrag für weitere angemessene Zeit gesondert zu treffen.

1242b 7. a) Wenn *mehrere Gläubiger* „einmaliges" Einkommen gepfändet haben, muss der Schuldner in jedem Vollstreckungsverfahren Antrag auf Freistellung eines Einkommensteils für notwendigen Unterhalt stellen und damit eine Bestimmung des Vollstreckungsgerichts nach § 850 i Abs. 1 ZPO erwirken. Wenn nach mehrfacher Pfändung *nur in einem* dieser Vollstreckungsverfahren ein pfandfreier Unterhaltsbetrag nach § 850 i Abs. 1 ZPO belassen ist, wirkt die Anordnung nur für die Feststellung des von der Pfändung dieses Gläubigers erfassten Einkommensbetrages (Grundsatz der Einzelvollstreckung), nicht auch zugleich zulasten anderer Pfändungsgläubiger.

---

25 Ebenso *Grunsky* ZIP 1983, 908 (911); *LG Hannover* JurBüro 1990, 1059 (Einkommen aus einem Kioskbetrieb); *AG Hadamar* DGVZ 1989, 188; *Wieczorek/Schütze/Lüke*, ZPO, Rdn. 8 zu § 850 i. Siehe auch *OLG Hamburg* JW 1936, 2940; wohl auch *Stein/Jonas/Brehm*, ZPO, Rdn. 52 zu § 850 e. Auch dann, wenn keine Zusammenrechnung erfolgt, ist bei teilweiser Freistellung einer einmaligen Vergütung zu berücksichtigen, dass der Schuldner daneben laufende Einkünfte hat und ihm infolge des sonach umfassenden Gesamteinkommens auch ein erhöhter, insoweit allerdings beim einmaligen Einkommen freizustellender Betrag verbleiben muss. Dieser ist jedoch nicht nach Zusammenrechnung der Tabelle des § 850 c ZPO zu entnehmen, sondern nach den Grundsätzen des § 850 i Abs. 1 ZPO frei zu bestimmen.

26 Zu alledem siehe *LG Kiel* a.a.O. (Fußn. 19); *LG Aachen* JurBüro 1984, 468.

Einmalige Bezüge (§ 850 i ZPO)

b) Hat der Gläubiger *Nachrang,* in dessen Vollstreckungsverfahren Bestimmung getroffen ist, dann bleibt für den besserrangigen Gläubiger das Einkommen voll gepfändet. Pfändungswirkungen und Einziehungsbefugnis des vorrangigen Gläubigers schmälert die gegenüber dem im Rang nachfolgende Gläubiger getroffene Bestimmten nicht. Dem Schuldner kann daher ein pfandfreier Einkommensbetrag nicht zulasten des von der Bestimmung des Vollstreckungsgerichts nicht betroffenen vorrangigen Gläubigers ausgezahlt werden, in dessen Vollstreckungsverfahren Schutz nach § 850 i Abs. 1 ZPO nicht beantragt und nicht angeordnet wurde (wie Rdn. 1189 b).

1242c

c) Hat hingegen der Gläubiger als erstpfändender *Vorrang,* in dessen Pfändungsverfahren Bestimmung getroffen ist, dass dem Schuldner nach § 850 i Abs. 1 ZPO ein Einkommensbetrag pfandfrei belassen wird, dann kann dieser für Schuldnerschutz freigestellte Betrag nicht dem nachpfändenden (nachrangigen) Gläubiger wegen seines fortbestehenden Pfandrechts an dem gesamten Einkommen gebühren (wie Rdn. 1189 c). Dessen Pfandrecht bleibt nachrangig. Der mit Einzelfallbestimmung nach § 850 i Abs. 1 ZPO freigestellte Einkommensbetrag gebührt daher dem Schuldner zur Deckung des notwendigen Unterhalts. Wenn jedoch der Gläubiger des durch die vorrangige Pfändung begründeten Pfandrechts (mit Befriedigung, Aufhebung des Pfändungsbeschlusses, Verzicht auf die Pfändung) wegfällt, äußert die nach § 850 i Abs. 1 ZPO getroffene Einzelfallbestimmung keine Wirkung mehr. Dann ist das Einkommen nur noch für den bisher nachrangig gewesenen Gläubiger voll gepfändet. Daher bleibt in der Vollstreckungssache des (bisher) zweitpfändenden Gläubigers für den Schuldner ein weiterer Teil seines Einkommens nur dann pfandfrei, wenn das Vollstreckungsgericht auch in dessen Vollstreckungsverfahren auf Antrag Bestimmung nach § 850 i Abs. 1 ZPO getroffen hat. Entsprechendes gilt, wenn nach Pfändung durch mehrere Gläubiger Bestimmung in jedem Vollstreckungsverfahren gesondert (einzeln) getroffen ist und die dem Schuldner für Unterhalt zu belassenden Beträge unterschiedlich bemessen sind (für Gläubiger A 5.000 Euro; für Gläubiger B 3.000 Euro usw.).

1242d

8. Treffen kann das Vollstreckungsgericht Bestimmung über Freistellung „einmaligen" Arbeitseinkommens nach § 850 i Abs. 1 ZPO nur nach Pfändung mit Wirkung gegenüber dem Vollstreckungsgläubiger, *nicht* aber für Einschränkung der *Abtretung* einer nicht wiederkehrend zahlbaren Vergütung (§ 400 BGB) oder der Aufrechnung (§ 394 BGB). Daher wirkt auch eine vom Vollstreckungsgericht in einem Zwangsvollstreckungsverfahren getroffene Anordnung nur in dem Vollstreckungsverfahren des Gläubigers, in dem sie auf Schuldnerantrag ergangen ist. Sie begründet keine Beschränkung einer (vor- oder nachgehenden) Abtretung „einmaligen" Einkommens und keine Einschränkung der Aufrechenbarkeit (Grundsatz der Einzelvollstreckung). Trifft eine Pfändung, in der Bestimmung nach § 850 i Abs. 1 ZPO getroffen ist, mit einer (vor- oder nachrangigen) Abtretung zusammen, dann gilt das Rdn. 1242 c, d Gesagte entsprechend.

1242e

1242f 9. Für eine Pfändungsverfügung der Verwaltungs-*Vollstreckungsbehörde* (§ 309 AO) kann das mit der Verwaltungsvollstreckung nicht befasste (§ 249 Abs. 1 AO, § 5 VwVG-Bund usw.) Vollstreckungsgericht Bestimmung über Freistellung gepfändeten Einkommens nach § 850 i Abs. 1 ZPO nicht treffen (vergleichbarer Fall Rdn. 1189 d). Über den Antrag nach § 850 i Abs. 1 ZPO hat vielmehr die Vollstreckungsbehörde zu entscheiden; Einwendungen sind mit den Rechtsbehelfen des jeweiligen Verwaltungs-Vollstreckungsverfahrens geltend zu machen.

II. Sachnutzung und Dienstleistung
Entfällt mit Aufhebung des § 850 i Abs. 2 ZPO ab 1. Juli 2010, siehe Rdn. 1247 b.

1243 1. *Gemischte Ansprüche* genießen mit dem Anteil, der als Arbeitseinkommen zu betrachten ist, Lohnpfändungsschutz (siehe Rdn. 897). Dieser Schutz erstreckt sich jedoch nicht auf Dienstleistungen, die in Verbindung mit der Gewährung einer Sachnutzung außerhalb eines Arbeits- oder Dienstverhältnisses erbracht werden. Die unbeschränkte Pfändung des für den Lebensunterhalt des Schuldners und seiner Angehörigen benötigten Entgelts aus den außerhalb eines Arbeits- oder Dienstverhältnisses mit einer Sachleistung verbundenen Diensten verbietet sich aber gleichfalls. § 850 i Abs. 2 ZPO stellt solche Forderungen daher gleich der für nicht wiederkehrend zahlbare Vergütungen getroffenen Regelung (Rdn. 1233 ff.) unter Pfändungsschutz.

1244 2. Die Vorschrift erfasst vor allem folgende typische Fälle: Zimmervermieten mit Reinigung des Raums, Stellung des Frühstücks, Instandhaltung und Reinigung der Wäsche usw.[27], Vermietung einer Garage mit Übernahme der Pflegearbeiten am Kraftfahrzeug, Vermietung eines Kraftfahrzeugs unter Übernahme der Personen- oder Lastenbeförderung, Vermietung einer Dreschmaschine und Ausführung der Drescharbeiten.

1245 3. Voraussetzung ist immer, dass die Vergütung zu einem nicht *unwesentlichen*[28] Teil als Entgelt für die Dienstleistungen gewährt wird. Nicht unwesentlich sind die Dienste, wenn sie häufiger als nur gelegentlich, beiläufig o.ä. geleistet werden.

Die Dienstleistung muss zudem, weil das Entgelt wie Arbeitseinkommen geschützt wird, vom Schuldner oder seinen unterhaltsberechtigten

---

27 Das *OLG Braunschweig* NdsRpfl 1958, 238 will § 850 i Abs. 2 ZPO nur dann anwenden, wenn gelegentlich eine Vermietung erfolgt, das (Gesamt-)Einkommen aus (Unter-)Mietverhältnissen von Dauer dagegen als Arbeitseinkommen behandeln und dem § 850 c ZPO unterstellen. Dem ist aber deshalb nicht zu folgen, weil die Dienstleistung des Zimmervermieters nicht in abhängiger Arbeit erbracht wird, ein Arbeitsverhältnis also nicht begründet und zudem die Erwerbstätigkeit des Schuldners kaum einmal zu einem wesentlichen Teil in Anspruch nimmt.

28 Nicht jedoch „überwiegend". Es kann also durchaus das anteilige Entgelt für die Sachbenutzung überwiegen.

Angehörigen *persönlich* erbracht werden. Fälle, in denen das Personal die Dienste leistet, genießen daher den Schutz des § 850 i Abs. 2 ZPO nicht; daher fallen das Zimmervermieten durch einen Gastwirt, der fremdes Personal beschäftigt, und das Vermieten eines Kraftfahrzeugs durch einen Fuhrunternehmer, der Kraftfahrer beschäftigt und durch sie die Dienste leisten lässt, nicht unter diese Vorschrift.

4. Den Pfändungsschutz des § 850 i Abs. 2 ZPO genießt (anders als bei gemischten Ansprüchen, siehe Rdn. 897) das *Gesamtentgelt*. Eine Trennung zwischen dem Entgelt für Sachnutzung und der „anteiligen" Entschädigung für die Dienstleistung erfolgt nicht. 1246

5. Das Ausmaß des Pfändungsschutzes und das Verfahren bestimmen sich nach § 850 i Abs. 1 ZPO; siehe daher Rdn. 1235–1242. 1246a

III. Änderung des § 850 i ZPO ab 1. Juli 2010

a) Der Pfändungsschutz für Einkünfte Selbstständiger, die der Sicherung des Existenzminimums dienen, ist durch Neufassung des § 850 i Abs. 1 ZPO (ab 1. Juli 2010) neu geregelt. Pfändungsschutz ist dann auch für „sonstige Einkünfte, die kein Arbeitseinkommen sind", damit für sämtliche Arten von Einkünften nicht abhängig beschäftigter Personen, möglich (zum vorherigen engeren Anwendungsbereich Rdn. 1233, 1234). Erfasst sind damit auch Vergütungsansprüche für Leistungen, die nicht von dem selbstständig tätigen Schuldner persönlich, sondern von dem in seinem Unternehmen oder Betrieb angestellten Personal erbracht werden. 1247

b) Gewährt wird dieser Pfändungsschutz auch weiterhin nur auf Antrag (Rdn. 1235–1236) durch Entscheidung des Vollstreckungsgerichts (Rdn. 1237), das unverändert den Zeitraum (Rdn. 1240) zu bestimmen hat. Der zu belassene Betrag bemisst sich nach dem unpfändbaren Einkommen, das dem Schuldner verbleiben würde, wenn seine Einkünfte aus laufendem Arbeits- oder Dienstlohn bestünden. Das schließt Bestimmung des Freibetrags auch unter Berücksichtigung der gesetzlichen Unterhaltspflichten gegenüber dem Ehegatten, Kindern und anderen (in § 850 c Abs. 1 ZPO bezeichneten) Berechtigten ein (wie Rdn. 1238). Würdigung der wirtschaftlichen Verhältnisse des Schuldners, zu denen auch sein Vermögen gehört[29], bei der Entscheidung: § 850 i Abs. 1 S. 2 ZPO (wie Rdn. 1239). Zusammentreffen mit fortlaufendem Arbeitseinkommen: Rdn. 1242. Mehrere nicht wiederkehrend zahlbare Vergütungsansprüche oder sonstige Einkünfte sind zusammenzurechnen[30]. Ablehnung des Antrags, wenn überwiegende Belange des Gläubigers entgegenstehen: § 850 i Abs. 1 S. 2 ZPO (wie bisher). Für Vorpfändung, Pfändungen mehrerer Gläubiger, Abtretung und Verwaltungsvollstreckung hat die Ausdehnung des Anwendungsbereichs des Pfändungsschutzes für nicht wiederkehrend zahlbare Vergütungen keine Änderung gebracht; siehe daher Rdn. 1242 a–1242 f. 1247a

---
29 Begründung, BT-Drucks. 16/7615, S. 18.
30 Begründung a.a.O.

3. Kapitel: Pfändung von Arbeitseinkommen

1247b c) Mit der Einbeziehung auch aller sonstigen Einkünfte in den Anwendungsbereich des § 850 i Abs. 1 ZPO hat sich eine Einzelregelung für Ansprüche aus Sachnutzung und Dienstleistung (gemischte Ansprüche) erübrigt. Der bisherige *Abs. 2* des § 850 i ZPO wurde daher *aufgehoben*; die Abs. 3 und 4 wurden folglich Abs. 2 und 3.

1247c d) Der Schutz nach Abs. 1 des § 850 i kann (vom Inkrafttreten des Änderungsgesetzes an) auch beantragt werden, wenn die Pfändung der Schuldnervergütung vor dem 1. Juli 2010 bewirkt worden ist.

P. Zusammentreffen von Pfändung mit Abtretung und Verpfändung sowie Aufrechnung (§ 850 e Nr. 4 ZPO)

I. Abtretung

Schrifttum: *Baur*, Einige Bemerkungen zur Pfändung künftiger Lohnforderungen, Betrieb 1968, 251; *Behr*, Zusammentreffen von Abtretung und Pfändung, Rpfleger 1990, 243; *Börker*, Sicherungsabtretung und Pfändung derselben Lohnforderung zugunsten verschiedener Gläubiger, NJW 1970, 1104; *Denck*, Die nicht ausgeschöpfte Lohnpfändung, Betrieb 1980, 1396; *Henckel*, Zusammentreffen der Lohnpfändung und Lohnabtretung, JR 1971, 18; *Jauernig*, Zur Akzessorietät bei der Sicherungsübertragung, NJW 1982, 268; *Malte de Grahl*, Die Verrechnung nach § 850 e Nr. 4 ZPO bei der Kollision mehrerer Pfändungen und Abtretungen, Amtsvormund 1985, 635; *Mohrbutter*, Rechtsfragen zum Zusammentreffen von Lohnabtretung und Lohnpfändung, JurBüro 1956, 78; *Mümmler*, Abtretung und Pfändung künftiger Arbeitseinkommen, JurBüro 1994, 459; *Tiedtke*, Stille Abtretung und Pfändung künftiger Lohnforderungen, Betrieb 1976, 421; *Tiedtke*, Sicherungsabtretung bei Fehlen des zu sichernden Anspruchs, Betrieb 1982, 1709; *Welzel*, Probleme der Lohnabtretung an den unterhaltsberechtigten Ehepartner, MDR 1983, 722.

1. *Abtretung und Abtretungsvereinbarungen*

1248 a) Das der Pfändung unterliegende (fällige und künftige[1]) Arbeitseinkommen kann abgetreten werden[2] (§§ 398, 400 BGB). Der Abtretungsvertrag[3] (§ 398 BGB) muss ein bestimmtes (oder bestimmbares) Arbeitseinkommen zum Gegenstand haben, den neuen Gläubiger (Zessionar) bezeichnen und erforderlichenfalls den Umfang der Abtretung bestimmt oder zumindest bestimmbar darstellen. Abtretbar ist auch der Anspruch auf künftiges Arbeitseinkommen gegen den jeweiligen Arbeitgeber[4] (siehe auch Rdn. 1256). Treffen Abtretung und Pfändung von Arbeitseinkommen zusammen, so gilt das in Rdn. 764 ff. Gesagte. Eine Pfändung geht mithin ins Leere, soweit der Schuldner vor Beschlusszustellung an den Arbeitgeber als Drittschuldner (§ 829 Abs. 3 ZPO) bereits fälliges oder künftiges

---
1 *BArbG* JurBüro 1994, 364 = NJW 1993, 2699 (2700); *BArbG* NJW 2001, 1443.
2 Eine Abtretung ist nicht deshalb unwirksam, weil sie das Arbeitseinkommen insgesamt nennt und nicht wörtlich auf den pfändbaren Einkommensteil beschränkt, *BArbG* NJW 1993, 2699 (2700) = a.a.O.
3 Da eine Form gesetzlich nicht vorgeschrieben ist, wird vielfach nur die Abtretungserklärung des Arbeitnehmers schriftlich niedergelegt (siehe dazu § 409 BGB).
4 *BArbG* BAG 32, 159 = AP Nr. 6 zu § 829 ZPO = Betrieb 1980, 835 = MDR 1980, 522 mit Nachw.

Arbeitseinkommen schon wirksam[5] abgetreten hat[6]. Anspruch auf das ihm vor Pfändung übertragene Arbeitseinkommen hat der Zessionar als neuer Gläubiger (zum künftigen Einkommen aber auch Rdn. 1258 ff). Mit der Abtretung von Arbeitseinkommen erst nach Pfändung verstößt der Arbeitnehmer gegen das Verfügungsverbot des § 829 Abs. 1 S. 2 ZPO. Diese Abtretung ist daher dem pfändenden Gläubiger gegenüber unwirksam.

b) Die Abtretung des (pfändbaren) Arbeitseinkommens kann *durch Vereinbarung* mit dem Schuldner *ausgeschlossen* sein (§ 399 BGB)[7]. Dieses Abtretungsverbot kann einzelvertraglich oder durch kollektive Regelung (Tarifvertrag, Betriebsvereinbarung)[8] festgelegt sein[9]. Von dem in einer Betriebsvereinbarung enthaltenen Abtretungsverbot wird auch der Lohnanspruch des erst später (nach ihrem Abschluss) in den Betrieb eintretenden Arbeitnehmers erfasst[10]. Abtretungen die der Arbeitnehmer zu einer Zeit vorgenommen hat, in der er schon beim selben Arbeitgeber tätig war, macht aber der spätere kollektive Lohnabtretungsausschluss nicht hinfällig.

1248a

2. *Unübertragbarkeit des nicht pfändbaren Einkommens*

Die *nicht abtretbaren Teile* des Arbeitseinkommens (Freibeträge) bestimmen sich für die Abtretung an einen gewöhnlichen Gläubiger nach §§ 850 a, c ZPO. In der Regel beziehen sich auch Abtretungen an Unterhaltsgläubiger nur auf den allgemein pfändbaren Lohn- und Gehaltsteil. Bei ausdrücklicher Vereinbarung kann aber das Arbeitseinkommen an einen Unterhaltsgläubiger wegen seines nach § 850 d ZPO bevorrechtigten Anspruchs (im Rahmen der Zweckbindung, wie § 850 e Nr. 4 ZPO) bis auf die

1249

---

5 Wenn die Abtretung nichtig ist (z. B. nach § 134 BGB) hat sie keine Rechtswirkungen, ist das Arbeitseinkommen somit unverändert Schuldnervermögen; dann erfasst ein späterer Pfändungsbeschluss die Arbeitsentgeltansprüche, *BArbG* BAG 73, 9 = MDR 1993, 1122 = NJW 1993, 2701 = NZA 1993, 792.

6 Für sein Vorbringen, eine frühere Lohnabtretung sei Scheingeschäft (§ 117 BGB) oder vordatiert, ist im Rechtsstreit gegen den Arbeitgeber der pfändende Gläubiger beweispflichtig, *LArbG Köln* Betrieb 1985, 1647.

7 Dieses Abtretungsverbot hindert die Lohnpfändung nicht, § 851 Abs. 2 ZPO. Wegen einer weitergehend zulässig gewesenen Abtretung siehe Gesetz über die Abtretung von Beamtenbezügen zum Heimstättenbau vom 30. 6. 1927, RGBl I S. 133, das mit Wirkung ab 1. Jan. 1990 aufgehoben ist (Gesetz vom 27. 6. 1989, BGBl I 1265). Zur Berechnung des pfändbaren Lohnteils nach Gehaltsabtretung an eine Heimstättengesellschaft siehe *RG* 146, 290 und *VGH Baden-Württemberg* FamRZ 1988, 971.

8 *BArbG* AP Nr. 1 zu § 399 BGB mit Anm. *Hueck* = BB 1958, 448 = Betrieb 1958, 489 sowie *BArbG* AP Nr. 4 zu § 399 BGB mit Anm. *Larenz* = BB 1960, 1202 = Betrieb 1960, 1309 = Rpfleger 1961, 15; *LArbG Düsseldorf* Betrieb 1976, 440; *Wehr* BB 1960, 709; s. auch *LArbG Frankfurt* Betrieb 1972, 243. Die Betriebsvereinbarung kann die Wirksamkeit der Lohnabtretung auch von der Zustimmung des Personalrats des Arbeitgebers abhängig machen (sogen. beschränktes Lohnabtretungsverbot), *LArbG Baden-Württemberg* BB 1967, 1289 = Betrieb 1967, 1094.

9 Betriebliche Rechtsfragen zum Lohnabtretungsverbot s. *Hohn* BB 1962, 54.

10 *BArbG* a.a.O. (Fußn. 8, letztgenannte Entscheidung).

3. Kapitel: Pfändung von Arbeitseinkommen

nach §§ 850 d, a ZPO unpfändbaren Bezüge abgetreten werden[11]. Diese Abtretung an einen bevorrechtigten Gläubiger verbietet sich daher – abgesehen von den Mindestsätzen der in § 850 a Nrn. 1, 2 und 4 ZPO genannten Bezüge (siehe § 850 d Abs. 1 S. 2 ZPO) – nur für einen Freibetrag, dessen Höhe sich im Einzelfall nach dem Bedarf des Schuldners für seinen notwendigen und seiner Angehörigen Unterhalt bestimmt (§ 850 d ZPO und Rdn. 1091 ff.). Diesen Freibetrag kann der Drittschuldner bei Abtretung vor einer Pfändung mangels Entscheidung des Vollstreckungsgerichts nicht genau feststellen. Er kann die Abtretung daher praktisch nur in Höhe der Sätze des § 850 c ZPO als wirksam behandeln und etwa streitige weitere Beträge wegen Ungewissheit über die Person des Empfängers hinterlegen[12] (§ 372 BGB).

3. Abtretung von Bezügen, deren Pfändung zugelassen oder ausgeschlossen werden kann

1250 Ansprüche, die an sich unpfändbar sind, deren Pfändung aber das Vollstreckungsgericht nach *Billigkeit im Einzelfall* ausnahmsweise zulassen kann (siehe § 850 b Abs. 2, § 850 f Abs. 2 und 3 ZPO), sind vor einer Entscheidung des Vollstreckungsgerichts nicht abtretbar[13] und nicht aufrechenbar[14]. Der Pfändungsschutz des § 850 f Abs. 1 und § 850 i Abs. 1 und 2 ZPO wird nur auf Antrag gewährt, steht also der Abtretung der Ansprüche nicht entgegen[15].

4. Erhöhung des nicht abtretbaren Schuldnereinkommen (§ 850 f Abs. 1 ZPO)

1250a a) Zur Wahrung des Sozialhilfebedarfs oder wegen besonderer persönlicher oder beruflicher Bedürfnisse ermöglicht § 850 f Abs. 1 ZPO bei Zwangsvollstreckung auf Antrag des Schuldners Einzelfallbestimmung des nicht pfändbaren Betrags (Rdn. 1175 a). Für Abtretung des Arbeitseinkommens

---

11 *RArbG* DR 1940, 595; siehe auch *RArbG* 6, 282 (287); *BGH* 125, 116 (120 f.) = NJW 1994, 1057 (1059); a.A. *ArbG Berlin* MDR 1971, 521 (die Abtretung im Rahmen des § 850 d ZPO ist nicht genügend bestimmbar; sie ist jedoch umzudeuten in eine Abtretung in Höhe der nach § 850 c ZPO pfändbaren Beträge). So auch *Welzel* MDR 1983, 722; folgt man ihm, dann ist aber für die Feststellung des nicht abtretbaren (weil unpfändbaren) Einkommensteils der Unterhaltsgläubiger selbst nicht als Person zu berücksichtigen, der der Schuldner Unterhalt „gewährt"; a.A. *Welzel* a.a.O.
12 A.A. (früher) *Bischoff/Rochlitz*, Die Lohnpfändung, Bem. V 163, die meinten, auch bei Lohnabtretung wegen einer Unterhaltsforderung bestimmen sich die Grenzen gleichfalls nach § 850 c ZPO. Dem ist nicht zu folgen, weil damit der Unterhaltsgläubiger dem Gläubiger einer gewöhnlichen Forderung gleichgestellt wird. Das ist nicht im Sinne der gesetzlichen Regelung, wie sich insbesondere auch aus § 850 e Nr. 4 ZPO ergibt.
13 Siehe *BGH* 31, 210 = MDR 1960, 292 = NJW 1960, 572; *RG* DR 1943, 942; *OLG Düsseldorf* MDR 1955, 674 mit weit. Nachw. Auch *BArbG* BB 1984, 147 (Leits.) = MDR 1983, 699: Pfändung über die Grenzen des § 850 c ZPO hinaus nach Maßgabe des § 850 f Abs. 2 ZPO trotz vorrangiger Gehaltsabtretungen.
14 *LG Itzehoe* SchlHA 1968, 2 12.
15 *BGH* 96, 324 (331) = JurBüro 1986, 551 = JZ 1986, 498 mit anm. *Brehm* = MDR 1986, 404 = NJW 1986, 23432

ist ein vergleichbarer Schutz zur Existenzsicherung des Erwerbstätigen nicht ausdrücklich bestimmt. Dem *Arbeitgeber* als Einkommensschuldner ist daher eine Erhöhung des nicht abtretbaren Teils des Arbeitseinkommens aus den in § 850 f Abs. 1 ZPO angeführten Gründen nicht gestattet[16]. Es kann ebenso das Prozessgericht (auch das Arbeitsgericht) in einem Rechtsstreit zwischen Arbeitnehmer (als Zedent) und Arbeitgeber als Schuldner des Anspruchs auf Zahlung des Arbeitseinkommens den nicht übertragbaren (pfandfreien) Betrag nicht in entsprechender Anwendung von § 850 f Abs. 1 ZPO erhöhen[17]. Auch das Vollstreckungsgericht kann nicht außerhalb eines Vollstreckungsverfahrens, somit nur für Lohnabtretung, Bestimmung über die Erhöhung des pfändungsfreien Betrags in entsprechender Anwendung von § 850 f Abs. 1 ZPO treffen[18]. Die in einem Pfändungsverfahren getroffene Bestimmung über die Erhöhung des pfändungsfreien Betrags nach § 850 f Abs. 1 ZPO wirkt nur für die auf Grund dieses Pfändungszugriffs vorzunehmende Einkommensberechnung (siehe Rdn. 1074 b), nicht aber auch gegen einen (vor- oder nachrangigen) Zessionar.

b) *Schuldnerschutz* aus den Gründen des § 850 f Abs. 1 ZPO muss gleichwohl *auch bei Abtretung* des Arbeitseinkommens möglich sein. Es kann der Zessionar keine weitergehenden Rechte haben als der vollstreckende Gläubiger (gebietet die vom Gesetz gewollte Gleichstellung der Abtretung des Arbeitseinkommens mit der Einkommenspfändung[19]; vgl. § 400 BGB). Es kann der Arbeitnehmer daher vom Zessionar als Gläubiger des abgetretenen Arbeitseinkommens verlangen, dass ihm aus den besonderen Gründen des § 850 f Abs. 1 ZPO als nicht übertragbar ein weiterer Teil seines nach den abstrakten Pfändungssätzen übertragbaren Einkommens belassen wird. Das kann dadurch geschehen, dass der Zessionar dem Arbeitgeber seine Zustimmung zu einer vom Arbeitnehmer erstrebten Erhöhung des nicht übertragbaren Einkommens erklärt (§ 409 Abs. 2 BGB entspr. Anwendung). Schränkt der Neugläubiger die Abtretung nicht in dieser Weise ein, kann der Arbeitnehmer mit Klage gegen den Zessionar auf Zustimmung Heraufsetzung des nicht abtretbaren (pfändungsfreien) Betrags seines Arbeitseinkommens vor dem Prozessgericht (der ordentlichen) Gerichtsbarkeit durchsetzen[20]. Darlegungs- und beweispflichtig ist der Arbeitnehmer dann dafür, dass die besonderen Gründe des § 850 f Abs. 1 ZPO für Erhöhung des nicht übertragbaren Teils seines Arbeitseinkommens vorliegen[21]. Dem Arbeitgeber als Schuldner des Einkommens gegenüber

1250b

---

16 *BArbG* BAG 67, 193 = BB 1991, 1495 = MDR 1991, 992 = NJW 1991, 2038 = NZA 1991, 561.
17 *BArbG* 67, 193 = a.a.O.
18 *BGH* MDR 2003, 1192 = NJW-RR 2003, 1367 = Rpfleger 2003, 516; **A.A.** *LG Heilbronn* JurBüro 2001, 327 = Rpfleger 2001, 190.
19 *OLG Köln* NJW-RR 1998, 1689 = VersR 1999, 124; *AG Bad Baldsee* FamRZ 2000, 1593; siehe auch *BArbG* a.a.O. (Fußn. 16).
20 *OLG Köln* NJW-RR 1998, 1689 = a.a.O. (Fußn. 19); siehe auch *BArbG* a.a.O. (Fußn. 16); *BGH* NJW-RR 2003, 1367 = a.a.O.
21 *OLG Köln* NJW-RR 1998, 1689 = a.a.O.

wirkt die Heraufsetzung des nicht übertragbaren (pfandfreien) Betrags, die der Arbeitnehmer in diesem Rechtsstreit (rechtskräftig, § 894 ZPO) erwirkt hat, wenn sie ihm mitgeteilt wird (§ 409 Abs. 2 BGB entspr. Anwendung).

5. *Abtretung und AGB*

1251 Als *Allgemeine Geschäftsbedingung* (§ 305 BGB) hält eine (zulässige[22]) Vorausabtretung künftiger Lohn-, Gehalts- oder Provisionsansprüche in einem Ratenkreditvertrag der Inhaltskontrolle (§ 307 Abs. 1 BGB) stand, wenn sie Zweck und Umfang der Zession sowie die Voraussetzungen, unter denen der Verwender von ihr Gebrauch machen darf, hinreichend eindeutig bestimmt und zu einem vernünftigen, die schutzwürdigen Belange beider Vertragspartner angemessen berücksichtigenden Interessenausgleich führt[23]. Eine Vorausabtretung, die als Allgemeine Geschäftsbedingung diesen Erfordernissen nicht genügt, ist unwirksam (§ 305 Abs. 1 BGB). Jedoch ist eine formularmäßige Globalabtretung auch dann wirksam, wenn eine (angemessene) Deckungsgrenze nicht ausdrücklich festgelegt ist[24]. Die Nichtigkeit einer unangemessenen Freigaberegelung führt bei einer formularmäßigen Globalabtretung ebenso nicht zur Unwirksamkeit der Forderungsabtretung[25].

1251a b) Bei einer vom zugrunde liegenden Rechtsverhältnis *unabhängigen Abtretung*, die nicht Allgemeine Geschäftsbedingung ist und damit nicht der Inhaltskontrolle nach § 307 BGB unterliegt, ist der sie veranlassende Grund (Sicherungsvereinbarung usw.) für die rechtliche Wirksamkeit des Abtretungsvertrags zwischen dem Arbeitnehmer und dem Neugläubiger ohne Bedeutung. Für das Bestimmtheitserfordernis (Rdn. 1248) kommt es daher in diesem Fall auf die zu sichernde Forderung oder den sonstigen Grund der Abtretung nicht an. Auch diese Abtretung kann aber unter besonderen Umständen, insbesondere unter dem Gesichtspunkt der Übersicherung, als sittenwidrig unwirksam sein. Hierwegen siehe die Rechtsprechung aus der Zeit vor Inkrafttreten des AGB-Gesetzes in der 9. Auflage Rdn. 1251 b. Der Umfang einer durch den Sicherungszweck bedingten Abtretung muss genügend bestimmt oder doch jedenfalls bestimmbar sein[26]. Unwirksam ist insbesondere eine Sicherungsabtretung, wenn sie an eine Bedingung geknüpft ist, die den Umfang der abgetretenen Einkommensbeträge ungewiss macht[27].

---

22 *BGH* BB 1976, 227 = Betrieb 1976, 382 = MDR 1976, 383 = Rpfleger 1976, 124.
23 *BGH* 108, 98 (104) = DNotZ 1989, 621 = MDR 1989, 889 = NJW 1989, 2383; *BGH* MDR 1992, 865 = NJW 1992, 2626; *OLG München* Betrieb 1992, 832 (Leits.) = NJW-RR 1992, 812; auch *Scholz* MDR 1993, 599.
24 *BGH* (GZ 27.11.1997) BGHZ 127, 212 = MDR 1998, 550 (Leits.) = NJW 1998, 671.
25 *BGH* 138, 367 = MDR 1998, 916 = NJW 1998, 2206.
26 *BArbG* (14.12.1966) AP BGB § 138 Nr. 26 = NJW 1967, 751; *BGH* MDR 1976, 383 = a.a.O.; siehe außerdem *OLG Celle* BB 1967, 979 = Betrieb 1967, 375 (= Abtretung für ein genau bezeichnetes Bankdarlehen); *LArbG Baden-Württemberg* BB 1967, 765 mit Anm. *Trinkner* (= Abtretung zur Sicherung eines Kleinkredits nebst Zinsen und Kosten); *Börker* NJW 1970, 1104.
27 *BGH* MDR 1976, 383 = a.a.O. (Fußn. 22).

6. Pfändung nach Abtretung

a) Wird *abgetretenes Arbeitseinkommen gepfändet*, so geht die Pfändung insoweit ins Leere[28], als der Anspruch dem Zessionar zusteht[29] (siehe Rdn. 765 und 1248) und dieser aus der Abtretung Anspruch auf das künftige Arbeitseinkommen herleiten kann (s. Rdn. 1258 ff.). Einer späteren Pfändung geht auch eine Sicherungsabtretung vor[30]. Erhält der Zessionar nicht den vollen pfändbaren Lohnteil, so gebührt der freie Rest dem pfändenden Gläubiger. Dieser pfändbare Betrag wird vom vollen (nicht also von dem um die Abtretung gekürzten) Nettolohn berechnet[31].

1251b

b) Da eine Pfändung auf ein neues Arbeitsverhältnis nicht übergeht (siehe Rdn. 964), geht eine zu Beginn des neuen Arbeitsverhältnisses erfolgte Abtretung einer erst anschließend, also während des neuen Arbeitsverhältnisses vorgenommenen Pfändung auch dann vor, wenn der pfändende Gläubiger schon während des ersten Arbeitsverhältnisses wirksam gepfändet hatte[32].

1252

7. Stille Zession

Wenn nach stiller Zession[33] ein (anderer) Gläubiger das Arbeitseinkommen hat pfänden und sich zur Einziehung überweisen lassen, kann der nach der Zession Berechtigte die vom pfändenden Gläubiger eingezogenen Beträge aus ungerechtfertigter Bereicherung herausverlangen, und zwar auch dann, wenn der gewährte und durch die stille Zession gesicherte Kredit im Zeitpunkt der Lohnpfändung noch nicht notleidend war[34]. Der Vollstreckungsgläubiger darf aber die ihm durch den Pfändungs- und Überweisungsbeschluss entstandenen Zwangsvollstreckungskosten abziehen[35]. In besonderen Fällen kann sich der pfändende Gläubiger auf unzulässige Rechtsausübung des Zessionars (§ 242 BGB) berufen. Dem pfändenden Gläubiger steht aber auch § 818 Abs. 3 BGB zur Seite, wonach er als Berei-

1253

---

28 Nicht richtig *LG Saarbrücken* Rpfleger 1986, 23, das den Schuldner, der in Kenntnis seiner titulierten Unterhaltsverpflichtungen einen wesentlichen Teil seines Arbeitseinkommens abgetreten hat, bei Festsetzung des pfändungsfreien Betrages so stellen will, als würde ihm der abgetretene Betrag zur Verfügung stehen; dagegen zutreffend *Lorenschat* Anmerkung Rpfleger 1986, 309.
29 BArbG NJW 1993, 2699 (2700 re.Sp.) = a.a.O. (Fußn. 1); *LArbG Hamm* Betrieb 1970, 114. Auch eine stille Zession geht einer späteren Lohnpfändung vor, siehe Rdn. 766; *ArbG Hamburg* BB 1968, 83 sowie *Henckel* JR 1971, 18.
30 BGH NJW 1987, 1268.
31 *OLG Hamm* BB 1953, 203 = JMBlNRW 1953, 41.
32 *ArbG Bielefeld* BB 1959, 705.
33 Im entschiedenen Fall (nachf. Fußn. 34) an eine Bank zur Sicherung eines Kredits. Zur stillen Zession s. auch *BGH* 26, 185 (193) = MDR 1958, 231 = NJW 1958, 457.
34 BGH 66, 150 = JurBüro 1976, 752 = MDR 1976, 657 = NJW 1976, 1090; *LG Köln* JurBüro 1980, 1098 mit Anm. *Mümmler*; **anders** noch *Tiedtke* Betrieb 1976, 421.
35 *BGH* a.a.O. (Fußn. 34); *LG Köln* a.a.O. (Fußn. 34).

3. Kapitel: Pfändung von Arbeitseinkommen

cherungsschuldner zur Herausgabe oder zum Wertersatz nicht verpflichtet ist, soweit er nicht mehr bereichert ist. Ein Wegfall der Bereicherung kann u.a. dadurch eintreten, dass eine Bank als pfändender Gläubiger es im Vertrauen auf den rechtmäßigen Empfang der Zahlungen unterlässt, sich rechtzeitig bei ihrem Schuldner anderweitig Sicherheit zu verschaffen[36].

8. *Einkommensabtretung zur Mietzahlung*

1254   a) Ist der *Arbeitgeber zugleich der Vermieter* seines Arbeitnehmers und hat er mit diesem vereinbart, dass die monatliche *Miete vom Lohn einzubehalten* ist, so ist diese Vereinbarung einem Gläubiger gegenüber, der später das Arbeitseinkommen pfändet, wirksam[37] (Vereinbarung einer „abtretungsähnlichen" Zahlungsweise, die sich auf Aufrechnung des pfändbaren Lohnanteils bezieht). Fraglich ist, ob der Schuldner schon allein deshalb dem Einwand unzulässiger Rechtsausübung (§ 826 BGB) ausgesetzt ist, weil der Arbeitgeber als Vermieter bereits in der Tabelle des § 850 c ZPO für Unterkunft pfandfrei enthaltene Beträge infolge der vorrangigen Zahlungsvereinbarung aus den pfändbaren Einkommensteilen erlangt. Die Vereinbarung über die (vorrangige) Einbehaltung der Miete könnte damit teilweisen Wegfall des Schutzzwecks (§§ 394, 400 BGB) zur Folge haben. Das kann jedoch nicht allgemein angenommen werden, kann aber jedenfalls nicht vom Drittschuldner bei Lohnabzug bestimmt, sondern müsste auf Klage des Gläubigers gegen den Schuldner vom Prozessgericht geprüft und entschieden werden. Für Bestimmung eines auf Mietkosten zu beziehenden Teils der nach § 850 c ZPO unpfändbaren Bezüge durch das Prozessgericht gibt es jedoch keine Rechtsgrundlage (Rdn. 1254 a). *Bauer*[38] will aus der Tatsache, dass der Schuldner die laufende Miete nicht aus dem pfandfrei verbleibenden Lohnteil, sondern infolge der Abtretung aus dem pfändbaren Lohn zahlt und somit durch Abtretung praktisch einen weiteren Lohnteil zu seinen Gunsten unpfändbar gemacht hat, auf Nichtigkeit der Abtretung wegen Sittenwidrigkeit schließen. Auch diese Nichtigkeit müsste der Gläubiger aber im Wege der Feststellungsklage gegen den Schuldner feststellen lassen.

1254a   b) Auch *Abtretung* des Arbeitseinkommens *an den Vermieter,* der nicht Arbeitgeber ist, zur Erfüllung der monatlich fortlaufenden Mietforderungen oder in ähnlicher Weise an Dritte zur Deckung fortlaufender (nicht aber rückständiger) Kosten des Lebensbedarfs (wie Heizung, Lieferung von Lebensmitteln, Bereitstellung von Mahlzeiten), für den die nach § 850 c ZPO unpfändbaren Einkommensteile bestimmt sind, ist Verfügung, die einem danach vollstreckenden Gläubiger gegenüber wirksam ist (Rdn. 764). Diese Abtretung ermöglicht § 400 BGB jedoch nur unter Wahrung der Pfän-

---

36 *BGH* a.a.O. (Fußn. 34).
37 *BArbG* AP Nr. 1 zu § 392 BGB mit zust. Anm. *Vollkommer* = BB 1959, 919 = Betrieb 1959, 1006 = JR 1960, 296.
38 *Bauer*, Vereitelung der Lohnpfändung durch eine vorherige Lohnabtretung für Miete, JurBüro 1962, 310.

dungsfreigrenzen des § 850 c ZPO³⁹; sie begründet weitergehende Rechte für den Zessionar damit nicht. Zur Leistung abgetretenen Arbeitsentgelts an den Vermieter zur Wegfertigung der (laufenden) Mietforderungen entfällt der Pfändungsfreibetrag des § 850 c ZPO weder in voller Höhe noch anteilig⁴⁰. Eine entgegenstehende Vereinbarung ist nichtig⁴¹. Die Abtretung pfändungsfreier Teile des Arbeitseinkommens wäre überdies nicht wirksam, weil ihr die notwendige Bestimmbarkeit fehlen würde; es wäre nicht feststellbar, in welcher Höhe der nach § 850 c ZPO unpfändbare Betrag des Einkommens anteilige Kosten für Unterkunft einschließt, so dass der Arbeitgeber keine Gewissheit hätte, in welcher Höhe des (unpfändbare) Arbeitseinkommen abgetreten wäre⁴². Für Bestimmung eines auf Mietkosten zu beziehenden Teils der nach § 850 c ZPO unpfändbaren Bezüge durch das Prozessgericht im Rechtsstreit zwischen Zessionar und Arbeitgeber (an dem der Arbeitnehmer nicht beteiligt ist, dessen Rechte § 850 c ZPO schützt), gibt es überdies auch keine Rechtsgrundlage⁴³.

c) Ob das *Vollstreckungsgericht* Bestimmung treffen kann, dass infolge der Vereinbarung mit dem Arbeitgeber über die Mietzahlung (Rdn. 1254) oder der Abtretung von Arbeitseinkommen an den Vermieter (Rdn. 1254 a) einzubehaltende Beträge auf Einkommensteile anzurechnen sind, die nach der Tabelle des § 850 c ZPO unpfändbar sind (dass sie somit nicht zulasten des nachfolgend pfändenden Gläubigers aus dem pfändbaren Arbeitseinkommen zu decken sind) oder ob es befugt ist, nach Wegfertigung der Kosten für Unterkunft aus pfändbaren Beträgen einen Teil des an sich unpfändbaren Arbeitseinkommens der Pfändung durch einen nachfolgend vollstreckenden Gläubiger zu unterwerfen, ist nicht geklärt. Das wurde in zurückliegender Zeit wiederholt für möglich erachtet⁴⁴, damit Kosten für Unterkunft oder ein Ausgabeposten für sonstigen Lebensbedarfs dem Schuldner nicht zulasten eines vollstreckenden Gläubigers doppelt zur Verfügung stehen. Zur Feststellung der in der Tabelle des § 850 c ZPO bereits enthaltenen Kosten für Wohnungsmiete wurde auf die durchschnittlichen Leistungen des Sozialrechts für Unterkunft und Aufwendungen des Wohnens, gekürzt um die Wohngeldleistungen nach dem Wohngeldgesetz abgestellt⁴⁵. Das jedoch ist nicht bedenkenfrei. Eine solche Bestim- **1255**

---

39 *BArbG* (21.11.2000, 9 AZR 692/99) BAG 96, 266 = MDR 2001, 650 = NJW 2001, 1443.
40 *BArbG* BAG 96, 266 = a.a.O. (Fußn. 39).
41 *BArbG* BAG 96, 266 = a.a.O. (Fußn. 39).
42 *BArbG* BAG 96, 266 = a.a.O. (Fußn. 39).
43 *BArbG* BAG 96, 266 = a.a.O. (Fußn. 39).
44 *LG Hagen* MDR 1988, 1065 = NJW-RR 1988, 1232; *LG Detmold* Rpfleger 1992, 74; *AG Dortmund* Rpfleger 1995, 222; *AGe Frankfurt* und *Heidelberg* JurBüro 1997, 438 und 439.
45 *LG Hagen* NJW-RR 1988, 1232 = a.a.O.; *LG Detmold* Rpfleger 1992, 74. Kosten für den über diese Mindestanforderung hinausgehenden Wohnkomfort würden demnach vom Schuldner aus dem Teil der Abtretung finanziert, der sich auf den pfändbaren Teil bezieht.

mung kann Anwendung der Rechtsgedanken von § 850 e Nr. 3 oder/und Nr. 4 ZPO nicht ermöglichen. Vielmehr gibt es keine Rechtsgrundlage[46] für Bestimmung eines auf die Mietkosten (sonst einen anderen Lebensbedarf) zu beziehenden Teils der nach § 850 c ZPO unpfändbaren Bezüge durch das Vollstreckungsgericht. Überdies gibt es für Festlegung des Wertes der Sachleistung „Wohnraumüberlassung" als Teil des nach den Tabellenwerten des § 850 c ZPO unpfändbaren Arbeitseinkommens keine Handhabe[47]. Bei (regelmäßig) schwankendem Arbeitseinkommen und damit wechselnden pfandfreien Beträgen könnte der Wert der Sachleistung „Wohnraumüberlassung" auch nicht sicher und beständig festgestellt werden. Es trifft zudem den Schuldner auch keine Rechtspflicht, infolge der Wahrung des Lebensbedarfs durch gesetzlich unpfändbare Teile des Arbeitseinkommens Mehrverdienst für einen späteren Gläubigerzugriff bereit zu halten. Vorrangige Verfügung über Arbeitseinkommen muss (als abstraktes Rechtsgeschäft) vielmehr ein Gläubiger ungeachtet des der Rechtsänderung zugrunde liegenden Beweggrundes hinnehmen. Eine spätere Korrektur durch das Vollstreckungsgericht[48] schließt das ebenso aus, wie dem Vollstreckungsgericht Feststellung versagt ist, dass ein mietfrei (etwa bei seinen Eltern) wohnender Schuldner Bedarf für einen die „Wohnraumüberlassung" deckenden Freibetrag nicht habe und daher das Arbeitseinkommen über die Grenze des § 850 c ZPO hinaus der Pfändung unterworfen werde.

9. Zusammentreffen mit einem Unterhaltsanspruch

1256   Bei *Zusammentreffen* einer Abtretung an einen *Unterhaltsgläubiger* (§ 850 d ZPO) mit einer Pfändung wegen einer *gewöhnlichen Vollstreckungsforderung* hat das Vollstreckungsgericht – wie im Falle des Zusammentreffens mit der Pfändung durch den bevorrechtigten Gläubiger – dessen Anspruch auf Antrag auf den gem. § 850 d ZPO in erweitertem Umfange dem Zugriff unterliegenden Teil des Arbeitseinkommens zu verrechnen (§ 850 e Nr. 4 ZPO); siehe deswegen Rdn. 1278.

10. Abtretung des Einkommens aus einem künftigen Arbeitsverhältnis

1257   Als *künftige* Forderung kann auch eine *Forderung* auf das Arbeitseinkommen aus einem noch nicht bestehenden Arbeitsverhältnis abgetreten werden[49]. Daher ist die Abtretung des Lohnanspruchs gegen den derzeitigen und künftigen Arbeitgeber auch bei *Wechsel des Arbeitsplatzes* gegen den neuen Dienstherrn gültig. Eine Pfändung geht jedoch nicht auf den

---

46   Ebenso wie dies bei Zusammentreffen der Abtretung für Wohnungsmiete mit einer späteren Abtretung der Fall ist.
47   *BArbG* BAG 96, 266 = a.a.O. (Fußn. 39).
48   Es geht darum, in welchem betragsmäßigen Umfang die gepfändete angebliche Forderung im Schuldnervermögen besteht, nicht aber darum, welcher Betragsteil einer (tatsächlich) bestehenden Schuldnerforderung gepfändet sein soll; ein Klarstellungsbeschluss zur Bestimmung des Umfangs der Pfändung verbietet sich daher; nicht richtig demnach *LG Dortmund* Rpfleger 1992, 74 = a.a.O.; *LG Hagen* NJW-RR 1988, 1232 = a.a.O.; *AGe Dortmund*, *Frankfurt* und *Heidelberg* je a.a.O.
49   *BGH* NJW 1965, 2197.

neuen Arbeitgeber über (siehe Rdn. 964). Das führt dazu, dass der Gläubiger bei Arbeitsplatzwechsel neu pfänden muss und mit seinem neuen Pfändungszugriff auf abgetretenes Arbeitseinkommen trifft, dem Zessionar daher auch nachgeht, wenn seine Vollstreckung in das Arbeitseinkommen beim bisherigen Drittschuldner vor der Abtretung ausgebracht war. Entsprechendes gilt bei der (zulässigen) Abtretung der künftigen Lohnforderungen „gegen den jeweiligen Arbeitgeber"[50].

11. *Künftig fortlaufende Bezüge bei Abtretung*

a) Bei *künftigem Arbeitseinkommen* handelt es sich um eine Forderung, die (abschnittsweise) jeweils erst mit Arbeitsleistung und Fälligkeit für den einzelnen Zahlungszeitraum zur Entstehung gelangt. Daher lässt allein die Abtretung des künftigen Arbeitseinkommens (der Abschluss des Abtretungsvertrags, § 398 BGB) als Verfügungsgeschäft vor Begründung des künftigen Einkommens diese Forderung noch nicht auf den Zessionar übergehen. Die Abtretung entfaltet ihre volle Wirksamkeit vielmehr erst, wenn und sobald alle Voraussetzungen für die Entstehung der Forderung – abgesehen vom Veräußerungstatbestand selbst – in der Person des Veräußerers erfüllt sind[51]. Damit besteht aber auch während einer Einkommensabtretung ein pfändbarer *Anspruch auf Rückabtretung* künftigen Arbeitseinkommens nicht[52]. Desgleichen besteht bei bedingter Abtretung kein pfändbares *Anwartschaftsrecht*[53] auf den künftigen Lohn-, Gehalts- oder Provisionsanspruch bei Bedingungseintritt oder -ausfall.

1258

b) Die auf den Betrag der wegzufertigenden Forderung des Zessionars beschränkte Abtretung (vor Pfändung[54]) des künftigen Arbeitseinkommens an *Erfüllungs statt* (§ 364 Abs. 1 BGB) bewirkt Gläubigerwechsel (§ 398 BGB) nur in (= bis zur) Höhe dieser Forderung. Darüber hinaus verbleibt die künftige Einkommensforderung dem Arbeitnehmer; auf sie er-

1258a

---

50 BArbG (14.12.1966) a.a.O. (Fußn. 26). Siehe auch BGH NJW 1987, 1268 dazu, dass nach Vorausabtretung der künftigen und bedingten Forderung auf jeweiliges Arbeitseinkommen deren Erwerb durch den Abtretungsempfänger erst mit Entstehung der Forderung nicht mehr durch eine erneute Abtretung vereitelt werden kann. Demgemäß kann auch durch anschließende Pfändung Erwerb des bereits voraus abgetretenen Arbeitseinkommens mit nachfolgender Vereinbarung eines Arbeitsverhältnisses nicht mehr beeinträchtigt werden.
51 BGH 32, 367 (369); 88, 205 (206); siehe auch RG 67, 166 (167).
52 **Anders** – m.E. unzutreffend, siehe auch *Baur* Betrieb 1968, 251 und *Vollkommer* Rpfleger 1972, 191 (Bespr. der 3. Aufl. dieses Buches) – *Börker* NJW 1970, 1104; *Behr* Rpfleger 1990, 243; *Mümmler* JurBüro 1994, 459; *LG Berlin* MDR 1977, 412; *LG Verden* Rpfleger 1986, 394; *LG Münster* Rpfleger 1991, 379 mit zust. Anm. *Spellerberg*, der Fußn. 3 verfehlt annimmt, es sei „unsinnig", wenn ein Gläubiger seinen Rang durch eine Zwangsmaßnahme (nämlich Gehaltspfändung) sichern müsse und nicht durch Abtretung des Rückübertragungsanspruchs sichern könne, und dabei rundweg übersieht, dass Gehaltsabtretung Sicherung ermöglicht und bewirkt, sobald mit Freigabe Rechtsübergang auf den ersten Zessionar nicht mehr eintreten wird (s. Rdn. 1250 i).
53 **Anders** *Börker* und *Behr* je a.a.O.
54 Abtretung erst nach Pfändung ist dem Vollstreckungsgläubiger gegenüber unwirksam (Rdn. 1248), hier sonach nicht erheblich.

streckt sich daher eine (nach Abtretung) wirksam gewordene Einkommenspfändung (§ 832 ZPO). Ein pfändbarer Rückübertragungsanspruch oder eine pfändbare Anwartschaft ist damit ausgeschlossen.

1258b c) Die auf den Betrag der wegzufertigenden Forderung des Zessionars beschränkte Abtretung (vor Pfändung) des künftigen Arbeitseinkommens *erfüllungshalber* begründet für den Neugläubiger eine Befriedigungsmöglichkeit für seine fortbestehende Forderung. Diese erlischt erst, wenn er mit Zahlung der abgetretenen künftigen Einkommensforderung Leistung (Befriedigung) erlangt. Gläubigerwechsel bewirkt diese Abtretung gleichfalls nur in Höhe der wegzufertigenden Forderung des Zessionars. Im Übrigen entspricht die Rechtsstellung der Beteiligten der bei Sicherungsabtretung (siehe daher das nachf. Gesagte). Auch hier ist damit ein pfändbarer Rückübertragungsanspruch oder eine pfändbare Anwartschaft ausgeschlossen.

1258c d) Abtretung des künftigen Arbeitseinkommens zur *Sicherung einer Forderung* des Neugläubigers erfolgt zumeist unter aufschiebender oder auflösender Bedingung (§ 158 BGB) oder unter Zeitbestimmung (§ 163 BGB). Abtretung unter einer Bedingung wird vielfach auch als stillschweigend vereinbart anzusehen sein. Bei Wegfall des Sicherungszwecks (Erlöschen der gesicherten Forderung des Zessionars oder dann, wenn diese Forderung erst gar nicht zur Entstehung gelangt ist) oder nach Zeitablauf steht der Anspruch auf Zahlung des künftigen Arbeitseinkommens damit wieder dem Arbeitnehmer zu. Auf dieses erstreckt sich eine (nach Abtretung) ausgebrachte Einkommenspfändung (§ 832 ZPO). Ein pfändbarer Rückübertragungsanspruch oder eine pfändbare Anwartschaft bestehen daher nicht.

1258d e) aa) Bei der vom *Rechtsgrund losgelösten* (Rdn. 1251 a) Abtretung[55] des künftigen Arbeitseinkommens zur Erfüllung einer Forderung des Zessionars (Rdn. 1258 a und b) oder (wie zumeist) sicherungshalber knüpft die schuldrechtliche Abrede (§ 311 Abs. 1 BGB) Rechtsbeziehungen zwischen Arbeitnehmer (Schuldner) und Neugläubiger. Bei Sicherungsabrede ist durch den Sicherungsvertrag (zu diesem auch Rdn. 1874) regelmäßig vereinbart, dass

- der Neugläubiger Zahlung des künftigen Arbeitseinkommens erst verlangen darf, wenn die gesicherte Forderung bei Fälligkeit (oder unter noch weiteren Voraussetzungen, z. B. Mahnung nach Fälligkeit) nicht erfüllt wird,
- die Abtretung bis dahin nicht offengelegt werden darf (stille Zession),
- bei Eintritt des Sicherungsfalls das künftige Arbeitseinkommen vom Sicherungsnehmer nur insoweit (erfüllungshalber) geltend gemacht werden darf, als das zur Befriedigung der gesicherten Forderung nötig ist.

---

[55] Diese Abtretung wird nicht automatisch hinfällig. Ein automatischer Rückfall der Einkommensforderung an den Arbeitnehmer müsste als Abtretungsbedingung vereinbart sein. Siehe *BArbG* (24. 10. 1979) BAG 32, 159 = a.a.O. (Fußn. 4).

bb) *Bis zur Offenlegung* der Sicherungsabtretung bleibt der Arbeitneh-   1258e
mer infolge der Einziehungsberechtigung befugt, Zahlung des fortlaufend
fällig werdenden Arbeitseinkommens an sich zu verlangen (vgl. § 407 BGB).
Für seine Gläubiger bleibt „sein" Arbeitseinkommen daher pfändbar. Zum
(möglichen) Herausgabeanspruch des nach der stillen Zession Berechtigten
s. jedoch Rdn. 1253.

cc) Wenn mit Erlöschen der gesicherten Forderung oder deshalb, weil sie   1258f
(endgültig) nicht zur Entstehung gelangt, der Sicherungszweck entfallen ist
und damit der *Sicherungsfall nicht mehr eintreten* kann, ist dem Neugläubiger auf Dauer versagt, die Abtretung offenzulegen und künftiges Arbeitseinkommen geltend zu machen. Der Anspruch des Arbeitnehmers aus dem
Sicherungsvertrag auf Erfüllung dieser Abrede richtet sich nicht auf Rückabtretung; rechtlich und wirtschaftlich zielt er auf Freigabe oder Aufhebung der Vorausabtretung und Rückgabe einer über die Abtretung etwa
ausgestellten Urkunde (der nicht offengelegten und nicht mehr verwendba-
ren Abtretungsanzeige, s. § 407 BGB). Ein pfändbarer Rückübertragungsanspruch oder eine pfändbare Anwartschaft zeigt sich für Gläubiger des
Arbeitnehmers (Schuldners) damit nicht, besteht aber auch im Übrigen
nicht (s. nachf. Rdn. 1258 g).

dd) Gegen den Neugläubiger (Sicherungsnehmer), der *nach Eintritt des*   1258g
Sicherungsfalls (oder rechtsgrundlos) sein Recht auf das künftige Arbeitseinkommen geltend gemacht hat, hat der Schuldner Anspruch auf Freigabe
des künftig weiter entstehenden Arbeitseinkommens, wenn der Sicherungszweck entfallen ist und damit der Sicherungsfall nicht mehr fortbesteht (wie Rdn. 1258 f). Auch dieser Anspruch des Arbeitnehmers (Schuldners) darauf, dass ihm sein künftiges Arbeitseinkommen wieder belassen
wird, geht rechtlich und wirtschaftlich auf Freistellung von den Rechten
des Sicherungsnehmers, nicht auf Rückabtretung (§ 398 BGB) der Forderung auf Zahlung des künftigen Arbeitseinkommens. Leistung erfolgt
daher praktisch auch nicht formal durch Abtretungsvertrag (§ 398 BGB),
sondern durch Verzicht, Freigabe oder Aufhebung der Vorausabtretung.
Erfüllung des Freistellungsanspruchs in dieser Weise kann auch als durch
die Sicherungsabrede (jedenfalls stillschweigend) vereinbart angesehen
werden. Ein pfändbarer Rückübertragungsanspruch oder eine pfändbare
Anwartschaft ergibt sich somit auch in diesem Fall für Gläubiger des
Arbeitnehmers (Schuldners) nicht.

ee) (a) Mitunter wird angenommen, in dem Rdn. 1258 g besprochenen   1258h
Fall bestehe für den Arbeitnehmer (Schuldner) ein übertragbarer und damit
pfändbarer schuldrechtlicher *Anspruch auf Rückübertragung* (Rückzession) der Forderung auf Zahlung des künftigen Arbeitseinkommens (s.
Rdn. 1258). Darüber hinaus wird angenommen[56], bei auflösend bedingter
Sicherungsabtretung (Rdn. 1258 c) habe der Schuldner ein übertragbares
und damit pfändbares dingliches Anwartschaftsrecht. Mit Rückabtretung

---

56 Z. B. *Behr* Rpfleger 1990, 243 (244); *Börker* NJW 1990, 1104 (1105).

oder Rückfall durch Bedingungseintritt soll dann kraft Gesetzes (§ 1287 BGB) ein Surrogationspfandrecht an der Forderung auf Zahlung des künftigen Arbeitseinkommens entstehen. Der Rang des Pfandrechtsgläubigers soll sich nach dem Wirksamwerden der Pfändung (§ 804 Abs. 3 ZPO) des Rückübertragungsanspruchs oder Anwartschaftsrecht richten. Der Gläubiger, der den Rückübertragungsanspruch[57] oder das Anwartschaftsrecht gepfändet hat, soll damit andere Gläubiger, die vor ihm das (künftige) Arbeitseinkommen gepfändet haben, überrunden können, weil deren Einkommenspfändung infolge der Abtretung unwirksam sei (Überholungseffekt)[58]. Das ist nicht richtig[59].

1258i (b) Gläubiger des Anspruchs auf das künftige Arbeitseinkommen ist der Sicherungsnehmer nicht schon mit Abschluss des Abtretungsvertrags, sondern erst, wenn der künftige Anspruch für einen späteren Lohnzahlungszeitraum mit Arbeitsleistung zur Entstehung gelangt (Rdn. 1258). Erst damit ist der Rechtserwerb des Sicherungsnehmers vollendet. Erfüllung der Verpflichtung aus dem Sicherungsvertrag soll aber gerade vorher erfolgen und bewirken, dass (späterer) Rechtsübergang auf den Sicherungsnehmer nicht mehr eintritt, die Forderung auf Zahlung des künftigen Arbeitseinkommens als Gläubigerrecht des Sicherungsnehmers somit nicht entsteht. Das schließt es aus, dass der Sicherungsnehmer über Arbeitseinkommen im Voraus (weiter) verfügt, das ihm bei Abschluss des „Rückabtretungs"-vertrags noch gar nicht gehört sowie auch später für ihn als Gläubigerforderung nicht mehr entstehen soll und kann. Daher kann der Freistellungsanspruch nach Abtretung künftigen Arbeitseinkommens dem Rückgewähranspruch bei der zur Sicherheit abgetretenen Grundschuld (Rdn. 1887) nicht gleichgestellt werden[60]. Als Gläubiger der Grundschuld ist der Sicherungsnehmer Rechtsinhaber; Abtretung in Erfüllung des Rückgewähranspruchs äußert als Verfügungsgeschäft daher sogleich Wirksamkeit. Damit erwirbt der Sicherungsgeber ein bereits dem Sicherungsnehmer gehörendes Grundpfandrecht; mit Leistung (voller Wirkung der Abtretung) kann daher auch der pfändende Gläubiger das Surrogationspfandrecht nach § 1287 BGB erwerben. Ein Gläubigerpfandrecht entsteht aber selbst dort bei Erfüllung des Verzichts- oder des Aufhebungsanspruchs nicht.

---

57 Siehe auch *Börker* NJW 1970, 1104 (1106), der zudem annimmt, der Schuldner könne den Anspruch auf Rückübertragung seiner Forderung (vor Eintritt der Bedingung = Leistungspflicht des Sicherungsnehmers) abermals zur Kreditverschaffung verwenden, indem er ihn an einen neuen Gläubiger abtritt „mit der Folge, dass eine spätere Pfändung des Anspruchs ins Leere geht".
58 Siehe die Rdn. 1258 Fußn. 52 Genannten. Allenfalls werden dadurch freilich nur Hoffnungen geweckt, die nach der (auch noch) für möglich erachteten Zahlung noch offener Beträge der Restforderung des Sicherungsnehmers durch den Gläubiger zu (uneinbringlichen) Kosten führen.
59 Siehe *Baur* Betrieb 1968, 251, der zutreffend hervorhebt, dass nicht das „Quellenrecht", aus dem die Lohnforderungen entstehen, sondern die einzelnen künftigen Lohnforderungen abgetreten sind.
60 Mehr bietet sich der Vergleich mit dem Freigabeanspruch des Verpfänders nach § 1223 Abs. 1 mit § 1273 Abs. 2 BGB an.

(c) Ein Pfandgläubiger könnte mit Erfüllung eines gepfändeten Anspruchs auf Rückabtretung künftigen Arbeitseinkommens an ihn aber auch aus weiteren Erwägungen kein Surrogationspfandrecht (§ 1287 BGB) erlangen. Für eine künftige Lohn-, Gehalts- oder Provisionsforderung aus einem *noch nicht bestehenden* Arbeitsverhältnis würde Bedeutung erlangen, dass sie zwar abgetreten, nicht aber gepfändet werden kann (Rdn. 1257). Auch nach „Rückabtretung" in Erfüllung eines gepfändeten Rückgewähranspruchs könnte ebenso ein Pfandrecht nicht erlangt werden. Für eine künftige Einkommensforderung aus einem *bestehenden* Arbeitsverhältnis wäre hinderlich, dass Leistung „in Gemäßheit des § 1282 BGB" für Erwerb des Pfandrechts nicht erfolgen könnte. Eine Berechtigung des pfändenden Gläubigers müsste stets auf den der Pfändung unterworfenen Einkommensbetrag (insbes. § 850 c ZPO) beschränkt bleiben. Zudem könnte ihm der Sicherungsnehmer den Rückgewähranspruch nur insoweit leisten, als das zur Befriedigung des Gläubigers erforderlich wäre. Weitergehende Geltendmachung eines gepfändeten Rückabtretungsanspruchs stünde dem Gläubiger nicht zu (§ 1282 Abs. 1 S. 2 BGB). Bei Abschluss eines Rückabtretungsvertrages vor Entstehen der Forderung mit künftiger Arbeitsleistung könnten das Einziehungsrecht des Gläubigers und damit der abzutretende Betrag des zurückgewährenden künftigen Arbeitseinkommens wegen der Ungewissheit über die Höhe sowohl des pfändbaren Arbeitseinkommens in den künftigen (ferneren) Auszahlungszeiträumen als auch des dann geschuldeten Betrags der Gläubigerforderung jedoch nicht bestimmt werden. Als unbestimmt wäre Erfüllung eines gepfändeten Rückgewähranspruchs somit ausgeschlossen.

1258k

f) Das durch die Einkommenspfändung erlangte Pfandrecht[61] erstreckt sich auf die nach *der Pfändung fällig werdenden Beträge* nach § 832 ZPO auch dann, wenn das künftige Einkommen bereits abgetreten war, die Berechtigung des Zessionars vor Entstehen der Einkommensforderung mit Arbeitsleistung und Fälligkeit für den jeweiligen Lohnzahlungszeitraum aber wieder entfallen ist[62]. Diese Pfändung ist nicht nichtig. Ins Leere ginge sie nur, wenn die mit dem Abtretungsvertrag getroffene rechtsgeschäftliche Verfügung mit dem Entstehen des Anspruchs auf das künftige Arbeitseinkommen ihre volle Wirkung entfalten würde[63]. Dieser spätere Erwerb der Einkommensforderung durch den Abtretungsempfänger könnte dann

1258l

---

61 *Behr* Rpfleger 1990, 242 differenziert zwischen der Pfändung des Arbeitseinkommens, die auch die zurückabgetretene oder zurückfallende Forderung des Arbeitnehmers nicht erfassen soll (keine Anwendung des § 832 ZPO, weil die Pfändung nach Sicherungsabtretung ins Leere geht) und der ausdrücklichen Mitpfändung des künftig fällig werdenden Arbeitseinkommens, bei der „wohl anzunehmen" sein wird, dass von ihr die durch Rückabtretung oder Rückfall wieder in das Schuldnervermögen zurückkehrende Forderung erfasst werde. Für diese nicht verständliche Einschränkung des § 832 ZPO bietet das Gesetz keinen Anhalt.
62 *BArbG* NJW 1993, 2699 = a.a.O. (Fußn. 1); *OLG Celle* OLGR 1998, 212; *OLG Nürnberg* JurBüro 2002, 603 = OLGR 2002, 463.
63 *BGH* 88, 205 (206).

nicht mehr durch erneute Abtretung[64] und gleichermaßen nicht mehr durch nachfolgende Pfändung vereitelt werden. Sogleich als Gläubigerforderung des Arbeitnehmers jedoch entsteht der Anspruch auf Einkommenszahlung mit Arbeitsleistung und Fälligkeit für den Lohnzahlungszeitraum, wenn mit Freistellung des künftigen Arbeitseinkommens von Rechten des Zessionars die Abtretungswirkungen entfallen sind. Besteht dann aber eine (gesicherte) Rechtsposition des vormaligen Abtretungsempfängers nicht mehr, dann ist auch die Wirksamkeit der Pfändung künftiger Einkommensbeträge (§ 832 ZPO) nicht eingeschränkt. Auch wenn nach Abtretung ein Gläubiger das künftige Arbeitseinkommen wirksam pfändet und sodann anschließend ein weiterer Gläubiger den vermeintlichen Anspruch auf „Rückabtretung" der Lohnforderung pfändet, hat jedenfalls stets der erstvollstreckende Gläubiger das Vorrecht[65].

1258m g) Geltend gemacht wird schließlich, es sei übersehen, „dass ohne Pfändung des Rück*abtretungs*anspruchs dem Gläubiger die Pfändung des künftigen Lohnanspruchs nichts bringt, wenn der Sicherungsnehmer seiner Pflicht zur Rückabtretung an den Sicherungsgeber nicht genügt"[66]. Jedoch ist damit nicht dargetan, dass als Recht des Arbeitnehmers ein Anspruch auf Abtretung des erst mit späterer Arbeitsleistung entstehenden Arbeitseinkommens überhaupt besteht und bereits einen Vermögenswert besitzt, der mit Pfändung der Gläubigerbefriedigung dienlich gemacht werden kann (s. Rdn. 1461). Wenn als Vermögensrecht des Schuldners nur dessen Arbeitseinkommen pfändbar ist, kann auch der (vielfach nur theoretische) Fall, dass ein Sicherungsnehmer seine Freistellungsverpflichtung nicht erfüllt, Pfändung eines Rück*abtretungs*anspruchs nicht begründen. Durchsetzung des schuldrechtlichen Freigabeanspruchs dient der Sicherung des mit Pfändung des künftigen Arbeitseinkommens erlangten Pfandrechts an diesem Vermögensrecht des Schuldners. Für Pfandsicherung müsste daher auch der pfändende Gläubiger diesen Freigabeanspruch geltend machen können. Zudem bietet sich zur Unterstützung der Pfändung des künftigen Arbeitseinkommens (§ 832 ZPO) die *Hilfspfändung* des schuldrechtlichen Freigabeanspruchs an (Rdn. 705 b). Diese Pfändung ermöglicht dem Gläubiger Geltendmachung des Anspruchs. Erfüllung begründet dann jedoch (wie Erfüllung des Verzichts- oder Aufhebungsanspruchs bei der Sicherungsgrundschuld, s. Rdn. 1893 u. 1894) für den Gläubiger kein Surrogationspfandrecht. Diese Hilfspfändung wahrt dem Gläubiger auch keinen Rang für die Pfändung des künftigen Arbeitseinkommens. Jedoch kann nicht angenommen werden, dass die Pfändung des künftigen Einkommens dem Gläubiger nichts einbringen könne und daher ein Rückabtretungsanspruch pfändbar bestehen müsse. Ein Abtretungsanspruch kann zudem nicht durch Gläubigerinteressen begründet werden, sondern nur durch Vertrag (§ 311 Abs. 1 BGB) oder gesetzlich (§ 812 BGB).

---

64 *BGH* a.a.O.
65 Siehe dazu insbes. auch *Baur* Betrieb 1968, 251, ferner *OLG Düsseldorf* Betrieb 1967, 1760.
66 *Behr* Rpfleger 1990, 243 (Fußn. 18).

h) Eine (somit unzulässige) Pfändung des vermeintlichen Anspruchs auf Rückübertragung (Rück„gewähr") des abgetretenen Arbeitseinkommens kann auch nicht im Wege der Auslegung auf das nach Erledigung der Abtretung dem Schuldner wieder zustehende künftige Arbeitseinkommen bezogen werden. Für Auslegung dieser Pfändung in die Pfändung des Arbeitseinkommens fehlt es an dem Zahlungsverbot an den Arbeitgeber als Drittschuldner (s. Rdn. 503, 505).

1258n

i) Hat der Zessionar abgetretenes Arbeitseinkommen eingezogen, das seine gesicherte und/oder zu erfüllende Forderung übersteigt, so ist er dem Arbeitnehmer (Schuldner) nach dem Sicherungsvertrag (der sonstigen schuldrechtlichen Abrede, § 311 Abs. 1 BGB) oder infolge ungerechtfertigter Bereicherung (§ 812 BGB) zur Herausgabe des Mehrbetrages verpflichtet. Dieser Auszahlungsanspruch ist pfändbar als Forderung auf

1258o

„*Rückzahlung (auch: Auszahlung) des die Drittschuldnerforderung übersteigenden Überschusses, der sich mit Empfang des abgetretenen Arbeitseinkommens des ... [Zedent] ergeben hat*",

und zwar als künftiger Anspruch auch schon vor Zahlung des Mehreinkommens durch den Arbeitgeber an den Zedenten.

Dadurch, dass der vollstreckende Gläubiger die Abtretung wegen Gläubigerbenachteiligung (erfolgreich) angefochten hat, wird die Pfändung abgetretenen Arbeitseinkommens nicht nachträglich wirksam; es bedarf einer neuen Pfändung auf Grund des Anfechtungsurteils.[67]

II. Verpfändung

Verpfändet werden kann Arbeitseinkommen nur, soweit es abtretbar ist (§ 1274 Abs. 2 BGB), also nur in Höhe der der Pfändung unterliegenden Beträge. Die Verpfändung ist nur wirksam, wenn der Gläubiger (= Arbeitnehmer) sie dem Schuldner (= Arbeitgeber) anzeigt (§ 1280 BGB). Da auch der Verpfändung die gleichen Grenzen wie einer Lohnabtretung gesetzt sind, gelten die vorstehend I dargestellten Besonderheiten auch für die Verpfändung von Arbeitseinkommen. Zur Verpfändung im Übrigen Rdn. 773 a.

1259

III. Aufrechnung

Soweit das Arbeitseinkommen der Pfändung nicht unterworfen ist (§§ 850 ff. ZPO), unterliegt es auch nicht der Aufrechnung (§ 394 S. 1 BGB). Gegenüber gewöhnlichen Forderungen wird mithin das aufrechenbare Arbeitseinkommen durch §§ 850 c ZPO (gegenüber etwaigen Unterhaltsforderungen durch §§ 850 d ZPO) begrenzt (siehe wegen dieser

1260

---

67 *BArbG* NJW 1993, 2699 = a.a.O. (Fußn. 1); **anders** (als Vorinstanz) *LArbG Hamm* BB 1992, 928 (Leits.) = MDR 1992, 786 (Leits.) = NZA 1992, 855 = ZIP 1992, 1168; *Tiedtke* ZIP 1994, 1452; siehe auch Rdn. 769.

Begrenzung und wegen⁶⁸ §§ 850 b Abs. 2, 850 f sowie § 850 i Abs. 1 und 2 ZPO Rdn. 1248 ff.).

1261 Der Grundsatz von Treu und Glauben (§ 242 BGB) schränkt jedoch das Aufrechnungsverbot in besonderen Ausnahmefällen ein. Daher mindert sich nach dem allgemeinen Gerechtigkeitsgedanken der dem Arbeitnehmer nach § 394 S. 1 BGB i.V. m. §§ 850 ff. ZPO zustehende Sozialschutz auf das Existenzminimum, d.h. auf das Maß, das das Gesetz im Verhältnis zu Unterhaltsgläubigern durch §§ 850 d, a ZPO bestimmt, einschließlich des Unterhalts der dort genannten Angehörigen, wenn der Arbeitnehmer seinem Arbeitgeber im Rahmen des Arbeitsverhältnisses vorsätzlich einen Nachteil (z. B. eine Unterschlagung, aber auch Nachteile im weitesten Sinne ohne Rücksicht auf die Rechtsnatur⁶⁹), also auch durch Vertragsverletzung nach § 276 BGB zugefügt hat⁷⁰.

Zur Aufrechnung bei Lohnabtretung siehe *BArbG* NJW 1967, 751; zur Aufrechnungsvereinbarung s. *LArbG Hamm* MDR 1973, 617.

Q. Lohn-(Gehalts-)Vorschuss, Abschlagszahlungen

I. Lohnvorschuss

Schrifttum: *Denck,* Lohnvorschuss und Pfändung, BB 1979, 480; *Bischoff,* Lohnpfändung und Lohnvorschuss, BB 1952, 434.

1262 1. *Lohnvorschuss* ist ein durch künftigen Lohnanspruch gedeckter Kredit des Arbeitnehmers. Der Lohnvorschuss kann als *Vorauszahlung* auf den noch nicht fälligen Lohnanspruch (echter Lohnvorschuss) oder als *Darlehen* gewährt werden. Bei der Vorauszahlung wird im Einzelfall die Lohnzahlung für kurze Zeit mit dem Zweck vorverlegt, dem Schuldner zur Überbrückung des Zeitraums bis zu einem alsbaldigen Lohnzahlungstermin das Bestreiten des normalen Lebensbedarfs zu ermöglichen¹. Um ein Darlehen handelt es sich, wenn der Kredit ausdrücklich als solches bezeich-

---

68 Arglisteinwand bei Aufrechnung gegen einen Unterhaltsanspruch siehe auch Rdn. 1034.
69 Bei Nachteilen im weitesten Sinne bestimmt sich nach den gesamten Umständen des Einzelfalls und Abwägung der Interessen, ob und inwieweit das Aufrechnungsverbot des § 394 S. 1 BGB eingeschränkt werden kann, siehe *BArbG* Rpfleger 1961, 84 mit Anm. *Berner.*
70 *BArbG* AP Nr. 8 zu § 394 BGB mit Anm. *Hueck* = BB 1960, 941 = Betrieb 1960, 1131 = Rpfleger 1961, 87 mit eingehender Anm. *Berner; BGH* 123, 49 = FamRZ 1993, 1186 = MDR 1993, 762 = NJW 1993, 2105. Noch weitergehend *BArbG* AP Nr. 9 zu § 394 BGB mit Anm. *Bötticher* = MDR 1965, 79 = NJW 1965, 70, das zumindest dann, wenn das Arbeitsverhältnis im Zeitpunkt der Aufrechnung durch das vertragswidrige Verhalten des Arbeitnehmers bereits beendet ist, die Aufrechnung trotz § 394 BGB in vollem Umfang für zulässig hält und Aufrechnung auch gegen den Urlaubsanspruch nach JArbSchG zulässt. Zu dieser Frage der Aufrechnung gegenüber unpfändbaren Lohnforderungen siehe auch *Köst* BB 1954, 688.
1 *LArbG Düsseldorf* AP Nr. 1 zu § 614 BGB mit Anm. *Larenz* = BB 1955, 834 = Betrieb 1955, 1020; *Denck* BB 1979, 480.

net[2] oder nach den Umständen des Einzelfalls und dem daraus erkennbaren Parteiwillen (Hingabe gegen Zinsen, auf längere Zeit[3], ohne Verbindung mit alsbald eintretendem Lohnabzug wie insbesondere bei Auszahlung eines den in nächster Zeit fällig werdenden Lohn erheblich übersteigenden Betrages) zur Erreichung eines Zwecks, der mit den normalen Gehaltsbezügen nicht oder nicht sofort erreicht werden kann und zu dessen Befriedigung auch sonst üblicherweise Kreditmittel in Anspruch genommen werden[4], als solches gewollt ist[5]. Als Lohnvorschuss gilt auch der Gegenwert für die dem Betrieb oder werkseigenen Einrichtungen ohne Bezahlung entnommenen Waren[6].

2. a) Die Hingabe eines *Darlehens nach Lohnpfändung* begründet keinen der Pfändung gegenüber wirksamen Rückzahlungsanspruch (Verstoß gegen das Zahlungsverbot). Diese Leistung hat dem Gläubiger gegenüber daher keine Wirkung. Aufrechnung (§§ 392, 394 BGB, siehe Rdn. 1260) der Rückzahlungsraten mit Wirkung gegen den Gläubiger ist daher nicht zulässig. Dem Arbeitgeber ist Aufrechnung mit den pfändbaren Lohnteilen vielmehr erst nach Befriedigung des Gläubigers möglich, vorher nur dann und insoweit, als die Pfändung einzelne Bezüge oder Lohnteile nicht erfasst. **1263**

b) Hingabe des *Darlehens* schon *vor Lohnpfändung* schafft vor Wirksamwerden des Zahlungsverbotes die Voraussetzungen der Aufrechnung, gibt also die Möglichkeit der Aufrechnung auch nach Wirksamwerden der Pfändung (siehe Rdn. 572). Der pfändende Gläubiger geht daher nach Erklärung der Aufrechnung so lange leer aus, wie gepfändete Lohnteile (Berechnung nach § 850 c ZPO) vom Arbeitgeber einbehalten werden können[7]. **1264**

3. a) *Vorauszahlungen* (echter Lohnvorschuss) *nach Einkommenspfändung* verstoßen gleichfalls gegen das Zahlungsverbot, sind somit dem pfändenden Gläubiger gegenüber unwirksam. Der Vorauszahlungsbetrag kann daher nicht zulasten des Gläubigers von dem gepfändeten Einkommensteil abgesetzt werden. Der gepfändete Einkommensteil ist vielmehr so zu berechnen, als sei eine Vorauszahlung nicht geleistet und ein Rückzahlungsbetrag nicht einzubehalten[8]. Weil die Vorauszahlung aber das Arbeitseinkommen vorzeitig getilgt hat, kann sie am Lohnzahlungstag von dem pfandfreien, d.h. dem Schuldner gehörenden unpfändbaren Lohnteil abgesetzt und einbehalten werden. **1265**

b) Ein bereits *vor Lohnpfändung* geleisteter (echter) Lohnvorschuss (Lohnvorauszahlung) wird (ebenso wie die nicht abgerechnete Lohnab- **1266**

---

2 A.A. *LArbG Düsseldorf* a.a.O. (Fußn. 1), das meint, der Bezeichnung, welche die Parteien gewählt haben, komme keine Bedeutung zu.
3 Rückzahlung in monatlichen Raten, *ArbG Wetzlar* Betrieb 1985, 288 (Leits.).
4 *LArbG Düsseldorf* a.a.O. (Fußn. 1).
5 Siehe auch *Bischoff* BB 1952, 434 und *Denck* BB 1979, 480.
6 *ArbG Göttingen* AP Nr. 2 zu § 394 BGB = Betrieb 1956, 624; *Köst* BB 1954, 691.
7 Siehe dazu auch *ArbG Hannover* BB 1967, 586; auch *Denck* BB 1979, 481. Zur Aufrechnungsvereinbarung siehe Rdn. 575.
8 *Zöller/Stöber*, ZPO, Rdn. 2; *Wieczorek/Schütze/Lüke*, ZPO, Rdn. 16, je zu § 850 e, und – für Provisionsvorschüsse – *ArbG Berlin* BB 1965, 203.

3. Kapitel: Pfändung von Arbeitseinkommen

schlagszahlung, Rdn. 1268) für Berechnung des in einem Lohnzahlungszeitraum pfändbaren Arbeitseinkommens nach Pfändung nicht mitgerechnet. Die Pfändung nach Zahlung des Lohnvorschusses erfasst nur das bei ihrem Wirksamwerden (§ 829 Abs. 3 ZPO) noch geschuldete Arbeitseinkommen[9]. Der nach § 850 c (d oder f) ZPO pfändbare Einkommensteil wird nur von diesem noch verbleibenden und bei Abschlusszahlung zu leistenden Arbeitseinkommen berechnet[10].

Nach anderer Ansicht muss auch in einem solchen Fall der pfändbare Betrag von dem gesamten Arbeitseinkommen (unter Einrechnung etwaiger Vorauszahlungen), somit von dem Betrag des „ursprünglich" geschuldeten Arbeitseinkommens, bestimmt und dem Pfändungsgläubiger zugewiesen werden; der Lohnvorschuss wird demnach vom unpfändbaren Lohnteil abgesetzt[11]. Nur soweit der unpfändbare Lohnteil fällige Rückzahlungsraten nicht mehr deckt (was seltener vorkommen wird) soll auch dem pfändenden Gläubiger gegenüber Anrechnung auf den von der Pfändung erfassten Lohn erfolgen dürfen[12]. Jedoch soll dem Arbeitnehmer immer der notwendige Lebensbedarf verbleiben, eine Verrechnung des Lohnvorschusses daher nur bis zur Grenze des nach § 850 d ZPO zu bemessenden Lebensbedarfs erlaubt sein[13]. Diese Ansicht wird mit Recht als unbefriedigend empfunden und als unrichtig abgelehnt[14]. Sie führt auch praktisch dazu, dass das Arbeitseinkommen des Schuldners plötzlich unter das Existenzminimum sinkt. Die Folge ist, dass der Arbeitgeber, der den Schuldner als Arbeiter nicht verlieren will, zwangsläufig ganz oder doch zu wesentli-

---

9 *Stöber* Anmerkung AP Nr. 11 zu § 850 ZPO. Die Gegenansicht übersieht, dass zunächst grundsätzlich darauf abzustellen ist, *welches* Arbeitseinkommen von der Pfändung erfasst wird.
10 *Stöber* a.a.O. gegen BArbG BAG 55, 44 = AP Nr. 11 zu § 850 ZPO = BB 1987, 1743 = Betrieb 1987, 1306 = MDR 1987, 611; wie dieser *Stein/Jonas/Brehm*, ZPO, Rdn. 15; *Wieczorek/Schütze/Lüke*, ZPO, Rdn. 18, je zu § 850 e. Sinn und Zweck der mit § 850 c ZPO bestimmten Abgrenzung schließen es aus, einen bei Zahlung ungepfändeten und damit zur Deckung des Lebensbedarfs für eine andere Zeit (als die ab Einkommenspfändung) bestimmten und geleisteten Einkommensteil nach späterer Pfändung nachträglich wieder in die Berechnung einzustellen und damit den Schuldner rückwirkend für die Zahlungszeit auf den Lebensbedarf zu beschränken, für den nach § 850 c ZPO der Betrag Maß gibt, der nach dem Schutzgedanken des Sozialstaatsprinzips bei Einkommenspfändung nur noch bleibt; dazu *Stöber* a.a.O., hier auch zu dem Begriff „Zeitraum, für den Arbeitseinkommen gezahlt wird" in § 850 c ZPO. Wie hier: *Schuschke/Walker/Kessal-Wulf*, Vollstreckung, Rdn. 3 zu § 850 e.
11 RG 133, 252; BArbG BAG 2, 322 (324) = AP Nr. 1 zu § 394 BGB; BArbG AP Nr. 11 zu § 850 ZPO = a.a.O.; *Wieczorek/Schütze/Lüke*, ZPO, Rdn. 18 zu § 850 c; *Denck* BB 1979, 480 unter Hinweis auf die Rechtsprechung des *RArbG* und mit weit. Nachw.; *LArbG Mannheim* BB 1952, 802; *ArbG Berlin* a.a.O. (Fußn. 8); *Treffer* MDR 1998, 384 (386); für Leistungen innerhalb des Zahlungszeitraums auch *Stein/Jonas/Brehm*, ZPO, Rdn. 16, und *Musielak/Becker*, ZPO, Rdn. 6, je zu § 850 e.
12 *Bischoff* a.a.O. (Fußn. 5); außerdem die Nachweise bei *Denck* a.a.O.
13 *Denck* a.a.O. (Fußn. 5).
14 Siehe zu alledem *Stöber* a.a.O.; *Bischoff* a.a.O. (Fußn. 5).

chen Teilen auf sein Abzugsrecht verzichten muss. *Bischoff*[15] weist bereits zutreffend darauf hin, dass diese Auslegung weder dem Wesen des Lohnpfändungsschutzes noch dem Rechtscharakter der Vorauszahlung entsprechen kann. Denn die Vorauszahlung wird auf den künftigen Lohnanspruch zu dessen Erfüllung geleistet. Damit erlischt insoweit der Zahlungsanspruch des Arbeitnehmers (§ 362 BGB)[16]. Folge dieser vorweggenommenen Erfüllung ist, dass am Zahltag nur noch ein um die Rückzahlungsrate verminderter Lohnanspruch besteht. Deshalb kann auch der pfändbare Lohnteil nur von dem am Zahltag nach Abzug der Rückzahlungsrate noch geschuldeten Nettolohn berechnet werden[17]. Daraus verbleibt dem Schuldner sein pfandfreier Betrag voll, der Arbeitgeber erhält seine Rückzahlungsrate; sie wird „zulasten" des pfändenden Gläubigers abgezogen. Dieses Ergebnis wird auch nach meinem Dafürhalten der Situation der konkurrierenden Beteiligten und dem Umstand am besten gerecht, dass die verhältnismäßig kleinen Vorauszahlungsbeträge den Sozialschutz des Schuldners als Arbeitnehmer nicht aufheben können, wenn dieser Schutz selbst bei den als Darlehen gegebenen größeren Zahlungen erhalten bleibt.

Für Gleichstellung mit den Rückzahlungsraten eines vor Einkommenspfändung gegebenen Darlehens (Rdn. 1264) als interessengerechteste Lösung spricht sich *Denck*[18] aus. Demnach wäre dem Arbeitnehmer der nach dem unverkürzten Nettolohn berechnete pfändbare Einkommensteil (§ 850 c ZPO) zu belassen. Der pfändende Gläubiger müsste dann so lange leer ausgehen, wie die so berechneten pfändbaren Lohnteile vom Arbeitgeber einbehalten werden können. Der Arbeitgeber soll aber die Möglichkeit behalten, bis zur Grenze des § 850 d ZPO auch auf den unpfändbaren Einkommensteil zuzugreifen. Weil jedoch Vorauszahlungen (wie Abschlagszahlungen, Rdn. 1268) die Lohnschuld erfüllen, kann der pfändbare und aufrechenbare Einkommensteil nicht mehr von dem rechnerischen Gesamteinkommen, sondern nur noch von dem bei Abschlusszahlung zu leistenden Einkommen zu berechnen sein.

c) Wegen der unsicheren Rechtslage kann erwogen werden[19], die „Vorauszahlung" auch bei Hingabe kleinerer Beträge immer ausdrücklich als Darlehen, nicht als Vorschuss, zu vereinbaren und sicherheitshalber die Rückzahlung nicht sofort beginnen zu lassen sowie eine größere Anzahl Rückzahlungsraten zu vereinbaren.

1267

---

15 *Bischoff* a.a.O. (Fußn. 5); so auch *ArbG Hannover* BB 1967, 586.
16 So auch *BArbG* BAG 55, 44 = a.a.O.
17 *Stöber* a.a.O.; *Bischoff* a.a.O. (Fußn. 5); *Schuschke/Walker/Kessal-Wulf*, Vollstreckung, Rdn. 3 zu § 850 e; *ArbG Hannover* a.a.O.; auch *Denck* BB 1979, 480 (482).
18 *Denck* BB 1979, 480 (482).
19 Dazu aber sehr kritisch *Denck* BB 1979, 480 (Fußn. 19).

3. Kapitel: Pfändung von Arbeitseinkommen

II. Abschlagszahlungen

1268 Eine *Abschlagszahlung* ist Zahlung auf einen bereits fälligen (verdienten) Lohnanspruch, dessen Abrechnung hinausgeschoben ist. Vielfach wird sie bei längerem Lohnabrechnungszeitraum gewährt. Sie tilgt in ihrer Höhe die Lohnschuld; der Zahlungsanspruch des Arbeitnehmers erlischt insoweit (§ 362 BGB). Der mit der Abschlagszahlung getilgte Lohnanspruch wird von einer *nach* ihrer Auszahlung wirksam gewordenen Pfändung daher nicht mehr erfasst. Der pfändbare Lohnteil ist deshalb nur von dem für den Lohnzahlungszeitraum noch verbleibenden und bei Abschlusszahlung zu leistenden Lohn zu berechnen[20] (zur gleichen Rechtslage bei Lohnvorschuss s. Rdn. 1266). Mit Leistung einer Abschlagszahlung an den Schuldner erst *nach* Pfändung verstößt der Drittschuldner gegen das Zahlungsverbot (§ 829 Abs. 1 ZPO), soweit gepfändete Einkommensteile geleistet werden; eine Abschlagszahlung nach Pfändung ist daher, wie jede gegen das Zahlungsverbot verstoßende Lohnzahlung, dem Gläubiger gegenüber unwirksam, soweit gepfändete Einkommensteile geleistet sind. Wegen der sonstigen Behandlung der Abschlagszahlungen s. Rdn. 1041.

R. Zusammentreffen mehrerer Pfändungen
(§ 804 Abs. 3, § 850 e Nr. 4 ZPO)

I. Mehrfache Pfändung von Arbeitseinkommen

Schrifttum: *Denck*, Die Verrechnung von privilegierter Pfändung und Abtretung, MDR 1979, 450; *Holthöfer*, Zur Auslegung des § 850 d ZPO, DRiZ 1957, 267; *Kandler*, Das Verhältnis des Prioritätsgrundsatzes zum § 850 d ZPO, NJW 1958, 2048; *Lüke*, Mehrfache Pfändung einer Forderung aus verschleiertem Arbeitseinkommen, JuS 1995, 872.

1269 Die Pfändung bereits gepfändeten Arbeitseinkommens kann auf Befriedigung aus den freien gegenwärtigen oder aus den künftigen, nach Wegfall des erstpfändenden Gläubigers frei werdenden Bezügen zielen. Zur mehrfachen Forderungspfändung siehe zunächst das Rdn. 774 Gesagte. Auch bei *mehrfacher Pfändung* von Arbeitseinkommen bestimmt sich der Pfändungsrang *grundsätzlich* nach dem *Prioritätsgrundsatz* (§ 804 Abs. 3 ZPO). Besonderheiten ergeben sich aber, weil in Arbeitseinkommen in unterschiedlicher Höhe vollstreckt werden kann (siehe §§ 850 c, d und f ZPO). Die Bezüge gliedern sich deshalb in drei Teile, nämlich

- in den Teil, der dem Schuldner bei Pfändung einer bevorzugten Unterhaltsforderung (§ 850 d ZPO) als notwendiger Unterhalt für sich

---

20 *Stöber* Anmerkung zu AP Nr. 11 zu § 850 ZPO; **a.A.** – Berechnung nach dem im ganzen Lohnzahlungszeitraum verdienten Lohn und Anrechnung der Abschlagszahlungen auf den unpfändbaren Lohnteil – BArbG BAG 55, 44 = a.a.O.; LArbG Düsseldorf Betrieb 1956, 259; *Wieczorek/Schütze/Lüke*, ZPO, Rdn. 19 zu § 850 e. Dieser Gegenansicht muss aber entgegengehalten werden, dass sich die Pfändung nur auf den geschuldeten Anspruch erstrecken kann, nicht jedoch auch auf bereits getilgte Beträge.

selbst und seine Angehörigen bleiben muss, der also immer unpfändbar ist,
- in den Teil, der nur dem Zugriff der nach § 850 d ZPO bevorrechtigten Unterhaltsgläubiger (oder anderen Gläubigern nach § 850 f Abs. 2 und 3 ZPO) offen steht,
- in den Teil, der jedem Gläubiger offen steht (§ 850 c ZPO).

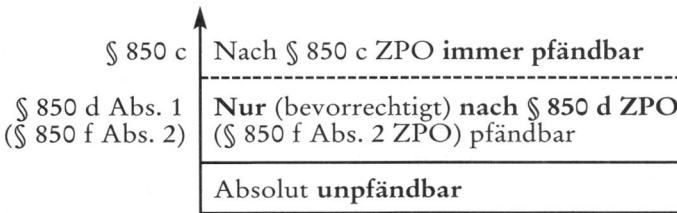

II. Pfändung unterschiedlich berechtigter Gläubiger

1. Pfänden *n u r* Gläubiger *g e w ö h n l i c h e r Forderungen* (§ 850 c ZPO), so geht immer das durch die frühere Pfändung wirksam begründete Pfandrecht dem später erlangten Pfandrecht vor (§ 804 Abs. 3 ZPO; s. Rdn. 779).   **1270**

2. Pfänden *n u r* Gläubiger *b e v o r r e c h t i g t e r Forderungen* (§ 850 d und f Abs. 2 ZPO), so bestimmt sich ihr Rang allgemein zunächst ebenfalls nach dem Prioritätsgrundsatz (§ 804 Abs. 3 ZPO).   **1271**

Ist der erstpfändende Gläubiger bevorrechtigt im Sinne des § 850 d Abs. 2 ZPO, so hat er wegen aller vollstreckten laufenden und rückständigen Ansprüche (bei Rückständen von mehr als einem Jahr unter den Voraussetzungen des § 850 d Abs. 1 S. 4 ZPO[1]) das rangbessere Pfandrecht. Der zweitpfändende nachrangige Gläubiger kommt dann erst nach voller Befriedigung des ersten Gläubigers zum Zuge.

Hat der im Sinne des § 850 d Abs. 2 ZPO nachstehende Gläubiger zuerst gepfändet, so hat er wegen aller nach § 850 c ZPO für jeden Gläubiger pfändbaren Teile des Arbeitseinkommens das besserrangige Pfandrecht[2], das durch die spätere Pfändung nicht berührt wird. Von den nur nach § 850 d ZPO für die bevorrechtigten Gläubiger pfändbaren Einkommensteilen steht aber ein Teil, den der Schuldner für den laufenden Unterhalt (nicht die rückständigen Ansprüche) des zweitpfändenden, in der *Reihenfolge vorgehenden* Gläubigers benötigt, dem Zugriff des erstvollstreckenden nachstehenden Gläubigers überhaupt nicht frei (§ 850 d Abs. 1 S. 2 ZPO).

---

1 § 850 d Abs. 1 S. 4 ZPO schließt auch die Reihenfolge des § 850 d Abs. 2 ZPO aus. Nicht bevorrechtigte ältere Unterhaltsansprüche kommen daher nur an der den gewöhnlichen Forderungen nach dem Zeitpunkt der Pfändung gebührenden Rangstelle zum Zuge; siehe *Holthöfer* DRiZ 1957, 267; *LG Aurich* FamRZ 1990, 777 = JurBüro 1990, 1061 = MDR 1990, 640 = NJW 1990, 844.

2 So auch *LG Aurich* a.a.O.

3. Kapitel: Pfändung von Arbeitseinkommen

Dieser Betrag wird daher im Rahmen der durch den weitergehenden zweiten Pfändungsbeschluss gesetzten Grenzen für den zweitpfändenden bevorrechtigten Gläubiger beschlagnahmt. Wenn der zweitpfändende Gläubiger bei Bemessung des Freibetrags für die erste Pfändung noch nicht berücksichtigt worden ist, muss das Vollstreckungsgericht den ersten Pfändungsbeschluss nach § 850 g ZPO auf Antrag entsprechend ändern[3]. Entsprechendes gilt für die Konkurrenz gleichstehender Berechtigter[4].

1272 3. Wenn *bevorrechtigte Gläubiger* mit verschiedener Rangfolge im Sinne des § 850 d Abs. 2 ZPO *gleichzeitig pfänden*, gilt das in Rdn. 1271 Gesagte entsprechend, d.h., in den Grenzen des § 850 d ZPO kommt der laufende Unterhalt des vorgehenden Gläubigers vor dem Vollstreckungsanspruch des nachstehenden Gläubigers zum Zuge. Soweit die gleichzeitige Pfändung über die Vollstreckungsgrenzen des § 850 d ZPO hinausgreift, also hinsichtlich der nach § 850 c ZPO für jeden Gläubiger pfändbaren Einkommensteile, haben beide Gläubiger Gleichrang; insoweit finden sie daher nach dem Verhältnis ihrer Forderungen Befriedigung[5].

1273 4. Trifft ein *Gläubiger einer gewöhnlichen Forderung* (§ 850 c ZPO) mit einem *Unterhaltsgläubiger* (§ 850 d ZPO) zusammen, so gilt ebenfalls der Grundsatz der Priorität (§ 804 Abs. 3 ZPO). Hinsichtlich der nach

---

3   So auch *Henze* Rpfleger 1980, 456 (458); *LG Aurich* a.a.O.; für Erinnerung (§ 766 ZPO) dagegen *Behr* Rpfleger 1981, 382, auch *Berner* Rpfleger 1956, 126. Ein mit Erinnerung anfechtbarer Verfahrensfehler bei Erlass des zu ändernden Beschlusses ist jedoch kein Änderungsgrund, sondern die Tatsache, dass der nicht berücksichtigte Gläubiger *jetzt* mit Zwangsvollstreckung Unterhaltsleistungen (tatsächlich) zu erhalten hat, mithin die Änderung der bei Erlass des früheren Beschlusses angenommenen Unpfändbarkeitsvoraussetzung.

4   Fall des *LG Aurich* a.a.O. So z. B. dann, wenn zunächst ein Kind gepfändet hat und anschließend ein weiteres Kind pfändet. Das erstpfändende Kind kann sich hier gegenüber der nach § 850 g ZPO möglichen Änderung des Pfändungsbeschlusses, soweit er das nach § 850 d (gegenüber § 850 c) ZPO in erweitertem Umfang pfändbare Arbeitseinkommen erfasst, nicht auf sein älteres Pfandrecht berufen. Bei gleichrangigen Berechtigten wird auch hier am besten für keinen von ihnen ein Freibetrag ausgeworfen, sondern angeordnet, dass die gepfändeten Beträge (das sind die Beträge, die den Unterhalt für den Schuldner und die besser gestellten Angehörigen übersteigen) auf die Gläubiger anteilig zu verteilen sind; siehe *LG Münster* JMBlNRW 1951, 263. Für das nach § 850 c ZPO der Pfändung unterliegende Arbeitseinkommen wird das Prioritätsrecht des erstpfändenden Gläubigers (§ 804 Abs. 3 ZPO) auch nicht dadurch durchbrochen, dass ein gleichrangiger Gläubiger pfändet (so auch *LG Aurich* a.a.O.; *Behr* Rpfleger 1981, 382 [389]; **a.A.** aber *LG Bamberg* MDR 1986, 245; *LG Mannheim* MDR 1970, 245 = NJW 1970, 56; *Henze* Rpfleger 1980, 456 mit Berechnungsbeispiel). § 850 d Abs. 2 ZPO ist insoweit keine Sondervorschrift; der erstpfändende bevorrechtigte Gläubiger kann nicht schlechter gestellt sein als ein gewöhnlicher pfändender Gläubiger und daher wie dieser durch eine bevorrechtigte Vollstreckung nicht verdrängt werden. Das gilt schon deshalb, weil der Gläubiger auch den Unterhaltsanspruch nur bis zur Grenze des § 850 c ZPO vollstrecken kann, das Vorrecht des § 850 d ZPO also nicht in Anspruch zu nehmen braucht. Der Frage dürfte aber wenig praktische Bedeutung zukommen, weil eine erwünschte gleichmäßige Befriedigung sowohl nach § 850 f Abs. 1 (n.F.) ZPO als auch nach § 765 a ZPO herbeigeführt werden kann.

5   So auch *Kandler* NJW 1958, 2050.

§ 850 c ZPO von jedem Gläubiger pfändbaren Einkommensteile geht mithin das durch die frühere Pfändung begründete Pfandrecht dem späteren Pfandrecht vor[6].

a) Hat der *gewöhnliche Gläubiger zuerst* gepfändet, so wird sein Pfandrecht durch die Vollstreckung des Unterhaltsanspruchs nicht verdrängt. Das für den erstpfändenden (gewöhnlichen) Gläubiger nach § 850 c ZPO unpfändbare Arbeitseinkommen wird jedoch auch unter Berücksichtigung der Unterhaltspflicht gegenüber dem nachrangig vollstreckenden Unterhaltsgläubiger bemessen. Der vollstreckende Unterhaltsgläubiger ist nach § 850 c ZPO zu berücksichtigen, weil der ihm gesetzlich geschuldete Unterhalt nach Pfändung von dem Arbeitseinkommen des Schuldners einzubehalten ist (siehe Rdn. 1047). Dem nachrangig pfändenden Unterhaltsgläubiger gebührt somit die Differenz des Arbeitseinkommens, die sich bei der vorrangigen Pfändung des gewöhnlichen Gläubigers mit Berücksichtigung eines (ggf. weiteren) gesetzlichen Unterhaltsanspruchs nach § 850 c ZPO als erhöhter Freibetrag ergibt[7] (siehe das nachfolgende Beispiel). Dem Unterhaltsgläubiger gebührt außerdem die Differenz aus dem nach § 850 d ZPO möglichen weitergehenden Pfändungszugriff. Im Übrigen kommt der nachrangig vollstreckende Unterhaltsgläubiger erst nach Befriedigung des erstpfändenden gewöhnlichen Gläubigers zum Zuge[8]. Diese gesetzliche Folge mehrfacher Pfändung bedarf keiner Feststellung durch das Vollstreckungsgericht; Anlass für eine „Verrechnung" durch das Vollstreckungsgericht (§ 850 Nr. 4 ZPO analog) bieten Pfändungen in dieser Folge nicht.

1274

Beispiel: Einkommen monatlich netto. 2.450,00 Euro

Pfändbarer Betrag für den 1. (gewöhnlichen) Gläubiger, wenn für den alleinstehenden Schuldner die Unterhaltspflicht gegenüber seiner (nachvollstreckenden) früheren Ehefrau[9] zu berücksichtigen ist 547,05 Euro

Dem Schuldner nach § 850 c ZPO verbleibender Freibetrag also 1.902,95 Euro

Hat das Vollstreckungsgericht den Freibetrag in der Unterhaltspfändung der früheren Ehefrau (2. Gläubiger) auf 1.200,00 Euro festgesetzt, so erhalten:

aa) Der 1. (gewöhnliche) Gläubiger 547,05 Euro

bb) Der 2. (Unterhalts-)Gläubiger 1.902,95 Euro – 1.200,00 Euro = 702,95 Euro

cc) Der Schuldner 1.200,00 Euro

Der Unterhaltsgläubiger erhält noch die aus § 850 a Nrn. 1, 2 und 4 ZPO pfändbaren Mehrbeträge (siehe § 850 d ZPO Abs. 1 S. 2 Halbs. 2), kommt aber wegen seiner

---

6 *LArbG Düsseldorf* Amtsvormund 1977, 147; dazu (mit Berechnungsbeispiel) auch *Henze* Rpfleger 1980, 456; *Büttner* FamRZ 1994, 1433 (1435).
7 Dazu auch *LSozG* NW Rpfleger 1984, 278 mit Anm. *Schultz.*
8 *RArbG* DR 1939, 1598.
9 Pfändbarer Betrag eines Schuldners ohne Unterhaltspflichten wäre 1.025,40 Euro
   Berücksichtigung der Unterhaltsleistung gegenüber dem nachvollstreckenden Gläubiger ergibt den pfändbaren Betrag von nur 547,05 Euro.
   Differenz somit 478,35 Euro,
   die für die Pfändung durch den Unterhaltsgläubiger frei ist.

3. Kapitel: Pfändung von Arbeitseinkommen

weitergehenden (auch laufenden) Unterhaltsforderung erst nach voller Befriedigung des erstpfändenden (gewöhnlichen) Gläubigers zum Zuge.

1275 b) Hat der *Unterhaltsgläubiger zuerst gepfändet*, so wird sein Recht auf Lohnabzug durch die spätere Pfändung des gewöhnlichen Gläubigers nicht berührt. Der gewöhnliche Gläubiger kann aber dennoch zum Zuge kommen, weil dem Unterhaltsgläubiger zunächst der gegenüber § 850 c ZPO nach § 850 d ZPO pfändbare Mehrbetrag gebührt (siehe § 850 e Nr. 4 S. 1 ZPO) und vielfach dieser Lohnabzug den ganzen pfändbaren Betrag nicht ausschöpft, wenn Rückstände nicht mehr bestehen und der laufende Unterhalt geringer als der pfändbare Lohnteil ist.

1276 c) Der Unterhaltsgläubiger wird nach § 850 e Nr. 4 ZPO auf die der *Pfändung in erweitertem Umfang unterliegenden Teile* des Arbeitseinkommens (§ 850 d ZPO) auch dann *verwiesen*, wenn er als erstpfändender Gläubiger das ihm gebührende Vorrecht nicht in Anspruch genommen, sondern nur in den Grenzen des § 850 c ZPO gepfändet hat (siehe deswegen Rdn. 1115). Diese Verweisung auf den der Pfändung nach § 850 d ZPO in erweitertem Umfang unterliegenden Teil des Arbeitseinkommens tritt schon kraft Gesetzes mit Wirksamwerden der zweiten (gewöhnlichen) Pfändung ein[10]. Der Drittschuldner kann daher von sich aus die notwendige Berechnung aufstellen und den Lohnabzug über § 850 c ZPO hinaus auf die durch § 850 d ZPO gesetzten Grenzen ausdehnen. Der Drittschuldner haftet dann aber auch für die Richtigkeit seiner Berechnung, d.h. dafür, dass der erstpfändende Gläubiger tatsächlich bevorzugter Berechtigter ist und der nach § 850 d ZPO unpfändbare Freibetrag im Einzelfall richtig angenommen ist. Das Gesetz verlangt nicht, dass der Drittschuldner dieses Risiko eingeht. Der Drittschuldner kann vielmehr auch nach Zustellung des zweiten Pfändungsbeschlusses bis zur Zustellung einer anderen Entscheidung des Vollstreckungsgerichts mit befreiender Wirkung nach dem Inhalt der ihm zugestellten Beschlüsse leisten, d.h. Lohnabzug nur nach § 850 c ZPO vornehmen (§ 850 e Nr. 4 S. 3 ZPO).

1277 Die mit *Verweisung des Unterhaltsgläubigers* auf den der Pfändung in erweitertem Umfang unterliegenden Teil des Einkommens notwendig werdende Verrechnung *muss auf Antrag* eines Beteiligten (des zweitpfändenden Gläubigers, aber auch des erstpfändenden Gläubigers oder des Schuldners) das *Vollstreckungsgericht vornehmen* (§ 850 e Nr. 4 S. 2 ZPO). Der Drittschuldner ist nicht antragsberechtigt[11]; seine Rechtsstellung berührt die neue Pfändung nicht, weil er weiterhin mit befreiender Wirkung den Lohnabzug nach den vorliegenden Beschlüssen vornehmen kann. Über den Antrag entscheidet der *Rechtspfleger* des Wohnsitzvollstreckungsgerichts bei Antragstellung (§ 828 ZPO, siehe Rdn. 440 ff.); also nicht des Gerichts,

---

10 So auch *Stein/Jonas/Brehm*, ZPO, Rdn. 70; *Wieczorek/Schütze/Lüke*, ZPO, Rdn. 55, je zu § 850 e.
11 *Musielak/Becker*, ZPO, Rdn. 15; *Wieczorek/Schütze/Lüke*, ZPO, Rdn. 54, je zu § 850 e; **A.A.** *Stein/Jonas/Brehm*, ZPO, Rdn. 72; *Schuschke/Walker/Kessal-Wulf*, Vollstreckung, Rdn. 14, je zu § 850 e.

das den ersten Pfändungsbeschluss erlassen hat[12]. Der Beschluss muss eine tatsächliche Berechnung aufstellen, aus der sich im Einzelnen zu ergeben hat, welcher Betrag dem Schuldner pfandfrei verbleibt, welcher Betrag auf den Unterhaltsgläubiger trifft und was mithin für den gewöhnlichen Gläubiger oder Abtretungsgläubiger verbleibt. Das Vollstreckungsgericht darf sich also nicht damit begnügen, in seiner Entscheidung im Wesentlichen nur die gesetzlichen Bestimmungen anzugeben, nach denen der Drittschuldner zu verfahren und die den einzelnen Beteiligten gebührenden Beträge zu berechnen hat[13]. Der Beschluss ist beiden Gläubigern, dem Schuldner und dem Drittschuldner von Amts wegen zuzustellen. Die Zustellung an den Drittschuldner verpflichtet diesen zum Lohnabzug nach der neuen Berechnung, macht den Beschluss also wirksam (siehe § 850 e Nr. 4 S. 3 ZPO). Vor der Entscheidung sind die Beteiligten zu hören. Die Entscheidung ist daher mit sofortiger Beschwerde nach § 793 ZPO anfechtbar.

d) Auf den der Pfändung in erweitertem Umfang unterliegenden Teil des Arbeitseinkommens ist der Unterhaltsgläubiger auch dann verwiesen, wenn eine *Pfändung* (gleichgültig, ob gewöhnliche Gläubiger oder der Unterhaltsgläubiger gepfändet hat) mit einer *Abtretung* oder wenn eine *sonstige Verfügung* zugunsten des Unterhaltsgläubigers mit einer Pfändung wegen eines sonstigen Anspruchs *zusammentrifft*. In einem solchen Fall nimmt die notwendige Verrechnung auf Antrag eines Beteiligten ebenfalls das Vollstreckungsgericht vor. Antragsberechtigt sind der (nachpfändende) Gläubiger der gewöhnlichen Vollstreckungsforderung und der Unterhaltsgläubiger[14], nicht aber der Drittschuldner und nicht der Zessionar einer gewöhnlichen Geldforderung, der nicht gepfändet hat[15]. Außerhalb eines Vollstreckungsverfahrens (wenn nur Abtretungen oder andere Verfügungen zusammentreffen) kann durch das Vollstreckungsgericht eine Verweisung des Unterhaltsgläubigers auf das in erweitertem Umfang, pfändbare Einkommen nicht erfolgen.

1278

5. Diese Rdn. 1270–1278 dargestellten Regelungen gelten auch bei Pfändung einer *fiktiven Vergütung* (§ 850 h Abs. 2 ZPO). Auch hier[16] ist das Prioritätsprinzip anzuwenden[17]. Vorrang (§ 804 Abs. 3 ZPO) hat der rang-

1279

---

12   A.A. – nicht zutreffend – *Stein/Jonas/Brehm*, ZPO, Rdn. 33 zu § 850 e.
13   *LG Mönchengladbach* JurBüro 1965, 934 (Leits.).
14   *BGH* NJW-RR 2004, 494 (495 li.Sp.) = Rpfleger 2004, 170.
15   *LG Gießen* Rpfleger 1985, 370; *Musielak/Becker*, ZPO, Rdn. 17; *Stein/Jonas/Brehm*, ZPO, Rdn. 76; *Wieczorek/Schütze/Lüke*, ZPO, Rdn. 52; *Zöller/Stöber*, ZPO, Rdn. 32, je zu § 850 e. A.A. *Denck* MDR 1979, 450.
16   Und auch im Verhältnis Verwaltungs-/ZPO-Vollstreckung *LArbG Hamm* BB 1991, 2227.
17   *BGH* 113, 27 (29) = JZ 1991, 243 mit Anm. *Grunsky* = MDR 1991, 242 = NJW 1991, 495; *BArbG* JurBüro 1995, 324 = NJW 1995, 414 = NZA 1995, 47. Es hat nicht schon (ohne Rücksicht auf vorrangige Gläubiger) der Gläubiger Anspruch auf den pfändbaren Teil des nach § 850 h Abs. 2 ZPO pfändbaren Lohns, der seinen Anspruch gerichtlich durchsetzt (abweichend noch 9. Auflage Rdn. 1227; *ArbG Lübeck* JurBüro 1984, 300 = MDR 1984, 174 = SchlHA 1984, 15, und *LArbG Köln* Betrieb 1988, 2060).

3. Kapitel: Pfändung von Arbeitseinkommen

bessere Gläubiger für die Einkommensbeträge seit Wirksamwerden seiner Pfändung, die von dieser unter Berücksichtigung des richtig errechneten pfändbaren Teils des Arbeitseinkommens unter Einschluss der fiktiven Lohnbeträge (§ 850 h Abs. 2 ZPO) zur Befriedigung seiner Vollstreckungsforderung erfasst waren. Der nachrangige Pfändungsgläubiger hat Anspruch auf den pfändbaren Teil des Arbeitseinkommens daher erst, wenn für den besserrangigen Pfändungsgläubiger nicht nur die Beträge abgesetzt sind, die er tatsächlich bereits erhalten hat (oder hätte erhalten müssen), sondern auch diejenigen, die nicht an ihn gezahlt worden sind, ihm aber bei richtiger Berechnung des pfändbaren Teils der angemessenen Vergütung im Sinne des § 850 h Abs. 2 S. 1 ZPO zustehen[18]. Insoweit hat die vorrangige Pfändung das fingierte Einkommen mitumfasst[19]. Wenn der nachrangige Pfändungsgläubiger weitergehendes Arbeitseinkommen gerichtlich geltend macht, muss der Drittschuldner zur Beachtung des Zahlungsverbots (§ 829 Abs. 1 ZPO) daher einwenden, dass es dem Kläger im Umfang des besserrangigen Pfandrechts nicht zusteht[20]. Dem erstpfändenden Gläubiger, der noch keine Zahlung erhalten hat, wird durch diese Anrechnung sein besserer Rang nicht genommen. Sein Recht, nachträglich vom Drittschuldner Zahlung der zu Unrecht nicht an ihn abgeführten Beträge zu verlangen, bleibt (bis zur Verjährung) unberührt[21].

1280 6. Pfändet *nur ein Gläubiger*, aber gleichzeitig wegen bevorrechtigter Ansprüche nach § 850 d ZPO und wegen nicht bevorrechtigter weiterer Forderungen nach § 850 c ZPO, so sind die Unterhaltsansprüche ebenfalls aus dem gemäß § 850 d ZPO in erweitertem Umfang der Pfändung unterliegenden Teil des Arbeitseinkommens zu tilgen. Im Übrigen sind die mehreren Ansprüche nach § 366 Abs. 2 BGB[22] zu befriedigen und innerhalb der einzelnen Schulden die Zahlungen nach § 367 Abs. 1 BGB[23] zu verrechnen. Diese Berechnung muss der Drittschuldner ohne Anordnung des Vollstreckungsgerichts durchführen.

---

18 *BGH* 113, 27 (30, 31) = a.a.O.; *BArbG* a.a.O. Der nachrangige Gläubiger kann somit geltend machen, dass bei Fiktion der angemessenen Vergütung die vorgehende Pfändung bereits befriedigt wäre. Hierzu *LArbG Hamm* BB 1991, 2227 (Leits.).
19 *BGH* 113, 27 (31) = a.a.O.
20 Die Einwendung erfordert natürlich nicht, dass auch der vorrangige Gläubiger gegen den Drittschuldner klagt, *ArbG Wesel* BB 1990, 1422 = Betrieb 1990, 2175 (je Leits.). Kritisch *Lüke* JuS 1995, 872: Klage des nachrangigen Gläubigers auf Hinterlegung des Schuldbetrags (§ 856 ZPO) mit anschließendem Verteilungsverfahren.
21 *BGH* 113, 27 (31) = a.a.O.
22 **§ 366 Abs. 2 BGB** lautet: Anrechnung der Leistung auf mehrere Forderungen – Trifft der Schuldner keine Bestimmung, so wird zunächst die fällige Schuld, unter mehreren fälligen Schulden diejenige, welche dem Gläubiger geringere Sicherheit bietet, unter mehreren gleich sicheren die dem Schuldner lästigere, unter mehreren gleich lästigen die ältere Schuld und bei gleichem Alter jede Schuld verhältnismäßig getilgt.
23 **§ 367 Abs. 1 BGB** lautet: Anrechnung auf Zinsen und Kosten – Hat der Schuldner außer der Hauptleistung Zinsen und Kosten zu entrichten, so wird eine zur Tilgung der ganzen Schuld nicht ausreichende Leistung zunächst auf die Kosten, dann auf die Zinsen und zuletzt auf die Hauptleistung angerechnet.

Kontoguthaben (§ 850 k ZPO)

S. Kontoguthaben aus wiederkehrenden Einkünften (§ 850 k ZPO)

Gilt noch *bis 30. Juni 2010.* Neufassung des § 850 k ZPO (Pfändungsschutzkonto) ab 1. Juli 2010 Rdn. 1300. Der „nachgelagerte" Pfändungsschutz des (nunmehrigen) § 850 k ZPO ist dann (bis 31. Dezember 2011) in § 850 l ZPO geregelt (Rdn. 1299).

I. Pfändungsschutz für Kontoguthaben

Schrifttum: *Arnold,* Der neue Pfändungsschutz für Arbeitseinkommen und für Gehaltskonten, BB 1978, 1314; *Behr,* Gläubigervorteile und Schuldnerschutz nach dem 4. Gesetz zur Änderung der Pfändungsfreigrenzen, JurBüro 1979, 305; *Behr,* Erweiterung des Kontenschutzes gem. § 850 k Abs. 1 ZPO, Rpfleger 1989, 52; *Hartmann,* Der Schuldnerschutz im Vierten Pfändungsfreigrenzengesetz, NJW 1978, 609; *Hornung,* Viertes Gesetz zur Änderung der Pfändungsfreigrenzen, Rpfleger 1978, 353; *Meyer ter Vehn,* Pfändungsschutz bei Gehaltskonten, NJW 1978, 1240. *Peters* und *Tetzlaff,* Die Reichweite von Pfändungsschutzvorschriften bei Lohn- und Gehaltseingängen auf einem Bankkonto, NZI 2001, 233; *Reifner,* Kontointegrität – Zum Schutz des unpfändbaren Einkommens auf dem Lohn- und Gehaltskonto vor der Bank, NZI 1999, 304.

Mit Gutschrift auf dem *Schuldnerkonto* bei einem Geldinstitut erlischt **1281** ein unpfändbarer oder nur teilweise pfändbarer Anspruch (siehe Rdn. 16). Damit endet der Pfändungsschutz, der (z. B. nach §§ 850 a, c, d, f Abs. 2, auch § 850 b ZPO) für den Anspruch selbst bis zu seiner Erfüllung bestanden hat. Gegen die Bank (auch Postbank) oder Sparkasse ist mit Kontogutschrift ein neuer, auf einem selbstständigen Rechtsgrund beruhender Anspruch auf Auszahlung des Kontoguthabens entstanden. Er ist als Forderung an die Bank (auch Postbank) oder Sparkasse (Rdn. 154 ff.) zu pfänden. Weil für das Kontoguthaben ein Pfändungsschutz nicht andauert, der für den bargeldlos getilgten Anspruch selbst bestanden hat, regelt § 850 k ZPO den Pfändungsschutz für den Vollstreckungszugriff durch Guthabenpfändung eigenständig. Die Bestimmung trägt den Erfordernissen des bargeldlosen Zahlungsverkehrs Rechnung. Deren Abs. 1 lehnt sich an § 811 Abs. 1 Nr. 8 und § 851 b Abs. 1 ZPO an[1], schließt als Sondervorschrift die Anwendung dieser Bestimmungen jedoch aus. § 765 a ZPO wird als allgemeine Schutzvorschrift des Vollstreckungsrechts nicht berührt, findet mithin daneben Anwendung[2] (zu dieser Vorschrift auch Rdn. 160). Zur Abgrenzung gegenüber § 55 SGB I siehe Rdn. 1298.

II. Geschützte Guthaben

1. Pfändungsschutz nach § 850 k ZPO besteht für ein *Kontoguthaben* **1282** des Schuldners (dazu Rdn. 1427) bei einem *Geldinstitut.* Das Kontogut-

---
1 Begründung, BT-Drucks. 8/693, S. 49.
2 *BGH* JurBüro 2007, 547 (548) = MDR 2007, 1217 = NJW 2007, 2703 (2704) = Rpfleger 2007, 555 (556); *BGH* NJW 2008, 1678 = a.a.O. (nachf. Fußn. 11). *LG Essen* NJW 2002, 483 = Rpfleger 2002, 162 mit Anm. *Fischer.*

haben muss durch Überweisung *wiederkehrender* Einkünfte des Kontoinhabers der in §§ 850 bis 850 b ZPO bezeichneten Art[3] (Rdn. 871 ff.; 976 ff.; 1005 ff., nicht aber eine Sozialgeldleistung; zu dieser Rdn. 1423 ff.) entstanden sein (dazu gehört auch Einkommen aus Heimarbeit, § 27 HeimarbG, Rdn. 898, und Kindergeld nach dem X. Abschnitt des EStG, Rdn. 153 s). Die Gutschrift eines dem Schuldner über das Arbeitseinkommen ausgehändigten Barschecks steht der Überweisung gleich[4]. Damit erstreckt sich § 850 k ZPO als Schutzvorschrift nicht nur auf Lohn- und Gehaltskonten, sondern auch auf alle Konten, auf die andere wiederkehrende Leistungen der bezeichneten Art überwiesen werden[5]. Entstanden sein kann das Kontoguthaben auch durch Überweisung eines (selbst größeren[6]) Lohnvorschusses, einer Abschlagzahlung oder einer Nachzahlung für wiederkehrendes Arbeitseinkommen. Einmalige Leistung (für die ein Pfändungsschutz nach §§ 850–850 b ZPO in Betracht gekommen wäre) schützt § 850 k ZPO nicht[7] (für sie gilt nur die allgemeine Schutzvorschrift des § 765 a ZPO), ebenso nicht eine Darlehenszahlung nach Pfändung[8]. Dass auf das Konto ausschließlich Arbeitsvergütung oder gleichgestellte wiederkehrende Einkünfte überwiesen werden, ist nicht verlangt[9]. Ein Konto erfüllt die Voraussetzungen aber nicht, wenn der Schuldner nur einmal sein Einkommen überweisen lässt[10] (im Gegensatz dazu: erstmals bei dem Konto für Überweisung wiederkehrender Einkünfte). Auch Konten, auf die nicht wiederkehrend zahlbare Vergütungen für persönlich geleistete Arbeiten oder Dienste (§ 850 i ZPO) überwiesen werden, sind nicht nach § 850 k ZPO geschützt[10]. Geschützt sind nach dem Wortlaut und Sinnzusammenhang nur Kontoguthaben natürlicher Personen; dies bestätigt zugleich § 835 Abs. 3 S. 2 ZPO (Rdn. 1286). Geldinstitute sind Banken (dabei die Postbank AG) und Sparkassen. Als „Konto des Schuldners" erfasst die Schutzbestimmung Giro- und Postgirokonten; ebenso ist ein Sparguthaben (Sparkonto) geschützt, wenn darauf wiederkehrende Einkünfte der in § 850 k Abs. 1 ZPO bezeichneten Art überwiesen werden. sog. „Oder-Konten" sowie „Und-Konten" (mit gemeinschaftlicher Verfügungsmacht mehrerer Personen) kommt der Schutz wie einem Schuldnereinzelkonto zu.

1282a 2. Nicht (auch nicht entsprechend) anwendbar ist § 850 k ZPO jedoch, wenn Arbeitseinkommen (andere wiederkehrende Einkünfte) eines *Dritten*

---

3 Mieteinnahmen eines freiberuflich tätigen Schuldners gehören nicht dazu; anders – nicht zutreffend – *LG Kassel* Rpfleger 2000, 118.
4 *LG Regensburg* Rpfleger 2007, 89.
5 Begründung a.a.O. (Fußn. 1).
6 *OLG Brandenburg* Rpfleger 2002, 85.
7 BGH 104, 309 = MDR 1988, 938 = NJW 1988, 2670; *Stein/Jonas/Brehm*, ZPO, Rdn. 10; *Wieczorek/Schütze/Lüke*, ZPO, Rdn. 4; *Schuschke/ Walker*, Rdn. 2, je zu § 850 k. Einmalige Krankenkassenleistungen, soweit sie ausnahmsweise unter § 850 b Abs. 1 Nr. 4 ZPO fallen (Rdn. 1019 Fußn. 60), unterliegen dem Pfändungsschutz nach § 850 k Abs. 1 ZPO daher nicht. **Anders** (früher) *LG Oldenburg* JurBüro 1983, 778 = Rpfleger 1983, 33.
8 Nicht eindeutig *OLG Brandenburg* a.a.O.
9 *Arnold* BB 1978, 1314 (1320); *Hartmann* NJW 1978, 609 (610).
10 *Arnold* a.a.O. (Fußn. 9).

Kontoguthaben (§ 850 k ZPO)

auf das Konto des Schuldners überwiesen und der Auszahlungsanspruch des Kontoinhabers aus Girovertrag gegen die kontoführende Bank gepfändet ist[11]. Das gilt auch, wenn der Kontoinhaber (z. B. die Ehefrau) selbst Mitschuldner ist und auf das Konto Einkünfte des mitschuldenden Dritten (des Ehemanns) überwiesen werden[12]. Dann kann vom Kontoinhaber als Schuldner für Gutschriften aus nach § 850 c ZPO unpfändbarem Arbeitseinkommen (anderen Einkünften) des Dritten (Ehemanns) jedoch Vollstreckungsschutz nach § 765 a ZPO beansprucht werden[13].

3. Auch wenn nur ein *Teil* der wiederkehrenden Einkünfte des Schuldners auf das Konto bei einem Geldinstitut überwiesen wird, kann Schutz nach § 850 k Abs. 1 ZPO zu gewähren sein[14]. Dass das Kontoguthaben nur aus einem Einkommensteil besteht, wird berücksichtigt, wenn es der Schuldner (Rdn. 1288) oder der Gläubiger darlegt (dieser erforderlichenfalls auch beweist). Zeitanteilige Berechnung der Einkünfte von der Pfändung bis zum nächsten Zahlungstermin erfolgt nach dem Gesamteinkommen[15]. Pfandfrei (bar) bereits empfangene oder auf ein anderes Schuldnerkonto überwiesene und damit dem Schuldner (pfandfrei) verfügbare Beträge werden auf den der Pfändung nicht unterworfenen Teil der Einkünfte angerechnet[16]. Ausdrücklicher Zusammenrechnungsantrag des Gläubigers (entsprechend § 850 e Nr. 2 ZPO) ist hierfür nicht erforderlich; die Pfändung des Guthabens ist nach § 850 k Abs. 1 ZPO nur noch wegen des restigen der Pfändung nicht unterworfenen Teils der wiederkehrenden Einkünfte aufzuheben. Ist der übrige Einkommensteil auf ein weiteres Schuldnerkonto überwiesen worden, das von einem anderen Gläubiger gepfändet worden ist, dann muss der unpfändbare Einkommensteil dem Einzelkonto entnommen werden, das zeitlich später gepfändet worden ist; auf Antrag ist die Pfändung dieses Kontos nach § 850 k Abs. 1 ZPO aufzuheben. Der zweitpfändende Gläubiger (= der Gläubiger, der das andere Kontogut-

1282b

---

11 *BGH* DGVZ 2008, 104 = FamRZ 2008, 1173 = JurBüro 2008, 383 = MDR 2008, 823 = NJW 2008, 1678 = Rpfleger 2008, 374.
12 *BGH* NJW 2008, 1678 = a.a.O.
13 *BGH* NJW 2008, 1678 = a.a.O.; überholt damit *LG Konstanz* Rpfleger 2007, 90.
14 *Stein/Jonas/Brehm*, ZPO, Rdn. 8 zu § 850 k; *Münzberg* ZZP 98 (1985) 357 (358) und 102 (1989) 129 (136); *Schuschke/Walker/Kessal-Wulf*, Vollstreckung, Rdn. 4; *Wieczorek/Schütze/Lüke*, ZPO, Rdn. 7, je zu § 850 k. a.A. *Arnold* BB 1978, 1314 (1320).
15 *Stein/Jonas/Brehm*, ZPO, Rdn. 8; *Wieczorek/Schütze/Lüke*, ZPO, Rdn. 10; *Schuschke/Walker/Kessal-Wulf*, Vollstreckung, Rdn. 8, je zu § 850 k.
16 *Stein/Jonas/Brehm*, ZPO, Rdn. 8 zu § 850 k; *Münzberg* ZZP 102 (1989) 129 (136). Anrechnung des bar empfangenen oder auf ein anderes Konto des Schuldners überwiesenen Teils der Einkünfte rechtfertigt sich mit der Erwägung, dass zeitanteiliger Kontoguthaben*schutz* für das *Gesamt*einkommen ab Pfändung gewährt wird, der berücksichtigt, dass pfändbare Ansprüche auf Arbeitsentgelt nur zu einem *Teil* bargeldlos über das gepfändete Konto gezahlt werden. Kontoguthabenschutz für das Gesamteinkommen ab Pfändung muss demgegenüber unberücksichtigt lassen, dass vor deren Wirksamwerden Beträge bereits abgehoben sind, wenn das gesamte Schuldnereinkommen bargeldlos über das gepfändete Konto gezahlt wird (keine Anrechnung, Rdn. 1283).

3. Kapitel: Pfändung von Arbeitseinkommen

haben zeitlich später gepfändet hat) muss dem Schutzbegehren des Schuldners jedenfalls dann weichen, wenn (z. B. nach Ablauf der Frist des § 835 Abs. 3 ZPO) Zahlung an den davor pfändenden Gläubiger bereits geleistet ist[17]. Wenn Auszahlung an den Erstgläubiger noch nicht erfolgt ist, könnte erwogen werden, ob der Freibetrag nicht verhältnismäßig unter die Gläubiger aufzuteilen ist, weil zwischen den beiden Gläubigern, die je ein anderes Kontoguthaben des Schuldners als selbstständigen Vermögenswert gepfändet haben, kein Rangverhältnis besteht[18]. Nach dem Schutzgedanken des § 850 k ZPO erscheint es unter Abwägung der Gläubiger- und Schuldnerbelange aber vertretbar und geboten, davon auszugehen, dass für den Lebensbedarf bestimmte und daher unpfändbare Einkommensteile bei erstmaliger Pfändung eines nur aus einem Teil des (höheren) Einkommens bestehenden Kontoguthabens dem Schuldner anderweit zur Verfügung stehen. Daher müssen Gläubigerrechte des zweitpfändenden Gläubigers dem Schutzinteresse und -begehren des Schuldners weichen, wenn ihm mit weiterer Pfändung noch dieser zunächst verfügbare weitere Einkommensteil auf einem anderen Konto entzogen wird. Das Schuldnerschutzrecht bei unzulänglichen Befriedigungswerten in dieser Weise an dem im Verfahrensrecht maßgeblichen Grundsatz der zeitlichen Priorität zu orientieren, erscheint interessengerecht und folgerichtig. Das müsste auch gelten, wenn der zweitpfändende Gläubiger Unterhaltsansprüche vollstreckt; Gläubigerrechte des zweitpfändenden Gläubigers, die dem Schutzinteresse des Schuldners weichen müssen, können nicht wegen seines (sonst) erweiterten Zugriffsrechts das Befriedigungsrecht des Erstgläubigers schmälern[19].

4. Dass das gepfändete Guthaben durch Gutschrift einer unpfändbaren Forderung entstanden ist, wird nicht gefordert. Das Schuldnerguthaben genießt Schutz nach § 850 k ZPO ohne Rücksicht darauf, auf welcher Überweisung das Guthaben beruht[20].

1283 5. Nicht geklärt ist aber, ob und in welchem Umfang Pfändungsschutz nach § 850 k Abs. 1 ZPO in Anspruch genommen werden kann, *wenn der Schuldner* vor Wirksamwerden der Guthabenpfändung *bereits* einen Betrag in Höhe des freizustellenden Teils seines Guthabens für den gesamten Auszahlungszeitraum *abgehoben hat.*

Beispiel: Der Schuldner hat bereits am 1. April nach Zahlungseingang 1.400,00 Euro abgehoben. Bei Wirksamwerden der Pfändung am 10. April weist sein Konto ein Guthaben von noch 1.600,00 Euro auf.

Weil das Gesetz keine An- oder Zusammenrechnung vorsieht und keinen Raum für eine Billigkeitsentscheidung lässt, wird in diesem Fall anzu-

---

17 So i.E. auch *Münzberg* ZZP 102 (1989) 129 (136).
18 Darauf macht *Münzberg* ZZP 102 (1989) 129 (136) aufmerksam, der auch die aufgezeigte Lösung zur Erwägung stellt. So auch *Stein/Jonas/Brehm*, ZPO, Rdn. 8 zu § 850 k.
19 Als andere Lösung gibt *Münzberg* a.a.O. zu bedenken, ob nicht dem Zweck des § 850 d ZPO Rechnung getragen und (wenn noch möglich) Auszahlung an den gewöhnlichen Gläubiger aufgehalten werden sollte.
20 So auch Begründung a.a.O. (Fußn. 1) unter Hinweis auf § 811 Nr. 8 ZPO.

Kontoguthaben (§ 850 k ZPO)

nehmen sein, dass auf Antrag Pfändungsschutz nach § 850 k Abs. 1 ZPO für die Zeit bis zum nächsten Zahlungstermin ungeschmälert zu gewähren ist[21]. Das ist auch aus der Erwägung heraus gerechtfertigt, dass dem Gläubiger der dann nach § 811 Abs. 1 Nr. 8 ZPO nicht geschmälerte Zugriff auf Bargeld des Schuldners ebenso offensteht wie vor bargeldloser Auszahlung der Zahlungsanspruch an den Leistungsverpflichteten gepfändet werden konnte. Das Verfahren nach § 850 k Abs. 1 ZPO soll zudem eine einfache sowie sichere Abwicklung des Kontoguthabens gewährleisten; es kann daher nicht mit der Entscheidung der Frage belastet werden, ob dem Schuldner kurz vor der Pfändung abgehobenes Geld noch für den Lebensunterhalt zur Verfügung steht oder ob er damit andere Verpflichtungen erfüllt hat.

6. Wenn das Schuldnerkonto auch nach Gutschrift der Einkünfte (insbesondere des Arbeitseinkommens) einen *Debetsaldo* aufweist, wird ein Kontoguthaben von der Pfändung nicht erfasst (Rdn. 157 g). Ein Zahlungsanspruch des Schuldners an die Bank (Sparkasse) scheidet damit bei (wirksamer) kontokorrentmäßiger Verrechnung der Gutschrift des Arbeitseinkommens aus[22]. Dass es sich bei der Gutschrift (teilweise oder ganz) um unpfändbares Arbeitseinkommen des Kontoinhabers handelt, steht der kontokorrentmäßigen Verrechnung der Gutschrift nicht entgegen[23]. An dieser Verrechnung des auf das Girokonto überwiesenen pfandfreien Einkommens hindert § 850 k ZPO die Bank (Sparkasse) nicht[24]. § 850 k ZPO wirkt im Rechtsverhältnis zwischen Bank (Sparkasse) und Kunden nicht[25]. Kann sonach der Kontoinhaber nach kontokorrentmäßiger Verrechnung der Gutschrift (selbstständige) Auszahlung des gutgeschriebenen Betrags nicht verlangen, dann sollte Aufhebung der Pfändung nur für Guthaben möglich sein, die sich mit weiteren (künftigen) Zahlungseingängen (Rdn. 1297) ergeben[26]. Wenn das (debitorische) Schuldnerkonto nach der Gutschrift der Einkünfte ein Kontoguthaben ausweist, das geringer ist als der Teil der Einkünfte, der für die Zeit von der Pfändung bis zu dem nächsten Zahlungstermin der Pfändung nicht unterworfen wäre, kann Aufhebung der Pfändung nur für den Guthabenbetrag möglich sein. Zur anderen Rechtslage nach § 55 Abs. 1 SGB I siehe Rdn. 1430.

1284

---

21 *Stein/Jonas/Brehm*, ZPO, Rdn. 6 zu § 850 k. So auch *Arnold* BB 1978, 1314 (1320): Das Gericht hat nicht zu prüfen, ob der Aktivsaldo, den das Konto im Zeitpunkt der Pfändung aufweist, gerade durch die Überweisung von Arbeitseinkommen entstanden ist.
22 *BGH* 162, 349 (351) = BGH-Rep. 2005, 982 mit Anm. *Singer* = FamRZ 2005, 1171 = MDR 2005, 1065 = NJW 2005, 1863 = Rpfleger 2005, 452. Zu dieser Entscheidung *Scholz* NJW 2005, 2432 sowie *Jürgens* und *Behren* Rpfleger 2006, 5.
23 *BGH* 162, 349 (351) = a.a.O.
24 *BGH* 162, 349 = a.a.O.
25 *BGH* 162, 349 (352) = a.a.O.
26 **Anders** *Schuschke/Walker/Kessal-Wulf*, Vollstreckung, Rdn. 4 zu § 850 k: Beschluss nach § 850 k ZPO kann selbst dann ergehen, wenn nach Verrechnung des eingegangenen Betrages nur ein Debetsaldo vorhanden ist; auch *Musielak/Becker*, ZPO, Rdn. 11 zu § 850 k: Die Überweisung muss als „Guthaben" verstanden werden. Zum debitorischen Konto siehe ferner *Stein/Jonas/Brehm*, ZPO Rdn. 6 zu § 850 k.

3. Kapitel: Pfändung von Arbeitseinkommen

III. Pfändung und Überweisung

1285 Pfändungsschutz nach § 850 k Abs. 1 ZPO wird nur auf Schuldner*antrag* gewährt. Das Vollstreckungsgericht kann daher bei Entscheidung über das Pfändungsgesuch einen Schutz nach § 850 k ZPO nicht würdigen[27]; von Amts wegen wird bei Kontenpfändung Schutz nicht eingeräumt. Die Guthabenpfändung wird mit Zustellung des Pfändungsbeschlusses an den Drittschuldner wirksam (§ 829 Abs. 3 ZPO); nach diesem Zeitpunkt bestimmt sich der Pfändungsrang (§ 804 Abs. 3 ZPO). Da erst im Anschluss hieran Zustellung an den Schuldner erfolgt (§ 829 Abs. 2 S. 2 ZPO), darf nach § 835 Abs. 3 S. 2 ZPO erst zwei Wochen nach Zustellung des Überweisungsbeschlusses[28] (an den Drittschuldner) an den Gläubiger geleistet oder hinterlegt werden. Dieses befristete Leistungsverbot besteht kraft Gesetzes; es braucht im Pfändungs- und Überweisungsbeschluss daher nicht ausgesprochen werden[29]. Dem Schuldner wird damit Zeit gegeben, den Antrag auf Pfändungsschutz zu stellen und eine Vorabentscheidung (§ 850 k Abs. 2 ZPO) oder eine einstweilige Anordnung (§ 850 k Abs. 3, § 832 Abs. 2 ZPO) zu erwirken. Die Frist endet mit Ablauf des letzten Tages (§ 188 Abs. 1 BGB); fällt dieser auf einen allgemeinen Feiertag (Sonnabend oder Sonntag), so endet die Frist mit Ablauf des nächsten Werktages (§ 222 Abs. 2 ZPO). Zahlt das Kreditinstitut vor Fristablauf an den Gläubiger, so ist die Zahlung dem Schuldner gegenüber, der rechtzeitig Antrag stellt und Schutz nach § 850 k ZPO erhält, unwirksam (§ 135 BGB). Verlängerung der Frist auf 4 Wochen ab 1. Juli 2010 siehe Rdn. 588 d.

1286 Der zeitweilige Aufschub des § 835 Abs. 3 S. 2 ZPO besteht für *alle Guthaben*, die *natürlichen Personen* zustehen. Das Geldinstitut soll „im Geschäftsverkehr Konten, auf die Arbeitseinkommen überwiesen wird, nicht besonders behandeln"[30] und damit nicht selbst prüfen müssen, ob auf ein Konto im Einzelfall überhaupt Arbeitseinkommen überwiesen wird, ob es also dem Pfändungsschutz des § 850 k ZPO unterworfen ist (siehe auch Rdn. 588). Das kann allerdings nur mit Einschränkung gelten. Konten, die nicht zur Überweisung wiederkehrender Einkünfte der in §§ 850–850 b ZPO bezeichneten Art unterhalten werden, erfasst § 850 k ZPO nicht. Bei Pfändung eines solchen Kontos kann daher auch die Überweisungswirkung nicht nach § 835 Abs. 3 S. 2 ZPO ausgesetzt sein. Das erlangt bei Pfändung

---

27 *LG Koblenz* DGVZ 1998, 124 = FamRZ 1998, 691 = JurBüro 1998, 47 = Rpfleger 1998, 76; s. auch *BVerfG* (Kammerbeschluss) JurBüro 2003, 274 = NJW 2003, 279.
28 Also nicht des Pfändungsbeschlusses. Ob Überweisung zur Einziehung oder an Zahlungs statt erfolgt, ist für den Fristbeginn gleichgültig. Die nach Überweisung zur Einziehung (mit Zustellung des Beschlusses) in Lauf gesetzte Frist wird jedoch mit späterer Überweisung an Zahlungs statt nicht neuerlich in Gang gesetzt.
29 So auch *Arnold* BB 1978, 1314 (1320 Fußn. 72). Nicht zutreffend m.E. *Behr* JurBüro 1979, 311, der ausdrückliche Aufnahme der Zahlungssperre des § 835 Abs. 3 S. 2 ZPO in den Überweisungsbeschluss fordert.
30 Begründung a.a.O. (Fußn. 1) Seite 47.

Kontoguthaben (§ 850 k ZPO)

von Einlagen auf Spar- und Postbanksparkonten Bedeutung, die nur selten der Überweisung wiederkehrender Einkünfte dienen[31].

Konten einer *juristischen Person* (Aktiengesellschaft, Kommanditgesellschaft auf Aktien, Gesellschaft m.b.H., eingetragene Genossenschaft, eingetragener Verein, Versicherungsverein auf Gegenseitigkeit, alle juristischen Personen des öffentlichen Rechts) oder einer Personenhandelsgesellschaft (offene Handelsgesellschaft, Kommanditgesellschaft, GmbH & Co KG), einer Partnerschaft sowie einer Europ. wirtschaftlichen Interessenvereinigung, eines nicht rechtsfähigen Vereins (siehe § 735 ZPO) sowie einer BGB-Gesellschaft (siehe § 736 ZPO) und einer Gemeinschaft der Wohnungseigentümer (§ 10 WEG) werden nicht als Konto einer natürlichen Person geführt, auf das „wiederkehrende Einkünfte der in den §§ 850 bis 850 b bezeichneten Art" überwiesen werden. Für ein solches Konto ist nach dem Wortlaut des § 835 Abs. 3 S. 2 ZPO die Auszahlung nicht zeitweilig ausgeschlossen und auch kein Pfändungsschutz nach § 850 k ZPO gegeben.

1287

IV. Antrag und Verfahren

Pfändungsschutz für Kontoguthaben gewährt auf Schuldner*antrag* das Vollstreckungsgericht. Zuständig ist der Rechtspfleger (§ 20 Nr. 17 RPflG). Der Drittschuldner und unterhaltsberechtigte Angehörige des Schuldners haben kein Antragsrecht. Das Geldinstitut kann nicht von sich aus, wohl aber mit Gläubigerzustimmung (siehe § 843 ZPO) Teile des Kontoguthabens pfändungsfrei stellen. Der Schuldner hat die Voraussetzungen des Pfändungsschutzes darzutun. Dem Gläubiger ist vor Entscheidung rechtliches Gehör zu gewähren. Drittschuldneranhörung braucht nicht zu erfolgen. Die Entscheidung ergeht regelmäßig ohne mündliche Verhandlung (§ 764 Abs. 3 ZPO). Das Vollstreckungsgericht entscheidet nach Gläubigeranhörung durch Beschluss. Er hat den Betrag zu bezeichnen, in dessen Höhe die Pfändung des Guthabens aufgehoben wird. Dem Geldinstitut kann die Berechnung dieses Betrages nicht übertragen werden; daher kann Bezugnahme auf die Tabelle des § 850 c Abs. 3 S. 2 ZPO nicht erfolgen; sie ist weder vorgesehen noch ausreichend[32]. Der Beschluss ist zu begründen. Er muss den Parteien und dem Drittschuldner zugestellt werden (§ 329 Abs. 3 ZPO). Der Aufhebungsbeschluss, der den der Pfändung nicht unterworfenen Betrag zu bezeichnen hat, wird sofort wirksam (Rdn. 741); damit erlischt das Pfändungspfandrecht. Es kann sich daher empfehlen, die Wirksamkeit der aufhebenden Entscheidung bis zu ihrer Rechtskraft hinauszu-

1288

---

31 **Anders** *Hornung* Rpfleger 1978, 353 (360): Leistungsaufschub gilt auch für Sparguthaben.
32 *LG Augsburg* Rpfleger 1997, 489; *LG Darmstadt* Rpfleger 1988, 419; *LG Koblenz* DGVZ 1998, 124 = FamRZ 1998, 691 = JurBüro 1998, 47 = Rpfleger 1998, 76; *LG Köln* JurBüro 1986, 1272; *LG Osnabrück* Rpfleger 1989, 248 mit zust. Anm. *Hennings*.

3. Kapitel: Pfändung von Arbeitseinkommen

schieben (Rdn. 742). Vorläufige Maßnahmen bis zur Entscheidung: § 850 k Abs. 2 ZPO (Rdn. 1293 ff.) und § 732 Abs. 2 ZPO (Rdn. 1296). Kosten: § 788 Abs. 3 ZPO (s. Rdn. 838).

V. Umfang des Kontoguthabenschutzes

1289 1. Schutz wird nach Pfändung eines Kontos des Schuldners bei einem Geldinstitut dadurch gewährt, dass die *Pfändung* des Guthabens nach Maßgabe des § 850 k Abs. 1 ZPO *aufgehoben* wird. Möglich ist Aufhebung der Pfändung auch, wenn Überweisung an Zahlungs statt erfolgt und wirksam geworden ist[33]. Aufzuheben ist die Pfändung *insoweit*, „als das Guthaben dem der Pfändung nicht unterworfenen Teil der Einkünfte für die Zeit von der Pfändung bis zu dem nächsten Zahlungstermin[34] entspricht". Der freizustellende Guthabenbetrag[35] bemisst sich nach Überweisung des *gesamten* Schuldnereinkommens somit zunächst nach dem Betrag, der pfändungsfrei wäre, wenn der Gläubiger den Anspruch des Schuldners gegen denjenigen gepfändet hätte, der die in §§ 850 bis 850 b ZPO bezeichneten wiederkehrenden Leistungen schuldete. Sodann soll aber auch der Zeitraum berücksichtigt werden, der bis zum nächsten Zahlungstermin bereits verstrichen ist.

Es ist sonach wie folgt vorzugehen:

1290 ■ Bei Pfändung auf Antrag eines gewöhnlichen Gläubigers ist entsprechend dem Nettoeinkommen (§ 850 e Nr. 1 ZPO)[36] für den Auszahlungszeitraum nach § 850 c ZPO der unpfändbare Einkommensteil festzustellen. Dabei kann auf Antrag des Gläubigers[37] (nach Anhörung des Schuldners) auch ein Angehöriger des Schuldners mit eigenen Einkünften nach Maßgabe des § 850 c Abs. 4 ZPO (ganz oder teilweise) unberücksichtigt zu bleiben haben (dazu Rdn. 1058 ff.).

---

33 A.A. *Münzberg* Rpfleger 1982, 329 (330): nur zulässig, wenn der Anspruch noch dem Vollstreckungsschuldner zusteht. *Münzberg* will dem eindeutigen Schutzzweck des Gesetzes mit analoger Anwendung von § 835 Abs. 3 S. 2 ZPO auf die Übertragungs- und Befriedigungswirkungen Rechnung tragen. Die Gestaltungswirkungen des Überweisungsbeschlusses als Staatsakt können aber seine Aufhebung in dem dafür vorgesehenen Verfahren nicht ausschließen (siehe Rdn. 598 Fußn. 24). Nach seinem Wortlaut ist § 850 k ZPO nicht eingeschränkt, sein Schutzzweck gebietet Anwendung auf die Pfändung des Schuldnerguthabens bei einem Geldinstitut auch, wenn Überweisung an Zahlungs statt erfolgt ist.
34 Wegen des Begriffs s. auch § 811 Abs. 1 Nr. 8 ZPO.
35 Hierzu Begründung a.a.O. (Fußn. 1) Seite 49.
36 Die nach § 850 a ZPO der Pfändung entzogenen Bezüge sind daher nicht mitzurechnen.
37 Der Antrag kann im Verfahren über den Konten-Schutz mitbehandelt werden, *LG Münster* Rpfleger 1989, 294. Bestimmung nach billigem Ermessen (§ 850 c Abs. 4 ZPO) wird für bereits überwiesene Einkünfte allerdings ausscheiden, wenn der Antrag zügige Entscheidung nicht ermöglicht, sondern eingehende Prüfung bedingt, die Freigabe der der Pfändung bis zum nächsten Zahlungstermin nicht unterworfenen Einkünfte verzögern würde.

Kontoguthaben (§ 850 k ZPO)

- Bei Pfändung auf Antrag eines Unterhaltsgläubigers (§ 850 d ZPO) oder eines anderen bevorrechtigten Gläubigers (§ 850 f Abs. 2 ZPO) ist entsprechend dem Nettoeinkommen (§ 850 e Nr. 1 ZPO) der nach § 850 d oder § 850 f Abs. 2 ZPO unpfändbare Einkommensteil festzustellen.

Von dem Betrag, der sonach als Arbeitseinkommen für den gesamten Auszahlungszeitraum unpfändbar wäre, ist nach bargeldloser Zahlung als Kontoguthaben der auf die Zeit vom Wirksamwerden der Guthabenpfändung (mit Beschlusszustellung an den Drittschuldner) bis zu dem nächsten Zahlungstermin (Auszahlungstermin, nicht Zeit des Eingangs auf dem Konto[38]) treffende Teil der Pfändung nicht unterworfen. Insoweit, als das Guthaben diesem der Pfändung nicht unterliegenden Teil der Einkünfte entspricht, ist die Pfändung des Schuldnerguthabens aufzuheben. Nicht aufgehoben wird die Pfändung somit für den Teil des nach dem Auszahlungszeitraum (vgl. Rdn. 1039) festgestellten pfändungsfreien Betrages, der vom Zahlungstermin bis zum Wirksamwerden der Pfändung bereits verstrichen ist, und für die nach §§ 850 c, d oder f ZPO der Pfändung unterliegenden Bezüge.

Beispiel[39]: Monatliche Gehaltszahlung. Pfändung am 11. April gegen den verheirateten Schuldner mit Unterhaltsverpflichtungen gegenüber Ehefrau und einem Kind. Nettoeinkommen 2.580,00 Euro, das bei Wirksamwerden der Pfändung noch voll auf dem Schuldnerkonto steht.

Pfändbar nach § 850 c ZPO (Vollstreckung durch einen
nicht bevorrechtigten Gläubiger)   407,01 Euro
Unpfändbar sonach monatlich   2.172,99 Euro
Der Pfändung nicht unterworfener Teil für die Zeit
vom 11.–30. April 2005 sonach (= 2/3)   = 1.448,66 Euro
Insoweit (in Höhe von 1.448,66 Euro) ist die Pfändung sonach
nach § 850 k Abs. 1 ZPO aufzuheben. Infolge der Pfändung sind
nach Überweisung somit an den Gläubiger auszuzahlen
(407,01 + 724,33 Euro =)   1.131,34 Euro

Ist auf das Schuldnerkonto sogleich nur der *unpfändbare Einkommensteil* überwiesen, weil auch der Anspruch auf Zahlung des Arbeitseinkommens (durch den gleichen oder einen anderen Gläubiger) gepfändet war oder weil Einkommen abgetreten war, dann ist nach dem davon auf die Zeit vom Wirksamwerden der Guthabenpfändung bis zu dem nächsten Zahlungstermin treffenden Teil die Pfändung des Guthabens aufzuheben[40]. Auch dieser Betrag, in dessen Höhe die Guthabenpfändung aufgehoben wird, ist genau zu bezeichnen (Rdn. 1288). Der auf das Konto überwiesene

---

38 So aber *Wieczorek/Schütze/Lüke*, ZPO, Rdn. 11 zu § 850 k.
39 Ein Berechnungsbeispiel gibt auch *Hornung* Rpfleger 1978, 353 (360).
40 Nicht eindeutig *LG Hannover* JurBüro 1990, 1059, das für Aufhebung der Pfändung insgesamt ist und damit die Aufhebung nicht anteilig auf die Zeit von der Pfändung bis zum nächsten Zahlungstermin begrenzt. Es hat sich jedoch ersichtlich um Pfändungsschutz für neue Zahlungseingänge gehandelt (Rdn. 1297), der für den gesamten Auszahlungszeitraum bemessen war. Auch dann war aber die Pfändung nicht insgesamt, sondern nur betragsmäßig aufzuheben; für andere (= der Pfändung unterworfene) künftige Zahlungseingänge hätte die Pfändung fortbestehen müssen. Insoweit nicht zutreffend auch *LG Bielefeld* JurBüro 1990, 1365.

3. Kapitel: Pfändung von Arbeitseinkommen

unpfändbare Einkommensteil ist mithin nicht neuerlich auf einen nach der Tabelle des § 850 c ZPO zu bestimmenden „unpfändbaren" Einkommensbetrag zurückzuführen. Entsprechendes gilt, wenn (und soweit) infolge Abtretung des Arbeitseinkommens der auf das Konto überwiesene Betrag nur den restigen Einkommensteil darstellt, der dem Schuldner nach Abführung des dem Zessionar gebührenden abgetretenen Einkommensteils verblieben ist.

Beispiel: Nettoeinkommen 2.580,00 Euro. Als Arbeitseinkommen gepfändet für Gläubiger A. Daher diesem vom Arbeitgeber ausbezahlt (verheirateter Schuldner mit Unterhaltspflichten gegenüber Ehefrau und einem Kind) 407,01 Euro. Auf Schuldnerkonto ist der pfandfreie Betrag überwiesen in Höhe von 2.172,99 Euro.
Kontopfändung am 11. April durch Gläubiger B. Der Betrag steht bei Wirksamwerden der Pfändung noch voll auf dem Schuldnerkonto.

Der Pfändung nicht unterworfener Teil
für die Zeit vom 11.–30. April 1990 = $^{2}/_{3}$ 1.448,66 Euro
Insoweit ist die Pfändung nach § 850 k Abs. 1 ZPO aufzuheben.
An den pfändenden Gläubiger sind   724,33 Euro
auszuzahlen.

1291 2. Nach § 850 f Abs. 1 ZPO kann für den Auszahlungszeitraum der pfändungsfreie Ausgangsbetrag zu bestimmen sein, wenn der Schuldner mit dem Antrag auf Pfändungsschutz nach § 850 k ZPO den Antrag verbunden hat, ihm *weitergehende Einkommensteile* zu belassen. Die nach § 850 a ZPO *absolut unpfändbaren* wiederkehrenden *Bezüge* (Mehrarbeitsstundenvergütung usw.) können nach bargeldloser Zahlung gleichfalls von der Pfändung nur anteilig (für die Zeit von der Pfändung bis zum nächsten Zahlungstermin) ausgenommen werden. *Ein*malige absolut unpfändbare Bezüge (Treuegelder, Zuwendungen bei Betriebsereignissen, einmalige Aufwandsentschädigung, Auslösungsgelder für zurückliegende Zeit, Heirats- und Geburtsbeihilfen) lassen sich nicht nach Zeitabschnitten bis zum nächsten Zahlungstermin abgrenzen. Der nach dem Wortlaut des § 850 k Abs. 1 ZPO nur für wiederkehrende Einkünfte vorgesehene Pfändungsschutz kommt ihnen nach bargeldloser Überweisung daher nicht zu. Sie bleiben bei Feststellung der von der Pfändung des Guthabens vollstreckungsfrei zu stellenden Teile der Schuldnereinkünfte daher unberücksichtigt.

1291a 3. *Bedingt pfändbare Bezüge* nach § 850 b ZPO (Renten wegen Verletzung des Körpers, Unterhaltsrenten usw.) sind nach den für Arbeitseinkommen geltenden Vorschriften nur unter den besonderen Voraussetzungen des § 850 b Abs. 2 ZPO pfändbar. Sind diese nicht erfüllt, dann bemisst sich bei Guthabenpfändung der nach § 850 k Abs. 1 ZPO von der Pfändung auszunehmende Betrag nach dem Teil der Gesamteinkünfte, der auf die Zeit vom Wirksamwerden der Pfändung bis zum nächsten Zahlungstermin trifft[41]. Liegen die Voraussetzungen des § 850 b Abs. 2 ZPO im Einzelfall vor, dann bemisst sich der nach diesem Zeitabschnitt pfandfrei verbleibende anteilige Betrag nur nach dem Teil der Gesamtbezüge, der pfandfrei ge-

---

[41] Eingezogene Unterhaltsrückstände genießen somit nicht den Schutz des § 850 k ZPO, *BGH* 113, 90 (95) = NJW 1991, 839.

Kontoguthaben (§ 850 k ZPO)

blieben wäre, wenn der Gläubiger in die Bezüge als wiederkehrende Ansprüche an ihren Schuldner nach den für Arbeitseinkommen geltenden Pfändungssätzen (§§ 850 c, d ZPO) vollstreckt hätte.

Vorpfändung (§ 845 ZPO) hat die Wirkung einer Forderungspfändung auf Grund eines Arrestbefehls (Rdn. 802). Nach § 850 k Abs. 1 (auch vorab nach Abs. 2) ZPO ist auf Antrag des Schuldners daher auch eine Vorpfändung seines Kontoguthabens aufzuheben. Zuständig ist der Rechtspfleger[42] (Rdn. 1288). Beantragt und angeordnet werden kann Aufhebung der Guthaben-Vorpfändung nach § 850 k ZPO bereits, wenn mit Zustellung der Pfändungsankündigung (§ 845 Abs. 2 ZPO) dem Schuldner Verfügung über seinen bargeldlos ausbezahlten unpfändbaren Einkommensteil verwehrt ist; ob auch die Pfändung selbst noch innerhalb der Monatsfrist nachfolgt (s. § 845 Abs. 2 ZPO), braucht nach dem Zweck des Guthabenschutzes nicht abgewartet werden. Wenn jedoch Aufhebung der Vorpfändung in der Monatsfrist noch vor der nachfolgenden Pfändung erfolgt, kann sie nur für die Zeit bis zum Ablauf dieser Vorpfändungsfrist angeordnet werden, über die hinaus die Pfändungsankündigung keine Wirksamkeit äußert, nicht aber bis zu einem danach liegenden nächsten Zahlungstermin und nicht für danach gutzuschreibende neue Zahlungseingänge. Nach Pfändung noch in der Monatsfrist, aber doch erst nach wirksamer Aufhebung der Guthabens-Vorpfändung, muss Schutz nach § 850 k ZPO daher erneut beantragt werden. Wenn über den Antrag auf Aufhebung der Vorpfändung bei nachfolgender Pfändung noch nicht entschieden ist, kann (auf Antrag) Guthabenschutz sogleich für die Zeit bis zum nächsten Zahlungstermin und für neue Zahlungseingänge (Rdn. 1297) gewährt werden. **1291b**

VI. Wirkung des Kontoguthabenschutzes

1. Mit Aufhebung der Pfändung des Guthabens *erlischt* in Höhe des durch den Beschluss des Vollstreckungsgerichts der Pfändung entzogenen Betrages das *Pfändungspfandrecht*. Der Auszahlungsanspruch des Schuldners an das Geldinstitut wird damit für anderweitige Verfügungen des Schuldners (Abhebung, Überweisung) frei. Diese Verfügung muss nicht „bis zum nächsten Zahlungstermin" erfolgen; sie ist auch noch danach möglich. Ein auf dem Konto belassener freigegebener Betrag verliert beim Kontokorrent mit der nächsten periodischen Verrechnung jedoch seine Selbstständigkeit; er wird bei Rechnungsabschluss mit dem Abschlusssaldo ausgewiesen, somit auch von dessen Pfändung (dazu Rdn. 163 ff.) erfasst[43]. **1292**

2. Erlöschen des Pfändungspfandrechts mit Aufhebung der Guthabenpfändung für den nach § 850 k Abs. 1 ZPO zu bestimmenden Betrag berührt die Wirksamkeit des im Übrigen fortbestehenden Pfändungsbeschlusses nicht. Daher kann auf Antrag des Gläubigers, in dessen Voll-

---

42 So auch *Behr* Rpfleger 1989, 52; *Musielak/Becker*, ZPO, Rdn. 5 zu § 850 k.
43 Möglicherweise anders (unklar) *OLG Hamm* JurBüro 2002, 496 = Rpfleger 2001, 506.

3. Kapitel: Pfändung von Arbeitseinkommen

streckungssache mit Aufhebung der Pfändung Schutz nach § 850 k ZPO gewährt ist, nicht nochmals Pfändung des Kontoguthabens zur Beschlagnahme des auf dem Konto belassenen freigestellten Betrags (oder eines Teils davon) erfolgen[44].

VII. Kontoguthabenschutz für mehrere Arbeitseinkommen

1292a Besteht das Kontoguthaben aus *mehreren* Arbeitseinkommen, die dem Schuldner (vom gleichen Drittschuldner oder von mehreren Arbeitgebern; s. Rdn. 925, 1138) überwiesen worden sind, dann ist auf Antrag die Pfändung nach § 850 k Abs. 1 ZPO insoweit aufzuheben, als das durch Überweisung des *Gesamteinkommens* entstandene Guthaben dem der Pfändung nicht unterworfenen zeitlichen Anteil der Einkünfte entspricht. Zusammenrechnung der mehreren Arbeitseinkommen (§ 850 e Nr. 2 ZPO) braucht der Gläubiger hierfür nicht gesondert zu beantragen. Das Vollstreckungsgericht hat vielmehr bei seiner Entscheidung über den Antrag des Schuldners sogleich von dem durch das Gesamteinkommen entstandenen Kontoguthaben auszugehen[45]. Stellt der Schuldner Schutz*antrag* nach § 850 k Abs. 1 ZPO nur wegen des durch Gutschrift *einer* der mehreren Einkünfte entstandenen Guthabens, so ist die Pfändung nur wegen des aus diesem Guthaben sich ergebenen unpfändbaren Anteils der Einkünfte aufzuheben (s. § 308 Abs. 1 ZPO)[46]. Das Vollstreckungsgericht kann dann nicht von sich aus für die Feststellung des anteiligen Betrags des nach § 850 c ZPO unpfändbaren Einkommens die mehreren Arbeitsvergütungen zusammenrechnen. Wenn mehrere Einkünfte über verschiedene Konten laufen und nur eines der Kontoguthaben gepfändet ist oder wenn überhaupt nur *eine der mehreren Einkünfte* auf ein Schuldnerkonto überwiesen ist, ist auf Schuldnerantrag die Pfändung des Guthabens insoweit aufzuheben, als es durch die einzelne Gutschrift dem nach der Höhe nur dieses Einkommens festzustellenden nicht pfändbaren Teil für die Zeit bis zum nächsten Zahlungstermin entspricht. Weitere, nicht auf dem Schuldnerkonto gutgeschriebene Einkünfte bleiben bei dieser Entscheidung über den Schuldnerantrag nach § 850 k Abs. 1 ZPO unberücksichtigt. Der Schuldner, der mehrere Einkünfte bezieht, erlangt damit Beträge über die für ein Arbeitseinkommen in § 850 c ZPO vorgesehenen Grenzen hinaus pfandfrei. Dem will § 850 e Nr. 2 ZPO mit Zusammenrechnung mehrerer Arbeitseinkommen begegnen (Rdn. 1138). Zusammenrechnung auf Gläubigerantrag in entsprechender Anwendung von § 850 e Nr. 2 ZPO (dazu Rdn. 1138 ff.) muss daher auch für Bemessung des Schuldnerschutzes mit Aufhebung einer Guthabenpfändung nach § 850 k Abs. 1 ZPO möglich sein[47]. Stellt der Gläubiger Zusammenrechnungsantrag, dann muss jedoch

---

44 *LG Hannover* JurBüro 1986, 1886 (1887).
45 *Grunsky* ZIP 1983, 908 (911); *Stein/Jonas/Brehm*, ZPO, Rdn. 12 zu § 850 k.
46 *Grunsky* a.a.O.
47 So zutreffend *Grunsky* a.a.O.; zustimmend *Münzberg* ZZP 98 (1985) 357 (358, Buchbesprechung); *Stein/Jonas/Brehm*, ZPO Rdn. 12 zu § 850 k.

die Zusammenrechnung nicht nach § 850 e Nr. 2 ZPO ausdrücklich angeordnet werden. Das Vollstreckungsgericht hat vielmehr sogleich im Rahmen seiner Entscheidung über den Aufhebungsantrag des Schuldners nach § 850 k Abs. 1 ZPO den Zusammenrechnungsantrag des Gläubigers zu berücksichtigen und den nach § 850 c ZPO der Pfändung nicht unterworfenen Einkommensteil nach den Gesamteinkünften zu bemessen[48]. Aufzuheben ist daher die Pfändung des Kontoguthabens insoweit, als das Guthaben dem der Pfändung nicht unterworfenen Teil des Gesamteinkommens für die Zeit von der Pfändung bis zum nächsten Zahlungstermin entspricht und dieser freizustellende Betrag noch nicht durch das dem Schuldner schon unmittelbar ausbezahlte oder auf das nicht gepfändete Konto überwiesene (andere) Einkommen gedeckt ist. Ebenso ist ein Zusammenrechnungsantrag des Gläubigers (§ 850 e Nr. 2 ZPO entspr.) in die Entscheidung über einen Schutzantrag des Schuldners nach § 850 k Abs. 1 ZPO einzubinden, wenn mehrere Einkommen über verschiedene Schuldnerkonten laufen und der Gläubiger sämtliche Kontoguthaben gepfändet hat.

Wenn ein *Unterhaltsgläubiger* (§ 850 d ZPO) oder ein anderer bevorrechtigter Gläubiger (§ 850 f Abs. 2 ZPO) das Kontoguthaben des Schuldners gepfändet hat, sind andere Einnahmen des Schuldners bereits bei Feststellung des ihm zu belassenden Freibetrags zu berücksichtigen (Rdn. 1102, 1196, je mit Rdn. 1290). Gesonderter Zusammenrechnungsantrag des Gläubigers ist hierfür nicht erforderlich; jedoch trifft den Gläubiger die Darlegungs- und Beweislast für das Vorhandensein anrechenbaren weiteren Schuldnereinkommens.

VIII. Kontoguthabenschutz bei Pfändung durch mehrere Gläubiger

1. Pfändung des Kontoguthabens bei einem Geldinstitut durch mehrere Gläubiger begründet für jeden vollstreckenden Gläubiger *selbstständig* ein Pfändungspfandrecht an der (gepfändeten) Forderung des Schuldners gegen das Geldinstitut (§ 804 Abs. 1 ZPO; zum Pfändungsrang Rdn. 778 ff.). Für die Wirkung der Pfändung des gegenwärtigen Saldos durch mehrere Gläubiger kommt es für jeden von ihnen auf den jeweiligen Zeitpunkt der Beschlusszustellung an den Drittschuldner an (Rdn. 155 f). Weil Wirksamwerden und Wirkungen der Pfändung sich für jeden Vollstreckungsgläubiger selbstständig bestimmen (Grundsatz der Einzelvollstreckung), muss auch Guthabenschutz nach § 850 k ZPO in jeder Vollstreckungssache gesondert beantragt und mit Aufhebung der von jedem der Gläubiger bewirkten Pfändung durch das Vollstreckungsgericht angeordnet werden. Für Aufhebung ist auch bei gemeinsamer Beschlussfassung in jeder einzelnen Vollstreckungssache, somit für jeden pfändenden Gläubiger gesondert, als freizustellender Guthabensbetrag der der Pfändung nicht unterworfene Teil der Einkünfte für die Zeit vom Wirksamwerden der jeweils einzel-

1292b

---
48 *Grunsky* a.a.O.

nen Pfändung bis zum nächsten Zahlungstermin gesondert zu bestimmen. Aufhebung der nur durch einen der Gläubiger erfolgten Guthabenpfändung berührt die durch einen weiteren Gläubiger (oder mehrere Gläubiger) bewirkte selbstständige Pfändung nicht, setzt somit den Schuldner wegen des in der anderen Vollstreckungssache bestehenden Zahlungs- und Einziehungsverbots nicht in die Lage, über das Kontoguthaben zu verfügen.

1292c 2. Wenn nach Aufhebung der Pfändung eines Guthabens durch das Vollstreckungsgericht nach § 850 k Abs. 1 ZPO ein *weiterer Gläubiger* das Guthaben des Schuldners bei dem Geldinstitut *neu pfändet*, erstreckt sich sein Vollstreckungszugriff (neu) auch auf den (ganz oder teilweise) auf dem Konto belassenen freigestellten Betrag (er ist Teil des neuen Zustellungssaldos, Rdn. 155 f). Weil das Pfändungspfandrecht des Gläubigers, der früher gepfändet hatte, bereits mit Aufhebung seiner Pfändung erloschen ist, besteht hinsichtlich dieses Betrags kein durch eine frühere Pfändung begründetes Pfandrecht mehr, somit kein Rangverhältnis zwischen Pfändungsgläubigern (§ 804 Abs. 3 ZPO). Die Aufhebung der früheren Pfändung wirkt nicht zugleich auch gegen den später neu vollstreckenden Gläubiger (Grundsatz der Einzelvollstreckung). Pfändungsschutz nach § 850 k Abs. 1 ZPO muss in der Vollstreckungssache des weiteren (neu vollstreckenden) Gläubigers vielmehr neu (selbstständig) beantragt und mit Aufhebung der Pfändung durch das Vollstreckungsgericht gesondert gewährt werden.

IX. Vorabschutz (Abs. 2)

1293 1. Über den Schuldnerantrag kann das Vollstreckungsgericht nicht sogleich entscheiden. Die zeitliche Dauer des Schutzverfahrens (Rdn. 1288) kann jedoch im Einzelfall zu einer Gefährdung des Schuldners führen. Den für den Schuldner und seine Familie bis zur Entscheidung über den Schutzantrag notwendigen Lebensbedarf gewährleistet daher § 850 k Abs. 2 ZPO. Das Vollstreckungsgericht (Rechtspfleger, § 20 Nr. 17 RPflG) ist danach befugt, schon vor einer abschließenden Entscheidung über den Schutzantrag des Schuldners einen Teil des gepfändeten Guthabens freizugeben. Die sonach zu beschließende Aufhebung der Pfändung wird sofort wirksam (Rdn. 741).

1294 Die *Vorabentscheidung* erfordert Einleitung des Schutzverfahrens mit Schuldnerantrag nach § 850 k Abs. 1 ZPO. Im Rahmen des damit anhängigen Verfahrens kann die Entscheidung nach Abs. 2 ohne darauf ausdrücklich gerichteten Antrag[49] erlassen werden. Sie ist in einem Eilfall ange-

---

49 So auch *Stein/Jonas/Brehm*, ZPO, Rdn. 22; *Wieczorek/Schütze/Lüke*, ZPO, Rdn. 20; *Schuschke/Walker/Kessal-Wulf*, Vollstreckung, Rdn. 9, je zu § 850 k. *Hornung* Rpfleger 1978, 353 (361) verlangt einen auf Vorabentscheidung gerichteten Antrag des Schuldners, der auch als stillschweigend gestellt angesehen werden kann. Ein solcher Antrag ist zwar zulässig, aber nicht nötig, weil auch bereits die Vorabfreigabe Entscheidung über den Kontoschutzantrag und daher durch diesen veranlasst ist.

bracht, wenn der Schuldnerantrag die verlangte Freigabe erwarten lässt und eine einstweilige Anordnung nach § 850 k Abs. 3 ZPO den notwendigen Lebensunterhalt nicht gewährleistet[50]. Ausreichend ist, dass der Schuldner die Voraussetzungen für die teilweise Freigabe des „pfändungsfreien Betrages" glaubhaft macht (§ 850 k Abs. 2 S. 3, § 294 ZPO). Dem Gläubiger ist vor Teilfreigabe Gelegenheit zur Stellungnahme zu geben, wenn sich mit seiner Anhörung (wie dann, wenn fernmündliche Anhörung des ortsansässigen Gläubigervertreters sogleich möglich ist) kein Aufschub ergibt. Jedoch ist zur Vermeidung einer unzumutbaren Härte für den Schuldner von der Anhörung des Gläubigers abzusehen (Abs. 2 Satz 4). Dies gewährleistet, dass der Schuldner möglichst bald über den für den dringenden Lebensbedarf nötigen Betrag verfügen kann.

2. Vorabschutz wird durch Beschluss gewährt, der zu begründen ist. *Vorab aufzuheben* ist die Guthabenpfändung für den Teil, „dessen der Schuldner bis zum nächsten Zahlungstermin dringend bedarf, um seinen notwendigen Unterhalt zu bestreiten und seine laufenden gesetzlichen Unterhaltspflichten ... zu erfüllen" (§ 850 k Abs. 2 S. 1 ZPO; beachte den genauen Wortlaut). Diese Regelung lehnt sich an § 850 d Abs. 1 S. 2 Halbs. 1 ZPO an[51]. Der Schuldner soll vorab über den Teil seines Guthabens verfügen können, der ihm auch dann verbleiben müsste, wenn ein Unterhaltsgläubiger pfändet. Der vorab freizugebende Betrag als Teil der Guthabenseinkünfte für die Zeit von der Pfändung bis zum nächsten Zahlungstermin ist sonach auch bei Vollstreckung eines gewöhnlichen Gläubigers (Begriff Rdn. 1036) nicht auf der Grundlage der Tabelle des § 850 c ZPO festzustellen, sondern stets an Hand der Sätze des § 850 d ZPO zu bestimmen[52]. Jedoch darf kein höherer Betrag freigegeben werden als voraussichtlich in der abschließenden Entscheidung (Abs. 2 Satz 2). Auch kann die Pfändung nicht für solche Guthaben vorab aufgehoben werden, die der Schuldner über den freizustellenden Unterhalt hinaus zur Befriedigung anderer Ansprüche benötigt, für die unpfändbare Leistungen bestimmt sind (z. B. zur Bezahlung von Arzt- und Krankenhauskosten mit Versicherungsleistungen[53]; s. Rdn. 1019 und 1282); Schutz kann in einem solchen Fall nur mit einstweiliger Anordnung nach § 850 k Abs. 3 ZPO gewährt werden.

3. Beschlusszustellung an Gläubiger, Schuldner und Drittschuldner. Rechtsbehelf: § 793 ZPO.

X. Einstweilige Anordnung (Abs. 3)

Die nach § 850 k Abs. 2 ZPO mögliche Vorabentscheidung schließt eine einstweilige Anordnung nach § 732 Abs. 2 ZPO nicht aus (§ 850 k Abs. 3 ZPO). Einer einstweiligen Anordnung bedarf es, wenn nicht bis zur

1295

1296

---

50 *OLG Brandenburg* Rpfleger 2002, 85 (86).
51 Begründung a.a.O. (Fußn. 1) Seite 49.
52 *OLG Brandenburg* Rpfleger 2002, 85.
53 *LG Oldenburg* JurBüro 1983, 778 = Rpfleger 1983, 33.

Leistungsverpflichtung des Geldinstituts zwei Wochen nach Zustellung (§ 835 Abs. 3 S. 2 ZPO) die Entscheidung über den Schutzantrag nach § 850 k Abs. 1 ZPO erwirkt werden kann. Dies gilt bei Vorabentscheidung nach § 850 k Abs. 2 ZPO auch für den mit dem Schutzantrag verlangten weitergehenden Guthabenbetrag, für den Aufhebung mit Vorabentscheidung nicht erfolgt ist. Mit einstweiliger Anordnung kann für das nach dem Schuldnerantrag gem. § 850 k Abs. 1 ZPO freizugebende Guthaben (sie ist nicht weitergehend auszudehnen) die Leistung an den Gläubiger über die Frist des § 835 Abs. 3 S. 2 ZPO hinaus verwehrt, nicht aber die Aufhebung der Guthabenpfändung angeordnet werden. Erlassen werden kann die einstweilige Anordnung auf Schuldnerantrag oder (wenn der Schuldner Antrag auf Schutz nach § 850 k ZPO gestellt hat) von Amts wegen. Die einstweilige Anordnung wird mit der Entscheidung über den Antrag (§ 850 k Abs. 1 ZPO) gegenstandslos, soweit Vorabschutz gewährt wird (§ 850 k Abs. 2 ZPO) mit diesem.

XI. Neue Zahlungseingänge

1297 1. Auf weitere (künftige) Eingänge erstreckt sich die Pfändung eines Kontoguthabens nach Maßgabe des Rdn. 156, 157, auch 278 Gesagten. Ob künftige Eingänge neuerlich Pfändungsschutz nach § 850 k ZPO erlangen können, ist nicht klargestellt. Die Begründung[54] führt dazu aus:

„Wird nach Ablauf des Zeitraums, für den Pfändungsschutz gewährt worden ist, ein durch einen weiteren Geldeingang entstandenes Guthaben von der Pfändung erfasst, so werden die Absätze 1 und 2 entsprechend anzuwenden sein."

1297a 2. Dem ist mit Rücksicht auf den Zweck der Regelung in § 850 k ZPO zu folgen. Die Schutzvorschrift will es dem Schuldner ermöglichen, aus den dafür bestimmten wiederkehrenden Bezügen auch nach bargeldloser Zahlung den laufenden Lebensbedarf zu bestreiten. Dieser Gesetzeszweck erschöpft sich nicht mit Pfändungsschutz für ein Kontoguthaben, das bei Pfändung gerade besteht. Sonst bestünde überdies bei Wirksamwerden der Pfändung gegen Ende des Auszahlungszeitraums (z. B. am 25. des Monats bei monatlicher Gehaltszahlung) keine Möglichkeit, dem Schuldner den notwendigen Lebensbedarf aus dem bereits anstehenden Geldeingang sicherzustellen, der im bargeldlosen Zahlungsverkehr nicht mehr aufgehalten werden kann. Da nach dem Gesetzeszweck dem Vollstreckungsschutz keine zeitlichen Grenzen gesetzt sein können, muss § 850 k ZPO auch für alle durch weiteren Geldeingang künftig entstehenden Guthaben gelten[55]. Weil die

---

54 Begründung a.a.O. (Fußn. 1) Seite 49.
55 *BGH* 170, 236 (239) = FamRZ 2007, 463 = MDR 2007, 608 = NJW 2007, 604 = Rpfleger 2007, 207 (208). S. auch *KG* JurBüro 1993, 26 = OLGZ 1992, 380 = Rpfleger 1992, 307; *OLG Hamm* JurBüro 2002, 496 = Rpfleger 2001, 506; *LG Augsburg* Rpfleger 1997, 489; *LG Düsseldorf* JurBüro 2000, 325; *LG Oldenburg* JurBüro 1983, 778 = a.a.O. (Fußn. 53); *LG Hannover* JurBüro 1986, 1886; *LG Bad Kreuznach* JurBüro 1990, 402 = Rpfleger 1990, 216; *Stein/Jonas/Brehm*, ZPO, Rdn. 21; *Zöller/Stöber*, ZPO, Rdn. 4; *Musielak/Becker*, ZPO, Rdn. 12; *Schuschke/Walker/Kessal-Wulf*, Vollstreckung, Rdn. 6, je zu § 850 k; *Behr* Rpfleger 1989, 52.

Kontoguthaben (§ 850 k ZPO)

"Zeit der Pfändung" dann vor dem Zahlungseingang liegt, ist der Pfändungsschutz für den gesamten Auszahlungszeitraum zu bemessen. Mit der Möglichkeit, spätere Kontoguthaben als künftige Forderungen zu pfänden, ergibt sich sogleich auch die Möglichkeit, für die durch künftige Geldeingänge anstehenden Guthaben den Pfändungsschutz des § 850 k Abs. 1 ZPO im vorhinein zu beantragen und zu gewähren. Wenn mit weiterem Geldeingang auf dem Konto zu rechnen ist, kann der Antrag auf Pfändungsschutz nach § 850 k Abs. 1 ZPO sonach für künftige Geldeingänge auch sogleich nach Pfändung (nicht aber schon zuvor) gestellt werden und die Entscheidung darüber ergehen[56]. Der Beschluss muss den Betrag bezeichnen, in dessen Höhe für künftige Geldeingänge (nach dem jeweiligen Auszahlungszeitraum) die Pfändung aufgehoben wird (s. Rdn. 1288 und 1290); er kann nicht durch Bezugnahme auf die Tabelle des § 850 c Abs. 3 S. 2 ZPO die Berechnung nach dem jeweiligen Zahlungseingang dem Geldinstitut übertragen[57].

3. Die Aufhebung der Pfändung des Guthabens auch für weitere (künftige) Zahlungseingänge mit Bezeichnung fester Beträge im Aufhebungsbeschluss verursacht bei wechselnder Höhe des Arbeitsentgelts Schwierigkeiten[58]. Weil dem Geldinstitut als Drittschuldner auch dann die Feststellung eines veränderlichen Betrags, für den die Guthabenpfändung jeweils aufgehoben sein soll, nicht übertragen werden kann, hat zu gelten:

1297b

a) Wenn für einen Auszahlungszeitraum ein *höherer* Einkommensbetrag als der dem Aufhebungsbeschluss zugrunde gelegte überwiesen wird, ist die Pfändung des Kontoguthabens gleichwohl unverändert nur in Höhe des in diesem Beschluss bestimmt (Rdn. 1290) bezeichneten Betrags aufgehoben. Darüber kann der Schuldner pfandfrei verfügen. Der Mehrbetrag ist von der Pfändung erfasst. Jedoch kann der Schuldner dann weiteren Kontoguthabenschutz nach § 850 k Abs. 1 ZPO beantragen[59] (Antrag auf Änderung der früheren Entscheidung, § 850 g ZPO, entspr. Anwendung). Zahlung dieses Mehrbetrags darf an den Gläubiger erst nach zwei Wochen geleistet werden (§ 835 Abs. 3 S. 2 ZPO). Diese Frist kann nicht schon mit der Zustellung des Überweisungsbeschlusses beginnen, sondern erst mit Kontogutschrift der erhöhten Einkünfte, weil sich erst von da an die Pfändung und infolge Überweisung auch die Einziehungsbefugnis des Gläubigers auf diesen Mehrbetrag erstreckt.

b) Wenn sich der gutgeschriebene Einkommensbetrag *vermindert* hat, müsste sich auch der nach § 850 k Abs. 1 ZPO dem Schuldner zu belassende, der Pfändung nicht unterworfene Einkommensteil mindern. Gleichwohl hat der Drittschuldner auch dann nur nach dem Inhalt des auf Schuld-

---

56 Zustimmend *Hornung* Rpfleger 1978, 353 (360, 361); *LG Augsburg* und *LG Hannover* je a.a.O
57 *LG Darmstadt* Rpfleger 1988, 419; *LG Osnabrück* Rpfleger 1989, 248 mit zust. Anm. *Hennings; Stein/Jonas/Brehm*, ZPO, Rdn. 21 zu § 850 k.
58 Das *LG Augsburg* Rpfleger 1997, 489 (490) bestimmt bei schwankendem Einkommen den für künftige Zahlungseingänge freizustellenden Betrag auf der Basis des *regelmäßigen* Einkommens des Schuldners.
59 *LG Augsburg* Rpfleger 1997, 489 (490).

nerantrag vorweg bereits ergangenen Aufhebungsbeschlusses zu verfahren. Dieser Beschluss ist dann jedoch auf Gläubigerantrag zu ändern (§ 850 g S. 1 ZPO entspr.). Für den Drittschuldner erlangt der abändernde neue Beschluss mit Zustellung Wirksamkeit (§ 850 g S. 2 ZPO entspr.). Damit verbindet sich für den Gläubiger zwar die Gefahr, dass er von der Änderung zu spät erfährt und nach Verfügung des Schuldners über das Kontoguthaben eine abändernde Entscheidung nicht mehr erlangen kann. Dem jedoch kann der Gläubiger mit Einkommenspfändung (Pfändung der Bezüge „an der Quelle", somit als Anspruch an den Arbeitgeber) begegnen. Angesichts dieser Möglichkeit zur Wahrung der Gläubigerbelange können auch Bedenken gegen die Vorausgewährung von Pfändungsschutz nach § 850 k ZPO für fortlaufende Zahlungseingänge nicht bestehen.

c) Bei *wechselnder Höhe* des Arbeitsentgeltes kann die Pfändung des Kontoguthabens für fortlaufende Zahlungseingänge nicht sogleich in der Weise aufgehoben werden, dass der jeweils der Pfändung nicht unterworfene und damit der gepfändete Teil weitergehender oder verminderter Einkünfte, die auf Schuldnerkonto überwiesen werden, nach Maßgabe des § 850 c Abs. 2 und 3 ZPO (oder hierfür mit Bezugnahme auf die Tabelle) festzustellen ist. Grund: Bei solcher Fassung des Freigabebeschlusses wäre die Berechnung des von der Pfändung freigestellten Kontoguthabens wieder unzulässig dem Geldinstitut übertragen. Diesem kann für Bestimmung des pfandfreien Kontoguthabens jedoch auch in einem solchen Fall Feststellung des Nettoeinkommens (§ 850 e Nr. 1 ZPO) und damit insbesondere der nach § 850 a ZPO der Pfändung nicht unterworfenen Bezüge, die in überwiesenem Einkommen enthalten sind, nicht überlassen und aufgegeben werden.

1297c 4. Auch wenn sich mit *Erweiterung der Unterhaltspflichten* des Schuldners (z. B. mit Eheschließung, Geburt eines Kindes) bei gleichbleibenden oder wechselnden Einkünften der unpfändbare Schuldnerfreibetrag erhöhen würde, ist die Kontopfändung weiterhin nur für den in dem Aufhebungsbeschluss bestimmten Betrag freigegeben. Nur hierüber kann der Schuldner pfandfrei verfügen. Der Mehrbetrag bleibt von der Pfändung erfasst. Auf Schuldnerantrag ist dann jedoch die Bestimmung des freigestellten Kontoguthabens wegen Änderung der Voraussetzungen für die Aufhebung der Kontopfändung zu ändern (§ 850 g S. 1 ZPO entspr.). Auch wenn (umgekehrt) mit Wegfall eines berücksichtigten bisher unterhaltsberechtigten Angehörigen des Schuldners sich der nach § 850 k Abs. 1 ZPO zu bestimmende unpfändbare Schuldneranteil zu vermindern und damit der dem Gläubiger gebührende, der Pfändung unterworfene Teil zu erhöhen hätte, bleibt die Kontopfändung weiterhin nur für den in dem Aufhebungsbeschluss bestimmten Betrag freigegeben. Dann ist der Aufhebungsbeschluss jedoch auf Gläubigerantrag zu ändern (§ 850 g S. 1 ZPO entspr.). In beiden Fällen kann der Drittschuldner nach dem Inhalt des auf Schuldnerantrag nach § 850 k Abs. 1 ZPO ergangenen Aufhebungsbeschlusses verfahren, bis ihm der Änderungsbeschluss zugestellt ist (§ 850 g S. 2 ZPO entspr.).

Kontoguthaben (§ 850 k ZPO)

5. Wenn auf das Schuldnerkonto sogleich nur der jeweils *unpfändbare Einkommensteil* überwiesen wird (Rdn. 1290), kann für künftige Zahlungseingänge die Pfändung nicht allgemein für die gesamten Einkommensbeträge aufgehoben werden, die fortlaufend gutgeschrieben werden. Aufhebung kann somit nicht „in Höhe des (monatlich) auf das Konto überwiesenen und gutgeschriebenen Einkommens" erfolgen[60]. Vielmehr muss auch dann der Beschluss den (nicht pfändbaren) Betrag bezeichnen, in dessen Höhe für künftige Geldeingänge die Pfändung aufgehoben wird. Damit bleibt gewährleistet, dass sich die Pfändung des Kontoguthabens auf weitergehende Einkommensbeträge erstreckt, die nach Wegfall der Pfändung des Arbeitseinkommens oder Aufhebung der Einkommensabtretung auf das Schuldnerkonto überwiesen werden. Bei wechselnden Einkünften sowie bei Erweiterung oder Wegfall von Unterhaltspflichten des Schuldners ist nach dem vorstehend Rdn. 1297 (zu 2. und 3.) Gesagten zu verfahren.

1297d

XII. Rechtsbehelfe

Anfechtbar ist der Beschluss, der einen Antrag des Schuldners (§ 850 k Abs. 1 ZPO) oder Vorabschutz (§ 850 k Abs. 2 ZPO) ganz oder teilweise ablehnt, mit sofortiger Beschwerde (§ 793 ZPO). Der Gläubiger hat sofortige Beschwerde (auch wenn er vor der Entscheidung nicht gehört wurde[61]) gegen den Beschluss, der die Pfändung ganz oder teilweise aufhebt (ist sachlich Ablehnung des Pfändungsantrags, Rdn. 723), wenn der Pfändungsbeschluss bereits wirksam aufgehoben ist mit dem Ziel, Neuanordnung herbeizuführen (Rdn. 743). Eine einstweilige Anordnung des Rechtspflegers (§ 850 k Abs. 3 ZPO) ist mit befristeter Rechtspflegererinnerung anfechtbar[62], über die der Richter abschließend entscheidet (§ 11 Abs. 2 RPflG), nicht mit sofortiger Beschwerde. Der Drittschuldner ist nicht beschwerdeberechtigt.

1297e

XIII. Verhältnis zu § 55 SGB I

Pfändungsschutz mit zeitweiliger Unpfändbarkeit für ein von dem Schuldner bei einem Geldinstitut unterhaltenes Konto, auf das Sozialgeldleistungen überwiesen werden, regelt § 55 SGB I; § 850 k ZPO findet auf solche Kontoguthaben keine Anwendung[63]. Die Begründung[64] führt zur abweichenden Regelung des Pfändungsschutzes in beiden Fällen aus:

1298

---

60 *LG Bielefeld* JurBüro 1990, 1365. **Anders** nach *LG Bielefeld* a.a.O. und *LG Bad Kreuznach* Rpfleger 1990, 216 (dieses befristet) nur, wenn der Gläubiger nicht nur das Schuldnerkonto, sondern zuvor auch das Arbeitseinkommen des Schuldners gepfändet hat.
61 *Zöller/Stöber*, ZPO, Rdn. 16 zu § 850 k; **a.A.** (bei Vorabfreigabe [Abs. 2] ohne Anhörung Erinnerung nach § 766 ZPO) *LG Meiningen* JurBüro 2006, 494 = MDR 2006, 895 = Rpfleger 2006, 421.
62 *LG Frankfurt* (Oder) Rpfleger 1998, 465.
63 *Zöller/Stöber*, ZPO, Rdn. 1 zu § 850 k; *OLG Naumburg* OLGR 1999, 390; *LG Regensburg* JurBüro 2004, 450.
64 Begründung a.a.O. (Fußn. 1) Seite 49.

3. Kapitel: Pfändung von Arbeitseinkommen

„Die unterschiedliche Behandlung rechtfertigt sich dadurch, dass die sozialrechtlichen Ansprüche auf laufende Geldleistungen, wegen deren auf das Konto des Schuldners gezahlt worden ist, nur unter erheblich engeren Voraussetzungen als die Ansprüche auf Arbeitsentgelt gepfändet werden können, die grundsätzlich teilweise pfändbar sind. Es erscheint daher nicht angemessen, die bei dem vorgeschlagenen § 850 k im Vordergrund stehenden Lohn- und Gehaltskonten entsprechend der in § 55 Abs. 1 SGB – Allgemeiner Teil – getroffenen Regelung für die Dauer von sieben Tagen seit der einschlägigen Gutschrift in deren vollen Höhe pfändungsfrei zu lassen. Der neue § 850 k, der für die in seinem Absatz 1 umschriebenen Einkünfte gilt, wird die Regelungen des § 55 SGB – Allgemeiner Teil – über den Pfändungsschutz für Konten bei Geldinstituten unberührt lassen; dies ergibt sich ohne weiteres aus § 850 i Abs. 4 ZPO."

Wenn auf ein Schuldnerkonto wiederkehrende Einkünfte der in den §§ 850–850 b ZPO bezeichneten Art *und* Sozialgeldleistungen überwiesen werden, finden § 850 k ZPO und § 55 SGB je für ihren Anwendungsbereich nebeneinander Anwendung[65]. In entsprechender Anwendung von § 850 k ZPO kann auch hinsichtlich des nach § 55 Abs. 4 SGB I unpfändbaren Betrags laufender künftiger Sozialleistungen Pfändungsschutz gewährt werden (dazu Rdn. 1439 k).

XIV. Anspruch auf wiederkehrende Leistungen

1298a Die Pfändung des Kontoguthabens bei einem Geldinstitut erfasst den Anspruch des Schuldners an seinen Arbeitgeber oder den sonst leistungsverpflichteten Dritten auf Zahlung des fortlaufenden Arbeitseinkommens oder der anderen wiederkehrenden Leistungen nicht. Die Kontenpfändung hindert den Schuldner deshalb auch nicht, sich sein Arbeitseinkommen oder andere wiederkehrende Leistungen künftig nicht mehr auf das gepfändete Konto bei dem Geldinstitut überweisen, sondern auf andere Weise auszahlen zu lassen. Die Kontenpfändung wahrt keinen Rang gegenüber Gläubigern, die Arbeitseinkommen oder andere wiederkehrende Leistungen als solche pfänden oder durch rechtsgeschäftliche Schuldnerverfügung (Abtretung, Verpfändung) Rechte daran erwerben. Der Gläubiger wird daher bei Pfändung des Kontoguthabens den Vollstreckungszugriff zugleich auch auf die künftigen wiederkehrenden Leistungen seines Schuldners erstrecken.

XV. Andere wiederkehrende Leistungen nach Kontogutschrift

1298b Die Unpfändbarkeit oder nur bedingte Pfändbarkeit einer Rente nach dem BEG und dem LAG setzt sich nach bargeldloser Auszahlung an dem dadurch entstandenen Kontoguthaben nicht fort. Solche Kontoguthaben können auch Freistellung nach § 850 k ZPO nicht erlangen. Sie sind unbeschränkt pfändbar. Schutz kann nach § 765 a ZPO gewährt werden.

---

65 *Zöller/Stöber*, ZPO, Rdn. 6 zu § 850 k.

XVI. Verwaltungsvollstreckung

Das mit Verwaltungsvollstreckung nicht befasste Vollstreckungsgericht (§ 249 Abs. 1 AO, § 5 Abs. 1 VwVG-Bund) kann Pfändung eines Kontoguthabens durch Pfändungsverfügung der Vollstreckungsbehörde nicht nach § 850 k ZPO teilweise wieder aufheben[66]. § 850 k ZPO gilt in der Verwaltungsvollstreckung sinngemäß (§ 319 AO). Für die Entscheidung über den Antrag auf Aufhebung der Pfändung ist die Vollstreckungsbehörde daher ebenso zuständig[67] wie für den Erlass der Pfändungsverfügung.

1298c

XVII. Pfändungsschutz für Kontoguthaben aus wiederkehrenden Einkünften vom 1. Juli 2010 – 31. Dezember 2011
(§ 850 l ZPO)

Den bisherigen „nachgelagerten" Kontopfändungsschutz für Arbeitseinkommen (§ 850 k [a. F.] ZPO; Rdn. 1281–1298 c) regelt für die Zeit vom 1. Juli 2010–31. Dezember 2011 § 850 l (n. F.) ZPO. Er ist nur bei Guthaben auf Girokonten möglich, die keine P-Konten sind (§ 850 l Abs. 1 ZPO; zum Nebeneinander von herkömmlichem und neuem Pfändungsschutz in der bezeichneten Übergangszeit Rdn. 1300). Klarstellend ist im Gesetzeswortlaut auch auf § 851 d (Schutz des steuerlich geförderten Altervorsorgevermögens) Bezug genommen.

1299

Ausgeschlossen ist Antrag auf nachgelagerten Pfändungsschutz nach § 850 l ZPO, wenn der Schuldner ein P-Konto führt (§ 850 l Abs. 4 S. 1 ZPO). Grund: Mangelndes Rechtsschutzbedürfnis. Der Schuldner hat für Überweisung seiner zur Bestreitung des Lebensunterhalts geschützten Einkünfte auf sein P-Konto Sorge zu tragen. In einem Antrag auf nachgelagerten Schutz nach § 850 l ZPO hat der Schuldner daher glaubhaft zu machen, dass er kein P-Konto führt (§ 850 l Abs. 4 S. 2 ZPO). Zumeist wird das nur durch eidesstattliche Versicherung erfolgen können (§ 294 ZPO).

T. Das Pfändungsschutzkonto
(§ 850 k ZPO ab 1. Juli 2010)

Schrifttum: *Graf-Schlicker* und *Linder*, Die Reform des Kontopfändungsschutzes – ein Gewinn für alle Beteiligten, ZIP 2009, 989.

---

66 *OLG Hamm* Rpfleger 1995, 170. Vergleichbare Fälle Rdn. 1189 d für Zuständigkeit bei Antrag nach § 850 f Abs. 1 ZPO und Rdn. 1199 a für Zuständigkeit in den Fällen des § 850 f Abs. 2 und 3 ZPO.
67 *OLG Hamm* Rpfleger 1995, 170 (für Pfändungsverfügung des Finanzamts). Anders *LG Frankfurt* Rpfleger 1992, 168 und 359 mit krit. Anm. *Merla* für den Pfändungsschutzantrag in Justizbeitreibungsfällen (§ 6 Abs. 1 Nr. 1 JBeitrO). Jedoch bleibt die der Rechtsprechung zugeordnete Entscheidung mit den Rechtsbehelfen gegen die Maßnahme der Vollstreckungsbehörde gewährleistet, so dass sich kein Anhalt für eine Zuständigkeit des Vollstreckungsgerichts im Vollstreckungsverfahren nach der JBeitrO bietet.

3. Kapitel: Pfändung von Arbeitseinkommen

1. *Die Neuregelung*

1300 Der Schuldnerschutz bei Pfändung des Guthabens eines Giro-Kontos bei einem Kreditinstitut (Rdn. 154 ff.) ist mit Wirkung ab **1. Juli 2010** neu geregelt (Neufassung des § 850 k ZPO durch das Gesetz zur Reform des Kontopfändungsschutzes vom 7. Juli 2009, BGBl I 1707). Eingeführt wird ein sogen. *Pfändungsschutzkonto* (P-Konto). Es soll dem Schuldner zur Existenzsicherung ermöglichen, die Geldgeschäfte des täglichen Lebens trotz der Pfändung des Kontoguthabens vorzunehmen. Der herkömmliche Kontopfändungsschutz wird mit Ablauf des 31. Dezember 2011 enden (Art. 7 mit 10 Abs. 2 des ÄndG.). Es gilt:

- Bis zum **30. Juni 2010** bleibt der herkömmliche Kontopfändungsschutz unverändert. Weiterhin gelten § 850 k ZPO (in der bisherigen Fassung, Rdn. 1281 ff.), § 55 SGB I (Rdn. 1423 ff.) und die Schutzvorschriften der Abgabenordnung, des Einkommensteuergesetzes usw.
- In einer Übergangszeit ab **1. Juli 2010** ist das Girokonto des Schuldners auf Antrag als P-Konto zu führen. Der Schuldnerschutz für Guthaben auf diesem Konto bestimmt sich dann nach § 850 k (n. F.) ZPO. Dem Schuldner ist es damit überlassen, ob er in dieser Zeit herkömmlichen Schutz nach den bisherigen Vorschriften oder Schutz für Guthaben auf einem P-Konto in Anspruch nehmen will (nebeneinander von herkömmlichem und neuem Pfändungsschutz).
- Die Vorschriften über den (bis dahin geltenden) herkömmlichen Kontopfändungsschutz treten mit Ablauf des 31. Dezember 2011 außer Kraft. Dann steht ab **1. Januar 2012** alternativlos nur noch das P-Konto zur Verfügung.

2. *Das Pfändungsschutzkonto*

1300a a) Führung eines Girokontos (nicht aber eines Sparkontos) als *Pfändungsschutzkonto* können der Kunde und das Kreditinstitut in dem der Kontoführung zugrunde liegenden Vertrag vereinbaren (§ 850 k Abs. 7 S. 1 ZPO). Als Kunde kann die Vereinbarung mit dem Kreditinstitut nur eine natürliche Person selbst oder deren gesetzlicher Vertreter treffen; durch einen bevollmächtigten Vertreter kann das P-Konto nicht eingerichtet werden. Dass das Kreditinstitut sein Girokonto als P-Konto führt, kann der Kunde jederzeit verlangen (§ 850 k Abs. 7 S. 2 ZPO), auch wenn das Guthaben des Girokontos bereits gepfändet ist. Dann ist das P-Konto zu Beginn des vierten auf seine Erklärung folgenden Geschäftstages zu führen (§ 850 k Abs. 7 S. 3 ZPO). Wenn das Guthaben des Schuldners auf dem Girokonto bereits gepfändet ist und vor Ablauf von vier Wochen seit Zustellung des Überweisungsbeschlusses (nicht des Pfändungsbeschlusses; auf Sicherungsvollstreckung, Arrest- und Vorpfändung ist daher nicht abgestellt) an den Drittschuldner in ein P-Konto umgewandelt wird (rechtzeitiger Antrag in der Frist genügt allein nicht), besteht Pfändungsschutz in gleicher Weise wie für ein bei Pfändung bereits errichtetes P-Konto (§ 850 k Abs. 1 S. 3 ZPO). Dass das Kreditinstitut nicht vor Ablauf der Frist von

Pfändungsschutzkonto (§ 850 k [n.F.] ZPO)

vier Wochen an den Gläubiger leistet, sichert § 850 Abs. 3 und 4 ZPO (Rdn. 588d).

b) *Grundgedanke* des P-Kontos ist, dass dem Schuldner ein für Einkommenspfändung bestimmter monatlicher *Grund-* oder *Sockelfreibetrag* (§ 850 c Abs. 1 ZPO), das sind (derzeit) 985,15 Euro, für die Dauer eines Kalendermonats gesetzlich (automatisch), somit ohne dass ein Antrag zu stellen und eine gerichtliche Entscheidung erforderlich wird, zur Verfügung steht[1]. Dieser gesetzliche Pfändungsschutz soll dem Schuldner Erfüllung der laufenden Verpflichtungen zur Sicherung des Lebensunterhalts gewährleisten.

1300b

c) Geschützt ist das *Guthaben auf dem P-Konto* (§ 850 k Abs. 1 S. 1 ZPO). Guthabenbeträge sind damit unabhängig von ihrer Herkunft und Regelmäßigkeit und vom Zeitpunkt der Gutschrift geschützt[2]; dazu gehören auch Einmalzahlungen (erweiterter Guthabenbegriff). Unerheblich ist somit, ob es sich um Einkünfte aus abhängiger oder selbstständiger Erwerbstätigkeit oder um sonstige Einkünfte handelt, wie Renten, Versorgungsbezüge, Einnahmen aus Vermietung oder Verpachtung, Unterhaltsansprüche, freiwillige Zuwendungen Dritter usw.[3]. Kontopfändungsschutz besteht somit nicht nur für Arbeitnehmer, sondern auch für Selbstständige, freiberuflich Tätige und nicht erwerbstätige Personen. Der Pfändungsschutz besteht für den Kalendermonat, in dem die Pfändung wirksam geworden ist (§ 829 Abs. 3 ZPO) und für die Guthaben in den folgenden Monaten, auf die sich die Pfändung erstreckt (§ 833 a ZPO).

1300c

d) Auch für den *Kalendermonat, in dem die Pfändung wirksam geworden* ist (§ 829 Abs. 3 ZPO), ist der gesamte Monatsbetrag (Grund- oder Sockelfreibetrag, Rdn. 1300 e, und gleichermaßen der Mehr- oder Aufstockungsbetrag, Rdn. 1300 h) unabhängig vom Zeitpunkt der Gutschrift (vor oder nach der Pfändung) pfandfrei. Verfügungen, die der Schuldner in diesem Monat vor dem Wirksamwerden der Pfändung mit Zustellung des Pfändungsbeschlusses an das Kreditinstitut vorgenommen hat, schmälern den pfandfreien Monatsbetrag nicht[4]. Grund: Praktikabilität (einfache Handhabung)[5]. Ihn mindern sonach nur Verfügungen, die der Schuldner nach Zustellung des Pfändungsbeschlusses getroffen hat[6]. Auch durch Sicherungsvollstreckung (§ 720 a Abs. 1 S. 1 ZPO), Vollziehung eines Arrestes (§ 930 Abs. 1 S. 1 ZPO) oder Vorpfändung (sofern die Pfändung innerhalb eines Monats bewirkt wurde, § 845 ZPO, Rdn. 802) kann die Pfändung des Guthabens auf dem P-Konto bewirkt worden sein. Kalendermonat, in dem die Pfändung wirksam geworden und für den der gesamte geschützte Monatsbetrag (Grund- und Mehrbetrag) unabhängig vom

1300d

---

1 Begründung des Gesetzentwurfs, BT-Drucks. 16/7615, S. 18.
2 Begründung BT-Drucks 16/7615 S. 18; Beschlussempfehlung und Bericht des Rechtsausschusses, BT-Drucks 16/12714, S. 19.
3 Begründung BT-Drucks. 16/7615 S. 13 und 18.
4 Begründung BT-Drucks. 16/7615, S. 18.
5 Begründung a.a.O.
6 Bericht BT-Drucks. 16/12714, S. 19.

3. Kapitel: Pfändung von Arbeitseinkommen

Zeitpunkt der Gutschrift pfandfrei ist, ist in diesen Fällen somit der Kalendermonat der Sicherungsvollstreckung, Arrestvollziehung oder Vorpfändung, letzteres auch dann, wenn die Pfändung selbst fristgemäß in dem darauffolgenden Monat bewirkt worden ist (§ 845 Abs. 2 ZPO).

3. Der Grund- oder Sockelfreibetrag

1300e a) *Verfügen kann der Schuldner* über das geschützte Guthaben in Höhe des Grundfreibetrages (Sockelfreibetrag) jeweils bis zum Ende des Kalendermonats. Insoweit ist das Guthaben von der Pfändung nicht erfasst (§ 850 k Abs. 1 S. 1 ZPO). Ein Nachweis über die Art der Einkünfte ist dem Kreditinstitut für Schuldnerverfügungen nicht zu erbringen. Das Kreditinstitut ist dem Schuldner zur Leistung aus dem nicht von der Pfändung erfassten Guthaben im Rahmen des vertraglich Vereinbarten verpflichtet (§ 850 k Abs. 5 S. 1 ZPO).

1300f b) Soweit der Schuldner in einem Kalendermonat *nicht* über das Guthaben in Höhe des pfändungsfreien Grund- oder Sockelbetrags *verfügt* hat, wird dieses Guthaben (nicht jedoch ein abstrakter Freibetrag ohne Guthaben) in dem *folgenden Kalendermonat zusätzlich* zu dem dann (neu) geschützten Monatsguthaben nicht von der Pfändung erfasst (§ 850 Abs. 1 S. 2 ZPO). Der in einem Kalendermonat nicht ausgeschöpfte Grundfreibetrag wird somit auf den Folgemonat übertragen; er steht dem Schuldner auch noch im nächsten Kalendermonat zur Verfügung. Im Folgemonat kann dem Schuldner damit ein Sockelfreibetrag von höchstens 1970,30 Euro zur Verfügung stehen (985,15 Euro maximal nicht ausgeschöpfter Freibetrag zuzüglich 985,15 Euro Sockelfreibetrag für den Folgemonat). Ein übertragenes Guthaben, das auch im Folgemonat nicht verbraucht ist, gebührt dem Gläubiger[7]; es ist von der Pfändung erfasst. Auf einen wiederum folgenden (dritten) Kalendermonat wird es nicht übertragen; auf dem P-Konto können keine Gelder gesammelt werden.

1300g c) Das Guthaben des Kalendermonats umfasst auch Guthaben, die durch bargeldlose Zahlung von Dienst- und Versorgungsbezügen, Renten usw. *am Ende* (auch am letzten Tag) *des Kalendermonats* für die Erwerbstätigkeit oder Versorgung im Folgemonat auf dem Konto gutgebucht worden sind (Zahlungen im vorhinein); Guthabenbeträge sind unabhängig von ihrer Herkunft und dem Zeitpunkt der Gutschrift monatsweise geschützt (Rdn. 1300 c). Der unpfändbare Betrag, über den der Schuldner in einem solchen Fall im Kalendermonat der Gutschrift nicht verfügt hat, kann daher gleichfalls nur auf den Folgemonat übertragen werden, für den die (vorausbezahlten) Einkünfte „bestimmt" sind, nicht aber auch noch auf einen weiteren Kalendermonat. Der durch Gutschrift von Dienst- oder Versorgungsbezügen für August 2010 am 31. Juli 2010 entstandene pfandfreie Betrag, über den nicht verfügt ist, mehrt somit zusätzlich nur das geschützte Guthaben für August 2010, nicht aber das für den weiteren folgenden (seit Gutschrift dritten) Kalendermonat September.

---

7 Bericht BT-Drucks. 16/12714, S. 19.

Pfändungsschutzkonto (§ 850 k [n.F.] ZPO)

4. *Der Mehr- oder Aufstockungsbetrag*

a) In Erhöhung des Grundfreibetrages (Rdn. 1300 e) sind nach § 850 k Abs. 2 ZPO von der Pfändung weiter *nicht erfasst:*   **1300h**

- **Nr. 1:** die pfändungsfreien zusätzlichen Grundbeträge nach § 850 c Abs. 1 S. 2 ZPO, wenn
  - der Schuldner einer oder mehreren Personen auf Grund gesetzlicher Verpflichtung Unterhalt (tatsächlich) gewährt, oder
  - der Schuldner Geldleistungen nach dem Zweiten oder Zwölften Buch des SGB für Personen entgegennimmt, denen er nicht auf Grund gesetzlicher Verpflichtung zum Unterhalt verpflichtet ist (§ 7 Abs. 3 SGB II [Bedarfsgemeinschaft] oder §§ 19, 20, 36 S. 1 oder § 43 SGB XII).

- **Nr. 2:** einmalige Geldleistungen i. S. des § 54 Abs. 2 SGB I und Geldleistungen zum Ausgleich des durch einen Körper- oder Gesundheitsschaden bedingten Mehraufwands (§ 54 Abs. 3 Nr. 3 SGB I); Grund: Zweckbindung der Kontogutschrift.

- **Nr. 3:** das Kindergeld oder andere Geldleistungen für Kinder, es sei denn, dass wegen einer Unterhaltsforderung eines Kindes, für das die Leistungen gewährt werden oder bei dem es berücksichtigt wird, gepfändet wird; Grund: eingeschränkte Pfändbarkeit des Kindergeldes auch bei Kontogutschrift.

Auch diese *Aufstockungsbeträge* werden, soweit der Schuldner im jeweiligen Kalendermonat nicht über den pfändungsfreien Guthabenbetrag verfügt hat, in dem folgenden Kalendermonat zusätzlich zu dem dann durch neue Gutschriften entstandenen geschützten Guthaben nicht von der Pfändung erfasst (§ 850 k Abs. 2 S. 2 mit Abs. 1 S. 2 ZPO). Auch der in einem Monat nicht ausgeschöpfte Mehrbetrag wird somit auf den Folgemonat übertragen. Nach Ablauf des Folgemonats gebührt ein noch nicht verbrauchtes übertragenes Guthaben dem Gläubiger; auch für den Aufstockungsbetrag besteht somit kein zeitlich unbefristeter Pfändungsschutz.

b) Zur *Leistung* der Aufstockungsbeträge ist dem Schuldner das Kreditinstitut im Rahmen des vertraglich Vereinbarten verpflichtet, wenn er durch eine Bescheinigung des Arbeitgebers (Gehalts- oder Lohnabrechnung müsste genügen), der Familienkasse, des Sozialleistungsträgers oder einer geeigneten Person oder Stelle im Sinne von § 305 Abs. 1 Nr. 1 InsO *nachweist*, dass das Guthaben von der Pfändung nicht erfasst ist (§ 850 k Abs. 5 S. 2 ZPO). Befreiende Wirkung dieser Leistung (Gutglaubensregelung): § 850 k Abs. 5 S. 3 ZPO. Kann der Schuldner den Nachweis nicht führen, so hat auf seinen Antrag das Vollstreckungsgericht (Rechtspfleger, § 20 Nr. 17 RPflG) die Beträge zu bestimmen (§ 850 k Abs. 5 S. 4 ZPO).   **1300i**

5. *Der überschießende Betrag*

Für einen die geschützten Grundfreibeträge (Sockel- und Mehrbetrag) des § 850 c Abs. 1 S. 1 und Abs. 2 ZPO übersteigenden Guthabensbetrag   **1300k**

777

besteht Kontopfändungsschutz gesetzlich nach den Abs. 1 und 2 des § 850 k ZPO nicht, auch wenn der überschießende Betrag durch Gutschrift von Arbeitsinkommen entstanden ist. Das beeinträchtigt den Schuldner, der Arbeitseinkommen bargeldlos auf das P-Konto ausbezahlt erhält. Für ihn ist es in gleicher Weise nachteilig, wenn bei bargeldloser Zahlung von Arbeitseinkommen der auf dem P-Konto gutgeschriebene Betrag von mehr als (derzeit) 985,15 Euro zuzüglich Grundbeträge für unterhaltsberechtigte Angehörige (Rdn. 1300 h) nicht das gesamte Nettoeinkommen (§ 850 e ZPO) darstellt, sondern nur dessen nach § 850 c, d oder f Abs. 2 ZPO pfändungsfreier Teil ist, weil der pfändbare Betrag abgetreten oder bereits beim Arbeitgeber („an der Quelle") gepfändet war und sogleich an den Zessionar oder vollstreckenden Gläubiger ausgezahlt wurde. Das wurde zwar als unerheblich angesehen[8], weil dem Schuldner „ohnehin der Betrag zur Verfügung steht, der den für die Pfändung von Arbeitseinkommen geltenden Pfändungsfreigrenzen entspricht" (was indes nicht der Fall ist). Es kann pfandfreie Überlassung eines Teils des Mehrverdienstes des arbeitswilligen Schuldners nach § 850 c Abs. 2 ZPO jedoch nicht deshalb entfallen, weil er das Arbeitseinkommen bargeldlos ausbezahlt erhält. Effektiver Schutz des Schuldners soll zudem auch bei Gutschrift (sonst) geschützter Einkünfte auf das P-Konto gewährleistet sein[9]. Das gewährleistet § 850 k Abs. 4 ZPO mit abweichender Festsetzung des pfandfreien Betrags auf Antrag des Schuldners durch das Vollstreckungsgericht (Rechtspfleger, § 20 Nr. 17 ZPO). Entsprechend anzuwenden ist in diesem Fall (auch) § 850 c ZPO (§ 850 k Abs. 4 S. 2 ZPO; Rdn. 1300 m), damit auch dessen Abs. 2, der Unpfändbarkeit auch eines Teils des „überschießenden" Einkommensbetrags vorsieht.

6. *Freibetrag bei Unterhaltsvollstreckung*

1300l Wenn das Kontoguthaben wegen gesetzlicher Unterhaltsansprüche des Ehegatten, eines Kindes oder eines sonst in § 850 d Abs. 1 ZPO bezeichneten Gläubigers gepfändet wird, hat das Vollstreckungsgericht *im Pfändungsbeschluss* einen dem Schuldner für seinen notwendigen Unterhalt und für laufende gesetzliche Unterhaltspflichten pfandfrei zu belassenden Grund- und Aufstockungs*betrag zu bestimmen* (§ 850 k Abs. 3 ZPO). Es wird dann der vom Vollstreckungsgericht belassene, im Pfändungsbeschluss bezeichnete Betrag (statt des Sockel- und Aufstockungsbetrages nach § 850 c Abs. 1 und Abs. 2 S. 1 Nr. 1 ZPO) monatsweise von der Pfändung nicht erfasst. Die Beträge nach § 850 k Abs. 2 S. 1 Nr. 2 und 3 ZPO (dort bezeichnete Geldleistungen nach SGB und Kindergeld) sind auch in diesem Fall von der Pfändung nicht erfasst; sie gebühren dem Schuldner zu dem belassenen Betrag als Mehr- oder Aufstockungsbetrag (wie Rdn. 1300 h). Bei der Bestimmung des Betrags ist zu berücksichtigen, dass Gläubiger bevorrechtigter Unterhaltsansprüche in besonderem Maße bedürftig und

---

8 Bericht BT-Drucks. 16/12714, S. 20.
9 Bericht BT-Drucks. 16/12714, S. 1.

Pfändungsschutzkonto (§ 850 k [n.F.] ZPO)

vom Schuldner abhängig sind (Rdn. 1075), dieser sonach auch bei Bemessung des monatlichen Kontofreibetrags zur Erfüllung laufender Verpflichtungen für Sicherung des Lebensunterhalts strengeren Einschränkungen unterworfen ist. Gleichwohl ist nicht bestimmt, dass der zu belassende Betrag den bei Vollstreckung durch einen nicht bevorrechtigten Gläubiger nach § 850 k Abs. 1 und Abs. 2 S. 1 Nr. 1 ZPO verbleibenden Sockelfreibetrag zusammen mit dem Aufstockungsbetrag nicht übersteigen darf; aus § 850 k Abs. 3 mit § 850 d Abs. 1 S. 3 ZPO ergibt sich das gleichwohl; auch diese Begrenzung ist im Pfändungsbeschluss anzugeben. Übertragung in den Folgemonat nach § 850 k Abs. 1 S. 2 und Abs. 2 S. 2 ZPO erfolgt, soweit der Schuldner in einem Kalendermonat über Guthaben in Höhe des festgesetzten (ggfs. begrenzten) Betrags nicht verfügt hat.

7. Abweichende Bestimmung des Freibetrages durch das Vollstreckungsgericht

Abweichend kann auf Antrag das Vollstreckungsgericht (Rechtspfleger, § 20 Nr. 17 RpflG) den

1300m

- Grund- oder Sockelfreibetrag (§ 850 k Abs. 1 ZPO),
- Mehr- oder Aufstockungsbetrag bei Erfüllung gesetzlicher Unterhaltspflichten (§ 850 k Abs. 2 S. 1 Nr. 1 ZPO)
- Freibetrag bei Unterhaltsvollstreckung (§ 850 k Abs. 3 ZPO)

bestimmen (§ 850 k Abs. 4 ZPO). Entsprechend Anwendung finden:

– **§ 850 a ZPO** zur Freistellung der unpfändbaren und **§ 850 b ZPO** zur Wahrung der nur bedingt pfändbaren Bezüge,
– **§ 850 c ZPO** zur pfandfreien Belassung eines Teils des Mehrverdienstes und bargeldlos ausgezahlten unpfändbaren Arbeitseinkommens (Rdn. 1300 k)
– **§ 850 c Abs. 4 ZPO** zur Bestimmung, dass für unterhaltsberechtigte Angehörige mit eigenen Einkünften ganz oder teilweise keine Erhöhung des Freibetrages gewährt wird;
– **§ 850 e Nr. 1 ZPO** für Bestimmung über die Berechnung des pfandfreien Betrags von Abs. 1 und 2 S. 1 Nr. 1 zur Freistellung von Leistungen für Weiter- oder Privatkrankenversicherung, nach **§ 850 e Nr. 2, 2a** oder 3 auch Zusammenrechnung mit Einkünften, die nicht auf das P-Schutzkonto überwiesen werden und mit Naturalleistungen, sowie Verrechnung bei Zusammentreffen von Unterhalts- und anderen Gläubigern (**§ 850 e Nr. 4 ZPO**);
– **§ 850 f Abs. 1 ZPO** zur Belassung eines weiteren Teils des Kontoguthabens zur Sicherung des individuellen Sozialhilfebedarfs, zur Deckung besonderer persönlicher oder beruflicher Bedürfnisse oder bei besonderem Umfang gesetzlicher Unterhaltspflichten;
– **§ 850 f Abs. 2 ZPO** für Bemessung des pfandfreien Guthabenteils abweichend von § 850 c ZPO bei ZwV wegen einer Forderung aus einer vorsätzlich begangenen unerlaubten Handlung;

3. Kapitel: Pfändung von Arbeitseinkommen

- § 850 g ZPO zur Anpassung des Pfändungsbeschlusses an geänderte Verhältnisse;
- §§ 851 c und d ZPO für Anordnungen zur Sicherung des Pfändungsschutzes bei Altersrenten,

sowie notwendige Anordnungen zum Schutz unpfändbarer Leistungen nach SGB I, SGB XII § 17 Abs. 1 S. 2 und von Kindergeld nach § 76 EStG.

Einstweilige Anordnung kann das Vollstreckungsgericht in solchen Verfahren nach § 732 Abs. 2 ZPO treffen.

8. *Verrechnungsverbot*

1300n Ein eigenständiges Verrechnungsverbot für das (gepfändete ebenso wie für das nicht gepfändete) P-Konto regelt § 850 k Abs. 6 ZPO. Die Bestimmung schließt (mit Einschränkung) an das Verrechnungsverbot an, das sich bisher nach § 394 BGB mit den in § 55 SGB I und § 76 a EStG geregelten Pfändungsverboten ergeben hat[10]. Ausgeschlossen ist für die Dauer von 14 Tagen die Verrechnung der Forderung, die durch Gutschrift einer Geldleistung nach dem SGB (einschließlich seiner besonderen Teile, § 68 SGB I) oder von Kindergeld auf dem Konto entsteht. Dem Schuldner ist damit ausreichend Zeit gewährt, die Leistungen (bei entsprechendem Nachweis oder Kenntnis, Satz 2) abzuheben und zweckgebunden zu verwenden. Zulässig bleibt die Aufrechnung mit dem Entgelt für die Kontoführung (Verrechnung ist nach Satz 3 mit den auf dem Konto pfandfrei zu belassenden Beträgen stets zulässig) und mit Forderungen, die durch Ausführung von Kontoverfügungen innerhalb der 14-Tagefrist entstanden sind.

9. *Missbräuchliche Errichtung mehrerer P-Konten*

1300o a) Führen darf jede Person *nur ein P-Konto* (§ 850 k Abs. 8 S. 1 ZPO). Ein gemeinsames P-Konto können auch Eheleute und Lebenspartner nicht führen. Als Berechtigte eines Gemeinschaftskontos haben sie Anspruch darauf, dass die Bank ihnen jeweils ein gesondertes P-Konto errichtet. Bei Einrichtung eines P-Kontos hat der Kunde gegenüber dem Kreditinstitut zu *versichern*, dass er ein weiteres P-Konto nicht führt (§ 850 k Abs. 8 S. 2 ZPO). Zur Überprüfung dieser Versicherung sieht § 850 k Abs. 8 S. 3 ZPO eine Ermächtigung für die SCHUFA Holding AG vor, Kreditinstituten auf Anfrage Auskunft über ein bestehendes P-Konto des Kunden zu erteilen. Kreditinstitute sind zur Erreichung dieses Zwecks berechtigt, der SCHUFA Holding AG die Führung eines P-Kontos mitzuteilen (§ 850 k Abs. 8 S. 3 ZPO).

1300p b) Zur *Beseitigung* missbräuchlich errichteter *mehrerer P-Konten* gibt § 850 k Abs. 9 ZPO dem Gläubiger ein zügiges Verfahren an die Hand[11]. Abs. 9 S. 1 räumt dem Gläubiger ein Bestimmungsrecht ein, das gegenüber dem Vollstreckungsgericht auszuüben ist. Anordnung, dass nur das von

---

10 Bericht BT-Drucks. 16/12714, S. 20.
11 Bericht BT-Drucks. 16/12714, S. 21.

dem Gläubiger bezeichnete Girokonto dem Schuldner als P-Konto verbleibt, trifft das Vollstreckungsgericht (Rechtspfleger, § 20 Nr. 17 RpflG) ohne Anhörung des Schuldners (§ 850 k Abs. 9 S. 3 ZPO). Zustellung der Entscheidung erfolgt an alle Drittschuldner (Abs. 9 S. 4). Mit dieser Zustellung entfallen für die nicht zum P-Konto bestimmten Girokonten jeweils die Wirkungen des § 850 k Abs. 1–6 (§ 850 k Abs. 9 S. 5 ZPO). Das Kreditinstitut hat das Konto jeweils als allgemeines Girokonto weiterzuführen.

c) Antrag auf Bestimmung eines von mehreren Girokonten als P-Konto setzt voraus, dass durch die Anordnung des Vollstreckungsgerichts die *für das Pfandrecht des Gläubigers missbräuchliche* Errichtung mehrerer P-Konten beseitigt wird. Das ist der Fall, wenn der Gläubiger das Guthaben des Kontos, das auf seinen Antrag *nicht* zum P-Konto bestimmt werden soll, für das somit die Wirkungen der Abs. 1–6 des § 850 k ZPO entfallen sollen, gepfändet hat. Hat der Gläubiger nur das Guthaben des in seinem Antrag als P-Konto bezeichneten Girokontos gepfändet, nicht aber (nur oder auch) das des anderen Girokontos, erlangt er durch die Bestimmung des gepfändeten Kontos keinen Rechtsvorteil. Dann besteht für seinen Antrag kein Rechtsschutzinteresse (keine isolierte Bestimmung des P-Kontos). 1300q

d) Wenn *mehrere Gläubiger* eines oder verschiedener der P-Konten gepfändet haben, kann jeder von ihnen, können damit auch nachrangige Gläubiger Antrag auf Anordnung stellen (zum Rechtsschutzinteresse Rdn. 1300 q), dass nur eines der Girokonten dem Schuldner als P-Konto verbleibt. Mit der Zustellung der Entscheidung entfallen nach Abs. 5 die Wirkungen nach § 850 k Abs. 1–6 ZPO dann für die Vollstreckungsverfahren aller Gläubiger. Die Bestimmung kann dann auch, wenn sie auf Antrag eines nachrangigen Gläubigers ergangen ist, nicht mehr geändert werden (der Schuldner führt fortan nicht mehr mehrere Girokonten als P-Konten). Liegen Anträge mehrerer Gläubiger dem Vollstreckungsgericht zur (gleichzeitigen) Entscheidung vor, dann müsste dem Bestimmungsrecht des bestrangig vollstreckenden Gläubigers (nicht dem des zeitlich ersten Antragstellers) der Vorrang gebühren, damit anzuordnen sein, dass das von diesem bezeichnete Konto als P-Konto verbleibt. 1300r

e) Errichtet der Schuldner nach Pfändung seines P-Kontos ein weiteres Girokonto als P-Konto, dann müsste das Bestimmungsrecht des Gläubigers (bei Rechtsschutzinteresse, Rdn. 1300q) auf den Antrag beschränkt sein, dass das nachträglich errichtete weitere Girokonto Wirkungen eines P-Kontos nicht hat. 1300s

10. *Mehrfache Pfändung (Anschlusspfändung)*

a) Neuerliche Pfändung des Guthabens auf dem P-Konto (zur Anschlusspfändung Rdn. 774) verändert den pfandfreien Guthabenbetrag nicht, der bei Wirksamwerden dieser nachfolgenden Pfändung (§ 829 Abs. 3 ZPO) von dem Kalendermonat an bemessen ist, in dem die Erstpfändung wirksam geworden ist. In dem Vollstreckungsverfahren des nachfolgend pfändenden Gläubigers hat der Schuldner *dieselben* (nicht aber 1300t weitergehende) *pfandfreien Beträge* wie gegenüber dem erstpfändenden Gläubiger. Der Grund- und Sockelbetrag (Rdn. 1300 e) und ebenso der Mehr- oder Aufstockungsbetrag (Rdn. 1300 h) bestimmt sich sonach für alle Gläubiger einheitlich nach dem unpfändbaren Betrag, der sich vom Kalendermonat der Erstpfändung an mit einem jeweiligen Folgemonat ergibt und der durch Verfügungen des Schuldners im Kalendermonat der Anschlusspfändung vor deren Wirksamwerden gemindert ist. Für den nachfolgend pfändenden Gläubiger ist somit auch dann nicht erneut (gesondert) ein Monatsbetrag unabhängig vom Zeitpunkt der Gutschrift und ungeachtet der Verfügungen des Schuldners vor dem Wirksamwerden der Anschlusspfändung pfandfrei (Rdn. 1300 d), wenn der erstpfändende Gläubiger noch vor Beginn des dritten Kalendermonats seit der Anschlusspfändung wegfällt (Einheit des geschützten Guthabenbetrags).

1300u b) Auch wenn nach *abweichender Bestimmung* des Freibetrags durch das Vollstreckungsgericht (§ 850 k Abs. 4; Rdn. 1300 m) oder Bestimmung des nach § 850 k Abs. 5 S. 4 (Rdn. 1300 i) von der Pfändung nicht erfassten Mehr- oder Aufstockungsbetrags (§ 850 k Abs. 2 ZPO) ein weiterer Gläubiger pfändet, muss die Einheitlichkeit des Pfändungsumfangs gewahrt bleiben. Die pfandfreien und die von der Pfändung erfassten Beträge des Kontoguthabens können sich nur einheitlich nach den Verhältnissen des Schuldners bestimmen (erfordern Praktikabilität und Drittschuldnerschutz). Dabei hat es auch nach Befriedigung oder anderem Wegfall des erstpfändenden Gläubigers zu bleiben. Der nachpfändende Gläubiger sollte Wahrung vermeintlich weitergehender Rechte mit Abänderungsantrag (§ 850 g ZPO) zu verlangen haben.

11. *Pfändung und Abtretung*

1300v Die der Pfändung nicht unterworfenen (von der Pfändung nach § 850 k ZPO nicht erfassten) Beträge des Guthabens auf dem P-Konto können nicht abgetreten werden (§ 400 BGB). Treffen Abtretung und Pfändung von Guthaben auf dem P-Konto zusammen, so gilt das Rdn. 760 ff. Gesagte. Eine Pfändung geht mithin ins Leere, soweit der Schuldner vor Beschlusszustellung an das Kreditinstitut als Drittschuldner (§ 829 Abs. 3 ZPO) das (pfändbare) Kontoguthaben schon wirksam abgetreten hat. Anspruch auf das ihm vor Pfändung übertragene Kontoguthaben hat der Zessionar als neuer Gläubiger. Mit der Abtretung von Kontoguthaben erst nach Pfändung verstößt der Schuldner gegen das Verfügungsverbot des § 829 Abs. 1 S. 2 ZPO. Diese Abtretung ist daher dem pfändenden Gläubiger gegenüber unwirksam. Als erster Kalendermonat, in dem der gesamte Monatsbetrag (Grund- oder Sockelfreibetrag, Rdn. 1300 e, und Mehr- oder Aufstockungsbetrag, Rdn. 1300 h) unabhängig vom Zeitpunkt der Gutschrift und angeachtet der Schuldnerverfügungen vor Abtretung pfandfrei ist (Rdn. 1300 d), sollte der Kalendermonat anzusehen sein, in dem die Abtretung dem Kreditinstitut als Drittschuldner angezeigt wird.

VIERTES KAPITEL
PFÄNDUNG VON SOZIALLEISTUNGEN

A. Pfändung der Leistungsansprüche (§ 54 SGB I)
I. Gesetzliche Vorschriften

Schrifttum: *Behr*, Pfändung von laufenden Sozialleistungen vereinfacht: 2. SGBÄndG, JurBüro 1994, 521; *Hornung*, Neues Recht zur Pfändung laufender Sozialgeldleistungen, Rpfleger 1994, 442; *Riedel*, Pfändung von Sozialleistungen nach dem Zweiten Gesetz zur Änderung des SGB, NJW 1994, 2812; *Schreiber*, Zur Pfändbarkeit sozialrechtlicher Dienst- und Sachleistungsansprüche, Rpfleger 1977, 295; *Stöber*, Zur Pfändung von Sozialleistungsansprüchen, Rpfleger 1977, 117. Das ältere Schrifttum ist mit Inkrafttreten des Ersten Gesetzes zur Änderung des Sozialgesetzbuches – 1. SGBÄndG weitgehend überholt. Siehe daher hierwegen die Gesamtübersicht in der 8. Auflage, Fußn. 1 zu Rdn. 1301. Das weitere Schrifttum bis 1994 ist mit Inkrafttreten des Zweiten Gesetzes zur Änderung des Sozialgesetzbuchs – 2. SGB – ÄndG weitgehend überholt. Siehe hierwegen die Gesamtübersicht in der 10. Auflage, vor Rdn. 1301.

1. Das Sozialgesetzbuch (SGB)[1] regelt die Übertragung, Verpfändung und Pfändung von Sozialleistungen wie folgt: 1301

§ 53 SGB I
Übertragung und Verpfändung

(1) Ansprüche auf Dienst- und Sachleistungen können weder übertragen noch verpfändet werden.

(2) Ansprüche auf Geldleistungen können übertragen und verpfändet werden
1. zur Erfüllung oder zur Sicherung von Ansprüchen auf Rückzahlung von Darlehen und auf Erstattung von Aufwendungen, die im Vorgriff auf fällig gewordene Sozialleistungen zu einer angemessenen Lebensführung gegeben oder gemacht worden sind oder,
2. wenn der zuständige Leistungsträger feststellt, dass die Übertragung oder Verpfändung im wohlverstandenen Interesse des Berechtigten liegt.

(3) Ansprüche auf laufende Geldleistungen, die der Sicherung des Lebensunterhalts zu dienen bestimmt sind, können in anderen Fällen übertragen und verpfändet werden, soweit sie den für Arbeitseinkommen geltenden unpfändbaren Betrag übersteigen.

(4) Der Leistungsträger ist zur Auszahlung an den neuen Gläubiger nicht vor Ablauf des Monats verpflichtet, der dem Monat folgt, in dem er von der Übertragung oder Verpfändung Kenntnis erlangt hat.

(5) Eine Übertragung oder Verpfändung von Ansprüchen auf Geldleistungen steht einer Aufrechnung oder Verrechnung auch dann nicht entgegen, wenn der Leistungsträger beim Erwerb des Anspruchs von der Übertragung oder Verpfändung Kenntnis hatte.

---

1 Sozialgesetzbuch (SGB) – Allgemeiner Teil –. Vom 11. Dez. 1975, BGBl I 3015 (mit Änderungen). In Kraft getreten am 1. Jan. 1976 (Art. II § 23 Abs. 1 SGB).

4. Kapitel: Pfändung von Sozialleistungen

(6) Soweit bei einer Übertragung oder Verpfändung Geldleistungen zu Unrecht erbracht worden sind, sind sowohl der Leistungsberechtigte als auch der neue Gläubiger als Gesamtschuldner dem Leistungsträger zur Erstattung des entsprechenden Betrages verpflichtet. Der Leistungsträger hat den Erstattungsanspruch durch Verwaltungsakt geltend zu machen.

§ 54 SGB I
Pfändung

(1) Ansprüche auf Dienst- und Sachleistungen können nicht gepfändet werden.

(2) Ansprüche auf einmalige Geldleistungen können nur gepfändet werden, soweit nach den Umständen des Falles, insbesondere nach den Einkommens- und Vermögensverhältnissen des Leistungsberechtigten, der Art des beizutreibenden Anspruchs sowie der Höhe und der Zweckbestimmung der Geldleistung, die Pfändung der Billigkeit entspricht.

(3) Unpfändbar sind Ansprüche auf
1. Erziehungsgeld und vergleichbare Leistungen der Länder sowie Elterngeld bis zur Höhe der nach § 10 des Bundeselterngeld- und Elternzeitgesetzes anrechnungsfreien Beträge,
2. Mutterschaftsgeld nach § 13 Abs. 1 des Mutterschutzgesetzes, soweit das Mutterschaftsgeld nicht aus einer Teilzeitbeschäftigung während der Elternzeit herrührt, bis zur Höhe des Erziehungsgeldes nach § 5 Abs. 1 des Bundeserziehungsgeldgesetzes oder des Elterngeldes nach § 2 des Bundeselterngeld- und Elternzeitgesetzes, soweit es die anrechnungsfreien Beträge nach § 10 des Bundeselterngeld- und Elternzeitgesetzes nicht übersteigt,
2a. Wohngeld, soweit nicht die Pfändung wegen Ansprüchen erfolgt, die Gegenstand der §§ 9 und 10 des Wohngeldgesetzes sind,
3. Geldleistungen, die dafür bestimmt sind, den durch einen Körper- oder Gesundheitsschaden bedingten Mehraufwand auszugleichen.

(4) Im übrigen können Ansprüche auf laufende Geldleistungen wie Arbeitseinkommen gepfändet werden.

(5) Ein Anspruch des Leistungsberechtigten auf Geldleistungen für Kinder (§ 48 Abs. 1 Satz 2) kann nur wegen gesetzlicher Unterhaltsansprüche eines Kindes, das bei der Festsetzung der Geldleistungen berücksichtigt wird, gepfändet werden. Für die Höhe des pfändbaren Betrages bei Kindergeld gilt:
1. Gehört das unterhaltsberechtigte Kind zum Kreis der Kinder, für die dem Leistungsberechtigten Kindergeld gezahlt wird, so ist eine Pfändung bis zu dem Betrag möglich, der bei gleichmäßiger Verteilung des Kindergeldes auf jedes dieser Kinder entfällt. Ist das Kindergeld durch die Berücksichtigung eines weiteren Kindes erhöht, für das einer dritten Person Kindergeld oder dieser oder dem Leistungsberechtigten eine andere Geldleistung für Kinder zusteht, so bleibt der Erhöhungsbetrag bei der Bestimmung des pfändbaren Betrages des Kindergeldes nach Satz 1 außer Betracht.
2. Der Erhöhungsbetrag (Nummer 1 Satz 2) ist zugunsten jedes bei der Festsetzung des Kindergeldes berücksichtigten unterhaltsberechtigten Kindes zu dem Anteil pfändbar, der sich bei gleichmäßiger Verteilung auf alle Kinder, die bei der Festsetzung des Kindergeldes zugunsten des Leistungsberechtigten berücksichtigt werden, ergibt.

(6) In den Fällen der Absätze 2, 4 und 5 gilt § 53 Abs. 6 entsprechend.

§ 55
Kontenpfändung und Pfändung von Bargeld

(1) Wird eine Geldleistung auf das Konto des Berechtigten bei einem Geldinstitut überwiesen, ist die Forderung, die durch die Gutschrift entsteht, für die Dauer

Leistungsansprüche

von sieben Tagen seit der Gutschrift der Überweisung unpfändbar. Eine Pfändung des Guthabens gilt als mit der Maßgabe ausgesprochen, dass sie das Guthaben in Höhe der in Satz 1 bezeichneten Forderung während der sieben Tage nicht erfasst.

(2) Das Geldinstitut ist dem Schuldner innerhalb der sieben Tage zur Leistung aus dem nach Absatz 1 Satz 2 von der Pfändung nicht erfassten Guthaben nur soweit verpflichtet, als der Schuldner nachweist oder als dem Geldinstitut sonst bekannt ist, dass das Guthaben von der Pfändung nicht erfasst ist. Soweit das Geldinstitut hiernach geleistet hat, gilt Absatz 1 Satz 2 nicht.

(3) Eine Leistung, die das Geldinstitut innerhalb der sieben Tage aus dem nach Absatz 1 Satz 2 von der Pfändung nicht erfassten Guthaben an den Gläubiger bewirkt, ist dem Schuldner gegenüber unwirksam. Das gilt auch für eine Hinterlegung.

(4) Bei Empfängern laufender Geldleistungen sind die in Absatz 1 genannten Forderungen nach Ablauf von sieben Tagen seit der Gutschrift sowie Bargeld insoweit nicht der Pfändung unterworfen, als ihr Betrag dem unpfändbaren Teil der Leistungen für die Zeit von der Pfändung bis zum nächsten Zahlungstermin entspricht.

Änderungen des § 55 SGB I mit Wirkung **ab 1. Juli 2010** (Art. 6 des Gesetzes zur Reform des Kontopfändungsschutzes vom 7. Juli 2009, BGBl I 1707 [1710]):

1. **Absatz 1** wird wie folgt geändert:

   a) In Satz 1 wird das Wort „Geldinstitut" durch das Wort „Kreditinstitut" und das Wort „sieben" durch die Angabe „14" ersetzt.

   b) In Satz 2 wird das Wort „sieben" durch die Angabe „14" ersetzt.

2. **Absatz 2** wird wie folgt geändert:

   a) In Satz 1 wird das Wort „Geldinstitut" jeweils durch das Wort „Kreditinstitut" und das Wort „sieben" durch die Angabe „14" ersetzt.

   b) In Satz 2 wird das Wort „Geldinstitut" durch das Wort „Kreditinstitut" ersetzt.

3. In **Absatz 3** Satz 1 wird das Wort „Geldinstitut" durch das Wort „Kreditinstitut" und das Wort „sieben" durch die Angabe „14" ersetzt.

4. In **Absatz 4** wird das Wort „sieben" durch die Angabe „14" ersetzt.

5. Folgender **Absatz 5** wird **angefügt**:

   (5) Pfändungsschutz für Kontoguthaben besteht nach dieser Vorschrift nicht, wenn der Schuldner ein Pfändungsschutzkonto im Sinne von § 850 k Abs. 7 der Zivilprozessordnung führt. Hat das Kreditinstitut keine Kenntnis von dem Bestehen eines Pfändungsschutzkontos, leistet es nach den Absätzen 1 bis 4 mit befreiender Wirkung an den Schuldner. Gegenüber dem Gläubiger ist das Kreditinstitut zur Leistung nur verpflichtet, wenn ihm das Bestehen des Pfändungsschutzkontos nachgewiesen ist.

§ 55 SGB I wird mit Wirkung ab **1. Jan. 2012 aufgehoben** (Art. 7 Abs. 5 des Gesetzes zur Reform des Kontopfändungsschutzes a.a.O.).

4. Kapitel: Pfändung von Sozialleistungen

Die *Begründung* des Regierungsentwurfs[2] führt aus:

1302 **Zu § 53: Übertragung und Verpfändung**

Das geltende Sozialrecht gestattet die Übertragung und Verpfändung von Sozialleistungen teils gar nicht, teils nur unter engen, kasuistisch geregelten Voraussetzungen. Die Vorschriften hierzu, die die Sozialleistungen fast völlig dem Rechtsverkehr entziehen, werden dem Grundsatz, dass auf Sozialleistungen ein Anspruch besteht, nicht gerecht. Sie haben in der Praxis schon häufig zu Ergebnissen geführt, die von den Beteiligten und auch den Gerichten als unbillig empfunden wurden.

Ein völliger Ausschluss von Übertragung und Verpfändung ist bei Dienst- und Sachleistungen gerechtfertigt (Absatz 1), da diese Leistungen auf die persönlichen Bedürfnisse des Berechtigten zugeschnitten sind und ihren Zweck verfehlen, wenn sie an Dritte erbracht werden. Für Geldleistungen ist eine differenzierte Behandlung geboten, die einerseits den notwendigen sozialen Schutz des Leistungsberechtigten beachtet, andererseits den Rechtsverkehr nicht über Gebühr beschränkt (Absatz 2 und 3). Bei allen Geldleistungen ist eine Übertragung und Verpfändung zulässig, wenn sie dem Ausgleich von „Vorschüssen" Dritter auf die Sozialleistung dient oder sonst im wohlverstandenen Interesse des Berechtigten liegt (Absatz 2). Zulässig sind nach Absatz 3 darüber hinaus die Übertragung und Verpfändung laufender Geldleistungen, die der Sicherung des Lebensunterhalts zu dienen bestimmt sind, soweit sie den für Arbeitseinkommen geltenden pfändungsfreien Betrag übersteigen; dabei sind bei Übertragung und Verpfändung zur Erfüllung und Sicherung gesetzlicher Unterhaltsansprüche die in § 850 d, im Übrigen die in § 850 c Zivilprozessordnung genannten Grenzen maßgebend.

Zu § 54: Pfändung

Für die gegenüber dem geltenden Recht erweiterte Zulassung der Pfändung von Sozialleistungen (Absatz 2 und 3) und für den Ausschluss der Pfändung bei Dienst- und Sachleistungen (Absatz 1) sind die gleichen Erwägungen maßgebend wie bei der Übertragung und Verpfändung (vgl. Begründung zu § 53). Die Regelung über die Pfändung von Geldleistungen in Absatz 2 ... lehnt sich an § 850 b Abs. 2 Zivilprozessordnung an. Sie bezweckt, die Gläubiger- und Schuldnerinteressen in sozial- und rechtspolitisch vertretbarer Weise gegeneinander abzuwägen. Während bei einmaligen Geldleistungen die Zweckbestimmung der Leistung das wichtigste Regulativ für die Zulässigkeit der Pfändung sein dürfte, ist bei laufenden Geldleistungen zumindest die Einhaltung der für Arbeitseinkommen vorgesehenen Pfändungsgrenzen erforderlich (vgl. §§ 850 c und d Zivilprozessordnung) ...

Zu § 55: Kontenpfändung und Pfändung von Bargeld

Die Vorschrift verallgemeinert und präzisiert Regelungen, die bereits in mehreren Sozialleistungsbereichen gelten (vgl. z. B. § 119 Abs. 3 und 4 Reichsversicherungsordnung). Um dem Sprachgebrauch des Zivilprozessrechts gerecht zu werden, wird in Absatz 2 und 3 der Leistungsberechtigte als „Schuldner" bezeichnet.

In Abweichung vom geltenden Recht stellt Absatz 4 dem Bargeld die durch Überweisung von Sozialleistungen entstandenen Guthaben bei Geldinstituten gleich, um den Empfänger nicht zu zwingen, sich sein Guthaben innerhalb der in Absatz 1 bestimmten Frist auszahlen zu lassen.

1303 Die Begründung des Regierungsentwurfs zum 2. SGBÄndG[3] führt aus:

Nach Absatz 3 Nr. 2 wird das Mutterschaftsgeld, das nach § 7 Bundeserziehungsgeldgesetz auf das Erziehungsgeld angerechnet wird, in den Pfändungsschutz des § 54

---

2 Gesetzentwurf der Bundesregierung. BT-Drucks. 7/868, S. 32.
3 Gesetzentwurf der Bundesregierung. BT-Drucks. 12/5187; S. 29.

Leistungsansprüche

einbezogen. In diesen Fällen erhält die Mutter in der achtwöchigen Schutzfrist nach der Geburt lediglich Mutterschaftsgeld, aber kein Erziehungsgeld. Nach der bisherigen Vorschrift war aber nur das Erziehungsgeld vor Pfändung geschützt. Aus diesem Grund wird der Pfändungsschutz nur auf die Arten des Mutterschaftsgeldes beschränkt, die tatsächlich anstelle des Erziehungsgeldes gewährt werden. Die Arten von Mutterschaftsgeld, die nach § 7 Bundeserziehungsgeldgesetz von der Anrechnung ausgenommen sind und deshalb zusätzlich zum Erziehungsgeld gezahlt werden, sollen wegen der Querverbindung zu anderen Rechtsgebieten pfändbar bleiben.

Die in Absatz 3 und Absatz 6 enthaltenen Sonderbestimmungen zur Pfändung laufender Sozialleistungen haben zu Verwerfungen mit dem in der Zivilprozessordnung geregelten Vollstreckungsrecht geführt und sich als kaum praktikabel erwiesen. Um für die Zukunft bei der Pfändung von Sozialleistungen einerseits den Zweck der einzelnen Leistungen zu berücksichtigen, andererseits aber das Pfändungsverfahren von schwierigen Einzelfallprüfungen zu entlasten, werden laufende Sozialleistungen entweder durch den neuen Absatz 3 Nr. 3 von vornherein unpfändbar gestellt oder können wie Arbeitseinkommen gepfändet werden.

Zu den künftig unpfändbaren Sozialleistungen nach Absatz 3 Nr. 3 gehören alle Sozialleistungen, die nach ihrer Zweckbestimmung entweder ausschließlich oder neben einem ideellen Ausgleich den durch einen Körper- oder Gesundheitsschaden bedingten Mehrbedarf decken sollen. Hierzu gehören aus dem Bereich der Kriegsopferversorgung insbesondere die Grundrente und die Schwerstbeschädigtenzulage nach § 31 Bundesversorgungsgesetz, sowie Pflegezulage, § 35 BVG, Kleiderverschleißzulage, § 15 BVG, Beihilfe für fremde Führung oder Blindenführhund, § 14 BVG.

Erfasst werden auch Leistungen nach dem für alle Behinderten geltenden Schwerbehinderten- und Rehabilitationsrecht, so z. B. Hilfen für die Beschaffung eines Kraftfahrzeuges nach der Kraftfahrzeughilfe-Verordnung oder Hilfen an Schwerbehinderte gemäß § 31 Abs. 3 Nr. 1 Schwerbehindertengesetz i.V.m. §§ 19 f. Schwerbehinderten-Ausgleichsabgabeverordnung.

Nicht erfasst werden jedoch Sozialleistungen an Schwerbeschädigte oder Schwerbehinderte, die dem Ausgleich von Einkommensverlusten dienen. Hierzu gehören z. B. die Ausgleichsrente nach § 32 BVG und der Berufsschadensausgleich nach § 30 BVG. Diese Leistungen sind künftig nach Absatz 4 für alle Gläubiger wie Arbeitseinkommen pfändbar.

Konkursausfallgeld ist, obwohl Sozialleistung, bereits jetzt auf Grund der Sonderbestimmung des § 1411 Abs. 2 AFG wie Arbeitseinkommen pfändbar. Dies gilt auf Grund der Verweisung des § 9 Abs. 4 VRG entsprechend für das bei Zahlungseinstellung des Arbeitgebers von der Bundesanstalt für Arbeit gezahlte Vorruhestandsgeld. Die hierdurch entstandene soziale Schieflage im Vergleich zu anderen Lohnersatzleistungen, die den Pfändungsbeschränkungen des bisherigen Absatz 3 Nr. 2 unterliegen, wird durch den neuen Absatz 4 beseitigt.

Falls im Einzelfall die Pfändungsfreigrenzen des § 850 c ZPO den Sozialhilfebedarf des Schuldners nicht erreichen oder erhebliche über dem Durchschnitt liegende persönliche Bedürfnisse vorliegen, kann gemäß § 850 f ZPO bei dem Vollstreckungsgericht eine Erhöhung des unpfändbaren Betrages beantragt werden.

1304 2. Die *Pfändbarkeit* regelt § 54 SGB I für Ansprüche auf Geldleistungen aus allen Sozialleistungsbereichen (Rdn. 1313 ff.). In Einzelfällen ergeben sich jedoch auf Grund des Vorbehalts des § 37 SGB I[4] aus Einzelvorschriften der als Besonderer Teil des SGB geführten Gesetze (siehe § 68 SGB I) Abweichungen. Wegen solcher Besonderheiten siehe Rdn. 1441 ff.; wegen einiger Ausnahmefälle siehe Rdn. 1333.

---

4 § 37 **SGB I** i.d.F. des 2. SGBÄndG vom 13. Juni 1992, BGBl I 1229, lautet: Das Erste und Zehnte Buch gelten für alle Sozialleistungsbereiche dieses Gesetzbuchs, soweit sich aus den übrigen Büchern nichts Abweichendes ergibt; § 68 bleibt unberührt ...

4. Kapitel: Pfändung von Sozialleistungen

1305 3. Das *Pfändungsverfahren* bestimmt sich nach den Vorschriften der ZPO über die Zwangsvollstreckung in Forderungen (§§ 828 ff. ZPO). Das SGB I regelt in § 54 nur, ob und in welchem Umfang (§ 54 Abs. 4: „... wie Arbeitseinkommen") Ansprüche pfändbar sind, nicht aber, wie sie zu pfänden sind.

1306 4. Zur *Erklärung* nach § 840 ZPO ist auf Verlangen auch der Leistungsträger als Drittschuldner verpflichtet. Datenschutz steht der Drittschuldnererklärung nicht entgegen. Das bestimmt auch

§ 71 Abs. 1 S. 2 SGB X   wie folgt:

(1) ... Erklärungspflichten als Drittschuldner, welche das Vollstreckungsrecht vorsieht, werden durch Bestimmungen dieses Gesetzbuchs nicht berührt.

Das Sozialgeheimnis (§ 35 Abs. 1 S. 1 SGB I) gebietet Beschränkung der Drittschuldnerklärung auf die Beantwortung der Fragen des § 840 ZPO. Dazu gehört nach § 840 Abs. 1 Nr. 2 ZPO auch die Äußerung, ob und welche gesetzlichen Ersatzansprüche der Pfändung im Range vorgehen. Wenn der Drittschuldner die nach § 840 Abs. 1 ZPO geforderte Auskunft unterlässt oder falsch abgibt, kann der Gläubiger (auf Grund seiner Einziehungsbefugnis) Zahlung der gepfändeten Beträge ohne Kostenrisiko einklagen (s. Rdn. 649)[5].

1307 5. Ein *Verzicht* auf einen Anspruch auf Sozialleistungen (§ 46 SGB I) wird durch eine spätere Pfändung nicht gegenstandslos. Insbesondere ist der Verzicht, mit dem die Forderung erlischt, nicht nach § 46 Abs. 2 SGB I unwirksam, weil er die Rechtsverfolgung eines Gläubigers des Leistungsberechtigten beeinträchtigt[6]. Nach Verzicht äußert die Pfändung eines Anspruchs auf rückständige Sozialleistungen keine rechtliche Wirkung, weil die angebliche Forderung mit dem Verzicht erloschen ist (vgl. Rdn. 486). Mit Wirkung für die Zukunft kann der Verzicht jederzeit widerrufen werden (§ 46 Abs. 1 SGB I). Widerruf des Verzichts ist Sicherungsmaßnahme zur Erhaltung des Pfandrechts (dazu Rdn. 557); daher kann auch der Gläubiger nach Pfändung den Widerruf erklären, und zwar auch dann, wenn Überweisung zur Einziehung nicht erfolgt ist. Ein Widerruf des Verzichts wird bereits in der Zustellung des Pfändungsbeschlusses zu erblicken sein, sollte jedoch vorsorglich nach wirksamer Pfändung stets auch noch ausdrücklich erklärt werden. Dem Pfändungsgläubiger gegenüber hat ein *nach* wirksamer Pfändung erklärter Verzicht des Leistungsberechtigten (des Schuldners) keine Wirkung (§ 829 Abs. 1 ZPO; §§ 135, 136 BGB).

1308 6. *Antrag* auf Gewährung von Sozialleistungen kann nach Anspruchspfändung auch der Gläubiger stellen[7]. Das ist der Fall, weil auf Sozialleistungen ein klagbarer Anspruch besteht (§ 38 SGB I), den der Gläubiger

---

5 *LSozG Rheinland-Pfalz* JurBüro 1991, 1379 für Klage vor dem Sozialgericht gegen die Bundesanstalt für Arbeit auf Zahlung gepfändeten Arbeitslosengeldes (auch Arbeitslosenhilfe).
6 So Begründung (Fußn. 3) Seite 31.
7 *LG Wiesbaden* NJW-RR 1996, 59.

nach Überweisung in eigenem Namen geltend machen kann (Rdn. 589). Daher kann das Antragsrecht nicht als höchstpersönlich auszuübendes Gestaltungsrecht des Schuldners angesehen werden; Gestaltungsrecht (wie das Verlangen nach steuerlicher Antragsveranlagung) ist der Antrag auf Leistung entstandener (§ 40 SGB I) Sozialleistungen, auf die Anspruch besteht (§ 38 SGB I) nicht. Vor Überweisung ergibt sich das Antragsrecht des Gläubigers aus seiner Befugnis, Sicherungsmaßnahmen zu betreiben und Leistung an oder Hinterlegung für die gemeinsam Empfangsberechtigten zu verlangen (Rdn. 556, 557).

II. Die sozialen Rechte

1. *Recht auf Sozialleistungen*: Die Entscheidung des Grundgesetzes für den sozialen Rechtsstaat (Art. 20, 28 GG) ist inhaltlich dahin konkretisiert[1], dass der Staat für soziale Gerechtigkeit und soziale Sicherheit seiner Bürger verantwortlich ist und deshalb im Rahmen des Nötigen und Möglichen ausreichende Sozialleistungen zur Verfügung zu stellen hat. Der einzelne Bürger ist Träger von Rechten, die auf Teilhabe an der vom Staat geleisteten sozialen Förderung und Sicherung gerichtet sind.

1309

2. Die *sozialen Rechte* (siehe § 2 SGB I) umschreiben §§ 3–10 SGB I. Deren Inhalt wird nach Voraussetzungen und Umfang in den Vorschriften der einzelnen Sozialleistungsbereiche konkretisiert. Die wichtigsten Sozialleistungen und die dafür zuständigen Leistungsträger sind in den sog. Einweisungsvorschriften des zweiten Teils des SGB I (§§ 18–29) aufgeführt. Näher geregelt sind Voraussetzungen und Umfang der verschiedenen Sozialleistungen im Sozialgesetzbuch selbst und in Sozialleistungsgesetzen. Deren Bestimmungen sollen durch weitere Gesetze, die das Sozialgesetzbuch als Gesamtwerk vollenden werden, als „Besonderer Teil" in das SGB eingebaut werden. Als dessen Besonderer Teil gelten bis dahin die in § 68 SGB I genannten Einzelgesetze. Erlassen sind

1310

- Sozialgesetzbuch (SGB), **Zweites Buch** (II): Grundsicherung für Arbeitsuchende. Vom 24. Dez. 2003 (BGBl I 2955) mit Änderungen;
- Sozialgesetzbuch (SGB), **Drittes Buch** (III): Arbeitsförderung. Vom 24. März 1997 (BGBl I 595) mit Änderungen;
- Sozialgesetzbuch (SGB), **Viertes Buch** (IV): Sozialversicherung. I.d.F. vom 12. Nov. 2009 (BGBl I 3711);
- Sozialgesetzbuch (SGB), **Fünftes Buch** (V): Gesetzliche Krankenversicherung. Vom 20. Dez. 1988 (BGBl I 2482) mit Änderungen;
- Sozialgesetzbuch (SGB), **Sechstes Buch** (VI): Gesetzliche Rentenversicherung. I.d.F. vom 19. Febr. 2002 (BGBl I 757) mit Änderungen;
- Sozialgesetzbuch (SGB), **Siebtes Buch** (VII): Gesetzliche Unfallversicherung. Vom 7. Aug. 1996 (BGBl I 1254) mit Änderungen;

---

1 Siehe Begründung des Gesetzentwurfs (Rdn. 1302 Fußn. 2) Seite 21.

4. Kapitel: Pfändung von Sozialleistungen

- Sozialgesetzbuch (SGB), **Achtes Buch** (VIII): Kinder- und Jugendhilfe. I.d.F. vom 14. Dez. 2006 (BGBl I 3135);
- Sozialgesetzbuch (SGB), **Neuntes Buch** (IX): Rehabilitation und Teilhabe behinderter Menschen. Vom 19. Juni 2001 (BGBl I 1046);
- Sozialgesetzbuch (SGB), **Zehntes Buch** (X): Sozialverwaltungsverfahren und Sozialdatenschutz. I.d.F. vom 18. Jan. 2001 (BGBl I 131);
- Sozialgesetzbuch (SGB), **Elftes Buch** (XI): Soziale Pflegeversicherung. Vom 26. Mai 1994 (BGBl I 1016).
- Sozialgesetzbuch (SGB), **Zwölftes Buch** (XII): Sozialhilfe. Vom 27. Dez. 2003 (BGBl I 3023) mit Änderungen.

1311 3. Als *Leistungsarten* sind Dienst-, Sach- und Geldleistungen Gegenstand der sozialen Rechte (Sozialleistungen, § 11 SGB I). Geldleistungen sind Sozialleistungen, die in der Zahlung eines Geldbetrages bestehen. Dienstleistungen sind alle Formen persönlicher Betreuung und Hilfe. Sachen werden dem Empfänger mit Sachleistungen zur Verfügung gestellt.

1312 4. *Leistungsträger* sind Körperschaften, Anstalten und Behörden, die Sozialleistungen erbringen (§ 12 SGB I). Ihre Zuständigkeiten regeln die Einweisungsvorschriften des SGB I (§§ 18–29), ihre jeweilige Verwaltungszuständigkeit ergibt sich aus den Einzelgesetzen des Besonderen Teils des SGB. In der Zwangsvollstreckung ist der Leistungsträger *Drittschuldner*, nicht etwa die Kasse oder Postzahlstelle, über die ausgezahlt wird.

Für die Pfändung eines Geld- oder Erstattungsanspruchs nach dem Recht der Arbeitsförderung ist bei den gemeinsamen Vorschriften für Leistungen in

§ 334 SGB III – Arbeitsförderung bestimmt:
Bei Pfändung eines Geldleistungs- oder Erstattungsanspruchs gilt die Agentur für Arbeit, die über den Anspruch entschieden oder zu entscheiden hat, als Drittschuldner im Sinne der §§ 829 und 845 der Zivilprozessordnung.

Die Drittschuldnerzuständigkeit des Arbeitgebers für Pfändung von Kurzarbeitergeld (§ 181 Abs. 2 S. 1 SGB III) und dessen Sonderformen (Saison-Kurzarbeitergeld, § 175 SGB III, Wintergeld, § 175 a SGB III, Kurzarbeitergeld für Heimarbeiter, § 176 SGB III) hat diese Bestimmung nicht berührt.

Als Drittschuldner kann ein Leistungsträger auf Grund der ihm übertragenen Aufgaben und Fürsorgepflichten gegenüber dem Leistungsempfänger (siehe §§ 13 ff., insbes. auch § 17 SGB I) die Pfändungsbeschränkungen des § 54 SGB I mit Erinnerung und Beschwerde (§§ 766, 793 ZPO) geltend machen[2].

---

[2] *KG* Rpfleger 1976, 144 (für Erinnerungsrecht der öffentlich-rechtlichen Sozialversicherungsträger); *AG Erlangen* Rpfleger 1953, 527 mit zust. Anm. *Haegele* (für Erinnerungsrecht des Versorgungsamtes); *OLG Hamm* Rpfleger 1977, 109 (bereits zu § 54 SGB); *Wolber* NJW 1980, 24; ständige Rechtsprechung der Obergerichte. Zum allgemeinen Erinnerungsrecht des Drittschuldners s. Rdn. 717; zum Recht des Drittschuldners, mit Erinnerung allgemein die Unpfändbarkeit der Forderung geltend zu machen, siehe Rdn. 751.

III. Die einzelnen Sozialleistungen

Sozialleistungsbereiche, Sozialleistungen und Leistungsträger sind:

1. *Bildungsförderung*

a) *Zielsetzung* nach § 3 Abs. 1 SGB I: Individuelle Förderung der Ausbildung, wenn dem, der an einer Ausbildung teilnimmt, die seiner Neigung, Eignung und Leistung entspricht, die hierfür erforderlichen Mittel nicht anderweitig zur Verfügung stehen.

1313

b) *Leistungen* nach § 18 SGB I: Zuschüsse und Darlehen (= darlehensweise monatliche Förderungsbeträge, § 17 BAföG) für den Lebensunterhalt und die Ausbildung (§§ 1, 11–17 BAföG). Bezahlt wird der Förderungsbetrag monatlich im voraus (§ 51 Abs. 1 BAföG). Einzelbestimmungen enthält das Bundesausbildungsförderungsgesetz (BAföG)[1], das (nach § 68 Nr. 1 SGB I) Besonderer Teil des SGB ist.

c) *Leistungsträger* sind nach § 18 Abs. 2 SGB I die Ämter und die Landesämter für Ausbildungsförderung nach Maßgabe der §§ 39, 40, 40 a und 45 BAföG.

d) *Besonderheiten*: s. Rdn. 1366. Das Gleichbehandlungsgebot des Art. 3 GG hat die (beschränkte) Pfändbarkeit von Ansprüchen nach dem BAföG im Unterschied zur (frühen) Unpfändbarkeit von Stipendien nach § 10 GFG nicht verletzt[2].

2. *Arbeitsförderung*

a) *Zielsetzung* nach § 3 Abs. 2 SGB I: Individuelle Förderung der beruflichen Weiterbildung, Hilfe zur Erlangung und Erhaltung eines angemessenen Arbeitsplatzes und wirtschaftliche Sicherung bei Arbeitslosigkeit und Zahlungsunfähigkeit des Arbeitgebers.

1314

b) *Leistungen* nach § 19 Abs. 1 SGB I neben Dienstleistungen:

- als Entgeltersatzleistungen
  – Arbeitslosengeld, Teilarbeitslosengeld und Übergangsgeld,
  – Kurzarbeitergeld (Rdn. 1441),
  – Insolvenzgeld (Rdn. 1449),
- Leistungen zur Förderung der Aufnahme einer Beschäftigung und einer selbstständigen Tätigkeit,
- Leistungen zur Förderung der Berufsbildung und der beruflichen Weiterbildung,
- Leistungen zur Eingliederung von Arbeitnehmern,
- Leistungen zur Förderung der Teilnahme an Transfermaßnahmen und Arbeitsbeschaffungsmaßnahmen,

---

1 Bundesgesetz über individuelle Förderung der Ausbildung (Bundesausbildungsförderungsgesetz – BAföG). I.d.F. vom 6. Juni 1983, BGBl I 645 (mit Änderungen).
2 *OLG München* JurBüro 1983, 1578 = OLGZ 1983, 239 = Rpfleger 1983, 165.

4. Kapitel: Pfändung von Sozialleistungen

- weitere Leistungen der freien Förderung,
- Wintergeld in Betrieben des Baugewerbes und in Betrieben solcher Wirtschaftszweige, die von saisonbedingtem Arbeitsausfall betroffen sind (dazu Rdn. 1447).

Nähere Regelung trifft das Dritte Buch des Sozialgesetzbuchs (SGB III; Arbeitsförderung).

c) *Leistungsträger* sind nach § 19 Abs. 2 SGB I die Agenturen für Arbeit und die sonstigen Dienststellen der Bundesagentur für Arbeit. Drittschuldner: § 334 SGB III (Rdn. 1312).

1315 d) *Besonderheiten* gelten infolge des Vorbehalts des § 37 SGB I für Pfändung des Anspruchs auf

- Kurzarbeitergeld (s. § 181 Abs. 2 SGB III) und dessen Sonderformen (Rdn. 1441),
- Insolvenzgeld (§§ 188 und 189 SGB III; Rdn. 1449).

1315a e) Auch für Leistungen, die *Arbeitgeber und Dritte* (Träger) erhalten, gilt mit den Vorschriften des Leistungsrechts § 54 SGB I über Pfändung (dazu Rdn. 1355 a).

3. *Grundsicherung für Arbeitsuchende*

1316 a) Die Grundsicherung für Arbeitsuchende umfasst (§ 19 a SGB I) Leistungen zur Eingliederung in Arbeit und zur Sicherung des Lebensunterhalts. Regelung trifft das Zweite Buch des Sozialgesetzbuchs (SGB II, Grundsicherung für Arbeitsuchende). Aufgaben und Ziel: § 1 Abs. 1 SGB II. Erbracht werden Leistungen der Grundsicherung für Arbeitsuchende nach § 4 SGB II in Form von Dienstleistungen mit dem Ziel der Eingliederung in Arbeit, Geldleistungen insbesondere zur Sicherung des Lebensunterhalts der erwerbsfähigen Hilfebedürftigen und der mit ihnen in einer Bedarfsgemeinschaft lebenden Personen, sowie Sachleistungen. Als Leistungen zur Sicherung des Lebensunterhalts erhalten erwerbsfähige Hilfebedürftige *Arbeitslosengeld II*. Einzelheiten: §§ 19–27 SGB II. Bei Aufnahme einer Arbeit kann ihnen zeitlich befristet *Einstiegsgeld* erbracht werden (§ 29 SGB II). Nicht erwerbsfähige Angehörige erhalten unter bestimmten Voraussetzungen *Sozialgeld* (§ 28 SGB II). Sie sind somit selbst Berechtigte (§ 7 Abs. 2 SGB II), auch wenn der erwerbsfähige Hilfebedürftige ihre Leistungen nach § 38 SGB II bevollmächtigt beantragt und entgegennimmt.

b) *Leistungsträger* sind nach § 19 a Abs. 2 SGB I die Agenturen für Arbeit und die sonstigen Dienststellen der Bundesagentur für Arbeit sowie die kreisfreien Städte und Kreise oder durch Landesrecht bestimmte andere Träger. § 6 SGB II nennt als Träger die Bundesagentur für Arbeit, die kreisfreien Städte und Kreise (kommunale Träger) oder durch Landesrecht bestimmte andere Träger für bestimmte Leistungen (dabei Leistungen für Unterkunft und Sonderleistungen, §§ 22, 23 Abs. 3 SGB II). Kommunale Trägerschaft anstelle der Agenturen für Arbeit: § 19 a Abs. 2 SGB I und

§ 6 a SGB II. Unklarheit hat es im Zusammenhang mit der Errichtung einer Arbeitsgemeinschaft nach § 44 b SGB II gegeben[3].

4. *Gleitender Übergang älterer Arbeitnehmer in den Ruhestand*

a) Nach dem Recht zur Förderung eines gleitenden Übergangs älterer Arbeitnehmer in den Ruhestand können nach § 19 b SGB I von *Arbeitgebern* in Anspruch genommen werden

1317

- Erstattung der Beiträge zur Höherversicherung in der gesetzlichen Rentenversicherung und der nicht auf das Arbeitsentgelt entfallenden Beiträge zur gesetzlichen Rentenversicherung für ältere Arbeitnehmer, die ihre Arbeitszeit auf Teilzeit verkürzt haben,

- Erstattungen der Aufstockungsbeiträge zum Arbeitsentgelt für die Altersteilzeitarbeit.

Einzelbestimmungen enthält das Altersteilzeitgesetz[4], das (nach § 68 Nr. 16) Besonderer Teil des SGB ist.

b) *Leistungsträger* sind nach § 19 b Abs. 2 SGB I die Agenturen für Arbeit (auch sonstige Dienststellen der Bundesagentur für Arbeit), bei denen Antrag zu stellen ist (§ 12 Abs. 1 S. 5 Altersteilzeitgesetz), die somit Drittschuldner sind.

c) *Einkommen des Arbeitnehmers* aus Altersteilzeitarbeit ist Arbeitseinkommen; dazu Rdn. 881 a.

5. *Sozialversicherung*

a) *Zielsetzung* nach § 4 Abs. 2 SGB I: Wer in der Sozialversicherung versichert ist, hat im Rahmen der gesetzlichen *Kranken-, Pflege-, Unfall-* und *Rentenversicherung* einschließlich der *Alterssicherung der Landwirte* ein Recht auf die notwendigen Maßnahmen zum Schutz, zur Erhaltung, zur Besserung und zur Wiederherstellung der Gesundheit und der Leistungsfähigkeit sowie auf wirtschaftliche Sicherung bei Krankheit, Mutterschaft, Minderung der Erwerbsfähigkeit und Alter. Ein Recht auf wirtschaftliche Sicherung haben auch die Hinterbliebenen eines Versicherten.

1318

b) *Gesetzliche Krankenversicherung*

aa) *Leistungen* der gesetzlichen Krankenversicherung sind nach § 21 SGB I neben Dienst- und Sachleistungen u. a. bei Krankheiten Krankengeld, Kosten für Haushaltshilfe oder Betriebshilfe für Landwirte und Mutterschaftsgeld (§ 13 Abs. 1 MuSchG[5]). Einzelbestimmungen enthalten das Fünfte Buch des Sozialgesetzbuchs (SGB) „Gesetzliche Krankenversicherung" sowie auch die Reichsversicherungsordnung und das Gesetz über die Kran-

1319

---

3 Dazu *BGH* FamRZ 2008, 877 = JurBüro 2008, 549 = MDR 2008, 530 = NJW-RR 2008, 733 = Rpfleger 2008, 318. § 44 b SGB II ist nur noch von vorübergehender Bedeutung, BVerfG (20.12.2007) BGBl 2008 I 28.
4 I.d.F. vom 23. Juli 1996, BGBl I 1078 (mit Änderungen).
5 Gesetz zum Schutze der erwerbstätigen Mutter (Mutterschutzgesetz – MuSchG) i.d.F. vom 20. Juni 2002, BGBl I 2319 (mit Änderung).

kenversicherung der Landwirte[6], die (nach § 68 Nrn. 3 und 5 SGB I) Besondere Teile des SGB sind.

bb) *Leistungsträger* sind nach § 21 Abs. 2 SGB I die Orts-, Betriebs- und Innungskrankenkassen, die landwirtschaftlichen Krankenkassen, die Deutsche Rentenversicherung Knappschaft-Bahn-See und die Ersatzkassen.

1320 cc) Frauen, die nicht Mitglied einer gesetzlichen Krankenkasse sind, erhalten Mutterschaftsgeld zulasten des Bundes (§ 13 Abs. 2 MuSchG). Die Leistungen werden in entsprechender Anwendung der Vorschriften der RVO über das Mutterschaftsgeld vom Bundesversicherungsamt (53113 Bonn) gewährt; § 54 SGB I findet daher gleichfalls entsprechende Anwendung.

Der Zuschuss zum Mutterschaftsgeld (§ 14 MuSchG) wird vom Arbeitgeber geleistet; er ist mithin eine dem Arbeitsentgelt gleiche Leistung und daher nach §§ 850 ff. ZPO pfändbar. Mit dem Mutterschaftsgeld ist der Zuschlag nach Maßgabe des § 850 e Nr. 2 a ZPO zusammenzurechnen. Gleiches gilt, wenn der Zuschuss zulasten des Bundes vom Träger der gesetzlichen Krankenversicherung gezahlt wird (§ 14 Abs. 2 MuSchG). Die für die Zahlung des Mutterschaftsgeldes zuständige Stelle erbringt dann eine Arbeitseinkommen ersetzende Leistung nach dem MuSchG, mithin keine Leistung nach der RVO, so dass § 54 SGB I keine Anwendung findet.

c) *Soziale Pflegeversicherung*

1320a aa) Die soziale Pflegeversicherung gewährt nach § 21 a SGB I Leistungen bei häuslicher Pflege, bei teilstationärer und Kurzzeitpflege sowie bei vollstationärer Pflege und schließlich Leistungen für Pflegepersonen. Einzelbestimmungen enthält das Elfte Buch des Sozialgesetzbuchs (SGB) „Soziale Pflegeversicherung".

1320b bb) *Leistungsträger* sind nach § 21 a Abs. 2 SGB I die bei den Krankenkassen errichteten Pflegekassen.

d) *Hilfe bei Schwangerschaftsabbrüchen in besonderen Fällen*

1320c Eine Frau kann Anspruch auf Leistungen nach dem Gesetz zur Hilfe für Frauen bei Schwangerschaftsabbrüchen in besonderen Fällen vom 21. Aug. 1995 (BGBl I 1054) haben (§ 21 b Abs. 1 SGB I). Das Gesetz gilt als besonderer Teil des SGB (§ 68 Nr. 17 SGB I). Leistungsträger sind die Krankenkassen (§ 21 b Abs. 2 SGB). Die Leistungen werden als Sachleistungen gewährt (§ 2 Abs. 2 S. 1 Ges), sind somit nicht pfändbar (§ 54 Abs. 1 SGB).

e) *Gesetzliche Unfallversicherung*

1321 aa) *Leistungen* der gesetzlichen Unfallversicherung sind nach § 22 SGB I neben Dienst- und Sachleistungen insbesondere

---

6 Gesetz über die Krankenversicherung der Landwirte (KVLG). Vom 10. Aug. 1972, BGBl I 1433 (mit zahlreichen Änderungen); Zweiteres Gesetz über die Krankenversicherung der Landwirte (KVLG 1989) vom 20.12.1988, BGBl I 2477 (mit zahlreichen Änderungen).

Sozialleistungen

- (Verletzten-)Renten wegen Minderung der Erwerbsfähigkeit (Voll- oder Teilrente),
- Renten an Hinterbliebene (Witwen- und Witwerrente sowie Waisen- und ggfs. Verwandtenrente), Sterbegeld und Beihilfen,
- Rentenabfindungen[7],
- Kosten für Haushaltshilfe,
- Kosten für Betriebshilfe für Landwirte.

Einzelbestimmungen enthält das Siebte Buch des Sozialgesetzbuchs (SGB VII; Gesetzliche Unfallversicherung).

bb) *Leistungsträger* sind nach § 22 Abs. 2 SGB

- die gewerblichen und die landwirtschaftlichen Berufsgenossenschaften[8], die Gemeindeunfallversicherungsverbände, die Feuerwehr-Unfallkassen, die Eisenbahn-Unfallkasse, die Unfallkasse Post und Telekom, die Unfallkassen der Länder und Gemeinden, die gemeinsamen Unfallkassen für den Landes- und kommunalen Bereich und die Unfallkasse des Bundes.

f) *Gesetzliche Rentenversicherung*

aa) *Leistungen* der gesetzlichen Rentenversicherung sind nach § 23 Abs. 1 Nr. 1 SGB I neben Dienst- und Sachleistungen u.a.

1322

- Leistungen zur Erhaltung, Besserung und Wiederherstellung der Erwerbsfähigkeit (dabei wirtschaftliche Hilfen),
- Renten wegen Alters, Renten wegen verminderter Erwerbsfähigkeit und Knappschaftsausgleichsleistungen,
- Renten wegen Todes,
- Witwen- und Witwerrentenabfindungen sowie Beitragserstattungen,
- Zuschüsse zu den Aufwendungen für die Kranken- und Pflegeversicherung,
- Leistungen für Kindererziehung.

Einzelbestimmungen enthält das Sechste Buch des Sozialgesetzbuches (SGB) „Gesetzliche Rentenversicherung". Wegen einer Besonderheit im Handwerkerversicherungsrecht s. Rdn. 1022. Rentenversicherung der Künstler siehe Künstlersozialversicherungsgesetz (KSVG) vom 27. Juli 1981, BGBl I 705 (mit Änderungen).

Der Anspruch eines Versicherten oder Arbeitgebers auf Erstattung zu Unrecht entrichteter Beiträge (IV. Buch § 26 SGB) ist ein rein vermögensrechtlicher Anspruch[9], mithin keine Sozialleistung. Er steht der Beitragser-

---

7   § 617 RVO über die Unpfändbarkeit der Forderung auf Zahlung der Abfindungssumme ist seit 1. Jan. 1976 aufgehoben (Art. II § 4 Nr. 1 SGB).
8   Eine Zusammenstellung der Gewerblichen und Landwirtschaftlichen Berufsgenossenschaften findet sich BGBl 1996 I 1308 und 1309.
9   *BSozialG* NJW 1966, 1045.

4. Kapitel: Pfändung von Sozialleistungen

stattung bei Wegfall der Versicherungspflicht nicht gleich[10]. Deshalb fällt der Rückforderungs- und Rückzahlungsanspruch nicht unter die Bestimmung des § 54 Abs. 2 SGB I über die Pfändung einmaliger Geldleistungen; er ist daher uneingeschränkt pfändbar.

1322a bb) *Leistungsträger* sind nach § 23 Abs. 2 SGB I

- in der allgemeinen Rentenversicherung die Regionalträger, die Deutsche Rentenversicherung Bund und die Deutsche Rentenversicherung Knappschaft-Bahn-See,
- in der knappschaftlichen Rentenversicherung die Deutsche Rentenversicherung Knappschaft-Bahn-See.

1322b cc) Eine *Leistung für Kindererziehung* erhält eine Frau (Mutter), die vor dem 1. Jan. 1921 geboren ist, für jedes Kind, das sie lebend geboren hat (§ 294 Abs. 1 SGB VI mit Einzelheiten). Zuständig ist der Versicherungsträger, der der Mutter eine Versicherungsrente zahlt (§ 297 SGB VI mit Einzelheiten). Für Pfändung erheblich ist

> § 297 Abs. 2 Satz 1 SGB VI der bestimmt:
> (2) Die Leistung für Kindererziehung wird als Zuschlag zur Rente gezahlt, wenn die Mutter eine Rente bezieht, es sei denn, dass die Rente in vollem Umfang übertragen, verpfändet oder gepfändet ist ...

Als Zuschlag zu der Rente ist die Leistung für Kindererziehung nicht selbstständig pfändbar. Wenn jedoch die Rente in vollem Umfang gepfändet (übertragen oder verpfändet) ist, wird die Leistung für Kindererziehung nicht als Zuschlag zu dieser Rente gezahlt, so dass sie auch von der Rentenpfändung nicht erfasst wird. Die (dann selbstständige) Leistung für Kindererziehung ist jedoch laufende Geldleistung, deren Pfändung sich nach § 54 Abs. 4 SGB I bestimmt. Pfändung kann dann aber nicht erfolgen, weil die selbstständige Leistung die Freigrenze (§§ 850 c, d ZPO) nicht übersteigt (Rdn. 1377). Zusammenrechnung mit Arbeitseinkommen (§ 850 e Nr. 2a ZPO) oder mit anderen laufenden Sozialleistungen (Rdn. 1413) wird für zulässig angesehen[11], dürfte praktische Bedeutung nicht mehr haben.

1323 g) *Alterssicherung der Landwirte*

aa) Leistungen in der Alterssicherung der Landwirte sind nach § 23 Abs. 1 Nr. 2 SGB I neben Dienst- und Sachleistungen u.a.

- Renten wegen Erwerbsminderung und Alters,
- Renten wegen Todes,
- Beitragszuschüsse,
- neben Betriebs- und Haushaltshilfe sonstige Leistungen zur Aufrechterhaltung des Unternehmens der Landwirtschaft.

---

10 *KG* Rpfleger 1976, 144 (damit aufgehoben *LG Berlin* Rpfleger 1975, 444).
11 *AG Wedding* JurBüro 2002, 48.

Einzelbestimmungen enthält das Gesetz über die Alterssicherung der Landwirte (ALG)[12], das (nach § 68 Nr. 4 SGB) Besonderer Teil des SGB ist.

bb) *Leistungsträger* sind nach § 23 Abs. 2 SGB I die landwirtschaftlichen Alterskassen.

cc) *Produktionsaufgabenrente* erhalten Landwirte (ggfs. auch deren Witwen und Witwer) nach dem Gesetz zur Förderung der Einstellung der landwirtschaftlichen Erwerbstätigkeit (FELEG)[13] längstens bis zu dem Zeitpunkt, in dem Altersgeld nach dem Gesetz über die Alterssicherung der Landwirte beantragt werden kann. Ein Ausgleichsgeld können nach § 9 FELEG Arbeitnehmer und mitarbeitende Familienangehörige, Witwen oder Witwer, erhalten. Das Gesetz wird von den landwirtschaftlichen Alterskassen durchgeführt (§ 17 FELEG). Es gelten die für die Alterssicherung der Landwirte maßgebenden Vorschriften des Ersten Buches des SGB (§ 18 Abs. 1 FELEG), somit auch dessen § 54, der die Pfändung regelt.

6. *Soziale Entschädigung bei Gesundheitsschaden*

a) *Zielsetzung* nach § 5 SGB I: Soziale Entschädigung bei Gesundheitsschaden, für dessen Folgen die staatliche Gemeinschaft in Abgeltung eines besonderen Opfers oder aus anderen Gründen nach versorgungsrechtlichen Grundsätzen einsteht, insbesondere auch durch angemessene wirtschaftliche Versorgung.

1324

b) *Leistungen* nach § 24 SGB neben Dienst- und Sachleistungen

- Leistungen zur Erhaltung, Besserung und Wiederherstellung der Leistungsfähigkeit einschließlich wirtschaftlicher Hilfen, so z. B. Zuschüsse zu Kosten für Beschaffung, Instandhaltung und Änderung von Motorfahrzeugen sowie bestimmter Geräte, Kostenerstattung für eine Ersatzkraft, Beihilfe für Blinde zum Unterhalt eines Führhundes, Pauschbetrag für Kleider- und Wäscheverschleiß, Versorgungskrankengeld, Beihilfe bei Beeinträchtigung der Erwerbsgrundlage, Kostenerstattung für Heil- oder Krankenbehandlung, Reisekostenersatz usw.,
- besondere Hilfen im Einzelfall einschließlich Leistungen zur Teilhabe am Arbeitsleben (§§ 25–27 a BVG),
- Beschädigtenrente und Pflegezulage (§§ 30–35 BVG), und zwar
  – eine monatliche Grundrente nach § 31 BVG,
  – eine monatliche Ausgleichsrente nach § 32 BVG, wenn er infolge des Gesundheitszustandes oder hohen Alters oder aus einem sonstigen Grunde eine zumutbare Erwerbstätigkeit nicht oder nur in beschränktem Umfang ausüben kann.
  Dazu kommen ggfs. ein Ehegattenzuschlag (§ 33 a BVG) und ein Kinderzuschlag (§ 33 b BVG) sowie eine Pflegezulage (§ 35 BVG). Die Grundrente ist nicht (wie die Ausgleichsrente) der Sicherung des

---

12 I.d.F. vom 29. Juli 1994, BGBl I 1891 (mit Änderungen).
13 Vom 21. Febr. 1989, BGBl I 233 (mit Änderungen).

4. Kapitel: Pfändung von Sozialleistungen

Lebensunterhalts zu dienen bestimmt. Sie wird für die gesundheitlichen Folgen der Schädigung (für die körperliche und geistige Beeinträchtigung unter Einschluss seelischer Begleiterscheinungen und Schmerzen und zum Ausgleich der durch die Beschädigung verursachten Mehraufwendungen) gewährt; nach § 54 Abs. 3 Nr. 3 SGB I ist sie nicht pfändbar.

- Renten an Hinterbliebene, Bestattungsgeld und Sterbegeld (§§ 36–53 BVG),
- Kapitalabfindung, insbesondere zur Wohnraumbeschaffung (§§ 72–80 BVG).

1325 Einzelbestimmungen enthält das Bundesversorgungsgesetz[14], das (nach § 68 Nr. 7 SGB) Besonderer Teil des SGB ist. Dessen § 78 sieht für den Fall der Kapitalabfindung (insbesondere zum Erwerb oder zur wirtschaftlichen Stärkung eigenen Grundbesitzes, s. § 72 BVG) für die von der zuständigen Verwaltungsbehörde festgelegte Zeit zur bestimmungsgemäßen Verwendung (§ 76 Abs. 1 BVG) noch folgende Schutzbestimmung vor:

§ 78 BVG
Innerhalb der in § 76 Abs. 1 vorgesehenen Frist ist ein der ausgezahlten Abfindungssumme gleichkommender Betrag an Geld, Wertpapieren und Forderungen der Pfändung nicht unterworfen.

Leistungsvorschriften enthalten auch andere Gesetze, die eine entsprechende Anwendung der Vorschriften des BVG vorsehen. Sie gehören gleichfalls zum Besonderen Teil des SGB mit der Folge, dass die Leistungen dessen § 54 über die Anspruchspfändung unterliegen, so nach § 68 Nr. 7 SGB I

- § 80 Soldatenversorgungsgesetz; danach erhält ein Soldat, der eine Wehrdienstbeschädigung erlitten hat, nach Beendigung des Wehrdienstverhältnisses Versorgung in entsprechender Anwendung der Vorschriften des BVG; ebenso erhalten eine Zivilperson, die eine Wehrdienstbeschädigung erlitten hat, und die Hinterbliebenen eines Beschädigten auf Antrag Versorgung,
- § 59 Abs. 1 Bundesgrenzschutzgesetz (1972; nun Bundespolizeigesetz) i.V.m. § 80 SVG,
- § 47 Zivildienstgesetz über die Versorgung eines Zivildienstbeschädigten und seiner Hinterbliebenen,
- § 60 Infektionsschutzgesetz,
- §§ 4 und 5 Häftlingshilfegesetz über die Versorgung eines infolge Gewahrsams gesundheitlich Geschädigten und seiner Hinterbliebenen,
- § 1 Opferentschädigungsgesetz,
- §§ 21 und 22 des Strafrechtlichen Rehabilitierungsgesetzes,
- §§ 3 und 4 des Verwaltungsrechtlichen Rehabilitierungsgesetzes.

---

14 Gesetz über die Versorgung der Opfer des Krieges (Bundesversorgungsgesetz – BVG). I.d.F. vom 22. Jan. 1982, BGBl I 21 (mit Änderungen).

§ 68 Nr. 7 SGB I bringt eine nur beispielhafte Aufzählung. Es gehören daher auch Leistungsvorschriften von Gesetzen, die eine entsprechende Anwendung der Vorschriften des BVG vorsehen, zum Besonderen Teil des SGB, wenn sie erst nach diesem erlassen werden und in Kraft treten[15].

c) *Leistungsträger* sind nach § 24 Abs. 2 SGB I die Versorgungsämter, die Landesversorgungsämter und die orthopädischen Versorgungsstellen, für die besonderen Hilfen im Einzelfall die Kreise und kreisfreien Städte sowie die Hauptfürsorgestellen.

1326

7. *Minderung des Familienaufwands*

a) *Zielsetzung* nach § 6 SGB I: Minderung der wirtschaftlichen Belastungen, die dadurch entstehen, dass Kindern Unterhalt zu leisten ist oder geleistet wird.

1327

b) *Leistungen:* aa) Kindergeld (§§ 1–6 BKGG) und Kinderzuschlag (§ 6 a BKGG). Einzelbestimmungen enthält das Bundeskindergeldgesetz[16], das (nach § 68 Nr. 9 SGB I) Besonderer Teil des SGB ist. Der Anwendungsbereich des BKGG ist jedoch nicht mehr groß. Jetzt wird Kindergeld durchweg nach § 31 mit §§ 62–78 EStG gewährt (Rdn. 153 a). Nach dem BKGG kann nur dann Kindergeld in Anspruch genommen werden, wenn nicht dieser Familienleistungsausgleich nach dem EStG zur Anwendung kommt (§ 25 Abs. 1 SGB I). Anspruchsberechtigte dann: § 1 BKGG. Das Kindergeld nach dem BKGG beträgt (§ 6 BKGG) monatlich für das erste und zweite Kind jeweils 184 Euro, und für das dritte Kind 190 Euro und für das vierte und jedes weitere Kind jeweils 215 Euro. Kindergeld steht nicht einem begünstigten Kind zu, sondern demjenigen (Vater, Mutter, Pflegeeltern, Adoptiveltern usw.), der die Anspruchsvoraussetzungen erfüllt. In Sonderfällen wird Eigenkindergeld mit monatlich 184 Euro gewährt (§ 1 Abs. 2 mit § 6 Abs. 2 BKGG). Weitergehend erhalten einen *Kinderzuschlag* nach § 6 a BKGG befristet und einkommensabhängig Personen (Eltern), die nur über geringes Einkommen verfügen.

bb) Elterngeld nach §§ 1–14 des Bundeselterngeld- und Elternzeitgesetzes – BEEG[17], das am 1. Jan. 2007 in Kraft getreten ist. Das Elterngeld ist im Umfang der anrechnungsfreien Beträge (§ 10 BEEG) unpfändbar (§ 54 Abs. 3 Nr. 1 SGB I). Für die vor dem 1. Jan. 2007 geborenen Kinder konnte Erziehungsgeld nach dem bis 31. Dez. 2006 geltenden Bundeserziehungsgeldgesetz – BErzGG[18] geleistet werden. Es konnte nicht gepfändet werden (§ 54 Abs. 3 Nr. 1 SGB I).

---

15 So ausdrücklich die Begründung (Rdn. 1302 Fußn. 2) S. 35.
16 Bundeskindergeldgesetz (BKGG). I.d.F. vom 28. Jan. 2009, BGBl I 143.
17 Gesetz zum Elterngeld und zur Elternzeit (Bundeselterngeld- und Elternzeitgesetz – BEEG) vom 5. Dez. 2006, BGBl I 2748.
18 Gesetz zum Erziehungsgeld und zur Elternzeit (Bundeserziehungsgeldgesetz – BErzGG) vom 9. Feb. 2004, BGBl I 2007.

4. Kapitel: Pfändung von Sozialleistungen

c) *Leistungsträger* für Kindergeld sind nach § 25 Abs. 3 SGB I die Familienkassen, somit die Agenturen für Arbeit[19] (dazu Rdn. 153 h).

Leistungsträger für Elterngeld sind nach § 25 Abs. 3 SGB I die nach § 12 BEEG landesrechtlich bestimmten Behörden.

1327a d) Zuordnung des Gesetzes zur Sicherung des Unterhalts von Kindern alleinerziehender Mütter und Väter durch Unterhaltsvorschüsse und -ausfallleistungen (Unterhaltsvorschussgesetz) vom 17. Juli 2007 (BGBl I 1447) zu den sozialen Rechten ist nicht klargestellt. Das Gesetz ist jedoch nach § 68 Nr. 14 SGB I in das Sozialgesetzbuch einbezogen.

8. *Zuschuss für angemessene Wohnung*

1328 a) *Zielsetzung* nach § 7 SGB I: Zuschuss zur Miete oder zu vergleichbaren Leistungen, wenn und soweit jemand eine angemessene Wohnung nur zu Bedingungen bekommen kann, die seine wirtschaftliche Leistungsfähigkeit übersteigen (die ihm nicht zugemutet werden können).

b) *Leistungen* nach § 26 SGB I: Wohngeld als Zuschuss zur Miete oder als Zuschuss zu den Aufwendungen für den eigengenutzten Wohnraum (§§ 1–8 Wohngeldgesetz). Einzelregelungen enthält das Wohngeldgesetz[20], das (nach § 68 Nr. 10 SGB I) Besonderer Teil des SGB ist.

c) *Leistungsträger* sind nach § 26 Abs. 2 SGB I die durch Landesrecht bestimmten Behörden.

9. *Kinder- und Jugendhilfe*

1329 *Zielsetzung*: § 8 SGB I; *Leistungen* und *Leistungsträger*: § 27 SGB I. Einzelregelungen im Achten Buch des Sozialgesetzbuchs „Kinder- und Jugendhilfe" sowie im Adoptionsvermittlungsgesetz (Letzteres Besonderer Teil des SGB nach dessen § 68 Nr. 12). Einschlägige Leistungen fallen hier nicht an.

10. *Sozialhilfe*

1330 a) *Zielsetzung* nach § 9 SGB I: Staatliche Hilfe für denjenigen, der nicht in der Lage ist, aus eigenen Kräften seinen Lebensunterhalt zu bestreiten oder in besonderen Lebenslagen sich selbst zu helfen, und auch von anderer Seite keine ausreichende Hilfe erhält.

b) *Leistungen* verschiedenster Art nach § 28 SGB I, insbesondere Hilfe zum Lebensunterhalt nach §§ 27–40 SGB XII und Leistungen der Grundsicherung im Alter und bei Erwerbsminderung (§§ 41–46 SGB XII). Einzelbestimmungen enthält das SGB XII.

---

19 Neufassung des § 25 Abs. 3 SGB I durch Art. 2 Nr. 2 b des Unfallversicherungs-Einordnungsgesetzes (UVEG) vom 7. Aug. 1996 (BGBl I 1254 [1309]). Die frühere Zweifelsfrage, ob (damals) etwa die Bundesanstalt für Arbeit in Nürnberg oder das (örtlich zuständige) Arbeitsamt bei Pfändung von Kindergeldansprüchen nach dem BKGG Drittschuldner ist (dazu 11. Aufl. Rdn. 1312), hat sich damit erledigt.
20 Wohngeldgesetz (WoGG). I.d.F. vom 24. Sept. 2008, BGBl I 1856 (mit Änderungen).

c) *Leistungsträger* sind nach § 28 Abs. 2 SGB I die Kreise und kreisfreien Städte, die überörtlichen Träger der Sozialhilfe und für besondere Aufgaben die Gesundheitsämter.

d) *Besonderheit*: Der Anspruch auf Sozialhilfe kann nicht gepfändet (und auch nicht übertragen oder verpfändet) werden (§ 17 Abs. 1 S. 2 SGB XII). Dieses Pfändungsverbot entspricht der höchstpersönlichen Natur der Sozialhilfe und soll verhindern, dass durch Entstehen eines neuen Notfalls infolge der Pfändung die Hilfe erneut, also doppelt gewährt werden müsste.

11. *Rehabilitation und Teilhabe behinderter Menschen*

a) *Zielsetzung* nach § 10 SGB I: Hilfe für körperlich, geistig oder seelisch behinderte Menschen oder des von einer solchen Behinderung Bedrohten, um die Behinderung abzuwenden, zu beseitigen, zu mindern, ihre Verschlimmerung zu verhüten oder ihre Folgen zu mildern, Einschränkungen der Erwerbsfähigkeit oder Pflegebedürftigkeit zu vermeiden und ihnen einen Platz im Arbeitsleben zu sichern und weitere Aufgaben,

b) *Leistungen* verschiedenster Art nach § 29 SGB I, insbesondere auch Kranken-, Verletzten-, Übergangs- und Ausbildungsgeld sowie Unterhaltsbeihilfe.

c) *Leistungsträger*: Die Rehabilitation ist eine Aufgabe, die in fast allen Sozialleistungsbereichen wahrgenommen wird. Die Verwaltungszuständigkeiten verteilen sich daher auf die sonstigen Leistungsträger. Es sind dies nach § 29 Abs. 2 SGB I die in den §§ 19–24, 27 und § 28 SGB I genannten (vorstehend Rdn. 1314–1328 bezeichneten) Leistungsträger sowie die Integrationsämter.

12. *Sonstiges*

Sozialleistungsbereiche, die in absehbarer Zeit auslaufen oder schon weitgehend abgewickelt sind, wie beispielsweise der Lastenausgleich und das Bundesentschädigungsgesetz[21], sind in das Sozialgesetzbuch nicht aufgenommen.

13. *Entschädigungsrente, Unterstützung usw. im Beitrittsgebiet*

a) Eine *Entschädigungsrente* erhalten im Beitrittsgebiet Personen an Stelle der früheren Ehrenpension und Hinterbliebenenpension für Kämpfer gegen den Faschismus und für Verfolgte des Faschismus nach dem Gesetz über Entschädigungen für Opfer des Nationalsozialismus im Beitrittsgebiet vom 22. April 1992 (BGBl I 906). Zuständig ist die Deutsche Rentenversicherung Bund oder das Bundesversicherungsamt (§ 6 Ges.). Es gilt u. a. das Erste Buch Sozialgesetzbuch entsprechend (§ 6 Abs. 3 S. 1 Ges). Die Entschädigungsrente ist damit laufende Geldleistung, deren Pfändung wie Arbeitseinkommen § 54 Abs. 4 SGB I ermöglicht.

---

21 So auch *LG Berlin* Rpfleger 1978, 151.

4. Kapitel: Pfändung von Sozialleistungen

1333b b) *Unterstützung* (laufende oder einmalige Zahlung) für *Ausgleich eines Gesundheitsschadens* wird nach dem Gesetz über den Abschluss von Unterstützungen der Bürger der ehem. DDR bei Gesundheitsschäden infolge medizinischer Maßnahmen (Unterstützungsabschlussgesetz – UntAbschlG) vom 6. Mai 1994 (BGBl I 990) gewährt. Die Unterstützung obliegt den für Durchführung des BVG zuständigen Behörden (§ 8 Abs. 1 UntAbschlG). Es ist u.a. das Erste Buch Sozialgesetzbuch entsprechend anzuwenden (§ 9 Abs. 1 UntAbschlG). Eine Unterstützung ist daher als einmalige Geldleistung unter den besonderen Voraussetzungen des § 54 Abs. 2 SGB I pfändbar. Als laufende Geldleistung ist eine Unterstützung nach § 54 Abs. 3 Nr. 3 SGB I nicht pfändbar.

1333c c) Anspruch auf *soziale Ausgleichsleistungen* für Nachteile, die dem Betroffenen durch eine *Freiheitsentziehung* entstanden sind, sieht § 16 Abs. 1 des Gesetzes über die Rehabilitierung und Entschädigung von Opfern rechtsstaatswidriger Strafverfolgungsmaßnahmen im Beitrittsgebiet (Strafrechtliches Rehabilitierungsgesetz – StrRehaG) i.d.F. vom 17. Dez. 1999 (BGBl I 2665) vor. Diese sozialen Ausgleichsleistungen werden als Kapitalentschädigung und Unterstützungsleistung sowie als Versorgung gewährt (§ 16 Abs. 3 StrRehaG). Die Kapitalentschädigung ist ab Antragstellung übertragbar und vererblich (§ 17 Abs. 3 StrRehaG); sie ist somit von da an auch pfändbar. Vor Antragstellung ist Pfändung des in seiner Verwertbarkeit aufschiebend bedingten Anspruchs als zulässig anzusehen (vgl. Rdn. 271). Beschädigtenversorgung samt Hinterbliebenenversorgung (§§ 21, 22 StrRehaG) wird in entsprechender Anwendung des BVG gewährt. Zuständig und damit Drittschuldner bei Pfändung einer Beschädigten- oder Hinterbliebenenversorgung sind die Behörden, denen die Durchführung des BVG obliegt (§ 25 Abs. 4 StrRehaG). §§ 21, 22 StrRehaG über Beschädigten- und Hinterbliebenenversorgung gehören nach § 68 Nr. 7 g SGB I zu dessen Besonderen Teil (Rdn. 1325); die Ansprüche unterliegen damit dessen § 54 über Anspruchspfändung. Für Unterstützungsleistungen ist die Stiftung für ehemalige politische Häftlinge zuständig (§ 18 Abs. 1 StrRehaG). Deren Leistungen unterliegen in der Person des unmittelbar Berechtigten nicht der Zwangsvollstreckung (Rdn. 144 c).

1333d d) *Folgeansprüche* begründet die Aufhebung oder Feststellung der *Rechtsstaatswidrigkeit einer hoheitlichen Maßnahme* im Beitrittsgebiet in der Zeit bis 2. Okt. 1990 nach § 2 Abs. 1 des Gesetzes über die Aufhebung rechtsstaatswidriger Verwaltungsentscheidungen im Beitrittsgebiet und die daran anknüpfenden Folgeansprüche (Verwaltungsrechtliches Rehabilitierungsgesetz – VwRehaG) i.d.F. vom 1. Juli 1997 (BGBl I 1621, mit Änderungen). Folgeanspruch kann Beschädigtenversorgung (§ 3 VwRehaG) und Hinterbliebenenversorgung (§ 4 VwRehaG) sein; gewährt wird diese Versorgung in entsprechender Anwendung des BVG. Zuständig, bei Pfändung somit Drittschuldner, sind die Rehabilitierungsbehörden in Berlin und in den neuen Bundesländern (§ 12 Abs. 3 VwRehaG). Die Ansprüche unterliegen damit § 54 SGB I über Anspruchspfändung. Auf berufliche Benachteiligung findet das Berufliche Rehabilitierungsgesetz (nachf.) Anwendung (§ 8 VwRehaG).

Einmalige Geldleistungen (§ 54 Abs. 2 SGB I)

Die §§ 3, 4 VwRehaG über Beschädigten- und Hinterbliebenenversorgung gehören nach § 68 Nr. 7 h SGB I zu dessen Besonderem Teil.

e) *Berufliche Benachteiligung* im Beitrittsgebiet begründet Anspruch nach dem Gesetz über den Ausgleich beruflicher Benachteiligungen für Opfer politischer Verfolgung im Beitrittsgebiet (Berufliches Rehabilitierungsgesetz – BerRehaG) i.d.F. vom 1. Juli 1997 (BGBl I 1626, mit Änderungen). Bestehen kann ein Anspruch auf

1333e

- Arbeitslosengeld bei beruflicher Weiterbildung (§ 6 BerRehaG). Es gilt das Erste Buch des SGB (§ 25 Abs. 4 BerRehaG). Die Leistungen unterliegen somit § 54 SGB I über die Anspruchspfändung. Gewährt werden die Leistungen von der Bundesagentur für Arbeit (§ 24 Abs. 1 BerRehaG), die somit Drittschuldnerin ist.
- Weiterbildungskosten (§ 7 BerRehaG). Es gilt das Erste Buch des SGB (§ 25 Abs. 4 BerRehaG); Anwendung findet somit § 54 SGB I.
- Ausgleichsleistungen (§ 8 BerRehaG), die nicht pfändbar sind. Das bestimmt wie folgt:

§ 9 Abs. 2 BerRehaG:
(2) Der Anspruch auf die Ausgleichsleistungen ist unpfändbar.

IV. Unpfändbarkeit der Dienst- und Sachleistungen (§ 54 Abs. 1 SGB I)

Ansprüche auf Dienst- und Sachleistungen (Rdn. 1311) können weder übertragen noch verpfändet (§ 53 Abs. 1 SGB I) und auch nicht gepfändet werden (§ 54 Abs. 1 SGB I). Grund[1]: Die auf die persönlichen Bedürfnisse des Berechtigten zugeschnittenen Leistungen würden ihren Zweck verfehlen, wenn sie an Dritte erbracht werden müssten. Eine Geldleistung, die der Leistungsberechtigte einmalig statt einer Dienst- oder Sachleistung erhalten wird (Bargelderstattung), z. B. für selbstbeschaffte Haushalts- oder Betriebshilfe (§ 38 Abs. 4 SGB [V], § 36 KVLG [1989], § 11 Abs. 4 BVG), für Reisekosten, als Taschengeld an Stelle einer Sachleistung zum persönlichen Bedarf, für Arztkosten, fällt unter § 54 Abs. 2 SGB I[2]. Deren Pfändung wird jedoch vielfach durch die Zweckbestimmung ausgeschlossen. Pfändungsschutz hinsichtlich geleisteter Gegenstände: § 811 ZPO.

1334

V. Pfändung einmaliger Geldleistungen (§ 54 Abs. 2 SGB I)

1. *Pfändbarkeit*

a) Ansprüche auf einmalige Geldleistungen können *nur gepfändet* werden, wenn dies der *Billigkeit entspricht* (§ 54 Abs. 2 SGB I). Das gilt für den

1335

---

1 Siehe Begründung Rdn. 1302 (Fußn. 2) Seite 32; dazu auch *Schreiber*, Rpfleger 1977, 295.
2 So auch *Schreiber*, Rpfleger 1977, 295, der auch weitere Beispiele nennt; *Stein/Jonas/Brehm*, ZPO, Rdn. 61 zu § 850 i.

4. Kapitel: Pfändung von Sozialleistungen

bereits entstandenen Anspruch (§ 40 SGB I) gleichermaßen wie für einen als zukünftige Forderung nach den hierfür bestehenden Grundsätzen (Rdn. 27) pfändbaren Anspruch. Auf einmalige Geldleistung geht der Anspruch, wenn er nach seiner Anspruchsgrundlage nicht in wiederkehrenden Zeitabschnitten zu leisten ist, und zwar auch dann, wenn die einmalige Geldleistung nicht insgesamt, sondern in Teilbeträgen ausbezahlt wird. Einmalige Geldleistungen sind sonach beispielsweise Rentenabfindung (§ 107 SGB VI) und Beitragserstattung (§ 210 SGB VI). Der Anspruch auf *Beitragserstattung* ist bereits bei Wegfall der Versicherungspflicht[1], somit vor Entstehen mit Stellung des Erstattungsantrags, pfändbare künftige Forderung[2]. Keine einmalige Geldleistung ist der Anspruch, der zwar in einem Betrag zur Auszahlung ansteht, nach seiner Anspruchsgrundlage aber als wiederkehrende Leistung gewährt wird, wie z. B. eine Rentennachzahlung.

1336 b) *Gepfändet* werden können Ansprüche auf einmalige Geldleistungen nur, soweit dies „nach den Umständen des Falles" der Billigkeit entspricht (§ 54 Abs. 2 SGB I)[3]. Das soll ermöglichen, dass die Gläubiger- und Schuldnerinteressen in sozial- und rechtspolitisch vertretbarer Weise gegeneinander abgewogen werden[4]. Dies gilt auch, wenn ein gesetzlicher Unterhaltsanspruch oder eine Forderung aus vorsätzlich begangener unerlaubter Handlung vollstreckt wird; ihnen steht für den Zugriff auf einmalige Geldleistungen kein Pfändungsprivileg zu, deren Bedeutung ist aber bei der Billigkeitsabwägung zu würdigen (Rdn. 1340). § 54 Abs. 2 SGB I lässt (als selbstständige Regelung) die Pfändung grundsätzlich zu, soweit sie der Billigkeit entspricht. Es besteht somit keine Unpfändbarkeit, die wie im Falle des § 850 b ZPO (Rdn. 1028) nur auf Grund einer konstitutiv wirkenden Entscheidung des Vollstreckungsgerichts durchbrochen wäre[5].

1337 c) *Die Pfändbarkeit* des Anspruchs auf einmalige Geldleistung *regelt* § 54 Abs. 2 SGB I *abschließend*. Zweckbindung (Rdn. 14) begründet keine weitergehende Unpfändbarkeit, sondern ist bei Billigkeitsprüfung zu würdigen. Die für Arbeitseinkommen geltenden Pfändungsbestimmungen sind nicht, wie in Abs. 4 des § 54 SGB I, in Bezug genommen. Daher findet auch § 850 a ZPO keine Anwendung. Dass Einzelleistungen aus sozialen Gründen oder wegen ihrer Zweckgebundenheit unpfändbar bleiben müssen, gewährleistet somit allein § 54 Abs. 2 SGB I. Bei der demnach zu treffen-

---

1   Z. B. mit Ausweisung eines tunesischen Staatsangehörigen (Fall des *OLG Karlsruhe*), Rückkehr des Schuldners in sein Heimatland Türkei (Fall des *Kammergerichts*).
2   *OLG Karlsruhe* Rpfleger 1984, 155; *KG* JurBüro 1986, 943 = OLGZ 1986, 471 = Rpfleger 1986, 230; *LG Lübeck* Rpfleger 1984, 474; *OLG Bremen* JurBüro 1988, 932 (schon vor Rückkehr in die Heimat, zu weitgehend); enger *LG Düsseldorf* JurBüro 1985, 1901: Pfändung erst möglich, wenn der Schuldner den Rückzahlungsanspruch geltend machen kann.
3   Die Vorschrift verstößt nicht gegen das rechtsstaatliche Gebot hinreichender Bestimmtheit von Gesetzen, *VGH Baden-Württemberg* Rpfleger 1986, 230.
4   Begründung (Rdn. 1302 Fußn. 2) Seite 32.
5   *BGH* 92, 339 = MDR 1985, 225 = NJW 1985, 976 = Rpfleger 1985, 155 mit zust. Anm. *Hornung* (zum vormaligen § 54 Abs. 3 SGB I).

Einmalige Geldleistungen (§ 54 Abs. 2 SGB I)

den Billigkeitsentscheidung ist der Zweckbestimmung der Geldleistung allerdings in gleicher Weise Rechnung zu tragen, wie dies durch § 850 a ZPO geschieht. Damit verbietet sich praktisch die Pfändung einmaligen Fahrtkostenersatzes und einer Kostenerstattung für auswärtige Unterbringung (in Anlehnung an § 850 a Nr. 3 ZPO). Entsprechendes gilt nach § 54 Abs. 2 SGB I für andere zweckgebundene Geldleistungen, z. B. für den Zuschuss zur Beschaffung eines Motorfahrzeugs nach § 11 Abs. 3 BVG. Daraus folgt zugleich, dass Pfändung nach § 54 Abs. 2 SGB I stets zugelassen werden kann, wenn solche Leistungen durch die Vollstreckungsmaßnahme ihrer Zweckbestimmung zugeführt werden sollen (Rdn. 14).

d) Die wesentlichen *Gesichtspunkte*, die das Vollstreckungsgericht bei der *Billigkeitsprüfung* zu berücksichtigen hat, sind im Gesetzeswortlaut (§ 54 Abs. 2 SGB I) angeführt. Die Aufzählung ist jedoch nur beispielhaft („... insbesondere"), nicht abschließend; zu würdigen sind daher auch alle anderen bedeutsamen Umstände des Einzelfalles. **1338**

aa) Mit Berücksichtigung der Einkommens- und *Vermögensverhältnisse* des Schuldners ist dem sozialen Schutz im Einzelfall Rechnung zu tragen. Dem Schuldner soll das für seinen Lebensbedarf Notwendige bleiben. **1339**

bb) Die *Art des beizutreibenden Anspruchs* gebietet Berücksichtigung der Gläubigerinteressen. Bedeutsam kann sein, ob ein laufender Unterhaltsanspruch, Unterhaltsrückstände oder etwa eine Forderung aus einer vorsätzlich begangenen unerlaubten Handlung beigetrieben werden soll, aber auch, ob die Forderung bereits seit längerer Zeit geschuldet ist und andere Vollstreckungsversuche eine Befriedigung des Gläubigers nicht ermöglicht haben oder aussichtslos erscheinen lassen. Die Art des beizutreibenden Anspruchs kann vor allem auch im Hinblick auf die Zweckbestimmung der Sozialleistung Bedeutung erlangen. **1340**

cc) Die *Zweckbestimmung* der Geldleistung dürfte das wichtigste Regulativ für die Zulässigkeit der Pfändung sein[6]. Ihr ist bei Interessenabwägung insbesondere unter dem Gesichtspunkt Rechnung zu tragen, dass die Pfändung den mit der einmaligen Sozialleistung bezweckten Erfolg nicht grundlos vereiteln oder beeinträchtigen darf. Die Pfändung wird deshalb vornehmlich dann zuzulassen sein, wenn durch die Vollstreckungsmaßnahme die Leistung ihrer Zweckbestimmung zugeführt werden soll. **Beispiel:** Pfändung des Zuschusses zur Instandhaltung eines Motorfahrzeugs, § 11 Abs. 3 BVG, für die Reparaturforderung des Inhabers der Kfz-Werkstätte. **1341**

dd) Die *Höhe* der Geldleistung kann im Hinblick auf die zu prüfenden Einkommens- und Vermögensverhältnisse des Schuldners, aber auch zur Würdigung der Zweckbestimmung und bei Abwägung allgemeiner Billigkeitsgesichtspunkte Bedeutung erlangen. **1342**

ee) Als sonstige *Umstände des Einzelfalls* können etwa die Vermögens- und Einkommensverhältnisse, aber auch eine besondere Bedürftigkeit des **1343**

---

6   Begründung (Rdn. 1302 Fußn. 2) Seite 52; auch *BGH* 92, 339 (345) = a.a.O. (Fußn. 5); *OLG Celle* (15. 6. 1977) MDR 1978, 149 = NJW 1977, 1641.

4. Kapitel: Pfändung von Sozialleistungen

Gläubigers ebenso wie eine Notlage des Schuldners, dessen Unterhaltsverpflichtungen und Gesundheitszustand sowie andere individuelle Besonderheiten bedeutsam sein. Daher kann es die Billigkeitsentscheidung beeinflussen, dass der Gläubiger in besonderem Maße auf die Durchsetzung seiner Forderung angewiesen ist. Auch kann sich z. B. die Pfändung zeitweilig als unzulässig erweisen, wenn der Schuldner nach Berufstätigkeit überraschend (z. B. infolge überraschender Geschäftsschließung) arbeitslos geworden ist und vielleicht schon einen neuen Arbeitsplatz in Aussicht hat. In diesem Zusammenhang kann es erheblich sein[7], ob die Forderung aus dem Kauf eines Luxusgegenstandes oder aus Erwerb von Bedarfsgütern herrührt oder ob der Schuldner bei Abschluss eines Kreditvertrages sicheres Einkommen hatte oder arbeitslos war.

1344 e) Pfändungsvoraussetzung ist nicht, wie im Falle des § 850 b ZPO, dass die Vollstreckung in das sonstige bewegliche Vermögen des Schuldners zu einer vollständigen Befriedigung des Gläubigers nicht geführt hat oder voraussichtlich nicht führen wird[8]. Dass anderweitige Pfändungsmöglichkeiten mit Befriedigungsaussicht gegeben sind, kann aber bei der Billigkeitsprüfung berücksichtigt werden[9]. Jedoch ist § 54 Abs. 2 SGB I nicht, wie § 850 b ZPO, als Ausnahmeregelung dergestalt anzusehen, dass die Pfändung nur zulässig wäre, wenn mit ihr eine den Gläubiger sonst treffende Härte abgewendet werden kann. Vielmehr ist eine Geldleistung stets dann zu pfänden, wenn dies die Gläubigerinteressen bei voller Würdigung und Gewährleistung des notwendigen sozialen Schutzes des Schuldners rechtfertigen. Einwendungen gegen die der Zwangsvollstreckung zugrunde liegende Forderung können im Rahmen der Billigkeitsprüfung nicht berücksichtigt werden[10].

---

7   Siehe hierzu *OLG Düsseldorf* (13.6.1979) FamRZ 1979, 806 (in einer Armenrechtssache zur Pfändung [damals] einer laufenden Sozialrente wegen eines Prozesskostenvorschusses für eine Unterhaltsklage der getrennt lebenden Ehefrau); *OLG Hamm* (6.9.1978) JurBüro 1979, 925 = Rpfleger 1979, 270 (Pfändung kleiner Beträge der Rente der mithaftenden Schuldnerin für ein Darlehen zur Finanzierung eines Personenkraftwagens und Ablösung eines früheren Kredits); *KG* MDR 1981, 505 (Kredit mit hohen Zinsen für Anschaffung einer Waschmaschine und von Bekleidung); *OLG Köln* (6.11.1989) NJW 1990, 2996 = OLGZ 1990, 219 (Bedenken gegen Pfändung einer Erwerbsunfähigkeitsrente am Rande des Existenzminimums wegen einer minimalen Hauptforderung mit erheblichen Kosten); *LG Kassel* NJW 1977, 302; auch *LG Berlin* MDR 1977, 147 (Pfändung einer Sozialrente für die Forderung des Vermieters wegen vom Schuldner als Mieter unterlassener Schönheitsreparaturen); *LG Köln* NJW 1977, 1640 (zum Verwendungszweck eines Kredits, unter 4b der Gründe); *LG Siegen* JurBüro 1985, 947 (Pfändung einer Erwerbsunfähigkeitsrente wegen einer geringfügigen, in etwa 3 Monaten weggefertigten Forderung aus früherer Erwerbstätigkeit des Schuldners); *LG Wiesbaden* JurBüro 1981, 626 = Rpfleger 1981, 491 (zu einem auf Risiko gegebenen Darlehen).

8   So auch *LG Köln* NJW 1977, 1640 und *LG Hannover* JurBüro 1984, 948. Es ist daher für sich allein zur Zulässigkeit der Pfändung auch nicht ausreichend, dass dies der Fall und nachgewiesen oder glaubhaft gemacht ist.

9   *LG Hannover* JurBüro 1984, 948. Deswegen kann aber Vorlage einer Unpfändbarkeitsbescheinigung zum Pfändungsantrag nicht (schlechthin) verlangt werden, *LG Hannover* JurBüro 1984, 948.

10 *LG Berlin* Rpfleger 1977, 31; *LG Wiesbaden* a.a.O (Fußn. 7).

Einmalige Geldleistungen (§ 54 Abs. 2 SGB I)

f) Ob auch ein Sonderrechtsnachfolger bei Tod des Berechtigten (§ 56 Abs. 1 SGB I) und Erbe[11] (§ 58 Abs. 1 SGB I), auf den der Leistungsanspruch übergegangen ist, Pfändungsschutz nach § 54 Abs. 2 SGB I genießt, ist fraglich, m.E. jedoch zu bejahen. § 54 SGB I regelt die Pfändbarkeit der Ansprüche abschließend und sieht keine Ausnahme für Leistungsberechtigte nach Rechtsnachfolge vor. Auch ein Sonderrechtsnachfolger bei Tod des Berechtigten und der Erbe ist Leistungsberechtigter, dessen Anspruch nach dem Zweck des § 54 Abs. 2 SGB I sozialen Schutz gebietet. Dass im Einzelfall die Schutzgesichtspunkte bei Vollstreckung gegen einen Rechtsnachfolger vielfach nicht zutreffen werden, bewirkt nicht, dass § 54 SGB I entgegen seinem Wortlaut unanwendbar wäre, sondern erlangt lediglich bei der Billigkeitsprüfung Bedeutung.

1345

g) Mit *Gläubigerwechsel durch Abtretung* (Übertragung) des Anspruchs auf eine einmalige Sozialgeldleistung (§ 53 Abs. 2 SGB I) endet der Pfändungsschutz des Leistungsberechtigten. Der Anspruch auf eine Sozialleistung (der übertragene Teilbetrag) wird mit Abtretung zur Forderung des neuen Gläubigers (§ 398 BGB). Dieser ist nicht Leistungsberechtigter, für dessen Anspruch § 54 Abs. 2 SGB I sozialen Schutz gegen Zwangsvollstreckung gewährleistet. Daher unterliegt eine abgetretene Sozialgeldleistung als Forderung des neuen Gläubigers bei Zwangsvollstreckung gegen diesen nicht mehr dem Pfändungsschutz des § 54 SGB I[12]. Schutzmöglichkeit besteht dann nur noch nach § 765 a ZPO.

1346

2. *Pfändungsverfahren*

Gepfändet wird die angebliche Forderung des Schuldners an ... – Drittschuldner – auf Beitragserstattung nach Ausscheiden aus der Versicherungspflicht in allen Zweigen der gesetzlichen Rentenversicherung.

1347

a) Das Verfahren zur Pfändung eines Anspruchs auf eine einmalige Geldleistung bestimmt sich nach den Vorschriften der ZPO über die *Zwangsvollstreckung in Geldforderungen* (§§ 828 ff.). Zuständig für die Entscheidung über den Antrag auf Pfändung ist der Rechtspfleger.

1348

b) In seinem *Antrag* hat der Gläubiger nach den allgemeinen Verfahrensgrundsätzen des Vollstreckungsrechts (Rdn. 485 a) die Tatsachen darzustellen, die Bestehen der zu pfändenden Schuldnerforderung gegen den Leistungsträger (Drittschuldner) und deren Pfändbarkeit ergeben (Rdn. 461). Aus dem Gläubigervorbringen muss damit auch substantiiert folgen, dass die Pfändung nach § 54 Abs. 2 SGB I der Billigkeit entspricht.

1349

c) Eine *Anhörung* des Schuldners über das Pfändungsgesuch verbietet sich (§ 834 ZPO).

1350

d) Die *Entscheidung*, dass die Pfändung der Billigkeit entspricht und daher zugelassen wird, trifft das Vollstreckungsgericht durch Erlass des Pfändungsbeschlusses. Für Prüfung, ob die Pfändung der Billigkeit entspricht

1351

---

11 Für diesen **a.A.** *Stein/Jonas/Brehm*, ZPO, Rdn. 60 zu § 850 i.
12 *OLG Stuttgart* MDR 1985, 944 = OLGZ 1985, 338 = Rpfleger 1985, 40.

4. Kapitel: Pfändung von Sozialleistungen

(Rdn. 1336, 1338), sind die Gläubiger- und Schuldnerinteressen in dem einseitigen Antragsverfahren (§ 834 ZPO) unter Berücksichtigung der Umstände des Einzelfalls frei zu würdigen. Lebenserfahrung und Erfahrungssätze sind mit anderen Umständen bei rechtlicher Würdigung des Gläubigervorbringens zu berücksichtigen. Wenn die Prüfung ergibt, dass eine Pfändung nicht der Billigkeit entspricht, ist die Zwangsvollstreckungsmaßnahme abzulehnen. Die Sozialleistung bleibt dann für den Gläubiger unpfändbar.

1352 e) Im *Pfändungsbeschluss* ist der Anspruch auf die einmalige Geldleistung nach den allgemeinen Grundsätzen (Rdn. 496 ff.) bestimmt zu bezeichnen. Die allgemein gehaltene Angabe „alle Ansprüche auf Sozialleistung nach dem SGB[13]" oder „Zahlung der gesamten Rentenbezüge" (erfasst nicht den Anspruch auf Witwenrentenabfindung[14]) ist unzureichend (siehe auch Rdn. 1378). Zu bezeichnen ist die konkrete Sozialleistung, zum Beispiel:

„Abfindung der Verletztenrente in der gesetzlichen Unfallversicherung nach Abschluss der Heilbehandlung".

Dass die Pfändung ohne weiteres auch den *Zins*anspruch erfasst (§ 44 SGB I), braucht im Pfändungsbeschluss nicht gesondert zum Ausdruck gebracht, kann jedoch angegeben werden (Rdn. 694); Klarstellung empfiehlt sich für rückständige Zinsen (Rdn. 696).

1353 f) *Drittschuldner* ist der zuständige Leistungsträger. Die Pfändung wird nicht wirksam, wenn sich das Zahlungsverbot an einen unrichtigen Drittschuldner richtet (Auslegung einer unzulänglichen Bezeichnung ist aber zulässig) oder wenn der Pfändungsbeschluss nicht dem richtigen Drittschuldner zugestellt wird (Rdn. 502).

1354 g) Durch *Begründung* des Pfändungsbeschlusses ist darzustellen, aus welchen Erwägungen das Vollstreckungsgericht die Pfändbarkeit der einmaligen Geldleistung nach Maßgabe des § 54 Abs. 2 SGB I bejaht hat[15]. Das schlüssige Vorbringen des Gläubigers muss durch Aufnahme in die Beschlussgründe dem Schuldner und Drittschuldner mitgeteilt[16], seine rechtliche Würdigung durch das Vollstreckungsgericht dargestellt werden. Die Begründung hat eine kurze Zusammenfassung der Erwägungen zu enthalten, auf denen die Entscheidung in tatsächlicher und rechtlicher Hinsicht beruht (§ 313 Abs. 3 ZPO entspr.). Ausreichend ist eine prägnante, stich-

---

13 So auch *Hornung* RpflJB 1977, 357; *derselbe* Rpfleger 1977, 222 (223 unter 3).
14 *BSozG* BB 1986, 2132 (Leits.) = KKZ 1987, 93.
15 So zutreffend *Hornung* Rpfleger 1977, 32 (35), 1977, 222 (223 unter 4) und 1978, 66 (unter 4); *OLG Frankfurt* JurBüro 1992, 59 = Rpfleger 1991, 378; *OLG Köln* NJW 1989, 2956; *LG Berlin* Rpfleger 1977, 222; *LG Wiesbaden* JurBüro 1981, 626 = Rpfleger 1981, 491 zu § 850 b (da nach Anhörung des Schuldners Entscheidung); auch *LG Düsseldorf* JurBüro 1983, 1575 = Rpfleger 1983, 255. **A.A.** (der nicht zu folgen ist) *LG Braunschweig* Rpfleger 1981, 489 mit abl. Anm. *Hornung*.
16 Siehe bereits 4. Aufl., 4. Kap. Abschn. C III (S. 483), wo zur Pfändung nach §§ 67–70 BVersG verlangt ist, dass das schlüssige Vorbringen des Gläubigers in den Pfändungsbeschluss aufgenommen wird.

wortartige Begründung[17]; umfangreiche Erörterungen sind beim Pfändungszugriff, der Vollstreckungsakt ist, nicht geboten[18]. Bezugnahme auf den dann mit dem Pfändungsbeschluss auszufertigenden und zuzustellenden Gläubigerantrag kann nicht genügen. Die formularmäßige Wendung, die Pfändung erfolge gem. § 54 Abs. 2 SGB I und entspreche nach dem Vortrag des Gläubigers der Billigkeit, lässt ein Abwägen der Gläubiger- und Schuldnerinteressen vermissen, gibt somit keine ausreichende Begründung für Prüfung der Billigkeit[19].

h) Einwendungen gegen die Zulassung der Pfändung Rdn. 751.

i) Auf *jeden Gläubigerantrag* ist selbstständig zu prüfen und zu würdigen, ob eine Pfändung der Billigkeit entspricht. Die Beurteilung der Einzelumstände und Abwägung der Interessenlagen kann auch dazu führen, dass die Pfändung nur wegen eines Forderungsteils des Gläubigers (z. B. wegen eines Anspruchs aus unerlaubter Handlung, nicht aber wegen einer Darlehens- oder Kaufpreisforderung) oder nur wegen eines Teils des Leistungsanspruchs des Schuldners auf eine einmalige Geldleistung zugelassen oder einem Gläubiger ermöglicht, einem anderen dagegen versagt wird[20].

1355

VI. Pfändung „einmaliger" Leistungen an Arbeitgeber und Träger

1. Berechtigter einer Sozialgeldleistung (insbes. nach SGB III – Arbeitsförderung –) kann auch der Arbeitgeber oder ein Träger sein, d. i. eine natürliche oder juristische Person, die Maßnahmen selbst durchführt oder durch Dritte durchführen lässt (§ 21 SGB III). Erhalten können *Arbeitgeber* nach SGB III z. B. Eingliederungszuschüsse (jährlich oder in monatlichen Festbeträgen, §§ 217–222), Einstellungszuschuss bei Neugründung (§§ 225–228), Zuschüsse bei beruflicher Ausbildung von Auszubildenden und betrieblicher Aus- oder Weiterbildung von Behinderten (§§ 235–239). *Träger von Einrichtungen* können nach SGB III erhalten z. B. Zuschüsse zur Förderung der Berufsausbildung (§§ 240–247), Darlehen zur Förderung von Einrichtungen der beruflichen Aus- oder Weiterbildung sowie zur beruflichen Eingliederung Behinderter (§§ 248–251), Darlehen und Zuschüsse zur Förderung von Jugendwohnheimen (§§ 252–253) sowie von Arbeitsbeschaffungsmaßnahmen (§§ 260–271).

1355a

2. Geldleistungen an Arbeitgeber und Träger, die *nur einmal gewährt* (erbracht) werden, sind (nur) nach § 54 Abs. 2 SGB I pfändbar. Die Pfändung erfordert somit, dass sie nach den Umständen des Falles der Billigkeit entspricht. Das gilt auch, wenn eine Leistung später erneut (damit wiederholt) gewährt wird.

1355b

---

17 So zutreffend *Hornung* Rpfleger 1977, 32 (35); auch *LG Berlin* Rpfleger 1977, 222.
18 So auch *Hornung* Rpfleger 1977, 32 (35).
19 *KG* JurBüro 1982, 462 = MDR 1982, 417 = OLGZ 1982, 443 (446) = Rpfleger 1982, 74.
20 So auch *Stein/Jonas/Brehm*, ZPO, Rdn. 64 zu § 850 i.

4. Kapitel: Pfändung von Sozialleistungen

1355c 3. Auch die Pfändbarkeit der Leistungen an Arbeitgeber oder Träger, die als *Zuschüsse in Monatsbeträgen* oder sonst zeitweilig wiederholend geleistet werden, kann sich nur nach Abs. 2 des § 54 SGB I bestimmen. Auch die Pfändung solcher Leistungen muss sonach nach den Umständen des Falles der Billigkeit entsprechen. Laufende Geldleistungen, die der Sicherung des Lebensunterhalts zu dienen bestimmt wären, deren Pfändung als Entgeltersatzleistungen damit nach § 54 Abs. 4 SGB I wie die Pfändung von Arbeitseinkommen beschränkt und nur wie dessen Pfändung (nach §§ 850 ff. ZPO) möglich wäre, sind diese Leistungen an Arbeitgeber und Träger nicht. Der Anspruch geht vielmehr auf einmalige Geldleistung, weil er nach seiner Anspruchsgrundlage nicht in wiederkehrenden Zeitabschnitten, sondern als Zuschuss für einzelne Förderungsmaßnahmen und zeitlich begrenzte Förderungsdauer zu leisten ist. Dass er als einmalige Geldleistung im Einzelfall in Teilbeträgen (vornehmlich monatlich) ausgezahlt wird, ändert diese Rechtsnatur der (einmaligen) Leistung nicht (Rdn. 1335). Zur Pfändbarkeit von Darlehensleistungen vgl. auch Rdn. 111 ff.

1355d 4. Auch *Erstattungsbeträge* nach § 4 des Altersteilzeitgesetzes (Rdn. 1317) sind als *Zuschuss* für einzelne Förderungsmaßnahmen anzusehen und durch die zeitlich bestimmte Förderungsdauer begrenzt. Für die Förderungsdauer erstattet dem Arbeitgeber die Bundesagentur (zuständig ist die Agentur für Arbeit, § 12 Ges.) einen Teil des Aufstockungsbetrags zum Arbeitsentgelt des Arbeitnehmers und einen Teil des Beitrags, der für den Arbeitnehmer zur gesetzlichen Rentenversicherung entrichtet wird (§ 4 Ges.). Die Leistungen werden nachträglich jeweils für den Kalendermonat ausbezahlt (§ 12 Abs. 2 Ges.). Nach der Anspruchsgrundlage werden diese Leistungen nicht – wie Arbeitseinkommen oder Entgeltersatzleistungen – zur Deckung des Lebensbedarfs in wiederkehrenden Zeitabschnitten erbracht. Sie müssen nach ihrem Förderungszweck daher den Einmalleistungen zugerechnet werden, die als Erstattungsbeträge in einem begrenzten Zeitabschnitt monatsweise bezahlt werden. Ihre Pfändung kann sich daher nur nach Abs. 2 des § 54 SGB I bestimmen. Auch die Pfändung solcher Leistungen muss somit nach den Umständen des Falles der Billigkeit entsprechen. Das müsste auch gelten, wenn die Leistungen auf Grund eines Tarifvertrags von einer Ausgleichskasse der Arbeitgeber dem Arbeitnehmer erstattet werden (§ 9 Ges.).

1355e 5. Erstattet (monatlich ausgezahlt) wird dem Arbeit*nehmer* der Aufstockungsbetrag zum Arbeitsentgelt und ein Beitragsteil, wenn er Krankengeld, Versorgungskrankengeld, Verletztengeld oder Übergangsgeld bezieht (§ 10 Abs. 2 mit § 12 Abs. 2 S. 2 Ges.). Diese Leistungen erbringt die Bundesagentur für Arbeit (die Agentur für Arbeit) anstelle des Arbeitgebers als aufgestocktes Arbeitsentgelt (§ 10 Abs. 2 Ges); sie können daher auch nur wie Arbeitseinkommen gepfändet werden (§ 54 Abs. 4 SGB I; § 850 e Nr. 2 a ZPO).

VII. Unpfändbare Ansprüche (§ 54 Abs. 3 SGB I)

1. Unpfändbare Geldleistungen

a) *Elterngeld:* Rdn. 1327. Erziehungsgeld und vergleichbare Leistungen der Länder waren (zur Wahrung der Zweckbestimmung[1]) unpfändbar (§ 54 Abs. 3 Nr. 1 SGB I, siehe Rdn. 1327), und zwar auch für Unterhaltsansprüche. **1356**

b) *Mutterschaftsgeld*, das für die Zeit der Schutzfristen nach § 13 Abs. 1 MuSchG gezahlt wird, ist unpfändbar bis zur Höhe des Elterngeldes nach § 2 BEEG, soweit es die anrechnungsfreien Beträge (§ 10 BEEG) nicht übersteigt (§ 54 Abs. 3 Nr. 2 SGB I). Nicht zum unpfändbaren Anspruch auf Mutterschaftsgeld, sondern zu den „übrigen" Ansprüchen des § 54 Abs. 4 SGB I, gehören **1357**

- das Mutterschaftsgeld nach § 13 Abs. 2 MuSchG, das Frauen, die nicht Mitglied einer gesetzlichen Krankenkasse sind, zulasten des Bundes erhalten,
- Mutterschaftsgeld, das aus einer Teilzeitbeschäftigung während der Elternzeit herrührt.

Dienstbezüge, Anwärterbezüge und Zuschüsse, die nach beamten- oder soldatenrechtlichen Vorschriften für die Zeit des Mutterschutzes gezahlt werden, sind Arbeitseinkommen (§§ 850 ff. ZPO), nicht Mutterschaftsgeld; § 54 Abs. 3 Nr. 2 SGB nimmt dieses Einkommen nicht von der Pfändung aus[2].

c) *Wohngeld* (Rdn. 1328) ist wegen seiner Zweckbindung unpfändbar (§ 54 Abs. 3 Nr. 2 a SGB I). Es soll dem Schuldner zur Bezahlung der Miete oder zur Aufbringung der Belastung verbleiben. Nicht ausgeschlossen ist die Pfändung jedoch wegen solcher Ansprüche, die Gegenstand der §§ 9 und 10 WoGG sind. Damit ist berechtigten Interessen des Vermieters (beim Mietzuschuss) und das Darlehensgebers (beim Lastenzuschuss) Rechnung getragen; sie können ihre Ansprüche im Wege der Pfändung durchsetzen. Es lauten **1358**

> **§ 9 WoGG**
> **Miete**
> (1) Miete ist das vereinbarte Entgelt für die Gebrauchsüberlassung von Wohnraum auf Grund von Mietverträgen oder ähnlichen Nutzungsverhältnissen einschließlich Umlagen, Zuschlägen und Vergütungen.
> (2) Von der Miete nach Absatz 1 sind abzuziehen:
> 1. Betriebskosten für zentrale Heizungs- und Warmwasserversorgungsanlagen sowie zentrale Brennstoffversorgungsanlagen,
> 2. Kosten der eigenständig gewerblichen Lieferung von Wärme und Warmwasser, soweit sie den in Nummer 1 bezeichneten Kosten entsprechen,
> 3. Untermietzuschläge,
> 4. Zuschläge für die Nutzung von Wohnraum zu anderen als Wohnzwecken,

---

[1] Beschlussempfehlung und Bericht des Ausschusses für Arbeit und Sozialordnung, BT-Drucks. 11/2460 vom 10.6.1988, S. 15.
[2] So auch *Hornung* Rpfleger 1994, 442 (443).

4. Kapitel: Pfändung von Sozialleistungen

5. Vergütungen für die Überlassung von Möbeln mit Ausnahme von üblichen Einbaumöbeln.

(3) Im Fall des § 3 Abs. 1 Satz 2 Nr. 2 ist als Miete der Mietwert des Wohnraums zu Grunde zu legen. Im Fall des § 3 Abs. 1 Satz 2 Nr. 3 ist als Miete der Höchstbetrag nach § 12 Abs. 1 zu Grunde zu legen.

§ 10 WoGG
Belastung

(1) Belastung sind die Kosten für den Kapitaldienst und die Bewirtschaftung von Wohnraum in vereinbarter oder festgesetzter Höhe.

(2) Die Belastung ist von der Wohngeldbehörde (§ 24 Abs. 1 Satz 1) in einer Wohngeld-Lastenberechnung zu ermitteln. Von einer vollständigen Wohngeld-Lastenberechnung kann abgesehen werden, wenn die auf den Wohnraum entfallende Belastung aus Zinsen und Tilgungen den nach § 12 Abs. 1 maßgebenden Höchstbetrag erreicht oder übersteigt.

Für die in § 9 Abs. 2 WoGG bezeichneten Mietnebenkosten wird Wohngeld nicht geleistet; es ist wegen seiner Zweckbindung daher auch wegen solcher Ansprüche nicht pfändbar; ausgeschlossen ist die Pfändung damit auch, wenn Mietnebenkosten nicht einem Dritten auf Grund eines gesonderten Lieferungs- oder Überlassungsvertrags zu leisten sind, sondern dem Vermieter für die Gebrauchsüberlassung des Wohnraums. Die Pfändung des Wohngelds für Ansprüche nach §§ 9 und 10 WoGG ist nicht durch Vorschriften über die Pfändung von Arbeitseinkommen (§ 54 Abs. 4 SGB I) eingeschränkt. Für Ansprüche des Vermieters oder Darlehensgebers ist Wohngeld demnach in vollem Umfang pfändbar.

1359 d) Geldleistungen, die dafür bestimmt sind, den durch einen *Körper- oder Gesundheitsschaden* bedingten Mehraufwand auszugleichen, sind unpfändbar (§ 54 Abs. 3 Nr. 3 SGB I). Grund[3]: Zweckbindung für Ausgleich des Mehrbedarfs. **Beispiele**[3]: Grundrente und Schwerstbeschädigtenzulage nach § 31 BVG, Pflegezulage nach § 35 BVG, Kleiderverschleißzulage nach § 15 BVG, Beihilfe für fremde Führung oder Blindenführerhund nach § 14 BVG, sowie die gleichen und vergleichbare Leistungen in anderen Versorgungsfällen (zu Leistungsgesetzen, die eine entsprechende Anwendung des BVG vorsehen, Rdn. 1325). Nicht dazu gehören Sozialleistungen an Schwerbeschädigte oder Schwerbehinderte, die dem Ausgleich von Einkommensverlusten dienen, wie z. B. die Ausgleichsrente nach § 32 BVG und der Berufsschadensausgleich nach § 30 BVG. Diese Leistungen sind (wie Arbeitseinkommen, § 54 Abs. 4 SGB I) pfändbar. Auch einmalige Geldleistungen (§ 54 Abs. 2 SGB I) gehören nicht dazu[4]; soweit sie dem Ausgleich

---

3 Begründung des Gesetzentwurfs, BT-Drucks. 12/5187, S. 29, abgedruckt Rdn. 1303.
4 Anders *Hornung* Rpfleger 1994, 442 (443), der jedoch nicht in Erwägung zieht, dass nur laufende Geldleistungen entweder nach § 54 Abs. 3 SGB I von vornherein unpfändbar gestellt sind oder nach § 54 Abs. 4 SGB I wie Arbeitseinkommen gepfändet werden können, so Begründung des Gesetzentwurfs, BT-Drucks. 12/5187, S. 29, abgedruckt Rdn. 1303. Widersprüchlich zählt die Begründung allerdings auch die Hilfen für Beschaffung eines Kraftfahrzeuges nach der Kraftfahrzeughilfe-Verordnung auf, die als Zuschüsse, u. U. auch als Darlehen erbracht werden.

Unpfändbare Ansprüche (§ 54 Abs. 3 SGB I)

eines durch Körper- oder Gesundheitsschaden bedingten Mehraufwands dienen, ist jedoch „nach den Umständen des Falles" Pfändung nicht möglich. Leistungen der Pflegeversicherung (Rdn. 1320 a) an Pflegebedürftige dienen gleichfalls dem durch Körper- oder Gesundheitsschaden bedingten Mehraufwand. Pflegebedürftig ist, wer wegen einer körperlichen, geistigen oder seelischen Krankheit oder Behinderung für die gewöhnlichen und regelmäßig wiederkehrenden Verrichtungen im Ablauf des täglichen Lebens der Hilfe bedarf (§ 14 Abs. 1 SGB XI). Geldleistungen der Pflegeversicherung an Versicherte (zu den Leistungsansprüchen § 28 SGB XI) sind daher nach § 54 Abs. 3 Nr. 3 SGB unpfändbar. Leistungen zur sozialen Sicherung der Pflegepersonen (Beiträge zur gesetzlichen Rentenversicherung, § 44 SGB XI) sind als abzuführende sozialrechtliche Beiträge nach § 850 e Nr. 1 ZPO (jedenfalls in entspr. Anwendung) nicht pfändbar.

2. Pfändungsverfahren

Nach § 54 Abs. 3 SGB I unpfändbare Ansprüche auf Geldleistungen können selbstständig (allein) nicht gepfändet werden (vgl. Rdn. 976). Als Rentenbestandteile werden sie aber auch von der Pfändung einer fortlaufenden Rente (sonst laufenden Geldleistung) aus einem bestimmten Sozialleistungsbereich (z. B. der Rente nach dem BVG) nicht erfasst. Die nach § 54 Abs. 3 SGB I unpfändbaren Ansprüche bleiben deshalb bei Berechnung der nach § 850 c, d oder f Abs. 2 ZPO pfändbaren Teile der laufenden Sozialgeldleistung unberücksichtigt (§ 850 e Nr. 1 ZPO als die bei Pfändung „wie Arbeitseinkommen" entsprechend anzuwendende Vorschrift). Die danach für Berechnung der pfändbaren Teile der laufenden Geldleistung maßgeblichen Nettobezüge hat der Drittschuldner festzustellen. Er hat damit, auch wenn eine besondere Bestimmung im Pfändungsbeschluss nicht getroffen ist (vgl. Rdn. 1132), die nach § 54 Abs. 3 SGB I nicht pfändbaren Teile der laufenden Geldleistungen von den Gesamtbezügen abzusetzen. Allgemeine Bezeichnung dieser nicht pfändbaren und daher abzuziehenden Bezüge im Pfändungsbeschluss empfiehlt sich gleichwohl. **Beispiel** (auch Rdn. 1371): 1360

„Für Berechnung der pfändbaren laufenden Geldleistungen nicht mitzurechnen (§ 850 e Nr. 1 ZPO) ist das gemäß § 54 Abs. 3 Nr. 2 SGB I unpfändbare Mutterschaftsgeld nach § 13 Abs. 1 des Mutterschutzgesetzes, soweit das Mutterschaftsgeld nicht aus einer Teilzeitbeschäftigung während der Elternzeit herrührt, bis zur Höhe des Elterngeldes nach § 2 des Bundeselterngeld- und Elternzeitgesetzes, soweit es die anrechnungsfreien Beträge nach § 10 des Bundeselterngeld- und Elternzeitgesetzes nicht übersteigt."

Wenn der Pfändungsbeschluss nach seinem Wortlaut ausdrücklich (nur oder auch) einen nach § 54 Abs. 3 SGB unpfändbaren Anspruch auf Geldleistung als gepfändet bezeichnet, ist vom Schuldner, aber auch vom Drittschuldner (Rdn. 751) der Einwand der Unpfändbarkeit mit Erinnerung (§ 766 ZPO; dann sofortige Beschwerde, § 793 ZPO) geltend zu machen (Rdn. 751). In Zweifelsfällen kann auch klarstellende Entscheidung des 1361

4. Kapitel: Pfändung von Sozialleistungen

Vollstreckungsgerichts über den Umfang der Pfändung verlangt werden[5] (Rdn. 929).

VIII. Pfändung laufender Geldleistungen (§ 54 Abs. 4 SGB I)

1. *Pfändbarkeit*

1362   a) Auf *laufende* Geldleistungen geht der Anspruch, wenn die Leistungen regelmäßig wiederkehrend für bestimmte Zeitabschnitte gezahlt werden[1]. Das ist der Fall z. B. bei den monatlichen Förderungsbeträgen des BAföG, Arbeitslosengeld[2], Unterhalts- und Übergangsgeld nach SGB III, Hinterbliebenenrente der gesetzlichen Unfallversicherung und Renten der gesetzlichen Rentenversicherung, Renten wegen Alters und Produktionsaufgabenrente der Landwirte sowie Renten nach dem Bundesversorgungsgesetz (Ausnahme Rdn. 1324) und nach anderen Gesetzen[3], Krankengeld[4] und Mutterschaftsgeld (hier mit Ausnahmen) und beim Wohngeld (§ 28 Abs. 2 WoGG). Ihren Charakter verlieren laufende Leistungen nicht dadurch, dass sie verspätet oder als zusammenfassende Zahlung für mehrere Zeitabschnitte geleistet werden[5*]. Nachzahlungen unterliegen daher ebenso wie die erst fällig werdenden Beträge nach Maßgabe des § 54 Abs. 4 SGB der Pfändung.

1363   b) Ansprüche auf laufende Geldleistungen (die nicht unpfändbar sind nach § 54 Abs. 3 SGB I; Rdn. 1356–1359) können „wie Arbeitseinkommen" gepfändet werden (§ 54 Abs. 4 SGB I). Diese Pfändung ist für alle Gläubiger möglich, mithin für Gläubiger gewöhnlicher Geldforderungen ebenso wie für den Gläubiger einer Unterhaltsforderung (§ 850 d ZPO; Rdn. 1076 ff.) und den Gläubiger einer Forderung aus vorsätzlich begangener unerlaubter Handlung (§ 850 f Abs. 2 ZPO; Rdn. 1190). Grund[6]: Gleichstellung vornehmlich der laufenden Sozialleistungen, die der Sicherung des Lebensunterhalts zu dienen bestimmt sind (sog. Entgeltersatzleistungen), mit dem als Sozialleistung pfändbaren (nunmehrigen) Insolvenzgeld (§ 189 SGB III). Renten und Geldleistungen, die Entgeltersatzfunktion haben, rücken nach ihrer Höhe den Schuldner als Einkommensempfänger „in die Nachbarschaft des Lohnempfängers"[7]. Ermöglicht ist daher die Pfändung der laufenden

---

5   So auch *Hornung* Rpfleger 1994, 442 (444).
1   Begründung (Rdn. 1302 Fußn. 2) Seite 31.
2   Hierzu *OLG Celle* MDR 1978, 149 = NJW 1977, 1641; *LG Krefeld* MDR 1977, 412.
3   Zu solchen weiteren Grundrenten siehe die in Rdn. 1325 genannten Bestimmungen über Versorgung in entsprechender Anwendung der Vorschriften des BVG; dazu auch *Bracht* NJW 1980, 1505.
4   *LG Freiburg* (10. 6. 1987) ZIP 1987, 1404.
5* Begründung (Rdn. 1302 Fußn. 2) Seite 31; siehe auch Rdn. 1335.
6   Begründung des Gesetzentwurfs, BT-Drucks. 12/5187, S. 29, abgedruckt Rdn. 1303.
7   Wegen dieser Bedeutung laufender Sozialleistungen siehe Begründung zum Rentenversicherungsgesetz, BT-Drucks. II/2437, S. 57; *Schreiber* NJW 1977, 279; *Hornung* Rpfleger 1977, 222 (223 li.Sp.).

Laufende Geldleistungen (§ 54 Abs. 4 SGB I)

Geldleistungen nach den Vorschriften über die Pfändung von („wie") Arbeitseinkommen. Antragstellung oder Feststellung des Anspruchs, insbesondere der Höhe nach, sind nicht erforderlich. *Vorschüsse* (§ 42 SGB I) oder *vorläufige Leistungen* (§ 43 SGB I) erfasst eine Pfändung ebenso wie endgültige laufende Geldleistungen. Pfändung noch nicht entstandener (s. § 40 SGB I), somit zukünftiger Geldleistungen: Rdn. 1368.

c) Die Pfändung ist nicht in das Ermessen des Vollstreckungsgerichts gestellt. Mit dem Wort „können" in Verbindung mit der Anspruchsbezeichnung in § 54 Abs. 4 SGB I ist die Zulässigkeit der Pfändung ausgedrückt. Die Pfändung hat daher auf Antrag zu erfolgen, wenn die Voraussetzungen vorliegen. Einer Pfändung wegen gesetzlicher Unterhaltsansprüche fehlt nicht deshalb das Rechtsschutzbedürfnis, weil eine Auszahlungsanordnung nach § 48 SGB I erwirkt werden könnte. Hat jedoch ein Unterhaltsgläubiger eine Auszahlungsanordnung erwirkt, so kann er, so weit diese wirkt, den Anspruch auf laufende Geldleistungen nicht mehr pfänden. **1364**

d) *Ausbildungsförderung* nach dem BAföG ist laufende Geldleistung für den Lebensunterhalt; sie wird jedoch nach dem Bedarf für Lebensunterhalt und Ausbildung geleistet (§ 11 Abs. 1 BAföG); Einkommen und Vermögen, und zwar auch der Angehörigen, wird angerechnet (§ 11 Abs. 2 BAföG). Ein pfändbarer Betrag wird sich daher nur bei Zusammenrechnung mit anderen Bezügen ergeben (§ 850 e Nr. 2a ZPO). Für Pfändung der Leistungen unter den Freigrenzen des § 850 c, d und f Abs. 2 ZPO besteht jedoch kein Rechtsschutzbedürfnis (Rdn. 1377). Deren Pfändung ermöglicht auch erstrebte Zusammenrechnung mit anderen Bezügen (§ 850 e Nr. 2a ZPO) nicht, wenn (wie „in erster Linie") der unpfändbare Grundbetrag (und die nicht pfändbaren Mehrbeträge) diesen minderen Geldleistungen nach dem SGB zu entnehmen sind. Entsprechendes gilt für Berufsausbildungsbeihilfe nach §§ 59–76 SGB III und gleiche andere Leistungen zur Förderung der Berufsausbildung oder beruflichen Weiterbildung sowie für das Übergangsgeld bei Teilnahme an Leistungen zur Teilhabe am Arbeitsleben (§ 26 a BVG). **1365**

e) § 54 Abs. 4 SGB I bewirkt mit der Regelung, dass Ansprüche auf laufende Geldleistungen[8] „wie Arbeitseinkommen" gepfändet werden können, zugleich, dass *§ 850 a ZPO* und ebenso auch *§ 850 e Nr. 1 ZPO* Anwendung finden[9]. Schwierigkeiten könnten sich ergeben, weil die verschiedenartigen besonderen Aufwandsentschädigungen der Sozialgesetze nicht rundweg den Bezügen insbesondere des § 850 a Nr. 3 ZPO zuzurechnen sind; dem ist jedoch durch weite Auslegung der infolge Pfändung „wie Arbeitseinkommen" nur entsprechend anwendbaren Bestimmung Rechnung zu tragen. Unpfändbar ist die (konkret berechnete oder pauschalierte) Aufwandsentschädigung im Rahmen eines Ein-Euro-Jobs[10] (§ 16 d **1366**

---

8 **Anders** bei Pfändung einer *einmaligen* Geldleistung, siehe Rdn. 1337.
9 Zustimmend *Hornung* Rpfleger 1979, 88; auch *Stein/Jonas/Brehm*, ZPO, Rdn. 74 zu § 850 i.
10 *LG Dresden* NJW-RR 2009, 359 = Rpfleger 2008, 655; *Harks* Rpfleger 2007, 588; **a.A.** *LG Görlitz* FamRZ 2007, 299; *LG Bautzen* FamRZ 2009, 1941 (für Pfändung nach § 850 d ZPO).

4. Kapitel: Pfändung von Sozialleistungen

[früher § 16 Abs. 3 S. 2] SGB II). Wenn der Schuldner Ausbildungsförderung erhält, können z. B. nicht gepfändet werden die Leistungen für Fahrtkosten (auch für Familienheim- sowie Studienfahrten, § 13 Abs. 3, 4, § 14 a BAföG und HärteV), Schulgeld- und Studiengebühren, Leistungen für Lern- und Arbeitsmittel (§ 14 a BAföG sowie HärteV) und für Unterkunft (auch Internatsunterbringung). Diese Bezüge sowie Leistungen für Krankenversicherung (§ 13 Abs. 2a BAföG) sind nach § 850 e Nr. 1 ZPO bei Berechnung der pfändbaren Beträge nicht mitzurechnen. Das festzustellen ist jedoch zunächst nicht dem Drittschuldner aufzugeben; vielmehr ist im Pfändungsbeschluss durch konkrete Bezeichnung der sonach gepfändeten weiteren Leistungen der genaue Umfang des Pfändungszugriffs zum Ausdruck zu bringen (Rdn. 1378). Nur soweit der Pfändungsbeschluss schweigt, hat der Drittschuldner die Nettobezüge nach § 850 e Nr. 1 ZPO festzustellen; er kann jedoch klarstellende Entscheidung des Vollstreckungsgerichts herbeiführen. Dies muss in der gebotenen weiten Auslegung des Wortlauts des § 54 SGB I i.V.m. § 850 a ZPO auch bei Pfändung laufender Leistungen wegen eines gesetzlichen Unterhaltsanspruchs gelten.

1367   f) Rentenbestandteil können auch *Geldleistungen für Kinder* sein. Solche sind

- nach dem Recht der sozialen Entschädigung (§ 5 SGB I) der *Kinderzuschlag*[11] (vgl. § 33 b BVG),
- in der Rentenversicherung der *Kinderzuschuss*[12] (§ 270 SGB VI),
- in der Unfallversicherung für Schwerverletzte die *Kinderzulage* (s. vormals § 583 RVO; weitere Anwendung infolge Bestandsschutzes nach § 217 Abs. 3 SGB VII).

Diese Rentenbestandteile gehören zwar zu den laufenden Geldleistungen; sie können jedoch nur anteilig wegen der gesetzlichen Unterhaltsansprüche eines berücksichtigten Kindes gepfändet werden; im Übrigen sind sie unpfändbar (§ 54 Abs. 5 SGB I, Rdn. 1397). Diese Geldleistungen für Kinder sind daher für Berechnung der „wie Arbeitseinkommen" gepfändeten (bzw. nicht pfändbaren) Rententeile des Schuldners *nicht mitzurechnen* (§ 850 e Nr. 1 ZPO, entspr. Anwendung), wenn

- die Rente wegen einer „sonstigen" Gläubigerforderung nach § 850 c ZPO (insbesondere durch Bezugnahme auf die Tabelle im Pfändungsbeschluss) oder anderer Bestimmung des Gerichts gepfändet ist (diese Pfändung erfasst die Geldleistungen für Kinder als unpfändbare Rentenbestandteile nicht, s. Rdn. 1379);
- bei Vollstreckung eines gesetzlichen Unterhaltsanspruchs die Pfändung der Rente nach Maßgabe des § 850 d ZPO nicht auf die Kinderzu-

---
11   Ihn erhalten Schwerbeschädigte nur, wenn für das Kind *kein* Anspruch auf Kindergeld oder auf Leistungen nach § 8 Abs. 1 Nr. 1 BKGG besteht (§ 33 b Abs. 1 S. 2 BVG). Praktische Bedeutung hat dieser Kinderzuschlag daher nahezu nicht.
12   Wird nur (noch) gewährt, wenn für das Kind vor dem 1. Jan. 1992 ein Anspruch auf Kinderzuschuss bestanden hat.

schläge und vergleichbare Rentenbestandteile erstreckt ist (dazu Rdn. 1379).

Diese Unpfändbarkeit der Rentenbestandteile, die als Geldleistungen für Kinder gewährt werden, hat der Drittschuldner von sich aus auch ohne besondere Anordnung im Pfändungsbeschluss zu berücksichtigen (s. Rdn. 1379). Die Beteiligten können aber auch eine klarstellende Ergänzung des Pfändungsbeschlusses durch das Vollstreckungsgericht verlangen.

g) aa) *Zukünftige Ansprüche* auf laufende (nicht nach § 54 Abs. 3 SGB I unpfändbare) Sozialgeldleistungen können nach § 54 Abs. 4 SGB I wie Arbeitseinkommen ebenso gepfändet werden[13], wie die Vorausabtretung künftiger Leistungsansprüche zulässig ist[14] (§ 53 Abs. 2, 3 SGB I). Als künftige Forderung besteht der Anspruch auf eine Sozialgeldleistung, solange er noch nicht entstanden ist, weil die gesetzlichen Voraussetzungen noch nicht vorliegen (§ 40 SGB I mit Einzelheiten). Die Pfändbarkeit erfordert (s. bereits Rdn. 27), dass für die zukünftigen Geldleistungen bereits eine ausreichend konkretisierte rechtliche Grundlage besteht, sie somit in einem bereits bestehenden sozialen Rechtsverhältnis wurzeln[15]. Es muss daher für die Pfändbarkeit mit Zugang zur Renten- oder Krankenversicherung (einem sonstigen Leistungsbereich) schon eine rechtliche Grundlage für die Möglichkeit des Entstehens der zukünftigen Leistungen vorhanden sein, die Bestimmung der Forderung entsprechend ihrer Art (nach ihrem Inhalt) und nach der Person des Drittschuldners ermöglicht (Rdn. 27). Wenn es an einer solchen Grundlage fehlt, kann ein Anspruch auf fernere Sozialgeldleistung als reine Hoffnung (Erwartung, Rdn. 28) nicht gepfändet werden. Dass die künftige Entstehung eines Leistungsanspruchs überhaupt (irgendwie) denkbar erscheint, genügt für Pfändung nicht (Rdn. 28). Der künftige Eintritt der Anspruchsvoraussetzungen (§ 2 Abs. 1 S. 2, § 40 SGB I) muss nach den tatsächlichen Gegebenheiten möglich und bereits bestimmbar sein. Das ist der Fall, wenn der Eintritt der gesetzlichen Voraussetzungen für das zukünftige Entstehen des Anspruchs auf Sozialleistung (§ 40 Abs. 1 SGB I) als künftiges (wenn auch noch unbestimmtes) Ereignis bereits festgestellt und bezeichnet werden kann, nicht hingegen, wenn die gesetzlichen Anspruchsvoraussetzungen durch ein künftiges ungewisses Ereignis (der künftige Eintritt steht noch nicht fest) bedingt ist.

1368

---

13 *BGH* FamRZ 2003, 1010 = JurBüro 2003, 438 = MDR 2003, 525 = NJW 2003, 1457 = Rpfleger 2003, 305; *BGH* MDR 2004, 293 = NJW 2003, 3774 = Rpfleger 2004, 111; *BFH* BStBl 1991 II 869 = NJW 1992, 855; *LG Augsburg* FamRZ 2004, 1223; *David* MDR 2003, 793. Zur Pfändung künftiger (betrieblicher) Ruhegehaltsansprüche vor Eintritt des Versorgungsfalls (des Anspruchs aus einer Ruhegeldzusage) s. *BGH* NJW-RR 1989, 286 (290).
14 Die Vorausabtretung künftiger Sozialleistungsansprüche nennt der *BGH* NJW 1989, 2383 (2384 re.Sp.) allgemein als „grundsätzlich zulässig".
15 *BGH* NJW 2003, 1457 und 3774 = je a.a.O.; *LG Augsburg* a.a.O.

4. Kapitel: Pfändung von Sozialleistungen

1369　bb) Pfändbar ist daher bei Vollstreckung gegen einen berufstätigen Schuldner die *künftige Altersrente*[16] (sowie die Rente wegen Erwerbsminderung[17]) in der allgemeinen Rentenversicherung. Das noch nicht rentennahe Alter des (im Falle von[18]: 47-jährigen) Schuldners steht der Pfändung nicht entgegen[18]. Eine Anwartschaft auf die Leistung in der Rentenversicherung braucht daher nicht gewahrt sein[19]. Bei einem relativ jungen Schuldner kann möglicherweise das (im Einzelfall) fehlende Rechtsschutzbedürfnis die Pfändung der künftigen gesetzlichen Altersrente hindern[20]. Gelangt die als künftige Forderung gepfändete Sozialgeldleistung nicht zur Entstehung, erlangt die Pfändung keine Wirksamkeit. Das gilt auch, wenn sie nicht als Sozialgeldleistung des Drittschuldners zur Entstehung gelangt, gegen den das Zahlungsverbot gerichtet ist (Rdn. 502). Wechselt nach Pfändung der Leistungsträger (Drittschuldner) wie dann, wenn der Schuldner bei einem anderen Rentenversicherungsträger (auch einem anderen örtlich zuständigen Regionalträger) versicherungspflichtig wird, dann wirkt das Zahlungsverbot nicht gegen den neuen Drittschuldner fort[21]. Pfändung der Ansprüche auf künftige Geldleistungen sogleich gegen mehrere Leistungsträger (Versicherungsträger) als Drittschuldner, so z. B. gegen einen Regionalträger und den Bundesträger[22] oder gegen mehrere (örtlich zuständige) Regionalträger[23] ist nicht zulässig. Der Antrag des Gläubigers auf Pfändung bezeichnet in einem solchen Fall schlüssig keine nach der Person des Drittschuldners bestimmte künftige Forderung, erstrebt somit unzulässig Pfändung mehrerer Forderungen, für die eine rechtliche Grundlage für die Möglichkeit ihres Entstehens noch nicht vorhanden sein kann.

1369a　cc) Als reine „Erwartung" nicht pfändbar ist z. B. Krankengeld oder eine Altersrente vor Zugang zur sozialen Krankenversicherung oder allgemeinen Rentenversicherung mit Arbeitsaufnahme[24], ebenso nicht z. B. eine Verletztenrente oder eine Rente an Hinterbliebene aus der Unfallversiche-

---

16　*BGH* NJW 2003, 1457 = a.a.O. mit weit. Nachw.; *LG Augsburg* FamRZ 2003, 1223.
17　*BGH* NJW 2003, 3774 mit weit. Nachw.; *LG Augsburg* a.a.O.
18　*BGH* NJW 2003, 1457.
19　Dazu *BGH* NJW 2003, 1457 (1459) = a.a.O., der Aussage zu einer (konkreten) Altersgrenze nicht gibt. Gegen eine Altersgrenze *David* MDR 2003, 793 (794) und *LG Augsburg* FamRZ 2004, 1223 (bei 25-jährigem Schuldner), dieses überdies dazu, dass auch eine mögliche Verjährung des Titels vor Renteneintritt das Rechtsschutzbedürfnis nicht beseitigt. Anders *LG Heilbronn* Rpfleger 1999, 455 für 24-jährigen Schuldner.
20　*BGH* NJW 2003, 1457 (1458) = a.a.O.; *LG Augsburg* a.a.O.
21　*David* MDR 2003, 793 (794).
22　Für (damalige) Landes/Bundesversicherungsanstalt: *LG Aurich* Rpfleger 1998, 165; *LG Berlin* JurBüro 1995, 547 = Rpfleger 1995, 307 und Rpfleger 1997, 267; *LG Koblenz* JurBüro 1998, 161 = Rpfleger 1998, 119; *LG Oldenburg* JurBüro 1995, 548; *David* MDR 2003, 793 (794); **a.A.** *AG Münster* JurBüro 1999, 105; zurückhaltend *Musielak/Becker*, ZPO, Rdn. 24 zu § 850 i.
23　Keine „vorsorgliche" Rundumpfändung bei allen (damaligen) Landesversicherungsanstalten, *LG Münster* Rpfleger 1990, 129.
24　So auch *Stein/Jonas/Brehm*, ZPO, Rdn. 71 zu § 850 i; *LG Koblenz* JurBüro 1998, 161 = Rpfleger 1998, 119.

Laufende Geldleistungen (§ 54 Abs. 4 SGB I)

rung vor Eintritt des Arbeitsunfalls[25] oder eine Rente wegen Todes (Witwen-[26] oder Witwerrente) in der Rentenversicherung (§ 46 SGB VI) vor dem Tod des versicherten Ehegatten[27]. Gleiches gilt für den Anspruch auf Arbeitslosengeld[28] vor (jedenfalls anstehendem) Eintritt der Arbeitslosigkeit und für den Anspruch auf Krankengeld[29] vor arbeitsunfähiger Erkrankung oder (jedenfalls anstehender) Krankenhausbehandlung (zur Wiederholungserkrankung Rdn. 1391).

dd) Dass eine Pfändung zukünftige Leistungsansprüche erfassen soll, muss sich aus dem Pfändungsbeschluss ergeben (Rdn. 500). Die (nicht übertragbare) Rentenanwartschaft als Stammrecht[30] und das Recht, die Rente zu beantragen[31] (dazu auch Rdn. 1308) sind nicht pfändbar. Eine Pfändung des „künftigen" Anspruchs auf Insolvenzgeld vor Antragstellung schließt § 189 SGB III aus. **1369b**

ee) Ob als Nebenanspruch auch ein Anspruch an den Rentenversicherungsträger auf *Auskunfterteilung* und weitergehend auf Herausgabe des (gültigen) Rentenbescheids oder von Rentenmitteilungen mitgepfändet ist, ist nicht sicher geklärt. Das wurde zwar bejaht[32]. Für Verfolgung des Anspruchs im Rechtsweg wird jedoch (jedenfalls nach erschöpfender Drittschuldnernachricht) vielfach kein Rechtsschutzinteresse bestehen. **1369c**

ff) Auf *Rentenauskunft* (§ 109 SGB VI) erstreckt sich die Pfändung des zukünftigen Rentenanspruchs nicht[33]. Der Anspruch auf Rentenauskunft kann auch nicht gesondert (selbstständig) im Wege der Hilfspfändung (mit-) gepfändet werden[34]. Rentenauskunft über die Höhe der Anwartschaft erhält der Schuldner als Versicherter schriftlich, wenn er das 54. Lebensjahr vollendet hat, auf Antrag (oder von Amts wegen) auch bereits in jüngeren Jahren (§ 109 SGB VI mit Einzelheiten). Die Rentenauskunft ist höchstpersönlicher Natur; sie ist nicht Nebenrecht zum Anspruch auf spätere Rentenzahlung, das von der Pfändung des künftigen Rentenanspruchs erfasst wäre **1369d**

---

25 *Zöller/Stöber* ZPO, Rdn. 27 zu § 850 i; s. auch *LG Berlin* Rpfleger 1995, 307.
26 *LG Berlin* Rpfleger 1997, 267 (268).
27 *Zöller/Stöber* a.a.O.
28 *LG Berlin* Rpfleger 1995, 307.
29 *LG Berlin* Rpfleger 1997, 267 (268).
30 *BGH* NJW 2003, 1457 (1458) = a.a.O.; *LG Berlin* JurBüro 1989, 879 = NJW 1989, 1738; *LG Frankenthal* Rpfleger 1991, 164; *Stein/Jonas/Brehm*, ZPO, Rdn. 71 zu § 850 i; auch *LG Osnabrück* FamRZ 1999, 527 = Rpfleger 1999, 31 (keine gleichzeitige Pfändung einer Rentenanwartschaft neben der Pfändung des zukünftigen Rentenanspruchs).
31 *LG Wiesbaden* NJW-RR 1996, 59.
32 *LG Bochum* JurBüro 2009, 270; *AG Dortmund* JurBüro 2007, 499.
33 **A.A.** (ist mitgepfändetes Nebenrecht) *AG/LG Dresden* JurBüro 2009, 45.
34 *OLG Celle* (20. 3. 1997, 4 W 54/97) JurBüro 1998, 156 = OLGR 1997, 92; damit *AG Verden* JurBüro 1997, 210 (als vorausgehende amtsgerichtliche Entscheidung) aufgehoben; *LG Bochum* JurBüro 1998, 160. Außerdem (kein Anspruch auf Rentenauskunft bei Pfändung zukünftiger Rentenansprüche) *LGe Berlin* und *Mannheim* sowie *AG Nienburg* je JurBüro 1998, 157; *LG Leipzig* Rpfleger 2005, 96; *LG Siegen* JurBüro 1999, 158 (aufgehoben damit *AG Siegen* JurBüro 1998, 603); *AG Gelsenkirchen* JurBüro 1998, 603.

4. Kapitel: Pfändung von Sozialleistungen

oder hilfsweise gepfändet werden könnte[35]. Der Schutz der Sozialdaten (Grundsatz des Sozialgeheimnisses) verbietet überdies Weitergabe persönlicher Einzelangaben über die Entwicklung des Rentenkontos[35].

2. Pfändungsverfahren

A. Pfändung wegen gesetzlicher Unterhaltsansprüche (§ 850 d ZPO)

1370 ■ *Gepfändet wird der angebliche Anspruch des Schuldners an ... in ... – Drittschuldner – auf Zahlung der fortlaufenden Rente wegen Alters oder wegen Erwerbsminderung (oder: der fortlaufenden Witwen-/Witwerrente, Erziehungsrente, Waisenrente) aus der allgemeinen Rentenversicherung, soweit diese den Betrag von monatlich ... Euro übersteigt. Für die ab ... fortlaufend fällig werdenden Unterhaltsforderungen des Gläubigers erfolgt die Pfändung der künftig fällig werdenden Leistungen im Wege der Vorratspfändung entsprechend § 850 d Abs. 3 ZPO. Ausgenommen von der Pfändung ist der nach § 54 Abs. 5 SGB I unpfändbare Kinderzuschlag.*

1371 ■ *Gepfändet wird der angebliche Anspruch des Schuldners an das Versorgungsamt in ... – Drittschuldner – auf Zahlung der fälligen und künftig fortlaufend fällig werdenden Rente nach dem Bundesversorgungsgesetz, soweit diese den Betrag von monatlich ... Euro übersteigt. Ausgenommen von der Pfändung sind der nach § 54 Abs. 5 SGB I unpfändbare Kinderzuschlag sowie die infolge des § 850 a ZPO und § 54 Abs. 3 SGB unpfändbaren zweckgebundenen Leistungen, insbesondere die Grundrente und eine Schwerstbeschädigtenzulage, ein Pauschbetrag für Kleider- und Wäscheverschleiß, eine Pflege- und eine Blindenzulage. Für die ab ... fortlaufend fällig werdenden Unterhaltsforderungen des Gläubigers erfolgt die Pfändung der künftig fällig werdenden Leistungen im Wege der Vorratspfändung entsprechend § 850 d Abs. 3 ZPO.*

B. Pfändung wegen einer gewöhnlichen Geldforderung (§ 850 c ZPO)

1372 *Gepfändet wird der angebliche Anspruch der Schuldnerin an ... in ... – Drittschuldnerin – auf Zahlung der fortlaufenden Witwenrente, soweit diese den Betrag von 985,15 Euro monatlich übersteigt, und zwar in Höhe der nach § 850 c ZPO pfändbaren Beträge. Wegen der sonach gepfändeten monatlichen Rentenbeträge wird auf die Pfändungstabelle Bezug genommen, die der Zivilprozessordnung auf Grund des § 850 c Abs. 3 als Anlage beigefügt ist.*

Bei Pfändung einer Rente aus eigener Versicherung des Schuldners ist anzufügen:

Ausgenommen von der Pfändung ist der nach § 54 Abs. 5 SGB I unpfändbare Kinderzuschuss.

1373 a) Das Verfahren zur Pfändung eines Anspruchs auf laufende Geldleistungen bestimmt sich nach den Vorschriften der ZPO über die Zwangs-

---

35 *OLG Celle* a.a.O.

Laufende Geldleistungen (§ 54 Abs. 4 SGB I)

vollstreckung in Geldforderungen (§§ 828 ff. ZPO). Zuständig für die Entscheidung über den Antrag auf Pfändung ist der Rechtspfleger. Gepfändet werden die Ansprüche auf laufende Geldleistungen „wie Arbeitseinkommen" (§ 54 Abs. 4 SGB I). Anwendung finden somit §§ 832, 850 c–g ZPO (zu § 850 a siehe Rdn. 1366). Das Pfändungsverfahren entspricht damit dem Verfahren zur Einkommenspfändung.

b) aa) In seinem *Antrag* hat der Gläubiger nach den allgemeinen Verfahrensgrundsätzen des Vollstreckungsrechts (Rdn. 485 a) die Tatsachen darzustellen, die Bestehen der zu pfändenden Schuldnerforderung gegen den Leistungsträger (Drittschuldner) und deren Pfändbarkeit ergeben (Rdn. 461, 485 a). Es ist insbesondere auch die dem Schuldner gegen den Leistungsträger zustehende Forderung zu bezeichnen[36]. 1374

bb) Der Gläubiger eines *gesetzlichen Unterhaltsanspruchs* (Rdn. 1076 ff.) hat in seinem Antrag auch Pfändung mit Vorrecht nach § 850 d ZPO geltend zu machen (Rdn. 1112) und die für Feststellung des Unterhaltsbedarfs des Schuldners wesentlichen Einzelheiten (schlüssig) darzulegen (Rdn. 1114). Entsprechendes gilt für den Gläubiger einer Forderung aus vorsätzlich begangener unerlaubter Handlung (§ 850 f Abs. 2 ZPO; Rdn. 1190). Auch der Gläubiger einer *nicht bevorrechtigten* (gewöhnlichen) Vollstreckungsforderung hat in dem Pfändungsantrag die Personen anzugeben[37], denen der Schuldner unterhaltspflichtig ist, wenn man der Ansicht folgt (dazu Rdn. 1381), dass sie im Pfändungsbeschluss mit Bezugnahme auf die Tabelle des § 850 c ZPO auch noch zahlenmäßig bestimmt zu bezeichnen sind. 1375

c) Eine *Anhörung* des Schuldners über das Pfändungsgesuch verbietet sich (§ 834 ZPO). 1376

d) Ein *Rechtsschutzbedürfnis* für Pfändung besteht nicht, wenn der Schuldner nur eine geringe laufende Geldleistung bezieht, die erheblich unter der Pfändungsfreigrenze der §§ 850 c, d oder f Abs. 2 ZPO liegt, und daher auch sicher ausweist (wie z. B. bei einer Hausfrauen- oder Witwenrente von 400 Euro), dass weiterhin nicht damit gerechnet werden kann, dass die Leistung sich grundlegend ändern und dann die Pfändungsfreigrenze übersteigen wird. Einem Pfändungsantrag kann dann nicht entsprochen werden[38] (vgl. Rdn. 967 a.E.). Das Fehlen eines Rechtsschutzbedürfnisses wird von Amts wegen berücksichtigt; Amtsermittlung der Tatsachen, die für oder gegen ein Rechtsschutzbedürfnis sprechen könnten, erfolgt 1377

---

36 Das Vollstreckungsgericht hat keine Ermittlungen zur Bezeichnung des zu pfändenden Anspruchs – wie insbesondere zur Vervollständigung einer dem Gläubiger nicht möglichen genauen Bezeichnung – anzustellen; so zutreffend *Hornung* Rpfleger 1977, 286 (293).
37 *Hornung* Rpfleger 1977, 222 (223 unter 3).
38 Zustimmend *LG Leipzig* Rpfleger 2000, 341. So auch zum früheren § 54 Abs. 3 Nr. 2 SGB, der Billigkeitsprüfung erfordert hat, *OLG Köln* NJW 1990, 2696 = OLGZ 1990, 210; *OLG Stuttgart* JurBüro 1991, 151 = MDR 1991, 547 = Rpfleger 1991, 517; *LG Hannover* JurBüro 1979, 288 = Rpfleger 1978, 388; *LG Köln* JurBüro 1985, 1741 mit abl. Anm. *Mümmler*; **anders** *LG Kassel* JurBüro 1985, 311; *Behr* JurBüro 1994, 521 (522); hierzu auch *LG Ellwangen* DGVZ 2003, 90; *LG Wiesbaden* Rpfleger 1984, 242.

4. Kapitel: Pfändung von Sozialleistungen

jedoch nicht[39]. Der Gläubiger hat auch ohne Anlass (ohne Anhalt im Einzelfall, der sich auf konkrete Tatsachen stützt) ein Rechtsschutzbedürfnis nicht gesondert darzulegen. Tatsachenvortrag und Beweislast für ein Rechtsschutzbedürfnis obliegen dem Antragsteller jedoch, wenn sein Pfändungsantrag ausweist, dass die zu pfändende Sozialleistung nach der Lebenserfahrung (Würdigung nach freier Überzeugung, § 286 ZPO) die Pfändungsfreigrenze praktisch nicht überschreiten kann, wie z. B. bei Ausbildungsförderung nach dem BAföG (Rdn. 1365) und bei Unterhaltsgeld bei beruflicher Fortbildung (§ 44 AFG).

1378 e) aa) Im *Pfändungsbeschluss* ist die zu pfändende laufende Geldleistung nach allgemeinen Grundsätzen (Rdn. 496 ff.) so *bestimmt zu bezeichnen,* dass Feststellung ihrer Identität gesichert ist[40] (dazu bereits Rdn. 1352). Die allgemein gehaltene Angabe „fortlaufende Geldleistungen nach dem SGB" reicht dazu so wenig aus wie die pauschalen Bezeichnungen „derzeitige und künftige Forderungen aller Leistungsansprüche aus Sozialversicherung"[41], „sämtliche laufende Geldleistungen nach SGB III (Arbeitsförderung) gemäß § 54 SGB wie Arbeitseinkommen nach § 850 c ZPO"[42], „Leistungen des Arbeitsamtes ohne Rücksicht auf ihre Benennung und Berechnungsart", „Geldleistungen nach § 19 SGB", „Zuschüsse und Darlehen zur Förderung: a) der beruflichen Ausbildung, Fortbildung und Umschulung, b) der Arbeitsaufnahme"[43], „angebliche Ansprüche auf Geldleistungen gem. §§ 19 und 25 SGB, soweit sie gem. § 54 SGB pfändbar sind"[44], „alle Bezüge an Arbeitseinkommen bzw. Leistungen des Arbeitsamtes"[45] oder „Zahlung aller Leistungen des Arbeitsamts (ohne Rücksicht auf ihre Benennung oder Berechnungsart)" mit Angabe der Stammnummer[46]. Bestimmte Bezeichnung erfordert zumeist Angabe des Sozialleistungsbereichs und der einzelnen Leistungsart. **Beispiele:**

---

39 *Zeller/Stöber,* ZVG, Einl. Rdn. 48.1.
40 Vgl. *LG Berlin* Rpfleger 1965, 82 mit zust. Anm. *Stöber;* auch *Hornung* Rpfleger 1977, 286 (293 f.). Bezeichnung als „Arbeitseinkommen" ist jedenfalls ungenügend und kann auch in Verbindung mit einer Verweisung auf § 54 SGB I nicht in die Pfändung einer bestimmten Sozialleistung umgedeutet werden (teilweise anders insoweit *Mümmler* JurBüro 1976, 1165). Daher kann die Pfändung von „Arbeitseinkommen" nicht in die Pfändung von Arbeitslosengeld umgedeutet werden, *LG Berlin* Rpfleger 1977, 223; *Hornung* Rpfleger 1977, 222 (223 unter 3).
41 *OLG Köln* JurBüro 1979, 1570 = OLGZ 1979, 484.
42 *BSozialG* NJW 1984, 256 (Leits.) = ZIP 1982, 1124.
43 *LG Berlin* Rpfleger 1984, 426.
44 So zutreffend *LG Stuttgart* Rpfleger 1977, 331 (in Einschränkung des abzulehnenden Beschlusses vom 9. 2. 1977, KKZ 1977, 181); *OLG Zweibrücken* (27. 6. 1980) JurBüro 1980, 1901; *KG* JurBüro 1982, 462 = MDR 1982, 417 = OLGZ 1982, 443 = Rpfleger 1982, 74; *Hornung* Rpfleger 1977, 286 (293); außerdem *LG Kiel* SchlHA 1977, 120 und *OLG Köln* a.a.O. (Fußn. 41). Diese allgemein gehaltene Bezeichnung ist auch unzureichend, wenn noch die Stammnummer des Schuldners angegeben wird, *Hornung* Rpfleger 1979, 84 zutreffend gegen *OLG Hamm* (20. 6. 1978) JMBlNW 1978, 263 = MDR 1979, 150 = Rpfleger 1979, 113.
45 *LG Krefeld* Amtsvorm. 1977, 610.
46 *OLG Düsseldorf* (10. 4. 1978) BB 1978, 1314 (Leits.) = Betrieb 1978, 1444 (Leits.) = Rpfleger 1978, 265.

Laufende Geldleistungen (§ 54 Abs. 4 SGB I)

„*Verletztenrente aus der Unfallversicherung infolge Minderung der Erwerbsfähigkeit*",
oder: „*fortlaufende Renten der Kriegsopferfürsorge ohne Rücksicht auf ihre Benennung oder Berechnungsart.*"
Weitere Sorgfalt muss der Bezeichnung des zu pfändenden Anspruchs gewidmet werden, wenn der Schuldner vom gleichen Leistungsträger als Drittschuldner laufende Leistungen verschiedener Art erhält wie bei Zusammentreffen einer Rente aus eigener Versicherung und einer Witwenrente. Darüber hinaus kann nicht verlangt werden, dass auch noch angeführt wird, wie sich die bezeichnete Leistung im Einzelnen zusammensetzt, somit konkret bestimmt und berechnet (z. B. Hauptbetrag und Familienzuschlag). Mit Arbeitslosengeld usw. ist daher auch der Aufstockungsbetrag für Altersteilzeitarbeit gepfändet, wenn ihn die Bundesanstalt für Arbeit an den Arbeitnehmer zahlt (Rdn. 1355 e).

bb) Dass auch die *Versicherungsnummer* oder zumindest das Geburtsdatum des Schuldners angegeben ist, kann bei sonst bestimmter Bezeichnung der Forderung nicht verlangt werden[47]. Die Versicherungsnummer (§ 147 SGB VI) ist Ordnungs-[48] und Identifikationsmerkmal zur rationellen Gestaltung der Verwaltungsabläufe. Kennzeichnung des Schuldneranspruchs nur mit der Versicherungsnummer (die der Versicherungsträger oder sonstige Drittschuldner als Aktenzeichen führt) kann die zu pfändende Forderung daher nicht bestimmt bezeichnen (s. Rdn. 496). Ergänzende Angabe der Versicherungsnummer kann aber der deutlichen Bezeichnung der Forderung dienlich sein, indes so wenig wie Angabe der Girokonto- oder Sparbuchnummer gefordert werden (dazu Rdn. 154 b, 332). Gebotene bestimmte Bezeichnung der zu pfändenden Sozialgeldleistung verlangt jedoch, dass der Drittschuldner als Leistungsträger den Schuldner über Namen und Adresse ermitteln kann. Dafür kann es auch ratsam (nicht aber erforderlich) sein, den Schuldner mit seinem Geburtsdatum zu bezeichnen; desgleichen ist es als zulässig zu erachten, eine vom Gläubiger im Pfändungsantrag ergänzend als Aktenzeichen des Drittschuldners bezeichnete Versicherungsnummer in den Pfändungsbeschluss aufzunehmen[49]. Schutz des Drittschuldners, wenn nach Beschlusszustellung Ermittlungen die Berücksichtigung der Pfändung bei Zahlung verzögern[50], s. Rdn. 567 und 935 a.

1378a

---

47 *LG Heilbronn* JurBüro 2001, 268; *LG Saarbrücken* JurBüro 1984, 786 (für Erwerbsunfähigkeitsrente); *LSozialG Saarland* (16.12.1986) mitgeteilt von v. *Einem* DGVZ 1988, 1.
48 *BSozialG* NJW 1997, 413.
49 Bestimmungen über die Geheimhaltung zum Schutz der Sozialdaten (§§ 67–85 a SGB X) können dem nicht entgegenstehen.
50 Dazu *von Einem* DGVZ 1988, 1; auch *LSozialG Saarland* a.a.O. (Fußn. 47), das bei elektronischer Datenverarbeitung (zu weitgehend) § 1587 p BGB entsprechend anwenden will. Gegen entsprechende Anwendung des § 1587 p BGB und zur Drittschuldnerpflicht, dem Zahlungsverbot auch dann Rechnung zu tragen, wenn noch Ermittlungen über Art und Höhe der Forderung anzustellen sind, s. *SozialG Speyer* MDR 1987, 171.

4. Kapitel: Pfändung von Sozialleistungen

1378b cc) Bei unzureichender Bezeichnung ist der Pfändungsbeschluss nach allgemeinen Grundsätzen auszulegen (Rdn. 509 ff.). Angabe nur des Sozialleistungsbereichs ohne Bezeichnung der konkreten Leistung hat jedoch als ungenügend zu gelten. So kann es nicht genügen, wenn der Pfändungsbeschluss nur nennt „Leistungen aus der Sozialversicherung" oder „alle Ansprüche aus der gesetzlichen Krankenversicherung" (bzw. Unfallversicherung oder Rentenversicherung), weil damit nicht erkennbar ist, welche der unterschiedlichsten Leistungsarten des Sozialleistungsbereichs gepfändet sein soll[51]. Dass etwa die unmittelbar Beteiligten wissen, welche Forderung gemeint ist, genügt in solchen Fällen nicht (Rdn. 516)[52]. Daraus, dass bei Einkommenspfändung die allgemein gehaltene Angabe „Arbeitseinkommen" genügt, mithin Angabe des besonderen Rechtsgrunds (Gehalt, Lohn, Pension, Provision usw.) nicht erforderlich ist (s. Rdn. 925), kann nichts Gegenteiliges hergeleitet werden. Mit Arbeitseinkommen sind nach § 850 ZPO *alle* Bezüge aus gegenwärtiger oder früherer Beschäftigung erfasst, während Sozialgeldleistungen nur als Einzelansprüche der Pfändung unterliegen (§ 54 Abs. 4 SGB I). Konkrete Bezeichnung erfordert daher Angabe, ob z. B. aus gesetzlicher Krankenversicherung Krankengeld, Kosten für Betriebshilfe oder andere Ansprüche gepfändet sein sollen. Solche Bezeichnung der einzelnen Leistungsart ist auch zu fordern, weil der Pfändungsbeschluss erkennbar zu machen hat, dass er sich nicht auf unpfändbare Einzelansprüche eines Leistungsträgers erstreckt (siehe z. B. hinsichtlich § 850 a ZPO Rdn. 1366). Genügen sollte es, wenn der Anspruch bezeichnet ist als „Rente aus der gesetzlichen Unfallversicherung". Damit ist eine Rente wegen Berufsunfähigkeit oder Erwerbsunfähigkeit m.E. ebenso von der Pfändung erfasst wie eine Altersrente oder auch eine Hinterbliebenenrente. Dies ist allerdings noch nicht geklärt; es empfiehlt sich daher, auch die Rentenart zu bezeichnen. Dass etwa in Fällen, in denen der Gläubiger den genauen Leistungsgrund nicht angeben kann, verschiedene Anspruchsmöglichkeiten benannt werden können, erscheint selbstverständlich.

1379 f) *Geldleistungen für Kinder*, die als Rentenbestandteil gewährt werden (zu diesen Rdn. 1367), gehören nicht zu den „wie Arbeitseinkommen" nach § 54 Abs. 4 SGB I mit § 850 c, d oder f Abs. 2 ZPO pfändbaren Renten aus der sozialen Entschädigung, Renten- oder Unfallversicherung. Die Pfändung einer solchen Rente erfasst daher Kinderzuschläge und vergleichbare Rentenbestandteile nicht[53] (kein dem § 850 Abs. 4 ZPO vergleichbarer Fall). Das ist im Pfändungsbeschluss zum Ausdruck zu bringen[54] (s. Fas-

---

51 Pfändung einer „Lebensversicherung bei der Bundesknappschaft" hat nach *AG Groß-Gerau* MDR 1985, 680 die Hinterbliebenenrente nicht erfasst.
52 Nicht zutreffend *AG Heidelberg* MDR 1985,680: Leistungen sind ausreichend bezeichnet, wenn der Drittschuldner (Arbeitsamt) feststellen kann, welche Leistungen dem Schuldner zustehen.
53 **Anders** Hornung Rpfleger 1988, 213 (217 re.Sp.), dem nicht gefolgt werden kann.
54 Strenger *Hornung* Rpfleger 1988, 213 (218 li.Sp.): „.... muss aus dem Pfändungsbeschluss hervorgehen, dass die Geldleistungen für Kinder (Kinderzuschläge oder vergleichbare Rentenbestandteile) von der Pfändung der laufenden Sozialgeldleistung nicht erfasst werden."

Laufende Geldleistungen (§ 54 Abs. 4 SGB I)

sungsvorschlag Rdn. 1370, 1371). Die Geldleistungen für Kinder sind für Berechnung der „wie Arbeitseinkommen, somit nach § 850 c, d oder f Abs. 2 ZPO gepfändeten laufenden Rentenbeträge jedoch auch dann nicht mitzurechnen, wenn der Pfändungsbeschluss das nicht ausdrücklich anordnet[55] (§ 850 e Nr. 1 ZPO, entspr. Anwendung; dazu auch Rdn. 1367).

Das hat bei Vollstreckung eines gesetzlichen Unterhaltsanspruchs auch zu gelten, wenn die Rente von einem bei der Festsetzung der Geldleistung berücksichtigten Kind gepfändet wird[56]. Die erforderliche bestimmte Bezeichnung der zu pfändenden Forderung und notwendige Bestimmung des Pfändungsumfangs gebieten (ausdrückliche) Anordnung im Pfändungsbeschluss, dass und in welcher (nach § 54 Abs. 5 SGB I zulässigen) Höhe eine Pfändung Geldleistungen für Kinder (Kinderzuschlag, Kinderzuschuss und Kinderzulage) erfasst. Die eigenständige Regelung der Pfändbarkeit der Rentenbestandteile, die Geldleistungen für Kinder sind (§ 54 Abs. 5 SGB I), und die unterschiedlich anzuordnenden Bestimmungen über Umfang (Höhe) der gepfändeten Geldleistungen schließen es aus, eine Pfändung der Beschädigtenrente aus der sozialen Entschädigung „wie Arbeitseinkommen" (§ 54 Abs. 4 SGB I) mit Bestimmung eines Freibetrags nach § 850 d Abs. 1 ZPO für den notwendigen Unterhalt des Schuldners und seiner Angehörigen auf den nur im Umfang des § 54 Abs. 5 SGB I pfändbaren anteiligen Kinderzuschlag (Kindergeldbetragsanteil) zu beziehen oder Pfändung einer Verletztenrente, einer Rente wegen Alters oder Erwerbsminderung im Umfang des § 850 d Abs. 1 ZPO anteilig auf eine nur nach § 54 Abs. 5 SGB I pfändbare Kinderzulage oder den Kinderzuschuss zu erstrecken. Das erfordert vielmehr gesonderte Pfändung (ausdrückliche Anordnung der Mitpfändung) mit Bezeichnung der Geldleistung für Kinder als

---

55 Ebenso (mit anderer Begründung) *Hornung* Rpfleger 1988, 213 (217 li.Sp.).
56 Damit ist zugleich der Zweckbestimmung des Kinderzuschlags (-zuschusses) Rechnung getragen, der als Rentenbestandteil für ein in den Schuldnerhaushalt aufgenommenes *Stiefkind* gewährt wird. Für dieses Stiefkind wird kein Unterhaltsfreibetrag nach § 850 d ZPO bestimmt. Weil der Kinderzuschlag (-zuschuss) aber nicht zweckwidrig einem pfändenden Gläubiger zufließen kann, der vollstreckende Gläubiger somit nicht durch das Vorhandensein des Stiefkindes (für das kein Pfandfreibetrag nach § 850 d ZPO festgelegt wird) zu dessen Nachteil begünstigt werden darf, war schon früher der Zweckbestimmung der Geldleistung für das Stiefkind Rechnung zu tragen. Das hatte in der Weise zu erfolgen, dass für die Berechnung der pfändbaren laufenden Sozialleistungen der für das Stiefkind gewährte Kinderzuschlag (-zuschuss) nicht mitzurechnen war. Er war vielmehr in entsprechender Anwendung von § 850 a Nr. 6 und § 850 e Nr. 1 ZPO (§ 54 Abs. 3 SGB I) als unpfändbare laufende Geldleistung abzusetzen. Diese Unpfändbarkeit des Kinderzuschusses für ein Stiefkind musste der Drittschuldner von sich aus (d.h. ohne besondere Anordnung im Pfändungsbeschluss) berücksichtigen. Dazu näher 8. Auflage Rdn. 1357 a mit Hinweisen auf Rechtsprechung zur vordem gleichen Behandlung des Kinderzuschusses für ein nichteheliches Kind zum Arbeitseinkommen. Mit Neuregelung der Pfändung der Geldleistungen für Kinder in § 54 Abs. 4 SGB I ist nun zugleich der gebotenen Zweckbestimmung Rechnung getragen.

825

4. Kapitel: Pfändung von Sozialleistungen

Gegenstand des Vollstreckungszugriffs im Pfändungsbeschluss und damit zugleich Bestimmung des Pfändungsumfangs nach § 54 Abs. 5 SGB I[57].

Bei Mitpfändung einer Geldleistung für Kinder kann der Pfändungs*beschluss* zur Rentenpfändung lauten:
(Wortlaut von Rdn. 1370 ohne den letzten Satz des Beschlusses; dafür heißt es weiter)

„Ausgenommen von der Pfändung der fortlaufenden Rente in dem vorbezeichneten Umfang ist der nur nach § 54 Abs. 5 SGB I pfändbare Kinderzuschuss. Er ist daher für Berechnung der gepfändeten Rententeile des Schuldners nicht mitzurechnen (§ 850 e Nr. 1 ZPO, entspr. Anwendung).

Es wird weiter gepfändet in Höhe des auf den Gläubiger als Kind treffenden Betrags der fortlaufende Kinderzuschuss, der zur Rente wegen Berufsunfähigkeit (wegen Erwerbsunfähigkeit; oder zum Altersgeld oder auch die Kinderzulage, die zur Verletztenrente) deshalb gewährt wird, weil der Gläubiger bei der Festsetzung der Geldleistung berücksichtigt ist."

Die Feststellung der sonach mit Blankettbeschluss mitgepfändeten Geldleistung für Kinder hat durch den Drittschuldner auf Grund seiner Unterlagen zu erfolgen.

Der Kinderzuschlag nach dem Recht der sozialen Entschädigung in Höhe des gesetzlichen Kindergeldes (Rdn. 1400) ist im Anschluss an die Rdn. 1396 bezeichnete Fassung des Pfändungsbeschlusses mitzupfänden.

Es können bei Vollstreckung des gesetzlichen Unterhaltsanspruchs eines Kindes auch Rente oder Altersruhegeld und die Geldleistung für das Kind als Rentenbestandteil isoliert (je für sich allein) gepfändet werden. Mehrkosten für gesonderte Pfändung hat der Schuldner dann jedoch nicht zu tragen (Notwendigkeit ist zu verneinen, § 788 Abs. 1 ZPO). Die Pfändung nur der Geldleistung für das Kind als Rentenbestandteil kann daher auch isoliert (selbstständig) erfolgen, wenn die Pfändung der Rente oder des Altersruhegeldes im Umfang des § 850 d Abs. 1 ZPO nicht zugleich auch darauf erstreckt wurde.

1380 g) Die *zugriffsfreien Teile* einer laufenden Geldleistung nach dem SGB bestimmen sich (wie für Arbeitseinkommen) nach

- § 850 c ZPO, wenn der Gläubiger einer gewöhnlichen Geldforderung (Rdn. 1036) vollstreckt. Im Pfändungsbeschluss genügt die Bezugnahme auf die Tabelle (§ 850 c Abs. 3 S. 2 ZPO[58]). Die dieser zugrunde liegen-

---

57 Im Ergebnis zeigt auch *Hornung* Rpfleger 1988, 213 (217) – wie mir scheint – diesen Weg mit dem Erfordernis, dass für die nach seiner Ansicht mitgepfändeten Rentenbestandteile für Kinder
  a) auf der einen Seite zu gewährleisten ist, dass die auf die anderen Kinder entfallenden Teile der Sozialgeldleistung dem Schuldner zur Verfügung stehen;
  b) auf der anderen Seite allgemein sicherzustellen ist, dass dem vollstreckenden Kind (ungeachtet des Freibetrags für den Schuldner nach § 850 d ZPO) auf alle Fälle der ihm zustehende Kinderzuschlag aus der Pfändung zufließt.
58 *KG* JurBüro 1978, 1415 = OLGZ 1978, 491 = Rpfleger 1978, 334; *LG Berlin* MDR 1977, 587 = Rpfleger 1977, 222; *Hornung* RpflJB 1977, 337 (362) und Rpfleger 1977, 32 (35) sowie Rpfleger 1977, 222 (223 unter 3) und Rpfleger 1977, 286 (291).

Laufende Geldleistungen (§ 54 Abs. 4 SGB I)

den einzelnen gesetzlichen Berechnungsmerkmale brauchen dann im Pfändungsbeschluss nicht aufgeführt zu werden. Die nach der Tabelle unpfändbaren Bezüge können (auch auf Antrag des Gläubigers) nicht durch Abschläge gemindert werden, weil der Schuldner keiner Erwerbstätigkeit nachgeht[59].

- § 850 d ZPO, wenn der Gläubiger eines gesetzlichen Unterhaltsanspruchs vollstreckt (Rdn. 1076 ff.);
- § 850 f Abs. 2 ZPO, wenn der Gläubiger einer Forderung aus einer vorsätzlich begangenen unerlaubten Handlung (Rdn. 1190) vollstreckt[60].

In Frage gestellt wurde, ob bei Vollstreckung durch den Gläubiger einer gewöhnlichen Geldforderung auch hier der Pfändungsbeschluss als Blankettbeschluss (Rdn. 1054) erlassen werden kann oder ob er Unterhaltspflichten des Schuldners, die bei Feststellung des nach der Tabelle zu § 850 c ZPO pfändbaren Betrages zu berücksichtigen sind, zahlenmäßig bestimmt bezeichnen muss. Letzteres wurde mit Hinweis darauf gefordert, dass der Leistungsträger als Drittschuldner nicht in gleicher Weise wie der Arbeitgeber die unterhaltsberechtigten Angehörigen ermitteln und insbesondere hierfür nicht auf Angaben in der Lohnsteuerkarte zurückgreifen könne[61]. Dem jedoch möchte ich nicht folgen[62]. Die laufenden Geldleistungen werden „wie Arbeitseinkommen" gepfändet (§ 54 Abs. 4 SGB I). Im Pfändungsbeschluss genügt sonach auch hier die Bezugnahme auf die Tabelle (§ 850 c Abs. 3 S. 2 ZPO). Darüber hinaus fordert das Gesetz keine Angabe eines Berechnungsmerkmals für die Anwendung der Tabelle und Feststellung des nach der Zahl der Unterhaltspflichten konkret gepfändeten Betrags. Daher kann der Pfändungsbeschluss auch bei Pfändung laufender Geldleistungen nach dem SGB den Freibetrag, der für jedes erst noch zu ermittelnde Familienmitglied verbleibt, allein durch Bezugnahme auf die Tabelle bezeichnen. Die Ermittlung und Berücksichtigung der unterhaltsberechtigten Angehörigen des Schuldners muss demnach auch hier der Drittschuldner besor-

1381

---

59 *BGH* FamRZ 2004, 439 = MDR 2004, 471 Leits. = NJW-RR 2004, 1439 = Rpfleger 2004, 232.
60 Praktische Fälle: *LG Siegen* JurBüro 2009, 210; *LG Wuppertal* JurBüro 2008, 499; *AG Dresden* JurBüro 2009, 46; *AG Karlsruhe* JurBüro 2007, 495; *AG Wuppertal* JurBüro 2009, 495.
61 *LG Berlin* a.a.O. (Fußn. 58); *Hornung* Rpfleger 1977, 222 (223 zu 3); mit Einschränkung auch *LG Flensburg* JurBüro 1977, 1628; keine Feststellungen über Unterhaltspflichten des Schuldners braucht der Pfändungsbeschluss nach *LG Berlin* (12. 7. 1977) MDR 1977, 1027 = Rpfleger 1978, 65 zu enthalten, wenn diese dem Drittschuldner bekannt sind; dazu *Hornung* Rpfleger 1978, 66.
62 Für Blankettbeschluss auch *BGH* FamRZ 2005, 1083 = JurBüro 2005, 381 = MDR 2005, 1015 = NJW-RR 2005, 869 = Rpfleger 2005, 446 (zu § 850 b Abs. 2 ZPO, s. Rdn. 1030); *KG* Rpfleger 1978, 334 = a.a.O. (Fußn. 58), das auch eine Konkretisierung des Pfändungsbeschlusses durch Angaben über die bei Ermittlung der Pfändungsfreibeträge zu berücksichtigenden gesetzlich unterhaltsberechtigten Angehörigen des Schuldners jedenfalls dann auf Gläubigerantrag als statthaft ansieht, wenn der Schuldner zu den entsprechenden Angaben des Gläubigers gehört worden ist.

gen; ihm obliegt in dieser Weise ebenso wie dem Arbeitgeber die ziffernmäßige Feststellung des gepfändeten Betrags der laufenden Geldleistungen[63]. Dass er nicht auf Angaben in einer Lohnsteuerkarte zurückgreifen kann, schließt für sich allein die Pfändung mit Blankettbeschluss nicht aus. Denn in vielen Fällen stehen dem Drittschuldner die erforderlichen Angaben in den Veranlagungsunterlagen zuverlässig zur Verfügung (s. § 60 SGB I), so wenn Witwen- und Witwerrente gewährt wird oder sich eine Rente um Kinderzuschuss erhöht hat. Sodann kann der Leistungsträger durch Anhörung von Gläubiger und Schuldner den gepfändeten Betrag ziffernmäßig ebenso zuverlässig feststellen wie der Arbeitgeber. Dazu kommt – abgesehen davon, dass für diese Ansicht der Gesetzeswortlaut spricht –, dass damit die dem Drittschuldner obliegende Verpflichtung seiner Aufgabe bei der Abtretung (und Verpfändung) eines Anspruchs auf laufende Sozialgeldleistung (§ 53 Abs. 3 SGB I) völlig gleich ist. Auch bei Leistung nach Abtretung (Verpfändung) hat der Leistungsträger (Drittschuldner) die Personen, denen der Schuldner tatsächlich Unterhalt gewährt, selbst zu ermitteln und zu berücksichtigen und nach ihrer Zahl den abtretbaren Betrag aus der Tabelle zu § 850 c ZPO abzulesen. Eine Abtretung erfordert keine Angabe der Berechnungsmerkmale für die Anwendung der Tabelle; sie ist auch ohne Angabe der Zahl der Personen, denen der Schuldner unterhaltspflichtig ist, für den Leistungsträger stets in gleicher Weise wie für den Arbeitgeber ausreichend bestimmt. Selbst wenn sie die Zahl der unterhaltsberechtigten Personen im Zeitpunkt der Abtretung nennt, ist das für den Leistungsträger bei späterer Auszahlung der Geldleistung nicht einmal rundweg bindend; Änderungen (z. B. Wegfall eines Ehegatten, Geburt eines Kindes) muss der Drittschuldner vielmehr von sich aus berücksichtigen. Damit, dass Änderungen während einer laufenden Abtretung und Pfändung schon vom Drittschuldner bei Leistung zu berücksichtigen sind, bringt die Bezugnahme auf die Tabelle zu § 850 c ZPO gerade für alle Beteiligten vorteilhafte Vereinfachungen. Die Grundsätze, die mit dem Blankettbeschluss für die Lohnpfändung entwickelt worden sind und die mit der Regelung in § 850 c Abs. 3 S. 2 ZPO Eingang in das Gesetz gefunden haben, können uneingeschränkt daher auch bei Pfändung laufender Sozialgeldleistungen Anwendung finden.

1382 h) **Zu § 850 c ZPO:** aa) Unterhaltsberechtigte Angehörige mit eigenem Einkommen können nach dem mit den Vorschriften über die Pfändung von Arbeitseinkommen anwendbaren § 850 c Abs. 4 ZPO nach Bestimmung durch das Vollstreckungsgericht ganz oder teilweise unberücksichtigt zu lassen sein[64]. Einzelheiten: Rdn. 1058 ff.

---

63 Siehe auch *BGH* FamRZ 2004, 1715 = NJW 2004, 3262 (3263 re.Sp.) = Rpfleger 2004, 713 dazu, dass dem Träger die Sozialversicherung aufgegeben ist, zugunsten des Schuldners bestehende Pfändungsschutzvorschriften (§§ 850 ff. ZPO) unabhängig von einer gerichtlichen Entscheidung zu beachten und den ... pfandfreien Betrag selbst festzustellen.
64 Zur Anwendung des § 850 c Abs. 4 ZPO auch *Hornung* Rpfleger 1978, 353 (355).

Laufende Geldleistungen (§ 54 Abs. 4 SGB I)

bb) Der unpfändbare Teil der laufenden Sozialleistungen ist entsprechend der *Auszahlungsweise* nach dem Auszahlungszeitraum festzustellen, für den die Geldleistung bestimmt ist (Rdn. 1038). Der pfändbare Betrag von Krankengeld ist, unabhängig davon, ob die Leistung nur für einige Tage, mehrere Wochen oder für Monate gewährt und wie sie verwaltungstechnisch berechnet und ausgezahlt wird, nach der Monatstabelle des § 850 c ZPO (ggfs. tagesanteilig) zu bestimmen, nicht nach der Tagestabelle[65] (keine vergleichbare Situation mit unständig Beschäftigtem, für den bei täglicher Entlohnung erhöhte Freibeträge festgelegt sind, weil auch beschäftigungsfreie Tage überbrückt werden müssen, vgl. Rdn. 1043). Bei Auszahlung für Zeiträume von mehr als einem Monat sind die Leistungen einer Auszahlungsperiode so zu teilen, dass sich monatliche Abschnitte ergeben. Nachzahlungen (z. B. bei Erhöhung der laufenden Geldleistungen infolge Rentenanpassung) und Rückstände (z. B. die von Antragstellung bis zum Beginn der laufenden Auszahlungen angelaufenen Beträge) werden bei dem Abrechnungszeitraum berücksichtigt, für den (nicht: in dem) sie geleistet werden (Rdn. 1042). Bei Feststellung des gepfändeten Teils der laufenden Sozialleistungen ist nach § 850 e Nr. 1 ZPO (§ 54 Abs. 4 SGB I) ein Beitragszuschuss zur Krankenversicherung sowie zur Pflegeversicherung nicht mitzurechnen (siehe auch Rdn. 1366). Als zweckgebundene Leistung kann dieser Zuschuss jedoch von dem privaten Krankenversicherungsunternehmen wegen des Prämienanspruchs gepfändet werden.

1383

cc) Auf Antrag kann das Vollstreckungsgericht dem Schuldner zur Sicherung des notwendigen Lebensunterhalts im Sinne des Dritten und Elften Kapitels von SGB XII für besondere Bedürfnisse aus persönlichen oder beruflichen Gründen sowie bei besonderem Umfang gesetzlicher Unterhaltspflichten einen weiteren Teil seiner laufenden Geldleistung nach § 850 f Abs. 1 ZPO pfandfrei belassen[66]. Einzelheiten Rdn. 1175–1189 d.

1384

i) **Zu § 850 d ZPO:** aa) Wenn der Gläubiger einer gesetzlichen Unterhaltsforderung (bevorrechtigt) vollstreckt, muss dem Schuldner von seinen laufenden Geldleistungen so viel belassen werden, als er für seinen notwendigen Unterhalt und zur Erfüllung seiner laufenden gesetzlichen Unterhaltspflichten gegenüber den dem Gläubiger vorgehenden Berechtigten oder zur gleichmäßigen Befriedigung der dem Gläubiger gleichstehenden Berechtigten bedarf (§ 850 d Abs. 1 S. 2 ZPO). Zur Bemessung des Freibetrags siehe Rdn. 1093 ff. Mehraufwendungen für zusätzliche Nahrungs- und Stärkungsmittel, Kleidung, Wäsche usw., die infolge eines Gesundheitsschadens des Schuldners erforderlich sind, sind als Mehrbetrag zu berücksichtigen. Andere Einnahmen des Schuldners, die ihm für seinen Lebensunterhalt zur Verfügung stehen oder ihn von seiner Unterhaltspflicht

1385

---

65 *BSozG* MDR 1993, 250 = NJW 1993, 811; auch *LSozialG Berlin* NZA 1992, 328 (Leits.): Bei längerem Bezug Berechnung nach der Monatstabelle.
66 Gesetzesbegründung, BT-Drucks. 12/5187, Seite 29, abgedruckt Rdn. 1303; *OLG Zweibrücken* JurBüro 2002, 384 = MDR 2002, 720 = NJW-RR 2002, 1664 (re.Sp.) = Rpfleger 2002, 465.

gegenüber Angehörigen ganz oder teilweise entlasten, sind bei Festlegung des Freibetrages angemessen zu berücksichtigen (Rdn. 1104). Zur Reihenfolge mehrerer Unterhaltsberechtigter siehe Rdn. 1109 ff.

1386 bb) Der Betrag, der nach § 850 d ZPO *pfandfrei* zu bleiben hat, muss vom Vollstreckungsgericht nach den Umständen des Einzelfalles bestimmt[67] und *im Pfändungsbeschluss* bezeichnet werden. Ziffernmäßig anzugeben ist der pfandfreie Betrag für den eigenen Unterhalt des Schuldners sowie für seine Unterhaltspflichten gegenüber vorgehenden Berechtigten; im Übrigen ist gleichmäßige Verteilung auf Gleichrangige anzuordnen (Rdn. 1121). Eine Pfändung durch Blankettbeschluss nach Maßgabe des § 850 c ZPO verbietet sich[68].

1387 cc) Der dem Schuldner nach § 850 d Abs. 1 S. 2 ZPO (vorst. Rdn. 1385) zu belassende unpfändbare Teil seiner laufenden Leistungen darf den Betrag nicht übersteigen, der ihm nach den Vorschriften des § 850 c ZPO gegenüber nicht bevorrechtigten Gläubigern zu verbleiben hätte (§ 850 d Abs. 1 S. 3 ZPO). Zur Bezeichnung dieser Pfändungsgrenze im Pfändungsbeschluss siehe Rdn. 1108.

1388 dd) *Bei Pfändung wegen der Rückstände*, die länger als ein Jahr vor dem Antrag auf Erlass des Pfändungsbeschlusses fällig geworden sind, besteht die Möglichkeit des Zugriffs bis zu den Pfändungsgrenzen des § 850 d ZPO nur, wenn nach Lage der Verhältnisse anzunehmen ist, dass der Schuldner sich seiner Zahlungspflicht absichtlich entzogen hat (§ 850 d Abs. 1 S. 4 ZPO; s. Rdn. 1089). Wenn das nicht geltend gemacht ist, wird mit den Pfändungsgrenzen nach § 850 c ZPO gepfändet.

1389 ee) *Vorratspfändung* ist nach § 850 d Abs. 3 ZPO möglich[69]. Bei der Vollstreckung wegen fälliger gesetzlicher Unterhaltsansprüche können also auch künftig fällig werdende laufende Geldleistungen wegen der dann jeweils fällig werdenden Ansprüche gepfändet und überwiesen werden.

1390 ff) Die Vorratspfändung von *Krankengeld* schränkt das BSozialG[70] allerdings ganz wesentlich ein. Es meint, nur die Pfändung während einer durch Arbeitsunfähigkeit bedingten Erkrankung erfasse auch die erst nach Zustellung dieses Pfändungsbeschlusses fällig werdenden Teile dieses laufenden Krankengeldes. Wenn der Schuldner als Versicherter wieder arbeitsfähig geworden und später an einem neuen Leiden erkrankt sei, entstehe ein neuer Einzelanspruch auf Krankengeld. In diesem ersten und dem späteren Anspruch sieht das BSozialG kein einheitliches Rechtsverhältnis (siehe § 832 ZPO); es kommt daher zu dem Ergebnis, dass dieser neue Anspruch

---

[67] Bestehen und Höhe des zu pfändenden Anspruchs hat es dabei nicht zu prüfen; hierüber entscheidet allein das Prozessgericht; siehe dazu *LG Frankenthal* Rpfleger 1984, 425.
[68] Vgl. *LG Berlin* Rpfleger 1965, 82 mit zust. Anm. *Stöber*.
[69] Für Vorratspfändung schon nach früherem Recht *OLG Celle* MDR 1962, 414 = NdsRpfl 1962, 110; *LG Berlin* Rpfleger 1970, 441.
[70] *BSozialG* MDR 1963, 256 = NJW 1963, 556; dazu kritisch *Berner* Rpfleger 1964, 299.

Laufende Geldleistungen (§ 54 Abs. 4 SGB I)

auch bei Vorratspfändung vom Pfändungsbeschluss nicht erfasst wird. Dem wird man, soweit allein die Frage der Vorratspfändung (§ 850 d Abs. 3 ZPO) betroffen ist, beipflichten können. Dabei wird als eine neue, vom früheren Pfändungsbeschluss nicht mehr erfasste Forderung auch das Krankengeld anzusehen sein, das dann gewährt wird, wenn der Schuldner wegen desselben Leidens behandlungsbedürftig geblieben und später erneut arbeitsunfähig krank geworden ist.

Damit ist aber nicht gesagt, dass sich die Pfändung des Krankengeldes als *künftige Forderung* (siehe Rdn. 27) verbietet. Auch Krankengeld ist bei Wiederholungserkrankung als künftige Forderung pfändbar, weil die erforderliche Anspruchsgrundlage gegeben und die notwendige Bezeichnung möglich ist. Bei ausdrücklicher Mitpfändung des „künftigen" Krankengeldes wird daher auch dieses von der vor einer Erkrankung oder neuen Erkrankung ausgebrachten Pfändung erfasst[71]. Zugleich mit der Pfändung wegen fälliger Unterhaltsansprüche kann „künftiges" Krankengeld dann aber auch wegen der dann jeweils fällig werdenden Ansprüche gepfändet werden. Die Mitpfändung des künftigen Krankengeldes muss jedoch im Pfändungsbeschluss ausdrücklich angeordnet sein. 1391

gg) Wenn ausdrücklich Pfändung nach § 850 c ZPO verlangt ist, sind die Pfändungsgrenzen nach dieser Vorschrift festzusetzen. Auch dann findet keine Billigkeitsprüfung statt, weil Pfändung in der beantragten Weise nach § 54 Abs. 4 SGB I zu erfolgen hat, wenn die Voraussetzungen vorliegen. Infolge der Parteiherrschaft im Zwangsvollstreckungsverfahren kann der Gläubiger die Pfändung auch auf einen bestimmten Höchstbetrag, z. B. „höchstens 150 Euro monatlich" beschränken (dazu Rdn. 1118). 1392

k) Die Pfändung wird mit der *Zustellung* des Beschlusses an den Drittschuldner (Leistungsträger[72]) bewirkt (§ 829 Abs. 3 ZPO). 1393

l) Der *Rang* mehrerer Pfändungen bestimmt sich nach § 804 Abs. 3 ZPO (Rdn. 779). 1394

m) Bei Änderung der Unpfändbarkeitsvoraussetzungen muss das Vollstreckungsgericht auf Antrag den Pfändungsbeschluss entsprechend ändern. Dazu Rdn. 1200.

n) Einwendungen gegen die Zulässigkeit der Pfändung Rdn. 710 ff. Klarstellende Entscheidung des Vollstreckungsgerichts Rdn. 928, 929.

o) Das Pfandrecht, das durch Pfändung einer laufenden Geldleistung erworben ist, erstreckt sich nach § 832 ZPO (mit § 54 Abs. 4 SGB I) ohne ausdrückliche Anordnung im Pfändungsbeschluss auch auf die *nach der Pfändung fällig werdenden Beträge* (dazu Rdn. 964 ff.), somit bei Pfändung 1395

---

71 So auch *Berner* Rpfleger 1964, 299 (300). Zur Einschränkung auch Rdn. 1369 a, b.
72 Zu Drittschuldnerverpflichtungen und -schutz bei großen Behörden, bargeldloser Zahlung und Datenverarbeitung s. Rdn. 935 a – 937. Weitergehenden Schutz in entspr. Anwendung von § 1587 p BGB besteht für den Leistungsträger nicht, *SozG Speyer* KKZ 1990, 215.

einer Rente auf die fortlaufend auszuzahlenden monatlichen Beträge, bei Pfändung von Arbeitslosengeld auf die Leistungen für weitere Auszahlungszeiträume. Erstreckung der Pfändung auf erst später fällig werdende Beträge setzt voraus, dass die laufende Geldleistung bei Pfändung und die künftig wiederkehrenden Leistungsansprüche einem einheitlichen Sozialrechtsverhältnis entspringen, somit aus einheitlicher Rechtsbeziehung bestehen (s. Rdn. 969). Diese Einheitlichkeit ist nach der im Recht der Sozialleistungen üblichen Verkehrsauffassung, nicht nach formalrechtlichen Überlegungen zu beurteilen (dazu Rdn. 969). Ein im Sinn des Leistungsrechts innerer Zusammenhang und damit die erforderliche tatsächliche Einheit ist für Leistungsansprüche zu bejahen, die aus gleicher Berechtigung weiterbestehen. Die Pfändung von Arbeitslosengeld erfasst daher auch Arbeitslosengeld, das auf Grund einer neuen Arbeitslosigkeit zu zahlen ist, wenn der Arbeitslose eine neue Anwartschaft auf Arbeitslosengeld nicht erworben hat[73]. Verneint wird eine einheitliche Rechtsbeziehung für Mitpfändung künftig fällig werdender Beträge für den bei späterer Erkrankung entstehenden neuen Einzelanspruch auf Krankengeld[74] (Rdn. 1390).

IX. Pfändung von Kindergeld (§ 54 Abs. 5 SGB I)

1396 *Gepfändet wird wegen dieser gesetzlichen Unterhaltsansprüche des Gläubigers der angebliche Anspruch des Schuldners an die Agentur für Arbeit in ... (Familienkasse) – Drittschuldner – auf fortlaufende Auszahlung des Kindergeldes in Höhe des nach § 54 Abs. 5 Nrn. 1 und 2 SGB (Erstes Buch) zu bemessenden pfändbaren Betrages. Die Pfändung umfasst die künftig fällig werdenden Kindergeldleistungen (anteilig) auch wegen der dann fällig gewordenen oder jeweils fällig werdenden Unterhaltsansprüche des Gläubigers.*

1. Pfändbarkeit

1397 a) *Kindergeld* nach dem BKGG (zu seiner nur noch geringen Bedeutung s. Rdn. 1327; zum Kindergeld nach EStG Rdn. 153 a), Kinderzuschläge aus der sozialen Entschädigung (§ 5 SGB I) und vergleichbare Rentenbestandteile, somit der Kinderzuschuss aus der Rentenversicherung und die Kinderzulage aus der Unfallversicherung (Geldleistungen für Kinder, s. Rdn. 1367), gehören zu den laufenden Geldleistungen. Leistungsberechtigter für

---

73 *BSozialG* JurBüro 1982, 1176 mit Anm. *Mümmler*; *AG Bottrop* JurBüro 1987, 462 = Rpfleger 1986, 488; **a.A.** *SozialG Münster* (28. 9. 1978) JurBüro 1979, 289 mit Anm. *Mümmler*. Im entschiedenen Fall wurde der Schuldner nach Berufstätigkeit vom 27. 9.–15. 12. neuerlich arbeitslos. Wegen dieser nur kurzzeitigen Berufstätigkeit nimmt *Mümmler* zu der Entscheidung kritisch Stellung. Dazu außerdem *Mümmler* JurBüro 1980, 1149 für das nach Erkrankung erneut beantragte und zugesprochene Arbeitslosengeld.

74 Zur Fortsetzungserkrankung bei Angestellten (für das Lohnfortzahlungsgesetz) s. auch *BArbG* NJW 1983, 2103; für Angestellte des öffentlichen Dienstes s. *BArbG* NJW 1987, 732; zur Selbständigkeit der Verhinderungsfälle für den Anspruch auf Lohnfortzahlung auch *BArbG* ZIP 1982, 343 und ZIP 1983, 1232.

Pfändung von Kindergeld (§ 54 Abs. 5 SGB I)

Kindergeld ist der Schuldner, der Kindern Unterhalt zu leisten hat oder leistet (§ 6 SGB I, s. Rdn. 1327); ihm, nicht aber den Kindern, wird Kindergeld gewährt; in gleicher Weise sind Kinderzuschlag, -zuschuss und -zulage Bestandteil der Rente des Leistungsberechtigten. Bei Vollstreckung gegen den Leistungsberechtigten als Schuldner können diese Geldleistungen[1] für Kinder nach § 54 Abs. 5 SGB I *nur gepfändet* werden, wenn *wegen seines gesetzlichen Unterhaltsanspruchs* (hierzu Rdn. 1076–1078) ein Kind vollstreckt, das bei der Festsetzung der Geldleistung berücksichtigt ist. Im Übrigen sind das Kindergeld und die anderen Geldleistungen für Kinder *unpfändbar*. Die Regelung entspricht der Bestimmung des § 76 S. 1 EStG; siehe daher Rdn. 153 c–e. Ausgeschlossen ist damit die Pfändung wegen des gesetzlichen Unterhaltsanspruchs eines sonstigen Gläubigers, so des Ehegatten oder des früheren Ehegatten sowie eines Kindes, das für den Anspruch auf Kindergeld die Altersgrenze oder die Grenze für Bruttobezüge aus einem Ausbildungsverhältnis überschritten oder geheiratet hat[2], und ebenso bei Vollstreckung einer gewöhnlichen Geldforderung (Rdn. 1036) sowie auch bei Vollstreckung einer Forderung aus vorsätzlich begangener unerlaubter Handlung. Grund: Zweckbindung; Kindergeld und die anderen Geldleistungen für Kinder sollen für den Unterhalt des Kindes des Unterhaltsverpflichteten zur Verfügung stehen.

b) Für die Höhe des pfändbaren Betrags treffen Nrn. 1 und 2 des § 54 Abs. 5 S. 2 SGB I Bestimmung in gleicher Weise wie § 76 S. 2 EStG; siehe daher Rdn. 153 e–g. **1398**

c) *Eigenkindergeld*, somit Kindergeld, das der Leistungsberechtigte für sich selbst erhält (so ein Vollwaise, ein Kind, das den Aufenthalt seiner Eltern nicht kennt, § 1 Abs. 2 BKGG), ist auf Grund des § 54 Abs. 5 SGB I nicht pfändbar. **1399**

d) Der *Kinderzuschlag* nach dem Recht der sozialen Entschädigung (§ 5 SGB I) wird in Höhe des gesetzlichen Kindergeldes gewährt[3] (§ 33 b Abs. 5 S. 1 BVG). Die Höhe des pfändbaren Betrags regelt daher wie bei Kindergeld § 54 Abs. 5 S. 2 Nrn. 1 und 2 SGB I. **1400**

e) Für vergleichbare Rentenbestandteile, somit für den Kinderzuschuss in der Rentenversicherung und die Kinderzulage in der Unfallversicherung, ist die Höhe eines pfändbaren Betrages nicht bestimmt (§ 54 Abs. 5 S. 2 mit Nrn. 1 und 2 SGB I regelt nur die Höhe des pfändbaren Kindergeldes). Die vergleichbaren Rentenbestandteile werden als Geldleistungen für jedes Kind in gleicher Höhe gewährt (sie sind nicht gestaffelt, andere Kinder **1401**

---

1 Sonstige Zuschläge für Kinder, die den Kindergeldbezug nicht ausschließen, unterliegen nicht dem besonderen Pfändungsschutz des § 54 Abs. 5 SGB I; das gilt z. B. für den Familienzuschlag zum Arbeitslosengeld, s. *Hornung* Rpfleger 1988, 213 (216 re.Sp.).
2 Wegen besonderer Sonderfälle, in denen für den Anspruch auf Kindergeld ein Kind nicht berücksichtigt wird, s. die Einzelbestimmungen des BKGG.
3 Nur wenn für dasselbe Kind Anspruch auf Kindergeld oder auf Leistungen nach § 8 Abs. 1 Nr. 1 BKGG nicht besteht, § 33 b Abs. 1 S. 2 RVO.

4. Kapitel: Pfändung von Sozialleistungen

[Zählkinder] erlangen für die Höhe der Leistung keine Bedeutung). Der auf einen vollstreckenden Unterhaltsgläubiger treffende pfändbare Betrag und der auf jedes andere Kind entfallende unpfändbare Rententeil stehen damit sogleich betragsmäßig (einzeln) fest. Wegen des gesetzlichen Unterhaltsanspruchs eines Kindes kann der Kinderzuschuss und die Kinderzulage daher mit dem Betrag gepfändet werden, um den die Rente oder das Altersruhegeld sich mit Berücksichtigung des vollstreckenden Kindes erhöht hat.

2. Pfändungsverfahren

1402 Das Pfändungsverfahren folgt den für Pfändung des Kindergeldes für Familienleistungsausgleich Rdn. 153 i–n dargestellten Verfahrensbestimmungen und -grundsätzen.

1403–1407 Die Randnummern 1403–1407 sind nicht belegt.

X. Zusammenrechnung laufender Sozialleistungen mit Arbeitseinkommen

1408 1. Kindergeld und ein Anspruch auf andere *Geldleistungen für Kinder* (Rdn. 1367) kann nur wegen gesetzlicher Unterhaltsansprüche anteilig gepfändet werden (§ 76 EStG, § 54 Abs. 5 SGB I). Eine Geldleistung für Kinder wird dann von einer Pfändung in Höhe des nach § 76 Nr. 1 und 2 EStG oder § 54 Abs. 5 SGB I pfändbaren Betrags voll erfasst. Dafür erlangt keine Bedeutung, dass der Leistungsberechtigte daneben noch über Arbeitseinkommen verfügt. „Wie Arbeitseinkommen", somit unter Bemessung unpfändbarer Beträge nach §§ 850 c, d oder f Abs. 2 ZPO, wird ein Anspruch auf eine Geldleistung für Kinder nicht gepfändet. Bei Pfändung eines Anspruchs auf eine Geldleistung für Kinder durch den Gläubiger eines gesetzlichen Unterhaltsanspruchs ist daher eine Zusammenrechnung mit Arbeitseinkommen ausgeschlossen (zur Zusammenrechnung bei Pfändung von Arbeitseinkommen s. Rdn. 1154).

1409 2. Wenn eine *andere laufende SGB-Geldleistung* von einem Unterhaltsgläubiger (§ 850 d ZPO) oder von einem nach § 850 f Abs. 2 ZPO bevorrechtigten Gläubiger gepfändet wird, ist dem Schuldner für seinen notwendigen Unterhalt und zur Erfüllung laufender gesetzlicher Unterhaltspflichten ein pfandfreier Einkommensbetrag zu belassen (§ 850 d Abs. 1 S. 2, § 850 f Abs. 2 ZPO). Fraglich ist, ob (ungepfändetes) Arbeitseinkommen, das der Schuldner neben der laufenden Sozialleistung bezieht, bei Festlegung dieses Freibetrags angemessen zu berücksichtigen (anzurechnen) und deshalb die laufende SGB-Geldleistung in erweitertem Umfang zu pfänden ist. Zu beantworten ist das in Anlehnung an den Grundgedanken, dem § 850 e Nr. 2a ZPO folgt. Danach ist erheblich (dort Satz 2), ob der unpfändbare Grund- und Mehrbetrag (in erster Linie) der laufenden SGB-Geldleistung oder dem Arbeitseinkommen zu entnehmen ist. Ebenso muss dem Schuldner das Einkommen, das die wesentliche Grundlage seiner Lebenshaltung bildet (sog. Haupteinkommen, Rdn. 1145) unge-

Zusammenrechnung mit Arbeitseinkommen

schmälert nach § 850 d Abs. 1 S. 2, § 850 f Abs. 2 ZPO für seinen notwendigen Unterhalt und zur Erfüllung gesetzlicher Unterhaltspflichten verbleiben. Der Gläubiger hat nicht die Wahl, welches der Schuldnereinkommen er für den Lebensbedarf des Schuldners und zur Deckung vorrangiger Unterhaltspflichten pfandfrei belassen will. Das schließt für den Regelfall Anrechnung des Arbeitseinkommens auf den Freibetrag aus. Der Freibetrag ist dem Schuldner dann umfassend aus den gepfändeten laufenden SGB-Geldleistungen zu belassen. Der Gläubiger ist daher regelmäßig auf die Pfändung des Arbeitseinkommens zu verweisen (zur Zusammenrechnung dann Rdn. 1151). Nur wenn – ausnahmsweise – das Arbeitseinkommen als wesentliche Grundlage der Lebenshaltung des Schuldners anzusehen ist, kann es für Deckung des notwendigen Unterhalts und zur Erfüllung gesetzlicher Unterhaltspflichten bestimmt, somit bei Pfändung der laufenden SGB-Geldleistung auf den Freibetrag angerechnet werden.

3. a) Für die Zwangsvollstreckung durch den Gläubiger einer *gewöhnlichen Geldforderung* sieht § 850 e Nr. 2 a ZPO Zusammenrechnung ungepfändeter anderer laufender SGB-Geldleistungen (soweit diese der Pfändung unterworfen sind[1], siehe Rdn. 1155) mit Arbeitseinkommen bei dessen Pfändung vor (dazu Rdn. 1150 ff.). Weil laufende Geldleistungen nach dem SGB „wie Arbeitseinkommen" zu pfänden sind (§ 54 Abs. 4 SGB I), gilt das ebenso, wenn eine laufende SGB-Geldleistung gepfändet ist und der Schuldner daneben noch (ungepfändetes oder bereits gepfändetes) Arbeitseinkommen hat. Bedeutung erlangen dann nach § 850 e Nr. 1 ZPO für die Zusammenrechnung nur die Netto-Bezüge der laufenden SGB-Geldleistungen. Damit ist bereits ausgeschlossen, dass die Zusammenrechnung auch auf der Pfändung nach § 850 a ZPO (entsprechende Anwendung, Rdn. 1366) entzogene Sozialleistungen erstreckt wird. Darauf dürfte der Hinweis in der Begründung (siehe Rdn. 1151) zielen, dass einer Zusammenrechnung mit Arbeitseinkommen entgegensteht, wenn die Zweckbestimmung einer Sozialleistung ihre Pfändbarkeit gem. § 851 ZPO einschränkt.

1410

b) Bei Zusammenrechnung erlangt Bedeutung, welchem der Einkommen der nach § 850 c ZPO *unpfändbare Grundbetrag* und der unpfändbare Mehrbetrag zu entnehmen sind (Rdn. 1145). Für den unpfändbaren Grundbetrag bestimmt § 850 e Nr. 2 a ZPO Deckung „in erster Linie" aus den laufenden Geldleistungen nach dem SGB; gleichermaßen ist der unpfändbare Mehrbetrag zumeist diesen laufenden Bezügen zu entnehmen[2] (Rdn. 1146). Das ist bei Zusammenrechnung zu bestimmen. Dem Gläubiger bleibt es nicht freigestellt, durch Pfändung einer laufenden SGB-Geldleistung dahin zu wirken, dass die unpfändbaren Beträge nach dem Arbeitseinkommen

1411

---

1 Keine Zusammenrechnung von Ansprüchen auf Arbeitseinkommen mit Sozialleistungen oder Ansprüchen auf verschiedene Sozialleistungen untereinander, soweit diese der Pfändung nicht unterworfen sind, *BGH* FamRZ 2005, 1244 = JurBüro 2004, 595 = MDR 2005, 1136 = NJW-RR 2005, 1010 = Rpfleger 2005, 451.
2 *LG Marburg* Rpfleger 2002, 216.

4. Kapitel: Pfändung von Sozialleistungen

entnommen werden müssten[3]. Das Rdn. 1147 Gesagte gilt entsprechend. Verfahren bei Zusammenrechnung: Rdn. 1139 ff.

1412 c) Wenn die unpfändbaren Beträge den laufenden SGB-Geldleistungen zu entnehmen sind, ist die Zusammenrechnung nur für Feststellung des nach § 850 c Abs. 2 ZPO pfändbaren Teils der übersteigenden laufenden Geldleistungen erheblich. **Beispiele:**

aa) Witwenrente von monatlich 1.000,00 Euro; Arbeitseinkommen von monatlich 580,00 Euro; ein Kind. Pfandfrei nach § 850 c ZPO sind bei 1.580,00 Euro Gesamteinkommen monatlich 1.467,95 Euro. Bei Deckung aus der laufenden SGB-Geldleistung bleibt diese voll pfandfrei.

bb) Berufsunfähigkeitsrente von monatlich 1.400,00 Euro; Arbeitseinkommen von monatlich 580,00 Euro; keine unterhaltsberechtigten Angehörigen. Pfandfrei nach § 850 c ZPO sind bei 1.980,00 Euro Gesamteinkommen monatlich 1.283,60 Euro. Bei Deckung aus der laufenden SGB-Geldleistung bleibt diese mithin in Höhe von 1.283,60 Euro pfandfrei; gepfändeter Restbetrag der SGB-Geldleistung damit (nur) 116,40 Euro. Dieser gepfändete Betrag ergibt zusammen mit dem Arbeitseinkommen von 580,00 Euro den zusammen pfändbaren Betrag von 696,40 Euro.

1413 4. Wenn der Schuldner laufende *Sozialleistungen aus verschiedenen Leistungsbereichen* bezieht, stellt sich die Frage der Zusammenrechnung in gleicher Weise. Auch hier findet, weil Sozialleistungen „wie Arbeitseinkommen" gepfändet werden (§ 54 Abs. 4 SGB I), § 850 e Nr. 2 a ZPO entsprechende Anwendung[4]. Das Vollstreckungsgericht hat die Zusammenrechnung auf Antrag daher mit der Folge anzuordnen[5], dass dem Schuldner nur ein einmaliger Pfändungsfreibetrag nach § 850 c ZPO verbleibt. Für das Verfahren und die Auswirkungen gilt das Rdn. 1150 ff. Gesagte entsprechend.

XI. Vorpfändung

1414 1. a) Ansprüche auf einmalige Geldleistungen können gepfändet werden, wenn dies der Billigkeit entspricht (§ 54 Abs. 2 SGB I). Das soll ermöglichen, dass bei Zulassung der Pfändung Gläubiger- und Schuldnerinteressen in sozial- und rechtspolitisch vertretbarer Weise gegeneinander abgewogen werden (Rdn. 1336). Damit ist jedoch grundsätzliche Unpfändbarkeit (im Gegensatz zu § 850 b Abs. 1 ZPO) nicht bestimmt[1]. Die Ansprüche sind vielmehr gesetzlich pfändbar[2], soweit die Pfändung nicht der Billigkeit im Sinne von § 54 Abs. 2 SGB I widerspricht. Das ermöglicht auch Vorpfändung (§ 845 Abs. 1 ZPO)[3*]. Auch diese erfordert, dass die Pfändung nach Maßgabe von § 54 Abs. 2 SGB I der Billigkeit entspricht.

---

3 *LG Marburg* a.a.O.
4 Allgemein für Zulässigkeit der Zusammenrechnung *OLG Karlsruhe* JurBüro 1985, 315. *Hornung* RpflJB 1977, 358 f. wendet § 850 e Nr. 2 ZPO an. Dem möchte ich nicht folgen.
5 Aber auch hier keine Zusammenrechnung mit Sozialhilfe, *LG Hannover* JurBüro 1979, 292 (siehe bereits Rdn. 1155).
1 BGH 92, 339 (343) = MDR 1985, 225 = NJW 1985, 976 = Rpfleger 1985, 155 mit Anm. *Hornung*.
2 BGH 92, 393 (343) = a.a.O.
3* *Zöller/Stöber*, ZPO, Rdn. 43; *Stein/Jonas/Brehm*, ZPO, Rdn. 85 je zu § 850 i.

b) *Rechtsbehelf* gegen eine demnach nicht zulässige, weil der Billigkeit widersprechende Vorpfändung: § 766 ZPO. Die Feststellung, ob die Vorpfändung im Einzelfall der Billigkeit entspricht, trifft dann das Vollstreckungsgericht bei Entscheidung über die Erinnerung.

2. Vorpfändung „wie Arbeitseinkommen" nach § 54 Abs. 4 SGB I pfändbarer Sozialgeldleistungen ist in gleicher Weise zulässig, wie Vorpfändung von Arbeitseinkommen möglich ist.

Zur Vorpfändung Rdn. 795 ff., zur Darstellung der Pfändungsgrenzen in der Pfändungsankündigung Rdn. 946, 947.

3. Kindergeld nach dem BKGG und andere *Geldleistungen für Kinder* (Kinderzuschläge und vergleichbare Rentenbestandteile) können wegen gesetzlicher Unterhaltsansprüche eines bei Festsetzung der Geldleistung berücksichtigten Kindes anteilig gepfändet werden (§ 54 Abs. 5 SGB I; dazu Rdn. 1397 ff.). Wegen eines solchen gesetzlichen Unterhaltsanspruchs ist daher auch *Vorpfändung* einer Geldleistung für Kinder in Höhe des nach § 54 Abs. 5 SGB I pfändbaren Betrags zulässig. Ausgeschlossen ist Vorpfändung einer Geldleistung für Kinder damit wegen des gesetzlichen Unterhaltsanspruchs eines Kindes in Höhe des weitergehenden, auch von diesem Gläubiger nicht pfändbaren Betrags und in voller Höhe bei Vollstreckung anderer Unterhaltsansprüche sowie sonstiger (gewöhnlicher) Gläubigerforderungen. Eine unzulässig dennoch für eine nicht pfändbare Geldleistung für Kinder ausgebrachte Vorpfändung wäre wirkungslos.

1415

XII. Zusammentreffen von Pfändung und anderen Rechtsänderungen

1. *Zusammentreffen von Pfändung und Abtretung*

Schrifttum: *Denck*, Drittschuldnerschutz im Sozialrecht, ZZP 102 (1989) 1; *Mümmler*, „Lohn"pfändung und Abtretung, JurBüro 1984, 809.

Zulässig ist die Abtretung einer einmaligen Sozialleistung sowie laufender Leistungen nach Maßgabe von § 53 SGB I. Treffen Abtretung und Pfändung zusammen, so gilt das Rdn. 764 ff. und Rdn. 1248 ff. Gesagte. Durch Pfändung eines bereits abgetretenen Anspruchs auf eine (einmalige oder laufende) Sozialleistung wird ein Pfändungspfandrecht nicht begründet (Rdn. 769). Abtretung wegen einer Vorleistung (§ 53 Abs. 1 Nr. 1 SGB I) erfordert, dass der Dritte ein Darlehen gegeben oder Aufwendungen gemacht hat, um dem Leistungsberechtigten (Schuldner) für einen Zeitraum, *für den* ein Sozialanspruch besteht, aber noch nicht ausgezahlt ist (z. B. Rentennachzahlungszeitraum), eine angemessene Lebensführung zu ermöglichen. Mit der Abtretung eines gepfändeten Anspruchs auf Sozialleistung verstößt der Schuldner gegen das Verfügungsverbot des § 829 Abs. 1 S. 2 ZPO. Diese Abtretung ist daher dem Gläubiger gegenüber unwirksam (Rdn. 772).

Beim Zusammentreffen einer Abtretung an einen Unterhaltsgläubiger (§ 850 d ZPO) mit einer Pfändung wegen einer gewöhnlichen Vollstre-

1416

4. Kapitel: Pfändung von Sozialleistungen

ckungsforderung hat das Vollstreckungsgericht den Anspruch des Unterhaltsberechtigten auf Antrag auf den gem. § 850 d ZPO im erweiterten Umfang dem Zugriff unterliegenden Teil des Arbeitseinkommens zu verrechnen (§ 850 e Nr. 4 ZPO; siehe deswegen Rdn. 1256 und Rdn. 1276).

2. Zusammentreffen von Pfändung und Verpfändung

1417 Verpfändung einer (einmaligen oder laufenden) Sozialleistung ist nach § 53 SGB I unter den gleichen Voraussetzungen und in gleichem Umfang wie Abtretung zulässig. Es gilt daher das Rdn. 1416 Gesagte auch für die Verpfändung.

3. Zusammentreffen von Pfändung und Aufrechnung oder Verrechnung

1418 Zulässigkeit der Aufrechnung sowie Verrechnung: §§ 51, 52 SGB I. Die Vorschriften lauten:

§ 51 SGB I
Aufrechnung

(1) Gegen Ansprüche auf Geldleistungen kann der zuständige Leistungsträger mit Ansprüchen gegen den Berechtigten aufrechnen, soweit die Ansprüche auf Geldleistungen nach § 54 Abs. 2 und 4 pfändbar sind.

(2) Mit Ansprüchen auf Erstattung zu Unrecht erbrachter Sozialleistungen und mit Beitragsansprüchen nach diesem Gesetzbuch kann der zuständige Leistungsträger gegen Ansprüche auf laufende Geldleistungen bis zu deren Hälfte aufrechnen, wenn der Leistungsberechtigte nicht nachweist, daß er dadurch hilfebedürftig im Sinne der Vorschriften des Zwölften Buches über die Hilfe zum Lebensunterhalt oder der Grundsicherung für Arbeitsuchende nach dem Zweiten Buch wird.

§ 52 SGB I
Verrechnung

Der für eine Geldleistung zuständige Leistungsträger kann mit Ermächtigung eines anderen Leistungsträgers dessen Ansprüche gegen den Berechtigten mit der ihm obliegenden Geldleistung verrechnen, soweit nach § 51 die Aufrechnung zulässig ist.

1419 Aufrechnen kann der Leistungsträger (Drittschuldner) mit einer Forderung gegen den Schuldner auch nach der Pfändung noch, wenn schon bei ihrem Wirksamwerden die Voraussetzungen der Aufrechnung vorlagen (§ 392 BGB). Einzelheiten: Rdn. 572. Soweit Voraussetzung der Aufrechnung ist, dass die Ansprüche auf Geldleistungen pfändbar sind, fällt die Ermessensausübung dem Leistungsträger zu; dieser hat die nach § 54 Abs. 2 SGB I vorgesehenen Erwägungen zu treffen[1], das Vollstreckungsgericht wirkt bei Aufrechnung nicht mit.

1420 Die Möglichkeit der *Verrechnung* trägt der Verpflichtung aller Leistungsträger zur Zusammenarbeit und dem Streben nach Verwaltungsvereinfachung Rechnung. Es ist somit auf die Gegenseitigkeit der aufzurechnenden Forderung verzichtet[2]. Die Verrechnungsbefugnis[3] bestimmt sich

---

1 Begründung, BT-Drucks. 8/693, S. 32.
2 Begründung, BT-Drucks. 8/693, S. 32.
3 Zur „Rangfolge" der Pfändung und der mit ihr konkurrierenden Verrechnung siehe *BSozG* BB 1990, 2049 Leits. = KTS 1991, 182.

mit dieser Besonderheit nach dem für die Aufrechnung Gesagten (Rdn. 1419) mit der Maßgabe, dass an die Stelle einer eigenen Gegenforderung des Drittschuldners die Forderung eines anderen Leistungsträgers und deren Fälligkeit tritt. Auch Verrechnung erfordert, dass der Anspruch des anderen Leistungsträgers auf Geldleistung pfändbar ist (Verweisung auf § 51 in § 52 SGB I). Für Verrechnung mit einer nach § 54 Abs. 4 SGB I pfändbaren Geldleistung gelten daher (sofern nicht ein nach § 51 Abs. 2 SGB I berechtigter Anspruch verrechnet wird) die Pfändungsgrenzen für Arbeitseinkommen (§§ 850 ff., insbes. §§ 850 c, d und f ZPO). Wahrung des Sozialhilfeschutzes und besonderer Bedürfnisse des Schuldners (§ 850 f Abs. 1 Buchst. a–c ZPO) hat durch den (verrechnenden) Leistungsträger nach pflichtgemäßen Ermessen zu erfolgen[4].

4. *Zusammentreffen von Pfändung und Ersatzanspruch*

Ein nicht erfüllter Anspruch des Schuldners auf eine Sozialleistung kann kraft Gesetzes auf einen anderen Leistungsträger übergehen (z. B. nach § 71 b BVG Sozialversicherungsansprüche auf Kostenträger der Kriegsopferfürsorge). Durch Pfändung eines bereits übergegangenen, dem Schuldner somit nicht mehr zustehenden Anspruchs wird ein Pfändungspfandrecht nicht begründet. Auch nach Pfändung kann jedoch der Forderungsübergang kraft Gesetzes noch mit der Folge eintreten, dass der Ersatzanspruch gegenüber der Pfändung vorrangig ist. Wenn der Anspruch nicht kraft Gesetzes übergeht, sondern durch Verwaltungsakt übergeleitet wird (z. B. nach § 93 SGB XII), bestimmt sich das Verhältnis mehrerer Berechtigter nach dem Prioritätsgrundsatz. 1421

5. *Zusammentreffen von Pfändung und Auszahlungsanordnung*

a) Auszahlungsanordnung ermöglicht § 48 SGB I, der lautet: 1422

§ 48 SGB I
Auszahlung bei Verletzung der Unterhaltspflicht

(1) Laufende Geldleistungen, die der Sicherung des Lebensunterhalts zu dienen bestimmt sind, können in angemessener Höhe an den Ehegatten oder die Kinder des Leistungsberechtigten ausgezahlt werden, wenn er ihnen gegenüber seiner gesetzlichen Unterhaltspflicht nicht nachkommt. Kindergeld, Kinderzuschläge und vergleichbare Rentenbestandteile (Geldleistungen für Kinder) können an Kinder, die bei der Festsetzung der Geldleistungen berücksichtigt werden, bis zur Höhe des Betrages, der sich bei entsprechender Anwendung des § 54 Abs. 5 Satz 2 ergibt, ausgezahlt werden. Für das Kindergeld gilt dies auch dann, wenn der Kindergeldberechtigte mangels Leistungsfähigkeit nicht unterhaltspflichtig ist oder nur Unterhalt in Höhe eines Betrages zu leisten braucht, der geringer ist als das für die Auszahlung in Betracht kommende Kindergeld. Die Auszahlung kann auch an die Person oder Stelle erfolgen, die dem Ehegatten oder den Kindern Unterhalt gewährt.

(2) Absatz 1 Satz 1, 2 und 4 gilt entsprechend, wenn unter Berücksichtigung von Kindern, denen gegenüber der Leistungsberechtigte nicht kraft Gesetzes unterhaltspflichtig ist, Geldleistungen erbracht werden und der Leistungsberechtigte diese Kinder nicht unterhält.

---

4 *LG Mainz* Rpfleger 2002, 577.

4. Kapitel: Pfändung von Sozialleistungen

b) Die Bestimmung beruht auf der Erwägung, dass laufende Geldleistungen zur Sicherung des Lebensunterhalts (Rdn. 1362) nicht nur dem Leistungsberechtigten, sondern auch dessen unterhaltsberechtigten Familienangehörigen zugute kommen sollen. Wenn der Leistungsberechtigte seine gesetzlichen Unterhaltspflichten nicht erfüllt, können solche Geldleistungen daher dem Unterhaltsberechtigten ohne Umweg über einen Prozess und Pfändung zufließen. Auszahlung an einen unterhaltsberechtigten Angehörigen ordnet der Leistungsträger an. Diese Auszahlungsanordnung bewirkt keine Änderung der Person des Leistungsberechtigten; sie hat nur eine Änderung des Empfängers zur Folge. Da mithin kein Rechtsübergang stattfindet, hat die Auszahlungsanordnung keine Abtretungswirkungen. Demnach muss gelten:

c) Durch Pfändung eines Anspruchs auf laufende Geldleistungen wird *eine bereits getroffene* Auszahlungsanordnung nicht berührt, soweit sie die Rechtsstellung des Pfandgläubigers nicht schmälert. Eine Auszahlungsanordnung kann jedoch keine Wirksamkeit behalten, soweit sie den Pfandgläubiger beeinträchtigt.

Für die Bestimmung der bei Vollstreckung durch einen (anderen) Unterhaltsgläubiger pfandfrei zu belassenden Teile der laufenden Geldleistungen hat das Vollstreckungsgericht zu berücksichtigen, dass mit den Beträgen, die infolge der Auszahlungsanordnung bereits an den Angehörigen geleistet werden, ihm gegenüber Unterhaltspflichten aus laufenden Geldleistungen des Schuldners erfüllt werden. Der für den Leistungsempfänger (Schuldner) nach § 850 d ZPO pfandfrei zu stellende Betrag ist mithin entsprechend zu kürzen.

Bei Vollstreckung durch einen *gewöhnlichen* Forderungsgläubiger bleiben *Geldleistungen für Kinder* als Rentenbestandteile bei Berechnung der „wie Arbeitseinkommen" nach § 850 c ZPO gepfändeten laufenden Rentenbeträge unberücksichtigt (Rdn. 1379). Der nach der Auszahlungsanordnung empfangsberechtigte Angehörige zählt für die Bestimmung des nach § 850 c ZPO pfandfrei bleibenden Betrages als Angehöriger mit, dem Unterhalt (ganz oder teilweise) geleistet wird. Die angeordnete Auszahlung der anteiligen Geldleistung für Kinder (§ 48 Abs. 1 S. 2 SGB I) an ihn wird durch die Pfändung somit nicht berührt. Eine weitergehend angeordnete Auszahlung an ihn kann jedoch nicht aus gepfändeten laufenden Geldleistungen, sondern nur zulasten der pfandfreien Beträge erfolgen.

Beispiel: Witwenrente 1.620,00 Euro
Kinderzuschuss unerheblich, da von Pfändung nicht erfasst.
Auszahlung des Kinderzuschusses ist nach § 48 Abs. 1 SGB I angeordnet.
Pfändbar nach § 850 c ZPO bei
Unterhaltspflicht für eine Person 132,05 Euro
Auszuzahlen mithin an
- Leistungsberechtigten 1.487,95 Euro
- Kind infolge Auszahlungsanordnung Kinderzuschuss
- pfändenden Gläubiger 132,05 Euro

Pfändung und andere Rechtsänderungen

Wenn Auszahlung des Kinderzuschusses und eines Betrages von 200,00 Euro an das Kind angeordnet wäre, könnte die Auszahlungsanordnung nicht zulasten des Pfandgläubigers ausgeführt werden. Dann müsste wie folgt verfahren werden:
Auszuzahlen an
- Leistungsberechtigten   1.287,95 Euro
- Kind infolge Auszahlungsanordnung 200,00 Euro und Kinderzuschuss
- pfändenden Gläubiger   132,05 Euro

Dem Leistungsberechtigten kann bei hoher Auszahlungsanordnung weniger bleiben, als er nach § 850 c ZPO unpfändbar erhalten würde, wenn für Bemessung des pfändbaren Betrages keine Unterhaltspflichten zu berücksichtigen wären. Das beruht jedoch auf der dem Unterhaltsgläubiger gegenüber nach § 850 d ZPO in erweitertem Umfang bestehenden Haftung mit laufendem Einkommen. Soweit dem Schuldner auch der für seinen notwendigen Unterhalt nach § 850 d ZPO gebührende Freibetrag nicht mehr bleibt, kann das nicht zulasten des pfändenden Gläubigers gehen, sondern nur zu einer Kürzung der Empfangsberechtigung des nach § 48 SGB I bestimmten Angehörigen führen. Dies würde Änderung der Auszahlungsanordnung erfordern und ermöglichen (siehe § 48 Abs. 1 SGB X).

d) *Nach Pfändung* eines Anspruchs auf laufende Geldleistung kann eine Auszahlungsanordnung die Rechtsstellung des Pfandgläubigers gleichfalls nicht schmälern. Es kann daher nur noch Auszahlung der nach § 850 c oder d ZPO pfandfreien Einkommensteile angeordnet werden[5].

e) Eine Auszahlungs*anordnung* nach § 48 Abs. 1 SGB I ist auch zugunsten von Zählkindern möglich, und zwar nach dem in § 54 Abs. 5 S. 2 SGB I genannten Maßstab. Über Geldleistungen für Kinder kann nach § 48 Abs. 2 SGB I auch zugunsten solcher Kinder Auszahlungs*anordnung* ergehen, denen gegenüber der Leistungsberechtigte nicht kraft Gesetzes unterhaltspflichtig ist. Der Zweckbestimmung dieser Geldleistung wird bereits mit ihrer Unpfändbarkeit Rechnung getragen. Pfändung und Auszahlungsanordnung nach § 48 Abs. 2 SGB I können sich daher nicht überschneiden.

---

5 Siehe zum Verhältnis der Abzweigung von angemessenen Beträgen und einer zeitlich früher liegenden Verpfändung (§ 53 Abs. 2 SGB I) *SozG Aachen* KKZ 1986, 33. Danach sollen Unterhaltsansprüche (nach §§ 1361, 1601 BGB) auch dann vorrangig zu befriedigen sein, wenn eine Verpfändung von Ansprüchen auf Sozialleistungen vorgenommen ist. Dem ist bei Konkurrenz mit einem pfändenden Gläubiger aber nicht zu folgen, soweit damit zum Ausdruck gebracht sein soll, dass eine Auszahlungsanordnung, die nach zeitlich früherer Pfändung ergeht, auch für die bereits von der Pfändung erfassten Leistungen noch Wirksamkeit erlangt.

4. Kapitel: Pfändung von Sozialleistungen

1427   c) Geschützt sind *Kontoguthaben* des *„Berechtigten"*, mithin nicht nur des unmittelbar Leistungsberechtigten, sondern auch Dritter, denen bei Verletzung der Unterhaltspflicht (§ 48 SGB I) oder Unterbringung (§ 49 SGB I) laufende Geldleistungen überwiesen worden sind[6]. Die Kontoguthaben solcher Berechtigter erfasst § 55 Abs. 1 SGB I seinem Wortlaut nach ebenso wie nach der sozialpolitischen Zielsetzung des Kontoguthabenschutzes. So genannte „Oder-Konten" sowie „Und-Konten" (mit gemeinschaftlicher Verfügungsmacht mehrerer Personen) sind wie Schuldnereinzelkonten geschützt, „Oder-Konten" jedoch nur für Schuldnerverfügungen innerhalb 7 Tagen. Berechtigter und als solcher nach § 55 SGB I zeitweilig geschützt ist auch der Arbeitgeber oder Träger einer Arbeitsförderungsmaßnahme für die Leistungen, die ihm gewährt werden (wie nach § 3 Abs. 2 und 3 SGB III). Kein Kontoguthabenschutz besteht jedoch, wenn eine Leistung nicht auf ein Konto des Berechtigten, sondern auf ein (Dritt-)Konto einer anderen Person überwiesen wird, z. B. auf ein Konto der Ehefrau[7], eines Elternteils usw.; dann ist der Anspruch durch Gläubiger des Kontoinhabers uneingeschränkt pfändbar[8]. Es kann in einem solchen Fall jedoch nach § 765 a ZPO Schutz gewährt werden[9] (siehe auch Rdn. 1282 a).

3. Der Umfang des Kontenschutzes

1428   a) Der Pfändungsschutz nach Kontengutschrift ist *zeitlich begrenzt*. Der Schuldner soll nach Überweisung zunächst einmal befristet die Möglichkeit haben, die überwiesene unpfändbare Leistung zweckgebunden zu verwenden.

1429   b) Die Schutzfrist beträgt *sieben* (ab 1.7.2010: 14; siehe S. 842) *Kalendertage* seit der Gutschrift[10] auf dem Schuldnerkonto[11]. Der Tag der Gutschrift rechnet nicht mit (§ 187 Abs. 1 BGB)[12]; auf den Zeitpunkt des Überweisungseingangs, der Wertstellung oder der Kenntnis des Schuldners von der Gutschrift kommt es nicht an[13]. Die Frist endet mit Ablauf des

---

6   **Anders** *Terpitz* BB 1976, 1565.
7   Dies auch dann, wenn der Leistungsberechtigte bevollmächtigt ist, *BGH* MDR 1988, 294 = NJW 1988, 709.
8   *BGH* JurBüro 2007, 547 (548) = MDR 2007, 1214 = NJW 2007, 2703 (2704) = Rpfleger 2007, 555 (556); *LG Berlin* FamRZ 1972, 400 = MDR 1972, 429 (Leits.) = Rpfleger 1972, 181; *Terpitz* BB 1976, 1564; *Liesecke* WM 1975, 323.
9   *LG Berlin* FamRZ 1972, 400 = a.a.O.; *LG Lüneburg* FamRZ 2008, 1093.
10 Nach *Terpitz* BB 1976, 1565 auch, wenn die Gutschrift auf Grund eines Verrechnungsschecks erfolgt.
11 Nicht seit dem Eingang der Überweisung bei der Bank; *Berner* Rpfleger 1970, 314.
12 Siehe Begründung zu § 149 Abs. 2 AFG (abgedr. Rdn. 1424): „... In den ersten 7 Tagen nach der Gutschrift." So auch *Liesecke* WM 1975, 323; *Terpitz* BB 1969, 1001.
13 Nach *Terpitz* (BB 1976, 1565) muss die buchende Stelle die Gutschrift aus ihrem internen Bereich herausgegeben und auf den Weg zum Kunden gebracht haben, z. B. durch Postausgang oder Bereithaltung des Kontoauszuges zur Abholung. Dem wird man nach dem eindeutigen Gesetzeswortlaut, der auf den sicheren Zeitpunkt der Gutschrift abstellt, nicht folgen können. Indes dürfte die Frage kaum praktische Bedeutung erlangen.

letzten Tages (§ 188 Abs. 1 BGB). Fällt dieser auf einen allgemeinen Feiertag (Sonnabend oder Sonntag), so endet die Frist mit Ablauf des nächsten Werktages (§ 222 Abs. 2 ZPO).

4. *Pfändungsbeschluss und -wirkungen*

a) Den *Erlass eines Pfändungsbeschlusses* über ein gegenwärtiges oder künftiges Kontoguthaben oder eine Vorpfändung schließt die Schutzbestimmung des § 55 Abs. 1 SGB I nicht aus. Die Pfändung (auch eine Vorpfändung) des Konto-Guthabens des Schuldners bei dem Geldinstitut gilt stets jedoch als mit der Maßgabe ausgesprochen, dass sie das Guthaben (beim Kontokorrentkonto: das Guthaben bei Saldoziehung) in Höhe der Forderung, die durch Gutschrift der Sozialgeldleistung entstanden ist, während der sieben (ab 1.7.2010: 14) Tage nicht erfasst (§ 55 Abs. 1 S. 2 SGB I). Das bewirkt, dass der Schuldner auch in dieser Zeit über das Guthaben in Höhe des als Sozialgeldleistung gutgeschriebenen Betrages verfügen (mithin Gelder abheben oder überweisen lassen) und dieser Betrag in der 7-(14-)Tage-Frist dem Gläubiger nicht ausbezahlt werden kann. Auf das mit Gutschrift der Sozialgeldleistung entstandene Guthaben, über das der Schuldner nicht in dieser Weise verfügt, erstreckt sich auch ihm gegenüber die Pfändung von dem Beginn des dem Tag des Fristablaufs folgenden Kalendertags an. Das führt beim Kontokorrentkonto (Girokonto) für Feststellung des gepfändeten gegenwärtigen Saldos (Rdn. 155 b) zu keiner Verlagerung des Pfändungszeitpunktes; die Pfändung erfasst stets das Guthaben bei Saldoziehung im Zeitpunkt ihres Wirksamwerdens mit der Maßgabe, dass der Schuldner über das durch Gutschrift der Sozialgeldleistung entstandene Kontoguthaben in der 7-(14-)Tage-Frist noch verfügen kann. Von der Pfändung des gegenwärtigen Kontokorrentsaldos ist sonach die bei Rechnungsabschluss mit ihrem Wirksamwerden (§ 829 Abs. 3 ZPO) infolge Kontokorrentgutschrift in den Saldo einzustellende Sozialgeldleistung erfasst[14], wenn der Schuldner nicht in der 7-(14-)Tage-Frist darüber verfügt hat. Überweisungsaufträge, die am Schluss des letzten Tages der Frist vorgelegt werden, aber erst am nächsten Tag ausgeführt werden können, gehen nach dem Schutzzweck des § 55 Abs. 1 SGB I der Pfändung vor, weil die Schuldnerverfügung mit Vorlage des Überweisungsauftrags getroffen ist[15].

1430

b) Im Pfändungsbeschluss sind die aus § 55 SGB I folgenden Pfändungswirkungen nicht darzustellen. Dass die Pfändung eine aus Gutschrift einer Sozialgeldleistung entstandene Forderung an das Geldinstitut für die

1431

---

14 So auch *Liesecke* WM 1975, 323. Der gegenteiligen Ansicht von *Terpitz* in BB 1976, 1564 (1565 f.), dass die nicht in Anspruch genommene Sozialleistung nach 7 Tagen nicht unter den gepfändeten gegenwärtigen Saldo falle und auch nicht von der Pfändung des künftigen Saldenguthabens (Rdn. 163) erfasst sei (es sei denn, der Ablauf der 7-Tage-Frist und der nächste Rechnungsabschluss fielen zufällig zusammen), kann nicht gefolgt werden. Sie trägt dem Wesen des § 55 Abs. 1 SGB I als Ausnahmeregelung nur zur befristeten Schuldnerverfügung trotz Kontokorrentpfändung nicht hinreichend Rechnung. § 55 Abs. 1 SGB I zielt nicht darauf, Kontokorrentposten überhaupt unpfändbar zu stellen.
15 So auch *Liesecke* WM 1975, 323.

4. Kapitel: Pfändung von Sozialleistungen

Dauer von 7 (14) Tagen nicht erfasst, ist gesetzliche Folge jeder Guthabenpfändung. Als solche wirkt sie nach Maßgabe des § 55 SGB I kraft Gesetzes, mithin ohne Bezeichnung im Pfändungsbeschluss.

5. *Leistung durch das Geldinstitut*

1432   a) Das Geldinstitut hat nach Wirksamwerden einer Pfändung *Schuldnerverfügungen* in der 7-(14-)Tage-Frist nur auszuführen, wenn der Schuldner nachweist (z. B. durch Vorlage des Leistungsbescheids) oder dem Geldinstitut sonst bekannt ist, dass das Guthaben von der Pfändung nicht erfasst ist (§ 55 Abs. 2 S. 1 SGB I). Die Kenntnis kann sich auch aus der Angabe auf dem Überweisungsträger (Gutschriftenbelegabschnitt) ergeben[16]. Die Regelung grenzt die Rechte des Geldinstituts gegenüber dem Schuldner ab. Beweispflichtig für das Vorliegen der Leistungsberechtigung nach § 55 Abs. 2 S. 1 SGB I ist der Schuldner.

1433   b) Dem Schuldner gegenüber ist eine Leistung (auch Hinterlegung), die das Geldinstitut innerhalb der sieben (14) Tage aus dem in dieser Zeit von der Pfändung nicht erfassten Guthaben an den Gläubiger bewirkt, unwirksam (§ 55 Abs. 3 SGB I). Der Schuldner kann somit vom Geldinstitut nochmalige Leistung fordern, und zwar auch dann, wenn er erst nach der Leistung nachgewiesen hat, dass die Gutschrift von der Pfändung nicht erfasst war[17]. Denn diesen Nachweis fordert § 55 Abs. 2 S. 1 SGB I nur für die Leistung an den Schuldner, während die Pfändung nach § 55 Abs. 1 S. 2 SGB I stets 7 (14) Tage lang das Guthaben nicht erfasst. Für die Dauer der 7-(14-)Tage-Frist wird deshalb dem Geldinstitut gegenüber einem Zahlungsverlangen des pfändenden Gläubigers ein Zurückbehaltungsrecht zugestanden[18].

1434   c) Der Bundesrat hat im Laufe des Gesetzgebungsverfahrens Streichung der Worte „dem Schuldner gegenüber" angeregt. Er wollte damit erreichen, dass die relative Unwirksamkeit beseitigt und klargestellt wird, dass das Geldinstitut den an den Gläubiger gezahlten Betrag über § 812 BGB zurückverlangen kann[19]. Dem ist die Bundesregierung mit folgender Begründung entgegengetreten[20]:

„Auch im Falle der … vorgesehenen relativen Unwirksamkeit der Leistung oder Hinterlegung durch das Geldinstitut wird diesem gegen den Gläubiger ein Bereicherungsanspruch zustehen. Das entspricht der Auffassung der überwiegenden und neueren Rechtsprechung und – soweit bekannt – auch der Auffassung des Schrifttums. Die vom Bundesrat vorgeschlagene allgemeine Unwirksamkeit würde andererseits erhebliche Unklarheiten hinsichtlich der Rechtslage zur Folge haben …"

---

16   Kritisch dazu und eingehender zur Frage der Kenntnis des Geldinstituts s. *Terpitz* BB 1976, 1564 (1566).
17   So auch *Terpitz* BB 1976, 1564 (1567).
18   *Terpitz* BB 1976, 1564 (1567); *Schuschke/Walker//Kessal-Wulf,* Vollstreckung, Rdn. 17 zu § 850 k.
19   BT-Drucks. 7/868, S. 42.
20   BT-Drucks. 7/868, S. 46.

Die Bestimmung des § 55 Abs. 3 SGB I entspricht der Fassung der Regierungsvorlage. Es ist somit davon auszugehen, dass bei Unwirksamkeit der Leistung dem Schuldner gegenüber das Geldinstitut einen Bereicherungsanspruch gegen den Gläubiger hat.

d) *Dritte*, insbesondere Abtretungs-, Verpfändungs- oder weitere Pfändungsgläubiger können sich auf den 7-(14-)Tage-Schutz nicht berufen. Ihre Rechte bestimmen sich nach den allgemeinen Regelungen über Anspruchskonkurrenz. Wenn ein Kontoguthaben nach Ablauf der Schutzfrist von Pfändungen mehrerer Gläubiger erfasst ist, bestimmt sich der Rang sonach nach § 804 Abs. 3 ZPO. Vorrang hat der Gläubiger, der das Guthaben vor Gutschrift oder in der Schutzfrist zuerst wirksam gepfändet hat. **1435**

6. *Weiteres Guthaben nach Schuldnerverfügung*

a) Unpfändbar nach § 55 Abs. 1 SGB I ist nur die Forderung, die durch Gutschrift der SGB-Geldleistung entstanden ist. Nur in deren Höhe wird eine Pfändung des Guthabens während der sieben (14) Tage ab Pfändung nicht erfasst. Weitergehenden Schutz begründet § 55 Abs. 1 SGB I nicht. **1436**

b) Hat der Schuldner *nach* Wirksamwerden der Pfändung in der 7-(14-)Tage-Frist über sein Kontoguthaben in voller Höhe des durch die Gutschrift der SGB-Leistung entstandenen Betrages verfügt, verbietet § 829 Abs. 1 S. 2 ZPO weitere Schuldnerverfügungen. Die Pfändung des Guthabens erfasst das gesamte verbleibende weitergehende Kontoguthaben[21]. Das bestimmt § 55 Abs. 2 S. 2 SGB I mit der Regelung, dass Abs. 1 S. 2 nicht gilt, soweit das Geldinstitut auf Schuldnerverfügung über Guthaben aus Sozialgeldeingängen schon geleistet hat. **1436a**

c) Hat der Schuldner *nach* Wirksamwerden der Pfändung in der Frist über sein Kontoguthaben in Höhe eines Teils des durch die Gutschrift der SGB-Geldleistung entstandenen Betrages verfügt, ermöglicht ihm § 55 Abs. 1 SGB I in der verbleibenden Zeit der 7-(14-)Tage-Frist nochmalige Verfügung in Höhe des *restigen* Betrags der durch die Gutschrift entstandenen Forderung. Die Pfändung erfasst auch diesen Guthabenbetrag während der weiteren Zeit bis zum Ablauf der sieben (14) Tage seit der Gutschrift nach § 55 Abs. 1 S. 2 SGB I nicht. **1436b**

7. *Weitere Guthabenbeträge nach Schuldnerverfügung vor Pfändung*

a) Hat der Schuldner bereits *vor* Wirksamwerden der Pfändung über die durch die Gutschrift der SGB-Leistung entstandene Guthabenforderung in *voller* Höhe verfügt (Gutschrift der SGB-Leistung am 1. des Monats, Abhebung des gutgeschriebenen Betrages am 3. des Monats, Pfändung am 4. des Monats), verbietet § 829 Abs. 1 S. 2 ZPO weitere Schuldnerverfügungen. Die Pfändung erfasst das gesamte verbleibende Kontoguthaben. Das bestimmen § 55 Abs. 1 S. 1 SGB I mit der Regelung, dass die Forderung sieben (14) Tage lang unpfändbar ist, die durch Gutschrift entstanden ist, **1436c**

---

21 Vgl. *AG München* JurBüro 1989, 1315 mit zust. Anm. *Mümmler*.

4. Kapitel: Pfändung von Sozialleistungen

und § 55 Abs. 1 S. 2 SGB I mit der Aussage, dass die Pfändung des Guthabens in Höhe dieser Forderung während der 7 (14) Tage nicht erfasst. Denn es besteht dann in Höhe des abgehobenen (oder abgebuchten) Betrages das Guthaben nicht mehr infolge Überweisung der Sozialgeldleistung; ein Guthaben in ihrer Höhe kann daher von der nachfolgenden Pfändung nicht freigestellt sein[22].

1436d b) Hat der Schuldner bereits *vor* Wirksamwerden der Pfändung über einen *Teil* der durch die Gutschrift der SGB-Leistung entstandenen Guthabenforderung verfügt, dann ermöglicht ihm § 55 Abs. 1 S. 1 SGB I in der verbleibenden Zeit der Frist weitergehende Verfügung in Höhe des restigen Betrags der durch die Gutschrift entstandenen Forderung (wie Rdn. 1436 b).

1436e c) Unklarheiten können sich ergeben, wenn nicht feststeht, ob der Schuldner *vor* Pfändung über die durch Gutschrift der Sozialgeldleistung entstandene Guthabenforderung oder über seinen sonstigen Guthabenanteil verfügt hat. *Terpitz*[23] nimmt an, dass Leistungen des Geldinstituts an den Schuldner innerhalb der sieben (14) Tage, aber vor Eingang des Pfändungsbeschlusses, nicht den pfändbaren, sondern stets den unpfändbaren Teil des Guthabens reduzieren. In gleicher Weise geht *Liesecke*[24] davon aus, dass Verfügungen des Schuldners vor der Pfändung innerhalb von sieben (14) Tagen nach Gutschrift der Sozialleistung stets den unpfändbaren Betrag mindern. *Stein/Jonas/Brehm*[25] sagen, es entspreche „dem Zweck des § 55 Abs. 2 S. 2 SGB I, Verfügungen des Schuldners *vor* der Pfändung zunächst auf jenen Teil des Guthabens anzurechnen, den eine Pfändung trotz Abs. 1 des § 55 SGB I erfasst hätte, wenn sie kurz vor der Verfügung des Schuldners zugestellt worden wäre". Verfügungen sollen demnach zunächst den stets „pfändbaren" Teil des Guthabens mindern. Nur soweit die Verfügung über einen solchen Guthabenteil hinausgeht, soll sie nach Abs. 1 des § 55 SGB I unpfändbaren Teil des Guthabens mindern. Dem möchte ich so allgemein nicht folgen. Verfügungen des Schuldners über sein sonstiges Kontoguthaben (z. B. über einen zur bargeldlosen Zahlung eines Kaufpreises oder einer Zahnarztrechnung dem Konto zugeführten Betrag) können bei kurz darauf folgender Pfändung den Schutz für die soeben eingegangene Sozialleistung (insbesondere eine dem Lebensunterhalt dienende Rente) nicht schmälern. Desgleichen kann nach Verfügung

---

22 Damit stellt sich die von *Stein/Jonas/Brehm*, ZPO, Rdn. 100 zu § 850 i angesprochene Frage gar nicht, ob § 55 Abs. 2 S. 2 SGB I auch für Schuldnerverfügungen nach Gutschrift, aber vor Pfändung gilt.
23 *Terpitz* BB 1976, 1564 (1566).
24 *Liesecke* WM 1975, 323. *Liesecke* führt dazu aus, der Zweck des Gesetzes sei erfüllt, wenn der Schuldner – beim Kontokorrent – über einen Saldo, in dem die Sozialleistung enthalten ist, zu seinen Gunsten verfügt. Zwischen Verfügungen über die Sozialleistung und solchen über sonstige Guthabenteile könne nicht unterschieden werden, weil nur über den einheitlichen Saldo verfügt werden könne.
25 *Stein/Jonas/Brehm*, ZPO, Rdn. 100 zu § 850 i; auch *Musielak/Becker*, Rdn. 28 zu § 850 i.

des Schuldners über einen durch Gutschrift der SGB-Geldleistung entstandenen Forderungsbetrag bei danach wirksam gewordener Pfändung dem Schuldner nicht ohne weiteres nochmals ein Guthabenbetrag in Höhe der SGB-Geldleistung, damit wiederholt zur Verfügung stehen.

d) Die Klärung bereitet Erschwernis, weil § 55 Abs. 1 SGB I die durch Gutschrift der SGB-Geldleistung entstandene Forderung des Schuldners für unpfändbar erklärt, die gepfändete Guthabenforderung mit dem Zustellungssaldo (kontokorrentgebundene) Einzelforderungen aber nicht ausweist (Rdn. 155 f, 156 a). Bedeutung muss jedoch erlangen, dass nach dem Schutzzweck des § 55 Abs. 1 SGB I der Schuldner zunächst einmal befristet die Möglichkeit haben soll, die Sozialgeldleistung zweckgebunden zu verwenden (Rdn. 1428). Demzufolge kann der Schuldnerschutz des § 55 Abs. 1 SGB I durch Leistung des Geldinstituts unmittelbar vor Pfändung nur entfallen, wenn bereits damit zweckentsprechende Verwendung der SGB-Geldleistung gewährleistet, deren Verwendungszweck somit auch durch Schuldnerverfügung nicht beeinträchtigt ist, wie insbesondere dann, wenn der Schuldner einen nach Gutschrift abgehobenen Geldbetrag bar in Händen hält. Ein durch die Gutschrift der SGB-Geldleistung entstandenes Guthaben ist hingegen von der Pfändung nicht erfasst, soweit es noch für zweckentsprechende Verwendung bestimmt ist und in Anspruch genommen werden muss (Abs. 1 S. 2 des § 55 SGB I). Dem Geldinstitut ist der Schuldner dafür nachweispflichtig, dass das Guthaben demzufolge von der Pfändung nicht erfasst ist[26] (§ 55 Abs. 2 S. 1 SGB I). Beweisschwierigkeiten gehen sonach zulasten des Schuldners. Kann er einen Nachweis nicht führen, so sind in Höhe des bereits abgehobenen Betrages die Voraussetzungen der zeitlichen Unpfändbarkeit des Kontoguthabens nicht gegeben. Das stellt nun auch § 55 Abs. 2 S. 2 SGB I mit der Bestimmung heraus, dass Abs. 1 Satz 2 nicht gilt, „soweit das Geldinstitut hiernach geleistet hat", mithin aus dem durch Gutschrift der Sozialgeldleistung entstandenen Guthaben geleistet hat. Das schmälert den Schutz bei Kontenpfändung durch andere Leistungen sonach nicht.

1436f

8. *Das Schuldnerkonto ohne Guthaben*

Weist das gepfändete Konto kein Guthaben, sondern auch nach Gutschrift der Sozialgeldleistung einen Schuldsaldo aus, so stößt die Pfändung ins Leere[27] (siehe Rdn. 155 f). Sie ist auch wirkungslos, wenn ein Guthaben nur in Höhe der gutgeschriebenen Sozialgeldleistung besteht und darüber der Schuldner in der 7-(14-)Tage-Frist verfügt. Der Schutz überwiesener Sozialgeldleistungen (§ 55 Abs. 1 SGB I; Rdn. 1423, 1430) lässt es nicht zu, dass das Geldinstitut in der Frist eine gutgeschriebene Geldleistung mit

1437

---

26 D.h., dass zweckentsprechende Verwendung noch nicht ermöglicht war; a.A. *Stein/Jonas/Brehm*, ZPO, Rdn. 100 Fußn. 221 zu § 850 i.

27 Siehe dazu und zur Frage der Verrechnung einer auf Konto mit Schuldsaldo eingehenden Leistung *Berner* Rpfleger 1970, 315; *Terpitz* BB 1976, 1564 (1566) und *Liesecke* WM 1975, 323; *AG Kenzingen* FamRZ 1981, 496 mit abl. Anm. *v. Maydell*.

einem auf dem Konto als Folge einer „Überziehung" bestehenden Debetsaldo verrechnet und daher (ganz oder teilweise) einbehält[28]. Ausgeschlossen ist Aufrechnung (§ 387 BGB) ebenso wie Verrechnung im Rahmen einer Kontokorrentabrede[29]. Auch nach Gutschrift auf einem Schuldnerkonto, das einen Schuldsaldo ausweist, bleibt mit dem Recht des Schuldners, in der 7-(14-)Tage-Frist über den Betrag der überwiesenen Sozialgeldleistung zu verfügen, zunächst gewährleistet, dass sie ihrem Verwendungszweck zugeführt wird (Rdn. 1423).

9. *Keine Entscheidung des Vollstreckungsgerichts*

1438 Das Vollstreckungsgericht kann eine Entscheidung über die Unpfändbarkeit eines Guthabens nicht treffen. Es pfändet die angebliche Forderung des Schuldners an das Geldinstitut. Die Pfändung gilt nach Maßgabe des § 55 Abs. 1 u. 2 SGB I nicht für die durch Gutschrift der Sozialgeldleistung entstandene Forderung während des Zeitraums von 7 (14) Tagen. Ob die Pfändung ein Guthaben demnach erfasst oder für eine Gutschrift nicht erfasst, ist kein vom Vollstreckungsgericht zu klärender Streit (Erinnerung nach § 766 ZPO steht hierfür nicht zur Verfügung), sondern gegebenenfalls im Prozessweg zu entscheiden[30].

10. *Weitergehender Schutz des Empfängers laufender Geldleistungen*

1439 a) Die durch Gutschrift einer SGB-Geldleistung auf dem Konto des Schuldners bei einem Geldinstitut entstandene Forderung ist *nach Ablauf der 7-(14-)Tage-Frist* noch im Umfang des § 55 Abs. 4 SGB I unpfändbar. Das nicht abgehobene Guthaben ist damit wie Bargeld (nachf. Rdn. 1440) geschützt. Es soll der Schuldner nicht gezwungen sein, sich sein Guthaben stets innerhalb der 7-(14-)Tage-Frist auszahlen zu lassen[31].

1439a b) Unpfändbar nach Abs. 4 des § 55 SGB I ist die durch Gutschrift einer *laufenden* SGB-Geldleistung auf dem Konto des Schuldners entstandene Forderung (§ 55 Abs. 1 SGB I) insoweit, „als ihr Betrag dem unpfändbaren Teil der Leistungen für die Zeit von der Pfändung bis zum nächsten Zahlungstermin entspricht". Für ein durch Gutschrift einer einmaligen Geld-

---

28 *BGH* 104, 309 = MDR 1988, 938 = NJW 1988, 2670; *OVerwG Hamburg* NJW 1988, 157; *VGH Kassel* (16. 9. 1985) NJW 1986, 147 (dieser auch zur möglichen Besonderheit, wenn das Geldinstitut dem Kontoinhaber durch ausdrückliche Vereinbarung in Erwartung einer demnächst bevorstehenden, unter das SGB fallenden Geldleistung, einen Vorschuss einräumt). **A.A.** *OVG Münster* (20. 3. 1984) NJW 1987, 90. Zur Frage der Verrechnung siehe auch bereits die Fußn. 27 Genannten. Siehe auch *OVG Lüneburg* (31. 7. 1986) NJW 1987, 91: Keine Aufrechnung mit Anspruch auf Auszahlung einer (nach Löschung des überzogenen Postgirokontos) überwiesenen Sozialhilfeleistung.
29 *VGH Kassel* a.a.O. (Fußn. 28); *Stein/Jonas/Brehm*, ZPO, Rdn. 102 zu § 850 i.
30 *LG Heilbronn* JurBüro 1994, 610 = Rpfleger 1994, 117; *Terpitz* BB 1976, 1564 (1567). **Anders** (jedoch m.E. nicht zutreffend) *Liesecke* WM 1975, 323: die Bank soll im Wege der Erinnerung eine Entscheidung des Vollstreckungsgerichts über die Unpfändbarkeit herbeiführen oder auch den Kunden (Schuldner) zur Erinnerung veranlassen können.
31 Begründung zu § 55, abgedruckt Rdn. 1302.

Kontenpfändung (§ 55 SGB I)

leistung (Abs. 2 des § 54 SGB I) entstandenes Kontoguthaben besteht zeitlich weitergehender Schutz nach Abs. 4 des § 55 SGB I nicht. Auch für Rücklagen, die der Schuldner auf dem Konto aus überwiesenen laufenden (auch unpfändbaren) SGB-Geldleistungen über die Zeit bis zum nächsten Zahlungstermin hinaus gebildet hat, besteht kein Pfändungsschutz[32].

c) Unpfändbar ist ein durch Gutschrift der laufenden SGB-Geldleistung entstandenes Kontoguthaben *zeitanteilig* mit dem Betrag, der der unpfändbaren SGB-Geldleistung oder ihrem unpfändbaren Teil für die Zeit von der Pfändung bis zum nächsten Zahlungstermin entspricht[33]. Das erfordert Feststellung in zwei Schritten[34]: **1439b**

- zunächst ist festzustellen, in welchem Umfang die Forderung des Schuldners als Kontoguthaben an das Geldinstitut entstanden ist durch die Gutschrift
  – einer insgesamt unpfändbaren SGB-Geldleistung oder
  – den unpfändbaren Teil einer SGB-Geldleistung,
- sodann ist der zeitanteilige Betrag dieser Forderung festzustellen.

d) Ist der Anspruch auf die laufende Geldleistung *insgesamt unpfändbar*, ist somit das Kontoguthaben durch Gutschrift von (unpfändbarem) Elterngeld, von unpfändbarem Mutterschaftsgeld oder einer Geldleistung zum Ausgleich der durch einen Körper- oder Gesundheitsschaden bedingten Mehraufwendungen entstanden (Unpfändbarkeit nach § 54 Abs. 3 SGB I), dann ist der unpfändbare zeitanteilige Betrag danach zu bestimmen (kein „unpfändbarer Teil" der voll unpfändbaren Leistung). **1439c**

Beispiel: Gutschrift einer nach Abs. 3 des § 54 SGB I unpfändbaren Leistung in Höhe von 600 Euro am Monatsersten. Pfändung am 11. des Monats. Unpfändbar ist der zeitanteilige Betrag für 11.–30. des Monats, das sind 400 Euro. Erfasst von der Pfändung sind somit 200 Euro.

Wenn *Wohngeld* auf das Konto überwiesen wurde, ist ebenso zu verfahren. Ausnahme: Für Ansprüche nach §§ 9, 10 WoGG ist Wohngeld pfändbar (Rdn. 1358). Der Pfändung unterworfen ist bei Zwangsvollstreckung durch den begünstigten Gläubiger damit auch (nach Ablauf von 7 [14] Tagen; bis dahin Abs. 1) die durch die Gutschrift entstandene Forderung. In diesem Fall ist zeitanteilige Freigabe nach § 55 Abs. 4 SGB I ausgeschlossen; die Gutschrift enthält keinen für den Gläubiger unpfändbaren Teil der Leistung.

e) Ist das Guthaben durch Gutschrift einer „wie Arbeitseinkommen" pfändbaren laufenden SGB-Geldleistung entstanden, dann ergibt sich der nicht der Pfändung unterworfene zeitanteilige Betrag aus dem *unpfändbaren Teil* der Leistung[35]. Dieser ist somit vorweg festzustellen. Der von ihr **1439d**

---

32 *LG Kassel* Rpfleger 2006, 612; *LG Siegen* JurBüro 1990, 786; *AG Bremen* JurBüro 1998, 605 (606).
33 *BGH* FamRZ 2004, 1715 = MDR 2004, 109 = NJW 2004, 3262 (3263) = Rpfleger 2004, 713; *LG Koblenz* FamRZ 1998, 691 = JurBüro 1998, 47.
34 S. dazu auch *BGH* NJW 2004, 3262 (3263) = a.a.O.
35 *LG Koblenz* a.a.O.

4. Kapitel: Pfändung von Sozialleistungen

bestimmte zeitanteilige Betrag für die Zeit von der Pfändung bis zum nächsten Zahlungstermin ergibt dann den der Pfändung nicht unterworfenen Guthabenbetrag.

Beispiel:

Durch Gutschrift einer „wie Arbeitseinkommen" pfändbaren SGB-Rente am Monatsersten entstandenes Kontoguthaben	1.520,00 Euro
Pfändung am 11. des Monats. Der überwiesene Betrag steht noch voll auf dem Schuldnerkonto.	
Pfändbarer Teil nach § 54 Abs. 4 SGB I mit § 850 c ZPO bei einem Schuldner ohne Unterhaltspflichten monatlich	374,40 Euro.
Unpfändbarer Teil somit (für Gesamtzeitraum)	1.145,60 Euro.
Zeitanteilig unpfändbarer Teil für 11. des Monats (= Pfändung) bis 30. des Monats (nächster Zahlungstermin am Monatsersten) $^2/_3$ Anteil, somit	763,73 Euro.

1439e f) Hat der Schuldner in der Guthaben-Schutzfrist des § 55 Abs. 1 SGB I oder danach *vor Pfändung voll* über den durch Gutschrift der Geldleistung entstandenen Guthabenbetrag *verfügt*, weist das Kontoguthaben keine nach Abs. 1 des § 55 SGB I unpfändbare Forderung mehr auf (Rdn. 1436 c). Einen (weitergehenden) Pfändungsschutz für Kontoguthaben begründet § 55 Abs. 4 SGB I daher nicht mehr[36].

1439f g) Hat der Schuldner in der Guthaben-Schutzfrist des § 55 Abs. 1 SGB I oder danach *vor Pfändung teilweise* über den durch Gutschrift der Geldleistung entstandenen Guthabenbetrag *verfügt*, so besteht eine unpfändbare Forderung noch in Höhe des Restes der durch die Gutschrift des Geldbetrags entstandenen Forderung (Rdn. 1436 d). Auch zeitanteiliger Guthabenschutz nach Abs. 4 des § 55 SGB I kann daher nur noch für diese restige durch Gutschrift der Geldleistung verbliebene Forderung bestehen; das ist „die in Absatz 1 genannte Forderung", die Abs. 4 des § 55 SGB I als zeitanteilig unpfändbar nennt.

Beispiel:

Durch Gutschrift am Monatsersten entstandenes Kontoguthaben	1.520,00 Euro.
Verfügung über einen Betrag von	1.000,00 Euro.
Pfändung am 11. des Monats. Von dem überwiesenen Betrag stehen auf dem Schuldnerkonto noch	520,00 Euro.
Unpfändbarer Teil (wie Rdn. 1439 d) (voll)	1.145,60 Euro.
Nach Verfügung verbliebener unpfändbarer Forderungsteil	145,60 Euro.
Zeitanteilig unpfändbar = $^2/_3$ Anteil, somit	97,07 Euro.

1439g h) Als *Forderung*, die durch die Gutschrift der SGB-Geldleistung entstanden ist, kann für zeitanteiligen Schutz nach § 55 Abs. 4 SGB I nicht etwa das derzeit (nach der Gutschrift) verfügbare Kontoguthaben mit der Folge angesehen werden, dass ein bei Pfändung bereits vorhandenes anderweitiges Guthaben (als Teil des neuen Gesamtguthabens) zeitanteilig ebenso geschützt sei wie der gutgeschriebene Betrag der Sozialgeldleistung[37].

---

36 *Zöller/Stöber*, ZPO, Rdn. 50 zu § 850 i; *LG Braunschweig* Rpfleger 1998, 297.
37 Das nimmt *Landmann* Rpfleger 2001, 282 an (nach „erneuter" Überprüfung als Nachtrag zu Rpfleger 2000, 440).

Kontenpfändung (§ 55 SGB I)

Nach dem Schutzzweck des § 55 Abs. 1 SGB I soll der Schuldner befristet die Möglichkeit haben, die Sozialgeldleistung zweckgebunden zu verwenden (Rdn. 1436 f). Nach Ablauf der 7-(14-)Tage-Frist wahrt für eine unpfändbare laufende SGB-Geldleistung oder ihren unpfändbaren Teil § 55 Abs. 4 SGB I diesen Schutz zeitanteilig noch weiter. Forderung, die durch die Gutschrift entstanden ist, nach der somit die zeitanteilige Unpfändbarkeit zu bestimmen ist, ist daher die gutgeschriebene SGB-Geldleistung (§ 55 Abs. 1 SGB I). Sie wird von der Pfändung erfasst, soweit das Geldinstitut bereits geleistet hat (§ 55 Abs. 2 S. 2 SGB I, der für diesen Fall Abs. 1 Satz 2 ausschließt, mithin bestimmt, dass das Guthaben nun auch in Höhe der durch Gutschrift der SGB-Geldleistung entstandenen Forderung gepfändet ist). Nur für sie gewährt § 55 Abs. 4 SGB I daher zeitanteilig noch weiteren Schutz, wenn das Geldinstitut noch nicht geleistet hat.

i) Hat der Schuldner *vor* Wirksamwerden der Pfändung über einen Teil der Guthabenforderung verfügt, ergeben sich Schwierigkeiten bei Feststellung, welcher Guthabenbetrag auf dem Konto bei Pfändung aus der Gutschrift der laufenden SGB-Geldleistung herrührt, von dem sonach der der Pfändung nicht unterworfene zeitanteilige Betrag zu bestimmen ist. Der Schuldner ist für weitergehenden (zeitanteiligen) Schutz dann im Erinnerungsverfahren (Rdn. 1439 i) ebenso wie dem Geldinstitut gegenüber für Verfügungen in der 7-(14-)Tage-Frist (dazu Rdn. 1436 d–f) dafür nachweispflichtig, dass und in welchem Umfang das Guthaben der Pfändung nicht unterworfen ist.

1439h

k) Schutz nach § 55 Abs. 4 SGB I greift nicht automatisch Platz und kann auch nicht vom Geldinstitut verwirklicht werden. Eine Pfändung des Kontoguthabens erfasst dieses vielmehr nach Ablauf der Frist voll. Sie ist nicht etwa wirkungslos und nichtig, soweit sie gegen die Pfändungsbeschränkung des § 55 Abs. 4 SGB I verstößt (s. Rdn. 750). Der Pfändungsschutz des § 55 Abs. 4 SGB I muss vielmehr vom Schuldner mit Erinnerung (§ 766 ZPO)[38] geltend gemacht werden[39]. Einstweilige Einstellung kann nach § 732 Abs. 2 ZPO angeordnet werden (§ 766 Abs. 1 S. 2 ZPO, Rdn. 725). Vorabschutz in entsprechender Anwendung von § 850 k Abs. 2 ZPO kann nicht gewährt werden[40]. Bereits bei Erlass des Pfändungsbeschlusses kann die Unpfändbarkeit nach § 55 Abs. 4 SGB I nicht berücksichtigt werden[41], weil die Voraussetzungen dieses besonderen Schutzes bei Entscheidung über das Vollstreckungsgesuch dem Vollstreckungsgericht nicht bekannt sein können. Es kann auch bei Erlass des Pfändungsbeschlus-

1439i

---

38 Über diese entscheidet der Richter (§ 20 Nr. 17 RPflG); der Rechtspfleger kann jedoch abhelfen (Rdn. 732); dazu *LG Hannover* a.a.O. (Fußn. 39).
39 *BGH* NJW 2004, 3262 = a.a.O.; *OLG Hamm* JurBüro 1990, 1058; *LG Braunschweig* Rpfleger 1998, 297; *LG Göttingen* JurBüro 2001, 492; *LG Hannover* JurBüro 1985, 784; *LG Koblenz* DGVZ 1998, 124 = FamRZ 1998, 691 = JurBüro 1998, 47 = Rpfleger 1998, 76; *LG Marburg* Rpfleger 2002, 470; *AG Bremen* JurBüro 1998, 605; *Terpitz* BB 1976, 1564 (1567).
40 *LG Krefeld* Rpfleger 2001, 39.
41 *LG Koblenz* FamRZ 1998, 691 = a.a.O.

ses das Vollstreckungsgericht nicht anordnen, dass das Geldinstitut als Drittschuldner den verlängerten Pfändungsschutz ohne gesonderte gerichtliche Entscheidung zu beachten habe[42].

1439k   l) *Vorabaufhebung* der Pfändung der durch laufende künftige Gutschriften unpfändbarer Beträge von SGB-Geldleistungen entstehender Kontoguthaben kann in entsprechender Aufwendung des § 850 k ZPO (siehe Rdn. 1297 a) erfolgen[43]. Diese Freigabe des nach § 55 Abs. 4 SGB I pfändungsfreien Betrags obliegt dem Vollstreckungsgericht[44]. Das Geldinstitut kann den pfändungsfreien Betrag nicht feststellen und Zahlung an den Schuldner (oder auf Verfügung des Schuldners) nicht leisten. Es kann auch das Vollstreckungsgericht nicht bereits bei Erlass des Pfändungs- und Überweisungsbeschlusses bestimmen, dass ein Teilbetrag künftiger Geldleistungen pfandfrei bleibt[45]. Die Unpfändbarkeit jeweils eines Teilbetrages der durch künftige Geldleistungen entstehenden Guthaben muss der Schuldner mit Erinnerung geltend machen[46]. Bestimmung des pfandfreien Betrags durch das Vollstreckungsgericht erfordert Feststellung des Pfandfreibetrags für den gesamten Bezugszeitraum. Der nach § 55 Abs. 4 SGB I pfändungsfreie Betrag besteht dann

in der Differenz zwischen dem gesamten Pfandfreibetrag
für den Bezugszeitraum

und dem Geldbetrag, über den der Schuldner innerhalb der Sieben-(14-) Tage-Frist des § 55 Abs. 1 SGB I bereits verfügt hat.

Die Ermittlung dieses Differenzbetrags kann dem Geldinstitut aufgegeben werden[47].

1439l   m) Für *Kindergeld* nach dem BKGG (zum Kindergeld nach dem EStG s. Rdn. 153 p) ergibt sich bei Vollstreckung des Gläubigers einer Geldforderung und des Unterhaltsanspruchs eines bei Festsetzung des Kindergeldes nicht berücksichtigten Gläubigers der nach § 55 Abs. 4 SGB I auch nach Ablauf von sieben (14) Tagen der Pfändung nicht unterworfene Betrag des Kontoguthabens mit *Aufteilung* nach dem Verhältnis

- der Zeit vom Zahlungstermin bis zum Tage des Wirksamwerdens der Pfändung (diesen Tag ausgenommen)   = *pfändbarer Teil*
- der Zeit vom Tag der Beschlagnahme bis zum nächsten Zahlungstermin
  = *unpfändbarer Teil*.

Aufzuheben ist die Pfändung in Höhe des anteilig festgestellten unpfändbaren Betrags.

---

42 *BGH* FamRZ 2004, 1715 = MDR 2004, 109 = NJW 2004, 3262 = Rpfleger 2004, 713.
43 *BGH* 170, 236 = FamRZ 2007, 463 = MDR 2007, 608 = NJW 2007, 604 = Rpfleger 2007, 207.
44 *BGH* 170, 236 (241) = a.a.O.
45 *BGH* 170, 236 (242) = a.a.O.
46 *BGH* 170, 236 (242) = a.a.O.
47 *BGH* 170, 236 (242) = a.a.O.

n) Die Pfändung des Kontoguthabens durch ein *Zahl- oder Zählkind* wegen seines gesetzlichen Unterhaltsanspruchs erfasst nach Ablauf der 7-(14-)Tage-Frist den Guthabenbetrag in Höhe des nach § 54 Abs. 5 SGB I für den vollstreckenden Gläubiger pfändbaren Kindergeldanteils; weitergehenden Schutz für diesen Teil des nicht abgehobenen Kindergeldes gewährt § 55 Abs. 4 SGB I nicht[48]. Die restliche Guthabenforderung, somit der auf die anderen Kinder treffende anteilige Betrag des nicht abgehobenen Kindergeldes, ist nach § 55 Abs. 4 SGB I zeitanteilig auch weiterhin nicht der Pfändung unterworfen[49] (Berechnung wie vorstehend).

1439m

o) *Andere Geldleistungen* für Kinder, nämlich Kinderzuschlag nach dem Recht der sozialen Entschädigung, Kinderzuschuss in der Rentenversicherung und Kinderzulage in der Unfallversicherung (hierzu Rdn. 1367), sind für weitergehenden Schutz nach Ablauf der 7-(14-)Tage-Frist wie Kindergeld zu behandeln. Sie sind bei Bestimmung des nach § 850 c ZPO pfändbaren bzw. unpfändbaren Teils der laufenden Sozialgeldleistung nicht mitzurechnen (§ 850 e Nr. 1 ZPO; s. Rdn. 1379), somit vorweg abzusetzen. Der sonach zu bestimmende unpfändbare Teil der (restigen) laufenden Sozialgeldleistung und die volle Geldleistung für Kinder zusammengerechnet bilden den unpfändbaren Teil der Leistungen, deren für die Zeit von der Pfändung bis zum nächsten Zahlungstermin zu bestimmender zeitanteiliger Betrag als Kontoguthaben weiterhin der Pfändung nicht unterworfen ist[50]. Hat ein bei Festsetzung der Geldleistung berücksichtigtes Kind wegen seines gesetzlichen Unterhaltsanspruchs das Kontoguthaben gepfändet, dann ist die auf dieses Kind entfallende Geldleistung vom weitergehenden Guthabenschutz nach § 55 Abs. 4 SGB I ausgeschlossen. Der Freibetrag des § 850 d ZPO ist aus der übrigen noch auf dem Konto verfügbaren laufenden Geldleistung für den gesamten Auszahlungszeitraum zu bestimmen, der der Pfändung weiterhin nicht unterworfene Guthabenbetrag aus diesem damit unpfändbaren Teil der Leistung und der verbleibenden Geldleistung für Kinder zusammen zeitanteilig festzustellen.

1439n

II. Bargeld

Bargeld ist nach § 55 Abs. 4 SGB I insoweit der Pfändung nicht unterworfen, als sein Betrag dem unpfändbaren Teil laufender Sozialgeldleistungen für die Zeit bis zum nächsten Zahlungstermin entspricht. Leistungsberechtigte, die eine laufende Sozialgeldleistung erhalten, sind damit im Falle der Pfändung von Bargeld in gleicher Weise geschützt wie Empfänger von Lohn oder Gehalt nach § 811 Abs. 1 Nr. 8 ZPO. Den demnach unpfändbaren Betrag muss der Gerichtsvollzieher dem Schuldner belassen. Rechtsbehelf des Schuldners, der geltend macht, Geld, das der Gerichtsvollzieher gepfändet hat, sei nach § 55 Abs. 4 SGB I unpfändbar: Erinnerung nach

1440

---

48 So auch *Hornung* Rpfleger 1988, 213 (222).
49 Siehe *Hornung* a.a.O.
50 *Hornung* Rpfleger 1988, 213 (222) mit Berechnungsbeispiel.

4. Kapitel: Pfändung von Sozialleistungen

§ 766 ZPO. Die Darlegungslast dafür, dass der Barbetrag tatsächlich aus Sozialgeldleistungen stammt, hat der Schuldner[51].

III. Ausnahme bei Pfändungsschutzkonto

1440a Nicht gewährt werden kann (ab 1.7.2010) Pfändungsschutz für Kontoguthaben nach § 55 SGB I, wenn der Schuldner ein Pfändungsschutzkonto (§ 850 k Abs. 7 ZPO) führt (§ 55 Abs. 5 SGB I). Der (herkömmliche) Pfändungsschutz für Kontoguthaben besteht somit von diesem Zeitpunkt an (zunächst) nur noch subsidiär weiter. Ausgeschlossen ist Schutz nach § 55 SGB I auch für Geldleistungen, die nicht auf das P-Konto überwiesen werden. Gutglaubensschutz für das Kreditinstitut und Verpflichtung zur Leistung an den Gläubiger: § 55 Abs. 5 S. 2 und 3 SGB I.

C. Kurzarbeitergeld, Wintergeld

1. *Kurzarbeitergeld*

1441 a) Für das Kurzarbeitergeld (§ 169 SGB III) regelt eine Besonderheit

§ 181 Abs. 1 und 2 SGB III der lautet:

(1) Die Vorschrift des § 48 des Ersten Buches zur Auszahlung von Leistungen bei Verletzung der Unterhaltspflicht ist auf das Kurzarbeitergeld nicht anzuwenden.
(2) Für die Zwangsvollstreckung in den Anspruch auf Kurzarbeitergeld gilt der Arbeitgeber als Drittschuldner. Die Abtretung oder Verpfändung des Anspruchs ist nur wirksam, wenn der Gläubiger sie dem Arbeitgeber anzeigt.

1442 Anspruch auf Kurzarbeitergeld haben Arbeitnehmer bei erheblichem Arbeitsausfall mit Entgeltausfall unter bestimmten weiteren Voraussetzungen (§ 169 SGB III). In Sonderfällen besteht Anspruch auf Kurzarbeitergeld für Heimarbeiter (§ 176 SGB III). Ausgezahlt wird das Kurzarbeitergeld durch den Arbeitgeber (§ 320 Abs. 1 S. 2 SGB III). Der anspruchsberechtigte Arbeitnehmer (§ 169 SGB III) erhält mit Kurzarbeitergeld keinen Lohn, sondern eine Sozialleistung (siehe Rdn. 1314). Daher ist der Anspruch auf Kurzarbeitergeld nach § 54 Abs. 4 SGB I pfändbar. Das bestätigt die Entstehungsgeschichte zur Pfändung des Kurzarbeiterentgelts nach dem vormaligen AFG. Im Regierungsentwurf eines SGB[1] war zunächst in Art. II § 3 Nr. 2 Einschaltung eines Abs. 4a in § 72 AFG mit folgendem Wortlaut vorgesehen:

„(4a) Die §§ 48, 53 und 54 des Sozialgesetzbuchs finden keine Anwendung."

Die Gesetz gewordene Fassung des § 72 Abs. 4a AFG ging auf den Änderungsantrag des Ausschusses für Arbeit und Sozialordnung (11. Ausschuss)[2] zurück. Er ist in dem Bericht dieses Ausschusses[3] wie folgt begründet:

---
51 *LG Regensburg* DGVZ 1980, 126 = Rpfleger 1979, 467.
1 BT-Drucks. 7/868.
2 BT-Drucks. 7/3738, S. 31.
3 Bericht des Abgeordneten *Gansel*, BT-Drucks. 7/3786, S. 6.

Kurzarbeitergeld, Wintergeld

„Die Änderungen erstrecken die Vorschriften über die Übertragung, Verpfändung und Pfändung (Artikel I §§ 53 und 54) auch auf das Kurzarbeiter- und Schlechtwettergeld."

b) Die Regelung ist insofern nicht glücklich, als nun ein Lohnpfändungsbeschluss den Anspruch auf Kurzarbeitergeld nach SGB III nicht erfasst. Kurzarbeitergeld muss vielmehr als solches nach § 54 Abs. 4 SGB I ausdrücklich gesondert gepfändet werden. Da der Arbeitgeber das Kurzarbeitergeld auszahlt, ist er – nicht die Agentur für Arbeit – *Drittschuldner* (§ 181 Abs. 2 SGB III).

1443

c) Als laufende Geldleistung ist Kurzarbeitergeld nach § 54 Abs. 4 SGB I *„wie Arbeitseinkommen"* zu pfänden. Jedoch wird ein Rechtsschutzbedürfnis für Pfändung bei Vollstreckung einer gewöhnlichen Geldforderung durchweg nicht bestehen, weil die laufende Geldleistung unter den Pfändungsfreigrenzen des § 850 c ZPO liegen wird. Dienlich sein kann daher nur Zusammenrechnung mit Arbeitseinkommen bei dessen Pfändung (§ 850 e Nr. 2a ZPO; Rdn. 1150 ff.). Für Pfändung von Kurzarbeitergeld zur Zusammenrechnung mit ungepfändetem Arbeitseinkommen (Rdn. 1410 ff.) kann zumeist ein Rechtsschutzbedürfnis nicht bestehen, weil die unpfändbaren Beträge „in erster Linie" aus dem Kurzarbeitergeld als laufende Geldleistung nach dem SGB zu entnehmen sind, pfändbare Teile des Kurzarbeitergeldes dann somit nicht vorhanden sind.

1444

d) Für Pfändung von Kurzarbeitergeld durch einen Unterhaltsgläubiger (§ 850 d ZPO) oder den Gläubiger einer Forderung aus vorsätzlicher unerlaubter Handlung (§ 850 f Abs. 2 ZPO) stellt sich die Frage, ob ungepfändetes Arbeitseinkommen als weitergehende Einnahme des Schuldners für den Lebensbedarf bei Festlegung des pfandfreien Einkommensbetrags angemessen zu berücksichtigen ist. Das ist ausgeschlossen, wenn man davon ausgeht, dass Kurzarbeitergeld als laufende Sozialleistung dem Schuldner in Anlehnung an den Grundgedanken des § 850 c Nr. 2a ZPO ungeschmälert für seinen Lebensunterhalt und zur Erfüllung gesetzlicher Unterhaltspflichten pfandfrei nach § 850 d Abs. 2 S. 2, § 850 f Abs. 2 ZPO zu verbleiben hat (Rdn. 1409). Für diesen Regelfall kann somit auch für Pfändung von Kurzarbeitergeld ein Rechtsschutzbedürfnis nicht bestehen. Möglich ist daher Pfändung des Kurzarbeitergeldes nur, wenn – ausnahmsweise – das Arbeitseinkommen als wesentliche Grundlage der Lebenshaltung des Schuldners angesehen wird. Dann kann bei Pfändung des Kurzarbeitergeldes das Arbeitseinkommen auch in der Weise auf den pfandfreien Betrag angerechnet werden, dass der im Pfändungsbeschluss zu bezeichnende Gesamtfreibetrag des Schuldners für seinen notwendigen Unterhalt mit der Maßgabe festgesetzt wird, dass in seiner Höhe Kurzarbeitergeld nur insoweit pfandfrei bleibt, als er nicht bereits durch das Arbeitseinkommen gedeckt ist. **Beispiel:**
„Gepfändet wird der angebliche Anspruch des Schuldners an … – Drittschuldner – auf fortlaufende Zahlung von Kurzarbeitergeld mit der Maßgabe, dass dem Schuldner für seinen notwendigen Unterhalt so viel zu belassen ist, dass ihm nach Zusammenrechnung mit dem für den jeweiligen Berechnungszeitraum zu zahlenden Arbeitseinkommen ein Freibetrag von monatlich … Euro (wöchentlich … Euro) verbleibt."

1445

4. Kapitel: Pfändung von Sozialleistungen

Wenn ein Unterhaltsgläubiger oder der Gläubiger einer Forderung aus vorsätzlicher unerlaubter Handlung Arbeitseinkommen pfändet, ist Kurzarbeitergeld als weitergehende Einnahme des Schuldners für den Lebensbedarf bei Festlegung des pfandfreien Einkommensbetrags angemessen zu berücksichtigen (vgl. Rdn. 1104 und 1196).

1445a e) Weil Kurzarbeitergeld durch Arbeitgeber ausgezahlt wird, ist es bei Zusammenrechnung im Ergebnis nicht erheblich, ob unpfändbare Bezüge dem Kurzarbeitergeld oder dem Arbeitseinkommen entnommen werden. Gleichwohl hat es bei der in § 850 e Nr. 2a ZPO geregelten Besonderheit zu bewenden, dass vorwiegend die laufende Sozialleistung der Deckung des Lebensbedarfs zu dienen hat.

1446 f) Kurzarbeitergeld wird frühestens von dem Kalendermonat an gewährt, an dem die Anzeige über den Arbeitsausfall beim Arbeitsamt eingegangen ist (§ 173 Abs. 2 S. 1 SGB III). Ist dem Arbeitgeber die Auszahlung schuldhaft nicht möglich, weil er die Anzeige an das Arbeitsamt unterlassen hat, so hat der Arbeitnehmer einen Schadensersatzanspruch. Dieser ist, ebenso wie der Anspruch auf Kurzarbeitergeld, nach § 54 Abs. 4 SGB I pfändbar[4].

2. Wintergeld

1447 a) Anspruch auf *Wintergeld* können Arbeitnehmer haben (§ 175 a SGB III) als

- Zuschuss-Wintergeld,
- Mehraufwands-Wintergeld.

1447a b) Wintergeld wird vom *Arbeitgeber ausgezahlt* (§ 320 Abs. 1 S. 2 SGB III). Der anspruchsberechtigte Arbeitnehmer erhält mit Wintergeld keinen Lohn, sondern eine *Sozialleistung* (siehe Rdn. 1314). Pfändbar ist der Anspruch auf Wintergeld daher nach § 54 Abs. 4 SGB I.

1448 c) Für Wintergeld als Sonderform des Kurzarbeitergeldes (§ 175 a SGB III) trifft § 181 Bestimmung über die Verfügung. *Drittschuldner* ist daher der Arbeitgeber nach § 181 Abs. 2 S. 1 SGB III (Rdn. 1441).

1448a d) Pfändung des Wintergeldes als laufende Geldleistung wird nur bei Zusammenrechnung mit Arbeitseinkommen bei dessen Pfändung dienlich sein. Es gilt somit das Rdn. 1444 Gesagte, bei Vollstreckung durch einen Unterhaltsgläubiger oder einen nach § 850 f Abs. 2 ZPO Berechtigten auch das Rdn. 1445 Dargestellte.

D. Insolvenzgeld

1449 Geregelt ist die Vollstreckung in Insolvenzgeld wie folgt:

§ 188 SGB III
Verfügungen über das Arbeitsentgelt
(1) Soweit der Arbeitnehmer vor seinem Antrag auf Insolvenzgeld Ansprüche auf Arbeitsentgelt einem Dritten übertragen hat, steht der Anspruch auf Insolvenzgeld diesem zu.

---

4 Es ist dieselbe Gleichbehandlung geboten wie bei Schadensersatzansprüchen für Verdienstausfall; dazu siehe Rdn. 895.

(2) Von einer vor dem Antrag auf Insolvenzgeld vorgenommenen Pfändung oder Verpfändung des Anspruchs auf Arbeitsentgelt wird auch der Anspruch auf Insolvenzgeld erfasst.

(3) Die an den Ansprüchen auf Arbeitsentgelt entstandenen Pfandrechte erlöschen, wenn die Ansprüche auf die Bundesagentur übergegangen sind und sie Insolvenzgeld an den Berechtigten erbracht hat.

(4) Der neue Gläubiger oder Pfandgläubiger hat keinen Anspruch auf Insolvenzgeld für Ansprüche auf Arbeitsentgelt, die ihm vor dem Insolvenzereignis ohne Zustimmung der Agentur für Arbeit zur Vorfinanzierung der Arbeitsentgelte übertragen oder verpfändet wurden. Die Agentur für Arbeit darf der Übertragung oder Verpfändung nur zustimmen, wenn Tatsachen die Annahme rechtfertigen, dass durch die Vorfinanzierung der Arbeitsentgelte ein erheblicher Teil der Arbeitsplätze erhalten bleibt.

§ 189 SGB III
Verfügungen über das Insolvenzgeld

Nachdem das Insolvenzgeld beantragt worden ist, kann der Anspruch auf Insolvenzgeld wie Arbeitseinkommen gepfändet, verpfändet oder übertragen werden. Eine Pfändung des Anspruchs vor diesem Zeitpunkt wird erst mit dem Antrag wirksam.

Schrifttum (zum vormaligen Konkursausfallgeld): *Denck*, Vorfinanzierung und Pfändung von Konkursausfallgeld im Lichte des Schuldnerschutzes, KTS 1989, 263; *Hornung*, Das Gesetz über Konkursausfallgeld, Rpfleger 1975, 196, 235 u. 285 (Pfändung S. 238 f.); *Huken*, Vollstreckungsrechtliche Folgerungen aus dem Gesetz über Konkursausfallgeld, KKZ 1974, 157.

1. a) Anspruch auf Insolvenzgeld (Ausgleich des ausgefallenen Arbeitsentgelts) haben auf Antrag (§ 324 SGB III) Arbeitnehmer bei Zahlungsunfähigkeit ihres Arbeitgebers (§ 116 Nr. 5 SGB III) nach Maßgabe der §§ 183 ff. SGB III. Insolvenzgeld wird als Entgeltersatzleistung von der zuständigen Agentur für Arbeit (§§ 327, 337 SGB III) gezahlt, die auf Antrag auch einen Vorschuss leistet (§ 186 SGB III). 1450

b) Die an dem Anspruch auf *Arbeitsentgelt entstandenen Rechte Dritter* erfassen auch den Anspruch auf das Insolvenzgeld, da es Entgeltersatz ist. Einem Dritten, dem Ansprüche auf Arbeitsentgelt vor Stellung des Antrags auf Insolvenzgeld übertragen worden sind, steht daher auch der Anspruch auf das Insolvenzgeld zu (§ 188 Abs. 1 SGB III mit Besonderheit in Abs. 4). Ebenso erfasst eine Pfändung oder Verpfändung des Anspruchs auf das Arbeitsentgelt, die vor Stellung des Antrages auf Insolvenzgeld wirksam geworden ist (§ 829 Abs. 3 ZPO) oder vorgenommen wurde, den späteren Anspruch auf das Insolvenzgeld (§ 188 Abs. 2 SGB III mit Besonderheit in Abs. 4). Der Pfändungsbeschluss hat diese gesetzliche Folge der Einkommenspfändung nicht ausdrücklich auszusprechen. Bei Einkommenspfändung kann einem Antrag auf „Mit"pfändung des Insolvenzgeldes daher nicht entsprochen werden. Der Rang der nach Einkommenspfändung an dem Insolvenzgeld fortbestehenden Pfandrechte bestimmt sich nach dem Zeitpunkt der Zustellung des Pfändungsbeschlusses an den Arbeitgeber als Drittschuldner (§§ 804, 829 Abs. 3 ZPO). Die Agentur hat bei Konkurrenz mehrerer Verfügungen (Abtretungen, Pfändungen, Verpfändungen) die Berechtigungsfolge von Amts wegen zu prü- 1451 fen[1]; bei mehrfacher Pfändung kann es nach § 853 ZPO hinterlegen. Der von der Pfändung erfasste Teil des Insolvenzgeldes wird durch die im Pfändungsbeschluss für das Arbeitseinkommen festgelegten Pfändungsgrenzen (§§ 850 c, d oder f ZPO) bestimmt. Beim Zusammentreffen eines bevorrechtigten Gläubigers mit einem gewöhnlichen Gläubiger kann ein Verrechnungsbeschluss nach § 850 e Nr. 4 ZPO erwirkt werden[2].

1452 2. Aus dem Grundgedanken, dass die Pfändung des Anspruchs auf Arbeitsentgelt auch den Anspruch auf Insolvenzgeld erfasst, dieser mithin wie das Arbeitseinkommen der Sicherung und Befriedigung des Gläubigers dient, folgt, dass der Pfändungsgläubiger zur Sicherung und Geltendmachung seines am Arbeitsentgelt erlangten Pfandanspruchs auch *Antrag* auf Gewährung des Insolvenzgeldes *stellen kann*[3] (Ausschlussfrist des § 324 Abs. 3 SGB III beachten). Daneben ist der Schuldner als Arbeitnehmer antragsberechtigt[4].

1453 3. a) Wenn *Antrag auf Insolvenzgeld* vom Schuldner als Arbeitnehmer (oder einem dazu berechtigten Gläubiger) bei der zuständigen Agentur für Arbeit bereits *gestellt ist*, kann der Anspruch auf das Insolvenzgeld wie der Anspruch auf Arbeitseinkommen gepfändet (verpfändet oder abgetreten) werden (§ 189 S. 1 SGB III). Grund: Mit Antragstellung ist der Anspruch auf das Insolvenzgeld wirtschaftlich an die Stelle des Arbeitsentgelts getreten; er kann daher wie der Anspruch auf Arbeitsentgelt vom Arbeitnehmer wirtschaftlich verwertet und demzufolge auch von seinen Gläubigern durch Zwangsvollstreckung in Anspruch genommen werden. Wie Arbeitseinkommen unterliegt der Anspruch auf Insolvenzgeld den *Pfändungsgrenzen* der §§ 850 c, 850 d oder 850 f Abs. 2 ZPO. Das für Mehrarbeitsstunden, eine Weihnachtsvergütung oder eine andere unpfändbare Leistung bestimmte anteilige Insolvenzgeld unterliegt den Pfändungsbeschränkungen des § 850 a ZPO.

1454 Im Pfändungsbeschluss ist die Forderung als „Anspruch auf Insolvenzgeld" zu benennen[5]. Die dem Schuldner nach §§ 850 c, d oder f Abs. 2 ZPO pfandfrei bleibenden Teile des Insolvenzgeldes muss der Pfändungsbeschluss wie bei der Pfändung von Arbeitseinkommen bezeichnen. Zusam-

---

1 *Hornung* Rpfleger 1975, 239.
2 So auch *Hornung* Rpfleger 1975, 238, der – m.E. nicht zutreffend – neben Pfändung auch Überweisung verlangt und der auch die Frage darstellt, ob zur Auszahlung des von der Pfändung nicht erfassten Teils ein gesonderter Antrag des Arbeitgebers erforderlich ist.
3 *Hornung* a.a.O. (Fußn. 2).
4 *Hornung* a.a.O. (Fußn. 2). Sein Antrag hat die durch Pfändung bewirkte Einziehungsbeschränkung erkennbar zu machen. Der Antrag des Schuldners gibt damit Grundlage für die Gewährung des Insolvenzgeldes und wahrt die Antragsfrist. Zur Frage, ob Auszahlung des Insolvenzgeldes in Unkenntnis der Pfändung die Bundesagentur für Arbeit befreit, s. *SozialG Kassel* ZIP 1981, 1013 und *Denck* KTS 1989, 263 (268).
5 *Hornung* Rpfleger 1975, 239 schlägt folgende Fassung vor: „Anspruch auf Gewährung von Insolvenzgeld als Ausgleich für die rückständige Lohnforderung gegen die Firma … (Arbeitgeber)."

menrechnung bei Einkommen aus weiterer Arbeit oder bei Bezug von Naturalleistungen: § 850 e Nr. 2 a und 3 ZPO. Wurde vor der Pfändung bereits ein Teil des Arbeitseinkommens für die Zeit, für die Insolvenzgeld gewährt wird, gezahlt, dann wird von ihr Insolvenzgeld erfasst, soweit es nach Zusammenrechnung mit den bereits ausgezahlten Beträgen den Freibetrag übersteigt (Behandlung wie bei Nachzahlung, siehe Rdn. 1042). Entsprechendes gilt, wenn der Anspruch auf das Insolvenzgeld nach Zahlung eines Vorschusses an den Schuldner gepfändet wird.

b) *Drittschuldner* ist die zuständige Agentur für Arbeit (§ 334 SGB III, abgedruckt Rdn. 1312). 1455

c) Die Pfändbarkeit des Insolvenzgeldes muss im Pfändungsantrag schlüssig geltend gemacht werden. Vor Eröffnung des Insolvenzverfahrens oder Antragsabweisung mangels Masse kann einem Pfändungsantrag daher nur entsprochen werden, wenn geltend gemacht ist, dass der Anspruch mit vollständiger Beendigung der Betriebstätigkeit (§ 183 Abs. 1 Nr. 3 SGB III) und Antragstellung pfändbar bereits besteht. Als künftiger Anspruch kann vor dem Insolvenztag (Eröffnung des Insolvenzverfahrens oder gleichgestelltes Ereignis) Insolvenzgeld nicht gepfändet werden[6]. Nach Eröffnung des Insolvenzverfahrens oder Antragsabweisung mangels Masse muss der Gläubiger nicht beweisen, dass Insolvenzgeld beantragt ist; diese Pfändungsvoraussetzung ist vielmehr nur zu behaupten (Rdn. 485 a); das sonach notwendige tatsächliche Vorbringen des Gläubigers folgt bereits aus dem Pfändungsantrag, braucht mithin nicht ausdrücklich vorgetragen zu werden. Erweist sich, dass Antrag noch nicht – wie behauptet – gestellt ist, dann erfasst die Pfändung den Anspruch auf Insolvenzgeld erst vom Zeitpunkt der Antragstellung ab (§ 189 S. 2 SGB III; siehe Rdn. 1458). 1456

d) Nach Stellung des Antrags auf Gewährung von Insolvenzgeld ist – ebenso wie die Pfändung (§ 189 S. 1 SGB III) – auch Vorpfändung möglich (§ 845 ZPO). Ist Vorpfändung des Anspruchs auf Arbeitsentgelt erfolgt, wird hiervon nach § 188 Abs. 2 SGB III auch der Anspruch auf Insolvenzgeld erfasst. Wenn dann innerhalb der Monatsfrist des § 845 Abs. 2 ZPO Antrag auf Insolvenzgeld gestellt wird und damit dieses pfändbar ist, wahrt dessen Pfändung innerhalb eines Monats ab Zustellung der Vorpfändung die Frist des § 845 Abs. 2 ZPO. 1457

4. Wenn das Insolvenzverfahren über das Vermögen des Arbeitgebers eröffnet, der Antrag mangels Masse abgewiesen oder die gleichgestellte vollständige Beendigung der Betriebstätigkeit eingetreten (§ 183 Abs. 1 SGB III), *Insolvenzgeld* aber *noch* nicht *beantragt* worden ist, kann der Anspruch an das Arbeitsamt auf Gewährung von Insolvenzgeld selbstständig nicht gepfändet werden (§ 189 S. 1 SGB III). Das schließt auch eine Vorpfändung (§ 845 ZPO) aus. Gegenstand der Zwangsvollstreckung ist zu dieser Zeit nur das aus der Insolvenzmasse zu berichtigende rückständige Arbeitseinkommen; dessen Pfändung (Zustellung an den Insolvenzver- 1458

---

6   *LG Würzburg* JurBüro 1978, 1887 = Rpfleger 1978, 388.

4. Kapitel: Pfändung von Sozialleistungen

walter als Drittschuldner) erstreckt sich später auch auf das Insolvenzgeld (§ 188 SGB III). Auch durch Pfändung rückständigen Arbeitseinkommens nach Eröffnung des Insolvenzverfahrens, Antragsabweisung mangels Masse oder Betriebsbeendigung erlangt der Gläubiger das Recht, selbst Antrag auf Gewährung des Insolvenzgeldes zu stellen (Rdn. 1452).

1459 Eine vor dem Zeitpunkt der Antragstellung gleichwohl vorgenommene (nach § 189 S. 1 SGB III unzulässige) Pfändung (auch Vorpfändung, § 845 ZPO, soweit sie noch wirksam ist) des Insolvenzgeldes ist nicht nichtig; sie gilt mit der Maßgabe als ausgesprochen, dass sie den Anspruch auf Insolvenzgeld erst vom Zeitpunkt der Antragstellung an erfasst (§ 189 S. 2 SGB III). Das schließt Aufhebung auf Erinnerung (§ 766 ZPO) aus. Diese Pfändung gibt dem Gläubiger aber kein Recht, Insolvenzgeld zu beantragen. Der Rang mehrerer Gläubiger, für die der Anspruch auf Insolvenzgeld bei Antragstellung von diesem Zeitpunkt an von Pfändungen nach Maßgabe des § 189 S. 2 SGB III erfasst ist, kann sich nur nach den für die Pfändung künftiger Forderungen geltenden Grundsätzen bestimmen (siehe Rdn. 30). Vorrang hat daher der Gläubiger, der den Anspruch auf das Insolvenzgeld vor Antragstellung zuerst wirksam gepfändet hat. Das folgt aus der für den Fall des (früheren) § 149 Abs. 2 AFG geltenden vergleichbaren Rechtslage, an die sich § 141 l Abs. 1 S. 2 AFG anlehnte[7] und der nun § 189 SGB III folgt. Nach diesem Grundsatz wird auch die Rangkonkurrenz zwischen einem Gläubiger, der vor Antragstellung noch Arbeitseinkommen gepfändet hat, und einem Gläubiger, der vorzeitig bereits Insolvenzgeld gepfändet hat, abzugrenzen sein.

1459a Für die durch *Kontogutschrift* von Insolvenzgeld entstandene Forderung eines Arbeitnehmers gegen ein Geldinstitut wird Pfändungsschutz (auf Antrag) nach § 850 k ZPO gewährt (Rdn. 1281). Als Entgeltersatzleistung wird Insolvenzgeld von der Pfändung des Anspruchs auf Arbeitsentgelt erfasst oder nach den Vorschriften über die Zwangsvollstreckung in Arbeitseinkommen gepfändet. Auch der Pfändungsschutz nach Gutschrift auf dem Schuldnerkonto bei einem Geldinstitut folgt daher der für Arbeitseinkommen geltenden Regelung des § 850 k ZPO. Diese schließt (auf Grund des Vorbehalts in § 37 SGB) 7-(14-)Tage-Schutz für Kontoguthaben nach § 55 SGB I aus[8].

E. Berufsständische Versorgungswerke

1460 Ansprüche auf Versorgungsleistungen gegen ein berufsständiges Versorgungswerk gehören nicht zu den Sozialleistungen, deren Pfändung § 54 SGB I regelt (siehe § 11 SGB I). Jedoch ist landesrechtlich vielfach vorgese-

---

[7] Siehe Begründung in BT-Drucks. 7/1750, S. 14 („... eine ähnliche Regelung sieht § 149 Abs. 2 Satz 2 AFG ... vor ...").

[8] So *Stein/Jonas/Brehm*, ZPO, Rdn. 115 zu § 850 i; *Zöller/Stöber*, ZPO, Rdn. 1 (a.E.) zu § 850 k; *Musielak/Becker*, ZPO, Rdn. 3 zu § 850 k; *Hornung* Rpfleger 1994, 442 (445).

hen, dass für die Pfändung § 54 SGB I (dessen Abs. 4) entsprechend gilt[1]. Ist landesgesetzlich nur bestimmt, dass die Forderungen gegen das Versorgungswerk nicht abtretbar sind, so rechtfertigt das nicht auch Unpfändbarkeit nach § 851 Abs. 1 ZPO. Bei (einschränkender) verfassungskonformer Auslegung erweisen sich vielmehr die Ansprüche gegen das Versorgungswerk (trotz ihrer Unübertragbarkeit) in den Grenzen von § 850 c ZPO (wie im Falle von § 54 Abs. 4 SGB I) als pfändbar[2]. Das muss auch Änderung des pfändbaren Betrags nach § 850 f Abs. 1 ermöglichen. Bei Vollstreckung eines Unterhaltsanspruchs oder eines Anspruchs aus einer vorsätzlichen unerlaubten Handlung hat das aber auch weitergehende Pfändbarkeit nach § 850 d, f Abs. 2 ZPO zur Folge.

Pfändbarkeit von Ansprüchen gegen ein berufsständisches Versorgungswerk in den Grenzen von § 850 c ZPO hat bejaht für

- das Versorgungswerk für Rechtsanwälte in Baden-Württemberg: BGH 160, 197 (weitere Nachweise Fußn. 2);
- die Versorgungsanstalt der deutschen Bezirksschornsteinfegermeister: BGH FamRZ 2007, 1012 = JurBüro 2007, 380 = MDR 2007, 907 = Rpfleger 2007, 404.

Das Recht des Mitglieds eines Rechtsanwaltsversorgungswerks, die Mitgliedschaft zu beenden und die Erstattung gezahlter Beiträge zu verlangen, ist unpfändbar[3].

---

1   Aussage nur in der Satzung des Versorgungswerks über die Unpfändbarkeit (oder eine eingeschränkte Pfändbarkeit) des Leistungsanspruchs würde nicht genügen.
2   *BGH* 160, 197 = BGH-Report 2004, 1649 mit Anm. *Schuschke* = FamRZ 2004, 1963 = JurBüro 2005, 160 Leits. = MDR 2005, 236 = NJW 2004, 3770 = Rpfleger 2005, 34; aufgehoben damit *LG Ravensburg* NJW 2004, 1538
3   *BGH* MDR 2008, 469.

FÜNFTES KAPITEL

PFÄNDUNG ANDERER VERMÖGENSRECHTE
(§§ 857–863 ZPO)

A. Ihre Pfändung

I. Die „anderen Vermögensrechte"

Als „andere Vermögensrechte" unterliegen alle zum beweglichen Schuldnervermögen gehörenden Vermögensobjekte der Pfändung, die nicht als 1461

- körperliche Sachen, §§ 808 ff. ZPO (diese pfändet der Gerichtsvollzieher)
- Geldforderungen, §§ 829 ff. ZPO (siehe 1., 3., 4., 6. und 8. Kap.)
- Ansprüche auf Herausgabe oder Leistung von Sachen, §§ 846 ff. ZPO (siehe 7. Kap.)

dem Vollstreckungszugriff unterworfen sind. Andere Vermögensrechte sind rechtlich geschützte Positionen von wirtschaftlichem Wert[1]. Sie müssen als selbstständige Vermögensrechte[2] sonach einen Vermögenswert verkörpern, der zwangsweise zur Befriedigung des Geldanspruchs des Gläubigers erfasst werden kann[3]. Das ist *nicht* der Fall bei

- *höchstpersönlichen Rechten* wie dem Namensrecht, dem Urheberpersönlichkeitsrecht (Rdn. 1760),
- *unselbstständigen Rechten* wie der Firma des Kaufmanns (Rdn. 1651 d), dem Unterlassungsanspruch nach dem UnlWG (Rdn. 1757),
- *unselbstständigen Nebenrechten* einer Forderung oder eines Schuldnerrechts, die von deren Pfändung erfasst werden (siehe Rdn. 699), wie der Bürgschaft (Rdn. 97), einer Vormerkung (Rdn. 1785), dem Anspruch auf Auskunft und Rechnungslegung (Rdn. 1741),

---

1 Siehe *BGH* 140, 137 (140) = NJW 1984, 484 (485). *Hubmann* stellt in Festschrift für Lehmann (1956) Band II Seite 816, die Vermögensrechte wie folgt dar: „Vermögensrechte im Sinne von § 857 ZPO müssen sich also auf Güter beziehen, die erlaubterweise in Geld umsetzbar sind, die ferner zwangsweise erfasst werden können und deren Verwertung nicht dem Prinzip der Interessenabwägung widerspricht."
2 Nur solche sind pfändbar, *BGH* NJW 1990, 2931 (2932). Unselbstständige Ansprüche und Rechte ohne Vermögenswert können nur der Hilfspfändung unterliegen, siehe Rdn. 705.
3 *BGH* JurBüro 2006, 42 = NJW 2005, 3353 = Rpfleger 2005, 678; *BGH* MDR 2007, 485 = NJW-RR 2007, 1219 (1220) = Rpfleger 2007, 272 (273).

5. Kapitel: Pfändung anderer Vermögensrechte

- *unselbstständigen Gestaltungsrechten* wie dem Recht zur Anfechtung, zum Rücktritt, zur Aufrechnung sowie zur Kündigung. Sie sind als Ausfluss der Rechtsstellung des Schuldners als Rechtsinhaber nicht selbstständig zwangsweise in Geld umsetzbar. Daher ist es ohne Belang, ob ein solches Recht zur Geltendmachung isoliert übertragen werden kann (§ 851 Abs. 1 ZPO erlangt somit keine Bedeutung) oder ob ein Dritter wirksam zur Ausübung im eigenen Namen ermächtigt werden kann[4] (§ 185 Abs. 1 BGB). Der Gläubiger erlangt die Befugnis zur Geltendmachung der unselbstständigen Gestaltungsrechte mit der Pfändung der Forderung oder des Schuldnerrechts (zur Anfechtung z. B. Rdn. 557); vielfach erfordert das auch Überweisung (zur Kündigung Rdn. 602, auch § 135 HGB [Rdn. 1589]; zur Aufrechnung Rdn. 602), gelegentlich auch Mitwirkung des Schuldners (zum Rücktrittsrecht Rdn. 562 a).

Der in einem *selbstständigen Gestaltungsrecht*, so in einem Ankaufs- (Rdn. 1483 a), Wiederverkaufs- (Rdn. 1789) oder Vorkaufsrecht (Rdn. 1783), aber auch in dem Recht aus einem Vertragsangebot, verkörperte Vermögenswert kann Gläubigerbefriedigung ermöglichen. Das übertragbare Recht (§ 851 Abs. 1 ZPO) ist daher pfändbar. Doch kann der Gläubiger für den Schuldner rechtsgeschäftlich nicht handeln, damit für ihn eine Erklärung zur Gestaltung der Rechtslage nicht äußern. Befriedigung ermöglicht dem Gläubiger daher nur das bei Gestaltung der Rechtsverhältnisse durch Erklärung des Schuldners fortwirkende Pfandrecht.

II. Zwangsvollstreckung in Vermögensrechte

1462 Die *Zwangsvollstreckung in andere Vermögensrechte* erfolgt nach den für Geldforderungen geltenden Vorschriften der §§ 829 ff. ZPO (§ 857 Abs. 1 ZPO). Bewirkt wird sonach die Pfändung mit der Zustellung des Pfändungsbeschlusses an den Drittschuldner (wegen der Ausnahme bei Reallast, Grundschuld und Rentenschuld siehe § 857 Abs. 6 ZPO und 6. Kap.). Die Vorpfändung eines Vermögensrechts ist zulässig, weil auch § 845 ZPO entsprechend gilt (§ 857 Abs. 1 ZPO). Ist das Recht nicht einziehbar, so sind das Drittschuldnerverbot und das Schuldnergebot des § 829 Abs. 1 ZPO entsprechend abzuändern (siehe Rdn. 503).

III. Unveräußerliche Rechte

1462a *Unveräußerliche Vermögensrechte*[5] sind, soweit nicht besondere Vorschriften andere Bestimmungen treffen, der Pfändung nur insoweit unterworfen, als die Ausübung einem anderen überlassen werden kann (§ 857

---

4 Zum Problem *BGH* DNotZ 1998, 807 = MDR 1998, 271 = NJW 1998, 896; auch Wirth MittBayNot 1998, 230.
5 Nur eine gesetzlich bestimmte Unveräußerlichkeit schließt die Pfändung aus, nicht aber auch eine rechtsgeschäftlich vereinbarte Unveräußerlichkeit, § 851 Abs. 2 ZPO und Rdn. 15.

Andere Verwertung (§ 844 ZPO)

Abs. 3 ZPO). Gegenstand der Pfändung ist in diesem Fall das Recht selbst, nicht nur ein obligatorischer Anspruch auf seine Ausübung[6]. Wegen der Pfandverwertung in solchen Fällen siehe Rdn. 1478.

IV. Drittschuldnerlose Rechte

Bei *drittschuldnerlosen Rechten* ist die Pfändung mit dem Zeitpunkt der Zustellung des Verfügungsverbotes an den Schuldner bewirkt (§ 857 Abs. 2 ZPO). Das Zahlungsverbot des § 829 Abs. 1 ZPO entfällt bei dieser Pfändung; wesentlich für die Wirksamkeit der Pfändung eines drittschuldnerlosen Rechtes ist daher das Verfügungsverbot an den Schuldner (siehe Rdn. 507). Zustellung an den Schuldner im Ausland durch Aufgabe zur Post ermöglicht § 829 Abs. 2 S. 3 ZPO nicht[7]. Diese Zustellung dient der Unterrichtung des Schuldners nach wirksamer Pfändung (Rdn. 536, 537), die Zustellung an ihn bei Pfändung eines drittschuldnerlosen Rechts ist Wirksamkeitserfordernis (§ 857 Abs. 2 ZPO) und daher nicht durch § 829 Abs. 2 S. 3 ZPO vereinfacht.

1463

V. Schiffspart

Für die Zwangsvollstreckung in die *Schiffspart* gelten besondere Bestimmungen; siehe § 858 ZPO und Rdn. 1744 ff.

1464

VI. Pfandverwertung

Die *Pfandverwertung* (siehe Rdn. 578 ff.) erfolgt durch Überweisung des gepfändeten Rechts zur Einziehung und, wenn das Recht einen Nennwert hat, an Zahlungs statt. Zum Verwertungsausschluss bei Sicherungsvollstreckung s. Rdn. 581 a.

1465

VII. Andere Art der Verwertung

1. Eine *andere Art der Verwertung* an Stelle der Überweisung kann das Vollstreckungsgericht auf Antrag (nicht von Amts wegen) anordnen, wenn das gepfändete Recht bedingt oder betagt oder wenn seine Einziehung wegen der Abhängigkeit von einer Gegenleistung oder aus anderen Gründen (z. B. weil der Drittschuldner vorübergehend nicht zahlungsfähig ist oder bereits das Insolvenzverfahren über sein Vermögen eröffnet wurde) mit Schwierigkeiten verbunden ist (§ 844 Abs. 1 ZPO). Diese anderweitige Verwertung kommt nur in Betracht, wenn eine Pfandverwertung durch Überweisung nicht möglich, zweckmäßig oder wirtschaftlich vertretbar

1466

---

6 So für Nießbrauch: *BGH* 62, 133 (136) = JurBüro 1974, 717 = MDR 1974, 664 = NJW 1974, 796.
7 Siehe *Zöller/Stöber*, ZPO, Rdn. 15 zu § 829 und Rdn. 4 zu § 857.

ist⁸. Ob eine anderweitige Verwertung angeordnet werden kann und welche Maßnahme getroffen werden soll, beurteilt sich nicht nur nach dem Interesse des Gläubigers an der alsbaldigen Befriedigung, sondern auch nach dem schutzwürdigen Interesse des Schuldners, der den Pfandgegenstand nicht verschleudert sehen möchte⁹. Daher darf eine Verwertungsanordnung dann nicht ergehen, wenn sie dem Schuldner mit Sicherheit unverhältnismäßig hohen Schaden bringen wird. Demgegenüber kann der Gläubiger allein aus der Tatsache, dass ihm die Überweisung keine Befriedigung gebracht hat oder bringen kann, noch keinen Anspruch auf Erlass der Verwertungsanordnung herleiten. Dass bei Ablehnung des Antrags mit Rücksicht auf schutzwürdige Schuldnerinteressen die Verwertung zunächst scheitert, verpflichtet nicht dazu, dem Antrag auf anderweitige Verwertung stattzugeben¹⁰. Wenn ein unveräußerliches Recht gepfändet ist, kann das Gericht auch Anordnungen über die Ausübung durch einen anderen treffen (§ 857 Abs. 4 ZPO).

1467 2. *Antrag* auf anderweitige Verwertung können der Gläubiger und Schuldner, nicht aber der Drittschuldner oder ein Arrestpfandgläubiger, stellen, weil letzterer die Pfandverwertung nicht betreiben kann. Sicherungsvollstreckung (§ 720 a ZPO) berechtigt zum Antrag erst nach Verwertungsreife. Zum Antrag ist auch ein nachrangig pfändender Gläubiger berechtigt, und zwar selbst dann, wenn die Forderung (das Recht) dem erstpfändenden Gläubiger schon zur Einziehung überwiesen ist¹¹. Nimmt allerdings der nachpfändende Gläubiger den Erlös der Versteigerung ohne Rücksicht auf das Vorzugsrecht des besserrangigen Gläubigers in Empfang, so kann er diesem aus Bereicherung haften¹². Der Antrag kann auch nach Überweisung zur Einziehung noch gestellt werden. Nach Wirksamwerden der Überweisung an Zahlungs statt¹³ darf, soweit diese reicht und damit das Recht aus dem Schuldnervermögen herausnimmt, eine anderweitige Pfandverwertung nicht mehr angeordnet werden. Ausgeschlossen ist die anderweitige Verwertung bei Sicherungsvollstreckung (Rdn. 581 a).

1468 3. Über den Antrag *entscheidet* in allen Fällen der *Rechtspfleger*. Zuständig ist der Rechtspfleger des Vollstreckungsgerichts im Zeitpunkt der Antragstellung¹⁴, bei Wohnsitzänderung¹⁵ des Schuldners zwischen Pfändung

---

8   Siehe (für den Fall des § 825 ZPO) *LG Freiburg* DGVZ 1982, 186.
9   *OLG Düsseldorf* Rpfleger 2000, 400; *OLG Stuttgart* DGVZ 1964, 182 = Rpfleger 1964, 179.
10 *OLG Düsseldorf* Rpfleger 2000, 400.
11 *RG* 164, 169; 97, 34 (40); 87, 324.
12 Siehe dazu *RG* 97, 43.
13 Also nicht schon nach Erlass des noch nicht wirksam gewordenen Überweisungsbeschlusses. Auch dann kann anderweitige Verwertung noch beantragt und angeordnet werden, wenn der Überweisungsbeschluss zwar erlassen und zugestellt ist, aber deshalb keine Wirkungen äußern kann, weil das gepfändete Recht mangels eines Nennwertes einer Überweisung an Zahlungs statt nicht zugänglich ist.
14 *RG* 61, 330 (332); *OLG Karlsruhe* JurBüro 2005, 553 (554); *Musielak/Becker*, ZPO, Rdn. 2; *Stein/Jonas/Brehm*, ZPO, Rdn. 3; *Wieczorek/Schütze/Lüke*, ZPO, Rdn. 6; *Zöller/Stöber*, ZPO, Rdn. 3, je zu § 844.
15 Siehe *RG* 139, 352.

Andere Verwertung (§ 844 ZPO)

und Antragstellung also der Rechtspfleger des neuen Wohnsitzgerichtes. Die Entscheidung durch das örtlich unzuständige Gericht ist als Staatsakt nicht wirkungslos (siehe Rdn. 748 und 456), aber anfechtbar[16].

4. Dem Antrag *darf nur stattgegeben werden*, wenn das Wirksamwerden der Pfändung des Rechts nachgewiesen ist[17], die Voraussetzungen der Pfandverwertung vorliegen und eine anderweitige Verwertung nach dem pflichtgemäßen Ermessen des Vollstreckungsgerichts notwendig ist. Einigung des Gläubigers und Schuldners allein erlaubt Erlass der Anordnung bei Fehlen der sonstigen Voraussetzungen, z. B. bei einer durch Überweisung möglichen Befriedigung des Gläubigers, nicht. 1469

5. Der *Gegner* des antragstellenden Gläubigers[18] oder Schuldners hat in allen Fällen Anspruch auf *rechtliches Gehör* (§ 844 Abs. 2 ZPO). Zu einem neuen Antrag muss der Gegner auch dann gehört werden, wenn er sich zu dem abgelehnten früheren Antrag gleichen Inhalts bereits geäußert hat. Die Anhörung des Gegners ist nur dann nicht erforderlich, wenn sie nicht in angemessener Zeit erfolgen kann, z. B. deshalb, weil er sich im Ausland aufhält und keinen Vertreter hat oder weil sein Aufenthalt unbekannt ist. Da die Anordnung die Interessen des Drittschuldners vielfach berührt, wird auch seine Anhörung notwendig oder doch jedenfalls zweckmäßig sein. 1470

6. Die *Entscheidung* kann ohne mündliche Verhandlung ergehen (§ 764 Abs. 3 ZPO). Der ohne mündliche Verhandlung erlassene Beschluss ist bei Antragsablehnung dem Antragsteller zuzustellen, dem Schuldner formlos mitzuteilen, bei Anordnung der beantragten Maßnahme ist der Beschluss dem Antragsteller, -gegner und Drittschuldner, aber auch den etwaigen sonstigen Beteiligten zuzustellen (§ 329 Abs. 3 ZPO). Der auf Grund mündlicher Verhandlung ergehende Beschluss wird verkündet (§ 329 Abs. 1 ZPO). 1471

7. *Die einzelnen Anordnungen*

Angeordnet werden können nach § 844 (§ 857 Abs. 5) ZPO 1472

a) Die *Versteigerung* des gepfändeten Rechts. Durch sie soll bei freiem Wettbewerb der Interessenten ein möglichst dem Verkehrswert des Rechts entsprechender Erlös erzielt werden.

Durchgeführt werden kann die Versteigerung nach Anordnung des Vollstreckungsgerichts von einem *Gerichtsvollzieher*, einem Notar oder einem privaten Versteigerer.

---

16 So auch *Musielak/Becker*, ZPO, Rdn. 2; *Stein/Jonas/Brehm*, ZPO, Rdn. 3, je zu § 844. A.A. *Wieczorek/Schütze/Lüke*, ZPO, Rdn. 6, je zu § 844.
17 Der zugleich mit dem Pfändungsantrag gestellte Verwertungsantrag des Gläubigers muss daher ausgesetzt werden; er kann nur gesondert, d. h. erst nach Wirksamwerden der Pfändung und Anhörung des Schuldners verbeschieden werden.
18 Auch ein dem Vollstreckungsgericht bekannt gewordener Gläubiger, der mit besserem Rang gepfändet hat.

5. Kapitel: Pfändung anderer Vermögensrechte

Ob die Versteigerung vor Ort oder als allgemein zugängliche Versteigerung im Internet zu erfolgen hat, hat die Anordnung des Vollstreckungsgerichts zu bezeichnen. Ist keine Bestimmung getroffen, müsste (herkömmliche) Versteigerung vor Ort angeordnet sein. Auch der Gerichtsvollzieher kann dann eine Wahl nicht treffen. § 814 ZPO kann nicht (entsprechende) Anwendung finden; danach obliegt die Wahl dem Gerichtsvollzieher nur, wenn er für die Pfandverwertung von ihm gepfändeter körperlicher Sachen (§ 808 Abs. 1 ZPO) gesetzlich zuständig ist, nicht damit, wenn das Vollstreckungsgericht „eine andere Art der Verwertung" anzuordnen hat; dann hat es auch zu bestimmen, in welcher Weise die „andere" Verwertung im Einzelfall zu erfolgen hat.

1473 Die Versteigerung durch den Gerichtsvollzieher[19] erfolgt entsprechend den vom Vollstreckungsgericht getroffenen Anordnungen nach §§ 816 ff. ZPO (Internetversteigerung: § 814 Abs. 3 ZPO) oder § 156 BGB[20]. Besondere vom Vollstreckungsgericht getroffene Anordnungen muss der Gerichtsvollzieher beachten (§ 172 Nr. 2 GVGA). Nach §§ 816 ff. ZPO führt er die Versteigerung durch, wenn das Vollstreckungsgericht keine näheren Anordnungen über die Versteigerungsart festgelegt hat. Der Übergang des Rechts tritt nicht schon mit dem Zuschlag, sondern erst mit nachfolgender Erklärung des Gerichtsvollziehers ein (siehe § 817 Abs. 2 ZPO)[21]. Es empfiehlt sich aber jedenfalls, als Versteigerungsbedingung klarzustellen, dass Rechtsübergang vom Ausspruch dieser Rechtsfolge abhängig ist. Durch den Zuschlag kommt dann zunächst nur der Kaufvertrag zustande. Das gibt die Möglichkeit, den Rechtsübergang von der Zahlung des Meistgebotes abhängig zu machen[22]. Die Bestimmung des § 817 a ZPO über das Mindestgebot findet bei der Versteigerung keine Anwendung[23]. Das Voll-

---

[19] Der Gerichtsvollzieher kann die Versteigerung nicht mit der Begründung ablehnen, das Vollstreckungsgericht habe die örtliche Zuständigkeit unrichtig gewürdigt. Er bleibt zuständig, auch wenn der Inhaber des gepfändeten Rechts den Bezirk des Vollstreckungsgerichts verlässt; *AG Konstanz* DGVZ 1967, 190; *AG Bln-Schöneberg* DGVZ 1988, 188.

[20] Da das Vollstreckungsgericht die für den Einzelfall erforderlichen Anordnungen nach freiem Ermessen treffen und die Versteigerung auch Privatpersonen übertragen kann, lässt sich nicht annehmen, dass es bei Übertragung der Versteigerung auf den Gerichtsvollzieher nur das Verfahren nach §§ 816 ff. ZPO wählen kann. Vielmehr muss ihm nach den Erfordernissen des Einzelfalls auch die Möglichkeit offenbleiben, eine bestmögliche Verwertung durch Gerichtsvollzieherversteigerung nach bürgerlichem Recht, also nach den für die freiwillige Versteigerung durch den Gerichtsvollzieher geltenden Bestimmungen vornehmen zu lassen.

[21] *Zöller/Stöber*, ZPO, Rdn. 6; *Stein/Jonas/Brehm*, ZPO, Rdn. 9; *Wieczorek/Schütze/Lüke*, ZPO, Rdn. 12, je zu § 844.

[22] Vgl. *LG Dresden* JW 1939, 119.

[23] *LG Berlin* DGVZ 1962, 173; *LG Krefeld* Rpfleger 1979, 147; *Musielak/Becker*, ZPO, Rdn. 5; *Stein/Jonas/Brehm*, ZPO, Rdn. 9; *Wieczorek/Schütze/Lüke*, ZPO, Rdn. 12, je zu § 844; **anders** *LG Münster* DGVZ 1969, 172; *LG Essen* NJW 1957, 108; *Petermann* Rpfleger 1973, 387 (Schutz des Schuldners durch Bewertung des Rechts und Beachtung der Mindestgebotvorschrift ist geboten, wenn aus der Sicht des Schuldners die Interessenlage die gleiche ist wie bei der Versteigerung einer Sache).

Andere Verwertung (§ 844 ZPO)

streckungsgericht kann und soll aber als Versteigerungsbedingung ein Mindestgebot festlegen. Notwendig ist dies, wenn der Wert des Rechts nicht ohne weiteres erhellt oder zwischen den Parteien streitig ist[24]. Die Höhe dieses Mindestgebotes darf das Vollstreckungsgericht selbst bestimmen[25] oder durch einen Gerichtsvollzieher oder Sachverständigen feststellen lassen. Aber auch wenn das Vollstreckungsgericht eine Anordnung über ein Mindestgebot nicht getroffen hat, darf der Gerichtsvollzieher den Zuschlag nicht zu jedem beliebigen Preis erteilen; er muss dann vielmehr selbst ein angemessenes Mindestgebot annehmen[26]. Die Formvorschriften des BGB gelten bei der Versteigerung durch den Gerichtsvollzieher nach ZPO-Vorschriften nicht; einer gerichtlichen oder notariellen Beurkundung, z. B. der Verfügung über einen Nachlassanteil (§ 2033 Abs. 1 BGB und Rdn. 1700) oder der Abtretungserklärung über eine Hypothekenforderung (§ 1154 BGB) und eines Indossaments bei einem Wechsel bedarf es daher nicht; die Übertragung durch den Gerichtsvollzieher ersetzt die für den Rechtsübergang im bürgerlichen Rechtsverkehr vorgeschriebene Form[27].

1474 Die Versteigerung durch einen *Notar* oder *privaten Versteigerer* erfolgt auf privatrechtlicher Grundlage[28], richtet sich somit immer nach § 156 BGB[29]. Auch hier soll das Vollstreckungsgericht die Versteigerungsbedingungen näher regeln.

1475 In allen Fällen kann der Gläubiger selbst mitbieten[30]; wird ihm der Zuschlag erteilt, so ist er mit seiner Vollstreckungsforderung in Höhe des (nach Abzug der Verwertungskosten verbleibenden) Versteigerungserlöses, d.h. des Meistgebotes, nicht des Nennwertes des Rechts, befriedigt.

1476 b) Ein *freihändiger Verkauf* des gepfändeten Rechts oder Verkauf (Veräußerung) an eine bestimmte Person[31]. Bei dieser Verwertung muss der Gerichtsvollzieher oder sonst mit der Durchführung der Veräußerung Beauftragte mit dem Erwerber den nach materiellem Recht für den Rechtsübergang notwendigen Vertrag schließen[32]. Das Eigentum geht auf den Erwerber erst mit diesem Vertragsabschluss über. Bedürfen der Verkauf und der bürgerlich-rechtlich notwendige Verfügungsvertrag einer gerichtlichen oder notariellen Beurkundung (z. B. beim Miterbenanteil, § 2033 Abs. 1 BGB), so kann der Gerichtsvollzieher oder sonstige Veräußerer auch zur Abgabe der für die Beurkundung notwendigen Erklärungen ermächtigt werden (§ 822 ZPO analog). Einen Mindestverkaufspreis kann und soll das Vollstreckungsgericht wie bei der Versteigerung festlegen.

---

24 *LG Berlin* DGVZ 1962, 173.
25 *LG Krefeld* Rpfleger 1979, 147.
26 Siehe *LG Berlin* a.a.O. (Fußn. 24); *LG Hannover* DGVZ 1990, 140; *Stein/Jonas/Brehm*, ZPO, Rdn. 9 zu § 844.
27 So auch *Stein/Jonas/Brehm*, ZPO, Rdn. 9; *Wieczorek/Schütze/Lüke*, ZPO, Rdn. 13; *Zöller/Stöber*, ZPO, Rdn. 6, je zu § 844.
28 *BGH* 119, 75 = MDR 1992, 1080 = NJW 1993, 2570.
29 *BGH* BB 1964, 1063 = Betrieb 1964, 1257 = MDR 1966, 999.
30 *KG* HRR 1933 Nr. 964.
31 *AG Berlin-Charlottenburg* DGVZ 1978, 92.
32 *RG* 164, 172.

5. Kapitel: Pfändung anderer Vermögensrechte

1477 c) Die *Überweisung an Zahlungs statt* zu einem unter dem Nennwert liegenden Betrag (Schätzwert usw.). Eine solche Verwertung kann notwendig sein, wenn sich das Recht zum Nennwert und auch auf andere Weise nicht veräußern lässt. Das kann insbesondere der Fall sein, wenn die Drittschuldnerleistung befristet oder von einer Gegenleistung abhängig oder ihre alsbaldige oder volle Einbringlichkeit aus sonstigen Gründen nicht zu übersehen ist, das Recht deshalb nicht zum Nennwert verkehrsfähig ist. Wirksamwerden und Wirkungen dieser Überweisung bestimmen sich nach §§ 835, 837 a ZPO (siehe Rdn. 613 ff.); Befriedigung des Gläubigers tritt jedoch nur in Höhe des vom Vollstreckungsgericht festgesetzten Betrages ein. Die Möglichkeit dieser Überweisung schließt jede sonstige Zuweisung des Rechts an den Gläubiger aus.

1478 d) Die *Ausübung des gepfändeten Rechts durch einen anderen*, insbesondere die Verwaltung oder Verpachtung des Rechts. Nach § 844 ZPO kann diese Pfandverwertung in allen Fällen angeordnet werden. Die einzige Verwertungsmöglichkeit stellt eine solche Anordnung bei unveräußerlichen Rechten dar, die gepfändet werden können, weil ihre Ausübung einem anderen überlassen werden darf (§ 857 Abs. 4 ZPO).

Die nähere Anordnung für die entgeltliche Ausübung des Rechts durch einen anderen trifft das Vollstreckungsgericht (siehe Rdn. 1709). Ordnet es eine Verwaltung an, dann wird die Pfändung auch durch die zeitlich vor der Zustellung des Pfändungsbeschlusses erfolgte Übergabe der Sache an den Verwalter wirksam (§ 857 Abs. 4 S. 2 ZPO). Die Wegnahme und Übergabe einer zu benutzenden Sache an den Verwalter erfolgt, wenn rechtlicher Zwang erforderlich wird, durch den Gerichtsvollzieher. Dieser wird nach den Bestimmungen über die Zwangsvollstreckung zur Erwirkung der Herausgabe von Sachen auf Grund des Schuldtitels und der Ausfertigung des die Verwaltung anordnenden Beschlusses tätig (siehe § 172 Nr. 4 Abs. 2 GVGA). Den Verwaltungsüberschuss führt der Verwalter an den Gläubiger ab; bei mehrfacher Pfändung verfährt er nach § 854 ZPO. Die Vergütung des Verwalters setzt der Rechtspfleger des Vollstreckungsgerichts fest.

1479 e) Die aus der Pfändung folgenden Rechte des Gläubigers kann das Vollstreckungsgericht durch Anordnung nach § 844 ZPO *nicht erweitern*. Denn die Anordnung nach § 844 ZPO kann nur der Pfandverwertung dienen; sie kann in die Rechtsstellung des Schuldners daher nicht weiter wie die Pfändung selbst eingreifen. Das Vollstreckungsgericht kann den Gläubiger daher nicht ermächtigen, mit dem Drittschuldner neue Zahlungsbestimmungen[33], insbesondere eine Stundung[34], zu vereinbaren oder einen Vergleich zu schließen.

---

33 *Zöller/Stöber*, ZPO, Rdn. 2 zu § 844; **a.A.** *Stein/Jonas/Brehm*, ZPO, Rdn. 14; *Musielak/Becker*, Rdn. 4; *Schuschke/Walker*, Vollstreckung, Rdn. 2, je zu § 844; siehe dazu Rdn. 604.
34 *Zöller/Stöber*, ZPO, Rdn. 2 zu § 844. **A.A.** *Falkmann/Hubernagel*, Die Zwangsvollstreckung, Bem. 2 b; *Musielak/Becker*, ZPO, Rdn. 4, je zu § 844.

8. *Rechtsbehelfe*: Gegen die Anordnung der anderweitigen Verwertung auf Antrag des Gläubigers hat der Schuldner die sofortige Beschwerde (§ 793 ZPO)[35]. Ergeht die Anordnung auf Antrag des Schuldners, so kann bei Beschwer der Gläubiger, in allen Fällen kann auch der etwa beschwerte Drittschuldner[36] sofortige Beschwerde erheben.

Der den Antrag ablehnende Beschluss kann vom antragstellenden Beteiligten mit sofortiger Beschwerde angefochten werden.

Mit der Ausführung der angeordneten Maßnahme (Beendigung der Zwangsvollstreckung) erlischt das Beschwerderecht; siehe hierwegen Rdn. 712.

1480

B. Einzelfälle

1. Alleinerbe

a) Als *Alleinerbe* ist der Schuldner alleiniger Vermögensinhaber. In die einzelnen zum Nachlass gehörenden Gegenstände, Forderungen und Rechte kann daher unmittelbar wie in das dem Schuldner sonst allein gehörende Vermögen vollstreckt werden (siehe auch § 778 ZPO). Das schließt eine Rechtspfändung der Erbschaft (Pfändung des Alleinerbrechts[1] oder der Rechtsstellung als Erbe) nach § 857 ZPO aus. *Vor Eintritt des Erbfalls* hat der Schuldner kein Anwartschaftsrecht auf den Nachlass. Seine künftige Erbschaft kann daher als Recht auch dann nicht gepfändet werden, wenn er durch eine den Erblasser bindende Verfügung von Todes wegen eingesetzt ist.

1481

b) Ansprüche des Alleinerben gegen einen Testamentsvollstrecker (§ 2217 BGB), Nachlasspfleger (§§ 1960 ff., 1915, 1890 BGB) oder Nachlassverwalter (§ 1986 Abs. 1 BGB) auf *Herausgabe des Nachlasses* oder einzelner Nachlasswerte sind als Forderung oder Rechte pfändbar. Zu pfänden ist die auf Geldzahlung lautende Forderung nach § 829 ZPO, der Anspruch auf Herausgabe einer beweglichen oder unbeweglichen Sache nach §§ 846 ff. ZPO; siehe dazu aber auch Rdn. 1536.

c) Die Verwalterhaftung des Erben (§ 1991 Abs. 1, § 1978 Abs. 1 BGB) kann der Nachlassgläubiger aus eigenem Recht geltend machen. Einer

---

35 Nicht Erinnerung nach § 766 ZPO, weil die Anordnung nicht Vollstreckungsakt, sondern Entscheidung des Vollstreckungsgerichts ist, da sie nach Anhörung des Schuldners unter tatsächlicher und rechtlicher Würdigung des beiderseitigen Vorbringens ergeht; so auch *LG Münster* Rpfleger 1962, 215 mit zust. Anm. *Petermann*; *LG Nürnberg-Fürth* NJW 1961, 1977; *KG* Rpfleger 1956, 253 mit weit. Nachw.; *LG Limburg* DGVZ 1976, 88; *Gaul* Rpfleger 1971, 43.

36 So auch *Stein/Jonas/Brehm*, ZPO, Rdn. 6; *Wieczorek/Schütze/Lüke*, ZPO, Rdn. 21; *Schuschke/Walker*, Vollstreckung, Rdn. 5, je zu § 844. Die GmbH ist beschwerdeberechtigt bei Anordnung der Verwertung eines gepfändeten GmbH-Anteils, *OLG Frankfurt* JurBüro 1977, 103 = Rpfleger 1976, 372.

1 *Garlichs* MittBayNot 1998, 149 (150) mit Nachw., der Pfändbarkeit der Alleinerbschaft aber bei Testamentsvollstreckung bejaht. Ebenso ist dem Alleinerben eine dingliche Verfügung über die Erbschaft als Ganzes in einem Akt versagt, *BGH* DNotZ 1968, 358 = MDR 1967, 913.

5. Kapitel: Pfändung anderer Vermögensrechte

Pfändung der dem Nachlass zugeordneten Ansprüche gegen den Erben aus der Verwalterhaftung bedarf es dazu nicht[2]; Pfändung des dem Nachlassgläubiger schon kraft Gesetzes zustehenden Rechts ist damit ausgeschlossen.

d) Wegen des alleinigen Nacherben siehe Rdn. 1656; wegen des Schlusserben nach Berliner Testament siehe Rdn. 1663.

2. Altenteil

1482 Altenteil (Auszug, Leibgeding oder Leibzucht) s. Rdn. 1018. Als Grundstücksbelastung ist Altenteil kein einheitliches Sachenrecht des BGB, sondern setzt sich aus Dienstbarkeiten und Reallasten zusammen, die wegen ihrer Verbindung durch die Person des Berechtigten und den gemeinsamen wirtschaftlichen Zweck unter einheitlicher Bezeichnung in das Grundbuch eingetragen werden können (siehe § 49 GBO). Weil die beschränkte persönliche Dienstbarkeit (siehe Rdn. 1516) unpfändbar ist, verbietet sich auch die Pfändung des Altenteils als Ganzes[3]. Pfändbar sind daher nur die Einzelansprüche aus den unter der Bezeichnung „Altenteil" zusammengefassten einzelnen Rechten, soweit diese nach dem Rdn. 1709, 1734 ff. Gesagten in der dort dargestellten Form der Zwangsvollstreckung unterworfen sind. Fortlaufende Einkünfte aus Altenteil sind aber nach § 850 b Abs. 1 Nr. 3 ZPO nur in besonderen Fällen pfändbar (siehe dazu Rdn. 1018).

3. Anfechtungsrecht

1483 Das Anfechtungsrecht[4] nach dem AnfG, nach §§ 129 ff. InsO oder nach §§ 119 ff. BGB ist kein selbstständiges Vermögensrecht und daher nicht pfändbar[5]. Die Befugnis zur Geltendmachung eines Anfechtungsrechtes seines Schuldners erlangt der Gläubiger aber mit der Pfändung des Anspruchs oder der Forderung (siehe Rdn. 557).

4. Ankaufsrecht

1483a *Gepfändet wird das angeblich dem Schuldner gegen ... – Drittschuldner – nach dem Vertragsangebot dieses Grundstückseigentümers zu Urkunde des Notars ... vom ... Urk.R.Nr. ... zustehende (übertragbare) Ankaufsrecht zum Erwerb des Grundstücks ... straße Hs.Nr. ... in ..., eingetragen im Grundbuch des Amtsgerichts ... für ... Gemarkung ... Blatt ... (Fl.St. Nr. ...).*

---

2 *BGH* FamRZ 1989, 1070 = MDR 1990, 47 = NJW-RR 1989, 1226.
3 *KG* HRR 1931 Nr. 1706.
4 Siehe auch Erbunwürdigkeitsanfechtung.
5 *Musielak/Becker*, ZPO, Rdn. 3; *Stein/Jonas/Brehm*, ZPO, Rdn. 4, 13; *Wieczorek/Schütze/Lüke*, ZPO, Rdn. 18, je zu § 857.

Ankaufsrecht

Es wird angeordnet, dass nach Zustandekommen des Kaufvertrags mit Ausübung des Ankaufrechts das Grundstück an einen auf Antrag des Gläubigers vom Amtsgericht ... zu bestellenden Sequester herauszugeben und an ihn als Vertreter des Schuldners aufzulassen ist.

a) Das *Ankaufsrecht* (auch Optionsrecht) ist die schuldrechtliche Befugnis, durch einseitige Willenserklärung mit Zustandekommen eines bereits inhaltlich festgelegten Kaufvertrags die Rechtsstellung eines Käufers und damit Anspruch auf Verschaffung des Eigentums an einer beweglichen Sache, einem Grundstück oder sonst einem Gegenstand des Immobiliarverkehrs zu erlangen. Einräumung erfordert bei Grundstücken notarielle Beurkundung (§ 311 b Abs. 1 BGB). Das Ankaufsrecht kann sich ergeben aus einem Vertragsangebot des Veräußerers oder einem durch die Ausübungserklärung bereits aufschiebend bedingten Kaufvertrag. Übertragbar ist das Ankaufsrecht, wenn dies vorgesehen oder durch Auslegung feststellbar ist, dass der Anbietende (Ankaufsverpflichtete) mit der Auswechslung des Vertragspartners einverstanden ist[6].

b) Das *nicht übertragbare* Ankaufsrecht ist nicht pfändbar (§ 851 Abs. 1 ZPO). Als künftiger Anspruch kann jedoch bereits der nach Ausübung des Rechts bestehende Anspruch auf Leistung der beweglichen Sache (§§ 846, 847 ZPO; Rdn. 2014) oder des Grundstücks (der sonst unbeweglichen Sache, §§ 846, 848 ZPO, Rdn. 2035) gepfändet werden.

c) Das *übertragbare* Ankaufsrecht ist pfändbar[7] (siehe Rdn. 1461). Rechtspfändung nach § 857 Abs. 1 ZPO zu erfolgen. Drittschuldner ist der Verpflichtete. Die Pfändung (samt Überweisung) berechtigt jedoch den Gläubiger nicht zur Ausübung des Rechts, mithin nicht zur Annahme eines Vertragsangebots. Er kann nicht die für das Zustandekommen des Kaufvertrags erforderliche Willenserklärung an Stelle des Schuldners abgeben. Zustandekommen des Vertrags würde für diesen auch Schuldverpflichtungen als Käufer (§ 433 Abs. 2 BGB) begründen. Ein Recht, Verpflichtungen für den Schuldner einzugehen, erlangt ein pfändender Gläubiger jedoch nicht. Das Recht des Schuldners zu rechtsgeschäftlichem Handeln ist höchstpersönlich; durch den Pfandgläubiger kann es nicht wahrgenommen werden. Möglich ist Veräußerung des (übertragbaren) Rechts (§ 857 Abs. 5 ZPO).

d) *Übt der Schuldner* selbst durch Willenserklärung das Ankaufsrecht aus, dann setzt sich das Pfandrecht an dem durch Ausübung entstandenen Recht aus dem Kaufvertrag fort. Es wird dann somit nach §§ 846 ff. ZPO weiter verfolgt. Die nach § 846, 847 ZPO notwendigen Anordnungen können nach Ausübung des Ankaufsrechts nachgeholt werden.

e) Für die durch (notariell beurkundeten) *Vorvertrag* begründete Verpflichtung einen Grundstückskaufvertrag (Hauptvertrag) abzuschließen, gilt Entsprechendes. Übertragung des Anspruchs auf Abschluss des Haupt-

---

6 *Schöner/Stöber*, Grundbuchrecht, Rdn. 907 und 1456; *MünchKomm/Kramer*, BGB, Rdn. 21; *Erman/Armbrüster*, BGB, Rdn. 19, je zu § 145.
7 So auch *Erman/Armbrüster*, BGB, Rdn. 19 zu § 145 BGB; auch *LG Koblenz*, RNotz 2001, 391.

vertrags wird regelmäßig wegen Inhaltsänderung ausgeschlossen sein (§ 399 BGB). Der nicht übertragbare Anspruch aus dem Vorvertrag ist auch nicht pfändbar (§ 851 ZPO). Dass der Hauptvertrag vom Verkäufer mit dem Pfändungsgläubiger abzuschließen ist bewirkt eine gleichwohl erfolgte Pfändung somit nicht[8]. Der (vereinbarungsgemäß) übertragbare Anspruch ist pfändbar (vorst. c). Vom Pfändungsgläubiger kann der Hauptvertrag jedoch nicht für den Schuldner abgeschlossen werden[9] (zur Begründung von Schuldverpflichtungen für den Pfändungsschuldner als Käufer [§ 433 Abs. 2 BGB] berechtigt die Pfändung nicht). Ob der Schuldner den Anspruch auf Abschluss des Hauptvertrages (Grundstückkaufvertrag) mit dem Verpflichteten (Drittschuldner) nur mit Zustimmung des Pfändungsgläubigers geltend machen kann (so[10]), ist noch nicht sicher geklärt.

5. Anwartschaftsrecht bei Eigentumsvorbehalt und Sicherungseigentum

1484   *Gepfändet werden das angebliche Anwartschaftsrecht des Schuldners an ... – Drittschuldner – auf den Eigentumserwerb an dem unter Eigentumsvorbehalt verkauften Fernsehgerät, Marke ..., Fabrik-Nr. ...*

sowie sein angeblicher Anspruch auf Rückzahlung des nach Aufhebung oder sonstiger Lösung des Kaufvertrags sich ergebenden Guthabens aus dem Abzahlungsgeschäft über dieses Gerät.

A. Eigentumsvorbehalt

I.

Schrifttum: *Ascher*, Die Pfändung des Anwartschaftsrechts aus bedingter Übereignung – und kein Ende, NJW 1955, 47; *Bauknecht*, Die Pfändung des Anwartschaftsrechts aus bedingter Übereignung, NJW 1954, 1749 und 1955, 451; *Berner*, Die Pfändung von Anwartschaftsrechten aus bedingter Übereignung, Rpfleger 1951, 165; *Frank*, Schutz von Pfandrechten an Eigentumsanwartschaften bei Sachpfändung durch Dritte, NJW 1974, 2211; *Geißler*, Das Anwartschaftsrecht des Vorbehaltskäufers mit seinen Berührungspunkten zur Mobiliarvollstreckung, DGVZ 1990, 81; *Haegele*, Das Anwartschaftsrecht beim Eigentumsvorbehalt, BWNotZ 1969, 406; *Hübner*, Zur dogmatischen Einordnung des Rechtsposition des Vorbehaltskäufers, NJW 1980, 729; *Kupisch*, Durchgangserwerb oder Direkterwerb, JZ 1976, 417 (hier insbes. Abschn. V, S. 425); *Lux*, Das Anwartschaftsrecht des bedingt Berechtigten in Einzelzwangsvollstreckung und Insolvenz, MDR 2008, 895; *Meister*, Die Pfändung aufschiebend bedingten und künftigen Eigentums, NJW 1959, 608; *Mümmler*, Pfändung des Anwartschaftsrechts bei Eigentumsvorbehalt, JurBüro 1979, 1775; *Münzel*, Grundsätzliches zum Anwartschaftsrecht, MDR 1959, 345; *Quardt*, Das Recht auf Eigentumsanwartschaft in der Zwangsvollstreckung, JurBüro 1960, 505; *Quardt*, Eigentumsvorbehalt und Anwartschaftsrecht in der Zwangsvollstreckung, JurBüro 1958, 1; *Raacke*, Zur „Pfandverstreckung" von Vorbehaltsware, NJW 1975, 248; *Reinicke*, Zur Lehre vom Anwartschaftsrecht aus bedingter Übereignung, MDR 1959, 613; *Sebode*, Die Pfändung des

---

8   OLG Stuttgart NJW-RR 2009, 1312.
9   OLG Stuttgart NJW-RR 2009, 1312 (1314).
10 OLG Stuttgart NJW-RR 2009, 1312.

Anwartschaftsrechts, DGVZ 1960, 145; *Strutz*, Pfändung der Eigentumsanwartschaft bei einer beweglichen Sache und Zustellung an den Drittschuldner, NJW 1969, 831; *Tiedtke*, Die verdeckte Pfändung des Anwartschaftsrechts, NJW 1972, 1404.

Übertragung des Eigentums (§§ 929 ff. BGB) erfolgt bei Veräußerung beweglicher Sachen unter *Eigentumsvorbehalt* unter der aufschiebenden Bedingung (§ 158 BGB) vollständiger Zahlung des Kaufpreises (s. § 449 Abs. 1 BGB). Auf den Käufer geht das Eigentum (ebenso wie in allen sonstigen Fällen bedingter Übereignung) mit dem Eintritt der Bedingung (Zahlung des Kaufpreises) ohne weitere Mitwirkung der Beteiligten über. Von da an kann der erworbene Gegenstand von Gläubigern des Käufers nur noch im Wege der Sachpfändung durch den Gerichtsvollzieher gepfändet werden (§§ 808 ff. ZPO). **1485**

II. Das pfändbare Anwartschaftsrecht

Vor diesem Eigentumsübergang gehört die Kaufsache nicht zum Vermögen des Käufers. Sie unterliegt daher nicht dem Vollstreckungszugriff seiner Gläubiger. Wenn sie im Schuldnerbesitz gleichwohl gepfändet wird, kann der Vorbehalts*verkäufer* diesem Eingriff in sein noch immer bestehendes Eigentum an der Kaufsache mit Drittwiderspruchsklage (§ 771 ZPO) entgegentreten. **1486**

Der Käufer erlangt aber mit der bedingten Eigentumsübertragung ein „Anwartschaftsrecht"[1] auf den Eigentumserwerb. Dieses Anwartschaftsrecht unterliegt der Pfändung nach §§ 829, 857 ZPO[2]. Die wirksame Beschlagnahme erfordert jedoch Ergänzung dieser Rechtspfändung durch eine Sachpfändung des Gerichtsvollziehers, also Pfändung der unter Eigentumsvorbehalt stehenden Sache nach §§ 808 ff. ZPO (sog. Doppelpfändung, siehe Rdn. 1489 ff.)[3]. Verbietet sich die Sachpfändung, weil der Gegenstand unpfändbar ist (§ 811 ZPO), so ist auch die Pfändung des Anwartschaftsrechts nicht zulässig[4]. **1487**

Die Pfändung des Anwartschaftsrechts mit anschließender Sachpfändung ermöglicht dem Gläubiger Befriedigung aus dem vom Schuldner durch Teilzahlung des Kaufpreises erworbenen Vermögenswert. Die *Befriedigungsaussichten*, die eine solche Vollstreckung bietet, sind also wesentlich von der Höhe der vom Schuldner bereits geleisteten Zahlungen **1488**

---

1 Zu ihm *BGH* MDR 1984, 664 = NJW 1984, 1184 (1185) mit Nachw.
2 RG 140, 233. Nicht nach § 847 ZPO, weil das für den Eigentumserwerb notwendige Rechtsgeschäft (§ 929 BGB) schon zustande gekommen ist und die Sache sich bereits im Schuldnerbesitz befindet.
3 *BGH* NJW 1954, 1325; *Ascher* NJW 1955, 46; *Reinicke* MDR 1959, 616. Wegen der mehrfach vertretenen abweichenden Ansicht siehe *Bauknecht* NJW 1954, 1749 und 1955, 451; *Liermann* JZ 1962, 658 sowie *Berner* Rpfleger 1951, 169. Für Sachpfändung z. B. *Hübner* NJW 1980, 729 (733).
4 *LG Berlin* DGVZ 1965, 91; *Musielak/Becker*, ZPO, Rdn. 7; *Stein/Jonas/Brehm*, ZPO, Rdn. 85; *Wieczorek/Schütze/Lüke*, ZPO, Rdn. 55, je zu § 857; *Berner* Rpfleger 1951, 167; *Quardt* JurBüro 1958, 3 und 1960, 506; **a.A.** *Schuschke/Walker*, Vollstreckung, Rdn. 19 zu § 857.

5. Kapitel: Pfändung anderer Vermögensrechte

abhängig. Praktischen Wert hat die Pfändung – weil der Schuldner seiner Zahlungsverpflichtung kaum noch weiter nachkommen wird – letztlich aber nur, wenn der Gläubiger zur Ablösung der Restforderung des Verkäufers bereit und sicher ist, dass an der Sache selbst keine ihm im Rang vorgehenden Rechte Dritter bestehen.

III. Die Pfändung

a) *Pfändung des Anwartschaftsrechts*

1489 aa) Als *Drittschuldner* wird bei dieser Rechtspfändung derjenige angesehen, der dem Schuldner das Eigentum bedingt übertragen hat, meist also der Vorbehaltsverkäufer[5]. Mit der Zustellung des Pfändungsbeschlusses an ihn wird die Pfändung bewirkt (§ 829 Abs. 3, § 857 Abs. 1 ZPO).

Das ist allerdings zweifelhaft geworden. Der V. ZS des *BGH*[6] ist der Auffassung, dass die Pfändung der Eigentumsanwartschaft eines Auflassungsempfängers, dessen Umschreibungsantrag beim Grundbuchamt schwebt, mit der Zustellung des Pfändungsbeschlusses an den Schuldner wirksam wird und einer Zustellung an den Veräußerer nicht bedarf. Er hat zwar die Frage offen gelassen, ob deshalb der früheren Entscheidung des IV. ZS[7] beigetreten und der Vorbehaltsverkäufer tatsächlich als Drittschuldner angesehen werden kann. Dies wird als Folge des neuen *BGH*-Beschlusses auch verneint, weil bei Pfändung zwischen beiden Anwartschaften kein Unterschied bestehen soll. Demgemäß wird jetzt auch der Standpunkt vertreten, dass der Vorbehaltsverkäufer nicht Drittschuldner, vielmehr die Pfändung der Eigentumsanwartschaft an einer beweglichen Sache mit der Zustellung an den besitzenden Vorbehaltskäufer gem. § 857 Abs. 2 ZPO als wirksam erfolgt zu betrachten ist[8]. Bei Pfändung muss der Gläubiger daher zu seiner Sicherheit auf sofortige Zustellung des Pfändungsbeschlusses auch an den Schuldner bedacht sein.

1490 Der Gläubiger erlangt mit dieser Pfändung nur ein Pfandrecht am *Anwartschaftsrecht* selbst, also *keine Rechte an der oder auf die* unter Eigentumsvorbehalt stehende Sache[9]. Er hat daher keinen Anspruch auf Erwerb

---

5 Siehe *BGH* a.a.O. (Fußn. 3); *OLG Hamburg* MDR 1959, 398; *OLG Nürnberg* MDR 1953, 687; *Münzel* MDR 1959, 347; *Haegele* BWNotZ 1969, 412.
6 *BGH* 49, 197 = MDR 1968, 313 = NJW 1968, 493 und 1087 mit Anm. *Rose*.
7 *BGH* NJW 1954, 1325.
8 So insbesondere *Strutz* NJW 1969, 831; siehe auch *Vollkommer* Rpfleger 1969, 411 Fußn. 28.
9 Es werden daher bei Rechtspfändung Antrag auf Vollstreckungsschutz nach § 765 a ZPO zur Sicherung des Sachgebrauchs durch den Schuldner und Einwendungen (Erinnerung) wegen Unpfändbarkeit der Sache nach § 811 ZPO nicht für zulässig erachtet (*LG Lübeck* Rpfleger 1994, 174). Letzteres ist nicht zutreffend. Ebenso wie der Anspruch auf Herausgabe einer nach § 811 ZPO unpfändbaren Sache nicht nach § 846 ZPO gepfändet werden kann (Rdn. 2015), kann auch Pfändung des Anwartschaftsrechts nicht zulässig sein, wenn die weitere Zwangsvollstreckung in die Sache nach § 811 ZPO ausgeschlossen ist.

des Eigentums an der Sache. Bei Eintritt der Bedingung (restige Zahlung des Kaufpreises) können somit weder das Eigentum an der Kaufsache noch das Anwartschaftsrecht als solches auf den Gläubiger übergehen[10]. (Voll-) Eigentümer wird vielmehr mit Bedingungseintritt allein der Schuldner, ohne dass sein Eigentum mit einem Pfandrecht des Gläubigers belastet wäre; das Pfandrecht am Anwartschaftsrecht wandelt sich mit Eintritt der Bedingung nicht in ein Pfandrecht an der Sache um[11]. Neben der Rechtspfändung ist daher praktisch noch die *Sachpfändung notwendig*[12] (siehe Rdn. 1487 und 1495). Solange Sachpfändung nicht erfolgt ist, kann der Schuldner über die Kaufsache (nicht über das Anwartschaftsrecht, siehe Rdn. 1491) unbeschränkt verfügen. Solche Verfügungen wirken gegen den Gläubiger, der die Sachpfändung nicht bewirkt hat.

bb) Die mit Pfändung des *Anwartschaftsrechts bewirkte Verfügungsbeschränkung* des Schuldners verbietet Übertragung des Rechts auf einen anderen. Sie hindert den Schuldner aber nicht daran, den Restkaufpreis zu zahlen[13]. Mit dieser Zahlung geht das Anwartschaftsrecht unter. Damit tritt an die Stelle des Anwartschaftsrechts das Eigentum des Schuldners an der Sache, das allerdings mit einem Pfandrecht nicht belastet ist (siehe Rdn. 1490), sondern nunmehr (Ausnahme § 811 ZPO) dem Vollstreckungszugriff und der Pfandverwertung durch den Gerichtsvollzieher zugänglich ist.

1491

cc) Der Gläubiger wird durch Pfändung des Anwartschaftsrechts in die Lage versetzt, die Rechte des *Schuldners aus der bedingten Übereignung* unabhängig von diesem gegen den Drittschuldner *geltend zu machen*[14]. Insbesondere erlangt der Gläubiger damit die Befugnis, den Restkaufpreis selbst an den Drittschuldner zu zahlen, um damit den für die Sachpfändung bzw. Pfandverwertung durch den Gerichtsvollzieher notwendigen Eigentumsübergang auf den Schuldner herbeizuführen[15]. Ohne diese Rechtspfändung könnte nach § 267 BGB der Vorbehaltsverkäufer die Annahme der Leistung des Gläubigers ablehnen und der Schuldner dieser Leistung widersprechen. Eine Verpflichtung zur Zahlung des Restkaufpreises als Gegenleistung erwächst dem Gläubiger mit der Pfändung aber nicht.

1492

Die Pfändung des Anwartschaftsrechts gibt dem Gläubiger außerdem das Recht auf Auskunft nach § 836 Abs. 3 und § 840 ZPO und auf Urkundeherausgabe nach § 836 Abs. 3 ZPO. Durch die Auskunft kann er in Erfahrung bringen, welchen Betrag der Schuldner noch zu zahlen hat, welche Leistung also für die Ermöglichung der Pfandverwertung aufzubringen ist.

1493

---

10 *BGH* NJW 1954, 1325; *OLG Hamburg* MDR 1959, 398.
11 *BGH* und *OLG Hamburg* je a.a.O. (Fußn. 3, 10).
12 *BGH* a.a.O. (Fußn. 3); *Zöller/Stöber*, ZPO, Rdn. 6; *Musielak/Becker*, ZPO, Rdn. 7; *Stein/Jonas/Brehm*, ZPO, Rdn. 87; *Wieczorek/Schütze/Lüke*, ZPO, Rdn. 51, je zu § 857.
13 *BGH* NJW 1954, 1325.
14 *Ascher* NJW 1955, 48; *OLG Nürnberg* MDR 1953, 687.
15 *BGH* NJW 1954, 1325; *Petermann* Rpfleger 1958, 173; *OLG Hamburg* MDR 1959, 398; *OLG Celle* MDR 1960, 848 = NJW 1960, 2196.

5. Kapitel: Pfändung anderer Vermögensrechte

1494 dd) Eine *Überweisung* des gepfändeten Anwartschaftsrechts an Zahlungs statt verbietet sich[16], weil das Recht keinen Nennwert hat. Nach § 844 ZPO kann das Anwartschaftsrecht jedoch anderweit verwertet werden, da es auch übertragbar ist. Diese Verwertung ist aber praktisch kaum durchführbar, weil das Pfandrecht mit Erlangung des Volleigentums durch den Schuldner untergeht, also für Dritte keinen wirtschaftlichen Wert hat[17].

b) *Sachpfändung*

1495 Die *Sachpfändung* erfolgt durch den Gerichtsvollzieher nach §§ 808 ff. ZPO, die zur Befriedigung des Gläubigers führende Pfand*verwertung* nach §§ 814 ff. ZPO. Diese Pfändung der Sache durch den Gerichtsvollzieher kann vor oder nach Pfändung des Anwartschaftsrechtes und vor oder nach Zahlung der Restkaufsumme erfolgen[18]. Vor Kaufpreiszahlung kann der Verkäufer der Sachpfändung bei gleichzeitiger Pfändung des Anwartschaftsrechtes nicht nach § 771 ZPO widersprechen, wenn der Gläubiger zur Zahlung des Kaufpreisrestes bereit ist. Die Sachpfändung eines nach § 811 ZPO unpfändbaren Gegenstandes verbietet sich, auch wenn der Gläubiger schon für das Anwartschaftsrecht einen Pfändungsbeschluss erwirkt hat[19]. Die in einem solchen Fall unzulässige Pfändung des Anwartschaftsrechts (siehe Rdn. 1487) ist auf Erinnerung aufzuheben.

1496 Erst durch diese Sachpfändung erwirbt der Gläubiger ein *Pfändungspfandrecht an der Kaufsache* (§ 804 Abs. 1 ZPO). Für dieses Sachpfandrecht wahrt eine frühere Vollstreckung in das Anwartschaftsrecht keinen Vorrang[20]; letztere ist vielmehr nur „Hilfs"pfändung, die den nicht angreifbaren Vollstreckungszugriff in die Sache selbst ermöglichen und sicherstellen soll. Bei mehrfacher Pfändung der Sache geht daher immer das durch die frühere Sachpfändung begründete Pfandrecht dem später begründeten Pfandrecht ohne Rücksicht darauf vor, ob und in welcher Reihenfolge die Gläubiger auch das Anwartschaftsrecht gepfändet haben (§ 804 Abs. 3 ZPO)[21].

---

16 **Anders** – wohl nicht zutreffend – *Frank* NJW 1974, 2211 (2212 li.Sp.).
17 *Bauknecht* NJW 1955, 451.
18 Die Reihenfolge der Pfändungen ist gleichgültig. Der Rang bestimmt sich immer allein nach der Sachpfändung. Praktisch wird die Sachpfändung meist vor Pfändung des Anwartschaftsrechts erfolgen, weil der Gläubiger erst durch die Vollstreckungsmaßnahme des Gerichtsvollziehers Kenntnis vom Dritteigentum erlangt und so vor die Frage gestellt wird, ob er sein Sachpfandrecht bei Intervention aufgeben oder durch Pfändung des Anwartschaftsrechts und Befriedigung des Vorbehaltseigentümers den Übergang des Eigentums auf den Schuldner herbeiführen will.
19 *AG Germersheim* DGVZ 1966, 187 und *LG Landau* DGVZ 1966, 188.
20 **A.A.** aber *Reinicke* MDR 1959, 616; auch *Musielak/Becker*, ZPO, Rdn. 7; *Stein/Jonas/Brehm*, ZPO, Rdn. 89; *Wieczorek/Schütze/Lüke*, ZPO, Rdn. 53; *Schuschke/Walker*, Vollstreckung, Rdn. 16, je zu § 857 (Pfandrecht am Recht setzt sich nahtlos an der Sache fort); abweichend außerdem (Schutz des Pfandrechts an der Eigentumsanwartschaft bei Sachpfändung durch Dritte) *Frank* NJW 1974, 2211 (2216).
21 *Zöller/Stöber*, ZPO, Rdn. 6 zu § 857; **a.A.** *Stein/Jonas/Brehm* und *Schuschke/Walker*, je a.a.O.

Vorrang vor späterer Vollstreckung anderer sichert sich der Gläubiger nur, wenn er schon im Zeitpunkt der Rechtspfändung oder schon vorher die noch im Eigentum des Verkäufers, aber schon im Schuldnerbesitz stehende Sache durch den Gerichtsvollzieher pfänden lässt.

c) *Besitzt der Veräußerer* selbst die Sache noch (Eigentumsübertragung durch Besitzkonstitut, § 930 BGB) oder befindet sie sich im Besitz *eines Dritten*, so lässt sich die notwendige Sachpfändung nur mit Einverständnis des Gewahrsamsinhabers durchführen (§ 809 ZPO). Erklärt sich dieser mit der Pfändung nicht einverstanden, so muss der Gläubiger den Herausgabeanspruch nach §§ 846 ff. ZPO (siehe 7. Kap.) pfänden. Diese Pfändung des Herausgabeanspruchs zielt aber nur auf ein Pfandrecht an der Sache, macht also die zur Sicherung des Gläubigers meist notwendige Pfändung des Anwartschaftsrechts mit den Rdn. 1489 ff. dargestellten Wirkungen nicht entbehrlich. Die Pfändung des Anwartschaftsrechts und Herausgabeanspruchs kann in einem Beschluss angeordnet werden.

1497

IV. Konkurrenz von Pfändung und Abtretung oder gesetzlichem Pfandrecht

Über sein Anwartschaftsrecht aus bedingter Übereignung kann der unter Eigentumsvorbehalt Erwerbende (ohne Zustimmung des Veräußerers, der noch Sacheigentümer ist) mit der Maßgabe verfügen, dass der Zessionar, dem der Anspruch abgetreten ist, mit dem Eintritt der Bedingung das Eigentum als Vollrecht ohne weiteres erwirbt[22]. Das gibt dem Zessionar als Eigentumserwerber gegen eine nach *Abtretung des Anwartschaftsrechts*, aber vor Eintritt der Bedingung durch einen Gläubiger des Schuldners (= Zedent) vorgenommene Sachpfändung die Widerspruchsklage aus § 771 ZPO[23]. War allerdings das Anwartschaftsrecht im Zeitpunkt seiner Abtretung schon gepfändet, so verstößt die Abtretung gegen das Verfügungsverbot; in einem solchen Fall hat daher der Pfandgläubiger das Vorrecht. Zum Rang bei Sachpfändung vor Abtretung des Anwartschaftsrechts siehe Rdn. 1507.

1498

Das *gesetzliche Pfandrecht* des Vermieters oder Verpächters (§§ 562, 581 BGB) erstreckt sich nicht auf die dem Schuldner nur bedingt übereigneten Sachen. Diese gesetzlichen Pfandrechte gelangen aber mit dem Bedingungseintritt, also bei Eigentumserwerb des Schuldners mit Zahlung des Restkaufpreises, zur Entstehung. Haben in diesem Zeitpunkt auch Gläubiger die Sache im Wege der Zwangsvollstreckung gepfändet (siehe Rdn. 1495), so sollen alle Pfandrechte Gleichrang haben[24]. Immer stärker setzt sich aber heute die Ansicht durch, dass auch hier die Rangfolge sich nur

1499

---

22 *BGH* 20,88 = MDR 1956, 593 mit Anm. *Reinicke* = NJW 1956, 665 = JZ 1956, 413 mit Anm. *Blomeyer.*
23 *BGH* a.a.O. (Fußn. 22); *LG Köln* NJW 1954, 1773 mit Anm. *Bauknecht*; *LG Bückeburg* NJW 1956, 1156 mit zust. Anm. *Bauknecht.*
24 Siehe *RG* 60, 73.

5. Kapitel: Pfändung anderer Vermögensrechte

nach dem Prioritätsgrundsatz bestimmen kann, d.h. nach dem Zeitpunkt der Vornahme der Sachpfändung oder Einbringung der Sache in die Mieträume[25].

V. Restkaufpreis nach Zahlung durch Gläubiger

1500   Ob der *Restkaufpreis*, den der Gläubiger als Gegenleistung an den Drittschuldner zahlt, um den für die Sachpfändung und Pfandverwertung notwendigen Eigentumsübergang herbeizuführen, zu den notwendigen *Zwangsvollstreckungskosten* (§ 788 ZPO) gehört, ist streitig. Die Frage muss aber bejaht werden[26], weil der Aufwand der Kosten für die Durchführung der Zwangsvollstreckung und Befriedigung des Gläubigers notwendig ist. Die Kosten für Ablösung des Restkaufpreises können daher vom Versteigerungserlös vorweg abgezogen werden. Zählt man aber den vom Gläubiger aufgebrachten Restkaufpreis nicht zu den Zwangsvollstreckungskosten, so ergibt sich ein Ersatzanspruch des Gläubigers gegen den Schuldner aus §§ 683, 670, 684 Abs. 1, § 812 Abs. 1 BGB. Dieser Ersatzanspruch müsste allerdings mit besonderer Klage geltend gemacht werden.

B. Sicherungsübereignung

I. Besitz des Sicherungsnehmers

1501   *Gepfändet werden der nach Tilgung des gesicherten Darlehens von ursprünglich ... Euro oder sonstiger Erledigung des Sicherungszwecks zu erfüllende angebliche Anspruch des Schuldners an ... – Drittschuldner – auf Rückübertragung des Eigentums an dem dem Drittschuldner sicherungsübereigneten und übergebenen Photoapparat, Marke Voigtländer, Modell Bessamatic, und auf Herausgabe dieses Gegenstandes,*

sowie der angebliche Anspruch auf Auszahlung des bei Verwertung dieses sicherungsübereigneten Gegenstandes verbleibenden Erlösüberschusses.

Es wird angeordnet, dass der bezeichnete Photoapparat an einen vom Gläubiger zu beauftragenden Gerichtsvollzieher herauszugeben ist.

1502   Bei Übertragung des Eigentums an einer beweglichen Sache zu Sicherungszwecken an einen Kreditgeber (*Sicherungsübereignung*) wird dem Sicherungsnehmer vielfach auch der Besitz des Sicherungsgutes eingeräumt. Dem *Schuldner als Sicherungsgeber* steht dann kein Anwartschaftsrecht auf das Eigentum, sondern ein schuldrechtlicher Anspruch auf (Rück-)Über-

---

25   *Spindler* MDR 1960, 654; *Meister* NJW 1959, 608.
26   Ebenso insbesondere *LG Aachen* Rpfleger 1968, 60; *LG Bonn* Rpfleger 1956, 44; *Petermann* Rpfleger 1958, 173; *Schwister* DJZ 1934, 1030; *Quardt* JurBüro 1958, 4 und 1960, 508; *Hofstetter* BB 1963, 581; *Berner* Rpfleger 1951, 169; *Zöller/Stöber*, ZPO, Rdn. 13 „Anwartschaft" zu § 788; *Musielak/Becker*, ZPO, Rdn. 7 zu § 857; *Schuschke/Walker*, Vollstreckung, Rdn. 18 zu § 788; **Gegenansicht:** *Jonas* JW 1936, 632; *Stein/Jonas/Brehm*, ZPO, Rdn. 87 zu § 857; kritisch auch *Wieczorek/Schütze/Lüke*, ZPO, Rdn. 54 zu § 857.

tragung des Eigentums nach Wegfall des Sicherungszwecks zu. Dieser Anspruch betrifft die Leistung einer körperlichen Sache; er ist daher nach §§ 846, 847 ZPO nach dem im 7. Kap. Gesagten zu pfänden. Auch seine Pfändung schließt das Widerspruchsrecht gegen die Leistung der noch geschuldeten Forderung durch den Gläubiger (siehe § 267 Abs. 2 BGB) aus[27]. Ein Auskunfts- oder Rechnungslegungsanspruch ist Nebenrecht, auf das sich die Pfändung erstreckt (siehe Rdn. 1890 a mit 1741). Mit Verwertung des Sicherungsgutes besteht der Anspruch auf Rückübertragung des Eigentums als Anspruch auf den nach Befriedigung des Sicherungsnehmers verbleibenden Mehrerlös und daran auch das Pfändungspfandrecht fort (s. Rdn. 1911). Weil das jedoch nicht voll geklärt ist[28], wird Mitpfändung auch des Anspruchs auf Auszahlung des bei Verwertung verbleibenden Erlösüberschusses für zulässig erachtet. Wenn eine Bank (Sparkasse) sicherungsübereignete Sachen eines mit ihr in laufender Geschäftsverbindung stehenden Schuldners verwertet, ist dessen Anspruch auf den der Bank (Sparkasse) nicht gebührenden Mehrerlös (in der Regel) kontokorrentgebunden[29]. Der Pfändung unterliegt dann nicht der Anspruch auf den Mehrerlös als einzelner Kontokorrentposten[30], sondern nur der Kontokorrentanspruch nach dem Rdn. 154 ff. Gesagten.

II. Schuldner als Besitzer des Sicherungsgutes

Gepfändet werden der nach Tilgung des gesicherten Darlehens von ursprünglich ... Euro oder sonstiger Erledigung des Sicherungszwecks zu erfüllende angebliche Anspruch des Schuldners an ... – Drittschuldner – auf Rückübertragung des Eigentums an dem dem Drittschuldner sicherungsübereigneten Photoapparat, Marke Voigtländer, Modell Bessamatic, 1503

sowie der angebliche Anspruch auf Auszahlung des bei Verwertung dieses sicherungsübereigneten Gegenstandes verbleibenden Erlösüberschusses.

Wenn der *Schuldner unmittelbarer Besitzer* der sicherungsübereigneten Sache geblieben ist (Eigentumsübertragung durch Besitzkonstitut, § 930 BGB), kann die im Schuldnergewahrsam stehende Sache unmittelbar (§ 808 Abs. 1 ZPO) gepfändet werden. Dann muss aber der Gläubiger zur Abwendung des Widerspruchsrechts des Sicherungseigentümers (§ 771 ZPO) auch den schuldrechtlichen Anspruch auf Übertragung des Eigentums nach Wegfall des Sicherungszwecks pfänden[31]. Es ist mithin dann Doppelpfändung mit den oben A dargestellten Wirkungen notwendig. Mitpfändung des Anspruchs auf den Verwertungserlös ist für den Fall geboten, dass die Sachpfändung am Widerspruch des Sicherungseigentümers scheitert, insbesondere deshalb, weil die gesicherte Forderung nicht getilgt wird, und 1504

---

27 *OLG Celle* Betrieb 1960, 1155 = NJW 1960, 2196.
28 *BGH* NJW 1982, 1150 = a.a.O. (Fußn. 29).
29 *BGH* JurBüro 1982, 853 = MDR 1982, 574 = NJW 1982, 1150.
30 *OLG Stuttgart* ZIP 1994, 222 (224).
31 *RG* JW 1914, 415f.; *BFH* BStBl 1976 II 737 = BB 1976, 1350.

Verwertung des Sicherungsgutes durch den Sicherungsnehmer erfolgt. Unpfändbar ist das Nutzungsrecht des Schuldners an dem sicherungsübereigneten Gegenstand, jedenfalls dann, wenn nicht der Sicherungseigentümer die Zustimmung zur Ausübung des Nutzungsrechts durch Dritte erteilt hat[32].

III. Auflösend bedingte Sicherungsübereignung

1505 *Gepfändet werden das angebliche Anwartschaftsrecht des Schuldners auf Wiedererwerb des Eigentums an dem zur Sicherung eines Darlehens von ursprünglich ... Euro auflösend bedingt an ... – Drittschuldner – sicherungsübereigneten Photoapparat, Marke Voigtländer, Modell Bessamatic,*

sowie der angebliche Anspruch auf Auszahlung des bei Verwertung dieses sicherungsübereigneten Gegenstandes verbleibenden Erlösüberschusses.

1506 Wenn die *Sicherungsübereignung auflösend bedingt* erfolgt ist, fällt das Eigentum mit Wegfall des Sicherungszwecks auf den Schuldner zurück, ohne dass es einer dinglichen Verfügung bedarf. Bei dieser auflösend bedingten Sicherungsübereignung steht dem Schuldner als Sicherungsgeber vor der vollen Erfüllung der gesicherten Forderung ein Anwartschaftsrecht auf das Eigentum (Wiedererwerb des Eigentums) zu[33]. Dieses Anwartschaftsrecht ist wie die Anwartschaft auf den Eigentumserwerb bei Eigentumsvorbehalt pfändbar[34]. Es ist also Rechts- und Sachpfändung notwendig (siehe Rdn. 1489 ff.; zum Fall, dass der „bedingte" Sicherungseigentümer Sachbesitz hat, siehe Rdn. 1497). Als Drittschuldner ist bei dieser Rechtspfändung der „bedingte" Sicherungseigentümer anzusehen. Die Anspruchspfändung ermöglicht Geltendmachung der Schuldnerrechte durch den Gläubiger (Zahlung der restigen Schuld), die Sachpfändung schafft mit dem Pfändungspfandrecht an dem sicherungsübereigneten Gegenstand die Befriedigungsgrundlage (Einzelheiten siehe Rdn. 1487 ff.) Mitpfändung des Anspruchs auf den Verwertungserlös wie Rdn. 1502.

IV. Konkurrenz bei Pfändung und Abtretung

1507 Das durch Pfändung der im Schuldnergewahrsam stehenden Sache (§ 808 Abs. 1 ZPO) erlangte Pfändungspfandrecht kann durch spätere Abtretung des schuldrechtlichen Anspruchs auf Übertragung des Eigentums nach Wegfall des Sicherungszwecks nicht mehr beeinträchtigt werden[35]. Dem Erwerber des abgetretenen Rechts (Anwartschaft) auf das Eigentum steht aber auch dann kein Widerspruchsrecht (§ 771 ZPO) gegen den vorrangigen Gläubiger der Sachpfändung (§ 808 Abs. 1 ZPO) zu, wenn zwischen

---

32 *OLG Schleswig* JurBüro 1990, 55.
33 *BGH* NJW 1984, 1184 (1185) = a.a.O. (Fußn. 1) mit weit. Nachw.
34 *Musielak/Becker*, ZPO, Rdn. 7; *Stein/Jonas/Brehm*, ZPO, Rdn. 92; *Wieczorek/Schütze/Lüke*, ZPO, Rdn. 56, je zu § 857.
35 *OLG Braunschweig* MDR 1972, 57; dagegen *Tiedtke* NJW 1972, 1404.

dem Schuldner (als Kreditempfänger) und dem Kreditgeber als Sicherungsnehmer vereinbart wurde, dass bei Tilgung des gesicherten Kredits das Eigentum an der sicherungsübereigneten Sache automatisch (ohne besonderen Rückübertragungsakt) wieder auf den Schuldner (als Kreditgeber) übergehen sollte[36]. Zum Rang bei Sachpfändung nach Abtretung des Anwartschaftsrechts siehe Rdn. 1498.

V. Pfändung bei Sicherungsnehmer

Pfändet ein Gläubiger des Sicherungs*nehmers* bei diesem das Sicherungsgut (Treuhandvermögen), dann steht dem Sicherungsgeber die Drittwiderspruchsklage zu[37] (siehe bereits Rdn. 402). Jedoch kann der Sicherungsgeber dieser Pfändung des Sicherungsguts nur bis zu dem Zeitpunkt mit Drittwiderspruchsklage widersprechen, von dem an der Sicherungseigentümer die Sache verwerten darf[38]. Wenn der Gläubiger des Sicherungsnehmers dessen gesicherte Forderung gegen den Sicherungsgeber pfänden und sich zur Einziehung überweisen lässt, erlangt er am Sicherungsgut keine Rechte (siehe Rdn. 701); die Sicherungsabrede kann daher auch im Pfändungsbeschluss nicht vermerkt werden. Sachpfändung ist somit neben der Forderungspfändung stets notwendig.

1508

VI. Verwertungsübererlös

Gepfändet wird die angebliche Forderung des Schuldners gegen ... – Drittschuldner – auf Auszahlung des Erlösüberschusses, der bei Verwertung der sicherungsübereigneten Baumaschinen verbleibt, die sich im Betrieb des Schuldners als Sicherungsgeber befinden oder befunden haben und im Sicherungsvertrag vom ... bezeichnet sind.

1508a

a) Der (nicht kontokorrentgebundene; sonst Rdn. 1508 e) Anspruch auf *Auszahlung des Überschusses* aus der Verwertung von Sicherungsgut (Sicherungseigentum) ist als Geldforderung auch selbstständig pfändbar. Anspruch auf Auszahlung (Auskehrung) des Überschusses hat der Schuldner als Sicherungsgeber, wenn der Sicherungsnehmer (= Sicherungseigentümer) bei Verwertung des Sicherungsgutes einen die gesicherte Forderung (samt Kosten usw.) übersteigenden Erlös erlangt hat (zum vergleichbaren Anspruch auf Auskehrung des Mehrerlöses bei Sicherheitsleistung mit einer Grundschuld siehe Rdn. 1911). Der Anspruch folgt aus dem bei Einräumung der Sicherheit mit der (schuldrechtlichen) Sicherungsabrede begründeten Schuldverhältnis oder aus § 812 BGB (zum vergleichbaren Rückgewähranspruch bei Sicherheitsleistung mit einer Grundschuld siehe Rdn. 1887). Er gelangt bereits mit Abschluss des Sicherungsvertrags und

1508b

---

36 *OLG Braunschweig* a.a.O.
37 *BGH* 72, 141 = MDR 1978, 926 = NJW 1978, 1859; *OLG Karlsruhe* NJW 1977, 1069.
38 *BGH* a.a.O. (Fußn. 37) mit Nachw.

5. Kapitel: Pfändung anderer Vermögensrechte

durch Hingabe des Sicherungsguts als aufschiebend bedingter Anspruch zur Entstehung[39], ist somit kein künftiger Anspruch.

1508c b) Der *Pfändungsbeschluss* hat die zu pfändende Forderung auf Auszahlung des Übererlöses bestimmt (konkret) zu bezeichnen (vgl. Rdn. 496). Das erfordert auch hinreichend bestimmte Bezeichnung des Sicherungsgutes (des einzelnen Gegenstandes oder des Gesamtbestands). Bestimmbare Bezeichnung muss als ausreichend angesehen werden, weil auch sie Individualisierung der Forderung ermöglicht; die Anforderungen können nicht an den weitergehenden Erfordernissen für Bestimmtheit der Einigung zur Sicherungsübereignung und an den strengen Erfordernissen, die für Bezeichnung der Grundschuld bei Pfändung des Rückgewähranspruchs gelten (Rdn. 1889), gemessen werden. Als nicht genügend anzusehen ist aber z. B. Bezeichnung nur noch als „Anspruch auf Zahlung jeglicher Art aus der laufenden Geschäftsverbindung"[40]. Drittschuldner ist der zur Auszahlung des Überschusses verpflichtete Sicherungsnehmer.

1508d c) Pfändung des schuldrechtlichen Anspruchs auf (Rück-)Übertragung des Eigentums nach Wegfall (Erledigung) des Sicherungszwecks schließt bei Verwertung des Sicherungsguts die Forderung auf Auskehrung des Mehrerlöses ein (Rdn. 1502, 1504; dort auch Hinweis darauf, dass das nicht voll geklärt ist). Pfändung durch mehrere Gläubiger einerseits des Rückübertragungsanspruchs und andererseits der Forderung auf Auskehrung des Mehrerlöses erfasst daher keine selbstständigen Ansprüche, sondern nur verschiedene Formen der Erfüllung des mit Abschluss des Sicherungsvertrags und Hingabe des Sicherungsguts entstandenen Anspruchs des Sicherungsgebers (vgl. Rdn. 1911). An der Geldforderung auf Auszahlung des Übererlöses begründen diese Pfändungen daher Rang nach dem Wirksamwerden der Pfändungsbeschlüsse mit Zustellung an den Drittschuldner (§ 829 Abs. 3, § 804 Abs. 3 ZPO). Ob (umgekehrt) die alleinige Pfändung des Anspruchs auf Auszahlung des Überschusses aus der Verwertung von Sicherungsgut sich auch auf den Schuldneranspruch auf Rückübertragung oder Wiedererwerb des Eigentums erstreckt, ist nicht geklärt. Man wird das nicht annehmen können. Die auf den Übererlösanspruch begrenzte Pfändung erfasst diese nach § 829 ZPO zu pfändende Geldforderung; als solche kann sie keine Pfändungswirkungen für den nach §§ 846 ff. ZPO zu pfändenden Sachübereignungsanspruch begründen; Sachpfändung bei auflösend bedingter Sicherungsübereignung (siehe Rdn. 1506) kann die Forderungspfändung ohnedies nicht ersetzen.

1508e d) Besonderheiten ergeben sich, wenn – wie insbesondere bei Geschäftsverbindung mit einer Bank oder Sparkasse – der Anspruch auf Auszahlung (Auskehrung) des Überschusses *kontokorrentgebunden* ist (vgl. bereits Rdn. 1502). Der Pfändung unterliegt dann nicht der Anspruch auf den Mehrerlös als einzelner Kontokorrentposten, sondern nur der Kontokorrentanspruch nach dem Rdn. 154 ff. Gesagten.

---

39 *OLG Stuttgart* ZIP 1994, 222 (224); vgl. auch Rdn. 1887.
40 *OLG Stuttgart* a.a.O.

e) Zum Anspruch auf Auskehrung des dem Sicherungsnehmer nicht gebührenden Mehrerlöses aus einer sicherungshalber abgetretenen Geldforderung siehe Rdn. 67.

6. Automatenaufsteller

Schrifttum: *Noack*, Pfändung des Inhalts eines aufgestellten Automaten in einem Geschäftslokal, KKZ 1975, 223; *Röder*, Pfändung von Spiel- und Warenautomaten und deren Geldinhalt, KKZ 1991, 190; *Schmidt*, Automatenaufstellvertrag und Zwangsvollstreckung, MDR 1972, 374; *Weyland*, Automatenaufstellung (1989).

Der Anspruch des Aufstellers eines Spiel- oder Verkaufsautomaten gegen einen Wirt oder sonstigen Gewerbetreibenden auf Herausgabe des in Galsträumen oder anderen Gewerberäumen des Vertragspartners aufgestellten Automaten und das Recht, das im Automaten befindliche Geld laufend zu kassieren, sind pfändbar. Die Pfändung des Herausgabeanspruchs muss nach § 847 ZPO (siehe 7. Kap.) erfolgen. Nach Überweisung zur Einziehung kann der Gläubiger die Fälligkeit des Herausgabeanspruchs durch Kündigung unter den Voraussetzungen des Aufstellungsvertrags herbeiführen[1]. Beim Anspruch auf das Geld muss unterschieden werden, ob

1509

- der Vertragspartner (Wirt usw.) den Automaten selbst entleert[2] und dem Automatenaufsteller nur einen anteiligen Betrag des Erlöses hinauszahlt. Dann besteht ein schuldrechtlicher Anspruch des Aufstellers gegen den Vertragspartner (meist Gastwirt) auf diesen Anteil an den Einspielergebnissen. Dieser Anspruch ist Geldforderung und als solche nach § 829 ZPO pfändbar[3].

- nur der Automatenaufsteller einen Schlüssel für das Geldfach besitzt und dieses selbst entleert. Dann hat der Automatenaufsteller Anspruch an den Vertragspartner als Besitzer des Raumes, dass er ihm jederzeit Zutritt und Entleerung des Automaten gestattet. In dieses Recht, das in dem Automaten befindliche Geld laufend zu kassieren, kann im Wege der Hilfspfändung vollstreckt werden. Ein Pfandrecht an dem Geld selbst entsteht dann aber erst mit der nachfolgenden Sachpfändung durch den Gerichtsvollzieher[4].

Zahlungsansprüche des Vertragspartners (Gastwirt usw.) an den Automatenaufsteller, die als Gegenleistung für die Aufstellung und den Betrieb

1510

---

1 *Schmidt* MDR 1972, 374 (378).
2 Pfändung gegen den Vertragspartner (Wirt usw.) als Schuldner dann durch den Gerichtsvollzieher nach § 808 ZPO.
3 So auch *Stein/Jonas/Brehm*, ZPO, Rdn. 81 (Fußn. 318) zu § 857; *Noack* KKZ 1975, 223. Dazu kritisch *Schmidt* MDR 1972, 374 (Fußn. 18), der aber wohl eine andere Form des „Betreuungsvertrags" im Auge hat.
4 *OVG Münster* NJW 1958, 1460; *LG Aurich* DGVZ 1990, 136 = JurBüro 1990, 1370 = MDR 1990, 932 = NJW-RR 1991, 192; *AG Bonn* MDR 1963, 603; **anders:** Vertragspartner hat das Betreten der Räume und die Öffnung des Automaten durch den Gerichtsvollzieher zu dulden, *Schmidt* MDR 1972, 374 (379); *Weyland*, Automatenaufstellung, S. 141. Siehe hierwegen auch Rdn. 1753 ff. sowie *Stein/Jonas/Brehm*, ZPO, Rdn. 81 zu § 857.

5. Kapitel: Pfändung anderer Vermögensrechte

des Automaten in den Räumen des Vertragspartners geschuldet werden, sind als Geldforderungen nach § 829 ZPO pfändbar. Bei Verträgen über die Anbringung oder Aufstellung von Außenautomaten stehen dem Vertragspartner vielfach Ansprüche aus Mietrecht zu[5], die gleichfalls als Geldforderungen nach § 829 ZPO pfändbar sind.

1511   Hat sich der Automatenaufsteller einen Raum mietweise beschafft und in diesem eine Automatenspielhalle eingerichtet, so ist er alleiniger Gewahrsamsinhaber. Ansprüche aus Automatenaufstellvertrag gegen einen Dritten bestehen dann nicht. Das in die Automaten eingespielte Geld wird im Besitz des Inhabers der Automatenspielhalle für seine Gläubiger durch den Gerichtsvollzieher gepfändet (§§ 808 ff. ZPO).

7. Berichtigungsanspruch

1512   *Gepfändet wird der angebliche Anspruch des Schuldners an ... – Drittschuldner – auf Zustimmung zur Berichtigung des Grundbuchs von ..., Blatt ... durch*

- *Eintragung des Schuldners als Eigentümer des Grundstücks ... straße Nr. ... in ... (Fl.St.Nr. ...)*
- *Eintragung des Schuldners als Gläubiger der Eigentümergrundschuld gewordenen, in Abt. III unter Nr. 1 noch auf den Namen des Drittschuldners eingetragenen Hypothek ohne Brief zu ... Euro.*

1513   Der Berichtigungsanspruch des § 894 BGB ist gegenüber dem nicht oder nicht richtig eingetragenen Recht des Schuldners unselbstständig. Befriedigung kann der Gläubiger daher nur durch Zugriff auf das dingliche Recht des Schuldners selbst nach den für die Zwangsvollstreckung in dieses Recht maßgeblichen Vorschriften finden. Der Berichtigungsanspruch als solcher kann nicht selbstständig abgetreten werden und auch nicht Gegenstand einer Zwangsvollstreckung mit dem Ziel der Befriedigung des Gläubigers durch Pfandverwertung sein.

1514   Das schließt aber die Ermächtigung eines Dritten zur Geltendmachung des Anspruchs des Schuldners im eigenen Namen nicht aus. Diese Ermächtigung kann auch durch Pfändung und Überweisung ersetzt werden[1]. Diese Pfändung (sog. Hilfspfändung, Rdn. 705 ff.) ermächtigt den Gläubiger, den dem Schuldner zustehenden Berichtigungsanspruch im eigenen Namen dahin geltend zu machen, dass die Berichtigung auf den Namen des Schuldners als gegenwärtiger wahrer Berechtigter vorgenommen werden soll[2]. Die Berichtigung des Grundbuchs auf seinen eigenen Namen kann der Gläubiger

---

5   *Schmidt* MDR 1972, 374 (375). Zur rechtlichen Einordnung des Automatenaufstellvertrags s. *BGH* 71, 81 = MDR 1978, 922 = NJW 1978, 1155.

1   *BGH* 33, 76 (83) = DNotZ 1961, 31 = MDR 1960, 833 = NJW 1960, 2093; *OLG Köln* Rpfleger 1969, 171; auch *BGH* NJW 1996, 3147 (3148 re.Sp.).

2   *RG* 112, 260 mit weit. Nachw.; siehe außerdem *RG* 64, 168; 59, 293; 53, 408 und *RG* Gruchot 54, 940.

nicht verlangen³. Der Berichtigungsanspruch auf Zustimmung zur Löschung ist mit dem Eigentum verbunden und daher allein nicht pfändbar⁴. Ebenso wie der Berichtigungsanspruch kann auch der Anspruch auf Erteilung einer löschungsfähigen Quittung hilfsweise gepfändet werden⁵.

Nach Pfändung des Berichtigungsanspruchs kann der Gläubiger auch das Recht seines Schuldners auf Eintragung eines Widerspruchs gegen die Richtigkeit des Grundbuchs (§ 899 BGB) geltend machen (siehe dazu Rdn. 1788).

8. Beschränkte persönliche Dienstbarkeit

Gepfändet wird die für den Schuldner im Grundbuch von ..., Blatt ... in Abt. II Nr. 1 an dem Grundstück ... des Eigentümers ... – Drittschuldner – (angeblich) eingetragene beschränkte persönliche Dienstbarkeit (Kraftfahrzeugeinstellrecht – oder Wohnungsrecht nach § 1093 BGB).
(Evtl. Anordnung der Verwaltung in Anlehnung an Rdn. 1709).

Schrifttum: *Eickmann*, Zur Pfändung der Nutzungsrechte in Abteilung II des Grundbuchs, NotBZ 2008, 257; *Rossak*, Pfändbarkeit, Pfändung und Pfandverwertung von Nießbrauch und Wohnungsrecht, MittBayNot 2000, 383.

1515

a) Die beschränkte persönliche Dienstbarkeit (§§ 1090 ff. BGB; sie wird oft in Form eines *Wohnungsrechts* bestellt, § 1093 BGB) ist nicht übertragbar (§ 1092 Abs. 1 S. 1 BGB) und daher auch nicht pfändbar¹ (§ 851 Abs. 1, § 857 Abs. 3 ZPO). Ausnahmsweise übertragbar ist die Dienstbarkeit einer juristischen Person oder rechtsfähigen Personengesellschaft zur Benutzung des Grundstücks insbesondere für Versorgungsanlagen, Straßenbahn- oder Eisenbahnanlagen; gepfändet werden kann auch diese Dienstbarkeit jedoch nicht (§ 1092 Abs. 3 mit § 1059 b BGB).

1516

b) Die Unpfändbarkeit endet mit dem Erlöschen des Rechts durch Zuschlag in der Zwangsversteigerung (§ 91 Abs. 1 ZVG). Der an die Stelle des erloschenen Rechts mit dem Zuschlag getretene Anspruch auf Wertersatz aus dem Versteigerungserlös (§ 92 ZVG) ist daher als Geldforderung pfändbar². Drittschuldner ist (wie bei Pfändung des Erlösanspruchs aus einer Hypothek etc., siehe Rdn. 1982) der bisherige Grundstückseigentümer, nach Anlegung bzw. Hinterlegung des Deckungskapitals (s. §§ 92, 120, 127 ZVG) (wie beim hinterlegten Erlös, siehe Rdn. 1994) die Hinterlegungsstelle. In das Grundbuch kann die Pfändung des Wertersatzanspruchs nicht eingetragen werden³*. Als künftiger Anspruch kann der Wertersatzanspruch nicht schon vor Erlöschen des Rechts mit Erteilung des Zuschlags (§ 91 Abs. 1 ZVG) gepfändet werden⁴* (wie Rdn. 1989).

1517

---

3   *RG* JW 1932, 1206; siehe weiter die in Fußn. 2 Genannten.
4   *RG Gruchot* 54, 940; siehe auch Rdn. 1650.
5   *OLG Köln* JMBlNRW 1971, 160 (161) = OLGZ 1971, 151.
1   *BGH* 130, 314 (318) = NJW 1995, 2846 (2847; Wohnungsrecht).
2   *BGH* 130, 314 (323) = NJW 1995, 2846 (2848); *OLG Schleswig* Rpfleger 1997, 256; *LG Frankfurt* Rpfleger 1974, 122 mit Anm. *Hoebelt*.
3* *OLG Schleswig* Rpfleger 1997, 256.
4* *OLG Schleswig* Rpfleger 1997, 256.

5. Kapitel: Pfändung anderer Vermögensrechte

1518   c) Die *Befugnis zur Ausübung* der Dienstbarkeit kann aber *einem anderen überlassen* werden, wenn die Überlassung gestattet ist (§ 1092 Abs. 1 S. 2 BGB). Ist diese Erlaubnis zur Überlassung der Ausübung der Dienstbarkeit erteilt, so kann die Dienstbarkeit zum Zwecke der Ausübung auch gepfändet werden[5] (§ 857 Abs. 3 ZPO). Die Pfändbarkeit erfordert nicht, dass die Gestattung der Überlassung zur Ausübung durch Einigung und Eintragung[6] in das Grundbuch zum Inhalt des Rechts gemacht ist[7]; es genügt auch bereits eine rechtsgeschäftliche Vereinbarung zwischen Eigentümer und Berechtigtem (= Schuldner)[8]; Eintragung ist nur erforderlich, wenn die Gestattung der Ausübung gegenüber dem Rechtsnachfolger im Eigentum an dem belasteten Grundstück wirken soll. Unzureichend ist jedoch die einseitige Erklärung des Eigentümers[9]. Einseitig gestatten kann der Eigentümer die Ausübung auch nicht, wenn er die Dienstbarkeit selbst pfänden will.

1519   d) Pfändungs*verfahren* und *-wirkungen* entsprechen der bei Pfändung des Nießbrauchs (Rdn. 1710 ff.) behandelten Rechtslage. Ein Unterschied zeigt sich nur bei der Zulässigkeit der Pfändung insofern, als beim Nießbrauch die Ausübung einem anderen stets überlassen werden kann (§ 1059 S. 2 BGB) und daher Pfändbarkeit gegeben ist, während dies bei der Dienstbarkeit nur der Fall ist, wenn die Überlassung gestattet ist (§ 1092 Abs. 1 S. 2 BGB). Demgemäß gilt auch für die beschränkte persönliche Dienstbarkeit (wegen Einzelheiten siehe Rdn. 1710 ff.):

1520   e) aa) Gegenstand der Pfändung ist die Dienstbarkeit selbst (das Stammrecht), nicht nur der Ausübungsanspruch[10]. Drittschuldner ist der Grundstückseigentümer. Grundbucheintragung ist für das Wirksamwerden der Pfändung nicht notwendig, aber berichtigend zulässig (Rdn. 1524).

1521   bb) Wegen ihrer auch in der Zwangsvollstreckung fortwährenden Unveräußerlichkeit kann die Dienstbarkeit nicht verwertet und daher nicht überwiesen werden. Die Befugnis zur Ausübung der Dienstbarkeit kann jedoch zur Einziehung überwiesen werden; das Vollstreckungsgericht kann die Geltendmachung auch durch besondere Anordnung näher regeln (§ 857 Abs. 4 ZPO).

1522   cc) Die Pfändung der Dienstbarkeit berechtigt nach Überweisung der Ausübungsbefugnis den Gläubiger, die Dienstbarkeitsrechte auszuüben. Die Ausübung ermächtigt insbesondere dazu, die Befugnisse aus der

---

5   *AG Köln* WuM 2003, 314; *Rossak* MittBayNot 2000, 383 (386).
6   Die Gestattung muss nicht ausdrücklich in das Grundbuch eingeschrieben sein; sie kann auch durch Bezugnahme auf die Eintragungsbewilligung (§ 874 BGB) eingetragen sein; allgemeine Meinung, *BGH* Rpfleger 2207, 34 = a.a.O. (nachf. Fußn. 8); *KG* JW 1937, 716; *Schöner/Stöber*, Grundbuchrecht, Rdn. 1215.
7   *KG* MDR 1968, 760 = OLGZ 1968, 295 = NJW 1968, 1882; *Rossak* MittBayNot 2000, 383 (386).
8   *BGH* MDR 1962, 728 = NJW 1962, 1392; *BGH* MDR 1964, 51 = NJW 1963, 2319; *BGH* MDR 2007, 296 = MittBayNot 2007, 47 = NotBZ 2007, 58 = RNotZ 2007, 28 = Rpfleger 2007, 34 = ZIP 2006, 2321 mit Anm. *Kesseler*; *AG Köln* WuM 2003, 314; so wohl auch *RG* 159, 193.
9   *BGH* NJW 1963, 2319 = a.a.O. (Fußn. 8).
10 *BGH* Rpfleger 2007, 34 = a.a.O. (Fußn. 8); *BGH* 62, 133 = JurBüro 1974, 717 = MDR 1974, 664 = NJW 1974, 796 (für Nießbrauch).

Dienstbarkeit (auch ein Wohnungsrecht, § 1093 BGB) einem Dritten gegen Entgelt zu überlassen. Das Vollstreckungsgericht kann nach § 857 Abs. 4 ZPO zur wirtschaftlichen Nutzung der Ausübungsbefugnis eine Verwaltung anordnen. Bei Besitz des Schuldners hat dieser, wenn er zur Besitzherausgabe verpflichtet ist, die Wegnahme und Übergabe an einen Verwalter durch den Gerichtsvollzieher zu dulden.

dd) Der Dienstbarkeitsberechtigte (Schuldner) kann nach Pfändung die Ausübungsbefugnis einem anderen nicht mehr überlassen oder übertragen, ein Dritter diese nicht gutgläubig erwerben. Der Schuldner kann über die Dienstbarkeit (das Stammrecht) ohne Mitwirkung (Bewilligung) des Gläubigers auch nicht mehr durch Verzicht oder Aufhebung verfügen. Ebenso kann der Schuldner nach Pfändung ohne Gläubigerzustimmung die Vereinbarung, dass die Überlassung zur Ausübung gestattet ist, nicht aufheben. Die Aufhebung der Ausübungsüberlassungsgestattung vor Pfändung lässt jedoch die Pfändbarkeit der Dienstbarkeit entfallen[11]. 1523

ee) Die Pfändung der Dienstbarkeit kann als Grundbuchberichtigung in das Grundbuch eingetragen werden. Durch die Eintragung kann sich der Gläubiger dagegen schützen, dass in Unkenntnis der Pfändung die Dienstbarkeit ohne seine Einwilligung gelöscht wird. Dem Grundbuchamt muss für diese Eintragung das Wirksamwerden der Pfändung nachgewiesen werden. Dazu gehört, wenn die Gestattung nicht eingetragen ist, auch der Nachweis in grundbuchmäßiger Form (§ 29 GBO), dass die Pfändung wirksam werden konnte, weil die Überlassung gestattet ist (§ 1092 Abs. 1 S. 2 BGB i.V.m. § 22 GBO). Die Eintragungsformel kann lauten: 1524

„*Beschränkte persönliche Dienstbarkeit (Wohnungsrecht) gepfändet für ... wegen einer Forderung von ... mit Pfändungsbeschluss des Amtsgerichts ... vom ...*"

9. Dauerwohnrecht, Dauernutzungsrecht

a) Dauerwohnrecht und Dauernutzungsrecht (siehe § 31 WEG) sind veräußerlich (§ 33 Abs. 1 WEG) und daher auch wie jedes andere Vermögensrecht pfändbar[1]. Die Pfändung erfolgt nach § 857 ZPO. Als Drittschuldner muss der Grundstückseigentümer angesehen werden. Wirksam wird die Pfändung erst mit ihrer Eintragung in das Grundbuch[2]. 1525

Die Verwertung des gepfändeten Rechts erfolgt nach §§ 844, 857 Abs. 5 ZPO. Eintritt des Erwerbers in die Verpflichtungen siehe § 38 WEG, Schicksal der Mietverträge siehe § 37 WEG. Veräußerungsbeschränkungen nach § 35 WEG müssen auch bei dieser Pfandverwertung beachtet werden.

---

11   *BGH* MittBayNot 2009, 136 (auch zur Gläubigeranfechtung der Vereinbarung über die Aufhebung).
1   Weil sie das Recht einschließen, die Wohnung nicht nur zu bewohnen, sondern auch in anderer Weise zu nutzen; siehe *Diester* NJW 1963, 185.
2   *Weitnauer* DNotZ 1951, 497; *Flik* BWNotZ 1996, 97 (99); *Stein/Jonas/Brehm*, ZPO, Rdn. 101 zu § 857; *Weitnauer/Mansel*, WEG, Rdn. 12; *Bärmann/Pick*, WEG, Rdn. 103, je zu § 31.

5. Kapitel: Pfändung anderer Vermögensrechte

1526 b) *Ansprüche aus einem Miet- oder Pachtverhältnis*, das der Inhaber des Dauerwohn- oder Dauernutzungsrechts mit einem Dritten geschlossen hat, sind als Geldforderungen wie Grundstücksmiete oder -pacht pfändbar; siehe deshalb Rdn. 219 ff.

1527 c) Der Anspruch des *Grundstückseigentümers* auf das *Entgelt* für ein Dauerwohnrecht ist als Geldforderung pfändbar[3]. Erstreckt sich darauf eine Hypothek, Grundschuld, Rentenschuld, Reallast oder wiederkehrende öffentliche Last (siehe § 40 WEG), so unterliegt der Entgeltanspruch der Forderungspfändung nur, so lange nicht die Beschlagnahme im Wege der Immobiliarvollstreckung, also durch Zwangsverwaltung (oder auf Grund dinglichen Titels) erfolgt ist (§ 865 Abs. 2 S. 2 ZPO; dazu Rdn. 227 ff.); Besonderheit § 40 Abs. 2 WEG.

1528 Randnummer 1528 ist entfallen.

10. Erbbaurecht, Erbbauzins

1529 *Gepfändet wird der angebliche Anspruch des Schuldners als Eigentümer des Grundstücks ... gegen den Erbbauberechtigten ... – Drittschuldner – auf Zahlung der am ... fällig gewesenen Erbbauzinsleistungen für das im Erbbaugrundbuch von ... Blatt ... eingetragene Erbbaurecht.*

1530 a) Das *Erbbaurecht* (ErbbauRG, früher §§ 1012 ff. BGB) ist grundstücksgleiches Recht (§ 11 ErbbauRG). Es unterliegt daher nicht der Rechtspfändung, sondern der Zwangsvollstreckung in das unbewegliche Vermögen (§ 864 ZPO), die durch Eintragung einer Sicherungshypothek für die Vollstreckungsforderung, Zwangsverwaltung oder Zwangsversteigerung erfolgt (§ 866 Abs. 1 ZPO).

1531 b) Der dem jeweiligen Grundstückseigentümer zustehende Anspruch auf den *Erbbauzins* (§ 9 ErbbauRG) ist als Recht mit dem Eigentum am Grundstück verbunden; als solches ist er Bestandteil des Grundstücks (§ 96 BGB), von dem er in Ansehung der nicht fälligen Leistungen nicht getrennt werden kann (§ 9 Abs. 2 S. 2 ErbbauRG). Das Recht auf die nicht fälligen Leistungen kann daher nicht, auch nicht nach § 857 Abs. 6 ZPO gepfändet werden. Ein Vollstreckungszugriff ist vielmehr nur durch Zwangsvollstreckung in das Grundstück möglich (§§ 864, 865 ZPO).

1532 Fällige (rückständige) Leistungen sind übertragbar (§ 9 ErbbaRG, §§ 1107, 1159 BGB); sie können deshalb von Gläubigern des Grundstückseigentümers auch gepfändet werden. Bewirkt wird die Pfändung mit Zustellung des Pfändungsbeschlusses an den Drittschuldner (§ 829 Abs. 3 mit § 857 Abs. 6 und § 830 Abs. 3 ZPO). Drittschuldner ist der verpflichtete Erbbauberechtigte.

1533 c) Der *Entschädigungsanspruch* des bisherigen Erbbauberechtigten gegen den Grundstückseigentümer nach Erlöschen des Erbbaurechts durch Zeitablauf (siehe §§ 27 ff. ErbbauRG) kann vor seiner Fälligkeit nicht abge-

---

3 *Bärmann/Pick*, WEG, Rdn. 105; *Weitnauer/Mansel*, WEG, Rdn. 13, je zu § 31.

treten (§ 27 Abs. 4 ErbbauRG) und daher auch nicht gepfändet werden. Die fällige Entschädigungsforderung haftet auf dem Grundstück als dingliches Recht eigener Art (§ 28 ErbbauRG). Dieses ist auf Antrag berichtigend in das Grundbuch einzutragen[1]. Dessen Übertragung erfordert Einigung und Eintragung[2]; die Pfändung erfolgt daher nach § 857 Abs. 6 ZPO[3] (dazu 6. Kap.). Die Rechte der Realgläubiger belasten eine gepfändete Entschädigungsforderung (§ 29 ErbbauRG).

Der *Heimfallanspruch* des Grundstückseigentümers (§ 2 Nr. 4 ErbbauRG; die zum Inhalt des Erbbaurechts gemachte Verpflichtung des Erbbauberechtigten, das Erbbaurecht bei Eintritt bestimmter Voraussetzungen auf den Grundstückseigentümer zu übertragen) ist nach § 3 ErbbauRG wesentlicher Bestandteil des Grundstücks, mithin für sich allein unübertragbar[4]. Er ist somit auch nicht selbstständig pfändbar. 1533a

Der schuldrechtliche Vergütungsanspruch bei Ausübung des Heimfallanspruchs (§§ 32 f. ErbbauRG) entsteht mit Erfüllung des Heimfallanspruchs durch Einigung und Grundbucheintragung[5]. Als Geldforderung ist der Vergütungsanspruch formlos abtretbar und daher nach § 829 ZPO zu pfänden. Er kann als künftige Forderung jedenfalls von dem Zeitpunkt an gepfändet werden, in dem der Grundstückseigentümer seinen Heimfallanspruch geltend gemacht hat. 1534

d) Der Anspruch des Erbbauberechtigten auf *Erteilung der Zustimmung* des Grundstückseigentümers zur Veräußerung eines Erbbaurechts (§ 7 Abs. 3 ErbbauRG) ist zwar ein unveräußerliches Recht. Zu seiner Ausübung kann aber ein Dritter ermächtigt werden. Der Anspruch auf Zustimmung kann daher auch nach § 857 Abs. 3 ZPO gepfändet werden[6]. Ersetzung der Zustimmung ist zwar nicht für die Anordnung der Zwangsversteigerung des Erbbaurechts oder Fortführung des Verfahrens notwendig, muss jedoch vor Erteilung des Zuschlags vorliegen[7]; der Meistbietende kann den Ersetzungsantrag nicht stellen[8]. Es kann jedoch der die Zwangsversteigerung des Erbbaurechts betreibende Gläubiger selbst den Anspruch aus § 7 Abs. 1 ErbbauRG geltend machen und die gerichtliche Ersetzung der verweigerten 1535

---

1 *Schöner/Stöber*, Grundbuchrecht, Rdn. 1874; *Erman/Grziwotz*, BGB, Rdn. 1; *Palandt/Bassenge*, BGB, Rdn. 1; *MünchKomm/v.Oefele* Rdn. 1, je zu § 28 ErbbauRG; *v.Oefele/Winkler*, Handbuch des Erbbaurechts, Rdn. 5.237.
2 *Erman/Grziwotz*, BGB, Rdn. 1 zu § 28 ErbbauRG; *v. Oefele/Winkler* Rdn. 5.241.
3 *Erman/Grziwotz*, BGB, Rdn. 1 zu § 28 ErbbauRG; *v.Oefele/Winkler*, Handbuch des Erbbaurechts, Rdn. 5.241.
4 *BGH* WM 1980, 938 = ZIP 1980, 652 *v.Oefele/Winkler*, Handbuch des Erbbaurechts, Rdn. 4.91.
5 *BGH* 111, 154 = MDR 1990, 909 = MittBayNot 1990, 242 = NJW 1990, 2067 (in Abweichung von *BGH* MDR 1976, 480 = NJW 1976, 895); *BGH* MDR 1990, 994 = NJW-RR 1990, 1095; *BGH* NJW 1992, 1454 (1455).
6 *BGH* 33, 76 = MDR 1960, 833 = NJW 1960, 2093; *OLG Hamm* Rpfleger 1953, 521 und Rpfleger 1967, 415 mit Anm. *Haegele*; **a.A.** noch *KG* JW 1938, 1039 und *OLG München* JFG 17, 180.
7 *BGH* a.a.O. (Fußn. 6); *Stöber*, ZVG-Handbuch, Rdn. 319.
8 *OLG Köln* OLGZ 1969, 228 = Rpfleger 1969, 300.

5. Kapitel: Pfändung anderer Vermögensrechte

Zustimmung beantragen[9]. Erforderlich dafür ist nicht, dass er den Zustimmungsanspruch des Erbbauberechtigten pfändet und sich zur Einziehung überweisen lässt[10]. Daher ist auch Pfändung auf Antrag des selbstständig antragsberechtigten Gläubigers mangels Rechtsschutzinteresse nicht zulässig. Das hat auch für Ersetzung der Zustimmung des Grundstückseigentümers zur Belastung des Erbbaurechts mit einer Zwangshypothek (§ 866 Abs. 1 ZPO, § 7 Abs. 3 mit § 5 Abs. 2 ErbbauRG) zu gelten. Bestimmung darüber, ob Belastung des Erbbaurechts im Wege der Zwangsvollstreckung mit Eintragung der Zwangshypothek erfolgen soll, trifft der Gläubiger mit Eintragungsantrag (§ 867 Abs. 1 ZPO), nicht der Erbbauberechtigte. Es erscheint daher als dem Sinn der §§ 7 und 8 ErbbauRG entsprechend, dem Gläubiger sowohl die Ausübung des nach § 7 Abs. 2 ErbbauRG bestehenden Zustimmungsrechts als auch ein Antragsrecht nach § 7 Abs. 3 ErbbauRG in gleicher Weise zuzugestehen wie für Versteigerung des Erbbaurechts dem betreibenden Gläubiger[11]. Pfändung des Zustimmungsanspruchs erfordert daher in diesen Fällen Darlegung eines (besonderen) Rechtsschutzinteresses. Es kann vorliegen, wenn das zuständige Gericht im Ersetzungsverfahren der hier vertretenen Ansicht nicht folgt und Pfändung als Antragserfordernis verlangt.

11. Erbbeschränkung in guter Absicht (§ 863 ZPO)

1536   Der Anspruch auf die *Nutzungen* oder den jährlichen Reinertrag einer *Erbschaft*, der dem nach § 2338 BGB in guter Absicht beschränkten *Abkömmling* zusteht, unterliegt einem besonderen *Pfändungsschutz*. Er ist nach § 863 Abs. 1 ZPO der Pfändung insoweit nicht unterworfen, als der Schuldner die Nutzungen oder den Reinertrag zur Bestreitung seines standesmäßigen Unterhalts und zur Erfüllung der seinem Ehegatten, seinem früheren Ehegatten oder einem Verwandten gegenüber gesetzlich obliegenden Unterhaltspflicht benötigt. Schutz besteht auch für den Anspruch auf Unterhalt, den der Schuldner nach testamentarischer Bestimmung hat, wenn der Erblasser nicht nur den Nachlass, sondern auch den jährlichen Reinertrag mit Anordnung nach § 2338 BGB der Verwaltung eines Testamentsvollstreckers unterstellt hat[1]. Ein Verstoß gegen diese Pfändungsbeschränkung kann vom Schuldner, Nacherben oder Testamentsvollstrecker[2] mit Erinnerung (§ 766 ZPO) oder Vollstreckungsgegenklage (§ 771 ZPO) geltend gemacht werden.

1537   Nachlassgläubigern gegenüber und bei Vollstreckung eines auch dem Nacherben oder Testamentsvollstrecker gegenüber wirksamen Rechts be-

---

9   *BGH* 100, 107 = *MDR* 1987, 570 = *NJW* 1987, 1942; *OLG Köln* OLGZ 1969, 228 = a.a.O.; *KG* Rpfleger 1984, 282.
10 *BGH* 100, 107 = a.a.O.
11 So insbesondere *Stöber*, ZVG, Einl. Rdn. 64.5; *Schöner/Stöber*, Grundbuchrecht, Rdn. 1794; *Streuer* Rpfleger 1994, 59; dem zuneigend *BayObLG* 1996, 107 = DNotZ 1997, 142 = NJW-RR 1996, 975; **anders** *OLG Hamm* MDR 1993, 686 = OLGZ 1994, 12 = Rpfleger 1993, 334 und 1994, 59 (Leits.) mit abl. Anm. *Streuer*; *v.Oefele/Winkler,* Handbuch des Erbbaurechts, Rdn. 4.294.
1   *OLG Bremen* JurBüro 1983, 1572.
2   *OLG Bremen* JurBüro 1983, 1572.

steht diese Pfändungsbeschränkung nicht (§ 863 Abs. 2 ZPO). Ein Unterhaltsgläubiger, der einen bevorrechtigten Anspruch (siehe § 850 d ZPO) vollstreckt, kann den für seine Person zu berücksichtigenden Freibetrag pfänden (weil er durch diese Pfändung seiner Zweckbestimmung zugeführt wird), unterliegt aber im Übrigen gleichfalls den Beschränkungen des § 863 ZPO.

Entsprechendes gilt, wenn der Anteil eines Abkömmlings am *Gesamtgut der fortgesetzten Gütergemeinschaft* nach § 1513 Abs. 2 BGB einer Beschränkung unterworfen ist (§ 863 Abs. 3 ZPO). 1538

12. Erbunwürdigkeitsanfechtung

Das Recht auf Geltendmachung der Erbunwürdigkeit durch Anfechtung des Erbschaftserwerbs ist höchstpersönlicher Natur und daher unpfändbar[1]. 1539

13. Erwerbs- und Handelsgeschäft, gewerbliches Unternehmen

Ein gewerbliches Unternehmen (Handels- oder Erwerbsgeschäft, Betrieb) als Ganzes (als rechtliche Gesamtheit) kann nicht gepfändet werden[2]. Möglich ist daher nur ein Vollstreckungszugriff in die einzelnen beweglichen und unbeweglichen Vermögenswerte, insbesondere in die Forderungen und Rechte, die alle zu dem Unternehmen gehören, nach den für die einzelnen Zwangsvollstreckungsarten geltenden Vorschriften[3]. In den Kundenstamm besteht keine Vollstreckungsmöglichkeit[4]. Zur Firma Rdn. 1651 d. 1540

14. Gebrauchsmuster

Schrifttum: *Göttlich*, Die Zwangsvollstreckung in Schutzrechte, MDR 1957, 11.

Das Recht auf das Gebrauchsmuster (§ 1 GebrMG), der Anspruch auf seine Eintragung und das durch die Eintragung begründete Urheberrecht sind pfändbar[1*] (siehe § 22 Abs. 1 GebrMG). Voraussetzung der Pfändbarkeit ist jedoch, dass es sich um ein bereits vorhandenes, übertragbares Vermögensrecht handelt; als reines Persönlichkeitsrecht unterliegt das Urheberrecht vor Eintritt in den Rechtsverkehr keiner Pfändung (siehe dazu Rdn. 1720). 1541

Die Pfändung erfolgt nach § 857 Abs. 2 ZPO durch Beschlusszustellung an den Schuldner als Urheber; ein Drittschuldner ist nicht vorhanden; das Patentamt ist nicht Drittschuldner[2*].

---

1   *Falkmann/Hubernagel*, Die Zwangsvollstreckung, Anm. 7 zu § 857 (S. 804 unten).
2   *RG* 70, 228; 95, 236; 134, 98; *OLG Hamm* OLGZ 1994, 611 (613) = Rpfleger 1994, 515 (516); siehe auch *BGH* BB 1962, 1301 = MDR 1963, 308 und (zur unzulässigen Sicherungsübereignung) *BGH* MDR 1968, 211.
3   *RG* 95, 236.
4   *OLG Frankfurt* BB 1980, 179 (Leits.).
1* *LG Berlin* WRP 1960, 29; *Musielak/Becker*, ZPO, Rdn. 11; *Stein/Jonas/Brehm*, ZPO, Rdn. 22 je zu § 857.
2* *Hubmann* in Festschrift für Lehmann, 1956, Bd. II, S. 831.

5. Kapitel: Pfändung anderer Vermögensrechte

Wegen der Einzelheiten siehe das zur Pfändung eines Patents Rdn. 1719 ff. Gesagte, das entsprechend gilt.

15. Gemeinschaft nach Bruchteilen

a) *Miteigentum nach Bruchteilen an unbeweglichem Vermögen*

1542 *Gepfändet werden die angeblichen Ansprüche des Schuldners an ... – Drittschuldner – auf*

- *Aufhebung der Gemeinschaft nach Bruchteilen, die hinsichtlich des Eigentums an dem im Grundbuch von ... Blatt ... eingetragenen Grundstück ... straße Hs. Nr. ... (= FlSt. Nr. ...) besteht*

- *Zustimmung zu einer den Miteigentumsanteilen entsprechenden Teilung des Erlöses*

- *Auszahlung (Auskehrung) des außerhalb des Zwangsversteigerungsverfahrens zu verteilenden Erlöses.*

Schrifttum: *Furtner,* Zwangsvollstreckung in Grundstücksmiteigentum, NJW 1957, 1620; *Furtner,* Zwangsvollstreckung in Bruchteilseigentum, NJW 1969, 871; *Gramentz,* Die Aufhebung der Gemeinschaft nach Bruchteilen durch den Gläubiger eines Teilhabers, Bielefeld 1989; *K. Schmidt,* Prozess- und Vollstreckungsprobleme der Gemeinschaftsteilung, JR 1979, 317.

1543 aa) Die Zwangsvollstreckung in den Miteigentums-Bruchteil (§§ 741 ff., 1008 BGB) an einem Grundstück, grundstücksgleichen Recht, Schiff oder Schiffsbauwerk erfolgt nach § 864 Abs. 2 ZPO als Immobiliarvollstreckung. Das schließt Pfändung des Anteils eines Bruchteils-Miteigentümers an einem Grundstück oder anderen Gegenstand der Immobiliarvollstreckung aus.

1544 bb) Als Grundstücksmiteigentümer zu einem Bruchteil (Teilhaber eines anderen Gegenstandes der Immobiliarvollstreckung) kann der Schuldner jederzeit die *Aufhebung der Gemeinschaft* (§ 749 Abs. 1 BGB), insbesondere die Versteigerung des unteilbaren Grundstücks (§ 753 Abs. 1 BGB, §§ 180 ff. ZVG) verlangen und die Zustimmung zu einer den Miteigentumsanteilen entsprechenden Teilung und Auszahlung des außerhalb des Zwangsversteigerungsverfahrens zu verteilenden Erlöses fordern. Dieser Anspruch auf Aufhebung der Gemeinschaft (Versteigerung des ganzen Grundstücks gem. §§ 180 ff. ZVG) sowie Teilung und Auszahlung des Erlöses kann gepfändet werden[1]. Dem steht nicht entgegen, dass der Anspruch

---

1 *BGH* 90, 207 (215) = MDR 1984, 486 = NJW 1984, 1968; *BGH* DNotZ 1985, 699 = KTS 1985, 319 = WM 1985, 427; *BGH* KTS 1984, 469 = WM 1984, 843; *BGH* 154, 64 (69) = NJW 2003, 1858 (1859); *BGH* FamRZ 2006, 410 = MDR 2006, 832 = MittBayNot 2006, 413 mit Anm. *Ruhwinkel* = NJW 2006, 849 = Rpfleger 2006, 204; *OLG Hamm* NJW-RR 1992, 665; *OLG Köln* OLGZ 1969, 338 = Rpfleger 1969, 170; *LG Aurich* Rpfleger 1962, 413 mit zust. Anm. *Berner; LG Bremen* Rpfleger 1955, 107 mit Anm. *Berner; Furtner* NJW 1957, 1620 und 1969, 871; *Zöller/Stöber,* ZPO, Rdn. 12 a zu § 857; *Jaeckel/Güthe,* ZVG, Rdn. 7 zu § 181; *OLG Jena* Recht 1907 Nr. 3013; *OLG Colmar* DJZ 1909, 1336; *KG* OLG 40, 410; *LG Wuppertal* NJW 1961, 785; *LG Berlin* JurBüro 1975, 1512; *LG Hamburg* MDR 1977, 1019; a.A. *MünchKomm/ K. Schmidt* Rdn. 22, 24 zu § 749; *KG* NJW 1953, 1832; *K. Schmidt* JR 1979, 317.

896

auf Aufhebung der Gemeinschaft allein ohne den Miteigentumsanteil nicht abtretbar (also nach § 857 Abs. 1, § 851 Abs. 1 ZPO) auch nicht pfändbar ist. Denn der Anspruch auf Auseinandersetzung kann jedenfalls dem zur Ausübung überlassen werden (§ 857 Abs. 3 ZPO), dem auch das übertragbare künftige Recht auf den dem Miteigentumsanteil entsprechenden Teil des Versteigerungserlöses abgetreten worden ist[2]. Deshalb kann der Aufhebungsanspruch zwar nicht allein, aber zusammen mit dem künftigen Anspruch auf eine den Anteilen entsprechende Teilung und Auskehrung des Versteigerungserlöses gepfändet werden[3]. Diese Rechtspfändung erfolgt nach § 857 Abs. 1, § 829 ZPO; die Pfandverwertung erfolgt durch Überweisung zur Einziehung (§ 835 ZPO)[4]. Drittschuldner sind die übrigen Miteigentümer. Bezeichnung als Gemeinschaftsanteil an einem Grundstück statt richtig an einem Erbbaurecht schadet nicht, wenn sich im Wege der Auslegung, insbesondere infolge genauer Bezeichnung der Erbbaurechts-Grundbuchblattstelle der Aufhebungsanspruch sicher konkretisieren lässt[5].

cc) Mit der Pfändung des Aufhebungsanspruchs tritt keine Änderung am Recht des Miteigentumsanteils des Vollstreckungsschuldners ein. Die Pfändung des schuldrechtlichen Anspruchs kann daher auch nicht in das Grundbuch des Gemeinschaftsgrundstücks als „Anteilsbelastung" oder „Verfügungsbeschränkung" eingetragen werden[6]. Der Pfändungsgläubiger wird aber mit Überweisung kraft Gesetzes ermächtigt, das Recht des Schuldners auf Aufhebung der Gemeinschaft auszuüben[7]. Er kann die Zwangsversteigerung des gesamten Grundstücks zur Aufhebung der Gemeinschaft beantragen (§§ 180 ff. ZVG)[8].

1545

Streitig ist, ob der Pfändungsgläubiger zur Teilungsversteigerung (wegen § 1365 BGB) der Zustimmung des anderen Ehegatten bedarf, wenn der gepfändete Ehegatte sie benötigen würde. M. E. ist das der Fall[9]; der güterrechtliche Schutz des (anderen) Ehegatten nach § 1365 BGB geht nicht dadurch verloren, dass an Stelle des in Zugewinngemeinschaft lebenden Schuldners dessen Auseinandersetzungsanspruch ein Gläubiger geltend macht.

---

2   *BGH* 90, 207 (215) = a.a.O.
3   *BGH* 90, 207 (215) = a.a.O.; *BGH* NJW 2006, 849 (850) = a.a.O. (Fußn. 1); *Stein/Jonas/Brehm*, ZPO, Rdn. 3 (auch Rdn. 17); *Schuschke/Walker*, Vollstreckung, Rdn. 21 je zu § 857.
4   *BGH* 90, 207 (215) = a.a.O.
5   *LG Aachen* JurBüro 1983, 303 = Rpfleger 1983, 119.
6   *AG/LG Siegen* Rpfleger 1988, 249 mit zust. Anm. *Tröster*; *Zöller/Stöber*, ZPO, Rdn. 12 a zu § 857.
7   **Abweichend** *Gramentz*, Die Aufhebung der Gemeinschaft nach Bruchteilen durch den Gläubiger eines Teilhabers (Bielefeld, 1989): Pfändung des Anteils oder Erwerb einer Zwangshypothek daran begründen (nach § 751 S. 2 mit § 1258 Abs. 2 S. 2 BGB, analog) zugunsten des Gläubigers einen eigenen, originären (materiellrechtlichen) Anspruch, dem jeder Teilhaber als Verpflichteter ausgesetzt ist.
8   *BGH* 90, 207 = a.a.O. (Fußn. 1).
9   Zu dieser Frage näher und mit Nachw. *Stöber*, ZVG, Rdn. 3.13 n zu § 180; **a.A.** insbes. *BGH* 143, 356 (361) = NJW 2000, 1947; *BGH* NJW 2006, 849 (850) = a.a.O.; *BGH* NJW 2007, 3124 (3126).

5. Kapitel: Pfändung anderer Vermögensrechte

Eine ausdrückliche oder stillschweigende Vereinbarung über den *Ausschluss des Aufhebungsanspruchs* steht der Pfändung nicht im Wege (siehe § 751 S. 2 BGB)[10]. Haben die Teilhaber eine *Kündigungsfrist* bestimmt, dann ist der Gläubiger nach Überweisung zur Einziehung auch zur Kündigung berechtigt. Wenn sein Schuldtitel nicht nur vorläufig vollstreckbar ist, kann er nach § 751 S. 2 BGB die Aufhebung der Gemeinschaft jederzeit ohne Rücksicht auf die Kündigungsvereinbarung verlangen (siehe hierwegen Rdn. 1691).

1546 dd) Nach Pfändung des Aufhebungsanspruchs kann der Schuldner selbst Antrag auf Teilungsversteigerung des Grundstücks nicht mehr stellen. Siehe hierwegen und wegen der Rechtsstellung der Beteiligten im Teilungsversteigerungsverfahren Rdn. 1691 ff.

1546a ee) Ob die Pfändung des Aufhebungsanspruchs zusammen mit dem künftigen Anspruch auf Teilung sowie Auskehrung des Versteigerungserlöses (Rdn. 1544) und ebenso eine Vorausabtretung des künftigen Rechts auf den dem Miteigentumsanteil entsprechenden Teil des Versteigerungserlöses hinfällig werden, wenn der Schuldner seinen Miteigentumsanteil veräußert (übereignet; Anspruchspfändung begründet kein Verfügungsverbot, Rdn. 1545), bevor in seiner Person das künftige Recht auf den anteiligen Erlös entstanden ist, ist nicht geklärt. Das könnte nach dem Rdn. 1623 Gesagten der Fall sein. Mit *Gramentz*[11] ist jedoch anzunehmen, dass der mit Anteilspfändung zugunsten des Gläubigers begründete Auseinandersetzungsanspruch durch Anteilsveräußerung nicht mehr geschmälert wird.

b) *Miteigentumsanteil an einer beweglichen Sache*

1547 *Gepfändet werden der angebliche Miteigentumsanteil des Schuldners an dem Kraftfahrzeug Opel Kadett C, Fabriknr... ., amtl. Kennzeichen ..., dessen Eigentümer er zusammen mit seiner Ehefrau ... – Drittschuldnerin – nach Bruchteilen je zur Hälfte ist, und seine Ansprüche an die bezeichnete Drittschuldnerin auf*

- *Aufhebung dieser Gemeinschaft*
- *Zustimmung zu einer den Miteigentumsanteilen entsprechenden Teilung des Erlöses und*
- *Auszahlung des anteiligen Erlöses.*

Schrifttum: *Marotzke*, Wie pfändet man Miteigentumsanteile an beweglichen Sachen? Erlanger Festschrift für *K. H. Schwab* (1990) S. 277.

1548 Pfändung des Miteigentumsanteils eines Gemeinschafters zu einem Bruchteil (§§ 741 ff. BGB) an einer beweglichen Sache wird allgemein für

---

10 *LG Mainz* JurBüro 2001, 157. So auch *Furtner* NJW 1969, 873; **A.A.** noch *Furtner* NJW 1957, 1621, dem aber insoweit nicht beigepflichtet werden kann, weil § 751 S. 2 BGB gerade den pfändenden Gläubiger von der vertraglich vereinbarten Bindung des Schuldners freistellen will.
11 Dieser auf der Grundlage des eigenen „originären" Anspruchs des Gläubigers, s. Fußn. 7.

zulässig gehalten¹². Dem ist zu folgen; weil der Schuldner als Teilhaber über seinen Anteil verfügen (§ 747 S. 1 BGB), ihn mithin auch verpfänden (§§ 1273 ff. BGB) kann, ist der Anteil auch der Pfändung unterworfen (§ 851 Abs. 1, § 857 ZPO). Die Anteilspfändung ist Pfändung eines Rechts; sie hat daher nach § 857 ZPO zu erfolgen. Drittschuldner sind die weiteren Miteigentümer der Bruchteilsgemeinschaft¹³. Die Anteilspfändung erfasst nach allgemeiner Ansicht die Ansprüche auf Teilung des Erlöses und Auszahlung des anteiligen Erlöses. Ebenso muss der Pfändungsgläubiger in der Lage sein, den Aufhebungsanspruch seines Schuldners (§ 749 Abs. 1 BGB) zu verfolgen (folgt aus § 751 S. 2 BGB). Gleichwohl empfiehlt es sich, Aufhebungs-, Teilungs- und Auszahlungsanspruch klarstellend ausdrücklich mitzupfänden; dies ist zulässig. Zulässig ist die Pfändung des Aufhebungsanspruchs auch bei Miteigentum an ehelichem Hausrat¹⁴. Ist der Gegenstand, an dem die Bruchteilsgemeinschaft besteht, der Pfändung nicht unterworfen (§ 811 ZPO), dann können auch Miteigentumsanteil und Aufhebungsanspruch nicht gepfändet werden.

c) *Anteil an Forderung (einem Recht)*
Beispiel: Rdn. 1963.

In Bruchteilsgemeinschaft (§§ 741 ff. BGB) kann eine *Forderung* (wie auch jedes Recht) dem Schuldner und weiteren Personen zustehen (siehe schon Rdn. 62). Auch bei Forderungs-(Rechts-)Gemeinschaft nach Bruchteilen kann der Schuldner als Gemeinschafter über seinen Anteil frei verfügen (§ 747 BGB). Er kann seinen Anteil somit auch verpfänden (§ 1273 BGB)¹⁵. Daher kann der Anteil des Schuldners als Gemeinschafter nach Bruchteilen (§§ 741 ff. BGB) an einer Forderung (einem anderen Vermögensrecht) auch *gepfändet* werden (§ 857 ZPO)¹⁶. Die Pfändung des Gemeinschaftsanteils des Bruchteils-Mitberechtigten an einer Forderung (einem Recht) hat nach den für die Pfändung der ganzen Forderung (des Gesamtrechts) geltenden Vorschriften, mithin nach § 829 ZPO (und etwaigen Sonderbestimmungen für die Rechtspfändung) zu erfolgen (dazu näher Rdn. 1966). Drittschuldner ist daher der Forderungsschuld-

1549

---

12 *BGH* FamRZ 1993, 668 = NJW 1993, 935 (937); *BFH* KKZ 2000, 38; *Furtner* NJW 1957, 1620 und 1969, 871, je mit Nachw.; *BGB-RGRK/v.Gamm*, Rdn. 3 zu § 747; *MünchKomm/K.Schmidt*, Rdn. 36, 37 zu § 747; *Palandt/Bassenge*, Rdn. 6 zu § 1008; *Stein/Jonas/Münzberg/Brehm*, ZPO, Rdn. 2 zu § 808 und Rdn. 18 zu § 857; *Musielak/Becker*, ZPO, Rdn. 8; *Wieczorek/Schütze/Lüke*, ZPO, Rdn. 31; *Schuschke/Walker*, Vollstreckung, Rdn. 22, je zu § 857 ZPO; **a.A.** *Marotzke* in Erlanger Festschrift für *K. H. Schwab* (1990) S. 277.
13 *BFH* KKZ 2000, 38.
14 *Schmidt* NJW 1974, 323 (Anm.); *Noack* DGVZ 1974, 81; beide gegen *LG Krefeld* DGVZ 1974, 87 = NJW 1973, 2304 und 1974, 323 (Leits.).
15 *BGB-RGRK/v.Gamm*, Rdn. 1 zu § 747.
16 *BGB-RGRK/v.Gamm*, Rdn. 3 zu § 747; *LG Berlin* JurBüro 1975, 1512; *Stein/Jonas/Brehm*, ZPO, Rdn. 20; *Wieczorek/Schütze/Lüke*, ZPO, Rdn. 34; *Schuschke/Walker*, Vollstreckung, Rdn. 23, je zu § 857.

5. Kapitel: Pfändung anderer Vermögensrechte

ner[17]; mit Zustellung an ihn wird die Pfändung wirksam. Diese Pfändung des Forderungsteils erfasst zugleich die sich aus der dinglichen Mitberechtigung ergebenden schuldrechtlichen Beziehungen zwischen den Teilhabern, weil schon allein die Tatsache der Gemeinschaft das gesetzliche Schuldverhältnis zwischen den Gemeinschaftern begründet. Auf die Ansprüche schuldrechtlicher Art gegenüber den anderen Gemeinschaftern braucht die Anteilspfändung daher nicht ausdrücklich erstreckt zu werden. Hierüber indes besteht keine volle Klarheit. Es empfiehlt sich daher, auch die Ansprüche gegenüber den anderen Gemeinschaftern (den Aufhebungs-, Erlösteilungs- und Erlösauszahlungsanspruch) mitzupfänden (dazu Rdn. 1966). Diese Mitpfändung ist schon deshalb für zulässig zu erachten[18], weil die Forderung bei Wirksamwerden der Pfändung schon eingezogen, mithin die Gemeinschaft nur noch an dem geleisteten Gegenstand bestehen kann und dann Anteilspfändung gegenüber den Gemeinschaftern geboten ist (Rdn. 62). Für die Pfändung der schuldrechtlichen Ansprüche an die Gemeinschafter sind Drittschuldner (wie bei der Miteigentumsanteilspfändung, Rdn. 1548) die weiteren Teilhaber der Forderungs-(Rechts-)Gemeinschaft. Die schuldrechtlichen Ansprüche nur an die Gemeinschafter dürften bei Bruchteilsgemeinschaft an einer Forderung für sich allein nicht pfändbar sein.

1550 Bei Bruchteilsgemeinschaft an einer Forderung ist nicht ausgeschlossen, dass die Teilhaber abweichendes vereinbart, insbesondere auch die Forderung dem Schuldner anteilig oder allein zur Einziehung zugewiesen haben. Der Gläubiger, der die Rechtsbeziehungen und Verhältnisse seines Schuldners nicht genauer kennt, wird zu seiner Sicherheit daher vorsorglich auch stets den dem Schuldner etwa zugewiesenen Forderungsbetrag pfänden (dazu Rdn. 260).

1550a Die Anteilspfändung bei Gemeinschaft an einer Forderung (auch an einem Recht) erlangt Bedeutung bei Mietansprüchen, wenn Bruchteilsgemeinschaft der Vermieter besteht (Rdn. 259), bei Bruchteilsberechtigung an einer Hypothek, Grundschuld und insbesondere Eigentümergrundschuld (dazu Rdn. 1856 u. 1966) sowie dem darauf entfallenden Versteigerungserlös und am Rückgewähranspruch hinsichtlich einer Sicherungsgrundschuld (Rdn. 1903). Pfändung eines Schuldneranteils bei Anspruch auf Herausgabe oder Leistung einer unteilbaren Sache, Rdn. 2020; Pfändung des Anspruchs auf den Anteil eines Miteigentümers an einem Grundstück, Rdn. 2035.

---

17 In diesem Sinne, wenn auch aus anderer Sicht, auch *LG Berlin* JurBüro 1975, 1512 (1514): Hinterlegungsstelle ist „neben" dem Gemeinschafter Drittschuldner; a.A. *Schuschke/Walker,* Vollstreckung, Rdn. 23 zu § 857 ZPO: „... die übrigen Mitberechtigten einerseits, der Schuldner der Forderung andererseits"; auch *Wieczorek/Schütze/Lüke,* ZPO, Rdn. 34 zu § 857: „... die anderen Anteilsinhaber und der Schuldner der Forderung".

18 Auch nach Ansicht des *LG Berlin* JurBüro 1975, 1512 schließt die Anteilspfändung eine Mitpfändung des Aufhebungs-, Erlösteilungs- und Auszahlungsanspruchs an die übrigen Gemeinschafter nicht aus.

16. Geschmacksmuster

a) Geschmacksmusterschutz (§§ 1, 2 GeschmMG) entsteht mit Eintragung in das Register für Geschmacksmuster (§ 27 Abs. 1 GeschmMG), das vom Deutschen Patent- und Markenamt geführt wird (§ 19 Abs. 1 GeschmMG). Regelung über Geschmacksmuster als Gegenstand der Zwangsvollstreckung gegen den Entwerfer, seinen Rechtsnachfolger oder den Arbeitgeber (§ 7 GeschmMG) treffen §§ 30 und 32 GeschmMG (in Anlehnung an die nach § 29 GeschmMG gegebene Möglichkeit der „freien" Übertragung des Rechts). Es lauten: **1551**

§ 30 GeschmMG
Dingliche Rechte, Zwangsvollstreckung, Insolvenzverfahren
(1) Das Recht an einem Geschmacksmuster kann
1. Gegenstand eines dinglichen Rechts sein, insbesondere verpfändet werden, oder
2. Gegenstand von Maßnahmen der Zwangsvollstreckung sein.
(2) Die in Absatz 1 Nr. 1 genannten Rechte oder die in Absatz 1 Nr. 2 genannten Maßnahmen werden auf Antrag eines Gläubigers oder eines anderen Berechtigten in das Register eingetragen, wenn sie dem Deutschen Patent- und Markenamt nachgewiesen werden.
(3) Wird das Recht an einem Geschmacksmuster durch ein Insolvenzverfahren erfasst, …

§ 32 GeschmMG
Angemeldete Geschmacksmuster
Die Vorschriften dieses Abschnitts gelten entsprechend für die durch die Anmeldung von Geschmacksmustern begründeten Rechte.

Das vor der Anmeldung bestehende Recht auf das Geschmacksmuster ist ebenso pfändbar, wenn es offenbart ist (§ 5 GeschmMG; hierzu Rdn. 1720).

b) Die Zwangsvollstreckung in das Geschmacksmuster erfolgt durch (Rechts-)Pfändung nach § 857 (§ 829) ZPO. Zuständig ist das Vollstreckungsgericht, nicht das Gericht für Geschmacksmusterstreitsachen (§§ 52, 53 GeschmMG; wie Rdn. 1651 a). Wirksam wird die Pfändung nach § 857 Abs. 2 ZPO mit Beschlusszustellung an den Schuldner als Inhaber des eingetragenen oder angemeldeten Rechts (§ 7 GeschmMG). Ein Drittschuldner ist nicht vorhanden. Das Patent- und Markenamt ist nicht Drittschuldner. Entsprechendes gilt für die Zwangsvollstreckung in das durch Offenbarung vor Anmeldung begründete Recht. **1551a**

c) Rechte begründet die Pfändeung wie die Patentpfändung; zu Einzelheiten siehe daher Rdn. 1719 ff. Nach Registereintragung setzt sich an dem Recht an dem Geschmacksmuster das Pfändungspfandrecht fort, das durch Pfändung der durch Anmeldung begründeten Rechte (§ 32 GeschmMG) erlangt ist (wie Rdn. 1721). Die Pfändung wird auf Antrag des Gläubigers oder eines anderen Berechtigten in das Register eingetragen, wenn es dem Patent- und Markenamt nachgewiesen ist (§ 30 Abs. 2 GeschmMG). Die Pfandverwertung erfolgt nach §§ 844, 857 Abs. 5 ZPO. Eine Überweisung zur Einziehung ist nicht für zulässig zu erachten. **1551b**

5. Kapitel: Pfändung anderer Vermögensrechte

1551c d) Auf einen nach Pfändung infolge Verletzung des Geschmacksmusterrechts entstandenen Schadensersatz- und Gewinnherausgabeanspruch (§ 42 Abs. 2, § 45 GeschmMG) dürfte die Pfändung sich erstrecken (Nebenanspruch). Ein bereits vor Pfändung durch Rechtsverletzung entstandener Schadensersatzanspruch wird von der Pfändung nicht erfasst; er ist als Geldanspruch selbstständig pfändbar (Rdn. 1730).

1551d e) Vorpfändung ist nach § 845 ZPO zulässig.

1551e f) Das Vorbenutzungsrecht eines Dritten ist nicht übertragbar (§ 41 Abs. 2 GeschmMG mit Einschränkung für Unternehmensübertragung), somit nicht pfändbar (§ 851 Abs. 1 ZPO).

1551f g) Wenn ein Geschmacksmuster den Charakter eines Kunstwerks hat, verbietet sich gegen den Urheber die Pfändung (§§ 112 ff. UrhRG mit Einzelheiten).

17. Gesellschaftsanteile und -rechte

A. Gesellschaft nach BGB

1552 **A. Anteil:** *Gepfändet werden der angebliche Anteil des Schuldners als Gesellschafter an dem Gesellschaftsvermögen*
der mit folgenden weiteren Personen ...
– als Gesellschafter Drittschuldner –
bestehenden Gesellschaft bürgerlichen Rechts (§ 705 BGB)
– als Gesamthand Drittschuldnerin –
sowie der Anspruch des Schuldners gegen diese Drittschuldner auf die ihm als Gesellschafter aus seiner Geschäftsführung zustehenden Leistungen;

1553 **B. Einzelansprüche:** *Gepfändet werden die angeblichen Ansprüche des Schuldners als Gesellschafter*
der mit folgenden weiteren Personen ...
– als Gesellschafter Drittschuldner –
bestehenden Gesellschaft bürgerlichen Rechts (§ 705 BGB)
– als Gesamthand Drittschuldner –

- *auf fortlaufende Zahlung des Gewinnanteils,*
- *auf das Auseinandersetzungsguthaben,*
- *auf Zahlung der ihm als Gesellschafter aus seiner Geschäftsführung zustehenden Leistungen.*

Schrifttum: *Becker,* Zwangsvollstreckung in die Gesellschafterrechte bei den Personengesellschaften, GmbH-Rdsch. 1959, 133; *Behr,* Die Vollstreckung in Personengesellschaften, NJW 2000, 1137; *Furtner,* Pfändung der Miteigentumsrechte bei Personengesellschaften, MDR 1965, 613; *Müller,* Vorausverfügung über gesellschaftsrechtliche Einzelansprüche und Übertragung der Mitgliedschaft, ZIP 1994, 342; *Mümmler,* Zwangsvollstreckung in das Gesellschaftsvermögen und in Gesellschaftsanteile der Gesellschafter des bürgerlichen Rechts und der offenen Handelsgesellschaft, JurBüro 1982,

1607; *Mümmler*, Teilungsversteigerung nach Pfändung eines Anteils an einer Gesellschaft bürgerlichen Rechts, JurBüro 1990, 308; *Noack*, Die Gesellschaft bürgerlichen Rechts in der Zwangsvollstreckung (Einzelfragen), MDR 1974, 810; *Roth*, Pfändung und Verpfändung von Gesellschaftsanteilen, ZGR 2000, 187; *Rupp* und *Fleischmann*, Probleme bei der Pfändung von Gesellschaftsanteilen, Rpfleger 1984, 223; *Schiller*, Nießbrauch und Pfandrecht am Anteil einer Personengesellschaft, MittRhNotK 1980, 97; *Schmidt*, Der unveräußerliche Gesamthandsanteil – ein Vollstreckungsgegenstand? JR 1977, 177; *Schönle*, Zur Haftung des OHG-Gesellschafters für Gesellschaftsverbindlichkeiten (Abschn. III: Zur Auslegung des § 725 BGB), NJW 1966, 1797.

1554 I. Das *Gesellschaftsvermögen* einer Gesellschaft des bürgerlichen Rechts (§§ 705 ff. BGB) ist gemeinschaftliches Vermögen der Gesellschafter (§ 718 Abs. 1 BGB). Es gehört als dem Gesellschaftszweck dienendes Sondervermögen den Gesellschaftern zur gesamten Hand. An den einzelnen Gegenständen des Gesamthandsvermögens bestehen für die Gesellschafter keine Anteile. Ein Gesellschafter kann deshalb über einen zum Gesellschaftsvermögen gehörenden Gegenstand nicht verfügen (§ 719 Abs. 1 BGB). Daher ist die „Pfändung des Anteils" eines Gesellschafters an den einzelnen zum Gesellschaftsvermögen gehörenden Gegenständen nicht zulässig (§ 859 Abs. 1 S. 2 ZPO). Ebenso verbietet sich auch die Pfändung eines bestimmten Anteils des Schuldners an einem Kaufpreis, der infolge Veräußerung eines Teils oder des ganzen Vermögens der Gesellschaft dieser geschuldet wird[1].

1555 II. Zur Zwangsvollstreckung in das Gesellschaftsvermögen selbst ist ein *Vollstreckungstitel* gegen die (parteifähige) (Außen-)Gesellschaft erforderlich[2]. In das Gesellschaftsvermögen kann ebenso mit einem Vollstreckungstitel gegen alle Gesellschafter aus ihrer persönlichen Mithaftung vollstreckt werden[3] (§ 736 ZPO). Pfändung einer von der Gesellschaft geschuldeten Forderung: Rdn. 59.

1556 III. 1. Um dem *Gläubiger eines der Gesellschafter* Befriedigung aus dessen in der Gesellschaft steckendem Vermögenswert zu ermöglichen, erlaubt § 859 Abs. 1 S. 1 ZPO die Pfändung des *Anteils am Gesellschaftsvermögen*. Diese Pfändung führt zur Befriedigung des Gläubigers aus demjenigen, was dem Schuldner als Gesellschafter bei der Auseinandersetzung und Gewinnverteilung zukommt. (Ausdrückliche) Mitpfändung des Anspruchs auf Gewinnanteile sowie auf dasjenige, was dem Schuldner bei der Auseinandersetzung zukommt, hat daher nicht zu erfolgen[4].

1557 2. Der Schuldneranteil[5] am Gesellschaftsvermögen ist als *Wertrecht*, das die zum Gesellschaftsanteil gehörenden Vermögensrechte repräsentiert[6],

---

1 Siehe *RG* 67, 331.
2 *BGH* 146, 341 = DNotZ 2001, 234 mit krit. Anm. *Schemann* = MDR 2001, 459 mit Anm. *Müther* = NJW 2001, 1056.
3 *BGH* 146, 341 = a.a.O. (Fußn. 2).
4 Zum Teil abweichend *Roth* ZGR 2000, 187 (193 und 194): Mitpfändung schadet nicht bzw. (zu weitgehend) ist zur Klarstellung empfehlenswert.
5 *Schmidt* JR 1977, 177 wertet die in § 859 Abs. 1 ZPO zugelassene Pfändung „des Anteils" als globale Pfändung der abtretbaren Forderungen aus dem Gesellschaftsverhältnis.
6 *BGH* 97, 392 (394) = a.a.O. (Fußn. 8).

5. Kapitel: Pfändung anderer Vermögensrechte

nach §§ 857, 829 ZPO zu *pfänden*[7]. *Drittschuldner* ist nach Ansicht des *BGH*[8] die „Gesamthand", somit die Gesellschaft. Erlass des Zahlungsverbots erfordert deshalb Bezeichnung der Gesamthand als Drittschuldner im Pfändungsbeschluss; sie hat mit Angabe der Namen der (übrigen) Gesellschafter und des zwischen ihnen bestehenden Gesamthandsverhältnisses zu erfolgen (siehe auch § 736 ZPO). Dafür muss Bezeichnung der Gesellschaft des bürgerlichen Rechts unter einem einheitlichen Namen ausreichen, wenn er im Einzelfall eine unterscheidungskräftige Kennzeichnung darstellt, mit der die Gesellschaft im Rechtsverkehr identifiziert ist (Auslegung, Rdn. 517). Zuzustellen ist der Pfändungsbeschluss der Gesamthand als Drittschuldner, „vertreten durch ihren bzw. ihre Geschäftsführer"[9]. Die Entgegennahme des Pfändungsbeschlusses ist Geschäftsführungsmaßnahme, „zumal nur der Geschäftsführer als Adressat für das an den Drittschuldner nach den §§ 857, 829 Abs. 1 Satz 1 ZPO zu erlassende Zahlungsverbot in Betracht kommt"[10]. Die Pfändung wird mit dieser Zustellung wirksam (§ 859 Abs. 1, § 857 Abs. 1, § 829 Abs. 3 ZPO). Steht die Führung der Geschäfte allen oder mehreren Gesellschaftern gemeinschaftlich zu (§ 709 Abs. 1 BGB), dann muss nach dem für Passivvertretung geltenden allgemeinen Grundsatz (siehe § 170 Abs. 3 ZPO) Zustellung an einen der geschäftsführenden Gesellschafter genügen[11]. Das gilt auch, wenn die Geschäftsführung allen oder mehreren Gesellschaftern je einzeln zusteht. Zustellung des Zahlungsverbots an alle Gesellschafter erfordert Wirksamwerden der Pfändung nicht[12]. In jedem Fall aber bewirkt die Zustellung an alle (übrigen) Gesellschafter eine wirksame Pfändung[13]. Diese Zustellung an alle (übrigen) Gesellschafter empfiehlt sich jedenfalls immer; vielfach

---

7 Zur Rechtswirksamkeit und Tragweite der Pfändung, wenn der Schuldner mit dem anderen Gesellschafter in zwei Gesellschaften verbunden ist und der Pfändungsbeschluss ungenau „die" Geschäftsanteile des einen Gesellschafters „bei" dem anderen Gesellschafter als gepfändet bezeichnet, siehe *BGH* JurBüro 1972, 125 = MDR 1972, 414 = NJW 1972, 259.

8 *BGH* 97, 392 = JurBüro 1986, 1505 = MDR 1986, 825 = NJW 1986, 1991; *Furtner* MDR 1965, 613; *MünchKomm/Ulmer* Rdn. 10 zu § 725; *Musielak/Becker*, ZPO, Rdn. 3 zu § 859; *K. Schmidt* JR 1977, 177 (178 f.); auch *Stein/Jonas/Brehm*, ZPO, Rdn. 3 zu § 859 (die übrigen Gesellschafter in ihrer Eigenschaft als Gesamthänder); *Schuschke/Walker*, Vollstreckung, Rdn. 2 u. 3 zu § 859; **a.A.** *Wieczorek/Schütze/Lüke*, ZPO, Rdn. 7 zu § 859 (sämtliche Mitgesellschafter); *Mümmler* JurBüro 1982, 1607 (1610); *BGB-RGRK/v.Gamm*, Rdn. 2 zu § 725; offen gelassen von *BGH* NJW 1972, 259 = a.a.O. (Fußn. 7).

9 *BGH* 97, 392 (395) = a.a.O.; *BGH* MDR 1998, 1049 = NJW 1998, 2904 = Rpfleger 1998, 435. Zur Zustellung an die (rechtsfähige) Gesellschaft bürgerl. Rechts auch *BGH* DNotZ 2006, 777 = MDR 2006, 1254 = NJW 2006, 2191 = Rpfleger 2006, 478 und *BGH* DNotZ 2007, 214 = MDR 2007, 667 = NJW 2007, 995 = Rpfleger 2007, 216.

10 *BGH* 97, 392 (395) = a.a.O.

11 *OLG Celle* OLGR 2004, 502 = Rpfleger 2004, 507; *OLG Köln* NJW-RR 1994, 1517 (1518); *Musielak/Becker*, ZPO, Rdn. 3 zu § 859; *Roth* ZGR 2000, 187 (194).

12 *BGH* 97, 392 (395) = a.a.O.

13 *BGH* 97, 392 (395) = a.a.O. Zustellung an sie wegen Pfändung der Forderung gegen die einzelnen auch persönlich haftenden *BGB*-Gesellschafter s. nun *BGH* NJW 1998, 2904 = a.a.O.

wird sie schon deshalb geboten sein, weil die Regelung der Geschäftsführung und damit auch der Vertretung (§ 714 BGB) nicht, jedenfalls aber nicht sicher bekannt ist. Es ist auch nicht geklärt, ob der Schuldner als einer der geschäftsführenden Gesellschafter, vor allem jedoch als einziger geschäftsführender Gesellschafter, Adressat für das Zahlungsverbot sein kann, mit Zustellung an ihn der Pfändungsbeschluss sonach wirksam wird; das wird zwar bejaht werden können; doch ist es ratsam, auch in einem solchen Fall den Pfändungsbeschluss allen (übrigen) Gesellschaftern zuzustellen. Das empfiehlt sich auch deshalb, weil gegen die Ansicht, Drittschuldner sei die „Gesamthand", somit die Gesellschaft, trotz ihrer Rechts- und Parteifähigkeit (Rdn. 1555) ganz erhebliche Bedenken bestehen. Denn es werden nicht Ansprüche gegen die Gesellschaft als solche gepfändet, deren Befriedigung zur Führung der Gesellschaftsgeschäfte gehören würde. Dem Vollstreckungszugriff unterliegen vielmehr Ansprüche (Rechte, siehe § 705 BGB), die den Gesellschaftern gegeneinander zustehen und deren Befriedigung bei Auseinandersetzung Mitwirkung aller Gesellschafter erfordert. Diese sind auch nach Ansicht des *BGH*[14] mitbetroffen, wenn es um die Anteilspfändung geht; damit aber sind sie vollstreckungsrechtlich Drittschuldner (Rdn. 8). Ihre Drittschuldnerstellung entfällt nicht deshalb (und erfährt auch deshalb keine Einschränkung), weil erst die Kündigung durch den Gesellschaftergläubiger nach § 725 Abs. 1 BGB den entscheidenden Eingriff in das Gesellschaftsgefüge darstellt. Der *BGH*[15] geht davon aus, dass jedenfalls diese Kündigung gegenüber allen Gesellschaftern zu erklären ist, die Rechte der nicht geschäftsführenden Gesellschafter somit ausreichend geschützt seien. Damit ist jedoch verkannt, dass die Mitgesellschafter von der Pfändung auch „mitbetroffen" sind, wenn (und solange) der Gesellschaftsgläubiger nicht nach § 725 Abs. 1 BGB kündigt, wie dann, wenn der Gesellschaftsvertrag nach Anteilspfändung geändert werden soll (siehe z. B. Rdn. 1563 und 1570), wenn die Gesellschaft aus anderem Grund endet, insbesondere wenn Kündigung durch einen Mitgesellschafter erfolgt, oder wenn die Gesellschaft bei Pfändung bereits aufgelöst ist. Demnach ist es jedenfalls (rechtlich) nicht sicher geklärt, wer Drittschuldner ist. Das ist im Vollstreckungsverfahren auch nicht zu entscheiden. Daher ist es möglich (Rdn. 485 a), bei Pfändung des BGB-Gesellschaftsanteils sowohl die Gesamthand als auch die Gesellschafter selbst als Drittschuldner anzusehen; darauf beruhen die Beschlussbeispiele Rdn. 1552 und 1553.

In dieser Weise pfändbar ist der Gesellschaftsanteil auch dann, wenn ein *Grundstück*, ein grundstücksgleiches Recht oder ein Grundpfandrecht (Hypothek oder Grundschuld) zum Gesellschaftsvermögen gehören. Ein Grundstück ist Einzelgegenstand des Gesellschaftsvermögens. In der Verfügung über das zum Gesellschaftsvermögen gehörende Grundstück sind die Gesell- **1558**

---

14 *BGH* 97, 392 (394) = a.a.O.
15 *BGH* 97, 392 (395) = a.a.O.

schafter durch Anteilspfändung nicht gehindert[16]; denn die Anteilspfändung gibt dem Gläubiger weder Stellung noch Rechte eines Gesellschafters, sie sichert ihm nur Befriedigung aus dem Auseinandersetzungsguthaben. Daher kann die Pfändung nicht zum Schutz des Gläubigers gegen Verfügungen der Gesellschafter (oder auch nur des nach § 714 BGB vertretenden Gesellschafters) berichtigend in das Grundbuch eingetragen werden[17].

1559 Die Pfändung des Schuldneranteils am Gesellschaftsvermögen ist auch zulässig, wenn die Anteilsübertragung im Gesellschaftsvertrag von der Zustimmung der übrigen Gesellschafter abhängig gemacht ist[18].

1560 Der gepfändete Schuldneranteil am Gesellschaftsvermögen kann nur zur Einziehung überwiesen werden[19] (siehe auch Rdn. 1575).

3. Wirkungen der Pfändung

1561 a) Der Gläubiger rückt mit der Pfändung nicht als Mitberechtigter in das Gesellschaftsverhältnis ein. Das Gesellschaftsverhältnis beruht vielmehr auf einem obligatorischen Vertrag, der als solcher schuldrechtliche Rechtsbeziehungen nur zwischen den einzelnen Gesellschaftern schafft. Der Eintritt eines Gläubigers als Dritter in die Gesellschaft ist mit ihrem Wesen unvereinbar. Die Pfändung gibt dem Gläubiger daher weder die Stellung noch die Rechte eines Gesellschafters[20]. Solange die Gesellschaft besteht, kann der Gläubiger deshalb die seinem Schuldner aus seiner Stellung als Gesellschafter zustehenden Rechte (damit auch Verwaltungs- und Auskunftsrechte[21]) allein, neben oder zusammen mit diesem nicht ausüben (Ausnahme: § 725 Abs. 2 BGB, siehe Rdn. 1563). Der Gläubiger kann daher kein Stimmrecht ausüben[22],

---

16 *BayObLG* 1990, 306 (311) = NJW-RR 1991, 361; *OLG Stuttgart* OLGR 2000, 151.
17 *OLG Hamm* DNotZ 1987, 357 = NJW-RR 1987, 723 = OLGZ 1987, 175 (in Klarstellung zu *OLG Hamm* JurBüro 1977, 875 = DNotZ 1977, 376 = OLGZ 1977, 283 = Rpfleger 1977, 136); *OLG Düsseldorf* NJW-RR 2004, 1111 = RNotZ 2004, 230 = Rpfleger 2004, 417; *OLG Stuttgart* OLGR 2000, 151 (ein Verfügungsverbot kann auch nicht im Wege der einstw. Verfügung eingetragen werden); *OLG Zweibrücken* JurBüro 1982, 1427 = OLGZ 1982, 406 = Rpfleger 1982, 413; *OLG Dresden* SeuffA 64, 248; *LG Hamburg* Rpfleger 1982, 142 (unter Hinweis auf gleiche Ansicht des *OLG Hamburg* in Beschluss v. 11. 12. 1979) und (erneut) JurBüro 1988, 788 mit Anm. *Mümmler*; *LG Stuttgart* BWNotZ 1985, 162; *AG Ahrensburg* JurBüro 1964, 844 = SchlHA 1964, 197; *Schöner/Stöber*, Grundbuchrecht, Rdn. 1674; *Schuschke/Walker*, Vollstreckung, Rdn. 4; *Musielak/Becker*, ZPO, Rdn. 4; *Wieczorek/Schütze/Lüke*, ZPO, Rdn. 6, je zu § 859; *Keller* Rpfleger 2000, 201 (204); **a.A.** KG DNotV 1928, 575 = HRR 1927 Nr. 2181; *Güthe/Triebel*, GBO, 6. Aufl., S. 1843; außerdem *Rupp* und *Fleischmann* Rpfleger 1984, 233: Wenn der Gesellschaftsvertrag die freie Übertragbarkeit des Anteils vorsieht; diese BGB-Gesellschaft ist in pfändungsrechtlicher Hinsicht einer Erbengemeinschaft gleichzustellen.
18 *OLG Köln* NJW-RR 1994, 1517 (1518); *Furtner* MDR 1965, 613; siehe auch Rdn. 15.
19 *Schmidt* JR 1977, 177 (179).
20 RG 60, 126 (131); *OLG Hamm* OLGZ 1987, 175 = a.a.O.; *OLG Celle* OLGR 1996, 236.
21 BGH 116, 222 = a.a.O. (Fußn. 37); *OLG Celle* a.a.O.; kritisch *Roth* ZGR 2000, 187 (196).
22 RG 157, 52 (55); 139, 224 (228); *OLG Celle* a.a.O.

Bücher nicht einsehen oder prüfen und Rechnungslegung nicht verlangen[23]; er hat auch kein Recht auf Mitwirkung bei der Gewinnfeststellung. Alle Gesellschafterrechte (z. B. das Mitverwaltungsrecht, das Recht auf Vertretung und Geschäftsführung oder Mitwirkung bei ihr, §§ 709 ff. BGB, das Widerspruchsrecht des § 711 BGB, das Nachprüfungsrecht, § 716 BGB) werden vielmehr auch nach Pfändung wie bisher schon nur von den Gesellschaftern allein ausgeübt (Ausnahme: § 725 Abs. 2 BGB, siehe Rdn. 1563). Die Gesellschafter können daher ungeachtet des Verfügungsverbots im Pfändungsbeschluss über das Gesellschaftsvermögen weiter verfügen (s. Rdn. 1558).

Da der Gläubiger nicht die Stellung eines Gesellschafters erlangt, ergeben sich für ihn auch nicht die Pflichten eines solchen. Er kann daher insbesondere nicht mit einer Haftung für Gesellschaftsschulden belastet werden[24]. **1562**

b) aa) Ausnahmsweise ist, solange die Gesellschaft besteht, dem Gläubiger erlaubt, den Anspruch seines Schuldners auf den *Gewinnanteil* (§§ 721, 722 BGB) geltend zu machen (§ 725 Abs. 2 BGB). Die Höhe des Gewinnanteils bestimmt sich nach den zur Zeit der Pfändung geltenden vertraglichen Abreden oder nach der gesetzlichen Regelung. Eine dem Gläubiger nachteilige Änderung dieser Grundlagen der Gewinnfeststellung würde gegen das in der Pfändung liegende Verfügungsverbot verstoßen, ohne Zustimmung des Gläubigers ihm gegenüber also nicht wirksam sein. Da der Gläubiger ein Recht auf Mitwirkung bei der Feststellung des Gewinns nicht hat, kann er nicht auf Gewinnfeststellung klagen, sondern erst nach Gewinnfeststellung durch die Gesellschaft selbst den Anspruch des Schuldners geltend machen. **1563**

bb) Der Anspruch auf den *Gewinnanteil* ist selbstständig abtretbar (§ 717 S. 2 BGB); er kann daher auch für sich *allein*, d.h. ohne gleichzeitigen Vollstreckungszugriff auf den Anteil am Gesellschaftsvermögen *gepfändet* werden. Diese Pfändung kann auch erfolgen, wenn der für das Geschäftsjahr auf den Schuldner als Gewinnanteil entfallende Betrag noch nicht festgestellt ist[25]. Hinfällig wird diese Pfändung jedoch mit (zulässiger) Übertragung des Geschäftsanteils des Schuldners (s. Rdn. 1623). **1564**

c) aa) Die Pfändung des Schuldneranteils am Gesellschaftsvermögen sichert dem Gläubiger – abgesehen vom Anspruch auf den Gewinnanteil – *Befriedigung* aus demjenigen, was dem Gesellschafter bei der *Auseinandersetzung* zukommt[26]. Um zu dieser Befriedigung zu kommen, muss der Gläubiger in der Lage sein, die Auseinandersetzung herbeizuführen. Daher erlaubt ihm § 725 Abs. 1 BGB die *Kündigung* der Gesellschaft ohne Ein- **1565**

---

23 *RG* 90, 20; *OLG Celle* a.a.O.; siehe auch *RG* 52, 35 und *KG* OLG 33, 118.
24 *RG* 60, 126 (131).
25 Siehe *RG* JW 1919, 933. Dazu auch *OLG Celle* Rpfleger 2004, 507 = a.a.O. (Fußn. 11); Gewinnanteil an eingezogenem Mietzins.
26 *RG* 95, 231 (233). Bei der durch Vereinbarung der Gesellschafter schon aufgelösten Gesellschaft erfasst die Pfändung die Forderung auf eine vertraglich vereinbarte Abfindung, *BGH* JurBüro 1972, 125 = MDR 1972, 414 = NJW 1972, 259.

5. Kapitel: Pfändung anderer Vermögensrechte

haltung einer Kündigungsfrist. Als „Gläubiger eines Gesellschafters" (siehe § 725 Abs. 1 BGB) wird auch (in Analogie zu § 135 HGB) nur einem *Privatgläubiger* (siehe dazu Rdn. 1591) das Kündigungsrecht zugestanden[27]. Dem ist zu folgen, weil ein Gesellschaftsgläubiger nach § 736 ZPO unmittelbar in das Gesellschaftsvermögen vollstrecken kann und daher den außerordentlichen Rechtsbehelf des § 725 BGB nicht benötigt. Das verbietet jedoch nicht die Pfändung des Geschäftsanteils durch einen Gesellschaftsgläubiger[28]. Die Kündigung ist gegenüber allen Gesellschaftern – auch dem Schuldner gegenüber – auszusprechen, nicht nur gegenüber dem (den) geschäftsführenden Gesellschafter(n).

1566 bb) Voraussetzung für die Ausübung des *Kündigungsrechts* durch den Gläubiger ist Überweisung des gepfändeten Anteils[29] und endgültige (nicht bloß vorläufige) Vollstreckbarkeit des Schuldtitels[30] im Augenblick der Kündigung (nicht der Pfändung).

1567 Dass etwa der Gläubiger, der den Anteil nur gepfändet, nicht aber auch überwiesen bekommen hat, bei endgültiger Vollstreckbarkeit seines Titels zur Ausübung des Kündigungsrechts befugt wäre, kann nicht angenommen werden (keine Kündigung vor Überweisung, siehe Rdn. 555). Denn nur die Überweisung berechtigt zur Geltendmachung der Rechte des Schuldners, d.h. zur alleinigen Verfolgung eines gepfändeten Rechts oder Anspruchs durch den Gläubiger[31]. Davon geht auch die Entstehungsgeschichte zu § 725 BGB aus, die zweifelsfrei zeigt, dass das Kündigungsrecht nur dem Gläubiger zustehen soll, der die Rechte des Gesellschafters pfänden und sich hat überweisen lassen[32]. Vor Überweisung kann der Gläubiger Rechte aus der Pfändung daher praktisch nicht verwirklichen. Er hat nur Anspruch darauf, dass der Gewinnanteil und bei einer ohne sein Zutun herbeigeführ-

---

27 *BGB-RGRK/v.Gamm*, Rdn. 4; *MünchKomm/Ulmer*, Rdn. 16, je zu § 725; *Roth* ZGR 2000, 187 (194); *Schönle* NJW 1966, 1798. Zum Kündigungsrecht des Gesellschafters, der zugleich Privatgläubiger ist, siehe *BGB-RGRK/v.Gamm* a.a.O. sowie *BGH* 51, 87.

28 A.A. – m.E. unzutreffend – *Noack* MDR 1974, 811 (813 li.Sp). Auch der Ausschluss des Kündigungsrechts des Gläubigers eines nur vorläufig vollstreckbaren Titels (s. § 725 Abs. 1 BGB) zeigt z. B. schon, dass Pfändungsmöglichkeit und Kündigungsrecht nicht gleichgestellt werden können. Für den Gesellschaftsgläubiger, der einen Titel zugleich gegen einen der Gesellschafter hat, folgt die Notwendigkeit zur Anteilspfändung bereits aus dem damit verfolgten Recht auf den Gemeinschaftsanteil (§ 725 Abs. 2 BGB) und auf das Auseinandersetzungsguthaben.

29 Das ist auch in § 135 HGB ausdrücklich verlangt; ein sachlicher Unterschied ergibt sich aus dem anderen Wortlaut des § 725 BGB nicht. Wie hier *Wieczorek/Schütze/Lüke*, ZPO, Rdn. 8 zu § 859. A.A. *Stein/Jonas/Brehm*, ZPO, Rdn. 5; *Schuschke/Walker*, Vollstreckung, Rdn. 6, je zu § 859; *BGB-RGRK/v.Gamm*, Rdn. 3; *MünchKomm/Ulmer*, Rdn. 13, je zu § 725. *Furtner* MDR 1965, 613 Fußn. 19, der allerdings bei Arrestpfändung das Kündigungsrecht ausschließt.

30 Auch ein rechtskräftiges Vorbehaltsurteil erlaubt Kündigung nicht, *LG Lübeck* NJW-RR 1986, 836 = Rpfleger 1986, 315; *Furtner* MDR 1965, 613; *Wieczorek/Schütze/Lüke*, ZPO, Rdn. 8 zu § 859; *Stein/Jonas/Brehm*, ZPO, Rdn. 5 zu § 859; **a.A.** *BGB-RGRK/v.Gamm*, Rdn. 3 zu § 725.

31 Siehe *Stöber* Rpfleger 1963, 339.

32 Siehe *Stöber* a.a.O. (Fußn. 31); **a.A.** *Musielak/Becker*, ZPO, Rdn. 4 zu § 859.

ten Auflösung der Gesellschaft das in der Auseinandersetzung auf den Schuldner fallende Guthaben hinterlegt werden.

cc) Auf Grund eines bloß vorläufig vollstreckbaren Schuldtitels ist die Kündigung nicht erlaubt worden, weil sie einen nicht wieder rückgängig zu machenden Eingriff in die Rechtslage des Schuldners als Gesellschafter enthält und die Gesellschaft endgültig zum Erlöschen bringt[33]. 1568

dd) Durch die Kündigung wird die *Gesellschaft aufgelöst*, wenn nicht der Gesellschaftsvertrag bestimmt, dass nur der Schuldner als Gesellschafter ausscheiden, die Gesellschaft aber unter den übrigen Gesellschaftern fortgesetzt werden soll (Fortsetzungsklausel; § 736 BGB). Scheidet der Schuldner aus, so wächst sein Anteil am Gesellschaftsvermögen den übrigen Gesellschaftern an[34]. Diese sind verpflichtet, dem Schuldner dasjenige zu zahlen, was er bei der Auseinandersetzung erhalten hätte (§ 738 BGB). Dieser *Zahlungsanspruch* ist mit dem Pfändungspfandrecht belastet, kann daher nicht an den Schuldner erfüllt, sondern nur an den einziehungsberechtigten Gläubiger geleistet oder (bei fehlender Überweisung) für Gläubiger und Schuldner gemeinsam hinterlegt werden. Durch Gläubigerbefriedigung nach Kündigung kommen die Wirkungen der Auflösung der Gesellschaft nicht in Wegfall. Die Gesellschafter können jedoch – ohne Mitwirkung des befriedigten Gläubigers – die Fortsetzung der Gesellschaft beschließen. 1569

ee) Wird die Gesellschaft mit Kündigung *aufgelöst*, so findet in Ansehung des Gesellschaftsvermögens die *Auseinandersetzung* unter den Gesellschaftern statt (§ 730 BGB). Diese erfolgt nach den zur Zeit der Pfändung geltenden Bestimmungen, die von den Gesellschaftern allein nicht zum Nachteil des Gläubigers abgeändert werden können[35]. 1570

Auch im *Stadium der Liquidation* ist der Gläubiger nicht in das Gesellschaftsverhältnis eingerückt[36]. Der Gläubiger kann jedoch (nach Überweisung zur Einziehung) das Recht des Schuldners als Gesellschafter auf Durchführung der (aus Gesetz oder Gesellschaftsvertrag abzuleitenden) Auseinandersetzung ausüben[37]. Verwaltet die BGB-Gesellschaft nur einen einzigen Vermögensgegenstand, so kann der Gläubiger nach Kündigung auch unmittelbar auf Duldung der öffentlichen Veräußerung des Gegenstandes und Auszahlung des dem Gesellschafter-Schuldner nach Berichtigung der Gesellschaftsschulden gebührenden Anteils am Reinerlös klagen, wenn die übrigen Gesellschafter ihrerseits keine bessere Art der Verwertung anbieten oder sich jeder Auseinandersetzung widersetzen[38]. 1571

---

33 Protokolle zum BGB, Band II S. 438.
34 Auch zwischen nur zwei Gesellschaftern kann vereinbart sein, dass bei Pfändung dem anderen Gesellschafter das Recht zustehen soll, das Gesellschaftsvermögen mit den dargelegten Folgen zu übernehmen.
35 *RG* 90, 19 (20).
36 *RG* 95, 231 (233 f.).
37 *BGH* 116, 222 = MDR 1992, 294 = NJW 1992, 830 = Rpfleger 1992, 260 mit Anm. *Hintzen* = ZZP 105 (1992) 487 mit Anm. *Brehm* in Abweichung von *RG* 95, 231 (233); dazu siehe auch 9. Aufl. Rdn. 1572.
38 *BGH* 116, 222 = a.a.O.

5. Kapitel: Pfändung anderer Vermögensrechte

1572 Zur Auseinandersetzung kann der Gläubiger (nach Überweisung zur Einziehung) auch die *Teilungsversteigerung* eines den Gesellschaftern gehörenden Grundstücks beantragen[39]. Ob der Gläubiger Antrag auf Teilungsversteigerung eines Gesellschaftsgrundstücks stellen kann, war lange Zeit streitig[40]; nun wird das Antragsrecht durchweg bejaht[41]; es folgt aus der Befugnis des Gläubigers (dessen Schuldtitel nicht bloß vorläufig vollstreckbar ist, § 725 Abs. 1 BGB), das Recht des Schuldners als Gesellschafter auf Durchführung der Auseinandersetzung auszuüben (Rdn. 1571). Dass im Einzelfall das Aufhebungsverlangen und damit das vom Gläubiger ausgeübte Antragsrecht ausgeschlossen sind, müssen die Mitglieder der aufgelösten BGB-Gesellschaft im Prozessweg mit Widerspruchsklage geltend machen[42]. Das kann der Fall sein, wenn die Gesellschaft einen umfassenden Zweck und vielerlei Vermögen hat und damit für Auseinandersetzung unterschiedliche Möglichkeiten bleiben[43]; dann ist die Teilung in Natur und damit Teilungsversteigerung des Gesellschaftsgrundstücks (§ 731 mit § 753 BGB) nicht der gesetzlich vorrangige Weg der Auseinandersetzung. Auch wenn das Grundstück einziger Vermögensgegenstand der Gesellschaft ist, kann öffentliche Versteigerung nicht ohne weiteres erstrebt werden[44].

1573 Die Veräußerung des gepfändeten Gesellschaftsanteils (§ 857 Abs. 5 ZPO) verbietet sich, wenn der Anteil selbst unübertragbar ist (§ 719 Abs. 1 BGB). Ist die Übertragbarkeit des Gesellschaftsanteils jedoch vereinbart und nicht an die Zustimmung der übrigen Gesellschafter geknüpft, so kann auch die Veräußerung nach § 857 Abs. 5 ZPO angeordnet werden[45].

1574 ff) Kündigung und Auseinandersetzungsmaßnahmen des Gläubigers können, wenn alleiniger weiterer Gesellschafter der Ehegatte des Schuldners ist, nicht unter Berufung auf § 1365 BGB verhindert werden[46].

1575 d) *Veräußerung* des Gesellschaftsanteils des Schuldners nach § 844 ZPO und *Überweisung an Zahlungs statt* zum Nennwert[47] verbieten sich. Anteilsveräußerung wäre Verfügung über die Gesellschafterstellung des Schuldners. Pfändbar sind jedoch nicht dessen Gesellschafterrechte, sondern sein „Anteil am Gesellschaftsvermögen" (§ 859 Abs. 1 ZPO). Anteils-

---

39 Offen gelassen von *BGH* 116, 222 = a.a.O.
40 Wurde bislang verneint von *LG Hamburg* JurBüro 1983, 304 = MDR 1982, 1028 = Rpfleger 1983, 35 mit abl. Anm. *Behr*; *LG Hamburg* Rpfleger 1989, 519 (s. nun aber Fußn. 41); *LG Lübeck* NJW-RR 1986, 836 = Rpfleger 1986, 315 (nicht als Gläubiger eines Wechsel-Vorbehaltsurteils); *Mümmler* JurBüro 1990, 308; hier in 10. Aufl. (diese Ansicht ist aufgegeben).
41 *LG Hamburg* Rpfleger 2002, 532 (in Abweichung von früherer Rechtsprechung [zu dieser Fußn. 40]); *LG Konstanz* NJW-RR 1987, 1023 = Rpfleger 1987, 427; *Hintzen* Rpfleger 1992, 262 (Anmerkung); *Zöller/Stöber*, ZPO, Rdn. 4; *Musielak/Becker*, ZPO, Rdn. 4, je § 859; *Stöber*, ZVG, Rdn. 11.7 zu § 180; auch *Wieczorek/Schütze/Lüke*, ZPO, Rdn. 10 zu § 959.
42 *Stöber*, ZVG, Rdn. 11.7 zu § 180 und Rdn. 2.5 zu § 181.
43 *BGH* 116, 222 = a.a.O.
44 *BGH* 116, 222 = a.a.O.
45 *Furtner* MDR 1965, 613; *Wieczorek/Schütze/Lüke*, ZPO, Rdn. 11 zu § 859.
46 *OLG Hamburg* MDR 1970, 419.
47 Ebenso *Schmidt* JR 1977, 177 (179); siehe schon Rdn. 1560.

veräußerung würde zudem Eingriff in das bestehende Vertragsverhältnis aller Gesellschafter, mithin deren Zustimmung erfordern. Eine Anteilsveräußerung kommt sonach auch für den Schuldner, der mit einer schon im Gesellschaftsvertrag niedergelegten Zustimmung aller anderen Gesellschafter von diesen ermächtigt ist, eine mit Abtretung seines Gesellschaftsanteils verbundene Änderung des Gesellschaftsvertrags vorzunehmen[48], dem Abschluss eines Rechtsgeschäfts gleich. Wegen der höchstpersönlichen Natur des Schuldnerrechts auf Abschluss eines Rechtsgeschäfts (Rdn. 113; hier: Änderung des Gesellschaftsvertrags zur Anteilsabtretung) könnte daher auch in einem solchen Sonderfall die Schuldnererklärung nicht durch Zwangsvollstreckungsmaßnahme ersetzt werden. Dies schließt zugleich, zumal der gepfändete „Anteil am Gesellschaftsvermögen" keinen Nennwert hat, Überweisung an Zahlungs statt aus.

4. *Pfändbare Einzelansprüche*

Selbstständig können abgetreten und daher auch gepfändet werden als dem Schuldner aus dem Gesellschaftsverhältnis zustehende Einzelansprüche (siehe § 717 BGB)

- die Ansprüche des Schuldners aus *Geschäftsführung,*
- der Anspruch auf den *Gewinnanteil* (siehe Rdn. 1564),
- der (künftige) Anspruch auf das *Auseinandersetzungsguthaben*, d.h. dasjenige, was dem Schuldner als Gesellschafter bei der Auseinandersetzung nach Auflösung der Gesellschaft oder bei Ausscheiden zukommt.

Wegen der Ansprüche aus Geschäftsführung siehe Rdn. 1579; zum Gewinnanteil Rdn. 1564. Der Anspruch auf das Auseinandersetzungsguthaben ist Vermögensrecht des Gesellschafters. Abgetreten, damit ebenso gepfändet werden, kann dieser Anspruch als künftige[49] Forderung bereits vor seiner Entstehung mit Auflösung der Gesellschaft oder dem Ausscheiden des Gesellschafters (s. Rdn. 1623). Dessen Pfändung gibt aber dem Gläubiger keine Rechte auf den Gewinnanteil, sondern nach dem Rdn. 1565 Gesagten nur einen Anspruch auf Befriedigung aus demjenigen, was dem Schuldner bei der Auseinandersetzung zukommt. Die Pfändung des Auseinandersetzungsguthabens schließt auch das Recht ein, die Auseinandersetzung durch Kündigung herbeizuführen[50]. Hinfällig wird die Pfändung des Auseinandersetzungsguthabens jedoch, wenn der Gesellschafter seine Gesellschafterbeteiligung auf einen Dritten überträgt, bevor der Auseinandersetzungsanspruch in seiner Person entstanden ist[51]

---

48 Dazu *BGH* 13, 179 (184) = NJW 1954, 1155 (1156) und wiederholt *BayObLG*, zuletzt *BayObLG* 1977, 76 = Rpfleger 1977, 212.
49 *BGH* DNotZ 1989, 382 = MDR 1989, 144 = NJW 1989, 453; *BGH* NJW 1997, 3370 (3371).
50 *Stein/Jonas/Brehm*, ZPO, Rdn. 9 zu § 859; *Schmidt* JR 1977, 177 (181); **a.A.** *Furtner* MDR 1965, 613; *MünchKomm/Ulmer*, Rdn. 6 und 14 zu § 725 mit weit. Nachw.
51 *BGH* 88, 205 = MDR 1984, 122 = NJW 1984, 492 und *BGH* 104, 351 = DNotZ 1989, 380 = GmbHR 1989, 71 = JZ 1989, 252 mit Anm. *Münzberg* = MDR 1989, 143 = NJW 1989, 458 (je für GmbH); *BGH* NJW 1997, 3370 (3371).

(s. Rdn. 1623). Der Auseinandersetzungsanspruch kann dann nur noch in der Person des Zessionars entstehen; eine Vorausabtretung und ebenso die Pfändung des künftigen Anspruchs ist damit ins Leere gegangen.

5. *Rang mehrerer Pfändungen, Pfändung und Abtretung*

1577 Unter *mehreren Gläubigern* hat der früher pfändende Vorrang (siehe Rdn. 779). Das vorrangige Pfandrecht am Gesellschaftsanteil besteht für die Auseinandersetzung auch gegenüber solchen Gläubigern, die später den Anspruch auf Herausgabe (oder Abtretung) der dem Schuldner nach dem Auseinandersetzungsbeschluss zustehenden Sachen oder Rechte gepfändet haben[52]. Hat der zuerst vollstreckende Gläubiger einen dem Gesellschaftsanteil entspringenden, bereits entstandenen Einzelanspruch (z. B. nur den Anspruch aus Geschäftsführung) gepfändet, so beschränkt sich sein Pfandrecht und damit auch sein Vorrang auf diesen Einzelanspruch. Dem Gläubiger, der nur das Auseinandersetzungsguthaben pfändet, stehen die Gewinnanteile des Schuldners nicht zu. Wird zuerst der Auseinandersetzungsanspruch abgetreten und dann von einem Gläubiger des Gesellschafters dessen Geschäftsanteil gepfändet, dann erwirbt der Zessionar die Forderung auf das Auseinandersetzungsguthaben belastet mit dem Pfändungspfandrecht[53]. Zum Zusammentreffen einer Vorausverfügung über den (künftigen) Anspruch auf das Auseinandersetzungsguthaben mit einer Pfändung des Schuldneranteils am Gesellschaftsvermögen s. auch das Rdn. 1623 Gesagte. Derjenige, dem der Auseinandersetzungsanspruch abgetreten worden ist, geht demjenigen, der später denselben Anspruch pfänden ließ, vor[54].

6. *Ablösungsrecht*

1578 Die Mitgesellschafter des Schuldners laufen bei Pfändung Gefahr, durch Kündigung ihre Gesellschafterrechte zu verlieren. Sie sind daher nach § 268 BGB berechtigt, durch Befriedigung des Gläubigers die Auflösung der Gesellschaft abzuwenden[55].

Wegen der Einziehung eines Gesellschaftsanteils für den Fall der Pfändung siehe Rdn. 1616.

1579 7. Der Anspruch des Schuldners auf *Aufwendungsersatz* als Geschäftsführer (§§ 713, 670 BGB) kann, soweit er eine Vergütung für Dienstleistungen enthält, Arbeitseinkommen sein und als solches dem Pfändungsschutz der §§ 850 ff. ZPO unterliegen. Dem Pfändungsschutz für Arbeitseinkommen unterliegt insbesondere die Vergütung, die einem Gesellschafter für seine Tätigkeit in der Gesellschaft unabhängig vom Gewinn gewährt wird.

8. Innengesellschaft siehe Rdn. 1602.

---

[52] *RG* 67, 331.
[53] *OLG Köln* NJW-RR 1994, 1517.
[54] *RG* 60, 130.
[55] *Zöller/Stöber*, ZPO, Rdn. 4; *Musielak/ Becker*, ZPO, Rdn. 4, je zu § 859; *Clasen* NJW 1965, 2141(2142); *Furtner* MDR 1965, 613 (615); *K. Schmidt* JR 1977, 177 (178); offen gelassen von *BGH* 97, 392 (396) = a.a.O. (Fußn. 8).

B. Offene Handelsgesellschaft

Gepfändet werden der angebliche Anteil des Schuldners als Gesellschafter an dem Gesellschaftsvermögen der offenen Handelsgesellschaft, deren Firma ist ... 1580

– *als Gesamthand Drittschuldnerin* –

und deren übrige Gesellschafter sind ...

– *als Gesellschafter Drittschuldner* –

unter Einschluss des Auseinandersetzungsguthabens sowie

a) der Anspruch des Schuldners an diese Drittschuldner auf Auszahlung der von ihm der Gesellschaft darlehensweise oder auf Grund anderer Vereinbarung gegebenen oder belassenen Beträge, auch soweit sie auf Privatkonto gebucht sind,

b) der Anspruch des Schuldners an diese Drittschuldner auf die ihm als Geschäftsführer aus seiner Geschäftsführung zustehenden Leistungen.

Schrifttum: *Clasen*, Vollstreckungs- und Kündigungsrecht des Gläubigers einer OHG gegen Gesellschaft und Gesellschafter, NJW 1965, 2141; *Muth*, Übertragbarkeit und Pfändbarkeit des Kapitalentnahmeanspruchs von Personenhandelsgesellschaftern, Betrieb 1984, 1761; *Roth*, Pfändung und Verpfändung von Gesellschaftsanteilen, ZGR 2000, 187 (205–212); *Schönle*, Zur Haftung des OHG-Gesellschafters für Gesellschaftsverbindlichkeiten, NJW 1966, 1797; *Wertenbruch*, Die Pfändung von „überziehbaren" Gesellschafterkonten und Entnahmerechten bei der Personengesellschaft, Festschr. *Gerhardt* (2004) S. 1078; *Winnefeld*, Übertragung und Pfändung des Kapital-Entnahmeanspruchs i.S. des § 122 Abs. 1 HGB, Betrieb 1977, 897; siehe außerdem die bei Rdn. 1553 und bei Rdn. 1611 Genannten.

I. Die offene Handelsgesellschaft ist eine Sonderform der Gesellschaft des bürgerlichen Rechts (§ 105 HGB). Sie unterliegt daher mit den im HGB geregelten Besonderheiten dem Gesellschaftsrecht des BGB. Somit gilt weitgehend das Rdn. 1554–1579 Gesagte entsprechend. Ergänzend ist zu sagen: 1581

II. Zur Zwangsvollstreckung in das *Gesellschaftsvermögen* ist ein gegen die Gesellschaft gerichteter Schuldtitel erforderlich (§ 124 Abs. 2 HGB). Aus diesem Vollstreckungstitel findet die Zwangsvollstreckung gegen die persönlich haftenden Gesellschafter (§ 128 HGB) nicht statt (§ 129 Abs. 4 HGB). Der gegen die Gesellschaft erwirkte Vollstreckungstitel kann auch nicht auf die haftenden Gesellschafter umgeschrieben werden; gegen sie ist vielmehr neue Klage nötig. 1582

III. 1. Der *Anteil eines Gesellschafters am Gesellschaftsvermögen* der offenen Handelsgesellschaft kann von seinen Gläubigern nach § 857 (mit § 859 Abs. 1), § 829 ZPO gepfändet werden[1], und zwar auch dann, wenn er 1583

---

1 Zum Teil abweichend nur *Furtner* MDR 1965, 613, der § 859 ZPO nicht für anwendbar und daher mangels abweichender Vereinbarung den nach gesetzlicher Regel unübertragbaren Anteil am Gesellschaftsvermögen nicht für pfändbar hält.

5. Kapitel: Pfändung anderer Vermögensrechte

einen nur vorläufig vollstreckbaren Titel vollstreckt[2]. Diese Pfändung erstreckt sich auf dasjenige, was dem (ausscheidenden, Rdn. 1593 a) Schuldner bei der Auseinandersetzung zukommt[3]. Da jedoch § 135 HGB das Kündigungsrecht von der Pfändung des *Auseinandersetzungsguthabens* abhängig macht, wird dieses neben dem Gesellschaftsanteil oft ausdrücklich mitgepfändet. Für notwendig ist diese vorsorgliche Pfändung nicht zu erachten, weil dem Gläubiger das Kündigungsrecht unabhängig davon zusteht, ob er den Anspruch auf das Auseinandersetzungsguthaben selbstständig oder durch den Zugriff auf das umfassendere Mitgliedschaftsrecht gepfändet hat.

1584 2. *Drittschuldner* ist nach Ansicht des *BGH*[4] die „Gesamthand", somit die Gesellschaft[5] (Rdn. 1557). Durch Zustellung des Pfändungsbeschlusses an die Gesellschaft (vertreten durch ihren bzw. ihre geschäftsführenden Gesellschafter, siehe Rdn. 1557) wird die Pfändung demnach bewirkt. Dennoch ist es ratsam, sowohl die Gesellschaft als auch die übrigen Gesellschafter persönlich als Drittschuldner zu behandeln (s. Rdn. 1557). Erlass des Zahlungsverbots auch gegen alle übrigen Gesellschafter persönlich als Drittschuldner ist zulässig, wenn man (mit dem *BGH*) annimmt, dass die Zustellung an alle Gesellschafter in jedem Fall eine wirksame Pfändung bewirkt.

1585 3. a) Zu den von der Pfändung des Gesellschaftsanteils *nicht erfassten*, weil unübertragbaren Ansprüchen gehören insbesondere das Geschäftsführungs- und Vertretungsrecht (§§ 114, 116, 125, 126 HGB), das Widerspruchsrecht (§ 115 HGB), das Antragsrecht auf Entziehung der Befugnis zur Geschäftsführung (§ 117 HGB), das Recht auf Unterrichtung, Einsicht der Handelsbücher und Papiere oder Anfertigung einer Bilanz (§ 118 HGB) sowie das Stimmrecht (§ 119 HGB).

1586 b) aa) Die Pfändung des Gesellschaftsanteils erfasst das Recht auf die *Gewinnanteile*. Der schuldrechtliche Anspruch auf den Gewinnanteil kann auch selbstständig gepfändet werden[6] (Rdn. 1564). Von der Anteilspfändung erfasst wird auch der Gewinn-Entnahmeanspruch des § 122 Abs. 1 HGB; er kann gleichfalls selbstständig gepfändet werden[7]. Nicht von der Anteilspfän-

---

2 *BGH* MDR 1983, 32 = NJW 1982, 2773. Die Pfändung selbst ist von den Voraussetzungen des § 135 HGB nicht abhängig (*Stein/Jonas/Brehm*, ZPO, Rdn. 13 zu § 859). Nachweis der fruchtlosen Vollstreckung kann für Erlass des Pfändungsbeschlusses daher nicht verlangt werden.
3 Zur Auslegung bei Pfändung des Geschäftsanteils siehe *BGH* a.a.O. (Fußn. 4).
4 *BGH* 97, 392 (396) = a.a.O. (Rdn. 1557 Fußn. 8).
5 So auch *Schuschke/Walker*, Vollstreckung, Rdn. 9, *Wieczorek/Schütze/Lüke*, ZPO, Rdn. 13, je zu § 859; *Schmidt* JR 1977, 177 (178 f.); *Noack* (für Kommanditgesellschaft) Betrieb 1973, 1158; offen gelassen von *BGH* JurBüro 1972, 125 = NJW 1972, 259; **a.A.** *Mümmler* JurBüro 1982, 1607 (1614); *Wertenbruch* Festschr. Gerhardt (2004) 1077 (1086).
6 *RGRK-HGB/Fischer*, Anm. 12 zu § 121.
7 *Stein/Jonas/Brehm*, ZPO, Rdn. 14 zu § 851; *Wertenbruch* a.a.O. (Fußn. 5); auch *RG* 67, 13 (18).

dung erfasst und nicht selbstständig pfändbar ist der Kapital-Entnahmeanspruch nach § 122 Abs. 1 HGB[8].

Die Pfändung des Gesellschaftsanteils erstreckt sich insbesondere aber auf dasjenige, was dem (ausscheidenden, Rdn. 1593 a) Schuldner bei der *Auseinandersetzung* zukommt. 1587

Eine Veräußerung des Anteils und seine Überweisung an Zahlungs statt sind nicht zulässig (siehe Rdn. 1575). 1588

bb) Das *Kündigungsrecht* ist dem Gläubiger in Anlehnung an § 725 BGB durch die Bestimmung des § 135 HGB eingeräumt. Die Vorschrift lautet: 1589

§ 135 HGB

Hat ein Privatgläubiger eines Gesellschafters, nachdem innerhalb der letzten sechs Monate eine Zwangsvollstreckung in das bewegliche Vermögen des Gesellschafters ohne Erfolg versucht ist, auf Grund eines nicht bloß vorläufig vollstreckbaren Schuldtitels die Pfändung und Überweisung des Anspruchs auf dasjenige erwirkt, was dem Gesellschafter bei der Auseinandersetzung zukommt, so kann er die Gesellschaft ohne Rücksicht darauf, ob sie für bestimmte oder unbestimmte Zeit eingegangen ist, sechs Monate vor dem Ende des Geschäftsjahres für diesen Zeitpunkt kündigen.

cc) Der Gläubiger soll mithin auf das Gesellschaftsverhältnis nicht einwirken können, solange nicht endgültig feststeht, dass ihm der Schuldner zahlen muss, und offenkundig ist, dass er kein bewegliches Vermögen hat, um seine Schulden zu begleichen[9]. Kündigen kann der Privatgläubiger des Schuldners, wenn der Pfändungs- und Überweisungsbeschluss im *Kündigungszeitpunkt* auf einem rechtskräftigen (sonst endgültig vollstreckbaren, § 794 ZPO) Schuldtitel beruht und nicht früher als sechs Monate, bevor das der Fall ist, erfolglos die Zwangsvollstreckung ins bewegliche Vermögen des Schuldnergesellschafters versucht worden ist. Das ist nicht schon der Fall, wenn der Schuldner vom Gerichtsvollzieher in seiner Wohnung (wiederholt) nicht angetroffen wurde oder deren Durchsuchung (§ 758 ZPO) verweigert hat. Auf die Reihenfolge – Vollstreckungsversuch – Rechtskraft des Schuldtitels – Pfändungs- und Überweisungsbeschluss – kommt es nicht an[10]. Der fruchtlose Vollstreckungsversuch innerhalb der letzten 6 Monate wegen einer Geldforderung braucht nicht von dem pfändenden Gläubiger unternommen worden sein; er kann auch von einem anderen Privatgläubiger des Schuldners betrieben worden sein. Auch ergebnislose Vollstreckung auf Grund eines nur vorläufig vollstreckbaren Schuldtitels genügt. 1590

Privatgläubiger ist, wer unabhängig von dem Gesellschaftsverhältnis einen Anspruch gegen den Schuldner hat[11], also nicht der Gesellschaftsgläubiger, der den Schuldner als Gesellschafter für eine Verbindlichkeit der Gesellschaft persönlich in Anspruch nimmt[12]. Auch ein Gesellschafter, der 1591

---

8 *RG* 67, 15; *RG Recht* 1908 Nr. 58; **a.A.** jedoch *Winnefeld* Betrieb 1977, 897; *Muth* Betrieb 1986, 1761; hierzu auch *Stein/Jonas/Brehm*, ZPO, Rdn. 14 zu § 851.
9 *BGH* NJW 1982, 2773 = a.a.O. (Fußn. 2).
10 *BGH* NJW 1982, 2773 = a.a.O. (Fußn. 2); *OLG Düsseldorf* BB 1981, 2028 = Betrieb 1981, 2600.
11 *BGH* 51, 84 (weitere Fundstellen Fußn. 13).
12 *Clasen* NJW 1965, 2141, 2142.

einen außergesellschaftlichen Anspruch gegen einen Mitgesellschafter hat, kann wie ein anderer Privatgläubiger unter den Voraussetzungen des § 135 HGB die Gesellschaft kündigen; jedoch kann er im Einzelfall wegen der gesellschaftlichen Treuepflicht auch gehalten sein, seine privaten Interessen zurückzustellen[13]. Privatgläubiger in diesem Sinne ist auch der Mitgesellschafter als Gläubiger eines Kostenanspruchs, weil die Kostenpflicht des Unterliegenden auch in Verfahren über gesellschaftsrechtliche Ansprüche unabhängig vom Gesellschaftsverhältnis entsteht[14]. Der Gesellschaftsgläubiger kann bei Vollstreckung gegen den persönlich haftenden Gesellschafter zwar dessen Anteil pfänden, von den dem Gläubiger nach der Pfändung zustehenden Rechten das Kündigungsrecht aber nicht ausüben[15].

1592 Zugestanden wird das Kündigungsrecht auch einem nachrangig pfändenden Gläubiger.

1593 dd) Dem Gläubiger des OHG-Gesellschafters steht kein *fristloses Kündigungsrecht*, sondern nur das Recht zu, die Gesellschaft sechs Monate vor dem *Ende des Geschäftsjahres*[16] für diesen Zeitpunkt aufzukündigen. Aufschluss darüber, ob das Geschäftsjahr dem Kalenderjahr gleich ist oder von ihm abweicht, kann der Gläubiger mit Auskunft des Schuldners nach § 836 Abs. 3 oder des Drittschuldners nach § 840 ZPO erlangen. Ist die vertraglich vereinbarte Kündigungsfrist kürzer, so kann sich auch der Gläubiger auf sie berufen[17]. Ausgesprochen werden muss die Kündigung gegenüber allen Gesellschaftern, also auch gegenüber dem Schuldner[18]. Die nur einem oder mehreren Gesellschaftern gegenüber erklärte Kündigung wird wirksam, sobald auch die darüber hinaus vorhandenen Gesellschafter (auch der Schuldner) von ihr Kenntnis erlangt haben[19]. Auch in dem Verlangen auf Zahlung des Auseinandersetzungsguthabens unter Hinweis auf den Pfändungs- und Überweisungsbeschluss kann eine Kündigung liegen[20]. Wegen der Frage, ob die Kündigung mit Befriedigung des Gläubigers ihre Wirkung verliert, siehe *RG* 169,153.

1593a ee) Kündigung durch den Privatgläubiger führt nun (anders als bei der BGB-Gesellschaft) zum Ausscheiden des Schuldners als Gesellschafter (§ 131 Abs. 3 Nr. 4 HGB n.F.), und zwar auch dann, wenn nur ein Gesellschafter verbleibt[21] (§ 140 Abs. 1 S. 2 HGB, entspr. Anwendung).

---

13 *BGH* 51, 84 = GmbH-Rdsch. 1969, 267 = MDR 1969, 642 = NJW 1969, 1483.
14 *BGH* Betrieb 1978, 1396 = WM 1978, 675.
15 So m.E. zutreffend *Schönle* NJW 1966, 1797; **a.A.** – Kündigungsrecht des Gesellschaftsgläubigers unter Freistellung von allen Beschränkungen des § 135 HGB – *Clasen* NJW 1965, 2141.
16 Für das die 6-monatige Kündigungsfrist nach Entstehung des Kündigungsrechts (mit Wirksamwerden der Pfändung) noch nicht abgelaufen ist. Die Kündigung zum Ende eines späteren Geschäftsjahres hält *Ulmer* in Großkomm. HGB, Rdn. 18 zu § 135, für ausgeschlossen.
17 So auch *Wieczorek/Schütze/Lüke*, ZPO, Rdn. 13 zu § 859.
18 *BGH* LM Nr. 7 zu § 142 HGB; *BGH* 97, 392 (395) = a.a.O. (Rdn. 1557 Fußn. 8).
19 *BGH* MDR 1993, 431 = MittBayNot 1993, 221 = NJW 1993, 1002.
20 *RG* in Seufferts Archiv 98 Nr. 7.
21 *Wieczorek/Schütze/Lüke*, ZPO, Rdn. 13 zu § 859.

Abweichende vertragliche Regelung kann Auflösung der Gesellschaft vorsehen[22].

4. Die für einen Gesellschafter auf *Privatkonto* (Darlehens- oder Verrechnungskonto[23]) gebuchten Beträge bilden gewöhnliche Forderungen (Darlehensforderungen); sie gehören nicht zu den gesellschaftsrechtlichen Ansprüchen. Forderungen aus Guthaben auf Privatkonto können daher ohne Einschränkung gepfändet (abgetreten und verpfändet) werden[24]. Da die Pfändung sich nicht auf das Gesellschaft-Mitgliedschaftsrecht, sondern auf einen Anspruch gegen die Gesellschaft als solche erstreckt, ist diese Drittschuldner. Auch in diesem Falle wird der Gläubiger aber vorsorglich sowohl die Gesellschaft als auch die Gesellschafter persönlich als Drittschuldner behandeln (siehe Rdn. 1584). 1594

C. Kommanditgesellschaft

Schrifttum: *Durchlaub*, Haftung des Kommanditisten einer GmbH & Co. bei Einlagenrückzahlung, BB 1979, 143; *Noack*, Die Kommanditgesellschaft (KG) im Prozess und in der Vollstreckung (Abschn. III: Pfändung eines Geschäftsanteils), Betrieb 1973, 1157.

a) Auf die Kommanditgesellschaft finden die für die offene Handelsgesellschaft geltenden Vorschriften weitgehend Anwendung (§ 161 Abs. 2 HGB). Für die Pfändung ergeben sich keine Besonderheiten. Siehe daher das Rdn. 1581–1594 Gesagte. Pfändbar sind die Ansprüche sowohl des Kommanditisten als auch die des Komplementärs. Drittschuldner[1] ist (entsprechend der Ansicht des *BGH*, dazu Rdn. 1557, 1584) die „Gesamthand", somit die Gesellschaft. Durch Zustellung des Pfändungsbeschlusses an die Gesellschaft (vertreten durch ihren bzw. ihre geschäftsführenden Gesellschafter, siehe Rdn. 1557) wird die Pfändung demnach bewirkt. Es kann nur Überweisung zur Einziehung erfolgen (siehe Rdn. 1575). Das Kündigungsrecht des Privatgläubigers (§ 135 HGB) besteht auch bei Pfändung des Privatgläubigers eines Gesellschafters einer Kommanditgesellschaft (auch eines Kommanditisten). Aktiva für einen Kommanditisten und damit Befriedigungsmöglichkeiten für seine Gläubiger können sich z. B. infolge stiller Rücklagen, auch bei passivem Kapitalkonto, ergeben. 1595

b) Der Anspruch einer Kommanditgesellschaft an einen ihrer Kommanditisten auf Zahlung der Kommanditeinlage kann – jedenfalls auf einen Gesellschaftsgläubiger – übertragen[2] und von Gesellschaftsgläubigern daher 1595a

---

22 Dazu *Roth* ZGR 2000, 187 (208).
23 Zu diesem *BGH* Betrieb 1979, 1792 sowie *BGH* Betrieb 1978, 877 = BB 1978, 630 = MDR 1978, 734 = NJW 1978, 1053 (Leits.).
24 S. *BGH* NJW 1973, 328 (329 unter 2): Auch wenn das Privatkonto nur „gesellschaftsrechtliche Ansprüche" enthält, ist dem Schuldner als Gesellschafter ein selbstständiges und übertragbares Forderungsrecht gegen die Gesellschaft erwachsen. Zum Privatkonto (zweiten Konto) des Kommanditisten *Wertenbruch* Festschr. *Gerhardt* (2004) 1077 (1087).
1 Siehe auch *BFH* BB 1987, 466 = NJW 1987, 2703: wirksam jedenfalls mit Zustellung an alle Gesellschafter (nicht auch an Schuldner).
2 *BGH* 63, 338 = DNotZ 1976, 232 mit Anm. *Recker* = MDR 1975, 558 = NJW 1975, 1022.

auch gepfändet werden[3]. Ebenso kann der Anspruch der Kommanditgesellschaft auf Zahlung der Kommanditeinlage auf einen Erwerber der Einlageforderung übertragen werden, wenn und soweit der Gegenwert in das Vermögen der Kommanditgesellschaft zugeflossen ist[4]; daher kann in einem solchen Fall auch Pfändung durch einen Gläubiger des Erwerbers der Einlagenforderung erfolgen. Entnahmen des Kommanditisten aus dem Vermögen der Gesellschaft über seine Kommanditeinlage hinaus (auch als Zahlungen aus dem Gesellschaftsvermögen an seine Gläubiger) können der Kommanditgesellschaft als Darlehen oder nach Bereicherungsrecht geschuldet sein. Von Gläubigern der Kommanditgesellschaft können auch solche Zahlungsansprüche an den Kommanditisten (der dann Drittschuldner ist) gepfändet werden[5].

1595b   c) Zur Pfändung des aus einem Gesellschaftsvertrag folgenden Freistellungsanspruchs einer Komplementär-GmbH einer GmbH & Co. KG, die als persönlich haftende Gesellschafterin für eine Gesellschaftsverbindlichkeit der Kommanditgesellschaft in Anspruch genommen wird, gegen die Kommanditisten, siehe *Weber/Jansen* NJW 1971, 1679.

D. Partnerschaft

1596   *Gepfändet wird der angebliche Anteil des Schuldners*
als Partner an dem Vermögen der Partnerschaft
zu der er sich zur Berufsausübung zusammengeschlossen hat unter dem
Namen ...   *– als Gesamthand Drittschuldnerin –*
mit ...   *– als Partner Drittschuldner –*
unter Einschluss des Auseinandersetzungsguthabens.

- Mitpfändung des Anspruchs auf Auszahlung darlehensweise oder aus sonstigem Grund gegebener Beträge (auch auf Privatkonto) sowie der Leistungen aus Geschäftsführung: wie Rdn. 1580.
- Pfändung von Einzelansprüchen wie Rdn. 1553.

1596a   a) Die *Partnerschaft* ist eine Gesellschaft, in der sich Angehörige Freier Berufe (nur natürliche Personen) zur Berufsausübung zusammengeschlossen haben (§ 1 Abs. 1 PartGG[1]). Auf die Partnerschaft finden, soweit nichts anderes im PartGG bestimmt ist, die Vorschriften des BGB über die Gesellschaft Anwendung (§ 1 Abs. 4 PartGG). Als Personengesellschaft ist die Partnerschaft damit Sonderform der Gesellschaft bürgerlichen Rechts; subsidiär kommen OHG-Bestimmungen zur Anwendung.

---

3   *OLG Hamm* GmbH-Rdsch. 1985, 61 (auch dazu, dass die Kommanditgesellschaft nicht mehr über die Einlageforderung verfügen kann).
4   *BGH* MDR 1982, 296 = NJW 1982, 35.
5   *Durchlaub* BB 1979, 143.
1   Gesetz über Partnerschaftsgesellschaften Angehöriger Freier Berufe (Partnerschaftsgesellschaftsgesetz – PartGG). Vom 25. Juli 1994, BGBl I 1744.

b) Zur Zwangsvollstreckung *in das Vermögen der Partnerschaft* ist ein gegen diese gerichteter Schuldtitel erforderlich (§ 7 Abs. 2 PartGG mit § 124 Abs. 2 HGB). Aus diesem Vollstreckungstitel gegen die Partnerschaft findet eine Zwangsvollstreckung gegen die dem Gläubiger für Verbindlichkeiten der Partnerschaft als Gesamtschuldner persönlich haftenden Partner nicht statt (§ 8 Abs. 1 S. 2 PartGG mit § 129 Abs. 4 HGB). 1596b

c) aa) Der *Anteil eines der Partner* am Vermögen der Partnerschaft kann von seinen Gläubigern nach § 857 (mit § 859 Abs. 1), § 829 ZPO gepfändet werden. Diese Pfändung erstreckt sich auf dasjenige, was dem Schuldner bei der Auseinandersetzung zukommt. Mitpfändung des Kündigungsrechts (wegen des nach § 9 Abs. 1 PartGG anwendbaren § 135 HGB): wie Rdn. 1583. 1596c

bb) *Drittschuldner* ist (folgt man der Ansicht des *BGH*, dazu Rdn. 1557 und 1584) die „Gesamthand", somit die Partnerschaft. Durch Zustellung des Pfändungsbeschlusses an die Partnerschaft (vertreten durch ihren bzw. ihre geschäftsführenden Partner) wird die Pfändung demnach bewirkt. Behandlung sowohl der Partnerschaft als auch der übrigen Partner als Drittschuldner ist dennoch ratsam (Rdn. 1584). 1596d

cc) *Pfändungswirkungen*: wie Rdn. 1585–1594. Geltendmachung des Gewinnanteils durch den Gläubiger: Rdn. 1563 sowie 1586. Die §§ 131–144 HGB, somit auch § 135 HGB, sind auf das Ausscheiden eines Partners und die Auflösung der Partnerschaft entsprechend anzuwenden (§ 9 Abs. 1 PartGG mit abweichenden Regelungen in Abs. 3 und 4). Die Kündigung durch einen Privatgläubiger eines Partners bewirkt das Ausscheiden des Schuldners, nicht damit die Auflösung der Partnerschaft (Rdn. 1593 a). 1596e

E. Europäische wirtschaftliche Interessenvereinigung

Die Europäische wirtschaftliche Interessenvereinigung[1] (= EWIV) ist der offenen Handelsgesellschaft weitgehend gleichgestellt. Jedoch werden die Geschäfte von Geschäftsführern geführt, die auch vertreten (Art. 19, 20 EWG-VO). Der Anteil eines Mitglieds der Vereinigung am Gesellschaftsvermögen kann von seinen Gläubigern daher nach § 857 (mit § 859 Abs. 1), § 829 ZPO gepfändet werden (wie Rdn. 1583). Drittschuldner: wie Rdn. 1584 (Vertretung jedoch durch Geschäftsführer). Das Kündigungsrecht eines (Privat-)Gläubigers zur Realisierung des gepfändeten Mitgliederanspruchs auf das Auseinandersetzungsguthaben bestimmt sich nach § 135 HGB (Rdn. 1589; anwendbar nach § 1 EWIV-AusfG). Die Kündigung führt nicht zur Auflösung der EWIV, sondern nur zum Ausscheiden des Mitglieds (des Schuldners; wie Rdn. 1593 a). Der Ausgeschiedene hat Anspruch auf sein Auseinandersetzungsguthaben (vgl. Art. 33 EWG-VO); darauf erstreckt sich die Pfändung (Rdn. 1583, 1587). 1597

---

1 Verordnung des Rates der Europ. Gemeinschaften über die Schaffung einer Europ. wirtschaftlichen Interessenvereinigung (EWIV), Amtsblatt der Europ. Gemeinschaften Nr. L 199 vom 31. 7. 1985, S. 1 (= EWG-VO) sowie EWIV-Ausführungsgesetz vom 14. April 1988, BGBl I 514.

5. Kapitel: Pfändung anderer Vermögensrechte

F. Stille Gesellschaft

1598 *Gepfändet werden die dem Schuldner angeblich an ... – Drittschuldner – zustehenden Ansprüche auf fortlaufende Zahlung des Gewinnanteils und das dem Schuldner bei der Auseinandersetzung zukommende Guthaben in Geld oder Sachwerten aus seiner Beteiligung als stiller Gesellschafter (als Vermögenswert seiner Mitgliedschaft) an dem vom Drittschuldner unter der Firma ... betriebenen Handelsgewerbe.*

1599 a) Die Stille Gesellschaft entsteht durch Beteiligung eines stillen Gesellschafters an dem Handelsgewerbe eines anderen mit einer Vermögenseinlage (§ 230 Abs. 1 HGB). Da nach außen hin „der andere" Vermögensinhaber ist, kann in das Gesellschafts*vermögen* nur auf Grund eines gegen ihn lautenden Schuldtitels vollstreckt werden. Der stille Gesellschafter hat (vor Auflösung des Gesellschaftsverhältnisses) zwar ein Mitgliedsrecht[1], aber keinen Vermögensanspruch[2]. Ein (pfändbarer, § 859 Abs. 1 S. 1 ZPO) Anteil am Gesellschaftsvermögen besteht nicht. Gläubiger des stillen Gesellschafters können daher in seine Ansprüche auf den *Gewinnanteil*[3] und das (künftige) *Auseinandersetzungsguthaben* (s. § 717 BGB) vollstrecken. Diese Ansprüche sind Geldforderungen. Sie werden daher nach § 829 ZPO gepfändet. Drittschuldner ist der Inhaber des Handelsgeschäfts. Die Pfändung dieser Ansprüche schränkt das Überwachungsrecht des stillen Gesellschafters (§ 233 HGB) nicht ein. Das Informations- und Überwachungsrecht des stillen Gesellschafters ist nicht abtretbar[4] und kann daher auch nicht gepfändet werden. Nach Pfändung des Gewinnanspruchs hat jedoch der Gläubiger einen Anspruch auch darauf, dass ihm vom Drittschuldner der errechnete Gewinnanteil der Höhe nach mitgeteilt wird[5].

1600 b) Die für Geltendmachung des Auseinandersetzungsguthabens notwendige Auflösung der stillen Gesellschaft regelt § 234 HGB. Die Vorschrift lautet:

§ 234 HGB
(1) Auf die Kündigung der Gesellschaft durch einen der Gesellschafter oder durch einen Gläubiger des stillen Gesellschafters finden die Vorschriften der §§ 132, 134 und 135 entsprechende Anwendung. Die Vorschriften des § 723 des Bürgerlichen Gesetzbuchs über das Recht, die Gesellschaft aus wichtigen Gründen ohne Einhaltung einer Frist zu kündigen, bleiben unberührt.

1601 c) Nach Auflösung der Gesellschaft hat der Inhaber des Handelsgeschäfts das Guthaben (nicht die Einlage) des Schuldners in Geld zu berichtigen (§ 235 HGB). Wegen des Verbots der Zahlung an den Schuldner und des Einziehungsrechts des Gläubigers gelten die allgemeinen Regeln der §§ 829, 835 ZPO. Hinfällig soll auch die Pfändung dieses (künftigen) Auseinandersetzungsguthabens werden (s. Rdn. 1576), wenn der stille Gesell-

---
1 *BGH* 51, 350 (353) = NJW 1969, 1211; *BGH* NJW 1997, 3370.
2 *BGH* 51, 350 (353) = a.a.O.
3 *BGH* GmbH-Rdsch. 1976, 37 = MDR 1976, 207 = NJW 1976, 189.
4 *BGH* a.a.O. (Fußn. 1).
5 So für den Neugläubiger nach Abtretung *BGH* a.a.O. (Fußn. 1).

schafter seine Beteiligung auf einen Dritten überträgt, bevor der Auseinandersetzungsanspruch in seiner Person entstanden ist. Dem ist mit Vorbehalt zu begegnen; praktisch wäre damit der in der Mitgliedschaft verkörperte Vermögenswert des stillen Gesellschafters bis zum Entstehen des Auseinandersetzungsanspruchs dem Zugriff seiner Gläubiger entzogen. Das kann nicht hingenommen werden. Wenn auch der stille Gesellschafter vor Aufhebung der Gesellschaft ein Mitgliedschaftsrecht hat, Zugriff auf den seiner Rechtsstellung entspringenden Vermögenswert aber nur mit Pfändung des Auseinandersetzungsguthabens ermöglicht ist, kann diese durch eine spätere Verfügung nicht wieder geschmälert werden (bei Abtretung mag dies wegen der möglichen isolierten Verfügung anders sein). Der Vollstreckungsgläubiger erlangt mit Pfändung ein Pfandrecht an dem (künftigen) Auseinandersetzungsanspruch des stillen Gesellschafters, der sein Mitgliedsrecht für die Vollstreckung verkörpert. Die Pfändung des (künftigen) Auseinandersetzungsguthabens ist somit auch auf dieses Mitgliedsrecht zu beziehen; sie schließt jedenfalls bei der stillen Gesellschaft den Zugriff auf die dem Mitgliedschaftsrecht bei Auseinandersetzung innewohnenden Vermögenswerte ein. Der Zessionar des Mitgliedsrechts kann dieses daher nur belastet mit dem Pfandrecht an dem (künftigen) Auseinandersetzungsanspruch erlangen. Die vorrangige Berechtigung hat dem Pfändungsgläubiger daher auch zuzukommen, wenn der durch Pfändung bereits geschmälerte Auseinandersetzungsanspruch des stillen Gesellschafters erst nach Zession entsteht.

d) Gläubiger des Inhabers des Handelsgewerbes können seinen Anspruch an den stillen Gesellschafter auf Leistung der Vermögenseinlage pfänden, auch wenn die Vollstreckungsforderung nicht Geschäftsschuld ist. Wenn Zahlung der Einlage an den Gläubiger aber die Geschäftsfortführung gefährden würde, braucht der stille Gesellschafter nur gegen Sicherheitsleistung zu zahlen. **1601a**

G. Innengesellschaft

a) Die Innengesellschaft ist eine Gesellschaft des bürgerlichen Rechts (siehe Rdn. 1554) in der Weise, dass ein Gesellschafter nach außen hin als Alleininhaber gilt, während im Innenverhältnis die anderen Gesellschafter mit ihm gleichberechtigt sind. Der Gesellschaft fehlt eine gemeinsame Vertretung; die Geschäfte werden nach außen nur im Namen eines Gesellschafters geschlossen, sie gehen nach innen aber für Rechnung der Gesellschaft. Es fehlt ein Gesamthandsvermögen; der nach außen in Erscheinung tretende Gesellschafter ist aber den übrigen Gesellschaftern schuldrechtlich dahin gebunden, dass das dem gemeinsamen Zweck dienende Vermögen dem Werte nach im Innenverhältnis so behandelt werden soll, als ob es Gesellschaftsvermögen sei. Dieser schuldrechtliche Anspruch auf eine anteilsmäßige Beteiligung am Vermögen besteht auch nach der Beendigung der Gesellschaft fort und führt zu einer Auseinandersetzung, bei der jeder Gesellschafter seinen Anteil an dem Wert des Vermögens erhält. **1602**

5. Kapitel: Pfändung anderer Vermögensrechte

1603 b) *Pfändbar* sind daher die (schuldrechtlichen) Ansprüche des Schuldners auf den Gewinnanteil und auf das Auseinandersetzungsguthaben, d.h. auf dasjenige, was dem Schuldner als Gesellschafter bei der Auseinandersetzung zukommt[1]. Wegen der Pfändung dieser Ansprüche siehe Rdn. 1553 ff. und 1599–1601.

1604 c) In welcher Weise die *Auseinandersetzung* vorgenommen werden muss, kann nicht allgemein gesagt werden[2]. Sie ist jedenfalls nicht in derselben Weise zu bewirken wie dann, wenn das Gesellschaftsvermögen Gesamthandvermögen geworden ist. Maßgebend ist vielmehr der – nötigenfalls im Wege der Auslegung zu ergänzende – Gesellschaftsvertrag. In der Regel braucht der Vermögensinhaber bei Auflösung der Innengesellschaft den anderen Beteiligten nur in Geld abzufinden[3]. Besteht keine abweichende Parteivereinbarung, so ist es sonach dem als Alleininhaber des Vermögens geltenden Gesellschafter überlassen, in welcher Weise er sich die Geldmittel zur Befriedigung der schuldrechtlichen Forderungen der übrigen Gesellschafter beschafft. Wenn diese den Wert ihrer verhältnismäßigen Beteiligung erhalten haben, sind sie befriedigt, ohne dass eine Versilberung des Vermögens und Teilung des Erlöses stattfinden müsste. Diese Rechtslage trifft auch der pfändende Gläubiger an. Die Pfändung des Auseinandersetzungsguthabens gibt ihm daher regelmäßig ein Pfandrecht an der Forderung auf Zahlung des Abfindungsanspruchs in Geld.

H. Aktiengesellschaft

Schrifttum: *Bauer*, Die Zwangsvollstreckung in Aktien und andere Rechte des Aktiengesetzes, JurBüro 1976, 869; *Bork*, Vinkulierte Namensaktien in Zwangsvollstreckung und Insolvenz des Aktionärs, Festschrift für W. Henckel (1995) S. 23.

1605 Inhaber- und Namensaktien (§ 10 Abs. 1 AktG) sind Wertpapiere; sie werden wie bewegliche körperliche Sachen durch den Gerichtsvollzieher gepfändet und aus freier Hand zum Tageskurs verkauft oder versteigert (§§ 808, 821 ZPO, § 155 GVGA)[1*]. Bei Vinkulierung (§ 68 Abs. 2 AktG) ist die Verwertung (nicht schon die Pfändung) der Namensaktie zustimmungsbedürftig[2*].

Sind keine Aktienurkunden ausgegeben, dann wird das Anteilsrecht des Aktionärs durch Pfändungsbeschluss nach § 857 ZPO gepfändet und entsprechend verwertet. *Wandel-* und *Gewinnschuldverschreibungen* (§ 221 AktG) sowie *Genussscheine* und *Gewinnanteilscheine* werden als körperli-

---

[1] Nach *Schmidt* JR 1977, 177 (180) kann auch der Auseinandersetzungsanspruch gepfändet werden. Er sollte jedoch von der Pfändung des Auseinandersetzungsguthabens erfasst sein.
[2] Zur Frage der Anwendung des § 725 BGB siehe *Schmidt* JR 1977, 177 (181).
[3] BGH NJW 1983, 2375.
[1*] Dies gilt auch für gebundene Namensaktien (§ 68 Abs. 2 AktG), zu deren Veräußerung jedoch Zustimmung der Gesellschaft erforderlich sein kann.
[2*] *Bork* in Festschrift für W. Henckel (1995) S. 23.

che Sachen durch den Gerichtsvollzieher gepfändet[3] und verwertet (§§ 808, 821 ZPO). Der dem Aktionär vor der Ausgabe der Aktie erteilte *Anteilschein* (sog. Zwischenschein, § 8 Abs. 4 AktG) verbrieft als Wertpapier das Mitgliedschaftsrecht genauso wie eine Aktie; Pfändung erfolgt daher gleichfalls durch den Gerichtsvollzieher[4].

Der *Gewinnanteil* des Aktionärs (§ 58 Abs. 4 AktG) ist reines Gläubigerrecht. Als solches ist der mit dem Hauptversammlungsbeschluss über Gewinnausschüttung und Festsetzung des Gewinnanteils entstandene Anspruch auch selbstständig pfändbar[5]. Da der Anspruch auch im voraus abgetreten werden kann, kann er auch als zukünftige Forderung gepfändet werden. Die zur Geltendmachung vorzulegende Aktie kann der Gläubiger nach § 836 Abs. 3 ZPO herausverlangen. Jedoch ist zur Geltendmachung des Gewinnanspruchs zumeist ein Gewinnschein (auch Dividendenschein) ausgestellt. Dessen Vorlegung ist dann zur Ausübung des Rechts notwendig. Er ist Wertpapier (nicht Legitimationspapier[6]), dessen Inhaber der Aktiengesellschaft gegenüber als Gläubiger gilt. Der Gewinnschein (Dividendenschein) und damit der Anspruch, den er verbrieft, wird daher durch den Gerichtsvollzieher gepfändet und verwertet (§§ 808, 821 ZPO).

1606

Das *allgemeine Bezugsrecht auf neue Aktien* ist untrennbarer Bestandteil der Mitgliedschaft des Aktionärs; es ist kein Sonderrecht, kann mithin nicht selbstständig gepfändet werden[7], und zwar auch nicht als künftiges Recht. Auch für die seinem Pfandrecht unterliegende Aktie kann der Gläubiger das Bezugsrecht bei Erhöhung des Grundkapitals gegen Einlagen nicht ausüben. Bei der Kapitalerhöhung aus Gesellschaftsmitteln erfasst das Pfandrecht an der alten Aktie auch die neu ausgegebene Aktie. Nach wirksam gefasstem Kapitalerhöhungsbeschluss steht dem einzelnen Aktionär der sog. *Bezugsanspruch* zu. Er ist ein persönlicher Anspruch des Aktionärs gegen die Gesellschaft auf Zuteilung neuer Aktien. Dieses Gläubigerrecht ist selbstständig pfändbar. Zu pfänden ist m.E. der persönliche Anspruch des Aktionärs gegen die Gesellschaft auf Zuteilung neuer Aktien nach §§ 857, 847 ZPO[8]. Er kann als künftiger Anspruch auch schon vor dem Erhöhungsbeschluss gepfändet werden. Drittschuldner: die Aktiengesell-

1607

---

3 Nicht zuzustimmen ist *Bauer* in JurBüro 1976, 875. Er stellt dar, die Papiere bezeugten nur ein Schuldanerkenntnis, daher sei ein Pfändungs- und Überweisungsbeschluss zu erlassen und Herausgabevollstreckung in das Papier nach § 836 Abs. 3 ZPO durchzuführen. Dies trägt der Tatsache nicht Rechnung, dass Gläubiger der Eigentümer des Papiers ist und Eigentumserwerb nicht durch Abtretung, sondern wie bei beweglichen Sachen stattfindet, weshalb auch Pfändung nach § 808 ZPO zu erfolgen hat. Siehe auch § 154 GVGA.
4 *Musielak/Becker*, ZPO, Rdn. 18 zu § 859. Unrichtig *Bauer* in JurBüro 1976, 875 f., der meint, eine Zwangsvollstreckung in Zwischenscheine nütze dem Gläubiger nichts.
5 So auch *Musielak/Becker*, ZPO, Rdn. 18 zu § 859.
6 So auch *Musielak/Becker*, ZPO, Rdn. 18 zu § 859.
7 *Zöller/Stöber*, ZPO, Rdn. 12 zu § 859; *Wieczorek/Schütze/Lüke*, ZPO, Rdn. 97 zu § 857.
8 *Stein/Jonas/Brehm*, ZPO, Rdn. 97 zu § 857; *Wieczorek/Schütze/Lüke*, ZPO, Rdn. 97, je zu § 857.

schaft, gegen die sich der Anspruch richtet, bei mittelbarem Bezugsrecht (§ 186 Abs. 5 AktG) das Kreditinstitut (Unternehmen)⁹.

1608 Pfändung des *Ausgleichsanspruchs* des außenstehenden Aktionärs (§ 304 AktG) s. *Geßler/Hefermehl/Eckhardt/Kropff*, AktG, Rdn. 59, 60 zu § 304.

1609 Die *Einlageforderung* der Aktiengesellschaft an die Aktionäre (§§ 54, 65, auch § 66 AktG) ist nur pfändbar, wenn die Forderung des Gläubigers der Aktiengesellschaft gleichwertig ist; dazu siehe Rdn. 345, 346.

I. Kommanditgesellschaft auf Aktien

1610 Gläubiger der Kommanditaktionäre können die Aktien nach dem Rdn. 1605 ff. Gesagten pfänden. Zur Kündigung ist der Gläubiger aber nicht berechtigt (§ 289 Abs. 3 AktG).

Gläubigern des persönlich haftenden Gesellschafters bietet sich die Möglichkeit der Pfändung des Anteils am Gesellschaftsvermögen (des Auseinandersetzungsguthabens) sowie der etwaigen Ansprüche aus Geschäftsführung. Diese Vollstreckung erfolgt ebenso wie die Pfändung der Ansprüche des Gesellschafters einer Kommanditgesellschaft; siehe daher Rdn. 1595 ff. Das Kündigungsrecht bestimmt sich gem. § 289 Abs. 1 AktG ebenfalls nach § 135 HGB.

K. Gesellschaft mit beschränkter Haftung

1611 *Gepfändet wird der angebliche Geschäftsanteil des Schuldners – wenn es mehrere sind, werden alle gepfändet – an der ... Gesellschaft m.b.H. – Drittschuldnerin – sowie der Anspruch des Schuldners gegen diese Drittschuldnerin auf Auszahlung der fälligen und weiter fortlaufenden Nutzungen (Gewinnbeteiligung).*

Schrifttum: *Baumann*, Die Ausschließung von GmbH-Gesellschaftern, MittRhNotK 1991, 271; *Behr*, Die Pfändung des GmbH-Geschäftsanteils, JurBüro 1995, 286; *Bischoff*, Zur pfändungs- und konkursbedingten Einziehung von Geschäftsanteilen, GmbH-Rdsch. 1984, 61; *Bokelmann*, Die Einziehung von GmbH-Anteilen im Falle der Pfändung und des Konkurses, BB 1970, 1235; *Buchwald*, Verpfändung und Pfändung von GmbH-Anteilen, GmbH-Rdsch. 1959, 254 und 1960, 5; *Döring*, Gesellschafterschutzbestimmungen und Zwangsvollstreckung, BWNotZ 1980, 152; *Fischer*, Die Pfändung und Verwertung eines GmbH-Geschäftsanteils, GmbH-Rdsch. 1961, 21; *Gottschling*, Gesellschaftsrechtliche Abfindungsklauseln in der Zwangsvollstreckung, GmbH-Rdsch. 1965, 52; *Heckelmann*, Vollstreckungszugriff und GmbH-Statut, ZZP 92 (1979) 28; *Heuer*, Der GmbH-Anteil in der Zwangsvollstreckung, ZIP 1998, 405; *Kerbusch*, Zur Erstreckung des Pfandrechts an einem GmbH-Geschäftsanteil auf den durch die Kapitalerhöhung aus Gesellschaftsmitteln erhöhten oder neu gebildeten Geschäftsanteil, GmbHR 1990, 156; *Marotzke*, Zwangsvollstreckung in Gesellschaftsanteile nach Abspaltung der Vermögensansprüche, ZIP 1988, 1509; *Michalski*, Die Zwangseinziehung eines GmbH-Anteils im Falle der Anteilspfändung, ZIP 1991, 147; *Noack*, Aktuelle Fragen der Zwangsvollstreckung gegen die GmbH, insbesondere in den GmbH-Anteil, Betrieb 1969, 471; *Noack*, Die Versteigerung von Rechten (§ 844 ZPO), insbesondere eines GmbH-Anteils, MDR 1970, 890; *Noack*, Pfändung und Verwertung eines GmbH-Anteils – Einzelfragen, JurBüro 1976, 1603; *Paulick*, Die Einziehungsklausel in der Satzung der

---

9 *Wieczorek/Schütze/Lüke*, ZPO, Rdn. 97 zu § 857.

Gesellschaft mbH

GmbH (Zugleich eine Anmerkung zum Urteil des BGH v. 19. 9. 1977, II ZR 11/76) GmbH-Rdsch. 1978, 121; *Petermann*, Die Verwertung des gepfändeten GmbH-Anteils, Rpfleger 1973, 387; *Pfaff*, Zur Pfändung eines GmbH-Anteils, GmbH-Rdsch. 1964, 92; *Polzius*, Die Versteigerung von GmbH-Anteilen nach der ZPO und dem GmbHG, DGVZ 1987, 17 und 33; *Priester*, Grundsatzregelung, Wertmaßstäbe und Zahlungsmodalitäten des Einziehungsentgelts für GmbH-Anteile bei Pfändung oder Konkurs, GmbH-Rdsch. 1976, 5; *Raabe*, Unentgeltliche Einziehung eines GmbH-Geschäftsanteils bei Pfändung und im Konkurs des Gesellschafters, BB 1956, 708; *Reiter*, Einziehung von GmbH-Geschäftsanteilen gegen wirtschaftlich nicht vollwertiges Entgelt, NJW 1973, 22; *Röder*, Die Pfändung des GmbH-Geschäftsanteils und Hilfspfändung des GmbH-Anteilsscheins, DGVZ 2007, 81; *Roth*, Pfändung und Verpfändung von Gesellschaftsanteilen, ZGR 2000, 187 (212–218); *Sachs*, Zur Einziehung von Geschäftsanteilen wegen Pfändung, GmbH-Rdsch. 1974, 84; *Sachs*, Das Entgelt bei der Anteilseinziehung wegen Pfändung, GmbH-Rdsch. 1976, 60; *Sachs*, Neue Rechtsprechung zur Einziehung von Geschäftsanteilen, GmbH-Rdsch. 1978, 169; *Schalhorn*, Kann bei einer beschlossenen Gründung einer GmbH, die im Handelsregister noch nicht eingetragen ist, ein Gläubiger eines Gesellschafters die Zwangsvollstreckung in das Gesellschaftsvermögen vornehmen? JurBüro 1971, 121; *Schneider*, Die Sicherung der Familien-GmbH vor dem Eindringen Familienfremder, GmbH-Rdsch. 1964, 219; *Schuler*, Die Pfändung von GmbH-Anteilen und die miterfassten Ersatzansprüche, NJW 1960, 1423; *Schuler*, Einziehung gepfändeter GmbH-Anteile, NJW 1961, 2281; *Seydel*, Zwangsvollstreckung in den Geschäftsanteil einer GmbH, GmbH-Rdsch. 1950, 135; *Tiedau*, Zur Wirksamkeit gesellschaftsrechtlicher Abfindungsklauseln gegenüber Vollstreckungsmaßnahmen, DNotZ 1964, 94; *Weber*, Einziehung von GmbH-Anteilen unter Wert bei Pfändung und Konkurs, BB 1969, 425.

a) Der *Geschäftsanteil* des Gesellschafters einer Gesellschaft m.b.H. (§ 3 Abs. 1 Nr. 4, § 14 GmbHG) ist veräußerlich (§ 15 Abs. 1 GmbHG) und daher auch pfändbar, und zwar auch dann, wenn die Veräußerung nur mit Genehmigung der Gesellschaft erfolgen kann[1]. Als Mitgliedschaftsrecht wird der Geschäftsanteil nach § 857 ZPO gepfändet. Ein etwa ausgegebener Anteilsschein ist Beweisurkunde, hindert also die Rechtspfändung nicht und muss zu ihrer Wirksamkeit auch nicht dem Gläubiger übergeben oder vom Gerichtsvollzieher in Besitz genommen werden. Als Urkunde über das Mitgliedschaftsrecht wird der Anteilsschein vom Pfandrecht erfasst (§ 952 Abs. 2 BGB); der Gläubiger kann ihn daher im Wege der Hilfsvollstreckung (§ 836 Abs. 3 ZPO) vom Schuldner herausverlangen[2]. 1612

b) *Drittschuldner* ist die Gesellschaft m.b.H., weil an ihrem Vermögen das Anteilsrecht besteht, ihre Rechtsstellung mithin von der Pfändung berührt wird und diese sich ohne weiteres auf die Gewinnansprüche (Rdn. 1621) sowie das Auseinandersetzungsguthaben erstreckt[3]. 1613

---

1 RG 70, 64; 124, 373; *Stein/Jonas/Brehm*, ZPO, Rdn. 20; *Wieczorek/Schütze/Lüke*, ZPO, Rdn. 37, je zu § 859.
2 *Schuler* NJW 1960, 1424; *Pfaff* GmbH-Rdsch. 1964, 92; *Noack* Betrieb 1969, 471; *Röder* DGVZ 2007, 81.
3 Ebenso *Zöller/Stöber*, ZPO, Rdn. 13; *Wieczorek/Schütze/Lüke*, Rdn. 36, je zu § 859; *Fischer* GmbH-Rdsch. 1961, 21; *Pfaff* GmbH-Rdsch. 1964, 92; *Roth* ZGR 2000, 187 (213); **a.A.** (Pfändung als drittschuldnerloses Recht nach § 857 Abs. 2 ZPO): *Schuler* NJW 1960, 1423 und 1961, 2281; *RG* 57, 414 (415); *OLG Köln* OLG 13,206; *Noack* Betrieb 1969, 471 und MDR 1970, 891. Zutreffend weist aber *Schuler* a.a.O. darauf hin, dass die Streitfrage ohne allzu große praktische Bedeutung ist, weil regelmäßig die Gewinnansprüche als Forderung gegen die Gesellschaft als Drittschuldnerin mitgepfändet werden, so dass schon deswegen Zustellung an die Gesellschaft als Drittschuldnerin erforderlich ist.

5. Kapitel: Pfändung anderer Vermögensrechte

1614 c) *Mehrere* Geschäftsanteile sind selbstständig (§ 15 Abs. 2 GmbHG). Bei der Pfändung muss daher zum Ausdruck gebracht werden, ob nur einer der Anteile oder alle gepfändet sein sollen. Im Zweifel wird die Pfändung auf alle Anteile zu beziehen sein.

1615 d) Da der Geschäftsanteil teilbar ist (§ 46 Nr. 7 GmbHG), kann, wenn der Wert des Geschäftsanteils den Betrag der Vollstreckungsforderung übersteigt, durch *Teil*pfändung und Pfandverwertung des gepfändeten Teils auch seine Teilung herbeigeführt werden. Dieser Teilung, die mit der Veräußerung nach § 844 ZPO bewirkt wird, steht nicht entgegen, dass die Teilung des Gesellschaftsanteils durch den Gesellschaftsvertrag ausgeschlossen oder von der Genehmigung der Gesellschaft abhängig ist[4].

Die Pfändung kann auch auf einen *„Bruch"*teil (z. B. $1/2$, $1/3$ oder $1/4$) des Geschäftsanteils beschränkt werden. In der Pfändung eines Bruchteils liegt keine Teilung des Geschäftsanteils; vielmehr müssen nach der Veräußerung die Mitgliedschafts- und Verwaltungsrechte vom Erwerber und Schuldner gemeinsam ausgeübt werden[5]. Da ein solcher Bruchteil kaum einmal veräußerlich sein wird, empfiehlt sich diese Bruchteilspfändung nicht.

1616 e) aa) Die Satzung kann vorsehen, dass der *Geschäftsanteil* bei Pfändung gegen vollwertiges Entgelt *eingezogen* werden kann[6] (§ 34 GmbHG)[7]. Bei Begründung des Einziehungsrechts[8] besteht der Geschäftsanteil von vornherein nur mit dieser Belastung[9]; das Einziehungsrecht wirkt daher auch gegen den pfändenden Gläubiger[10]. Zulässig dürfte auch die unentgeltliche Einziehung aus anderen im Gesellschaftsvertrag vorgesehenen Gründen (schuldhafte Pflichtverletzung u. a.) sein[11]. Ebenso hindert die Pfändung

---

4 *Schuler* NJW 1960, 1425.
5 *Schuler* NJW 1960, 1425.
6 Wirksamkeit der Einziehung setzt (in der Regel) voraus, dass die Pfändung bei Beschlussfassung in der Gesellschafterversammlung noch besteht, *OLG Hamburg* DNotI-Report 1996, 193 = GmbHR 1996, 610 = ZIP 1996, 962.
7 *OLG Frankfurt* BB 1976, 1147 = Betrieb 1976, 1758 = Rpfleger 1976, 372. Wegen aller Einzelfragen bei Einziehung siehe *Schuler* NJW 1960, 1426 und 1961, 2281. Zur Einziehung nach Pfändung und zu Einzelfragen auch *Baumann* MittRhNotK 1991, 271 (277) und *Heuer* ZIP 1998, 405 (411, 413). Zur Frage, wann ein Entgelt vollwertig ist siehe *LG Berlin* DGVZ 1963, 139. Nicht angemessen ist eine Satzung, die für den Fall des Ausscheidens oder des Ausschlusses eines Gesellschafters zwar ein Abfindungsguthaben nach dem vollen Verkehrswert vorsieht, aber die Fälligkeit auf längstens sechs Jahre ohne Zinsbeilage hinausschiebt, *BayObLG* MDR 1983, 407 = MittBayNot 1983, 24.
8 Rechtsmissbräuchlicher Einziehungsbeschluss, wenn in einer zweigliedrigen GmbH der eine Gesellschafter ein ihm von dem anderen nur zum Schein erteiltes vollstreckbares Schuldanerkenntnis in sittenwidriger Weise zur Vollstreckung und Einziehung des Geschäftsanteils seines Mitgesellschafters benutzt hat, s. *BGH* 101, 113 = DNotZ 1988, 185 = JZ 1987, 1081 mit Anm. *K. Schmidt* = MDR 1987, 1004.
9 *BGH* a.a.O. (Fußn. 17); *Schmidt* JW 1934, 550; *Raabe* BB 1956, 708 (709); *Schilling* JZ 1960, 475.
10 *BGH* a.a.O. (Fußn. 17); *Schilling* JZ 1960, 475. Begründung des Einziehungsrechts mit Satzungsänderung erst nach Anteilspfändung hat dem (nicht zustimmenden) Gläubiger gegenüber jedoch keine Wirkung, *LG Gießen* MDR 1986, 155.
11 *Schuler* NJW 1960, 1426; **a.A.** *Roth* ZGR 2004, 187 (215).

weder den satzungsgemäßen Austritt aus der Gesellschaft noch den Ausschluss des Schuldners[12]. In allen Fällen setzt sich das am Geschäftsanteil wirksam gewordene Pfandrecht an dem als Abfindung zu zahlenden Entgelt bzw. Auseinandersetzungsguthaben fort.

bb) Nichtig ist jedoch eine Satzungsbestimmung, die die Gesellschaft *nur* für den Fall der Pfändung zur unentgeltlichen oder nicht vollwertigen Einziehung des Geschäftsanteils ermächtigt[13], die mithin darauf angelegt ist, das Pfändungspfandrecht eines Vollstreckungsgläubigers zu vereiteln[14]. Das ist auch der Fall, wenn die Satzungsbestimmung über die nicht vollwertige Einziehung des Geschäftsanteils zwar nicht ausschließlich, aber doch neben der nur theoretisch denkbaren Möglichkeit speziell auf den Fall der Zwangsvollstreckung abgestellt ist[15]. Da diese Nichtigkeit im Hinblick auf das objektiv mangelhafte Entgelt eintritt, ist sie unabhängig davon, ob das Entgelt etwa im Einzelfall die Forderung des Gläubigers deckt[16].

cc) Wirksam kann die Satzung die nicht vollwertige Einziehung des Geschäftsanteils in der Weise regeln, dass sie außer bei Einleitung von Zwangsvollstreckungsmaßnahmen aus wichtigen, in der Person eines Gesellschafters liegenden Gründen vorgesehen wird[17]. Insbesondere ist daher eine Satzungsbestimmung wirksam, die bei Pfändung eines Geschäftsanteils dessen Einziehung gegen ein Entgelt zulässt, das nach den wahren Vermögenswerten der Gesellschaft, aber ohne Ansatz eines Firmenwerts berechnet werden soll, wenn dieselbe Entschädigungsregelung auch für den vergleichbaren Fall der Ausschließung eines Gesellschafters aus wichtigem Grund[18] oder seines Ausscheidens bei Eröffnung des Insolvenzverfah-

---

12 *Schuler* NJW 1960, 1426.
13 *RG* 142, 373; *BGH* 32, 151 = DNotZ 1960, 331 = JZ 1960, 743 mit Anm. *Schilling* = LM Nr. 3 zu § 34 GmbHG mit Anm. *Fischer* = MDR 1960, 565 = NJW 1960, 1053 und 1293 mit Anm. *Schuler*; *BGH* GmbHR 2000, 822 = MittRhNotK 2000, 349 = NJW 2000, 2819; *OLG Hamburg* BB 1970, 1321; *Buchwald* GmbH-Rdsch. 1959, 255; *Gottschling* GmbH-Rdsch. 1965, 52; *Bokelmann* BB 1970, 1236; *LG Berlin* DGVZ 1963, 139; **a.A.** *Schneider* GmbH-Rdsch. 1964, 219 (unbedenklich bis zur Grenze des Sittenverstoßes oder der Anfechtung); *Raabe* BB 1956, 708; *Heckelmann* ZZP 92 (1979) 28; zur bedingten Einziehbarkeit gepfändeter GmbH-Geschäftsanteile s. *Wolany* in Festschrift für *H. C. Nipperdey* (1965).
14 *BGH* a.a.O. (Fußn. 17).
15 So *Tiedau* DNotZ 1964, 94; *Knur* DNotZ 1961, 309; *LG Hamburg* DNotZ 1964, 110; *Fischer* LM Nr. 3 zu § 34 GmbHG; *Schmidt* JW 1934, 550.
16 *Schuler* NJW 1961, 2281.
17 *BGH* 65, 22 = BB 1975, 1177 mit Anm. *Mettenheim* = GmbH-Rdsch. 1975, 227 = MDR 1975, 1001 = NJW 1975, 1835. Zu diesem Beschluss siehe *Priester* GmbH-Rdsch. 1976, 5 und *Sachs* GmbH-Rdsch. 1976, 60. Ebenso *OLG Frankfurt* GmbH-Rdsch. 1978, 172 = OLGZ 1978, 86 = NJW 1978, 328 (dies auch zur Nichtberücksichtigung der stillen Reserven sowie Bemessung des Entgelts nach der letzten Steuerbilanz und Zahlung des Entgelts in Raten); *LG Köln* MittRhNotK 1981, 240. Zur (Zulässigkeit der) Beschränkung des Abfindungsanspruchs allgemein auch *BGH* 116, 359 = DNotZ 1992, 526 = NJW 1992, 892 sowie *Reimann* DNotZ 1992, 472.
18 *BGH* a.a.O. (Fußn. 17); *OLG Hamburg* GmbH-Rdsch. 1983, 146 = MittBayNot 1983, 26 (Nichtberücksichtigung von Firmenwert und stillen Reserven).

rens[19] gilt. Eine solche Satzungsregelung braucht nicht für alle Fälle des Ausscheidens (z. B. für Ausscheiden des Gesellschafters aus wichtigem Grund ebenso wie für das vom Gesellschafter selbst verschuldete Ausscheiden) das gleiche (nicht vollwertige) Entgelt vorsehen[20]. Erforderlich ist jedoch, dass die Satzung für vergleichbare Fälle die gleiche Regelung trifft, dass sie also für Anteilspfändung gleichermaßen wie für Ausschließung aus wichtigem Grund gilt[21].

1619 dd) Wenn im Einzelfall die wirtschaftlichen Verhältnisse im Zeitpunkt der Pfändung so liegen, dass der Gesellschafter, etwa unter dem Gesichtspunkt der unzulässigen Rechtsausübung, sich mit dem in der Satzung festgelegten geringen Einziehungsentgelt oder gar mit unentgeltlicher Einziehung nicht zufrieden zu geben braucht, kann darauf sich auch der Pfändungsgläubiger berufen[22].

1619a ee) Auch eine Pflicht zur Abtretung des Geschäftsanteils bei Pfändung kann durch den Gesellschaftsvertrag begründet werden. Der Erwerber kann den Geschäftsanteil aber nur pfandrechtsbelastet erlangen[23].

1620 f) Bis *zur Verwertung* des gepfändeten Geschäftsanteils ändert die Pfändung die Rechtsstellung des Schuldners als Gesellschafter nicht. Sie gibt dem Gläubiger also weder die Stellung noch die Rechte eines Gesellschafters (siehe Rdn. 1561), also insbesondere nicht die Befugnis zur Ausübung des Stimmrechts[24], zur Mitwirkung bei der Kontrolle der Geschäftsführung (§ 46 Nr. 6 GmbHG) oder zur Einberufung der Gesellschafterversammlung (§ 50 GmbHG); er ist nicht informationsberechtigt nach § 51a

---

19 *OLG Celle* NJW-RR 1986, 663.
20 *BGH* a.a.O. (Fußn. 17); *OLG Hamburg* a.a.O. (Fußn. 18).
21 *BGH* a.a.O. (Fußn. 17). Bisher noch allgemeiner: Man wird aber das Interesse der Gesellschaft, von vornherein ihren Bestand zu sichern, also bereits in einem Zeitpunkt, in dem Zwangsvollstreckungsmaßnahmen überhaupt noch nicht abzusehen sind, nicht verneinen können. Daher müssen Satzungsbestimmungen, die gleichmäßig für alle Fälle einer Einziehung gelten und die Berechnung der Abfindung für einen eingezogenen Geschäftsanteil sowie Art und Weise der Zahlung festlegen, auch dann für wirksam erachtet werden, wenn die Einziehung durch Pfändung ausgelöst wird. Siehe insbes. *Tiedau* DNotZ 1964, 94; *OLG Frankfurt* BB 1974, 100 = Betrieb 1974, 84; so wohl auch *Weber* BB 1969, 425; **a.A.** insbes. *Bokelmann* BB 1970, 1235 mit weit. Nachw.; *OLG Karlsruhe* GmbH-Rdsch. 1967, 214; *OLG Frankfurt* a.a.O. (Fußn. 7).
22 *BGH* a.a.O. (Fußn. 17).
23 Siehe *Baumann* MittRhNotK 1991, 271 (278). Der Gesellschaftsvertrag kann den Wegfall des mit Pfändung erlangten Pfandrechts nicht vorsehen.
24 *KG* JW 1932, 757; *RG* 139, 228; 157, 55; *OLG München* JurBüro 1988, 1740; *LG Köln* Rpfleger 1989, 511 (Mitpfändung des Stimmrechts daher unzulässig und ohne Wirkung). Zur Frage, inwieweit Gesellschafterbeschlüsse zum Nachteil des Gläubigers gefasst werden können, siehe *Buchwald* GmbH-Rdsch. 1960, 6; *Wieczorek/Schütze/Lüke*, ZPO, Rdn. 38 zu § 857; *Roth* ZGR 2000, 187 (216). Das Stimmrecht ist infolge seines persönlichen Charakters auch nicht selbstständig pfändbar; *Noack* Betrieb 1969, 471. *Heuer* ZIP 1998, 405 (409, 413) ist (entgegen der herrschenden Meinung) der Auffassung, dass der Schuldner sein Stimmrecht nur mit Zustimmung des vollstreckenden Gläubigers ausüben kann.

GmbHG[25]. Wegen der Auswirkungen der Pfändung auf beabsichtigte Satzungsänderungen siehe *Schuler* NJW 1960, 1428 (auch *LG Gießen* MDR 1986, 155). Kündigung der Gesellschaft durch den Schuldner (§ 60 Abs. 2 GmbHG) ist unzulässige Verfügung über den gepfändeten Geschäftsanteil; sie ist daher nur mit Zustimmung des Gläubigers diesem gegenüber wirksam[26]. Der Schuldner kann ebenso nicht durch Zustimmung zur Einziehung seines Anteils (§ 34 Abs. 2 GmbHG) aus der Gesellschaft ausscheiden[27].

Streitig ist, ob der Anspruch auf Auszahlung der Nutzungen (auf *Gewinnbeteiligung*) von der Pfändung eines Geschäftsanteils erfasst[28] wird oder trotz Pfändung dem Schuldner verbleibt. Daher empfiehlt es sich, dieses Forderungsrecht ausdrücklich mitzupfänden. Der Anspruch des Gesellschafters auf Vergütung für die Leistung persönlicher Dienste und für sonstige Nebenleistungen wird von der Pfändung des Gesellschaftsanteils nicht erfasst[29].

1621

Bei *Umwandlung der Gesellschaft m.b.H.* in eine Aktiengesellschaft setzt sich das Pfandrecht am Geschäftsanteil an der an seine Stelle getretenen Aktie fort. Wegen der Auswirkungen der Kapitalerhöhung aus Gesellschaftsmitteln siehe *Kerbusch* GmbHR 1990, 156 und *Schuler* NJW 1960, 1427.

1622

g) aa) Die Pfändung des Geschäftsanteils sichert dem Gläubiger Befriedigung aus demjenigen, was dem Schuldner als Surrogat des Anteils zukommt, also bei der Auseinandersetzung als Liquidationsquote (§ 72 GmbHG)[30], Einziehungsentgelt (§ 34 GmbHG), Überschuss aus dem Verkauf des abandonnierten Anteils (§ 27 Abs. 2 GmbHG), auf die Stammeinlagenrückzahlung im Falle einer Kapitalherabsetzung (§ 58 GmbHG) und als Rückzahlung eines geleisteten Nachschusses (§ 34 GmbHG)[31]. Die (künftige) Forderung auf Abfindung oder das Auseinandersetzungsguthaben[32] und die übrigen Surrogationsansprüche können auch selbstständig gepfändet werden. Drittschuldner ist die Gesellschaft m.b.H.[33]. Hinfällig ist die Pfändung der Auseinandersetzungsforderung jedoch, wenn der

1623

---

25 *BayObLG* 1988, 349 (355) = NJW-RR 1989, 350; anders *Heuer* ZIP 1998, 405 (411, 413): Hilfspfändung des Informationsrechts. Zum Auskunftsanspruch gegen den Schuldner siehe aber § 836 Abs. 3 ZPO.
26 *Schuler* NJW 1960, 1426; *Heuer* ZIP 1998, 405 (409, 413); *Stein/Jonas/Brehm*, ZPO, Rdn. 22 zu § 859.
27 *Heuer* ZIP 1998, 405 (409, 413).
28 Dies wird z. B. verneint von *Schuler* NJW 1960, 1424; *Buchwald* GmbH-Rdsch. 1959, 255; *Noack* Betrieb 1969, 471; *Wieczorek/Schütze/Lüke*, ZPO, Rdn. 42 zu § 859; **a.A.** z. B. *Roth* ZGR 2000, 187 (212, 213); *Pfaff* GmbH-Rdsch. 1964, 92.
29 *Noack* Betrieb 1969, 471.
30 Siehe *Schuler* NJW 1960, 1426; Wegen der erst nach Ablauf des Sperrjahrs möglichen Auszahlung siehe § 73 GmbHG.
31 Siehe *Buchwald* GmbH-Rdsch. 1959, 254; *Schuler* NJW 1960, 1427.
32 Die erst mit dem Ausscheiden des Gesellschafters oder der Auflösung der GmbH entsteht, *BGH* 104, 351 (352) = a.a.O. (Fußn. 36).
33 Vorausabtretung des Auseinandersetzungsguthabens ist zulässig (*BGH* 88, 205 = MDR 1984, 122 = NJW 1984, 492), mithin auch dessen Pfändung (§ 851 Abs. 1 ZPO).

Schuldner seinen Geschäftsanteil an einen Dritten abtritt, bevor in seiner Person der Auseinandersetzungsanspruch entstanden ist[34]. Desgleichen kann (frühere) Pfändung der (künftigen) Forderung auf Abfindung oder das Auseinandersetzungsguthaben nur ein nachrangiges Pfandrecht begründen, wenn danach der GmbH-Geschäftsanteil gepfändet wird, noch bevor der Abfindungs- oder Auseinandersetzungsanspruch entstanden ist[35]. Die Vorausabtretung der Abfindungsforderung wird ebenso hinfällig, wenn der GmbH-Gesellschafter seinen Geschäftsanteil an einen Dritten abtritt, bevor in seiner Person die Abfindungsforderung entstanden ist[36]. Ins Leere geht die Vorausabtretung des (künftigen) Abfindungsanspruchs damit auch, wenn ein Gläubiger des Gesellschafters dessen Geschäftsanteil pfänden und dann auf gerichtliche Anordnung hin versteigern oder freihändig veräußern lässt[37] (§ 844 ZPO). Der Erwerber erlangt einen vollwertigen Geschäftsanteil und der vollstreckende Gläubiger aus dessen Verwertung den Erlös[38]. Wird zuerst der Anspruch auf die Abfindung oder das Auseinandersetzungsguthaben an einen Dritten abgetreten und sodann von einem Gläubiger des Gesellschafters dessen Geschäftsanteil gepfändet und ziehen sodann die GmbH-Gesellschafter den Geschäftsanteil des Schuldners ein, dann erwirbt der Dritte (Zessionar) den an die Stelle des Anteils tretenden Abfindungsanspruch belastet mit dem Pfändungspfandrecht[39]. Die sofort wirksam gewordene (spätere) Pfändung des Geschäftsanteils geht somit der erst mit der Entstehung des Anspruchs auf die Abfindung wirksam gewordenen (früheren) Abtretung vor[40]. Wenn nach Abtretung der Forderung auf Abfindung oder das Auseinandersetzungsguthaben deren Pfändung (oder auch noch Pfändung des Gesellschaftsanteils) durch einen Gläubiger des (bisherigen) Gesellschafters in einem Zeitpunkt erfolgt, in dem der Anspruch auf die Abfindung oder das Auseinandersetzungsguthaben (mit Einziehung des Anteils, Ausscheiden des Gesellschafters oder Auflösung der GmbH) bereits entstanden ist, besteht die angebliche Schuldnerforderung nicht mehr; die Forderung auf Abfindung oder das Auseinandersetzungsguthaben steht infolge der (bereits wirksam gewordenen) Vorausabtretung dem neuen Gläubiger, nicht mehr aber dem Schuldner als (vormaligem) Gesellschafter zu[41], so dass in einem solchen Fall die Pfändung ins Leere geht.

1624 bb) Ist im Gesellschaftsvertrag die Kündigung als Auflösungsgrund vereinbart (§ 60 Abs. 2 GmbHG), so kann das Kündigungsrecht als Neben-

---

34 *BGH* 88, 205 = a.a.O. (Fußn. 33; für Vorausabtretung der Auseinandersetzungsforderung); auch *Müller* ZIP 1994, 342 (für Vorausabtretung).
35 *Münzberg* JZ 1989, 253 (254).
36 *BGH* 104, 351 (353) = DNotZ 1989, 380 = GmbHR 1989, 71 = JZ 989, 252 mit zust. Anm. *Münzberg* = MDR 1989, 143 = NJW 1989, 458; *Armbrüster* NJW 1991, 607; *Müller* ZIP 1994, 342. Kritisch zu dem BGH-Urteil *Marotzke* ZIP 1988, 1509.
37 *BGH* 104, 351 (353) = a.a.O.
38 *BGH* 104, 351 (353) = a.a.O.
39 *BGH* 104, 351 = a.a.O.
40 *BGH* 104, 351 (352) = a.a.O.
41 *BGH* 104, 351 (355) = a.a.O.

recht (siehe auch Rdn. 1647) nach Überweisung zur Einziehung auch vom Gläubiger ausgeübt werden[42] (siehe Rdn. 602). Verwertung mit Überweisung zur Einziehung ist dann aber gegenüber der Anordnung der Veräußerung (anderen Verwertung, Rdn. 1625) die Besonderheit. Sie kann daher nicht zugleich mit der Pfändung ohne Prüfung angeordnet werden, ob Veräußerung oder sonst Verwertung nach § 844 ZPO möglich und günstiger ist[43]. Das Kündigungsrecht kann ausdrücklich *mit*gepfändet werden[44].

cc) In sonstigen Fällen hat der Gläubiger kein eigenes *Kündigungsrecht*. Er kann die Auflösung der Gesellschaft daher sonst nicht betreiben, den Geschäftsanteil also nicht verwerten. Daher verbietet sich in diesen Fällen auch die Überweisung des Geschäftsanteils[45], sofern nicht Veräußerung nach § 844 ZPO ausscheidet, z. B. deshalb, weil die GmbH aufgelöst oder der Anteil einzuziehen ist[46]. Eine Überweisung kann dann nur für die von der Pfändung erfassten Einzelansprüche, insbesondere den Anspruch auf das Auseinandersetzungsguthaben und den Gewinnanteil ausgesprochen werden.

dd) Im Übrigen muss der Geschäftsanteil nach § 844 ZPO anderweit *verwertet* werden[47]. Meist wird Versteigerung angeordnet[48] (zur Internetversteigerung Rdn. 1472). Diese Anordnung erfordert wirksame Pfändung (Rdn. 1469), damit auch Bestand des gepfändeten (angeblichen) Geschäftsanteils des Schuldners[49]. Der Bestand des gepfändeten Anteils ist für Versteigerungsanordnung daher jedenfalls dann zu überprüfen, wenn sich ein Beteiligter auf dessen Nichtbestand (z. B. infolge Einziehung nach Pfändung) beruft[50] oder wenn sich sonst Zweifel am Bestand des Geschäftsanteils des Schuldners ergeben[51]. Erfolgt die Versteigerung[52] durch den Gerichtsvollzieher[53] nach § 814 ZPO, so geht der Anteil mit dem Zuschlag auf den Erwerber über[54]. Notarielle Beurkundung ist nicht erforderlich, § 15 Abs. 3 GmbHG findet keine

1625

---

42 *LG Berlin* GmbHR 1988, 70 = MDR 1987, 592 = Rpfleger 1987, 379; *LG Gießen* JurBüro 1999, 49.
43 *LG Berlin* MDR 1987, 592 = a.a.O.; *LG Hannover* DGVZ 1990, 140.
44 *Herzig* JurBüro 1968, 1011, der Mitpfändung ausdrücklich für notwendig hält. Nicht zutreffend aber *LG Karlsruhe* JurBüro 1968, 1008.
45 *KGJ* 10, 392; *KG* OLG 10, 397; *Schuler* NJW 1960, 1424.
46 *Stein/Jonas/Brehm*, ZPO, Rdn. 22 zu § 859.
47 Verwertung durch Übertragung auf den Gläubiger: *AG Mannheim* BB 1953, 129. Das *AG Konstanz* hat DGVZ 1967, 190 ausnahmsweise auch Teilung und Übertragung des GmbH-Anteils durch das Vollstreckungsgericht für zulässig erachtet. Das *AG Berlin-Charlottenburg* DGVZ 1978, 92 hat Bestimmung der Person, der Erwerb bei freihändiger Veräußerung angetragen werden soll, für zulässig erachtet.
48 Der Verwertungsbeschluss kann auch von der GmbH angefochten werden (*OLG Frankfurt* BB 1976, 1147 = Betrieb 1976, 1758 = Rpfleger 1976, 372), und zwar mit sofortiger Beschwerde nach § 793 ZPO (*LG Limburg* DGVZ 1976, 88).
49 *LG Gießen* JurBüro 1999, 49.
50 *OLG Frankfurt* a.a.O. (Fußn. 48); *LG Gießen* JurBüro 1999, 49 (50).
51 *LG Gießen* JurBüro 1999, 49 (50).
52 Zu ihr *Polzius* DGVZ 1987, 33.
53 Abtretung des GmbH-Geschäftsanteils nach Pfändung ist auf die Versteigerung durch den Gerichtsvollzieher ohne Einfluss, *LG Berlin* DGVZ 1964, 187; *LG Hannover* DGVZ 1990, 140.
54 *LG Berlin* DGVZ 1965, 156.

5. Kapitel: Pfändung anderer Vermögensrechte

Anwendung (siehe Rdn. 1473, 1627). Für Ausübung der Mitgliedschaftsrechte muss der Erwerber in der in das Handelsregister aufgenommene Gesellschafterliste eingetragen sein (näheres dazu § 16 GmbHG). Mit dem Geschäftsanteil erlangt der Erwerber die Gesellschafterstellung, also nicht nur die Rechte des Schuldners, sondern auch seine auf dem Geschäftsanteil ruhenden Pflichten (§§ 16, 24 GmbHG). Die Übergabe etwa ausgestellter Anteilscheine ist für die Versteigerung nicht erforderlich; der Anteilserwerber kann sie vom Besitzer nach §§ 402, 413 BGB herausverlangen[55]. Versteigerungsort bei Versteigerung durch den Gerichtsvollzieher ist, wenn das Vollstreckungsgericht keine anderen Anordnungen getroffen hat, der Ort, an dem die Geschäfte der Gesellschaft m.b.H. geführt werden, weil hier die Käufer am besten die Möglichkeit haben, den Wert des Anteils zu beurteilen.

1626 § 817 a ZPO über das Erfordernis eines *Mindestgebotes* gilt bei der Verwertung des GmbH-Anteils durch den Gerichtsvollzieher nur, wenn das Vollstreckungsgericht im Verwertungsbeschluss ein Mindestgebot festgelegt hat[56] (dazu Rdn. 1473). Bewertung des Anteils und Beachtung der Mindestgebotsvorschriften gebietet stets Schutz des Schuldners vor Verschleuderung des Pfandgegenstandes (Rdn. 1466). In Ergänzung des Verwertungsbeschlusses kann das Mindestgebot auch nachträglich, insbesondere auf Anregung des Gerichtsvollziehers – nach Anhörung der Beteiligten – bestimmt werden. Das Vollstreckungsgericht kann in entsprechender Anwendung des § 813 Abs. 1 S. 3 ZPO auch Bewertung (Schätzung) durch einen Sachverständigen anordnen[57]. Abhängig ist das Mindestgebot vom gemeinen Wert des Anteils, der, soweit er nicht aus Verkäufen abgeleitet werden kann, unter Berücksichtigung des Vermögens und der Ertragsaussichten der Gesellschaft (zur Buchführung und Bilanzierungspflicht der Gesellschaft siehe §§ 41, 42 GmbHG) zu schätzen ist (vgl. § 11 Abs. 2 BewG)[58]. Wesent-

---

55 *Isselhorst* JVBl 1935, 23. Zur Wegnahme des Anteilsscheins nach §§ 836, 883 ZPO und zu seiner Hilfspfändung siehe außerdem *Noack* MDR 1970, 892.
56 *Noack* Betrieb 1969, 472 und MDR 1970, 891; *AG Witzenhausen* DGVZ 1995, 174 (Feststellung des Wertes durch das Vollstreckungsgericht wenn es nur die Anwendung des 817 a ZPO angeordnet hat); *Petermann* Rpfleger 1973, 387; *AG Elmshorn* DGVZ 1993, 190; auch *LG Hannover* DGVZ 1990, 140 (wenn das Vollstreckungsgericht kein Mindestgebot festgesetzt hat, muss der Gerichtsvollzieher zur Erstellung des Mindestgebotes ein Sachverständigengutachten einholen).
57 *Petermann* Rpfleger 1973, 388 (389), der auch darstellt, wie dem Sachverständigen durch Hilfspfändung die für die Schätzung benötigten Unterlagen zugänglich gemacht werden können; dazu (nicht zutreffend) auch *LG Essen* Rpfleger 1973, 410.
58 Wegen der Grundsätze für die Bewertung eines GmbH-Geschäftsanteils siehe die Nachweise bei *Noack* MDR 1970, 892 (li.Sp.). Nach *Petermann* Rpfleger 1973, 388 benötigt der Sachverständige für eine Bewertung des GmbH-Anteils mindestens die Jahresabschlüsse (Bilanz sowie Gewinn- und Verlustrechnung) der drei vorangegangenen Kalenderjahre, u.U. auch Angaben über die Höhe des Gehalts des Geschäftsführers. Zu Wert und Bewertung von GmbH-Anteilen siehe auch *Schöne* GmbH-Rdsch. 1975, 121. Zur Bewertung von GmbH-Anteilen außerdem GmbH-Rdsch. 1976, 75 und 228 sowie *OLG München* GmbHR 1988, 216 = NJW-RR 1988, 751. Zur Bewertung nicht notierter GmbH-Anteile an Familiengesellschaften siehe *Stöcker* BB 1975, 1383. Ermittlung des Gegenstandswerts von verkauften GmbH-Geschäftsanteilen zur Bemessung der Anwaltskosten siehe *BGH* Betrieb 1975, 1934.

liche Anhaltspunkte für die Wertermittlung vermag der Feststellungsbescheid des Finanzamtes über die Berechnungsgrundlage für die Bewertung der Geschäftsanteile der Gesellschaft zu geben. Bedeutsam ist auch, ob der Geschäftsanteil voll oder nur teilweise einbezahlt ist und ob dem Geschäftsanteil bei Verwertung ein Anspruch auf (künftigen) Reingewinn anhaftet, der bilanzmäßig sowie durch einen Gewinnverteilungsbeschluss noch nicht ausgewiesen ist. Bereitet die Feststellung eines Mindestpreises erhebliche Schwierigkeiten, kann Verschleuderung des Schuldnervermögens zu besorgen (Rdn. 1466) und daher die beantragte Versteigerung des Geschäftsanteils (bis zur Klärung) abzulehnen sein[59].

Bei freihändiger Veräußerung des GmbH-Anteils – nicht aber bei Veräußerung im Wege der Zwangsvollstreckung durch den Gerichtsvollzieher[60] – bedarf der Vertrag im Hinblick auf § 15 Abs. 3 GmbHG der notariellen Beurkundung[61]. Einer satzungsmäßig vorgesehenen Zustimmung der Gesellschaft bedarf es auch bei Pfandverwertung durch freihändigen Verkauf ebensowenig wie für die Pfändung selbst[62]. Auch Veräußerungsbeschränkungen nach § 15 Abs. 5 GmbHG gelten für die freihändige Veräußerung nicht[63].

ee) Die Gesellschaft, die den Geschäftsanteil nicht einziehen will oder kann, kann dem Eindringen Fremder mit Verwertung durch Befriedigung des Gläubigers nach § 267 BGB begegnen[64].

h) Vor Eintragung in das Handelsregister besteht die Gesellschaft m.b.H. als solche nicht (§ 11 Abs. 1 GmbHG). Die mit Abschluss des Gesellschaftsvertrags errichtete Gesellschaft m.b.H. untersteht als im Werden begriffene Gesellschaft m.b.H. (Gründergesellschaft) jedoch bereits einem dem Recht der rechtsfähigen Gesellschaft angenäherten Sonderrecht, soweit es nicht die Eintragung voraussetzt. Geschäftsanteile bestehen aber noch nicht[65]. Daher ist auch ein Gesellschafterwechsel durch Veräußerung eines Gesellschaftsanteils noch nicht möglich[66]. Das hindert auch die Pfändung eines Geschäftsanteils[67]. Zulässig ist jedoch die Pfändung des künftigen Geschäftsanteils des Schuldners[68], der mit Eintragung der Gesellschaft m.b.H. in das Handelsregister entsteht. Weil auf die Vorgesellschaft die für die Gesellschaft m.b.H. geltenden Regeln anzuwenden sind, muss auch die vom Schuldner als Gründungsmitglied erlangte vermögensrechtliche Mitbeteiligung an einem bereits gebildeten oder noch zu erlangenden

---

59 *OLG Düsseldorf* Rpfleger 2000, 400.
60 *Buchwald* GmbH-Rdsch. 1960, 8.
61 *RG* 164, 162; *Buchwald* GmbH-Rdsch. 1960, 8.
62 *BGH* a.a.O. (Fußn. 17); *Schuler* NJW 1960, 1424 Fußn. 8; *Stein/Jonas/Brehm* ZPO, Rdn. 23 zu § 859; **a.A.** *OLG Hamburg* NJW 1960, 870.
63 *Buchwald* GmbH-Rdsch. 1960, 8.
64 *Schuler* NJW 1969, 1293 und 1961, 2281.
65 *BGH* NJW-RR 2005, 469.
66 *BGH* a.a.O.
67 **Anders** (nach früherer Auffassung) *Schalhorn* JurBüro 1971, 121.
68 Hierzu auch *Stein/Jonas/Brehm*, ZPO, Rdn. 28 zu § 859.

Gesellschaftsvermögen der Vor-G.m.b.H. jedenfalls zusammen mit dem künftigen Geschäftsanteil pfändbar sein. Sie ist rechtlich geschützte Position von „wirtschaftlichem Wert" (Rdn. 1461); das rechtfertigt Pfändung als anderes Vermögensrecht nach § 857 Abs. 1 ZPO. Diese Pfändung sichert dem Gläubiger Befriedigung aus dem anteiligen Vermögenswert, der dem Schuldner bei Liquidation der Gründungsgesellschaft zukommt; das durch sie begründete Pfandrecht besteht an dem Anteil des Schuldners an dem Gesellschaftsvermögen der BGB-Gesellschaft oder offenen Handelsgesellschaft fort, in die sich die Vorgesellschaft umwandelt, wenn die Registereintragung nicht mehr erstrebt wird (Rdn. 1629 b).

1629a i) Die *Einmann-GmbH* ist gleichfalls juristische Person. Auch der Geschäftsanteil ihres Gesellschafters ist veräußerlich (§ 15 Abs. 1 GmbHG) und daher pfändbar (Rdn. 1612). Drittschuldner ist auch hier die Gesellschaft m.b.H. (Rdn. 1613). Die an sie zu bewirkende Zustellung erfolgt an ihren Geschäftsführer als gesetzlicher Vertreter (§ 170 Abs. 1 ZPO) auch dann, wenn der Schuldner als Alleingesellschafter zugleich Geschäftsführer ist. Wie der Geschäftsanteil des Alleingesellschafters einer Einmann-GmbH wird auch der Schuldneranteil an einer Einmann-Gründergesellschaft (Rdn. 1629) gepfändet.

1629b k) Wird die Registereintragung der Gründergesellschaft (Vor-GmbH) nicht mehr betrieben (aufgegeben) und ist sie auch nicht schon als solche aufgelöst, dann ist die fortbestehende Personenvereinigung nicht mehr Durchgangsstufe zur werdenden Gesellschaft m.b.H. mit körperschaftlicher Struktur. Die Vor-GmbH wandelt sich damit um in eine Offene Handelsgesellschaft (wenn ein Handelsgeschäft unter gemeinschaftlicher Firma betrieben wird) oder in eine BGB-Gesellschaft[69]. Anteilspfändung hat dann nach den für diese Gesellschaften geltenden Grundsätzen zu erfolgen. Dementsprechend kann der Gläubiger des Gründers einer Einmann-Vor-GmbH, deren Registereintragung aufgegeben (endgültig zurückgewiesen) worden ist, unmittelbar in die Forderungen und Vermögensrechte vollstrecken[70], die in die Vor-GmbH eingebracht oder von dieser erworben wurden. Entsprechendes gilt, wenn die Gesellschafter gar nicht beabsichtigt haben, die Eintragung der Gesellschaft in das Handelsregister zu betreiben. Es liegt dann eine sog. „unechte Vorgesellschaft" vor, auf welche die Vorschriften anzuwenden sind, die für die Gesellschaftsform gelten, in der die Personenvereinigung im Einzelfall betrieben wird, nämlich entweder OHG-Recht oder BGB-Gesellschaftsrecht[71].

1629c l) Rang bei *Verpfändung* und Pfändung des GmbH-Geschäftsanteils: Rdn. 773 a. Das (besserrangige) Vertragspfandrecht begründet kein Drittwiderspruchsrecht (§ 771 ZPO), sondern nur ein Recht auf vorzugsweise Befriedigung (§ 805 ZPO)[72].

---

69 *BGH* 143, 314 (319, 320).
70 *LG Berlin* NJW-RR 1988, 1183.
71 *BGH* 143, 314 (319).
72 *OLG Hamm* NJW-RR 1990, 233.

m) *Bezüge des Schuldners*, die er als Gesellschafter-Geschäftsführer bezieht, sind Arbeitseinkommen (Rdn. 886). Als solches unterliegen sie dem Pfändungsschutz der §§ 850 ff. ZPO. Sie sind daher nach den für Arbeitseinkommen geltenden Bestimmungen (3. Kap.) zu pfänden. Dass sie als „Arbeitseinkommen" gepfändet werden, hat der Pfändungsbeschluss auszuweisen (Rdn. 925). Die Pfändung des Gesellschaftsanteils als Mitgliedsrecht unter Einschluss des Anspruchs auf Gewinnbeteiligung erfasst arbeitsrechtliche GmbH-Geschäftsführerbezüge nicht. 1629d

n) Von Gläubigern der Gesellschaft m.b.H. kann auf Grund eines gegen diese lautenden Vollstreckungstitels der Anspruch der Gesellschaft m.b.H. gegen ihre Gesellschafter auf Einzahlung der Stammeinlagen gepfändet werden, und zwar auch dann, wenn sich der Anspruch gemäß § 16 Abs. 3 GmbHG gegen einen späteren Erwerber des Geschäftsanteils richtet. Wegen der Einzelheiten siehe Rdn. 343 ff. 1630

L. Genossenschaft

Gepfändet wird der dem Schuldner als Genosse der ... e.G. – Drittschuldnerin – gegen diese Genossenschaft angeblich zustehende Anspruch auf fortlaufende Auszahlung des Gewinns und auf Auszahlung seines Geschäftsguthabens (= des ihm bei der Auseinandersetzung mit der Genossenschaft zukommenden Guthabens) sowie eines Anteils am Reservefonds. 1631

a) Der *Geschäftsanteil* des Schuldners als Genosse einer eingetragenen Genossenschaft (= e.G.) ist nur eine rechnerische Größe; als solche ist er unpfändbar. 1632

b) Gepfändet werden können jedoch der fortlaufende Anspruch auf *Auszahlung des Gewinns* (§ 19 GenG) (er ist ein von der Mitgliedschaft lösbares, frei übertragbares Gläubigerrecht) und der Anspruch auf das sog. *Geschäftsguthaben*, d.h. die Forderung auf dessen Auszahlung bei Ausscheiden des Genossen (§ 73 GenG) sowie – bei Regelung durch das Statut – der Anspruch auf Auszahlung des Anteils an dem Reservefond (§ 73 Abs. 3 GenG). Bei dem Anspruch des Genossen auf Auszahlung des ihm bei der Auseinandersetzung zukommenden Guthabens handelt es sich um eine zukünftige Forderung[1], deren Rechtsgrund bereits mit (wirksamem) Beitritt gelegt ist; damit ist sie auch bereits pfändbar[2]. Zu pfänden ist der Anspruch als Geldforderung nach § 829 ZPO[3]. Die Pfändung des Geschäftsanteils wird sich in die Pfändung des Geschäftsguthabens – und ebenso in die Pfändung des Anteils am Reservefond – umdeuten lassen. Die Pfändung auf Auszahlung des Geschäftsguthabens erstreckt sich auch auf den bei Liquidation zu zahlenden Vermögensanteil (§ 91 GenG). Der statutarische Ausschluss der Übertragung des Geschäftsguthabens (§ 76 Abs. 1 S. 2 GenG) schmälert die Möglichkeit der Pfändung nicht. 1633

---

1 BGH NJW-RR 2009, 755 (756) mit Nachw.
2 Abw. *LG Düsseldorf* NJW 1968, 753: Pfändbar mit Einzahlung auf den Geschäftsanteil.
3 LG Düsseldorf a.a.O.; *Wieczorek/Schütze/Lüke*, ZPO, Rdn. 17 zu § 859.

5. Kapitel: Pfändung anderer Vermögensrechte

1634 c) *Drittschuldnerin* ist die Genossenschaft.

1635 d) Teilpfändung eines Geschäftsanteils verbietet sich[4]. Ist jedoch der Schuldner als Genosse mit mehreren Geschäftsanteilen an der Genossenschaft beteiligt, dann ist auch die Kündigung einzelner Geschäftsteile zulässig (§ 67 b GenG). Das ermöglicht auch Pfändung des Anspruchs auf Auszahlung des nur auf einzelne Geschäftsanteile entfallenden Geschäftsguthabens[5]. Die frühere Ansicht, dass auch die Pfändung einzelner von mehreren Geschäftsanteilen unzulässige Teilpfändung sei[6], ist mit Zulassung der Teilkündigung durch § 67 b GenG gegenstandslos geworden. Zu empfehlen ist solche Teilpfändung jedoch nicht. Sie führt nicht zum Ziel, wenn es sich um Pflichtbeteiligungen handelt und Teilkündigung nach § 67 b GenG daher ausgeschlossen ist. Bei Kündigung nur einzelner Geschäftsanteile kann nach den Umständen des Falles aber auch ein Anspruch auf Auszahlung eines anteiligen Geschäftsguthabens überhaupt nicht bestehen.

1636 e) Die Pfändung des Geschäftsguthabens gibt dem Gläubiger nach § 66 GenG das Recht, mittels *Aufkündigung* den *Austritt* des Schuldners aus der Genossenschaft[7] zu erklären (siehe § 65 Abs. 1 GenG). Auch wenn der Gläubiger den Anspruch auf Auszahlung des Geschäftsguthabens für mehrere Geschäftsanteile voll gepfändet hat, ergibt sich für ihn die Pflicht zur Kündigung nur einzelner Geschäftsanteile nach § 67 b GenG, wenn das hierauf entfallende Auseinandersetzungsguthaben zu seiner Befriedigung ausreicht.

§ 66 GenG lautet:
(1) Der Gläubiger eines Mitglieds, der die Pfändung und Überweisung eines dem Mitglied bei der Auseinandersetzung mit der Genossenschaft zustehenden Guthabens erwirkt hat, nachdem innerhalb der letzten sechs Monate eine Zwangsvollstreckung in das Vermögen des Mitglied fruchtlos verlaufen ist, kann das Kündigungsrecht des Mitglieds an dessen Stelle ausüben. Die Ausübung des Kündigungsrechts ist ausgeschlossen, solange der Schuldtitel nur vorläufig vollstreckbar ist.
(2) Der Kündigung muss eine beglaubigte Abschrift der vollstreckbaren Ausfertigung des Titels und der Bescheinigung über den fruchtlosen Verlauf der Zwangsvollstreckung in das Vermögen des Schuldners beigefügt werden.

f) Das Vollstreckungsgericht muss bei Erlass des Pfändungsbeschlusses den fruchtlosen Vollstreckungsversuch (dazu Rdn. 1590) nicht prüfen. Eine Zahlungseinstellung ersetzt den fruchtlosen Vollstreckungsversuch nicht. Eröffnung des Insolvenzverfahrens über das Vermögen des Genossen steht jedoch der fruchtlosen Zwangsvollstreckung gleich.

g) Die Aufkündigung findet nur zum Schluss eines Geschäftsjahres statt und muss unter Einhaltung der statutarischen oder gesetzlichen Kündigungsfrist (= mindestens drei Monate vorher) schriftlich erfolgen (§ 65 Abs. 2 S. 1 GenG). Außerordentlich kündigen nach § 65 Abs. 3 GenG kann

---

[4] *OLG Dresden* OLG 40, 203.
[5] So auch *Stein/Jonas/Brehm*, ZPO, Rdn. 19 zu § 859.
[6] *OLG Dresden* OLG 40, 203.
[7] Die Auflösung der Genossenschaft hat sie also nicht zur Folge.

der Gläubiger nicht. Kündigen kann der Gläubiger, wenn der Pfändungs- und Überweisungsbeschluss im Kündigungszeitpunkt auf einem rechtskräftigen (sonst, insbesondere im Fall von § 794 ZPO: endgültig vollstreckbaren) Schuldtitel beruht und innerhalb der letzten sechs Monate die Zwangsvollstreckung in das bewegliche Vermögen des Schuldners (Mitglieds) fruchtlos verlaufen ist. Auf die Reihenfolge – Vollstreckungsversuch – Rechtskraft des Schuldtitels – Pfändungs- und Überweisungsbeschluss – kommt es nicht an (s. Rdn. 1590). Der fruchtlose Vollstreckungsversuch innerhalb der letzten 6 Monate wegen einer Geldforderung braucht nicht von dem pfändenden Gläubiger unternommen worden zu sein (s. Rdn. 1590). Beigefügt sein muss der Aufkündigung eine beglaubigte Abschrift der vollstreckbaren Ausfertigung des Schuldtitels und der Bescheinigung(en) über die fruchtlose Zwangsvollstreckung (§ 66 Abs. 2 GenG). Die Beglaubigung kann nicht von dem Anwalt, der den Gläubiger vertritt, vorgenommen werden (§ 169 Abs. 2 ZPO findet keine Anwendung). Dass der Kündigungserklärung des Gläubigers auch eine beglaubigte Abschrift des Pfändungs- und Überweisungsbeschlusses beigefügt wird[8], kann m.E. nicht verlangt werden, weil der Beschluss der Genossenschaft bereits als Drittschuldnerin zugestellt sein muss. Pfändender Gläubiger, dem das Kündigungsrecht zusteht, kann auch die eingetragene Genossenschaft selbst sein. Der Gläubiger kann die Kündigung (wie der Genosse selbst) zurücknehmen. Wird der Gläubiger nach Kündigung (voll) befriedigt, kann nicht er[9] (die Zwangsvollstreckung ist für ihn beendet), sondern nur der Schuldner (das Mitglied) die Kündigung zurücknehmen. Das Kündigungsrecht des Genossen (§ 65 GenG) wird durch Pfändung und das Gläubigerrecht nicht berührt. Dieses Kündigungsrecht selbst ist kein pfändbares (oder mitpfändbares) Recht.

Auch wenn der Schuldner als Mitglied einer Baugenossenschaft eine Wohnung in einem der Drittschuldnerin gehörenden Gebäude bewohnt, kann die Pfändung – oder jedenfalls Überweisung – nicht von dem Nachweis abhängig gemacht werden, dass kein Wohnungsnutzungsverhältnis mehr besteht[10]. Die Pfändung kann jedoch eine sittenwidrige Härte bedeuten und Vollstreckungsschutz nach § 765 a ZPO rechtfertigen[11].

18. Grunddienstbarkeit

Die Grunddienstbarkeit (§§ 1018 ff. BGB) ist Bestandteil des herrschenden Grundstücks (§ 96 BGB). Sie kann von diesem nicht getrennt werden;

1637

---

8 Es empfiehlt sich jedoch, der Aufkündigung auch die beglaubigte Beschlussabschrift beizufügen.
9 Siehe aber *Stein/Jonas/Brehm*, ZPO, Rdn. 19 zu § 859 Fußn. 93 (bis zur Einstellung der Zwangsvollstreckung [§§ 767, 775, 776 ZPO] nur Gläubiger oder mit dessen Zustimmung).
10 *LG Stuttgart* JurBüro 2007, 47.
11 *OLG Hamm* WuM 1983, 267 = ZMR 1984, 154; *Zöller/Stöber*, ZPO, Rdn. 9 zu § 765 a. **Anders** *BGH* (1.10.2009, VII ZB 41/08); sollte jedoch Einzelfallfrage sein.

ihre Ausübung kann auf einen anderen selbstständig auch nicht übertragen werden. Wegen dieser Untrennbarkeit vom herrschenden Grundstück kann die Grunddienstbarkeit nicht selbstständig belastet und daher auch nicht gepfändet werden (§ 851 Abs. 1 ZPO).

19. Gütergemeinschaft
(§ 860 ZPO)

1638 *Gepfändet wird der angebliche Anteil des Schuldners an dem Gesamtgut der durch*

- *rechtskräftige Ehescheidung beendeten Gütergemeinschaft, die mit dem geschiedenen Ehegatten ... – Drittschuldner – vereinbart war*
- *Tod der Witwe ... beendeten fortgesetzten Gütergemeinschaft. Drittschuldner sind die übrigen gemeinschaftlichen Abkömmlinge, nämlich ... und die Erben der vorgenannten Witwe, nämlich ...*

Schrifttum: *Möhl*, Kann die nach § 860 Abs. 2 ZPO bei Beendigung der ehelichen Gütergemeinschaft mögliche Pfändung des Anteiles eines Ehegatten am Gesamtgut ins Grundbuch eingetragen werden? RpfliB 1931, 374.

1639 a) Der Anteil eines Ehegatten am *Gesamtgut* der Gütergemeinschaft (§ 1416 BGB) und an den einzelnen dazugehörenden Gegenständen ist unpfändbar (§ 860 Abs. 1 S. 1 ZPO). Die Pfändung ist ausgeschlossen, weil der Anteil nicht übertragen werden (§ 1419 BGB) und als nicht übertragbares Recht auch der Zwangsvollstreckung nicht zugänglich sein kann. Ebenso ist bei der fortgesetzten Gütergemeinschaft (§§ 1483 ff. BGB) der Anteil des überlebenden Ehegatten und jedes Abkömmlings der Pfändung nicht unterworfen (§ 860 Abs. 1 S. 2 ZPO). Es kann auch nicht der *nach späterer Beendigung* der Gütergemeinschaft dem Ehegatten oder Abkömmling zufallende Anteil (= sein *Auseinandersetzungsguthaben*) als künftiges Recht gepfändet werden[1]. Dass er für abtretbar gehalten wird (Rdn. 1643 a) kann die (selbstständige) Pfändung (ebenso wie die des Auseinandersetzungsgut-

---

1 *RG* HRR 1926 Nr. 1362; *OLG München* JW 1926, 2470; *Wieczorek/Schütze/ Lüke*, ZPO, Rdn. 2; *Stein/Jonas/Brehm*, ZPO, Rdn. 1; *Musielak/Becker*, ZPO, Rdn. 4, je zu § 860; *Planck*, BGB, Anm. 4 zu § 1442 a.F.; *Möhl* RpfliB 1931, 374; **a.A.** *BayObLG* OLG 15, 409 = Seufferts Archiv 62 Nr. 183 und *Blume* JW 1926, 2470, die Pfändung des künftigen Rechts für zulässig halten, weil das Interesse der Gemeinschaft lediglich erfordere, dass eine Pfändung bei bestehender Gütergemeinschaft nicht wirksam werde. Diese Pfändung soll damit nur mit Beendigung der Gemeinschaft wirksam werden, das familienrechtliche Verhältnis aber unberührt lassen. Der Gläubiger soll daher durch sie keine Rechte an dem der Pfändung nicht zugänglichen Anteilsrecht erlangen. Vielmehr soll dem Schuldner freie Hand in der Entscheidung darüber behalten, ob er in der fortgesetzten Gütergemeinschaft bleiben oder gem. § 1491 BGB ausscheiden will. Scheidet er durch Verzicht aus, so würde die Pfändung ebenso gegenstandslos bleiben, wie wenn ein Abkömmling während des Bestehens der fortgesetzten Gütergemeinschaft stirbt (siehe hierwegen § 1490 BGB). *Abgetreten* werden kann der Anspruch eines an einer fortgesetzten Gütergemeinschaft Beteiligten auf das, was ihm bei der Auseinandersetzung zusteht, *BGH* LM Nr. 1 zu § 1497 BGB = MDR 1966, 750.

habens des Miterben, Rdn. 1666) nicht ermöglichen. Auch die Pfändung des Auseinandersetzungsanspruchs selbst verbietet sich[2].

b) Nach *Beendigung der Gütergemeinschaft*, aber vor der Auseinandersetzung des Gesamtguts ist der Anteil des Ehegatten oder eines Abkömmlings an dem Gesamtgut zugunsten der Gläubiger des Anteilsberechtigten der Pfändung unterworfen (§ 860 Abs. 2 ZPO). Der Anteil ist zwar auch weiterhin nicht abtretbar; die Pfändung des Gesamtgutanteils im ganzen (nicht eines Anteils an einzelnen Gesamtgutsgegenständen) ist aber gleichwohl zugelassen, weil insbesondere die Gläubiger einer erst nach Beendigung der Gütergemeinschaft entstandenen Forderung vor Rechtsnachteil bewahrt und deshalb jetzt in der Lage sein sollen, sich alsbald Befriedigung aus dem Gesamtgutanteil zu verschaffen[3]. 1640

Drittschuldner der Anteilspfändung nach Beendigung der Gütergemeinschaft sind die übrigen Mitberechtigten, also der andere Ehegatte oder – bei fortgesetzter Gütergemeinschaft – der überlebende Ehegatte oder seine Erben und die übrigen Abkömmlinge. Wirksam wird die Pfändung mit Zustellung des Beschlusses an die Drittschuldner. Die wirksame Pfändung berechtigt zum Antrag auf Auseinandersetzung nach § 373 FamFG. 1641

Durch Eintragung der Pfändung des Anteils an dem Gesamtgut der Gütergemeinschaft im Grundbuch eines Gesamtgutsgrundstücks(-rechtes usw.) kann sich der Gläubiger gegen ihn benachteiligende Verfügungen schützen (dazu Rdn. 1682 ff.). Die Eintragung ist als Grundbuchberichtigung zulässig, weil die Pfändung eine Änderung der Verfügungsbefugnis der Gemeinschafter über die zum Gesamtgut gehörenden Grundstücke (Rechte usw.) zur Folge hat. Die Eintragung erfolgt auf schriftlichen Antrag des Gläubigers, der auch (siehe Rdn. 1685) vorherige Grundbuchberichtigung durch Eintragung des Schuldners und des oder der Miteigentümer in beendeter Gütergemeinschaft verlangen kann. Da nach § 22 Abs. 1 GBO die Grundbuchunrichtigkeit (Wirksamwerden der Pfändung infolge Zulässigkeit nach § 860 Abs. 2 ZPO) nachgewiesen sein muss, bedarf es neben der Vorlage des Pfändungsbeschlusses mit Zustellungsurkunde(n) auch des Nachweises durch öffentliche Urkunde (§ 29 Abs. 1 GBO), dass die Gütergemeinschaft beendet ist. 1642

Die Eintragungsformel kann lauten:

„*Der Anteil des ... an dem Gesamtgut der beendeten Gütergemeinschaft ist für ... gepfändet wegen einer Forderung von ... mit Pfändungsbeschluss des Amtsgerichts ... vom ...* "

Die *Pfandverwertung* erfolgt durch Überweisung zur Einziehung. Ob Veräußerung nach §§ 844, 857 Abs. 5 ZPO erfolgen kann, ist streitig, meines Erachtens jedoch zu verneinen[4], weil Dritte nicht in die familienrecht- 1643

---

2   Ebenso *LG Frankenthal* Rpfleger 1981, 241; *Stein/Jonas/Brehm*, ZPO, Rdn. 1 zu § 860.
3   Siehe *RG* JR 1926 Nr. 1362.
4   Ebenso *Stein/Jonas/Brehm*, ZPO, Rdn. 3 zu § 860.

liche Liquidationsgemeinschaft einrücken können. Die Überweisung gibt dem Gläubiger das Recht, die Auseinandersetzung in Ansehung des Gesamtguts zu verlangen, also den Auseinandersetzungsanspruch des Schuldners geltend zu machen; es gilt das Rdn. 1691 ff. Gesagte entsprechend.

1643a c) *Eigentums- und Vermögensgemeinschaft* besteht für Ehegatten, die am 3. Okt. 1990 in diesem gesetzlichen Güterstand des Familiengesetzbuchs der „DDR" (§§ 13–16) gelebt haben, bei (notariell beurkundeter) Erklärung eines Ehegatten bis zum Ablauf von zwei Jahren nach dem Wirksamwerden des Beitritts fort (Art. 234 Abs. 2 EGBGB mit Einzelheiten). Dann besteht neben Einzeleigentum jedes Ehegatten *gemeinschaftliches Eigentum*; zu diesem gehören (soweit nicht abweichende Vereinbarung über einzelne Gegenstände getroffen ist) die von einem oder beiden Ehegatten während der Ehe durch Arbeit oder aus Arbeitseinkünften (Renten usw.) erworbenen Sachen, Vermögensrechte und Ersparnisse. Verteilung des gemeinschaftlichen Eigentums und Vermögens erfolgt bei Beendigung der Ehe nach §§ 39–40 FGB „DDR". Für die Zwangsvollstreckung ist § 860 ZPO entsprechend anzuwenden (§ 744 a ZPO). Somit ist während des Bestehens des Güterstands weder der Anteil eines Ehegatten an den gemeinsamen Vermögenswerten noch der Anteil eines Ehegatten an den einzelnen zu diesem Vermögen gehörenden Gegenständen pfändbar (§ 860 Abs. 1 ZPO). Nach Beendigung (Aufhebung) des Güterstandes ist bis zur Teilung der Anteil an dem gemeinschaftlichen Eigentum der Anteilspfändung unterworfen (§ 860 Abs. 2 ZPO). Pfändung und Pfändungswirkungen: wie Rdn. 1641–1643 (zum Auseinandersetzungsverfahren s. *Arnold* DtZ 1991, 80 [85]). Solange Eigentums- und Vermögensgemeinschaft besteht und auch nach deren Beendigung vor Auseinandersetzung schließen § 744 a mit § 860 ZPO Pfändung eines (künftigen) Anspruchs auf das Auseinandersetzungsguthaben aus. Dass der Anspruch auf das künftige Auseinandersetzungsguthaben aus der fortgesetzten ehelichen Vermögensgemeinschaft für abtretbar gehalten wird[5], kann seine (selbstständige) Pfändung (ebenso wie die des Auseinandersetzungsguthabens eines Miterben, Rdn. 1666) nicht ermöglichen (wie Rdn. 1639).

20. Hinterlegung

1644 a) Das Recht des Schuldners, eine von ihm hinterlegte Sache zurückzunehmen (siehe § 376 Abs. 1 BGB), ist der Pfändung nicht unterworfen (§ 377 Abs. 1 BGB). Keiner Beschränkung unterliegen dagegen der *Herausgabeanspruch* nach Ausübung des Rücknahmerechts durch den Schuldner selbst und der Herausgabeanspruch des Hinterlegungsberechtigten[1]. Der

---

5 *BGH* DNotZ 2003, 135 = FamRZ 2002, 1468 = MDR 2002, 1316 = NJW 2002, 3320.
1 Auch der Staat kann, wie jeder andere Gläubiger, eine (auch künftige) Rückzahlungsforderung pfänden. Ausgeschlossen ist jedoch die Aufrechnung gegen eine Forderung auf Rückzahlung einer bar hinterlegten Sicherheit (zur Abwendung des Vollzugs eines Haftbefehls), *BGH* 95, 109 = NJW 1985, 2820.

durch Ausübung des Rückforderungsrechts dem Schuldner erwachsene Herausgabeanspruch und der Herausgabeanspruch des Hinterlegungsberechtigten gegen die Hinterlegungsstelle unterliegen daher der Pfändung[2]. Zu pfänden ist

- ein Anspruch auf Auszahlung von hinterlegtem Geld (siehe § 5 HinterlO) als Geldforderung nach § 829 ZPO;
- ein Anspruch auf Herausgabe von Wertpapieren, sonstigen Urkunden und Kostbarkeiten, die unverändert aufbewahrt werden (§§ 5, 9 Abs. 1 HinterlO) als Sach-Herausgabeanspruch nach §§ 846, 847 ZPO.

b) Vertretung der Länder als Drittschuldner bei Pfändung eines Anspruchs auf Herausgabe von Hinterlegungsgeld oder eines hinterlegten Gegenstandes siehe die landesrechtlichen Bestimmungen im Anhang. Bezeichnung des zu pfändenden Auszahlungs- oder Herausgabeanspruchs im Pfändungsbeschluss (Rdn. 496–499) muss so bestimmt erfolgen, dass Feststellung der Hinterlegungssache gewährleistet ist, in der die Empfangsberechtigung des Schuldners besteht (§ 13 HinterlO) und die Herausgabe zu verfügen ist (§ 12 HinterlO). Bei Pfändung des Anspruchs auf Herausgabe eines hinterlegten Gegenstandes ist auch dieser zu bezeichnen (Rdn. 2016). Nicht hinreichend bestimmt ist die Pfändung, wenn keinerlei nähere Angaben gemacht sind, die eine sichere und zuverlässige Auffindung des Vorgangs der Hinterlegungsstelle ermöglichen[3]. Dem Erfordernis der Bestimmtheit ist daher nicht genügt, wenn als Anspruchsgrundlage ohne nähere Hinweise lediglich ein Herausgabeanspruch „aus sämtlichen den Schuldner betreffenden Hinterlegungsgeschäften" angegeben ist[4].

1644a

c) Die *Herausgabe* hinterlegten Geldes an den Gläubiger oder einer hinterlegten Sache an den Gerichtsvollzieher (§ 847 Abs. 1 ZPO) *verfügt* die Hinterlegungsstelle (§ 12 HinterlO) auf Antrag, wenn die *Berechtigung* des Empfängers *nachgewiesen* ist (§ 13 Abs. 1 HinterlO). Geführt ist der Nachweis außer bei rechtskräftiger Entscheidung (§ 13 Abs. 2 Nr. 2 HinterlO), wenn die Hinterlegungsbeteiligten die Herausgabe an den Gläubiger oder Gerichtsvollzieher als Empfänger bewilligt oder seine Empfangsberechtigung anerkannt haben (§ 13 Abs. 2 Nr. 1 HinterlO). Für den Schuldner als Hinterlegungsbeteiligter kann der Gläubiger nach Überweisung zur Einziehung oder an Zahlungs statt die gepfändete Forderung einziehen (§ 836 Abs. 1 ZPO) oder den Herausgabeanspruch geltend machen und daher auch die Herausgabe hinterlegten Geldes an sich (statt an den Schuldner) verlangen[5] und ebenso die Herausgabe einer hinterlegten Sache an den Gerichtsvollzieher bewilligen. Für Herausgabe gepfändeten Arbeitseinkommens, das der Drittschuldner unter Verzicht auf das Recht der Rücknahme wegen Gläubigerungewissheit (nur) für den Gläubiger und Schuldner als

1644b

---

2 *RG* DR 1940, 454.
3 *KG* JurBüro 1981, 784 = OLGZ 1982, 75 = Rpfleger 1981, 240.
4 *KG* OLGZ 1982, 75 = a.a.O.
5 *Bülow/Schmidt*, HinterlO, Rdn. 13 zu § 13 sowie Rdn. 15 Anh. zu § 13.

5. Kapitel: Pfändung anderer Vermögensrechte

Beteiligte hinterlegt hat, weil (damals) Zweifel an der Wirksamkeit des Pfändungs- und Überweisungsbeschlusses bestanden, genügt daher Nachweis des Einziehungsrechts des Gläubigers durch wirksame (inzwischen bestandskräftige) Pfändung und Überweisung[6]. Ebenso ist dem Gläubiger der gepfändete Hinterlegungsbetrag nach Überweisung auch dann herauszugeben, wenn bei Hinterlegung für nur zwei Hinterlegungsbeteiligte der Herausgabeanspruch des einen von ihnen gegen die Hinterlegungsstelle auf Antrag des anderen gepfändet (und ihm überwiesen) worden ist[7]. Die Herausgabe an einen Dritten (einen anderen an der Hinterlegung Beteiligten oder sonst einen Dritten) kann der Gläubiger nicht bewilligen (wäre keine Einziehungshandlung; Rdn. 604; Besonderheit jedoch bei Überweisung an Zahlungs statt wegen des Forderungsübergangs). Gläubiger und Schuldner sind vielmehr nebeneinander Hinterlegungsbeteiligte, müssen sonach zusammen Herausgabe an einen Dritten bewilligen[8]. Wenn der Auszahlungsanspruch nur gepfändet (nicht auch zur Einziehung oder an Zahlungs statt überwiesen) ist können Einziehungshandlungen nur Gläubiger und Schuldner gemeinsam ausüben (Rdn. 555), müssen sie somit beide die Herausgabe bewilligen.

d) Wegen der Ansprüche bei Hinterlegung einer Sicherheitsleistung siehe Rdn. 301 ff.

21. Internet-Domain

1645 *Gepfändet wird die Gesamtheit der (schuldrechtlichen) Ansprüche, die dem Schuldner als Inhaber der Internet-Domain ... gegenüber der DENIC Verwaltungs- und Betriebsgesellschaft e.G. in (60329) Frankfurt am Main, ...straße Nr. ... – Drittschuldnerin – aus dem der Domainregistrierung zugrunde liegenden Vertragsverhältnis zustehen (Anspruch auf Aufrechterhaltung der Registrierung nach Eintragung der Domain mit allen Nebenansprüchen).*

Der Drittschuldnerin wird verboten, an den Schuldner zu leisten.

Dem Schuldner wird geboten, sich jeder Verfügung über das gepfändete Domain-Nutzungsrecht, insbesondere der Verwertung der Domainrechte, zu enthalten.

Schrifttum: *Berger*, Zwangsvollstreckung in „Internet-Domains", Rpfleger 2002,181; *Boecker* „de-Domains" – Praktische Probleme bei der Zwangsvollstreckung, MDR 2007, 1234; *Hanloser*, Die Pfändung deutscher Internet-Domains, Rpfleger 2000, 525; *Hanloser*, Die „Domain-Pfändung" in der aktuellen Diskussion, CR 2001, 456; *Kleespies*, Die Domain als selbständiger Vermögensgegenstand in der Einzelzwangsvollstreckung, GRUR 2002, 764; *Lwowski* und *Dahm*, Zu Übertragbarkeit und Pfändbarkeit von de- und eu-Domains, WM 2001, 1135; *Plaß*, Die Zwangsvollstreckung in die Domain, WRP 2000, 1077; *Schmittmann*, Rechtsfragen bei Pfändung einer Domain ..., DGVZ 2001, 177; *H. Schneider*, Pfändung und Verwertung von Internet-Domains,

---

6 *OLG Oldenburg* Rpfleger 1994, 265; siehe auch Rdn. 602.
7 *OLG Frankfurt* MDR 1993, 799 = OLGZ 1993, 468 = Rpfleger 1993, 360.
8 *Bülow/Schmidt*, HinterlO, Rdn. 13 zu § 13.

Internet-Domain

ZAP Fach 14 Seite 355; *Welzel*, Zwangsvollstreckung in Internet-Domains, MMR 2001, 131.

a) Die Gesamtheit der (schuldrechtlichen) Ansprüche, die dem Inhaber einer Internet-Domain gegenüber der Vergabestelle aus dem der Domainregistrierung zugrunde liegenden Vertragsverhältnis zustehen, ist als „anderes Vermögensrecht" Gegenstand zulässiger Pfändung[1] nach § 857 Abs. 1 ZPO. Die Internet-Domain als Adresse im Internet wird als solche nicht als pfändbares Vermögensrecht angesehen[2] (Auslegung sollte aber selbstverständlich sein). Anspruch hat der Schuldner als Anmelder mit Abschluss des Vertrags über die Registrierung im Internet gegenüber der Vergabestelle[3]

1645a

- auf Eintragung der Domain in das (DENIC-)Register und den Nameserver,
- nach erfolgter Konnektierung auf Aufrechterhaltung der Eintragungen als Voraussetzung für den Fortbestand der Konnektierung,

und daneben insbesondere auf Anpassung des Registers an veränderte persönliche Daten oder ihre Zuordnung zu einem anderen Rechner durch Änderung der IP-Nummer.

Die mit dem Hauptanspruch auf Aufrechterhaltung der Registrierung aus dem Vertragsverhältnis dem Schuldner weiter zustehenden Ansprüche sind als Nebenansprüche nicht einzeln pfändbar und nicht isoliert verwertbar[4]. Daher umfasst auch bereits die Pfändung des Anspruchs auf Aufrechterhaltung der Registrierung alle weiteren aus dem Vertragsverhältnis sich ergebenden Nebenansprüche[5].

Drittschuldner ist die Vergabestelle, für Deutschland die DENIC Verwaltungs- und Betriebsgesellschaft eG in (60329) Frankfurt am Main, die Vertragspartnerin des Schuldners als Domainberechtigter ist[6]. Bewirkt wird die Pfändung somit durch Zustellung des Pfändungsbeschlusses an diese Drittschuldnerin (§ 857 Abs. 1 mit § 829 Abs. 2 ZPO). Das Verfügungsverbot untersagt Übertragung der Domain auf Dritte; das Leistungsverbot verwehrt Mitwirkung der Drittschuldnerin für Wechsel des Nutzungsberechtigten. Die Befugnis zur Eigennutzung (Weiterbenutzung) durch den Schuldner bis zur Verwertung wird durch das Verfügungsverbot nicht behindert.

---

1 *BGH* BGH-Report 2005, 1484 mit Anm. *Hanloser* = JurBüro 2006, 42 = MDR 2005, 1311 = NJW 2005, 3353 = Rpfleger 2005, 678; auch *LG Mönchengladbach* JurBüro 2005, 47 = MDR 2005, 118 = NJW-RR 2005, 439 = Rpfleger 2005, 38.
2 *BGH* NJW 2005, 3353 = a.a.O.; anders noch *LG Düsseldorf* JurBüro 2001, 548 mit Anm. *Schmittmann*; *LG Essen* CR 2000, 453 = GRUR 2000, 453 = JurBüro 2000, 213 mit Anm. *Schmittmann* = MMR 2000, 286 mit Anm. *Viefhues*.
3 *BGH* NJW 2005, 3354 (3355) = a.a.O.
4 *BGH* a.a.O. (Fußn. 3).
5 *BGH* a.a.O. (Fußn. 3).
6 *Boecker* MDR 2007, 1234 (1235 u. 1237) stellt das (m. E. unbegründet) als strittig dar.

5. Kapitel: Pfändung anderer Vermögensrechte

1645b b) *Verwertung* kann durch Versteigerung[7] oder freihändige Veräußerung nach § 844 (§ 857 Abs. 5) ZPO (gebietet Wertbestimmung, siehe Rdn. 1473) erfolgen; es kann auch Ausübung einem anderen (gegen Entgelt) überlassen werden[8] (Domainvermietung). Verwertung kann außerdem durch Überweisung an Zahlungs statt zu einem Schätzwert erfolgen (§ 857 Abs. 1, § 844 Abs. 1 ZPO)[9]. Zur Einziehung überwiesen werden (§ 857 mit § 835 ZPO) kann das Domainnutzungsrecht nicht[10].

1645c c) Pfändbar sind die Domainansprüche auch, wenn die Domain aus dem bürgerlichen Namen[11] oder der Firma[12] des Nutzungsberechtigten gebildet ist, insbesondere diesen oder diese zum Bestandteil hat. Entsprechendes gilt, wenn zur Bildung der Domain eine geschützte Marke[13], geschäftliche Bezeichnung (Unternehmenskennzeichen[14] oder Werktitel[15]) oder geographische Herkunftsangabe (§ 1 MarkenG) benutzt ist. Zwar sind der Name als Persönlichkeitsrecht (Rdn. 1461) und die mit dem Handelsgeschäft verbundene Firma (Rdn. 1651 d) nicht pfändbar; Unternehmenskennzeichen und Werktitel können unpfändbar sein (Rdn. 1651 d). Dem kann für Pfändung der Domainansprüche als Nutzungsrecht aber keine Bedeutung zukommen. Als Adresse im Internet bezeichnet die unter Verwendung des Namens, einer Firma oder geschäftlichen Bezeichnung gebildete Domain den Rechner. Mit Kennzeichnung zur Erlangung des (übertragbaren) Internet-Nutzungsrechts nimmt der Schuldner Vermögensinteressen wahr. Einem als Namen geschützten Persönlichkeitsrecht (§ 12 BGB), einer mit dem Handelsgeschäft verbundenen Firma (§ 23 HGB) oder einem als Marke begründeten Unternehmenskennzeichen (Rdn. 1651 d) stehen die (vermögenswerte) Domainansprüche nicht gleich. Für Schutz des wirtschaftlichen Werts der Domain als Vermögensrecht gibt es keine Grundlage.

---

7 Versteigerung im Internet durch den Gerichtsvollzieher siehe Rdn. 1472, auch *AG Bad Berleburg* Rpfleger 2001, 560; Versteigerung über ein Internet-Auktionshaus hält *LG Mönchengladbach* JurBüro 2005, 47 = MDR 2005, 118 = Rpfleger 2005, 38 als zulässige Verwertungsmöglichkeit. Zur Verwertung auch *Berger* Rpfleger 2002, 181 (185).
8 *Hanloser* Rpfleger 2000, 525 (529) und CR 2001, 344 (345) hält *H. Schneider* ZAP Fach 14 Seite 355 (358) und *Plaß* WRP 2000, 1077 (1085) für wenig praktikabel.
9 BGH 2005, 3353 (3354) = a.a.O.
10 *Boecker* MDR 2007, 1234 (1236); *Hanloser* Rpfleger 2000, 525 (529); *H. Schneider* ZAP Fach 14 Seite 355 (358); a.A. *Lwowski/Dahm* WM 2001, 1135 (1143); *Plaß* WRP 2000, 1077 (1084).
11 *Berger* Rpfleger 2002, 181 (183); *Boecker* MDR 2007, 1234 (1236); *Plaß* WRP 2000, 1077 (1083); *Kleespies* GRUR 2002, 764 (771); *Lwowski/Dahm* WM 2001, 1135 (1140; Namens- und Kennzeichnungsrechte begründen aber materiellrechtliche Einwände; **a.A.** (Pfändung einer Domain jedenfalls unzulässig, wenn es sich um einen Familiennamen handelt) *LG München I* JurBüro 2000, 595 mit Anm. *Schmittmann* = CR 2000, 620 und 703 Leits. mit kritischer Anm. *Hanloser*.
12 *Plaß* WRP 2000, 1077 (1082).
13 *Boecker* MDR 2007, 1234 (1236); *Plaß* WRP 2000, 1077 (1082).
14 Für Unpfändbarkeit der Domain, die einem (prioritätsbegründend erworbenen) Unternehmenskennzeichen nach § 5 Abs. 2 MarkenG entspricht, *Kleespies* GRUR 2002, 764 (765).
15 *Kleespies* GRUR 2000, 764 (765).

d) Es kann jedoch der *Unterlassungsanspruch eines Dritten* den Wert der Domainansprüche für Zwangsvollstreckung schmälern. Anspruch eines Dritten, die Führung eines Domainnamens zur Adressenbezeichnung im Internet zu unterlassen, kann sich aus Namens- oder Firmenrecht ergeben (§ 12 BGB) oder auf Markenschutz stützen. Dem Unterlassungsanspruch des Dritten ist der Pfändungsgläubiger ebenso wie der Schuldner als Domain-Nutzungsberechtigter ausgesetzt; er kann durch die Pfändung nicht mehr Rechte erlangen als dem Schuldner gebühren. Zwar schmälert der Unterlassungsanspruch eines Dritten die Pfändbarkeit der Domainansprüche nicht[16]. Der Unterlassungsanspruch ist daher auch vom Vollstreckungsgericht bei Pfändung nicht zu prüfen[17]; Bedeutung kann er jedoch bei Bewertung der Domain für Verwertung (Rdn. 1645 b mit 1473) erlangen. 1645d

e) Als Arbeitsmittel kann die Internet-Domain nach § 811 Abs. 1 Nr. 5 ZPO unpfändbar sein.[18] 1645e

22. Jagdrecht, Jagdpachtrecht

Das *Jagdrecht* ist eine aus dem Eigentum am Grundstück fließende Nutzungsbefugnis[1]. Es kann nicht als selbstständiges Recht begründet werden (§ 3 BJagdG[2]). Wegen dieser Untrennbarkeit vom Grundstück kann es selbstständig nicht belastet werden und daher auch für sich allein nicht Gegenstand der Zwangsvollstreckung sein; es kann mithin nicht gepfändet werden (siehe § 851 Abs. 1 ZPO)[3]. 1645f

Das *Jagdpachtrecht* (das verpachtete Jagdausübungsrecht) unterliegt nur dann der Pfändung, wenn der Verpächter dem Pächter die Erlaubnis erteilt hat, es auf eine dritte Person zu übertragen[4]. Bei der Pfandverwertung nach § 857 Abs. 4 ZPO ist dann zu berücksichtigen, dass das Jagdpachtrecht nur von Personen mit Jagdschein (oder Ausnahmegenehmigung) ausgeübt werden kann (siehe § 11 Abs. 5, § 15 BJagdG). Nach § 857 Abs. 4 ZPO kann das Vollstreckungsgericht einen Jagdberechtigten als Verwalter bestellen oder dem Gläubiger gestatten, eine Unterverpachtung vorzunehmen.

---

16 *Berger* Rpfleger 2002, 181 (184). Der Unpfändbarkeit zuneigend *H. Schneider* ZAP Fach 14 Seite 355 (356).
17 *LG Mönchengladbach* JurBüro 2005, 47 = a.a.O. (Fußn. 7); *H. Schneider* a.a.O. (Fußn. 14).
18 *LG Mönchengladbach* JurBüro 2005, 47 = a.a.O. (Fußn. 7); *Berger* Rpfleger 2002, 181 (185).
1 *RG* 70, 73; *BGH* NJW 1982, 2183.
2 In der Fassung vom 29. Sept. 1976, BGBl I S. 2849.
3 *Stein/Jonas/Brehm*, ZPO, Rdn. 28; *Wieczorek/Schütze/Lüke*, ZPO, Rdn. 69, je zu § 857.
4 *AG Gunzenhausen* BayJMBl 1953,38; *Stein/Jonas/Brehm*, ZPO, Rdn. 30 zu § 857; *Wieczorek/Schütze/Lüke* (Fußn. 3).

5. Kapitel: Pfändung anderer Vermögensrechte

23. Konzession, Zulassung

1646   Eine öffentlich-rechtliche Erlaubnis (Befugnis) zum Betrieb eines konzessionierten Gewerbes (nach der GewO) oder z. B. als Kraftdroschkenunternehmer, als Gastwirt, ist unpfändbar[5]. Die öffentlich-rechtliche Arzneimittelzulassung (§§ 21 ff. Arzneimittelgesetz; zu diesem Rdn. 299) ist nicht selbstständig, sondern nur zusammen mit dem privatrechtlichen Vertriebsrecht pfändbar[6]. Nicht pfändbar sind auch die Zulassung als Vertragsarzt und der dem zugelassenen Vertragsarzt zugewiesene „Vertragsarztsitz"[7].

24. Kündigungsrecht

1646a   Das Kündigungsrecht ist Ausfluss der Rechtsstellung des Gläubigers oder Schuldners und daher als Nebenrecht nicht selbstständig pfändbar[8].

25. Landwirtschaftliche Betriebsprämien

1647   Zahlungsansprüche eines Landwirts nach der Verordnung (EG) Nr. 1782/2003 haben einen Markt- und Vermögenswert. Pfändbar sind sie als sonstiges Vermögensrecht nach § 857 ZPO[1]. Die Schutzvorschrift des § 851 a ZPO ist auf die Pfändung der Zahlungsansprüche nicht anwendbar. Überweisung zur Einziehung ist nur möglich, wenn der Gläubiger das Recht ausüben kann. Das ist der Fall, wenn er Betriebsinhaber im Sinne der Verordnung ist und eine landwirtschaftliche Fläche in der Region bewirtschaftet, für die die Zahlungsansprüche zugewiesen sind. Die Veräußerung des gepfändeten Rechts und die Auskehrung des Erlöses aus dem Verkauf an den Gläubiger kann vom Vollstreckungsgericht nach § 857 Abs. 5 ZPO angeordnet werden.

Die einem Landwirt aus der nationalen Reserve nach Art. 42 dieser Verordnung (EG) zugewiesenen Zahlungsansprüche sind innerhalb eines Zeitraumes von 5 Jahren unpfändbar.

26. Leibrente

1648   Die Leibrente (§ 759 BGB) ist ein dem Berechtigten für seine eigene Lebenszeit oder für die Lebenszeit eines anderen Menschen eingeräumtes einheitlich nutzbares Recht, dessen Erträgnisse aus fortlaufend wiederkeh-

---

5   *KG* OLG 25, 194; *OLG München* OLG 29, 241; **a.A.** *KG* OLG 29, 240. Bei einer Konzession (hier zum Betrieb eines Taxigewerbes) handelt es sich um eine höchstpersönliche Erlaubnis (*LG Köln* MDR 1964, 842); die Unpfändbarkeit folgt daher aus § 851 Abs. 1 ZPO.
6   *BGH* NJW 1990, 2931.
7   *LSG Nordrhein-Westfalen* NJW 1997, 2477.
8   *LG Essen* Rpfleger 1973, 147; *LG Hamburg* MittRhNotK 1993, 91.
1   *BGH* MDR 2009, 106 Leits. = NJW-RR 2009, 411, auch zur nachfolgenden Darstellung und zu sonstigen Einzelheiten.

renden gleichmäßigen Leistungen in Geld oder vertretbaren Sachen bestehen[1]. Als selbstständiges Grundrecht ist die Leibrente übertragbar und daher auch pfändbar. Die Pfändung muss, soweit Geldleistungen erfasst werden, nach § 829 ZPO erfolgen; hinsichtlich der Sachleistungen ist nach § 847 ZPO zu pfänden. Wenn die Leibrente Gesamtgläubigern zusteht, gilt das Rdn. 63 Gesagte[2].

27. Lizenzvertrag

a) Lizenz ist Überlassung eines geschützten Rechts, insbesondere einer Erfindung (eines Patents), aber auch eines Warenzeichens usw. zur Benutzung (Ausnutzung). Der Lizenzvertrag ist gesetzlich nicht geregelt. Er kommt, da Vertragsfreiheit herrscht, in vielfältiger Form vor. Im Einzelfall kann (nach dem Parteiwillen) eine Lizenz übertragbar[1*] (so die ausschließliche Lizenz[2*]) oder die Übertragbarkeit ausgeschlossen sein (wie regelmäßig die „einfache" Lizenz[2*]). Unübertragbare Lizenzen sind auch unpfändbar. Lizenzen, die übertragbar sind, können gepfändet werden. Für die Pfändung ist der Lizenzgeber Drittschuldner[3]. Die Verwertung einer gepfändeten Lizenz kann nur nach §§ 844, 857 Abs. 5 ZPO möglich sein. Überweisung zur Einziehung verbietet sich. Bei Verwertung durch Versteigerung (zur Internetversteigerung Rdn. 1472), Verkauf usw. wird mit der Lizenz das Recht zur Benutzung (Ausnutzung) des geschützten Rechts erworben. Der Erwerber rückt als Lizenznehmer in das bisherige Rechtsverhältnis seines Schuldners zum Lizenzgeber ein, so dass von ihm auch die Lizenzgebühren zu übernehmen und zu leisten sind.

1649

b) *Lizenzgebühren* als Entgelt für Übertragung urheber-, geschmacksmuster- oder patentrechtlicher Nutzungsrechte können nach der Art der Vertragsgestaltung verschiedenartige Grundlagen haben[4]. Hat der Lizenznehmer nur eine einmalige Lizenzgebühr zu entrichten, können die Bestimmungen über den Verkauf von Rechten (rechtsähnlich) anzuwenden sein. Entsprechendes gilt für Miete oder Pacht, wenn die Lizenz auf Zeit gewährt ist[5]. Als Einkünfte aus (haupt- oder) nebenberuflicher Tätigkeit, für die der Schuldner einen wesentlichen Teil seiner Arbeitskraft aufwendet, können Lizenzgebühren Arbeitseinkommen nach § 850 Abs. 2 ZPO sein. Sie können dann als (wiederkehrendes) Entgelt für persönlich erbrachte Dienstleistungen (u.U.) nur nach § 850 c ZPO gepfändet werden[6].

1649a

---

1 *RG* 67, 204 (212); 111, 286 (287); 150, 385 (390).
2 Siehe auch *BGH* MDR 1979, 1016 = NJW 1979, 2038.
1* *RG* 134, 91 (96); 127, 197 (205).
2* *Abel* NZI 2003, 121 (122); Cepl NZI 2000, 357; *Schmoll* und *Hölder* GRUR 2004, 743; *Zeising* Mitteilungen der deutschen Patentanwälte 2001, 240 (244).
3 A.A. (ein Drittschuldner ist nicht vorhanden) *Stein/Jonas/Brehm*, ZPO, Rdn. 99; *Wieczorek/Schütze/Lüke*, ZPO, Rdn. 73, je zu § 857; der *BGH* hat NJW 1990, 2931 (2933) die Frage offengelassen.
4 *BGH* FamRZ 2004, 790 = MDR 2004, 713 = NJW-RR 2004, 644 = Rpfleger 2004, 361.
5 *BGH* NJW-RR 2004, 644 = a.a.O.
6 *BGH* NJW-RR 2004, 644 = a.a.O.

Zumeist werden sie aber als umsatzbezogene (nachträgliche) Teilleistungen für persönlich geleistete Arbeiten oder Dienste anzusehen sein; als solche unterliegen sie dem Pfändungsschutz nach § 850 i ZPO[7]. Drittschuldner ist der Lizenznehmer als Schuldner der Lizenzgebühr. Zur Bezeichnung der Forderung im Pfändungsbeschluss s. Rdn. 925.

28. Löschungsanspruch

1650 Das Recht auf Löschung einer Hypothek oder Grundschuld und der Anspruch des Grundstückseigentümers gegen den als Gläubiger eingetragenen Dritten auf Bewilligung der Löschung einer Eigentümergrundschuld gewordenen Hypothek oder Grundschuld sind Ausfluss des Verfügungsrechts über das dingliche Recht. Durch „Pfändung des Löschungsanspruchs" kann ein Gläubiger diese Verfügungsbefugnis nicht erlangen. Die Pfändung des Rechts oder Anspruchs auf Löschung verbietet sich daher[1]. Unzulässig sind deshalb auch die Pfändung des Berichtigungsanspruchs auf Zustimmung zur Löschung und des Anspruchs auf Eintragung einer Löschungsvormerkung[2], sowie – für sich allein – auf Erteilung einer löschungsfähigen Quittung[3].

Der gesetzliche Löschungsanspruch des § 1179 a BGB steht dem jeweiligen Gläubiger des begünstigten gleich- oder nachrangigen Grundpfandrechts zu. Als Inhalt des begünstigten Rechts kann er selbstständig nicht gepfändet werden[4].

29. Marken und Kennzeichen

1651 a) Schutzfähig als *Marken* können sein alle Zeichen, insbesondere Wörter einschließlich Personennamen, Abbildungen, Buchstaben, Zahlen, Hörzeichen, dreidimensionale Gestaltungen einschließlich der Form einer Ware oder ihrer Verpackung sowie sonstige Aufmachungen einschließlich Farben und Farbzusammenstellungen, die geeignet sind, Waren oder Dienstleistungen eines Unternehmens von denjenigen eines anderen Unternehmens zu unterscheiden (§ 3 Abs. 1 MarkenG[1*]). Markenschutz entsteht durch die Eintragung eines Zeichens als Marke in das vom Patentamt geführte Register, durch die Benutzung eines Zeichens im geschäftlichen Verkehr bei Verkehrsgeltung oder durch die im Sinne des Art. 6bis der Pariser Verbandsübereinkunft zum Schutz des gewerblichen Eigentums notorische Bekanntheit einer Marke (§ 4 MarkenG). Die Inhaberschaft (§ 7 MarkenG) wird durch Eintragung in das beim Patentamt geführte Register begründet.

---

[7] *BGH* NJW-RR 2004, 644. Enger noch *BGH* 98, 82 = MDR 1985, 407 = NJW 1985, 1031; auch *Sikinger* GRUR 1985, 785.
[1] *RG* 101, 231 (235); *KG* OLG 10, 390 (392); s. auch *RG* 70, 280.
[2] *RG* Gruchot 54, 940.
[3] *OLG Köln* JMBlNRW 1971, 160 (161).
[4] *Stöber* Rpfleger 1977, 425 (426 f. unter V 4 e).
[1*] Gesetz über den Schutz von Marken und sonstigen Kennzeichen (Markengesetz – MarkenG). Vom 25. Okt. 1994, BGBl I 3082 (mit Änderungen).

Markenschutz durch Verkehrsgeltung oder durch notorische Bekanntheit steht demjenigen zu, zu dessen Gunsten die Verkehrsgeltung oder die notorische Bekanntheit erworben worden ist[2]. Eine Gesellschaft des bürgerlichen Rechts als solche kann nicht Inhaber einer Marke sein[3]. Betriebsgebundenheit ist nicht vorausgesetzt (der Inhaber einer Marke muss nicht Inhaber eines Geschäftsbetriebs sein). Regelungen über die Marke als Gegenstand der Zwangsvollstreckung gegen den Inhaber treffen §§ 29 und 31 MarkenG in Anlehnung an die nach § 27 Abs. 1 MarkenG gegebene Möglichkeit der „freien" Übertragung von Markenrechten[4]. Es lauten:

§ 29 MarkenG
Dingliche Rechte;
Zwangsvollstreckung; Insolvenzverfahren

(1) Das durch die Eintragung, die Benutzung oder die notorische Bekanntheit einer Marke begründete Recht kann
1. verpfändet werden oder Gegenstand eines sonstigen dinglichen Rechts sein oder
2. Gegenstand von Maßnahmen der Zwangsvollstreckung sein.

(2) Betreffen die in Absatz 1 Nr. 1 genannten Rechte oder die in Absatz 1 Nr. 2 genannten Maßnahmen das durch die Eintragung einer Marke begründete Recht, so werden sie auf Antrag eines Beteiligten in das Register eingetragen, wenn sie dem Patentamt nachgewiesen werden.

(3) ...

§ 31
Angemeldete Marken

Die §§ 27 bis 30 gelten entsprechend für durch Anmeldung von Marken begründete Rechte.

b) Die *Zwangsvollstreckung* in das durch Eintragung, Benutzung oder die notorische Bekanntheit einer Marke begründete Recht erfolgt durch (Rechts-)Pfändung nach § 857 (§ 829) ZPO. Zuständig ist das Vollstreckungsgericht[5], nicht das Gericht für Kennzeichnungsstreitsachen (§ 140 MarkenG). Die durch Eintragung, Benutzung sowie notorische Bekanntheit entstandenen Markenrechte (§ 4 Nr. 1–3 MarkenG) können nebeneinander (mit selbstständiger Priorität) bestehen. Bei Fassung des Pfändungsbeschlusses ist daher darauf zu achten, dass die Beschlagnahme diese Markenrechte insgesamt erfasst. Ob die nach dem Wortlaut des Pfändungsbeschlusses nur für eines der Markenrechte ausgesprochene Pfändung sich nur auf dieses (selbstständige) Recht erstreckt oder im Wege der Auslegung auch auf die beiden anderen Markenrechte nach § 4 MarkenG bezogen werden kann, ist nicht geklärt. Wirksam wird die Pfändung nach § 857 Abs. 2 ZPO mit Beschlusszustellung an den Schuldner als Inhaber der eingetragenen oder angemeldeten (§ 7 MarkenG) oder der durch notorische Bekanntheit begründeten Marke. Ein Drittschuldner ist nicht vorhanden. Das Patentamt ist nicht Drittschuldner (vgl. Rdn. 1719). Entsprechendes gilt für

1651a

---

2 Begründung zu § 4 MarkenG, BT-Drucks. 12/6581, S. 66 re.Sp.
3 Begründung zu § 7 MarkenG, BT-Drucks. 12/6581, S. 69 li.Sp.
4 Begründung zu § 29 MarkenG, BT-Drucks. 12/6581, S. 86.
5 *LG Düsseldorf* JurBüro 1998, 493 = Rpfleger 1998, 356.

die Zwangsvollstreckung in die durch Anmeldung von Marken begründeten Rechte (Markenanwartschaft; § 31 MarkenG). Fraglich ist, ob sich in Einzelfällen aus allgemeinen Rechtsgrundsätzen Schranken für die Zwangsvollstreckung ergeben, so nach § 12 BGB, wenn die Marke zugleich der Name des Inhabers des Unternehmens ist, oder dann, wenn die Zwangsvollstreckung gerade in die Marke unverhältnismäßig ist[6]. Das jedoch kann nicht angenommen werden. Das Markenrecht ist uneingeschränkt übertragbar (§ 27 Abs. 1 MarkenG) und verpfändbar (§ 29 Abs. 1 Nr. 1 MarkenG); es kann Gegenstand eines sonstigen dinglichen Rechts sein (§ 29 Abs. 1 Nr. 1 MarkenG). Als Vermögensrecht besitzt es damit einen wirtschaftlichen Wert, der als Vermögenswert mit Namensschutz (§ 12 BGB) zwangsweiser Befriedigung des Gläubigers nicht entzogen sein kann. Unverhältnismäßige Zwangsvollstreckung im Einzelfall begründet nicht Unpfändbarkeit des Vermögensrechts; ihr ist mit Schutz nach vollstreckungsrechtlichen Vorschriften (insbes. § 765 a ZPO) zu begegnen.

1651b c) Rechte begründet die Pfändung des durch Eintragung, Benutzung oder die notorische Bekanntheit einer Marke entstandenen Rechts sowie der durch Anmeldung einer Marke entstandenen Rechte (§ 31 MarkenG) wie die Patentpfändung; zu Einzelheiten siehe daher Rdn. 1719 ff. Auf einen nach Pfändung infolge Markenrechtsverletzung entstandenen Schadensersatzanspruch dürfte die Pfändung sich erstrecken (Nebenanspruch); ein bereits vor Pfändung durch Markenrechtsverletzung entstandener Schadensersatzanspruch wird von der Pfändung nicht erfasst; als Geldanspruch ist er selbstständig pfändbar (Rdn. 1730). Nach Eintragung einer Marke setzt sich an dieser das Pfändungspfandrecht fort, das durch Pfändung der durch Anmeldung begründeten Rechte (§ 31 MarkenG) erlangt ist (wie Rdn. 1721). Pfändung des durch die Eintragung einer Marke begründeten Rechts wird auf Antrag eines Beteiligten in das Register eingetragen (keine Verpflichtung zur Eintragung), wenn sie dem Patentamt nachgewiesen wird (§ 29 Abs. 2 MarkenG). Ein Recht zur Benutzung der Marke erwirbt der Pfändungsgläubiger nicht (Rdn. 1723). Pfandverwertung[7] erfolgt nach §§ 844, 857 Abs. 5 ZPO. Eine Überweisung zur Einziehung ist nicht für zulässig zu erachten.

1651c d) Für (angemeldete und eingetragene) Kollektivmarken (Begriff: § 97 Abs. 1 MarkenG), deren Inhaber nur rechtsfähige Verbände oder juristische Personen des öffentlichen Rechts sein können (§ 98 MarkenG), gilt Entsprechendes (§ 97 Abs. 2 MarkenG).

1651d e) Als *geschäftliche Bezeichnungen* geschützt werden Unternehmenskennzeichen und Werktitel (§ 5 Abs. 1 MarkenG). Unternehmenskennzeichen sind Zeichen, die im geschäftlichen Verkehr als Name, als Firma oder als besondere Bezeichnung eines Geschäftsbetriebs oder eines Unternehmens benutzt werden (§ 5 Abs. 2 MarkenG mit Einzelheiten). Werktitel sind die Namen oder besonderen Bezeichnungen von Druckschriften, Filmwerken, Tonwerken, Bühnenwerken oder sonstigen vergleichbaren

---

6 So noch Begründung zu § 29 MarkenG, BT-Drucks. 12/6581, S. 86.
7 Zur Ermittlung des Verkehrswerts von Marken *Repenn* MittdtPatA 1994, 13.

Werken (§ 5 Abs. 3 MarkenG). Der Erwerb des Schutzes einer geschäftlichen Bezeichnung gewährt ihrem Inhaber ein ausschließliches Recht (§ 15 Abs. 1 MarkenG), das einen Unterlassungsanspruch begründet (§ 15 Abs. 4 MarkenG) und Anspruch auf Schadensersatz auslösen kann (§ 15 Abs. 4 MarkenG). Die Übertragbarkeit und damit auch die Pfändbarkeit geschäftlicher Bezeichnungen regelt das MarkenG nicht[8]. Die Firma eines Kaufmanns (§ 17 Abs. 1 HGB) ist mit dem Handelsgeschäft verbunden (siehe § 23 HGB). Das Recht zur Führung der Firma ist daher nicht pfändbar[9]. Für andere Unternehmenskennzeichen wird Entsprechendes zu gelten haben. Inhaber eines Werktitels als Name ist der Urheber des Werkes, der es mit dem Titel versehen hat, kann in Sonderfällen aber auch der Verleger oder Übersetzer sein. Urheberrechtlicher Titelschutz gebietet bei Zwangsvollstreckung gegen den Urheber (auch Übersetzer) in den Werktitel Wahrung der persönlichen Bindung zu dem Werk; sie kann daher nur nach § 113 (für Rechtsnachfolger § 115) UrhRG zulässig sein. Gegen den Verleger als Inhaber eines Werktitels (ist nicht betriebsgebunden) wird Zwangsvollstreckung für zulässig zu erachten sein. Daher wird (nun[10]) ein Zeitschriftentitel als Werktitel des Verlegers als selbstständiges Rechtsgut und damit als Gegenstand der Zwangsvollstreckung anzusehen sein.

30. Milchquote

Schrifttum: *Hertel*, Neuregelung für Milchquoten, DNotZ 2000, 325.

Die Milchquote eines Milcherzeugers (Milchquotenverordnung vom 4. März 2008, BGBl I 359, mit Änderung; früher Milchkontingent, Anlieferungsreferenzmenge) ist als Vermögensrecht nach § 857 Abs. 1 ZPO pfändbar[1]. Als Recht des Milcherzeugers, Milch abgabefrei anzuliefern (Anlieferungsquote) oder direkt zu verkaufen (Direktverkaufsquote) hat sie einen Marktwert[2]. Sie ist drittschuldnerloses Recht. Die Pfändung wird daher mit Zustellung des Beschlusses an den Schuldner bewirkt (§ 857 Abs. 2 ZPO). Verboten ist damit dem Schuldner auch eine Übertragung außerhalb der landesrechtlich eingerichteten Übertragungsstelle (§§ 21 ff. MilchQuotV). Übertragen werden kann die Milchquote (flächen- und betriebsungebunden) gegen Entgelt durch landesrechtlich eingerichtete Übertragungsstellen (damit „börsenpflichtig"). Übernehmer einer Quote kann nur ein Milcherzeuger sein. Ausnahme: § 8 Abs. 2 MilchQuotV. Die Veräußerung durch die landesrechtliche Übertragungsstelle (zum Verfahren §§ 11–20 MilchQuotV) und Auskehrung des Erlöses an den Gläubiger kann vom Vollstreckungsgericht nach § 857 Abs. 5 ZPO angeordnet wer-

1652

---

8   Begründung zu § 27 MarkenG, BT-Drucks. 12/6581, S. 84.
9   *RG* 9, 106; 70, 226 (229); *BGH* NJW 1993, 921 (922); *Stein/Jonas/Brehm*, ZPO, Rdn. 26 zu § 857.
10 **Anders** früher im Hinblick auf die (nicht mehr bestehende) Betriebsgebundenheit, *RG* 95, 235 (236); *BGH* DNotZ 1968, 541 = MDR 1968, 211 = NJW 1968, 392.
1   *BGH* MDR 2007, 485 = NJW-RR 2007, 1219 = Rpfleger 2007, 272.
2   *BGH* NJW-RR 2007, 1219 (1220) = a.a.O.

den³. Pfändung der künftigen Erlösforderung schließt das aus⁴. Überweisung zur Einziehung⁵ oder an Zahlungs statt zum Nennwert (§ 835 ZPO) ermöglicht die Einschränkung der Übertragungsmöglichkeit auf ein amtliches Übertragungsverfahren durch landesrechtliche Übertragungsstellen (damit börsengebundene Veräußerung) nicht. Pfändungsschutz entsprechend § 811 Nr. 4 ZPO besteht nicht⁶. Unmittelbare (besondere) Übertragung außerhalb der landesrechtlich eingerichteten Übertragungsstelle kann erfolgen, insbesondere bei Übergabe eines Betriebs im Wege vorweggenommener Erbfolge zwischen Ehegatten, eingetragenen Lebenspartnern und näheren Verwandten sowie zusammen mit einer dauerhaften Betriebsübertragung (§ 8 Abs. 2, §§ 21 ff. MilchQuotV). In einem solchen Fall ist der Kauf- oder Übernahmepreis Gegenstand des Vollstreckungszugriffs, Pfändung sonach als Geldforderung nach § 829 ZPO geboten.

31. Nacherbe

1653 *Gepfändet wird das angebliche Anwartschaftsrecht des Schuldners als*

- *Nacherbe auf die Erbschaft nach dem am ... in ... verstorbenen Erblasser ... Als Drittschuldner wird dem Vorerben ... verboten ... (wie üblich).*

- *Mitnacherbe auf den Nachlass-(Miterben-)Anteil an der Erbschaft nach dem am ... in ... verstorbenen Erblasser ... zusammen mit dem Anspruch auf Auseinandersetzung des Nachlasses. Drittschuldner sind die anderen Mitnacherben, nämlich ...*

1654 a) aa) Vor *dem Tode des Erblassers* ist das Nacherbenrecht unpfändbar, weil keine „Anwartschaft" auf eine künftige Erbschaft besteht.

1655 bb) Nach diesem Zeitpunkt und vor Anfall der Nacherbschaft (Eintritt der Nacherbfolge) hat der Nacherbe ein *Recht auf Anfall der Erbschaft*¹. Dieses (veräußerliche) Recht auf die Nacherbschaft kann als solches gepfändet werden². Der Pfändung steht nicht entgegen, dass der Erblasser die Übertragbarkeit des Nacherbenrechts durch letztwillige Verfügung ausgeschlossen³* hat (§ 851 Abs. 2 ZPO)⁴*.

---

3   *BGH* NJW-RR 2007, 1219 = a.a.O.
4   Ähnlich *BGH* NJW-RR 2007, 1219 (1221).
5   *BGH* NJW-RR 2007, 1219 (1220, 1221) = a.a.O.
6   *BGH* NJW-RR 2007, 1219 (1221) = a.a.O.
1   Motive zum BGB, Band V S. 81.
2   *KG* OLG 26, 329 (332) mit weit. Nachw. Es handelt sich um ein veräußerliches und daher (siehe § 851 Abs. 1 ZPO) pfändbares Recht; siehe *RG* 101, 186 (187) mit weit. Nachw.; *RG* 103, 354; *KG* OLG 40, 120; *KG* JFG 6, 273 (274); *BGH* 37, 319 (326) und 87, 367 (369); *Haegele* Rpfleger 1967, 161; *Stein/Jonas/Brehm*, ZPO, Rdn. 58; *Wieczorek/Schütze/Lüke*, ZPO, Rdn. 60, je zu § 857.
3* Zulässig, s. *RG* 170, 163 (168).
4* **Anders** *Kessel* MittRhNotK 1991, 137 (138); jedoch handelt es sich nicht um eine gesetzliche Unveräußerlichkeit, für die § 857 Abs. 3 ZPO Bestimmung trifft, sondern um rechtsgeschäftlichen Übertragungsausschluss, der nach § 851 Abs. 2 ZPO zu werten ist.

cc) *Mit dem Anfall* der Nacherbschaft (Eintritt der Nacherbfolge) ist der Nacherbe als Rechtsnachfolger des Erblassers unmittelbarer Vermögensinhaber. Die Zwangsvollstreckung gegen ihn bestimmt sich daher nach dem Rdn. 1481 oder Rdn. 1664 ff. Gesagten. Kann Sachpfändung wegen des Gewahrsams des Vorerben noch nicht erfolgen (siehe § 809 ZPO), so bietet sich die Möglichkeit der Pfändung des Herausgabeanspruchs (§ 2130 BGB) nach §§ 846 ff. ZPO.

1656

b) Ist der Schuldner *alleiniger Nacherbe*, so unterliegt sein Anwartschaftsrecht (Rdn. 1654) der Rechtspfändung nach § 857 ZPO, und zwar auch bei nur bedingter Nacherbeneinsetzung. Die wirksame Pfändung hindert den Schuldner aber nicht, die Nacherbschaft auszuschlagen.

1657

Sehr streitig ist, ob bei dieser Pfändung in der Person des Vorerben ein *Drittschuldner* vorhanden ist[5] oder ob es sich um die Pfändung eines drittschuldnerlosen Rechts handelt, die mit Zustellung an den Schuldner wirksam wird[6] (§ 857 Abs. 2 ZPO). Zuzustimmen ist nach meinem Dafürhalten der Ansicht, dass der Vorerbe Drittschuldner ist, weil seine Leistung zur Ausübung des gepfändeten Rechts erforderlich ist (siehe Rdn. 1661), seine Rechtsstellung mithin von der Pfändung berührt wird (siehe Rdn. 8), und zwar auch insoweit, als er nach Pfändung die sonst zusammen mit dem Nacherben zulässigen Verfügungen über Nachlassgegenstände nicht mehr treffen kann (siehe Rdn. 1659). Wegen dieses Meinungsstreites ist die Zuziehung des Vorerben als Drittschuldner und die Zustellung des Leistungsverbotes an ihn aber jedenfalls zu empfehlen.

c) Wenn der Schuldner als Nacherbe nur *Miterbe* ist, unterliegt sein Anwartschaftsrecht auf den Nachlass-(Miterben-)Anteil der Pfändung. Drittschuldner sind hier die übrigen Nacherben[7]. Ihre Rechtsstellung wird von der Pfändung schon deshalb berührt (Rdn. 8), weil mit Eintritt der Nacherbfolge das Pfandrecht sich an dem Nachlassanteil des Schuldners als Miterbe fortsetzt (Rdn. 1661). Es ist deshalb unerheblich, dass zwischen Nacherben vor dem Nacherbfall keine Erbengemeinschaft[8] besteht. Sind weitere Nacherben noch unbekannt (z. B. weil ein noch nicht Erzeugter Mitnacherbe ist), so muss Pfändung durch Zustellung an den Vorerben als Drittschuldner (Rdn. 1657) genügen.

1658

d) Der *Gläubiger übt nach Pfändung* neben dem Nacherben alle diesem zustehenden Rechte aus, insbesondere die Rechte aus §§ 2121–2123,

1659

---

5 *OLG Nürnberg* MDR 1953, 688; *Stein/Jonas/Brehm*, ZPO, Rdn. 98; *Wieczorek/Schütze/Lüke*, Rdn. 60, je zu § 857; *MünchKomm/Grunsky*, BGB, Rdn. 32 zu § 2100.
6 *KG* OLG 26, 329 (332) (das den Vorerben nur für die Hilfsansprüche nach §§ 2121 ff. BGB als Drittschuldner ansieht); *KGJ* 42, 235.
7 *KGJ* 42 A 241; *KG* JFG 6, 273 (274); *Stein/Jonas/Brehm*, ZPO, Rdn. 30 zu § 859; *Wieczorek/Schütze/Lüke*, ZPO, Rdn. 60 zu § 857, die Rdn. 26 zu § 859 aber auch den Vorerben als Drittschuldner ansehen; abw. *MünchKomm/Grunsky*, BGB, Rdn. 32 zu § 2100, der auch Zustellung an den Vorerben verlangt. A.A. *KG* OLG 26, 333, das auch hier ein drittschuldnerloses Recht annimmt.
8 *BGH* DNotZ 1993, 538 = NJW 1993, 1582.

5. Kapitel: Pfändung anderer Vermögensrechte

2127–2128 BGB. Verfügungen des Vorerben, die nur mit Zustimmung des Nacherben zulässig sind, bedürfen auch der Zustimmung des pfändenden Gläubigers.

1660   Wenn nach § 51 GBO der Nacherbenvermerk in das *Grundbuch* eingetragen ist, kann auch die Pfändung des Nacherbenrechts oder des Rechts des Mitnacherben *eingetragen* werden[9]. Diese Eintragung erfolgt auf schriftlichen Antrag des Gläubigers nach Vorlage des zugestellten Pfändungsbeschlusses, der den nach § 22 GBO notwendigen Unrichtigkeitsnachweis erbringt.

1661   e) Mit dem *Eintritt der Nacherbfolge* setzt sich das Pfandrecht an dem Anspruch des Alleinnacherben auf Herausgabe der zur Nacherbschaft gehörenden Gegenstände (§ 2130 BGB) oder an dem Nachlassanteil des Miterben fort. Für letzteren gilt das Rdn. 1665 ff. Gesagte. Das am Herausgabeanspruch des Alleinerben bestehende Pfandrecht verbietet dem Vorerben Herausgabe an den Schuldner. Der Gläubiger kann Herausgabe an einen Gerichtsvollzieher (§ 847 ZPO), Treuhänder (§ 847 a ZPO) oder Sequester (§ 848 ZPO) mit den sich aus §§ 846 ff. ZPO ergebenden Folgen und Verwertungsmöglichkeiten verlangen. Die Anordnung dieser Herausgabe kann bereits im Pfändungsbeschluss getroffen oder nachgeholt werden[10]. Dieser Herausgabeanspruch kann nach dem Tode des Erblassers, aber vor Eintritt des Nacherbfalls auch für sich allein als künftiges Recht gepfändet werden[11].

1662   f) *Vor Eintritt* der Nacherbfolge kann der Gläubiger nur durch Veräußerung des gepfändeten Nacherbenrechts[12] nach §§ 844, 857 Abs. 5 ZPO Befriedigung finden. Bei Versteigerung durch den Gerichtsvollzieher nach §§ 816 ff. ZPO (siehe Rdn. 1472 f.) geht das Nacherbenrecht mit dem Zuschlag auf den Meistbietenden über, ohne dass es eines besonderen Übertragungsaktes bedarf[13]. Der Erwerber des Nacherbenrechts tritt mit dem Nacherbfall unmittelbar als Rechtsnachfolger des Erblassers ein[14].

1663   g) Der *Schlusserbe* nach dem sogenannten Berliner Testament (§ 2269 BGB) hat vor dem Tode des längstlebenden Ehegatten (Erblassers) kein übertragbares Anwartschaftsrecht[15]. Sein „künftiges" Erbrecht kann daher nicht gepfändet werden (siehe auch Rdn. 1481).

32. Nachlass-(Miterben-)Anteil

1664   *Gepfändet wird der angebliche Nachlass-(Miterben-)Anteil des Schuldners an dem Nachlass des am ... in ... verstorbenen ... zusammen mit dem Anspruch*

---

9   *RG* 83, 434; *Stein/Jonas/Brehm*, ZPO, Rdn. 59 zu § 857.
10   Siehe Rdn. 2017, 2018; auch *Stein/Jonas/Brehm*, ZPO, Rdn. 59 zu § 857.
11   *KG* OLG 26, 333.
12   Das Recht ist veräußerlich; siehe die in Fußn. 2 genannten *RG*-Entscheidungen.
13   *KG* HRR 1929, 549.
14   *RG* 101, 185 (190).
15   *BGH* 37, 319 = DNotZ 1963, 553 = MDR 1962, 894 = NJW 1962, 1910.

Nachlassanteil

auf Auseinandersetzung des Nachlasses. Drittschuldner sind die anderen Miterben (ist der Testamentsvollstrecker, der Nachlassverwalter), nämlich ...

I. Der Nachlass-(Miterben-)Anteil und seine Pfändung

Schrifttum: *Bauer,* Die Zwangsvollstreckung in einen Nachlassanteil, JurBüro 1958, 95; *Behr,* Pfändung und Verwertung des Miterbenanteils, JurBüro 1995, 233; *Bürger,* Kann die Pfändung eines Erbteils in das Grundbuch eingetragen werden, wenn der Erblasser als Eigentümer noch nicht eingetragen ist? JW 1935, 593; *Drischler,* Die Aufhebung der ungeteilten Erbengemeinschaft durch Zwangsversteigerung des Nachlassgrundstücks, JurBüro 1963, 241 und 501; *Eickmann,* Die Versteigerung eines Erbanteils durch den Gerichtsvollzieher, DGVZ 1984, 65; *Ernsthaler,* Eigengläubiger des Miterben bei Testamentsvollstreckung, Rpfleger 1988, 94; *Haegele,* Fragen der Zwangsvollstreckung im Erbrecht, BWNotZ 1975, 129; *Hill,* Kann ein Miterbe, dessen Miterbenanteil gepfändet ist, im Zwangsversteigerungsverfahren zum Zwecke der Aufhebung der Gemeinschaft einen Einstellungsantrag gemäß § 180 Abs. 2 ZVG stellen? MDR 1959, 92; *Lehmann,* Die Konkurrenz zwischen Vertragspfandrecht und nachrangigem Pfändungspfandrecht am Anteil eines Miterben, NJW 1971, 1545; *Liermann,* Zweifelsfragen bei Zwangsversteigerung eines gepfändeten Miterbenanteils, NJW 1962, 2189; *Löscher,* Grundbuchberichtigung bei Erbteilspfändung, JurBüro 1962, 391; *Mümmler,* Pfändung eines Miterbenanteils, JurBüro 1983, 817; *Rasch,* Kann die Pfändung eines Erbteils in das Grundbuch eingetragen werden, wenn der Erblasser als Eigentümer noch nicht eingetragen ist? JW 1935, 593; *Richert,* Zur Streitfrage der Pfändbarkeit des Miterbenanteils am Nachlass mit dazugehöriger Reichsheimstätte, JurBüro 1970, 1029; *Ripfel,* Das Pfändungspfandrecht am Erbanteil, NJW 1958, 692; *Schiffhauer,* Besonderheiten der Teilungsversteigerung (TeilungsZV), ZIP 1982, 526 und 660; *Stöber,* Antrag auf Teilungsversteigerung nach Pfändung eines Miterbenanteils und Einstellungsantrag nach § 180 Abs. 2 ZVG des Pfändungsschuldners, Rpfleger 1963, 337; *Stöber,* Grundbucheintragung der Erben nach Pfändung des Erbanteils, Rpfleger 1976, 197.

1665 1. a) *Mehreren Erben* (Miterben) gehört das Vermögen des Erblassers (der Nachlass, die Erbschaft) als gemeinschaftliches Vermögen (§ 2032 Abs. 1, § 1922 BGB). Aus diesem Wesen der *Erbengemeinschaft* als Gemeinschaft zur gesamten Hand folgt, dass ein einzelner Miterbe nicht über seinen Anteil an einzelnen Nachlassgegenständen, sondern nur über seinen Anteil an dem Nachlass im gesamten verfügen kann (§ 2033 BGB). Deshalb ist auch eine Zwangsvollstreckung gegen einen Miterben nur in seinen Nachlassanteil im gesamten als Inbegriff von Rechten und Pflichten möglich, nicht aber in den Anteil an einem einzelnen Nachlassgegenstand (§ 859 Abs. 2 ZPO).

1666 b) Neben dem Nachlass-(Miterben-)Anteil besteht ein Anspruch „auf das *Auseinandersetzungsguthaben*" als selbstständiges künftiges Recht nicht[1]. Vielmehr folgt dieser Anspruch aus der Miterbenstellung; er ist daher nur mit dem Miterbenanteil der Zwangsvollstreckung unterworfen, selbstständig aber nicht pfändbar[2]. Pfändung nur des Auseinandersetzungsanspruchs[3] oder des Rechts auf Teilung und (oder) Herausgabe (Aus-

---

1 *Zöller/Stöber,* ZPO, Rdn. 15 zu § 859.
2 Siehe *RG* 60, 126 (132); *KG* OLG 12, 374; *Wieczorek/Schütze/Lüke,* ZPO, Rdn. 23 zu § 859; **a.A.** jedoch für die Abtretung *Sigler* MDR 1964, 372.
3 *KG* JW 1931, 1371; *OLG Braunschweig* OLG 19, 373.

5. Kapitel: Pfändung anderer Vermögensrechte

antwortung) des Erbteils[4] oder nur des Erbrechts[5] oder der Forderung am Nachlass[6] kann aber in die Pfändung des Nachlass-(Miterben-)Anteils umgedeutet werden. Da ein Miterbe seinen Nachlassanteil nur im gesamten übertragen kann (§ 2033 Abs. 1 BGB), nicht jedoch den „Anspruch" auf dasjenige, was ihm bei der Auseinandersetzung zukommt, können mit Abtretung eines solchen vermeintlichen Anspruchs Rechte eines zeitlich nachfolgenden Pfändungsgläubigers nicht geschmälert werden; das Pfandrecht des Gläubigers, für welchen später der Nachlass-(Miterben-)Anteil gepfändet worden ist, wird durch frühere Abtretung des Anspruchs auf dasjenige, was dem Miterben bei der Auseinandersetzung zukommt, nicht berührt[7].

1667 c) *Vor dem Erbfall* hat der Schuldner keine „Anwartschaft" auf eine künftige Erbschaft[8]. Ein Miterbenanteil kann daher nicht schon vor dem Tod des Erblassers als künftiges Recht, sondern erst *nach dem Erbfall* gepfändet werden. Zulässig ist diese Pfändung aber auch, wenn der Schuldner die Erbschaft noch nicht angenommen hat. Die wirksame Pfändung hindert den Schuldner dann nicht daran, die Erbschaft auszuschlagen; mit der Ausschlagung wird die Pfändung unwirksam.

1668 d) Nach vollständig durchgeführter Auseinandersetzung (vollständiger Teilung des Nachlasses) oder Ausscheiden aller Miterben bis auf einen im Wege der sog. Abschichtung (zu dieser Rdn. 1670) ist ein Nachlassanteil nicht mehr vorhanden, seine Pfändung also nicht mehr möglich. Auch mit dem Erwerb aller Miterbenanteile durch Erbteilsübertragung endet die Erbengemeinschaft und damit die Möglichkeit der Erbteilspfändung. Ist der Schuldner auf solche Weise Alleineigentümer des Nachlasses geworden, so kann gegen ihn als den alleinigen Vermögensinhaber nur noch unmittelbar in die einzelnen ihm gehörenden Nachlassgegenstände wie in das ihm sonst allein gehörende Vermögen vollstreckt werden.

1669 2. Der Nachlass-(Miterben-)Anteil ist *Vermögensrecht* nach § 857 Abs. 1 ZPO. Seine Pfändung erfolgt daher durch Pfändungsbeschluss (§§ 829, 857 Abs. 1 ZPO)[9]. Der Pfändungsantrag muss das pfändbare Recht schlüssig bezeichnen (siehe Rdn. 461 und 485 f.). Ein Nachweis, dass der behauptete Miterbenanteil des Schuldners auch tatsächlich besteht, ist dem Vollstreckungsgericht nicht zu erbringen.

---

4   *RG* 49, 405 (408); *OLG Braunschweig* OLG 19, 156.
5   *RG* 49, 405 (408).
6   *OLG Celle* Seufferts Archiv 64 Nr. 120.
7   *RG* 60, 126.
8   Er hat, auch wenn er in einer letztwilligen Verfügung bedacht ist, nur eine bloße Hoffnung oder Aussicht, die unpfändbar ist, weil jede rechtliche Gebundenheit des Erblassers dem Bedachten gegenüber fehlt, siehe *RG* 67, 425 (428).
9   Und zwar auch dann, wenn zum Nachlass Grundstücke gehören; *OLG Frankfurt* JR 1954, 183 mit Anm. *Riedel* und *Werner*; siehe nun außerdem *BGH* 52, 99 = DNotZ 1969, 673 = MDR 1969, 750 = NJW 1969, 1347 und 1903 (Leits.) mit Anm. *Wellmann*.

3. *Drittschuldner* sind die übrigen Miterben[10]. Ist allerdings ein Testamentsvollstrecker[10a] bestellt, dem auch die Nachlassteilung obliegt, so ist dieser (nicht die anderen Miterben) Drittschuldner[11]. Ebenso wird ein Nachlassverwalter als Drittschuldner angesehen; die Zustellung an die Miterben wäre in solchen Fällen rechtlich bedeutungslos[12]. Der (nicht beschränkte) Nachlasspfleger für den Anteil eines oder mehrerer Miterben ist gesetzlicher Vertreter des oder der unbekannten Erben. Drittschuldner ist oder sind bei Pfändung des Nachlassanteils des bekannten Erben somit auch der oder die unbekannten Miterben, vertreten durch den Nachlasspfleger[13]. Nach Erbteilsübertragung (§ 2033 Abs. 1 BGB) kann als Drittschuldner nur noch der Erwerber des Erbteils (nicht mehr der Miterbe, der über seinen Anteil verfügt hat) angesehen werden[14]; er ist in die Rechte und Pflichten des veräußernden Miterben eingetreten und hat dadurch mit dem Verwaltungs- und Verfügungsrecht alle Rechte und Pflichten auch für Auseinandersetzung des Nachlasses und Erlösteilung erlangt. Solange die Erbteilsübertragung nicht offengelegt ist (z. B. mit Grundbucheintragung, Anzeige des Erbschaftsverkaufs an das Nachlassgericht nach § 2384 BGB) und der Gläubiger sowie das Vollstreckungsgericht sie daher nicht kennen können, müssen Verfügungsverbot und Zustellung an den veräußernden Miterben als Drittschuldner als ausreichend angesehen werden[15]. Ein durch Abschichtung[16] (einverständlich) aus der Erbengemeinschaft bereits ausgeschiedener Miterbe ist nicht mehr Mitglied der Gesamthandsgemeinschaft,

1670

---

10 *RG* 86, 294; 49, 405; *RG* JW 1891, 93; *OLG Frankfurt* JurBüro 1979, 1089 = KKZ 1979, 201 = Rpfleger 1979, 205.
10a Anordnung der Testamentsvollstreckung nur für den Erbteil eines Miterben (*BGH* NJW 1962, 912; *BGH* FamRZ 1997, 493 = NJW 1997, 1362) berechtigt den Testamentsvollstrecker zur Ausübung aller Miterbenrechte innerhalb der Erbengemeinschaft. Bei der Verwaltung des Nachlasses sowie bei Verfügungen über Nachlassgegenstände sind die (TV-freien) Miterben auf die Mitwirkung des Erbteilstestamentsvollstreckers angewiesen (*BGH* NJW 1997, 1362 = a.a.O.). Der Testamentsvollstrecker ist daher für den Miterben, für dessen Erbteil Testamentsvollstreckung angeordnet ist, zusammen mit den weiteren Miterben als Drittschuldner anzusehen. Gleichwohl sollten (bis zur abschließenden Klärung) für Anordnung des Verfügungsverbots und Zustellung sowohl dieser Testamentsvollstrecker als auch der Miterben selbst zusammen mit dem (TV-freien) Miterben als Drittschuldner angesehen werden.
11 *RG* 86, 294; *KG* OLG 23, 221; *MünchKomm/Heldrich*, Rdn. 15 zu § 2033; *Stein/Jonas/Brehm*, ZPO, Rdn. 30; *Wieczorek/Schütze/Lüke*, ZPO, Rdn. 21, je zu § 859; s. auch *OLG Colmar* OLG 20, 354.
12 *KG* OLG 23, 221.
13 *Stein/Jonas/Brehm*, ZPO, Rdn. 30, *MünchKomm/Smid*, ZPO, Rdn. 18, je zu § 859; **a.A.** *LG Kassel* MDR 1997, 1032 mit Anm. *Avenarius* (Zustellung an Nachlasspfleger reicht nicht aus); nicht zutreffend auch im Hinblick darauf, dass damit der Anteil des bekannten Miterben der Pfändung praktisch entzogen wäre.
14 *Zöller/Stöber*, ZPO, Rdn. 16 zu § 859.
15 Dazu *Zöller/Stöber*, ZPO, Rdn. 16 zu § 859.
16 Bedarf als Verfügung über den Anteil des Miterben der Form des § 2033 Abs. 1 BGB; *Schöner/Stöber*, Grundbuchrecht, Rdn. 976 b, gegen *BGH* 138, 8 = DNotZ 1999, 60 mit Anm. *Rieder* = MittBayNot 1998, 188 mit Anm. *Reimann* = NJW 1998, 1557.

damit nicht Drittschuldner. Der Pfandgläubiger eines Miterben hat ein diesen beschränkendes Recht an dessen Nachlassanteil, nicht aber die Stellung eines Miterben; Drittschuldner (zusammen mit dem Schuldner-Miterben oder allein an dessen Stelle) ist er daher nicht.

1671 4. Der *Pfändungsbeschluss* muss den Nachlass-(Miterben-)Anteil als Gegenstand der Pfändung[17] und alle Miterben des Schuldners (ggfs. den Testamentsvollstrecker oder Nachlassverwalter) als Drittschuldner bezeichnen, das Leistungsverbot an die (den) Drittschuldner enthalten und zu seiner Wirksamkeit den übrigen Miterben (dem Testamentsvollstrecker oder Nachlassverwalter) zugestellt werden. Wirksam wird die Pfändung mit der Zustellung an den Drittschuldner, bei mehreren Miterben mit der letzten Zustellung.

1672 5. Die Pfändung des Nachlassanteils erfolgt auch dann in der vorbezeichneten Weise, wenn zu dem Nachlass ein *Anteil an einem fremden Nachlass* gehört (z. B. wenn der Ehemann die verstorbene Ehefrau zur Hälfte beerbt hat und dann selbst vom Schuldner und anderen Miterben beerbt worden ist). Denn der Erbanteil eines verstorbenen Miterben an einem anderen, fremden Nachlass bildet in seinem eigenen Nachlass einen einzelnen Nachlassgegenstand, über den beim Vorhandensein mehrerer Erben des Erblasser-Miterben nur diese gemeinsam verfügen können, während der einzelne Erbeserbe über seinen Anteil an diesem Erbteil nicht verfügen kann[18].

II. Die Wirkungen der Erbteilspfändung

1673 1. Der Gläubiger erlangt mit Wirksamwerden der Pfändung das Pfandrecht (§ 804 Abs. 1 ZPO) *an dem Nachlass-(Miterben-)Anteil* als Inbegriff von Rechten und Pflichten mit den sich aus § 1273 Abs. 2, § 1258 BGB ergebenden Wirkungen, nicht aber die Stellung eines Miterben. Deshalb verliert auch der Schuldner mit der Pfändung seine Rechtsstellung als Miterbe nicht. Er ist nur in seiner Mitberechtigung am gesamten Nachlass und damit in der Ausübung seiner Miterbenrechte einschließlich der Verfügungsbefugnis über einzelne Nachlassgegenstände zugunsten des Gläubigers beschränkt. Alle dem Gläubiger nachteiligen Verfügungen über den gepfändeten Nachlass-(Miterben-)Anteil oder einzelne Nachlassgegenstände sind damit dem Schuldner verboten. Seine weitergehende Rechtsstellung als Miterbe hat aber die Pfändung nicht berührt. Bei der rechtsgeschäftlichen Nachlassteilung und ebenso bei einer Verfügung über einzelne Nachlassgegenstände (wie z. B. der Veräußerung eines Grundstücks) muss er daher mitwirken (s. Rdn. 1691); durch die Mitwirkung (Zustimmung) des Gläubigers wird er nicht etwa ausgeschaltet.

---

17 Siehe *RG* 49, 405 (408); *OLG Colmar* OLG 17, 198.
18 *RG* 162, 397; *BayObLG* 1960, 138 = *DNotZ* 1960, 483 = *MDR* 1960, 675 = Rpfleger 1961, 19 mit Anm. *Haegele*.

Das *Miterbenrecht* selbst (der Nachlassanteil) kann durch Rechtsgeschäft nur noch mit Zustimmung des Pfandgläubigers *aufgehoben* oder in einer das Pfandrecht beeinträchtigenden Weise *geändert* (übertragen, veräußert, belastet, siehe § 2033 BGB) werden[19]. Ein zum Nachlass gehörender *einzelner Gegenstand* kann ebenso ohne Zustimmung des Gläubigers durch den Schuldner in Gemeinschaft mit den anderen Miterben nicht mehr belastet oder veräußert werden[20]. Damit verbietet sich auch die rechtsgeschäftliche *Aufhebung der Erbengemeinschaft* durch Auseinandersetzung nur zwischen den Miterben. Eine ohne Mitwirkung oder Zustimmung des Pfandgläubigers vorgenommene Auseinandersetzung ist ihm gegenüber unwirksam[21]. Ebenso verbietet sich einvernehmliche Aufgabe des Mitgliedschaftsrechts des Schuldners (Ausscheiden aus der Erbengemeinschaft im Wege der sog. Abschichtung; zu dieser Rdn. 1670) ohne Mitwirkung (oder Zustimmung) des Pfändungsgläubigers. Eine Abfindung, die dem unter Mitwirkung des Pfändungsgläubigers aus der Erbengemeinschaft ausscheidenden Miterben gewährt wird, ist Entgelt für die Aufgabe der Mitgliedschaftsrechte. Ein Pfandrecht an dieser Abfindung erlangt der bei Abschichtung mitwirkende Gläubiger nicht ohne weiteres[21a]. Für Befriedigung oder Sicherung hat der (bei Abschichtung mitwirkende) Gläubiger vielmehr selbst Sorge zu tragen. Zustimmung des Pfändungsgläubigers erfordert auch einvernehmliches Ausscheiden eines der anderen Miterben (eines der Drittschuldner), weil der Gläubiger den Miterbenschuldner in seiner Mitberechtigung am Nachlass beschränkt, dessen Einverständnis allein somit Ausscheiden des Miterben nicht bewirkt (Rdn. 1673).

1674

Die Einziehung einer Nachlassforderung durch einen Miterben (auch den Pfändungsschuldner) mit dem Ziel der Hinterlegung des zu leistenden Geldbetrages für alle Erben (§ 2039 BGB) beeinträchtigt die Rechtsstellung des den Erbteil pfändenden Gläubigers als solchen nicht[22]. Das hinterlegte Geld fällt an Stelle der Forderung zu seinem vollen Wert in den Nachlass; es wird unverändert vom Rechtsinbegriff des Erbteils und damit von seiner Pfändung umfasst. Trotz der Erbteilspfändung kann ein Miterbe daher eine Nachlassforderung in solcher Weise gem. § 2039 BGB eintreiben[23]. Die Auseinandersetzung des Hinterlegungsbetrages (Aufteilung unter die Erben) ohne Mitwirkung des Pfandgläubigers ist als eine dem Gläubiger nachteilige Verfügung über einen einzelnen Nachlassgegenstand unzulässig.

1675

---

19 *BayObLG* 1959, 50 = NJW 1959, 1780; *RG* 84, 395 (399); *OLG Frankfurt* HRR 1937 Nr. 758 = JW 1937, 2129.
20 *BayObLG* und *OLG Frankfurt* je a.a.O. (Fußn. 19); *BGH* a.a.O. (Fußn. 22).
21 *BayObLG* a.a.O. (Fußn. 19); *RG* 83, 27 (31); 84, 395 (399); 90, 232 (236); *KG* JFG 17, 40.
21a Die Abfindung ist nicht Gegenstand, der aus der Nachlassmasse zugeteilt wird, so dass sich die Rdn. 1962, 1963 besprochene Frage nicht stellt.
22 *BGH* MDR 1968, 913 = NJW 1968, 2059.
23 *BGH* a.a.O.

5. Kapitel: Pfändung anderer Vermögensrechte

1676   2. a) Der Gläubiger ist auf Grund des Pfändungspfandrechts hinsichtlich des gepfändeten Miterbenanteils in das Gemeinschaftsverhältnis als *dinglicher Mitberechtigter* eingetreten. Er hat dadurch die Befugnis erlangt, alle dem Miterben zustehenden, nicht höchstpersönlichen Rechte *neben* diesem auszuüben. In dieser Weise steht dem Gläubiger insbesondere das Verwaltungs- und Verfügungsrecht (§§ 2038 ff. BGB), das Recht auf Mitwirkung bei der Auseinandersetzung (§ 2042 BGB) und das Recht auf den anteiligen Auseinandersetzungserlös (§ 2047 Abs. 1 BGB) zu (§ 1273 Abs. 2, § 1248 BGB)[24]. An dem Umfang der einem Testamentsvollstrecker zustehenden gesetzlichen Befugnisse, den Nachlass zu verwalten (§ 2205 S. 1 BGB) und über einzelne Nachlassgegenstände zu verfügen, ändert die Pfändung eines Miterbenanteils nichts[25] (die Verfügungsbeschränkung des Erben, § 2211 Abs. 1 BGB, begrenzt auch die Mitberechtigung des Gläubigers). Der Veräußerung oder Belastung eines Nachlassgrundstücks durch den Testamentsvollstrecker muss der Pfändungsgläubiger daher nicht zustimmen[25]. Der Gläubiger ist im Verfahren zur Außerkraftsetzung letztwilliger Anordnungen des Erblassers auch nicht Beteiligter i. S. des § 2216 Abs. 2 BGB[26]; er ist nicht berechtigt, Antrag auf Entlassung des Testamentsvollstreckers (§ 2227 BGB) zu stellen[27].

1677   b) Das Recht auf *Auskunft* und *Rechnungslegung* (§§ 2027, 2028, 2215, 2057 BGB) entspringt der Miterbenstellung. Als Nebenrecht wird es von der Pfändung des Nachlassanteils ohne weiteres erfasst[28] (siehe Rdn. 699 und 1741). Der Anspruch kann daher auch von dem in die Stellung des Schuldners als Miterbe eingerückten Gläubiger geltend gemacht werden. Hierfür bedarf es der ausdrücklichen Hilfspfändung des Nebenanspruchs nicht; seine Mitpfändung kann aber auf Antrag in dem den Nachlassanteil pfändenden Beschluss ausdrücklich ausgesprochen werden[29].

1678   c) Solange die Miterben sich nicht auseinandergesetzt haben, hat der Pfandgläubiger eines Miterbenanteils auch dann, wenn der Nachlass nur noch aus einer teilbaren Forderung besteht, in der Regel kein Recht an einem dem Miterbenanteil entsprechenden Teil der Forderung[30].

1679   3. Die in der Pfändung liegende *Verfügungsbeschränkung* hat relative (nicht absolute) Wirkung[31] (siehe Rdn. 560). Verfügungen über den Nachlass-(Miterben-)Anteil, die gegen das Verfügungsverbot verstoßen, sind

---

24   *RG* 83, 27 (30); *BayObLG* a.a.O. (Fußn. 19); *BayObLG* 1982, 459 (462) = JurBüro 1984, 277 = Rpfleger 1983, 112.
25   *BayObLG* 1982, 459 = a.a.O. (Fußn. 24); *KG* JFG 22, 122 (für Verpfändung).
26   BayObLG 1982, 459 = a.a.O. (Fußn. 24).
27   *OLG Stuttgart* BWNotZ 1992, 59.
28   *KG* JW 1930, 1014; *KG* OLG 12, 362. Es kann aber nicht selbstständig gepfändet werden, siehe Rdn. 1741.
29   *KG* JW 1930, 1014; siehe im übrigen Rdn. 1741; **a.A.** – Mitpfändung muss ausgesprochen werden – unzutreffend *Bauer* JurBüro 1958, 95.
30   *BGH* JurBüro 1967, 51 = DNotZ 1967, 516 = MDR 1967, 209 = NJW 1967, 200.
31   Siehe *BayObLG* a.a.O. (Fußn. 19).

daher nur dem Gläubiger gegenüber unwirksam und werden mit seiner Zustimmung auch ihm gegenüber wirksam.

4. Ein *Dritter*, der das Erbteilspfandrecht nicht kennt, kann bei einer gegen das Verfügungsverbot verstoßenden Übertragung oder Verpfändung des *Nachlassanteils* des Schuldners durch diesen oder bei Bestellung eines Nießbrauchs den Anteil oder das Recht an ihm gutgläubig nicht frei vom Erbteilspfandrecht erwerben. Das Erbteilspfandrecht geht als Belastung des Anteils vielmehr auch auf den gutgläubigen Erwerber über[32]. 1680

5. Verfügen alle Miterben ohne Mitwirkung des Gläubigers über einen einzelnen *Nachlassgegenstand*, so hat der Gläubiger das Nachsehen, wenn der *Erwerber gutgläubig* war, d.h. das Erbteilspfandrecht nicht gekannt hat, ohne diese Unkenntnis infolge grober Fahrlässigkeit vertreten zu müssen (§§ 932, 936, 892, 1032, 1207 BGB). Mit dem gutgläubigen Erwerb des Dritten erlischt das Pfandrecht, wenn der Nachlassgegenstand übertragen wurde, durch die Verfügung also aus dem Nachlass ausgeschieden ist. Wurde der Gegenstand nur belastet, dann besteht das Pfandrecht mit Nachrang nach dem Recht des gutgläubigen Dritten fort[33]. Wegen der Schadensersatzpflicht der verfügenden Miterben gegenüber dem Gläubiger in solchen Fällen siehe *RGZ* 83, 31. 1681

6. a) Bei Grundstücken, grundstücksgleichen Rechten, Rechten an Grundstücken oder Rechten an solchen Grundstücksrechten, die zum Nachlass gehören, kann sich der Gläubiger gegen solche ihn benachteiligende Verfügungen durch *Eintragung der Pfändung* des Nachlass-(Miterben-)Anteils *im Grundbuch* schützen. Entsprechendes gilt für eine Schiffsregistereintragung. Die Eintragung ist als Grundbuchberichtigung zulässig, weil die Pfändung eine Änderung der Verfügungsbefugnis über die zum ungeteilten Nachlass gehörenden Grundstücke, Grundstücksrechte usw. zur Folge hat[34]. Eintragbar ist auch bereits die Vorpfändung. Sie kann nach Ablauf der Monatsfrist des § 845 Abs. 2 ZPO jedoch dann nicht mehr eingetragen werden, wenn der Nachweis fehlt, dass die Pfändung rechtzeitig bewirkt worden ist. 1682

b) Diese *Eintragung* erfolgt auf schriftlichen Antrag des Gläubigers; das Vollstreckungsgericht veranlasst diese Eintragung nicht. Eingetragen wird nur die Pfändung, nicht aber auch die Überweisung[35]. Die Eintragungsformel lautet dahin, „dass der Miterbenanteil des Schuldners ... an dem ungeteilten Nachlass gepfändet ist"[36]. Die Forderung des Gläubigers wird im 1683

---

32 *KG* HRR 1934 Nr. 265; *BayObLG* 25, 447 und a.a.O. (Fußn. 19); *OLG Celle* Seufferts Archiv 64, 250; *OLG Köln* MittBayNot 1997, 240 (Leits.) = OLGR 1997, 37 (Leits.) (auch wenn der Anteil praktisch nur aus einem Grundstück besteht).
33 Wegen der Einzelheiten siehe *Ripfel* NJW 1958, 693.
34 *RG* 90, 232; *RG* HRR 1934 Nr. 1055; *KGJ* 33 A 226; *KG* JFG 17, 40 = DFG1938, 19; *BayObLG* a.a.O. (Fußn. 19); *OLG Frankfurt* a.a.O. (Fußn. 10); *KG* OLG 12, 366; auch *OLG Hamm* JurBüro 1977, 875 = OLGZ 1977, 283 = Rpfleger 1977, 136; *Schöner/Stöber*, Grundbuchrecht, Rdn. 1661.
35 *Ripfel* NJW 1958, 693; *Schöner/Stöber*, Grundbuchrecht, Rdn. 1664.
36 *RG* 90, 232 (237).

5. Kapitel: Pfändung anderer Vermögensrechte

Eintragungsvermerk nicht bezeichnet[37]. Einer Zustimmung der Miterben bedarf es für diese Eintragung nicht[38].

1684 c) Für diese Eintragung muss dem Grundbuchamt das Wirksamwerden der Pfändung des Nachlassanteils nachgewiesen werden (Unrichtigkeitsnachweis, § 22 Abs. 1 GBO). Der Nachweis wird durch Vorlage des Pfändungsbeschlusses und der Urkunden über seine Zustellung an die Miterben (den Testamentsvollstrecker oder Nachlassverwalter) als Drittschuldner geführt[38a]. Nachweis der Zustellung an den Schuldner ist nicht notwendig. Einer Bewilligung der Miterben bedarf es neben der Vorlage des zugestellten Pfändungsbeschlusses nicht.

1685 d) Wenn im Grundbuch *noch der Erblasser* als Grundstückseigentümer oder Gläubiger eines zum Nachlass gehörenden Grundstücksrechts *eingetragen ist*, ist für die Eintragung der Erbteilspfändung außerdem die vorherige *Grundbuchberichtigung*, d.h. Eintragung der Miterben in Erbengemeinschaft als Grundstückseigentümer oder Gläubiger des zum Nachlass gehörenden Grundstücksrechts erforderlich[39] (§ 39 GBO). Diese Grundbuchberichtigung kann der Gläubiger als unmittelbar Berechtigter nach § 13 Abs. 1 S. 2 GBO beantragen[40]. Der nach § 22 GBO notwendige Unrichtigkeitsnachweis ist durch Erbschein oder Vorlage einer in öffentlicher Urkunde enthaltenen Verfügung von Todes wegen mit Eröffnungsniederschrift zuführen (§ 35 Abs. 1 GBO). Neben diesem Unrichtigkeitsnachweis bedarf es einer Zustimmung der Miterben nicht[41]. Erteilung des für den Unrichtigkeitsnachweis notwendigen Erbscheins oder der Abschrift des Testament mit Eröffnungsniederschrift kann der Gläubiger nach § 792 ZPO, § 85 FGG beantragen. Wenn die Pfändung bei einer zum Nachlass gehörenden Briefhypothek (Briefgrundschuld oder Briefrentenschuld) eingetragen werden soll, ist dem Grundbuchamt auch der Brief vorzulegen (§§ 41, 42 GBO)[42].

---

37 *RG* 90, 232 (237); *Schöner/Stöber*, Grundbuchrecht, Rdn. 1664; nach *OLG Hamm* JMBlNRW 1959, 110 (für Verpfändung) ist Forderungsbezeichnung unzulässig.
38 *RG* 90, 232 (237).
38a Keine Verletzung gesetzlicher Vorschriften, die Eintragung eines Amtswiderspruchs gebieten würde (§ 53 Abs. 1 GBO), wenn das Grundbuchamt die (möglicherweise) unwirksamen Zustellungen des Pfändungsbeschlusses nicht erkennen konnte und daher keine Ermittlungen angestellt hat, ob die an die Drittschuldner zugestellten Beschlussabschriften mit der vorgelegten Ausfertigung des Pfändungsbeschlusses übereinstimmen, *BayObLG*, Rpfleger 2005, 251.
39 *OLG Frankfurt* a.a.O. (Fußn. 10).
40 *Stöber* Rpfleger 1976, 197 mit zahlr. Nachw.; *Schöner/Stöber*, Grundbuchrecht, Rdn. 1663; *Zöller/Stöber*, ZPO, Rdn. 18, *Stein/Jonas/Brehm*, ZPO, Rdn. 32, je zu § 859; *Hahn* JurBüro 1959, 53; *Ripfel* NJW 1958, 693; **a.A.** (unzutreffend) *Löscher* JurBüro 1962, 392; *OLG Zweibrücken* Rpfleger 1976, 214. Wie hier und gegen Hilfspfändung auch *Rasch* JW 1935, 1136 und *Bürger* JW 1935, 593; der von diesen noch erörterte frühere S. 2 des § 22 GBO ist aufgehoben.
41 *Löscher* JurBüro 1962, 392; *Ripfel* NJW 1958, 693; *Hahn* JurBüro 1959, 53. Die früher gegenteilige Rechtsprechung und die ihr noch heute folgende Rechtslehre sind seit Neufassung des früheren § 22 S. 2 GBO überholt.
42 *OLG Frankfurt* a.a.O. (Fußn. 10); *Stein/Jonas/Brehm*, ZPO, Rdn. 32 zu § 859.

e) Kann der Gläubiger trotz § 792 ZPO den für die Grundbuchberichtigung notwendigen Erbschein nicht erlangen, z. B. deshalb nicht, weil er dem Nachlassgericht die nach § 2354 BGB notwendigen Angaben nicht machen kann, so kann er den *Grundbuchberichtigungsanspruch* (siehe § 894 BGB) des Schuldners gegen seine Miterben als Drittschuldner *pfänden*. Nach dieser Pfändung kann, da die Eintragung der Erbengemeinschaft Verwaltungsmaßregel ist, bei der mitzuwirken jeder Miterbe dem anderen gegenüber verpflichtet ist, der Gläubiger die Drittschuldner verklagen „ihre Eintragung als Miterben zu bewirken und die hierzu erforderlichen Erklärungen abzugeben"[43]. **1686**

7. Die Eintragung der Erbteilspfändung bewirkt *keine Grundbuchsperre*, weil der Gläubiger durch diese Eintragung geschützt ist. Spätere Verfügungen über das Nachlassgrundstück (Veräußerung, Belastung) können daher im Anschluss an den Pfandvermerk auch dann eingetragen werden, wenn eine Zustimmung des Pfandgläubigers nicht nachgewiesen, die Verfügung also ihm gegenüber unwirksam ist[44]. Nur die Löschung eines zum Nachlass gehörenden Rechts (z. B. einer Eigentümergrundschuld) ohne Nachweis der Zustimmung des Pfandgläubigers verbietet sich, weil mit der Löschung auch die Schutzwirkung des eingetragenen Pfandvermerks hinfällig würde[45]. **1687**

8. Das nicht eingetragene, aber *nachgewiesene Erbteilspfandrecht* gibt dem Grundbuchamt kein Recht, Eintragungsanträge zurückzuweisen und zu verlangen, dass vorher oder gleichzeitig die Eintragung des Erbteilspfandrechts im Grundbuch erfolgt[46]. **1688**

9. Gegen die Erteilung eines Erbscheins, der den Vollstreckungsschuldner nicht als Miterben ausweist, kann der Pfändungsgläubiger Beschwerde mit dem Ziel der Einziehung einlegen[47]. Beschwerde gegen die Ablehnung der Einleitung eines Amtsverfahrens nach §§ 82 ff. GBO wird dem Gläubiger, der die Erben des eingetragenen Eigentümers kennt, nicht zugestanden[48]. **1689**

III. Die Pfandverwertung

1. Der gepfändete Nachlass-(Miterben-)Anteil kann zur Einziehung – nicht aber an Zahlungs statt[49] – *überwiesen* oder nach §§ 844, 857 Abs. 5 ZPO *anderweitig verwertet* werden. **1690**

---

43 Siehe dazu *OLG Köln* MDR 1962, 574 und auch *Bürger* JW 1935, 593 sowie *Rasch* JW 1935, 1136.
44 *BayObLG* a.a.O. (Fußn. 19); *OLG Hamm* Rpfleger 1961, 201 mit Anm. *Haegele* = JMBlNRW 1960, 152; *KGJ* 25 A 120; *KG* HRR 1934 Nr. 1095.
45 *BayObLG* a.a.O. (Fußn. 19) und *BayObLG* 1954, 98; *OLG Hamm* Rpfleger 1961, 201 mit Anm. *Haegele*; *Schöner/Stöber*, Grundbuchrecht, Rdn. 1665; *Waldmann* BayNotV 1929, 220.
46 *Ripfel* NJW 1958, 694 mit weit. Nachw. und insbesondere unter Darstellung der Gegenansicht; *Schöner/Stöber*, Grundbuchrecht, Rdn. 1665.
47 *BayObLG* 1973, 224 = MDR 1973, 1029 = Rpfleger 1973, 403.
48 *OLG Hamm* NJW-RR 1994, 271 = OLGZ 1994, 257.
49 Weil er keinen Nennwert hat, *Ripfel* NJW 1958, 692.

5. Kapitel: Pfändung anderer Vermögensrechte

1691   2. a) Mit der *Überweisung*[50] des gepfändeten Nachlassanteils zur Einziehung erlangt der Gläubiger die Befugnis, das Recht seines Schuldners (siehe § 2042 Abs. 1 BGB) auf *Aufhebung der Gemeinschaft* zu verfolgen[51]. Die Auseinandersetzung kann der Gläubiger auch betreiben, wenn der Miterbe selbst den Anspruch nicht geltend machen könnte, weil die Erben vor der Pfändung vertraglich oder der Erblasser durch Verfügung von Todes wegen die Nachlassauseinandersetzung ausgeschlossen oder von der Einhaltung einer Kündigungsfrist abhängig gemacht haben (§ 2044 Abs. 1, § 751 BGB). Voraussetzung ist dann jedoch, dass der Schuldtitel des Gläubigers nicht bloß vorläufig vollstreckbar ist. Unbestimmtheit der Erbteile (§ 2043 BGB) und die Fälle der §§ 2045 (1970, 2061) BGB stehen aber auch dem Auseinandersetzungsverlangen des Gläubigers entgegen. Eine Befugnis des Gläubigers, gemeinschaftlich mit den Drittschuldner-Miterben unter Ausschluss des Schuldners über einzelne Nachlassgegenstände zu verfügen, begründet die Überweisung des gepfändeten Miterbenanteils nicht (das Pfandrecht besteht an dem Erbanteil, nicht aber an den einzelnen Nachlassgegenständen; s. Rdn. 1673).

1692   b) Wirkt der Gläubiger bei der *rechtsgeschäftlichen Aufhebung* der Erbengemeinschaft durch Auseinandersetzung zwischen den Miterben mit, so erlangt er nach herrschender Meinung entsprechend dem Surrogationsgrundsatz ohne weiteres ein Pfandrecht an den Gegenständen (eine Sicherungshypothek an den Grundstücken), die aus der Nachlassmasse dem Schuldner zugeteilt werden[52]. Die Befriedigung des Gläubigers soll dann durch weitere Pfandverwertung in entsprechender Anwendung der §§ 847, 848 ZPO erfolgen[53]. Dieser Ansicht ist auch der *BGH*[54] beigetreten. Er ist weiter der Meinung, dass für die Verpfändung eines Miterbenanteils nichts anderes gelten könne. Dies erfährt allerdings wieder eine Einschränkung dadurch, dass dies trotz § 1258 Abs. 3 BGB jedenfalls dann zu gelten habe, wenn der Nachlass in Natur geteilt wird. Demgemäß vertritt der *BGH* den Standpunkt, bei Konkurrenz eines Vertragspfandrechts an dem Miterbenanteil des Schuldners mit einem später entstandenen Pfändungspfandrecht[55] stehe, wenn ein Nachlassgrundstück zum Zwecke der Aufhebung

---

50   Nicht schon durch Pfändung allein; siehe *Stöber* Rpfleger 1963, 339; *Liermann* NJW 1962, 2189; *Stein/Jonas/Brehm*, ZPO, Rdn. 33 zu § 859.
51   Da diese Befugnis aus der Rechtsstellung des Pfändungsgläubigers folgt, bedarf es der ausdrücklichen Mitpfändung des Auseinandersetzungsanspruchs nicht (**a.A.** unzutreffend *Bauer* JurBüro 1958, 95, 96). Dies wird jedoch teilweise bezweifelt; der Gläubiger wird daher zu seiner Sicherheit diesen Anspruch gleichwohl vorsorglich mitpfänden.
52   *Ripfel* NJW 1958, 692; *OLG Celle* Seufferts Archiv 64, 252; *Liermann* NJW 1962, 2189 sowie beiläufig auch *RG* 60, 133 und *BayObLG* 1982, 459 (463) = a.a.O. (Fußn. 24); einschränkend *Stein/Jonas/Brehm*, ZPO, Rdn. 34 zu § 859.
53   *Stein/Jonas/Brehm*, ZPO, a.a.O. (Fußn. 52) (hier aber: §§ 847 f ZPO ist auch hinsichtlich Entstehung der Belastung entsprechend anzuwenden); *Sydow/Busch*, ZPO, Anm. 3 zu § 859; *Liermann* NJW 1962, 2190, der aber verlangt, dass schon bei der Pfändung Herausgabe der dem Schuldner zustehenden beweglichen Sachen an einen Gerichtsvollzieher (§ 847 ZPO) angeordnet wird.
54   *BGH* a.a.O. (Fußn. 9).
55   Zu dieser Pfandrechtskonkurrenz siehe auch *Lehmann* NJW 1971, 1545.

der Gemeinschaft zwangsversteigert werde, der auf den Schuldner entfallende Erlösanteil vorrangig dem Vertragspfandgläubiger zu.

Dieser Meinung kann über die vom *BGH* gegebene Beschränkung auf die Erlösteilung in Natur hinaus m.E. nicht gefolgt werden[56]. Denn in allen anderen Fällen erlangt auch bei der Erbteilsverpfändung der Gläubiger nicht ohne weiteres kraft dinglicher Surrogation ein Pfandrecht an den dem Schuldner bei der Auseinandersetzung zugewiesenen Gegenständen, sondern nur einen Anspruch auf Bestellung eines solchen Pfandrechts oder einer Hypothek an dem aufgelassenen Grundstück[57]. Ein sachlicher Grund für die unterschiedliche Behandlung der Erbteilspfändung und -verpfändung besteht aber nicht. Insbesondere steht jedoch der Anwendung der §§ 846 ff. ZPO entgegen, dass der Schuldner keinen Rechtsanspruch auf Zuteilung von Nachlassgegenständen hat, bei Teilung des Nachlasses ein geschuldeter, mit dem Pfandrecht behafteter Anspruch also nicht erfüllt wird. Nach der gesetzlichen Regel erfolgt vielmehr – abgesehen von den wenigen seltenen Fällen der Teilung in Natur – die Aufhebung der Gemeinschaft durch Verkauf oder Zwangsversteigerung und rechtsgeschäftliche Teilung des Erlöses (§ 2042 Abs. 2, § 753 BGB). Wenn die Miterben demgegenüber eine andere Art der Aufhebung der Gemeinschaft wählen und der Gläubiger dieser Abweichung von der gesetzlichen Regel zustimmt, kann das ihm „gebührende" Recht (siehe § 1258 Abs. 3 BGB) bei dieser rechtsgeschäftlichen Verfügung bestellt werden. Bei mehrfacher Pfändung oder bei Konkurrenz eines Vertrags- und Pfändungspfandrechts kann der Anspruch aus § 1258 Abs. 3 BGB auf Bestellung des Rechts nur dahin gehen, dass die den einzelnen Gläubigern gebührenden Rechte in der Rangfolge ihrer bisherigen Pfandrechte am Miterbenanteil zu begründen sind. Der *BGH* geht somit unzutreffend davon aus, das Vertragspfandrecht könnte bei Erlösteilung seinen Rang zulasten eines späteren Pfändungspfandrechts einbüßen. Eine Notwendigkeit, die gesetzlichen Folgen der §§ 846 ff. ZPO eintreten zu lassen, besteht daher nicht. Der Grundsatz der dinglichen Surrogation kann keine Anwendung finden, weil der Nachlassgegenstand kein gesetzlich an die Stelle des gepfändeten Miterbenanteils getretenes Ersatzstück, sondern ein rechtsgeschäftlich zugewiesener Gegenstand ist. Der Gläubiger wird daher in allen Fällen jedenfalls zu seiner Sicherung die Zustimmung zur Erbteilung von der sofortigen Einräumung seines Pfandrechts am zugewiesenen Gegenstand oder seiner Sicherungshypothek am Grundstück durch Rechtsgeschäft abhängig machen müssen.

1693

c) Kommt eine rechtsgeschäftliche Auseinandersetzung nicht zustande, so kann der Gläubiger die *Durchführung der Auseinandersetzung* nach §§ 2046 ff. BGB *betreiben*. Zum Antrag auf Vermittlung der Auseinandersetzung durch das Nachlassgericht ist er nach § 363 Abs. 2 FamFG befugt[58].

1694

---

56 So auch *Zöller/Stöber*, ZPO, Rdn. 17 zu § 859; *Wieczorek/Schütze/Lüke*, ZPO, Rdn. 23 (abw. aber Rdn. 25) zu § 859.
57 *BayObLG* a.a.O. (Fußn. 19) mit weit. Nachw.
58 Siehe dazu *RG* 95, 231 (232) und *Stöber* Rpfleger 1963, 338. Dieser Antrag kann auch ohne Überweisung gestellt werden; *Stöber* a.a.O. und *Liermann* NJW 1962, 2189.

5. Kapitel: Pfändung anderer Vermögensrechte

1695 aa) Antrag auf *Teilungsversteigerung* eines zum Nachlass gehörenden Grundstücks kann der Gläubiger nach Überweisung gem. § 181 Abs. 2 ZVG stellen[59]. Wenn Eheleute im gesetzlichen Güterstand der Zugewinngemeinschaft leben und der erbengemeinschaftliche Grundstücks „anteil" des Schuldners dessen (nahezu) ganzes Vermögen darstellt, muss auch der Pfandgläubiger bereits zu dem Antrag auf Anordnung der Zwangsversteigerung zur Aufhebung der Gemeinschaft nach § 1365 Abs. 1 BGB die Zustimmung des anderen Ehegatten (oder deren Ersetzung durch das Familiengericht) beibringen[60]. Der güterrechtliche Schutz des anderen Ehegatten nach § 1365 Abs. 1 BGB geht nicht dadurch verloren, dass an Stelle des in Zugewinngemeinschaft lebenden Ehegatten sein Antragsrecht durch einen seiner dazu ermächtigten Gläubiger verfolgt wird. Der Pfändungsgläubiger, der den ihm zur Einziehung überwiesenen Auseinandersetzungsanspruch des in Zugewinngemeinschaft lebenden Ehegatten geltend macht, unterliegt vielmehr allen dem Pfändungsschuldner selbst gesetzten gesetzlichen Beschränkungen[61]. Der Schuldner kann als Miterbe in diesem Teilungsversteigerungsverfahren Vollstreckungsschutz nach § 180 Abs. 2 ZVG beantragen[62]. Unter den besonderen Voraussetzungen des § 180 Abs. 3 ZVG kann längere Einstellung (bis zu 5 Jahren) im Interesse eines Kindes auch in dem vom Pfandgläubiger betriebenen Verfahren angeordnet werden[63]. Das Antragsrecht des Gläubigers setzt allerdings voraus, dass die Auseinandersetzung des Gesamtnachlasses erstrebt und betrieben wird. Nur auf das Grundstück als einzelnen Nachlassgegenstand kann das Auseinandersetzungsbegehren nicht beschränkt werden[64]. Vor Überweisung des gepfändeten Miterbenanteils kann der Gläubiger nicht allein, sondern nur gemeinschaftlich mit dem Schuldner als Miteigentümer (oder mit dessen Zustimmung) Antrag auf Teilungsversteigerung stellen[65].

---

59 *BGH* DNotZ 1993, 119 = FamRZ 1992, 659 = NJW-RR 1992, 733 (734); *BGH* MDR 1999, 376 = NJW-RR 1999, 504.
60 So auch *Stöber*, ZVG, Rdn. 3.13 q zu § 180; *Steiner/Teufel*, ZVG, Rdn. 22 zu § 180; **anders** *LG Braunschweig* NJW 1969, 1675; *OLG Düsseldorf* MDR 1991, 251 = NJW 1991, 851; *OLG Köln* NJW-RR 1989, 325; *KG* FamRZ 1992, 846 = MDR 1992, 679 = OLGZ 1992, 241 = Rpfleger 1992, 211 (für Bruchteilsgemeinschaft); *LG Kassel* JurBüro 1995, 498; *AG Schwäbisch Hall* Rpfleger 1991, 520. Siehe dazu auch *OLG Hamburg* MDR 1970, 419 (dort für Teilungsversteigerung eines Gesellschaftsgrundstücks).
61 Siehe *Stöber*, ZVG a.a.O.
62 *Stöber* Rpfleger 1963, 339 mit eingehender Begründung; *LG Braunschweig* NdsRpfl 1956, 74; *LG Stendal* Rpfleger 1998, 122; *LG Wiesbaden* JW 1937, 1745; *Stöber*, ZVG, Rdn. 11.12 zu § 180; *Steiner/Teufel*, ZVG, Rdn. 135 zu § 180; **a.A.** *OLG Düsseldorf* MDR 1991, 251 = NJW 1991, 851; *LG Aschaffenburg* MDR 1959, 135; *LG Berlin* Rpfleger 1991, 107; *LG Osnabrück* Rpfleger 1960, 409; *Hill* MDR 1959, 92; *Drischler* JurBüro 1963, 503 und 1964, 476. Vollstreckungsschutz kann der Schuldner auch beantragen, wenn nicht der Gläubiger, sondern ein anderer Miteigentümer die Versteigerung betreibt, so auch *Drischler* JurBüro 1964, 476.
63 *Stöber*, ZVG, Rdn. 13.3 zu § 180.
64 *AG Nürtingen* MDR 1961, 606.
65 *Stöber* Rpfleger 1963, 339 mit weit. Nachw. und unter Hinweis auf die vereinzelt vertretene, unzutreffende Gegenansicht; siehe auch *Liermann* NJW 1962, 2189.

bb) Der *Schuldner*, dessen Nachlassanteil gepfändet ist, kann als Miterbe die Erbauseinandersetzung zwangsweise nicht mehr betreiben[66], mithin auch Antrag auf Teilungsversteigerung nicht mehr stellen[67]. Vielmehr kann er nur gemeinschaftlich mit dem Gläubiger die Teilungsversteigerung beantragen. Dies gilt ohne Rücksicht darauf, ob der Nachlassanteil nur gepfändet oder dem Gläubiger auch zur Einziehung überwiesen ist, und folgt aus § 1258 Abs. 2, § 1273 Abs. 2 BGB[68]. Dagegen kann der Miterbe auch nach Pfändung seines Nachlassanteils noch das Nachlassauseinandersetzungsverfahren nach §§ 86 ff. FGG beantragen[69].

1696

cc) Die Pfändung schließt das Recht der *übrigen Miterben* auf Auseinandersetzung nicht aus. Der Auseinandersetzung auf dem gesetzlichen Wege, bei Grundstücken also der Teilungsversteigerung, kann der Gläubiger nicht widersprechen, weil er nicht mehr Rechte haben kann als der Schuldner selbst und daher wie dieser gezwungen werden kann, an der schuldrechtlichen Auseinandersetzung mitzuwirken[70].

1697

dd) Durch die Zwangsversteigerung zum Zwecke der Aufhebung der Gemeinschaft wird die Erbengemeinschaft noch nicht auseinandergesetzt, sondern die eigentliche Auseinandersetzung durch Verwertung (Versilberung) des Grundstücks nur vorbereitet[71]. Die Teilung des den bisherigen Miteigentümern verbleibenden *Erlösüberschusses* ist in dem nach Zuschlagserteilung in der Zwangsversteigerung vorzunehmenden *Verteilungsverfahren* (§§ 105 ff. ZVG) nicht gesetzliche Aufgabe des Vollstreckungsgerichts. Diese Teilung und damit auch die Befriedigung des Gläubigers aus dem Erlösanteil des Schuldners ist vielmehr Nachlassauseinandersetzung, kann also nur durch Vereinbarung der Miterben unter Zustimmung des Gläubigers oder Prozessurteil erfolgen[72]. Das gilt gleichermaßen, wenn der Erlös nach Zahlung durch den Ersteher auf Anordnung des Vollstreckungsgerichts bei der Hinterlegungsstelle hinterlegt ist, zum Nachlass mithin nunmehr an Stelle des Grundstücks die Forderung gegen die Hinterlegungsstelle gehört[73].

1698

d) Durch *Teilung der Früchte* des Nachlasses kann der Gläubiger – insbesondere bei geringer Vollstreckungsforderung – Befriedigung finden. Die Teilung der Früchte erfolgt zwar erst bei Auseinandersetzung (§ 2038 Abs. 2 BGB). Eine frühere Teilung ist aber bei Einverständnis sämtlicher Miterben unter Einschluss des Gläubigers möglich[74].

1699

---

66 *Ripfel* NJW 1958, 692.
67 *Stöber* Rpfleger 1963, 337; *Hill* MDR 1959, 92; *Riedel* NJW 1958, 692; *OLG Hamburg* MDR 1958, 45; *LG Frankenthal* Rpfleger 1985, 500; *Palandt/Edenhofer*, BGB, Rdn. 17 zu § 2033; **a.A.** *OLG Hamm* Rpfleger 1958, 269 = JM-BlNRW 1958, 68; *LG Wuppertal* NJW 1961, 785; *Steiner/Teufel*, ZVG, Rdn. 61 und 105 zu § 180.
68 *Stöber* a.a.O. (Fußn. 67) mit eingehender Begründung.
69 *Stöber* Rpfleger 1963, 338.
70 *KG* JFG 17, 41.
71 *BGH* a.a.O. (Fußn. 9); *Stöber*, ZVG-Handbuch, Rdn. 746.
72 Siehe dazu *Stöber* Rpfleger 1958, 73 mit Nachweisen und auch *BayObLG* a.a.O. (Fußn. 19).
73 *BGH* a.a.O. (Fußn. 9).
74 *RG* 81, 241.

5. Kapitel: Pfändung anderer Vermögensrechte

1700 3. Durch *Verwertung des ganzen Nachlass-*(Miterben-)*Anteils* kann nach §§ 844, 857 Abs. 5 ZPO die Befriedigung des Gläubigers erreicht werden (siehe dazu Rdn. 1466). Diese Verwertung erfolgt durch Veräußerung des Nachlassanteils im Wege des freihändigen Verkaufs oder der Versteigerung. Eine angeordnete Nacherbschaft steht dieser Verwertung an sich nicht entgegen, lässt sie aber untunlich erscheinen. Angeordnet werden darf die Verwertung des Nachlassanteils nur, wenn schutzwürdige Interessen des Schuldners nicht entgegenstehen[75]. Es wird daher vorheriger Versuch der gütlichen Auseinandersetzung verlangt werden müssen, wenn nicht ganz besondere Gründe des Einzelfalls die Pfandverwertung durch Überweisung untunlich erscheinen lassen. Bei Versteigerung durch den Gerichtsvollzieher geht der Erbteil bereits mit dem Zuschlag auf den Ersteher über. Eine gerichtliche oder notarielle Beurkundung nach § 2033 Abs. 1 BGB ist daher nicht erforderlich[76] (siehe Rdn. 1473).

1701 Bei Veräußerung des Nachlassanteils zur Befriedigung des Gläubigers aus dem Pfandrecht kann das *Vorkaufsrecht* der übrigen Miterben (§ 2034 BGB) nach § 512 BGB nicht ausgeübt werden[77]. Das Vorkaufsrecht der übrigen Miterben (§ 2034 BGB) gibt ihnen daher auch kein Ablösungsrecht nach §§ 1249, 1273 BGB[78].

1702 4. Der Nachlassanteil kann nach §§ 844, 857 Abs. 4 ZPO auch der *Verwaltung* unterworfen werden. Diese bietet sich insbesondere bei angeordneter Nacherbfolge als Möglichkeit der Pfandverwertung an.

5. Ein *Ablösungsrecht* (§§ 1249, 1273 mit § 268 BGB; entspr. Anwendung) des oder der Drittschuldner-Miterben besteht nicht, wenn der Gläubiger die Nachlassauseinandersetzung betreibt[79]. Angenommen wird jedoch ein Ablösungsrecht der Drittschuldner-Miterben, wenn das Recht der Teilhaber, die Aufhebung der Gemeinschaft zu verlangen, ausgeschlossen ist und der Gläubiger dennoch (§ 751 S. 2 BGB) die Aufhebung der Gemeinschaft verfolgt[80].

IV. Mehrfache Pfändung

1703 Mehrere Gläubiger, die den Nachlass-(Miterben-)Anteil gepfändet haben, haben *Rang* nach dem Zeitpunkt des Wirksamwerdens der einzelnen Pfändungsbeschlüsse durch Zustellung an *alle* Drittschuldner. Der Zeitpunkt einer etwaigen Grundbucheintragung ist nicht entscheidend. Vielmehr wird das wirkliche Rangverhältnis auch in das Grundbuch eingetragen, wenn durch Vorlage der mehreren Pfändungsbeschlüsse mit den

---

75 Siehe Rdn. 1466 und *OLG Stuttgart* DGVZ 1964, 182 = Rpfleger 1964, 179.
76 *OLG Frankfurt* JR 1954, 183 mit Anm. *Riedel* und *Werner* sowie *KG* HRR 1929 Nr. 549.
77 *BGB-RGRK/Mezger*, Anm. 2 zu § 512; unentschieden *RG* 167, 298 (300).
78 *RG* 167, 298.
79 *RG* 167, 298 (für den Miterben nach Verpfändung eines anderen Miterbenanteils).
80 *OLG Karlsruhe* MDR 1992, 588 = NJW-RR 1992, 713; *MünchKomm/K. Schmidt*, Rdn. 6 zu § 751 BGB.

Nachlassanteil

Zustellungsnachweisen der Rangnachweis in grundbuchmäßiger Form geführt ist[81].

Die Veräußerung des Nachlassanteils nach §§ 844, 857 Abs. 5 ZPO kann auch auf *Antrag des nachrangigen* Gläubigers und ebenso bei Konkurrenz mit einem Vertragspfandrecht angeordnet und durchgeführt werden. Nach den entsprechend anwendbaren §§ 1242, 1247 BGB treten in diesem Falle anstelle der Pfandrechte am Erbanteil die Pfandrechte am Erlös als Sicherungs- und Befriedigungsmittel[82]. 1704

V. Vorerbenanteil

Wenn der Schuldner als Miterbe nur *Vorerbe* ist, kann sein Nachlassanteil in gleicher Weise gepfändet werden. Zur Wirksamkeit dieser Pfändung ist Zustellung an den Nacherben nicht erforderlich[83]; Drittschuldner sind die übrigen Mitvorerben. Mit dem Vorerben, hinsichtlich dessen Miterbenanteil der Gläubiger in das Gemeinschaftsverhältnis als dinglicher Mitberechtigter eingetreten ist (Rdn. 1676), unterliegt der Gläubiger den Verfügungsbeschränkungen der §§ 2122 ff. BGB. Verfügungen, die der Gläubiger gemeinsam mit dem Schuldner und seinen Mitvorerben über Nachlassgegenstände trifft, sind daher in den Fällen der §§ 2113–2115 BGB bei Eintritt der Nacherbfolge insoweit unwirksam, als sie das Recht des Nacherben vereiteln oder beeinträchtigen würden (zur Befreiung § 2136 BGB). Der pfändende Gläubiger des nicht befreiten Vorerben bleibt deshalb praktisch auf die Nutzungen des Erbanteils beschränkt[84]. Beschränkt ist die Verfügungsmacht des Vorerben und damit seiner Gläubiger jedoch nur in Ansehung einzelner zur Erbschaft gehörender Gegenstände, Sachen und Rechte; der Vorerbteil kann veräußert werden mit der Folge, dass das Recht des Nacherben hiervon unberührt bleibt; damit bleibt der Erbteil auch in der Hand des Erwerbers belastet[85]. Deshalb kann auch der gepfändete Miterbenanteil des Vorerben zur Einziehung überwiesen oder nach §§ 844, 857 Abs. 5 ZPO mit der Maßgabe verwertet werden, dass dadurch das Recht des Nacherben nicht berührt wird[86]. 1705

---

81 Siehe dazu *Ripfel* NJW 1963, 693, der allerdings meint, das Grundbuchamt müsse an sich nach § 45 GBO verfahren. Dem ist aber nicht zu folgen, weil dem Grundbuchamt immer das Wirksamwerden der Pfändung und damit auch der Rang der mehreren Pfändungen nachzuweisen ist. *Ripfels* Ansicht trifft daher nur bei Rangverschiebungen durch Vorpfändung zu.
82 Siehe dazu im einzelnen *RG* 87, 321; *BayObLG* a.a.O. (Fußn. 19); *Ripfel* NJW 1958, 692.
83 Der Nacherbe ist nicht Drittschuldner, *Wieczorek/Schütze/Lüke*, ZPO, Rdn. 26 zu § 859.
84 *BGB-RGRK/Johannsen*, Rdn. 4 zu § 2100.
85 *BGB-RGRK/Kregel u. Johannsen*, Rdn. 7 zu § 2033, Rdn. 11 zu § 2112, Rdn. 4 zu § 2100; *Kessel* MittRhNotK 1991, 137 (140).
86 Anders *Haegele* BWNotZ 1976, 129 (132): Es darf weder eine Veräußerung des gepfändeten Erbteils nach §§ 844, 857 Abs. 5 ZPO noch dessen Überweisung zur Einziehung angeordnet werden (§ 773 ZPO). Der Nacherbe muss seine Rechte u.U. mit Widerspruchsklage (§ 771 ZPO) geltend machen. Dem ist m.E. nicht zu folgen.

5. Kapitel: Pfändung anderer Vermögensrechte

VI. Sonstiges

1706   1. Gläubiger, die nach Eintragung der Erbteilspfändung die *Vollstreckungsversteigerung* eines zum Nachlass gehörenden Grundstücks betreiben wollen, benötigen außer dem gegen alle Miterben lautenden Titel auch die Zustimmung des Pfandgläubigers oder einen gegen ihn gerichteten rechtskräftigen Titel auf Duldung der Zwangsvollstreckung[87].

1707   2. Das Pfandrecht am Nachlass-(Miterben-)Anteil ist Nebenrecht der Vollstreckungsforderung des Gläubigers. Von seinen Gläubigern kann es daher nicht selbstständig gepfändet werden (siehe Rdn. 699). Gepfändet werden kann vielmehr als Hauptrecht nur die Vollstreckungsforderung; ihre Pfändung erfasst ohne weiteres auch das *Pfandrecht am Nachlassanteil*[88].

1708   Diese Randnummer ist entfallen.

33. Nießbrauch

1709   *Gepfändet wird der für den Schuldner im Grundbuch von ... Blatt ... in Abt. II Nr. 1 an dem Grundstück ... des Eigentümers ... – Drittschuldner – (angeblich) eingetragene Nießbrauch.*

Zum Zwecke der Ausübung des Nießbrauchs durch den Gläubiger wird die Verwaltung dieses Grundstücks angeordnet (§ 857 Abs. 4 ZPO). Zum Verwalter wird ... bestellt. Dessen Vergütung wird auf monatlich ... Euro festgesetzt.

Der Verwalter wird ermächtigt, sich selbst den Besitz des Grundstücks (im Schuldnerbesitz) zu verschaffen.

Der Verwalter hat die für die Verwaltung entbehrlichen Grundstücksnutzungen in Geld umzusetzen und diesen Erlös an den Gläubiger bis zur Befriedigung seines Anspruchs abzuliefern (für Gläubiger und Schuldner gemeinsam zu hinterlegen). Rechnung hat der Verwalter dem Gläubiger und Schuldner vierteljährlich sowie nach Beendigung der Verwaltung zu legen.

Schrifttum: *Eickmann*, Zur Pfändung der Nutzungsrechte in Abteilung II des Grundbuchs, NotBZ 2008, 257; *Mümmler*, Zur Pfändung eines Nießbrauchrechtes, JurBüro 1984, 660; *Panz*, Besitzrechtliche Überlegungen im Zusammenhang mit Dienstbarkeiten, BWNotZ; 1992, 43; *Rossak*, Pfändbarkeit, Pfändung und Pfandverwertung von Nießbrauch und Wohnungsrecht, MittBayNot 2000, 383; *Strutz*, Probleme bei der Pfändung eines Grundstücksnießbrauchs, Rpfleger 1968, 145.

1710   a) Der Nießbrauch als solcher (das Stammrecht, §§ 1030 ff. BGB) ist unveräußerlich (§ 1059 S. 1 BGB); das hat auch Unpfändbarkeit zur Folge (§ 851 Abs. 1 ZPO). Ausnahmsweise übertragbar ist der Nießbrauch einer juristischen Person und einer rechtsfähigen Personengesellschaft für Vermögensübergang im Wege der Gesamtrechtsnachfolge oder Vermögensübertragung (§ 1059 a BGB mit Einzelheiten); gepfändet werden kann der

---

[87]   *OLG Frankfurt* HRR 1937 Nr. 758 = JW 1937, 2129; *BayObLG* a.a.O. (Fußn. 19).
[88]   Siehe auch *Ripfel* NJW 1958, 694.

Nießbrauch aber auch deswegen nicht (§ 1059 b BGB). Es kann die *Ausübung* des Nießbrauchs jedoch einem anderen überlassen werden (§ 1059 S. 2 BGB). Deshalb ist der (nicht übertragbare) Nießbrauch (auch der einer juristischen Person oder rechtsfähigen Personengesellschaft) der Pfändung unterworfen[1] (§ 857 Abs. 3 ZPO). Die Pfändung ist auch zulässig, wenn die Überlassung der Ausübung des Nießbrauchs vertraglich mit dinglicher Wirkung (erfordert Eintragung in das Grundbuch) ausgeschlossen worden ist[2]. Gegenstand dieser Pfändung ist der Nießbrauch selbst als dingliches Recht (das Stammrecht, §§ 1030 ff. BGB), also nicht der (obligatorische) Anspruch auf seine Ausübung[3]. Die Bezeichnung des Rechts als „Forderung auf Ausübung des Nießbrauchs" ist jedoch in die Pfändung des Nießbrauchs umzudeuten[4]. Drittschuldner ist der Eigentümer der mit dem Nießbrauch belasteten Sache (des Grundstücks[5]) oder Vermögens; mit der Zustellung an ihn ist die Pfändung bewirkt[6]. Für die Pfändung des Nießbrauchs an einem Recht, kraft dessen eine Leistung gefordert werden kann (s. § 1070 BGB), wird der Gläubiger und Schuldner des Rechts als Drittschuldner anzusehen sein. Grundbucheintragung ist für das Wirksamwerden der Pfändung nicht notwendig; § 857 Abs. 6 ZPO findet keine entsprechende Anwendung[7].

b) Seine Unveräußerlichkeit (§ 1059 S. 1 BGB) behält der Nießbrauch auch in der Zwangsvollstreckung. Der Gläubiger kann den Nießbrauch daher nicht zum Zwecke der Befriedigung verwerten; er kann ihn zu diesem Zweck nur ausüben[8]. Das gilt auch für den Nießbrauch, der einer juristischen Person zusteht (§ 1059 b BGB)[9]. Die Unveräußerlichkeit des Nießbrauchs schließt die Überweisung des Rechts (§ 835 ZPO) aus[10]. Die Befug-

1711

---

1 *BGH* 130, 314 (318) = NJW 1995, 2846 (2847).
2 *BGH* 95, 99 = DNotZ 1986, 23 = MDR 1986, 919 = NJW 1985, 2827; *Mümmler* JurBüro 1984, 660; **a.A.** *Rossak* MittBayNot 2000, 383 (384).
3 *BGH* 62, 133 = DNotZ 1974, 433 = JurBüro 1974, 717 = MDR 1974, 664 = NJW 1974, 796; *BGH* 166, 1 (3) = FamRZ 2006, 550 = MDR 2006, 949 = NJW 2006, 1124 = Rpfleger 2006, 331; *BayObLG* DNotZ 1998, 302 = Rpfleger 1998, 69; *OLG Köln* NJW 1962, 1621 (1622); *OLG Bremen* NJW 1969, 2147 und 1970, 286 mit zust. Anm. *Schmidt-Jortzig*; *KG* MDR 1968, 760 = OLGZ 1968, 295 = NJW 1968, 1882; *OLG Frankfurt* MDR 1990, 922 = NJW-RR 1991, 445; *LG Bonn* JurBüro 1979, 1725 = Rpfleger 1979, 349; **anders** früher überwiegende Ansicht, so *KG* KGJ 40, 254; KGJ 48, 212 und JW 1938, 675 = JFG 16, 332 (334) = HRR 1938 Nr. 283; *OLG Frankfurt* NJW 1961, 1928; *Strutz* Rpfleger 1948, 145 mit zahlr. Nachw.
4 *BGH* 62, 133 (139) = a.a.O. (Fußn. 3); vom *BGH* jedenfalls bejaht für die Zeit, in der streitig war, ob die Ausübungsbefugnis oder der Nießbrauch Gegenstand der Pfändung sei.
5 *RG* 74, 78 (83); *LG Bonn* a.a.O. (Fußn. 3).
6 *BGH* 62, 133 (139 f.) = a.a.O. (Fußn. 3); *BayObLG* NJW-RR 1998, 1168 Leits. = DNotZ 1998, 302 = a.a.O. (Fußn. 3); *Wieczorek/Schütze/Lüke*, ZPO, Rdn. 75 zu § 857.
7 *BGH* 62, 133 (139 f.) = a.a.O. (Fußn. 3).
8 *BGH* 62, 133 (136 f.) = a.a.O. (Fußn. 3); *BGH* 166, 1 (4) = a.a.O. (Fußn. 3); *LG Aachen* JurBüro 1982, 1900 mit Anm. *Mümmler*.
9 *BGH* 62, 133 (138) = a.a.O. (Fußn. 3).
10 *BGH* 166, 1 (4) = a.a.O. (Fußn. 3).

nis zur Ausübung des Nießbrauchs kann jedoch zur Einziehung überwiesen werden[11]; das Vollstreckungsgericht kann die Geltendmachung auch durch besondere Anordnung näher regeln (§ 857 Abs. 4 ZPO; siehe Rdn. 1712a).

1712 c) Die Pfändung des Nießbrauchs berechtigt nach Überweisung der Ausübungsbefugnis den Gläubiger, den Nießbrauch *auszuüben*, verpflichtet ihn aber auch, die Verpflichtungen des Nießbrauchers zu tragen[12]. Mit der Ausübung macht der Gläubiger die sich aus dem Nießbrauch ergebenden Rechte gegen den Verpflichteten (Drittschuldner) geltend. Der Schuldner hat infolge des Pfändungspfandrechts die Ausübung der Befugnisse aus dem Nießbrauch zu ermöglichen, somit auch die Geltendmachung der aus dem Nießbrauch fließenden Ansprüche zu dulden. Die Ausübung des Nießbrauchs ermächtigt gegenüber dem Drittschuldner dazu, die tatsächlichen und rechtlichen Handlungen vorzunehmen, die zur Gewinnung der Sachnutzungen erforderlich sind, insbesondere also, die belastete Sache zu vermieten oder zu verpachten und hierfür in Besitz zu nehmen[13] (§ 1036 BGB). Besitzeinräumung ist vom Drittschuldner mit Klage zu verlangen; auch Klage auf Herausgabe an einen Verwalter kann nur der Gläubiger, nicht jedoch der Verwalter erheben. Die Erträgnisse müssen zunächst in der gesetzlich bestimmten Weise auf die Sache verwendet werden (§§ 1041 ff. BGB). Der dann übrigbleibende Betrag dient der Befriedigung der Forderung des Gläubigers. Gegen den Schuldner gibt die Pfändung des Nießbrauchs keinen (mit Klage) durchsetzbaren Anspruch auf Räumung und Herausgabe des Grundstücks[14]. Besitzübergabe an den Verwalter: Rdn. 1712 a.

1712a Die Ausübung kann das Vollstreckungsgericht (der Rechtspfleger, § 20 Nr. 17 RpflG) durch nähere Anordnung regeln[15] (§ 857 Abs. 4 ZPO). Es kann insbesondere eine Verwaltung anordnen, durch die sichergestellt wird, dass der Gläubiger die Nutzungen erhält. Das Verwaltungsverfahren ist in Anlehnung an die ZVG-Vorschriften über die Zwangsverwaltung zu regeln[16]. Bei Besitz des Schuldners kann Besitzübergabe an den Verwalter nach § 150 Abs. 2 ZVG (entspr. Anwendung) herbeigeführt werden[17]. Wenn der Verwalter ermächtigt ist, sich selbst den Besitz zu verschaffen, kann er bei Widerstand des Schuldners nach § 892 ZPO einen Gerichtsvollzieher zuziehen[18]; Vollstreckungstitel ist der gerichtliche Ermächtigungs-

---

11 *BGH* 166, 1 (4) = a.a.O.; *Rossak* MittBayNot 2000, 383 (385).
12 *RG* 56, 388 (390); siehe auch *BGH* 109, 111 (116) = NJW 1990, 443: Den Nießbraucher trifft bei der Ausübungsüberlassung keine Verpflichtung zur Unterhaltung des Grundstücks.
13 *OLG Düsseldorf* Rpfleger 1997, 315 (auch dazu, dass der Gläubiger keinen Anspruch an einen Dritten nach §§ 1065, 985 BGB auf Räumung und Herausgabe des Grundstücks hat); siehe auch *BGH* 166, 1 (4) = a.a.O.
14 *BGH* 166, 1 = a.a.O. (Fußn. 3).
15 Dazu auch *Rossak* MittBayNot 2000, 383 (385).
16 *BGH* 166, 1 = a.a.O.; *OLG Düsseldorf* Rpfleger 1997, 315; *LG Lübeck* Rpfleger 1993, 360; *Rossak* MittBayNot 2000, 383 (385).
17 *BGH* 166, 1 (5) = a.a.O.
18 *LG Lübeck* a.a.O.

beschluss[19]. Ein Wohnrecht entsprechend § 149 Abs. 1 ZVG kann der Schuldner bei dieser Zwangsverwaltung nicht beanspruchen[20]. Der Verwalter hat die Verpflichtungen des Nießbrauchers als Vermieter (Verpächter) Mietern (Pächtern) gegenüber zu erfüllen, somit auch die Verpflichtung zur Erhaltung des vermieteten (verpachteten) Grundstücks (oder von Räumen) zu vertragsgemäßem Gebrauch (§ 535 BGB)[21]. Die dem Gläubiger gebührenden Erträgnisse hat ihm der *Verwalter* abzuliefern. Einen für die Verwaltung etwa erforderlichen Vorschuss hat der Gläubiger zu leisten[22]. Die Verwaltung hat der Verwalter zu beenden, wenn die vollstreckte Gläubigerforderung getilgt ist[23]. Einstellung und Aufhebung sonst: §§ 775, 776 ZPO. Verpflichtung des Verwalters zur Rechnungslegung: § 154 S. 2 ZVG (entspr. Anwendung). Die Rechnung ist dem Gläubiger und dem Schuldner vorzulegen, nicht jedoch dem Vollstreckungsgericht einzureichen (es hat bei der Geschäftsführung des Verwalters nicht mitzuwirken); § 153 ZVG findet keine Anwendung. Die Verwaltung muss angeordnet werden, wenn die Ausübungsbefugnis nicht zur Einziehung überwiesen werden kann, weil dann die Erträgnisse der gepfändeten Ausübungsbefugnis zu hinterlegen sind. Mit der Übergabe der zu benutzenden Sache an den Verwalter wird die Pfändung bewirkt, wenn sie nicht durch Zustellung des Beschlusses bereits vorher wirksam geworden ist (§ 857 Abs. 4 Halbs. 2 ZPO). An Stelle der Überweisung zur Einziehung und Verwaltung kann das Vollstreckungsgericht auch eine anderweitige Verwertung der Ausübungsbefugnis nach § 844 ZPO anordnen.

d) Der Nießbraucher (*Schuldner*) kann nach Pfändung die Ausübungsbefugnis des Nießbrauchers einem anderen nicht mehr überlassen oder übertragen. Ein Dritter, dem nach Pfändung die Ausübungsbefugnis dennoch übertragen wird, vermag diese auch dann nicht gutgläubig zu erwerben, wenn die Pfändung im Grundbuch nicht eingetragen und dem Dritten unbekannt war[24]. Durch das Verfügungsverbot (§ 829 Abs. 1 S. 2 ZPO) ist der Schuldner auch an der Verfügung über den Nießbrauch selbst gehindert; er kann somit über den Nießbrauch (das Stammrecht) ohne Mitwirkung (Bewilligung) des Gläubigers nicht mehr durch Verzicht oder Aufhebung verfügen[25]. Im Ürigen jedoch ist das Pfandrecht an die Dauer des Nießbrauchs gebunden. Daher erlischt mit dem Nießbrauch das Pfändungspfandrecht an ihm mit dem Tod des Schuldners als Nießbraucher oder mit dem Erlöschen der juristischen Person (§ 1061 BGB).

1713

---

19 *BGH* 166, 1 (6) = a.a.O.; *LG Lübeck* a.a.O.
20 *BGH* 166, 1 (6) = a.a.O.
21 Siehe *AG Springe* NdsRpfl 1994, 111: Verpflichtung, für ordnungsgemäße Beheizung zu sorgen.
22 *AG Springe* NdsRpfl 1994, 111.
23 *BGH* 166, 1 (7) = a.a.O.
24 *BGH* 62, 133 (140) = a.a.O. (Fußn. 3).
25 *BGH* 62, 133 (139) = a.a.O. (Fußn. 3).

5. Kapitel: Pfändung anderer Vermögensrechte

1714 e) Die Pfändung des Nießbrauchs kann in das Grundbuch eingetragen werden[26]. Die Eintragung ist Grundbuchberichtigung, weil die Pfändung bereits mit Beschlusszustellung an den Drittschuldner (§ 829 Abs. 3 ZPO) eine Änderung der Verfügungsbefugnis des Nießbrauchers zur Folge hat. Eintragbar ist auch bereits die Vorpfändung. Durch Eintragung der Pfändung kann sich der Gläubiger dagegen schützen[27], dass der Nießbrauch ohne seine Einwilligung gelöscht wird[28]. Eingetragen wird die Pfändung auf schriftlichen Antrag des Gläubigers; dem Grundbuchamt muss für diese Eintragung das Wirksamwerden der Pfändung nachgewiesen werden. Schon bisher hat die Praxis im Anschluss an *RG*[29] die Eintragung der mit der Pfändung verbundenen Verfügungsbeschränkung zugelassen[30]. Diese Eintragung sollte den Schuldner aber nicht am Verzicht auf den Nießbrauch hindern und Zustimmung des Gläubigers zur Aufhebung des Nießbrauchs nicht erfordern. Diese Ansicht ist durch die Entscheidung des *BGH* überholt. Wenn man mit dem *BGH* davon ausgeht, dass die Pfändung unmittelbar das unveräußerliche Stammrecht erfasst und das Recht zur Verfügung über dieses schmälert, muss auch die Eintragung des Pfandrechts am Nießbrauch in das Grundbuch unbeschränkt zugelassen werden.

1715 Die Eintragungsformel kann lauten:

„*Nießbrauch gepfändet für ... wegen einer Forderung von ... mit Pfändungsbeschluss des Amtsgerichts ... vom ...*"

1716 f) Einem Dritten kann sich der Nießbraucher schuldrechtlich zur Überlassung der Nießbrauchsausübung verpflichtet haben (§ 1059 S. 2 BGB). Der obligatorische Anspruch des Dritten gegenüber dem Nießbraucher darauf, dass ihm die Ausübung des Nießbrauchs überlassen wird, kann dann vom Gläubiger des Dritten gepfändet werden[31]. Zur Pfändung eines Anspruchs auf *Bestellung* eines Nießbrauchs siehe *OLG Bamberg* in OLG 1, 18.

1717 g) Die Möglichkeit, den Nießbrauch zu pfänden, schließt einen Vollstreckungszugriff in die dem Nießbraucher *künftig zufallenden Nutzungen* nicht aus. Das ist auf dem hierfür vorgesehenen Weg möglich (Pfändung der Früchte durch den Gerichtsvollzieher, Pfändung von Mietzinsforderungen, Hypothekenzinsen usw. durch das Vollstreckungsgericht). Er kann

---

26 *BayObLG* Rpfleger 1998, 69 = a.a.O.; *LG Bonn* a.a.O. (Fußn. 3); *Schöner/Stöber*, Grundbuchrecht, Rdn. 1389; *Panz* BWNotZ 1992, 43 (44); **anders** die früher herrschende Ansicht, siehe z. B. *KGJ* 48, 212; *SchlHolstOLG* SchlHA 1956, 202.
27 Daher ist der Ansicht des *KG* HRR 1938 Nr. 283 = JFG 16, 336 = JW 1938, 675 nicht zu folgen, dass der Gläubiger dem Nießbraucher nach Pfändung der Ausübungsbefugnis die Ausübung durch einstweilige Verfügung verbieten lassen könne.
28 *BayObLG* Rpfleger 1998, 69 = a.a.O. Auch die dem Grundbuchamt bekannte, nicht eingetragene Pfändung schließt jedoch die Löschung des Nießbrauchs ohne Zustimmung des Pfändungsgläubigers aus, *BayObLG* a.a.O. (Einschränkung, wenn die Aufhebungserklärung schon vor Pfändung bindend geworden ist).
29 *RG* 74, 79 (85).
30 A.A. *Strutz* Rpfleger 1968, 146 mit Nachw.
31 *BGH* 62, 133 (138) = a.a.O. (Fußn. 3).

aber für einen Gläubiger nicht erfolgen, der bereits den Nießbrauch gepfändet hat.

h) Wenn ein Nießbrauch in der Weise bestellt ist, dass er bei Pfändung erlischt, kann Schuldnerschutz nach § 765 a ZPO geboten sein[32].

i) Mit Pfändung eines Bruchteilsnießbrauchs tritt der Gläubiger in die Rechtsstellung des Schuldners ein; er übt die dem Schuldner als Nießbraucher zustehenden Rechte und Befugnisse als Teilhaber der Nutzungs- und Verwaltungsgemeinschaft aus, die mit den weiteren Berechtigten des Nießbrauchs besteht[33].

34. Patent

Gepfändet wird   1718

- *das angebliche Recht des Schuldners als Erfinder auf das Patent für einen noch nicht angemeldeten, als ... beschriebenen Gegenstand (Verfahren) – oder –*

- *der durch die Anmeldung begründete angebliche Anspruch des Schuldners als Erfinder auf Erteilung des Patents für einen als ... beschriebenen Gegenstand (oder Verfahren) als gesamte durch die Anmeldung der Erfindung begründete (vermögensrechtliche) Rechtsposition (so gen. „Anwartschaftsrecht" auf das Patent) – oder –*

- *das Recht aus dem angeblich unter Nr. ... beim Deutschen Patentamt eingetragene Patent des Schuldners betreffend ...*

Schrifttum: *Göttlich*, Die Zwangsvollstreckung in Schutzrechte, MDR 1957, 11; *Pinzger*, Zwangsvollstreckung in das Erfinderrecht, ZZP 60, 415; *Schramm*, Pfändung und Sequestration ausländischer Patente, GRUR 1958, 480; *Schulte*, Pfändung eines Patentrechts, GRUR 1961, 527; *Tetzner*, Gläubigerzugriff in Erfinderrechte und Patentanmeldungen, JR 1951, 166; *Tetzner*, Gläubigerzugriff in das Erfinderrecht, DJ 1941, 1139.

a) Ein Patent und eine Patentanmeldung unterliegen der Zwangsvollstreckung[1]. Pfändbar nach § 857 (§ 829) ZPO sind[2] (ebenso wie übertragbar nach § 15 Abs. 1 PatG) das Recht des Erfinders (oder seines Rechtsnachfolgers, §§ 1, 6 PatG) auf das Patent, der Anspruch auf Erteilung des Patents für die beim Patentamt schon angemeldete[3] Erfindung (siehe §§ 1, 7, 35 PatG) und das Recht aus dem Patent, das die alleinige Befugnis gibt, gewerbsmäßig den Gegenstand der Erfindung herzustellen, in Verkehr zu bringen, feilzuhalten oder zu gebrauchen (§ 9 PatG). Die Pfändung erfolgt in allen Fällen nach § 857 Abs. 2 ZPO durch Zustellung an den   1719

---

32 *OLG Frankfurt* JurBüro 1980, 1899.
33 *BGH* JurBüro 2007, 158 = NJW 2007, 149 = Rpfleger 2007, 85.
1 *BGH* 125, 334 = JZ 1994, 1012 mit Anm. Berger = MDR 1994, 1202 (Leits.) = NJW 1994, 3099.
2 *BGH* 125, 334 = a.a.O.
3 Die Anmeldung erfolgt schriftlich beim Patentamt (§ 35 Abs. 1 PatG). Pfändung ist also bereits vor Bekanntmachung der Anmeldung möglich.

5. Kapitel: Pfändung anderer Vermögensrechte

Schuldner[4]. Ein Drittschuldner ist nicht vorhanden. Das Patentamt ist nicht Drittschuldner[5].

1720 b) Das *vor der Anmeldung* bestehende *Recht auf das Patent* (Erfinderrecht) kann, weil es als reines Persönlichkeitsrecht höchstpersönlicher Natur ist, erst gepfändet werden, wenn der Schuldner als Erfinder bestimmt hat, dass die Erfindung aus seinem Persönlichkeitsbereich hinaustreten soll[6]. Das ist der Fall, wenn der Schuldner seinen Willen, die Erfindung als Vermögenswert wirtschaftlich zu verwerten, irgendwie zu erkennen gegeben hat[7]. Der Gläubiger muss dies schlüssig geltend machen; im Streitfall trifft ihn die Beweislast[8]. Die Pfändung gibt dem Gläubiger das Recht, die Erteilung des Patents zu betreiben, insbesondere also das Patent anzumelden. Sein Pfandrecht wandelt sich mit der Anmeldung in ein Pfandrecht am Anwartschaftsrecht und mit der Erteilung des Patents in ein Pfandrecht an diesem um (siehe Rdn. 1721).

1721 c) *Nach Patentanmeldung* ist Gegenstand der Pfändung „der durch die Anmeldung begründete Anspruch auf Erteilung des Patents"[9]. Das ist die gesamte durch die Anmeldung der Erfindung beim Patentamt begründete (vermögensrechtliche) Rechtsposition[10], nicht nur die Anmeldung als Anspruch des Anmelders auf Prüfung und Patenterteilung[11]. Diese Pfändung bezieht sich auf das gesamte im Entstehen begriffene Patentrecht, mithin auf die Rechte aus der Patentanmeldung und ebenso auf die aus dem künftig entstehenden Patent[12]. Diese Rechtsposition wird im Schrifttum auch als „Anwartschaft auf das Patent" bezeichnet[13].

---

4   *BGH* 125, 334 (341) = a.a.O.; Bescheid des Präsidenten des Deutschen Patentamts vom 11. 2. 1950, abgedr. BayJMBl 1950, 89 = GRUR 1950, 46; *Tetzner* JR 1951, 166; *Stein/Jonas/Brehm*, ZPO, Rdn. 99; *Wieczorek/Schütze/Lüke*, ZPO, Rdn. 63, je zu § 857; *Göttlich* a.a.O.
5   *Hubmann* in Festschrift für Lehmann, 1956, Bd. II S. 831.
6   *BGH* 16, 172 (175); *OLG Hamm* JMBlNRW 1951, 151; *OLG Hamburg* OLG 5, 133; *Tetzner* JR 1951, 166 und DJ 1941, 1139; *Stein/Jonas/Brehm*, ZPO, Rdn. 20; *Wieczorek/Schütze/Lüke*, ZPO, Rdn. 62, je zu § 857. Streitig ist, ob vermögensrechtliche Teile des Erfinderrechts bereits mit Fertigstellung und Verlautbarung des Erfindergedankens (auch schon vor Kundgabe der Verwertungsabsicht) gepfändet werden können (so z. B. *Zimmermann* GRUR 1999, 121). Mit der h.M. (s. *Benkard*, PatG, Rdn. 18 zu § 6, mit Nachw.) ist m.E. die Auffassung als zutreffend anzusehen, dass eine noch so im Persönlichkeitsbereich des Schuldners ruhende Erfindung der Zwangsvollstreckung nicht unterliegen kann.
7   *OLG Hamm* und *Tetzner* je a.a.O. (Fußn. 6); *BGH* 16, 172 (175). Diese Verwertungsabsicht muss bei Wirksamwerden der Pfändung in Erscheinung getreten sein. Spätere Willensäußerung des Schuldners heilt nicht; siehe *Tetzner* a.a.O. Die Verwertungsabsicht kann zum Ausdruck kommen in eigenen Auswertungshandlungen (auch Vorführung auf Ausstellungen), Verkaufsverhandlungen, Sicherungsübereignung, Verpfändung, usw.
8   *Tetzner* a.a.O. (Fußn. 6); *Stein/Jonas/Brehm*, ZPO, Rdn. 20 zu § 857.
9   Zur Pfändbarkeit nach Patentanmeldung siehe auch *RG* 52, 227.
10 *BGH* 125, 334 (33) = a.a.O.
11 *Tetzner* und Präsident des Deutschen Patentamts je a.a.O. (Fußn. 4).
12 *BGH* 125, 334 (338) = a.a.O.
13 *BGH* 125, 334 (338) = a.a.O.

Das Patentamt muss diese Pfändung beachten, sobald sie ihm nachgewiesen ist, darf also das Patent nur noch auf den Namen des bisherigen Anmelders und des Gläubigers gemeinsam erteilen[14]. Mit der Pfändung des Anspruchs auf Erteilung des Patents erlangt der Gläubiger das Recht auf Akteneinsicht und Erteilung von Abschriften in gleichem Umfang wie der Schuldner als Anmelder selbst[15] (s. §§ 30, 31 PatG). Der Schuldner verliert mit der Pfändung das Recht, allein die Anmeldung wieder zurückzunehmen[16].

Nach Erteilung des Patents setzt sich an diesem das Pfändungspfandrecht fort, das durch Pfändung der durch Anmeldung der Erfindung begründeten Rechtsposition (des „Anwartschaftsrechts") erlangt ist[17], auch wenn diese Pfändung dem Patentamt unbekannt geblieben ist.

d) Das Patentrecht verbleibt nach Pfändung des Rechts aus dem bereits *erteilten Patent* und ebenso nach Erstreckung des vorher erlangten Pfändungspfandrechts auf das erteilte Patent dem Schuldner als Patentinhaber[18]. Das Pfandrecht dient lediglich der Sicherung der Befriedigung des Gläubigers. Deshalb nimmt die Pfändung dem Schuldner als Patentinhaber die Berechtigung zu allen dem Gläubiger nachteiligen Verfügungen. Diesem Verbot widerstreitende Verfügungen des Schuldners als Anmelder und Patentinhaber sind gegenüber dem Gläubiger unwirksam[19]. Erlaubt sind dem Schuldner weiterhin Verfügungen, die der Erhaltung oder Stärkung des Patents dienen[20]. Er bleibt daher auch zur Zahlung der Jahresgebühren (siehe § 17 Abs. 1 PatG) befugt[21] und verpflichtet[22]. 1722

Das Recht zur Eigennutzung des Patents durch den Schuldner als Patentinhaber wird durch die Pfändung bis zur Pfandverwertung ebenso wenig eingeschränkt wie der Fortbestand der bereits vor der Pfändung begründeten Lizenzrechte[23]. Der Gläubiger erlangt durch die Pfändung kein eigenes Nutzungsrecht an der Erfindung oder dem Patent, somit auch kein ausschließliches Benutzungsrecht[24]. Er ist daher nicht berechtigt, den Abnehmern des Patentinhabers die Benutzung der von diesem oder dem Inhaber einer fortbestehenden Lizenz erworbenen patentgemäßen Gegenstände 1723

---

14 *Tetzner* a.a.O. (Fußn. 6).
15 *Tetzner* a.a.O. (Fußn. 6) mit eingehender Stellungnahme zur **Gegenansicht** in dem Bescheid des Präsidenten des Deutschen Patentamts (a.a.O. Fußn. 5). Z. T. **a.A.** – bei nicht offengelegten oder bekannt gewordenen Anmeldungen kein Recht des Pfändungsgläubigers auf Akteneinsicht – *Benkard*, PatG, Anm. 29 zu § 9 unter Bezugnahme auf *BPatGerE* 6, 220, 221.
16 *Stein/Jonas/Brehm*, ZPO, Rdn. 20 zu § 857.
17 *BGH* 125, 334; *Berger* JZ 1994, 1015.
18 *BGH* 125, 334 (342) = a.a.O.
19 *BGH* 125, 334 (342) = a.a.O.
20 *Schulte* GRUR 1961, 527.
21 *Schulte* a.a.O.
22 *OLG Karlsruhe* OLGR 2004, 283. Wegen der Wiedereinsetzung bei Versäumung der Frist zur Zahlung der Jahresgebühr siehe *Schulte* GRUR 1961, 527.
23 *BGH* 125, 334 = a.a.O.
24 *BGH* 125, 334 = a.a.O.

5. Kapitel: Pfändung anderer Vermögensrechte

zu untersagen[25]. Auf Forderungen aus den vom Schuldner schon vor Pfändung vergebenen *Lizenzen* erstreckt sich das Pfandrecht am Patent nur bei ausdrücklicher Mitpfändung dieser Ansprüche; für diese Pfändung ist der Lizenznehmer Drittschuldner (siehe Rdn. 1649).

1724 In die Patentrolle wird das Pfandrecht nach ständiger Übung des Patentamtes und herrschender Ansicht nicht eingetragen. Die Eintragbarkeit wird aber bejaht werden müssen.

1725 e) Die *Verwertung* des Anspruchs auf Erteilung des Patents und des Rechts aus dem Patent erfolgen nach §§ 844, 857 Abs. 5 ZPO. Eine Überweisung zur Einziehung wird nicht für zulässig erachtet[26]. Mit einer Veräußerung (Versteigerung) rückt der Erwerber in die volle Rechtsstellung des Schuldners als Anmelder oder Patentinhaber ein. Auf Antrag wird der Inhaberwechsel in der Patentrolle vermerkt (§ 30 Abs. 3 PatG). Eine dem Interesse des Schuldners nachteilige Veräußerung kann in geeigneten Fällen durch Verwaltung des Patents mit der Möglichkeit der Vergabe von Lizenzen an Dritte oder Gestattung der Nutzung durch den Gläubiger selbst (§§ 844, 857 Abs. 4 ZPO) abgewendet werden.

1726 f) Die *Vorpfändung* ist nach § 845 ZPO zulässig. Die Herausgabe der Patenturkunde kann der Gläubiger nach § 836 Abs. 3 ZPO betreiben[27].

1727 g) Das *Vorbenutzungsrecht* des § 12 PatG ist betriebsgebunden (§ 12 Abs. 1 S. 3 PatG). Die Zwangsvollstreckung in das Vorbenutzungsrecht durch Pfändung ist daher nicht zulässig.

1728 h) Ein Zusatzpatent (§ 16 PatG) ist für die Zwangsvollstreckung gegenüber dem Hauptpatent selbstständig. Es ist daher selbstständig pfändbar. Eine Pfändung des Hauptpatents erstreckt sich nicht auf das später erwachsene Zusatzpatent. Im Wege der Auslegung des Pfändungsbeschlusses wird die Pfändung aber auch auf ein Zusatzpatent bezogen werden können, das bei Wirksamwerden des Beschlusses schon erteilt oder angemeldet war.

1729 i) Den Unterlassungsanspruch bei *Patentverletzung* (§ 139 Abs. 1 PatG) kann auch der Pfändungsgläubiger selbstständig verfolgen[28]. Seine Legitimation zur Geltendmachung des Anspruchs ergibt sich aus dem Recht, Sicherungsmaßnahmen zur Erhaltung des Pfandrechts – und damit seines ungeschmälerten Wertes – allein zu betreiben (dazu siehe Rdn. 557).

1730 k) Der vor der Pfändung bereits entstandene *Schadensersatzanspruch aus Patentverletzung* (§ 139 Abs. 2 PatG) ist, ebenso wie der Anspruch aus früher vergebenen Lizenzen, gegenüber dem Recht auf Befriedigung aus dem Patent selbstständig. Von der Pfändung eines Patentrechts wird daher der Ersatzanspruch nicht erfasst. Er ist vielmehr als Geldanspruch selbstständig pfändbar; Drittschuldner ist der Schadensersatzverpflichtete. Ein nach

---

25 *BGH* 125, 334 = a.a.O.
26 *Stein/Jonas/Brehm*, ZPO, Rdn. 109 zu § 857; **anders** auch *Tetzner* JR 1951, 168.
27 *Göttlich* MDR 1957, 12.
28 Von *BGH* 125, 334 (341) = a.a.O. offen gelassen.

Pfändung entstandener Schadensersatzanspruch dürfte jedoch als Nebenanspruch zu werten sein, auf den sich die Pfändung erstreckt (siehe Rdn. 699). Der Anspruch steht dem Erfinder zu, dessen Vermögensrechte durch erschwerte Ausnutzung des Patents verletzt sind. An einem solchen Schadensersatzbetrag kann der Pfandgläubiger daher sein Pfandinteresse geltend machen.

l) Zur Pfändung ausländischer Patente siehe *Schramm* in GRUR 1958, 480.   1731

35. Prozessuale Rechte

Prozessuale Rechte und Befugnisse sind keine selbstständigen Vermögensrechte, können allein (selbstständig) also nicht gepfändet werden. Unpfändbar sind daher der Anspruch auf Stellung von Verfahrens*anträgen* oder *Klageerhebung, Zurücknahme* eines beim Grundbuchamt gestellten Antrages[1], Erlass eines *Kostenurteils* nach § 269 (früher § 271) ZPO[2], zum Antrag auf Änderung einer *Streitwertfestsetzung*[3] oder zum Antrag auf *Vollstreckungsschutz* und *Vertragshilfe*[4]. Nach wirksamer Pfändung einer Forderung oder eines Rechts seines Schuldners kann der Gläubiger aber den gepfändeten Anspruch selbst gerichtlich geltend machen (siehe insbes. Rdn. 655 ff.). Kostenurteil, Streitwert- und Kostenfestsetzung kann daher der Gläubiger beantragen, der den Kostenerstattungsanspruch seines Schuldners wirksam gepfändet hat.   1732

36. Rangvorbehalt

Schrifttum: *Jansen,* Rangvorbehalt und Zwangsvollstreckung, AcP 152, 508; *Quardt,* Der Rangvorbehalt in der Zwangsvollstreckung, JurBüro 1959, 58.

Der Rangvorbehalt des Grundstückseigentümers (§ 881 BGB) ist allein nicht übertragbar; seine Ausübung kann auch keinem anderen überlassen werden. Er ist daher auch nicht pfändbar[5]. Auch eine so genannte Hilfspfändung kommt nicht in Betracht[6]. Der Gläubiger des Eigentümers kann daher auch eine Zwangshypothek an der vorbehaltenen Rangstelle nicht eintragen lassen[7].   1733

---

1 *OLG Danzig* DJ 1938, 1077.
2 *OLG München* OLG 21, 112.
3 *OLG Karlsruhe* JW 1931, 2043 mit zust. Anm. *Fischer.*
4 *LG Dresden* JW 1938, 3062 für den Anspruch auf Schuldenherabsetzung nach dem SchuldenbereinigungsG vom 7. Aug. 1938, RGBl I S. 1033.
5 *BGH* 12, 238 = DNotZ 1954, 378 = LM Nr. 1 zu § 881 mit Anm. *Johannsen* = NJW 1954, 954 und 1291 mit Anm. *Jansen; OLG Frankfurt* MDR 1953, 243; *Jansen* AcP 152, 508.
6 *BGH* a.a.O. (Fußn. 5); **a.A.** noch *Fraeb* DR 1939, 532.
7 *BGH* a.a.O. (Fußn. 5). Die früher vertretenen anderen Ansichten sind damit hinfällig geworden. Auf sie soll daher hier nicht mehr eingegangen werden.

5. Kapitel: Pfändung anderer Vermögensrechte

37. Reallast (§ 857 Abs. 6 ZPO)

1734 *Gepfändet wird*
a) die Reallast, die angeblich für den Schuldner im Grundbuch von ... Blatt ... in Abt. II Nr. 1 an dem Grundstück ... des Eigentümers ... – Drittschuldner – eingetragen ist; – oder –
b) der angebliche Anspruch des Schuldners auf Zahlung der rückständigen und künftigen Geldleistungen von wiederkehrend ... Euro aus der Reallast, die angeblich für ihn im Grundbuch ... (wie a).

1735 a) Die zugunsten des jeweiligen Eigentümers eines Grundstücks bestehende (subjektiv-dingliche) Reallast kann von dem Eigentum an diesem Grundstück nicht getrennt werden (§ 1110 BGB). Wegen dieser Untrennbarkeit vom berechtigten Grundstück kann die *subjektiv-dingliche* Reallast nicht gepfändet werden (§ 851 Abs. 1 ZPO)[1]. Diese Unpfändbarkeit des Rechts selbst schließt die Pfändung der Einzelleistungen jedoch nicht aus; hierwegen siehe Rdn. 1738.

1736 b) Die zugunsten einer bestimmten Person bestehende (*subjektiv-persönliche*) Reallast kann an sich grundsätzlich übertragen und ebenso gepfändet werden. Eine Ausnahme gilt, wenn der Anspruch auf die Einzelleistungen selbst unübertragbar ist (Fälle der §§ 399, 400, 413 BGB, Art. 115 EGBGB); dann kann auch die Reallast nicht übertragen (§ 1111 Abs. 2 BGB) und nicht gepfändet werden (§ 851 Abs. 1 ZPO). Ist der Anspruch auf einzelne Leistungen übertragbar, der auf andere Einzelleistungen unübertragbar, so ist hinsichtlich der übertragbaren Leistungen auch die Reallast selbst übertragbar[2] und insoweit pfändbar. Bei dieser Pfändung müssen die Teile, die gepfändet werden sollen, für die Grundbucheintragung genau gezeichnet werden[3].

1737 c) Die *Pfändung der Reallast* erfolgt in der für die Hypothekenpfändung (siehe 6. Kap.) vorgeschriebenen Form (§ 857 Abs. 6, § 830 ZPO). Die wirksame Pfändung der Reallast erfordert daher Pfändungsbeschluss *und* Eintragung der Pfändung in das Grundbuch, nicht aber Zustellung des Pfändungsbeschlusses, der nur Bedeutung nach § 830 Abs. 2 ZPO zukommt. Die Eintragung muss vom Gläubiger unter Vorlage des Pfändungsbeschlusses beim Grundbuchamt beantragt werden; das Vollstreckungsgericht veranlasst die Eintragung nicht. Eine Ausnahme gilt für die *rückständigen* Leistungen; ihre Pfändung wird (wie die Pfändung rückständiger Zinsen einer Hypothekenforderung) nur mit der Zustellung des Pfändungsbeschlusses wirksam (§ 1107 BGB, § 830 Abs. 2, § 857 Abs. 6 ZPO). *Drittschuldner* ist der Eigentümer des mit der Reallast belasteten Grundstücks.

---

1 *RG* 12, 202.
2 *RG* 140, 60 (64); *Schöner/Stöber*, Grundbuchrecht, Rdn. 1313; *Staudinger/Amann*, BGB, Rdn. 4 zu § 1111; **a.A.** *Meder* BWNotZ 1982, 36 (38); *KG* JW 1935, 2439.
3 Vergleiche *KG* OLG 8, 131.

d) aa) *Einzelleistungen* aus der Reallast unterliegen rechtlich dem Schicksal von Hypothekenzinsen (§ 1107 BGB). Ebenso wie eine Pfändung auf Hypothekenzinsen beschränkt werden kann, ist daher die alleinige Pfändung einzelner Leistungen aus der Reallast möglich. Da mit Einzelleistungen der fällige oder künftige Anspruch des Berechtigten, nicht aber das Recht selbst gepfändet wird, kann auch auf die Einzelleistungen einer subjektiv-dinglichen Reallast durch Pfändung zugegriffen werden.

1738

bb) Die Pfändung der Einzelleistungen unterliegt den Formvorschriften der §§ 857 Abs. 6, § 830 ZPO. Die Pfändung *künftiger* Einzelleistungen kann daher nur durch Pfändungsbeschluss und Grundbucheintragung wirksam werden, während die Pfändung *bereits fälliger* (rückständiger) Einzelleistungen Zustellung des Pfändungsbeschlusses an den Drittschuldner erfordert[4].

1739

cc) Die Pfändung von Einzelleistungen hindert den Schuldner nicht an der Verfügung (Abtretung, Aufhebung usw.) über die Reallast selbst, auf die sich ein solcher Pfändungszugriff nicht erstreckt. Mit dem Wegfall des Gläubigerrechts des Schuldners durch Verfügung über die Reallast wird die Pfändung der Einzelleistungen hinfällig.

1740

e) Wegen der Pfändung der Reallastansprüche aus einem Altenteils-, Leibgedings-, Leibzuchts- oder Auszugsrecht siehe Rdn. 1018.

38. Rechnungslegung, Auskunft

Schrifttum: *App*, Abrechnungsansprüche des Schuldners bei der Forderungspfändung, JurBüro 2000, 349.

a) Bestehen kann ein Auskunfts- und/oder Rechnungslegungsanspruch (siehe Rdn. 163, auch 699) als

1741

- *Nebenanspruch* des gepfändeten Hauptanspruchs, der darauf abzielt, Gegenstand und Betrag des Hauptanspruchs zu ermitteln[1];
- *selbstständiger Anspruch* des Schuldners aus dem seiner Rechtsbeziehung zugrunde liegenden Schuldverhältnis wie der Anspruch des Auftraggebers auf Information (Auskunfts- und Rechenschaftspflicht) nach § 666 BGB, der Auskunfts- und Rechenschaftsanspruch des Geschäftsherrn an den Geschäftsbesorger nach § 675 (mit § 666) BGB;
- *verfahrensrechtlicher* Auskunfts- und Herausgabe*anspruch* nach § 836 Abs. 3 ZPO (zu diesem Rdn. 621 ff.).

Der *selbstständige Auskunftsanspruch* ist nicht pfändbar[2]; er kann auch nicht als Nebenanspruch mit einem anderen Anspruch mitgepfändet werden

---

4 *KG* JW 1932, 1564 = HRR 1932 Nr. 1003.
1 *BGH* NJW 1985, 2699 = WM 1985, 1098 (1099) = ZIP 1985, 1315; *BGH* 165, 53 (57, 58) = NJW 2006, 217 = Rpfleger 2006, 140.
2 *BGH* 165, 53 (60) = a.a.O.

5. Kapitel: Pfändung anderer Vermögensrechte

(Rdn. 163). Auf den Pfändungsgläubiger geht dieser Anspruch nicht über[3]; von diesem kann er nicht geltend gemacht werden.

1742 b) Der *Nebenanspruch* ist (als Nebenrecht) für sich allein nicht pfändbar[4] (siehe Rdn. 163 a und 699). Auf ihn erstreckt sich die mit Pfändung des Hauptanspruchs bewirkte Beschlagnahme. Hierfür bedarf es keiner Neben- oder Hilfspfändung des Anspruchs; seine Mitpfändung kann aber auf Antrag in dem das Hauptrecht pfändenden Beschluss ausgesprochen werden[5] (s. auch Rdn. 940). Wenn diese Anordnung der Mitpfändung unterblieben ist, kann der Pfändungsbeschluss ergänzt, nicht aber nachträglich eine gesonderte Hilfspfändung angeordnet werden.

1742a c) Von der Pfändung wird der Rechnungslegungsanspruch (als Nebenrecht) auch dann erfasst, wenn nicht in alle der Rechtsstellung des Schuldners entspringende Ansprüche vollstreckt ist, z. B. dann, wenn nicht alle Ansprüche aus Auftrag und Vollmacht gepfändet sind[6]. Ebenso ermächtigt die *Teilpfändung* einer Geldforderung den Gläubiger zur Geltendmachung des Anspruchs auf Rechnungslegung und Auskunft, weil dieser auch Nebenrecht der gepfändeten Teilforderung bleibt[7]. Ob bei Teilpfändung Gläubiger und Schuldner unabhängig voneinander und bei voller Pfändung neben dem Gläubiger selbstständig auch noch der Schuldner Rechnungslegung verlangen kann, ist nicht abschließend geklärt[8]. Dies ist aber zu bejahen, weil die Pfändung dem Schuldner nur die dem Gläubiger nachtei-

---

3 *BGH* 165, 53 (57, 58) = a.a.O.
4 *BGH* 165, 53 (56, 57) = a.a.O.; *BGH* MDR 2004, 114 = NJW-RR 2003, 1555 = Rpfleger 2003, 669. Siehe auch *KG* JW 1930, 1014 (keine Pfändung des Rechnungslegungsanspruchs gegen den Testamentsvollstrecker ohne Erbteilpfändung) mit zust. Anm. *Herzfelder*; *RG* JW 1931, 525 (Rechnungslegungsanspruch aus Auftrags- und Vollmachtsverhältnis); *BGH* 104, 369 (371) = NJW 1988, 2729 (keine selbstständige Pfändung des Anspruchs auf Abgabe der eidesstattlichen Versicherung nach § 259 Abs. 2 BGB); *LArbG Bremen* BB 1955, 97 (Leits.): Keine Abtretung des Anspruchs eines Handelsvertreters auf Rechnungslegung ohne gleichzeitige Abtretung der zugehörigen Provisionsforderung; *LG Berlin* Rpfleger 1978, 64: Keine Pfändung des vermeintlichen Anspruchs auf „Auskunftserteilung über die Bezeichnung, Nummer und Bestand jedes von dem Schuldner bei dem Drittschuldner geführten Kontos, Sparguthabens und Depots aller Art"; *OLG Karlsruhe* Justiz 1980, 143: Keine Pfändung des Auskunftsanspruchs eines Kontoinhabers.
5 *KG* JW 1930, 1014; *LG Cottbus* JurBüro 2002, 659; so wird auch *BArbG* AP Nr. 3 zu § 87 c HGB = NJW 1969, 1735 zu verstehen sein. So auch *App* JurBüro 2000, 349.
6 *RG* JW 1931, 525.
7 A.A. für Abtretung einer ziffernmäßig bestimmten Forderung aus einer Geschäftsführung *RG* 3, 336 und *RG* JW 1931, 525. Hieraus können aber für den Fall der Pfändung keine Folgerungen abgeleitet werden, weil bei Teilpfändung nur die Höhe des maximal gepfändeten Forderungsteils, nicht aber der ziffernmäßig geschuldete bestimmte Betrag festliegt. Für den Fall der Provisionspfändung hat das *RG* WarnRspr. 1912 Nr. 281 (letzt. Abs.) sich zwar nicht für einen Anspruch auf förmliche Rechnungslegung ausgesprochen, dem Gläubiger aber das Recht auf Erteilung einer Gewinnaufstellung eingeräumt. Ein wesentlicher Unterschied zu der hier vertretenen Ansicht besteht damit nicht.
8 Offen geblieben *RG* JW 1931, 525.

ligen Verfügungen verbietet, die Geltendmachung anderer Befugnisse jedoch nicht versagt[9]. Da die zweifache Rechnungslegungspflicht den Drittschuldner lediglich in den Grenzen des Zumutbaren und Notwendigen belasten darf, obliegt ihm nur die Verpflichtung, dem Berechtigten, der den Anspruch später erhebt, eine Abschrift der bereits erstellten Rechnung mitzuteilen[10] und sich gegen jeden Berechtigten auf verschiedene Beanstandungen zu äußern[11].

d) Eine Ausnahme gilt für den Rechnungslegungs- und Auskunftsanspruch, der einem *Gesellschaftsverhältnis* entspringt. Ein solcher Anspruch ist höchstpersönlicher Natur (§ 717 BGB); der Gläubiger rückt auch mit der Pfändung in das Gesellschaftsverhältnis und das unter den Gesellschaftern bestehende Vertrauensverhältnis nicht ein. Er kann gegen die anderen Gesellschafter den Rechnungslegungs- und Auskunftsanspruch des Schuldners daher nicht geltend machen, und zwar auch nicht nach Beendigung der Gesellschaft zum Zwecke der Ermittlung des Auseinandersetzungsguthabens (siehe Rdn. 1561 und 1585).

1743

39. Schiffspart

Gepfändet werden die angebliche Schiffspart des Schuldners am Vermögen der Reederei ..., die durch Verwendung des gemeinschaftlichen Schiffs ... zum Erwerb durch die Seefahrt besteht, sowie der Anspruch des Schuldners gegen ... – Drittschuldner – auf fortlaufende Auszahlung der Gewinnanteile (Nutzungen).

1744

Schrifttum: *Huken,* Die Schiffspart, ihre Pfändung und Verwertung in der Verwaltungsvollstreckung, KKZ 1973, 228; *Quardt,* Schiffsparten in der Zwangsvollstreckung, JurBüro 1961, 271; *Röder,* Pfändungsmaßnahmen in eine Schiffspart im zivilrechtlichen und öffentlich-rechtlichen Vollstreckungsverfahren, DGVZ 2002, 17.

a) *Schiffspart*[1] ist der Gesellschaftsanteil am Reedereivermögen, also ein Anteilsrecht. Eine Reederei besteht, wenn von mehreren Personen ein ihnen gemeinschaftlich zustehendes Schiff zum Erwerb durch die Seefahrt für gemeinschaftliche Rechnung verwendet wird (§ 489 Abs. 1 HGB). Miteigentum an Binnenschiffen begründet keine Schiffspart[2].

1745

b) Als Anteilsrecht (Teilhaberschaft) wird die Schiffspart durch Pfändungsbeschluss (§§ 857, 858 Abs. 1 ZPO) *gepfändet*[3]. Ein Drittschuldner

1746

---

9   *OLG Zweibrücken* JurBüro 1989, 706 = OLGZ 1989, 334.
10 S. auch *OLG Zweibrücken* JurBüro 1989, 706 = OLGZ 1989, 334.
11 Siehe *RG* JW 1931, 525.
1   Hier als Schiffspart im *weiteren Sinne* zu verstehen. Schiffspart im engeren Sinn ist der Bruchteil des Schiffseigentums (Anteil an dem Schiff, siehe § 474 HGB). Dazu auch *LG Würzburg* JurBüro 1977, 1289.
2   *LG Würzburg* JurBüro 1977, 1289; Zwangsvollstreckung in Miteigentum deshalb: §§ 870 a, 864 Abs. 2 ZPO.
3   Als Ganzes unterliegt das eingetragene Schiff oder Schiffsbauwerk der Zwangsvollstreckung in das unbewegliche Vermögen, § 870 a ZPO; Zwangsvollstreckung in Bruchteile an Schiffen: § 864 Abs. 2, § 870 a ZPO; siehe *Stöber,* ZVG, Rdn. 3.1 zu § 162; *LG Würzburg* a.a.O. (Fußn. 2).

5. Kapitel: Pfändung anderer Vermögensrechte

ist nicht vorhanden[4]. Zuständig ist als Vollstreckungsgericht ausschließlich (§ 802 ZPO) das Amtsgericht, bei dem das Schiffsregister geführt wird (§ 858 Abs. 2 ZPO; Gericht des Heimathafens).

1747 c) *Wirksam* wird die Pfändung erst mit *Eintragung in das Schiffsregister* (§ 858 Abs. 3 ZPO). Die Eintragung erfolgt auf Grund des Pfändungsbeschlusses (s. Rdn. 1836).

Dem Schuldner muss der Pfändungsbeschluss für die Wirksamkeit der Pfändung nicht zugestellt werden[5]. Das ergibt sich aus der Notwendigkeit der Registrierung und der gleichen Rechtslage bei Pfändung einer Buchhypothek (siehe Rdn. 1810, 1836).

1748 d) Wenn zur Verwaltung der Reedereigeschäfte ein *Korrespondentreeder* (siehe § 492 HGB) bestellt ist, soll[6] ihm der Pfändungsbeschluss zugestellt werden (§ 858 Abs. 3 ZPO). Erfolgt diese Zustellung vor der Eintragung, so gilt dem Korrespondentreeder gegenüber die Pfändung mit der Zustellung als bewirkt (§ 858 Abs. 3 S. 2 ZPO); hierwegen siehe das Rdn. 1865 Gesagte, das entsprechend gilt. Die Zustellung an die übrigen Mitreeder hat diese Wirkung auch dann nicht, wenn kein Korrespondentreeder bestellt ist[7].

1749 e) Wenn das Schiff veräußert wird, bleibt das Pfandrecht an dem der Schiffspart entsprechenden anteiligen Versteigerungserlös bestehen.

1750 f) Vom Pfandrecht an der Schiffspart werden die dieser Mitgliedschaft entspringenden *Gewinnanteile* erfasst[8]. Die Gewinnverteilung unter den Mitreedern geschieht nach der Größe der Schiffsparten (§ 502 HGB). Die Stellung oder weiteren Rechte eines Gesellschafters gibt die Pfändung dem Gläubiger nicht (siehe Rdn. 1561). Der Anspruch auf den Gewinnanteil kann auch selbstständig gepfändet werden. Für diese Pfändung ist der Korrespondentreeder und sind, wenn ein solcher nicht vorhanden ist, die Mitreeder Drittschuldner.

1751 g) Die gepfändete Schiffspart kann nicht zur Einziehung oder an Zahlungs statt (kein Nennwert) überwiesen werden. *Überweisung* zur Einziehung kann jedoch hinsichtlich der miterfassten Gewinnanteile erfolgen[9]. Diese Überweisung gibt dem Gläubiger das Recht, die mitgepfändeten Nutzungen (Gewinnbeteiligung) einzuziehen.

---

4   *Zöller/Stöber*, ZPO, Rdn. 3 zu § 858; *Quardt* JurBüro 1961, 273; **anders** *Stein/Jonas/Brehm*, ZPO, Rdn. 2 zu § 858 (Mitreeder); *Schuschke/Walker*, Vollstreckung, Rdn. 2 zu § 858 (Korrespondentreeder, falls ein solcher fehlt: Mitreeder).
5   So auch *Wieczorek/Schütze/Lüke*, ZPO, Rdn. 4 zu § 858; *Quardt* JurBüro 1961, 273; *Zöller/Stöber*, ZPO, Rdn. 3 zu § 858.
6   Diese Zustellung ist also für die Wirksamkeit der Pfändung *nicht* erforderlich.
7   Ebenso *Quardt* JurBüro 1961, 273; **a.A.** *Wieczorek/Schütze/Lüke*, ZPO, Rdn. 4 zu § 858.
8   Das ist allerdings streitig; siehe Rdn. 1621. Daher empfiehlt es sich, dieses Forderungsrecht ausdrücklich mitzupfänden; wie hier *Huken* KKZ 1973, 228 (229); *Röder* DGVZ 2002, 17.
9   *Zöller/Stöber*, ZPO, Rdn. 4 zu § 858; *Röder* DGVZ 2002, 17.

Im Übrigen kann Verwertung nur nach § 844 ZPO erfolgen; siehe hierwegen § 858 Abs. 4 und 5 ZPO. Zulässig ist auch Anordnung einer Verwaltung der Schiffspart[10] (siehe Rdn. 1478).

40. Stahlkammerfach, Schließfach, Schrankfach, Safe

Gepfändet werden die angeblichen Ansprüche des Schuldners als Inhaber eines Stahlkammerfachs (Nr. ...) an ... – Drittschuldnerin – auf Zutritt zu dem Fach und auf Mitwirkung der Drittschuldnerin bei dessen Öffnung oder Öffnung durch die Drittschuldnerin allein.

1752

Angeordnet wird, dass für die Pfändung des Inhalts ein vom Gläubiger zu beauftragender Gerichtsvollzieher den Zutritt zum Schrankfach zu nehmen hat[1].

Schrifttum: *Noack*, Pfändung des Inhalts eines Bankfaches, KKZ 1972, 47 (50); *Noack*, Pfändung des Inhalts eines Schrankfaches in der Stahlkammer einer Bank, KKZ 1975, 223; *Quardt*, Die Kontenguthaben-Pfändung in der Zwangsvollstreckung, JurBüro 1959, 390 (Abschn. E Sp. 394: Das Stahlkammerfach in der Zwangsvollstreckung); *Quardt*, Das Bankstahlfach in der Zwangsvollstreckung, DGVZ 1958, 69; *Röder*, Pfändung des Inhalts eines Stahlkammerfachs, KKZ 1991, 192.

a) Der *Inhalt* eines Stahlkammerfachs steht im alleinigen *Schuldnergewahrsam*. Er kann daher nur nach § 808 Abs. 1 ZPO durch den Gerichtsvollzieher gepfändet werden. Die Bank oder Sparkasse hat selbst dann keinen Mitgewahrsam, wenn das Fach nur von ihr und dem Schuldner gemeinsam geöffnet werden kann[2]. Ein Verwahrungsvertrag ist auch bei Mitverschlussrecht der Bank nicht geschlossen[3]. Dem Schuldner steht daher gegen die Bank kein Anspruch auf Herausgabe der verwahrten Sachen zu, der nach §§ 846 ff. ZPO gepfändet werden könnte[4].

1753

b) aa) Pfändung des Safeinhalts im *Schuldnergewahrsam* durch den Gerichtsvollzieher ist nach § 808 ZPO ohne weiteres möglich, wenn der Schuldner damit einverstanden ist und den Schlüssel zur Verfügung stellt.

1754

bb) Ohne Einvernehmen und Mitwirkung des Schuldners kann der Gerichtsvollzieher nach § 758 ZPO vorgehen. Das erfordert keine Gewaltanwendung, wenn der Gerichtsvollzieher in den Besitz des Schrankfachschlüssels des Schuldners gelangt ist. *Wegnahme des Schlüssels* im Schuldnerbesitz ist (ebenso wie für Durchsuchung der Behältnisse in der Wohnung des Schuldners) zwangsweise möglich (hilfsweise Wegnahmevollstreckung im Dienste der Forderungsvollstreckung auf Grund des

---

10 Ebenso *Wieczorek/Schütze/Lüke*, ZPO, Rdn. 6; *Zöller/Stöber*, ZPO, Rdn. 4, je zu § 858; *Quardt* JurBüro 1961, 274.
1 Siehe *LG Berlin* DR 1940, 1639.
2 Zweck einer solchen Maßnahme ist es nur, eine zusätzliche Sicherung gegen eine unbefugte Offenlegung des Schrankfachs zu schaffen. Mitbesitz über den Safeinhalt ist der Bank (Sparkasse) daher nicht eingeräumt; dazu *Canaris*, Bankvertragsrecht, Rdn. 2227.
3 Der Schrankfachvertrag wird als Mietvertrag angesehen; *RG* 141, 99.
4 *Quardt* JurBüro 1959, 394 und DGVZ 1958, 69; *LG Berlin* DR 1940, 1639.

Zahlungstitels). Der Gerichtsvollzieher wird aber auch das Schrankfach gewaltsam öffnen lassen dürfen (§ 758 Abs. 3 ZPO), wenn der Schlüssel nicht beizubringen ist. Richterliche Durchsuchungsanordnung (§ 758 a ZPO) ist für Durchsuchung des Bank/Sparkassenschließfachs nicht erforderlich[5].

cc) Wenn die Bank oder Sparkasse keinen Mitgewahrsam (sonst § 809 ZPO) und kein Mitverschlussrecht hat, dem Gerichtsvollzieher Zugang zu dem Schrankfach aber nicht gewährt, kann er den Widerstand (ohne Hilfspfändung) mit Gewalt brechen[6].

1755 c) aa) Bei Mitverschluss oder alleinigem Verschluss durch die Bank hat der Schuldner gegen diese Anspruch auf *Zugang zum Fach und Mitwirkung* bei der (oder Vornahme der) *Öffnung*. Diese Ansprüche kann der Gläubiger zur Geltendmachung durch den Gerichtsvollzieher pfänden und sich überweisen lassen[7], wenn die Bank dem Gerichtsvollzieher den Zugang zum Fach und die Öffnung oder Mitwirkung bei der Öffnung verweigert (sonst § 809 ZPO). Die Anspruchspfändung dient dann der Durchführung des Vollstreckungszugriffs des Gerichtsvollziehers in die hinterlegten Sachen, ist also Hilfspfändung (siehe Rdn. 705) und begründet noch kein Pfandrecht an der Sache[8]. Diese Hilfspfändung erfolgt nach § 857 ZPO; Drittschuldner ist die Bank oder Sparkasse. Wenn sie nach wirksamer Pfändung dem Gerichtsvollzieher weiterhin den Zutritt und die Öffnung des Fachs verweigert, ist der gepfändete angebliche Anspruch mit Klage geltend zu machen[9].

1756 bb) Auch bei Mitverschluss der Bank oder Sparkasse ermöglicht der Zahlungstitel *Wegnahme des Schrankfachschlüssels* im Schuldnerbesitz (Rdn. 1754). Es wird auch angenommen, der Pfändungs- und Überweisungsbeschluss bilde die Grundlage der Vollstreckung gegen den Schuldner auf Herausgabe des Schlüssels (§ 836 Abs. 3 ZPO). Der Gerichtsvollzieher wird aber auch hier das Fach für den Schuldner gewaltsam öffnen lassen dürfen; dazu ist er jedenfalls befugt, wenn ein Schlüssel nicht mehr beizubringen ist[10].

---

5 Siehe *BGH* NJW 2003, 1032 Leits.
6 *LG Berlin* DR 1940, 1639 (1640), das darauf hinweist, dass der Fall ähnlich liegt, wie wenn etwa der Vermieter einer Wohnung oder eines Geschäftslokals verhindert, dass der Gerichtsvollzieher zu den Räumen des Mieters Zutritt erhält; *Quardt* JurBüro 1959, 395 und DGVZ 1957, 71; *Noack*, DGVZ 1956, 185. Anders *Canaris*, Bankvertragsrecht, Rdn. 2232: „Der Vollstreckungsgläubiger muss sicherstellen, dass die Bank dem Gerichtsvollzieher Zugang zu dem Safe gewährt (und diesen öffnen muss). Das kann er nur erreichen, indem er den Anspruch des Kunden gegen die Bank auf Mitwirkung bei der Safeöffnung gemäß §§ 857, 846 f., 829, 835 ZPO pfändet und sich zur Einziehung überweisen lässt." Dann aber müsste bei Weigerung der Bank der Anspruch zunächst mit Klage weiter verfolgt werden.
7 *LG Berlin* DR 1940, 1640; *Quardt* JurBüro 1959, 394; *Stein/Jonas/Brehm*, ZPO, Rdn. 81 zu § 857.
8 Sie ersetzt die Sachpfändung nicht, die erst mit der Gerichtsvollzieherpfändung wirksam wird.
9 *Stein/Jonas/Brehm*, ZPO, Rdn. 81 zu § 857 mit Einzelheiten; **a.A.** *Quardt* JurBüro 1959, 395 und DGVZ 1958, 69.
10 *Quardt* JurBüro 1959, 395 und DGVZ 1958, 70.

41. Unterlassungsanspruch

Der Unterlassungsanspruch nach dem UnlWG kann für sich allein nicht übertragen werden, sondern ist mit dem Geschäftsbetrieb, dessen Schutz er dient, unzertrennlich verknüpft[11]. Ein solcher Anspruch kann daher nicht gepfändet werden.

1757

42. Urheberrechte

Gepfändet wird das dem Schuldner als Alleinerbe des Verfassers ... angeblich zustehende Urheberrecht an dem im Verlag ... unter dem Titel ... erschienenen Bilderband. Der Pfändung unterliegen insbesondere alle dem Urheberrecht entspringenden Verwertungsbefugnisse, namentlich alle Rechte zur Vervielfältigung und Verbreitung sowie Wiedergabe des Werkes.

1758

Schrifttum: *Berger,* Zwangsvollstreckung in urheberrechtliche Vergütungsansprüche, NJW 2003, 853; *Hubmann,* Die Zwangsvollstreckung in Persönlichkeits- und Immaterialgüterrechte, Festschrift für H. Lehmann, II 1956, S. 812; *Röder* und *App,* Pfändung und Verwertung von Nutzungsrechten nach dem Urheberrechtsgesetz (UrhRG) sowie von beweglichen Sachen, an denen ein Urheberrecht besteht, JurBüro 1996, 342.

Die Zwangsvollstreckung wegen einer Geldforderung gegen den Urheber eines Werkes der Literatur, Wissenschaft und Kunst (§ 1 UrhRG) oder gegen seine Rechtsnachfolger regelt das Urheberrechtsgesetz (UrhRG) in §§ 112 ff. Die Zulässigkeit der Zwangsvollstreckung in ein geschütztes Recht richtet sich nach den allgemeinen Vorschriften, d.h. nach den Bestimmungen der ZPO, soweit nicht das Gesetz in §§ 113–119 Schutzbestimmungen enthält. Die Vorschriften des UrhRG regeln folgendes:

1759

Abschnitt 3
Zwangsvollstreckung
Unterabschnitt 1
§ 112 – Allgemeines

Die Zulässigkeit der Zwangsvollstreckung in ein nach diesem Gesetz geschütztes Recht richtet sich nach den allgemeinen Vorschriften, soweit sich aus den §§ 113 bis 119 nichts anderes ergibt.

Das Urheber*persönlichkeitsrecht* als solches kann nicht Gegenstand der Zwangsvollstreckung sein, weil es nicht übertragbar ist (siehe § 857 Abs. 3 ZPO). Auch auf die aus dem Persönlichkeitsrecht erwachsenden einzelnen Rechte des Urhebers, so z. B. das Recht auf den Urhebernamen, auf Schutz gegen Entstellungen, die als höchstpersönliche Rechte nicht abtretbar sind, kann sich ein Zwangsvollstreckungszugriff nicht erstrecken.

1760

Gegenstand der Zwangsvollstreckung können somit die *Nutzungsrechte* (auch *Verwertungsbefugnisse* bezeichnet) des Urhebers sein, das sind alle Rechte zur Vervielfältigung und Verbreitung (auch durch Veranstaltung einer Neuauflage) sowie Wiedergabe des Werkes (siehe § 15 UrhRG).

1761

---

11 *RG* 86, 252 (254).

5. Kapitel: Pfändung anderer Vermögensrechte

Zur Zwangsvollstreckung in Nutzungsrechte, die einem Dritten eingeräumt sind, und in Geldforderungen, die aus der Verwertung eines Nutzungsrechts entstanden sind, siehe nachf.

Unterabschnitt 2
Zwangsvollstreckung wegen Geldforderungen gegen den Urheber
§ 113 – Urheberrecht

1762 Gegen den Urheber ist die Zwangsvollstreckung wegen Geldforderungen in das Urheberrecht nur mit seiner Einwilligung und nur insoweit zulässig, als er Nutzungsrechte einräumen kann (§ 31). Die Einwilligung kann nicht durch den gesetzlichen Vertreter erteilt werden.

Die Zwangsvollstreckung in die Verwertungsbefugnisse des Urhebers ist nur mit seiner Einwilligung zulässig. Das Gesetz wertet damit die persönliche Bindung des Urhebers zu seinem Werk höher als die Vermögensinteressen des Gläubigers. Die Einwilligung kann durch einen gesetzlichen Vertreter nicht erteilt werden. Gegen einen geschäftsunfähigen Schuldner ist daher eine Zwangsvollstreckung nicht möglich. Der in der Geschäftsfähigkeit beschränkte Schuldner kann aber die Einwilligung mit Zustimmung seines gesetzlichen Vertreters erteilen. Der geschäftsfähige Schuldner kann die Einwilligung persönlich erklären oder durch einen Bevollmächtigten erklären lassen. Die Vollmacht muss jedoch zur Abgabe dieser speziellen Erklärung ermächtigen; eine Generalvollmacht genügt allein nicht. Die Einwilligung kann auf bestimmte Befugnisse, z. B. das Vervielfältigungs-, Übersetzungs-, Aufführungs- oder Senderecht beschränkt oder an eine Bedingung (z. B. anonyme oder pseudonyme Veröffentlichung) geknüpft werden. Sie kann nur einem bestimmten Gläubiger erklärt, anderen Gläubigern somit versagt werden.

Die erforderliche Einwilligung ist Voraussetzung der Zwangsvollstreckung; sie muss daher dem Vollstreckungsgericht bei Erlass des Pfändungsbeschlusses nachgewiesen sein. Die ohne Einwilligung erfolgte Pfändung ist als fehlerhaft anfechtbar, als Staatsakt jedoch nicht unwirksam (Rdn. 747, 748). Aufhebung erfolgt nicht mehr, wenn der Schuldner in die bereits erfolgte Pfändung einwilligt; Schweigen des Schuldners auf Pfändung hin ist jedoch keine Einwilligung. Zum Rang bei Zustimmung des Schuldners erst nach anschließender Pfändung durch einen weiteren Gläubiger mit ordnungsgemäßer Einwilligung s. Rdn. 749.

Mit der weiteren Einschränkung, dass die Zwangsvollstreckung nur insoweit zulässig ist, als der Urheber Nutzungsrechte einräumen kann (§ 31), ist die Zwangsvollstreckung im Hinblick auf § 31 Abs. 4 UrhRG auf die bekannten Nutzungsarten begrenzt.

1763 Die Zwangsvollstreckung in das Urheberrecht (die Nutzungsrechte) wird nach § 857 ZPO *durchgeführt*. Ein Drittschuldner ist nicht vorhanden; wirksam wird daher die Pfändung mit der Zustellung des Gebots an den Schuldner (Urheber), sich jeder Verfügung zu enthalten (§ 857 Abs. 2 ZPO).

1764 Die *Verwertung* kann durch Überweisung zur Einziehung, nicht aber an Zahlungs statt erfolgen, weil das Recht keinen Nennwert hat. Überweisung zur Einziehung ermächtigt den Gläubiger bis zu seiner Befriedigung zur Ausübung der Rechte des Urhebers. Als andere Verwertungsart (§ 844 ZPO) kann das Vollstreckungsgericht insbesondere die Veräußerung des Rechts durch Versteigerung oder freihändigen Verkauf oder die Bestellung eines Verwalters anordnen. Der Verwalter, dem die Nutzungsrechte treuhänderisch zu übertragen sind, hat die erzielten Nutzungen bis zur Befriedigung des Gläubigers an diesen abzuführen. Folge der erforderlichen Einwilligung zur Zwangsvollstreckung ist, dass der Urheber die Einwilligung auf einzelne bestimmte Verwertungsmaßnahmen beschränken und damit andere Arten der Verwertung ausschließen kann.

§ 114 – Originale von Werken

(1) Gegen den Urheber ist die Zwangsvollstreckung wegen Geldforderungen in die ihm gehörenden Originale seiner Werke nur mit seiner Einwilligung zulässig. Die Einwilligung kann nicht durch den gesetzlichen Vertreter erteilt werden.

(2) Der Einwilligung bedarf es nicht

1. soweit die Zwangsvollstreckung in das Original des Werkes zur Durchführung der Zwangsvollstreckung in ein Nutzungsrecht am Werk notwendig ist,
2. zur Zwangsvollstreckung in das Original eines Werkes der Baukunst,
3. zur Zwangsvollstreckung in das Original eines anderen Werkes der bildenden Künste, wenn das Werk veröffentlicht ist.

In den Fällen der Nummern 2 und 3 darf das Original des Werkes ohne Zustimmung des Urhebers verbreitet werden.

1765

Die Notwendigkeit der Einwilligung zur Zwangsvollstreckung in das dem Urheber gehörende Original seines nicht veröffentlichten Werkes – (mit Ausnahme eines Werkes der Baukunst, Abs. 2 Nr. 2) –, also durch den Gerichtsvollzieher in die körperliche Sache (§§ 808 ff. ZPO), soll verhindern, dass Werke, die noch nicht vollendet sind oder die der Urheber nicht veröffentlichen will, dem Zugriff der Gläubiger preisgegeben und öffentlich versteigert werden[1]. Die nicht erlaubte Zwangsvollstreckung in das Original eines Werkes schließt auch die Pfändung des Herausgabeanspruchs an den besitzenden Dritten aus. Das Schutzbedürfnis entfällt, wenn der Urheber das Original veräußert oder das Werk veröffentlicht hat, weil sich der Urheber dadurch zu seinem Werk bekannt hat[2]. Ausnahmsweise darf nach Abs. 2 Nr. 1 die Zwangsvollstreckung in das Original auch gegen den Willen des Urhebers erfolgen, wenn sie zur Durchführung der Zwangsvollstreckung in ein Nutzungsrecht am Werk notwendig ist. Denn wenn z. B. der Gläubiger die Zwangsvollstreckung mit Einwilligung des Urhebers in das Nutzungsrecht zur Vervielfältigung des Werkes erwirkt hat, so muss er auch die Benutzung der dem Urheber gehörigen Handschrift erzwingen können, soweit dies notwendig ist, um das Werk zu vervielfältigen[3]. In solchen Fällen ist somit die Zwangsvollstreckung zur Urkundenherausgabe (§ 836 Abs. 3 ZPO) und die Pfändung des Herausgabeanspruchs des Urhebers an Dritte zulässig. Die Veräußerung des zur Ver-

---
1 Begründung, BT-Drucks. IV/270, S. 110.
2 Begründung a.a.O.
3 Begründung a.a.O.

vielfältigung weggenommenen Originals ist unzulässig (siehe Abs. 2 S. 2); das Original ist daher nach Gebrauch wieder zurückzugeben.

Unterabschnitt 3
Zwangsvollstreckung wegen Geldforderungen
gegen den Rechtsnachfolger des Urhebers
§ 115 – Urheberrecht

1766 Gegen den Rechtsnachfolger des Urhebers (§ 30) ist die Zwangsvollstreckung wegen Geldforderungen in das Urheberrecht nur mit seiner Einwilligung und nur insoweit zulässig, als er Nutzungsrechte einräumen kann (§ 31). Der Einwilligung bedarf es nicht, wenn das Werk erschienen ist.

Der Rechtsnachfolger des Urhebers (Erbe, § 28 Abs. 1 UrhRG; Erwerber nach dem Tod, insbesondere auch Vermächtnisnehmer, § 29 UrhRG; auch der Miterbe, dem bei der Erbauseinandersetzung ein Urheberrecht zugeteilt wurde) hat, soweit nichts anderes bestimmt ist, alle dem Urheber zustehenden Rechte (§ 30 UrhRG). Gegen den Rechtsnachfolger ist die Zwangsvollstreckung in das Urheberrecht daher auch in gleicher Weise wie gegen den Urheber selbst beschränkt, wenn das Werk nicht erschienen ist. Vor Erscheinen des Werkes ist auch gegen den Rechtsnachfolger die Zwangsvollstreckung daher nur mit seiner Einwilligung möglich. Diese Beschränkung rechtfertigt sich durch das vom Rechtsnachfolger wahrgenommene persönlichkeitsrechtliche Interesse des Urhebers, unfertige oder sonst nicht für die Öffentlichkeit bestimmte Werke dieser nicht zugänglich zu machen[4]. Wenn das Werk erschienen ist, ist gegen den Rechtsnachfolger die Zwangsvollstreckung ohne Einwilligung zulässig (§ 115 S. 2 UrhRG). Auch diese Zwangsvollstreckung ist auf die Verwertungsbefugnisse beschränkt. Bei Zwangsvollstreckung gegen den Rechtsnachfolger wird die Pfändung des drittschuldnerlosen Rechts mit der Zustellung des Pfändungsbeschlusses (§ 857 Abs. 2 ZPO) wirksam.

§ 116 – Originale von Werken

1767 (1) Gegen den Rechtsnachfolger des Urhebers (§ 30) ist die Zwangsvollstreckung wegen Geldforderungen in die ihm gehörenden Originale von Werken des Urhebers nur mit seiner Einwilligung zulässig.

(2) Der Einwilligung bedarf es nicht
1. in den Fällen des § 114 Abs. 2 Satz 1,
2. zur Zwangsvollstreckung in das Original eines Werkes, wenn das Werk erschienen ist.
§ 114 Abs. 2 Satz 2 gilt entsprechend.
Siehe dazu die Erläuterung zu § 114.

§ 117 – Testamentsvollstrecker

1768 Ist nach § 28 Abs. 2 angeordnet, dass das Urheberrecht durch einen Testamentsvollstrecker ausgeübt wird, so ist die nach den §§ 115 und 116 erforderliche Einwilligung durch den Testamentsvollstrecker zu erteilen.

Ist die Ausübung des Urheberrechts einem Testamentsvollstrecker übertragen (§ 28 Abs. 2 UrhRG), so steht diesem – nicht dem Erben oder anderen Rechtsnachfolger – auch das Einwilligungsrecht der §§ 115, 116 UrhRG zu.

---

4 Begründung a.a.O.

Urheberrechte

Unterabschnitt 4
Zwangsvollstreckung wegen Geldforderungen
gegen den Verfasser wissenschaftlicher Ausgaben und gegen den Lichtbildner
§ 118 – Entsprechende Anwendung
Die §§ 113 bis 117 sind sinngemäß anzuwenden 1769
1. auf die Zwangsvollstreckung wegen Geldforderungen gegen den Verfasser wissenschaftlicher Ausgaben (§ 70) und seinen Rechtsnachfolger,
2. auf die Zwangsvollstreckung wegen Geldforderungen gegen den Lichtbildner (§ 72) und seinen Rechtsnachfolger.

Für die Inhaber dieser verwandten Schutzrechte finden die aus dem Urheberpersönlichkeitsrecht erwachsenden Bestimmungen des Ersten Teils des UrhRG entsprechende Anwendung. Da das Urheberpersönlichkeitsrecht Grundlage für die Beschränkung der Zwangsvollstreckung ist, sind auch die Inhaber der verwandten Schutzrechte in gleicher Weise wie der Urheber oder sein Rechtsnachfolger gegen Zwangsvollstreckungsmaßnahmen geschützt.

Unterabschnitt 5
Zwangsvollstreckung wegen Geldforderungen in bestimmte Vorrichtungen
§ 119 – Zwangsvollstreckung in bestimmte Vorrichtungen
(1) Vorrichtungen, die ausschließlich zur Vervielfältigung oder Funksendung eines 1770
Werkes bestimmt sind, wie Formen, Platten, Steine, Druckstöcke, Matrizen und Negative, unterliegen der Zwangsvollstreckung wegen Geldforderungen nur, soweit der Gläubiger zur Nutzung des Werkes mittels dieser Vorrichtungen berechtigt ist.
(2) Das gleiche gilt für Vorrichtungen, die ausschließlich zur Vorführung eines Filmwerkes bestimmt sind, wie Filmstreifen und dergleichen.
(3) Die Absätze 1 und 2 sind auf die nach den §§ 70 und 71 geschützten Ausgaben, die nach § 72 geschützten Lichtbilder, die nach § 77 Abs. 2 Satz 1, §§ 85, 87, 94 und 95 geschützten Bild- und Tonträger und die nach § 87 b Abs. 1 geschützten Datenbanken entsprechend anzuwenden.

Die Bestimmung regelt die Zwangsvollstreckung durch den Gerichtsvollzieher in körperliche Sachen (§§ 808 ff. ZPO), die zur Ausübung des Nutzungsrechts geschaffen sind und neben der urheberrechtlichen Leistung nur einen bedeutungslosen Sachwert verkörpern.

Zwangsvollstreckung in Vergütungsansprüche

Von der Zwangsvollstreckung in Nutzungsrechte zu unterscheiden ist die 1771
Zwangsvollstreckung in Geldforderungen, die dem Urheber aus der Verwertung seines Werkes entstanden sind. Vergütungsansprüche des Urhebers aus Urheberrechtsverträgen (Honorar, Tantieme), Folgerechte (Anteile am Veräußerungserlös bei Weiterveräußerung des Originals eines Werks der bildenden Kunst oder eines Lichtbildwerks, § 26 UrhRG) sowie außerdem Schadensersatz- und Bereicherungsansprüche aus Urheberrechtsverletzungen können nach allgemeinen Vorschriften gepfändet werden. Vergütungsansprüche des Urhebers (nicht der Erben) können aber dem Pfändungsschutz des § 850 i ZPO unterliegen, gleichgültig, ob die Vergütungen dem Urheber unmittelbar oder durch eine Verwertungsgesellschaft (GEMA usw.) ausbezahlt werden[5].

---
5 Siehe Rdn. 1233 und die dort Fußn. 4 genannte *KG*-Entscheidung.

5. Kapitel: Pfändung anderer Vermögensrechte

Die erhöhte Honorarforderung nach § 32 Abs. 1 S. 3 UrhRG erfasst die Pfändung jedenfalls, wenn sie nach Vertragsänderung erfolgt ist oder es sich um wiederkehrende Beträge nach § 832 ZPO handelt[6]. Nicht geklärt ist, ob die Pfändung einer einmaligen Vergütung (Pauschalhonorar) auch den danach erhöhten Teil des Vergütungsanspruchs erfasst (wird verneint[7]). Es wird daher empfohlen, die künftig erhöhte Vergütungsforderung (ausdrücklich) mitzupfänden. Der Urheberanspruch auf Erhöhung der vertraglich vereinbarten Vergütung nach § 32 UrhRG wird als nicht pfändbares höchstpersönliches Recht angesehen[8]. Die Anwartschaft des Urhebers auf eine weitere Beteiligung für Einräumung eines Nutzungsrechts (§ 32 a UrhRG) unterliegt nicht der Zwangsvollstreckung (§ 32 a Abs. 3 S. 2 UrhRG), der Zahlungsanspruch ist somit erst pfändbar, wenn der Urheber ihn geltend gemacht hat[9].

Zwangsvollstreckung gegen Dritte

1772 Die Zwangsvollstreckung in Nutzungsrechte gegen Dritte, die urheberrechtliche Befugnisse durch Abtretung, Vermögensübernahme (s. § 419 BGB a.F.) usw. erworben haben, ist ohne deren Zustimmung zulässig. Die Nutzungsrechte können bei Zwangsvollstreckung gegen Dritte unbeschränkt gepfändet werden. Einschränkungen ergeben sich aber bei der Verwertung, weil die Rechtsstellung des Urhebers, der nicht Schuldner ist, nicht beeinträchtigt werden darf. Daher ist die Verwertung durch Übertragung auf den pfändenden Gläubiger oder Dritte ohne die nach § 34 UrhRG notwendige Zustimmung des Urhebers unzulässig, soweit nicht die Anwendbarkeit dieser Bestimmung ausgeschlossen ist (§ 90 UrhRG). Ebenso ist die Zustimmung des Urhebers erforderlich, wenn der Erwerb der urheberrechtlichen Befugnisse durch den Schuldner mit fortlaufenden Zahlungsverpflichtungen an den Urheber verbunden war.

43. Verein

1773 a) Die Mitgliedschaft in einem *eingetragenen Verein* ist nicht übertragbar (§ 38 S. 1 BGB; wegen abweichender Satzungsbestimmungen siehe aber § 40 BGB) und daher auch nicht pfändbar (§ 851 Abs. 1 ZPO). Pfändbar sind dagegen Forderungen, die der Mitgliedschaft entspringen. Gleichgültig ist, ob die Forderung bereits fällig ist oder erst fällig wird. Pfändbare vermögensrechtliche Forderungen sind insbesondere der Anspruch auf einen bereits zahlbaren oder den künftigen Gewinnanteil und auf den künftigen Anteil am Vereinsvermögen (siehe § 45 Abs. 1, 3 BGB); außerdem der Anspruch (insbesondere eines Mitglieds des Vorstands) auf Aufwen-

---

6 *Berger* NJW 2003, 853.
7 *Berger* NJW 2003, 853 (854, 855).
8 *Berger* NJW 2003, 853 (855).
9 *Berger* NJW 2003, 853 (855).

dungsersatz (§ 27 Abs. 3, § 670 BGB); dessen Anspruch auf Sitzungsgeld, Aufwandsentschädigung und -erstattung ist mitgliedschaftsrechtlicher Art, daher nicht nach § 850 a Nr. 3 ZPO unpfändbar[1].

b) Auch der *nicht rechtsfähige* Verein ist Personenverband mit körperschaftlicher Verfassung. Auf ihn findet weitgehend das Vereinsrecht des BGB Anwendung[2]. Beim Ausscheiden eines Mitglieds besteht daher kein Anspruch auf ein Auseinandersetzungsguthaben[3]. Der Anteil eines Mitglieds am Vermögen eines nicht rechtsfähigen Vereins ist daher nicht pfändbar[4]. 1774

c) Zur Zwangsvollstreckung in das *Vermögen* des nicht rechtsfähigen Vereins genügt ein gegen den Verein lautender Schuldtitel (§ 735 ZPO). Er ermöglicht auch die Pfändung und Überweisung der Forderungen des nicht rechtsfähigen Vereins. Die nicht entrichteten Vereins-(Mitglieds-)Beiträge sind als Forderungen Bestandteil des Vereins-(Gesellschafts-)Vermögens[5]. Solche Beitragsforderungen können daher von Vereinsgläubigern gepfändet werden[6]. Wenn der Anspruch auf Sachleistung geht, muss die Pfändung nach §§ 846 ff. ZPO (siehe 7. Kap.) erfolgen. 1775

d) Sind bei Liquidation eines Vereins noch Gläubiger nach Verteilung des Vereinsvermögens an die Anfallberechtigten zu befriedigen oder sicherzustellen, so kann dem Verein gegen den Anfallberechtigten ein Anspruch auf Rückgabe der erlangten Leistung zustehen. Dieser Anspruch des Vereins kann für nicht befriedigte Vereinsgläubiger gepfändet werden[7]. 1776

44. Vermögens-Rückübertragung

Schrifttum: *Keller,* Pfändung des vermögensrechtlichen Rückübertragungsanspruchs nach § 3 VermG, VIZ 1992, 389.

Vermögenswerte (Begriff § 2 Abs. 2 VermG), die Maßnahmen im Sinne des § 1 des Gesetzes zur Regelung offener Vermögensfragen (Vermögensgesetz – VermG)[1*] unterlagen und in Volkseigentum überführt oder an Dritte veräußert wurden, sind auf Antrag zurückzuübertragen (§ 3 Abs. 1 S. 1 VermG). Der Anspruch eines Berechtigten (Begriff § 2 Abs. 1 VermG) auf Rückübertragung oder Rückgabe von Vermögenswerten oder auf Entschädigung ist pfändbar nach 1777

§ 3 Abs. 1 Satz 2 VermG, der lautet:

(1) ... Der Anspruch auf Rückübertragung, Rückgabe oder Entschädigung kann abgetreten, verpfändet oder gepfändet werden; ...

---

1 *AG Leipzig* NJW 2004, 375 (hält aber Schutz nach § 850 i ZPO für möglich).
2 *Stöber,* Vereinsrecht, Rdn. 1235.
3 *Stöber,* Vereinsrecht, Rdn. 1250.
4 *BGH* 50, 325 (329) = MDR 1968, 834 = NJW 1968, 1830.
5 *RG* 76, 276 (278).
6 *RG* 76, 276 (279).
7 *Stöber,* Vereinsrecht, Rdn. 843; *Sauter/Schweyer/Waldner,* Der eingetragene Verein, Rdn. 418.
1* I.d.F. vom 9. Febr. 2005, BGBl I 206.

5. Kapitel: Pfändung anderer Vermögensrechte

Gepfändet werden kann danach der Anspruch auf Restitution einzelner Vermögenswerte (sog. Singularrestitution). Die Pfändung hat nach den allgemeinen gesetzlichen Vorschriften zu erfolgen[2]. Zu pfänden sind somit eine auf Geldzahlung gerichtete Forderung nach § 829 ZPO, ein Anspruch auf eine bewegliche körperliche Sache nach § 847 ZPO (für Schiff § 847 a ZPO), der Anspruch auf eine unbewegliche Sache nach § 848 ZPO und der Anspruch auf ein Nutzungsrecht (soweit pfändbar), ein dingliches Recht an einem Grundstück (Gebäude) sowie auf ein gewerbliches Schutzrecht, Urheberrecht und verwandtes Schutzrecht nach § 857 mit § 829 ZPO. Rückübertragungspflichtig und damit für Pfändung als Drittschuldner anzusehen ist der Verfügungsberechtigte (Begriff § 2 Abs. 3 VermG) oder die Bundesanstalt für vereinigungsbedingte Sonderaufgaben (vormals Treuhandanstalt)[3]. Im Pfändungsbeschluss ist der Rückübertragungsanspruch bestimmt oder bestimmbar zu bezeichnen. Das erfordert Angabe der Forderung oder des Gegenstands (Objekts), die oder der als Vermögenswert der Rückübertragung unterliegt; die nur allgemeine Angabe „Rückübertragungsanspruch des Schuldners", „alle Ansprüche aus dem VermG" oder „alle Ansprüche auf Rückübertragung von Grundstücken" ist ungenügend[4]. Ein Surrogationsanspruch kann gegen den Entschädigungsfond bestehen (§ 10 VermG); er ist als Geldforderung gegen diesen Drittschuldner pfändbar.

1778 Mit (Unanfechtbarkeit einer) Entscheidung über die Rückübertragung geht das Recht auf den Berechtigten über (§ 34 Abs. 1 VermG; rechtsgestaltende Wirkung der Entscheidung). Das ist als Übertragung des Eigentums zu werten, mit dem der Gläubiger an einem Grundstück (Gebäude) oder Schiff für seine Forderung eine Sicherungshypothek erlangt[5] (§ 848 Abs. 2 S. 2, § 847 a Abs. 2 S. 2 ZPO). Für Eintragung bei Berichtigung des Grundbuchs kann die Behörde als antragsberechtigt nach § 34 Abs. 2 VermG angesehen werden[6] (dort Satz 2 für die Sicherungshypothek nach § 1287 Satz 2 BGB). Die Pfändung ist daher auch bei dieser zur Berücksichtigung im Verfahren geltend zu machen. Für bewegliche Sachen bleibt es bei der Verpflichtung zur Herausgabe an den Gerichtsvollzieher (§ 847 Abs. 1 ZPO) zur Verwertung[7]; diese ist zulässig, wenn der Vermögenswert mit Entscheidung Schuldnereigentum geworden ist (§ 34 Abs. 1 VermG). Geht der Anspruch auf ein Nutzungsrecht oder dingliches Recht an einem Grundstück (Gebäude), auf ein gewerbliches Schutzrecht oder Urheberrecht, dann erwirbt der Gläubiger mit Leistung (Rechtsübergang) ein Pfandrecht (§ 1287 BGB entspr. Anwendung; vgl. Rdn. 68).

---

2 BT-Drucks. 12/103, S. 23 und 24.
3 Anders *Keller* VIZ 1992, 389 (391): Das zur Durchführung des Verfahrens nach § 30 VermG zuständige Amt zur Regelung offener Vermögensfragen. Dem kann man nicht folgen (die für das Verfahren zuständige Behörde „schuldet" nichts).
4 *Keller* VIZ 1992, 389 (390) mit Einzelheiten.
5 Ebenso *Keller* VIZ 1992, 389 (395).
6 Ebenso *Keller* a.a.O., auch zum Rang im Verhältnis zu den wieder einzutragenden Belastungen.
7 So auch *Keller* VIZ 1992, 389 (395).

45. Vertragsstrafe

Das Recht auf Herabsetzung einer Vertragsstrafe kommt einem selbstständigen und höchstpersönlichen Gestaltungsrecht gleich. Als solches ist es weder abtretbar noch pfändbar[1].

1779

46. Verwahrung und Ablieferung durch einen Notar

Gepfändet werden

1780

- *die angebliche Forderung des Schuldners an ... – Drittschuldner – auf Zahlung des Kaufpreises (auch soweit er beim Notar zur treuhänderischen Abwicklung einzuzahlen oder Zahlung an den Notar zur Verwahrung und Abwicklung bereits erfolgt ist) für das am ... zu Urkunde des Notars ... URNr. ... veräußerte Grundstück in ... straße Hs.Nr. ...,*
- *der angebliche (auch künftige) Anspruch des Schuldners als Veräußerer dieses Grundstücks an den Notar ... – Drittschuldner – auf Auszahlung (Auskehr) des diesem (auf Anderkonto oder anderweit) zur treuhänderischen Abwicklung nach dem bezeichneten Vertrag einbezahlten (oder einzuzahlenden) Kaufpreises.*

Schrifttum: *Brambring,* Kaufpreiszahlung über Notaranderkonto, DNotZ 1990, 615; *Ehlenz* und *Diefenbach,* Pfändung von Kaufpreisansprüchen bei Abwicklung über Notaranderkonten, KKZ 1992, 114; *Ganter,* Notarielle Pflichten und Gläubigerschutz, DNotZ 2004, 421 (429 ff.); *Hansmeyer,* Zwangsvollstreckungsmaßnahmen gegen Verkäufer oder Käufer während der Abwicklung eines notariellen Kaufvertrages, MittRhNotK 1989, 149; *Hoffmann,* Die Gefährdung der Abwicklung des Verkaufs eines grundpfandbelasteten Grundstücks durch Pfändung des Kaufpreisanspruchs, NJW 1987, 3153; *Lüke,* Das notarielle Anderkonto an der Schnittstelle von Privatrecht und öffentlichem Recht, ZIP 1992, 150; *Märker,* Vollstreckungszugriff bei Zahlung über Notar-Anderkonto, Rpfleger 1992, 150; *Mümmler,* Pfändung von Forderungen aus einem Notar-Anderkonto, JurBüro 1984, 1472 und JurBüro 1993, 653; *Reithmann,* Erfüllungswirkung bei Kaufpreiszahlung auf Notaranderkonto, NJW 1996, 3327; *Rupp* und *Fleischmann,* Pfändbare Ansprüche bei notarieller Kaufpreishinterlegung, NJW 1983, 2368; *Schneider,* Die Zwangsvollstreckung in den beim Notar hinterlegten Kaufpreis, JurBüro 1964, 779; *Volhard,* Amtspflichten des Notars bei Eingriffen in den Vertragsvollzug, DNotZ 1987, 523; *Zimmermann,* Weisungen der Beteiligten bei Verwahrungsgeschäften nach § 23 BNotO, DNotZ 1980, 451.

a) Notare sind auch zuständig, Geld, Wertpapiere und Kostbarkeiten, die ihnen von den Beteiligten übergeben sind, zur Aufbewahrung oder zur Ablieferung an Dritte zu übernehmen (§ 23 BNotO). Die Aufbewahrung und Ablieferung von Bargeld schließt § 54 a Abs. 1 BeurkG aus. Die *Entgegennahme zur Verwahrung* auf Notaranderkonto (Sonderkonto für fremde Gelder) und Durchführung der Verwahrung regeln §§ 54 a, b BeurkG; Bestimmung über das Verfahren bei Widerruf der Verwahrungsanweisung trifft § 54 c BeurkG, das Absehen von Auszahlungen in Aus-

1781

---

1 *LG Hannover* NJW 1959, 1279.

5. Kapitel: Pfändung anderer Vermögensrechte

nahmefällen regelt § 54 d BeurkG. Bestimmung über die Verwahrung von Wertpapieren und Kostbarkeiten trifft § 54 e BeurkG. Dieses notarielle Verwahrungsgeschäft ist keine Hinterlegung i.S. der §§ 372 ff. BGB[1]. Auch die notarielle Verwahrung von Grundschuldbriefen ist Aufbewahrung von Wertpapieren i.S. von § 23 BNotO, mag sie auch durch eine notarielle Urkundstätigkeit veranlasst worden sein[2]. Eigentum an Geld, das dem Notar zur Verwahrung und Abwicklung auf Anderkonto überwiesen oder (ist Ausnahme) bar übergeben worden ist, ist auf ihn als Erwerber übergegangen[3]. Der Anspruch des Hinterlegers (Einzahlers) oder eines anderen Hinterlegungsbeteiligten[4] an den Notar auf Rückzahlung (Auszahlung) empfangenen Geldes[5] (s. Rdn. 404–407) und der Anspruch des Hinterlegers oder eines anderen Beteiligten auf Zurückgabe der zur Aufbewahrung übergebenen Wertpapiere oder Kostbarkeiten sind pfändbar. Drittschuldner ist der zur Zahlung oder Herausgabe verpflichtete Notar[6]. Gegen die Bank, bei der auf einem Anderkonto der dem Notar zur Verwahrung und Abwicklung übergebene Geldbetrag angelegt (hinterlegt) ist, hat der Empfangsberechtigte keinen unmittelbaren Zahlungsanspruch[7]; Pfändung des nicht bestehenden Anspruchs gegen die Bank (als unrichtig bezeichnete Drittschuldnerin) erfasst den Rückzahlungsanspruch an den Notar auch dann nicht, wenn im Pfändungsbeschluss auf das Anderkonto des namentlich genannten Notars hingewiesen ist[8]. Die Pfändung des Anspruchs auf Herausgabe von Wertpapieren oder Kostbarkeiten hat nach §§ 846 ff. ZPO (siehe 7. Kap.) zu erfolgen.

1781a b) Eine vertraglich vorgesehene (treuhänderische) *„Hinterlegung"* eines *Kaufpreises* beim Notar führt in der Regel (bis zur Auszahlungsreife[9]) noch nicht zum Erlöschen des Kaufpreisanspruchs[10]. Der Verkäufer hat in einem solchen Fall daher *zwei Ansprüche*[11],

- den gegen den Käufer auf den Kaufpreis und

---

1 *BGH* DNotZ 1965, 343 = MDR 1964, 836; *BGH* 87, 156 = a.a.O. (Fußn. 10); *BGH* DNotZ 1995, 125 mit Anm. *Knoche* = MittBayNot 1994, 214 = MittRhNotK 1994, 168 mit Anm. *Zimmermann* = NJW 1994, 1403; *BGH* 138, 179 = DNotZ 1999, 126 = MDR 1998, 682 = MittRhNotK 1998, 175 = NJW 1998, 2134.
2 *OLG Düsseldorf* DNotZ 1981, 642.
3 *BGH* 76, 9 (13).
4 Zum (vereinbarten) „Gläubiger"recht, sich aus einem beim Notar hinterlegten Betrag bei Bestehen der gesicherten Forderung zu befriedigen, siehe *BGH* 143, 397 = NJW 2000, 1331.
5 *OLG Celle* DNotZ 1984, 256 mit abl. Anm. *Göbel*.
6 *BayObLG* DNotZ 2000, 376 = NJW-RR 2000, 945.
7 *BayObLG* DNotZ 2000, 376 = a.a.O. (Fußn. 6).
8 *BayObLG* DNotZ 2000, 376 = a.a.O.
9 *BGH* NJW 1994, 1403 = a.a.O.
10 *BGH* 87, 156 = DNotZ 1983, 549 mit Anm. *Zimmermann* = NJW 1983, 1605; *BGH* 105, 60 = a.a.O. (Fußn. 11); *BGH* NJW 1994, 1403 = a.a.O.; *BGH* 138, 179 (185) = a.a.O. (Fußn. 1). Erfüllung nur, wenn die Parteien dies ausdrücklich vereinbart haben. Dazu auch *Stein/Jonas/Brehm*, ZPO, Rdn. 23 zu § 829; kritisch *Reithmann* NJW 1996, 3327.
11 *BGH* 105, 60 = DNotZ 1989, 234 = MDR 1989, 958 = NJW 1989, 230.

- den gegen den Notar[12] auf Auszahlung des zur Verwahrung auf Notaranderkonto entgegengenommenen Geldes.

c) Die *Kaufpreisforderung* an den Käufer ist daher für Gläubiger des Verkäufers weiterhin pfändbar[13]. Drittschuldner ist nur der Käufer, nicht auch der Notar[14]. Wirksam wird die Pfändung des Kaufpreisanspruchs daher mit Zustellung des Beschlusses an den Käufer (§ 829 Abs. 3 ZPO); Zustellung an den Notar könnte Pfändung des Kaufpreisanspruchs nicht bewirken. Weil der Notar nicht Drittschuldner für Pfändung des Kaufpreisanspruchs ist, obliegt ihm insoweit auch keine Auskunftpflicht nach § 840 ZPO[15]. Für Berücksichtigung der durch Pfändung des Kaufpreisanspruchs erlangten Mitberechtigung des Gläubigers und der Verfügungsbeschränkung des Verkäufers als Schuldner bei Abwicklung des hinterlegten Kaufpreises ist dem Notar jedoch die wirksam gewordene Kaufpreispfändung zur Kenntnis zu bringen; ihm ist somit zur Vermeidung von Nachteilen, die sich mit Auszahlung in Unkenntnis der Pfändung ergeben können, Nachricht von der Pfändung zu erstatten[16]. Die Anzeige setzt den Notar davon in Kenntnis, dass der Verkäufer allein nicht mehr einziehungsberechtigt, Kaufpreiszahlung an ihn daher nicht mehr möglich ist. Die Pfändung berechtigt auch zur Geltendmachung der dem Verkäufer gegen den Notar zustehenden Rechte auf Vertragsabwicklung[17]. Vertragsrechte des Käufers (Drittschuldners) werden durch diese Pfändung jedoch nicht beeinträchtigt. Das Zahlungsverbot untersagt nur Zahlungen, die dem Schuldner (Verkäufer) zugute kommen. Mehr Rechte als dem Schuldner (Verkäufer) nach dem Kaufvertrag zustehen, kann die Pfändung dem Gläubiger nicht verschaffen (siehe auch Rdn. 570, 571). Der Gläubiger muss daher auch die

---

12 *BGH* 138, 179 = a.a.O. (Fußn. 1) hat dargestellt, dass sich ein Zahlungsanspruch mit der öffentlich-rechtlichen Pflicht des Notars ergibt, den Kaufpreis bei Auszahlungsreife an den Verkäufer (anderen Empfangsberechtigten) auszukehren. Der abtretbare Auszahlungsanspruch (*BGH* a.a.O.) ist daher nach § 829 ZPO zu pfänden. Vordem wurde die Frage unterschiedlich beurteilt, ob der Anspruch gegen den Notar auf Auszahlung (Auskehrung) des auf sein Anderkonto eingezahlten Geldes pfändbar ist und ob es sich dabei um die Pfändung einer Geldforderung nach § 829 ZPO oder um die Zwangsvollstreckung in ein anderes Vermögensrecht nach § 857 ZPO handelt (so *OLG Hamm* DNotZ 1983, 61 und DNotZ 1983, 702; vgl. dazu *OLG Celle* DNotZ 1984, 256 mit abl. Anm. *Göbel*; *Rupp* und *Fleischmann* NJW 1983, 2368; *Brambring* DNotZ 1990, 615 (645); *Hansmeyer* MittRhNotK 1989, 149 (157). Zutreffend wurde aber bereits angenommen, dass weder die Rechtsnatur des Verwahrungsgeschäfts noch die Tatsache, dass der Anspruch nicht einklagbar ist, es ausschließt, dass der Anspruch gegen den Notar auf Auszahlung (Auskehr) des ohne Erfüllungswirkung hinterlegten Geldbetrags als Geldforderung pfändbar besteht, s. z. B. *LG Duisburg* MittRhNotK 1984, 26; *LG Wuppertal* MittRhNotK 1984, 149; *Brambring* a.a.O.
13 *BGH* JurBüro 1985, 708 = JZ 1985, 629 mit Anm. *Brehm* = MDR 1985, 404 = NJW 1985, 1155 (1157); *Rupp* und *Fleischmann* NJW 1983, 2368; *Brambring* DNotZ 1990, 615 (646); s. aber auch bei Fußn. 20.
14 *Rupp* und *Fleischmann* NJW 1983, 2368.
15 So auch *Ganter* DNotZ 2004, 421 (432).
16 Hierzu auch *Hansmeyer* MittRhNotK 1989, 149 (156).
17 *Rupp* und *Fleischmann* NJW 1983, 2368. Auch *Ganter* DNotZ 2004, 421 (432).

Vertragsvereinbarung gegen sich gelten lassen, dass der Kaufpreis (oder Restkaufpreis) auf Notar-Anderkonto zu zahlen ist (bei Pfändung vor „Hinterlegung" des Kaufpreises beim Notar hat nach Überweisung zur Einziehung Zahlung somit nicht an den Gläubiger zu erfolgen) und daraus nicht übernommene Grundpfandrechte abzulösen sind[18]. Vor der Pfändung getroffene Verfügungen und Abreden, demnach auch Tilgungsabreden, muss der Gläubiger mithin gegen sich gelten lassen[19]. Nachträgliche Vereinbarungen über die Kaufpreiszahlung und Kaufpreis„abwicklung" durch den Notar (die Hinterlegungsvereinbarung mit Regelung der Voraussetzungen für Auszahlung durch den Notar als Inhalt des Kaufvertrages) sind, wenn sie den Gläubiger benachteiligen, ihm gegenüber unwirksam (§ 829 Abs. 1 S. 2 ZPO). Aufhebung des Kaufvertrags durch Aufhebungsvertrag[20] zwischen Verkäufer (Schuldner) und Käufer (Drittschuldner), ebenso eine den Gläubiger beeinträchtigende Herabsetzung des Kaufpreises durch Änderungsvertrag sind gleichfalls dem Gläubiger gegenüber unwirksam (betreffen den Bestand der gepfändeten Kaufpreisforderung; dazu Rdn. 37). Nicht erfasst von der Pfändung der Kaufpreisforderung wird der Anspruch des Schuldners auf Schadensersatz wegen Nichterfüllung (s. Rdn. 152 k).

1781b d) Der mit vereinbarter Kaufpreishinterlegung (ohne Tilgungswirkung) entstehende weitere Anspruch des Verkäufers *gegen den Notar* auf Auszahlung (Auskehr) des Kaufpreises (Hinterlegungsgeldes) kann nach Ansicht des *BGH*[21] nicht wirksam gepfändet werden, wenn der Gläubiger davon absieht, auch die Forderung des Schuldners als Verkäufer gegen den Käufer auf den Kaufpreis zu pfänden. Dem möchte ich nicht beitreten; Gründe der Rechtssicherheit, die der *BGH* anführt, gebieten diese Einschränkung nicht. Entscheidend sollte vielmehr bleiben, dass das Verwahrgeld in das Eigentum des Notars übergegangen ist, sonach ein Rück- oder Auszahlungsanspruch bestehen kann oder wird[22]. Doch besteht der Anspruch nur als künftiger Anspruch, als Geldanspruch pfändbar somit nur für den Fall, dass die Auszahlungsvoraussetzungen eintreten, sonach die Kaufpreis-

---

18 *BGH* NJW 1985, 1155 (1157) = a.a.O. (Fußn. 13); *BGH* DNotZ 1998, 626 mit Anm. *Albrecht* = MDR 1998, 237 (Leits.) = NJW 1998, 746 (auch zum Erfordernis einer „treuhänderischen Zweckbindung" der Kaufpreisforderung); *Hansmeyer* MittRhNotK 1989, 149 (156).
19 *BGH* NJW 1998, 746 = a.a.O.; *Rupp* und *Fleischmann* NJW 1983, 2368; *Brambring* a.a.O. (Fußn. 13).
20 Zur Frage, ob (und in welchem Fall) der Aufhebungsvertrag der Formvorschrift des § 311 b BGB unterliegt, siehe *Schöner/Stöber*, Grundbuchrecht, Rdn. 3118.
21 *BGH* 105, 60 = a.a.O.; so auch *BGH* 138, 179 (184) = a.a.O. sowie *Hansmeyer* MittRhNotK 1989, 149 (156) und *Brambring* DNotZ 1990, 615 (645). *BGH* 138, 179 = a.a.O. (Fußn. 1) hält auch isolierte Abtretung des Auszahlungsanspruchs gegen den Notar (als Nebenrecht) nicht für zulässig, solange die Kaufpreisforderung noch besteht. Zur Drittschuldnererklärung des Notars, wenn man der Ansicht des *BGH* folgt, *Ganter* DNotZ 2004, 421 (433).
22 Anders bei Abwicklung von Versteigerungserlös durch das Zwangsversteigerungsgericht.

schuld mit Auszahlungsreife erlischt. Mit Pfändung nur dieses Auszahlungsanspruchs des Verkäufers kann der Gläubiger somit auf die Kaufpreisabwicklung keinen Einfluss nehmen, m.E. daher auch nicht sicherstellen, dass das Rechtsverhältnis, das die künftige Auszahlungsforderung begründen soll, nicht schon vor ihrer Entstehung wieder beendet wird oder auf einen anderen übergeht. Der Notar ist durch diese Pfändung daher nicht gehindert, seine aus dem Treuhandauftrag (§ 54 a–e BeurkG) folgende Amtspflicht gegenüber dem Käufer zu erfüllen, aus dem ihm übergebenen Betrag Grundpfandgläubiger zu befriedigen[23]. Wie der Schuldner als Verkäufer kann nach Pfändung auch dessen Gläubiger im Ergebnis nur Rechte auf den Betrag geltend machen, der nach Ablösung der Grundpfandrechte zur Auszahlung an den Schuldner als Verkäufer übrig bleibt[24]. Die Pfändung nur des Auszahlungsanspruchs an den Notar hindert daher zwar weitere Verfügungen über diesen Anspruch (damit auch den Schuldner daran, die mit dem Treuhandauftrag dem Notar für Auszahlung erteilte Weisung zum Nachteil des pfändenden Gläubigers zu ändern), kann aber eine Verfügung über den Kaufpreisanspruch (Abtretung an Dritte, Verpfändung) nicht unterbinden[25], nach der in der Hand des Schuldners (Verkäufers) ein gepfändeter Auszahlungsanspruch an den Notar nicht mehr entstehen kann[26]. Pfändung des Auszahlungsanspruchs des Schuldners als Verkäufer berechtigt (nach Überweisung) nur zur Einziehung des fälligen Anspruchs aus dem Kaufvertrag. Mehr Rechte, als dem Verkäufer (Schuldner) zustehen, erlangt auch der Gläubiger mit Pfändung nicht (siehe bereits Rdn. 571). Wenn eine vereinbarte Voraussetzung für Abwicklung des treuhänderisch hinterlegten Kaufpreises (z. B. Eintragung einer Auflassungsvormerkung, Erklärung des Käufers über Behebung der durch Übergabeprotokoll festgestellten Mängel) nicht besteht, kann daher auch der (Pfändungs-)Gläubiger Auszahlung nicht verlangen und der Notar als Drittschuldner Zahlung an ihn nicht leisten[27]. Drittschuldner für Pfändung des Anspruchs des Verkäufers auf Auszahlung (Auskehr) des beim Notar hinterlegten Kaufpreises ist der Notar, nicht der Käufer, dieser auch nicht, wenn zugleich die Pfändung des Anspruchs auf Kaufpreiszahlung erfolgt,

---

23 *BGH* NJW 1985, 1155 (1157) = a.a.O. (Fußn. 13).
24 *BGH* NJW 1985, 1155 (1157) = a.a.O. (Fußn. 13). Dem Gläubiger kann die Pfändung nicht mehr Rechte verschaffen, als dem Schuldner als Verkäufer zustanden, *BGH* DNotZ 1985, 633. Einstellung weiterer Abwicklung des Treuhandnotars auf einseitige Weisung des Käufers, wenn erhebliche Verdachtsgründe dafür bestehen, dass ein Kauf- und Bauvertrag von der Verkäuferin nicht ordnungsgemäß durchgeführt werden kann, sowie dann, wenn die Undurchführbarkeit des Vertrags feststeht, siehe *OLG Hamm* DNotZ 1983, 702 und 1987, 574. Zum einseitigen Widerruf von Weisungen auch *OLG Düsseldorf* MittRhNotK 1989, 175 (aber auch MittRhNotK 1988, 48) sowie *KG* DNotZ 1987, 577 = MittRhNotK 1987, 135 = NJW-RR 1988, 331.
25 Daher kann dem Gebot der Rechtssicherheit die von *BGH* 105, 60 = a.a.O. zugemessene Bedeutung nicht zukommen.
26 Vgl. Rdn. 1623 und die dort Fußn. 33 genannte *BGH*-Entscheidung.
27 *BGH* DNotZ 1985, 633.

5. Kapitel: Pfändung anderer Vermögensrechte

für die dann der Käufer Drittschuldner ist (Rdn. 1781 a). Der Notar ist daher auch zur Auskunft nach § 840 ZPO verpflichtet; seine Amtspflicht zur Verschwiegenheit schränkt diese gesetzliche Drittschuldnerpflicht nicht ein.

e) Zur Pfändung des Schuldneranteils an der Gemeinschaft (nicht jedoch eines dem Beteiligungsverhältnis entsprechenden [betragsmäßigen] Forderungsanteils), wenn die Kaufpreisforderung und der Auszahlungsanspruch an den Notar mehreren Verkäufern gemeinschaftlich zusteht und nur gegen einen der Gemeinschafter als Schuldner vollstreckt wird, siehe Rdn. 62 und 1549.

1781c f) Bei Kaufpreishinterlegung (Hinterlegung einer geschuldeten anderen Verbindlichkeit) *mit Erfüllungswirkung* besteht gegen den Notar stets ein als Geldanspruch pfändbarer Auskehranspruch des Verkäufers[28] (sonst Berechtigten). Drittschuldner ist der auszahlungspflichtige Notar[29]. Weil dem Gläubiger die „Hinterlegungs"wirkung nicht sicher bekannt sein kann, ist auch Pfändung des Kaufpreisanspruchs und zugleich des Auszahlungsanspruchs an den Notar als zulässig zu erachten und geboten. Auch der Rückzahlungsanspruch des Hinterlegers für den Fall der Vertragsaufhebung oder des Widerrufs usw. ist pfändbarer Geldanspruch an den Notar.

1781d g) Keine rechtliche Wirkung hat der Pfändungsbeschluss, wenn bei Zustellung an den Notar ein Treuhandauftrag noch nicht besteht (Rdn. 1781 a). *Vor* Kaufpreiszahlung an den Notar kann ein Anspruch auf Auszahlung des späteren Hinterlegungsgeldes daher nur als Forderung aus dem späteren (künftigen) Treuhandauftrag gepfändet werden, wenn Kaufpreisabwicklung über das Notaranderkonto vertraglich bereits vereinbart, eine Zahlung aber noch nicht erfolgt ist. Dass sich die Pfändung auf die Forderung aus dem künftigen Treuhandauftrag erstrecken soll, muss sich dann aus dem Pfändungsbeschluss ergeben (Rdn. 500). Das wird im Wege der Auslegung auch dann als Inhalt des Pfändungsbeschlusses angenommen werden können, wenn er die Forderung zwar nicht ausdrücklich als solche aus dem künftigen Treuhandauftrag bezeichnet, sie aber als Anspruch auf Auskehrung des Kaufpreises aus einem bestimmten (konkret dargestellten) Kaufvertrag nennt. Vor Abschluss des Kaufvertrags mit Vereinbarung der treuhänderischen Kaufpreisabwicklung durch den Notar (während der Kaufverhandlungen und auch, wenn bereits ein Vertragsentwurf vom Notar gefertigt ist) kann eine rechtliche Grundlage für Pfändung einer zukünftigen Forderung noch nicht angenommen werden (Rdn. 27); eine Pfändung würde als reine Hoffnung oder Erwartung sonach

---

28 *Rupp* und *Fleischmann* NJW 1983, 2368; *Volhard* DNotZ 1987, 523 (544); anders *Göbel* DNotZ 1984, 257 (260), der ein drittschuldnerloses Recht annimmt, Pfändung sonach mit Zustellung an den Schuldner (§ 857 Abs.2 ZPO) als bewirkt ansieht.
29 **Anders** *Volhard* DNotZ 1987, 523 (547): Notar ist nicht Drittschuldner (nicht richtig).

keine Wirkung äußern, sich insbesondere nicht auf einen späteren (nach späterem Abschluss des Kaufvertrags bestehenden) Auszahlungsanspruch beziehen.

47. Vollmacht, Einziehungsermächtigung

Schrifttum: *Vortmann*, Pfändung von Kontovollmachten, NJW 1991, 1038.

Eine Vollmacht ist nicht pfändbar[1]. Sie ist durch Rechtsgeschäft erteilte Vertretungsmacht (§ 166 Abs. 2 BGB), nicht aber Vermögensgegenstand, der der Zwangsvollstreckung unterliegt. 1782

Die bei Abtretung einer Forderung vom Zessionar (Neugläubiger) dem Zedenten (der die Forderung abgetreten hat) erteilte Einziehungsermächtigung ist als Handlungsbefugnis nicht pfändbar[2]. Rechte aus einer Einziehungsermächtigung können jedoch insoweit verwirkt sein, als der Schuldner den abgetretenen Betrag im eigenen Namen und für eigene Rechnung einheben kann[3]. Dann ist Pfändung der Forderung durch Gläubiger des Einziehungsberechtigten möglich.

48. Vorkaufsrecht

a) Das persönliche oder dingliche Vorkaufsrecht ist mangels anderer Vereinbarung nicht übertragbar (§§ 473, 1098 BGB) und auch nicht pfändbar[1*] (§ 851 Abs. 1 ZPO). Das (subjektiv-persönliche) Vorkaufsrecht einer juristischen Person oder rechtsfähigen Personengesellschaft ist, wenn die Übertragbarkeit nicht vereinbart ist, für Vermögensübergang im Wege der Gesamtrechtsnachfolge oder Vermögensübertragung übertragbar (§ 1098 Abs. 3 mit § 1059 a BGB mit Einzelheiten). Gepfändet werden kann es deswegen jedoch nicht (§ 1098 Abs. 3 mit § 1059 b BGB). Ausgeschlossen ist die Pfändung des subjektiv-dinglichen Vorkaufsrechts (§ 1094 Abs. 2 BGB), weil es Bestandteil des herrschenden Grundstücks ist. Pfändbar als künftiger Anspruch sollte jedoch bereits der nach Ausübung des Rechts bestehende Anspruch aus dem Kaufvertrag (Rdn. 1784) sein. Die nur bei Vereinbarung der Übertragbarkeit[2*] zulässige Pfändung erfolgt nach § 857 Abs. 1 ZPO[3*]. Drittschuldner ist der Verpflichtete. Pfändung (samt Überweisung) 1783

---

1   *BayObLG* 1978, 194 = Rpfleger 1978, 372; *Stein/Jonas/Brehm*, ZPO, Rdn. 3; *Wieczorek/Schütze/Lüke*, ZPO, Rdn. 20, je zu § 857 (mit Ausnahme für Vollmacht zum Vermögenserwerb des Schuldners vom Vollmachtgeber; so auch *LG Koblenz* RNotZ 2001, 391); *Vortmann* NJW 1991, 1038. Das *BayObLG* gibt weitere Nachweise und Hinweise auf die Meinung, die Pfändbarkeit der im Interesse des Bevollmächtigten erteilten Vollmacht bejaht.
2   BArbG AP Nr. 6 zu § 829 ZPO = Betrieb 1980, 835 = MDR 1980, 522 mit Nachw.
3   BArbG a.a.O. (Fußn. 2).
1* BGH 154, 64 (68).
2* Die Vereinbarung muss beim dinglichen Vorkaufsrecht in das Grundbuch eingetragen sein; Bezugnahme auf die Eintragungsbewilligung ist zulässig; *Schöner/Stöber*, Grundbuchrecht, Rdn. 1428; *OLG Düsseldorf* Rpfleger 1967, 13 mit Anm. *Haegele*.
3* *Wieczorek/Schütze/Lüke*, ZPO, Rdn. 77 zu § 857.

berechtigt jedoch den Gläubiger nicht zur Ausübung des Vorkaufsrechts durch Erklärung gegenüber dem Verpflichteten (§ 464 Abs. 1 BGB). Grund: wie Rdn. 1483 a (Ankaufsrecht). Möglich ist Veräußerung des (übertragbaren) Vorkaufsrechts (§ 857 Abs. 5 ZPO). Übt der Schuldner selbst das Vorkaufsrecht aus, dann setzt sich das Pfandrecht an den durch Ausübung entstandenen Rechten aus dem Kaufvertrag fort (§ 464 Abs. 2 BGB). Es wird dann somit nach §§ 846 ff. ZPO weiter verfolgt. Die nach §§ 847 Abs. 1, § 847 a Abs. 1, § 848 Abs. 1 ZPO notwendigen Anordnungen können nach Ausübung des Vorkaufsrechts nachgeholt werden.

1784 b) Die durch *Ausübung des Vorkaufsrechts* schon entstandenen Rechte aus dem Kaufvertrag sind abtretbar[4] und daher auch pfändbar (§ 851 Abs. 1 ZPO). War der Schuldner Vorkaufsberechtigter, so gehen seine Ansprüche auf Eigentumsverschaffung (§ 433 Abs. 1 BGB); die Pfändung erfolgt daher nach §§ 846 ff. ZPO.

49. Vormerkung

1785 Die Vormerkung (§ 883 BGB) ist ein unselbstständiger Teil (Nebenrecht) des durch sie gesicherten Hauptanspruchs und daher für sich allein nicht pfändbar (s. auch Rdn. 699). Gegenstand der Zwangsvollstreckung kann nur der gesicherte Anspruch selbst sein, dessen Pfändung erstreckt sich ohne weiteres auch auf die Vormerkung (siehe Rdn. 699)[1]. Pfändung nur der „Rechte aus der Vormerkung" kann aber in die Pfändung des gesicherten Anspruchs umzudeuten sein[2]. Die wirksame Pfändung des Anspruchs kann bei der Vormerkung in das Grundbuch eingetragen werden (siehe auch Rdn. 2048), und zwar auch noch nach Eintragung einer gegen die Vormerkung verstoßenden Verfügung[3]. Die Eintragung ist Grundbuchberichtigung; sie erfolgt auf Antrag, wenn dem Grundbuchamt das Wirksamwerden der Pfändung des vorgemerkten Anspruchs nachgewiesen ist[4*]. Des Nachweises, dass der durch die Vormerkung gesicherte Anspruch besteht, bedarf es nicht[5]. Zur Vormerkungswirkung siehe auch Rdn. 2048. Löschungsfähige Quittung des nach Überweisung zur Einziehung der Forderung befugten Gläubigers weist Erlöschen der Forderung und damit auch der (akzessorischen) Hypothekenvormerkung aus (vgl. Rdn. 1841 zur Befugnis des Gläubigers nach Pfändung und Überweisung einer Hypothekenforderung, löschungsfähige Quittung zu erteilen), ermöglicht somit (berichtigende, § 22 GBO) Löschung der Hypothekenvormerkung[6].

---

4   *RG* 108, 114; 115, 176; 163, 153.
1   Siehe *OLG Frankfurt* Rpfleger 1975, 177: Pfändung des Auflassungsanspruchs ergreift Rechte aus der Auflassungsvormerkung.
2   Siehe (für den Fall der Abtretung) *KG* HRR 1930 Nr. 117.
3   Siehe *KG* HRR 1930 Nr. 117 (für den Fall der Abtretung).
4* Eintragungsbeispiel für Eintragung der Pfändung bei einer Auflassungsvormerkung: *Schöner/Stöber*, Grundbuchrecht, Rdn. 1596.
5   *KG* HRR 1937 Nr. 246.
6   *OLG Hamm* Rpfleger 1985, 187.

Zur Bewilligung der Löschung der Vormerkung ohne gleichzeitige Quittungserteilung ist der Gläubiger, dem die durch Vormerkung gesicherte Forderung nur zur Einziehung überwiesen ist, nicht befugt (vgl. Rdn. 1841).

50. Wahlrecht

Ein Wahlrecht des Schuldners (siehe § 262 BGB) ist Nebenrecht des schuldrechtlichen Anspruchs, für sich allein also nicht pfändbar. Siehe aber wegen der Ausübung des Wahlrechts durch den Gläubiger nach Pfändung des Hauptanspruchs Rdn. 32. **1786**

51. Wertpapierverwahrung

A. Gepfändet wird der angebliche Anspruch des Schuldners an ... – Drittschuldner – auf **1787**

- *Herausgabe der in Sonderverwahrung für den Schuldner als Hinterleger aufbewahrten folgenden Wertpapiere: ...*

  Es wird angeordnet, dass die Wertpapiere an einen vom Gläubiger zu beauftragenden Gerichtsvollzieher herauszugeben sind.

- *Herausgabe aller bei Besorgung der Verwahrungsgeschäfte des Schuldners als Depotkunde eingezogenen oder künftig einzuziehenden fälligen Erträge, Erlöse oder sonstigen Ausschüttungen sowie Rückzahlungsbeträge.*

Zugleich wird gepfändet ... (folgt Pfändung der Kontokorrentansprüche, wie Rdn. 154).

B. Gepfändet wird der angebliche Miteigentumsanteil des Schuldners als Hinterleger an den in Sammeldepot Nr. ... bei ... – Drittschuldner – verwahrten folgenden Wertpapieren: ...

Diese Zwangsvollstreckung in den Sammelbestandsanteil erfasst zugleich

- *den Anspruch des Schuldners als Hinterleger an den Drittschuldner als Sammelverwahrer auf Auslieferung der ihm gebührenden Wertpapiermenge aus dem Sammelbestand;*

- *den (gegenwärtigen und künftigen) Schuldneranspruch auf Bereitstellung und Auszahlung des Fruchtanteils (insbesondere des Gegenwertes von Zins- und Gewinnanteilscheinen) und sonstiger Erträge (unter Einschluss des Gegenwertes fälliger Wertpapiere).*

Zugleich wird gepfändet ... (folgt Pfändung der Kontokorrentansprüche, wie Rdn. 154).

Bei Überweisung auch Herausgabeanordnung; siehe Rdn. 1787 f.

Schrifttum: *Erk*, Zwangsvollstreckung in sammelverwahrte „Wertrechte", Rpfleger 1991, 236.

5. Kapitel: Pfändung anderer Vermögensrechte

1787a 1. *Wertpapiere*, die einem Verwahrer (namentlich einer Bank oder Sparkasse) zur Verwahrung anvertraut sein können, sind Aktien, Kuxe, Zwischenscheine, Zins- und Gewinnanteil- und Erneuerungsscheine, auf den Inhaber lautende oder durch Indossament übertragbare Schuldverschreibungen, ferner andere Wertpapiere, wenn diese vertretbar sind (mit Ausnahme von Banknoten und Papiergeld) (§ 1 Abs. 1 DepotG[1]). Die Verwahrung kann als Sonderverwahrung (§ 2 DepotG; selten) oder als Sammelverwahrung (§ 5 DepotG; Regel) erfolgen.

1787b 2. a) Bei *Sonderverwahrung* (§ 2 DepotG) werden die Wertpapiere unter äußerlich erkennbarer Bezeichnung jedes Hinterlegers gesondert von den eigenen Beständen des Verwahrers und von denen Dritter aufbewahrt. Als Hinterleger bleibt der Schuldner Eigentümer. Er kann die Wertpapiere zurückfordern. Sein Herausgabeanspruch ist als Anspruch, der eine bewegliche körperliche Sache betrifft, durch Pfändungsbeschluss (§ 829 mit § 846 ZPO) unter Berücksichtigung der in §§ 847 und 849 ZPO geregelten Besonderheiten zu pfänden[2]. Die Depotnummer muss bei sonst genügend bestimmter Bezeichnung des Anspruchs (siehe Rdn. 2016) im Pfändungsbeschluss nicht genannt sein. Die Verwertung nach Herausgabe an einen Gerichtsvollzieher erfolgt nach den Vorschriften über die Verwertung gepfändeter Sachen (§ 847 Abs. 2 ZPO), somit nach § 821 ZPO. Einzelheiten zur Pfändung dieses Herausgabeanspruchs 7. Kap. Bei Herausgabebereitschaft des Verwahrers (§ 809 ZPO) könnten die Wertpapiere auch durch den Gerichtsvollzieher gepfändet werden (Verwertung nach § 821 ZPO). Wenn der Schuldner als Hinterleger für einen Dritten, somit als Treuhänder oder Beauftragter des Eigentümers, fremde Wertpapiere in Sonderverwahrung gegeben hat, ist das die Veräußerung hindernde Recht mit Drittwiderspruchsklage (§ 771 ZPO) zu verfolgen.

1787c b) Der Verwahrer, dem Wertpapiere unverschlossen zur Verwahrung anvertraut sind (§ 1 Abs. 2 DepotG; offenes Depot), besorgt den *Einzug fälliger Erträge* und sonstiger Ausschüttungen (Einziehung oder Verwertung von Zins- und Gewinnanteilscheinen) sowie der Rückzahlungsbeträge auf fällige oder verloste Stücke (Verwaltungsfunktion des Depotgeschäfts). Es handelt sich um Geschäftsbesorgung i.S. der §§ 675, 611 ff. BGB; nähere Regelung treffen allgemeine Geschäftsbedingungen. Dem Kunden sind demnach die Barausschüttungen, Erlöse und Rückzahlungsbeträge, die der Verwahrer erlangt, herauszugeben. Nach den Geschäftsbedingungen werden sie gutgeschrieben. Der Anspruch auf diese Erlöse ist als Geldforderung pfändbar. Dass sich diese Pfändung auch auf künftige Erträge, Rückzahlungsbeträge usw. erstreckt, muss der Pfändungsbeschluss angeben[3] (Rdn. 500). Bei Geschäftsverbindung im Kontokorrentverkehr (Rdn. 156; Regel) kann jedoch ein Anspruch auf selbstständige Auszahlung der Wertpapiererträgnisse als Einzelanspruch nicht gepfändet werden

---

1 Gesetz über die Verwahrung und Anschaffung von Wertpapieren (Depotgesetz-DepotG). Vom 11. Jan. 1995, BGBl I 35 (mit Änderungen).
2 *LG Münster* DGVZ 2000, 187 = Rpfleger 2000, 506.
3 *OLG Karlsruhe* NJW-RR 1993, 242; *Köndgen* NJW 1996, 558 (562).

(Rdn. 158); pfändbar sind somit praktisch nur die Kontokorrentansprüche, dabei auch der Anspruch auf Gutschrift der eingehenden Beträge und der Anspruch auf Zahlung des Tagesguthabens.

3. a) Bei *Sammelverwahrung* werden vertretbare Wertpapiere einer und derselben Art vom Verwahrer ungetrennt von eigenen Beständen derselben Art und von solchen Dritter aufbewahrt (§ 5 DepotG). Es entsteht mit dem Zeitpunkt des Eingangs beim Sammelverwahrer für die bisherigen Eigentümer Miteigentum nach Bruchteilen an den zum Sammelbestand des Verwahrers gehörenden Wertpapieren derselben Art (§ 6 Abs. 1 DepotG).   **1787d**

b) aa) Der *Anteil* eines Schuldners als Hinterleger an den im Sammeldepot verwahrten Wertpapieren ist *Bruchteils-Miteigentum* (§ 741 BGB); sein Anteil an dieser Gemeinschaft nach Bruchteilen unterliegt der Rechtspfändung (zur Zulässigkeit der Anteilspfändung an beweglichen Sachen Rdn. 1548). Diese hat nach § 857 ZPO zu erfolgen[4]. Angabe der Depotnummer im Pfändungsbeschluss ist (bei sonst bestimmter Bezeichnung) nicht erforderlich[5]. Drittschuldner ist der Verwahrer[6] (die weiteren Miteigentümer der Rechtsgemeinschaft haben wegen der Spezialregeln über das Sammeldepot keine Drittschuldnereigenschaft). Bei Drittverwahrung (Wertpapiere werden vom Verwahrer [sog. Zwischenverwahrer] unter seinem Namen einem anderen Verwahrer anvertraut, § 3 DepotG) ist Drittschuldner der Zwischenverwahrer, der in unmittelbarer Rechtsbeziehung zum Schuldner steht[7]. Anspruch auf Aufhebung der Miteigentumsgemeinschaft und damit auch auf Auszahlung eines anteiligen Erlöses besteht beim Sammeldepot nicht (Rdn. 1787 f), kann somit auch nicht mitgepfändet werden.   **1787e**

bb) Als dinglicher Berechtigter nur an dem Anteil des Schuldners an den im Sammeldepot verwahrten Wertpapieren ist der (Pfändungs-)Gläubiger durch die für Ansprüche des Schuldners als Hinterleger geltenden Besonderheiten der § 6 Abs. 2 S. 1, § 7 DepotG beschränkt (§ 8 DepotG)[8]. Er hat daher kein Recht, Aufhebung der Gemeinschaft zu verlangen (keine entsprechende Anwendung des § 1258 Abs. 2 BGB). Dafür besteht das *Pfandrecht am Auslieferungsanspruch*[9] aus § 7 DepotG (zu diesem Rdn. 1787 i). Er   **1787f**

---

4   *BGH* 160, 121 (124) = JurBüro 2005, 211 (212) = MDR 2005, 110 (111) = NJW 2004, 3340 (3341) = Rpfleger 2004, 714; *BGH* JurBüro 2008, 211 (212) = MDR 2008, 338 = NJW-RR 2008, 494 (495) = Rpfleger 2008, 266 (267, auch zur Auslegung des Pfändungsbeschlusses).
5   *AG Pforzheim* JurBüro 1992, 703 (704).
6   *Heinsius/Horn/Than*, Depotgesetz, 1975, Rdn. 50 zu § 6; *MünchKomm/K. Schmidt*, BGB, Rdn. 31 zu § 1008; *Erk* Rpfleger 1991, 236 (237).
7   *Heinsius/Horn/Than*, Depotgesetz, Rdn. 50 zu § 8; außerdem Rdn. 8 zu § 8, dort auch zu vereinzelter Ansicht, dass im Falle der Drittverwahrung die Zustellung des Pfändungsbeschlusses sowohl an den Zwischenverwahrer als auch an den Drittverwahrer angezeigt sei.
8   Dazu *Heinsius/Horn/Than*, Depotgesetz, Rdn. 8 zu § 8.
9   Siehe auch *BGH* MDR 1997, 765 = NJW 1997, 2110 wie folgt: „Das (vertraglich begründete) Pfandrecht an einer Inhaberschuldverschreibung setzt sich an dem nach Fälligkeit erzielten Einlösungsbetrag fort."

5. Kapitel: Pfändung anderer Vermögensrechte

ist (pfandbelastetes) Schuldnerrecht, kann somit von dem Gläubiger allein nur geltend gemacht werden, wenn ihm der Sammeldepotanteil zur Einziehung (Verwertung) überwiesen ist (§ 835 ZPO; siehe Rdn. 555 mit 602). Dann zielt Geltendmachung des Herausgabeanspruchs auf Gläubigerbefriedigung mit Verwertung der herauszugebenden Wertpapiere; der Gläubiger kann daher nur Herausgabe an einen Gerichtsvollzieher zur Pfandverwertung verlangen (§ 847 ZPO in entsprechender Anwendung). Die Herausgabeanordnung (§ 847 Abs. 1 ZPO) bezieht sich hier auf die Verwertung des Miteigentumsanteils am Sammelbestand, kann somit nur ausgesprochen werden, wenn Überweisung des gepfändeten Schuldneranteils erfolgt.

1787g cc) Das Rechtspfand des Gläubigers am Recht des Schuldners als Miteigentümer des Sammelbestands erstreckt sich auch auf dessen Miteigentumsanspruch auf den *Fruchtanteil* (Dividende, Zinsen usw.) und sonstige Erträge (§ 743 Abs. 1 BGB; Rdn. 1787 c). Wenn Überweisung zur Einziehung nicht erfolgt ist, können daher nur Gläubiger und Schuldner gemeinsam Zahlung der Erlöse (sonstigen Erträge) verlangen (siehe Rdn. 556); nach Überweisung zur Einziehung kann der Gläubiger den Anspruch allein geltend machen (Rdn. 602). Gutschrift auf Schuldnerkonto (Rdn. 1787 c) schließt die Mitberechtigung des Pfandgläubigers aus.

1787h dd) Jeder Teilhaber am Sammeldepotbestand kann über seinen Anteil frei verfügen (§ 747 Satz 1 BGB). Weil sonach Übertragung des Schuldneranteils am Sammeldepotbestand erfolgen kann, ist auch *Verwertung* des gepfändeten Anteils *nach* § 844 ZPO (mit § 857 Abs. 1 ZPO) möglich.

1787i c) Als Hinterleger kann der Schuldner bei Sammelverwahrung verlangen, dass ihm aus dem Sammelbestand Wertpapiere in Höhe des Nennbetrags, bei Wertpapieren ohne Nennbetrag in Höhe der Stückzahl, der für ihn in Verwahrung genommenen Wertpapiere ausgeliefert werden (§ 7 Abs. 1 DepotG). An diesem Herausgabeanspruch (Rdn. 1787 f), nach Erfüllung an den (mit Herausgabe an den Gerichtsvollzieher) erlangten Wertpapieren, setzt sich das am Anteil des Schuldners als Hinterleger erlangte Pfandrecht (Rdn. 1787 e) fort (Anordnung im Pfändungsbeschluss ist ratsam). Als Anspruch, der eine bewegliche körperliche Sache betrifft, kann dieser Herausgabeanspruch auch einzeln (an Stelle des Miteigentums am Sammelbestand[10]) durch Pfändungsbeschluss (§ 829 mit § 846 ZPO) unter Berücksichtigung der in §§ 847 und 849 ZPO geregelten Besonderheiten gepfändet werden. Hierzu siehe das Rdn. 1787 b Gesagte.

1787k d) Die Verwahrstelle besorgt auch bei Sammelverwahrung von Wertpapieren den *Einzug fälliger Erträge* und sonstiger Ausschüttungen sowie der Rückzahlungsbeträge auf fällige oder ausgeloste Stücke (Rdn. 1787 c). Als Einzelanspruch ist der Anspruch auf diese Erlöse als Geldforderung (auch als künftige) pfändbar (Rdn. 1787 c). Bei Geschäftsverbindung im Kontokorrentverkehr (Regel) kann jedoch nicht dieser Einzelanspruch gepfändet werden, sondern Zugriff nur auf die Kontokorrentansprüche erfolgen.

---

10 *Heinsius/Horn/Than*, Depotgesetz, Rdn. 50 zu § 6 und Rdn. 8 zu § 8.

e) Der Anspruch auf Auslieferung von Wertpapieren aus dem Sammelbestand (§ 7 DepotG; Rdn. 1787 i) und der Anspruch auf Auszahlung von Erlösen (Rdn. 1787 k) sind Einzelansprüche des Schuldners als Bruchteils-Miteigentümer an den im Sammeldepot verwahrten Wertpapieren. Der Vorrang eines früher pfändenden Gläubigers (§ 804 Abs. 3 ZPO) besteht hinsichtlich der jeweiligen Einzelansprüche daher auch bei Zusammentreffen mit einem Pfandrecht am Bruchteils-Miteigentum des Schuldners (Rdn. 1787 e). Hat der zuerst vollstreckende Gläubiger nur den Anspruch auf Auslieferung von Wertpapieren aus dem Sammelbestand (§ 7 DepotG) oder auf Zahlung der Erlöse (sonstiger Erträgnisse) gepfändet, so beschränkt sich sein Pfandrecht und damit auch sein Vorrang auf diesen Einzelanspruch (siehe das Rdn. 1577 Gesagte). Den Auslieferungsanspruch an den Gerichtsvollzieher kann auch ein nachrangiger Pfandgläubiger geltend machen (siehe Rdn. 2026). Die Rangfolge der Pfandrechte an der Sache (§ 804 Abs. 3 ZPO) bestimmt sich nach der zeitlichen Rangfolge der Pfändungen (§ 804 Abs. 3 ZPO, Rdn. 2029). Mit Verwertung der Wertpapiere endet der Anspruch (auch eines mit Vorrang pfändenden Gläubigers) auf die Erträge.

1787l

f) Beim *Oder-Wertpapierdepot* (vielfach bei Ehegatten üblich) werden die Depotinhaber als Gesamtgläubiger der Rechte aus dem Verwahrungsvertrag (Außenverhältnis) angesehen[11]. Gepfändet werden können daher von Gläubigern jedes der Einzelberechtigten die Ansprüche aus der Sonder- oder Sammelverwahrung (siehe das Rdn. 341 Gesagte). Für die Ausgleichspflicht zugunsten des anderen Gesamtgläubigers erlangt jedoch die Eigentumslage an den verwahrten Wertpapieren Bedeutung, die von den Rechten aus dem Verwahrungsvertrag unterschieden wird. Über sie gibt die Errichtung des Oder-Depots in der Regel keinen Aufschluss. Für gleiche Anteile der Oder-Depotinhaber stellt § 1006 BGB zwar eine Vermutung und § 742 BGB eine (nur) schwach ausgeprägte Auslegungsregel auf. Sie kommen aber nicht zum Zuge, wenn sich (wie vielfach) aus dem Parteiwillen etwas anderes ergibt oder wenn sie der Sachlage nicht gerecht wird[12].

1787m

4. Der Anteil des Schuldners an *sammelverwahrten Schuldbuchforderungen* des Bundes und der Länder (Wertrechte[13]) ist als anderes Vermögensrecht (§ 857 Abs. 1 ZPO) wie der Schuldneranteil an den im Sammeldepot verwahrten Wertpapieren zu pfänden[14]. Jedoch besteht kein

1787n

---

11   *BGH* MDR 1997, 560 = NJW 1997, 1434; *OLG Düsseldorf* NJW-RR 1998, 918; *OLG Hamm* Betrieb 1991, 380.
12   *BGH* NJW 1997, 1434 = a.a.O.; auch *OLG Düsseldorf* MittRhNotK 2000, 387. *OLG Hamm* a.a.O. nimmt an, dass für das Verhältnis der Gesamtberechtigten untereinander (nach der Auslegungsregel des § 430 BGB) u.U. die Berechtigung nach den unterschiedlich eingebrachten Vermögensmassen zu bemessen sein kann. *OLG Düsseldorf* NJW-RR 1998, 918 nimmt Ausgleichspflicht nach der Regel des § 430 BGB an (gleiche Anteile), sofern nicht eine andere Gestaltung des Innenverhältnisses bewiesen ist.
13   Zum Begriff *Erk* Rpfleger 1991, 236.
14   *Erk* a.a.O.

5. Kapitel: Pfändung anderer Vermögensrechte

Herausgabeanspruch nach § 7 Abs. 1 DepotG. Daher kann Verwertung durch Herausgabe an den Gerichtsvollzieher nicht erfolgen. Verwertung ist daher nach § 844 ZPO anderweit durchzuführen[15].

1787o 5. Ein Vollstreckungstitel auf *Übertragung* sammelverwahrter (oder globalverbriefter) *Wertpapiere* ist (zur Umbuchung für den zur Eigentumsübertragung notwendigen Akt der Übergabe) nach § 886 ZPO (entsprechende Anwendung) zu vollstrecken[16]. Grundlage für Zwangsvollstreckung wegen Geldforderungen nach §§ 803 ff. ZPO (damit auch § 846 ff., § 857 ZPO) bietet dieser Herausgabetitel nicht.

52. Widerspruch

1788 Der Anspruch auf Eintragung eines Widerspruchs nach § 899 BGB ist gegenüber dem nicht oder nicht richtig eingetragenen Recht des Schuldners unselbstständig und daher nicht pfändbar. Er kann aber nach Pfändung des Berichtigungsanspruchs (siehe Rdn. 1512) wie dieser vom Gläubiger im eigenen Interesse geltend gemacht werden. Ebenso wie der Berichtigungsanspruch kann auch das Recht auf Eintragung eines Widerspruchs nur dahin verfolgt werden, dass der Widerspruch zugunsten (= auf den Namen) des Schuldners als gegenwärtiger wahrer Berechtigter eingetragen werden soll.

53. Wiederkaufsrecht

1789 *Gepfändet wird das angeblich dem Schuldner gegen … – Drittschuldner – nach dem Kaufvertrag vom … zustehende Recht zum Wiederkauf des Personenkraftwagens, Marke Opel, Fabrik-Nr. …, amtliches Kennzeichen …*

Zugleich wird angeordnet, dass nach Zustandekommen des Wiederkaufs die Sache an einen vom Gläubiger zu beauftragenden Gerichtsvollzieher herauszugeben ist.

Schrifttum: *Stachels*, Über die Pfändung und Verwertung eines Wiederkaufsrechts an einem Grundstück, JR 1954, 130.

1789a Das Recht zum Wiederkauf (§ 456 BGB), auch Rückkaufsrecht genannt, ist übertragbar[1] und daher auch als Vermögensrecht pfändbar[2]. Nur eine aus einem Gesetz sich ergebende Unveräußerlichkeit, nicht aber das vertraglich vereinbarte Abtretungsverbot, schließt diese Pfändbarkeit aus[3].

---

15 Dazu *Erk* a.a.O.
16 Dazu näher *BGH* 160, 121 = a.a.O. (Fußn. 4).
1   *BGH* MDR 1991, 634 = MittBayNot 1991, 74 = NJW-RR 1991, 526; *BGH* 154, 64 (69) = DNotZ 2004, 298 (300) = NJW 2003, 1858 (1859) = Rpfleger 2003, 372 (373).
2   *BGB-RGRK/Mezger*, Rdn. 4 zu § 497; *Stein/Jonas/Brehm*, ZPO, Rdn. 78; *Wieczorek/Schütze/Lüke*, ZPO, Rdn. 98, je zu § 857.
3   *OLG Köln* JR 1955, 225; *Stachels* JR 1954, 130; *Stein/Jonas/Brehm*, ZPO, Rdn. 78 (Fußn. 292) zu § 857.

Die Pfändung erfolgt nach § 857 Abs. 1 ZPO[4]. Drittschuldner ist der Käufer (= Wiederverkäufer).

Pfändung (samt Überweisung) berechtigt jedoch den Gläubiger nicht zur Ausübung des Wiederkaufsrechts mit Erklärung gegenüber dem Käufer (§ 497 Abs. 1 BGB). Grund: wie Rdn. 1483 a (Ankaufsrecht). Möglich ist Veräußerung des (übertragbaren) Wiederkaufsrechts[5] (§ 857 Abs. 5 ZPO). Zulässige anderweitige Verwertung soll auch darin bestehen können, dass das Vollstreckungsgericht einen entgeltlichen Verzichts- oder Erlassvertrag des Gläubigers mit dem Drittschuldner genehmigt[6]. 1790

Übt der Schuldner selbst das Wiederkaufsrecht aus, dann setzt sich das Pfandrecht an den mit der Ausübung entstandenen Rechten aus dem Wiederkaufverhältnis (§ 497 Abs. 1 BGB) fort. Es wird dann somit nach §§ 846 ff. ZPO weiter verfolgt. Die nach § 847 Abs. 1, § 847 a Abs. 1, § 848 Abs. 1 ZPO notwendigen Anordnungen können nach Ausübung des Wiederkaufrechts nachgeholt werden. Dann kann der Gläubiger Herausgabe der Sache an den Gerichtsvollzieher oder Rückauflassung des Grundstücks an den Sequester verlangen[7].

Ist der Wiederkauf schon durch Erklärung des Schuldners zustande gekommen, so gehen seine Ansprüche auf Sachleistung. Ihre Pfändung erfolgt daher nach §§ 846 ff. ZPO (siehe 7. Kap.). 1791

54. Wohnungseigentum

Schrifttum: *Schuschke*, Die Zwangsvollstreckung in Sondernutzungsrechte, NZM 1999, 830.

1. Sondernutzungsrecht: Ein mit Gebrauchsregelung der Wohnungseigentümer geschaffenes *Sondernutzungsrecht* zur ausschließlichen Nutzung eines bestimmten Teils des gemeinschaftlichen Eigentums (z. B. eines Kfz-Abstellplatzes im Freien, eines Kellerraums, eines Vor- oder Hausgartens) kann nicht auf einen Dritten (der nicht Mitglied der Wohnungseigentümergemeinschaft ist) übertragen[1], von diesem somit auch nicht gepfändet werden. „Übertragung" auf ein anderes Mitglied der Wohnungseigentümergemeinschaft ist zwar zulässig[2]; dennoch kann das Sondernutzungsrecht auch von einem Mitglied der Gemeinschaft nicht gepfändet 1792

---

4 **A.A.** – Pfändung nach §§ 846 ff. ZPO – *Stachels* a.a.O. (Fußn. 3). §§ 846 ff. ZPO finden aber erst auf den nach Ausübung des Rechts entstandenen Anspruch Anwendung, treffen daher nicht zu, wenn die Ausübungsbefugnis als solche gepfändet wird.
5 *OLG Köln* JR 1955, 225; *Stein/Jonas/Brehm*, ZPO, Rdn. 111 zu § 857.
6 Siehe dazu *Stachels* a.a.O. (Fußn. 3).
7 Zum Teil abweichender Ansicht *Stachels* a.a.O. (Fußn. 3), der meint, über das vertragsgemäß unveräußerliche Wiederkaufsrecht könne nur durch Erlassvertrag anderweit verfügt werden. Dem steht aber die ausdrückliche Regelung des § 851 Abs. 1 ZPO entgegen.
1 *BGH* 73, 145 = DNotZ 1979, 169 mit Anm. *Ertl* = NJW 1979, 548.
2 *BGH* 73, 145 = a.a.O.; *Schöner/Stöber*, Grundbuchrecht, Rdn. 2963.

werden³. Das durch Gebrauchsregelung geschaffene Sondernutzungsrecht beruht auf dem Gemeinschaftsverhältnis der Wohnungseigentümer (§ 10 Abs. 1, § 15 Abs. 1 WEG); selbstständiges Vermögensrecht (§ 857 ZPO) ist es nicht. Es ist als (vereinbarte) Eigentümerbefugnis Inhalt des Sondereigentums⁴. Der Sondernachfolger erlangt es mit Erwerb des begünstigten Wohnungs- oder Teileigentums durch Rechtsgeschäft (Auflassung und Eintragung, §§ 873, 925 BGB) oder Zuschlag in der Zwangsversteigerung (§ 90 Abs. 1 ZVG). Gegenstand der Zwangsvollstreckung ist daher nur das Wohnungs- oder Teileigentum; es unterliegt der Immobiliarvollstreckung⁵ (§ 864 ZPO) durch Zwangsversteigerung, Zwangsverwaltung und Eintragung einer Sicherungshypothek (§ 866 Abs. 1 ZPO). Beschlagnahme und Rechtsänderung in dieser Vollstreckung erfassen das Sondernutzungsrecht als für den Rechtsinhalt maßgebliche Gebrauchsregelung der Gemeinschafter. Das Sondernutzungsrecht kann als Miteigentümerbefugnis, die durch Gebrauchsregelung geschaffen ist, durch Vereinbarung zwar nur der unmittelbar Beteiligten dem Recht eines anderen Wohnungs- oder Teileigentümers derselben Wohnungseigentümergemeinschaft zugeordnet werden⁶. Diese „Übertragung" des Sondernutzungsrechts ist aber „Inhaltsänderung" des Wohnungs- oder Teileigentums (§§ 873, 877 BGB)⁷. Gegenstand der Rechtsänderung ist damit das Wohnungs- oder Teileigentum, dessen Inhaltsänderung erfolgt; es wird nicht über das Sondernutzungsrecht als selbstständiges (beschränkt) veräußerliches Recht verfügt. Das Sondernutzungsrecht ist ebenso auch nicht selbstständiges unveräußerliches Recht, dessen Ausübung einem anderen überlassen werden könnte und das somit nach § 857 Abs. 3 ZPO pfändbar wäre. Das verbietet Pfändung des Sondernutzungsrechts.

Gebrauchsregelung der Wohnungseigentümer nach § 10 Abs. 1, § 15 WEG ist ebenso der Ausschluss von Miteigentümern vom Mitgebrauch

---

3 *OLG Stuttgart* BWNotZ 2002, 186 = Rpfleger 2002, 576; So auch *Wieczorek/Schütze/Lüke*, ZPO, Rdn. 26; *Zöller/Stöber*, ZPO Rdn. 12 b, je zu § 857. **Anders** *Schuschke* NZM 1999, 830; *LG Stuttgart* Justiz 1989, 158, das (unrichtig) in dem Sondernutzungsrecht ein Vermögensrecht i.S. des § 857 ZPO erblickt („am ehesten vergleichbar mit einer beschränkten persönlichen Dienstbarkeit") und deshalb Pfändung durch Mitglieder der Wohnungseigentümergemeinschaft für zulässig erachtet.
4 Sofern es nicht überhaupt nur als schuldrechtliche Gebrauchsregelung und damit (nicht pfändbare) Nutzungsregelung nur mit Innenwirkung vereinbart ist.
5 Die abweichende Ansicht des *LG Stuttgart* würde Pfändung und Verwertung (etwa mit Verwaltung; wie auch sonst?) einer mit Sondernutzungsregelung in der Rechtsform des Wohnungseigentums gebildeten ganzen Doppelhaushälfte (oder eines Reihenhauses; dazu *Schöner/Stöber*, Grundbuchrecht, Rdn. 2911), die einer Realteilung gleichkommt, ermöglichen und damit unter Umgehung der Zwangsversteigerung oder Zwangsverwaltung für die ausschließliche Eigentümernutzung Fahrnisvollstreckung gestatten.
6 BGH 73, 145 = DNotZ 1979, 168 mit Anm. *Ertl* = NJW 1979, 548 = Rpfleger 1979, 57; *Schöner/Stöber*, Grundbuchrecht, Rdn. 2963.
7 BGH 73, 145 = a.a.O.; *Schöner/Stöber*, Grundbuchrecht, Rdn. 2963.

gemeinschaftlichen Eigentums (negative Komponente) bis auf den teilenden (veräußernden) Bauträger (Wohnungseigentümer) mit der diesem vorbehaltenen Befugnis, entsprechende Sondernutzungsrechte (z. B. einen Kfz-Stellplatz) mit einer bestimmten WE-Einheit zu verbinden (positive Komponente)[8]. Als solche ist das durch die Teilungserklärung begründete Recht des teilenden Miteigentümers, Sondernutzungsrechte durch Zuweisung der Gebrauchsbefugnis an einen (einzelne) Miteigentümer zu begründen, ebenfalls nicht pfändbar[9].

2. **Der „isolierte" Miteigentumsanteil**: Fehlen des Sondereigentums (§ 1 Abs. 2, 3 WEG) berührt wirksam (insbes. durch Teilung, §§ 2, 8 WEG) begründetes Wohnungs- oder Teileigentum nicht. Wohnungs- oder Teileigentum besteht damit auch, wenn Sondereigentum nicht hergestellt werden kann (z. B. wegen eines Bauverbots) oder Räume des Sondereigentums (endgültig) nicht gebaut werden oder Räume (wie z. B. ein Heizwerkraum) nicht sondereigentumsfähig sind oder Sondereigentum (wie bei fehlender Abgrenzung der Räume) nicht entstanden ist. In diesem Falle besteht ein „isolierter Miteigentumsanteil"[10]. Die Miteigentümer verpfichtet dann das Gemeinschaftsverhältnis, die Wohnungs-/Teileigentumserklärung so zu ändern, dass der isolierte (sondereigentumslose) Miteigentumsanteil entfällt[11]. Die Rechtsänderung kann bereicherungsrechtlichen Zahlungsanspruch auf Wertausgleich des Berechtigten des isolierten Miteigentumsanteils begründen[12]. Bis zur Beseitigung mit dinglicher Rechtsänderung ist der isolierte Miteigentumsanteil verkehrsfähig, somit übertragbar und belastbar[13]. Er unterliegt daher als Wohnungs- oder Teileigentum auch der Immobiliarvollstreckung[14]. Der Zwangsvollstreckung ist er deshalb nicht in der Weise zugänglich, dass ein Anspruch gegen die übrigen Miteigentümer auf Übernahme des isolierten (sondereigentumslosen) Miteigentumsanteils gegen Wertausgleich gem. § 857 ZPO gepfändet und zur Einziehung überwiesen werden könnte[15]. In Schuldnereigentum kann die Zwangsvollstreckung nur in der Form bewirkt werden, die für den Gegenstand bei Vornahme der Vollstreckung vorgeschrieben ist (Rdn. 1989). Als Surrogat tritt der Wertausgleich erst mit dinglicher Rechtsänderung an die Stelle des isolierten Miteigentumsanteils. Erst von da an kann der Anspruch auf Wertausgleich daher gepfändet werden. Dann setzen sich aber die Rechte, die am isolierten Miteigentumsanteil bestehen, am Wertausgleich als Surrogat fort. Ein Anspruch auf Wertausgleich kann daher auch nicht als pfändbarer künftiger Anspruch angesehen werden.

1793

---

8 Zu dieser Regelung *Schöner/Stöber*, Grundbuchrecht, Rdn. 2913, 2913 a.
9 *OLG Stuttgart* Rpfleger 2002, 576 = a.a.O.
10 *BGH* 109, 179 (184) = DNotZ 1990, 377 = NJW 1990, 447; *BGH* 130, 159 (169) = DNotZ 1996, 289 mit Anm. *Röll* = NJW 1995, 2851.
11 *BGH* 109, 179 (185) und 130, 159 (169) = je a.a.O.
12 *BGH* 109, 179 (185) = a.a.O.
13 *Schöner/Stöber,* Grundbuchrecht, Rdn. 2834.
14 Siehe *BGH* 110, 36 = DNotZ 1990, 259 = NJW 1990, 111.
15 **A.A.** jedoch *OLG Hamm* DNotZ 1992, 492 = MittBayNot 1991, 163 = MittRhNotK 1991, 12 = NJW-RR 1991, 35 = OLGZ 1991, 27.

3. Zwangsvollstreckung gegen die Gemeinschaft der Wohnungseigentümer siehe Rdn. 425.

55. Zwangsversteigerung: Meistgebot

Schrifttum: *Krammer* und *Riedel*, Pfändung des Anspruchs aus dem Meistgebot, Rpfleger 1989, 144.

1794 Dem Meistbietenden in der Zwangsversteigerung eines Grundstücks (§ 81 Abs. 1 ZVG), ggfs. dem Zessionar nach Abtretung des Rechts aus dem Meistgebot (§ 81 Abs. 2 ZVG) oder dem Vertretenen im Falle des § 81 Abs. 3 ZVG, ist der Zuschlag zu erteilen. Der öffentlich-rechtliche Anspruch[1] dieses Berechtigten auf den Zuschlag kann von seinen Gläubigern gepfändet werden[2], jedoch nur bis zum Wirksamwerden des Zuschlags mit Verkündung (§ 89) oder Zustellung bei Erteilung erst durch das Beschwerdegericht (§ 104 ZVG); von da an ist der Ersteher Eigentümer des Grundstücks (§ 90 Abs. 1 ZVG), dann erfolgt Zwangsvollstreckung nur noch in sein Grundstück (§ 864 ZPO). Pfändung des Rechts aus dem Meistgebot ist auch nicht mehr möglich, wenn gegen den Zuschlag Beschwerde eingelegt ist[3]. Die Pfändung erfolgt nach § 857 Abs. 1 und 2 ZVG (das Vollstreckungsgericht ist nicht Drittschuldner[4]). Für sein Pfandrecht (§ 804 Abs. 3 ZPO) an dem Anspruch auf Erteilung des Zuschlags erlangt der Gläubiger mit Zuschlag, der dem Meistbietenden (ggfs. dem Zessionar oder Vertretenen) erteilt wird (§ 81 Abs. 1–3 ZVG), eine Sicherungshypothek an dem Grundstück[5] im Rang nach den bestehenbleibenden Rechten (§ 52 ZVG; auch wenn sie infolge Liegenbelassungsvereinbarung nach § 91 Abs. 2 ZVG nicht erlöschen) und nach etwaigen Sicherungshypotheken für übertragene Forderungen (§ 128 ZVG) entsprechend § 848 Abs. 2 S. 2 ZPO (dazu Rdn. 2046). Nach Pfändung ist eine Abtretung des Rechts aus dem Meistgebot (§ 81 Abs. 2 ZVG) dem Gläubiger gegenüber unwirksam[6]. Folge ist, dass der Zuschlag zwar dem Zessionar erteilt werden kann, sein Recht aus dem Meistgebot aber mit dem Gläubigerpfandrecht (§ 804 Abs. 3 ZPO) belastet bleibt; daher erlangt auch dann der Gläubiger die Sicherungshypothek an dem Grundstück. Eintragung der Sicherungshypothek kann nicht den

---

1 *Stöber*, ZVG, Rdn. 3.3 zu § 81.
2 BGH 111, 14 (16) = DNotZ 1991, 377 = NJW 1990, 989; *Stöber*, ZVG, Rdn. 3.7 zu § 81; *Dassler/Hintzen*, ZVG, Rdn. 10 zu § 81; *Steiner/Storz*, ZVG, Rdn. 8 zu § 81; *Mohrbutter* und *Leyerseder* NJW 1958, 370 (371); *Krammer* und *Riedel* Rpfleger 1989, 144; *Wieczorek/Schütze/Lüke*, ZPO, Rdn. 100 zu § 857.
3 LG *Köln* NJW-RR 1986, 1058. Anders aber für Gläubiger eines Bieters, wenn Beschwerde mit dem Ziel eingelegt ist, ihm auf sein nicht erloschenes Gebot (an Stelle des Erstehers nach dem angefochtenen Beschluss) den Zuschlag zu erteilen.
4 So auch *Krammer* und *Riedel* Rpfleger 1989, 144 (145 unter 2 b); *Wieczorek/Schütze/Lüke*, ZPO, Rdn. 100 zu § 857.
5 *Stöber*, ZVG, Rdn. 3.7 zu § 81; *Krammer* und *Riedel* Rpfleger 1989, 144 (145 zu 3); *Wieczorek/Schütze/Lüke*, ZPO, Rdn. 100 zu § 857.
6 Der Gläubiger wirkt bei dieser Erklärung nach § 81 Abs. 2 ZVG nicht mit. Würde er der Abtretung zustimmen, wäre sie auch ihm gegenüber wirksam, sein Pfandrecht damit untergegangen (kein Anspruch mehr im Schuldnervermögen).

Beteiligten überlassen bleiben[7], sondern hat auf Ersuchen des Vollstreckungsgerichts (§ 130 ZVG) zu erfolgen[8], wenn ihm die Pfändung zur Kenntnis gelangt ist (sonst Grundbuchunrichtigkeit, § 894 BGB, § 22 GBO). Weil das am Meistgebot erlangte Pfandrecht Erteilung des Zuschlags nicht ausschließt, kann es nach Eigentumsübergang auf den Schuldner (ggfs. den Zessionar) vom Vollstreckungsgericht nicht in der Weise übergangen werden, dass zwar Eintragung des Schuldners (Zessionars) als Ersteher veranlasst, von der Eintragung des mitberechtigten Pfandgläubigers jedoch Abstand genommen wird. Miteintragung der Sicherungshypothek des Pfandgläubigers entspricht zudem dem Grundgedanken des § 848 Abs. 2 S. 3 ZPO.

---

7 So aber *Krammer* und *Riedel* Rpfleger 1989, 144 (146 zu 4).
8 So auch *Stöber*, ZVG, Rdn. 3.7 zu § 81.

SECHSTES KAPITEL

PFÄNDUNG DER HYPOTHEKENFORDERUNGEN UND GRUNDPFANDRECHTE
(§§ 830, 857 Abs. 6 ZPO)

A. Hypothekenpfändung (§§ 830, 837 a ZPO)

I. Allgemeines zu § 830 ZPO

Schrifttum: *Haegele*, Die Pfändung einer Buchhypothek, Büro 1954, 255; *Haegele*, Die Pfändung einer Briefhypothek, Büro 1955, 81; *Hahn*, Die Pfändung der Hypothek, JurBüro 1958, 161; *Pöschl*, Vollstreckungsmöglichkeiten bei Hypotheken und Grundschulden, BB 1956, 508; *Stöber*, Pfändung hypothekarischer Rechte und Ansprüche, RpflJB 1962, 303; *Tempel*, Zwangsvollstreckung in Grundpfandrechte, JuS 1967, 75, 117, 167, 215 und 268. Mit allen einschlägigen Fragen befasst sich insbesondere auch das vor Rdn. 1913 zur Pfändung einer Eigentümergrundschuld genannte Schrifttum.

1. Die *Hypothek* sichert als Grundstücksbelastung eine *persönliche Forderung* (§ 1113 BGB). Im Rechtsverkehr sind Forderung und Hypothek untrennbar miteinander verbunden (siehe § 1153 BGB). Der Gläubiger der Hypothek muss deshalb dieselbe Person sein wie der Gläubiger der gesicherten Forderung[1]. Die Forderung kann daher nur zusammen mit der Hypothek abgetreten oder verpfändet werden. Die Abtretung der Forderung samt Hypothek unterstellt das auf dem Grundbuchsystem beruhende Sachenrecht dem Eintragungsgrundsatz (mit Besonderheit bei der Brief-Hypothek). Zur *Abtretung* der Forderung samt Hypothek ist daher Abtretungsvertrag (§ 398, auch § 873 BGB) und

1795

- bei Briefrechten: die Übergabe des Hypothekenbriefes sowie Erteilung der Abtretungserklärung in schriftlicher Form,
- bei Buchrechten: die Eintragung in das Grundbuch

erforderlich (§ 1154 BGB). Auch die vertragliche Bestellung eines Pfandrechts an einer Hypothek (*Verpfändung*) unterliegt grundsätzlich diesen für die Übertragung geltenden Vorschriften (§ 1274 BGB).

2. Dieser für Übertragung und *Verpfändung* geltenden Regelung folgt auch § 830 ZPO über die *Pfändung einer Hypothekenforderung*. § 830 ZPO bestimmt abweichend von der Vorschrift des § 829 ZPO über die Pfändung gewöhnlicher Geldforderungen, dass zur Pfändung einer Forderung, für die eine Hypothek besteht, ein gerichtlicher Pfändungsbeschluss *und*

1796

---

1   *BayObLG* 1958, 164 = DNotZ 1958, 639 = MDR 1958, 771 = NJW 1958, 1917.

- bei Briefrechten: die Übergabe des Hypothekenbriefes an den Gläubiger, oder
- bei Buchrechten: die *Eintragung* der Pfändung in das *Grundbuch*,

(nicht aber die Zustellung des Pfändungsbeschlusses, siehe Rdn. 1810) erforderlich ist. Hypothek und Forderung sind damit auch bei der Pfändung untrennbar verbunden[2]. Dabei ist rechtlich die Forderung das Hauptrecht, die Hypothek als Sicherungsrecht das Nebenrecht[3]. Der Pfändungszugriff richtet sich deshalb auf die Forderung und erfasst mit dieser auch die Hypothek als Sicherungsrecht. Der Pfändungsbeschluss tritt an die Stelle der bei rechtsgeschäftlicher Verfügung über eine Hypothekenforderung erforderlichen Einigung; hinsichtlich des sachenrechtlichen Publizitätserfordernisses der Briefübergabe oder Grundbucheintragung unterscheidet sich der Pfändungszugriff nicht von der rechtsgeschäftlichen Verfügung über ein hypothekarisches Recht.

1797 3. Die notwendige Briefübergabe oder Grundbucheintragung stellt eine im öffentlichen Interesse zum Zwecke der Rechtssicherheit im Verkehr mit hypothekarischen Rechten angeordnete *Voraussetzung* der Pfändung dar; ihre *Nichtbeachtung* schließt die Entstehung eines Pfändungspfandrechts aus[4]. Unwirksam ist die Pfändung einer Hypothekenforderung in der einfachen Form des § 829 ZPO auch dann, wenn dem Gläubiger oder dem Vollstreckungsgericht nicht bekannt war, dass für die Forderung eine Hypothek besteht[5]. Eine nicht nach § 830 ZPO erfolgte Pfändung der Hypothekenforderung wird auch nicht nachträglich dadurch wirksam, dass die Hypothekenforderung später zu einer gewöhnlichen Forderung wird, z. B. durch Löschung der Hypothek trotz Fortbestehens der Forderung, Verzicht auf die Hypothek oder Forderungsauswechslung[6]. Vom Wegfall der Hypothek an kann jedoch die Pfändung der fortbestehenden Forderung dadurch wirksam gemacht werden, dass sie in der Form des § 829 ZPO wiederholt, der früher bereits erwirkte (noch auf die Hypothek bezogene) Pfändungsbeschluss also neu zugestellt wird; ein neuer Pfändungsbeschluss muss nicht erlassen werden.

1797a 4. Pfändung der Hypothekenforderung ist auch zulässig, wenn die Übertragbarkeit der Hypothek rechtsgeschäftlich (§ 399 BGB) ausgeschlossen und dies im Grundbuch eingetragen ist (§ 851 Abs. 2 ZPO). Solange für eine Forderung eine Hypothek noch nicht entstanden ist, weil ein (dinglicher) Erwerbstatbestand noch nicht gegeben ist (z. B. weil die wirksame Einigung oder Grundbucheintragung fehlt, § 873 BGB, oder weil Briefüber-

---

2 Forderung und Hypothek können daher nicht getrennt gepfändet werden.
3 *RG* 81, 266 (268); siehe auch § 401 Abs. 1 BGB und Rdn. 699.
4 *RG* 76, 231 (233); *BGH* 127, 146 (151) = LM Nr. 3 zu § 830 ZPO mit Anm. *Walker* = DNotZ 1995, 139 = MDR 1995, 454 mit Anm. *Diepold* = NJW 1994, 3225 = Rpfleger 1995, 119 mit Anm. *Riedel*; *Zöller/Stöber*, ZPO, Rdn. 2 zu § 830.
5 So auch *BGH* 127, 146 = a.a.O. (Fußn. 4); *KG* JurBüro 1993, 32 (33).
6 *RG* 76, 231 (233).

gabe noch nicht erfolgt ist[7], § 1117 BGB), muss sie in der für gewöhnliche Geldforderungen vorgeschriebenen Form des § 829 ZPO gepfändet werden (s. auch Rdn. 1801 und 1845). Ein Grundpfandrecht ist, wenn alle anderen Erwerbstatbestände erfüllt sind, aber auch bereits dann Hypothek (sohin nicht mehr nach § 1163 Abs. 2 BGB Eigentümergrundschuld), wenn die Briefübergabe durch Aushändigungsabrede ersetzt ist (§ 1117 Abs. 2 BGB; s. Rdn. 1826).

5. Ein Anspruch aus *Schuldversprechen* (§ 780 ZPO) kann als selbstständiges Vermögensrecht neben der Hypothekenforderung bestehen. Zu seiner Pfändung Rdn. 1885 a. *Zwangsvollstreckungsunterwerfung* wegen der durch die Hypothek gesicherten Geldforderung durch den Schuldner persönlich sowie durch den Eigentümer als Besteller der Hypothek wegen des dinglichen Anspruchs auf Zahlung aus dem Grundstück (§ 794 Abs. 1 Nr. 5 ZPO), auch wenn sie gegen den jeweiligen Eigentümer zulässig sein soll (§ 800 Abs. 1 ZPO), begründet keinen selbstständigen (pfändbaren) Anspruch. Ein Anspruch aus der Unterwerfungserklärung kann daher weder gesondert gepfändet noch bei Zugriff auf die Hypothekenforderung mitgepfändet werden. Die Unterwerfungserklärung ist prozessuale Willenserklärung, gerichtet auf das Zustandekommen eines Vollstreckungstitels[8]. Gepfändet werden kann daher nur die Forderung (der Anspruch), über die die Urkunde als Vollstreckungstitel errichtet ist. Vollstreckbare Ausfertigung des mit der Unterwerfungserklärung geschaffenen Vollstreckungstitels kann dem Gläubiger, der die Hypothekenforderung gepfändet hat, nur als Rechtsnachfolger erteilt werden (§ 727 ZPO; siehe Rdn. 669).

1797b

II. Pfändung bestimmter hypothekarischer Einzelansprüche in einfacher Form

1. Die auf *Rückstände* von (vertraglichen oder gesetzlichen) *Zinsen*, andere *Nebenleistungen* (nicht aber Annuitäten- oder andere Tilgungsbeträge, die Kapitalteile sind) und *Kosten* der Kündigung oder dinglichen Rechtsverfolgung gerichteten Hypothekenansprüche werden ausnahmsweise nach den für die Übertragung von Forderungen geltenden allgemeinen Vorschriften abgetreten (siehe § 1159 BGB). Übereinstimmend damit sieht Abs. 3 des § 830 ZPO vor, dass die Pfändung solcher Ansprüche nicht nach den für Hypothekenforderungen geltenden besonderen Formvorschriften, sondern nach der in § 829 ZPO für gewöhnliche Geldforderungen vorgeschriebenen Form, also durch Zustellung des Pfändungsbeschlusses an den Drittschuldner (siehe dazu Rdn. 489 ff., 525 ff.), gepfändet werden. Rückständig sind Zinsen und Nebenleistungen, die bei Wirksamwerden der Pfändung, das ist hier Zustellung des Pfändungsbeschlusses, fällig sind.

1798

---

7 *OLG Hamm* DNotZ 1982, 257 = JurBüro 1980, 1740 = OLGZ 1981, 19 = NJW 1981, 354 (Leits.).
8 *BGH* DNotZ 1985, 474 = NJW 1985, 2423; *BayObLG* 1970, 254 (258) = DNotZ 1971, 48 = NJW 1971, 514.

6. Kapitel: Pfändung von Grundpfandrechten

1799 2. Die durch eine *Höchstbetragssicherungshypothek* gesicherte Forderung kann von der Hypothek losgelöst und nach den für die Übertragung von Forderungen geltenden allgemeinen Bestimmungen übertragen werden (§ 1190 Abs. 4 BGB). Ebenso kann auch bei der Pfändung die Forderung von der Hypothek getrennt werden; diese Pfändung der Forderung allein erfolgt nach § 829 ZPO; wegen der Einzelheiten siehe Rdn. 1844.

1800 3. Forderungen samt den *Sicherungshypotheken aus Schuldverschreibungen* auf den Inhaber, aus Wechseln oder anderen indossablen Papieren werden (mit der Hypothek) wie ungesicherte Forderungen übertragen (siehe § 1187 S. 3 BGB). Solche Forderungen werden zusammen mit der Hypothek überhaupt nicht durch Pfändungsbeschluss, sondern durch den Gerichtsvollzieher gepfändet (siehe §§ 821, 831 ZPO und Rdn. 1843 sowie 8. Kap.).

1801 4. Noch keine Hypothekenforderung ist die Forderung, für die nur eine *Hypothekenvormerkung* eingetragen ist (§ 883 BGB). Sie muss daher, wenn bis zur Zustellung des Pfändungsbeschlusses an den Drittschuldner die vorgemerkte Hypothek noch nicht entstanden ist, gleichfalls in der für gewöhnliche Geldforderungen vorgeschriebenen Form des § 829 ZPO gepfändet werden; siehe hierwegen auch Rdn. 1797 a und 1845.

1802 5. Ist eine Hypothek durch Zuschlag in der Zwangsversteigerung erloschen, so unterliegt nicht mehr diese bisherige Hypothek, sondern nur noch der an ihre Stelle getretene *Anspruch auf Befriedigung aus dem Versteigerungserlös* der Pfändung. Dieser Erlösanspruch ist ebenfalls nach § 829 ZPO zu pfänden (siehe hierzu Rdn. 1980 ff.). Gleiches gilt für das an nicht mitversteigerten Zubehörstücken weiterhaftende Pfandrecht (siehe Rdn. 1871).

III. Der Pfändungsbeschluss

1803 *Gepfändet wird die für Veräußerung des Grundstücks ... geschuldete angebliche Kaufpreisrestforderung des Schuldners an ... – persönlicher Drittschuldner –*

zusammen mit der angeblich zur Sicherung dieser Forderung im Grundbuch des Amtsgerichts ... für Gemarkung ... Blatt ... in Abteilung III Nr. ... auf dem Grundstück ... straße Hs. Nr. ... (= Fl. St. Nr. ...)[9] des ... – dinglicher Drittschuldner – eingetragenen

- *Hypothek, für die ein Hypothekenbrief erteilt ist, oder*
- *Hypothek ohne Brief*

in Höhe von ... Euro (mehr oder weniger) nebst den Zinsen seit dem ...

Aufzunehmen ist, dass die Pfändung auch wegen der noch nachzuweisenden Kosten bis zur Höhe von ... Euro für Briefwegnahme und Grundbucheintragung erfolgt.

---

9 Bezeichnung des belasteten Grundstücks in Anlehnung an § 28 S. 1 GBO übereinstimmend mit dem Grundbuch; siehe Rdn. 1804.

Gegebenenfalls ist anzufügen

- *bei Teilpfändung der Text unten Rdn. 1848.*
- *bei Briefrechten: Die Hilfspfändung des Herausgabeanspruchs; siehe dazu unten Rdn. 1821 ff.*

1. Der *Beschluss*, durch den eine Forderung mit der Hypothek gepfändet wird, muss alle Voraussetzungen erfüllen, die für die Pfändung einer gewöhnlichen Geldforderung bestimmt sind[10]. Der Beschluss muss also insbesondere als Staatsakt die notwendige Klarheit und Bestimmtheit in sich tragen (siehe Rdn. 489). Da sich der Pfändungszugriff auf die Forderung richtet, muss diese ausreichend bezeichnet sein. Für die Wirksamkeit der Pfändung muss neben der Forderung die Hypothek als solche (und ferner etwa auch noch der Hypothekenbrief) an sich nicht bezeichnet werden[11]. Die Bezeichnung auch der Hypothek ist aber praktisch regelmäßig nicht zu entbehren, weil ohne ihre Benennung weder die zwangsweise Briefwegnahme (siehe Rdn. 1813) noch (siehe § 28 S. 1 GBO) eine Grundbucheintragung erfolgen kann[12]. Im Wege der Auslegung wird man ohne Bedenken davon ausgehen können, dass die ausreichende Bezeichnung der Hypothek auch bei fehlender unmittelbarer Benennung der Forderung den Gegenstand des Pfändungszugriffs genügend klar darstellt. 1804

2. Auch den *Drittschuldner* muss der Pfändungsbeschluss bezeichnen (siehe Rdn. 501). Drittschuldner ist der Schuldner der gesicherten Hypothekenforderung (persönlicher Drittschuldner)[13] und außerdem der von diesem etwa verschiedene Grundstückseigentümer (dinglicher Drittschuldner)[14]. Da die Zustellung des Pfändungsbeschlusses an den Drittschuldner für die Wirksamkeit der Pfändung nicht erforderlich ist, wird seine nicht genaue Bezeichnung weitgehend als unschädlich erachtet[15]. Ein (dinglicher oder persönlicher) Drittschuldner muss aus dem Pfändungsbeschluss aber wenigstens erkennbar sein. Enthält der Pfändungsbeschluss überhaupt keine Drittschuldnerangabe, so fehlt es an einem wesentlichen Erfordernis der Forderungspfändung; der Pfändungsbeschluss ist dann unwirksam[17]. 1805

3. Fehlt das *Verbot an den Drittschuldner*, an den Schuldner zu zahlen, so wird die Pfändung der Hypothekenforderung selbst dann nicht wirksam, wenn der Brief übergeben oder die Pfändung in das Grundbuch ein- 1806

---

10 *RG* Gruchot 72, 224.
11 **Anders** *Stein/Jonas/Brehm*, ZPO, Rdn. 7 zu § 830; *BGH* LM Nr. 15 zu § 829 ZPO = NJW 1975, 980 betrifft aber den Rückgewähr*anspruch* auf Grundschulden, nicht den durch Angabe der (bestimmten) Forderung hinreichend klar bezeichneten hypothekarischen Pfandgegenstand. **A.A.** auch *Schuschke/Walker*, Vollstreckung, Rdn. 3; *Musielak/Becker*, ZPO, Rdn. 3, je zu § 830. S. aber auch *Stein/Jonas/Brehm*, Rdn. 14 zu § 830.
12 *Stöber* Rpfleger 1961, 208.
13 *OLG Dresden* OLG 25, 185 f; *Zöller/Stöber*, ZPO, Rdn. 3 zu § 830.
14 *OLG Dresden* a.a.O. (Fußn. 13); *Stein/Jonas/Brehm*, ZPO, Rdn. 8; *Zöller/Stöber*, ZPO, Rdn. 3, je zu § 830.
15 *OLG Dresden* a.a.O. (Fußn. 13); *Stein/Jonas/Brehm*, ZPO, Rdn. 8 zu § 830.
16 Diese Fußnote ist entfallen.
17 Siehe *RG* in Gruchot 72, 224 sowie Rdn. 502.

getragen worden ist[18]. Allein in der Anordnung, dass der Hypothekenbrief an den Gerichtsvollzieher herauszugeben sei, in Verbindung mit dem Ausspruch der Hypothekenpfändung oder in der Überweisung liegt das notwendige Zahlungsverbot nicht[19].

1807 4. Der Pfändungsbeschluss muss außerdem auch genau den Anfangszeitpunkt der *Hypothekenzinsen*, die von dem Pfändungszugriff erfasst sein sollen, angeben. Fehlt diese Angabe, so erstreckt sich der Pfändungszugriff nur auf die vom Zeitpunkt des Wirksamwerdens der Pfändung durch Briefübergabe[20] bzw. Grundbucheintragung an laufenden und deshalb nach § 830 Abs. 1 ZPO zu pfändenden Zinsen, nicht aber auf die Rückstände, die nach § 830 Abs. 3 ZPO in der für gewöhnliche Forderungen vorgeschriebenen einfachen Form gepfändet werden. Dann muss aber, wenn die Eintragung der Pfändung des Briefrechts im Wege der Grundbuchberichtigung verlangt wird, dem Grundbuchamt der Zeitpunkt des Wirksamwerdens der Pfändung in grundbuchmäßiger Form (§ 29 GBO, z. B. durch das Wegnahmeprotokoll des Gerichtsvollziehers) nachgewiesen werden[21]. Da dieser Nachweis nur selten erbracht werden kann, ist bei Pfändung von Briefhypotheken die Angabe des Zeitpunktes, von dem ab Zinsen mitgepfändet sein sollen (und auch die Zustellung des Pfändungsbeschlusses, siehe deswegen Rdn. 1810), praktisch nicht zu entbehren.

5. Wegen des bei *Teilpfändung* weiter notwendigen Inhalts des Pfändungsbeschlusses siehe Rdn. 1848.

IV. Die Briefhypothek

1. *Wirksamwerden der Pfändung*

1808 a) *Wirksam* ist die Pfändung einer Forderung, für die eine Briefhypothek besteht, wenn der Pfändungsbeschluss erlassen und der Hypothekenbrief dem Gläubiger[22] übergeben ist (§ 830 Abs. 1 S. 1 ZPO). Dieser erforderlichen Briefübergabe ist die Wegnahme des Briefes im Wege der Zwangsvollstreckung durch den Gerichtsvollzieher gleichgestellt (§ 830 Abs. 1 S. 2 ZPO). Nur dann wird die Pfändung schon mit der Aushändigung des Pfändungsbeschlusses durch das Vollstreckungsgericht an den Gläubiger wirksam[23], wenn sich dieser bei Erlass des Pfändungsbeschlusses bereits im Briefbesitz befindet[24].

---

18 *RG* Gruchot 72, 224.
19 *RG* a. a.O. (Fußn. 18).
20 So nun auch *OLG Oldenburg* NdsRpfl 1970, 114 = Rpfleger 1970, 100; *Zöller/Stöber*, ZPO, Rdn. 3 zu § 830.
21 Ebenso *Bohn*, Die Pfändung von Hypotheken etc., N 223, der allerdings nur die für die Zeit ab der Pfändung zu entrichtenden Zinsen als mitgepfändet behandelt.
22 Seinem Prozessbevollmächtigten als Besitzmittler, siehe *Zöller/Stöber*, ZPO, Rdn. 4 zu § 830.
23 So die herrschende Meinung, z. B. *Zöller/Stöber*, ZPO, Rdn. 4; *Musielak/Becker*, ZPO, Rdn. 4, je zu § 830.
24 Und zwar auch dann, wenn der Gläubiger den Briefbesitz gegen den Willen des Schuldners erlangt und ausgeübt hat; siehe *RG*-WarnRspr. 1921 Nr. 97.

b) Die Wirksamkeit der Pfändung *besteht nur fort*, wenn der Briefbesitz des Gläubigers keine Unterbrechung erfährt. Mit der Rückgabe des Hypothekenbriefes an den Schuldner oder an einen Dritten erlischt das Pfändungspfandrecht unwiderruflich (siehe § 1278 BGB) und ohne Rücksicht darauf, ob bei Rückgabe die Absicht der Entstrickung bestand oder nicht[25]. Nur unfreiwilliger Verlust des Briefbesitzes ist unerheblich, führt also nicht zum Erlöschen des Pfandrechts[26].   1809

c) Der *Zustellung* des Pfändungsbeschlusses (an den Drittschuldner oder Schuldner) bedarf es zum Wirksamwerden der Pfändung nicht. Die Zustellung kann aber dennoch ratsam sein, weil ihr im Rahmen des § 830 Abs. 2 ZPO eine begrenzte Bedeutung zukommt (siehe deswegen Rdn. 1865). Sie erweist sich neben der Briefübergabe als notwendig, wenn sich der Pfändungsbeschluss auch auf Rückstände von Zinsen, andere Nebenleistungen und Kosten erstreckt, weil die Pfändung dieser Ansprüche nur nach § 829 Abs. 3 ZPO wirksam wird (siehe Rdn. 1798). Den Gläubiger sichert die Zustellung dadurch, dass sie die Pfändung der Forderung für den Fall bewirkt (s. § 829 Abs. 3 ZPO), dass die eingetragene Hypothek tatsächlich nicht entstanden ist, weil ein dinglicher Erwerbstatbestand nicht erfüllt ist (Rdn. 1797 a). Deshalb ist es auch ratsam, die Vermittlung der Zustellung zu verlangen (siehe Rdn. 533) und – bei besonderer Dringlichkeit – für die gleichzeitig mit der Zustellung zu betreibende Briefwegnahme beim Vollstreckungsgericht Erteilung einer weiteren Beschlussausfertigung zu beantragen.   1810

d) Durch *Grundbucheintragung* kann die notwendige Briefübergabe nicht ersetzt, die Pfändung also nicht wirksam gemacht werden. Erst dann, wenn die Pfändung nach § 830 Abs. 1 ZPO durch Erlass des Beschlusses *und* Briefübergabe wirksam geworden ist, kann sie im Wege der Grundbuchberichtigung (siehe § 894 BGB) in das Grundbuch eingetragen werden (siehe dazu Rdn. 1831). Eine Grundbucheintragung, die – irrigerweise – schon vorher erfolgt, wahrt dem Pfändungsgläubiger keinen Rang.   1811

e) Wegen der Wahrung der *Arrest*vollziehungsfrist bei Briefwegnahme siehe Rdn. 814.

2. Die *freiwillige Übergabe* des Briefes durch den Schuldner oder einen den Brief besitzenden Dritten an den Gläubiger lässt das Pfändungspfandrecht mit dem Augenblick der Übergabe entstehen[27]. Einräumung des Mitbesitzes (siehe § 866 BGB), der die alleinige Gewalt des Schuldners nicht beseitigt, genügt nicht[28]. Einräumung des qualifizierten Mitbesitzes durch Einräumung des Mitverschlusses beseitigt aber die alleinige tatsächliche Herrschaft des Schuldners, muss also auch entsprechend § 1274 Abs. 1, § 1206 BGB als tatsächliche Übergabe genügen; siehe dazu Rdn. 1816 ff.   1812

3. Im Wege der Zwangsvollstreckung wird die *Briefwegnahme* auf Antrag des Gläubigers durch den Gerichtsvollzieher bewirkt. Dieser nimmt   1813

---

[25] *RG* 92, 265.
[26] *Stöber* Rpfleger 1959, 87.
[27] *OLG Düsseldorf* OLGZ 1969, 208 = Rpfleger 1969, 65.
[28] *Zöller/Stöber*, ZPO, Rdn. 4 zu § 830.

6. Kapitel: Pfändung von Grundpfandrechten

nach § 883 Abs. 1 ZPO den Brief beim Schuldner weg und übergibt ihn dem Gläubiger. Diese *Wegnahmezwangsvollstreckung* erfolgt auf Grund einer Ausfertigung des Pfändungsbeschlusses, die keiner Vollstreckungsklausel bedarf, als Vollstreckungstitel für die Briefwegnahme aber dem Schuldner spätestens bei Beginn der Wegnahmezwangsvollstreckung zugestellt sein muss (§ 750 Abs. 1 ZPO). Mit dem Pfändungsbeschluss muss dem Gerichtsvollzieher auch der ihm zugrunde liegende Schuldtitel vorliegen[29] (§ 174 Nr. 2 GVGA). Dieser ist Vollstreckungsgrundlage, weil die Herausgabevollstreckung im Dienste der Geldvollstreckung steht (vgl. Rdn. 1822), die Übergabe im Wege der Zwangsvollstreckung mithin bei Zwangsvollstreckung der Geldforderung erfolgt. Daher kann der Pfändungsbeschluss allein nicht Grundlage der Zwangsvollstreckung sein, sondern lediglich die zur Vollstreckung der Geldforderung nach § 830 Abs. 1 S. 2 ZPO zulässige Herausgabevollstreckung durch Darstellung des wegzunehmenden Gegenstandes konkretisieren.

1814 Ausdrücklicher Feststellung der Verpflichtung des Schuldners zur Herausgabe des Briefes an den Gläubiger bedarf es im Pfändungsbeschluss nicht. Notwendig ist aber eine so genaue Bezeichnung des Briefes, das heißt der Hypothek, für die der Brief erteilt ist, dass ihn der Gerichtsvollzieher nach dieser Bezeichnung beim Schuldner aufsuchen und wegnehmen kann. Ist diese Bezeichnung unzureichend, so kann der Gläubiger die Vervollständigung des Pfändungsbeschlusses beim Vollstreckungsgericht beantragen (§ 174 Nr. 3 GVGA).

1815 Wenn der Gerichtsvollzieher den Brief beim Schuldner nicht vorfindet, ist dieser zur Versicherung an Eides statt nach § 883 Abs. 2 ZPO verpflichtet. Vollstreckungstitel für dieses Offenbarungsverfahren ist ebenfalls der zugestellte Pfändungsbeschluss, der keiner Vollstreckungsklausel bedarf. Der zugrunde liegende Schuldtitel muss auch hier vorgelegt werden.

1816 4. a) Ob und wie die Pfändung sofort wirksam gemacht werden kann, wenn sich der *Brief im Besitz eines Dritten* (Verwahrer, Treuhänder, Pfandgläubiger, Gläubiger eines Zurückbehaltungsrechts usw.) befindet, ist nicht abschließend geklärt. Es steht jedoch fest, dass die Pfändung jedenfalls dann wirksam wird, wenn der Dritte den Brief dem Gläubiger freiwillig herausgibt (siehe Rdn. 1808, 1812). Der Herausgabe (Übergabe) wird die Hinterlegung gleichgestellt, wenn das Recht des Dritten als Hinterleger auf Rücknahme der hinterlegten Sache ausgeschlossen ist (§ 376 BGB), und zwar auch dann, wenn der Dritte hinterlegt hat, weil ihm wegen des Streites mehrerer Personen der Berechtigte des Herausgabeanspruchs nicht bekannt war (siehe § 372 BGB)[30]. In der Vorlegung des Briefes in einem Zwangsversteigerungs- oder Zwangsverwaltungsverfahren an das Vollstre-

---

29 *Tempel* JuS 1967, 119; *Zöller/Stöber*, ZPO, Rdn. 5 zu § 830; **a.A.** *Stein/Jonas/Brehm*, ZPO, Rdn. 14 zu § 830; *AG Bad Schwartau* DGVZ 1981, 63 mit abl. Anm. Schriftleitung.
30 *RG* 135, 372 (374).

ckungsgericht zur Legitimation des Drittschuldners ist aber eine Übergabe des Briefes an den pfändenden Gläubiger nicht zu erblicken[31].

Die Herausgabe oder Hinterlegung verbietet sich für den Dritten, wenn er sein eigenes Recht am Brief nicht aufgeben kann, insbesondere wenn er Pfandgläubiger ist, weil dann mit der Briefherausgabe sein Pfandrecht unwiderruflich erlöschen würde (siehe Rdn. 1809). In solchen Fällen erhebt sich die Frage, ob die Pfändung nur wirksam werden kann, wenn der Gläubiger den unmittelbaren Besitz des Briefes erlangt, oder ob auch die Erlangung des mittelbaren Besitzes ausreicht, mit anderen Worten, ob unter der von § 830 ZPO verlangten Übergabe nur die körperliche Übergabe (Aushändigung) des Briefes verstanden werden kann oder ob zur Entstehung des Pfandrechts auch eine Ersatzübergabe ausreicht. Da nicht ersichtlich ist, was bei Briefbesitz eines Dritten und Bereitschaft dieses Dritten oder des Schuldners zur Ersatzübergabe einen sofortigen wirksamen Pfändungszugriff verbieten könnte, ist nach meinem Dafürhalten auch hier die entsprechende Anwendung von Vorschriften des BGB über das Pfandrecht (siehe dazu Rdn. 554), nämlich der § 1274 Abs. 1, § 1205 Abs. 2, § 1206 BGB geboten[32]. Diese Vorschriften lauten: 1817

§ 1274 Abs. 1 BGB: Bestellung

(1) Die Bestellung des Pfandrechts an einem Rechte erfolgt nach den für die Übertragung des Rechtes geltenden Vorschriften. Ist zur Übertragung des Rechtes die Übergabe einer Sache erforderlich, so finden die Vorschriften der §§ 1205, 1206 Anwendung.

§ 1205 Abs. 2 BGB: Pfandrecht an Recht auf Leistung

(2) Die Übergabe einer im mittelbaren Besitze des Eigentümers befindlichen Sache kann dadurch ersetzt werden, dass der Eigentümer den mittelbaren Besitz auf den Pfandgläubiger überträgt und die Verpfändung dem Besitzer anzeigt.

§ 1206 BGB: Übergabeersatz durch Einräumung des Mitbesitzes

An Stelle der Übergabe der Sache genügt die Einräumung des Mitbesitzes, wenn sich die Sache unter dem Mitverschlusse des Gläubigers befindet oder, falls sie im Besitz eines Dritten ist, die Herausgabe nur an den Eigentümer und den Gläubiger gemeinschaftlich erfolgen kann.

b) *Mittelbarer Besitzer* (§ 1205 Abs. 2 BGB) ist der *Schuldner* als Gläubiger der zu pfändenden Hypothek und damit Eigentümer des Briefes (§ 952 Abs. 2 BGB), wenn diesen der Dritte als Nießbraucher, Pfandgläubiger, Verwahrer oder in einem ähnlichen Verhältnisse besitzt, vermöge dessen er dem Schuldner nur auf Zeit zum Besitz berechtigt und verpflichtet ist (§ 868 BGB). Bei entsprechender Anwendung des § 1205 Abs. 2 BGB kann der *Schuldner* als Briefeigentümer die nach § 830 Abs. 1 ZPO notwendige Briefübergabe somit dadurch ersetzen, dass er seinen mittelbaren Be- 1818

---

31 *RG* 59, 313 (318).
32 Ebenso *Zöller/Stöber*, ZPO, Rdn. 6 zu § 830, sowie, wenn auch zum Teil mit Abweichungen und Einschränkungen (siehe dazu Rdn. 1818 ff.) *RG* WarnRspr. 1921 Nr. 97; *KG* OLG 15, 12 und 29, 217 f.; *OLG Frankfurt* NJW 1955, 1483; **anders** wohl – aber nur beiläufig – *RG* 135, 272 (275); **a.A.** aber vor allem *Stein/Jonas/Brehm*, ZPO, Rdn. 10 zu § 830.

sitz durch Abtretung des Herausgabeanspruchs (§ 870 BGB) auf den Gläubiger überträgt[33] *und* dies dem Dritten als unmittelbarem Besitzer anzeigt. Die Anzeige muss der Schuldner als Briefeigentümer vornehmen; der Gläubiger könnte sie nur als Vertreter des Schuldners erstatten (Bevollmächtigung muss daher erfolgt sein). Diese Erlangung des mittelbaren Besitzes genügt für die Entstehung des Pfandrechts aber nur dann, wenn der Gläubiger in der Lage ist, auch als mittelbarer Besitzer sein Pfandrecht zu verwerten, sich also den unmittelbaren Besitz des Briefes von dem zur Herausgabe verpflichteten Dritten zu verschaffen[34]. Das ist der Fall, wenn der unmittelbare Besitzer befugt ist, dem Gläubiger den Brief zu übergeben[35]. Das kann er nicht, wenn ihm der Brief selbst nicht zur Verfügung steht, z. B. weil er zu gerichtlichen Akten vorgelegt und durch einstweilige Verfügung die Rückforderung verboten oder weil er beschlagnahmt ist. Dagegen steht dem Erwerb des Pfandrechts nicht entgegen, dass der Dritte wegen seiner eigenen Rechte am Brief, z. B. weil sein eigenes Pfand- oder Zurückbehaltungsrecht nicht erloschen ist, zeitweilig zur Herausgabe nicht bereit ist und nicht gezwungen werden kann[36].

1819 c) Der *Dritte* kann nach § 1206 BGB die Briefübergabe dadurch ersetzen, dass er dem Gläubiger den *qualifizierten Mitbesitz* einräumt (siehe schon Rdn. 1812) oder sich dem Gläubiger gegenüber zur Herausgabe nur an ihn oder an ihn und den Schuldner gemeinsam verpflichtet. Erforderlich ist im letzteren Fall wiederum, dass der Dritte berechtigt ist, dem Gläubiger den Brief zu übergeben (siehe Rdn. 1818).

Mitwirkung des Schuldners als Briefeigentümer, d. h. seine Anweisung an den Besitzer, den Brief nur noch dem Gläubiger und Schuldner gemeinsam herauszugeben[37], ist für diese Verpflichtung nicht notwendig[38]. Denn gegen ihn wird ja gerade durch Vollstreckung rechtlicher Zwang ausgeübt. Infolge der Pfändung wird seine Verfügungsmacht über den Brief daher schon dann beschränkt, wenn der Besitzer sich dem Gläubiger gegenüber wirksam verpflichtet. Auf die andere Rechtslage bei Verpfändung[39] kann nicht verwiesen werden, weil es dort am rechtlichen Zwang fehlt und deshalb eine Bindung des Schuldners nur durch seine rechtsgeschäftliche Erklärung eintreten kann.

1820 d) Der *Schuldner* selbst, der den Brief noch besitzt, kann nach § 1206 BGB ebenfalls die Briefübergabe dadurch ersetzen, dass er dem Gläubiger den *qualifizierten Mitbesitz* einräumt (siehe dazu schon Rdn. 1812). In allen Fällen der qualifizierten Mitinhabung des Briefbesitzes durch den Gläubiger müssen die Besitzverhältnisse so gestaltet sein, dass eine unmittelbare

---
33 So auch *KG* OLG 29, 217 f.; *Haegele* Büro 1955, 83.
34 *RG*-WarnRspr. 1921 Nr. 97; *OLG Frankfurt* NJW 1955, 1483.
35 Siehe *RG* a.a.O. (Fußn. 34).
36 So auch *Tempel* JuS 1967, 120.
37 So z. B. unzutreffend *KG* OLG 15, 12 = KGJ 35, 299 und HRR 1929 Nr. 1968.
38 So insbesondere auch *OLG Frankfurt* NJW 1955, 1483; **a.A.** *Tempel* JuS 1967, 120.
39 Siehe deswegen *RG* 85, 431 (439).

Hypothekenpfändung

und selbstständige (alleinige) tatsächliche Verfügung des Schuldners über den Brief ausgeschlossen ist[40]. Das ist insbesondere bei gemeinsamem Mitverschluss oder Verwahrung des Briefes durch einen gemeinsamen Treuhänder der Fall.

5. *Pfändung des Herausgabeanspruchs*

Muster (im Anschluss an das Beispiel Rdn. 1803):

Gepfändet wird außerdem der angebliche Anspruch des Schuldners an ... – Drittschuldner dieser Hilfspfändung – auf Herausgabe des über die vorbezeichnete Hypothek erteilten Hypothekenbriefes.   1821

a) Wenn weder der Dritte noch der Schuldner bereit sind, nach dem Rdn. 1816 ff. Gesagten eine Ersatzübergabe herbeizuführen, kann der Gläubiger gegen den nicht zur Herausgabe bereiten Dritten, der den Hypothekenbrief besitzt, nur nach *Pfändung des Herausgabeanspruchs* des Schuldners vorgehen. Diese Pfändung des Herausgabeanspruchs ist Hilfspfändung (siehe Rdn. 705). Drittschuldner dieser Hilfspfändung ist der den Brief besitzende Dritte; mit der Zustellung des Pfändungsbeschlusses an ihn wird die Hilfspfändung wirksam.   1822

Als Grundlage dieser Hilfspfändung wird der Pfändungsbeschluss angesehen, nicht der auf Geldleistung lautende Vollstreckungstitel[41], auf Grund dessen der Gläubiger diesen Pfändungsbeschluss erwirkt hat[42]. Dafür wird vorgebracht[43], es handle sich nicht um eine Pfändung nach §§ 808 ff. ZPO, sondern um eine Zwangsvollstreckung zur Herausgabe einer Sache, mithin um eine Hilfspfändung nach § 886 ZPO. Wie für die Wegnahmevollstreckung nach § 883 ZPO (siehe dazu aber Rdn. 1813) soll der Pfändungsbeschluss im Hinblick auf § 886 ZPO auch für die Hilfspfändung des Herausgabeanspruchs Vollstreckungsgrundlage sein. Dem möchte ich nicht folgen. Wenn diese Ansicht richtig wäre, könnte die Pfändung des Herausgabeanspruchs nicht sogleich mit dem Beschluss verbunden werden, mit dem Forderung und Hypothek nach § 830 ZPO gepfändet werden. Denn als Vollstreckungstitel für die Pfändung des Briefherausgabeanspruchs müsste der Pfändungsbeschluss bei Erlass des Beschlusses nach § 886 ZPO ausgefertigt und dem Schuldner zugestellt sein (Rdn. 1813). Das indes kann so wenig gefordert werden, wie (gegen herrschende Meinung und Praxis) Zusammenfassung der Hypothekenpfändung und Pfändung des Herausgabeanspruchs ausgeschlossen werden kann. Bedeutsam ist vielmehr, dass Herausgabevollstreckung nur dann ausschließlich nach § 883 Abs. 1 ZPO zu erfolgen hat und daher auf einem Herausgabetitel beruhen muss, wenn der Vollstreckungsanspruch des Gläubigers lediglich in der Herausgabe einer Sache besteht und mit ihrer Herausgabe erfüllt ist. Daher wird dann auch

---

40 *OLG Frankfurt* a.a.O. (Fußn. 38); *RG* 85, 431 (439); 136, 422.
41 Wie hier aber *Zöller/Stöber*, ZPO, Rdn. 6 zu § 830.
42 *BGH* JurBüro 1979, 1500 = MDR 1979, 922 = NJW 1979, 2045; *Stein/Jonas/Brehm*, ZPO, Rdn. 14; *Schuschke/Walker*, Vollstreckung, Rdn. 4, je zu § 830.
43 Siehe z. B. *Stein/Jonas/Brehm*, ZPO, Rdn. 17 zu § 830.

bei Gewahrsam eines Dritten dem Gläubiger der Herausgabeanspruch des Schuldners nach § 886 ZPO nur überwiesen. Diese Überweisung ermöglicht Geltendmachung nur des Herausgabeanspruchs zu seiner Befriedigung, zielt aber nicht, wie die Pfändung, auf ein Gläubigerpfandrecht. Demgegenüber steht bei Vollstreckung einer hypothekarisch gesicherten Geldforderung die Pfändung des Brief-Herausgabeanspruchs *im Dienste der Geldvollstreckung*; sie ist keine auf Verwertung der herauszugebenden Sache zielende Pfändung nach §§ 846 ff. ZPO, sondern dient der Unterstützung der Vollstreckungsmaßnahme (vgl. Rdn. 705–707), die dem Gläubiger ein Pfandrecht (§ 804 Abs. 1 ZPO) an der Hypothekenforderung (§ 830 ZPO) verschaffen soll. Wie für diese Geldvollstreckung durch Pfändung der Hypothekenforderung kann daher auch für die sie unterstützende und mit ihr zu verbindende, ebenso dann aber auch für die nachfolgende Pfändung des Anspruchs auf Herausgabe des Hypothekenbriefes Vollstreckungstitel nur der auf Geldleistung lautende Schuldtitel sein. Da dies jedoch nicht geklärt ist, empfiehlt es sich, bei Pfändung des Briefherausgabeanspruchs im Pfändungsbeschluss als Vollstreckungstitel sowohl den Beschluss über die Pfändung der Hypothekenforderung als auch den dieser Vollstreckung zugrunde liegenden Zahlungstitel zu nennen. Auch von der hier nicht gebilligten Ansicht wird es aber für unschädlich erachtet, wenn bei Pfändung des Herausgabeanspruchs für einen existenten Beschluss, mit dem eine Hypothekenforderung gepfändet wurde, als „falscher" Vollstreckungstitel der auf Geldleistung lautende Schuldtitel bezeichnet wird[44].

1823 b) Diese Hilfspfändung *ersetzt* aber die nach § 830 ZPO notwendige *Briefübergabe nicht*, führt also nicht schon zum Wirksamwerden der Hypothekenpfändung[45]. Sie gibt (nach Überweisung des Nebenanspruchs zur Einziehung) dem Gläubiger vielmehr nur das Recht, den Herausgabeanspruch des Schuldners gegen den Dritten geltend zu machen. Das kann nur dann mit Erfolg geschehen, wenn der Herausgabeanspruch erfüllt werden muss, z. B. deshalb, weil der Dritte den Brief ohne Rechtsgrund oder ohne Besitzrecht (§ 986 BGB) besitzt oder weil sonst ein Herausgabeanspruch (Rückforderungsrecht) besteht, z. B. an den Verwahrer (siehe § 695 BGB) oder einen Pfandgläubiger nach Erlöschen seines Pfandrechts (siehe § 1273 Abs. 2, § 1223 BGB). Bei Weigerung des Briefbesitzers, den fälligen Herausgabeanspruch zu erfüllen, muss der Gläubiger den gepfändeten Anspruch mit Klage verfolgen. Der Gerichtsvollzieher kann nicht auf Grund der Hilfspfändung, sondern nur auf Grund eines Herausgabeurteils den Brief nach § 883 Abs. 1 ZPO beim Dritten wegnehmen.

Erst mit der Briefübergabe oder -wegnahme wird dann die Pfändung der Briefhypothek wirksam.

1823a Wenn Pfändung der Hypothekenforderung und ein Beschluss über die Pfändung des gegen einen Dritten bestehenden Anspruchs auf Herausgabe

---

44 *BGH* a.a.O. (Fußn. 42).
45 *RG* 63, 214; *KG* OLG 11, 111; 29, 217 f.; siehe auch *RG* 59, 313 (318); abw. nur *Tempel* JuS 1967, 121 f.

des Hypothekenbriefes erwirkt (letzterer wegen § 829 Abs. 3 ZPO auch zugestellt) worden sind, ist *Verstrickung des Herausgabeanspruchs* mit der Folge eingetreten, dass ihn der Hypothekengläubiger nicht mehr mit Wirkung gegenüber dem Pfändungsgläubiger abtreten und damit die Hypothek übertragen kann[46].

c) Ist der Dritte zur Herausgabe *nicht verpflichtet*, z. B. weil er als Pfandgläubiger besitzt, so kann der Gläubiger den Herausgabeanspruch derzeit nicht geltend, die Pfändung der Hypothek also auch nach der Hilfspfändung zunächst nicht wirksam machen. Der Gläubiger kann den Brief auch nicht erlangen, wenn der besitzende Dritte ein (gesetzliches oder vertraglich vereinbartes) Zurückbehaltungsrecht (§ 273 BGB) hat[47]. Der (pfändende) Gläubiger kann nur den Herausgabeanspruch des Schuldners im eigenen Namen geltend machen, nicht aber weitergehende Rechte verfolgen; ihm kann der besitzende Dritte daher mit Einrede auch sein Zurückbehaltungsrecht entgegenhalten (Rdn. 571). Ein vertraglich vereinbartes Besitzrecht des Dritten, z. B. zur Sicherung eines (nur mit schuldrechtlicher Wirkung vereinbarten) Verfügungsverbots (§ 137 S. 2 BGB), kann als Gegenrecht dem Gläubiger daher ebenso entgegengehalten werden.

1824

6. a) Dem *Grundbuchamt* kann der Hypothekenbrief vorliegen, weil er erst erteilt aber noch nicht ausgehändigt oder weil er vom Briefbesitzer für eine spätere Eintragung vorgelegt worden ist (siehe § 41 GBO). Im letzteren Fall ist der Brief dem, der ihn im eigenen Namen eingereicht hat oder in dessen Namen er vorgelegt ist oder der vom Einsender als Empfangsberechtigter bezeichnet ist, zurückzugeben[48]. Hat demnach der Schuldner als Hypothekengläubiger den Briefherausgabeanspruch, so kann sein Anspruch nach Maßgabe des Rdn. 1821 ff. Gesagten gepfändet und dann geltend gemacht werden.

1825

b) *Anspruch auf Aushändigung* des nach Eintragung der Hypothek erteilten Briefes hat der Eigentümer des Grundstücks (§ 60 Abs. 1 GBO). Das eingetragene Recht ist in diesem Fall als Hypothek noch gar nicht entstanden (siehe § 1117 BGB), sondern Eigentümergrundschuld (§ 1163 Abs. 2 BGB); es kann daher von Gläubigern des eingetragenen Hypothekengläubigers noch nicht gepfändet werden (aber Forderungspfändung durch diese; s. Rdn. 1797 a), sondern nur von Gläubigern des Eigentümers. Der Eigentümer kann aber mit dem Schuldner als Hypothekengläubiger vereinbart haben, dass er berechtigt sein soll, sich den Brief vom Grundbuchamt aushändigen zu lassen (§ 1117 Abs. 2 BGB), und das Grundbuchamt zur Briefherausgabe an den Schuldner als Hypothekengläubiger angewiesen haben (§ 60 Abs. 2 GBO). Dann ist die Hypothek schon mit der Eintra-

1826

---

46 *BGH* a.a.O. (Fußn. 42) (für Grundschuld entschieden); dort auch zum Ausschluss gutgläubigen Erwerbs der Grundschuld bei Übertragung mit Abtretung des Briefherausgabeanspruchs in einem solchen Fall.
47 **A.A.** *LG Insterburg* JW 1933, 718: Zurückbehaltungsrecht wirkt nicht gegen den pfändenden Gläubiger; nicht zutreffend.
48 *RG* HRR 1932 Nr. 473; *KGJ* 43, 271.

gung, also vor der Briefherausgabe für den Schuldner als eingetragener Hypothekengläubiger entstanden. Sein Anspruch auf Herausgabe des Briefes ist dann ebenfalls nach Maßgabe des Rdn. 1821 ff. Gesagten pfändbar (s. auch Rdn. 1797 a).

1827 c) Hat der Eigentümer *nur* die in § 60 Abs. 2 GBO geregelte Anweisung an das *Grundbuchamt* getroffen (öffentlich-rechtlicher Herausgabeanspruch), die Übergabe des Briefes aber nicht durch die Vereinbarung des § 1117 Abs. 2 BGB ersetzt (privatrechtlicher Herausgabeanspruch), dann erwirbt der Schuldner als eingetragener Hypothekengläubiger das Recht erst mit der Aushändigung des Briefes[49]. Solange das Grundbuchamt den Brief noch besitzt, ist das Recht dann Eigentümergrundschuld (siehe Rdn. 1826). Der nur öffentlich-rechtliche Herausgabeanspruch des § 60 Abs. 2 GBO kann daher nicht gepfändet werden. Für die wirksame Pfändung des Herausgabeanspruchs ist vielmehr notwendig, dass ein mit dem öffentlich-rechtlichen Herausgabeanspruch identischer privatrechtlicher Anspruch (§ 1117 Abs. 2 BGB) besteht[50]. Das Grundbuchamt darf nach Zustellung des Pfändungsbeschlusses den Brief daher nur dann an den pfändenden Gläubiger herausgeben, wenn das Bestehen des privatrechtlichen Anspruchs nachgewiesen ist.

1828 d) Bei *nachträglicher Erteilung* (siehe § 1116 Abs. 3 BGB) ist der Brief dem Hypothekengläubiger auszuhändigen (§ 60 Abs. 1 GBO). Von seinen Gläubigern kann dieser Herausgabeanspruch nach Maßgabe des Rdn. 1821 ff. Gesagten gepfändet und geltend gemacht werden.

1829 7. Durch Pfändungsbeschluss und Briefübergabe oder -wegnahme wird die Hypothek auch dann gepfändet, wenn der *Schuldner nicht* als ihr Gläubiger *im Grundbuch eingetragen* ist, weil er das Recht durch Abtretung (§ 1154 BGB) oder Erbfolge erworben hat. Die Abtretungserklärung (gegebenenfalls auch die Abtretungserklärungen der Vormänner) kann der Gläubiger nach § 836 Abs. 3 ZPO herausverlangen (siehe deswegen Rdn. 623 ff.); für die Wirksamkeit der Pfändung ist ihre Übergabe nicht erforderlich.

1830 8. Die für die Wirksamkeit der Pfändung notwendige Briefübergabe entfällt nicht, wenn der *Brief verloren* gegangen oder vernichtet ist. Insbesondere kann dann die notwendige Briefübergabe nicht durch Eintragung der Pfändung in das Grundbuch ersetzt werden (s. bereits Rdn. 1811). Der Gläubiger muss vielmehr den Hypothekenbrief im Wege des Aufgebotsverfahrens für kraftlos erklären (§ 1162 BGB, §§ 433 ff. FamFG) und dann einen neuen Brief herstellen lassen. Mit Übergabe des neuen Briefes an den Gläubiger (nicht schon mit dem Erlass des Ausschlussurteils oder Pfändung des Anspruchs auf Bildung und Herausgabe des neuen Briefes) ist die Pfändung bewirkt[51]. Nach einer vielfach vertretenen Ansicht kann der Gläubiger den Antrag auf Kraftloserklärung erst stellen, wenn er das Antragsrecht seines Schuldners (= des Hypothekengläubigers) im Wege der

---

[49] *RG* 135, 206 (207).
[50] *KGJ* 44, 277.
[51] *KG* HRR 1931 Nr. 1708.

Hypothekenpfändung

Hilfspfändung gepfändet und zur Einziehung überwiesen erhalten hat[52]. Dem möchte ich nicht folgen[53]. Da der Gläubiger nach Erlass des Pfändungsbeschlusses die Briefwegnahme durch Zwangsvollstreckung betreiben kann, muss ihm schon allein auf Grund des Pfändungsbeschlusses auch die Befugnis zustehen, die für das Wirksamwerden der Pfändung notwendigen sonstigen Maßnahmen zu betreiben. Dazu gehört, wenn sich die Briefwegnahme wegen Verlustes des Briefes als nicht möglich erweist, auch das Recht, durch Kraftloserklärung und Antrag auf Neuausstellung des Briefes die für das Wirksamwerden der Pfändung notwendigen Voraussetzungen zu schaffen.

9. Mit Wirksamwerden der Pfändung durch Briefwegnahme wird das *Grundbuch unrichtig*. Der Gläubiger kann daher Grundbuchberichtigung durch *Eintragung der Pfändung* verlangen (siehe § 894 BGB)[54]. Die Eintragung erfolgt auf schriftlichen Antrag des Gläubigers (§ 13 Abs. 1 GBO)[55]. Wirksamwerden der Pfändung und damit die Unrichtigkeit des Grundbuchs müssen durch Vorlage des Pfändungsbeschlusses (Ausfertigung) und Hypothekenbriefes nachgewiesen werden (§ 22 Abs. 1 GBO); einer Eintragungsbewilligung des Schuldners (siehe § 19 GBO) bedarf es nicht. Nachweis über die Zustellung des Pfändungsbeschlusses an den Drittschuldner und Schuldner ist nicht erforderlich (siehe bereits Rdn. 1810); der Vollstreckungstitel muss dem Grundbuchamt nicht vorgelegt sein. Wird der Brief mit dem Eintragungsantrag nicht vorgelegt, so verbietet sich eine Zwischenverfügung nach § 18 GBO. Der Antrag ist sofort zurückzuweisen[56] oder auf Wunsch des Antragstellers mit der Folge auszusetzen, dass er bei Behebung des Mangels, d. h. Briefvorlage, als neu und nunmehr ordnungsgemäß im Sinne des § 13 GBO gestellt gilt[57]. In der Vorlage des Briefes durch den Gläubiger selbst liegt bereits der Nachweis, dass der Brief dem

1831

---

52 OLG Frankfurt NJW 1962, 640; *Haegele* Büro 1955, 82; *Frantz* NJW 1955, 170; siehe auch *Stein/Jonas/Brehm*, ZPO, Rdn. 21 zu § 830.
53 So auch *Zöller/Stöber*, ZPO, Rdn. 5 zu § 830.
54 **Antrag:** (wie Rdn. 1835 bis ... gepfändet [für „ohne" = „mit" Brief]). *Die Pfändung ist durch Übergabe des Hypothekenbriefes an mich als Gläubiger wirksam geworden. Ausfertigung des Pfändungsbeschlusses und den Hypothekenbrief lege ich vor. Ich beantrage, diese Pfändung in das Grundbuch einzutragen. Die Kosten der Beschlusszustellung haben ... Euro, die der Briefwegnahme ... Euro betragen. Dass die Pfändung auch wegen dieser Kosten und der Eintragungskosten erfolgt ist, bitte ich bei der Eintragung zum Ausdruck zu bringen.*
55 Auch die Vollmacht bedarf keiner Form (§ 30 GBO). Hat das Vollstreckungsgericht die Vollmacht bereits geprüft und demgemäß den Gläubigervertreter im Pfändungsbeschluss bezeichnet, so braucht dem Grundbuchamt keine weitere Vollmacht mehr eingereicht zu werden. Die Zurücknahme des Eintragungsantrages bedarf (nun) gleichfalls nicht mehr der in § 29 S. 1 GBO vorgeschriebenen Form (§ 31 S. 2 GBO). Das wird auch für die Vollmacht zur Zurücknahme des Antrages gelten müssen.
56 KG JFG 14, 144; KG JW 1937, 892.
57 *Riggers* Rpfleger 1957, 182 f.; siehe auch *KG* JW 1937, 892, das den Antrag als in dem Zeitpunkt, in dem die Pfändung durch Wegnahme des Briefes wirksam geworden ist, als im Sinne des § 17 GBO eingegangen behandelt.

Gläubiger übergeben, die Pfändung also wirksam geworden ist[58]. Dem Grundbuchamt muss daher nicht gesondert nachgewiesen werden, wie der Gläubiger in den Besitz des Briefes gelangt ist. Der Brief muss dem Grundbuchamt aber auch vorgelegt werden, wenn eine Ersatzübergabe (siehe Rdn. 1817 ff.) erfolgt ist (§ 41 Abs. 1 GBO). Da in einem solchen Fall der Dritte den Brief vorlegt, ein Gläubigerbesitz mithin die Pfändung nicht ausweisen kann, muss auch die Ersatzübergabe, die zur Wirksamkeit der Pfändung geführt hat, in grundbuchmäßiger Form nachgewiesen werden (§ 29 GBO). Die damit auftretenden Schwierigkeiten können es vielfach ratsam erscheinen lassen, in solchen besonderen Fällen von der Grundbuchberichtigung abzusehen. Eintragungsvermerk: Siehe Rdn. 1836 a.

1832 Wenn der Schuldner nicht als Hypothekengläubiger eingetragen ist, weil er selbst die Hypothek durch Abtretung mit Briefübergabe (§ 1154 BGB) oder durch Erbfolge erworben hat, kann die Pfändung erst nach Voreintragung des Schuldners (§ 39 Abs. 1 GBO) oder Nachweis seines Gläubigerrechts durch öffentlich beglaubigte Abtretungserklärung(en) (§ 1155 BGB, § 39 Abs. 1 GBO) eingetragen werden.

Wegen des bei Mitpfändung von Zinsen etwa notwendigen weiteren Nachweises siehe Rdn. 1807.

1833 Die eingetragene Grundbuchberichtigung wird auf dem Hypothekenbrief (§ 62 Abs. 1 GBO), nicht aber auf dem Pfändungsbeschluss vermerkt.

V. Die Buchhypothek

1. *Wirksamwerden der Pfändung*

1834 Die Pfändung einer Forderung, für die eine Buchhypothek besteht (Hypothek ohne Brief, § 1116 Abs. 2 BGB), wird durch Erlass des Pfändungsbeschlusses und Eintragung der Pfändung in das Grundbuch *bewirkt* (§ 830 Abs. 1 S. 3 ZPO). Buchhypotheken, die in dieser Weise zu pfänden sind, sind auch

- die Sicherungshypothek (§§ 1184, 1185 Abs. 1 BGB) unter Einschluss der Zwangs- (§ 866 Abs. 1 ZPO) und Arrestsicherungshypothek (§ 932 ZPO). Siehe aber wegen des Sonderfalls der Sicherungshypothek für verbriefte Forderungen (§ 1187 BGB) unten 8. Kap.
- die Höchstbetragshypothek (§ 1190, insbesondere Abs. 3, i.V.m. § 1185 Abs. 1 BGB). Siehe aber wegen der hier unter Umständen möglichen Pfändung ohne Grundbucheintragung Rdn. 1844.

Durch Grundbucheintragung wird die Pfändung auch dann wirksam, wenn die Hypothek bei Erlass des Pfändungsbeschlusses Briefhypothek

---

[58] *Bohn*, Die Pfändung von Hypotheken etc., N 176; *Tempel* JuS 1967, 123. Wenn dem Grundbuchamt ein fehlerhafter Briefbesitz bekannt ist, kann es in der Briefvorlage den Nachweis der Briefübergabe und damit des Wirksamwerdens der Pfändung nicht erblicken.

war, die Erteilung des Briefes aber nachträglich ausgeschlossen wurde (siehe § 1116 Abs. 2 BGB), bevor die Pfändung durch Briefübergabe wirksam gemacht werden konnte[59].

2. Die Grundbucheintragung

Antrag:

An das Amtsgericht-Grundbuchamt in ...   1835

Im Grundbuch der Gemarkung ... Blatt ... ist auf dem Grundbesitz ... straße Hs. Nr. ... des ... (= Fl. St. Nr. ...) in Abt. III Nr. ... für meinen Schuldner ... eine Hypothek ohne Brief für eine Darlehensforderung von ... Euro nebst ...% Zinsen eingetragen.

Diese Hypothekenforderung wurde mit Beschluss des Amtsgerichts ... vom ..., Aktenz. M .../..., wegen meiner in diesem Beschluss genannten Ansprüche zu meinen Gunsten gepfändet.

Ausfertigung dieses Pfändungsbeschlusses füge ich bei.

Ich beantrage, diese Pfändung in das Grundbuch einzutragen. Die Kosten der Beschlusszustellung haben ... Euro betragen. Dass die Pfändung auch wegen dieser Kosten und der Eintragungskosten erfolgt ist, bitte ich bei der Eintragung zum Ausdruck zu bringen.

a) Die Eintragung der Pfändung der Buchhypothekenforderung erfolgt   1836
auf Grund des Pfändungsbeschlusses (§ 830 Abs. 1 S. 3 ZPO)[60], der nicht zugestellt[61] sein muss (siehe Rdn. 1810)[62], und nur auf Antrag des Gläubigers (§ 13 Abs. 1 GBO). Das Vollstreckungsgericht kann nicht um Eintragung ersuchen. Der Antrag des Gläubigers bedarf nicht der Form des § 29 GBO (wegen der Vollmacht siehe oben Fußn. 55). Wegen der evtl. notwendigen Voreintragung des Betroffenen siehe §§ 39, 40 GBO. Das Antragsrecht des Gläubigers auf Grundbuchberichtigung folgt aus § 14 GBO, sein Recht auf die für den Unrichtigkeitsnachweis (siehe § 22 GBO) notwendigen Urkunden aus § 792 ZPO, § 85 FGG und § 2264 BGB[63]. Wegen der bei mangelhaftem Antrag möglichen Zwischenverfügung siehe § 18 GBO. Unzulässig wird die beantragte Eintragung der Pfändung, wenn dem Grundbuchamt ein Beschluss über die Einstellung der Zwangsvollstreckung bekannt wird (§ 775 ZPO).

---

59 Die Eintragung erfolgt auf Grund des alten Pfändungsbeschlusses. Der Pfändungsbeschluss muss weder berichtigt noch neu erlassen werden.
60 Vorlage des Vollstreckungstitels ist nicht erforderlich, *Zöller/Stöber*, ZPO, Rdn. 9 zu § 830; *Schöner/Stöber*, Grundbuchrecht, Rdn. 2455; **a.A.** *Tempel* JuS 1967, 118 mit weit. Nachw.
61 Zustellung kann dennoch ratsam sein, s. Rdn. 1810.
62 Wenn die Geschäftsstelle die Zustellung vermittelt, kann das Vollstreckungsgericht um Erteilung einer weiteren Ausfertigung des Pfändungsbeschlusses ersucht werden. Der Gläubiger kann dann unverzüglich Eintragungsantrag stellen und so verhindern, dass der Schuldner vielleicht frühzeitig vom Erlass des Pfändungsbeschlusses Kenntnis erlangt und noch rasch über die Hypothek verfügt oder dass andere Pfändungen zuvorkommen; siehe dazu auch *Haegele* Büro 1954, 256.
63 *Haegele* Büro 1954, 256.

6. Kapitel: Pfändung von Grundpfandrechten

1836a b) Die *Grundbucheintragung*[64] erfolgt in Spalte 7 mit Spalten 5 und 6 der Abteilung III (§ 11 Abs. 6 mit 8 GBV). Sie erfordert im *Eintragungsvermerk* bestimmte Bezeichnung der Rechtsänderung mit ihrem gesetzlichen Inhalt, somit Bezeichnung des Gläubigers (§ 15 GBV) und des Pfandrechts (genügend: „Gepfändet für ...") mit Angabe der gesicherten Vollstreckungsforderung. Bezeichnung der Vollstreckungsforderung und ihres Geldbetrages[65] kann auch durch Bezugnahme auf den Pfändungsbeschluss erfolgen[66]; üblich ist die Grundbucheintragung nach den Eintragungsbeispielen GBV Anlage 1 Abt. III Nr. 3 und Anlage 2a Abt. III Nr. 4 Spalten 5–7; in diesen ist wohl deshalb noch auf die Eintragungsgrundlage verwiesen, weil die Forderung nur mit ihrem Geldbetrag, nicht aber als konkret bestimmte Vollstreckungsforderung aus einem bezeichneten Vollstreckungstitel eingetragen und mitvollstreckte Kosten der Pfändung selbst (§ 788 ZPO) überhaupt nicht angegeben sind.

VI. Die Pfandverwertung

1837 1. Eine gepfändete Hypothekenforderung kann zur Einziehung oder an Zahlungs statt *überwiesen* werden. Auch kann ihre *anderweitige Verwertung*, insbesondere Versteigerung, angeordnet werden (§ 844 ZPO).

1837a 2. a) Pfändungs- und Überweisungsbeschluss werden seit jeher und damit seit Generationen (zumeist[67]) *zusammen erlassen* (siehe Rdn. 583). Dieses sachgemäße und praktikable Verfahren stellt schon die Begründung des CPO-Entwurfs und nochmals die sog. BGB-Novelle (1898) als zweckdienlich dar (dazu Rdn. 583); § 314 Abs. 2 AO sieht es ausdrücklich vor. Bedenken dagegen sind nicht begründet (dazu Rdn. 583 mit 618). Gleichwohl hat der *BGH*[68] dieses bewährte gesetzesmäßige Verfahren bei Pfändung einer hypothekengesicherten Forderung als unzulässig bezeichnet. Er nimmt an, die Überweisung als eine Form der Pfandverwertung setze das Bestehen eines voll entstandenen Pfändungspfandrechts (§ 804 Abs. 1 ZPO) voraus. Dieses entsteht bei Pfändung einer Hypothekenforderung erst mit Übergabe des Hypothekenbriefes oder Eintragung der Pfändung in das Grundbuch[69] (§ 830 Abs. 1 ZPO), somit nach Erlass des zusammengefass-

---

64 Hierwegen siehe *Schöner/Stöber*, Grundbuchrecht, Rdn. 2456.
65 Die übliche (und zulässige) Angabe im Eintragungsvermerk dient wohl der Bezeichnung der Forderung, Wirksamkeitserfordernis ist sie bei Bezugnahme nicht.
66 Näher dazu *Schöner/Stöber*, Grundbuchrecht, Rdn. 2456 mit 2450.
67 Wenn Pfandverwertung schon bei Erlass des Pfändungsbeschlusses zulässig ist, nicht somit bei Sicherungsvollstreckung (§ 720 a Abs. 1 ZPO) und nicht bei Arrestvollziehung (§ 930 Abs. 1 ZPO).
68 *BGH* 127, 146 = LM § 830 ZPO Nr. 3 mit Anm. *Walker* = DNotZ 1995, 139 = MDR 1995, 454 mit Anm. *Diepold* = NJW 1994, 3225 = Rpfleger 1995, 119 mit Anm. *Riedel* = ZZP 108 (1995) 250 mit Anm. *Henckel*. Zu dieser Entscheidung auch *Hintzen* und *Wolf* Rpfleger 1995, 94 sowie *Lüke* JuS 1995, 202.
69 Diese Entscheidung und das nachfolgend Ausgeführte beziehen sich somit nicht auf hypothekarische Einzelansprüche, die in der einfachen Form des § 829 ZPO zu pfänden sind (§ 830 Abs. 3 ZPO; dazu Rdn. 1798–1802); für solche Forderungen siehe das Rdn. 1841 Gesagte.

ten Pfändungs- und Überweisungsbeschlusses. Die Überweisung bereits zusammen mit dem Pfändungsbeschluss sei daher als Überweisung einer nicht gepfändeten Forderung unzulässige Verwertung ohne Verwertungsrecht. Dem ist *nicht zuzustimmen*[70]. Mit Erlass des Überweisungsbeschlusses wird die Überweisung nicht schon wirksam. Vielmehr wird die Überweisung, die bereits zusammen mit der Pfändung angeordnet wird, nur gleichzeitig mit der Pfändung wirksam (Rdn. 583).

b) Der *BGH* geht demgegenüber davon aus, der Drittschuldner, dem der Überweisungsbeschluss schon vor Wirksamwerden der Pfändung mit Briefübergabe oder Grundbucheintragung zugestellt wurde, werde in seinem Vertrauen auf den rechtlichen Bestand des Beschlusses nach § 836 Abs. 2 ZPO[71] geschützt[72]. Das ist gleichermaßen nicht zutreffend. Schutz bei Leistung an einen nicht berechtigten hypothekarischen Gläubiger oder den an seiner Stelle zur Einziehung Befugten regelt § 893 BGB, nicht § 836 Abs. 2 ZPO. Geregelt sind Pfändung und Überweisung einer Hypothekenforderung „im Anschluss an das Hypothekenrecht des BGB"[73]. Der Überweisungsbeschluss, nimmt man seine Wirksamkeit mit der (dafür nicht erforderlichen, § 837 Abs. 1 ZPO) Zustellung an, ersetzt daher die förmlichen Erklärungen des Schuldners, von denen nach den Vorschriften des bürgerlichen Rechts die Berechtigung zur Einziehung der Forderung abhängig ist (§ 836 Abs. 1 ZPO). Überweisungswirkungen und Drittschuldnerschutz sind daher der Rechtslage gleich, die sich für den leistenden Forderungsschuldner bei Übertragung oder Verpfändung einer hypothekengesicherten Forderung ergibt[74]. Diese erfordern ebenso wie die Pfändung mehraktigen Verfügungstatbestand. Für Gläubigerwechsel mit Abtretung (§§ 398, 1154 BGB) und (alleinige) Einziehungsbefugnis des Pfandgläubigers (§ 1282 Abs. 1 BGB) muss zum Abtretungs- oder Verpfändungsvertrag noch Briefübergabe oder Eintragung in das Grundbuch hinzukommen. Einen Schutz des Vertrauens bei Leistung einer Hypothekenforderung an den *allein* in einer (selbst öffentlich beglaubigten) Abtretungs- oder Verpfändungserklärung Bezeichneten gibt es daher nicht[75]. Schutz des leistenden Drittschuldners ermöglicht ebenso nicht schon allein der Überweisungsbeschluss, sondern nur der öffentliche Glaube des Grundbuchs (§ 893 BGB).

c) Die Praxis wird der *BGH*-Entscheidung zunächst die (unverdiente) Aufmerksamkeit nicht versagen. Selbst das jedoch gebietet gesonderten, späteren Erlass des Überweisungsbeschlusses nicht. Der *BGH* stellt un-

1837b

1837c

---

70 Hierzu (mit eingehender Begründung) *Stöber* NJW 1996, 1180.
71 Bedeutung erlangt § 836 Abs. 2 ZPO bei Pfändung einer Hypothekenforderung indes nur, wenn ein zu Unrecht erlassener Überweisungsbeschluss zugleich mit dem Pfändungsbeschluss mit Briefübergabe oder Eintragung der Pfändung in das Grundbuch wirksam geworden ist. Dazu *Stöber* a.a.O. (Abschn. V 6).
72 Ähnlich (als Vorinstanz) *KG* JurBüro 1993, 32 mit krit. Anm. *Jungfermann*; dagegen *Zöller/Stöber*, ZPO, Rdn. 7 zu § 836.
73 *Stöber* a.a.O. (Abschn. III) mit weit. Nachw.
74 *Stöber* a.a.O. (Abschn. IV).
75 Hierzu näher *Stöber* a.a.O.

missverständlich heraus, dass er Drittschuldnerschutz nur angenommen hat, weil der Überweisungsbeschluss „seinem äußeren Anschein nach nicht einmal erkennen (hat lassen), dass die Überweisung vorerst unwirksam ist", weil „der Drittschuldner im Gegenteil ohne jeden Vorbehalt aufgefordert (wurde), die geschuldete Leistung an den Gläubiger zu erbringen", er deshalb „dieser Aufforderung gerichtliche Autorität beimessen" musste. Er führt weiter aus, dass „in einem derartigen Fall das Vertrauen in die Wirksamkeit der Überweisung so lange zu schützen (sei), bis der Drittschuldner Kenntnis davon erlangt, dass zu dem ihm zugestellten Überweisungsbeschluss noch etwas hinzukommen muss, damit die Überweisung wirksam wird". Erst von da an sei der Drittschuldner nicht mehr schutzwürdig. Das ermöglicht es, durch entsprechenden Vorbehalt im Überweisungsbeschluss hervorzuheben, dass er nur gleichzeitig mit der Pfändung mit Übergabe des Hypothekenbriefes oder (bei einem Buchrecht) mit der Eintragung in das Grundbuch wirksam wird[76]. Der Zusatz kann lauten:

- *Die Überweisung der durch Briefhypothek gesicherten Forderung wird nur gleichzeitig mit der Pfändung wirksam. Für diese ist außer dem Pfändungsbeschluss die Übergabe des Hypothekenbriefes an den Gläubiger erforderlich (§ 830 Abs. 1 Satz 1 ZPO). Das gilt nur nicht für die nach § 830 Abs. 3 ZPO in einfacher Form pfändbaren hypothekarischen Einzelansprüche (§ 837 Abs. 2 ZPO).*

- *Die Überweisung zur Einziehung der durch Hypothek ohne Brief gesicherten Forderung wird nur gleichzeitig mit der Pfändung wirksam. Für diese ist außer dem Pfändungsbeschluss die Eintragung der Pfändung in das Grundbuch erforderlich (§ 830 Abs. 1 Satz 3 ZPO). Das gilt nur nicht für die nach § 830 Abs. 3 ZPO in einfacher Form pfändbaren hypothekarischen Einzelansprüche (§ 837 Abs. 2 ZPO)[77].*

- *Die Überweisung an Zahlungs statt der durch Hypothek ohne Brief gesicherten Forderung wird mit Eintragung der Pfändung (§ 830 Abs. 1 Satz 3 ZPO) und dieser Überweisung (§ 837 Abs. 1 Satz 2 ZPO) in das Grundbuch wirksam. Das gilt nur nicht für die nach § 830 Abs. 3 ZPO in einfacher Form pfändbaren hypothekarischen Einzelansprüche (§ 837 Abs. 2 ZPO)[77].*

1838 3. a) Die *Überweisung* (siehe § 835 ZPO und Rdn. 578 ff.) *zur Einziehung* wird in allen Fällen, das heißt sowohl bei der Forderung, für die eine Hypothek mit Brief besteht, wie auch bei der durch brieflose Hypothek gesicherten Forderung, mit der Aushändigung des Überweisungsbeschlusses an den Gläubiger wirksam (§ 837 Abs. 1 S. 1 ZPO). Das verbietet die Eintragung dieser Überweisung in das Grundbuch[78].

---

76 So auch *Stöber* a.a.O.; *Walker* Anmerkung LM ZPO § 830 Nr. 3.
77 Bei Pfändung der Hauptforderung einer Sicherungshypothek für Inhaber- oder Orderpapiere (Fall des § 1187 BGB) Formulierung im Hinblick auf § 830 Abs. 3 ZPO anpassen.
78 *KGJ* 33, 276; *Schöner/Stöber*, Grundbuchrecht, Rdn. 2462 und 2484.

b) Ebenso wird auch die *Überweisung an Zahlungs statt* einer Forderung, für die eine Briefhypothek besteht, mit der Aushändigung des Überweisungsbeschlusses wirksam (§ 837 Abs. 1 S. 1 ZPO). Da aber dieser Überweisungsbeschluss die Abtretungserklärung ersetzt (§ 1155 BGB, § 836 Abs. 1 ZPO), kann die Überweisung an Zahlungs statt der Briefhypothekenforderung nach ihrer Wirksamwerden im Wege der Grundbuchberichtigung in das Grundbuch eingetragen werden[79]. 1839

c) Die *Überweisung an Zahlungs Statt* einer Forderung, für die eine brieflose Hypothek besteht, wird erst mit ihrer Grundbuch*eintragung* wirksam (§ 837 Abs. 1 S. 2 ZPO). Die Eintragung erfolgt auf Grund des Überweisungsbeschlusses, der nicht zugestellt sein muss, nach schriftlichem Antrag des Gläubigers[80]. 1840

4. Auch wenn dem Gläubiger die Hypothekenforderung nur zur Einziehung überwiesen ist, kann er allein nach Befriedigung durch den Drittschuldner diesem eine *löschungsfähige Quittung* aushändigen[81]. Zur Bewilligung der Löschung ohne gleichzeitige Quittungserteilung (sog. abstrakte Löschungsbewilligung) ist der Gläubiger, dem die Hypothekenforderung nur zur Einziehung überwiesen ist, aber nicht befugt[82]. Für Gesamtgläubiger (§ 428 BGB) genügt zum Nachweis der Erfüllung Quittung eines der Berechtigten, somit auch löschungsfähige Quittung seines Pfandgläubigers. Pfändung des Rechts nur eines der Gesamtgläubiger berührt das Verfügungsrecht des (oder auch der) anderen Gesamtgläubiger nicht (dazu Rdn. 63); dieser andere Gesamtgläubiger ist jedoch nicht befugt, die Löschung der Hypothek allein zu bewilligen, wenn er damit nicht das gesamte Recht, sondern nur das (gepfändete) Recht des anderen Gesamtgläubigers zum Erlöschen bringen, sein eigenes Recht aber erhalten will[83]. 1841

5. Für Hypothekenforderungen, die nicht nach § 830 ZPO pfändbar sind, sondern auf dem gewöhnlichen Weg des § 829 ZPO gepfändet werden müssen (siehe die Einzeldarstellung Rdn. 1798–1802), gilt das vorstehend Gesagte nicht. Ihre Überweisung erfolgt wie die Überweisung jeder gewöhnlichen Forderung nach dem Rdn. 578 ff. Dargestellten, § 835 ZPO (siehe § 837 Abs. 2 ZPO). Wegen der Höchstbetragssicherungshypothek siehe Rdn. 1844.

6. Anordnung einer *anderen Art der Verwertung*, insbesondere des *freihändigen Verkaufs* oder der *Versteigerung* der gepfändeten Hypothekenforderung, ist nach § 844 ZPO möglich. Bei Versteigerung durch den Gerichtsvollzieher nach § 816 ZPO bedarf es einer notariellen Beurkundung der Abtretungserklärung (§ 1154 Abs. 1 BGB) nicht, weil schon der Zuschlag des Gerichtsvollziehers den dinglichen Übertragungsvertrag ersetzt (siehe Rdn. 1473). Der Ersteher einer Buchhypothekenforderung kann daher auf Grund des Zuschlags des Gerichtsvollziehers als neuer 1842

---

79 Dazu *Schöner/Stöber*, Grundbuchrecht, Rdn. 2484.
80 Siehe auch *Schöner/Stöber*, Grundbuchrecht, Rdn. 2462.
81 *KG* OLG 3, 392; 8, 209; 15, 377; *LG Düsseldorf* MittRhNotK 1982, 23; *Haegele* Büro 1954, 257; s. auch *KG* OLG 41, 179 und 46, 16 (17).
82 *KG* OLG 8, 209; 15, 377; *LG Düsseldorf* a.a.O.; *Haegele* Büro 1954, 257.
83 *OLG Bremen* OLGZ 1987, 29.

Gläubiger eingetragen werden. Mit dieser Eintragung vollzieht sich der Übergang des Rechts. Bei Versteigerung einer Briefhypothekenforderung muss für den Rechtsübergang zum Zuschlag noch die Briefübergabe kommen[84]. Nach dem damit außerhalb des Grundbuchs eingetretenen Erwerb der Hypothekenforderung kann der Ersteher im Wege der Grundbuchberichtigung eingetragen werden. In allen anderen Fällen ist zur wirksamen Vollziehung des Verkaufs oder der Versteigerung die Abtretung der Hypothekenforderung durch den Veräußerer (Versteigerer) an den Erwerber in der Form des § 1154 Abs. 1 BGB notwendig[85]. Auch die vom Vollstreckungsgericht angeordnete Verwertung der Forderung und Hypothek mittels Versteigerung durch eine Privatperson stellt keinen öffentlichen Akt, sondern ein privates Rechtsgeschäft dar. Es finden daher neben § 156 BGB auch hier die §§ 873 Abs. 1, § 1154 BGB Anwendung[86]; die Forderung (samt Hypothek) wird dem Meistbietenden nach Zuschlag (§ 156 BGB) durch den Versteigerer übertragen.

VII. Sonstige Einzelheiten

1843 1. Die *Sicherungshypothek* für eine Forderung aus einer *Schuldverschreibung* auf den *Inhaber*, aus einem *Wechsel* oder aus einem anderen *indossablen* Papier wird wie eine ungesicherte Forderung übertragen (§ 1187 S. 3 BGB). Eine solche Forderung ist daher nicht nach der Vorschrift des § 830 ZPO über die Hypothekenpfändung zu pfänden (siehe § 830 Abs. 3 S. 2 ZPO). Gepfändet und verwertet werden

- Forderungen aus einer Schuldverschreibung auf den Inhaber samt der Hypothek nach §§ 808, 821 ZPO,
- Forderungen aus Wechseln und anderen indossablen Papieren samt der Hypothek nach §§ 808, 831 ZPO.

Siehe deswegen 8. Kap.

1844 2. Die einer *Höchstbetragshypothek* zugrunde liegende Forderung kann *ohne* Hypothek nach den vereinfachten, für die Übertragung von gewöhnlichen Geldforderungen geltenden Vorschriften (§§ 398 ff. BGB, also nicht nach § 1154 BGB) übertragen werden (§ 1190 Abs. 4 S. 1 BGB). Bei solcher Übertragung löst sich aber die Forderung von der Hypothek: Auf den Gläubiger geht nur die Forderung über (§ 1190 Abs. 4 S. 2 BGB); die Hypothek wird in Höhe der abgetretenen Forderung Eigentümergrundschuld. Entsprechendes gilt in der Zwangsvollstreckung. Wenn die Forderung ohne die Hypothek an *Zahlungs statt* überwiesen wird, kann die Forderung nach § 829 ZPO gepfändet werden. Mit Wirksamwerden des

---

84 *KGJ* 31 A 315.
85 *BGH* MDR 1964, 999 = a.a.O. (nachf. Fußn. 86) (auch zur Anwendung der §§ 892 ff. BGB); *Haegele* a.a.O. (Fußn. 63).
86 *BGH* BB 1964, 1063 = LM Nr. 6 zu § 892 BGB = MDR 1964, 999; siehe dort auch zur Frage der Gutgläubigkeit beim Erwerb einer Hypothek.

Pfändungs- und Überweisungsbeschlusses, das heißt mit seiner Zustellung an den Drittschuldner, geht dann nur der gepfändete Betrag der Forderung auf den Gläubiger über; in dieser Höhe wird zugleich die Sicherungshypothek Eigentümergrundschuld (§ 837 Abs. 3 ZPO). Diese Trennung von Forderung und Hypothek soll im Pfändungsbeschluss zum Ausdruck gebracht werden. Selbstverständlich kann der Gläubiger aber auch die Pfändung und Überweisung an Zahlungs statt auf die Hypothek ausdehnen. Dann ist aber, ebenso wie bei der Überweisung zur Einziehung, die Pfändung in der Form des § 830 ZPO, die Überweisung in der Form des § 837 ZPO zu bewirken.

3. Wird erst nach wirksamer Pfändung der *gewöhnlichen Forderung* in der Form des § 829 ZPO für diese eine Hypothek bestellt oder eingetragen, so erstreckt sich das Pfandrecht an der Forderung mit seinem bisherigen Rang ohne weiteres auch auf die Hypothek, die ja Nebenrecht der Forderung ist[87]. Auf die etwa bereits bewilligte, aber noch nicht eingetragene künftige Hypothek muss sich der Pfändungsbeschluss seinem Wortlaut nach nicht beziehen, und zwar auch nicht bei Pfändung des in einem Kaufvertrag mitbegründeten Anspruchs auf Bestellung der Hypothek[88]. Auch bedarf es zur Wirksamkeit der Pfänderstreckung auf die nachträglich eingetragene Hypothek nicht der Eintragung der Pfändung in das Grundbuch oder der Übergabe des nachträglich ausgestellten Hypothekenbriefes an den pfändenden Gläubiger. Wenn jedoch nach Forderungspfändung der Eigentümer als Drittschuldner den Hypothekenbrief an den Pfändungsgläubiger herausgibt, gelangen die Hypothek in der Person ihres Gläubigers und daran zugleich das Pfandrecht des pfändenden Gläubigers zur Entstehung[89]. Die Pfändung kann auf Antrag des Gläubigers nachträglich in das Grundbuch eingetragen werden, weil die Eintragung der Hypothek ohne Pfandrecht das Grundbuch unrichtig macht[90]. Für die Eintragung ist dem Grundbuchamt nachzuweisen, dass die Hypothekenforderung bereits vor Eintragung der Hypothek wirksam gepfändet worden ist. Durch Eintragung der Pfändung wird ein dem Gläubiger nachteiliger gutgläubiger Erwerb der Hypothekenforderung durch Dritte ausgeschlossen (siehe § 892 BGB). Die Herausgabe des für die nachträglich eingetragene – gepfändete – Hypothek ausgestellten Briefes kann der Gläubiger vom Schuldner nach § 836 Abs. 3 S. 1 ZPO verlangen. Er kann für Vollstreckung (§ 836 Abs. 3 S. 3 ZPO) die Ergänzung des Pfändungsbeschlusses, in dem die Briefbezeichnung fehlt, beantragen (siehe Rdn. 1814).

1845

4. Gläubigerwechsel mit *Abtretung* der Vollstreckungsforderung oder Übergang kraft Gesetzes auf einen Dritten nach Eintragung der Pfändung im Grundbuch bewirkt Grundbuchunrichtigkeit; mit der Vollstreckungs-

1845a

---

87 *OLG Hamm* DNotZ 1982, 257 = JurBüro 1980, 1740 = OLGZ 1981, 19 = NJW 1981, 354 (Leits.).
88 *KG* DNotV 1927, 337.
89 *OLG Hamm* a.a.O. (Fußn. 87).
90 *KG* JFG 4, 413; *BayObLG* 32, 23; *OLG Hamm* a.a.O. (Fußn. 87).

forderung ist auch das an der gepfändeten Hypothekenforderung erlangte Pfändungspfandrecht auf den Neugläubiger übergegangen (§ 1250 Abs. 1 mit § 1273 BGB, entspr. Anwendung). Die Eintragung des Neugläubigers als Pfandrechtsgläubiger (vgl. Rdn. 1836 a) ist somit Grundbuchberichtigung[91]. Wenn nur ein *Teil* der Gläubigerforderung abgetreten wurde oder gesetzlich auf einen Dritten übergegangen ist, gilt das für dessen Eintragung als Gläubiger des entsprechenden Forderungsteils.

1846   5. Die Pfändung einer Forderung, für die eine *Gesamt-Buchhypothek* besteht (auch als Belastung mehrerer Bruchteilsanteile von Miteigentümern, § 1114 BGB), wird erst mit Eintragung der Pfändung auf den für alle belasteten Grundstücke (oder Grundstücksteile) geführten Grundbuchblättern, also mit der Eintragung auf dem letzten der mehreren belasteten Grundstücke wirksam[92]. Bis zu dieser Eintragung auf jedem Grundstück besteht ein Pfandrecht überhaupt nicht, also auch nicht für die einzelnen Grundstücke, auf denen die Hypothekenpfändung schon früher eingetragen ist. Pfändung der Gesamthypothek nur hinsichtlich einzelner haftender Grundstücke ist unzulässig[93]. Die Pfändung der Gesamthypothek muss aber nicht notwendig durch einheitlichen Beschluss erfolgen; gegen die mehreren Eigentümer als Drittschuldner können auch nacheinander Einzelbeschlüsse ergehen. Dann wird die zunächst nur auf einem Grundstück erfolgte Eintragung der Pfändung mit dem Hinzukommen der Pfändung und Eintragung auf allen mithaftenden Grundstücken wirksam[94].

1847   Über eine *Gesamtbriefhypothek* ist nur ein Hypothekenbrief erteilt (siehe §§ 59, 63 GBO). Die Pfändung des Gesamtrechts wird daher mit der Übergabe oder Wegnahme dieses Briefes wirksam.

6. Teilpfändung

1848   *Gepfändet wird in Höhe eines Teils von ... Euro nebst den Zinsen aus diesem Teilbetrag seit dem ... die für Veräußerung des Grundstücks ... geschuldete angebliche Kaufpreisrestforderung ... (usw., wie Rdn. 1803).*

Es wird angeordnet, dass der gepfändete Teil der Forderung und der Hypothek Vorrang vor dem nicht gepfändeten Rest hat.

1849   a) Bei *Teil*pfändung muss der Teilbetrag der Hypothek, der gepfändet sein soll, genau feststehen und im Pfändungsbeschluss ziffernmäßig bestimmt bezeichnet sein[95]. Ein gepfändeter Teil des Hypothekenkapitals erlangt nur dann Vorrang vor dem nicht gepfändeten Rest, wenn dieser Vorrang im Pfändungsbeschluss auf Antrag zuerkannt ist (siehe Rdn. 761). Die Teilpfändung aller hypothekarischen Rechte wird gleichfalls nur nach Maß-

---

91   *OLG München* NJW-RR 1988, 981.
92   *RG* 63, 74; *KG* JW 1936, 887 = DNotZ 1936, 575 = HRR 1936 Nr. 440; *KGJ* 33 A 300; 39 A 248; 44, 187; *Zöller/Stöber*, ZPO, Rdn. 9 zu § 830.
93   So auch *Zöller/Stöber*, ZPO, Rdn. 9 zu § 830; *Schöner/Stöber*, Grundbuchrecht, Rdn. 2454.
94   *RG* und *KG* je a.a.O. Fußn. 92; siehe auch Rdn. 55.
95   Siehe *Stöber* Rpfleger 1962, 208 und Rdn. 508.

gabe des § 830 ZPO wirksam; lediglich die auf Kosten und rückständige Zinsen oder andere der Rdn. 1798–1802 genannten besonderen Ansprüche beschränkte Teilpfändung wird durch Zustellung des Pfändungsbeschlusses an den Drittschuldner bewirkt (§§ 829, 830 Abs. 3 ZPO).

b) Bei *Buchrechten* ist die Eintragung der Pfändung des ziffernmäßig bestimmten Teils der Hypothek im Grundbuch erforderlich. Dieser Teil steht, wenn auch wegen der zur Vollstreckungsforderung des Gläubigers geschuldeten *Zinsen* gepfändet ist, nur dann fest, wenn seine Höhe nicht von der Forderung des Gläubigers (zu der ja jeweils Zinsen hinzuwachsen) bestimmt wird[96], sondern unabhängig von ihr als Hypothekenteil bestimmt und klar festgelegt ist. Macht der Pfändungsbeschluss („wegen und in Höhe") die Bestimmbarkeit des gepfändeten Teils von der jeweiligen Höhe der verzinslichen Vollstreckungsforderung abhängig, so kann wegen des im Grundbuchverkehr geltenden Bestimmtheitsgrundsatzes die Pfändung nur als Vollpfändung der ganzen Hypothek angesehen werden[97]. 1850

c) Die *Teil*pfändung einer Forderung, für die eine *Brief*hypothek besteht, wird mit der Übergabe des Briefes wirksam. Die Briefübergabe kann in der Rdn. 1816–1820 dargestellten Weise ersetzt werden. Dadurch, dass der Schuldner den – ungeteilten – Hypothekenbrief zugleich als Eigenbesitzer für sich selbst und als Fremdbesitzer für den pfändenden Gläubiger besitzt, kann die Briefübergabe nicht ersetzt werden[98]. Der Gläubiger kann auch die Herstellung und Aushändigung eines Teilhypothekenbriefes betreiben. Er hat gegen den Schuldner einen Anspruch auf Vorlage des Briefes beim Grundbuchamt zur Bildung des Teilbriefs[99]. Mit der Herstellung und Aushändigung des Teilbriefs wird das Pfandrecht wirksam[100]. Auch bei freiwilliger Vorlage des Stammbriefes beim Grundbuchamt durch einen briefbesitzenden Dritten „zum Zwecke der Herstellung eines Teilbriefs" für den Pfandgläubiger kann die Pfändung wirksam werden[101]. 1851

d) Das Recht *auf die künftigen Zinsen* einer Hypothek kann für sich allein, also ohne das Hypothekenkapital gepfändet werden[102]. Auch diese Pfändung muss aber nach § 830 ZPO, somit durch Briefübergabe oder Grundbucheintragung erfolgen[103]. Bei selbstständiger Pfändung des 1852

---

96 Deren Höhe durch das Anwachsen der Zinsen sich ständig ändert.
97 *KG* HRR 1931, 1707 = JW 1931, 2576 und HRR 1933 Nr. 964. **A.A.** *OLG Oldenburg* NdsRpfl 1970, 114 = Rpfleger 1970,100: Teilpfändung, aber der Beanstandung des Grundbuchamts, die Gläubigerforderung sei noch unbestimmt, kann dadurch Rechnung getragen werden, dass der Antrag an das Grundbuchamt auf bereits entstandene Zinsen beschränkt wird (entschieden für Teilpfändung einer Briefgrundschuld).
98 So (für Briefübergabe bei Abtretung eines Teils einer Briefgrundschuld) *BGH* 85, 263 = DNotZ 1983, 313 = MDR 1983, 218 = NJW 1983, 568.
99 *OLG Oldenburg* Rpfleger 1970, 100.
100 *OLG Oldenburg* a.a.O. (Fußn. 99).
101 *OLG Oldenburg* a.a.O. (Fußn. 99).
102 *RG* 74, 78 (80).
103 *RG* 74, 78 (83).

6. Kapitel: Pfändung von Grundpfandrechten

Rechts auf die künftigen Zinsen bleibt das Zinsrecht vom Fortbestehen der Hauptforderung abhängig und erlischt mit ihr.

1853 7. Der *öffentliche Glaube* des Grundbuchs (§ 892 BGB) steht dem Gläubiger nicht zur Seite, weil er sein Recht durch Zwangsvollstreckung, nicht aber durch Rechtsgeschäft erwirbt[104]. Der Gläubiger kann sich daher nicht darauf berufen, die Forderung sei für den Schuldner im Grundbuch noch eingetragen, wenn die Pfändung deshalb ins Leere stößt, weil die Forderung als solche oder in der Person des Schuldners bereits erloschen, der Schuldner somit nicht mehr Hypothekengläubiger ist.

1854 8. Der im Grundbuch eingetragene *Pfändungsvermerk* kann auf Antrag im Wege der Grundbuchberichtigung (§ 22 GBO) gelöscht werden, wenn nachgewiesen wird, dass der Gläubiger nach § 843 ZPO auf sein Pfandrecht verzichtet hat oder das Pfandrecht sonst untergegangen ist wie z. B. dann, wenn der Pfändungsbeschluss auf Erinnerung oder Beschwerde aufgehoben wurde.

1855 9. Für eine Klage des pfändenden Gläubigers gegen den dinglichen und persönlichen Schuldner aus der Hypothek und der persönlichen Forderung und auf den Hypothekenbrief ist der *dingliche Gerichtsstand* der §§ 24, 25 ZPO gegeben. Dieser Gerichtsstand besteht auch für die Klage des dinglichen und persönlichen Schuldners gegen einen angeblichen Pfändungsgläubiger auf Feststellung, dass ihm „keine Forderung und kein Recht aus der Hypothek und auf den Hypothekenbrief zustehe"[105]. Der Gerichtsstand des § 24 ZPO gilt aber nicht für den Rechtsstreit zwischen dem Schuldner (als Hypothekengläubiger) und einem seiner Gläubiger über die Rechtswirksamkeit einer Pfändung[106]. Bei Pfändung durch das Finanzamt wegen rückständiger Steuern ist für eine auf Löschung des im Grundbuch eingetragenen Pfändungsvermerks gerichtete Klage, die auf Nichtentstehung oder Tilgung der Steuerschuld gestützt ist, der Rechtsweg zu den ordentlichen Gerichten nicht gegeben[107].

VIII. Bruchteilsgemeinschaft an einer Hypothek

1856 Eine Hypothekenforderung und damit ebenso die Hypothek kann mehreren Gläubigern in Bruchteilsgemeinschaft (§§ 741 ff. BGB) zustehen (siehe Rdn. 1549). Von dem Gläubiger nur eines der mehreren Hypothekengläubiger kann dann der Anteil seines Schuldners als Gemeinschafter nach Bruchteilen an der Hypothekenforderung und damit an der Hypothek gepfändet werden. Die Anteilspfändung hat wie die Hypothekenpfändung nach § 830 ZPO zu erfolgen (Rdn. 1549 und 1966). Als Ansprüche

---

104 *RG* 59, 313.
105 *RG* 149, 191.
106 *RG* 51, 231.
107 *BGH* MDR 1967, 293 = NJW 1967, 563 (unentschieden, ob Finanzrechtsweg oder Verwaltungsrechtsweg offensteht).

gegenüber den anderen Gemeinschaftern können der Gemeinschaftsaufhebungs-, Erlösteilungs- und Erlösauszahlungsanspruch mitgepfändet werden (siehe Rdn. 1549).

IX. Anschlusspfändung (mehrfache Pfändung)

1. Auch die Anschlusspfändung wird in *Form* der Erstpfändung bewirkt, also nur durch Briefübergabe oder Grundbucheintragung wirksam. **1857**

2. a) Bei *Briefrechten* kann die Briefübergabe in der Rdn. 1816–1820 dargestellten Weise ersetzt werden; die Herausgabe des Briefes durch den erstpfändenden Gläubiger verbietet sich wegen des damit verbundenen Pfandrechtsverlustes. Die Briefübergabe kann also zum Beispiel in der Weise ersetzt werden, dass der erste Gläubiger und der neu pfändende Gläubiger einen Verwahrungsvertrag schließen, vermöge dessen der zuerst pfändende Gläubiger den Brief künftig zugleich auch für den neu pfändenden Gläubiger besitzen soll[108] oder dass ein gemeinsamer Besitzmittler (z. B. Treuhänder) bestellt wird[109]. Sind weder der erste Gläubiger noch der Schuldner bereit, eine Ersatzübergabe herbeizuführen, so gilt das Rdn. 1822 ff. Gesagte[110]. **1858**

b) Wird vor der Briefübergabe an den Gläubiger, der zeitlich zuerst einen Pfändungsbeschluss erwirkt hat, ein weiterer Pfändungsbeschluss erlassen, so erwirbt der Gläubiger das *besserrangige Pfandrecht*, dem der Brief zuerst übergeben oder für den die Übergabe zuerst im Wege der Zwangsvollstreckung bewirkt wird. *Gleichrang* besteht bei Übergabe an alle Gläubiger gemeinsam oder bei Hinterlegung zugunsten aller. Treffen die Wegnahmeanträge beider Gläubiger beim Gerichtsvollzieher zusammen, so muss dieser den Brief für alle Gläubiger gemeinsam wegnehmen; die Gläubiger erlangen damit ebenfalls Gleichrang. **1859**

c) Der *Gerichtsvollzieher*, der vom zweiten Gläubiger mit der Wegnahme des *Briefes* beauftragt wird, den er nach Vollzug des ersten Wegnahmeauftrags oder deshalb noch *besitzt*, weil er ihm nach § 854 ZPO vorgelegt worden ist, kann das schon bestehende Gewahrsamsverhältnis in Form der Anschlusspfändung (§ 826 ZPO) auf den zweiten Gläubiger ausdehnen[111]. **1860**

d) Haben *mehrere Gläubiger* den Anspruch des Schuldners gegen einen Dritten, der den Brief besitzt, auf *Herausgabe* des Briefes gepfändet, so kann dieser den Brief einem Pfändungsgläubiger nicht mehr aushändigen, ohne sich dem anderen Gläubiger möglicherweise schadensersatzpflichtig zu machen. Der zur Herausgabe verpflichtete und bereite Dritte kann den Brief aber dann in analoger Anwendung des § 854 ZPO für alle Gläubiger **1861**

---

108 *KG* OLG 15, 12; *OLG Frankfurt* NJW 1955, 1483.
109 *OLG Frankfurt* NJW 1955, 1483.
110 Siehe aber auch *Stein/Jonas/Brehm*, ZPO, Rdn. 32–34 zu § 830.
111 *KG* JW 1937, 404; *LG Hildesheim* DGVZ 1960, 72; *Stein/Jonas/Brehm*, ZPO, Rdn. 31 zu § 830.

dem Gerichtsvollzieher übergeben. Mit dieser Übergabe erlangen die Gläubiger Gleichrang[112].

1862 e) Das *Grundbuchamt* muss *mehrere Anträge* auf Eintragung der Pfändung einer Forderung, für die eine *Briefhypothek* besteht, nach der Reihenfolge ihres Eingangs vollziehen (§§ 17, 45 GBO). Dadurch wird aber das außerhalb des Grundbuchs entstandene tatsächliche Rangverhältnis nicht geändert. Dieses Rangverhältnis (ggf. also ein Gleichrang) ist auch einzutragen, wenn es dem Grundbuchamt urkundlich nachgewiesen wird, z. B. durch Vorlage der Gerichtsvollzieher-Wegnahmeprotokolle oder der Vorpfändung[113].

1863 3. Bei *mehrfacher Pfändung einer Forderung, für die eine Buchhypothek besteht*, hat der Gläubiger Vorrang, der zuerst die Eintragung seiner Pfändung in das Grundbuch bewirkt hat (Ausnahme Vorpfändung, siehe Rdn. 1867). Mehrere Anträge auf Eintragung der Pfändung einer Buchhypothekenforderung vollzieht das Grundbuchamt nach der Reihenfolge ihres Eingangs (§§ 17, 45 BGO). Eine Ausnahme besteht nur dann, wenn dem zweiten Antragsteller infolge einer nachgewiesenen Vorpfändung der Vorrang gebührt[114]. Bei gleichzeitiger Grundbucheintragung erlangen die Pfändungen gleichen Rang.

1864 4. Die *Zustellung* eines Pfändungsbeschlusses hat auf das Rangverhältnis mehrerer Pfändungen von Hypotheken (§ 804 Abs. 3 ZPO) keinen Einfluss[115] (Ausnahme nur die Fälle des § 830 Abs. 3 ZPO; siehe Rdn. 1798 ff.). Es bestimmt sich – nach dem Rdn. 1857 ff. Gesagten – ausschließlich nach der zeitlichen Reihenfolge des Wirksamwerdens der Pfändungen durch Briefübergabe oder Grundbucheintragung (wegen der Ausnahme bei Vorpfändung siehe Rdn. 1866, 1867). Ein dem Drittschuldner noch gar nicht zugestellter Pfändungsbeschluss erhält also durch frühere Briefübergabe oder Grundbucheintragung ohne weiteres Vorrang vor einer Pfändung, die dem Drittschuldner schon zugestellt ist.

1865 5. *Nur dem Drittschuldner gegenüber* gilt die Pfändung schon mit der *Zustellung als bewirkt*, wenn der Pfändungsbeschluss ihm vor Übergabe des Hypothekenbriefes oder Eintragung der Pfändung zugestellt worden ist (§ 830 Abs. 2 ZPO). Damit soll verhindert werden, dass der Drittschuldner vor ordnungsgemäß vollzogener Pfändung (d.h. Briefwegnahme oder Grundbucheintragung) noch mit Wirksamkeit gegenüber dem Gläubiger

---

112 So auch *Stein/Jonas/Brehm*, ZPO, Rdn. 30 zu § 830. **A.A.** *Frantz*, Die Hilfsvollstreckung zur Erlangung des Briefes zwecks Pfändung einer Eigentümergrundschuld, NJW 1955, 169, der meint, der erstpfändende Gläubiger habe vor dem anderen ein Recht auf den Besitz erworben, weshalb ihm der Alleinbesitz zur Durchführung seiner Vollstreckung einzuräumen sei und das Vorrecht gebühre.
113 KGJ 35, 301; *Stöber* Rpfleger 1958, 259.
114 *Stöber* Rpfleger 1958, 259; *Schöner/Stöber*, Grundbuchrecht, Rdn. 2461.
115 OLG *Düsseldorf* NJW 1961, 1266; *Stöber* Rpfleger 1958, 257; *Gährs* JW 1933, 1299; **a.A.** – Zustellung bestimmt den Rang – RG 97, 223; *Bertin* JW 1933, 1988; *Simon* JurBüro 1956, 76; *Ripfel* DNotZ 1936, 857; *Schmidt-Ernsthausen* JW 1933, 668 (der irrig nicht den Tag der Zustellung, sondern den des Erlasses des Pfändungsbeschlusses nennt). Zur Unrichtigkeit dieser abweichenden Ansicht siehe aber schon *Stöber* Rpfleger 1958, 257.

an den Schuldner zahlt oder sonst mit diesem zum Nachteil des Gläubigers verfügt, obwohl das Zahlungsverbot bereits zugestellt ist[116]. Diese Vorschrift bringt damit nur eine Sonderbestimmung gegen den Drittschuldner[117]. Diese ist nicht selbstständige Vollstreckungsmaßregel, sondern nur dem Drittschuldner gegenüber eine Rückdatierung der wirklichen Pfändung; sie kommt deshalb nur dann zur Geltung, wenn die Pfändung wirksam nachfolgt[118]. Bis dahin besteht ein Schwebezustand[119]. Wenn die Wirksamkeit der Pfändung durch Briefübergabe oder Grundbucheintragung eintritt, wird *nur* im Verhältnis zwischen Gläubiger und Drittschuldner die Wirkung der Pfändung auf den Zeitpunkt der Zustellung zurückbezogen[120], nicht aber auch gegenüber dem Schuldner (= Gläubiger der Hypothek) und gegenüber dritten Personen[121]. Über das Zahlungsverbot an den Drittschuldner hinaus hat also die Zustellung des Pfändungsbeschlusses keine rechtlichen Wirkungen. Sie begründet daher insbesondere auch keinen Pfändungsrang (§ 804 ZPO)[122]. Der Schuldner (= Gläubiger der Hypothek) kann deshalb auch noch nach Erlass des Pfändungsbeschlusses und nach dessen Zustellung über die Hyothekenforderung frei verfügen[123] und vornehmlich diese abtreten. Eine Abtretung ist, in gleicher Weise wie andere Verfügungen, dem pfändenden Gläubiger gegenüber gültig, weil sie eine Mitwirkung des Drittschuldners nicht erfordert, dem allein gegenüber zunächst die Pfändung als bewirkt gilt[124]. Im Falle einer solchen Verfügung hat der Gläubiger das Nachsehen[125]. Durch eine Abtretung werden deshalb die pfandrechtlichen Bindungen des Drittschuldners gelöst und der Schwebezustand beendet, der ihm gegenüber durch Zustellung des Pfändungsbeschlusses entstanden ist, weil ein Dritter wirksam ein Recht an der Hypothek erworben hat und damit feststeht, dass der Gläubiger ein wirksames Pfandrecht überhaupt nicht mehr erlangen kann[126]. Gegen

---

116 Siehe *OLG Dresden* Seufferts Archiv 68, 343; *Predari* Gruchot 71, 573; *Stöber* Rpfleger 1958, 258.
117 *RG* 76, 231 (233); *OG Danzig* DJ 1938, 1078; *OLG Dresden* Seufferts Archiv 68, 343; *Stöber* a.a.O.
118 *RG* 76, 233; *BGH* 127, 146 (151) = a.a.O. (Fußn. 68); *BayObLG* OLG 33, 108; *Zöller/Stöber*, ZPO, Rdn. 11 zu § 830.
119 *RG* 76, 231 (233); *Predari* Gruchot 71, 573 spricht von einer relativen Wirksamkeit; ähnlich *Mayer* Gruchot 56, 289.
120 *RG* 76, 231 (233); *BayObLG* OLG 33, 108; *Predari* Gruchot 71, 573.
121 *KG* OLG 14, 178.
122 *OLG Düsseldorf* NJW 1961, 1266; *OLG Köln* OLGZ 1991, 154 = Rpfleger 1991, 241 mit Anm. *Hintzen*; *Stöber* Rpfleger 1958, 257 je mit zahlr. Nachw.; *Zöller/Stöber*, ZPO, Rdn. 11 zu § 830; **a.A.** *RG* 97, 223, dessen Ansicht heute allgemein als unrichtig abgelehnt wird.
123 *OLG Düsseldorf* NJW 1961, 1266; *Tempel* JuS 1967, 118; *Zöller/Stöber*, ZPO, Rdn. 11 zu § 830.
124 *Bohn*, Die Pfändung von Hypotheken etc., N. 251.
125 *Stöber* Rpfleger 1958, 258; *Bohn*, Die Pfändung von Hypotheken etc., N. 245.
126 *RG* 76, 231 (233); *Predari* Gruchots Beitr. 71, 573; *Mayer* Gruchot 56, 290; *Stöber* Rpfleger 1958, 258; *Stein/Jonas/Brehm*, ZPO, Rdn. 28 zu § 830; vgl. auch *Korintenberg/Wenz*, ZVG, Einführung Kap. 24 II 1, die Verfügungen des Schuldners über die Hypothek nur dann für wirksam halten, wenn der Erwerber das in dem zugestellten Pfändungsbeschluss enthaltene Verfügungsverbot nicht kannte.

solche Verfügungen kann sich der Gläubiger nicht schützen[127]. In gleicher Weise wird der Schwebezustand zuungunsten des Gläubigers mit der Löschung der Hypothek oder dann beendet, wenn das Recht durch einen Zuschlag in der Zwangsversteigerung erlischt[128]. Auch in diesen Fällen sind die Bindungen des Drittschuldners gelöst, weil von da an dann die Übergabe des Briefes oder die Grundbucheintragung unmöglich ist[129].

6. Zum Recht eines nachpfändenden Gläubigers, mit Erinnerung (§ 766 ZPO) die vorrangige Pfändung auf ihre Wirksamkeit hin überprüfen zu lassen, s. Rdn. 716.

X. Vorpfändung

Schrifttum: *Löscher*, Die Vorpfändung von Hypotheken, JurBüro 1962, 252.

1866 Auch bei Pfändung einer Hypothekenforderung ist eine Vorpfändung nach § 845 ZPO möglich[130]. Für die nur kurzlebige Vorpfändung bedarf es der Briefübergabe oder Grundbucheintragung aber nicht; § 830 ZPO findet daher keine Anwendung[131]. Die Vorpfändung wird vielmehr nach § 845 Abs. 1 ZPO durch Zustellung an den Drittschuldner (siehe Rdn. 800) bewirkt. Für die Wirksamkeit der Vorpfändung ist auch bei hypothekarischen Rechten das Nachfolgen einer vollgültigen Pfändung innerhalb der Monatsfrist notwendig, das heißt das Nachfolgen einer solchen Pfändung, die nach § 830 Abs. 1 ZPO gegenüber jedermann, nicht bloß nach § 830 Abs. 2 ZPO dem Drittschuldner gegenüber wirksam ist[132]. Bei Pfändung einer Buchhypothek ist diese Frist nicht schon durch den Eingang des Eintragungsantrages beim Grundbuchamt, sondern erst durch die Eintragung selbst gewahrt[133].

---

127 Siehe dazu Rdn. 1869 und die in Fußn. 136 (134) genannte Entscheidung sowie *Bohn*, Die Pfändung von Hypotheken etc., N. 245, 251 und 290.
128 Siehe *RG* 76, 231; wegen einer abweichenden Ansicht siehe *Veith* JR 1934, 150, siehe dazu aber *Stöber* Rpfleger 1958, 258 Fußn. 103 und *Tempel* JuS 1967, 118.
129 *RG* 76, 231 (233); *BayObLG* OLG 33, 108. Beachte aber *KG* JFG 14, 448, das für eine *Löschung* Zustimmung des Pfändungsgläubigers verlangt, wenn die Pfändung vor Briefübergabe bzw. Grundbucheintragung bereits dem Drittschuldner gegenüber nach § 830 Abs. 2 ZPO als bewirkt gilt. Zu dieser abweichenden Ansicht siehe aber *OG Danzig* DJ 1938, 1077 f.
130 *RG* 71, 179 (183); *KG* JFG 3, 441; *OLG Hamburg* OLG 23, 213; *Stein/Jonas/Brehm*, ZPO, Rdn. 25 zu § 845; *Zöller/Stöber*, ZPO, Rdn. 13 zu § 830; *Stöber* Rpfleger 1958, 260; *Löscher* JurBüro 1962, 252; zweifelnd nur *Mayer* Gruchot 56, 552.
131 *Stein/Jonas/Brehm*, ZPO Rdn. 25 zu § 845; *Zöller/Stöber*, ZPO, Rdn. 13 zu § 830; so wohl auch *KG* JFG 3, 442 = OLG 45, 200. **A.A.** *OLG Köln* OLGZ 1991, 154 = Rpfleger 1991, 241 mit Anm. *Hintzen* im Anschluss an *Löscher* a.a.O. (Fußn. 130). Ihm kann nicht gefolgt werden. Die von ihm gegebene Begründung überzeugt nicht, weil der Pfändungsrang nicht durch den öffentlichen Glauben des Grundbuchs (der für den pfändenden Gläubiger ja gerade nicht gilt, s. Rdn. 1853), sondern durch die einzelnen Vollstreckungsakte nachgewiesen wird. **A.A.** außerdem *Tempel* JuS 1967, 169.
132 *OLG Hamburg* OLG 14, 211; *Stöber* Rpfleger 1958, 260; *Zöller/Stöber*, ZPO, Rdn. 13 zu § 830.
133 *KG* JFG 3, 442 = OLG 45, 200; *Zöller/Stöber*, ZPO, Rdn. 13 zu § 830.

Für die Vorpfändung kommt der Zustellung der Pfändungsbenachrichtigung volle Wirksamkeit zu, nicht, ähnlich § 830 Abs. 2 ZPO, nur eine beschränkte im Verhältnis einzelner Beteiligter. Bei Nachfolgen einer vollwirksamen Pfändung gilt diese sonach mit dem Zeitpunkt der Zustellung der Vorpfändung als bewirkt. Nach diesem Zeitpunkt bestimmen sich die Wirksamkeit und vornehmlich der Rang der endgültigen Pfändung. Allerdings erfolgt die Vorpfändung vorbehaltlich der Rechte gutgläubiger Dritter. Doch gilt das nicht gegenüber (später) pfändenden Gläubigern, deren Pfandrecht innerhalb der Monatsfrist wirksam wurde, weil es bei Verfügungen im Wege der Zwangsvollstreckung auf den guten Glauben in keinem Falle ankommt (s. Rdn. 1853).

1867

Die Vorpfändung sowohl der Buch- als auch der Briefhypothek kann in das Grundbuch eingetragen werden[134]. Diese Eintragung ist Grundbuchberichtigung; der Eintragungsvermerk kann lauten[135]

1868

„Die Forderung ist zugunsten des ... wegen ... Euro Hauptsache nebst ... % Zinsen seit dem ... und bis zu ... Euro Vollstreckungskosten gemäß § 845 ZPO vorgepfändet. Eingetragen am ..."

1869

Auf andere Weise als durch Vorpfändung, so insbesondere durch Arrest oder einstweilige Verfügung, kann der Gläubiger gegen Verfügungen des Schuldners vor Wirksamwerden der Pfändung durch Briefübergabe oder Grundbucheintragung nicht geschützt werden[136].

XI. Erlöschen der Hypothek mit dem Zuschlag in der Zwangsversteigerung (= der Erlösanspruch)

1. Mit dem Erlöschen der Hypothek durch Zuschlag in der Zwangsversteigerung des belasteten Grundstücks (§ 91 Abs. 1 ZVG) tritt an die Stelle der bisherigen Grundstücksbelastung der Anspruch des Hypothekengläubigers

1870

---

134 *OLG Celle* NdsRpfl 1958, 93; *Stein/Jonas/Brehm*, ZPO, Rdn. 25 zu § 845; *Schöner/Stöber*, Grundbuchrecht, Rdn. 2463. Anders *Hintzen* Rpfleger 1991, 242, der von einem auflösend bedingten Pfandrecht ausgeht, nicht eintragbar sei, weil von einer (eintragbaren) Verfügungsbeschränkung erst gesprochen werden könne, wenn sie rechtlich voll wirksam ist (warum das bei auflösender Bedingung bis Bedingungseintritt nicht der Fall sein soll, bleibt unerfindlich). Sofortige Sicherung des Gläubigers mit Vorpfändung (§ 845 ZPO) muss aber auch Schutz vor Rechtsverlust durch gutgläubigen Erwerb Dritter einschließen. Die Grundbucheintragung ermöglicht und rechtfertigt daher der vollstreckungsrechtliche Schutzzweck des § 845 ZPO, den dessen Absatz 2 von der Zustellung der Benachrichtigung an den Drittschuldner an gewährleistet. Diese vollstreckungsrechtliche Besonderheit hat auch zur Folge, dass für Eintragung bei einem Briefrecht Briefvorlage nicht gefordert werden kann (Sicherung der Vollstreckungsmaßnahme nach § 845 Abs. 2 ZPO ab Zustellung der Benachrichtigung als speziellere Regelung für diesen Ausnahmefall gegenüber §§ 41, 42 GBO); anders auch insoweit *Hintzen* a.a.O.
135 Siehe *Löscher* JurBüro 1962, 252.
136 *OLG Celle* a.a.O. (Fußn. 134); **a.A.** *Tempel* JuS 1967, 168, der aber einräumt, dass das Verfügungsverbot nur geringen Schutz bietet, weil es ohne Briefvorlage nicht in das Grundbuch eingetragen werden kann.

6. Kapitel: Pfändung von Grundpfandrechten

auf Befriedigung aus dem Versteigerungserlös. Dieser Befriedigungsanspruch ist kein hypothekarisches Recht mehr; er wird daher nach der für Forderungsrechte geltenden Vorschrift des § 829 ZPO gepfändet. Diese Pfändung ist wegen der praktischen Bedeutung der Pfändung des an die Stelle einer Eigentümergrundschuld getretenen Erlösanspruchs Rdn. 1980 ff. dargestellt.

1871 2. An *Zubehörstücken,* die der Hypothek haften (siehe § 1120 BGB), besteht diese über ihr Erlöschen am Grundstück mit dem Zuschlag hinaus für den bei der Erlösverteilung nicht befriedigten Gläubiger fort, soweit die Zubehörstücke von der Zwangsversteigerung ausgenommen wurden, insbesondere durch Einstellung oder Aufhebung des Verfahrens hinsichtlich des Zubehörs (§§ 29–31 ZVG). Dieses am nicht versteigerten Zubehör haftende Pfandrecht unterliegt jedoch keiner Grundbucheintragung mehr; daher findet auch § 1154 BGB keine Anwendung. Das am nicht versteigerten Zubehör fortbestehende Pfandrecht wird deshalb formlos abgetreten[137] und demzufolge auch (ebenso der Erlösanspruch) nur noch nach § 829 ZPO gepfändet[138].

XII. Zwangsverwaltung

Zur Hypothekenpfändung während eines Zwangsverwaltungsverfahrens siehe Rdn. 433 ff.

B. Pfändung einer Grundschuld (§ 857 Abs. 6 ZPO)

1872 *Gepfändet werden die angeblich für den Schuldner im Grundbuch des Amtsgerichts ... für Gemarkung ... Blatt ... in Abt. III Nr. ... auf dem Grundstück ... straße Hs. Nr. ... (= Fl. St. Nr. ...) des ... – (dinglicher) Drittschuldner – eingetragene*

- *Grundschuld, für die ein Grundschuldbrief erteilt ist,* oder
- *Grundschuld ohne Brief*

in Höhe von ... Euro (mehr oder weniger) nebst den Zinsen seit dem ...

zusammen[1] *mit der angeblichen Forderung des Schuldners, deren Sicherung die vorbezeichnete Grundschuld dient, nämlich der Forderung aus dem Darlehensvertrag vom ... an ... – (persönlicher) Drittschuldner – auf Rückzahlung des Darlehensbetrages von ... Euro (mehr oder weniger) nebst ...% Zinsen seit dem ...*

---

137 *RG* 125, 362 (366).
138 *RG* 125, 362 (367); *Wieczorek/Schütze/Lüke,* ZPO, Rdn. 11 zu § 830; *Falkmann/ Hubernagel,* Die Zwangsvollstreckung, Anm. 7 zu § 857 (S. 811 „unbewegliche Rechte").
1 Mitpfändung auch des Anspruchs aus abstraktem Schuldversprechen Rdn. 1885 a.

Grundschuldpfändung

I. Die Pfändung nur der Grundschuld

Schrifttum: *Riedel*, Der rechtliche und wirtschaftliche Charakter der Grundschuld (Abschn. 6: Pfändung der Grundschuld), JurBüro 1972, 945 (953); *Tempel*, Zwangsvollstreckung in Grundpfandrechte, JuS 1967, 75, 167.

Die *Grundschuld* (§ 1191 BGB) ist nach § 857 Abs. 6 ZPO ebenso wie die Hypothek (richtig: die Forderung, für die eine Hypothek besteht) zu pfänden. Ihre Pfändung muss daher (Ausnahme: § 830 Abs. 3 ZPO, siehe schon Rdn. 1798–1802) durch Pfändungsbeschluss *und* Übergabe des Grundschuldbriefes (= bei Briefrechten) oder Eintragung der Pfändung in das Grundbuch (= bei Buchrechten) erfolgen (§ 830 ZPO). Das Rdn. 1795 ff. Gesagte gilt daher entsprechend mit Ausnahme der Ausführungen, die sich auf die mit der Hypothek verbundene Forderung beziehen (wegen der Forderung siehe Rdn. 1874 ff.). Wegen des rein dinglichen Charakters der Grundschuld ist bei ihrer Pfändung *Drittschuldner* nur der Grundstückseigentümer (siehe auch Rdn. 1877). 1873

Nur die Pfändung der *Inhaberbriefgrundschuld* des § 1195 BGB (sie hat keine praktische Bedeutung erlangt) erfolgt ausnahmsweise durch den Gerichtsvollzieher nach §§ 808, 821 ZPO (siehe 8. Kap.).

Wegen der Eigentümergrundschuld siehe Rdn. 1913 ff.

II. Sicherungsgrundschuld
(= die Grundschuld und die durch sie gesicherte Forderung)

Schrifttum: *Stöber*, Pfändung einer Grundschuld und der durch sie gesicherten Forderung, BB 1964, 1457; *Huber*, Die Pfändung der Grundschuld, BB 1965, 609.

Als Grundstücksbelastung hat die Grundschuld rein *dinglichen* Charakter. Sie verpflichtet schlechthin zur Zahlung einer bestimmten Geldsumme *aus dem Grundstück*; Entstehen und Bestand der Grundschuld sind von einer Forderung nicht abhängig. Die Grundschuld ist abstrakt; ihrem dinglichen Inhalt nach kann sie mit einer (persönlichen) Forderung nicht verbunden werden (§ 1191 BGB)[2]. Das schließt aber die *schuldrechtliche Abrede*, dass die Grundschuld zur *Sicherung einer Forderung* eingeräumt wird, nicht aus (= fiduziarische Zweckbestimmung). Schuldrechtlich kann vereinbart werden (§ 311 Abs. 1 BGB), dass die Grundschuld wirtschaftlich der Sicherung einer Einzel- oder Kontokorrentforderung dienen soll. 1874

Beispiel: Dem Grundstückseigentümer **Dr**(ittschuldner) hat der **Sch**(uldner) (= Gläubiger des Darlehens) ein Darlehen (§ 488 BGB) gewährt. Zur Sicherung des persönlichen Anspruchs (siehe § 241 BGB) des **Sch** auf Rückzahlung dieses Darlehens (§ 488 Abs. 1 BGB) hat **Dr** auf einem ihm gehörenden Grundstück dem **Sch** eine Grundschuld bestellt.

---

[2] Das ist bei der Hypothek grundsätzlich anders; vgl. deswegen den Wortlaut des § 1113 BGB („zur Befriedigung wegen einer ihm zustehenden Forderung") mit § 1191 BGB.

Beteiligte sind mithin:

Vollstreckung	Darlehens-forderung	Sicherheit	Sicherungs-vertrag
Schuldner	= Darlehens-gläubiger	= Grundschuld-gläubiger	= Sicherungs-nehmer
Dritt-Schuldner	= Forderungs-schuldner	= Grundstücks-eigentümer	= Sicherungs-geber

Schuldrechtliche Beschränkung des Gläubigers der Grundschuld (Sicherungsnehmer) ermöglicht § 137 S. 2 BGB. Die Beschränkung in der Geltendmachung seiner dinglichen Rechtsstellung mit Sicherungsvertrag verpflichtet den Grundschuldgläubiger

- seine Grundschuld nur insoweit geltend zu machen, als dies zur Befriedigung der gesicherten Forderung nötig ist, als sie mithin durch die zu sichernde Forderung gedeckt (auch „valutiert") ist,
- und damit zu warten, bis die gesicherte Forderung fällig ist.

Für *welche Forderung* der Sicherungsnehmer die Grundschuld demnach in Anspruch nehmen (geltend machen) kann, bestimmt sich nach dem Sicherungsvertrag[3]. Für eine Forderung, die danach nicht gesichert ist, darf der Gläubiger die Grundschuld nicht in Anspruch nehmen.

Auch durch die Sicherungsabrede wird die *sachenrechtliche Selbstständigkeit* der Grundschuld jedoch nicht berührt. Die abstrakte Grundschuld[4] bleibt also auch hier *rechtlich* selbstständig und unabhängig vom Schicksal der gesicherten Forderung. Sie steht dem Grundschuldgläubiger (Sch) daher auch dann zu, wenn die Darlehensforderung wieder erloschen oder vielleicht überhaupt nicht entstanden ist[5]. Eine Eigentümergrundschuld gelangt in diesen Fällen kraft Gesetzes nicht zur Entstehung, § 1163 Abs. 1 BGB findet keine Anwendung[6]. Der Anspruch auf Rückgewähr der Grundschuld verschafft (bis zur Erfüllung) seinem Berechtigten (noch) keine Rechte an der Grundschuld[7]. Mit dem Wegfall der gesicherten Forderung und

---

3 Zu Einzelheiten *Schöner/Stöber*, Grundbuchrecht, Rdn. 2323–2326. Erweiterung des Sicherungszwecks einer (vollstreckbaren) Grundschuld ist (bis zur Pfändung, s. Rdn. 1891) formfrei wirksam, *BGH* MDR 1997, 863 = NJW 1997, 2320.
4 Auch der Anspruch auf die Zinsen der Grundschuld ist abstrakt. Er sichert bei der Sicherungsgrundschuld (vorbehaltlich anderer Abrede) alle Haupt- und Nebenforderungen, *BGH* 163, 344 (349) = NJW-RR 2005, 1638 (1640) = NZI 2005, 619 (621) = Rpfleger 2005, 621 (622).
5 Ausnahme § 17 Abs. 2 S. 2 RHeimstG: mit der Forderung erlischt auch die Grundschuld. Die Vorschrift findet nach Aufhebung des RHeimstG auf die am 1. Okt. 1993 im Grundbuch eingetragenen Rechte weiterhin Anwendung, Art. 6 § 1 Abs. 1 S. 2 (auch § 2 Abs. 3) Gesetz vom 17. Juni 1993, BGBl I 912.
6 Siehe hierzu *BGH* DNotZ 1957, 602 = MDR 1958, 24 = Rpfleger 1958, 51 und *RG* 145, 157; 78, 65 sowie *BGH* NJW 1982, 928.
7 *BGH* 108, 237 (246 f) = DNotZ 1990, 581 = MDR 1989, 147 = NJW 1989, 2536; *BGH* 115, 241 (246) = DNotZ 1992, 549 = MDR 1992, 45 = NJW 1992, 110; *BGH* DNotZ 1994, 47 = MDR 1993, 755 = NJW 1993, 1919.

Grundschuldpfändung

des Sicherungszwecks darf aber der Grundschuldgläubiger (Sch) die rechtlich ihm weiter gehörende abstrakte Grundschuld nicht mehr behalten. Er ist seinem Sicherungsgeber (im Beispiel dem Dr) zum Ausgleich der Bereicherung verpflichtet (siehe deswegen Rdn. 1887). Nur wenn die gesicherte Forderung nach Fälligkeit nicht getilgt, das Darlehen also nicht zurückgezahlt wird, hat auf Grund der Sicherungsabrede der Forderungsgläubiger (Darlehensgeber Sch) das Recht, Befriedigung aus der Grundschuld zu suchen. Zu diesem Zweck kann er die Grundschuld (unter Beachtung der zwischen ihm und dem Sicherungsgeber [Dr] getroffenen Abreden)[8] einem Dritten abtreten oder freiwillig versteigern lassen und seine Forderung aus dem Erlös decken oder als dinglicher Gläubiger die Zwangsvollstreckung in das Grundstück betreiben und aus dem Zwangsversteigerungs- oder Zwangsverwaltungserlös Befriedigung finden. Wenn der Darlehensgeber die Grundschuld abweichend von der schuldrechtlichen Sicherungsabrede (z. B. vor Fälligkeit der gesicherten Forderung) geltend macht, kann dem der Eigentümer des belasteten Grundstücks mit Einrede auf Grund des zwischen ihm und dem Grundschuldgläubiger bestehenden Rechtsverhältnisses entgegentreten (für den Fall der Rechtsnachfolge siehe § 1157 BGB).

Zu unterscheiden ist nun, ob pfänden will

a) ein Gläubiger des Sicherungs*nehmers* (im Beispiel Sch als Darlehensgeber und -gläubiger) auf Grund eines gegen diesen als Schuldner erwirkten Vollstreckungstitels die Darlehensforderung (des Sch an Dr) und die (für den Sch) auf dem Grundstück (des Dr) eingetragene Grundschuld (siehe Rdn. 1876 ff.); oder

1875

b) ein Gläubiger des Sicherungs*gebers* (im Beispiel Dr) als Grundstückseigentümer dessen mit Wegfall des Sicherungszwecks, insbesondere Tilgung der Darlehensforderung, zu erfüllenden Anspruch auf die Grundschuld (siehe Rdn. 1886 ff.).

III. Die Pfändung der Grundschuld und der Forderung[9]

1. Wegen des Ausgangsfalls siehe Rdn. 1875 zu a.

a) *Grundschuld* und *Forderung* sind auch in der Zwangsvollstreckung *selbstständig*. Wirksam gepfändet werden können daher (von Gläubigern des Sch im Beispiel Rdn. 1874)

1876

- die Grundschuld *ohne* die Forderung
- die Forderung *allein*, also ohne die Grundschuld
- Grundschuld *und* Forderung zusammen.

b) Die Pfändung *nur der Grundschuld* erfolgt nach § 857 Abs. 6, § 830 ZPO (siehe deswegen Rdn. 1873). Durch die (nicht notwendige, aber zulässige)

1877

---

8 Die Art der Verwertung bestimmt sich nach dem Sicherungsvertrag; Einzelheiten *Schöner/Stöber*, Grundbuchrecht, Rdn. 2327, auch 2328.
9 Zu alledem s. *Stöber* BB 1964, 1457 sowie *Huber* BB 1965, 609.

6. Kapitel: Pfändung von Grundpfandrechten

Zustellung des Pfändungsbeschlusses vor Übergabe des Grundschuldbriefes oder der Eintragung der Pfändung in das Grundbuch wird ein Pfändungsrang (§ 804 Abs. 3 ZPO) nicht begründet (siehe Rdn. 1864, 1865). Drittschuldner ist allein der Grundstückseigentümer, nie der etwa von ihm verschiedene Schuldner der persönlichen Forderung[10].

1878 c) Die nach der Sicherungsabrede durch die Grundschuld wirtschaftlich gesicherte *Forderung* kann nur nach § 829 ZPO (gegebenenfalls auch nach § 831 ZPO) gepfändet werden. Ihre Pfändung wird also nur mit Zustellung des Pfändungsbeschlusses an den Drittschuldner wirksam. Das ist hier der Schuldner der persönlichen Forderung, der Grundstückseigentümer also nur dann, wenn er nicht nur dinglich haftet, sondern persönlich zugleich auch die Forderung schuldet.

1879 d) *Grundschuld u n d Forderung* können aber auch *zusammen* gepfändet werden, weil der Gläubiger gleichzeitig die Zwangsvollstreckung in verschiedene Vermögenswerte seines Schuldners betreiben kann. Der gleichzeitige Pfändungszugriff auf die Forderung und die ihrer Sicherung dienende Grundschuld verstößt nicht gegen das Verbot der Überpfändung[11]. Auch wenn auf Antrag nur ein Pfändungsbeschluss ergeht, liegt aber nur eine äußerliche Zusammenfassung von zwei rechtlich selbstständig zu beurteilenden Vollstreckungsmaßnahmen vor. Im Pfändungsbeschluss müssen daher sowohl die Grundschuld als auch die Forderung als Pfandobjekte und ebenso sowohl der dingliche Drittschuldner als auch der persönliche Drittschuldner hinreichend genau bezeichnet sein. Die Benennung nur der Grundschuld dürfte auch bei Hinweis auf die Sicherungsabrede für die notwendige Bezeichnung der persönlichen Forderung nicht genügen[12]. Auch bei Erlass nur eines Beschlusses kann die gleichzeitige Pfändung von Grundschuld und Forderung nicht einheitlich wirksam gemacht werden. Die Grundschuldpfändung wird vielmehr nur durch Briefübergabe oder Grundbucheintragung (siehe Rdn. 1873), die Forderungspfändung nur durch Beschlusszustellung an den persönlichen Drittschuldner wirksam.

2. Gefahren bei Einzelpfändung – Gesamtpfändung ratsam[13]

a) *Pfändung nur der Grundschuld*

1880 aa) Der schon *fällig bestehende Rückgewähranspruch* (siehe deswegen Rdn. 1874 und 1887) gibt dem Grundstückseigentümer als Drittschuldner seinem Grundschuldgläubiger gegenüber und damit auch gegen den Pfän-

---

10 *Stöber* BB 1964, 1457; *Tempel* JuS 1967, 167.
11 *Stöber* BB 1964, 1457.
12 So auch *Tempel* JuS 1967, 168; **a.A.** *Kowalski*, a.a.O. (Fußn. 18) S. 59, der die Bezeichnung „die durch die Grundschuld gesicherte persönliche Forderung" für ausreichend hält; siehe dazu aber *Stöber* BB 1964, 1458 Fußn. 17. „Überweisung" nur der gepfändeten „Forderung" ist nicht auf die mitgepfändete Grundschuld zu beziehen; s. Rdn. 588 a.
13 Dazu s. insbes. auch *Stöber* BB 1964, 1457; *Huber* BB 1965, 609.

dungsgläubiger eine dauernde *Einrede* gegen die Geltendmachung der Grundschuld[14]. Ist die gesicherte Forderung bereits erloschen und hat sich damit der Sicherungszweck schon vor Wirksamwerden der Pfändung erledigt, so kann der Drittschuldner (= der Grundstückseigentümer) als Sicherungsgeber den fälligen Rückgewähranspruch als Einrede aus dem zwischen ihm und dem Grundschuldgläubiger (Sicherungsnehmer) bestehenden Rechtsverhältnis auch dem pfändenden Gläubiger gegenüber geltend machen. Das gilt auch, wenn der pfändende Gläubiger vom Bestehen des treuhänderischen Rechtsverhältnisses keine Kenntnis hatte, weil ein gutgläubiger Erwerb, der die Einrede ausschließen würde (s. § 1157 S. 2 BGB), durch Zwangsvollstreckung nicht erlangt werden kann. Die Verpflichtung zur Erfüllung des Rückgewähranspruchs nimmt dem Gläubiger die Möglichkeit, aus einer gepfändeten konditionsreifen Grundschuld Befriedigung zu erlangen. Das gilt auch dann, wenn der Rückgewähranspruch nicht dem Grundstückseigentümer, sondern – infolge Abtretung usw. – einem anderen Berechtigten zusteht. Denn dann kann der berechtigte Dritte Erfüllung des Rückgewähranspruchs auch vom Pfandgläubiger verlangen oder der Grundstückseigentümer die Einrede erheben, dass die Erledigung des Sicherungszwecks die Verwertung und Befriedigung aus der Grundschuld ausschließt[15]. Bei schon fälligem Rückgewähranspruch bietet deshalb die Pfändung der Grundschuld keine Befriedigungschance.

bb) *Besteht* bei Pfändung der Grundschuld allein der *Sicherungszweck* noch, ist der Rückgewähranspruch also noch nicht fällig, so gilt folgendes, wenn

1. *Schuldner* der gesicherten Forderung und *Eigentümer* des mit der Grundschuld belasteten Grundstücks *nicht personengleich* sind:

Die Grundschuldpfändung bewirkt keine Pfandverstrickung der gesicherten Forderung[16]. Denn das Zahlungsverbot wirkt nur gegen den Drittschuldner, gegen den es erlassen und wirksam geworden ist (Rdn. 502). Mit Wirksamwerden der Grundschuldpfändung (§ 830 ZPO) verbietet daher das Verfügungsverbot nur dem Grundstückseigentümer als Drittschuldner Leistungen, nicht aber dem von ihm verschiedenen (Dritt)Schuldner der persönlichen Forderung[17]. Letzterer kann daher die nicht gepfändete per-

1881

---

14 *BGH* LM Nr. 1 zu § 1169 BGB = Rpfleger 1952, 487; auch *BGH* 22, 128 = NJW 1957, 137. Siehe auch *OLG Köln* JMBlNRW 1970, 41 = BB 1970, 1233 mit Anm. *Huber*, das darlegt, dass bei Abtretung dem bösgläubigen Erwerber der Grundschuld die Einrede der Nichtvalutierung entgegengehalten werden kann, und *BGH* NJW 1972, 1463, wonach der Grundstückseigentümer gegen die Inanspruchnahme durch den Zessionar einer Grundschuld den Rückübertragungsanspruch als Einrede nur dann geltend machen kann, wenn der Zessionar den Sicherungscharakter *und* die Nichtvalutierung der Grundschuld kannte; s. dazu jedoch *Lopau* NJW 1972, 2253.
15 *Stöber* BB 1964, 1458 f.
16 So schon *RG* 135, 272, das die umgekehrte Frage verneint, ob die Pfändung der Forderung auch die Sicherungsgrundschuld ergreift. Siehe dazu auch *Stöber* BB 1964, 1459 und *Huber* BB 1965, 610 Fußn. 3.
17 Gegen diesen hätte nach § 829 ZPO gepfändet werden müssen.

6. Kapitel: Pfändung von Grundpfandrechten

sönliche Forderung ungeachtet der Grundschuldpfändung an den (Pfändungs-)Schuldner mit der Wirkung erfüllen, dass der Rückgewähranspruch fällig und auch dem (Pfändungs-)Gläubiger gegenüber durchsetzbar wird[18]. Mit diesem Wegfall der gesicherten Forderung verliert der Gläubiger somit wieder die Möglichkeit, Befriedigung aus der gepfändeten Grundschuld zu erlangen.

1882 Aber auch vor Zahlung der Forderung kann der Gläubiger oft keine Befriedigung aus der gepfändeten Grundschuld erlangen. Denn die Grundschuld ist lediglich Sicherungsrecht der Forderung, das nur nach Maßgabe der in der Sicherungsabrede getroffenen Vereinbarungen verwertet werden darf[19]. Diese sehen aber regelmäßig vor, dass die Verwertung der Grundschuld bis zur Fälligkeit der Forderung und gegebenenfalls sogar bis zu dem Zeitpunkt, in dem die Uneinbringlichkeit der Forderung endgültig feststeht, also solange der Schuldner mit der Erfüllung seiner Verpflichtungen auf die persönliche Forderung nicht in Verzug ist, unzulässig ist. Ein solcher Fall, der das Recht zur Verwertung der Grundschuld gibt, wird jedoch praktisch nur selten einmal vorkommen. Soweit und solange aber keine Befugnis des Schuldners als Sicherungsnehmer zur Grundschuldverwertung besteht, kann der dingliche Drittschuldner auch dem pfändenden Gläubiger nach §§ 1157, 1192 BGB die Einrede aus der Sicherungsabrede entgegenhalten[20], die diesem die Möglichkeit der Befriedigung aus der gepfändeten Grundschuld nimmt[21].

---

18 *Stöber* BB 1964, 1457; *Kowalski*, Die Grundschuld im modernen Grundbuchverkehr, S. 58; *Bohn*, Die Pfändung von Hypotheken, Grundschulden usw., N. 189; **a.A.** *Huber* BB 1965, 610: Der Vollstreckungsgläubiger hat ein einredefreies Pfand- und Einziehungsrecht an der Grundschuld erlangt. Durch die nachträgliche Bezahlung der gesicherten Forderung kann der Eigentümer auf Grund des § 1157 S. 1 BGB eine Einrede gegen den Vollstreckungsgläubiger daher nicht erwerben. Die Erfüllung der Forderung kann daher dem Pfändungsgläubiger nicht entgegengehalten werden. Jedoch ist die Grundschuld, solange die Forderung noch besteht, nicht einredefrei. Der Gläubiger ist vielmehr in der Geltendmachung seiner Grundschuld beschränkt: er darf sie nur insoweit geltend machen, als dies zur Befriedigung der gesicherten Forderung nötig ist (Rdn. 1874). Daher kann auch der Pfandgläubiger kein einredefreies Pfandrecht an der Grundschuld erlangen. Der Rückgewähranspruch besteht als Einrede zudem aufschiebend bedingt bereits seit Abschluss des Sicherungsvertrags (Rdn. 1987). Bedingungseintritt kann der Gläubiger mit Grundschuldpfändung auch nicht ausschließen. Weil das Zahlungsverbot grundsätzlich nur gegen den Drittschuldner wirkt, an den es gerichtet ist, nicht jedoch gegen Dritte (Rdn. 502), bleibt der Forderungsschuldner auch nach Pfändung (nur) der Grundschuld (sie ist Sicherungsrecht) zur Erfüllung seiner nicht gepfändeten Forderung an ihren Gläubiger weiterhin verpflichtet (und berechtigt). Zum Fall der Abtretung siehe *RG* 91, 218 (225) (siehe außerdem *RG* WarnRspr. 1914 Nr. 292 sowie *RG* JW 1928, 2772, 2784 und *Friedrich* NJW 1968, 1655); **anders** dagegen OLG Köln BB 1970, 1233 mit Anm. *Huber* = JMBlNRW 1970, 41 (43); BGH BB 1967, 1144.
19 *Kowalski*, Die Grundschuld im modernen Grundbuchverkehr, 2. Aufl. 1939, S. 58.
20 Durch Pfändung als Zwangsvollstreckungsmaßnahme „gutgläubig" kein einredefreier Erwerb, siehe bereits Rdn. 1880.
21 Siehe auch bereits Rdn. 1874 a.E.

2. *Schuldner* der gesicherten Forderung und *Eigentümer* des mit der Grundschuld belasteten Grundstücks die *gleiche Person* ist.

1883

Auch dann erstreckt sich die Pfändung der Grundschuld nicht auf die vom gleichen (Dritt)Schuldner geschuldete persönliche Forderung. Das folgt aus der Tatsache, dass der eine Drittschuldner zwei rechtlich grundsätzlich verschiedene Ansprüche schuldet, deren Pfändung nur nach verschiedenen Bestimmungen wirksam werden kann (§§ 829, 830, 857 Abs. 6 ZPO). Der Grundstückseigentümer, der die von ihm ebenfalls geschuldete, nicht gepfändete Forderung an ihren Gläubiger (= den Pfändungsschuldner) zahlt, verletzt daher nicht das Zahlungsverbot; seine Zahlung auf die Forderung macht deshalb die Grundschuld wiederum dem pfändenden Gläubiger gegenüber kondiktionsreif, so dass er die Möglichkeit der Befriedigung aus der Grundschuld verliert[22]. Man wird auch nicht sagen können, der Drittschuldner verstoße bei solcher Leistung gegen die Grundsätze von Treu und Glauben. Dieser Einwand scheidet jedenfalls dann aus, wenn die Verrechnung aller Zahlungen auf die Forderung vereinbart und nur die Forderung, nicht aber die Grundschuld als Sicherungsrecht, fällig ist.

b) *Pfändung nur der Forderung*

Die Pfändung nur der Forderung gibt nach dem Rdn. 1880–1883 Ausgeführten zwar eine bessere Chance auf Befriedigung. Diese kann aber daran scheitern, dass der Drittschuldner der Forderung zahlungsunfähig wird, so dass nur noch dingliche Leistung, also Erfüllung des Befriedigungsanspruchs aus der Grundschuld als Sicherungsrecht, zu erlangen ist. Bei Pfändung nur der Forderung wird jedoch ein Recht an der Sicherungsgrundschuld nicht erlangt[23]. Der Gläubiger, der nur die Forderung gepfändet hat, muss außerdem damit rechnen, dass ihm der Forderungsschuldner (Drittschuldner) sein Zurückbehaltungsrecht entgegenhält. Dieser kann sich auf Grund der Sicherungsabrede darauf berufen, dass er die Forderung, die gegen ihn geltend gemacht ist, nur Zug um Zug gegen Rückgewähr der Grundschuld zu leisten hat[24]. Er kann somit insbesondere die Leistung (Erfüllung der Forderung) von der Herausgabe der zur Löschung der Grundschuld als Sicherungsrecht erforderlichen urkundlichen Unterlagen abhängig machen[25]. Diesem Verlangen kann der Gläubiger, dessen Pfandrecht sich nur auf die Forderung erstreckt, aber nicht entsprechen[26]. Auch können dem Gläubiger daraus Schwierigkeiten erwachsen, dass nicht die gepfändete Forderung, sondern die ungepfändete Grundschuld an ihren Gläubiger (den Vollstreckungsschuldner) gezahlt wird. Ob dann Zahlung

1884

---

22 Siehe dazu des Näheren noch *Stöber* BB 1964, 1459; a.A. *Tempel* JuS 1967, 168.
23 *RG* 135, 272.
24 *BGH* NJW 1982, 2768; *BGH* DNotZ 1992, 35 = MDR 1991, 753 = NJW 1991, 1821.
25 *Stöber* BB 1964, 1460; *Tempel* JuS 1967, 168.
26 Wegen der Befugnis des Gläubigers, der die Grundschuld gepfändet hat und dem sie überwiesen ist, löschungsfähige Quittung zu erteilen, siehe Rdn. 1841 i.V.m. Rdn. 1873.

auf die Grundschuld zugleich auch das Erlöschen der gesicherten Forderung zur Folge hat, bestimmt sich nach der Sicherungsabrede. Wenn der Grundstückseigentümer auch Forderungsschuldner ist, wird nach dem Sinn und Zweck der Sicherungsabrede im Regelfall davon ausgegangen, dass dann, wenn der Schuldner im Zeitpunkt der Leistung auf die dingliche Schuld berechtigt ist, auch die Forderung zu befriedigen, mit Leistung auf die dingliche Schuld im Umfang dieser Leistung auch die persönliche Schuld erlischt[27]. Auch wenn nach Befriedigung des Sicherungsnehmers aus der (sichernden) Grundschuld die Forderung fortbesteht, kann deren Gläubiger aber die gesicherte Forderung gegen den (persönlichen) Schuldner nicht mehr geltend machen (wenn er dadurch doppelte Befriedigung erlangen würde)[28]. Auch könnte der Vollstreckungsschuldner die ungepfändete Grundschuld an einen gutgläubigen Dritten mit der Folge abtreten, dass dem Grundstückseigentümer (der auch Schuldner der Forderung ist) gar keine andere Wahl als Zahlung der Grundschuld bleibt. In all diesen Fällen bietet die Pfändung nur der Forderung dem Gläubiger keine oder doch nur eine sehr unsichere Befriedigungschance.

c) *Pfändung der Forderung zusammen mit der Grundschuld*

1885 Diese Vollstreckung bietet nach dem vorstehend Gesagten allein einen risikofreien Pfändungszugriff. Bei Abfassung des Überweisungsbeschlusses ist dann jedoch darauf zu achten, ob dem Gläubiger (zur Einziehung) überwiesen werden soll nur die gepfändete Forderung oder nur die gepfändete Grundschuld oder Forderung und Grundschuld zusammen (hierzu Rdn. 588 a).

Oft wird der Gläubiger allerdings nicht oder nicht genau wissen, ob und welche Forderung durch eine Grundschuld seines Schuldners gesichert ist. Aufschluss vermag die Eintragungsbewilligung bei den Grundakten geben (Einsichtsrecht: § 12 Abs. 1 GBO), sofern die Sicherungsabrede in der gleichen Urkunde niedergelegt ist. In sonstigen Fällen kann zunächst nur die Grundschuld gepfändet und durch Zustellung mit der Aufforderung des § 840 ZPO oder mit Schuldnerauskunft nach § 836 Abs. 3 ZPO in Erfahrung gebracht werden, ob durch die Grundschuld eine Forderung gesichert ist und welche. Die gesicherte Forderung kann dann sogleich nach Abgabe der Drittschuldnererklärung oder Schuldnerauskunft gepfändet werden.

---

27 *BGH* DNotZ 1981, 389 = MDR 1981, 38 = NJW 1980, 2198; *BGH* DNotZ 1987, 502 = MDR 1987, 484 = NJW 1987, 838; *BGH* 105, 154 (157) = DNotZ 1989, 358 = NJW 1988, 2730; *Schöner/Stöber*, Grundbuchrecht, Rdn. 2330. Aber kein Schutz des leistenden Eigentümers nach § 893 (mit § 1138) BGB, dass die Grundschuld eine bestimmte Forderung sichert, *BGH* NJW 1996, 1207; **a.A.** (Zahlung auf die Grundschuld an den nicht berechtigten, aber eingetragenen Gläubiger befreit auch von der persönlichen Verpflichtung), *Tiedtke* NJW 1997, 851. Zur Besonderheit, wenn nur ein Miteigentümer (2 von 3 Miterben) auf die gesicherte Forderung zahlt, *BGH* FamRZ 1999, 433 = MDR 1999, 376 = MittRhNotK 1999, 52 = NJW-RR 1999, 504 (505), und wenn der zahlende Grundstückseigentümer nicht auch persönlicher Forderungsschuldner ist, *BGH* 80, 228 = MDR 1981, 660 = NJW 1981, 1554 mit weit. Nachw.
28 *BGH* 105, 154 = a.a.O. (Fußn. 27).

U.U. kann der Vollstreckungsschuldner zur eidesstattlichen Vermögensversicherung (§ 807 ZPO) geladen werden.

IV. Pfändung des Anspruchs aus Schuldversprechen

Gepfändet wird der angebliche Anspruch des Schuldners an ... – Drittschuldner – aus dem Schuldversprechen, das mit Übernahme der persönlichen Haftung wegen des Anspruchs aus der als Belastung des Grundstücks ... bestellten Grundschuld mit/ohne Brief zu ... Euro zu Urkunde des Notars ... vom ... UrkRNr. ... und Vertragsannahme durch den Schuldner begründet wurde. 1885a

Dem Gläubiger der Grundschuld (und der Forderung) ist der Sicherungsgeber vielfach auch persönlich zusätzlich aus abstraktem Schuldversprechen (§ 780 BGB) verpflichtet. Es kommt mit Vertragsschluss zustande, für den der Grundstückseigentümer bei Grundschuldbestellung „wegen der Ansprüche aus der Grundschuld" zusätzlich die *persönliche Haftung* mit seinem ganzen übrigen Vermögen übernimmt (die Annahmeerklärung des Berechtigten = späteren Schuldners in der Zwangsvollstreckung, bedarf keiner Form). Darin liegt ein abstraktes Schuldversprechen in Höhe des Nennbetrags der Grundschuld und sämtlicher Nebenleistungen nach § 780 BGB[29]. Die Grundschuld und der (mit Vertragsschluss) durch das Schuldversprechen begründete Anspruch (§ 780 BGB) sind selbstständige Vermögensrechte[30]. Als eigenes Vermögensrecht des Schuldners unterliegt auch sein durch das Schuldversprechen begründeter Anspruch (§ 780 BGB) gegen den Sicherungsgeber der Pfändung. Dessen Pfändung muss nach § 829 ZPO erfolgen. Pfändung (nur) der Grundschuld und (oder) der durch sie gesicherten Forderung erstreckt sich nicht zugleich auf die mit dem Schuldversprechen übernommene persönliche Haftung[31]. Gefordert werden kann der durch Grundschuld und abstraktes Schuldversprechen gesicherte Betrag freilich nur einmal. Soweit der Gläubiger der Grundschuld aus dieser Befriedigung erlangt (oder nicht mehr verlangen kann, weil die gesicherte Forderung erloschen und die Grundschuld zurückzugewähren ist), kann er daher aus dem Schuldversprechen nicht mehr vorgehen[32]; dann kann auch seinem Pfandgläubiger entgegengehalten werden, dass der Anspruch aus dem Schuldversprechen nicht verfolgt werden kann. Es kann aber nach der Sicherungsabrede Befriedigung aus der Grundschuld erlaubt sein, diese jedoch in der Zwangsversteigerung erlöschen, ohne dass ihr Gläubiger Zahlung aus dem Grundstück erlangt[33] (ausfallendes Recht) oder die Grundschuld mangels Eintragung nicht entstanden (und auch mit 1885b

---

29 *BGH* DNotZ 1976, 364 = NJW 1976, 567; *OLG München* MittBayNot 1982, 238.
30 *BGH* DNotz 1992, 657 = MDR 1992, 669 = NJW 1992, 971.
31 Siehe auch *LG München II* MittBayNot 1979, 126, wonach die Abtretung der Grundschuld nicht zugleich die Abtretung der Forderung aus dem abstrakten Schuldversprechen beinhaltet.
32 *BGH* DNotZ 1992, 657 = a.a.O.
33 *BGH* MDR 1991, 339 = NJW 1991, 286.

einer Eintragung nicht mehr zu rechnen) sein[34]. Dann können die Rechte aus dem Schuldversprechen geltend gemacht, mithin auch vom pfändenden Gläubiger verfolgt werden.

C. Pfändung des Rückgewähranspruchs durch Gläubiger des Grundstückseigentümers

1886 *Gepfändet wird der angebliche Anspruch des Schuldners an ... – Drittschuldner – auf Rückgewähr durch*

- *Übertragung (= Abtretung) oder*
- *Verzicht (§§ 1168, 1192 BGB) oder*
- *Aufhebung (§§ 875, 1183, 1192 BGB)*

der im Grundbuch des Amtsgerichts ... für Gemarkung ... Blatt ... in Abt. III Nr. ... auf dem Grundstück ... straße Hs. Nr. ... (= Fl. St. Nr. ...) eingetragenen Grundschuld mit – ohne – Brief in Höhe von ... Euro (mehr oder weniger).

Anzuschließen sind

- *die Grundschuldüberweisung (siehe Rdn. 1901)*
- *die Pfändung der Eigentümergrundschuld (siehe Rdn. 1906)*

I. Wegen des Ausgangsfalls siehe Rdn. 1875 zu b.

II. Der Rückgewähranspruch

Schrifttum: *Capeller*, Die Zwangsvollstreckung in die durch den Schuldner zur Sicherheit eines Kontokorrentkredits bestellte Grundschuld, MDR 1953, 153; *Dempewolf*, Die Pfändung eines Anspruchs auf Rückgewähr einer Sicherungsgrundschuld, NJW 1959, 556; *Reithmann*, Zulässiger Ausschluss des Rückübertragungsanspruchs bei löschungsbestimmten Grundschulden, WM 1990, 1985; *Ripfel*, Zweifelsfragen bei der Grundschuld als Kreditsicherungsmittel, DFG 1938, 185; *Schneider*, Die Pfändung einer nicht valutierten oder nicht vollvalutierten Sicherungsgrundschuld, JW 1938, 1630; *Stöber*, Pfändung hypothekarischer Rechte und Ansprüche, RpflJB 1962, 303; *Stöber*, Die Pfändung des (Rück-)Übertragungsanspruchs bei Sicherungsgrundschulden, Rpfleger 1959, 84; *Stöber*, Rückgewährs- (insbes. Abtretungs-) und Löschungsvormerkung bei der Sicherungsgrundschuld, RpflJB 1960, 120.

1887 1. Der Anspruch des Sicherungsgebers[1] gegen den Grundschuldgläubiger auf Rückgabe der sicherungshalber bestellten (oder abgetretenen)

---

34 *BGH* DNotZ 1992, 657 = a.a.O.
1 Dass der **Eigentümer** Sicherungsgeber ist, ist der Regelfall. Es kann aber auch so sein, dass ein Dritter mit der für ihn auf dem Grundstück eines anderen eingetragenen Grundschuld durch deren Abtretung an einen seiner Gläubiger diesem Sicherheit leistet. Berechtigter des Rückgewähranspruchs ist dann dieser frühere Grundschuldgläubiger, so dass nur dessen Gläubiger in den Rückgewähranspruch vollstrecken können. Für diesen Fall gelten die dargestellten Grundsätze in gleicher Weise. Das gilt auch, wenn der Anspruch nach Abtretung einem Dritten zusteht (siehe Rdn. 1889) und nun von seinen Gläubigern gepfändet werden soll.

Grundschuld nach Wegfall des Sicherungszwecks[2] (= Nichtentstehen oder Erlöschen der Forderung, siehe dazu Rdn. 1874) folgt aus dem mit Sicherungsvertrag begründeten Schuldverhältnis oder aus § 812 BGB[3]. Dieser schuldrechtliche Anspruch wird allgemein als „Rückgewähranspruch" bezeichnet. Er gelangt bereits mit Abschluss des Sicherungsvertrags als durch Tilgung der gesicherten Forderung aufschiebend bedingter (nicht als künftiger) Anspruch zur Entstehung[4].

2. *Gläubiger* des Rückgewähranspruchs ist der Sicherungsgeber immer dann, wenn nicht für den Einzelfall in der Sicherungsabrede der Anspruch einer anderen Person (z. B. einem weiteren Gläubiger des Grundstückseigentümers) zugewiesen und wenn er nicht abgetreten ist. Auf einen Sonderrechtsnachfolger[5] im Eigentum geht der Anspruch eines Grundschuldbestellers nicht ohne weiteres, sondern nur durch Abtretung, die auch stillschweigend geschehen kann[6], über[7]. Nebenrecht eines (begünstigten) nachrangigen Grundpfandrechts ist der Anspruch auf Rückgewähr einer

1887a

---

2   Wenn der Gläubiger (nur) die gesicherte Forderung (ohne die Grundschuld) abtritt (isolierte Abtretung), steht dem Sicherungsgeber ein Anspruch auf Rückgewähr der Grundschuld nur dann zu, wenn nach den Gesamtumständen der Sicherungszweck entfallen ist (*BGH* MDR 1991, 532 = NJW 1991, 305 = Rpfleger 1991, 105). Das hängt davon ab, dass von den Beteiligten keine Sicherungsabrede (auch nicht stillschweigend) mit der Bestimmung getroffen wurde, dass die bei der isolierten Forderungsabtretung in der Hand des bisherigen Gläubigers verbleibende Grundschuld trotzdem die abgetretene Forderung weiterhin sichert, *BGH* a.a.O.
3   *BGH* DNotZ 1957, 602 = MDR 1958, 24 = Rpfleger 1958, 51; *BGH* MDR 1985, 492 = NJW 1985, 800; *BGH* 108, 237 (243) = DNotZ 1990, 581 = MDR 1989, 147 = NJW 1989, 2536 (2537 re.Sp.); *BGH* NJW 1991, 305. Siehe dazu auch *Weber*, Der Rückübertragungsanspruch bei der nichtvalutierten Sicherungsgrundschuld, AcP 1969, 237.
4   *BGH* LM Nr. 14 zu § 313 BGB (weitere Nachw. Fußn. 33); *BGH* DNotZ 1977, 542 = MDR 1977, 301 = NJW 1977, 247 mit Hinweis auf die Gegenmeinung; *BGH* NJW 1982, 2768; *BGH* DNotZ 1983, 42 = NJW 1982, 928; *BGH* MDR 1987, 137 = NJW-RR 1987, 76; *BGH* MDR 1989, 238 = NJW-RR 1989, 873; *BGH* 106, 375 (378) = DNotZ 1989, 617 = MittBayNot 1989, 143 = NJW 1989, 1349; *BGH* NJW-RR 1990, 1202; *BGH* DNotZ 1992, 35 = MDR 1991, 753 = NJW 1991, 1821; auch *Stöber* RpflJB 1960, 123. Nicht klar demgegenüber *BGH* MDR 1983, 387 = NJW 1983, 752 im Hinblick darauf, dass dem Eigentümer die Einrede i.S. der § 1192 Abs. 1, § 1157 S. 1 BGB nur dann zusteht, wenn im Zeitpunkt der Abtretung bereits der gesamte Einredetatbestand verwirklicht gewesen ist. Gegen diese *BGH*-Entscheidung *Wilhelm* NJW 1983, 2917.
5   Zur Einrede aus § 1157 BGB und zum Schicksal des schuldrechtlichen Rückübertragungsanspruchs bei Sonderrechtsnachfolge durch Abtretung der Grundschuld des Sicherungsnehmers an einen Dritten, der nicht in die aus der Sicherungsabrede oder ungerechtfertigter Bereicherung sich ergebende Schuld eintritt, siehe *BGH* BB 1967, 1144.
6   Zur unentgeltlichen Zuwendung bei Schenkung eines Grundstücks (Grundstücks-Miteigentumsanteils) *BGH* DNotZ 1985, 699 = MDR 1985, 841 = NJW 1985, 2031 (Leits.). Zur Abtretung an einen Dritten im Hinblick auf die „Ablösung" des gesicherten Darlehens s. *OLG Schleswig* Rpfleger 1997, 267.
7   *BGH* LM Nr. 1 zu § 1169 BGB = Rpfleger 1952, 487; *BGH* NJW 1983, 2502 (2503); *BGH* MDR 1986, 930 = NJW 1986, 2108 (2110); *Stöber* Rpfleger 1959, 84 mit weit. Nachw. in Fußn. 9.

vorrangigen Grundschuld nicht; mit Ablösung (§ 1150 mit § 1192 Abs. 2, § 268 BGB) der nachrangigen Grundschuld des Gläubigers des Rückgewähranspruchs geht dieser daher nicht nach § 401 Abs. 1, § 412 BGB auf den Ablösenden über[8].

Ein Grundstückskaufvertrag ist, wenn der Grundstückserwerber auch die gesicherte Schuld übernimmt, mangels ausdrücklicher anderweitiger Bestimmung dahin auszulegen, dass darin für den Fall der Tilgung der gesicherten Forderung zugleich eine stillschweigende Abtretung des Rückgewähranspruchs gegen den Grundschuldgläubiger aus dem Sicherungsvertrag liegt[9]. Wenn der Grundstückseigentümer (insbesondere ein Bauträger) bei Veräußerung des Grundstücks dem Kreditgeber des Erwerbers zur Sicherung der Kaufpreisforderung eine Grundschuld bestellt, kann aus der Auslegung der Sicherungsabrede die sofortige Entstehung des Anspruchs auf Rückgewähr in der Person des Grundstückserwerbers und neuen Eigentümers folgen[10]. Es kann auch mit Eintritt in den Sicherungsvertrag (erfordert Zustimmung des Sicherungsnehmers) ein Übernehmer des Vertrags als Rechtsnachfolger des bisherigen Vertragspartners (Sicherungsgebers) den Anspruch auf Rückgewähr der Grundschuld erlangt haben[11].

Wenn bei Zwangsversteigerung eines Grundstücks eine Grundschuld bestehen geblieben ist (§ 52 Abs. 1 ZVG) und der Ersteher für die gesicherte (persönliche) Forderung nicht haftet (hierzu § 53 Abs. 2 ZVG), stehen die Rechte aus dem Sicherungsvertrag weiterhin dem Sicherungsgeber zu. Der Ersteher kann dem Grundschuldgläubiger keine Einreden entgegensetzen, die sich aus dem zwischen dem früheren Eigentümer (Sicherungsgeber) und dem Gläubiger (Sicherungsnehmer) abgeschlossenen Sicherungsvertrag ergeben.[12]

1887b 3. Der Anspruch richtet sich (nur) *gegen* den Grundschuldgläubiger (als Sicherungsnehmer), mit dem der Sicherungszweck der Grundschuld verabredet ist, oder denjenigen, der Partei des Sicherungsvertrags war oder der in die schuldrechtlichen Verpflichtungen aus dem Sicherungsvertrag eingetreten ist[13]. Stillschweigende Vereinbarung einer Übernahme der Verbindlichkeit aus dem Sicherungsvertrag enthalten Abtretung von Grundschuld und

---

8 *BGH* 104, 26 = DNotZ 1988, 778 = MDR 1988, 670 = NJW 1988, 1665.
9 *BGH* LM Nr. 1 zu § 1169 BGB = a.a.O. (Fußn. 7); *BGH* MDR 1984, 483 (484) = NJW 1983, 2502 (2503); *BGH* DNotZ 1992, 35 = a.a.O. (Fußn. 4).
10 *OLG Hamm* ZIP 1983, 806. Pfändung des Rückgewähranspruchs durch einen Gläubiger des Grundstückseigentümers/-veräußerers geht dann ins Leere. Dann aber auch Drittwiderspruchsklage des Gläubigers des Rückgewähranspruchs gegen den Pfändungsbeschluss, der den Rückgewähranspruch als angeblichen Anspruch des Grundstücksveräußerers und bisherigen Eigentümers ausweist; *OLG Hamm* a.a.O.
11 *BGH* NJW 1986, 2108 = a.a.O. (Fußn. 7).
12 *BGH* 155, 63 = DNotZ 2003, 707 = MDR 2003,943 = NJW 2003, 2673 = Rpfleger 2003, 522.
13 *BGH* NJW 1985, 800 = a.a.O. (Fußn. 3); *BGH* 108, 237 (243) = NJW 1989, 2536 (2537 re.Sp.) = a.a.O.; *BGH* NJW 1991, 105 (re.Sp.) = a.a.O.

Forderung nicht[14]. Der Eigentümer des Grundstücks hat dann aber einem neuen Gläubiger der Grundschuld gegenüber Anspruch nach § 1169 (mit § 1192) BGB darauf, dass er auf die Grundschuld verzichte, wenn ihm die durch den Sicherungsvertrag begründete Einrede aus dem zwischen dem Eigentümer des Grundstücks (als Sicherungsgeber) und dem Grundschuldgläubiger (als Sicherungsnehmer) bestehenden Rechtsverhältnis entgegengesetzt werden kann[15]. Bei einredefreiem (gutgläubigem) Erwerb mit Abtretung der Grundschuld (§ 1157 S. 2, § 892 mit § 1191 Abs. 1 BGB) besteht dieser Anspruch aus § 1169 BGB somit nicht. Gutgläubiger Erwerb der Grundschuld frei von dieser Einrede scheidet jedoch mit Übergang kraft Gesetzes aus, wenn ein nachrangiger Grundpfandgläubiger als Ablösungsberechtigter (§§ 1150, 268 BGB) den Grundschuldgläubiger befriedigt hat[16].

4. Erfüllt werden kann der Rückgewähranspruch durch

- Übertragung (= Abtretung) der Grundschuld auf (an) den Anspruchsberechtigten,
- Verzicht auf die Grundschuld (§§ 1168, 1192 BGB),
- Aufhebung der Grundschuld (§§ 875, 1183, 1192 BGB).

Diese drei Leistungen sind wahlweise geschuldet (Wahlschuldverhältnis, § 262 BGB); das Wahlrecht steht aber nicht dem zur Leistung verpflichteten Grundschuldgläubiger, sondern dem berechtigten Sicherungsgeber zu[17]. Abweichende Vereinbarung (Wahlrecht des Grundschuldgläubigers) ist zulässig; sie ist üblich.

Wenn der Sicherungsgeber nicht mit dem Grundstückseigentümer identisch ist, darf der Gläubiger nicht ohne Einwilligung des (anspruchsberechtigten) Sicherungsgebers auf die Grundschuld verzichten oder ihre Löschung bewilligen[18] (wäre zum Schadensersatz verpflichtende Pflichtverletzung, weil der [nicht anspruchsberechtigte] Grundstückseigentümer begünstigt wäre). Auch wenn der Eigentümer des Grundstücks mit Zuschlag gewechselt hat (§ 90 Abs. 1 ZVG), die Grundschuld somit bestehen geblieben ist, ist Erfüllung des dem bisherigen Eigentümer als Sicherungsgeber verbliebenen Rückgewähranspruchs durch Verzicht (würde dazu führen, dass der nicht anspruchsberechtigte Ersteher als neuer Grundstückseigentümer die Grundschuld erwirbt, § 1168 mit § 1192 Abs. 1, § 1175 BGB) oder Erteilung der Löschungsbewilligung (Löschung würde

1887c

---

14 *BGH* NJW 1985, 800 = a.a.O.
15 *BGH* NJW 1985, 800 = a.a.O.; *BGH* 108, 237 (243) = NJW 1989, 2536 (2537 re.Sp.) = a.a.O.
16 *BGH* DNotZ 1986, 342 = MDR 1986, 403 = NJW 1986, 1487 mit abl. Anm. *Canaris*; dazu *Rimmelspacher* WM 1986, 809 und *Reinicke* und *Tiedtke* WM 1986, 813.
17 *BGH* 108, 237 (244) = NJW 1989, 2536 (2538 li.Sp.) = a.a.O.; *BGH* NJW-RR 1994, 847; *Stöber*, Rpfleger 1959, 84 mit weit. Nachw. in Fußn. 7; *Dempewolf* NJW 1959, 556; *OLG Frankfurt* JurBüro 1985, 790 = a.a.O. (Fußn. 23).
18 *BGH* 106, 375 (379) = a.a.O. (Fußn. 4).

das Grundstück des Erstehers entlasten) nicht mehr möglich[19]. Der Rückgewähranspruch kann nur noch durch Abtretung der Grundschuld an den Sicherungsgeber (den sonst Berechtigten des Rückgewähranspruchs) erfüllt werden, es sei denn, dass für die Rückgewähr etwas anderes vereinbart ist[20]. Als abweichende Vereinbarung hält jedoch die Formularklausel eines Kreditinstituts, dem Grundschuldbesteller stehe nur ein Anspruch auf Löschung oder Verzicht – kein Übertragungsanspruch – zu, der Inhaltskontrolle jedenfalls dann nicht stand, wenn die Geltung dieser Klausel nicht ausgeschlossen ist für den Fall, dass im Zeitpunkt der Rückgewähr das Eigentum an dem belasteten Grundstück durch den Zuschlag gewechselt hat[21].

III. Pfändung des Rückgewähranspruchs

1888 1. Der Rückgewähranspruch ist ein *selbstständiges Vermögensrecht* des Sicherungsgebers (oder sonstigen Berechtigten). Als solches unterliegt er dem *Pfändungszugriff*[22] der Gläubiger des Sicherungsgebers (oder anderen Berechtigten)[23].

1889 2. Die *Pfändung* muss nach § 857 Abs. 1, § 829 ZPO durchgeführt werden, weil ein schuldrechtlicher Anspruch[24], und nicht ein dinglicher Anspruch aus der Grundschuld gepfändet wird[25]. Die Grundschuld, auf die sich der gepfändete Rückgewähranspruch bezieht, muss im Pfändungsbeschluss hinreichend bestimmt bezeichnet werden[26]. Das erfordert insbesondere auch eine hinreichende Bezeichnung des belasteten Grundbesitzes[27]. Wirksam wird die Pfändung nur mit Beschlusszustellung an den Drittschuldner. Drittschuldner ist allein der zur Rückgewähr Verpflichtete[28] (zu ihm Rdn. 1887 b). Wenn die Grundschuld nach Abschluss des

---

19 *BGH* 106, 375 = a.a.O. (Fußn. 4); *BGH* NJW-RR 1988, 1146 (1148 re.Sp.); *BGH* NJW 1990, 1002 (re.Sp.).
20 *BGH* 106, 375 = a.a.O.
21 *BGH* 106, 375 = a.a.O.
22 Nicht etwa nur einer Hilfspfändung.
23 *BGH* 11, 43 = DNotZ 1954, 185 = JR 1954, 218 mit Anm. *Schütz* = JZ 1954, 438 mit Anm. *Raiser* = NJW 1954, 190; *BGH* 108, 237 (242) = NJW 1989, 2536; *BGH* NJW-RR 1991, 1197 = KKZ 1993, 37; *OLG Frankfurt* JurBüro 1985, 790 = VersR 1984, 71; *Hoche* NJW 1956, 145; *Linde* NJW 1957, 450; *Dempewolf*, Der Rückübertragungsanspruch etc., S. 22; *Stöber* Rpfleger 1959, 84; *Dempewolf* NJW 1959, 556.
24 Daher keine Grundbucheintragung, *BGH* NJW-RR 1991, 1197 (1198) = a.a.O.
25 *BGH* JurBüro 1959, 511 = DNotZ 1959, 598 = MDR 1959, 571 und 755 = Rpfleger 1959, 273 sowie *BGH* JurBüro 1961, 390 = MDR 1961, 675 = Rpfleger 1961, 291 mit Anm. *Stöber*; *BGH* 108, 237 (245) = NJW 1989, 2536 (2538 li.Sp.) = a.a.O.; *Stöber* Rpfleger 1959, 84; *Ripfel* DFG 1938, 189.
26 Zu den Anforderungen an die Bezeichnung des Rückgewähranspruchs s. *BGH* NJW-RR 1991, 1197 (1198) = a.a.O. Zur Auslegung des Pfändungsbeschlusses, der den „Anspruch auf den Erlösanteil in dem Zwangsversteigerungsverfahren ... aus den in Abt. III lfd. Nr. ... eingetragenen Rechten" bezeichnet, *BGH* NJW-RR 1992, 612 (614).
27 *BGH* JurBüro 1975, 751 = MDR 1975, 567 = NJW 1975, 980.
28 *Stöber* Rpfleger 1959, 84; *BGH* 11, 43 (a.a.O. Fußn. 23); *BGH* 108, 237 = NJW 1989, 2536 = a.a.O.

Sicherungsvertrags abgetreten wurde, kann das der ursprüngliche Grundschuldgläubiger als Sicherungsnehmer oder sein Rechtsnachfolger sein (Rdn. 1887 b). Bei Briefrechten ist die Entstehung des Pfandrechts am Rückübertragungsanspruch nicht vom Briefbesitz abhängig[29]. Neben dem Rückgewähranspruch besteht ein Anspruch auf Herausgabe des Grundschuld*briefes* als pfändbares selbstständiges Vermögensrecht nicht[30]. Auch eine Hilfspfändung des Briefherausgabeanspruchs des Sicherungsgebers (Rückgewährberechtigten; zu ihr Rdn. 705) verbietet sich, weil der Gläubiger zur wirksamen Pfändung des Rückgewähranspruchs nicht in den Briefbesitz gelangen muss. Die Pfändung des Anspruchs auf Rückgewähr der Grundschuld umfasst auch den schuldrechtlichen Anspruch auf Herausgabe des Briefes nicht als unselbstständigen Nebenanspruch[31]. Die Briefübergabe gewährleistet vielmehr das Mitwirkungsrecht des Pfandgläubigers bei Erfüllung des (gepfändeten) Übertragungsanspruchs (Rdn. 1895), während bei Leistung des Verzichts- oder Aufhebungsanspruchs (Rdn. 1893, 1894) der pfändende Gläubiger nicht in den Briefbesitz gelangen kann.

Steht der gepfändete Anspruch dem Schuldner tatsächlich nicht zu, so ist der Pfändungsbeschluss hinfällig[32] (Rdn. 486). Rechte eines Dritten, dem der Anspruch schon vorher abgetreten worden ist, werden also durch die Pfändung nicht berührt[33]. Ein Zessionar als Gläubiger des Rückgewähranspruchs ist mithin nicht gehindert, Erfüllung zu verlangen. Ein Pfändungspfandrecht wird an dem bereits abgetretenen Rückgewähranspruch auch nicht für den Fall der Rückzession bewirkt[34]. Der abredegemäß nicht abtretbare[35] (§ 399 BGB) Rückgewähranspruch ist mit gleichwohl erfolgter Abtretung aber nicht aus dem Vermögen des Berechtigten ausgeschieden; er kann von seinen Gläubigern daher gepfändet werden (§ 851 Abs. 2 ZPO; s. Rdn. 767).

3. Die Pfändung kann auf *alle drei* der wahlweise geschuldeten Ansprüche ausgedehnt oder auf einen *Einzel*anspruch (z. B. nur den Übertragungsanspruch) beschränkt werden. Ist nur ein Einzelanspruch gepfändet, so kann im Hinblick auf die Einheitlichkeit des Schuldverhältnisses der Pfändungsschuldner die nicht gepfändeten anderen Einzelansprüche nicht

1890

---

29 *Ripfel* DFG 1938, 189; *Stöber* Rpfleger 1959, 84; *BGH* JurBüro 1961, 390 MDR 1961, 675 = Rpfleger 1961, 291 mit Anm. *Stöber*; *BGH* NJW-RR 1991, 1197 (1198) = a.a.O.
30 So auch *LG Berlin* Rpfleger 1978, 331.
31 Insoweit anders *LG Berlin* a.a.O. (Fußn. 30).
32 *BGH* NJW-RR 1991, 1197 (1198) = a.a.O.; *BGH* NJW-RR 1992, 612 (613); *OLG Schleswig* Rpfleger 1997, 267.
33 *RG* 143, 113 (116); *BGH* DNotZ 1958, 383 (386) mit Anm. *Hoche* = LM Nr. 14 zu § 313 BGB = Rpfleger 1958, 53 (55) mit Anm. *Bruhn*.
34 Dazu Rdn. 769; dort Nachweise und Hinweis auf Gegenansicht.
35 Ein die Abtretung des Rückgewähranspruchs betreffender *formularmäßiger Zustimmungsvorbehalt* einer Bank ist jedenfalls dann wirksam, wenn die Grundschuldsicherheit nicht von dem Grundstückseigentümer gegeben wurde, *BGH* 110, 241 = NJW 1990, 1601. Zur Zulässigkeit von Abtretungs-Ausschlussklauseln in Formularverträgen s. auch *Reithmann* WM 1990, 1985.

mehr geltend machen[36] und der Drittschuldner sie nicht mehr erfüllen[37]. Nach Pfändung des Rückübertragungsanspruchs kann daher ein zweiter Gläubiger, der den Löschungsanspruch gepfändet hat, den Drittschuldner nicht zur Löschung der Grundschuld zwingen, um dadurch die Entstehung des Pfandrechts des erstpfändenden Gläubigers an der Grundschuld selbst mit Erfüllung des Rückübertragungsanspruchs (siehe Rdn. 1895) zu verhindern[38]. Zu empfehlen ist die Pfändung nur eines Einzelanspruchs allerdings nicht; denn im Einzelfall kann durch abweichende Vereinbarung oder durch die bereits vom Schuldner getroffene Wahl das Schuldverhältnis schon auf einen Einzelanspruch konkretisiert oder aber dem Drittschuldner das Wahlrecht eingeräumt sein. In solchen Fällen bringt die Pfändung des nicht geschuldeten oder zu leistenden Einzelanspruchs dem Gläubiger keine Befriedigung, während die Pfändung der Gesamtansprüche aus dem einheitlichen Schuldverhältnis jedenfalls den zu leistenden Einzelanspruch erfasst und so unter Umständen durchaus noch eine Befriedigungsmöglichkeit sichern kann.

1890a Ein Anspruch auf *Auskunft* oder *Rechnungslegung* ist neben dem Rückgewähranspruch nicht pfändbar. Daher kann auch ein Anspruch auf „Bekanntgabe der Höhe der persönlichen Forderung" nicht mitgepfändet werden[39]. Wenn der Sicherungsvertrag den Sicherungsnehmer zur Auskunft und/oder Rechnungslegung verpflichtet, ist der Gläubiger, der den Rückgewähranspruch gepfändet hat, berechtigt, auch diesen Nebenanspruch geltend zu machen (dazu Rdn. 1741).

IV. Die Wirkungen der Pfändung

1891 1. a) Die *Rechte des Grundschuldgläubigers* berührt die Pfändung des Rückgewähranspruchs nicht. Er kann daher die ein Kontokorrentverhältnis sichernde Grundschuld nach Maßgabe der Sicherungsabrede durch Auszahlung des dem Schuldner zustehenden Kredits weiter ausfüllen[40] (valutieren)[41]. Jedoch kann der Sicherungsvertrag, der den Grundschuldgläubiger in der Geltendmachung seiner dinglichen Rechte auf den Siche-

---

36 *Stöber* Rpfleger 1959, 84. Die Pfändung kann aber nicht im Wege der Auslegung des Pfändungsbeschlusses auf die anderen Einzelansprüche – bei Pfändung des Verzichtsanspruchs also nicht auf den Übertragungs- oder Löschungsanspruch – ausgedehnt werden, siehe *Stöber* a.a.O. mit Nachweisen und *Dempewolf* NJW 1959, 559.
37 *Dempewolf* NJW 1959, 559.
38 *Dempewolf* NJW 1959, 559.
39 **Anders** *AG Dorsten* Rpfleger 1984, 424, dem aber nicht zugestimmt werden kann.
40 Entsprechendes gilt bei der nicht oder nicht voll valutierten Höchstbetragssicherungshypothek; siehe daher auch Rdn. 1954.
41 Die Grundschuld sichert nicht nur die im Zeitpunkt der Pfändung gerade bestehende Forderung des Gläubigers, sondern die Forderung aus dem Kontokorrentverhältnis in ihrem jeweiligen Stand; vgl. dazu *Capeller* MDR 1953, 153; *Ripfel* DFG 1938, 189. **A.A.** nur, aber nicht klar, *Schneider* JW 1938, 1631 (Fußn. 10), der meint, der Eigentümer dürfe weitere Darlehen nicht aufnehmen.

rungszweck beschränkt und damit auch bestimmt, für welche Forderung(en) die Grundschuld in Anspruch genommen werden darf, nach Pfändung des Rückgewähranspruchs nicht mehr zum Nachteil des pfändenden Gläubigers abgeändert werden. Die Erweiterung der Berechtigung des Grundschuldgläubigers als Sicherungsnehmer durch Abrede mit dem Sicherungsgeber (Vollstreckungsschuldner) beeinträchtigt die Berechtigung des Pfandgläubigers. Er muss daher mitwirken[42].

b) Sein Recht, Befriedigung aus der Grundschuld zu suchen (siehe Rdn. 1874) kann der Grundschuldgläubiger auch nach Pfändung des Rückgewähranspruchs verfolgen; er kann mithin auch die Grundschuld vertragsgemäß im Wege der Abtretung oder freiwilligen Versteigerung verwerten[43].

c) Abtreten kann der Grundschuldgläubiger die Grundschuld nach Pfändung des Rückgewähranspruchs auch, wenn die Verfügung nicht zur Verwertung für Befriedigung des Sicherungsnehmers, damit pfandrechtswidrig erfolgt. Als Rechtsinhaber bleibt der Grundschuldgläubiger zur Verfügung über das Grundpfandrecht befugt. Als Drittschuldner ist ihm nach § 829 Abs. 1 S. 1 ZPO nicht Verfügung über die Grundschuld, sondern (nur) Erfüllung des Rückgewähranspruchs an den Schuldner verboten. Anspruchswidrige Übertragung des Grundpfandrechts an einen Dritten schließt die Pfändung des Rückgewähranspruchs somit nicht aus; die Haftung bei anspruchswidriger Verfügung bestimmt sich nach den allgemeinen Grundsätzen des Schuldrechts. Daher hindert die Pfändung des Rückgewähranspruchs auch die Grundbucheintragung der Abtretung der Grundschuld an einen Dritten nicht[43a]. Das Grundbuchamt hat schuldrechtliche Rechtsbeziehungen, damit nach Pfändung des Rückgewähranspruchs auch nicht zu prüfen, ob die Abtretung zur Verwertung der Grundschuld oder anspruchs- und damit pfandrechtswidrig erfolgt[43b]. Bei Abtretung einer Briefgrundschuld wird der Rechtsübergang überdies bereits durch Abtretungsvertrag (§§ 398, 413, auch § 873 BGB) mit Abtretungserklärung in schriftlicher Form und Übergabe des Grundschuldbriefes bewirkt (§§ 1154 mit 1192 Abs. 1 BGB); Gläubigerwechsel mit Abtretung bewirkt Grundbuchunrichtigkeit (§ 894 BGB), kann somit nur noch als Grundbuchberichtigung in das Grundbuch eingetragen werden. Für diese Eintragung kann das Grundbuchamt nicht prüfen, ob die Abtretung nach Pfändung des Rückgewähranspruchs etwa anspruchswidrig erfolgt ist. Der Sicherung des gepfändeten (nur) schuldrechtlichen Rückgewähranspruchs gegen eine anspruchswidrige Verfügung über die Grundschuld

1891a

---

42 Siehe *BGH* 75, 221 = MDR 1980, 224 = NJW 1980, 175 (entschieden für Sicherung weiterer Forderungen durch Vorbehaltskäufer nach Übertragung des Anwartschaftsrechts auf Erwerb des Volleigentums an einen Dritten als Zweiterwerber).
43 *RG* 143, 113 (116 f.); *OLG Schleswig* Rpfleger 1997, 267; *Ripfel* DFG 1938, 189; *Hoche* NJW 1956, 146; *Stöber* Rpfleger 1959, 86; s. auch Rdn. 1912a.
43a *Stöber* DNotZ 1999, 742 kritisch zu *OLG Hamburg* DNotZ 1999, 740 = NJW-RR 1999, 600; *Schöner/Stöber*, Grundbuchrecht, Rdn. 2395; *Alff* Rpfleger 1999, 373.
43b *Stöber* DNotZ 1999, 742 (743); *Alff* Rpfleger 1999, 373 (375).

dient die *Vormerkung* (§ 883 BGB), die auch Rechte des pfändenden Gläubigers wahrt (Rdn. 1900).

1892 2. Der *Gläubiger* kann nach Überweisung des Anspruchs zur Einziehung[44] *Erfüllung des Rückgewähranspruchs* verlangen, sobald dieser fällig ist[45]. Bei der Grundschuld, die ein Kontokorrentverhältnis sichert, tritt die Fälligkeit frühestens mit der Beendigung der Geschäftsverbindung durch Kündigung oder Fristablauf ein[46]. Der pfändende Gläubiger ist zur Kündigung aber nicht berechtigt; er kann das Kündigungsrecht auch nicht pfänden[47]. Ist nach Beendigung des Geschäftsverhältnisses eine gesicherte Forderung nur in Höhe eines Teilbetrages der Grundschuld vorhanden, so folgt daraus noch nicht ohne weiteres eine Verpflichtung des Sicherungsnehmers zur Rückgabe des nicht „valutierten" Grundschuldteils[48]. Doch kann der Pfändungsgläubiger immer die Fälligkeit des Übertragungsanspruchs hinsichtlich der ganzen Grundschuld durch Zahlung der dem Grundschuldgläubiger zustehenden restigen Forderung herbeiführen[49]. Der geleistete Betrag muss zu den Zwangsvollstreckungskosten (§ 788 ZPO) gerechnet werden[50]. Anspruch auf Freigabe (Rückgewähr) eines Teils der sichernden Grundschuld oder, wenn zur Sicherung mehrere selbstständige Grundschulden bestellt sind, einzelner von ihnen, kann im Einzelfall nach dem Sicherungsvertrag (oder nach vereinbarten allgemeinen Geschäftsbedingungen) bestehen. Jedoch kann bei nur vorläufiger Übersicherung sofortige Rückgewähr des „unvalutierten" Teils einer Grundschuld nicht verlangt werden[51]. Wenn die Übersicherung endgültig ist (die gesicherte Forderung teilweise endgültig nicht entstanden oder erloschen ist), und damit der Sicherungszweck teilweise endgültig entfallen ist, ist (regelmäßig)

---

44 Überweisung an Zahlungs statt verbietet sich schon naturgemäß, ist aber auch bei analoger Anwendung des § 849 ZPO unzulässig; siehe auch *LG Köln* MDR 1958, 852; **a.A.** aber *Dempewolf* NJW 1959, 558, der jedoch verkennt, dass nicht das Grundpfandrecht, das einen Nennwert hat, sondern der Rückübertragungsanspruch, der kein Grundpfandrecht ist, Pfandobjekt ist. **A.A.** außerdem *Tempel* JuS 1967, 270; *OLG Braunschweig* JurBüro 1969,439.
45 Zuschlag des belasteten Grundstücks in der Teilungsversteigerung an einen der Miteigentümer und Sicherungsgeber ermöglicht nicht die Geltendmachung des Anspruchs auf Rückgewähr des nicht valutierten Teils einer bestehengebliebenen Grundschuld, deren Sicherungszweck nicht entfallen ist; *BGH* MDR 1987, 137 = NJW-RR 1987, 76. Übernahme der durch die Grundschuld gesicherten Forderung durch einen Dritten (§§ 414, 415 BGB) ohne Zustimmung des Zessionars, dem der Rückgewähranspruch abgetreten ist (damit auch seines Pfandgläubigers) löst Rückgewährreife der Grundschuld nicht aus, *BGH* 115, 241 = DNotZ 1992, 542 = MDR 1992, 45 = JZ 1992, 582 mit zust. Anm. *Weber* = NJW 1992, 110.
46 *Capeller* MDR 1953, 153.
47 *Capeller* MDR 1953, 153; siehe außerdem Rdn. 1954.
48 Wegen Einzelheiten s. *Capeller* MDR 1953, 154 und *Dempewolf*, Der Rückübertragungsanspruch etc., S. 53 ff. Für Teilrückgewähranspruch *OLG Köln* ZIP 1980, 112.
49 *Capeller* MDR 1953, 154; *Schneider* JW 1938, 1630.
50 *Schneider* JW 1938, 1632; siehe dazu aber auch die gleichliegende Frage, ob ein Restkaufpreis, den der Gläubiger bei Pfändung des Anwartschaftsrechts zahlt, zu den Zwangsvollstreckungskosten gehört, Rdn. 1500.
51 *BGH* DNotZ 1990, 592 = MDR 1990, 706 = NJW-RR 1990, 455.

ein entsprechender Teil der Grundschuld oder die nicht mehr benötigte von mehreren Grundschulden zurückzugewähren[52]. Wenn dann der Drittschuldner (Sicherungsnehmer) berechtigt ist, Sicherheiten nach seiner Wahl (§ 262 BGB) freizugeben[52a], soweit er diese nach billigem Ermessen nicht mehr benötigt, muss die Bestimmung der Billigkeit entsprechen (§ 315 Abs. 3 BGB). Dafür trifft den Sicherungsnehmer die Beweislast. Wenn die Bestimmung des Grundschuldgläubigers der Billigkeit nicht entspricht, wird die Freigabe durch Urteil getroffen[53].

3. a) Die Erfüllung des gepfändeten *Verzichtsanspruchs* bewirkt gemäß §§ 1168, 1192 ZPO, dass die Grundschuld Eigentümergrundschuld[54] wird. An dieser steht dem Gläubiger, der den Rückgewähranspruch gepfändet hat, aber keinerlei Recht zu; das Pfandrecht am Verzichtsanspruch setzt sich insbesondere nicht an der Eigentümergrundschuld fort[55]. Diese kann vielmehr nur in der Form der § 857 Abs. 6, § 830 ZPO (siehe Rdn. 1913 ff.) erneut gepfändet werden[56]. Für diese Pfändung der Eigentümergrundschuld wahrt das Pfandrecht am Rückübertragungs-(Verzichts-)Anspruch keinen Rang. Hat der Schuldner seit Pfändung das Grundstück veräußert, so kann der Gläubiger den Verzichtsanspruch nicht geltend machen[57], weil die Eigentümergrundschuld dem Eigentümer im Zeitpunkt des Verzichts gebührt und der Gläubiger gegen diesen (= den späteren Eigentümer) nicht weiter vollstrecken kann. 1893

b) Die Erfüllung des *Aufhebungsanspruchs* führt nach §§ 875, 1192 BGB zum vollständigen Untergang der Grundschuld, nicht aber zur Befriedigung des Gläubigers. Er kann an der Verfolgung des Aufhebungsanspruchs daher vorwiegend nur als gleichzeitiger Gläubiger eines nachrangigen Rechts, das mit Löschung der Grundschuld im Rang aufrückt, interessiert sein[58]. Gegen das Schikaneverbot des § 226 BGB verstößt der Gläubiger, wenn er den Aufhebungsanspruch geltend macht, ohne dadurch für sich einen rechtlichen Gewinn oder wirtschaftlichen Erfolg zu erstreben. 1894

---

52 *BGH* DNotZ 1990, 592 = a.a.O. mit Einzelheiten. Zum Freigabeanspruch (im Falle nachträglicher Übersicherung) bei Globalsicherheiten ohne oder bei ermessensabhängig ausgestalteter Freigabeklausel siehe nun *BGH* (GZS) BGHZ 137, 212 = NJW 1998, 671.
52a *BGH* DNotZ 2003, 429 = MDR 2002, 1200 = NJW-RR 2003, 45.
53 Zu alledem *BGH* DNotZ 1981, 378 = MDR 1981, 209 = NJW 1981, 571 für Sicherungsgrundschulden von 1,9 Millionen DM bei einer zu sichernden Forderung von nur ca. 600.000 DM. Dazu auch *BGH* NJW-RR 2003, 45.
54 Des wahren Eigentümers bei Vorliegen aller Tatbestandsmerkmale des § 1168 BGB (nicht etwa eines Voreigentümers oder eines unrichtig eingetragenen Eigentümers).
55 *BGH* 108, 237 = NJW 1989, 2536 = a.a.O. A.A. *OLG Celle* JR 1955, 146 und *Tempel* JuS 1967, 269, die wie bei Erfüllung des Übertragungsanspruchs dingliche Surrogation annehmen.
56 *Stöber* Rpfleger 1959, 84; *Schneider* JW 1938, 1632, der insbesondere die Verfolgung des Verzichtsanspruchs eingehend darstellt; *Dempewolf* NJW 1959, 560.
57 A.A. *Tempel* JuS 1967, 269: Gläubiger kann Anspruch mit Zustimmung des Schuldners geltend machen. Wie hier: *Huber*, Die Sicherungsgrundschuld, S. 207.
58 Einzelheiten zur Geltendmachung des Aufhebungsanspruchs, insbesondere bei Eigentumswechsel, siehe *Ripfel* DNotZ 1957, 522.

6. Kapitel: Pfändung von Grundpfandrechten

1895 c) aa) Bei Erfüllung des *Übertragungsanspruchs*, das heißt mit Übertragung (Abtretung) der Grundschuld an den Schuldner[59], setzt sich mit Abtretung der Grundschuld das am Übertragungsanspruch erlangte Pfändungspfandrecht (mit dem ihm gebührenden Rang) kraft Gesetzes analog § 1287 BGB an der Grundschuld des Pfändungsschuldners fort[60]. Der Drittschuldner darf daher die Rückübertragung nur unter Mitwirkung des pfändenden Gläubigers[61] und unter gleichzeitiger Sicherstellung seines Pfandrechtes an der Grundschuld (also durch Briefübergabe an den Pfändungsgläubiger oder Eintragung des Pfandrechts an einem Buchrecht im Grundbuch) vornehmen. Den Grundschuldbrief darf der Grundschuldgläubiger dem Vollstreckungsschuldner nicht mehr aushändigen; er darf auch nicht mehr die Eintragung der Abtretung der Grundschuld ohne gleichzeitige Bestellung des Pfandrechts bewilligen.

1896 bb) Nach *Überweisung* des Rückübertragungsanspruchs zur Einziehung ist der pfändende Gläubiger berechtigt, die Abtretung ohne Mitwirkung des Schuldners zu bewirken (hierzu auch Rdn. 68). Er kann dann insbesondere die für die Abtretung materiellrechtlich erforderliche Abtretungserklärung (§§ 873, 1154, 1192 BGB) an Stelle des Schuldners abgeben und aus eigenem Recht Eintragung der Abtretung und seines Pfandrechts beim Grundbuchamt beantragen[62].

1897 cc) Ist der gepfändete Anspruch n i c h t zur Einziehung überwiesen, so kann der Drittschuldner nur an Gläubiger und Schuldner gemeinsam abtreten (= leisten; siehe Rdn. 555). Der Gläubiger kann ohne Überweisung zur Einziehung für den Schuldner nicht handeln[63]. Ist der Schuldner nicht bereit, bei der Abtretung mitzuwirken, so hat der Gläubiger gleichwohl das Recht, nach Fälligkeit des Übertragungsanspruchs die Abtretung der Grundschuld vom Drittschuldner zu verlangen. Er kann auch allein diesen Anspruch im Klagewege gerichtlich geltend machen[64]. Da die Mitwirkung des Schuldners bei der Abtretung selbst aber nicht zu entbehren ist, muss ihm hier nach § 848 Abs. 1 ZPO ausnahmsweise ein Sequester bestellt werden[65].

1898 dd) Durch Mitwirkung des Gläubigers bei der Abtretung ist sichergestellt, dass dieser sofort in den Briefbesitz kommt oder – bei Buchrechten – die Eintragung des mit der Abtretung an der Grundschuld entstehenden

---

59 Dass die Grundschuld an den pfändenden Gläubiger abgetreten werde, kann nicht verlangt werden; siehe *Dempewolf* NJW 1959, 557; *Hoche* NJW 1956, 145; außerdem Rdn. 68. Dieser hat keinen Anspruch auf das Gläubigerrecht an der Grundschuld, sondern nur einen Anspruch auf ein Pfandrecht an der Grundschuld.
60 *Stöber* Rpfleger 1959, 84 (86 ff.); *Ripfel* DFG 1938, 189; *Hoche* NJW 1956, 145; *Wörbelauer* NJW 1958, 1706; *OLG Frankfurt* JurBüro 1985, 790 = VersR 1984, 71; *OLG Hamm* ZIP 1983, 806 (807 re.Sp.).
61 *Hoche* NJW 1956, 145.
62 *Ripfel* DFG 1938, 189; *Stöber* Rpfleger 1959, 87.
63 *Stöber* Rpfleger 1959, 87.
64 Siehe dazu eingehend *Hoche* NJW 1955, 163 f.; siehe ferner *Stöber* Rpfleger 1959, 87.
65 *Stöber* Rpfleger 1959, 87.

Pfandrechts bewirkt und so Verfügungen, die zu einem sein Pfandrecht beeinträchtigenden gutgläubigen Erwerb Dritter führen könnten, ausschließt. Bei Briefrechten entsteht das Pfandrecht an der Grundschuld für den Gläubiger aber auch dann, wenn der Drittschuldner unter Verstoß gegen das Leistungsverbot die Grundschuld allein an den Schuldner abtritt und diesem den Brief aushändigt[66]. Der Gläubiger kann dann gegen den Schuldner die Briefherausgabe nach § 836 Abs. 3 ZPO betreiben und Grundbuchberichtigung durch Eintragung seines Pfandrechts beantragen.

ee) Nach *anderer Ansicht* soll immer § 848 ZPO anwendbar, die Grundschuld also an einen Sequester abzutreten sein[67]. Es wird auch die Meinung vertreten, die Pfändung des Rückübertragungsanspruchs habe nur die Bedeutung einer Hilfspfändung[68]. Diesen abweichenden Ansichten kann nicht beigepflichtet werden[69].

4. Die für den Schuldner zur Sicherung seines Rückgewähr- (insbes. Übertragungs-) Anspruchs eingetragene *Vormerkung* (§ 883 BGB)[70] ist Nebenrecht des Anspruchs, wird also von seiner Pfändung erfasst (siehe Rdn. 693, 699 und 1785). Die wirksame Pfändung des Rückgewähranspruchs kann bei dieser Vormerkung in das Grundbuch eingetragen werden[71]. Da der schuldrechtliche Anspruch auf Eintragung einer Vormerkung ebenfalls Nebenrecht des gepfändeten Rückgewähranspruchs ist, kann der pfändende Gläubiger auch selbstständig verlangen, dass dieser Anspruch für den Schuldner durch Vormerkung gesichert[72] und die Pfändung bei dieser Vormerkung in das Grundbuch eingetragen wird.

V. Verwertung des an der Grundschuld erlangten Pfandrechts

Bezieht sich der *Überweisungs*beschluss nur auf den Rückübertragungsanspruch, so erledigt er sich mit der Abtretung der Grundschuld. Er erstreckt sich dann nicht auf das mit Erfüllung des gepfändeten Anspruchs entstandene Pfandrecht an der Grundschuld. Der Gläubiger benötigt daher

---

66 *Stöber* Rpfleger 1959, 87; *Hoche* NJW 1956, 145; a.A. wohl *Ripfel* DFG 1938, 189.
67 *Schneider* JW 1938, 1631; *LG Köln* MDR 1958, 852; *Seuffert/Walsmann*, ZPO, Anm. 4 zu § 848; *Dempewolf* NJW 1959, 557. Diese Meinung ist durch *BGH* MDR 1998, 1303 Leits. = NJW 1998, 2969 (2970) überholt.
68 *Bohn/Berner*, Pfändbare und unpfändbare Forderungen, N 197 und Muster 24; für analoge Anwendung des § 1287 BGB oder auch des § 848 ZPO aber *Bohn*, Pfändung von Hypotheken, Grundschulden usw., N 350.
69 Siehe dazu insbes. *Stöber* Rpfleger 1959, 86.
70 Siehe dazu u. a. *LG Düsseldorf* NJW 1958, 673 mit Anm. *Dempewolf; OLG Düsseldorf* NJW 1957, 1282; *OLG Frankfurt* NJW 1957, 1282; *KG* OLGZ 1976, 44 = Rpfleger 1976, 128; *OLG Hamm* Rpfleger 1957, 379 und DNotZ 1990, 601 = NJW-RR 1990, 272 = OLGZ 1993, 3; *OLG Celle* DNotZ 1957, 664 = NJW 1957, 1481; *Dempewolf* NJW 1957, 1258; *Linde* NJW 1957, 450; *Stöber* RpflJB 1960, 126.
71 *KG* HRR 1937 Nr. 246 und Rdn. 1784.
72 *LG Freiburg* NJW 1956, 144; siehe außerdem insbesondere *Hoche* NJW 1956, 146. Unklar *Blumenthal* NJW 1971, 2032, der zu dem Ergebnis kommt, dass „die Pfändung als solche ins Grundbuch eingetragen werden" müsse; nicht zutreffend *LG Karlsruhe* NJW 1971, 2032.

6. Kapitel: Pfändung von Grundpfandrechten

einen neuerlichen, die Überweisung der Grundschuld aussprechenden Beschluss, wenn er deren Pfandverwertung betreiben will[73]. Dieser Überweisungsbeschluss für die Grundschuld kann aber auch schon mit dem Pfändungsbeschluss bezüglich des Rückübertragungsanspruchs verbunden werden. Die Überweisung der Grundschuld kann zur Einziehung oder an Zahlungs statt erfolgen; sie gibt dem Gläubiger das Recht, die Grundschuld gegen ihren Schuldner, also den Grundstückseigentümer geltend zu machen. Auf Antrag kann auch eine andere Art der Verwertung der Grundschuld (§ 844 ZPO) angeordnet werden.

VI. Mehrfache Pfändung des Übertragungsanspruchs

1902 Bei mehrfacher Pfändung des Übertragungsanspruchs bestehen nach Abtretung der Grundschuld an dieser die Pfandrechte in der Reihenfolge, in der die Pfändungsbeschlüsse wirksam geworden sind, weil das Pfändungspfandrecht im Sinne des § 804 Abs. 3 ZPO bereits durch die Anspruchspfändung begründet wird[74].

VII. Rückgewähranspruch bei Gesamtgrundschuld

1902a 1. Die Gesamtgrundschuld ist *eine* Grundschuld an mehreren Grundstücken (§ 1132 Abs. 1 mit § 1192 Abs. 1 BGB). Gläubiger muss an allen Grundstücken der gleiche Berechtigte sein[75] (Erfordernis der Gleichartigkeit). Sicherungsgeber kann ein und derselbe Eigentümer der (aller) belasteten Grundstücke sein; Sicherungsgeber können aber auch mehrere Personen (Grundstückseigentümer) sein. Eine Gesamtgrundschuld besteht auch bei Belastung mehrerer Bruchteile von Miteigentümern eines Grundstücks (§ 1114 BGB) wie insbesondere von Eheleuten, mit einer Grundschuld. Dem Sicherungsgeber begründet Bestellung einer Gesamtgrundschuld Anspruch auf Rückgewähr dieses Gesamtrechts. Pfändung dieses Anspruchs erfordert hinreichende Bezeichnung auch der (aller) belasteten Grundstücke im Pfändungsbeschluss (Rdn. 1889; bei Ungenauigkeit Auslegung möglich). Der Rückgewähranspruch mehrerer Grundstückseigentümer als Sicherungsgeber besteht als Bruchteilsanspruch (§ 741 BGB). Es kann daher Leistung nur an alle Sicherungsgeber gemeinschaftlich erfolgen und von jedem die Leistung nur an alle gefordert werden (§ 432 Abs. 1 BGB). Die Anteile der Berechtigten haben sich nach dem Verhältnis der Grundstückswerte zu bestimmen (§ 1172 Abs. 2, § 1175 Abs. 1 BGB, entspr. Anwendung). Pfändung, wenn nur gegen einen der Grundstückseigentümer als Sicherungsgeber vollstreckt wird: Rdn. 1903.

---

73 *Schneider* JW 1938, 1631; *Stöber* Rpfleger 1959, 88; *Dempewolf* NJW 1959, 558; *Bohn*, Pfändung von Hypotheken, Grundschulden usw., N 350.
74 *Stöber* Rpfleger 1959, 88; *Ripfel* DFG 1938, 191; siehe auch *OLG Braunschweig* HRR 1935 Nr. 1711.
75 *Schöner/Stöber*, Grundbuchrecht, Rdn. 2239.

2. Erfüllt werden kann der Rückgewähranspruch mit (vgl. Rdn. 1887 c)   **1902b**
- Übertragung (= Abtretung) der Gesamtgrundschuld auf den oder die Anspruchsberechtigten,
- Verzicht auf die Gesamtgrundschuld (§§ 1168, 1192 BGB),
- Aufhebung der Gesamtgrundschuld (§§ 875, 1183, 1192 BGB).

Folgen des Verzichts: Die Gesamtgrundschuld fällt dem Eigentümer oder gemeinschaftlich mehreren Eigentümern der belasteten Grundstücke zu (§ 1175 Abs. 1 S. 1 mit § 1192 Abs. 1 BGB). Vorsicht ist geboten bei Verzicht auf die Gesamtgrundschuld an nur einem der Grundstücke (auch in Form der Pfandfreigabe oder Entlassung aus der Mithaft); denn sie erlischt dann an diesem Grundstück (§ 1175 Abs. 1 S. 2, § 1192 Abs. 1 BGB). Damit kann der Rückgewähranspruch nicht ordnungsgemäß (insbesondere nicht durch Leistung an mehrere Grundstückseigentümer als Sicherungsgeber) erfüllt sein. Dass durch Leistung des Rückgewähranspruchs nicht ein nicht anspruchsberechtigter Grundstückseigentümer begünstigt wird (Rdn. 1887 c), ist im Hinblick auf die Besonderheiten der Gesamtgrundschuld sorgsam zu beachten.

3. Für die wahlweise geschuldete Leistung (Übertragung, Verzicht, Aufhebung) steht das *Wahlrecht* (§ 262 BGB), wenn abweichende Vereinbarung nicht getroffen ist, mehreren berechtigten Sicherungsgebern (Eigentümern der belasteten Grundstücke) gemeinschaftlich zu. Das Wahlrecht muss daher von allen ausgeübt werden[76]   **1902c**

4. Die *Berechtigung des Grundschuldgläubigers*, die Gesamtgrundschuld auf die einzelnen Grundstücke zu *verteilen* (§ 1132 Abs. 2 mit § 1192 Abs. 1 BGB), wird durch Pfändung des Rückgewähranspruchs nicht beeinträchtigt. Diese berührt Rechte des Grundschuldgläubigers nicht (Rdn. 1891) und schmälert somit dessen Befugnisse nicht, erfasst mithin auch das Gläubigerrecht nicht, die Gesamtgrundschuld zu verteilen. Fraglich ist jedoch, ob dem Gläubiger Verteilung im Einzelfall erlaubt ist; wenn Rückgewähr durch Übertragung der Gesamtgrundschuld oder Verzicht auf sie geschuldet ist, schließt Verteilung durch den Gläubiger (§ 1132 Abs. 2 BGB) Rückgewähr und Erwerb des Gesamtrechts durch den oder die Sicherungsgeber aus. Wenn nicht bereits die Sicherungsabrede (auch bei nachträglichem Einvernehmen hierzu) die Verteilung gestattet, wird nach Pfändung daher (schuldrechtlich) auch Gestattung durch den vollstreckenden Gläubiger zur Verteilung zu verlangen sein. Verlangen kann der pfändende Gläubiger Verteilung vom Gläubiger der Grundschuld nicht. Wenn der Gläubiger die Gesamtgrundschuld jedoch nach Pfändung des Rückgewähranspruchs verteilt hat, kann der gepfändete Anspruch nur noch mit Rückgewähr der mit Verteilung entstandenen Einzelgrundschulden erfüllt werden; er besteht als Anspruch auf diese Leistung nach Verteilung fort. *Nach Verteilung* kann daher der Rückgewähranspruch auch nur als Anspruch auf Rückgewähr   **1902d**

---

76 *MünchKomm/Krüger*, BGB, Rdn. 6 zu § 263.

einer der Einzelgrundschulden oder aller Einzelgrundschulden gepfändet werden. Das gilt ebenso, wenn Einzelrechte mit Verteilung des Gesamtrechts im geringsten Gebot bei Zwangsversteigerung und Erteilung des Zuschlags auf Einzelausgebote entstanden sind (§ 64 Abs. 1, § 90 Abs. 1 ZVG).

1902e 5. Ist Rückgewähr der Gesamtgrundschuld geschuldet (Verteilung nach § 1132 Abs. 2 BGB somit nicht erfolgt), kann Zugriff auf nur einen Teilanspruch in der Weise nicht zulässig sein, dass nur ein Anspruch auf Rückgewähr des *an einem* der belasteten Grundstücke (oder der an mehreren, nicht aber an allen belasteten Grundstücken) lastenden Gesamtrechts gepfändet wird[77]. Erfüllung des Übertragungsanspruchs nur hinsichtlich eines des belasteten Grundstücke (oder für nur einige von ihnen) würde Gläubigermehrheit (Aufspaltung des Gläubigerrechts) bewirken; diese ist bei dem Gesamtrecht ausgeschlossen (Rdn. 1902 a). Dass nach Verteilung (§ 1132 Abs. 2 BGB) Abtretung des an nur einem der Grundstücke lastenden Einzelrechts möglich wird, erlaubt nicht schon die Einzelpfändung, solange das Gesamtrecht noch besteht. Zu pfänden ist der Rückgewähranspruch als Schuldnervermögen nach seiner Gestaltung zur Zeit der Vornahme der Vollstreckung, sonach als Anspruch auf Rückgewähr des Gesamtrechts. Bei dem späteren Einzelanspruch auf Rückgewähr einer nach Verteilung entstandenen Einzelgrundschuld handelt es sich demgegenüber um keinen selbstständigen künftigen Anspruch und damit auch um keinen bereits einzeln pfändbaren Anspruch (vgl. Rdn. 1989). Entsprechendes hat für Pfändung des Verzichts- und Aufhebungsanspruchs zu gelten. Bezeichnet gleichwohl der Pfändungsbeschluss den Rückgewähranspruch nur hinsichtlich eines der belasteten Grundstücke als gepfändet, so wird die Pfändung im Wege der Auslegung auf den Anspruch auf Rückgewähr des an allen Grundstücken lastenden Gesamtrechts bezogen werden können.

1902f 6. Bei *Erwerb vom Bauträger* ist das veräußerte Grundstück vielfach mit einer (Gesamt-)Grundschuld (Globalgrundpfandrecht) zugunsten der den Bau finanzierenden Bank (Sparkasse) des Bauträgers belastet. Lastenfreien Eigentumserwerb des Käufers sichert die Bank (Sparkasse) dann oft durch sog. Freistellungsverpflichtung. Für den Käufer eines (bereits gebildeten oder durch Teilung zu bildenden) Einzelgrundstücks begründet die Bank damit die Verpflichtung, sein Objekt unter den im Einzelfall festgelegten (von der Makler- und Bauträgerverordnung vorgegebenen) Voraussetzungen aus der Pfandhaft freizugeben (§ 1175 Abs. 1 S. 2 BGB). Dem entspricht Einvernehmen der Bank (Sparkasse) als Gläubigerin der Grundschuld und des Bauträgers als Grundstückseigentümer und Sicherungsgeber, dass die Bank (Sparkasse) als Sicherungsnehmerin der dem Käufer eines Einzelgrundstücks gegenüber eingegangenen Freigabeverpflichtung nach Erfüllung der Käuferpflichten nachkommt. Der Sicherungsvertrag (oder das ihn ergänzende und abändernde vertragliche Einvernehmen) der Bank (Sparkasse) und des Bauträgers regelt damit als geschuldete Leistung

---

[77] Zur Pfändung des Rückgewähranspruchs bei einer Gesamtgrundschuld siehe *LG Nürnberg-Fürth* BWNotZ 1994, 172 mit Anm. *Böhringer*.

für Erfüllung des Rückgewähranspruchs auch diese Pfandfreigabe des veräußerten Einzelgrundstücks mit Gläubigerverzicht auf die (Gesamt-) Grundschuld (§ 1175 Abs. 1 S. 2, § 1192 Abs. 1 BGB). Eine Pfändung des Rückgewähranspruchs, die *danach* erfolgt, kann diesen Anspruch des Sicherungsgebers nur noch mit dieser geschuldeten Leistungsverpflichtung erfassen, weitergehende Gläubigerrechte jedoch nicht begründen. Sie kann Erfüllung der Freigabeverpflichtung daher nicht hindern. Das muss selbst dann gelten, wenn die Sicherungsabrede zur Sicherstellung des lastenfreien Erwerbs vor Pfändung konkretisiert wurde, der Kaufvertrag und die den lastenfreien Eigentumserwerb sichernde Freigabeverpflichtung aber erst danach vereinbart wurden.

7. *Verteilung* der Gesamtgrundschuld *bei Erlösverteilung* in der Zwangsversteigerung (§ 122 ZVG) begründet Einzelberechtigungen auf Befriedigung aus dem Versteigerungserlös. Das mit Pfändung des Anspruchs auf Rückgewähr der Gesamtgrundschuld erlangte Pfandrecht besteht dann als Pfandrecht an dem Anspruch auf Rückgewähr der Einzelerlöse fort (Wirkung Rdn. 1908).

1902g

8. Ist der Rückgewähranspruch der nur an einem Grundstück lastenden Grundschuld gepfändet, dann kann eine *Gesamtgrundschuld nachträglich* entstehen durch

1902h

- Teilung des belasteten Grundstücks, wenn nicht der abzuschreibende Grundstücksteil oder das Restgrundstück aus der Mithaft entlassen wird;
- Veräußerung eines Bruchteils des mit der Grundschuld belasteten Grundstücks (§ 1114 mit § 1192 Abs. 1 BGB).

Erfüllung des Rückgewähranspruchs durch Übertragung kann dann nur noch durch Abtretung des Gesamtrechts erfolgen (Rdn. 1902 b).

VIII. Rückgewähranspruch für Schuldner und weitere Berechtigte

1. Wenn der *Schuldner*, gegen den vollstreckt wird, Grundstücks-Miteigentümer zu einem *Bruchteil* ist (§ 1008 BGB), steht ihm, sofern nichts Abweichendes vereinbart ist, ein selbstständiger Rückgewähranspruch hinsichtlich der Belastung seines Miteigentumsanteils zu[78]. Dieser Anspruch kann nach dem (Rdn. 1888 ff.) Gesagten gepfändet werden[79]. Vorherige Auseinandersetzung der Miteigentümergemeinschaft, der der Schuldner angehört, hat weder vor Pfändung[80] noch vor Erfüllung des Rückgewähr-

1903

---

78 *BGH* a.a.O. (Fußn. 89). Dagegen für gemeinschaftlichen Anspruch zu (entsprechenden) Teilen *BGH* MDR 1986, 903 = NJW 1986, 2108; *BGH* NJW-RR 1990, 1202 (1203); auch *BGH* KTS 1989, 456 = MDR 1989, 238 = NJW-RR 1989, 173 und *BGH* NJW-RR 2008, 30 (31; im Außenverhältnis § 432 Abs. 1 BGB); *OLG Hamm* OLGZ 1990, 3 (8) = a.a.O. (Fußn. 70); ähnlich (aber ohne Stellungnahme zur Mitberechtigung) *BGH* NJW 1996, 2231 (2233).
79 *BGH* DNotZ 1985, 699 = MDR 1985, 841 = NJW 1985, 2031 (Leits.) = Rpfleger 1985, 205.
80 *BGH* a.a.O. (Fußn. 89).

anspruchs zu erfolgen. Übertragung (Abtretung. Rdn. 1887 c) der am Grundstück insgesamt lastenden Grundschuld kann jedoch nur durch Übertragung des Gesamtrechts (Rdn. 1902 a) an alle Grundstückseigentümer erfolgen (§ 432 Abs. 1 S. 1 BGB; keine Gläubigermehrheit durch Aufspaltung des Gesamtrechts, s. Rdn. 1902 d). Mit Erfüllung des Übertragungsanspruchs (Rdn. 1895) setzt sich das Pfändungspfandrecht an der Bruchteils-Mitberechtigung des Schuldners an der Grundschuld fort. Erfüllung des Verzichtsanspruchs nur für den Miteigentumsanteil des Schuldners (Pfandfreigabe dieses Anteils): § 1175 Abs. 1 S. 2 mit § 1192 Abs. 1 BGB. Auch wenn der Schuldneranspruch auf Rückgewähr als Bruchteilsanspruch besteht, kann er als solcher gepfändet werden (hierzu Rdn. 1549). Solche gemeinsame Berechtigung am Rückgewähranspruch hat der *BGH*[81] für den Fall angenommen, dass bis zum Eintritt der aufschiebenden Bedingung für den Rückgewähranspruch mit Tilgung der gesicherten Forderung ein Eigentümerwechsel stattgefunden hat. Für solche gemeinsame Berechtigung der vormaligen Miteigentümer zu Bruchteilen, die Sicherungsgeber sind, ist mangels besonderer Vereinbarung der Berechtigten auf die Regelung der §§ 741 ff. BGB zurückzugreifen[82]. Bis zur weiteren Klärung empfiehlt sich, in allen Fällen Pfändung sowohl des Rückgewähranspruchs des Schuldners (als selbstständiger Anspruch und/ oder als Anspruch eines Gemeinschafters nach Bruchteilen) und der Ansprüche gegenüber den anderen Gemeinschaftern (dazu Rdn. 1549).

2. Wenn mehrere als Eigentümer zur *gesamten Hand*[83] Berechtigte des Rückgewähranspruchs sind, kann er bei Zwangsvollstreckung gegen alle Schuldner gepfändet werden. Dazu Rdn. 64.

1903a 3. Befriedigt ein (Forderungs-)*Gesamtschuldner*, der im Innenverhältnis von einem anderen Schuldner Ausgleichung verlangen kann, den Gläubiger und geht daher die Forderung gegen diesen Schuldner auf ihn über, so kann der leistende Schuldner auf Grund entsprechender Anwendung des § 401 BGB vom Gläubiger die Übertragung einer die Forderung gegen alle Gesamtschuldner sichernden Grundschuld, die von dem ausgleichspflichtigen Schuldner gestellt worden ist, verlangen[84]. Auch bei Sicherung einer von Bruchteilsmiteigentümern (§§ 741, 1008 BGB) samtverbindlich geschuldeten Forderung steht einem zahlenden (Forderungs-)Gesamtschuldner im Umfang seines Ausgleichsanspruchs Anspruch auf Rückübertragung der Grundschuld allein auf sich zu[85].

---

81 *BGH* DNotZ 1983, 42 = MDR 1982, 470 = NJW 1982, 928. Siehe außerdem *BGH* DNotZ 1985, 551 = NJW 1985, 849, dort (für Geltendmachung eines Zurückbehaltungsrechts): Der Anspruch auf Abtretung der Grundschuld ist unteilbar, sowie *BGH* NJW 1986, 2108 = a.a.O. (Fußn. 78) und *BGH* NJW-RR 2008, 30 (31). S. außerdem *BGH* MDR 1989, 238 = NJW-RR 1989, 173, die für Bruchteilseigentümer nach Versteigerung des Grundstücks die Forderung auf Auszahlung des Übererlöses „gemeinschaftlich je zur Hälfte" kennzeichnet.
82 *BGH* NJW 1982, 928 = a.a.O. (Fußn. 81).
83 Erbengemeinschaft als Gläubigerin des zum Nachlass gehörenden Rückgewähranspruchs siehe *BGH* 167, 150 (154, 155) = NJW 2006, 1969 (1970, 1971).
84 *BGH* 80, 228 = JR 1981, 420 mit Anm. *Berg* = MDR 1981, 660 = NJW 1981, 1554.
85 *BGH* MDR 1983, 1020 = NJW 1983, 2449.

IX. Löschungsvormerkung (§§ 1179, 1179 a BGB) und Pfändung des Übertragungsanspruchs

Eine Löschungsvormerkung nach § 1179 BGB[86] und ebenso der gesetzliche Löschungsanspruch mit Vormerkungswirkungen des § 1179 a (auch b) BGB sichert den Anspruch auf Grundschuldlöschung für den Fall, dass die Grundschuld sich mit dem Eigentum in einer Person vereinigt (Fälle siehe Rdn. 1905). Dadurch, dass die Forderung, zu deren Sicherung die Grundschuld bestellt ist, nicht besteht (nicht entstanden oder wieder weggefallen ist), tritt jedoch eine Vereinigung der Grundschuld mit dem Eigentum in einer Person, die den nach § 1179 BGB vorgemerkten Löschungsanspruch auslöst, nicht ein[87]. Bestand und Rang des Pfandrechts an einem Rückübertragungsanspruch[88] und nach dessen Erfüllung an der Grundschuld werden daher nicht dadurch beeinträchtigt, dass die zu übertragende Grundschuld mit einer Löschungsvormerkung oder mit einem gesetzlichen Löschungsanspruch nach §§ 1179 a, b BGB belastet ist[89]. Wurde der Rückgewähranspruch bereits vor Pfändung abgetreten, so kann durch diese ein Pfandrecht nicht erlangt werden[90] (siehe Rdn. 764).

Bei Eintragung der Löschungsvormerkung nach Pfändung des Übertragungsanspruchs ist der Löschungsanspruch gegen den Gläubiger nur ausnahmsweise dann durchsetzbar, wenn der Vormerkungsberechtigte beim Erwerb gutgläubig war. Wegen der Einzelheiten siehe *Ripfel* DFG 1938, 190. Zum gutgläubigen Erwerb einer Vormerkung auch *Schöner/Stöber*, Grundbuchrecht, Rdn. 1534, 1535.

1904

---

86 In der Fassung bis 31. Dez. 1977 (nur für § 1179 BGB) und ebenso in der ab 1. Jan. 1978 geltenden Fassung, siehe ÄndG in BGBl 1976 I 998; dazu *Stöber* Rpfleger 1977, 399 und 425.
87 *BGH* 25, 382 = MDR 1958, 91 = NJW 1958, 21; *Stöber*, ZVG-Handbuch, Rdn. 532.
88 Auch Geltendmachung des Rückgewähranspruchs schließt der Löschungsanspruch des nachrangigen Gläubigers dann nicht aus, wenn die Grundschuld mit dem Eigentum noch nicht in einer Person vereinigt ist, *BGH* 108, 237 = a.a.O.; *BGH* MDR 1991, 1201 = NJW-RR 1991, 1197.
89 *BGH* JurBüro 1975, 751 = MDR 1975, 567 = NJW 1975, 980. **Anders** noch: Nach der mit Übertragung der Grundschuld auf den Eigentümer eingetretenen Vereinigung von Eigentum und Grundschuld in einer Person lässt sich eine Löschungsvormerkung nach § 1179 BGB gegen den pfändenden Gläubiger nur dann durchsetzen, wenn sie im Zeitpunkt des Wirksamwerdens der Pfändung des Übertragungsanspruchs schon im Grundbuch eingetragen war, *Stöber* Rpfleger 1959, 88; *Ripfel* DFG 1938, 190; siehe auch *Wörbelauer* NJW 1958, 1708 re.Sp.
90 Siehe auch *BGH* a.a.O. (Fußn. 89): Zum Schutz gegen Pfändungen wäre erforderlich, dass zeitlich vor diesen der Rückgewähranspruch abgetreten und durch Vormerkung nach § 883 BGB gesichert wird. Über die Abtretung hinaus kann eine Sicherung aber nicht erforderlich sein. Zur Vorausabtretung eines auf eine künftige Sicherungsgrundschuld bezogenen Rückübertragungsanspruchs siehe *BGH* NJW 1985, 800 = a.a.O. (Rdn. 1887 Fußn. 3).

X. Rückgewähranspruch oder Eigentümergrundschuld kraft Gesetzes

1905 Die Pfändung des Rückgewähranspruchs stößt ins Leere[91], wenn die Grundschuld nicht in Erfüllung dieses Anspruchs rechtsgeschäftlich auf den Vollstreckungsschuldner zu übertragen ist, sondern auf diesen kraft Gesetzes als Eigentümergrundschuld übergeht[92]. Das ist der Fall

- wenn der Eigentümer[93] den Grundschuldgläubiger befriedigt, also nicht die wirtschaftlich durch die Grundschuld gesicherte Forderung getilgt, sondern die Grundschuld als solche zurückgezahlt (abgelöst) wird[94] (§§ 1142, 1143, 1192 BGB),
- bei sonstiger Vereinigung von Eigentum und Recht in einer Person (§ 889 BGB), zum Beispiel durch Erbfolge, Eigentumserwerb durch den Grundschuldgläubiger usw. (siehe dazu Rdn. 1915),
- bei Verzicht des Gläubigers auf die Grundschuld (§ 1168 Abs. 1, § 1175 Abs. 1 BGB; siehe dazu schon Rdn. 1893),
- bei Ausschluss des unbekannten Gläubigers (§ 1170 Abs. 2, § 1175 Abs. 2 BGB),
- bei nicht erfolgter Briefübergabe (§ 1163 Abs. 2 BGB).

1906 Da die wahre materielle Rechtslage, die immer von den besonderen Umständen des Einzelfalls abhängt, bei Pfändung oft nur sehr schwer feststellbar ist, kann (und wird) der Gläubiger alle überhaupt nur möglichen An-

---

91 Zur Sorgfaltspflicht und Haftung des Rechtsanwaltes, der wegen mangelhafter Sachaufklärung den Rückgewähranspruch statt richtig die Grundschuld (oder umgekehrt) pfändet, siehe *BGH* JurBüro 1961, 54 = MDR 1961, 120 = NJW 1961, 601.
92 *Stöber* Rpfleger 1959, 85; *OLG Celle* JR 1956, 145; *Tempel* JuS 1967, 269.
93 Auch ein Miteigentümer, *BGH* FamRZ 1999, 433 = MDR 1999, 376 = Mitt-RhNotK 1999, 52 = NJW-RR 1999, 504; oder für Rechnung des Eigentümers und mit seiner Zustimmung ein Dritter; *BGH* Betrieb 1969, 2127 = JZ 1969, 744 = Rpfleger 1969, 423 mit weit. Nachw. Wenn die Eigentümergrundschuld aus einer von einem Dritten (auch einem Miteigentümer) für den Eigentümer getilgten (Sicherungs-)Grundschuld hervorgegangen ist, muss für den Nachweis, dass durch diese Zahlung eine Eigentümergrundschuld entstanden ist, auch dargetan sein, dass dem Dritten kein Ablösungsrecht (§§ 1192, 1150, 268 BGB) zugestanden hat und deshalb die Grundschuld nicht auf ihn übergegangen ist (*OLG Saarbrücken* OLGZ 1967, 105).
94 Vgl. *RG* 78, 67 f.; *BGH* NJW-RR 2003, 11 (12). Ob Zahlung der persönlichen Schuld oder Grundschuldtilgung vorliegt, ist im Einzelfall oft nur schwer feststellbar. Wegen Einzelheiten siehe *Stöber* Rpfleger 1959, 85 mit weit. Nachw.; *BGH* MDR 1976, 918 = NJW 1976, 2132 mit weit. Nachw. sowie *BGH* NJW 1983, 2502 (2503 re.Sp.) und *BGH* NJW 1986, 2108 = a.a.O. (Fußn. 78); *BGH* DNotZ 1987, 502 = MDR 1987, 484 = NJW 1987, 838; *BGH* NJW-RR 1987, 1350; *LG Arnsberg* ZIP 1980, 1085 (Zahlung auf Grundschuld trotz Verrechnungsvereinbarung); auch *Schöner/Stöber*, Grundbuchrecht, Rdn. 2305, 2306. Zahlungen durch den Insolvenzverwalter des Eigentümers werden (grundsätzlich) auf die Grundschuld und nicht auf die durch sie gesicherte Forderung geleistet, *BGH* DNotZ 1995, 294 = MDR 1994, 1003 = NJW 1994, 2692.

sprüche, also sowohl den Rückgewähranspruch als auch die etwaige (gegenwärtige oder künftig entstehende) Eigentümergrundschuld pfänden[95]. Diese *doppelte Pfändung* ist auch erlaubt und geboten, weil sich bei Übersicherung, also dann, wenn die Sicherungsgrundschuld die endgültige Forderung übersteigt, die Grundschuld geteilt haben kann. Ein Teil kann Eigentümergrundschuld geworden sein, während der weitere Teil – das ist jedenfalls immer der über die gesicherte Forderung hinausgehende Grundschuldbetrag – in Erfüllung des Rückgewähranspruchs auf den Gläubiger zu übertragen ist[96].

Die Pfändung – nur – des Rückgewähranspruchs kann auch im Wege der Auslegung *nicht* als Pfändung der infolge Grundschuldtilgung oder aus anderem Rechtsgrunde entstandenen Eigentümergrundschuld gewertet werden[97].

1907

XI. Die Wirkungen der Pfändung im Zwangsversteigerungsverfahren

1. Mit dem *Erlöschen* der Grundschuld in der Zwangsversteigerung (§ 91 Abs. 1 ZVG) ist nach dem Surrogationsgrundsatz (s. Rdn. 1980) an die Stelle des Anspruchs des Schuldners (als Gläubiger des Rückgewähranspruchs) auf Rückgewähr der Grundschuld ein Anspruch auf Rückgewähr des auf diese Grundschuld entfallenden anteiligen Versteigerungserlöses getreten[98]. Das Pfandrecht am Rückgewähranspruch ist damit nicht erloschen; es setzt sich an dem Anspruch des Schuldners auf den Versteigerungserlös fort[99]. Wird der Übertragungsanspruch geschuldet oder geltend gemacht, dann gibt das Pfandrecht an dem Erlösanspruch des Schuldners dem Gläubiger nach Überweisung zur Einziehung das Recht, Auszahlung dieses Erlösanteils im Verteilungsverfahren zu verlangen.

1908

2. Das *Vollstreckungsgericht* kann aber nicht schon allein auf Grund der Pfändung dem Gläubiger den anteiligen Erlösanspruch zuweisen. Der auf die abstrakte Grundschuld fallende Erlösanspruch gebührt vielmehr immer dem Grundschuldgläubiger[100] (das ist hier im Pfändungsverfahren der Drittschuldner). Erst durch seine *rechtsgeschäftliche Erklärung* kann eine Änderung der dinglichen Rechtslage herbeigeführt werden[101]. Eine auf die dingliche Rechtslage bezogene rechtsgeschäftliche Erklärung ist aber darin nicht zu erblicken, dass der Grundschuldgläubiger (= Drittschuldner) nur

1909

---
95 *Stöber* Rpfleger 1959, 85; *Schneider* JW 1938, 1630 f.; *Tempel* JuS 1967, 269.
96 *Stöber* Rpfleger 1959, 85; *Ripfel* DFG 1938, 187.
97 *Stöber* Rpfleger 1959, 85 Fußn. 43; *Ripfel* DFG 1938, 188.
98 *BGH* NJW-RR 1991, 1197 (1198) = a.a.O. (Fußn. 88); *BGH* NJW-RR 1992, 612 (613) mit weit. Nachw.
99 *BGH* BB 1961, 661 = JurBüro 1961, 390 = MDR 1961, 675 = Rpfleger 1961, 291 mit Anm. *Stöber*; *Stöber* Rpfleger 1959, 274; *BGH* DNotZ 1977, 542 (weitere Fundstellen Fußn. 4); *BGH* DNotZ 1985, 699 = a.a.O. (Fußn. 79).
100 *BGH* NJW-RR 1991, 1197 (1198) = a.a.O.
101 *BGH* BB 1957, 769 = MDR 1958, 24.

einen Teil des auf die Grundschuld entfallenden Erlösanspruchs in Anspruch nimmt (= im Verteilungsverfahren anmeldet) und erklärt, wegen des Restes eine Valuta nicht gewährt zu haben[102]. Bei solcher Erklärung muss vielmehr gleichwohl die gesamte Grundschuld ihrem Gläubiger (also dem Drittschuldner) zugeteilt werden mit der Folge, dass der pfändende Gläubiger auf den Anspruch auf Auskehrung des Mehrerlöses verwiesen ist (siehe Rdn. 1911).

1910 Die auf den *Grundschulderlös bezogene Erklärung* muss in Erfüllung des Rückgewähranspruchs[103] auf Übertragung (Abtretung) des nicht valutierten Erlösteils, Verzicht oder Aufhebung des Rechts lauten mit der Folge, dass der pfändende Gläubiger einziehungsberechtigt wird (bei Übertragung), der Erlösanspruch ungepfändetes Eigentümerrecht wird (bei Verzicht) oder wegfällt (bei Aufhebung). Erfüllt der Grundschuldgläubiger den Rückgewähranspruch im Verteilungsverfahren überhaupt nicht, so kann der pfändende Gläubiger die Erfüllung (die Abtretungserklärung, den Verzicht oder die auf Aufhebung zielende Erklärung) mit Widerspruch gegen den Teilungsplan und Widerspruchsklage erzwingen.

1911 3. Einen Anspruch auf *Auskehrung des Mehrerlöses* hat der Schuldner (als Gläubiger des Rückgewähranspruchs), wenn der Gläubiger der Grundschuld (= der Drittschuldner) durch freiwillige Leistung des Grundstückseigentümers oder Zuteilung eines Erlösanspruchs in der Zwangsversteigerung[104] einen Betrag erhalten hat, der die gesicherte persönliche Forderung übersteigt, zu ihrer Abdeckung also nicht benötigt wird. Dieser Anspruch auf Auskehrung des Mehrerlöses ist jedoch kein neuer Anspruch; er gründet sich vielmehr ebenfalls auf das bei Gewährung der Grundschuld als Sicherheit entstandene Schuldverhältnis, stellt mithin nur eine andere Form der Erfüllung des ursprünglichen Anspruchs dar. Daher setzt sich das am Rückgewähranspruch erlangte Pfandrecht an dem Anspruch auch dann fort, wenn er in Form der Auskehrung des Mehrerlöses zu erfüllen ist[105]. Dieser Anspruch auf Auskehrung des Mehrerlöses muss bei Bestehen der Grundschuld neben dem auf sie bezogenen Rückgewähranspruch nicht selbstständig gepfändet werden[106]. Ist die Grundschuld schon erloschen

---

102 *BGH* a.a.O. (Fußn. 101).
103 Hierzu näher *Stöber*, ZVG-Handbuch, Rdn. 446 c; auch *Stöber* ZIP 1980, 833.
104 Dazu *BGH* 98, 256 (261) = DNotZ 1987, 210 = MDR 1987, 130 = NJW 1987, 319 mit Nachw.; *BGH* MDR 1992, 470 = NJW 1992, 1620.
105 *Stöber* Rpfleger 1959, 274 und *BGH* NJW 1975, 980 = a.a.O. (Fußn. 89); *LG Nürnberg-Fürth* BWNotZ 1994, 172 (173).
106 *Stöber* a.a.O. (Fuß. 97); siehe auch *BGH* DNotZ 1959, 598 = JurBüro 1959, 511 = MDR 1959, 571 und 755 mit Anm. *Thieme*. Siehe dazu auch *BGH* JurBüro 1965, 617 = MDR 1965, 738 = Rpfleger 1965, 365 (dazu auch *BGH* NJW 1982, 1150, 1151 li.Sp.), der im Wege der Auslegung die Pfändung des Anspruchs auf Rückübertragung einer sicherungshalber abgetretenen Forderung auf den Anspruch auf Auszahlung des Überschusses bezog, nachdem der Drittschuldner die ganze Forderung eingezogen hatte. Siehe jetzt auch BGH NJW 1975, 980 = a.a.O. (Fußn. 89); in diesem Urteil vertritt der BGH (nun) im Ergebnis die hier dargestellte Ansicht.

und der Mehrerlös dem Dritten bereits zugeflossen, so wird freilich nicht mehr der Rückgewähranspruch, sondern nur noch der Anspruch auf Auskehrung des Mehrerlöses gepfändet.

4. Wenn die (nur noch teilweise valutierte) Grundschuld bei Zwangsversteigerung des Grundstücks bestehen geblieben ist (§ 52 ZVG) und sodann der Ersteher sie in voller Höhe (einschließlich des nicht valutierten Teils) ablöst, besteht der Rückgewähranspruch als Anspruch auf Rückgewähr des auf den nicht valutierten Teil der Grundschuld entfallenden „Übererlöses", den der Sicherungsnehmer (Gläubiger der Grundschuld) erzielt hat, fort[107]. Auch dieser Anspruch steht dem Sicherungsgeber[108] (seinem Rechtsnachfolger) zu. Er kann von seinen Gläubigern gepfändet werden; eine vor Erteilung des Zuschlags oder Ablösung der Grundschuld erwirkte Pfändung des Rückgewähranspruchs setzt sich folglich auch an diesem Anspruch auf Rückgewähr des Übererlöses fort.

5. Gegen den *Ersteher des Grundstücks*, dem nach Ablösung eines noch valutierten Restes einer bestehen gebliebenen Grundschuld deren Gläubiger eine uneingeschränkte Löschungsbewilligung erteilt hat, hat der frühere Eigentümer wegen der Vereitelung seines Rückgewähranspruchs gegen den Grundschuldgläubiger hinsichtlich des vor Zuschlag und Ablösung bereits nicht mehr valutierten Teils der Grundschuld (s. Rdn. 1892) keinen Bereicherungsanspruch aus § 812 Abs. 1 S. 1 BGB[109]. Dann kann aber der (vormalige) Gläubiger der Grundschuld, der dem Ersteher uneingeschränkte Löschungsbewilligung erteilt hat, auf Schadensersatz haften[110], weil er den nach teilweiser Tilgung des Darlehens bereits geschuldeten (s. Rdn. 1892) Rückübertragungsanspruch nicht erfüllt hat und nach Löschung der Grundschuld auch nicht mehr erfüllen kann; dieser Schadensersatzanspruch ist pfändbar.

1911a

XII. Die auflösend bedingte Grundschuld

Kein Rückgewähranspruch besteht, wenn die Grundschuld auflösend bedingt, insbesondere sicherungshalber unter der auflösenden Bedingung des Erlöschens der „gesicherten" Forderung bestellt wurde. Dann ist bei Eintritt der Bedingung die Grundschuld als Grundstücksbelastung überhaupt erloschen[111] (§ 158 Abs. 2 BGB). Gläubigern des Grundstückseigentümers als Sicherungsgeber bietet sich in einem solchen Fall nur die Zwangsvollstreckung in das Grundstück. Dass die Grundschuld auflösend bedingt ist, ergibt sich aus dem Grundbuch, weil die Bedingung als solche eingetragen sein muss.

1912

---

107 *BGH* DNotZ 1989, 752 = MDR 1989, 238 = NJW-RR 1989, 173.
108 *BGH* a.a.O.
109 *BGH* DNotZ 1994, 47 = MDR 1993, 755 = NJW 1993, 1919; *BGH* MDR 1975, 45 = NJW 1974, 2279.
110 Vgl. hierzu *BGH* NJW 1974, 2279 = a.a.O.
111 *Schöner/Stöber*, Grundbuchrecht, Rdn. 2300.

XIII. Erlöschen des Rückgewähranspruchs

1912a Mit *Verwertung* (Abtretung) der Grundschuld, die nach Maßgabe des Sicherungsvertrags zu dem Zweck erfolgt, die gesicherte Forderung aus dem Verwertungserlös zu befriedigen, erlischt der (bedingte) Rückgewähranspruch[112]. Nach Abwicklung des Sicherungsvertrags mit Grundschuldverwertung kann ein Rückgewähranspruch daher nicht mehr gepfändet und nicht mehr durchgesetzt werden. Auch dann hat der Sicherungsgeber gegen den Sicherungsnehmer keinen Rückgewähranspruch mehr, wenn der Sicherungsnehmer die nach dem Sicherungsvertrag ordnungsgemäß zu Verwertungszwecken veräußerte Grundschuld später zurückerwirbt[113].

Wenn ein Rechtsnachfolger des Grundschuldgläubigers die Grundschuld einredefrei erworben hat, weil er den im Grundbuch nicht gesicherten Rückgewähranspruch nicht gekannt hat (§ 1192 Abs. 1, §§ 1157, 892 BGB), kann auch ein Pfandgläubiger den Rückgewähranspruch nicht durchsetzen.

D. Pfändung der Eigentümergrundschuld (§ 857 Abs. 6 ZPO)

I. Allgemeines

Schrifttum: *Bayer*, Zinsen für die Eigentümergrundschuld? AcP 189 (1989) 470; *Bertin*, Pfändung einer aus einer Briefhypothek herrührenden Eigentümergrundschuld, JW 1933, 1988; *Frantz*, Die Hilfsvollstreckung zur Erlangung des Briefes zwecks Pfändung einer Brief-Eigentümergrundschuld, NJW 1955, 169; *Gadge,* Die Pfändung von Eigentümergrundschulden, JurBüro 1956, 235; *Gährs*, Zur Pfändung von Teilgrundstückspfandrechten, JW 1933, 1299; *Hornung*, Das Grundbuchrecht aus der Sicht der gemeindlichen Vollstreckungsbehörden (Abschn. VI A 3: Die Zwangsvollstreckung in Ansprüche und Rechte des Grundstückseigentümers aus eingetragenen Grundpfandrechten), KKZ 1973, 204; *Mayer*, Die Pfändung von Eigentümerhypotheken, Gruchot 56, 265; *Mümmler*, Die Zwangsvollstreckung in Eigentümergrundpfandrechte, JurBüro 1969, 789; *Ricks,* Die Pfändung von Hypotheken und Grundschulden und ihre Eintragung in das Grundbuch, JW 1931, 569; *Ripfel*, Ein Beitrag zur Pfändung von Eigentümerrechten, insbesondere -buchpfandrechten, DNotZ 1936, 672; *Röll*, Die Pfändung von Eigentümergrundschulden und die Ablösung von Grundpfandrechten durch den Käufer, BayNotV 1964, 365; *Schmidt-Ernsthausen*, Das nicht voll valutierte Grundstückspfandrecht, seine Pfändung, deren Sicherung und Grundbucheintragung, JW 1933, 668; *Simon*, Die Pfändung von Eigentümergrundschulden, JurBüro 1956, 73; *Sottung*, Die Pfändung der Eigentümergrundschuld, Dissertation (Berlin-Köln) 1957 (siehe dazu Rpfleger 1958, 168 und DNotZ 1958, 278); *Stöber,* Zweifelsfragen bei Pfändung von Eigentümergrundschulden und Eigentümerhypotheken, Rpfleger 1958, 251; *Tempel,* Zwangsvollstreckung in Grundpfandrechte, JuS 1967, 75 und 215.

1913 Die *Eigentümergrundschuld* (zur Eigentümerhypothek Rdn. 1970) gibt dem Schuldner das Recht auf Zahlung einer bestimmten Geldsumme aus seinem eigenen Grundstück (§ 1191 BGB). Als Grundstücksbelastung ist sie ein *vom Eigentum* am Grundstück *verschiedenes Vermögensrecht* des Schuldners, das ihm auch bei Veräußerung des Grundstücks verbleibt und

---

112 *BGH* DNotZ 1979, 497 = MDR 1979, 481.
113 *BGH* a.a.O. (Fußn. 112).

bei Zwangsversteigerung einen Anspruch auf Zahlung des auf die Rangstelle des Rechtes entfallenden Betrages des Versteigerungserlöses gibt. Als selbstständiges Vermögensrecht unterliegt die Eigentümergrundschuld dem Pfändungszugriff. Nach Eintragung einer späteren Auflassungsvormerkung ist die anschließende Pfändung der Eigentümergrundschuld dem Vormerkungsberechtigten gegenüber voll wirksam[1].

II. Offene – verschleierte Eigentümergrundschuld

1. Die Eigentümergrundschuld kann als solche im Grundbuch *auf den Namen des Schuldners bereits eingetragen* sein (sog. *offene* Eigentümergrundschuld, siehe § 1196 Abs. 1 BGB) oder für ihn kraft Gesetzes *aus einem Fremdrecht*, das heißt noch für einen Dritten eingetragenen Hypothek oder Grundschuld *entstanden sein* (sog. *verschleierte* Eigentümergrundschuld). Aus einem Fremdrecht ist die Eigentümergrundschuld auch dann entstanden, wenn sie aus einer Fremdgrundschuld hervorgegangen ist, die Fremdrecht durch Abtretung einer im Grundbuch auf den Namen des Eigentümers eingetragenen Briefgrundschuld außerhalb des Grundbuchs (durch Briefübergabe und Abtretungserklärung, siehe §§ 1154, 1192 BGB) geworden ist.

2. Eine verschleierte *Eigentümergrundschuld* ist aus einer *Hypothek* entstanden (wegen der Eigentümerhypothek siehe Rdn. 1970, wegen der aus einer Grundschuld hervorgegangenen Eigentümergrundschuld siehe Rdn. 1905),

1914

1915

- wenn die *Forderung*, für welche auf dem Grundstück des Schuldners einem Dritten eine Hypothek bestellt worden ist (ganz oder teilweise), *nicht zur Entstehung* gelangt ist (§ 1163 Abs. 1 S. 1, § 1177 Abs. 1 BGB). Diese Eigentümergrundschuld steht dem wahren Grundstückseigentümer im Zeitpunkt des Entstehens, das heißt der Eintragung des dinglichen Rechts zu.

- wenn die *Forderung*, für welche auf dem Grundstück des Schuldners einem Dritten eine Hypothek bestellt worden ist (ganz oder teilweise), *wieder erloschen* ist (§ 1163 Abs. 1 S. 2, § 1177 Abs. 1 BGB). Diese Eigentümergrundschuld steht dem Eigentümer bei Erlöschen der Forderung zu.

- wenn der für die Hypothek erteilte *Brief* dem Gläubiger *nicht übergeben* ist (§ 1163 Abs. 2, § 1192 BGB). Diese Eigentümergrundschuld steht dem wahren Grundstückseigentümer im Zeitpunkt des Entstehens, das heißt der Eintragung des dinglichen Rechts zu.

- durch *Verzicht* des Gläubigers auf die Hypothek (§§ 1168, 1192 BGB). Diese Grundschuld steht dem Eigentümer im Zeitpunkt des Wirksamwerdens des Verzichtes zu.

---

1   So für den vergleichbaren Fall der Abtretung *BGH* 64, 316 = DNotZ 1975, 617 = MDR 1975, 830 = NJW 1975, 1356.

- durch *Ausschluss* des unbekannten Gläubigers (§ 1170 Abs. 2 BGB). Diese Grundschuld steht dem Eigentümer im Zeitpunkt der Verkündung des Ausschlussurteils zu[2].

- durch *Konfusion*, das heißt Vereinigung von Eigentum und Gläubigerrecht an der Hypothek in einer Person, zum Beispiel dadurch, dass der Eigentümer den Gläubiger beerbt (oder umgekehrt), die Hypothek dem Eigentümer abgetreten oder das Grundstück vom Gläubiger nach Auflassung erworben wird.

- bei der Zwangssicherungs- oder Arresthypothek, wenn durch eine vollstreckbare Entscheidung die zu vollstreckende (= der Eintragung zugrunde liegende) Entscheidung aufgehoben oder die Zwangsvollstreckung für unzulässig erklärt oder deren Einstellung angeordnet ist (§ 868 Abs. 1, § 932 Abs. 2 ZPO), ferner, wenn durch eine gerichtliche Entscheidung die einstweilige Einstellung der Vollstreckung und zugleich die Aufhebung der erfolgten Vollstreckungsmaßregel angeordnet oder wenn die zur Abwendung der Vollstreckung nachgelassene Sicherheit oder Hinterlegung erfolgt ist (§ 868 Abs. 2, § 932 Abs. 2 ZPO). Diese Grundschuld steht dem Eigentümer im Zeitpunkt des Eintritts der für das Entstehen der Eigentümergrundschuld erforderlichen Voraussetzungen, bei zwischenzeitlichem Eigentumswechsel also dem neuen Eigentümer zu.

Wegen der *Gesamthypothek* siehe §§ 1172–1174 BGB.

1916 Wenn die Hypothek nach § 1172 Abs. 1 BGB von Eigentümern mehrerer Grundstücke oder von Miteigentümern eines Grundstücks (§§ 1008, 1114 BGB) als Gesamtrecht erworben ist, steht die Eigentümergrundschuld allen Eigentümern in Bruchteilsgemeinschaft zu[3]; die Anteile berechnen sich nach § 1172 Abs. 2 BGB. Der Anteil eines Miteigentümers ist pfändbar. Dazu Rdn. 1965 ff.

1917 Keine Eigentümergrundschuld entsteht aus der Belastung einer (vormaligen) *Heimstätte* nach Maßgabe des § 17 Abs. 2 S. 2 RHeimstG. Diese Vorschrift findet auf die im Zeitpunkt des Inkrafttretens des Gesetzes zur Aufhebung des RHeimstG (= 1. Okt. 1993, BGBl I 913) eingetragenen Hypotheken und Grundschulden weiterhin Anwendung (Art. 6 § 1 Abs. 1 S. 2 dieses Gesetzes). Aus einer *Vormerkung* zur Sicherung des Anspruchs auf Einräumung einer Hypothek entsteht ebenfalls keine Eigentümergrundschuld[4]; die Wirkungen der Vormerkung erlöschen vielmehr mit dem gesicherten Anspruch.

---

2 Gepfändet werden kann auch das Recht des Schuldners auf Betreibung des Aufgebotsverfahrens gegen den unbekannten Hypothekengläubiger und das Anwartschaftsrecht auf den Erwerb der im Falle des Ergehens des Ausschlussurteils entstehenden Eigentümergrundschuld. Der nachträglichen Eintragung einer Löschungsvormerkung zugunsten eines anderen Gläubigers steht diese Pfändung nicht entgegen; siehe *OLG Frankfurt* NJW 1962, 640.

3 *BGH* NJW-RR 1986, 233; *BGH* NJW 2009, 847 (848); *AG Obernburg* MDR 1964, 846.

4 Siehe auch *BayObLG* Betrieb 1980, 212 = Rpfleger 1980, 294.

Die Gläubigerstellung des Eigentümers, der eine Eigentümergrundschuld erworben hat, wird von einer *Grundstücksveräußerung* nicht berührt. Auch nach der Veräußerung steht die Grundschuld daher dem vormaligen Eigentümer zu, in dessen Person das Recht entstanden ist. Mit dem Eigentumswechsel hat sich aber die Grundschuld, die dem Veräußerer verblieben ist, vom Eigentum gelöst. Das Recht ist damit keine Eigentümergrundschuld mehr, sondern eine Fremdgrundschuld, die nach dem Rdn. 1873 Gesagten zu pfänden ist.

3. Verschleierte Eigentümergrundschulden sind vielfach nur schwer erkennbar, bieten aber eine noch immer lohnende, oft nicht genutzte Befriedigungschance. Oft sind sie auch in kleinen Teilen dadurch entstanden, dass die für den Gläubiger eingetragene Hypothek *teilweise* nicht valutiert wurde oder nach Erlöschen der Forderung nicht mehr valutiert ist. Eine solche (Teil-)Eigentümergrundschuld hat Rang nach dem dem Gläubiger verbliebenen Teil seiner Hypothek (oder Grundschuld) (siehe § 1176 BGB). Teilweise erwirbt der Eigentümer das Recht praktisch am häufigsten bei den sogenannten Annuitäten- und Tilgungshypotheken; bei diesen Rechten entsteht immer in Höhe der jeweils getilgten Kapitalbeträge sofort eine Eigentümergrundschuld.

4. Zur Frage, ob und ggf. wie sich der Käufer eines Grundstücks nach Ablösung von Grundpfandrechten gegen die Pfändung von Eigentümergrundschulden schützen kann, siehe *Röll* BayNotV 1964, 365.

III. Pfändung trotz Löschungsvormerkung (-anspruch)

1. Die Pfändung einer Eigentümergrundschuld verbietet sich nicht deshalb, weil sie mit einer Löschungsvormerkung nach § 1179 BGB[5] belastet oder einem gesetzlichen Löschungsanspruch mit Vormerkungswirkungen nach §§ 1179 a und b BGB[6] ausgesetzt ist.

2. Die Eigentümergrundschuld, die mit einer nach § 1179 BGB a.F. (vor dem 1. Jan. 1978)[7] eingetragenen Löschungsvormerkung oder mit einer Löschungsvormerkung zugunsten eines in § 1179 BGB n.F. bezeichneten Berechtigten belastet ist, bietet einem Gläubiger vielfach eine hinreichende Befriedigungsmöglichkeit. Ob die Löschungsvormerkung geltend gemacht[8] wird und zum Erlöschen der Eigentümergrundschuld führt, lässt sich meist erst im Zwangsversteigerungsverfahren absehen. Selbst bei Geltendmachung der Löschungsvormerkung dringt aber der Löschungsanspruch nicht immer durch[9]. Ihm bleibt der Erfolg dann (zumindest teilweise) versagt, wenn sogenannte Zwischenrechte vorhanden sind, das sind

---

5 Siehe Rdn. 1904 Fußn. 86.
6 Für das Schiffshypothekenrecht besteht der gesetzliche Löschungsanspruch nicht, dazu *Stöber* Rpfleger 1977, 400 bei Fußn. 31.
7 Dazu sowie zum Übergangsrecht *Stöber* Rpfleger 1977, 431.
8 Sie kann gegen den pfändenden Gläubiger geltend gemacht und durchgesetzt werden, siehe § 888 BGB.
9 Siehe auch die Beispiele bei *Stöber* Rpfleger 1977, 425 Fußn. 139.

Rechte, die rangmäßig zwischen der Eigentümergrundschuld und dem Recht des aus der Löschungsvormerkung Berechtigten stehen und im Verteilungsverfahren ungedeckt bleiben. Beim Vorhandensein von Zwischenrechten bleibt dem Eigentümer vielfach eine Zuteilung aus dem Versteigerungserlös, deren rechtzeitige Pfändung meist übersehen wird. Wegen der Einzelheiten wird auf die Abhandlung von *Stöber* Rpfleger 1957, 202 und insbesondere die Seite 208 rechte Spalte dargestellten Beispiele verwiesen. Dass die Eigentümergrundschuld nicht erlischt, also ohne Risiko gepfändet werden kann, wenn ein größeres Zwischenrecht vorhanden ist (Beispiel im Fall 1 auf Seite 208 in Rpfleger 1957), hat inzwischen der *BGH*[10] entschieden. Wegen der weitergehenden, einem pfändenden Gläubiger günstigeren Ansicht des *BGH* bei sonstigem Vorhandensein eines Zwischenrechtes[11] siehe MDR 1963, 580 = NJW 1963, 1497 = Rpfleger 1963, 234 mit krit. Anm. *Stöber*.

1922   3. Der *gesetzliche Löschungsanspruch* mit Vormerkungswirkungen (§§ 1179 a, b BGB)[12] erlangt Bedeutung, wenn der Eigentümergrundschuld (dem Grundpfandrecht, aus dem sie entstanden ist) Hypotheken, Grund- oder Rentenschulden (oder auch nur ein solches Recht) im Rang nachgehen oder gleichstehen, die nach dem 1.1.1978 in das Grundbuch eingetragen wurden[13]. Deren Gläubiger haben einen gesetzlichen vormerkungsgesicherten Löschungsanspruch auch gegenüber allen vorgehenden Rechten, die vor dem 1.1.1978 eingetragen wurden[14].

1923   a) Eine bereits wirksam erfolgte *Pfändung* der Eigentümergrundschuld vor *Entstehen* des vormerkungsgeschützten Löschungsanspruchs wird mit nachfolgender Eintragung des begünstigten nach- oder gleichrangigen Grundpfandrechts (§ 1179 a Abs. 1 S. 3 BGB) nicht beeinträchtigt. Denn der Gläubiger hat bereits mit wirksamer Pfändung (durch Briefübergabe bzw. Grundbucheintragung, Rdn. 1929, nicht aber schon durch Erlass des Pfändungsbeschlusses oder Zustellung) sein Pfandrecht an der einem Löschungsanspruch noch nicht ausgesetzten Eigentümergrundschuld erworben (§ 804 ZPO). Diese Zwangsvollstreckungsmaßnahme ist sonach keine vormerkungswidrige Verfügung; das durch sie erlangte Pfandrecht ist daher den Vormerkungswirkungen des § 883 Abs. 2 BGB nicht ausgesetzt[15].

---

10   *BGH* 25, 382 = DNotZ 1958, 144 = MDR 1958, 91 = NJW 1958, 21 = Rpfleger 1958, 49 mit Anm. *Bruhn.*
11   S. außerdem *OLG Düsseldorf* NJW-RR 1989, 599 = Rpfleger 1989, 422: Befriedigung des Gläubigers, der die Eigentümergrundschuld gepfändet hatte, weil Zwischenrechte vorhanden waren und daher der Löschungsanspruch nicht durchgesetzt werden konnte.
12   Dazu, auch zum Übergangsrecht, näher *Stöber* Rpfleger 1977, 399 und 425, auch *Jerschke* DNotZ 1977, 708.
13   Für die vor dem 1.1.1978 beantragten, aber erst danach eingetragenen Rechte (sog. Übergangsrechte) gilt § 1179 a.F. BGB. Das Fehlen des gesetzlichen Löschungsanspruchs war dann von Amts wegen in das Grundbuch einzutragen. Art. 8 § 1 Abs. 2 Ges. v. 29.6.1977, BGBl I 998. Dazu *Stöber* Rpfleger 1977, 432.
14   *BGH* 99, 363 = MDR 1987, 493 = NJW 1987, 2078.
15   *Stöber* Rpfleger 1977, 425 (426 unter V 3).

b) *Pfändung* der Eigentümergrundschuld *nach* Eintragung eines nach- 1924
(auch gleich-)rangigen Grundpfandrechts und damit *Entstehen* des vormerkungsgesicherten Löschungsanspruchs ist dessen Gläubiger gegenüber als Verfügung im Wege der Zwangsvollstreckung nach Maßgabe des § 883 Abs. 2 BGB (relativ) unwirksam. Diese Unwirksamkeit kann der Berechtigte des Löschungsanspruchs gegen den pfändenden Gläubiger als dem vormerkungswidrigen Dritterwerber nach § 888 Abs. 1 BGB geltend machen.

4. Pfändung einer Eigentümergrundschuld kann aber selbst dann, wenn 1925 gleich- oder nachrangige Grundpfandrechte vorhanden sind, dem Gläubiger eine hinreichende Befriedigungsmöglichkeit bieten. Denn im Einzelfall kann sich ergeben, dass ein gesetzlicher Löschungsanspruch nach § 1179 a BGB an der Eigentümergrundschuld nicht besteht oder zwar besteht, aber doch nicht durchgesetzt werden kann.

a) *Kein* gesetzlicher *Löschungsanspruch* nach § 1179 a BGB besteht 1926

- gegenüber der Eigentümergrundschuld[16] aus einem Briefrecht vor Briefübergabe (§ 1179 Abs. 2 S. 2 BGB)[17],
- gegenüber der ursprünglichen offenen (Brief- oder Buch-)Eigentümergrundschuld, die noch nicht Fremdrecht[18] war (§ 1196 Abs. 3 BGB)[19],
- an Eigentümergrundschulden aus Sicherungshypotheken für Inhaber- oder Orderpapiere (§ 1187 S. 4 n.F. BGB) und ebenso nicht an Inhabergrundschulden (§ 1195 BGB),
- für den Gläubiger einer rangschlechteren oder ranggleichen Arrestsicherungshypothek (§ 932 Abs. 1 S. 2 ZPO)[20].

In solchen Fällen bietet sonach die Eigentümergrundschuld stets eine durch Löschungsvormerkungen nachrangiger Grundpfandgläubiger nicht geschmälerte Zugriffsmöglichkeit.

---

16 Zum Fall der Nichtvalutierung siehe § 1179 a Abs. 2 S. 1 BGB; dazu *Stöber* Rpfleger 1977, 425 (428 unter V 8 b).
17 Dazu *Stöber* Rpfleger 1977, 425 (429 unter V 8 c und 430 f. unter VIII).
18 Anspruch auf Löschung besteht, wenn eine für den Eigentümer bestellte vor- oder gleichrangige Grundschuld zur Sicherung künftiger oder bedingter Forderungen abgetreten worden war und nach Erfüllung dieses Sicherungszwecks an den Eigentümer zurückübertragen wurde, *BGH* 99, 363 = a.a.O. (Fußn. 14). Jedoch kein Anspruch auf Löschung einer nachträglichen Eigentümergrundschuld, wenn die Grundschuld im Grundbuch vor Eintragung des nachrangigen Grundpfandrechts auf den Eigentümer umgeschrieben worden ist, desgleichen nicht im Falle der nachträglichen, im Grundbuch ausgewiesenen Vereinigung aller bestehenden Grundpfandrechte mit dem Eigentum in einer Person (§ 1196 Abs. 3 BGB, entspr. Anwendung) *BGH* DNotZ 1998, 289 = Rpfleger 1997, 470.
19 Zu den Besonderheiten, die sich bei der Brief-Eigentümergrundschuld daraus ergeben, dass das Grundbuch keinen Aufschluss darüber gibt, ob das Recht schon einmal Fremdrecht war, siehe *Stöber* Rpfleger 1977, 425 (430). Bei der Eigentümergrundschuld kann jedoch nach § 883 BGB eine Aufhebungsvormerkung eingetragen sein.
20 Dazu aber *Stöber* Rpfleger 1977, 402.

1927 b) Wenn ein gesetzlicher Löschungsanspruch (§ 1179 a, auch § 1179 b BGB) besteht, kann seine Geltendmachung im Einzelfall ausgeschlossen sein[21]. Zwischenrechte ohne Löschungsanspruch, die zu der bereits Rdn. 1921 besprochenen Zuteilung auf das Eigentümerrecht führen, werden zwar selten sein. Es kann sich aber ergeben, dass der Gläubiger einer dem Eigentümerrecht zunächst nachfolgenden (ausfallenden) Hypothek seinen Löschungsanspruch nicht verfolgt, ein im Rang nach ihm stehender, mithin weiter nachrangiger Grundpfandgläubiger hingegen seinen Löschungsanspruch geltend macht. Ersterer ist dann Zwischenberechtigter, so dass sich bei Zwangsversteigerung wiederum die Rdn. 1921 besprochene Zuteilung auf das Eigentümerrecht ergibt. Nachfolgende Löschungsberechtigte können aber auch insgesamt von der Geltendmachung des Löschungsanspruchs absehen. Seine Durchsetzung kann zudem durch eine Einrede verhindert sein; es kann ein Rechtsschutzinteresse an seiner Durchsetzung aber auch nur hinsichtlich eines Teilbetrages der Eigentümergrundschuld bestehen. Bei Zwangsversteigerung kann dann die Eigentümergrundschuld trotz der nachrangigen Löschungsansprüche (ganz oder teilweise) zum Zuge kommen. Vor allem aber kann der Grundstückseigentümer das Grundstück veräußern; oft ist dann mit Befriedigung bei Kaufpreisabwicklung zu rechnen.

1928 c) Auch wenn nachgehende (oder gleichrangige) Grundpfandrechtsgläubiger mit gesetzlichem Löschungsanspruch vorhanden sind, kann die Pfändung der Eigentümergrundschuld sonach zum Ziele führen. Dies ist freilich nicht sicher abzusehen und vorweg nur schwer zu beurteilen. Der Vollstreckungsgläubiger wird daher stets zur Verstärkung seiner Befriedigungschancen auch Eintragung einer Zwangshypothek ins Auge fassen[22].

IV. Die Pfändung

1929 Als *Grundschuld* ist die Eigentümergrundschuld *nach § 857 Abs. 6 ZPO* wie eine Hypothekenforderung, also nach den Vorschriften des § 830 ZPO zu *pfänden*.

Die wirksame Pfändung der Eigentümergrundschuld erfordert daher gerichtlichen Pfändungsbeschluss *und* (bei Briefrechten) Übergabe des Hypothekenbriefes oder (bei Buchrechten) Eintragung der Pfändung in das Grundbuch. Wegen der in der vereinfachten Form des § 829 ZPO pfändbaren „Grundschuld"ansprüche siehe Rdn. 1798–1802.

Dass § 857 Abs. 6 ZPO auch auf die Pfändung einer Eigentümergrundschuld anwendbar ist, hat das *RG*[23] in ständiger Rechtsprechung an-

---

21 Zur Einrede, die Geltendmachung ausschließt, siehe *Stöber* Rpfleger 1977, 430.
22 Damit erlangt er auch selbst zugleich den Löschungsanspruch des § 1179 a BGB.
23 *RG* 55, 378; 56, 10 (13); 56, 184; 59, 313; 61, 374 (376); 63, 214; 70, 278; 97, 223 (226); 120, 110 (112); *RG* Gruchot 54, 1022. Dies scheint auch die Ansicht des *BGH* zu sein; siehe *BGH* Rdn. 1905 Fußn. 90 und *BGH* JurBüro 1979, 1500 = MDR 1979, 922 = NJW 1979, 2045.

genommen und ist heute herrschende Meinung[24]. Vereinzelt[25] wird allerdings noch die Ansicht vertreten, die Eigentümergrundschuld sei nach § 857 Abs. 1 und 2 ZPO zu pfänden, also in der für gewöhnliche Forderungen geltenden vereinfachten Form. Diese Pfändung soll, da ein Drittschuldner nicht vorhanden ist, durch Zustellung des Pfändungsbeschlusses an den Schuldner wirksam werden. Dieser abweichenden Ansicht kommt aber angesichts der Rechtsprechung des *RG* und der ihr im Hinblick auf Entstehungsgeschichte, Wortlaut und Auslegung des § 857 Abs. 6 ZPO folgenden allgemeinen Meinung keine praktische Bedeutung mehr zu.

V. Zum Inhalt des Pfändungsbeschlusses

1. Die vom Pfändungsbeschluss zu fordernde Klarheit gebietet die bestimmte oder hinreichend bestimmbare *Bezeichnung der Eigentümergrundschuld* (siehe deswegen Rdn. 489). Ist die Eigentümergrundschuld noch nicht als solche im Grundbuch auf den Namen des Schuldners eingetragen, so gehört zur Bezeichnung auch die Angabe, aus welchem im Grundbuch eingetragenen Fremdrecht sie entstanden sein soll. Wenn in diesem Fall dem Gläubiger nicht genau bekannt ist, in welcher Höhe ein noch eingetragenes Fremdrecht Eigentümergrundschuld geworden ist, kann im Pfändungsbeschluss die Höhe der angeblichen Eigentümergrundschuld offen gelassen werden[26]; der Nachweis ist jedoch dem Grundbuchamt zu erbringen (siehe Rdn. 1945). 1930

2. Ein *Drittschuldner* für ein Zahlungsverbot ist *nicht* vorhanden[27]. Weil demnach eine Einziehung der zu pfändenden Eigentümergrundschuld durch 1931

---

24 *OG Danzig* DJ 1938, 1077; *OLG Celle* BWNotZ 1968, 267 (Leits.) = NJW 1968, 1682; *OLG Düsseldorf* DNotZ 1969, 295 = MDR 1969, 490 = OLGZ 1969, 208 = Rpfleger 1969, 65; *OLG Frankfurt* NJW 1955, 1483; *OLG Köln* NJW 1961, 369 = Rpfleger 1961, 206 mit Anm. *Stöber* und JMBlNRW 1971, 160 (161 re.Sp.) = OLGZ 1971, 151; *OLG München* MittBayNot 1979, 37; *OLG Oldenburg* NdsRpfl 1970, 114 = Rpfleger 1970, 100; *OLG Saarbrücken* OLGZ 1967, 105; *Zöller/Stöber*, ZPO, Rdn. 20; *Wieczorek/Schütze/Lüke*, ZPO, Rdn. 82, je zu § 857; *Staudinger/Wolfsteiner*, BGB, Rdn. 92 zu § 1163; *Bertin* JW 1933, 1988; *Frantz* NJW 1955, 169; *Gährs* JW 1933, 1299; *Mümmler* JurBüro 1969, 791; *Schmidt-Ernsthausen* JW 1933, 668; *Simon* JurBüro 1956, 73; *Stöber* Rpfleger 1958, 252; *Tempel* JuS 1967, 215.
25 Siehe zum Beispiel *LG Frankfurt* NJW 1952, 629; *Sottung*, Die Pfändung der Eigentümergrundschuld, a.a.O. (vor Rdn. 1913); *Baur/Stürner/Bruns*, Zwangsvollstreckungsrecht, Rdn. 32.20; nur kritischer Hinweis noch bei *Stein/Jonas/Brehm*, ZPO, Rdn. 62 zu § 857.
26 *Stöber* Rpfleger 1961, 208; *Simon* JurBüro 1956, 74; *Tempel* JuS 1967, 215; *Stein/Jonas/Brehm*, ZPO, Rdn. 62 (Fußn. 232) zu § 857.
27 *RG* 43, 427 (429); 71, 179 (183); *OLG Colmar* OLG 7, 316; *Schmidt-Ernsthausen* JW 1933, 668; *Bertin* JW 1933, 1988; *Stöber* Rpfleger 1958, 252; *Stein/Jonas/Brehm*, ZPO, Rdn. 63; *Wieczorek /Schütze/Lüke*, ZPO, Rdn. 83, je zu § 857. Zum Teil wird aber die Meinung vertreten, der Eigentümer sei zugleich Pfändungsschuldner und Drittschuldner, so *LG Frankfurt* NJW 1952, 629, ebenso *Mayer* Gruchot 56, 284 f. Dieser Meinung kommt aber eine Bedeutung nicht zu, denn unter Drittschuldner kann, wie das *RG* bereits RGZ 43, 429 betont, nur eine vom Schuldner *verschiedene* Person verstanden werden (ebenso *Sottung*, Die Pfändung der Eigentümergrundschuld, S. 72, 77 f.).

6. Kapitel: Pfändung von Grundpfandrechten

den Schuldner nicht in Frage kommt, heißt das nach § 829 ZPO zur Pfändung gehörende Gebot an den Schuldner, sich jeder Verfügung über die Forderung zu enthalten[28], besser

"Dem Schuldner wird geboten, sich jeder Verfügung über die Eigentümergrundschuld, insbesondere ihrer Aufhebung durch Bewirkung der Löschung oder der Abtretung an einen Dritten, zu enthalten"[29].

Das gilt selbst dann, wenn zugleich eine Hilfspfändung ausgebracht wird und für diese Hilfspfändung ein Drittschuldner, zum Beispiel der zur Herausgabe verpflichtete Briefbesitzer, vorhanden ist[30].

1932 3. Auf *künftige* Eigentümergrundschulden, das heißt nach der Pfändung Eigentümergrundschuld werdende Teile eines Grundpfandrechts, das Fremdrecht ist, erstreckt sich der Pfändungsbeschluss nur, wenn diese künftigen Eigentümergrundschulden ausdrücklich mitgepfändet sind (siehe dazu Rdn. 500).

VI. Pfändung der offenen Eigentümergrundschuld

1933 *Gepfändet wird die angeblich für den Schuldner im Grundbuch des Amtsgerichts ... für Gemarkung ... Blatt ... in Abt. III Nr. ... auf seinem Grundstück ... -straße Hs.-Nr. ... (= Fl. St. Nr. ...) eingetragene*

- *Eigentümergrundschuld, für die ein Grundschuldbrief erteilt ist*
- *Eigentümergrundschuld ohne Brief*

in Höhe von ... Euro (mehr oder weniger), nebst den Zinsen seit dem ...
(Wegen der Fassung des Verfügungsverbotes siehe Rdn. 1931; wegen der bei Briefrechten gegebenenfalls anzufügenden Hilfspfändung des Herausgabeanspruchs siehe Rdn. 1821; wegen Pfändung auch für die Kosten der Briefwegnahme und Grundbucheintragung siehe Rdn. 1803).

1934 1. Die Pfändung der sog. offenen Eigentümergrundschuld (siehe Rdn. 1914) bereitet keine besonderen Schwierigkeiten. Wenn der Schuldner den Grundschuldbrief *in Händen* hat oder als Gläubiger der Grundschuld ohne Brief im *Grundbuch eingetragen* ist, erfolgt die Pfändung ebenso wie die Pfändung einer Hypothekenforderung durch Gläubiger des Hypothekengläubigers. Es gilt daher – ebenso wie für die Pfändung einer Fremdgrundschuld, siehe Rdn. 1873 – das Rdn. 1795 ff. (= Abschn. A) Gesagte (mit Ausnahme der Ausführungen, die sich auf die mit der Hypothek verbundene Forderung beziehen) entsprechend. Besitzt ein *Dritter* den Grundschuldbrief, ohne dass ihm das Gläubigerrecht an der Grundschuld abgetreten ist, also zum Beispiel als Verwahrer oder auf Grund eines Zurückbehaltungsrechtes, so kann die Pfändung nach dem Rdn. 1816 ff. Gesagten wirksam gemacht

---

[28] Das wegen Fehlens des Drittschuldners einen für die Wirksamkeit der Pfändung wesentlichen Bestandteil des Beschlusses bildet; siehe Rdn. 507.
[29] *Schmidt-Ernsthausen* JW 1933, 668; *Stöber* Rpfleger 1958, 252.
[30] *Stöber* Rpfleger 1958, 252.

Eigentümergrundschuld

oder der Herausgabeanspruch gepfändet werden (siehe dazu Rdn. 1821 ff.). Wirksam ist eine Pfändung auch, wenn das Grundbuchamt entgegen einer abweichenden Bestimmung nach § 60 Abs. 2 GBO den neu gebildeten Brief freiwillig an den vom Gläubiger beauftragten Gerichtsvollzieher herausgegeben hat[31]. In einem solchen Fall kann das Grundbuchamt den Grundschuldbrief vom Gläubiger (oder Gerichtsvollzieher) nicht zurückfordern[32]. Zur Teilpfändung der Eigentümerbriefgrundschuld durch Bildung und Aushändigung eines Teilbriefs und zum Anspruch auf Vorlage des Stammbriefes an das Grundbuchamt zur Herstellung eines Teilbriefes siehe *OLG Oldenburg* a.a.O. (Fußn. 24). Wenn einem Dritten die Grundschuld abgetreten ist, bleibt die Pfändung wirkungslos[33]; dann kann dem Schuldner aber ein pfändbarer Rückgewährungsanspruch zustehen; dazu siehe Rdn. 1886 ff.

2. Ein Anspruch aus *Schuldversprechen* (§ 780 BGB; zu ihm Rdn. 1885 a) besteht bei der Eigentümergrundschuld nicht, kann somit nicht gepfändet werden. Der Grundstückseigentümer kann zwar auch bei Bestellung einer Eigentümergrundschuld „wegen der Ansprüche aus der Grundschuld" zusätzlich die *persönliche Haftung* mit seinem ganzen übrigen Vermögen übernehmen und sich auch deswegen persönlich der sofortigen Zwangsvollstreckung unterwerfen[34]. Diese Erklärung allein begründet jedoch keinen Anspruch des Eigentümers als Besteller der Grundschuld; sie stellt lediglich ein Angebot gegenüber dem (späteren) Zessionar der Grundschuld zum Abschluss eines Schuldversprechens nach § 780 BGB dar[35]. Gegenstand der Unterwerfung ist somit ein künftig erst entstehender Anspruch des Erwerbers der Grundschuld. Diesen kann der Eigentümer auch später mit dem Erwerb des Grundpfandrechts eines Dritten als Eigentümergrundschuld (Rdn. 1915) nicht erlangen (Anspruch würde mit Vereinigung von Schuldner und Gläubiger erlöschen). Mitpfändung eines Anspruchs aus Schuldversprechen des Eigentümers ist bei Pfändung einer Eigentümergrundschuld daher ausgeschlossen.

1934a

VII. Pfändung der verschleierten Eigentümergrundschuld

Gepfändet wird die angebliche Eigentümergrundschuld oder Eigentümerhypothek[36], *in die sich die im Grundbuch des Amtsgerichts ... für Ge-*

1935

---

31 *OLG Düsseldorf* MDR 1969, 490 = OLGZ 1969, 208 = Rpfleger 1969, 65.
32 *OLG Düsseldorf* a.a.O.
33 *BayObLG* MittBayNot 1979, 36; siehe auch Rdn. 769.
34 *Schöner/Stöber*, Grundbuchrecht, Rdn. 2361 mit Nachw.
35 *BGH* DNotZ 1958, 579 und *BGH* DNotZ 1976, 364 = Rpfleger 1976, 125; *OLG Frankfurt* MittBayNot 1981, 121 = MittRhNotK 1981, 42 = OLGZ 1981, 49 = Rpfleger 1981, 59.
36 Der Gläubiger wird oft nicht wissen, ob ein Recht Eigentümergrundschuld oder -hypothek geworden ist. Daher wird er zu seiner Sicherheit die Pfändung auch auf die mutmaßliche Eigentümerhypothek ausdehnen. Wenn der Drittschuldner (der Schuldner der Forderung; siehe Rdn. 1972) bezeichnet werden kann, empfiehlt es sich, ihn im Pfändungsbeschluss anzugeben und gegen ihn das Zahlungsverbot des § 829 Abs. 1 S. 1 ZPO auszubringen. Siehe dazu im Übrigen Rdn. 1970 ff.

markung ... Blatt ... in Abt. III Nr. ... auf dem Grundstück ... -straße Hs.-Nr. ... (= Fl. St. Nr. ...) auf den Namen von ... in Höhe von ... Euro (mehr oder weniger) eingetragene

- *Hypothek, für die ein Hypothekenbrief erteilt ist,*
- *Hypothek ohne Brief*

ganz oder teilweise verwandelt hat, mit den Zinsen seit dem ... und unter Einschluss der künftig Eigentümergrundschuld oder Eigentümerhypothek werdenden Hypothekenteile.

1936 *Gepfändet werden außerdem*

- *das Miteigentum des Schuldners an dem Hypothekenbrief*
- *der Anspruch des Schuldners auf Aufhebung der Gemeinschaft am Hypothekenbrief*
- *der Anspruch des Schuldners auf Vorlage des Briefes an das Grundbuchamt oder einen Notar zur Bildung eines Teilbriefes und sein Anspruch auf Aushändigung des Teilbriefes*
- *der angebliche Anspruch des Schuldners auf Berichtigung des Grundbuchs und Erteilung (Aushändigung) der für diese Grundbuchberichtigung notwendigen Urkunden in grundbuchmäßiger Form.*

Drittschuldner dieser hilfsweise gepfändeten Ansprüche ist (sind) ...
(Wegen der bei Briefrechten gegebenenfalls anzufügenden Hilfspfändung des Herausgabeanspruchs siehe Rdn. 1821; wegen der Pfändung auch für die Kosten der Briefwegnahme und Grundbucheintragung siehe Rdn. 1803).

1937 Die Pfändung der verschleierten Eigentümergrundschuld (siehe Rdn. 1914) bereitet dem Gläubiger oft große Mühe, weil die für das Wirksamwerden der Pfändung notwendige Briefübergabe oder Grundbucheintragung vielfach auf Schwierigkeiten stößt. Es gilt folgendes:

1. Briefrechte

1938 a) aa) Ist das eingetragene Fremdrecht (Hypothek oder Grundschuld) mit Brief *in ganzer Höhe* Eigentümergrundschuld geworden[37], so ist der Grundstückseigentümer (= Vollstreckungsschuldner) auch Eigentümer des über das Recht ausgestellten Briefes (§ 952 BGB). Hat er den *Brief* (der noch auf das eingetragene Fremdrecht lautet) selbst in Besitz, so kann ihm der Brief vom Gerichtsvollzieher im Wege der Zwangsvollstreckung weggenommen werden (siehe hierwegen Rdn. 1813). Mit dieser Briefwegnahme oder der freiwilligen Aushändigung des Briefes wird die Pfändung wirksam (§ 857 Abs. 6, § 830 Abs. 1 S. 1 und 2 ZPO; siehe auch Rdn. 1808).

---

37 Oder ist für den Eigentümergrundschuld gewordenen Teil des Rechts bereits ein Teilbrief hergestellt.

bb) Gegen einen Dritten, der den Brief besitzt, und damit insbesondere auch gegen den (eingetragenen oder nicht eingetragenen, siehe § 1154 BGB) vormaligen Gläubiger der Hypothek oder Grundschuld, steht dem Schuldner als Inhaber der Eigentümergrundschuld ein dinglicher *Herausgabeanspruch* zu (§ 985 BGB). Dieser Herausgabeanspruch kann nach dem Rdn. 1821 ff. Gesagten im Wege der Hilfsvollstreckung gepfändet und dann vom Gläubiger geltend gemacht werden.

1939

cc) Soll die mit Briefübergabe wirksam werdende Pfändung auch in das Grundbuch eingetragen werden (siehe Rdn. 1831), so kann sich der Gläubiger die notwendigen Unterlagen nach Maßgabe des Rdn. 1947 Gesagten verschaffen.

1940

dd) Wenn der vormalige Gläubiger der Hypothek oder ein anderer Dritter oder auch der Schuldner den Brief besitzt, kann die Pfändung auch durch *Ersatzübergabe* wirksam werden (siehe deswegen Rdn. 1816 ff.).

1941

ee) Soll die Eigentümergrundschuld aus einer *Grundschuld* entstanden sein, dann muss vom pfändenden Gläubiger[38] geprüft werden, ob der Pfändungszugriff auf die vermeintliche Eigentümergrundschuld auch tatsächlich Aussicht auf Erfolg verspricht oder ob nicht richtig in den sog. Rückgewähranspruch oder gegebenenfalls in beide Vermögensrechte vollstreckt werden muss. Siehe hierwegen Rdn. 1887 ff.

1942

b) aa) Wenn *nur ein Teil* des eingetragenen Rechts Eigentümergrundschuld geworden ist, kann der Grundstückseigentümer (= Schuldner) vom Gläubiger der Hypothek (oder Grundschuld) Aushändigung des Hypotheken- oder Grundschuldbriefes nicht verlangen (§ 1145 Abs. 1 S. 1 BGB). Ihm stehen dann aber zu

1943

- das Miteigentum an dem Brief (§§ 952, 1008 BGB),
- ein Anspruch auf Aufhebung der Gemeinschaft am Brief (§ 749 Abs. 1, § 752 BGB),
- ein Anspruch auf Vorlage des Briefes bei der zuständigen Behörde (das ist das Grundbuchamt oder ein Notar, siehe § 61 Abs. 1 GBO[39]) zum Zwecke der Herstellung eines Teilbriefes (§ 1145 Abs. 1 S. 2 BGB) und auf Aushändigung dieses Teilbriefes,
- der Grundbuchberichtigungsanspruch (§ 894 BGB).

Diese Ansprüche können im Wege der Hilfspfändung (siehe Rdn. 705 ff.) gepfändet werden. Nach wirksamer Pfändung kann der Gläubiger den Anspruch auf Vorlegung des Briefes zur Herstellung des Teilbriefes gegen den Dritten gerichtlich, das heißt mit Klage (siehe Rdn. 1823), geltend machen, beim Grundbuchamt oder Notar Antrag auf Bildung des Teilbriefes stellen und den Teilbrief in Empfang nehmen. Mit dieser Empfangnahme (Über-

---

38 Nicht vom Vollstreckungsgericht, das nach dem schlüssigen Antrag des Gläubigers entscheidet.
39 I.d.F. vom 20. Dez. 1993, BGBl I 2182 (2187); zur vordem ungenauen Fassung siehe 10. Auflage Rdn. 1943.

gabe) des Briefes ist die Pfändung wirksam geworden. Soll sie auch in das Grundbuch eingetragen werden (siehe Rdn. 1831), so kann sich der Gläubiger die notwendigen Unterlagen nach Maßgabe des Rdn. 1947 Gesagten verschaffen.

1944 bb) Ein Recht auf *Einräumung des Mitbesitzes* am Brief steht dem Eigentümer bei nur teilweiser Umwandlung der Hypothek oder Grundschuld in eine Eigentümergrundschuld nicht zu, kann also auch nicht gepfändet werden. Der Besitzer des Briefes kann aber freiwillig durch Übergabe des ungeteilten (Stamm-)Briefes oder Einräumung des Mitbesitzes nach Maßgabe des Rdn. 1816 ff. Gesagten die Wirksamkeit der Pfändung herbeiführen. Ist der Brief verloren oder vernichtet, so kann auch hier das Antragsrecht zum Aufgebotsverfahren gepfändet werden.

2. *Buchrecht*

1945 a) Die Pfändung der Eigentümergrundschuld, die aus einem im Grundbuch *noch auf den Namen eines Dritten* eingetragenen Fremdrecht (Hypothek oder Grundschuld) *ohne Brief* entstanden ist, kann in das Grundbuch nur eingetragen werden, wenn die Unrichtigkeit des Grundbuchs, also das Entstehen der Eigentümergrundschuld nachgewiesen ist. Dem Vollstreckungsgericht muss dieser Nachweis für den Erlass des Pfändungsbeschlusses nicht erbracht werden. Es pfändet nach dem schlüssigen Vorbringen des Gläubigers die angebliche Eigentümergrundschuld. Eine Eintragung im Grundbuch, dass eine „angebliche" Eigentümergrundschuld gepfändet sei, verbietet sich aber als unzulässig, weil sie gegen den Bestimmtheitsgrundsatz verstoßen würde[40]. Dem *Grundbuchamt* muss daher der *Nachweis in grundbuchmäßiger Form*, mithin durch öffentliche oder öffentlich beglaubigte Urkunden (§ 29 GBO) geführt werden. Dieser Nachweis muss, wenn nur ein Teil der Hypothek oder Grundschuld Eigentümergrundschuld geworden ist, diesen Teil nach Betrag und Rang (letztstelliger, erststelliger Teilbetrag) genau ausweisen. Der Nachweis kann erbracht werden durch

- Vorlage einer Erklärung des eingetragenen Hypothekengläubigers, dass die Hypothekenforderung nicht zur Entstehung gelangt ist und nicht mehr zur Entstehung gelangen wird,
- Vorlage einer löschungsfähigen Quittung (nicht aber einer einfachen Löschungsbewilligung ohne Quittung), die den Zahlenden und, wenn der Eigentümer seit Hypothekeneintragung gewechselt hat, auch den Zeitpunkt der Zahlung bezeichnen muss[41],
- Vorlage einer Verzichtserklärung (§ 1168 BGB) des eingetragenen Hypothekengläubigers,

---

40 Siehe *Ripfel* DNotZ 1936, 674 mit Nachw.; *KG* JFG 1, 498; *OLG Köln* NJW 1961, 368 = Rpfleger 1961, 206 mit Anm. *Stöber*; *OLG Hamburg* JurBüro 1977, 860 = Rpfleger 1976, 371 und NotBZ 2007, 61; *Schöner/Stöber*, Grundbuchrecht, Rdn. 2468; siehe auch Rdn. 1946 u. 1947.
41 *OLG Köln* a.a.O. (Fußn. 40) mit Nachw. Ebenso *Tempel* JuS 1967, 216.

- Vorlage eines Ausschlussurteils (§ 1170 Abs. 2 BGB),
- Vorlage des Nachweises, dass der Grundstückseigentümer den Hypothekengläubiger beerbt hat (Erbschein, notarielles Testament mit Eröffnungsniederschrift),
- Vorlage der für die Eintragung der Abtretung der Hypothek an den Grundstückseigentümer erforderlichen Unterlagen (Abtretungserklärung; siehe auch § 39 Abs. 2 GBO).

b) Die vorherige *Grundbuchberichtigung*, das heißt Umschreibung der für einen Dritten eingetragenen Hypothek oder Grundschuld[42], die kraft Gesetzes Eigentümergrundschuld geworden ist, auf den Eigentümer ist nicht notwendig[43] (aber immer sehr sachdienlich). Denn der eingetragene Eigentümer ist zugleich auch eingetragener Gläubiger im Sinne des § 39 GBO der Eigentümergrundschulden, die aus den auf seinem Grundstück eingetragenen Hypotheken oder Grundschulden hervorgegangen sind. Die vorherige Grundbuchberichtigung (siehe § 39 GBO) ist daher nur dann erforderlich, wenn der Schuldner als Eigentümer noch nicht eingetragen ist (zum Beispiel weil er das Grundstück von dem noch eingetragenen Eigentümer geerbt hat) oder wenn zwischen Entstehen der Eigentümergrundschuld und Pfandeintragung ein Eigentumswechsel stattgefunden hat. Im letzteren Fall ist aber keine Eigentümergrundschuld gepfändet, weil das eigene Recht des vormaligen Eigentümers diesem verblieben ist, sich also in eine Fremdgrundschuld umgewandelt hat (siehe Rdn. 1918).

1946

c) *Anspruch auf Grundbuchberichtigung* gegen den eingetragenen Hypotheken- oder Grundschuldgläubiger hat *nach Übergang* des Rechts auf den Eigentümer dieser nach § 894 BGB. Dieser Berichtigungsanspruch und ebenso der Anspruch auf Erteilung einer löschungsfähigen Quittung[44] kann hilfsweise gepfändet und vom Gläubiger gerichtlich geltend gemacht werden (siehe Rdn. 1512 ff. und das dort abgedruckte Muster; wegen der Eintragung eines den gutgläubigen Erwerb Dritter ausschließenden Widerspruchs siehe auch Rdn. 1788). Die Hilfspfändung des Berichtigungsanspruchs und des Anspruchs auf die löschungsfähige Quittung ist jedoch (wie die Pfändung des Eigentümerrechts selbst, dazu Rdn. 1921 ff.) dem Berechtigten einer Löschungsvormerkung (eines Löschungsanspruchs nach § 1179 a BGB) gegenüber unwirksam[45]. Vom Schuldner (Eigentümer), der die für den Nachweis des Entstehens der Eigentümergrundschuld oder der Grundbuchunrichtigkeit notwendigen Unterlagen schon selbst im Besitz hat, kann der Gläubiger die Urkunden nach § 836 Abs. 3 ZPO herausver-

1947

---

42 Für Grundschuld: *KG* Rpfleger 1975, 136.
43 *BGH* MDR 1968, 744 = NJW 1968, 1674; *KG* DR 1940, 1575; *KG* JFG 1, 487; 8, 386; 11, 251; *OLG Köln* und *OLG Hamburg* je a.a.O. (Fußn. 40); *Ripfel* DNotZ 1936, 854; (wohl auch) *Stein/Jonas/Münzberg*, ZPO, Rdn. 66 zu § 857; a.A. *Tempel* JuS 1967, 216.
44 *OLG Köln* JMBlNRW 1971, 160 (161) = OLGZ 1971, 151.
45 *OLG Köln* JMBlNRW 1971, 160 (161) = OLGZ 1971, 151.

langen⁴⁶. Diese Herausgabe kann im Wege der Zwangsvollstreckung erwirkt werden (siehe Rdn. 624). *Vor Übergang* des Rechts auf den Eigentümer kann der künftige Anspruch des Eigentümers auf Berichtigung des Grundbuchs dahin, dass der Eigentümer nach Entstehung einer Eigentümergrundschuld als deren Inhaber eingetragen wird, auf Antrag eines Pfändungsgläubigers nicht durch Vormerkung gesichert werden⁴⁷.

VIII. Vorläufige und künftige Eigentümergrundschuld

1948   1. *Vorläufige* (= auflösend bedingte) und *künftige* Eigentümergrundschulden können durch gerichtlichen Pfändungsbeschluss gepfändet werden⁴⁸.

Vorläufige Eigentümergrundschuld ist eine Hypothek, wenn die Forderung, für welche sie bestellt ist, noch nicht zur Entstehung gelangt ist, aber noch entstehen kann, und außerdem die Briefhypothek oder -grundschuld bis zur Briefübergabe (§ 1163 BGB). Als *künftige* Eigentümergrundschuld wird das Recht bezeichnet, das für den Eigentümer als Eigentümerrecht aus einer Hypothek oder Grundschuld entstehen wird, die derzeit einem Dritten zusteht, also Fremdrecht ist.

1949   2. Die Pfändung einer *vorläufigen* Briefeigentümergrundschuld wird mit der Übergabe des Briefes an den Gläubiger wirksam (§ 830 Abs. 1 ZPO), die Pfändung einer *künftigen Brief*eigentümergrundschuld mit der Briefübergabe und dem Entstehen des Eigentümerrechts. Bei Pfändung der vorläufigen Eigentümergrundschuld kann der eingetragene Hypotheken- oder Grundschuldgläubiger der Briefübergabe durch den Schuldner oder der Briefwegnahme beim Schuldner durch den Gerichtsvollzieher nicht mit der Einrede begegnen, er habe gegen den Schuldner einen Anspruch auf Briefaushändigung⁴⁹.

1950   3. a) Das Wirksamwerden der Pfändung einer *vorläufigen oder künftigen* Eigentümergrundschuld o h n e B r i e f scheitert praktisch, weil die erforderliche Grundbucheintragung nicht herbeigeführt werden kann⁵⁰. Denn eine Eintragung, dass die im Grundbuch als Fremdrecht eingetragene Post schon als vorläufige oder künftige Eigentümergrundschuld gepfändet sei, ist unzulässig. Ein dahingehender Eintragungsantrag müsste abgelehnt werden, weil die Pfändung einer Eigentümergrundschuld nur bei Vorlage des Nachweises der Unrichtigkeit des Grundbuchs, das heißt des Entstehens der Eigentümergrundschuld eingetragen werden kann (siehe Rdn. 1945). Diesen Nachweis kann sich aber der Gläubiger hier nicht verschaffen; denn der Berichtigungsanspruch des Eigentümers gegen den ein-

---

46   Daher fehlt einer Herausgabeklage des Gläubigers gegen den Schuldner das Rechtsschutzbedürfnis; *LG Köln* MDR 1963, 935.
47   *BayObLG* 1975, 39 = (mitgeteilt) Rpfleger 1975, 243.
48   *RG* 51, 115 (116 f.); 97, 223 (226); 120, 110.
49   *RG* 63,14; ebenso *Fuchs* RpfliB 1907, 274; **a.A.** – irrig – *Bendix* RpfliB 1907, 189.
50   *RG* 61, 374 (380); 72, 274 (276); 75, 250 f.; 84, 78 (80); 97, 223; 120, 110; *RG* JW 1935, 2545; *BayObLG* JurBüro 1997, 48; *OLG Karlsruhe* BWNotZ 2007, 59 = Rpfleger 2006, 182; *Stein/Jonas/Brehm*, ZPO, Rdn. 69 zu § 857.

getragenen Hypotheken- oder Grundschuldgläubiger ist nicht durchsetzbar, solange dem eingetragenen dinglichen Recht das Anwartschaftsrecht des Gläubigers auf die Hypothek anhaftet, die Eigentümergrundschuld also unter der auflösenden Bedingung der Valutierung steht (vorläufige Eigentümergrundschuld) oder solange die Hypothek überhaupt dem Gläubiger noch zusteht (künftige Eigentümergrundschuld).

b) Die *nicht erlaubte*, aber dennoch vorgenommene *Eintragung* der Pfändung einer *vorläufigen* Eigentümergrundschuld hält das RG[51] nicht für inhaltlich unzulässig. Durch eine solche Eintragung wird daher die Pfändung wirksam, und zwar auch dann, wenn nur ein Teil der Hypothek vorläufige Eigentümergrundschuld geblieben ist, aus dem Eintragungsvermerk sich aber nicht ergibt, in welcher Höhe die Hypothek tatsächlich gepfändete Eigentümergrundschuld ist[52]. Der pfändende Gläubiger kann aber auch durch diese Eintragung keine weiteren Rechte erlangen als dem Schuldner selbst zustehen. Der gepfändeten vorläufigen Eigentümergrundschuld haftet daher auch weiterhin das Anwartschaftsrecht auf die Hypothek an; die Eigentümergrundschuld bleibt deshalb auch nach Pfändung auflösend bedingt und verwandelt sich mit der Valutierung durch den eingetragenen Hypothekengläubiger in dessen Hypothek. Mit dem Erlöschen der vorläufigen Eigentümergrundschuld fällt auch das Pfandrecht des Gläubigers weg. Es lebt nach meinem Dafürhalten nicht wieder auf, wenn später die Forderung des Hypothekengläubigers untergeht (erlischt). Denn dann entsteht eine neue (künftige) Eigentümergrundschuld, deren Pfändung vorher nicht eingetragen werden und bei unzulässiger Eintragung nicht wirksam werden kann (siehe Rdn. 1952).

1951

c) Die *nicht erlaubte Eintragung* der Pfändung einer *künftigen* Eigentümergrundschuld ist inhaltlich unzulässig[53], macht also die Pfändung nicht wirksam.

1952

IX. Eigentümergrundschuld aus Höchstbetragssicherungshypothek

Die *Höchstbetragssicherungshypothek* (§ 1190 BGB) ist, soweit jeweils eine Forderung noch nicht entstanden und endgültig festgestellt ist, eine *vorläufige*, durch das Entstehen der Forderung auflösend bedingte Eigentümergrundschuld, die mit der Feststellung der Forderung, soweit diese reicht, in eine Gläubigerhypothek übergeht, im Übrigen aber endgültig Eigentümergrundschuld bleibt[54]. Sie kann als vorläufige Eigentümergrundschuld durch gerichtlichen Pfändungsbeschluss gepfändet werden[55]; diese

1953

---

51 *RG* 120, 110 (112 f.); noch offen gelassen *RG* 97, 223 (227).
52 Zum Beispiel bei Eintragung „die Post sei gepfändet, soweit sie nicht valutiert ist und der Grundstückseigentümer einen Anspruch auf Erteilung einer Löschungsbewilligung und auf die Eigentümergrundschuld habe"; siehe *RG* 120, 110 (113).
53 *RG* 145, 343 (353).
54 *RG* 97, 223 (226); 120, 110; *OLG Karlsruhe* Rpfleger 2006, 182 = a.a.O. (Fußn. 50).
55 *RG* 97, 223 (226); 120, 110 (112); siehe außerdem Rdn. 1948.

Pfändung kann aber nicht durch Grundbucheintragung wirksam gemacht werden[56]. Möglich wird die Eintragung erst, wenn der Anspruch des Grundstückseigentümers auf Grundbuchberichtigung nach Feststellung der Forderung bei Beendigung des gesicherten Schuldverhältnisses geltend gemacht werden kann[57]. Daher muss für die Grundbucheintragung nicht nur das Entstehen einer Eigentümergrundschuld, sondern weiter nachgewiesen werden, dass eine weitere Valutierung nicht mehr erfolgen wird[58], die Grundschuld mithin endgültige Eigentümergrundschuld ist. Zur Frage, welche Wirkung die trotzdem vorgenommene Eintragung hat, siehe Rdn. 1951.

1954　Die Pfändung der einer Höchstbetragssicherungshypothek entspringenden vorläufigen Eigentümergrundschuld beendet oder unterbricht das gesicherte Schuld- (insbesondere Kredit-)verhältnis nicht[59]. Zugunsten des Hypothekengläubigers können also auch nach Pfändung weitere Forderungen aus dem Kreditverhältnis entstehen. Die *weitere Valutierung* der Höchstbetragssicherungshypothek kann der Gläubiger auch nicht durch Pfändung des Kündigungsrechts oder der Rechte des Schuldners aus dem Kreditvertrag verhindern[60]. Das gilt auch dann, wenn die Pfändung der vorläufigen Eigentümergrundschuld unerlaubterweise in das Grundbuch eingetragen worden ist (siehe Rdn. 1951).

1955　Das Kreditverhältnis hört aber mit der Verteilung des Versteigerungserlöses in der Zwangsversteigerung auf, wenn die Höchstbetragssicherungshypothek durch den *Zuschlag erloschen ist*. Denn mit diesem Zeitpunkt endet für den Sicherungsgläubiger die Möglichkeit, sich aus der Hypothek wegen neuer Forderungen zu decken, weil nun feststeht, welche Forderungen aus dem Grundstück zu befriedigen sind[61]. Die in diesem Zeitpunkt wirksam gepfändete, aus einer Höchstbetragssicherungshypothek hervorgegangene Eigentümergrundschuld dient daher der Befriedigung des pfändenden Gläubigers.

1956　Wenn überhaupt keine Forderung entstanden ist, stehen die vorläufige Eigentümergrundschuld und die ihr entspringende endgültige Eigentümergrundschuld dem *Eigentümer bei Bestellung* der Höchstbetragssicherungshypothek zu[62], bei Eigentumswechsel also dem früheren Eigentümer. War die Höchstbetragssicherungshypothek valutiert, so erwirbt bei *Tilgung* der Forderung die Eigentümergrundschuld der Eigentümer im Zeitpunkt des Erlöschens der Forderung[63]. Der wirkliche Inhaber der Eigentümergrundschuld kann ihre Pfändung durch Gläubiger des späteren oder früheren

---

56　*RG* 120, 110 (112); *OLG Karlsruhe* Rpfleger 2006, 182 = a.a.O. (Fußn. 50); siehe außerdem Rdn. 1950.
57　*RG* JW 1935, 2554.
58　*OLG Karlsruhe* Rpfleger 2006, 182 = a.a.O. Es genügt Erklärung des Gläubigers (Form: § 29 GBO), dass er die Sicherungshypothek für etwa noch entstehende Forderungen nicht in Anspruch nehme.
59　*RG* 51, 115 (118); *Stein/Jonas/Brehm*, ZPO, Rdn. 71 zu § 857; siehe auch Rdn. 1891.
60　*RG* 51, 115 (119); *RG* JW 1935, 2554; siehe auch Rdn. 1892.
61　*RG* 51, 115 (119).
62　*BGB-RGRK/Thumm*, Rdn. 18; *Staudinger/Wolfsteiner*, BGB, Rdn. 10, je zu § 1190.
63　*Staudinger/Wolfsteiner*, BGB, Rdn. 14 zu § 1190.

Eigentümers, der die Grundschuld tatsächlich nicht erworben hat, mit Drittwiderspruchsklage bekämpfen.

X. Die Rechtsstellung des Gläubigers

1. Die *Überweisung* der Eigentümergrundschuld zur Einziehung gibt dem Gläubiger die Befugnis, sich durch Einziehung des Grundschuldanspruchs zu befriedigen.

Einen Anspruch auf *Zinsen* kann der Gläubiger jedoch nur in einer Zwangsverwaltung geltend machen (§ 1197 Abs. 2 BGB). Im Übrigen gebühren dem Eigentümer und damit auch dem pfändenden Gläubiger keine Zinsen[64]. In einer Zwangsversteigerung besteht ein Anspruch auf Zinsen für eine mit dem Zuschlag erloschene Eigentümergrundschuld auch nicht für die Zeit vom Zuschlag bis zum Verteilungstermin[65]. Diese Beschränkung des § 1197 Abs. 2 BGB kommt in Wegfall, wenn der Eigentümer das Grundstück veräußert, weil die Grundschuld des bisherigen Eigentümers mit dem Eigentumswechsel Fremdrecht wird. Vom Erwerber des Grundstücks kann daher ab Eigentumswechsel der bisherige Eigentümer, dem die Grundschuld verbleibt, und damit auch sein Gläubiger Zinsen verlangen. Dies gilt auch, wenn die Grundschuld nach Pfändung dem Grundstückserwerber abgetreten ist, in seiner Person also weiterhin Eigentümergrundschuld ist, weil in dieser Abtretung eine gegen das Verfügungsverbot verstoßende und damit dem Gläubiger gegenüber unwirksame Verfügung über das gepfändete Recht liegt.

2. Mit dem *Erlöschen* der Eigentümergrundschuld *durch den Zuschlag* in der Zwangsversteigerung wird der Gläubiger, dem das gepfändete Recht zur Einziehung überwiesen ist, Hebungsberechtigter hinsichtlich des der Eigentümergrundschuld zuzuteilenden Erlösanteils (§ 10 Abs. 1 Nr. 4, § 114 ZVG). Die Pfändung muss im Verteilungsverfahren vom Vollstreckungsgericht berücksichtigt werden, wenn sie ihm bis zur Erlösverteilung bekannt geworden ist. Anmeldung des Pfandrechts des Gläubigers vor der Aufforderung zur Abgabe von Geboten (siehe § 37 Nr. 4, §§ 110, 113 ZVG) ist nicht notwendig (aber jedenfalls zweckmäßig, weil die Pfändung dem Vollstreckungsgericht ja unbekannt bleiben kann), weil das Recht auf Befriedigung aus dem Erlös der im Grundbuch eingetragenen Eigentümergrundschuld gebührt und die Pfändung nur die Person des Hebungsberechtigten bestimmt. Wenn die Eigentümergrundschuld nur gepfändet ist, können Gläubiger und Schuldner nur gemeinsam einziehen (siehe Rdn. 556), den in der Zwangsversteigerung zuzuteilenden Erlösanteil also nur gemeinsam in Empfang nehmen. Hinterlegung für beide muss erfolgen, wenn sie gemeinsam zur Empfangnahme der Zuteilung nicht handeln.

1957

1958

1959

---

[64] *RG* 60, 359; *Stöber*, ZVG, Rdn. 6.10 zu § 114 mit weit. Nachw.; **a.A.** *Bayer* AcP 189 (1989) 470 (479–481) mit Nachw.
[65] *Stöber* Rpfleger 1958, 342; *Stöber*, ZVG, Rdn. 6.14 zu § 114; **a.A.** *Bayer* AcP 189 (1989) 470 (488).

1960 3. Der pfändende Gläubiger, dem die Eigentümergrundschuld zur Einziehung überwiesen ist, kann auch selbst die *Zwangsvollstreckung in das Grundstück* betreiben. Er ist der Beschränkung des § 1197 Abs. 1 BGB nicht unterworfen, weil diese nur für den Eigentümer persönlich gilt[66]. Für diese Zwangsvollstreckung in das Grundstück benötigt der Gläubiger einen sogenannten dinglichen Vollstreckungstitel[67]. Wenn eine vom Eigentümer bestellte Eigentümergrundschuld (§ 1196 Abs. 1 BGB) gepfändet ist und der Eigentümer sich in der Urkunde auch der sofortigen Zwangsvollstreckung unterworfen hat (§ 794 Abs. 1 Nr. 5 ZPO), kann dem Pfandgläubiger (nach Überweisung) vollstreckbare Urkundenausfertigung als Rechtsnachfolger (§ 727 ZPO) erteilt werden[68]. Als Rechtsnachfolger in Ansehung des dinglichen Anspruchs kann dem Pfandgläubiger (nach Überweisung) vollstreckbare Ausfertigung der notariellen Urkunde (des sonstigen Vollstreckungstitels) über den dinglichen Anspruch auch erteilt werden (§ 727 ZPO), wenn die Hypothek oder Grundschuld als Fremdrecht für den Gläubiger des vollstreckbaren (dinglichen) Anspruchs entstanden und dann Eigentümergrundschuld geworden ist und gepfändet wurde[69]. Jedoch ist ein Gläubiger, der die durch Nichtvalutierung einer Hypothek bestehende Eigentümergrundschuld (§ 1163 Abs. 1 S. 1 BGB) gepfändet (und überwiesen erhalten) hat, nicht Rechtsnachfolger in Ansehung des dinglichen Anspruchs aus der Unterwerfungserklärung zugunsten des in der Urkunde bezeichneten Hypothekengläubigers (er ist Rechtsnachfolger des Eigentümers, für den die Grundschuld von vornherein entstanden, nicht aber der vollstreckbare Anspruch begründet ist; für den in der Urkunde bezeichneten Gläubiger des vollstreckbaren Anspruchs ist kein Recht entstanden); in einem solchen Fall kann dem pfändenden Gläubiger vollstreckbare Urkundenausfertigung daher nicht erteilt werden[70]. Gleiches gilt, wenn eine Hypothek aus anderen Gründen oder eine Grundschuld Eigentümergrundschuld geblieben ist (so insbesondere nach § 1163 Abs. 2 BGB, weil Briefübergabe nicht erfolgt ist).

---

66 *BGH* 103, 30 = DNotZ 1988, 777 = MDR 1988, 395 = NJW 1988, 1026; *OLG Köln* NJW 1959, 2167; *LG Bremen* MDR 1954, 678 = NJW 1955, 184 mit abl. Anm. *Horber*; *LG Hof* Rpfleger 1965, 369 mit zust. Anm. *Stöber*; *Westermann* NJW 1960, 1723; *Stöber* Rpfleger 1958, 339, alle unter Anführung der früher herrschend gewesenen Gegenansicht; *Stöber*, ZVG-Handbuch, Rdn. 104; *Stöber*, ZVG, Rdn. 11.2 zu § 15. Ä.A. nur *OLG Düsseldorf* NJW 1960, 1723; *LG Darmstadt* MDR 1958, 853; *Horber* NJW 1955, 184; *Schumacher* BB 1961, 273.
67 *Stöber* Rpfleger 1958, 341; *Holthöfer* JR 1956, 213; *Schneider* JW 1938, 1630; *LG Münster* JMBlNRW 1956, 4; *Stöber*, ZVG-Handbuch, Rdn. 104.
68 *Stöber* Rpfleger 1958, 339 (342).
69 So auch *Schöner/Stöber*, Grundbuchrecht, Rdn. 2063 a. Anders *OLG Hamm* Rpfleger 1987, 297 mit Anm. *Knees*; nicht richtig; es liegt Rechtsnachfolge vor, weil der Gläubiger den auf ihn übergegangenen (somit keinen anderen) dinglichen Anspruch (§ 1147 BGB), über den die vollstreckbare Urkunde erstellt ist, im eigenen Namen und eigenen Interesse geltend macht.
70 *KG* JW 1936, 2754 mit zust. Anm. *Henke* = JFG 13, 404; *Stöber* Rpfleger 1958, 339 (341); *Schöner/Stöber*, Grundbuchrecht, Rdn. 2063 a.

4. Mit der *Überweisung an Zahlungs statt* wird die gepfändete Eigentümergrundschuld auf den Gläubiger übertragen (siehe Rdn. 596). Das Recht hört damit auf, Eigentümergrundschuld zu sein; der (Neu-)Gläubiger ist deshalb vom Wirksamwerden der Überweisung an Zahlungs statt an von allen Beschränkungen des § 1197 BGB frei. **1961**

5. Für die nach § 844 ZPO mögliche anderweitige Verwertung der gepfändeten Eigentümergrundschuld siehe das Rdn. 1842 Gesagte, das entsprechend gilt. **1962**

XI. Eigentümergrundschuld eines Grundstücksmiteigentümers

Gepfändet wird der dem Schuldner als Grundstücksmiteigentümer zur Hälfte zustehende Anteil an der angeblichen Eigentümergrundschuld oder Eigentümerhypothek, in die sich die im Grundbuch des Amtsgerichts ... für Gemarkung ... Blatt ... in Abt. III Nr. ... als Belastung des gesamten Grundstücks ... -straße Hs.-Nr. ... (= Fl.-St. Nr. ...) auf den Namen von ... in Höhe von ... Euro (mehr oder weniger) eingetragene **1963**

- *Hypothek, für die ein Hypothekenbrief erteilt ist,*
- *Hypothek ohne Brief*

ganz oder teilweise verwandelt hat, mit den Zinsen seit dem ... und unter Einschluss des Schuldneranteils an den künftig Eigentümergrundschuld oder Eigentümerhypothek werdenden Hypothekenteilen.

Gepfändet werden außerdem die angeblichen Ansprüche des Schuldners an den (die) Mitberechtigten ... – Drittschuldner – auf

- *Aufhebung der Bruchteilsgemeinschaft an der Eigentümergrundschuld*
- *Teilung des Erlöses und*
- *Auszahlung des anteiligen Erlöses.*

[Folgt hilfsweise Anspruchspfändung wie Rdn. 1936].

1. Der Grundstücks*anteil* nur eines der Miteigentümer kann für diesen mit einer (offenen oder verschleierten) Eigentümergrundschuld belastet sein (§ 1114 BGB). Deren Pfändung durch Gläubiger des Schuldner-Miteigentümers hat, wie die Zwangsvollstreckung in jede Eigentümergrundschuld, nach § 857 Abs. 6, § 830 ZPO zu erfolgen. **1964**

2. Die Eigentümergrundschuld, die Bruchteilseigentümer eines Grundstücks (z. B. Eheleute je zur Hälfte) sich selbst am ganzen Grundstück mit den Anteilen bestellen, die für ihr Miteigentum bestehen[71], entsteht als Gesamtrecht (§ 1132 BGB)[72]. Ebenso steht die auf Grundstücksmiteigentum nach Bruchteilen eingetragene Fremdhypothek, sobald sie kraft Ge- **1965**

---

71 Das wird allgemein für zulässig gehalten; *LG Nürnberg-Fürth* Rpfleger 1960, 156; *Schöner/Stöber*, Grundbuchrecht, Rdn. 2355.
72 *BGH* NJW 1996, 2231 (2233) mit weit. Nachw.; *BayObLG* 1962, 164 = DNotZ 1963, 186 = NJW 1962, 1725; siehe auch (Hypothek als Gesamtrecht) z. B. *RG* 146, 363.

6. Kapitel: Pfändung von Grundpfandrechten

setzes nach § 1163 BGB Eigentümergrundschuld ist, als solche den Grundstücksmiteigentümern als Gesamt-Eigentümergrundschuld *gemeinschaftlich* zu (§ 1172 Abs. 1 BGB)[73]. Die Gemeinschaft der Eigentümer als Gläubiger solcher Eigentümergrundschulden ist Bruchteilsgemeinschaft nach § 741 BGB[74]. An der nach § 1163 BGB entstandenen gemeinschaftlichen Eigentümergrundschuld bestimmt sich die Höhe der Anteile der einzelnen Miteigentümer im Zweifel (sofern Einzelbelastungen von Anteilen, die der Eigentümergrundschuld im Rang vorgehen, nicht vorhanden sind)[75] nach den Miteigentumsanteilen am Grundstück[76]. Über seinen Anteil[77] an einer solchen Eigentümergrundschuld kann jeder Eigentümer verfügen (§ 747 S. 1 BGB)[78]. Daher kann auch der Gläubiger nur eines der Miteigentümer auf dessen Anteil an der gemeinschaftlichen Eigentümergrundschuld durch Pfändung Zugriff nehmen[79].

1966 3. Fraglich ist, *wie die Pfändung* in einem solchen Fall *zu erfolgen hat*. Der Gemeinschaftsanteil ist Schuldnerrecht; das könnte Pfändung des Schuldneranteils an der Bruchteilsgemeinschaft als Rechtspfändung nach § 857 ZPO erfordern. Die dem Schuldner nach § 741 BGB mögliche Verfügung über seinen Anteil richtet sich jedoch stets nach den Vorschriften für die Verfügung über das Vollrecht[80]. Abtretung des Anteils eines Bruchteilsgemeinschafters an einer Eigentümergrundschuld hat daher nach §§ 873, 1154 BGB zu erfolgen. Nach diesen für die Übertragung geltenden Vorschriften erfolgt auch die Verpfändung (§ 1274 BGB). Entsprechendes muss auch für die Pfändung gelten. Durch Pfändung kann daher auf den Gemeinschaftsanteil eines Miteigentümers an einer Eigentümergrundschuld nur nach den für die Pfändung des ganzen Grundpfandrechts geltenden Vorschriften Zugriff genommen werden[81]. Daher hat die Anteilspfändung wie die Grundschuldpfändung nach § 857 Abs. 6, § 830 ZPO durch Pfändungsbeschluss und Briefwegnahme oder (bei Buchrechten) Grundbucheintragung zu erfolgen. Da schon allein die Tatsache der Gemeinschaft das gesetzliche Schuldverhältnis zwischen den Teilhabern begründet[82], erfasst dieser dingliche Zugriff auf einen Anteil zugleich die

---

73 *OLG Frankfurt* DNotZ 1961, 411; *KG* JFG 16, 345 = JW 1938, 230; *AG Obernburg* MDR 1964, 846.
74 *RG* JW 1938, 3236; *KG* JFG 16, 345 = JW 1938, 230; *OLG Frankfurt* DNotZ 1961, 411; *AG Obernburg* MDR 1964, 846.
75 Bei Vorhandensein von Einzelbelastungen Anteilsberechnung nach § 1172 Abs. 2 BGB.
76 *RG* JW 1938, 3236; *RG* 50, 400; *KG* JW 1938, 230 = JFG 16, 345; *OLG Frankfurt* DNotZ 1961, 411; *AG Obernburg* MDR 1964, 846.
77 Über das Recht im Ganzen können die Eigentümer als Berechtigte nur gemeinsam verfügen. Pfändung der ganzen Eigentümergrundschuld ebenso daher nur mit Titel gegen alle.
78 *KG* JFG 16, 345 = JW 1938, 230.
79 *BGH* NJW 1976, 2231 (2233); *BGB-RGRK/v.Gamm*, Rdn. 3 zu § 747; *AG Obernburg* MDR 1964, 846; s. auch *RG* 59, 180.
80 *BGB-RGRK/v.Gamm*, Rdn. 2 zu § 741 und Rdn. 2 zu § 747.
81 Siehe auch *Stein/Jonas/Brehm*, ZPO, Rdn. 63 zu § 857.
82 *BGB-RGRK/v.Gamm*, Rdn. 12 zu § 741.

sich aus der dinglichen Mitberechtigung ergebenden schuldrechtlichen Beziehungen zwischen den Teilhabern[83]. Auf die Ansprüche schuldrechtlicher Art gegenüber den anderen Gemeinschaftern braucht die Anteilspfändung daher nicht ausdrücklich erstreckt zu werden. Da hierüber jedoch keine volle Klarheit besteht, empfiehlt es sich, die Ansprüche gegenüber den anderen Gemeinschaftern (den Aufhebungs-, Erlösteilungs- und Erlösauszahlungsanspruch) mitzupfänden. (Dem entspricht die Rdn. 1963 dargestellte Fassung des Pfändungsbeschlusses.) Diese Mitpfändung ist für zulässig zu erachten. Daraus kann jedoch nicht geschlossen werden, dass durch Pfändung der Gemeinschafterrechte des Schuldners gegenüber den weiteren Teilhabern der Bruchteilsgemeinschaft, also allein mit Beschlusszustellung an die Gemeinschafter, der Schuldneranteil an der Eigentümergrundschuld wirksam erfasst wäre. Die Pfändung des Anteils eines Bruchteilseigentümers an einer Eigentümergrundschuld kann stets nur nach Maßgabe von § 857 Abs. 6, § 830 ZPO wirksam werden.

4. a) Die Pfändung des *Anteils* an einer *brieflosen Eigentümergrundschuld* kann sonach erst mit Grundbucheintragung wirksam werden (Rdn. 1929). Die Grundbucheintragung bereitet keine Besonderheiten, wenn der Schuldner bereits als Anteilsberechtigter der Eigentümergrundschuld im Grundbuch eingetragen ist. Hat der Schuldner als Grundstücksmiteigentümer die Eigentümergrundschuld aus einem im Grundbuch noch auf den Namen eines Dritten eingetragenen Fremdrecht (Hypothek oder Grundschuld ohne Brief) kraft Gesetzes (§ 1163 BGB) anteilig erworben, dann kann die Pfändung in das Grundbuch nur eingetragen werden, wenn in grundbuchmäßiger Form die Unrichtigkeit des Grundbuchs, also das Entstehen der Eigentümergrundschuld, nachgewiesen ist (dazu Rdn. 1945). Dem Grundbuchamt gegenüber braucht nach herrschender, m.E. zutreffender Meinung darüber hinaus der dem Schuldner an der gemeinschaftlichen Eigentümergrundschuld zustehende Anteil nicht weiter nachgewiesen zu werden, sofern sich die Anteile der einzelnen Grundstücksmiteigentümer aus dem Grundbuch ergeben[84], weil sich nach ihnen im Zweifel auch die anteiligen Mitberechtigungen an der Eigentümergrundschuld bestimmen (Rdn. 1965). Schwierigkeiten können sich dann jedoch ergeben, wenn geltend gemacht wird, dass die Eigentümer etwas anderes vereinbart haben[85]. *Bohn*[86] empfiehlt daher, „vor der Eintragung der Pfändung auch den dem Pfändungsschuldner zustehenden Anteil an der Eigentümergrundschuld auf … seinen Grundstücks-Miteigentumsanteil zuzuteilen und dadurch eine ihm jetzt allein zustehende Eigentümergrundschuld zu schaffen." Auf solche Weise kann die dem Schuldner allein zustehende Eigentümergrundschuld jedoch nur geschaffen werden, wenn die übrigen

1967

---

83 Dem entspricht z. B. § 751 S. 2 BGB, wonach die Pfändung des Anteils eines Teilhabers Verfolgung des Anspruchs auf Aufhebung der Gemeinschaft gegen den (die) übrigen Teilhaber ermöglicht.
84 *AG Obernburg* MDR 1964, 846; siehe auch *KG* JFG 16, 345 = JW 1938, 230.
85 *AG Obernburg* MDR 1964, 846.
86 *Bohn*, Die Pfändung von Hypotheken usw., N. 302.

Miteigentümer bei der Grundbucheintragung mitwirken. Als Miteigentümer hat der Schuldner nach § 1172 Abs. 2 BGB gegen die übrigen Miteigentümer Anspruch darauf, dass die Hypothek (Eigentümergrundschuld) an seinem Miteigentumsanteil nach Maßgabe des § 1132 Abs. 2 BGB beschränkt und in dieser Beschränkung ihm zugeteilt wird. Dieser Anspruch bringt damit für die Auseinandersetzung der Gläubigergemeinschaft der Bruchteilsberechtigten der Eigentümergrundschuld eine Abweichung von der Regelung der §§ 742 ff. BGB[87]. Er gehört damit zu den aus der dinglichen Mitberechtigung folgenden schuldrechtlichen Beziehungen der Teilhaber, die von der Anteilspfändung erfasst sind. Der Gläubiger kann daher nach Anteilspfändung diesen Anspruch gegen die übrigen Gemeinschafter, erforderlichenfalls im Klageweg, ohne weiteres geltend machen[88].

1968 b) Die Pfändung des Anteils an einer gemeinschaftlichen *Brief*-Eigentümergrundschuld wird erst wirksam, wenn der für das Recht ausgestellte Brief dem Gläubiger übergeben ist (§ 830 Abs. 1, § 857 Abs. 6 ZPO; dazu Rdn. 1929). Wenn der Brief insgesamt nicht übergeben und auch Mitbesitz daran nicht eingeräumt wird, kann der Anspruch auf Bildung eines Teilbriefes hilfsweise gepfändet und geltend gemacht werden (Rdn. 1936).

1969 5. Zur Vollstreckung, wenn die Eigentümergrundschuld Miteigentümern zur gesamten Hand gehört, siehe Rdn. 56 ff.

E. Pfändung der Eigentümerhypothek

I. Die Eigentümerhypothek

1970 Eine *Eigentümerhypothek* entsteht, wenn nach Vereinigung von Hypothek mit dem Eigentum in einer Person dem Eigentümer auch die Forderung zusteht (§ 1177 Abs. 2 BGB). Die Rechte des Eigentümers aus dieser Hypothek bestimmen sich nach den für die Eigentümergrundschuld geltenden Vorschriften (§ 1177 Abs. 2 BGB). Die Eigentümerhypothek ist als Grundstücksbelastung wie die Eigentümergrundschuld ein vom Eigentum am Grundstück verschiedenes und daher auch selbstständig pfändbares Vermögensrecht.

Eine Eigentümerhypothek entsteht insbesondere

- bei Befriedigung des Gläubigers durch den nicht als persönlicher Schuldner haftenden Eigentümer (§ 1143 Abs. 1 BGB),
- durch Konfusion, das heißt Vereinigung von Eigentum und Gläubigerrecht in einer Person (siehe Rdn. 1915), wenn der Eigentümer nicht persönlicher Schuldner ist,
- bei der Gesamthypothek im Falle des § 1173 Abs. 2 BGB.

---

[87] Siehe *OLG Frankfurt* DNotZ 1961, 411; *KG* JFG 16, 345 = JW 1938, 230.
[88] Nicht voll zutreffend daher m.E. Bohn a.a.O. (Fußn. 86): diesen Anspruch kann der Gläubiger sich pfänden und zur Einziehung überweisen lassen. Die Pfändung ist klarstellend zulässig, nicht jedoch zur Anspruchsverfolgung notwendig.

II. Pfändung

Gegenstand der *Pfändung* einer Eigentümerhypothek ist, wie auch bei der Fremdhypothek (siehe Rdn. 1796), die *Forderung* als Hauptrecht. Die Pfändung muss daher unmittelbar (nicht erst infolge des § 857 Abs. 6 ZPO) nach § 830 ZPO erfolgen[1]. Siehe daher das Rdn. 1795 ff. Gesagte, das entsprechend gilt; zur Pfändung der sogenannten verschleierten Eigentümerhypothek siehe außerdem die auch hier entsprechend geltenden Ausführungen Rdn. 1935 ff.

1971

III. Drittschuldner

1. Da Gegenstand der Pfändung einer Eigentümerhypothek die Forderung als *Hauptrecht ist*, ist in der Person des Schuldners dieser persönlichen Forderung ein Drittschuldner vorhanden[2]. Dieser ist daher im Pfändungsbeschluss zu bezeichnen; gegen ihn ist auch das Zahlungsverbot des § 829 Abs. 1 S. 1 ZPO zu erlassen.

1972

2. Die Aufnahme der *Bezeichnung dieses Drittschuldners* und des gegen ihn lautenden *Zahlungsverbots* muss für die Pfändung der der Zwangsvollstreckung in der vereinfachten Form des § 829 ZPO unterliegenden Einzelansprüche aus der Eigentümerhypothek (siehe deswegen Rdn. 1798–1802) als unentbehrlich betrachtet werden. Fehlt dieser wesentliche Inhalt des Pfändungsbeschlusses, so muss er als unwirksam angesehen werden (siehe Rdn. 502)[3].

1973

Dies kann indes für die nach § 830 ZPO zu bewirkende Pfändung der Forderung mit Eigentümerhypothek so nicht gelten[4]. Die Zustellung des Pfändungsbeschlusses ist in diesem Fall nicht erforderlich und ohne Bedeutung. Eine nicht genaue Drittschuldnerbezeichnung wird daher bei der Hypothekenpfändung weitgehend für unschädlich erachtet (siehe Rdn. 1805). Bei der Hypothekenpfändung ist nur erforderlich, dass ein (dinglicher oder persönlicher) Drittschuldner aus dem Pfändungsbeschluss wenigstens erkennbar ist (siehe Rdn. 1805). Diesem allgemeinen Erfordernis wird bei Pfändung einer Eigentümerhypothek schon mit der Bezeichnung des Schuldners und dem Erlass des gegen ihn gerichteten Verfügungsverbotes genügt. Denn dieser ist dinglich haftender Eigentümer. Seine Bezeichnung und das gegen ihn gerichtete Verfügungsverbot muss daher der Bezeichnung des dinglichen Drittschuldners bei der Hypothekenpfändung gleichgeachtet werden und gleich dieser den wesentlichen Erfordernissen der Pfändung genügen. Dessen ungeachtet ist jedoch nachdrücklich zu empfeh-

1974

---

1 So auch *Musielak/Becker*, ZPO, Rdn. 18; *Stein/Jonas/Brehm*, ZPO, Rdn. 60; *Wieczorek/Schütze/Lüke*, ZPO, Rdn. 81, je zu § 857.
2 Siehe *Stöber* Rpfleger 1958, 252; außerdem *Stein/Jonas/Brehm*, ZPO, Rdn. 60 zu § 857: Eigentümer hat Doppelstellung als Schuldner und – neben dem Drittschuldner der gepfändeten Forderung – als Drittschuldner des dinglichen Rechts.
3 Siehe dazu insbesondere auch *Stöber* Rpfleger 1958, 253.
4 So im Ergebnis auch *Ripfel* DNotZ 1936, 852.

len, wenn praktisch nur irgendwie möglich den Schuldner der persönlichen Forderung als Drittschuldner zu ermitteln und zu bezeichnen.

3. Wegen der *Fassung* des Pfändungsbeschlusses, wenn nicht zuverlässig bekannt ist und beurteilt werden kann, ob eine Eigentümerhypothek oder eine Eigentümergrundschuld entstanden ist, siehe Rdn. 1935 Fußn. 36.

F. Pfändung der Rentenschuld (§ 857 Abs. 6 ZPO)

1975 *Gepfändet wird die angeblich für den Schuldner im Grundbuch des Amtsgerichts ... für Gemarkung ... Blatt ... in Abt. III Nr. ... auf dem Grundstück ...-straße Hs.-Nr. ... (= Fl.-St. Nr. ...) des ... – Drittschuldner – eingetragene*

- *Rentenschuld, für die ein Rentenschuldbrief erteilt ist*
- *Rentenschuld ohne Brief*

deren Ablösungssumme ... Euro (mehr oder weniger) beträgt, zusammen mit allen seit ... rückständigen Rentenleistungen.

1976 Die Rentenschuld ist eine in der Weise bestellte Grundschuld, dass in regelmäßig wiederkehrenden Terminen eine bestimmte Geldsumme aus dem Grundstück zu zahlen ist (§ 1199 Abs. 1 BGB). Ihre Pfändung erfolgt daher gleich der Zwangsvollstreckung in eine Grundschuld nach § 857 Abs. 6 ZPO. Die Pfändung der nicht fälligen Leistungen unter Einschluss des Anspruchs auf die Ablösungssumme wird deshalb nur durch Briefübergabe bzw. Grundbucheintragung wirksam (§ 857 Abs. 6, § 830 ZPO). Auf die einzelnen Leistungen finden die für Hypothekenzinsen, auf das Ablösungskapital die für ein Grundschuldkapital geltenden Vorschriften entsprechende Anwendung (§ 1200 Abs. 1 BGB). Daher sind die rückständigen Leistungen nach § 829 (§ 857 Abs. 6, § 830 Abs. 2) ZPO in der für gewöhnliche Forderungen bestimmten einfachen Form zu pfänden. Drittschuldner ist der Grundstückseigentümer.

Im Übrigen siehe Abschn. B und A.

Sichert die Rentenschuld eine Forderung, zum Beispiel eine Leibrente, so gilt auch das in Abschn. C für die Sicherungsgrundschuld Gesagte entsprechend.

G. Der Erlösanspruch (Die durch den Zuschlag erloschene Hypothek, Grundschuld oder Eigentümergrundschuld)

1977 **A.** Erlösanspruch für eine offene Eigentümergrundschuld:

Gepfändet wird der angebliche Anspruch des Schuldners auf Befriedigung aus dem Versteigerungserlös,

in den sich die als Belastung seines Grundstücks ...-straße Hs.-Nr. ... (= Fl.-St. Nr. ...) im Grundbuch des Amtsgerichts ... für Gemarkung ... Blatt ... in Abt. III Nr. ... eingetragene

- *Eigentümergrundschuld, für die ein Grundschuldbrief erteilt war*
- *Eigentümergrundschuld ohne Brief*

in Höhe von ... Euro (mehr oder weniger) mit Erteilung des Zuschlags in dem Zwangsversteigerungsverfahren K.../09 des Amtsgerichts in ... aufgelöst hat.

B. Erlösanspruch für eine verschleierte Eigentümergrundschuld: 1978

Gepfändet wird der angebliche Anspruch des Schuldners auf Befriedigung aus dem Versteigerungserlös,
in den sich mit Erteilung des Zuschlags in dem Zwangsversteigerungsverfahren K.../09 des Amtsgerichts ... die Eigentümergrundschuld in Höhe von ... Euro (mehr oder weniger) aufgelöst hat,
die angeblich aus der als Belastung des Grundstücks ... straße Hs.-Nr. ... (= Fl.-St. Nr. ...) im Grundbuch des Amtsgerichts ... für Gemarkung ... Blatt ... in Abt. III Nr. ... auf den Namen der ... bank Aktiengesellschaft mit dem Sitz in ... eingetragenen

- *Hypothek, für die ein Hypothekenbrief erteilt war*
- *Hypothek ohne Brief*

in Höhe von ... Euro (mehr oder weniger) ganz oder teilweise entstanden ist.

C. Erlösanspruch bei Erlöschen einer Hypothek für eine Schuldnerforderung: 1979

Gepfändet werden der angebliche Anspruch des Schuldners auf Befriedigung aus dem Versteigerungserlös,
in den sich die für eine Kaufpreisforderung gegen ... – (persönlicher) Drittschuldner – im Grundbuch des Amtsgerichts ... für Gemarkung ... Blatt ... in Abt. III Nr. ... als Belastung des Grundstücks ... -straße Hs.-Nr. ... (= Fl. St. Nr. ...) des ... – (dinglicher) Drittschuldner – eingetragene Hypothek ohne Brief in Höhe von ... Euro (mehr oder weniger) mit der Erteilung des Zuschlags in dem Zwangsversteigerungsverfahren K ... /09 des Amtsgerichts ... aufgelöst hat, zusammen mit dieser Kaufpreisforderung an ... – Drittschuldner –.

I. Der Erlösanspruch

Schrifttum: *Stöber*, Zweifelsfragen bei Pfändung von Eigentümergrundschulden und Eigentümerhypotheken, Rpfleger 1958, 51; *Busse*, Ist die Pfändung eines zukünftigen Anteils an dem Versteigerungserlös eines Grundstücks möglich? MDR 1958, 825; *Mümmler*, Pfändung erloschener Eigentümergrundschulden im Zwangsversteigerungsverfahren, JurBüro 1983, 1141.

1. Eine Hypothek oder Grundschuld und ebenso eine Eigentümergrundschuld, die nach den Versteigerungsbedingungen mit dem *Zuschlag* in der Zwangsversteigerung des belasteten Grundstücks erlischt (§ 91 Abs. 1   1980

ZVG), geht nicht ersatzlos unter, sondern wandelt sich in den *Anspruch* des Hypotheken- oder Grundschuldgläubigers oder Eigentümers *auf Befriedigung aus dem Versteigerungserlös* um[1] (Grundsatz der dinglichen Surrogation). An diesem Erlösanspruch bleiben Rechte Dritter bestehen[2]; das schon vor Zuschlagerteilung wirksam gewordene Pfandrecht an der Hypothek, Grundschuld oder Eigentümergrundschuld setzt sich daher mit seinem bisherigen Rang am Erlösanspruch fort. Das Erlöschen des dinglichen Rechts tritt mit der Verkündung des Zuschlags ein (§ 89 ZVG)[3], bei Zuschlagerteilung durch das Beschwerdegericht mit der Zustellung an den Ersteher (§ 104 ZVG)[4].

1981   2. Dieser *Befriedigungs-(Erlös-)Anspruch* ist kein hypothekarisches Recht mehr; er ist daher nicht nach §§ 830, 857 Abs. 6 ZPO zu *pfänden*, sondern nach §§ 829, 857 Abs. 1, 2 ZPO wie ein gewöhnliches Forderungsrecht[5]. Wirksam wird diese Pfändung sonach mit der Zustellung des Pfändungsbeschlusses an den Drittschuldner bzw. – bei Pfändung des auf eine Eigentümergrundschuld fallenden Erlösanspruches – den Vollstreckungsschuldner[6] in der Zwangsversteigerung als den bisherigen Eigentümer (§ 829 Abs. 3, § 857 Abs. 2 ZPO).

1982   3. Allgemein wird als *Drittschuldner* des an die Stelle einer Hypothek oder Grundschuld getretenen Erlösanspruchs nur der bisherige Grundstückseigentümer angesehen[7]; richtiger Drittschuldner ist bei Erlöschen einer *Hypothek* nach meinem Dafürhalten jedoch der vom bisherigen Grundstückseigentümer etwa verschiedene persönliche Schuldner der Forderung[8]. Dies gilt auch für die Pfändung des an die Stelle einer Eigentümerhypothek getretenen Erlösanspruchs. Der Gläubiger wird daher jedenfalls zu seiner Sicherheit sowohl den persönlichen Schuldner als auch den vormaligen Grundstückseigentümer als Drittschuldner behandeln, insbesondere also beiden den Pfändungsbeschluss zustellen lassen.

---

1   *RG* 63, 214; 88, 300 (303); 101, 117 (120); *BGH* MDR 1958, 24 = Rpfleger 1958, 51; *BGH* BB 1961, 661 = JurBüro 1961, 390 = MDR 1961, 675 = Rpfleger 1961, 291 mit Anm. *Stöber; BGH* 58, 298 (301) = JurBüro 1972, 874 = LM Nr. 12 zu § 857 ZPO (Leits. mit Anm. *Mormann*) = MDR 1972, 601 = NJW 1972, 1135; *BGH* 108, 237 (239) = DNotZ 1990, 581 = MDR 1989, 147 = NJW 1989, 2536; *Stöber* Rpfleger 1957, 206.
2   *BGH* 58, 298 (301) = a.a.O. (Fußn. 1).
3   *RG* 75, 313 (316).
4   Dazu *Stöber*, ZVG, Rdn. 2 zu § 104.
5   *RG* 55, 260 (264); 63, 214; 64, 211 (215); 70, 278; 72, 344; 75, 313 (316); 88, 300 (304); 125, 362 (367); *BGH* 58, 298 (302) = a.a.O. (Fußn. 1); *Stöber* Rpfleger 1958, 253.
6   *BGH* 58, 298 (304) = a.a.O. (Fußn. 1).
7   Siehe hierwegen z. B. *Stein/Jonas/Brehm*, ZPO, Rdn. 53 mit Fußn. 208 zu § 857; im übrigen bei *Stöber* Rpfleger 1958, 253; **anders** *Tempel* JuS 1967, 77: Persönlicher Schuldner und Grundstückseigentümer sind Drittschuldner; Pfändung ist nur bei Zustellung an beide wirksam. Auch *Wieczorek/Schütze/Lüke*, ZPO, Rdn. 11 zu § 830: Drittschuldner ist der Hypothekengläubiger bzw. der bisherige Eigentümer.
8   Siehe dazu eingehend *Stöber* Rpfleger 1958, 253.

Das *Vollstreckungsgericht ist nicht* Drittschuldner; es schuldet dem Gläubiger der erloschenen Hypothek oder Grundschuld oder dem Grundstückseigentümer auf seine Eigentümergrundschuld nichts, weil es den Versteigerungserlös nur in amtlicher Eigenschaft entgegennimmt und verteilt. Auch der *Ersteher ist nicht* Drittschuldner[9]; zwischen ihm und dem Schuldner als dem Berechtigten des Erlösanspruchs besteht kein Schuldverhältnis, weil letzterer keinen unmittelbaren Anspruch gegen den Ersteher, sondern nur ein Recht darauf hat, nach den für das Zwangsversteigerungsverfahren geltenden Vorschriften im gerichtlichen Verteilungsverfahren befriedigt zu werden. Durch Zustellung des Pfändungsbeschlusses an den Ersteher oder das Vollstreckungsgericht wird daher die Erlöspfändung nicht wirksam und kein Pfändungsrang gewahrt[10].

1983

4. Die Pfändung des Erlösanspruchs wird auch dann mit der Zustellung an den Drittschuldner (oder an den Schuldner im Falle des § 857 Abs. 2 ZPO) wirksam, wenn über das Recht, das durch den Zuschlag erloschen ist, ein Hypotheken- oder Grundschuld*brief* ausgestellt ist[11]. Der Briefübergabe bedarf es für das Wirksamwerden dieser Pfändung nicht. Der pfändende Gläubiger muss aber gleichwohl im Verteilungstermin den *Brief vorlegen* oder für Briefvorlage Sorge tragen, weil das Vollstreckungsgericht den Empfangsberechtigten sonst als unbekannt behandeln muss (§§ 126, 135 ff. ZVG). Den Brief kann der Gläubiger beim Schuldner nach § 836 Abs. 3 ZPO (auch vor Überweisung) im Wege der Zwangsvollstreckung wegnehmen lassen oder von einem Dritten nach Pfändung des Herausgabeanspruchs herausverlangen[12].

1984

II. Ungenaue Fassung des Pfändungsbeschlusses

Nach der Zuschlagerteilung ist im *Pfändungsbeschluss* nicht mehr die Hypothek, Grundschuld oder Eigentümergrundschuld, sondern nur noch der an die Stelle des Rechts getretene *Anspruch auf Befriedigung aus dem Versteigerungserlös* als gepfändet zu bezeichnen[13]. Nennt der Wortlaut des Beschlusses dennoch das erloschene dingliche Recht als gepfändet, so erstreckt sich die Pfändung aber ohne weiteres auch auf den Erlösanspruch; die *Ungenauigkeit* im Pfändungsbeschluss schadet nicht, weil im Rahmen der zulässigen Auslegung (siehe Rdn. 509 ff.) über seinen Sinn keine Zweifel obwalten können[14].

1985

---

9   *BGH* 58, 298 (302) = a.a.O. (Fußn. 1); *Stein/Jonas/Brehm*, ZPO, Rdn. 53 zu § 857.
10 Siehe *Stöber* Rpfleger 1958, 253 mit zahlreichen Nachweisen.
11 Siehe *Stöber* Rpfleger 1958, 254.
12 Siehe dazu *Stöber* Rpfleger 1958, 254 f.
13 *RG* 75, 313 (316); *Stöber* Rpfleger 1958, 256.
14 *RG* 71, 179 (183); 75, 313 (316 f.); *Stöber* Rpfleger 1958, 256 mit zahlr. Nachw.

6. Kapitel: Pfändung von Grundpfandrechten

III. Erlass des Pfändungsbeschlusses vor dem Zuschlag

1986   Ist der Pfändungsbeschluss schon vor Zuschlagerteilung erlassen worden, aber nicht mehr durch Briefübergabe oder Grundbucheintragung wirksam geworden, so hört *vom Zuschlag an* die Möglichkeit auf, das Pfandrecht durch Briefübergabe oder Grundbucheintragung zu erlangen[15]. Briefübergabe oder Grundbucheintragung, die dennoch nach Zuschlagerteilung stattgefunden haben, sind ohne rechtliche Wirkung. Damit verliert der bereits erlassene Pfändungsbeschluss aber seine Wirkung nicht. Die Pfändung des an die Stelle des erloschenen, im Pfändungsbeschluss genannten Rechts getretenen Anspruchs auf Befriedigung aus dem Erlös wird vielmehr durch Zustellung dieses Pfändungsbeschlusses *nach* dem Zuschlag wirksam[16]. Durch eine vor dem Zuschlag schon erfolgte Zustellung erlangt der Pfändungsbeschluss keine Wirksamkeit[17]; in diesem Fall ist daher vielmehr nochmalige Zustellung nach dem Zuschlag notwendig[18]. Der Rang der Pfändung bestimmt sich nur nach dieser Zustellung nach dem Zuschlag. Haben andere Gläubiger nach dem Zuschlag vor dieser – eventuell erneuten – Zustellung den Erlösanspruch durch Beschlusszustellung wirksam gepfändet, so gebührt ihnen der Vorrang[19].

1987   Ist *vor Zuschlagerteilung der Erlösanspruch statt des Eigentümerrechts* selbst im Pfändungsbeschluss bezeichnet, so schadet auch diese Ungenauigkeit nicht[20]. Auch in diesem Falle wird die Pfändung des Rechtes selbst noch vor Zuschlagerteilung wirksam, wenn sie in der Form der §§ 830, 857 Abs. 6 ZPO, also durch Briefübergabe oder Grundbucheintragung vor Zuschlag ordnungsgemäß bewirkt wird. Dies gilt insbesondere auch dann, wenn irrig der Anspruch auf den Versteigerungserlös gepfändet worden ist, obgleich das dingliche Recht bestehen geblieben ist[21]. In solchen Fällen können sich in der Praxis vornehmlich bei Briefwegnahme oder Grundbucheintragung Schwierigkeiten ergeben, die sich jedoch durch Berichtigung des Pfändungsbeschlusses (s. Rdn. 523) ausräumen lassen.

IV. Pfändung nach Erteilung, aber vor Rechtskraft des Zuschlags

1988   Wird der *Zuschlag* rechtskräftig im Beschwerdeverfahren *aufgehoben*, so ist ein Erlöschen des dinglichen Rechts nicht eingetreten (siehe § 90 Abs. 1, § 91 Abs. 1 ZVG). Da die Zuschlagaufhebung auch für die Vergangenheit

---

15 *Stöber* Rpfleger 1958, 259; siehe aber wegen der Pfändung zwischen Erteilung und Rechtskraft des Zuschlags Rdn. 1988.
16 *Stöber* Rpfleger 1958, 259; *Tempel* JuS 1967, 77. Die jetzt ungenaue Fassung schadet nicht, siehe Rdn. 1985.
17 RG 63, 214 (218); 76, 231 (233); *BayObLG* OLG 33, 108; *Mayer* Gruchot 56, 574; *Stöber* Rpfleger 1958, 259.
18 *Stöber* Rpfleger 1958, 259.
19 RG 63, 214 (218); 76, 231 (233); *Stöber* Rpfleger 1958, 259.
20 *Stöber* Rpfleger 1958, 256.
21 KG JW 1936, 887.

wirkt, muss das dingliche Recht dann so behandelt werden, als wenn der Zuschlag überhaupt nicht erteilt worden wäre[22]. Da nur diese tatsächliche Rechtslage für die Beurteilung der Wirksamkeit des Pfandrechts maßgebend ist, kann eine Pfändung wirksam immer nur durch Briefübergabe oder Grundbucheintragung, also in der Form der §§ 830, 857 Abs. 6 ZPO herbeigeführt worden sein[23]. Eine Pfändung, die nach Zuschlagerteilung und vor Zuschlagaufhebung nach §§ 829, 857 Abs. 2 ZPO nur durch Beschlusszustellung bewirkt wurde, weil das Recht zunächst erloschen war, hat daher keinerlei rechtliche Wirkung. Der Gläubiger wird deshalb zu seiner Sicherheit vor Rechtskraft eines Zuschlagsbeschlusses nicht nur den Erlösanspruch in der Form des § 829 ZPO, sondern auch das dingliche Recht selbst in der Form der §§ 830, 857 Abs. 2 ZPO pfänden. Diese Doppelpfändung ist als Eventualpfändung für zulässig zu erachten[24].

V. Der künftige Erlösanspruch

Keine einhellige Ansicht bestand lange Zeit darüber, ob der *spätere Anspruch* auf Auszahlung des bei einer *demnächstigen Versteigerung* auf die Hypothek, Grundschuld oder Eigentümergrundschuld entfallenden Erlösanspruchs schon vor *Zuschlagerteilung* in der vereinfachten Form der §§ 829, 857 Abs. 2 ZPO gepfändet werden kann. Dies ist jedoch zu verneinen[25]. Bei dem Erlösanspruch handelt es sich nicht um ein selbstständiges künftiges Recht, sondern nur um die künftige Rechtsform der gegenwärtigen Grundstücksbelastung. Denn das Recht auf Befriedigung aus dem Erlös ist Hauptinhalt und Hauptteil des gegenwärtig bestehenden dinglichen Rechts. Es kann nur nach §§ 830, 857 Abs. 6 ZPO gepfändet werden, weil in Vermögensstücke des Schuldners die Zwangsvollstreckung nur in den Formen bewirkt werden kann, die vom Gesetz für die Zwangsvollstreckung in derartige Vermögensstücke nach ihrer Gestaltung zur Zeit der Vornahme der Vollstreckung vorgeschrieben ist[26]. Diese Ansicht vertritt im Ergebnis auch der *BGH*[27], der entschieden hat, dass, solange eine Hypothek besteht, nur sie, nicht aber, auch nicht bedingt, ein Anspruch auf den ihr zuzuteilenden Anteil am Versteigerungserlös abgetreten werden kann.

1989

---

22 *Jaeckel/Güthe*, ZVG, Bem. 5 zu § 90.
23 *Stöber* Rpfleger 1958, 255; *Tempel* JuS 1967, 78.
24 *Mayer Gruchot* 56, 273 f.; *Stöber* Rpfleger 1958, 255.
25 Ebenso die ganze herrschende Meinung, siehe *RG* 70, 278; *RG* HRR 1932, 156; *RG* JW 1933, 2764; *RG* DNotZ 1935, 496 f.; vgl. auch *RG* Warn. Rspr. 1929, 278 f.; *Stöber* Rpfleger 1958, 255; *BGB-RGRK*, Anm. 1h zu § 1154; *Zöller/Stöber*, ZPO, Rdn. 30 zu § 857; *Legart* JW 1933, 2764; **A.A.** *Mayer* Gruchots Beitr. 56, 265 (268); *Gährs* JW 1933, 1299; *Veith* JR 1934, 150; *Busse* MDR 1958, 825.
26 *RG* 70, 278 (281); *BGH* 58, 298 (304) = a.a.O. (Fußn. 1): „Die Art und Weise der Pfändung bestimmt sich nach dem Vollstreckungsobjekt *im Zeitpunkt der Pfändung.*"
27 *BGH* MDR 1964, 308 = NJW 1964, 813 = Rpfleger 1964, 142 mit zust. Anm. *Stöber*; jetzt auch *BGH* a.a.O. (Fußn. 26).

VI. Erlösverteilung und unwirksame Pfändung

1990 Im gerichtlichen *Verteilungsverfahren* muss ein *nicht wirksam* gewordener Pfändungsbeschluss, gleichgültig, ob er vor oder nach Zuschlagerteilung erlassen worden ist, unbeachtet bleiben. Der Erlösanteil, dessen wirksame Pfändung nicht nachgewiesen ist, muss daher dem Hypotheken- oder Grundschuldgläubiger oder dem Eigentümer für seine Eigentümergrundschuld zugeteilt und ausbezahlt werden. Ein Gläubiger, dessen Pfändung nicht wirksam geworden ist, ist im Zwangsversteigerungsverfahren nicht Beteiligter (§ 9 ZVG). Er kann daher auch keinen Widerspruch gegen den Teilungsplan erheben, und zwar auch nicht mit dem Ziel, die Auszahlung des zugeteilten Geldes hinauszuschieben, um alsbald noch eine wirksame Pfändung des Erlösanspruchs ausbringen zu können[28].

VII. Der hinterlegte Erlös

1991 1. a) Ist der Gelderlös in Ausführung des Teilungsplans *hinterlegt* (§ 117 Abs. 2 S. 3 ZVG), dann ist die Hinterlegungsstelle[29] Drittschuldnerin[30]. Das Hinterlegungsgeld ist in das Eigentum der Staatskasse übergegangen (§ 7 Abs. 1 HinterlO). Von dieser wird die Herausgabe (Rückzahlung) geschuldet. Der Auszahlungsanspruch steht dem Berechtigen zu, für den hinterlegt wurde. Seine Gläubiger vollstrecken damit nicht mehr in eine Hypothek, Grundschuld oder Eigentümergrundschuld oder in den an die Stelle eines solchen Rechts getretenen Erlösanspruch, sondern in die Herausgabeforderung an die Hinterlegungsstelle[31]. Diese ist damit auch dann Drittschuldnerin, wenn der Erlös nach Zuteilung auf eine Eigentümergrundschuld, also ein drittschuldnerloses Recht, hinterlegt wurde. Drittschuldner wird die Hinterlegungsstelle mit dem Zeitpunkt der Einzahlung des Hinterlegungsgeldes bei der Hinterlegungskasse, nicht erst in dem späteren Zeitpunkt, an dem die Hinterlegungsstelle die Annahmeanordnung erlässt[32].

1992 b) Das gilt auch, wenn der auf einen *aufschiebend bedingten* Erlösanspruch zugeteilte Betrag hinterlegt ist (§ 120 ZVG), weil das gesetzliche Verteilungsverfahren auch in diesem Fall abgeschlossen ist[33]. Die Tätigkeit des Vollstreckungsgerichts ist mit der Hinterlegung beendet; das hinterlegte Geld wird außerhalb des Zwangsversteigerungsverfahrens nach der HinterlO hinausbezahlt. Dem bei Nachweis der Hinterlegungsberechtigung Erstberechtigten steht daher auch hier unmittelbar gegen die Hinterlegungsstelle ein Auszahlungsanspruch zu, so dass diese Drittschuldnerin ist.

---

28 *Stöber* Rpfleger 1958, 260.
29 Siehe die im Anhang abgedruckten landesrechtlichen Bestimmungen.
30 *OLG Posen* OLG 4, 379; *Stöber* Rpfleger 1958, 253 Fußn. 27.
31 *OLG Posen* a.a.O.
32 *BGH* 58, 298 (301) = a.a.O. (Fußn. 1); *Stein/Jonas/Brehm*, ZPO, Rdn. 54 zu § 857.
33 Siehe *Dassler/Hintzen*, ZVG, Rdn. 4 zu § 120.

c) Gleiches gilt, wenn der auf ein dingliches Recht zugeteilte Erlös *hinterlegt* wurde, *weil Widerspruch* gegen den Teilungsplan *erhoben* ist (§ 124 ZVG)[34]. Dem steht nicht entgegen, dass das Vollstreckungsgericht die Auszahlung zu veranlassen (= anzuordnen) hat (§ 882 ZPO). Denn seine Anordnung stellt nur das für den Erlass der Herausgabeverfügung der Hinterlegungsstelle notwendige Ersuchen der zuständigen Behörde dar (§ 15 HinterlO). Die Hinterlegung ist jedoch bereits für die Berechtigten erfolgt (§ 124 Abs. 2, § 120 Abs. 1 ZVG). Für den endgültigen Berechtigten ist damit bereits durch die Hinterlegung ein bedingter Auszahlungsanspruch gegen die Hinterlegungsstelle entstanden; deren Verfügung ist zur Herausgabe an den Berechtigten erforderlich (§ 12 HinterlO). Für den bereits mit Hinterlegung entstandenen Auszahlungsanspruch des Berechtigten an die Hinterlegungsstelle ist somit diese, nicht das Vollstreckungsgericht, Drittschuldner.

1993

d) Bei Hinterlegung des *Ersatzanspruchs eines erloschenen Nutzungsrechts* (§ 121 ZVG) wird bestimmt, dass die dem Berechtigten gebührenden einzelnen Leistungen zur Zeit der Fälligkeit der Hinterlegungsmasse zu entnehmen sind. Der Berechtigte erwirbt somit auch hier bereits mit der Hinterlegung einen Auszahlungsanspruch an die Hinterlegungsstelle. Bei Pfändung dieses Auszahlungsanspruchs ist somit die Hinterlegungsstelle Drittschuldnerin (s. dazu auch Rdn. 1517).

1994

Auch bei Pfändung eines für den *unbekannten Berechtigten* (§ 126 ZVG) hinterlegten Geldes wird die Hinterlegungsstelle in gleicher Weise als Drittschuldnerin angesehen werden müssen[35].

2. Etwas anderes gilt jedoch bei Hinterlegung *vor* Durchführung und Abschluss des gerichtlichen Verteilungsverfahrens. Auf den vor dem Verteilungstermin vom Ersteher hinterlegten Versteigerungserlös (§ 49 Abs. 3 ZVG) erteilt das Vollstreckungsgericht Anweisung (§ 117 Abs. 3 ZVG); pfändbar ist daher auch bei Erlöshinterlegung bis zur Ausführung des Teilungsplans nur der an die Stelle des dinglichen Rechts getretene Erlösanspruch, dem der Hinterlegungsbetrag im Verteilungstermin erst anteilig zugeteilt werden muss[36]. Ein pfändbarer Einzelanspruch an die Hinterlegungsstelle auf die Hinterlegungssumme wird noch nicht durch die Hinterlegung, sondern erst mit der Anweisung auf den hinterlegten Betrag (§ 117 Abs. 3 ZVG) begründet.

1995

VIII. Erlösanspruch bei nicht berichtigtem Bargebot

Wenn der Ersteher sein Bargebot im Verteilungstermin nicht berichtigt, wird der Teilungsplan durch Forderungsübertragung ausgeführt (§ 118 ZVG). Mit der Übertragung durch die gerichtliche Anordnung wird je-

1996

---

34 *BGH* 58, 298 = a.a.O. (Fußn. 1).
35 So auch *Mümmler* JurBüro 1969, 800.
36 Ebenso *Mümmler* JurBüro 1969, 800.

der Berechtigte in Höhe des ihm übertragenen Betrags der Forderung gegen den Ersteher neuer Forderungsgläubiger (s. § 118 ZVG). Vom Wirksamwerden dieser Übertragung an besteht daher kein Erlösanspruch des Hypotheken- oder Grundschuldgläubigers (bzw. des Eigentümers als Inhaber einer Eigentümergrundschuld) mehr, sondern nur noch der dem Berechtigten übertragene Teil der Forderung an den Ersteher; über diese Forderung kann der Berechtigte selbst verfügen. Seine Gläubiger können diese Forderung daher nach § 829 ZPO pfänden. Wirksam wird diese Pfändung gem. § 829 Abs. 3 ZPO mit der Zustellung des Pfändungsbeschlusses an den Ersteher, der (nunmehr) Drittschuldner ist[37]. Ist für die Forderung bereits eine Sicherungshypothek an dem Grundstück mit dem Rang des Anspruchs eingetragen (§ 128 ZVG), dann hat die Pfändung der Forderung samt der (Buch-)Hypothek nach § 830 ZPO zu erfolgen (s. Rdn. 1834).

IX. Die Pfändung während des Zwangsverwaltungsverfahrens ist Rdn. 433 ff. dargestellt.

H. Pfändung einer Schiffshypothek (§§ 830 a, 837 a ZPO)

1997 *Gepfändet wird die angebliche Darlehensforderung des Schuldners an ... – (persönlicher) Drittschuldner – zusammen mit der angeblich zur Sicherung dieser Forderung im (See-, Binnen-) Schiffs(bau-)register Nr. ... des Amtsgerichts ... auf dem ... genannten Schiff des ... – (dinglicher) Drittschuldner – eingetragenen Schiffshypothek in Höhe von ... Euro (mehr oder weniger) nebst den Zinsen seit dem ...*

I. Pfändung als Buchrecht

1998 Die *Schiffshypothek* ist als Sicherungshypothek immer Buchrecht (§ 8 Abs. 1 SchiRG). Sie (d.h. wieder richtig die Forderung, für welche die Schiffshypothek besteht, siehe Rdn. 1796 und 1804) wird daher durch gerichtlichen Pfändungsbeschluss gepfändet. Diese Pfändung wird mit ihrer Eintragung in das Schiffsregister oder Schiffsbauregister wirksam (§ 830 a Abs. 1 S. 1 ZPO). Die Eintragung erfolgt auf Grund des Pfändungsbeschlusses. Diese Regelung und die Bestimmung des § 837 a ZPO über die Pfandverwertung entsprechen der Bestimmung für Pfändung einer Buchhypothek; siehe daher Rdn. 1795 ff. (= Abschn. A).

II. Pfändungswirkung gegen Drittschuldner

1999 Dem Drittschuldner gegenüber gilt die Pfändung schon mit der vor Eintragung erfolgten Zustellung des Pfändungsbeschlusses als bewirkt (§ 830 a Abs. 2 ZPO); ebenso § 830 Abs. 2 ZPO; siehe daher Rdn. 1865.

---

37 *BGH* 58, 298 (302) = a.a.O. (Fußn. 1).

III. Vereinfachte Pfändung von Nebenforderungen

Der Form des § 830 a ZPO bedarf es nicht für die Pfändung der *in § 53 SchiRG bezeichneten Leistungen*, nämlich

- der Forderung auf Rückstände von Zinsen oder anderen Nebenleistungen
- der Forderung auf Erstattung von Kosten der Kündigung und Rechtsverfolgung (§ 29 SchiRG)
- der Forderung auf Erstattung der Beträge und ihrer Zinsen, die der Schuldner (als Hypothekengläubiger) zur Entrichtung von Prämien oder sonstigen dem Versicherer auf Grund des Versicherungsvertrages gebührenden Zahlungen verwendet hat (siehe § 38 Abs. 2 SchiRG).

2000

Solche durch die Schiffshypothek gesicherten Nebenforderungen sind nach der für die Pfändung gewöhnlicher Geldforderungen geltenden allgemeinen Vorschrift des § 829 ZPO zu pfänden. Ihre Pfändung wird daher mit Zustellung des Pfändungsbeschlusses an den Drittschuldner wirksam (§ 830 a Abs. 3 ZPO; ebenso § 830 Abs. 3 ZPO, siehe daher Rdn. 1798).

2001

IV. Schiffshypothek für Inhaberschuldverschreibung usw.

§ 830 a ZPO findet ferner auf die Pfändung der Schiffshypothek für eine Forderung aus einer *Schuldverschreibung* auf den Inhaber, aus einem Wechsel oder aus einem anderen *indossablen Papier* keine Anwendung (§ 830 a Abs. 3 S. 2 ZPO; ebenso § 830 Abs. 3 ZPO; siehe dazu 8. Kap.).

2002

V. Höchstbetragssicherungshypothek

Die *Höchstbetragssicherungshypothek* des § 75 SchiRG entspricht der in § 1190 BGB geregelten Höchstbetragshypothek; wegen ihrer Pfändung siehe daher Rdn. 1844 i.V.m. §§ 830 a, 837 a ZPO.

2003

VI. Eigentümer-Schiffshypothek

Eine Eigentümer-*Schiffshypothek* entsteht nur in den Fällen der §§ 44, 64 Abs. 2, 69 Abs. 1 S. 2, Abs. 2 S. 1 SchiRG. Wegen ihrer Pfändung durch Gläubiger des Eigentümers siehe §§ 830 a, 837 a ZPO und Rdn. 1970–1973.

2004

Eine Eigentümer-*Schiffsgrundschuld* kennt das SchiRG nicht. Der Rangvorbehalt des § 27 SchiRG ist nicht pfändbar (siehe auch Rdn. 1733). Die Befugnis des Eigentümers, eine neue Schiffshypothek zu bestellen (§ 57 Abs. 2 SchiRG), ist kein dingliches Recht und daher ebenfalls nicht pfändbar (§ 57 Abs. 3 S. 2 SchiRG).

2005

VII. Wegen der Zwangsvollstreckung in das Schiff siehe § 870 a ZPO.

2006

6. Kapitel: Pfändung von Grundpfandrechten

J. Registerpfandrecht an einem Luftfahrzeug

2007 Das *Registerpfandrecht* an einem Luftfahrzeug[1] ist seinem Wesen nach einer Schiffshypothek ähnlich. Seine Pfändung erfolgt daher auch in entsprechender Anwendung der für die Pfändung einer Schiffshypothek geltenden Bestimmungen; siehe daher vorstehend Rdn. 1997 ff. (= Abschn. H).

2008 Geregelt ist diese Pfändung in § 99 Abs. 1 des Gesetzes über Rechte an Luftfahrzeugen. Diese Vorschrift lautet:

§ 99 Abs. 1
(1) Die Vorschriften in §§ ... 720 a, ... 830 a, 837 a, 847 a, 855 a ... ZPO gelten sinngemäß mit der Maßgabe, dass an die Stelle des eingetragenen Schiffes das in der Luftfahrzeugrolle eingetragene Luftfahrzeug und an die Stelle der Schiffshypothek das Registerpfandrecht an einem Luftfahrzeug tritt ...

Geführt wird das *Register* für Pfandrechte an Luftfahrzeugen beim Amtsgericht Braunschweig als Registergericht (§ 78 des Gesetzes über Rechte an Luftfahrzeugen und Verwaltungsanordnung über den Sitz des Luftfahrt-Bundesamts vom 14. Dez. 1954, BAnz. Nr. 245).

2009 Wegen der Zwangsvollstreckung in eine Forderung, für die ein Recht an einem ausländischen Luftfahrzeug besteht, siehe § 106 des Gesetzes über Rechte an Luftfahrzeugen.

---

1 Siehe das Gesetz über Rechte an Luftfahrzeugen vom 26. Febr. 1959, BGBl I 57, ber. S. 223; zuletzt geändert durch Art. 4 Nr. 11 des Gesetzes vom 11. Aug. 2009, BGBl I 2713 (2721).

SIEBTES KAPITEL

PFÄNDUNG DES ANSPRUCHS AUF HERAUSGABE ODER LEISTUNG EINER KÖRPERLICHEN SACHE
(§§ 846–849 ZPO)

Ansprüche, die eine *Herausgabe* oder *Leistung* körperlicher beweglicher oder unbeweglicher *Sachen*, von *Schiffen* oder *Schiffsbauwerken* zum Gegenstand haben, unterscheiden sich von Geldforderungen vor allem dadurch, dass nach deren Natur mit ihrer „Einziehung" noch keine unmittelbare Gläubigerbefriedigung verbunden sein kann. Die „Einziehung" eines solchen Anspruchs führt vielmehr erst zur weiteren Zwangsvollstreckung *in* die herausgegebene oder geleistete Sache. Die Zwangsvollstreckung in solche Ansprüche und die Besonderheiten dieses Pfändungsverfahrens sind in den §§ 846–849 ZPO geregelt. 2010

A. Herausgabe oder Leistung einer beweglichen körperlichen Sache
(§§ 846, 847, 849, 854 ZPO)

Gepfändet wird der angebliche Anspruch des Schuldners an … – Drittschuldner – auf 2011

- *Herausgabe einer für den Schuldner verwahrten (einer vom Schuldner geliehenen usw.)*
- *Leistung, nämlich Übergabe und Übertragung des Eigentums einer vom Schuldner gekauften*

Schreibmaschine, Marke Triumph, Modell Simplex, Fabrik-Nr. … Es wird angeordnet, dass diese Schreibmaschine an einen vom Gläubiger zu beauftragenden Gerichtsvollzieher herauszugeben ist.

I. Der Anspruch

Schrifttum: *Noack*, Aktuelle Fragen zur Pfändung von Ansprüchen auf Herausgabe beweglicher Sachen gegen Dritte (§§ 847, 886 ZPO), DGVZ 1978, 97.

1. a) Einen schuldrechtlichen oder dinglichen *Herausgabe*anspruch (= Anspruch auf *Herausgabe des Besitzes*) hat der Schuldner, wenn er eine ihm gehörende Sache nicht besitzt. Das ist der Fall, wenn er die Sache vermietet (Anspruch nach § 546 BGB), verpachtet (siehe §§ 581, 546 BGB), ausgeliehen (siehe § 604 Abs. 1 BGB), einem Beauftragten überlassen (§ 667 BGB; bei Geschäftsführung ohne Auftrag § 681 BGB), in Verwahrung gegeben (siehe § 695 BGB), verpfändet (siehe § 1254 BGB), an ihr ohne sein 2012

Zutun den Besitz verloren (siehe § 985 BGB) oder einen solchen Anspruch mit dem Eigentum durch Abtretung nach § 931 BGB erworben hat[1]. Für die Pfändung eines solchen Anspruchs ist es bedeutungslos, ob der Anspruch bereits fällig ist oder vom Drittschuldner noch nicht erfüllt werden muss, weil bedingte und betagte Ansprüche ebenso wie fällige Ansprüche der Pfändung unterliegen; auch kann der Anspruch von einer Gegenleistung abhängig sein (siehe Rdn. 26).

2013 b) Durch den *Gerichtsvollzieher* können bewegliche körperliche Sachen, die dem Schuldner gehören, sich aber nicht in seinem Gewahrsam (in seiner tatsächlichen Gewalt), sondern im *Besitz eines Dritten* befinden, nur gepfändet werden, wenn der Dritte als Gewahrsamsinhaber zur Herausgabe bereit ist (§ 809 ZPO). Wenn sich der Dritte nicht mit der Herausgabe *einverstanden* erklärt, kann der Gläubiger nur durch Pfändung des Herausgabeanspruchs Zugriff auf die dem Schuldner gehörende Sache nehmen.

2014 2. Auf *Leistung* körperlicher Sachen geht der Anspruch des Schuldners, wenn er noch nicht Eigentümer der Sache ist, aber ein obligatorisches (schuldrechtliches, § 241 BGB) Recht auf Übertragung des Eigentums hat. Einen solchen Anspruch hat der Schuldner zum Beispiel als Käufer einer Sache gegen den Verkäufer, der den Kaufvertrag noch nicht erfüllt hat (§ 433 Abs. 1 BGB), oder als Vermächtnisnehmer gegen den Erben, der das Vermächtnis leisten muss (siehe §§ 1939, 2147 ff. BGB). Zu Eigentumsvorbehalt und Sicherungsübereignung siehe Rdn. 1484 ff.

II. Unpfändbare Ansprüche

2015 Die Anspruchspfändung führt zur weiteren Zwangsvollstreckung in die herauszugebende oder zu leistende Sache (siehe Rdn. 2027). Erst ihre Verwertung durch den Gerichtsvollzieher ermöglicht die Befriedigung des Gläubigers aus dem Sachwert, dem Versteigerungserlös. Die Anspruchspfändung setzt daher voraus, dass die herauszugebende oder zu leistende Sache Gegenstand der weiteren Zwangsvollstreckung sein kann, also selbstständig pfändbar ist. Die (selbstständige) Anspruchspfändung findet daher nicht statt in Ansprüche auf Herausgabe *unpfändbarer Sachen* (§ 811 Abs. 1 ZPO)[2] oder von *Sachen ohne eigenen Vermögenswert* (z. B. Beweis-

---

[1] Zum Herausgabeanspruch, wenn in einem Strafverfahren Geld des Beschuldigten ohne rechtswirksame Sicherstellung oder Beschlagnahme in amtliche Verwahrung genommen ist, siehe *OLG München* Rpfleger 1980, 238. Keinen pfändbaren Rückgabeanspruch des Schuldners gegen den Staat begründet es, wenn in einem gegen den Schuldner gerichteten Ermittlungsverfahren bei einem Dritten ein Geldbetrag sichergestellt wird, den dieser vom Schuldner zur Vermögensanlage erhalten hat, *BGH* NJW 2000, 3218.

[2] *OLG Celle* JW 1935, 1718; *KG* OLG 37, 202; *OLG Düsseldorf* DR 1941, 639; *AG Dietz/Lahn* DGVZ 1962, 126; *Stein/Jonas/Brehm*, ZPO, Rdn. 2, *Zöller/Stöber*, ZPO, Rdn. 1, *Schuschke/Walker*, Vollstreckung, Rdn. 1, je zu § 847; **a.A.** *LG Lübeck* SchlHA 1970, 116 und 207 mit abl. Anm. *Bürck* für den Anspruch auf Rückübereignung einer *sicherungsübereigneten* Sache.

Anspruch auf bewegliche körperliche Sache

urkunden wie Sparkassenbücher, Hypothekenbriefe[3], Schuldscheine, außerdem Kfz-Briefe[4]) oder von Gegenständen, die nach § 865 ZPO der Zwangsvollstreckung in das unbewegliche Vermögen unterliegen (insbes. Zubehör)[5] (siehe aber wegen der Hilfspfändung solcher Ansprüche Rdn. 705). Nur wenn *wesentliche Bestandteile und Zubehör* eines Grundstücks, die grundsätzlich unpfändbar sind (siehe § 865 Abs. 2 S. 1 ZPO, §§ 93 ff. BGB), mit Erfüllung eines Anspruchs, insbesondere eines Wegnahmerechts, selbstständig werden, steht seiner Pfändung die derzeitige Verbindung der Sache mit dem unbeweglichen Vermögen nicht entgegen[6]. Unpfändbar ist außerdem der Anspruch der getrennt lebenden Frau auf Herausgabe der notwendigen Sachen (§ 1361 a BGB), weil er zum Unterhalt gehört[7].

III. Der Pfändungsbeschluss

1. Die *Pfändung* des Anspruchs auf Herausgabe[8] oder Leistung einer beweglichen körperlichen Sache erfolgt nach den für Geldforderungen geltenden, Rdn. 440 ff. (= 2. Kap.) dargestellten allgemeinen Vorschriften der §§ 829 bis 845 ZPO, also durch gerichtlichen Pfändungsbeschluss. Dieser Pfändungsbeschluss muss den Rdn. 489 ff. dargestellten Erfordernissen entsprechen. Die demnach notwendige Bezeichnung des zu pfändenden Anspruchs verlangt die ausreichende Benennung der herauszugebenden oder zu leistenden Sache[9]. Zur Frage, ob auch der Rechtsgrund anzugeben ist, auf dem der Herausgabeanspruch beruht, siehe Rdn. 2037 a. Mit dem Zahlungsverbot des § 829 Abs. 1 S. 1 ZPO wird *„dem Drittschuldner verboten, die Sache an den Schuldner herauszugeben oder zu leisten"*. Bewirkt (§ 829 Abs. 3 ZPO) wird die Pfändung mit Zustellung des Beschlusses an den *Drittschuldner*, das ist derjenige, der an den Schuldner die Herausgabe oder Leistung der Sache schuldet. 2016

2. a) Da Befriedigung des Gläubigers nur durch *Verwertung der Sache* erreicht werden kann (s. Rdn. 2028), ist bei der Anspruchspfändung anzuordnen, dass die Sache an einen vom Gläubiger zu beauftragenden *Gerichtsvollzieher herauszugeben* ist (§ 847 Abs. 1 ZPO). Diese Anordnung 2017

---

3   *RG* 74, 78 (79 f.); *OLG Dresden* OLG 16, 308.
4   *LG Berlin* DGVZ 1962, 186, *KG* JurBüro 1994, 297 und 502 = OLGZ 1994, 113.
5   *KG* OLG 37, 202.
6   *Stein/Jonas/Brehm*, ZPO, Rdn. 1 zu § 847.
7   *OLG Bamberg* OLG 42, 17.
8   Zur Pfändung des durch ein indossables kaufmännisches Orderpapier verkörperten Herausgabeanspruchs siehe aber Rdn. 2081, 2082.
9   *BGH* NJW 2000, 3218 (Pfändung der Forderung auf Rückgabe „sonstiger beweglicher Sachen" genügt nicht); *LG Münster* DGVZ 2000, 187 = Rpfleger 2000, 506 (Herausgabe von Wertpapieren in Sonderverwahrung); dazu Rdn. 1787 b. *LG Lübeck* SchlHA 1956, 204; *Noack* DGVZ 1978, 97. Ungenügend sind insbesondere allgemeine Angaben, wie „Herausgabe der pachtweise überlassenen Gegenstände"; so auch *LG Lübeck* a.a.O. Für Rückgewähr von Sicherheiten s. Rdn. 514.

muss nicht eigens beantragt werden[10]; sie ist vom Vollstreckungsgericht ohne weiteres mit dem Pfändungsbeschluss auszusprechen, und zwar auch dann, wenn eine Überweisung des gepfändeten Anspruchs zur Einziehung nicht erfolgt, also auch bei Arrestpfändung und Sicherungsvollstreckung (§ 720 a ZPO).

2018 b) Wesentliches Erfordernis des Pfändungsbeschlusses ist die *Herausgabeanordnung* nicht; wenn sie *fehlt* ist deshalb die Wirksamkeit der Anspruchspfändung nicht beeinträchtigt. Die Herausgabeanordnung kann daher *nachgeholt*, also in einem späteren Beschluss gesondert[11] und ebenso auch noch nach Eröffnung des Insolvenzverfahrens[12] ausgesprochen werden. Zuzustellen ist dieser spätere Beschluss dem Drittschuldner und Schuldner auf Betreiben des Gläubigers (§ 829 Abs. 2 ZPO analog). Die Auswahl des Gerichtsvollziehers ist Sache des Gläubigers; daher ist ein Gerichtsvollzieher im Beschluss nicht namentlich zu bezeichnen.

2019 3. Auch bei Anspruchspfändung ist eine *Vorpfändung* nach § 845 ZPO möglich (siehe § 846 ZPO). Diese Vorpfändung hat nicht nur wegen ihres Leistungsverbotes an den Drittschuldner, sondern vor allem auch im Hinblick auf die Rangfolge mehrerer Pfandrechte (§ 804 Abs. 3 ZPO) Bedeutung.

2020 4. Der dem *Schuldner* und einem *Dritten gemeinsam* (nach Bruchteilen) zustehende Anspruch auf Herausgabe oder Leistung einer unteilbaren Sache kann nur hinsichtlich des Anteils des Schuldners und seines Anspruchs auf Einräumung des Mitbesitzes gepfändet werden. Diese Pfändung des Miteigentumsanteils des Schuldners[13] (Zwangsvollstreckung in den Miteigentumsanteil des Schuldners am Anspruch) hat wie die Anspruchspfändung zu erfolgen, somit gem. § 846 ZPO nach §§ 829–845 ZPO. Die Herausgabeanordnung muss hier dahin ergehen, dass die Sache an den Gerichtsvollzieher und den Dritten gemeinsam herauszugeben ist[14]. Der mehreren zur gesamten Hand zustehende Anspruch kann nur auf Grund eines zur Vollstreckung in das Gesamthandsvermögen berechtigenden Schuldtitels gepfändet werden (siehe Rdn. 64).

2021 5. Der gepfändete Anspruch kann zur *Einziehung*, nicht aber an Zahlungs statt, *überwiesen* werden, weil er keinen Nennwert hat (§ 849 ZPO). Die Überweisung[15] begründet Schutz des leistenden Drittschuldners nach § 836 Abs. 2 ZPO sowie Auskunfts- und Herausgabepflicht des Schuldners nach § 836 Abs. 3 ZPO.

2022 6. Schadensersatzpflichtig wegen Eigentumsverletzung kann der Gläubiger werden, wenn er nicht nach Prüfung eines Widerspruchs des wah-

---

10 Allgemein herrschende Meinung; s. z. B. *Stein/Jonas/Brehm*, ZPO, Rdn. 4; *Zöller/Stöber*, ZPO, Rdn. 2, je zu § 847.
11 *RG* JW 1914, 416 = WarnRspr. 1914 Nr. 347; *OLG Köln* JW 1921, 535; *Zöller/Stöber*, ZPO, Rdn. 2 zu § 847.
12 *OLG München* OLG 19, 11; *Stein/Jonas/Brehm*, ZPO, Rdn. 4 zu § 847.
13 *BGH* FamRZ 1993, 668 = NJW 1993, 935 (937).
14 *RG* 13, 176, *Stein/Jonas/Brehm*, ZPO, Rdn. 6 zu § 847.
15 Siehe demgegenüber *Hoche* NJW 1955, 165: Der Überweisung kommt im Hinblick auf das Rdn. 2026 Ausgeführte keine besondere Bedeutung zu.

ren Eigentümers der Sache rechtzeitig auf seine Rechte aus der Pfändung des angeblichen Herausgabeanspruchs seines Schuldners gegen den Drittschuldner verzichtet[16].

IV. Die Pfändungswirkungen

1. Der *Drittschuldner* erfüllt mit der Herausgabe der körperlichen Sache an den Gerichtsvollzieher seine Schuld; er wird damit von seiner Verpflichtung zur Leistung *frei* (§ 362 Abs. 1 BGB). Der *Schuldner* wird mit der Herausgabe *Eigentümer* der Sache, wenn der Drittschuldner diese an den Gerichtsvollzieher in Erfüllung des Anspruchs auf Verschaffung des Eigentums herausgibt. Da der Drittschuldner nur an den Gerichtsvollzieher leisten kann (§ 847 Abs. 1 ZPO), ist Herausgabe an den Gläubiger selbst oder an Gläubiger und Schuldner gemeinsam oder Hinterlegung für beide ausgeschlossen.

2. Ob der *Drittschuldner* zur Leistung *verpflichtet* ist, bestimmt sich nach materiellem Recht. Zur Leistung ist er insbesondere nicht verpflichtet, solange ihm das Recht zum Besitz der Sache zusteht oder solange seine Verpflichtung, den Kaufvertrag zu erfüllen, nicht zu leisten ist. Im letzteren Fall kann aber der Gläubiger der Einrede des nicht erfüllten Vertrages (§ 320 BGB) durch Zahlung des geschuldeten Restkaufpreises oder Leistung der sonst offenen Gegenforderung begegnen. Der Drittschuldner kann diese Erfüllung nicht ablehnen (siehe § 267 Abs. 2 BGB und Rdn. 1492). Wegen der Frage, ob der für die Gegenleistung aufgewendete Betrag zu den Kosten der Zwangsvollstreckung zählt, siehe Rdn. 1500.

3. Dem Dritten, der nicht freiwillig herausgibt, kann der Gerichtsvollzieher die Sache nicht wegnehmen; der Pfändungsbeschluss ermächtigt ihn nicht, die Herausgabe der Sache gegen den Willen des Drittschuldners zu erzwingen. Der *Herausgabeanspruch* an den Gerichtsvollzieher muss vielmehr gegen den Drittschuldner im Klageweg geltend gemacht werden (Streitverkündung nach § 841 ZPO). Vollstreckt wird das Herausgabeurteil nach den Vorschriften über die Zwangsvollstreckung zur Erwirkung der Herausgabe von Sachen (§§ 883 f. ZPO).

Herausgabeklage kann sowohl der Gläubiger als auch der Schuldner – nicht aber der Gerichtsvollzieher – erheben. Die Klagebefugnis des Gläubigers entsteht mit der Anordnung, dass die Sache an einen Gerichtsvollzieher herauszugeben sei[17]. Der Überweisung zur Einziehung bedarf es für diese Klagebefugnis nicht[18]. Vom Gläubiger kann der Anspruch deshalb

---

16 *BGH* 67, 378 = JurBüro 1977, 941 = MDR 1977, 394 = NJW 1977, 384.
17 *Hoche* NJW 1955, 164; *OLG Köln* JW 1921, 535 mit zust. Anm. *Schultz*.
18 *Hoche* NJW 1955, 153; *Stein/Jonas/Brehm*, ZPO, Rdn. 9; *Zöller/Stöber*, ZPO, Rdn. 4; *Schuschke/Walker*, Vollstreckung, Rdn. 3, je zu § 847; *OLG München* BayJMBl 1953, 10 mit weit. Nachw.; **a.A.** früher *RG* 25, 182 (187); *OLG Dresden* OLG 33, 112; *KG* JFG 3, 297; außerdem *Baur/Stürner/Bruns*, Zwangsvollstreckungsrecht, Rdn. 31.9 mit Nachw.

auch schon vor Überweisung, also auch bei Arrestpfändung[19] und Sicherungsvollstreckung (§ 720 a ZPO), geltend gemacht werden. Denn die Erfüllung des Anspruchs, nämlich die Herausgabe an den Gerichtsvollzieher, führt noch nicht zur Befriedigung des Gläubigers, sondern nur zur Umwandlung des Pfandrechts am Anspruch in ein solches an der Sache selbst[20]. Der Schuldner kann wegen seines eigenen Interesses und Rechts den Anspruch auf Herausgabe an den Gerichtsvollzieher auch nach Überweisung selbst geltend machen[21].

2027   4. Mit der freiwilligen oder nach einer Verurteilung des Drittschuldners erzwungenen Herausgabe an den Gerichtsvollzieher verwandelt sich das Pfandrecht am Anspruch auf Herausgabe oder Leistung in ein Pfändungs- (oder Arrest-)*Pfandrecht an der Sache*. Einer neuen Pfändung der Sache selbst bedarf es nicht[22]. Kein Pfandrechtserwerb an der Sache durch einen Gläubiger, der den Anspruch gepfändet hat, findet jedoch statt, wenn der Drittschuldner die Sache hinterlegt[23].

2028   5. Die *Verwertung* der dem Gerichtsvollzieher herausgegebenen beweglichen Sache erfolgt nach den Vorschriften über die Verwertung gepfändeter körperlicher Sachen (§ 847 Abs. 2 ZPO), in der Regel also durch öffentliche Versteigerung, die der Gerichtsvollzieher bewirkt (§§ 814 ff. ZPO), oder ausnahmsweise nach § 825 ZPO. Diese Pfandverwertung darf nur erfolgen, wenn der gepfändete Anspruch vor Herausgabe dem Gläubiger zur Einziehung überwiesen wurde oder die Vollstreckungsforderung des Gläubigers zur Einziehung fällig ist. Auch ohne vorherige Überweisung können Pfandverwertung und Auszahlung des Erlöses erfolgen, sobald die Gläubigerforderung nach Herausgabe einziehbar ist. Eine Überweisung erfolgt nach Herausgabe nicht mehr[24]. Da sich das Anspruchspfandrecht in ein Sachpfandrecht umgewandelt hat, entscheidet nur noch der Gerichtsvollzieher, ob Pfandverwertung und Gläubigerbefriedigung zulässig sind. Dies verbietet sich selbst bei Überweisung zur Einziehung durch das Vollstreckungsgericht, wenn die Zwangsvollstreckung zwischenzeitlich eingestellt worden ist (§§ 775, 776 ZPO). Verwertung kann außerdem nicht erfolgen bei Arrestvollziehung, solange nur ein Arrestpfandrecht besteht, das sich noch nicht in ein Vollstreckungspfandrecht umgewandelt hat (siehe hierwegen Rdn. 817, 820), und bei Sicherungsvollstreckung (§ 720 a ZPO; s. Rdn. 581 a). Versteigerung der herausgegebenen Sache (und Hinterlegung des Erlöses) ist bei Arrestvollziehung nur im Rahmen des § 930 Abs. 3 ZPO nach besonderer Anordnung des Vollstreckungsgerichts möglich; das gilt auch für Sicherungsvollstreckung (§ 720 a Abs. 2 ZPO).

---

19 *Stein/Jonas/Brehm*, ZPO, Rdn. 10 zu § 847.
20 So vor allem *Hoche* NJW 1955, 164.
21 So auch *Hoche* NJW 1955, 165.
22 *RG* 13, 344; 25, 182 (187); *RG* JW 1893, 235; *KG* OLG 37, 202; siehe auch *BGH* 67, 378 (383) = a.a.O. (Fußn. 16) und *BGH* 72, 334 = JurBüro 1979, 364 = JR 1979, 283 mit Anm. *Olzen* = MDR 1979, 309 = NJW 1979, 373.
23 *BGH* 72, 334 = a.a.O. (Fußn. 22).
24 **A.A.** *Stein/Jonas/Brehm*, ZPO, Rdn. 15 zu § 847.

6. a) Bei *mehrfacher* Anspruchspfändung bestimmt sich die *Rangfolge* der Pfandrechte an der Sache (§ 804 Abs. 3 ZPO) nach der zeitlichen Reihenfolge des Wirksamwerdens der Beschlüsse über die Anspruchspfändung[25]. Herauszugeben ist die Sache an den Gerichtsvollzieher, der für die Herausgabe nach dem zuerst wirksam gewordenen Pfändungsbeschluss zuständig ist. Siehe hierzu und wegen des weiteren Verfahrens bei mehrfacher Pfändung § 854 ZPO.

2029

b) *Nach Herausgabe* der Sache findet eine *Anschlusspfändung* nur noch nach § 826 ZPO statt. Einem Beschluss, der nach Herausgabe noch den Anspruch pfändet, kommt keine Bedeutung mehr zu. Liegt dem Gerichtsvollzieher der Auftrag eines anderen Gläubigers zur Pfändung der an ihn herauszugebenden Sache vor, so hat er diese bei der Übernahme gleichzeitig (gemeint ist „sogleich" bei Übernahme) zu pfänden (§ 176 Nr. 7 GVGA). Diese Pfändung folgt der Herausgabe nach, hat also Nachrang[26].

2030

c) Wenn nach Pfändung des Herausgabeanspruchs, aber vor seiner Erfüllung durch Herausgabe der Sache an den Gerichtsvollzieher dieser infolge Herausgabebereitschaft des Drittschuldners (§ 809 ZPO) die Sache selbst *für einen weiteren Gläubiger pfändet* (§ 808 ZPO), hat der Gläubiger Vorrang, dessen Pfandrecht nach § 808 ZPO durch unmittelbare Zwangsvollstreckung in die körperliche Sache entstanden ist[27]. Das weitere Verfahren richtet sich in diesem Fall nach § 827 ZPO; zuständig ist das Vollstreckungsgericht, in dessen Bezirk die Herausgabe erfolgt ist[28]. Mit seinem Einverständnis zur Sachpfändung verstößt der Drittschuldner aber gegen das gegen ihn ergangene Verfügungsverbot; er ist daher dem Gläubiger, der den Anspruch schon wirksam gepfändet hatte, schadensersatzpflichtig.

2031

d) Eine Sachpfändung durch einen Dritten nach Herausgabe des Gegenstandes an den Gerichtsvollzieher hat Rang nach dem Gläubiger der Anspruchspfändung.

7. Ändert sich der Anspruch auf Herausgabe oder Leistung der Sache nach Wirksamwerden der Pfändung, geht er insbesondere in eine Geldforderung auf Schadensersatz oder aus ungerechtfertigter Bereicherung über, so erstreckt sich die Pfändung auf den Ersatzanspruch[29].

2032

B. Herausgabe eines Schiffs (§ 847 a ZPO) oder Luftfahrzeugs
(§ 99 Luftfahrzeugrechtegesetz)

Die Pfändung des Anspruchs, der ein *eingetragenes Schiff* oder ein eingetragenes bzw. eintragbares Schiffsbauwerk betrifft, erfolgt nach § 847 a ZPO in gleicher Weise wie die Pfändung des Anspruchs auf eine unbewegliche Sache. Siehe daher Rdn. 2034 ff. Es ist in § 847 a ZPO lediglich der Seques-

2033

---

25 *RG* 13, 344; *OLG Celle* OLG 10, 380; *KG* OLG 11, 113.
26 *Stein/Jonas/Brehm*, ZPO, Rdn. 13 zu § 847.
27 *RG* 13, 344; *Stein/Jonas/Brehm*, ZPO, Rdn. 13; *Zöller/Stöber*, ZPO, Rdn. 6, je zu § 847.
28 *Stein/Jonas/Brehm*, ZPO, Rdn. 17 zu § 847.
29 *RG-WarnRspr.* 1914, 347.

ter als „Treuhänder" bezeichnet und festgestellt, dass der Gläubiger eine „Schiffshypothek" (siehe § 8 SchiRG und Rdn. 1998) erwirbt. Ein sachlicher Unterschied gegenüber § 848 ZPO kommt damit nicht zum Ausdruck.

Ansprüche auf *nicht eingetragene Wasserfahrzeuge* und nicht eintragbare Schiffsbauwerke sind nach § 847 ZPO (Rdn. 2011 ff.) zu pfänden.

Die Pfändung des Anspruchs, der ein in der Luftfahrzeugrolle eingetragenes *Luftfahrzeug* betrifft, erfolgt gleichfalls nach Maßgabe des § 847 a ZPO (gilt sinngemäß nach § 99 Abs. 1 des Gesetzes über Rechte an Luftfahrzeugen, abgedr. Rdn. 2008).

C. Anspruch auf eine unbewegliche Sache
(§§ 846, 848, 849, 855 ZPO)

2034 *Gepfändet wird der angebliche Anspruch des Schuldners an ... – Drittschuldner – auf*

- *Herausgabe des Besitzes*
- *Leistung, nämlich Übertragung des Eigentums (einschl. Erklärung der Auflassung, § 925 BGB)*

an dem vom Schuldner gekauften Grundstück ...straße Hs.-Nr. ... in ..., eingetragen im Grundbuch des Amtsgerichts ... für Gemarkung ... Blatt ... (Fl. St. Nr. ...).

Es wird angeordnet, dass das Grundstück an einen auf Antrag des Gläubigers vom Amtsgericht ... (= Amtsgericht der belegenen Sache) zu bestellenden Sequester herauszugeben und an ihn als Vertreter des Schuldners aufzulassen[1] ist.

(Oder: ... an einen Sequester herauszugeben und an ihn als Vertreter des Schuldners aufzulassen ist. Als Sequester wird hiermit Herr ... bestellt).

I. Der Anspruch

Schrifttum: *Amann,* Schutz des Zweitkäufers vor Zwangsvollstreckungsmaßnahmen gegen den Erstkäufer, DNotZ 1997, 113; *Hansmeyer,* Zwangsvollstreckungsmaßnahmen gegen Verkäufer oder Käufer während der Abwicklung eines notariellen Kaufvertrages, MittRhNotK 1989, 149 (Abschn. B, S. 150); *Hieber,* Die „dingliche Anwartschaft" bei der Grundstücksübereignung, DNotZ 1959, 350; *Hintzen,* Pfändung des Eigentumsverschaffungsanspruchs und des Anwartschaftsrechtes aus der Auflassung, Rpfleger 1989, 439; *Hoche,* Verpfändung und Pfändung des Anspruchs des Grundstückskäufers, NJW 1955, 161; *Hoche,* Die Pfändung des Anwartschaftsrechts aus der Auflassung, NJW 1955, 931; *Hornung,* Das Grundbuchrecht aus der Sicht der gemeindlichen Vollstreckungsbehörde (Abschn. VI B: Der Schuldner als Käufer eines Grundstücks), KKZ 1973, 205; *Jung,* Veränderungen der Vormerkung nach Pfändung des Eigentumsverschaffungsanspruchs, Rpfleger 1997, 96; *Löwisch,* Das Anwartschaftsrecht des Auflassungsempfängers und die Sicherung des Eigentümers bei rechtsgrundloser Auflassung, JZ 1972, 302; *Mümmler,* Zur Pfändung des Rückauflas-

---

1 Siehe hierwegen *Hoche* NJW 1955, 163.

sungsanspruchs, JurBüro 1978, 1762; *Mümmler*, Pfändung des Eigentumsverschaffungsanspruchs an einem Grundstück, JurBüro 1994, 265; *Münzberg*, Abschied von der Pfändung der Auflassungsanwartschaft? Festschrift für Schiedermair, 1976, Seite 439; *Roncke*, Zur Pfändung und Verpfändung des mit der Auflassung entstehenden sogenannten dinglichen Anwartschaftsrechts, Festschrift Nottarp (1961) S. 91; *Stöber*, Verpfändung des Eigentumsübertragungsanspruchs und Grundbucheintragung, DNotZ 1985, 587.

Wegen des Anspruchs auf Herausgabe (des Besitzes) und Leistung (Übertragung des Eigentums) siehe Rdn. 2012–2014. Der Anspruch betrifft eine *unbewegliche Sache*, wenn er ein Grundstück, den in dem Anteil eines Miteigentümers bestehenden Bruchteil eines Grundstücks (auch als Wohnungs-/Teileigentum), Gebäudeeigentum, Grundstückszubehör (§§ 1120 ff. BGB) oder eine grundstücksgleiche Berechtigung (zum Beispiel ein Erbbaurecht) zum Gegenstand hat (siehe §§ 864, 865 ZPO). Er ist auch bei vereinbartem Abtretungsausschluss (§ 399 BGB) pfändbar (§ 851 Abs. 2 ZPO), nicht aber verpfändbar[2] (§ 1274 Abs. 2 BGB). 2035

II. Der Pfändungsbeschluss

1. Mit der Pfändung des Anspruchs wird in ein Vermögensrecht des Schuldners, nicht aber unmittelbar in das Grundstück vollstreckt. § 866 Abs. 3 ZPO findet daher keine Anwendung; die Pfändung kann vielmehr auch erfolgen, wenn die Vollstreckungsforderung des Gläubigers 750 Euro und weniger beträgt. 2036

2. a) Zum *Inhalt* des Pfändungsbeschlusses siehe zunächst Rdn. 2016–2018. Bezeichnung des zu pfändenden Anspruchs erfordert (in Anlehnung an §§ 846, 848 ZPO) Benennung als Anspruch auf Herausgabe (seltener) oder Leistung (= Übertragung des Eigentums). Nicht richtig sind die Formulierungen „Ansprüche aus der Auflassungsvormerkung"[3] sowie „Anspruch auf Auflassung"[4]. Ob auch sie im Wege der Auslegung auf den Eigentumsübertraganspruch zu beziehen sind, ist nicht geklärt. Verwechslung mit dem Anwartschaftsrecht aus Auflassung (Rdn. 2055) hat die Bezeichnung auf jeden Fall auszuschließen. Als (gewillkürter) Zustellungsvertreter des Veräußerers (Drittschuldner) kann bei Pfändung des Anspruchs auf Übertragung des Eigentums (Rdn. 2043) ein Notariatsmitarbeiter nicht schon deshalb angesehen werden, weil ihm Abwicklungsvoll- 2037

---

2   Zur Verpfändung des Anspruchs auf Eigentumsverschaffung sowie des Anwartschaftsrechts des Auflassungsempfängers eingehend *Schöner/Stöber*, Grundbuchrecht, Rdn. 1555 ff.
3   Grundbucheintragung mit diesem Wortlaut hat *BayObLG* DNotZ 1997, 337 (338) = MittBayNot 1997, 102 als Pfändung des Anspruchs auf Übertragung des Eigentums ausgelegt. Darauf sollte man indes nicht vertrauen.
4   Nach *OLG Celle* OLGR 1997, 88 soll die Pfändung des Anspruchs „auf Auflassung" eines Grundstücks als Anspruch auf „Erklärung der Auflassung" zu verstehen und nicht gleichzusetzen sein mit der Pfändung des Anspruchs auf Eigentumsverschaffung.

macht erteilt ist⁵ (Vollmacht zur Abgabe sämtlicher Erklärungen zur Ergänzung, Abänderung und Durchführung des Vertrags usw.). Zustellung des Pfändungsbeschlusses an den Notariatsangestellten mit Abwicklungsvollmacht für den Drittschuldner bewirkt Pfändung nach § 829 Abs. 3 ZPO damit nicht.

b) Der Anspruch ist durch Benennung der unbeweglichen Sache (des Grundstücks) *zu konkretisieren.* Wenn Grundbucheintragung notwendig wird, erfordert das Bezeichnung übereinstimmend mit dem Grundbuch (siehe § 28 S. 1 GBO).

2037a c) Der *BGH*⁶ nimmt weitergehend an, dass auch bei Pfändung des *Anspruchs* auf Übertragung des Eigentums an einem Grundstück der Rechtsgrund der *angeblichen Forderung* im Pfändungsbeschluss wenigstens in allgemeinen Umrissen anzugeben ist. Bei der Pfändung (nur) eines Herausgabeanspruchs soll das ebenso gelten. Benennung nur der „herauszugebenden" Sache wird als nicht genügend angesehen. Der Pfändungsbeschluss, der nicht angibt, aus welchem Rechtsverhältnis sich die gepfändete „Forderung" ergeben soll, wird als unwirksam angesehen. Das überzeugt nicht⁷. Bezeichnung der Forderung als Gegenstand der Zwangsvollstreckung ist bei Pfändung einer *Geld*schuld (§ 829 Abs. 1 S. 1 ZPO) geboten, damit die Pfandforderung von anderen Geldforderungen unterschieden werden kann, Feststellung der Identität somit gesichert ist⁸. Diese Identifizierung ermöglicht bei Pfändung einer Geldforderung die Bezeichnung der Geldleistung (auch wenn sie mit den gesetzlichen Zahlungsmitteln und einem bestimmten Betrag benannt ist) allein nicht. Identifizierung erfordert daher wenigstens in allgemeinen Umrissen (genügend daher vielfach auch Anführung des konkreten Lebenssachverhalts) Bezeichnung des Rechtsverhältnisses, aus dem die Forderung hergeleitet wird. Davon zu unterscheiden ist die Pfändung eines *Anspruchs* nach §§ 846–848 ZPO auf Herausgabe oder Leistung einer Sache. In diesem Fall ist der *Anspruch* (§§ 846, 847 Abs. 1, § 847 a Abs. 1, § 848 Abs. 1 ZPO) im Pfändungsbeschluss zu bezeichnen. Er ist Recht, von dem Drittschuldner die Herausgabe (Übergabe) oder Leistung (Übertragung des Eigentums) zu verlangen (§ 194 Abs. 1 BGB). Bezeichnung des herauszugebenden oder zu leistenden Gegenstands (§ 846 ZPO) bietet daher hinreichende Individualisierung und damit dem Rechtsverkehr genügende Bezeichnung des Anspruchs, die Zweifel ausschließt und ihn auch Dritten bestimmt und unterscheidungsfähig erkennbar macht. Der Sachleistungsanspruch ist sonach mit der Bezeichnung der herbeizuführenden dinglichen Rechtsänderung an der Sache (ungeachtet der schuldrechtlichen Grundlage) bestimmt und unter-

---

5 So auch Gutachten DNotI 1995, 170. Es müsste (eindeutig) Vollmacht auch zur Entgegennahme von Zustellungen erteilt sein; siehe *Zöller/Stöber*, ZPO, Rdn. 3 zu § 171.
6 *BGH* 172, 16 = FamRZ 2007, 1008 Leits. = JurBüro 2007, 383 = MDR 2007, 908 = NJW 2007, 3132 = Rpfleger 2007, 405.
7 Zu Folgendem bereits *Zöller/Stöber*, ZPO, Rdn. 2 zu § 848.
8 *BGH* 172, 16 = a.a.O.; *Zöller/Stöber*, ZPO, Rdn. 8 zu § 829.

scheidbar individualisiert. Darüber hinausgehende Feststellung und Prüfung auch des (noch dazu rechtlich richtigen) Rechtsgrunds ist dem Gläubiger, der die Verhältnisse des Schuldners nicht genau kennen kann, meist auch gar nicht möglich. Angabe eines Rechtsgrunds (Bezeichnung einer Anspruchsgrundlage) könnte zudem bei Anspruchskonkurrenz zur Gefährdung des Gläubigers führen, wenn zweifelhaft wird, ob die Pfändung des Anspruchs auf die zu leistende oder herauszugebende Sache sich auf den (letztlich) im Drittschuldnerprozess festzustellenden Anspruch erstreckt oder doch nur auf den (wenn auch in allgemeinen Umrissen) angegebenen (anderen) Rechtsgrund beschränkt.

In allgemeinen Umrissen ist bei Pfändung des Anspruchs auf Herausgabe eines (bestimmten) Grundstücks oder Übertragung des Eigentums an einem (bezeichneten) Grundstück der „Rechtsgrund" der gepfändeten (angeblichen) „Forderung" überdies hinreichend bezeichnet. Dass er mit Angabe (oder doch nur in allgemeinen Umrissen) eines besonderen Rechtsgrundes[9] rechtlich richtig und in Einzelheiten gekennzeichnet wird, erfordert das nicht (Rdn. 496); verlangt wird so bestimmte Bezeichnung, dass der Anspruch von anderen unterschieden werden kann und die Feststellung seiner Identität gesichert ist (Rdn. 496). Die Bezeichnung des Anspruchs mit Herausgabe eines bestimmt genannten Grundstücks bringt zum Ausdruck, dass der Drittschuldner als Besitzer dem Vollstreckungsschuldner als Gläubiger die Herausgabe des Grundstücks (angeblich) schuldet, die Pfändung des Anspruchs auf Übertragung des Eigentums an einem konkret bezeichneten Grundstück stellt dar, dass der Vollstreckungsschuldner als Gläubiger gegen den Drittschuldner (schuldrechtlich) Anspruch auf Übertragung des Eigentums hat, der durch Auflassung (§ 925 BGB) und Eintragung der Rechtsänderung in das Grundbuch zu erfüllen ist (§ 873 Abs. 1 BGB). Weitergehende Anforderungen können an die Identifizierung des gepfändeten Anspruchs bei lebensnaher Betrachtungsweise[10] jedenfalls nicht gestellt werden. Eine nichtssagende Anführung schuldrechtlicher Anspruchsgrundlagen (Kaufvertrag, Vergleich, Bestätigungsvertrag, Schenkungsversprechen, vereinbarte vertragliche Rückforderung, Erbauseinandersetzung, Vermächtnis usw.) bezeichnet bei verständiger Auslegung Entstehungsgrund und Inhalt, somit den Rechtsgrund, des (angeblichen) Anspruchs jedenfalls nicht zutreffender. Das hat überdies auch der *BGH*[11] für den Fall so gesehen, dass der Rückgewähranspruch bezüglich einer (bezeichneten) Grundschuld gepfändet war, ohne dass auch noch „wenigstens in allgemeinen Umrissen angegeben war", aus welchem Rechtsverhältnis sich die gepfändete Forderung ergeben soll.

Der (nicht überzeugende) Standpunkt des *BGH* kann zunächst dem vollstreckenden Gläubiger (vorsorglich) Anlass geben, soweit möglich, auch den konkreten Rechtsgrund des Anspruchs (wenigstens in allgemei-

---

9 Siehe für Pfändung von Arbeitseinkommen Rdn. 485 b und 925.
10 Dies nach *BGH* NJW-RR 1991, 1197 (1198).
11 *BGH* NJW-RR 1991, 1197.

nen Umrissen, was immer das auch sein mag) anzugeben. Feststellung kann durch Grundbucheinsicht möglich sein, wenn der Auflassungsanspruch durch Vormerkung (§ 883 BGB) gesichert ist. Dann sollte jedoch nicht unbedacht bleiben, dass der Anspruch (nach Ansicht des *BGH*[12]) erloschen und die Vormerkung ohne Grundbuchberichtigung und inhaltsgleiche Neueintragung wieder zur Sicherung eines neuen deckungsgleichen Anspruchs verwendet worden sein kann. Die Pfändung sollte daher (vorsorglich) auch auf einen neuen durch die Vormerkung wieder gesicherten (deckungsgleichen) Anspruch erstreckt werden.

2037b   d) *Anzuordnen* ist im Pfändungsbeschluss, dass die Sache an einen auf Antrag des Gläubigers vom Amtsgericht der belegenen Sache zu bestellenden *Sequester* herauszugeben ist (§ 848 Abs. 1 ZPO). Diese Anordnung muss vom Gläubiger nicht eigens beantragt werden (Rdn. 2017); sie ist auch dann auszusprechen, wenn Überweisung des Anspruchs nicht erfolgen kann (Rdn. 2017). Diese Anordnung kann auch nachgeholt werden (Rdn. 2018).

Die Einschaltung des Sequesters sichert die Umwandlung des Pfändungspfandrechts am Auflassungsanspruch in eine Hypothek an dem aufgelassenen Grundstück (siehe Rdn. 2046); sie verbietet eine anderweitige Pfandverwertung, insbesondere die Veräußerung nach § 857 Abs. 5, § 844 ZPO[13]. Die für die Wirksamkeit der Anspruchspfändung nicht wesentliche (siehe Rdn. 2018) Herausgabeanordnung muss auch ergehen, wenn nur der „Auflassungs"anspruch, also nur der Anspruch auf Übertragung des Eigentums gepfändet wird[14]. Der *Sequester* kann schon im Pfändungsbeschluss bestimmt werden, wenn das Vollstreckungsgericht zugleich auch Gericht der belegenen Sache ist. In anderen Fällen muss der Gläubiger die Ernennung des Sequesters beim zuständigen Gericht unter Vorlage des Pfändungsbeschlusses, dessen Zustellung hierfür nicht erforderlich ist, selbst beantragen; das Vollstreckungsgericht ersucht um diese Ernennung nicht. Der Sequester kann auch auf Antrag eines nachpfändenden Gläubigers bestellt werden[15]. Wenn der gepfändete Anspruch verschiedene Grundstücke betrifft, die nicht im gleichen Gerichtsbezirk liegen, kann nach § 36 Nr. 4 ZPO verfahren oder von jedem Amtsgericht ein eigener Sequester bestellt werden.

2038   e) Über den Antrag auf *Bestellung des Sequesters* entscheidet der *Rechtspfleger* (§ 20 Nr. 17 RPflG). Er wählt den Sequester aus, ohne an Vorschläge des Gläubigers gebunden zu sein. Auszuwählen ist eine geeignete und zur Übernahme des Amtes bereite Person. Bestellt werden kann auch eine juristische Person, insbesondere eine Treuhandgesellschaft. Zur Übernahme des Amtes ist der Ausgewählte nicht verpflichtet; lehnt er ab, so ist ein anderer Sequester zu bestimmen. Den Beschluss über die Bestellung des

---

12   *BGH* 143, 175 = DNotZ 2000, 639 = NJW 2000, 805 = Rpfleger 2000, 153.
13   *Hoche* NJW 1955, 932.
14   *OLG Dresden* OLG 33, 112.
15   *OLG Braunschweig* HRR 1935 Nr. 1711.

Sequesters hat der Gläubiger – wie den Pfändungsbeschluss – dem Drittschuldner und Schuldner zustellen zu lassen (§ 829 Abs. 2 ZPO). Der Sequester kann von der Pfändung und seiner Bestellung formlos verständigt werden. Er steht unter Aufsicht des Vollstreckungsgerichts, das über sein Verhalten auf Erinnerung des Beteiligten (§ 766 ZPO) entscheidet und ihn erforderlichenfalls entlassen kann[16].

f) Für seine Tätigkeit erhält der Sequester auf Antrag eine *Vergütung*. Diese kann einvernehmlich geregelt werden. Sonst ist sie von dem Gericht der belegenen Sache, das den Sequester bestellt hat (nicht von dem Vollstreckungsgericht) zu bestimmen und durch Beschluss festzusetzen[17] (entsprechende Anwendung von § 153 Abs. 1 ZVG). Zu bestimmen ist sie in entsprechender Anwendung von § 152 a S. 2 ZVG (regelmäßig) in Anlehnung an die Vergütung des Zwangsverwalters nach Art, Umfang[18] und Leistung (damit auch Zeitaufwand) des Sequesters[18]. Die Festsetzung erfolgt[19] nach Anhörung der Beteiligten. Der Beschluss ist mit sofortiger Beschwerde (§ 793 ZPO) anfechtbar. Zuständig ist der *Rechtspfleger* (nicht der Urkundsbeamte der Geschäftsstelle). Das folgt aus § 20 Nr. 17 RPflG, weil die Vergütungsfestsetzung dem Richter nicht vorbehalten ist[20].

2039

g) Für die Vergütung des Sequesters haftet der Gläubiger. Gegen ihn kann aber der Sequester aus dem Festsetzungsbeschluss nicht vollstrecken. Er muss daher gegen den Gläubiger, der nicht zahlt, Klage erheben; im Rechtsstreit ist das Prozessgericht wegen der Höhe der Vergütung an den Festsetzungsbeschluss gebunden. Die Staatskasse haftet für die festgesetzte Vergütung nicht. Auch gegen den Schuldner kann der Sequester seinen Anspruch nicht geltend machen. Der Gläubiger kann aber die bezahlte Vergütung vom Schuldner nach § 788 ZPO erstattet verlangen. Für die Beitreibung (oder Kostenfestsetzung) nach § 788 Abs. 1 ZPO ist ein Vergütungsfestsetzungsbeschluss wegen der Höhe der Vergütung bindend; Notwendigkeit nach Maßgabe von § 788 Abs. 1 (mit § 91) ZPO wird jedoch im Erstattungsverfahren nach § 788 Abs. 1 ZPO auch wegen des Vergütungsbetrags geprüft, wenn der Gläubiger die vom Sequester berechnete Vergütung ohne Festsetzung bezahlt hat.

2040

---

16 *Falkmann/Hubernagel*, Die Zwangsvollstreckung, Anm. 1b zu § 848 ZPO; *Noack* JR 1963, 296.
17 *BGH* MDR 2005, 1251 Leits. = NJW-RR 2005, 1283 = Rpfleger 2005, 549; *OLG Celle* Rpfleger 1969, 216; *OLG Frankfurt* NJW-RR 1987, 63; *OLG Köln* MDR 1986, 768; *OLG München* Rpfleger 1985, 409.
18 *BGH* NJW 2005, 1283 = a.a.O.; *OLG Breslau* OLG 19, 155; *OLG Hamburg* OLG 33, 136 und 43, 167; *LG Altona* JW 1935, 2305; *LG München I* Rpfleger 1951, 320 und 1969, 212; *Zöller/Stöber*, ZPO, Rdn. 3 zu § 848.
19 Die Festsetzung ist unstatthaft, wenn der Antragsteller die vom Sequester berechnete Vergütung schon bezahlt hat; der Anspruch ist dann bereits durch Erfüllung erloschen; *OLG Frankfurt* JurBüro 1970, 103.
20 Die Entscheidung des *LG München I* Rpfleger 1951, 320 erging vor Inkrafttreten des RPflG; sie hat nach Änderung der einschlägigen Vorschriften insoweit keine Bedeutung mehr.

7. Kapitel: Pfändung von Sachansprüchen

2040a   h) Auf Antrag des Schuldners oder Drittschuldners (Besonderheit § 855 ZPO) erfolgt Bestellung des Sequesters nicht. Die Einschaltung des Sequesters dient mit Sicherung der Umwandlung des Pfändungspfandrechts am Anspruch in eine Hypothek an dem Grundstück (Rdn. 2045) dem Fortgang der Zwangsvollstreckung. Diese erfolgt auf Gläubigerantrag[21]; sie kann vom Schuldner oder Drittschuldner nicht betrieben werden, diese können damit auch Antrag auf Fortführung der Zwangsvollstreckung mit Bestellung des Sequesters nicht stellen. Wenn ein Sequester nicht bestellt ist[22], kann der Drittschuldner den gepfändeten Anspruch mit Auflassung allein an den Schuldner jedoch nicht erfüllen (Rdn. 2043 a); der Schuldner kann ebenso Leistung mit Auflassung unter Ausschluss des Gläubigers nicht mehr verlangen (s. Rdn. 555, 559). Leisten kann der Drittschuldner nur mehr an Schuldner und Gläubiger gemeinschaftlich (§ 1281 BGB, entspr. Anwendung), verlangen kann der Schuldner Leistung nur an beide (§ 1281 S. 2 BGB). Mitwirkung von Schuldner und Gläubiger bei Einziehung sichert die Berechtigung des Gläubigers mit Umwandlung des Pfandrechts am Anspruch in die Sicherungshypothek am Grundstück. Geltend zu machen ist der nicht vom Gläubiger im Wege der Zwangsvollstreckung verfolgte und daher nicht an einem Sequester zu erfüllende Anspruch des Drittschuldners auf Abnahme (z. B. § 433 Abs. 2 BGB) mit Entgegennahme der Auflassung durch Schuldner und Gläubiger gemeinsam und ebenso der Anspruch des Schuldners auf Eigentumsübertragung mit Auflassung im Klageweg; Vollstreckung; § 894 ZPO. Klage gegen den Gläubiger, Antrag auf Stellung eines Sequesters zu stellen, würde Anspruch erfordern, die Zwangsvollstreckung zu betreiben oder fortzuführen; für Schuldner und Drittschuldner besteht ein solcher Anspruch nicht. § 855 ZPO begründet ein Antragsrecht auf Bestellung des Sequesters für den Drittschuldner nur für den Fall der mehrfachen Pfändung des Anspruchs. In diesem besonderen Fall soll der Drittschuldner nicht das Risiko tragen müssen, für Erfüllung des Anspruchs zur Befreiung von der Verbindlichkeit den bestrangig berechtigten Gläubiger festzustellen.

III. Die Wirkungen der Pfändung

1. Herausgabe des Besitzes

2041   a) Wenn der Sequester den *Besitz* an der dem Schuldner schon gehörenden unbeweglichen *Sache* erlangt hat, findet *in sie die Zwangsvollstreckung* nach den für die Zwangsvollstreckung in unbewegliche Sachen geltenden Vorschriften (§§ 866 ff. ZPO) statt (§ 848 Abs. 3 ZPO). Für eine solche Zwangsvollstreckung ist Schuldnerbesitz und damit die Herausgabe der Sache an den Schuldner kaum einmal notwendig. Eintragung der Sicherungshypothek und Anordnung der Zwangsversteigerung (§ 866 Abs. 1 ZPO)

---

21 *Zöller/Stöber*, ZPO Rdn. 19 vor § 704.
22 Schadenersatzpflicht des Gläubigers bei Verzögerung des Antrags: § 842 ZPO.

erfolgen unabhängig vom Schuldnerbesitz, wenn der Schuldner eingetragener Grundstückseigentümer oder dessen Erbe ist (§§ 39, 40 GBO, § 17 Abs. 1 ZVG). Der Pfändung des Herausgabeanspruchs kommt daher nur für die Zwangsverwaltung praktische Bedeutung zu. Auch die Anordnung der Zwangsverwaltung erfordert zwar keinen Schuldnerbesitz, sondern nur Eintragung des Schuldners oder des von ihm beerbten Voreigentümers im Grundbuch (§ 146 Abs. 1, § 17 Abs. 1 ZVG). Die Zwangsverwaltung kann aber scheitern, wenn ein anderer als der Schuldner[23] den Besitz des Grundstücks hat, weil in dieses Besitzverhältnis durch die Zwangsvollstreckung gegen den Schuldner nicht eingegriffen, dem Zwangsverwalter mithin das Grundstück nicht übergeben werden kann[24] (siehe § 150 Abs. 2 ZVG). Dieses Vollstreckungshindernis kann durch Anspruchspfändung und Geltendmachung des Anspruchs gegen den Dritten auf Herausgabe des Besitzes ausgeräumt werden. Pfändung und Verwirklichung des bloßen Herausgabeanspruchs erlangen sonst nur Bedeutung, wenn der Gläubiger im Wege der Mobiliarvollstreckung Früchte auf dem Halm (§ 810 ZPO) oder nach § 865 Abs. 2 ZPO pfänden will, der besitzende Dritte aber nicht zustimmt (§ 809 ZPO).

b) Für die nach Herausgabe des Besitzes an den Sequester mögliche Zwangsvollstreckung in das Grundstück (insbesondere für die Zwangsverwaltung) wahrt die Anspruchspfändung keine Anwartschaft, kein Vorrecht und kein Pfand- oder Sicherungsrecht (keinen Rang). Die *Zwangsvollstreckung in die Sache* wird vielmehr als *neue Vollstreckungsmaßnahme* betrieben. Die Herausgabe des Besitzes gibt daher dem Sequester auch kein Recht zur Verwaltung des Grundstücks (Einziehung der Mieten usw.)[25]. Der Sequester kann auch nicht Herausgabeklage gegen den Drittschuldner erheben. Das vom Gläubiger oder Schuldner erwirkte Herausgabeurteil wird auf Antrag des Klägers (nicht des Sequesters) nach § 885 ZPO vollstreckt.

2042

---

23 Nicht aber ein Mieter oder Pächter, weil der Zwangsverwalter in die Verträge eintritt, § 152 Abs. 2 ZVG.
24 Siehe dazu *BGH* 96, 61 = MDR 1986, 140 = NJW-RR 1986, 858; *Stöber*, ZVG, Rdn. 11 zu § 146; *Jaeckel/Güthe*, ZVG, Bem. 6 zu § 150.
25 So die herrschende Meinung, siehe *Stein/Jonas/Brehm*, ZPO, Rdn. 4; *Zöller/Stöber*, ZPO, Rdn. 5; *Wieczorek/Schütze/Lüke*, ZPO, Rdn. 7, je zu § 848. Die, wenn auch geringe, praktische Bedeutung der Vollstreckung in den Herausgabeanspruch erweist sich in den dargestellten Fällen der Zwangsverwaltung und Mobiliarvollstreckung. Ausgeschlossen ist Ermächtigung des Sequesters nach § 844 ZPO, das Grundstück zu vermieten und zu verpachten. Wenn der Schuldner nur Besitzer ist, kann in seine aus dem Besitz folgenden obligatorischen Ansprüche (Mietforderungen, Pachtzinsansprüche etc.) vollstreckt werden. Schuldnerbesitz darf aber nicht dazu führen, das Eigentum Dritter der Gläubigerbefriedigung zuzuführen. Selbst als Eigenbesitzer ist der Schuldner nur dem Vollstreckungszugriff der dinglichen Gläubiger ausgesetzt (§ 147 ZVG). Diese Besonderheit erklärt sich mit den besonderen Interessenlagen dieser Gläubiger, deren Befriedigung aus der ihnen verhafteten Sache ungeachtet des tatsächlichen Eigentumsverhältnisses gewährleistet sein muss. Es besteht aber kein hinreichender Grund, der es rechtfertigen könnte, fremdes Eigentum im Hinblick auf einen Schuldnerbesitz der Befriedigung der persönlichen Gläubiger des Schuldners zugänglich zu machen.

7. Kapitel: Pfändung von Sachansprüchen

2. *Anspruch auf Übertragung des Eigentums*

2043 a) Ist ein Anspruch auf *Übertragung des Eigentums* geschuldet, zum Beispiel deshalb, weil der Schuldner als Käufer (§ 433 BGB), infolge eines Tauschvertrages (§ 515 BGB) oder ungerechtfertigter Bereicherung (§ 812 BGB), als Beschenkter (§ 518 BGB) oder Vermächtnisnehmer (§§ 1939, 2147 ff. BGB) Anspruch auf Verschaffung des Eigentums am Grundstück hat, so hat die *Auflassung* (§§ 873, 925 BGB) *an den Sequester als Vertreter des Schuldners* zu erfolgen (§ 848 Abs. 2 S. 1 ZPO; erfordert gleichzeitige Anwesenheit von Drittschuldner und Sequester). Die Einigung muss dahin gehen, dass der Schuldner Eigentümer werden soll[26]. Auflassung an sich selbst kann der Gläubiger nicht verlangen.

2043a b) Ein *Pfandrecht* (§ 804 Abs. 1 ZPO) erlangt der Gläubiger mit Pfändung des *Anspruchs* auf Übertragung des Eigentums nur an diesem schuldrechtlichen Anspruch. Diesen kann der Drittschuldner daher mit Auflassung an den Schuldner nicht mehr (mit Wirkung gegenüber dem pfändenden Gläubiger) erfüllen (Rdn. 565). Es können auch Drittschuldner und Schuldner eine Änderung des Kauf- oder sonstigen Erwerbsvertrags, die die Leistungspflicht (die Übereignungspflicht) des Veräußerers zum Nachteil des Schuldners abändert (Erhöhung oder Stundung des Kaufpreises, Ersetzung der Barzahlung durch Bestellung eines Restkaufpreisgrundpfandrechts; dazu aber auch Rdn. 2050) und die Aufhebung des Kauf- oder sonstigen Erwerbsvertrags nicht mehr vereinbaren (siehe bereits Rdn. 37 zur Aufhebung eines Leasingvertrags). Als den Gläubiger beeinträchtigende Verfügung über den gepfändeten Anspruch auf Übertragung des Eigentums ist eine solche Vertragsänderung oder die Aufhebung des Erwerbsvertrags dem Gläubiger gegenüber unwirksam (siehe Rdn. 559).

Die Befugnis des Drittschuldners (als Schuldner des gepfändeten Anspruchs) zur Verfügung über sein Grundstück (s. § 137 S. 1 BGB) schränkt die Pfändung des (schuldrechtlichen) Eigentumsverschaffungsanspruchs dagegen nicht ein[27]. Für eine Verfügung über das Grundstück (Belastung, Eigentumsübertragung) mit Einigung und Eintragung (§ 873, auch § 925 BGB) erlangen schuldrechtliche Beziehungen keinerlei Bedeutung (Abstraktionsprinzip). Die Pfändung des Anspruchs auf Übertragung des Eigentums

---

26 *BayObLG* (23.2.1989, 2 Z 14/89), mitgeteilt Rpfleger 1989, 396.
27 Dazu und zum Folgenden eingehend *Stöber* DNotZ 1985, 587; *Schöner/Stöber*, Grundbuchrecht, Rdn. 1564–1567, je mit Nachweisen und Darstellung anderer Ansicht sowie Stellungnahme dazu. Die bislang abweichende Ansicht des *BayObLG* ist jedoch fragwürdig geworden. Denn es vertritt nunmehr, dass die „Wirkungen, welche die Vormerkung zur Sicherung des verpfändeten Eigentumsverschaffungsanspruchs gemäß § 883 Abs. 2 und 3 BGB sowie § 888 Abs. 1 BGB äußert, ... auch zugunsten des Pfandgläubigers" eintreten (*BayObLG* 1990, 318 [320] = NJW-RR 1991, 567). Für die Annahme, der durch Vormerkung nicht gesicherte Pfandgläubiger könne bereits mit dem Verfügungsverbot des § 829 Abs. 1 ZPO gegen pfandrechtswidrige Verfügung und Rechtserwerb Dritter geschützt sein, findet sich damit auch nach der (nunmehrigen) Ansicht des *BayObLG* keine Grundlage mehr. Zur Vormerkung als Schutzmittel für den Pfandgläubiger siehe *Schöner/Stöber*, Grundbuchrecht, Rdn. 1568 ff.

schließt daher Grundbucheintragungen zur Verfügung über das Grundstück nicht aus. Deren Grundbuchvollzug erfordert (und ermöglicht) nur Prüfung der Erfordernisse der Grundbucheintragung (insbesondere § 19 GBO), bei Auflassung auch deren Prüfung (§ 20 GBO), durch das Grundbuchamt, ermöglicht aber nicht Prüfung, ob ein geschuldeter Anspruch erfüllt und ob an den richtigen Berechtigten geleistet wird. Schutz gegen Verfügungen des Drittschuldners, die den Anspruch auf Übertragung des Eigentums an einem Grundstück beeinträchtigen, bietet auch dem pfändenden Gläubiger nur die *Vormerkung* (§ 883 BGB; Rdn. 2048). Die Pfändung des Anspruchs verbietet Erfüllung (Leistung) des geschuldeten Anspruchs an den Schuldner als Gläubiger des Anspruchs (Rdn. 565), gewährleistet aber nicht, dass in Erfüllung des Anspruchs tatsächlich durch Auflassung an den Sequester als Schuldnervertreter geleistet wird, bietet somit auch keinen Schutz gegen andere Verfügung über das Grundstück.

c) Den *Drittschuldner*, der die Auflassung an den Sequester nicht freiwillig erklärt, können Gläubiger oder Schuldner (nicht aber der Sequester) auf Auflassung an den Sequester *verklagen*[28] (siehe Rdn. 2025, 2026). Diese Klagebefugnis erfordert keine Überweisung des gepfändeten Anspruchs zur Einziehung (siehe Rdn. 2026). Vor Kaufpreiszahlung erfolgt Verurteilung jedoch nur zur Erfüllung Zug um Zug (näher § 433 mit §§ 320, 322 Abs. 1 BGB); keine volle Erfolgsaussicht hat die Klage somit, wenn bei Kauf (wie regelmäßig) die Auflassung erst nach vollständiger Kaufpreiszahlung zu erklären ist. Die Einrede aus solcher Vereinbarung kann dem Pfandgläubiger des Erwerbers entgegengehalten werden (zur Einrede des Veräußerers Rdn. 571). Ebenso unterliegt der Pfandgläubiger der Abrede im Erwerbsvertrag, dass eine bereits erklärte Auflassung erst nach Kaufpreiszahlung verwendet werden darf und bis dahin auf das Recht verzichtet ist, vollständige Ausfertigung oder beglaubigte Abschrift der (Auflassungs-)Urkunde zu erhalten[29] (§ 51 Abs. 2 BeurkG). Das rechtskräftige Urteil ersetzt die Erklärung des Drittschuldners (§ 894 ZPO), so dass nur noch der Sequester die Auflassung (§§ 873, 925 BGB) in grundbuchmäßiger Form zu erklären und Eintragung schriftlich (§ 13 GBO) zu beantragen hat. Das vorläufig vollstreckbare Urteil ermöglicht die Eintragung einer Auflassungs*vormerkung* (§ 895 ZPO). Vor Urteilserlass kann die Eintragung einer Auflassungsvormerkung durch einstweilige Verfügung nach §§ 883 ff. BGB herbeigeführt werden.

2044

d) In das *Grundbuch* wird die Auflassung, die an den Sequester als Vertreter des Schuldners erfolgt ist (§ 848 Abs. 2 S. 1 ZPO), nur auf *Antrag*

2045

---

28 Gegenüber der Auflassung an den Schuldner ist die Auflassung an den Sequester das Mindere. Der Klageantrag des Schuldners auf Verurteilung zur Auflassung an ihn schließt daher auch den Antrag auf Verurteilung zur Auflassung an den Sequester ein. Diesem letzteren Antrag muss daher auch dann entsprochen werden, wenn die Auflassung an den Sequester nicht ausdrücklich „hilfsweise" verlangt ist, *RG* JW 1935, 3541.
29 Zu diesem Sicherungsmittel zugunsten des Veräußerers s. *Stöber*, GBO-Verfahren, Rdn. 296 a.

(§ 13 Abs. 1 GBO) eingetragen. Antragsberechtigt sind der Sequester als Vertreter des Schuldners (Antragsbefugnis kraft gesetzlicher Ermächtigung; damit kann infolge der Pfändung der Schuldner selbst sein Antragsrecht nicht mehr wahrnehmen) und der Drittschuldner (§ 13 Abs. 1 S. 2 GBO), nicht jedoch der (pfändende) Gläubiger[30] (dieser könnte nur das Antragsrecht des Schuldners wahrnehmen, § 13 Abs. 1 S. 2 GBO, das infolge der Pfändung jedoch nur vom Sequester ausgeübt werden kann). Das Antragsrecht des Sequesters folgt (trotz des unzulänglichen Wortlauts) aus § 848 Abs. 2 ZPO. Zweck der Einschaltung des Sequesters ist es demnach, die Umwandlung des Pfändungspfandrechts am Auflassungsanspruch in eine Hypothek an dem aufgelassenen Grundstück zu sichern (Rdn. 2037). Gewährleistet wird das mit Erwerb des Grundstücks „durch" den Sequester für den Schuldner und (gleichzeitige) Grundbuchberichtigung mit Eintragung der Sicherungshypothek durch den Sequester. Das schließt sachlich Wahrnehmung des Antragsrechts des Schuldners (§ 13 Abs. 1 GBO; als Verfahrenshandlung) durch den Sequester ein. Die für die Eintragung etwa benötigten Urkunden (z. B. den Erbschein zum Nachweis des Eigentums des Drittschuldners, siehe § 40 GBO) kann der Gläubiger nach § 792 ZPO erhalten. Eingetragen wird als *Eigentümer* des Grundstücks der *Schuldner*, nicht etwa der Sequester.

2045a e) aa) Wenn *Auflassung* bei Pfändung des (fortbestehenden; s. Rdn. 2069) Anspruchs auf Übertragung des Eigentums *bereits erklärt* ist (wie vielfach, weil Auflassung sogleich mit dem Erwerbsvertrag beurkundet wird), ist der Drittschuldner zu nochmaliger Leistungshandlung mit Auflassung (jetzt) an den Sequester nach § 848 Abs. 2 ZPO nicht verpflichtet. Leistungserfolg (Erlöschen des Eigentumsübertragungsanspruchs, § 362 Abs. 1 BGB) könnte die Grundbucheintragung jedoch nicht mehr bewirken, weil für Annahme der Leistung die Verfügungsberechtigung des Schuldners (der Gläubiger des Übereignungsanspruchs ist) als Leistungsempfänger bei Grundbucheintragung (die letztes Tatbestandsmerkmal des für Bewirkung der Leistung, § 362 Abs. 1 BGB, erforderlichen mehraktigen Verfügungstatbestands ist) vorliegen müsste[31]. Die mit Pfändung zum Schutz des Gläubigers (Rdn. 559) begründete Beschränkung des Schuldners in der Verfügung *über den Erwerbsanspruch* (§ 829 Abs. 1 mit § 846 ZPO; s. Rdn. 2043 a) erst nach Auflassung hat daher zur Folge, dass der Sequester (§ 848 Abs. 1, 2 S. 1 ZPO) noch bei Leistung mitzuwirken hat[32]. Das erfordert Genehmigung der dem jetzt (allein) nicht mehr (weiter) berechtigten Schuldner bereits erklärten Auflassung durch den Sequester (§ 362

---

30 A.A. *Hintzen* Rpfleger 1989, 439; *Meikel/Böttcher*, GBO, Rdn. 51 zu § 13. Der Gläubiger kann als Berechtigter (§ 13 Abs. 1 S. 2 GBO) nur Antrag auf Eintragung der Sicherungshypothek stellen (Rdn. 2047), zur Berichtigung des Grundbuchs auch dann, wenn Eintragung des Schuldners (als Eigentümer) erfolgt, Eintragung der Sicherungshypothek des Gläubigers jedoch unterblieben ist.
31 Dazu *Stöber* DNotZ 1985, 587 (594), dort dargestellt für den gleichliegenden Fall, dass der Erwerbsanspruch verpfändet ist.
32 Dazu *Stöber* DNotZ 1985, 587 (595), dort für den Fall der Verpfändung.

Abs. 2 mit § 185 Abs. 2 BGB)³³. Sie hat zur Folge, dass die Auflassung als Leistungshandlung auch dem Pfandgläubiger gegenüber Erfüllungswirkung hat (§ 362 BGB).

bb) Grundbuch*eintragung* können, wenn bei Pfändung Auflassung bereits erklärt ist, der Sequester³⁴ als Vertreter des Schuldners (Antragsbefugnis kraft gesetzlicher Ermächtigung; s. Rdn. 2045) und der Drittschuldner, nicht jedoch der (pfändende) Gläubiger *beantragen* (Rdn. 2045). Der Schuldner selbst kann infolge der Pfändung sein Antragsrecht nicht mehr wahrnehmen. Einschaltung des Sequesters, die Umwandlung des Pfändungspfandrechts am Auflassungsanspruch in eine Hypothek an dem aufgelassenen Grundstück sichert (Rdn. 2037), bewirkt, dass dieser auch für das Antragsrecht des Schuldners nach § 13 Abs. 1 S. 2 GBO gesetzlich an dessen Stelle tritt. 2045b

Schutz gegen *pfandrechtswidrige* Verfügung, somit auch gegen Eigentumserwerb mit Eintragung des Schuldners nach Auflassung an ihn statt an den Sequester (bei Auflassung vor Pfändung: ohne Mitwirkung des Sequesters) gewährleistet die Pfändung des (nur schuldrechtlichen) Anspruchs auf Übertragung des Eigentums indes nicht (Rdn. 2043 a). Das Grundbuchamt könnte demnach Vollzug einer allein an den Schuldner erklärten Auflassung nicht ablehnen, wenn ihm die Pfändung (des Anspruchs) bekannt ist. Für die bei Pfändung bereits erklärte Auflassung kann Schuldnerantrag gleichwohl nicht zur Grundbucheintragung führen, weil hierfür die grundbuchrechtliche Eintragungs*bewilligung* (§ 19 GBO) fehlt. Die nachgewiesene Auflassung (§ 20 GBO) allein ermöglicht Eintragung auf Schuldnerantrag nach Pfändung nicht, weil sie (nach den Umständen zweifelsfrei) Grundlage der Grundbucheintragung nur für Eigentumseintragung des Schuldners mit Erfüllungswirkung sein, nicht aber eine pfandrechtswidrige Grundstücksverfügung (die dem Pfändungsgläubiger gegenüber keine Erfüllungswirkung hätte) gestatten kann. Für Grundbuchvollzug der (vor Pfändung ebenso wie der trotz Pfändung unter Verstoß gegen das Verfügungsverbot) allein an den Schuldner erklärten Auflassung auf dessen Antrag (die nicht abgelehnt werden könnte) müsste daher als Eintragungsgrundlage noch eine entsprechende Bewilligung des Veräußerers (§ 19 GBO) vorliegen³⁵. Schutz gegen solche anspruchsvereitelnde Verfügung könnte nur die Vormerkung (§ 883 BGB) bieten (s. bereits Rdn. 2043 a).

f) aa) Mit dem Übergang des Eigentums auf den Schuldner durch seine Eintragung nach Auflassung (§ 873 Abs. 1 BGB) hat der Gläubiger eine *Sicherungshypothek* (§ 1184 BGB) für seine Forderung (eingeschlossen die ZwV-Kosten³⁶) erlangt (§ 848 Abs. 2 S. 2 ZPO), die bei Arrestpfändung Arrestsicherungshypothek im Sinne des § 932 ZPO ist. Diese Sicherungshypothek entsteht kraft Gesetzes, also auch ohne Grundbucheintragung (seltene Ausnahme) und auch für Forderungen unter 750 Euro (siehe Rdn. 2036). Zugunsten des Gläubigers entsteht sie mit dem Eigentumsübergang auf den Schuldner auch dann, wenn die Auflassung nicht an den Sequester, sondern unmittelbar an den Schuldner erfolgt ist; der Sequester kann die 2046

---

33 Dazu *Stöber* DNotZ 1985, 587 (595), dort für den Fall der Verpfändung behandelt. So auch *OLG Jena* DNotZ 1997, 158 = Rpfleger 1996, 101.
34 Für dessen Antragsrecht auch *OLG Jena* DNotZ 1997, 158 = a.a.O.; *Hintzen* Rpfleger 1989, 439 (440).
35 Zur Notwendigkeit der Bewilligung nach der nachgewiesenen Auflassung (§ 20 GBO) in Sonderfällen *Schöner/Stöber*, Grundbuchrecht, Rdn. 97.
36 *Stein/Jonas/Brehm*, ZPO, Rdn. 7; *Zöller/Stöber*, ZPO, Rdn. 7, je zu § 848.

Eintragung auch dieser Sicherungshypothek *bewilligen und beantragen*[37]. Bei Pfändung des Anspruchs auf Auflassung mehrerer Grundstücke für die gleiche Forderung entsteht die Hypothek als Gesamthypothek; § 866 Abs. 3 ZPO findet keine Anwendung[38].

2047 bb) In das *Grundbuch* wird diese Sicherungshypothek auf *Bewilligung* des Sequesters eingetragen (§ 848 Abs. 2 S. 3 ZPO mit § 19 GBO). Eintragungsantrag (§ 13 Abs. 1 GBO) kann der Sequester (als Vertreter des Schuldners) oder der Gläubiger stellen. Die Eintragung ist Grundbuchberichtigung[39] sie kann zugleich mit der Auflassung bewilligt, beantragt und vollzogen werden; das ist zur Abwendung von Rechtsverlusten durch gutgläubigen Erwerb Dritter vom Gläubiger praktisch zu erstreben. Bei Eintragung der Sicherungshypothek muss das Grundbuchamt prüfen, ob das Recht in der einzutragenden Höhe wirksam entstanden, ob also insbesondere der Pfändungsbeschluss durch Zustellung an den Drittschuldner wirksam geworden und das Pfandrecht wegen des von der bewilligten Sicherungshypothek erfassten Betrages erwirkt worden ist (Prüfung der Bewilligungsbefugnis des Sequesters). Wenn die Eintragung der kraft Gesetzes entstandenen Sicherungshypothek unterblieben ist, muss sie bei Verfügungen, die der Schuldner nach Eigentumserwerb über das Grundstück trifft, gutgläubigen Erwerbern weichen (§ 892 BGB), und zwar auch dann, wenn der gepfändete Auflassungsanspruch durch Vormerkung gesichert war[40]. Sie verliert aber auch dann ihren Rang *nicht* vor späteren durch Zwangsvollstreckungsakte erlangten Rechten am Grundstück (z. B. einer nach Auflassung eingetragenen Zwangssicherungshypothek oder Zwangsversteigerungsbeschlagnahme oder einer Sicherungshypothek, die durch nachrangige Pfändung des Auflassungsanspruchs entstanden und eingetragen worden ist), weil es für den Rechtserwerb des nachfolgenden Gläubigers im Wege der Zwangsvollstreckung keinen Schutz guten Glaubens gibt.

2048 g) aa) Der Anspruch auf Einräumung einer *Auflassungsvormerkung* (§§ 883, 885 BGB) ist Nebenrecht; er kann daher nicht selbstständig gepfändet werden, wird aber von der Pfändung des Anspruchs auf Eigentumsübertragung erfasst (siehe Rdn. 699). Als Nebenrecht, das der Sicherung dient, kann er vom Gläubiger (auch wenn Überweisung nicht erfolgt ist) geltend gemacht werden (Rdn. 557).

bb) Eine zur Sicherung des Anspruchs bereits eingetragene *Auflassungsvormerkung* wird als (unselbstständiges) Nebenrecht von der Pfändung erfasst (Rdn. 699 und 1784). Die Auflassungsvormerkung sichert Schuldner (als Vormerkungsberechtigten) und pfändenden Gläubiger zusammen gegen Vereitelung oder Beeinträchtigung des Auflassungsanspruchs, sperrt

---

37 Siehe *OLG Bremen* MDR 1954, 559 = NJW 1954, 1689; *KG* JFG 7, 343.
38 *OLG München* JFG 22, 165 und DR B 1941 Rsp. 56 (Leits.); *OLG Düsseldorf* Rpfleger 1981, 199 (200 re.Sp.); *Zöller/Stöber*, ZPO, Rdn. 7 zu § 848.
39 Siehe *RG* 71, 430; *KG* JFG 8, 320.
40 *KG* JFG 8, 323.

aber das Grundbuch nicht[41]. Die (wirksame) Pfändung des Eigentumsübertragungsanspruchs (nicht aber die Überweisung) kann auf Antrag (§ 13 Abs. 1 GBO) bei der Auflassungsvormerkung des Schuldners[42] im Wege der Grundbuchberichtigung eingetragen werden[43] (dazu Rdn. 1784 und 2062). Dann setzt die Löschung der Auflassungsvormerkung samt Pfändungsvermerk die Bewilligung (auch) des Gläubigers voraus[44]. Für diesen kann ein Vertreter des Schuldners die Löschung nicht bewilligen, auch wenn ihm Vollmacht (bereits) vor der Pfändung erteilt worden ist. Ein vom Schuldner als Berechtigter der Auflassungsvormerkung bewilligter Rangrücktritt der Vormerkung hinter ein Grundpfandrecht darf, wenn dem Grundbuchamt bekannt ist, dass der durch Vormerkung gesicherte Anspruch wirksam gepfändet ist, ohne Zustimmung des Pfändungsgläubigers nicht mehr vollzogen werden; das gilt auch, wenn glaubhaft gemacht ist, dass der Berechtigte des vortretenden Rechts im Zeitpunkt des Eingangs des Eintragungsantrages beim Grundbuchamt keine Kenntnis von der Pfändung hatte[45]. Die Rangänderung soll jedoch auch ohne Zustimmung des Pfändungsgläubigers eingetragen werden können, sobald der Pfändungsvermerk im Grundbuch eingetragen ist[45]. Das dürfte allerdings nur möglich sein, wenn erkennbar gemacht wird, dass die Rangänderung dem Pfändungsgläubiger gegenüber nicht wirksam ist[46].

h) War der gepfändete Anspruch auf Eigentumsübertragung durch *Vormerkung* (§ 883 BGB) gesichert, so gebührt nach Eigentumserwerb durch den Schuldner der Sicherungshypothek Rang vor allen nach der Vormerkung (aber vor Eigentumsübergang) eingetragenen Rechten (siehe § 883 Abs. 2 BGB)[47]. Dies gilt auch dann, wenn das Pfandrecht des Gläubigers 2049

---

41 *Zöller/Stöber*, ZPO, Rdn. 10 zu § 848; näher dazu *Stöber* DNotZ 1985, 587; teilweise anders noch *BayObLG* 1985, 332 = DNotZ 1986, 345 mit Anm. *Reithmann* = MDR 1986, 147; siehe zur Sicherung des Pfandgläubigers durch Vormerkung (im gleichliegenden Fall der Verpfändung) außerdem (eingehend) *Schöner/Stöber*, Grundbuchrecht, Rdn. 1568–1570 und nun auch *BayObLG* 1990, 318 (320) = a.a.O.
42 Nicht vermerkt werden kann im Grundbuch die Pfändung bei der Auflassungsvormerkung, wenn nach Abtretung des gesicherten Anspruchs die Vormerkung auf einen Dritten umgeschrieben ist; *OLG Frankfurt* DNotZ 1997, 731 = JurBüro 1997, 329 = NJW-RR 1997, 1308.
43 *BayObLG* MittBayNot 1985, 42 = JurBüro 1985, 950 = Rpfleger 1985, 58; *BayObLG* DNotZ 1997, 337 (338) = NJW-RR 1997, 1173; *OLG Frankfurt* DNotZ 1997, 731 = a.a.O.; *Zöller/Stöber*, ZPO, Rdn. 10 zu § 848; *Schöner/Stöber*, Grundbuchrecht, Rdn. 1598 (dort auch Rdn. 1571–1573 für Verpfändung, mit Nachw.). Zur Fassung des Eintragungsvermerks dort Rdn. 1573.
44 *BayObLG* DNotZ 1983, 758 = JurBüro 1983, 1377 = MittRhNotK 1983, 149; *Stöber* DNotZ 1985, 587; *BayObLG* DNotZ 1997, 337 = a.a.O. (hier auch zur Löschung des Pfändungsvermerks [wegen Grundbuchunrichtigkeit nach Bedingungseintritt], wenn der vorgemerkte Anspruch vom Schuldner zunächst unter einer aufschiebenden Bedingung abgetreten und sodann gepfändet wurde).
45 *BayObLG* (13.8.1974, 2 Z 27/74) mitgeteilt Rpfleger 1975, 47; **a.A.** *Behr* JurBüro 1997, 458; *Hintzen* Rpfleger 1991, 439 (zu 2) und *Jung* Rpfleger 1997, 96: Eintragung nur, wenn dem Grundbuchamt die Zustimmung (auch) des Pfändungsgläubigers nachgewiesen ist.
46 **A.A.** *Hintzen* und *Jung* je a.a.O.
47 KG JFG 8, 318.

bei der Vormerkung nicht eingetragen war, weil diese als Nebenrecht ohne weiteres von der Pfändung des Anspruchs erfasst wurde, so dass ihre Wirkungen auch dem nicht eingetragenen Gläubiger des vorgemerkten Berechtigten zustatten kommen. Dieser Vorrang fällt dem Gläubiger aber nicht ohne weiteres kraft Gesetzes zu. Er kann vielmehr von dem Inhaber des nach der Vormerkung eingetragenen Rechts nur die Zustimmung dazu verlangen, dass seine Sicherungshypothek Rang vor diesem Recht erhalte (§ 883 Abs. 2 BGB, § 888 Abs. 1 BGB; Zustimmung zum Rangrücktritt)[48], und zwar auch dann, wenn der gepfändete Anspruch nicht zur Einziehung überwiesen ist[49]. Ohne diesen Nachweis der Zustimmung darf der Vorrang der Sicherungshypothek in das Grundbuch nicht eingetragen werden[50].

2049a   i) Ein mit seinem Recht *im Rang* hinter die Auflassungsvormerkung *zurückgetretener Gläubiger* steht dem Gläubiger eines nach der Vormerkung eingetragenen Rechtes gleich. Folge der Eintragung des Rangrücktritts ist, dass das zurückgetretene Recht von Anfang an als mit dem Rang nach der Vormerkung entstanden anzusehen ist[51]. Nach dem Eigentumserwerb durch den Schuldner gebührt daher der Hypothek des Pfändungsgläubigers Rang vor dem Recht des im Rang hinter die Auflassungsvormerkung zurückgetretenen Gläubigers[52] (wie Rdn. 2049), und zwar auch dann, wenn das Gläubigerpfandrecht bei der Vormerkung nicht eingetragen war. Der Pfandgläubiger des durch die Auflassungsvormerkung gesicherten Eigentumsverschaffungsanspruchs kann daher von dem mit seinem Recht im Rang hinter die Eigentumsübertragungsvormerkung zurückgetretenen Recht Zustimmung dazu verlangen, dass seine Sicherungshypothek Rang vor diesem Recht erhält[53] (wie Rdn. 2049).

2050   k) aa) Einem Recht, das dem Drittschuldner in Erfüllung einer im Kauf- oder sonstigen Erwerbsvertrag (oder dem der Auflassung sonst zugrunde liegenden Rechtsverhältnis) begründeten Verpflichtung zur Belastung des Grundstücks zu bestellen ist (so einer *Restkaufgeldhypothek*[54], einem Wohnungsrecht, einer Reallast, einer Dienstbarkeit[55]), gebührt Rang vor der Sicherungshypothek des Gläubigers[56] nach § 848 Abs. 2 ZPO (hierzu auch Rdn. 2059). Denn geltend gemacht und durchgesetzt werden kann der (ge-

---

48 *KG* JFG 8, 318; *BayObLG* 1990, 318 (321) = a.a.O.
49 *KG* JFG 8, 322.
50 *KG* JFG 8, 318.
51 *BayObLG* 1990, 318 (321) = a.a.O.
52 *BayObLG* 1990, 318 = a.a.O.
53 *BayObLG* 1990, 318 = a.a.O.
54 *LG Frankenthal* BWNotZ 1985, 88 und 1986, 38 (Leits.) mit Anm. *Lehmann* = Rpfleger 1985, 231.
55 *BayObLG* 1972, 46 = DNotZ 1972, 536 = MittBayNot 1972, 63 = Rpfleger 1972, 182.
56 So auch *Stein/Jonas/Brehm*, ZPO, Rdn. 9 zu § 848; außerdem *KG* JFG 4, 339 (346). A.A. *Just* JZ 1998, 120. Die *Sicherungshypothek* am Grundstück erlangt der Gläubiger *für den gepfändeten Anspruch* auf Übertragung des Eigentums. Ist aber dieser Anspruch nicht auf Verschaffung lastenfreien Eigentums gerichtet, kann Erfüllung auch keine Sicherungshypothek an einem lastenfreien Grundstück verschaffen, sonach nicht Rang vor zu übernehmenden oder vereinbarungsgemäß zu bestellenden (geschuldeten) Rechten begründen.

pfändete) Anspruch auf Leistung mit Übertragung des Eigentums gegen den Drittschuldner als Veräußerer nur, wenn sichergestellt ist, dass mit Eintragung des Eigentumswechsels auch die vom Schuldner zu bestellenden Rechte an der bedungenen Rangstelle zur Entstehung (Eintragung) gelangen[57]. Der Gläubiger hat mit Pfändung des Erwerbsanspruchs ein Pfandrecht an diesem durch die Verpflichtung zu gegenseitiger Vertragserfüllung eingeschränkten Anspruch erlangt. Auch die Sicherungshypothek am Grundstück, die nach § 848 Abs. 2 S. 2 ZPO an die Stelle des Pfandrechts an dem mit dieser Beschränkung bestehenden Anspruch tritt, begründet keine weitergehenden Rechte. Pfändung des (schuldrechtlichen) Anspruchs auf Übertragung des Eigentums hindert daher nicht Erfüllung der als Gegenleistung geschuldeten Verpflichtung des Schuldners, das Grundstück mit dem für den Veräußerer (oder einem Dritten) zu bestellenden Recht an der ihm gebührenden Rangstelle zu belasten[58]. Den Anspruch auf Eintragung eines solchen Rechts mit Vorrang kann der Sequester bei Auflassung erfüllen.

bb) Das Grundbuchamt hat die Erfüllung der Erwerbspflicht des Schuldners mit vorrangiger Belastung des Grundstücks zugunsten des Veräußerers (oder eines Dritten) jedoch nicht zu prüfen. Es vollzieht mehrere Eintragungen in der zeitlichen Reihenfolge des Eingangs (§ 17 GBO) oder nach anderer Bestimmung des Antragstellers. Die Bestimmung[59] des Antragstellers (auch des Sequesters), dass Eintragung der Auflassung an den Schuldner nicht ohne Eintragung der nach dem Erwerbsvertrag (sonstigen Erwerbsgrund) geschuldeten Belastung des Grundstücks mit Rang vor der nach § 848 Abs. 2 S. 2 ZPO entstehenden Sicherungshypothek erfolgen soll, ist vom Grundbuchamt stets zu beachten (§ 16 Abs. 2 GBO). Sie gewährleistet Eintragung der vom Schuldner einzuräumenden Belastung des Grundstücks vor der Sicherungshypothek des (pfändenden) Gläubigers. Wenn die Sicherungshypothek des Gläubigers eingetragen, eine in Erfüllung der Erwerbspflicht geschuldete Grundstücksbelastung mit Vorrang jedoch nicht bestellt worden ist, besteht der auch das Pfandrecht des Gläubigers einschränkende Anspruch weiter, das Grundstücksrecht dem Veräußerer (oder Dritten) in Erfüllung der Erwerbspflicht an der bedungenen Rangstelle zu bestellen[60]. Dann muss jedoch bei späterer Bestellung des

2050a

---

57 *BayObLG* 1972, 46 = a.a.O.; *LG Frankenthal* a.a.O. (Fußn. 54).
58 *BayObLG* 1972, 46 = a.a.O. (Fußn. 55); *LG Frankenthal* a.a.O. (Fußn. 54).
59 Diese Bestimmung bedarf keiner Form; sie kann auch stillschweigend gewollt sein; dazu *Schöner/Stöber*, Grundbuchrecht, Rdn. 92. Auch den Vorbehalt gleichzeitiger Eintragung der Auflassung und der Kaufgeldresthypothek (oder eines sonstigen Rechts) in der Eintragungsbewilligung (§ 16 Abs. 2 GBO analog) hat das Grundbuchamt zu beachten. Zulässigkeit dieses Vorbehalts: *Schöner/Stöber*, Grundbuchrecht, Rdn. 103; *Kuntze/Ertl/Herrmann/Eickmann*, Grundbuchrecht, Rdn. 17 zu § 16 und Rdn. 32 zu § 19, Rdn. 8 zu § 20 GBO.
60 Anders *LG Frankenthal* Rpfleger 1985, 231 = a.a.O. (Fußn. 47): Das Grundbuch ist unrichtig (daher Amtswiderspruch). In diesem Fall war jedoch der pfändende Gläubiger mit seinem Antrag dem Eintragungsantrag der Kaufvertragsparteien zuvorgekommen. Sein Antrag hätte Eintragung des Schuldners als Eigentümer und Eintragung der Sicherungshypothek ohne Wahrung des Rechts des Veräußerers auf Bestellung der vorrangigen Kaufgeldhypothek indes gar nicht ermöglicht

Rechts auch das Rangverhältnis geändert werden (§ 880 BGB). Dazu ist der Gläubiger der Sicherungshypothek verpflichtet. Gesetzlich (ohne Rangänderung) begründet Erfüllung der auch die Rechte des Pfandgläubigers einschränkenden Erwerbsverpflichtung zur Bestellung des Rechts für den Veräußerer (oder einen Dritten) den Vorrang vor der (bereits eingetragenen) Sicherungshypothek des Gläubigers nicht.

2050b cc) Die Sicherungshypothek des (pfändenden) Gläubigers (§ 848 Abs. 2 S. 2 ZPO) hat Rang vor Hypotheken, Grundschulden und anderen Rechten, die der Schuldner vor Pfändung des Eigentumsübertragungsanspruchs und Eintragung seines Eigentums ohne Verpflichtung im Erwerbsvertrag bestellt hat (s. Rdn. 2059), damit auch Rang vor einer Auflassungsvormerkung, die der Schuldner einem weiteren Erwerber des Grundstücks bestellt hat (Zweiterwerber, dem das Grundstück bereits vor Eintragung des Schuldners als Eigentümer veräußert wurde)[61].

2050c l) aa) Zur Beleihung eines verkauften Grundstücks hat vor Eigentumsübertragung der Veräußerer vielfach für *Kaufpreisfinanzierung*[62] mitzuwirken. Belastung des Grundstücks erfolgt dann mit Bestellung der für Kaufpreisfinanzierung bestimmten Grundschuld noch durch den Veräußerer; sein Grundstück wird vor Eigentumsübergang durch den Berechtigten auch belastet, wenn der Schuldner als Erwerber (nicht der Sequester) mit Zustimmung (Einwilligung) des Veräußerers (§ 185 Abs. 1 BGB) die Grundschuld bestellt. Die als Belastung des Grundstücks des Veräußerers durch dessen Verfügung als Grundstückseigentümer (nicht als Belastung des Grundstücks durch Verfügung des Schuldners nach Eigentumsübergang) bestellte Grundschuld hat daher Rang vor der Sicherungshypothek, die der pfändende Gläubiger erst mit dem Übergang des Eigentums nach Auflassung des belasteten Grundstücks an den Sequester als Vertreter des Schuldners und Grundbucheintragung erlangt.

2050d bb) Wenn der gepfändete Eigentumsübertragungsanspruch durch *Vormerkung gesichert* ist (§ 883 Abs. 1 BGB), ist spätere Bestellung der Grundschuld noch durch den Veräußerer (damit auch durch den Schuldner als Erwerber mit Zustimmung des Veräußerers, § 185 Abs. 1 BGB) *vormerkungswidrige Verfügung* im Sinne von § 883 Abs. 2 BGB. Als solche ist jedoch die Belastung des Grundstücks dem vorgemerkten Schuldner als Käufer gegenüber infolge Zustimmung (§§ 182, 185 BGB) wirksam. Unwirksam ist diese Belastung nach Pfändung des Eigentumsübertragungsanspruchs aber dem aus der Vormerkung mitberechtigten Pfandgläubiger gegenüber (§ 883 Abs. 2 BGB). Dann aber kann der Grundschuldgläubiger

---

(siehe Rdn. 2045 und, zum Vorbehalt in der Bewilligung, Fußn. 59). Kritisch gegen *LG Frankenthal*, soweit es Grundbuchunrichtigkeit angenommen und Eintragung eines Amtswiderspruchs zugelassen hat, *Lehmann* BWNotZ 1986, 38.

61 *OLG Jena* DNotZ 1997, 158 = Rpfleger 1996, 100. Zur Möglichkeit, den Zweitkäufer vor Zwangsvollstreckungsmaßnahmen gegen den Erstkäufer zu schützen, siehe *Amann* DNotZ 1997, 113.

62 Dazu *Schöner/Stöber*, Grundbuchrecht, Rdn. 3158, mit Einzelheiten.

sein Recht mit Zustimmung des vorgemerkten Schuldners als Käufer gutgläubig frei von den Rechten des mitgesicherten Pfandgläubigers erlangen, wenn dessen Mitberechtigung durch Pfändung im Grundbuch bei der Vormerkung nicht eingetragen ist (§ 892 Abs. 1 BGB)[63].

cc) Ob der Veräußerer des Grundstücks (als Drittschuldner) nach Pfändung mit Belastung des Grundstücks *gegen* das Zahlungsverbot des § 829 Abs. 1 ZPO (Leistungsverbot, Rdn. 2016) *verstößt*, kann sich nur nach der vertraglichen Ausgestaltung der Verkäuferpflichten bestimmen. Ist im Kaufvertrag vereinbart, dass der Verkäufer für Kaufpreisfinanzierung zur Beleihung des verkauften Grundstücks mitzuwirken hat, geht der Anspruch des Schuldners als Käufer auf Verschaffung des Eigentums (§ 433 Abs. 1 BGB) an dem belasteten Grundstück. Der Gläubiger hat dann ein Pfandrecht nur an diesem durch die Belastungsverpflichtung eingeschränkten Erwerbsanspruch erlangt. Pfändung des (schuldrechtlichen) Anspruchs auf Übertragung des Eigentums kann daher Erfüllung der Verkäuferverpflichtung zur Belastung des Grundstücks zugunsten des Dritten nicht hindern. Ist im Kaufvertrag eine Verpflichtung zur Belastung des verkauften Grundstücks für Kaufpreisfinanzierung nicht ausbedungen, dann geht der gepfändete Anspruch auf lastenfreie Eigentumsübertragung. Belastung des Grundstücks noch durch den Verkäufer (oder mit seiner Zustimmung, § 185 Abs. 1 BGB) ist dann als Verstoß gegen das Drittschuldnerverbot (§ 829 Abs. 1 ZPO) pfandrechtswidrig. Hat gleichwohl der Gläubiger die Grundschuld als Grundstücksbelastung erworben (weil der Auflassungsanspruch nicht durch Vormerkung gesichert war oder gutgläubig, weil die Pfändung bei der Auflassungsvormerkung nicht eingetragen war), dann erlischt der gepfändete Auflassungsanspruch mit Übereignung des belasteten Grundstücks nicht, weil der Gläubiger eine Sicherungshypothek für seine Forderung nur nachrangig erwirbt. Die fortbestehende Verpflichtung des Drittschuldners gegenüber dem pfändenden Gläubiger bestimmt sich dann nach den schuldrechtlichen Vorschriften über den nicht erfüllten Anspruch.

dd) Weil vor Kaufpreiszahlung Erfüllung des Eigentumsübertragungsanspruchs nicht durchgesetzt werden kann (s. Rdn. 2044), wird der Gläubiger praktisch einer für Kaufpreisfinanzierung verabredeten Beleihung des verkauften Grundstücks vor Eigentumsübertragung seine Zustimmung oft nicht versagen können. Mit Zustimmung (Einwilligung oder Genehmigung) des Pfandgläubigers ist auch ihm gegenüber die Belastung des Grundstücks nach Pfändung des Eigentumsübertragungsanspruchs stets wirksam (siehe Rdn. 560 a.E.).

m) Wenn der Sequester nicht bereit ist, bei der Auflassung mitzuwirken (Rdn. 2043) oder eine bereits erklärte Auflassung zu genehmigen (Rdn. 2045 a) oder Grundbucheintragung zu beantragen (Rdn. 2045), muss Weisung auf Erinnerung von Gläubiger oder Schuldner (§ 766 ZPO; Rdn. 2038) durch das Vollstreckungsgericht für zulässig erachtet werden (entspr. Anwendung von § 153 Abs. 1 ZVG).

---

63 Siehe *KG* JFG 8, 318 (323).

2051 n) Nach Auflassung und Eintragung des Schuldners als Eigentümer erfolgt die *Zwangsvollstreckung in das Grundstück* nach den für die Zwangsvollstreckung in unbewegliche Sachen geltenden Vorschriften (§ 848 Abs. 3 ZPO), also durch Zwangsversteigerung oder Zwangsverwaltung (§ 866 ZPO, §§ 1 ff. ZVG). Das Forderungspfändungsverfahren ist mit der Eintragung der Auflassung beendet; die Zwangsversteigerung oder -verwaltung wird daher auf neuen Antrag des Gläubigers vom Vollstreckungsgericht als neues Verfahren angeordnet (§ 15 ZVG). Mit dem Rang seiner Sicherungshypothek (§ 10 Abs. 1 Nr. 4 ZVG) kann der Gläubiger dieses Verfahren nur auf Grund eines neuen, dinglichen Vollstreckungstitels betreiben.

2052 o) Wegen der Frage, ob zu den *Kosten der Zwangsvollstreckung* (§ 788 ZPO) ein Betrag zählt, den der Gläubiger für eine vom Schuldner noch geschuldete, vor der Auflassung zu erbringende Gegenleistung aufwendet, siehe das Rdn. 1500 Gesagte. *Grunderwerbsteuer,* die der Gläubiger für die Eintragung des Schuldners und damit auch seiner Sicherungshypothek verauslagt, gehört nach meinem Dafürhalten zu den notwendigen Kosten der Zwangsvollstreckung[64].

2053 p) Bei *mehrfacher Pfändung* des Anspruchs auf Eigentumsübertragung bestimmt sich der *Rang* der Sicherungshypotheken nach der Zeitfolge des Wirksamwerdens der einzelnen Pfändungsbeschlüsse[65], und zwar auch dann, wenn der Sequester auf Antrag des nachrangigen Gläubigers bestellt worden ist[66]. Die Sicherungshypotheken werden daher in der Reihenfolge der Pfändungen (gegebenenfalls unter Berücksichtigung der Vorpfändungen) eingetragen.

Zur Rechtsstellung des Drittschuldners bei mehrfacher Pfändung siehe § 855 ZPO.

2053a q) Sind *mehrere Personen* Gläubiger des Anspruchs auf Übertragung des Eigentums für Erwerb des Grundstücks als Miteigentümer *nach Bruchteilen* (§§ 741 ff. BGB; z. B. Eheleute je zur Hälfte) und wird nur gegen einen dieser Berechtigten (z. B. nur gegen den Ehemann) vollstreckt, so kann sein Anspruch auf Übertragung des Miteigentumsanteils gepfändet werden. Diese Anspruchspfändung ermöglicht (anders als die Rdn. 62 dargestellte betragsmäßige Abspaltung eines Forderungsteils) die mit Erfüllung des Anspruchs eintretende (zulässige) Anteilsbelastung (siehe § 1114 BGB, § 864 Abs. 2 ZPO). Anzuordnen ist dann, dass das Grundstück an den für den Schuldner als Bruchteilsmitberechtigter zu bestellenden Sequester mit herauszugeben und an diesen als Vertreter des Schuldners mit aufzulassen ist. Auflassung hat dann an den Mitberechtigten, dessen Anspruch nicht gepfändet ist, und an den Sequester als Vertreter des Schuldners für Erwerb mit den

---

[64] Sehr streitig; wie hier *Haug* NJW 1963, 1909 mit eingehender und zutreffender Begründung; **a.A.** *LG Köln* MDR 1953, 560.
[65] *OLG Braunschweig* HRR 1935 Nr. 1711; *Zöller/Stöber,* ZPO, Rdn. 11 zu § 848.
[66] *OLG Braunschweig* a.a.O. (Fußn. 65).

1138

Anteilen der Berechtigten in Bruchteilen zu erfolgen. Eine Sicherungshypothek erlangt der Gläubiger für seine Forderung mit dem Übergang des Eigentums an dem Miteigentumsanteil des Schuldners (§ 848 Abs. 2 S. 2 ZPO). Die Eintragung der Sicherungshypothek nur an dem Miteigentumsanteil des Schuldners hat der Sequester nach § 848 Abs. 2 S. 3 ZPO zu bewilligen.

Das *BayObLG*[67] geht demgegenüber davon aus, dass der Anspruch auf eine unteilbare Leistung geht. Da sonach dem Mitberechtigten (Käufer oder sonst Berechtigten zur Hälfte) kein selbstständiger Anspruch auf Übertragung eines Miteigentumsanteils zusteht (§ 432 BGB), soll ein solcher Anspruch auch nicht pfändbar sein. Der Pfändung unterworfen sein soll der Anteil des Schuldners an der gemeinschaftlichen Forderung, und zwar „gem. § 857 ZPO als selbstständiges, übertragbares Vermögensrecht (§ 747 S. 1 BGB)". In diese Pfändung des Hälfteanteils des Schuldners an der gemeinschaftlichen Forderung soll die Pfändung des Anspruchs „auf Übertragung eines Hälfteanteils am Grundstück" ausgelegt werden können. Bei solcher Pfändung soll es aber nicht der Auflassung an einen Sequester bedürfen; denn sie werde nach § 857 ZPO bewirkt. Dass gleichwohl mit Vollzug der Auflassung eine (im Wege der Berichtigung in das Grundbuch einzutragende) Sicherungshypothek für den Pfändungsgläubiger entsteht[68], soll sich auf die *entsprechende* Anwendung (§ 857 Abs. 1 ZPO) von § 848 ZPO und damit das in § 848 Abs. 2 S. 2 ZPO (und in § 1287 S. 2 BGB) zum Ausdruck kommende allgemeine Surrogationsprinzip gründen.

Dem kann ich nicht folgen. Auch der Anspruch nur eines Teilhabers der in Bruchteilsgemeinschaft Berechtigten ist nach den für das Gesamtrecht geltenden Vorschriften zu pfänden, somit nach § 846 mit § 829 ZPO und damit unter Berücksichtigung der Besonderheiten, die § 848 ZPO regelt. Es wird damit nicht als „selbstständiger" Anspruch ein anteilig (betragsmäßig) abgespaltener Anteil der Gläubigerforderung der Bruchteilsgemeinschafter gepfändet[69]. Gegenstand der Zwangsvollstreckung ist vielmehr der Schuldner-Mitberechtigungs„anteil" an dem Eigentumsübertragungsanspruch. Dieser bleibt auf Übereignung des „Gesamt"-Grundstücks (damit eine unteilbare Leistung) gerichtet; der Veräußerer kann auch weiterhin nur an die Erwerbsberechtigten zusammen leisten. Über seinen Anteil an diesem Erwerbsanspruch auf Übertragung des Grundstücks kann der Schuldner als Bruchteils-Mitberechtigter verfügen (§ 747 S. 1 BGB). Der anteilige Erwerbsanspruch des Schuldners an diesem übertragbaren Recht kann daher auch verpfändet werden (§ 1273 Abs. 1, § 1274 Abs. 1 BGB). Die (rechtsgeschäftliche) Bestellung eines Pfandrechts erfolgt nach den für die Übertragung geltenden Vorschriften, somit durch Verpfändungsvertrag (§ 1274 Abs. 1 mit § 398 [§ 413] BGB); für dessen Wirksamkeit ist Anzeige an den Forderungsschuldner erforderlich (§ 1280 BGB). Dem entspricht die Pfändung des Anspruchs auf Übertragung des Miteigentumsanteils nach § 846 (mit § 848) ZPO, die mit Zustellung des Pfändungsbeschlusses an den Forderungsschuldner als Drittschuldner wirksam wird (§ 829 Abs. 3 ZPO). Der (pfändbare) Anspruch des mitberechtigten Schuldners geht auf Erwerb eines Miteigentums-Bruchteils an einem Grundstück, der einzeln belastbar (§ 1114 BGB) und Ge-

---

67 *BayObLG* 1992, 131 = NJW-RR 1992, 1368.
68 *BayObLG* a.a.O. auch zu dem Fall, dass der Schuldner mit seinem Ehegatten nach Pfändung Gütergemeinschaft vereinbart.
69 Dieser Fall ist Rdn. 62 behandelt, auf die *BayObLG* verweist. Z. B. *BGH* MDR 1969, 568 = NJW 1969, 839: Kein Anspruch eines von mehreren Vermietern einer gemeinschaftlichen Sache, einen seiner Beteiligung entsprechenden Teil des Mietzinses einzuziehen. Er hat nur Anspruch auf entsprechenden Teil des Ertrags aus dem Mietverhältnis, der sich gegen die anderen Teilhaber richtet. Daher auch keine Pfändung (und ebenso keine Aufrechnung) eines dem Beteiligungsverhältnis entsprechenden Anteils an der Mietzinsforderung. So auch *BGH* MDR 1983, 650 = NJW 1983, 2020: Pachtzinsanspruch einer Bruchteilsgemeinschaft kann als unteilbare Forderung nur an alle Gläubiger gemeinsam geleistet werden (§ 432 Abs. 1 S. 1 BGB).

7. Kapitel: Pfändung von Sachansprüchen

genstand der Zwangsvollstreckung in das unbewegliche Vermögen ist (§ 864 Abs. 2 ZPO), in den somit die Zwangsvollstreckung auch durch Eintragung einer Zwangssicherungshypothek erfolgen kann (§ 866 Abs. 1 ZPO). Zulässiger Zwangsvollstreckung in den Bruchteil nach Erwerb des Grundstücksanteils entspricht für Zwangsvollstreckung in den Anspruch des Bruchteilsmitberechtigten die Pfändung der Anspruchsberechtigung, die auf Übereignung des Bruchteilsmiteigentums geht. Mit dem Bruchteil eines Grundstücks, der Gegenstand der Immobiliarvollstreckung ist, hat der Anspruch die Leistung einer körperlichen Sache zum Gegenstand. Daher ist der Anspruch nach § 846 mit § 829 und § 848 Abs. 1 ZPO zu pfänden. Folge ist, dass zur Übereignung des Grundstücks an die mehreren Erwerber für den Schuldner die Auflassung an einen Sequester mit zu erfolgen (§ 848 Abs. 2 S. 1 ZPO) und der Sequester auch die Eintragung der Sicherungshypothek zu bewilligen hat (§ 848 Abs. 2 S. 3 ZPO).

Anspruchspfändung nach den für die Pfändung des „Gesamt"rechts geltenden Vorschriften erfolgt ebenso bei Bruchteilsgemeinschaft sonst an einer Geldforderung (Rdn. 1549), an einer Hypothekenforderung (Rdn. 1856; damit auch Grundschuld), an einem Rückgewähranspruch (Rdn. 1903) und an einer Eigentümergrundschuld (Rdn. 1916 mit 1966). Gleiches gilt für Pfändung eines Anspruchs auf Übertragung eines Grundstücksmiteigentumsanteils.

2053b r) Wird gegen *mehrere Personen* vollstreckt, die Gläubiger des Anspruchs auf Übertragung des Eigentums für Erwerb des Grundstücks als Miteigentümer *nach Bruchteilen* (§§ 741 ff. BGB) sind, so kann m.E. nur der Anspruch jedes dieser Schuldner auf Übertragung eines Miteigentumsanteils gepfändet werden (Grundsatz der Einzelvollstreckung). Bestellung nur eines Sequesters für die mehreren Schuldner und Auflassung an ihn als Vertreter aller Schuldner ist dann für zulässig zu erachten (keine Interessenkollision nach § 181 BGB). Der Gläubiger erlangt eine Sicherungshypothek für seine Forderung mit dem Übergang des Eigentums an dem Miteigentumsanteil des jeweiligen Schuldners (§ 848 Abs. 2 S. 2 ZPO). Auch wenn die Bruchteilsberechtigten samtverbindlich für die ganze Vollstreckungsforderung haften, erlangt der Gläubiger eine Sicherungshypothek für seine volle Forderung an jedem Miteigentumsanteil eines jeden Gesamtschuldners. Die Belastung ist dann jedoch Gesamt-Sicherungshypothek (wie bei rechtsgeschäftlicher Belastung eines Grundstücks, das mehreren zu ideellen Bruchteilen gehört, wie bei Belastung mit einer Zwangshypothek[70] und wie bei Pfändung des Anspruchs auf Auflassung mehrerer Grundstücke, s. Rdn. 2046). Eintragung auch der gesamtschuldnerischen Haftung der Miteigentumsanteile (der Sicherungshypothek als Gesamtrecht) hat der Sequester zu bewilligen.

2053c s) Der Anspruch nur eines Mitberechtigten auf Übertragung des Eigentums an mehrere Berechtigte in Gesamthandsgemeinschaft (Gesellschaft des bürgerlichen Rechts, Eheleute in Gütergemeinschaft, Miterben in Erbengemeinschaft) ist als Anteil an einem zum Gesamthandsvermögen gehörenden Gegenstand der Pfändung nicht unterworfen. Pfändbar ist jedoch der Gesamthandsanteil (dazu Rdn. 1552 ff. und 1664 ff.); Zwangsvollstreckung bei Gesamtgutsansprüchen s. Rdn. 64.

---

70 Dazu *BGH* MDR 1961, 673 = NJW 1961, 1352.

IV. Der „vorbehaltene" Rückübertragungsanspruch

Schrifttum: *Berringer,* Die Pfändbarkeit von Rückforderungsrechten bei Zuwendungen unter Ehegatten, DNotZ 2004, 245; *Ellenbeck,* Die Vereinbarung von Rückforderungsrechten in Grundstücksübertragungsverträgen, MittRhNotK 1997, 41; *Koch* und *Mayer,* Zur Pfändbarkeit des Rückerwerbsanspruchs, ZEV 2007, 55; *Meyer* und *Burrer,* Die Pfändung von vertraglichen Rückforderungsrechten nach der Entscheidung des BGH vom 20. 3. 2003, NotBZ 2004, 383; *Münch,* Die Pfändbarkeit von Rückforderungsrechten bei ehebezogenen Zuwendungen, ZFE 2003, 269 und (ebenso) FamRZ 2004, 1329; *Oertel,* Anmerkung RNotZ 2003, 393.

a) Anspruch auf Übertragung des Eigentums an einem Grundstück (anderen Objekt des unbeweglichen Vermögens) wird oft, vornehmlich in einem Übergabevertrag, abhängig davon vereinbart, dass der Schuldner die *Rückübereignung verlangt.* Zur Sicherung dieses (aufschiebend) bedingten Rückübertragungsanspruchs ist zumeist eine (Rück-)Auflassungsvermerkung (§ 883 BGB) bestellt[71]. 2054

b) Der durch Geltendmachung des Rechts auf Rückübereignung (aufschiebend) bedingte Anspruch auf Übertragung des Grundstückseigentums ist pfändbar (§§ 846, 848 ZPO; s. bereits Rdn. 25). Wenn der Schuldner vom Eigentümer des Grundstücks als Drittschuldner die Rückübereignung *bereits verlangt* hat, kann auch der pfändende Gläubiger den mit Ausübung dieses Rechts entstandenen Auflassungsanspruch geltend machen (s. Rdn. 2043, 2044). 2054a

c) Wenn der Schuldner die Rückübertragung *noch nicht verlangt* hat und das Recht, die Rückübereignung zu verlangen, auch weiterhin nicht wahrnimmt, bleibt der Anspruch auf (Rück-)Übertragung des Eigentums unverändert (aufschiebend) bedingt. Seine Pfändung ist dem Gläubiger daher nur nützlich, wenn er auch dieses Gestaltungsrecht pfänden und dann selbst ausüben kann. Eine Pfändung nur des Anspruchs auf Übertragung des Eigentums (§§ 846, 848 ZPO; Rückübertragungsanspruch) erfasst nicht (ohne weiteres) auch das Recht, die Rückübereignung des Grundstücks zu verlangen[72]. Dieses Recht kann jedoch als (nicht akzessorisches) *Gestaltungsrecht* jedenfalls zusammen mit dem (bedingten Rück-)Auflassungsanspruch *gepfändet* und zur Einziehung überwiesen werden[73]. Zu pfänden ist es als (sonstiges) Vermögensrecht nach § 857 Abs. 1, § 829 ZPO. Wirksam wird diese Pfändung daher mit Beschlusszustellung an den Drittschuldner. Drittschuldner ist der zur Rückübereignung verpflichtete Eigentümer des Grundstücks. 2054b

d) Wenn das dem Schuldner vorbehaltene Rückübereignungsrecht jederzeit ohne Angabe von Gründen („nach freiem Belieben") geltend gemacht 2054c

---

71 Zur Zulässigkeit dieser Vormerkung *BGH* 134, 182 = DNotZ 1997, 720 = NJW 1997, 861 = Rpfleger 1997, 208; *Schöner/Stöber,* Grundbuchrecht, Rdn. 1484 mit weit. Nachw.
72 *BGH* 154, 64 (67) = DNotZ 2004, 298 = FamRZ 2003, 858 = MDR 2003, 776 = RNotZ 2003, 91 mit Anm. *Oertel* = NJW 2003, 1858 = Rpfleger 2003, 372.
73 *BGH* 154, 64 = a.a.O.; auch *BGH* 130, 314 (318) = NJW 1995, 2846 (2847); *Zöller/Stöber,* ZPO, Rdn. 16 zu § 848.

werden kann, kann nach Pfändung (und Überweisung) dieses Gestaltungsrecht der Gläubiger ausüben; er kann die Rückübereignung des Grundstücks an den Schuldner verlangen und dann infolge Bedingungseintritt den (gepfändeten) Auflassungsanspruch geltend machen.

2054d e) Zumeist ist das vorbehaltene Recht nicht nur davon abhängig, dass der Schuldner von ihm Gebrauch macht, die Rückübereignung somit verlangt, sondern *noch weitergehend* (damit in zweifacher Weise) aufschiebend *bedingt*: es soll nach seiner vertraglichen Ausgestaltung nur unter bestimmten Voraussetzungen geltend gemacht werden können, so bei Verstoß des Eigentümers gegen ein (schuldrechtliches) Verfügungsverbot (Veräußerungs- und/oder Belastungsverbot), Nichterfüllung einer Bauverpflichtung, Scheidung der Ehe, Zahlungsunfähigkeit oder Vorversterben des Eigentümers. Für den Gläubiger bietet die Pfändung dann keinen realisierbaren Vermögenswert, solange nicht auch diese Bedingung eingetreten ist, auch wenn sie im freien Belieben des Drittschuldners steht[74]. Auch der pfändende Gläubiger kann dann das Recht, die Rückübertragung zu verlangen, nur bei Eintritt einer solchen Bedingung geltend machen, Rückübertragung des Eigentums somit nicht ungeachtet der Bedingung verlangen. Er kann, wenn nach Bedingungseintritt das Recht des Schuldners, die (Rück-)Übereignung zu verlangen, geltend gemacht werden kann, dieses Gestaltungsrecht wahrnehmen (ausüben) und damit den Eintritt der Bedingung für (volle) Wirksamkeit des (gepfändeten) Anspruchs auf Übertragung des Eigentums herbeiführen.

2054e f) Für die (notarielle) Vertragsgestaltung stellt sich die Frage, ob das Recht, die (Rück-)Übereignung eines Grundstücks zu verlangen, unpfändbar ausgestaltet werden oder sonst zur Wahrung familiärer und persönlicher Beziehungen sichergestellt werden kann, dass das Grundstück „in der Familie bleibt". Sie wurde im Schrifttum wiederholt erörtert; s. hierwegen die vor Rdn. 2054 Genannten. Begründung des Anspruchs auflösend bedingt in der Weise, dass er bei Pfändung erlischt, wird für zulässig angesehen (Rdn. 20), ist jedoch (für diesen Fall) nicht unbestritten[75].

D. Das Anwartschaftsrecht aus Auflassung

2055 *Gepfändet wird das angebliche Vermögensrecht, das der Schuldner als Anwartschaftsrecht aus der Auflassung erworben hat, die am ... zu Urkunde des Notars ... (Urk.R.Nr. ...) von ... als Grundstücksveräußerer und dem (durch Auflassungsvormerkung gesicherten) Schuldner als Auflassungsempfänger zur Übertragung des Eigentums an dem Grundstück Fl. St. ... Gemarkung ... (= ...straße Hs.-Nr. ... in ...), eingetragen im Grundbuch des Amtsgerichts ... für Gemarkung ... Blatt ... erklärt wurde.*

---

74 Siehe *BGH* 130, 314 (318) = a.a.O.
75 *Koch* und *Mayer* ZEV 2007, 55 (58) mit Nachw.

I. Der Auflassungsempfänger (= Schuldner) hat Umschreibungsantrag beim Grundbuchamt bereits gestellt

Schrifttum: *Hansmeyer* und *Hintzen* wie vor Rdn. 2035; *Münzberg*, Abschied von der Pfändung der Auflassungsanwartschaft? Festschrift für *Schiedermair*, 1976, S. 439 ff.; *Reinicke* und *Tiedtke*, Das Anwartschaftsrecht des Auflassungsempfängers und die Formbedürftigkeit der Aufhebung eines Grundstücksvertrags, NJW 1982, 2281.

1. Ist die für den Eigentumsübergang notwendige Einigung (§§ 873, 925 BGB) zwischen Veräußerer und Schuldner (als Erwerber) schon zustande gekommen, die Auflassung also wirksam erklärt, und hat der *Schuldner* den Antrag auf Eintragung als Grundstückseigentümer beim Grundbuchamt bereits gestellt, dann hat der Schuldner als Auflassungsempfänger mit dem *Anwartschaftsrecht aus der Auflassung* ein selbstständiges Vermögensrecht erworben[1]. Dieses Anwartschaftsrecht des Auflassungsempfängers kann selbstständig übertragen, verpfändet und gepfändet[2] werden. Zum Anwartschaftsrecht bereits mit Eintragung einer Auflassungsvormerkung siehe Rdn. 2065.   2056

2. Die Pfändung des Anwartschaftsrechts des Auflassungsempfängers erfolgt nach § 857 ZPO[3]. Die Pfändung wird mit der Zustellung an den Auflassungsempfänger (= Schuldner) wirksam (§ 857 Abs. 2 ZPO). Der Grundstücksveräußerer ist nicht Drittschuldner; der Zustellung an ihn bedarf es daher nicht[4]. Ein Sequester wirkt bei dieser Pfändung nicht mit[5]. Wirksame Pfändung erfordert, dass das angebliche Anwartschaftsrecht (bereits) besteht (Rdn. 486). Ist das nicht der Fall, entfaltet die Pfändung keine Wirkungen. Daher ist Pfändung mit Zustellung des Beschlusses an den Auflassungsempfänger nicht wirksam, wenn sie erfolgt, bevor der Schuldner nach Auflassung beim Grundbuchamt Antrag auf Eintragung als Grundstückseigentümer gestellt hat (oder die Vormerkung eingetragen wurde), weil erst damit (sonach nach Zustellung des Pfändungsbeschlusses) das Anwartschaftsrecht aus der Auflassung entstanden ist[6] (Rdn. 2055).   2057

---

1 *BGH* 49, 197 = DNotZ 1968, 483 = MDR 1968, 313 = NJW 1968, 493 und 1087 (Anm. *Rose*); *BGH* DNotZ 1976, 96 = MittRhNotK 1975, 127 = Rpfleger 1975, 432; *BGH* 106, 108 = MDR 1989, 437 = NJW 1989, 1039 (überholt damit *LG Fulda* Rpfleger 1988, 252 und *OLG Frankfurt* [mitget.] Rpfleger 1988, 286); *BGH* 128, 184 (187) = NJW 1995, 659 (660); *OLG Frankfurt* NJW-RR 1997, 1308 = a.a.O.; *Zöller/Stöber*, ZPO, Rdn. 13 zu § 848.
2 *BGH* 49, 197 = a.a.O. mit zahlr. weit. Nachw; *BGH* 106, 108 = a.a.O.; *BGH* 128, 184 (188) = a.a.O.; *OLG Köln* Rpfleger 1975, 20; *Stein/Jonas/Brehm*, ZPO, Rdn. 93 zu § 857.
3 *BGH* 49, 197 = a.a.O.; *KG* JFG 4, 339; *BayObLG* MittBayNot 1994, 39 = Rpfleger 1994, 162.
4 So eingehend *BGH* 49, 197 = a.a.O. (wegen der Abweichung von *BGH* NJW 1954, 1325 siehe Rdn. 1489); so ferner *KG* JFG 4, 339 und 14, 13 = JW 1936, 3335; *BayObLG* JFG 9, 233 = HRR 1932 Nr. 1389; **a.A.** (noch) *LG Wuppertal* NJW 1963, 1255; *Hoche* NJW 1955, 931, 933.
5 *BayObLG* Rpfleger 1994, 162 = a.a.O.
6 Insoweit zutreffend *OLG Celle* OLGR 1997, 88.

7. Kapitel: Pfändung von Sachansprüchen

2057a 3. Ein *Pfandrecht* (§ 804 Abs. 1 ZPO) erlangt der Gläubiger mit Pfändung des Anwartschaftsrechts nur an diesem[7], nicht aber auch am (schuldrechtlichen) Eigentumsübertragungsanspruch (Rdn. 2043 a). Die Anwartschaftspfändung beschränkt zugunsten des Gläubigers (Rdn. 559) die Verfügungsbefugnis des Schuldners über das Anwartschaftsrecht. Dieser kann über sein Anwartschaftsrecht (voll wirksam) nicht mehr allein (ohne Mitwirkung des Gläubigers) verfügen; er kann es nicht mehr übertragen (der Erwerber könnte nach Übertragung seine Grundbucheintragung beantragen; das Eigentum würde dann unmittelbar vom Veräußerer des Grundstücks auf den Erwerber des Anwartschaftsrechts übergehen) und nicht mehr aufheben (zum Grundbuchverfahren Rdn. 2061). Anspruch auf Erwerb des Eigentums am Grundstück begründet das Pfandrecht am Anwartschaftsrecht nicht. Daher kann der Gläubiger seine Eintragung als Eigentümer nicht betreiben. Das Pfandrecht am Anwartschaftsrecht berechtigt auch nicht zur Geltendmachung des (nicht gepfändeten) schuldrechtlichen Anspruchs auf Übertragung des Eigentums (§ 433 Abs. 1 BGB oder andere Anspruchsgrundlage).

2057b 4. Das Anwartschaftsrecht wird dem Gläubiger auf Antrag zur Einziehung überwiesen[8] (Bedeutung s. Rdn. 2021). Eine anderweitige Verwertung des gepfändeten Anwartschaftsrechts, insbesondere die Veräußerung nach § 857 Abs. 5, § 844 ZPO, verbietet sich[9].

2058 5. a) Nach (wirksamer) Pfändung der Anwartschaft aus Auflassung entsteht mit der Eigentumsumschreibung auf den Schuldner für den Pfändungsgläubiger kraft Gesetzes eine *Sicherungshypothek* entsprechend § 848 Abs. 2 S. 2 i.V.m. § 857 Abs. 1 ZPO[10]. Sie ist Gesamtrecht nach § 1132 BGB bei Pfändung der Anwartschaft aus Auflassung mehrerer Grundstücke[11]. Die Eintragung der Sicherungshypothek in das Grundbuch ist Grundbuchberichtigung (§ 22 Abs. 1 GBO). Sie erfolgt auf Antrag (§ 13 Abs. 1 GBO) des Gläubigers[12] oder Schuldners (= Grundstückseigentümer) bei Nachweis der Grundbuchunrichtigkeit durch Vorlage des Pfändungsbeschlusses mit Zustellungsnachweis[13]; der Mitwirkung eines Sequesters[14] bedarf es nicht[15], weil die Pfändung nicht nach § 848 ZPO durchgeführt wird.

---

7 Hierzu und zum Folgenden siehe *Schöner/Stöber*, Grundbuchrecht, Rdn. 1590.
8 *OLG München* BayJMBl 1953, 10.
9 *Hoche* NJW 1955, 931; siehe auch Rdn. 2037.
10 BGH 49, 197 = a.a.O. (Fußn. 1); *BayObLG* Rpfleger 1994, 162 = a.a.O.; *KG* JFG 4, 339; *LG Düsseldorf* MittRhNotK 1985, 147 = Rpfleger 1985, 305 mit Anm. *Münzberg*; *LG Essen* NJW 1955, 1401 mit zust. Anm. *Horber*; *LG Wuppertal* NJW 1963, 1255; *Hoche* NJW 1955, 931; **a.A.** (der Gläubiger ist hier auf den Antrag zur Eintragung einer Zwangssicherungshypothek nach §§ 867, 932 ZPO verwiesen) *BayObLG* HRR 1932 Nr. 1389 = JFG 9, 233.
11 *OLG Düsseldorf* Rpfleger 1981, 199 (200 re.Sp.); s. auch Rdn. 2046.
12 *BayObLG* 1994, 162 = a.a.O.
13 Das Grundbuchamt muss auch prüfen, ob das gepfändete „angebliche" Anwartschaftsrecht tatsächlich besteht; *OLG Düsseldorf* DNotZ 1981, 130 = Rpfleger 1981, 199.
14 Zur Mitwirkung eines gleichwohl bestellten Sequesters siehe *BayObLG* Rpfleger 1994, 162 = a.a.O.
15 So auch *BayObLG* Rpfleger 1994, 162 = a.a.O.; *OLG Düsseldorf* Rpfleger 1981, 199 (200 re.Sp.).

b) Die Sicherungshypothek geht den im Kauf- oder sonstigen Erwerbsvertrag vereinbarten dinglichen Belastungen des Erwerbsgrundstücks nach, deren Eintragung in Erfüllung der Vertragspflicht aus dem Erwerbsvertrag mit der Auflassung beantragt ist[16] und (wegen § 16 Abs. 2 GBO) gleichzeitig mit dem Eigentumsübergang zu vollziehen ist (s. Rdn. 2050; wegen des „Rang"verhältnisses zu einer geschuldeten, bei Erwerb jedoch nicht mit Vorrang bestellten Grundstücksbelastung s. Rdn. 2050 a). Das hat auch für Rechte zu gelten, die Dritten nach dem der Auflassung zugrunde liegenden Rechtsverhältnis zu bestellen sind. Die Sicherungshypothek hat aber Rang vor Hypotheken, Grundschulden und anderen Rechten, die *der Schuldner* als Auflassungsempfänger vor Pfändung und vor Eintragung seines Eigentums einem Dritten (gleiches gilt für Eigentümergrundschuld) bestellt hat[17], ohne dazu auf Grund seines Erwerbsvertrags verpflichtet gewesen zu sein. Gleichgültig ist, ob sie vor oder nach der Pfändung bewilligt[18] wurden. Wenn Eintragung der kraft Gesetzes entstandenen Sicherungshypothek nicht erfolgt, kann der Berechtigte eines vom Schuldner als Grundstückserwerber bestellten Grundstücksrechts gutgläubig den Vorrang erwerben (siehe Rdn. 2047)

2059

c) Wenn dem Grundbuchamt die Pfändung vor Eintragung der Auflassung bekannt wird, kann es den Eintragungsantrag nur vollziehen, wenn die Eintragung der Sicherungshypothek für den Gläubiger beantragt ist und gleichzeitig eingetragen werden kann oder wenn die Zustimmung des Gläubigers zu einer anderen Eintragung in grundbuchmäßiger Form (§ 29 GBO) beigebracht ist[19]. Eintragung der Sicherungshypothek gleichzeitig mit dem Eigentumswechsel kann auch allein von dem Schuldner beantragt werden[20]. Eintragung der Auflassung ohne gleichzeitige Eintragung der Sicherungshypothek würde zur Grundbuchunrichtigkeit führen, die vom Grundbuchamt nicht herbeigeführt werden kann[21].

2060

6. Dem Eintragungsantrag des Schuldners kann sich der Gläubiger nach wirksamer Pfändung des Anwartschaftsrechts anschließen[22]. Sein Eintra-

2061

---

16 *KG* JFG 4, 339 (346); *LG Frankenthal* BWNotZ 1985, 88 und 1986, 38 (Leits.) mit Anm. *Lehmann* = Rpfleger 1985, 231.
17 *BGH* 49, 197 = a.a.O. (Fußn. 1); *Hoche* NJW 1955, 931; *OLG Bremen* MDR 1954, 559 = NJW 1954, 1689. Tlw. anders nur *Böttcher* Rpfleger 1988, 252 (253), *Meikel/Böttcher*, GBO, Rdn. 38 zu § 45 und *Behr* JurBüro 1997, 458 (459): Vorrang auch für Rechte Dritter zur Kaufpreisfinanzierung; abwegig; zutr. dagegen *Kerbusch* Rpfleger 1988, 475 und *Hintzen* Rpfleger 1988, 439 (441).
18 Siehe zur gleichen Rechtslage bei Verpfändung *Schöner/Stöber*, Grundbuchrecht, Rdn. 1562.
19 *BayObLG* JFG 9, 233 = HRR 1932, 1389; *Hoche* NJW 1955, 932; *LG Wuppertal* NJW 1963, 1255; siehe auch *BayObLG* JurBüro 1983, 1377 = MittRhNotK 1983, 149 (betrifft Verpfändung).
20 *Hoche* a.a.O.
21 *Hoche* (NJW 1955, 932) behandelt die dem Grundbuchamt bekannte Pfändung als eine zu berücksichtigende Erwerbsbeschränkung des Auflassungsempfängers.
22 Zum Antragsrecht des Pfandgläubigers siehe *LG Essen* NJW 1955, 1401; ferner *Vollkommer* Rpfleger 1969, 411 mit weit. Nachw. in Fußn. 33.

gungsantrag ist (hier) als Sicherungsmaßnahme zur Erhaltung des gepfändeten Anwartschaftsrechts zulässig (s. Rdn. 557). Liegt sein Antrag dem Grundbuchamt vor, so kann der Schuldner die Eintragung der Auflassung nicht mehr durch Rücknahme seines Eintragungsantrages aufhalten.

2062 7. Bei einer für den Schuldner[23] als Auflassungsempfänger eingetragenen Auflassungsvormerkung kann die Pfändung des Anwartschaftsrechts eingetragen werden[24]. Die Eintragung ist Grundbuchberichtigung[25]; sie erfordert Nachweis, dass die Auflassung erklärt ist (s. Rdn. 2065), durch öffentliche oder öffentlich beglaubigte Urkunde (§ 29 Abs. 1 GBO)[26]. Ist noch keine Auflassungsvormerkung eingetragen, so kann der Pfandgläubiger anstelle des Käufers die Eintragung erwirken[27].

2063 8. Bei *mehrfacher Pfändung* des Anwartschaftsrechts aus der Auflassung bestimmt sich der *Rang* der Sicherungshypotheken nach der Zeitfolge des Wirksamwerdens der einzelnen Pfändungsbeschlüsse (siehe bereits Rdn. 2053). Die Sicherungshypotheken werden daher in der Reihenfolge der Pfändungen eingetragen. Der Vorrang der Sicherungshypothek des erstpfändenden Gläubigers geht auch nicht dadurch verloren, dass seine Pfändung bei Eintragung der Auflassung und der Sicherungshypothek des zweitpfändenden Gläubigers unbekannt geblieben ist. Durch diese Eintragung hat der zweitpfändende Gläubiger nicht gutgläubig ein vorrangiges Recht erworben (kein Rechtserwerb durch guten Glauben in der Zwangsvollstreckung), so dass auch später die Sicherungshypothek des erstpfändenden Gläubigers im Wege der Grundbuchberichtigung vorrangig einzutragen ist.

2064 9. Da eine Sicherungshypothek entsprechend § 848 Abs. 2 ZPO nur zur Entstehung gelangt, wenn bei Eigentumsumschreibung die (gepfändete) Anwartschaft besteht, entfällt nach Ansicht des *BGH*[28] die Wirkung der Pfändung, sobald der Umschreibungsantrag – auch nur erstinstanzlich – zurückgewiesen wird (das gilt nicht, wenn das Anwartschaftsrecht infolge einer Auflassungsvormerkung fortbesteht[29]; s. Rdn. 2065). Die sonach wirkungslos gewordene Pfändung kann dann ein danach mit neuem Umschreibungsantrag neu erwachsenes Anwartschaftsrecht[30] nicht erfassen.

---

23 Nicht somit bei der nach Abtretung des Anwartschaftsrechts für einen Dritten eingetragenen Vormerkung, siehe Rdn. 2048 Fußn. 42.
24 Siehe *Hoche* NJW 1955, 932 und (für den Fall der Verpfändung) *Vollkommer* Rpfleger 1969, 411; *Schöner/Stöber*, Grundbuchrecht, Rdn. 1600 mit 1594; *Zöller/Stöber*, ZPO, Rdn. 13 zu § 848; *MünchKomm/Damrau*, Rdn. 38 zu § 1274; **a.A.**; *Meikel/Böttcher*, GBO, Rdn. 179 zu § 20.
25 Unzulässig ist daher eine einstweilige Verfügung auf Eintragung eines Widerspruchs zur Auflassungsvormerkung; nicht richtig *AG Freudenstadt* MDR 1972, 1033.
26 *LG Bonn* Rpfleger 1989, 449; *Hintzen* Rpfleger 1989, 439 (441).
27 Vgl. *Vollkommer* Rpfleger 1969, 410 (für den Fall der Verpfändung) mit weit. Nachw.; siehe auch Rdn. 2048.
28 *BGH* DNotZ 1976, 96 = MittRhNotK 1975, 127 = Rpfleger 1975, 432 = WM 1975, 255 unter Hinweis auf *Mattern* Anm. LM Nr. 9/10 zu § 857 ZPO.
29 *LG Düsseldorf* Rpfleger 1985, 305 mit Anm. *Münzberg*.
30 *BGH* a.a.O. (Fußn. 28).

10. Ein *Anwartschaftsrecht* aus der Auflassung wird unabhängig davon, 2065
ob der Auflassungsempfänger Antrag auf Eigentumsumschreibung gestellt
hat, auch bereits anerkannt, wenn die Auflassung erklärt[31] und zugunsten
des Auflassungsempfängers eine Auflassungsvormerkung (§ 883 BGB) im
Grundbuch eingetragen ist[32]. Bejaht man ein Anwartschaftsrecht auch in
einem solchen Fall[33], dann ist es nach Maßgabe des Rdn. 2056 Gesagten
pfändbar. Dann kann Eintragung der Sicherungshypothek sogar auch beantragt werden, wenn der Antrag des Schuldners auf Eintragung des Eigentums noch nicht gestellt (oder zurückgewiesen) ist[34]. Pfändung auch des
Eigentumsverschaffungsanspruchs empfiehlt sich in einem solchen Fall[35]
(dazu Rdn. 2071, 2072).

Kein Anwartschaftsrecht begründet die Auflassungsvormerkung, wenn
die Auflassung noch nicht erklärt ist[36].

II. Ein Umschreibungsantrag ist überhaupt noch nicht gestellt oder zurückgewiesen oder nur vom Veräußerer gestellt

1. Wenn nach Auflassung ein Umschreibungsantrag noch überhaupt 2066
nicht oder nur vom Veräußerer gestellt ist oder wenn ein vom Auflassungsempfänger (= Schuldner) gestellter Umschreibungsantrag vom Grundbuchamt (wenn auch nur erstinstanzlich) zurückgewiesen ist und auch eine Auflassungsvormerkung nicht im Grundbuch eingetragen ist (Rdn. 2065), hat

---

31 Ohne Auflassung kein Anwartschaftsrecht, *BGH* 89, 41 (44) = DNotZ 1984, 319 (320) = NJW 1984, 973 (974).
32 *BGH* 83, 395 (399) = DNotZ 1982, 619 mit Anm. *Ludwig* = MDR 1982, 742 = NJW 1982, 1639; *BGH* 106, 108 (111) = a.a.O. (Fußn. 1); *OLG Frankfurt* DNotZ 1997, 731 = JurBüro 1997, 329 = NJW-RR 1997, 1308; *OLG Hamm* JurBüro 1975, 1514 = DNotZ 1975, 88 = MDR 1975, 758 = NJW 1975, 879. Das setzt auch voraus, dass der gesicherte Auflassungsanspruch besteht (akzessorische Vormerkung ist vom Bestand des gesicherten schuldrechtlichen Anspruchs abhängig); Prüfung durch das Vollstreckungsgericht erfolgt jedoch nicht (gepfändet wird das angebliche Anwartschaftsrecht); Prüfung durch das Grundbuchamt erfolgt nur, wenn Anhalt für Grundbuchunrichtigkeit besteht. Noch weitergehend *OLG Düsseldorf* DNotZ 1981, 130 = Rpfleger 1981, 199 mit Anm. *Eickmann*: Der Erwerber eines Grundstücks erwirbt ein nach § 857 Abs. 2 ZPO pfändbares Anwartschaftsrecht, wenn die Auflassung erklärt und eine Auflassungsvormerkung zur Sicherung eines wirksam begründeten Eigentumsübertragungsanspruchs bindend bewilligt und beantragt worden ist.
33 Siehe hierzu kritisch *Münzberg* in Festschrift für Schiedermair, 1976, Seite 455 f.; ablehnend zu BGH *Reinicke* und *Tiedtke* NJW 1982, 2281.
34 Dazu und zur Behandlung dieses Antrags durch das Grundbuchamt *LG Düsseldorf* Rpfleger 1985, 305 und *Münzberg* in Anm. dazu. Nicht zulässig ist aber Eintragung des Schuldners als Erwerber und der Sicherungshypothek des Gläubigers auf dessen Antrag unter Verletzung des Anspruchs des Veräußerers auf Bestellung einer vorrangigen Kaufgeldresthypothek; siehe die unrichtige Behandlung des vom *LG Frankenthal* a.a.O. (Fußn. 16) entschiedenen Falls.
35 So auch *Münzberg* a.a.O., S. 444 und Rpfleger 1985, 306 (308).
36 *BGH* MittBayNot 2000, 245 (246) = NJW 2000, 1268 (1269); *BFH* 181, 268 (271) = NJW-RR 1997, 399 (400 li.Sp. unten).

der Auflassungsempfänger kein übertragbares und damit kein pfändbares Anwartschaftsrecht[37].

2067   2. Pfändung einer *zukünftigen*, durch die Stellung bzw. Wiederholung des Eintragungsantrags oder mit Aufhebung der Antragszurückweisung durch das Beschwerdegericht entstehenden Auflassungsanwartschaft kann m.E. nicht erfolgen, weil der Auflassungsanspruch (Eigentumsverschaffungsanspruch) als gegenwärtig pfändbarer Anspruch besteht und die Art und Weise der Pfändung sich nach dem Vollstreckungsobjekt im Zeitpunkt der Pfändung bestimmt[38] (siehe hierzu Rdn. 1989).

2068   3. Umdeutung (Auslegung) der Pfändung der noch nicht begründeten („ungesicherten" oder „schwächeren") Anwartschaft in eine Pfändung des Eigentumsübertragungsanspruchs ist nicht für zulässig zu erachten. Für solche Auslegung[39] des Pfändungsbeschlusses, der die (sog. „schwächere") Anwartschaft als gepfändet bezeichnet, in die Pfändung des Eigentumsverschaffungsanspruchs kann nicht schon allein genügen, dass der Beschluss auch an den veräußernden Eigentümer als Drittschuldner zugestellt ist[40]. Weil der Veräußerer für die Pfändung des Eigentumsübertragungsanspruchs Drittschuldner ist, muss der Pfändungsbeschluss vielmehr das an ihn gerichtete, für die Wirksamkeit wesentliche Leistungsverbot enthalten (Rdn. 503, 505). Dieses Leistungsverbot würde bei Bezeichnung des Pfandgegenstands als Anwartschaftsrecht zugleich auch dann einen eine Umdeutung rechtfertigenden wesentlichen Anhaltspunkt ausweisen; freilich kommt dann der Inhalt des Pfändungsbeschlusses schon einer Doppelpfändung näher als der durch Auslegung zu ermittelnden Pfändung nur des Eigentumsübertragungsanspruchs. Eine Pfändung der noch nicht begründeten („ungesicherten" oder „schwächeren") Anwartschaft geht somit ins Leere[41].

III. Fortbestehen des Eigentumsübertragungsanspruchs nach Auflassung

2069   1. Auflassung (§ 925 BGB) führt nicht zum Erlöschen des schuldrechtlichen Eigentumsübertragungsanspruchs[42]. Er besteht fort, bis mit Eigen-

---

37 *BGH* 106, 108 = a.a.O. (Fußn. 1); *BGH* DNotZ 1976, 96 = a.a.O. (Fußn. 28); *OLG Jena* DNotZ 1997, 158 = Rpfleger 1996, 100; außerdem *BGH* 45, 186 = DNotZ 1966, 673 = LM Nr. 4 zu § 823 BGB. Zur früher abweichenden Ansicht, dass die Rechtsstellung des Auflassungsempfängers als sog. „schwächere (auch ungesicherte) Anwartschaft" bereits ein der Pfändung unterliegendes Vermögensrecht begründe, s. 8. Auflage Rdn. 2067 mit Nachw.
38 Darauf deutet auch *Münzberg* in Festschrift für Schiedermair, 1976, Seite 439 (444) hin. So außerdem *OLG Jena* a.a.O.
39 Siehe zur Auslegung des Pfändungsbeschlusses allgemein Rdn. 509 ff. und hinsichtlich der Bezeichnung der zu pfändenden Forderung Rdn. 512 ff.
40 So aber – nur allgemein gehalten – wohl *Münzberg* a.a.O. (Fußn. 33) Seite 445.
41 *BGH* 106, 108 (111) = a.a.O. (Fußn. 1); *OLG Jena* DNotZ 1997, 158 = a.a.O.
42 *BGH* DNotZ 1995, 47 = NJW 1994, 2947; *RG* 113, 403 (405); *BayObLG* 1985, 332 und DNotZ 1997, 337 (338) = NJW-RR 1997, 1173; *KG* DNotZ 1971, 418 (420) = OLGZ 1971, 457 = Rpfleger 1971, 312 (313) mit Anm. *Haegele; OLG Düsseldorf-*MittRhNotK 1989, 252; *OLG Frankfurt* DNotZ 1997, 731 = JurBüro 1997, 329 =

tumsübergang Erfüllung eingetreten ist. Der schuldrechtliche Eigentumsübertragungsanspruch besteht nach Auflassung neben dem (pfändbaren) Anwartschaftsrecht (Rdn. 2055), kann somit selbstständig gepfändet werden. Besonderheiten zeigen sich, weil die Pfändung des schuldrechtlichen Eigentumsübertragungsanspruchs mit Beschlusszustellung an den Veräußerer als Drittschuldner wirksam wird (Rdn. 2016), während das Anwartschaftsrecht aus Auflassung als drittschuldnerloses Recht durch Zustellung des Pfändungsbeschlusses an den Schuldner gepfändet wird[43], außerdem, weil § 848 Abs. 2 ZPO bei Pfändung des Eigentumsübertragungsanspruchs die Mitwirkung eines Sequesters gebietet, während bei Anwartschaftspfändung ein Sequester nicht eingeschaltet ist.

2. a) Pfändung der Anwartschaft und des fortbestehenden Eigentumsübertragungsanspruchs stehen dem Gläubiger *wahlweise* zur Verfügung[44], Rechts- und Anspruchspfändung können auch gemeinsam (in einem Beschluss) erfolgen[45].

2070

b) Die Pfändung des Eigentumsverschaffungsanspruchs empfiehlt sich auch, wenn das Anwartschaftsrecht bereits gepfändet ist oder gleichzeitig gepfändet wird. Die Pfändung der Anwartschaft ermöglicht dem Gläubiger nur die Befriedigung aus der durch Auflassung erlangten Rechtsposition des Schuldners als Grundstückserwerber. Auf Rechtsbeziehungen zu dem schuldrechtlich zur Eigentumsübertragung verpflichteten bisherigen Grundstückseigentümer erstrecken sich die Wirkungen dieser Pfändung nicht. Wenn der Antrag auf Auflassung vom Grundbuchamt zurückgewiesen wird, insbesondere wenn die Auflassung unwirksam wird (oder ist), sowie bei Auflassung, zu der ein Umschreibungsantrag des Schuldners nicht gestellt ist, und weiter, wenn der Veräußerer das Grundstück weiter veräußert, führt die Pfändung nur des Anwartschaftsrechts daher nicht oder nicht in dem erstrebten Ausmaß zum Erfolg. Insbesondere kann der Gläubiger bei Pfändung nur der Anwartschaft, bei der der Veräußerer nicht Drittschuldner ist, gegen diesen keine Ansprüche verfolgen, so nicht den Anspruch auf Wiederholung einer nichtigen oder zurückgewiesenen Auflassung. Auch hat der Gläubiger in diesem Fall keine Befriedigungsmöglichkeit aus dem wegen Nichterfüllung gegen den Veräußerer bestehenden Schadensersatzanspruch (siehe Rdn. 702).

2071

NJW-RR 1997, 1308; *OLG Jena* DNotZ 1997, 158 = Rpfleger 1996, 100; *Vollkommer* Rpfleger 1969, 409 (414), auch Rpfleger 1972, 18. Offen gelassen noch von *BGH* 49, 197 (204) = a.a.O. (Fußn. 1).

43 Da bei Anwartschaftspfändung ein Drittschuldnerverbot fehlt, ist auch ihre Umdeutung in die Pfändung des Eigentumsverschaffungsanspruchs im Wege der Auslegung des Pfändungsbeschlusses ausgeschlossen.

44 *Vollkommer* Rpfleger 1969, 413; *LG Essen* NJW 1955, 1401 mit zust. Anm. *Horber*; *KG* JFG 4, 339; s. außerdem Rdn. 2065.

45 *BayObLG* DNotZ 1997, 337 (338) = a.a.O. (Fußn. 42); *OLG Frankfurt* DNotZ 1997, 731 = a.a.O. (Fußn. 42).

2072 c) Die Pfändung nur des Anwartschaftsrechts erfasst nicht zugleich auch den Eigentumsübertragungsanspruch (und umgekehrt); es handelt sich um selbstständige Vermögensrechte, die jeweils gesondert gepfändet werden müssen[46]. Die Pfändung des Anwartschaftsrechts kann daher auch nicht als Pfändung auch des Eigentumsübertragungsanspruchs ausgelegt werden, desgleichen (umgekehrt) die Pfändung des Eigentumsübertragungsanspruchs nicht als Pfändung des Anwartschaftsrechts. Es handelt sich um verschiedene (selbstständige) Vermögensrechte; bei Pfändung muss daher jedes Einzelrecht als solches bestimmt bezeichnet werden. Überdies fehlt bei Anwartschaftspfändung ein Drittschuldnerverbot, so dass sie nicht im Wege der Auslegung als Pfändung (auch) des schuldrechtlichen Anspruchs mit Drittschuldnerverbot (oder umgekehrt) angesehen werden kann.

2073 3. Wenn eine Pfändung des Eigentumsübertragungsanspruchs (wirksam geworden vor oder nach Auflassung) und eine Pfändung der Anwartschaft zusammentreffen, gilt der Grundsatz der Priorität (§ 804 Abs. 3 ZPO). Ein Vorrang des Pfandrechts an der Anwartschaft besteht auch dann nicht, wenn der Eigentumsübertragungsanspruch erst nach Auflassung (aber vor der Anwartschaft) gepfändet wurde. Die Sicherungshypotheken bestimmen sich also nach der zeitlichen Reihenfolge der Entstehung der Pfandrechte am Anspruch oder an der Anwartschaft. Für dieses Rangverhältnis der mit Eigentumsübergang entstehenden Sicherungshypotheken ist also bedeutungslos, ob sie aus einem Pfandrecht am Eigentumsübertragungsanspruch oder am Anwartschaftsrecht hervorgegangen sind[47].

2074 4. Grundbucheintragung auf Schuldnerantrag nach Pfändung des Anspruchs auf Übertragung des Eigentums oder des Anwartschaftsrechts aus Auflassung (ohne gleichzeitige Eintragung der Sicherungshypothek für den Gläubiger) kann mit Zustimmung des Gläubigers (Form: § 29 Abs. 1 GBO) erfolgen (nur relative Wirkung der Pfändung).

2075–2079 Die Randnummern 2075–2079 sind nicht belegt.

---

46 *OLG Hamm*, FamRZ 2008, 1075; *Zöller/Stöber*, ZPO, Rdn. 15 zu § 848.
47 *Vollkommer* Rpfleger 1969, 413.

ACHTES KAPITEL

ZWANGSVOLLSTRECKUNG IN FORDERUNGEN AUS WECHSELN, ANDEREN INDOSSABLEN PAPIEREN USW.
(§ 831 ZPO)

A. Wechselforderungen und durch Orderpapiere verbriefte Forderungen

Die Rechte aus dem vom Gerichtsvollzieher ... in ... am ... gepfändeten Wechsel über ... Euro, der von ... ausgestellt, von ... als Bezogener angenommen und am ... in ... zahlbar ist, werden hiermit in Höhe von ... Euro Hauptsache nebst ... % Zinsen hieraus und ... Euro Kosten auf Grund des vollstreckbaren Urteils des Amtsgerichts ... vom ..., Aktenz.: ... dem Gläubiger zur Einziehung überwiesen. 2080

I. Wechsel und indossable Papiere

Schrifttum: *Geißler*, Die vollstreckungsrechtliche Behandlung der Order-Papiere des § 831 ZPO, DGVZ 1986, 110; *Hezel*, Zwangsvollstreckung in Wertpapiere unter Beachtung der Grundsätze des Vollstreckungs- sowie materiellen Rechts, Rpfleger 2006, 105.

Die Pfändung von *Forderungen aus Wechseln* und anderen Papieren, die durch *Indossament übertragen* werden können, hat durch den Gerichtsvollzieher zu erfolgen (§ 831 ZPO). Wechsel: §§ 1 ff. WG. Andere Papiere, deren verbriefte Forderungen durch Indossament übertragen werden, können über die Leistung von Geld, Wertpapiere oder andere vertretbare Sachen (Warenforderungen) ausgestellt sein. Es sind dies die handelsrechtlichen Papiere des § 363 HGB, wenn sie an Order lauten, somit die kaufmännische Anweisung, der kaufmännische Verpflichtungsschein, Konnossemente der Verfrachter[1], Ladescheine der Frachtführer, Lagerscheine sowie Transportversicherungspolicen (nicht mehr jedoch Bodmereibriefe, Art. 1 Nr. 2 Seerechtsänderungsgesetz vom 21. Juni 1972, BGBl I 966). Zu unterscheiden von diesen indossablen Papieren sind die *Wertpapiere* (Inhaber- und Namenspapiere, die durch Indossament oder auch durch Abtretung und Übergabe der Papiere übertragen werden[2]). Diese werden bei 2081

---

1 Siehe zur Schiffsladung, über die ein Orderkonnossement ausgestellt ist, *BGH* (21.5.1980) Betrieb 1980, 1937 = MDR 1980, 1016.
2 *Zöller/Stöber*, ZPO, Rdn. 2–4 zu § 821.

Zwangsvollstreckung wegen Geldforderungen wie bewegliche körperliche Sachen behandelt, mithin nach § 808 (auch § 809) ZPO durch den Gerichtsvollzieher gepfändet[3] und nach §§ 821–823 ZPO verwertet (Rdn. 2092).

II. Pfändung

2082 1. Bei Forderungen aus Wechseln oder anderen indossablen Papieren ist der Drittschuldner nur zur Zahlung an den durch das Papier legitimierten Gläubiger verpflichtet. Die *Pfändung* der Forderung aus einem solchen Papier erfordert deshalb Sicherstellung des verbrieften Rechts durch *Zugriff auf das Papier*; sie erfolgt daher – wie bei körperlichen Sachen – dadurch, dass der *Gerichtsvollzieher* das Papier in Besitz nimmt (§§ 831, 808 Abs. 1 ZPO). Ein Pfändungsbeschluss ist nicht erforderlich; er hätte keinerlei Wirkungen[4]. Wenn aber der durch ein indossables kaufmännisches Orderpapier verkörperte Herausgabeanspruch[5] durch Pfändung des Herausgabeanspruchs gepfändet wird und daraufhin Herausgabe an den Gerichtsvollzieher erfolgt ist, ist die Pfändung nur fehlerhaft, aber nicht wirkungslos und nichtig[6].

Der Gerichtsvollzieher pfändet Forderungen aus Wechseln und anderen indossablen Papieren regelmäßig nur auf ausdrückliche Anweisung des Gläubigers oder wenn er ausreichende sonstige Pfandstücke nicht vorfindet, weil die Zahlungsfähigkeit des Drittschuldners meist nicht feststeht (§ 175 Nr. 2 GVGA).

2083 2. Durch den Gerichtsvollzieher erfolgt die Pfändung auch, wenn sich das indossable Papier im *Gewahrsam des Gläubigers* oder eines zur Herausgabe bereiten *Dritten* befindet (§ 809 ZPO). Wenn der Dritte nicht herausgabebereit ist, muss der Anspruch auf Herausgabe nach § 847 ZPO mit der Maßgabe gepfändet werden, dass der Wechsel oder das sonstige indossable Papier an den Gerichtsvollzieher herauszugeben ist[7]. Mit der Herausgabe an den Gerichtsvollzieher ist dann der Wechsel oder das sonstige Papier mit dem Pfandrecht behaftet; die Verwertung erfolgt anschließend nach § 835 ZPO.

2084 3. Eine *Anschlusspfändung* erfolgt nach § 826 ZPO.

Wegen der Pfändung der Forderung aus einem indossablen Papier, für die eine *Sicherungshypothek* eingetragen ist (§ 1187 BGB), siehe auch Rdn. 1800 und 1843.

---

3 *Hezel* Rpfleger 2006, 105.
4 *RG* 61, 330 (331).
5 Im entschiedenen Fall eine Schiffsladung, über die ein Orderkonnossement ausgestellt war.
6 *BGH* (21.5.1980) a.a.O. (Fußn. 1).
7 *KG* JW 1926, 2111.

III. Pfandverwertung

1. Die *Pfandverwertung* eines nach § 831 ZPO vom Gerichtsvollzieher gepfändeten Wechsels oder Anspruchs aus einem sonstigen indossablen Papier erfolgt nach §§ 835 ff. ZPO. Eine Versteigerung nach §§ 814 ff. ZPO wäre ungültig[8]. 2085

2. Der *Überweisungsbeschluss* oder die Anordnung einer anderen Art der Verwertung ergehen auf Antrag des Gläubigers (nicht des Gerichtsvollziehers) durch das Vollstreckungsgericht. Örtlich zuständig ist das Amtsgericht, in dessen Bezirk der Schuldner seinen allgemeinen Gerichtsstand hat, nicht das Vollstreckungsgericht, in dessen Bezirk der Gerichtsvollzieher gepfändet hat[9] (siehe Rdn. 446). Dem Vollstreckungsgericht sind mit dem Antrag die für den Beginn der Zwangsvollstreckung erforderlichen Urkunden vorzulegen (siehe Rdn. 470); der Nachweis der wirksamen Pfändung des Papiers kann durch Bezugnahme auf das Pfändungsprotokoll des am Sitz des Vollstreckungsgerichts tätigen Gerichtsvollziehers oder Vorlage einer beglaubigten Abschrift dieses Pfändungsprotokolls geführt werden. 2086

3. *Anderweitige Verwertung* kann nach § 844 ZPO erfolgen; dazu siehe Rdn. 1466. Dabei genügt für die Übertragung der Rechte aus dem Wechsel die Übergabe der Urkunde[10]; ein weiterer Übertragungsakt ist nicht notwendig. Ein Indossament wird nicht für zulässig gehalten[11]. Als Verwertung im Wege des freihändigen Verkaufs kann insbesondere die Diskontierung des Wechsels angeordnet werden[12]. 2087

IV. Urkundenverwahrung

Die weggenommenen *Urkunden verwahrt der Gerichtsvollzieher* so lange, bis das Vollstreckungsgericht sie einfordert oder bis ihm ein Beschluss des Vollstreckungsgerichts vorgelegt wird, durch den die Überweisung der Forderung an den Gläubiger ausgesprochen oder eine andere Art der Verwertung angeordnet wird (siehe § 175 Nr. 4 GVGA). Werden gepfändete Wechsel zahlbar, bevor eine gerichtliche Entscheidung über ihre Verwertung ergangen ist, so sorgt der Gerichtsvollzieher in Vertretung des Gläubigers für die rechtzeitige Vorlegung, eventuell auch für die Protesterhebung. Wenn der Wechsel bezahlt wird, hinterlegt der Gerichtsvollzieher den bezahlten Betrag (§ 175 Nr. 5 GVGA). An diesem Hinterlegungsbetrag setzt sich das Pfändungspfandrecht des Gläubigers fort; die Überweisung ist sodann auf den Hinterlegungsbetrag zu beziehen. 2088

---

8 *RG* 35, 75.
9 Letzteres ist aber zuständig für Erinnerungen gegen das Pfändungsverfahren des Gerichtsvollziehers, siehe § 764 Abs. 2 ZPO.
10 *RG* 61, 330 (332).
11 *Stein/Jonas/Brehm*, ZPO, Rdn. 9 zu § 844.
12 *OLG Hamburg* OLG 29, 221.

V. Herausgabe körperlicher Sachen

2089 Geht die durch das Papier ausgewiesene Forderung auf *Herausgabe von körperlichen Sachen* (siehe § 363 HGB), so ist bei der Überweisung Herausgabe an einen vom Gläubiger zu beauftragenden Gerichtsvollzieher anzuordnen (§ 847 ZPO). Die herauszugebende Sache wird von der Pfändung erst mit ihrer Herausgabe an diesen Gerichtsvollzieher erfasst. Ihre Verwertung bestimmt sich gemäß § 847 Abs. 2 ZPO nach den Vorschriften über die Verwertung von Sachen, die der Gerichtsvollzieher gepfändet hat (siehe Rdn. 2028).

VI. Blankowechsel

Schrifttum: *Feudner,* Die Zwangsvollstreckung in Blankowechsel, NJW 1963, 1239; ebenso *Schmalz* NJW 1964, 141; *Weimar,* Rechtsfragen zum Blankowechsel, MDR 1965, 20; *Weimar,* Die Zwangsvollstreckung in Wertpapiere und sonstige Urkunden, JurBüro 1982, 357.

2090 Das *Ausfüllungsrecht* beim Blankowechsel ist als Befugnis, den Wechsel nach vertraglicher Abrede oder mangels solcher in verkehrsüblicher Weise zu einem Vollwechsel zu ergänzen, ein Vermögensrecht[13]. Als solches wird es zusammen mit der Blanketturkunde (= dem nicht voll ausgefüllten Wechsel) nach § 831 ZPO dadurch gepfändet, dass der *Gerichtsvollzieher die Blanketturkunde in Besitz nimmt*[14]. Ein Pfändungsbeschluss muss und kann daneben nicht erwirkt werden[15], er ist daher unzulässig.

2091 Die *Verwertung* erfolgt durch Überweisung zur Einziehung des gepfändeten Ausfüllungsrechts und der mit Ausfüllung bestehenden Wechselforderung nach § 835 ZPO, also durch Überweisungsbeschluss[16]. Überweisung an Zahlungs statt verbietet sich mangels Nennwert[17]. Durch den Überweisungsbeschluss wird dem Gläubiger das Recht gegeben, das dem Schuldner zustehende Ausfüllungsrecht auszuüben[18] und in Höhe seiner Vollstreckungsforderung die mit Ausfüllung entstandene Wechselforderung beim Wechselschuldner einzuziehen.

---

13 *Schmalz* NJW 1964, 141 mit weiteren Nachweisen.
14 *LG Darmstadt* DGVZ 1990, 157; *Schmalz* a.a.O. (Fußn. 13); *Weimar* MDR 1965, 20 und JurBüro 1982, 357 (358); *Geißler* DGVZ 1986, 110 (112); *Zöller/Stöber,* ZPO, Rdn. 5; *Stein/Jonas/Brehm,* ZPO, Rdn. 3; *Wieczorek/Schütze/Lüke,* ZPO, Rdn. 3, je zu § 831.
15 So die ganze herrschende Meinung; **a.A.** *Feudner* NJW 1963, 1239, der das Papier nach § 831, die Ausfüllungsbefugnis daneben nach § 829 ZPO (analog) pfänden will (Doppelpfändung); siehe dazu aber *Schmalz* a.a.O. (Fußn. 12).
16 *Schmalz* a.a.O. (Fußn. 13) mit weiteren Nachweisen; *LG Darmstadt* a.a.O.
17 *Schmalz* a.a.O. (Fußn. 13).
18 *Schmalz* a.a.O. (Fußn. 13) mit weiteren Nachweisen; *Zöller/Stöber,* ZPO, a.a.O.

B. Andere Wertpapiere, Scheck

I. Wertpapiere

Wertpapiere (s. Rdn. 2081) werden bei der Zwangsvollstreckung wie bewegliche körperliche Sachen behandelt. Diese Papiere werden durch den Gerichtsvollzieher gepfändet (§ 808 Abs. 1, auch § 809 ZPO) und verwertet (§§ 821–823 ZPO), ohne dass es eines Überweisungsbeschlusses bedarf. Hierher gehören auch indossable Papiere, die nicht Forderungspapiere sind, vornehmlich also Papiere, die ein Mitgliedschaftsrecht verbriefen wie insbesondere Namensaktien (siehe § 61 AktG). Sonstige Wertpapiere sind z. B. Inhaberaktien, Kuxen, Schuldverschreibungen auf den Inhaber, Inhaber-Grundschuldbriefe, ausländische Banknoten sowie die sogenannten kleinen (unvollkommenen) Inhaberpapiere (§ 807 BGB) wie Lotterielose, Eintrittkarten und Briefmarken[1].

2092

II. Scheck

Schrifttum: *Höppner*, Bearbeitung und Pfändung von Schecks durch den Vollstreckungsbeamten, KKZ 1991, 64; *Prost*, Die Pfändung und zwangsweise Verwertung von Schecks im Inlandverkehr, NJW 1958, 1618.

Ein vom Aussteller schon unterschriebener, aber noch *nicht begebener Scheck* ist nicht pfändbar, weil das „Recht auf Vorlage" kein pfändbares Recht im Sinne des § 857 ZPO ist[2]. Dem Gläubiger bietet sich jedoch die Möglichkeit, das Bankguthaben nach dem Rdn. 154 ff. Gesagten zu pfänden.

2093

Einen *Scheck*, den ein *Dritter ausgestellt* und dem Schuldner ausgehändigt hat, pfändet der Gerichtsvollzieher durch Wegnahme des Papiers[3]. Der auf eine bestimmte Person zahlbar gestellte Scheck kann indossiert werden (Art. 14 Abs. 1 ScheckG); er ist mithin nach § 831 ZPO zu behandeln. Der auf eine bestimmte Person zahlbar gestellte Scheck mit dem Vermerk „nicht an Order" kann nicht indossiert werden (Art. 14 Abs. 2 ScheckG); er ist somit nach §§ 821–823 ZPO zu verwerten. *Inhaberschecks* (dazu gehört auch der Scheck, in dem der Name des Zahlungsempfängers mit dem Zusatz „oder Überbringer" angegeben ist, Art. 5 Abs. 2 ScheckG) können zwar indossiert werden. Das Indossament hat hier aber nur Garantiefunktion, macht jedoch den Scheck nicht zum Orderpapier. Daher ist auch der Inhaberscheck nach §§ 821–823 ZPO zu verwerten. In allen Fällen dürfte aber Verwertung nach §§ 825, 844 ZPO sachdienlicher sein[4]. Der Gerichtsvollzieher kann bei dieser Verwertung angewiesen werden, den Gegenwert

2094

---

1 BGH 164, 286 = ZIP 2005, 2197.
2 *Prost* NJW 1958, 1618.
3 *Prost* a.a.O. (Fußn. 2); *LG Göttingen* DGVZ 1983, 9 = NJW 1983, 635. § 175 Nr. 1 GVGA; siehe auch *OLG Hamm* NJW-RR 1988, 379.
4 *Prost* a.a.O. (Fußn. 2) hält nur diese Verwertung als die richtige Lösung.

des Schecks durch Vorlage bei der bezogenen Bank einzuziehen und alsdann den Gläubiger zu befriedigen. Weil die Pfändung den Gerichtsvollzieher in die Lage versetzt, den Scheck (auch einen Verrechnungsscheck) der bezogenen Bank vorzulegen und den durch Einlösung erlangten Betrag unmittelbar dem Gläubiger auszuhändigen, wird auch diese Verwertung für zulässig erachtet[5]. Die Einlösung scheitert aber, wenn der Aussteller den Scheck sperren lässt.

2095 Ein auf die *Deutsche Bundesbank* gezogener und bestätigter Scheck ist nach dem vorstehend Gesagten zu pfänden und zu verwerten, gleichgültig, ob der Schuldner oder ein Dritter Aussteller ist[6].

C. Anteilscheine (Investmentzertifikate)

Schrifttum: *Berner*, Die Pfändung von Investmentzertifikaten und ihre Verwertung, Rpfleger 1960, 33.

2096 *Anteilscheine*, die Anteile an Sondervermögen (Investmentfonds) einer Kapitalanlagegesellschaft[1] verbriefen, können auf den Inhaber oder auf den Namen lauten (§ 33 InvG). Beide Arten sind vollkommene Wertpapiere[2]. Gepfändet werden

- *Inhaber*anteilscheine durch den Gerichtsvollzieher nach § 808 ZPO[3]. Verwertet werden diese Inhaberpapiere durch den Gerichtsvollzieher nach § 821 ZPO[3].

- *Namens*anteilscheine durch den Gerichtsvollzieher nach § 808 ZPO[4]. Sie werden nicht nach § 831 ZPO, sondern durch den Gerichtsvollzieher nach § 821 ZPO durch Veräußerung aus freier Hand zum Tagespreis verwertet[5*]. Das Indossament bzw. die Abtretungserklärung des § 822 ZPO stellt der Gerichtsvollzieher an Stelle des Schuldners aus, nachdem er vom Vollstreckungsgericht (Rechtspfleger, § 20 Nr. 17 RpflG) dazu ermächtigt worden ist[6*].

---

5   *LG Göttingen* DGVZ 1983, 9 = NJW 1983, 635.
6   *Prost* a.a.O. (Fußn. 2).
1   Siehe dazu das Investmentgesetz (InvG) i.d.F. vom 15. Dez. 2003, BGBl I 2676 (mit Änderungen).
2   *Berner* Rpfleger 1960, 33.
3   *Berner* a.a.O. (Fußn. 2) mit weit. Nachw.; *Viertelhausen* DGVZ 2000, 129 (130).
4   Siehe Fußn. 3. Auch ein Immobilien-Zertifikat, das als Namenspapier oder auf den Namen lautendes Investment-Zertifikat ausgegeben ist, ist durch den Gerichtsvollzieher zu pfänden, *LG Berlin* DGVZ 1970, 170 = Rpfleger 1970, 361.
5* Siehe Fußn. 3.
6* *Berner* a.a.O. (Fußn. 2).

ANHANG

1. Zivilprozessordnung

Vom 30. Januar 1877
Neufassung vom 5. Dez. 2005, BGBl I 3202
– mit Änderungen nach dem Stand vom 1.1.2010 –

§ 766 Erinnerung gegen Art und Weise der Zwangsvollstreckung

(1) Über Anträge, Einwendungen und Erinnerungen, welche die Art und Weise der Zwangsvollstreckung oder das vom Gerichtsvollzieher bei ihr zu beobachtende Verfahren betreffen, entscheidet das Vollstreckungsgericht. Es ist befugt, die im § 732 Abs. 2 bezeichneten Anordnungen zu erlassen.

(2) Dem Vollstreckungsgericht steht auch die Entscheidung zu, wenn ein Gerichtsvollzieher sich weigert, einen Vollstreckungsauftrag zu übernehmen oder eine Vollstreckungshandlung dem Auftrag gemäß auszuführen, oder wenn wegen der von dem Gerichtsvollzieher in Ansatz gebrachten Kosten Erinnerungen erhoben werden.

§ 793 Sofortige Beschwerde

Gegen Entscheidungen, die im Zwangsvollstreckungsverfahren ohne mündliche Verhandlung ergehen können, findet sofortige Beschwerde statt.

Untertitel 3: Zwangsvollstreckung in Forderungen und andere Vermögensrechte

§ 828 Zuständigkeit des Vollstreckungsgerichts

(1) Die gerichtlichen Handlungen, welche die Zwangsvollstreckung in Forderungen und andere Vermögensrechte zum Gegenstand haben, erfolgen durch das Vollstreckungsgericht.

(2) Als Vollstreckungsgericht ist das Amtsgericht, bei dem der Schuldner im Inland seinen allgemeinen Gerichtsstand hat, und sonst das Amtsgericht zuständig, bei dem nach § 23 gegen den Schuldner Klage erhoben werden kann.

(3) Ist das angegangene Gericht nicht zuständig, gibt es die Sache auf Antrag des Gläubigers an das zuständige Gericht ab. Die Abgabe ist nicht bindend.

Anhang 1

§ 829 Pfändung einer Geldforderung

(1) Soll eine Geldforderung gepfändet werden, so hat das Gericht dem Drittschuldner zu verbieten, an den Schuldner zu zahlen. Zugleich hat das Gericht an den Schuldner das Gebot zu erlassen, sich jeder Verfügung über die Forderung, insbesondere ihrer Einziehung, zu enthalten. Die Pfändung mehrerer Geldforderungen gegen verschiedene Drittschuldner soll auf Antrag des Gläubigers durch einheitlichen Beschluss ausgesprochen werden, soweit dies für Zwecke der Vollstreckung geboten erscheint und kein Grund zu der Annahme besteht, dass schutzwürdige Interessen der Drittschuldner entgegenstehen.

(2) Der Gläubiger hat den Beschluss dem Drittschuldner zustellen zu lassen. Der Gerichtsvollzieher hat den Beschluss mit einer Abschrift der Zustellungsurkunde dem Schuldner sofort zuzustellen, sofern nicht eine öffentliche Zustellung erforderlich wird. An Stelle einer an den Schuldner im Ausland zu bewirkenden Zustellung erfolgt die Zustellung durch Aufgabe zur Post.

(3) Mit der Zustellung des Beschlusses an den Drittschuldner ist die Pfändung als bewirkt anzusehen.

(4) Das Bundesministerium der Justiz wird ermächtigt, durch Rechtsverordnung mit Zustimmung des Bundesrates Formulare für den Antrag auf Erlass eines Pfändungs- und Überweisungsbeschlusses einzuführen. Soweit nach Satz 1 Formulare eingeführt sind, muss sich der Antragsteller ihrer bedienen. Für Verfahren bei Gerichten, die die Verfahren elektronisch bearbeiten, und für Verfahren bei Gerichten, die die Verfahren nicht elektronisch bearbeiten, können unterschiedliche Formulare eingeführt werden.

§ 830 Pfändung einer Hypothekenforderung

(1) Zur Pfändung einer Forderung, für die eine Hypothek besteht, ist außer dem Pfändungsbeschluss die Übergabe des Hypothekenbriefes an den Gläubiger erforderlich. Wird die Übergabe im Wege der Zwangsvollstreckung erwirkt, so gilt sie als erfolgt, wenn der Gerichtsvollzieher den Brief zum Zwecke der Ablieferung an den Gläubiger wegnimmt. Ist die Erteilung des Hypothekenbriefes ausgeschlossen, so ist die Eintragung der Pfändung in das Grundbuch erforderlich; die Eintragung erfolgt auf Grund des Pfändungsbeschlusses.

(2) Wird der Pfändungsbeschluss vor der Übergabe des Hypothekenbriefes oder der Eintragung der Pfändung dem Drittschuldner zugestellt, so gilt die Pfändung diesem gegenüber mit der Zustellung als bewirkt.

(3) Diese Vorschriften sind nicht anzuwenden, soweit es sich um die Pfändung der Ansprüche auf die im § 1159 des Bürgerlichen Gesetzbuchs bezeichneten Leistungen handelt. Das gleiche gilt bei einer Sicherungshypothek im Falle des § 1187 des Bürgerlichen Gesetzbuchs von der Pfändung der Hauptforderung.

Zivilprozessordnung

§ 830 a Pfändung einer Schiffshypothekenforderung

(1) Zur Pfändung einer Forderung, für die eine Schiffshypothek besteht, ist die Eintragung der Pfändung in das Schiffsregister oder in das Schiffsbauregister erforderlich; die Eintragung erfolgt auf Grund des Pfändungsbeschlusses.

(2) Wird der Pfändungsbeschluss vor der Eintragung der Pfändung dem Drittschuldner zugestellt, so gilt die Pfändung diesem gegenüber mit der Zustellung als bewirkt.

(3) Diese Vorschriften sind nicht anzuwenden, soweit es sich um die Pfändung der Ansprüche auf die im § 53 des Gesetzes über Rechte an eingetragenen Schiffen und Schiffsbauwerken vom 15. November 1940 (Reichsgesetzbl. I S. 1499) bezeichneten Leistungen handelt. Das gleiche gilt, wenn bei einer Schiffshypothek für eine Forderung aus einer Schuldverschreibung auf den Inhaber, aus einem Wechsel oder aus einem anderen durch Indossament übertragbaren Papier die Hauptforderung gepfändet wird.

§ 831 Pfändung indossabler Papiere

Die Pfändung von Forderungen aus Wechseln und anderen Papieren, die durch Indossament übertragen werden können, wird dadurch bewirkt, dass der Gerichtsvollzieher diese Papiere in Besitz nimmt.

§ 832 Pfändungsumfang bei fortlaufenden Bezügen

Das Pfandrecht, das durch die Pfändung einer Gehaltsforderung oder einer ähnlichen in fortlaufenden Bezügen bestehenden Forderung erworben wird, erstreckt sich auch auf die nach der Pfändung fällig werdenden Beträge.

§ 833 Pfändungsumfang bei Arbeits- und Diensteinkommen

(1) Durch die Pfändung eines Diensteinkommens wird auch das Einkommen betroffen, das der Schuldner infolge der Versetzung in ein anderes Amt, der Übertragung eines neuen Amtes oder einer Gehaltserhöhung zu beziehen hat. Diese Vorschrift ist auf den Fall der Änderung des Dienstherrn nicht anzuwenden.

(2) Endet das Arbeits- oder Dienstverhältnis und begründen der Schuldner und Drittschuldner innerhalb von neun Monaten ein solches neu, so erstreckt sich die Pfändung auf die Forderung aus dem neuen Arbeits- oder Dienstverhältnis.

§ 833a Pfändungsumfang bei Kontoguthaben; Aufhebung der Pfändung; Anordnung der Unpfändbarkeit

(1) Die Pfändung des Guthabens eines Kontos bei einem Kreditinstitut umfasst das am Tag der Zustellung des Pfändungsbeschlusses bei dem Kre-

ditinstitut bestehende Guthaben sowie die Tagesguthaben der auf die Pfändung folgenden Tage.

(2) Auf Antrag des Schuldners kann das Vollstreckungsgericht anordnen, dass
1. die Pfändung des Guthabens eines Kontos aufgehoben wird oder
2. das Guthaben des Kontos für die Dauer von bis zu zwölf Monaten der Pfändung nicht unterworfen ist,

wenn der Schuldner nachweist, dass dem Konto in den letzten sechs Monaten vor Antragstellung ganz überwiegend nur unpfändbare Beträge gutgeschrieben worden sind, und er glaubhaft macht, dass auch innerhalb der nächsten zwölf Monate nur ganz überwiegend nicht pfändbare Beträge zu erwarten sind. Die Anordnung kann versagt werden, wenn überwiegende Belange des Gläubigers entgegenstehen. Die Anordnung nach Satz 1 Nr. 2 ist auf Antrag eines Gläubigers aufzuheben, wenn ihre Voraussetzungen nicht mehr vorliegen oder die Anordnung den überwiegenden Belangen dieses Gläubigers entgegensteht.

§ 833 a ist eingefügt mit Wirkung ab **1. Juli 2010** durch Art. 1 Nr. 3 des Gesetzes zur Reform des Kontopfändungsschutzes (BGBl I 1707).
Mit Wirkung ab **1. Januar 2012** sind nach Art. 7 Nr. 4 dieses Gesetzes
– die Überschrift neu gefasst,
– in Absatz 1 die Angabe „(1)" gestrichen,
– Absatz 2 aufgehoben.
§ 833 a lautet dann

§ 833 a Pfändungsumfang bei Kontoguthaben

Die Pfändung des Guthabens eines Kontos bei einem Kreditinstitut umfasst das am Tag der Zustellung des Pfändungsbeschlusses bei dem Kreditinstitut bestehende Guthaben sowie die Tagesguthaben der auf die Pfändung folgenden Tage.

§ 834 Keine Anhörung des Schuldners

Vor der Pfändung ist der Schuldner über das Pfändungsgesuch nicht zu hören.

§ 835 Überweisung einer Geldforderung

(1) Die gepfändete Geldforderung ist dem Gläubiger nach seiner Wahl zur Einziehung oder an Zahlungs statt zum Nennwert zu überweisen.

(2) Im letzteren Falle geht die Forderung auf den Gläubiger mit der Wirkung über, dass er, soweit die Forderung besteht, wegen seiner Forderung an den Schuldner als befriedigt anzusehen ist.

(3) Die Vorschriften des § 829 Abs. 2, 3 sind auf die Überweisung entsprechend anzuwenden. Wird ein bei einem Geldinstitut gepfändetes

Guthaben eines Schuldners, der eine natürliche Person ist, dem Gläubiger überwiesen, so darf erst zwei Wochen nach der Zustellung des Überweisungsbeschlusses an den Drittschuldner aus dem Guthaben an den Gläubiger geleistet oder der Betrag hinterlegt werden.

Mit Wirkung ab 1. Juli 2010 werden durch Art. 1 Nr. 4 des Gesetzes zur Reform des Kontopfändungsschutzes (BGBl I 1707)
– Absatz 3 Satz 2 geändert,
– Absatz 4 eingefügt.
Diese Bestimmungen lauten dann

(3) ...[2]Wird ein bei einem Kreditinstitut gepfändetes Guthaben eines Schuldners, der eine natürliche Person ist, dem Gläubiger überwiesen, so darf erst vier Wochen nach der Zustellung des Überweisungsbeschlusses an den Drittschuldner aus dem Guthaben an den Gläubiger geleistet oder der Betrag hinterlegt werden; ist künftiges Guthaben gepfändet worden, ordnet das Vollstreckungsgericht auf Antrag zusätzlich an, dass erst vier Wochen nach der Gutschrift von eingehenden Zahlungen an den Gläubiger geleistet oder der Betrag hinterlegt werden darf.

(4) Wenn nicht wiederkehrend zahlbare Vergütungen eines Schuldners, der eine natürliche Person ist, für persönlich geleistete Arbeiten oder Dienste oder sonstige Einkünfte, die kein Arbeitseinkommen sind, dem Gläubiger überwiesen werden, so darf der Drittschuldner erst vier Wochen nach der Zustellung des Überweisungsbeschlusses an den Gläubiger leisten oder den Betrag hinterlegen.

§ 836 Wirkung der Überweisung

(1) Die Überweisung ersetzt die förmlichen Erklärungen des Schuldners, von denen nach den Vorschriften des bürgerlichen Rechts die Berechtigung zur Einziehung der Forderung abhängig ist.

(2) Der Überweisungsbeschluss gilt, auch wenn er mit Unrecht erlassen ist, zugunsten des Drittschuldners dem Schuldner gegenüber so lange als rechtsbeständig, bis er aufgehoben wird und die Aufhebung zur Kenntnis des Drittschuldners gelangt.

(3) Der Schuldner ist verpflichtet, dem Gläubiger die zur Geltendmachung der Forderung nötige Auskunft zu erteilen und ihm die über die Forderung vorhandenen Urkunden herauszugeben. Erteilt der Schuldner die Auskunft nicht, so ist er auf Antrag des Gläubigers verpflichtet, sie zu Protokoll zu geben und seine Angaben an Eides statt zu versichern. Die Herausgabe der Urkunden kann von dem Gläubiger im Wege der Zwangsvollstreckung erwirkt werden.

§ 837 Überweisung einer Hypothekenforderung

(1) Zur Überweisung einer gepfändeten Forderung, für die eine Hypothek besteht, genügt die Aushändigung des Überweisungsbeschlusses an

den Gläubiger. Ist die Erteilung des Hypothekenbriefes ausgeschlossen, so ist zur Überweisung an Zahlungs statt die Eintragung der Überweisung in das Grundbuch erforderlich; die Eintragung erfolgt auf Grund des Überweisungsbeschlusses.

(2) Diese Vorschriften sind nicht anzuwenden, soweit es sich um die Überweisung der Ansprüche auf die im § 1159 des Bürgerlichen Gesetzbuchs bezeichneten Leistungen handelt. Das Gleiche gilt bei einer Sicherungshypothek im Falle des § 1187 des Bürgerlichen Gesetzbuchs von der Überweisung der Hauptforderung.

(3) Bei einer Sicherungshypothek der im § 1190 des Bürgerlichen Gesetzbuchs bezeichneten Art kann die Hauptforderung nach den allgemeinen Vorschriften gepfändet und überwiesen werden, wenn der Gläubiger die Überweisung der Forderung ohne die Hypothek an Zahlungs statt beantragt.

§ 837 a Überweisung einer Schiffshypothekenforderung

(1) Zur Überweisung einer gepfändeten Forderung, für die eine Schiffshypothek besteht, genügt, wenn die Forderung zur Einziehung überwiesen wird, die Aushändigung des Überweisungsbeschlusses an den Gläubiger. Zur Überweisung an Zahlungs statt ist die Eintragung der Überweisung in das Schiffsregister oder in das Schiffsbauregister erforderlich; die Eintragung erfolgt auf Grund des Überweisungsbeschlusses.

(2) Diese Vorschriften sind nicht anzuwenden, soweit es sich um die Überweisung der Ansprüche auf die im § 53 des Gesetzes über Rechte an eingetragenen Schiffen und Schiffsbauwerken vom 15. November 1940 (Reichsgesetzbl. I S. 1499) bezeichneten Leistungen handelt. Das Gleiche gilt, wenn bei einer Schiffshypothek für eine Forderung aus einer Schuldverschreibung auf den Inhaber, aus einem Wechsel oder aus einem anderen durch Indossament übertragbaren Papier die Hauptforderung überwiesen wird.

(3) Bei einer Schiffshypothek für einen Höchstbetrag (§ 75 des im Absatz 2 genannten Gesetzes) gilt § 837 Abs. 3 entsprechend.

§ 838 Einrede des Schuldners bei Faustpfand

Wird eine durch ein Pfandrecht an einer beweglichen Sache gesicherte Forderung überwiesen, so kann der Schuldner die Herausgabe des Pfandes an den Gläubiger verweigern, bis ihm Sicherheit für die Haftung geleistet wird, die für ihn aus einer Verletzung der dem Gläubiger dem Verpfänder gegenüber obliegenden Verpflichtungen entstehen kann.

§ 839 Überweisung bei Abwendungsbefugnis

Darf der Schuldner nach § 711 Satz 1, § 712 Abs. 1 Satz 1 die Vollstreckung durch Sicherheitsleistung oder Hinterlegung abwenden, so findet die

Überweisung gepfändeter Geldforderungen nur zur Einziehung und nur mit der Wirkung statt, dass der Drittschuldner den Schuldbetrag zu hinterlegen hat.

§ 840 Erklärungspflicht des Drittschuldners

(1) Auf Verlangen des Gläubigers hat der Drittschuldner binnen zwei Wochen, von der Zustellung des Pfändungsbeschlusses an gerechnet, dem Gläubiger zu erklären:
1. ob und inwieweit er die Forderung als begründet anerkenne und Zahlung zu leisten bereit sei;
2. ob und welche Ansprüche andere Personen an die Forderung machen;
3. ob und wegen welcher Ansprüche die Forderung bereits für andere Gläubiger gepfändet sei.

(2) Die Aufforderung zur Abgabe dieser Erklärungen muss in die Zustellungsurkunde aufgenommen werden. Der Drittschuldner haftet dem Gläubiger für den aus der Nichterfüllung seiner Verpflichtung entstehenden Schaden.

(3) Die Erklärungen des Drittschuldners können bei Zustellung des Pfändungsbeschlusses oder innerhalb der im ersten Absatz bestimmten Frist an den Gerichtsvollzieher erfolgen. Im ersteren Fall sind sie in die Zustellungsurkunde aufzunehmen und von dem Drittschuldner zu unterschreiben.

Mit Wirkung ab **1. Juli 2010** werden durch Art. 1 Nr. 5 des Gesetzes zur Reform des Kontopfändungsschutzes (BGBl I 1707) dem Absatz 1 die folgenden Nrn. 4 und 5 angefügt
4. ob innerhalb der letzten zwölf Monate im Hinblick auf das Konto, dessen Guthaben gepfändet worden ist, eine Pfändung nach § 833 a Abs. 2 aufgehoben oder die Unpfändbarkeit des Guthabens angeordnet worden ist, und
5. ob es sich bei dem Konto, dessen Guthaben gepfändet worden ist, um ein Pfändungsschutzkonto im Sinne von § 850 k Abs. 7 handelt.

In Absatz 1 Nr. 4 sind mit Wirkung ab **1. Januar 2012** durch Art. 7 Nr. 5 dieses Gesetzes
– die Wörter „eine Pfändung nach § 833 a Abs. 2 aufgehoben oder"
– durch die Wörter „nach § 850 l"
ersetzt.

§ 841 Pflicht zur Streitverkündung

Der Gläubiger, der die Forderung einklagt, ist verpflichtet, dem Schuldner gerichtlich den Streit zu verkünden, sofern nicht eine Zustellung im Ausland oder eine öffentliche Zustellung erforderlich wird.

Anhang 1

§ 842 Schadenersatz bei verzögerter Beitreibung

Der Gläubiger, der die Beitreibung einer ihm zur Einziehung überwiesenen Forderung verzögert, haftet dem Schuldner für den daraus entstehenden Schaden.

§ 843 Verzicht des Pfandgläubigers

Der Gläubiger kann auf die durch Pfändung und Überweisung zur Einziehung erworbenen Rechte unbeschadet seines Anspruchs verzichten. Die Verzichtleistung erfolgt durch eine dem Schuldner zuzustellende Erklärung. Die Erklärung ist auch dem Drittschuldner zuzustellen.

§ 844 Andere Verwertungsart

(1) Ist die gepfändete Forderung bedingt oder betagt oder ist ihre Einziehung wegen der Abhängigkeit von einer Gegenleistung oder aus anderen Gründen mit Schwierigkeiten verbunden, so kann das Gericht auf Antrag an Stelle der Überweisung eine andere Art der Verwertung anordnen.

(2) Vor dem Beschluss, durch welchen dem Antrag stattgegeben wird, ist der Gegner zu hören, sofern nicht eine Zustellung im Ausland oder eine öffentliche Zustellung erforderlich wird.

§ 845 Vorpfändung

(1) Schon vor der Pfändung kann der Gläubiger auf Grund eines vollstreckbaren Schuldtitels durch den Gerichtsvollzieher dem Drittschuldner und dem Schuldner die Benachrichtigung, dass die Pfändung bevorstehe, zustellen lassen mit der Aufforderung an den Drittschuldner, nicht an den Schuldner zu zahlen, und mit der Aufforderung an den Schuldner, sich jeder Verfügung über die Forderung, insbesondere ihrer Einziehung, zu enthalten. Der Gerichtsvollzieher hat die Benachrichtigung mit den Aufforderungen selbst anzufertigen, wenn er von dem Gläubiger hierzu ausdrücklich beauftragt worden ist. Der vorherigen Erteilung einer vollstreckbaren Ausfertigung und der Zustellung des Schuldtitels bedarf es nicht. An Stelle einer an den Schuldner im Ausland zu bewirkenden Zustellung erfolgt die Zustellung durch Aufgabe zur Post.

(2) Die Benachrichtigung an den Drittschuldner hat die Wirkung eines Arrestes (§ 930), sofern die Pfändung der Forderung innerhalb eines Monats bewirkt wird. Die Frist beginnt mit dem Tage, an dem die Benachrichtigung zugestellt ist.

§ 846 Zwangsvollstreckung in Herausgabeansprüche

Die Zwangsvollstreckung in Ansprüche, welche die Herausgabe oder Leistung körperlicher Sachen zum Gegenstand haben, erfolgt nach den §§ 829 bis 845 unter Berücksichtigung der nachstehenden Vorschriften.

§ 847 Herausgabeanspruch auf eine bewegliche Sache

(1) Bei der Pfändung eines Anspruchs, der eine bewegliche körperliche Sache betrifft, ist anzuordnen, dass die Sache an einen vom Gläubiger zu beauftragenden Gerichtsvollzieher herauszugeben sei.

(2) Auf die Verwertung der Sache sind die Vorschriften über die Verwertung gepfändeter Sachen anzuwenden.

§ 847 a Herausgabeanspruch auf ein Schiff

(1) Bei der Pfändung eines Anspruchs, der ein eingetragenes Schiff betrifft, ist anzuordnen, dass das Schiff an einen vom Vollstreckungsgericht zu bestellenden Treuhänder herauszugeben ist.

(2) Ist der Anspruch auf Übertragung des Eigentums gerichtet, so vertritt der Treuhänder den Schuldner bei der Übertragung des Eigentums. Mit dem Übergang des Eigentums auf den Schuldner erlangt der Gläubiger eine Schiffshypothek für seine Forderung. Der Treuhänder hat die Eintragung der Schiffshypothek in das Schiffsregister zu bewilligen.

(3) Die Zwangsvollstreckung in das Schiff wird nach den für die Zwangsvollstreckung in unbewegliche Sachen geltenden Vorschriften bewirkt.

(4) Die vorstehenden Vorschriften gelten entsprechend, wenn der Anspruch ein Schiffsbauwerk betrifft, das im Schiffsbauregister eingetragen ist oder in dieses Register eingetragen werden kann.

§ 848 Herausgabeanspruch auf eine unbewegliche Sache

(1) Bei Pfändung eines Anspruchs, der eine unbewegliche Sache betrifft, ist anzuordnen, dass die Sache an einen auf Antrag des Gläubigers vom Amtsgericht der belegenen Sache zu bestellenden Sequester herauszugeben sei.

(2) Ist der Anspruch auf Übertragung des Eigentums gerichtet, so hat die Auflassung an den Sequester als Vertreter des Schuldners zu erfolgen. Mit dem Übergang des Eigentums auf den Schuldner erlangt der Gläubiger eine Sicherungshypothek für seine Forderung. Der Sequester hat die Eintragung der Sicherungshypothek zu bewilligen.

(3) Die Zwangsvollstreckung in die herausgegebene Sache wird nach den für die Zwangsvollstreckung in unbewegliche Sachen geltenden Vorschriften bewirkt.

Anhang 1

§ 849 Keine Überweisung an Zahlungs statt

Eine Überweisung der im § 846 bezeichneten Ansprüche an Zahlungs statt ist unzulässig.

§ 850 Pfändungsschutz für Arbeitseinkommen

(1) Arbeitseinkommen, das in Geld zahlbar ist, kann nur nach Maßgabe der §§ 850 a bis 850 i gepfändet werden.

(2) Arbeitseinkommen im Sinne dieser Vorschrift sind die Dienst- und Versorgungsbezüge der Beamten, Arbeits- und Dienstlöhne, Ruhegelder und ähnliche nach dem einstweiligen oder dauernden Ausscheiden aus dem Dienst- oder Arbeitsverhältnis gewährte fortlaufende Einkünfte, ferner Hinterbliebenenbezüge sowie sonstige Vergütungen für Dienstleistungen aller Art, die die Erwerbstätigkeit des Schuldners vollständig oder zu einem wesentlichen Teil in Anspruch nehmen.

(3) Arbeitseinkommen sind auch die folgenden Bezüge, soweit sie in Geld zahlbar sind:

a) Bezüge, die ein Arbeitnehmer zum Ausgleich für Wettbewerbsbeschränkungen für die Zeit nach Beendigung seines Dienstverhältnisses beanspruchen kann;
b) Renten, die auf Grund von Versicherungsverträgen gewährt werden, wenn diese Verträge zur Versorgung des Versicherungsnehmers oder seiner unterhaltsberechtigten Angehörigen eingegangen sind.

(4) Die Pfändung des in Geld zahlbaren Arbeitseinkommens erfasst alle Vergütungen, die dem Schuldner aus der Arbeits- oder Dienstleistung zustehen, ohne Rücksicht auf ihre Benennung oder Berechnungsart.

§ 850 a Unpfändbare Bezüge

Unpfändbar sind
1. zur Hälfte die für die Leistung von Mehrarbeitsstunden gezahlten Teile des Arbeitseinkommens;
2. die für die Dauer eines Urlaubs über das Arbeitseinkommen hinaus gewährten Bezüge, Zuwendungen aus Anlass eines besonderen Betriebsereignisses und Treugelder, soweit sie den Rahmen des Üblichen nicht übersteigen;
3. Aufwandsentschädigungen, Auslösungsgelder und sonstige soziale Zulagen für auswärtige Beschäftigungen, das Entgelt für selbstgestelltes Arbeitsmaterial, Gefahrenzulagen sowie Schmutz- und Erschwerniszulagen, soweit diese Bezüge den Rahmen des Üblichen nicht übersteigen;
4. Weihnachtsvergütungen bis zum Betrage der Hälfte des monatlichen Arbeitseinkommens, höchstens aber bis zum Betrage von 500 Euro;
5. Heirats- und Geburtsbeihilfen, sofern die Vollstreckung wegen anderer als der aus Anlass der Heirat oder der Geburt entstandenen Ansprüche betrieben wird;

6. Erziehungsgelder, Studienbeihilfen und ähnliche Bezüge;
7. Sterbe- und Gnadenbezüge aus Arbeits- oder Dienstverhältnissen;
8. Blindenzulagen.

§ 850 b Bedingt pfändbare Bezüge

(1) Unpfändbar sind ferner
1. Renten, die wegen einer Verletzung des Körpers oder der Gesundheit zu entrichten sind;
2. Unterhaltsrenten, die auf gesetzlicher Vorschrift beruhen, sowie die wegen Entziehung einer solchen Forderung zu entrichtenden Renten;
3. fortlaufende Einkünfte, die ein Schuldner aus Stiftungen oder sonst auf Grund der Fürsorge und Freigebigkeit eines Dritten oder auf Grund eines Altenteils oder Auszugsvertrags bezieht;
4. Bezüge aus Witwen-, Waisen-, Hilfs- und Krankenkassen, die ausschließlich oder zu einem wesentlichen Teil zu Unterstützungszwecken gewährt werden, ferner Ansprüche aus Lebensversicherungen, die nur auf den Todesfall des Versicherungsnehmers abgeschlossen sind, wenn die Versicherungssumme 3.579 Euro nicht übersteigt.

(2) Diese Bezüge können nach den für Arbeitseinkommen geltenden Vorschriften gepfändet werden, wenn die Vollstreckung in das sonstige bewegliche Vermögen des Schuldners zu einer vollständigen Befriedigung des Gläubigers nicht geführt hat oder voraussichtlich nicht führen wird und wenn nach den Umständen des Falles, insbesondere nach der Art des beizutreibenden Anspruchs und der Höhe der Bezüge, die Pfändung der Billigkeit entspricht.

(3) Das Vollstreckungsgericht soll vor seiner Entscheidung die Beteiligten hören.

§ 850 c Pfändungsgrenzen für Arbeitseinkommen*

(1) Arbeitseinkommen ist unpfändbar, wenn es, je nach dem Zeitraum, für den es gezahlt wird, nicht mehr als

		ab 1.7.2005	
930,00	Euro monatlich,	985,15	Euro
217,50	Euro wöchentlich oder	226,72	Euro
43,50	Euro täglich	45,34	Euro

beträgt.

---

* In der **rechten Spalte** von Abs. 1 und Abs. 2 Satz 2 sind die ab 1.7.2005 nach Abs. 2 a maßgebenden Beträge genannt. Siehe hierzu die Pfändungsfreigrenzenbek. 2005, BGBl I 493.
Für die Zeit vom 1.7.2007–30.6.2011 sind die unpfändbaren Beträge unverändert geblieben (Pfändungsfreigrenzenbekanntmachungen 2007, BGBl I 64, und 2009, BGBl I 1141).
Zum 1. Juli 2003 (für die Zeit bis 30. Juni 2005) war eine Änderung nicht erfolgt (Pfändungsfreigrenzbek. 2003, BGBl I 276).

Anhang 1

Gewährt der Schuldner auf Grund einer gesetzlichen Verpflichtung seinem Ehegatten, einem früheren Ehegatten, seinem Lebenspartner, einem früheren Lebenspartner oder einem Verwandten oder nach §§ 1615 l, 1615 n des Bürgerlichen Gesetzbuchs einem Elternteil Unterhalt, so erhöht sich der Betrag, bis zu dessen Höhe Arbeitseinkommen unpfändbar ist, auf bis zu

2.060,00	Euro monatlich,	**ab 1.7.2005**	2.182,15 Euro
478,50	Euro wöchentlich oder		502,20 Euro
96,50	Euro täglich,		100,44 Euro

und zwar um

350,00	Euro monatlich,	**ab 1.7.2005**	370,76 Euro
81,00	Euro wöchentlich oder		85,32 Euro
17,00	Euro täglich		17,06 Euro

für die erste Person, der Unterhalt gewährt wird, und um je

195,00	Euro monatlich,	**ab 1.7.2005**	206,56 Euro
45,00	Euro wöchentlich oder		47,54 Euro
9,00	Euro täglich		9,51 Euro

für die zweite bis fünfte Person.

(2) Übersteigt das Arbeitseinkommen den Betrag, bis zu dessen Höhe es je nach der Zahl der Personen, denen der Schuldner Unterhalt gewährt, nach Absatz 1 unpfändbar ist, so ist es hinsichtlich des überschießenden Betrages zu einem Teil unpfändbar, und zwar in Höhe von drei Zehnteln, wenn der Schuldner keiner der in Absatz 1 genannten Personen Unterhalt gewährt, zwei weiteren Zehnteln für die erste Person, der Unterhalt gewährt wird, und je einem weiteren Zehntel für die zweite bis fünfte Person. Der Teil des Arbeitseinkommens, der

2.851,00	Euro monatlich,	**ab 1.7.2005**	3.020,06 Euro
(658,00	Euro wöchentlich oder		695,03 Euro
131,58	Euro täglich)		139,01 Euro

übersteigt, bleibt bei der Berechnung des unpfändbaren Betrages unberücksichtigt.

(2a) Die unpfändbaren Beträge nach Absatz 1 und Absatz 2 Satz 2 ändern sich jeweils zum 1. Juli eines jeden zweiten Jahres, erstmalig zum 1. Juli 2003, entsprechend der im Vergleich zum jeweiligen Vorjahreszeitraum sich ergebenden prozentualen Entwicklung des Grundfreibetrages nach § 32 a Abs. 1 Nr. 1 des Einkommensteuergesetzes; der Berechnung ist die am 1. Januar des jeweiligen Jahres geltende Fassung des § 32 a Abs. 1 Nr. 1 des Einkommensteuergesetzes zugrunde zu legen. Das Bundesministerium der Justiz gibt die maßgebenden Beträge rechtzeitig im Bundesgesetzblatt bekannt.

(3) Bei der Berechnung des nach Absatz 2 pfändbaren Teils des Arbeitseinkommens ist das Arbeitseinkommen, gegebenenfalls nach Abzug des nach Absatz 2 Satz 2 pfändbaren Betrages, wie aus der Tabelle ersichtlich, die diesem Gesetz als Anlage beigefügt ist, nach unten abzurunden, und

zwar bei Auszahlung für Monate auf einen durch 10 Euro, bei Auszahlung für Wochen auf einen durch 2,50 Euro oder bei Auszahlung für Tage auf einen durch 50 Cent teilbaren Betrag. Im Pfändungsbeschluss genügt die Bezugnahme auf die Tabelle.

(4) Hat eine Person, welcher der Schuldner auf Grund gesetzlicher Verpflichtung Unterhalt gewährt, eigene Einkünfte, so kann das Vollstreckungsgericht auf Antrag des Gläubigers nach billigem Ermessen bestimmen, dass diese Person bei der Berechnung des unpfändbaren Teils des Arbeitseinkommens ganz oder teilweise unberücksichtigt bleibt; soll die Person nur teilweise berücksichtigt werden, so ist Absatz 3 Satz 2 nicht anzuwenden.

§ 850 d Pfändbarkeit bei Unterhaltsansprüchen

(1) Wegen der Unterhaltsansprüche, die kraft Gesetzes einem Verwandten, dem Ehegatten, einem früheren Ehegatten, dem Lebenspartner, einem früheren Lebenspartner oder nach §§ 1615 l, 1615 n des Bürgerlichen Gesetzbuchs einem Elternteil zustehen, sind das Arbeitseinkommen und die in § 850 a Nr. 1, 2 und 4 genannten Bezüge ohne die in § 850 c bezeichneten Beschränkungen pfändbar. Dem Schuldner ist jedoch so viel zu belassen, als er für seinen notwendigen Unterhalt und zur Erfüllung seiner laufenden gesetzlichen Unterhaltspflichten gegenüber den dem Gläubiger vorgehenden Berechtigten oder zur gleichmäßigen Befriedigung der dem Gläubiger gleichstehenden Berechtigten bedarf; von den in § 850 a Nr. 1, 2 und 4 genannten Bezügen hat ihm mindestens die Hälfte des nach § 850 a unpfändbaren Betrages zu verbleiben. Der dem Schuldner hiernach verbleibende Teil seines Arbeitseinkommens darf den Betrag nicht übersteigen, der ihm nach den Vorschriften des § 850 c gegenüber nicht bevorrechtigten Gläubigern zu verbleiben hätte. Für die Pfändung wegen der Rückstände, die länger als ein Jahr vor dem Antrag auf Erlass des Pfändungsbeschlusses fällig geworden sind, gelten die Vorschriften dieses Absatzes insoweit nicht, als nach Lage der Verhältnisse nicht anzunehmen ist, dass der Schuldner sich seiner Zahlungspflicht absichtlich entzogen hat.

(2) Mehrere nach Absatz 1 Berechtigte sind mit ihren Ansprüchen in der Reihenfolge nach § 1609 des Bürgerlichen Gesetzbuchs und § 16 des Lebenspartnerschaftsgesetzes zu berücksichtigen, wobei mehrere gleich nahe Berechtigte untereinander den gleichen Rang haben.

(3) Bei der Vollstreckung wegen der in Absatz 1 bezeichneten Ansprüche sowie wegen der aus Anlass einer Verletzung des Körpers oder der Gesundheit zu zahlenden Renten kann zugleich mit der Pfändung wegen fälliger Ansprüche auch künftig fällig werdendes Arbeitseinkommen wegen der dann jeweils fällig werdenden Ansprüche gepfändet und überwiesen werden.

Anhang 1

§ 850 e Berechnung des pfändbaren Arbeitseinkommens

Für die Berechnung des pfändbaren Arbeitseinkommens gilt Folgendes:
1. Nicht mitzurechnen sind die nach § 850 a der Pfändung entzogenen Bezüge, ferner Beträge, die unmittelbar auf Grund steuerrechtlicher oder sozialrechtlicher Vorschriften zur Erfüllung gesetzlicher Verpflichtungen des Schuldners abzuführen sind. Diesen Beträgen stehen gleich die auf den Auszahlungszeitraum entfallenden Beträge, die der Schuldner
   a) nach den Vorschriften der Sozialversicherungsgesetze zur Weiterversicherung entrichtet oder
   b) an eine Ersatzkasse oder an ein Unternehmen der privaten Krankenversicherung leistet, soweit sie den Rahmen des Üblichen nicht übersteigen.
2. Mehrere Arbeitseinkommen sind auf Antrag vom Vollstreckungsgericht bei der Pfändung zusammenzurechnen. Der unpfändbare Grundbetrag ist in erster Linie dem Arbeitseinkommen zu entnehmen, das die wesentliche Grundlage der Lebenshaltung des Schuldners bildet.
2a. Mit Arbeitseinkommen sind auf Antrag auch Ansprüche auf laufende Geldleistungen nach dem Sozialgesetzbuch zusammenzurechnen, soweit diese der Pfändung unterworfen sind. Der unpfändbare Grundbetrag ist, soweit die Pfändung nicht wegen gesetzlicher Unterhaltsansprüche erfolgt, in erster Linie den laufenden Geldleistungen nach dem Sozialgesetzbuch zu entnehmen. Ansprüche auf Geldleistungen für Kinder dürfen mit Arbeitseinkommen nur zusammengerechnet werden, soweit sie nach § 76 des Einkommensteuergesetzes oder nach § 54 Abs. 5 des Ersten Buches Sozialgesetzbuch gepfändet werden können.
3. Erhält der Schuldner neben seinem in Geld zahlbaren Einkommen auch Naturalleistungen, so sind Geld- und Naturalleistungen zusammenzurechnen. In diesem Falle ist der in Geld zahlbare Betrag insoweit pfändbar, als der nach § 850 c unpfändbare Teil des Gesamteinkommens durch den Wert der dem Schuldner verbleibenden Naturalleistungen gedeckt ist.
4. Trifft eine Pfändung, eine Abtretung oder eine sonstige Verfügung wegen eines der in § 850 d bezeichneten Ansprüche mit einer Pfändung wegen eines sonstigen Anspruchs zusammen, so sind auf die Unterhaltsansprüche zunächst die gemäß § 850 d der Pfändung in erweitertem Umfang unterliegenden Teile des Arbeitseinkommens zu verrechnen. Die Verrechnung nimmt auf Antrag eines Beteiligten das Vollstreckungsgericht vor. Der Drittschuldner kann, solange ihm eine Entscheidung des Vollstreckungsgerichts nicht zugestellt ist, nach dem Inhalt der ihm bekannten Pfändungsbeschlüsse, Abtretungen und sonstigen Verfügungen mit befreiender Wirkung leisten.

§ 850 f Änderung des unpfändbaren Betrages

(1) Das Vollstreckungsgericht kann dem Schuldner auf Antrag von dem nach den Bestimmungen der §§ 850 c, 850 d und 850 i pfändbaren Teil seines Arbeitseinkommens einen Teil belassen, wenn

Zivilprozessordnung

a) der Schuldner nachweist, dass bei Anwendung der Pfändungsfreigrenzen entsprechend der Anlage zu diesem Gesetz (zu § 850 c) der notwendige Lebensunterhalt im Sinne des Dritten und Elften Kapitels des Zwölften Buches Sozialgesetzbuch oder nach Kapitel 3 Abschnitt 2 des Zweiten Buches Sozialgesetzbuch für sich und für die Personen, denen er Unterhalt zu gewähren hat, nicht gedeckt ist,
b) besondere Bedürfnisse des Schuldners aus persönlichen oder beruflichen Gründen oder
c) der besondere Umfang der gesetzlichen Unterhaltspflichten des Schuldners, insbesondere die Zahl der Unterhaltsberechtigten, dies erfordern und überwiegende Belange des Gläubigers nicht entgegenstehen.

(2) Wird die Zwangsvollstreckung wegen einer Forderung aus einer vorsätzlich begangenen unerlaubten Handlung betrieben, so kann das Vollstreckungsgericht auf Antrag des Gläubigers den pfändbaren Teil des Arbeitseinkommens ohne Rücksicht auf die in § 850 c vorgesehenen Beschränkungen bestimmen; dem Schuldner ist jedoch so viel zu belassen, wie er für seinen notwendigen Unterhalt und zur Erfüllung seiner laufenden gesetzlichen Unterhaltspflichten bedarf.

(3) Wird die Zwangsvollstreckung wegen anderer als der in Absatz 2 und in § 850 d bezeichneten Forderungen betrieben, so kann das Vollstreckungsgericht in den Fällen, in denen sich das Arbeitseinkommen des Schuldners auf mehr als

monatlich	*2.815,00* Euro	**ab 1.7.2005**	2.985,00 Euro
(wöchentlich	*641,00* Euro,		678,70 Euro
täglich	*123,50* Euro)		131,25 Euro

beläuft, über die Beträge hinaus, die nach § 850 c pfändbar wären, auf Antrag des Gläubigers die Pfändbarkeit unter Berücksichtigung der Belange des Gläubigers und des Schuldners nach freiem Ermessen festsetzen. Dem Schuldner ist jedoch mindestens so viel zu belassen, wie sich bei einem Arbeitseinkommen von

monatlich	*2.815,00* Euro	**ab 1.7.2005**	2.985,00 Euro
(wöchentlich	*641,00* Euro,		678,70 Euro
täglich	*123,50* Euro)		131,25 Euro

aus § 850 c ergeben würde. Die Beträge nach den Sätzen 1 und 2 werden entsprechend der in § 850 c Abs. 2 a getroffenen Regelung jeweils zum 1. Juli eines jeden zweiten Jahres, erstmalig zum 1. Juli 2003, geändert. Das Bundesministerium der Justiz gibt die maßgebenden Beträge rechtzeitig im Bundesgesetzblatt bekannt.

§ 850 g Änderung der Unpfändbarkeitsvoraussetzungen

Ändern sich die Voraussetzungen für die Bemessung des unpfändbaren Teils des Arbeitseinkommens, so hat das Vollstreckungsgericht auf Antrag des Schuldners oder des Gläubigers den Pfändungsbeschluss entsprechend zu ändern. Antragsberechtigt ist auch ein Dritter, dem der Schuldner kraft Gesetzes Unterhalt zu gewähren hat. Der Drittschuldner kann nach dem Inhalt des früheren Pfändungsbeschlusses mit befreiender Wirkung leisten, bis ihm der Änderungsbeschluss zugestellt wird.

§ 850 h Verschleiertes Arbeitseinkommen

(1) Hat sich der Empfänger der vom Schuldner geleisteten Arbeiten oder Dienste verpflichtet, Leistungen an einen Dritten zu bewirken, die nach Lage der Verhältnisse ganz oder teilweise eine Vergütung für die Leistung des Schuldners darstellen, so kann der Anspruch des Drittberechtigten insoweit auf Grund des Schuldtitels gegen den Schuldner gepfändet werden, wie wenn der Anspruch dem Schuldner zustände. Die Pfändung des Vergütungsanspruchs des Schuldners umfasst ohne weiteres den Anspruch des Drittberechtigten. Der Pfändungsbeschluss ist dem Drittberechtigten ebenso wie dem Schuldner zuzustellen.

(2) Leistet der Schuldner einem Dritten in einem ständigen Verhältnis Arbeiten oder Dienste, die nach Art und Umfang üblicherweise vergütet werden, unentgeltlich oder gegen eine unverhältnismäßig geringe Vergütung, so gilt im Verhältnis des Gläubigers zu dem Empfänger der Arbeits- und Dienstleistungen eine angemessene Vergütung als geschuldet. Bei der Prüfung, ob diese Voraussetzungen vorliegen, sowie bei der Bemessung der Vergütung ist auf alle Umstände des Einzelfalles, insbesondere die Art der Arbeits- und Dienstleistung, die verwandtschaftlichen oder sonstigen Beziehungen zwischen dem Dienstberechtigten und dem Dienstverpflichteten und die wirtschaftliche Leistungsfähigkeit des Dienstberechtigten Rücksicht zu nehmen.

§ 850 i Pfändungsschutz bei sonstigen Vergütungen

(1) Ist eine nicht wiederkehrend zahlbare Vergütung für persönlich geleistete Arbeiten oder Dienste gepfändet, so hat das Gericht dem Schuldner auf Antrag so viel zu belassen, als er während eines angemessenen Zeitraums für seinen notwendigen Unterhalt und den seines Ehegatten, eines früheren Ehegatten, seines Lebenspartners, eines früheren Lebenspartners, seiner unterhaltsberechtigten Verwandten oder eines Elternteils nach §§ 1615 l, 1615 n des Bürgerlichen Gesetzbuches bedarf. Bei der Entscheidung sind die wirtschaftlichen Verhältnisse des Schuldners, insbesondere seine sonstigen Verdienstmöglichkeiten, frei zu würdigen. Dem Schuldner ist nicht mehr zu belassen, als ihm nach freier Schätzung des Gerichts verbleiben würde, wenn sein Arbeitseinkommen aus laufendem Arbeits- oder Dienstlohn bestände. Der Antrag des Schuldners ist insoweit abzulehnen, als überwiegende Belange des Gläubigers entgegenstehen.

(2) Die Vorschriften des Absatzes 1 gelten entsprechend für Vergütungen, die für die Gewährung von Wohngelegenheit oder eine sonstige Sach-

benutzung geschuldet werden, wenn die Vergütung zu einem nicht unwesentlichen Teil als Entgelt für neben der Sachbenutzung gewährte Dienstleistungen anzusehen ist.

(3) Die Vorschriften des § 27 des Heimarbeitsgesetzes vom 14. März 1951 (Bundesgesetzbl. I S. 191) bleiben unberührt.

(4) Die Bestimmungen der Versicherungs-, Versorgungs- und sonstigen gesetzlichen Vorschriften über die Pfändung von Ansprüchen bestimmter Art bleiben unberührt.

Mit Wirkung ab **1. Juli 2010** werden durch Art. 1 Nr. 6 des Gesetzes zur Reform des Kontopfändungsschutzes (BGBl I 1707)
– die Überschrift und Absatz 1 neu gefasst,
– Absatz 2 aufgehoben,
– die bisherigen Absätze 3 und 4 dann Absätze 2 und 3.
Überschrift und Absatz 1 lauten dann

§ 850 i Pfändungsschutz für sonstige Einkünfte

(1) Werden nicht wiederkehrend zahlbare Vergütungen für persönlich geleistete Arbeiten oder Dienste oder sonstige Einkünfte, die kein Arbeitseinkommen sind, gepfändet, so hat das Gericht dem Schuldner auf Antrag während eines angemessenen Zeitraums so viel zu belassen, als ihm nach freier Schätzung des Gerichts verbleiben würde, wenn sein Einkommen aus laufendem Arbeits- oder Dienstlohn bestünde. Bei der Entscheidung sind die wirtschaftlichen Verhältnisse des Schuldners, insbesondere seine sonstigen Verdienstmöglichkeiten, frei zu würdigen. Der Antrag des Schuldners ist insoweit abzulehnen, als überwiegende Belange des Gläubigers entgegenstehen.

§ 850 k Pfändungsschutz für Kontoguthaben aus Arbeitseinkommen

(1) Werden wiederkehrende Einkünfte der in den §§ 850 bis 850 b oder § 851 c bezeichneten Art auf das Konto des Schuldners bei einem Geldinstitut überwiesen, so ist eine Pfändung des Guthabens auf Antrag des Schuldners vom Vollstreckungsgericht insoweit aufzuheben, als das Guthaben dem der Pfändung nicht unterworfenen Teil der Einkünfte für die Zeit von der Pfändung bis zu dem nächsten Zahlungstermin entspricht.

(2) Das Vollstreckungsgericht hebt die Pfändung des Guthabens für den Teil vorab auf, dessen der Schuldner bis zum nächsten Zahlungstermin dringend bedarf, um seinen notwendigen Unterhalt zu bestreiten und seine laufenden gesetzlichen Unterhaltspflichten gegenüber den dem Gläubiger vorgehenden Berechtigten zu erfüllen oder die dem Gläubiger gleichstehenden Unterhaltsberechtigten gleichmäßig zu befriedigen. Der vorab freigegebene Teil des Guthabens darf den Betrag nicht übersteigen, der dem Schuldner voraussichtlich nach Absatz 1 zu belassen ist. Der Schuldner hat glaubhaft

zu machen, dass wiederkehrende Einkünfte der in den §§ 850 bis 850 b oder § 851 c bezeichneten Art auf das Konto überwiesen worden sind und dass die Voraussetzungen des Satzes 1 vorliegen. Die Anhörung des Gläubigers unterbleibt, wenn der damit verbundene Aufschub dem Schuldner nicht zuzumuten ist.

(3) Im Übrigen ist das Vollstreckungsgericht befugt, die in § 732 Abs. 2 bezeichneten Anordnungen zu erlassen.

Mit Wirkung ab **1. Juli 2010** wird durch Art. 1 Nr. 7 des Gesetzes zur Reform des Kontopfändungsschutzes (BGBl I 1707) § 850 k wie folgt gefasst:

§ 850 k Pfändungsschutzkonto

(1) Wird das Guthaben auf dem Pfändungschutzkonto des Schuldners bei einem Kreditinstitut gepfändet, kann der Schuldner jeweils bis zum Ende des Kalendermonats über Guthaben in Höhe des monatlichen Freibetrages nach § 850 c Abs. 1 Satz 1 in Verbindung mit § 850 c Abs. 2a verfügen; insoweit wird es nicht von der Pfändung erfasst. Soweit der Schuldner in dem jeweiligen Kalendermonat nicht über Guthaben in Höhe des nach Satz 1 pfändungsfreien Betrages verfügt hat, wird dieses Guthaben in dem folgenden Kalendermonat zusätzlich zu dem nach Satz 1 geschützten Guthaben nicht von der der Pfändung erfasst. Die Sätze 1 und 2 gelten entsprechend, wenn das Guthaben auf einem Girokonto des Schuldners gepfändet ist, das vor Ablauf von vier Wochen seit der Zustellung des Überweisungsbeschlusses an den Drittschuldner in ein Pfändungsschutzkonto umgewandelt wird.

(2) Die Pfändung des Guthabens gilt im Übrigen als mit der Maßgabe ausgesprochen, dass in Erhöhung des Freibetrages nach Absatz 1 folgende Beträge nicht von der Pfändung erfasst sind:

1. die pfändungsfreien Beträge nach § 850 c Abs. 1 Satz 2 in Verbindung mit § 850 c Abs. 2a Satz 1, wenn

   a) der Schuldner einer oder mehreren Personen aufgrund gesetzlicher Verpflichtung Unterhalt gewährt oder

   b) der Schuldner Geldleistungen nach dem Zweiten oder Zwölften Buch Sozialgesetzbuch für mit ihm in einer Gemeinschaft im Sinne des § 7 Abs. 3 des Zweiten Buches Sozialgesetzbuch oder der §§ 19, 20, 36 Satz 1 oder 43 des Zwölften Buches Sozialgesetzbuch lebende Personen, denen er nicht aufgrund gesetzlicher Vorschriften zum Unterhalt verpflichtet ist, entgegennimmt;

2. einmalige Geldleistungen im Sinne des § 54 Abs. 2 des Ersten Buches Sozialgesetzbuch und Geldleistungen zum Ausgleich des durch einen Körper- oder Gesundheitsschaden bedingten Mehraufwandes im Sinne des § 54 Abs. 3 Nr. 3 des Ersten Buches Sozialgesetzbuch;

3. das Kindergeld oder andere Geldleistungen für Kinder, es sei denn, dass wegen einer Unterhaltsforderung eines Kindes, für das die Leistungen gewährt oder bei dem es berücksichtigt wird, gepfändet wird.

Für die Beträge nach Satz 1 gilt Absatz 1 Satz 2 entsprechend.

(3) An die Stelle der nach Absatz 1 und Absatz 2 Satz 1 Nr. 1 pfändungsfreien Beträge tritt der vom Vollstreckungsgericht im Pfändungsbeschluss belassene Betrag, wenn das Guthaben wegen der in § 850 d bezeichneten Forderungen gepfändet wird.

(4) Das Vollstreckungsgericht kann auf Antrag einen von den Absätzen 1, 2 Satz 1 Nr. 1 und Absatz 3 abweichenden pfändungfreien Betrag festsetzen. Die §§ 850 a, 850 b, 850 c, 850 d Abs. 1 und 2, die §§ 850 e, 850 f, 850 g und 850 i sowie die §§ 851 c und 851 d dieses Gesetzes sowie § 54 Abs. 2, Abs. 3 Nr. 1, 2 und 3, Abs. 4 und 5 des Ersten Buches Sozialgesetzbuch, § 17 Abs. 1 Satz 2 des Zwölften Buches Sozialgesetzbuch und § 76 des Einkommensteuergesetzes sind entsprechend anzuwenden. Im Übrigen ist das Vollstreckungsgericht befugt, die in § 732 Abs. 2 bezeichneten Anordnungen zu erlassen.

(5) Das Kreditinstitut ist dem Schuldner zur Leistung aus dem nach Absatz 1 und 3 nicht von der Pfändung erfassten Guthaben im Rahmen des vertraglich Vereinbarten verpflichtet. Dies gilt für die nach Absatz 2 nicht von der Pfändung erfassten Beträge nur insoweit, als der Schuldner durch eine Bescheinigung des Arbeitgebers, der Familienkasse, des Sozialleistungsträgers oder einer geeigneten Person oder Stelle im Sinne von § 305 Abs. 1 Nr. 1 der Insolvenzverordnung nachweist, dass das Guthaben nicht von der Pfändung erfasst ist. Die Leistung des Kreditinstituts an den Schuldner hat befreiende Wirkung, wenn ihm die Unrichtigkeit einer Bescheinigung nach Satz 2 weder bekannt noch infolge grober Fahrlässigkeit unbekannt ist. Kann der Schuldner den Nachweis nach Satz 2 nicht führen, so hat das Vollstreckungsgericht auf Antrag die Beträge nach Absatz 2 zu bestimmen. Die Sätze 1 bis 4 gelten auch für eine Hinterlegung.

(6) Wird einem Pfändungsschutzkonto eine Geldleistung nach dem Sozialgesetzbuch oder Kindergeld gutgeschrieben, darf das Kreditinstitut die Forderung, die durch die Gutschrift entsteht, für die Dauer von 14 Tagen seit der Gutschrift nur mit solchen Forderungen verrechnen und hiergegen nur mit solchen Forderungen aufrechnen, die ihm als Entgelt für die Kontoführung oder aufgrund von Kontoverfügungen des Berechtigten innerhalb dieses Zeitraumes zustehen. Bis zur Höhe des danach verbleibenden Betrages der Gutschrift ist das Kreditinstitut innerhalb von 14 Tagen seit der Gutschrift nicht berechtigt, die Ausführung von Zahlungsvorgängen wegen fehlender Deckung abzulehnen, wenn der Berechtigte nachweist oder dem Kreditinstitut sonst bekannt ist, dass es sich um die Gutschrift einer Geldleistung nach dem Sozialgesetzbuch oder von Kindergeld handelt. Das Entgelt des Kreditinstituts für die Kontoführung kann auch mit Beträgen nach den Absätzen 1 bis 4 verrechnet werden.

(7) In einem der Führung eines Girokontos zugrunde liegenden Vertrag können der Kunde, der eine natürliche Person ist, oder dessen gesetzlicher Vertreter und das Kreditinstitut vereinbaren, dass das Girokonto als Pfändungsschutzkonto geführt wird. Der Kunde kann jederzeit verlangen, dass

das Kreditinstitut sein Girokonto als Pfändungsschutzkonto führt. Ist das Guthaben des Girokontos bereits gepfändet worden, so kann der Schuldner die Führung als Pfändungsschutzkonto zum Beginn des vierten auf seine Erklärung folgenden Geschäftstages verlangen.

(8) Jede Person darf nur ein Pfändungsschutzkonto führen. Bei der Abrede hat der Kunde gegenüber dem Kreditinstitut zu versichern, dass er ein weiteres Pfändungsschutzkonto nicht führt. Die SCHUFA Holding AG darf zum Zweck der Überprüfung der Versicherung nach Satz 2 Kreditinstituten auf Anfrage Auskunft über ein bestehendes Pfändungsschutzkonto des Kunden erteilen. Die Kreditinstitute sind zur Erreichung dieses Zwecks berechtigt, der SCHUFA Holding AG die Führung eines Pfändungsschutzkontos mitzuteilen.

(9) Führt ein Schuldner entgegen Absatz 8 Satz 1 mehrere Girokonten als Pfändungsschutzkonten, ordnet das Vollstreckungsgericht auf Antrag eines Gläubigers an, dass nur das von dem Gläubiger in dem Antrag bezeichnete Girokonto dem Schuldner als Pfändungsschutzkonto verbleibt. Der Gläubiger hat die Voraussetzungen nach Satz 1 durch Vorlage entsprechender Erklärungen der Drittschuldner glaubhaft zu machen. Eine Anhörung des Schuldners unterbleibt. Die Entscheidung ist allen Drittschuldnern zuzustellen. Mit der Zustellung der Entscheidung an diejenigen Kreditinstitute, deren Girokonten nicht zum Pfändungsschutzkonto bestimmt sind, entfallen die Wirkungen nach den Absätzen 1 bis 6.

Mit Wirkung ab **1. Juli 2010** werden durch Art. 1 Nr. 8 des Gesetzes zur Reform des Kontopfändungsschutzes
– der bisherige § 850 k (abgedruckt Seiten 1173, 1174) fortan § 850 l,
– die Überschrift und Absatz 1 neu gefasst,
– Absatz 2 Satz 3 geändert,
– Absatz 4 angefügt.
§ 850 l lautet dann

§ 850 l Pfändungsschutz für Kontoguthaben aus wiederkehrenden Einkünften

(1) Werden die in den §§ 850 bis 850 b sowie die in den §§ 851 c und 851 d bezeichneten wiederkehrenden Einkünfte auf ein Konto des Schuldners, das vom Kreditinstitut nicht als Pfändungsschutzkonto im Sinne von § 850 k Abs. 7 geführt wird, überwiesen, so ist eine Pfändung des Guthabens auf Antrag des Schuldners vom Vollstreckungsgericht insoweit aufzuheben, als das Guthaben dem der Pfändung nicht unterworfenen Teil der Einkünfte für die Zeit von der Pfändung bis zum nächsten Zahlungstermin entspricht.

(2) Das Vollstreckungsgericht hebt die Pfändung des Guthabens für den Teil vorab auf, dessen der Schuldner bis zum nächsten Zahlungstermin dringend bedarf, um seinen notwendigen Unterhalt zu bestreiten und seine laufenden gesetzlichen Unterhaltspflichten gegenüber den dem Gläubiger vorgehenden Berechtigten zu erfüllen oder die dem Gläubiger gleichste-

henden Unterhaltsberechtigten gleichmäßig zu befriedigen. Der vorab freigegebene Teil des Guthabens darf den Betrag nicht übersteigen, der dem Schuldner voraussichtlich nach Absatz 1 zu belassen ist. Der Schuldner hat glaubhaft zu machen, dass wiederkehrende Einkünfte der in den §§ 850 bis 850 b, § 851 c oder § 851 d bezeichneten Art auf das Konto überwiesen worden sind und dass die Voraussetzungen des Satzes 1 vorliegen. Die Anhörung des Gläubigers unterbleibt, wenn der damit verbundene Aufschub dem Schuldner nicht zuzumuten ist.

(3) Im Übrigen ist das Vollstreckungsgericht befugt, die in § 732 Abs. 2 bezeichneten Anordnungen zu erlassen.

(4) Der Antrag des Schuldners ist nur zulässig, wenn er kein Pfändungsschutzkonto im Sinne von § 850 k Abs. 7 bei einem Kreditinstitut führt. Dies hat er bei seinem Antrag glaubhaft zu machen.

§ 850 l ist mit Wirkung ab **1. Januar 2012** durch Art. 7 Nr. 6 des Gesetzes zur Reform des Kontopfändungsschutzes dann wie folgt (neu) gefasst.

§ 850 l Anordnung der Unpfändbarkeit von Kontoguthaben auf dem Pfändungsschutzkonto

Auf Antrag des Schuldners kann das Vollstreckungsgericht anordnen, dass das Guthaben auf dem Pfändungschutzkonto für die Dauer von bis zu zwölf Monaten der Pfändung nicht unterworfen ist, wenn der Schuldner nachweist, dass dem Konto in den letzten sechs Monaten vor Antragstellung ganz überwiegend nur unpfändbare Beträge gutgeschrieben worden sind, und er glaubhaft macht, dass auch innerhalb der nächsten zwölf Monate nur ganz überwiegend nicht pfändbare Beträge zu erwarten sind. Die Anordnung kann versagt werden, wenn überwiegende Belange des Gläubigers entgegenstehen. Sie ist auf Antrag eines Gläubigers aufzuheben, wenn ihre Voraussetzungen nicht mehr vorliegen oder die Anordnung den überwiegenden Belangen dieses Gläubigers entgegensteht.

§ 851 Nicht übertragbare Forderungen

(1) Eine Forderung ist in Ermangelung besonderer Vorschriften der Pfändung nur insoweit unterworfen, als sie übertragbar ist.

(2) Eine nach § 399 des Bürgerlichen Gesetzbuchs nicht übertragbare Forderung kann insoweit gepfändet und zur Einziehung überwiesen werden, als der geschuldete Gegenstand der Pfändung unterworfen ist.

§ 851 a Pfändungsschutz für Landwirte

(1) Die Pfändung von Forderungen, die einem die Landwirtschaft betreibenden Schuldner aus dem Verkauf von landwirtschaftlichen Erzeugnissen zustehen, ist auf seinen Antrag vom Vollstreckungsgericht insoweit aufzu-

heben, als die Einkünfte zum Unterhalt des Schuldners, seiner Familie und seiner Arbeitnehmer oder zur Aufrechterhaltung einer geordneten Wirtschaftsführung unentbehrlich sind.

(2) Die Pfändung soll unterbleiben, wenn offenkundig ist, dass die Voraussetzungen für die Aufhebung der Zwangsvollstreckung nach Absatz 1 vorliegen.

§ 851 b Pfändungsschutz bei Miet- und Pachtzinsen

(1) Die Pfändung von Miete und Pacht ist auf Antrag des Schuldners vom Vollstreckungsgericht insoweit aufzuheben, als diese Einkünfte für den Schuldner zur laufenden Unterhaltung des Grundstücks, zur Vornahme notwendiger Instandsetzungsarbeiten und zur Befriedigung von Ansprüchen unentbehrlich sind, die bei einer Zwangsvollstreckung in das Grundstück dem Anspruch des Gläubigers nach § 10 des Gesetzes über die Zwangsversteigerung und die Zwangsverwaltung vorgehen würden. Das gleiche gilt von der Pfändung von Barmitteln und Guthaben, die aus Miet- oder Pachtzahlungen herrühren und zu den in Satz 1 bezeichneten Zwecken unentbehrlich sind.

(2) Die Vorschriften des § 813 b Abs. 2, 3 und Abs. 5 Satz 1 und 2 gelten entsprechend. Die Pfändung soll unterbleiben, wenn offenkundig ist, dass die Voraussetzungen für die Aufhebung der Zwangsvollstreckung nach Absatz 1 vorliegen.

§ 851 c Pfändungsschutz bei Altersrenten

(1) Ansprüche auf Leistungen, die auf Grund von Verträgen gewährt werden, dürfen nur wie Arbeitseinkommen gepfändet werden, wenn
1. die Leistung in regelmäßigen Zeitabständen legenslang und nicht vor Vollendung des 60. Lebensjahres oder nur bei Eintritt der Berufsunfähigkeit gewährt wird,
2. über die Ansprüche aus dem Vertrag nicht verfügt werden darf,
3. die Bestimmung von Dritten mit Ausnahmen von Hinterbliebenen als Berechtigte ausgeschlossen ist und
4. die Zahlung einer Kapitalleistung, ausgenommen eine Zahlung für den Todesfall, nicht vereinbart wurde.

(2) Um dem Schuldner den Aufbau einer angemessenen Alterssicherung zu ermöglichen, kann er unter Berücksichtigung der Entwicklung auf dem Kapitalmarkt, des Sterblichkeitsrisikos und der Höhe der Pfändungsfreigrenze, nach seinem Lebensalter gestaffelt, jährlich eine bestimmten Betrag unpfändbar auf der Grundlage eines in Absatz 1 bezeichneten Vertrags bis zu einer Gesamtsumme von 238.000 Euro ansammeln. Der Schuldner darf vom 18. bis zum vollendeten 29. Lebensjahr 2.000 Euro, vom 30. bis zum vollendeten 39. Lebensjahr 4.000 Euro, vom 40. bis zum vollendeten 47. Le-

bensjahr 4.500 Euro, vom 48. bis zum vollendeten 53. Lebensjahr 6.000 Euro, vom 54. bis zum vollendeten 59. Lebensjahr 8.000 Euro und vom 60. bis zum vollendeten 65. Lebensjahr 9.000 Euro jährlich ansammeln. Übersteigt der Rückkaufwert der Alterssicherung den unpfändbaren Betrag, sind drei Zehntel des überschießenden Betrags unpfändbar. Satz 3 gilt nicht für den Teil des Rückkaufwerts, der den dreifachen Wert des in Satz 1 genannten Betrags übersteigt.

(3) § 850 e Nr. 2 und 2 a gilt entsprechend.

§ 851 d Pfändungsschutz bei steuerlich geförderten Altersvorsorgevermögen

Monatliche Leistungen in Form einer lebenslangen Rente oder monatlicher Ratenzahlungen im Rahmen eines Auszahlungsplans nach § 1 Abs. 1 Satz 1 Nr. 4 des Altersvorsorgeverträge-Zertifizierungsgesetzes aus steuerlich gefördertem Altersvorsorgevermögen sind wie Arbeitseinkommen pfändbar.

§ 852 Beschränkt pfändbare Forderungen

(1) Der Pflichtteilsanspruch ist der Pfändung nur unterworfen, wenn er durch Vertrag anerkannt oder rechtshängig geworden ist.

(2) Das gleiche gilt für den nach § 528 des Bürgerlichen Gesetzbuchs dem Schenker zustehenden Anspruch auf Herausgabe des Geschenkes sowie für den Anspruch eines Ehegatten auf den Ausgleich des Zugewinns.

§ 853 Mehrfache Pfändung einer Geldforderung

Ist eine Geldforderung für mehrere Gläubiger gepfändet, so ist der Drittschuldner berechtigt und auf Verlangen eines Gläubigers, dem die Forderung überwiesen wurde, verpflichtet, unter Anzeige der Sachlage und unter Aushändigung der ihm zugestellten Beschlüsse an das Amtsgericht, dessen Beschluss ihm zuerst zugestellt ist, den Schuldbetrag zu hinterlegen.

§ 854 Mehrfache Pfändung eines Anspruchs auf bewegliche Sachen

(1) Ist ein Anspruch, der eine bewegliche körperliche Sache betrifft, für mehrere Gläubiger gepfändet, so ist der Drittschuldner berechtigt und auf Verlangen eines Gläubigers, dem der Anspruch überwiesen wurde, verpflichtet, die Sache unter Anzeige der Sachlage und unter Aushändigung der ihm zugestellten Beschlüsse dem Gerichtsvollzieher herauszugeben, der nach dem ihm zuerst zugestellten Beschluss zur Empfangnahme der Sache ermächtigt ist. Hat der Gläubiger einen solchen Gerichtsvollzieher nicht bezeichnet, so wird dieser auf Antrag des Drittschuldners von dem Amtsgericht des Ortes ernannt, wo die Sache herauszugeben ist.

(2) Ist der Erlös zur Deckung der Forderungen nicht ausreichend und verlangt der Gläubiger, für den die zweite oder eine spätere Pfändung erfolgt ist, ohne Zustimmung der übrigen beteiligten Gläubiger eine andere Verteilung als nach der Reihenfolge der Pfändungen, so hat der Gerichtsvollzieher die Sachlage unter Hinterlegung des Erlöses dem Amtsgericht anzuzeigen, dessen Beschluss dem Drittschuldner zuerst zugestellt ist. Dieser Anzeige sind die Dokumente beizufügen, die sich auf das Verfahren beziehen.

(3) In gleicher Weise ist zu verfahren, wenn die Pfändung für mehrere Gläubiger gleichzeitig bewirkt ist.

§ 855 Mehrfache Pfändung eines Anspruchs auf eine unbewegliche Sache

Betrifft der Anspruch eine unbewegliche Sache, so ist der Drittschuldner berechtigt und auf Verlangen eines Gläubigers, dem der Anspruch überwiesen wurde, verpflichtet, die Sache unter Anzeige der Sachlage und unter Aushändigung der ihm zugestellten Beschlüsse an den von dem Amtsgericht der belegenen Sache ernannten oder auf seinen Antrag zu ernennenden Sequester herauszugeben.

§ 855 a Mehrfache Pfändung eines Anspruchs auf ein Schiff

(1) Betrifft der Anspruch ein eingetragenes Schiff, so ist der Drittschuldner berechtigt und auf Verlangen eines Gläubigers, dem der Anspruch überwiesen wurde, verpflichtet, das Schiff unter Anzeige der Sachlage und unter Aushändigung der Beschlüsse dem Treuhänder herauszugeben, der in dem ihm zuerst zugestellten Beschluss bestellt ist.

(2) Absatz 1 gilt sinngemäß, wenn der Anspruch ein Schiffsbauwerk betrifft, das im Schiffsbauregister eingetragen ist oder in dieses Register eingetragen werden kann.

§ 856 Klage bei mehrfacher Pfändung

(1) Jeder Gläubiger, dem der Anspruch überwiesen wurde, ist berechtigt, gegen den Drittschuldner Klage auf Erfüllung der nach den Vorschriften der §§ 853 bis 855 diesem obliegenden Verpflichtungen zu erheben.

(2) Jeder Gläubiger, für den der Anspruch gepfändet ist, kann sich dem Kläger in jeder Lage des Rechtsstreits als Streitgenosse anschließen.

(3) Der Drittschuldner hat bei dem Prozessgericht zu beantragen, dass die Gläubiger, welche die Klage nicht erhoben und dem Kläger sich nicht angeschlossen haben, zum Termin zur mündlichen Verhandlung geladen werden.

(4) Die Entscheidung, die in dem Rechtsstreit über den in der Klage erhobenen Anspruch erlassen wird, ist für und gegen sämtliche Gläubiger wirksam.

(5) Der Drittschuldner kann sich gegenüber einem Gläubiger auf die ihm günstige Entscheidung nicht berufen, wenn der Gläubiger zum Termin zur mündlichen Verhandlung nicht geladen worden ist.

§ 857 Zwangsvollstreckung in andere Vermögensrechte

(1) Für die Zwangsvollstreckung in andere Vermögensrechte, die nicht Gegenstand der Zwangsvollstreckung in das unbewegliche Vermögen sind, gelten die vorstehenden Vorschriften entsprechend.

(2) Ist ein Drittschuldner nicht vorhanden, so ist die Pfändung mit dem Zeitpunkt als bewirkt anzusehen, in welchem dem Schuldner das Gebot, sich jeder Verfügung über das Recht zu enthalten, zugestellt ist.

(3) Ein unveräußerliches Recht ist in Ermangelung besonderer Vorschriften der Pfändung insoweit unterworfen, als die Ausübung einem anderen überlassen werden kann.

(4) Das Gericht kann bei der Zwangsvollstreckung in unveräußerliche Rechte, deren Ausübung einem anderen überlassen werden kann, besondere Anordnungen erlassen. Es kann insbesondere bei der Zwangsvollstreckung in Nutzungsrechte eine Verwaltung anordnen; in diesem Falle wird die Pfändung durch Übergabe der zu benutzenden Sache an den Verwalter bewirkt, sofern sie nicht durch Zustellung des Beschlusses bereits vorher bewirkt ist.

(5) Ist die Veräußerung des Rechtes selbst zulässig, so kann auch diese Veräußerung von dem Gericht angeordnet werden.

(6) Auf die Zwangsvollstreckung in eine Reallast, eine Grundschuld oder eine Rentenschuld sind die Vorschriften über die Zwangsvollstreckung in eine Forderung, für die eine Hypothek besteht, entsprechend anzuwenden.

(7) Die Vorschrift des § 845 Abs. 1 Satz 2 ist nicht anzuwenden.

§ 858 Zwangsvollstreckung in Schiffspart

(1) Für die Zwangsvollstreckung in die Schiffspart (§§ 489 ff. des Handelsgesetzbuchs) gilt § 857 mit folgenden Abweichungen:

(2) Als Vollstreckungsgericht ist das Amtsgericht zuständig, bei dem das Register für das Schiff geführt wird.

(3) Die Pfändung bedarf der Eintragung in das Schiffsregister; die Eintragung erfolgt auf Grund des Pfändungsbeschlusses. Der Pfändungsbeschluss soll dem Korrespondentreeder zugestellt werden; wird der Beschluss diesem vor der Eintragung zugestellt, so gilt die Pfändung ihm gegenüber mit der Zustellung als bewirkt.

(4) Verwertet wird die gepfändete Schiffspart im Wege der Veräußerung. Dem Antrag auf Anordnung der Veräußerung ist ein Auszug aus dem Schiffsregister beizufügen, der alle das Schiff und die Schiffspart betreffenden Eintragungen enthält; der Auszug darf nicht älter als eine Woche sein.

(5) Ergibt der Auszug aus dem Schiffsregister, dass die Schiffspart mit einem Pfandrecht belastet ist, das einem andern als dem betreibenden Gläubiger zusteht, so ist die Hinterlegung des Erlöses anzuordnen. Der Erlös wird in diesem Fall nach den Vorschriften der §§ 873 bis 882 verteilt; Forderungen, für die ein Pfandrecht an der Schiffspart eingetragen ist, sind nach dem Inhalt des Schiffsregisters in den Teilungsplan aufzunehmen.

Anhang 1

§ 859 Pfändung von Gesamthandanteilen

(1) Der Anteil eines Gesellschafters an dem Gesellschaftsvermögen einer nach § 705 des Bürgerlichen Gesetzbuchs eingegangenen Gesellschaft ist der Pfändung unterworfen. Der Anteil eines Gesellschafters an den einzelnen zu dem Gesellschaftsvermögen gehörenden Gegenständen ist der Pfändung nicht unterworfen.

(2) Die gleichen Vorschriften gelten für den Anteil eines Miterben an dem Nachlass und an den einzelnen Nachlassgegenständen.

§ 860 Pfändung von Gesamtgutanteilen

(1) Bei dem Güterstand der Gütergemeinschaft ist der Anteil eines Ehegatten an dem Gesamtgut und an den einzelnen dazu gehörenden Gegenständen der Pfändung nicht unterworfen. Das Gleiche gilt bei der fortgesetzten Gütergemeinschaft von den Anteilen des überlebenden Ehegatten und der Abkömmlinge.

(2) Nach der Beendigung der Gemeinschaft ist der Anteil an dem Gesamtgut zugunsten der Gläubiger des Anteilsberechtigten der Pfändung unterworfen.

§§ 861 und 862 (aufgehoben)

§ 863 Pfändungsbeschränkungen bei Erbschaftsnutzungen

(1) Ist der Schuldner als Erbe nach § 2338 des Bürgerlichen Gesetzbuchs durch die Einsetzung eines Nacherben beschränkt, so sind die Nutzungen der Erbschaft der Pfändung nicht unterworfen, soweit sie zur Erfüllung der dem Schuldner seinem Ehegatten, seinem früheren Ehegatten, seinem Lebenspartner, einem früheren Lebenspartner oder seinen Verwandten gegenüber gesetzlich obliegenden Unterhaltspflicht und zur Bestreitung seines standesmäßigen Unterhalts erforderlich sind. Das Gleiche gilt, wenn der Schuldner nach § 2338 des Bürgerlichen Gesetzbuchs durch die Ernennung eines Testamentsvollstreckers beschränkt ist, für seinen Anspruch auf den jährlichen Reinertrag.

(2) Die Pfändung ist unbeschränkt zulässig, wenn der Anspruch eines Nachlassgläubigers oder ein auch dem Nacherben oder dem Testamentsvollstrecker gegenüber wirksames Recht geltend gemacht wird.

(3) Diese Vorschriften gelten entsprechend, wenn der Anteil eines Abkömmlings an dem Gesamtgut der fortgesetzten Gütergemeinschaft nach § 1513 Abs. 2 des Bürgerlichen Gesetzbuchs einer Beschränkung der im Absatz 1 bezeichneten Art unterliegt.

Zivilprozessordnung

Anlage zu § 850 c

Pfändbare Beträge ab **1. Juli 2005**
Pfändungsfreigrenzenbekanntmachung 2005, BGBl I 494–508.

Monatssätze		Pfändbarer Betrag bei Unterhaltspflicht für … Personen					
Nettolohn monatlich		0	1	2	3	4	5 und mehr
		in Euro					
bis	989,99	–	–	–	–	–	–
990,00 bis	999,99	3,40	–	–	–	–	–
1.000,00 bis	1.009,99	10,40	–	–	–	–	–
1.010,00 bis	1.019,99	17,40	–	–	–	–	–
1.020,00 bis	1.029,99	24,40	–	–	–	–	–
1.030,00 bis	1.039,99	31,40	–	–	–	–	–
1.040,00 bis	1.049,99	38,40	–	–	–	–	–
1.050,00 bis	1.059,99	45,40	–	–	–	–	–
1.060,00 bis	1.069,99	52,40	–	–	–	–	–
1.070,00 bis	1.079,99	59,40	–	–	–	–	–
1.080,00 bis	1.089,99	66,40	–	–	–	–	–
1.090,00 bis	1.099,99	73,40	–	–	–	–	–
1.100,00 bis	1.109,99	80,40	–	–	–	–	–
1.110,00 bis	1.119,99	87,40	–	–	–	–	–
1.120,00 bis	1.129,99	94,40	–	–	–	–	–
1.130,00 bis	1.139,99	101,40	–	–	–	–	–
1.140,00 bis	1.149,99	108,40	–	–	–	–	–
1.150,00 bis	1.159,99	115,40	–	–	–	–	–
1.160,00 bis	1.169,99	122,40	–	–	–	–	–
1.170,00 bis	1.179,99	129,40	–	–	–	–	–
1.180,00 bis	1.189,99	136,40	–	–	–	–	–
1.190,00 bis	1.199,99	143,40	–	–	–	–	–
1.200,00 bis	1.209,99	150,40	–	–	–	–	–
1.210,00 bis	1.219,99	157,40	–	–	–	–	–
1.220,00 bis	1.229,99	164,40	–	–	–	–	–
1.230,00 bis	1.239,99	171,40	–	–	–	–	–
1.240,00 bis	1.249,99	178,40	–	–	–	–	–
1.250,00 bis	1.259,99	185,40	–	–	–	–	–
1.260,00 bis	1.269,99	192,40	–	–	–	–	–
1.270,00 bis	1.279,99	199,40	–	–	–	–	–
1.280,00 bis	1.289,99	206,40	–	–	–	–	–
1.290,00 bis	1.299,99	213,40	–	–	–	–	–
1.300,00 bis	1.309,99	220,40	–	–	–	–	–
1.310,00 bis	1.319,99	227,40	–	–	–	–	–
1.320,00 bis	1.329,99	234,40	–	–	–	–	–
1.330,00 bis	1.339,99	241,40	–	–	–	–	–
1.340,00 bis	1.349,99	248,40	–	–	–	–	–
1.350,00 bis	1.359,99	255,40	–	–	–	–	–
1.360,00 bis	1.369,99	262,40	2,05	–	–	–	–
1.370,00 bis	1.379,99	269,40	7,05	–	–	–	–
1.380,00 bis	1.389,99	276,40	12,05	–	–	–	–
1.390,00 bis	1.399,99	283,40	17,05	–	–	–	–

Anhang 1

Monatssätze	Pfändbarer Betrag bei Unterhaltspflicht für ... Personen					
Nettolohn monatlich	0	1	2	3	4	5 und mehr
	in Euro					
1.400,00 bis 1.409,99	290,40	22,05	–	–	–	–
1.410,00 bis 1.419,99	297,40	27,05	–	–	–	–
1.420,00 bis 1.429,99	304,40	32,05	–	–	–	–
1.430,00 bis 1.439,99	311,40	37,05	–	–	–	–
1.440,00 bis 1.449,99	318,40	42,05	–	–	–	–
1.450,00 bis 1.459,99	325,40	47,05	–	–	–	–
1.460,00 bis 1.469,99	332,40	52,05	–	–	–	–
1.470,00 bis 1.479,99	339,40	57,05	–	–	–	–
1.480,00 bis 1.489,99	346,40	62,05	–	–	–	–
1.490,00 bis 1.499,99	353,40	67,05	–	–	–	–
1.500,00 bis 1.509,99	360,40	72,05	–	–	–	–
1.510,00 bis 1.519,99	367,40	77,05	–	–	–	–
1.520,00 bis 1.529,99	374,40	82,05	–	–	–	–
1.530,00 bis 1.539,99	381,40	87,05	–	–	–	–
1.540,00 bis 1.549,99	388,40	92,05	–	–	–	–
1.550,00 bis 1.559,99	395,40	97,05	–	–	–	–
1.560,00 bis 1.569,99	402,40	102,05	–	–	–	–
1.570,00 bis 1.579,99	409,40	107,05	3,01	–	–	–
1.580,00 bis 1.589,99	416,40	112,05	7,01	–	–	–
1.590,00 bis 1.599,99	423,40	117,05	11,01	–	–	–
1.600,00 bis 1.609,99	430,40	122,05	15,01	–	–	–
1.610,00 bis 1.619,99	437,40	127,05	19,01	–	–	–
1.620,00 bis 1.629,99	444,40	132,05	23,01	–	–	–
1.630,00 bis 1.639,99	451,40	137,05	27,01	–	–	–
1.640,00 bis 1.649,99	458,40	142,05	31,01	–	–	–
1.650,00 bis 1.659,99	465,40	147,05	35,01	–	–	–
1.660,00 bis 1.669,99	472,40	152,05	39,01	–	–	–
1.670,00 bis 1.679,99	479,40	157,05	43,01	–	–	–
1.680,00 bis 1.689,99	486,40	162,05	47,01	–	–	–
1.690,00 bis 1.699,99	493,40	167,05	51,01	–	–	–
1.700,00 bis 1.709,99	500,40	172,05	55,01	–	–	–
1.710,00 bis 1.719,99	507,40	177,05	59,01	–	–	–
1.720,00 bis 1.729,99	514,40	182,05	63,01	–	–	–
1.730,00 bis 1.739,99	521,40	187,05	67,01	–	–	–
1.740,00 bis 1.749,99	528,40	192,05	71,01	–	–	–
1.750,00 bis 1.759,99	535,40	197,05	75,01	–	–	–
1.760,00 bis 1.769,99	542,40	202,05	79,01	–	–	–
1.770,00 bis 1.779,99	549,40	207,05	83,01	0,29	–	–
1.780,00 bis 1.789,99	556,40	212,05	87,01	3,29	–	–
1.790,00 bis 1.799,99	563,40	217,05	91,01	6,29	–	–
1.800,00 bis 1.809,99	570,40	222,05	95,01	9,29	–	–
1.810,00 bis 1.819,99	577,40	227,05	99,01	12,29	–	–
1.820,00 bis 1.829,99	584,40	232,05	103,01	15,29	–	–
1.830,00 bis 1.839,99	591,40	237,05	107,01	18,29	–	–
1.840,00 bis 1.849,99	598,40	242,05	111,01	21,29	–	–
1.850,00 bis 1.859,99	605,40	247,05	115,01	24,29	–	–
1.860,00 bis 1.869,99	612,40	252,05	119,01	27,29	–	–
1.870,00 bis 1.879,99	619,40	257,05	123,01	30,29	–	–
1.880,00 bis 1.889,99	626,40	262,05	127,01	33,29	–	–
1.890,00 bis 1.899,99	633,40	267,05	131,01	36,29	–	–

Zivilprozessordnung

Monatssätze	Pfändbarer Betrag bei Unterhaltspflicht für ... Personen					
Nettolohn monatlich	0	1	2	3	4	5 und mehr
	in Euro					
1.900,00 bis 1.909,99	640,40	272,05	135,01	39,29	–	–
1.910,00 bis 1.919,99	647,40	277,05	139,01	42,29	–	–
1.920,00 bis 1.929,99	654,40	282,05	143,01	45,29	–	–
1.930,00 bis 1.939,99	661,40	287,05	147,01	48,29	–	–
1.940,00 bis 1.949,99	668,40	292,05	151,01	51,29	–	–
1.950,00 bis 1.959,99	675,40	297,05	155,01	54,29	–	–
1.960,00 bis 1.969,99	682,40	302,05	159,01	57,29	–	–
1.970,00 bis 1.979,99	689,40	307,05	163,01	60,29	–	–
1.980,00 bis 1.989,99	696,40	312,05	167,01	63,29	0,88	–
1.990,00 bis 1.999,99	703,40	317,05	171,01	66,29	2,88	–
2.000,00 bis 2.009,99	710,40	322,05	175,01	69,29	4,88	–
2.010,00 bis 2.019,99	717,40	327,05	179,01	72,29	6,88	–
2.020,00 bis 2.029,99	724,40	332,05	183,01	75,29	8,88	–
2.030,00 bis 2.039,99	731,40	337,05	187,01	78,29	10,88	–
2.040,00 bis 2.049,99	738,40	342,05	191,01	81,29	12,88	–
2.050,00 bis 2.059,99	745,40	347,05	195,01	84,29	14,88	–
2.060,00 bis 2.069,99	752,40	352,05	199,01	87,29	16,88	–
2.070,00 bis 2.079,99	759,40	357,05	203,01	90,29	18,88	–
2.080,00 bis 2.089,99	766,40	362,05	207,01	93,29	20,88	–
2.090,00 bis 2.099,99	773,40	367,05	211,01	96,29	22,88	–
2.100,00 bis 2.109,99	780,40	372,05	215,01	99,29	24,88	–
2.110,00 bis 2.119,99	787,40	377,05	219,01	102,29	26,88	–
2.120,00 bis 2.129,99	794,40	382,05	223,01	105,29	28,88	–
2.130,00 bis 2.139,99	801,40	387,05	227,01	108,29	30,88	–
2.140,00 bis 2.149,99	808,40	392,05	231,01	111,29	32,88	–
2.150,00 bis 2.159,99	815,40	397,05	235,01	114,29	34,88	–
2.160,00 bis 2.169,99	822,40	402,05	239,01	117,29	36,88	–
2.170,00 bis 2.179,99	829,40	407,05	243,01	120,29	38,88	–
2.180,00 bis 2.189,99	836,40	412,05	247,01	123,29	40,88	–
2.190,00 bis 2.199,99	843,40	417,05	251,01	126,29	42,88	0,79
2.200,00 bis 2.209,99	850,40	422,05	255,01	129,29	44,88	1,79
2.210,00 bis 2.219,99	857,40	427,05	259,01	132,29	46,88	2,79
2.220,00 bis 2.229,99	864,40	432,05	263,01	135,29	48,88	3,79
2.230,00 bis 2.239,99	871,40	437,05	267,01	138,29	50,88	4,79
2.240,00 bis 2.249,99	878,40	442,05	271,01	141,29	52,88	5,79
2.250,00 bis 2.259,99	885,40	447,05	275,01	144,29	54,88	6,79
2.260,00 bis 2.269,99	892,40	452,05	279,01	147,29	56,88	7,79
2.270,00 bis 2.279,99	899,40	457,05	283,01	150,29	58,88	8,79
2.280,00 bis 2.289,99	906,40	462,05	287,01	153,29	60,88	9,79
2.290,00 bis 2.299,99	913,40	467,05	291,01	156,29	62,88	10,79
2.300,00 bis 2.309,99	920,40	472,05	295,01	159,29	64,88	11,79
2.310,00 bis 2.319,99	927,40	477,05	299,01	162,29	66,88	12,79
2.320,00 bis 2.329,99	934,40	482,05	303,01	165,29	68,88	13,79
2.330,00 bis 2.339,99	941,40	487,05	307,01	168,29	70,88	14,79
2.340,00 bis 2.349,99	948,40	492,05	311,01	171,29	72,88	15,79
2.350,00 bis 2.359,99	955,40	497,05	315,01	174,29	74,88	16,79
2.360,00 bis 2.369,99	962,40	502,05	319,01	177,29	76,88	17,79
2.370,00 bis 2.379,99	969,40	507,05	323,01	180,29	78,88	18,79
2.380,00 bis 2.389,99	976,40	512,05	327,01	183,29	80,88	19,79
2.390,00 bis 2.399,99	983,40	517,05	331,01	186,29	82,88	20,79

Anhang 1

Monatssätze	Pfändbarer Betrag bei Unterhaltspflicht für ... Personen					
Nettolohn monatlich	0	1	2	3	4	5 und mehr
	in Euro					
2.400,00 bis 2.409,99	990,40	522,05	335,01	189,29	84,88	21,79
2.410,00 bis 2.419,99	997,40	527,05	339,01	192,29	86,88	22,79
2.420,00 bis 2.429,99	1.004,40	532,05	343,01	195,29	88,88	23,79
2.430,00 bis 2.439,99	1.011,40	537,05	347,01	198,29	90,88	24,79
2.440,00 bis 2.449,99	1.018,40	542,05	351,01	201,29	92,88	25,79
2.450,00 bis 2.459,99	1.025,40	547,05	355,01	204,29	94,88	26,79
2.460,00 bis 2.469,99	1.032,40	552,05	359,01	207,29	96,88	27,79
2.470,00 bis 2.479,99	1.039,40	557,05	363,01	210,29	98,88	28,79
2.480,00 bis 2.489,99	1.046,40	562,05	367,01	213,29	100,88	29,79
2.490,00 bis 2.499,99	1.053,40	567,05	371,01	216,29	102,88	30,79
2.500,00 bis 2.509,99	1.060,40	572,05	375,01	219,29	104,88	31,79
2.510,00 bis 2.519,99	1.067,40	577,05	379,01	222,29	106,88	32,79
2.520,00 bis 2.529,99	1.074,40	582,05	383,01	225,29	108,88	33,79
2.530,00 bis 2.539,99	1.081,40	587,05	387,01	228,29	110,88	34,79
2.540,00 bis 2.549,99	1.088,40	592,05	391,01	231,29	112,88	35,79
2.550,00 bis 2.559,99	1.095,40	597,05	395,01	234,29	114,88	36,79
2.560,00 bis 2.569,99	1.102,40	602,05	399,01	237,29	116,88	37,79
2.570,00 bis 2.579,99	1.109,40	607,05	403,01	240,29	118,88	38,79
2.580,00 bis 2.589,99	1.116,40	612,05	407,01	243,29	120,88	39,79
2.590,00 bis 2.599,99	1.123,40	617,05	411,01	246,29	122,88	40,79
2.600,00 bis 2.609,99	1.130,40	622,05	415,01	249,29	124,88	41,79
2.610,00 bis 2.619,99	1.137,40	627,05	419,01	252,29	126,88	42,79
2.620,00 bis 2.629,99	1.144,40	632,05	423,01	255,29	128,88	43,79
2.630,00 bis 2.639,99	1.151,40	637,05	427,01	258,29	130,88	44,79
2.640,00 bis 2.649,99	1.158,40	642,05	431,01	261,29	132,88	45,79
2.650,00 bis 2.659,99	1.165,40	647,05	435,01	264,29	134,88	46,79
2.660,00 bis 2.669,99	1.172,40	652,05	439,01	267,29	136,88	47,79
2.670,00 bis 2.679,99	1.179,40	657,05	443,01	270,29	138,88	48,79
2.680,00 bis 2.689,99	1.186,40	662,05	447,01	273,29	140,88	49,79
2.690,00 bis 2.699,99	1.193,40	667,05	451,01	276,29	142,88	50,79
2.700,00 bis 2.709,99	1.200,40	672,05	455,01	279,29	144,88	51,79
2.710,00 bis 2.719,99	1.207,40	677,05	459,01	282,29	146,88	52,79
2.720,00 bis 2.729,99	1.214,40	682,05	463,01	285,29	148,88	53,79
2.730,00 bis 2.739,99	1.221,40	687,05	467,01	288,29	150,88	54,79
2.740,00 bis 2.749,99	1.228,40	692,05	471,01	291,29	152,88	55,79
2.750,00 bis 2.759,99	1.235,40	697,05	475,01	294,29	154,88	56,79
2.760,00 bis 2.769,99	1.242,40	702,05	479,01	297,29	156,88	57,79
2.770,00 bis 2.779,99	1.249,40	707,05	483,01	300,29	158,88	58,79
2.780,00 bis 2.789,99	1.256,40	712,05	487,01	303,29	160,88	59,79
2.790,00 bis 2.799,99	1.263,40	717,05	491,01	306,29	162,88	60,79
2.800,00 bis 2.809,99	1.270,40	722,05	495,01	309,29	164,88	61,79
2.810,00 bis 2.819,99	1.277,40	727,05	499,01	312,29	166,88	62,79
2.820,00 bis 2.829,99	1.284,40	732,05	503,01	315,29	168,88	63,79
2.830,00 bis 2.839,99	1.291,40	737,05	507,01	318,29	170,88	64,79
2.840,00 bis 2.849,99	1.298,40	742,05	511,01	321,29	172,88	65,79
2.850,00 bis 2.859,99	1.305,40	747,05	515,01	324,29	174,88	66,79
2.860,00 bis 2.869,99	1.312,40	752,05	519,01	327,29	176,88	67,79
2.870,00 bis 2.879,99	1.319,40	757,05	523,01	330,29	178,88	68,79
2.880,00 bis 2.889,99	1.326,40	762,05	527,01	333,29	180,88	69,79
2.890,00 bis 2.899,99	1.333,40	767,05	531,01	336,29	182,88	70,79

Zivilprozessordnung

Monatssätze	Pfändbarer Betrag bei Unterhaltspflicht für ... Personen					
Nettolohn monatlich	0	1	2	3	4	5 und mehr
	in Euro					
2.900,00 bis 2.909,99	1.340,40	772,05	535,01	339,29	184,88	71,79
2.910,00 bis 2.919,99	1.347,40	777,05	539,01	342,29	186,88	72,79
2.920,00 bis 2.929,99	1.354,40	782,05	543,01	345,29	188,88	73,79
2.930,00 bis 2.939,99	1.361,40	787,05	547,01	348,29	190,88	74,79
2.940,00 bis 2.949,99	1.368,40	792,05	551,01	351,29	192,88	75,79
2.950,00 bis 2.959,99	1.375,40	797,05	555,01	354,29	194,88	76,79
2.960,00 bis 2.969,99	1.382,40	802,05	559,01	357,29	196,88	77,79
2.970,00 bis 2.979,99	1.389,40	807,05	563,01	360,29	198,88	78,79
2.980,00 bis 2.989,99	1.396,40	812,05	567,01	363,29	200,88	79,79
2.990,00 bis 2.999,99	1.403,40	817,05	571,01	366,29	202,88	80,79
3.000,00 bis 3.009,99	1.410,40	822,05	575,01	369,29	204,88	81,79
3.010,00 bis 3.019,99	1.417,40	827,05	579,01	372,29	206,88	82,79
3.020,00 bis 3.020,06	1.424,40	832,05	583,01	375,29	208,88	83,79

Der Mehrbetrag über 3.020,06 Euro ist voll pfändbar.

Anhang 1

Wochensätze	Pfändbarer Betrag bei Unterhaltspflicht für ... Personen					
Nettolohn wöchentlich	0	1	2	3	4	5 und mehr
	in Euro					
bis 227,49	–	–	–	–	–	–
227,50 bis 229,99	0,55	–	–	–	–	–
230,00 bis 232,49	2,30	–	–	–	–	–
232,50 bis 234,99	4,05	–	–	–	–	–
235,00 bis 237,49	5,80	–	–	–	–	–
237,50 bis 239,99	7,55	–	–	–	–	–
240,00 bis 242,49	9,30	–	–	–	–	–
242,50 bis 244,99	11,05	–	–	–	–	–
245,00 bis 247,49	12,80	–	–	–	–	–
247,50 bis 249,99	14,55	–	–	–	–	–
250,00 bis 252,49	16,30	–	–	–	–	–
252,50 bis 254,99	18,05	–	–	–	–	–
255,00 bis 257,49	19,80	–	–	–	–	–
257,50 bis 259,99	21,55	–	–	–	–	–
260,00 bis 262,49	23,30	–	–	–	–	–
262,50 bis 264,99	25,05	–	–	–	–	–
265,00 bis 267,49	26,80	–	–	–	–	–
267,50 bis 269,99	28,55	–	–	–	–	–
270,00 bis 272,49	30,30	–	–	–	–	–
272,50 bis 274,99	32,05	–	–	–	–	–
275,00 bis 277,49	33,80	–	–	–	–	–
277,50 bis 279,99	35,55	–	–	–	–	–
280,00 bis 282,49	37,30	–	–	–	–	–
282,50 bis 284,99	39,05	–	–	–	–	–
285,00 bis 287,49	40,80	–	–	–	–	–
287,50 bis 289,99	42,55	–	–	–	–	–
290,00 bis 292,49	44,30	–	–	–	–	–
292,50 bis 294,99	46,05	–	–	–	–	–
295,00 bis 297,49	47,80	–	–	–	–	–
297,50 bis 299,99	49,55	–	–	–	–	–
300,00 bis 302,49	51,30	–	–	–	–	–
302,50 bis 304,99	53,05	–	–	–	–	–
305,00 bis 307,49	54,80	–	–	–	–	–
307,50 bis 309,99	56,55	–	–	–	–	–
310,00 bis 312,49	58,30	–	–	–	–	–
312,50 bis 314,99	60,05	0,23	–	–	–	–
315,00 bis 317,49	61,80	1,48	–	–	–	–
317,50 bis 319,99	63,55	2,73	–	–	–	–
320,00 bis 322,49	65,30	3,98	–	–	–	–
322,50 bis 324,99	67,05	5,23	–	–	–	–
325,00 bis 327,49	68,80	6,48	–	–	–	–
327,50 bis 329,99	70,55	7,73	–	–	–	–
330,00 bis 332,49	72,30	8,98	–	–	–	–
332,50 bis 334,99	74,05	10,23	–	–	–	–
335,00 bis 337,49	75,80	11,48	–	–	–	–
337,50 bis 339,99	77,55	12,73	–	–	–	–
340,00 bis 342,49	79,30	13,98	–	–	–	–
342,50 bis 344,99	81,05	15,23	–	–	–	–
345,00 bis 347,49	82,80	16,48	–	–	–	–
347,50 bis 349,99	84,55	17,73	–	–	–	–

Zivilprozessordnung

Wochensätze	Pfändbarer Betrag bei Unterhaltspflicht für ... Personen					
Nettolohn wöchentlich	0	1	2	3	4	5 und mehr
	in Euro					
350,00 bis 352,49	86,30	18,98	–	–	–	–
352,50 bis 354,99	88,05	20,23	–	–	–	–
355,00 bis 357,49	89,80	21,48	–	–	–	–
357,50 bis 359,99	91,55	22,73	–	–	–	–
360,00 bis 362,49	93,30	23,98	0,17	–	–	–
362,50 bis 364,99	95,05	25,23	1,17	–	–	–
365,00 bis 367,49	96,80	26,48	2,17	–	–	–
367,50 bis 369,99	98,55	27,73	3,17	–	–	–
370,00 bis 372,49	100,30	28,98	4,17	–	–	–
372,50 bis 374,99	102,05	30,23	5,17	–	–	–
375,00 bis 377,49	103,80	31,48	6,17	–	–	–
377,50 bis 379,99	105,55	32,73	7,17	–	–	–
380,00 bis 382,49	107,30	33,98	8,17	–	–	–
382,50 bis 384,99	109,05	35,23	9,17	–	–	–
385,00 bis 387,49	110,80	36,48	10,17	–	–	–
387,50 bis 389,99	112,55	37,73	11,17	–	–	–
390,00 bis 392,49	114,30	38,98	12,17	–	–	–
392,50 bis 394,99	116,05	40,23	13,17	–	–	–
395,00 bis 397,49	117,80	41,48	14,17	–	–	–
397,50 bis 399,99	119,55	42,73	15,17	–	–	–
400,00 bis 402,49	121,30	43,98	16,17	–	–	–
402,50 bis 404,99	123,05	45,23	17,17	–	–	–
405,00 bis 407,49	124,80	46,48	18,17	–	–	–
407,50 bis 409,99	126,55	47,73	19,17	0,11	–	–
410,00 bis 412,49	128,30	48,98	20,17	0,86	–	–
412,50 bis 414,99	130,05	50,23	21,17	1,61	–	–
415,00 bis 417,49	131,80	51,48	22,17	2,36	–	–
417,50 bis 419,99	133,55	52,73	23,17	3,11	–	–
420,00 bis 422,49	135,30	53,98	24,17	3,86	–	–
422,50 bis 424,99	137,05	55,23	25,17	4,61	–	–
425,00 bis 427,49	138,80	56,48	26,17	5,36	–	–
427,50 bis 429,99	140,55	57,73	27,17	6,11	–	–
430,00 bis 432,49	142,30	58,98	28,17	6,86	–	–
432,50 bis 434,99	144,05	60,23	29,17	7,61	–	–
435,00 bis 437,49	145,80	61,48	30,17	8,36	–	–
437,50 bis 439,99	147,55	62,73	31,17	9,11	–	–
440,00 bis 442,49	149,30	63,98	32,17	9,86	–	–
442,50 bis 444,99	151,05	65,23	33,17	10,61	–	–
445,00 bis 447,49	152,80	66,48	34,17	11,36	–	–
447,50 bis 449,99	154,55	67,73	35,17	12,11	–	–
450,00 bis 452,49	156,30	68,98	36,17	12,86	–	–
452,50 bis 454,99	158,05	70,23	37,17	13,61	–	–
455,00 bis 457,49	159,80	71,48	38,17	14,36	0,07	–
457,50 bis 459,99	161,55	72,73	39,17	15,11	0,57	–
460,00 bis 462,49	163,30	73,98	40,17	15,86	1,07	–
462,50 bis 464,99	165,05	75,23	41,17	16,61	1,57	–
465,00 bis 467,49	166,80	76,48	42,17	17,36	2,07	–
467,50 bis 469,99	168,55	77,73	43,17	18,11	2,57	–
470,00 bis 472,49	170,30	78,98	44,17	18,86	3,07	–
472,50 bis 474,99	172,05	80,23	45,17	19,61	3,57	–

Anhang 1

Wochensätze	Pfändbarer Betrag bei Unterhaltspflicht für ... Personen					
Nettolohn wöchentlich	0	1	2	3	4	5 und mehr
	in Euro					
475,00 bis 477,49	173,80	81,48	46,17	20,36	4,07	–
477,50 bis 479,99	175,55	82,73	47,17	21,11	4,57	–
480,00 bis 482,49	177,30	83,98	48,17	21,86	5,07	–
482,50 bis 484,99	179,05	85,23	49,17	22,61	5,57	–
485,00 bis 487,49	180,80	86,48	50,17	23,36	6,07	–
487,50 bis 489,99	182,55	87,73	51,17	24,11	6,57	–
490,00 bis 492,49	184,30	88,98	52,17	24,86	7,07	–
492,50 bis 494,99	186,05	90,23	53,17	25,61	7,57	–
495,00 bis 497,49	187,80	91,48	54,17	26,36	8,07	–
497,50 bis 499,99	189,55	92,73	55,17	27,11	8,57	–
500,00 bis 502,49	191,30	93,98	56,17	27,86	9,07	–
502,50 bis 504,99	193,05	95,23	57,17	28,61	9,57	0,03
505,00 bis 507,49	194,80	96,48	58,17	29,36	10,07	0,28
507,50 bis 509,99	196,55	97,73	59,17	30,11	10,57	0,53
510,00 bis 512,49	198,30	98,98	60,17	30,86	11,07	0,78
512,50 bis 514,99	200,05	100,23	61,17	31,61	11,57	1,03
515,00 bis 517,49	201,80	101,48	62,17	32,36	12,07	1,28
517,50 bis 519,99	203,55	102,73	63,17	33,11	12,57	1,53
520,00 bis 522,49	205,30	103,98	64,17	33,86	13,07	1,78
522,50 bis 524,99	207,05	105,23	65,17	34,61	13,57	2,03
525,00 bis 527,49	208,80	106,48	66,17	35,36	14,07	2,28
527,50 bis 529,99	210,55	107,73	67,17	36,11	14,57	2,53
530,00 bis 532,49	212,30	108,98	68,17	36,86	15,07	2,78
532,50 bis 534,99	214,05	110,23	69,17	37,61	15,57	3,03
535,00 bis 537,49	215,80	111,48	70,17	38,36	16,07	3,28
537,50 bis 539,99	217,55	112,73	71,17	39,11	16,57	3,53
540,00 bis 542,49	219,30	113,98	72,17	39,86	17,07	3,78
542,50 bis 544,99	221,05	115,23	73,17	40,61	17,57	4,03
545,00 bis 547,49	222,80	116,48	74,17	41,36	18,07	4,28
547,50 bis 549,99	224,55	117,73	75,17	42,11	18,57	4,53
550,00 bis 552,49	226,30	118,98	76,17	42,86	19,07	4,78
552,50 bis 554,99	228,05	120,23	77,17	43,61	19,57	5,03
555,00 bis 557,49	229,80	121,48	78,17	44,36	20,07	5,28
557,50 bis 559,99	231,55	122,73	79,17	45,11	20,57	5,53
560,00 bis 562,49	233,30	123,98	80,17	45,86	21,07	5,78
562,50 bis 564,99	235,05	125,23	81,17	46,61	21,57	6,03
565,00 bis 567,49	236,80	126,48	82,17	47,36	22,07	6,28
567,50 bis 569,99	238,55	127,73	83,17	48,11	22,57	6,53
570,00 bis 572,49	240,30	128,98	84,17	48,86	23,07	6,78
572,50 bis 574,99	242,05	130,23	85,17	49,61	23,57	7,03
575,00 bis 577,49	243,80	131,48	86,17	50,36	24,07	7,28
577,50 bis 579,99	245,55	132,73	87,17	51,11	24,57	7,53
580,00 bis 582,49	247,30	133,98	88,17	51,86	25,07	7,78
582,50 bis 584,99	249,05	135,23	89,17	52,61	25,57	8,03
585,00 bis 587,49	250,80	136,48	90,17	53,36	26,07	8,28
587,50 bis 589,99	252,55	137,73	91,17	54,11	26,57	8,53
590,00 bis 592,49	254,30	138,98	92,17	54,86	27,07	8,78
592,50 bis 594,99	256,05	140,23	93,17	55,61	27,57	9,03
595,00 bis 597,49	257,80	141,48	94,17	56,36	28,07	9,28
597,50 bis 599,99	259,55	142,73	95,17	57,11	28,57	9,53

Zivilprozessordnung

Wochensätze Nettolohn wöchentlich	Pfändbarer Betrag bei Unterhaltspflicht für ... Personen					
	0	1	2	3	4	5 und mehr
	in Euro					
600,00 bis 602,49	261,30	143,98	96,17	57,86	29,07	9,78
602,50 bis 604,99	263,05	145,23	97,17	58,61	29,57	10,03
605,00 bis 607,49	264,80	146,48	98,17	59,36	30,07	10,28
607,50 bis 609,99	266,55	147,73	99,17	60,11	30,57	10,53
610,00 bis 612,49	268,30	148,98	100,17	60,86	31,07	10,78
612,50 bis 614,99	270,05	150,23	101,17	61,61	31,57	11,03
615,00 bis 617,49	271,80	151,48	102,17	62,36	32,07	11,28
617,50 bis 619,99	273,55	152,73	103,17	63,11	32,57	11,53
620,00 bis 622,49	275,30	153,98	104,17	63,86	33,07	11,78
622,50 bis 624,99	277,05	155,23	105,17	64,61	33,57	12,03
625,00 bis 627,49	278,80	156,48	106,17	65,36	34,07	12,28
627,50 bis 629,99	280,55	157,73	107,17	66,11	34,57	12,53
630,00 bis 632,49	282,30	158,98	108,17	66,86	35,07	12,78
632,50 bis 634,99	284,05	160,23	109,17	67,61	35,57	13,03
635,00 bis 637,49	285,80	161,48	110,17	68,36	36,07	13,28
637,50 bis 639,99	287,55	162,73	111,17	69,11	36,57	13,53
640,00 bis 642,49	289,30	163,98	112,17	69,86	37,07	13,78
642,50 bis 644,99	291,05	165,23	113,17	70,61	37,57	14,03
645,00 bis 647,49	292,80	166,48	114,17	71,36	38,07	14,28
647,50 bis 649,99	294,55	167,73	115,17	72,11	38,57	14,53
650,00 bis 652,49	296,30	168,98	116,17	72,86	39,07	14,78
652,50 bis 654,99	298,05	170,23	117,17	73,61	39,57	15,03
655,00 bis 657,49	299,80	171,48	118,17	74,36	40,07	15,28
657,50 bis 659,99	301,55	172,73	119,17	75,11	40,57	15,53
660,00 bis 662,49	303,30	173,98	120,17	75,86	41,07	15,78
662,50 bis 664,99	305,05	175,23	121,17	76,61	41,57	16,03
665,00 bis 667,49	306,80	176,48	122,17	77,36	42,07	16,28
667,50 bis 669,99	308,55	177,73	123,17	78,11	42,57	16,53
670,00 bis 672,49	310,30	178,98	124,17	78,86	43,07	16,78
672,50 bis 674,99	312,05	180,23	125,17	79,61	43,57	17,03
675,00 bis 677,49	313,80	181,48	126,17	80,36	44,07	17,28
677,50 bis 679,99	315,55	182,73	127,17	81,11	44,57	17,53
680,00 bis 682,49	317,30	183,98	128,17	81,86	45,07	17,78
682,50 bis 684,99	319,05	185,23	129,17	82,61	45,57	18,03
685,00 bis 687,49	320,80	186,48	130,17	83,36	46,07	18,28
687,50 bis 689,99	322,55	187,73	131,17	84,11	46,57	18,53
690,00 bis 692,49	324,30	188,98	132,17	84,86	47,07	18,78
692,50 bis 694,99	326,05	190,23	133,17	85,61	47,57	19,03
695,00 bis 695,03	327,80	191,48	134,17	86,36	48,07	19,28

Der Mehrbetrag über 695,03 Euro ist voll pfändbar.

Anhang 1

Tagessätze	Pfändbarer Betrag bei Unterhaltspflicht für ... Personen					
Nettolohn täglich	0	1	2	3	4	5 und mehr
	in Euro					
bis 45,49	–	–	–	–	–	–
45,50 bis 45,99	0,11	–	–	–	–	–
46,00 bis 46,49	0,46	–	–	–	–	–
46,50 bis 46,99	0,81	–	–	–	–	–
47,00 bis 47,49	1,16	–	–	–	–	–
47,50 bis 47,99	1,51	–	–	–	–	–
48,00 bis 48,49	1,86	–	–	–	–	–
48,50 bis 48,99	2,21	–	–	–	–	–
49,00 bis 49,49	2,56	–	–	–	–	–
49,50 bis 49,99	2,91	–	–	–	–	–
50,00 bis 50,49	3,26	–	–	–	–	–
50,50 bis 50,99	3,61	–	–	–	–	–
51,00 bis 51,49	3,96	–	–	–	–	–
51,50 bis 51,99	4,31	–	–	–	–	–
52,00 bis 52,49	4,66	–	–	–	–	–
52,50 bis 52,99	5,01	–	–	–	–	–
53,00 bis 53,49	5,36	–	–	–	–	–
53,50 bis 53,99	5,71	–	–	–	–	–
54,00 bis 54,49	6,06	–	–	–	–	–
54,50 bis 54,99	6,41	–	–	–	–	–
55,00 bis 55,49	6,76	–	–	–	–	–
55,50 bis 55,99	7,11	–	–	–	–	–
56,00 bis 56,49	7,46	–	–	–	–	–
56,50 bis 56,99	7,81	–	–	–	–	–
57,00 bis 57,49	8,16	–	–	–	–	–
57,50 bis 57,99	8,51	–	–	–	–	–
58,00 bis 58,49	8,86	–	–	–	–	–
58,50 bis 58,99	9,21	–	–	–	–	–
59,00 bis 59,49	9,56	–	–	–	–	–
59,50 bis 59,99	9,91	–	–	–	–	–
60,00 bis 60,49	10,26	–	–	–	–	–
60,50 bis 60,99	10,61	–	–	–	–	–
61,00 bis 61,49	10,96	–	–	–	–	–
61,50 bis 61,99	11,31	–	–	–	–	–
62,00 bis 62,49	11,66	–	–	–	–	–
62,50 bis 62,99	12,01	0,05	–	–	–	–
63,00 bis 63,49	12,36	0,30	–	–	–	–
63,50 bis 63,99	12,71	0,55	–	–	–	–
64,00 bis 64,49	13,06	0,80	–	–	–	–
64,50 bis 64,99	13,41	1,05	–	–	–	–
65,00 bis 65,49	13,76	1,30	–	–	–	–
65,50 bis 65,99	14,11	1,55	–	–	–	–
66,00 bis 66,49	14,46	1,80	–	–	–	–
66,50 bis 66,99	14,81	2,05	–	–	–	–
67,00 bis 67,49	15,16	2,30	–	–	–	–
67,50 bis 67,99	15,51	2,55	–	–	–	–
68,00 bis 68,49	15,86	2,80	–	–	–	–
68,50 bis 68,99	16,21	3,05	–	–	–	–
69,00 bis 69,49	16,56	3,30	–	–	–	–
69,50 bis 69,99	16,91	3,55	–	–	–	–

Zivilprozessordnung

Tagessätze Nettolohn täglich	Pfändbarer Betrag bei Unterhaltspflicht für ... Personen					
	0	1	2	3	4	5 und mehr
	in Euro					
70,00 bis 70,49	17,26	3,80	–	–	–	–
70,50 bis 70,99	17,61	4,05	–	–	–	–
71,00 bis 71,49	17,96	4,30	–	–	–	–
71,50 bis 71,99	18,31	4,55	–	–	–	–
72,00 bis 72,49	18,66	4,80	0,04	–	–	–
72,50 bis 72,99	19,01	5,05	0,24	–	–	–
73,00 bis 73,49	19,36	5,30	0,44	–	–	–
73,50 bis 73,99	19,71	5,55	0,64	–	–	–
74,00 bis 74,49	20,06	5,80	0,84	–	–	–
74,50 bis 74,99	20,41	6,05	1,04	–	–	–
75,00 bis 75,49	20,76	6,30	1,24	–	–	–
75,50 bis 75,99	21,11	6,55	1,44	–	–	–
76,00 bis 76,49	21,46	6,80	1,64	–	–	–
76,50 bis 76,99	21,81	7,05	1,84	–	–	–
77,00 bis 77,49	22,16	7,30	2,04	–	–	–
77,50 bis 77,99	22,51	7,55	2,24	–	–	–
78,00 bis 78,49	22,86	7,80	2,44	–	–	–
78,50 bis 78,99	23,21	8,05	2,64	–	–	–
79,00 bis 79,49	23,56	8,30	2,84	–	–	–
79,50 bis 79,99	23,91	8,55	3,04	–	–	–
80,00 bis 80,49	24,26	8,80	3,24	–	–	–
80,50 bis 80,99	24,61	9,05	3,44	–	–	–
81,00 bis 81,49	24,96	9,30	3,64	–	–	–
81,50 bis 81,99	25,31	9,55	3,84	0,02	–	–
82,00 bis 82,49	25,66	9,80	4,04	0,17	–	–
82,50 bis 82,99	26,01	10,05	4,24	0,32	–	–
83,00 bis 83,49	26,36	10,30	4,44	0,47	–	–
83,50 bis 83,99	26,71	10,55	4,64	0,62	–	–
84,00 bis 84,49	27,06	10,80	4,84	0,77	–	–
84,50 bis 84,99	27,41	11,05	5,04	0,92	–	–
85,00 bis 85,49	27,76	11,30	5,24	1,07	–	–
85,50 bis 85,99	28,11	11,55	5,44	1,22	–	–
86,00 bis 86,49	28,46	11,80	5,64	1,37	–	–
86,50 bis 86,99	28,81	12,05	5,84	1,52	–	–
87,00 bis 87,49	29,16	12,30	6,04	1,67	–	–
87,50 bis 87,99	29,51	12,55	6,24	1,82	–	–
88,00 bis 88,49	29,86	12,80	6,44	1,97	–	–
88,50 bis 88,99	30,21	13,05	6,64	2,12	–	–
89,00 bis 89,49	30,56	13,30	6,84	2,27	–	–
89,50 bis 89,99	30,91	13,55	7,04	2,42	–	–
90,00 bis 90,49	31,26	13,80	7,24	2,57	–	–
90,50 bis 90,99	31,61	14,05	7,44	2,72	–	–
91,00 bis 91,49	31,96	14,30	7,64	2,87	0,01	–
91,50 bis 91,99	32,31	14,55	7,84	3,02	0,11	–
92,00 bis 92,49	32,66	14,80	8,04	3,17	0,21	–
92,50 bis 92,99	33,01	15,05	8,24	3,32	0,31	–
93,00 bis 93,49	33,36	15,30	8,44	3,47	0,41	–
93,50 bis 93,99	33,71	15,55	8,64	3,62	0,51	–
94,00 bis 94,49	34,06	15,80	8,84	3,77	0,61	–
94,50 bis 94,99	34,41	16,05	9,04	3,92	0,71	–

Anhang 1

Tagessätze	Pfändbarer Betrag bei Unterhaltspflicht für ... Personen					
Nettolohn täglich	0	1	2	3	4	5 und mehr
	in Euro					
95,00 bis 95,49	34,76	16,30	9,24	4,07	0,81	–
95,50 bis 95,99	35,11	16,55	9,44	4,22	0,91	–
96,00 bis 96,49	35,46	16,80	9,64	4,37	1,01	–
96,50 bis 96,99	35,81	17,05	9,84	4,52	1,11	–
97,00 bis 97,49	36,16	17,30	10,04	4,67	1,21	–
97,50 bis 97,99	36,51	17,55	10,24	4,82	1,31	–
98,00 bis 98,49	36,86	17,80	10,44	4,97	1,41	–
98,50 bis 98,99	37,21	18,05	10,64	5,12	1,51	–
99,00 bis 99,49	37,56	18,30	10,84	5,27	1,61	–
99,50 bis 99,99	37,91	18,55	11,04	5,42	1,71	–
100,00 bis 100,49	38,26	18,80	11,24	5,57	1,81	–
100,50 bis 100,99	38,61	19,05	11,44	5,72	1,91	0,01
101,00 bis 101,49	38,96	19,30	11,64	5,87	2,01	0,06
101,50 bis 101,99	39,31	19,55	11,84	6,02	2,11	0,11
102,00 bis 102,49	39,66	19,80	12,04	6,17	2,21	0,16
102,50 bis 102,99	40,01	20,05	12,24	6,32	2,31	0,21
103,00 bis 103,49	40,36	20,30	12,44	6,47	2,41	0,26
103,50 bis 103,99	40,71	20,55	12,64	6,62	2,51	0,31
104,00 bis 104,49	41,06	20,80	12,84	6,77	2,61	0,36
104,50 bis 104,99	41,41	21,05	13,04	6,92	2,71	0,41
105,00 bis 105,49	41,76	21,30	13,24	7,07	2,81	0,46
105,50 bis 105,99	42,11	21,55	13,44	7,22	2,91	0,51
106,00 bis 106,49	42,46	21,80	13,64	7,37	3,01	0,56
106,50 bis 106,99	42,81	22,05	13,84	7,52	3,11	0,61
107,00 bis 107,49	43,16	22,30	14,04	7,67	3,21	0,66
107,50 bis 107,99	43,51	22,55	14,24	7,82	3,31	0,71
108,00 bis 108,49	43,86	22,80	14,44	7,97	3,41	0,76
108,50 bis 108,99	44,21	23,05	14,64	8,12	3,51	0,81
109,00 bis 109,49	44,56	23,30	14,84	8,27	3,61	0,86
109,50 bis 109,99	44,91	23,55	15,04	8,42	3,71	0,91
110,00 bis 110,49	45,26	23,80	15,24	8,57	3,81	0,96
110,50 bis 110,99	45,61	24,05	15,44	8,72	3,91	1,01
111,00 bis 111,49	45,96	24,30	15,64	8,87	4,01	1,06
111,50 bis 111,99	46,31	24,55	15,84	9,02	4,11	1,11
112,00 bis 112,49	46,66	24,80	16,04	9,17	4,21	1,16
112,50 bis 112,99	47,01	25,05	16,24	9,32	4,31	1,21
113,00 bis 113,49	47,36	25,30	16,44	9,47	4,41	1,26
113,50 bis 113,99	47,71	25,55	16,64	9,62	4,51	1,31
114,00 bis 114,49	48,06	25,80	16,84	9,77	4,61	1,36
114,50 bis 114,99	48,41	26,05	17,04	9,92	4,71	1,41
115,00 bis 115,49	48,76	26,30	17,24	10,07	4,81	1,46
115,50 bis 115,99	49,11	26,55	17,44	10,22	4,91	1,51
116,00 bis 116,49	49,46	26,80	17,64	10,37	5,01	1,56
116,50 bis 116,99	49,81	27,05	17,84	10,52	5,11	1,61
117,00 bis 117,49	50,16	27,30	18,04	10,67	5,21	1,66
117,50 bis 117,99	50,51	27,55	18,24	10,82	5,31	1,71
118,00 bis 118,49	50,86	27,80	18,44	10,97	5,41	1,76
118,50 bis 118,99	51,21	28,05	18,64	11,12	5,51	1,81
119,00 bis 119,49	51,56	28,30	18,84	11,27	5,61	1,86
119,50 bis 119,99	51,91	28,55	19,04	11,42	5,71	1,91

Zivilprozessordnung

Tagessätze	Pfändbarer Betrag bei Unterhaltspflicht für ... Personen					
Nettolohn täglich	0	1	2	3	4	5 und mehr
	in Euro					
120,00 bis 120,49	52,26	28,80	19,24	11,57	5,81	1,96
120,50 bis 120,99	52,61	29,05	19,44	11,72	5,91	2,01
121,00 bis 121,49	52,96	29,30	19,64	11,87	6,01	2,06
121,50 bis 121,99	53,31	29,55	19,84	12,02	6,11	2,11
122,00 bis 122,49	53,66	29,80	20,04	12,17	6,21	2,16
122,50 bis 122,99	54,01	30,05	20,24	12,32	6,31	2,21
123,00 bis 123,49	54,36	30,30	20,44	12,47	6,41	2,26
123,50 bis 123,99	54,71	30,55	20,64	12,62	6,51	2,31
124,00 bis 124,49	55,06	30,80	20,84	12,77	6,61	2,36
124,50 bis 124,99	55,41	31,05	21,04	12,92	6,71	2,41
125,00 bis 125,49	55,76	31,30	21,24	13,07	6,81	2,46
125,50 bis 125,99	56,11	31,55	21,44	13,22	6,91	2,51
126,00 bis 126,49	56,46	31,80	21,64	13,37	7,01	2,56
126,50 bis 126,99	56,81	32,05	21,84	13,52	7,11	2,61
127,00 bis 127,49	57,16	32,30	22,04	13,67	7,21	2,66
127,50 bis 127,99	57,51	32,55	22,24	13,82	7,31	2,71
128,00 bis 128,49	57,86	32,80	22,44	13,97	7,41	2,76
128,50 bis 128,99	58,21	33,05	22,64	14,12	7,51	2,81
129,00 bis 129,49	58,56	33,30	22,84	14,27	7,61	2,86
129,50 bis 129,99	58,91	33,55	23,04	14,42	7,71	2,91
130,00 bis 130,49	59,26	33,80	23,24	14,57	7,81	2,96
130,50 bis 130,99	59,61	34,05	23,44	14,72	7,91	3,01
131,00 bis 131,49	59,96	34,30	23,64	14,87	8,01	3,06
131,50 bis 131,99	60,31	34,55	23,84	15,02	8,11	3,11
132,00 bis 132,49	60,66	34,80	24,04	15,17	8,21	3,16
132,50 bis 132,99	61,01	35,05	24,24	15,32	8,31	3,21
133,00 bis 133,49	61,36	35,30	24,44	15,47	8,41	3,26
133,50 bis 133,99	61,71	35,55	24,64	15,62	8,51	3,31
134,00 bis 134,49	62,06	35,80	24,84	15,77	8,61	3,36
134,50 bis 134,99	62,41	36,05	25,04	15,92	8,71	3,41
135,00 bis 135,49	62,76	36,30	25,24	16,07	8,81	3,46
135,50 bis 135,99	63,11	36,55	25,44	16,22	8,91	3,51
136,00 bis 136,49	63,46	36,80	25,64	16,37	9,01	3,56
136,50 bis 136,99	63,81	37,05	25,84	16,52	9,11	3,61
137,00 bis 137,49	64,16	37,30	26,04	16,67	9,21	3,66
137,50 bis 137,99	64,51	37,55	26,24	16,82	9,31	3,71
138,00 bis 138,49	64,86	37,80	26,44	16,97	9,41	3,76
138,50 bis 138,99	65,21	38,05	26,64	17,12	9,51	3,81
139,00 bis 139,01	65,56	38,30	26,84	17,27	9,61	3,86

Der Mehrbetrag über 139,01 Euro ist voll pfändbar.

2. Übergangsregelung

§ 21 EGZPO

(1) Für eine vor dem 1. Januar 2002 ausgebrachte Pfändung sind hinsichtlich der nach diesem Zeitpunkt fälligen Leistungen die Vorschriften des § 850 a Nr. 4, § 850 b Abs. 1 Nr. 4, § 850 c und § 850 f Abs. 3 der Zivilprozessordnung in der ab diesem Zeitpunkt geltenden Fassung anzuwenden. Auf Antrag des Gläubigers, des Schuldners oder des Drittschuldners hat das Vollstreckungsgericht den Pfändungsbeschluss entsprechend zu berichtigen. Der Drittschuldner kann nach dem Inhalt des früheren Pfändungsbeschlusses mit befreiender Wirkung leisten, bis ihm der Berichtigungsbeschluss zugestellt wird.

(2) Soweit die Wirksamkeit einer Verfügung über Arbeitseinkommen davon abhängt, ...

(3) Die Absätze 1 und 2 gelten entsprechend, wenn sich die unpfändbaren Beträge zum 1. Juli des jeweiligen Jahres ändern.

Absatz 3 ist dem § 21 (nicht § 20) mit Wirkung ab 1. Juli 2010 angefügt durch Art. 2 des Gesetzes zur Reform des Kontopfändungsschutzes (BGBl 2009 I 1707 [1709]).

3. Rechtspflegergesetz

Vom 5. November 1969, BGBl I S. 2065 (mit Änderungen)

(auszugsweise)

§ 11
Rechtsbehelfe

(1) Gegen die Entscheidungen des Rechtspflegers ist das Rechtsmittel gegeben, das nach den allgemeinen verfahrensrechtlichen Vorschriften zulässig ist.

(2) Ist gegen die Entscheidung nach den allgemeinen verfahrensrechtlichen Vorschriften ein Rechtsmittel nicht gegeben, so findet die Erinnerung statt, die in Verfahren nach dem Gesetz über das Verfahren in Familiensachen ... im Übrigen innerhalb der für die sofortige Beschwerde geltenden Frist einzulegen ist. Der Rechtspfleger kann der Erinnerung abhelfen. Erinnerungen, denen er nicht abhilft, legt er dem Richter zur Entscheidung vor. Auf die Erinnerung sind im Übrigen die Vorschriften über die Beschwerde sinngemäß anzuwenden.

(3) ... [Betrifft gerichtliche Verfügungen in Grundbuchsachen usw.]

(4) Das Erinnerungsverfahren ist gerichtsgebührenfrei.

§ 20
Bürgerliche Rechtsstreitigkeiten

Folgende Geschäfte im Verfahren nach der Zivilprozessordnung und dem Mieterschutzgesetz werden dem Rechtspfleger übertragen:

1.–15. ...
16. die Pfändung von Forderungen sowie die Anordnung der Pfändung von eingetragenen Schiffen oder Schiffsbauwerken aus einem Arrestbefehl, soweit der Arrestbefehl nicht zugleich den Pfändungsbeschluss oder die Anordnung der Pfändung enthält;
16a. ...
17. die Geschäfte im Zwangsvollstreckungsverfahren nach dem Achten Buche der Zivilprozessordnung, soweit sie von dem Vollstreckungsgericht, einem von diesem ersuchten Gericht oder in den Fällen der §§ 848, 854, 855 der Zivilprozessordnung von einem anderen Amtsgericht oder von dem Verteilungsgericht (§ 873 der Zivilprozessordnung) zu erledigen sind. Jedoch bleiben dem Richter die Entscheidungen nach § 766 der Zivilprozessordnung vorbehalten.

4. Sozialgesetzbuch (SGB) – Zweites Buch (II) – Grundsicherung für Arbeitsuchende –

Vom 24. Dez. 2003, BGBl I 2955, zuletzt geändert durch Gesetz vom 17. Juli 2009, BGBl I 1990 (2013)
(Auszug)

Kapitel 3: Leistungen
Abschnitt 2: Leistungen zur Sicherung des Lebensunterhalts

Unterabschnitt 1: Arbeitslosengeld II und befristeter Zuschlag

§ 19 Arbeitslosengeld II

Erwerbsfähige Hilfebedürftige erhalten als Arbeitslosengeld II Leistungen zur Sicherung des Lebensunterhalts einschließlich der angemessenen Kosten für Unterkunft und Heizung. Der Zuschuss nach § 22 Abs. 7 gilt nicht als Arbeitslosengeld II. Das zu berücksichtigende Einkommen und Vermögen mindert die Geldleistungen der Agentur für Arbeit; soweit Einkommen und Vermögen darüber hinaus zu berücksichtigen ist, mindert es die Geldleistungen der kommunalen Träger.

§ 20 Regelleistung zur Sicherung des Lebensunterhalts

(1) Die Regelleistung zur Sicherung des Lebensunterhalts umfasst insbesondere Ernährung, Kleidung, Körperpflege, Hausrat, Haushaltsenergie ohne die auf die Heizung entfallenden Anteile, Bedarfe des täglichen Lebens sowie in vertretbarem Umfang auch Beziehungen zur Umwelt und eine Teilnahme am kulturellen Leben.

(2) Die monatliche Regelleistung beträgt für Personen, die allein stehend oder allein erziehend sind oder deren Partner minderjährig ist, 345 Euro. Die Regelleistung für sonstige erwerbsfähige Angehörige der Bedarfsgemeinschaft beträgt 80 vom Hundert der Regelleistung nach Satz 1.

(2a) Abweichend von Absatz 2 Satz 1 erhalten Personen, die das 25. Lebensjahr noch nicht vollendet haben und ohne Zusicherung des zuständigen kommunalen Trägers nach § 22 Abs. 2 a umziehen, bis zur Vollendung des 25. Lebensjahres 80 vom Hundert der Regelleistung.

(3) Haben zwei Partner der Bedarfsgemeinschaft das 18. Lebensjahr vollendet, beträgt die Regelleistung jeweils 90 vom Hundert der Regelleistung nach Absatz 2.

(4) Die Regelleistung nach Absatz 2 Satz 1 wird jeweils zum 1. Juli eines Jahres um den Vomhundertsatz angepasst, um den sich der aktuelle Rentenwert in der gesetzlichen Rentenversicherung verändert. Für die Neubemessung der Regelleistung findet § 28 Abs. 3 Satz 5 des Zwölften Buches entsprechende Anwendung. Das Bundesministerium für Arbeit und Soziales gibt jeweils spätestens zum 30. Juni eines Kalenderjahres die Höhe der Regelleistung nach Absatz 2, die für die folgenden zwölf Monate maßgebend ist, im Bundesgesetzblatt bekannt. Bei der Anpassung nach Satz 1 sind Beträge, die nicht volle Euro ergeben, bis zu 0,49 Euro abzurunden und von 0,50 Euro an aufzurunden.

§ 21 Leistungen für Mehrbedarfe beim Lebensunterhalt

(1) Leistungen für Mehrbedarfe umfassen Bedarfe nach den Absätzen 2 bis 5, die nicht durch die Regelleistung abgedeckt sind.

(2) Werdende Mütter, die erwerbsfähig und hilfebedürftig sind, erhalten nach der 12. Schwangerschaftswoche einen Mehrbedarf von 17 vom Hundert der nach § 20 maßgebenden Regelleistung.

(3) Für Personen, die mit einem oder mehreren minderjährigen Kindern zusammen leben und allein für deren Pflege und Erziehung sorgen, ist ein Mehrbedarf anzuerkennen

1. in Höhe von 36 vom Hundert der nach § 20 Abs. 2 maßgebenden Regelleistung, wenn sie mit einem Kind unter sieben Jahren oder mit zwei oder drei Kindern unter sechzehn Jahren zusammen leben, oder

2. in Höhe von 12 vom Hundert der nach § 20 Abs. 2 maßgebenden Regelleistung für jedes Kind, wenn sich dadurch ein höherer Vomhundertsatz als nach der Nummer 1 ergibt, höchstens jedoch in Höhe von 60 vom Hundert der nach § 20 Abs. 2 maßgebenden Regelleistung.

(4) Erwerbsfähige behinderte Hilfebedürftige, denen Leistungen zur Teilhabe am Arbeitsleben nach § 33 des Neunten Buches sowie sonstige Hilfen zur Erlangung eines geeigneten Platzes im Arbeitsleben oder Eingliederungshilfen nach § 54 Abs. 1 Satz 1 Nr. 1 bis 3 des Zwölften Buches erbracht werden, erhalten einen Mehrbedarf von 35 vom Hundert der nach § 20 maßgebenden Regelleistung. Satz 1 kann auch nach Beendigung der dort genannten Maßnahmen während einer angemessenen Übergangszeit, vor allem einer Einarbeitungszeit, angewendet werden.

(5) Erwerbsfähige Hilfebedürftige, die aus medizinischen Gründen einer kostenaufwändigen Ernährung bedürfen, erhalten einen Mehrbedarf in angemessener Höhe.

(6) Die Summe des insgesamt gezahlten Mehrbedarfs darf die Höhe der für erwerbsfähige Hilfebedürftige maßgebenden Regelleistung nicht übersteigen.

§ 22 Leistungen für Unterkunft und Heizung

(1) Leistungen für Unterkunft und Heizung werden in Höhe der tatsächlichen Aufwendungen erbracht, soweit diese angemessen sind. Erhöhen sich nach einem nicht erforderlichen Umzug die angemessenen Aufwendungen für die Unterkunft und Heizung, werden die Leistungen weiterhin nur in Höhe der bis dahin zu tragenden angemessenen Aufwendungen erbracht. Soweit die Aufwendungen für die Unterkunft den der Besonderheit des Einzelfalles angemessenen Umfang übersteigen, sind sie als Bedarf des allein stehenden Hilfebedürftigen oder der Bedarfsgemeinschaft so lange zu berücksichtigen, wie es dem allein stehenden Hilfebedürftigen oder der Bedarfsgemeinschaft nicht möglich oder nicht zuzumuten ist, durch einen Wohnungswechsel, durch Vermieten oder auf andere Weise die Aufwendungen zu senken, in der Regel jedoch längstens für sechs Monate. Rückzahlungen und Guthaben, die den Kosten für Unterkunft und Heizung zuzuordnen sind, mindern die nach dem Monat der Rückzahlung oder der Gutschrift entstehenden Aufwendungen; Rückzahlungen, die sich auf die Kosten für Haushaltsenergie beziehen, bleiben insoweit außer Betracht.

(2) Vor Abschluss eines Vertrages über eine neue Unterkunft soll der erwerbsfähige Hilfebedürftige die Zusicherung des für die Leistungserbringung bisher örtlich zuständigen kommunalen Trägers zu den Aufwendungen für die neue Unterkunft einholen. Der kommunale Träger ist nur zur Zusicherung verpflichtet, wenn der Umzug erforderlich ist und die Aufwendungen für die neue Unterkunft angemessen sind; der für den Ort der neuen Unterkunft örtlich zuständige kommunale Träger ist zu beteiligen.

(2a) Sofern Personen, die das 25. Lebensjahr noch nicht vollendet haben, umziehen, werden ihnen Leistungen für Unterkunft und Heizung für die Zeit nach einem Umzug bis zur Vollendung des 25. Lebensjahres nur erbracht, wenn der kommunale Träger dies vor Abschluss des Vertrages über die Unterkunft zugesichert hat. Der kommunale Träger ist zur Zusicherung verpflichtet, wenn

1. der Betroffene aus schwerwiegenden sozialen Gründen nicht auf die Wohnung der Eltern oder eines Elternteils verwiesen werden kann,
2. der Bezug der Unterkunft zur Eingliederung in den Arbeitsmarkt erforderlich ist oder
3. ein sonstiger, ähnlich schwerwiegender Grund vorliegt.

Unter den Voraussetzungen des Satzes 2 kann vom Erfordernis der Zusicherung abgesehen werden, wenn es dem Betroffenen aus wichtigem Grund nicht zumutbar war, die Zusicherung einzuholen. Leistungen für Unterkunft und Heizung werden Personen, die das 25. Lebensjahr noch nicht vollendet haben, nicht erbracht, wenn diese vor der Beantragung von Leistungen in eine Unterkunft in der Absicht umziehen, die Voraussetzungen für die Gewährung der Leistungen herbeizuführen.

(3) Wohnungsbeschaffungskosten und Umzugskosten können bei vorheriger Zusicherung durch den bis zum Umzug örtlich zuständigen kommunalen Träger übernommen werden; eine Mietkaution kann bei vorheriger Zusicherung durch den am Ort der neuen Unterkunft zuständigen kommunalen Träger übernommen werden. Die Zusicherung soll erteilt werden, wenn der Umzug durch den kommunalen Träger veranlasst oder aus anderen Gründen notwendig ist und wenn ohne die Zusicherung eine Unterkunft in einem angemessenen Zeitraum nicht gefunden werden kann. Eine Mietkaution soll als Darlehen erbracht werden.

(4) Die Kosten für Unterkunft und Heizung sollen von dem kommunalen Träger an den Vermieter oder andere Empfangsberechtigte gezahlt werden, wenn die zweckentsprechende Verwendung durch den Hilfebedürftigen nicht sichergestellt ist.

(5) ... (6) ...

(7) Abweichend von § 7 Abs. 5 erhalten Auszubildende, die Berufsausbildungsbeihilfe oder Ausbildungsgeld nach dem Dritten Buch oder Leistungen nach dem Bundesausbildungsförderungsgesetz erhalten und deren Bedarf sich nach § 65 Abs. 1, § 66 Abs. 3, § 101 Abs. 3, § 105 Abs. 1 Nr. 1, 4, § 106 Abs. 1 Nr. 2 des Dritten Buches oder nach § 12 Abs. 1 Nr. 2, Abs. 2 und 3, § 13 Abs. 1 in Verbindung mit Abs. 2 Nr. 1 des Bundesausbildungsförderungsgesetzes bemisst, einen Zuschuss zu ihren ungedeckten angemessenen Kosten für Unterkunft und Heizung (§ 22 Abs. 1 Satz 1). Satz 1 gilt nicht, wenn die Übernahme der Leistungen für Unterkunft und Heizung nach Absatz 2 a ausgeschlossen ist.

§ 23 Abweichende Erbringung von Leistungen

(1) Kann im Einzelfall ein von den Regelleistungen umfasster und nach den Umständen unabweisbarer Bedarf zur Sicherung des Lebensunterhalts weder durch das Vermögen nach § 12 Abs. 2 Nr. 4 noch auf andere Weise gedeckt werden, erbringt die Agentur für Arbeit bei entsprechendem Nachweis den Bedarf als Sachleistung oder als Geldleistung und gewährt dem Hilfebedürftigen ein entsprechendes Darlehen. Bei Sachleistungen wird das Darlehen in Höhe des für die Agentur für Arbeit entstandenen Anschaffungswertes gewährt. Das Darlehen wird durch monatliche Aufrechnung in Höhe von bis zu 10 vom Hundert der an den erwerbsfähigen Hilfebedürftigen und die mit ihm in Bedarfsgemeinschaft lebenden Angehörigen jeweils zu zahlenden Regelleistung getilgt. Weitergehende Leistungen sind ausgeschlossen.

(2) Solange sich der Hilfebedürftige, insbesondere bei Drogen- oder Alkoholabhängigkeit sowie im Falle unwirtschaftlichen Verhaltens, als ungeeignet erweist, mit der Regelleistung nach § 20 seinen Bedarf zu decken, kann die Regelleistung in voller Höhe oder anteilig in Form von Sachleistungen erbracht werden.

(3) Leistungen für
1. Erstausstattungen für die Wohnung einschließlich Haushaltsgeräten,
2. Erstausstattungen für Bekleidung und Erstausstattungen bei Schwangerschaft und Geburt sowie
3. mehrtägige Klassenfahrten im Rahmen der schulrechtlichen Bestimmungen

sind nicht von der Regelleistung umfasst. Sie werden gesondert erbracht. Die Leistungen nach Satz 1 werden auch erbracht, wenn Hilfebedürftige keine Leistungen zur Sicherung des Lebensunterhalts einschließlich der angemessenen Kosten für Unterkunft und Heizung benötigen, den Bedarf nach Satz 1 jedoch aus eigenen Kräften und Mitteln nicht voll decken können. In diesem Falle kann das Einkommen berücksichtigt werden, das Hilfebedürftige innerhalb eines Zeitraumes von bis zu sechs Monaten nach Ablauf des Monats erwerben, in dem über die Leistung entschieden worden ist. Die Leistungen nach Satz 1 Nr. 1 und 2 können als Sachleistung oder Geldleistung, auch in Form von Pauschalbeträgen, erbracht werden. Bei der Bemessung der Pauschalbeträge sind geeignete Angaben über die erforderlichen Aufwendungen und nachvollziehbare Erfahrungswerte zu berücksichtigen.

(4) Leistungen zur Sicherung des Lebensunterhalts können als Darlehen erbracht werden, soweit in dem Monat, für den die Leistungen erbracht werden, voraussichtlich Einnahmen anfallen.

(5) ... (6) ...

§ 24 Befristeter Zuschlag nach Bezug von Arbeitslosengeld

(1) Soweit der erwerbsfähige Hilfebedürftige Arbeitslosengeld II innerhalb von zwei Jahren nach dem Ende des Bezugs von Arbeitslosengeld bezieht, erhält er in diesem Zeitraum einen monatlichen Zuschlag. Nach Ablauf des ersten Jahres wird der Zuschlag um 50 vom Hundert vermindert.

(2) Der Zuschlag beträgt zwei Drittel des Unterschiedsbetrages zwischen
1. dem von dem erwerbsfähigen Hilfebedürftigen zuletzt bezogenen Arbeitslosengeld und dem nach dem Wohngeldgesetz erhaltenen Wohngeld und
2. dem dem erwerbsfähigen Hilfebedürftigen und den mit ihm in Bedarfsgemeinschaft lebenden Angehörigen erstmalig nach dem Ende des Bezuges von Arbeitslosengeld zustehenden Arbeitslosengeld II nach § 19 oder Sozialgeld nach § 28; verlässt ein Partner die Bedarfsgemeinschaft, ist der Zuschlag neu festzusetzen.

(3) Der Zuschlag ist im ersten Jahr
1. bei erwerbsfähigen Hilfebedürftigen auf höchstens 160 Euro,

2. bei Partnern auf insgesamt höchstens 320 Euro und
3. für die mit dem Zuschlagsberechtigten in Bedarfsgemeinschaft zusammenlebenden Kinder auf höchstens 60 Euro pro Kind
begrenzt.

(4) Der Zuschlag ist im zweiten Jahr
1. bei erwerbsfähigen Hilfebedürftigen auf höchstens 80 Euro,
2. bei Partnern auf höchstens 160 Euro und
3. für die mit dem Zuschlagsberechtigten in Bedarfsgemeinschaft zusammenlebenden Kinder auf höchstens 30 Euro pro Kind
begrenzt.

§ 24 a Zusätzliche Leistung für die Schule ...

§ 25 Leistungen bei medizinischer Rehabilitation ...

Hat ein Bezieher von Arbeitslosengeld II dem Grunde nach Anspruch auf Übergangsgeld bei medizinischen Leistungen der gesetzlichen Rentenversicherung, erbringen die Träger der Leistungen nach diesem Buch die bisherigen Leistungen als Vorschuss auf die Leistungen der Rentenversicherung weiter; ...

§ 26 Zuschuss zu Versicherungsbeiträgen

(1) Bezieher von Arbeitslosengeld II, die von der Versicherungspflicht in der gesetzlichen Rentenversicherung befreit sind (§ 6 Abs. 1 b des Sechsten Buches), erhalten einen Zuschuss zu den Beiträgen, die für die Dauer des Leistungsbezugs freiwillig an die gesetzliche Rentenversicherung, eine berufsständische Versorgungseinrichtung oder für eine private Alterssicherung oder wegen einer Pflichtversicherung an die Alterssicherung der Landwirte gezahlt werden. Der Zuschuss ist auf die Höhe des Betrages begrenzt, der ohne die Befreiung von der Versicherungspflicht in der gesetzlichen Rentenversicherung zu zahlen wäre.

(2) Bezieher von Arbeitslosengeld II oder Sozialgeld, die in der gesetzlichen Krankenversicherung nicht versicherungspflichtig und nicht familienversichert sind und die für den Fall der Krankheit ...

(3) ... (4) ...

§ 27 Verordnungsermächtigung

Das Bundesministerium für Arbeit und Soziales wird ermächtigt, im Einvernehmen mit dem Bundesministerium der Finanzen durch Rechtsverordnung zu bestimmen,
1. welche Aufwendungen für Unterkunft und Heizung angemessen sind und unter welchen Voraussetzungen die Kosten für Unterkunft und Heizung pauschaliert werden können,

2. bis zu welcher Höhe Umzugskosten übernommen werden,
3. unter welchen Voraussetzungen und wie die Leistungen nach § 23 Abs. 3 Satz 1 Nr. 1 und 2 pauschaliert werden können.

Unterabschnitt 2: Sozialgeld

§ 28 Sozialgeld

(1) Nicht erwerbsfähige Angehörige, die mit erwerbsfähigen Hilfebedürftigen in Bedarfsgemeinschaft leben, erhalten Sozialgeld, soweit sie keinen Anspruch auf Leistungen nach dem Vierten Kapitel des Zwölften Buches haben. Das Sozialgeld umfasst die sich aus § 19 Satz 1 ergebenden Leistungen. Hierbei gelten ergänzend folgende Maßgaben:
1. Die Regelleistung beträgt bis zur Vollendung des 14. Lebensjahres 60 vom Hundert und im 15. Lebensjahr 80 vom Hundert der nach § 20 Absatz 2 Satz 1 maßgebenden Regelleistung;
2. Leistungen für Mehrbedarfe nach § 21 Abs. 4 werden auch an behinderte Menschen, die das 15. Lebensjahr vollendet haben, gezahlt, wenn Eingliederungshilfe nach § 54 Abs. 1 Nr. 1 und 2 des Zwölften Buches erbracht wird;
3. § 21 Abs. 4 Satz 2 gilt auch nach Beendigung der in § 54 Abs. 1 Nr. 1 und 2 des Zwölften Buches genannten Maßnahmen;
4. nicht erwerbsfähige Personen, die voll erwerbsgemindert nach dem Sechsten Buch sind, erhalten einen Mehrbedarf von 17 vom Hundert der nach § 20 maßgebenden Regelleistungen, wenn ...

(2) § 19 Satz 2 gilt entsprechend.

Unterabschnitt 3: Anreize und Sanktionen

§ 29 (weggefallen)

§ 30 Freibeträge bei Erwerbstätigkeit

Bei erwerbsfähigen Hilfebedürftigen, die erwerbstätig sind, ist von dem monatlichen Einkommen aus Erwerbstätigkeit ein weiterer Betrag abzusetzen. Dieser beläuft sich
1. für den Teil des monatlichen Einkommens, das 100 Euro übersteigt und nicht mehr als 800 Euro beträgt, auf 20 vom Hundert und
2. für den Teil des monatlichen Einkommens, das 800 Euro übersteigt und nicht mehr als 1.200 Euro beträgt, auf 10 vom Hundert.

An Stelle des Betrags von 1.200 Euro tritt für erwerbsfähige Hilfebedürftige, die entweder mit mindestens einem minderjährigen Kind in Bedarfsgemeinschaft leben oder die mindestens ein minderjähriges Kind haben, ein Betrag von 1.500 Euro.

§ 31 Absenkung und Wegfall des Arbeitslosengeldes II
und des befristeten Zuschlages ...

§ 32 Absenkung und Wegfall des Sozialgeldes ...

5. Sozialgesetzbuch (SBG) – Zwölftes Buch (XII)
– Sozialhilfe –

Vom 27. Dez. 2003, BGBl I 3023, zuletzt geändert durch
Gesetz vom 30. Juli 2009, BGBl I 2495

(Auszug)

Erstes Kapitel: Allgemeine Vorschriften

§ 1 Aufgabe der Sozialhilfe

Aufgabe der Sozialhilfe ist es, den Leistungsberechtigten die Führung eines Lebens zu ermöglichen, das der Würde des Menschen entspricht. Die Leistung soll sie so weit wie möglich befähigen, unabhängig von ihr zu leben; darauf haben auch die Leistungsberechtigten nach ihren Kräften hinzuarbeiten. Zur Erreichung dieser Ziele haben die Leistungsberechtigten und die Träger der Sozialhilfe im Rahmen ihrer Rechte und Pflichten zusammenzuwirken.

§ 2 Nachrang der Sozialhilfe

(1) Sozialhilfe erhält nicht, wer sich vor allem durch Einsatz seiner Arbeitskraft, seines Einkommens und seines Vermögens selbst helfen kann oder wer die erforderliche Leistung von anderen, insbesondere von Angehörigen oder von Trägern anderer Sozialleistungen, erhält.

(2) Verpflichtungen anderer, insbesondere Unterhaltspflichtiger oder der Träger anderer Sozialleistungen, bleiben unberührt. Auf Rechtsvorschriften beruhende Leistungen anderer dürfen nicht deshalb versagt werden, weil nach dem Recht der Sozialhilfe entsprechende Leistungen vorgesehen sind.

§ 27 Notwendiger Lebensunterhalt

(1) Der notwendige Lebensunterhalt umfasst insbesondere Ernährung, Unterkunft, Kleidung, Körperpflege, Hausrat, Heizung und persönliche Bedürfnisse des täglichen Lebens. Zu den persönlichen Bedürfnissen des täglichen Lebens gehören in vertretbarem Umfang auch Beziehungen zur Umwelt und eine Teilnahme am kulturellen Leben.

(2) Bei Kindern und Jugendlichen umfasst der notwendige Lebensunterhalt auch den besonderen, insbesondere den durch ihre Entwicklung und ihr Heranwachsen bedingten Bedarf.

(3) Hilfe zum Lebensunterhalt kann auch Personen geleistet werden, die ein für den notwendigen Lebensunterhalt ausreichendes Einkommen oder

Vermögen haben, jedoch einzelne für ihren Lebensunterhalt erforderliche Tätigkeiten nicht verrichten können. Von den Leistungsberechtigten kann ein angemessener Kostenbeitrag verlangt werden.

§ 28 Regelbedarf, Inhalt der Regelsätze

(1) Der gesamte Bedarf des notwendigen Lebensunterhalts außerhalb von Einrichtungen mit Ausnahme der zusätzlichen Leistung für die Schule nach § 28 a sowie von Leistungen für Unterkunft und Heizung nach § 29 und der Sonderbedarfe nach den §§ 30 bis 34 wird nach Regelsätzen erbracht. Die Bedarfe werden abweichend festgelegt, wenn im Einzelfall ein Bedarf ganz oder teilweise anderweitig gedeckt ist oder unabweisbar seiner Höhe nach erheblich von einem durchschnittlichen Bedarf abweicht.

(2) Die Landesregierungen setzen durch Rechtsverordnung die Höhe der monatlichen Regelsätze im Rahmen der Rechtsverordnung nach § 40 fest. Sie können die Ermächtigung auf die zuständigen Landesministerien übertragen. Die Träger der Sozialhilfe können ermächtigt werden, auf der Grundlage von festgelegten Mindestregelsätzen regionale Regelsätze zu bestimmen. Die Festlegung erfolgt erstmals zum 1. Januar 2007 und dann zum 1. Juli eines jeden Jahres, in dem eine Neubemessung der Regelsätze nach Absatz 3 Satz 5 erfolgt oder in dem sich der Rentenwert in der gesetzlichen Rentenversicherung ändert.

(3) Die Regelsätze werden so bemessen, dass der Bedarf nach Absatz 1 dadurch gedeckt werden kann. Die Regelsatzbemessung berücksichtigt Stand und Entwicklung von Nettoeinkommen, Verbraucherverhalten und Lebenshaltungskosten. Grundlage sind die tatsächlichen, statistisch ermittelten Verbrauchsausgaben von Haushalten in unteren Einkommensgruppen. Datengrundlage ist die Einkommens- und Verbrauchsstichprobe. Die Bemessung wird überprüft und gegebenenfalls weiterentwickelt, sobald die Ergebnisse einer neuen Einkommens- und Verbrauchsstichprobe vorliegen.

(4) Die Regelsatzbemessung gewährleistet, dass bei Haushaltsgemeinschaften von Ehepaaren mit drei Kindern die Regelsätze zusammen mit Durchschnittsbeträgen der Leistungen nach den §§ 29 und 31 und unter Berücksichtigung eines durchschnittlich abzusetzenden Betrages nach § 82 Abs. 3 unter den erzielten monatlichen durchschnittlichen Nettoarbeitsentgelten unterer Lohn- und Gehaltsgruppen einschließlich anteiliger einmaliger Zahlungen zuzüglich Kindergeld und Wohngeld in einer entsprechenden Haushaltsgemeinschaft mit einer alleinverdienenden vollzeitbeschäftigten Person bleiben.

(5) Wird jemand in einer anderen Familie, insbesondere in einer Pflegefamilie, oder bei anderen Personen als bei seinen Eltern oder einem Elternteil untergebracht, so wird in der Regel der notwendige Lebensunterhalt abweichend von den Regelsätzen in Höhe der tatsächlichen Kosten der Unterbringung bemessen, sofern die Kosten einen angemessenen Umfang nicht übersteigen.

§ 28 a Zusätzliche Leistung für die Schule

Schülerinnen und Schüler, die eine allgemein- oder berufsbildende Schule besuchen, erhalten für jedes Schuljahr eine zusätzliche Leistung für die Schule in Höhe von 100 Euro, wenn ihnen für den Monat, in dem der erste Schultag liegt, Hilfe zum Lebensunterhalt geleistet wird. Der zuständige Träger der Sozialhilfe kann im begründeten Ausnahmefall einen Nachweis über die zweckentsprechende Verwendung der Leistung verlangen.

§ 29 Unterkunft und Heizung

(1) Leistungen für die Unterkunft werden in Höhe der tatsächlichen Aufwendungen erbracht. Übersteigen die Aufwendungen für die Unterkunft den der Besonderheit des Einzelfalles angemessenen Umfang, sind sie insoweit als Bedarf der Personen, deren Einkommen und Vermögen nach § 19 Abs. 1 zu berücksichtigen sind, anzuerkennen. Satz 2 gilt solange, als es diesen Personen nicht möglich oder nicht zuzumuten ist, durch einen Wohnungswechsel, durch Vermieten oder auf andere Weise die Aufwendungen zu senken, in der Regel jedoch längstens für sechs Monate. Vor Abschluss eines Vertrages über eine neue Unterkunft haben Leistungsberechtigte den dort zuständigen Träger der Sozialhilfe über die nach den Sätzen 2 und 3 maßgeblichen Umstände in Kenntnis zu setzen. Sind die Aufwendungen für die neue Unterkunft unangemessen hoch, ist der Träger der Sozialhilfe nur zur Übernahme angemessener Aufwendungen verpflichtet, es sei denn, er hat den darüber hinausgehenden Aufwendungen vorher zugestimmt. Leistungen für die Unterkunft sollen an den Vermieter oder andere Empfangsberechtigte gezahlt werden, wenn die zweckentsprechende Verwendung durch die Leistungsberechtigten nicht sichergestellt ist; die Leistungsberechtigten sind hiervon schriftlich zu unterrichten. Wohnungsbeschaffungskosten, Mietkautionen und Umzugskosten können bei vorheriger Zustimmung übernommen werden; Mietkautionen sollen als Darlehen erbracht werden. Eine Zustimmung soll erteilt werden, wenn der Umzug durch den Träger der Sozialhilfe veranlasst wird oder aus anderen Gründen notwendig ist und wenn ohne die Zustimmung eine Unterkunft in einem angemessenen Zeitraum nicht gefunden werden kann.

(2) Der Träger der Sozialhilfe kann für seinen Bereich die Leistungen für die Unterkunft durch eine monatliche Pauschale abgelten, wenn auf dem örtlichen Wohnungsmarkt hinreichend angemessener freier Wohnraum verfügbar und in Einzelfällen die Pauschalierung nicht unzumutbar ist. Bei der Bemessung der Pauschale sind die tatsächlichen Gegebenheiten des örtlichen Wohnungsmarkts, der örtliche Mietspiegel sowie die familiären Verhältnisse der Leistungsberechtigten zu berücksichtigen. Absatz 1 Satz 2 gilt entsprechend.

(3) Leistungen für Heizung werden in tatsächlicher Höhe erbracht, soweit sie angemessen sind. Die Leistungen können durch eine monatliche Pauschale abgegolten werden. Bei der Bemessung der Pauschale sind die persönlichen und familiären Verhältnisse, die Größe und Beschaffenheit der

Wohnung, die vorhandenen Heizmöglichkeiten und die örtlichen Gegebenheiten zu berücksichtigen.

§ 30 Mehrbedarf

(1) Für Personen, die
1. die Altersgrenze nach § 41 Abs. 2 erreicht haben oder
2. die Altersgrenze nach § 41 Abs. 2 noch nicht erreicht haben und voll erwerbsgemindert nach dem Sechsten Buch sind,

und durch einen Bescheid der nach § 69 Abs. 4 des Neunten Buches zuständigen Behörde oder einen Ausweis nach § 69 Abs. 5 des Neunten Buches die Feststellung des Merkzeichens G nachweisen, wird ein Mehrbedarf von 17 vom Hundert des maßgebenden Regelsatzes anerkannt, soweit nicht im Einzelfall ein abweichender Bedarf entsteht.

(2) Für werdende Mütter nach der 12. Schwangerschaftswoche wird ein Mehrbedarf von 17 vom Hundert des maßgebenden Regelsatzes anerkannt, soweit nicht im Einzelfall ein abweichender Bedarf besteht.

(3) Für Personen, die mit einem oder mehreren minderjährigen Kindern zusammenleben und allein für deren Pflege und Erziehung sorgen, ist, soweit kein abweichender Bedarf besteht, ein Mehrbedarf anzuerkennen
1. in Höhe von 36 vom Hundert des Eckregelsatzes für ein Kind unter sieben Jahren oder für zwei oder drei Kinder unter sechzehn Jahren, oder
2. in Höhe von 12 vom Hundert des Eckregelsatzes für jedes Kind, wenn die Voraussetzungen nach Nummer 1 nicht vorliegen, höchstens jedoch in Höhe von 60 vom Hundert des Eckregelsatzes.

(4) Für behinderte Menschen, die das 15. Lebensjahr vollendet haben und denen Eingliederungshilfe nach § 54 Abs. 1 Satz 1 Nr. 1 bis 3 geleistet wird, wird ein Mehrbedarf von 35 vom Hundert des maßgebenden Regelsatzes anerkannt, soweit nicht im Einzelfall ein abweichender Bedarf besteht. Satz 1 kann auch nach Beendigung der in § 54 Abs. 1 Satz 1 Nr. 1 bis 3 genannten Leistungen während einer angemessenen Übergangszeit, insbesondere einer Einarbeitungszeit, angewendet werden. Absatz 1 Nr. 2 ist daneben nicht anzuwenden.

(5) Für Kranke, Genesende, behinderte Menschen oder von einer Krankheit oder von einer Behinderung bedrohte Menschen, die einer kostenaufwändigen Ernährung bedürfen, wird ein Mehrbedarf in angemessener Höhe anerkannt.

(6) Die Summe des insgesamt anzuerkennenden Mehrbedarfs darf die Höhe des maßgebenden Regelsatzes nicht übersteigen.

§ 31 Einmalige Bedarfe

(1) Leistungen für
1. Erstausstattungen für die Wohnung einschließlich Haushaltsgeräten,

2. Erstausstattungen für Bekleidung einschließlich bei Schwangerschaft und Geburt sowie
3. mehrtägige Klassenfahrten im Rahmen der schulrechtlichen Bestimmungen

werden gesondert erbracht.

(2) Leistungen nach Absatz 1 werden auch erbracht, wenn die Leistungsberechtigten keine Regelsatzleistungen benötigen, den Bedarf jedoch aus eigenen Kräften und Mitteln nicht voll decken können. In diesem Falle kann das Einkommen berücksichtigt werden, das sie innerhalb eines Zeitraums von bis zu sechs Monaten nach Ablauf des Monats erwerben, in dem über die Leistung entschieden worden ist.

(3) Die Leistungen nach Absatz 1 Nr. 1 und 2 können als Pauschalbeträge erbracht werden. Bei der Bemessung der Pauschalbeträge sind geeignete Angaben über die erforderlichen Aufwendungen und nachvollziehbare Erfahrungswerte zu berücksichtigen.

§ 32 Beiträge für die Kranken- und Pflegeversicherung

(1) Für Pflichtversicherte im Sinne des § 5 Abs. 1 Nr. 13 des Fünften Buches, des § 2 Abs. 1 Nr. 7 des Zweiten Gesetzes über die Krankenversicherung der Landwirte, für Weiterversicherte im Sinne des § 9 Abs. 1 Nr. 1 des Fünften Buches und des § 6 Abs. 1 Nr. 1 des Zweiten Gesetzes über die Krankenversicherung der Landwirte sowie für Rentenantragsteller, die nach § 189 des Fünften Buches als Mitglied einer Krankenkasse gelten, werden die Krankenversicherungsbeiträge übernommen, soweit die genannten Personen die Voraussetzungen des § 19 Abs. 1 erfüllen. § 82 Abs. 2 Nr. 2 und 3 ist insoweit nicht anzuwenden. Bei Pflichtversicherten ...

(2) Für freiwillig Versicherte ...

(3) Soweit nach den Absätzen 1 und 2 Beiträge für die Krankenversicherung übernommen werden, werden auch die damit zusammenhängenden Beiträge zur Pflegeversicherung übernommen.

(4) ... (5) ...

§ 33 Beiträge für die Vorsorge

(1) Um die Voraussetzungen eines Anspruchs auf eine angemessene Alterssicherung zu erfüllen, können die erforderlichen Kosten übernommen werden, insbesondere ...

(2) ...

§ 34 Hilfe zum Lebensunterhalt in Sonderfällen

(1) Schulden können nur übernommen werden, wenn dies zur Sicherung der Unterkunft oder zur Behebung einer vergleichbaren Notlage gerechtfertigt ist. Sie sollen übernommen werden, wenn dies gerechtfertigt und

notwendig ist und sonst Wohnungslosigkeit einzutreten droht. Geldleistungen können als Beihilfe oder als Darlehen erbracht werden.

(2) Geht bei einem Gericht eine Klage auf Räumung von Wohnraum im Falle der Kündigung des Mietverhältnisses nach § 543 Abs. 1, 2 Satz 1 Nr. 3 in Verbindung mit § 569 Abs. 3 des Bürgerlichen Gesetzbuches ein, teilt das Gericht dem zuständigen örtlichen Träger der Sozialhilfe oder der von diesem beauftragten Stelle zur Wahrnehmung der in Absatz 1 bestimmten Aufgaben unverzüglich ... mit ...

§ 35 Notwendiger Lebensunterhalt in Einrichtungen

(1) Der notwendige Lebensunterhalt in Einrichtungen umfasst den darin erbrachten sowie in stationären Einrichtungen zusätzlich den weiteren notwendigen Lebensunterhalt. Der notwendige Lebensunterhalt in stationären Einrichtungen entspricht dem Umfang der Leistungen der Grundsicherung nach § 42 Satz 1 Nr. 1 bis 3.

(2) Der weitere notwendige Lebensunterhalt umfasst insbesondere Kleidung und einen angemessenen Barbetrag zur persönlichen Verfügung; § 31 Abs. 2 Satz 2 ist nicht anzuwenden. Leistungsberechtigte, die das 18. Lebensjahr vollendet haben, erhalten einen Barbetrag in Höhe von mindestens 26 vom Hundert des Eckregelsatzes. Für Leistungsberechtigte, die das 18. Lebensjahr noch nicht vollendet haben, setzen die zuständigen Landesbehörden oder die von ihnen bestimmten Stellen für die in ihrem Bereich bestehenden Einrichtungen die Höhe des Barbetrages fest. Der Barbetrag wird gemindert, soweit dessen bestimmungsgemäße Verwendung durch oder für den Leistungsberechtigten nicht möglich ist.

(3) – (5) ...

§ 36 Vermutung der Bedarfsdeckung

Lebt eine Person, die Sozialhilfe beansprucht (nachfragende Person), gemeinsam mit anderen Personen in einer Wohnung oder in einer entsprechenden anderen Unterkunft, so wird vermutet, dass sie gemeinsam wirtschaften (Haushaltsgemeinschaft) und dass sie von ihnen Leistungen zum Lebensunterhalt erhält, soweit dies nach ihrem Einkommen und Vermögen erwartet werden kann. Soweit nicht gemeinsam gewirtschaftet wird oder die nachfragende Person von den Mitgliedern der Haushaltsgemeinschaft keine ausreichenden Leistungen zum Lebensunterhalt erhält, ist ihr Hilfe zum Lebensunterhalt zu gewähren. Satz 1 gilt nicht für nachfragende Personen,

1. die schwanger sind oder ihr leibliches Kind bis zur Vollendung seines 6. Lebensjahres betreuen und mit ihren Eltern oder einem Elternteil zusammenleben, oder
2. die im Sinne des § 53 behindert oder im Sinne des § 61 pflegebedürftig sind und von in Satz 1 genannten Personen betreut werden; dies gilt auch, wenn die genannten Voraussetzungen einzutreten drohen und das

gemeinsame Wohnen im Wesentlichen zu dem Zweck der Sicherstellung der Hilfe und Versorgung erfolgt.

§ 37 Ergänzende Darlehen

(1) Kann im Einzelfall ein von den Regelsätzen umfasster und nach den Umständen unabweisbar gebotener Bedarf auf keine andere Weise gedeckt werden, sollen auf Antrag hierfür notwendige Leistungen als Darlehen erbracht werden.

(2) Bei Empfängern von Hilfe zum Lebensunterhalt kann die Rückzahlung des Darlehens in monatlichen Teilbeträgen in Höhe von bis zu 5 vom Hundert des Eckregelsatzes von der Leistung einbehalten werden. Die Rückzahlung von Darlehen ...

§ 38 Darlehen bei vorübergehender Notlage

(1) Sind Leistungen nach den §§ 28, 29, 30, 32, 33 und der Barbetrag nach § 35 Abs. 2 voraussichtlich nur für kurze Dauer zu erbringen, können Geldleistungen als Darlehen gewährt werden. Darlehen an Mitglieder von Haushaltsgemeinschaften im Sinne des § 19 Abs. 1 Satz 2 können an einzelne Mitglieder oder an mehrere gemeinsam vergeben werden.

(2) Die Regelung des § 105 Abs. 2 findet entsprechende Anwendung.

§ 39 Einschränkung der Leistung

(1) Lehnen Leistungsberechtigte entgegen ihrer Verpflichtung die Aufnahme einer Tätigkeit oder die Teilnahme an einer erforderlichen Vorbereitung ab, vermindert sich der maßgebende Regelsatz in einer ersten Stufe um bis zu 25 vom Hundert, bei wiederholter Ablehnung in weiteren Stufen um jeweils bis zu 25 vom Hundert. Die Leistungsberechtigten sind vorher entsprechend zu belehren.

(2) § 26 Abs. 1 Satz 2 findet Anwendung.

§ 40 Verordnungsermächtigung

Das Bundesministerium für Arbeit und Soziales erlässt im Einvernehmen mit dem Bundesministerium der Finanzen durch Rechtsverordnung mit Zustimmung des Bundesrates Vorschriften über Inhalt, Bemessung und Aufbau der Regelsätze nach § 28 sowie ihre Fortschreibung.

Elftes Kapitel: Einsatz des Einkommens und des Vermögens
Erster Abschnitt: Einkommen

§ 82 Begriff des Einkommens

(1) Zum Einkommen gehören alle Einkünfte in Geld oder Geldeswert mit Ausnahme der Leistungen nach diesem Buch, des befristeten Zuschlags

nach § 24 des Zweiten Buches, der Grundrente nach dem Bundesversorgungsgesetz und nach den Gesetzen, die eine entsprechende Anwendung des Bundesversorgungsgesetzes vorsehen und der Renten oder Beihilfen nach dem Bundesentschädigungsgesetz für Schaden an Leben sowie an Körper oder Gesundheit, bis zur Höhe der vergleichbaren Grundrente nach dem Bundesversorgungsgesetz. Bei Minderjährigen ist das Kindergeld dem jeweiligen Kind als Einkommen zuzurechnen, soweit es bei diesem zur Deckung des notwendigen Lebensunterhaltes benötigt wird.

(2) Von dem Einkommen sind abzusetzen

1. auf das Einkommen entrichtete Steuern,
2. Pflichtbeiträge zur Sozialversicherung einschließlich der Beiträge zur Arbeitsförderung,
3. Beiträge zu öffentlichen oder privaten Versicherungen oder ähnlichen Einrichtungen, soweit diese Beiträge gesetzlich vorgeschrieben oder nach Grund und Höhe angemessen sind, sowie geförderte Altersvorsorgebeiträge nach § 82 des Einkommensteuergesetzes, soweit sie den Mindesteigenbeitrag nach § 86 des Einkommensteuergesetzes nicht überschreiten,
4. die mit der Erzielung des Einkommens verbundenen notwendigen Ausgaben,
5. das Arbeitsförderungsgeld und Erhöhungsbeträge des Arbeitsentgeltes im Sinne von § 43 Satz 4 des Neunten Buches.

(3) Bei der Hilfe zum Lebensunterhalt und Grundsicherung im Alter und bei Erwerbsminderung ist ferner ein Betrag in Höhe von 30 vom Hundert des Einkommens aus selbständiger und nichtselbständiger Tätigkeit der Leistungsberechtigten abzusetzen, höchstens jedoch 50 vom Hundert des Eckregelsatzes. Abweichend von Satz 1 ist bei einer Beschäftigung in einer Werkstatt für behinderte Menschen von dem Entgelt ein Achtel des Eckregelsatzes zuzüglich 25 vom Hundert des diesen Betrag übersteigenden Entgelts abzusetzen. Im Übrigen kann in begründeten Fällen ein anderer als in Satz 1 festgelegter Betrag vom Einkommen abgesetzt werden.

(4) (weggefallen)

§ 83 Nach Zweck und Inhalt bestimmte Leistungen ...

§ 84 Zuwendungen ...

Zweiter–Sechster Abschnitt: ...

6. Einkommensteuergesetz (EStG)

I.d.F. vom 8. Okt. 2009, BGBl I 3369.

(auszugsweise)

§ 31 Familienleistungsausgleich

Die steuerliche Freistellung eines Einkommensbetrags in Höhe des Existenzminimums eines Kindes einschließlich der Bedarfe für Betreuung und Erziehung oder Ausbildung wird im gesamten Veranlagungszeitraum entweder durch die Freibeträge nach § 32 Absatz 6 oder durch Kindergeld nach Abschnitt X bewirkt. Soweit das Kindergeld dafür nicht erforderlich ist, dient es der Förderung der Familie. Im laufenden Kalenderjahr wird Kindergeld als Steuervergütung monatlich gezahlt. Bewirkt der Anspruch auf Kindergeld für den gesamten Veranlagungszeitraum die nach Satz 1 gebotene steuerliche Freistellung nicht vollständig und werden deshalb bei der Veranlagung zur Einkommensteuer die Freibeträge nach § 32 Absatz 6 vom Einkommen abgezogen, erhöht sich die unter Abzug dieser Freibeträge ermittelte tarifliche Einkommensteuer um den Anspruch auf Kindergeld für den gesamten Veranlagungszeitraum; bei nicht zusammenveranlagten Eltern wird der Kindergeldanspruch im Umfang des Kinderfreibetrags angesetzt. Satz 4 gilt entsprechend für mit dem Kindergeld vergleichbare Leistungen nach § 65. Besteht nach ausländischem Recht Anspruch auf Leistungen für Kinder, wird dieser insoweit nicht berücksichtigt, als er das inländische Kindergeld übersteigt.

X. Kindergeld

§ 62 Anspruchsberechtigte

(1) Für Kinder im Sinne des § 63 hat Anspruch auf Kindergeld nach diesem Gesetz, wer
1. im Inland einen Wohnsitz oder seinen gewöhnlichen Aufenthalt hat oder
2. ohne Wohnsitz oder gewöhnlichen Aufenthalt im Inland
    a) nach § 1 Abs. 2 unbeschränkt einkommensteuerpflichtig ist oder
    b) nach § 1 Abs. 3 als unbeschränkt einkommensteuerpflichtig behandelt wird.

(2) Ein nicht freizügigkeitsberechtigter Ausländer erhält Kindergeld nur, wenn er …

§ 63 Kinder

(1) Als Kinder werden berücksichtigt
1. Kinder im Sinne des § 32 Abs. 1,
2. vom Berechtigten in seinen Haushalt aufgenommene Kinder seines Ehegatten,
3. vom Berechtigten in seinen Haushalt aufgenommene Enkel.

§ 32 Abs. 3 bis 5 gilt entsprechend. Kinder, die weder einen Wohnsitz noch ihren gewöhnlichen Aufenthalt im Inland, in einem Mitgliedstaat der Europäischen Union oder in einem Staat, auf den das Abkommen über den Europäischen Wirtschaftsraum Anwendung findet, haben, werden nicht berücksichtigt, es sei denn, sie leben im Haushalt eines Berechtigten im Sinne des § 62 Absatz 1 Nummer 2 Buchstabe a. Kinder im Sinne von § 2 Absatz 4 Satz 2 des Bundeskindergeldgesetzes werden nicht berücksichtigt.

(2) Die Bundesregierung wird ermächtigt, durch Rechtsverordnung, die nicht der Zustimmung des Bundesrates bedarf, zu bestimmen, dass einem Berechtigten, der im Inland erwerbstätig ist oder sonst seine hauptsächlichen Einkünfte erzielt, für seine in Absatz 1 Satz 3 erster Halbsatz bezeichneten Kinder Kindergeld ganz oder teilweise zu leisten ist, soweit dies mit Rücksicht auf die durchschnittlichen Lebenshaltungskosten für Kinder in deren Wohnsitzstaat und auf die dort gewährten dem Kindergeld vergleichbaren Leistungen geboten ist.

§ 64 Zusammentreffen mehrerer Ansprüche

(1) Für jedes Kind wird nur einem Berechtigten Kindergeld gezahlt.

(2) Bei mehreren Berechtigten wird das Kindergeld demjenigen gezahlt, der das Kind in seinen Haushalt aufgenommen hat. ...

(3) Ist das Kind nicht in den Haushalt eines Berechtigten aufgenommen, so erhält das Kindergeld derjenige, der dem Kind eine Unterhaltsrente zahlt. ...

§ 65 Andere Leistungen für Kinder

(1) Kindergeld wird nicht für ein Kind gezahlt, für das eine der folgenden Leistungen zu zahlen ist oder bei entsprechender Antragstellung zu zahlen wäre:
1. Kinderzulagen aus der gesetzlichen Unfallversicherung oder Kinderzuschüsse aus den gesetzlichen Rentenversicherungen,
2. Leistungen für Kinder, die im Ausland gewährt werden und dem Kindergeld oder einer der unter Nummer 1 genannten Leistungen vergleichbar sind,
3. Leistungen für Kinder, die von einer zwischen- oder überstaatlichen Einrichtung gewährt werden und dem Kindergeld vergleichbar sind.

Soweit es für die Anwendung von Vorschriften dieses Gesetzes auf den Erhalt von Kindergeld ankommt, stehen die Leistungen nach Satz 1 dem Kindergeld gleich. ...

(2) Ist in den Fällen des Absatzes 1 Satz 1 Nr. 1 der Bruttobetrag der anderen Leistung niedriger als das Kindergeld nach § 66, wird Kindergeld in Höhe des Unterschiedsbetrages gezahlt, wenn er mindestens 5 Euro beträgt.

§ 66 Höhe des Kindergeldes, Zahlungszeitraum

(1) Das Kindergeld beträgt monatlich für erste und zweite Kinder jeweils 184 Euro, für dritte Kinder 190 Euro und für das vierte und jedes

weitere Kind jeweils 215 Euro. Darüber hinaus wird für jedes Kind, für das im Kalenderjahr 2009 mindestens für einen Kalendermonat ein Anspruch auf Kindergeld besteht, für das Kalenderjahr 2009 ein Einmalbetrag in Höhe von 100 Euro gezahlt.

(2) Das Kindergeld wird monatlich vom Beginn des Monats an gezahlt, in dem die Anspruchsvoraussetzungen erfüllt sind, bis zum Ende des Monats, in dem die Anspruchsvoraussetzungen wegfallen.

§ 67 Antrag

Das Kindergeld ist bei der zuständigen Familienkasse schriftlich zu beantragen. Den Antrag kann außer dem Berechtigten auch stellen, wer ein berechtigtes Interesse an der Leistung des Kindergeldes hat.

§ 68 Besondere Mitwirkungspflichten ...

§ 69 Überprüfung ...

§ 70 Festsetzung und Zahlung des Kindergeldes

(1) Das Kindergeld nach § 62 wird von den Familienkassen durch Bescheid festgesetzt und ausgezahlt.

(2) Soweit in den Verhältnissen, die für den Anspruch auf Kindergeld erheblich sind, Änderungen eintreten, ist die Festsetzung des Kindergeldes mit Wirkung vom Zeitpunkt der Änderung der Verhältnisse aufzuheben oder zu ändern. ...

(3) ... (4) ...

§ 71 (weggefallen)

§ 72 Festsetzung und Zahlung des Kindergeldes an Angehörige des öffentlichen Dienstes

(1) Steht Personen, die

1. in einem öffentlich-rechtlichen Dienst-, Amts- oder Ausbildungsverhältnis stehen, mit Ausnahme der Ehrenbeamten, oder
2. Versorgungsbezüge nach beamten- oder soldatenrechtlichen Vorschriften oder Grundsätzen erhalten oder
3. Arbeitnehmer des Bundes, eines Landes, einer Gemeinde, eines Gemeindeverbandes oder einer sonstigen Körperschaft, einer Anstalt oder einer Stiftung des öffentlichen Rechts sind, einschließlich der zu ihrer Berufsausbildung Beschäftigten,

Kindergeld nach Maßgabe dieses Gesetzes zu, wird es von den Körperschaften, Anstalten oder Stiftungen des öffentlichen Rechts festgesetzt und ausgezahlt. Die genannten juristischen Personen sind insoweit Familienkasse.

(2) Der Deutschen Post AG, der Deutschen Postbank AG und der Deutschen Telekom AG obliegt die Durchführung dieses Gesetzes für ihre jeweiligen Beamten und Versorgungsempfänger in Anwendung des Absatzes 1.

(3) Absatz 1 gilt nicht für Personen, die ihre Bezüge oder Arbeitsentgelt
1. von einem Dienstherrn oder Arbeitgeber im Bereich der Religionsgesellschaften des öffentlichen Rechts oder
2. von einem Spitzenverband der Freien Wohlfahrtspflege, einem diesem unmittelbar oder mittelbar angeschlossenen Mitgliedsverband oder einer einem solchen Verband angeschlossenen Einrichtung oder Anstalt
erhalten.

(4) Die Absätze 1 und 2 gelten nicht für Personen, die voraussichtlich nicht länger als sechs Monate in den Kreis der in Absatz 1 Satz 1 Nummer 1 bis 3 und Absatz 2 Bezeichneten eintreten.

(5) Obliegt mehreren Rechtsträgern die Zahlung von Bezügen oder Arbeitsentgelt (Absatz 1 Satz 1) gegenüber einem Berechtigten, so ist für die Durchführung dieses Gesetzes zuständig: ...

(6) Scheidet ein Berechtigter im Laufe eines Monats aus dem Kreis der in Absatz 1 Satz 1 Nummer 1 bis 3 Bezeichneten aus oder tritt er im Laufe eines Monats in diesen Kreis ein, so wird das Kindergeld für diesen Monat von der Stelle gezahlt, die bis zum Ausscheiden oder Eintritt des Berechtigten zuständig war. Dies gilt nicht, soweit die Zahlung von Kindergeld für ein Kind in Betracht kommt, das erst nach dem Ausscheiden oder Eintritt bei dem Berechtigten nach § 63 zu berücksichtigen ist. Ist in einem Fall des Satzes 1 das Kindergeld bereits für einen folgenden Monat gezahlt worden, so muss der für diesen Monat Berechtigte die Zahlung gegen sich gelten lassen.

(7) ... (8) ...

§ 73 (weggefallen)

§ 74 Zahlung des Kindergeldes in Sonderfällen

(1) Das für ein Kind festgesetzte Kindergeld nach § 66 Absatz 1 kann an das Kind ausgezahlt werden, wenn der Kindergeldberechtigte ihm gegenüber seiner gesetzlichen Unterhaltspflicht nicht nachkommt. Kindergeld kann an Kinder, die bei der Festsetzung des Kindergeldes berücksichtigt werden, bis zur Höhe des Betrages, der sich bei entsprechender Anwendung des § 76 ergibt, ausgezahlt werden. Dies gilt auch, wenn ...

(2) ...

§ 75 Aufrechnung

(1) Mit Ansprüchen auf Rückzahlung von Kindergeld kann die Familienkasse gegen Ansprüche auf laufendes Kindergeld bis zu deren Hälfte aufrechnen, wenn der Leistungsberechtigte nicht nachweist, daß er dadurch hilfebedürftig im Sinne der Vorschriften des Zwölften Buches Sozialgesetz-

buch über die Hilfe zum Lebensunterhalt oder im Sinne der Vorschriften des Zweiten Buches Sozialgesetzbuch über die Leistungen zur Sicherung des Lebensunterhalts wird.

(2) Absatz 1 gilt für die Aufrechnung eines Anspruchs auf Erstattung von Kindergeld gegen einen späteren Kindergeldanspruch eines mit dem Erstattungspflichtigen in Haushaltsgemeinschaft lebenden Berechtigten entsprechend, soweit es sich um laufendes Kindergeld für ein Kind handelt, das bei beiden berücksichtigt werden kann oder konnte.

§ 76 Pfändung

Der Anspruch auf Kindergeld kann nur wegen gesetzlicher Unterhaltsansprüche eines Kindes, das bei der Festsetzung des Kindergeldes berücksichtigt wird, gepfändet werden. Für die Höhe des pfändbaren Betrages gilt:
1. Gehört das unterhaltsberechtigte Kind zum Kreis der Kinder, für die dem Leistungsberechtigten Kindergeld gezahlt wird, so ist eine Pfändung bis zu dem Betrag möglich, der bei gleichmäßiger Verteilung des Kindergeldes auf jedes dieser Kinder entfällt. Ist das Kindergeld durch die Berücksichtigung eines weiteren Kindes erhöht, für das einer dritten Person Kindergeld oder dieser oder dem Leistungsberechtigten eine andere Geldleistung für Kinder zusteht, so bleibt der Erhöhungsbetrag bei der Bestimmung des pfändbaren Betrages des Kindergeldes nach Satz 1 außer Betracht;
2. der Erhöhungsbetrag nach Nummer 1 Satz 2 ist zugunsten jedes bei der Festsetzung des Kindergeldes berücksichtigten unterhaltsberechtigten Kindes zu dem Anteil pfändbar, der sich bei gleichmäßiger Verteilung auf alle Kinder, die bei der Festsetzung des Kindergeldes zugunsten des Leistungsberechtigten berücksichtigt werden, ergibt.

§ 76 a Kontenpfändung und Pfändung von Bargeld

Fassung ab 1. Juli 2010

(1) Wird Kindergeld auf das Konto des Berechtigten oder in den Fällen des § 74 Absatz 1 Satz 1 bis 3 bzw. § 76 auf das Konto des Kindes bei einem Kreditinstitut überwiesen, ist die Forderung, die durch die Gutschrift entsteht, für die Dauer von 14 Tagen seit der Gutschrift der Überweisung unpfändbar. Eine Pfändung des Guthabens gilt als mit der Maßgabe ausgesprochen, dass sie das Guthaben in Höhe der in Satz 1 bezeichneten Forderung während der 14 Tage nicht erfasst.

(2) Das Kreditinstitut ist dem Schuldner innerhalb der 14 Tage zur Leistung aus dem nach Absatz 1 Satz 2 von der Pfändung nicht erfassten Guthaben nur soweit verpflichtet, als der Schuldner nachweist oder als dem Kreditinstitut sonst bekannt ist, dass das Guthaben von der Pfändung nicht erfasst ist. Soweit das Kreditinstitut hiernach geleistet hat, gilt Absatz 1 Satz 2 nicht.

(3) Eine Leistung, die das Kreditinstitut innerhalb der 14 Tage aus dem nach Absatz 1 Satz 2 von der Pfändung nicht erfassten Guthaben an den Gläubiger bewirkt, ist dem Schuldner gegenüber unwirksam. Das gilt auch für eine Hinterlegung.

(4) Bei Empfängern laufender Kindergeldleistungen sind die in Absatz 1 genannten Forderungen nach Ablauf von 14 Tagen seit der Gutschrift sowie Bargeld insoweit nicht der Pfändung unterworfen, als ihr Betrag dem unpfändbaren Teil der Leistungen für die Zeit von der Pfändung bis zum nächsten Zahlungstermin entspricht.

(5) Pfändungsschutz für Kontoguthaben besteht nach dieser Vorschrift nicht, wenn der Schuldner ein Pfändungsschutzkonto im Sinne von § 850 k Absatz 7 der Zivilprozessordnung führt. Hat das Kreditinstitut keine Kenntnis von dem Bestehen eines Pfändungsschutzkontos, leistet es nach den Absätzen 1 bis 4 mit befreiender Wirkung an den Schuldner. Gegenüber dem Gläubiger ist das Kreditinsitut zur Leistung nur verpflichtet, wenn ihm das Bestehen des Pfändungsschutzkontos nachgewiesen ist.

Hinweis: § 76 a ist mit Wirkung **ab 1. Januar 2012 aufgehoben** (Art. 7 Abs. 4 mit Art. 10 Abs. 2) des Gesetzes zur Reform des Kontopfändungsschutzes (BGBl 2009 I 1707).

§ 77 und § 78 ...

7. Bundeskindergeldgesetz (BKGG)

I.d.F. vom 28. Januar 2009, BGBl I 143

(Auszug)

Erster Abschnitt: Leistungen

§ 1 Anspruchsberechtigte

(1) Kindergeld nach diesem Gesetz für seine Kinder erhält, wer nach § 1 Absatz 1 und 2 des Einkommensteuergesetzes nicht unbeschränkt steuerpflichtig ist und auch nicht nach § 1 Absatz 3 des Einkommensteuergesetzes als unbeschränkt steuerpflichtig behandelt wird und

1. in einem Versicherungspflichtverhältnis zur Bundesagentur für Arbeit nach dem Dritten Buch Sozialgesetzbuch steht oder versicherungsfrei nach § 28 Absatz 1 Nummer 1 des Dritten Buches Sozialgesetzbuch ist oder
2. als Entwicklungshelfer Unterhaltsleistungen im Sinne des § 4 Absatz 1 Nummer 1 des Entwicklungshelfer-Gesetzes erhält oder als Missionar der Missionswerke und -gesellschaften, die Mitglieder oder Vereinbarungspartner des Evangelischen Missionswerkes Hamburg, der Arbeitsgemeinschaft Evangelikaler Missionen e.V., des Deutschen Katholischen Missionsrates oder der Arbeitsgemeinschaft pfingstlich-charismatischer Missionen sind, tätig ist oder

3. eine nach § 123 a des Beamtenrechtsrahmengesetzes oder nach § 20 des Beamtenstatusgesetzes bei einer Einrichtung außerhalb Deutschlands zugewiesene Tätigkeit ausübt oder
4. als Ehegatte eines Mitglieds der Truppe oder des zivilen Gefolges eines NATO-Mitgliedstaates die Staatsangehörigkeit eines EU/EWR-Mitgliedstaates besitzt und in Deutschland seinen Wohnsitz oder gewöhnlichen Aufenthalt hat.

(2) Kindergeld für sich selbst erhält, wer
1. in Deutschland einen Wohnsitz oder seinen gewöhnlichen Aufenthalt hat,
2. Vollwaise ist oder den Aufenthalt seiner Eltern nicht kennt und
3. nicht bei einer anderen Person als Kind zu berücksichtigen ist.

§ 2 Absatz 2 und 3 sowie die §§ 4 und 5 sind entsprechend anzuwenden. Im Fall des § 2 Absatz 2 Satz 1 Nummer 3 wird Kindergeld längstens bis zur Vollendung des 25. Lebensjahres gewährt.

(3) Ein nicht freizügigkeitsberechtigter Ausländer erhält Kindergeld nur, wenn er …

§ 2 Kinder

(1) Als Kinder werden auch berücksichtigt …

§ 4 Andere Leistungen für Kinder

(1) Kindergeld wird nicht für ein Kind gewährt, für das eine der folgenden Leistungen zu zahlen ist oder bei entsprechender Antragstellung zu zahlen wäre:
1. Kinderzulagen aus der gesetzlichen Unfallversicherung oder Kinderzuschüsse aus den gesetzlichen Rentenversicherungen,
2. Leistungen für Kinder, die außerhalb Deutschlands gewährt werden und dem Kindergeld oder einer der unter Nummer 1 genannten Leistungen vergleichbar sind,
3. Leistungen für Kinder, die von einer zwischen- oder überstaatlichen Einrichtung gewährt werden und dem Kindergeld vergleichbar sind.

Steht ein Berechtigter …

(2) Ist in den Fällen des Absatzes 1 Satz 1 Nr. 1 der Bruttobetrag der anderen Leistung niedriger als das Kindergeld nach § 6, wird Kindergeld in Höhe des Unterschiedsbetrages gezahlt. Ein Unterschiedsbetrag unter 5 Euro wird nicht geleistet.

§ 6 Höhe des Kindergeldes

(1) Das Kindergeld beträgt monatlich für erste und zweite Kinder jeweils 184 Euro, für dritte Kinder 190 Euro und für das vierte und jedes weitere Kind jeweils 215 Euro.

(2) In den Fällen des § 1 Absatz 2 beträgt das Kindergeld 184 Euro monatlich.

§ 6a Kinderzuschlag

(1) Personen erhalten nach diesem Gesetz für in ihrem Haushalt lebende unverheiratete Kinder, die noch nicht das 25. Lebensjahr vollendet haben, einen Kinderzuschlag, wenn …

(2) Der Kinderzuschlag beträgt für jedes zu berücksichtigende Kind jeweils bis zu 140 Euro monatlich. Die Summe der Kinderzuschläge bildet den Gesamtkinderzuschlag. …

(3) Der Kinderzuschlag mindert sich …

(4) … (5) …

Zweiter Abschnitt: Organisation und Verfahren

§ 7 Beauftragung der Bundesagentur für Arbeit

(1) Die Bundesagentur für Arbeit (Bundesagentur) führt dieses Gesetz nach fachlichen Weisungen des Bundesministeriums für Familie, Senioren, Frauen und Jugend durch.

(2) Die Bundesagentur führt bei der Durchführung dieses Gesetzes die Bezeichnung „Familienkasse".

§ 9 Antrag

(1) Das Kindergeld und der Kinderzuschlag sind schriftlich zu beantragen. Der Antrag soll bei der nach § 13 zuständigen Familienkasse gestellt werden. Den Antrag kann außer dem Berechtigten auch stellen, wer ein berechtigtes Interesse an der Leistung des Kindergeldes hat.

(2) …

§ 11 Zahlung des Kindergeldes und des Kinderzuschlages

(1) Das Kindergeld und der Kinderzuschlag werden monatlich gezahlt.

(2) – (4) …

§ 13 Zuständige Familienkasse

(1) Für die Entgegennahme des Antrages und die Entscheidungen über den Anspruch ist die Familienkasse (§ 7 Absatz 2) zuständig, in deren Bezirk der Berechtigte seinen Wohnsitz hat. …

(2) Die Entscheidungen über den Anspruch trifft die Leitung der Familienkasse.

(3) Der Vorstand der Bundesagentur kann für bestimmte Bezirke oder Gruppen von Berechtigten die Entscheidungen über den Anspruch auf Kindergeld einer anderen Familienkasse übertragen.

8. Verwaltungsanordnung über die Vertretung des Bundes als Drittschuldner im Bereich des Bundesministeriums der Verteidigung*

In der Fassung vom 31. August 2007, VMBl 121

1.

Bei der Zustellung von Pfändungs- und Überweisungsbeschlüssen (§ 829 der Zivilprozessordnung – ZPO), Pfändungsbenachrichtigungen (§ 845 ZPO) sowie sonstigen Pfändungs- und Überweisungsentscheidungen oder -benachrichtigungen wird der Bund als Drittschuldner im Bereich des Bundesministeriums der Verteidigung wie folgt vertreten:

a) Bei der Pfändung von Bezügen der Soldaten nach § 1 Abs. 1 des Wehrsoldgesetzes (VMBl 2000 S. 208)
- durch das für den Soldaten zuständige Bundeswehr-Dienstleistungszentrum (BwDLZ),
- jedoch durch das Bundesamt für Wehrverwaltung, wenn der Soldat einer Dienststelle im Ausland angehört (Anschrift siehe Anlage);

b) bei der Pfändung von Dienst- oder Versorgungsbezügen der Soldaten, Beamten und Richter, von Unterhaltszuschüssen der Beamten auf Widerruf im Vorbereitungsdienst, von Bezügen der Arbeitnehmer und Auszubildenden, von Versorgungsleistungen an Angehörige der ehemaligen Nationalen Volksarmee
- durch die Wehrbereichsverwaltung, die die Zahlung dieser Bezüge anzuordnen hat (Anschriften siehe Anlage);

c) bei der Pfändung sonstiger Ansprüche
- durch die Behörde oder Dienststelle, die die geschuldete Leistung, insbesondere die Auszahlung des geschuldeten Geldbetrages, anzuordnen hat.

2.

Wird ein Pfändungs- und Überweisungsbeschluss oder ein sonstiges der in Nummer 1 genannten Schriftstücke einer Behörde oder Dienststelle zugestellt, so hat sie auf dem zugestellten Schriftstück den Zeitpunkt des Eingangs nach Tag, Stunde und Minute zu vermerken und dann sofort zu prüfen, ob sie zur Entgegennahme der Zustellung zuständig ist.

3.

Ist an eine Behörde oder Dienststelle zugestellt worden, die nach Nummer 1 zur Vertretung des Bundes nicht zuständig ist, so hat sie das Schrift-

---

* Siehe zu den früheren Fassungen der Verwaltungsanordnung die Abhandlungen von *Doerr* in NJW 1960, 1094 und *Laeger* in NJW 1960, 2328 sowie *Goosmann* KKZ 1980, 38.

Vertretung: BM-Verteidigung　　　　　　　　　　　　　　　　Anhang 8

stück dem Gläubiger unverzüglich mit einem entsprechenden Anschreiben zurückzusenden. Hierüber ist ein Vermerk zu den Akten zu nehmen. Im Anschreiben an den Gläubiger ist der Grund der Rücksendung anzugeben. Kann die zur Vertretung des Bundes zuständige Stelle zweifelsfrei ermittelt werden, so ist sie dem Gläubiger zu bezeichnen. Keinesfalls darf eine Behörde oder Dienststelle, die zur Vertretung des Bundes in der Angelegenheit nicht zuständig ist, das Schriftstück an die zuständige Behörde oder Dienststelle weiterleiten.

Wird nach der korrekten Zustellung eines Pfändungs- und Überweisungsbeschlusses eine andere Bundesbehörde oder -dienststelle zur Vertretung des Bundes als Drittschuldner zuständig, bleibt die Pfändung wirksam. In diesem Fall ist der Pfändungs- und Überweisungsbeschluss mit den sonstigen die Pfändung betreffenden Unterlagen an die zuständig gewordene Behörde oder Dienststelle weiterzuleiten.

　　　　　　　　　　　　4. ... 5. ....

Diese Verwaltungsanordnung tritt mit Veröffentlichung in Kraft.

Gleichzeitig wird die Verwaltungsanordnung vom 30. Juni 1997 ... (VMBl S. 314) aufgehoben.

BMVg, 30. Januar 2002
R II 1 – Az 39-85-25/14

Anlage:　　　　　Anschriften
　　　　　　　des Bundesamtes für Wehrverwaltung
　　　　　　　und der Wehrbereichsverwaltungen

Bundesamt für Wehrverwaltung	Ermekeilstraße 27 53113 Bonn
Wehrbereichsverwaltung Nord	Hans-Böckler-Allee 16 30173 Hannover
Wehrbereichsverwaltung Nord Außenstelle Kiel	Feldstraße 234 24106 Kiel
Wehrbereichsverwaltung West	Wilhelm-Raabe-Straße 46 40470 Düsseldorf
Wehrbereichsverwaltung West Außenstelle Wiesbaden	Moltkering 9 65189 Wiesbaden
Wehrbereichsverwaltung Süd	Heilbronner Straße 186 70191 Stuttgart
Wehrbereichsverwaltung Süd Außenstelle München	Dachauer Straße 128 80637 München
Wehrbereichsverwaltung Ost	Prötzeler Chaussee 15344 Strausberg

9. BADEN-WÜRTTEMBERG

Anordnung der Landesregierung über die Vertretung des Landes in gerichtlichen Verfahren und förmlichen Verfahren vor den Verwaltungsbehörden

Vom 17. Januar 1955 – GBl 1955 S. 8
geändert durch Anordnungen der Landesregierung vom 19. Juni 1973 – GBl S. 210
und vom 25. September 2001 – GBl S. 552

§ 2

Bei der Entgegennahme von Pfändungs- und Überweisungsbeschlüssen oder bei Benachrichtigungen von einer bevorstehenden Pfändung (§ 845 ZPO) wird das Land als Drittschuldner vertreten:

a) bei der Pfändung von Dienstbezügen der Beamten, Angestellten und Arbeiter sowie bei der Pfändung von Versorgungsbezügen durch das Landesamt für Besoldung und Versorgung, soweit die Festsetzung dieser Bezüge dem Landesamt für Besoldung und Versorgung obliegt; im Übrigen durch die Kasse, welche die Bezüge auszahlt;

b) bei der Pfändung eines Anspruchs auf Auszahlung hinterlegter Gelder oder auf Herausgabe hinterlegter Wertpapiere, sonstiger Urkunden und Kostbarkeiten durch die Hinterlegungsstelle;

c) bei der Pfändung von Ansprüchen aus Bauleistungen für das Land durch die Kasse, die den geschuldeten Betrag auszahlt;

d) bei der Pfändung von Ansprüchen im Sinne der Buchstaben a) und c), für deren Auszahlung eine Landeskasse nicht zuständig ist, oder bei der Pfändung sonstiger Ansprüche durch die Behörde, die die Bewirkung der geschuldeten Leistung, insbesondere die Auszahlung eines geschuldeten Geldbetrags anzuordnen hat.

10. BAYERN

Verordnung über die gerichtliche Vertretung des Freistaates Bayern (Vertretungsverordnung – VertrV)

in der Fassung der Bekanntmachung vom 4. Okt. 1995 (BayGVBl 733) mit Änderungen

§ 5

Vertretung des Freistaates Bayern als Drittschuldner und als Vertreter eines Drittschuldners bei Forderungspfändungen

(1) Als Drittschuldner wird der Freistaat Bayern bei Zustellung eines Pfändungs- und Überweisungsbeschlusses (§§ 829 ff. ZPO), bei Zustellung

einer Benachrichtigung nach § 845 ZPO und bei Abgabe der in § 840 ZPO vorgesehenen Erklärungen vertreten

1. bei der Pfändung von Besoldungs-, Versorgungs- und Arbeitnehmerbezügen sowie Ausbildungsvergütungen durch die Dienststelle des Landesamts für Finanzen, die für die Abrechnung der Bezüge zuständig ist; soweit nach der Verordnung über Zuständigkeiten für die Festsetzung, Anordnung und Abrechnung der Bezüge von Bediensteten und Versorgungsempfängern die Abrechnung bei einer anderen Stelle erfolgt, ist diese zuständig,
2. bei der Pfändung von Bezügen und Eigengeldern der Gefangenen durch die Leitung der Justizvollzugsanstalt, in der die Freiheitsstrafe oder die sonstige Haft zum Zeitpunkt der Zustellung des Pfändungs- und Überweisungsbeschlusses vollzogen wird,
3. bei der Pfändung sonstiger Geldforderungen durch die Leitung der Kasse, der die Auszahlung der Forderung obliegt,
4. bei der Pfändung von Forderungen, die weder auf Geld noch auf Herausgabe oder Leistung körperlicher Sachen gerichtet sind, durch die Leitung der Behörde, die den gepfändeten Anspruch zu erfüllen hat.

(2) In Fällen, in denen der Rechtsbestand der Forderung gegen den Freistaat Bayern zweifelhaft ist oder sonst Bedenken gegen die Auszahlung bestehen, ist die Entscheidung der zuständigen Prozessvertretungsbehörde einzuholen.

(3) Als Vertreter eines Drittschuldners wird der Freistaat Bayern bei Zustellung eines Pfändungs- und Überweisungsbeschlusses (§§ 829 ff. ZPO), bei Zustellung einer Benachrichtigung nach § 845 ZPO und bei Abgabe der in § 840 ZPO vorgesehenen Erklärungen vertreten

1. bei der Pfändung von Versorgungsbezügen nach dem Bundesgesetz zu Art. 131 GG und nach dem Gesetz zur Regelung der Wiedergutmachung nationalsozialistischen Unrechts für Angehörige des öffentlichen Dienstes durch die Dienststelle des Landesamts für Finanzen, die für die Abrechnung der Bezüge zuständig ist,
2. bei der Pfändung von Geldforderungen, die von Behörden der Landwirtschaftsverwaltung bewilligt und von Bundeskassen ausgezahlt werden, durch die Leitung der Staatsoberkasse Bayern in Landshut,
3. bei der Pfändung sonstiger Geldforderungen durch die Behörde, die die Auszahlung der Leistung anordnet,
4. bei der Pfändung von Forderungen, die weder auf Geld noch auf Herausgabe oder Leistung körperlicher Sachen gerichtet sind, durch die Leitung der Behörde, die den gepfändeten Anspruch zu erfüllen hat.

Absatz 2 gilt sinngemäß.

§ 6

Vertretung des Freistaates Bayern als Drittschuldner und als Vertreter eines Drittschuldners bei Pfändungen von Ansprüchen auf Herausgabe oder Leistung körperlicher Sachen

(1) Wird der Freistaat Bayern gemäß § 846 ZPO als Drittschuldner von Ansprüchen auf Herausgabe oder Leistung körperlicher Sachen in Anspruch genommen, so wird er in den in § 5 Abs. 1 genannten Fällen vertreten
1. durch die Hinterlegungsstelle, wenn die Sache nach der Hinterlegungsordnung vom 10. März 1937 (BGBl III 300–15) hinterlegt ist,
2. durch die verwahrende Stelle in Fällen anderer amtlicher Verwahrung,
3. in allen sonstigen Fällen durch die Behörde, aus deren Verhalten der Anspruch auf Herausgabe oder Leistung der Sache hergeleitet wird.

Satz 1 gilt sinngemäß, wenn der Freistaat Bayern einen Drittschuldner vertritt.

(2) Die in Absatz 1 Nrn. 1 und 3 genannten Stellen benachrichtigen nach Zustellung eines Pfändungs- und Überweisungsbeschlusses oder nach Zustellung der Benachrichtigung von einer bevorstehenden Pfändung die Stelle, bei der sich die Sache befindet, auf dem schnellsten Weg von der Zustellung; in den Fällen des Absatzes 1 Nr. 2 ist die Stelle zu benachrichtigen, die über die Fortdauer der amtlichen Verwahrung zu entscheiden hat.

11. BERLIN

Anordnung über die Vertretung des Landes Berlin im Geschäftsbereich der Senatsverwaltung für Justiz

Vom 20. Sept. 2007, Amtsblatt für Berlin Seite 2641.

V. Drittschuldnervertretung

§ 15 Grundsatz

(1) Der Generalstaatsanwalt in Berlin vertritt das Land Berlin als Drittschuldner, soweit es den Geschäftsbereich der Senatsverwaltung für Justiz angeht, bei der Entgegennahme von Pfändungstiteln (Pfändungs- und Überweisungsbeschlüsse, Pfändungs- und Einziehungsverfügungen usw.) oder Benachrichtigungen von bevorstehenden Pfändungen, bei der Abgabe von Drittschuldnererklärungen sowie bei der übrigen Sachbehandlung im Pfändungsverfahren nach Maßgabe der nachfolgenden Vorschriften.

Vertretung: Berlin   Anhang 11

(2) Die Vertretungsbefugnis erstreckt sich auch auf Forderungspfändungen, die nach Durchführung strafprozessualer Maßnahmen von der Polizeibehörde verwahrte Gegenstände bzw. verwahrtes Geld betreffen.

§ 16 Behandlung durch eine unzuständige Stelle

Ist der Pfändungstitel oder die Benachrichtigung von einer bevorstehenden Pfändung einer anderen Justizbehörde als dem Generalstaatsanwalt in Berlin zugestellt worden, so hat die unzuständige Stelle das Schriftstück unverzüglich an den Generalstaatsanwalt in Berlin weiterzuleiten und der Gläubigerin oder dem Gläubiger die Abgabe unter Hinweis auf die richtige Zuständigkeit und unter Nennung des § 189 ZPO mitzuteilen.

§ 17 Sachbehandlung im Vor-/Pfändungsverfahren ...

§ 18 Drittschuldnererklärung ...

§ 19 Dauer der Vorpfändung ...

§ 20 Hinterlegung ...

§ 21 Veränderung im Pfändungsverfahren ...

§ 22 Aufzeichnungs- und Aufbewahrungspflicht ...

§ 23 Pfändungen gegen Dienstkräfte ...

§ 24 Pfändungen gegen Gefangene

(1) Werden Gefangene, deren Forderung gegen das Land Berlin gepfändet ist, in eine andere Justizvollzugsanstalt des Landes Berlin verlegt, so sind Unterlagen über noch nicht erledigte Vor-/Pfändungen unverzüglich von dort unmittelbar der nunmehr zuständigen Zahlstelle bzw. Hauskammer zuzuleiten. § 23 Abs. 1 Satz 2 gilt entsprechend.

(2) Eine Beendigung des Haftverhältnisses (nicht nur vorübergehende Verlegung in eine Justizvollzugsanstalt außerhalb des Landes Berlin oder außerhalb des Geschäftsbereichs der Senatsverwaltung für Justiz, Entlassung, Flucht usw.) bewirkt die Erledigung der Vor-/Pfändung. § 23 Abs. 1 Satz 2 gilt entsprechend.

12. BRANDENBURG

Anordnung über die Vertretung des Landes Brandenburg im Geschäftsbereich des Ministers der Justiz (Vertretungsordnung JM Brdbg).

AV des Ministers der Justiz vom 9. Juni 1992 (5002–I.1) (JMBl Bbg S. 78; mit Änderungen).

A. Vertretung ...   **III.**

Drittschuldnervertretung

Bei der Entgegennahme von Abtretungserklärungen, Pfändungs- und Überweisungsbeschlüssen, Pfändungsverfügungen (z. B. nach § 309 AO) und Benachrichtigungen von einer bevorstehenden Pfändung (§ 845 ZPO) sowie bei Abgabe von Erklärungen nach § 840 ZPO oder von entsprechenden Erklärungen nach anderen gesetzlichen Bestimmungen (z. B. § 316 AO) wird das Land als Drittschuldner vertreten bei der Pfändung und Abtretung

1. von den Bezügen der Richter, Beamten, Rechtspraktikanten, Angestellten (einschließlich Auszubildenden und Praktikanten), Arbeiter, Versorgungsempfänger und Unterstützungsempfänger, soweit für die Zahlbarmachung die Oberfinanzdirektion (zentrale Bezügestelle) zuständig ist
   – durch die Oberfinanzdirektion,
2. eines Anspruchs auf Auszahlung hinterlegten Geldes oder auf Herausgabe hinterlegter Sachen
   – durch die Hinterlegungsstelle,
3. sonstiger Ansprüche
   – durch den Leiter der Behörde, die die geschuldete Leistung, insbesondere die Auszahlung des geschuldeten Geldbetrages, anzuordnen hat, und zwar auch nach dieser Anordnung.

B. Verfahren ...   **II.**

Besondere Bestimmungen über das Verfahren nach Zustellung von Pfändungs- und Überweisungsbeschlüssen, Pfändungsverfügungen oder Pfändungsbenachrichtigungen ...

13. BREMEN

Die Landesverfassung der Freien Hansestadt Bremen

regelt die Vertretung wie folgt:

Nach Artikel 118 Abs. 1 S. 2 vertritt der Senat die Freie Hansestadt Bremen nach außen. Die Mitglieder des Senats (die einzelnen Senatoren) tragen nach Artikel 120 S. 1 die Verantwortung für die einzelnen Verwaltungsbehörden und Ämter ihres sich aus der Geschäftsverteilung des Senats ergebenden Geschäftsbereichs. Die Vertretung durch die Mitglieder des Senats (die einzelnen Senatoren) bestimmt

Artikel 120 Satz 2 wie folgt:
„Sie sind innerhalb ihres Geschäftsbereiches befugt, die Freie Hansestadt Bremen zu vertreten."

Diese Bestimmungen der Verfassung finden entsprechende Anwendung auf die vom Land Bremen rechtlich zu unterscheidende Stadtgemeinde Bremen (Artikel 148 Abs. 1 S. 2).

Weitere Rechtsvorschriften über die Vertretung der Freien Hansestadt Bremen sind nicht festgestellt.

14. HAMBURG

Anordnung über die Vertretung der Freien und Hansestadt Hamburg im Geschäftsbereich der Justizbehörde

AV der Justizbehörde Nr. 21/1981 vom 30. Nov. 1981, HmbJVBl 1982, Seite 1 zuletzt geändert durch AV Nr. 13/2004 vom 12. Juli 2004 (HmbJVBl 2004, Seite 45).

Teil A, III. Drittschuldnervertretung

Bei der Entgegennahme von Abtretungserklärungen, Pfändungs- und Überweisungsbeschlüssen, Pfändungsverfügungen (z. B. nach § 309 AO 1977, § 57 VwVG) und Benachrichtigungen von einer bevorstehenden Pfändung (§ 845 ZPO) sowie bei Abgabe von Erklärungen nach § 840 ZPO oder von entsprechenden Erklärungen nach anderen gesetzlichen Bestimmungen (z. B. § 316 AO 1977, § 64 VwVG) wird die Freie und Hansestadt Hamburg als Drittschuldner vertreten bei der Pfändung und Abtretung

1. eines Anspruchs auf Auszahlung hinterlegter Gelder oder auf Herausgabe hinterlegter Wertpapiere, sonstiger Urkunden und Kostbarkeiten

   durch die Hinterlegungsstelle,

2. sonstiger Ansprüche

   durch die Justizbehörde, Justitiariat.

Teil B betrifft das Verfahren. Teil B Abschnitt II wurde durch die AV vom 19. April 1982 (HmbJVBl 1982, Seite 89) neu gefasst.

15. HESSEN

Anordnung über die Vertretung des Landes Hessen im Geschäftsbereich des Ministeriums der Justiz

Vom 30. Juni 2006, StAnz. S. 2097.

§ 5
Vertretung des Landes Hessen als Drittschuldner und bei Abgabe von Pfandfreigabeerklärungen

(1) Bei der Entgegennahme von Pfändungs- und Überweisungsbeschlüssen, bei der Benachrichtigung von einer bevorstehenden Pfändung und

bei der Abgabe von Pfandfreigabeerklärungen wird das Land Hessen vertreten

1. bei der Pfändung von Bezügen der Bediensteten und der Versorgungsempfängerinnen und Versorgungsempfänger, für deren Zahlung die Hessische Bezügestelle zuständig ist,
durch die Hessische Bezügestelle,
2. bei der Pfändung eines Anspruchs auf Auszahlung hinterlegter Gelder oder Herausgabe hinterlegter Wertpapiere, sonstiger Urkunden und Kostbarkeiten
durch die Hinterlegungsstelle,
3. bei der Pfändung sonstiger Ansprüche und bei der Abgabe von Pfandfreigabeerklärungen
durch die Leitung der Behörde, die die geschuldete Leistung, insbesondere die Auszahlung eines geschuldeten Geldbetrags anzuordnen hat, jedoch durch die Gerichtskasse bei der Abgabe von Pfandfreigabeerklärungen im Rahmen ihrer Zuständigkeit nach § 3 Abs. 1 Nr. 2.

(2) Die Hessische Bezügestelle unterrichtet vor Abgabe der Drittschuldnererklärung die Beschäftigungsbehörde oder die für die Zahlungsanordnung zuständige Behörde schriftlich von der Pfändung.

16. MECKLENBURG-VORPOMMERN

Verwaltungsvorschrift des Ministerpräsidenten über die Vertretung des Landes Mecklenburg-Vorpommern

vom 6. August 2007, Amtsbl. S. 390.

§ 4 Drittschuldnervertretung

Bei der Zustellung von Pfändungs- und Überweisungsbeschlüssen oder der Benachrichtigung von einer bevorstehenden Pfändung gemäß § 845 der Zivilprozessordnung oder bei der Abgabe von Erklärungen nach § 840 der Zivilprozessordnung wird das Land als Drittschuldner vertreten:

1. bei der Pfändung von Bezügen der Beamten, Arbeitnehmer und von Versorgungsbezügen durch das Landesbesoldungsamt Mecklenburg-Vorpommern,
2. bei der Pfändung von Bezügen, wenn der Schuldner keiner Behörde angehört, durch diejenige Stelle, welche die Auszahlung der Bezüge anzuordnen hat,
3. bei der Pfändung sonstiger Ansprüche durch die Behörde, die die geschuldete Leistung, im Besonderen die Auszahlung eines geschuldeten Geldbetrages anzuordnen hat.

Das Finanzministerium erlässt im Einvernehmen mit den obersten Landesbehörden eine Verwaltungsvorschrift über die Information der personalbearbeitenden Dienststellen über vorliegende Pfändungen, Aufrechnungen und Abtretungen durch das Landesbesoldungsamt Mecklenburg-Vorpommern.

17. NIEDERSACHSEN

Vertretung des Landes Niedersachsen

Gem. RdErl. d. StK u. sämtl. Min. v. 16. Nov. 2004, Nds. MBl. S. 772
(mit Änderungen)

VIII. Drittschuldnervertretung

Das Land wird bei der Entgegennahme von Pfändungs- oder Überweisungsbeschlüssen oder bei der Benachrichtigung von einer bevorstehenden Pfändung (§ 845 ZPO) als Drittschuldner vertreten
1. bei der Pfändung von Bezügen (Gehalt, Vergütung und Lohn) und Versorgungsbezügen (Ruhegehalt, Witwen- oder Witwergeld usw.) durch die Behörde, die die Auszahlung anzuordnen hat;
2. bei der Pfändung eines Anspruchs auf Auszahlung hinterlegter Gelder oder auf Herausgabe hinterlegter Wertpapiere, sonstiger Urkunden und Kostbarkeiten durch die Hinterlegungsstelle;
3. bei Pfändung sonstiger Ansprüche durch die Behörde, die die geschuldete Leistung, insbesondere die Auszahlung eines geschuldeten Geldbetrages, anzuordnen hat.

18. NORDRHEIN-WESTFALEN

Anordnung über die Vertretung des Landes Nordrhein-Westfalen im Geschäftsbereich des Justizministers (Vertretungsordnung JM NW)

AV d. JM vom 25. April 2000 (5002 – I B. 10) – JMBl. NW S. 125 –
mit Änderungen

A. Vertretung

III. Drittschuldnervertretung

Bei der Entgegennahme von Abtretungserklärungen, Pfändungs- und Überweisungsbeschlüssen, Pfändungsverfügungen (z. B. nach § 309 AO, § 40 VwVG NW) und Benachrichtigungen von einer bevorstehenden Pfändung (§ 845 ZPO) sowie bei Abgabe von Erklärungen nach § 840 ZPO oder von entsprechenden Erklärungen nach anderen gesetzlichen Bestimmungen (z. B. § 316 AO, § 45 VwVG NW) wird das Land als Drittschuldner vertreten bei der Pfändung und Abtretung

1. von den Bezügen der Richter-, Beamtenschaft, der Rechtspraktikanten, Beschäftigten (einschl. Auszubildenden und Praktikanten), Versorgungs- und Unterstützungsempfänger, soweit für die Zahlbarmachung das Landesamt für Besoldung und Versorgung zuständig ist,

   durch das Landesamt für Besoldung und Versorgung,
2. eines Anspruchs auf Auszahlung hinterlegten Geldes oder auf Herausgabe hinterlegter Sachen

   durch die Hinterlegungsstelle,
3. sonstiger Ansprüche

   durch die Leitung der Behörde, die die geschuldete Leistung, insbesondere die Auszahlung des geschuldeten Geldbetrages, anzuordnen hat, und zwar auch nach dieser Anordnung.

19. RHEINLAND-PFALZ

Landesverordnung über die Zuständigkeit zur Vertretung des Landes im Geschäftsbereich des Ministeriums der Justiz (Vertretungsordnung Justiz)

Vom 22. August 1997, GVBl. S. 331 = BS 3210-5, zuletzt geändert durch Art. 3 der Landesverordnung vom 4. Dez. 2002, GVBl. S. 499

Abschnitt 2
Vertretung des Landes in außergerichtlichen Verfahren

§ 4
Entgegennahme und Abgabe von Erklärungen bei Abtretungen und Pfändungen

Bei der Entgegennahme von Abtretungserklärungen, Pfändungs- und Überweisungsbeschlüssen, Pfändungsverfügungen, Benachrichtigungen von einer bevorstehenden Pfändung (§ 845 der Zivilprozessordnung) sowie bei Abgabe von Erklärungen nach § 840 der Zivilprozessordnung oder entsprechenden Erklärungen nach anderen gesetzlichen Bestimmungen, wird das Land wie folgt vertreten:

1. bei Ansprüchen auf Auszahlung hinterlegter Gelder oder auf Herausgabe hinterlegter Wertpapiere, sonstiger Urkunden und Kostbarkeiten

   durch die Hinterlegungsstelle,
2. bei sonstigen Ansprüchen

   durch die Justizbehörde, die die geschuldete Leistung zu erbringen, insbesondere die Auszahlung eines Geldbetrages anzuordnen hat.

20. SAARLAND

Vertretung des Saarlandes im Bereich der Justizverwaltung

Bekanntmachung (AV) des MdJ vom 24. Juli 1992 (5002-5) – Amtsbl. S. 841

Abschnitt I

B. Drittschuldnervertretung

Bei der Entgegennahme von Pfändungs- und Überweisungsbeschlüssen oder Benachrichtigungen von einer bevorstehenden Pfändung wird der Minister der Justiz [Gesundheit und Soziales] wie folgt vertreten:
1. bei Pfändung eines Anspruchs auf Auszahlung hinterlegter Gelder oder auf Herausgabe hinterlegter Wertpapiere, sonstiger Urkunden und Kostbarkeiten

   durch die Hinterlegungsstelle,
2. bei Pfändung von Ansprüchen aus Rechtsgeschäften

   durch den Leiter der Behörde, die gemäß Abschnitt II Nr. 1 zur rechtsgeschäftlichen Vertretung befugt ist,
3. bei Pfändung sonstiger Ansprüche,

   a) wenn es sich um Ansprüche von Gefangenen handelt,

   durch den Leiter der Justizvollzugsanstalt, in deren Gewahrsam sich der Gefangene befindet,

   b) im Übrigen durch den Referenten für Haushaltssachen beim Ministerium der Justiz; der Gemeinsame Erlass betr. die Vertretung des Saarlandes bei Pfändung und Abtretung von Bezügen der Angehörigen des Öffentlichen Dienstes vom 21. Dezember 1978 (Amtsbl. 1979 S. 33 – JVVS 5002 – 21. 12. 1978) bleibt unberührt.

Vertretung des Saarlandes bei Pfändung und Abtretung von Bezügen der Angehörigen des Öffentlichen Dienstes

Gemeinsamer Erlass der Regierung des Saarlandes
vom 21. Dezember 1978, Amtsblatt des Saarlandes 1979 S. 33

Auf Grund des § 4 Abs. 1 in Verbindung mit § 1 Abs. 2 des Gesetzes über die Vertretung des Saarlandes vom 15. November 1960 (Amtsbl. S. 920) wird folgendes bestimmt:

I. Bei der Entgegennahme von Pfändungs- und Überweisungsbeschlüssen über die Bezüge der Beamten, Richter, Dienstanfänger, Angestellten, Arbeiter und Versorgungsempfänger sowie bei Benachrichtigungen von einer bevorstehenden Pfändung und bei der Abgabe der Erklärungen nach § 840 ZPO wird das Saarland als Drittschuldner vertreten:

soweit die Oberfinanzdirektion Saarbrücken – Zentrale Besoldungs- und Versorgungsstelle – (ZBS) gem. der Gemeinsamen Anordnung vom 21. Dezember 1978 bei der Zahlbarmachung mitwirkt, durch die Oberfinanzdirektion Saarbrücken,

im Übrigen durch den Leiter der Kasse, welche die Bezüge auszahlt.

II. Die Abtretung des übertragbaren Teils der Dienst- oder Versorgungsbezüge ist der Kasse mitzuteilen, welcher die Auszahlung der Bezüge obliegt. Im Zuständigkeitsbereich der ZBS genügt eine Mitteilung an diese. § 411 BGB bleibt unberührt.

21. SACHSEN

Verordnung der Sächsischen Staatsregierung über die Vertretung des Freistaates Sachsen in gerichtlichen Verfahren (Vertretungsverordnung – VertrVO)

I.d.F. vom 30. März 2009, Sächs GVBl 2000 S. 161

Zweiter Abschnitt
Vertretung als Drittschuldner

§ 9

Entgegennahme von Beschlüssen, Benachrichtigungen

(1) Bei der Entgegennahme von Pfändungs- und Überweisungsbeschlüssen sowie von Pfändungs- und Überweisungsverfügungen und bei der Benachrichtigung von einer bevorstehenden Pfändung wird der Freistaat Sachsen als Drittschuldner vertreten

1. durch das Landesamt für Finanzen, wenn die Besoldung, das Entgelt, die Versorgungsbezüge oder Rentenansprüche der Bediensteten oder Auszubildenden zu pfänden oder zur Einziehung zu überweisen sind,

2. durch die Hinterlegungsstelle, wenn ein Anspruch auf Auszahlung hinterlegter Gelder oder auf Herausgabe hinterlegter Wertpapiere, sonstiger Urkunden und Kostbarkeiten Gegenstand der Vollstreckung ist, oder

3. durch die Behörde, die die Bewirkung der geschuldeten Leistung, insbesondere die Auszahlung eines geschuldeten Geldbetrages, anzuordnen hat, wenn Forderungen im Sinne der Nummer 1, für deren Auszahlung eine Staatskasse nicht zuständig ist, oder sonstige Ansprüche Gegenstand der Vollstreckung sind.

(2) Die nach Absatz 1 zuständige Stelle benachrichtigt die personalverwaltende Stelle von der Zustellung, die die Auszahlung oder die Bewirkung der Leistung angeordnet hat.

22. SACHSEN-ANHALT

Vertretung des Landes Sachsen-Anhalt

Erl. des Min.Präs., Beschl. der LReg., Gem. RdErl. der StK und der Min.
Vom 17. Mai 1994, MBl. S. 1289,
zuletzt geändert durch RdErl. vom 21. Jan. 2008, MBl. S. 67

VII. Drittschuldnervertretung

Das Land Sachsen-Anhalt wird bei der Entgegennahme von Pfändungs- oder Überweisungsbeschlüssen oder bei der Benachrichtigung von einer bevorstehenden Pfändung (§ 845 der Zivilprozessordnung ...) als Drittschuldner vertreten

1. bei der Pfändung von Bezügen der Beamten, Richter, Angestellten und Arbeiter durch die für die Berechnung und Zahlbarmachung der Bezüge zuständige Stelle und, wenn der Schuldner keiner Behörde angehört, durch die Behörde, welche die Auszahlung der Bezüge anzuordnen hat;
2. bei der Pfändung von Versorgungsbezügen (Ruhegehalt, Witwengeld usw.) durch die Behörde, welche die Auszahlung anzuordnen hat;
3. bei der Pfändung eines Anspruchs auf Auszahlung hinterlegter Gelder oder auf Herausgabe hinterlegter Wertpapiere, sonstiger Urkunden und Kostbarkeiten durch die Hinterlegungsstelle,
4. bei Pfändung sonstiger Ansprüche durch die Behörde, welche die geschuldete Leistung, insbesondere die Auszahlung eines geschuldeten Geldbetrages, anzuordnen hat.

23. SCHLESWIG-HOLSTEIN

Erlass des Ministerpräsidenten über die Vertretung des Landes Schleswig-Holstein

Vom 30. Oktober 1950 – Amtsbl. SchlH 1950 S. 461
i.d.F. des Ergänzungserlasses vom 14. April 1951 – Amtsbl. SchlH 1951 S. 229 –
des Erlasses vom 26. April 1966 – Amtsbl. SchlH 1966 S. 219 –
und des Erlasses vom 15. April 1978 – Amtsbl. SchlH 1978 S. 176 –

III. Drittschuldnervertretung

Bei der Entgegennahme von Pfändungs- und Überweisungsbeschlüssen oder der Benachrichtigung von einer bevorstehenden Pfändung wird das Land Schleswig-Holstein vertreten:

a) bei Pfändung von Dienstbezügen der Beamten, Angestellten und Lohnempfänger

durch den Leiter der Beschäftigungsbehörde oder, wenn der Schuldner keiner Behörde angehört, durch den Leiter der Behörde, die die Auszahlung der Bezüge anzuordnen hat,

b) bei Pfändung von Versorgungsbezügen (Ruhegeld, Wartegeld, Hinterbliebenenbezüge u.ä.)
   durch den Leiter der Behörde, die die Auszahlung anzuordnen hat.
c) bei Pfändung sonstiger Ansprüche,
   durch den Leiter der Behörde, die die geschuldete Leistung, im Besonderen die Auszahlung eines geschuldeten Geldbetrages, anzuordnen hat.

24. THÜRINGEN

Vertretung des Landes Thüringen im Geschäftsbereich des Justizministeriums (Vertretungsordnung Justiz)

Verwaltungsvorschrift des Thüringer Justizministeriums vom 25. Aug. 2004 (Az: 5002/2/3), JMBl S 66

1   Soweit durch Rechtsvorschrift nichts anderes bestimmt ist, wird das Land im Geschäftsbereich des Justizministeriums vertreten:
1.1 ...
1.4 bei der Entgegennahme von Abtretungserklärungen, Pfändungs- und Überweisungsbeschlüssen, Pfändungsverfügungen, Benachrichtigungen von einer bevorstehenden Pfändung (§ 845 der Zivilprozessordnung) sowie bei der Abgabe von Erklärungen nach § 840 der Zivilprozessordnung oder entsprechenden Erklärungen nach anderen gesetzlichen Bestimmungen, betreffend

   a) Ansprüche auf Auszahlung hinterlegter Gelder oder Herausgabe hinterlegter Wertpapiere, sonstiger Urkunden und Kostbarkeiten
      durch die Hinterlegungsstelle;
   b) sonstiger Ansprüche
      durch den Leiter der Behörde, die die geschuldete Leistung zu erbringen, insbesondere die Auszahlung eines Geldbetrages anzuordnen hat;

1.5 ...

SACHVERZEICHNIS

Die Zahlen [ohne Zusatz] verweisen auf die Randnummern

A

Abarbeiten von Verpflichtungen 1230
Abfindung nach Beamtenrecht 879
— nach BetrVerfG 1234
— nach KSchG 1234
— für Unterhaltsanspruch 1013
Abfindungssumme bei Entlassung (Ausscheiden) 895, 1234
Abgabe des Antrags an das zuständige Gericht 455
Abgabenordnung, Vollstreckung nach – 443
Abgangsentschädigung nach KSchG 1234
Abgetretene Forderungen
— Pfändung 35, 764
— (Rück-)Abtretung 66
Abhilferecht des Rechtspflegers bei Erinnerung 724
— bei sofortiger Beschwerde 733
Abkömmling, Anspruch des von der fortges. Gütergemeinschaft ausgeschlossenen 269
— Erbbeschränkung in guter Absicht 1536
Ablehnungsbeschluss siehe Zurückweisungsbeschluss
Ablieferung durch einen Notar 1780
Ablösung öffentlicher Lasten 241
Ablösungsrecht der Gesellschafter 1578
— eines Miterben 1702 a
Abrechnungsanspruch 940
Abrechnungszeitraum bei Nachzahlung (Rückstand) 1042
Abrundung des Nettoeinkommens 1045
Abschlagszahlung 1041, 1268
Abschöpfungen 354
Abtretung
— einer Geldforderung 65–68
— einer gepfändeten Forderung 772
— einer Honorarforderung 14 a
— einer künftigen Forderung 30
— und Pfändung 764
— Pfändung nach Abtretung 35, 765
— des Pflichtteilsanspruchs 272
— sozialer Geldleistungen und Pfändung 1416
— des Steuererstattungsanspruchs 376
— vereinbarungsgemäß ausgeschlossen 15, 767
Abtretung von Arbeitseinkommen 1248
— und Arbeitsplatzwechsel 1252
— von fingiertem Einkommen 1231
— an gewöhnliche Gläubiger und Unterhaltsgläubiger 1256
— nicht abtretbare Teile 1249; Erhöhung nach § 850 f Abs. 1 ZPO 1250 a
— und Pfändung 1248 ff.
— an Vermieter 1254
— vertraglicher Ausschluss 1248 a
— Zusammenrechnung mehrerer Einkommen ausgeschlossen 1149
Abtretungsverpflichtung 767
Änderung
— der Anordnung nach § 850 f Abs. 1 ZPO 1189
— der Ermessensentscheidung nach § 850 c Abs. 4 ZPO 1074
— des Klageantrags 667
— des Pfändungsbeschlusses 1200
— der Rechtsform des Drittschuldners 972
— der Unpfändbarkeitsvoraussetzungen 1200
— der Unpfändbarkeitsvoraussetzung nach Pfändung einer sozialen Geldleistung 1394
— der Unterhaltspflichten bei Einkommenspfändung 1056
— der Verhältnisse 1201

1235

Sachverzeichnis

Änderungsantrag 1202
— Entscheidung durch Vollstreckungsgericht 1203
Änderungsbeschluss
— Rechtsmittel gegen – 1206
— Rückwirkung 720, 1207
— Zustellung 1205
Agent 886
Agentur für Arbeit, Drittschuldner (§ 334 SGB III) 1312
— nicht Drittschuldner bei Pfändung von Kurzarbeitergeld 1443
— desgleichen bei Pfändung von Wintergeld 1448
Agrarmarkt 120 b
Akkordlohn 881, 983
Akkreditiv 69
Aktiengesellschaft 1605
— Einlagenforderung an Aktionäre 350
— Bezüge des Vorstandsmitglieds 886
ALG als Besonderer Teil des SGB 1323
Alleinerbe 1481
Allgemeine Geschäftsbedingung und Lohnabtretung 1251
Allgemeine Gütergemeinschaft siehe Gütergemeinschaft
Alliiertes Hauptquartier 43
Altenteil 1018, 1030 a, 1482
Alternativansprüche 32
Altersrenten Selbständiger 71–71 n
Alterssicherung der Landwirte 1323
Altersteilzeit-Arbeitsverhältnis 881 a
Altersversorgung 884; s. auch betriebliche Altersversorgung
Altersvorsorgevermögen 70, 71 i
Altlasten 72
Amt, Diensteinkommen in einem anderen 973
Amtsgericht, Zuständigkeit als Vollstreckungsgericht 440
Amtspflichtverletzung 298
Andere Art der Verwertung 1466
— einer Hypothek 1842
Andere Vermögensrechte 1461 ff.
Anderkonto 400
Anerkennung der Forderung durch Drittschuldner 641

Anfechtung 606
— durch Gläubiger 557
— srecht 1483
Angebliche Forderung, Pfändung nur der – 486
Angehörige des Schuldners mit eigenem Einkommen 1049, 1058 ff.
— eines Wehrpflichtigen, Unterhaltssicherung 912
Angemessene Vergütung bei Lohnverschleierung 1223
Angestelltenbezüge 881
Ankaufsrecht 1483 a
Anlage zum Pfändungsbeschluss 508
Anmeldung durch Gläubiger vor Überweisung 557
Anordnung siehe einstw. Anordnung
Anschlusspfändung 774
— eines Arbeitseinkommens 1269 ff.
— Durchführung 777
— einer Hypothek 1857
siehe auch Pfändung
Anspruch
— anderer Personen, Bezeichnung in Drittschuldnererklärung 644
— Berechnung mit Forderungsaufstellung 465
— Bezeichnung bei Pfändung von Geldleistungen nach SGB 1352, 1378
— Hilfspfändung 705 b
— Rest- oder Teilanspruch 464
Anteil an Gesamtgut einer Gütergemeinschaft 1639
— an Gesellschaftsvermögen 1556
— an Eigentümergrundschuld 1964
— an einem fremden Nachlass 1672
Anteilschein 1605, 2102
Antrag 459
— Fassung 468
— Inhalt 461
— auf Pfändung einer laufenden sozialen Geldleistung 1374
— auf Pfändungsschutz für einmalige Vergütung 1235 ff.
— auf Pfändungsschutz für Kontoguthaben 1288

Zahlen [ohne Zusatz] = Randnummern

- auf Pfändungsvorrecht 1112
- auf Sozialleistung durch Pfändungsgläubiger 1308
- auf Steuererstattung durch Gläubiger 387
- ungenauer 467
- Unterzeichnung 469
- auf andere Verwertung 1467
- Zurücknahme 460
- siehe auch Pfändungsantrag

Antragshindernisse 479
Antragsveranlagung 384, 388
Anwaltskosten 854
- im Arbeitsgerichtsverfahren 961

Anwaltssozietät, Postbankgiro- oder Bankkonto 64
Anwaltsvergütung 73
Anwaltszwang, keiner für Antrag 459
Anwartschaft auf Rückabtretung künftigen Lohns? 1258 ff.
Anwartschaftsrecht
- aus Auflassung 2055 ff.
- bei Eigentumsvorbehalt 1484 ff.
- auf künftige Erbschaft 1667
- des Nacherben 1653
- auf Patenterteilung 1721
- bei Sicherungsübereignung 1501 ff.

Anweisung, kaufmännische – 2081
Anwesenheitsprämie 881
Anzeige der Hinterlegung 789
Arbeitgeber
- Berechnung des gepfändeten Einkommens 1054
- Berücksichtigung von Änderungen 1056
- Drittschuldner bei Einkommenspfändung 930
- Drittschuldner bei Pfändung von Kurzarbeitergeld 1443
- Drittschuldner bei Pfändung von Wintergeld 1448
- Erklärung nach § 840 ZPO 939
- Fürsorgepflicht 931
- Herausgabe der Lohnsteuerkarte 389
- Kosten der Drittschuldnererklärung 647, 942
- Lohnsteuer-Jahresausgleich 381

- Rechtsnachfolge auf Arbeitgeberseite 972
- Schadensersatzpflicht wegen Nichteinbehaltung gepfändeten Lohns 945
- Verhalten in Zweifelsfällen 1055

Arbeitgeberanteil zu Versicherungsleistungen 1135
Arbeitgeberaufwendungen für Entgeltfortzahlung 80
Arbeitnehmer-Sparzulage 924
Arbeitsbelohnung Gefangener 144
Arbeitseinkommen 871 ff.
- Abtretung und Pfändung 1248 ff.
- Begriff 873 ff.
- Bezeichnung im Pfändungsbeschluss 925
- Bezeichnung des pfändungsfreien Betrags 927
- des Ehegatten (Berücksichtigung nach § 850 d I 2) 1105
- erhöhte Pfändung bei hohem Einkommen 1198
- bei Insolvenzverfahren 972 a
- künftig fällig werdende Beträge 964
- künftige Forderung 949, 950
- mehrere 1137
- Pfändungsgrenze (§ 850 c ZPO) 1036 ff., 1043 ff.
- Pfändungsgrenze eines Anspruchs aus unerlaubter Handlung 1190 ff., 1196
- Pfändungsgrenze bei Unterhaltsvollstreckung (§ 850 d ZPO) 1075 ff., 1091 ff.
- Pfändungsschutz 872
- über 3.020,06 Euro monatlich (695,03 Euro wöchentlich, 131,25 Euro täglich) 1046
- unpfändbare Einkommensteile 976 ff.; auch keine Pfändung wegen einer „zweckbestimmten" Gläubigerforderung 1074 d
- Vorpfändung 946, 947, 948
- Vorratspfändung 688

Arbeitsentgelt des Gefangenen 137
Arbeitsförderung, Sozialleistungen zur – 1314
Arbeitsförderungsgesetz als Besonderer Teil des SGB 1314

1237

Sachverzeichnis

Arbeitsgemeinschaft 77
— Arbeitseinkommen nach Abstellung zu ihr 901
— Ruhen des bisherigen Arbeitsverhältnisses 970
Arbeitsgericht
— als Arrestgericht 441
— Kosten 843, 961
— Parteikosten 961
— Prozessgericht für Drittschuldnerklage 951
— Prozessvertretung durch Rechtsanwälte 955
— Prüfung im Drittschuldnerprozess 957
— Prüfung der Pfändungsgrenze 1131
— Unterhaltsvollstreckung 1131
— Urteilsverfahren 952
— Vollstreckungstitel 440
Arbeitslohn 881
Arbeitslosengeld 1314
— als laufende Geldleistung 1362
Arbeitslosenversicherungsbeitrag 1135
Arbeitsmaterial, Entgelt für selbstgestelltes 990, 995
Arbeitsplatzwechsel 1257
Arbeitsuchende, Grundsicherung 1316
Arbeitsunfähigkeit 882
Arbeitsvergütung bei Lohnschiebung 1209
— bei Lohnverschleierung 1220
Arbeitsverhältnis 881
— Einkommen aus früherem 884
— künftiges 949
— Unterbrechung 969
Architekt 1233
Armenrecht siehe Prozesskostenhilfe
Arrestbefehl, Aufhebung 823, 824
Arrestgericht als Vollstreckungsgericht 813
— Zuständig für Arrestpfändung 441
— Zuständigkeit des Rechtspflegers 445
Arrestgesuch und Pfändungsantrag, Anwaltsgebühr 861
Arresthypothek, Eigentümergrundschuld daraus 1915
Arrestpfändung 813
— Aufhebung 825
— Drittschuldnerauskunft 651

— Durchführung 815
— Hilfspfändung 708
— keine Pfandverwertung 817
— Kosten 845
— Rechtsbehelf 818
— Zuständigkeit 441
Arrestvollziehung siehe Arrestpfändung
Arzneimittelgesetz 299
Arzneimittelzulassung 1646
Arzt 14 a, 1233
Atomgesetz 299
Aufbaudarlehen 185, 395
Aufgebotsverfahren zur Kraftloserklärung eines Hypothekenbriefes 1830
Aufhebung
— eines Arrestes 823, 824
— einer Bruchteilsgemeinschaft 1542 ff.
— einer Erbengemeinschaft 1691
— einer Gemeinschaft an Eigentümergrundschuldbrief 1943
— des Pfändungsbeschlusses 741
— des Pfändungsbeschlusses nach Gläubigerverzicht 682
— des Pfändungsbeschlusses nach §§ 775, 776 ZPO 744
Aufhebungsanspruch 1887 c
— Erfüllungswirkung 1894
— hinsichtlich Versteigerungserlös 1910
Aufklärung 479
Auflassungsanspruch 2043 ff.
Auflassungs-Anwartschaft 2055 ff.
Auflassungsvormerkung 2048
Auflösend bedingte Forderung 20, 25
— Abtretung 771
— Grundschuld 1912
Aufnahmegeld der Genossenschaft 351
Aufrechnung
— mit Arbeitseinkommen 1260 ff.
— durch Drittschuldner 572
— mit fingiertem Arbeitseinkommen 1230
— bei Inkassovollmacht 899
— sozialer Geldleistungen und Pfändung 1418, 1419
— bei verbotswidriger Zahlung 573
— -svereinbarung, -svertrag 575

Zahlen [ohne Zusatz] = Randnummern

Aufschiebend bedingte Forderung 25
Aufstiegsfortbildungsförderung 78
Aufwand, beruflich bedingter 1178
Aufwandsentschädigung 993
— der Bundestagsmitglieder 107
— für ehrenamtliche Tätigkeit 998
— in Provision enthalten 992
Aufwendungsausgleichsgesetz 80
Aufwendungsersatz eines Gesellschafters 1579
Ausbildungsförderung, Pfändbarkeit 1365
Auseinandersetzungsguthaben
— des BGB-Gesellschafters 1576
— bei Erbengemeinschaft 1666
— bei Gütergemeinschaft 1639
— des stillen Gesellschafters 1599
Ausfallanspruch gegen GmbH-Mitgesellschafter 348
Ausfertigung
— des Ablehnungsbeschlusses 478
— Aushändigung an Gläubiger 477
Ausfüllungsrecht beim Blankowechsel 2090
Ausfuhrerstattung 120 a
Ausgleich, einmaliger des vorzeitig in den Ruhestand getretenen Berufssoldaten 908
— des Handelsvertreters 1234
— des ausgeschiedenen Handelsvertreters 891
— sanspruch des außenstehenden Aktionärs 1608
Ausgleichsbezüge des Inhabers eines Eingliederungsscheins 907
Ausgleichsjahr im Lohnsteuer-Jahresausgleich 379, 383
Ausgleichszulagen 877
Auskehrung des Mehrerlöses 67, 1911
Auskunft
— über Beendigung des Arbeitsverhältnisses 941
— des Drittschuldners 627
— freiwillige 653
— keine Klage auf Auskunft 652
— bei Lohn- und Provisionsabrechnung 940

Auskunftsanspruch 699, 1741
— des Schuldners aus Girovertrag 163
— eines Miterben 1677
— bei Rückgewähranspruch 1890 a
Auskunftpflicht des Schuldners 621
— bei Einkommenspfändung 945 a
— Erteilung 621 f
— Nachbesserung 622 a
— Offenbarungspflicht 622
— Umfang 621 a
Ausländische Arbeitnehmer 881
Ausländische Banknoten 2092
Ausländische Drittschuldner 38
Ausländische öffentlich-rechtliche Gebührenansprüche 38
Ausländische Forderungspfändungen 458
Ausländisches Patent 1731
Ausland 38, 39
— Drittschuldnerwohnsitz 38
— Schuldnerwohnsitz 451
Auslandsverwendungszuschlag 994
Auslandszustellung 39
Auslegung 510
— des Pfändungsbeschlusses 509 ff.
— durch Prozessgericht 522
— des Überweisungsbeschlusses 588 a
Auslösungsgeld 990, 994
Ausnahmefall, Pfändungsschutz 1175
Ausschluss des unbekannten Hypothekengläubigers 1915
Außenstelle des Finanzamtes 368
Außenzahlstelle 935
Austauschpfändung, Geldbetrag unpfändbar 130 a
Ausübung
— einer Dienstbarkeit 1518
— des Nießbrauchs 1710
— eines gepfändeten Rechts – 1478
Auszahlungsanordnung und Pfändung sozialer Geldleistungen 1422
Auszahlungssperre nach Überweisung 588, 588 d–g
Auszahlungszeitraum 1038, 1042
Auszug 1018
— Pfändung 1482
Automatenaufsteller 1509

1239

Sachverzeichnis

B

Badekur 1177
Baden-Württemberg, Drittschuldnervertretung Seite 1222
Bäckerei, Subvention 395
BAföG als Besonderer Teil des SGB 1313
Bagatellforderung 488 a
Bank
— als Geldinstitut 1426
— Haftung für Auskunft 654
— Schuldnerkonto für wiederkehrende Einkünfte 1281
Bankgeheimnis 627
Bank-Girokonto 154
Bankguthaben eines Konsulats 42
Bankkonto, Gefangenengeld 141
Banknoten, ausländische 2098
Bank-Spareinlage 331
Bardividende 194
Bargeld nach Auszahlung einer sozialen Geldleistung 1440
Bargeldlose Lohnzahlung 936
Bargeldloser Zahlungsverkehr
— Pfändungsschutz 1281
— für soziale Geldleistungen 1423
Baugeldforderung 81
Baukostenzuschuss 87
Bausparer 89
Bausparkassen 88
Bausparvertrag 89
Bayern, Drittschuldnervertretung Seite 1222
Beamte der Bundeswehr, zuständiges Vollstreckungsgericht 448
— siehe im Übrigen Dienst- und Versorgungsbezüge
Beamtenanwärter 876
Beamtenbezüge 876, 877
Beanstandung siehe Antragshindernisse
Beauftragter 398
Bedienungsgeld 900
Bedingte Forderungen 25
Bedingt pfändbare Bezüge (§ 850 b ZPO) 1005
— auf Schuldnerkonto 1291 a

Bedingt pfändbare Forderungen 1005
— Pfändungsverfahren 1024
— Vorpfändung 1034
Bedürfnisse, besondere des Schuldners bei Pfändung nach SGB 1384
Beendigung
— des Arbeitsverhältnisses 941
— der Gütergemeinschaft 1639, 1640
— der Zwangsvollstreckung 712
— der Zwangsvollstreckung mit Überweisung an Zahlungs statt 598
Beerdigungskosten 297
Beförderungssteuer 354
Befreiung
— von einem ärztlichen Vergütungsanspruch 1012
— Haftpflichtversicherungsanspruch 147
— von einer Schuld 95, 147
— von einer Verbindlichkeit 11
BEG 97
Beginn der Zwangsvollstreckung 712
— nicht mehr nach Einstellung 610
Beglaubigung zur Zustellung 527
Begründung des Pfändungsbeschlusses 476
Begünstigte Pfändung in Sonderfällen 1190
Begünstigungsklausel bei Sparguthaben 338
Behinderte siehe Rehabilitation
Beihilfe
— im EG-Agrarmarkt 120 c
— im Krankheitsfall 880 a
Beitragserstattung 1322, 1335
Beitragsrückvergütung 151 a
Beitrittsgeld der Genossenschaft 351
Belegschaft, Überführung in einen anderen Betrieb 972
Benachrichtigung von der Beendigung eines Arbeitsverhältnisses 941
Berechnung des gepfändeten Einkommens
— durch Drittschuldner 1054
— nach Nettoeinkommen 1132
Bereicherungsanspruch 612 a
Bereitschaftsdienst, Entgelt dafür 881

Zahlen [ohne Zusatz] = Randnummern

Berichtigung
— des Grundbuchs bei Erbteilspfändung 1685
— des Pfändungsbeschlusses 523
— des Überweisungsbeschlusses 588 c

Berichtigungsanspruch 1512
— auf Zustimmung zur Löschung 1651

Berlin, Drittschuldnervertretung Seite 1224

Berliner Testament, Schlusserbe 1663
Berufliche Benachteiligung 1333 e
Beruflicher Mehrbedarf 1175 a, 1178
Berufsausbildungsverhältnis 881
Berufsorganisation, Beitrag für 1136
Berufssoldaten 904
— zuständiges Vollstreckungsgericht 448

Berufsunfähigkeitsrente 1007
Beschädigtenrente nach BVG 1324
Beschäftigungsvergütung 994
Beschenkter, Anspruch des Pflichtteilsberechtigten gegen ihn 269
Beschlagnahmerecht (in Zwangsversteigerung und -verwaltung) als Vorzugsrecht 700

Beschluss 473
Beschränkte persönliche Dienstbarkeit 1515
— Ausübungsbefugnis 1518
— Grundbucheintragung nach Pfändung 1524

Beschränkung der Pfändung auf Gläubigerantrag 1118
Beschwerde siehe sofortige Beschwerde
Beschwerdegericht
— im Arrestverfahren 441
— Berichtigung des Pfändungsbeschlusses, Zuständigkeit 445
— Erlass eines Pfändungsbeschlusses durch 440

Beschwerdeverfahren
— Gerichtskosten 851
— Kosten 841, 842
— Rechtsanwaltskosten 863

Beschwerdewert (200 Euro) 836
Besitz, Anspruch auf – an unbeweglicher Sache 2041
Besitzsteuern 354

Besondere Bedürfnisse des Schuldners 1175 a; bei Pfändung nach SGB 1384
Besteuerungsverfahren 372
Bestimmtheit 489, 509
Bestimmung des zuständigen Gerichts 452
Betagte Forderung 24
— Verwertung 1466

Beteiligte im Vollstreckungsverfahren 7, 8
Betrieb 1540
— Bezeichnung 520

Betriebliche Altersversorgung 916–920
Betriebsnachfolge 972
Betriebsprämie, landwirtschaftliche 1647
Betriebsübergang 972
Bevorrechtigte Unterhaltsansprüche 1075 ff.
Beweispflicht
— des Drittschuldners 663
— des Gläubigers im Drittschuldnerprozess 663

Bezeichnung
— Auslegung 512
— der zu pfändenden Forderung 496
— einer einmaligen sozialen Geldleistung 1352
— einer laufenden sozialen Geldleistung 1378
— des unpfändbaren Betrages der Geldleistung 1386

Bezugnahme auf Anlage 508
Bezugsberechtigung bei Lebensversicherung 196, 205
— unwiderrufliche 196
— widerrufliche 198, 205, 206

Bezugsrecht
— anfechtbares 200
— auf neue Aktien 1607

BGB-Gesellschaft 1552 ff.
— als Drittschuldnerin 59

Biersteuer 354
Bildungsförderung, Sozialleistungen 1313
Binnenschiffahrt, Havarie 324
Blankettbeschluss 1054
— bei Pfändung einer laufenden sozialen Geldleistung 1381
— bei Unterhaltsvollstreckung ausgeschlossen 1120

1241

Sachverzeichnis

Blankowechsel 2090
Blindenzulage 1004
Brandenburg, Drittschuldnervertretung Seite 1226
Branntweinmonopolabgabe 354
Bremen, Drittschuldnervertretung Seite 1226
Brief siehe Hypothekenbrief
Briefgrundschuld siehe Grundschuld
Briefhypothek siehe Hypothek
Briefvorlageanspruch 1943
Bruchteil eines Geschäftsanteils 1615
Bruchteile von Monaten 1040
Bruchteilsanspruch auf Sachherausgabe oder -leistung 2020
Bruchteilseigentümer und Eigentümergrundschuld 1965
Bruchteilsgemeinschaft 1542 ff.
— an Forderung 62 und 1549
— an Hypothek 1856
— an Wertpapier-Sammeldepot 1787 e
Bruchteilsmiteigentümer und Rückgewähranspruch 1903
Buchhypothek siehe Hypothek
Bürge
— Anspruch an ihn als Nebenrecht 699
— Unterhaltsanspruch an ihn 1078
Bürgschaft 96
Bürogelder 993
Büromiete 1178
Bundesausbildungsförderungsgesetz als Besonderer Teil des SGB 1313
Bundesbaugesetz, Entschädigungsleistungen 308 a
Bundesentschädigungsgesetz 97
— als Sozialleistungsbereich 1333
Bundespolizeigesetz 295
— Anspruch bei Dienstbeschädigung 1325
Bundesjagdgesetz 300
Bundeskindergeldgesetz als Besonderer Teil des SGB 1327
Bundesleistungsgesetz 300
Bundesregierung, Bezüge der Mitglieder der 876
Bundestagsmitglieder 107

Bundesversorgungsgesetz als Besonderer Teil des SGB 1325
Bundeswehr
— Drittschuldnervertretung Seite 1220
— Sachbezüge, Sachleistungen 1171
Bundeswehrbeamte, zuständiges Vollstreckungsgericht 448

C

Conterganstiftung für behinderte Menschen 109

D

Darlehen 110 ff.
— Auszahlung 115
— als Baugeldforderung 81
— als Einkommensvorauszahlung 1262 ff.
— nach Lohnpfändung 1263
— vor Lohnpfändung 1264
— Rückzahlung 113
— Umwandlung von Arbeitseinkommen 1042 a
Darlehensforderung als Guthaben auf Gesellschafter-Privatkonto 1594
Datenverarbeitung 937
Dauernutzungsrecht 1525
— Entgelt dafür 1527
Dauerpfändung 687, 690 ff.
Dauerwohnrecht 1525
DDR-Vollstreckungstitel 4 a
Depot, Wertpapierdepot 1787
Depotschein, Hilfspfändung 706
Diäten 877
Diätengesetz (1968) 108
Dienstbarkeit siehe beschränkte persönliche Dienstbarkeit und Grunddienstbarkeit
Dienstbekleidung 904
Dienstbezüge
— der Beamten als Arbeitseinkommen 876, 877
— der Soldaten 904
Dienstgeld des Soldaten, der Wehrdienst leistet 905
Dienstherr, Wechsel 974

Dienstleistungen
— Ansprüche als Arbeitseinkommen 874
— aller Art, Vergütungen 886
— Sachnutzung 1243
— als Sozialleistungen, Begriff 1311
— nach SGB unpfändbar 1334

Dienstlohn 881
Direktanspruch 151
Direktversicherung 892 a, 917
Direktzusage zur betrieblichen Altersversorgung 917
Dispositionskredit 116, 117
Dividende 194
Domain siehe Internet-Domain
Doppelpfändung bei Anwartschaftsrecht aus Eigentumsvorbehalt 1487
Dreißigster 1047
Dritte
— Erinnerung 716
— Stellung in der Zwangsvollstreckung 8
— Vertrag zu ihren Gunsten 34, 196

Dritter als Anspruchsberechtigter bei Lohnpfändung 1209
— als Anspruchsberechtigter, Überweisung in diesem Fall 581
— als Sparguthabengläubiger 338
— Gelder auf seinem Konto 162

Drittschuldner
— bei Anwartschaftsrecht aus Eigentumsvorbehalt 1489
— bei Anwartschaft des Nacherben 1657, 1658
— Arbeitseinkommen bei verschiedenen 1138
— Auskunftspflicht 627 ff.
— Auslegung der Bezeichnung 517 ff.
— Begriff 8
— Berechnung des gepfändeten Einkommens 1054
— Berücksichtigung von Änderungen 1056
— Beschwerdeberechtigung 732
— Bezeichnung im Pfändungsbeschluss 501
— Bezeichnung mit Zweigniederlassung 501 a
— Dienststelle nach NATO-Truppenstatut 47
— bei Eigentümergrundschuld 1931
— bei Eigentümerhypothek 1972, 1974
— bei Eigentumsvorbehalt 1489
— Einkommen und Naturalleistungen von verschiedenen 1165, 1172
— Einwand der Unpfändbarkeit im Prozess 752
— Erinnerung 717
— nach Erlöschen des dinglichen Rechts durch Zuschlag 1982
— Feststellungsklage durch ihn 674
— Fürsorgepflicht des Arbeitgebers 931
— bei Genossenschaftsanteil 1634
— Gesamtschuldner 55
— bei Gesellschaftsanteil 1557
— Gläubiger selbst 33
— bei GmbH-Anteil 1613
— bei Gütergemeinschaftsanteil 1641
— bei Hilfspfändung 707
— Hinterlegung bei mehrfacher Pfändung 783
— bei Hypothekenpfändung 1805
— Hypothekenpfändung ihm gegenüber mit Zustellung 1865
— bei Insolvenzgeld 1455
— bei KG-Anteil 1595
— Kosten für Bearbeitung der Lohnpfändung 942
— Kosten für Geldüberweisung 608
— bei Kurzarbeitergeld 1443
— Leistungsträger für Sozialleistung 1312
— mehrere 53, 485 a
— bei Miterbenanteil 1670
— bei Nacherbenanwartschaft 1657, 1658
— nach NATO-Truppenstatut 47
— bei OHG-Anteil 1584
— bei Partnerschaft 1596 d
— Rechtsformänderung 972
— Rechtsstellung nach Pfändung 565–577 b
— Rechtsstellung nach Überweisung 607–612
— bei Rückgewähranspruch 1889
— bei Sachherausgabe- oder -leistungsanspruch 2016
— Schadensersatzpflicht wegen Nichteinbehaltung gepfändeten Lohns 945

1243

Sachverzeichnis

— Schutz bei Arrestaufhebung 824
— Schutz bei Ersatzzustellung 566
— Schutz bei Gläubigerverzicht 680
— Schutz bei Zustellung an Zahlstelle (Außenstelle, Filiale) 567
— nach Überweisung 612
— Ungewissheit über ihn 507
— Verhalten in Zweifelsfällen 1055
— Vertretung des Bundes und der Länder 8 a
— bei Wintergeld 1448
— nach Zuschlag 1982
Drittschuldnerauskunft nach Vorpfändung 810
Drittschuldnererklärung 627 ff.
— Abgabe 638
— keine Auskunftsklage 652
— bei Einkommenspfändung 939
— falsche 643
— freiwillige 653
— Frist 637
— Haftung bei Nichterfüllung der Auskunftspflicht 648
— Inhalt 640
— Kosten 647
— nachträgliches Verlangen 634
— Rechtsanwaltskosten 864
— durch Sozialleistungsträger 1306
— in der Verwaltungsvollstreckung 654 a
— im Verwaltungszwangsverfahren nach der JBeitrO 636
— Wiederholung des Verlangens 635
Drittschuldnerklage 655 ff.
— nach Einkommenspfändung 951 ff.
— Kosten 843, 963
Drittschuldnerloses Recht 1463
— kein Zahlungsverbot 507
Drittschuldnerprozess, Rechtskraftwirkung des Urteils 665
Drittschuldnerschutz gegen unrechtmäßige Überweisung 618
— bei Arrestaufhebung 824
— nicht für Forderungsrecht eines Dritten 620
— bei Gläubigerverzicht 680
Drittschuldnerverbot 503, 505
— bei Hypothekenpfändung 1806

— nach Leistungsurteil 670
Drittwiderspruchsklage 745
Duldungstitel 4
Dynamisierung der Pfändungsfreibeträge 1045 b

E

EG-Agrarmarkt 120 b
Ehebezogene Zuwendung 121
Ehefrau, Einkommen 1105
Ehegatte
— Berücksichtigung seines Einkommens (§ 850 d I S. 2 ZPO) 1105
— Freibetrag 1047, 1049
— früherer Ehegatte 1052
— als gesetzlicher Unterhaltsberechtigter 1047
Eheleute, Einkommensteuer 386
— siehe auch Gütergemeinschaft, Zugewinngemeinschaft
Ehrenamtliche Tätigkeit, Aufwandsentschädigung 998
Eigenes Einkommen eines Angehörigen 1049, 1058 ff.
Eigengeld Gefangener 134
Eigentümergrundschuld 1913 ff.
— mit Brief 1938
— ohne Brief (Buchrecht) 1945
— Erlöschen durch Zuschlag 1959, 1977 ff.
— aus Grundschuld 1905
— aus Höchstbetragshypothek 1953
— aus Hypothek (Entstehungstatbestände) 1915
— künftige 1932, 1948
— ohne gesetzlichen Löschungsanspruch 1926
— für mehrere Eigentümer 1916
— für Miteigentümer 1963
— offene 1914, 1933
— Pfändung 1929 ff.
— Pfändung trotz Löschungsvormerkung (-anspruch) 1920
— oder Rückgewähranspruch 1905
— verschleierte 1915, 1919, 1935
— vorläufige 1948
Eigentümerhypothek 1970

1244

Zahlen [ohne Zusatz] = Randnummern

Eigentümer-Schiffshypothek 2004
Eigentumsübertragung
— Anspruch auf bewegliche Sache 2012 ff.
— Anspruch auf unbewegliche Sache 2043 ff.
— bei Veräußerung vorbehaltener Anspruch 2054
Eigentums- und Vermögensgemeinschaft 1643 a
Eigentumsvorbehalt
— Anwartschaftsrecht bei – 1484 ff.
— als Sicherungsrecht selbständig zu pfänden 701
Eigenversicherung 313, 410
Ein-Euro-Job 1366
Eingebrachte Sachen des Gefangenen 142
Eingliederung Behinderter siehe Rehabilitation
Eingliederungsdarlehen 185
Einheitliches Dienst- oder Arbeitsverhältnis 969
Einkommen siehe Arbeitseinkommen
— **sähnliche Bezüge** 965
Einkommensteuer 354
— Antragsveranlagung 384
— Entstehung 360
— Investitionszulage hieraus 393
— Pfändung des Erstattungsanspruchs 385
Einkünfte, Schuldnerkonto für wiederkehrende – 1281
Einlagenforderung
— einer Aktiengesellschaft 350, 1609
— einer Genossenschaft 351
— einer Gesellschaft m.b.H. 343
Einmalige Bezüge 1233
Einmalige Geldleistung nach SGB 1335
— Pfändbarkeit 1335 ff.
Einmaliges Einkommen aus Dienst- oder Arbeitsleistung 1233
Einmann-GmbH 1629 a
Einrede des Drittschuldners 571
Einschränkung der Einkommenspfändung 926
Einstellung der Zwangsvollstreckung 609
— durch Prozessgericht 609
— durch Vollstreckungsgericht 609

— hindert weitere Vollstreckungstätigkeit 610
— schließt Zustellung aus 528
Einstweilige Anordnung
— im Erinnerungsverfahren 724
— bei Pfändungsschutz für Kontoguthaben 1296
Einstweilige Einstellung
— im Erinnerungsverfahren 724
— nach Vorpfändung 805
Einstweilige Verfügung 825
— Zuständigkeit für Pfändung 441
Eintrittsgeld der Genossenschaft 351
Eintrittsrecht Angehöriger in Lebensversicherung 212
Einwand
— des Drittschuldners bei Klage des Gläubigers 664
— der Pfändung 667
Einwendungen
— ausgeschlossene 577
— des Drittschuldners 571
— im Prozess 752, 753
— gegen Vollstreckungsforderung 744
Einzelforderungen in Kontokorrent 155 d
Einzelregelung wegen besonderer Verhältnisse 1177
Einziehung
— Befugnis hierzu nach Überweisung 590
— eines GmbH-Geschäftsanteils 1616
— unverzügliche der überwiesenen Forderung 605, 656
Einziehungserkenntnisverfahren
— nach Einkommenspfändung 951
— nach Lohnverschleierung 1227
— nach Unterhaltsvollstreckung 1131
Einziehungsermächtigung 1782
Einziehungskosten nach Überweisung an Zahlungs statt 617
Elektronische Datenverarbeitung 937
Eltern, Freibetrag für 1047
Elterngeld nach BEEG 1327
Enkelkind, Freibetrag für 1047
Entbindungskosten der nichtehel. Mutter 1001
Enteignungsentschädigung 307

1245

Sachverzeichnis

Entgelt
— für Arbeits- und Dienstleistungen 874
— für Überlassung eines Grundstücksrechts 233 a

Entgeltfortzahlung an Feiertagen und bei Krankheit 882
— Aufwendungsersatz des Arbeitgebers 80

Entgeltumwandlung zur betrieblichen Altersversorgung 916, 919

Entlassung des überschuldeten Arbeitnehmers 934

Entlassungsbeihilfe des Gefangenen 143

Entlassungsgeld des Soldaten 909

Entschädigungsanspruch nach BEG 98
— des Erbbauberechtigten 1533
— nach Infektionsschutzgesetz 152 e
— eines Sparers 342
— für Strafverfolgungsmaßnahmen 122
— für Stationierungsschaden 352
— nach SVG 904

Entschädigungsrente im Beitrittsgebiet 1333 a

Entschädigungsleistungen 300

Entscheidung 473
— klarstellende des Vollstreckungsgerichts 928, 929

Entsendestaat nach NATO-Truppenstatut 47

Entstehungszeit, Bezeichnung 498
Entwicklungshelfer 903
Erbausgleich 123
Erbbaurecht, Erbbauzins 1530, 1531
Erbbeschränkung in guter Absicht 1536
Erbe
— Pfändungsprivileg für – 1192
— eines sozialen Leistungsanspruchs 1345
— Verwalterhaftung 1481
— siehe im Übrigen Alleinerbe, Nacherbe, Nachlassanteil

Erbengemeinschaft
— als Vermieterin 261
— Schuldneranteil an 1665
— siehe im Übrigen Nachlassanteil

Erbersatzanspruch 123 a
Erbschaftsteuer 354
— Entstehung 362

Erbteilspfändung siehe Nachlassanteil
Erbunwürdigkeitsanfechtung 1539
Erfinder siehe Patent
Erfinderrecht 1719
Erfolgsbeteiligung 881
Erfolgsprämie des Sportlers 889
Erfüllung
— einer Forderung beendet Unpfändbarkeit 16
— an Vertreter 17

Erfüllungsort für Lohnzahlung 943
Ergebnisbeteiligung 881
Erhöhte Pfändbarkeit 1198
Erhöhung
— der Pfändungsgrenze durch Einvernehmen der Beteiligten 959
— der Rechtsanwaltsgebühr bei Vertretung mehrerer Auftraggeber 859

Erhoffte Rechte 28
Erhofftes Arbeitseinkommen 950
Erinnerung 709–713, 715
— durch Arbeitgeber als Drittschuldner 930
— nach Arrestpfändung 818
— gegen Festlegung des Freibetrags 1126
— Gerichtsgebühren und Auslagen 851
— Kostenentscheidung 840
— nach § 11 Abs. 2 RPflG 711
— gegen Vorpfändung 811
— gegen Vorpfändung von Arbeitseinkommen 948
— hinsichtlich Zwangsvollstreckungskosten 836

Erklärung des Drittschuldners siehe Drittschuldnererklärung
Erkrankung
— eines Angehörigen 1181
— des Schuldners 1177

Erlassvertrag 686
Erlös 124
— hinterlegter 1991

Erlösanspruch 124, 1977 ff.
— bei nicht berichtigtem Bargebot 1996
— für beschränkte persönliche Dienstbarkeit 1517
— für Eigentümergrundschuld 1959
— künftiger 1989

Zahlen [ohne Zusatz] = Randnummern

Erlösauszahlung, Anspruch 1542 ff.
Erlöschen der Eigentümergrundschuld 1959
Erlösteilung, Anspruch 1542 ff.
Erlösüberschuss 124, 130
— in Teilungsversteigerung 1698
— aus Verwertung einer Sicherheit 1508 b
Ersatzansprüche
— für Arbeitseinkommen 895
— aus § 281 BGB 702
— und Pfändung laufender Geldleistungen 1421
Ersatzzustellung 530
— Drittschuldnerschutz 566
Erschwerniszulage 877, 990, 997
Erstattung der Kosten des Arbeitsgerichtsverfahrens 961, 962
Erstattungsanspruch 354
— Entstehung 357
— an GmbH-Gesellschafter und -Geschäftsführer 349
— für Entgeltfortzahlung 80
— im Lohnsteuer-Jahresausgleich 380
— aus Steuerschuldverhältnis 353
Erstattungsantrag im Besteuerungsverfahren durch Gläubiger 388
Erstattungsfähigkeit von Zwangsvollstreckungskosten 829
Erstattungszinsen aus Steuerschuld 367
Ersteher ist nicht Drittschuldner 1983
Ersuchen nach NATO-Truppenstatut 47
Ertragsteuern 354
Erwartungen 28
Erwerbsgeschäft 1540
Erziehungsgeld 1002
— nach BErzGG 1327
— Unpfändbarkeit 1356
Euro, Umrechnungskurs der DM-Titel 3
eurocheque Scheckkarte 166 m
Europäische wirtschaftliche Interessenvereinigung 1597
— als Drittschuldner 60 a
Exterritoriale Personen 41
— zuständiges Vollstreckungsgericht 449

F

Fälligkeit
— der Forderung 24
— der Gebühr für Pfändungsantrag 850
— siehe auch Vorratspfändung, Dauerpfändung
Faktisches Arbeitsverhältnis 881
FamFG, Vollstreckung nach 1
Familienangehörige eines Wehrpflichtigen 912
Familienaufwand, soziale Leistung zur Minderung des – 1327
Familiengericht, Vollstreckungstitel von – en 440
Familienheimfahrt, Zuschuss hierfür 994
Familienkasse 153 h
Familienzulage 881
Faustpfand 703
Fehlerhafte Zwangsvollstreckungsakte 747
Fehlgeldentschädigung 993
Festgeldguthaben 165 b
Festsetzung
— von Kosten nach Pfändung des Erstattungsanspruchs 169
— Rechtsbehelf 833
— der Zwangsvollstreckungskosten 832
— Zuständigkeit hierfür 833
Feststellungsklage
— des Drittschuldners 674
— negative durch Gläubiger 557
— durch Schuldner 564
Finanzamt als Drittschuldner 368
Finanzierungsbeitrag 87
Fingiertes Arbeitseinkommen 1223, 1228
Firma 1651 d
Fiskus, zuständiges Vollstreckungsgericht 449
Fixum des freien Vertreters 886
Flurbereinigungsgesetz, Entschädigungsleistung 308 a
Flutschadenbeihilfe 395
Förderung, staatliche 395
Forderung
— auflösend bedingte 20, 25
— aufschiebend bedingte 25

1247

Sachverzeichnis

— nach Beitreibung durch Gerichtsvollzieher 18
— betagte 25
— in Bruchteilsgemeinschaft 62 und 1549
— nach Erfüllung 16
— nicht fällige 24
— von Gegenleistung abhängige 26
— durch Grundschuld gesicherte 1878, 1884
— nach Eintragung der Hypothek 699, 1845
— höchstpersönliche 14
— öffentlich-rechtliche 22
— Pfändung zusammen mit Grundschuld 1879
— nach Zahlung an Vertreter 17
— zukünftige 27
— zweckgebundene 14
— Zurückbehaltungsrecht 26
siehe auch unübertragbare Forderungen
Forderungsanerkennung 641
Forderungsanteil 1549
Forderungsaufstellung 465
Forderungspfändungsbeschluss 474
— Begründung 476
Formwechsel, Arbeitsverhältnis nach – des Drittschuldners 972
Fortgesetzte Gütergemeinschaft 58
— Anspruch des ausgeschlossenen Abkömmlings 269
Fortlaufende Bezüge 964, 965
Fortlaufende Einkünfte aus Stiftung 1016
Freibetrag 1043 ff.
— für Angehörige 1047 ff.
— für Angehörige mit eigenem Einkommen 1049, 1058 ff.
— Anrechnung anderer Schuldnereinnahmen 1104
— Begrenzung 1108
— Bemessung 1183
— Bezeichnung im Pfändungsbeschluss 1386
— Bezeichnung bei Unterhaltsvollstreckung 1121 ff.
— bei Pfändungsschutz für einmaliges Einkommen 1238

— bei hohem Einkommen 1046
— Rechtsbehelf gegen Festsetzung 1124
— bei besonderen Schuldnerbedürfnissen und Unterhaltspflichten 1175 a, 1180
— bei Pfändung einer laufenden sozialen Geldleistung 1385
— bei Vollstreckung wegen unerlaubter Handlung 1196
— bei Unterhaltsvollstreckung 1093 ff.; siehe auch Kinder
— bei Unterhaltspflichten 1175 a, 1180
— Unwirksamkeit bei mangelhafter Bezeichnung 1125
Freie Handels- oder Versicherungsvertreter 886
Freigabeverpflichtung 793
Freigebigkeit Dritter 1017
Freihändiger Verkauf
— einer Hypothek 1842
— eines gepfändeten Rechts 1476
Freiheitsentziehung
— Schaden nach BPolG 295
— soziale Ausgleichsleistung 1333 c
Freistellungsanspruch nach Gesellschaftsvertrag 1596
Freiwillige Auskunft des Drittschuldners 653
Freiwilliges ökologisches Jahr 915
Freiwilliges soziales Jahr 915
Freiwillige Unterhaltsleistung, Auswirkung auf Freibetrag nach § 850 d ZPO 1107
Freizügiger Sparverkehr 333
Fremdkonto 406
Fremdsterbegeldversicherung 1020
Fremdversicherung 150, 314, 411
Fremdwährungsschuld 9
Friseur 900 b
Frist für Drittschuldnererklärung 637
Fürsorge, fortlaufende Einkünfte auf Grund Fürsorge eines Dritten 1017
Fürsorgepflicht des Arbeitgebers 931 ff.
Fußballspieler siehe Lizenzfußballspieler

1248

Zahlen [ohne Zusatz] = Randnummern

G

Gage 881
Garantieforderung 131
Garantiesumme des selbständigen (freien) Vertreters 886
Garantievertrag 131, 701
Gasölbetriebsbeihilfe 395
Gasthausdiener 900 a
Gebäudefeuerversicherung 310
Gebrauchsmuster 1541
Gebrauchsüberlassung 262
Gebührenanteile 877
Gebührenfreiheit der Versicherungsträger 852
Geburtsbeihilfe 1001
— eines Beamten 880 a
Gefährdungshaftung 299
Gefahrenzulagen 990, 996
Gefangenenbezüge 132
Gefangenengelder 132
Gefangenenhabe 132
Gegenleistung, davon abhängige Forderung 26
Gegenstandswert für Anwaltsgebühren 855
Gegenwärtiger Saldo 155 b
Gegner im Erinnerungsverfahren 721
Gehalt 881
Gehaltsabrechnung siehe Lohnabrechnung
Gehaltserhöhung 973
Gehaltsvorschuss 1262 ff.
Gehör siehe rechtliches Gehör
Geld in Automaten 1509
Geldautomat, Abhebung nach Kontokorrentpfändung 155 g
Geldempfangsvollmacht 494
Geldforderung
— Begriff 9
— Pfändbarkeit 13
— Pfändung 12
— Pfändung des Rückabtretungsanspruchs 66
siehe auch Fremdwährungsschuld
Geldinstitut
— Kontoguthaben bei – 1426

— Schuldnerkonto für wiederkehrende Einkünfte bei – 1281
— Überweisung eines Guthabens bei ihm 588, 588 d–f
Geldleistung als Sozialleistung
— Begriff 1311
— einmalige nach SGB 1335
— laufende nach SGB 1361
— Pfändbarkeit einmaliger 1335 ff.
— Pfändbarkeit laufender 1361 ff.
— Verfahren bei Pfändung einmaliger 1347
— Verfahren bei Pfändung laufender 1361
— Zweckbestimmung 1341
— siehe auch laufende Geldleistung
Geldleistungen für Kinder
— „Anrechnung" auf Freibetrag nach § 850 d ZPO 1101 a
— als Rentenbestandteile (Begriff) 1367
— von Rentenpfändung nicht erfasst 1379
Geldrente 1006
Geldsortenschuld, Geldstückschuld 10
Geldwert der Naturalbezüge 1168
Gelegenheitsarbeiter 887
GEMA-Ansprüche eines Urhebers 1771
GEMA-Vergütung als einmaliges Einkommen 1233
Gemeinsame Leistung an Gläubiger und Schuldner 556
Gemeinschaft nach Bruchteilen 1542 ff.
— an Forderung 62
— an Hypothek 1856
Gemeinschaftliche Vermieter 259
Gemeinschaftliches Sparguthaben 339, 340
Gemeinschaftsanteil 1542 ff.
Gemeinschaftsfond 884
Gemeinschaftskonto 165 a
Gemeinschuldner, Unterhalt aus Insolvenzmasse 1015 a
Gemischte Ansprüche 897, 1243
Gemischte Kontoguthaben 1436
Gemischte Versicherung 1020
Genossenschaft 1631 ff.
— Anspruch auf Geschäftsanteil 351
Gentechnik, Schadensersatzanspruch 299
Genußschein 1605

1249

Sachverzeichnis

Gepfändete Forderung, erneute Pfändung siehe Pfändung
Gerichtskosten 844
— Rückzahlung 171
Gerichtsvollzieher
— Anfertigung der Vorpfändung 801
— Beitreibung einer unpfändbaren Forderung 18
— nicht Drittschuldner für Versteigerungserlös 23
— Entgegennahme der Drittschuldnererklärung 638, 639
— Erinnerung bei Ablehnung der Zustellung 541
— Hilfspfändung durch ihn 706
— Kosten bei Prozesskostenhilfe 867
— Pfändung der Forderung aus einem Papier 2082
— Urkundenwegnahme 624
— Urkundenwegnahme bei Drittem 626
— Versteigerung eines gepfändeten Rechts 1472, 1473
— Verwertung einer herausgegebenen Sache 2028
— als Zustellungsorgan 527, 530
— Zustellungsverfahren 535
— Zustellung der Drittschuldneraufforderung 633
— Zustellung der Gläubigerverzichtserklärung 678
— siehe auch Versteigerungserlös
Gesamt-Briefhypothek 1847
Gesamt-Buchhypothek 1846
Gesamtforderung 63
Gesamtgläubiger 63
— bei Drittschuldnerauskunft 643 a
Gesamtgrundschuld, Rückgewähranspruch 1902 a
Gesamtgut 57
— Beschränkung eines Abkömmlings bei fortges. Gütergemeinschaft 1539
— der fortgesetzten Gütergemeinschaft 58
— der Gütergemeinschaft 1639
— Zustellung an verwaltenden Ehegatten 548
— Zwangsvollstreckung in Gesamtgut 64
Gesamthandforderung 64
Gesamthandschuld 56

Gesamthypothek 1846, 1847
Gesamtschuld 55
Gesamtschuldner
— Gerichtsgebühr bei einheitlichem Beschluss gegen – 847
— Haftung für Zwangsvollstreckungskosten 830
Gesamtschuldnerausgleich 144 b
Geschäftliche Bezeichnungen 1651 d
Geschäftsanteil
— an Genossenschaft 351, 1632
— an Gesellschaft m.b.H. 1612
— Einziehung bei Pfändung 1616
— freihändiger Verkauf 1627
— Verwertung 1625
Geschäftsbezeichnung 520
Geschäftsführer einer Gesellschaft
— Anspruch auf Aufwendungsersatz 1579
— einer Gesellschaft m.b.H., Bezüge 886, 1629 d
— Schadensersatzpflicht bei Einkommenspfändung 945
Geschäftsführung 1579
Geschäftsguthaben, Anspruch eines Genossen auf sein – 1633
Geschäftsverbindung in laufender Rechnung 166
Geschäftswert
— für Anwaltskosten 855
— des Beschwerdeverfahrens 851
Geschenk 325
Geschmacksmuster 1551
Geschwister, kein Freibetrag für – 1047
Gesellschaft m.b.H. 1611 ff.
— Bezüge des Geschäftsführers 886, 1629 d
— Stammeinlagenforderung 343
Gesellschaft nach BGB 1552 ff.
— bei Arbeitsgemeinschaft 77
— als Drittschuldnerin 59
— siehe auch offene Handelsgesellschaft und Kommanditgesellschaft
Gesellschafter, Zwangsvollstreckung gegen – 64
Gesellschaftsanteile 1552 ff.
Gesellschaftsrechte 1552 ff.

Zahlen [ohne Zusatz] = Randnummern

Gesetzlicher Unterhaltsanspruch bevorrechtigt 1076, 1077
Gesetz über die Alterssicherung der Landwirte als Besonderer Teil des SGB 1323
Gestaltungsrechte 1461
Gesundheit, Rente wegen Verletzung 1006
Gesundheitsschaden
— nach BPolG 295
— soziale Entschädigung 1324
— Mehraufwand dafür 1358
— Unterstützung nach UntAbschlG 1333 b
Getrennt lebender Ehegatte, Freibetrag für ihn 1051
Gewerbesteuer 354
— Entstehung 364
Gewerbliches Unternehmen 1540
Gewinnanspruch eines Genossen 1633
Gewinnanteil 881
— des Aktionärs 1606
— bei BGB-Gesellschaft 1576
— eines Gesellschafters 1563 ff.
— an Gesellschaft m.b.H. 1621
— eines OHG-Gesellschafters 1586
— aus Mitgliedschaft an Reedereivermögen (Schiffspart) 1750
— bei Stiller Gesellschaft 1599
Gewinnanteilschein 1605
Gewinnschuldverschreibung 1605
Gewöhnliche Geldforderung, Pfändungsgrenze bei Vollstreckung in Arbeitseinkommen für – 1036 ff., 1043 ff.
Girokonto 154
— das debitorische – 157 g
— siehe auch Postbank-Girokonto
Gläubiger
— Auslegung der Bezeichnung 511
— außergerichtliche Kosten 837
— Begriff 7
— Beschwerdeberechtigung 724
— Bezeichnung im Pfändungsbeschluss 492
— als Drittschuldner 33
— Rechtsstellung nach Pfändung 554 ff.

— Rechtsstellung nach Überweisung 602 ff.
— Verzicht 676
Glaubhaftmachung von Zwangsvollstreckungskosten 834
Gleichrang 780
Gnadenbezüge 878, 885, 1003
Grenzgänger 447
Großeltern, Freibetrag für 1047
Großunternehmen mit dezentralisierten Lohnstellen (Kassen) 935
Gründergesellschaft (GmbH-Vorgesellschaft) 64 a, 1629
Grundbetrag
— pfändungsfreier 1043
— bei Zusammenrechnung 1145
Grundbuchamt als Besitzer des Hypothekenbriefes 1825, 1826
Grundbuchberichtigung
— bei Eigentümergrundschuldpfändung 1945–1947
— bei nur teilweiser Eigentümergrundschuld 1943
— zur Eintragung der Erbanteilspfändung 1685
siehe auch Berichtigungsanspruch
Grundbucheintragung
— nach Anteilspfändung an Gesamtgut einer Gütergemeinschaft 1642
— nach Pfändung einer Briefhypothek 1811, 1831
— nach Pfändung einer Buchhypothek 1835 ff.
— nach Miterbenanteilspfändung 1682 ff.
— nach Nießbrauchspfändung 1714
Grunddienstbarkeit 1637
Grunderwerbsteuer 354
— Entstehung 365
— für Schuldnereintragung 2052
Grundpfandrechte 1795 ff.
— siehe außerdem Hypothek, Grundschuld, Rentenschuld, Eigentümergrundschuld
Grundrente
— nach BVG 1324
— und Schwerbeschädigtenzulage als Ausgleich für Wehrdienstbeschädigung 904
— Unpfändbarkeit 1359

1251

Sachverzeichnis

Grundschuld
— auflösend bedingte 1912
— Eigentümer und Forderungsschuldner sind identisch 1883
— nach Erlöschen durch Zuschlag 1977 ff.
— Fremdgrundschuld statt Eigentümergrundschuld 1918
— Gefahr bei Pfändung ohne Forderung 1880
— gesichert ist die Forderung eines anderen Schuldners 1881
— Gläubiger in Zwangsverwaltung 437
— Hilfspfändung des Briefes 706
— Inhabergrundschuld 2098
— Pfändung 1872 ff.
— Pfändung der Grundschuld und der Forderung 1876
— Pfändung zusammen mit der Forderung 1879, 1885
— selbständiges Sicherungsrecht 701
— siehe außerdem Eigentümergrundschuld, Rückgewähranspruch

Grundschuldbrief siehe Hypothekenbrief

Grundsicherung für Arbeitsuchende 1316

Grundsteuer 354

Grundstücksmiete siehe Miete, Pacht

Grundstücksmiteigentum, Eigentümergrundschuld bei – 1963

Grundstückszubehör 2015

Gütergemeinschaft 57, 1638
— siehe auch fortgesetzte Gütergemeinschaft

Guthaben bei Geldinstitut, Überweisung 588
— zwischen den Rechnungsperioden 157

Gutschrift eingehender Beträge 157 e

H

Häftling, Zuständiges Vollstreckungsgericht 447

Häftlingshilfegesetz 144 c

Härteausgleich nach BauGB 308 a

Härteklausel des § 850 f Abs. 1 ZPO 1175

Hafenarbeiterlohn 944

Haftanstalt siehe Eigengeld

Haftpflichtversicherung 145

Haftpflichtversicherungsgesellschaft als Drittschuldner 296

Haftung
— des Rechtsanwalts 472
— für fehlerhafte Zustellung 542

Haftverschonung, Sicherheitsleistung 330

Hamburg, Drittschuldnervertretung Seite 1227

Handelsgeschäft 1540

Handelsgesellschaft siehe offene Handelsgesellschaft, Kommanditgesellschaft

Handelsvertreter
— Ausgleichsanspruch 1234
— mit Inkasso 899
— selbstständiger 886
— Wettbewerbsbeschränkungsentschädigung 891
siehe auch Provision

Handgeld des Sportlers 889

Handwerker-Lebensversicherung 1022

Hauptentschädigung nach LAG 182

Hauptquartier, Alliiertes 43

Hausgeld des Gefangenen 140

Haushaltsansätze 22

Haushaltsführung durch nichtehel. Lebenspartner 1222 a

Haushaltsgeld 1015

Haushaltsmittel, Forderung aus – 22

Hausratsentschädigung nach LAG 184

Havarie 324

Hebamme 1233

Heilung
— von Zustellungsmängeln 543, 544
— fehlerhafter ZwV-Akte 749

Heilverfahren
— Kosten 880
— Kostenerstattung nach BEG 106

Heimarbeit 898

Heimfallanspruch 1533 a
— Vergütungsanspruch nach Ausübung 1534

Heimstätte, keine Eigentümergrundschuld 1917

Heiratsbeihilfe 1001
— eines Beamten 880 a

1252

Herausgabe
— einer gemieteten Sache 266
— des Hypothekenbriefes 1814
— körperlicher Sachen 2010
— eines Leasinggegenstandes 189
— von Lohn- und Gehaltsabrechnungen 945 d
— der Lohnsteuerkarte 389
— Pfändung des Herausgabeanspruchs 1821 ff.
— eines Schiffes 2033

Herausgabeanspruch 2010 ff.
— an Besitzer des über eine Eigentümergrundschuld ausgestellten Briefes 1939
— auf Grund eines indossablen kaufmännischen Orderpapiers 2081, 2082

Herausgabepflicht des Schuldners 623
— bei Einkommenspfändung 945 d
— für ein Faustpfand 703

Hessen, Drittschuldnervertretung Seite 1227

Hilfe bei Schwangerschaftsabbrüchen 1320 c

Hilfebedürftigkeit nach BSHG als besondere Pfändungsbeschränkung 1175 a

Hilfskasse, Bezüge aus – 1019

Hilfspfändung 705
— bei Arrestvollziehung 708
— des Briefherausgabeanspruchs 1821 ff.
— durch Gerichtsvollzieher 706
— bei Pfändung der Eigentümergrundschuld 1943
— durch Vollstreckungsgericht 707

Hinterbliebene von Soldaten 904

Hinterbliebenenbezüge 877
— nach Arbeitsrecht 885
— nach Beamtenrecht 885

Hinterbliebenenversorgung für Bundestagsmitglieder 108

Hinterlegung
— durch Arbeitgeber als Drittschuldner in Zweifelsfällen 1057
— durch Drittschuldner 568
— durch Drittschuldner bei mehrfacher Pfändung 783
— des Ersatzanspruchs eines erloschenen Nutzungsrechts 1994
— geschuldeten Geldes 19

— Herausgabeverfügung 1644 b
— einer Lohnforderung 18
— bei Notar 1780
— Pfändung nach Hinterlegung 1644
— Pflicht zur Hinterlegung 786
— einer Sicherheit 306
— bei Ungewissheit über Umfang der Einkommenspfändung 932
— bei Unklarheit über Abtretung 768
— des Versteigerungserlöses 1991
— Zahlung auf Konto statt Hinterlegung 793

Hinterlegungsanzeige 789
Hinterlegungsstelle 788
Hinterlegungstitel, Pfandverwertung bei — 580
Hinterlegungsverlangen 787
HIV-Hilfe-Stiftung 151 b
Höchstbetrag für Pfändungsumfang bei Unterhaltsvollstreckung 1118

Höchstbetragshypothek
— und Forderung 1799
— als Buchhypothek zu pfänden 1834
— Pfändung der Forderung ohne – 1844
— Eigentümergrundschuld aus – 1953

Höhe der zu pfändenden Forderung, Bezeichnung 499

Höherversicherung, Beitrag hierfür 1135
Hoffnungen 28
Honorar 881
— eines Urhebers 1771

Honorarforderung eines Arztes, Zahnarztes usw. 14 a

Hypothek
— Bestellung nach Forderungspfändung 699, 1845
— Briefhypothek 1795, 1796
— Buchhypothek 1795, 1796
— Einzelansprüche 1798
— Gesamt-Briefhypothek 1847
— Gesamt-Buchhypothek 1846
— Gläubiger in Zwangsverwaltung 437
— Pfändung 1795 ff.
— Pfändung der Briefhypothek 1808 ff.
— Pfändung der Buchhypothek 1834 ff.
— Pfändung nach Erlöschen durch Zuschlag 1802, 1870, 1977 ff.

Sachverzeichnis

— Vormerkung 699, 1801
— Zinsen, Bezeichnung im Pfändungsbeschluss 1807
Hypothekenbrief 1795, 1796
— Besitz eines Dritten 1816 ff.
— Briefwegnahme durch Gerichtsvollzieher 1813 b
— freiwillige Briefübergabe 1812
— Hilfspfändung 706
— Pfändung des Herausgabeanspruchs 1821 ff.
— zum Vollstreckungstitel 470 a

I

Immaterieller Schaden 309
Indossable Papiere 2081
— Sicherungshypothek für Forderung 1843
Infektionsschutzgesetz-Entschädigung 152
Inhaberaktie 1605, 2098
Inhaberanteilscheine 2096
Inhabergrundschuld 2098
Inhaberschuldverschreibung, Sicherungshypothek 1843
Inhaberwechsel 972
Inkassotätigkeit des Rechtsanwalts 286
Inkassovollmacht des Vertreters 899
Innengesellschaft 1602
Insolvenzgeld
— Pfändung 1449
— als Sozialleistung 1314
Insolvenzverfahren über Schuldnervermögen
— Antrag 577 c
— Arbeitseinkommen bei Schuldnerinsolvenz 972 a
— Eröffnung 577 e
— Forderungsanmeldung durch Gläubiger 557
— Forderungsanmeldung durch Schuldner 561, 605
— Pfändung von Miete oder Pacht 577 g
— Stimmrecht 558
— Verbraucherinsolvenzverfahren 577 k
— Vollstreckungsverbot für Insolvenzgläubiger 577 d

Insolvenzverwalter
— einmaliges Einkommen 1233
— zuständiges Vollstreckungsgericht 450
Insolvenzvorzugsrechte 700
Internet-Domain 1645
Intervention des Drittschuldners 745
Investitionszulage 393
Investmentzertifikat 2096

J

Jagdrecht, Jagdpachtrecht 1645 f
Jagdschaden 300
Jahresausgleich siehe Lohnsteuer-Jahresausgleich
Jubiläumszuwendung 985, 989
Jugendfreiwilligendienst 915
Jugendhilfe 1329
Juristische Personen, zuständiges Vollstreckungsgericht 449
Justizbeitreibungsordnung, Drittschuldnererklärung 636
— Vollstreckung 443
Justizvollzugsanstalt, Gefangenengelder und -habe 132

K

Kaffeesteuer 354
Kapitalabfindung
— nach BEG 98
— nach BVG 1324
— für Unterhaltsanspruch 1013
— an Stelle einer Verletztenrente 1008
Kapitalertragsteuer 354
Kapitalgesellschaft 2102
Kapitalgrundlage
— der Aktiengesellschaft 350
— der GmbH 345
Kapitalverkehrsteuer 354
Kapitalversicherung 192
— gemischte 197
Karenz-Entschädigung 890, 1234
Kassen siehe Witwenkasse, Waisenkasse, Hilfskasse, Krankenkasse
Kassenarzt (-zahnarzt), Vergütungsanspruch als Arbeitseinkommen 888

Zahlen [ohne Zusatz] = Randnummern

Kassenverlustentschädigung 993
Kaufmännische Anweisung 2081
Kaufpreis 152 e
Kaufpreishinterlegung bei Notar 1781
Kellner 900
Kennwort 334
Kilometergeld 993
Kinder
— Freibeträge für sie 1047, 1053
— Freibetrag bei Unterhaltsvollstreckung 1099
— Geldleistungen für sie siehe dies
— Kindergeld, Anrechnung auf Freibetrag bei Unterhaltsvollstreckung 1101
— Unterhaltsaufwand 297
Kindererziehung, Leistungen 1322
Kindergeld als soziale Leistung 1327
— Anrechnung auf Freibetrag bei Unterhaltsvollstreckung 1101
— Besonderheit bei Pfändung 1396
— als Familienleistungsausgleich 153 a
Kinderhilfe 1329
Kinderzuschlag 877
Kircheneinkommen- und Kirchenlohnsteuer 391
Kirchensteuer vom Bruttoeinkommen absetzen 1134
Klagbarkeit nicht Pfändungsvoraussetzung 36
Klage
— gegen Drittschuldner nach Einkommenspfändung 951 ff.
— auf Drittschuldnerauskunft 652
— auf künftige Lohnzahlung 658, 953
— nach Überweisung 655
— vor Überweisung 672
— Zuständigkeit 657
Klageantrag, Änderung nach Pfändung 667
Klageschrift zum Arbeitsgericht 952
Klarheit 489, 509
Klarstellende Entscheidung des Vollstreckungsgerichts 928, 929
Klarstellung des Pfändungsumfangs bei Einkommenspfändung 1057
Kleidung, besonderer Bedarf 1178
Kleinlebensversicherung 1020 ff.

Körperliche Sachen
— Herausgabe und Leistung 2011 ff.
— Hilfspfändung 706
Körperschaden
— nach BPolG 295
— Mehraufwand 1359
Körperschaftsteuer 354
— Entstehung 361
— Investitionszulage hieraus 393
Körperverletzung
— Rente für – 297, 1006
— Schmerzensgeld 309 a
Kollektivmarken 1651 c
Kommanditgesellschaft 1595
— Anspruch auf Zahlung der Einlage 1595 a
— als Schuldnerin 64
Kommanditgesellschaft auf Aktien 1610
Komponist, Anspruch auf GEMA-Vergütung 1233
Konfusion 1915
Konnossement 2081
Konsumbrot-Subvention 395
Kontenschutz, Umfang 1428
Konto siehe Anderkonto, Sonderkonto, Fremdkonto, Pfändungsschutzkonto, Sperrkonto, Oder-Konto, Und-Konto
Konto Dritter (Kontoleihe) 162
Konto pro Diverse 161
Kontoauszug, Herausgabe 623 b
Kontobezeichnung im Pfändungsbeschluss 494
Kontoguthaben 154
— Aufhebung der Pfändung 160
— Auskunft 163
— nach Auszahlung von Insolvenzgeld 1459 a
— Bankkonto 154
— nach bargeldloser Auszahlung einer sozialen Geldleistung 1423 ff.
— Drittschuldner 154 c
— Kontoinhaber 154 a
— Kontonummer 154 b
— Kreditbetrag als Guthaben 159
— Neuregelung des Kontopfändungsschutzes 154 e
— Pfändung bis 30.6.2010 155

1255

Sachverzeichnis

— Pfändung vom 1.7.2010 an 158
— Rechnungslegung 163
— aus wiederkehrenden Einkünften 1281 ff.
— Schutz des 1289
Kontokorrentforderung 166
Kontokorrentbindung bei Verwendung von Sicherungsgut 1502
Kontonummer
— bei Girokonto 154 b
— bei Postgirokonto 279
— bei Spargutheben 332
Kontopfändungsschutz, Neuregelung 154 e
Konzession 1646
Korrespondentreeder 1748
Kost, freie 1165
Kosten
— des Arbeitgebers als Drittschuldner 942
— des Arbeitsgerichtsverfahrens 843, 961, 962
— einer Arrestvollziehung 845
— außergerichtliche des Gläubigers 837
— der Bank (Sparkasse) als Drittschuldnerin 165 c
— für Bearbeitung der Lohnpfändung durch Drittschuldner 942
— eines Beschwerdeverfahrens 841, 851
— Bezeichnung im Antrag 837
— Gerichtskosten der Pfändung 844 ff.
— der Pfändung des Anspruchs eines Drittberechtigten 1219
— für Drittschuldnererklärung 647
— der Drittschuldnerklage 843 b
— uneinbringliche der Drittschuldnerklage 963
— eines Erinnerungsverfahrens 840, 842 und (Gerichtskosten) 851
— der Einziehung nach Überweisung an Zahlungs statt 617
— für Geldüberweisung 608
— als Hypothekenanspruch 1798
— für Lohnüberweisung 943
— des Rechtsanwalts 854 ff.
— des Rechtsstreits 826, 828
— des Schuldners 843 a

— eines Vollstreckungsschutzverfahrens 838
— vorgerichtliche des Gläubigers 826, 827
— der Vorpfändung 812
— der Vorpfändung durch Gerichtsvollzieher 812
— der Zwangsvollstreckung 826
— anderer Zwangsvollstreckungen 826
— siehe auch Prozesskosten
Kostenerstattungsanspruch 167
Kostenfestsetzung siehe Festsetzung
Kostenfreiheit für Leistungsträger der Sozialleistungsbereiche 852
Kostenpauschsumme im Arrestbefehl 822
Kostenrückzahlung 171
Kostenschuldner 849
Kostenverzeichnis zum GKG 844
Kostenvorschuss entfällt vor Arbeitsgericht 956
Kraftfahrversicherung 320
Kraftfahrzeugsteuer 354
— Entstehung 365 a
Kraftloserklärung des Hypothekenbriefs 1830
Kraftwagen, besonderer Aufwand 1178
Krankengeld
— in der gesetzlichen Krankenversicherung 1319
— Pfändbarkeit 1362
— Pfändung als künftige Forderung 1391
— Vorratspfändung 1390
Krankenkasse, Bezüge 1019
Krankenversicherung
— Beiträge zur – 1135, 1135 a
— gesetzliche 1319
— der Landwirte 1319
— Tagegeld aus – 893
Krankheit, Lohnfortzahlung 882
Kredit bei Kontokorrent-Pfändung 159; s. auch Dispositionskredit sowie Überziehungskredit
Kreditkartenvertrag 173
Kreditlinie 116
Kreditsicherheiten, allgemein 120
Kreditverkehr, bankmäßiger 115 a
Kriegsschadenrente nach LAG 183

Zahlen [ohne Zusatz] = Randnummern

Kündigung 569
— einer Gesellschaft 1565
— bei offener Handelsgesellschaft 1589
— infolge Einkommenspfändung 934
Kündigungsabfindung 1234
Kündigungsrecht 1646 a
— bei Geschäftsanteilpfändung (GmbH-Anteil) 1624
— gegenüber Genossenschaft 1636
Künftig fällig werdendes Arbeitseinkommen 964, 967
Künftige
— Eigentümergrundschuld 1948
— Forderung siehe zukünftige Forderung
— Lohnforderung 1257
— Lohnzahlung, Klage darauf 658
— Sozialleistungen 1369
— Zinsen einer Hypothek, Teilpfändung 852
Künftiger Anspruch
— auf Lohnsteuer-Jahresausgleich 383
— auf Sozialleistungen 1369
Künftiges Arbeitseinkommen 949, 950
— Abtretung 1258
— Vorratspfändung 688, 689
Künftiges Arbeitsverhältnis 1257
Künftiges Saldoguthaben 156
Künstler 1233
Kunstmaler 1233
Kunst-Urheberrecht 1759
Kur, Lohnfortzahlung während einer Vorbeugungs-, Heil- und Genesungskur 882
Kurzarbeitergeld 1441
— als Sozialleistung 1314
Kuxe 2098

L

Ladeschein 2081
Lagerschein 2081
Landesregierung, Mitgliederbezüge als Arbeitseinkommen 876
Landgericht, Erlass eines Pfändungsbeschlusses durch 440
Landtagsabgeordnete 108
Landwirt, Alterssicherung 1323
Landwirtschaftliche Betriebsprämie 1647

Landwirtschaftliche Erzeugnisse 175
Lastenausgleich als Sozialleistungsbereich 1333
— Ansprüche aus 182
Laufende Geldleistung nach SGB 1362
— Bezeichnung im Pfändungsbeschluss 1378
— nach Kontogutschrift 1439
— mehrere 1413
— Pfändungsantrag 1374
— Pfändbarkeit 1362 ff.
— pfändbar „wie Arbeitseinkommen" 1363
— Pfändungsverfahren 1373 ff.
— Zusammenrechnung mit Arbeitseinkommen 1408
Laufende Rechnung 155
Laufendes Konto (Kontokorrent) 155
Leasingvertrag 188
— Aufhebung 37
Lebensunterhalt
— nach Sozialhilferecht 1176 b
— Umfang des notwendigen 1176 c
Lebensversicherung 191; siehe auch Altersrenten Selbstständiger
Lebensversicherungsanspruch (§ 850 b ZPO) 1019, 1020
— Handwerkerlebensversicherung 1022
Lebensversicherungsrente 892
Legitimationspapier
— Hilfspfändung 705
— Sparbuch als – 333
Lehrlingsvergütung 881
Leibgeding 1018, 1032
— Pfändung 1482
Leibrente 1648
Leibzucht 1018
— Pfändung 1482
Leiharbeitnehmer 902
Leistung einer Sache 2010 ff.
— siehe auch Erfüllung
Leistungsträger für Sozialleistungen 1312
— als Drittschuldner 1312, 1353
— Einzelheiten 1313 ff.
— der Sozialleistungsbereiche, Kostenfreiheit 852

1257

Sachverzeichnis

Leistungszulage 983
Literatururheberrecht 1759
Lizenz 1723
Lizenzfußballspieler 889
Lizenzgebühren 1649 a
Lizenzvertrag 1649
— Einkommen hieraus 1233
Löschungsanspruch 1650
— bei Pfändung einer Eigentümergrundschuld 1920
— und Übertragungsanspruch 1904
Löschungsfähige Quittung 1945
— Erteilung durch Pfandgläubiger 1841
— Anspruch auf Erteilung unpfändbar 1651
Löschungsvormerkung
— bei Pfändung der Eigentümergrundschuld 1920
— und Übertragungsanspruch 1904
Lohn 881
Lohnabrechnung
— Anspruch hierauf 940
— Herausgabe durch Schuldner 945 d
Lohnabzug von Nettoeinkommen 1134
Lohnforderung siehe Arbeitseinkommen
Lohnfortzahlung siehe Entgeltfortzahlung
Lohnpfändungstabelle 1045 a und Seiten 1183 ff.
Lohnschiebung 1209, 1210 ff.
Lohnstelle, dezentralisierte eines Großunternehmens 935
Lohnsteuer, Ausgleich 377 ff.
— von Bruttoeinkommen absetzen 1134
Lohnsteuerbescheinigung 389
Lohnsteuer-Jahresausgleich 379
Lohnsteuerkarte 389
— als Grundlage der Berechnung des gepfändeten Einkommens 1054 a
Lohnverschleierung 1209, 1220 ff.
Lohnvorschuss 1262 ff.
Lohnzahlung
— bargeldlose 936
— elektronische Datenverarbeitung 937
— Erfüllungsort für – 943
— Klage auf künftige 658
— Kosten für Überweisung des Lohns 943

Lotteriegewinn 214
Luftfahrzeug
— Herausgabeanspruch 2033
— Registerpfandrecht an 2007
Luftverkehrsgesetz 299, 300

M

Mängelheilung 749
Mahnverfahrenskosten 828
Maigratifikation 999 a
Makler 1233
Mandantengeld 286, 398
Mangelhafte Zwangsvollstreckungsakte 747
Mankogeld 993
Marken 1651
Maschinelle Lohnabrechnung 937
Mecklenburg-Vorpommern, Drittschuldnervertretung Seite 1228
Mehrarbeitsstundenvergütung 980
Mehrbetrag
— der gepfändeten Forderung bei geringerer Überweisung 603
— unpfändbarer 1146
— bei Zusammenrechnung 1145
Mehreinkommen, pfändungsfreier Betrag daraus 1044
Mehrere Arbeitseinkommen 1137
Mehrere Drittschuldner 53 ff.
Mehrere Forderungen, Pfändung 758
Mehrere Gläubiger, Vertretung durch einen Rechtsanwalt 859
Mehrere laufende Sozialleistungen 1413
Mehrere Mieter 218, 258
Mehrere Pfändungsanträge, Rechtsanwaltsgebühren 857, 858
Mehrere Pfändungsbeschlüsse, Gebühren hierfür 846
Mehrere Schuldner, zuständiges Vollstreckungsgericht 452
Mehrere Vermieter 259
Mehrerlös
— Anspruch auf Auskehrung 1911
— Anspruch aus Geldforderung 67

Mehrfache Einkommenspfändung 1269 ff.
Mehrfache Pfändung 774
— der Auflassungsanwartschaft 2063
— des Eigentumsübertragungsanspruchs 2053
— Hinterlegung durch Drittschuldner 783
— einer Hypothek 1857 ff.
Meistgebot 1794
Metergeld 881
Mietabzug vom Lohn 1254
Mietaufhebung 263
Miete 215
— aus künftigem Vermieten 28, 223
— als zukünftige Forderung 966
— nach der Pfändung fällig werdende 219
Mieter, mehrere 218, 258
Mietkaution, Rückgabe 265
Mietkostenzuschuss des Arbeitgebers 881
Mietpfändung 216
— und Grundstücksbeschlagnahme 227
— und Insolvenzverfahren 577 d, e
— und Nießbrauch 234
— wegen öffentlicher Lasten 239
— Vollstreckungsschutz 247
Mietsache, Rückgabe 266
Mietvorauszahlung 87
Milchquote 1652
Mindestgebot
— bei GmbH-Geschäftsanteilsversteigerung 1626
— bei Rechtsversteigerung 1473
Mineralölsteuer 354
Mitbesitz, Anspruch auf Einräumung am Brief für Eigentümergrundschuld 1944
Miteigentum nach Bruchteilen 1543 ff.
— Eigentümergrundschuld bei ihm 1963
— am Grundschuldbrief 1943
— und Rückgewähranspruch 1903
— siehe auch Bruchteilsgemeinschaft
Miterbe
— Anteil 1664 ff.
— als Drittschuldner 56
— als Schuldner 64
Mitglieder des Deutschen Bundestags 107

Mitgliedschaft bei Verein 1773
Mitgliedstaaten der Europäischen Union, Zustellung 39
Mitnacherbe siehe Nacherbe
Mitnahmeentschädigung 993
Monatsfrist für Arrestvollziehung 814
Mündelvermögen 335
Musiker, nebenberuflich tätiger 881
Mutter
— Entbindungskosten 1001
— Freibetrag 1048
Mutter und Kind – Schutz des ungeborenen Lebens 267
Mutterschaftsgeld 1319, 1320, 1357

N

Nacherbe 1653
— als Miterbe 1658
Nachlassanteil 1664 ff.
— Auseinandersetzung 1691
— Versteigerung 1700
Nachlasspfleger, -verwalter
— Drittschuldner bei Erbteilpfändung 1670
— zuständiges Vollstreckungsgericht 450
Nachweis der Forderung aus unerlaubter Handlung 1193
Nachzahlungen 1042
Namensaktie 1605
Namensanteilschein 2096
NATO-Truppenstatut 45–52
— Zusatzabkommen 51
— Zustellung von Amts wegen 52, 534
Natürliche Personen, deren Kontoguthaben 1286
Naturalleistung, 1165
— Geldanspruch für nicht gewährte 1174
— Geldwert der – 1168
Naturalobligation 36
Nebenansprüche 693, 702, 1741
Nebeneinkommen aus nur gelegentlicher Dienstleistung 887
Nebenleistungen, rückständige einer Hypothek 1798
Nebenpfändung 705

Sachverzeichnis

Nebenrechte 693, 699
— Faustpfand 703
— Geltendmachung durch Gläubiger vor Überweisung 557
Nebenstelle des Finanzamts 368
Nebenverdienst 982
Nettoeinkommen 1037, 1132 ff.
— als Berechnungsgrundlage 1132
Nichtberücksichtigung eines Angehörigen mit eigenem Einkommen 1058 ff.
Nichtehel. Lebensgemeinschaft 267 a
— Haushaltführung durch Partner 1222 a
Nichteheliches Kind
— Erbausgleich 122
— Erbersatzanspruch 123
Nichterfüllung
— der Drittschuldner-Auskunftspflicht 648
— Ersatzanspruch an Arbeitgeber 962
— Schadensersatz wegen Nichterfüllung 702
Nichtigkeit des Vollstreckungsaktes 748
Nichtvermögensschaden 309 a
Niedersachsen, Drittschuldnervertretung Seite 1229
Nießbrauch 1709 ff.
Nordatlantikvertrag, Rechtsstellung des internationalen militärischen Hauptquartiers 43
Nordrhein-Westfalen, Drittschuldnervertretung Seite 1229
Notar
— Anderkonto 404
— einmaliges Einkommen 1233
— Kaufpreishinterlegung 1781
— Versteigerung eines Rechts durch Notar 1472, 1474
— Verwahrung und Ablieferung von Sachen 1780
Notarkammer, Dienst- und Versorgungsbezüge von ihr als Arbeitseinkommen 876
Notarvertreter, Vergütungsanspruch als Arbeitseinkommen 876
Notfrist für sofortige Beschwerde 725
Notwendiger Schuldnerunterhalt 1091, 1093
— Deckung durch Naturalleistungen 1173

— und Sozialhilfebedürftigkeit 1176 c
— Umfang 1094, 1095
Notwendigkeit der Zwangsvollstreckungskosten 829
Nummer
— des Bankkontos 154 b
— des Lebensversicherungsvertrags 193
— des Postbankgirokontos 279
— Rentennummer 1378 a
— des Sparbuchs 332
Nutzungsrechte des Urhebers 1761

O

Oder-Konto 165, 339
Oder-Wertpapierdepot 1787 m
Öffentliche Darstellung einer Straftat 394
Öffentlich-rechtliche Forderung 22
— Geldforderung 443
Ökologisches Jahr, freiwilliges 915
Örtliche Zuständigkeit 446 ff.
Offenbarungsverfahren
— bei Briefwegnahmevollstreckung 1815
— auf Gläubigerantrag nach Überweisung 622
Offene Handelsgesellschaft 1580 ff.
— als Drittschuldnerin 60
— Drittschuldnerbezeichnung 521
— als Schuldnerin 64
Opfer, Entschädigung nach BEG 97
— von Gewalttaten (OEG) 1325
Optionsrecht 1483 b
Orderpapiere 2081
Ortszuschlag 881

P

Pacht 215
— als zukünftige Forderung 966; siehe im Übrigen Miete
Papier siehe Legitimationspapier
Parlamentarischer Staatssekretär, Bezüge als Arbeitseinkommen 876
Partei kraft Amtes, zuständiges Vollstreckungsgericht 450

Parteien im Zwangsvollstreckungsverfahren 7
— Auslegung der Parteibezeichnung 511
— Bezeichnung im Pfändungsbeschluss 492
Parteiverrat 472
Parteivorbringen, Würdigung 718
Partnerschaft 1596
— als Drittschuldner 60
Patent 1718 ff.
— Schadensersatzanspruch aus Patentverletzung 1730
— Unterlassungsanspruch bei Patentverletzung 1729
Pauschsatz für Auslagen 862
Pensionierung 973
Pensionsfond 917, 920
Pensionskasse 884, 917, 920
Persönliche Sonderbedürfnisse 1177
Pfändbarer Betrag nach Zusammenrechnung mehrerer Arbeitseinkommen 1144
— nach Zusammenrechnung von Arbeitseinkommen und Sozialleistungen 1163
Pfändbarkeit einer Geldforderung 12
— von Dienst- und Sachleistungen nach SGB 1334
Pfändung
— und Abtretung 764
— nach Abtretung von Arbeitseinkommen 1251 b
— Anschlusspfändung 774
— von Arbeitseinkommen 871
— Einwand der Pfändung im Rechtsstreit 667
— Gläubigerverzicht 676
— Hinterlegung durch Drittschuldner 783
— bei Lohnschiebung 1215
— mehrfache 774
— von Sozialleistungen 1301 ff.
— sozialer Geldleistung und Auszahlungsanordnung 1422
— sozialer Geldleistungen und Ersatzanspruch 1421
— vor Überweisung, Wirkung 555
— anderer Vermögensrechte 1461
— und Verpfändung 773 a

— nach Vorpfändung 804
— Zusammentreffen der Pfändung sozialer Geldleistungen mit Abtretung 1416
— Zusammentreffen der Pfändung sozialer Geldleistungen mit Aufrechnung 1418
— Zusammentreffen der Pfändung sozialer Geldleistungen mit Verpfändung 1417
— Zusammentreffen der Pfändung sozialer Geldleistungen mit Verrechnung 1418
— Zwangsvollstreckungsmaßnahme 1
Pfändungsankündigung, -benachrichtigung, siehe Vorpfändung
Pfändungsantrag 459 ff.
— bei bedingt pfändbaren Forderungen 1026
— bei Pfändung sozialer Geldleistungen 1374
— bei Unterhaltsvollstreckung 1112
Pfändungsbeschluss 473, 489 ff.
— Anlage 508
— Aufhebung nach Gläubigerverzicht 682
— Auslegung durch Prozessgericht 522
— Begründung 476
— Berichtigung 523
— des Beschwerdegerichts 727
— Bezeichnung von Arbeitseinkommen 925
— Bezeichnung des pfändungsfreien Betrages 927
— Bezeichnung der einmaligen sozialen Geldleistung 1352
— Bezeichnung der laufenden sozialen Geldleistung 1378
— Bezugnahme auf Anlage 508
— einheitlicher 475 a
— Erinnerung gegen ihn 715
— Inhalt 490 ff.
— bei Pfändung einer Eigentümergrundschuld 1930
— bei Pfändung eines Erlösanspruchs 1985
— bei Pfändung eines Herausgabenspruchs 2016
— bei Hypothekenpfändung 1803

Sachverzeichnis

- bei Pfändung eines Sachleistungsanspruchs 2016
- bei Pfändung Anspruchs auf eine unbewegliche Sache 2037
- als Staatsakt 489
- bei Unterhaltsvollstreckung 1119
- Unterzeichnung 507 b
- Verbindung mit Überweisungsbeschluss 583
- Wirksamkeit der Aufhebung 741
- Zustellung an Drittberechtigten 1218

Pfändungsbeschränkungen
- absolute Wirkung 21
- Beachtung von Amts wegen 21
- Bedeutung 13
- durch Einvernehmen der Beteiligten 959
- auf Gläubigerantrag 1118
- Verstoß 750
- kein Verzicht 21
- bei Vorpfändung von Arbeitseinkommen 948

Pfändungsfreier Grundbetrag 1043

Pfändungsfreier Mehrbetrag 1044

Pfändungsgläubiger siehe Gläubiger

Pfändungsgrenze
- bei Arbeitseinkommen (§ 850 c ZPO) 1036 ff.
- bei Vollstreckung von Unterhaltsansprüchen 1075 ff., 1091 ff.
- bei Pfändung einer sozialen Geldleistung 1382 ff.
- Änderung durch Einvernehmen der Beteiligten 959

Pfändungspfandrecht
- Begriff 554
- Erwerb mit Zustellung 528
- Erlöschen mit Aufhebung des Pfändungsbeschlusses 741
- Erlöschen mit Verzicht 679
- als Nebenrecht 699
- nicht pfändbar 125
- als Vorzugsrecht 700

Pfändungsrang 778
- einheitlicher bei Vorratspfändung 690

- bei Erhöhung der Pfändungsgrenze durch Einvernehmen der Beteiligten 959
- bei rechtsmißbräuchlichem Verhalten 782
- siehe auch Rang

Pfändungsschuldner siehe Schuldner

Pfändungsschutz
- für Kontoguthaben bei wiederkehrenden Einkünften 1281
- zusätzlicher 1175

Pfändungsschutzkonto 154 e
- Pfändung 158 b

Pfändungsverbot 13
- absolute Wirkung 21
- Beachtung von Amts wegen 21
- Verstoß dagegen 750, 754
- kein Verzicht darauf 21

Pfändungsverfahren
- bei Pfändung einmaliger sozialer Geldleistungen 1347 ff.
- bei Pfändung laufender Geldleistungen 1370 ff.
- bei Pfändung von Kindergeld 153 i, 1402
- bei Unterhaltsvollstreckung 1112 ff.

Pfändungsverfügung bei Verwaltungsvollstreckung 495

Pfändungsvorrecht
- einer öffentlichen Last bei Mietpfändung 239
- der Unterhaltsgläubiger 1075

Pfändungswirkungen 554 ff.

Pfandgläubiger 7

Pfandrecht
- als unselbständiges Nebenrecht 699
- nicht selbständig pfändbar 125

Pfandschein, Hilfspfändung 706

Pfandschuldner 7

Pfandverwertung 578
- andere Art 579, 601
- hinsichtlich anderer Vermögensrechte 1466
- bei Hypothekenpfändung 1837 ff.
- durch Überweisung 579

Pflanzenschutzgesetz 300

Zahlen [ohne Zusatz] = Randnummern

Pflegegeld
— des Beamten 880
— eines Blinden 1004
— vom Träger der Jugendhilfe für Pflegeeltern 1002
Pflegekind, kein Freibetrag für – 1047
Pfleger, einmaliges Einkommen 1233
Pflegeversicherung
— Leistungen 1320 a
— Unpfändbarkeit 1359
Pflichtteil 268 ff.
Pflichtteilsergänzungsanspruch 269
Pflichtversicherung des Kraftfahrzeughalters 151
Pflichtverteidiger siehe Anwaltsvergütung
P-Konto siehe Pfändungsschutzkonto
Postbank als Geldinstitut 1426
— Schuldnerkonto bei ihr für wiederkehrende Einkünfte 1281
Postbank-Girokonto 277
Postbank-Niederlassung 280
Postbankgeheimnis 627
Postzustellung mit Drittschuldneraufforderung 633
Prämienfreie Versicherung 208
Prämienlohn 983
Prämienreserve 209
Prämienrückvergütung 151 a
Praxiskosten als besonderer Aufwand 1178
Priorität bei mehrfacher Einkommenspfändung 1269 ff.
Prioritätsgrundsatz 779
Privatgläubiger
— eines Gesellschafters 1565
— eines KG-Gesellschafters 1595
— eines OHG-Gesellschafters 1590, 1591
Privatkonto eines Gesellschafters 1594
Privilegierter Anspruch aus unerlaubter Handlung 1190 ff.
Produktionsaufgabenrente 1323
Prostituiertenforderung 284
Provision
— als Arbeitseinkommen 881
— Anspruch auf Abrechnung 940
— und Aufwandsentschädigung als Gesamtbetrag 992

— aus Bezirks- und Kundenschutz 891
— des selbständigen (freien) Vertreters 886
Prozessbevollmächtigter
— Bezeichnung im Pfändungsbeschluss 492
— Geldempfangsvollmacht 494
— Zustellung an ihn 540
Prozessgebühr des Rechtsanwalts 854
Prozessgericht
— Auslegung des Pfändungsbeschlusses 522
— Entscheidung über Kosten nach verspäteter Drittschuldnerauskunft 650
— Entscheidung bei Lohnverschleierung 1227
— Prüfung bei Lohnverschleierung 1225
Prozesskosten 828
— bei Geltendmachung des Anspruchs aus unerlaubter Handlung 1191
— bei unterlassener Drittschuldnerauskunft 649
— des Unterhaltsrechtsstreits 1085
Prozesskostenhilfe 866
Prozesskostenvorschuss 170, 1012
— Vorrecht 1084
Prozessuale Rechte 1732
Prozessweg, Geltendmachung der überwiesenen Forderung 655
Prüfung durch das Vollstreckungsgericht 484
— keine der Forderung 485 a
— des Vollstreckungsgerichts bei Unterhaltsvollstreckung 1117
— der Zwangsvollstreckungskosten 836
Prüfungsrecht des Arbeitsgerichts 957
Pünktlichkeitsprämie 881

Q

Qualifizierter Mitbesitz bei Hypothekenbrief 1812, 1820
Quittung, löschungsfähige 1945

R

Räumungsgut, Erlös aus Verkauf unpfändbar 130 b

1263

Sachverzeichnis

Rang mehrerer Pfändungen 778
— bei Änderung der Anordnung nach § 850 f Abs. 1 ZPO 1189
— bei Dauerpfändung 691
— bei Einkommenspfändung 1269 ff.
— bei Pfändung eines Herausgabeanspruchs 2069
— bei Hilfspfändung 707
— bei Hypothekenpfändung 1859
— bei Pfändung fiktiver Vergütung 1279
— bei Vorratspfändung 690
Rangänderung, Rangrücktritt 685
Rangfolge mehrerer Unterhaltsberechtigter 1109
Rangrücktritt eines Pfändungsgläubigers 685
Rangtausch nach Heilung eines Vollstreckungsmangels 749
Rangvorbehalt 1733
Ratenzahlung, Berücksichtigung im Antrag 466
Ratenzahlungsverpflichtung 1179
Reallast 1734 ff.
— Pfändung der Einzelleistungen 1738–1740
— als zukünftige Forderung 966
Realsteuern 354
Rechenfehler, Berichtigung 523
Rechnungslegungsanspruch 699, 1741
— bei Bank-Kontokorrentpfändung 163
— eines Miterben 1677
— bei Rückgewähranspruch 1890 a
Rechtlicher Gesichtspunkt, Hinweis auf übersehenen 479
Rechtliches Gehör
— im Änderungsverfahren 1204
— bei anderweitiger Verwertung 1470
— im Beschwerdeverfahren 734
— im Erinnerungsverfahren 721
— für Gläubiger bei Pfändungsschutz für einmalige Einkünfte 1236
Rechtsanwalt
— Anderkonto 400
— vor Arbeitsgericht 955
— einmaliges Einkommen 1233
— Forderung an 17

— für Drittschuldnererklärung 637 Fußn. 25
— Geldeinziehung 402
— Geschäftskonto 402
— Honoraransprüche 14 a
— Kosten 854 ff.
— Kosten im arbeitsgerichtlichen Verfahren 961
— Kosten für Drittschuldnererklärung 647
— Mandantengelder 285
— Regressanspruch an ihn 290
— Sorgfaltspflicht 472
— Versorgungswerk 1460
— keine Vollmachtsprüfung von Amts wegen 470
— Zahlung an ihn 17
— siehe Anwaltsvergütung
Rechtsanwaltskosten 854 ff.
— für Arrestgesuch mit Pfändungsantrag 860
— Auslagenpauschale 862
— gegen eigene Partei 861
Rechtsbehelfe 709
— gegen Anordnung anderweitiger Verwertung 1480
— gegen Arrestpfändung 818
— gegen Vorpfändung 811
Rechtsbeistand
— Honorarforderung 14 a
— Vollmachtsprüfung 470
— siehe weiter bei Rechtsanwalt
Rechtsbeschwerde 737
Rechtsgeschäft, Recht auf Abschluss 117
Rechtsgrund, Bezeichnung 497, 512 ff.
Rechtsgrundlose Steuerzahlung 358, 373
Rechtshängigkeit 270
Rechtskraft des Aufhebungsbeschlusses 742
Rechtskraftwirkung des Urteils im Drittschuldnerprozess 665
Rechtsnachfolge
— in Anspruch aus unerlaubter Handlung 1192
— auf Arbeitgeberseite 972
Rechtsnachfolger des Urhebers 1766

Rechtspfleger
— Abhilferecht 724, 733
— des Arrestgerichts 445
— Beschwerde gegen seine Entscheidungen 729
— Erinnerung gegen Vollstreckungsmaßnahmen 715
— Zuständigkeit 445
Rechtsschutzbedürfnis 488, 488 a
Rechtsschutzinteresse bei Unterhaltsvollstreckung 1116
Rechtsschutzversicherung 291
Rechtsstaatwidrigkeit einer hoheitlichen Maßnahme 1333 d
Rechtsstreit bei Pfändung bereits anhängig 666, 667, 673
Rechtsverhältnis
— als Grundlage einer zukünftigen Forderung 27
— Rechtsstellung des Schuldners daraus 562
— Verfügung darüber nach Pfändung 37
Reedereivermögen, Gesellschaftsanteil daran 1745
— siehe auch Schiffspart
Referendar, Dienstbezüge 876
Regelsatz-VO 1176 d
Registerpfandrecht an Luftfahrzeug 2007
Regressanspruch an Rechtsanwalt 290
Rehabilitation, soziale Leistungen zur
— 1310, 1332
Reichsversicherungsordnung als Besonderer Teil des SGB 1319
Reihenfolge mehrerer Unterhaltsberechtigter 1109
Reisekosten 993
Reisender, Provision als Arbeitseinkommen 881
Reisevertragsansprüche 292
Rente 1005 ff.
— aus Altersvorsorgevermögen 71 n
— Ausgleichsrente nach BVG 1324
— nach BEG 99, 101, 104
— Grundrente nach BVG 1324
— wegen Körperverletzung 297
— Kontogutschrift der Rente nach BEG 1298 b; der Rente nach LAG 1298 b
— Pfändbarkeit 1362

— in der gesetzlichen Rentenversicherung 1322
— in der Unfallversicherung 1321
— auf vertraglicher Grundlage 1007
Rentenabfindung 1322
Rentenanwartschaft 420
Rentenauskunft 1369 d
Rentennummer, Bezeichnung im Pfändungsbeschluss 1378 a
Rentenschuld 1975
— Rentenschuldbrief, Hilfspfändung 706
Rentenversicherung 192
— Beitrag 1135
— gesetzliche 1322
— Leistungen 1322
— zur Altersvorsorge 71
Repräsentationskosten 993
Restbetrag
— Antrag 464
— nach Ratenzahlung 466
Restkaufpreis
— Zahlung nach Anwartschaftspfändung 1492
— als Zwangsvollstreckungskosten beitreibbar 1500
Rheinland-Pfalz, Drittschuldnervertretung Seite 1230
Richter
— Dienstbezüge als Arbeitseinkommen 876
— Zuständigkeit 445
— Zuständigkeit für Entscheidung über Erinnerung 720, 734
Rückabtretung einer Geldforderung 65–68
— künftigen Lohns 1258 ff.
Rückabtretungsanspruch 66
Rückabwicklungsanspruch 293
Rückerstattung hinterlegten Geldes 303
Rückerstattungsansprüche 294
Rückforderung
— des Schenkers bei Nichterfüllung einer Auflage 328
— wegen Verarmung des Schenkers 326
Rückgabe
— einer Mietkaution 265
— einer gemieteten Sache 266
— von Urkunden durch Gläubiger 625

1265

Sachverzeichnis

Rückgewähr von Sicherheiten, Bezeichnung bei Pfändung 514
Rückgewähranspruch 1886 ff.
— oder Eigentümergrundschuld 1905
— an Geldforderung 66
— bei Gesamtgrundschuld 1902 a
— nach Rücktrittsrechts-Ausübung (§ 346 BGB) 562 b
— für Schuldner und anderen Berechtigten 1903
— in Zwangsversteigerung 1908
Rückgewährvormerkung 1900
Rückkaufsrecht 1789 a
Rückstände 1042
— bei fingiertem Einkommen 1228
— Unterhaltsansprüche über ein Jahr rückständig 1089
Rücktrittsrecht 562 a
Rückübereignungsanspruch des Grundstücksveräußerers 2054–2054 e
Rückübertragungsanspruch, Pfändung 770
Rückwirkende Pfändung bei Entscheidung über Erinnerung 720
Rückwirkung des Änderungsbeschlusses 1207, 1208
Rückzahlung eines Darlehens 113
Ruhegeld 884
Ruhestand, gleitender Übergang 1317
RVO als Besonderer Teil des SGB 1319

S

Saarland, Drittschuldnervertretung Seite 1231
Sachbezüge des Soldaten, der Wehrdienst leistet 905, 906, 1171
Sachen siehe körperliche Sachen
Sachleistung, Bewertung 1168, 1170 als Sozialleistung, Begriff 1311
— nach SGB, Pfändbarkeit 1334
Sachmängelansprüche 702
Sachnutzung und Dienstleistung 1243
Sachpfändung neben Forderungspfändung 759
— durch Gerichtsvollzieher bei Eigentumsvorbehalt 1495

Sachschaden 297
— Erstattungsanspruch des Soldaten bei – 904
Sachsen, Drittschuldnervertretung Seite 1232
Sachsen-Anhalt, Drittschuldnervertretung Seite 1233
Sachverständigenentschädigung 429
Sachverständigenhaftung 298 a
Sachvortrag des Gläubigers 485 a
Safe 1752
Saisonarbeiter 881, 970
Saldoforderung 154
— gegenwärtige 155 a, 155 b
— künftige 155 a, 156
— siehe auch Kontokorrent
Sanitätsoffizier 912
Satzungsbestimmung über Einziehung des Geschäftsanteils 1616
Schaden, Immaterieller 309
— bei Nichterfüllung der Drittschuldnerauskunft 649
Schadensausgleich nach Bundespolizeigesetz 295
Schadensersatz
— für Arbeitsvergütung 895
— Bezeichnung im Pfändungsbeschluss 498
— bei später Geltendmachung der Forderung durch Gläubiger 605
— bei Nichteinbehaltung gepfändeten Lohns 945
— für Nichtvermögensschaden 309
— aus Patentverletzung 1730
— Übergang auf einen Dritten 896
— wegen Unterhaltsentziehung 1079
Schadensersatzanspruch
— wegen Nichterfüllung 702
— eines Unterhaltsberechtigten 1079
— aus Verlöbnis 411
Schadensersatzforderung 296
— nach § 717 Abs. 2 ZPO 301
Schadensersatzpflicht bei verzögerter Freigabe von Hinterlegungsgeld 793, 794
Schadensversicherung 310
Schaumweinsteuer 354

Scheck 2093
— zum Vollstreckungstitel 470 a
Scheckkarte 164
Schenkung 325
Schenkungsteuer 354
— Entstehung 362
Schenkungsversprechen 325
Schiff
— Havarie 324
— Herausgabe 2033
Schifffahrtstreibender siehe Binnenschiffer
Schiffsgrundschuld 2005
Schiffshypothek 1997 ff.
Schiffspart 1464, 1744 ff.
Schleswig-Holstein, Drittschuldnervertretung Seite 1233
Schließfach 1752
Schlüssigkeit des Gläubigervorbringens 485, 486
Schlusserbe 1663
Schmerzensgeld 309 a
— in Rentenform 1009
Schmutzzulage 990, 997
Schöffe 998
Schrankfach 1752
Schreibfehler-Berichtigung 523
Schriftsteller 1233
Schuldanerkenntnis, Drittschuldnererklärung als solches? 646
Schuldbefreiende Wirkung der Hinterlegung 791
Schuldbefreiung 95
— siehe auch Befreiung von einer Schuld
Schuldbefreiungsanspruch eines Unterhaltsberechtigten 1012
Schuldbeitritt 699
Schuldbuchforderung 1787 n
Schuldentilgung als besonderer Aufwand 1179
Schuldner
— Anhörung nicht vor Pfändung 481
— Anhörung nicht im Rechtsmittelverfahren vor Pfändung 482
— Anhörung nicht vor Überweisung sogleich mit Pfändung 482
— Auskunftspflicht 621

— Auslegung der Bezeichnung 511
— Begriff 7
— Beschwerdeberechtigung 724
— Bezeichnung im Pfändungsbeschluss 492
— Erinnerung 717
— Herausgabepflicht 623
— mehrere 53
— Pfändungsschutz für Kontoguthaben 1281 ff.
— Rechtskraftwirkung des Urteils im Drittschuldnerprozess 665
— Rechtsstellung nach Pfändung 559 ff.
— Rechtsstellung nach Überweisung 606
— Verbotene Verfügungen 559
— Zuständigkeit bei Vollstreckung gegen mehrere 452
Schuldnerkonto, Gutschrift wiederkehrender Einkünfte 1281 ff.
Schuldnerverbot 504, 506
Schuldsaldo und Kontoguthabenschutz 1437
Schuldtitel siehe Vollstreckungstitel
Schuldübernehmer, Unterhaltsanspruch gegen ihn 1078
Schuldverschreibung auf Inhaber 2098
— Sicherungshypothek aus – 1800, 1843
Schuldversprechen
— bei Eigentümergrundschuld 1934 a
— bei Grundschuldpfändung 1885 a
— bei Hypothekenpfändung 1797 b
Schutzfrist bei Kontenpfändung 1429
Schutzschrift 481 a
Schwangerschaftsabbruch, Hilfe 1320 c
Schwerstbeschädigtenzulage nach BVG 1359
Schwiegereltern, kein Freibetrag für 1047
Selbständige Vertreter siehe freie Handelsvertreter
Selbstverpflegungskosten 136
Sequester
— bei Pfändung des Anspruchs auf eine unbewegliche Sache 2037 b ff.
— bei Pfändung des Rückgewähranspruchs 1899
Serviersystem 900
Sicherheiten, Bezeichnung bei Pfändung des Rückgewähranspruchs 514

1267

Sachverzeichnis

Sicherheitsleistung 301
— bei einstw. Einstellung 722
— bei Faustpfand 703
— zur Haftverschonung 330
— Überweisung bei nachgelassener 595
Sicherungsabtretung 701
— von Arbeitseinkommen 1258 c
— Pfändung des Rückübertragungsanspruchs 770
Sicherungsgrundschuld 1874
Sicherungshypothek
— bei Auflassungsanwartschaft 2058
— als Buchhypothek zu pfänden 1834
— durch Eigentumsübertragung nach Pfändung 2046 ff.
— aus Schuldverschreibung 1800, 1843
Sicherungsmaßnahmen 557, 561
Sicherungsrechte 701
Sicherungsübereignung 1501 ff.
— auflösend bedingte 1506
— als Sicherungsrecht selbständig zu pfänden 701
Sicherungsvollstreckung 581 a
Sieben-Tage-Schutz für Kontoguthaben 1423
Soforthilfe nach BEG 102
Soforthilfe-Aufbaudarlehen 395
Sofortige Beschwerde 709–713, 729 ff.
Sold nach NATO-Truppenstatut 48
— Wehrsold 905
Soldaten auf Zeit 907
— zuständiges Vollstreckungsgericht 448
Soldatenbezüge 904
— des Wehrdienstleistenden 905
Soldatenversorgungsgesetz 904
— Anspruch bei Wehrdienstbeschädigung 1325
Solidaritätszuschlag 361 a, 379, 1134
Sonderbedarf des Unterhaltsgläubigers 1012
Sonderfälle, begünstigte Pfändung 1190
Sonderkonto 404
— Einzahlung darauf statt Hinterlegung 793
Sondernutzungsrecht 1792
Sonderrechtsnachfolger in sozialen Leistungsanspruch 1345

Sorgfaltspflicht des Rechtsanwalts 472
Sozialbehörden, Vollstreckung 444
Soziale Leistungen 1301 ff.
— Einzelleistungen 1309
— auf Konto 1423
— siehe auch Sozialleistungen
Soziales Jahr, freiwilliges 915
Sozialgericht, Vollstreckungstitel 440
Sozialgesetzbuch (SGB) 1301 ff.
Sozialhilfe, Anspruch auf sie 1176, 1330
Sozialhilfebedarf, Pfändungsgrenze 1175 a
— Pfändungsschutz auf Antrag 1176
Sozialhilfeträger, Ersatzanspruch mit Vorrecht 1082
Soziallasten vom Bruttoeinkommen absetzen 1134, 1135
Sozialleistungen
— Dienstleistungen, Begriff 1311
— Geldleistungen, Begriff 1311
— auf Konto 1423
— künftiger Anspruch 1369
— Pfändung 1301 ff.
— Recht auf soziale Leistungen 1309 ff.
— Sachleistungen, Begriff 1311
— Zusammenrechnung mit Arbeitseinkommen 1150 ff.
Sozialleistungsbereiche, Kostenfreiheit der Leistungsträger 852
Sozialplanabfindung 1234
Sozialversicherung
— Abzug bei Einkommenspfändung 1134, 1135
— Sozialleistungen 1318 ff.
Spaltung, Arbeitsverhältnis nach – des Drittschuldners 972
Sparbuch 333
— Herausgabe 336
— Hilfspfändung 706
— Nummer 332
Sparguthaben 331
— des Bausparers 88
— Gläubiger 337
— Währungsausgleich 187
Sparkasse als Geldinstitut 1426
— Schuldnerkonto für wiederkehrende Einkünfte 1281

Zahlen [ohne Zusatz] = Randnummern

Sparzulage siehe Arbeitnehmer-Sparzulage
Spenden 1136
Sperrkonto 407
Spesen 993
Spielautomat 1509
Spielkartensteuer 354
Staat, Drittschuldnervertretung S. 1220 ff.
— Forderungen gegen ihn 23
Staatenloser, Pfändungsschutz 881
Staatshaftung 298
Staatskasse, Kostenerstattung 167
Stahlkammerfach 1752
Stammeinlage einer GmbH 343
Stammeinlageforderung der GmbH 343, 1630
Stationierungsschäden 352
Stellenzulage 877
Sterbebezüge 1003
Sterbegeld, des Beamten 880
— der Eltern eines Zivildienstverpflichteten 914
— der Hinterbliebenen von Bundestagsmitgliedern 107
— des Hinterbliebenen eines Soldaten auf Zeit 911
— nach SVG 904
Sterbegeldversicherung 191
Steuerabzug vom Arbeitslohn 1134
Steuerberater
— Honorarforderung 14 a
— Kosten für Erstattungsantrag als ZwV-Kosten 375
Steuerbevollmächtigter, Einkommen 1233
Steuererklärung 387
Steuererstattung 354
Steuerklasse 1134 a
Steuerklassenwahl 1134 a, b
Steuerpflichtiger, Erstattungsanspruch 354
Steuerschuldverhältnis 354
Stiefkinder, kein Freibetrag 1047
— Kinderzuschuss zu Rente 1367
Stiftung, fortlaufende Einkünfte 1016
— Conterganstiftung für behinderte Menschen 109
— HIV-Hilfestiftung 151 b
— Mutter und Kind 267

Stille Gesellschaft 1598
Stille Zession 766
— von Arbeitseinkommen 1253, 1258 d
Stimmrecht 558
Straftat, öffentliche Darstellung 398
Strafverfolgungsmaßnahmen, Entschädigung 122
Straßenverkehrsgesetz 299
Streikunterstützung 883
Streitkräfte nach NATO-Truppenstatut 48
Streitverkündung 659, 660
— Form 661
— im Verfahren vor Arbeitsgericht 954
Studienbeihilfe 1002
Stücklohn 881
Subunternehmer, Zahlung durch Drittschuldner 576
Subvention 395

T

Tabaksteuer 354
Tabelle zu § 850 c ZPO 1045 a und Seiten 1183 ff.
Tagegeld 994
— aus Krankenversicherung 893
Tankstellenverwalter 900 b
Tantieme 881
— des Urhebers 1771
Tarifliche Verfallfrist 958
Tariflohn 881
Taschengeld
— des Altenteilers 1030 a
— im Strafvollzug 140
Taschengeldanspruch
— Anspruch 1031
— Durchführung der Pfändung 1032 ff.
— Pfändbarkeit 1031 e
— Pfändungsbeschluss 1032 c
— Pfändungswirkungen 1032 g
— Vorpfändung 1034
Taschenpfändung bei Kellner 900 a
Tatsachenvortrag des Gläubigers 485
Taxichauffeur 900 b
Teesteuer 354

Sachverzeichnis

Teilbetrag
— Antrag für 464
— Bezeichnung im Beschluss 507 a
Teilpfändung 761
— bei Freistellung der Zinsen 697
— einer Hypothek 1848 ff.
— eines GmbH-Geschäftsanteils 1615
Teilschuld 54, 61
Teilungsversteigerung 1695 ff.
Teilzahlung siehe Ratenzahlung
Teilzeit-Arbeitsverhältnis 881 a
Telefongebühren 1178
Testamentsvollstrecker
— Einkommen 1233
— Ausübung eines Urheberrechts 1768
— zuständiges Vollstreckungsgericht 450
— Zustellung 549
Teuerungszulage 881
Thüringen, Drittschuldnervertretung Seite 1234
Tierarzt 14 a, 1233
Tierschadenversicherung 310
Tierseuchengesetz 300
Tierverlust, Geldentschädigung 300
Tilgungsreihenfolge bei Unterhaltsvollstreckung 1131 a
Todesfall des Versicherungsnehmers 1020
Tötung, Schaden nach BPolG 295
Transportversicherung, Police 2081
Trennung eines Antrags 475
Trennungsentschädigung 994
Treuegeld 985, 989
Treuhänder 396 ff.
— als Gläubiger einer Geldforderung 66
— Pfändung des Rückübertragungsanspruchs 770
Treuhandkonto 401
Treuhandvermögen 398 ff.
Trinkgeld 900
— Anrechnung auf Freibetrag nach § 850 d ZPO 1104
— freiwilliges 900 a
Troncsystem 900
Truppenmitglieder nach NATO-Truppenstatut 46
— deren Sold 48
— Stationierungsschaden 352

Truppenstatut siehe NATO-Truppenstatut

U

Überbrückungsbeihilfe der Gefangenen 143
Überbrückungsgeld eines Gefangenen 138
Übererlös aus Verwertung einer Sicherheit 1508 b
Übergang des Unterhaltsanspruchs auf Dritte 1080, 1081
Übergangsbeihilfe nach SVG 904
Übergangsgebührnisse des Soldaten 907
Übergangsgelder 877
— ausgeschiedener Bundestagsmitglieder 107
Übergangshilfe des Soldaten 908
Übernachtungsgeld 994
Überpfändung 755
— Wirkung 760
Überschuss des Versteigerungserlöses 124, 130
Überstundenvergütung 980
Übertragung des Eigentums siehe Eigentumsübertragung
Übertragungsanspruch 1887 c
— Erfüllungswirkung 1895
— und Löschungsvormerkung 1904
— mehrfache Pfändung 1902
— hinsichtlich Versteigerungserlös 1910
Überweisung 579
— nach Arrestvollziehung 817, 819
— Aufschub der Leistung 588, 588 d ff.
— Drittschuldnerschutz gegen unrechtmäßige 618
— zur Einziehung 582, 589
— nur zur Einziehung 594
— nur zur Einziehung mit Hinterlegungsanordnung 595
— zur Einziehung bei hilfsweiser Arrestpfändung 708
— zur Einziehung einer Hypothekenforderung 1838
— Gläubigerverzicht 677
— einer Grundschuld nach Erfüllung des Rückübertragungsanspruchs 1901

- eines Guthabens bei einem Geldinstitut 588
- mehrere 600
- nach Pfändung eines Schuldnerkontos für wiederkehrende Einkünfte 1282
- verschafft keinen Pfändungsrang 781
- bei nachgelassener Sicherheitsleistung 595
- bei nur vorläufig vollstreckbarem Titel 586
- Wirksamwerden 582
- Wirkung 602
- an Zahlungs statt 582, 596, 613
- an Zahlungs statt bei Hypothekenpfändung 1839, 1840
- an Zahlungs statt unter Nennwert 1477

Überweisungsbeschluss 582
- Auslegung 588 a
- Berichtigung 588 c
- Drittschuldnerschutz 618
- Ergänzung 624
- nach Pfändung gesondert 584
- nach Pfändung einer Hypothekenforderung 1837 a
- nach Pfändung eines Wechsels oder indossablen Papiers 2081
- Verbindung mit Pfändungsbeschluss 583

Überweisungskosten 608
Überziehungskredit (geduldeter) 116, 119
Umfangreiche Unterhaltspflichten 1175 a, 1180
Umsatzprozente 881
Umsatzsteuer 354
- Entstehung 363
- Haftung des Gläubigers als Unternehmer 605 a

Umwandlung
- Arbeitsverhältnis nach – des Drittschuldners 972
- einer GmbH in eine Aktiengesellschaft 1622
- einer Lebensversicherung 208

Umwelthaftung, Schadensersatzansprüche 299
Umzugskosten 993, 994
Unabhängige Dienstverträge 886

Unbekannter Berechtigter 1994
Unbenannte Zuwendung 121
Unbewegliche Sache, Herausgabe 2034
Undank, Rückforderungsrecht 329
Und-Konto 165 a, 340
Unentbehrliche Miet- oder Pachtzinsen 250
Unerlaubte Handlung 1190
Unfallausgleich des Beamten 880
Unfallentschädigung des Beamten 880
- nach SVG 904

Unfallverhütungsprämie 881, 1234
Unfallversicherung 408
- Beitrag 1135
- gesetzliche 1321

Unpfändbare Einkommensteile 976 ff.
- bei Unterhaltsvollstreckung 1093 ff.

Unpfändbarkeit
- Änderung der Voraussetzungen 1200
- Einwand 751
- sozialer Geldleistungen 1356–1359
- Geltendmachung durch Drittschuldner im Prozess 752, 753
- bei Unübertragbarkeit 14

Unterbrechung des Arbeitsverhältnisses 969

Unterhalt
- Berechnung des notwendigen 1093 ff.
- Bezeichnung im Antrag 463
- Deckung durch Naturalleistungen 1173
- des überlebenden Ehegatten zur Ausbildung 1047
- statt Herausgabe eines Geschenks 326
- des Insolvenzschuldners 1015 a
- für ungewolltes Kind 297
- notwendiger 1093
- Umfang des notwendigen 1094
- Rente als Schadensersatzforderung 297
- Schaden für Entziehung nach BPolG 295

Unterhaltsanspruch
- Pfändungsgrenze bei Vollstreckung 1075
- Schadensersatz dafür 1079
- Übergang auf Dritte 1080, 1081
- Vorratspfändung 688

Sachverzeichnis

Unterhaltsbeitrag
— der Angehörigen 885
— Zuerkennung nach Disziplinarrecht 878
Unterhaltsberechtigte, Reihenfolge 1109
Unterhaltsgläubiger, Verweisung auf erweitert pfändbares Einkommen 1276, 1277
Unterhaltsleistungen, Erstattungsansprüche 1011
Unterhaltspflichten des Schuldners
— besonders umfangreiche 1175 a, 1180
— Freibeträge 1047
Unterhaltsrenten 1010
— als Schadensersatzforderungen 297
— Übergang auf Zweitverpflichteten 1011
Unterhaltsrückstände über ein Jahr 1089
Unterhaltssicherung des Wehrpflichtigen und seiner Angehörigen 912
Unterhaltsvorschussgesetz 1327 a
Unterkunft
— freie 1165
— Gemeinschaftsunterkunft 904
Unterlassungsanspruch 1757
— bei Patentverletzung 1729
Untermiete 264
Unternehmen siehe gewerbliches Unternehmen
Unterschrift bei Antragstellung 469
— Pfändungsbeschluss 507 b
Unterstützungskasse 884, 917, 920
Untersuchungsgefangene 144 a
Unübertragbare Forderungen 14, 15
— nachträgliche Genehmigung der Abtretung 767
— aus Handelsgeschäft 767
Unveräußerliche Rechte 1462 a
Unzulässigkeit der Pfändung, Geltendmachung 751
Urheberrechte 1758 ff.
Urkunde
— Herausgabepflicht des Schuldners 621
— Rückgabe durch Gläubiger 625
— bei Teilpfändung 625
— Vorlage bei Antragstellung 470
Urlaubsabgeltung 988
Urlaubsanspruch 988

Urlaubsentgelt, Urlaubsgeld 987
Urlaubsvergütung, Urlaubszuschuss 987
Urteilsvollstreckung, Schadensersatz nach Urteilsaufhebung 301
Urteilswirkung 665, 668
USA, Wehrsold und Witwenrente 48 (Fußn. 38)

V

Veräußerung, freihändige eines GmbH-Anteils 1627
Verarmung des Schenkers 326
Verbesserungsvorschlag
— Entschädigung dafür 1234
— Prämie dafür 881
Verbindlichkeit, Befreiung davon 11
Verbot
— an Drittschuldner 503
— der Überpfändung 755
Verbraucherinsolvenzverfahren 577 k
Verbrauchsteuern 354
Verbriefte Forderung 2081
Verbundene Leben 210
Verdienst der Ehefrau 1105
Verdienstausfall
— Entschädigung 300
— Entschädigung für bei Wehrübungen 910
— Schadensersatz 297, 896
Verein 1773
— Arbeitseinkommen des Vorstands 886
Vereinigte Staaten, Bezüge der Mitglieder der Streitkräfte 48
Vereinte Nationen 44
Verfallfrist, tarifliche 958
Verfügungsbeschränkung bei Pfändung eines Miterbenanteils 1679
— Eintragung in das Grundbuch 1682
Vergütungen
— Anspruch eines Drittberechtigten 1216
— sonstige für Dienstleistungen 886
— eines Urhebers 1771
Verkauf
— einer beweglichen Sache 152 e
— eines gepfändeten Rechts 1476
— landwirtschaftl. Erzeugnisse 175
— s. auch freihändiger Verkauf

Zahlen [ohne Zusatz] = Randnummern

Verkaufsautomat 1509
Verkehrsteuern 354
Verlobungsgeschenk, Herausgabe 413 a
Verlöbnis 413
Vermächtnis 414 ff.
Vermieter als Arbeitgeber 1254
Vermieterpfandrecht
— und Eigentumsanwartschaft 1499
— als Nebenrecht 699
Vermittlung der Zustellung 533
— im Beschwerdeverfahren 727
— im Erinnerungsverfahren 720
Vermögensbildung 921
— siehe auch Arbeitnehmer-Sparzulage
Vermögensrechte, andere 1461 ff.
Vermögens-Rückübertragung 1777
Vermögensübertragung, Arbeitsverhältnis nach – des Drittschuldners 972
Vermögenswirksame Anlage 923
Vermögenswirksame Leistungen 921
Verpachtung eines Rechts 1478
Verpfändung und Pfändung 773 a
— von Arbeitseinkommen 1259
— fingierten Einkommens 1231
— sozialer Geldleistungen 1417
— des Steuererstattungsanspruchs 376
Verpfändungsgläubiger 7
Verpfändungsschuldner 7
Verpflegungskostenzuschuss 994
Verpflichtung zur Abtretung 767
Verpflichtungsschein 2081
Verrechnung sozialer Geldleistungen und Pfändung 1418, 1420
Verschmelzung, Arbeitsverhältnis nach
— des Drittschuldners 972
Verschulden bei Vertragsabschluss 702
Verschwägerte, kein Freibetrag für sie 1047
Versetzung in ein anderes Amt 973
Versicherung
— für fremde Rechnung 314
— der gepfändeten Forderung 602
— Schadensversicherung 310
— siehe auch Lebensversicherung
Versicherungsforderung 310
— bei hypothekarischer Haftung 323

Versicherungsnummer 1378 a
Versicherungsrente (Lebens- oder Unfallversicherung) 892
Versicherungsschein 202
— Hilfspfändung 706
Versicherungssteuer 354
Versicherungsvertreter, selbständiger (freier) 886
— mit Inkasso 899
Versorgung infolge Schädigung des Zivildienstpflichtigen 914
Versorgungsanstalt des Bundes und der Länder 894
Versorgungsausgleich 420
— schuldrechtlicher 422
Versorgungsbezüge der Beamten als Arbeitseinkommen 876, 877
— Regelung in § 51 BeamtVG 880
— der Hinterbliebenen von Soldaten 904
Versteigerer 1472, 1474
Versteigerung
— eines gepfändeten Rechts 1472
— eines GmbH-Geschäftsanteils 1625
— einer Hypothek 1842
— eines Nachlassanteils 1700
Versteigerungserlös 124, 126, 130
— Anspruch des Gläubigers einer erloschenen Hypothek 1870
— Empfangnahme 556, 602
— und Rückgewähranspruch 1908
— siehe auch Erlös, Erlösanspruch
Versteigerungsrichter und -rechtspfleger nicht Drittschuldner 23, 130
Verstoß gegen Pfändungsverbot (-beschränkung) 750, 754
Verteidiger, gerichtlich bestellter 74
Verteilungsverfahren
— nach Hinterlegung 792
— unzulässig bei Konkurrenz von Abtretung und Pfändung 768
— in Teilungsversteigerung 1698
Vertrag zugunsten Dritter 34, 196
Vertraglicher Unterhaltsanspruch, Vorrecht nach § 850 d ZPO? 1077
Vertragsabschluss, Verschulden 702
Vertragsangebot 1483 a
Vertragsannahme 1483 a

1273

Sachverzeichnis

Vertragsspieler 889
Vertragsstrafe 1779
Vertrauensschutz des Drittschuldners 618
— nicht bei Aufhebung nach § 765 a ZPO 612
Vertreter
— Forderung an ihn 17
— Zahlung an ihn 17
— siehe auch Rechtsanwalt
Verwahrung durch einen Notar 1780
Verwaltung
— eines Nachlassanteils 1702
— eines Rechts 1478
— von Wohnungseigentum 428
Verwaltungsakte, Vollstreckung 6
Verwaltungsanordnung über die Drittschuldnervertretung des Bundesministeriums der Verteidigung Seite 1220
Verwaltungsgericht als Vollstreckungsgericht 6
— Vollstreckung der Entscheidung eines – 442
Verwaltungsvollstreckung 442, 443
— Aufhebung der Pfändung eines Kontoguthabens 1298 c
— und erweiterte Pfändung 1199 a
— Hinterlegung bei Mehrfachpfändung 792 a
— und Lohnverschleierung 1232 a
— Pfändungsverfügung, Inhalt 495 a
— Rechtsbehelfe 710 Fußn. 3
— Schutz nach § 850 f Abs. 1 ZPO 1189 d
— Forderung aus unerlaubter Handlung 1199 a
Verwaltungsweg, Vollstreckung im – 443
Verwaltungszwangsverfahren 6
— Drittschuldnererklärung 636
Verwandte als gesetzliche Unterhaltsberechtigte 1047
Verwertung
— andere Art 1466
— einer Hypothek 1842
Verwertungsbefugnis eines Urhebers 1761, 1762
Verwertungsübererlös 1508 b
Verzicht
— auf Arbeitseinkommen 874

— auf Gesamtgrundschuld 1902
— des Gläubigers 676
— auf Hypothek (Eigentümergrundschuld entsteht) 1915
— auf Sozialleistung 1307
— auf Vorpfändung 809
— Zustellung der Erklärung 678
Verzichtsanspruch 1887 c
— Erfüllungswirkung 1893
— hinsichtlich Versteigerungserlös 1910
VG Wort, Vergütungsanspruch 1233
Vollmacht 470
— Pfändung 1782
Vollpfändung 761
Vollstreckbare Ausfertigung 5
Vollstreckbarer Anspruch, Bezeichnung im Pfändungsbeschluss 495
Vollstreckungserinnerung 716
Vollstreckungsforderung, Einwendungen und Einreden dagegen 710, 744
Vollstreckungsgegenklage 744
— Nachprüfung von Zwangsvollstreckungskosten mit – 839
Vollstreckungsgericht
— Amtsgericht, Zuständigkeit 440
— Arrestgericht 813
— Bezeichnung im Pfändungsbeschluss 491
— ist nicht Drittschuldner 1983
— klarstellende Entscheidung in Zweifelsfällen 928
Vollstreckungsklausel, Umschreibung 669, 673
Vollstreckungskosten bei Teilbetrag 464
Vollstreckungsschutz
— Aufhebung des Pfändungsbeschlusses 612
— Kosten des Verfahrens 838
— bei Miete/Pacht 247
— Zuständigkeit 445
Vollstreckungstitel 2
— auf Mark „DDR" 4 a
— Duldungstitel 4
— Haftungstitel 4
— verwaltungsgerichtliche 6
Vollziehungsbeamter 636
Volontär 881

Vorabentscheidung bei Kontoguthabenschutz 1294
Vorabschutz bei Kontoguthabenpfändung 1293
— von Kontoguthaben für SGB-Geldleistungen 1439 k
Vorauspfändung siehe Dauerpfändung
Vorauszahlung auf Lohn (Gehalt) 1262 ff.
Vorbehaltsverkäufer 1486
Vorbenutzungsrecht nach PatG 1727
Voreintragung des Schuldners 1832
Vorerbe, keine Überweisung bei ZwV gegen ihn 581 b
Vorerbenanteil 1705
Vorgerichtliche Kosten 827
Vorkaufsrecht 1783
— Recht nach Ausübung 1784
— bei Veräußerung eines Nachlassanteils 1701
Vorläufige Eigentümergrundschuld 1948
Vorläufige Vollstreckbarkeit, Sicherungsvollstreckung bei – 581 a
Vormerkung 699, 1785
— auf Hypothekeneintragung 1801
— keine Eigentümergrundschuld aus Hypothekenvormerkung 1917
— siehe auch Rückgewährvormerkung
Vorpfändung 795
— von Arbeitseinkommen 946–948
— bei Arrestvollziehung 814
— für bedingt pfändbare Forderung (§ 850 b ZPO) 1034
— Drittschuldnerauskunft 810
— bei drittschuldnerlosen Rechten 797
— Durchführung 799
— einer Eigentümergrundschuld 797
— nach Fristablauf wirkungslos 802
— durch Gerichtsvollzieher 801
— einer Hypothek 1866
— Kosten 812
— Muster 795
— Rechtsbehelf 811
— eines Sachleistungs- oder Sachherausgabeanspruchs 2019
— sozialer Geldleistungen 1414, 1415
— durch Unterhaltsgläubiger 1130
— eines Versteigerungserlöses 797

— Verzicht 809
— Voraussetzung 798
— Wiederholung 808
— Wirksamwerden 800
— Wirkungen 802, 807
— bei Wechselpfändung 797
— Zusammenrechnung 1148, 1164 b
— Zweck 796
— Zustellung 800
Vorrang vor nicht gepfändetem Rest 507 a
Vorratspfändung 687 ff.
— einer laufenden Geldleistung nach SGB 1389
— von Krankengeld 1390
Vorruhestandsgeld 884 a
Vorsätzlich begangene unerlaubte Handlung 1190
Vorschuss auf Lohn oder Gehalt 1262 ff.
Vorschusspflicht nicht in Arbeitsgerichtssachen 850
Vorschusszahlung und Auszahlungszeitraum 1041
Vorsorgevermögen zur Altersvorsorge 70, 71 i
Vorstandsmitglied
— einer Aktiengesellschaft (GmbH) 886
— eines Vereins 886
Vorvertrag 1483 a
Vorzugspfändung 687 ff.
Vorzugsrechte 693, 700

W

Wahlrecht 1786
Wahlschuldverhältnis 32
Waisengeld 885
Waisenkasse 1019
Wandelschuldverschreibung 1605
Wartegeld des früheren Arbeitnehmers 890
— eines Beamten 877
Wechsel 2081
— Wechselforderung bei Hypothek 1843
— zum Vollstreckungstitel 470 a
Wechsel des Arbeitgebers 964
Wechsel des Arbeitsplatzes 1257
Wechsel des Dienstherrn 974

Sachverzeichnis

Wechselprotest 557, 561
Wechselsteuer 354
Wegegeld 994
„Wegen und in Höhe" 762
Wegnahmevollstreckung 624
Wegstreckenentschädigung 993
Wehrdienst, Wehrsold des Soldaten, der – leistet 905
Wehrdienstbeschädigung
— Ausgleich dafür 904
— Anspruch bei – 1325
Wehrdienstpflichtige, zuständiges Vollstreckungsgericht 448
Wehrpflichtiger 912
— Unterhaltssicherung des Angehörigen 912
Wehrsold 904, 905, 906
Wehrübung, Verdienstausfall 910, 912
Weihnachtsvergütung 999
Weiterversicherung 1135 a
Werklieferungsvertrag 423
Werklohn 424
— Bezeichnung im Pfändungsbeschluss 513
— siehe auch Werkvertrag
Werklohnforderung als Dienstleistungsvergütung 886
— Zahlung an Subunternehmer 576
Werktitel 1651 d
Werkvertrag 423
— Forderung daraus als Dienstleistungsvergütung 886
— Sicherheiten dafür 424 c
Wert siehe Gegenstandswert, Geschäftswert
Wertpapiere, sonstige 2081 ff., 2092
— Aktien als solche 1605
— Hilfspfändung der Wertpapiere 706
Wertpapierverwahrung 1787
Westeuropäische Union 42
Wettbewerbsentschädigung 890, 891
Widerrufsrecht des Schenkers 329
Widerspruch 1788
Widerspruchsklage 745
Wiederanstellung
— nach Arbeitsunterbrechung 969
— eines pensionierten Beamten 973

Wiederholung der Vorpfändung 808
Wiederkaufsrecht 1789
Wiederkehrende Einkünfte, Schuldnerkonto dafür bei Geldinstitut 1281
Wiederkehrende Leistungen, Bezeichnung im Antrag 463
Wildschaden 300
Wintergeld
— als Sozialleistung 1314, 1447
— Pfändung 1447 a
Wirksamwerden
— des Aufhebungsbeschlusses 741, 742
— der Pfändung 525
Wirtschaftsförderung 395
Wirtschaftsgeld 1015
Wirtschaftsprüfer
— Anderkonto 400
— einmaliges Einkommen 1233
Wissenschaft, Urheberrecht für Werk der Wissenschaft 1759
Witwengeld 885
Witwenkasse 1019
Witwenrente für Witwe eines amerik. Truppenangehörigen 48 (Fußn. 38)
Wohngeld
— als Sozialleistung 1328
— Kontogutschrift 1439 c
— Pfändbarkeit 1358
— Wohngeldgesetz als Besonderer Teil des SGB 1328
— Zusammenrechnung mit Arbeitseinkommen 1157
Wohnsitzgericht 446
Wohnung, freie 1165
— Zuschuss für angemessene 1328
Wohnungsbauprämie 424 d
Wohnungseigentümer 425
— isolierter Miteigentumsanteil 1793
— Sondernutzungsrecht 1792
Wohnungsrecht 1516
— Ausübungsbefugnis 1518

Z

Zählkind 153 f
Zahlkind 153 e

Zahlen [ohne Zusatz] = Randnummern

Zahlungseingang, neuer und Kontoguthabenschutz 1297
Zahlungsverbot 503
— nach Erlass des Leistungsurteils 670
Zahlungszeit, Bezeichnung 498
Zahnarzt 1233
Zehrgeld 993
Zeitlohn 881
Zeitschriftentitel 1651 d
Zeitsoldat siehe Soldaten auf Zeit
Zession, stille von Arbeitseinkommen 1253
Zessionar
— als Darlehensgläubiger 115 c
— als neuer Forderungsgläubiger 764
— Klage 675
— Pfändungsprivileg 1192
Zeugenentschädigung 429
Zinsen
— Anspruch bei Eigentümergrundschuld 1958
— für Anspruch aus unerlaubter Handlung 1191
— Ausnahme von Pfändung 697
— Bezeichnung im Pfändungsbeschluss 495
— Bezeichnung im Pfändungsbeschluss bei Hypothekenpfändung 1807
— Mitpfändung 694, 696
— als Nebenschuld 694
— ohne Pfändungsvorrecht 1087
— Pfändung nur der Zinsen 698
— Rückständige 695
— Rückstände bei Hypothek 1798
— aus Steuerschuldverhältnis 367
— bei Teilpfändung 763
— nach Überweisung an Zahlungs statt 616
Zivildienstgesetz 914, 1325
Zivildienstpflichtiger 914
— Versorgung eines Geschädigten (seiner Hinterbliebenen) 1325
Ziviles Gefolge 46
— Arbeitskräfte 49
— Schadensverursachung 352
Zölle 354
Zubehör, hypothekarischer Anspruch an ihm 1871

Zuckersteuer 354
Zugewinnausgleich 430
Zugewinngemeinschaft 430
Zukünftige Forderung 27
— Abtretung 30
— Bezeichnung im Pfändungsbeschluss 500, 507 a
— Entstehung des Pfändungspfandrechts 577 f
— Wirksamkeit der Pfändung 30
— aus Vermietung 28
— und § 832 ZPO 966
Zulage für auswärtige Beschäftigung 990, 993
Zurückbehaltungsrecht 571
Zurücknahme des Antrags, Gebühr 848
Zurückweisung des Antrags, Gebühr 848
Zurückweisungsbeschluss 474
— Begründung 478
— Form und Inhalt 478
Zusätzlicher Pfändungsschutz 1175
— Bemessung des Freibetrags 1183
Zusammenrechnung
— von Arbeitseinkommen in Geld und Naturalleistungen 1165
— von Arbeitseinkommen und Sozialleistungen 1150 ff., 1408
— mehrerer Arbeitseinkommen 1137
— Verfahren 1139 ff.
— wiederkehrenden Einkommen und einmaliger Bezüge 1242
Zusammentreffen
— mehrerer Einkommenspfändungen 1269 ff.
— von Einkommenspfändung und Abtretung 1248 ff.
— von Einkommenspfändung und Aufrechnung 1260 ff.
— von Einkommenspfändung und Verpfändung 1259
— fortlaufenden Einkommens mit einmaligen Bezügen 1242
Zusatzabkommen siehe NATO-Truppenstatut
Zusatzpatent 1728
Zuschlag
— für Sonntags-, Feiertags- und Nachtarbeit 981
— bei Versteigerung eines Rechts 1473

1277

Sachverzeichnis

Zuständigkeit 440
— Anfechtbarkeit bei Verstoß 456, 457
— Bestimmung 452
— örtliche 446–453
— Prüfung 455, 484
— Verstoß 454

Zustellung
— von Amts wegen 533
— Ausführung 527
— im Ausland 39
— auf Betreiben des Gläubigers 526
— bewirkt Pfändung 525
— an BGB-Gesellschaft 553
— an Drittberechtigten 1218
— an Drittschuldner im Ausland 38
— nach Einstellung der Zwangsvollstreckung nicht mehr 528, 610
— Erinnerung bei Ablehnung durch Gerichtsvollzieher 541
— an gesetzlichen Vertreter 550
— Haftung für fehlerhafte 542
— an Hauptverwaltung, Lohnstelle oder Kasse; 935
— Heilung von Mängeln 543, 544
— öffentliche an Drittschuldner 531
— öffentliche bei drittschuldnerlosen Rechten 532
— im Parteibetrieb 530
— des Pfändungsbeschlusses 525
— des Pfändungsbeschlusses im Beschwerdeverfahren 727
— des Pfändungsbeschlusses an Drittberechtigten 1218
— des Pfändungsbeschlusses im Erinnerungsverfahren 720
— des Pfändungsbeschlusses bei Hypothekenpfändung 1810
— durch Post mit Drittschuldneraufforderung? 633
— an Prozeßbevollmächtigten 540
— an nicht prozeßfähigen Drittschuldner 530
— an Schuldner 536–539
— durch Urkundsbeamten 534
— an Vereinsvorsteher 551
— Verfahren des Gerichtsvollziehers 535
— Vermittlung 533

— der Verzichtserklärung des Gläubigers 678
— nach Zusatzabkommen von Amts wegen 534

Zustellungsmangel, Heilung 543, 544

Zustellungsurkunde 535
— Aufnahme der Aufforderung nach § 840 ZPO 632
— Unterschrift des Zustellers 542

Zustimmung zur Veräußerung eines Erbbaurechts 1535

Zwangsgeld, Vollstreckung 581

Zwangsversteigerung
— Beschlagnahme 700
— Forderungsanmeldung durch Gläubiger 557
— Forderungsanmeldung durch Schuldner 561
— Forderungspfändung neben Versteigerung 759
— Meistgebot 1794
— zum Zwecke der Aufhebung der Erbengemeinschaft 1698

Zwangsverwalter
— einmaliges Einkommen 1233
— zuständiges Vollstreckungsgericht 450

Zwangsverwaltung 433
— Beschlagnahme 700
— Forderungsanmeldung durch Gläubiger 557
— Forderungspfändung neben – 759
— Anspruch auf Nutzungen 128

Zwangsvollstreckung
— Beendigung 712
— Beginn 712
— Begriff 1
— in das bewegliche Vermögen 1
— wegen Geldforderung 1
— Parteien 7
— aus Urteil durch Gläubiger 669
— weitere Voraussetzungen 5

Zwangsvollstreckungskosten 826, 829
— keine Abrechnung bei Vollstreckung einer Restforderung 464, 835
— bei Arrestpfändung 822
— Beitreibung 831
— bei Drittschuldnerklage 843

Zahlen [ohne Zusatz] = Randnummern

— uneinbringliche der Drittschuldnerklage 963
— Festsetzung 832
— Festsetzung gegen eigene Partei 861
— Gesamtschuldnerhaftung 830
— nach Gläubigerverzicht 683
— Glaubhaftmachung 471
— Kosten früherer Vollstreckungsmaßnahmen 834
— Notwendigkeit 829
— mit Pfändungsvorrecht 1086
— bei Prozesskostenhilfe 866
— Prüfung durch Vollstreckungsgericht 836
— des Rechtsanwalts 854
— Rechtsbehelf gegen Absetzung 836
— Restkaufpreis bei Anwartschaftspfändung 1500
— Steuerberaterkosten 375

— für Anspruch aus unerlaubter Handlung 1191
— bei Vorpfändung 812

Zwangsvollstreckungsunterwerfung 1797 b

Zweckgebundene Forderungen 14

Zweigniederlassung
— einer Bank 154 c
— Drittschuldnerbezeichnung 501 a
— der Postbank 279

Zweifelsfall
— bei Einkommensberechnung durch Drittschuldner 1057
— Entscheidung des Vollstreckungsgerichts 928

Zwischenrecht 1921

Zwischenschein 1605

Zwischenverfügung 479